略号	書名		
世未確認	図説・世界未確認生物事典		
世妖精妖怪	世界の妖精・妖怪事典	原書房	2003.12
全国妖怪	全国妖怪事典	小学館	1995.10
大辞林3	大辞林　第3版	三省堂	2006.10
伝奇伝説	日本伝奇伝説大事典	角川書店	1986.10
東洋神名	東洋神名事典	新紀元社	2002.12
日ミス	日本ミステリアス　妖怪・怪奇・妖人事典	勉誠出版	2011.2
日本神々	日本の神々の事典	学習研究社	1997.8
日本神様	日本　神さま事典	大法輪閣	2005.9
日本人名	講談社日本人名大辞典	講談社	2001.12
日本神話	日本神話事典	大和書房	1997.6
日本未確認	図説・日本未確認生物事典	柏美術出版	1994.1
仏尊事典	仏尊の事典	学習研究社	1997.4
水木幻獣	水木しげる幻獣事典	朝日ソノラマ	1985.3
水木世幻獣	水木しげるの世界幻獣事典	朝日新聞社	1994.8
水木妖怪	水木しげるの妖怪事典	東京堂出版	1981.9
水木妖怪続	水木しげるの続妖怪事典	東京堂出版	1984.7
名探偵日	名探偵事典　日本編	東京書籍	1995.10
妖怪事典	妖怪事典	毎日新聞社	2004.4
妖怪図鑑	にっぽん妖怪大図鑑	ポプラ社	2011.6
妖怪大鑑	図説　日本妖怪大鑑	講談社	2007.7
妖怪大全	図説　日本妖怪大全	講談社	1994.6
妖怪大事典	日本妖怪大事典	角川書店	2005.7
妖精百科	図説妖精百科事典	東洋書林	2004.3
妖百1	日本の妖怪百科　1　山の妖怪	河出書房新社	2000.4
妖百2	日本の妖怪百科　2　水の妖怪	河出書房新社	2000.4
妖百3	日本の妖怪百科　3　里の妖怪	河出書房新社	2000.4
妖百4	日本の妖怪百科　4　屋敷の妖怪	河出書房新社	2000.4
ラル神々	ラルース世界の神々・神話百科　ヴィジュアル版	原書房	2006.12

人物レファレンス事典

架空・伝承編

日外アソシエーツ編集部編

日外アソシエーツ

BIOGRAPHY INDEX

14,490 Japanese Fictional Characters and Legendary Persons,
Appearing in 89 Volumes of
57 Biographical Dictionaries and Encyclopedias

Compiled by
Nichigai Associates, Inc.

©2013 by Nichigai Associates, Inc.
Printed in Japan

本書はディジタルデータでご利用いただくことが
できます。詳細はお問い合わせください。

●編集スタッフ● 松本 裕加／吉本 哲子／荒井 理恵／児山 政彦

刊行にあたって

　弊社は1983年に「人物レファレンス事典」を「古代・中世編」「近世編」「現代編」として刊行し、その後出版された事典類を追加して1996年から2003年にかけて「古代・中世・近世編」「明治・大正・昭和（戦前）編」「昭和（戦後）・平成編」と再編成した新訂増補版を刊行した。さらに「古代・中世・近世編」については1996年以降に刊行されたものやそれまでに収録できなかった事典のみを対象とした追補版として2007年に「古代・中世・近世編Ⅱ（1996-2006）」、2010年に「明治・大正・昭和（戦前）編Ⅱ（2000-2009）」を刊行している。

　本書は、これまで収録対象としていなかった神話・伝説・伝承に登場する人物を収録する事典を対象とした新版である。表記、読み、別名・別読み、特徴および簡単なプロフィールを示し、国内で刊行された神話・伝説事典、妖怪事典、古典芸能や文学の登場人物事典などのうち、どの事典にその人物が載っているか、どんな見出しで掲載されているかを明らかにした全く新しい「レファレンス事典」である。

　今回索引対象となった事典は別表に示した57種89冊で、伝説・伝承が多い実在の人物も含め延べ2.9万人（件）を収録した。その多くは既刊「人物レファレンス事典」シリーズには収録されていなかった人物である。

　ある人物がどの事典に載っているかを示すことで人物調査の効率化に資する、という基本的なコンセプトに変わりはないが、今回は架空・伝承人物が対象であることを考慮し、肖像画や挿絵、イメージ図など図版の有無の表示や生没年の表示方法についてなど変更がある。詳細は凡例を参照されたい。

　編集にあたっては誤りのないよう努めたが、膨大な人名をあつかっていることから、確認に不十分な点もあるかと思われる。発見された誤りは、今後の改訂の際など正していきたいと考えている。お気づきの点はご教示いただければ幸いである。なお海外の架空・伝承上の人物を調査する

ツールとしては「外国人物レファレンス事典 架空・伝承編」(2013年5月刊)がある。併せてご利用されたい。

　本書が、日本各地に伝わる架空・伝説・伝承人物調査の際の基本ツールとして、既刊の「人物レファレンス事典」シリーズ同様に多くの図書館・大学・学校等で利用されることを祈りたい。

　2013年5月

日外アソシエーツ編集部

凡　例

1．本書の内容

　　本書は、国内の代表的な神話・伝説・伝承事典、妖怪事典、登場人物事典などに掲載されている日本の架空・伝承の人物の総索引である。見出しとしての人名表記・読みのほか、人物の特定に最低限必要なプロフィールを補記し、その人物がどの事典にどのように表記されているかを明らかにしたものである。

2．収録範囲と人数

　(1) 別表に示した57種89冊に掲載されている、国内の神話や古典芸能・文学の登場人物、妖怪をはじめとした架空・伝承上の人物（生物）などを収録した。
　(2) 実在とされる人物でも、芸術作品に数多くとりあげられる人物や神話・英雄事典などに掲載される伝承性の高い人物は収録した。
　(3) 外国人名でも、国内で発表された作品の登場人物は収録対象とした。
　(4) 収録人数は14,490人、事典項目数はのべ29,142項目である。

3．記載事項

　　本書の各項目は次の要素から成る。
　　　(1) 人名見出し
　　　(2) 人物説明
　　　(3) 掲載事典
　(1) 人名見出し
　　1) 原則として同一人物は各事典での表記に関わらず一項目にまとめた。まとめるに際しては、多くの事典に掲載されている一般的な表記とその読みを採用した。但し、地域・所出文献・登場作品により呼称が違う場合など別項目とした見出しもある。
　　2) 典拠に人名の読みが記載されていなかったものについては、調査の上、編集部で適切と思われる読みを補記し、末尾に★を付した。

(2) 人物説明
　　1) プロフィール
　　　　人物の活躍時代・地域・肩書・身分・職業・特徴、古典芸能・文学の登場人物であれば作品名などの出典を簡潔に記載した。地域名は、出典により旧国名・旧地名のままとしたものもある。
　(3) 掲載事典
　　1) その人物が掲載されている事典を ¶ の後に略号で示した。（略号は別表「収録事典一覧」を参照）
　　2) 各事典における人名見出しおよび生没年を（ ）に入れて示した。見出しは各事典における人名表記と読みを示した。生年は㊤、没年は㊧を付して表し、生年または没年が不詳の場合は"?"を用いた。
　　3) その事典が西暦・和暦のいずれかしか記載していない場合は記載のあるもののみ示した。西暦・和暦の両方を記載していればいずれも示した。「元年」は「1年」に統一した。
　　4) 同一事典に同名見出しが存在する場合は、地域名や登場作品名を補記し区別したものもある。
　　5) 各事典のデータ末尾に〔像〕で肖像画、挿絵の有無を示した。

4．排　　列
　(1) 人名見出しの読みの五十音順に排列した。
　(2) 濁音・半濁音は清音とし、ヂ→シ、ヅ→スとした。促音・拗音は直音とみなし、長音符（音引き）は無視した。
　(3) 同読みの場合は、同じ表記のものをまとめた。

5．収録事典一覧
　(1) 本書で索引対象にした事典の一覧を次ページ（および見返し）に掲げた。
　(2) 略号は、本書において掲載事典名の表示に使用したものである。
　(3) 掲載は、略号の読みの五十音順とした。

収録事典一覧

略号	書　名	出版社	刊行年
朝日歴史	朝日日本歴史人物事典	朝日新聞社	1994.11
アジア女神	アジア女神大全	青土社	2011.3
英雄事典	英雄事典	新紀元社	2003.12
怪物事典	怪物の事典	青土社	1999.1
架空人日	架空人名辞典　日本編	教育社	1989.8
架空人物	「架空の人物」人名事典	日本実業出版社	1982.12
架空伝承	新版　日本架空伝承人名事典	平凡社	2012.3
架空伝説	架空・伝説の人物ものしり事典	主婦と生活社	1994.12
歌舞伎登	歌舞伎登場人物事典　普及版	白水社	2010.7
神様読解	日本の神様読み解き事典	柏書房	1999.10
神文化史	神の文化史事典	白水社	2013.2
奇談逸話	日本奇談逸話伝説大事典	勉誠社	1994.2
吸血鬼	吸血鬼の事典	青土社	1994.12
幻獣辞典	幻獣辞典	晶文社	1998.12
幻想動物	幻想動物事典	新紀元社	1997.5
広辞苑6	広辞苑　第6版	岩波書店	2008.1
古典人学	古典文学作中人物事典	學燈社	1990.1
古典人東	古典文学作中人物事典	東京堂出版	2003.9
コン5	コンサイス日本人名事典　第5版	三省堂	2009.1
新潮日本	新潮日本人名辞典	新潮社	1991.3
神仏辞典	日本の神仏の辞典	大修館書店	2001.7
神話伝説	神話伝説辞典	東京堂出版	1963.4
時代小説	時代小説人物事典	学習研究社	2007.4
児童登場	世界・日本児童文学登場人物辞典	玉川大学出版部	1998.4
人物伝承	人物伝承事典　古代・中世編	東京堂出版	2004.4
世怪物神獣	世界の怪物・神獣事典	原書房	2004.12
世幻想	ヴィジュアル版世界幻想動物百科	原書房	2009.11
世神辞典	世界神話辞典	柏書房	1993.9
世神話東	ヴィジュアル版世界の神話百科　東洋編	原書房	2000.10
説話伝説	日本説話伝説大事典	勉誠出版	2000.6
世百新	世界大百科　1～30	平凡社	2007.9

略号	書名	出版社	刊行年
世未確認	図説・世界未確認生物事典	柏書房	1996.10
世妖精妖怪	世界の妖精・妖怪事典	原書房	2003.12
全国妖怪	全国妖怪事典	小学館	1995.10
大辞林3	大辞林 第3版	三省堂	2006.10
伝奇伝説	日本伝奇伝説大事典	角川書店	1986.10
東洋神名	東洋神名事典	新紀元社	2002.12
日ミス	日本ミステリアス 妖怪・怪奇・妖人事典	勉誠出版	2011.2
日本神々	日本の神々の事典	学習研究社	1997.8
日本神様	日本 神さま事典	大法輪閣	2005.9
日本人名	講談社日本人名大辞典	講談社	2001.12
日本神話	日本神話事典	大和書房	1997.6
日本未確認	図説・日本未確認生物事典	柏美術出版	1994.1
仏尊事典	仏尊の事典	学習研究社	1997.4
水木幻獣	水木しげる幻獣事典	朝日ソノラマ	1985.3
水木世幻獣	水木しげるの世界幻獣事典	朝日新聞社	1994.8
水木妖怪	水木しげるの妖怪事典	東京堂出版	1981.9
水木妖怪続	水木しげるの続妖怪事典	東京堂出版	1984.7
名探偵日	名探偵事典 日本編	東京書籍	1995.10
妖怪事典	妖怪事典	毎日新聞社	2004.4
妖怪図鑑	にっぽん妖怪大図鑑	ポプラ社	2011.6
妖怪大鑑	図説 日本妖怪大鑑	講談社	2007.7
妖怪大全	図説 日本妖怪大全	講談社	1994.6
妖怪大事典	日本妖怪大事典	角川書店	2005.7
妖精百科	図説妖精百科事典	東洋書林	2004.3
妖百1	日本の妖怪百科 1 山の妖怪	河出書房新社	2000.4
妖百2	日本の妖怪百科 2 水の妖怪	河出書房新社	2000.4
妖百3	日本の妖怪百科 3 里の妖怪	河出書房新社	2000.4
妖百4	日本の妖怪百科 4 屋敷の妖怪	河出書房新社	2000.4
ラル神々	ラルース世界の神々・神話百科 ヴィジュアル版	原書房	2006.12

【あ】

亜愛一郎　ああいいちろう
　泡坂妻夫作の推理小説「亜愛一郎シリーズ」の主人公。本職はカメラマン。
　¶名探偵日（亜愛一郎　ああいいちろう）

相尾神　あいおのかみ
　『日本三代実録』に所出。因幡国の神。
　¶神仏辞典（相尾神　あいおのかみ）

秋鹿日女命　あいかひめのみこと
　出雲国秋鹿郡の秋鹿社の祭神。
　¶神仏辞典（秋鹿日女命・秋鹿比売命　あいかひめのみこと）

愛川吾一　あいかわごいち
　山本有三作『路傍の石』の主人公。
　¶架空人日（吾一　ごいち）
　　架空人物（愛川吾一）
　　コン5（愛川吾一　あいかわごいち）
　　児童登場（吾一）
　　日本人名（愛川吾一　あいかわごいち）

相川孝助　あいかわこうすけ
　歌舞伎演目『怪異談牡丹燈籠』に登場する、武士黒川孝蔵の息子。
　¶歌舞伎登（相川孝助　あいかわこうすけ）

相川房子　あいかわふさこ
　川端康成作『山の音』(1954)の主人公の一人娘。
　¶架空人日（相川房子　あいかわふさこ）

愛敬の君　あいきょうのきみ
　お伽草子『秋月物語』に登場する人物。帥大納言兼隆の姫君。
　¶架空伝説（愛敬の君・二位中将　あいきょうのきみ・にいのちゅうじょう）
　　古典人学（姫君　ひめきみ）

愛護若　あいごのわか
　説経節『愛護若』の主人公。
　¶架空伝承（愛護若　あいごのわか）〔像〕
　　広辞苑6（愛護の若　あいごのわか）
　　コン5（愛護若　あいごのわか）
　　新潮日本（愛護の若　あいごのわか）
　　神仏辞典（愛護の若　あいごのわか）
　　神話伝説（愛護の若　あいごのわか）
　　説話伝説（愛護の若　あいごのわか）〔像〕
　　大辞林3（愛護の若　あいごのわか）
　　伝奇伝説（愛護の若　あいごのわか）
　　日本人名（愛護若　あいごのわか）

会津小鉄　あいづこてつ
　侠客。本名は上坂仙吉。会津藩を後ろ盾に京都に勢力を張った。
　¶架空伝承（会津小鉄　あいづこてつ）㊤天保4(1833)年　㊦明治18(1885)年
　　伝奇伝説（会津の小鉄　あいづのこてつ）㊤弘化3(1846)年?　㊦明治18(1885)年

会津比売神　あいづひめのかみ
　『日本三代実録』に所出。信濃国の神。
　¶神仏辞典（会津比売神　あいづひめのかみ）

愛染明王　あいぜんみょうおう
　密教の明王。人間の愛情や情欲も仏心につながることを愉す。
　¶広辞苑6（愛染明王　あいぜんみょうおう）
　　神仏辞典（愛染明王　あいぜんみょうおう）
　　世百新（愛染明王　あいぜんみょうおう）〔像〕
　　大辞林3（愛染明王　あいぜんみょうおう）〔像〕
　　東洋神名（愛染明王　アイゼンミョウオウ）〔像〕
　　日本人名（愛染明王　あいぜんみょうおう）
　　仏尊事典（愛染明王　あいぜんみょうおう）〔像〕

会田清右衛門　あいだせいえもん
　絵草子作者。井上ひさし作『手鎖心中』の登場人物。
　¶時代小説（会田清右衛門　あいだせいえもん）

藍玉屋北六　あいだまやきたろく
　歌舞伎演目『伊勢音頭恋寝刃』に登場する、阿波の藍玉商人。
　¶歌舞伎登（藍玉屋北六　あいだまやきたろく）

アイヌカイセイ
　アイヌに伝わる妖怪。空家、古家などに現れる。
　¶全国妖怪（アイヌカイセイ〔北海道〕）
　　妖怪事典（アイヌカイセイ）
　　妖怪大事典（アイヌカイセイ）

アイヌソッキ
　アイヌに伝わる妖怪。
　¶全国妖怪（アイヌソッキ〔北海道〕）
　　妖怪事典（アイヌソッキ）

アイヌトゥカプ
　アイヌ語で幽霊のこと。
　¶妖怪事典（アイヌトゥカプ）

アイヌライトゥカプ
　アイヌ語で死霊のこと。
　¶妖怪事典（アイヌライトゥカプ）

アイヌラックル
　日高地方、胆振地方、上川・空知地方の物語などに語られる、人間の生活、文化の始祖で、人間界を守る神、文化英雄。
　¶神文化史（アイヌラックル）

阿為神 あいのかみ
摂津国島下郡の阿為神社の祭神。
¶神仏辞典（阿為神　あいのかみ）

饗の神 あいのかみ
主に福井県に分布する田の神の別称。
¶神仏辞典（饗の神　あいのかみ）

逢火 あいび
『雍州府志』にある怪火。
¶妖怪事典（アイビ）

相見神 あいみのかみ
能登国羽咋郡の相見神社の祭神。
¶神仏辞典（相見神　あいみのかみ）

敢国津神 あえのくにつかみ
伊賀国阿拝郡の敢国神社の祭神。
¶神仏辞典（敢国津神　あえのくにつかみ）

饗場の局 あえばのつぼね
歌舞伎演目『桐一葉』に登場する、淀君付きの局。
¶歌舞伎登（饗場の局　あえばのつぼね）

青 あお
三遊亭円朝作『塩原多助一代記』（1889）に登場する馬。
¶架空人日（青　あお）
　歌舞伎登（青　あお）

青行灯 あおあんどう
百物語の終わりに現れるとされる妖怪。行灯の向こうに立つ鬼女の姿。
¶幻想動物（青行燈）〔像〕
　日ミス（青行灯　あおあんどう）
　妖怪事典（アオアンドウ）
　妖怪大鑑（青行燈　あおあんどん）〔像〕
　妖怪大事典（青行灯　あおあんどう）〔像〕

葵御前 あおいごぜん
歌舞伎演目『源平布引滝』に登場する、木曽義賢の後妻。
¶歌舞伎登（葵御前　あおいごぜん）

葵小僧芳之助 あおいこぞうよしのすけ
池波正太郎作『鬼平犯科帳』の登場人物。
¶時代小説（葵小僧芳之助　あおいこぞうよしのすけ）

葵新吾 あおいしんご
川口松太郎の小説『新吾十番勝負』の主人公。
¶架空伝承（葵新吾　あおいしんご）
　架空伝説（葵新吾　あおいしんご　㊈1704年）
　時代小説（葵新吾（美女丸）　あおいしんご（びじょまる））
　日本人名（葵新吾　あおいしんご）

葵の上 あおいのうえ
『源氏物語』に登場する女性。光源氏と結婚し、男子夕霧を産む。
¶架空人日（葵の上　あおいのうえ）
　広辞苑6（葵上　あおいのうえ）
　大辞林3（葵の上　あおいのうえ）
　日本人名（葵上　あおいのうえ）

青渭神 あおいのかみ
武蔵国多摩郡の青渭神社の祭神。
¶神仏辞典（青渭神　あおいのかみ）

葵の前 あおいのまえ
平安時代後期の中宮建礼門院につかえた女官。『平家物語』や『源平盛衰記』に登場する。
¶日本人名（葵の前　あおいのまえ　生没年未詳）

青海神 あおうみのかみ
若狭国大飯郡の青海神社の祭神。
¶神仏辞典（青海神　あおうみのかみ）

青江又八郎 あおえまたはちろう
藤沢周平作『用心棒日月抄』の登場人物。
¶時代小説（青江又八郎　あおえまたはちろう）

青鬼 あおおに
『諸国百物語』に登場する鬼。加賀中納言死去の際にただ広間を通り抜けて行った。
¶全国妖怪（アオオニ〔石川県〕）
　妖怪事典（アオオニ）

青鬼 あおおに★
皮膚の色が青い鬼。仏教の地獄思想の影響によるもの。
¶日本未確認（青鬼・赤鬼・黒鬼）

青貝師六郎太夫 あおがいしろくろだゆう
歌舞伎演目『梶原平三誉石切』に登場する、長寿の武将三浦義明の息子。
¶歌舞伎登（青貝師六郎太夫　あおがいしろくろだゆう）

青木 あおき
鈴木三重吉作『桑の実』（1913）に登場する洋画家。
¶架空人日（青木　あおき）

青木貞次郎 あおきさだじろう
歌舞伎演目『安政奇聞佃夜嵐』に登場する、江戸幕府の御徒士の御家人。
¶歌舞伎登（青木貞次郎　あおきさだじろう）

青木助五郎 あおきすけごろう
池波正太郎作『鬼平犯科帳』の登場人物。
¶時代小説（青木助五郎　あおきすけごろう）

青木丹左衛門 あおきにざえもん
吉川英治作『宮本武蔵』の登場人物。

¶時代小説（青木丹左衛門　あおきにざえもん）

青木弥太郎　あおきやたろう
幕末江戸中を荒らし回り、盗みを働いていた武士。河竹黙阿弥の『島衛月白波』のモデルといわれる。
¶架空伝説（青木弥太郎　あおきやたろう）
　日本人名（青木弥太郎　あおきやたろう　生没年未詳）

青鷺火　あおさぎのひ
夜間などに青鷺が青白く光って見える怪異をいう。
¶妖怪事典（アオサギノヒ）
　妖怪大鑑（青鷺火　あおさぎび）〔像〕
　妖怪大事典（青鷺火　あおさぎのひ）〔像〕

青島はな　あおしまはな
昭和時代の商人。青島幸男の小説『人間万事塞翁が丙午』(1956年)の主人公青山ハナのモデル。
¶日本人名（青島はな　あおしまはな　㊕1907年　㊧1984年）

青頭巾　あおずきん
上田秋成の読本『雨月物語』(1776)の「青頭巾」の主人公。僧侶。
¶架空人日（「青頭巾」の男　あおずきんのおとこ）
　古典人学（僧侶　そうりょ）
　古典人東（青頭巾　あおずきん）

アオダマ
岐阜県揖斐郡藤橋村でいう怪火。
¶妖怪事典（アオダマ）

青玉比売命神　あおたまひめのみことのかみ
伊豆国那賀郡の青玉比売命神社の祭神。
¶神仏辞典（青玉比売命神　あおたまひめのみことのかみ）

青砥藤綱　あおとふじつな
鎌倉中期の武士。名裁判官として文学や演劇に登場する。
¶架空人日（青砥藤綱　あおとふじつな）
　架空伝承（青砥藤綱　あおとふじつな　生没年不詳）〔像〕
　架空伝説（青砥藤綱　あおとふじつな）〔像〕
　歌舞伎登（青砥左衛門藤綱　あおとさえもんふじつな）
　広辞苑6（青砥藤綱　あおとふじつな）
　コン5（青砥藤綱　あおとふじつな　生没年不詳）
　新潮日本（青砥藤綱　あおとふじつな）
　説話伝説（青砥藤綱　あおとふじつな）
　世百新（青砥藤綱　あおとふじつな　生没年不詳）
　大辞林3（青砥藤綱　あおとふじつな）
　伝奇伝説（青砥藤綱　あおとふじつな　生没年未詳）
　日本人名（青砥藤綱　あおとふじつな　生没年未詳）

青成瓢吉　あおなりひょうきち
尾崎士郎作『人生劇場』の主人公。
¶架空人物（青成瓢吉）

コン5（青成瓢吉　あおなりひょうきち）
新潮日本（青成瓢吉　あおなりひょうきち）
日本人名（青成瓢吉　あおなりひょうきち）

青入道　あおにゅうどう
岡山県勝田郡地方でいう妖怪。
¶妖怪事典（アオニュウドウ）

青女房　あおにょうぼう
宮廷の古御所に女官の姿をして棲んでいる女の妖怪。青女ともいう。
¶幻想動物（青女房）〔像〕
　妖怪事典（アオニョウボウ）
　妖怪大全（青女房　あおにょうぼう）〔像〕
　妖怪大事典（青女房　あおにょうぼう）〔像〕

青沼馬沼押比売神　あおぬまぬおしひめのかみ
美呂浪神の妻神。
¶神様読解（青沼馬沼押比売神　あおぬまぬおしひめのかみ）

青幡佐久佐日古命　あおはたさくさひこのみこと
出雲国意宇郡大草郷、同大原郡高麻山に鎮座。現在の島根県松江市佐草町の八重垣神社の祭神。
¶神仏辞典（青幡佐久佐日古命・青幡佐草日子命　あおはたさくさひこのみこと）

青衾神　あおふすまのかみ
尾張国愛智郡の青衾神社の祭神。
¶神仏辞典（青衾神　あおふすまのかみ）

青坊主　あおぼうず
岡山県邑久郡地方や静岡県でいう、青い坊主姿の妖怪。
¶全国妖怪（アオボウズ〔静岡県〕）
　妖怪事典（アオボウズ）〔像〕
　妖怪大事典（青坊主　あおぼうず）〔像〕

青海神　あおみのかみ
越後国頸城郡の青海神社、同蒲原郡の青海神社二座の祭神。
¶神仏辞典（青海神　あおみのかみ）

青柳　あおやぎ
山岡浚明作の洒落本『跖婦人伝』(1753)に登場する遊女。
¶架空人日（青柳　あおやぎ）
　架空伝説（青柳　あおやぎ）

青柳十蔵　あおやぎじゅうぞう
井原西鶴作の浮世草子『武道伝来記』(1687)巻四の第一「太夫格子に立名の男」に登場する武士。
¶架空人日（青柳十蔵　あおやぎじゅうぞう）
　架空伝説（青柳十蔵　あおやぎじゅうぞう）

青山吉左衛門　あおやまきちざえもん
島崎藤村作『夜明け前』(1929-35)の主人公の父。

あ

¶架空人日（青山吉左衛門　あおやまきちざえもん）

青山幸右衛門　あおやまこうえもん
江戸時代前期の商人。「椀久物」のモデル椀屋久右衛門は、この久兵衛と同一人とされる。
¶日本人名（青山幸右衛門　あおやまこうえもん　生没年未詳）

青山新二郎　あおやましんじろう
大佛次郎作『鞍馬天狗』の登場人物。
¶時代小説（青山新二郎　あおやましんじろう）

青山宗太　あおやまそうた
島崎藤村作『夜明け前』（1929-35）の主人公の長男。
¶架空人日（青山宗太　あおやまそうた）

青山鉄山　あおやまてっさん
歌舞伎演目『播州皿屋敷』に登場する、細川家の国家老。
¶歌舞伎登（青山鉄山　あおやまてっさん）

青山神　あおやまのかみ
常陸国那賀郡の青山神社の祭神。
¶神仏辞典（青山神　あおやまのかみ）

青山播磨　あおやまはりま
岡本綺堂作の新歌舞伎『番町皿屋敷』の主人公。
¶朝日歴史（青山播磨　あおやまはりま）
　英雄事典（青山主膳　アオヤマシュゼン）
　架空人日（青山播磨　あおやまはりま）
　歌舞伎登（青山播磨　あおやまはりま）〔像〕
　コン5（青山播磨　あおやまはりま）
　説話伝説（青山播磨　あおやまはりま　生没年不詳）
　日本人名（青山播磨　あおやまはりま）

青山半蔵　あおやまはんぞう
島崎藤村作『夜明け前』の主人公。
¶架空人日（青山半蔵　あおやまはんぞう）
　架空人物（青山半蔵）
　コン5（青山半蔵　あおやまはんぞう）
　日本人名（青山半蔵　あおやまはんぞう）

煽りやへ　あおりやへ
第二尚王統の最高神女職、聞得大君が成立する以前の最高神女職。
¶アジア女神（煽りやへ　あおりやへ）

赤足　あかあし
香川県の塩飽諸島で、山路の辻などに出る妖怪。
¶神仏辞典（赤足　あかあし）
　全国妖怪（アカアシ〔香川県〕）
　妖怪事典（アカアシ）

赤足　あかあし
福岡県の山に出る妖怪。綿のようなものを往来の人にからみつける。
¶全国妖怪（アカアシ〔福岡県〕）

赤頭　あかあたま
鳥取県西伯郡名和村にいた怪力の男。
¶水木妖怪続（赤頭　あかあたま）〔像〕
　妖怪事典（アカアタマ）
　妖怪大全（赤頭　あかあたま）〔像〕
　妖怪大事典（赤頭と小僧の妖怪　あかあたまとこぞうのようかい）〔像〕

赤猪子　あかいこ
大和大三輪氏の系統の引田氏の娘。少女の頃、大和（奈良県）美和河（三輪川）で、雄略天皇に見初められ、嫁がずにいれば宮中に迎えるといわれたが80年が経過しても迎えが来なかった。
¶朝日歴史（引田部赤猪子　ひけたべのあかいこ）
　新潮日本（引田部赤猪子　ひけたべのあかいこ）
　神話伝説（赤猪子　あかいこ）
　伝奇伝説（赤猪子　あかいこ）
　日本人名（引田部赤猪子　ひけたべのあかいこ）

赤い単衣の怪　あかいひとえのかい
『今昔物語集』に登場する、飛来して武士を殺した単の衣。
¶妖怪事典（アカイヒトエノカイ）

赤岩一角　あかいわいっかく
曲亭馬琴作の読本『南総里見八犬伝』（1814-42）に登場する、八犬士の犬村大角の父。
¶架空人日（赤岩一角　あかいわいっかく）

赤岩一角　あかいわいっかく
曲亭馬琴作の読本『南総里見八犬伝』（1814-42）に登場する、赤岩一角を食い殺してその姿を借りた化け猫。
¶架空人日（赤岩一角　あかいわいっかく）
　架空伝説（赤岩一角　あかいわいっかく）

赤岩将監　あかいわしょうげん
徳島県麻植郡山川町赤岩に伝わる狸の名。
¶神仏辞典（赤岩将監　あかいわしょうげん）
　妖怪事典（アカイワショウゲン）

赤犬子　あかいんこ
沖縄県読谷村を中心に伝承される文化英雄。
¶朝日歴史（赤犬子　あかいんこ）
　架空伝承（赤犬子/阿嘉犬子　あかいんこ）
　コン5（赤犬子　あかいんこ）
　世百新（赤犬子/阿嘉犬子　あかいんこ）

赤えい　あかえい
体長が3里の妖怪魚。船人が、陸地と思い上陸したことがある。
¶妖怪事典（アカエイノウオ）
　妖怪大鑑（赤えい）〔像〕
　妖怪大事典（赤えいの魚　あかえいのうお）〔像〕
　妖百2（赤鱏　あかえい）〔像〕

赤鬼　あかおに★
皮膚の色が赤い鬼。仏教の地獄思想の影響によるもの。

¶日本未確認（青鬼・赤鬼・黒鬼）

赤鬼　あかおに★
浜田広介作『泣いた赤おに』(1937)の主人公の鬼。
¶児童登場（赤おに）

赤尾神　あかおのかみ
『日本三代実録』に所出。遠江国の神。
¶神仏辞典（赤尾神　あかおのかみ）

赤垣源蔵　あかがきげんぞう
赤穂四十七士の一人。実在の赤埴源蔵をモデルにした講談の登場人物。「赤垣源蔵徳利の別れ」で有名。
¶架空人日（赤垣源蔵　あかがきげんぞう）
架空伝承（赤垣源蔵　あかがきげんぞう）
架空伝説（赤垣源蔵　あかがきげんぞう）
歌舞伎登（赤垣源蔵　あかがきげんぞう）
広辞苑6（赤垣源蔵　あかがきげんぞう）
コン5（赤垣源蔵　あかがきげんぞう [生]寛文9(1669)年 [没]元禄16(1703)年）
説話伝説（赤垣源三　あかがきげんぞう [生]寛文9(1669)年 [没]元禄16(1703)年）
大辞林3（赤垣源蔵　あかがきげんぞう）
伝奇伝説（赤垣源蔵　あかがきげんぞう）
日本人名（赤埴源蔵　あかはにげんぞう [生]1669年 [没]1703年）

赤垣伝蔵　あかがきでんぞう
歌舞伎演目『東海道四谷怪談』に登場する、塩冶家の浪人。
¶歌舞伎登（赤垣伝蔵　あかがきでんぞう）

赤がしら　あかがしら
熊本県八代市の松井家に伝わる『百鬼夜行絵巻』に描かれているもの。
¶妖怪事典（アカガシラ）

銅座の赤吉　あかがねざのあかきち
角田喜久雄作『髑髏銭』の登場人物。
¶時代小説（銅座の赤吉　あかがねざのあかきち）

赤かぶ検事　あかかぶけんじ
和久峻三の「赤かぶ検事奮戦記シリーズ」に登場する検事。
¶名探偵日（赤かぶ検事　あかかぶけんじ）

赤壁八十馬　あかかべやそま
吉川英治作『宮本武蔵』の登場人物。
¶時代小説（赤壁八十馬　あかかべやそま）

胝大太　あかがりだいた
『平家物語』の登場人物。
¶日本人名（胝大太　あかがりだいた）

赤川大膳　あかがわだいぜん
江戸時代中期の無頼者。天一坊の家来。
¶日本人名（赤川大膳　あかがわだいぜん [生]? [没]1729年）

アカガンター
沖縄の妖怪。
¶全国妖怪（アカガンター〔沖縄県〕）
妖怪事典（アカガンター）

赤木親洋　あかぎしんよう
佐伯泰英作『密命』の登場人物。
¶時代小説（赤木親洋　あかぎしんよう）

赤城石神　あかぎのいしのかみ
『日本三代実録』に所出。上野国の神。
¶神仏辞典（赤城石神　あかぎのいしのかみ）

赤城神　あかぎのかみ
上野国勢多郡の赤城神社の祭神。
¶神仏辞典（赤城神　あかぎのかみ）

赤城山の百足神　あかぎやまのむかでがみ
群馬県の赤城山の神、またはその眷属。
¶妖怪事典（アカギヤマノムカデガミ）
妖怪大鑑（赤城山のむかで神）〔像〕

赤国神　あかくにのかみ
丹波国何鹿郡の赤国神社の祭神。
¶神仏辞典（赤国神　あかくにのかみ）

赤子　あかご
水の妖怪。長野県大町市木崎湖の水中に棲む。
¶神仏辞典（赤子　あかご）
全国妖怪（アカゴ〔長野県〕）
妖怪事典（アカゴ）
妖怪大事典（赤子　あかご）

赤子の怪　あかごのかい
江戸時代の俳人与謝蕪村による『蕪村妖怪絵巻』にあるもの。
¶妖怪事典（アカゴノカイ）
妖怪大事典（赤子の怪　あかごのかい）〔像〕

赤猿佐助　あかざるさすけ
柴田錬三郎作『赤い影法師』の登場人物。
¶時代小説（赤猿佐助　あかざるさすけ）

赤沢安右衛門　あかざわやすえもん
宮本昌孝作『藩校早春賦』の登場人物。
¶時代小説（赤沢安右衛門　あかざわやすえもん）

明石御前　あかしごぜん
御伽草子『明石物語』(室町時代)に登場する、摂津国の住人多田刑部家高の娘。
¶架空人日（明石御前　あかしごぜん）

明石志賀之助　あかししがのすけ
江戸前期の伝説的力士。初代横綱。
¶朝日歴史（明石志賀之助　あかししがのすけ 生没

年不詳）
英雄事典（明石志賀之助　アカシシガノスケ）
架空伝承（明石志賀之助　あかししがのすけ　生没年不詳）
広辞苑6（明石志賀之助　あかししがのすけ）
コン5（明石志賀之助　あかししがのすけ　生没年不詳）
神仏辞典（明石志賀之助　あかししがのすけ　生没年未詳）
説話伝説（明石志賀之助　あかししがのすけ　生没年不明）
世百新（明石志賀之助　あかししがのすけ　生没年不詳）
大辞林3（明石志賀之助　あかししがのすけ）
伝奇伝説（明石志賀之助　あかししがのすけ　生没年未詳）
日本人名（明石志賀之助　あかししがのすけ　生没年未詳）

赤舌　あかした
3本のかぎつめと4本の足を持って口からいつも赤い舌を出し、顔は毛深く、水門の上で黒雲をまとった姿の妖怪。
¶幻想動物（赤舌　あかした）〔像〕
日ミス（赤舌　あかした）
水木妖怪続（赤舌　あかじた）〔像〕
妖怪事典（アカジタ）
妖怪大全（赤舌　あかじた）〔像〕
妖怪大事典（赤舌　あかした）〔像〕
妖百3（魅・赤舌　ひでり・あかした）〔像〕

明石の君　あかしのきみ
『源氏物語』の登場人物。明石の入道と明石の尼君の娘。
¶架空人日（明石の君　あかしのきみ）
架空伝承（明石御方　あかしのおんかた）
広辞苑6（明石上　あかしのうえ）
古典人学（明石の君　あかしのきみ）
古典人東（明石の君　あかしのきみ）
コン5（明石御方　あかしのおんかた）
新潮日本（明石の君　あかしのきみ）
大辞林3（明石の上　あかしのうえ）
日本人名（明石君　あかしのきみ）

明石三郎重時　あかしのさぶろうしげとき
御伽草子『明石物語』（室町時代）に登場する、播磨国の豪族明石左衛門尉重高の息子。熊野権現の申し子。
¶架空人日（明石三郎重時　あかしのさぶろうしげとき）

明石の島蔵　あかしのしまぞう
歌舞伎演目『島衛月白浪』に登場する、もと、明石の漁師。散切り物の悪党の一人。
¶歌舞伎登（明石の島蔵　あかしのしまぞう）

明石の中宮　あかしのちゅうぐう
『源氏物語』の登場人物。父は光源氏、母は明石の君。
¶広辞苑6（明石中宮　あかしのちゅうぐう）
古典人東（明石の中宮　あかしのちゅうぐう）
大辞林3（明石中宮　あかしのちゅうぐう）

明石の入道　あかしのにゅうどう
『源氏物語』に登場する、光源氏の祖父の兄の子で、桐壺更衣と従兄妹。
¶架空人日（明石の入道　あかしのにゅうどう）
広辞苑6（明石入道　あかしのにゅうどう）
大辞林3（明石入道　あかしのにゅうどう）

赤しゃぐま　あかしゃぐま
愛媛県や徳島県でいう、子供姿の妖怪。しゃぐま（赤熊）を被ったような髪形をしている。
¶幻想動物（赤シャグマ）〔像〕
神仏辞典（赤しゃぐま　あかしゃぐま）
全国妖怪（アカシャグマ〔徳島県〕）
全国妖怪（アカシャグマ〔愛媛県〕）
全国妖怪（アカシャグマ〔高知県〕）
妖怪事典（アカシャグマ）
妖怪大事典（赤シャグマ　あかしゃぐま）

赤シャツ　あかしゃつ
夏目漱石作『坊っちゃん』の登場人物。
¶架空人日（赤シャツ　あかしゃつ）
コン5（赤シャツ　あかシャツ）
日本人名（赤シャツ　アカシャツ）

赤染衛門　あかぞめえもん
平安中期の女流歌人。
¶架空人日（赤染衛門　あかぞめえもん）
架空伝承（赤染衛門　あかぞめえもん　生没年不詳）〔像〕
説話伝説（赤染衛門　あかぞめえもん）
奇談逸話（赤染衛門　あかぞめえもん　生没年未詳）
古典人学（赤染衛門　あかぞめのえもん）
コン5（赤染衛門　あかぞめえもん　生没年不詳）
人物伝説（赤染衛門　あかぞめえもん　生没年未詳）
説話伝説（赤染衛門　あかぞめえもん　㊉天徳1（957）年　㊢長久2（1041）年以降）
伝奇伝説（赤染衛門　あかぞめえもん）

県犬養広刀自　あがたいぬかいのひろとじ
聖武天皇の夫人。
¶コン5（県犬養広刀自　あがたいぬかいのひろとじ　㊉?　㊢天平宝字6（762）年）

赤抱かしょ　あかだかしょ
山口県厚狭郡角井原の坂で、旧道路の辻に夜間出たという妖怪。
¶妖怪事典（アカダカショ）

赤谷伝九郎　あかたにでんくろう
佐々木味津三作『旗本退屈男』の登場人物。
¶時代小説（赤谷伝九郎　あかたにでんくろう）

県主神　あがたぬしのかみ
伊勢国鈴鹿郡、美濃国賀茂郡の県主神社の祭神。
¶神仏辞典（県主神　あがたぬしのかみ）

県主殿延　あがたぬしはえ
河俣毘売（綏靖天皇の皇后）の兄。
¶神様読解（県主殿延　あがたぬしはえ）

英多神　あがたのかみ
遠江国浜名郡、信濃国佐久郡、越前国坂井郡の英多神社の祭神。
¶神仏辞典（英多神　あがたのかみ）

県神　あがたのかみ
但馬国城埼郡の県神社の祭神。
¶神仏辞典（県神　あがたのかみ）

赤田神　あかだのかみ
現在の山口市の赤田神社の祭神。
¶神仏辞典（赤田神　あかだのかみ）

暁星五郎　あかつきほしごろう
歌舞伎演目『菊宴月白浪』に登場する、もと塩冶九郎が斧定九郎が名を変えたもの。
¶歌舞伎登（暁星五郎　あかつきほしごろう）

赤土命　あかつちのみこと
⇒中筒之男命（なかつつのおのみこと）

アカテコ
青森県八戸地方でいう妖怪。
¶全国妖怪（アカテコ〔青森県〕）
妖怪事典（アカテコ）

赤殿中　あかでんちゅう
徳島県鳴門市でいう化け狸。
¶全国妖怪（アカデンチュウ〔徳島県〕）
妖怪事典（アカデンチュウ）
妖怪大事典（赤殿中　あかでんちゅう）

赤胴鈴之助　あかどうすずのすけ
福井英一の同名の連作時代劇漫画に登場する少年剣士。第2回目以降は武内つなよしによって書き継がれた。
¶英雄事典（赤胴鈴之助　アカドウスズノスケ）
架空人物（赤胴鈴之助）
架空伝承（赤胴鈴之助　あかどうすずのすけ）
新潮日本（赤胴鈴之助　あかどうすずのすけ）
日本人名（赤胴鈴之助　あかどうすずのすけ）

垢取り貸せうぇー　あかとりかせうぇー
宮城県亘理郡でいう船幽霊のこと。
¶妖怪事典（アカトリカセウェー）

アカナー
沖縄の昔話や童謡に出てくる子供の妖怪。
¶妖怪大鑑（アカナー）〔像〕
妖怪大事典（アカナー）〔像〕

赤穴宗右衛門　あかなそうえもん
上田秋成作の読本『雨月物語』（1776）巻之一「菊花の約」に登場する武士。
¶架空人日（赤穴宗右衛門　あかなそうえもん）
古典人東（赤穴宗右衛門　あかなそうえもん）

垢なめ　あかなめ
風呂場の垢をなめる妖怪。
¶幻想動物（垢なめ）〔像〕
水木妖怪続（あかなめ）〔像〕
妖怪事典（アカナメ）
妖怪図鑑（垢なめ　あかなめ）〔像〕
妖怪大全（あかなめ）〔像〕
妖怪大事典（垢嘗め　あかなめ）〔像〕
妖百4（垢なめ・天井なめ　あかなめ・てんじょうなめ）〔像〕

赤西蠣太　あかにしかきた
志賀直哉作の『赤西蠣太』の主人公。
¶日本人名（赤西蠣太　あかにしかきた）

赤西専八　あかにしせんぱち
井原西鶴作の浮世草子『武道伝来記』(1687)巻六の第四「碓引くべき垣生の琴」主人公の一人。
¶架空人日（赤西専八　あかにしせんぱち）
架空伝説（赤西専八　あかにしせんぱち）

赤入道　あかにゅうどう
熊本県八代市の松井家に伝わる『百鬼夜行絵巻』に描かれているもの。
¶妖怪事典（アカニュウドウ）

赤人間　あかにんげん
山口県岩国市の怪談を収めた『岩邑怪談録』にあるもの。
¶妖怪事典（アカニンゲン）

アガネコ
青森県青森市地方でいう妖怪。
¶妖怪事典（アガネコ）

赤根半七　あかねはんしち
歌舞伎演目『舞扇南柯話』に登場する人物。忠臣側につき、お家の重宝の盗賊の汚名を着る。
¶歌舞伎登（赤根半七　あかねはんしち）

茜部神　あかねべのかみ
美濃国厚見郡の茜部神社の祭神。
¶神仏辞典（茜部神　あかねべのかみ）

茜屋半兵衛　あかねやはんべえ
歌舞伎演目『艶容女舞衣』に登場する、半七の父、お園の舅。
¶歌舞伎登（茜屋半兵衛　あかねやはんべえ）

赤秦神　あかはたのかみ
出雲国大原郡の赤秦社の祭神。
¶神仏辞典（赤秦神　あかはたのかみ）

赤埴源蔵　あかはにげんぞう
⇒赤垣源蔵（あかがきげんぞう）

赤羽神　あかはのかみ
播磨国明石郡の赤羽神社の祭神。
¶**神仏辞典**（赤羽神　あかはのかみ）

赤ひげ　あかひげ
山本周五郎作『赤ひげ診療譚』(1958)に登場する、小石川養生所の老医長。本名は新出去定。
¶**英雄事典**（赤ひげ　アカヒゲ）
架空人日（赤ひげ　あかひげ）
架空人物（赤ひげ）〔像〕
架空伝説（赤ひげ　あかひげ）
時代小説（新出去定　にいできょじょう）〔像(口絵)〕
日本人名（赤ひげ　あかひげ）

赤孫神　あかひこのかみ
三河国宝飫郡の赤日子神社の祭神。
¶**神仏辞典**（赤孫神・赤日子神　あかひこのかみ）

英賀姫神　あがひめのかみ
『播磨国風土記』『日本三代実録』に所出。飾磨郡英賀里の地名起源。
¶**神仏辞典**（英賀姫神・阿賀比売神　あがひめのかみ）

赤衾伊努意保須美比古佐倭気命　あかふすまいぬおおすみひこさわけのみこと
出雲国出雲郡の伊努社の祭神。
¶**神仏辞典**（赤衾伊努意保須美比古佐倭気命　あかふすまいぬおおすみひこさわけのみこと）

赤淵神　あかふちのかみ
但馬国朝来郡の赤淵神社の祭神。
¶**神仏辞典**（赤淵神　あかふちのかみ）

赤坊主　あかぼうず
ある貴族の家に現れた赤い法師の妖怪。『閑窓自語』に記される。
¶**全国妖怪**（アカボウズ〔京都府〕）
妖怪事典（アカボウズ）

赤星十三郎　あかぼしじゅうざぶろう
河竹黙阿弥作の歌舞伎『白浪五人男』(1862年初演)に登場する、白浪五人男の一。
¶**架空人日**（赤星十三郎　あかぼしじゅうざぶろう）
架空伝説（赤星十三郎　あかぼしじゅうざぶろう）
歌舞伎登（赤星十三郎　あかぼしじゅうざぶろう）
日本人名（赤星十三郎　あかぼしじゅうざぶろう）

赤穂神　あかほのかみ
大和国添上郡の赤穂神社、近江国伊香郡の阿加穂神社の祭神。
¶**神仏辞典**（赤穂神・阿加穂神　あかほのかみ）

赤堀水右衛門　あかぼりみずえもん
歌舞伎演目『敵討千手護助剣』に登場する、浜松藩に仕官した人物。
¶**歌舞伎登**（赤堀水右衛門　あかぼりみずえもん）

赤間源左衛門　あかまげんざえもん
3世瀬川如皐作の歌舞伎『与話浮名横櫛』(1853年初演)に登場する、木更津一帯をとりしきるヤクザの親分。
¶**架空人日**（赤間源左衛門　あかまげんざえもん）
歌舞伎登（赤間源左衛門　あかまげんざえもん）

アカマター
沖縄の動物の妖怪。斑蛇。
¶**全国妖怪**（アカマター〔沖縄県〕）
妖怪事典（アカマター）
妖怪大事典（アカマター）

アカマタ・クロマタ
沖縄県八重山諸島における豊年祭で、稲の豊作をもたらす来訪神として神格化される仮面仮装神。
¶**神文化史**（アカマタ・クロマタ）
世百新（アカマタ・クロマタ）〔像〕

赤松円心　あかまつえんしん
南北朝時代の武将。『太平記』に登場する。
¶**伝奇伝説**（赤松円心　あかまつえんしん　[生]建治3(1277)年　[没]正平5/観応1(1350)年）

赤松柏之助　あかまつかしわのすけ
柳亭種彦作の合巻『偐紫田舎源氏』(1829-42)に登場する武士。『源氏物語』の柏木に相当する。
¶**架空人日**（赤松柏之助　あかまつかしわのすけ）

赤松四郎　あかまつしろう
歌舞伎演目『けいせい天羽衣』に登場する、赤松満祐の子。
¶**歌舞伎登**（赤松四郎　あかまつしろう）

赤松水右衛門　あかまつすいえもん
遠州(静岡)浜松の武士。近松半二作の浄瑠璃『道中亀山噺』の登場人物。
¶**架空伝説**（赤松水右衛門　あかまつすいえもん）

赤松太郎高直　あかまつたろうたかなお
柳亭種彦作の合巻『偐紫田舎源氏』(1829-42)の主人公光氏の腹心。
¶**架空人日**（赤松太郎高直　あかまつたろうたかなお）

赤松梅柳　あかまつばいりゅう
歌舞伎演目『傘轆轤浮名濡衣』に登場する、もと浜田家の侍。
¶**歌舞伎登**（赤松梅柳 1　あかまつばいりゅう）

赤松梅龍　あかまつばいりゅう
歌舞伎演目『大経師昔暦』に登場する、大経師家の女中お玉の請け人で、その伯父。もと武士。
¶**歌舞伎登**（赤松梅龍 2　あかまつばいりゅう）

赤松満祐　あかまつみつすけ
室町前期の武将。将軍足利義教弑逆事件が文芸作品に描かれた。

架空・伝承編

¶架空伝承（赤松満祐　あかまつみつすけ　㊤文中2/応安6(1373)年　㊦嘉吉1(1441)年）
伝奇伝説（赤松満祐　あかまつみつすけ　㊤弘和1(1381)/文中2(1373)年　㊦嘉吉1(1441)年）

赤見神　あかみのかみ
近江国伊香郡の赤見神社の祭神。
¶神仏辞典（赤見神　あかみのかみ）

アカムシ
『本草綱目啓蒙』『想山著聞奇集』にあるもの。
¶妖怪事典（アカムシ）

阿加流比売神　あかるひめのかみ
新羅からやって来た太陽の女神。難波の比売碁曽社の祭神。
¶アジア女神（阿加流比売神　あかるひめのかみ）
神様読解（阿加流比売　あかるひめ）
広辞苑6（阿加流比売神　あかるひめのかみ）
神仏辞典（阿加流比売　あかるひめ）
大辞林3（阿加流比売神　あかるひめのかみ）
日本人名（阿加流比売　あかるひめ）

アカングヮーマジムン
沖縄県の赤ん坊の死霊。
¶幻想動物（アカングヮーマジムン）〔像〕
全国妖怪（アカングワーマジムン〔沖縄県〕）
妖怪事典（アカングヮーマジムン）
妖怪大事典（アカングヮーマジムン）

赤ん坊の生育を見守る神　あかんぼうのせいいくをみまもるかみ
アイヌのストゥイナウカムイの一種。赤ん坊が生まれるとすぐにハシドイで作り、家の神のそばに立てる。
¶神仏辞典（赤ん坊の生育を見守る神　あかんぼうのせいいくをみまもるかみ）

あきお
舟崎靖子作『あんちゃん』(1985)の主人公。
¶児童登場（あきお）

飽咋之宇斯能神　あきぐいのうしのかみ
伊弉諾が禊のために脱いだ冠より化生した神。
¶神様読解（飽咋之宇斯能神　あきぐいのうしのかみ）
神仏辞典（飽咋之宇斯能神　あきぐいのうしのかみ）

開口神　あきくちのかみ
和泉国大鳥郡の開口神社の祭神。
¶神仏辞典（開口神　あきくちのかみ）

詮子　あきこ
伊達藩主、伊達重村の娘。永井路子作『葛の葉抄』に登場する。
¶時代小説（詮子　あきこ）

明子　あきこ
芥川龍之介作『舞踏会』(1920)に登場する令嬢。

¶架空人日（明子　あきこ）

秋好中宮　あきこのむちゅうぐう
『源氏物語』に登場する、六条御息所の娘。
¶架空人日（秋好中宮　あきこのむちゅうぐう）
古典人東（秋好中宮　あきこのむちゅうぐう）

秋篠　あきしの
歌舞伎演目『しらぬい譚』に登場する、九州筑紫菊池家の惣領犬千代の乳母。
¶歌舞伎登（秋篠　あきしの）

秋月一角　あきづきいっかく
歌舞伎演目『東都名物錦絵始』に登場する、俗称「鳥目の一角」。京都花園家の家来。
¶歌舞伎登（秋月一角　あきづきいっかく）

秋月大膳　あきづきだいぜん
歌舞伎演目『新薄雪物語』に登場する、来国行を殺す悪役。
¶歌舞伎登（秋月大膳　あきづきだいぜん）

秋月弓之助　あきづきゆみのすけ
歌舞伎演目『生写朝顔話』に登場する、朝顔（深雪）の父。
¶歌舞伎登（秋月弓之助　あきづきゆみのすけ）

齶田浦神　あきたうらのかみ
現在の秋田市寺内児桜の古四王神社の祭神。
¶神仏辞典（齶田浦神　あきたうらのかみ）

秋田城介入道延明　あきたじょうのすけにゅうどうえんめい
歌舞伎演目『高時』に登場する、北条高時の重臣の一人。
¶歌舞伎登（秋田城介入道延明　あきたじょうのすけにゅうどうえんめい）

秋津右近　あきつうこん
宮本昌孝作『藩校早春賦』の登場人物。
¶時代小説（秋津右近　あきつうこん）

現御神　あきつかみ
現実に体を持ち、その体を現世に現している神。
¶神仏辞典（現御神・顕御神・明御神　あきつかみ）

秋津島　あきつしま
江戸中期の歌舞伎の登場人物。歌舞伎の相撲物に登場し、覇を競う。
¶歌舞伎登（秋津島　あきつしま）
説話伝説（秋津島・鬼ヶ嶽　あきつしま・おにがたけ）

安芸都彦神　あきつひこのかみ
『日本三代実録』に所出。安芸国の水神・海上守護の神。
¶神仏辞典（安芸都彦神　あきつひこのかみ）

商神　あきないがみ
　商人が祀る神。恵比寿神のこと。
　¶広辞苑6（商い神　あきないがみ）
　　神仏辞典（商神　あきないがみ）

阿紀神　あきのかみ
　大和国宇陀郡の阿紀神社の祭神。
　¶神仏辞典（阿紀神　あきのかみ）

安芸之介　あきのすけ
　小泉八雲作『怪談』（1904）収録の"The Dream of Akinosuke"に登場する人物。
　¶架空人日（安芸之介　あきのすけ）

秋葉佳介　あきばかすけ
　五味康祐作『柳生武芸帳』の登場人物。
　¶時代小説（秋葉佳介　あきばかすけ）

秋葉権現　あきはごんげん
　火防せの神。
　¶神様読解（秋葉権現　あきはごんげん）〔像〕
　　東洋神名（秋葉権現　アキハゴンゲン）〔像〕

秋葉山三尺坊　あきばさんさんしゃくぼう
　遠州秋葉山（静岡県周智郡と磐田郡の境）に祀られる天狗。
　¶妖怪事典（アキバサンサンシャクボウ）
　　妖怪大事典（秋葉山三尺坊　あきばさんさんしゃくぼう）〔像〕

秋毘売神　あきびめのかみ
　羽山戸神と大気都比売神（大宜都比売神）との婚姻によって生まれた神々八柱のうちの一女神。
　¶神様読解（秋毘売神　あきびめのかみ）
　　神仏辞典（秋毘売神・秋比売神　あきびめのかみ）
　　日本人名（秋毘売神　あきびめのかみ）

秋道　あきみち
　御伽草子『あきみち』に登場する武士。
　¶架空人日（秋道　あきみち）

秋道の妻　あきみちのつま
　『あきみち』の登場人物。父を盗賊の金山に殺された秋道の頼みで金山への復讐を助けた妻。のち罪深さから出家する。
　¶古典人学（秋道の妻　あきみちのつま）
　　古典人東（秋道の妻　あきみちのつま）

秋元但馬守　あきもとたじまのかみ
　江戸幕府老中。舟橋聖一作『絵島生島』の登場人物。
　¶時代小説（秋元但馬守　あきもとたじまのかみ）

秋山小兵衛　あきやまこへえ
　池波正太郎作『剣客商売』の主人公。
　¶架空伝承（秋山小兵衛　あきやまこへえ）
　　時代小説（秋山小兵衛　あきやまこへえ）
　　日本人名（秋山小兵衛　あきやまこへえ）

秋山自雲霊神　あきやまじうんれいじん
　東京都台東区の本性寺にある俗名を岡田孫右衛門という者の墓石を痔の神としているもの。各地に分霊もされる。
　¶神仏辞典（秋山自雲霊神　あきやまじうんれいじん）
　　世百新（秋山自雲　あきやまじうん）

秋山自在霊神　あきやまじざいれいしん
　妙泉寺（神奈川県小田原市）の本堂脇の小祠で祀られる。『風土記稿』に記されている痔神社。痔疾の人の守護神。
　¶神様読解（秋山自在霊神　あきやまじざいれいしん）〔像〕
　　東洋神名（秋山自在霊神　アキヤマジザイレイシン）〔像〕

秋山尊　あきやまそん
　石川県金沢市の三宝寺に祀る神。秋山神ともいう。旗本の秋山氏が死後、痔病を病む者の守護神となることを遺言したことによる。
　¶神仏辞典（秋山尊　あきやまそん）

秋山大治郎　あきやまだいじろう
　池波正太郎作『剣客商売』の登場人物。秋山小兵衛の息子。
　¶時代小説（秋山大治郎　あきやまだいじろう）

秋山忠雄　あきやまただお
　大岡昇平作『武蔵野夫人』（1950）に登場する、スタンダールの研究家、フランス語教師。
　¶架空人日（秋山忠雄　あきやまただお）

秋山長兵衛　あきやまちょうべえ
　歌舞伎演目『東海道四谷怪談』に登場する、民谷伊右衛門の浪人仲間。
　¶歌舞伎登（秋山長兵衛　あきやまちょうべえ）

秋山之下氷壮夫　あきやまのしたびおとこ
　『古事記』中巻の神話の主人公の一柱。春山之霞壮夫の兄。
　¶神様読解（秋山之下氷壮夫　あきやまのしたびおとこ）

秋山道子　あきやまみちこ
　大岡昇平作『武蔵野夫人』（1950）に登場する、美貌の女性。
　¶架空人日（秋山道子　あきやまみちこ）
　　日本人名（秋山道子　あきやまみちこ）

阿伎留神　あきるのかみ
　武蔵国多摩郡の阿伎留神社の祭神。
　¶神仏辞典（阿伎留神　あきるのかみ）

英比丸　あぐいまる
　菅原道真の三男、愛知県知多市英比五郷の開拓の祖。
　¶神仏辞典（英比丸　あぐいまる）

悪源太義平　あくげんたよしひら
⇒源義平（みなもとのよしひら）

悪七　あくしち
山手樹一郎作『夢介千両みやげ』の登場人物。
¶時代小説（悪七　あくしち）

悪七兵衛景清　あくしちびょうえかげきよ
⇒平景清（たいらのかげきよ）

悪禅師の風　あくぜんじのかぜ
駿河国（静岡県中東部）でいう風の怪異。
¶妖怪事典　（アクゼンジノカゼ）
妖怪大事典　（悪禅師の風　あくぜんじのかぜ）

悪太郎　あくたろう
狂言『悪太郎』のシテ（主役）。大酒飲みの乱暴者だったが、僧の弟子となりともに修行の旅に出る。
¶架空人日　（悪太郎　あくたろう）
架空伝説　（悪太郎　あくたろう）
歌舞伎登　（悪太郎　あくたろう）
古典人学　（悪太郎　あくたろう）
古典人東　（悪太郎　あくたろう）

安口の判官　あぐちのはんがん
古浄瑠璃『安口の判官』の登場人物。
¶日本人名　（安口の判官　あぐちのはんがん）

悪天狗　あくてんぐ
死後に天狗道に落ちて天狗となったもの。
¶幻想動物　（悪天狗）〔像〕

アグトネブリ
岩手県九戸地方でいう妖怪。
¶妖怪事典　（アグトネブリ）
妖怪大事典　（アグトネブリ）

阿久刀神　あくとのかみ
摂津国島上郡の阿久刀神社の祭神。
¶神仏辞典　（阿久刀神　あくとのかみ）

阿久斗毘売　あくとひめ
第3代安寧天皇の皇后。
¶神様読解　（阿久斗毘売　あくとひめ）

あくどぼっぽり
岩手県二戸市浄法寺町とその近辺に伝わる妖怪。
¶妖怪図鑑　（あくどぼっぽり）〔像〕
妖怪大事典　（アクドボッポリ）

飽波神　あくなみのかみ
駿河国益頭郡の飽波神社の祭神。
¶神仏辞典　（飽波神　あくなみのかみ）

阿具神　あぐのかみ
出雲国出雲郡式内社58社の阿具社の祭神。

¶神仏辞典　（阿具神・阿吾神　あぐのかみ）

阿久比神　あくひのかみ
尾張国知多郡の阿久比神社の祭神。
¶神仏辞典　（阿久比神　あくひのかみ）

灰汁坊主　あくぼうず
秋田県では、囲炉裏の灰の中に棲んでいるとされ、岩手県九戸郡では一膳飯を食べると出てくるといわれた妖怪。
¶幻想動物　（灰汁坊主）〔像〕
神仏辞典　（灰汁坊主　あくぼうず）
全国妖怪　（アクボウズ〔岩手県〕）
全国妖怪　（アクボウズ〔秋田県〕）
妖怪事典　（アクボウズ）
妖怪大事典　（アク坊主　あくぼうず）

悪魔　あくま
仏教において仏道を妨げる悪神、鬼神、夜叉。日本では怨霊、御霊などの浮遊霊やその幻影を具現化した天狗なども指した。
¶神仏辞典　（悪魔　あくま）
世百新　（悪魔　あくま）
世妖精妖怪　（デーモン）〔像〕
大辞林3　（悪魔　あくま）
妖精百科　（悪魔）

悪魔　あくま
動物の妖怪。猿に似た想像上の獣。
¶神仏辞典　（悪魔　あくま）

悪魔ヶ風　あくまがかぜ
外気の妖怪。三重県志摩郡志摩町でいう。
¶神仏辞典　（悪魔ヶ風　あくまがかぜ）
妖怪事典　（アクマガカゼ）
妖怪大事典　（悪魔ヶ風　あくまがかぜ）

阿具麻神　あぐまのかみ
尾張国丹羽郡の阿具麻神社の祭神。
¶神仏辞典　（阿具麻神　あぐまのかみ）

あぐり
海音寺潮五郎作『二本の銀杏』の登場人物。
¶時代小説　（あぐり）

悪霊　あくりょう
人に祟りをする死者の霊魂。
¶奇談逸話　（悪霊　あくりょう）
広辞苑6　（悪霊　あくりょう）
大辞林3　（悪霊　あくりょう）

悪路王　あくろおう
桓武天皇の代に東国で叛乱を引き起こした、伝説上の存在。
¶英雄事典　（悪路王　アクロオウ）
奇談逸話　（悪路王　あくろおう）
幻想動物　（悪路王）〔像〕
コン5　（悪路王　あくろおう）
新潮日本　（悪路王　あくろおう）

あくろ

人物伝承（阿弖流為・悪路王 あてるい・あくろおう ㊹）㉘延暦21（802）年）
説話伝説（悪路王 あくろおう）
伝奇伝説（悪路王 あくろおう）
東洋神名（悪路王 アクロオウ）〔像〕
日本人名（悪路王 あくろおう 生没年未詳）
妖怪事典（アクロオウ）
妖怪大事典（悪路王 あくろおう）

悪路神の火　あくろじんのひ
安部友之進の『採薬記』に出ている伊勢国のある場所に現れる、路を往来する火。出会うと疫病にかかる。
¶水木妖怪（悪路神の火 あくろじんのひ）〔像〕
妖怪事典（アクロジンノヒ）
妖怪大全（悪路神の火 あくろじんのひ）〔像〕
妖怪大事典（悪路神の火 あくろじんのひ）〔像〕

朱絹　あけぎぬ
山田風太郎作『甲賀忍法帖』の登場人物。
¶時代小説（朱絹 あけぎぬ）

アケシノ
『おもろさうし』に登場する神女。
¶アジア女神（アケシノ）

アケシノロ火神
硫黄鳥島の火の神。
¶アジア女神（アケシノロ火神）

明立天御影命　あけたつあめのみかげのみこと
現在の桑名市額田の額田神社の祭神。
¶神仏辞典（明立天御影命 あけたつあめのみかげのみこと）

曙立王　あけたつのおう
『古事記』にみえる開化天皇の孫。
¶日本人名（曙立王 あけたつのおう）

阿居太都命　あけたつのみこと
『新撰姓氏録』に所出。神魂命8世の孫、県犬養宿禰・大椋置始連の祖。
¶神仏辞典（阿居太都命 あけたつのみこと）

明智小五郎　あけちこごろう
江戸川乱歩の小説に登場する名探偵。
¶英雄事典（明智小五郎 アケチコゴロウ）
架空人日（明智小五郎）
架空人物（明智小五郎）
架空伝承（明智小五郎 あけちこごろう）
架空伝説（明智小五郎 あけちこごろう）
コン5（明智小五郎 あけちこごろう）
新潮日本（明智小五郎）
児童登場（明智小五郎）
日本人名（明智小五郎 あけちこごろう）
名探偵日（明智小五郎 あけちこごろう）

明智十兵衛光秀　あけちじゅうべえみつひで
井原西鶴作の浮世草子『武家義理物語』(1688)巻一の二「瘧子はむかしの面影」に登場する武士。
¶架空人日（明智十兵衛光秀 あけちじゅうべえみつひで）

阿計知神　あけちのかみ
出雲国楯縫郡の阿計知神社の祭神。
¶神仏辞典（阿計知神 あけちのかみ）

明智光秀　あけちみつひで
安土桃山時代の武将。織田信長の家臣。本能寺の変を起こした。江戸時代の文学や芸能における一連の「太閤記物」に登場した。
¶架空伝承（明智光秀 あけちみつひで ㊹享禄1(1528)年 ㉘天正10(1582)年）〔像〕
奇談逸話（明智光秀 あけちみつひで ㊹享禄1(1528)年? ㉘天正10(1582)年）
古典人学（明智光秀 あけちみつひで）
コン5（明智光秀 あけちみつひで ㊹大永6(1526)年 ㉘天正10(1582)年）
神仏辞典（明智光秀 あけちみつひで）
説話伝説（明智光秀 あけちみつひで ㊹享禄1(1528)年 ㉘天正10(1582)年）
世百新（明智光秀 あけちみつひで ㊹享禄1(1528)年? ㉘天正10(1582)年）
伝奇伝説（明智光秀 あけちみつひで ㊹享禄1(1528)年? ㉘天正10(1582)年）〔像〕

阿気大神　あげのおおかみ
『日本文徳天皇実録』に所出。伊豆より新たに移った神で駿河国駿河郡に鎮座。
¶神仏辞典（阿気大神 あげのおおかみ）

翅源左衛門　あげはげんざえもん
歌舞伎演目『若木仇名草』に登場する、桜川蘭蝶（実は翅蝶三郎）の兄で石山藩士。
¶歌舞伎登（翅源左衛門 あげはげんざえもん）

揚巻　あげまき
歌舞伎演目『黒手組曲輪達引』に登場する、押上村の百姓白酒売り新兵衛娘お巻。吉原に身売りし、花魁となる。
¶歌舞伎登（揚巻2 あげまき）〔像〕

揚巻　あげまき
歌舞伎演目『紙子仕立両面鑑』に登場する、大坂新町扇屋の遊女。
¶歌舞伎登（揚巻3 あげまき）

揚巻　あげまき
江戸時代の遊女の名。京島原丹波屋の遊女。宝永期に舞台化された。総角とも書く。
¶架空伝承（揚巻／総角 あげまき）
新潮日本（揚 あげまき 生没年不詳）
説話伝説（揚 あげまき 生没年未詳）〔像〕
世百新（揚巻／総角 あげまき）
日本人名（揚巻(1) あげまき 生没年未詳）

揚巻　あげまき
江戸時代の遊女の名。江戸吉原三浦屋の遊女。歌舞伎十八番『助六』劇のヒロインとなった。総角とも書く。

架空・伝承編

¶架空人日（揚巻　あげまき）
架空伝承（揚巻／総角　あげまき）
架空伝説（揚巻　あげまき）〔像〕
歌舞伎登（揚巻1『助六由縁江戸桜』　あげまき）〔像〕
広辞苑6（揚巻　あげまき）
新潮日本（揚巻　あげまき　生没年不詳）
説話伝説（揚巻　あげまき　生没年未詳）〔像〕
世百新（揚巻／総角　あげまき）
大辞林3（揚巻　あげまき）
伝奇伝説（揚巻　あげまき）
日本人名（揚巻（2）　あげまき　生没年未詳）

総角助六　あげまきのすけろく
⇒助六（すけろく）

朱実　あけみ
吉川英治作『宮本武蔵』の登場人物。
¶時代小説（朱実　あけみ）

朱実　あけみ
角田喜久雄作『風雲将棋谷』の登場人物。
¶時代小説（朱実　あけみ）

アゲヤマ
宮崎県椎葉地方で、作業すると祟りがあると恐れられた山。
¶妖怪事典（アゲヤマ）

阿己　あこ
尾張（愛知県）の傀儡遊芸人。人形浄瑠璃『壇浦兜軍記』などに登場する平景清の愛妓阿古屋のことともいわれる。
¶日本人名（阿己　あこ　生没年未詳）

赤穂浪士　あこうろうし
主君播磨赤穂城主浅野内匠頭長矩の仇討として吉良上野介義央を討った者たち。「忠臣蔵物」として、劇化され、人気を博した。
¶英雄事典（赤穂浪士　アコウロウシ）
架空伝承（赤穂浪士　あこうろうし）〔像〕
神仏辞典（赤穂浪士　あこうろうし）

あこを神
静岡市石田で子どもの夜泣きと咳に治験のあるとされた神。
¶神仏辞典（あこを神　あこをがみ）

あこぎ
『落窪物語』の登場人物。落窪の君に仕える忠実な女房。
¶架空人日（阿漕　あこぎ）
架空伝説（阿漕　あこぎ）
古典人学（あこぎ）
古典人東（あこぎ）

阿古木　あこぎ
柳亭種彦作の合巻『修紫田舎源氏』に登場する六条三筋町の遊女。

¶架空人日（阿古木　あこぎ）
架空伝説（阿古木　あこぎ）

阿漕　あこぎ
伊勢国阿漕浦の伝説上の漁師漁夫。謡曲『阿漕』に登場する。
¶架空人日（阿漕　あこぎ）
神話伝説（阿漕　あこぎ）
説話伝説（阿漕　あこぎ）
大辞林3（阿漕の平次　あこぎのへいじ）
伝奇伝説（阿漕　あこぎ）

阿古木源之丞　あこぎげんのじょう
歌舞伎演目『夢結蝶鳥追』に登場する、直参の身分でありながら鳥追いのおこよを見染める男。
¶歌舞伎登（阿古木源之丞　あこぎげんのじょう）

阿漕の平次　あこぎのへいじ
歌舞伎演目『勢州阿漕浦』に登場する、もと、坂上田村麿家臣桂平次清房。父の敵を求める旅に出る。
¶歌舞伎登（阿漕の平次　あこぎのへいじ）

顎十郎　あごじゅうろう
⇒仙波阿古十郎（せんばあこじゅうろう）

アゴジョ
佐賀県地方でいう妖怪の児童語。
¶妖怪事典（アゴジョ）

阿古谷神　あこたにのかみ
但馬国美含郡の阿古谷神社の祭神。
¶神仏辞典（阿古谷神　あこたにのかみ）

阿胡尼命　あこねのみこと
『播磨国風土記』に所出。飾磨郡安相里に、但馬国造として記載。
¶神仏辞典（阿胡尼命　あこねのみこと）

阿吾神　あごのかみ
出雲国出雲郡の阿吾神社の祭神。
¶神仏辞典（阿吾神　あごのかみ）

阿古屋　あこや
近松門左衛門作『出世景清』などに登場する清水坂の遊女。幸若・古浄瑠璃『景清』では「あこ王」。
¶架空伝承（阿古屋　あこや）〔像〕
歌舞伎登（阿古屋　あこや）〔像〕
コン5（阿古屋　あこや）
世百新（阿古屋　あこや）
大辞林3（阿古屋　あこや）
日本人名（阿古屋　あこや）
日本人名（阿古耶　あこや）

アーコワ
京都府地方でいう妖怪の児童語。
¶妖怪事典（アーコワ）

阿巌法師　あごんほうし
吉川英治作『宮本武蔵』の登場人物。
¶**時代小説**（阿巌法師　あごんほうし）

旦飯野神　あさいいののかみ
越後国蒲原郡の旦飯野神社の祭神。
¶**神仏辞典**（旦飯野神　あさいいののかみ）

浅井長政　あさいながまさ
戦国大名。近江国小谷城々主。久政の子。
¶**説話伝説**（浅井長政　あさいながまさ [生]天文14（1545）年 [没]天正1（1573）年）〔像〕
伝奇伝説（浅井長政　あさいながまさ [生]天文14（1545）年 [没]天正1（1573）年）〔像〕

朝比奈義秀　あさいなよしひで
⇒朝比奈三郎義秀（あさひなさぶろうよしひで）

浅井神　あさいのかみ
尾張国中島郡、越中国礪波郡の浅井神社の祭神。
¶**神仏辞典**（浅井神　あさいのかみ）

浅井久政　あさいひさまさ
近江国小谷城々主。
¶**説話伝説**（浅井久政　あさいひさまさ [生]? [没]天正1（1573）年）

浅井比咩命　あさいひめのみこと
『近江国風土記』逸文にみえる神。
¶**日本人名**（浅井比咩命　あさいひめのみこと）

浅井了意　あさいりょうい
江戸前期の仮名草子作者、真宗大谷派の僧侶。
¶**説話伝説**（浅井了意　あさいりょうい [生]? [没]元禄4（1691）年）
伝奇伝説（浅井了意　あさいりょうい [生]慶長17（1612）年? [没]元禄4（1691）年）

浅尾　あさお
江戸時代中期の女性。加賀騒動の中心人物の一人。
¶**日本人名**（浅尾　あさお [生]? [没]1756年）

浅岡　あさおか
歌舞伎演目『早苗鳥伊達聞書』に登場する、伊達安芸の娘。家督を継いだ幼君亀千代の乳母。
¶**歌舞伎登**（浅岡　あさおか）

麻桶の毛　あさおけのけ
徳島県三好郡賀茂村でいう怪異。
¶**妖怪事典**（アサオケノケ）
妖怪大事典（麻桶の毛　あさおけのけ）〔像〕

浅香　あさか
歌舞伎演目『小栗判官車街道』に登場する、横山大膳の長男太郎の妻。
¶**歌舞伎登**（浅香　あさか）

浅香　あさか
歌舞伎演目『生写朝顔話』に登場する、秋月弓之助の娘深雪（のちの朝顔）の乳母。
¶**歌舞伎登**（浅香　あさか）

浅香　あさか
歌舞伎演目『竜女三十二相』に登場する、鎌田兵衛の妻。
¶**歌舞伎登**（浅香　あさか）

浅香市之進　あさかいちのしん
歌舞伎演目『鑓の権三重帷子』に登場する、山陰の某藩の御膳番。
¶**歌舞伎登**（浅香市之進　あさかいちのしん）

朝顔　あさがお
『源氏物語』の登場人物。桃園式部卿宮の姫君。
¶**古典人学**（朝顔　あさがお）
古典人東（朝顔　あさがお）

朝顔　あさがお
⇒深雪（みゆき）

朝顔仙平　あさがおせんべい
金井三笑作の歌舞伎『助六所縁江戸桜』（1761年初演）に登場する、ヤクザの三下。
¶**架空人日**（朝顔せん平　あさがおせんべい）
歌舞伎登（朝顔仙平　あさがおせんぺい）

槿の斎院　あさがおのさいいん
『源氏物語』に登場する、桐壺帝の弟の桃園式部卿の宮の娘。
¶**架空人日**（槿の斎院　あさがおのさいいん）

朝顔の仙太郎　あさがおのせんたろう
歌舞伎演目『貢曽我富士着綿』「助六」のパロディーの主人公。
¶**歌舞伎登**（朝顔の仙太郎　あさがおのせんたろう）

浅香恵之助　あさかけいのすけ
行友李風作『修羅八荒』に登場する人物。
¶**架空伝説**（浅香恵之助　あさかけいのすけ）

安積澹泊　あさかたんぱく
江戸中期の儒学者。彰考館に入り、徳川光圀の『大日本史』編纂事業に参画。水戸黄門の諸国漫遊譚に登場する格さんのモデルといわれる。
¶**コン5**（安積澹泊　あさかたんぱく [生]明暦1（1655）年 [没]元文2（1737）年）
新潮日本（安積澹泊　あさかたんぱく [生]明暦2（1656）年 [没]元文2（1737）年12月10日）
日本人名（安積澹泊　あさかたんぱく [生]1656年 [没]1738年）

阿耶賀大神　あざかのおおかみ
伊勢国一志郡の阿射加神社三座の祭神。
¶**神仏辞典**（阿耶賀大神・阿射加神　あざかのおおかみ）

浅香姫　あさかひめ
　歌舞伎演目『摂州合邦辻』に登場する、和泉の蔭山長者の娘。
　¶歌舞伎登（浅香姫　あさかひめ）

安積山の男　あさかやまのおとこ
　『大和物語』の登場人物。大納言に内舎人として仕えていた男が、その娘を盗み出し、安積山（福島県）に逃げ庵を作って住まわせた。
　¶古典人東（安積山の男　あさかやまのおとこ）

浅川　あさかわ
　小林多喜二作『蟹工船』(1929)に登場する、蟹工船博光丸の漁業監督。
　¶架空人日（浅川　あさかわ）

朝吉　あさきち★
　今東光の『悪名』(1961)で活躍する、河内男。
　¶架空人物（朝吉）

朝霧　あさぎり
　柳亭種彦作の合巻『偐紫田舎源氏』(1829-42)に登場する、明石に住む山名宗入秘蔵の一人娘。
　¶架空人日（朝霧　あさぎり）

朝熊神　あさくまのかみ
　伊勢国度会郡の朝熊神社の祭神。
　¶神仏辞典（朝熊神　あさくまのかみ）

朝酌神　あさくみのかみ
　出雲国嶋根郡の朝酌社の祭神。
　¶神仏辞典（朝酌神　あさくみのかみ）

朝酌下神　あさくみのしものかみ
　出雲国嶋根郡の朝酌下社の祭神。
　¶神仏辞典（朝酌下神　あさくみのしものかみ）

朝倉神　あさくらのかみ
　筑前国に鎮座する朝倉社の祭神。
　¶神仏辞典（朝倉神・旦椋神・朝椋神　あさくらのかみ）

朝倉彦命神　あさくらひこのみことのかみ
　石見国安濃郡の朝倉彦神社の祭神。
　¶神仏辞典（朝倉彦命神　あさくらひこのみことのかみ）

朝倉兵庫之助　あさくらひょうごのすけ
　鳥羽亮作『三鬼の剣』の登場人物。
　¶時代小説（朝倉兵庫之助　あさくらひょうごのすけ）

朝倉義景　あさくらよしかげ
　戦国時代の越前国の大名。
　¶説話伝説（朝倉義景　あさくらよしかげ　㋳天文2(1533)年　㋔天正1(1573)年）
　　伝奇伝説（朝倉義景　あさくらよしかげ　㋳天文1(1532)年　㋔天正1(1573)年）〔像〕

朝来石部神　あさこのいそべのかみ
　但馬国朝来郡の朝来石部神社の祭神。
　¶神仏辞典（朝来石部神　あさこのいそべのかみ）

浅茅ヶ原の鬼婆　あさじがはらのおにばば
　東京都台東区浅草に伝わる伝説で、浅茅ヶ原の一軒家に住む鬼婆。旅の稚児（観音様の化身）の身代わりになって死んだ愛娘を追って身を投げたとも、改心して仏門に入ったとも伝わる。
　¶妖怪事典（アサジガハラノオニババ）
　　妖怪大事典（浅茅ヶ原の鬼婆　あさじがはらのおにばば）

浅茅の宿の女　あさぢのやどのおんな
　『今昔物語集』の登場人物。別の女と一緒になった男に京の家に残された女。
　¶古典人学（浅茅の宿の女　あさぢのやどのおんな）

浅妻　あさづま
　歌舞伎演目『浅妻船』に登場する、琵琶湖東岸の朝妻の遊女。
　¶歌舞伎登（浅妻　あさづま）

阿佐多知比古神　あさたちひこのかみ
　阿波国勝浦郡の阿佐多知比古神社の祭神。
　¶神仏辞典（阿佐多知比古神　あさたちひこのかみ）

麻殿　あさどん
　九州南部における麻の神。
　¶神仏辞典（麻殿　あさどん）

浅野内匠頭　あさのたくみのかみ
　播磨赤穂城主。江戸城本丸の松之廊下で吉良義央に斬りつけ、即日、切腹・改易の処分をうけた。その遺臣たちによる、赤穂浪士の討入りは有名。
　¶架空伝承（浅野内匠頭　あさのたくみのかみ　㋳寛文7(1667)年　㋔元禄14(1701)年）〔像〕
　　歌舞伎登（浅野内匠頭　あさのたくみのかみ）
　　時代小説（浅野内匠頭　あさのたくみのかみ）
　　世百新（浅野長矩　あさのながのり　㋳寛文7(1667)年　㋔元禄14(1701)年）
　　伝奇伝説（浅野内匠頭　あさのたくみのかみ　㋳寛文7(1667)年　㋔元禄14(1701)年）〔像〕

浅野長矩　あさのながのり
　⇒浅野内匠頭（あさのたくみのかみ）

厚狭の寝太郎　あさのねたろう
　山口県厚狭郡に伝わる伝説上の人物。室町時代の庄屋の息子で、寝てばかりいるので人びとから寝太郎と呼ばれた。
　¶コン5（厚狭寝太郎　あさのねたろう）
　　伝奇伝説（厚狭の寝太郎　あさのねたろう）
　　日本人名（厚狭寝太郎　あさのねたろう）

朝野魚養　あさののうおかい
　奈良時代、桓武朝の官僚。

¶架空人日（朝野宿禰魚養　あさののすくねうおかい）
コン5（朝野魚養　あさののうおかい　生没年不詳）

朝野宿禰魚養　あさののすくねうおかい
⇒朝野魚養（あさののうおかい）

浅原為頼　あさはらためより
鎌倉後期の武将。「強弓の大力」の武士。
¶伝奇伝説（浅原為頼　あさはらためより [生]? [没]正応3（1290）年）

朝日長者　あさひちょうじゃ
城跡や長者の屋敷跡に財宝が埋まっているという伝説に登場する人物。
¶架空伝承（朝日長者　あさひちょうじゃ）
神仏辞典（朝日長者　あさひちょうじゃ）
神話伝説（朝日長者　あさひちょうじゃ）
説話伝説（朝日長者　あさひちょうじゃ）
伝奇伝説（朝日長者　あさひちょうじゃ）
日本人名（朝日長者　あさひちょうじゃ）

朝日豊明姫抜田神　あさひとよあきらひめぬきたのかみ
『日本三代実録』に所出。大和国の神。
¶神仏辞典（朝日豊明姫抜田神　あさひとよあきらひめぬきたのかみ）

朝日豊明姫抜田子神　あさひとよあきらひめぬきたのみこのかみ
『日本三代実録』に所出。大和国の神。
¶神仏辞典（朝日豊明姫抜田子神　あさひとよあきらひめぬきたのみこのかみ）

朝比奈三郎義秀　あさひなさぶろうよしひで
鎌倉前期の武将。大刀の猛者として物語や能狂言に登場する。歌舞伎の曾我狂言では、曾我兄弟を援助する人物。
¶朝日歴史（朝比奈義秀　あさひなよしひで [生]安元2（1176）年 [没]?）
架空人日（朝比奈三郎義秀　あさいなさぶろうよしひで）
架空伝承（朝比奈義秀　あさひなよしひで [生]安元2（1176）年? [没]?）〔像〕
架空伝説（朝比奈義秀　あさい（ひ）なよしひで）〔像〕
歌舞伎登（朝比奈 1『寿曽我対面』　あさひな）〔像〕
歌舞伎登（朝比奈 2『正札付根元草摺』　あさひな）〔像〕
歌舞伎登（朝比奈 3『岸姫松轡鑑』　あさひな）
広辞苑6（朝比奈義秀　あさいなよしひで [生]1176年 [没]?）
古典人学（朝比奈三郎義秀　あさいなのさぶろうよしひで）
新潮日本（朝比奈義秀　あさひなよしひで [生]安元2（1176）年 [没]?）
神仏辞典（朝比奈義秀　あさひなよしひで 生没年未詳）
説話伝説（朝比奈三郎義秀　あさひなさぶろうよしひで [生]安元2（1176）年 [没]?）
世百新（朝比奈義秀　あさひなよしひで [生]安元2（1176）年? [没]?）
伝奇伝説（朝比奈　あさひな 生没年未詳）
日本人名（朝比奈義秀　あさひなよしひで [生]1176年 [没]?）

朝比奈藤兵衛　あさひなとうべえ
歌舞伎演目『極彩色娘扇』に登場する、主筋お品の身請け金50両を調達するために奔走する人物。
¶歌舞伎登（朝比奈藤兵衛　あさひなとうべえ）

朝比奈弥太郎　あさひなやたろう
講談の登場人物。「寛永御前試合」において、関口弥太郎、または初鹿野伝右衛門らと試合をしたとされる。
¶日本人名（朝比奈弥太郎（2）　あさひなやたろう）

朝比奈豊　あさひなゆたか
梶山季之の産業スパイ小説『黒の試走車』の主人公。
¶名探偵日（朝比奈豊　あさひなゆたか）

朝比奈義秀　あさひなよしひで
⇒朝比奈三郎義秀（あさひなさぶろうよしひで）

朝日波多加神　あさひはたかのかみ
遠江国長上郡の朝日波多加神社の祭神。
¶神仏辞典（朝日波多加神　あさひはたかのかみ）

朝吹里矢子　あさぶきりやこ
夏樹静子の「弁護士・朝吹里矢子シリーズ」のヒロイン。弁護士。
¶名探偵日（朝吹里矢子　あさぶきりやこ）

浅間ケ嶽金平坊　あさまがたけこんぺいぼう
長野県浅間山の天狗。
¶妖怪事典（アサマガタケコンペイボウ）
妖怪大事典（浅間ヶ嶽金平坊　あさまがたけこんぺいぼう）

浅間左衛門　あさまさえもん
歌舞伎演目『敵討高音鼓』に登場する、天王寺の舞楽の楽人。鳥兜を被る舞楽の伶人姿で登場する悪人。
¶歌舞伎登（浅間左衛門　あさまさえもん）

浅間巴之丞　あさまともえのじょう
歌舞伎演目『曽我綉侠御所染』に登場する、奥州の領主。
¶歌舞伎登（浅間巴之丞　あさまともえのじょう）

浅間神　あさまのかみ
駿河国富士郡、甲斐国八代郡、但馬国養父郡の浅間神社の祭神。
¶神仏辞典（浅間神　あさまのかみ）

浅水与四郎　あさみずよしろう
菊地寛作『忠直卿行状記』の登場人物。
¶時代小説（浅水与四郎　あさみずよしろう）

阿邪美都比売命　あざみつひめのみこと
　第11代垂仁天皇の皇女。
　¶神様読解（阿邪美都比売命　あざみつひめのみこと）
　　神仏辞典（阿邪美都比売命　あざみつひめのみこと）

薊瓊入媛　あざみにいりひめ
　記紀にみえる垂仁天皇の妃。
　¶日本人名（薊瓊入媛　あざみにいりひめ）

朝岑神　あさみねのかみ
　土佐国長岡郡の朝峯神社の祭神。
　¶神仏辞典（朝岑神・朝峯神　あさみねのかみ）

阿邪美能伊理毘売命　あざみのいりびめのみこと
　第11代垂仁天皇の妻の一人。
　¶神様読解（阿邪美能伊理毘売命　あざみのいりびめのみこと）
　　神仏辞典（阿邪美能伊理毘売命　あざみのいりびめのみこと）

浅見光彦　あさみみつひこ
　内田康夫の「浅見光彦シリーズ」の主人公。ルポライター。
　¶名探偵日（浅見光彦　あさみみつひこ）

浅山主膳　あさやましゅぜん
　歌舞伎演目『隅田川続俤』に登場する、検死の役人。
　¶歌舞伎登（浅山主膳　あさやましゅぜん）

朝山神　あさやまのかみ
　出雲国神門郡の浅山社、『延喜式』の朝山神社の祭神。
　¶神仏辞典（朝山神・浅山神　あさやまのかみ）

浅利与市　あさりのよいち
　歌舞伎演目『和田合戦女舞鶴』に登場する、板額の夫。
　¶歌舞伎登（浅利与市　あさりのよいち）

浅利又七郎　あさりまたしちろう
　松戸の中西派一刀流浅利道場主。津本陽作『千葉周作』の登場人物。
　¶時代小説（浅利又七郎　あさりまたしちろう）

阿紫　あし★
　狐は昔の娼婦が変じたものであるとされ、それが自ら名乗る名。
　¶日本未確認（阿紫）

葦稲葉神　あしいなばのかみ
　『続日本後紀』『日本三代実録』に所出。阿波国の神。
　¶神仏辞典（葦稲葉神・葦稲羽神　あしいなばのかみ）

足王　あしおう
　岡山県阿哲郡大佐町上刑部で足の神として祀られていたもの。
　¶神仏辞典（足王　あしおう）

葦を刈る男の女房　あしをかるおとこのにょうほう
　『大和物語』に登場する人物。
　¶架空伝説（葦を刈る男の女房　あしをかるおとこのにょうほう）

足利左金吾頼兼　あしかがさきんごよりかね
　歌舞伎演目『伽羅先代萩』に登場する、出羽・奥州五十四郡の領主。
　¶歌舞伎登（足利左金吾頼兼　あしかがさきんごよりかね）

足利尊氏　あしかがたかうじ
　室町幕府の初代将軍。足利貞氏の次子。
　¶架空人日（足利尊氏　あしかがたかうじ）
　　架空伝承（足利尊氏　あしかがたかうじ　㊤嘉元3（1305）年　㊥正平13/延文3（1358）年）
　　奇談逸話（足利尊氏　あしかがたかうじ　㊤嘉元3（1305）年　㊥正平13（1358）年）
　　古典人学（足利尊氏　あしかがたかうじ）
　　古典人東（足利尊氏　あしかがたかうじ）
　　人物伝説（足利尊氏　あしかがたかうじ　㊤嘉元3（1305）年　㊥延文3（1358）年）〔像〕
　　説話伝説（足利尊氏　あしかがたかうじ　㊤嘉元3（1305）年　㊥延文3/正平13（1358）年）〔像〕
　　伝奇伝説（足利尊氏　あしかがたかうじ　㊤嘉元3（1305）年　㊥正平13（1358）年）〔像〕

足利直義　あしかがただよし
　初期室町幕府の執政者、武将。足利尊氏の弟。
　¶架空伝承（足利直義　あしかがただよし　㊤徳治1（1306）年　㊥正平7/文和1（1352）年）
　　歌舞伎登（足利直義　あしかがただよし）
　　古典人東（足利直義　あしかがただよし）
　　説話伝説（足利直義　あしかがただよし　㊤徳治1（1306）年　㊥文和1/正平5（1352）年）

足利又太郎忠綱　あしかがまたたろうただつな
　下野国の武士。『平家物語』に登場する。
　¶架空人日（足利又太郎忠綱　あしかがまたたろうただつな）

足利光氏　あしかがみつうじ
　柳亭種彦作の合巻『修紫田舎源氏』（1829-42刊）の主人公。父は将軍足利義正、母は花桐。『源氏物語』の光源氏に擬した人物。また、それを原作とした歌舞伎『田舎源氏露東雲』の主人公。
　¶架空人日（光氏　みつうじ）
　　架空伝承（足利光氏　あしかがみつうじ）〔像〕
　　歌舞伎登（足利光氏　あしかがみつうじ）
　　古典人学（足利光氏　あしかがみつうじ）
　　古典人東（足利光氏　あしかがみつうじ）
　　コン5（足利光氏　あしかがみつうじ）
　　日本人名（足利光氏　あしかがみつうじ）

足鏡別王 あしかがみわけのみこ
倭建命の子。母は山代の玖玖麻理毛比売。
　¶**神様読解**（足鏡別王　あしかがみわけのみこ）

足利持氏 あしかがもちうじ
室町前期の武将。第4代鎌倉公方。
　¶**伝奇伝説**（足利持氏　あしかがもちうじ　㊤応永5 (1398)年　㊦永享11 (1439)年）

足利義昭 あしかがよしあき
室町幕府第15代将軍。
　¶**奇談逸話**（足利義昭　あしかがよしあき　㊤天文6 (1537)年　㊦慶長2 (1597)年）
　説話伝説（足利義昭　あしかがよしあき　㊤天文6 (1537)年　㊦慶長2 (1597)年）

足利義詮 あしかがよしあきら
室町幕府第2代将軍。
　¶**説話伝説**（足利義詮　あしかがよしあきら　㊤元徳2 (1330)年　㊦貞治6 (1367)年）

足利義輝 あしかがよしてる
室町幕府第13代将軍。
　¶**説話伝説**（足利義輝　あしかがよしてる　㊤天文5 (1536)年　㊦永禄8 (1565)年）

足利義教 あしかがよしのり
　⇒義円（ぎえん）

足利義尚 あしかがよしひさ
室町幕府第9代将軍。
　¶**伝奇伝説**（足利義尚　あしかがよしひさ　㊤寛政6 (1465)年　㊦長享3 (1489)年）

足利義尚 あしかがよしひさ
柳亭種彦作の合巻『偐紫田舎源氏』に登場する、足利義正の後を嗣いだ将軍。『源氏物語』の朱雀院に相当する。
　¶**架空人日**（足利義尚　あしかがよしひさ）

足利義政 あしかがよしまさ
室町時代第8代将軍。
　¶**奇談逸話**（足利義政　あしかがよしまさ　㊤永享8 (1436)年　㊦延徳2 (1490)年）
　説話伝説（足利義政　あしかがよしまさ　㊤永享8 (1436)年　㊦延徳2 (1490)年）
　伝奇伝説（足利義政　あしかがよしまさ　㊤永享8 (1436)年　㊦延徳2 (1490)年）

足利義正 あしかがよしまさ
柳亭種彦作の合巻『偐紫田舎源氏』に登場する将軍。『源氏物語』の桐壺帝に擬せられる。
　¶**架空人日**（足利義正　あしかがよしまさ）

足利義満 あしかがよしみつ
室町時代第3代将軍。
　¶**架空伝説**（足利義満　あしかがよしみつ）
　時代小説（足利義満　あしかがよしみつ）

　説話伝説（足利義満　あしかがよしみつ　㊤正平13 (1358)年　㊦応永15 (1408)年）［像］
　伝奇伝説（足利義満　あしかがよしみつ　㊤延文3 (1358)年　㊦応永15 (1408)年）［像］

阿自賀神 あじかのかみ
伊勢国河曲郡の阿自賀神社の祭神。
　¶**神仏辞典**（阿自賀神　あじかのかみ）

阿遅加神 あじかのかみ
尾張国葉栗郡の阿遅加神社の祭神。
　¶**神仏辞典**（阿遅加神　あじかのかみ）

葦鹿神 あしかのかみ
出雲国飯石郡の葦鹿社の祭神。
　¶**神仏辞典**（葦鹿神　あしかのかみ）

足鹿神 あしかのかみ
但馬国朝来郡の足鹿神社の祭神。
　¶**神仏辞典**（足鹿神　あしかのかみ）

足柄之坂本神 あしがらのさかもとのかみ
記紀神話の足柄山の神。小碓命（倭建命）の東征のおりに登場する。
　¶**英雄事典**（足柄之坂本神　アシガラノサカモトノカミ）
　神様読解（足柄之坂本神　あしがらのさかもとのかみ）

葦刈りの男 あしかりのおとこ
『大和物語』の登場人物。摂津の国難波付近の住人。
　¶**古典人学**（葦刈りの男　あしかりのおとこ）
　古典人東（芦刈の男　あしかりのおとこ）

阿地川盤嶽 あじがわばんがく
白井喬二作『盤嶽の一生』の登場人物。
　¶**架空伝説**（阿地川盤嶽　あじがわばんがく）
　時代小説（阿地川磐三（盤嶽）　あじかわばんぞう（ばんがく））

阿自伎神 あじきのかみ
近江国犬上郡の阿自伎神社二座の祭神。
　¶**神仏辞典**（阿自伎神・阿自岐神・阿自支神　あじきのかみ）

阿式神 あしきのかみ
現在の島根県簸川郡大社町遥堪の阿須伎神社の祭神。
　¶**神仏辞典**（阿式神　あしきのかみ）

悪しき物 あしきもの
『日本書紀』などの神話に見られる魔。
　¶**広辞苑6**（悪しき鬼　あしきもの）
　妖怪事典（アシキモノ）

阿治古神 あじこのかみ
伊豆国賀茂郡の阿治古神社の祭神。

¶神仏辞典（阿治古神　あじこのかみ）

足前神　あしさきのかみ
近江国伊香郡の足前神社の祭神。
¶神仏辞典（足前神　あしさきのかみ）

阿遅鉏高日子根神　あじしきたかひこねのかみ
⇒味耜高彦根神（あじすきたかひこねのかみ）

味耜高彦根神　あじすきたかひこねのかみ
出雲系神話の神。大国主神を父、田霧姫命（多紀理毘売命）を母とする。『古事記』では、阿遅鉏高日子根神、迦毛大神とも。
¶朝日歴史（味耜高彦根神　あじすきたかひこねのかみ）
神様読解（阿遅鉏高日子根神／迦毛大神　あぢしきたかひこねのかみ・かものおおかみ）
広辞苑6（味耜高彦根神・阿遅鉏高日子根神　あじすきたかひこねのかみ）
コン5（味耜高彦根神　あじすきたかひこねのかみ）
神仏辞典（阿遅鉏高日子根神　あじしきたかひこねのかみ）
神仏辞典（迦毛大御神　かものおおみかみ）
神話伝説（阿遅鉏高日子根（記）／味耜高彦根神（紀）あじすきたかひこねのかみ）
日本人名（味耜高彦根神　あじすきたかひこねのかみ）
日本神話（アヂシキタカヒコネ）

阿遅須伎神　あじすきのかみ
出雲郡の阿受枳社11のうちの1社、阿遅須伎神社の祭神。
¶神仏辞典（阿遅須伎神　あじすきのかみ）

足高神　あしたかのかみ
備中国窪屋郡の足高神社の祭神。
¶神仏辞典（足高神　あしたかのかみ）

葦田神　あしたのかみ
但馬国気多郡の葦田神社の祭神。
¶神仏辞典（葦田神　あしたのかみ）

葦田宿禰　あしだのすくね
記紀にみえる豪族。蟻臣の父。『古事記』では葛城曾都毘古（襲津彦）の子とされる。
¶日本人名（葦田宿禰　あしだのすくね）

足坏神　あしつきのかみ
駿河国安部郡の足坏神社の祭神。
¶神仏辞典（足坏神　あしつきのかみ）

阿志都弥神　あしつみのかみ
近江国高島郡の阿志都弥神社の祭神。
¶神仏辞典（阿志都弥神　あしつみのかみ）

足手荒神　あしてこうじん
手足の疾病や怪我の平癒のために祈願される神。熊本県上益城郡嘉島町、大分県直入郡、大野郡などにみる。

¶神仏辞典（足手荒神　あしてこうじん）

アシトマプ
アイヌ語で妖怪のこと。
¶妖怪事典（アシトマプ）

足長　あしなが
長崎県の海の怪。
¶全国妖怪（アシナガ〔長崎県〕）

足長　あしなが
⇒手長足長（てながあしなが）

足名椎　あしなづち
出雲国の肥河の川上に住む翁媼の夫婦神のうちの夫神。櫛名田比売命の父。『日本書紀』では脚摩乳。
¶朝日歴史（脚摩乳　あしなづち）
神様読解（足名椎命／脚摩乳命　あしなづちのみこと・あしなづちのみこと）
広辞苑6（足名椎・脚摩乳　あしなづち）
新潮日本（脚摩乳　あしなづち）
神仏辞典（足名椎神・脚摩乳神　あしなづちのかみ）
神仏辞典（簀狭之八箇耳神　すさのやつみみのかみ）
世百新（脚摩乳・手摩乳　あしなずち・てなずち）
大辞林3（脚摩乳・足名椎　あしなづち）
東洋神名（足名椎神と手名椎神　アシナヅチノカミ＆テナヅチノカミ）〔像〕
日本神々（足名椎神　あしなづちのかみ）〔像〕
日本人名（脚摩乳・手摩乳　あしなずち・てなずち）
日本神話（アシナヅチ・テナヅチ）

葦那陀迦神　あしなだかのかみ
国忍富神の妻神。国忍富神と結婚して速甕之多気佐波夜遅奴美神を生んだ。八河江比売神とも。
¶神様読解（葦那陀迦神／八河江比売神　あしなだかのかみ・やかわえひめのかみ）
神仏辞典（葦那陀迦神　あしなだかのかみ）
神仏辞典（八河江比売　やかわえひめ）
日本人名（葦那陀迦神　あしなだかのかみ）

阿志神　あしのかみ
三河国渥美郡の阿志神社の祭神。
¶神仏辞典（阿志神　あしのかみ）

葦神　あしのかみ
伊賀国山田郡の葦神社の祭神。
¶神仏辞典（葦神　あしのかみ）

足羽神　あしはのかみ
越前国足羽郡の足羽神社の祭神。
¶神仏辞典（足羽神　あしはのかみ）

足速手速神　あしはやてはやのかみ
『日本文徳天皇実録』に所出。播磨国の神。
¶神仏辞典（足速手速神　あしはやてはやのかみ）

葦原神　あしはらのかみ
出雲国楯縫郡の葦原四社の祭神。

¶神仏辞典（葦原神　あしはらのかみ）

葭原神　あしはらのかみ
『日本文徳天皇実録』に所出。伊勢国の神。
¶神仏辞典（葭原神　あしはらのかみ）

葦原醜男　あしはらのしこお
⇒大国主神（おおくにぬしのかみ）

安師比売神　あしひめのかみ
『播磨国風土記』に所出。宍野郡安師里の安師川の名の起源。
¶神仏辞典　（安師比売神　あしひめのかみ）

足曲がり　あしまがり
香川県の妖怪。往来の人の足にからみついて苦しめるもの。
¶神仏辞典　（足曲がり　あしまがり）
全国妖怪　（アシマガリ〔香川県〕）
水木妖怪続　（足まがり）〔像〕
妖怪事典　（アシマガリ）
妖怪大全　（足まがり　あしまがり）〔像〕
妖怪大事典　（足まがり　あしまがり）〔像〕

足見田神　あしみたのかみ
伊勢国三重郡の足見田神社の祭神。
¶神仏辞典　（足見田神　あしみたのかみ）

阿治美神　あじみのかみ
伊予国温泉郡の阿治美神社の祭神。
¶神仏辞典　（阿治美神　あじみのかみ）

阿之牟神　あしむのかみ
出雲国秋鹿郡の阿之牟社の祭神。
¶神仏辞典　（阿之牟神　あしむのかみ）

蘆屋道満　あしやどうまん
平安時代中期の伝説上の陰陽師。藤原道長にしかけた妖術を安倍晴明に見破られたという。浄瑠璃や歌舞伎で清明の敵役として登場する。
¶朝日歴史　（蘆屋道満　あしやどうまん）
英雄事典　（蘆屋道満　アシヤドウマン）
架空伝承　（蘆屋道満　あしやどうまん）
架空伝説　（芦屋道満　あしやどうまん）
コン5　（蘆屋道満　あしやどうまん）
新潮日本　（蘆屋道満　あしやどうまん　生没年不詳）
神仏辞典　（蘆屋道満　あしやどうまん　生没年未詳）
説話伝説　（芦屋道満　あしやどうまん　生没年未詳）
説話伝説　（道摩　どうま　生没年未詳）
世百新　（蘆屋道満　あしやどうまん）
伝奇伝説　（道摩　どうま　生没年未詳）
日本人名　（蘆屋道満　あしやどうまん）

阿闍梨祐慶　あじゃりゆうけい
歌舞伎演目『黒塚』に登場する、熊野那智大社の僧。
¶歌舞伎登　（阿闍梨祐慶　あじゃりゆうけい）

阿閦如来　あしゅくにょらい
金剛界五仏の中の一尊で、東方に配置される。
¶広辞苑6　（阿閦　あしゅく）
神仏辞典　（阿閦如来　あしゅくにょらい）
世百新　（阿閦　あしゅく）
大辞林3　（阿閦仏　あしゅくぶつ）
東洋神名　（阿閦如来　アシュクニョライ）〔像〕
日本人名　（阿閦如来　あしゅくにょらい）

阿修羅　あしゅら
八部衆の中の一つ。闘争の神、呼吸の神とされる。インドのアスラ。
¶神仏辞典　（阿修羅　あしゅら）
神仏辞典　（修羅　しゅら）
世百新　（阿修羅　あしゅら）〔像〕
大辞林3　（阿修羅　あしゅら）〔像〕
東洋神名　（阿修羅　アシュラ）〔像〕
日本人名　（阿修羅　あしゅら）

阿清　あしょう
『地蔵菩薩霊験記』にみえる僧。
¶日本人名　（阿清　あしょう　生没年未詳）

あずい洗い　あずいあらい
岡山県久米郡地方でいう小豆洗いのこと。
¶妖怪事典　（アズイアライ）

アヅイコシンブク
アイヌでいう海の人魚のこと。
¶妖怪事典　（アヅイコシンブク）

飛鳥　あすか
歌舞伎演目『義経千本桜』に登場する、源義経を匿う吉野山の検校川連法眼の妻。
¶歌舞伎登　（飛鳥　あすか）

飛鳥井　あすかい
歌舞伎演目『春興鏡獅子』に登場する、千代田城（江戸城）大奥の老女。
¶歌舞伎登　（飛鳥井　あすかい）

飛鳥井の姫君　あすかいのひめぎみ
『狭衣物語』に登場する狭衣大将に救われ、契りを結んだ姫。
¶架空人日　（飛鳥井の姫君　あすかいのひめぎみ）
架空伝説　（飛鳥井の姫君　あすかいのひめぎみ）
古典人名　（飛鳥井の君　あすかいのきみ）

飛鳥田神　あすかたのかみ
山城国紀伊郡、美濃国各務郡の飛鳥田神社の祭神。
¶神仏辞典　（飛鳥田神　あすかたのかみ）

飛鳥坐神　あすかにますかみ
大和国高市郡の飛鳥坐神社四座の祭神。
¶神仏辞典　（飛鳥坐神　あすかにますかみ）

飛鳥神　あすかのかみ
大和国に鎮座、飛鳥四社の祭神。

¶神仏辞典（飛鳥神　あすかのかみ）

飛鳥川上坐宇須多伎比売命　あすかのかわかみにますうすたきひめのみこと
大和国高市郡の飛鳥川上坐宇須多伎比売命神社の祭神。
¶神仏辞典（飛鳥川上坐宇須多伎比売命　あすかのかわかみにますうすたきひめのみこと）

飛鳥山口神　あすかのやまのくちのかみ
大和国高市郡の飛鳥山口坐神社の祭神。
¶神仏辞典（飛鳥山口神・飛鳥山口坐神　あすかのやまのくちのかみ）

飛鳥戸神　あすかべのかみ
河内国安宿郡の飛鳥戸神社の祭神。
¶神仏辞典（飛鳥戸神　あすかべのかみ）

飛鳥部常則　あすかべのつねのり
平安中期の宮廷画家。『源氏物語』には千枝と並ぶ名人として登場。
¶コン5（飛鳥部常則　あすかべのつねのり　生没年不詳）

小豆洗い　あずきあらい
小豆を洗うような音をたてる妖怪。
¶幻想動物（小豆洗い）〔像〕
神仏辞典（小豆洗い　あずきあらい）
全国妖怪（アズキアライ〔山形県〕）〔像〕
全国妖怪（アズキアライ〔茨城県〕）〔像〕
全国妖怪（アズキアライ〔東京都〕）〔像〕
全国妖怪（アズキアライ〔山梨県〕）〔像〕
全国妖怪（アズキアライ〔鳥取県〕）〔像〕
全国妖怪（アズキアライ〔島根県〕）〔像〕
全国妖怪（アズキアライ〔岡山県〕）〔像〕
全国妖怪（アズキアライ〔徳島県〕）〔像〕
全国妖怪（アズキアライ〔高知県〕）〔像〕
日ミス（小豆洗い　あずきあらい）
日本人名（小豆洗い　あずきあらい）
妖怪事典（アズキアライ）
妖怪大全（小豆洗い　あずきあらい）
妖怪大事典（小豆洗い　あずきあらい）〔像〕
妖百2（小豆洗い・小豆とぎ・小豆はかり　あずきあらい・あずきとぎ・あずきはかり）〔像〕

小豆洗い狐　あずきあらいぎつね
岡山県赤磐郡地方でいう妖怪。
¶妖怪事典（アズキアライギツネ）

小豆あらいど　あずきあらいど
東京都檜原村でいう怪異。
¶妖怪事典（アズキアライド）

小豆洗い婆　あずきあらいばばあ
宮城県黒川郡富谷町でいう小豆洗いの妖怪。
¶妖怪事典（アズキアライババア）

小豆こし　あずきこし
鳥取県因幡地方でいう小豆洗いの妖怪。
¶妖怪事典（アズキコシ）

小豆ごしゃごしゃ　あずきごしゃごしゃ
長野県長野市中島地方でいう小豆洗いの妖怪。
¶妖怪事典（アズキゴシャゴシャ）

小豆さらさら　あずきさらさら
岡山県阿哲郡地方でいう小豆洗いの妖怪。
¶妖怪事典（アズキサラサラ）

小豆摺り　あずきすり
岡山県都窪郡地方でいう小豆洗いの妖怪。
¶妖怪事典（アズキスリ）

小豆そぎ　あずきそぎ
山梨県北巨摩郡地方でいう小豆洗いの妖怪。
¶妖怪事典（アズキソギ）

小豆そぎ婆　あずきそぎばあ
山梨県北巨摩郡清春村でいう小豆洗いの妖怪。
¶妖怪事典（アズキソギバア）

小豆とぎ　あずきとぎ
水辺の決まった場所で、夜にザクザクと小豆をとぐような音を立てる妖怪。
¶神話伝説（小豆磨ぎ　あずきとぎ）
全国妖怪（アズキトギ〔秋田県〕）
全国妖怪（アズキトギ〔福島県〕）
全国妖怪（アズキトギ〔埼玉県〕）
全国妖怪（アズキトギ〔新潟県〕）
全国妖怪（アズキトギ〔長野県〕）
全国妖怪（アズキトギ〔広島県〕）
妖怪事典（アズキトギ）
妖怪図鑑（小豆とぎ　あずきとぎ）〔像〕
妖百2（小豆洗い・小豆とぎ・小豆はかり　あずきあらい・あずきとぎ・あずきはかり）

小豆磨ぎ婆さん　あずきとぎばあさん
群馬県、栃木県でいう小豆洗いの妖怪。
¶妖怪事典（アズキトギバアサン）

小豆とげ　あずきとげ
岩手県岩手郡雫石地方でいう小豆洗いの妖怪。
¶妖怪事典（アズキトゲ）

小豆投げ　あずきなげ
埼玉県秩父郡皆野町でいう妖怪。
¶妖怪事典（アズキナゲ）

阿受伎神　あずきのかみ
出雲国出雲郡の阿受伎社・阿受枳社10社、阿受支社・阿受枳社28社の祭神。
¶神仏辞典（阿受伎社・阿受支神・阿受枳神・阿須伎神　あずきのかみ）

足次山神　あすきのやまのかみ
備中国後月郡の足次山神社の祭神。
¶神仏辞典（足次山神　あすきのやまのかみ）

小豆はかり　あずきはかり
小豆をまくような音を出す妖怪。
- ¶妖怪事典（アズキハカリ）
- 妖怪大全（小豆はかり　あずきはかり）〔像〕
- 妖怪大事典（小豆計り　あずきはかり）
- 妖百2（小豆洗い・小豆とぎ・小豆はかり　あずきあらい・あずきとぎ・あずきはかり）

小豆婆　あずきばばあ
東京都、埼玉県、山梨県などにいた、小川で小豆を洗う妖怪。
- ¶全国妖怪（アズキババア〔埼玉県〕）
- 全国妖怪（アズキババア〔山梨県〕）
- 全国妖怪（アズキババ〔東京都〕）
- 水木妖怪続（小豆婆　あずきばばあ）〔像〕
- 妖怪事典（アズキババア）
- 妖怪大全（小豆婆　あずきばばあ）〔像〕
- 妖怪大事典（小豆婆　あずきばばあ）〔像〕

小豆やら　あずきやら
香川県坂出市地方でいう小豆洗いの妖怪。
- ¶妖怪事典（アズキヤラ）

小豆蠟斎　あずきろうさい
山田風太郎作『甲賀忍法帖』の登場人物。
- ¶時代小説（小豆蠟斎　あずきろうさい）

足助重範　あすけしげのり
鎌倉後期の武士。愛知県足助町の足助神社に祀られている。
- ¶コン5（足助重範　あすけしげのり　⊕正応5（1292）⊗元弘2/正慶1（1332）年）
- 日本人名（足助重範　あすけしげのり　1292年　⊗1332年）

アスココロ
熊本県八代市の松井家に伝わる『百鬼夜行絵巻』に描かれているもので、火炎の中にある化け物の顔。
- ¶妖怪事典（アスココロ）
- 妖怪大事典（アスココロ）

梓水神　あずさみずのかみ
『日本三代実録』に所出の神。現在の長野県南安曇郡梓川村の大宮熱田神社の祭神。
- ¶神仏辞典（梓水神　あずさみずのかみ）

阿豆佐味天神　あずさみのあまつかみ
武蔵国多摩郡の阿豆佐味天神社の祭神。
- ¶神仏辞典（阿豆佐味天神　あずさみのあまつかみ）

阿豆佐和気命　あずさわけのみこと
『日本文徳天皇実録』に所出。伊豆国の神。
- ¶神仏辞典（阿豆佐和気命　あずさわけのみこと）

阿豆佐和気命神　あずさわけのみことのかみ
伊豆国賀茂郡の阿豆佐和気命神社の祭神。
- ¶神仏辞典（阿豆佐和気命神　あずさわけのみことのかみ）

阿須須岐神　あすすきのかみ
丹波国何鹿郡の阿須須伎神社の祭神。
- ¶神仏辞典（阿須須岐神・阿須須伎神　あすすきのかみ）

明日名田命　あすなたのみこと
『新撰姓氏録』に所出。額田部の祖（摂津国）。
- ¶神仏辞典（明日名田命　あすなたのみこと）

阿須波神　あすはのかみ
大年神と天知迦流美豆比売神の子。
- ¶神様読解（阿須波神　あすはのかみ）
- 神様読解（阿須波神　あすはのかみ）
- 神仏辞典（阿須波神　あすはのかみ）
- 東洋神名（阿須波神　アスハノカミ）〔像〕

吾妻　あづま
大坂新町の遊女。流行唄にうたわれた人物。近松門左衛門の浄瑠璃『寿門松』や竹田出雲らの『双蝶々曲輪日記』などに脚色された。
- ¶歌舞伎登（吾妻『寿の門松』）
- 歌舞伎登（吾妻『双蝶々曲輪日記』　あずま）
- 広辞苑6（吾妻与次兵衛　あずま・よじべえ）
- 説話伝説（吾妻与次兵衛　あづまよじべえ　生没年未詳）
- 日本人名（吾妻・与次兵衛　あづま・よじべえ）

吾妻　あづま
歌舞伎演目『油商人廓話』に登場する、大坂新町の遊女。『寿門松』の吾妻をもとに脚色されたもの。
- ¶歌舞伎登（吾妻『油商人廓話』　あずま）

東下りの都の男　あずまくだりのみやこのおとこ
『今昔物語集』巻第26の第2話に載る男。
- ¶架空人日（東下りの都の男　あずまくだりのみやこのおとこ）

吾妻の与四郎　あずまのよしろう
歌舞伎演目『戻駕色相肩』に登場する駕籠昇き。
- ¶歌舞伎登（吾妻の与四郎　あずまのよしろう）

東屋　あずまや
歌舞伎演目『平家女護島』に登場する、鬼界ヶ島に流された俊寛僧都の妻。
- ¶歌舞伎登（東屋　あずまや）

東屋国神　あずまやのくにつかみ
陸奥国信夫郡の東屋国神社の祭神。
- ¶神仏辞典（東屋国神　あずまやのくにつかみ）

東屋沼神　あずまやのぬまのかみ
陸奥国信夫郡の東屋沼神社の祭神。
- ¶神仏辞典（東屋沼神　あずまやのぬまのかみ）

安曇磯良　あずみのいそら
中世以降の伝承に現れる古代の精霊、海神。
- ¶朝日歴史（安曇磯良　あずみのいそら）
- 架空伝承（安曇磯良　あずみのいそら）〔像〕
- コン5（安曇磯良　あずみのいそら）
- 神仏辞典（安曇磯良　あずみのいそら）
- 神話伝説（安曇磯良　あずみのいそら）
- 説話伝説（安曇磯良　あずみのいそら）
- 世百新（安曇磯良　あずみのいそら）
- 伝奇伝説（安曇磯良　あずみのいそら）
- 日本人名（安曇磯良　あずみのいそら）

阿曇大浜　あずみのおおはま
記紀説話に登場する人物で、阿曇連の祖。
- ¶英雄事典（安曇大浜　アズミノオオハマ）
- 神様読解（阿曇大浜　あずみのおおはま）
- 新潮日本（阿曇大浜　あずみのおおはま）
- 日本人名（阿曇大浜　あずみのおおはま）

阿曇百足　あずみのももたり
古代伝承上の豪族。阿曇氏の祖。
- ¶日本人名（阿曇百足　あずみのももたり）

阿豆良神　あずらのかみ
尾張国丹羽郡の阿豆良神社の祭神。
- ¶神仏辞典（阿豆良神　あずらのかみ）

阿須理神　あすりのかみ
出雲国神門郡の阿須理社の祭神。
- ¶神仏辞典（阿須理神・阿須利神　あすりのかみ）

アセゴノマン
高知県長岡郡本山町の伝説の山男。
- ¶妖怪事典（アセゴノマン）

アゼハシリ
佐賀県佐賀地方でいう憑き物。
- ¶妖怪事典（アゼハシリ）
- 妖怪大鑑（アゼハシリ）〔像〕
- 妖怪大事典（アゼハシリ）〔像〕

麻生源右衛門　あそうげんえもん
平岩弓枝作『御宿かわせみ』の登場人物。
- ¶時代小説（麻生源右衛門　あそうげんえもん）

麻生如見斎　あそうじょけんさい
剣術家。戸部新十郎作『秘剣』の登場人物。
- ¶時代小説（麻生如見斎　あそうじょけんさい）

麻生神　あそうのかみ
『日本三代実録』に所出。近江国の神。
- ¶神仏辞典（麻生神　あそうのかみ）

阿曽次郎　あそじろう
人形浄瑠璃・歌舞伎の『生写朝顔話』に登場する人物。宮城阿曽次郎（のち駒沢次郎左衛門）。
- ¶架空伝説（朝顔・阿曾次郎　あさがお・あそじろう）
- 歌舞伎登（宮城阿曽次郎　みやぎあそじろう）

説話伝説（深雪阿曽次郎　みゆきあそじろう）

阿蘇都彦　あそつひこ
『日本書紀』巻7に所出。阿蘇の国名の起源。『古事記伝』では阿蘇神社の祭神の健磐竜命とする。
- ¶神仏辞典（阿蘇都彦　あそつひこ）
- 日本人名（阿蘇都彦　あそつひこ）

阿蘇都媛　あそつひめ
『日本書紀』巻7に所出。景行天皇が阿蘇国をおとずれたとき、阿蘇都彦とともに現れた神。阿蘇神社に祀られる。
- ¶神仏辞典（阿蘇都媛　あそつひめ）
- 日本人名（阿蘇都媛　あそつひめ）

阿蘇大神　あそのおおかみ
現在の熊本県熊本市南区城南町塚原の小木阿蘇神社の祭神。
- ¶神仏辞典（阿蘇大神　あそのおおかみ）

阿宗神　あそのかみ
播磨国揖保郡の阿宗神社の祭神。
- ¶神仏辞典（阿宗神　あそのかみ）

遊び火　あそびび
高知県三谷山、土佐郡一宮村でいう怪火。
- ¶全国妖怪（アソビビ〔高知県〕）
- 妖怪事典（アソビビ）

阿蘇比咩神　あそひめのかみ
肥後国阿蘇郡の阿蘇比咩神社の祭神。
- ¶神仏辞典（阿蘇比咩神・阿曾比咩神　あそひめのかみ）

阿蘇村利椋神　あそむらのとくくらのかみ
越前国敦賀郡の阿蘇村利椋神社の祭神。
- ¶神仏辞典（阿蘇村利椋神　あそむらのとくくらのかみ）

直の椋の家長の公　あたえのくらのいえおさのきみ
『日本霊異記』『今昔物語集』に登場する直の椋の父。子の稲十束を盗んだため牛となった。
- ¶架空人日（直の椋の家長の公　あたえのくらのいえおさのきみ）

阿陀岡神　あだおかのかみ
丹波国氷上郡の阿陀岡神社の祭神。
- ¶神仏辞典（阿陀岡神　あだおかのかみ）

吾田片隅命　あたかたすのみこと
『新撰姓氏録』に所出。大国主神6世の孫。
- ¶神仏辞典（吾田片隅命・阿太賀田須命　あたかたすのみこと）

阿太賀都建御熊神　あたかつたけみくまのかみ
因幡国高草郡の阿太賀都建御熊命神社の祭神。

¶神仏辞典（阿太賀都建御熊神　あたかつたけみくまのかみ）

阿陀加夜努志多伎吉比売命　あたかやぬしたききひめのこと
出雲国神門郡多伎郷に鎮座。多伎社の祭神。
¶神仏辞典（阿陀加夜努志多伎吉比売命　あたかやぬしたききひめのこと）

阿太加夜神　あだかやのかみ
出雲国意宇郡の阿太加夜社の祭神。
¶神仏辞典（阿太加夜神　あだかやのかみ）

仇吉　あだきち
為永春水作『春色梅児誉美』の登場人物。婦多川（深川）の芸者。丹次郎と深い仲になり貢ぐ。
¶架空人日（仇吉　あだきち）
　歌舞伎登（仇吉　あだきち）
　古典人学（仇吉　あだきち）

安宅丸　あたけまる
北条氏直あるいは豊臣秀吉が造った巨大軍艦の名。うなり声を上げて乗船拒否をしたり、泣きながら勝手に航行したという。
¶妖怪事典（アタケマル）
　妖怪大事典（安宅丸　あたけまる）〔像〕

愛宕様　あたごさま
火の神、塞の神。京都市右京区の愛宕神社のこと。また、愛宕山の神のこと。
¶東洋神名（愛宕様　アタゴサマ）〔像〕

愛当護神　あたごのかみ
丹波国桑田郡の阿多古神社の祭神。
¶神仏辞典（愛当護神・阿多古神　あたごのかみ）

愛宕婆　あたごばば
京都愛宕山の祠のかたわらにすむといわれる伝説上の女性。
¶日本人名（愛宕婆　あたごばば）

愛宕山太郎坊　あたごやまたろうぼう
京都市の愛宕山に祀られる天狗。
¶妖怪事典（アタゴヤマタロウボウ）
　妖怪大事典（愛宕山太郎坊　あたごやまたろうぼう）

阿当護山雷神　あたごやまのいかずちのかみ
『日本三代実録』に所出。丹波国の神。
¶神仏辞典（阿当護山雷神　あたごやまのいかずちのかみ）

安達原の鬼女　あだちがはらのきじょ
福島県二本松市安達ヶ原に伝わる鬼女。能・歌舞伎『黒塚』に登場する。
¶歌舞伎登（安達原の鬼女　あだちがはらのきじょ）
　古典人東（鬼女　きじょ）
　日ミス（安達原の鬼婆　あだちがはらのおにばば）
　妖怪事典（アダチガハラノオニババ）

妖怪大事典（安達ヶ原の鬼婆　あだちがはらのおにばば）
妖精百科（安達ヶ原の鬼女）

安達三郎　あだちさぶろう
歌舞伎演目『高時』に登場する、浪人中の武士。
¶歌舞伎登（安達三郎　あだちさぶろう）

足立神　あだちのかみ
武蔵国足立郡の足立神社の祭神。
¶神仏辞典（足立神　あだちのかみ）

安達元右衛門　あだちもとえもん
奈河亀輔、並木十輔作『敵討天下茶屋聚』の登場人物。早瀬家の中間。
¶歌舞伎登（安達元右衛門　あだちもとえもん）
　古典人学（安達元右衛門　あだちもとえもん）

安達盛長　あだちもりなが
鎌倉前期の武将。『曾我物語』に、頼朝の未来を予告する夢を見る話がある。
¶朝日歴史（安達盛長　あだちもりなが ㊉保延1（1135）年 ㊃正治2年4月26日（1200年6月9日））
　架空伝承（安達盛長　あだちもりなが ㊉保延1（1135）年 ㊃正治2（1200）年）
　説話伝説（安達藤九郎盛長　あだちとうくろうむりなが ㊉保延1（1135）年 ㊃正治2（1200）年）
　世百新（安達盛長　あだちもりなが ㊉保延1（1135）年 ㊃正治2（1200）年）

安達弥助　あだちやすけ
歌舞伎演目『敵討天下茶屋聚』に登場する、浮田家中早瀬家の忠実な若党。
¶歌舞伎登（安達弥助　あだちやすけ）

吾田小橋　あたのおばし
記紀にみえる豪族。火闌降命（海幸）を祖とする日向の隼人の有力者。
¶日本人名（吾田小橋　あたのおばし）

吾田媛　あたひめ
孝元天皇の皇子・建波邇夜須毘古命の妻。
¶英雄事典（吾田媛　アタヒメ）
　神様読解（吾田媛　あたひめ）
　新潮日本（吾田媛　あたひめ）
　日本人名（吾田媛　あたひめ）

阿陀比売神　あたひめのかみ
大和国宇智郡の阿陀比売神社の祭神。
¶神仏辞典（阿陀比売神　あたひめのかみ）

阿多弥神　あたみのかみ
壱岐島壱岐郡の阿多弥神社の祭神。
¶神仏辞典（阿多弥神　あたみのかみ）

仇文字　あだもじ
式亭三馬の滑稽本『浮世床』（1813-14）に登場する、常磐津の師匠。

¶架空人日（仇文字　あだもじ）

阿多由太神　あたゆたのかみ
飛騨国荒城郡の阿多由太神社の祭神。
¶神仏辞典（阿多由太神　あたゆたのかみ）

阿知江峙部神　あちえのいそべのかみ
丹後国与謝郡の阿知江峙部神社の祭神。
¶神仏辞典（阿知江峙部神　あちえのいそべのかみ）

阿知江神　あちえのかみ
丹後国与謝郡の阿知江神社の祭神。
¶神仏辞典（阿知江神　あちえのかみ）

阿直岐　あちき
記紀にみえる百済（朝鮮）の使節。
¶日本人名（阿直岐　あちき）

阿知使主　あちのおみ
『日本書紀』にみえる渡来人。倭漢（東漢）氏の祖。
¶朝日歴史（阿知使主　あちのおみ）
コン5（阿知使主　あちのおみ　生没年不詳）
新潮日本（阿知使主　あちのおみ）
世百新（阿知使主　あちのおみ）
日本人名（阿知使主　あちのおみ）

阿智神　あちのかみ
信濃国伊那郡の阿智神社の祭神。
¶神仏辞典（阿智神　あちのかみ）

阿治波世神　あちはせのかみ
越前国坂井郡の阿治波世神社の祭神。
¶神仏辞典（阿治波世神　あちはせのかみ）

阿遅速雄神　あちはやおのかみ
摂津国東生郡の阿遅速雄神社の祭神。
¶神仏辞典（阿遅速雄神　あちはやおのかみ）

アチョート
岡山県地方でいう妖怪の児童語。
¶妖怪事典（アチョート）

アツウイカクラ
アイヌに伝わる妖怪。
¶妖怪事典（アツウイカクラ）

アツウイコロエカシ
アイヌに伝わる妖怪。
¶妖怪事典（アツウイコロエカシ）

悪鬼　あっき
この世に、さまざまな悪をばらまくと考えられた鬼。
¶広辞苑6（悪鬼　あっき）
大辞林3（悪鬼　あっき）
妖怪大全（悪鬼　あっき）〔像〕
妖怪大事典（悪鬼　あっき）〔像〕

阿都久志比古神　あつくしひこのかみ
佐渡国賀茂郡の阿都久志比古神社の祭神。
¶神仏辞典（阿都久志比古神　あつくしひこのかみ）

アッコロカムイ
アイヌの人々が北海道の噴火湾に棲息すると語り伝えた巨大魚。
¶幻想動物（アッコロカムイ）〔像〕
妖怪事典（アッコロカムイ）

敦実親王　あつざねしんのう
芸能に通じた平安時代の文化人。
¶伝奇伝説（敦実親王　あつざねしんのう ㊕寛平5（893）年 ㊂康保4（967）年）

熱田神　あつたのかみ
愛知県の熱田神宮の祭神。
¶神仏辞典（熱田神　あつたのかみ）
日本神様（熱田信仰の神々〔熱田大神〕　あつたしんこうのかみがみ）〔像（熱田大明神）〕

熱田御児神　あつたのみこのかみ
尾張国の日割御子神・孫若御子神・高座結御子神三柱。
¶神仏辞典（熱田御児神　あつたのみこのかみ）

淳良親王　あつながしんのう
室町時代、伝承上の皇子。後花園天皇の子。
¶日本人名（淳良親王　あつながしんのう）

熱日高彦神　あつひたかひこのかみ
陸奥国伊具郡の熱日高彦神社の祭神。
¶神仏辞典（熱日高彦神　あつひたかひこのかみ）

アッポッシャ
福井県地方でいう妖怪の児童語。
¶妖怪事典（アッポッシャ）

渥美格之進　あつみかくのしん
『水戸黄門漫遊記』に登場する、水戸光圀の諸国漫遊にしたがう武士。格さんが愛称。
¶架空人日（格さん　かくさん）
架空伝説（格さん　かくさん）
日本人名（渥美格之進　あつみかくのしん）

貴宮　あてみや
『うつほ物語』の登場人物。左大臣源正頼の九女で、東宮・二宮・四宮の生母。
¶架空人日（貴宮　あてみや）
架空伝説（貴宮　あてみや）
広辞苑6（貴宮　あてみや）
古典人学（あて宮　あてみや）
古典人東（貴宮　あてみや）
大辞林3（貴宮　あてみや）

阿弖流為　あてるい
蝦夷の首長。後世倭語（やまとことば）として「悪路王」という名に置きかえられ、悪路王伝説と

なったといわれる。
¶英雄事典（阿弖流為　アテルイ）
架空伝承（阿弖流為　あてるい）㋩？㋐延暦21（802）年
人物伝承（阿弖流為・悪路王　あてるい・あくろおう）㋩？㋐延暦21（802）年
説話伝説（阿弖流為　あてるい）㋩？㋐延暦21（802）年
伝奇伝説（阿弖流為　あてるい）
東洋神名（阿弖流為　アテルイ）〔像〕

後追い小僧　あとおいこぞう
山道を歩いている人のあとを黙ってついて行く妖怪の一種。
¶幻想動物（後追い小僧）〔像〕
妖怪事典（アトオイコゾウ）
妖怪大鑑（後追い小僧　あとおいこぞう）〔像〕
妖怪大事典（後追い小僧　あとおいこぞう）〔像〕

阿度河神　あどがわのかみ
『日本三代実録』に所出。近江国の神。
¶神仏辞典（阿度河神　あどがわのかみ）

阿刀神　あとのかみ
山城国葛野郡の阿刀神社の祭神。
¶神仏辞典（阿刀神　あとのかみ）

跡部神　あとべのかみ
河内国渋川郡の跡部神社の祭神。
¶神仏辞典（跡部神　あとべのかみ）

跡見八郎太　あとみはちろうた
村上元三作『松平長七郎江戸日記』の登場人物。
¶時代小説（跡見八郎太　あとみはちろうた）

臈嘴鳥皇子　あとりのおうじ
記紀にみえる欽明天皇の皇子。
¶日本人名（臈嘴鳥皇子　あとりのおうじ　生没年未詳）

穴神　あながみ
日本各地で「アナガミさん」などと称して祀られる、女陰状の洞穴や岩石のこと。
¶神仏辞典（穴神　あながみ）

穴権現　あなごんげん
大分県臼杵市野津町の熊野神社の鍾乳洞に祀られるもの。大分・宮崎両県の猟師に信仰される。
¶神仏辞典（穴権現　あなごんげん）

穴沢天神　あなさわのあまつかみ
武蔵国多摩郡の穴沢天神社の祭神。
¶神仏辞典（穴沢天神　あなさわのあまつかみ）

アナジ
西日本で、冬に北西の方角から吹いてくる魔風の一種。
¶幻想動物（アナジ）〔像〕

穴師坐兵主神　あなしにますひょうすのかみ
大和国城上郡の穴師坐兵主神社の祭神。
¶神仏辞典（穴師坐兵主神　あなしにますひょうすのかみ）

穴師神　あなしのかみ
伊賀国阿拝郡の穴石神社、伊勢国多気郡の穴師神社、若狭国遠敷郡の阿奈志神社の祭神。
¶神仏辞典（穴師神・穴石神・阿奈志神　あなしのかみ）

穴无神　あなしのかみ
『播磨国風土記』に所出。飾磨郡安師里の名の由来。
¶神仏辞典（穴无神）

穴戸神　あなどのかみ
『古事記』中巻に所出の海峡の神。倭建命の西征のおりに登場する。
¶英雄事典（穴戸神　アナドノカミ）
神様読解（穴戸神　あなどのかみ）
神仏辞典（穴戸神　あなどのかみ）

穴戸武媛　あなとのたけひめ
⇒大吉備建比売（おおきびたけひめ）

穴門山神　あなとやまのかみ
備中国下道郡の穴門山神社の祭神。
¶神仏辞典（穴門山神　あなとやまのかみ）

阿奈婆さん　あなばさん
愛媛県今治市大三島町宮浦の阿奈婆神社から勧請された神。婦人病や性病に効験。
¶神仏辞典（阿奈婆さん　あなばさん）

穴吹神　あなふきのかみ
大和国添上郡の穴吹神社の祭神。
¶神仏辞典（穴吹神　あなふきのかみ）

穴太部神　あなほべのかみ
尾張国葉栗郡の穴太部神社の祭神。
¶神仏辞典（穴太部神　あなほべのかみ）

穴水小四郎　あなみこしろう
国枝史郎作『神州纐纈城』の登場人物。
¶時代小説（穴水小四郎　あなみこしろう）

穴見神　あなみのかみ
出雲国飯石郡の穴見社の祭神。
¶神仏辞典（穴見神　あなみのかみ）

穴目杵神　あなめきのかみ
但馬国城崎郡の穴目杵神社の祭神。
¶神仏辞典（穴目杵神　あなめきのかみ）

穴山小助　あなやまこすけ
真田十勇士の一人。幸村の影武者として活躍

¶架空人日（穴山小助　あなやまこすけ）
日本人名（穴山小助　あなやまこすけ）

穴山梅雪　あなやまばいせつ
戦国時代の甲斐武田家の武将。母は武田信玄の姉。
¶伝奇伝説（穴山梅雪　あなやまばいせつ [生]? [没]天正10（1582）年）

兄子神　あにこのかみ
越前国丹生郡の兄子神社の祭神。
¶神仏辞典（兄子神　あにこのかみ）

安仁神　あにのかみ
備前国邑久郡の安仁神社の祭神とされる神。
¶神仏辞典（安仁神　あにのかみ）

姉川新四郎　あねがわしんしろう
上方の歌舞伎役者。豊島勝之助、勝三郎を経て、初代姉川新四郎を名乗った。
¶伝奇伝説（姉川新四郎　あねがわしんしろう [生]貞享2（1685）年 [没]寛延2（1749）年）

姉倉比売神　あねくらひめのかみ
越中国婦負郡の姉倉比売神社の祭神。
¶神仏辞典（姉倉比売神　あねくらひめのかみ）

姉前神　あねさきのかみ
上総国海上郡の姉埼神社の祭神。
¶神仏辞典（姉前神・姉埼神　あねさきのかみ）

姉上臈　あねじょうろう
海の妖怪。三重県志摩郡大王町の俗伝。
¶神仏辞典（姉上臈　あねじょうろう）

アーネスト・サトウ
英国公使館の通訳官。司馬遼太郎作『竜馬がゆく』の登場人物。
¶時代小説（アーネスト・サトウ）

阿如神　あねのかみ
出雲国神門郡の阿如社の祭神。
¶神仏辞典（阿如神・阿祢神　あねのかみ）

姉輪平次　あねわのへいじ
歌舞伎演目『源平魁躑躅』に登場する人物。右大弁重虎の命を受ける。典型的な端敵。
¶歌舞伎登（姉輪平次　あねわのへいじ）

阿野廉子　あののれんし
鎌倉末期・南北朝時代の女性。
¶奇談逸話（阿野廉子　あののれんし [生]正安3（1301）年 [没]正平14（1359）年）

安波太郎　あばたろう
滝亭鯉丈作の滑稽本『八笑人』に登場する、八笑人の一人。
¶架空人日（安波太郎　あばたろう）

アバヨー
長崎地方でいう妖怪の児童語。
¶妖怪事典（アバヨー）

アバラボー
安永9（1780）年、に周防国（山口県）玖珂郡通津浜で捕えられた巨大魚。
¶妖怪事典（アバラボー）

暴れ神　あばれがみ
奈良県吉野郡龍門村でいう祟り神のようなもの。
¶妖怪事典（アバレガミ）

阿比神　あびがみ
アビ漁の守護神。アビ神祠（広島県豊岡郡豊島）で祀る。
¶神様読解（阿比神　あびがみ）
神仏辞典（アビ神　あびがみ）
東洋神名（阿比神　アビガミ）〔像〕

阿比太神　あひたのかみ
摂津国豊島郡の阿比太神社、越後国頚城郡の阿比多神社の祭神。
¶神仏辞典（阿比太神・阿比多神　あひたのかみ）

阿比地神　あひちのかみ
丹波国何鹿郡の阿比地神社の祭神。
¶神仏辞典（阿比地神　あひちのかみ）

安日彦　あびひこ
偽書『東日流外三郡誌』に登場する「まつろわぬ民」の頭目の一人。
¶英雄事典（安日彦　アビヒコ）
東洋神名（安日彦　アビヒコ）〔像〕

吾平津媛　あひらつひめ
⇒阿比良比売命（あひらひめのみこと）

阿比良比売命　あひらひめのみこと
第1代神武天皇の妃。『日本書紀』では、吾平津媛。
¶神様読解（阿比良比売命/吾平津媛　あひらひめのみこと・あひらつひめ）
日本人名（吾平津媛　あひらつひめ）

アフィラーマジムン
沖縄の妖怪。
¶全国妖怪（アフイラーマジムン〔沖縄県〕）
妖怪事典（アフィラーマジムン）

アプカシカムイ
⇒疱瘡のカムイ（ほうそうのかむい）

安福河伯神　あふかわのかみ
陸奥国亘理郡の安福河伯神社の祭神。
¶神仏辞典（安福河伯神　あふかわのかみ）

あ

あぶさん

水島新司の野球漫画『あぶさん』の主人公。南海ホークス所属のプロ野球選手。本名、景浦安武。

¶架空人物（あぶさん）

阿夫志奈神　あふしなのかみ

美濃国賀茂郡の阿夫志奈神社の祭神。

¶神仏辞典（阿夫志奈神　あふしなのかみ）

阿仏尼　あぶつに

『うたたね』の作者で貴族。養父は平度繁。若い時に失恋して出家した。

¶古典人東（阿仏尼　あぶつに）

阿仏尼　あぶつに

『十六夜日記』の作者。

¶古典人東（阿仏尼　あぶつに）

阿仏房　あぶつぼう

鎌倉時代の僧。伝承ではもと北面の武士遠藤為盛（文覚の曾孫）とされる。

¶日本人名（阿仏房　あぶつぼう [生]1189年 [没]1279年）

アプトルヤムペウェンユク

空中にいて激しい暴風雨を起こすアイヌの魔。

¶妖怪事典（アプトルヤムペウェンユク）

鐙口　あぶみぐち

鳥山石燕の『百器徒然袋』に描かれた、武将が馬に乗って足を踏み掛ける馬具が化けたもの。

¶妖怪事典（アブミグチ）
妖怪大鑑（鐙口　あぶみぐち）〔像〕
妖怪大事典（鐙口　あぶみくち）〔像〕

淡海之柴野入杵　あふみのしばぬいりき

須売伊呂大中日子王の舅神。

¶神様読解（淡海之柴野入杵　あふみのしばぬいりき）

鐙屋惣左衛門　あぶみやそうざえもん

井原西鶴作の浮世草子『日本永代蔵』（1688）巻二「舟人馬かた鐙屋の庭」に登場する商人。

¶架空人日（鐙屋惣左衛門　あぶみやそうざえもん）

油赤子　あぶらあかご

油を舐めるという赤子の妖怪。

¶日ミス（油赤子　あぶらあかご）
水木妖怪続（油赤子　あぶらあかご）〔像〕
妖怪事典（アブラアカゴ）
妖怪大全（油赤子　あぶらあかご）〔像〕
妖怪大事典（油赤子　あぶらあかご）〔像〕
妖百4（油坊・油赤子・油返し　あぶらぼう・あぶらあかご・あぶらかえし）〔像〕

油売り庄九郎　あぶらうりしょうくろう

歌舞伎演目『大門口鎧襲』に登場する、斎藤庄九郎改め、道三。油売りであったが美濃の国を治めるまでに出世する。

¶歌舞伎登（油売り庄九郎　あぶらうりしょうくろう）

油売り与兵衛　あぶらうりよへえ

歌舞伎演目『油商人廓話』に登場する、太夫吾妻を見染める油売り。

¶歌舞伎登（油売り与兵衛　あぶらうりよへえ）

油置売命　あぶらおきめのみこと

『常陸国風土記』に所出。新治郡の土蜘蛛の女神。

¶神仏辞典（油置売命　あぶらおきめのみこと）

油をこぼす奇魚　あぶらをこぼすきぎょ

『天文雑記』にある怪異。

¶妖怪事典（アブラヲコボスキギョ）

油返し　あぶらがえし

兵庫県伊丹市昆陽でいう怪火。

¶水木妖怪続（油返し　あぶらがえし）〔像〕
妖怪事典（アブラカエシ）
妖怪大全（油返し　あぶらがえし）〔像〕
妖怪大事典（油返し　あぶらがえし）〔像〕
妖百4（油坊・油赤子・油返し　あぶらぼう・あぶらあかご・あぶらかえし）

油瓶の鬼　あぶらかめのおに

『今昔物語集』にあるもの。

¶妖怪事典（アブラカメノオニ）

油すまし　あぶらすまし

山の妖怪。道の妖怪。熊本県天草島の俗伝。

¶幻想動物（油すまし）〔像〕
神仏辞典（油すまし　あぶらすまし）
全国妖怪（アブラズマシ〔熊本県〕）
妖怪事典（アブラズマシ）
妖怪図鑑（油ずまし　あぶらずまし）〔像〕
妖怪大全（油すまし　あぶらすまし）〔像〕
妖怪大事典（油ずまし　あぶらずまし）〔像〕

油壺の法眼　あぶらつぼのほうげん

山田風太郎作『柳生十兵衛死す』の登場人物。

¶時代小説（油壺の法眼　あぶらつぼのほうげん）

灯油取り　あぶらとり

『今昔物語集』にある怪異。延喜（901〜23）の時代に仁寿殿の御灯油を持ち去った怪物。

¶妖怪事典（アブラトリ）

油取り　あぶらとり

東北地方一帯であらわれた、子供をさらっては人間の油を搾り取るというもの。

¶妖怪事典（アブラトリ）
妖怪大事典（油取り　あぶらとり）

油なせ　あぶらなせ

新潟県栄村（旧・大面村）の滝沢家にいた妖怪。

¶神仏辞典（油なせ　あぶらなせ）
全国妖怪（アブラナセ〔新潟県〕）
妖怪事典（アブラナセ）

油嘗め赤子　あぶらなめあかご
秋田の妖怪と言われるもの。
¶**妖怪事典**（アブラナメアカゴ）

油嘗め小僧　あぶらなめこぞう
長野県東筑摩郡地方でいう妖怪。
¶**妖怪事典**（アブラナメコゾウ）

油嘗め婆　あぶらなめばばあ
長野県東筑摩郡地方でいう妖怪。
¶**妖怪事典**（アブラナメババア）

油盗人　あぶらぬすっと
『古今百物語評判』にある怪火。
¶**妖怪事典**（アブラヌスット）

油盗みの火　あぶらぬすみのひ
『諸国里人談』『本朝故事因縁集』にある怪火。
¶**妖怪事典**（アブラヌスミノヒ）

油日大神　あぶらびのおおかみ
油売りの守護神とされる神。離宮（大山崎）八幡宮（京都府大山崎町）、油日神社（滋賀県甲賀市）に祀られる。
¶**神様読解**（油日大神　あぶらびのおおかみ）
神仏辞典（油日神　あぶらひのかみ）
東洋神名（油日大神　アブラビノオオカミ）〔像〕

油坊　あぶらぼう
滋賀県守山市に伝わる、春の終り頃から夏にかけて夜分に出現する怪火。
¶**神仏辞典**（油坊　あぶらぼう）
全国妖怪（アブラボウ〔滋賀県〕）
妖怪事典（アブラボウ）
妖怪大鑑（油坊　あぶらぼう）〔像〕
妖怪大事典（油坊　あぶらぼう）〔像〕
妖百4（油坊・油赤子・油返し　あぶらぼう・あぶらあかご・あぶらかえし）

油坊主　あぶらぼうず
『平家物語』巻6「祇園女御」の章に登場する僧の、後世における通称。
¶**伝奇伝説**（油坊主　あぶらぼうず）〔像〕
妖怪事典（油坊主　あぶらぼうず）

油坊主　あぶらぼうず
歌舞伎演目『貞操花鳥羽恋塚』「油坊主のだんまり」の主人公。
¶**歌舞伎登**（油坊主　あぶらぼうず）

阿夫利神　あふりのかみ
相模国大住郡の阿夫利神社の祭神。
¶**神仏辞典**（阿夫利神　あふりのかみ）

阿部采女之助　あべうねめのすけ
歌舞伎演目『玉藻前曦袂』に登場する、右大臣藤原道春の娘桂姫の恋人。
¶**歌舞伎登**（阿部采女之助　あべうねめのすけ）

阿部定　あべさだ
昭和11（1936）年、恋人を殺し男根を切り取ったことで一躍有名になった女性。
¶**架空伝承**（阿部定　あべさだ ㊌明治38（1905）年 ㊍?）〔像〕

安部神　あべのかみ
『日本三代実録』に所出。伊賀国の神。
¶**神仏辞典**（安部神　あべのかみ）

安倍貞任　あべのさだとう
平安時代の陸奥国の豪族。前九年の役を起こした。軍記や史書に朝敵として名を残す。
¶**朝日歴史**（安倍貞任　あべのさだとう ㊌? ㊍康平5年9月17日（1062年10月22日））
架空伝承（安倍貞任　あべのさだとう ㊌長元2（1029）年? ㊍康平5（1062）年）〔像〕
架空伝説（安倍貞任　あべのさだとう）
歌舞伎登（安倍貞任　あべのさだとう）〔像〕
人物伝承（安倍貞任　あべのさだとう ㊌長元2（1029）年? ㊍康平5（1062）年）
説話伝説（安倍貞任　あべのさだとう ㊌長元2（1029）年? ㊍康平5（1062）年）
世百新（安倍貞任　あべのさだとう ㊌長元2（1029）年? ㊍康平5（1062）年）
伝奇伝説（安倍貞任　あべのさだとう）

安倍晴明　あべのせいめい
平安中期の陰陽師。神秘的な超能力の持主として死後、各種の伝承や文芸作品に登場、活躍した。
¶**朝日歴史**（安倍晴明　あべのせいめい ㊌延喜21（921）年 ㊍寛弘2（1005）年）
英雄事典（安倍晴明　アベノセイメイ）
架空人日（安倍晴明　あべのせいめい）
架空伝承（安倍晴明　あべのせいめい ㊌延喜21（921）年 ㊍寛弘2（1005）年）〔像〕
架空伝説（安倍晴明　あべのせいめい）〔像〕
神様読解（安倍晴明　あべのせいめい）
奇談逸話（安倍晴明　あべのせいめい ㊌延喜21（921）年 ㊍寛弘2（1005）年）
広辞苑6（安倍晴明　あべのせいめい ㊌921年 ㊍1005年）
コン5（安倍晴明　あべのせいめい ㊌延喜21（921）年 ㊍寛弘2（1005）年）
新潮日本（安倍晴明　あべのせいめい ㊌延喜21（921）年 ㊍寛弘2（1005）年）
神仏辞典（安倍晴明　あべのせいめい ㊌921年 ㊍1005年）
人物伝承（安倍晴明　あべのせいめい ㊌延喜21（921）年 ㊍寛弘2（1005）年）
説話伝説（安倍晴明　あべのせいめい ㊌延喜21（921）年 ㊍寛弘2（1005）年）
世百新（安倍晴明　あべのせいめい ㊌延喜21（921）年 ㊍寛弘2（1005）年）
大辞林3（安倍晴明　あべのせいめい ㊌921年 ㊍1005年）
伝奇伝説（安倍晴明　あべのせいめい ㊌延喜19（919）年? ㊍寛弘2（1005）年）
東洋神名（安倍晴明　アベノセイメイ）〔像〕
日ミス（安倍晴明　あべのせいめい ㊌延喜21（921）年 ㊍寛弘2（1005）年）
日本神様（安倍晴明　あべのせいめい ㊌921年 ㊍1005年）〔像〕

日本人名（安倍晴明　あべのせいめい　㊤921年　㊦1005年）

安倍高星　あべのたかぼし
平安時代後期の豪族。安東氏の祖となったという伝承がある。
¶日本人名（安倍高星　あべのたかぼし　生没年未詳）

安倍童子　あべのどうじ
歌舞伎演目『芦屋道満大内鑑』に登場する、のちの陰陽師安倍晴明。
¶歌舞伎登（安倍童子　あべのどうじ）

阿倍仲麻呂　あべのなかまろ
717年遣唐留学生として遣唐使に随行して入唐。科挙に合格し唐朝に仕官して玄宗皇帝に仕えるが、遂に帰国を果たせず長安で死去。鎌倉初期の絵巻『吉備大臣入唐絵詞』は、唐に渡った吉備真備が阿倍仲麻呂の霊の助けによって次々と難問を解いたという説話を描いたもの。
¶コン5（阿倍仲麻呂　あべのなかまろ　㊤文武2（698）年　㊦宝亀1（770）年）
人物伝承（阿倍仲麻呂　あべのなかまろ　㊤文武2（698）年?　㊦宝亀1（770）年）
説話伝説（阿倍仲麻呂　あべのなかまろ　㊤大宝1（701）年　㊦宝亀1（770）年）
伝奇伝説（阿倍仲麻呂　あべのなかまろ　㊤大宝1（701）/文武2（698）年など　㊦宝亀1（770）年）

阿倍比羅夫　あべのひらふ
飛鳥時代の武将。
¶伝奇伝説（阿倍比羅夫　あべのひらふ　生没年未詳）

阿部御主人　あべのみむらじ
『竹取物語』（平安時代初期）に登場する、かぐや姫に求婚した五人の貴公子の一人。
¶架空人日（あべのみむらじ）
架空伝説（阿部御主人　あべのみむらじ）
広辞苑6（阿部右大臣　あべのうだいじん）
古典人東（五人の貴公子　ごにんのきこうし）

安倍宗任　あべのむねとう
平安中期の武将。奥六郡の俘囚の長、安倍頼時（頼良）の子。歌舞伎『奥州安達原』に登場する。
¶歌舞伎登（安倍宗任　あべのむねとう）
説話伝説（安倍宗任　あべのむねとう　生没年未詳）
伝奇伝説（安倍宗任　あべのむねとう　生没年未詳）

安倍泰親　あべのやすちか
平安末期の陰陽師。祖先の安倍晴明に匹敵する卜占の天才とうたわれた。
¶架空伝承（安倍泰親　あべのやすちか　生没年未詳）
コン5（安倍泰親　あべのやすちか　生没年未詳）
世百新（安倍泰親　あべのやすちか　生没年未詳）
伝奇伝説（安倍泰親　あべのやすちか　生没年未詳）
日ミス（安倍泰親　あべのやすちか　生没年未詳）

安倍保名　あべのやすな
陰陽師安倍晴明の父。信田森の狐と夫婦となり、その間にもうけた子が晴明であるとの説話が生じた。
¶架空伝承（安倍保名　あべのやすな）〔像〕
歌舞伎登（安倍保名　あべのやすな）
歌舞伎登（保名　やすな）
広辞苑6（安倍保名　あべのやすな）
コン5（安倍保名　あべのやすな）
新潮日本（安倍保名　あべのやすな）
説話伝説（安倍保名　あべのやすな　生没年未詳）
大辞林3（安倍保名　あべのやすな）
伝奇伝説（安倍保名　あべのやすな）
日本人名（安倍保名　あべのやすな）

安倍頼時　あべのよりとき
『今昔物語集』に逸話が載る、陸奥国の俘囚の長。
¶架空人日（安倍頼時　あべのよりとき）

阿部隼人正　あべはやとのしょう
五味康祐作『柳生武芸帳』の登場人物。
¶時代小説（阿部隼人正　あべはやとのしょう）

アペ・フチ
⇒火のカムイ（ひのかむい）

アペ・フチ・カムイ
⇒火のカムイ（ひのかむい）

阿部豊後守　あべぶんごのかみ
江戸初期の大名。
¶伝奇伝説（阿部豊後守　あべぶんごのかみ　㊤慶長7（1602）年　㊦延宝3（1675）年）

アボ
富山県地方でいう妖怪の児童語。
¶妖怪事典（アボ）

アボジ
長崎県地方でいう妖怪の児童語。
¶妖怪事典（アボジ）

網乾左母二郎　あぼしさもじろう
曲亭馬琴作の読本『南総里見八犬伝』（1814-42）に登場する、浜路に横恋慕する浪人。
¶英雄事典（網乾左母二郎　アボシサモジロウ　㊤享徳2（1453）年　㊦文明10（1478）年）
架空人日（網乾左母二郎　あぼしさもじろう）
歌舞伎登（網干左母次郎　あぼしさもじろう）

アボジョ
長崎県地方でいう妖怪の児童語。
¶妖怪事典（アボジョ）

阿保意保賀斯　あほのおおかし
古代伝承上の豪族。須禰都斗王の王子。
¶日本人名（阿保意保賀斯　あほのおおかし）

阿菩大神　あほのおおかみ
大和三山の争いを仲裁するために出雲から出かけたという神。播磨国揖保郡上岡里に鎮座。

¶**広辞苑6**（阿菩大神　あぼのおおかみ）
神仏辞典（阿菩大神　あぼのおおかみ）
大辞林3（阿菩大神　あぼのおおかみ）
日本神話（阿菩大神　あぼのおほかみ）

アーポーヨー
長崎県地方でいう妖怪の児童語。
¶**妖怪事典**（アーポーヨー）

尼栄春　あまえいしゅん
西沢一風作『新色五巻書』の登場人物。島田の宿の駿河屋の後家。
¶**古典人学**（尼栄春　あまえいしゅん）

雨傘　あまがさ
愛媛県東宇和郡地方でいう妖怪。
¶**妖怪事典**（アマガサ）

甘樫坐神　あまかしにますかみ
大和国高市郡の甘樫坐神社四座の祭神。
¶**神仏辞典**（甘樫坐神　あまかしにますかみ）

天河屋義平　あまかわやぎへい
⇒天野屋利兵衛（あまのやりへえ）

天草四郎　あまくさしろう
江戸初期のキリシタン教徒で島原の乱の首領。益田甚兵衛の長男で、通称・天草四郎。小西行長の遺臣らにおされ一揆の大将となり、島原半島の原城に籠城するが討ち取られた。正確な素性は不明。
¶**英雄事典**（天草四郎　アマクサシロウ）
架空伝承（天草四郎　あまくさしろう [生]元和9(1623)年? [没]寛永15(1638)年）〔像〕
奇談逸話（天草四郎　あまくさしろう [生]? [没]寛永15(1638)年）
コン5（益田時貞　ますだときさだ [生]元和7(1621)年 [没]寛永15(1638)年）
神仏辞典（天草四郎　あまくさしろう [生]? [没]1638年）
説話伝説（天草四郎　あまくさしろう [生]元和9(1623)年? [没]寛永15(1638)年）
伝奇伝説（天草四郎　あまくさしろう [生]元和8(1622)年? [没]寛永15(1638)年）〔像〕

天草則武　あまくさのりたけ
大佛次郎作『鞍馬天狗』の登場人物。
¶**時代小説**（天草則武　あまくさのりたけ）

天国　あまくに
7世紀前半（または8世紀初め）頃の伝説上の刀匠。日本の刀工の祖。
¶**コン5**（天国　あまくに）
神仏辞典（天国　あまくに）

天座　あまくら
伝説上の刀工。天国の門人。
¶**広辞苑6**（天座　あまくら）

アマゴ
山形県西置賜郡小国町でいう化け狐。
¶**妖怪事典**（アマゴ）

天子　あまご
熊本県球磨郡下で、木とその周囲の草むらに祀られる神。
¶**神仏辞典**（天子　あまご）

祈雨神　あまごいのかみ
『延喜式』に所出。祈雨祭に祀る神。
¶**神仏辞典**（祈雨神・雨祈神　あまごいのかみ）

尼子四郎勝久　あまこしろうかつひさ
歌舞伎演目『けいせい飛馬始』に登場する人物。島原の乱の首領天草四郎時貞に『陰徳太平記』の尼子孫四郎勝久を重ねたもの。
¶**歌舞伎登**（尼子四郎勝久　あまこしろうかつひさ）

海御前　あまごぜん
福岡県宗像市に伝わる、河童の女親分。
¶**妖怪事典**（ウミゴゼン）
妖怪大事典（海御前　あまごぜん）

尼子経久　あまごつねひさ
室町時代、出雲を中心に東は播磨、但馬から西は石見安芸まで領した中国最大の戦国大名。
¶**説話伝説**（尼子経久　あまごつねひさ [生]長禄1(1458)年 [没]天文10(1541)年）

尼子晴久　あまこはるひさ
歌舞伎『大門口鎧襲』において大内義興が称した名。室町殿の重臣となり、将軍暗殺を狙う。
¶**歌舞伎登**（尼子晴久　あまこはるひさ）

甘酒婆　あまざけばば
青森県、長野県飯田市地方でいう、夜中「甘酒はござらんか」といって家々をたずねる妖怪。
¶**神仏辞典**（甘酒婆　あまざけばば）
全国妖怪（アマザケババ〔青森県〕）
全国妖怪（アマザケババア〔長野県〕）
妖怪事典（アマザケババ）
妖怪大事典（甘酒婆　あまざけばばあ）

天田愚庵　あまだぐあん
明治時代の漢詩家、歌人。若い時分、山岡鉄舟を介して清水次郎長にあずけられた。次郎長の伝記『東海遊侠伝』を書く。本名、甘田五郎。
¶**説話伝説**（甘田五郎　あまだごろう [生]安政1(1854)年 [没]明治37(1904)年）
伝奇伝説（天田愚庵　あまだぐあん [生]安政1(1854)年 [没]明治37(1904)年1月7日）

大海田水代大刀自神　あまたのみのしろおおとじのかみ
伊勢国多気郡の大海田水代大刀自神社の祭神。
¶**神仏辞典**（大海田水代大刀自神　あまたのみのしろおおとじのかみ）

あまつ

天津石門別神 あまついわとわけのかみ
大和国高市郡の天津石門別神社の祭神。
¶神仏辞典（天津石門別神・天都石門別神　あまついわとわけのかみ）

天津石門別稚姫神 あまついわとわけわかひめのかみ
山城国葛野郡の天津石門別稚姫神社の祭神。
¶神仏辞典（天津石門別稚姫神・天都石門別稚姫神　あまついわとわけわかひめのかみ）

天津乙女 あまつおとめ
⇒天女（てんにょ）

天都賀佐毘古神 あまつかさひこのかみ
阿波国美馬郡の天都賀佐毘古神社の祭神。
¶神仏辞典（天都賀佐毘古神　あまつかさひこのかみ）

天つ神 あまつかみ
高天原（天上）にいる神、もしくはそこから降りてきた神。
¶広辞苑6（天つ神　あまつかみ）
　神仏辞典（天神・天津神　あまつかみ）
　神仏辞典（天つ神・国つ神　あまつかみ・くにつかみ）
　神話伝説（天津神・国津神　あまつかみ・くにつかみ）
　世百新（天津神　あまつかみ）
　大辞林3（天つ神　あまつかみ）
　日本人名（天津神　あまつかみ）
　日本神話（天神　あまつかみ）

天神多久頭多麻命神 あまつかみたくずたまのみことのかみ
対馬島上県郡の天神多久頭多麻命神社の祭神。
¶神仏辞典（天神多久頭多麻命神　あまつかみたくずたまのみことのかみ）

天川命神 あまつかわのみことのかみ
近江国伊香郡の天川命神社の祭神。
¶神仏辞典（天川命神　あまつかわのみことのかみ）

天津枳値可美高日子命 あまつきちかみたかひこのみこと
『出雲国風土記』に所出。神魂命の子。別名、薦枕志都沼値。
¶神仏辞典（天津枳値可美高日子命　あまつきちかみたかひこのみこと）
　神仏辞典（薦枕志都沼値　こもまくらしつぬち）

天狐 あまつきつね
『日本書紀』にある、流星が東から西へ飛んだというもの。古代中国では流星が落ちるとそこに犬がいると考えられ、天狐の字を当てた。
¶妖怪事典（アマツキツネ）

天津国玉神 あまつくにたまのかみ
天若日子（天稚彦）の父神。

¶神様読解（天津国玉神　あまつくにたまのかみ）
　神仏辞典（天津国玉神　あまつくにたまのかみ）

天津久米命 あまつくめのみこと
邇邇芸命（瓊瓊杵尊）が降臨するとき、大伴氏の祖先神の天忍日命とともに先導をした。久米氏の祖先神。
¶朝日歴史（天津久米命　あまつくめのみこと）
　神様読解（天津久米命　あまつくめのみこと）
　広辞苑6（天久米命　あまつくめのみこと）
　新潮日本（天津久米命　あまつくめのみこと）
　神仏辞典（天津久米命　あまつくめのみこと）
　大辞林3（天津久米命　あまつくめのみこと）
　日本人名（天津久米命　あまつくめのみこと）

天津子命 あまつこのみこと
『出雲国風土記』に所出。意宇郡「屋代」という地名の起源。
¶神仏辞典（天津子命　あまつこのみこと）

天津多祁許呂命 あまつたけころのみこと
⇒多祁許呂命（たけころのみこと）

天津羽羽神 あまつははのかみ
土佐国土佐郡朝倉郷の朝倉神社の祭神。
¶神仏辞典（天津羽羽神　あまつははのかみ）

天津日子根命 あまつひこねのみこと
天照大神の子。
¶神様読解（天津日子根命/天津彦根命　あまつひこねのみこと・あまつひこねのみこと）
　神仏辞典（天津日子根命・天津彦根命・天比古禰命・天都卑古禰乃命　あまつひこねのみこと）
　大辞林3（天津彦根命・天津日子根命　あまつひこねのみこと）
　日本人名（天津彦根命　あまつひこねのみこと）

天津日子命 あまつひこのみこと
『古語拾遺』に所出。吾勝尊を父、栲幡千千姫命を母とする。
¶神仏辞典（天津日子命・天津彦尊　あまつひこのみこと）

天津日高日子番能邇邇芸命 あまつひこひこほのににぎのみこと
⇒瓊瓊杵尊（ににぎのみこと）

天津日高日子穂穂手見命 あまつひこひこほでみのみこと
⇒山幸彦（やまさちひこ）

天津真浦 あまつまら
倭鍛冶部の神話上の祖先。鍛冶の神。
¶朝日歴史（天津真浦　あまつまら）
　神様読解（鍛人天津麻羅　かぬとあまつまら）
　コン5（天津真浦　あまつまら）
　大辞林3（天津麻羅　あまつまら）
　日本人名（天津真浦　あまつまら）

架空・伝承編　　　　　　　　　　　　　　　　あまの

天津麻良命　あまつまらのみこと
　『新撰姓氏録』に所出。神魂命の8世の孫、大庭造の祖(和泉国別天神)。
　¶神仏辞典（天津麻良命　あまつまらのみこと）

天津甕星　あまつみかぼし
　⇒天香香背男(あめのかがせお)

天社天神　あまつやしろのあまつかみ
　『日本三代実録』に所出。安芸国の神。
　¶神仏辞典（天社天神　あまつやしろのあまつかみ）

天社神　あまつやしろのかみ
　『日本三代実録』に所出。近江国の神。
　¶神仏辞典（天社神　あまつやしろのかみ）

天照大神　あまてらすおおみかみ
　記紀神話に登場する太陽神的性格の女神。皇室祖神として伊勢神宮に祀られる。
　¶朝日歴史（天照大神　あまてらすおおみかみ）
　　アジア女神（天照大御神　あまてらすおほみかみ）〔像〕
　　架空人日（天照大御神　あまてらすおおみかみ）
　　架空人物（天照大御神）
　　架空伝承（天照大御神　あまてらすおおかみ）
　　架空伝説（天照大御神　あまてらすおおみかみ）〔像〕
　　神様読解（天照大神/大日孁貴神　あまてらすおおみかみ・おおひるめむちのかみ）〔像〕
　　神文化史（アマテラス（天照大神））
　　奇談逸話（天照大神　あまてらすおおみかみ）
　　広辞苑6（天照大神・天照大御神　あまてらすおおみかみ）
　　古典人学（天照大神　あまてらすおおみかみ）
　　古典人東（アマテラス（天照大神）　あまてらす）
　　コン5（天照大神　あまてらすおおみかみ）
　　新潮日本（天照大神　あまてらすおおみかみ）
　　神仏辞典（天照大御神・天照大神　あまてらすおおみかみ）
　　神話伝説（天照大神　あまてらすおおみかみ）
　　人物伝承（天照大神　あまてらすおおみかみ）
　　世神辞典（アマテラス（天照大御神））
　　説話伝説（天照大神　あまてらすおおみかみ）
　　世百新（天照大神　あまてらすおおかみ）
　　大辞林3（天照大神・天照大御神　あまてらすおおみかみ）
　　伝奇伝説（天照大神　あまてらすおおみかみ）
　　東洋神名（天照大御神　アマテラスオオミカミ）〔像〕
　　日本神々（天照大神　あまてらすおおみかみ）〔像〕
　　日本神様（天照大神　あまてらすおおみかみ）〔像〕
　　日本神様（伊勢信仰の神々〔天照坐皇大御神　いせしんこうのかみがみ〕
　　日本人名（天照大神　あまてらすおおみかみ）
　　日本神話（アマテラス）
　　ラル神々（天照大神）〔像〕

天照大神高座神　あまてらすおおみかみたかくらのかみ
　河内国高安郡の天照大神高座神社二座の祭神。
　¶神仏辞典（天照大神高座神　あまてらすおおみかみたかくらのかみ）

天照高日女神　あまてるたかひめのかみ
　『日本三代実録』に所出。伯耆国の神。
　¶神仏辞典（天照高日女神　あまてるたかひめのかみ）

天照神　あまてるのかみ
　対馬島下県郡の阿麻氏留神社の祭神。
　¶神仏辞典（天照神・天氏留神・阿麻氏留神　あまてるのかみ）

天照真良建雄神　あまてるまらたけおのかみ
　『日本三代実録』に所出。備後国の神。
　¶神仏辞典（天照真良建雄神　あまてるまらたけおのかみ）

天照御門神　あまてるみかどのかみ
　『日本三代実録』に所出。山城国の神。
　¶神仏辞典（天照御門神　あまてるみかどのかみ）

天照玉命神　あまてるみたまのみことのかみ
　丹波国天田郡の天照玉命神社の祭神。
　¶神仏辞典（天照玉命神　あまてるみたまのみことのかみ）

尼天狗　あまてんぐ
　『源平盛衰記』にあるもの。尼法師の姿をし、羽をもつ天狗。
　¶妖怪事典（アマテング）

阿麻刀禰命　あまとねのみこと
　『新撰姓氏録』に所出。火明命4世の孫、大炊刑部造の祖。
　¶神仏辞典（阿麻刀禰命　あまとねのみこと）

天豊津媛命　あまとよつひめのみこと
　⇒賦登麻和詞比売命(ふとまわかひめのみこと)

アマネサク
　岩手県二戸地方でいう妖怪。
　¶妖怪事典（アマネサク）
　　妖怪大事典（アマネサク）

アマネジャキ
　いぬいとみこ作『くらやみの谷の小人たち』(1972)の主人公の小人。
　¶児童登場（アマネジャキ）

アマネジャク
　長野県東筑摩郡地方でいう天邪鬼のこと。
　¶妖怪事典（アマネジャク）

天明玉命　あまのあかるたまのみこと
　⇒玉祖命(たまのおやのみこと)

天糠戸者　あまのあらとのかみ
　⇒天糠戸命(あめのぬかどのみこと)

天石門別神　あまのいわとわけのかみ
　⇒天石門別神（あめのいわとわけのかみ）

天岩船檀特坊　あまのいわふねだんとくぼう
　密教系の祈祷秘経『天狗経』にある全国代表四十八天狗の一つ。
　¶妖怪事典（アマノイワフネダントクボウ）
　　妖怪大事典（天岩船檀特坊　あまのいわふねだんとくぼう）

天石帆別神　あまのいわほわけのかみ
　土佐国土佐郡朝倉郷の式内社、朝倉神社の祭神。
　¶神仏辞典（天石帆別神　あまのいわほわけのかみ）

天宇受売命（天鈿女命）　あまのうずめのみこと
　⇒天宇受売命（あめのうずめのみこと）

天忍日命　あまのおしひのみこと
　⇒天忍日命（あめのおしひのみこと）

天忍穂耳尊　あまのおしほみみのみこと
　⇒天児屋命（あめのこやねのみこと）

海神　あまのかみ
　『続日本後紀』『日本三代実録』『延喜式』に所出。海神（わたつみのかみ）、海神（たるみのかみ）とも。
　¶神仏辞典（海神　あまのかみ）

天川俣神　あまのかわまたのかみ
　『日本三代実録』に所出の大和高市郡の神。
　¶神仏辞典（天川俣神　あまのかわまたのかみ）

天野源伯　あまのげんぱく
　山本周五郎作『赤ひげ診療譚』の登場人物。
　¶時代小説（天野源伯　あまのげんぱく）

天探女　あまのさぐめ
　⇒天探女（あめのさぐめ）

天逆毎　あまのざこ
　天狗や天邪鬼の祖先とされる女神。
　¶妖怪事典（アマノザコ）
　　妖怪大鑑（天逆毎　あまのざこ）〔像〕
　　妖怪大事典（天逆毎　あまのざこ）〔像〕

天之狭手依比売　あまのさでよりひめ
　長崎県の対馬島の女神。イザナギとイザナミの国生みによって生まれた「津島」の別名。
　¶アジア女神（天之狭手依比売　あまのさでよりひめ）
　　神様読解（津島／天之狭手依比売　つしま・あまのさでよりひめ）

アマノシャグ
　山形県西置賜郡小国町地方でいう天邪鬼のこと。
　¶妖怪事典（アマノシャグ）

天邪鬼　あまのじゃく
　昔話の瓜子姫を代表して、民間説話に多く登場する想像上の妖怪。記紀神話の天探女（あまのさぐめ）に由来するともいわれる。
　¶架空人日（あまのさぐめ）
　　架空人物（天邪鬼　あまのじゃく）
　　架空伝承（天邪鬼　あまのじゃく）
　　幻想動物（天邪鬼　あまのじゃく）〔像〕
　　コン5（天邪鬼　あまのじゃく）
　　神仏辞典（天邪鬼　あまのじゃく）
　　神話伝説（天邪鬼　あまのじゃく）
　　世百新（天邪鬼　あまのじゃく）
　　大辞林3（天の邪鬼　あまのじゃく）
　　日ミス（天邪鬼　あまのじゃく）
　　日本人名（天邪鬼　あまのじゃく）
　　水木妖怪（天邪鬼　あまのじゃく）〔像〕
　　妖怪事典（アマノジャク）
　　妖怪図鑑（天邪鬼　あまのじゃく）〔像〕
　　妖怪大全（天邪鬼　あまのじゃく）〔像〕
　　妖怪大事典（天邪鬼　あまのじゃく）〔像〕

阿麻乃西乎乃命　あまのせおのみこと
　『新撰姓氏録』に所出。神魂命5世の孫、今木連の祖。
　¶神仏辞典（阿麻乃西乎乃命・天背男命　あまのせおのみこと）

天野宗太郎　あまのそうたろう
　平岩弓枝作『御宿かわせみ』の登場人物。
　¶時代小説（天野宗太郎　あまのそうたろう）

天手力男命　あまのたぢからおのみこと
　⇒天手力男神（あめのたぢからおのかみ）

天種子命　あまのたねこのみこと
　⇒天椅立神（あまのはしだてのかみ）

海恒世　あまのつねよ
　『今昔物語集』によれば、10世紀に最手（現在の大関）にまで上った相撲人。
　¶架空人日（海恒世　あまのつねよ）

アマノハギ
　石川県鹿島郡地方でいう妖怪。
　¶妖怪事典（アマノハギ）

天椅立神　あまのはしだてのかみ
　阿波国美馬郡の天椅立神社の祭神。
　¶神仏辞典（天椅立神　あまのはしだてのかみ）

天野八郎　あまのはちろう
　歌舞伎演目『将軍江戸を去る』に登場する彰義隊副長。
　¶歌舞伎登（天野八郎　あまのはちろう）

天太玉命　あまのふとだまのみこと
　⇒布刀玉命（ふとだまのみこと）

天野まさを　あまのまさを
山本周五郎作『赤ひげ診療譚』の登場人物。
¶時代小説（天野まさを　あまのまさを）

阿麻乃弥加都比女　あまのみかつひめ
『尾張国風土記』逸文に所出。出雲国多具の国の神。
¶神仏辞典（阿麻乃弥加都比女　あまのみかつひめ）

天御中主尊　あまのみなかぬしのみこと
⇒天御柱命（あめのみはしらのみこと）

天野屋利兵衛　あまのやりへえ
大石内蔵助に頼まれ、討ち入りに必要な武器を調達したという人物。歌舞伎『仮名手本忠臣蔵』では天河屋義平の名で登場する。
¶架空人日（天河屋義平　あまがわやぎへい）
架空伝承（天河屋義平　あまかわやぎへい）〔像〕
架空伝説（天河屋義平　あまかわやぎへい）
歌舞伎登（天河屋義平　あまがわやぎへい）
コン5（天野屋利兵衛　あまのやりへえ）
新潮日本（天野屋利兵衛　あまのやりへえ [生]? [没]享保12（1727）年1月27日）
時代小説（天川屋儀兵衛　あまかわやぎへえ）
説話伝説（天野屋利兵衛　あまのやりへえ）
伝奇伝説（天野屋利兵衛　あまのやりへい）
日本人名（天野屋利兵衛　あまのやりへえ [生]? [没]1727年）

天湯川田神　あまのゆかわたのかみ
河内国大県郡の天湯川田神社の祭神とされる神。
¶神仏辞典（天湯川田神　あまのゆかわたのかみ）

天計神　あまはかりのかみ
備前国御野郡の天計神社の祭神。
¶神仏辞典（天計神　あまはかりのかみ）

アマビエ
弘化3（1846）年と記された瓦版に書かれている、肥後国（熊本県）の海中にいた化け物。
¶水木妖怪続（アマビエ）〔像〕
妖怪事典（アマビエ）
妖怪大全（アマビエ）〔像〕
妖怪大事典（アマビエ）〔像〕

あまびと
亡霊の妖怪。青森県西津軽地方にみる。
¶神仏辞典（あまびと）
妖怪事典（アマビト）
妖怪大事典（アマビト）〔像〕

尼姫君　あまひめぎみ
⇒大君（おおいぎみ）

アマミキヨ
琉球の創世神。
¶朝日歴史（アマミキヨ）
アジア女神（アマミキヨ）
神文化史（アマミキヨ）
広辞苑6（あまみきよ）
コン5（アマミキヨ）
神仏辞典（アマミキョ）
神話伝説（あまみきょ・しねりきょ）
大辞林3（あまみきよ）
伝奇伝説（アマミキヨ）
日本人名（アマミキヨ）

阿麻美許曾神　あまみこそのかみ
河内国丹比郡の阿麻美許曾神社の祭神。
¶神仏辞典（阿麻美許曾神　あまみこそのかみ）

尼御台　あまみだい
歌舞伎演目『名残の星月夜』に登場する、源頼朝の妻北条政子がモデル。
¶歌舞伎登（尼御台　あまみだい）

アマミハギ
石川県や新潟県の佐渡で、火に当たりすぎて足にできた「火斑（アマミ）」を剥ぎにくるという妖怪。石川県では年替わりの日に来る。
¶全国妖怪（アマミハギ〔新潟県〕）
全国妖怪（アマミハギ〔石川県〕）
妖怪事典（アマミハギ）

アマメハギ
石川県能登地方で、年替わりの晩に家々を訪れる異形の者のこと。
¶神仏辞典（火斑剝ぎ　あまめはぎ）
妖怪事典（アマメハギ）
妖怪大全（あまめはぎ）〔像〕
妖怪大事典（アマメハギ）

アマヤ
佐賀県地方でいう妖怪の児童語。
¶妖怪事典（アマヤ）

雨夜陣五郎　あまよじんごろう
山田風太郎作『甲賀忍法帖』の登場人物。
¶時代小説（雨夜陣五郎　あまよじんごろう）

雨夜尊　あまよのみこと
当道座の琵琶法師が祖神・守護神として祀る神。
¶神様読解（雨夜尊　あまよのみこと）〔像〕
広辞苑6（雨夜の尊・天夜の尊　あまよのみこと）
神仏辞典（雨夜神　あまよのかみ）
大辞林3（雨夜の尊　あまよのみこと）
東洋神名（雨夜尊　アメヨノミコト）〔像〕
日本神様（雨夜神　あまよのかみ）
日本人名（雨夜尊　あまよのみこと）

天別豊姫神　あまわけとよひめのかみ
備後国安那郡の天別豊姫神社の祭神。
¶神仏辞典（天別豊姫神　あまわけとよひめのかみ）

阿麻和利　あまわり
沖縄県の勝連半島の勝連城に割拠した豪族。王府の史書により、長く、琉球歴史上の大逆臣と伝承された。

¶架空伝承（阿麻和利　あまわり　[生]?　[没]1458年）

あ

アマンジャク
神奈川県箱根、新潟県柏崎、群馬県館林、岡山県久米郡などの地方でいう天邪鬼のこと。
¶**妖怪事典**（アマンジャク）

アマンジャク
秋田県の家にいるという妖怪。嬰児を1日だけ子守りする。
¶**全国妖怪**（アマンジャク〔秋田県〕）

天邪鬼　あまんじゃく
岩手県の家の炉の灰の中にいるという妖怪。
¶**全国妖怪**（アマンジャク〔岩手県〕）

天邪鬼　あまんじゃく
茨城県の音の怪。山彦はアマンジャクが真似をしたものだという。
¶**全国妖怪**（アマンジャク〔茨城県〕）

アマンシャグマ
天邪鬼の一種ともいわれる巨人。熊本県に棲んでいた。
¶**幻想動物**（アマンシャグマ）〔像〕

アマンシャグメ
長崎県壱岐地方でいう天邪鬼のこと。
¶**妖怪事典**（アマンシャグメ）

アマンジャコ
岡山県南部、兵庫県多可郡地方でいう天邪鬼のこと。
¶**妖怪事典**（アマンジャコ）

アマンチュー
沖縄に棲んでいたとされる巨人。「天の人」という意味。
¶**幻想動物**（アマンチュー）〔像〕
神話伝説（あまんちゅう）
妖怪事典（アマンチュー）

網打ち七五郎　あみうちしちごろう
歌舞伎演目『網模様燈籠菊桐』に登場する、深川の漁師で博奕打ち。
¶**歌舞伎登**（網打ち七五郎　あみうちしちごろう）

網剪　あみきり
鳥山石燕の『図画百鬼夜行』に描かれている妖怪。蚊帳や漁師の用いる魚網を切ってしまう。
¶**幻想動物**（網切り）〔像〕
妖怪事典（アミキリ）
妖怪図鑑（網剪　あみきり）〔像〕
妖怪大全（網切　あみきり）〔像〕
妖怪大事典（網剪　あみきり）〔像〕

阿弥陀　あみだ
極楽浄土にいて衆生を救済するとされる仏。
¶**架空人物**（阿弥陀仏）
架空伝承（阿弥陀　あみだ）〔像〕
神文化史（アミダ（アミターバ））
奇談逸話（阿弥陀如来　あみだにょらい）
広辞苑6（阿弥陀　あみだ）〔像〕
神仏辞典（阿弥陀仏　あみだぶつ）
世神辞典（阿弥陀如来）〔像〕
世神話東（阿弥陀　アミダ）〔像〕
説話伝説（阿弥陀如来　あみだにょらい）
世百新（阿弥陀　あみだ）〔像〕
大辞林3（阿弥陀　あみだ）〔像〕
東洋神名（阿弥陀如来　アミダニョライ）〔像〕
日本人名（阿弥陀如来　あみだにょらい）
仏尊事典（阿弥陀如来　あみだにょらい）〔像〕

阿弥陀池道玄　あみだいけどうげん
神坂次郎作『おかしな侍たち』の登場人物。
¶**時代小説**（阿弥陀池道玄　あみだいけどうげん）

アミちゃん
末吉暁子作『アミアミ人形の冒険』（1980）に登場する毛糸編みの人形。
¶**児童登場**（アミちゃん）

阿弥神　あみのかみ
常陸国信太郡の阿弥神社の祭神。
¶**神仏辞典**（阿弥神　あみのかみ）

網野神　あみののかみ
丹後国竹野郡の網野神社の祭神。
¶**神仏辞典**（網野神　あみののかみ）

網屋　あみや
井原西鶴作の浮世草子『日本永代蔵』（1688）巻一「初午は乗て来る仕合せ」の主人公。
¶**架空人日**（網屋　あみや）

阿牟加神　あむかのかみ
但馬国出石郡の阿牟加神社の祭神。
¶**神仏辞典**（阿牟加神　あむかのかみ）

奄我神　あむかのかみ
丹波国天田郡の奄我神社の祭神。
¶**神仏辞典**（奄我神　あむかのかみ）

阿武大夫　あむのたいふ
『今昔物語集』に登場する、長門国の豪族。
¶**架空人日**（阿武大夫　あむのたいふ）

アムログオナグ
奄美大島地方でいう妖怪。
¶**妖怪事典**（アムログオナグ）

天雷神　あめいかづちのかみ
『新撰姓氏録』に所出。孫の天押人命が佐伯造の祖。
¶**神仏辞典**（天雷神　あめいかづちのかみ）

阿目夷沙比止命　あめいさひとのみこと
　『新撰姓氏録』に所出。川枯首の祖（和泉国神別天神）。
　¶神仏辞典（阿目夷沙比止命　あめいさひとのみこと）

雨祈神　あめいのるかみ
　播磨国宍粟郡の雨祈神社の祭神。
　¶神仏辞典（雨祈神　あめいのるかみ）

天押帯日子命　あめおしたらしひこのみこと
　第5代孝昭天皇の皇子。余曾多本毘売を母とする。『日本書紀』では、天足彦国押人命。
　¶神様読解（天押帯日子命　あめおしたらしひこのみこと）
　　神仏辞典（天押帯日子命　あめおしたらしひこのみこと）
　　日本人名（天足彦国押人命　あめたらしひこくにおしひとのみこと）

天忍人命　あめおしひとのみこと
　『新撰姓氏録』に所出。振魂命4世の孫。
　¶神仏辞典（天忍人命・天押人命　あめおしひとのみこと）

雨女　あめおんな
　『百鬼夜行』に記されている、「雨神」のようなもの。
　¶妖怪事典（アメオンナ）
　　妖怪大全（雨女　あめおんな）〔像〕
　　妖怪大事典（雨女　あめおんな）〔像〕
　　妖百3（雨女　あめおんな）〔像〕

アメオンバ
　長野県下伊那郡地方でいう妖怪。
　¶全国妖怪（アメオンバ〔長野県〕）
　　妖怪事典（アメオンバ）

天鏡尊　あめかがみのみこと
　『日本書紀』巻1に所出。国常立尊の子。天万尊の親。
　¶神仏辞典（天鏡尊　あめかがみのみこと）

天国津彦神　あめくにつひこのかみ
　越前国敦賀郡の天国津彦神社の祭神。
　¶神仏辞典（天国津彦神　あめくにつひこのかみ）

天国津比咩神　あめくにつひめのかみ
　越前国敦賀郡の天国津比咩神社の祭神。
　¶神仏辞典（天国津比咩神　あめくにつひめのかみ）

天辞代命　あめことしろのみこと
　『新撰姓氏録』に所出。高媚牟須比命3世の孫。伊与部の祖。
　¶神仏辞典（天辞代命　あめことしろのみこと）

天知迦流美豆比売神　あめしるかるみづひめのかみ
　大年神の妃。
　¶神様読解（天知迦流美豆比売神　あめしるかるみづひめのかみ）

天鈴神　あめすずのかみ
　越前国敦賀郡の天鈴神社の祭神。
　¶神仏辞典（天鈴神　あめすずのかみ）

天高知日之子姫尊　あめたかしるひのこひめのみこと
　『続日本紀』に所出。光仁天皇夫人、贈皇太后、桓武天皇の母。
　¶神仏辞典（天高知日之子姫尊　あめたかしるひのこひめのみこと）

天足彦国押人命　あめたらしひこくにおしひとのみこと
　⇒天押帯日子命（あめおしたらしひこのみこと）

雨太郎　あめたろう
　角田喜久雄作『風雲将棋谷』の登場人物。
　¶時代小説（雨太郎　あめたろう）

阿米加多比咩命神　あめつかたひめのみことのかみ
　伊豆国賀茂郡の阿米都加多比咩命神社の祭神。
　¶神仏辞典（阿米都加多比咩命神　あめつかたひめのみことのかみ）

阿米都瀬気多知命神　あめつせけたちのみことのかみ
　伊豆国田方郡の阿米都瀬氣多知命神社の祭神。
　¶神仏辞典（阿米都瀬気多知命神　あめつせけたちのみことのかみ）

天地神　あめつちのかみ
　天津神、国津神の総称。
　¶広辞苑6（天地　あめつち）
　　神仏辞典（天地神　あめつちのかみ）

天筒草命　あめつつくさのみこと
　『新撰姓氏録』に所出。神魂命7世の孫、若倭部連の祖。
　¶神仏辞典（天筒草命　あめつつくさのみこと）

阿米都和気命　あめつわけのみこと
　伊豆国賀茂郡の阿米都和気命神社の祭神。
　¶神仏辞典（阿米都和気命　あめつわけのみこと）

天礪目命　あめとめのみこと
　『新撰姓氏録』に所出。火明命4世の孫、大炊刑部造・朝来直の祖。
　¶神仏辞典（天礪目命　あめとめのみこと）

天坐神　あめにますかみ
　『続日本紀』宣命に所出。地坐神の対。
　¶神仏辞典（天坐神　あめにますかみ）

天明玉命　あめのあかるたまのみこと
⇒玉祖命(たまのおやのみこと)

天五百原命　あめのいおはらのみこと
『新撰姓氏録』に所出。火明命の孫、蝮壬部首の祖(大和国神別天孫)。
¶神仏辞典　(天五百原命　あめのいおはらのみこと)

天伊佐奈彦神　あめのいさなひこのかみ
『続日本後紀』に所出。越前国の神。
¶神仏辞典　(天伊佐奈彦神　あめのいさなひこのかみ)

天乃石吸神　あめのいわすいのかみ
大和国添上郡の天乃石吸神社の祭神。
¶神仏辞典　(天乃石吸神　あめのいわすいのかみ)

天乃石立神　あめのいわたちのかみ
大和国添上郡の天乃石立神社の祭神。
¶神仏辞典　(天乃石立神　あめのいわたちのかみ)

天石門別豊玉比売神　あめのいわとわけとよたまひめのかみ
阿波国名方郡の天石門別豊玉比売神社の祭神。
¶神仏辞典　(天石門別豊玉比売神　あめのいわとわけとよたまひめのかみ)

天石門別神　あめのいわとわけのかみ
宮城の御門の守護神として、天孫降臨の際に随伴したという神。櫛石窓神、豊石窓神などともいう。
¶神様読解　(天石門別神/天石戸別神/櫛石窓神/豊石窓神　あめのいわとわけのかみ・くしいわまどのかみ・とよいわまどのかみ)
　広辞苑6　(天石戸別神　あまのいわとわけのかみ)
　神仏辞典　(天石門別神・天磐門別神・天石都倭居命　あめのいわとわけのかみ)
　神仏辞典　(櫛石窓神・天磐間戸神　くしいわまどのかみ)
　神仏辞典　(豊石窓神・豊磐間戸神　とよいわまどのかみ)
　大辞林3　(天石戸別神・天石門別神　あまのいわとわけのかみ)
　日本人名　(櫛石窓神　くしいわまとのかみ)

天石門和気八倉比咩神　あめのいわとわけやくらひめのかみ
阿波国名方郡の天石門和気八倉比咩神社の祭神。
¶神仏辞典　(天石門和気八倉比咩神・天石門別八倉比咩神　あめのいわとわけやくらひめのかみ)

天石門別安国玉主天神　あめのいわとわけやすくにたまぬしあまつかみ
土佐国吾川郡の天石門別安国玉主神社の祭神。
¶神仏辞典　(天石門別安国玉主神　あめのいわとわけやすくにたまぬしあまつかみ)

天宇受売命　あめのうずめのみこと
記紀神話に登場する女神。天の岩屋戸の神話で、舞い狂い、天照大神を岩屋戸から引き出した。

¶朝日歴史　(天鈿女命　あめのうずめのみこと)
　アジア女神　(天宇受売命　あまのうずめのみこと)〔像〕
　架空人日　(天宇受売命　あめのうずめのみこと)
　架空人物　(天宇受売命　あめのうずめのみこと)
　架空伝承　(天宇受売命　あめのうずめのみこと)〔像〕
　神様読解　(天宇受売命/天鈿女命　あめのうずめのみこと・あめのうずめのみこと)
　神文化史　(天宇受売(記)、天鈿命(紀)　アメノウズメ)
　広辞苑6　(天鈿女命・天宇受売命　あまのうずめのみこと)
　古典人学　(天宇受売命　あまのうずめのみこと)
　コン5　(天鈿女命　あめのうずめのみこと)
　新潮日本　(天鈿女命　あめのうずめのみこと)
　神仏辞典　(天宇受売命・天鈿女命　あめのうずめのみこと)
　神話伝説　(天宇受売(記)/天鈿女命(紀)　あめのうずめのみこと)
　説話伝説　(天宇受売命　あめのうずめのみこと)
　世百新　(天鈿女命　あめのうずめのみこと)
　大辞林3　(天鈿女命・天宇受売命　あまのうずめのみこと)
　伝奇伝説　(天宇受売命　あめのうずめのみこと)
　東洋神名　(天宇受売命　アメノウズメノミコト)〔像〕
　日本神々　(天宇受売命　あめのうずめのみこと)
　日本神様　(天宇受売命　あめのうずめのみこと)〔像〕
　日本人名　(天鈿女命　あめのうずめのみこと)
　日本神話　(アメノウズメ)

天上腹　あめのうわはら
古代伝承上の豪族。『高橋氏文』によれば、知々夫国造の祖。天表春命の子孫とも。
¶日本人名　(天上腹　あめのうわはら)

天表春命　あめのうわばるのみこと
『旧事本紀』にみえる神。信濃阿智氏らの祖先神。
¶日本人名　(天表春命　あめのうわばるのみこと)

天表日命　あめのうわひのみこと
『新撰姓氏録』に所出。伯太首の祖(未定雑姓和泉国)。
¶神仏辞典　(天表日命　あめのうわひのみこと)

天之大神　あめのおおかみ
『常陸国風土記』に所出。水上交通の神。
¶神仏辞典　(天之大神　あめのおおかみ)

天忍男命　あめのおしおのみこと
『新撰姓氏録』に所出。火明命3世の孫。丹比須布、丹比宿禰の祖。
¶神仏辞典　(天忍男命　あめのおしおのみこと)

天忍雲根神　あめのおしくもねのかみ
『中臣寿詞』に所出の神名。
¶神仏辞典　(天忍雲根神　あめのおしくもねのかみ)

天押帯日子命　あめのおしたらしひこのみこと
⇒天押帯日子命(あめおしたらしひこのみこと)

天忍日命　あめのおしひのみこと
大伴氏の祖先神。
- ¶朝日歴史（天忍日命　あめのおしひのみこと）
  神様読解（天忍日命　あめのおしひのみこと）
  広辞苑6（天忍日命　あまのおしひのみこと）
  新潮日本（天忍日命　あめのおしひのみこと）
  神仏辞典（天忍日命　あめのおしひのみこと）
  大辞林3（天忍日命　あまのおしひのみこと）
  日本人名（天忍日命　あめのおしひのみこと）

天之忍穂耳命　あめのおしほみみのみこと
瓊瓊杵尊の父神。葦原中国への天くだりを子に譲った。『古事記』では正勝吾勝勝速日天之忍穂耳命。
- ¶朝日歴史（天忍穂耳命　あめのおしほみみのみこと）
  神様読解（正勝吾勝勝速日天之忍穂耳命/天之忍穂耳命　まさかあかつかつはやびあめのおしほみみのみこと・あめのおしほみみのみこと）
  広辞苑6（天忍穂耳尊　あまのおしほみみのみこと）
  新潮日本（天忍穂耳命　あめのおしほみみのみこと）
  神仏辞典（天之忍穂耳命　あめのおしほみみのみこと）
  世百新（天忍穂耳尊　あめのおしほみみのみこと）
  大辞林3（天忍穂耳尊　あまのおしほみみのみこと）
  東洋神名（天之忍穂耳命　アメノオシホミミノミコト）〔像〕
  日本神々（天之忍穂耳命　あめのおしほみみのみこと）〔像〕
  日本神様（天忍穂耳命　あめのおしほみみのみこと）〔像〕
  日本人名（天忍穂耳尊　あめのおしほみみのみこと）
  日本神話（アメノオシホミミ）

天忍穂別神　あめのおしほわけのかみ
土佐国香美郡の天忍穂別神社の祭神。
- ¶神仏辞典（天忍穂別神　あめのおしほわけのかみ）

天壓神　あめのおすがみ
『日本書紀』巻3に所出。天津神の子、神武天皇を意味する。
- ¶神仏辞典（天壓神　あめのおすがみ）

天尾羽張神　あめのおはばりのかみ
建御雷男神の父神。大国主神のもとに派遣される使者として、自分の代わりに子の建御雷神を差し出した。伊都之尾羽張神、稜威雄走神とも。
- ¶神様読解（伊都之尾羽張神/天羽張神/稜威雄走神　いつのおはばりのかみ・あめのおはばりのかみ・いつのおばしりのかみ）
  神仏辞典（天之尾羽張神　あめのおはばりのかみ）
  神仏辞典（伊都之尾羽張神　いつのおはばりのかみ）
  神仏辞典（稜威雄走神　いつのおばしりのかみ）
  日本人名（天尾羽張神　あめのおはばりのかみ）

天香香背男　あめのかがせお
『日本書紀』に所出の星の神。天津甕星ともいう。「香香背」は、光り輝いている男性の星神の意。
- ¶神仏辞典（天香香背男　あめのかがせお）
  神仏辞典（香香背男　かがせお）
  神仏辞典（星の神　ほしのかみ）
  東洋神名（天津甕星神　アマツミカボシノカミ）〔像〕
  日本神様（星の神　ほしのかみ）
  日本人名（天津甕星　あまつみかほし）
  日本神話（星の神　ほしのかみ）

天迦久神　あめのかくのかみ
国護り・国土平定の神話に登場する神々の一柱。伊都之尾羽張神への使者に立った。
- ¶神様読解（天迦久神　あめのかくのかみ）
  神仏辞典（天迦久神　あめのかくのかみ）
  日本人名（天迦久神　あめのかくのかみ）

天香山大麻等野知神　あめのかぐやまおおまとのちのかみ
『日本三代実録』に所出。大和国の神。
- ¶神仏辞典（天香山大麻等野知神　あめのかぐやまおおまとのちのかみ）

天香山坐櫛真命神　あめのかぐやまにますくしまのみことのかみ
大和国十市郡の天香山坐櫛真命神社の祭神。
- ¶神仏辞典（天香山坐櫛真命神　あめのかぐやまにますくしまのみことのかみ）

天香山命　あめのかぐやまのみこと
火明命の子、尾張連の祖。伊勢国多気郡の天香山神社の祭神。
- ¶英雄事典（天香山命　アメノカヤマノミコト）
  神様読解（天香山命　あめのかぐやまのみこと）
  神仏辞典（天香山命　あめのかぐやまのみこと）
  神仏辞典（天賀吾山命・天香語山命　あめのかぐやまのみこと）
  日本神々（天香語山命　あめのかぐやまのみこと）〔像〕

天香語山命　あめのかごやまのみこと
⇒天香山命（あめのかぐやまのみこと）

天壁立命　あめのかべたちのみこと
『新撰姓氏録』に所出。宮部造の祖の天背男命の親。
- ¶神仏辞典（天壁立命　あめのかべたちのみこと）

天神立命　あめのかむたちのみこと
『新撰姓氏録』に所出。高御魂命の孫で彼直の祖、葛城直の祖。
- ¶神仏辞典（天神立命　あめのかむたちのみこと）

天乃神奈斐神　あめのかむなびのかみ
『日本三代実録』に所出。伯耆国の神。
- ¶神仏辞典（天乃神奈斐神　あめのかむなびのかみ）

天香山命　あめのかやまのみこと
⇒天香山命（あめのかぐやまのみこと）

天河神　あめのかわのかみ
『日本三代実録』に所出。讃岐国の神。
- ¶神仏辞典（天河神・天川神　あめのかわのかみ）

天久之比乃命　あめのくしひのみこと
『新撰姓氏録』に所出。天津彦根命の子、桑名首の祖。
　¶神仏辞典（天久之比乃命　あめのくしひのみこと）

天久斯麻比士都命　あめのくしまひとつのみこと
『新撰姓氏録』に所出。菅田首の祖（山城国神別天神）。
　¶神仏辞典（天久斯麻比士都命　あめのくしまひとつのみこと）

天櫛耳命　あめのくしみみのみこと
『新撰姓氏録』に所出。天櫛玉命の子、日置部の祖。
　¶神仏辞典（天櫛耳命　あめのくしみみのみこと）

天之久比奢母智神　あめのくひざもちのかみ
『古事記』に所出の神。神生みの段で速秋津日子神・速秋津比売神が河と海でそれぞれに分けて生んだ神。
　¶神様読解（天之久比奢母智神　あめのくひざもちのかみ）
　神仏辞典（天之久比奢母智神　あめのくいざもちのかみ）
　日本人名（天之久比奢母智神　あめのくひざもちのかみ）

天之闇戸神　あめのくらとのかみ
大山津見神（山の神）・鹿屋野比売神（野の神）の二神より生まれた八神の一柱。
　¶神様読解（天之闇戸神　あめのくらとのかみ）
　神仏辞典（天之闇戸神　あめのくらとのかみ）
　日本人名（天之闇戸神　あめのくらとのかみ）

天事代主命　あめのことしろぬしのみこと
『新撰姓氏録』に所出。飛鳥直の祖（大和国神別天神）。
　¶神仏辞典（天事代主命　あめのことしろぬしのみこと）

雨の小坊主の怪　あめのこぼうずのかい
『新御伽婢子』にある怪異。
　¶妖怪事典（アメノコボウズノカイ）

天児屋根比売命　あめのこやねのひめのみこと
『続日本後紀』『日本文徳天皇実録』に所出。河内国の神。
　¶神仏辞典（天児屋根比売命　あめのこやねのひめのみこと）

天児屋命　あめのこやねのみこと
天岩屋戸前でアマテラスを岩屋戸から招き出すために祝詞を奏上した神。
　¶朝日歴史（天児屋命　あめのこやねのみこと）
　神様読解（天児屋命・天児屋根　あまのこやねのみこと）〔像〕
　広辞苑6（天児屋命・天児屋根　あまのこやねのみこと）
　コン5（天児屋命　あめのこやねのみこと）
　新潮日本（天児屋命　あめのこやねのみこと）
　神仏辞典（天児屋命　あめのこやねのみこと）
　世百新（天児屋命　あめのこやねのみこと）
　大辞林3（天児屋命　あまのこやねのみこと）
　東洋神名（天児屋命　アメノコヤネノミコト）〔像〕
　日本神々（天児屋命　あめのこやねのみこと）〔像〕
　日本神様（春日信仰の神々〔天児屋根命　かすがしんこうのかみがみ〕）〔像（春日大神）〕
　日本人名（天児屋命　あめのこやねのみこと）
　日本神話（アメノコヤネ）

天之狭霧神　あめのさぎりのかみ
大山津見神（山の神）・鹿屋野比売神（野の神）の二神により生まれた八神の一柱。
　¶神様読解（天之狭霧神　あめのさぎりのかみ）
　神仏辞典（天之狭霧神・天狭疑利命　あめのさぎりのかみ）
　日本人名（天之狭霧神　あめのさぎりのかみ）

天探女　あめのさぐめ
葦原の中国へ派遣された天稚彦に仕えていた女神。
　¶朝日歴史（天探女　あめのさぐめ）
　アジア女神（天探女　あまのさぐめ）
　架空人日（天佐具売　あめのさぐめ）
　神様読解（天探女　あめのさぐめ）〔像〕
　広辞苑6（天探女　あまのさぐめ）
　新潮日本（天探女　あめのさぐめ）
　神仏辞典（天佐具売・天探女　あめのさぐめ）
　世百新（天探女　あめのさぐめ）
　大辞林3（天探女　あまのさぐめ）
　日本人名（天探女　あめのさぐめ）
　日本神話（アメノサグメ）

天佐自能和気神　あめのさじのわけのかみ
阿波国名方郡の天佐自能和気神社の祭神。
　¶神仏辞典（天佐自能和気神　あめのさじのわけのかみ）

天佐自比古命神　あめのさじひこのみことのかみ
隠岐国知夫郡の天佐自比古命神社の祭神。
　¶神仏辞典（天佐自比古命神　あめのさじひこのみことのかみ）

天之狭土神　あめのさづちのかみ
大山津見神（山の神）・鹿屋野比売神（野の神）の二神より生まれた八神の一柱。
　¶神様読解（天之狭土神　あめのさづちのかみ）
　神仏辞典（天之狭土神　あめのさづちのかみ）
　日本人名（天之狭土神　あめのさづちのかみ）

天乃佐奈咩神　あめのさなめのかみ
『日本三代実録』に所出。伯耆国の神。
　¶神仏辞典（天乃佐奈咩神　あめのさなめのかみ）

所造天下大神　あめのしたつくらししおおかみ
『出雲国風土記』等に所出。所造天下大穴持命、所造天下大神大穴持命、所造天下大神命とも。
　¶神仏辞典（所造天下大神　あめのしたつくらししおかみ）

天下腹　あめのしたはら
　古代伝承上の豪族。『高橋氏文』によれば、知々夫国造の祖。
　¶日本人名（天下腹　あめのしたはら）

天下春命　あめのしたばるのみこと
　『旧事本紀』にみえる神。
　¶日本人名（天下春命　あめのしたばるのみこと）

天白羽神　あめのしらはのかみ
　常陸国久慈郡の天之志良波神社の祭神。
　¶神仏辞典（天白羽神・天之白羽神・天志良波神・天之志良波神　あめのしらはのかみ）

天底立命　あめのそこたちのみこと
　『新撰姓氏録』に所出。天之常立神と同一とされる。
　¶神仏辞典（天底立命　あめのそこたちのみこと）

天高神　あめのたかのかみ
　『日本三代実録』に所出。伯耆国の神。
　¶神仏辞典（天高神　あめのたかのかみ）

天高結神　あめのたかむすびのかみ
　『日本三代実録』に所出。近江国の神。高御産巣日神と同一とされる。
　¶神仏辞典（天高結神　あめのたかむすびのかみ）

天多久都玉神　あめのたくつたまのかみ
　『日本三代実録』『延喜式』に所出。多久都玉命、多久都神、石園多久豆玉神と同一とされる。
　¶神仏辞典（天多久都玉神　あめのたくつたまのかみ）

天健金草神　あめのたけかなくさのかみ
　隠岐国隠地郡の天健金草神社の祭神。
　¶神仏辞典（天健金草神　あめのたけかなくさのかみ）

天高市神　あめのたけちのかみ
　大和国高市郡の天高市神社の祭神。
　¶神仏辞典（天高市神　あめのたけちのかみ）

天手力男神　あめのたぢからおのかみ
　天岩屋戸前に集った神々の一柱。岩屋戸から天照大神を引き出した大力の神。
　¶朝日歴史（天手力雄神　あめのたぢからおのかみ）
　架空人日（天手力男神　あめのたぢからおのかみ）
　神様読解（天手力男命　あめのたぢからおのみこと）
　広辞苑6（天手力男命　あまのたぢからおのみこと）
　新潮日本（天手力雄神　あめのたぢからおのかみ）
　神仏辞典（天手力男神　あめのたぢからおのかみ）
　説話伝説（手力男神　たぢからおのかみ）
　世百新（手力雄神　たぢからおのかみ）
　大辞林3（天手力男神　あめのたぢからおのかみ）
　伝奇伝説（手力男神　たぢからおのかみ）
　東洋神名（天手力男神　アメノタヂカラオノカミ）〔像〕
　日本神々（天手力男神　あめのたぢからおのかみ）〔像〕

　日本人名（手力雄神　たぢからおのかみ）

天手長男神　あめのたながおのかみ
　壱岐島石田郡の天手長男神社の祭神。
　¶神仏辞典（天手長男神　あめのたながおのかみ）

天手長比売神　あめのたながひめのかみ
　壱岐島石田郡の天手長比売神社の祭神。
　¶神仏辞典（天手長比売神　あめのたながひめのかみ）

天棚機姫神　あめのたなばたひめのかみ
　『古語拾遺』にみえる神。衣服、織物の神。静岡県引佐郡三ケ日町岡本の初生衣神社の祭神。
　¶神様読解（棚機津女　たなばたつめ）
　神仏辞典（天棚機姫神　あめのたなばたひめのかみ）
　神仏辞典（織女神　たなばたのかみ）
　日本神様（棚機津姫　たなばたつめ）
　日本人名（天棚機姫神　あめのたなばたひめのかみ）

天種子命　あめのたねこのみこと
　天押雲命の子。天孫降臨の際の五部神の一柱。
　¶神様読解（天種子命　あめのたねこのみこと）
　広辞苑6（天種子命　あまのたねこのみこと）
　神仏辞典（天種子命　あめのたねこのみこと）
　日本人名（天種子命　あめのたねこのみこと）

天玉敷神　あめのたましきのかみ
　『日本三代実録』に所出。大和国の神。
　¶神仏辞典（天玉敷神　あめのたましきのかみ）

天帯根命　あめのたらしねのみこと
　『旧事本紀』にみえる景行天皇の皇子。
　¶日本人名（天帯根命　あめのたらしねのみこと）

天之都度閇知泥神　あめのつどへちねのかみ
　大国主神の祖父神・淤美豆奴神の母神。
　¶神様読解（天之都度閇知泥神　あめのつどへちねのかみ）
　神仏辞典（天之都度閇知泥神　あめのつどへちねのかみ）

天之常立神　あめのとこたちのかみ
　記紀神話の天の神。別天神の五神の一柱。天そのものに神格を与えたもの。
　¶朝日歴史（天常立尊　あめのとこたちのみこと）
　神様読解（天之常立神　あめのとこたちのかみ）
　広辞苑6（天常立尊　あまのとこたちのみこと）
　新潮日本（天之常立神　あめのとこたちのみこと）
　神仏辞典（天之常立神・天常立尊　あめのとこたちのかみ）
　大辞林3（天常立尊　あまのとこたちのみこと）
　東洋神名（天之常立神　アメノトコタチノカミ）〔像〕
　日本神々（天之常立神　あめのとこたちのかみ）〔像〕
　日本神様（天之常立神　あめのとこたちのかみ）
　日本人名（天常立尊　あめのとこたちのみこと）

天利剣神　あめのとつるぎのかみ
　越前国敦賀郡の天利剣神社の祭神。
　¶神仏辞典（天利剣神　あめのとつるぎのかみ）

あ

天戸間見命 あめのとまみのみこと
『新撰姓氏録』に所出。天津彦根命の子、国造の祖(摂津国神別天孫)。
- 神仏辞典(天戸間見命・天斗麻弥命 あめのとまみのみこと)

天富命 あめのとみのみこと
『古語拾遺』にみえる豪族。太玉命の孫。
- 広辞苑6(天富命 あまのとみのみこと)
- 神仏辞典(天富神 あめのとみのかみ)
- 日本人名(天富命 あめのとみのみこと)

天鳥船神 あめのとりふねのかみ
⇒鳥之石楠船神(とりのいわくすふねのかみ)

天爾支命 あめのにきのみこと
『新撰姓氏録』に所出。天枝命の子、大田祝山直の祖。
- 神仏辞典(天爾支命 あめのにきのみこと)

天仁木命 あめのにぎのみこと
『新撰姓氏録』に所出。神魂命の子の多久都玉命の3世の孫、爪工連の祖。
- 神仏辞典(天仁木命 あめのにぎのみこと)

天糠戸命 あめのぬかどのみこと
鏡作部の祖。天照大神を天の岩戸からさそいだすために鏡をつくったという。石凝姥神の親。
- 神仏辞典(天糠戸命 あめのぬかどのみこと)
- 日本人名(天糠戸者 あまのあらとのかみ)

天羽槌雄神 あめのはずちおのかみ
『古語拾遺』に所出。衣服の神。
- 神仏辞典(天羽槌雄神 あめのはずちのかみ)
- 日本人名(天羽槌雄神 あめのはづちのおのかみ)

天之速玉神 あめのはやたまのかみ
『日本三代実録』に所出。常陸国の神。
- 神仏辞典(天之速玉神 あめのはやたまのかみ)

天速玉姫命神 あめのはやたまひめのみことのかみ
常陸国久慈郡の天速玉姫命神社の祭神。
- 神仏辞典(天速玉姫命神 あめのはやたまひめのみことのかみ)

天日陰比咩神 あめのひかげひめのかみ
能登国能登郡の天日陰比咩神社の祭神。
- 神仏辞典(天日陰比咩神 あめのひかげひめのかみ)

天日方奇日方命 あめのひがたくしびがたのみこと
『旧事本紀』にみえる豪族。事代主神の子。別名に阿田都久志尼命。
- 日本人名(天日方奇日方命 あめのひがたくしびがたのみこと)

天日古曾乃己呂命 あめのひこそのころのみこと
『新撰姓氏録』に所出。天穂日命の17世の孫、入間宿禰の祖。
- 神仏辞典(天日古曾乃己呂命 あめのひこそのころのみこと)

天彦麻須命 あめのひこますのみこと
『新撰姓氏録』に所出。池後臣の祖。
- 神仏辞典(天彦麻須命 あめのひこますのみこと)

天一鍬田神 あめのひとつくわたのかみ
伊勢国鈴鹿郡の天一鍬田神社の祭神。
- 神仏辞典(天一鍬田神 あめのひとつくわたのかみ)

天日照命 あめのひなでりのみこと
⇒建比良鳥命(たけひらとりのみこと)

天夷鳥命 あめのひなどりのみこと
⇒建比良鳥命(たけひらとりのみこと)

天日腹大科度美神 あめのひばらおおしなどみのかみ
大国主神の裔神。布忍富鳥鳴海神の子。
- 神様読解(天日腹大科度美神 あめのひばらおおしなどみのかみ)
- 神仏辞典(天日腹大科度美神 あめのひばらおおしなどみのかみ)

天比比岐命神 あめのひひきのみことのかみ
近江国伊香郡の天比比岐命神社の祭神。
- 神仏辞典(天比比岐命神 あめのひひきのみことのかみ)

天比比理刀咩命神 あめのひひりとめのみことのかみ
千葉県館山市洲崎の洲崎神社の祭神。
- 神仏辞典(天比比理刀咩命神 あめのひひりとめのみことのかみ)

天之日矛 あめのひほこ
『古事記』『日本書紀』の伝承に登場する新羅の王子。出石神社(兵庫県出石町)で祀られる神。
- 朝日歴史(天日槍 あめのひほこ)
- 架空人日(天之日矛)
- 神様読解(天之日矛/天日槍命 あめのひほこ・あめのひほこのみこと)
- 神様読解(天日槍命・出石神社 あめのひほこのみこと・いずしじんじゃ)
- 広辞苑6(天日槍・天之日矛 あめのひほこ)
- コン5(天日槍 あめのひほこ)
- 新潮日本(天日槍 あめのひほこ)
- 神仏辞典(天之日矛・天日槍 あめのひほこ)
- 神話伝説(天之日矛 あめのひほこ)
- 世百新(天日槍 あめのひほこ)
- 大辞林3(天日槍・天之日矛 あまのひほこ)
- 日本人名(天日槍 あめのひほこ)
- 日本神話(アメノヒボコ)

架空・伝承編　　　あめの

天比女若御子神　あめのひめわかみこのかみ
越前国敦賀郡の天比女若御子神社の祭神。
¶ 神仏辞典（天比女若御子神　あめのひめわかみこのかみ）

天比理刀咩命神　あめのひりとめのみことのかみ
『続日本後紀』『日本文徳天皇実録』に所出。安房国の神。
¶ 神仏辞典（天比理刀咩命神　あめのひりとめのみことのかみ）

天日別命　あめのひわきのみこと
『伊勢国風土記』逸文に所出。神武天皇に従い、伊勢国を平定し統治した。
¶ 神仏辞典（天日別命・天日和伎命　あめのひわきのみこと）
　日本人名（天日別命　あめのひわけのみこと）

天日鷲翔矢命　あめのひわしかけるやのみこと
『新撰姓氏録』に所出。高魂命の孫、弓削宿禰の祖。
¶ 神仏辞典（天日鷲翔矢命・天毘和志可気流夜命　あめのひわしかけるやのみこと）

天日鷲神　あめのひわしのかみ
阿波の忌部のほか、多米連・天語連・弓削連などの祖神で、神魂命の裔神。
¶ 神様読解（天日鷲神　あめのひわしのかみ）
　神仏辞典（天日鷲神　あめのひわしのかみ）
　神話伝説（天日鷲命　あめのひわしのかみ）
　日本人名（天日鷲神　あめのひわしのかみ）

天之吹男神　あめのふきおのかみ
家宅を表す六神の一柱。
¶ 神様読解（天之吹男神　あめのふきおのかみ）
　神仏辞典（天之吹男神　あめのふきおのかみ）
　日本人名（天之吹男神　あめのふきおのかみ）

天之葺根神　あめのふきねのかみ
『日本書紀』巻1に所出。草薙剣を献上するため天に派遣されたという。『古事記』所出の天之冬衣神に当たる。
¶ 神仏辞典（天之葺根神　あめのふきねのかみ）
　日本人名（天之葺根神　あめのふきねのかみ）

天野夫支売神　あめのふきめのかみ
『日本三代実録』に所出。山城国の神。
¶ 神仏辞典（天野夫支売神・天乃夫支売神　あめのふきめのかみ）

天太玉命　あめのふとだまのみこと
⇒布刀玉命（ふとだまのみこと）

天乃夫比命　あめのふひのみこと
『出雲国風土記』に所出。意宇郡屋代郷に天降る。天菩比神のこと。
¶ 神仏辞典（天乃夫比命　あめのふひのみこと）

天之冬衣神　あめのふゆぎぬのかみ
大国主神の父神。淤美豆奴神の子。
¶ 神様読解（天之冬衣神　あめのふゆぎぬのかみ）
　神仏辞典（天之冬衣神・天冬衣神　あめのふゆきぬのかみ）

天火明命　あめのほあかりのみこと
『古事記』『日本書紀』に所出の神。天忍穂耳尊と万幡豊秋津師比売命との間に生まれた第一子。瓊瓊杵尊の兄。
¶ 朝日歴史（天火明命　あめのほのあかりのみこと）
　神様読解（天火明命　あめのほあかりのみこと）
　広辞苑6（火明命　ほあかりのみこと）
　新潮日本（天火明命　あめのほのあかりのみこと）
　神仏辞典（天火明命　あめのほあかりのみこと）
　神話伝説（火明命　ほあかりのみこと）
　大辞林3（天火明命　あまのほあかりのみこと）
　日本神々（天火明命　あめのほあかりのみこと）
　日本神話（アメノホアカリ）

天富貴命　あめのほきのみこと
『新撰姓氏録』に所出。穴師神主の祖の古佐麻豆知命は5世の孫にあたる。
¶ 神仏辞典（天富貴命　あめのほきのみこと）

天之菩卑能命　あめのほひのみこと
須佐之男命の息（狭霧）から生まれた五神の一柱。
¶ 朝日歴史（天穂日命　あめのほひのみこと）
　神様読解（天之菩卑能命/天穂日命　あめのほひのみこと・あめのほひのみこと）
　広辞苑6（天穂日命　あまのほひのみこと）
　コン5（天穂日命　あめのほひのみこと）
　新潮日本（天穂日命　あめのほひのみこと）
　神仏辞典（天菩比神　あめのほひのみこと）
　世百新（天穂日命　あめのほひのみこと）
　大辞林3（天穂日命　あまのほひのみこと）
　東洋神名（天菩比神　アメノホヒノカミ）〔像〕
　日本神々（天之菩卑能命　あめのほひのみこと）〔像〕
　日本人名（天穂日命　あめのほひのみこと）
　日本神話（アメノホヒ）

天麻比止都禰命　あめのまひとつねのみこと
『新撰姓氏録』に所出。天都比古禰命の子、山背忌寸の祖。
¶ 神仏辞典（天麻比止都禰命　あめのまひとつねのみこと）

天目一箇神　あめのまひとつのかみ
天津彦根命の子で、金工鍛冶の祖神。
¶ 神様読解（天目一箇神　あめのまひとつのかみ）
　広辞苑6（天目一箇神　あまのまひとつのかみ）
　神仏辞典（天目一箇神　あめのまひとつのかみ）
　神話伝説（天目一箇神　あめのまひとつのかみ）
　大辞林3（天目一箇神　あまのまひとつのかみ）
　東洋神名（天目一箇神　アメノマヒトツノカミ）〔像〕
　日本神々（天目一箇神　あまのまひとつのかみ）
　日本人名（天目一箇神　あめのまひとつのかみ）

天之御影神　あめのみかげのかみ
滋賀県野州町の御上神社の祭神。金工鍛冶の祖神。天目一箇神と同神ともされる。

あめの

¶神様読解（天之御影神　あめのみかげのかみ）
神仏辞典（天之御影神　あめのみかげのかみ）
日本神様（天之御影神　あめのみかげのかみ）

天御梶日女命　あめのみかじひめのみこと
『出雲国風土記』に所出。阿遅須枳高日子命の后。楯縫部神名樋山に至って、「ここがよい」と言って多伎都比古命を産む。

¶神仏辞典（天御梶日女命　あめのみかじひめのみこと）

天甕津日女命　あめのみかつひめのみこと
現在の岐阜県揖斐郡揖斐川町名札の花長上神社の祭神。

¶神仏辞典（天甕津日女命　あめのみかつひめのみこと）

天之甕主神　あめのみかぬしのかみ
前玉比売神の父神。

¶神様読解（天之甕主神　あめのみかぬしのかみ）
神仏辞典（天之甕主神　あめのみかぬしのかみ）

天水分豊浦命　あめのみくまりとよらのみこと
摂津国住吉郡の天水分豊浦命神社の祭神。

¶神仏辞典（天水分豊浦命　あめのみくまりとよらのみこと）

天之水分神　あめのみくまりのかみ
速秋津日子神、妹速秋津比売神の二神より生まれた水に縁のある八神の一柱。

¶神様読解（天之水分神　あめのみくまりのかみ）
神仏辞典（天之水分神　あめのみくまりのかみ）
日本人名（天之水分神　あめのみくまりのかみ）

天御食持命　あめのみけもちのみこと
『新撰姓氏録』に所出。神魂命の子、紀直の祖。

¶神仏辞典（天御食持命　あめのみけもちのみこと）

天御子神　あめのみこのかみ
遠江国磐田郡の天御子神社二座の祭神。

¶神仏辞典（天御子神　あめのみこのかみ）

天水塞比売神　あめのみずせきひめのかみ
現在の徳島県吉野川市鴨島町牛島の杉尾神社の祭神。

¶神仏辞典（天水塞比売神　あめのみずせきひめのかみ）

天道根命　あめのみちねのみこと
『新撰姓氏録』に所出。神魂命5世の孫。

¶神仏辞典（天道根命　あめのみちねのみこと）
日本人名（天道根命　あめのみちねのみこと）

天御鳥命　あめのみとりのみこと
『出雲国風土記』に所出。天下造大神の宮の造営のために楯部として楯縫郡に天降る。

¶神仏辞典（天御鳥命　あめのみとりのみこと）

天御中主神　あめのみなかぬしのかみ
『古事記』冒頭で神々の世界を統括した宇宙最高神。

¶朝日歴史（天之御中主神　あめのみなかぬしのかみ）
架空伝承（天之御中主神　あめのみなかぬしのかみ）
神様読解（天之御中主神　あめのみなかぬしのかみ）
広辞苑6（天御中主神　あまのみなかぬしのかみ）
コン5（天之御中主神　あめのみなかぬしのかみ）
新潮日本（天之御中主神　あめのみなかぬしのかみ）
神仏辞典（天御中主神・天中主神　あめのみなかぬしのかみ）
神話伝説（天御中主神　あめのみなかぬしのかみ）
世百新（天御中主神　あめのみなかぬしのかみ）
大辞林3（天御中主尊　あまのみなかぬしのみこと）
東洋神名（天之御中主神　アメノミナカヌシノカミ）
〔像〕
日本神々（天之御中主神　あめのみなかぬしのかみ）
〔像〕
日本神様（天之御中主神（北極星・妙見宮）　あめのみなかぬしのかみ（ほっきょくせい・みょうけんぐう））〔像（妙見菩薩）〕
日本人名（天御中主尊　あめのみなかぬしのみこと）
日本神話（アメノミナカヌシ）

天水沼間比古神　あめのみぬまひこのかみ
現在の徳島県吉野川市鴨島町の杉尾神社の祭神。

¶神仏辞典（天水沼間比古神　あめのみぬまひこのかみ）

天御柱命　あめのみはしらのみこと
国御柱神とともに風をつかさどる神。現在の奈良県斑鳩町の龍田神社の祭神。

¶広辞苑6（天御柱神　あまのはしらのかみ）
神仏辞典（天御柱命・天乃御柱乃命　あめのみはしらのみこと）
大辞林3（天御柱神　あまのみはしらのかみ）

天御桙命　あめのみほこのみこと
『新撰姓氏録』に所出。天御中主命の11世の孫、服部連の祖（大和国神別天神）。

¶神仏辞典（天御桙命・天御鉾命　あめのみほこのみこと）

天三穂命　あめのみほのみこと
『新撰姓氏録』に所出。蹂部大炊の祖の意富麻羅は8世の孫にあたる（大和国神別天神）。

¶神仏辞典（天三穂命　あめのみほのみこと）

天御行命　あめのみゆきのみこと
『新撰姓氏録』に所出。神御魂命11世の孫、屋連の祖（右京神別上天神）。

¶神仏辞典（天御行命　あめのみゆきのみこと）

天村雲神　あめのむらくものかみ
饒速日命の孫。天香山命の子。現在の京都府城陽市の荒見神社の祭神。

¶神仏辞典（天村雲神　あめのむらくものかみ）
日本人名（天村雲命　あめのむらくものみこと）

天諸神命　あめのもろかみのみこと
『新撰姓氏録』に所出。天御中主命の10世の孫、御手代首の祖（大和国神別天神）。
¶ 神仏辞典（天諸神命　あめのもろかみのみこと）

天諸羽神　あめのもろはのかみ
対馬島上県郡の天諸羽神社の祭神。
¶ 神仏辞典（天諸羽神　あめのもろはのかみ）

天八現津彦命　あめのやあきつひこのみこと
『新撰姓氏録』に所出。大己貴命の孫、我孫の祖（摂津国神別地祇）。
¶ 神仏辞典（天八現津彦命　あめのやあきつひこのみこと）

天乃八重事代主神　あめのやえことしろぬしのかみ
『新撰姓氏録』に所出。長柄首の祖（大和国神別地祇）。
¶ 神仏辞典（天乃八重事代主神　あめのやえことしろぬしのかみ）

天八百列神　あめのやおつらのかみ
近江国伊香郡の天八百列神社の祭神。
¶ 神仏辞典（天八百列神　あめのやおつらのかみ）

天八百万比咩神　あめのやおよろずひめのかみ
越前国敦賀郡の天八百万比咩神社の祭神。
¶ 神仏辞典（天八百万比咩神　あめのやおよろずひめのかみ）

天山神　あめのやまのかみ
『日本三代実録』に所出。肥前国の神。
¶ 神仏辞典（天山神　あめのやまのかみ）

天湯河板挙　あめのゆかわたな
『日本書紀』巻6に所出。垂仁天皇の命により、鵠を出雲国（或いは但馬国）まで追いかけて捕え、献上した。
¶ 神仏辞典（天湯河板挙　あめのゆかわたな）

天湯河桁命　あめのゆかわたなのみこと
『新撰姓氏録』に所出。角凝魂命13世の孫で鳥取部連の祖（右京神別上天神）。
¶ 神仏辞典（天湯河桁命・天湯河板挙命・天湯川田奈命　あめのゆかわたなのみこと）

天由久富命　あめのゆくとみのみこと
『新撰姓氏録』に所出。明日名門命6世の孫、額田部宿禰の祖（山城国神別天神）。
¶ 神仏辞典（天由久富命　あめのゆくとみのみこと）

天彦命　あめひこのみこと
『新撰姓氏録』に所出。大伴連の祖（未定雑姓河内国）。
¶ 神仏辞典（天彦命　あめひこのみこと）

天一神玉神　あめひとつかむたまのかみ
播磨国佐用郡の天一神玉神社の祭神。
¶ 神仏辞典（天一神玉神　あめひとつかむたまのかみ）

天一神　あめひとつのかみ
『日本文徳天皇実録』に所出。播磨国の神。
¶ 神仏辞典（天一神　あめひとつのかみ）
　神仏辞典（天一神　てんいちのかみ）

天破命　あめひらくのみこと
『新撰姓氏録』に所出。神宮造部の祖（山城国神別天神）。
¶ 神仏辞典（天破命　あめひらくのみこと）

雨降り小僧　あめふりこぞう
雨師という神に仕えている子供の妖怪。
¶ 幻想動物　（雨降り小僧）〔像〕
　水木妖怪続（雨ふり小僧）〔像〕
　妖怪事典　（アメフリコゾウ）
　妖怪大全　（雨ふり小僧　あめふりこぞう）〔像〕
　妖怪大事典（雨降り小僧　あめふりこぞう）〔像〕
　妖怪3　（雨降小僧　あめふりこぞう）〔像〕

雨降り入道　あめふりにゅうどう
長野県東筑摩郡地方でいう妖怪。
¶ 妖怪事典（アメフリニュウドウ）

雨降りの六尺　あめふりのろくしゃく
山口県厚狭郡地方でいう妖怪。
¶ 妖怪事典（アメフリノロクシャク）

雨降る音の怪　あめふるおとのかい
鰭広彦『猿今昔』にある怪異。
¶ 妖怪事典（アメフルオトノカイ）

天物知命　あめものしりのみこと
『新撰姓氏録』に所出。神麻績連の祖（右京神別上天神）。
¶ 神仏辞典（天物知命　あめものしりのみこと）

飴屋の幽霊　あめやのゆうれい
毎夜飴を買いにきて、子供を墓で生んで育てていた女の幽霊。
¶ 水木妖怪　（飴屋の幽霊　あめやのゆうれい）〔像〕
　妖怪事典　（ユウレイアメ）
　妖怪大鑑　（飴屋の幽霊　あめやのゆうれい）〔像〕

天万国万押磐尊　あめよろずくによろずおしはのみこと
『日本書紀』巻15に所出。雄略天皇に殺害された市辺押磐皇子のこと。
¶ 神仏辞典（天万国万押磐尊　あめよろずくによろずおしはのみこと）

天万尊　あめよろずのみこと
『日本書紀』巻1に所出。天鏡尊の子、沫蕩尊の親。
¶ 神仏辞典（天万尊　あめよろずのみこと）

天若日子　あめわかひこ
天津国玉神の子。天孫降臨に先だって出雲国に降ったが復命せず、問責の使者を射殺したため、高皇産霊神にその矢を射返されて死んだ。
¶朝日歴史（天稚彦　あめわかひこ）
架空人日（天稚彦　あめわかひこ）
神様読解（天若日子/天稚彦　あめのわかひこ・あめのわかひこ）
神文化史（天若日子（記）、天稚彦（紀）　アメワカヒコ）
広辞苑6（天稚彦・天若日子　あめわかひこ）
新潮日本（天稚彦　あめわかひこ）
神仏辞典（天若日子・天稚彦　あめわかひこ）
神話伝説（天若日子　あめわかひこ）
説話伝説（天稚彦　あめわかひこ）
世百新（天稚彦　あめわかひこ）
大辞林3（天稚彦・天若日子　あめわかひこ）
伝奇伝説（天若日子　あめわかひこ）
東洋神名（天若日子命　アメノワカヒコノミコト）〔像〕
日本人名（天稚彦　あめわかひこ）
日本神話（アメノワカヒコ）

天若御子神　あめわかみこのかみ
『日本三代実録』に所出。貞観13年従五位下を授かる。
¶神仏辞典（天若御子神　あめわかみこのかみ）

アモ
青森県、岩手県、宮城県、福岡県、鹿児島県地方でいう妖怪の児童語。
¶妖怪事典（アモ）

アモー　あも
熊本県地方でいう妖怪の児童語。
¶妖怪事典（アモー）

アモコ
秋田県、青森県、岩手県、長崎県諫早地方での妖怪の児童語。
¶妖怪事典（アモコ）

アモジコ
岩手県地方でいう妖怪の児童語。
¶妖怪事典（アモジコ）

アモジャ
熊本県玉名郡南関地方での妖怪の児童語。
¶妖怪事典（アモジャ）

アモジョ
長崎県長崎市、諫早地方、熊本県玉名郡南関地方での妖怪の児童語。
¶妖怪事典（アモジョ）

アモジョー
長崎県地方でいう妖怪の児童語。
¶妖怪事典（アモジョー）

アモッケ
青森県地方でいう妖怪の児童語。
¶妖怪事典（アモッケ）

アモッコ
青森県八戸地方での妖怪の児童語。
¶妖怪事典（アモッコ）

アモナサン
福井県地方でいう妖怪の児童語。
¶妖怪事典（アモナサン）

アモヨ
福岡県、長崎県諫早、熊本県地方での妖怪の児童語。
¶妖怪事典（アモヨ）

天女　あもれ
奄美諸島、琉球列島における天女。
¶アジア女神（天女　あもれ・あまおれ）

天降レ女　あもれおなぐ
鹿児島県の奄美大島で天女のこと。白風呂敷の包みを持って天から降りてくる。誘惑に負けた男は命を取られる。
¶神仏辞典（天降レ女　アモレオナグ）
全国妖怪（アモレオグナ〔鹿児島県〕）
妖怪事典（アモレオナグ）
妖怪大事典（アモレオナグ）

天降女子　あもろうなぐ
鹿児島県の奄美大島で天女のこと。水浴びをする天女で人に危害は与えない。
¶全国妖怪（アモロウナグ〔鹿児島県〕）

アモン
鹿児島県地方でいう妖怪の児童語。
¶妖怪事典（アモン）

アモンコ
岩手県地方でいう妖怪の児童語。
¶妖怪事典（アモンコ）

アーモンジョ
長崎県地方でいう妖怪の児童語。
¶妖怪事典（アーモンジョ）

あや
斎藤隆介作、滝平二郎絵による『花さき山』に登場する少女。
¶架空人物（あや）

綾　あや
千葉周作の妻。津本陽作『千葉周作』の登場人物。
¶時代小説（綾　あや）

あやかし
海に現れる妖怪。
¶幻想動物（アヤカシ）〔像〕
広辞苑6（あやかし）
神仏辞典（あやかし）
全国妖怪（アヤカシ〔千葉県〕）
全国妖怪（アヤカシ〔山口県〕）
全国妖怪（アヤカシ〔愛媛県〕）
全国妖怪（アヤカシ〔佐賀県〕）
全国妖怪（アヤカシ〔長崎県〕）
日ミス（あやかし）
水木幻獣（あやかし）〔像〕
妖怪事典（アヤカシ）
妖怪大全（あやかし）〔像〕
妖怪大事典（アヤカシ）〔像〕
妖百2（アヤカシ）〔像〕

阿夜訶志古泥神　あやかしこねのかみ
神世七代中の第6代の神。男神の面足尊とともに生まれた女神。『日本書紀』では阿夜訶志古泥神。
¶アジア女神（阿夜訶志古泥神　あやかしこねのかみ）
神様読解（阿夜訶志古泥神/綾惶根尊/惶根尊　あやかしこねのかみ・あやかしこねのみこと・かしこねのみこと）
神仏辞典（阿夜訶志古泥神　あやかしこねのかみ）
神仏辞典（惶根尊　かしこねのみこと）
日本人名（綾惶根尊　あやかしこねのみこと）
日本人名（惶根尊　かしこねのみこと）

アヤカシの怪火　あやかしのあやしび
対馬地方の夜の海に出現するといわれる怪火の一種。
¶幻想動物（アヤカシの怪火）〔像〕

アヤカリ
伊豆大島付近の海上に現れる怪異。
¶妖怪事典（アヤカリ）

あや子　あやこ
工藤平助の長女。永井路子作『葛の葉抄』の登場人物。
¶時代小説（あや子　あやこ）

怪火　あやしび
化物がもたらすという火のこと。
¶広辞苑6（怪し火　あやしび）
日ミス（怪火　あやしび）

綾都比神　あやつひのかみ
『日本三代実録』に所出。下野国の神。
¶神仏辞典（綾都比神　あやつひのかみ）

綾門日女命　あやとひめのみこと
『出雲国風土記』に所出。天下造大神の求婚を承諾せずに身を隠した。
¶神仏辞典（綾門日女命　あやとひめのみこと）

綾路地麻朱麿呂　あやのろじましゅまろ★
園山俊二作のサラリーマン漫画『花の係長』の主人公。
¶架空人物（綾路地麻朱麿呂）

綾姫　あやひめ
南條範夫作『月影兵庫』の登場人物。
¶時代小説（綾姫　あやひめ）

阿由太神　あゆたのかみ
伊勢国安濃郡の阿由太神社の祭神。
¶神仏辞典（阿由太神　あゆたのかみ）

阿用神　あよのかみ
出雲国大原郡の阿用社の祭神。
¶神仏辞典（阿用神　あよのかみ）

新井勘解由　あらいかげゆ
歌舞伎演目『元禄忠臣蔵』に登場する、新井白石のこと。
¶歌舞伎登（新井勘解由　あらいかげゆ）

荒井神　あらいのかみ
『日本三代実録』に所出。丹波国の神。
¶神仏辞典（荒井神　あらいのかみ）

新井白石　あらいはくせき
江戸時代中期の儒学者、政治家。
¶伝奇伝説（新井白石　あらいはくせき [生]明暦3(1657)年 [没]享保10(1725)年）〔像〕

アラウェントゥカブ
アイヌ語で悪魔や化け物のこと。
¶妖怪事典（アラウェントゥカブ）

荒雄河神　あらおかわのかみ
陸奥国玉造郡の荒雄河神社の祭神。
¶神仏辞典（荒雄河神　あらおかわのかみ）

荒尾志摩　あらおしま
鳥取藩池田家家老。長谷川伸作『荒木又右衛門』の登場人物。
¶時代小説（荒尾志摩　あらおしま）

荒樫神　あらかしのかみ
下野国芳賀郡の荒樫神社の祭神。
¶神仏辞典（荒樫神　あらかしのかみ）

阿良加志比古神　あらかしひこのかみ
能登国能登郡の阿良加志比古神社の祭神。
¶神仏辞典（阿良加志比古神・荒石比古神　あらかしひこのかみ）

荒方神　あらかたのかみ
美濃国安八郡の荒方神社の祭神。
¶神仏辞典（荒方神　あらかたのかみ）

荒河刀弁　あらかわとべ
『古事記』では、木国造（紀国造）。『日本書紀』

では、荒河戸畔で、娘の遠津年魚目目微比売が崇神天皇と結婚する。
¶神様読解（荒河刀弁　あらかわとべ）
日本人名（荒河戸畔　あらかわとべ）

あ

荒川神　あらかわのかみ
越後国磐船郡の荒川神社の祭神。
¶神仏辞典（荒川神　あらかわのかみ）

荒川の佐吉　あらかわのさきち
歌舞伎演目『荒川の佐吉』に登場する、元は大工のやくざ。
¶歌舞伎登（荒川の佐吉　あらかわのさきち）

荒木十左衛門　あらきじゅうざえもん
歌舞伎演目『元禄忠臣蔵』「大石最後の一日」に登場する上使。
¶歌舞伎登（荒木十左衛門　あらきじゅうざえもん）

荒木田氏富　あらきだうじとみ
吉川英治作『宮本武蔵』の登場人物。
¶時代小説（荒木田氏富　あらきだうじとみ）

荒木神　あらきのかみ
大和国宇智郡・伊豆国田方郡・丹波国天田郡の荒木神社、飛騨国荒城郡の荒城神社の祭神。
¶神仏辞典（荒木神・荒城神　あらきのかみ）

荒木又右衛門　あらきまたえもん
江戸前期の新陰流の剣豪。仇討の助太刀をした「伊賀越の敵討」で知られる。『伊賀越道中双六』では荒木をモデルとした唐木政右衛門が登場する。
¶架空人日（荒木又右衛門　あらきまたえもん）
架空人物（荒木又右衛門）
架空伝承（荒木又右衛門　あらきまたえもん [生]慶長4（1599）年 [没]寛永15（1638）年）
架空伝説（荒木又右衛門　あらきまたえもん [生]1598年）〔像〕
歌舞伎登（荒木又右衛門　あらきまたえもん）
奇談逸話（荒木又右衛門　あらきまたえもん [生]慶長3（1598）年 [没]寛永15（1638）年）
時代小説（荒木又右衛門　あらきまたえもん）
説話伝説（荒木又右衛門　あらきまたえもん [生]慶長4（1599）年 [没]寛永15（1638）年）

あらきみさき
海の妖怪。山口県大津郡大浦地方でいう。
¶神仏辞典（あらきみさき）

糠君娘　あらきみのいらつめ
記紀にみえる仁賢天皇の妃。『古事記』では糠若子郎女。
¶日本人名（糠君娘　あらきみのいらつめ）

荒木村重　あらきむらしげ
伊丹城主。
¶伝奇伝説（荒木村重　あらきむらしげ [生]? [没]天正14（1586）年）

アラクマ
都筑道夫作『なめくじ長屋捕物さわぎ』の登場人物。
¶時代小説（アラクマ）

荒椋神　あらくらのかみ
近江国高島郡の荒椋神社の祭神。
¶神仏辞典（荒椋神　あらくらのかみ）

荒坂神　あらさかのかみ
因幡国法美郡の荒坂神社の祭神。
¶神仏辞典（荒坂神　あらさかのかみ）

アラサラウス
アイヌに伝わる妖怪。
¶妖怪事典（アラサラウス）

嵐三五郎　あらしさんごろう
歌舞伎演目『宿無団七時雨傘』に登場する、実在の歌舞伎役者。立役で二代目。
¶歌舞伎登（嵐三五郎・沢村国太郎　あらしさんごろう・さわむらくにたろう [生]1732年 [没]1803年）

嵐獅子男之助　あらししおとこのすけ
歌舞伎演目『伽羅先代萩』に登場する、足利家の忠臣。
¶歌舞伎登（嵐獅子男之助　あらししおとこのすけ）〔像〕

荒島主税　あらしまちから
歌舞伎演目『菅原伝授手習鑑』に登場する、三善清行の家臣。
¶歌舞伎登（荒島主税　あらしまちから）

荒嶋神　あらしまのかみ
越前国大野郡の荒嶋神社の祭神。
¶神仏辞典（荒嶋神　あらしまのかみ）

阿良須神　あらすのかみ
丹後国加佐郡の阿良須神社の祭神。
¶神仏辞典（阿良須神　あらすのかみ）

新田耕助　あらたこうすけ
石川啄木作『雲は天才である』（1919）の主人公の代用教員。
¶架空人日（新田耕助　あらたこうすけ）

荒田神　あらたのかみ
播磨国多可郡の荒田神社、紀伊国那賀郡の荒田神社二座の祭神。
¶神仏辞典（荒田神　あらたのかみ）

荒田別　あらたわけ
『日本書紀』ほかにみえる武人。百済から王仁を日本に連れてきたという。止美連の祖、伊気らの祖。
¶新潮日本（荒田別　あらたわけ）

神仏辞典（荒田別命　あらたわけのみこと）
日本人名（荒田別　あらたわけ）

阿良都命　あらつのみこと
古代伝承上の皇族。景行天皇の曾孫。『新撰姓氏録』に所出。佐伯直の祖（右京皇別下天神）。伊許自別命、阿良都別命ともいう。
¶神仏辞典（阿良都命　あらつのみこと）
　神仏辞典（伊許自別命　いこじわけのみこと）
　日本人名（阿良都命　あらつのみこと）

荒吐神　あらばきがみ
偽書『東日流外三郡誌』などで存在が言及される日本土着の神の一柱。「荒覇吐神」とも。
¶東洋神名（荒吐神　アラバキガミ）〔像〕

阿良波々岐　あらはばき
足の神、下半身の病を治す神。宮城県多賀城市の荒脛神社はその好例。
¶神仏辞典（阿良波々岐　あらはばき）
　東洋神名（荒脛権現　アラハバキゴンゲン）〔像〕

阿羅波比神　あらはひのかみ
出雲国島根郡の阿羅波比社の祭神。
¶神仏辞典（阿羅波比神　あらはひのかみ）

荒人　あらひと
福岡県や長崎県壱岐などで塚や祠に祀られている神、山の神あるいは木の神。
¶神仏辞典（荒人　あらひと）

現人神　あらひとがみ
しばしば人の姿をとって示現する神。
¶広辞苑6（現人神・荒人神　あらひとがみ）
　神話伝説（現人神　あらひとがみ）
　大辞林3（現人神・荒人神　あらひとがみ）

荒ぶる神　あらぶるかみ
高天原の神々に従わず、また高天原に帰属しない神々。
¶広辞苑6（荒ぶる神　あらぶるかみ）
　世百新（荒振神　あらぶるかみ）
　大辞林3（荒ぶる神　あらぶるかみ）
　日本神話（荒ぶる神　あらぶるかみ）

荒穂神　あらほのかみ
肥前国基肆郡の荒穂神社の祭神。
¶神仏辞典（荒穂神　あらほのかみ）

荒巻弥藤次　あらまきやとうじ
歌舞伎演目『妹背山婦女庭訓』に登場する、入鹿の新御殿を警護する役人。
¶歌舞伎登（荒巻弥藤次　あらまきやとうじ）

荒祭神　あらまつりのかみ
伊勢国度会郡の荒祭宮の祭神。
¶神仏辞典（荒祭神　あらまつりのかみ）

荒御裂神　あらみさきのかみ
男女の仲をさく嫉妬深い女神。
¶広辞苑6（荒御裂神　あらみさきのかみ）
　大辞林3（荒御鋒・荒御前・荒御裂　あらみさき）

荒御玉命　あらみたまのみこと
『続日本紀』『延喜式』に所出。伊勢国度会郡の月読宮二座の荒御魂命一座。
¶神仏辞典（荒御玉命・荒魂命・荒御魂命　あらみたまのみこと）

荒見神　あらみのかみ
山城国久世郡の荒見神社の祭神。
¶神仏辞典（荒見神　あらみのかみ）

アラレちゃん
鳥山明の漫画『Dr.スランプ』に登場する少女ロボット。
¶架空人物（アラレちゃん）〔像〕

在明の君　ありあけのきみ
『狭衣物語』に登場する、狭衣大将の想い人。
¶架空人日（在明の君　ありあけのきみ）

有明の仙太郎　ありあけのせんたろう
歌舞伎演目『桜姫東文章』に登場する、浅草山の宿町の町抱えの鳶職。
¶歌舞伎登（有明の仙太郎　ありあけのせんたろう）

有明の月　ありあけのつき
『とはずがたり』の登場人物。僧侶。父は後嵯峨院。「有明の月」は仮名。
¶古典人東（有明の月　ありあけのつき）

有市国津神　ありいちのくにつかみ
『日本三代実録』に所出。山城国の神。
¶神仏辞典（有市国津神　ありいちのくにつかみ）

有王　ありおう
『平家物語』巻3「有王」に出てくる人物で、俊寛僧都の侍童。
¶朝日歴史（有王　ありおう　生没年不詳）
　架空人日（有王　ありおう）
　神仏辞典（有王　ありおう　生没年未詳）
　神話伝説（有王　ありおう）
　説話伝説（有王　ありおう）
　世百新（有王　ありおう）
　伝奇伝説（有王　ありおう）
　日本人名（有王　ありおう）

有鹿神　ありかのかみ
相模国高座郡の有鹿神社の祭神。
¶神仏辞典（有鹿神　ありかのかみ）

有沢敬介　ありさわけいすけ
海渡英祐の「探偵記者事件簿シリーズ」の主人公。新聞記者。
¶名探偵日（有沢敬介　ありさわけいすけ）

在田神　ありたのかみ
備中国小田郡の在田神社の祭神。
¶**神仏辞典**（在田神　ありたのかみ）

蟻通明神　ありどおしみょうじん
馬や農漁の守護神。
¶**神様読解**（蟻通明神　ありどおしみょうじん）
東洋神名（蟻通明神　アリドオシミョウジン）〔像〕

阿利神　ありのかみ
出雲国神門郡の阿利社の祭神。
¶**神仏辞典**（阿利神　ありのかみ）

有馬新七　ありましんしち
江戸後期の薩摩藩尊王攘夷の志士。寺田屋に集結した藩造反組の首領株。司馬遼太郎作『竜馬がゆく』の登場人物。
¶**時代小説**（有馬新七　ありましんしち）

有間神　ありまのかみ
摂津国有馬郡の有間神社の祭神。
¶**神仏辞典**（有間神・有馬神　ありまのかみ）

有間皇子　ありまのみこ
孝徳天皇の皇子。658年、謀反の罪により19歳で処刑されたが、中大兄皇子による謀略であったとされる。
¶**架空伝承**（有間皇子　ありまのみこ [生]舒明12(640)年 [没]斉明4(658)年）
古典人学（有間皇子　ありまのみこ）

有馬晴信　ありまはるのぶ
戦国時代のキリシタン大名。
¶**伝奇伝説**（有馬晴信　ありまはるのぶ [生]永禄10(1567)年 [没]慶長17(1612)年）

有村新七　ありむらしんしち
宮之城の郷士。海音寺潮五郎作『二本の銀杏』の登場人物。
¶**時代小説**（有村新七　ありむらしんしち）

阿理莫神　ありものかみ
和泉国和泉郡の阿理莫神社の祭神。
¶**神仏辞典**（阿理莫神・阿利莫神　ありものかみ）

在屋神　ありやのかみ
『日本三代実録』に所出。安芸国の神。
¶**神仏辞典**（在屋神　ありやのかみ）

有吉内膳　ありよしないぜん
村上元三作『佐々木小次郎』の登場人物。
¶**時代小説**（有吉内膳　ありよしないぜん）

在原業平　ありわらのなりひら
平安初期の歌人。六歌仙、三十六歌仙の一人。『伊勢物語』には業平の歌を核にした数々の物語が収められている。
¶**朝日歴史**（在原業平　ありわらのなりひら [生]天長2(825)年 [没]元慶4年5月28日(880年7月9日)）
架空人日（在原業平　ありわらのなりひら）
架空伝承（在原業平　ありわらのなりひら [生]天長2(825)年 [没]元慶4(880)年）〔像〕
架空伝説（在原業平　ありわらのなりひら）〔像〕
歌舞伎登（在原業平　ありわらのなりひら）
奇談逸話（在原業平　ありわらのなりひら [生]天長2(825)年 [没]元慶4(880)年5月28日）
広辞苑6（在原業平　ありわらのなりひら [生]825年 [没]880年）
神仏辞典（在原業平　ありわらのなりひら [生]825年 [没]880年）
人物伝承（在原業平　ありわらのなりひら [生]天長2(825)年 [没]元慶4(880)年）〔像〕
説話伝説（在原業平　ありわらのなりひら [生]天長2(825)年 [没]元慶4(880)年）
世百新（在原業平　ありわらのなりひら [生]天長2(825)年 [没]元慶4(880)年）
大辞林3（在原業平　ありわらのなりひら [生]825年 [没]880年）
伝奇伝説（在原業平　ありわらのなりひら [生]天長2(825)年 [没]元慶4(880)年5月28日）〔像〕
日本人名（在原業平　ありはらのなりひら [生]825年 [没]880年）

在原行平　ありわらのゆきひら
平安初期の歌人。『源氏物語』の「須磨」の巻や、謡曲『松風』は行平が須磨に蟄居していたことにまつわる。
¶**架空伝承**（在原行平　ありわらのゆきひら [生]弘仁9(818)年 [没]寛平5(893)年）〔像〕
歌舞伎登（在原行平 1 『倭仮名在原系図』　ありわらのゆきひら）
歌舞伎登（在原行平 2 『今様須磨の写絵』　ありわらのゆきひら）

歩き神　あるきがみ
人をそぞろ歩きや旅に誘い出す神。
¶**広辞苑6**（歩き神　あるきがみ）
大辞林3（歩き神　あるきがみ）

アレ
『おもろさうし』の今帰仁おもろ群に登場する神女。
¶**アジア女神**（アレ）

阿礼神　あれのかみ
信濃国筑摩郡の阿礼神社の祭神。
¶**神仏辞典**（阿礼神　あれのかみ）

アワ
岡山県浅口郡地方でいう妖怪。
¶**妖怪事典**（アワ）

粟井神　あわいのかみ
讃岐国郡苅田郡の粟井神社の祭神。
¶**神仏辞典**（粟井神　あわいのかみ）

淡海国玉神　あわうみくにたまのかみ
遠江国磐田郡の淡海国玉神社の祭神。

¶神仏辞典（淡海国玉神　あわうみくにたまのかみ）

粟鹿神　あわかのかみ
但馬国朝潮郡の粟鹿神社の祭神。
¶神仏辞典（粟鹿神　あわかのかみ）

阿和加比売命　あわかひめのみこと
播磨国宍禾郡阿和賀山に鎮座する伊和大神の妹神。
¶神仏辞典（阿和加比売命　あわかひめのみこと）

畔分堰神　あわきいのかみ
『日本三代実録』に所出。加賀国の神。
¶神仏辞典（畔分堰神　あわきいのかみ）

粟狭神　あわさのかみ
『延喜式』に所出。信濃国埴科郡の粟狭神社の祭神。
¶神仏辞典（粟狭神　あわさのかみ）

淡路神　あわじのかみ
和泉国和泉郡の淡路神社、播磨国揖保郡の阿波遅神社の祭神。
¶神仏辞典（淡路神・阿波遅神　あわじのかみ）

淡路御原皇女　あわじのみはらのおうじょ
記紀にみえる応神天皇の皇女。『古事記』では阿具知能三腹郎女。
¶日本人名（淡路御原皇女　あわじのみはらのおうじょ）

淡路六郎追捕使　あわじのろくろうついぶくし
説話集『宇治拾遺物語』に登場する、もと海賊の首領、後に発心して修行した老入道。
¶架空人日（淡路六郎追捕使　あわじのろくろうついぶくし）

淡島　あわしま
婦人病・安産の神。全国に分布する淡島社で祀られる。
¶神様読解（淡島大明神/淡島様　あわしまだいみょうじん・あわしまさま）〔像〕
神仏辞典（淡島　あわしま）
東洋神名（淡島様　アワシマサマ）〔像〕
日本神様（淡島さま　あわしまさま）

粟島甲斐之助　あわしまかいのすけ
歌舞伎演目『けいせい飛馬始』に登場する人物。佐賀蓮池藩祖鍋島甲斐守直澄がモデル。
¶歌舞伎登（粟島甲斐之助　あわしまかいのすけ）

粟嶋坐伊射波神　あわしまにますいざはのかみ
志摩国答志郡の粟嶋坐伊射波神社二座の祭神。
¶神仏辞典（粟嶋坐伊射波神　あわしまにますいざはのかみ）

粟嶋坐神乎多乃御子神　あわしまにますかむおたのみこのかみ
志摩国答志郡の粟嶋坐神乎多乃御子神社の祭神。
¶神仏辞典（粟嶋坐神乎多乃御子神　あわしまにますかむおたのみこのかみ）

粟田口国綱　あわたぐちくにつな
鎌倉時代の刀匠。伝説的名刀鬼丸を鍛えたことで知られる。
¶説話伝説（粟田口国綱　あわたぐちくにつな [生]長寛1（1163）年 [没]建長7（1255）年）

『粟田口』のすっぱ　あわたぐちのすっぱ
狂言（大名狂言）『粟田口』に登場する詐欺師。
¶架空人日（『粟田口』のすっぱ　あわたぐちのすっぱ）

粟谷神　あわたにのかみ
出雲国飯石郡式外社の粟谷社の祭神。
¶神仏辞典（粟谷神　あわたにのかみ）

粟搗き音　あわつきおと
アイヌに伝わる音の怪異。
¶妖怪事典（アワツキオト）
妖怪大事典（粟搗き音　あわつきおと）

沫那芸神　あわなぎのかみ
速秋津日子妹速秋津比売の二神より生まれた水に縁のある八神の一柱。
¶神様読解（沫那芸神　あわなぎのかみ）
神仏辞典（沫那芸神　あわなぎのかみ）

沫那美神　あわなみのかみ
速秋津日子神、妹速秋津比売神の二神より生まれた水に縁のある八神の一柱。
¶神様読解（沫那美神　あわなみのかみ）
神仏辞典（沫那美神　あわなみのかみ）

阿波神　あわのかみ
山城国綴喜郡・和泉国和泉郡の粟神社、伊賀国山田郡の阿波神社、下野国寒川郡の阿房神社の祭神。
¶神仏辞典（阿波神・粟神・阿房神　あわのかみ）

安房神　あわのかみ
安房国安房郡の安房坐神社の祭神。
¶神仏辞典（安房神　あわのかみ）

阿波の十郎兵衛　あわのじゅうろうべえ
江戸時代前期の庄屋。人形浄瑠璃『傾城阿波の鳴門』などの主人公。
¶架空伝説（阿波十郎兵衛　あわじゅうろうべえ）
歌舞伎登（阿波の十郎兵衛　あわのじゅうろべえ）
説話伝説（阿波の十郎兵衛　あわのじゅうろうべえ [生]正保3（1644）年 [没]元禄11（1698）年）〔像〕
伝奇伝説（阿波の十郎兵衛　あわのじゅうろうべえ [生]正保3（1644）年 [没]元禄11（1698）年）
日本人名（阿波十郎兵衛　あわのじゅうろべえ [生]1646年 [没]1698年）

阿波の局　あわのつぼね
歌舞伎演目『鎌倉三代記』に登場する、時姫を迎えにきた北条家の局。
¶歌舞伎登（阿波の局　あわのつぼね）

阿波のデコ忠　あわのでこちゅう
阿波人形浄瑠璃の人形師。本名は横山忠三郎。
¶説話伝説（阿波のデコ忠　あわのでこちゅう [生]天保11（1840）年 [没]明治45（1912）年）
伝奇伝説（阿波のデコ忠　あわのでこちゅう [生]天保11（1840）年 [没]明治45（1912）年）

粟野神　あわののかみ
信濃国水内郡の粟野神社の祭神。
¶神仏辞典（粟野神　あわののかみ）

阿波命神　あわのみことのかみ
伊豆国賀茂郡の阿波神社の祭神。
¶神仏辞典（阿波命神　あわのみことのかみ）

粟皇子神　あわのみこのかみ
伊勢国度会郡の粟皇子神社の祭神。
¶神仏辞典（粟皇子神・粟御子神　あわのみこのかみ）

阿波民部重能　あわのみんぶしげよし
江戸の顔見世狂言で「平家物語」の登場人物。
¶歌舞伎登（阿波民部重能　あわのみんぶしげよし）

阿波山上神　あわのやまのうえのかみ
常陸国那賀郡の阿波山上神社の祭神。
¶神仏辞典（阿波山上神　あわのやまのうえのかみ）

鮑玉白珠比咩命神　あわびたましらたまひめのみことのかみ
伊豆国田方郡の鮑玉白珠比咩命神社の祭神。
¶神仏辞典（鮑玉白珠比咩命神　あわびたましらたまひめのみことのかみ）

鮑の怪　あわびのかい
千葉県夷隅郡御宿町岩和田海岸にいた巨大な鮑。触れると暴風が起こる。
¶妖怪事典（アワビノカイ）

足浜目門比売神　あわまどひめのかみ
阿波国麻殖郡の秘羽目神足浜目門比売神社二座の祭神。
¶神仏辞典（足浜目門比売神　あわまどひめのかみ）

阿波咩命　あわめのみこと
『日本文徳天皇実録』に所出。伊豆国の神。
¶神仏辞典（阿波咩命　あわめのみこと）

粟餅売り　あわもちうり
歌舞伎演目『花競俄曲突』に登場する、寺社の開帳等で店を出し、粟餅を手早くちぎって、きな粉入りの木鉢めがけて投げ入れる曲芸で客寄せをした物売り。
¶歌舞伎登（粟餅売り　あわもちうり）

阿波波神　あわわのかみ
遠江国佐野郡の阿波波神社の祭神。
¶神仏辞典（阿波波神　あわわのかみ）

アンガマ
沖縄の八重山諸島で、旧暦7月に後生からやって来る祖先神。
¶神仏辞典（アンガマ）

安閑天皇　あんかんてんのう
記紀系譜による第27代天皇。継体天皇の第1皇子。
¶神仏辞典（安閑天皇　あんかんてんのう）
日本人名（安閑天皇　あんかんてんのう [生]466年 [没]536年）

アンギラス
映画『ゴジラの逆襲』（1955）に登場する、架空のアングルザウルス科の古代両生類。
¶怪物事典（アンギラス（別名 アングラスまたはアンジラ））〔像〕

アンクル・トリス
昭和33年から寿屋（現サントリー）のウィスキーCMに登場したキャラクター。
¶架空人物（アンクル・トリス）

アンゴ
佐賀県地方でいう妖怪の児童語。
¶妖怪事典（アンゴ）

安康天皇　あんこうてんのう
記紀系譜による第20代天皇。父は允恭天皇。母は忍坂大中姫命。
¶コン5（安康天皇　あんこうてんのう）
神仏辞典（安康天皇　あんこうてんのう）
日本人名（安康天皇　あんこうてんのう）

安国寺恵瓊　あんこくじえけい
安土桃山時代の禅僧で大名を兼ねた人物。
¶奇談逸話（安国寺恵瓊　あんこくじえけい [生]天文6（1537）/7（1538）年 [没]慶長5（1600）年）
説話伝説（安国寺恵瓊　あんこくじえけい [生]? [没]慶長5（1600）年）
伝奇伝説（安国寺恵瓊　あんこくじえけい [生]? [没]慶長5（1600）年）

あんこの次郎　あんこのじろう
歌舞伎演目『箱根霊験躄仇討』に登場する、箱根の阿弥陀寺の施行に集まる乞食。
¶歌舞伎登（なまこの八・あんこの次郎）

安寿　あんじゅ
説経節『山荘太夫』に登場する姉弟のうちの姉。
¶朝日歴史（安寿・厨子王　あんじゅ・ずしおう）
架空人日（安寿　あんじゅ）

架空人物（安寿、厨子王）
架空伝承（安寿・厨子王　あんじゅ・ずしおう）〔像〕
架空伝説（安寿・厨子王　あんじゅ・ずしおう）
コン5（安寿・厨子王　あんじゅ・ずしおう）
新潮日本（安寿・厨子王　あんじゅ・ずしおう）
神仏辞典（安寿・厨子王　あんじゅ・ずしおう）
児童登場（安寿）
説話伝説（安寿と厨子王　あんじゅとずしおう）
世百新（安寿・厨子王　あんじゅ・ずしおう）
大辞林3（安寿姫　あんじゅひめ）
伝奇伝説（安寿厨子王　あんじゅ ずしおう）
日本人名（安寿・厨子王　あんじゅ・ずしおう）

安寿姫　あんじゅひめ

歌舞伎演目『由良湊千軒長者』に登場する、岩木政氏の子の姉弟の姉。

¶歌舞伎登（安寿姫・対王丸　あんじゅひめ・づしおうまる）

安珍　あんちん

紀州の道成寺伝説における主人公の僧。謡曲、歌舞伎、人形浄瑠璃などの題材になった。

¶朝日歴史（安珍・清姫　あんちん・きよひめ）
架空人日（道成寺の若僧　どうじょうじのじゃくそう）
架空人物（安珍、清姫）
架空伝承（安珍・清姫　あんちん・きよひめ）〔像〕
架空伝説（安珍　あんちん）
広辞苑6（安珍清姫　あんちん・きよひめ）
コン5（安珍・清姫　あんちん・きよひめ）
新潮日本（安珍・清姫　あんちん・きよひめ）
神仏辞典（安珍　あんちん）
説話伝説（安珍　あんちん 生没年未詳）
説話伝説（安珍清姫　あんちんきよひめ）
世百新（安珍・清姫　あんちん・きよひめ）
伝奇伝説（安珍清姫　あんちん きよひめ）〔像〕
日本人名（安珍・清姫　あんちん・きよひめ）

安藤喜八郎　あんどうきはちろう

江戸時代中期の武士。浄瑠璃『敵討崇禅寺馬場』の題材になる。

¶日本人名（安藤喜八郎　あんどうきはちろう [生]? [没]1715年）

安藤治右衛門　あんどうじえもん

旗本。長谷川伸作『荒木又右衛門』の登場人物。

¶時代小説（安藤治右衛門　あんどうじえもん）

安藤広重〔初代〕　あんどうひろしげ

歌川豊広の門人。別名・歌川広重、一立斎広重。「東海道五十三次」「名所江戸百景」で不動の名声を得た。

¶伝奇伝説（安藤広重　あんどうひろしげ [生]寛政9(1797)年 [没]安政5(1858)年）

安藤広重〔2代〕　あんどうひろしげ

江戸後期の浮世絵師。初代広重の弟子。

¶伝奇伝説（安藤広重　あんどうひろしげ [生]文政9(1826)年 [没]明治2(1869)年）

安徳様の火玉　あんとくさまのひだま

長崎県北高来郡田結村でいう怪火。

¶妖怪事典（アントクサマノヒダマ）

安徳天皇　あんとくてんのう

第81代に数えられる天皇。在位1180-85年。高倉天皇の第1皇子。母は平清盛の娘建礼門院徳子。源義経らに攻められ壇の浦で入水。三種神器の宝剣とともに海中に没した。安徳天皇と宝剣、竜との関係が説かれ、各地に生存の伝説が残る。

¶朝日歴史（安徳天皇　あんとくてんのう [生]治承2年11月12日（1178年12月22日）[没]文治1年3月24日（1185年4月25日））
架空伝承（安徳天皇　あんとくてんのう [生]治承2(1178)年 [没]文治1(1185)年）〔像〕
歌舞伎登（安徳天皇　あんとくてんのう）
説話伝説（安徳天皇　あんとくてんのう [生]治承2(1178)年 [没]元暦2(1185)年）
世百新（安徳天皇　あんとくてんのう [生]治承2(1178)年 [没]文治1(1185)年）
伝奇伝説（安徳天皇　あんとくてんのう [生]治承2(1178)年 [没]元暦2(1185)年）

安中草三郎　あんなかそうざぶろう

三遊亭円朝の人情噺『後開榛名梅香』の主人公。

¶日本人名（安中草三郎　あんなかそうざぶろう）

安寧天皇　あんねいてんのう

記紀系譜上の第3代天皇。

¶朝日歴史（安寧天皇　あんねいてんのう）
架空人日（安寧天皇　あんねいてんのう）
神様読解（安寧天皇/師木津日子玉手見命　あんねいてんのう・しきつひこたまでみのみこと）
コン5（安寧天皇　あんねいてんのう）
新潮日本（安寧天皇　あんねいてんのう）
神仏辞典（安寧天皇　あんねいてんのう）
日本人名（安寧天皇　あんねいてんのう）

庵の平兵衛　あんのへいべえ

江戸時代前期の無頼者。歌舞伎『男作五雁金』などで脚色され、雁金五人男の一人として伝えられた。

¶歌舞伎登（案の平兵衛　あんのへいべえ）
日本人名（庵の平兵衛　あんのへいべえ [生]? [没]1702年）

阿波様　あんばさま

千葉県・茨城県・福島県・宮城県・岩手県などの太平洋沿岸の、主として漁村で信仰される漁業神。

¶神様読解（阿波様　あんばさま）〔像〕
広辞苑6（あんば様　あんばさま）
大辞林3（あんば様　あんばさま）
東洋神名（アンバ様　アンバサマ）〔像〕
日本人名（あんば様　あんばさま）

アンブ

新潟県、鹿児島県地方でいう妖怪の児童語。

¶妖怪事典（アンブ）

安間彦六　あんまひころく

戦国時代の武将。武田信玄の臣。

¶**日本人名**（安間彦六　あんまひころく [生]? [没]1564年）

あんみつ姫　あんみつひめ

倉金章介の同名の漫画の主人公。

¶**日本人名**（あんみつ姫　あんみつひめ）

あんも

家に来る妖怪。岩手県北上山系の上にいる。

¶**神仏辞典**（あんも）
全国妖怪（アンモ〔岩手県〕）
妖怪事典（アンモ）
妖怪大鑑（アンモ）〔像〕
妖怪大事典（アンモ）〔像〕

アンモーコ

岩手県九戸郡地方での妖怪の児童語。

¶**妖怪事典**（アンモーコ）

アンモージーコ

岩手県地方でいう妖怪の児童語。

¶**妖怪事典**（アンモージーコ）

安養尼　あんように

平安中期の尼。父は卜部正親。兄弟に恵心僧都（源信）がいる。

¶**説話伝説**（安養尼　あんように 生没年未詳）
伝奇伝説（安養尼　あんように）

安楽庵策伝　あんらくあんさくでん

近世初頭の説教僧。滑稽な落し噺を多数実演し、その話材を『醒睡笑』に集録したため、落語の元祖という名声が高い。

¶**架空伝承**（安楽庵策伝　あんらくあんさくでん [生]天文23（1554）年 [没]寛永19（1642）年）
奇談逸話（安楽庵策伝　あんらくあんさくでん [生]天文23（1554）年 [没]寛永19（1642）年）
説話伝説（安楽庵策伝　あんらくあんさくでん [生]天文23（1554）年 [没]寛永19（1642）年）

【い】

飯大嶋神　いいおおしまのかみ

『日本三代実録』に所出。陸奥国の神。

¶**神仏辞典**（飯大嶋神　いいおおしまのかみ）

飯岡助五郎　いいおかのすけごろう

江戸後期の博徒であり網元。笹川繁蔵との縄張りを争いに端を発した闘争が、講釈師宝井琴凌によって『天保水滸伝』と題され講談となった。

¶**架空人日**（飯岡助五郎　いいおかのすけごろう）
架空伝承（飯岡助五郎　いいおかのすけごろう [生]寛政4（1792）年 [没]安政6（1859）年）
架空伝説（飯岡助五郎　いいおかのすけごろう [生]1792年）〔像〕
新潮日本（飯岡助五郎　いいおかのすけごろう [生]寛政4（1792）年 [没]安政6（1859）年4月14日）
説話伝説（飯岡の助五郎　いいおかのすけごろう [生]寛政4（1792）年 [没]安政6（1859）年）
世百新（飯岡助五郎　いいおかのすけごろう [生]寛政4（1792）年 [没]安政6（1859）年）
伝奇伝説（飯岡の助五郎　いいおかのすけごろう [生]寛政4（1792）年 [没]安政6（1859）年4月）〔像〕
日本人名（飯岡助五郎　いいおかのすけごろう [生]1792年 [没]1859年）

飯肩巣見命　いいかたすみのみこと

櫛御方命の子。大物主神の孫神。

¶**神様読解**（飯肩巣見命　いいかたすみのみこと）
神仏辞典（飯肩巣見命　いいかたすみのみこと）

井伊掃部守　いいかもんのかみ

歌舞伎演目『大杯觴酒戦強者』に登場する、内藤紀伊守宅の酒宴の際、大酒の相手として呼ばれた足軽才助が武田家の旧臣馬場三郎兵衛であると見抜く人物。

¶**歌舞伎登**（井伊掃部守　いいかもんのかみ）

飯河内神　いいかわちのかみ

『日本三代実録』に所出。近江国の神。

¶**神仏辞典**（飯河内神　いいかわちのかみ）

伊毘志都幣命　いいしつべのみこと

⇒伊毘志都幣命（いびしつべのみこと）

飯石神　いいしのかみ

出雲国飯石郡の飯石社の祭神。

¶**神仏辞典**（飯石神　いいしのかみ）

飯道神　いいじのかみ

近江国甲賀郡の飯道神社の祭神。

¶**神仏辞典**（飯道神　いいじのかみ）

飯島平左衛門　いいじまへいざえもん

三遊亭円朝作『牡丹燈籠』（1884）に登場する旗本。幽霊になったお露の父親。

¶**架空人日**（飯島平左衛門　いいじまへいざえもん）
歌舞伎登（飯島平左衛門　いいじまへいざえもん）

飯田長次郎　いいだちょうじろう

江戸時代中期の一揆指導者。万石騒動の首謀者。

¶**日本人名**（飯田長次郎　いいだちょうじろう [生]? [没]1712年）

飯津佐和乃神　いいつさわのかみ

遠江国蓁原郡の飯津佐和乃神社の祭神。

¶**神仏辞典**（飯津佐和乃神　いいつさわのかみ）

飯豊青皇女　いいとよあおのひめみこ

5世紀後半、履中天皇の皇孫。億計王と弘計王とが互いに皇位を譲りあい、空位になったので一

架空・伝承編　　　　　55　　　　　　　　　　　いうえ

時女王になったとも伝える。
¶コン5（飯豊青皇女　いいとよあおのひめみこ）
日本人名（飯豊青皇女　いいとよあおのおうじょ）

飯豊神　いいとよのかみ
陸奥国賀美郡の飯豊神社の祭神。
¶神仏辞典（飯豊神　いいとよのかみ）

飯豊比売神　いいとよひめのかみ
陸奥国白河郡の飯豊比売神社の祭神。
¶神仏辞典（飯豊比売神　いいとよひめのかみ）

飯豊和気神　いいとよわけのかみ
陸奥国安積郡の飯豊和気神社の祭神、現在の福島県本宮市の安達太良神社の祭神。
¶神仏辞典（飯豊和気神　いいとよわけのかみ）

井伊直弼　いいなおすけ
江戸末期の大老、13代彦根藩主。歌舞伎や芝居の主人公として描かれた。
¶架空伝承（井伊直弼　いいなおすけ　㋑文化12（1815）年　㋜万延1（1860）年）
歌舞伎登（井伊直弼　いいなおすけ）
時代小説（井伊直弼　いいなおすけ）

井伊直人　いいなおと
江戸時代前期の剣術家。講談の『寛永御前試合』に登場する。
¶日本人名（井伊直人　いいなおと　㋑1587年　㋜?）

井伊直富　いいなおとみ
井伊家の当主で井伊直幸の嫡子。永井路子作『葛の葉抄』の登場人物。
¶時代小説（井伊直富　いいなおとみ）

飯名神　いいなのかみ
常陸国信太郡稲敷郷の飯名社の祭神。
¶神仏辞典（飯名神　いいなのかみ）

飯沼勝五郎　いいぬまかつごろう
織豊時代の武士。浄瑠璃・歌舞伎の『箱根霊験躄仇討』に登場する。
¶架空伝説（飯沼勝五郎　いいぬまかつごろう）
歌舞伎登（飯沼勝五郎　いいぬまかつごろう）
コン5（初花・勝五郎　はつはな・かつごろう）
説話伝説（初花勝五郎　はつはなかつごろう）
伝奇伝説（初花勝五郎　はつはな かつごろう）
日本人名（飯沼勝五郎　いいぬまかつごろう　生没年未詳）
日本人名（初花・勝五郎　はつはな・かつごろう）

飯野真黒比売命　いいぬまくろひめのみこと
杙俣長日子王の子。若建王の妻。
¶神様読解（飯野真黒比売命　いいぬまくろひめのみこと）
神仏辞典（飯野真黒比売命　いいぬまくろひめのみこと）

飯沼三平　いいぬまさんぺい
歌舞伎演目『箱根霊験躄仇討』に登場する、高富久吉（豊臣秀吉）の旗本、飯沼三平重治。
¶歌舞伎登（飯沼三平　いいぬまさんぺい）

飯神　いいのかみ
讃岐国鵜足郡の飯神社の祭神。
¶神仏辞典（飯神　いいのかみ）

蟾渭神　いいのかみ
遠江国引佐郡の渭伊神社の祭神。
¶神仏辞典（蟾渭神・渭伊神　いいのかみ）

飯野神　いいののかみ
伊勢国河曲郡の飯野神社の祭神。
¶神仏辞典（飯野神　いいののかみ）

飯野山神　いいのやまのかみ
陸奥国桃生郡の飯野山神社の祭神。
¶神仏辞典（飯野山神　いいのやまのかみ）

飯原兵衛　いいばらひょうえ
歌舞伎演目『岸姫松轡鑑』に登場する、源範頼の娘司姫の乳人役。
¶歌舞伎登（飯原兵衛　いいばらひょうえ）

飯日比売命　いいびひめのみこと
⇒賦登麻和詞比売命（ふとまわかひめのみこと）

粒坐天照神　いいぼにますあまてらすかみ
播磨国揖保郡の粒坐天照神社の祭神。
¶神仏辞典（粒坐天照神・揖保坐天照神　いいぼにますあまてらすかみ）

井伊道政　いいみちまさ
南北朝～室町時代の武将。遠江（静岡県）井伊谷城主。伝承上の人物ともみられる。
¶日本人名（井伊道政　いいみちまさ　㋑1309年　㋜1404年）

飯持神　いいもちのかみ
佐渡国雑太郡の飯持神社の祭神。
¶神仏辞典（飯持神　いいもちのかみ）

飯盛大刀自　いいもりのおおとじ
『播磨国風土記』にみえる神。播磨（兵庫県）飯盛山の神。
¶日本人名（飯盛大刀自　いいもりのおおとじ）

伊比良咩神　いいらめのかみ
『日本三代実録』に所出。阿波国の神。
¶神仏辞典（伊比良咩神　いいらめのかみ）

イウェンテプ
アイヌ語で悪鬼や悪魔のこと。
¶妖怪事典（イウェンテプ）

い

い

家嶋神 いえしまのかみ
播磨国揖保郡の家嶋神社の祭神。
¶神仏辞典（家嶋神　いえしまのかみ）

いえじん
山梨県巨摩郡にみられる屋敷神の呼称。
¶神仏辞典（いえじん）

家津神 いえつのかみ
越前国坂井郡の家津神社の祭神。
¶神仏辞典（家津神　いえつのかみ）

家主長兵衛 いえぬしちょうべえ
歌舞伎演目『梅雨小袖昔八丈』に登場する、深川富吉町の家主。
¶歌舞伎登（家主長兵衛　いえぬしちょうべえ）

家の神 いえのかみ
家々で祀る神。
¶神仏辞典（家の神　いえのかみ）

家の神（アイヌ） いえのかみ
アイヌの家と家族を守る神。チセコロカムイ、ソパウンカムイなどと呼ばれ、男神であるとされる。家（チセ）そのものは女神であるとされる。
¶アジア女神（家の神）
　神文化史（チセコロカムイ）
　神仏辞典（家の神　いえのかみ）

宅布世神 いえふせのかみ
大和国添上郡の宅布世神社の祭神。
¶神仏辞典（宅布世神　いえふせのかみ）

醫王島光徳坊 いおうがしまこうとくぼう
鹿児島県硫黄島の天狗。
¶妖怪事典（イオウガシマコウトクボウ）
　妖怪大事典（醫王島光徳坊　いおうがしまこうとくぼう）

魚海神 いおうみのかみ
伊勢国多気郡の魚海神社二座の祭神。
¶神仏辞典（魚海神　いおうみのかみ）

五百城入彦皇子 いおきいりひこのおうじ
記紀にみえる景行天皇の皇子。母は八坂入媛。『古事記』には五百木之入日子命。
¶神様読解（五百木之入日子命　いほきのいりひこのみこと）
　神仏辞典（五百木之入日子命　いおきのいりびこのみこと）
　日本人名（五百城入彦皇子　いおきいりひこのおうじ）

五百城入姫皇女 いおきいりひめのおうじょ
景行天皇と八坂入媛の子。『古事記』では五百木之入日売命。
¶神様読解（五百木之入日売命　いほきのいりひめのみこと）
　神仏辞典（五百木之入日売命　いおきのいりひめのみこと）
　日本人名（五百城入姫皇女　いおきいりひめのおうじょ）

五百崎 いおさき
歌舞伎演目『桜姫東文章』に登場する、桜姫の傅き（介添え役）。
¶歌舞伎登（五百崎　いおさき）

庵崎の久作 いおさきのきゅうさく
⇒久作（きゅうさく）

五百立神 いおたちのかみ
大和国添上郡の五百立神社の祭神。
¶神仏辞典（五百立神　いおたちのかみ）

魚沼神 いおぬのかみ
越後国魚沼郡の魚沼神社の祭神。
¶神仏辞典（魚沼神　いおぬのかみ）

廬井神 いおのいのかみ
近江国栗太郡、丹波国氷上郡の廬井神社の祭神。
¶神仏辞典（廬井神　いおのいのかみ）

五百野皇女 いおののおうじょ
『日本書紀』にみえる景行天皇の皇女。
¶日本人名（五百野皇女　いおののおうじょ）

五百機 いおはた
歌舞伎演目『天竺徳兵衛韓噺』に登場する、大友家の公達月若丸の乳母を連れて館を立ち退き、播磨の国（兵庫県）曽根の浜で天竺徳兵衛に殺される。
¶歌舞伎登（五百機　いおはた）

伊織 いおり
⇒美濃部伊織（みのべいおり）

イガウ
アイヌに伝わる妖怪。
¶妖怪事典（イガウ）

伊迦賀色許男命 いかがしこおのみこと
物部連および韓国連・曾根連の祖で、饒速日尊6世の孫。現在の徳島県吉野川市川島町の伊加志神社、三重県いなべ市員弁町の穂積神社の祭神。
¶神様読解（伊迦賀色許男命/伊香色雄命　いかがしこおのみこと・いかがしこおのみこと）
　神仏辞典（伊迦賀色許男命・伊香色雄命・伊香我色乎命・伊香我色男命・伊香我色雄命・伊賀我色推命　いかがしこおのみこと）
　日本人名（伊香色雄　いかがしこお）

伊賀迦色許売命 いがかしこめのみこと
第8代孝元天皇の第2妃。徳島県吉野川市川島町桑村字大明神の伊加志神社の祭神。

架空・伝承編　　　　　　　　　　　　　57　　　　　　　　　　　　　　　　　　いかつ

¶神様読解（伊賀迦色許売命/伊香色謎命　いがかしこめのみこと・いかがしこめのみこと）
　神様読解（鹿母伊賀迦色許命　かものいがかしこめのみこと）
　神仏辞典（伊賀迦色許売命・伊賀迦色許女命　いかがしこめのみこと）
　日本人名（伊香色謎命　いかがしこめのみこと）

伊加加志神　いかかしのかみ
阿波国麻殖郡の伊加加志神社の祭神。
¶神仏辞典（伊加加志神　いかかしのかみ）

伊賀賀原神　いかがはらのかみ
尾張国丹羽郡の伊賀賀原神社の祭神。
¶神仏辞典（伊賀賀原神　いかがはらのかみ）

イガグリくん
福井英一の漫画『イガグリくん』の主人公。本名、伊賀谷栗助。
¶架空人物（イガグリくん）
　日本人名（イガグリくん）

鋳掛屋松五郎　いかけやまつごろう
歌舞伎『船打込橋間白浪』に登場する江戸の町人。
¶架空伝説（鋳掛屋松五郎　いかけやまつごろう）
　歌舞伎登（鋳掛け松　いかけまつ）
　広辞苑6（鋳掛松　いかけまつ）

伊加具坂神　いかござかのかみ
近江国伊香郡の伊加具坂神社の祭神。
¶神仏辞典（伊加具坂神　いかござかのかみ）

伊香神　いかごのかみ
近江国伊香郡の伊香具神社の祭神。
¶神仏辞典（伊香神・伊香具神　いかごのかみ）

伊香の郡司　いかごのぐんじ
『今昔物語集』の登場人物。近江国伊香郡の郡司。
¶架空人日（近江国伊香郡の司　おうみこくいかごのこおりのつかさ）
　古典人学（伊香の郡司　いかごのぐんじ）

伊賀寿太郎　いがじゅたろう
江戸の顔見世狂言で「将門」に登場する人物。
¶歌舞伎登（伊賀寿太郎　いがじゅたろう）

雷太郎　いかずちたろう
式亭三馬作『浅草観音利益仇討 雷太郎強悪物語』の主人公。武蔵国調布の里の鍛師吾妻武蔵の子・来太郎のこと。雷獣も倒したので雷太郎と呼ばれる。殺人強盗など非道をはたらくが討ち取られる。
¶古典人学（雷太郎　いかずちたろう）

雷鶴之助　いかずちつるのすけ
歌舞伎演目『大坂神事揃』に登場する、義侠心厚い力士。
¶歌舞伎登（雷鶴之助　いかずちつるのすけ）

雷土々呂進　いかずちとどろしん
久生十蘭作『顎十郎捕物帳』の登場人物。
¶時代小説（雷土々呂進　いかずちとどろしん）

雷のお鶴　いかずちのおつる
歌舞伎演目『命懸色の二番目』に登場する、浦島太郎作の女房。
¶歌舞伎登（雷のお鶴　いかずちのおつる）

雷の神　いかずちのかみ
雷を表象する神。記紀神話では雷神として建御雷之男神（武甕雷神）がある。黄泉国には、天雷神以下八雷神が登場する。
¶神仏辞典（雷神　いかずちのかみ）
　日本神様（雷の神　いかずちのかみ）〔像〕

雷電神　いかずちのかみ
伊勢国度会郡の電雷神社の祭神。
¶神仏辞典（雷電神　いかずちのかみ）

坐摩神　いがすりのかみ
坐摩巫が奉斎する大宮地（大内裏）の霊。大阪市中央区の坐摩神社の祭神。
¶広辞苑6（坐摩神　いかすりのかみ）
　神仏辞典（坐摩神・坐摩神　いがすりのかみ）

伊我多気神　いかたけのかみ
出雲国仁多郡の伊我多気社の祭神。
¶神仏辞典（伊我多気神　いかたけのかみ）

五十日帯日子王　いかたらしひこのみこと
第11代垂仁天皇の皇子。母は山代の苅羽田刀弁。『日本書紀』では、五十日足彦命。
¶神様読解（五十日帯日子王/五十日足彦命　いかたらしひこのみこと・いかたらしひこのみこと）
　神仏辞典（五十日足彦命　いかたらしひこのみこと）
　日本人名（五十日足彦命　いかたらしひこのみこと）

伊賀帯日子命　いがたらしひこのみこと
『古事記』では第11代垂仁天皇の皇子。母は、沼羽田之入毘売命。『日本書紀』では、膽香足姫命。
¶神様読解（伊賀帯日子命/膽香足姫命　いがたらしひこのみこと・いかたらひめのみこと）
　神仏辞典（膽香足姫命　いかたらひめのみこと）

膽香足姫命　いかたらしひめのみこと
⇒伊賀帯日子命（いがたらしひこのみこと）

雷大臣命　いかつおみのみこと
現在の滋賀県長浜市木之本町大音の伊香具神社の祭神。
¶神仏辞典（雷大臣命　いかつおみのみこと）

伊賀津彦神　いがつひこのかみ
『日本三代実録』に所出。伊賀国の神。
¶神仏辞典（伊賀津彦神　いがつひこのかみ）

五十日鶴彦命　いかつるひこのみこと

『日本書紀』巻5に所出。崇神天皇を父、御間城姫を母とする。

¶神仏辞典（五十日鶴彦命　いかつるひこのみこと）

伊香刀美　いかとみ

『近江国風土記』の逸文のひとつとして知られる羽衣説話に登場する男性。

¶神仏辞典（伊香刀美　いかとみ）
神話伝説（伊香刀美　いかとみ）

伊香刀美妻　いかとみのつま

羽衣伝説の天女。

¶日本人名（伊香刀美妻　いかとみのつま）

伊加奈志神　いかなしのかみ

伊予国越智郡の伊加奈志神社の祭神。

¶神仏辞典（伊加奈志神　いかなしのかみ）

伊賀の影丸　いがのかげまる

横山光輝の同名の時代劇漫画に登場する伊賀の忍者。

¶架空人物（伊賀の影丸）
架空伝承（伊賀の影丸　いがのかげまる）
日本人名（伊賀の影丸　いがのかげまる）

伊賀の方　いがのかた

歌舞伎演目『義時の最期』に登場する、鎌倉幕府2代執権北条義時の後妻、伊賀朝光の娘がモデル。

¶歌舞伎登（伊賀の方　いがのかた）

伊賀平内左衛門　いがのへいないざえもん

江戸の顔見世狂言で「平家物語」に登場する人物。

¶歌舞伎登（伊賀平内左衛門　いがのへいないざえもん）

伊賀半九郎　いがはんくろう

山手樹一郎作『桃太郎侍』の登場人物。

¶時代小説（伊賀半九郎　いがはんくろう）

伊賀比売命　いがひめのみこと

第10代崇神天皇の皇女。御真津比売命を母とする。

¶神様読解（伊賀比売命　いがひめのみこと）
神仏辞典（伊賀比売命　いがひめのみこと）

いが坊　いがぼう

熊本県八代市の松井家に伝わる『百鬼夜行絵巻』に描かれているもの。

¶妖怪事典（イガボウ）

伊賀保神　いかほのかみ

上野国群馬郡の伊加保神社の祭神。

¶神仏辞典（伊賀保神・伊加保神　いかほのかみ）

伊加麻志神　いかましのかみ

伊豆国田方郡の伊加麻志神社の祭神。

¶神仏辞典（伊加麻志神　いかましのかみ）

伊河麻神　いかまのかみ

駿河国有度郡の伊河麻神社の祭神。

¶神仏辞典（伊河麻神　いかまのかみ）

井上内親王　いかみないしんのう

光仁天皇の皇后。息子の他戸親王ともに大和国宇智郡に幽閉され、日を同じくして没した。『平家物語』『太平記』をはじめ怨霊として様々な書物に書かれた。

¶架空伝承（井上内親王　いかみないしんのう [生]養老1（717）年 [没]宝亀6（775）年）
古典人学（井上皇后　いかみのこうごう）
神仏辞典（井上内親王　いかみないしんのう）
人物伝承（早良親王・井上内親王　さわらしんのう・いのうえないしんのう [生]養老1（717）年 [没]宝亀6（775）年）
日ミス（井上内親王　いのえないしんのう [生]養老1（717）年 [没]宝亀6（775）年）
日ミス（井上内親王・他戸親王・早良親王　いのえないしんのう・おさべしんのう・さわらしんのう [没]宝亀6（775）年）

猪上神　いかみのかみ

大和国平群郡の猪上神社の祭神。

¶神仏辞典（猪上神　いかみのかみ）

いがみの権太　いがみのごんた

歌舞伎・浄瑠璃の『義経千本桜』の登場人物。大和国・釣瓶鮓屋弥左衛門の長男。悪人であったが改心して平維盛を救うため、自らの妻子の命を差し出し、自分も死ぬ。

¶架空伝説（いがみの権太　いがみのごんた）
歌舞伎登（いがみの権太）〔像〕
広辞苑6（いがみの権太　いがみのごんた）
古典人学（いがみの権太　いがみのごんた）
大辞林3（いがみの権太　いがみのごんた）

伊甘神　いかむのかみ

石見国那賀郡の伊甘神社の祭神。

¶神仏辞典（伊甘神　いかむのかみ）

意上奴神　いかむのかみ

因幡国法美郡の意上奴神社の祭神。

¶神仏辞典（意上奴神　いかむのかみ）

伊賀牟比売命神　いがむひめのみことのかみ

伊豆国賀茂郡の伊賀牟比売命神社の祭神。

¶神仏辞典（伊賀牟比売命神　いがむひめのみことのかみ）

イカメナシュレナ

アイヌに伝わる妖怪。

¶妖怪事典（イカメナシュレナ）

伊加良志神　いからしのかみ

越後国蒲原郡の伊加良志神社の祭神。

¶神仏辞典（伊加良志神　いからしのかみ）

いがらぼし
水の妖怪。和歌山県東牟婁郡で河童のこと。
¶ 神仏辞典　（いがらぼし）
　全国妖怪　（イガラボシ〔和歌山県〕）
　妖怪事典　（イガラボシ）

伊賀理命　いかりのみこと
古代伝承上の豪族。「高橋氏文」にみえる磐鹿六鴈命と同一人物ともいう。
¶ 日本人名　（伊賀理命　いかりのみこと）

猪狩文助　いかりぶんすけ
和久峻三の法廷ミステリー「猪狩文助シリーズ」に登場する老弁護士。
¶ 名探偵日　（猪狩文助　いかりぶんすけ）

碇山将曹　いかりやましょうそう
島津家江戸家老。直木三十五作『南国太平記』の登場人物。
¶ 時代小説　（碇山将曹　いかりやましょうそう）

伊賀留我神　いかるがのかみ
伊勢国朝明郡の伊賀留我神社の祭神。
¶ 神仏辞典　（伊賀留我神　いかるがのかみ）

衣川式部　いがわしきぶ
国枝史郎作『神州纐纈城』の登場人物。
¶ 時代小説　（衣川式部　いがわしきぶ）

井河神　いかわのかみ
『日本三代実録』に所出。伊予国の神。
¶ 神仏辞典　（井河神　いかわのかみ）

イキアイ
広島県山県郡中野村でいう道の怪。
¶ 全国妖怪　（イキアイ〔広島県〕）

行き合い神　いきあいがみ
不用意に出会うと祟りをする神霊。
¶ 広辞苑6　（行合神　いきあいがみ）
　大辞林3　（行き合い神　いきあいがみ）
　東洋神名　（行き逢い神　イキアイガミ）〔像〕

生馬の眼八　いきうまのがんぱち
歌舞伎演目『四千両小判梅葉』に登場する、諺「生馬の眼を抜く」から取られた名前。
¶ 歌舞伎登　（生馬の眼八　いきうまのがんぱち）

生き神　いきがみ
生前、神として祀られた人間。
¶ 広辞苑6　（生き神　いきがみ）
　神仏辞典　（生き神　いきがみ）
　大辞林3　（生き神　いきがみ）

伊伎佐神　いきさのかみ
但馬国美含郡の伊伎佐神社三座の祭神。
¶ 神仏辞典　（伊伎佐神　いきさのかみ）

膽杵磯丹杵穂命　いきしにぎほのみこと
若湯坐連（河内国神別天神）、大部首（未定雑姓和泉国）の祖。邇芸速日命と同一とされる。
¶ 神仏辞典　（膽杵磯丹杵穂命　いきしにぎほのみこと）

息石耳命　いきしみみのみこと
『日本書紀』巻4に所出。安寧天皇を父、渟名底仲媛命を母とする。
¶ 神仏辞典　（息石耳命　いきしみみのみこと）

印岐志呂神　いきしろのかみ
近江国栗太郡の印岐志呂神社の祭神。
¶ 神仏辞典　（印岐志呂神　いきしろのかみ）

イキスダマ
生霊のこと。
¶ 妖怪事典　（イキスダマ）

生霊となって夫を殺した女　いきずたまとなっておっとをころしたおんな
『今昔物語集』の登場人物。自分を離縁した民部大夫をとり殺した女性の生霊。
¶ 古典人学　（生霊となって夫を殺した女　いきずたまとなっておっとをころしたおんな）

伊吉　いきち
泡坂妻夫作『宝引の辰捕者帳』の登場人物。
¶ 時代小説　（伊吉　いきち）

生きながら鬼になった女　いきながらおにになったおんな
慶政作『閑居友』の登場人物。美濃国の女。
¶ 古典人学　（生きながら鬼になった女　いきながらおにになったおんな）

いき入道　いきにゅうどう
木の妖怪。神奈川県足柄上郡山北町玄倉でいう。
¶ 神仏辞典　（いき入道　いきにゅうどう）
　全国妖怪　（イキニュウドウ〔神奈川県〕）
　妖怪事典　（イキニュウドウ）

伊伎神　いきのかみ
越前国坂井郡の伊伎神社の祭神。
¶ 神仏辞典　（伊伎神　いきのかみ）

息速別命　いきはやわけのみこと
⇒伊許婆夜和気命（いこばやわけのみこと）

生き魂　いきまぶり
鹿児島県奄美大島でいう怪異。
¶ 妖怪事典　（イキマブリ）

五十君神　いぎみのかみ
越後国頚城郡の五十君神社の祭神。
¶ 神仏辞典　（五十君神　いぎみのかみ）

生霊　いきりょう
他者に恨みを持つ生きた人間の霊魂。イキスダマともいう。南島ではイチジャマと呼ぶ。
¶幻想動物　（生霊）〔像〕
　神仏辞典　（生霊　いきりょう）
　妖怪事典　（イキリョウ）
　妖怪大事典　（生霊　いきりょう）〔像〕

居杭　いぐい
狂言(小名狂言)『居杭』に登場する男。かぶると姿が消えるという頭巾を得た。
¶架空人日　（居杭　いぐい）

生雷命神　いくいかずちのみことのかみ
遠江国磐田郡の生雷命神社の祭神。
¶神仏辞典　（生雷命神　いくいかずちのみことのかみ）

郁江　いくえ
平岩弓枝作『はやぶさ新八御用帳』の登場人物。
¶時代小説　（郁江　いくえ）

生江世経　いくえのよつね
『今昔物語集』『宇治拾遺物語』に登場する、加賀の掾。
¶架空人日　（生江世経　いくえのよつね）

生王部神　いくおうべのかみ
丹後国竹野郡の生王部神社祭神。
¶神仏辞典　（生王部神　いくおうべのかみ）

活杙尊　いくぐいのみこと
神世七代の神々の一柱。第七代目の神。角杙神と男女一対をなす。
¶アジア女神　（活杙神　いくぐひのかみ）
　神様読советник（活杙尊/活機尊　いくぐいのみこと・いくぐいのみこと）
　神仏辞典　（活杙神　いくぐいのかみ）
　日本人名　（活機尊　いくぐいのみこと）

生国魂　いくくにたま
大阪府堺市甲斐町東の開口神社の祭神。
¶神仏辞典　（生国魂　いくくにたま）

生国神　いくくにのかみ
和泉国大鳥郡の生国神社の祭神。
¶神仏辞典　（生国神　いくくにのかみ）

井草神　いぐさのかみ
出雲国飯石郡の井草社の祭神。
¶神仏辞典　（井草神　いぐさのかみ）

伊草の袈裟坊　いぐさのけさぼう
埼玉県比企郡川島町でいう河童の親分の名前。
¶妖怪事典　（イグサノケサボウ）
　妖怪大事典　（伊草の袈裟坊　いぐさのけさぼう）

イクジ
長崎県の動物の怪。ウナギのような色で恐ろしく長い。
¶全国妖怪　（イクジ〔長崎県〕）

幾島　いくしま
江戸幕府13代将軍徳川家定の正室篤姫付きの御年寄。宮尾登美子作『天璋院篤姫』の登場人物。
¶時代小説　（幾島　いくしま）

生島　いくしま
江戸期の情話の主人公。山村座の歌舞伎役者、生島新五郎。江戸城の大年寄、絵島との禁断の恋で処罰された。
¶架空伝承　（江島・生島　えじま・いくしま）
　架空伝説　（江島・生島　えじま・いくしま）
　歌舞伎登　（生島新五郎　いくしましんごろう）
　奇談逸話　（絵島・生島　えじま・いくしま　④寛文11(1671)年　②寛保3(1743)年）
　時代小説　（生島新五郎　いくしましんごろう）
　説話伝説　（絵島生島　えじまいくしま　④寛文11(1671)年　②寛保3(1743)年）
　伝奇伝説　（絵島生島　えじまいくしま）

生島神　いくしまのかみ
摂津国東生郡の難波坐生国咲国魂神社の祭神。難波国名神大社、信濃国小県郡の生島足島神社の祭神。
¶神仏辞典　（生島神　いくしまのかみ）

幾造　いくぞう
山本周五郎作『深川安楽亭』(1957)に登場する、安楽亭の亭主。
¶架空人日　（幾造　いくぞう）

生田川の男　いくたがわのおとこ
『大和物語』の登場人物。津の国に住む女に言い寄る、菟原の男と血沼の男。
¶古典人東　（生田川の男　いくたがわのおとこ）

生田川の女　いくたがわのおんな
『大和物語』の登場人物。津の国、生田川の辺りに住む女。
¶古典人学　（生田川の女　いくたがわのおんな）

生田神　いくたのかみ
摂津国八部郡の生田神社の祭神。
¶神仏辞典　（生田神　いくたのかみ）

生田神　いくたのかみ
尾張国丹羽郡の生田神社の祭神。
¶神仏辞典　（生田神　いくたのかみ）

生玉兄日子命　いくたまえひこのみこと
『新撰姓氏録』に所出。神魂命5世の孫、神直の祖（和泉国別天神）。
¶神仏辞典　（生玉兄日子命　いくたまえひこのみこと）

活玉前玉比売神　いくたまさきたまひめのかみ
『古事記』上巻に所出。比比羅木之其花麻豆美神の娘。大国主神が娶って美呂浪神が生まれた。
　¶神様読解（活玉前玉比売神　いくたまさきたまひめのかみ）
　　神仏辞典（活玉前玉比売神　いくたまさきたまひめのかみ）
　　日本人名（活玉前玉比売神　いくたまさきたまひめのかみ）

生霊神　いくたまのかみ
『日本書紀』等に所出の神名。
　¶神仏辞典（生霊神　いくたまのかみ）

活玉依毘売　いくたまよりびめ
大和三輪山の大物主の神の妻。河内陶都耳命の娘。
　¶朝日歴史（活玉依媛　いくたまよりひめ）
　　架空伝承（玉依姫　たまよりひめ）
　　神様読解（活玉依毘売/活玉依媛　いくたまよりひめ・いくたまよりひめ）
　　広辞苑6（活玉依毘売　いくたまよりびめ）
　　新潮日本（活玉依媛　いくたまよりひめ）
　　神仏辞典（玉依毘売命　たまよりびめのみこと）
　　神話伝説（活玉依毘売　いくたまよりびめ）
　　神話伝説（玉依姫　たまよりひめ）
　　説話伝説（玉依姫　たまよりひめ）
　　世百新（玉依姫　たまよりひめ）
　　伝奇伝説（活玉依毘売　いくたまよりひめ）
　　伝奇伝説（玉依姫　たまよりひめ）
　　日本神々（玉依毘売命　たまよりびめのみこと）〔像〕
　　日本人名（活玉依媛　いくたまよりひめ）
　　日本神話（イクタマヨリビメ）

イクチ
茨城県の海に棲んでいたとされる長さ数キロメートルの巨大な海蛇の一種。
　¶幻想動物（イクチ）〔像〕
　　全国妖怪（イクチ〔茨城県〕）
　　妖怪事典（イクチ）
　　妖怪大事典（イクチ）

井口神　いぐちのかみ
越前国坂井郡の井口神社の祭神。
　¶神仏辞典（井口神　いぐちのかみ）

活津日子根命　いくつひこねのみこと
須佐之男命の狭霧から生まれた神。
　¶神様読解（活津日子根命/活津彦根命　いくつひこねのみこと・いくつひこねのみこと）
　　神仏辞典（活津日子根命・活津彦根命　いくつひこねのみこと）

伊久刀神　いくとのかみ
但馬国養父郡の伊久刀神社の祭神。
　¶神仏辞典（伊久刀神　いくとのかみ）

生根神　いくねのかみ
摂津国住吉郡の生根神社の祭神。
　¶神仏辞典（生根神　いくねのかみ）

生野神　いくののかみ
丹波国天田郡の生野神社の祭神。
　¶神仏辞典（生野神　いくののかみ）

伊久波神　いくはのかみ
尾張国海部郡の伊久波神社の祭神。
　¶神仏辞典（伊久波神　いくはのかみ）

的戸田宿禰　いくはのとだのすくね
『日本書紀』にみえる官吏。的氏の祖。
　¶コン5（的戸田宿禰　いくはのとだのすくね）
　　新潮日本（的戸田宿禰　いくはのとだのすくね）
　　日本人名（的戸田宿禰　いくはのとだのすくね）

伊久比売神　いくひめのかみ
紀伊国名草郡の伊久比売神社の祭神。
　¶神仏辞典（伊久比売神　いくひめのかみ）

生産霊　いくむすび
山形県東置賜郡川西町の八所神社の祭神。
　¶神仏辞典（生産霊　いくむすび）

生魂神　いくむすびのかみ
古代の神。『延喜式』にみえる神祇官八神のうちの一神。宮中の鎮魂祭などの祭神とされた。
　¶日本人名（生魂神　いくむすびのかみ）

伊久魂命　いくむすびのみこと
『新撰姓氏録』に所出。高魂命の子、恩智神主の祖（河内国神別天神）。
　¶神仏辞典（伊久魂命・生魂命　いくむすびのみこと）

活目入彦五十狭茅尊　いくめいりひこいさちのみこと
⇒垂仁天皇（すいにんてんのう）

活目尊　いくめのみこと
⇒垂仁天皇（すいにんてんのう）

イクレイジン
岡山県川上郡備中町でいう妖怪。
　¶妖怪事典（イクレイジン）

伊久礼神　いくれのかみ
越後国蒲原郡の伊久礼神社の祭神。
　¶神仏辞典（伊久礼神　いくれのかみ）

神母　いげ
高知県下に広く祀られている神。川、井戸、池などの水を司る。
　¶神仏辞典（神母　いげ）

池内蔵太　いけくらた
坂本竜馬の亀山社中の配下。司馬遼太郎作『竜馬がゆく』の登場人物。
　¶時代小説（池内蔵太　いけくらた）

池添孫八　いけぞえまごはち
歌舞伎演目『伊賀越道中双六』に登場する、上杉家の剣術師範和田行家の若党。
¶歌舞伎登（池添孫八　いけぞえまごはち）

池田宮内少輔忠雄　いけだくないしょうゆうただお
備前岡山藩主。長谷川伸作『荒木又右衛門』の登場人物。
¶時代小説（池田宮内少輔忠雄　いけだくないしょうゆうただお）

池田輝政　いけだてるまさ
姫路城主。吉川英治作『宮本武蔵』の登場人物。
¶時代小説（池田輝政　いけだてるまさ）

池田神　いけだのかみ
駿河国有度郡の池田神社の祭神。
¶神仏辞典（池田神　いけだのかみ）

池田彦七　いけだひこしち
江戸時代中期の農民。「義民さん」として讃岐落合村（香川県東かがわ市大内町）の池田神社に祀られる。
¶朝日歴史（池田彦七　いけだひこしち　㊤? ㊦享保18年9月26日（1733年11月2日））
日本人名（池田彦七　いけだひこしち　㊤? ㊦1733年）

池田屋市兵衛　いけだやいちべえ
江戸末期の質両替商。柳亭種彦作『修紫田舎源氏』をもとにした芝居の人気に刺激を受け、主人公・光氏の恰好をして多くの共を連れて豪遊したと伝えられている。
¶伝奇伝説（池田屋市兵衛　いけだやいちべえ　生没年未詳）

池坐朝霧黄幡比売神　いけにますあさぎりきはたひめのかみ
大和国城下郡の池坐朝霧黄幡比売神社の祭神。
¶神仏辞典（池坐朝霧黄幡比売神　いけにますあさぎりきはたひめのかみ）

池の神　いけのかみ
佐賀県唐津市呼子町の小川島の水神。
¶神仏辞典（池の神　いけのかみ）

池神　いけのかみ
『延喜式』に所出。斎宮諸司の祭のうち、池神祭で祭られる神。
¶神仏辞典（池神　いけのかみ）

猪家神　いけのかみ
遠江国長下郡の猪家神社の祭神。
¶神仏辞典（猪家神　いけのかみ）

頤気神　いけのかみ
信濃国更級郡の頤気神社の祭神。
¶神仏辞典（頤気神　いけのかみ）

池玉瀾　いけのぎょくらん
江戸中・後期の女流画家、歌人。池大雅の妻。夫婦ともに多くの逸話が残る。
¶説話伝説（池玉瀾　いけぎょくらん　㊤享保12（1727）年　㊦天明4（1784）年）
伝奇伝説（池玉瀾　いけのぎょくらん　㊤享保12（1727）年　㊦天明4（1784）年）
日本人名（池玉瀾　いけのぎょくらん　㊤1727年　㊦1784年）

池禅尼　いけのぜんに
平安末期の女性。保元の乱では上皇側の敗北を予見、平治の乱では源頼朝の助命を清盛に申し入れた。
¶架空人日（池禅尼　いけのぜんに）
架空伝承（池禅尼　いけのぜんに　生没年不詳）
架空伝説（池禅尼　いけのぜんに）

池大雅　いけのたいが
江戸時代中期の画家・書家。日本各地を旅し、詩情豊かな作品をうみだした。日本の文人画の祖。
¶奇談逸話（池大雅　いけのたいが　㊤享保8（1723）年　㊦安永5（1776）年）
説話伝説（池大雅　いけのたいが　㊤享保8（1723）年　㊦安永5（1776）年）
伝奇伝説（池大雅　いけのたいが　㊤享保8（1723）年　㊦安永5（1776）年）〔像〕

池の魔　いけのま
度会郡四郷村（現・三重県伊勢市）に昔あった池を通りかかると憑かれ、身を投げてしまうというもの。
¶神仏辞典（息速別命　いきはやわけのみこと）
妖怪大鑑（池の魔　いけのま）〔像〕

池速別命　いけはやわけのみこと
⇒伊許婆夜和気命（いこばやわけのみこと）

池袋の女　いけぶくろのおんな
江戸時代末期の俗信で、池袋出身の女を雇うと、その屋敷に怪異が起こるというもの。
¶妖怪事典（イケブクロノオンナ）
妖怪大事典（池袋の女　いけぶくろのおんな）〔像〕

池生神　いけふのかみ
『日本三代実録』に所出。信濃国の神。
¶神仏辞典（池生神　いけふのかみ）

いげぼ
三重県度会郡で鬼火のこと。
¶神仏辞典（いげぼ）
全国妖怪（イゲボ〔三重県〕）
妖怪事典（イゲボ）

伊吾 いご
歌舞伎演目『仮名手本忠臣蔵』に登場する、天河屋の丁稚。
¶歌舞伎登（伊吾　いご）

伊吾 いご
歌舞伎演目『大石摺桜花短冊』に登場する、居酒屋天川屋儀右衛門の倅。
¶歌舞伎登（伊吾　いご）

異国 いこく
歌舞伎演目『仏母摩耶山開帳』に登場する、室津の傾城。
¶歌舞伎登（異国　いこく）

伊許自別命 いこじわけのみこと
⇒阿良都命（あらつのみこと）

伊居太神 いこたのかみ
摂津国河辺郡の伊居太神社の祭神。
¶神仏辞典（伊居太神　いこたのかみ）

伊古奈神 いこなのかみ
『日本三代実録』に所出。遠江国の神。
¶神仏辞典（伊古奈神　いこなのかみ）

伊古奈比女神 いこなひめのかみ
伊豆国賀茂郡の伊古奈比咩命神社の祭神。
¶神仏辞典（伊古奈比女神・伊古奈比咩神・伊古那姫神　いこなひめのかみ）

囲碁の精 いごのせい
江戸牛込に住む囲碁好きの者が出会った2人の精。『玉箒木』に記される。
¶妖怪事典（イゴノセイ）
　妖怪大事典（囲碁の精　いごのせい）〔像〕

伊古乃速御玉比売神 いこのはやみたまひめのかみ
武蔵国比企郡の伊古乃速御玉比売神社の祭神。
¶神仏辞典（伊古乃速御玉比売神　いこのはやみたまひめのかみ）

伊許婆夜和気命 いこばやわけのみこと
第11代垂仁天皇の皇子。阿耶美能伊理毘売命を母とする。『日本書紀』では池速別命、『続日本紀』などでは息速別命。
¶神様読解（伊許婆夜和気命　いこばやわけのみこと）
　神仏辞典（池速別命　いけはやわけのみこと）
　神仏辞典（伊許婆夜和気命　いこばやわけのみこと）
　日本人名（池速別命　いけはやわけのみこと）

生駒尚平 いこましょうへい
高橋義夫作『浄瑠璃坂の仇討ち』の登場人物。
¶時代小説（生駒尚平　いこましょうへい）

往馬坐伊古麻都比古神 いこまにますいこまつひこのかみ
大和国平群郡の往馬坐伊古麻都比古神社二座の祭神。
¶神仏辞典（往馬坐伊古麻都比古神　いこまにますいこまつひこのかみ）

生馬神 いこまのかみ
出雲国島根郡の生馬社、生馬神社の祭神。
¶神仏辞典（生馬神　いこまのかみ）

生馬神 いこまのかみ
『日本三代実録』に所出。元慶3年左馬寮無位の同神が従五位下を授かる。
¶神仏辞典（生馬神　いこまのかみ）

生駒之助 いこまのすけ
歌舞伎演目『奥州安達原』に登場する、八幡太郎義家の近習。
¶歌舞伎登（生駒之助　いこまのすけ）

膽駒山口神 いこまのやまのくちのかみ
大和国平群郡の伊古麻山口神社の祭神。
¶神仏辞典（膽駒山口神・伊古麻山口神　いこまのやまのくちのかみ）

居駒礼助 いこまれいすけ
藤沢周平作『蟬しぐれ』の登場人物。
¶時代小説（居駒礼助　いこまれいすけ）

イコンタビブ
アイヌに伝わる妖怪。
¶妖怪事典（イコンタビブ）

伊左衛門 いざえもん
歌舞伎、人形浄瑠璃の『夕霧伊左衛門物』『阿波鳴門物』の主人公。
¶架空伝承（夕霧・伊左衛門　ゆうぎり・いざえもん）
　架空伝説（夕霧・伊左衛門　ゆうぎり・いざえもん）〔像〕
　説話伝説（夕霧伊左衛門　ゆうぎりいざえもん）〔像〕

有功之神 いさおしのかみ
⇒五十猛神（いそたけるのかみ）

井坂十郎太 いさかじゅうろうた
山本周五郎作『日日平安』（1954）の副主人公の武士。
¶架空人日（井坂十郎太　いさかじゅうろうた）

伊佐賀神 いさがのかみ
出雲国出雲郡の加佐迦社の祭神、伊佐賀神社の祭神。
¶神仏辞典（伊佐賀神　いさがのかみ）

率川阿波神 いざかわあわのかみ
大和国添上郡の率川阿波神社の祭神。
¶神仏辞典（率川阿波神　いざかわあわのかみ）

率川坐大神御子神 いざかわにますおおかみのかみみこのかみ
大和国添上郡の率川坐大神御子神社三座の祭神。
¶神仏辞典（率川坐大神御子神　いざかわにますおおかみのかみみこのかみ）

伊佐具神 いさぐのかみ
摂津国河辺郡の伊佐具神社の祭神。
¶神仏辞典（伊佐具神　いさぐのかみ）

沙田神 いさごだのかみ
信濃国筑摩郡の沙田神社の祭神。
¶神仏辞典（沙田神　いさごだのかみ）

伊佐坂運内 いささかうんない
歌舞伎演目『卅三間堂棟由来』に登場する、太宰帥季ం의家臣。
¶歌舞伎登（伊佐坂運内　いささかうんない）

伊奢沙和気大神之命 いざさわけのおおかみのみこと
航海の守り神、漁業の神。福井県敦賀市の氣比神宮の祭神。
¶神仏辞典（伊奢沙和気大神之命　いざさわけのおおかみのみこと）
大辞林3（去来紗別神　いざさわけのかみ）
日本神様（伊奢沙和気大神之命　いざさわけのおおかみのみこと）

伊三次 いさじ
池波正太郎作『鬼平犯科帳』の登場人物。
¶時代小説（伊三次　いさじ）

伊三次 いさじ
宇江佐真理作『髪結い伊三次捕物余話』の登場人物。
¶時代小説（伊三次　いさじ）

伊佐須美神 いさすみのかみ
陸奥国会津郡の伊佐須美神社の祭神。
¶神仏辞典（伊佐須美神　いさすみのかみ）

五十狭芹彦命 いさせりひこのみこと
現在の鳥取県日野郡日野町の日谷神社の祭神。
¶神仏辞典（五十狭芹彦命　いさせりひこのみこと）

五十狭茅宿禰 いさちのすくね
記紀にみえる武人。吉士（吉師）氏の祖。『古事記』では伊佐比宿禰。
¶朝日歴史（五十狭茅宿禰　いさちのすくね）
新潮日本（五十狭茅宿禰　いさちのすくね）
日本人名（五十狭茅宿禰　いさちのすくね）

伊弉諾 いざなぎ
神世七代の最後に男女対偶神として生成された神。伊弉冉尊とともに、天津神の命により創造活動のほとんど全てを行った。『古事記』では伊邪那岐。
¶朝日歴史（伊奘諾尊　いざなきのみこと）
架空人日（伊邪那岐命　いざなぎのみこと）
架空人物（伊邪那岐命　いざなぎのみこと）
架空伝承（伊邪那諾尊・伊弉冉尊　いざなきのみこと・いざなみのみこと）
架空伝説（伊邪那岐命　いざなぎのみこと）〔像〕
神様読解（伊弉那岐神/伊弉諾尊　いざなぎのかみ・みこと）〔像〕
神様読解（伊弉諾尊　いざなぎのみこと）
神文化史（伊耶那岐神（記）、伊弉諾尊（紀）イザナギ）
奇談逸話（伊邪那岐命・伊邪那美命　いざなぎのみこと・いざなみのみこと）
広辞苑6（伊弉諾尊・伊邪那岐命　いざなぎのみこと）
古典人学（伊邪那岐命　いざなぎのみこと）
コン5（伊邪那岐神　いざさわけのかみ）
新潮日本（伊弉諾尊　いざなぎのみこと）
神仏辞典（伊邪那岐命・伊邪那美命　いざなぎのみこと・いざなみのみこと）
神話伝説（伊弉諾・伊弉冉　いざなぎ・いざなみ）
人話伝承（伊奘諾尊・伊弉冉尊　いざなきのみこと・いざなみのみこと）
説話伝説（伊邪奈岐命・伊邪奈美命　いざなぎのみこと・いざなみのみこと）
世百新（伊弉諾尊・伊弉冉尊　いざなぎのみこと・いざなみのみこと）
大辞林3（伊弉諾尊・伊邪那岐神　いざなぎのみこと）
伝奇伝説（伊邪那岐命伊邪那美命　いざなぎのみこと・いざなみのみこと）
東洋神名（伊邪那岐命　イザナギノミコト）〔像〕
東洋神名（伊邪那岐命と伊邪那美命　イザナギノミコト＆イザナミノミコト）〔像〕
日本神々（伊邪那岐命　いざなぎのみこと）〔像〕
日本神様（伊弉なぎ（き）のかみ）〔像〕
日本人名（伊奘諾尊　いざなぎのみこと）
日本神話（イザナキ・イザナミ）
ラル神々（伊邪那岐命と伊邪那美命）〔像〕

伊佐奈彦神 いさなひこのかみ
越前国敦賀郡の伊佐奈彦神社の祭神。
¶神仏辞典（伊佐奈彦神　いさなひこのかみ）

伊弉冉 いざなみ
神世七代の最後に男女対偶神として生成された神。伊弉諾とともに、天津神の命により創造活動のほとんど全てを行った女神。『古事記』では伊邪那美。
¶朝日歴史（伊奘冉尊　いざなみのみこと）
アジア女神（伊邪那美神・伊弉冉尊　いざなみのかみ・いざなみのみこと）〔像〕
架空人日（伊邪那美命　いざなみのみこと）
架空伝承（伊邪那諾尊・伊弉冉尊　いざなきのみこと・いざなみのみこと）〔像〕
神様読解（伊弉那岐神/伊弉諾尊　いざなぎのかみ・いざなみのみこと）〔像〕
神文化史（伊耶那美神（記）、伊弉冉尊（紀）イザナミ）
奇談逸話（伊邪那岐命・伊邪那美命　いざなぎのみこと・いざなみのみこと）
広辞苑6（伊弉冉尊・伊邪那美命　いざなみのみこと）

架空・伝承編　　　　　　　　　　　いざわ

コン5（伊弉冉尊　いざなみのみこと）
新潮日本（伊弉冉尊　いざなみのみこと）
神仏辞典（伊弉那岐命・伊邪那美命　いざなぎのみこと・いざなみのみこと）
神話伝説（伊弉諾・伊弉冉　いざなぎ・いざなみ）
人物伝承（伊奘諾尊・伊奘冉尊　いざなぎのみこと・いざなみのみこと）
世ター辞典（イザナミ（伊邪那美命））
説話伝説（伊奘奈岐命・伊奘奈美命　いざなぎのみこと・いざなみのみこと）
世百新（伊弉諾尊・伊弉冉尊　いざなぎのみこと・いざなみのみこと）
大辞林3（伊弉冉尊・伊邪那美命　いざなみのみこと）
伝奇伝説（伊耶那岐命伊耶那美命　いざなきのみことといざなみのみこと）
東洋神名（伊邪那岐命と伊邪那美命　イザナギノミコト＆イザナミノミコト）〔像〕
東洋神名（伊邪那美命　イザナミノミコト）〔像〕
日本神々（伊邪那美命　いざなみのみこと）〔像〕
日本神様（伊邪那美神　いざなみのかみ）〔像〕
日本人名（伊奘冉命　いざなみのみこと）
日本神話（イザナキ・イザナミ）
ラル神々（伊邪那岐命と伊邪那美命）〔像〕

伊佐尓波神　いさにわのかみ
伊予国温泉郡の伊佐尓波神社の祭神。
¶神仏辞典（伊佐尓波神　いさにわのかみ）

伊邪能真若命　いざのまわかのみこと
第10代崇神天皇の第二皇子。御真津比売命を母とする。
¶神様読解（伊邪能真若命　いざのまわかのみこと）
神仏辞典（伊邪能真若命　いざのまわかのみこと）

伊奢之真若命　いざのまわかのみこと
『古事記』中巻に所出。応神天皇を父、高木之入日売を母とする。
¶神仏辞典（伊奢之真若命　いざのまわかのみこと）

伊去波夜和気命神　いざはやわけのみことのかみ
陸奥国牡鹿郡の伊去波夜和気命神社の祭神。
¶神仏辞典（伊去波夜和気命神　いざはやわけのみことのかみ）

伊佐布魂命　いさふたまのみこと
『新撰姓氏録』に所出。角凝魂命の子。
¶神仏辞典（伊佐布魂命・五十狭経魂命　いさふたまのみこと）

夷三郎　いさぶろう
剣術家。戸部新十郎作『秘剣』の登場人物。
¶時代小説（夷三郎　いさぶろう）

勇源吾政村　いさみげんごまさむら
歌舞伎演目『柵自来也談』に登場する人物。もと早見源五郎という名で、父の医師喜楽斎の命で薬草西天草を探す旅に出る。
¶歌舞伎登（勇源吾政村　いさみげんごまさむら）

伊佐山神　いさやまのかみ
出雲国大原郡の伊佐山社の祭神。
¶神仏辞典（伊佐山神　いさやまのかみ）

十六夜　いざよい
河竹黙阿弥作の歌舞伎『小袖曾我薊色縫』（「花街模様薊色縫」）の主人公。廓を抜けてきた大磯の遊女。
¶架空伝承（十六夜・清心　いざよい・せいしん）
架空伝承（十六夜　いざよい）
歌舞伎登（十六夜　いざよい）
広辞苑6（十六夜清心　いざよい・せいしん）
コン5（十六夜・清心　いざよい・せいしん）
新潮日本（十六夜・清心　いざよい・せいしん）
日本人名（十六夜・清心　いざよい・せいしん）

十六夜　いざよい
江戸の曾我狂言で「鬼王貧家」に登場する鬼王女房月小夜の妹。
¶歌舞伎登（十六夜　いざよい）

十六夜お銀　いざよいおぎん
角田喜久雄作『髑髏銭』の登場人物。
¶時代小説（十六夜お銀　いざよいおぎん）

躄勝五郎　いざりかつごろう
人形浄瑠璃『箱根霊験躄仇討』の主人公。
¶大辞林3（躄勝五郎　いざりかつごろう）

いざり神　いざりかみ
山中の四辻や峠・洞穴付近で行人に憑依し、極度の飢餓感、疲労感をもたらす悪霊。西日本に多い。
¶神仏辞典（いざり神　いざりかみ）
妖怪事典（イザリガミ）

躄太郎介　いざりたろすけ
常磐津の滑稽舞踏劇『三人片輪』に登場する偽の躄。
¶歌舞伎登（躄太郎介　いざりたろすけ）

膽沢川神　いさわがわのかみ
陸奥国胆沢郡の膽沢川神社の祭神。
¶神仏辞典（膽沢川神　いさわがわのかみ）

井沢正太郎　いざわしょうたろう
⇒正太郎（しょうたろう）

伊佐波神　いさわのかみ
出雲国出雲郡の伊努社四社か伊濃社三社の祭神。
¶神仏辞典（伊佐波神　いさわのかみ）

伊佐和神　いさわのかみ
伊勢国多気郡の伊佐和神社の祭神。
¶神仏辞典（伊佐和神　いさわのかみ）

伊雑神　いさわのかみ
『日本文徳天皇実録』に所出。天安元年伊勢国の同神宮の神官が把笏にあずかる。
¶神仏辞典（伊雑神　いさわのかみ）

石井宇右衛門　いしいうえもん
江戸時代前期の武士。浄瑠璃『亀山の仇討物』の源蔵・半蔵兄弟の父。
¶日本人名（石井宇右衛門　いしいうえもん　㊤1613年　㊦1673年）

石井源蔵　いしいげんぞう
江戸時代前・中期の武士。弟の半蔵とともに浄瑠璃『亀山の仇討物』のモデルとなる。
¶架空伝説（石井兄弟　いしいきょうだい）
　日本人名（石井源蔵　いしいげんぞう　㊤1668年　㊦1721年）

石井常右衛門　いしいつねえもん
江戸吉原三浦屋の名妓高尾の相手。
¶伝奇伝説（石井常右衛門　いしいつねえもん）

石井神　いしいのかみ
越後国沼垂郡の石井神社の祭神。
¶神仏辞典（石井神　いしいのかみ）

石井半蔵　いしいはんぞう
江戸時代前・中期の武士。兄の源蔵とともに浄瑠璃『亀山の仇討物』のモデルとなる。
¶架空伝説（石井兄弟　いしいきょうだい）
　日本人名（石井半蔵　いしいはんぞう　㊤1671年　㊦1754年）

石井兵助　いしいひょうすけ
歌舞伎演目『敵討千手護助剣』に登場する人物。「亀山の仇討ち」物で眼病を患い敵赤堀水右衛門に返り討ちにされる人物。
¶歌舞伎登（石井兵助　いしいひょうすけ）

石神　いしがみ
特定の石を神体として祀った民間信仰の神。
¶神様読解（石神　いしがみ）
　広辞苑6（石神　いしがみ）
　神仏辞典（石神　いしがみ）
　神話伝説（石神　いしがみ）
　説話伝説（石神　いしがみ）
　大辞林3（石神　いしがみ）
　伝奇伝説（石神　いしがみ）
　東洋神名（石神　イシガミ）〔像〕
　日本神様（石神　いしがみ）〔像〕

『石神』の男　いしがみのおとこ
狂言（聟女狂言）『石神』に登場する人物。親もとへ帰ると言い張る妻を止めるため、石神に扮する。
¶架空人日（『石神』の男　いしがみのおとこ）

石亀屋次団太　いしかめやじだんだ
曲亭馬琴作の読本『南総里見八犬伝』(1814-42)に登場する、越後の山里小千谷郷の顔役。
¶架空人日（石亀屋次団太　いしかめやじだんだ）

石川悪右衛門　いしかわあくえもん
歌舞伎演目『芦屋道満大内鑑』に登場する、葛の葉狐を狩り出し、葛の葉姫に横恋慕する敵役。
¶歌舞伎登（石川悪右衛門　いしかわあくえもん）

石川悪四郎　いしかわあくしろう
広島の真定山に巣食っていたという妖怪。
¶妖怪事典（イシカワアクシロウ）
　妖怪大全（悪四郎妖怪　あくしろうようかい）〔像〕
　妖怪大事典（石川悪四郎　いしかわあくしろう）〔像〕

石川伊豆守　いしかわいずのかみ
歌舞伎演目『桐一葉』登場する人物。戦国時代の武将石川貞政がモデル。
¶歌舞伎登（石川伊豆守　いしかわいずのかみ）

石川五右衛門　いしかわごえもん
安土桃山時代の盗賊の頭目。実在の人物だが、義賊としてのイメージは江戸時代の大衆芸能により形成されたもの。
¶朝日歴史（石川五右衛門　いしかわごえもん　㊤?　㊦文禄3(1594)年8月23日）
　英雄事典（石川五右衛門　イシカワゴエモン　㊦文禄3(1594)年）
　架空人日（石川五右衛門）
　架空伝承（石川五右衛門　いしかわごえもん　㊤?　㊦文禄3(1594)年）〔像〕
　架空伝説（石川五右衛門　いしかわごえもん）〔像〕
　歌舞伎登（石川五右衛門1『楼門五三桐』　いしかわごえもん）〔像〕
　歌舞伎登（石川五右衛門2『釜淵双級巴』　いしかわごえもん）〔像〕
　奇談逸話（石川五右衛門　いしかわごえもん　㊦文禄3(1594)年）
　広辞苑6（石川五右衛門　いしかわごえもん　㊤1558年　㊦1594年）
　古典人学（石川五右衛門　いしかわごえもん）
　コン5（石川五右衛門　いしかわごえもん　生没年不詳）
　新潮日本（石川五右衛門　いしかわごえもん　生没年不詳）
　神話伝説（石川五右衛門　いしかわごえもん）
　説話伝説（石川五右衛門　いしかわごえもん　㊦文禄3(1594)年）〔像〕
　世百新（石川五右衛門　いしかわごえもん　㊤?　㊦文禄3(1594)年）
　大辞林3（石川五右衛門　いしかわごえもん）
　伝奇伝説（石川五右衛門　いしかわごえもん）
　日本人名（石川五右衛門　いしかわごえもん　㊤?　㊦1594年）

石川五太夫　いしかわごだゆう
井原西鶴作の浮世草子『本朝二十不孝』(1686)巻二の第一「我と身を焦す釜が淵」に登場する農民。
¶架空人日（石川五太夫　いしかわごだゆう）

石川の沙彌　いしかわのしゃみ
『日本霊異記』『今昔物語集』に登場する私度僧。
- ¶架空人日（石川の沙彌　いしかわのしゃみ）

石川楯　いしかわのたて
『日本書紀』にみえる人物。雄略天皇2年百済から貢進された池津媛と密通し、ともに火刑となったという。
- ¶日本人名（石川楯　いしかわのたて）

石川錦織許呂斯　いしかわのにしごりのころし
『日本書紀』にみえる人物。河内（大阪府）錦部郡を拠点とした錦織氏の一人か。住吉大神の神領の山守になったという伝承もある。
- ¶日本人名（石川錦織許呂斯　いしかわのにしごりのころし）

石川八左衛門　いしかわはちざえもん
歌舞伎演目『宇都宮紅葉釣衾』に登場する、将軍氏光（徳川家光）の御近習役。
- ¶歌舞伎登（石川八左衛門　いしかわはちざえもん）

石川雅望　いしかわまさもち
江戸時代の国学者・狂歌作家・読本作家。「狂歌四天王」の一人。
- ¶説話伝説（石川雅望　いしかわまさもち　⊕宝暦3（1753）年　⊗文政13（1830）年）
- 伝奇伝説（石川雅望　いしかわまさもち　⊕宝暦3（1753）年　⊗文政13（1830）年）

石川光之介　いしかわみつのすけ
半村良作『妖星伝』の登場人物。
- ¶時代小説（石川光之介　いしかわみつのすけ）

石川屋六兵衛　いしかわやろくべい
江戸中期の商人。江戸小船町3丁目に角屋敷を構える豪商。
- ¶伝奇伝説（石川屋六兵衛　いしかわやろくべい　生没年未詳）

石敢当　いしがんどう
悪魔・悪疫払いの守護神。道路の突き当たりや辻の角に立つ魔除け石碑。
- ¶神様読解（石敢当　いしがんどう）〔像〕

石栗弥左衛門　いしぐりやざえもん
藤沢周平作『蝉しぐれ』の登場人物。
- ¶時代小説（石栗弥左衛門　いしぐりやざえもん）

イジコ
青森県津軽地方を中心として青森県全域でいう妖怪。小児を入れる籠の形をした鬼火と幽霊の中間的存在。
- ¶妖怪事典（イジコ）
- 妖怪大鑑（イジコ）〔像〕
- 妖怪大事典（イジコ）〔像〕

石凝姥命　いしこりどめのみこと
天照大神が天の岩戸に隠れた時、鏡を作った神。祭祀に用いる鏡の製作を司る老女神。
- ¶朝日歴史（石凝姥　いしこりどめ）
- アジア女神（石凝姥命・伊斯許理度売命　いしこりどめのみこと）
- 神様読解（伊斯許理度売命/石凝姥　いしこりどめのみこと・いしこりどめのみこと）
- 広辞苑6（石凝姥　いしこりどめのみこと）
- 新潮日本（石凝姥　いしこりどめ）
- 神仏辞典（伊斯許理度売命　いしこりどめのみこと）
- 大辞林3（石凝姥　いしこりどめのみこと）
- 日本人名（石凝姥　いしこりどめ）

石坂周蔵　いしざかしゅうぞう
子母澤寛作『新選組始末記』の登場人物。
- ¶時代小説（石坂周蔵　いしざかしゅうぞう）

イジージー
広島県地方でいう妖怪の児童語。
- ¶妖怪事典（イジージー）

イジジ
広島県地方でいう妖怪の児童語。
- ¶妖怪事典（イジジ）

石鎚山の神　いしづちさんのかみ
石鎚山の神として、石鎚神社（愛媛県）で、石土毘古命を祀る。
- ¶日本神様（石鎚山の神　いしづちさんのかみ）

石槌山法起坊　いしづちざんほうきぼう
愛媛県石槌山の天狗。
- ¶妖怪事典（イシヅチザンホウキボウ）
- 妖怪大事典（石槌山法起坊　いしづちざんほうきぼう）

石田竹仙　いしだちくせん
池波正太郎作『鬼平犯科帳』の登場人物。
- ¶時代小説（石田竹仙（幸三郎）　いしだちくせん（こうざぶろう））

石田の局　いしだのつぼね
歌舞伎演目『艶競石川染』に登場する、淀町御前の側近。
- ¶歌舞伎登（石田の局　いしだのつぼね）

石田梅岩　いしだばいがん
江戸時代の心学者。石田興長。通称勘平。
- ¶伝奇伝説（石田梅岩　いしだばいがん　⊕貞享2（1685）年9月15日　⊗延享1（1744）年9月24日）

石田三成　いしだみつなり
戦国時代の武将。
- ¶歌舞伎登（石田三成　いしだみつなり）
- 奇談逸話（石田三成　いしだみつなり　⊕永禄3（1560）年　⊗慶長5（1600）年）
- 説話伝説（石田三成　いしだみつなり　⊕永禄3（1560）年　⊗慶長5（1600）年）〔像〕

伝奇伝説（石田三成　いしだみつなり　㋺永禄3（1560）年　㋥慶長5（1600）年）〔像〕

石作大来　いしつくりのおおく
古代伝承上の石工。
¶日本人名（石作大来　いしつくりのおおく）

石作神　いしつくりのかみ
山城国乙訓郡・尾張国中嶋郡・葉栗郡・丹羽郡・山田郡、近江国伊香郡の石作神社の祭神。
¶神仏辞典（石作神　いしつくりのかみ）

石作皇子　いしつくりのみこ
『竹取物語』（平安時代初期）に登場する、かぐや姫に求婚する五人の貴公子の一人。
¶架空人日（石つくりの皇子　いしつくりのみこ）
架空伝説（石作皇子　いしつくりのみこ）
広辞苑6（石作皇子　いしつくりのみこ）
古典人東（五人の貴公子　ごにんのきこうし）

石出帯刀　いしでたてわき
江戸初期の幕臣。明暦の江戸大火の際に囚人の牢払いを実行したことで有名。
¶伝奇伝説（石出帯刀　いしでたてわき　㋺元和1（1615）年　㋥元禄2（1689）年）
日本人名（石出常軒　いしでじょうけん　㋺1615年　㋥1689年）

石堂右馬之丞　いしどううまのじょう
歌舞伎演目『仮名手本忠臣蔵』に登場する、塩冶判官に同情を寄せる上使。
¶歌舞伎登（石堂右馬之丞　いしどううまのじょう）

石童丸　いしどうまる
説経節『苅萱』に出てくる幼い主人公の名。
¶朝日歴史（石童丸　いしどうまる）
架空伝承（石童丸　いしどうまる）〔像〕
歌舞伎登（石童丸　いしどうまる）
広辞苑6（石童丸　いしどうまる）
古典人学（石童丸　いしどうまる）
新潮日本（石童丸　いしどうまる）
神仏辞典（石童丸・石堂丸　いしどうまる）
世百新（石童丸　いしどうまる）
大辞林3（石童丸　いしどうまる）
日本人名（石童丸　いしどうまる）

石留武助　いしどめぶすけ
歌舞伎演目『伊賀越道中双六』に登場する唐木政右衛門に仕える若党。
¶歌舞伎登（石留武助　いしどめぶすけ）

イジナ
青森県三戸郡地方でいう妖怪。
¶妖怪事典（イジナ）

石投げんじょ　いしなげんじょ
海の音の妖怪。長崎県西彼杵郡の江ノ島でいう。妖怪の磯女がおこす音だともいう。
¶幻想動物（イシナゲンジョ）〔像〕
広辞苑6（石投げん尉　いしなげんじょ）
神仏辞典（石投げんじょ　いしなげんじょ）
全国妖怪（イシナゲンジョ〔長崎県〕）
妖怪事典（イシナゲンジョ）
妖怪大全（いしなげんじょ）〔像〕
妖怪大事典（石投げんじょ　いしなげんじょ）〔像〕

イシネカブ
樺太や北海道北東部でいう、狐や川獺などの動物や植物が人間に化けたもの。
¶妖怪事典（イシネカブ）

イシネレプ
アイヌでキツネ、カワウソ、カラス、カジカなどの動物が人間の姿に化けて出てきたもの。
¶神仏辞典（イシネレプ）

為志神　いしのかみ
大和国忍海郡の為志神社の祭神。
¶神仏辞典（為志神　いしのかみ）

石場　いしば
伊豆の八丈島や青ヶ島で祀られる屋敷神。
¶神仏辞典（石場　いしば）

伊自波夜比売神　いじはやひめのかみ
阿波国麻殖郡の天村雲神伊自波夜比売神社の祭神。
¶神仏辞典（伊自波夜比売神　いじはやひめのかみ）

石原栄之進　いしはらようのしん
宮本昌孝作『藩校早春賦』の登場人物。
¶時代小説（石原栄之進　いしはらようのしん）

伊志夫神　いしふのかみ
伊豆国那賀郡の伊志夫神社の祭神。
¶神仏辞典（伊志夫神　いしふのかみ）

石部正四郎　いしべせいしろう
宮部みゆき作『霊験お初捕物控』の登場人物。
¶時代小説（石部正四郎　いしべせいしろう）

石巻神　いしまきのかみ
三河国八名郡の石巻神社の祭神。
¶神仏辞典（石巻神　いしまきのかみ）

石纒神　いしまきのかみ
『日本文徳天皇実録』に所出。三河国の神。
¶神仏辞典（石纒神　いしまきのかみ）

井島清作　いじませいさく
伊藤桂一作『風車の浜吉・捕物綴』の登場人物。
¶時代小説（井島清作　いじませいさく）

石丸兵馬　いしまるひょうま
藤沢周平作『隠し剣孤影抄』の登場人物。
¶時代小説（石丸兵馬　いしまるひょうま）

伊甚神 いじむのかみ
出雲国出雲郡の伊自美社の祭神。
¶神仏辞典（伊甚神　いじむのかみ）

いじめの官女 いじめのかんじょ
歌舞伎演目『妹背山婦女庭訓』に登場する、三笠山の入鹿の新御殿に勤める八人の官女。
¶歌舞伎登（いじめの官女）

石母田外記 いしもだげき
吉川英治作『宮本武蔵』の登場人物。
¶時代小説（石母田外記　いしもだげき）

石本俊吉 いしもとしゅんきち
石川啄木作『雲は天才である』(1919)の主人公新田耕助のもとに、耕助の親友である天野朱雲の紹介状を持ってやってきた人物。
¶架空人日（石本俊吉　いしもとしゅんきち）

伊舎那天 いしゃなてん
十二天の中の一尊で、北東を守護する。
¶広辞苑6（伊舎那天　いしゃなてん）
　大辞林3（伊舎那天　いしゃなてん）
　東洋神名（伊舎那天　イシャナテン）〔像〕
　日本人名（伊舎那天　いしゃなてん）

いじゃろ転がし いじゃろころがし
長野県南佐久郡の古びたお堂から、ザルがころがってきて人の前にくると、人の形になるという妖怪。
¶神仏辞典（いじゃろ転がし　いじゃろころがし）
　全国妖怪（イジャロコロガシ〔長野県〕）
　妖怪事典（イジャロコロガシ）
　妖怪大全（イジャロコロガシ）〔像〕
　妖怪大事典（イジャロコロガシ）〔像〕

異獣 いじゅう
越後の国の山中に棲む、猿に似た顔の髪が長い獣。
¶水木幻獣（異獣　いじゅう）〔像〕
　妖怪事典（イジュウ）
　妖怪大全（異獣　いじゅう）〔像〕
　妖怪大事典（異獣　いじゅう）〔像〕

伊集院大介 いじゅういんだいすけ
栗本薫の「伊集院大介シリーズ」の主人公。
¶名探偵日（伊集院大介　いじゅういんだいすけ）

井後神 いじりのかみ
伊勢国朝明郡の井後神社の祭神。
¶神仏辞典（井後神　いじりのかみ）

石別 いしわけ
『日本霊異記』『今昔物語集』に登場する、非情な瓜売りの男。
¶架空人日（石別　いしわけ）

石原の利助 いしわらのりすけ
野村胡堂作『銭形平次捕物控』の登場人物。

¶時代小説（石原の利助　いしわらのりすけ）

石割権現 いしわりごんげん
山梨県南都留郡山中湖村平野にある疣の神。
¶神仏辞典（石割権現　いしわりごんげん）

いじわるばあさん
長谷川町子作の四コママンガの主人公。本名、伊知割石。
¶架空人物（いじわるばあさん）

壹須何神 いすかのかみ
河内国石川郡の壹須何神社の祭神。
¶神仏辞典（壹須何神　いすかのかみ）

伊助 いすけ
佐江衆一作『江戸職人綺譚』の登場人物。
¶時代小説（伊助　いすけ）

亥助 いすけ
半村良作『妖星伝』の登場人物。
¶時代小説（亥助　いすけ）

伊豆佐咩神 いづさめのかみ
陸奥国宮城郡の伊豆佐売社の祭神。
¶神仏辞典（伊豆佐咩神・伊豆佐売神　いづさめのかみ）

伊豆山権現 いずさんごんげん
鎌倉時代の源頼朝に始まり、のち北条家や徳川将軍家など東国武士の尊崇を集めた垂迹神。
¶仏尊事典（伊豆山権現　いずさんごんげん）〔像〕

伊豆志袁登女神 いづしをとめのかみ
伊豆志大神の娘で、春山之霞壮夫の妻となった女神。
¶アジア女神（伊豆志袁登女神　いづしをとめのかみ）
　架空人日（伊豆志袁登売　いずしおとめ）
　神様読解（伊豆志袁登売　いずしおとめのかみ）
　神仏辞典（伊豆志袁登売神・伊豆志遠登売神　いずしおとめのかみ）
　日本人名（伊豆志袁登売　いずしおとめのかみ）
　日本神話（イヅシヲトメ）

出石鹿崎部神 いずしかのいそべのかみ
丹波国船井郡の出石鹿崎部神社の祭神。
¶神仏辞典（出石鹿崎部神・出石鹿岩部神　いずしかのいそべのかみ）

出石宅左衛門 いずしたくざえもん
歌舞伎演目『五大力恋緘』に登場する、九州千島家の侍で、薩摩源五兵衛の朋輩。
¶歌舞伎登（出石宅左衛門　いずしたくざえもん）

出石神 いずしのかみ
但馬国出石郡の伊豆志坐神社八座の祭神。
¶神仏辞典（出石神　いずしのかみ）

伊都島宗形小専神　いずしまむなかたおたうめのかみ
『日本三代実録』に所出。安芸国の神。
¶神仏辞典（伊都島宗形小専神　いずしまむなかたおたうめのかみ）

伊豆志弥神　いずしみのかみ
丹後国熊野郡の伊豆志弥神社の祭神。
¶神仏辞典（伊豆志弥神　いずしみのかみ）

五十鈴依媛命　いすずよりひめのみこと
『日本書紀』巻4に所出。綏靖天皇2年皇后となる。安寧天皇を生む。
¶神仏辞典（五十鈴依媛命　いすずよりひめのみこと）
日本人名（五十鈴依媛　いすずよりひめ）

伊豆多神　いずたのかみ
土佐国幡多郡の伊豆多神社の祭神。
¶神仏辞典（伊豆多神　いずたのかみ）

井筒女之助　いづつおんなのすけ
歌舞伎演目『伊達競阿国戯場』四幕目に登場する忠臣井筒外記左衛門の息子。
¶歌舞伎登（井筒女之助　いづつおんなのすけ）

『井筒』の女　いづつのおんな
謡曲（夢幻能）『井筒』（世阿弥作）に登場する、紀有常の娘の化身であると名乗る女。
¶架空人日（『井筒』の女　いづつのおんな）

井筒姫　いづつひめ
歌舞伎演目『京人形』に登場する、足利義照の妹姫。
¶歌舞伎登（井筒姫　いづつひめ）

井筒姫　いづつひめ
歌舞伎演目『高安通い』に登場する、高安の里の女に通う夫を見送ったあと、寂しさと嫉妬の中で夫の身を案じる歌を詠む人物。
¶歌舞伎登（井筒姫　いづつひめ）

井筒姫　いづつひめ
歌舞伎演目『競伊勢物語』に登場する、在原業平の恋人。
¶歌舞伎登（井筒姫　いづつひめ）

井筒平四郎　いづつへいしろう
宮部みゆき作『ぼんくら』の登場人物。
¶時代小説（井筒平四郎　いづつへいしろう）

井筒屋伊三郎　いづつやいさぶろう
歌舞伎演目『敵討天下茶屋聚』東寺裏貸座敷の場に登場する町人。
¶歌舞伎登（井筒屋伊三郎　いづつやいさぶろう）

井筒屋伝兵衛　いづつやでんべえ
⇒伝兵衛（でんべえ）

井筒与三郎　いづつよさぶろう
歌舞伎演目『処女翫浮名横櫛』に登場する、千葉家中井筒与左衛門の息子。
¶歌舞伎登（井筒与三郎　いづつよさぶろう）

飯綱　いづな
狐憑きの一種。体長10センチメートルくらいの鼬のような小動物。
¶幻想動物（飯綱）〔像〕
神様読解（飯綱　いづな）
神仏辞典（飯綱　いづな）
妖怪事典（イヅナ）
妖怪大事典（飯綱　いづな）

飯綱系天狗　いづなけいのてんぐ
真言密教の荼吉尼天信仰と修験道が結びついて生まれた天狗の一種。
¶幻想動物（飯綱系天狗）〔像〕

飯綱権現　いづなごんげん
多くの修験道場で信仰されてきた神。もとは信濃国北部に位置する飯縄山（飯綱山）の飯綱神社に祀られていた神。
¶神様読解（飯綱権現　イヅナゴンゲン）
東洋神名（飯綱権現　イヅナゴンゲン）〔像〕
日本人名（飯縄権現　いづなごんげん）

飯綱三郎　いづなさぶろう
長野県長野市飯綱山でいう天狗。
¶妖怪事典（イヅナサブロウ）
妖怪大事典（飯綱三郎　いづなさぶろう）

伊豆奈比咩命神　いずなひめのみことのかみ
伊豆国賀茂郡の伊豆奈比咩命神社の祭神。
¶神仏辞典（伊豆奈比咩命神　いずなひめのみことのかみ）

『伊豆の踊子』の私　いずのおどりこのわたし
川端康成作『伊豆の踊子』(1926)に登場する一高生。
¶架空人日（『伊豆の踊子』の私　いずのおどりこのわたし）

伊豆守仲綱　いずのかみなかつな
『平家物語』に登場する源三位頼政の嫡男。
¶架空人日（伊豆守仲綱　いずのかみなかつな）

伊豆次郎祐兼　いずのじろうすけかね
江戸の曾我狂言で、工藤祐経の弟。
¶歌舞伎登（伊豆次郎祐兼　いずのじろうすけかね）

伊豆能売神　いずのめのかみ
黄泉国から帰った伊弉諾が禊祓をしたおりに化生した神々の一柱。
¶アジア女神（伊豆能売　いづのめ）
神様読解（伊豆能売神　いずのめのかみ）
神仏辞典（伊豆能売神　いずのめのかみ）
日本人名（伊豆能売　いずのめのかみ）

泉穴師神　いずみあなしのかみ
和泉国和泉郡の泉穴師神社二座の祭神。
¶神仏辞典（泉穴師神　いずみあなしのかみ）

泉川修理太夫　いずみかわしゅうりのたゆう
浮世草子『武道伝来記（女の作れる男文字）』に登場する人物。
¶架空人日（泉川修理太夫　いずみかわしゅりのだゆう）
　架空伝説（泉川修理太夫　いずみかわしゅうりのたゆう）

和泉式部　いずみしきぶ
平安中期の女流歌人。その恋愛遍歴により、平安時代末以降、数々の説話に登場した。
¶架空人日（和泉式部　いずみしきぶ）
　架空伝承（和泉式部　いずみしきぶ　生没年不詳）〔像〕
　架空伝説（和泉式部　いずみしきぶ）
　歌舞伎登（和泉式部　いずみしきぶ）
　奇談逸話（和泉式部　いずみしきぶ　生没年未詳）
　古典東（和泉式部　いずみしきぶ）
　神仏辞典（和泉式部　いずみしきぶ　生没年未詳）
　神話伝説（和泉式部　いずみしきぶ）
　人物伝承（和泉式部　いずみしきぶ）〔像〕
　説話伝説（和泉式部　いずみしきぶ　生没年未詳。貞元2（977）～長元8（1035）頃か）
　伝奇伝説（和泉式部　いずみしきぶ　生没年未詳）

伊豆三嶋神　いずみしまのかみ
伊豆国賀茂郡の伊豆三嶋神社の祭神。
¶神仏辞典（伊豆三嶋神　いずみしまのかみ）

泉長者　いずみちょうじゃ
昔話で、酒泉の湧き出る泉を見つけ長者になった者。
¶説話伝説（泉長者　いずみちょうじゃ）
　伝奇伝説（泉長者　いずみちょうじゃ）

泉井上神　いずみのいのえのかみ
和泉国和泉郡の泉井上神社の祭神。
¶神仏辞典（泉井上神　いずみのいのえのかみ）

和泉神　いずみのかみ
加賀国江沼郡の出水神社の祭神。
¶神仏辞典（和泉神・出水神　いずみのかみ）

泉三郎　いずみのさぶろう
歌舞伎演目『義経腰越状』に登場する、義経の重臣。
¶歌舞伎登（泉三郎　いずみのさぶろう）

和泉屋清三　いずみやせいざ
恋川春町作の黄表紙『金々先生栄花夢』（1775）に登場する、八丁堀に住む大金持ち。
¶架空人日（和泉屋清三　いずみやせいざ）

和泉屋清兵衛　いずみやせいべえ
歌舞伎演目『天衣紛上野初花』に登場する、質屋上州屋の親類で、その後家お牧の後見役。
¶歌舞伎登（和泉屋清兵衛　いずみやせいべえ）

和泉屋清兵衛　いずみやせいべえ
歌舞伎演目『人情噺文七元結』に登場する、本銀町の小間物屋。
¶歌舞伎登（和泉屋清兵衛　いずみやせいべえ）

和泉屋太申　いずみやたいしん
江戸中期の材木商。金にあかせた奇矯な振る舞いが残されている。
¶伝奇伝説（和泉屋太申　いずみやたいしん　生没年未詳）

和泉屋多左衛門　いずみやたざえもん
3世瀬川如皐作の歌舞伎『与話情浮名横櫛』に登場する人物。現在では「源氏店」の場にのみ登場する大番頭。
¶架空人日（多左衛門　たざえもん）
　歌舞伎登（和泉屋多左衛門　いずみやたざえもん）

和泉屋藤七　いずみやとうしち
乙川優三郎作『霧の橋』の登場人物。
¶時代小説（和泉屋藤七　いずみやとうしち）

移受牟受比命　いすむすびのみこと
『新撰姓氏録』に所出。浮穴直の祖（河内国別天神）。
¶神仏辞典（移受牟受比命　いすむすびのみこと）

出雲井於神　いずもいのえのかみ
山城国愛宕郡の出雲井於神社の祭神。
¶神仏辞典（出雲井於神　いずもいのえのかみ）

出雲醜大使主命　いずもしこおおおみのみこと
『新撰姓氏録』に所出。勇山連の祖（河内国神別天神）。
¶神仏辞典（出雲醜大使主命　いずもしこおおおみのみこと）
　日本人名（出雲醜大臣命　いずもしこおおおみのみこと）

出雲色尾命　いずもしこおのみこと
『新撰姓氏録』に所出。若桜部造の祖（右京神別上天神）。
¶神仏辞典（出雲色尾命　いずもしこおのみこと）

出雲建子命　いずもたけこのみこと
『伊勢国風土記』逸文に所出。出雲神（大国主神）の子。
¶神仏辞典（出雲建子命　いずもたけこのみこと）

出雲建　いずもたける
古代出雲の説話上の首長。倭建命によって殺された。

¶朝日歴史（出雲建　いずもたける）
　英雄事典（出雲建　イズモタケル）
　神様読解（出雲建　いずもたける）
　コン5（出雲建　いずもたける）
　新潮日本（出雲建　いずもたける）
　神話伝説（出雲建　いずもたける）
　日本人名（出雲建　いずもたける）
　日本神話（イヅモタケル）

出雲乃伊波比神　いずものいわいのかみ
武蔵国男衾郡の出雲乃伊波比神社の祭神、同入間郡の出雲伊波比神社の祭神。
¶神仏辞典（出雲乃伊波比神・出雲伊波比神　いずものいわいのかみ）

出雲大神　いずものおおかみ
『古事記』中巻に所出。垂仁天皇の夢にて神託を下す。
¶神仏辞典（出雲大神・出雲之大神　いずものおおかみ）

出雲崗神　いずものおかのかみ
伊予国温泉郡の出雲崗神社の祭神。
¶神仏辞典（出雲崗神　いずものおかのかみ）

出雲のお国　いずものおくに
歌舞伎の始祖とされる安土桃山時代の女性芸能者。
¶朝日歴史（出雲阿国　いずものおくに　生没年不詳）
　英雄事典（出雲阿国　イズモノオクニ）
　架空伝承（出雲のお国　いずものおくに　生没年不詳）〔像〕
　架空伝説（出雲の阿国　いずものおくに）〔像〕
　歌舞伎登（出雲のお国　いずものおくに）
　奇談逸話（出雲のお国　いずものおくに　生没年未詳）
　新潮日本（出雲阿国　いずものおくに）
　神仏辞典（出雲の阿国　いずものおくに）
　神話伝説（出雲のお国　いずものおくに）
　時代小説（出雲のお国　いずものおくに）
　時代小説（お国　おくに）
　説話伝説（出雲の阿国　いずものおくに　生没年未詳）
　世百新（出雲のお国　いずものおくに　生没年不詳）
　伝奇伝説（出雲の阿国　いずものおくに　生没年未詳）〔像〕
　日本人名（出雲阿国　いずものおくに　生没年未詳）

伊豆毛神　いずものかみ
信濃国水内郡の伊豆毛神社の祭神。
¶神仏辞典（伊豆毛神　いずものかみ）

出雲神　いずものかみ
『出雲国風土記』に所出の出雲国出雲郡の出雲社の祭神。『延喜式』の出雲神社の祭神。
¶広辞苑6（出雲の神　いずものかみ）
　神仏辞典（出雲神　いずものかみ）
　大辞林3（出雲の神　いずものかみ）

出雲国造　いずものくにのみやつこ
上代の出雲地方の豪族。

¶神話伝説（出雲国造　いずものくにのみやつこ）

出雲高野神　いずものたかののかみ
山城国愛宕郡の出雲高野神社の祭神。
¶神仏辞典（出雲高野神　いずものたかののかみ）

出雲建雄神　いずものたけおのかみ
大和国山辺郡の出雲建雄神社の祭神。
¶神仏辞典（出雲建雄神　いずものたけおのかみ）

出雲振根　いずものふるね
古代出雲の説話に登場する人物で、出雲臣の祖先神。
¶朝日歴史（出雲振根　いずものふるね）
　神様読解（出雲振根　いずものふるね）
　コン5（出雲振根　いずものふるね）
　新潮日本（出雲振根　いずものふるね）
　日本人名（出雲振根　いずものふるね）

伊豆屋喜兵衛　いずやきへえ
歌舞伎演目『与話情浮名横櫛』に登場する、江戸元山町（横山町）の鼈甲商伊豆屋の主人。
¶歌舞伎登（伊豆屋喜兵衛　いずやきへえ）

伊豆屋与三郎　いずやよさぶろう
⇒与三郎（よさぶろう）

伊須流支比古神　いするきひこのかみ
能登国能登郡の伊須流支比古神社の祭神。
¶神仏辞典（伊須流支比古神　いするきひこのかみ）

石動山の神々　いするぎやまのかみがみ
現在では、伊須流岐古神社（石川県）で伊弉諾尊を主神とする。かつては大宮（伊弉諾尊）ほか五社を合わせて五社大権現と称した。
¶日本神様（石動山の神々　いするぎやまのかみがみ）

イーセー
広島県地方でいう妖怪の児童語。
¶妖怪事典（イーセー）

伊勢　いせ
平安前期の女流歌人。三十六歌仙の一人。
¶架空人日（伊勢の御息所　いせのみやすんどころ）
　伝奇伝説（伊勢　いせ）〔像〕

伊勢　いせ
澤田ふじ子作『虹の橋』の登場人物。
¶時代小説（伊勢　いせ）

イゼーイゼー
広島県地方でいう妖怪の児童語。
¶妖怪事典（イゼーイゼー）

井関徳兵衛　いぜきとくべえ
歌舞伎演目『元禄忠臣蔵』「最後の大評定」に登場する浅野内匠頭の旧臣。

¶歌舞伎登（井関徳兵衛　いぜきとくべえ）

堰神　いせきのかみ
『日本三代実録』に所出。貞観12（870）年、葛野の鋳銭所の近くに坐す。
¶神仏辞典（堰神　いせきのかみ）

井関録之助　いぜきろくのすけ
池波正太郎作『鬼平犯科帳』の登場人物。
¶時代小説（井関録之助　いぜきろくのすけ）

伊勢新九郎　いせしんくろう
歌舞伎演目『大門口鎧襲』に登場する、室町殿の管領。
¶歌舞伎登（伊勢新九郎　いせしんくろう）

イゼゼ
広島県地方でいう妖怪の児童語。
¶妖怪事典（イゼゼ）

伊勢田神　いせたのかみ
山城国久世郡の伊勢田神社三座の祭神。
¶神仏辞典（伊勢田神　いせたのかみ）

伊勢都比古命　いせつひこのみこと
『播磨国風土記』に所出。伊和神の子。『伊勢国風土記逸文』では、伊勢地方の土着神の伊勢津彦として登場する。現在の長野県長野市風間の風間神社の祭神。
¶神仏辞典（伊勢都比古命・伊勢都彦命　いせつひこのみこと）
神話伝説（伊勢津彦　いせつひこ）

伊勢都比売命　いせつひめのみこと
『播磨国風土記』に所出の伊和神の子。
¶神仏辞典（伊勢都比売命　いせつひめのみこと）

伊是名ノロ　いぜなのろ
沖縄島北方の伊是名島の最高神女。
¶アジア女神（伊是名ノロ　いぜなのろ）

伊勢大若子命　いせのおおわかごのみこと
『伊勢国風土記』逸文に所出。天日別命6世の孫。
¶神仏辞典（伊勢大若子命　いせのおおわかごのみこと）

伊勢神　いせのかみ
備前国御野郡の伊勢神社の祭神。
¶神仏辞典（伊勢神　いせのかみ）

伊勢久留麻神　いせのくるまのかみ
淡路国津名郡の伊勢久留麻神社の祭神。
¶神仏辞典（伊勢久留麻神　いせのくるまのかみ）

伊勢三郎義盛　いせのさぶろうよしもり
源義経の股肱の郎等。俗に義経四天王の一人。
¶架空人日（伊勢三郎義盛　いせのさぶろうよしもり）
架空伝承（伊勢三郎　いせのさぶろう　[生]?　[没]文治2（1186）年）
歌舞伎登（伊勢三郎　いせのさぶろう）
説話伝説（伊勢三郎義盛　いせのさぶろうよしもり　[生]?　[没]文治2（1186）年）
世百新（伊勢三郎　いせのさぶろう　[生]?　[没]文治2（1186）年）
伝奇伝説（伊勢三郎　いせのさぶろう　[生]?　[没]文治2（1186）年?）〔像〕
日本人名（伊勢義盛　いせよしもり　[生]?　[没]1186年）

伊勢大輔　いせのたいふ
平安中期の女性歌人。中宮彰子の女房として出仕し、歌才を認められた。
¶説話伝説（伊勢大輔　いせのたいふ　生没年未詳）
伝奇伝説（伊勢大輔　いせのたいふ　生没年未詳）

伊勢月読神　いせのつきよみのかみ
『続日本紀』に所出。光孝天皇行幸時の異常な雨風を起こしたとされる。
¶神仏辞典（伊勢月読神　いせのつきよみのかみ）

伊勢命神　いせのみことのかみ
隠岐国隠地郡の伊勢命神社の祭神。
¶神仏辞典（伊勢命神　いせのみことのかみ）

伊勢兵庫頭　いせひょうごのかみ
浅井了意作『伽婢子』の登場人物。北条氏康の命をうけ、八丈が島へ向かう途中に遭難し見知らぬ島に漂着した。
¶古典人学（伊勢兵庫頭　いせひょうごのかみ）

伊勢町の大盃　いせまちのおおさかずき
井原西鶴作の浮世草子『西鶴置土産』（1693）巻三の二「子が親の勘当逆川をおよぐ」の主人公。
¶架空人日（伊勢町の大盃　いせまちのおおさかずき）

伊勢屋総兵衛　いせやそうべえ
山手樹一郎作『夢介千両みやげ』の登場人物。
¶時代小説（伊勢屋総兵衛　いせやそうべえ）

伊勢屋安右衛門　いせややすえもん
泡坂妻夫作『宝引の辰捕者帳』の登場人物。
¶時代小説（伊勢屋安右衛門　いせややすえもん）

磯右衛門　いそえもん
歌舞伎演目『島衛月白浪』に登場する、播州明石浦で漁師をする島蔵の父。
¶歌舞伎登（磯右衛門　いそえもん）

磯女　いそおんな
九州の沿岸地方や岡山県によく出現し、奇妙な声で男を呼び止めるといわれる女の妖怪。
¶幻想動物（磯女）〔像〕
神仏辞典（磯女子　いそおなご）
神話伝説（磯女　いそおんな）
全国妖怪（イソオンナ〔岡山県〕）
全国妖怪（イソオナゴ〔佐賀県〕）
全国妖怪（イソオナゴ〔長崎県〕）

い

磯貝実右衛門 いそがいじつえもん
歌舞伎演目『敵討御未刻太鼓』に登場する、徳島某家の二百石取りの家臣。
¶歌舞伎登 （磯貝実右衛門　いそがいじつえもん）

磯貝十郎左衛門 いそがいじゅうろうざえもん
歌舞伎演目『元禄忠臣蔵』に登場する、細川越中守家の接待役、堀内伝右衛門の友人である乙女田の娘おみのの許婚。
¶歌舞伎登 （磯貝十郎左衛門　いそがいじゅうろうざえもん）

磯貝藤助 いそがいとうすけ
歌舞伎演目『敵討御未刻太鼓』に登場する、徳島某家の家臣磯貝実右衛門の弟兵左衛門の子。
¶歌舞伎登 （磯貝藤助　いそがいとうすけ）

磯貝浪江 いそがいなみえ
歌舞伎演目『怪談乳房榎』に登場する、絵師菱川重信の弟子。
¶歌舞伎登 （磯貝浪江　いそがいなみえ）

磯貝平太左衛門 いそがいへいだざえもん
小泉八雲作『怪談』(1904)に登場する、室町時代の九州菊池家の臣。
¶架空人日 （磯貝平太左衛門　いそがいへいだざえもん）

磯餓鬼 いそがき
海の妖怪。東京都伊豆諸島の利島でいう。
¶神仏辞典 （磯餓鬼　いそがき）
　全国妖怪 （イソガキ〔東京都〕）
　妖怪事典 （イソガキ）
　妖怪大事典 （磯餓鬼　いそがき）

イソガシ
熊本県八代市の松井家に伝わる『百鬼夜行絵巻』にある妖怪。犬みたいな顔をした憑物で取り憑かれると、やたらにあくせくする。
¶妖怪事典 （イソガシ）
　妖怪大鑑 （いそがし）〔像〕
　妖怪大事典 （いそがし）〔像〕

磯川軍十郎 いそかわぐんじゅうろう
歌舞伎演目『蜷於由曙評仇討』に登場する、千葉家の家臣。
¶歌舞伎登 （磯川軍十郎　いそかわぐんじゅうろう）

五十猛神 いそたけるのかみ
素戔嗚尊の子。樹木の種を日本の国土一円に播いた。『古事記』の大屋毘古神と同神とされる。紀伊国名草郡の伊太祁曾神社などの祭神。
¶朝日歴史 （五十猛神　いたけるのかみ）
　神様読解 （五十猛命/大屋毘古神　いそたけるのみこと・おおやひこのかみ）
　神様読解 （久々能智神・五十猛神　くぐのちのかみ・いそたけるのかみ）
　広辞苑6 （五十猛命　いたけるのみこと）
　新潮日本 （五十猛神　いたけるのかみ）
　神仏辞典 （有功之神　いさおしのかみ）
　神仏辞典 （五十猛神　いたけるのかみ）
　神仏辞典 （紀伊国所坐大神　きいのくににまします おおかみ）
　神話伝説 （五十猛神　いたけるのかみ）
　大辞林3 （五十猛神　いたけるのかみ）
　日本神々 （五十猛命　いたけるのみこと）〔像〕
　日本神様 （五十猛神　い(そ)たけるのかみ）

磯天狗 いそてんぐ
愛知県、和歌山県、三重県地方でいう海の妖怪。
¶神仏辞典 （磯天狗　いそてんぐ）
　全国妖怪 （イソテング〔三重県〕）
　全国妖怪 （イソテング〔和歌山県〕）
　妖怪事典 （イソテング）

磯撫で いそなで
西日本の近海に棲むとされる、魚の姿をした妖怪。
¶幻想動物 （磯撫で）〔像〕
　妖怪事典 （イソナデ）
　妖怪大鑑 （磯なで）〔像〕
　妖怪大事典 （磯撫　いそなで）〔像〕
　妖百2 （礒撫で　いそなで）〔像〕

磯神 いそのかみ
伊勢国度会郡の磯神社の祭神。
¶神仏辞典 （磯神　いそのかみ）

石上市神 いそのかみいちのかみ
大和国山辺郡の石上市神社の祭神。
¶神仏辞典 （石上市神　いそのかみいちのかみ）

石上坐布留御魂神 いそのかみにますふるのみたまのかみ
大和国山辺郡の石上坐布留御魂神社の祭神。
¶神仏辞典 （石上坐布留御魂神　いそのかみにますふるのみたまのかみ）

伊蘇上神 いそのかみのかみ
伊勢国多気郡の伊蘇上神社の祭神。
¶神仏辞典 （伊蘇上神　いそのかみのかみ）

石上神 いそのかみのかみ
『続日本紀』『日本後紀』『日本文徳天皇実録』『日本三代実録』に所出の神名。
¶神仏辞典 （石上神　いそのかみのかみ）

石上布都之魂神 いそのかみのふつのみたまのかみ
備前国赤坂郡の石上布都之魂神社の祭神。
¶神仏辞典 （石上布都之魂神　いそのかみのふつのみたまのかみ）

石上麻呂足　いそのかみのまろたり
『竹取物語』の登場人物。五人の求婚者の五番手。中納言。
¶**架空人日**（いそのかみのまろたり）
架空伝説（石上麿足　いそのかみのまろたり）
広辞苑6（石上中納言　いそのかみのちゅうなごん）
古典人学（石上麻呂足　いそのかみのまろたり）
古典人東（五人の貴公子　ごにんのきこうし）

伊蘇乃佐伎神　いそのさきのかみ
因幡国八上郡の伊蘇乃佐只神社の二座の祭神。
¶**神仏辞典**（伊蘇乃佐伎神・伊蘇乃佐只神　いそのさきのかみ）

磯の禅司　いそのぜんじ
歌舞伎演目『御所桜堀川夜討』に登場する人物。静御前の母磯の禅師の名を取ったもの。
¶**歌舞伎登**（磯の禅司　いそのぜんじ）

伊曽の局　いそのつぼね
村上元三作『松平長七郎江戸日記』の登場人物。
¶**時代小説**（伊曽の局　いそのつぼね）

伊曾乃神　いそののかみ
伊予国新居郡の伊曾乃神社の祭神。
¶**神仏辞典**（伊曾乃神・伊曾能神・磯野神　いそののかみ）

磯端伴蔵　いそばたばんぞう
講談に登場する剣豪。上泉伊勢守の門人で、磯端神陰流をひらく。
¶**日本人名**（磯端伴蔵　いそばたばんぞう）

磯端万蔵　いそはたまんぞう
歌舞伎演目『二蓋笠柳生実記』に登場する、越後の国弥彦山の山中に隠棲する、新陰流の奥義を極めた老人。
¶**歌舞伎登**（磯端万蔵　いそはたまんぞう）

磯姫　いそひめ
海の妖怪。鹿児島県出水郡の長島でイソオナゴのこと。
¶**神仏辞典**（磯姫　いそひめ）
全国妖怪（イソヒメ〔鹿児島県〕）
妖怪事典（イソヒメ）
妖怪大事典（磯姫　いそひめ）

伊曾布神　いそふのかみ
但馬国七美郡の伊曾布神社の祭神。
¶**神仏辞典**（伊曾布神　いそふのかみ）

磯部主計之介　いそべかずえのすけ
歌舞伎演目『新皿屋舗月雨暈』に登場する、芝愛宕下に屋敷を構える旗本。
¶**歌舞伎登**（磯部主計之介　いそべかずえのすけ）

磯辺頼母　いそべたのも
井原西鶴作の浮世草子『武道伝来記』(1687) 巻七の第一「我が命の早使」に登場する武士。
¶**架空人日**（磯辺頼母　いそべたのも）
架空伝説（磯部頼母　いそべたのも）

石部神　いそべのかみ
伊勢国朝明郡・近江国愛智郡の石部神社二座、丹波国氷上郡の岶部神社などの祭神。
¶**神仏辞典**（石部神・磯部神・岶部神　いそべのかみ）

磯部村清太夫　いそべむらせいだゆう
江戸時代中期の笠間藩領山外郷一揆指導者。死後義民地蔵として祀られる。
¶**日本人名**（磯部村清太夫　いそべむらせいだゆう　㊐? ㊷1750年）

磯部床右衛門　いそべゆかえもん
歌舞伎演目『堀川波の鼓』に登場する、因幡の国某藩の士。
¶**歌舞伎登**（磯部床右衛門　いそべゆかえもん）

磯村元信　いそむらもとのぶ
大佛次郎作『鞍馬天狗』の登場人物。
¶**時代小説**（磯村元信　いそむらもとのぶ）

磯良　いそら
上田秋成作『雨月物語』「吉備津の釜」の登場人物。吉備国・吉備津神社の神主の娘。生霊が夫の愛人を殺し、死後は霊となり夫を殺した。
¶**架空人日**（磯良　いそら）
架空伝説（磯良　いそら）〔像〕
古典人学（磯良　いそら）
古典人東（磯良　いそら）

イソンコ
鹿児島県トカラ列島地方でいう河童。
¶**妖怪事典**（イソンコ）

イーダ
松谷みよ子作『ふたりのイーダ』(1969) に登場する二人の幼女の愛称。
¶**児童登場**（イーダ）

板井神　いたいのかみ
因幡国気多郡の板井神社の祭神。
¶**神仏辞典**（板井神　いたいのかみ）

板鬼　いたおに
板の形をした妖怪か、鬼が化けたもの。
¶**水木妖怪**（板鬼　いたおに）〔像〕
妖怪事典（イタノオニ）
妖怪大全（板鬼　いたおに）〔像〕
妖怪大事典（板の鬼　いたのおに）〔像〕

板垣退助　いたがきたいすけ
⇒乾退助（いぬいたいすけ）

伊太祁曾　いたきそ
乗鞍岳の乗鞍神社に祀られ、その山麓の岐阜県高

山市の15社に祀られる神。日抱尊とも記される。
¶神仏辞典（伊太祁曾　いたきそ）

伊太祁曾神　いたきそのかみ
紀伊国名草郡の伊太祁曾神社の祭神。
¶神仏辞典（伊太祁曾神　いたきそのかみ）

伊多伎夜神　いたきやのかみ
越前国敦賀郡の伊多伎夜神社の祭神。
¶神仏辞典（伊多伎夜神　いたきやのかみ）

板倉重宗　いたくらしげむね
江戸前期の幕政家。京都所司代。その裁許の公正なところから、「非（火）がない」のこころで「板倉殿の冷え炬燵」の地口が生まれた。
¶時代小説（板倉重宗　いたくらしげむね）
　伝奇伝説（板倉重宗　いたくらしげむね　㋚天正14(1586)年　㋛明暦2(1656)年）

板倉周防守　いたくらすおうのかみ
幕府老中。子母澤寛作『新選組始末記』、司馬遼太郎作『竜馬がゆく』の登場人物。
¶時代小説（板倉周防守　『新選組始末記』　いたくらすおうのかみ）
　時代小説（板倉周防守勝静　『竜馬がゆく』　いたくらすおうのかみかつきよ）

板倉内膳正　いたくらないぜんのしょう
歌舞伎演目『早苗鳥伊達聞書』に登場する、江戸前期の老中、下野の国烏山藩主。
¶歌舞伎登（板倉内膳正　いたくらないぜんのしょう）

五十猛神　いたけるのかみ
⇒五十猛神（いそたけるのかみ）

胆武別命　いたけるわけのみこと
⇒伊登志別王（いとしわけのみこ）

伊多之神　いたしのかみ
『日本三代実録』に所出。武蔵国の神。
¶神仏辞典（伊多之神　いたしのかみ）

伊多太神　いたたのかみ
山城国愛宕郡の伊多太神社の祭神。
¶神仏辞典（伊多太神　いたたのかみ）

鼬の陸搗き　いたちのおかづき
新潟県三条市地方でいう、家の中で鼬のような動物が米を搗く音を立てる怪異。
¶妖怪事典（イタチノオカヅキ）
　妖怪大事典（鼬の陸搗き　いたちのおかづき）

鼬の一つ火　いたちのひとつび
滋賀県高島郡でいう怪異。
¶妖怪事典（イタチノヒトツビ）
　妖怪大事典（鼬の一つ火　いたちのひとつび）

鼬の六人搗き　いたちのろくにんずき
新潟県地方でいう怪異。鼬が集まり騒ぐ音。
¶神仏辞典（六人搗き　ろくにんつき）
　全国妖怪（ロクニンズキ〔新潟県〕）
　妖怪事典（イタチノロクニンズキ）
　妖怪大事典（鼬の六人搗き　いたちのろくにんづき）

板列神　いたつらのかみ
丹後国与謝郡の板列神社の祭神。
¶神仏辞典（板列神　いたつらのかみ）

伊太豆和気命　いたつわけのみこと
伊豆国賀茂郡の伊大氏和気命神社の祭神。
¶神仏辞典（伊太豆和気命　いたつわけのみこと）

伊達神　いだてのかみ
丹波国桑田郡の伊達神社の祭神。
¶神仏辞典（伊達神　いだてのかみ）

射楯兵主神　いたてひょうすのかみ
播磨国飾磨郡の射楯兵主神社二座の祭神。
¶神仏辞典（射楯兵主神　いたてひょうすのかみ）

韋駄天　いだてん
増長天八将軍の一、四天王三十二将軍の筆頭。仏法を守護する。
¶架空人物（韋駄天）
　神様読解（韋駄天　いだてん）〔像〕
　広辞苑6（韋駄天　いだてん）
　神仏辞典（韋駄天　いだてん）
　大辞林3（韋駄天　いだてん）
　東洋神名（韋駄天　イダテン）〔像〕
　日本人名（韋駄天　いだてん）
　仏尊事典（韋駄天　いだてん）〔像〕

韋駄天の定助　いだてんのじょうすけ
大佛次郎作『鞍馬天狗』の登場人物。
¶時代小説（韋駄天の定助　いだてんのじょうすけ）

猪谷久四郎　いたにきゅうしろう
井原西鶴作の浮世草子『武道伝来記』(1687)巻八の第一「野机の煙くらべ」の主人公。
¶架空人日（猪谷久四郎　いたにきゅうしろう）
　架空伝説（猪谷久四郎　いたにきゅうしろう）

意太神　いたのかみ
近江国伊香郡の意太神社の祭神。
¶神仏辞典（意太神　いたのかみ）

井田神　いたのかみ
伊豆国那賀郡、但馬国気多郡の井田神社の祭神。
¶神仏辞典（井田神　いたのかみ）

猪田神　いたのかみ
伊賀国伊賀郡の猪田神社の祭神。
¶神仏辞典（猪田神　いたのかみ）

伊太八　いだはち
新内節『帰咲名残の命毛』の主人公。津軽岩松家の侍。岡本綺堂により戯曲『尾上伊太八』も書かれている。
¶**朝日歴史**（尾上・伊太八　おのえ・いだはち）
コン5（尾上・伊太八　おのえ・いだはち）
新潮日本（尾上・伊太八　おのえ・いだはち）
説話伝説（尾上伊太八　おのえいだはち）
伝奇伝説（尾上伊太八　おのえいだはち）
日本人名（尾上・伊太八　おのえ・いだはち）

伊多波刀神　いたはとのかみ
尾張国春部郡の伊多波刀神社の祭神。
¶**神仏辞典**（伊多波刀神　いたはとのかみ）

板蓋神　いたぶきのかみ
但馬国養父郡の板蓋神社の祭神。
¶**神仏辞典**（板蓋神　いたぶきのかみ）

伊丹市之進　いたみいちのしん
白石一郎作『十時半睡事件帖』の登場人物。
¶**時代小説**（伊丹市之進　いたみいちのしん）

伊丹英典　いたみえいてん
加田伶太郎（福永武彦）の連作短編「伊丹英典シリーズ」の主人公。大学助教授。
¶**名探偵日**（伊丹英典　いたみえいてん）

伊丹屋十兵衛　いたみやじゅうべえ
歌舞伎『蔦紅葉宇都谷峠（文弥殺し）』に登場する江戸の商人。
¶**架空伝説**（伊丹屋十兵衛　いたみやじゅうべえ）
歌舞伎登（伊丹屋十兵衛　いたみやじゅうべえ）

伊太夫　いだゆう
中里介山作『大菩薩峠』の登場人物。
¶**時代小説**（伊太夫　いだゆう）

板割の浅太郎　いたわりのあさたろう
講談『国定忠次』に登場する、国定忠次四天王の一人。実説によると浅次が本名。
¶**架空人日**（板割の浅太郎　いたわりのあさたろう）

いち
滝口康彦作『拝領妻始末』の登場人物。
¶**時代小説**（市　いち）

壹粟神　いちあわのかみ
美作国大庭郡の壹粟神社二座の祭神。
¶**神仏辞典**（壹粟神　いちあわのかみ）

甘櫟前神　いちいさきのかみ
近江国伊香郡の甘櫟前神社の祭神。
¶**神仏辞典**（甘櫟前神　いちいさきのかみ）

櫟谷神　いちいたにのかみ
山城国葛野郡の櫟谷神社の祭神。
¶**神仏辞典**（櫟谷神　いちいたにのかみ）

櫟原神　いちいはらのかみ
近江国高島郡、越中国新川郡の櫟原神社の祭神。
¶**神仏辞典**（櫟原神　いちいはらのかみ）

櫟本神　いちいもとのかみ
河内国丹比郡の櫟本神社の祭神。
¶**神仏辞典**（櫟本神　いちいもとのかみ）

壹演　いちえん
平安初期の真言宗の僧侶。『今昔物語集』には仁寿殿に巣くう隼を放逐したとある。
¶**説話伝説**（壹演　いちえん [生]延暦22（803）年 [没]貞観9（867）年）

市神　いちがみ
市やそこに集う商人を守護する神。恵比寿や大黒、市寸嶋比売命が祀られた。
¶**神様読解**（市神　いちがみ）〔像〕
広辞苑6（市神　いちがみ）
神仏辞典（市神　いちがみ）
世百新（市神　いちがみ）
日本神様（市神　いちがみ）〔像（市寸嶋比売命）〕

市鹿文　いちかや
説話上の熊襲の姉妹の妹。
¶**朝日歴史**（市乾鹿文・市鹿文　いちふかや・いちかや）
コン5（市乾鹿文・市鹿文　いちふかや・いちかや）

市川小団次　いちかわこだんじ
4代目。歌舞伎役者。
¶**伝奇伝説**（市川小団次　いちかわこだんじ [生]文化9（1812）年 [没]慶応2（1866）年）

市川団十郎〔初代〕　いちかわだんじゅうろう
歌舞伎役者。延宝1（1673）年初舞台。
¶**架空伝承**（市川団十郎　いちかわだんじゅうろう [生]万治3（1660）年 [没]宝永1（1704）年）
奇談逸話（市川團十郎　いちかわだんじゅうろう [生]万治3（1660）年 [没]元禄17（1704）年）
説話伝説（市川団十郎（初代）　いちかわだんじゅうろう [生]万治3（1660）年 [没]元禄17（1704）年）〔像〕
伝奇伝説（市川団十郎　いちかわだんじゅうろう [生]万治3（1660）年 [没]元禄17（1704）年）〔像〕

市川団十郎〔2代〕　いちかわだんじゅうろう
歌舞伎役者。
¶**奇談逸話**（市川團十郎　いちかわだんじゅうろう [生]元禄1（1688）年 [没]宝暦8（1758）年?）
時代小説（市川團十郎　いちかわだんじゅうろう）
伝奇伝説（市川団十郎　いちかわだんじゅうろう [生]元禄1（1688）年 [没]宝暦8（1758）年）

市川団十郎〔4代〕　いちかわだんじゅうろう
歌舞伎役者。
¶**伝奇伝説**（市川団十郎　いちかわだんじゅうろう [生]正徳1（1711）年 [没]安永7（1778）年）

市川団十郎〔5代〕　いちかわだんじゅうろう
歌舞伎役者。
- ¶奇談逸話（市川團十郎　いちかわだんじゅうろう　㊥寛保1(1741)年　㊦文化3(1806)年）
  時代小説（市川団十郎　いちかわだんじゅうろう）
  伝奇伝説（市川団十郎　いちかわだんじゅうろう　㊥寛保1(1741)年　㊦文化3(1806)年）

市川団十郎〔7代〕　いちかわだんじゅうろう
歌舞伎役者。
- ¶奇談逸話（市川團十郎　いちかわだんじゅうろう　㊥寛政3(1791)年　㊦安政6(1859)年）
  伝奇伝説（市川団十郎　いちかわだんじゅうろう　㊥寛政3(1791)年　㊦安政6(1859)年）

市川団十郎〔8代〕　いちかわだんじゅうろう
歌舞伎役者。
- ¶奇談逸話（市川團十郎　いちかわだんじゅうろう　㊥文政6(1823)年　㊦嘉永7(1854)年）
  説話伝説（市川団十郎〔8代〕　いちかわだんじゅう　ろう　㊥文政6(1823)年10月5日　㊦嘉永7(1854)年8月6日）
  伝奇伝説（市川団十郎　いちかわだんじゅうろう　㊥文政6(1823)年　㊦嘉永7(1854)年）

市川団十郎〔9代〕　いちかわだんじゅうろう
歌舞伎役者。
- ¶奇談逸話（市川團十郎　いちかわだんじゅうろう　㊥天保9(1838)年　㊦明治36(1903)年）

市河神　いちかわのかみ
『日本三代実録』に所出。山城国の神。
- ¶神仏辞典（市河神　いちかわのかみ）

市川神　いちかわのかみ
越後国沼垂郡の市川神社の祭神。
- ¶神仏辞典（市川神　いちかわのかみ）

一眼の鬼　いちがんのおに
『出雲風土記』阿用の郷の地名伝説にあらわれる鬼。
- ¶神話伝説（一眼の鬼　いちがんのおに）

市杵島比売命　いちきしまひめのみこと
記紀神話の女神。宗像三神の一柱。『古事記』には寸島比売命とあり、別名は狭依毘売命。『日本書紀』では瀛津島姫命の別名ともつたえる。
- ¶神様読解（市杵島姫命　いちきしまひめのみこと）
  神様読解（市杵島比売命/狭依毘売命　いちきしまひめのみこと・さよりびめのみこと）
  広辞苑6（市杵島姫命　いちきしまひめのみこと）
  新潮日本（市杵島姫命　いちきしまひめのみこと）
  神仏辞典（市寸島比売命・市杵島比売命　いちきしまひめのみこと）
  神仏辞典（狭依毘売命　さよりびめのみこと）
  大辞林3（市杵島姫命・市寸島比売命　いちきしまひめのみこと）
  日本神々（市寸島比売命　いちきしまひめのみこと）〔像〕
  日本神様（宗像・厳島信仰の神々〔市杵島姫神〕むなかた・いつくしましんこうのかみがみ）
  日本人名（市杵島姫命　いちきしまひめのみこと）

市九郎　いちくろう
菊池寛作『恩讐の彼方に』の主人公。
- ¶架空人日（市九郎　いちくろう）
  架空伝説（市九郎　いちくろう）
  コン5（市九郎　いちくろう）
  日本人名（市九郎　いちくろう）

一子　いちこ★
吉田とし作『小説の書き方——一子の創作ノート』(1971)の主人公の少女。
- ¶児童登場（一子）

市五郎　いちごろう
野村胡堂作『銭形平次捕物控』の登場人物。
- ¶時代小説（市五郎　いちごろう）

市磯長尾市　いちしのながおち
記紀神話に登場する人物で、倭直の祖。
- ¶朝日歴史（市磯長尾市　いちしのながおち）
  神様読解（市磯長尾市　いちしのながおち）
  新潮日本（市磯長尾市　いちしのながおち）
  日本人名（市磯長尾市　いちしのながおち）

生邪魔　いちじゃま
沖縄県にいる生霊の総称。
- ¶幻想動物（生邪魔）〔像〕
  妖怪事典（イチジャマ）
  妖怪大鑑（イチジャマ）〔像〕
  妖怪大事典（イチジャマ）〔像〕

一条大蔵卿　いちじょうおおくらきょう
歌舞伎演目『一条大蔵譚』に登場する人物。平清盛の妾となった常盤御前をもらい受ける。優美な公家であるが、愚かしい生まれつきを装う人物。
- ¶歌舞伎登（一条大蔵卿　いちじょうおおくらきょう）〔像〕

一条兼良　いちじょうかねよし
室町時代の歌人、連歌作者、古典学者。
- ¶説話伝説（一条兼良　いちじょうかねよし・かねら　㊥応永9(1402)年　㊦文明13(1481)年）
  伝奇伝説（一条兼良　いちじょうかねら・いちじょうかねよし　㊥応永9(1402)年　㊦文明13(1481)年）

一条権大納言　いちじょうごんだいなごん
『夢の通ひ路物語』の主人公で貴族。父は右大臣、母は大宮。
- ¶古典人東（一条権大納言　いちじょうごんだいなごん）

一乗寺僧正　いちじょうじのそうじょう
説話集『宇治拾遺物語』に登場する天台座主。
- ¶架空人日（一乗寺僧正　いちじょうじのそうじょう）

一条天皇　いちじょうてんのう
第66代天皇。『続古事談』や『古今著聞集』等に

架空・伝承編　　　　　　　　　79　　　　　　　　　　　いちも

は管弦にまつわるエピソードを伝える。
¶古典人学　（一条天皇　いちじょうてんのう　㊤天元3（980）年　㊥寛弘8（1011）年）
　説話伝説　（一条天皇　いちじょうてんのう　㊤天元3（980）年　㊥寛弘8（1011）年）
　伝奇伝説　（一条天皇　いちじょうてんのう　㊤天元3（980）年　㊥寛弘8（1011）年）

市助　いちすけ
歌舞伎演目『怪談月笠森』に登場する、旗本今村丹三郎の思い者であった女性おきつに横恋慕した下部。
¶歌舞伎登　（市助　いちすけ）

市蔵　いちぞう
逢坂剛作『重蔵始末』の登場人物。
¶時代小説　（市蔵　いちぞう）

市太郎　いちたろう
大分県中津市相原坂本隈、八幡鶴市神社にまつわる人柱伝説の母子のうち、お鶴の息子。
¶説話伝説　（鶴女市太郎　つるじょいちたろう）
　伝奇伝説　（鶴女市太郎　つるじょいちたろう）

市太郎　いちたろう
泡坂妻夫作『宝引の辰捕者帳』の登場人物。
¶時代小説　（市太郎　いちたろう）

市波兵介　いちなみひょうすけ
村上元三作『佐々木小次郎』の登場人物。
¶時代小説　（市波兵介　いちなみひょうすけ）

伊智神　いちのかみ
但馬国気多郡の伊智神社の祭神。
¶神仏辞典　（伊智神　いちのかみ）

市聖　いちのひじり
⇒空也（くうや）

市辺天皇命　いちのべのすめらみこと
⇒磐坂市辺押羽皇子（いわさかのいちのべのおしはのおうじ）

一ノ宮源八　いちのみやげんぱち
吉川英治作『宮本武蔵』の登場人物。
¶時代小説　（一ノ宮源八　いちのみやげんぱち）

市拝神　いちはいがみ
長崎県五島で海豚の神。
¶神仏辞典　（市拝神　いちはいがみ）

一橋　いちはし
井原西鶴作の浮世草子『武道伝来記』（1687）巻六の第一「女の作れる男文字」に登場する女性。
¶架空人日　（一橋　いちはし）
　架空伝説　（一橋　いちはし）

市原神　いちはらのかみ
出雲国意宇郡式内社48社の市原社の祭神。
¶神仏辞典　（市原神　いちはらのかみ）

市姫　いちひめ
市神（市場の祭神）として祀られる女神。
¶神様読解　（市姫　いちひめ）
　広辞苑6　（市姫　いちひめ）
　神仏辞典　（市姫　いちひめ）

市乾鹿文　いちふかや
説話上の熊襲の姉妹の姉。
¶朝日歴史　（市乾鹿文・市鹿文　いちふかや・いちかや）
　コン5　（市乾鹿文・市鹿文　いちふかや・いちかや）

伊知布西神　いちふせのかみ
丹後国加佐郡の伊知布西神社の祭神。
¶神仏辞典　（伊知布西神　いちふせのかみ）

市振神　いちぶりのかみ
越前国敦賀郡の市振神社の祭神。
¶神仏辞典　（市振神　いちぶりのかみ）

市穂神　いちほのかみ
出雲国意宇郡の市穂社の祭神。
¶神仏辞典　（市穂神　いちほのかみ）

市松　いちまつ
歌舞伎演目『夏祭浪花鑑』に登場する、団七とお梶の息子。
¶歌舞伎登　（市松　いちまつ）

イチマブイ
沖縄県中頭郡でいう怪異。
¶妖怪事典　（イチマブイ）

市村忠兵衛　いちむらちゅうべえ
山手樹一郎作『夢介千両みやげ』の登場人物。
¶時代小説　（市村忠兵衛　いちむらちゅうべえ）

一目入道　いちもくにゅうどう
⇒一目入道（ひとつめにゅうどう）

一目連　いちもくれん
台風やつむじ風を神格化したもの。三重県桑名市多度町多度にある、多度神社の別宮の祭神。
¶神様読解　（一目連大神　いちもくれんだいじん）〔像〕
　神仏辞典　（一目連　いちもくれん）
　東洋神名　（一目連大神　イチモクレンダイジン）〔像〕
　妖怪事典　（イチモクレン）
　妖怪大全　（一目連　いちもくれん）〔像〕
　妖怪大事典　（一目連　いちもくれん）〔像〕

市守長者　いちもりちょうじゃ
長者伝説に登場する人物。
¶説話伝説　（市守長者　いちもりちょうじゃ）

伝奇伝説（市守長者　いちもりちょうじゃ）

一文字屋お才　いちもんじやおさい
歌舞伎演目『仮名手本忠臣蔵』に登場する、祇園町の遊女屋一文字屋の女房。
¶歌舞伎登（一文字屋お才　いちもんじやおさい）

一文字屋才兵衛　いちもんじやさいべえ
歌舞伎演目『仮名手本忠臣蔵』に登場する一文字屋亭主。
¶歌舞伎登（一文字屋才兵衛　いちもんじやさいべえ）

行逢イ風　いちゃいかじ
沖縄県の悪霊。さまよっている死霊が一陣の旋風となったものが腹痛や発熱を起こさせるというもの。
¶神仏辞典（行逢イ風　イチャイカジ）

銀杏の前　いちょうのまえ
歌舞伎演目『傾城反魂香』に登場する、近江の大名六角頼賢の妾腹の姫で、絵師狩野四郎二郎の許婚。
¶歌舞伎登（銀杏の前　いちょうのまえ）

銀杏娘お藤　いちょうむすめおふじ
浅草観音堂の裏、銀杏の木の下の楊枝見世・本柳屋の看板娘。笠森お仙と並ぶ明和期の代表的な美女。
¶説話伝説（銀杏娘お藤　いちょうむすめおふじ 生没年未詳）
伝奇伝説（銀杏娘お藤　いちょうむすめおふじ 生没年未詳）〔像〕

一郎　いちろう
夏目漱石作『行人』(1912-13)に登場する大学教授。
¶架空人日（一郎　いちろう）

一郎太　いちろうた★
たかしよいち作『竜のいる島』(1976)の主人公の少年。
¶児童登場（一郎太）

市若　いちわか
歌舞伎演目『和田合戦女舞鶴』に登場する、浅利与市と板額の子。
¶歌舞伎登（市若　いちわか）

一角仙人　いっかくせんにん
古代インドの苦行者・仙人。頭に一角があった。日本では『今昔物語集』などに登場、謡曲『一角仙人』や歌舞伎『鳴神』のモデルとなる。
¶架空人日（一角仙人　いっかくせんにん）
広辞苑6（一角仙人　いっかくせんにん）
新潮日本（一角仙人　いっかくせんにん）
説話伝説（一角仙人　いっかくせんにん）
世百新（一角仙人　いっかくせんにん）
大辞林3（一角仙人　いっかくせんにん）
伝奇伝説（一角仙人　いっかくせんにん）
日本人名（一角仙人　いっかくせんにん）

一貫小僧　いっかんこぞう
鳥取県と岡山県境にあたる蒜山高原でいう妖怪。
¶妖怪事典（イッカンコゾウ）
妖怪大事典（一貫小僧　いっかんこぞう）

縊鬼　いつき
縊れ鬼（くびれおに）ともいう。『反古のうらがき』に話があるもの。一種の憑きもので、川に落ちて死んだものの霊が人を川に引っぱるとされた。
¶妖怪事典（イツキ）
妖怪大全（縊れ鬼　くびれおに）〔像〕
妖怪大事典（縊鬼　いつき）〔像〕

伊都岐島中子天神　いつきしまなかごのあまつかみ
『日本三代実録』に所出。安芸国の神。
¶神仏辞典（伊都岐島中子天神　いつきしまなかごのあまつかみ）

伊都岐島神　いつきしまのかみ
安芸国佐伯郡の伊都伎嶋神社の祭神。
¶神仏辞典（伊都岐島神・伊都岐嶋神　いつきしまのかみ）

伊都伎神　いつきのかみ
丹波国氷上郡の伊都伎神社の祭神。
¶神仏辞典（伊都伎神　いつきのかみ）

一休　いっきゅう
室町時代の臨済の禅僧。父は後小松天皇。とんち話で知られる。
¶朝日歴史（一休宗純　いっきゅうそうじゅん ㊤応永1(1394)年 ㊦文明13年11月21日(1481年12月12日)）
英雄事典（一休禅師　イッキュウゼンジ）
架空人日（一休禅師　いっきゅうぜんじ）
架空伝承（一休　いっきゅう ㊤応永1(1394)年 ㊦文明13(1481)年）〔像〕
架空伝説（一休　いっきゅう ㊤1394年）〔像〕
歌舞伎登（一休　いっきゅう）
奇談逸話（一休　いっきゅう ㊤応永1(1394)年 ㊦文明13(1481)年）
広辞苑6（一休　いっきゅう ㊤1394年 ㊦1481年）
古典人学（一休　いっきゅう）
神仏辞典（一休　いっきゅう ㊤1394年 ㊦1481年）
時代小説（一休　いっきゅう）
説話伝説（一休　いっきゅう ㊤明徳5(1394)年1月1日 ㊦文明13(1481)年11月21日）
世百新（一休　いっきゅう ㊤応永1(1394)年 ㊦文明13(1481)年）
伝奇伝説（一休　いっきゅう ㊤明徳5(1394)年1月1日 ㊦文明13(1481)年11月21日）〔像〕

厳島三鬼坊　いつくしまさんきぼう
広島県宮島弥山に祀られる天狗。
¶妖怪事典（イツクシマサンキボウ）
妖怪大事典（厳島三鬼坊　いつくしまさんきぼう）

一間坊主　いっけんぼうず
広島県豊田郡地方でいう妖怪。
¶**妖怪事典**（イッケンボウズ）

一軒家の妖獣　いっけんやのようじゅう
⇒番の妖獣（つがいのようじゅう）

一茶　いっさ
江戸後期の俳人。『おらが春』は、最高傑作として名高い。
¶**架空伝承**（小林一茶　こばやしいっさ [生]宝暦13（1763）年 [没]文政10（1827）年）
奇談逸話（一茶　いっさ [生]宝暦13（1763）年 [没]文政10（1827）年）
説話伝説（一茶　いっさ [生]宝暦13（1763）年 [没]文政10（1827）年）
伝奇伝説（一茶　いっさ）〔像〕

一色多京氾廉　いっしきたきょうひろかど
柳亭種彦作の合巻『修紫田舎源氏』（1829-42）に登場する、将軍の嫡子の養育係。
¶**架空人日**（一色多京氾廉　いっしきたきょうひろかど）

いっしゃ
鹿児島県の徳之島でいう、雨あがりの山道に現れる妖怪。
¶**幻想動物**（イッシャ）〔像〕
神仏辞典（いっしゃ）
全国妖怪（イッシャ〔鹿児島県〕）
妖怪事典（イッシャ）
妖怪大鑑（イッシャ）〔像〕
妖怪大事典（イッシャ）〔像〕

一生不犯の尼を妻とした僧　いっしょうふぼんのあまをつまとしたそう
橘成季作『古今著聞集』の登場人物。尼を妻とした僧。
¶**古典人学**（一生不犯の尼を妻とした僧　いっしょうふぼんのあまをつまとしたそう）

一心太助　いっしんたすけ
大久保彦左衛門に愛されたと伝えられる魚商。架空の人物と思われ、歌舞伎、講談などに登場する。
¶**朝日歴史**（一心太助　いっしんたすけ）
架空人日（一心太助　いっしんたすけ）
架空人物（一心太助）
架空伝承（一心太助　いっしんたすけ 生没年不詳）
架空伝説（一心太助　いっしんたすけ）
歌舞伎登（一心太助　いっしんたすけ）
広辞苑6（一心太助　いっしんたすけ）
コン5（一心太助　いっしんたすけ 生没年不詳）
新潮日本（一心太助　いっしんたすけ）
説話伝説（一心太助　いっしんたすけ [生]? [没]延宝2（1674）年）
世百新（一心太助　いっしんたすけ 生没年不詳）
大辞林3（一心太助　いっしんたすけ）
伝奇伝説（一心太助　いっしんたすけ）
日本人名（一心太助　いっしんたすけ）

一寸徳兵衛　いっすんとくべえ
浄瑠璃・歌舞伎の『夏祭浪花鑑』に登場する、初めは団七の敵方に雇われるが、義兄弟となる人物。
¶**歌舞伎登**（一寸徳兵衛　いっすんとくべえ）
日本人名（一寸徳兵衛　いっすんとくべえ）

一寸法師　いっすんぼうし
御伽草子で、異常に小さな姿でこの世に出現した主人公。
¶**朝日歴史**（一寸法師　いっすんぼうし）
英雄事典（一寸法師　イッスンボウシ）
架空人日（一寸法師　いっすんぼうし）
架空人物（一寸法師）
架空伝承（一寸法師　いっすんぼうし）〔像〕
架空伝説（一寸法師　いっすんぼうし）〔像〕
幻想動物（一寸法師）〔像〕
古典人学（一寸法師　いっすんほうし）
古典人東（一寸法師　いっすんぼうし）
コン5（一寸法師　いっすんぼうし）
新潮日本（一寸法師　いっすんぼうし）
神仏辞典（一寸法師　いっすんぼうし）
神話伝説（一寸法師　いっすんぼうし）〔像〕
説話伝説（一寸法師　いっすんぼうし）
世百新（一寸法師　いっすんぼうし）
伝奇伝説（一寸法師　いっすんぼうし）
日本神様（一寸法師　いっすんぼうし）
日本人名（一寸法師　いっすんぼうし）

五瀬命　いつせのみこと
鸕葺草葺不合命の第一子で、母は玉依毘売命。神武天皇の兄。
¶**朝日歴史**（五瀬命　いつせのみこと）
架空人日（五瀬命　いつせのみこと）
神様読解（五瀬命　いつせのみこと）
コン5（五瀬命　いつせのみこと）
新潮日本（五瀬命　いつせのみこと）
神仏辞典（五瀬命　いつせのみこと）
神話伝説（五瀬命　いつせのみこと）
世百新（五瀬命　いつせのみこと）
日本人名（五瀬命　いつせのみこと）
日本神話（イツセ）

一尊如来きの　いっそんにょらいきの
江戸後期、尾張国で如来教を開いた女性。
¶**伝奇伝説**（一尊如来きの　いっそんにょらいきの [生]宝暦6（1756）年2月2日 [没]文化9（1812）年5月2日）

一反木綿　いったんもめん
鹿児島県肝属郡高山町でいう、一反ほどの長さの白い布のような形をした妖怪。
¶**幻想動物**（一反木綿）〔像〕
神仏辞典（一反木綿　いったんもめん）
全国妖怪（イッタンモメン〔鹿児島県〕）
水木妖怪続（一反木綿　いったんもめん）〔像〕
妖怪事典（イッタンモメン）
妖怪図鑑（一反木綿　いったんもめん）〔像〕
妖怪大全（一反木綿　いったんもめん）〔像〕
妖怪大事典（一反木綿　いったんもめん）〔像〕
妖百3（一反木綿　いったんもめん）

い

イッチュウヤマノフシナシオタケ
徳島県三好郡祖谷山村でいう妖怪。
¶**妖怪事典**（イッチュウヤマノフシナシオタケ）

五伴緒神　いつとものおのかみ
日本神話で、瓊瓊杵尊に従って天から降った五神の総称。
¶**広辞苑6**（五伴緒神・五部神　いつとものおのかみ）
大辞林3（五伴緒神・五部神　いつとものおのかみ）

稜威雄走神　いつのおばしりのかみ
⇒天尾羽張神（あめのおはばりのかみ）

伊都之尾羽張神　いつのおはばりのかみ
⇒天尾羽張神（あめのおはばりのかみ）

五男神　いつはしらのひこがみ
『日本書紀』に所出。素盞嗚尊と天照大神の天安河の誓約において生まれた神々。
¶**神仏辞典**（五男神　いつはしらのひこがみ）

五幡神　いつはたのかみ
越前国敦賀郡の五幡神社の祭神。
¶**神仏辞典**（五幡神　いつはたのかみ）

一八　いっぱち
米村圭吾作『風流冷飯伝』の登場人物。
¶**時代小説**（一八　いっぱち）

出速雄神　いつはやおのかみ
『日本三代実録』に所出。信濃国の神。
¶**神仏辞典**（出速雄神・出速男神・出早雄神　いつはやおのかみ）

一平　いっぺい
吉川英治作『貝殻一平』の登場人物。
¶**時代小説**（一平　いっぺい）

一遍　いっぺん
鎌倉中期の僧。時宗の開祖。『遊行上人縁起』（『一遍上人絵伝』）などによって伝えられる。
¶**架空伝承**（一遍　いっぺん [生]延応1（1239）年 [没]正応2（1289）年）〔像〕
奇談逸話（一遍　いっぺん [生]延応1（1239）年 [没]正応2（1289）年）
神仏辞典（一遍　いっぺん [生]1239年 [没]1289年）
人物伝承（一遍　いっぺん [生]延応1（1239）年 [没]正応2（1289）年）
説話伝説（一遍　いっぺん [生]延応1（1239）年 [没]正応2（1289）年）
伝奇伝説（一遍　いっぺん [生]延応1（1239）年 [没]正応2（1289）年）

いっぽうさん
香川県三豊郡大野原町花稲で安産の神として信仰される。
¶**神仏辞典**（いっぽうさん）

一本足　いっぽんあし
各地でいう足が一本の妖怪。
¶**神仏辞典**（一本足　いっぽんあし）
妖怪事典（イッポンアシ）
妖怪大事典（一本足　いっぽんあし）

一本足　いっぽんあし
⇒猪笹王（いのささおう）

一本だたら　いっぽんだたら
紀伊半島の山中でいう一本足の妖怪。
¶**幻想動物**（一本ダタラ）〔像〕
神仏辞典（一本蹈鞴　いっぽんだたら）
全国妖怪（イッポンダタラ〔三重県〕）
全国妖怪（イッポンダタラ〔奈良県〕）
全国妖怪（イッポンダタラ〔和歌山県〕）
全国妖怪（イッポンダタラ〔広島県〕）
妖怪事典（イッポンダタラ）
妖怪大全（一本ダタラ　いっぽんダタラ）〔像〕
妖怪大事典（一本だたら　いっぽんだたら）〔像〕
妖百1（一つ目小僧・一本ダタラ　ひとつめこぞう・いっぽんだたら）

一品の宮　いっぽんのみや
『狭衣物語』の登場人物。一条院皇女。
¶**架空人日**（一品の宮　いっぽんのみや）
古典人学（一品の宮　いっぽんのみや）

以津真天　いつまで
『太平記』に所出の「いつまで、いつまで」と鳴いた怪鳥。鳥山石燕が『今昔画図続百鬼』に描いた。
¶**幻想動物**（以津真天）〔像〕
神仏辞典（以津真天　いつまで）
日本未確認（以津真天　いつまで）〔像〕
水木妖怪続（以津真天　いつまでん）〔像〕
妖怪事典（イツマデ）
妖怪大全（以津真天　いつまでん）〔像〕
妖怪大事典（以津真天　いつまで）〔像〕

五馬媛　いつまひめ
古代伝承上の女性。五馬山の地域を領した女首長。
¶**日本人名**（五馬媛　いつまひめ）

出嶋神　いでしまのかみ
出雲国秋鹿郡の出嶋社の祭神。
¶**神仏辞典**（出嶋神　いでしまのかみ）

井手神　いでのかみ
伊勢朝明郡の井手神社の祭神。
¶**神仏辞典**（井手神　いでのかみ）

井出神　いでのかみ
尾張国丹羽郡の井出神社の祭神。
¶**神仏辞典**（井出神　いでのかみ）

いでもち
水の妖怪。熊本県球磨郡でいう。

¶神仏辞典（いでもち）
全国妖怪（イデモチ〔熊本県〕）
妖怪事典（イデモチ）

伊氐波神　いでわのかみ
出羽国田川郡の伊氐波神社の祭神。
¶神仏辞典（伊氐波神　いでわのかみ）

糸井神　いといのかみ
大和国城下郡の糸井神社の祭神。
¶神仏辞典（糸井神　いといのかみ）

伊藤一刀斎　いとういっとうさい
一刀流剣術の祖。剣豪で知られ伝説や逸話が多い。
¶英雄事典（伊藤一刀齋　イトウイットウサイ　[生]永禄3(1560)年?　[没]承応2(1653)年?）
架空伝承（伊藤一刀斎　いとういっとうさい　[生]永禄3(1560)年?　[没]承応2(1653)年?）
架空伝説（伊藤一刀斎　いとういっとうさい）
説話伝説（伊藤一刀齋　いとういっとうさい　[生]天文19(1550)/永禄3(1560)年8月5日　[没]?）
伝奇伝説（伊藤一刀斎　いとういっとうさい）

伊東甲子太郎　いとうかしたろう
新選組隊士。子母澤寛作『新選組始末記』、浅田次郎作『壬生義士伝』、司馬遼太郎作『竜馬がゆく』の登場人物。
¶時代小説（伊東甲子太郎『新選組始末記』　いとうかしたろう）
時代小説（伊東甲子太郎『壬生義士伝』　いとうかしたろう）
時代小説（伊東甲子太郎『竜馬がゆく』　いとうかしたろう）

伊藤喜兵衛　いとうきへえ
4世鶴屋南北作の歌舞伎『東海道四谷怪談』に登場する、伊右衛門の2番目の妻お梅の祖父。
¶架空人日（伊藤喜兵衛　いとうきへえ）
歌舞伎登（伊藤喜兵衛　いとうきへえ）

伊東玄朴　いとうげんぼく
幕末の医家。吉村昭作『日本医家伝』の登場人物。
¶時代小説（伊東玄朴　いとうげんぼく）

伊藤小左衛門　いとうござえもん
江戸初期の博多の豪商にして最後の密貿易商人。
¶説話伝説（伊藤小左衛門　いとうござえもん　[生]?　[没]寛文7(1657)年）
伝奇伝説（伊藤小左衛門　いとうこざえもん　[生]?　[没]寛文7(1667)年11月29日）

伊東七十郎　いとうしちじゅうろう
仙台藩士。山本周五郎作『樅ノ木は残った』の登場人物。
¶時代小説（伊東七十郎　いとうしちじゅうろう）

伊藤俊輔　いとうしゅんすけ
のちの伊藤博文。司馬遼太郎作『竜馬がゆく』の登場人物。
¶時代小説（伊藤俊輔　いとうしゅんすけ）

伊東祐清　いとうすけきよ
平安時代後期の武将。伊東祐親の次男。『曾我物語』の曾我兄弟の叔父。
¶朝日歴史（伊東祐清　いとうすけきよ　[生]?　[没]寿永2(1183)年）
架空人日（伊藤祐清　いとうのすけきよ）
新潮日本（伊東祐清　いとうすけきよ　[生]?　[没]寿永2(1183)年）
日本人名（伊東祐清　いとうすけきよ　[生]?　[没]1183年）

伊藤帯刀　いとうたてわき
草官散人作『垣根草』の登場人物。この世のものでない平重衡の姫と契りを結んだ武士。
¶古典人学（伊藤帯刀　いとうたてわき）

伊東禅師　いとうのぜんじ
『曾我物語』に登場する、曾我兄弟の末弟。
¶架空人日（伊東禅師　いとうのぜんじ）

伊藤博文　いとうひろぶみ
⇒伊藤俊輔（いとうしゅんすけ）

糸栄　いとえ
澤田ふじ子作『虹の橋』の登場人物。
¶時代小説（糸栄　いとえ）

井戸神　いどがみ
⇒井戸の神（いどのかみ）

懿徳天皇　いとくてんのう
記紀系譜上の第4代天皇。
¶朝日歴史（懿徳天皇　いとくてんのう）
架空人日（懿徳天皇　いとくてんのう）
神様読解（懿徳天皇/大倭日子鉏友命　いとくてんのう・おおやまとひこすきとものみこと）
コン5（懿徳天皇　いとくてんのう）
新潮日本（懿徳天皇　いとくてんのう）
神仏辞典（懿徳天皇　いとくてんのう）
日本人名（懿徳天皇　いとくてんのう）

糸子　いとこ
夏目漱石作『虞美人草』(1907)に登場する、宗近一の妹。
¶架空人日（糸子　いとこ）

糸前神　いとさきのかみ
越前国坂井郡の糸前神社の祭神。
¶神仏辞典（糸前神　いとさきのかみ）

伊登志別王　いとしわけのみこ
第11代垂仁天皇の皇子。母は山背（京都府）の苅幡戸辺。『日本書紀』では、胆武別命。
¶神様読解（伊登志別王/伊登志和気王　いとしわけのみこ・いとしわけのみこ）
日本人名（胆武別命　いたけるわけのみこと）

い

糸滝　いとたき
歌舞伎演目『嬢景清八島日記』に登場する、景清の娘。
¶歌舞伎登（糸滝　いとたき）

糸取り狢　いととりむじな
動物の妖怪。山梨県北巨摩郡の鳳凰山麓の小屋に伝わる。
¶神仏辞典（糸取り狢　いととりむじな）
　全国妖怪（イトトリムジナ〔山梨県〕）
　妖怪事典（イトトリムジナ）

イドヌキ
徳島県美馬郡でいう河童。
¶全国妖怪（イドヌキ〔徳島県〕）
　妖怪事典（イドヌキ）
　妖怪大事典（イドヌキ）

井戸鍾乳穴神　いどのいしのちのあなのかみ
備中国英賀郡の井戸鍾乳穴神社の祭神。
¶神仏辞典（井戸鍾乳穴神　いどのいしのちのあなのかみ）

井戸の神　いどのかみ
井戸に祀られる神。『古事記』に、井戸の神として木俣神（御井神）がみられる。
¶神様読解（井戸神　いどがみ）〔像〕
　広辞苑6（井戸の神　いどのかみ）
　神仏辞典（井戸の神　いどのかみ）
　日本神様（井戸の神　いどのかみ）
　水木妖怪（井戸の神　いどのかみ）〔像〕
　妖怪大全（井戸の神　いどのかみ）〔像〕
　妖怪大事典（井戸の神　いどのかみ）〔像〕

糸門神　いとのかみ
『日本三代実録』に所出。下野国の神。
¶神仏辞典（糸門神　いとのかみ）

糸引き娘　いとひきむすめ
道の妖怪。徳島県鳴門市市場でいう。
¶神仏辞典（糸引き娘　いとひきむすめ）
　全国妖怪（イトヒキムスメ〔徳島県〕）
　妖怪事典（イトヒキムスメ）

糸媛　いとひめ
応神天皇の妃。『古事記』では糸井比売。
¶日本人名（糸媛　いとひめ）

堰留神　いどめのかみ
『日本三代実録』に所出。土佐国の神。
¶神仏辞典（堰留神　いどめのかみ）

糸耶　いとや
柴田錬三郎作『孤剣は折れず』の登場人物。
¶時代小説（糸耶　いとや）

伊奈阿気神　いなあけのかみ
出雲国島根郡の伊奈気社祭神。
¶神仏辞典（伊奈阿気神　いなあけのかみ）

否井命　いないのみこと
『新撰姓氏録』に所出。川内漢人の祖（未定雑姓摂津国）。
¶神仏辞典（否井命　いないのみこと）

稲生武太夫　いなうぶだゆう
『稲生物怪録』などに登場する偉丈夫。
¶英雄事典（稲生武太夫　イナウブダユウ　�生享保20（1735）年　㊌享和3（1803）年）

稲垣忠兵衛　いながきちゅうべえ
藤沢周平作『蟬しぐれ』の登場人物。
¶時代小説（稲垣忠兵衛　いながきちゅうべえ）

田舎小僧　いなかこぞう
江戸時代中期の盗賊。稲葉小僧と混同され、芝居や講談の材料となった。講談『田舎小僧』ほかに登場する。
¶架空伝説（田舎小僧　いなかこぞう）
　日本人名（田舎小僧　いなかこぞう　�生1750年　㊌1785年）

田舎者万兵衛　いなかものまんべえ
歌舞伎演目『太刀盗人』に登場する、すり九郎兵衛に太刀を盗まれる田舎者。
¶歌舞伎登（田舎者万兵衛　いなかものまんべえ）

稲川　いながわ
江戸時代中期の力士。人形浄瑠璃・歌舞伎『関取千両幟』で取り上げられた二人の力士のうちの一人。
¶歌舞伎登（稲川　いながわ）
　伝奇伝説（稲川鉄ケ嶽　いながわ　てつがたけ）
　日本人名（稲川政右衛門　いながわまさえもん　�生1739年　㊌1800年）

稲木神　いなきのかみ
尾張国丹羽郡の稲木神社の祭神。
¶神仏辞典（稲木神　いなきのかみ）

伊奈久比神　いなくひのかみ
対馬島上県郡の伊奈久比神社の祭神。
¶神仏辞典（伊奈久比神　いなくひのかみ）

稲佐雄神　いなさおのかみ
『日本三代実録』に所出。肥前国の神。
¶神仏辞典（稲佐雄神　いなさおのかみ）

稲前神　いなさきのかみ
三河国額田郡の稲前神社の祭神。
¶神仏辞典（稲前神　いなさきのかみ）

伊奈佐乃神　いなさのかみ
出雲国出雲郡の伊奈佐乃社の祭神。
¶神仏辞典（伊奈佐乃神・因佐神　いなさのかみ）

架空・伝承編

稲佐神　いなさのかみ
『日本三代実録』に所出。肥前国の神。
¶神仏辞典（稲佐神　いなさのかみ）

稲代源也　いなじろげんや
高橋義夫作『浄瑠璃坂の仇討ち』の登場人物。
¶時代小説（稲代源也　いなじろげんや）

稌代坐神　いなしろにますかみ
大和国高市郡の稌代坐神社の祭神。
¶神仏辞典（稌代坐神　いなしろにますかみ）

稲代神　いなしろのかみ
丹後国丹波郡の稲代神社の祭神。
¶神仏辞典（稲代神　いなしろのかみ）

稲妻雷五郎　いなずまらいごろう
江戸後期の第7代横綱。
¶説話伝説（稲妻雷五郎　いなずまらいごろう ㋐享和2（1802）年 ㋑明治10（1877）年）
伝奇伝説（稲妻雷五郎　いなずまらいごろう ㋐寛政7（1795）/寛政10（1798）年 ㋑明治10（1877）年）

稲積地蔵　いなづみじぞう
湖を治水し、甲斐国を造ったとされる地蔵。
¶神仏辞典（稲積地蔵　いなづみじぞう）

伊奈頭美神　いなずみのかみ
島根県式外社45社の伊奈頭美社の祭神。
¶神仏辞典（伊奈頭美神　いなずみのかみ）

稲背入彦命　いなせいりひこのみこと
『日本書紀』巻7に所出。播磨別の始祖。
¶神仏辞典（稲背入彦命　いなせいりひこのみこと）

いなだ貸せ　いなだかせ
海の妖怪。福島県の沿海で船幽霊のこと。
¶神仏辞典（いなだ貸せ　いなだかせ）
全国妖怪（イナダカセ〔福島県〕）
妖怪事典（イナダカセ）

稲田狸　いなだたぬき
徳島県徳島市寺島町でいう狸の怪異。
¶妖怪事典（イナダタヌキ）

伊奈忠順　いなただのぶ
⇒伊奈半左衛門（いなはんざえもん）

稲田東蔵　いなだとうぞう
歌舞伎演目『けいせい忍術池』に登場する盗賊。
¶歌舞伎登（稲田東蔵　いなだとうぞう）

稲田神　いなだのかみ
常陸国新治郡の稲田神社の祭神。
¶神仏辞典（稲田神　いなだのかみ）

稲田姫　いなだひめ
歌舞伎演目『日本振袖始』に登場する、出雲の国手摩乳長者の娘。
¶歌舞伎登（稲田姫　いなだひめ）

稲霊　いなだま
稲に宿った魂。
¶東洋神名（稲霊　イナダマ）〔像〕

稲霊　いなだまがなし
奄美大島における稲の霊。
¶神仏辞典（稲霊　いなだまがなし）

稲裹地神　いなつつみちのかみ
『日本三代実録』に所出。上野国の神。
¶神仏辞典（稲裹地神　いなつつみちのかみ）

為那都比古神　いなつひこのかみ
摂津国豊島郡の為那都比古神社二座の祭神。
¶神仏辞典（為那都比古神　いなつひこのかみ）

稲聚神　いなつみのかみ
『日本三代実録』に所出。武蔵国の神。
¶神仏辞典（稲聚神　いなつみのかみ）

稲富金左衛門　いなとみきんざえもん
陣出達朗作『伝七捕物帳』の登場人物。
¶時代小説（稲富金左衛門　いなとみきんざえもん）

伊那上神　いなのかみのかみ
伊豆国那賀郡の伊那上神社の祭神。
¶神仏辞典（伊那上神　いなのかみのかみ）

伊那下神　いなのしものかみ
伊豆国那賀郡の伊那下神社の祭神。
¶神仏辞典（伊那下神　いなのしものかみ）

稲乃売神　いなのめのかみ
武蔵国男衾郡の稲乃売神社の祭神。
¶神仏辞典（稲乃売神　いなのめのかみ）

稲野谷半左衛門　いなのやはんざえもん
歌舞伎演目『月武蔵野稗狂言』に登場する、稲野谷半十郎の父。
¶歌舞伎登（稲野谷半左衛門　いなのやはんざえもん）

稲野谷半十郎　いなのやはんじゅうろう
歌舞伎演目『月武蔵野稗狂言』に登場する、桃井家の家臣。
¶歌舞伎登（稲野谷半十郎　いなのやはんじゅうろう）

稲葉小僧　いなばこぞう
天明期（1781-89）の義賊。鼠小僧次郎吉とならび称される。因幡小僧とも書く。
¶架空伝承（稲葉小僧　いなばこぞう ㋐明和1（1764）年? ㋑?）

架空伝説（稲葉小僧　いなばこぞう）〔像〕
奇談逸話（稲葉小僧　いなばこぞう　生没年不詳）
神仏辞典（稲葉小僧　いなばこぞう）
説話伝説（稲葉小僧　いなばこぞう　生没年未詳）
伝奇伝説（因幡小僧　いなばこぞう）
日本人名（稲葉小僧　いなばこぞう　生没年未詳）

因幡小僧新助　いなばこぞうしんすけ
歌舞伎演目『因幡小僧雨夜噺』に登場する、盗賊の親分。
¶歌舞伎登（因幡小僧新助　いなばこぞうしんすけ）

『因幡堂』の男　いなばどうのおとこ
狂言（聟女狂言）『因幡堂』に登場する、大酒飲みの女房を持った男。
¶架空人日（『因幡堂』の男　いなばどうのおとこ）

伊奈波神　いなばのかみ
『続日本後紀』『日本三代実録』に所出。美濃国の神。
¶神仏辞典（伊奈波神・伊那波神　いなばのかみ）

稲葉神　いなばのかみ
伊勢国一志郡の稲葉神社二座の祭神。
¶神仏辞典（稲葉神　いなばのかみ）

因幡の白兎　いなばのしろうさぎ
『古事記』上巻の大国主神の神話に登場するうさぎ。稲羽の素菟とも。
¶架空人日（因幡の白兎　いなばのしろうさぎ）
神様読解（白兎神／菟神　はくとしん・うさぎがみ）
神仏辞典（兎神　うさぎがみ）
神話伝説（稲羽の素菟　いなばのしろうさぎ）
説話伝説（因幡の白兎　いなばのしろうさぎ）
世百新（因幡の白兎　いなばのしろうさぎ）
伝奇伝説（稲葉の素兎　いなばのしろうさぎ）

伊奈半左衛門　いなはんざえもん
江戸時代中期の関東郡代。伊奈忠順。宝永4（1707）年の富士山大噴火後、被災地復旧に尽くした。新田次郎作『怒る富士』の主人公。
¶時代小説（伊奈半左衛門　いなはんざえもん）

火電神　いなびかりのかみ
和泉国大鳥郡の火電神社の祭神。
¶神仏辞典（火電神　いなびかりのかみ）

稲氷命　いなひのみこと
鸕鶿草葺不合命の第二子で、母は玉依姫命。神武天皇の兄。『日本書紀』では稲飯命。
¶神様読解（稲氷命／稲飯命　いなひのみこと・いないいのみこと）
神仏辞典（稲氷命・稲飯命　いなひのみこと）
日本人名（稲飯命　いなひのみこと）

伊那毘能若郎女　いなびのわかいらつめ
第12代景行天皇の妃。
¶神様読解（伊那毘能若郎女　いなびのわかいらつめ）

稲舟姫　いなぶねひめ
柳亭種彦作の合巻『偐紫田舎源氏』（1829-42）に登場する、前将軍の娘。
¶架空人日（稲舟姫　いなぶねひめ）

伊奈富神　いなふのかみ
伊勢国奄芸郡の伊奈富神社の祭神。
¶神仏辞典（伊奈富神　いなふのかみ）

稲生神　いなふのかみ
現在の三重県鈴鹿市稲生の伊奈富神社の祭神。
¶神仏辞典（稲生神　いなふのかみ）

員弁神　いなべのおおかみ
『日本三代実録』に所出。伊勢国の神。
¶神仏辞典（員弁神　いなべのおおかみ）

猪名部神　いなべのかみ
伊勢国員弁郡の猪名部神社の祭神。
¶神仏辞典（猪名部神　いなべのかみ）

韋那部真根　いなべのまね
『日本書紀』の説話上の木工。猪名部とも書く。
¶コン5（韋那部真根　いなべのまね）
新潮日本（猪名部真根　いなべのまね　生没年不詳）
日本人名（韋那部真根　いなべのまね）

否間神　いなまのかみ
『日本三代実録』に所出。美濃国の神。
¶神仏辞典（否間神　いなまのかみ）

いなみ
宇江佐真理作『髪結い伊三次捕物余話』の登場人物。
¶時代小説（いなみ）

印南別嬢　いなみのわきいらつめ
⇒播磨稲日大郎姫（はりまのいなびのおおいらつひめ）

稲宮命神　いなみやのみことのかみ
伊豆国那賀郡の稲宮命神社の祭神。
¶神仏辞典（稲宮命神　いなみやのみことのかみ）

稲村金四郎　いなむらきんしろう★
梶山季之作『と金紳士』の主人公。
¶架空人物（稲村金四郎）

稲村神　いなむらのかみ
常陸国久慈郡の稲村神社の祭神。
¶神仏辞典（稲村神　いなむらのかみ）

稲依比女命　いなよりひめのみこと
伊勢皇大神宮（内宮）の末社加努弥神社の祭神。
¶日本人名（稲依比女命　いなよりひめのみこと）

稲依別王　いなよりわけのみこ
倭建命の子。母は犬上君・建部君などの祖とされる。
¶神様読解（稲依別王　いなよりわけのみこ）

稲荷　いなり
五穀豊穣・商売繁盛の神。稲を象徴する。
¶神文化史（イナリ（稲荷））
　奇談逸話（稲荷の神　いなりのかみ）
　神仏辞典（稲荷　いなり）
　世神辞典（稲荷）
　説話伝説（稲荷の神　いなりのかみ）
　妖怪大鑑（稲荷神　いなりがみ）〔像〕
　妖怪大事典（稲荷神　いなりがみ）〔像〕

稲荷狐　いなりぎつね
岡山県赤磐郡竹枝地方でいう狐の怪。
¶妖怪事典（イナリギツネ）

稲荷様　いなりさま
岡山県上道郡地方でいう妖怪。
¶妖怪事典（イナリサマ）

稲荷大明神　いなりだいみょうじん
伏見稲荷神社をはじめ、各地の稲荷神社の祭神。
¶神様読解（稲荷大明神　いなりだいみょうじん）〔像〕
　東洋神名（稲荷大明神　イナリダイミョウジン）〔像〕

稲荷神　いなりのかみ
現在の京都市伏見区の伏見稲荷大社の祭神。
¶神仏辞典（稲荷神　いなりのかみ）

稲荷の久蔵　いなりのくぞう
歌舞伎演目『荏柄天神利生鑑』に登場する人物。江戸で鼠小僧次郎吉と並び称された義賊稲葉小僧を当て込んだもの。
¶歌舞伎登（稲荷の久蔵　いなりのくぞう）

稲荷明神　いなりみょうじん
歌舞伎演目『小鍛冶』に登場する、稲荷明神（京都伏見の稲荷神社）の神霊。
¶歌舞伎登（稲荷明神　いなりみょうじん）

五十瓊敷入彦命　いにしきいりひこのみこと
第11代垂仁天皇の第一皇子で、母は比婆須比売命（日葉酢媛）。弟に景行天皇。『古事記』では印色之入日子命。
¶朝日歴史（五十瓊敷入彦皇子　いにしきいりひこのみこ）
　神様読解（印色之入日子命/伊邇色入彦命/五十瓊敷入彦命　いにしきのいりひこのみこと・いにしきいりひこのみこと・いにしきいりひこのみこと）
　コン5（五十瓊敷入彦皇子　いにしきいりひこのみこ）
　新潮日本（伊邇色入彦命　いにしきいりひこのみこと）
　神仏辞典（印色之入日子命　いにしきのいりびこのみこと）
　日本人名（五十瓊敷入彦命　いにしきいりひこのみこと）

伊尔波神　いにはのかみ
出雲国出雲郡の伊尓波社の祭神。
¶神仏辞典（伊尔波神　いにはのかみ）

遺年火　いにんびー
沖縄県で火の玉の一つをいう。
¶神仏辞典（遺年火　イニンビー）

乾荒神　いぬいこうじん
乾（西北）の方向に祀ってある荒神。
¶神仏辞典（乾荒神　いぬいこうじん）

乾介太夫　いぬいすけだゆう
歌舞伎演目『けいせい仏の原』に登場する、傾城今川の父親。
¶歌舞伎登（乾介太夫　いぬいすけだゆう）

乾退助　いぬいたいすけ
土佐高知藩士。伯爵。のち板垣退助を名乗る。司馬遼太郎作『竜馬がゆく』の登場人物。
¶時代小説（乾退助　いぬいたいすけ）

戌亥隅神　いぬいのすみのかみ
『日本三代実録』に所出の神名。
¶神仏辞典（戌亥隅神　いぬいのすみのかみ）

犬江親兵衛　いぬえしんべえ
曲亭馬琴作『南総里見八犬伝』の主人公の一人で、「仁」の玉を持ち、八犬士の第一とされる。
¶架空人日（犬江親兵衛　いぬえしんべえ）
　架空伝説（犬江親兵衛仁　いぬえしんべえまさし）
　歌舞伎登（犬江親平　いぬえしんべえ）
　古典人学（犬江親兵衛　いぬえしんべえ）
　日本人名（犬江親兵衛　いぬえしんべえ）

犬飼現八　いぬかいげんぱち
曲亭馬琴作『南総里見八犬伝』の主人公の一人で、「信」の玉を持つ。
¶架空人日（犬飼現八　いぬかいげんはち）
　架空伝説（犬飼現八信道　いぬかいげんぱちのぶみち）
　歌舞伎登（犬飼見八　いぬかいけんぱち）
　古典人学（犬飼現八　いぬかいげんぱち）
　日本人名（犬飼現八　いぬかいげんぱち）

犬養の宿禰真老　いぬかいのすくねまおゆ
『日本霊異記』に登場する、諸楽（奈良）の都の佐岐の村に住む乞食僧を憎んだ人物。
¶架空人日（犬養の宿禰真老　いぬかいのすくねまおゆ）

犬飼兵馬　いぬかいひょうま
藤沢周平作『蝉しぐれ』の登場人物。
¶時代小説（犬飼兵馬　いぬかいひょうま）

犬神　いぬがみ
憑き物の一種。犬の霊であるといわれる。
¶ 幻想動物　（犬神）〔像〕
　神仏辞典　（犬神　いぬがみ）
　神話伝説　（犬神　いぬがみ）
　説話伝説　（犬神　いぬがみ）
　世百新　（犬神　いぬがみ）
　伝奇伝説　（犬神　いぬがみ）
　東洋神名　（犬神　イヌガミ）〔像〕
　日本未確認　（犬神　いぬがみ）
　妖怪事典　（イヌガミ）
　妖怪大鑑　（犬神　いぬがみ）〔像〕
　妖怪大事典　（犬神　いぬがみ）〔像〕
　妖百4　（犬神　いぬがみ）〔像〕

犬神明（アダルト）　いぬがみあきら★
SF作家平井和正の"アダルトウルフガイ"シリーズの主人公。狼人間。
¶ 架空人物　（犬神明（アダルト））

犬神明（ヤング）　いぬがみあきら★
SF作家平井和正の"ウルフガイ"シリーズの主人公。狼の姿に変身する。
¶ 架空人物　（犬神明（ヤング））

犬神狐　いぬがみぎつね
山口県阿武郡相島でいう犬神のこと。
¶ 妖怪事典　（イヌガミギツネ）

隠神刑部狸　いぬがみぎょうぶたぬき
愛媛県松山市でいう化け狸。
¶ 幻想動物　（刑部狸）〔像〕
　妖怪事典　（イヌガミギョウブタヌキ）
　妖怪大事典　（隠神刑部狸　いぬがみぎょうぶだぬき）〔像〕

犬神鼠　いぬがみねずみ
家にいる妖怪。山口県萩市の相島でいう。
¶ 神仏辞典　（犬神鼠　いぬがみねずみ）
　妖怪事典　（イヌガミネズミ）

犬上兵庫　いぬがみひょうご
歌舞伎演目『濃紅葉小倉色紙』に登場する、笠原家（小笠原家）のお家乗っ取りを謀る悪家老。
¶ 歌舞伎登　（犬上兵庫　いぬがみひょうご）

イヌガメ
島根県、宮崎県などでいう犬神のこと。
¶ 妖怪事典　（イヌガメ）

犬川荘介　いぬかわそうすけ
曲亭馬琴作『南総里見八犬伝』の主人公の一人で、「義」の玉を持つ。
¶ 架空人日　（犬川荘助　いぬかわそうすけ）
　架空伝説　（犬川荘助義任　いぬかわそうすけよしとう）
　歌舞伎登　（犬川荘助　いぬかわそうすけ）
　古典人学　（犬川荘介　いぬかわそうすけ）
　日本人名　（犬川荘介　いぬかわそうすけ）

犬外道　いぬげどう
山口県豊浦郡における犬の怨霊の呼称。
¶ 神仏辞典　（犬外道　いぬげどう）
　妖怪事典　（イヌゲドウ）

犬坂毛野　いぬさかけの
曲亭馬琴作『南総里見八犬伝』の主人公の一人で、「智」の玉を持つ。
¶ 架空人日　（犬坂毛野　いぬさかけの）
　架空伝説　（犬坂毛野胤智　いぬさかけのたねとも）
　歌舞伎登　（犬坂毛野　いぬさかけの）
　古典人学　（犬坂毛野　いぬさかけの）
　日本人名　（犬坂毛野　いぬさかけの）

犬塚信乃　いぬづかしの
滝沢馬琴作『南総里見八犬伝』に登場する八犬士の1人。「孝」の玉を持つ。
¶ 英雄事典　（犬塚信乃　イヌヅカシノ　④長禄4（1460）年　⑫?）
　架空人日　（犬塚信乃　いぬつかしの）
　架空人物　（犬塚信乃　いぬつかしの）
　架空伝説　（犬塚信乃戊孝　いぬつかしのもりたか）
　歌舞伎登　（犬塚信乃　いぬづかしの）
　古典人学　（犬塚信乃　いぬづかしの）
　コン5　（犬塚信乃　いぬづかしの）
　日本人名　（犬塚信乃　いぬづかしの）

犬田小文吾　いぬたこぶんご
曲亭馬琴作『南総里見八犬伝』の主人公の一人、「悌」の玉を持つ。
¶ 架空人日　（犬田小文吾　いぬたこぶんご）
　架空伝説　（犬田小文吾悌順　いぬたこぶんごやすより）
　歌舞伎登　（犬田小文吾　いぬたこぶんご）
　古典人学　（犬田小文吾　いぬたこぶんご）
　日本人名　（犬田小文吾　いぬたこぶんご）

犬と結婚した女　いぬとけっこんしたおんな
『今昔物語集』の登場人物。都に住む女が犬にさらわれ結婚させられた話。
¶ 古典人学　（犬と結婚した女　いぬとけっこんしたおんな）

伊努神　いぬのかみ
出雲国楯鹿郡の伊努社の祭神。
¶ 神仏辞典　（伊努神　いぬのかみ）

伊奴神　いぬのかみ
尾張国山田郡の伊奴神社の祭神。
¶ 神仏辞典　（伊奴神　いぬのかみ）

伊怒比売神　いぬひめのかみ
神活須毘神の娘。大年神に嫁した。
¶ 神様読解　（伊怒比売神　いぬひめのかみ）
　日本人名　（伊怒比売　いのひめ）

犬坊丸　いぬぼうまる
江戸の曾我狂言で、工藤祐経の嫡男。
¶ 歌舞伎登　（犬坊丸　いぬぼうまる）

犬宮　いぬみや
『うつほ物語』に登場する、仲忠と、嵯峨帝の長女の女一の宮との間に生まれた娘。
¶架空人名（犬宮　いぬみや）

犬村角太郎　いぬむらかくたろう
歌舞伎演目『花魁莟八総』に登場する、八犬士の一人。原作では、のちに犬村大角と名乗るが、大きく設定の異なる人物。
¶歌舞伎登（犬村角太郎　いぬむらかくたろう）

犬村大角　いぬむらだいかく
曲亭馬琴作『南総里見八犬伝』の主人公の一人。「礼」の玉を持つ。
¶架空人名（犬村大角　いぬむらだいかく）
架空伝説（犬村大角礼儀　いぬむらだいかくまさのり）
古典人学（犬村大角　いぬむらだいかく）
日本人名（犬村大角　いぬむらだいかく）

犬山道節　いぬやまどうせつ
曲亭馬琴作『南総里見八犬伝』の主人公の一人で、「忠」の玉を持つ。信乃の許婚・浜路の兄。
¶架空人名（犬山道節　いぬやまどうせつ）
架空伝説（犬山道節忠与　いぬやまどうせつただとも）
歌舞伎登（犬山道節　いぬやまどうせつ）
古典人学（犬山道節　いぬやまどうせつ）
日本人名（犬山道節　いぬやまどうせつ）

伊尼神　いねのかみ
丹波国氷上郡の伊尼神社の祭神。
¶神仏辞典（伊尼神　いねのかみ）

遺念火　いねんび
沖縄県に出現する怪火の一種。
¶幻想動物（遺念火）[像]
全国妖怪（イネンビ〔沖縄県〕）
妖怪事典（イネンビ）
妖怪大全（遺念火　いんねんび）[像]
妖怪大事典（遺念火　いねんび）[像]

猪之　いの
山本周五郎作『赤ひげ診療譚』の登場人物。
¶時代小説（猪之　いの）

井上馨　いのうえかおる
⇒井上聞多（いのうえもんた）

井上源三郎　いのうえげんざぶろう
新選組隊士。子母澤寛作『新選組始末記』の登場人物。
¶時代小説（井上源三郎　いのうえげんざぶろう）

井上周防　いのうえすおう
黒田家家老。滝口康彦作『主家滅ぶべし』の登場人物。
¶時代小説（井上周防　いのうえすおう）

井上内親王　いのうえないしんのう
⇒井上内親王（いかみないしんのう）

井上聞多　いのうえもんた
のちの井上馨。侯爵。司馬遼太郎作『竜馬がゆく』の登場人物。
¶時代小説（井上聞多　いのうえもんた）

井上立泉　いのうえりゅうせん
池波正太郎作『鬼平犯科帳』の登場人物。
¶時代小説（井上立泉　いのうえりゅうせん）

伊能久兵衛　いのうきゅうべえ
村上元三作『松平長七郎江戸日記』の登場人物。
¶時代小説（伊能久兵衛　いのうきゅうべえ）

伊能忠敬　いのうただたか
井上ひさし作『四千万歩の男』の登場人物。
¶時代小説（伊能忠敬　いのうただたか）

井上内親王　いのえないしんのう
⇒井上内親王（いかみないしんのう）

井於神　いのえのかみ
摂津国島下郡の井於神社の祭神。
¶神仏辞典（井於神　いのえのかみ）

井上神　いのえのかみ
但馬国養父郡の井上神社二座の祭神。
¶神仏辞典（井上神　いのえのかみ）

亥の神　いのかみ
10月の亥の日の刈上げ行事のときに祀る神。
¶神仏辞典（亥の神　いのかみ）

猪之吉　いのきち
城昌幸作『若さま侍捕物手帖』の登場人物。
¶時代小説（猪之吉　いのきち）

猪熊　いのくま
江戸時代の小説・歌舞伎・常磐津などに登場する豪勇な坊主姿の人物。生首の大入道が鎧の袖をくわえた図が描かれた。
¶神仏辞典（猪熊　いのくま）

猪熊大之進　いのくまだいのしん
歌舞伎演目『義経千本桜』に登場する、左大将藤原朝方の家臣。
¶歌舞伎登（猪熊大之進　いのくまだいのしん）

猪熊丹左衛門　いのくまたんざえもん
歌舞伎演目『紙子仕立両面鑑』に登場する、備後中村屋の家臣。
¶歌舞伎登（猪熊丹左衛門　いのくまたんざえもん）

いのこ

長野県三峯川谷の炭焼や山師が信仰した山の神の使い。
¶神仏辞典（いのこ）

亥の子　いのこ

日本の民俗的な田の神。
¶東洋神名（亥の子　イノコ）〔像〕

居残り佐平次　いのこりさへいじ★

落語『居残り佐平次』の主人公。品川の遊廓島崎楼で"居残り"をした人。
¶架空人物（居残り佐平次）

猪子蓮太郎　いのこれんたろう

島崎藤村作『破戒』（1906）に登場する、一種の思想家。主人公がその著書を愛読する。
¶架空人日（猪子蓮太郎　いのこれんたろう）

猪笹王　いのささおう

奈良県吉野の伯母ヶ峰山中に棲んでいた、背中に熊笹の生えた大イノシシ。弓矢兵庫守に撃ち殺され、その亡霊は一本足の鬼となって現れた。
¶幻想動物（熊笹王）〔像〕
　水木妖怪（一本足　いっぽんあし）〔像〕
　妖怪事典（イノササオウ）
　妖怪大全（一本足　いっぽんあし）〔像〕
　妖怪大事典（猪笹王　いのささおう・いざさおう）〔像〕

伊之助　いのすけ

南原幹雄作『付き馬屋おえん』の登場人物。
¶時代小説（伊之助　いのすけ）

伊之助　いのすけ

山手樹一郎作『桃太郎侍』の登場人物。
¶時代小説（伊之助　いのすけ）

伊之助　いのすけ

歌舞伎演目『盟三五大切』に登場する船頭。
¶歌舞伎登（伊之助　いのすけ）

伊之助　いのすけ

歌曲・戯曲の人物。歌舞伎『升鯉滝白旗』ほかに登場する。浮世屋の船頭。
¶歌舞伎登（伊之助　いのすけ）
　説話伝説（若草伊之助　わかくさいのすけ）

猪之介　いのすけ

山本一力作『大川わたり』の登場人物。
¶時代小説（猪之介　いのすけ）

伊之瀬東馬　いのせとうま

村上元三作『佐々木小次郎』の登場人物。
¶時代小説（伊之瀬東馬　いのせとうま）

伊能知比売神　いのちひめのかみ

出雲国出雲郡の築杵大社坐伊能知比売神社の祭神。
¶神仏辞典（伊能知比売神　いのちひめのかみ）

猪鼻湖神　いのはなのうみのかみ

遠江国浜名郡の猪鼻湖神社の祭神。
¶神仏辞典（猪鼻湖神　いのはなのうみのかみ）

猪の早太　いのはやた

江戸の顔見世狂言に登場する、源頼政の家臣。
¶歌舞伎登（猪の早太　いのはやた）
　日本人名（井早太　いのはやた　生没年未詳）

伊怒比売　いのひめ

⇒伊怒比売神（いぬひめのかみ）

茨木お滝　いばらぎおたき

殺人、強盗などを重ねた悪女といわれる人物。講談『茨木阿滝紛白糸』がある。
¶架空人日（茨木お滝　いばらぎおたき）
　奇談逸話（茨木お滝　いばらぎおたき ㋐安政1（1854）年 ㋓明治15（1882）年）
　説話伝説（茨木お滝　いばらぎおたき ㋐安政1（1854）年 ㋓明治15（1882）年）

茨木司　いばらきつかさ

新選組隊士。子母澤寛作『新選組始末記』の登場人物。
¶時代小説（茨木司　いばらきつかさ）

茨木童子　いばらきどうじ

近世の「前太平記物」の諸文芸に登場する鬼。
¶朝日歴史（茨城童子　いばらきどうじ）
　架空人日（茨木童子　いばらきどうじ）
　架空伝承（茨木童子　いばらきどうじ）〔像〕
　歌舞伎登（茨木　いばらき）
　幻想動物（茨木童子）〔像〕
　コン5（茨木童子　いばらきどうじ）
　新潮日本（茨木童子　いばらきどうじ）
　神仏辞典（茨木童子　いばらきどうじ）
　説話伝説（茨木童子　いばらきどうじ）
　大辞林3（茨木童子　いばらきどうじ）
　伝奇伝説（茨木童子　いばらきどうじ）
　日本人名（茨木童子　いばらきどうじ）
　妖怪事典（イバラギドウジ）
　妖怪大事典（茨木童子　いばらきどうじ）

井原西鶴　いはらさいかく

江戸前期の俳諧師・浮世草子作家。
¶奇談逸話（井原西鶴　いはらさいかく ㋐寛永19（1642）年 ㋓元禄6（1693）年）
　説話伝説（井原西鶴　いはらさいかく ㋐寛永19（1642）年 ㋓元禄6（1693）年）〔像〕
　伝奇伝説（西鶴　さいかく ㋐寛永19（1642）年 ㋓元禄6（1693）年）〔像〕

夷針神　いはりのかみ

常陸国茨城郡の夷針神社の祭神。
¶神仏辞典（夷針神　いはりのかみ）

井氷鹿　いひか
大和の国神。一名、井光神。
¶神様読解（井氷鹿　いひか）

イビガナシ
沖縄のお嶽信仰イビの流れをくんだ奄美諸島の民間信仰の神。
¶神仏辞典（イビガナシ）

イビシー
大分県地方でいう妖怪の児童語。
¶妖怪事典（イビシー）

伊毘志都幣命　いびしつべのみこと
『出雲国風土記』にみえる神。現在の島根県飯石郡三刀屋町多久和の飯石神社の祭神。
¶神仏辞典（伊毘志都幣命　いびしつべのみこと）
日本人名（伊毘志都幣命　いいしつべのみこと）

伊吹信介　いぶきしんすけ
五木寛之の大河小説『青春の門』の主人公。
¶架空人物（伊吹信介）
日本人名（伊吹信介　いぶきしんすけ）

伊吹童子　いぶきどうじ
近江国伊吹山に住んだとされる伝承上の人物。
¶古典人学（伊吹童子　いぶきどうじ）
コン5（伊吹童子　いぶきどうじ）
説話伝説（伊吹童子　いぶきどうじ）
伝奇伝説（伊吹童子　いぶきどうじ）
東洋神名（伊吹童子　イブキドウジ）〔像〕
日本人名（伊吹童子　いぶきどうじ）

気吹戸主神　いぶきどぬしのかみ
祓戸の四神の一柱。
¶日本神々（気吹戸主神　いぶきどぬしのかみ）〔像〕

伊富岐神　いぶきのかみ
近江国坂田郡の伊夫伎神社の祭神。美濃国不破郡の伊富岐神社の祭神。
¶神仏辞典（伊富岐神・伊福伎神・伊夫伎神　いぶきのかみ）

意布伎神　いぶきのかみ
出雲国出雲郡、近江国栗太郡、丹後国熊野郡の意布伎神社の祭神。
¶神仏辞典（意布伎神　いぶきのかみ）

伊吹藤太　いぶきのとうた
歌舞伎演目『近江源氏先陣館』に登場する人物。佐々木盛綱の陣屋へ高綱討ち死にの悲報をもたらす注進。
¶歌舞伎登（伊吹藤太　いぶきのとうた）

伊服岐能山の神　いぶきのやまのかみ
小稚の命（倭建命）の東征のおりに登場する神。現在の岐阜県と滋賀県の境にある伊吹山の神。
¶英雄事典（伊服岐能山の神　イブキノヤマノカミ）
神様読解（伊服岐能山の神　いぶきのやまのかみ）
日本神様（伊吹山の神々　いぶきやまのかみがみ）

伊吹山の三修禅師　いぶきやまのさんしゅぜんじ
『今昔物語集』の登場人物。伊吹山にいた智慮のない聖。天狗に騙される。
¶古典人学（伊吹山の三修禅師　いぶきやまのさんしゅぜんじ）

気吹雷神　いぶくいかずちのかみ
大和国高市郡の気吹雷響雷吉野大国栖御魂神社二座の一座。
¶神仏辞典（気吹雷神　いぶくいかずちのかみ）

伊福部神　いふくべのかみ
『常陸国風土記』にあらわれる伊福部岳の雷神。
¶神仏辞典（伊福部神　いふくべのかみ）
神話伝説（伊福部神　いふくべのかみ）

伊副神　いふのかみ
尾張国愛智郡の伊副神社の祭神。
¶神仏辞典（伊副神　いふのかみ）

伊布夜神　いふやのかみ
出雲国出雲郡意宇郡式内社48社の伊布夜社、揖夜神社の祭神。
¶神仏辞典（伊布夜神　いふやのかみ）

伊富利部神　いふりべのかみ
尾張国葉栗郡の伊富利部神社の祭神。
¶神仏辞典（伊富利部神　いふりべのかみ）

伊部磐座神　いべいわくらのかみ
越前国敦賀郡の伊部磐座神社の祭神。
¶神仏辞典（伊部磐座神　いべいわくらのかみ）

伊兵衛　いへえ
歌舞伎演目『敵討襤褸錦』に登場する、春藤家譜代の家来。
¶歌舞伎登（伊兵衛・左兵衛　いへえ・さへえ）

イペカリオヤシ
アイヌに伝わる妖怪。
¶全国妖怪（イペカリオヤシ〔北海道〕）
妖怪事典（イペカリオヤシ）

イペタム
アイヌの自分の力で人を殺して回る刀。
¶神仏辞典（イペタム）
妖怪事典（イペタム）

疣稲荷　いぼいなり
疣を取ってくれる神。山形県新庄市の稲荷神社。
¶神仏辞典（疣稲荷　いぼいなり）

い

疣岩　いぼいわ
長野県大町市常盤にある疣の神。
¶神仏辞典（疣岩　いぼいわ）

伊富都久命　いほつくのみこと
『新撰姓氏録』に所出。彦姥津命の子、丸部の祖。
¶神仏辞典（伊富都久命　いほつくのみこと）

疣取地蔵　いぼとりじぞう
祈願すると疣が取れると信じられている地蔵尊。
¶神仏辞典（疣地蔵　いぼじぞう）
神話伝説（疣取地蔵　いぼとりじぞう）
伝奇伝説（疣取地蔵　いぼとりじぞう）

疣取り神　いぼとりしん
疣取りの守護神。
¶神様読解（疣取り神　いぼとりしん）〔像〕

伊方神　いほのかみ
『日本三代実録』に所出。伊予国の神。
¶神仏辞典（伊方神　いほのかみ）

射穂神　いほのかみ
三河国賀茂郡の射穂神社の祭神。
¶神仏辞典（射穂神　いほのかみ）

疣八幡　いぼはちまん
千葉県長生郡睦沢町の八幡神社の疣を取ってくれる神。
¶神仏辞典（疣八幡　いぼはちまん）

イボン神　いぼんがみ
疣の神のこと。鹿児島県、熊本県などでよぶ。
¶神仏辞典（イボン神　いぼんがみ）

今井四郎兼平　いまいしろうかねひら
『平家物語』『源平盛衰記』などに登場する剛勇無双の将。
¶架空人日（今井四郎兼平　いまいのしろうかねひら）
説話伝説（今井四郎兼平　いまいしろうかねひら　㊓?　㊚寿永3（1184）年）

今井宗久　いまいそうきゅう
安土桃山時代の茶人で豪商。
¶説話伝説（今井宗久　いまいそうきゅう　㊓永正17（1520）年　㊚文禄2（1593）年）
伝奇伝説（今井宗久　いまいそうきゅう　㊓永正17（1520）年　㊚文禄2（1593）年）

今神　いまかみ
長野県長谷村中里の旧家で祝殿様として祀られているもの。
¶神仏辞典（今神　いまかみ）

今川　いまがわ
歌舞伎演目『けいせい仏の原』に登場する遊女。
¶歌舞伎登（今川　いまがわ）

今川釆女　いまがわうねめ
井原西鶴作『西鶴諸国ばなし』の登場人物。越後の人。義理のため人を討ち、女性とともに逃走する。
¶古典人学（今川釆女　いまがわうねめ）

今川年秀　いまがわとしひで
歌舞伎演目『今川忍び車』の主人公。
¶歌舞伎登（今川年秀　いまがわとしひで）

今川義元　いまがわよしもと
戦国時代の武将。勢力を駿河・から遠江・三河にのばして「海道一の弓取り」と謳われたが、上洛の途次織田信長の奇襲を受け、桶狭間で討死。
¶説話伝説（今川義元　いまがわよしもと　㊓永正16（1519）年　㊚永禄3（1560）年）
伝奇伝説（今川義元　いまがわよしもと　㊓永正16（1519）年　㊚永禄3（1560）年）〔像〕

今川了俊　いまがわりょうしゅん
室町時代の歌人、連歌師。足利将軍義詮に仕え、鎮西探題として長年幕府の九州経営に尽力する。大内義弘の讒言により駿河に左遷され、のち出家して仏道と歌道に専念した。
¶奇談逸話（今川了俊　いまがわりょうしゅん　㊓嘉暦1（1326）年　㊚?）
伝奇伝説（今川了俊　いまがわりょうしゅん　㊓嘉暦1（1326）年　㊚応永24（1417）年?）

今木伝七　いまきでんしち
歌舞伎演目『韓人漢文手管始』に登場する、長崎家の勘当を受けた忠臣。
¶歌舞伎登（今木伝七　いまきでんしち）

今木相殿坐比咩神　いまきのあいどのにますひめがみ
山城葛野郡の平野神社の祭神四柱のうちの一柱。
¶神仏辞典（今木相殿坐比咩神　いまきのあいどのにますひめがみ）

今木青坂稲実荒御魂神　いまきのあおさかのいなみのあらみたまのかみ
武蔵国賀美郡の今木青坂稲実荒御魂神社の祭神。
¶神仏辞典（今木青坂稲実荒御魂神　いまきのあおさかのいなみのあらみたまのかみ）

今木青坂稲実池上神　いまきのあおさかのいなみのいけのかみのかみ
武蔵国賀美郡の今木青坂稲実池上神社の祭神。
¶神仏辞典（今木青坂稲実池上神　いまきのあおさかのいなみのいけのかみのかみ）

今城青八坂稲実神　いまきのあおやさかのいなみのかみ
武蔵国賀美郡の今城青八坂稲実神社の祭神。
¶神仏辞典（今城青八坂稲実神　いまきのあおやさかのいなみのかみ）

今木大神　いまきのおおかみ
　山城葛野郡の平野神社の祭神四柱のうちの一柱。
　¶神仏辞典（今木大神　いまきのおおかみ）

今木神　いまきのかみ
　山城国葛野郡の平野神社の第一殿の祭神。
　¶朝日歴史（今木神　いまきのかみ）
　　新潮日本（今木神　いまきのかみ）
　　神仏辞典（今木神　いまきのかみ）
　　日本人名（今木神　いまきのかみ）

今田万次郎　いまだまんじろう
　歌舞伎演目『伊勢音頭恋寝刃』に登場する、阿波の家老今田九郎右衛門の嫡子。
　¶歌舞伎登（今田万次郎　いまだまんじろう）

今天神　いまてんじん
　高知県四万十町権花神社の祭神。
　¶神仏辞典（今天神　いまてんじん）

今西栄太郎　いまにしえいたろう
　松本清張の『砂の器』に登場する警視庁捜査一課の刑事。
　¶名探偵日（今西栄太郎　いまにしえいたろう）

いまのしと
　山の妖怪。石川県鹿島郡能登島町で天狗のこと。
　¶神仏辞典（いまのしと）

今の人　いまのひと
　石川県能登地方で天狗をいう。
　¶全国妖怪（イマノヒト〔石川県〕）
　　妖怪事典（イマノヒト）

『今参り』の男　いままいりのおとこ
　狂言（大名狂言）『今参り』に登場する、奉公の望みを抱いて都へ上る途中の若い男。
　¶架空人日（『今参り』の男　いままいりのおとこ）

今参局　いままいりのつぼね
　足利義政の乳母。
　¶伝奇伝説（今参局　いままいりのつぼね ㊐?　㊡長禄3（1459）年）

今宮　いまみや
　高知県幡多郡上山郷の今宮霊神の祭神。
　¶神仏辞典（今宮　いまみや）

今村松慶　いまむらしょうけい
　大佛次郎作『鞍馬天狗』の登場人物。
　¶時代小説（今村松慶　いまむらしょうけい）

今村丹三郎　いまむらたんざぶろう
　歌舞伎演目『怪談月笠森』に登場する、おきつの七霊に悩まされる旗本。
　¶歌舞伎登（今村丹三郎　いまむらたんざぶろう）

今村弥次兵衛　いまむらやじべえ
　江戸時代前期の陶工。没後は如猿大明神として祀られた。
　¶日本人名（今村弥次兵衛　いまむらやじべえ ㊐1635年　㊡1717年）

イマモ
　天草諸島下島で道行く人が妖怪の話などをしていると、突然「いまも!」と大声を出して驚かす妖怪。
　¶幻想動物（イマモ）〔像〕

今若　いまわか
　軍記『平治物語』『義経記』に登場する、源頼朝と常磐御前との間に生まれた義経（牛若）の同腹の長兄の幼名。僧となって全済などと名乗った。
　¶架空人日（今若　いまわか）
　　歌舞伎登（今若丸　いまわかまる）

射水神　いみずのかみ
　越中国射水郡の射水神社の祭神。
　¶神仏辞典（射水神　いみずのかみ）

忌部の連板屋　いみべのむらじいたや
　『日本霊異記』『今昔物語集』に登場する、法華経の行者を侮辱したということから口が歪んで顔が後ろに向いてしまった男。
　¶架空人日（忌部の連板屋　いみべのむらじいたや）

斎火武主比命神　いみほむすびのみことのかみ
　⇒高御産巣日神（たかみむすびのかみ）

伊牟移神　いむいのかみ
　若狭国三方郡の伊牟移神社の祭神。
　¶神仏辞典（伊牟移神　いむいのかみ）

伊牟田尚平　いむだしょうへい
　薩摩藩の志士。大佛次郎作『鞍馬天狗』の登場人物。
　¶時代小説（伊牟田尚平　いむだしょうへい）

忌浪神　いむなみのかみ
　加賀国江沼郡の忌浪神社の祭神。
　¶神仏辞典（忌浪神　いむなみのかみ）

イムバッコ
　アイヌに伝わる妖怪。
　¶妖怪事典（イムバッコ）

忌火神　いむびのかみ
　『延喜式』に所出。2月の祈年祭および11月の新嘗祭で祀られる。
　¶神仏辞典（忌火神　いむびのかみ）

忌火神　いむびのかみ
　⇒庭火皇神（にわびのすめがみ）

いむへ

忌部天日鷲神　いむべのあめのひわしのかみ
『日本三代実録』に所出。阿波国の神。
¶神仏辞典（忌部天日鷲神　いむべのあめのひわしのかみ）

忌部神　いむべのかみ
阿波国麻殖郡の忌部神社の祭神。
¶神仏辞典（忌部神　いむべのかみ）

忌宮神　いむみやのかみ
長門国豊浦郡の忌宮神社の祭神。
¶神仏辞典（忌宮神　いむみやのかみ）

射目埼神　いめさきのかみ
現在の兵庫県姫路市青山字稲岡山の稲岡神社の祭神。
¶神仏辞典（射目埼神　いめさきのかみ）

伊米神　いめのかみ
越後国魚沼郡の伊米神社の祭神。
¶神仏辞典（伊米神　いめのかみ）

芋粥に憧れた五位　いもがゆにあこがれたごい
『今昔物語集』の登場人物。名は不明の五位。芥川龍之介の小説『芋粥』の題材となったことで有名。
¶架空人日（芋粥の五位　いもがゆのごい）
　架空伝説（五位　ごい）
　古典人学（芋粥に憧れた五位　いもがゆにあこがれたごい）

芋川磯右衛門　いもかわいそえもん
童門冬二作『上杉鷹山』の登場人物。
¶時代小説（芋川磯右衛門　いもかわいそえもん）

芋川延親　いもかわのぶちか
米沢藩侍頭。童門冬二作『上杉鷹山』の登場人物。
¶時代小説（芋川延親　いもかわのぶちか）

『伊文字』の男　いもじのおとこ
狂言（聟女狂言）『伊文字』に登場する男。妻乞いの祈誓のため、太郎冠者を供にして、清水の観世音へ出向く。
¶架空人日（『伊文字』の男　いもじのおとこ）

妹背佐次兵衛　いもせさじべえ
華岡加恵の父。有吉佐和子作『華岡青洲の妻』の登場人物。
¶時代小説（妹背佐次兵衛　いもせさじべえ）

妹背米次郎　いもせよねじろう
有吉佐和子作『華岡青洲の妻』の登場人物。
¶時代小説（妹背米次郎　いもせよねじろう）

井元庸之介　いもとようのすけ
五味康祐作『柳生武芸帳』の登場人物。
¶時代小説（井元庸之介　いもとようのすけ）

痘の神　いものかみ
痘瘡を流行らせる神。
¶広辞苑6（痘の神　いものかみ）
　妖怪事典（イモノカミ）

芋掘り藤五郎　いもほりとうごろう
石川県の長者伝説の主人公。いつも芋を掘る沢の黄金で長者となる。実在の人物であるとされ、金沢市内に屋敷跡も残る。
¶コン5（芋掘り藤五郎　いもほりとうごろう）
　説話伝説（芋掘り藤五郎　いもほりとうごろう）
　伝奇伝説（芋掘り藤五郎　いもほりとうごろう）
　日本人名（芋掘り藤五郎　いもほりとうごろう）

芋明神　いもみょうじん
疱瘡の守護神。
¶神様読解（芋明神　いもみょうじん）〔像〕
　神仏辞典（芋明神　いもみょうじん）
　東洋神名（芋明神　イモミョウジン）〔像〕

井守　いもり
越前（福井県）の湯尾の古い城跡の井戸にイモリとなってすみついた落城の折に死んだ武士の魂。
¶妖怪事典（イモリノカイ）
　妖怪大全（井守　いもり）〔像〕
　妖怪大事典（井守の怪　いもりのかい）〔像〕

弥石　いやいし
歌舞伎演目『出世景清』に登場する、悪七兵衛景清と阿古屋の子。
¶歌舞伎登（弥石・弥若　いやいし・いやわか）

イヤイヤ
山口県地方でいう妖怪の児童語。
¶妖怪事典（イヤイヤ）

医薬の神　いやくのかみ
医者の守護神。大国主命と少彦名命の二神が信奉された。
¶神様読解（医薬の神　いやくのかみ）
　広辞苑6（医薬の神　いやくのかみ）

いやだにさん
香川県の「弥谷寺」にかえってきた死者の魂。
¶水木妖怪（いやだにさん）〔像〕

伊也神　いやのかみ
丹波国何鹿郡の伊也神社の祭神。
¶神仏辞典（伊也神　いやのかみ）

伊夜比古神　いやひこのかみ
越後国蒲原郡の伊夜比古神社の祭神。
¶神仏辞典（伊夜比古神・弥彦神　いやひこのかみ）

伊夜比咩神　いやひめのかみ
能登国能登郡の伊夜比咩神社の祭神。
¶神仏辞典（伊夜比咩神　いやひめのかみ）

いやみ
仙台の城下によく出たという。姿は女性だが顔は爺の妖怪。
¶水木妖怪続（いやみ）〔像〕
　妖怪大全（いやみ）〔像〕

否哉　いやや
鳥山石燕の『今昔百鬼拾遺』に描かれた妖怪。後ろ姿は若い女、水面に映った顔は老人。
¶妖怪事典（イヤヤ）〔像〕
　妖怪大事典（否哉　いやや）〔像〕

弥若　いやわか
歌舞伎演目『出世景清』に登場する、悪七兵衛景清と阿古屋の子。
¶歌舞伎登（弥石・弥若　いやいし・いやわか）

伊由神　いゆのかみ
但馬国朝来郡の伊由神社の祭神。
¶神仏辞典（伊由神　いゆのかみ）

為与熊神　いよくまのかみ
『日本三代実録』に所出。丹波国の神。
¶神仏辞典（為与熊神　いよくまのかみ）

伊予親王　いよしんのう
平安初期の官人。桓武天皇の皇子。807年政治的陰謀事件にまきこまれて失脚、母とともに自殺。怨霊の典型とされた。
¶架空伝承（伊予親王　いよしんのう ㊌? ㉘大同2（807）年）
　神仏辞典（伊予親王　いよしんのう ㊌? ㉘807年）
　日本神々（伊予親王　いよしんのう）

伊与田孫兵衛　いよだまごべえ
高橋義夫作『浄瑠璃坂の仇討ち』の登場人物。
¶時代小説（伊与田孫兵衛　いよだまごべえ）

伊予豆比子命神　いよつひこのみことのかみ
伊予国伊予郡の伊予豆比子命神社の祭神。
¶神仏辞典（伊予豆比子命神・伊予豆比古命神　いよつひこのみことのかみ）

伊予皇子　いよのおうじ
古代伝承上、孝霊天皇の皇子。
¶日本人名（伊予皇子　いよのおうじ）

伊予守　いよのかみ
『石清水物語』の登場人物。東国の武士出身で、のち伊予守となる。木幡の美しい姫君に恋をする。
¶古典人学（伊予守　いよのかみ）

伊予神　いよのかみ
伊予国伊予郡の伊予神社の祭神。
¶神仏辞典（伊予神　いよのかみ）

伊予村神　いよのむらのかみ
『日本三代実録』に所出。伊予国の神。
¶神仏辞典（伊予村神　いよのむらのかみ）

伊余部馬養　いよべのうまかい
持統・文武朝頃の官人。丹後国の浦島伝説を採集筆録したことがあるとされる。
¶伝奇伝説（伊余部馬養　いよべのうまかい）

五郎姫　いらつひめ
長野県駒ケ根市にある御食神社の祭神。
¶神仏辞典（五郎姫　いらつひめ）

入江丹蔵　いりえのたんぞう
歌舞伎演目『義経千本桜』に登場する、渡海屋銀平の配下。
¶歌舞伎登（入江丹蔵　いりえのたんぞう）

イリオモテオヤマネコ
沖縄県西表島の住民の間で語られる生き物。生物学者は否定するが、現地ではヤマピカリャー（山の光るもの）と呼んでいる。
¶水木世幻獣（イリオモテオヤマネコ）〔像〕

イリガミ
鹿児島県種子島でいう犬神のこと。
¶妖怪事典（イリガミ）

入亀入道　いりかめにゅうどう
若狭の海でいう海坊主の一種。
¶妖怪事典（イリカメニュウドウ）

イリキャアマリ
八重山の開闢時代、住民に初めて農耕や火による料理法を教えたとされる神。
¶神仏辞典（イリキャアマリ）

入野神　いりぬのかみ
『延喜式』に所出。山城国乙訓郡の入野神社の祭神。
¶神仏辞典（入野神　いりぬのかみ）

伊理泥王　いりねのみこ
日子坐王の子。
¶神様読解（伊理泥王　いりねのみこ）

入見神　いりみのかみ
尾張国知多郡、遠江国磐田郡の入見神社の祭神。
¶神仏辞典（入見神　いりみのかみ）

入聟大臣　いりむこだいじん
井原西鶴作の浮世草子『好色盛衰記』（1688）巻二の一「見ぬ面影に入聟大臣」に登場する元商人。
¶架空人日（入聟大臣　いりむこだいじん）

い

入間悪五郎 いるまあくごろう
歌舞伎演目『桜姫東文章』に登場する、吉田家の息女桜姫の許婚。
¶**歌舞伎登**（入間悪五郎 いるまあくごろう）

入間の与茂吉 いるまのよもきち
歌舞伎演目『姉妹達大礎』に登場する、武州入間の里の住人。
¶**歌舞伎登**（入間の与茂吉 いるまのよもきち）

イレス・フチ
アイヌ（サハリン東海岸）の火の女神。
¶**アジア女神**（イレス・フチ（我らを育む媼））

色来神 いろきのかみ
但馬国美含郡の色来神社の祭神。
¶**神仏辞典**（色来神 いろきのかみ）

伊呂上神 いろのうえのかみ
伊勢国多気郡の伊呂上神社の祭神。
¶**神仏辞典**（伊呂上神 いろのうえのかみ）

いろは
歌舞伎演目『鐘鳴今朝噂』に登場する、大坂島の内、井筒屋の遊女。
¶**歌舞伎登**（いろは）

『以呂波』の親 いろはのおや
狂言（集狂言）『以呂波』に登場する、口達者の子をもつ親。
¶**架空人日**（『以呂波』の親 いろはのおや）

色部照長 いろべてるなが
米沢藩江戸家老。童門冬二作『上杉鷹山』の登場人物。
¶**時代小説**（色部照長 いろべてるなが）

色部又四郎 いろべまたしろう
羽州米沢藩上杉家江戸家老。池宮彰一郎作『四十七人の刺客』の登場人物。
¶**時代小説**（色部又四郎 いろべまたしろう）

磐井 いわい
筑紫国造として九州北部最大の勢力を誇った。継体天皇21(527)年、朝廷が朝鮮半島への出兵の際、新羅と通じて大規模な反乱を起こした（磐井の乱）。
¶**伝奇伝説**（磐井 いわい [生]? [没]継体天皇22(529)年）

祝い神 いわいがみ
屋敷神の一つで、高知県幡多郡に多くみられる。
¶**神仏辞典**（祝い神 いわいがみ）

祝神 いわいじん
一族または家々で祀られる神。
¶**神仏辞典**（祝神 いわいじん）

イワイセポ
アイヌに伝わる妖怪。
¶**妖怪事典**（イワイセポ）

いわいでん
長野県上伊那郡、下伊那郡の同族神、屋敷神あるいは兵庫県東部ほかで祀られる屋敷神の呼称。
¶**広辞苑6**（祝殿 いわいでん）
神仏辞典（いわいでん）

斎主神 いわいぬしのかみ
⇒経津主神（ふつぬしのかみ）

伊波比神 いわいのかみ
武蔵国横見郡の伊波比神社（埼玉県毛呂山町出雲伊波比神社）の祭神。
¶**神仏辞典**（伊波比神 いわいのかみ）

石井神 いわいのかみ
山城国乙訓郡、越後国三島郡の石井神社の祭神。
¶**神仏辞典**（石井神 いわいのかみ）

石坐神 いわいのかみ
近江国滋賀郡の石坐神社の祭神。
¶**神仏辞典**（石坐神 いわいのかみ）

磐井神 いわいのかみ
武蔵国荏原郡の磐井神社の祭神。
¶**神仏辞典**（磐井神 いわいのかみ）

岩井半四郎〔4代〕 いわいはんしろう
歌舞伎役者の名跡。
¶**伝奇伝説**（岩井半四郎 いわいはんしろう [生]延享4(1747)年 [没]寛政12(1800)年）

岩井半四郎〔5代〕 いわいはんしろう
歌舞伎役者の名跡。
¶**伝奇伝説**（岩井半四郎 いわいはんしろう [生]安永5(1776)年 [没]弘化4(1847)年）

岩井風呂の治助 いわいぶろのじすけ
歌舞伎演目『宿無団七時雨傘』に登場する、大坂島の内の置屋岩井風呂の主人。
¶**歌舞伎登**（岩井風呂の治助 いわいぶろのじすけ）

祝靫負 いわいゆきえ
高橋義夫作『狼奉行』の登場人物。
¶**時代小説**（祝靫負 いわいゆきえ）

イワエサングル
アイヌに伝わる熊の姿となって現れる魔。
¶**妖怪事典**（イワエサングル）

イワエチシチス
アイヌに伝わる鳥の姿をして牛のような鳴き声

をたてる魔。
¶妖怪事典（イワエチシチス）

イワエツゥンナイ
アイヌに伝わる妖怪。山に棲む一つ目の怪物。
¶神仏辞典（イワエトゥンナイ）
全国妖怪（イワエツゥンナイ〔北海道〕）
妖怪事典（イワエツゥンナイ）

磐排別之子　いわおしわくがこ
記紀にみえる豪族。吉野（奈良県吉野郡）の国樔（国栖）の祖。
¶日本人名（磐排別之子　いわおしわくがこ）

石押分之子　いわおしわけのこ
神武天皇が吉野に入って、三番目に会った神。
¶神様読解（石押分之子　いわおしわけのこ）

イワオロペネレプ
アイヌ語で岩を破る者という意味の妖怪。
¶妖怪事典（イワオロペネレプ）

岩上典蔵　いわがみてんぞう
歌舞伎演目『新皿屋舗月雨暈』に登場する、磯部家の主君主計之介を酒色にふけらせて横領を企む悪臣。
¶歌舞伎登（岩上典蔵　いわがみてんぞう）

石神山精神　いわかみやますみのかみ
陸奥国黒川郡の石神山精神社の祭神。
¶神仏辞典（石神山精神　いわかみやますみのかみ）

磐鹿六雁命　いわかむつかりのみこと
四道将軍・大彦命の後裔。食膳を司った膳氏（高橋氏）の祖。料理人の守護神。日本料理の祖神。
¶朝日歴史（磐鹿六雁命　いわかむつかりのみこと）
神様読解（磐鹿六雁命　いわかむつかりのみこと）〔像〕
神様読解（磐鹿六雁命・鯉の明神・山蔭中納言政朝　いわかむつかりのみこと・こいのみょうじん・やまかげちゅうなごんまさとも）
新潮日本（磐鹿六雁命　いわかむつかりのみこと）
神仏辞典（磐鹿六鷹　いわかむつかり）
神話伝説（磐鹿六鴈命　いわかむつかりのみこと）
東洋神名（磐鹿六雁命　イワカムツカリノミコト）〔像〕
日本神様（磐鹿六雁命　いわかむつかりのみこと）
日本人名（磐鹿六鷹　いわかむつかり）

岩木山の神々　いわきさんのかみがみ
青森県弘前市百沢に岩木山神社里宮が鎮座し、祭神は、顕国魂神・多都比姫神・宇賀能売神・大山祇神・坂上刈田麿命。
¶日本神様（岩木山の神々　いわきさんのかみがみ）

岩木甚平　いわきじんぺい
歌舞伎演目『鑓の権三重帷子』に登場する、おさいの弟。山陰某藩の士。
¶歌舞伎登（岩木甚平　いわきじんぺい）

岩城忠太兵衛　いわきちゅうたべえ
歌舞伎演目『絵本忠臣蔵』、義士物の一つ「嫁切り」の登場人物。加藤与茂七の舅。
¶歌舞伎登（岩城忠太兵衛　いわきちゅうたべえ）
歌舞伎登（岩木忠太兵衛　いわきちゅうだべえ）

岩木当馬之丞　いわきとうまのじょう
歌舞伎演目『釜淵双級巴』に登場する、岩木兵部の養子。
¶歌舞伎登（岩木当馬之丞　いわきとうまのじょう）

石城神　いわきのかみ
周防国熊毛郡の石城神社の祭神。
¶神仏辞典（石城神　いわきのかみ）

岩木兵部　いわきひょうぶ
歌舞伎演目『釜淵双級巴』に登場する、三位中将の諸太夫。
¶歌舞伎登（岩木兵部　いわきひょうぶ）

石切剣箭命神　いわきりのつるぎやのみことのかみ
河内国河内郡の石切剣箭命神社二座の祭神。
¶神仏辞典（石切剣箭命神　いわきりのつるぎやのみことのかみ）

岩倉主膳正　いわくらしゅぜんのしょう
歌舞伎演目『けいせい飛馬始』に登場する人物。島原の乱鎮圧へ幕府が派遣した上使板倉内膳正重昌（1588-1638）がモデル。
¶歌舞伎登（岩倉主膳正　いわくらしゅぜんのしょう）

岩倉具視　いわくらともみ
前右近衛中将。司馬遼太郎作『竜馬がゆく』の登場人物。
¶時代小説（岩倉具視　いわくらともみ）

石座神　いわくらのかみ
三河国宝沃郡の石座神社の祭神。
¶神仏辞典（石座神・石鞍神　いわくらのかみ）

磐座神　いわくらのかみ
越前国大野郡の磐座神社の祭神。
¶神仏辞典（磐座神　いわくらのかみ）

石倉命神　いわくらのみことのかみ
伊豆国那賀郡の石倉命神社の祭神。
¶神仏辞典（石倉命神　いわくらのみことのかみ）

石桉比古神　いわくらひこのかみ
若狭国遠敷郡の石桉比古神社の祭神。
¶神仏辞典（石桉比古神・石比古神　いわくらひこのかみ）

石倉比古命神　いわくらひこのみことのかみ
能登国鳳至部の石倉比古命神社の祭神。
¶神仏辞典（石倉比古命神　いわくらひこのみことの

かみ)

石桜比売神　いわくらひめのかみ
若狭国遠敷郡の石桜比売神社の祭神。
¶神仏辞典(石桜比売神・石桜比売神　いわくらひめのかみ)

伊波久良和気命神　いわくらわけのみことのかみ
伊豆国賀茂郡の伊波久良和気命神社の祭神。
¶神仏辞典(伊波久良和気命神　いわくらわけのみことのかみ)

岩越数馬　いわこしかずま
井原西鶴作の浮世草子『本朝二十不孝』(1686)巻四の第四「本に其人の面影」の登場人物。
¶架空人日(岩越数馬　いわこしかずま)

岩越作弥　いわこしさくや
井原西鶴作の浮世草子『本朝二十不孝』(1686)巻四の第四「本に其人の面影」の登場人物。数馬の長男。
¶架空人日(岩越作弥　いわこしさくや)

岩越八弥　いわこしはちや
井原西鶴作の浮世草子『本朝二十不孝』(1686)巻四の第四「本に其人の面影」の登場人物。数馬の次男。
¶架空人日(岩越八弥　いわこしはちや)

イワコシンプ
北海道の海の怪。
¶全国妖怪(イワコシンプ〔北海道〕)

岩五郎　いわごろう
池波正太郎作『鬼平犯科帳』の登場人物。
¶時代小説(岩五郎　いわごろう)

磐坂市辺押羽皇子　いわさかのいちのべのおしはのおうじ
記紀にみえる履中天皇の皇子。雄略天皇に狩りに誘われ射殺された。市辺天皇命、市辺押磐皇子、磐坂皇子ともいう。『古事記』では市辺之忍歯王、市辺忍歯別王など。
¶神仏辞典(市辺天皇命　いちのべのすめらみこと)
日本人名(磐坂市辺押羽皇子　いわさかのいちのべのおしはのおうじ)

石坂神　いわさかのかみ
出雲国出雲郡意宇郡の石坂社、磐坂神社の祭神。
¶神仏辞典(石坂神・磐坂神　いわさかのかみ)

磐坂日子命　いわさかひこのみこと
現在の島根県松江市鹿島町恵曇の恵曇神社の祭神。
¶神仏辞典(磐坂日子命　いわさかひこのみこと)

石坂比売命　いわさかひめのみこと
『播磨国風土記』逸文に所出。尓保都比売命が憑依した人物。
¶神仏辞典(石坂比売命　いわさかひめのみこと)
日本人名(石坂比売命　いわさかひめのみこと)

石前神　いわさきのかみ
伊勢国飯野郡の石前神社の祭神。
¶神仏辞典(石前神　いわさきのかみ)

磐掎神　いわさきのかみ
陸奥国耶麻郡の磐掎神社の祭神。
¶神仏辞典(磐掎神　いわさきのかみ)

岩崎弥太郎　いわさきやたろう
維新後、三菱財閥を興す。司馬遼太郎作『竜馬がゆく』の登場人物。
¶時代小説(岩崎弥太郎　いわさきやたろう)

磐裂神　いわさくのかみ
伊弉諾が迦具土神の頸を斬ったときに、その剣の先に付いた血から化成した神々の一柱。
¶神様読解(石柝神/磐裂神　いわさくのかみ・いわさくのかみ)
神仏辞典(石拆神・磐裂神　いわさくのかみ)

岩佐又兵衛　いわさまたべえ
江戸初期の画家。伊丹城主荒木村重の子と伝えられる。「浮世又兵衛」の異名がある。
¶架空伝承(岩佐又兵衛　いわさまたべえ　㊌天正6(1578)年　㊎慶安3(1650)年)
説話伝説(岩佐又兵衛　いわさまたべえ　㊌天正6(1578)年　㊎慶安3(1650)年)〔像〕
伝奇伝説(岩佐又兵衛　いわさまたべえ　㊌天正6(1578)年　㊎慶安3(1650)年)

イワサラウス
アイヌに伝わる妖怪。
¶妖怪事典(イワサラウス)

伊和志豆神　いわしずのかみ
摂津国武庫郡の伊和志豆神社の祭神。
¶神仏辞典(伊和志豆神　いわしずのかみ)

いわしの北　いわしのきた
歌舞伎演目『一本刀土俵入』に登場する、船戸の弥八の仲間の無法者。
¶歌舞伎登(いわしの北)

岩代多喜太　いわしろたきだ
歌舞伎演目『生写朝顔話』に登場する、大友大内之助義興の臣。
¶歌舞伎登(岩代多喜太　いわしろたきだ)

石巣比売神　いわすひめのかみ
家宅を表す六神の一柱で、砂を司る神。
¶アジア女神(石巣比売神　いはすひめのかみ)
神様読解(石巣比売神　いわすひめのかみ)

架空・伝承編　　　　　　　　　　　　　　いわつ

神仏辞典　（石巣比売神　いわすひめのかみ）
日本人名　（石巣比売神　いわすひめのかみ）

石瀬比古神　いわせひこのかみ
能登国鳳至郡の石瀬比古神社の祭神。
¶神仏辞典　（石瀬比古神　いわせひこのかみ）

石園坐多久豆玉神　いわそのにますたくつたまのかみ
大和国葛下郡の石園坐多久虫玉神社二座の祭神。
¶神仏辞典　（石園坐多久豆玉神　いわそのにますたくつたまのかみ）

岩太　いわた
山本周五郎作『よじょう』(1952)に登場する、父を宮本武蔵に殺された人物。
¶架空人日　（岩太　いわた）

伊波太岐神　いわたきのかみ
近江国伊香郡の伊波太岐神社の祭神。
¶神仏辞典　（伊波太岐神　いわたきのかみ）

石武雄神　いわたけおのかみ
『日本三代実録』に所出。越中国の神。
¶神仏辞典　（石武雄神　いわたけおのかみ）

石畳神　いわだたみのかみ
備中国下道郡の石畳神社の祭神。
¶神仏辞典　（石畳神　いわだたみのかみ）

石龍比古命　いわたつひこのみこと
『播磨国風土記』に所出。伊和大神の子。
¶神仏辞典　（石龍比古命　いわたつひこのみこと）

石龍比売命　いわたつひめのみこと
『播磨国風土記』に所出。伊和大神の子。
¶神仏辞典　（石龍比売命　いわたつひめのみこと）

石楯尾神　いわたておのかみ
相模国高座郡の石楯尾神社の祭神。
¶神仏辞典　（石楯尾神　いわたておのかみ）

伊波多神　いわたのかみ
大和国吉野郡の伊波多神社の祭神。
¶神仏辞典　（伊波多神　いわたのかみ）

石田神　いわたのかみ
伊勢国多気郡の石田神社の祭神。
¶神仏辞典　（石田神　いわたのかみ）

石衝毘売命　いわつくびめのみこと
第11代垂仁天皇の皇女。母は弟苅羽田刀弁（綺戸辺）。倭建命の后。『古事記』での別名は、布多遅能伊理毘売命（両道入姫命）。
¶神様読解　（石衝毘売命/布多遅能伊理毘売命　いわつくびめのみこと・ふたぢのいりびめのみこと）
神仏辞典　（石衝毘売命　いわつくびめのみこと）

神仏辞典　（布多遅能伊理毘売命・両道入姫命　ふたじのいりびめのみこと）
日本人名　（両道入姫命　ふたじのいりびめのみこと）

石衝別王　いわつくわけのみこ
第11代垂仁天皇の皇子。母は弟苅羽田刀弁（綺戸辺）。三尾君の祖。
¶神様読解　（石衝別王　いわつくわけのみこ）
神仏辞典　（磐衝別命　いわつくわけのみこと）
日本人名　（磐衝別命　いわつくわけのみこ）

石津太神　いわつたのかみ
和泉国大鳥郡の石津太神社の祭神。
¶神仏辞典　（石津太神　いわつたのかみ）

石土神　いわつちのかみ
土佐国長岡郡の石土神社の祭神。
¶神仏辞典　（石土神　いわつちのかみ）

磐土命　いわつちのみこと
『日本書紀』巻1に所出。黄泉国より帰った伊弉諾尊が、水に入り吹き生した神。
¶神仏辞典　（磐土命　いわつちのみこと）

石土毘古神　いわつちひこのかみ
家宅を表す六神の一柱で、石と壁土を司る神。
¶神様読解　（石土毘古神　いわつちひこのかみ）
神仏辞典　（石土毘古神　いわつちびこのかみ）
日本人名　（石土毘古神　いわつちびこのかみ）

石都都古和気神　いわつつこわけのかみ
陸奥国白河郡の石都都古和気神社の祭神。
¶神仏辞典　（石都都古和気神　いわつつこわけのかみ）

石筒之男神　いわつつのおのかみ
火之迦具土神の子。経津主神の父神。
¶神様読解　（石筒之男神/磐筒男神　いわつつのおのかみ・いわつつおのかみ）
神仏辞典　（石筒之男神・磐筒男神　いわつつのおのかみ）

磐筒女神　いわつつのめのかみ
現在の千葉県八日市場市生尾の老尾神社の祭神。
¶神仏辞典　（磐筒女神　いわつつのめのかみ）

伊波都比古命　いわつひこのみこと
『播磨国風土記』に所出。賀古の日岡に鎮座する神。
¶神仏辞典　（伊波都比古命　いわつひこのみこと）

伊和都比売神　いわつひめのかみ
播磨国明石郡・赤穂郡の伊和都比売神社の祭神。
¶神仏辞典　（伊和都比売神　いわつひめのかみ）

石壺神　いわつぼのかみ
出雲国仁多郡の石壺社の祭神。
¶神仏辞典　（石壺神　いわつぼのかみ）

石積神　いわつみのかみ
伊勢国奄芸郡の石積神社の祭神。
¶神仏辞典（石積神　いわつみのかみ）

石剣神　いわつるぎのかみ
『日本三代実録』に所出。近江国の神。
¶神仏辞典（石剣神　いわつるぎのかみ）

岩手　いわで
歌舞伎演目『奥州安達原』に登場する、安倍貞任・宗任の母。
¶歌舞伎登（岩手　いわで）

石手堰神　いわでのいのかみ
陸奥国胆沢郡の石手堰神社の祭神。
¶神仏辞典（石手堰神　いわでのいのかみ）

伊波氏別命神　いわてわけのみことのかみ
伊豆国賀茂郡の伊波氏別命神社の祭神。
¶神仏辞典（伊波氏別命神　いわてわけのみことのかみ）

石徳高神　いわとくのたかのかみ
伊豆国田方郡の石徳高神社の祭神。
¶神仏辞典（石徳高神　いわとくのたかのかみ）

イワトシガミ
徳之島の夜の海に出没して人の命を奪うと恐れられている悪神。
¶神仏辞典（イワトシガミ）

石刀神　いわとのかみ
尾張国中島郡の石刀神社の祭神。
¶神仏辞典（石刀神　いわとのかみ）

石留神　いわとめのかみ
『日本三代実録』に所出。土佐国の神。
¶神仏辞典（石留神　いわとめのかみ）

伊波止和気天神　いわとわけのあまつかみ
陸奥国白河郡の伊波止和気神社の祭神。
¶神仏辞典（伊波止和気天神　いわとわけのあまつかみ）

石門別神　いわとわけのかみ
備前国御野郡の石門別神社の祭神。
¶神仏辞典（石門別神　いわとわけのかみ）

岩永左衛門　いわながさえもん
歌舞伎演目『壇浦兜軍記』に登場する、畠山重忠の助役として景清の行方を阿古屋に質す敵役。
¶歌舞伎登（岩永左衛門　いわながさえもん）

岩永姫　いわながひめ
歌舞伎演目『日本振袖始』に登場する、出雲の国簸の川に棲む八岐の大蛇の化身。
¶歌舞伎登（岩永姫　いわながひめ）

石長比売　いわながひめ
大山津見神（大山祇神）の娘で、木花佐久夜毘売の姉神。『日本書紀』では、磐長姫。
¶朝日歴史（磐長姫　いわながひめ）
　アジア女神（石長比売　いはながひめ）
　架空人日（石長比売　いわながひめ）
　神様読解（石長比売命/磐長姫　いわながひめのみこと・いわながひめ）
　神様読解（木花開耶媛命・岩長媛命　このはなさくやひめのみこと・いわながひめのみこと）
　新潮日本（磐長姫　いわながひめ）
　神仏辞典（石長比売・磐長姫　いわながひめ）
　東洋神名（石長比売命　イワナガヒメノミコト）〔像〕
　日本神様（石長比売　いわながひめ）
　日本人名（磐長姫　いわながひめ）
　日本神話（イハナガヒメ）

岩魚の精　いわなのせい
岐阜県吉城郡神岡町の切洞谷に伝わる怪異。
¶妖怪事典（イワナのセイ）

岩魚坊主　いわなぼうず
福島県、東京都、岐阜県などの地方でいう妖怪。
¶水木妖怪（岩魚坊主　いわなぼうず）〔像〕
　妖怪事典（イワナボウズ）
　妖怪大全（岩魚坊主　いわなぼうず）〔像〕
　妖怪大事典（岩魚坊主　いわなぼうず）〔像〕

石成神　いわなりのかみ
『続日本紀』『続日本後紀』に所出。神亀3年同神の社に幣帛が奉られる。
¶神仏辞典（石成神　いわなりのかみ）

伊和坐大名持御魂神　いわにますおおなもちのみたまのかみ
播磨国宍粟郡の伊和坐大名持御魂神社の祭神。
¶神仏辞典（伊和坐大名持御魂神　いわにますおおなもちのみたまのかみ）

石坐神　いわにますかみ
『日本三代実録』に所出。山城国の神。
¶神仏辞典（石坐神　いわにますかみ）

岩根御前　いわねごぜん
人形浄瑠璃『鶊山姫捨松』、歌舞伎『中将姫当麻縁起』に登場する奈良時代の人物。
¶架空伝説（岩根御前　いわねごぜん）〔像〕
　歌舞伎登（岩根御前　いわねごぜん）

伊和大神　いわのおおかみ
『播磨国風土記』に登場する神で、大国主神と同一であるとする。クニを築き、天日槍と戦った。地名起源伝承が多い。
¶朝日歴史（伊和大神　いわのおおかみ）
　神様読解（伊和大神　いわのおおかみ）
　広辞苑6（伊和大神　いわのおおかみ）
　コン5（伊和大神　いわのおおかみ）
　新潮日本（伊和大神　いわのおおかみ）

神仏辞典（伊和大神　いわのおおかみ）
神話伝説（伊和大神　いわのおおかみ）
日本人名（伊和大神　いわのおおかみ）

伊波神　いわのかみ
出雲国出雲郡の伊波社の祭神。
¶神仏辞典（伊波神・印波神　いわのかみ）

石神　いわのかみ
陸奥国桃生郡の石神社の祭神。
¶神仏辞典（石神　いわのかみ）

磐神　いわのかみ
陸奥国胆沢郡の磐神社、因幡国高草郡の伊和神社の祭神。
¶神仏辞典（磐神・伊和神　いわのかみ）

伊波乃西神　いわのにしのかみ
美濃国各務郡の伊波乃西神社の祭神。
¶神仏辞典（伊波乃西神　いわのにしのかみ）

磐之媛　いわのひめ
『古事記』『日本書紀』『万葉集』に伝えられる仁徳天皇の皇后。
¶架空伝承（磐之媛　いわのひめ）
広辞苑6（磐之媛・石之日売　いわのひめ）
神仏辞典（石之日売命・磐之媛命・伊波乃比売命　いわのひめのみこと）
神話伝説（石之比売〈記〉/磐之媛〈紀〉　いわのひめ）
日本人名（磐之媛命　いわのひめのみこと）

伊波乃比咩命神　いわのひめのみことのかみ
伊豆国賀茂郡の伊波乃比咩命神社の祭神。
¶神仏辞典（伊波乃比咩命神　いわのひめのみことのかみ）

石比売命　いわひめのみこと
現在の福島県福島市御山堂殿の黒沼神社の祭神。
¶神仏辞典（石比売命　いわひめのみこと）

伊波比咩命神　いわひめのみことのかみ
伊豆国賀茂郡の伊波比咩命神社の祭神。
¶神仏辞典（伊波比咩命神　いわひめのみことのかみ）

岩藤　いわふじ
人形浄瑠璃・歌舞伎脚本の役名。「加賀美（鏡）山物」に主家横領を企む姦悪な局として登場する。
¶朝日歴史（岩藤・尾上　いわふじ・おのえ）
架空伝承（岩藤　いわふじ）
架空伝承（岩藤　いわふじ）〔像〕
歌舞伎登（岩藤1『鏡山旧錦絵』　いわふじ）〔像〕
歌舞伎登（岩藤2『加賀見山再岩藤』　いわふじ）
広辞苑6（岩藤　いわふじ）
コン5（岩藤　いわふじ）
新潮日本（岩藤　いわふじ）
説話伝説（岩藤　いわふじ）
大辞林3（岩藤　いわふじ）
伝奇伝説（岩藤　いわふじ）

日本人名（岩藤　いわふじ）

岩藤玄蕃之丞　いわふじげんばのじょう
歌舞伎演目『初冠曽我皐月富士根』に登場する、『鏡山旧錦絵』の男版で、局岩藤に当たる敵役。
¶歌舞伎登（岩藤玄蕃之丞　いわふじげんばのじょう）

岩淵九郎兵衛　いわぶちくろべえ
歌舞伎演目『木間星箱根鹿笛』に登場する旧士族。
¶歌舞伎登（岩淵九郎兵衛　いわぶちくろべえ）

石船神　いわふねのかみ
常陸国那賀郡の石船神社の祭神。
¶神仏辞典（石船神　いわふねのかみ）

石部鹿塩上神　いわべのかしほのかみのかみ
近江国甲賀郡の石部鹿塩上神社の祭神。
¶神仏辞典（石部鹿塩上神　いわべのかしほのかみのかみ）

イワホイヌ
アイヌに伝わる妖怪。
¶妖怪事典（イワホイヌ）

石穂押別神　いわほおしわけのかみ
『新撰姓氏録』に所出。国栖の祖。
¶神仏辞典（石穂押別神　いわほおしわけのかみ）

イワボソインカラ
アイヌに伝わる妖怪。岩や崖の中にいて人間に悪さをする。
¶全国妖怪（イワボソインカラ〔北海道〕）
妖怪事典（イワボソインカラ）

石穂神　いわほのかみ
丹波国桑田郡の石穂神社の祭神。
¶神仏辞典（石穂神　いわほのかみ）

岩間角兵衛　いわまかくべえ
細川藩家老。吉川英治作『宮本武蔵』の登場人物。
¶時代小説（岩間角兵衛　いわまかくべえ）

岩見重太郎　いわみじゅうたろう
安土桃山時代から江戸前期にかけて活躍した武芸者。多くの講釈、草双紙などで描かれた。
¶英雄事典（岩見重太郎　イワミジュウタロウ ㊺? ㉖慶長20（1615）年）
架空人物（岩見重太郎）
架空伝承（岩見重太郎　いわみじゅうたろう ㊺? ㉖元和1（1615）年）
架空伝承（岩見重太郎　いわみじゅうたろう）
広辞苑6（岩見重太郎　いわみじゅうたろう）
コン5（岩見重太郎　いわみじゅうたろう ㊺? ㉖元和1（1615）年）
新潮日本（岩見重太郎　いわみじゅうたろう　生没年不詳）
説話伝説（岩見重太郎　いわみじゅうたろう）
世百科（岩見重太郎　いわみじゅうたろう ㊺? ㉖元和1（1615）年）

大辞林3（岩見重太郎　いわみじゅうたろう）
伝奇伝説（岩見重太郎　いわみじゅうたろう）〔像〕
日本人名（岩見重太郎　いわみじゅうたろう　生没年未詳）

石見重太郎　いわみじゅうたろう
歌舞伎演目『石見武勇伝』に登場する、筑前小早川藩の武士。
¶歌舞伎登（石見重太郎　いわみじゅうたろう）

石見次郎　いわみじろう
立原正秋の小説『剣ケ崎』の主人公。
¶日本人名（石見次郎　いわみじろう）

石通男神　いわみちおのかみ
『日本三代実録』に所出。出羽国の神。
¶神仏辞典（石通男神　いわみちおのかみ）

石見天豊足柄姫命神　いわみのあめとよたりからひめのみことのかみ
石見国那賀郡の石見天豊足柄姫命神社の祭神。
¶神仏辞典（石見天豊足柄姫命神　いわみのあめとよたりからひめのみことのかみ）

石見の牛鬼　いわみのうしおに
石見国魚津浦の海中から現れた、真っ黒で大きな生き物。
¶水木妖怪（石見の牛鬼　いわみのうしおに）〔像〕
妖怪大全（石見の牛鬼　いわみのうしおに）〔像〕

イワメテイェプ
北海道の山の怪。山の魔の意。
¶全国妖怪（イワメテイェプ〔北海道〕）

石屋神　いわやのかみ
淡路国津名郡の石屋神社の祭神。
¶神仏辞典（石屋神　いわやのかみ）

意波与命神　いわよのみことのかみ
伊豆国賀茂郡の意波予命神社の祭神。
¶神仏辞典（意波与命神・伊波与命神　いわよのみことのかみ）

イワラサンベ
アイヌに伝わる妖怪。「山側に生える草を分けて下る者」の意。
¶妖怪事典（イワラサンベ）

イワラサンペ
アイヌ語で「岩の底にいる化け物」という意味の妖怪。
¶妖怪事典（イワラサンペ）

イワレクツゥシチロンヌップ
アイヌに伝わる妖怪。
¶妖怪事典（イワレクツゥシチロンヌップ）

伊波例命神　いわれのみことのかみ
伊豆国賀茂郡の伊波例命神社の祭神。
¶神仏辞典（伊波例命神　いわれのみことのかみ）

陰火　いんか
幽霊や妖怪の出現の前ぶれとして現れる火。
¶広辞苑6（陰火　いんか）
妖怪事典（インカ）
妖怪大鑑（陰火　いんか）〔像〕
妖怪大事典（陰火　いんか）〔像〕

因果小僧六之助　いんがこぞうろくのすけ
盗賊雲霧仁左衛門の元手下。歌舞伎『龍三升高根雲霧』などに登場する。
¶架空伝説（因果小僧六之助　いんがこぞうろくのすけ）
歌舞伎登（因果小僧六之助　いんがこぞうろくのすけ）

インカゼ
熊本県人吉市でいう憑き物。
¶妖怪事典（インカゼ）

インガミ
熊本県人吉市でいう憑き物。
¶妖怪事典（インガミ）

インガメ
宮崎県、熊本県球磨郡、鹿児島県屋久島、沖縄県地方でいう犬神のこと。
¶妖怪事典（インガメ）
妖怪大鑑（インガメ）〔像〕

インガラボシ
和歌山県東牟婁郡地方でいう河童。
¶妖怪事典（インガラボシ）

允恭天皇　いんぎょうてんのう
『古事記』下巻、『日本書紀』巻13に所出。第19代天皇。
¶神仏辞典（允恭天皇　いんぎょうてんのう）
日本人名（允恭天皇　いんぎょうてんのう）

隠元　いんげん
明の渡来僧。黄檗宗の祖。
¶伝奇伝説（隠元　いんげん　[生]明の万暦20（1592）年11月4日　[没]寛文13（1673）年4月）

因業金兵衛　いんごうきんべえ
歌舞伎演目『水天宮利生深川』に登場する、もと、紙屑屋。横浜で盗品を扱う窩主買いをして処罰され、高利貸しになった。
¶歌舞伎登（因業金兵衛　いんごうきんべえ）

胤舜　いんしゅん
宝蔵院流槍術2代目。吉川英治作『宮本武蔵』の登場人物。
¶時代小説（胤舜　いんしゅん）

引導地蔵　いんどうじぞう
死者を冥界に引導する地蔵。
¶神仏辞典（引導地蔵　いんどうじぞう）

印南数馬　いんなみかずま
歌舞伎演目『蔦模様血染御書』に登場する、細川家の小姓。
¶歌舞伎登（印南数馬　いんなみかずま）

印南勘十郎　いんなみかんじゅうろう
五味康祐作『柳生武芸帳』の登場人物。
¶時代小説（印南勘十郎　いんなみかんじゅうろう）

インヌフィークーテアッチャン
沖縄県中頭郡地方でいう怪異。
¶妖怪事典（インヌフィークーテアッチャン）

因縁　いんねん
長崎県福江市、南松浦郡地方でいう憑き物。人に取り憑き、病気、不和、事業不振をもたらす。
¶妖怪事典（インネン）
妖怪大鑑（インネン）〔像〕
妖怪大事典（因縁　いんねん）〔像〕

隠嶋神　いんのしまのかみ
『日本三代実録』に所出。備後国の神。
¶神仏辞典（隠嶋神　いんのしまのかみ）

犬の亡霊　いんのもうれい
鹿児島県薩摩郡下甑島でいう、山中で死んだ犬の亡霊が鳴き声を出すもの。
¶神仏辞典（いんのもうれい）
全国妖怪（インノモウレイ〔鹿児島県〕）
妖怪事典（インノモーレイ）

インマーザービ
沖縄でいう妖怪。
¶妖怪事典（インマーザービ）

いんまほ
鹿児島県の奄美大島でいう。人が死ぬ直前に、その人の魂を取りに来る。
¶神仏辞典（いんまほ）
妖怪事典（インマホ）

インミャオ
鹿児島県奄美大島でいう妖怪。
¶妖怪事典（インミャオ）

淫乱居士　いんらんこじ
江島其磧（八文字自笑）作の浮世草子『傾城禁短気』(1711)に登場する、色道の達人。
¶架空人日（淫乱居士　いんらんこじ）
架空伝説（淫乱居士　いんらんこじ）

【う】

ウー
鹿児島県地方でいう妖怪の児童語。
¶妖怪事典（ウー）

外郎売り　ういろううり
歌舞伎演目『外郎売』に登場する、淀みない巧みな弁舌で薬の売り立てをする者。
¶歌舞伎登（外郎売り　ういろううり）

祝神　うぇえじん
山梨県北部から長野県中部にかけて分布する同族神。祝神（いわいじん）、祝殿（いわいでん）と呼ばれるものの転訛の一つ。
¶神仏辞典（祝神　うぇえじん）
神仏辞典（祝神　ゆわいじん）

植木屋杢右衛門　うえきやもくえもん
歌舞伎演目『忠臣連理廼鉢植』に登場する、本懐を遂げるため植木屋に身をやつしている、塩冶浪士竹森喜多八のこと。
¶歌舞伎登（植木屋杢右衛門　うえきやもくえもん）

殖栗神　うえぐりのかみ
伊勢国朝明郡の殖栗神社の祭神。
¶神仏辞典（殖栗神　うえぐりのかみ）

上杉景勝　うえすぎかげかつ
安土桃山・江戸前期の大名。叔父上杉謙信の養子。関ヶ原の戦いの直前に徳川家康に敵対。翌年出羽米沢（山形県）30万石に減封された。歌舞伎演目『本朝廿四孝』では長尾景勝。
¶歌舞伎登（長尾景勝　ながおかげかつ）
伝奇伝説（上杉景勝　うえすぎかげかつ　㊤弘治1(1555)年　㊦元和9(1623)年）

上杉謙信　うえすぎけんしん
戦国時代の武将。守護代長尾為景の次男。歌舞伎では長尾謙信、長尾輝虎という名。
¶架空伝承（上杉謙信　うえすぎけんしん　㊤享禄3(1530)年　㊦天正6(1578)年）
歌舞伎登（長尾謙信 1『本朝廿四孝』　ながおけんしん）
歌舞伎登（長尾輝虎（長尾謙信）2『信州川中島合戦』　ながおてるとら（ながおけんしん））
奇談逸話（上杉謙信　うえすぎけんしん　㊤享禄3(1530)年　㊦天正6(1578)年）
説話伝説（上杉謙信　うえすぎけんしん　㊤享禄3(1530)年　㊦天正6(1578)年）〔像〕
伝奇伝説（上杉謙信　うえすぎけんしん　㊤享禄3(1530)年　㊦天正6(1578)年）〔像〕
日本神々（上杉謙信　うえすぎけんしん　㊤享禄3(1530)年正月21日　㊦天正6(1578)年3月13日）

〔像〕

上杉治憲　うえすぎはるのり
　⇒上杉鷹山(うえすぎようざん)

上杉鷹山　うえすぎようざん
第9代米沢藩主。日向高鍋藩主秋月種美の次男。
　¶架空伝承（上杉鷹山　うえすぎようざん　⑭宝暦1
　　(1751)年　⑳文政5(1822)年）〔像〕
　神仏辞典（上杉鷹山　うえすぎようざん　⑭1751年
　　⑳1822年）
　時代小説（上杉治憲　うえすぎはるのり）
　日本神々（上杉鷹山　うえすぎようざん　⑭宝暦1
　　(1751)年7月20日　⑳文政5(1822)年3月12日）
　〔像〕

上田秋成　うえだあきなり
近世中期の浮世草子・読本作者、国学者、歌人。
　¶奇談逸話（上田秋成　うえだあきなり　⑭享保19
　　(1734)年6月25日　⑳文化6(1809)年6月27日）
　説話伝説（上田秋成　うえだあきなり　⑭享保19
　　(1734)年　⑳文化6(1809)年）
　伝奇伝説（上田秋成　うえだあきなり　⑭享保19
　　(1734)年　⑳文化6(1809)年）〔像〕

殖田神　うえたのかみ
土佐国長岡郡の殖田神社の祭神。
　¶神仏辞典（殖田神　うえたのかみ）

殖田上神　うえたのかみのかみ
『日本三代実録』に所出。土佐国の神。
　¶神仏辞典（殖田上神　うえたのかみのかみ）

植田良平　うえだりょうへい
吉川英治作『宮本武蔵』の登場人物。
　¶時代小説（植田良平　うえだりょうへい）

宇閇神　うえのかみ
讃岐国鵜足郡の宇閇神社の祭神。
　¶神仏辞典（宇閇神　うえのかみ）

鵜江神　うえのかみ
備中国小田郡の鵜江神社の祭神。
　¶神仏辞典（鵜江神　うえのかみ）

於神　うえのかみ
越前国足羽郡、讃岐国苅田郡の於神社の祭神。
　¶神仏辞典（於神　うえのかみ）

上野妙義坊　うえのみょうぎぼう
群馬県甘楽郡妙義山でいう天狗。
　¶妖怪事典（ウエノミョウギボウ）
　妖怪大事典（上野妙義坊　うえのみょうぎぼう）

上原二郎　うえはらじろう
太宰治作『斜陽』(1947)の主人公かず子の弟直治が師匠と尊敬している小説家。
　¶架空人日（上原二郎　うえはらじろう）

植村隼人　うえむらはやと
歌舞伎演目『佐倉義民伝』に登場する、下総佐倉の領主、堀田上野介（江戸期の役名は織越政知、星田上総之助などとも）の家臣。
　¶歌舞伎登（植村隼人　うえむらはやと）

上山源昌房　うえやまげんしょうぼう
海音寺潮五郎作『二本の銀杏』の登場人物。
　¶時代小説（上山源昌房　うえやまげんしょうぼう）

上山尊親房　うえやまそんしんぼう
海音寺潮五郎作『二本の銀杏』の登場人物。
　¶時代小説（上山尊親房　うえやまそんしんぼう）

ウエンカムイ
アイヌに伝わる妖怪。
　¶妖怪事典（ウエンカムイ）

ウエンブタカウイ
アイヌに伝わる妖怪。
　¶妖怪事典（ウエンブタカウイ）

ウエンレラ
アイヌに伝わる妖怪。
　¶妖怪事典（ウエンレラ）

鵜飼い勘作　うかいかんさく
歌舞伎演目『日蓮上人御法海』に登場する、甲斐の国波木井の里の鵜飼い。
　¶歌舞伎登（鵜飼い勘作　うかいかんさく）

鵜飼九十郎　うかいくじゅうろう
歌舞伎演目『富岡恋山開』に登場する、下総結城家の物頭役兵太夫の子息。
　¶歌舞伎登（鵜飼九十郎　うかいくじゅうろう）

うがじま
三重県熊野市飛鳥町神山の旧家倉谷氏の屋敷神。
　¶神仏辞典（うがじま）

宇賀神　うがじん
食物を司る神とされる。長寿や福をもたらす福神としても信仰され、天女形、あるいは人頭蛇身の姿で表された。
　¶神様読解（宇賀神　うがじん）〔像〕
　広辞苑6（宇賀の神　うかのかみ）
　神仏辞典（宇賀神　うがじん）
　大辞林3（宇賀神　うがじん）
　東洋姓名（宇賀神　ウガジン）〔像〕
　日本神様（宇賀神　うかのかみ）〔像〕

鵜濡渟命　うかずくぬのみこと
『新撰姓氏録』に所出。天穂日命12世の孫、出雲臣・神門臣の祖。
　¶神仏辞典（鵜濡渟命　うかずくぬのみこと）

宇加神　うかのかみ
出雲国出雲郡の宇加社の祭神。
¶神仏辞典（宇加神　うかのかみ）

宇賀神　うかのかみ
伊勢国桑名郡の宇賀神社の祭神。
¶神仏辞典（宇賀神　うかのかみ）

宇迦之御魂　うかのみたま
古代の穀物霊。これが神格化して、宇迦之御魂神、保食神など各種の神名となった。
¶広辞苑（宇迦御魂・倉稲魂・稲魂　うかのみたま）
神話伝説（宇迦之御魂　うかのみたま）〔像〕
世百新（倉稲魂　うかのみたま）

宇迦之御魂神　うかのみたまのかみ
五穀・食物を司る神。『日本書紀』では、倉稲魂命。
¶朝日歴史（倉稲魂命　うかのみたまのみこと）
神様読解（宇迦之御魂命/倉稲魂　うかのみたまのかみ・うがのみたまのみこと）〔像〕
神様読解（宇迦之御魂神・豊受媛命　うかのみたまのかみ・とようけひめのみこと）
新潮日本　神仏辞典（宇迦之御魂神　うかのみたまのかみ）
日本神々（宇迦之御魂神　うかのみたまのかみ）〔像〕
日本神様（稲荷信仰の神々〔宇迦之御魂大神いなりしんこうのかみがみ〕）〔像〕
日本人名（倉稲魂命　うかのみたまのみこと）

稲魂女　うかのめ
食物を司る女神。
¶広辞苑6（稲魂女　うかのめ）
大辞林3（稲魂女　うかのめ）

鵜甘神　うかむのかみ
越前国今立郡の鵜甘神社の祭神。
¶神仏辞典（鵜甘神　うかむのかみ）

兎上神　うかむのかみ
美作国大庭郡の兎上神社の祭神。
¶神仏辞典（兎上神　うかむのかみ）

鵜葺草葺不合命　うがやふきあえずのみこと
神武天皇の父神。
¶朝日歴史（鸕鶿草葺不合尊　うがやふきあえずのみこと）
架空人日（鵜葺草葺不合命　うがやふきあえずのみこと）
神様読解（鵜葺草葺不合命/天津日高日子波限建鵜葺草葺不合命/彦波瀲武鸕鶿草葺不合尊　うがやふきあえずのみこと・あまつひこひこなぎさたけうがやふきあえずのみこと・ひこなぎさたけうがやふきあえずのみこと）
神文史（鵜草葺不合（記）、鸕鷀草葺不合（紀）ウガフキアエズ）
広辞苑6（鸕鶿草葺不合尊　うがやふきあえずのみこと）
コン5（鵜葺草葺不合命　うがやふきあえずのみこと）
新潮日本（鸕鶿草葺不合尊　うがやふきあえずのみこと）
神仏辞典（鵜葺草葺不合命・鸕鶿草葺不合尊　うがやふきあえずのみこと）
神話伝説（鸕鶿草葺不合命　うがやふきあえずのみこと）
世百新（鸕鶿草葺不合尊　うがやふきあえずのみこと）
大辞林3（鸕鶿草葺不合尊　うがやふきあえずのみこと）
伝奇伝説（鸕鶿草葺不合尊　うがやふきあえずのみこと）
東洋神名（鸕鶿草葺不合尊　ウガヤフキアエズノミコト）
日本神々（鸕鶿草葺不合尊　うがやふきあえずのみこと）〔像〕
日本神々（鸕鶿草葺不合尊　うかやふきあえずのみこと）〔像〕
日本人名（鸕鶿草葺不合尊　うがやふきあえずのみこと）
日本神話（ウガヤフキアヘズ）

浮かれ坊主　うかれぼうず
歌舞伎演目『浮かれ坊主』に登場する、願人坊主の異称。
¶歌舞伎登（浮かれ坊主　うかれぼうず）

鵜川神　うかわのかみ
越後国三島郡の鵜川神社の祭神。
¶神仏辞典（鵜川神　うかわのかみ）

浮島太夫　うきしまだゆう
幸若『信太』に登場する、平将門の子孫で相馬氏の重臣。
¶架空人日（浮島太夫　うきしまだゆう）

浮嶋神　うきしまのかみ
『日本三代実録』に所出。伊予国の神。
¶神仏辞典（浮嶋神　うきしまのかみ）

浮洲の仁三　うきすのにさ
歌舞伎演目『生写朝顔話』に登場する、大友の残党浮洲の仁三郎。
¶歌舞伎登（浮洲の仁三　うきすのにさ）

浮田幸吉　うきたこうきち
江戸後期の発明家。
¶伝奇伝説（浮田幸吉　うきたこうきち　㋓宝暦7（1757）年　㋛弘化4（1847）年8月）

浮田左近次　うきたさこんじ
角田喜久雄作『髑髏銭』の登場人物。
¶時代小説（浮田左近次　うきたさこんじ）

宇伎多神　うきたのかみ
近江国高島郡の宇伎多神社の祭神。
¶神仏辞典（宇伎多神・宇支多神　うきたのかみ）

浮名　うきな
山東京伝作の黄表紙『江戸生艶気樺焼』（1785）に登場する遊女。
¶架空人日（浮名　うきな）

架空伝説（浮名　うきな）

浮舟　うきふね
『源氏物語』（宇治十帖）の登場人物の一人。
¶架空人日（浮舟　うきふね）
架空伝承（浮舟　うきふね）
歌舞伎登（浮舟　うきふね）
広辞苑6（浮舟　うきふね）
古典人学（浮舟　うきふね）
古典人東（浮舟　うきふね）
コン5（浮舟　うきふね）
新潮日本（浮舟　うきふね）
大辞林3（浮舟　うきふね）
日本人名（浮舟　うきふね）

ウキモノ
新潟県岩舟郡粟島でいう海の怪異。5、6月の花曇りのような日に現れる。
¶全国妖怪（ウキモノ〔新潟県〕）
妖怪事典（ウキモノ）
妖怪大鑑（うきもの）〔像〕
妖怪大事典（浮きもの　うきもの）〔像〕

浮世戸平　うきよとへい
歌舞伎演目『けいせい睦玉川』に登場する人物。「伊達騒動物」に登場する男伊達。
¶歌舞伎登（浮世戸平　うきよとへい）

浮世戸平　うきよとへい
歌舞伎演目『粋菩提悟道野晒』に登場する、大坂の侠客。
¶歌舞伎登（浮世戸平　うきよとへい）

浮世坊　うきよぼう
浅井了意作『浮世物語』の主人公。親が亡くなってから身を持ち崩し、のち剃髪して浮世坊と名乗る。
¶架空伝説（浮世坊　うきよぼう）
古典人学（浮世坊　うきよぼう）
古典人東（浮世坊　うきよぼう）

浮世又平　うきよまたへい
⇒吃の又平（どもりのまたへい）

宇久家盛　うくいえもり
平安後期〜鎌倉時代の武将。伝説では平清盛の弟という。
¶日本人名（宇久家盛　うくいえもり　生没年未詳）

宇久須神　うくすのかみ
伊豆国那賀郡の宇久須神社の祭神。
¶神仏辞典（宇久須神　うくすのかみ）

鵜屎神　うくそのかみ
越前国坂井郡の鵜屎神社の祭神。
¶神仏辞典（鵜屎神　うくそのかみ）

うぐめ
亡霊の妖怪。九州一帯でいう妖怪。
¶神仏辞典（うぐめ）
全国妖怪（ウグメ〔佐賀県〕）
全国妖怪（ウグメ〔長崎県〕）
全国妖怪（ウグメ〔大分県〕）
妖怪事典（ウグメ）
妖怪大事典（ウグメ）

ウグメ
東京都三宅島でいう動物の怪。
¶全国妖怪（ウグメ〔東京都〕）

宇受加命神　うけかのみことのかみ
隠岐国海部郡の宇受加命神社の祭神。
¶神仏辞典（宇受加命神　うけかのみことのかみ）

宇芸神　うけのかみ
上野国甘楽郡の宇芸神社の祭神。
¶神仏辞典（宇芸神　うけのかみ）

保食神　うけもちのかみ
『日本書紀』神代の条の神話で、月夜見尊に殺された食物神。『古事記』では同様の話が、大宜津比売として語られている。
¶朝日歴史（保食神　うけもちのかみ）
架空伝承（保食神　うけもちのかみ）
神様読解（大宜都比売神/保食神　おおげつひめのかみ・うけもちのかみ）
広辞苑6（保食神　うけもちのかみ）
新潮日本（保食神　うけもちのかみ）
神仏辞典（保食神　うけもちのかみ）
世百新（保食神　うけもちのかみ）
日本神様（大宜津比売・保食神　おおげつひめ・うけもちのかみ）〔像〕
日本人名（保食神　うけもちのかみ）

右源太　うげんた
歌舞伎演目『紅葉狩』に登場する、平維茂に仕える従者。
¶歌舞伎登（右源太・左源太　うげんた・さげんた）

ウコン
米沢藩の城代岩井大膳が飼っていた狐。ウコンまたはサコンという名。間違えて送った書状を取り戻しに行かせ、無事果たしたのち死んでしまった。
¶全国妖怪（ウコン/サコン）

右近　うこん
三上於菟吉作『敵打日月双紙』の登場人物。
¶時代小説（右近・左近　うこんさこん）

鵜坂姉比咩神　うさかのえひめのかみ
『日本三代実録』に所出。越中国の神。
¶神仏辞典（鵜坂姉比咩神　うさかのえひめのかみ）

鵜坂神　うさかのかみ
越中国婦負郡の鵜坂神社の祭神。
¶神仏辞典（鵜坂神　うさかのかみ）

鵜坂妻比咩神　うさかのつまひめのかみ
『日本三代実録』に所出。越中国の神。
¶神仏辞典（鵜坂妻比咩神　うさかのつまひめのかみ）

兎神　うさぎがみ
⇒因幡の白兎（いなばのしろうさぎ）

兎上神　うさぎかみのかみ
伊勢国朝明郡の兎上神社の祭神。
¶神仏辞典（兎上神　うさぎかみのかみ）

兎狸　うさぎだぬき
徳島県三好郡吉野川沿いにいた化け狸。
¶全国妖怪（ウサギダヌキ〔徳島県〕）
　妖怪事典（ウサギダヌキ）
　妖怪大事典（兎狸　うさぎだぬき）

宇沙都比古　うさつひこ
神武天皇が豊前宇沙（宇佐）郡を通りかかったとき、もてなした神。
¶神様読解（宇沙都比古　うさつひこ）
　神仏辞典（宇沙都比古・莵狭津彦　うさつひこ）
　日本人名（莵狭津彦　うさつひこ）

宇沙都比売　うさつひめ
宇沙都比古の娘。
¶神様読解（宇沙都比売　うさつひめ）
　神仏辞典（宇沙都比売・莵狭津媛　うさつひめ）

宇佐大神　うさのおおかみ
鹿児島県姶良市上名の黒島神社、山梨県北杜市須玉町東向の八幡大神社の祭神。
¶神仏辞典（宇佐大神　うさのおおかみ）

うさばい
高知県幡多郡の一部で田の神をいう。
¶神仏辞典（うさばい）

卯三郎　うさぶろう
北原亞以子作『深川澪通り木戸番小屋』の登場人物。
¶時代小説（卯三郎　うさぶろう）

宇佐美尾上之助　うさみおのえのすけ
歌舞伎演目『初冠曽我皐月富士根』に登場する、中老尾上のパロディー。
¶歌舞伎登（宇佐美尾上之助　うさみおのえのすけ）

宇佐美千鶴子　うさみちづこ
横光利一作『旅愁』(1937～46)に登場する、良家の令嬢。
¶架空人日（宇佐美千鶴子　うさみちづこ）

氏家真知子　うじいえまちこ
⇒真知子（まちこ）

牛打ち坊　うしうちぼう
徳島県板野郡に出る、牛馬を死にいたらしめる妖怪。
¶水木妖怪続（牛打坊　うしうちぼう）〔像〕
　妖怪事典（ウシウチボウ）
　妖怪大全（牛打ち坊　うしうちぼう）〔像〕
　妖怪大事典（牛打ち坊　うしうちぼう）〔像〕

潮津神　うしおつのかみ
加賀国江沼郡の潮津神社の祭神。
¶神仏辞典（潮津神　うしおつのかみ）

牛鬼　うしおに
牛のような形をした鬼。水に関する場所で伝説化されている。
¶幻想動物（牛鬼）〔像〕
　広辞苑6（牛鬼　うしおに）
　広辞苑6（牛鬼　ぎゅうき）
　神仏辞典（牛鬼　うしおに）
　全国妖怪（ウシオニ〔和歌山県〕）
　全国妖怪（ウシオニ〔島根県〕）
　全国妖怪（ウシオニ〔山口県〕）
　全国妖怪（ウシオニ〔徳島県〕）
　全国妖怪（ウシオニ〔愛媛県〕）
　全国妖怪（ウシオニ〔鹿児島県〕）
　大辞林3（牛鬼　うしおに）
　伝奇伝説（牛鬼　うしおに）
　日ミス（牛鬼　うしおに・ぎゅうき・ごき）
　日本未確認（牛鬼　うしおに）
　妖怪事典（ウシオニ）
　妖怪図鑑（牛鬼　うしおに）〔像〕
　妖怪大事典（牛鬼　うしおに）〔像〕
　妖百2（牛鬼・濡れ女　うしおに・ぬれおんな）〔像〕

得塩神　うしおのかみ
出雲国大原郡の得塩社、海潮神社の祭神。
¶神仏辞典（得塩神・海潮神　うしおのかみ）

宇治加賀掾　うじかがのじょう
浄瑠璃太夫。浄瑠璃正本の基礎を確立した。
¶伝奇伝説（宇治加賀掾　うじかがのじょう　④寛永12(1635)年　⑫正徳1(1711)年）

牛方山姥　うしかたやまんば
牛を連れた商人を襲うとされる山姥の一種。
¶幻想動物（牛方山姥）〔像〕

牛神　うしがみ
農家が飼牛の平安を願って祀った神。西日本に広くみられた。
¶神仏辞典（牛神　うしがみ）

氏神　うじがみ
古代の氏族が氏全体の守り神として祀った神で、祖霊や氏族に由緒のある神。中世以降は村落社会の守護神のこともいった。現在の氏神は、本来の氏神に鎮守神・産土神の性格も合わさったもの。
¶神様読解（氏神　うじがみ）
　広辞苑6（氏神　うじがみ）

神仏辞典（氏神　うじがみ）
大辞林3（氏神　うじがみ）

牛荒神　うしこうじん
中国地方の牛の神。
¶神仏辞典（牛荒神　うしこうじん）

牛御前　うしごぜん
『吾妻鏡』『新編武蔵風土記稿』などに見られる妖怪。
¶日ミス（牛御前　うしごぜん）
妖怪事典（ウシゴゼン）
妖怪大事典（牛御前　うしごぜん）〔像〕

牛ちゃん　うしちゃん★
本名、赤羽丑之助。獅子文六作『大番』(1956-58)の主人公。昭和初期の相場師。
¶架空人物（牛ちゃん）

牛庭神　うしにわのかみ
伊勢国多気郡の牛庭神社の祭神。
¶神仏辞典（牛庭神　うしにわのかみ）

宇治の大君　うじのおおいきみ
『源氏物語』の登場人物。八宮の二人姉妹の姉君。
¶広辞苑6（宇治の大君　うじのおおいきみ）
古典人学（宇治の大君　うじのおおいきみ）
古典人東（宇治の大君　うじのおおいぎみ）
大辞林3（宇治の大君　うじのおおいぎみ）

宇遅の王　うじのおおきみ
『日本霊異記』に登場する、聖武天皇の代の人。
¶架空人日（宇遅の王　うじのおおきみ）

宇治彼方神　うじのおちかたのかみ
山城国宇治郡の宇治彼方神社の祭神。
¶神仏辞典（宇治彼方神　うじのおちかたのかみ）

宇治神　うじのかみ
山城国宇治郡の宇治神社二座の祭神。
¶神仏辞典（宇治神　うじのかみ）

宇治常悦　うじのじょうえつ
歌舞伎演目『太平記菊水之巻』『碁太平記白石噺』に登場する、紺屋の息子の出家した名。実は楠正成の嫡子。
¶歌舞伎登（宇治常悦1『太平記菊水之巻』　うじのじょうえつ）
歌舞伎登（宇治常悦2『碁太平記白石噺』　うじのじょうえつ）

宇治の長者　うじのちょうじゃ
岩井温泉（鳥取県）に伝わる話に登場する藤原冬久の呼び名。
¶伝奇伝説（宇治の長者　うじのちょうじゃ）

宇治の中の君　うじのなかのきみ
『源氏物語』の登場人物。宇治の八の宮の二女、母は大臣の娘。
¶古典人東（宇治の中の君　うじのなかのきみ）

宇治の橋姫　うじのはしひめ
京都府宇治市の橋姫神社の祭神に付会されている伝説上の女性。中世以降の所伝では、鬼女となって嵯峨天皇の代に京都に害を与えた人物とされた。
¶朝日歴史（宇治橋姫　うじのはしひめ）
神様読解（宇治橋姫　うじのはしひめ）〔像〕
奇談逸話（橋姫　はしひめ　生没年未詳）
広辞苑6（宇治の橋姫　うじのはしひめ）
新潮日本（宇治の橋姫　うじのはしひめ）
神仏辞典（宇治の橋姫　うじのはしひめ）
大辞林3（宇治の橋姫　うじのはしひめ）
日ミス（橋姫　はしひめ）
日本人名（宇治橋姫　うじのはしひめ）

宇治の八の宮　うじのはちのみや
『源氏物語』の登場人物。桐壺帝の第八皇子。母は女御で大臣の娘。
¶古典人東（宇治の八の宮　うじのはちのみや）

菟道稚郎子　うじのわきいらつこ
応神天皇の太子。
¶架空伝承（菟道稚郎子　うじのわきいらつこ）
コン5（菟道稚郎子　うじのわきいらつこ）
新潮日本（菟道稚郎子　うじのわきいらつこ）
伝奇伝説（宇遅能和紀郎子　うじのわきいらつこ）
日本人名（菟道稚郎子　うじのわきいらつこ）

菟道彦　うじひこ
屋主忍男武雄心命の妃である影媛の兄。武内宿禰の祖父。『古事記』の宇豆比古と同一とされる。
¶神様読解（宇豆比古　うづひこ）
日本人名（菟道彦　うじひこ）

宇志比古神　うしひこのかみ
阿波国板野郡の宇志比古神社の祭神。
¶神仏辞典（宇志比古神　うしひこのかみ）

宇治比売命　うじひめのみこと
国津御祖神社の祭神。
¶日本人名（宇治比売命　うじひめのみこと）

牛堀九万之助　うしほりくまのすけ
池波正太郎作『剣客商売』の登場人物。
¶時代小説（牛堀九万之助　うしほりくまのすけ）

牛マジムン　うしまじむん
沖縄県において、牛の姿で出現する魔物の一種。
¶幻想動物（牛マジムン）〔像〕
全国妖怪（ウシマジムン〔沖縄県〕）
妖怪事典（ウシマジムン）
妖怪大事典（牛マジムン　うしまじむん）

宇治民部卿　うじみんぶきょう
藤原忠文のこと。平将門追討のため、征夷大将軍に任じられたが下着以前に将門は滅びた。逸

話が多い人物。
¶伝奇伝説（宇治民部卿　うじみんぶきょう　[生]貞観15(873)年　[没]天暦1(947)年）

宇治山田の米友　うじやまだのよねとも
中里介山作『大菩薩峠』の登場人物。
¶時代小説（宇治山田の米友　うじやまだのよねとも）

後神　うしろがみ
臆病神の一種。背後から人の髪の毛を引っ張る妖怪。
¶幻想動物（後神）〔像〕
神仏辞典（後神　うしろがみ）
水木妖怪（後神　うしろがみ）〔像〕
妖怪事典（ウシロガミ）
妖怪大全（うしろ神　うしろがみ）〔像〕
妖怪大事典（後神　うしろがみ）〔像〕

後目　うしろめ
熊本県八代市の松井家に伝わる『百鬼夜行絵巻』に描かれている妖怪。かぎ爪のような手で坊主頭に目は後ろに付いている。
¶妖怪事典（ウシロメ）

牛若伝次　うしわかでんじ
歌舞伎演目『黒手組曲輪達引』に登場する、由緒ある武士の胤から巾着切りに転落した者。
¶歌舞伎登（牛若伝次　うしわかでんじ）

牛若丸　うしわかまる
⇒源義経（みなもとのよしつね）

碓井貞光　うすいさだみつ
平安中期の武将源頼光の家来で「頼光四天王」の一人。
¶架空人日（貞光　さだみつ）
歌舞伎登（碓井貞光　うすいのさだみつ）
説話伝説（碓井貞光　うすいさだみつ）
伝奇伝説（頼光四天王　らいこうしてんのう）
日本人名（碓氷貞光　うすいさだみつ　[生]954年　[没]1021年）

臼負い婆　うすおいばばあ
『怪談藻塩草』にあるもの。新潟県の佐渡宿根木でいう海の怪。
¶全国妖怪（ウスオイババ〔新潟県〕）
妖怪事典（ウスオイババア）
妖怪大事典（臼負い婆　うすおいばばあ）〔像〕

うず神　うずがみ
屋敷内に祠られる神の呼称の一つ。宮城県でいう。
¶神仏辞典（うず神　うずがみ）

宇豆貴神　うずきのかみ
丹後国与謝郡の宇豆貴神社の祭神。
¶神仏辞典（宇豆貴神　うずきのかみ）

薄雲　うすぐも
江戸元禄年間の吉原の遊女。吉原遊女の〈意気張〉を示して名を残した。歌舞伎『櫓太鼓鳴音吉原』に登場する。
¶架空伝説（薄雲　うすぐも）
歌舞伎登（薄雲太夫　うすぐもだゆう）
コン5（薄雲太夫　うすぐもたゆう　生没年不詳）
説話伝説（薄雲　うすぐも）
伝奇伝説（薄雲　うすぐも）〔像〕

薄雲の女院　うすぐものにょういん
⇒藤壺（ふじつぼ）

臼転び　うすころび
岡山県真庭郡でいう妖怪。
¶妖怪事典（ウスコロビ）

烏枢沙摩明王　うすさまみょうおう
汚れを清浄に変える徳のある明王。
¶神仏辞典（烏枢沙摩　うすさま）
大辞林3（烏芻沙摩明王　うすさまみょうおう）
東洋神名（烏枢澁摩明王　ウスシマミョウオウ）〔像〕
仏尊事典（烏枢沙摩明王　うすさまみょうおう）〔像〕

臼の神　うすのかみ
臼に宿る神、臼屋で祀っている神を山梨県富士吉田市福地でいう。
¶神仏辞典（臼の神　うすのかみ）

臼の神（アイヌ）　うすのかみ
アイヌの臼の女神。安産の神と考えられる。
¶アジア女神（臼の神）
神仏辞典（臼　うす）

宇須乃野神　うすののかみ
伊勢国度会郡の宇須乃野神社の祭神。
¶神仏辞典（宇須乃野神　うすののかみ）

宇豆比古　うずひこ
⇒菟道彦（うじひこ）

珍彦　うずひこ
⇒椎根津彦（しいねつひこ）

薄雪姫　うすゆきひめ
仮名草子『薄雪物語』およびそれに材を得た浄瑠璃、歌舞伎等に登場するヒロイン。
¶架空伝承（薄雪姫　うすゆきひめ）〔像〕
架空伝説（薄雪姫・左衛門　うすゆきひめ・さえもん）
歌舞伎登（薄雪姫　うすゆきひめ）
広辞苑6（薄雪姫　うすゆきひめ）
古典人学（薄雪姫　うすゆきひめ）
コン5（薄雪姫　うすゆきひめ）
新潮日本（薄雪姫　うすゆきひめ）
日本人名（薄雪姫　うすゆきひめ）

鵜崎巨石　うざききょせき
永井荷風作『おかめ笹』(1920)に登場する画家。

¶架空人日（鵜崎巨石　うざききょせき）

右大将　うだいしょう
『苔の衣』の主人公で貴族。父は関白、母は前斎宮。
¶古典人東（右大将　うだいしょう）

宇多絵　うたえ
有吉佐和子作『和宮様御留』の登場人物。
¶時代小説（宇多絵　うたえ）

歌川広重　うたがわひろしげ
⇒安藤広重（あんどうひろしげ）

宇多貴神　うたきのかみ
出雲国秋鹿郡の宇多貴社の祭神。
¶神仏辞典（宇多貴神・宇多紀神　うたきのかみ）

歌凝比売命　うたごりひめのみこと
『古事記』中巻に所出。美知能宇斯王の娘。
¶神様読解（歌凝比売命　うたごりひめのみこと）
神仏辞典（歌凝比売命　うたこりひめのみこと）

宇太志神　うたしのかみ
尾張国海部郡の宇太志神社の祭神。
¶神仏辞典（宇太志神　うたしのかみ）

宇多天皇　うだてんのう
第59代に数えられる平安前期の天皇。在位887-897年。説話の中では、賢帝として伝えられる。
¶架空伝承（宇多天皇　うだてんのう　[生]貞観9（867）年　[没]承平1（931）年）
説話伝説（宇多天皇　うだてんのう　[生]貞観9（867）年　[没]承平1（931）年）
世百新（宇多天皇　うだてんのう　[生]貞観9（867）年　[没]承平1（931）年）
伝奇伝説（宇多天皇　うだてんのう　[生]貞観9（867）年　[没]承平1（931）年）

宇陀墨坂神　うだのすみさかのかみ
⇒三諸岳神（みもろのおかのかみ）

宇太水分神　うだのみくまりのかみ
大和国宇陀郡の宇太水分神社の祭神。
¶神仏辞典（宇太水分神・宇陀水分神　うだのみくまりのかみ）

宇太依田神　うだのよりたのかみ
大和国城上郡の宇太依田神社の祭神。
¶神仏辞典（宇太依田神　うだのよりたのかみ）

菟足神　うたりのかみ
三河国宝飫郡の菟足神社の祭神。
¶神仏辞典（菟足神　うたりのかみ）

内々神　うちうちのかみ
尾張国春部郡の内々神社の祭神。
¶神仏辞典（内々神　うちうちのかみ）

宇知賀久牟豊富命　うちかくむとよほのみこと
『播磨国風土記』に所出。神前郡蔭山里冑岡で伊予都比古神と闘った神。
¶神仏辞典（宇知賀久牟豊富命　うちかくむとよほのみこと）

内神　うちがみ
奥羽地方から関東北部にかけて、屋敷の一隅に祀る神。
¶広辞苑6（内神　うちがみ）
神仏辞典（内神　うちがみ）

うちのかみ
西日本の一部で、寝室の納戸に祀る神の呼称。
¶神仏辞典（うちのかみ）

内神　うちのかみ
秋鹿郡式内社10社の宇智社、『延喜式』の内神社の祭神。
¶神仏辞典（内神・宇賀神　うちのかみ）

内山海石　うちやまかいせき
永井荷風作『おかめ笹』（1920）に登場する画家。
¶架空人日（内山海石　うちやまかいせき）

内山翰　うちやまかん
永井荷風作『おかめ笹』（1920）の主人公の先生である内山海石の一人息子。
¶架空人日（内山翰　うちやまかん）

打綿狸　うちわただぬき
道の妖怪。香川県仲多度郡多度津町でいう。
¶神仏辞典（打綿狸　うちわただのき）
全国妖怪（ウチワタダヌキ〔香川県〕）

宇津　うつ
舟橋聖一作『絵島生島』の登場人物。
¶時代小説（宇津　うつ）

宇豆賀之神　うつかのかみ
伊賀国阿拝郡の宇都可神社の祭神。
¶神仏辞典（宇豆賀之神・宇都可神　うつかのかみ）

宇津木兵馬　うつきひょうま
中里介山作『大菩薩峠』の登場人物。
¶時代小説（宇津木兵馬　うつきひょうま）

宇津木文之丞　うつきぶんのじょう
中里介山作『大菩薩峠』の登場人物。
¶時代小説（宇津木文之丞　うつきぶんのじょう）

うっさん
群馬県吾妻郡六合村で便所の神のこと。
¶神仏辞典（うっさん）

顕国玉神　うつしくにたまのかみ
⇒大国主神（おおくにぬしのかみ）

内色許男命　うつしこおのみこと
第8代孝元天皇の皇后内色許売命（鬱色謎命）の兄。
¶**神様読解**（内色許男命　うつしこおのみこと）
神仏辞典（内色許男命・鬱色雄命　うつしこおのみこと）
日本人名（鬱色雄命　うつしこおのみこと）

内色許売命　うつしこめのみこと
第8代孝元天皇の皇后。
¶**神様読解**（内色許売命/欝色謎命　うつしこめのみこと・うつしこめのみこと）
神仏辞典（内色許売命・鬱色謎命・鬱色謎命　うつしこめのみこと）
日本人名（鬱色謎命　うつしこめのみこと）

移田神　うつしたのかみ
伊勢国朝明郡の移田神社の祭神。
¶**神仏辞典**（移田神　うつしたのかみ）

うつしば
福岡県粕屋郡新宮町の相島で、便所の神をいう。
¶**神仏辞典**（うつしば）

宇都志日金拆命　うつしひかなさくのみこと
『古事記』上巻に所出。安曇連の祖（未定雑姓河内国）。
¶**神仏辞典**（宇都志日金拆命・于都斯比賀奈拆命　うつしひかなさくのみこと）
日本人名（宇都志日金析命　うつしひかなさくのみこと）

うつしま
愛知県知多郡南知多町の日間賀島で、便所の神をいう。
¶**神仏辞典**（うつしま）

空蟬　うつせみ
『源氏物語』の登場人物。故衛門督の娘。方違えに訪れた光源氏に口説かれて一夜をすごす。
¶**架空人日**（空蟬　うつせみ）
架空伝説（空蟬　うつせみ）
広辞苑6（空蟬　うつせみ）
古典人学（空蟬　うつせみ）
古典人東（空蟬　うつせみ）
大辞林3（空蟬　うつせみ）

宇都宮公綱　うつのみやきんつな
歌舞伎演目『楠昔噺』に登場する人物。柴刈り爺徳太夫と先妻の間の子、同名の実在人物がモデル。
¶**歌舞伎登**（宇都宮公綱　うつのみやきんつな）

宇都波良志神　うつはらしのかみ
越後国蒲原郡の宇都波良志神社の祭神。
¶**神仏辞典**（宇都波良志神　うつはらしのかみ）

『靭猿』の大名　うつぼざるのだいみょう
靭猿に登場する、長い京都の逗留に退屈した遠国の大名。
¶**架空人日**（『靭猿』の大名　うつぼざるのだいみょう）

内海文三　うつみぶんぞう
二葉亭四迷作『浮雲』の主人公。
¶**架空人日**（内海文三　うつみぶんぞう）
コン5（内海文三　うつみぶんぞう）
日本人名（内海文三　うつみぶんぞう）

宇都母知神　うつもちのかみ
相模国高座郡の宇都母知神社の祭神。
¶**神仏辞典**（宇都母知神　うつもちのかみ）

烏亭焉馬　うていえんば
江戸後期の戯作者、狂歌師。江戸落語中興の祖といわれる。
¶**架空伝承**（烏亭焉馬　うていえんば [生]寛保3（1743）年 [没]文政5（1822）年）〔像〕
伝奇伝説（烏亭焉馬　うていえんば [生]寛保3（1743）年 [没]文政5（1822）年6月2日）〔像〕

茹蛸のおいぼ　うでだこのおいぼ
歌舞伎演目『三人吉三廓初買』に登場する、土左衛門伝吉に抱えられる夜鷹。
¶**歌舞伎登**（茹蛸のおいぼ　うでだこのおいぼ）

腕の喜三郎　うでのきさぶろう
江戸初期の侠客。切られて落ちそうになった腕を子分に鋸で切り取らせたという。歌舞伎などに脚色されて登場する。
¶**架空伝説**（腕の喜三郎　うでのきさぶろう [生]1641年）〔像〕
説話伝説（腕の喜三郎　うでのきさぶろう　生没年未詳）
伝奇伝説（腕の喜三郎　うでのきさぶろう　生没年未詳）〔像〕
日本人名（腕の喜三郎　うでのきさぶろう [生]1642年 [没]1715年）

腕の喜三郎　うでのきさぶろう
歌舞伎演目『茲江戸小腕達引』に登場する、もと結城藩の武士。
¶**歌舞伎登**（腕の喜三郎　うでのきさぶろう）

腕の喜三郎　うでのきさぶろう
歌舞伎演目『棲重噂菊月』に登場する、神田お玉が池に住む魚屋。
¶**歌舞伎登**（腕の喜三郎　うでのきさぶろう）

善知鳥　うとう
歌舞伎演目『教草吉原雀』に登場する安倍宗任の女房。実は出羽の国平賀の鷹の精霊。
¶**歌舞伎登**（善知鳥　うとう）

善知鳥安方　うとうやすかた
善知鳥文治安方として、浄瑠璃『奥州安達原』や

山東京伝の読本『善知鳥安方忠義伝』などに登場し、主人の遺児をかくまう役所で活躍する人物。
- ¶架空伝承（善知鳥安方　うとうやすかた）
- 架空伝説（善知鳥安方　うとうやすかた）
- 歌舞伎登（善知鳥文治　うとうぶんじ）
- 古典人学（善知鳥安方　うとうやすかた）
- コン5（善知鳥安方　うとうやすかた）
- 新潮日本（善知鳥安方　うとうやすかた）
- 神仏辞典（善知鳥安方　うとうやすかた）
- 世百新（善知鳥安方　うとうやすかた）
- 日本人名（善知鳥安方　うとうやすかた）

鵜殿丈助　うどのじょうすけ
山田風太郎作『甲賀忍法帖』の登場人物。
- ¶時代小説（鵜殿丈助　うどのじょうすけ）

菟原壮士　うないおとこ
妻争い伝説の人物。六甲山南麓にすむ菟原処女をめぐって血沼壮士と争った。
- ¶日本人名（菟原壮士　うないおとこ）

菟原処女　うないおとめ
六甲山南麓菟原の地に住んでいたという美少女。後世『大和物語』147段、謡曲『求塚』、森鷗外の戯曲『生田川』にもなった妻争い伝説の女主人公。
- ¶架空伝承（菟原処女　うないおとめ）
- 架空伝説（菟原処女　うないおとめ）
- 広辞苑6（菟原処女　うないおとめ）
- 古典人学（葦屋の菟原娘子　あしのやのうないおとめ）
- コン5（菟原処女　うないおとめ）
- 新潮日本（菟原処女　うないおとめ）
- 世百新（菟原処女　うないおとめ）
- 大辞林3（菟原処女　うないおとめ）
- 日本人名（菟原処女　うないおとめ）

宇奈為神　うないのかみ
阿波国那賀郡の宇奈為神社の祭神。
- ¶神仏辞典（宇奈為神　うないのかみ）

海上安是之嬢子　うなかみのあぜのいらつめ
古代伝承上の女性。互いに恋心を抱いていた那賀寒田之郎子と松になったという。
- ¶日本人名（海上安是之嬢子　うなかみのあぜのいらつめ）

菟上王　うなかみのおう
『古事記』にみえる開化天皇の孫。
- ¶日本人名（菟上王　うなかみのおう）

兎上命　うなかみのみこと
『常陸国風土記』に所出。久慈郡薩都里は同神が土雲を誅した。
- ¶神仏辞典（兎上命　うなかみのみこと）

鰻男　うなぎおとこ
岩手県岩手郡雫石村に伝わる怪異。
- ¶妖怪事典（ウナギオトコ）
- 妖怪大事典（鰻男　うなぎおとこ）

宇奈岐比咩神　うなきひめのかみ
豊後国速見郡の宇奈岐日女神社の祭神。
- ¶神仏辞典（宇奈岐比咩神・宇奈支比咩神・宇奈岐日女神　うなきひめのかみ）

宇奈具志神　うなぐしのかみ
越後国古志郡の宇奈具志神社の祭神。
- ¶神仏辞典（宇奈具志神　うなぐしのかみ）

宇奈己呂別神　うなころわけのかみ
陸奥国安積郡の宇奈己呂和気神社の祭神。
- ¶神仏辞典（宇奈己呂別神・宇奈己呂和気神　うなころわけのかみ）

宇奈太理坐高御魂神　うなたりにますたかみむすびのかみ
大和国添上郡の宇奈太理坐高御魂神社の祭神。
- ¶神仏辞典（宇奈太理坐高御魂神・宇奈太理坐高御魂神　うなたりにますたかみむすびのかみ）

菟名足神　うなたりのかみ
『日本書紀』巻30に所出。持統天皇6年新羅国の調が大和国の菟名足社に奉られた。
- ¶神仏辞典（菟名足神　うなたりのかみ）

菟名手　うなで
風土記『豊後国風土記』（奈良時代初期）に登場する、豊国を治めさせるため派遣された者。
- ¶架空人日（菟名手　うなで）
- 日本人名（菟名手　うなて）

宇奈根神　うなねのかみ
『日本三代実録』に所出の伊賀国の神。
- ¶神仏辞典（宇奈根神　うなねのかみ）

宇奈比売　うなひめ
古代伝承上の女性。
- ¶日本人名（宇奈比売　うなひめ）

唸り石　うなりいし
愛知県西春日井郡師勝村でいう怪石。
- ¶妖怪事典（ウナリイシ）

宇尓桜神　うにさくらのかみ
伊勢国多気郡の宇尓桜神社の祭神。
- ¶神仏辞典（宇尓桜神　うにさくらのかみ）

宇尓神　うにのかみ
伊勢国多気郡の宇尓神社の祭神。
- ¶神仏辞典（宇尓神　うにのかみ）

有貮神　うにのかみ
伊勢国多気郡の宇貮神社の祭神。
- ¶神仏辞典（有貮神　うにのかみ）

宇努刀神　うぬとのかみ
『延喜式』に所出。対馬島上県郡の宇努刀神社の祭神。『日本三代実録』では宇努神。
¶神仏辞典（宇努刀神　うぬとのかみ）
　神仏辞典（宇努神　うぬのかみ）

宇努神　うぬのかみ
⇒宇努刀神（うぬとのかみ）

畝源三郎　うねげんざぶろう
平岩弓枝作『御宿かわせみ』の登場人物。
¶時代小説（畝源三郎　うねげんざぶろう）

畝尾都多本神　うねびつたもとのかみ
大和国十市郡の畝尾都多本神社の祭神。
¶神仏辞典（畝尾都多本神　うねびつたもとのかみ）

畝尾坐健土安神　うねびにますたけはにやすのかみ
大和国十市郡の畝尾坐健土安神社の祭神。
¶神仏辞典（畝尾坐健土安神　うねびにますたけはにやすのかみ）

畝火山口坐神　うねびのやまのくちにますかみ
大和国高市郡の畝火山口坐神社の祭神。
¶神仏辞典（畝火山口坐神　うねびのやまのくちにますかみ）

采女　うねめ
平安時代前期の女官。平城天皇に仕えたと伝えられる。
¶日本人名（采女（1）　うねめ　生没年未詳）

宇乃　うの
山本周五郎作『樅ノ木は残った』の登場人物。
¶時代小説（宇乃　うの）

宇之吉　うのきち
陣出達朗作『伝七捕物帳』の登場人物。
¶時代小説（宇之吉　うのきち）

卯之吉　うのきち
松本清張作『無宿人別帳』の登場人物。
¶時代小説（卯之吉　うのきち）

宇乃遅神　うのじのかみ
出雲国大原郡の宇乃遅社の祭神。
¶神仏辞典（宇乃遅神・宇能遅神　うのじのかみ）

宇乃治比古命　うのじひこのみこと
『出雲国風土記』に所出。楯縫郡沼田郷、大原郡海潮郷に伝わる神。
¶神仏辞典（宇乃治比古命・宇能治比古命　うのじひこのみこと）

宇野紹巴　うのじょうは
歌舞伎演目『時今也桔梗旗揚』に登場する、愛宕山連歌で執筆を勤める連歌師。
¶歌舞伎登（宇野紹巴　うのじょうは）

鵜の長吉　うのちょうきち
歌舞伎演目『恋慕相撲春顔触』に登場する船頭。
¶歌舞伎登（鵜の長吉　うのちょうきち）

ウバ
長野県東筑摩郡地方でいう妖怪。
¶妖怪事典（ウバ）

宇婆　うば
鹿児島県奄美大島でいう老婆を連想させる山の妖怪。
¶神仏辞典（姥・宇婆　ウバ）
　妖怪事典（ウバ）

優波夷命神　うばいのみことのかみ
伊豆国賀茂郡の優波夷命神社の祭神。
¶神仏辞典（優波夷命神　うばいのみことのかみ）

姥が嶽の雌狐　うばがたけのめぎつね
歌舞伎演目『夫婦酒替奴中仲』に登場する狐。親狐を義朝に助けられた恩返しに、饅頭売りに化け悪源太の子源太丸を育てていた。
¶歌舞伎登（姥が嶽の雌狐　うばがたけのめぎつね）

姥が火　うばがひ
火の妖怪。河内国でいう、炎の中に口から火炎を吹き出す老婆の顔がある怪火の一種。
¶幻想動物（姥ヶ火）〔像〕
　神仏辞典（姥が火　うばがひ）
　全国妖怪（ウバガヒ〔大阪府〕）
　水木妖怪（姥火　うばがひ）〔像〕
　妖怪事典（ウバガビ）
　妖怪大全（姥火　うばがひ）〔像〕
　妖怪大事典（姥火　うばがび）〔像〕

姥神　うばがみ
子育ての守護神。
¶神様読解（姥神　うばがみ）
　神仏辞典（姥神　うばがみ）

姥狐　うばぎつね
『駿台雑話』にある静岡県の動物の怪。
¶全国妖怪（ウバギツネ〔静岡県〕）
　妖怪事典（ウバギツネ）

優婆崛多　うばくった
『今昔物語集』『宇治拾遺物語』に登場する、天竺の摩突羅国の僧。実在の人物。
¶架空人日（優婆崛多　うばくった）

兎橋神　うはしのかみ
加賀国能美郡の兎橋神社の祭神。
¶神仏辞典（兎橋神　うはしのかみ）

ウバスルヤムベウェンユク
アイヌ語で激しい吹雪という意味の妖怪。
¶妖怪事典　（ウバスルヤムベウェンユク）

優婆塞の宮　うばそくのみや
『源氏物語』の作中人物。桐壺帝の第8皇子。光源氏の異母弟。
¶広辞苑6　（優婆塞の宮　うばそくのみや）
　大辞林3　（優婆塞の宮　うばそくのみや）

ウバトウイ
鹿児島県の奄美大島でいう山の怪。宇婆と呼びかけのことば「ウイ」のこと。
¶全国妖怪　（ウバトウイ〔鹿児島県〕）

宇婆神　うばのかみ
河内国若江郡の宇婆神社の祭神。
¶神仏辞典　（宇婆神　うばのかみ）

うばの吉兵衛　うばのきちべえ
歌舞伎演目『北浜名物男』に登場する、大坂北浜の侠客。
¶歌舞伎登　（うばの吉兵衛）

ウバメ
山口県長門地方でいう産女のこと。
¶妖怪事典　（ウバメ）

ウバメトリ
茨城県地方でいう妖怪。
¶全国妖怪　（ウバメトリ〔茨城県〕）
　妖怪事典　（ウバメトリ）
　妖怪大事典　（ウバメトリ）

姥女神　うばめのかみ
『日本三代実録』に所出。播磨国の神。
¶神仏辞典　（姥女神　うばめのかみ）

荊波神　うはらのかみ
越中国砺波郡の荊波神社の祭神とされる神。
¶神仏辞典　（荊波神　うはらのかみ）

宇比地邇神　うひぢにのかみ
神世七代の神々の一柱。
¶神様読解　（宇比地邇神/堅土煮尊/沙土煮尊・堅土根尊/沙土根尊　うひぢにのかみ・うひぢにのみこと・すひぢにのみこと・うひぢねのみこと・すひぢねのみこと）
　神仏辞典　（宇比地邇神　うひじにのかみ）
　東洋神名　（宇比地邇神と須比智邇神　ウヒヂニノカミ＆スヒヂニノカミ）〔像〕
　日本人名　（堅土煑尊　ういじにのみこと）

ウーフ
神沢利子作『くまの子ウーフ』(1969)の主人公。
¶児童登場　（ウーフ）

ウブ
新潟県佐渡島に出るという赤ん坊の死霊の一種。
¶幻想動物　（ウブ）〔像〕
　全国妖怪　（ウブ〔新潟県〕）

産神　うぶがみ
出産の前後、産婦と生児を守る神。
¶広辞苑6　（産神　うぶがみ）
　神仏辞典　（産神　うぶがみ）
　神話伝説　（産神　うぶがみ）
　説話伝説　（産神　うぶがみ）
　伝奇伝説　（産神　うぶがみ）
　東洋神名　（産神　ウブガミ）〔像〕
　日本神様　（産神　うぶがみ）

産毛の金太郎　うぶげのきんたろう
歌舞伎演目『富岡恋山開』に登場する、玉屋新兵衛宅の食客である仕事師。
¶歌舞伎登　（産毛の金太郎　うぶげのきんたろう）

宇夫志奈神　うぶしなのかみ
『日本三代実録』に所出。讃岐国の神。
¶神仏辞典　（宇夫志奈神　うぶしなのかみ）

産土神　うぶすながみ
生まれた土地の守り神。
¶広辞苑6　（産土神　うぶすながみ）
　神仏辞典　（産土　うぶすな）

宇夫須那神　うぶすなのかみ
尾張国葉栗郡の宇夫須那神社の祭神。
¶神仏辞典　（宇夫須那神　うぶすなのかみ）

ウブメ
福岡県西海岸地方や宮崎県でいう船幽霊。
¶全国妖怪　（ウブメ〔福岡県〕）
　全国妖怪　（ウブメ〔宮崎県〕）

ウブメ
山口県でいう、身重のまま死んだ女の亡霊。
¶全国妖怪　（ウブメ〔山口県〕）

ウブメ
愛媛県越智郡清水村で、赤子の声が川で聞こえる怪。
¶全国妖怪　（ウブメ〔愛媛県〕）

産女　うぶめ
難産で死んだ女の霊が妖怪化したもの。夜、赤ん坊を抱いて現れる。姑獲鳥とも書く。
¶幻想動物　（産女）〔像〕
　幻想動物　（姑獲鳥）〔像〕
　広辞苑6　（産女・孕女　うぶめ）
　神仏辞典　（産女・姑獲鳥　うぶめ）
　神話伝説　（産女　うぶめ）
　全国妖怪　（ウブメ〔山形県〕）
　大辞林3　（産女　うぶめ）
　日ミス　（姑獲鳥　うぶめ）
　日本人名　（産女　うぶめ）

日本未確認（姑獲鳥　うぶめどり）〔像〕
妖怪事典（ウブメ）
妖怪図鑑（産女　うぶめ）〔像〕
妖怪大鑑（産女　うぶめ）〔像〕
妖怪大事典（産女　うぶめ）〔像〕
妖百3（産女・柳女　うぶめ・やなぎおんな）〔像〕

宇倍神　うべのかみ
因幡国法美郡の宇倍神社の祭神。
¶神仏辞典（宇倍神・宇部神　うべのかみ）

雨宝童子　うほうどうじ
両部神道で、天照大神が日向に下生したときの姿という。また、天照大神の本地仏とされる大日如来が姿をかえたもの。
¶広辞苑6（雨宝童子　うほうどうじ）
大辞林3（雨宝童子　うほうどうじ）
仏尊事典（雨宝童子　うほうどうじ）〔像〕

馬鬼　うまおに
愛媛県喜多郡大川村でいう妖怪。
¶妖怪事典（ウマオニ）

宇麻志亜斯訶備比古遅神　うましあしかびひこじのかみ
別天津神。「立派な葦の芽の男性の神」の意。
¶朝日歴史（可美葦牙彦舅尊　うましあしかびひこじのみこと）
神様読解（宇麻志阿斯訶備比古遅神/可美牙彦舅尊　うましあしかびひこじのかみ・うましあしかびひこじのみこと）
広辞苑6（可美葦牙彦舅神　うましあしかびひこじのかみ）
神仏辞典（宇麻志訶斯訶備比古遅神　うましあしかびひこじのかみ）
世百新（可美牙彦舅尊　うましあしかびひこじのみこと）
大辞林3（可美葦牙彦舅尊　うましあしかびひこじのみこと）
東洋神名（宇麻志亜斯訶備比古遅神　ウマシアシカビヒコジノカミ）〔像〕
日本神々（宇摩志阿斯訶備比古遅神　うましあしかびひこじのみこと）
日本人名（可美葦牙彦舅尊　うましあしかびひこじのみこと）
日本神話（ウマシアシカビヒコヂ）

甘美内宿禰　うましうちのすくね
武内宿禰の異母弟。『古事記』では味師内宿禰。
¶朝日歴史（甘美内宿禰　うましうちのすくね）
神様読解（味師内宿禰/甘美内宿禰　うましうちのすくね・うましうちのすくね）
新潮日本（甘美内宿禰　うましうちのすくね）
日本人名（甘美内宿禰　うましうちのすくね）

馬鹿　うましか
熊本県八代市の松井家に伝わる『百鬼夜行絵巻』に登場する妖怪。人に憑き馬鹿者にしてしまう。
¶妖怪事典（ウマシカ）
妖怪大鑑（馬鹿　うましか）〔像〕
妖怪大事典（馬鹿　うましか）〔像〕

可美乾飯根命　うましからいねのみこと
現在の愛知県豊田市野見山町の野見神社の祭神。
¶神仏辞典（可美乾飯根命　うましからいねのみこと）

味瓊杵田命　うましにぎたのみこと
『新撰姓氏録』に所出。神饒速日命（饒速日命）の孫。
¶神仏辞典（味瓊杵田命・味饒田命　うましにぎたのみこと）

味稲　うましね
伝承上の人物。仙女の柘枝に送ったという歌が『万葉集』巻3にある。
¶日本人名（味稲　うましね）

味日命　うましひのみこと
『新撰姓氏録』神魂命8世の孫、久米直の祖（右京神別上天神）。
¶神仏辞典（味日命　うましひのみこと）

宇摩志麻遅命　うましまじのみこと
⇒可美真手命（うましまでのみこと）

可美真手命　うましまでのみこと
饒速日命の子。物部、穂積、采女氏の伝説上の祖。『古事記』では宇摩志麻遅命。
¶朝日歴史（可美真手命　うましまでのみこと）
神様読解（宇摩志麻遅命/可美真手命　うましまぢのみこと・うましまでのみこと）
新潮日本（可美真手命　うましまでのみこと）
神仏辞典（宇摩志麻遅命・宇麻志摩遅命・宇麻志麻治命・味真治命・味嶋乳命・于摩志摩治命　うましまじのみこと）
神仏辞典（可美真手命　うましまでのみこと）
日本人名（可美真手命　うましまでのみこと）

汙麻斯麻尼足尼命　うましまにのすくねのみこと
『新撰姓氏録』に所出。新家首の祖（未定雑姓河内国）。
¶神仏辞典（汙麻斯麻尼足尼命　うましまにのすくねのみこと）

味耳命　うましみみのみこと
『新撰姓氏録』に所出。久米直の祖（左京神別中天神）。
¶神仏辞典（味耳命　うましみみのみこと）

馬背神　うませのかみ
『日本三代実録』に所出。信濃国の神。
¶神仏辞典（馬背神　うませのかみ）
神仏辞典（馬背神　ませのかみ）

馬立伊勢部田中神　うまたていせべたなかのかみ
『日本三代実録』に所出。大和国の神。
¶神仏辞典（馬立伊勢部田中神　うまたていせべたなかのかみ）

馬憑き　うまつき
『新著聞集』『因果物語』などにある怪異。人に取り憑く馬の霊。
¶妖怪事典（ウマツキ）
　妖怪大鑑（馬憑　うまつき）〔像〕
　妖怪大事典（馬憑き　うまつき）〔像〕

馬の足　うまのあし
古塀から枝をさし出している木の枝に、ぶら下がっている「馬の足」の妖怪。
¶全国妖怪（ウマノアシ〔福岡県〕）
　水木妖怪続（馬の足　うまのあし）〔像〕
　妖怪大全（ウマノアシ）
　妖怪大事典（馬の足　うまのあし）〔像〕

馬の神　うまのかん
九州南部で、馬の安全と健康を祈るために祀られている馬頭観音や早馬さま、牧神などのこと。
¶神仏辞典（馬の神　うまのかん）

馬の首　うまのくび
鹿児島県地方でいう妖怪。
¶妖怪事典（ウマノクツ）
　妖怪大事典（馬の首　うまのくび）

馬の子狸　うまのこだぬき
徳島県三好郡三野町大字加茂野村庵ノ裏でいう化け狸。夜間通行人の前を走り回り驚かす。
¶全国妖怪（ウマノコ〔徳島県〕）
　妖怪事典（ウマノコダヌキ）

右馬允明長　うまのじょうあきなが
無住道暁作『沙石集』の登場人物。尾張国の住人。承久の乱で京方に属し、合戦で重傷を負う。
¶古典人学（右馬允明長　うまのじょうあきなが）

馬の目玉　うまのめだま
岡山県苫田郡地方でいう馬の目玉だけの妖怪。
¶妖怪事典（ウマノメダマ）

馬蕗の利平治　うまぶきのりへいじ
池波正太郎作『鬼平犯科帳』の登場人物。
¶時代小説（馬蕗の利平治　うまぶきのりへいじ）

廐神　うまやがみ
馬の安全息災を願って廐に祀る神。
¶神仏辞典（廐神　うまやがみ）
　日本神様（廐の神　うまやがみ）
　妖怪大鑑（廐神　うまやがみ）〔像〕
　妖怪大事典（廐神　うまやがみ）〔像〕

海海女　うみあま
海の妖怪。福井県坂井郡三国町安島でいう。
¶神仏辞典（海海女　うみあま）

全国妖怪（ウミアマ〔福井県〕）
妖怪事典（ウミアマ）

海和尚　うみおしょう
『海島逸志』にある海坊主の一種。『和漢三才図会』『斉諧俗談』にある「和尚魚」も同様のものとされる。
¶幻想動物（海和尚）〔像〕
　水木幻獣（海和尚　うみおしょう）〔像〕
　妖怪事典（ウミオショウ）
　妖怪大全（オショウウオ）
　妖怪大事典（海和尚　うみおしょう）〔像〕

海女　うみおんな
海の妖怪。福岡県東北部の海岸でいう。
¶神仏辞典（海女　うみおんな）
　全国妖怪（ウミオンナ〔福岡県〕）
　妖怪事典（ウミオンナ）

海かぶろ　うみかぶろ
海の妖怪。新潟県の佐渡で海獺のこと。
¶神仏辞典（海かぶろ　うみかぶろ）
　全国妖怪（ウミカブロ〔新潟県〕）
　妖怪事典（ウミカブロ）

海北神　うみきたのかみ
『日本三代実録』に所出。近江国の神。
¶神仏辞典（海北神　うみきたのかみ）

海蜘蛛　うみぐも
『中陵漫録』にあるもの。筑紫（福岡県）の漁師に伝わる、海岸より現れた大きな蜘蛛。
¶妖怪事典（ウミグモ）
　妖怪大事典（海蜘蛛　うみぐも）

海御前　うみごぜん
⇒海御前（あまごぜん）

海小僧　うみこぞう
静岡加茂郡南伊豆町（南崎村）でいう、海に棲む小僧姿の妖怪。
¶幻想動物（海小僧）〔像〕
　神仏辞典（海小僧　うみこぞう）
　全国妖怪（ウミコゾウ〔静岡県〕）
　水木妖怪続（海小僧　うみこぞう）〔像〕
　妖怪事典（ウミコゾウ）
　妖怪大全（海小僧　うみこぞう）〔像〕
　妖怪大事典（海小僧　うみこぞう）〔像〕

海幸彦　うみさちひこ
「海幸・山幸」の物語で知られる、瓊瓊杵尊の子。木花開耶姫との間に生まれた3子の中の一人で長兄の火照命のこと。『日本書紀』では火闌降命とされる。
¶朝日歴史（火照命　ほでりのみこと）
　英雄事典（火照命　ホデリノミコト）
　架空人日（火照命　ほでりのみこと）
　架空人物（海幸彦、山幸彦）
　架空伝承（海幸・山幸　うみさち・やまさち）〔像〕

神様読解（火照命/海幸彦/火闌降命　ほでりのみこと・うみさちひこ・ほすそりのみこと）〔像〕
コン5　（火照命　ほてりのみこと）
神仏辞典　（海佐知毘古・海幸彦　うみさちびこ）
神仏辞典　（火進命　ほすすみのみこと）
神仏辞典　（火照命　ほでりのみこと）
神仏辞典　（火闌降命・火酢芹命　ほのすせりのみこと）
神話伝説　（海幸・山幸　うみさち・やまさち）
人物伝承　（海幸彦・海幸彦・山幸彦　うみさちひこ・やまさちひこ）
説話伝説　（海幸山幸　うみさちやまさち）
世百新　（火照命　ほてりのみこと）
大辞林3　（火照命　ほでりのみこと）
大辞林3　（火闌降命　ほのすそりのみこと）
伝奇伝説　（海幸彦山幸彦　うみさちひこ やまさちひこ）
東洋神名　（火照命　ホデリノミコト）〔像〕
日本神様　（海幸・山幸　うみさち・やまさち）
日本人名　（火照命　ほでりのみこと）
日本人名　（火闌降命　ほのすそりのみこと）
日本神話　（ホデリ）

海座頭　うみざとう
鳥山石燕の『画図百鬼夜行』に描かれた妖怪。琵琶と杖を持った座頭の姿で、海坊主の一種と思われる。
¶幻想動物　（海座頭）〔像〕
　妖怪事典　（ウミザトウ）
　妖怪大全　（海座頭　うみざとう）〔像〕
　妖怪大事典　（海座頭　うみざとう）〔像〕

海鳴小坊主　うみなりこぼうず
海の妖怪。石川県羽咋市の気多神社の森が鳴るのをいう。
¶神仏辞典　（海鳴小坊主　うみなりこぼうず）
　全国妖怪　（ウミナリコボウズ〔石川県〕）
　妖怪事典　（ウミナリコボウズ）
　妖怪大事典　（海鳴り小坊主　うみなりこぼうず）

海入道　うみにゅうどう
千葉県千倉町でいう海の怪。
¶全国妖怪　（ウミニュウドウ〔千葉県〕）

海女房　うみにょうぼう
身体中が鱗で覆われ、指の間には水掻きがある女の妖怪。三陸の海に現れたものは、漁に出て溺れ死んだ者たちの首を持ってきた。
¶幻想動物　（海女房）〔像〕
　全国妖怪　（ウミニョウボウ〔宮城県〕）

海女房　うみにょうぼう
『大和本草』に人魚の異名とあるもの。
¶日本未確認　（海女房）

海女房　うみにょうぼう
島根県の外海でいう海の妖怪。赤子を連れて十六島に現れたもの。
¶神仏辞典　（海女房　うみにょうぼう）
　全国妖怪　（ウミニョウボウ〔島根県〕）
　妖怪事典　（ウミニョウボウ）
　妖怪大全　（海女房　うみにょうぼう）〔像〕

　妖怪大事典　（海女房　うみにょうぼう）

海人魚　うみにんぎょ
顔形はもちろん、手から爪にいたるまで美麗な女子で、足はなく、半身は魚で鱗には細毛がある人魚。
¶妖怪大全　（海人魚　うみにんぎょ）〔像〕

宇美神　うみのかみ
出雲国楯縫郡式内社九社の宇美社の祭神。
¶神仏辞典　（宇美神　うみのかみ）

海の神　うみのかみ
⇒海神（かいじん）

海の神三神　うみのかみさんしん
記紀神話の海の神。海洋の支配神。大綿津見神・速秋津日子神・速秋津比売神の三神をさしている。
¶神様読解　（海の神三神　うみのかみさんしん）

海の傘　うみのからかさ
福井県坂井郡雄島村でいう海の怪異。海中に浮く傘。
¶妖怪事典　（ウミノカラカサ）

海の老婆　うみのろうば
静岡県焼津市の民話にある妖怪。
¶妖怪事典　（ウミノロウバ）

海婆　うみばばあ
岡山県小田郡でいう妖怪。
¶妖怪事典　（ウミババア）

海姫　うみひめ
竜宮の神。島根県隠岐の島町(旧・西郷町)の大久でいう。
¶神仏辞典　（海姫　うみひめ）
　全国妖怪　（ウミヒメ〔島根県〕）

海塞ぎ　うみふさぎ
鹿児島県奄美大島でいう海の怪異。沖合に突如現れる山。
¶全国妖怪　（ウミフサギ〔鹿児島県〕）
　妖怪事典　（ウミフサギ）
　妖怪大事典　（海塞ぎ　うみふさぎ）

海坊主　うみぼうず
海上や海浜に出没するとされる妖怪の一種。
¶架空伝承　（海坊主　うみぼうず）〔像〕
　幻想動物　（海坊主）〔像〕
　広辞苑6　（海坊主　うみぼうず）
　神仏辞典　（海坊主　うみぼうず）
　神話伝説　（海坊主　うみぼうず）
　説話伝説　（海坊主　うみぼうず）
　世百新　（海坊主　うみぼうず）
　世未確認　（海坊主）〔像〕
　全国妖怪　（ウミボウズ〔宮城県〕）
　全国妖怪　（ウミボウズ〔千葉県〕）
　全国妖怪　（ウミボウズ〔静岡県〕）

全国妖怪（ウミボウズ〔三重県〕）
全国妖怪（ウミボウズ〔大阪府〕）
全国妖怪（ウミボウズ〔島根県〕）
全国妖怪（ウミボウズ〔大分県〕）
全国妖怪（ウミボウズ〔鹿児島県〕）
大辞林3（海坊主　うみぼうず）
伝奇伝説（海坊主　うみぼうず）
日ミス（海坊主　うみぼうず）
日本人名（海坊主　うみぼうず）
日本未確認（海坊主）〔像〕
水木妖怪（海坊主　うみぼうず）〔像〕
妖怪事典（ウミボウズ）
妖怪大全（海坊主　うみぼうず）〔像〕
妖怪大事典（海坊主　うみぼうず）〔像〕
妖百2（海坊主　うみぼうず）〔像〕

海南神　うみみなみのかみ

『日本三代実録』に所出。近江国の神。

¶神仏辞典（海南神　うみみなみのかみ）

蛤貝比売　うむかひひめ

火傷を負って死んだ大国主神を復活させた二神の一神。蛤が神格化された女神。

¶アジア女神（蛤貝比売　うむかひひめ）〔像〕
神様読解（蛤貝比売　うむぎひめ）〔像〕
神仏辞典（蛤貝比売　うむぎひめ）
日本神話（ウムガヒヒメ・キサガヒヒメ）

宇武加比売命　うむかひめのみこと

『出雲国風土記』に所出。島根郡法吉郷の名の由来となった神。法吉神、蛤貝比売と同一とされる。

¶神仏辞典（宇武加比売命　うむかひめのみこと）

ウーメ

長崎県壱岐地方でいう妖怪。

¶妖怪事典（ウーメ）
妖怪大事典（ウーメ）

梅皇子　うめおうじ

埼玉県比企郡小川町大塚の八幡社で祀られた人物。後深草院の第3皇子とも鎌倉9代将軍の守邦親王とも、その庶子ともいう。

¶神仏辞典（梅皇子　うめおうじ）

梅王丸　うめおうまる

菅公伝説を脚色した浄瑠璃の代表作『菅原伝授手習鑑』で活躍する三つ子の兄弟の一人。

¶架空人日（梅王丸　うめおうまる）
架空伝承（松王丸・梅王丸・桜丸　まつおうまる・うめおうまる・さくらまる）〔像〕
歌舞伎登（梅王丸　うめおうまる）〔像〕
広辞苑6（梅王丸　うめおうまる）
コン5（松王丸・梅王丸・桜丸　まつおうまる・うめおうまる・さくらまる）
大辞林3（梅王丸　うめおうまる）

梅が枝　うめがえ

浄瑠璃『ひらかな盛衰記』に登場する、梶原源太景季の愛人千鳥が遊女となってからの名。景季の軍資金を得るため無間地獄に落ちてもいとわぬと願う。

¶架空人日（千鳥　ちどり）
架空伝承（梅が枝　うめがえ）〔像〕
架空伝説（梅ヶ枝　うめがえ）〔像〕
歌舞伎登（梅ケ枝　うめがえ）
コン5（梅が枝　うめがえ）
日本人名（梅が枝　うめがえ）

梅ヶ谷藤太郎〔初代〕　うめがたにとうたろう

力士。15代横綱。人情家ぶりが落語や芝居の『幸助餅』の報恩美談として上演されている。

¶架空伝承（梅ヶ谷藤太郎　うめがたにとうたろう [生]弘化2（1845）年 [没]昭和3（1928）年）

梅ヶ谷藤太郎〔2代〕　うめがたにとうたろう

力士。20代横綱。当時の最年少横綱。

¶架空伝承（梅ヶ谷藤太郎　うめがたにとうたろう [生]明治11（1878）年 [没]昭和2（1927）年）

梅川　うめがわ

人形浄瑠璃『冥途の飛脚』、歌舞伎『恋飛脚大和往来』などに登場する、新町槌屋の下級の遊女。

¶朝日歴史（梅川・忠兵衛　うめがわ・ちゅうべえ）
架空人日（梅川　うめかわ）
架空伝承（梅川・忠兵衛　うめがわ・ちゅうべえ）
架空伝説（梅川・忠兵衛　うめがわ・ちゅうべえ）
歌舞伎登（梅川　うめがわ）〔像〕
広辞苑6（梅川　うめがわ）
コン5（梅川・忠兵衛　うめがわ・ちゅうべえ）
新潮日本（梅川・忠兵衛　うめがわ・ちゅうべえ）
説話伝説（梅川忠兵衛　うめがわちゅうべえ 生没年未詳）
世百新（梅川・忠兵衛　うめがわ・ちゅうべえ）
大辞林3（梅川・忠兵衛　うめがわ・ちゅうべえ）
伝奇伝説（梅川忠兵衛　うめがわ ちゅうべえ）
日本人名（梅川・忠兵衛　うめがわ・ちゅうべえ）

梅吉　うめきち

歌舞伎演目『盲長屋梅加賀鳶』に登場する、湯島天神下に住む加賀鳶の頭。

¶歌舞伎登（梅吉　うめきち）

梅沢小五郎兵衛　うめざわのこごろべえ

江戸の曾我狂言に登場する男伊達の名前。

¶歌舞伎登（梅沢小五郎兵衛　うめざわのこごろべえ）

梅次　うめじ

山手樹一郎作『夢介千両みやげ』の登場人物。

¶時代小説（梅次　うめじ）

梅津掃部　うめづかもん

歌舞伎演目『参会名護屋』に登場する、北野天満宮の神職。

¶歌舞伎登（梅津掃部　うめづかもん）

梅津掃部　うめづかもん

歌舞伎演目『天竺徳兵衛韓噺』に登場する、天竺徳兵衛の正体を見破る人物。

¶歌舞伎登（梅津掃部　うめづかもん）

梅津中将　うめづのちゅうじょう
平安時代中期の伝承上の武人。シカ退治で知られる。
¶日本人名（梅津中将　うめづのちゅうじょう）

梅渓右少将　うめたにうしょうしょう
吉川英治作『鳴門秘帖』の登場人物。
¶時代小説（梅渓右少将　うめたにうしょうしょう）

梅永文蔵　うめながぶんぞう
歌舞伎演目『けいせい仏の原』に登場する、越前の国主梅永家の世継ぎ。
¶歌舞伎登（梅永文蔵　うめながぶんぞう）

梅の方　うめのかた
歌舞伎演目『加賀見山再岩藤』に登場する、多賀大領の妻。
¶歌舞伎登（梅の方　うめのかた）

梅の方　うめのかた
歌舞伎演目『新薄雪物語』に登場する、園部兵衛の妻。
¶歌舞伎登（梅の方　うめのかた）

梅の木稲荷　うめのきいなり
埼玉県戸田市下笹目で大正年間に流行した神。
¶神仏辞典（梅の木稲荷　うめのきいなり）

梅宮坐神　うめのみやにますかみ
山城国葛野郡の梅宮坐神社四座の祭神。
¶神仏辞典（梅宮坐神　うめのみやにますかみ）

梅の由兵衛　うめのよしべえ
大坂の聚楽町に住む悪漢、梅渋吉兵衛が劇化された役名。創作では「忠義の者」とされる。
¶朝日歴史（梅の由兵衛　うめのよしべえ）
　架空伝承（梅の由兵衛　うめのよしべえ）
　架空伝説（梅の由兵衛　うめのよしべえ）〔像〕
　歌舞伎登（梅の由兵衛　うめのよしべえ）
　広辞苑6（梅の由兵衛　うめのよしべえ）
　コン5（梅由兵衛　うめのよしべえ）
　新潮日本（梅の由兵衛　うめのよしべえ）
　説話伝説（梅の由兵衛　うめのよしべえ）〔像〕
　大辞林3（梅の由兵衛　うめのよしべえ）
　伝奇伝説（梅の由兵衛　うめのよしべえ）
　日本人名（梅の由兵衛　うめのよしべえ）

梅村　うめむら
江戸時代後期の大奥女中。延命院住職日道と密会を重ねた、いわゆる延命院事件は、河竹黙阿弥により『日月星享和政談』として歌舞伎化された。
¶日本人名（梅村　うめむら　生没年未詳）

梅若丸　うめわかまる
中世以降の「梅若伝説」に取材した文芸の登場人物で、謡曲や浄瑠璃・歌舞伎の「隅田川」もので主要な役所。吉田少将の子。
¶朝日歴史（梅若　うめわか）
　架空伝承（梅若丸　うめわかまる）〔像〕
　歌舞伎登（梅若丸　うめわかまる）
　広辞苑6（梅若丸　うめわかまる）
　コン5（梅若丸　うめわかまる）
　新潮日本（梅若　うめわか）
　神仏辞典（梅若丸　うめわかまる）
　大辞林3（梅若丸　うめわかまる）
　伝奇伝説（梅若丸　うめわかまる）
　日本人名（梅若丸　うめわかまる）

梅若丸の母　うめわかまるのはは
観世十郎元雅作・能「隅田川」の登場人物。わが子を人商人にさらわれた母親。
¶古典人学（梅若丸の母　うめわかまるのはは）
　古典人東（梅若の母　うめわかのはは）

宇母理比古神　うもりひこのかみ
阿波国勝浦郡の宇母理比古神社の祭神。
¶神仏辞典（宇母理比古神　うもりひこのかみ）

宇夜都弁命　うやつべのみこと
『出雲国風土記』に所出。出雲郡健部郷の前の地名である「宇夜里」の由来となった神名。
¶神仏辞典（宇夜都弁命　うやつべのみこと）

宇由比神　うゆいのかみ
出雲国意宇郡の宇由社の祭神。
¶神仏辞典（宇由比神　うゆいのかみ）

温羅　うら
岡山県総社市鬼城山にいたという鬼。吉備津彦命により倒された。
¶英雄事典（温羅　ウラ）
　幻想動物（温羅）〔像〕
　妖怪事典（ウラ）
　妖怪大事典（温羅　うら）

浦尾　うらお
歌舞伎演目『元禄忠臣蔵』「御浜御殿綱豊卿」に登場する、甲府徳川家の御年寄上臈。
¶歌舞伎登（浦尾　うらお）

浦上国津姫神　うらがみくにつひめのかみ
『日本三代実録』に所出。紀伊国の神。
¶神仏辞典（浦上国津姫神　うらがみくにつひめのかみ）

浦上伸介　うらがみしんすけ
津村秀介の「浦上伸介シリーズ」の主人公。ルポライター。
¶名探偵日（浦上伸介　うらがみしんすけ）

浦川君　うらかわくん
吉野源三郎作『君たちはどう生きるか』(1937)の主人公のコペル君の友人の一人。
¶架空人日（浦川君　うらかわくん）

浦里　うらざと
江戸時代の心中事件をモデルにした明烏物の登場人物。鶴賀若狭掾作の新内節『明烏夢泡雪』(1772作)の主人公。新吉原の山名屋の遊女。
- ¶朝日歴史（浦里・時次郎　うらざと・ときじろう）
  - 架空伝承（浦里・時次郎　うらざと・ときじろう）〔像〕
  - 架空伝説（浦里　うらさと）〔像〕
  - 歌舞伎登（浦里　うらざと）
  - 広辞苑6（浦里時次郎　うらざと・ときじろう）
  - コン5（浦里・時次郎　うらざと・ときじろう）
  - 新潮日本（浦里・時次郎　うらざと・ときじろう）
  - 説話伝説（浦里時次郎　うらさとときじろう）〔像〕
  - 世百新（浦里・時次郎　うらざと・ときじろう）
  - 大辞林3（浦里時次郎　うらざとときじろう）
  - 伝奇伝説（浦里時次郎　うらさと と ときじろう）
  - 日本人名（浦里・時次郎　うらざと・ときじろう）

浦島太郎　うらしまたろう
浦島伝説の主人公。「浦島の子」とも。命を助けた亀に連れられ「竜宮」で3年暮らしたが、故郷へ帰ると数百年が過ぎていた。室町時代の御伽草子以後は、浦島太郎の名で呼ばれる。
- ¶朝日歴史（浦島太郎　うらしまたろう）
  - 架空人日（浦島太郎　うらしまたろう）
  - 架空人物（浦島太郎）
  - 架空伝承（浦島太郎　うらしまたろう）〔像〕
  - 架空伝説（浦島太郎　うらしまたろう）〔像〕
  - 歌舞伎登（浦島　うらしま）
  - 奇談逸話（浦島　うらしま）
  - 広辞苑6（浦島の子　うらしまのこ）
  - 古典人学（浦島太郎　うらしまたろう）
  - 神仏辞典（浦島太子　うらしまのこ）
  - 神話伝説（浦島太郎　うらしまたろう）
  - 人物伝承（浦島　うらしま）〔像〕
  - 世神辞典（浦島）
  - 説話伝説（浦島　うらしま）
  - 世百新（浦島太郎　うらしまたろう）
  - 大辞林3（浦島の子　うらしまのこ）
  - 伝奇伝説（浦島太郎　うらしまたろう）〔像〕
  - 日ミス（浦島太郎　うらしまたろう）
  - 日本神様（浦島太郎　うらしまたろう）〔像〕
  - 日本人名（浦島太郎　うらしまたろう）

浦島太郎神　うらしまたろうしん
浦島太郎が神格化され、祀られたもの。
- ¶神様読解（浦島太郎神/水江浦島子　うらしまたろうしん・みずのえうらしまこ）
  - 東洋神名（浦島太郎神　ウラシマタロウシン）〔像〕

浦島太郎作　うらしまたろさく
歌舞伎演目『命懸色の二番目』に登場する、水口浦島家5代の子孫。
- ¶歌舞伎登（浦島太郎作　うらしまたろさく）

浦戸十左衛門　うらとじゅうざえもん
歌舞伎演目『新皿屋舗月雨暈』に登場する、磯部家の家老。
- ¶歌舞伎登（浦戸十左衛門　うらとじゅうざえもん）

うらなり
夏目漱石作『坊っちゃん』(1906)に登場する、坊っちゃんの勤務する中学校の英語の教師。
- ¶架空人日（うらなり）

卜庭神　うらにわのかみ
『延喜式』に所出。斎宮内の祈年祭にあずかる卜庭神二座。
- ¶広辞苑6（卜庭神　うらにわのかみ）
  - 神仏辞典（卜庭神　うらにわのかみ）

宇良神　うらのかみ
丹後国与謝郡の宇良神社の祭神。
- ¶神仏辞典（宇良神　うらのかみ）

浦部甚太夫　うらべじんだゆう
大佛次郎作『鞍馬天狗』の登場人物。
- ¶時代小説（浦部甚太夫　うらべじんだゆう）

卜部季武　うらべすえたけ
平安時代中期の武人。源頼光の四天王の一人。『今昔物語集』や御伽草子『酒呑童子』に登場する。
- ¶架空人日（季武　すえたけ）
  - 架空人日（平季武　たいらのすえたけ）
  - 歌舞伎登（卜部季武　うらべのすえたけ）
  - 伝奇伝説（頼光四天王　らいこうしてんのう）
  - 日本人名（卜部季武　うらべすえたけ ㊇950年 ㊣1022年）

恨の介　うらみのすけ
仮名草子『恨の介』の主人公。下野国出身で京都住の侍。
- ¶架空伝説（恨の介　うらみのすけ）
  - 古典人学（恨の介　うらみのすけ）
  - 古典人東（恨の介　うらみのすけ）

瓜子姫　うりこひめ
昔話に登場する、瓜から生まれた女の子。
- ¶朝日歴史（瓜子姫　うりこひめ）
  - 架空人日（瓜姫　うりひめ）
  - 架空伝承（瓜子姫　うりこひめ）
  - コン5（瓜子姫　うりこひめ）
  - 新潮日本（瓜子姫　うりこひめ）
  - 神仏辞典（瓜子姫　うりこひめ）
  - 説話伝説（瓜子姫　うりこひめ）
  - 説話伝説（瓜子姫　うりこひめ）
  - 世百新（瓜子姫　うりこひめ）
  - 伝奇伝説（瓜子姫　うりこひめ）
  - 日本人名（瓜子姫　うりこひめ）

瓜生新兵衛　うりゅうしんべえ
藤沢周平作『隠し剣孤影抄』の登場人物。
- ¶時代小説（瓜生新兵衛　うりゅうしんべえ）

漆部神　うるしべのかみ
尾張国海部郡の漆部神社の祭神。
- ¶神仏辞典（漆部神　うるしべのかみ）

漆屋武太夫　うるしやぶだゆう
井原西鶴作の浮世草子『本朝二十不孝』(1686)

巻三の第三「心をのまるる蛇の形」の主人公。
¶架空人日（漆屋武太夫　うるしやぶだゆう）

漆山神　うるしやまのかみ
越後国磐船郡の漆山神社の祭神。
¶神仏辞典（漆山神　うるしやまのかみ）

ウルトラマン
円谷プロ製作の特撮番組における主人公。M78星雲、光の国の戦士。
¶架空人物（ウルトラマン）
　架空伝承（ウルトラマン）
　大辞林3（ウルトラマン）
　日本人名（ウルトラマン）

宇留神　うるのかみ
播磨国明石郡の宇留神社の祭神。
¶神仏辞典（宇留神　うるのかみ）

宇留波神　うるはのかみ
但馬国養父郡の宇留波神社の祭神。
¶神仏辞典（宇留波神　うるはのかみ）

宇流富志弥神　うるふしみのかみ
伊賀国名張郡の宇流富志弥神社の祭神。
¶神仏辞典（宇流富志弥神・宇留布志弥神　うるふしみのかみ）

宇留布都神　うるふつのかみ
伊勢国多気郡の宇留布都神社の祭神。
¶神仏辞典（宇留布都神　うるふつのかみ）

宇流布神　うるふのかみ
出雲国意宇郡の宇流布神社の祭神。
¶神仏辞典（宇流布神・宇留布神　うるふのかみ）

ウレペッシュキ
アイヌのユカラ（神謡）に登場する妖怪。足の指の頭に目がある。
¶全国妖怪（ウルペッシユキ〔北海道〕）
　妖怪事典（ウレペッシュキ）

ウレボロクルカムイエカシ
アイヌ語で足の裏が大きい翁神という意味。
¶妖怪事典（ウレボロクルカムイエカシ）

ウワイヨー
大阪府地方でいう妖怪の児童語。
¶妖怪事典（ウワイヨー）

ウワーグワーマジムン
沖縄に棲む、豚の姿をしたマジムン（魔物）の一種。
¶幻想動物（ウワーグワーマジムン）〔像〕
　全国妖怪（ウヮーグヮーマジムン〔沖縄県〕）
　妖怪事典（ウヮーグヮーマジムン）
　妖怪大事典（ウヮーグヮーマジムン）

上筒之男命　うわつつのおのみこと
墨江三神（住吉三神）の一柱で、船魂の神。各地の住吉神社の祭神。
¶朝日歴史（表筒男命　うわつつのおのみこと）
　神様読解（上筒之男命　うわつつのおのみこと）
　新潮日本（表筒男命　うわつつのおのみこと）
　神仏辞典（上筒男神・表筒男神・表筒雄神　うわつつのおのみこと）
　日本神々（上筒之男命　うわつつのおのみこと）〔像〕
　日本神様（住吉信仰の神々〔表筒男命〕　すみよししんこうのかみがみ）〔像（住吉大明神江）〕
　日本人名（表筒男命　うわつつのおのみこと）

宇和津彦神　うわつひこのかみ
『日本三代実録』に所出。伊予国の神。
¶神仏辞典（宇和津彦神　うわつひこのかみ）

上津綿津見神　うわつわたつみのかみ
綿津見三神の一柱で、海運の神。伊弉諾が禊をした際、水の上で濯いだときに化生した。
¶神様読解（上津綿津見神　うわつわたつみのかみ）
　神仏辞典（上津綿津見神　うわつわたつみのかみ）
　日本神々（上津綿津見神　うわつわたつみのかみ）〔像〕

宇波刀神　うわとのかみ
甲斐国巨麻郡の宇波刀神社、美濃国安八郡の宇波刀神社、陸奥国栗原郡の表刀神社などの祭神。
¶神仏辞典（宇波刀神・表門神・表刀神　うわとのかみ）

うはなり
『大和物語』の登場人物。大和掾の後妻。
¶古典人学（うはなり・こなみ）

後妻神　うわなりがみ
山口県熊毛郡後妻社の祭神。
¶神仏辞典（後妻神　うわなりがみ）

宇波西神　うわにしのかみ
若狭国三方郡の宇波西神社の祭神。
¶神仏辞典（宇波西神　うわにしのかみ）

うわばみ
蛇の大きいものをいう。大蛇伝説などに登場する。
¶世怪物神獣（うわばみ）
　日本未確認（蚺蛇　うわばみ）〔像〕

うわばみお由　うわばみおよし
歌舞伎演目『蟒於由曙評仇討』に登場する、新宿豊倉楼の遊女。二の腕に蟒（うわばみ）の彫り物がある。
¶架空伝説（うわばみお由　うわばみおよし）
　歌舞伎登（蟒お由　うわばみおよし）
　伝奇伝説（うわばみお由　うわばみおよし）

蟒の三次　うわばみのさんじ
歌舞伎演目『怪談乳房榎』に登場する人物。磯

貝浪江の悪事を知り、浪江を脅迫する。
¶歌舞伎登（蟒の三次　うわばみのさんじ）

ウワーマガナシ
奄美の沖永良部島の竈神。
¶神仏辞典（ウワーマガナシ）

うわん
古い家に棲む、「うわん」という声でおどかす妖怪。
¶妖怪事典（ウワン）
妖怪大全（うわん）〔像〕
妖怪大事典（うわん）〔像〕

ウワンウワン
熊本県八代市の松井家に伝わる『百鬼夜行絵巻』に描かれているもの。
¶妖怪事典（ウワンウワン）

雲外鏡　うんがいきょう
百年を経た古鏡が妖怪となったもの。
¶幻想動物（雲外鏡）〔像〕
妖怪事典（ウンガイキョウ）
妖怪大全（雲外鏡　うんがいきょう）〔像〕
妖怪大事典（雲外鏡　うんがいきょう）〔像〕

雲甘寺坐楢本神　うんかんじにますならもとのかみ
大和国平群郡の雲甘寺坐楢本神社の祭神。
¶神仏辞典（雲甘寺坐楢本神　うんかんじにますならもとのかみ）

運慶　うんけい
平安末～鎌倉初期に活躍した仏師。鎌倉時代彫刻の規範とされた。
¶架空伝承（運慶　うんけい　㊗?　㊨貞応2(1223)年）
人物伝承（運慶　うんけい　㊗12世紀中頃　㊨貞応2(1223)年）
説話伝説（運慶　うんけい　㊗保延6(1140)年?　㊨貞応2(1223)年?）
伝奇伝説（運慶　うんけい　㊗保延6(1140)年?　㊨貞応2(1223)年?）

うんざりお松　うんざりおまつ
歌舞伎『絵本合法衢』に登場する人物。蛇遣いの悪婆。
¶架空伝説（うんざりお松　うんざりおまつ）
歌舞伎登（うんざりお松）

運ず　うんず
木下順二作の戯曲『夕鶴』(1949)に登場する、村の悪人惣どの子分格。
¶架空人日（運ず　うんず）

ウンナン神　うんなんがみ
東北地方、特に宮城県と岩手県に特有の神。農耕神の働きを持つ。
¶東洋神名（ウンナン神　ウンナンガミ）〔像〕

海野六郎　うんのろくろう
実録『真田三代記』に登場する、真田十勇士の一人。
¶架空人日（海野六郎　うんのろくろう）
日本人名（海野六郎　うんのろくろう）

ウンボツ
愛媛県大三島地方でいう海坊主のこと。
¶妖怪事典（ウンボツ）

海牛　うんむし
鹿児島県垂水市の鹿児島湾沿いでいう妖怪。
¶妖怪事典（ウンムシ）
妖怪大事典（海牛　うんむし）

ウンメ
長崎県の青い怪火。ウゥメ、ウンメンともいい、難産で死んだ者がなるという。姑獲鳥。
¶全国妖怪（ウンメ〔長崎県〕）

【え】

永縁　えいえん
平安時代の僧侶。歌人。逸話が多い。
¶説話伝説（永縁　えいえん・ようえん　㊗永承3(1048)年　㊨天治2(1125)年）
伝奇伝説（永縁　えいえん・ようえん　㊗永承3(1048)年　㊨天治2(1125)年）

永観　えいかん
平安後期の南部三論宗の浄土教僧。『発心集』ほかに逸話が多く残されている。
¶古典人学（永観律師　ようがんりっし）
神仏辞典（永観　ようかん　㊗1032年　㊨1111年）
説話伝説（永観　えいかん　㊗永承3(1048)年　㊨天永2(1111)年）
伝奇伝説（永観　えいかん・ようかん　㊗長元6(1033)年　㊨天永2(1111)年）

栄吉　えいきち
川端康成作『伊豆の踊子』(1926)に登場する、「伊豆の踊子」薫の兄。
¶架空人日（栄吉　えいきち）

頴玄　えいげん
江戸時代中期～後期の僧。歌舞伎『隅田川続俤』に登場する破戒僧のモデル。
¶日本人名（頴玄　えいげん　㊗1751年　㊨1829年）

永興禅師　えいごうぜんじ
『日本霊異記』『今昔物語集』に登場する、奈良興福寺の僧。
¶架空人日（永興禅師　えいごうぜんじ）

栄西　えいさい
鎌倉初期に臨済宗を伝えた禅密兼修の僧侶。禅の始祖また茶祖ともされる。
¶架空伝承（栄西　えいさい　⊕永治1(1141)年　⊗建保3(1215)年）
神仏辞典（栄西　えいさい　⊕1141年　⊗1215年）
説話伝説（栄西　えいさい　⊕永治1(1141)年　⊗建保3(1215)年）
伝奇伝説（栄西　えいさい　⊕永治1(1141)年　⊗建保3(1215)年）

叡山主神　えいざんのぬしのかみ
『日本三代実録』に所出。元慶8(884)年、僧正法印宗叡が卒した。
¶神仏辞典（叡山主神　えいざんのぬしのかみ）

栄二　えいじ
山本周五郎作『さぶ』(1963)に登場する、実質的な主人公。さぶの同僚。
¶架空人日（栄二　えいじ）
時代小説（栄二　えいじ）

栄次郎　えいじろう
井上ひさし作『手鎖心中』の登場人物。
¶時代小説（栄次郎　えいじろう）

栄助　えいすけ
子母澤寛作『父子鷹』の登場人物。
¶時代小説（栄助　えいすけ）

英祖　えいそ
沖縄史で実在の確認される最初の人物。史書『中山世鑑』によれば1229～99年の在世で、沖縄本島中部の豪族。
¶架空伝承（英祖　えいそ）

叡尊　えいぞん
鎌倉中期律宗の僧。奈良西大寺中興の祖。
¶神仏辞典（叡尊　えいぞん　⊕1201年　⊗1290年）
説話伝説（叡尊　えいぞん　⊕建仁1(1201)年　⊗正応3(1290)年）
伝奇伝説（叡尊　えいぞん　⊕建仁1(1201)年　⊗正応3(1290)年）

栄之助　えいのすけ
藤沢周平作『本所しぐれ町物語』の登場人物。
¶時代小説（栄之助　えいのすけ）

恵印　えいん
説話集『宇治拾遺物語』に登場する、実在した奈良の僧。
¶架空人日（恵印　えいん）

兄宇迦斯　えうかし
神武天皇の東征に登場する、大和国宇陀に住んでいた豪族。弟迦斯の兄。
¶英雄事典（兄宇迦斯　エウカシ）
架空人日（兄宇迦斯　えうかし）
神様読解（兄宇迦斯　えうかし）
東洋神名（兄宇迦斯と弟宇迦斯　エウカシ&オトウカシ）〔像〕
日本人名（兄猾　えうかし）

荏柄の段八　えがらのだんぱち
歌舞伎演目『芦屋道満大内鑑』に登場する、葛の葉に横恋慕する石川悪右衛門の家来。
¶歌舞伎登（荏柄の段八　えがらのだんぱち）

荏柄の平太　えがらのへいた
歌舞伎演目『星月夜見聞実記』に登場する、鎌倉幕府に仕える武将。
¶歌舞伎登（荏柄の平太　えがらのへいた）

江川屋半兵衛　えがわやはんべえ
城昌幸作『若さま侍捕物手帖』の登場人物。
¶時代小説（江川屋半兵衛　えがわやはんべえ）

疫神　えきじん
病気を流行らせる悪神のこと。
¶広辞苑6（疫神　えきじん）
神仏辞典（疫神　えきじん）

液体人間　えきたいにんげん
映画『美女と液体人間』(1958)に登場する、放射能によりゼリー状になった人間。
¶怪物事典（液体人間）〔像〕

疫病神　えきびょうがみ
⇒疫病神（やくびょうがみ）

エギリ鳥　えぎりどり
沖縄県石垣島でいう怪鳥。
¶妖怪事典（エギリドリ）

疫癘神　えきれいしん
疫病の原因とされる神格。
¶神仏辞典（疫癘神　えきれいしん）

絵金　えきん
土佐の町絵師。通称金蔵。藩のお抱絵師も勤めた。
¶架空伝承（絵金　えきん　⊕文化9(1812)年　⊗明治9(1876)年）
説話伝説（絵金　えきん　⊕文化9(1812)年　⊗明治9(1876)年）〔像〕
伝奇伝説（絵金　えきん　⊕文化9(1812)年10月1日　⊗明治9(1876)年3月8日）
日本人名（絵金　えきん　⊕1812年　⊗1876年）

江口の遊女　えぐちのゆうじょ
平安末期、江口の里にいた遊女のこと。『撰集抄』に登場し、西行と歌を贈りあった妙という名の遊女が知られる。それを元に作られた能『江口』では、霊となって登場する。
¶架空伝承（江口の遊女　えぐちのゆうじょ）
歌舞伎登（江口の君　えぐちのきみ）
広辞苑6（江口の君　えぐちのきみ）

古典人学（江口の遊女　えぐちのゆうじょ）
古典人東（江口の遊女　えぐちのゆうじょ）
大辞林3（江口の君　えぐちのきみ）

殖栗神　えくりのかみ
大和国城上郡の殖栗神社の祭神。
¶神仏辞典（殖栗神　えくりのかみ）

回向院の茂七　えこういんのもしち
宮部みゆき作『ぼんくら』の登場人物。
¶時代小説（回向院の茂七　えこういんのもしち）

榎坂専太郎　えざかせんたろう
浮世草子『武道伝来記（太夫格子に立名の男）』に登場する人物。
¶架空伝説（榎坂専太郎　えざかせんたろう）

江坂惣兵衛　えさかそうべえ
乙川優三郎作『霧の橋』の登場人物。
¶時代小説（江坂惣兵衛　えさかそうべえ）

兄師木　えしき
神武天皇の東征のおりに出会った神々の一柱。弟師木と対をなす神。
¶英雄事典（兄師木　エシキ）
　神様読解（兄師木　えしき）
　神話伝説（兄師木・弟師木（記）/兄磯城・乙磯城（紀）　えしき・おとしき）
　日本人名（兄磯城　えしき）

エジナ
岩手県九戸郡地方でいう飯綱のこと。
¶妖怪事典（エジナ）

絵島　えじま
江戸期の情話の主人公。江戸城の大年寄。歌舞伎役者生島新五郎との禁断の恋で処罰された。江島とも書く。
¶架空伝承（絵島・生島　えじま・いくしま）
　架空伝説（絵島・生島　えじま・いくしま）
　歌舞伎登（絵島1『江island生島』　えじま）
　歌舞伎登（絵島2『元禄忠臣蔵』　えじま）
　奇談逸話（絵島・生島　えじま・いくしま ④天和1（1681）年 ⑫寛保1（1741）年）
　時代小説（絵島　えじま）
　説話伝説（絵島生島　えじまいくしま ④天和1（1681）年 ⑫寛保1（1741）年）
　伝奇伝説（絵島生島　えじまいくしま）

江島其磧　えじまきせき
江戸時代の浮世草子作者。
¶説話伝説（江島其磧　えじまきせき ④寛文6（1666）年 ⑫享保20（1735）年）

恵心僧都　えしんそうず
⇒源信（げんしん）

エスカー
佐賀県地方でいう妖怪の児童語。
¶妖怪事典（エスカー）

絵姿女房　えすがたにょうぼう
昔話に登場する美しい女性。夫が持っていた女房の絵姿が殿様の目に触れ、召し上げられるが幸福な結末を迎える。
¶日本人名（絵姿女房　えすがたにょうぼう）

エスカモン
長崎県諫早地方でいう妖怪の総称。
¶妖怪事典（エスカモン）

エヅナ
岩手県地方でいう飯綱のこと。
¶妖怪事典（エヅナ）

兄太加奈志　えたかなし
古代伝承上の豪族。播磨（兵庫県）大田村を開墾した伝承が風土記にかかれている。
¶日本人名（兄太加奈志　えたかなし）

江田島勘介　えたじまかんすけ
佐々木味津三作『旗本退屈男』の登場人物。
¶時代小説（江田島勘介　えたじまかんすけ）

江田神　えたのかみ
伊勢国三重郡、日向国宮崎郡の江田神社の祭神。
¶神仏辞典（江田神　えたのかみ）

吉足日命　えたらしひのみこと
『新撰姓氏録』に所出。山城国神別下天神。
¶神仏辞典（吉足日命　えたらしひのみこと）

越後伝吉　えちごでんきち
江戸末頃の実録『大岡政談』に登場する、無実の罪で捕えられた男。
¶架空人日（越後伝吉　えちごでんきち）

越後屋滝次郎　えちごやたきじろう
山手樹一郎作『遠山の金さん』の登場人物。
¶時代小説（越後屋滝次郎　えちごやたきじろう）

エチチ
島根県地方でいう妖怪の児童語。
¶妖怪事典（エチチ）

依遅神　えちのかみ
丹後国竹野郡の依遅神社の祭神。
¶神仏辞典（依遅神　えちのかみ）

エッカー
佐賀県地方でいう妖怪の児童語。
¶妖怪事典（エッカー）

エッカエッカ
佐賀県地方でいう妖怪の児童語。

越中立山縄垂坊　えっちゅうたてやまじょうすいぼう
富山県立山に棲むという天狗。
¶妖怪事典（エッチュウタテヤマジョウスイボウ）
　妖怪大事典（越中立山縄垂坊　えっちゅうたてやまじょうすいぼう）

エドガー
萩尾望都の漫画『ポーの一族』の主人公。イギリスにあるポーの村に代々住む吸血鬼バンパネラの一族の一人。
¶架空人物（エドガー）

江戸座喜太郎　えどざきたろう
歌舞伎演目『神明恵和合取組』に登場する、芝神明神社内の芝居の太夫元。
¶歌舞伎登（江戸座喜太郎　えどざきたろう）

恵曇海辺神　えとものうみべのかみ
出雲国秋鹿郡の恵曇海辺社の祭神。
¶神仏辞典（恵曇海辺神　えとものうみべのかみ）

恵曇神　えとものかみ
出雲国秋鹿郡の恵杼毛社の祭神。
¶神仏辞典（恵曇神　えとものかみ）

江戸屋太兵衛　えどやたへえ
歌舞伎演目『心中天網島』に登場する、伊丹の裕福な商人。
¶歌舞伎登（江戸屋太兵衛　えどやたへえ）

餌取法師　えとりほうし
上世殺生肉食を行う一方で仏教に帰依した宗教者。『法華験記』に記されている。
¶神仏辞典（餌取法師　えとりほうし）

柄長くれ　えながくれ
海の妖怪。愛媛県北宇和郡でいう。
¶幻想動物（柄長くれ）〔像〕
　神仏辞典（柄長くれ　えながくれ）
　全国妖怪（エナガクレ〔愛媛県〕）
　妖怪事典（エナガクレ）

胞衣神　えながみ
後産の神。胞衣とは胎盤などの俗称。
¶神様読解（胞衣神　えながみ）
　神仏辞典（胞衣神　えながみ）

依那古神　えなこのかみ
伊賀国伊賀郡の依那古神社の祭神。
¶神仏辞典（依那古神　えなこのかみ）

恵奈神　えなのかみ
美濃国恵那郡の恵奈神社の祭神。
¶神仏辞典（恵奈神　えなのかみ）

江波恵子　えなみけいこ
石坂洋次郎作『若い人』(1933〜37) に登場する、美貌の女学生。
¶架空人日（江波恵子　えなみけいこ）
　日本人名（江波恵子　えなみけいこ）

エヌコ
愛媛県大三島地方でいう猿猴のこと。
¶妖怪事典（エヌコ）

エヌ氏　えぬし
ショート・ショート作家星新一の作品に数多く登場する人物。職業はさまざま。共通点は男性。
¶架空人物（エヌ氏）

荏神　えのかみ
飛騨国大野郡の荏名神社の祭神。
¶神仏辞典（荏神　えのかみ）

江神　えのかみ
伊勢国度会郡の江神社、伊勢国鈴鹿郡の江神社の祭神。
¶神仏辞典（江神　えのかみ）

江野神　えののかみ
越後国頚城郡の江野神社の祭神。
¶神仏辞典（江野神　えののかみ）

榎本健一　えのもとけんいち
昭和を代表する喜劇人。通称「エノケン」として親しまれた。
¶架空伝承（榎本健一　えのもとけんいち　㊍明治37(1904)年　㊌昭和45(1970)年）

榎本万左衛門　えのもとまんざえもん
井原西鶴作の浮世草子『本朝二十不孝』(1686) 巻四の第三「木陰の袖口」の主人公。
¶架空人日（榎本万左衛門　えのもとまんざえもん）

榎本万太郎　えのもとまんたろう
井原西鶴作の浮世草子『本朝二十不孝』(1686) 巻四の第三「木陰の袖口」の極道息子。
¶架空人日（榎本万太郎　えのもとまんたろう）

謁播神　えはたのかみ
三河国額田郡の謁播神社の祭神。
¶神仏辞典（謁播神　えはたのかみ）

兄彦命　えひこのみこと
古代伝承上の景行天皇の皇子。別名に稲建別。
¶日本人名（兄彦命　えひこのみこと）

海老坂の与兵衛　えびさかのよへえ
池波正太郎作『鬼平犯科帳』の登場人物。
¶時代小説（海老坂の与兵衛　えびさかのよへえ）

海老ざこの十　えびざこのじゅう
歌舞伎演目『大船盛蝦顔見勢』に登場する、三ヶ月おせんの亭主になる人物。
¶歌舞伎登（海老ざこの十　えびざこのじゅう）

恵比寿　えびす
七福神の一神。福徳を授ける神。
¶架空伝承（夷/恵比寿　えびす）〔像〕
　神様読解（恵比寿神/夷三郎大明神　えびすがみ・えびすさぶろうだいみょうじん）
　神文化史（エビス（恵比須・恵比寿、夷、蛭子））
　神仏辞典（恵比須・恵比寿・夷・戎　えびす）
　神話伝説（夷大黒　えびす・だいこく）
　世百新（えびす（夷/恵比須）　えびす）
　大辞林3（恵比須・恵比寿・夷・戎・蛭子　えびす）〔像〕
　伝奇伝説（夷　えびす）
　東洋神名（恵比須　エビス）〔像〕
　日本人名（恵比須　えびす）

恵比寿大黒　えびすだいこく
どちらも福神・財神として人気があったエビスと大黒を室町中期以降、並祀するようになったもの。七福神へと展開する。
¶神仏辞典（恵比寿大黒　えびすだいこく）

戎屋徳右衛門　えびすやとくえもん
歌舞伎演目『生写朝顔話』に登場する、東海道島田の宿屋戎屋の主人。
¶歌舞伎登（戎屋徳右衛門　えびすやとくえもん）

海老名南無阿弥陀仏　えびなななむあみだぶつ
歌舞伎演目『鰯売恋曳網』に登場する、猿源氏の父親。
¶歌舞伎登（海老名南無阿弥陀仏　えびなななむあみだぶつ）

海老原宗之丞　えびはらむねのじょう
調所笑左衛門の気に入りの下僚。海音寺潮五郎作『二本の銀杏』の登場人物。
¶時代小説（海老原宗之丞　えびはらむねのじょう）

愛比売　えひめ
愛媛県（伊予国）の女神。
¶アジア女神（愛比売　えひめ）

兄比売　えひめ
大碓命の妃で、神大根王の娘。
¶神様読解（兄比売　えひめ）

兄媛　えひめ
古代伝承上の渡来人。『日本書紀』によれば、応神天皇41年に日本に来た4人の衣縫女の一人。
¶日本人名（兄媛（2）　えひめ）

エビラ
映画『ゴジラ・エビラ・モスラ南海の大決闘』（1966）に登場する、巨大エビの怪獣。

¶怪物事典（エビラ）

箙大刀自　えびらのおおとじ
曲亭馬琴作の読本『南総里見八犬伝』（1814-42）に登場する、越後の領主長尾景春の母。
¶架空人日（箙大刀自　えびらのおおとじ）

エブイ橋の主　えぶいばしのぬし
日高荻伏村（北海道浦河郡浦河町）にあるエブイ橋（白糸橋）の大ダコ。
¶妖怪事典（エブイバシノヌシ）

江分利満　えぶりまん
山口瞳作『江分利満氏の優雅な生活』の主人公のサラリーマン。
¶架空人物（江分利満）
　日本人名（江分利満　えぶりまん）

恵府林之助　えふりんのすけ
歌舞伎演目『人間万事金世中』に登場する人物。巨額の遺産を譲渡される。
¶歌舞伎登（恵府林之助　えふりんのすけ）

江馬細香　えまさいこう
南條範夫作『細香日記』の登場人物。
¶時代小説（江馬細香（多保）　えまさいこう（たお））

絵馬の精　えまのせい
『夜窓鬼談』『御伽空穂猿』にあるもの。絵馬の製作上の秘法を伝授した老人の精。
¶妖怪事典（エマノセイ）
　妖怪大鑑（絵馬の精　えまのせい）〔像〕
　妖怪大事典（絵馬の精　えまのせい）〔像〕

恵美押勝　えみのおしかつ
奈良朝後期の公卿。藤原仲麻呂の別称。『水鏡』『本朝水滸伝』に登場する。
¶古典人学（恵美押勝　『水鏡』　えみのおしかつ）
　古典人学（恵美押勝　『本朝水滸伝』　えみのおしかつ）
　説話伝説（恵美押勝　えみのおしかつ　㊉慶雲3（706）年　㊆天平宝字8（764）年）

江村　えむら
宮尾登美子作『天璋院篤姫』の登場人物。
¶時代小説（江村　えむら）

榎村神　えむらのかみ
伊勢国度会郡の榎村神社の祭神。
¶神仏辞典（榎村神　えむらのかみ）

衛門三郎　えもんさぶろう
弘法大師ゆかりの男。伊予の国、荏原に住む財産家。
¶説話伝説（衛門三郎　えもんさぶろう　生没年未詳）
　伝奇伝説（衛門三郎　えもんさぶろう）

疫神　えやみのかみ
疫病をもたらす神。『続日本紀』『続日本後紀』『日本文徳天皇実録』等に所出。
- ¶広辞苑6（疫病の神　えやみのかみ）
  - 神仏辞典（疫神　えやみのかみ）
  - 大辞林3（疫病みの神　えやみのかみ）

江与の方　えよのかた
御台所。山田風太郎作『甲賀忍法帖』の登場人物。
- ¶時代小説（江与の方　えよのかた）

エラシラシケポンヘカチ
アイヌに伝わる妖怪。
- ¶妖怪事典（エラシラシケポンヘカチ）

エリス
森鷗外作『舞姫』(1890)のヒロイン。ヰクトリア座の踊り子。
- ¶架空人日（エリス）

襟立衣　えりたてころも
鳥山石燕の『画図百器徒然袋』に描かれたもの。鞍馬山の僧正坊の衣の妖怪、あるいは憑物の一種。
- ¶妖怪事典（エリタテコロモ）
  - 妖怪大鑑（襟立衣　えりたてごろも）〔像〕
  - 妖怪大事典（襟立衣　えりたてごろも）〔像〕

恵亮　えりょう
平安時代の比叡山の僧。『平家物語』などに登場する。
- ¶日ミス（恵亮　えりょう ㊍延暦20(801)年 ㊥貞観5(859)年）

鉛練日古神　えれひこのかみ
近江国伊香郡の鉛練日子神社の祭神。
- ¶神仏辞典（鉛練日古神・鉛練日子神　えれひこのかみ）

恵蓮　えれん
芥川龍之介作『アグニの神』(1921)に登場する、中国人の少女。実は香港の日本領事の令嬢。
- ¶架空人日（恵蓮　えれん）

婉　えん
大原富枝の小説『婉という女』の主人公。
- ¶日本人名（婉(2)　えん）

煙々羅　えんえんら
鳥山石燕の『今昔百鬼拾遺』に描かれた煙の妖怪。
- ¶幻想動物（煙羅煙羅）〔像〕
  - 妖怪事典（エンエンラ）
  - 妖怪大全（煙羅煙羅　えんらえんら）〔像〕
  - 妖怪大事典（煙々羅　えんえんら）〔像〕

円空　えんくう
江戸初期の遊行造像僧。鉈削という簡素な粗彫りの木彫仏を多数残した。
- ¶架空伝承（円空　えんくう ㊍寛永9(1632)年 ㊥元禄8(1695)年）〔像〕
  - 神仏辞典（円空　えんくう ㊍1632年 ㊥1695年）
  - 説話伝説（円空　えんくう ㊍寛永9(1632)年 ㊥元禄8(1695)年）
  - 伝奇伝説（円空　えんくう）
  - 日ミス（円空　えんくう ㊍寛永9(1632)年 ㊥元禄8(1695)年）

エンコウ
中国・四国地方でいう河童の別称。
- ¶幻想動物（猿猴）〔像〕
  - 神仏辞典（猿猴　えんこう）
  - 全国妖怪（エンコウ〔島根県〕）
  - 全国妖怪（エンコウ〔広島県〕）
  - 全国妖怪（エンコウ〔山口県〕）
  - 全国妖怪（エンコウ〔愛媛県〕）
  - 全国妖怪（エンコウ〔高知県〕）
  - 全国妖怪（エンコー〔香川県〕）
  - 妖怪事典（エンコウ）
  - 妖怪大全（エンコウ）〔像〕
  - 妖怪大事典（猿猴　えんこう）〔像〕

エンコ猿　えんこざる
長野県でいわれる水辺に棲む猿。
- ¶妖怪事典（エンコザル）

エンコ婆　えんこばば
愛媛県の宇和地方での河童、川太郎の呼び名。
- ¶妖怪大鑑（エンコ婆）〔像〕

袁傪　えんさん
中島敦作『山月記』(1942)に登場する、李徴の親友。
- ¶架空人日（袁傪　えんさん）

延寿　えんじゅ
平安末期の武将梶原源太景季の母。浄瑠璃『ひらがな盛衰記』(1739年初演)に登場する。
- ¶架空人日（延寿　えんじゅ）
  - 架空伝説（延寿　えんじゅ）
  - 歌舞伎登（延寿　えんじゅ）

遠州屋小吉　えんしゅうやこきち
城昌幸作『若さま侍捕物手帖』に登場する人物。
- ¶架空伝説（遠州屋小吉　えんしゅうやこきち）
  - 時代小説（遠州屋小吉　えんしゅうやこきち）

槐の邪神　えんじゅのじゃしん
甲州身延山の槐の大木に棲みつき、前を通る者に様々な厄災を及ぼしたといわれる邪神。
- ¶妖怪大事典（槐の邪神　えんじゅのじゃしん）〔像〕

遠城治左衛門　えんじょうじざえもん
江戸時代中期の武士。浄瑠璃『敵討崇禅寺馬場』の題材となった。
- ¶日本人名（遠城治左衛門　えんじょうじざえもん ㊍1690年 ㊥1715年）

艶二郎　えんじろう
山東京伝作の黄表紙『江戸生艶気樺焼』の主人公。

¶架空人日（艷二郎　えんじろう）
　架空伝承（艷二郎　えんじろう）〔像〕
　架空伝説（艷二郎　えんじろう）
　広辞苑6（艷二郎　えんじろう）
　古典人学（艷二郎　えんじろう）
　コン5（艷二郎　えんじろう）
　世百新（艷二郎　えんじろう）
　大辞林3（艷二郎　えんじろう）
　日本人名（艷二郎　えんじろう）

遠藤盛遠　えんどうもりとお
　⇒文覚（もんがく）

円仁　えんにん
平安前期の高僧。比叡山天台宗第3代座主。慈覚大師の諡号で知られる。
¶架空人日（慈覚大師　じかくだいし）
　架空伝承（円仁　えんにん ㊌延暦13（794）年 ㊣貞観6（864）年）
　奇談逸話（円仁　えんにん ㊌延暦13（794）年 ㊣貞観6（864）年）
　神仏辞典（円仁　えんにん ㊌794年 ㊣864年）
　神仏辞典（慈覚大師　じかくだいし ㊌794年 ㊣864年）
　説話伝説（円仁　えんにん ㊌延暦13（794）年 ㊣貞観6（864）年）
　説話伝説（慈覚大師　じかくだいし ㊌延暦13（794）年 ㊣貞観6（864）年）
　伝奇伝説（慈覚大師　じかくだいし ㊌延暦13（794）年 ㊣貞観6（864）年）〔像〕
　日ミス（慈覚大師（円仁）　じかくだいし（えんにん）㊌延暦13（794）年 ㊣貞観6（864）年）

役小角　えんのおづぬ
　⇒役行者（えんのぎょうじゃ）

役行者　えんのぎょうじゃ
7世紀末の大和国の呪術者。役小角、役君などとも呼ばれる。後に修験道の開祖として尊崇される。
¶英雄事典（役行者　エンノギョウジャ）
　架空人日（役小角　えんのおづぬ）
　架空人物（役行者　えんのぎょうじゃ　生没年不詳）
　架空伝承（役行者　えんのぎょうじゃ　生没年不詳）〔像〕
　架空伝説（役の行者　えんのぎょうじゃ）
　神様読解（役行者　えんのぎょうじゃ）〔像〕
　奇談逸話（役行者　えんのぎょうじゃ ㊌継体天皇3（509）/舒明天皇3（631）/同6（634）/天智天皇3（664）年 ㊣?）
　広辞苑6（役行者　えんのぎょうじゃ）
　古典人学（役の行者　えのぎょうじゃ）
　コン5（役小角　えんのおづぬ）
　新潮日本（役小角　えんのおづぬ）
　神仏辞典（役行者　えんのぎょうじゃ）
　神話伝説（役行者　えんのぎょうじゃ）
　人物日本（役行者　えんのぎょうじゃ　生没年不詳）
　説話伝説（役行者　えんのぎょうじゃ ㊌舒明天皇6（634）年 ㊣?（諸説あり））
　世百新（役行者　えんのぎょうじゃ　生没年不詳）
　伝奇伝説（役小角　えんのおづぬ）〔像〕
　東洋神名（役行者　エンノギョウジャ）〔像〕
　日ミス（役行者　えんのぎょうじゃ ㊌舒明天皇6（634）年 ㊣?）

日本人名（役小角　えんのおづぬ　生没年未詳）

犬の子　えんのこ
静岡県磐田郡水窪町の常光寺山でいう異獣。
¶妖怪事典（エンノコ）

閻魔　えんま
冥府で死者の生前の罪科を裁く十王の5番目の王。中国から仏教とともに日本に入り、地蔵菩薩と習合して信仰対象にもなった。
¶架空人日（『朝比奈』の閻魔王　あさいなのえんまおう）
　架空人物（閻魔大王）
　架空伝承（閻魔　えんま）〔像〕
　歌舞伎登（閻魔大王　えんまだいおう）
　神様読解（閻魔王　えんまおう）〔像〕
　神文化史（エンマ（閻魔））
　奇談逸話（閻魔　えんま）
　神仏辞典（閻魔　えんま）
　世神辞典（閻王）
　説話伝説（閻魔　えんま）
　世百新（閻魔　えんま）〔像〕
　大辞林3（閻魔　えんま）〔像〕
　伝奇伝説（閻魔　えんま）
　東洋神名（閻羅王）
　日本人名（閻魔　えんま）
　仏尊事典（閻魔王　えんまおう）〔像〕

焔摩天　えんまてん
十二天の中の一尊で、南を守護し、冥界の神とされている。
¶広辞苑6（焔摩天　えんまてん）
　大辞林3（閻魔天・焔摩天　えんまてん）
　東洋神名（焔摩天　エンマテン）〔像〕
　仏尊事典（閻魔天　えんまてん）〔像〕

閻魔の小兵衛　えんまのこへえ
歌舞伎演目『升鯉滝白旗』に登場する仏師。実は平家の旧臣越中次郎盛次。
¶歌舞伎登（閻魔の小兵衛　えんまのこへえ）

円明海　えんみょうかい
江戸後期の出羽湯殿山の即身仏。遺体は海向寺中興の祖といわれる忠海の即身仏とともに祀られている。
¶コン5（円明海　えんみょうかい）
　日本人名（円明海　えんみょうかい ㊌1768年 ㊣1822年）

延命院日道　えんめいいんにちどう
江戸・日暮里の延命院の住職。婦女と密会、堕胎まで行ったとして、死罪となった。河竹黙阿弥作『日月星享和政談』で舞台化された。
¶朝日歴史（日道　にちどう ㊌? ㊣享和3（1803）年）
　架空伝承（延命院日道　えんめいいんにちどう ㊌明和11（1764）年? ㊣享和3（1803）年）
　新潮日本（延命院日道　えんめいいんにちどう ㊌明和11（1764）年? ㊣享和3（1803）年）
　説話伝説（延命院日道　えんめいいん ㊌宝暦13（1763）年 ㊣享和3（1803）年）
　世百新（延命院日道　えんめいいんにちどう ㊌明和

1?(1764?)年 [没]享和3(1803)年)
日本人名（延命院日道　えんめいいんにちどう [生]1764年? [没]1803年)

延命院日当　えんめいいんにっとう
歌舞伎演目『日月星享和政談』に登場する人物。江戸・谷中延命院の住職。もと旅役者の宮川牛之助。実在の延命院日道がモデル。
¶**歌舞伎登**（延命院日当　えんめいいんにっとう）

延命冠者　えんめいかじゃ
能『翁』の特殊演式「父尉延命冠者」の登場人物。
¶**大辞林3**（延命冠者　えんめいかじゃ）〔像〕

延命地蔵　えんめいじぞう
延命と安楽に対する衆生の種々の望みを叶える地蔵。
¶**神仏辞典**（延命地蔵　えんめいじぞう）

塩冶高貞　えんやたかさだ
南北朝時代の武将。『太平記』に登場する。浄瑠璃・歌舞伎の『仮名手本忠臣蔵』では浅野長矩(内匠頭)の役名として使われている。
¶**古典人学**（塩冶判官高貞　えんやほうがんたかさだ）
説話伝説（塩冶判官　えんやほうがん [生]? [没]暦応4(1341)年）
日本人名（塩冶高貞　えんやたかさだ [生]? [没]1341年）

塩冶判官　えんやはんがん
浄瑠璃・歌舞伎の『仮名手本忠臣蔵』に登場する伯州の城主。赤穂城主・浅野長矩(内匠頭)に擬す人物。
¶**架空人日**（塩谷判官　えんやほうがん）
歌舞伎登（塩冶判官　えんやはんがん）〔像〕
広辞苑6（塩谷判官　えんやはんがん）
大辞林3（塩谷判官　えんやはんがん）

円融天皇　えんゆうてんのう
平安中期の第64代天皇。村上天皇の第5皇子。風流文雅を愛した。『古事談』『今昔物語集』『大鏡』に登場する。
¶**説話伝説**（円融院　えんゆういん）
伝奇伝説（円融天皇　えんゆうてんのう [生]天徳3(959)年 [没]正暦2(991)年）

煙羅煙羅　えんらえんら
⇒煙々羅(えんえんら)

【お】

おあさ
歌舞伎演目『盲長屋梅加賀鳶』に登場する、道玄の義理の姪。
¶**歌舞伎登**（おあさ）

小浴神　おあみのかみ
若狭国遠敷郡の小浴神社の祭神。
¶**神仏辞典**（小浴神　おあみのかみ）

おあん
山田去暦女作『おあん物語』の主人公。山田去暦の娘。
¶**古典人学**（おあん）

オーイオーイ
新潟県現栄町から三条市へ越す寂しい山道に出た叫び声。
¶**妖怪事典**（オーイオーイ）

老尾神　おいおのかみ
下総国匝瑳郡の老尾神社の祭神。
¶**神仏辞典**（老尾神　おいおのかみ）

覆掛り　おいがかり
歩いていると後ろからおおいかぶさってくる妖怪。広島県比婆郡などでいう。
¶**神仏辞典**（覆掛り　おいがかり）
全国妖怪（オイガカリ〔広島県〕）
水木妖怪続（おいがかり）〔像〕
妖怪事典（オイガカリ）
妖怪大全（おいがかり）〔像〕
妖怪大事典（覆い掛かり　おいがかり）〔像〕

棒屋神　おいくらのかみ
伊勢国多気郡の棒屋神社の祭神。
¶**神仏辞典**（棒屋神・捧屋神・榛屋神　おいくらのかみ）

お石　おいし
浄瑠璃『仮名手本忠臣蔵』(1748年初演)に登場する、四十七士の筆頭大星由良之助の伴侶。
¶**架空人日**（お石　おいし）
歌舞伎登（お石　おいし）

生石神　おいしのかみ
『日本三代実録』に所出。安芸国の神。
¶**神仏辞典**（生石神　おいしのかみ）

小石姫皇女　おいしひめのおうじょ
6世紀、欽明天皇の妃。『古事記』では小石比売命。
¶**日本人名**（小石姫皇女　おいしひめのおうじょ 生没年未詳）

御石明神　おいしみょうじん
神奈川県津久井郡藤野町佐野川に、大石を神体として祀った神。
¶**神仏辞典**（御石明神　おいしみょうじん）

奥石神　おいそのかみ
近江国蒲生郡の奥石神社の祭神。
¶**神仏辞典**（奥石神　おいそのかみ）

お市　おいち
織田信長の妹。近江国小谷城主浅井長政に嫁した。戦国軍記、近代小説の多くで扱われる。
　¶奇談逸話（お市　おいち　㊌天文17（1548）年　㊣天正11（1583）年）
　　説話伝説（お市　おいち）
　　伝奇伝説（お市　おいち　㊌天文17（1548）年　㊣天正11（1583）年）〔像〕

お市　おいち
歌舞伎演目『蔦紅葉宇都谷峠』に登場する、按摩文弥の妹。
　¶歌舞伎登（お市　おいち）

お市　おいち
歌舞伎演目『謎帯一寸徳兵衛』に登場する、大島団七の娘。
　¶歌舞伎登（お市　おいち）

お市　おいち
横溝正史作『人形佐七捕物帳』の登場人物。
　¶時代小説（お市　おいち）

御斎き　おいつき
岡山県の美作西部や備中北部で、氏神祭りの頭屋に祀る神。オイツキ様と呼ばれる。
　¶神仏辞典（御斎き　おいつき）
　　妖怪大鑑（オイツキ様）〔像〕

おいで狐　おいでぎつね
江戸隅田川辺りの真崎神社の森に棲みついていた狐。茶屋の娘に憑き、松島の雲居院に伝わる歌を残してから、故郷へ帰っていった。
　¶全国妖怪（オイデギツネ〔宮城県〕）

置いてけ堀　おいてけぼり
江戸本所七不思議や埼玉の川越などに伝わる、堀から「置いてけ」と声だけがする妖怪。
　¶幻想動物（おいてけ堀）〔像〕
　　神仏辞典（置いてけ堀　おいてけぼり）
　　全国妖怪（オイテケボリ〔埼玉県〕）
　　全国妖怪（オイテケボリ〔東京都〕）
　　妖怪事典（オイテケボリ）
　　妖怪大全（置行堀　おいてけぼり）〔像〕
　　妖怪大事典（置いてけ堀　おいてけぼり）〔像〕

おいと
城昌幸作『若さま侍捕物手帖』の登場人物。
　¶時代小説（おいと）

おいと
乙川優三郎作『霧の橋』の登場人物。
　¶時代小説（おいと）

お糸　おいと
歌舞伎演目『心謎解色糸』に登場する、鳶の者お祭り左七の愛人で、深川の芸者。
　¶歌舞伎登（お糸　おいと）

お糸　おいと
子母澤寛作『父子鷹』の登場人物。
　¶時代小説（お糸　おいと）

お糸　おいと
山手樹一郎作『夢介千両みやげ』の登場人物。
　¶時代小説（お糸　おいと）

御犬　おいぬ
山の神の眷族や使者として敬われてきたもの。
　¶神仏辞典（御犬　おいぬ）

小井神　おいのかみ
出雲国島根郡の小井神社の祭神。
　¶神仏辞典（小井神　おいのかみ）

笈の化け物　おいのばけもの
『本朝統述異記』『絵本武者備考』にある、笈が古くなって化けたもの。
　¶妖怪事典（オイノバケモノ）
　　妖怪大鑑（笈の化物　おいのばけもの）〔像〕
　　妖怪大事典（笈の化物　おいのばけもの）〔像〕

お岩　おいわ
4世鶴屋南北の代表作『東海道四谷怪談』（1825年初演）の主人公。幽霊となって、自分を殺した夫の伊右衛門をとり殺す。
　¶朝日歴史（お岩　おいわ）
　　英雄事典（お岩　オイワ）
　　架空人日（お岩　おいわ）
　　架空人物（お岩　おいわ）
　　架空伝承（お岩　おいわ）〔像〕
　　架空伝説（お岩　おいわ）〔像〕
　　歌舞伎登（お岩　おいわ）〔像〕
　　奇談逸話（お岩　おいわ）
　　広辞苑6（お岩　おいわ）
　　古典人学（お岩　おいわ）
　　古典人東（お岩　おいわ）
　　コン5（お岩　おいわ）
　　新潮日本（お岩　おいわ）
　　神仏辞典（お岩　おいわ）
　　大辞林3（お岩　おいわ）
　　伝奇伝説（お岩　おいわ）
　　東洋神名（お岩　オイワ）〔像〕
　　日ミス（お岩　おいわ）
　　日本人名（お岩　おいわ）
　　妖怪事典（オイワ）
　　妖怪大事典（お岩　おいわ）〔像〕

おうえ鳥　おうえどり
島根県隠岐島でいう怪鳥。
　¶神仏辞典（おうえ鳥　おうえどり）
　　全国妖怪（オウエドリ〔島根県〕）
　　妖怪事典（オウエドリ）

相鹿木太御神　おうかこたのみかみ
伊勢国多気郡の相鹿木大御神社の祭神。
　¶神仏辞典（相鹿木太御神　おうかこたのみかみ）

相鹿神　おうかのかみ
『延喜式』に所出。斎宮の祈年祭にあずかる相鹿社の祭神とされる。
¶神仏辞典（相鹿神　おうかのかみ）

相鹿上神　おうかのかみのかみ
伊勢国多気郡の相鹿上神社の祭神。
¶神仏辞典（相鹿上神　おうかのかみのかみ）

相鹿牟山神　おうかむやまのかみ
伊勢国多気郡の相鹿牟山神社二座の祭神。
¶神仏辞典（相鹿牟山神　おうかむやまのかみ）

扇谷定正　おうぎがやつさだまさ
曲亭馬琴作の読本『南総里見八犬伝』(1814-42)に登場する武士、領主。
¶架空人日（扇谷定正　おうぎがやつさだまさ）

扇屋　おうぎや
井原西鶴作の浮世草子『日本永代蔵』(1688)巻一「二代目に破る扇の風」に登場する商人。
¶架空人日（扇屋　おうぎや）

扇屋上総　おうぎやかずさ
歌舞伎演目『源平魁躑躅』に登場する人物。五条橋袂の扇屋。平敦盛を娘姿にやつさせて匿う。
¶歌舞伎登（扇屋上総　おうぎやかずさ）

扇屋の倅　おうぎやのせがれ
井原西鶴作の浮世草子『日本永代蔵』(1688)巻一「二代目に破る扇の風」に登場する商人の跡継ぎ息子。
¶架空人日（扇屋の倅　おうぎやのせがれ）

黄香　おうきょう
御伽草子『二十四孝』に登場する、中国安陵の人。二十四孝の一人。
¶架空人日（黄香　おうきょう）

黄金バット　おうごんばっと
紙芝居の主人公。顔は髑髏、赤マント・白タイツ姿で腰には剣をたずさえたヒーロー。
¶コン5（黄金バット　おうごんバット）
日本人名（黄金バット　おうごんバット）

逢坂越えぬ権中納言　おうさかこえぬごんちゅうなごん
物語集『堤中納言物語』に登場する貴族。
¶架空人日（逢坂越えぬ権中納言　おうさかこえぬごんちゅうなごん）

雄牛　おうし
熊本県天草郡御領村でいう妖怪。
¶妖怪事典（オウシ）

王子神　おうじがみ
神が貴い児童の姿に顕現すること。御子神ともいう。
¶神仏辞典（王子神　おうじがみ）

逢州　おうしゅう
歌舞伎『曽我綉俠御所染』に登場する、京の五条坂の傾城。
¶架空伝承（逢州　おうしゅう）〔像〕
　架空伝説（逢州　おうしゅう）
　歌舞伎登（逢州　おうしゅう）

奥州　おうしゅう
実録本『北里見聞録』に登場する人物。江戸吉原の遊女で茗荷屋抱えの太夫。
¶架空伝説（奥州　おうしゅう）
　伝奇伝説（奥州　おうしゅう　生没年未詳）〔像〕

奥州　おうしゅう
歌舞伎『傾城浅間嶽』に登場する、京島原九文字屋の傾城。この芝居の一場面がのちに「浅間物」となる。
¶架空伝承（逢州　おうしゅう）〔像〕
　歌舞伎登（奥州1『傾城浅間嶽』　おうしゅう）
　歌舞伎登（奥州2『英執着獅子』　おうしゅう）
　歌舞伎登（奥州3『相生獅子』　おうしゅう）

奥州藤原氏　おうしゅうふじわらし
初代清衡、2代基衡、3代秀衡、そして四代泰衡に亘るみちのくの名門。
¶人物伝承（奥州藤原氏　おうしゅうふじわらし）

王祥　おうしょう
御伽草子『二十四孝』に登場する、中国広東の人。二十四孝の一人。
¶架空人日（王祥　おうしょう）

王昭君　おうしょうくん
漢の元帝の妃。『今昔物語集』『曾我物語』『教訓抄』などでその悲劇を詳細に描いている。
¶伝奇伝説（王昭君　おうしょうくん　生没年未詳）

王神　おうじん
新潟県長岡市の蔵王権現、男女一組の廻り神様。
¶神仏辞典（王神　おうじん）

応神天皇　おうじんてんのう
第15代に数えられる天皇。母は息長足姫（神功皇后）で父の死後に生まれたため胎中天皇と称された。別名、品陀和気命（誉田別尊）、大鞆和気命。
¶架空人日（応神天皇　おうじんてんのう）
　架空伝承（応神天皇　おうじんてんのう）
　神様読解（応神天皇/大鞆和気命/品陀和気命　おうじんてんのう・おおともわけのみこと・ほむだわけのみこと）〔像〕
　広辞苑6（応神天皇　おうじんてんのう）
　コン5（応神天皇　おうじんてんのう）
　神仏辞典（応神天皇　おうじんてんのう）
　神仏辞典（大鞆和気命　おおともわけのみこと）
　神仏辞典（品陀和気命・誉田別　ほむだわけのみこ

お

と)
神話伝説 (応神天皇 おうじんてんのう)
説話伝説 (応神天皇 おうじんてんのう [生]仲哀9(200)年 [没]応神41(231)年)
世百新 (応神天皇 おうじんてんのう)
伝奇伝説 (応神天皇 おうじんてんのう)
日本神様 (八幡信仰の神々〔応神天皇(誉田別尊)〕はちまんしんこうのかみがみ)〔像(八幡大神)〕
日本人名 (応神天皇 おうじんてんのう)

小碓命 おうすのみこと
⇒日本武尊(やまとたけるのみこと)

応声虫 おうせいちゅう
回虫のように人間の腹の中に棲み、奇怪な病気をもたらすとされた怪物。
¶幻想動物 (応声虫)〔像〕
妖怪事典 (オウセイチュウ)
妖怪大鑑 (応声虫 おうせいちゅう)〔像〕
妖怪大事典 (応声虫 おうせいちゅう)〔像〕

王相神 おうそうじん
陰陽道で祀る王神と相神。
¶広辞苑6 (王相神 おうそうじん)

小内神 おうちのかみ
信濃国高井郡の小内神社の祭神。
¶神仏辞典 (小内神 おうちのかみ)

王直 おうちょく
中国、明の密貿易業者、海寇の首領。五峯ともよばれる。瀬戸内海の和寇を指揮し中国沿海を略奪した。
¶説話伝説 (王直 おうちょく [生]? [没]嘉靖38(1559)年)
伝奇伝説 (王直 おうちょく [生]? [没]嘉靖38(1559)年)

苧うに おうに
鳥山石燕の『画図百鬼夜行』に描かれた妖怪。総身毛におおわれ、口は耳まで裂けた鬼女。
¶妖怪事典 (オウニ)
妖怪大鑑 (苧うに)〔像〕
妖怪大事典 (苧うに おうに)〔像〕

おうの
北原亞以子作『深川澪通り木戸番小屋』の登場人物。
¶時代小説 (おうの)

阿武松緑之助 おうのまつみどりのすけ
第6代横綱。幾多の相撲絵となり、持て囃された。
¶説話伝説 (阿武松緑之助 おうのまつみどりのすけ [生]寛政3(1791)年 [没]嘉永5(1852)年)
伝奇伝説 (阿武松緑之助 おうのまつみどりのすけ [生]寛政3(1791)年 [没]嘉永4(1851)年)

おうばこ
海の妖怪。山形県酒田市でいう。
¶神仏辞典 (おうばこ)
全国妖怪 (オウバコ〔山形県〕)

黄幡 おうばん
暦の八将神の一神。
¶広辞苑6 (黄幡 おうばん)

黄蕃神 おうばんじん
中国地方、特に広島県、山口県で祀られる神。牛馬の神、作神、田の神・大元神などとする。広島県山県郡芸北町などでは、大元神ともいう。
¶神様読解 (王番神/大元神 おうばんじん・だいげんしん)〔像〕
神仏辞典 (王蕃 おうばん)
東洋神名 (王番神 オウバンジン)〔像〕
妖怪大鑑 (大元神 おおもとがみ)〔像〕

意富布良神 おうふらのかみ
『延喜式』に所出。近江国伊香郡の意富布良神社の祭神。
¶神仏辞典 (意富布良神・意冨布良神 おうふらのかみ)

王裒 おうほう
御伽草子『二十四孝』に登場する、中国の城陽営陰の人。二十四孝の一人。
¶架空人日 (王裒 おうほう)

お馬 おうま
⇒かんざしお馬(かんざしおうま)

淡海石井神 おうみいしいのかみ
現在の静岡県磐田市馬場町の淡海国玉神社の祭神。
¶神仏辞典 (淡海石井神 おうみいしいのかみ)

近江のお金 おうみのおかね
鎌倉時代の初め、近江国海津にいたという大力の遊女。お兼とも書く。
¶架空伝承 (近江のお金 おうみのおかね)〔像〕
架空伝説 (お兼 おかね)
歌舞伎登 (近江のお兼 おうみのおかね)
コン5 (近江お金 おうみのおかね)
神仏辞典 (近江のお金 おうみのおかね)
世百新 (近江のお金 おうみのおかね)

小海神 おうみのかみ
近江国高島郡の小海神社の祭神。
¶神仏辞典 (小海神 おうみのかみ)

淡海神 おうみのかみ
『播磨国風土記』に所出。花浪神の妻。
¶神仏辞典 (淡海神 おうみのかみ)

近江の源五郎 おうみのげんごろう
歌舞伎演目『傀儡浅妻船』に登場する、崎山伝内と名乗る浪人。
¶歌舞伎登 (近江の源五郎 おうみのげんごろう)

近江小藤太　おうみのことうだ
歌舞伎演目『寿曽我対面』に登場する、工藤祐経家中の武士。
¶歌舞伎登（近江小藤太　おうみのことうだ）

近江屋新助　おうみやしんすけ
京都河原町の大きな醬油屋。司馬遼太郎作『竜馬がゆく』の登場人物。
¶時代小説（近江屋新助　おうみやしんすけ）

お梅　おうめ
近松門左衛門作『心中万年草』の主人公の一人。
¶説話伝説（お梅粂之介　おうめくめのすけ ㉜宝永7（1710）年）

お梅　おうめ
愛知県刈谷の弥陀坂にいたという狐。
¶妖怪事典（オウメ）

お梅　おうめ
歌舞伎演目『盲長屋梅加賀鳶』に登場する、加賀鳶梅吉と女房おすがの子。
¶歌舞伎登（お梅　おうめ）

お梅　おうめ
江戸末頃の実録『大岡政談』に登場する、江戸の下町で煙草屋を営む喜八の妻。
¶架空人日（お梅　おうめ）

お梅　おうめ
4世鶴屋南北作の歌舞伎『東海道四谷怪談』（1825年初演）に登場する、伊右衛門の後妻。
¶架空人日（お梅　おうめ）
　歌舞伎登（お梅　おうめ）

応龍　おうりょう
翼のある龍。
¶日本未確認（応龍　おうりょう）〔像〕

黄龍　おうりょう
黄色い身体をした龍。
¶日本未確認（黄龍　おうりょう）

狂惑の法師　おうわくのほうし
中世的人間の一典型。いかさま、いんちきをして布施を得るのを生業とする法師。
¶奇談逸話（狂惑の法師　おうわくのほうし）
　説話伝説（狂惑の法師　おうわくのほうし）

お栄　おえい
坂本竜馬の第二姉。司馬遼太郎作『竜馬がゆく』の登場人物。
¶時代小説（お栄　おえい）

お栄　おえい
葛飾北斎の娘で浮世絵師。杉本苑子作『滝沢馬琴』の登場人物。

¶時代小説（お栄　おえい）

お栄　おえい
三遊亭円朝作『塩原多助一代記』（1889）に登場する、塩原多助の最初の妻。
¶架空人日（お栄　おえい）

お栄　おえい
志賀直哉作『暗夜行路』（1921-37）の主人公時任謙作の実の父である謙作の祖父の妾。
¶架空人日（お栄　おえい）

乎江神　おえのかみ
尾張国春部郡の乎江神社、近江国浅井郡・但馬国城崎郡の小江神社の祭神。
¶神仏辞典（乎江神・小江神　おえのかみ）

おえん
歌舞伎演目『恋飛脚大和往来』に登場する、大坂新町の廓にある揚屋井筒屋の女房。
¶歌舞伎登（おえん）

おえん
逢坂剛作『重蔵始末』の登場人物。
¶時代小説（おえん）

おえん
南原幹雄作『付き馬屋おえん』の登場人物。
¶時代小説（おえん）

おえん
松本清張作『無宿人別帳』の登場人物。
¶時代小説（おえん）

オーオー
広島県、愛媛県地方でいう妖怪の児童語。
¶妖怪事典（オーオー）

大県天神　おおあがたのあまつかみ
『続日本後紀』に所出。承和14（847）年、従五位下を授かる。
¶神仏辞典（大県天神　おおあがたのあまつかみ）

大県神　おおあがたのかみ
尾張国丹羽郡の大県神社の祭神。
¶神仏辞典（大県神　おおあがたのかみ）

大麻天神　おおあさのあまつかみ
『日本三代実録』に所出。安芸国の神。
¶神仏辞典（大麻天神　おおあさのあまつかみ）

大朝神　おおあさのかみ
伊豆国田方郡の大朝神社の祭神。
¶神仏辞典（大朝神　おおあさのかみ）

大麻神　おおあさのかみ
讃岐国多度郡の大麻神社の祭神。
¶神仏辞典（大麻神　おおあさのかみ）

大麻比古神　おおあさひこのかみ
阿波国板野郡の大麻比古神社の祭神。
¶神仏辞典（大麻比古神　おおあさひこのかみ）

大麻山神　おおあさやまのかみ
石見国那賀郡の大麻山神社の祭神。
¶神仏辞典（大麻山神　おおあさやまのかみ）

大穴牟遅神　おおあなむちのかみ
⇒大国主神（おおくにぬしのかみ）

意富阿麻比売　おおあまひめ
第10代崇神天皇の妃。『日本書紀』では、尾張大海媛。
¶神様読解（意富阿麻比売　おおあまひめ）
　日本人名（尾張大海媛　おわりのおおしあまひめ）

大浴神　おおあみのかみ
近江国伊香郡の大浴神社の祭神。
¶神仏辞典（大浴神　おおあみのかみ）

大アメマス　おおあめます
支笏湖や摩周湖などの北海道の湖や沼に棲んでいたとされる巨大なアメマス（サケ科の魚）。
¶幻想動物（大アメマス）〔像〕

大洗磯前神　おおあらいいそざきのかみ
常陸国鹿島郡の大洗磯前薬師菩薩神社の祭神。
¶神仏辞典（大洗磯前神　おおあらいいそざきのかみ）

大荒木命　おおあらきのみこと
『新撰姓氏録』に所出。高御牟須比乃命13世の孫。
¶神仏辞典（大荒木命　おおあらきのみこと）

大荒田命　おおあらたのみこと
『旧事本紀』にみえる神。尾張（愛知県）邇波君の祖。
¶日本人名（大荒田命　おおあらたのみこと）

大荒田別命　おおあらたわけのみこと
『新撰姓氏録』に所出。豊城（木）入彦命4世の孫。荒田別命、大荒比古神と同一とされる。
¶神仏辞典（大荒田別命　おおあらたわけのみこと）

大荒比古神　おおあらひこのかみ
『延喜式』に所出。大荒田別命と同一とされる。近江国高島郡の大荒比古神社二座の祭神。
¶神仏辞典（大荒比古神　おおあらひこのかみ）

大飯神　おおいいのかみ
石見国那賀郡の大飯彦命神社、若狭国大飯郡の大飯神社の祭神。

¶神仏辞典（大飯神　おおいいのかみ）

多家神　おおいえのかみ
安芸国安芸郡の多家神社の祭神。
¶神仏辞典（多家神　おおいえのかみ）

大家神　おおいえのかみ
但馬国二方郡の大家神社の祭神。
¶神仏辞典（大家神　おおいえのかみ）

大雷　おおいかずち
黄泉国の八雷神の一柱。雷神（いかずちのかみ）と同一とされる。現在の群馬県佐波郡赤堀村の大雷神社、境町の雷電神社の祭神。
¶神仏辞典（大雷　おおいかずち）

大雷火明神　おおいかずちのほあかりのかみ
『日本文徳天皇実録』に所出。雷神（いかずちのかみ）と同一とされる。
¶神仏辞典（大雷火明神　おおいかずちのほあかりのかみ）

意富伊我都命　おおいかつのみこと
『新撰姓氏録』に所出。天津彦根命の3世の孫。額田部河田連の祖。
¶神仏辞典（意富伊我都命　おおいかつのみこと）

大君　おおいきみ
『源氏物語』に登場する、桐壺帝の第八皇子八の宮の娘。
¶架空人日（大君　おおいきみ）

大君　おおいぎみ
菅原孝標女作『浜松中納言物語』の登場人物。中納言の母が再婚した左大将と故北の方との間に生まれた姉娘。
¶架空伝説（大君　おおいぎみ）
　広辞苑6（尼姫君　あまひめぎみ）
　古典人学（大君（尼姫君）　おおいぎみ）

大君　おおいぎみ
『夜の寝覚』の登場人物。男君の妻、寝覚の君の姉。
¶架空伝説（大君　おおいぎみ）
　古典人学（大君　おおいぎみ）

大生部兵主神　おおいくべのひょうすのかみ
但馬国出石郡の大生部兵主神社の祭神。
¶神仏辞典（大生部兵主神　おおいくべのひょうすのかみ）

大子神　おおいこがみ
越年に福をもたらす守護神。
¶神様読解（大子神　おおいこがみ）

大石内蔵助　おおいしくらのすけ
赤穂浅野家の家老。大石良雄。主君浅野長矩の遺臣を率いて吉良邸に討ち入り目的をとげた、赤

穂浪士の討入りで知られる。
¶朝日歴史（大石良雄　おおいしよしお [生]万治2(1659)年 [没]元禄16年2月4日(1703年3月20日)）
英雄事典（大石内蔵助　オオイシクラノスケ）
架空伝承（大石内蔵助　おおいしくらのすけ [生]万治2(1659)年 [没]元禄16(1703)年）〔像〕
歌舞伎登（大石内蔵助　おおいしくらのすけ）〔像〕
広辞苑6（大石良雄　おおいしよしお [生]1659 [没]1703）
コン5（大石良雄　おおいしよしお [生]万治2(1659)年 [没]元禄16(1703)年）
時代小説（大石内蔵助　おおいしくらのすけ）
説話伝説（大石内蔵助　おおいしくらのすけ [生]万治2(1659)年 [没]元禄15(1703)年）
世百新（大石良雄　おおいしよしお [生]万治2(1659)年 [没]元禄16(1703)年）
大辞林3（大石良雄　おおいしよしお [生]1659 [没]1703）
伝奇伝説（大石内蔵助　おおいしくらのすけ [生]万治2(1659)年 [没]元禄15(1702)年）〔像〕
日本神様（大石内蔵助　おおいしくらのすけ [生]1659年 [没]1703年）〔像〕
日本人名（大石良雄　おおいしよしお [生]1659年 [没]1703年）

大石進　おおいしすすむ
奥州柳川藩士。津本陽作『千葉周作』の登場人物。
¶時代小説（大石進　おおいしすすむ）

大石先生　おおいしせんせい
壺井栄作『二十四の瞳』の主人公。瀬戸内海の小豆島の先生。本名、大石久子。
¶架空人物（大石先生）
コン5（大石先生　おおいしせんせい）
児童登場（大石先生）
日本人名（大石久子　おおいしひさこ）

大石主税　おおいしちから
江戸中期、赤穂四十七士の1人。
¶コン5（大石良金　おおいしよしかね [生]元禄1(1688)年 [没]元禄16(1703)年）
時代小説（大石主税　おおいしちから）
日本人名（大石主税　おおいしちから [生]1688年 [没]1703年）

大石兵六　おおいしひょうろく
神坂次郎作『おかしな侍たち』の登場人物。
¶時代小説（大石兵六　おおいしひょうろく）

大石良雄　おおいしよしお
⇒大石内蔵助(おおいしくらのすけ)

大磯の虎　おおいそのとら
⇒虎御前(とらごぜん)

大磯屋伝三　おおいそやでんざ
江戸の曾我狂言に登場する、曾我兄弟の愛人虎・少将を抱える大磯の遊女屋の主人。
¶歌舞伎登（大磯屋伝三　おおいそやでんざ）

大市神　おおいちのかみ
伊勢国安濃郡の大市神社の祭神。
¶神仏辞典（大市神・太市神　おおいちのかみ）

大稲輿命　おおいなこしのみこと
現在の千葉県安房郡丸山町宮下の莫越山神社の祭神。
¶神仏辞典（大稲輿命　おおいなこしのみこと）

大位神　おおいのかみ
『日本三代実録』に所出。紀伊国の神。
¶神仏辞典（大位神　おおいのかみ）

大井神　おおいのかみ
出雲国秋鹿郡の大井社祭神、島根郡の大井社の祭神。
¶神仏辞典（大井神　おおいのかみ）

大井光遠　おおいのみつとお
『今昔物語集』『宇治拾遺物語』に登場する、10～11世紀に実在した相撲人。
¶架空人日（大井光遠　おおいのみつとお）

大井俣神　おおいまたのかみ
甲斐国山梨郡の大井俣神社の祭神。
¶神仏辞典（大井俣神　おおいまたのかみ）

大忌神　おおいみのかみ
『日本書紀』巻29に所出。広瀬大忌祭の神。
¶神仏辞典（大忌神　おおいみのかみ）

大入杵命　おおいりきのみこと
第10代崇神天皇の皇子。
¶神様読解（大入杵命　おおいりきのみこと）
神仏辞典（大入杵命　おおいりきのみこと）
日本人名（大入杵命　おおいりきのみこと）

大石命　おおいわのみこと
『播磨国風土記』に所出。玉足日子命・玉足比売命の子。
¶神仏辞典（大石命　おおいわのみこと）

大魚　おおうお
『古事記』にみえる女性。菟田首の娘。
¶日本人名（大魚　おおうお）

大宇加神　おおうかのかみ
丹後国竹野郡の大宇加神社の祭神。
¶神仏辞典（大宇加神　おおうかのかみ）

大氏神　おおうじがみ
福島県いわき市の北神谷で、同姓の一族(マケ)が祀っている氏神。
¶神仏辞典（大氏神　おおうじがみ）

大碓命　おおうすのみこと
説話上の第12代景行天皇の皇子。小碓命（倭建命）の双子の兄。
- ¶朝日歴史（大碓皇子　おおうすのみこ）
  英雄事典（大碓命　オオウスノミコト）
  神様読解（大碓命　おおうすのみこと）
  コン5（大碓皇子　おおうすのみこ）
  新潮日本（大碓皇子　おおうすのみこ）
  神仏辞典（大碓命・大碓尊　おおうすのみこと）
  日本人名（大碓皇子　おおうすのおうじ）

大内義弘　おおうちよしひろ
室町初期の武将。周防、長門ほか計六ヶ国の守護職を兼ねたが、応永の乱で泉州堺で敗死した。
- ¶歌舞伎登（大内義弘　おおうちよしひろ）
  説話伝説（大内義弘　おおうちよしひろ ⓜ正平11(1356)年 ⓓ応永6(1399)年）
  伝奇伝説（大内義弘　おおうちよしひろ ⓜ延文1(1356)年 ⓓ応永6(1399)年）

大浦お慶　おおうらおけい
長崎きっての女貿易商。司馬遼太郎作『竜馬がゆく』の登場人物。
- ¶時代小説（大浦お慶　おおうらおけい）

大江朝綱　おおえのあさつな
村上天皇の時代の文章博士。『今昔物語集』に登場する。
- ¶架空人日（大江朝綱　おおえのあさつな）

大江音人　おおえのおとんど
歌舞伎演目『倭仮名在原系図』に登場する、奴蘭平を怪しみ、在原行平と内通していた小野篁の家臣。
- ¶歌舞伎登（大江音人　おおえのおとんど）

大江鬼貫　おおえのおにつら
歌舞伎演目『伽羅先代萩』『伊達競阿国戯場』に登場する人物。「叔父敵」と呼ばれる役柄。
- ¶歌舞伎登（大江鬼貫1　『伽羅先代萩』　おおえのおにつら）
  歌舞伎登（大江鬼貫2　『伊達競阿国戯場』　おおえのおにつら）

大江神　おおえのかみ
因幡国八上郡の大江神社三座の祭神。
- ¶神仏辞典（大江神　おおえのかみ）

大江定基　おおえのさだもと
平安時代の文人、政治家、僧。出家譚が有名。渡宋し、宋皇帝真宗の帰依を得た。
- ¶架空人日（大江定基　おおえのさだもと）
  古典人学（大江定基　おおえのさだもと）
  説話伝説（大江定基　おおえのさだもと ⓜ? ⓓ長元7(1034)年?）
  伝奇伝説（大江定基　おおえのさだもと ⓜ? ⓓ長元7(1034)年）

大江挙周　おおえのたかちか
平安時代の漢学者・漢詩人。『古今著聞集』『続本朝往生伝』に登場。
- ¶説話伝説（大江挙周　おおえのたかちか ⓜ? ⓓ永承1(1046)年）
  伝奇伝説（大江挙周　おおえのたかちか ⓜ? ⓓ永承1(1046)年）

大江広元　おおえのひろもと
鎌倉幕府草創時の功労者、初代政所別当。歌舞伎『頼朝の死』に登場する。
- ¶歌舞伎登（大江広元　おおえのひろもと）
  説話伝説（大江広元　おおえのひろもと ⓜ久安4(1148)年 ⓓ嘉禄1(1225)年）

大江匡衡　おおえのまさひら
平安中期の学者。赤染衛門の夫。中古三十六歌仙の一人。
- ¶説話伝説（大江匡衡　おおえのまさひら ⓜ天暦6(952)年 ⓓ長和1(1012)年）
  伝奇伝説（大江匡衡　おおえのまさひら ⓜ天暦6(952)年 ⓓ長和1(1012)年）

大江匡房　おおえのまさふさ
平安時代の漢学者、漢詩人、歌人。『続古事談』など鎌倉時代の説話集に多くの逸話が採られている。
- ¶奇談逸話（大江匡房　おおえのまさふさ ⓜ長久2(1041)年 ⓓ天永2(1111)年）
  古典人学（大江匡房　おおえのまさふさ ⓜ長久2(1041)年 ⓓ天永2(1111)年）
  人物伝承（大江匡房　おおえのまさふさ ⓜ長久2(1041)年 ⓓ天永2(1111)年）
  説話伝説（大江匡房　おおえのまさふさ ⓜ長久2(1041)年 ⓓ天永2(1111)年）
  伝奇伝説（大江匡房　おおえのまさふさ ⓜ長久2(1041)年 ⓓ天永2(1111)年）

大江匡房　おおえのまさふさ
恋川春町作の黄表紙『鸚鵡返文武二道』(1789)に登場する学者。院政の初期の実在の学者がモデルだが、寛政三博士の一人柴野栗山を暗にほのめかしている。
- ¶架空人日（大江匡房　おおえのまさふさ）

大江王　おおえのみこ
第12代景行天皇の皇子。
- ¶神様読解（大江王/大枝王　おおえのみこ・おおえのみこ）

大岡忠相　おおおかただすけ
江戸中期の幕臣。徳川吉宗に用いられ江戸町奉行となり、越前守と称す。町火消の「いろは組」の結成、小石川養生所の設置など様々な施策を行ったが、『大岡政談』で語られる逸話は、ほとんど架空譚とされる。
- ¶架空人日（大岡越前守忠相　おおおかえちぜんのかみただすけ）
  架空伝承（大岡越前守　おおおかえちぜんのかみ ⓜ延宝5(1677)年 ⓓ宝暦1(1751)年）
  架空伝説（大岡越前守忠相　おおおかえちぜんのかみただすけ）

歌舞伎登（大岡忠相　おおおかただすけ）
広辞苑6（大岡忠相　おおおかただすけ　㊌1677年　㊋1751年）
コン5（大岡忠相　おおおかただすけ　㊌宝暦5（1677）年　㊋宝暦1（1751）年）
時代小説（大岡越前守忠相　おおおかえちぜんのかみただすけ）
説話伝説（大岡越前守　おおおかえちぜんのかみ　㊌延宝5（1677）年　㊋宝暦1（1751）年）
世百新（大岡忠相　おおおかただすけ　㊌延宝5（1677）年　㊋宝暦1（1751）年）
大辞林3（大岡忠相　おおおかただすけ　㊌1677年　㊋1751年）
伝奇伝説（大岡越前守　おおおかえちぜんのかみ　㊌延宝5（1677）年　㊋宝暦1（1751）年）〔像〕

大岡神　おおおかのかみ
『日本三代実録』に所出。但馬国の神。
¶神仏辞典（大岡神　おおおかのかみ）

大男　おおおとこ
広島県の海の怪。
¶全国妖怪（オオオトコ〔広島県〕）

大邑刀自甕神　おおおとじみかのかみ
『日本三代実録』に所出。造酒司に坐す。
¶神仏辞典（大邑刀自甕神　おおおとじみかのかみ）

大香山戸臣神　おおかがやまとおみのかみ
大年神の子。母は香用比売。
¶神様読解（大香山戸臣神　おおかがやまとおみのかみ）
　神仏辞典（大香山戸臣神　おおかがやまとおみのかみ）

大垣伝九郎　おおがきでんくろう
山手樹一郎作『夢介千両みやげ』の登場人物。
¶時代小説（大垣伝九郎　おおがきでんくろう）

大賀九郎左衛門　おおがくろうざえもん
江戸前期の海外貿易家。
¶説話伝説（大賀九郎左衛門　おおがくろうざえもん　㊌?　㊋寛永18（1641）年）

大鹿島命　おおかしまのみこと
中臣氏の伝承上の祖先。
¶朝日歴史（大鹿島命　おおかしまのみこと）
　コン5（大鹿島命　おおかしまのみこと）

大賀宗伯　おおがそうはく
博多の豪商。福岡藩黒田家の御用商人。
¶伝奇伝説（大賀宗伯　おおがそうはく　㊌?　㊋寛文5（1665）年）

大形神　おおがたのかみ
越後国沼垂郡の大形神社の祭神。
¶神仏辞典（大形神　おおがたのかみ）

大蟹　おおがに★
伝説に登場する巨大な蟹。
¶日本未確認（大蟹）〔像〕

大鐘婆の火　おおがねばばのひ
遠江国横須賀でいう怪火。
¶妖怪事典（オオガネババノヒ）

大鹿三宅神　おおかのみやけのかみ
伊勢国河曲郡の大鹿三宅神社の祭神。
¶神仏辞典（大鹿三宅神　おおかのみやけのかみ）

大禿　おおかぶろ
⇒大かむろ（おおかむろ）

大壁小八郎　おおかべこはちろう
井原西鶴作の浮世草子『武道伝来記』（1687）巻四の第三「無分別は見越の木登」の主人公。
¶架空人日（大壁小八郎　おおかべこはちろう）
　架空伝説（大壁小八郎　おおかべこはちろう）
　古典人学（小八郎　こはちろう）

大蝦蟇　おおがま
人間の精気を吸い取るとされる巨大な蝦蟇の総称。
¶幻想動物（大蝦蟇）〔像〕
　全国妖怪（オオガマ〔東京都〕）
　全国妖怪（オオガマ〔新潟県〕）
　妖怪事典（オオガマ）
　妖怪大事典（大蝦蟇　おおがま）

「大釜の抜き残し」の男　おおがまのぬきのこしのおとこ
井原西鶴作の浮世草子『西鶴置土産』（1693）巻一の一「大釜の抜き残し」の主人公。
¶架空人日（「大釜の抜き残し」の男　おおがまのぬきのこしのおとこ）

狼の悪次郎　おおかみのあくじろう
歌舞伎演目『青砥稿花紅彩画』に登場する、日本駄右衛門の子分。
¶歌舞伎登（狼の悪次郎　おおかみのあくじろう）

大神大后神　おおかみのおおきさきのかみ
出雲国出雲郡式内社58社の御向社の祭神。
¶神仏辞典（大神大后神　おおかみのおおきさきのかみ）

狼の送り火　おおかみのおくりび
美濃国（岐阜県）長良川の下流域でいう怪火。
¶妖怪事典（オオカミノオクリビ）

大神乃御船神　おおかみのみふねのかみ
伊勢国度会郡の大神乃御船神社の祭神。
¶神仏辞典（大神乃御船神　おおかみのみふねのかみ）

狼の霊　おおかみのれい
昔、越後（新潟県）の山里で、弥三郎の婆を食い殺して、母親になりすました狼。
¶妖怪大鑑（狼の霊　おおかみのれい）〔像〕

大神山神　おおかみやまのかみ
伯耆国会見郡の大神山神社の祭神。
¶神仏辞典（大神山神　おおかみやまのかみ）

意富加牟豆美命　おおかむづみのみこと
『古事記』上巻に所出。黄泉国からの脱出の際、伊邪那岐が投げつけた桃の実に授けた神名。
¶神様読解（意富加牟豆美命　おおかむづみのみこと）
神仏辞典（意富加牟豆美命　おおかむずみのみこと）

大かむろ　おおかむろ
大きな顔のお化けで、狸が化けたものとされる。
¶水木妖怪（大かむろ）〔像〕
妖怪事典（オオカブロ）
妖怪大全（大かむろ　おおかむろ）〔像〕
妖怪大事典（大禿　おおかぶろ）

大亀　おおがめ
岡山県の動物の怪。
¶全国妖怪（オオガメ〔岡山県〕）

大賀茂都美命　おおかもつみのみこと
現在の徳島県阿波郡阿波町新開の賀茂神社の祭神。
¶神仏辞典（大賀都美命　おおかもつみのみこと）

大川上美良布神　おおかわかみのみらふのかみ
土佐国香美郡の大川上美良布神社の祭神。
¶神仏辞典（大川上美良布神　おおかわかみのみらふのかみ）

大川内神　おおかわちのかみ
伊勢国度会郡の大川内神社の祭神。
¶神仏辞典（大川内神・大河内神　おおかわちのかみ）

大川友右衛門　おおかわともえもん
歌舞伎演目『蔦模様血染御書』に登場する、川越の城主の家来。
¶歌舞伎登（大川友右衛門　おおかわともえもん）

大川神　おおかわのかみ
近江国高島郡の大川神社の祭神。
¶神仏辞典（大川神・大河神　おおかわのかみ）

大川原国津神　おおかわらのくにつかみ
『日本三代実録』に所出。山城国の神。
¶神仏辞典（大川原国津神　おおかわらのくにつかみ）

大煙管　おおぎせる
徳島県三好郡三庄村大字毛田村でいう動物の怪。
¶全国妖怪（オオギセル〔徳島県〕）
妖怪大事典（大煙管　おおぎせる）

意富芸多志比売　おおぎたしひめ
6世紀後半、用明天皇の妃。
¶日本人名（意富芸多志比売　おおぎたしひめ　生没年未詳）

大木神　おおきのかみ
伊勢国河曲郡の大木神社の祭神。
¶神仏辞典（大木神　おおきのかみ）

大吉備建比売　おおきびたけひめ
倭建命の妃。吉備臣建日子の妹。『日本書紀』では、穴戸武媛。
¶神様読解（大吉備建比売　おおきびたけひめ）
日本人名（穴戸武媛　あなとのたけひめ）

大吉備津日子命　おおきびつひこのみこと
⇒吉備津彦命（きびつひこのみこと）

大吉備諸進命　おおきびのもろすすみのみこと
『古事記』中巻に所出。孝安天皇を父、忍鹿比売命を母とする。
¶神様読解（大吉備諸進命　おおきびのもろすすみのみこと）
神仏辞典（大吉備諸進命　おおきびのもろすすみのみこと）
日本人名（大吉備諸進命　おおきびのもろすすみのみこと）

大草香皇子　おおくさかのおうじ
記紀にみえる仁徳天皇の皇子。母は髪長媛。『古事記』では大日下王、波多毘能大郎子。
¶日本人名（大草香皇子　おおくさかのおうじ）

大櫛神　おおくしのかみ
伊勢国多気郡の大櫛神社の祭神。
¶神仏辞典（大櫛神　おおくしのかみ）

大楠神　おおくすのかみ
遠江国蓁原郡の大楠神社の祭神。
¶神仏辞典（大楠神　おおくすのかみ）

大口納命　おおくたみのみこと
『新撰姓氏録』に所出。彦国葺命の子。
¶神仏辞典（大口納命　おおくたみのみこと）

大口神　おおくちのかみ
尾張国中島郡の大口神社の祭神。
¶神仏辞典（大口神　おおくちのかみ）

大口真神　おおくちのまがみ
盗難・火難除けの守護神。真神は狼を神格化したもの。
¶神様読解（大口真神/犬神様/真神　おおくちのまがみ・いぬがみさま・まかみ）〔像〕
神仏辞典（大口の真神　おおくちのまかみ）
東洋神名（大口真神　オオグチノマガミ）〔像〕
日本神様（大口真神　おおぐちのまがみ）

大口屋暁雨　おおぐちやぎょうう
江戸時代の通人。十八大通といわれた江戸の富豪衆の一人。芝居町と遊女町の逸話が伝えられる。
¶歌舞伎登（大口屋暁雨　おおぐちやぎょうう）
　説話伝説（大口屋暁雨　おおぐちやぎょうう　生没年未詳）
　伝奇伝説（大口屋暁雨　おおぐちやぎょうう　㊀元禄8（1695）年？㊁安永6（1777）年?）

大口屋治兵衛　おおぐちやじへえ
江戸時代中期の豪商。歌舞伎『侠客春雨傘』の主人公のモデル。
¶日本人名（大口屋治兵衛　おおぐちやじへえ　生没年未詳）

大国敷神　おおくにしきのかみ
阿波国美馬郡の倭大国玉神大国敷神社二座の祭神。
¶神仏辞典（大国敷神　おおくにしきのかみ）

大国玉比売神　おおくにたまひめのかみ
伊勢国度会郡の大国玉比売神社の祭神。
¶神仏辞典（大国玉比売神・大国玉比女神　おおくにたまひめのかみ）

大国主神　おおくにぬしのかみ
出雲系神話の主神。葦原中国の国作りを行い、国土を高天原の神に国譲りした神。出雲神話の主神。葦原色許男神、八千矛神、宇都志国玉神など多くの別名がある。大穴牟遅神、大物主命と同一とも。
¶朝日歴史（大国主命　おおくにぬしのみこと）
　英雄事典（オオクニヌシノカミ）
　架空人日（大国主神）
　架空伝承（大国主神）
　神様読解（葦原色許男神　あしわらしこおのかみ）
　神様読解（大国主神（命）／大穴牟遅神／葦原色許男神／八千矛（戈）神／宇都志国玉神／大物主神　おおくにぬしのかみ（みこと）・おおなむちのかみ・あしわらしこおのかみ・やちほこのかみ・うつくしにたまのかみ・おおものぬしのかみ）〔像〕
　神文化史（オオクニヌシ（大国主神））
　奇談逸話（大国主命　おおくにぬしのみこと）
　広辞苑6（葦原醜男　あしはらしこお）
　広辞苑6（大国主神　おおくにぬしのかみ）
　古典人学（大国主神　おおくにぬしのかみ）
　古典人東（オオクニヌシ（大国主神　おおくにぬし）
　コン5（大国主命　おおくにぬしのみこと）
　新潮日本（大国主神　おおくにぬしのかみ）
　神仏辞典（葦原色許男神　あしわらしこおのかみ）
　神仏辞典（宇都志国玉神・顕国玉神　うつしくにたまのかみ）
　神仏辞典（大国主神　おおくにぬしのかみ）
　神仏辞典（八千矛神・八千戈神　やちほこのかみ）
　神話伝説（大国主命　おおくにぬしのみこと）
　世神辞典（オオクニヌシ（大国主神））
　説話伝説（大国主命　おおくにぬしのみこと）
　世百新（大国主神　おおくにぬしのかみ）
　世百新（八千矛神　やちほこのかみ）
　大辞林3（葦原醜男・葦原色許男　あしはらのしこお）

大辞林3（現国玉神　うつしくにたまのかみ）
大辞林3（大国主神　おおくにぬしのかみ）
大辞林3（八千矛神　やちほこのかみ）
伝奇伝説（大国主神　おおくにぬしのかみ）
伝奇伝説（八千矛神　やちほこのかみ）
東洋神名（大国主神　オオクニヌシノカミ）〔像〕
日本神々（大国主神　おおくにぬしのかみ）
日本神様（出雲信仰の神々〔大国主大神〕　いずもしんこうのかみがみ）〔像〕
日本人名（大国主神　おおくにぬしのかみ）
日本神話（オホクニヌシ）
日本神話（ヤチホコ）
日本神話（アシハラシコヲ）
ラル神々（大国主神）〔像〕

大国主西神　おおくにぬしのにしのかみ
摂津国菟原郡の大国主西神社の祭神。
¶神仏辞典（大国主西神　おおくにぬしのにしのかみ）

大国神　おおくにのかみ
上野国佐位郡の大国神社の祭神。
¶神仏辞典（大国神　おおくにのかみ）

大国御魂神　おおくにみたまのかみ
大年神の子。大和国山辺郡の大和坐大国魂神社、淡路国三原郡の大和大国魂神社などの祭神。
¶神様読解（大国御魂神　おおくにみたまのかみ）
　神仏辞典（大国御魂神　おおくにみたまのかみ）
　神仏辞典（倭大神・倭太神　やまとのおおかみ）
　日本人名（大国魂神　おおくにたまのかみ）

大首　おおくび
突如夜空に出現する巨大な女の首だけの妖怪。
¶幻想動物（大首）〔像〕
　全国妖怪（オオクビ〔石川県〕）
　妖怪事典（オオクビ）
　妖怪大鑑（大首　おおくび）〔像〕
　妖怪大事典（大首　おおくび）〔像〕
　妖百3（大首　おおくび）〔像〕

大久保一翁　おおくぼいちおう
幕末の幕臣。大佛次郎作『鞍馬天狗』や司馬遼太郎作『竜馬がゆく』に登場する。
¶時代小説（大久保一翁　『鞍馬天狗』　おおくぼいちおう）
　時代小説（大久保一翁　『竜馬がゆく』　おおくぼいちおう）

大久保一蔵　おおくぼいちぞう
薩摩藩士。のちの大久保利通。司馬遼太郎作『竜馬がゆく』の登場人物。
¶時代小説（大久保一蔵　おおくぼいちぞう）

大久保源太　おおくぼげんた
平岩弓枝作『はやぶさ新八御用帳』の登場人物。
¶時代小説（大久保源太　おおくぼげんた）

大久保長安　おおくぼちょうあん
⇒大久保長安（おおくぼながやす）

大久保藤次郎　おおくぼとうじろう
林不忘作『丹下左膳』の登場人物。
¶時代小説（大久保藤次郎　おおくぼとうじろう）

大久保利通　おおくぼとしみち
⇒大久保一蔵（おおくぼいちぞう）

大久保長安　おおくぼながやす
江戸初期の奉行、代官頭。鉱山開発などに功があった。
¶説話伝誌（大久保長安　おおくぼながやす　㊈天文14(1545)年　㊀慶長18(1613)年）
　伝奇伝説（大久保長安　おおくぼちょうあん　㊈天文19(1550)年　㊀慶長18(1613)年）

大久保彦左衛門　おおくぼひこざえもん
江戸初期の旗本。気骨ある言動がのちに講談や歌舞伎に描かれた。
¶架空人日（大久保彦左衛門　おおくぼひこざえもん）
　架空伝承（大久保彦左衛門　おおくぼひこざえもん　㊈永禄3(1560)年　㊀寛永16(1639)年）〔像〕
　架空人物（大久保彦左衛門　おおくぼひこざえもん　㊈1560年　㊀1639年）〔像〕
　歌舞伎登（大久保彦左衛門　おおくぼひこざえもん）
　奇談逸話（大久保彦左衛門　おおくぼひこざえもん　㊈永禄3(1560)年　㊀寛永16(1639)年）
　新潮日本（大久保彦左衛門　おおくぼひこざえもん　㊈永禄3(1560)年　㊀寛永16(1639)年2月1日）
　時代小説（大久保彦左衛門　おおくぼひこざえもん）
　時代小説（大久保彦左衛門忠教　おおくぼひこざえもんただのり）
　説話伝誌（大久保彦左衛門　おおくぼひこざえもん　㊈永禄3(1560)年　㊀寛永16(1639)年）〔像〕
　伝奇伝説（大久保彦左衛門　おおくぼひこざえもん　㊈永禄3(1560)年　㊀寛永16(1639)年）〔像〕
　日本人名（大久保彦左衛門　おおくぼひこざえもん　㊈1560年　㊀1639年）

大久保主水　おおくぼもんど
徳川家康の臣。三河大久保三十六騎の一人。幕府菓子司の祖。
¶説話伝誌（大久保主水　おおくぼもんど　㊈?　㊀元和3(1617)年）
　伝奇伝説（大久保主水　おおくぼもんど　㊈?　㊀天和3(1683)年）

大熊命　おおくまのみこと
『新撰姓氏録』に所出。白堤首の祖（大和国神別天神）。
¶神仏辞典（大熊命　おおくまのみこと）

大隈八太郎　おおくまはちたろう
肥前佐賀藩士。司馬遼太郎作『竜馬がゆく』の登場人物。
¶時代小説（大隈八太郎　おおくまはちたろう）

大久米命　おおくめのみこと
『古事記』に見える久米直の祖先神。神武天皇の東征に随従し、兄宇迦斯や土雲八十建を誅伐した。
¶朝日歴史（大久米命　おおくめのみこと）
　神様読解（大久米命　おおくめのみこと）〔像〕
　新潮日本（大久米命　おおくめのみこと）
　神仏辞典（大久米命　おおくめのみこと）
　神話伝説（大久米命　おおくめのみこと）
　日本人名（大久米命　おおくめのみこと）

大蜘蛛　おおぐも
随筆、怪談集や、各地の民俗資料に見える蜘蛛の妖怪。
¶日本未確認（大蜘蛛　おおぐも）
　水木妖怪（大蜘蛛　おおぐも）〔像〕
　妖怪事典（オオグモ）
　妖怪大全（大蜘蛛　おおぐも）〔像〕
　妖怪大事典（大蜘蛛　おおぐも）〔像〕

大蔵卿　おおくらきょう
歌舞伎演目『桐一葉』に登場する、大野道軒の妻、修理亮治長の母。
¶歌舞伎登（大蔵卿　おおくらきょう）

大倉主　おおくらぬし
現在の福岡県遠賀郡岡垣町大字高倉の高倉神社の祭神。
¶神仏辞典（大倉主　おおくらぬし）

大蔵神　おおくらのかみ
『日本三代実録』に所出。備後国の神。
¶神仏辞典（大蔵神・大椋神　おおくらのかみ）

大椋神　おおくらのかみ
近江国伊香郡、越前国敦賀郡の大椋神社などの祭神。
¶神仏辞典（大椋神・巨椋神　おおくらのかみ）

大倉比売神　おおくらひめのかみ
大和国葛上郡の大倉比売神社の祭神。
¶神仏辞典（大倉比売神・太倉比売神　おおくらひめのかみ）

大宜都比売神　おおげつひめのかみ
『古事記』に登場する五穀の主宰神。伊弉諾・伊弉冉の子。鼻・口・尻から種々の食物を取り出して、素戔嗚尊に殺された。『日本書紀』では保食神があたる。
¶朝日歴史（大宜都比売神　おおげつひめのかみ）
　アジア女神（大宜都比売神・大気津比売神　おほげつひめのかみ）
　神様読解（大宜都比売神/保食神　おおげつひめのかみ・うけもちのかみ）
　広辞苑6（大倉津比売　おおげつひめ）
　神仏辞典（大宜都比売神　おおげつひめのかみ）
　神話伝説（大気津比売　おおげつひめ）
　世百新（大気津比売神　おおげつひめ）
　大辞林3（大気津比売神・大宜都比売神　おおげつひめのかみ）
　日本人様（大宜津比売・保食神　おおげつひめ・うけもちのかみ）
　日本人名（大宜都比売神　おおげつひめのかみ）
　日本神話（オホゲツヒメ）

大祁於賀美神 おおけのおかみのかみ
河内国石川郡の大祁於賀美神社の祭神。
¶神仏辞典（大祁於賀美神　おおけのおかみのかみ）

大毛神 おおけのかみ
尾張国葉栗郡の大毛神社の祭神。
¶神仏辞典（大毛神　おおけのかみ）

意富祁王 おおけのみこ
⇒仁賢天皇（にんけんてんのう）

大鯉 おおごい
比叡山の奥深くにある古い池に棲んでいるという、金色の光を放つ巨大な鯉。
¶水木幻獣（大鯉　おおごい）〔像〕
　妖怪大鑑（大鯉　おおごい）〔像〕

大鯉 おおごい
各地で河川や湖沼の主とされる巨大な鯉。
¶妖怪事典（オオゴイ）
　妖怪大事典（大鯉　おおごい）〔像〕

大蝙蝠 おおこうもり
広島県の福山城の主とされた大きな蝙蝠。
¶妖怪事典（オオコウモリ）

大事忍男神 おおごとおしおのかみ
伊弉諾・伊弉冉の二神の子。国生みを終えたあと、最初に生まれた神。
¶神様読解（大事忍男神　おおごとおしおのかみ）
　神仏辞典（大事忍男神　おおことおしおのかみ）
　日本人名（大事忍男神　おおことおしおのかみ）

大狛神 おおこまのかみ
河内国大県郡の大狛神社の祭神。
¶神仏辞典（大狛神　おおこまのかみ）

大心池章次 おおころちしょうじ
木々高太郎の『網膜脈視症』ほかに登場する精神病学の教授。
¶名探偵日（大心池章次　おおころちしょうじ）

大心池先生 おおころちせんせい
木々高太郎作『網膜脈視症』に登場する人物。
¶架空伝説（大心池先生　おおころちせんせい）

大才槌 おおさいづち
岡山県苫田郡地方でいう妖怪。
¶妖怪事典（オオサイヅチ）

大坂北浜の老女 おおざかきたはまのろうじょ
井原西鶴作『日本永代蔵』「波風静かに神通丸」の登場人物。23歳で後家となったあと、一人息子の成長を楽しみに貧乏暮らしをしていた老女。
¶古典人学（大坂北浜の老女　おおざかきたはまのろうじょ）

大坂神 おおさかのかみ
『古事記』中巻に所出。崇神天皇より黒色の楯矛が奉られる。
¶神仏辞典（大坂神　おおさかのかみ）

大坂屋花鳥 おおさかやかちょう
江戸期の遊女。八丈島に島流しされたが、島破りをして捕まり死刑となる。講談『島千鳥沖津白浪』に登場する。
¶架空伝説（大坂屋花鳥　おおさかやかちょう ⊕1816年）
　奇談逸話（大坂屋花鳥　おおさかやかちょう ⊕文化13（1816）年？ ⊗天保12（1841）年）
　説話伝説（大坂屋花鳥　おおさかやかちょう ⊕文化13（1816）年？ ⊗天保12（1841）年）
　伝奇伝説（大坂屋花鳥　おおさかやかちょう ⊕文化11（1814）年 ⊗天保12（1841）年4月3日）

大坂山口神 おおさかやまのくちのかみ
大和国葛下郡の大坂山口神社の祭神。
¶神仏辞典（大坂山口神　おおさかやまのくちのかみ）

大前神 おおさきのかみ
近江国高島郡、下野国都賀郡・芳賀郡、越後国魚沼郡の大前神社の祭神。
¶神仏辞典（大前神　おおさきのかみ）

大佐々神 おおささのかみ
『日本三代実録』に所出。美作国の神。
¶神仏辞典（大佐々神　おおささのかみ）

大薩摩主膳太夫 おおざつましゅぜんだゆう
歌舞伎演目『矢の根』に登場する、大薩摩の太夫。
¶歌舞伎登（大薩摩主膳太夫　おおざつましゅぜんだゆう）

大座頭 おおざとう
鳥山石燕の『今昔百鬼拾遺』に描かれた妖怪。破れた袴をはき、杖をついて、木履を鳴らしながら歩く。
¶妖怪事典（オオザトウ）
　妖怪大鑑（大座頭　おおざとう）〔像〕
　妖怪大事典（大座頭　おおざとう）〔像〕

大沢神 おおさわのかみ
近江国伊香郡の大沢神社の祭神。
¶神仏辞典（大沢神　おおさわのかみ）

大塩平八郎 おおしおへいはちろう
元大坂東町奉行所与力。陽明学者。1837年大坂で乱を起こしたが失敗、自殺。当時から講談、歌舞伎に仕立てられている。
¶架空伝承（大塩平八郎　おおしおへいはちろう ⊕寛政5（1793）年 ⊗天保8（1837）年）
　架空伝説（大塩平八郎　おおしおへいはちろう）〔像〕
　説話伝説（大塩平八郎　おおしおへいはちろう ⊕寛政5（1793）年 ⊗天保8（1837）年）〔像〕
　伝奇伝説（大塩平八郎　おおしおへいはちろう ⊕寛政5（1793）年 ⊗天保8（1837）年3月27日）

お

大河内稚子媛 おおしかわちのわくごひめ
6世紀、宣化天皇の妃。『古事記』では川内之若子比売。
¶**日本人名**（大河内稚子媛 おおしかわちのわくごひめ 生没年未詳）

凡河内躬恒 おおしこうちのみつね
三十六歌仙の一人。和歌説話を多数持つ。
¶**説話伝説**（凡河内躬恒 おおしこうちのみつね [生]? [没]延長3(925)年頃まで生存）
伝奇伝説（凡河内躬恒 おおしこうちのみつね 生没年未詳）

大柴神 おおしばのかみ
山城国愛宕郡の大柴神社の祭神。
¶**神仏辞典**（大柴神 おおしばのかみ）

大島左太夫 おおしまさだゆう
菊地寛作『忠直卿行状記』の登場人物。
¶**時代小説**（大島左太夫 おおしまさだゆう）

大島団七 おおしまだんしち
歌舞伎演目『謎帯一寸徳兵衛』に登場する浪人。
¶**歌舞伎登**（大島団七 おおしまだんしち）

大嶋神 おおしまのかみ
近江国蒲生郡、陸奥国牡鹿郡、対馬島上県郡の大嶋神社の祭神。
¶**神仏辞典**（大嶋神 おおしまのかみ）

大条兵庫 おおじょうひょうご
山本周五郎作『樅ノ木は残った』の登場人物。
¶**時代小説**（大条兵庫 おおじょうひょうご）

大白毛の狼 おおしろげのおおかみ
高知県安芸郡の伝承に登場する人喰い狼。
¶**幻想動物**（大白毛の狼）〔像〕

大須伎神 おおすきのかみ
伊予国越智郡の大須伎神社の祭神。
¶**神仏辞典**（大須伎神・大須岐神 おおすきのかみ）

大足尼命 おおすくねのみこと
『新撰姓氏録』に所出。目色部真時の祖（摂津国神別天神）。
¶**神仏辞典**（大足尼命 おおすくねのみこと）

大煞神 おおせちのかみ
遠江国引佐郡の大煞神社の祭神。
¶**神仏辞典**（大煞神 おおせちのかみ）

大瀬半五郎 おおせのはんごろう
講談『清水次郎長』に登場する、清水次郎長の二人目の子分。
¶**架空人日**（大瀬半五郎 おおせのはんごろう）
架空伝説（大瀬半五郎 おおせのはんごろう）

大空太夫 おおそらたゆう
洒落本『聖遊廓』(1757)に登場する遊女。
¶**架空人日**（大空太夫 おおそらたゆう）
架空伝説（大空太夫 おおぞらたゆう）

大高源吾 おおたかげんご
赤穂浪士の一人。死後、浄瑠璃・歌舞伎・講談等に取り上げられた。
¶**架空伝承**（大高源吾 おおたかげんご [生]寛文12(1672)年 [没]元禄16(1703)年）〔像〕
架空伝説（大高源吾 おおたかげんご）
歌舞伎登（大高源吾 おおたかげんご）
伝奇伝説（大高源吾 おおたかげんご [生]寛文12(1672)年 [没]元禄16(1703)年）〔像〕

大高山神 おおたかやまのかみ
陸奥国柴田郡の大高山神社の祭神。
¶**神仏辞典**（大高山神 おおたかやまのかみ）

大滝の五郎蔵 おおたきのごろぞう
池波正太郎作『鬼平犯科帳』の登場人物。
¶**時代小説**（大滝の五郎蔵 おおたきのごろぞう）

大竹金吾 おおたけきんご
平岩弓枝作『はやぶさ新八御用帳』の登場人物。
¶**時代小説**（大竹金吾 おおたけきんご）

大竹源五郎 おおたけげんごろう
白井喬二作『富士に立つ影』の登場人物。
¶**時代小説**（大竹源五郎 おおたけげんごろう）

太田十郎 おおたじゅうろう
歌舞伎演目『嫗山姥』に登場する、清原右大将高藤から沢瀉姫への婚姻の申し入れに訪れる家来。
¶**歌舞伎登**（太田十郎 おおたじゅうろう）

大田蜀山人 おおたしょくさんじん
⇒蜀山人（しょくさんじん）

巨田助友 おおたすけとも
曲亭馬琴作の読本『南総里見八犬伝』(1814-42)に登場する人物。太田道灌の息子という設定。
¶**架空人日**（巨田助友 おおたすけとも）

大田田根子 おおたたねこ
説話上の人物。三輪山の神である大物主神の子で、大神神社の神主。『古事記』では意富多多泥古命。
¶**朝日歴史**（大田田根子 おおたたねこ）
神様読解（意富多多泥古命/大田田根子 おおたたねこのみこと・おおたたねこ）
コン5（大田田根子 おおたたねこ）
新潮日本（大田田根子 おおたたねこ）
神仏辞典（意富多多泥古命・大田田根子命・意富太多根子命 おおたたねこのみこと）
世百新（大田田根子 おおたたねこ）
日本人名（大田田根子 おおたたねこ）
日本神話（オホタタネコ）

大田太郎　おおたたろう★
開高健作『裸の王様』(1957)の「ぼく」の画塾へ通ってくる小学2年生の少年。
¶児童登場（大田太郎）

大館左馬五郎　おおだてさまごろう
歌舞伎演目『京鹿子娘道成寺』に登場する大館。
¶歌舞伎登（大館左馬五郎　おおだてさまごろう）

大館左馬之介　おおだてさまのすけ
河竹黙阿弥作の歌舞伎『勧善懲悪覗機関』(1862年初演)に登場する江戸町奉行。
¶架空人日（大館左馬之介　おおだてさまのすけ）

太田道灌　おおたどうかん
室町中期の武将。1457年江戸城を築いて居城とした。
¶架空伝承（太田道灌　おおたどうかん [生]永享4(1432)年 [没]文明18(1486)年）
説話伝説（太田道灌　おおたどうかん [生]永享4(1432)年 [没]文明18(1486)年）〔像〕
伝奇伝説（太田道灌　おおたどうかん [生]永享4(1432)年 [没]文明18(1486)年）〔像〕

太田豊太郎　おおたとよたろう
森鷗外作『舞姫』(1890)の主人公。元某省役人。
¶架空人日（太田豊太郎　おおたとよたろう）
日本人名（太田豊太郎　おおたとよたろう）

大谷　おおたに
太宰治作『ヴィヨンの妻』(1947)に登場する、大谷男爵の次男。詩人。
¶架空人日（大谷　おおたに）

大谷風　おおたにかぜ
『老圃奇談』にある怪異。
¶妖怪事典（オオタニカゼ）

大谷神　おおたにのかみ
伊勢国員弁郡の大谷神社の祭神。
¶神仏辞典（大谷神　おおたにのかみ）

大谷の妻　おおたにのつま
太宰治作『ヴィヨンの妻』(1947)に登場する、放蕩無頼の詩人大谷の妻。
¶架空人日（大谷の妻　おおたにのつま）

大谷吉継　おおたによしつぐ
戦国期の越前敦賀城主。豊臣政権の中枢として活躍。
¶説話伝説（大谷吉継　おおたによしつぐ [生]永禄2(1559)年 [没]慶長5(1600)年）

多太神　おおたのかみ
近江国伊香郡の多太神社の祭神。
¶神仏辞典（多太神　おおたのかみ）

大田神　おおたのかみ
山城国愛宕郡・近江国高島郡の大田神社、摂津国嶋下郡の太田神社の祭神。
¶神仏辞典（大田神・太田神・多太神　おおたのかみ）

太田彦之丞　おおたひこのじょう
城昌幸作『若さま侍捕物手帖』の登場人物。
¶時代小説（太田彦之丞　おおたひこのじょう）

大旅淵の蛇神　おおたびぶちのじゃしん
昔、土佐(高知県)長岡郡本山郷天坪の字穴内赤割川と称する川上にあった大旅淵という深淵に棲んでいた「蛇神」。
¶水木妖怪（大旅淵の蛇神　おおたびぶちのじゃしん）〔像〕
妖怪大全（大旅淵の蛇神　おおたびぶちのじゃしん）〔像〕

大多牟坂王　おおたむさかのみこ
息長宿禰王の子。母は河俣稲依毘売。
¶神様読解（大多牟坂王　おおたむさかのみこ）

意富多牟和気　おおたむわけ
近淡海之安国造の祖。
¶神様読解（意富多牟和気　おおたむわけ）

大多毛比　おおたもひ
古代伝承上の豪族。兄多毛比命ともいう。
¶日本人名（大多毛比　おおたもひ）

大田諸命　おおたもろのみこと
『新撰姓氏録』に所出。春日部村主・大辟の祖(未定雑姓山城国)。
¶神仏辞典（大田諸命　おおたもろのみこと）

大帯命　おおたらしのみこと
⇒神功皇后(じんぐうこうごう)

大帯孫神　おおたらしひこのかみ
『日本文徳天皇実録』に所出。伯耆国の神。
¶神仏辞典（大帯孫神　おおたらしひこのかみ）

大帯姫廟神　おおたらしひめのびょうのかみ
豊前国宇佐郡の大帯姫廟神社の祭神。
¶神仏辞典（大帯姫廟神　おおたらしひめのびょうのかみ）

太田了竹　おおたりょうちく
浄瑠璃『仮名手本忠臣蔵』(1748年初演)に登場する武士。
¶架空人日（太田了竹　おおたりょうちく）
歌舞伎登（太田了竹　おおたりょうちく）

大塚番作　おおつかばんさく
曲亭馬琴作の読本『南総里見八犬伝』(1814-42)に登場する、犬塚信乃の父。
¶架空人日（大塚番作　おおつかばんさく）

大塚蟇六　おおつかひきろく
歌舞伎演目『花魁莟八総』に登場する、大塚村の庄屋。
¶**歌舞伎登**（大塚蟇六　おおつかひきろく）

大月玄蕃　おおつきげんば
吉川英治作『剣難女難』の登場人物。
¶**時代小説**（大月玄蕃　おおつきげんば）

大槻伝蔵　おおつきでんぞう
講談『加賀騒動』、歌舞伎『鏡山錦楓葉』に登場する人物。
¶**架空伝説**（大槻伝蔵　おおつきでんぞう）
日本人名（大槻伝蔵　おおつきでんぞう [生]1703年 [没]1748年）

大槻磐座神　おおつきのいわくらのかみ
越前国大野郡の大槻磐座神社の祭神。
¶**神仏辞典**（大槻磐座神　おおつきのいわくらのかみ）

大津順吉　おおつじゅんきち
志賀直哉作『大津順吉』(1912)の主人公。
¶**架空人日**（大津順吉　おおつじゅんきち）

大土神　おおつちのかみ
大年神の子で、母神は天知迦流美豆比売。田地を守護する神。
¶**神様読解**（大土神/土之御祖神　おおつちのかみ・つちのみおやのかみ）
神仏辞典（大土神　おおつちのかみ）
神仏辞典（土之御祖神　つちのみおやのかみ）

大土御祖神　おおつちのみおやのかみ
伊勢国度会郡の大土御祖神社の祭神。
¶**神仏辞典**（大土御祖神　おおつちのみおやのかみ）

大筒木垂根王　おおつつきたりねのみこ
比古由牟須美命の子。
¶**神様読解**（大筒木垂根王　おおつつきたりねのみこ）

大津神　おおつのかみ
飛騨国荒城郡の大津神社の祭神。
¶**神仏辞典**（大津神　おおつのかみ）

大津皇子　おおつのみこ
天武朝の政治家、漢詩人、万葉歌人。謀反の嫌疑がかけられた、いわゆる大津皇子事件で知られる。
¶**架空伝承**（大津皇子　おおつのみこ [生]天智2(663)年 [没]朱鳥1(686)年）
古典人学（大津皇子　おおつのみこ）

大津乃命神　おおつのみことのかみ
播磨国多可郡の大津乃命神社の祭神。
¶**神仏辞典**（大津乃命神　おおつのみことのかみ）

大津往命神　おおつのゆきのみことのかみ
伊豆国賀茂郡の大津往命神社の祭神。
¶**神仏辞典**（大津往命神　おおつのゆきのみことのかみ）

大津屋茂左衛門　おおつやもざえもん
佐藤雅美作『恵比寿屋喜兵衛手控え』の登場人物。
¶**時代小説**（大津屋茂左衛門　おおつやもざえもん）

大寺正兵衛　おおでらしょうべえ
歌舞伎演目『花街模様薊色縫』に登場する、極楽寺の祀堂金三千両を盗み出した盗賊。
¶**歌舞伎登**（大寺正兵衛　おおでらしょうべえ）

大藤内成景　おおとうないなりかげ
江戸の曾我狂言で、吉備津の宮の神主。
¶**歌舞伎登**（大藤内成景　おおとうないなりかげ）

大邑刀自神　おおとうめのかみ
『日本文徳天皇実録』に所出。造酒司に坐す。
¶**神仏辞典**（大邑刀自神　おおとうめのかみ）

大地主神　おおとこぬしのかみ
『古語拾遺』に所出。「偉大な、その土地を支配する」神。
¶**神仏辞典**（大地主神　おおとこぬしのかみ）
日本人名（大地主神　おおとこぬしのかみ）

大処神　おおところのかみ
近江国高島郡の大処神社の祭神。
¶**神仏辞典**（大処神　おおところのかみ）

大戸自神　おおとじのかみ
『日本三代実録』に所出。造酒司の神。
¶**神仏辞典**（大戸自神　おおとじのかみ）

大年神　おおとしのかみ
素戔嗚尊の子。大歳神とも書き、年神(歳神)ともいう。
¶**朝日歴史**（大年神　おおとしのかみ）
神様読解（大年神　おおとしがみ）
神様読解（大年神　おおとしのかみ）〔像〕
広辞苑6（大年神・大歳神　おおとしのかみ）
新潮日本（大歳神　おおとしのかみ）
神仏辞典（大年神　おおとしのかみ）
日本神々（大年神　おおとしのかみ）〔像〕
日本人名（大年神　おおとしのかみ）

大歳御祖神　おおとしのみおやのかみ
駿河国安倍郡の大歳御祖神社の祭神。
¶**神仏辞典**（大歳御祖神　おおとしのみおやのかみ）

小邑刀自甕神　おおとじみかのかみ
『日本三代実録』に所出。造酒司に坐す。
¶**神仏辞典**（小邑刀自甕神　おおとじみかのかみ）

大戸之道尊　おおとのじのみこと
神世七代の第5の男神で、大斗乃弁神と偶生神。『古事記』では意富斗能地神。
¶神様読解（意富斗能地神/大戸之道尊/大戸摩彦尊/大富道尊　おおとのぢのかみ・おおとのぢのみこと・おおとまひこのみこと・おおとみぢのみこと）
神仏辞典（意富斗能地神　おおとのじのかみ）
日本人名（大戸之道尊　おおとのじのみこと）

大斗乃弁神　おおとのべのかみ
⇒大苫辺尊（おおとまべのみこと）

意保止神　おおとのみこと
『新撰姓氏録』に所出。多米宿禰の祖（大和国神別天神）。
¶神仏辞典（意保止神　おおとのみこと）

大戸日別神　おおとひわけのかみ
家宅を表す六神のうちの一柱で、家宅の守護神。
¶神様読解（大戸日別神　おおとひわけのかみ）
神仏辞典（大戸日別神　おおとひわけのかみ）
日本人名（大戸日別神　おおとひわけのかみ）

大戸惑子神　おおとまといこのかみ
谷および山の傾斜面を守護する神。大戸惑女神の対偶神。
¶神様読解（大戸惑子神　おおとまといこのかみ）
神仏辞典（大戸惑子神・大戸或子神　おおとまひこのかみ）
日本人名（大戸惑子神　おおとまといこのかみ）

大戸惑女神　おおとまといめのかみ
谷および山の傾斜面を守護する神。大戸惑子神の対偶神。
¶神様読解（大戸惑女神　おおとまといめのかみ）
神仏辞典（大戸惑女神・大戸或女神　おおとまひめのかみ）
日本人名（大戸惑女神　おおとまといめのかみ）

意富門麻比咩神　おおとまひめのかみ
阿波国名方郡の意富門麻比売神社の祭神。
¶神仏辞典（意富門麻比咩神　おおとまひめのかみ）

大苫辺尊　おおとまべのみこと
神世七代の第5の女神で、大戸之道尊の対偶神。『古事記』では大斗乃弁神。
¶アジア女神（大斗乃弁神　おほとのべのかみ）
神様読解（大斗乃弁神/大戸之部尊/大苫辺尊/大戸摩姫尊/大富辺尊　おおとのべのかみ・おおとのべのみこと・おおとまべのみこと・おおとまひめのみこと・おおとまべのみこと）
神仏辞典（大斗乃弁神　おおとのべのかみ）
日本人名（大苫辺尊　おおとまべのみこと）

大富静馬　おおとみしずま
藤沢周平作『用心棒日月抄』の登場人物。
¶時代小説（大富静馬　おおとみしずま）

大富丹後　おおとみたんご
藤沢周平作『用心棒日月抄』の登場人物。
¶時代小説（大富丹後　おおとみたんご）

大冨神　おおとみのかみ
『日本三代実録』に所出。豊前国の神。
¶神仏辞典（大冨神・大富神　おおとみのかみ）

大友市之正　おおともいちのかみ
歌舞伎演目『入間詞大名賢儀』に登場する、大友宗麟の養子。
¶歌舞伎登（大友市之正　おおともいちのかみ）

大友宗麟　おおともそうりん
戦国時代の武将。大友義鑑の長子。
¶奇談逸話（大友宗麟　おおともそうりん [生]享禄3（1530）年 [没]天正15（1587）年）
説話伝説（大友宗麟　おおともそうりん [生]享禄3（1530）年 [没]天正15（1587）年）〔像〕
伝奇伝説（大友宗麟　おおともそうりん [生]享禄3（1530）年 [没]天正15（1587）年）〔像〕

大友皇子　おおとものおうじ
天智天皇の第一皇子。第39代弘文天皇。『日本書紀』には立太子や即位の記述はなく、実際に即位したかは不明。
¶伝奇伝説（大友皇子　おおとものおうじ [生]大化4（648）年 [没]弘文1（672）年）

大伴神　おおとものかみ
信濃国佐久郡の大伴神社の祭神。
¶神仏辞典（大伴神　おおとものかみ）

大友黒主　おおとものくろぬし
寛平（889-898）頃に活躍した歌人。六歌仙の一人。謡曲や歌舞伎には悪役として登場する。
¶架空伝承（大友黒主　おおとものくろぬし 生没年不詳）
架空伝説（大友黒主　おおとものくろぬし）〔像〕
歌舞伎登（大伴黒主 1『六歌仙容彩』　おおとものくろぬし）
歌舞伎登（大伴黒主 2『成田山分身不動』　おおとものくろぬし）
歌舞伎登（関兵衛　せきべえ）〔像〕
コン5（大友黒主　おおとものくろぬし 生没年不詳）
説話伝説（大伴黒主　おおとものくろぬし 生没年未詳）
大辞林3（大友黒主　おおとものくろぬし 生没年未詳）
伝奇伝説（大友黒主　おおとものくろぬし 生没年未詳）

大伴狭手彦連　おおとものさでひこのむらじ
『肥前国風土記』（奈良時代初期）に登場する、6世紀頃の豪族。
¶架空人日（大伴狭手彦連　おおとものさでひこのむらじ）

大伴武日　おおとものたけひ
大伴連の遠祖。大伴健日とも書く。日本武尊の東征にしたがい、蝦夷を平定。
¶**神様読解**（大伴武日　おおとものたけひ）
コン5（大伴武日　おおとものたけひ）
新潮日本（大伴武日　おおとものたけひ）
日本人名（大伴武日　おおとものたけひ）

大伴旅人　おおとものたびと
奈良時代の貴族、歌人。歌70首余『万葉集』にある。
¶**奇談逸話**（大伴旅人　おおとものたびと　[生]天智天皇4(665)年　[没]天平3(731)年）
説話伝説（大伴旅人　おおとものたびと　[生]天智天皇4(665)年　[没]天平3(731)年）
伝奇伝説（大伴旅人　おおとものたびと　[生]天智天皇4(665)年　[没]天平3(731)年）〔像〕

大伴御行　おおとものみゆき
『竹取物語』の登場人物。五人の求婚者の四番手。大納言。
¶**英雄事典**（大納言大伴のみゆき　ダイナゴンオオトモノミユキ）
架空人日（大伴のみゆき　おおとものみゆき）
架空伝説（大伴御行　おおとものみゆき）
広辞苑6（大伴大納言　おおとものだいなごん）
古典人学（大伴御行　おおとものみゆき）
古典人東（五人の貴公子　ごにんのきこうし）

大伴連忍勝　おおとものむらじおしかつ
『日本霊異記』『今昔物語集』に登場する、信濃国小県郡の人。
¶**架空人日**（大伴連忍勝　おおとものむらじおしかつ）

大伴家持　おおとものやかもち
奈良時代の政治家、歌人。越後松之山に伝わる家持伝説がある。
¶**奇談逸話**（大伴家持　おおとものやかもち　[生]?　[没]延暦4(785)年）
説話伝説（大伴家持　おおとものやかもち　[生]養老2(718)年頃　[没]延暦4(785)年）
伝奇伝説（大伴家持　おおとものやかもち　[生]養老2(718)年?　[没]延暦4(785)年）〔像〕

大友常陸之助頼国　おおともひたちのすけよりくに
歌舞伎演目『隅田川花御所染』に登場する、常陸大掾百連の子。
¶**歌舞伎登**（大友常陸之助頼国　おおともひたちのすけよりくに）

大鞆和気命　おおともわけのみこと
⇒応神天皇（おうじんてんのう）

大鳥逸平　おおとりいっぺい
江戸初期のかぶき者。男伊達のはじめとされる。
¶**説話伝説**（大鳥一平　おおとりいっぺい　[生]?　[没]慶長17(1612)年）
伝奇伝説（大鳥逸平　おおとりいっぺい　[生]天正16(1588)年?　[没]慶長17(1612)年7月）

大鳥佐賀右衛門　おおとりさがえもん
歌舞伎演目『夏祭浪花鑑』に登場する、泉州浜田家の家臣。
¶**歌舞伎登**（大鳥佐賀右衛門　おおとりさがえもん）

大鳥井瀬神　おおとりのいせのかみ
和泉国大鳥郡の大鳥井瀬神社の祭神。
¶**神仏辞典**（大鳥井瀬神　おおとりのいせのかみ）

大鳥神　おおとりのかみ
和泉国大鳥郡の大鳥神社の祭神。
¶**神仏辞典**（大鳥神　おおとりのかみ）

大鳥浜神　おおとりのはまのかみ
和泉国大鳥郡の大鳥浜神社の祭神。
¶**神仏辞典**（大鳥浜神　おおとりのはまのかみ）

大鳥美波比神　おおとりのみはいのかみ
和泉国大鳥郡の大鳥美波比神社の祭神。
¶**神仏辞典**（大鳥美波比神　おおとりのみはいのかみ）

大直毗神　おおなおびのかみ
黄泉国から帰った伊弉諾が禊祓をしたおりに化生した神々の一柱。汚れや災いを除く神。
¶**朝日歴史**（大直日神　おおなおびのかみ）
神様読解（大直毗神　おおなおびのかみ）
広辞苑6（大直毘神　おおなおびのかみ）
新潮日本（大直毘神　おおなおびのかみ）
神仏辞典（大直毘神・大直日神　おおなおびのかみ）
大辞林3（大直毘神・大直備神　おおなおびのかみ）
日本神様（大直毘神・神直毘神　おおなおびのかみ・かむなおびのかみ）
日本人名（大直日神　おおなおひのかみ）

大名方王　おおながたのみこ
大江王の子。
¶**神様読解**（大名方王　おおながたのみこ）

大中津日子命　おおなかつひこのみこと
第11代垂仁天皇の皇子。
¶**神様読解**（大中津日子命　おおなかつひこのみこと）
神仏辞典（大中津日子命　おおなかつひこのみこと）

大中臣神聞勝命　おおなかとみのかむききかつのみこと
『常陸国風土記』に所出。崇神天皇に神託を伝える。
¶**神仏辞典**（大中臣神聞勝命　おおなかとみのかむききかつのみこと）

大中比売命　おおなかひめのみこと
記紀にみえる仲哀天皇の妃。仲哀天皇との間に香坂王・忍熊王を生む。
¶**神様読解**（大中比売命　おおなかひめのみこと）
神仏辞典（大中姫命　おおなかつひめのみこと）
神仏辞典（大中比売命・大中津比売命　おおなかつひめのみこと）
日本人名（大中姫　おおなかつひめ）

大名草彦命　おおなくさひこのみこと
『新撰姓氏録』に所出。高野の祖(和泉国神別天神)。
- ¶神仏辞典（大名草彦命　おおなくさひこのみこと）

大難波命　おおなにわのみこと
『新撰姓氏録』に所出。久米臣の祖(大和国皇別)。
- ¶神仏辞典（大難波命　おおなにわのみこと）

多名神　おおなのかみ
『日本三代実録』に所出。尾張国の神。
- ¶神仏辞典（多名神　おおなのかみ）

意富那毘　おおなび
尾張連の祖。
- ¶神様読解（意富那毘　おおなび）

大鯰　おおなまず
地底に横たわって日本列島を支えているという巨大な鯰。
- ¶幻想動物（大鯰）〔像〕

大穴牟遅神　おおなむちのかみ
『古事記』上巻によれば、大国主の別名で国土経営の神。須佐之男命の6世の孫。葦原中国を支配した神。『日本書紀』巻1によれば、素戔嗚尊と稲田姫の御子神。
- ¶架空人物（大穴牟遅神　おおなむちのみこと）
  神仏辞典（大穴牟遅神　おおなむちのかみ）
  大辞林3（大己貴神・大穴牟遅神　おおなむちのかみ）
  日本神様（山王信仰の神々〔大己貴神〕　さんのうしんこうのかみがみ）
  日本神話（オホナムチ）

大穴持海代日古神　おおなもちあましろひこのかみ
出雲国出雲郡来坂社、久佐加社の大穴持海代日古神社の祭神。
- ¶神仏辞典（大穴持海代日古神　おおなもちあましろひこのかみ）

大穴持海代日女神　おおなもちあましろひめのかみ
出雲国出雲郡来坂社、久佐加社の大穴持海代日女神社の祭神。
- ¶神仏辞典（大穴持海代日女神　おおなもちあましろひめのかみ）

大穴持伊那西波伎神　おおなもちいなしのはぎのかみ
出雲国出雲郡の企豆伎社、杵築大社の大穴持伊那西波伎神社の祭神。
- ¶神仏辞典（大穴持伊那西波伎神　おおなもちいなしのはぎのかみ）

大穴持神像石神　おおなもちのかみのかたいしのかみ
能登国羽咋郡の大穴持神像石神社の祭神。
- ¶神仏辞典（大穴持神像石神　おおなもちのかみのかたいしのかみ）

大穴持御子神　おおなもちのみこのかみ
出雲国意宇郡の野城社、野城神社の大穴持御子神社の祭神。
- ¶神仏辞典（大穴持御子神　おおなもちのみこのかみ）

大穴持御子玉江神　おおなもちのみこのたまえのかみ
出雲国出雲郡の企豆伎社、杵築大社の大穴持御子玉江神社の祭神。
- ¶神仏辞典（大穴持御子玉江神　おおなもちのみこのたまえのかみ）

大新河命　おおにいかわのみこと
『新撰姓氏録』に所出。長谷置始連・高橋連(右京神別上天神)、矢田部(大和国神別天神)の祖。
- ¶神仏辞典（大新河命　おおにいかわのみこと）
  日本人名（大新河命　おおにいかわのみこと）

大寸神　おおにのかみ
『延喜式』に所出。近江国高島郡の大寸神社の祭神。
- ¶神仏辞典（大寸神　おおにのかみ）

大仁保神　おおにほのかみ
『日本三代実録』に所出。大和国の神。
- ¶神仏辞典（大仁保神　おおにほのかみ）

多坐弥志理都比古神　おおにますみしりつひこのかみ
大和国十市郡の多坐弥志理都比古神社二座の祭神。
- ¶神仏辞典（多坐弥志理都比古神　おおにますみしりつひこのかみ）

大入道　おおにゅうどう
日本各地に出現する、坊主頭の巨人の妖怪。
- ¶幻想動物（大入道）〔像〕
  広辞苑6（大入道　おおにゅうどう）
  全国妖怪（オオニュウドウ〔福島県〕）
  全国妖怪（オオニュウドウ〔静岡県〕）
  全国妖怪（オオニュウドウ〔京都府〕）
  全国妖怪（オオニュウドウ〔和歌山県〕）
  全国妖怪（オオニュウドウ〔熊本県〕）
  日ミス（大入道　おおにゅうどう）
  日本未確認（巨人・大入道）〔像〕
  水木妖怪（大入道　おおにゅうどう）〔像〕
  妖怪事典（オオニュウドウ）
  妖怪大全（大入道　おおにゅうどう）〔像〕
  妖怪大事典（大入道　おおにゅうどう）〔像〕

大貫警部　おおぬきけいぶ
赤川次郎の連作短編「大貫警部シリーズ」の主人公。
- ¶名探偵日（大貫警部　おおぬきけいぶ）

大鐸石和居命　おおぬでしわけのみこと
　『新撰姓氏録』に所出。山辺公の祖（摂津国皇別）。
　¶神仏辞典　（大鐸石和居命　おおぬでしわけのみこと）

鐸石別命　ぬでしわけのみこと
　⇒沼帯別命（ぬたらしわけのみこと）

多天神　おおのあまつかみ
　尾張国中島郡の太神神社の祭神。
　¶神仏辞典　（多天神　おおのあまつかみ）

大家神　おおのいえのかみ
　『日本三代実録』に所出。安芸国の神。
　¶神仏辞典　（大家神　おおのいえのかみ）

大野英治　おおのえいじ
　大岡昇平作『武蔵野夫人』（1950）に登場する、武蔵野の「はけ」と呼ばれる一角の住人。
　¶架空人日　（大野英治　おおのえいじ）

多神　おおのかみ
　因幡国巨濃郡の大神社。伊勢国朝明郡の太神社などの祭神。
　¶神仏辞典　（多神・大神・太神　おおのかみ）

太乃伎神　おおのきのかみ
　尾張国山田郡の太乃伎神社の祭神。
　¶神仏辞典　（太乃伎神・大乃伎神　おおのきのかみ）

大乃己所神　おおのこそのかみ
　伊勢国奄芸郡の大乃己所神社の祭神。
　¶神仏辞典　（大乃己所神　おおのこそのかみ）

大野修理亮　おおのしゅりのすけ
　歌舞伎演目『桐一葉』に登場する人物。大阪城内の主戦派。名は治長。
　¶歌舞伎登　（大野修理亮　おおのしゅりのすけ）

大野次郎右衛門　おおのじろうえもん
　浅田次郎作『壬生義士伝』の登場人物。
　¶時代小説　（大野次郎右衛門　おおのじろうえもん）

大野千秋　おおのちあき
　浅田次郎作『壬生義士伝』の登場人物。
　¶時代小説　（大野千秋　おおのちあき）

大野津神　おおのつのかみ
　出雲国秋鹿郡の大野津神社の祭神。
　¶神仏辞典　（大野津神　おおのつのかみ）

大野手比売　おおのでひめ
　伊邪那岐・伊邪那美の国生み六島の一島。香川県小豆島の女神。
　¶アジア女神　（大野手比売　おほのでひめ）
　神様読解　（小豆島/大野手比売　あづきじま・おおぬてひめ）

大野道軒　おおのどうけん
　歌舞伎演目『桐一葉』に登場する人物。片桐且元を徳川への内通者として退けたい人々の代表者。
　¶歌舞伎登　（大野道軒　おおのどうけん）

大野富子　おおのとみこ
　大岡昇平作『武蔵野夫人』（1950）に登場する、大野英治の妻。
　¶架空人日　（大野富子　おおのとみこ）

大野神　おおののかみ
　尾張国葉栗郡、近江国高島郡、丹後国竹野郡、伊予国越智郡の大野神社の祭神。
　¶神仏辞典　（大野神　おおののかみ）

大野湊神　おおののみなとのかみ
　加賀国加賀郡の大野湊神社の祭神。
　¶神仏辞典　（大野湊神　おおののみなとのかみ）

大野弁吉　おおのべんきち
　江戸末期の奇人。科学技術者、からくり師。エレキテルや火薬の製法、茶くみのからくり人形などの製法・設計図をのこしている。
　¶説話伝説　（大野弁吉　おおのべんきち　㊤享和1（1801）年　㊦明治3（1872）年）
　伝奇伝説　（大野弁吉　おおのべんきち　㊤享和1（1801）年？　㊦明治3（1870）年）

大野見宿禰神　おおのみのすくねのかみ
　因幡国高草郡の大野見宿禰命神社の祭神。
　¶神仏辞典　（大野見宿禰神　おおのみのすくねのかみ）

太安麻呂　おおのやすまろ
　奈良時代の官人。『古事記』の撰録者。
　¶説話伝説　（太安麻呂　おおのやすまろ　㊤？　㊦養老7（723）年）
　伝奇伝説　（太安万侶　おおのやすまろ　㊤？　㊦養老7（723）年）

大告刀神　おおのりとのかみ
　現在の長崎県下県郡美津島町加志京ノ原の太祝詞神社の祭神。
　¶神仏辞典　（大告刀神　おおのりとのかみ）

大葉枝皇子　おおはえのおうじ
　記紀にみえる応神天皇の第7皇子。母は日向泉長媛。異母兄に仁徳天皇。
　¶日本人名　（大葉枝皇子　おおはえのおうじ）

大庭景親　おおばかげちか
　鎌倉初期の武将。歌舞伎演目『梶原平三誉石切』に登場する敵役。
　¶歌舞伎登　（大庭景親　おおばのかげちか）
　説話伝説　（大庭景親　おおばかげちか　㊤？　㊦治承4（1180）年）
　伝奇伝説　（大庭景親　おおばかげちか　㊤？　㊦治承4（1180）年）

大埼神　おおはしのかみ
出雲国島根郡の大埼社の祭神。
¶神仏辞典（大埼神・大埼神　おおはしのかみ）

大椅川辺神　おおはしのかわべのかみ
出雲国島根郡の大椅川辺社の祭神。
¶神仏辞典（大椅川辺神・大椅川辺神　おおはしのかわべのかみ）

大場甚内　おおばじんない
村上元三作『佐々木小次郎』の登場人物。
¶時代小説（大場甚内　おおばじんない）

大幡神　おおはたのかみ
佐渡国賀茂郡の大幡神社の祭神。
¶神仏辞典（大幡神　おおはたのかみ）

大羽神　おおはのかみ
近江国浅井郡の大羽神社の祭神。
¶神仏辞典（大羽神　おおはのかみ）

大庭神　おおばのかみ
相模国高座郡の大庭神社の祭神。
¶神仏辞典（大庭神　おおばのかみ）

大庭葉蔵　おおばようぞう
太宰治の小説『人間失格』の主人公。
¶架空人日（葉蔵　ようぞう）
　日本人名（大庭葉蔵　おおばようぞう）

大原住吉剣坊　おおはらすみよしつるぎぼう
鳥取県の伯耆大山剣ケ峯に棲むという天狗。
¶妖怪事典（オオハラスミヨシツルギボウ）
　妖怪大事典（大原住吉剣坊　おおはらすみよしつるぎぼう）

大原神　おおはらのかみ
出雲国仁多郡の大原社、石見国邑智郡の大原神社の祭神。
¶神仏辞典（大原神　おおはらのかみ）

大原野神　おおはらののかみ
『日本三代実録』に所出の神名。
¶神仏辞典（大原野神　おおはらののかみ）

大毘古命　おおびこのみこと
第8代孝元天皇の第一皇子で母は内色許売命。四道将軍の一人。大彦命とも。
¶朝日歴史（大彦命　おおびこのみこと）
　英雄事典（大毘古命　オオヒコノミコト）
　架空人日（大毘古命　おおびこのみこと）
　神様読解（大毘古命/大彦命　おおびこのみこと・おおびこのみこと）
　新潮日本（大彦命　おおびこのみこと）
　神仏辞典（大毘古命　おおびこのみこと）
　世百新（大彦命　おおびこのみこと）
　日本人名（大彦命　おおびこのみこと）

大菱屋綾衣　おおびしやあやぎぬ
江戸時代中期の遊女。
¶日本人名（大菱屋綾衣　おおびしやあやぎぬ ㊄?　㊁1785年）

大人　おおひと
各地に伝わる巨人。優れた能力で、素晴らしい事蹟をのこしたと伝えられる。
¶奇談逸話（大人・小さ子　おおひと・ちいさご）
　幻想動物（大人）〔像〕
　妖怪事典（オオヒト）
　妖怪大事典（大人　おおひと）〔像〕

大人弥五郎　おおひとやごろう
主に南九州で伝承される山や沼を作った伝説の巨人。
¶朝日歴史（大人弥五郎　おおひとやごろう）
　架空伝承（大人弥五郎　おおひとやごろう）〔像〕
　幻想動物（大人弥五郎）〔像〕
　コン5（大人弥五郎　おおひとやごろう）
　神仏辞典（大人弥五郎　おおひとやごろう）
　説話伝説（大人弥五郎　おおひとやごろう）
　世百新（大人弥五郎　おおひとやごろう）
　伝奇伝説（大人弥五郎　おおひとやごろう）
　日本人名（大人弥五郎　おおひとやごろう）
　妖怪事典（ヤゴロウ）
　妖怪大事典（弥五郎　やごろう）

意冨比神　おおひのかみ
下総国葛飾郡の意冨比神社の祭神。
¶神仏辞典（意冨比神　おおひのかみ）

大姫　おおひめ
歌舞伎演目『七種粧曽我』に登場する、源頼家の姉。
¶歌舞伎登（大姫　おおひめ）

大売神　おおひめのかみ
丹波国多紀郡の大売神社の祭神。
¶神仏辞典（大売神　おおひめのかみ）

大広目命　おおひろめのみこと
『新撰姓氏録』に所出。城原の祖（河内国神別天神）。
¶神仏辞典（大広目命　おおひろめのみこと）

大閇蘇杵命　おおへそきのみこと
『新撰姓氏録』に所出。孫の建新川命が大宅首の祖。
¶神仏辞典（大閇蘇杵命・大閇蘇命　おおへそきのみこと）

大戸比売神　おおへひめのかみ
⇒奥津比売命（おきつひめのみこと）

大坊主　おおぼうず
各地の民俗資料や古い文献などに見える大きな坊主姿をした妖怪。
¶水木妖怪（大坊主　おおぼうず）〔像〕

妖怪事典　（オオボウズ）
妖怪大鑑　（大坊主　おおぼうず）〔像〕
妖怪大全　（大坊主　おおぼうず）〔像〕
妖怪大事典　（大坊主　おおぼうず）

大星由良之助　おおほしゆらのすけ
浄瑠璃『仮名手本忠臣蔵』の登場人物。伯耆国主塩冶家の家老。史実の大石内蔵助から命名。
¶架空人日　（大星由良之助　おおほしゆらのすけ）
　架空人物　（由良助）
　架空伝説　（大星由良助　おおほしゆらのすけ）〔像〕
　歌舞伎登　（大星由良助　おおほしゆらのすけ）〔像〕
　広辞苑6　（大星由良助　おおほしゆらのすけ）
　古典人学　（大星由良之助　おおほしゆらのすけ）
　古典人東　（大星由良助　おおほしゆらのすけ）
　大辞林3　（大星由良之助　おおほしゆらのすけ）
　日本人名　（大星由良助　おおほしゆらのすけ）

大星力弥　おおほしりきや
浄瑠璃『仮名手本忠臣蔵』（1748年初演）に登場する、大星由良之助の息子。史実では大石主税に該当する。
¶架空人日　（大星力弥　おおほしりきや）
　歌舞伎登　（大星力也　おおほしりきや）

意富富杼王　おおほどのおう
『古事記』にみえる王子。応神天皇の孫。
¶日本人名　（意富富杼王　おおほどのおう）

大前田英五郎　おおまえだえいごろう
幕末・維新期の博徒。栄五郎とも書く。博徒仲間を殺し逃走。佐渡銀山に送られるも島破りをし帰国したという。小説・映画・講談などで題材とされる。
¶架空伝承　（大前田英五郎　おおまえだえいごろう）
　㊗寛政5(1793)年　㊣明治7(1874)年
　架空伝説　（大前田英五郎　おおまえだえいごろう）
　㊗1793年　㊣1874年
　説話伝説　（大前田英五郎　おおまえだのえいごろう）
　㊗寛政5(1793)年　㊣明治7(1874)年
　伝奇伝説　（大前田英五郎　おおまえだえいごろう）
　㊗寛政5(1793)年　㊣明治7(1874)年2月26日）

大禍津日神　おおまがつひのかみ
黄泉国より帰還した伊耶那岐神が禊をしたとき汚垢から成った二柱のうちの一柱。
¶神様読解　（大禍津日神　おおまがつひのかみ）
　神仏辞典　（大禍津日神　おおまがつひのかみ）
　大辞林3　（大禍津日神　おおまがつひのかみ）
　東洋神名　（八十禍津日神と大禍津日神　ヤソマガツヒノカミ&オオマガツヒノカミ）〔像〕
　日本神様　（八十禍津日神・大禍津日神　やそまがつひのかみ・おおまがつひのかみ）

大政　おおまさ
講談『清水次郎長』に登場する、清水次郎長一家で屈指の古顔。
¶架空人日　（大政　おおまさ）
　架空伝説　（大政　おおまさ）

大俣王　おおまたのみこ
日子坐王の子。母は山代之荏名津比売。
¶神様読解　（大俣王　おおまたのみこ）

大祭天石門彦神　おおまつりあめのいわかどのひこのかみ
石見国那賀郡の大祭天石門彦神社の祭神。
¶神仏辞典　（大祭天石門彦神　おおまつりあめのいわかどのひこのかみ）

大麻止乃豆乃天神　おおまとのつのあまつかみ
武蔵国多摩郡の大麻止乃豆乃天神社の祭神。
¶神仏辞典　（大麻止乃豆乃天神　おおまとのつのあまつかみ）

大間国生神　おおまのくになりのかみ
伊勢国度会郡の大間国生神社の祭神。
¶神仏辞典　（大間国生神　おおまのくになりのかみ）

大甀神　おおみかのかみ
遠江国長下郡の大甀神社の祭神。
¶神仏辞典　（大甀神　おおみかのかみ）

大御食神　おおみけつかみ
五穀その他の食物を司る神。天皇の食事に関わる神として皇居の八神殿に祀られる八座の一柱。『延喜式』や『古語拾遺』に所出。
¶朝日歴史　（大御膳都神　おおみけつかみ）
　広辞苑6　（大御食津神　おおみけつかみ）
　新潮日本　（大御膳都神　おおみけつかみ）
　神仏辞典　（大御膳都神　おおみけつかみ）
　日本人名　（大御膳都神　おおみけつかみ）

大水上天神　おおみずかみのあまつかみ
『日本三代実録』に所出。貞観17(875)年、正五位上を授かる。大水神、水上天神と同一。
¶神仏辞典　（大水上天神　おおみずかみのあまつかみ）

大水上神　おおみずかみのかみ
讃岐国三野郡の大水上神社の祭神。
¶神仏辞典　（大水上神　おおみずかみのかみ）

大水神　おおみずのかみ
伊勢国度会郡の大水神社の祭神。
¶神仏辞典　（太水神・大水神　おおみずのかみ）

大水命　おおみずのみこと
『新撰姓氏録』に所出。尾津直の祖（未定雑姓大和国）。
¶神仏辞典　（大水命　おおみずのみこと）

大水別神　おおみずわけのかみ
近江国伊香郡の太水別神社、同高島郡の大水別神社の祭神。
¶神仏辞典　（太水別神・大水別神　おおみずわけのかみ）

大溝神　おおみぞのかみ
越前国坂井郡の大溝神社の祭神。
¶神仏辞典　(大溝神　おおみぞのかみ)

大御霊神　おおみたまのかみ
尾張国中島郡の大御魂神社の祭神。
¶神仏辞典　(大御霊神　おおみたまのかみ)

大道太夫　おおみちたゆう
洒落本『聖遊廓』(1757)に登場する遊女。
¶架空人日　(大道太夫　おおみちたゆう)
　架空伝説　(大道太夫　おおみちたゆう)

大御津歯命　おおみつはのみこと
『播磨国風土記』に所出。伊波都比古命の親神。
¶神仏辞典　(大御津歯命　おおみつはのみこと)

意保美神　おおみのかみ
出雲郡式内社58社の意保美社の祭神。
¶神仏辞典　(意保美神　おおみのかみ)

大蓑彦神　おおみのひこのかみ
讃岐国寒川郡の大蓑彦神社の祭神。
¶神仏辞典　(大蓑彦神　おおみのひこのかみ)

大三間津日子命　おおみまつひこのみこと
『播磨国風土記』に所出。飾磨郡の地名起源に関わる。
¶神仏辞典　(大三間津日子命　おおみまつひこのみこと)

大蚯蚓　おおみみず
古来信じられた、年を経て巨大化したミミズ。風雨を読み、山を崩したりすると考えられた。
¶日本未確認　(大蚯蚓　おおみみず)

大御諸別命　おおみもろわけのみこと
『新撰姓氏録』に所出。葛原部の祖(和泉国皇別)。
¶神仏辞典　(大御諸別命　おおみもろわけのみこと)

大宮　おおみや
武者小路実篤作『友情』(1919)に登場する作家。
¶架空人日　(大宮　おおみや)

大宮　おおみや
『夜の寝覚』の登場人物。朱雀院の后で冷泉帝・女一宮の母。
¶古典人学　(大宮(大皇宮)　おおみや)

大宮通りの喧嘩屋　おおみやどおりのけんかや
井原西鶴作の浮世草子『世間胸算用』(1692)巻二の四「門柱も皆かりの世」に登場する町人。借金取り撃退法として、偽の夫婦喧嘩を始め"お宮通りの喧嘩屋"の異名をとる。
¶架空人日　(大宮通りの喧嘩屋　おおみやどおりのけんかや)
　架空伝説　(大宮通の喧嘩屋　おおみやどおりのけんかや)
　古典人学　(「門柱も皆かりの世」の大宮通の喧嘩屋　かどばしらもみなかりのよのおおみやどおりのけんかや)
　古典人東　(大宮通りの喧嘩屋　おおみやどおりのけんかや)

大宮売神　おおみやのめのかみ
宮殿の平安を守る神。『古語拾遺』は太玉命の子とする。丹後国丹波郡の大宮売神社、丹波国多紀郡の大売神社などの祭神。
¶朝日歴史　(大宮売神　おおみやのめのかみ)
　広辞苑6　(大宮売神　おおみやのめのかみ)
　新潮日本　(大宮売神　おおみやのめのかみ)
　神仏辞典　(大宮売神　おおみやのめのかみ)
　大辞林3　(大宮女神　おおみやのめのかみ)
　日本人名　(大宮売神　おおみやのめのかみ)
　日本神話　(オホミヤノメ)

大美和都祢命　おおみわつねのみこと
『新撰姓氏録』に所出。工造の祖(大和国神別天孫)。
¶神仏辞典　(大美和都祢命　おおみわつねのみこと)

大神大物主神　おおみわのおおものぬしのかみ
大和国城上郡の大神大物主神社の祭神。
¶神仏辞典　(大神大物主神　おおみわのおおものぬしのかみ)

意富美和之大神　おおみわのおほかみ
『古事記』中巻に所出。崇神天皇の夢に現れた大物主大神のことばにより、御諸山の同神が祭られる。
¶神仏辞典　(意富美和之大神　おおみわのおほかみ)

大御和神　おおみわのかみ
阿波国名方郡の大御和神社の祭神。
¶神仏辞典　(大御和神　おおみわのかみ)

大三輪之神　おおみわのかみ
『日本書紀』に所出。「日本国の三諸山に住みたい」と告げた神。
¶神仏辞典　(大三輪之神・大三輪神　おおみわのかみ)

大神神　おおみわのかみ
遠江国浜名郡・美濃国多芸郡・下野国都賀郡の大神神社などの祭神。
¶神仏辞典　(大神神　おおみわのかみ)

大神下前神　おおみわのしもさきのかみ
越前国敦賀郡の大神下前神社の祭神。
¶神仏辞典　(大神下前神　おおみわのしもさきのかみ)

大百足　おおむかで
各地の伝説で語られる巨大ムカデ。近江国勢多の橋に横たわる大蛇が、俵藤太に大ムカデの退治を依頼した話が有名。
¶幻想動物　(大百足)〔像〕

おおむ

日本未確認（大蜈蚣　おおむかで）〔像〕
水木幻獣（大百足　おおむかで）〔像〕
妖怪大全（百足　むかで）〔像〕
妖怪大事典（大百足　おおむかで）〔像〕
妖百1（大百足　おおむかで）〔像〕

大虫神　おおむしのかみ
越前国丹生郡、丹後国与謝郡の大虫神社の祭神。
¶神仏辞典（大虫神　おおむしのかみ）

大村達尾　おおむらたつお
新選組隊士。子母澤寛作『新選組始末記』の登場人物。
¶時代小説（大村達尾　おおむらたつお）

大村神　おおむらのかみ
伊賀国伊賀郡の大村神社の祭神。
¶神仏辞典（大村神　おおむらのかみ）

大目神　おおめのかみ
尾張国山田郡・佐渡国羽茂郡の大目神社の祭神。
¶神仏辞典（大目神　おおめのかみ）

大売布乃神　おおめふのかみ
『新撰姓氏録』に所出。真髪部造・今木連の祖（山城国神別天神）。志貴県主の祖（和泉国神別天神）。
¶神仏辞典（大売布乃神・大売布神　おおめふのかみ）

大元神　おおもとがみ
⇒黄蕃神（おうばんじん）

大物忌神　おおものいみのかみ
出羽国飽海郡の大物忌神社の祭神。
¶朝日歴史（大物忌神　おおものいみのかみ）
新潮日本（大物忌神　おおものいみのかみ）
神仏辞典（大物忌神　おおものいみのかみ）
日本人名（大物忌神　おおものいみのかみ）

大物主神　おおものぬしのかみ
大和三輪山に鎮座する神。三輪山伝説によると蛇体であった。全国の三輪神社や金刀比羅神社の祭神。一説に大国主命と同神。
¶朝日歴史（大物主神　おおものぬしのかみ）
架空伝承（大物主神　おおものぬしのかみ）
神様読解（大物主神　おおものぬしのかみ）
神文化史（大物主神（記、紀）　オオモノヌシ）
広辞苑6（大物主神　おおものぬしのかみ）
新潮日本（大物主神　おおものぬしのかみ）
神仏辞典（大物主大神　おおものぬしのおおかみ）
神話伝説（大物主神　おおものぬしのかみ）
説話伝説（大物主神　おおものぬしのかみ）
世百新（大物主神　おおものぬしのかみ）
大辞林3（大物主神　おおものぬしのかみ）
伝奇伝説（大物主神　おおものぬしのかみ）
東洋神名（大物主神　オオモノヌシノカミ）〔像〕
日本神様（金毘羅（金毘羅）信仰の神々〔大物主神〕　こんぴらしんこうのかみがみ）
日本人名（大物主神　おおものぬしのかみ）

日本神話（オオモノヌシ）

大森彦七　おおもりひこしち
南北朝時代の伊予国の武士。『太平記』に、楠木正成の亡霊たる鬼女に遭遇した話が書かれる。
¶架空伝承（大森彦七　おおもりひこしち　生没年不詳）〔像〕
架空伝説（大森彦七　おおもりひこしち）
歌舞伎登（大森彦七　おおもりひこしち）
奇談逸話（大森彦七　おおもりひこしち　生没年不詳）
古典人学（大森彦七　おおもりひこしち）
説話伝説（大森彦七　おおもりひこしち）
世百新（大森彦七　おおもりひこしち　生没年不詳）
伝奇伝説（大森彦七　おおもりひこしち）
日ミス（大森彦七　おおもりひこしち）
日本人名（大森彦七　おおもりひこしち　生没年未詳）

大門の忠次　おおもんのちゅうじ
金井三笑作の歌舞伎『助六所縁江戸桜』（1761年初演）に登場する男伊達。
¶架空人日（大門の忠次　おおもんのちゅうじ）

大矢口根大臣命　おおやぐちねのおおおみのみこと
『新撰姓氏録』に所出。榎井部の祖（和泉国神別天神）。
¶神仏辞典（大矢口根大臣命　おおやぐちねのおおおみのみこと）

大宅世継　おおやけのよつぎ
⇒世継の翁（よつぎのおきな）

大八嶋竈神　おおやしまかまどのかみ
⇒奥津日子神（おきつひこのかみ）

大矢田宿禰　おおやだのすくね
古代伝承上の武人。彦国葺の曾孫。
¶日本人名（大矢田宿禰　おおやだのすくね）

大屋津媛命　おおやつひめのみこと
須佐之男神の娘で、五十猛命の妹。
¶神様読解（大屋津媛命　おおやつひめのみこと）
神仏辞典（大屋都比売神・太屋津比売神　おおやつひめのかみ）

大屋神　おおやのかみ
近江国蒲生郡の大屋神社の祭神。
¶神仏辞典（大屋神　おおやのかみ）

大宅の豊雄　おおやのとよお
上田秋成作『雨月物語』「蛇性の婬」の登場人物。古代の紀伊国三輪に住いにいた大宅氏次男。白蛇の化身・真女児に執着される。
¶架空人日（大宅の豊雄　おおやのとよお）
古典人学（豊雄　とよお）
古典人東（大宅豊雄　おおやのとよお）

大宅光圀　おおやのみつくに
歌舞伎演目『忍夜恋曲者』に登場する、文武両道に優れた武士。
¶歌舞伎登（大宅光圀　おおやのみつくに）

大屋毘古神　おおやびこのかみ
家宅を表す六神の一柱。伊弉諾・伊弉冉の二神の子。別名を大綾津日神。
¶神様読解（大屋毘古神　おおやびこのかみ）
神社辞典（大屋毘古神　おおやびこのかみ）
日本人名（大屋毘古神　おおやびこのかみ）
日本神話（オホヤビコ）

大山巌
⇒大山弥助（おおやまやすけ）

大山魁偉　おおやまかいい
宮本昌孝作『藩校早春賦』の登場人物。
¶時代小説（大山魁偉　おおやまかいい）

大山咋神　おおやまくいのかみ
賀茂氏神系の神々の一柱。大歳神の子、母は天知迦流美豆比売。日枝神社・松尾神社の祭神。山末之大主神、鳴鏑神とも。
¶朝日歴史（大山咋神　おおやまくいのかみ）
神様読解（大山咋神/山末之大主神/鳴鏑神　おおやまくいのかみ・やますえのおおぬしのかみ・なりかぶらのかみ）
広辞苑6（大山咋神　おおやまくいのかみ）
新潮日本（大山咋命　おおやまくいのみこと）
神社辞典（大山咋神　おおやまくいのかみ）
神仏辞典（山末大主神　やますえのおおぬしのかみ）
大辞林3（大山咋神　おおやまくいのかみ）
日本神様（大山咋神　おおやまくいのかみ）〔像〕
日本神様（山王信仰の神々〔大山咋神〕　さんのうしんこうのかみがみ）
日本人名（大山咋神　おおやまくいのかみ）

大山田神　おおやまだのかみ
信濃国伊那郡の大山田神社の祭神。
¶神仏辞典（大山田神　おおやまだのかみ）

大山祇神　おおやまつみのかみ
伊奘諾尊と伊奘冉尊の子など数説がある。磐長姫、木花開耶姫の父とされる。山の神。『古事記』では大山津見神。別名に大山積神、和多志大神。
¶朝日歴史（大山祇神　おおやまつみのかみ）
架空伝承（大山祇神　おおやまつみのかみ）
神様読解（大山祇命　おおやまずみのみこと）
神様読解（大山津見神/大山祇神/大山積神/和多志大神　おおやまつみのかみ・わたしのおおかみ）
広辞苑6（大山祇神　おおやまつみのかみ）
新潮日本（大山祇神　おおやまつみのかみ）
神仏辞典（大山津見神・大山祇神　おおやまつみのかみ）
神仏辞典（和多志大神　わたしのおおかみ）
神話伝説（大山津見神　おおやまつみのかみ）
世百新（大山祇神　おおやまつみのかみ）
大辞林3（大山祇神　おおやまつみのかみ）
東洋神名（大山津見神　オオヤマツミノカミ）〔像〕

日本神々　（大山津見神　おおやまつみのかみ）〔像〕
日本神様（三島信仰の神々〔大山祇命〕　みしましんこうのかみがみ）
日本人名（大山祇神　おおやまつみのかみ）

意富夜麻登久邇阿礼比売命　おおやまとくにあれひめのみこと
⇒倭国香媛（やまとのくにかひめ）

大倭根子日子国玖琉命　おおやまとねこひこくにくるのみこと
⇒孝元天皇（こうげんてんのう）

大倭大神　おおやまとのおおかみ
『日本書紀』巻6・30に所出。大和大国魂神と同一。
¶神仏辞典（大和大国魂神　おおやまとおくにたまのかみ）
神仏辞典（大倭大神　おおやまとのおおかみ）

大和大国魂神　おおやまとおおくにたまのかみ
⇒大倭大神（おおやまとのおおかみ）

大和神　おおやまとのかみ
『続日本紀』『日本三代実録』に所出。大和国城下郡の大神の山に不思議な藤が生じた。
¶神仏辞典（大和神　おおやまとのかみ）

大和日向神　おおやまとひむかひのかみ
大和国添上郡の大和日向神社の祭神。
¶神仏辞典（大和日向神・太和日向神　おおやまとひむかひのかみ）

大倭物代主神　おおやまとものしろぬしのかみ
播磨国宍粟郡の大倭物代主神社の祭神。
¶神仏辞典（大倭物代主神　おおやまとものしろぬしのかみ）

大山神　おおやまのかみ
美濃国賀茂郡・隠岐国知夫郡の大山神社の祭神。
¶神仏辞典（大山神　おおやまのかみ）

大山の神々　おおやまのかみがみ
大山信仰における神。大山阿夫利神社（神奈川県伊勢原市）で祀られる。現在の祭神は大山祇大神。古くは石尊大権現と呼ばれ、祭神は鳥石楠船尊であった。
¶日本神様（大山の神々　おおやまのかみがみ）

大山の狐神　おおやまのきつねがみ
大山明神の神使い。
¶妖怪大鑑（大山の狐神　おおやまのきつねがみ）〔像〕

大山御板神　おおやまみたのかみ
越前国丹生郡の大山御板神社の祭神。
¶神仏辞典（大山御板神　おおやまみたのかみ）

大山守命　おおやまもりのみこと
『古事記』中巻に所出。応神天皇の子。皇位継承

問題で謀反をおこし、殺される。
¶架空人日（大山守命　おおやまもりのみこと）
　新潮日本（大山守皇子　おおやまもりのみこ）
　神仏辞典（大山守命　おおやまもりのみこと）
　神話伝説（大山守命　おおやまもりのみこと）
　日本人名（大山守皇子　おおやまもりのおうじ）

大山弥助　おおやまやすけ
薩摩藩士。のち大山巌。司馬遼太郎作『竜馬がゆく』の登場人物。
¶時代小説（大山弥助　おおやまやすけ）

大与比神　おおよいのかみ
但馬国養父郡の大与比神社の祭神。
¶神仏辞典（大与比神　おおよいのかみ）

大依羅神　おおよさみのかみ
摂津国住吉郡の大依羅神社四座の祭神。
¶神仏辞典（大依羅神　おおよさみのかみ）

大若子命　おおわくごのみこと
伝承上の伊勢神宮の初代大神主。別名に大幡主。
¶朝日歴史（大若子命　おおわくごのみこと）
　神仏辞典（大若子命　おおわくごのみこと）
　日本人名（大若子命　おおわくごのみこと）

大分神　おおわけのかみ
伊勢国多気郡の大分神社の祭神。
¶神仏辞典（大分神　おおわけのかみ）

大和佐美神　おおわさみのかみ
因幡国高草郡の大和佐美命神社の祭神。
¶神仏辞典（大和佐美神　おおわさみのかみ）

大鷲文吾　おおわしぶんご
歌舞伎演目『仮名手本忠臣蔵』に登場する、赤穂四十七士の大高源吾を仮託した役名。
¶歌舞伎登（大鷲文吾　おおわしぶんご）

大綿津見神　おおわたつみのかみ
伊弉諾、伊弉冉二神の子。海を司る神。
¶神様読解（大綿津見神　おおわたつみのかみ）
　神仏辞典（大綿津見神　おおわたつみのかみ）
　世百新（大綿津見神　おおわたつみのかみ）
　東洋神名（大綿津見神　オオワタツミノカミ）〔像〕
　日本神々（大綿津見神　おおわたつみのかみ）〔像〕

オーカ
福井県地方で狼のことをいう。
¶妖怪事典（オーカ）

オカイ
福島県地方でいう妖怪の児童語。
¶妖怪事典（オカイ）

おかく
歌舞伎演目『梅雨小袖昔八丈』に登場する、深川富吉町の家主長兵衛の妻。
¶歌舞伎登（おかく）

お神楽の清吉　おかぐらのせいきち
野村胡堂作『銭形平次捕物控』の登場人物。
¶時代小説（お神楽の清吉　おかぐらのせいきち）

おが荒神　おがこうじん
家に祀る濃作の神を、香川県観音寺市辺でこう呼ぶ。
¶神仏辞典（おが荒神　おがこうじん）

岡坂神策　おかさかしんさく
逢坂剛の「岡坂神策シリーズ」の主人公。スペイン現代史研究家。
¶名探偵日（岡坂神策　おかさかしんさく）

岡崎三郎信康　おかざきさぶろうのぶやす
歌舞伎演目『築山殿始末』に登場する、徳川家康の長男。
¶歌舞伎登（岡崎三郎信康　おかざきさぶろうのぶやす）

岡左内　おかさない
上田秋成作の読本『雨月物語』（1776）巻之五「貧福論」で黄金の精霊と問答を交わす武士。
¶架空人日（岡左内　おかさない）

小笠原金左衛門　おがさわらきんざえもん
剣術家。戸部新十郎作『秘剣』の登場人物。
¶時代小説（小笠原金左衛門　おがさわらきんざえもん）

小笠原佐渡守　おがさわらさどのかみ
岩槻藩主、幕府老中。藤沢周平作『用心棒日月抄』の登場人物。
¶時代小説（小笠原佐渡守　おがさわらさどのかみ）

小笠原長行　おがさわらながみち
子母澤寛作『突っかけ侍』の登場人物。
¶時代小説（小笠原長行　おがさわらながみち）

お梶　おかじ
歌舞伎演目『三世相錦繡文章』に登場する、福島屋清兵衛の女房。
¶歌舞伎登（お梶　おかじ）

お梶　おかじ
歌舞伎演目『藤十郎の恋』に登場する、京四条都万太夫座の座付き茶屋「宗清」の美しい女房。
¶歌舞伎登（お梶　おかじ）

お梶　おかじ
歌舞伎演目『謎帯一寸徳兵衛』に登場する、浜田家中浜島兵太夫の姉娘。
¶歌舞伎登（お梶　おかじ）

お梶　おかじ
歌舞伎演目『夏祭浪花鑑』に登場する、団七九郎兵衛の女房で三河屋義平次の娘。
¶歌舞伎登（お梶　おかじ）

お梶　おかじ
歌舞伎演目『都鳥廓白浪』に登場する、忍ぶの惣太の妻で、もとは吉田家の腰元。
¶歌舞伎登（お梶　おかじ）

お梶　おかじ
歌舞伎演目『宿無団七時雨傘』に登場する、大坂島の内の置屋岩井風呂の主人治助の女房。
¶歌舞伎登（お梶　おかじ）

岡島忠衛門　おかじまちゅうえもん
南條範夫作『月影兵庫』の登場人物。
¶時代小説（岡島忠衛門　おかじまちゅうえもん）

岡清兵衛　おかせいべえ
江戸の浄瑠璃作者。
¶説話伝説（岡清兵衛　おかせいべえ　生没年未詳）
伝奇伝説（岡清兵衛　おかせいべえ　生没年未詳）

岡田　おかだ
森鷗外作『雁』(1915)に登場する、医科大学の学生。
¶架空人日（岡田　おかだ）

岡田以蔵　おかだいぞう
土佐藩の足軽の子。司馬遼太郎作『竜馬がゆく』の登場人物。
¶時代小説（岡田以蔵　おかだいぞう）

尾形菊子　おがたきくこ
川端康成作『山の音』(1954)に登場する、尾形修一の妻。
¶架空人日（尾形菊子　おがたきくこ）

岡田晃之助　おかだこうのすけ
北原亞以子作『傷　慶次郎縁側日記』の登場人物。
¶時代小説（岡田晃之助　おかだこうのすけ）

尾形光琳　おがたこうりん
江戸中期の代表的な画家。
¶説話伝説（尾形光琳　おがたこうりん　㊤万治1(1658)年　㊦享保1(1716)年）
伝奇伝説（尾形光琳　おがたこうりん　㊤万治1(1658)年　㊦享保1(1716)年）

緒方惟義　おがたこれよし
平安後期の武将。『平家物語』では先祖は、優婆岳の蛇神が里の女に生ませた子。
¶架空伝承（緒方惟義　おがたこれよし　生没年未詳）
コン5（緒方三郎　おがたさぶろう）
神仏辞典（緒方惟義　おがたこれよし　生没年未詳）
神話伝説（緒方三郎　おがたさぶろう）

説話伝説（緒方三郎　おがたさぶろう）
世百新（緒方義義　おがたこれよし　生没年未詳）
伝奇伝説（緒方三郎　おがたさぶろう）

尾形修一　おがたしゅういち
川端康成作『山の音』(1954)の主人公の長男。
¶架空人日（尾形修一　おがたしゅういち）

尾形信吾　おがたしんご
川端康成作『山の音』(1954)の主人公。
¶架空人日（尾形信吾　おがたしんご）

岡田辰弥　おかだたつや
山本周五郎作『季節のない街』(1962)の「親おもい」に登場する男。
¶架空人日（岡田辰弥　おかだたつや）

岡田小秦命神　おかだのおはたのみことのかみ
大和国宇陀郡の岡田小秦命神社の祭神。
¶神仏辞典（岡田小秦命神　おかだのおはたのみことのかみ）

岡田姑女　おかだのおばめ
説話上の人物。『日本霊異記』中巻第32話に登場する。
¶コン5（岡田姑女　おかだのおばめ）
日本人名（岡田姑女　おかだのおばめ）

岡太神　おかたのかみ
摂津国武庫郡、伊勢国河曲郡の岡太神社の祭神。
¶神仏辞典（岡太神　おかたのかみ）

岡田神　おかだのかみ
信濃国筑摩郡の岡田神社の祭神。
¶神仏辞典（岡田神　おかだのかみ）

岡田鴨神　おかだのかものかみ
山城国相楽郡の岡田鴨神社の祭神。
¶神仏辞典（岡田鴨神　おかだのかものかみ）

岡田国神　おかだのくにつかみ
山城国相楽郡の岡田国神社の祭神。
¶神仏辞典（岡田国神　おかだのくにつかみ）

尾形十郎　おがたのじゅうろう
歌舞伎演目『天竺徳兵衛韓噺』に登場する、豊後国（大分県）の国主大友義延の忠臣。
¶歌舞伎登（尾形十郎　おがたのじゅうろう）

岡田園神　おかだのそののかみ
『日本三代実録』に所出。山城国の神。
¶神仏辞典（岡田園神　おかだのそののかみ）

おがたま
佐賀県東松浦郡馬渡島での船の守り神、船霊様のこと。
¶神仏辞典（おがたま）

おかち

おかち
歌舞伎演目『女殺油地獄』に登場する、大坂本天満町の油商河内屋徳兵衛の娘。
¶歌舞伎登（おかち）

お勝 おかつ
歌舞伎演目『信州川中島合戦』に登場する、山本勘助の妻。
¶歌舞伎登（お勝　おかつ）

お勝 おかつ
歌舞伎演目『箱根霊験躄仇討』に登場する、飯沼三平の恋人。
¶歌舞伎登（お勝　おかつ）

於勝 おかつ
華岡青洲の妹。有吉佐和子作『華岡青洲の妻』の登場人物。
¶時代小説（於勝　おかつ）

多門伝八郎 おかどでんぱちろう
歌舞伎演目『元禄忠臣蔵』に登場する、幕府直参のお目付け役。
¶歌舞伎登（多門伝八郎　おかどでんぱちろう）

お兼 おかね
山本周五郎作『青べか物語』(1960) の「蜜柑の木」に登場する女工。
¶架空人日（お兼　おかね）

お兼 おかね
歌舞伎演目『人情噺文七元結』に登場する、左官長兵衛の妻。
¶歌舞伎登（お兼　おかね）

お兼 おかね
歌舞伎演目『盲長屋梅加賀鳶』に登場する人物。盲長屋に住む目明きの女按摩。おさすりお兼とも。
¶歌舞伎登（お兼　おかね）

おかね稲荷 おかねいなり
大阪府堺市戎之町に祀られていた歯痛の神。
¶神仏辞典（おかね稲荷　おかねいなり）

岡上新輔 おかのうえしんすけ
坂本竜馬の姉・乙女の夫。司馬遼太郎作『竜馬がゆく』の登場人物。
¶時代小説（岡上新輔　おかのうえしんすけ）

岡上神 おかのうえのかみ
阿波国板野郡の岡上神社の祭神。
¶神仏辞典（岡上神　おかのうえのかみ）

おかのかみ
穀物神、宇賀の神に基づく呼称。青森、岩手、秋田の各県で信仰されている。
¶神仏辞典（おかのかみ）

遠賀神 おがのかみ
出羽国田川郡の遠賀神社の祭神。
¶神仏辞典（遠賀神　おがのかみ）

岡神 おかのかみ
近江国坂田郡の岡神社の祭神。
¶神仏辞典（岡神　おかのかみ）

乎加神 おかのかみ
近江国神埼郡の乎加神社の祭神。
¶神仏辞典（乎加神　おかのかみ）

岡野左内 おかのさない
陸奥国苗代城主。勇名を馳せたが、奇行ぶりでも知られる武功者。
¶説話伝説（岡野左内　おかのさない　生没年未詳）
伝奇民説（岡野左内　おかのさない　生没年未詳）

岡野新助 おかのしんすけ
幕末の架空の人物。生麦事件の際、薩摩鹿児島藩が真犯人奈良原喜左衛門と海江田信義の代わりに幕府に届け出た名。
¶朝日歴史（岡野新助　おかのしんすけ）
日本人名（岡野新助　おかのしんすけ）

岡野孫一郎 おかのまごいちろう
子母澤寛作『父子鷹』の登場人物。
¶時代小説（岡野孫一郎　おかのまごいちろう）

岡野泰太郎 おかのやすたろう
宮部みゆき作『霊験お初捕物控』の登場人物。
¶時代小説（岡野泰太郎　おかのやすたろう）

おかはん
香川県三豊郡高室村あたりで、奥の間に祀られる神。
¶神仏辞典（おかはん）

岡平 おかへい
歌舞伎演目『碁盤太平記』に登場する、山科の大石内蔵助の閑居に奉公する下男。
¶歌舞伎登（岡平　おかへい）

岡部六弥太 おかべのろくやた
源平時代の武将。悪源太義平の手勢として平重盛を攻めた。歌舞伎『一谷嫩軍記』に登場する。
¶歌舞伎登（岡部六弥太　おかべのろくやた）
説話伝説（岡部六弥太忠純　おかべろくやたただずみ　㊵?　㊷建久8(1197)年）

お竈荒神 おかまこうじん
埼玉県で火の神の荒神をいう。
¶神仏辞典（お竈荒神　おかまこうじん）

お竈さま　おかまさま
竈およびそれに付随する家の神信仰の対象。火の神ともされる。
¶広辞苑6（御釜様　おかまさま）
　神仏辞典（お竈さま　おかまさま）

龗　おかみ
山中や水中にすんで、水や雨や雪をつかさどると信じられた神。
¶広辞苑6（龗　おかみ）
　神仏辞典（龗　おかみ）

男神　おかみ
和泉国日根郡の男神社二座の祭神。
¶神仏辞典（男神　おかみ）

雄神　おがみ
越中国礪波郡の雄神神社の祭神。
¶神仏辞典（雄神　おがみ）

拝一刀　おがみいっとう
小池一夫原作、小島剛夕画による劇画『子連れ狼』の主人公。
¶架空人物（拝一刀）〔像〕
　架空伝承（拝一刀　おがみいっとう）
　日本人名（拝一刀　おがみいっとう）

淤迦美神　おかみのかみ
蛇にまつわる伝承があり、水の信仰と関わる。河内国茨田郡、和泉国和泉郡の意加美神社などの祭神。
¶神仏辞典（淤迦美神　おかみのかみ）

拝む者　おがむもん
伊豆七島の三宅島で大天狗に取り憑かれてなった巫女。
¶妖怪大鑑（拝む者　おがむもん）〔像〕

お亀
大坂心斎橋の道具屋笠屋の娘。聟与兵衛との心中事件が様々な演劇に脚色されて伝えられた。
¶歌舞伎登（お亀　おかめ）
　広辞苑6（お亀与兵衛　おかめ・よへえ）
　説話伝説（おかめ与兵衛　おかめよへえ ⓐ宝永2（1705）年5月/宝永4（1707）年4月（実説未詳））
　大辞林3（お亀・与兵衛　おかめ・よへえ）

お亀　おかめ
円顔で鼻の低い、おでこでお高の愛嬌ある女の仮面。民俗芸能では田遊のはらみ女、愛知県三河地方の花祭では巫女のお供としても現れる。お福、お多福ともいう。
¶架空伝承（お亀　おかめ）
　神仏辞典（お亀　おかめ）
　神仏辞典（お多福　おたふく）

お亀　おかめ
三遊亭円朝作『塩原多助一代記』（1889）に登場する、塩原多助の叔母。
¶架空人日（お亀　おかめ）

オーガメ　おーかめ
青森県地方で狼のことをいう。
¶妖怪事典（オーガメ）

岡本　おかもと
夏目漱石作『明暗』（1916）に登場する、社交家で冗談好きなブルジョア。
¶架空人日（岡本　おかもと）

岡本健三郎　おかもとけんざぶろう
土佐藩の警吏。司馬遼太郎作『竜馬がゆく』の登場人物。
¶時代小説（岡本健三郎　おかもとけんざぶろう）

岡本誠夫　おかもとせいふ
国木田独歩作『牛肉と馬鈴薯』（1901）に登場する青年。
¶架空人日（岡本誠夫　おかもとせいふ）

岡本神　おかもとのかみ
近江国浅井郡、越前国今立郡の岡本神社の祭神。
¶神仏辞典（岡本神　おかもとのかみ）

おかや
歌舞伎演目『明烏夢泡雪』に登場する、新吉原の遊廓山名屋四郎兵衛の妻で遣り手。
¶歌舞伎登（おかや）

岡安喜兵衛　おかやすきへえ
山本周五郎作『さぶ』の登場人物。
¶時代小説（岡安喜兵衛　おかやすきへえ）

岡安小四郎　おかやすこしろう
江戸時代前期の伝説的な三味線奏者。
¶日本人名（岡安小四郎　おかやすこしろう　生没年未詳）

お加代　おかよ
徳永直作『太陽のない街』（1929）に登場する、工員の少女。
¶架空人日（お加代　おかよ）

麻幹絞り　おがらしぼり
岩手県水沢市では農家の屋敷神をいう。
¶神仏辞典（麻幹絞り　おがらしぼり）

お軽　おかる
人形浄瑠璃および歌舞伎の『仮名手本忠臣蔵』に登場する、塩冶家の腰元。早野勘平と恋仲。
¶朝日歴史（お軽・勘平　おかる・かんぺい）
　架空人日（おかる）
　架空伝承（お軽・勘平　おかる・かんぺい）〔像〕
　架空伝説（お軽・勘平　おかる・かんぺい）〔像〕
　歌舞伎登（お軽　おかる）〔像〕

広辞苑6（お軽　おかる）
古典人学（お軽　おかる）
古典人東（お軽・勘平　おかる・かんぺい）
コン5（お軽・勘平　おかる・かんぺい）
説話伝説（お軽勘平　おかるかんぺい）〔像〕
大辞林3（お軽　おかる）
伝奇伝説（お軽勘平　おかる　かんぺい）
日本人名（お軽・勘平　おかる・かんぺい）

お軽　おかる
歌舞伎演目『心中宵庚申』に登場する、お千代の姉。
¶歌舞伎登（お軽　おかる）

小河泉水神　おがわいずみのかみ
伊豆国田方郡の小河泉水神社の祭神。
¶神仏辞典（小河泉水神　おがわいずみのかみ）

小川宗哲　おがわそうてつ
池波正太郎作『剣客商売』の登場人物。
¶時代小説（小川宗哲　おがわそうてつ）

小川内神　おかわのうちのかみ
伊勢国安濃郡の小川内神社の祭神。
¶神仏辞典（小川内神　おかわのうちのかみ）

小川神　おかわのかみ
伊勢国河曲郡・一志郡、信濃国水内郡の小川神社の祭神。
¶神仏辞典（小川神　おかわのかみ）

小川月神　おがわのつきのかみ
丹波国桑田郡の小川月神社の祭神。
¶神仏辞典（小川月神　おがわのつきのかみ）

おかん
皆川博子作『写楽』の登場人物。
¶時代小説（おかん）

荻江露友　おぎえろゆう
江戸時代の音曲家。
¶説話伝説（荻江露友　おぎえろゆう　生没年未詳）
伝奇伝説（荻江露友　おぎえろゆう　㊹? ㊺天明7（1787）年7月5日）

おきく
佐江衆一作『江戸職人綺譚』の登場人物。
¶時代小説（おきく）

おきく
『おきく物語』の主人公。岡山池田家の医師田中意徳の祖母。
¶古典人学（おきく）

お菊　おきく
岡本綺堂作『半七捕物帳』の登場人物。
¶時代小説（お菊　おきく）

お菊　おきく
山手樹一郎作『遠山の金さん』の登場人物。
¶時代小説（お菊　おきく）

お菊　おきく
いわゆる皿屋敷怪異譚の女主人公。主人に惨殺され、怨霊となる。
¶英雄事典（お菊　オキク）
架空人日（お菊　おきく）
架空人学（お菊　おきく）
架空伝承（お菊　おきく）〔像〕
架空伝説（お菊　おきく）〔像〕
歌舞伎登（お菊　『播州皿屋舗』　おきく）
歌舞伎登（お菊　『番町皿屋敷』　おきく）
奇談逸話（お菊　おきく　生没年未詳）
広辞苑6（お菊　おきく）
古典人学（お菊　おきく）
コン5（お菊　おきく）
新潮日本（お菊　おきく）
神仏辞典（お菊　おきく）
伝奇伝説（お菊　おきく）
日ミス（お菊　おきく）
日本人名（お菊　おきく）

お菊　おきく
歌舞伎演目『名酒盛色の中汲』に登場する、菊酒屋の娘。
¶歌舞伎登（お菊　おきく）

お菊　おきく
歌舞伎演目『彦山権現誓助剣』に登場する、八重垣流の達人吉岡一味斎の妹娘。
¶歌舞伎登（お菊　おきく）

おきく狸　おきくだぬき
香川県多度津町の某家で祀る狸。
¶妖怪事典（オキクダヌキ）

お菊虫　おきくむし
お菊という娘の怨念が虫と化したもの。姫路城のお菊井戸に大量に発生したという。
¶幻想動物（お菊虫）〔像〕
水木妖怪（お菊虫　おきくむし）〔像〕
妖怪事典（オキクムシ）
妖怪大全（お菊虫　おきくむし）〔像〕
妖怪大事典（於菊虫　おきくむし）〔像〕
妖百4（差虫・吉六虫・常元虫・お菊虫　つつがむし・きっちょんむし・じょうげんむし・おきくむし）〔像〕

オキクルミ
日高地方や胆振地方などにおける人間の姿の神、人間の生業と文化の創始者。
¶朝日歴史（オキクルミ）
神文化史（オキクルミ）
大辞林3（オキクルミ）
東洋神名（オキクルミ）〔像〕
日本人名（オキクルミ）

おきさ
近松門左衛門作『今宮の心中』、紀海音作『今宮心中丸腰連理松』で心中する女。
¶説話伝説（おきさ二郎兵衛　おきさじろうべえ）

おきさ
歌舞伎演目『廓文章』に登場する、吉田屋の女房。
¶歌舞伎登（おきさ）

奥疎神　おきざかるのかみ
『古事記』上巻に所出。伊弉諾が禊祓をした折に投げた、左の手纏より化成した神。
¶神様読解（奥疎神　おきざかるのかみ）
神仏辞典（奥疎神　おきざかるのかみ）

お岸　おきし
歌舞伎演目『伊勢音頭恋寝刃』に登場する、伊勢古市の油屋で、今田万次郎と恋仲の遊女。
¶歌舞伎登（お岸　おきし）

お雉　おきじ
歌舞伎演目『妹背山婦女庭訓』に登場する、猟師芝六こと玄上太郎利綱の女房。
¶歌舞伎登（お雉　おきじ）

小岸大神　おぎしのおおかみ
伊勢国鈴鹿郡の小岸大神社の祭神。
¶神仏辞典（小岸大神　おぎしのおおかみ）

置染臣鯛女　おきそめのおみたいめ
『日本霊異記』『今昔物語集』に登場する、奈良の京の富にあった尼寺の尼法邇の娘。
¶架空人日（置染臣鯛女　おきそめのおみたひめ）
古典人学（置染臣鯛女　おきそめのおみたいめ）

置染神　おきそめのかみ
伊勢国安濃郡の置染神社の祭神。
¶神仏辞典（置染神　おきそめのかみ）

おきた
邦枝完二作『歌麿』の登場人物。
¶時代小説（おきた）

お北　おきた
岡本綺堂作『半七捕物帳』の登場人物。
¶時代小説（お北　おきた）

沖田総司　おきたそうじ
新撰組隊士。肺結核のため25歳で死亡。司馬遼太郎作品の影響で人気を博すようになった。
¶英雄事典（沖田総司　オキタソウジ）
架空伝承（沖田総司　おきたそうじ [生]弘化1(1844)年 [没]明治1(1868)年）
架空伝説（沖田総司　おきたそうし）
時代小説（沖田総司『新選組始末記』　おきたそうじ）
時代小説（沖田総司『壬生義士伝』　おきたそうじ）
時代小説（沖田総司『竜馬がゆく』　おきたそうじ）

置谷神　おきたにのかみ
出雲国大原郡の置谷社の祭神。
¶神仏辞典（置谷神　おきたにのかみ）

お吉　おきち
歌舞伎演目『解脱衣楓累』に登場する、鎌倉燈明寺前の豆腐屋の娘。
¶歌舞伎登（お吉　おきち）

お吉　おきち
近松門左衛門作の浄瑠璃『女殺油地獄』(1721年初演)に登場する、油屋豊島屋の内儀。
¶架空人日（お吉　おきち）
架空伝説（お吉　おきち）

お吉　おきち
平岩弓枝作『御宿かわせみ』の登場人物。
¶時代小説（お吉　おきち）

おきつ
歌舞伎演目『怪談月笠森』に登場する、笠森お仙の姉。
¶歌舞伎登（おきつ）

おきつ
歌舞伎演目『籠釣瓶花街酔醒』に登場する、吉原の引手茶屋立花屋の女房。
¶歌舞伎登（おきつ）

奥津甲斐弁羅神　おきつかいべらのかみ
記紀神話の神。伊弉諾が禊祓をしたおりに投げた、左の手纏より化成した神。
¶神様読解（奥津甲斐弁羅神　おきつかいべらのかみ）
神仏辞典（奥津甲斐弁羅神　おきつかいべらのかみ）

意支都久辰為命　おきつくしいのみこと
『出雲国風土記』に所出。高志(越)国に坐す。
¶神仏辞典（意支都久辰為命　おきつくしいのみこと）

興津七太夫　おきつしちだゆう
宮本昌孝作『藩校早春賦』の登場人物。
¶時代小説（興津七太夫　おきつしちだゆう）

隠津嶋神　おきつしまのかみ
陸奥国安積郡の隠津嶋神社の祭神。市寸島比売命と同一とされる。
¶神仏辞典（隠津嶋神　おきつしまのかみ）

奥津嶋神　おきつしまのかみ
近江国蒲生郡の奥津嶋神社の祭神。市寸島比売命と同一とされる。
¶神仏辞典（奥津嶋神　おきつしまのかみ）

息津嶋神　おきつしまのかみ
『日本三代実録』に所出。丹後国の神。市寸島比売命と同一とされる。
¶ 神仏辞典（息津嶋神・恩津嶋神・意津嶋神　おきつしまのかみ）

奥津島比売命　おきつしまひめのみこと
⇒田霧姫命（たきりびめのみこと）

瀛津嶋姫命　おきつしまひめのみこと
『日本書紀』巻1に所出。天照大神が素戔嗚尊との誓約において生んだ神。筑紫国に降る。市寸島比売命と同一とされる。
¶ 神仏辞典（瀛津嶋姫命　おきつしまひめのみこと）

興津新之丞　おきつしんのじょう
藤沢周平作『蝉しぐれ』の登場人物。
¶ 時代小説（興津新之丞　おきつしんのじょう）

於岐都説神　おきつせのかみ
『日本三代実録』に所出。常陸国の神。
¶ 神仏辞典（於岐都説神　おきつせのかみ）

奥津那芸佐毘古神　おきつなぎさひこのかみ
伊邪諾が禊祓をしたおりに、投げた、左の手纏より化成した神。
¶ 神様読解（奥津那芸佐毘古神　おきつなぎさひこのかみ）
神仏辞典（奥津那芸佐毘古神　おきつなぎさびこのかみ）

興津信簾　おきつのぶかど
宮本昌孝作『藩校早春賦』の登場人物。
¶ 時代小説（興津信簾　おきつのぶかど）

奥津日子神　おきつひこのかみ
大年神の子。母は天知迦流美豆比売。竈の守護神。『日本文徳天皇実録』『日本三代実録』では大八嶋竈神。
¶ 神様読解（奥津日子神/奥津彦命　おきつひこのかみ・おきつひこのみこと）
神仏辞典（大八嶋竈神　おおやしまかまどのかみ）
神仏辞典（奥津日子神　おきつひこのかみ）

奥津比売命　おきつひめのみこと
大年神の子。母は天知迦流美豆比売。竈の守護神。『古事記』では大戸比売神。
¶ 神様読解（奥津比売命/大戸比売神　おきつひめのみこと・おおべひめのかみ）
神仏辞典（大戸比売神　おおへひめのかみ）
神仏辞典（奥津比売神・奥津姫神・奥津比咩神　おきつひめのかみ）

奥津余曾　おきつよそ
尾張連の祖。
¶ 神様読解（奥津余曾　おきつよそ）

オキナ
アイヌの口をあけると上顎は天まで届き、下顎は海底に届くといわれる巨大怪魚。
¶ 神仏辞典（オキナ）
妖怪事典（オキナ）
妖怪大事典（オキナ）

翁　おきな
神話や神社縁起に登場する年老いた男。芸能の場においては祝福を与える存在。能の『翁』やそれに拠る歌舞伎の『式三番』にも登場する。
¶ 歌舞伎登（翁　おきな）
神仏辞典（翁　おきな）
神話伝説（翁　おきな）
説話伝説（翁　おきな）
伝説伝説（翁　おきな）

息長足姫命　おきながたらしひめのみこと
⇒神功皇后（じんぐうこうごう）

息長田別王　おきながたわけのみこ
倭建命の子。『古事記』だけに出てくる神。
¶ 神様読解（息長田別王　おきながたわけのみこ）

息長宿禰王　おきながのすくねのみこ
迦邇米雷王と高材比売との間に生まれた子で、神功皇后の父神。
¶ 神様読解（息長宿禰王　おきながのすくねのみこ）

息長命　おきながのみこと
『播磨国風土記』に所出。賀毛郡の山直の祖。
¶ 神仏辞典（息長命　おきながのみこと）

息長日子王　おきながひこのみこ
息長宿禰王の子で、神功皇后の弟神。
¶ 神様読解（息長日子王　おきながひこのみこ）

息長彦人大兄磯城命　おきながひこひとおおえのしきのみこと
『新撰姓氏録』に所出。景行天皇皇子、茨田勝の祖（山城国皇別）。
¶ 神仏辞典（息長彦人大兄磯城命　おきながひこひとおおえのしきのみこと）

息長真若中比売　おきながまわかなかひめ
息長田別王の子（次女）。
¶ 神様読解（息長真若中比売　おきながまわかなかひめ）

息長水依比売　おきながみずよりひめ
日子坐王の妻で、天之御影神の娘。
¶ 神様読解（息長水依比売　おきながみずよりひめ）

沖浪大助　おきなみだいすけ
井原西鶴作の浮世草子『武道伝来記』（1687）巻七の第三「新田原藤太」の主人公。
¶ 架空人日（沖浪大助　おきなみだいすけ）

おきぬ
長谷川伸作の戯曲『沓掛時次郎』(1928)に登場する、六ツ田の三蔵の女房。
¶架空人日（おきぬ）
架空伝説（おきぬ）

お絹　おきぬ
中里介山作『大菩薩峠』の登場人物。
¶時代小説（お絹　おきぬ）

お絹　おきぬ
角田喜久雄作『風雲将棋谷』の登場人物。
¶時代小説（お絹　おきぬ）

お絹　おきぬ
歌舞伎演目『桂川連理柵』に登場する、帯屋長右衛門の妻。
¶歌舞伎登（お絹　おきぬ）

沖の井　おきのい
歌舞伎演目『伽羅先代萩』に登場する人物。初演台本は、鎌倉時代の話で、信夫の庄司為村の妻。
¶歌舞伎登（沖の井　おきのい）

沖の火　おきのひ
摂津(大阪府)の大物沖で、時々見られた怪火。
¶妖怪事典（オキノヒ）

荻野八重桐　おぎのやえぎり
風来山人作『根南志具佐』の登場人物。歌舞伎の女形(2代目)。
¶古典人学（荻野八重桐　おぎのやえぎり）

荻原神　おぎはらのかみ
伊勢国度会郡の萩原神社の祭神。
¶神仏辞典（荻原神・萩原神　おぎはらのかみ）

乎疑原神　おぎはらのかみ
播磨国加茂郡の乎疑原神社の祭神。
¶神仏辞典（乎疑原神　おぎはらのかみ）

意支部神　おきべのかみ
河内国若江郡の意支部神社の祭神。
¶神仏辞典（意支部神　おきべのかみ）

お喜美　おきみ
角田喜久雄作『折鶴七変化』の登場人物。
¶時代小説（お喜美　おきみ）

お君　おきみ
歌舞伎演目『奥州安達原』に登場する、袖萩の娘。
¶歌舞伎登（お君　おきみ）

お君　おきみ
中里介山作『大菩薩峠』の登場人物。
¶時代小説（お君　おきみ）

お君　おきみ
宇江佐真理作『髪結い伊三次捕物余話』の登場人物。
¶時代小説（お君　おきみ）

置目　おきめ
記紀にみえる近江(滋賀県)の老女。顕宗天皇が父市辺押磐皇子の遺骨を探していたとき、埋葬場所を教えた。
¶日本人名（置目　おきめ）

おぎゃあなき
道の妖怪。徳島県三好郡祖谷山地方でいう。
¶幻想動物（オギャナキ）〔像〕
神仏辞典（おぎゃあなき）
全国妖怪（オギャアナキ〔徳島県〕）
妖怪事典（オギャアナキ）

荻生徂徠　おぎゅうそらい
江戸中期の儒学者。「古文辞学」を唱えた。
¶説話伝説（荻生徂徠　おぎゅうそらい [生]寛文6(1666)年 [没]享保13(1728)年）〔像〕
伝奇伝説（荻生徂徠　おぎゅうそらい [生]寛文6(1666)年 [没]享保13(1728)年）〔像〕

沖幽霊　おきゆうれい
海の妖怪。福岡県遠賀郡芦屋町でいう。
¶神仏辞典（沖幽霊　おきゆうれい）
全国妖怪（オキユウレイ〔福岡県〕）
妖怪事典（オキユウレイ）

お喜世　おきよ
歌舞伎演目『元禄忠臣蔵』「御浜御殿綱豊卿」の登場人物。
¶歌舞伎登（お喜世　おきよ）

お清　おきよ
海音寺潮五郎作『二本の銀杏』の登場人物。
¶時代小説（お清　おきよ）

お杏　おきょう
佐伯泰英作『密命』の登場人物。
¶時代小説（お杏　おきょう）

お京　おきょう
為永春水作の人情本『春色梅美婦禰』(1841-42?)の主人公峯次郎の妻となる女性。
¶架空人日（お京　おきょう）

お京　おきょう
歌舞伎演目『一条大蔵譚』に登場する、吉岡鬼次郎の妻。
¶歌舞伎登（お京　おきょう）

沖龍灯　おきりゅうとう
摂津(大阪府)芦屋沖で、時々見られた怪火。
¶妖怪事典（オキリュウトウ）

荻原新之丞　おぎわらしんのじょう
浅井了意作『伽婢子』の登場人物。五条京極の住人。女の霊に魅入られとり殺される。
¶古典入学（荻原新之丞　おぎわらしんのじょう）

荻原良作　おぎわらりょうさく
歌舞伎演目『水天宮利生深川』に登場する、深川油堀に住む剣術指南。
¶歌舞伎登（荻原良作　おぎわらりょうさく）

おぎん
京極夏彦作『巷説百物語』の登場人物。
¶時代小説（おぎん）

お吟　おぎん
吉川英治作『宮本武蔵』の登場人物。
¶時代小説（お吟　おぎん）

お銀　おぎん
山手樹一郎作『夢介千両みやげ』の登場人物。
¶時代小説（お銀　おぎん）

お銀様　おぎんさま
中里介山作『大菩薩峠』の登場人物。
¶時代小説（お銀様　おぎんさま）

オークォー
広島県豊田郡地方でいう妖怪。
¶妖怪事典（オークォー）

奥平主馬　おくだいらかずま
奥平隼人の弟。高橋義夫作『浄瑠璃坂の仇討ち』の登場人物。
¶時代小説（奥平主馬　おくだいらかずま）

奥平内蔵丞　おくだいらくらのじょう
宇都宮藩祖、信昌の一族七人の子孫の一人。中里介山作『浄瑠璃坂のあだうち』、高橋義夫作『浄瑠璃坂の仇討ち』の登場人物。
¶時代小説（奥平内蔵丞　『浄瑠璃坂のあだうち』　おくだいらくらのじょう）
　時代小説（奥平内蔵丞　『浄瑠璃坂の仇討ち』　おくだいらくらのじょう）

奥平源八　おくだいらげんぱち
内蔵丞の子で仇討ちの名義人。中里介山作『浄瑠璃坂のあだうち』、高橋義夫作『浄瑠璃坂の仇討ち』の登場人物。
¶時代小説（奥平源八　『浄瑠璃坂のあだうち』　おくだいらげんぱち）
　時代小説（奥平源八　『浄瑠璃坂の仇討ち』　おくだいらげんぱち）

奥平大学　おくだいらだいがく
奥平隼人、主馬兄弟の父。高橋義夫作『浄瑠璃坂の仇討ち』の登場人物。
¶時代小説（奥平大学　おくだいらだいがく）

奥平伝蔵　おくだいらでんぞう
奥平内蔵丞の甥。高橋義夫作『浄瑠璃坂の仇討ち』の登場人物。
¶時代小説（奥平伝蔵　おくだいらでんぞう）

奥平隼人　おくだいらはやと
奥平信昌の一族七人の子孫の一人。中里介山作『浄瑠璃坂のあだうち』、高橋義夫作『浄瑠璃坂の仇討ち』の登場人物。
¶時代小説（奥平隼人　『浄瑠璃坂のあだうち』　おくだいらはやと）
　時代小説（奥平隼人　『浄瑠璃坂の仇討ち』　おくだいらはやと）

奥田庄三郎　おくだしょうざぶろう
4世鶴屋南北作の歌舞伎『東海道四谷怪談』（1825年初演）に登場する塩谷浪人。
¶架空人日（奥田庄三郎　おくだしょうざぶろう）
　歌舞伎登（奥田庄三郎　おくだしょうざぶろう）

奥田孫太夫　おくだまごだゆう
赤穂浪士四十七士の一人。浄瑠璃・歌舞伎の『仮名手本忠臣蔵』ほかに登場する。
¶架空伝説（奥田孫太夫　おくだまごだゆう）
　時代小説（奥田孫太夫　おくだまごだゆう）

小口神　おぐちのかみ
尾張国丹羽郡・山田郡の小口神社の祭神。
¶神仏辞典（小口神　おぐちのかみ）

オクナイサマ
遠野地方（岩手県）の家の守護神のひとつ。
¶幻想動物（オクナイサマ）〔像〕
　全国妖怪（オクナイサマ〔岩手県〕）

おくに
山本周五郎作『赤ひげ診療譚』の登場人物。
¶時代小説（おくに）

お国　おくに
三遊亭円朝作『牡丹燈籠』（1884）に登場する、飯島平左衛門の妻のお付き女中。のち、平左衛門の妾。
¶架空人日（お国　おくに）
　歌舞伎登（お国　おくに）

お国　おくに
海音寺潮五郎作『二本の銀杏』の登場人物。
¶時代小説（お国　おくに）

お国　おくに
歌舞伎演目『土屋主税』に登場する、赤穂浪士勝田新左衛門の妹。
¶歌舞伎登（お国　おくに）

お国　おくに
⇒下女お国（げじょおくに）

お国御前　おくにごぜん
歌舞伎演目『阿国御前化粧鏡』に登場する、佐々木頼賢の後室。
¶歌舞伎登（お国御前　おくにごぜん）

小国天神　おぐにのあまつかみ
遠江国周知郡の小国神社の祭神。
¶神仏辞典（小国天神　おぐにのあまつかみ）

意久神　おくのかみ
『日本三代実録』に所出。長門国の神。
¶神仏辞典（意久神　おくのかみ）

奥の神　おくのかみ
兵庫県の佐用郡上月町有年婆で納戸に祀る神。
¶神仏辞典（奥の神　おくのかみ）

奥山休賀斎　おくのやまきゅうかさい
剣術家。戸部新十郎作『秘剣』の登場人物。
¶時代小説（奥山休賀斎　おくのやまきゅうかさい）

臆病神　おくびょうがみ
臆病の心を起こさせる神。
¶広辞苑6（臆病神　おくびょうがみ）

おくま
北原亞以子作『深川澪通り木戸番小屋』の登場人物。
¶時代小説（おくま）

お熊　おくま
4世鶴屋南北作の歌舞伎『東海道四谷怪談』（1825年初演）に登場する、伊右衛門の母。
¶架空人日（お熊　おくま）
　歌舞伎登（お熊　おくま）

お熊　おくま
池波正太郎作『鬼平犯科帳』の登場人物。
¶時代小説（お熊　おくま）

お熊　おくま
歌舞伎演目『暗闇の丑松』に登場する、料理職人丑松の女房お米の育ての母。
¶歌舞伎登（お熊　おくま）

お熊　おくま
歌舞伎演目『梅雨小袖昔八丈』に登場する、白子屋の一人娘。
¶歌舞伎登（お熊　おくま）

お熊婆あ　おくまばばあ
歌舞伎演目『鼠小紋東君新形』に登場する、捨て子の鼠小僧を赤子のころから養い、泥棒仕事を教え込んだ女。
¶歌舞伎登（お熊婆あ　おくまばばあ）

おくみ
鈴木三重吉作『桑の実』(1913)に登場するお手伝い。
¶架空人日（おくみ）

おくみ
山本周五郎作『樅ノ木は残った』の登場人物。
¶時代小説（おくみ）

おくみ
佐江衆一作『江戸職人綺譚』の登場人物。
¶時代小説（おくみ）

お組　おくみ
横溝正史作『人形佐七捕物帳』の登場人物。
¶時代小説（お組　おくみ）

お組　おくみ
歌舞伎演目『隅田川続俤』に登場する、永楽屋の娘。
¶歌舞伎登（お組　おくみ）

奥村秀実　おくむらひでざね
舟橋聖一作『海の百万石』の登場人物。
¶時代小説（奥村秀実　おくむらひでざね）

おくめ
北原亞以子作『深川澪通り木戸番小屋』の登場人物。
¶時代小説（おくめ）

おくめ
宮部みゆき作『ぼんくら』の登場人物。
¶時代小説（おくめ）

お粂　おくめ
岡本綺堂作『半七捕物帳』に登場する人物。
¶架空伝説（お粂　おくめ）
　時代小説（お粂　おくめ）

お粂　おくめ
横溝正史作『人形佐七捕物帳』の登場人物。
¶時代小説（お粂　おくめ）

お粂　おくめ
『春色英対暖語』『春色梅美婦禰』に登場する、峯次郎の恋人の一人。
¶架空人日（お粂　おくめ）

お粂　おくめ
島崎藤村作『夜明け前』(1929-35)の主人公青山半蔵の長女。
¶架空人日（お粂　おくめ）

オグメ
長崎県諫早地方でいう怪火。

お

¶妖怪事典（オグメ）
妖怪大事典（オグメ）

奥山好竹院　おくやまこうちくいん
舟橋聖一作『絵島生島』の登場人物。
¶時代小説（奥山好竹院　おくやまこうちくいん）

奥山大学　おくやまだいがく
伊達家江戸家老の第一人者。山本周五郎作『樅ノ木は残った』の登場人物。
¶時代小説（奥山大学　おくやまだいがく）

奥山津見神　おくやまつみのかみ
迦具土神の死屍の腹より化成した神。
¶神様読解（奥山津見神　おくやまつみのかみ）
神仏辞典（奥山津見神　おくやまつみのかみ）

おくら
歌舞伎演目『義経千本桜』に登場する、大和国の下市村の釣瓶鮓屋弥左衛門の女房。
¶歌舞伎登（おくら）

お倉　おくら
岡本綺堂作『半七捕物帳』の登場人物。
¶時代小説（お倉　おくら）

小倉庵長次郎　おぐらあんちょうじろう
幕末の江戸の人。歌川広重の浮世絵「小梅小倉庵」に描かれた、江戸屈指の料理屋の長男。出入りの客にそそのかされ、御用金強盗をはたらいた。
¶日本人名（小倉庵長次郎　おぐらあんちょうじろう　生没年未詳）

小倉神　おぐらのかみ
山城国乙訓郡の小倉神社の祭神。
¶神仏辞典（小倉神　おぐらのかみ）

小椋神　おぐらのかみ
近江国滋賀郡の小椋神社の祭神。
¶神仏辞典（小椋神　おぐらのかみ）

小倉彦九郎　おぐらひこくろう
浄瑠璃・歌舞伎『堀川波鼓』に登場する、お種の夫。江戸詰めの鳥取藩士。
¶朝日歴史（お種・彦九郎　おたね・ひこくろう）
歌舞伎登（小倉彦九郎　おぐらひこくろう）
日本人名（お種・彦九郎　おたね・ひこくろう）

おくら坊主　おくらぼうず
家にいる妖怪。山梨県東八代郡でいう。
¶神仏辞典（おくら坊主　おくらぼうず）
全国妖怪（オクラボウズ〔山梨県〕）
妖怪事典（オクラボウズ）

送り鼬　おくりいたち
静岡県伊豆地方の鼬の妖怪。
¶神仏辞典（送り鼬　おくりいたち）
全国妖怪（オクリイタチ〔静岡県〕）
妖怪事典（オクリイタチ）
妖怪大事典（送り鼬　おくりいたち）

送り犬　おくりいぬ
全国に分布する山犬（狼）の妖怪。夜道を歩く人間のあとについてくる犬。
¶幻想動物（送り犬）〔像〕
神仏辞典（送り犬　おくりいぬ）
全国妖怪（オクリイヌ〔兵庫県〕）
妖怪事典（オクリイヌ）
妖怪大全（送り犬　おくりいぬ）〔像〕
妖怪大事典（送り犬　おくりいぬ）〔像〕

送り狼　おくりおおかみ
各地の山間部などでいう狼の妖怪。
¶妖怪事典（オクリオオカミ）
妖怪大事典（送り狼　おくりおおかみ）

小栗上野介　おぐりこうずけのすけ
江戸末期の幕臣。旗本小栗忠高の嫡男。“幕末の三傑”に数えられる。司馬遼太郎作『竜馬がゆく』に登場。
¶時代小説（小栗上野介忠順　おぐりこうずけのすけただまさ）
伝奇伝説（小栗上野介　おぐりこうずけのすけ　[生]文政10（1827）年　[没]明治1（1868）年）

送り雀　おくりすずめ
和歌山県、奈良県でいう。送り犬が出現するのを知らせるという小鳥の姿をした妖怪。
¶幻想動物（送り雀）〔像〕
神仏辞典（送り雀　おくりすずめ）
全国妖怪（オクリスズメ〔和歌山県〕）
妖怪事典（オクリスズメ）
妖怪大事典（送り雀　おくりすずめ）

小栗宗丹　おぐりそうたん
歌舞伎演目『けいせい花絵合』に登場する、東山将軍家の御用絵師。
¶歌舞伎登（小栗宗丹　おぐりそうたん）

送り提灯　おくりちょうちん
東京本所七不思議の一つ。江戸の法恩寺で出た化け物。提灯を持った腰元ふうの女の姿をしていた。
¶妖怪事典（オクリチョウチン）
妖怪事典（オクリチョウチンビ）
妖怪大全（送り提灯　おくりちょうちん）〔像〕

小栗八弥　おぐりはちや
歌舞伎演目『女殺油地獄』に登場する、高槻藩の小姓頭。
¶歌舞伎登（小栗八弥　おぐりはちや）

小栗判官　おぐりはんがん
照手姫との哀話で知られる、説経節などに登場する主人公。
¶朝日歴史（小栗判官　おぐりはんがん）

英雄事典　（小栗判官　オグリハンガン）
架空伝承　（小栗判官　おぐりはんがん）〔像〕
架空伝説　（照手姫・小栗判官　てるてひめ・おぐりはんがん）〔像〕
歌舞伎登　（小栗判官　おぐりはんがん）
広辞苑6　（小栗判官　おぐりはんがん）
古典人学　（小栗判官　おぐりはんがん）
古典人東　（小栗判官　おぐりはんがん）
コン5　（小栗判官　おぐりはんがん）
新潮日本　（小栗判官　おぐりはんがん）
神仏辞典　（小栗判官　おぐりはんがん）
神話伝説　（小栗判官　おぐりはんがん）
説話伝説　（小栗判官　おぐりはんがん）
大辞林3　（小栗判官　おぐりはんがん）
日本人名　（小栗判官　おぐりはんがん）

送り火　おくりび
火の妖怪。愛知県宝飯郡一宮町でいう。
¶神仏辞典　（送り火　おくりび）
　全国妖怪　（オクリビ〔愛知県〕）
　妖怪事典　（オクリビ）

送り拍子木　おくりひょうしぎ
東京本所七不思議の一つに数えられている、拍子木の音をさせる妖怪。
¶妖怪事典　（オクリヒョウシギ）
　妖怪大全　（送り拍子木　おくりひょうしぎ）〔像〕

小栗美作　おぐりみさか
講談『越後騒動』、歌舞伎『新舞台越後立読』に登場する人物。
¶架空伝説　（小栗美作　おぐりみさか）

おくる
歌舞伎演目『鎌倉三代記』に登場する、時姫を連れ帰り妻にしようとする安達藤三郎の、現在の実の女房。
¶歌舞伎登　（おくる）

小栗栖十兵衛　おぐるすじゅうべえ
歌舞伎演目『敵討安栄録』に登場する、三輪家の跡目を狙う秀太郎に仕えている人物。
¶歌舞伎登　（小栗栖十兵衛　おぐるすじゅうべえ）

小栗栖の長兵衛　おぐるすのちょうべえ
歌舞伎演目『小栗栖の長兵衛』に登場する、山城の国宇治郡小栗栖村の百姓長九郎の息子。
¶歌舞伎登　（小栗栖の長兵衛　おぐるすのちょうべえ）

オゲ
愛知県東春日井郡でいう妖怪。
¶妖怪事典　（オゲ）

おけい
北原亞以子作『深川澪通り木戸番小屋』の登場人物。
¶時代小説　（おけい）

お景　おけい
泡坂妻夫作『宝引の辰捕者帳』の登場人物。
¶時代小説　（お景　おけい）

億計王　おけおう
⇒仁賢天皇（にんけんてんのう）

弘計王　おけおう
⇒顕宗天皇（けんそうてんのう）

オケオケ
秋田県地方でいう妖怪の児童語。
¶妖怪事典　（オケオケ）

オケケ
新潟県地方でいう妖怪の児童語。
¶妖怪事典　（オケケ）

おけつ
動物の妖怪。岡山地方ではお産のとき胎内から出るという。亀に似て背に糞毛がある。
¶幻想動物　（オケツ）〔像〕
　神仏辞典　（おけつ）
　全国妖怪　（オケツ〔岡山県〕）
　水木世幻獣　（オケツ）〔像〕
　妖怪事典　（オケツ）
　妖怪大鑑　（オケツ）〔像〕
　妖怪大事典　（オケツ）〔像〕

姥津命　おけつのみこと
⇒比古意祁豆命（ひこおけつのみこと）

意祁都比売命　おけつひめのみこと
第7代開化天皇の妃で、日子坐王の御生母。
¶神様読解　（意祁都比売命　おけつひめのみこと）
　神様読解　（袁祁都比売命　おけつひめのみこと）
　神仏辞典　（意祁都比売命　おけつひめのみこと）
　神仏辞典　（袁祁都比売命　おけつひめのみこと）
　日本人名　（姥津媛　ははつひめ）

億計天皇　おけのすめらみこと
⇒仁賢天皇（にんけんてんのう）

弘計天皇　おけのすめらみこと
⇒顕宗天皇（けんそうてんのう）

袁祁王　おけのみこ
⇒顕宗天皇（けんそうてんのう）

オケャオケャ
秋田県地方でいう妖怪の児童語。
¶妖怪事典　（オケャオケャ）

お幻　おげん
山田風太郎作『甲賀忍法帖』の登場人物。
¶時代小説　（お幻　おげん）

おけん

お源　おげん
横溝正史作『人形佐七捕物帳』の登場人物。
　¶時代小説（お源　おげん）

右近　おこ
女狂言『右近左近（内沙汰）』のシテ（主役）。
　¶架空人日（『右近左近』の右近　おこさこのおこ）
　架空伝説（右近　おこ）
　古典人学（右近　おこ）

お胡夷　おこい
山田風太郎作『甲賀忍法帖』の登場人物。
　¶時代小説（お胡夷　おこい）

お鯉　おこい
平岩弓枝作『はやぶさ新八御用帳』の登場人物。
　¶時代小説（お鯉　おこい）

おこう
高橋克彦作『だましゑ歌麿』の登場人物。
　¶時代小説（おこう）

お幸　おこう
歌舞伎演目『彦山権現誓助剱』に登場する、吉岡一味斎の後室。
　¶歌舞伎登（お幸　おこう）

お幸　おこう
歌舞伎演目『双蝶々曲輪日記』「引窓」の登場人物。
　¶歌舞伎登（お幸　おこう）

お甲　おこう
吉川英治作『宮本武蔵』の登場人物。
　¶時代小説（お甲　おこう）

お甲　おこう
杉本章子作『おすず信太郎人情始末帖』の登場人物。
　¶時代小説（お甲　おこう）

お香　おこう
海音寺潮五郎作『二本の銀杏』の登場人物。
　¶時代小説（お香　おこう）

小河内蔵允　おごうくらのじょう
黒田家の家老。滝口康彦作『主家滅ぶべし』の登場人物。
　¶時代小説（小河内蔵允　おごうくらのじょう）

お幸の方　おこうのかた
篤姫の実母。宮尾登美子作『天璋院篤姫』の登場人物。
　¶時代小説（お幸の方　おこうのかた）

オコッコ
アイヌ語で妖怪お化け物、幽霊などの総称。
　¶妖怪事典（オコッコ）

お琴　おこと
久生十蘭作『顎十郎捕物帳』の登場人物。
　¶時代小説（お琴　おこと）

お琴　おこと
澤田ふじ子作『虹の橋』の登場人物。
　¶時代小説（お琴　おこと）

おこないがしら
宮城県本吉郡歌津町・志津川町のオシラサマの呼称。
　¶神仏辞典（おこないがしら）

オコナイ様　おこないさま
東北地方、特に山形県と岩手県に分布する男女一対の神。
　¶広辞苑6（おこない様　おこないさま）
　神仏辞典（オコナイ）
　東洋神名（オコナイ様　オコナイサマ）〔像〕

お駒　おこま
浄瑠璃・歌舞伎の登場人物。城木屋庄兵衛の娘。
　¶朝日歴史（お駒・才三郎　おこま・さいざぶろう）
　架空伝説（お駒　おこま）
　歌舞伎登（城木屋お駒　しろきやおこま）
　広辞苑6（お駒才三　おこま・さいざ）
　古典人学（お駒　おこま）
　コン5（お駒・才三　おこま・さいざ）
　説話伝説（お駒才三　おこまさいざ）
　大辞林3（お駒・才三　おこま・さいざ）
　伝奇伝説（お駒才三　おこま　さいざ）
　日本人名（お駒・才三　おこま・さいざ）

おごめ
山の妖怪。東京都三宅島でいう。
　¶神仏辞典（おごめ）
　全国妖怪（オゴメ〔東京都〕）
　妖怪事典（オゴメ）
　妖怪大全（オゴメ）〔像〕
　妖怪大事典（オゴメ）〔像〕

おこよ
歌舞伎『夢結蝶鳥追』（通称「雪駄直し長五郎」「おこよ源三郎」）ほか、実録小説などに登場する江戸後期の鳥追い女。
　¶歌舞伎登（おこよ）
　コン5（おこよ・源三郎　おこよ・げんざぶろう）
　説話伝説（おこよ源三郎）〔像〕
　伝奇伝説（おこよ源三郎　おこよ　げんざぶろう）
　日本人名（おこよ・源三郎　おこよ・げんざぶろう）

おこりじぞう
山口勇子作『おこりじぞう』（1982）の主人公の石地蔵。
　¶児童登場（おこりじぞう）

怒り上戸　おこりじょうご
歌舞伎演目『若木花容彩四季』に登場する人物。赤沢十内が、十六夜・団三郎と酒を飲むうち、怒り上戸となる姿。
¶歌舞伎登（怒り上戸　おこりじょうご）

おころ
歌舞伎演目『日月星享和政談』に登場する、火打ち石売り六兵衛の娘。
¶歌舞伎登（おころ）

オコワ
東京都地方でいう妖怪の児童語。
¶妖怪事典（オコワ）

お紺　おこん
伊勢古市油屋の遊女。江戸中期に起きた殺傷事件の当事者。のちに歌舞伎『伊勢音頭恋寝刃』の題材となった。
¶架空伝説（お紺　おこん）
歌舞伎登（お紺　おこん）
広辞苑6（油屋お紺　あぶらやおこん）
説話伝説（お紺貢　おこんみつぎ）
大辞林3（油屋お紺　あぶらやおこん）

オコン狐　おこんぎつね
伊予国（愛媛県）の名物狐。
¶妖怪事典（オコンギツネ）

オーゴンジー
広島県豊田郡海岸地方でいう妖怪の児童語。
¶妖怪事典（オーゴンジー）

おさい
近松門左衛門作の浄瑠璃『鑓の権三重帷子』（1717年初演）に登場する、浅香流の茶の師匠の妻。
¶架空人日（おさゐ）
架空伝説（おさい・権三　おさい・ごんざ）
歌舞伎登（おさい）
広辞苑6（おさい）
大辞林3（おさい・権三　おさい・ごんざ）

お塞の神　おさいのかみ
岩手県下閉伊郡普代村の自然石で、お産に立会う神。
¶神仏辞典（お塞の神　おさいのかみ）

オザオザ
岐阜県地方でいう妖怪の児童語。
¶妖怪事典（オザオザ）

おさか
歌舞伎演目『嫁鏡』に登場する、正木六郎左衛門の妻。
¶歌舞伎登（おさか）

おさが
伏見坂町柏屋の遊女。嘉平次と心中した事件が近松門左衛門作『生玉心中』として作品化された。
¶架空伝説（おさが・嘉平次　おさが・かへいじ）
説話伝説（おさが嘉平次　おさが・かへいじ）

忍坂坐生根神　おさかにますいくねのかみ
大和国城上郡の忍坂坐生根神社の祭神。
¶神仏辞典（忍坂坐生根神　おさかにますいくねのかみ）

小坂神　おさかのかみ
信濃国高井郡・但馬国出石郡の小坂神社の祭神。
¶神仏辞典（小坂神　おさかのかみ）

男坂神　おさかのかみ
但馬国養父郡の男坂神社の祭神。
¶神仏辞典（男坂神　おさかのかみ）

忍坂山口坐神　おさかのやまのくちにますかみ
大和国城上郡の忍坂山口坐神社の祭神。
¶神仏辞典（忍坂山口坐神　おさかのやまのくちにますかみ）

小坂部音近　おさかべおとちか
歌舞伎演目『蝶花形名歌島合』に登場する、戦国時代の四国の大名長宗我部元親（1538-99）の名前に擬して創作された人物。
¶歌舞伎登（小坂部音近　おさかべおとちか）

刑部姫　おさかべひめ
姫路城の天守閣に棲むと伝わる妖怪。
¶朝日歴史（刑部　おさかべひめ）
歌舞伎登（小坂部姫の怪　おさかべひめのもののけ）
幻想動物（刑部姫）〔像〕
コン5（刑部姫　おさかべひめ）
神仏辞典（長壁　おさかべ）
説話伝説（小刑部姫　おさかべひめ）
全国妖怪（オサカベ（兵庫県））
伝奇伝説（刑部姫　おさかべひめ）
日本人名（刑部姫　おさかべひめ）
日本未確認（小刑部狐　おさかべぎつね）
水木妖怪続（長壁　おさかべ）
妖怪事典（オサカベヒメ）
妖怪図鑑（刑部　おさかべ）〔像〕
妖怪大全（長壁　おさかべ）〔像〕
妖怪大事典（長壁　おさかべ）〔像〕
妖百5（長壁　おさかべ）〔像〕

おさき
藤沢周平作『用心棒日月抄』の登場人物。
¶時代小説（おさき）

お咲　おさき
岡本綺堂作『半七捕物帳』の登場人物。
¶時代小説（お咲　おさき）

お咲　おさき
歌舞伎演目『神明恵和合取組』に登場する、品川島崎楼の遊女で、め組の鳶三河屋藤松の恋人。
¶歌舞伎登（お咲　おさき）

お咲　おさき
歌舞伎演目『博多小女郎波枕』に登場する、博多小女郎が勤める奥田屋の女房。
¶歌舞伎登（お咲　おさき）

お咲　おさき
歌舞伎演目『船打込橋間白浪』に登場する、表向きは島屋文蔵と名乗る盗賊梵字の真五郎の妾。
¶歌舞伎登（お咲　おさき）

オサキ
埼玉県、東京都奥多摩地方、群馬県、栃木県、茨城県、新潟県、長野県などの地方でいう憑き物。オーサキ、尾サキ狐ともいう。
¶妖怪事典（オサキ）
妖怪大鑑（関東のオサキ）〔像〕
妖怪大事典（オサキ）〔像〕

御崎　おさき
徳島県三好郡西祖谷山村でいう怪異。
¶妖怪事典（オサキ）

おさき狐　おさききつね
尾の先がふたつに分かれた魊、あるいは鼠のような格好で、人や家にとり憑く憑き物の一種。
¶幻想動物（おさき狐）〔像〕
日本未確認（おさき狐）
妖怪事典（オサキギツネ）

尾前神　おさきのかみ
伊勢国奄芸郡の尾前神社の祭神。
¶神仏辞典（尾前神　おさきのかみ）

長冠　おさこうぶり
鳥山石燕の『画図百器徒然袋』に描かれた冠の妖怪。
¶神仏辞典（長冠　おさこうぶり）
妖怪事典（オサコウブリ）
妖怪大事典（長冠　おさこうぶり）

小笹　おざさ
3世瀬川如皐作の歌舞伎『与話浮名横櫛』（1853年初演）に登場する、穂積家の当主隼人の妻。
¶架空人日（小笹　おざさ）

小笹巴之丞　おざさともえのじょう
歌舞伎演目『傾城浅間嶽』に登場する、諏訪家の姫音羽の前の許婚。
¶歌舞伎登（小笹巴之丞　おざさともえのじょう）

男狭磯　おさし
『日本書紀』に登場する阿波の海士。
¶朝日歴史（男狭磯　おさし）
神話伝説（男狭磯　おさし）
伝奇伝説（男狭磯　おさし）〔像〕

他田坐天照御魂神　おさだにますあまてるみたまのかみ
大和国城上郡の他田坐天照御魂神社の祭神。
¶神仏辞典（他田坐天照御魂神　おさだにますあまてるみたまのかみ）

長田景致　おさだのかげむね
『平治物語』に登場する武士。主の源頼朝を殺した。
¶架空人日（長田景致　おさだのかげむね）

長田忠致　おさだのただむね
『平治物語』に登場する武士。源頼朝を裏切って殺した。
¶架空人日（長田忠致　おさだのただむね）

長田太郎　おさだのたろう
歌舞伎演目『鬼次拍子舞』『源平布引滝』に登場する人物。源義朝を殺した長田忠致の長男。
¶歌舞伎登（長田太郎1『鬼次拍子舞』　おさだのたろう）
歌舞伎登（長田太郎2『源平布引滝』　おさだのたろう）

他田舎人蝦夷　おさだのとねりえびす
『日本霊異記』に登場する、信濃国の金持ち。
¶架空人日（他田舎人蝦夷　おさだのとねりえびす）

おさと
新潟県から山形県にかけての地域でいう山の神。
¶神仏辞典（おさと）

お里　おさと
大和国壺坂寺観世音の霊験譚にまつわる、座頭沢市の妻。人形浄瑠璃・歌舞伎『壺坂霊験記』に登場する。
¶架空伝承（お里・沢市　おさと・さわいち）
架空伝説（お里・沢市　おさと・さわいち）〔像〕
歌舞伎登（お里　おさと）
新潮日本（お里・沢市　おさと・さわいち）
説話伝説（お里沢市　おさとさわいち）
伝奇伝説（お里沢市　おさと・さわいち）
日本人名（お里・沢市　おさと・さわいち）

お里　おさと
浄瑠璃・歌舞伎『義経千本桜』に登場する、吉野の下市村の鮓屋の娘。
¶架空伝説（お里　おさと）
歌舞伎登（お里　おさと）〔像〕

お里　おさと
講談『江島屋怪談』に登場する人物。
¶架空伝説（お里　おさと）

筬火　おさび
火の妖怪。宮崎県延岡市でいう。
¶神仏辞典（筬火　おさび）
全国妖怪（オサビ〔宮崎県〕）
妖怪事典（オサビ）

他戸親王　おさべしんのう
奈良時代末の皇族。母は井上内親王。母親が大逆罪で廃されたため、皇太子であった他戸親王も廃され、庶民とされた。
¶日ミス（井上内親王・他戸親王・早良親王　いのえないしんのう・おさべしんのう・さわらしんのう）②宝亀6（775）年

袁邪弁王　おざべのみこ
第11代垂仁天皇の皇女。
¶神様読解（袁邪弁王　おざべのみこ）

袁邪本王　おざほのみこ
日比坐王の王子。
¶神様読解（袁邪本王　おざほのみこ）
日本人名（袁邪本王　おざほのみこ）

おさみ
河竹黙阿弥作の歌舞伎『仮名手本硯高島』（1858年初演）に登場する、赤垣源蔵の兄の妻。
¶架空人日（おさみ）

おさよ
佐江衆一作『江戸職人綺譚』の登場人物。
¶時代小説（おさよ）

おさよ
杉本章子作『おすず信太郎人情始末帖』の登場人物。
¶時代小説（おさよ）

おさよ
歌舞伎演目『木間星箱根鹿笛』に登場する、旧士族の夫岩淵九郎兵衛と情婦に殺され、亡霊になる女。
¶歌舞伎登（おさよ）

おさよ
歌舞伎演目『四千両小判梅葉』に登場する、富蔵の別れた妻。
¶歌舞伎登（おさよ）

お小夜　おさよ
野村胡堂作『銭形平次捕物控』の登場人物。
¶時代小説（お小夜　おさよ）

お小夜　おさよ
角田喜久雄作『髑髏銭』の登場人物。
¶時代小説（お小夜　おさよ）

お小夜観音　おさよかんのん
北九州市八幡東区八幡宮摂社、牛守神社の牛の守り神。
¶神仏辞典（お小夜観音　おさよかんのん）

おさらばお伝　おさらばおでん
歌舞伎演目『処女評判善悪鏡』に登場する、雲切りお六を頭とする女盗賊の一味。
¶歌舞伎登（おさらばお伝）

おさらば伝次　おさらばでんじ
雲霧仁左衛門の元手下。歌舞伎『龍三升高根雲霧』ほかに登場する。
¶架空伝説（おさらば伝次　おさらばでんじ）
歌舞伎登（おさらば伝次）

おさわ
歌舞伎演目『女殺油地獄』に登場する、大坂本天満町の油商河内屋徳兵衛の妻。
¶歌舞伎登（おさわ）

小沢刑部　おざわのぎょうぶ
歌舞伎演目『望月』に登場する、信濃の国の安田友治の家臣。
¶歌舞伎登（小沢刑部　おざわのぎょうぶ）

おさん
井原西鶴の『好色五人女』巻3「中段に見る暦屋物語」、近松門左衛門『大経師昔暦』などで有名な大経師の家の女房。
¶朝日歴史（おさん・茂兵衛　おさん・もへえ）
架空人日（おさん）
架空伝説（おさん・茂右衛門　おさん・もえもん）
歌舞伎登（おさん）
広辞苑6（おさん）
古典人学（おさん）
古典人東（おさん）
コン5（おさん・茂兵衛　おさん・もへえ）
新潮日本（おさん・茂兵衛　おさん・もへえ）
説話伝説（おさん茂兵衛　おさんもへえ）
伝奇伝説（おさん茂兵衛　おさん もへえ）
日本人名（おさん・茂兵衛　おさん・もへえ）

おさん
歌舞伎演目『傘轆轤浮名濡衣』に登場する、易者梅柳の娘。
¶歌舞伎登（おさん）

おさん
歌舞伎演目『佐倉義民伝』に登場する、佐倉宗吾の妻。
¶歌舞伎登（おさん）

おさん
近松門左衛門作の浄瑠璃『心中天の網島』（1720年初演）に登場する、治兵衛の妻。
¶架空人日（おさん）
架空伝説（おさん）
歌舞伎登（おさん）
広辞苑6（おさん）

おさん
山本周五郎作『おさん』（1961）の主人公。
¶架空人日（おさん）

おさん
城昌幸作『若さま侍捕物手帖』の登場人物。
¶時代小説（おさん）

おさん狐　おさんぎつね
主に西日本でいう化け狐。
¶神仏辞典（於三　おさん）
全国妖怪（オサキ［広島県］）
妖怪事典（オサンギツネ）
妖怪大鑑（おさん狐）〔像〕
妖怪大事典（おさん狐　おさんきつね）〔像〕

おさんだい
新潟県北魚沼郡入広瀬村大白川で山の神をいう。
¶神仏辞典（おさんだい）

オサン狸　おさんだぬき
香川県、高知県でいう人に憑く狸。
¶妖怪事典（オサンダヌキ）

お汐　おしお
歌舞伎演目『天竺徳兵衛韓噺』に登場する、天竺徳兵衛の娘。
¶歌舞伎登（お汐　おしお）

小汐田又之丞　おしおだまたのじょう
歌舞伎演目『東海道四谷怪談』に登場する、塩冶家の浪人。
¶歌舞伎登（小汐田又之丞　おしおだまたのじょう）

押雄神　おしおのかみ
陸奥国行方郡の押雄神社の祭神。
¶神仏辞典（押雄神　おしおのかみ）

唖女槇野　おしおんなまきの
歌舞伎演目『三人片輪』に登場する、偽の唖女。
¶歌舞伎登（唖女槇野　おしおんなまきの）

お志賀　おしが
三遊亭円朝作『真景累ヶ淵』に登場する、富本節の師匠。
¶架空人日（お志賀　おしが）

お鹿　おしか
歌舞伎演目『伊勢音頭恋寝刃』に登場する、伊勢古市油屋の遊女。
¶歌舞伎登（お鹿　おしか）

押笠　おしかさ
首里王府の高級神女の一人。
¶アジア女神（押笠　おしかさ）

おしがの方　おしがのかた
徳川家定の側室。宮尾登美子作『天璋院篤姫』の登場人物。
¶時代小説（おしがの方　おしがのかた）

お鹿婆さん　おしかばあさん
菊田一夫作『がめつい奴』の女主人公。大阪のドヤ街のボロ旅館"釜ヶ崎荘"の経営者。
¶架空人物（お鹿婆さん）
日本人名（お鹿婆さん　おしかばあさん）

忍鹿比売命　おしかひめのみこと
第6代孝安天皇の皇后で、第7代孝霊天皇の生母。『日本書紀』では押媛。
¶神様読解（忍鹿比売命　おしかひめのみこと）
神仏辞典（忍鹿比売命　おしかひめのみこと）
日本人名（押媛　おしひめ）

越敷神　おしきのかみ
佐渡国雑太郡の越敷神社の祭神。
¶神仏辞典（越敷神　おしきのかみ）

忍熊王　おしくまのみこ
第14代仲哀天皇の第二皇子。母は彦人大兄の娘・大中姫。
¶神様読解（忍熊王　おしくまのみこ）
新潮日本（忍熊皇子　おしくまのみこ）
神話伝説（香坂王・忍熊王　かごさかのみこ・おしくまのみこ）
日本人名（忍熊皇子　おしくまのおうじ）

押黒弟日子王　おしくろおとひこのみこ
大碓命の子。
¶神様読解（押黒弟日子王　おしくろおとひこのみこ）

押黒之兄日子王　おしくろのえひこのみこ
大碓命の子。
¶神様読解（押黒之兄日子王　おしくろのえひこのみこ）

忍坂大中姫命　おしさかのおおなかつひめのみこと
『日本書紀』に所出。允恭天皇皇后。木梨軽皇子などを生む。『古事記』では忍坂之大中津比売命。
¶神仏辞典（忍坂之大中津比売命　おさかのおおなかつひめのみこと）
神仏辞典（忍坂大中姫命　おしさかのおおなかつひめのみこと）
日本人名（忍坂大中姫　おしさかのおおなかつひめ）

推前神　おしさきのかみ
越前国足羽郡の推前神社の祭神。
¶神仏辞典（推前神　おしさきのかみ）

お清水　おしじ
泉の神のこと。秋田県鹿角郡一帯で泉を司る神の総称。
¶神仏辞典（お清水　おしじ）

おしず
山本周五郎作『おたふく』(1949)に登場する、長唄の師匠。
¶架空人日（おしず）

おしづ
南條範夫作『月影兵庫』の登場人物。
¶時代小説（おしづ）

お静　おしず
歌舞伎『契情曽我廓亀鑑』に登場する非人女。
¶説話伝説（お静礼三　おしずれいぞ）
　大辞林3（お静・礼三　おしず・れいぞう）

お静　おしず
野村胡堂作『銭形平次捕物控』(1931-57)に登場する、銭形平次の妻。
¶架空人日（お静　おしず）
　架空伝説（お静　おしず）
　時代小説（お静　おしず）

お賤　おしず
三遊亭円朝作『真景累ヶ淵』に登場する、新吉の妻。
¶架空人日（お賤　おしず）
　架空伝説（お賤　おせん）

お賤　おしず
歌舞伎演目『隅田川続俤』に登場する、隅田川の渡し場の女船頭。
¶歌舞伎登（お賤　おしず）

お静の方　おしずのかた
歌舞伎演目『井伊大老』に登場する、井伊直弼の部屋住みの埋木舎時代からの側室。
¶歌舞伎登（お静の方　おしずのかた）

お七　おしち
⇒八百屋お七（やおやおしち）

オシッコサマ
青森県北津軽郡金木町でいう妖怪あるいは水神。
¶全国妖怪（オシッコサマ〔青森県〕）
　妖怪事典（オシッコサマ）
　妖怪大事典（オシッコ様　おしっこさま）〔像〕

鴛鴦　おしどり
歌舞伎演目『鴛鴦襖恋睦』に登場する水鳥。雄が殺され、雌が女の姿で雄を探し求める。
¶歌舞伎登（鴛鴦　おしどり）

オジドン
鹿児島県大隅地方でいう河童が山に入ったもの。
¶妖怪事典（オジドン）

お品　おしな
山東京伝作の洒落本『古契三娼』(1787)に登場する元遊女。
¶架空人日（お品　おしな）
　架空伝説（お品　おしな）

お品　おしな
野村胡堂作『銭形平次捕物控』の登場人物。
¶時代小説（お品　おしな）

おしの
逢坂剛作『重蔵始末』の登場人物。
¶時代小説（おしの）

忍之別皇子　おしのわけのおうじ
⇒押別命（おしわけのみこと）

お志保　おしほ
島崎藤村作『破戒』(1906)に登場する、瀬川丑松の恋人。
¶架空人日（お志保　おしほ）

忍骨命神　おしほねのみことのかみ
豊前国田川郡の忍骨命神社の祭神。
¶神仏辞典（忍骨命神　おしほねのみことのかみ）

おしま
佐江衆一作『江戸職人綺譚』の登場人物。
¶時代小説（おしま）

忍見足尼命　おしみのすくねのみこと
『日本三代実録』に所出。兼行丹波権掾伊伎宿禰是雄の祖。
¶神仏辞典（忍見足尼命　おしみのすくねのみこと）

押村剛太郎　おしむらごうたろう
伊藤桂一作『風車の浜吉・捕物綴』の登場人物。
¶時代小説（押村剛太郎　おしむらごうたろう）

お霜　おしも
歌舞伎演目『水天宮利生深川』に登場する、幸兵衛の次女。
¶歌舞伎登（お霜　おしも）

押戻し　おしもどし
江戸歌舞伎で、「道成寺」「鳴神」「双面」などで幕切れに、花道から登場して悪霊を押し鎮める役の総称。
¶歌舞伎登（押戻し1（『押戻』）　おしもどし）
　歌舞伎登（押戻し2『京鹿子娘道成寺』　おしもどし）

オジーモン
大分県地方でいう妖怪の児童語。
¶妖怪事典（オジーモン）

オジモン
大分県地方でいう妖怪の児童語。
¶妖怪事典（オジモン）

オジモンドン
宮崎県地方でいう妖怪の児童語。

おしや　　　　　　　　　　　　　172　　　　　　　　人物レファレンス事典

¶妖怪事典（オジモンドン）

おしゃぶ
隆慶一郎作『吉原御免状』の登場人物。
¶時代小説（おしゃぶ）

おしゃべり伝六　おしゃべりでんろく
佐々木味津三作『右門捕物帖』に登場する人物。
¶架空伝説（おしゃべり伝六　おしゃべりでんろく）
　時代小説（伝六　でんろく）

忍山神　おしやまのかみ
伊勢国鈴鹿郡の忍山神社の祭神。
¶神仏辞典（忍山神　おしやまのかみ）

オジャモ
香川県地方でいう妖怪の児童語。
¶妖怪事典（オジャモ）

オジャモン
香川県地方でいう妖怪の児童語。
¶妖怪事典（オジャモン）

お十夜孫兵衛　おじゅうやまごべえ
吉川英治作『鳴門秘帖』の登場人物。
¶時代小説（お十夜孫兵衛　おじゅうやまごべえ）

お俊　おしゅん
浄瑠璃・歌舞伎『近頃河原達引』に代表される、心中物戯曲の主人公。井筒屋伝兵衛の恋人。
¶朝日歴史（お俊・伝兵衛　おしゅん・でんべえ）
　架空伝承（お俊・伝兵衛　おしゅん・でんべえ）
　架空伝説（お俊・伝兵衛　おしゅん・でんべえ）〔像〕
　歌舞伎登（お俊　『近頃河原の達引』　おしゅん）
　歌舞伎登（お俊１『身替りお俊』　おしゅん）
　歌舞伎登（お俊２『勝相撲浮名花触』　おしゅん）
　古典入学（お俊　おしゅん）
　コン５（お俊・伝兵衛　おしゅん・でんべえ）
　新潮日本（お俊・伝兵衛　おしゅん・でんべえ）
　神話伝説（お俊伝兵衛　おしゅんでんべえ）
　説話伝説（お俊伝兵衛　おしゅんでんべえ）
　伝奇伝説（お俊伝兵衛　おしゅんでんべえ）
　日本人名（お俊・伝兵衛　おしゅん・でんべえ）

お俊　おしゅん
山手樹一郎作『桃太郎侍』の登場人物。
¶時代小説（お俊　おしゅん）

お庄　おしょう
歌舞伎演目『心中天網島』に登場する人物。河内屋お庄。
¶歌舞伎登（お庄　おしょう）

和尚　おしょう
大佛次郎作『鞍馬天狗』の登場人物。
¶時代小説（和尚　おしょう）

和尚魚　おしょううお
⇒海和尚（うみおしょう）

お嬢吉三　おじょうきちさ
河竹黙阿弥作『三人吉三廓初買』の登場人物。和尚吉三・お坊吉三とともに「三人吉三」の一人、女装の悪党。
¶架空人日（お嬢吉三　おじょうきちざ）
　架空伝説（お嬢吉三　おじょうきちさ）
　歌舞伎登（お嬢吉三　おじょうきちさ）〔像〕
　古典入学（お嬢吉三　おじょうきちさ）
　大辞林３（お嬢吉三　おじょうきちさ）
　日本人名（お嬢吉三　おじょうきちさ）

和尚吉三　おしょうきちさ
河竹黙阿弥作『三人吉三廓初買』の登場人物。「三人吉三」の中心人物。
¶架空人日（和尚吉三　おしょうきちざ）
　架空伝説（和尚吉三　おしょうきちさ）〔像〕
　歌舞伎登（和尚吉三　おしょうきちさ）
　古典入学（和尚吉三　おしょうきちさ）
　大辞林３（和尚吉三　おしょうきちさ）
　日本人名（和尚吉三　おしょうきちさ）

和尚次郎　おしょうじろう
歌舞伎演目『善悪両面児手柏』に登場する。もと、深川妙心寺の役僧日章で、悪党。
¶歌舞伎登（和尚次郎　おしょうじろう）

和尚の幽霊　おしょうのゆうれい
生前の怨念を晴らした伯耆国の大山寺の豪円という和尚の幽霊。
¶妖怪大鑑（和尚の幽霊　おしょうのゆうれい）〔像〕

おしょぼ
家の妖怪。5、6歳の童女という。香川県大川郡でいう。
¶神仏辞典（おしょぼ）
　全国妖怪（オショボ〔香川県〕）
　妖怪事典（オショボ）

オジョメ
山形県西置賜郡小国町でいう化け狐。
¶妖怪事典（オジョメ）

おじょも
香川県でいう妖怪の総称。
¶神仏辞典（おじょも）
　妖怪事典（オジョモ）

オジョモン
香川県でいう妖怪の児童語。
¶妖怪事典（オジョモン）

オジョロ狐　おじょろぎつね
愛知県犬山地方でいう化け狐。
¶妖怪事典（オジョロギツネ）

オジョンコ
山形県西置賜郡小国町でいう化け狐。
¶妖怪事典（オジョンコ）

おしら様　おしらさま
東北地方で祀られる家の神。養蚕の守護神ともいわれる。
¶神様読解（おしら様　おしらさま）〔像〕
　神文化史（オシラサマ）
　広辞苑6（おしら様　おしらさま）
　神仏辞典（おしら）
　神話伝説（おしらさま）〔像〕
　説話伝説（オシラサマ）
　東洋神名（おしら様　オシラサマ）〔像〕
　日本神様（オシラサマ）〔像〕
　妖怪大鑑（オシラ様）〔像〕
　妖怪大事典（オシラ様　おしらさま）〔像〕

おしら仏　おしらほとけ
オシラサマの呼称の一つ。
¶神仏辞典（おしら仏　おしらほとけ）

尾白　おしろ
三河（愛知県）刈谷でいう化け狐。
¶妖怪事典（オシロ）

白粉婆　おしろいばば
石川県能登地方、奈良県吉野郡でいう妖怪。白粉をはたいたように真っ白な顔をしている。
¶幻想動物（白粉婆）〔像〕
　神仏辞典（白粉婆　おしろいばば）
　全国妖怪（オシロイババ〔石川県〕）
　全国妖怪（オシロイバアサン〔奈良県〕）
　妖怪事典（オシロイババア）〔像〕
　妖怪大全（白粉婆　おしろいばばあ）〔像〕
　妖怪大事典（白粉婆　おしろいばばあ）〔像〕

恩志呂神　おしろのかみ
因幡国巨濃郡の恩志呂神社の祭神。
¶神仏辞典（恩志呂神　おしろのかみ）

小代神　おしろのかみ
但馬国七美郡の小代神社二座の祭神。
¶神仏辞典（小代神　おしろのかみ）

忍稚命　おしわかのみこと
『新撰姓氏録』に所出。布勢公の祖（山城国皇別）。
¶神仏辞典（忍稚命　おしわかのみこと）

押別命　おしわけのみこと
第12代景行天皇の皇子。『日本書紀』では忍之別皇子。
¶神様読解（押別命　おしわけのみこと）
　神仏辞典（押別命　おしわけのみこと）
　日本人名（忍之別皇子　おしのわけのおうじ）

おしん
昭和末期の橋田寿賀子脚本のテレビドラマ『おしん』の主人公。

¶コン5（おしん）
　日本人名（おしん）

オシン狐　おしんぎつね
広島県双三郡地方でいう化け狐。
¶妖怪事典（オシンギツネ）

おすえ
山本周五郎作『さぶ』の登場人物。
¶時代小説（おすえ）

お末　おすえ
歌舞伎演目『心中天網島』に登場する、紙屋治兵衛の子。勘太郎の妹。
¶歌舞伎登（お末・勘太郎　おすえ・かんたろう）

おすが
歌舞伎演目『盲長屋梅加賀鳶』に登場する、加賀鳶梅吉の妻。
¶歌舞伎登（おすが）

おすが
川口松太郎作『蛇姫様』の登場人物。
¶時代小説（おすが）

オスカル・フランソワ
池田理代子の少女漫画『ベルサイユのばら』の主人公。フランス革命期の男装の麗人。
¶架空人物（オスカル・フランソワ）

おすぎ
佐江衆一作『江戸職人綺譚』の登場人物。
¶時代小説（おすぎ）

お杉　おすぎ
吉川英治作『宮本武蔵』の登場人物。
¶時代小説（お杉　おすぎ）

お杉　おすぎ
山本周五郎作『赤ひげ診療譚』の登場人物。
¶時代小説（お杉　おすぎ）

お杉　おすぎ
歌舞伎演目『網模様燈籠菊桐』に登場する、品川宿の遊女。
¶歌舞伎登（お杉　おすぎ）

お杉　おすぎ
歌舞伎演目『吉様参由縁音信』に登場する、旗本小堀家の下女。
¶歌舞伎登（お杉　おすぎ）

お杉　おすぎ
歌舞伎演目『其往昔恋江戸染』に登場する、吉三郎を恋い慕う八百屋お七に理解を示す下女。
¶歌舞伎登（お杉　おすぎ）

お杉お玉　おすぎおたま
伊勢参宮の参道、間の山を上ったところで、道行く参詣者に物ごいし、生活していた女乞食の総称。"間の山のお杉とお玉"といった。
¶歌舞伎登（お杉・お玉　おすぎ・おたま）
　伝奇伝説（お杉お玉　おすぎおたま）〔像〕

お杉の方　おすぎのかた
佐々木味津三作『旗本退屈男』の登場人物。
¶時代小説（お杉の方　おすぎのかた）

おすしま
愛媛県北宇和郡津島町でいう便所の神。
¶神仏辞典（おすしま）

おすず
井上ひさし作『手鎖心中』の登場人物。
¶時代小説（おすず）

おすず
杉本章子作『おすず信太郎人情始末帖』の登場人物。
¶時代小説（おすず）

お鈴　おすず
吉川英治作『鳴門秘帖』の登場人物。
¶時代小説（お鈴　おすず）

お捨　おすて
北原亞以子作『深川澪通り木戸番小屋』の登場人物。
¶時代小説（お捨　おすて）

乎豆神　おずのかみ
遠江国引佐郡の乎豆神社の祭神。
¶神仏辞典（乎豆神　おずのかみ）

おすま
北原亞以子作『深川澪通り木戸番小屋』の登場人物。
¶時代小説（おすま）

おすみ
宇江佐真理作『髪結い伊三次捕物余話』の登場人物。
¶時代小説（おすみ）

お角　おすみ
中里介山作『大菩薩峠』の登場人物。
¶時代小説（お角　おすみ）

お住　おすみ
夏目漱石作『道草』(1915)の主人公の大学教授健三の妻。
¶架空人日（お住　おすみ）

お寿めの方　おすめのかた
徳川家宣の側室。舟橋聖一作『絵島生島』の登場人物。
¶時代小説（お寿めの方　おすめのかた）

おすも
新潟県北蒲原郡黒川村熱田坂でいう産土神。
¶神仏辞典（おすも）

おすんつ
岩手県盛岡地方でいう井戸の神。
¶神仏辞典（おすんつ）

悪勢　おぜ
群馬県利根郡武尊山にいたという鬼。
¶妖怪事典（オゼ）

おせい
泡坂妻夫作『宝引の辰捕者帳』の登場人物。
¶時代小説（おせい）

おせい
宇江佐真理作『髪結い伊三次捕物余話』の登場人物。
¶時代小説（おせい）

お勢　おせい
野村胡堂作『銭形平次捕物控』の登場人物。
¶時代小説（お勢　おせい）

お勢　おせい
二葉亭四迷作『浮雲』(1887-89)の主人公の文三の従妹。
¶架空人日（お勢　おせい）

お清　おせい
実録『幡随院長兵衛一代記』に登場する、幡随院長兵衛の恋人。
¶架空人日（お清　おせい）

お勢様　おせいさま
吉川英治作『宮本武蔵』の登場人物。
¶時代小説（お勢様　おせいさま）

オゼーオゼー
広島県地方でいう妖怪の児童語。
¶妖怪事典（オゼーオゼー）

おせき
歌舞伎演目『怪談乳房榎』に登場する、絵師菱川重信の妻。
¶歌舞伎登（おせき）

おせき
池波正太郎作『仕掛人・藤枝梅安』の登場人物。
¶時代小説（おせき）

お関　おせき
歌舞伎演目『双蝶々曲輪日記』に登場する、放駒の長吉の姉。
¶歌舞伎登（お関　おせき）

お関　おせき
樋口一葉作『十三夜』(1895)に登場する、富裕な原田家へ嫁いだ女。
¶架空人日（お関　おせき）

お跡　おせき
山岡浚明作の洒落本『跡婦人伝』(1753)に登場する夜鷹。
¶架空人日（お跡　おせき）
　架空伝説（お跡　おせき）

小塞神　おせきのかみ
尾張国中島郡の小塞神社の祭神。
¶神仏辞典（小塞神　おせきのかみ）

おせつ
歌舞伎演目『盲長屋梅加賀鳶』に登場する人物。もと、青梅宿の出。
¶歌舞伎登（おせつ）

おせつ
落語の『おせつ徳三郎』に登場する大店の娘。
¶日本人名（おせつ・徳三郎　おせつ・とくさぶろう）

於世神　おせのかみ
若狭国三方郡の於世神社の祭神。
¶神仏辞典（於世神　おせのかみ）

オゼーモン
島根県地方でいう妖怪の児童語。
¶妖怪事典（オゼーモン）

オゼモン
島根県地方でいう妖怪の児童語。
¶妖怪事典（オゼモン）

おせん
井原西鶴作の浮世草子『好色五人女』(1686)巻二「情を入し樽屋物かたり」のヒロイン。大坂天満の商家の腰元。
¶架空人日（おせん）
　架空伝説（おせん・長左衛門　おせん・ちょうざえもん）
　古典人学（おせん）
　古典人東（おせん）

おせん
山本周五郎作『柳橋物語』(1946)に登場する、町人の娘。
¶架空人日（おせん）
　時代小説（おせん）

お仙　おせん
岡本綺堂作『半七捕物帳』の登場人物。
¶時代小説（お仙　おせん）

お仙　おせん
横溝正史作『人形佐七捕物帳』の登場人物。
¶時代小説（お仙　おせん）

お専　おせん
江戸末頃の実録『大岡政談』に登場する、信州柏原の旅館森田屋の一人娘。
¶架空人日（お専　おせん）

オゼンモ
香川県地方でいう妖怪の児童語。
¶妖怪事典（オゼンモ）

オーソ
広島県地方でいう妖怪の児童語。
¶妖怪事典（オーソ）

お袖　おそで
歌舞伎演目『伊賀越道中双六』に登場する、唐木政右衛門の武術の師匠山田幸兵衛の娘。
¶歌舞伎登（お袖　おそで）

お袖　おそで
4世鶴屋南北作の歌舞伎『東海道四谷怪談』(1825年初演)に登場する、お岩の義理の妹。
¶架空人日（お袖　おそで）
　歌舞伎登（お袖　おそで）

おそね
歌舞伎演目『蘭奢待新田系図』に登場する、小山田助市の女房。
¶歌舞伎登（おそね）

おその
歌舞伎演目『龍三升高根雲霧』に登場する、品川宿の遊女。
¶歌舞伎登（おその）

お園　おその
大坂西横堀で大工の六三郎と心中したといわれる遊女。歌舞伎・浄瑠璃・狂言の題材になる。
¶朝日歴史（お園・六三郎　おその・ろくさぶろう）
　歌舞伎登（お園　おその　おその・ろくさぶろう）
　コン5（お園・六三郎　おその・ろくさぶろう）
　説話伝説（お園六三郎　おそのろくさぶろう）
　伝奇伝説（お園六三郎　おその ろくさぶろう）
　日本人名（お園・六三郎　おその・ろくさぶろう）

お園　おその
池波正太郎作『鬼平犯科帳』の登場人物。
¶時代小説（お園　おその）

お園　おその
大佛次郎作『鞍馬天狗』の登場人物。
¶時代小説（お園　おその）

お園　おその
白井喬二作『富士に立つ影』の登場人物。
¶時代小説（お園　おその）

お園　おその
宇江佐真理作『髪結い伊三次捕物余話』の登場人物。
¶時代小説（お園　おその）

お園　おその
横溝正史作『人形佐七捕物帳』の登場人物。
¶時代小説（お園　おその）

お園　おその
歌舞伎演目『仮名手本忠臣蔵』に登場する、天河屋義平の女房。
¶歌舞伎登（お園　おその）

お園　おその
歌舞伎・浄瑠璃『艶容女舞衣』に登場する、大坂上塩町の酒屋茜屋の女房。
¶架空伝説（お園　おその）
　歌舞伎登（お園　おその）

お園　おその
歌舞伎・浄瑠璃『彦山権現誓助剣』に登場する、虚無僧姿で敵討ちをする娘。
¶架空伝説（お園　おその）
　歌舞伎登（お園　おその）

お園　おその
三遊亭円朝作『真景累ヶ淵』に登場する、商家の奉公人。
¶架空人日（お園　おその）

おそ松くん　おそまつくん
赤塚不二夫の漫画『おそ松くん』の主人公の一人。
¶架空人物（おそ松くん）

お染　おそめ
江戸期の情話の主人公。豪商の油屋の娘。宝永5（1708）年久松と心中し、その後浄瑠璃化された。人形浄瑠璃『新版歌祭文』、歌舞伎『お染久松色読販』などに登場する。
¶朝日歴史（お染・久松　おそめ・ひさまつ）
　架空人日（お染　おそめ）
　架空人日（お染、久松）
　架空伝承（お染・久松　おそめ・ひさまつ）
　架空伝説（お染・久松　おそめ・ひさまつ）
　歌舞伎登（お染1　『新版歌祭文』　おそめ）〔像〕
　歌舞伎登（お染2　『お染久松色読販』　おそめ）〔像〕
　歌舞伎登（お染3　『道行浮塒鷗』　おそめ）〔像〕
　歌舞伎登（お染4　『是評判浮名読売』　おそめ）

　古典人学（お染　おそめ）
　コン5（お染・久松　おそめ・ひさまつ）
　新潮日本（お染・久松　おそめ・ひさまつ）
　説話伝説（お染め久松　おそめひさまつ）
　説話伝説（お染め久松　おそめひさまつ）
　伝奇伝説（お染久松　おそめ　ひさまつ）
　日本人名（お染・久松　おそめ・ひさまつ）

お染　おそめ
歌舞伎演目『鳥辺山心中』に登場する、京都祇園の遊女お染。
¶朝日歴史（お染・半九郎　おそめ・はんくろう）
　歌舞伎登（お染　おそめ）
　広辞苑6（お染半九郎　おそめ・はんくろう）
　新潮日本（お染・半九郎　おそめ・はんくろう）
　大辞林3（お染・半九郎　おそめ・はんくろう）
　日本人名（お染・半九郎　おそめ・はんくろう）

お染　おそめ
白井喬二作『富士に立つ影』の登場人物。
¶時代小説（お染　おそめ）

お染め狸　おそめだぬき
徳島県名西郡でいう化け狸。
¶妖怪事典（オソメダヌキ）

おそよ
歌舞伎演目『勧善懲悪覗機関』に登場する、医者村井長庵の妹。
¶歌舞伎登（おそよ）

おそよ
歌舞伎演目『岸姫松轡鑑』に巡礼与茂作の娘として登場する人物。のち、飯原兵衛の実子と判明する。
¶歌舞伎登（おそよ）

恐山の霊　おそれざんのれい
霊魂の集まる所という霊山である恐山に集まった霊。
¶妖怪大鑑（恐山の霊　おそれざんのれい）〔像〕
　妖怪大事典（恐山の幽霊　おそれざんのゆうれい）〔像〕

おたあジュリア
朝鮮貴族の娘として生まれ文禄・慶長の役に戦争孤児となり、小西行長軍に拾われ日本に連れてこられた人物。
¶コン5（おたあジュリア　生没年不詳）
　伝奇伝説（おたあジュリア）

尾田吾田節淡郡所居神　おたあたふしのあわのこおりにおるかみ
『日本書紀』巻9に所出の神名。
¶神仏辞典（尾田吾田節淡郡所居神　おたあたふしのあわのこおりにおるかみ）

お大　おだい
歌舞伎演目『東海道四谷怪談』に登場する、地

獄宿の私娼。
¶歌舞伎登（お大　おだい）

おたえ
佐江衆一作『江戸職人綺譚』の登場人物。
¶時代小説（おたえ）

お妙　おたえ
大佛次郎作『鞍馬天狗』の登場人物。
¶時代小説（お妙　おたえ）

お妙　おたえ
国枝史郎作『神州纐纈城』の登場人物。
¶時代小説（お妙　おたえ）

お多佳　おたか
澤田ふじ子作『公事宿事件書留帳』の登場人物。
¶時代小説（お多佳　おたか）

お鷹　おたか
歌舞伎演目『忠臣連理廼鉢植』に登場する、忠臣蔵外伝の人物。
¶歌舞伎登（お鷹　おたか）

尾高仁助　おだかにすけ
大佛次郎作『鞍馬天狗』の登場人物。
¶時代小説（尾高仁助　おだかにすけ）

小高神　おたかのかみ
『日本三代実録』に所出。上野国の神。
¶神仏辞典（小高神　おたかのかみ）

おたき
山手樹一郎作『夢介千両みやげ』の登場人物。
¶時代小説（おたき）

お滝　おたき
歌舞伎演目『敵討噂古市』に登場する、伊勢白子観音前にある居酒屋久七の女房。
¶歌舞伎登（お滝　おたき）

お滝　おたき
歌舞伎演目『釜淵双級巴』に登場する京島原の遊女滝川。石川五右衛門の後妻となり、小鮒の源五郎とともに連れ子五郎市を虐待する。
¶歌舞伎登（お滝　おたき）

意陀支神　おたきのかみ
出雲国意宇郡意陀支社の、意多伎神社の祭神。
¶神仏辞典（意陀支神・意多伎神　おたきのかみ）

小栲梨命　おたくなしのみこと
『新撰姓氏録』に所出。凡海連の祖（摂津国神別地祇）。
¶神仏辞典（小栲梨命　おたくなしのみこと）

お竹　おたけ
岡本綺堂作『半七捕物帳』の登場人物。
¶時代小説（お竹　おたけ）

お竹　おたけ
歌舞伎演目『一心二河白道』に登場する、丹波の国さいきの郡司の家老ささめの大夫の女房。
¶歌舞伎登（お竹　おたけ）

お竹　おたけ
講談『天保六花撰』に登場する、森田屋清蔵に身ぐるみ剥がされた悪女。
¶架空人日（お竹　おたけ）

お竹大日　おたけだいにち
江戸で大日如来の化身として崇められた下女。
¶架空伝承（お竹　おたけ）〔像〕
　神仏辞典（お竹大日　おたけだいにち）
　説話伝説（お竹大日如来　おたけだいにちにょらい）
　　㊚寛文15（1636）／延宝8（1680）〔像〕
　伝奇伝説（お竹大日如来　おたけだいにちにょらい）
　日本人名（大日お竹　だいにちおたけ）㊚1623年
　　㊙1680年）

お田鶴　おたず
司馬遼太郎作『竜馬がゆく』の登場人物。
¶時代小説（お田鶴　おたず）

オタストゥンクル
オタスツの人。アイヌ英雄叙事詩の主人公。
¶神仏辞典（オタストゥンクル）

お辰　おたつ
歌舞伎演目『夏祭浪花鑑』に登場する、一寸徳兵衛の女房お辰。
¶歌舞伎登（お辰　おたつ）

お辰　おたつ
歌舞伎演目『江戸育御祭佐七』に登場する、鳶頭勘右衛門の女房。
¶歌舞伎登（お辰　おたつ）

お辰　おたつ
歌舞伎演目『籠釣瓶花街酔醒』に登場する、八ツ橋について回る兵庫屋の遣り手。
¶歌舞伎登（お辰　おたつ）

お辰　おたつ
歌舞伎演目『芝浜革財布』に登場する、魚屋政五郎の女房。お春とも。
¶歌舞伎登（お辰　おたつ）

お辰　おたつ
歌舞伎演目『心中重井筒』に登場する、大坂万年町の紺屋の女房。
¶歌舞伎登（お辰　おたつ）

お

お辰　おたつ
歌舞伎演目『謎帯一寸徳兵衛』に登場する、浜田家中浜島兵太夫の次女。
¶歌舞伎登（お辰　おたつ）

お谷　おたに
歌舞伎演目『伊賀越道中双六』に登場する、上杉家の剣術指南和田行家の娘。
¶歌舞伎登（お谷　おたに）

男谷精一郎　おだにせいいちろう
幕末の剣術家。子母澤寛作『父子鷹』の登場人物。
¶時代小説（男谷精一郎　おだにせいいちろう）

男谷彦四郎　おだにひこしろう
勝小吉（勝海舟の父）の兄。子母澤寛作『父子鷹』の登場人物。
¶時代小説（男谷彦四郎　おだにひこしろう）

男谷平蔵　おだにへいぞう
勝小吉（勝海舟の父）の実父。子母澤寛作『父子鷹』の登場人物。
¶時代小説（男谷平蔵　おだにへいぞう）

織田入道常真　おだにゅうどうじょうしん
歌舞伎演目『桐一葉』に登場する、織田信長の子。秀吉には御伽衆として仕えていた。
¶歌舞伎登（織田入道常真　おだにゅうどうじょうしん）

おたね
歌舞伎演目『近頃河原達引』に登場する、猿廻し与次郎、お俊兄妹の母。
¶歌舞伎登（おたね）

お種　おたね
近松門左衛門作の浄瑠璃『堀川波鼓』の登場人物。鳥取藩・小倉彦九郎の妻。
¶朝日歴史（お種・彦九郎　おたね・ひこくろう）
架空伝説（お種　おたね）
歌舞伎登（お種　おたね）
古典人学（お種　おたね）
日本人名（お種・彦九郎　おたね・ひこくろう）

お種　おたね
歌舞伎演目『本朝廿四孝』に登場する、百姓慈悲蔵（実は直江山城守）の女房。
¶歌舞伎登（お種　おたね）

お種　おたね
島崎藤村作『家』(1910-11) の主人公小泉三吉の姉。
¶架空人日（お種　おたね）

小田神　おたのかみ
紀伊国伊都郡の小田神社の祭神。
¶神仏辞典（小田神　おたのかみ）

小田神　おだのかみ
出雲国神門郡の小田社の祭神。
¶神仏辞典（小田神　おだのかみ）

織田信長　おだのぶなが
安土桃山時代の武将。「天下布武」をかかげ全国統一を目指したが、志半ばで、本能寺にて明智光秀による急襲を受け自害した。
¶英雄事典（織田信長　オダノブナガ）
架空伝承（織田信長　おだのぶなが　㊤天文3(1534)年　㊦天正10(1582)年）
歌舞伎登（織田信長　おだのぶなが）
奇談逸話（織田信長　おだのぶなが　㊤天文3(1534)年　㊦天正10(1582)年）
古典人学（織田信長　おだのぶなが）
説話伝説（織田信長　おだのぶなが　㊤天文3(1534)年　㊦天正10(1582)年）〔像〕
伝奇伝説（織田信長　おだのぶなが　㊤天文3(1534)年5月12日　㊦天正10(1582)年6月2日）〔像〕
日本神様（織田信長　おだのぶなが　㊤1534年　㊦1582年）〔像〕

オタパッチェグル
アイヌ語で砂を飛ばす者という海岸にいる魔。
¶妖怪事典（オタパッチェグル）

小田春永　おだはるなが
歌舞伎演目『時今也桔梗旗揚』に登場する人物。戦国時代の武将織田信長がモデル。
¶歌舞伎登（小田春永　おだはるなが）〔像〕

お多福　おたふく
⇒お亀（おかめ）

お玉　おたま
森鷗外作『雁』の女主人公。高利貸の未造の妾。
¶架空人日（お玉　おたま）
コン5（お玉　おたま）
日本人名（お玉　おたま）

お玉　おたま
歌舞伎演目『雁のたより』に登場する、大坂新町廓の花車。
¶歌舞伎登（お玉　おたま）

お玉　おたま
歌舞伎演目『西郷と豚姫』に登場する、京三本木の揚屋の仲居。
¶歌舞伎登（お玉　おたま）

お玉　おたま
歌舞伎演目『曽根崎心中』に登場する、お初が抱えられる天満屋の下女。
¶歌舞伎登（お玉　おたま）

お玉　おたま
歌舞伎演目『大経師昔暦』に登場する、大経師家の下女。

お玉　おたま
　山手樹一郎作『遠山の金さん』の登場人物。
　¶時代小説（お玉　おたま）
　¶歌舞伎登（お玉　おたま）

お玉　おたま
　山手樹一郎作『遠山の金さん』の登場人物。
　¶時代小説（お玉　おたま）

お玉ヶ池の玉吉　おたまがいけのたまきち
　野村胡堂作『銭形平次捕物控』の登場人物。
　¶時代小説（お玉ヶ池の玉吉　おたまがいけのたまきち）

お民　おたみ
　歌舞伎演目『四千両小判梅葉』に登場する、野州無宿富蔵の娘。
　¶歌舞伎登（お民　おたみ）

お民　おたみ
　為永春水作の人情本『春告鳥』（1836-37）に登場する、小間使い先の主人の鳥雅の恋人。
　¶架空人日（お民　おたみ）

お民　おたみ
　島崎藤村作『夜明け前』（1929-35）の主人公青山半蔵の妻。
　¶架空人日（お民　おたみ）

お民　おたみ
　岡本綺堂作『半七捕物帳』の登場人物。
　¶時代小説（お民　おたみ）

おだる
　滝亭鯉丈作の滑稽本『八笑人』に登場する、八笑人の総元締め左二郎の家の裏に住むおかみさん。
　¶架空人日（おだる）

落合其月　おちあいきげつ
　歌舞伎演目『土屋主税』に登場する、肥州細川家家臣、宝井其角の弟子の一人。
　¶歌舞伎登（落合其月　おちあいきげつ）

落合源太郎　おちあいげんたろう
　和久峻三の「代言人・落合源太郎シリーズ」の主人公。代言人（弁護士）。
　¶名探偵日（落合源太郎　おちあいげんたろう）

お千絵　おちえ
　吉川英治作『鳴門秘帖』の登場人物。
　¶時代小説（お千絵　おちえ）

おちか
　歌舞伎演目『生きてゐる小平次』に登場する女。杉山平六と死に別れたのち、役者の小平次と情を交わしていたが、その幼なじみの太九郎と再婚する女。
　¶歌舞伎登（おちか）

おちか
　北原亞以子作『深川澪通り木戸番小屋』の登場人物。
　¶時代小説（おちか）

おちか
　多岐川恭作『ゆっくり雨太郎捕物控』の登場人物。
　¶時代小説（おちか）

落神　おちがみ
　『長宗我部地検帳』に所出。高知県吾川郡吾北村の降神社で祀る。
　¶神仏辞典（落神　おちがみ）

堕川神　おちかわのかみ
　山城国葛野郡の堕川神社の祭神。
　¶神仏辞典（堕川神　おちかわのかみ）

堕川御上神　おちかわのみかみのかみ
　山城国葛野郡の堕川御上神社の祭神。
　¶神仏辞典（堕川御上神　おちかわのみかみのかみ）

落窪の君　おちくぼのきみ
　『落窪物語』の主人公。
　¶架空人日（落窪の君　おちくぼのきみ）
　　架空伝説（落窪の君・道頼　おちくぼのきみ・みちより）
　　古典人学（落窪の君　おちくぼのきみ）
　　古典人東（落窪の君　おちくぼのきみ）

おちせ
　藤沢周平作『用心棒日月抄』の登場人物。
　¶時代小説（おちせ）

落杣神　おちそまのかみ
　大和国宇賀郡の落杣神社の祭神。
　¶神仏辞典（落杣神　おちそまのかみ）

越智の直　おちのあたえ
　『日本霊異記』『今昔物語集』に登場する、大領（郡司の一等官）。
　¶架空人日（越智の直　おちのあたえ）

越智神　おちのかみ
　信濃国高井郡の越智神社の祭神。
　¶神仏辞典（越智神　おちのかみ）

尾治針名真若比女神　おちのはりなまわかひめのかみ
　備前国御野郡の尾治針名真若比女神社の祭神。
　¶神仏辞典（尾治針名真若比女神　おちのはりなまわかひめのかみ）

落葉宮　おちばのみや
　『源氏物語』の登場人物。朱雀院の第二内親王。
　¶架空人日（落葉の宮　おちばのみや）
　　広辞苑6（女二の宮　おんなにのみや）

古典人学（落葉宮　おちばのみや）
古典人東（落葉の宮　おちばのみや）
大辞林3（女二の宮　おんなにのみや）

オチャイモン
新潟県地方でいう妖怪の児童語。
¶妖怪事典（オチャイモン）

お茶ずき婆さん　おちゃずきばあさん
風邪の神。山梨県北巨摩郡双葉町でいう。
¶神仏辞典（お茶ずき婆さん　おちゃずきばあさん）

お茶の水博士　おちゃのみずはかせ
手塚治虫作「鉄腕アトム」(1952-68) の主人公アトムを見守る科学省長官。
¶架空人物（お茶の水博士）
児童登場（お茶の水博士）

オチャモン
新潟県地方でいう妖怪の児童語。
¶妖怪事典（オチャモン）

おちよ
鐘木庵主人作の洒落本『卯地臭意』(1783) に登場する夜鷹。
¶架空人日（おちよ）
架空伝説（おちよ）

お千代　おちよ
紀海音作の『心中二ツ腹帯』、近松門左衛門作『心中宵庚申』の題材となった心中した夫婦の妻。
¶朝日歴史（お千代・半兵衛　おちよ・はんべえ）
架空人日（おちよ）
架空伝説（おちよ・半兵衛　おちよ・はんべえ）
歌舞伎登（お千代　おちよ）
コン5（お千代・半兵衛　おちよ・はんべえ）
説話伝説（お千代半兵衛　おちよはんべえ [生]元禄12 (1699) 年? [没]享保7 (1722) 年?4月）
伝奇伝説（お千代半兵衛　おちよ はんべえ）
日本人名（お千代・半兵衛　おちよ・はんべえ）

お千代　おちよ
横溝正史作『人形佐七捕物帳』の登場人物。
¶時代小説（お千代　おちよ）

お千代　おちよ
池波正太郎作『雲霧仁左衛門』の登場人物。
¶時代小説（お千代　おちよ）

オーチョ
広島県地方でいう妖怪の児童語。
¶妖怪事典（オーチョ）

オチョ
岡山県地方でいう妖怪の児童語。
¶妖怪事典（オチョ）

オチョイ
愛知県地方でいう妖怪の児童語。
¶妖怪事典（オチョイ）

お蝶　おちょう
横溝正史作『人形佐七捕物帳』の登場人物。
¶時代小説（お蝶　おちょう）

お蝶　おちょう
清水次郎長の二番目の妻。
¶架空伝説（お蝶　おちょう）

お長　おちょう
為永春水作『春色梅児誉美』ほかの登場人物。遊女屋唐琴屋の養女。
¶架空人日（お長　おちょう）
古典人学（お長　おちょう）

お長　おちょう
川口松太郎作『新吾十番勝負』の登場人物。
¶時代小説（お長　おちょう）

オチルシオンカムイ
アイヌに伝わる峯の神。
¶妖怪事典（オチルシオンカムイ）

落別王　おちわけのみこ
第11代垂仁天皇の皇子。『新撰姓氏録』では、於知別命。
¶神様読解（落別王　おちわけのみこ）
神仏辞典（於知別命　おちわけのみこと）

お通　おつう
歌舞伎演目『艶容女舞衣』に登場する、茜屋半七と三勝との間に生まれた幼い娘。
¶歌舞伎登（お通　おつう）

お通　おつう
吉川英治作『宮本武蔵』の登場人物。
¶時代小説（お通　おつう）

オッカ
新潟県地方でいう妖怪の児童語。
¶妖怪事典（オッカ）

オッカイオッカイ
北海道、群馬県、埼玉県、神奈川県、山梨県、長野県地方でいう妖怪の児童語。
¶妖怪事典（オッカイオッカイ）

オッカイモン
群馬県地方でいう妖怪の児童語。
¶妖怪事典（オッカイモン）

オッカテー
北海道地方でいう妖怪の児童語。

¶妖怪事典（オッカテー）

おつぎ
長塚節の小説『土』の登場人物。茨城県の鬼怒川沿いの寒村に住む貧しい小作人の娘。
¶日本人名（おつぎ）

おつぎ
歌舞伎演目『夏祭浪花鑑』に登場する、老侠客三婦とともに、その世界を知り尽くした古女房。
¶歌舞伎登（おつぎ）

お月　おつき
昔話の継子譚に登場する姉妹の一人の名。
¶神話伝説（お月お星　おつきおほし）

オッキー
北海道地方でいう妖怪の児童語。
¶妖怪事典（オッキー）

於継　おつぎ
華岡青洲の母。有吉佐和子作『華岡青洲の妻』の登場人物。
¶時代小説（於継　おつぎ）

小槻神　おつきのかみ
近江国栗太郡の小槻神社、小槻大社の祭神。
¶神仏辞典（小槻神　おつきのかみ）

少杖神　おつきのかみ
『日本三代実録』に所出。近江国の神。
¶神仏辞典（少杖神・小丈神・小杖神　おつきのかみ）

オッケー
栃木県、千葉県、神奈川県新潟県地方でいう妖怪の児童語。
¶妖怪事典（オッケー）

オッケオヤシ
北海道の家にくる怪。室内に一人でいると、突然炉の中でボアと音がする。
¶全国妖怪（オッケオヤシ〔北海道〕）

オッケャーコ
岩手県地方でいう妖怪の児童語。
¶妖怪事典（オッケャーコ）

オッケヤシ
アイヌに伝わるお化けの一種。名の通り放屁する。
¶幻想動物（オッケヤシ）〔像〕

オッケルイペ
アイヌの屁の妖怪。
¶水木妖怪続（オッケルイペ）〔像〕
妖怪事典（オッケルイペ）
妖怪大全（オッケルイペ）〔像〕

妖怪大事典（オッケルイペ）〔像〕

お辻　おつじ
歌舞伎演目『花上野誉碑』に登場する、讃岐の国丸亀家家臣田宮源八・操夫婦の子坊太郎の乳母。
¶歌舞伎登（お辻　おつじ）

おっしゃ
オシラサマの呼称の一つ。宮城県本吉地方でいう。
¶神仏辞典（おっしゃ）

オッソ
岐阜県地方でいう妖怪の児童語。
¶妖怪事典（オッソ）

お蔦　おつた
泉鏡花の小説『婦系図』の登場人物。柳橋の芸者蔦吉。
¶架空人日（お蔦　おつた）
架空人物（お蔦、主税）
架空伝承（お蔦・主税　おつた・ちから）
架空伝説（お蔦・主税　おつた・ちから）
コン5（お蔦・主税　おつた・ちから）
新潮日本（お蔦・主税　おつた・ちから）
大辞林3（お蔦・主税　おつた・ちから）
日本人名（お蔦・主税　おつた・ちから）

お蔦　おつた
歌舞伎演目『新皿屋舗月雨暈』に登場する、磯部計介之介の愛妾。
¶歌舞伎登（お蔦　おつた）

お蔦　おつた
長谷川伸作の戯曲『一本刀土俵入』(1931)に登場する駒形茂兵衛を励まし、後に恩返しをされる女性。
¶架空人日（お蔦　おつた）
架空伝説（お蔦　おつた）
歌舞伎登（お蔦　おつた）

オッチー
和歌山県、徳島県、香川県、愛媛県地方でいう妖怪の児童語。
¶妖怪事典（オッチー）

お月どん　おつっどん
九州南部における月の神。
¶神仏辞典（お月どん　おつっどん）

夫　おっと
女狂言「花子」のシテ（主役）。
¶古典人学（夫　おっと）

夫を信じる女（筒井筒の妻）　おっとをしんじるおんな
『伊勢物語』の登場人物。幼な馴染みと結婚した女。

夫を信じる女（筒井筒の妻）　おっとをしんじるおんな
¶古典人学（夫を信じる女（筒井筒の妻）　おっとをしんじるおんな）

夫を待つ女（梓弓の妻）　おっとをまつおんな
『伊勢物語』の登場人物。宮仕えに出て帰らぬ夫を待つ女。
¶古典人学（夫を待つ女（梓弓の妻）　おっとをまつおんな）

夫の老僧を殺そうとした尼　おっとのろうそうをころそうとしたあま
無住道暁作『沙石集』の登場人物。坂東に住む老僧の妻となった尼。
¶古典人学（夫の老僧を殺そうとした尼　おっとのろうそうをころそうとしたあま）

お綱　おつな
歌舞伎演目『天竺徳兵衛韓噺』に登場する、天竺徳兵衛の女房。
¶歌舞伎登（お綱　おつな）

お常　おつね
歌舞伎演目『新版歌祭文』に登場する、油屋の後家、お染の母。
¶歌舞伎登（お常　おつね）

お常　おつね
歌舞伎演目『梅雨小袖昔八丈』に登場する、日本橋の新材木町で材木問屋を商う白子屋の後家。
¶歌舞伎登（お常　おつね）

尾津神　おつのかみ
伊勢国桑名郡の尾津神社二座、近江国野洲郡の小津神社の祭神。
¶神仏辞典（尾津神・小津神　おつのかみ）

おっぱしょ石　おっぱしょいし
道の妖怪。徳島郊外でいう。オンブオバケの一種。
¶幻想動物（オッパショイ）〔像〕
神仏辞典（おっぱしょ石　おっぱしょいし）
全国妖怪（オッパショイシ〔徳島県〕）
水木妖怪（おっぱしょ石　おっぱしょいし）〔像〕
妖怪事典（オッパショイシ）
妖怪大全（オッパショ石　オッパショいし）〔像〕
妖怪大事典（オッパショ石　おっぱしょいし）〔像〕

越辺の平四郎　おっぺのへいしろう
埼玉県入間郡越生町地方でいう河童。
¶妖怪事典（オッペノヘイシロウ）

オツベル
宮沢賢治作『オツベルと象』(1926)に登場する農業経営者。
¶架空人日（オツベル）

お妻　おつま
遊女。八郎兵衛に殺され、八郎兵衛も自ら命を絶った事件が歌舞伎などに作品化された。
¶歌舞伎登（お妻　おつま）
コン5（お妻・八郎兵衛　おつま・はちろべえ）
神話伝説（お妻八郎兵衛　おつまはちろべえ）
説話伝説（お妻八郎兵衛　おつまはちろべえ）
伝奇伝説（お妻八郎兵衛　おつま はちろべえ）
日本人名（お妻・八郎兵衛　おつま・はちろべえ）

おつや
歌舞伎演目『京人形』に登場する、左甚五郎の女房。
¶歌舞伎登（おつや）

お艶　おつや
林不忘作『丹下左膳』の登場人物。
¶時代小説（お艶　おつや）

お露　おつゆ
三遊亭円朝作『怪談牡丹灯籠』に登場する幽霊となった女。
¶架空人日（お露　おつゆ）
架空伝承（お露　おつゆ）〔像〕
架空伝説（お露　おつゆ）〔像〕
歌舞伎登（お露　おつゆ）
コン5（お露　おつゆ）
新潮日本（お露　おつゆ）
日ミス（お露　おつゆ）
日本人名（お露　おつゆ）

おつる
歌舞伎演目『国訛嫩笈摺』に登場する少女。
¶歌舞伎登（おつる）

おつる
歌舞伎演目『南詠恋抜粋』に登場する、年増の女髪結い。
¶歌舞伎登（おつる）

お鶴　おつる
吉川英治作『宮本武蔵』の登場人物。
¶時代小説（お鶴　おつる）

お鶴　おつる
歌舞伎『近頃河原達引』に登場する少女。
¶歌舞伎登（お鶴　おつる）

お鶴　おつる
国定忠治の本妻。
¶架空伝説（お鶴　おつる）

お鶴　おつる
村松梢風の小説『東海美女伝』(1935)に登場する人物。
¶架空伝説（お鶴　おつる）

おてい
北原亞以子作『深川澪通り木戸番小屋』の登場人物。

¶時代小説（おてい）

お貞　おてい
小泉八雲作『怪談』(1904) 収録の "The Story of O-tei" に登場する女性。
¶架空人日（お貞　おてい）

おてつ
歌舞伎演目『江戸育御祭佐七』に登場する、お祭り佐七と恋仲の芸者小糸の継母。
¶歌舞伎登（おてつ）

おででこの伝次　おででこのでんじ
歌舞伎演目『江戸育御祭佐七』に登場する、矢場娘お仲の兄で、札付きの遊び人。
¶歌舞伎登（おででこの伝次）

オデーモン
大分県地方でいう妖怪の児童語。
¶妖怪事典（オデーモン）

オデモン
大分県地方でいう妖怪の児童語。
¶妖怪事典（オデモン）

お照　おてる
歌舞伎演目『双蝶々曲輪日記』に登場する、橋本治部右衛門の娘。
¶歌舞伎登（お照　おてる）

お伝　おでん
歌舞伎演目『日蓮上人御法海』に登場する、石和川のほとりに住む鵜飼の勘作の女房。
¶歌舞伎登（お伝　おでん）

お天道　おてんとう
天道と崇められた太陽の呼称。オテントウさま、オテントさまなどと呼ばれる。
¶広辞苑6（天道　てんとう）
　神仏辞典（お天道　おてんとう）
　東洋神名（天童　テンドウ）〔像〕

おとうか
山形県置賜地方で10月10日に祀る神。
¶神仏辞典（おとうか）

弟宇迦斯　おとうかし
兄宇迦斯の弟神。神武天皇の東征軍を迎え討とうとした兄の奸計を密告した。
¶架空人日（弟宇迦斯　おとうかし）
　神様読解（弟宇迦斯　おとうかし）
　東洋神名（兄宇迦斯と弟宇迦斯　エウカシ&オトウカシ）〔像〕
　日本人名（弟猾　おとうかし）

弟苅羽田刀弁　おとかりばたとべ
第11代垂仁天皇の妃。『日本書紀』では、綺戸辺。

¶神様読解（弟苅羽田刀弁　おとかりばたとべ）
　日本人名（綺戸辺　かにはたとべ）

お時　おとき
伊藤桂一作『風車の浜吉・捕物綴』の登場人物。
¶時代小説（お時　おとき）

お時　おとき
松本清張作『無宿人別帳』の登場人物。
¶時代小説（お時　おとき）

お時　おとき
歌舞伎演目『敵討天下茶屋聚』に登場する、現行狂言では人形屋幸右衛門の妻。
¶歌舞伎登（お時　おとき）

お時　おとき
歌舞伎演目『極付幡随長兵衛』に登場する、幡随長兵衛の妻。
¶歌舞伎登（お時　おとき）

お登喜　おとき
講談『浪華女侠伝』に登場する女親分。
¶架空伝説（お登喜　おとき）

乙吉　おときち
吉川英治作『鳴門秘帖』の登場人物。
¶時代小説（乙吉　おときち）

おとく
国定忠治の妾の一人。
¶架空伝説（おとく）

お徳　おとく
中里介山作『大菩薩峠』の登場人物。
¶時代小説（お徳　おとく）

お徳　おとく
宮部みゆき作『ぼんくら』の登場人物。
¶時代小説（お徳　おとく）

お徳　おとく
歌舞伎演目『傾城反魂香』に登場する、絵師土佐将監に師事する浮世又平の妻。
¶歌舞伎登（お徳　おとく）

お徳　おとく
歌舞伎演目『摂州合邦辻』に登場する、合邦の女房で玉手御前の母。
¶歌舞伎登（お徳　おとく）

御戸口　おとぐち
岡山県苫田郡阿波村で、家の入口の鴨居に祀られる神。
¶神仏辞典（御戸口　おとぐち）

おとく

乙訓坐火雷神　おとくににますほのいかずちのかみ
山城国乙訓郡の乙訓坐火雷神社の祭神。
¶神仏辞典（乙訓坐火雷神　おとくににますほのいかずちのかみ）

乙訓神　おとくにのかみ
『続日本紀』『続日本後紀』『日本文徳天皇実録』『日本三代実録』に所出の神名。
¶神仏辞典（乙訓神　おとくにのかみ）

男　おとこ
女狂言「髭櫓」のシテ（主役）。
¶古典入学（男　おとこ）

男君　おとこぎみ
『夜の寝覚』に登場する、関白左大臣の長男、中納言。寝覚の君との間に一子をもうける。
¶架空人日（『寝覚』の中納言　ねざめのちゅうなごん）
古典入学（男君（中納言・関白）　おとこぎみ）

お俊　おとし
陣出達朗作『伝七捕物帳』の登場人物。
¶時代小説（お俊　おとし）

御年神　おとしがみ
⇒御年神（みとしのかみ）

弟師木　おとしき
神武天皇の東征のおりに出会った神々の一柱。兄師木と対をなす神。
¶神様読解（弟師木　おとしき）
神話伝説（兄師木・弟師木（記）／兄磯城・弟磯城（紀）　おとしき）
日本人名（弟磯城　おとしき）

おとせ
河竹黙阿弥作の歌舞伎『三人吉三廓初買』（1860年初演）に登場する夜鷹。
¶架空人日（おとせ）
歌舞伎登（おとせ）

お登世　おとせ
歌舞伎演目『瞼の母』に登場する、柳橋の料理茶屋水熊の一人娘。
¶歌舞伎登（お登世　おとせ）

お登勢　おとせ
大佛次郎作『鞍馬天狗』の登場人物。
¶時代小説（お登勢　おとせ）

お登勢　おとせ
坂本竜馬の定宿、寺田屋の女将。司馬遼太郎作『竜馬がゆく』の登場人物。
¶時代小説（お登勢　おとせ）

弟財郎女　おとたからのいらつめ
第13代成務天皇の妃。
¶神ախ読解（弟財郎女　おとたからのいらつめ）

弟橘媛　おとたちばなひめ
記紀の神話で日本武尊の妃とされる女性。穂積氏忍山宿禰の娘。
¶朝日歴史（弟橘媛　おとたちばなひめ）
英雄事典（弟橘比売命　オトタチバナヒメノミコト）
架空人日（弟橘媛　おとたちばなひめ）
架空伝承（弟橘媛　おとたちばなひめ）
架空伝説（弟橘比売　おとたちばなひめ）〔像〕
神話読解（弟橘比売命／弟橘媛・橘媛　たちばなひめのみこと・おとたちばなひめ・たちばなひめ）〔像〕
コン5（弟橘媛　おとたちばなひめ）
新潮日本（弟橘媛　おとたちばなひめ）
神仏辞典（大橘比売命　おおたちばなひめのみこと）
神仏辞典（弟橘媛　おとたちばなひめのみこと）
神話伝説（弟橘比売　おとたちばなひめ）
人物伝承（弟橘媛　おとたちばなひめ）〔像〕
説話伝説（弟橘媛　おとたちばなひめ）
世百新（弟橘媛　おとたちばなひめ）
伝奇伝説（弟橘媛　おとたちばなひめ）〔像〕
日本神々（弟橘比売命　おとたちばなひめのみこと）〔像〕
日本人名（弟橘媛　おとたちばなひめ）
日本神話（オトタチバナヒメ）

音霊　おとだま
非業に死んだ曾我兄弟の怨念の声、物音。
¶妖怪大鑑（音霊　おとだま）〔像〕

乙樽　おとだる
今帰仁の志慶真村出身の美貌の女性。黒髪が美しく「今帰仁御前」と称された。
¶アジア女神（乙樽　おとだる）

音音　おとね
曲亭馬琴作の読本『南総里見八犬伝』（1814-42）に登場する、八犬士ゆかりの白頭の烈婦。
¶架空人日（音音　おとね）

小鋭神　おとのかみ
陸奥国桃生郡の小鋭神社、同栗原郡の雄鋭神社の祭神。
¶神仏辞典（小鋭神・雄鋭神　おとのかみ）

弟日姫子　おとひめこ
『肥前国風土記』の登場人物。肥前国松浦郡篠原村に住む、絶世の美女。
¶架空人日（弟日姫子　おとひめこ）
古典入学（弟日姫子　おとひめこ）

乙姫　おとひめ
元来は妹の姫（弟姫）を指す呼称。竜宮に住む「乙姫」や、説経『信徳丸』の「乙姫」など固有の名ともなった。
¶朝日歴史（乙姫　おとひめ）
架空伝承（乙姫　おとひめ）〔像〕

コン5（乙姫　おとひめ）
神仏辞典（乙姫　おとひめ）
世怪物神獣（乙姫）
世百新（乙姫　おとひめ）
世百新（乙姫　おとひめ）
大辞林3（弟姫・乙姫　おとひめ）
日本人名（乙姫　おとひめ）

弟比売　おとひめ
大碓命の妃。『日本書紀』によれば、押黒弟日子王を生んだ。
¶神様読解（弟比売(1)　おとひめ）

弟比売　おとひめ
倭建命の娘。『古事記』だけにあらわれる。
¶神様読解（弟比売(2)　おとひめ）

弟姫　おとひめ
記紀にみえる応神天皇の妃。『古事記』では弟日売命。
¶日本人名（弟姫　おとひめ）

弟媛　おとひめ
記紀にみえる反正天皇の妃。
¶日本人名（弟媛(2)　おとひめ）

弟媛　おとひめ
「日本書紀」にみえる仲哀天皇の妃。誉屋別皇子を生む。
¶日本人名（弟媛(1)　おとひめ）

乙姫神　おとひめがみ
⇒豊玉毘売（とよたまびめ）

乙姫狐　おとひめぎつね
越後国刈羽郡北条村でいう化け狐。
¶妖怪事典（オトヒメギツネ）

弟比売命　おとひめのみこと
『古事記』中巻所出。垂仁天皇の妃。
¶神仏辞典（弟比売命・弟日売命　おとひめのみこと）

弟比売命　おとひめのみこと
丹波比古多多須美知能宇斯王の子（娘）。
¶神様読解（弟比売命(1)　おとひめのみこと）

弟比売命　おとひめのみこと
第12代景行天皇の皇女。
¶神様読解（弟比売命(2)　おとひめのみこと）

音坊鯰　おとぼうなまず
長野県上伊那郡中箕輪町木ノ下から南箕輪村の久保に行く途中にあった音坊池の主。
¶妖怪大事典（音坊鯰　おとぼうなまず）

お富　おとみ
講談・落語・歌舞伎・小説などに登場する博徒の妾。歌舞伎『与話情浮名横櫛』の主人公として知られる。河竹黙阿弥による書替狂言『処女翫浮名横櫛』では切られお富として登場。
¶朝日歴史（お富・与三郎　おとみ・よさぶろう）
　架空人日（お富　おとみ）
　架空人物（お富）
　架空伝承（お富・与三郎　おとみ・よさぶろう）〔像〕
　架空伝説（お富　おとみ）〔像〕
　歌舞伎登（お富　おとみ）〔像〕
　歌舞伎登（切られお富　きられおとみ）
　広辞苑6（お富　おとみ）
　コン5（お富・与三郎　おとみ・よさぶろう）
　新潮日本（お富・与三郎　おとみ・よさぶろう）
　説話伝説（お富与三郎　おとみよさぶろう）〔像〕
　大辞林3（お富・与三郎　おとみ・よさぶろう）
　伝奇伝説（お富与三郎　おとみ　よさぶろう）
　日本人名（お富・与三郎　おとみ・よさぶろう）

お富　おとみ
歌舞伎演目『大坂神事揃』に登場する、力士雷鶴之助の女房。
¶歌舞伎登（お富　おとみ）

お富　おとみ
歌舞伎演目『宿無団七時雨傘』に登場する、大坂島の内の置屋岩井風呂治助抱えの遊女。
¶歌舞伎登（お富　おとみ）

乙美　おとみ
富田常雄作『姿三四郎』(1944)のヒロイン。
¶架空人日（乙美　おとみ）

乙息角之丞の母　おとみかくのじょうのはは
井原西鶴作の浮世草子『武道伝来記』(1687)巻六の第三「毒酒を請太刀の身」に登場する女性。
¶架空人日（乙息角之丞の母　おとみかくのじょうのはは）
　架空伝説（乙見角之丞の母　おとみかくのじょうのはは）

おとめ
城昌幸作『若さま侍捕物手帖』の登場人物。
¶時代小説（おとめ）

乙女　おとめ
井原西鶴作の浮世草子『本朝二十不孝』(1686)巻三の第一「娘盛の散桜」に登場する五人姉妹の末っ子。
¶架空人日（乙女　おとめ）

乙女　おとめ
坂本竜馬の第三姉。司馬遼太郎作『竜馬がゆく』の登場人物。
¶時代小説（乙女　おとめ）

淤滕山津見神　おどやまつみのかみ
迦具土神の胸部より化成した神。山の神。大山津見神と同一。
¶神様読解（淤滕山津見神　おどやまつみのかみ）

神仏辞典（於朦山津見神　おどやまつみのかみ）

おとよ
山本周五郎作『赤ひげ診療譚』の登場人物。
¶時代小説（おとよ）

お豊　おとよ
中里介山作『大菩薩峠』の登場人物。
¶時代小説（お豊　おとよ）

小豊命　おとよのみこと
『新撰姓氏録』に所出。尾張連の祖とされる（河内国神別天孫）。
¶神仏辞典（小豊命　おとよのみこと）

おとら
歌舞伎演目『籠釣瓶花街酔醒』に登場する、繁山栄之丞の身の回りの世話をする雇婆。
¶歌舞伎登（おとら）

おとら
歌舞伎演目『傘轆轤浮名濡衣』に登場する、盛り場で稼ぐ蛇遣いの女。
¶歌舞伎登（おとら）

お寅　おとら
岡本綺堂作『半七捕物帳』の登場人物。
¶時代小説（お寅　おとら）

おとら狐　おとらぎつね
愛知県にいると伝えられた憑物霊の狐。
¶幻想動物　（おとら狐）〔像〕
　神仏辞典　（おとら狐　おとらぎつね）
　神話伝説　（おとら狐　おとらぎつね）
　説話伝説　（おとら狐　おとらぎつね）
　全国妖怪　（オトラギツネ〔愛知県〕）
　伝奇伝説　（おとら狐　おとらぎつね）
　妖怪事典　（オトラキツネ）
　妖怪大事典（おとら狐　おとらぎつね）

おトラさん
西川辰美の同名の漫画の主人公。
¶日本人名（おトラさん）

おとり
平岩弓枝作『はやぶさ新八御用帳』の登場人物。
¶時代小説（おとり）

おとろし
毛むくじゃらの姿で、三本の指に鋭い爪、牙がある妖怪。
¶幻想動物　（オトロシ）〔像〕
　日ミス　（おとろし）
　水木妖怪続（おとろし）〔像〕
　妖怪事典　（オトロシ）
　妖怪図鑑　（おとろし）〔像〕
　妖怪大全　（おとろし）〔像〕
　妖怪大事典（おとろし）〔像〕

おとわ
歌舞伎演目『彩入御伽草』に登場する、浅山鉄山の妹で、小幡小平次の妻。
¶歌舞伎登（おとわ）

おとわ
歌舞伎演目『関取千両幟』に登場する、力士稲川の女房。
¶歌舞伎登（おとわ）

お登和　おとわ
村上元三作『松平長七郎江戸日記』の登場人物。
¶時代小説（お登和　おとわ）

音羽　おとわ
江戸吉原の山茶屋大兵庫屋の遊女。丹後屋七郎兵衛と心中した。大岡越前守の心中禁令に触れた最初の例。歌舞伎の舞踊に取り入れられた。
¶説話伝説（音羽丹七　おとわたんしち）

乙若　おとわか
『保元物語』に登場する、源為義の子。
¶架空人日（乙若　おとわか）

音若　おとわか
逢坂剛作『重蔵始末』の登場人物。
¶時代小説（音若　おとわか）

乙若丸　おとわかまる
歌舞伎演目『恩愛瞋関守』に登場する、常盤御前と義朝の子で、のちの義円。
¶歌舞伎登（乙若丸　おとわかまる）

乙若子命　おとわくごのみこと
伝承上の伊勢神宮の神職。景行天皇、成務天皇、仲哀天皇の3代にわたって仕えたという。
¶日本人名（乙若子命　おとわくごのみこと）

音羽の半右衛門　おとわのはんえもん
池波正太郎作『仕掛人・藤枝梅安』の登場人物。
¶時代小説（音羽の半右衛門　おとわのはんえもん）

オトン女郎　おとんじょろう
鳥取県気高郡立見峠に現れた化け狐。
¶妖怪事典（オトンジョロウ）

お直　おなお
夏目漱石作『行人』（1912-13）に登場する、一郎の妻。
¶架空人日（お直　おなお）

お仲　おなか
山東京伝作の洒落本『古契三娼』（1787）に登場する元遊女。
¶架空人日（お仲　おなか）
　架空伝説（お仲　おなか）

お仲　おなか
歌舞伎演目『刺青奇偶』に登場する、諸国を流れてきた茶屋女。
¶歌舞伎登（お仲　おなか）

お仲　おなか
歌舞伎演目『神明恵和合取組』に登場する辰五郎の女房。
¶歌舞伎登（お仲　おなか）

おなぎ
歌舞伎演目『新皿屋舗月雨暈』に登場する、磯部家の奉公人。
¶歌舞伎登（おなぎ）

おなつ
城昌幸作『若さま侍捕物手帖』の登場人物。
¶時代小説（おなつ）

おなつ
歌舞伎演目『籠釣瓶花街酔醒』に登場する、吉原の兵庫屋に出入りするお針。
¶歌舞伎登（おなつ）

お夏　おなつ
井原西鶴の『好色五人女』巻1「姿姫路清十郎物語」や近松門左衛門浄瑠璃『五十年忌歌念仏』など「お夏清十郎」ものに登場する女。
¶朝日歴史（お夏・清十郎　おなつ・せいじゅうろう）
　架空人日（お夏　おなつ）
　架空伝説（お夏・清十郎　おなつ・せいじゅうろう）
　歌舞伎登（お夏　おなつ）
　古典人学（お夏　おなつ）
　古典人東（お夏　おなつ）
　コン5（お夏・清十郎　おなつ・せいじゅうろう）
　新潮日本（お夏・清十郎　おなつ・せいじゅうろう）
　神話伝説（お夏清十郎　おなつせいじゅうろう）
　説話伝説（お夏清十郎　おなつせいじゅうろう）
　伝奇伝説（お夏清十郎　おなつ せいじゅうろう）
　日本人名（お夏・清十郎　おなつ・せいじゅうろう）

お夏　おなつ
白石一郎作『十時半睡事件帖』の登場人物。
¶時代小説（お夏　おなつ）

お夏　おなつ
曲亭馬琴作『近世説美少年録』の登場人物。京の女歌舞伎の美女。陶瀬十郎との間に朱之介を産む。
¶架空伝説（阿夏　おなつ）
　古典人学（お夏　おなつ）

おなり神　おなりがみ
沖縄で兄弟にとって姉妹を神同様と考えられることをさす。兄弟に対して姉妹が霊的に優位に立ち、兄弟を姉妹がその霊力で守護する信仰。
¶アジア女神（オナリ神）
　神文化史（オナリ神）
　神仏辞典（おなり神　オナリがみ）
　神話伝説（おなり神　おなりがみ）
　説話伝説（おなり神　おなりがみ）
　伝奇伝説（おなり神　おなりがみ）
　東洋神名（オナリ神　オナリガミ）〔像〕
　日本神様（おなり神）

鬼　おに
人間に危害を加える想像上の存在。もとは人間には姿が見えない存在を意味する語であったが、平安中期頃から造形化されるようになった。
¶架空伝承（鬼　おに）〔像〕
　奇談逸話（鬼　おに）
　幻想動物（鬼）〔像〕
　広辞苑6（鬼　おに）
　神仏辞典（鬼　おに）
　神話伝説（鬼　おに）〔像〕
　世幻想（鬼）
　世神辞典（オニ (鬼)）〔像〕
　説話伝説（鬼　おに）
　世百新（鬼　おに）〔像〕
　世妖精妖怪（鬼）
　全国妖怪（オニ〔静岡県〕）
　大辞林3（鬼　おに）
　伝奇伝説（鬼　おに）
　日ミス（鬼　おに）
　日本人名（鬼　おに）
　日本未確認（鬼　おに）〔像〕
　日本未確認（鬼（物の怪）　おに（もののけ））
　妖怪事典（オニ）
　妖怪図鑑（鬼　おに）〔像〕
　妖怪大事典（鬼　おに）〔像〕
　妖百1（鬼　おに）〔像〕

鬼薊清吉　おにあざみせいきち
⇒清心（せいしん）

鬼薊のお滝　おにあざみのおたき
大佛次郎作『鞍馬天狗』の登場人物。
¶時代小説（鬼薊のお滝　おにあざみのおたき）

鬼一法眼　おにいちほうげん
⇒鬼一法眼（きいちほうげん）

小丹生神　おにうのがみ
越後国古志郡の小丹生神社の祭神。
¶神仏辞典（小丹生神　おにうのがみ）

鬼王　おにおう
曾我兄弟の従者である兄弟の一人。能や歌舞伎の曾我ものでの呼称。『曾我物語』真名本では鬼王丸。
¶架空伝承（鬼王・団三郎　おにおう・どうざぶろう）
　歌舞伎登（鬼王新左衛門1〔江戸の曽我狂言〕　おにおうしんざえもん）
　歌舞伎登（鬼王新左衛門2『寿曽我対面』　おにおうしんざえもん）
　広辞苑6（鬼王団三郎　おにおう・どうざぶろう）
　コン5（鬼王・団三郎　おにおう・だんざぶろう）
　神話伝説（鬼王・団三郎　おにおう・どうざぶろう）
　世百新（鬼王・団三郎　おにおう・どうざぶろう）
　大辞林3（鬼王団三郎　おにおうどうざぶろう）
　日本人名（鬼王・団三郎　おにおう・だんざぶろう）

お

鬼ヶ嶽　おにがたけ
江戸中期の歌舞伎の登場人物。力士。歌舞伎の相撲物に登場し、覇を競う。
¶**歌舞伎登**（鬼ヶ嶽荒五郎　おにがたけあらごろう）
説話伝説（秋津島・鬼ヶ嶽　あきつしま・おにがたけ）

鬼ヶ嶽谷右衛門　おにがたけたにえもん
逢坂剛作『重蔵始末』の登場人物。
¶**時代小説**（鬼ヶ嶽谷右衛門　おにがたけたにえもん）

鬼神　おにがみ
他界から来訪し、災厄または除災の善悪両様の力を発揮する神。
¶**神様読解**（鬼神　おにがみ）〔像〕
広辞苑6（鬼神　おにがみ）
神仏辞典（鬼神　おにがみ）

鬼熊　おにぐま
数百年生き続けて妖怪となった熊の総称。
¶**幻想動物**（鬼熊）〔像〕
水木幻獣（鬼熊　おにくま）〔像〕
妖怪事典（オニクマ）
妖怪大全（鬼熊　おにくま）〔像〕
妖怪大事典（鬼熊　おにくま）〔像〕

鬼九郎　おにくろう
為永春水作の人情本『春色辰巳園』(1833-35)に登場する金貸し。
¶**架空人日**（鬼九郎　おにくろう）

鬼子　おにご
各地の俗信や、古典に見られる赤子、妖怪。
¶**妖怪事典**（オニゴ）

鬼鮫　おにざめ
山本周五郎作『偸盗』(1961)に登場する、物語の語り手。盗人。
¶**架空人日**（鬼鮫　おにざめ）

鬼太神　おにたのかみ
伊勢国河曲郡の鬼太神社の祭神。
¶**神仏辞典**（鬼太神・鬼大神　おにたのかみ）

鬼に唾を懸けられた男　おににつばをかけられたおとこ
『今昔物語集』の登場人物。京に住む侍で、六角堂の観音(如意輪観音)の信者。
¶**古典人学**（鬼に唾を懸けられた男　おににつばをかけられたおとこ）

鬼になった女　おにになったおんな
『閑居の友』の登場人物。
¶**古典人東**（鬼になった女　おにになったおんな）

小丹神　おにのかみ
伊勢国安濃郡の小丹神社の祭神。
¶**神仏辞典**（小丹神　おにのかみ）

鬼火　おにび
各地でいわれる怪火。
¶**幻想動物**（鬼火）〔像〕
水木妖怪（鬼火　おにび）〔像〕
妖怪事典（オニビ）
妖怪大全（鬼火　おにび）〔像〕
妖怪大事典（鬼火　おにび）〔像〕

鬼一口　おにひとくち
鳥山石燕が『今昔百鬼拾遺』に描いたもの。一口で人間を食べてしまう鬼。
¶**妖怪事典**（オニヒトクチ）
妖怪大鑑（鬼一口　おにひとくち）〔像〕
妖怪大事典（鬼一口　おにひとくち）

鬼平　おにへい
⇒長谷川平蔵（はせがわへいぞう）

鬼坊主清吉　おにぼうずせいきち
江戸時代中期～後期の盗賊。江戸小塚原で処刑。のち浄瑠璃や歌舞伎狂言に取り上げられた。
¶**日本人名**（鬼坊主清吉　おにぼうずせいきち　[生]1776年　[没]1805年）

おぬい
杉本章子作『おすず信太郎人情始末帖』の登場人物。
¶**時代小説**（おぬい）

お縫　おぬい
歌舞伎演目『松浦の太鼓』に登場する、大高源吾の妹。
¶**歌舞伎登**（お縫　おぬい）

於禰　おね
豊臣秀吉の正室。北政所と称される。
¶**説話伝説**（於禰　おね　[生]天文17(1548)年　[没]寛永1(1624)年）

お根子　おねこ
山形県酒田市十里塚の漁の神。
¶**神仏辞典**（お根子　おねこ）

男乃宇刀神　おのうとのかみ
和泉国和泉郡の男乃宇刀神社二座の祭神。
¶**神仏辞典**（男乃宇刀神　おのうとのかみ）

尾上　おのえ
新内節『帰咲名残命毛』の登場人物。岡本綺堂により戯曲『尾上伊太八』も書かれた。
¶**朝日歴史**（尾上・伊太八　おのえ・いだはち）
コン5（尾上・伊太八　おのえ・いだはち）
新潮日本（尾上・伊太八　おのえ・いだはち）
説話伝説（尾上伊太八　おのえいだはち）
伝奇伝説（尾上伊太八　おのえいだはち）
日本人名（尾上・伊太八　おのえ・いだはち）

尾上　おのえ
『加賀見山旧錦絵』をはじめ、浄瑠璃や歌舞伎の鏡山物に登場する局。
- ¶朝日歴史（岩藤・尾上　いわふじ・おのえ）
  - 架空伝説（尾上　おのえ）〔像〕
  - 歌舞伎登（尾上　おのえ）
  - 広辞苑6（尾上　おのえ）
  - 大辞林3（尾上　おのえ）

尾上　おのえ
御伽草子『三人法師』（室町時代後期）に登場する人物。南北朝時代に実在した公卿二条良基の屋敷にいた女房。
- ¶架空人日（尾上　おのえ）

尾上菊五郎〔初代〕　おのえきくごろう
江戸中期以後の歌舞伎役者。
- ¶説話伝説（尾上菊五郎〔初代〕おのえきくごろう ㊤享保2（1717）年 ㊦天明3（1783）年）
  - 伝奇伝説（尾上菊五郎　おのえきくごろう ㊤享保2（1717）年 ㊦天明3（1783）年）

尾上菊五郎〔3代〕　おのえきくごろう
歌舞伎役者の名跡。
- ¶伝奇伝説（尾上菊五郎　おのえきくごろう ㊤享保2（1717）年 ㊦天明3（1783）年）

尾上松之助　おのえまつのすけ
無声時代の映画俳優。「目玉の松ちゃん」と愛称され人気スターとなった。
- ¶架空伝承（尾上松之助　おのえまつのすけ ㊤明治8（1875）年 ㊦昭和1（1926）年）

斧右衛門　おのえもん
歌舞伎演目『彦山権現誓助剣』に登場する、毛谷村の柚（きこり）。
- ¶歌舞伎登（斧右衛門　おのえもん）

小野川喜三郎　おのがわきさぶろう
江戸時代の力士。5代横綱。講談『有馬の怪猫退治』で語られる。
- ¶架空伝承（小野川喜三郎　おのがわきさぶろう ㊤宝暦8（1758）年 ㊦文化3（1806）年）
  - 説話伝説（小野川喜三郎　おのがわきさぶろう ㊤宝暦8（1758）年 ㊦文化3（1806）年）〔像〕
  - 伝奇伝説（小野川喜三郎　おのがわきさぶろう ㊤宝暦11（1761）年 ㊦文化3（1806）年3月12日）

斧九太夫　おのくだゆう
浄瑠璃『仮名手本忠臣蔵』（1748年初演）に登場する、塩冶判官の臣下。敵方のスパイとなる。
- ¶架空人日（斧九太夫　おのくだゆう）
  - 歌舞伎登（斧九太夫　おのくだゆう）

斧定九郎　おのさだくろう
人形浄瑠璃および歌舞伎の『仮名手本忠臣蔵』に登場する人物。塩冶の家老であった斧九太夫の息子。浪人後、盗賊となる。
- ¶架空人日（斧定九郎　おのさだくろう）
  - 架空伝承（斧定九郎　おのさだくろう）〔像〕
  - 架空伝説（斧定九郎　おのさだくろう）〔像〕
  - 歌舞伎登（定九郎　さだくろう）〔像〕
  - コン5（斧定九郎　おのさだくろう）
  - 日本人名（斧定九郎　おのさだくろう）

小野重明　おのしげあき
宮部みゆき作『霊験お初捕物控』の登場人物。
- ¶時代小説（小野重明　おのしげあき）

小野島　おのじま
井原西鶴作の浮世草子『西鶴置土産』（1693）巻三の三「算用して見れば一年二百貫目づかひ」に登場する遊女。
- ¶架空人日（小野島　おのじま）
  - 架空伝説（小野島　おのじま）

小野十蔵　おのじゅうぞう
池波正太郎作『鬼平犯科帳』の登場人物。
- ¶時代小説（小野十蔵　おのじゅうぞう）

小野次郎右衛門　おのじろうえもん
一刀流剣術の大成者。将軍徳川秀忠の剣術師範。吉川英治作『宮本武蔵』に登場。
- ¶架空伝承（小野次郎右衛門　おのじろうえもん ㊤? ㊦寛永5（1628）年）
  - 時代小説（小野治郎右衛門忠明　おのじろうえもんただあき）

小野塚鉄斎　おのづかてっさい
林不忘作『丹下左膳』の登場人物。
- ¶時代小説（小野塚鉄斎　おのづかてっさい）

小野清三　おのせいぞう
夏目漱石作『虞美人草』（1907）に登場する、若い詩人で学者。
- ¶架空人日（小野清三　おのせいぞう）

小野田右近　おのだうこん
菊地寛作『忠直卿行状記』の登場人物。
- ¶時代小説（小野田右近　おのだうこん）

小野田完蔵　おのだかんぞう
五味康祐作『柳生武芸帳』の登場人物。
- ¶時代小説（小野田完蔵　おのだかんぞう）

おのち
歌舞伎演目『伊賀越道中双六』に登場する、和田行家の忘れ形見。
- ¶歌舞伎登（おのち）

おもちゃの文治　おのちゃのぶんじ
歌舞伎演目『神明恵和合取組』に登場する、め組の鳶の者。
- ¶歌舞伎登（おもちゃの文治）

小野哲也　おのてつや
二葉亭四迷作『其面影』（1906）に登場する法学士。

¶架空人日（小野哲也　おのてつや）

小野寺十内　おのでらじゅうない
赤穂浪士四十七士の一人。浄瑠璃・歌舞伎の『仮名手本忠臣蔵』ほかに登場する。

¶架空伝説（小野寺十内　おのでらじゅうない）
　時代小説（小野寺十内　おのでらじゅうない）

小野時子　おのときこ
二葉亭四迷作『其面影』(1906)の主人公小野哲也の妻。

¶架空人日（小野時子　おのときこ）

小野朝臣庭麻呂　おののあそみにわまろ
『日本霊異記』に登場する、奈良の在家僧。

¶架空人日（小野朝臣庭麻呂　おののあそみにわまろ）

小野天大神之多初阿豆委居命神　おののあめのおおかみしたそあずわけのみことのかみ
石見国美濃郡の小野天大神之多初阿豆委居命神社の祭神。

¶神仏辞典（小野天大神之多初阿豆委居命神　おのあめのおおかみしたそあずわけのみことのかみ）

小野妹子　おののいもこ
奈良時代の官人。『今昔物語集』『本朝仏法部』では聖徳太子の先身思禅法師の使い。

¶説話伝説（小野妹子　おののいもこ　生没年未詳）

小野お通　おののおつう
浄瑠璃の起源となった『浄瑠璃物語（十二段草子）』の作者といわれる女性。

¶架空伝承（小野お通　おののおつう）
　奇談逸話（小野お通　おののおつう　㊤永禄11(1568)年　㊦寛永8(1631)年）
　新潮日本（小野お通　おののおつう　生没年不詳）
　説話伝説（小野のお通　おののおつう）
　世百新（小野お通　おののおつう）
　大辞林3（小野お通　おののおつう）
　伝奇伝説（小野お通　おののおつう）
　日本人名（小野お通　おののおつう　生没年未詳）

小野神　おののかみ
近江国滋賀郡の小野神社二座の祭神。

¶神仏辞典（小野神　おののかみ）

小野小町　おののこまち
平安前期の女流歌人。美貌の歌人として知られ、多くの説話や伝説が生まれた。

¶英雄事典（小野小町　オノノコマチ）
　架空人日（小野小町　おののこまち）
　架空伝承（小野小町　おののこまち　生没年不詳）〔像〕
　架空伝説（小野小町　おののこまち　生没年不詳）〔像〕
　歌舞伎登（小野小町1『積恋雪関扉』　おののこまち）〔像〕
　歌舞伎登（小野小町2『六歌仙容彩』　おののこまち）
　奇談逸話（小野小町　おののこまち　生没年未詳）

広辞苑6（小野小町　おののこまち）
新潮日本（小野小町　おののこまち）
神仏辞典（小野小町　おののこまち　生没年未詳）
神話伝説（小野小町　おののこまち）
人物伝承（小野小町　おののこまち　生没年不詳）〔像〕
説話伝説（小野小町　おののこまち　生没年不詳）
世百新（小野小町　おののこまち　生没年不詳）
伝奇伝説（小野小町　おののこまち）〔像〕
日ミス（小野小町　おののこまち）
日本人名（小野小町　おののこまち　生没年不詳）

小野篁　おののたかむら
平安時代の漢詩人、歌人。詩人として理想化する伝承や地獄の冥官とする蘇生説話など様々に語られる。

¶架空人日（小野篁　おののたかむら）
　架空伝承（小野篁　おののたかむら　㊤延暦21(802)年　㊦仁寿2(852)年）〔像〕
　架空伝説（小野篁　おののたかむら）〔像〕
　架空伝説（篁　たかむら）
　奇談逸話（小野篁　おののたかむら　㊤延暦21(802)年　㊦仁寿2(852)年）
　古典人東（小野篁　おののたかむら）
　神仏辞典（小野篁　おののたかむら　㊤802年　㊦853年）
　神話伝説（小野篁　おののたかむら）
　説話伝説（小野篁　おののたかむら　㊤延暦21(802)年　㊦仁寿2(852)年）
　伝奇伝説（小野篁　おののたかむら　㊤延暦21(802)年　㊦仁寿2(852)年）〔像〕
　日ミス（小野篁　おののたかむら　㊤延暦21(802)年　㊦仁寿2(852)年）

小野道風　おののとうふう
平安時代の名筆家。「三蹟」の一人。

¶架空伝承（小野道風　おののとうふう　㊤寛平6(894)年　㊦康保3(966)年）〔像〕
　架空伝説（小野道風　おののとうふう　㊤894年　㊦966年）〔像〕
　歌舞伎登（小野道風　おののとうふう）
　神様読解（小野道風　おののとうふう　㊤894年　㊦966年）〔像〕
　奇談逸話（小野道風　おののとうふう　㊤寛平6(894)年　㊦康保3(966)年）
　神仏辞典（小野道風　おののとうふう　㊤894年　㊦996年）
　説話伝説（小野道風　おののとうふう　㊤寛平6(894)年　㊦康保3(966)年）
　伝奇伝説（小野道風　おののとうふう　㊤寛平8(896)年／同6年　㊦康保3(966)年）
　東洋神名（小野道風　オノノトウフウ）〔像〕

小野春道　おののはるみち
歌舞伎演目『毛抜』に登場する、小野小町の家系である小野家の当主。

¶歌舞伎登（小野春道　おののはるみち）

小野姫　おののひめ
歌舞伎演目『出世景清』に登場する、熱田大宮司の娘で、悪七兵衛景清の妻。

¶歌舞伎登（小野姫　おののひめ）

小野良実　おののよしざね
歌舞伎演目『仲蔵狂乱』に登場する、出羽の郡司。
¶歌舞伎登（小野良実　おののよしざね）

おのぶ
山本周五郎作『さぶ』の登場人物。
¶時代小説（おのぶ）

お延　おのぶ
夏目漱石作『明暗』(1916)に登場する、津田由雄の妻。
¶架空人日（お延　おのぶ）

お信　おのぶ
澤田ふじ子作『公事宿事件書留帳』の登場人物。
¶時代小説（お信　おのぶ）

お信　おのぶ
勝海舟の母。子母澤寛作『父子鷹』の登場人物。
¶時代小説（お信　おのぶ）

小野宗房　おのむねふさ
大佛次郎作『鞍馬天狗』の登場人物。
¶時代小説（小野宗房　おのむねふさ）

小野宗行　おのむねゆき
大佛次郎作『鞍馬天狗』の登場人物。
¶時代小説（小野宗行　おのむねゆき）

おばあ神　おばあがみ
山梨県都留市十日市場の路坊の神。咳の神。
¶神仏辞典（おばあ神　おばあがみ）

オバイオバイ
京都府地方でいう妖怪の児童語。
¶妖怪事典（オバイオバイ）

オハインカル
アイヌに伝わる幻視のようなもの。
¶妖怪事典（オハインカル）

お歯黒べったり　おはぐろべったり
目も鼻もなく、お歯黒の歯をむき出しにしてにやりと笑う女の妖怪。
¶幻想動物（お歯黒べったり）〔像〕
　水木妖怪続（お歯黒べったり）〔像〕
　妖怪事典（ハグロベッタリ）
　妖怪大全（お歯黒べったり　おはぐろべったり）〔像〕
　妖怪大事典（歯黒べったり　はぐろべったり）〔像〕

お化け　おばけ
幽霊、妖怪、変化を含めた奇怪なものの総称。
¶広辞苑6（御化け　おばけ）
　説話伝説（お化け　おばけ）
　大辞林3（御化け　おばけ）

オバケのQ太郎　おばけのきゅーたろう
藤子不二雄の同名の漫画の主人公。
¶日本人名（オバケのQ太郎　オバケのキューたろう）

オーバコ
山形県飽海郡飛島でいう海の妖怪。
¶妖怪事典（オーバコ）
　妖怪大事典（オーバコ）

姥捨山の男　おばすてやまのおとこ
『大和物語』の登場人物。信濃国更級という所に住んでいた男。親代わりの伯母を山奥に捨てるが後悔し、連れ帰る。
¶古典人東（姥捨山の男　おばすてやまのおとこ）

小幡伊織　おばたいおり
岡本綺堂作『半七捕物帳』の登場人物。
¶時代小説（小幡伊織　おばたいおり）

小幡勘兵衛景憲　おばたかんべえかげのり
甲州流の軍学者。吉川英治作『宮本武蔵』の登場人物。
¶時代小説（小幡勘兵衛景憲　おばたかんべえかげのり）

小幡神　おはたのかみ
丹波国桑田郡の小幡神社の祭神。
¶神仏辞典（小幡神　おはたのかみ）

小幡余五郎景政　おばたよごろうかげまさ
吉川英治作『宮本武蔵』の登場人物。
¶時代小説（小幡余五郎景政　おばたよごろうかげまさ）

オハチスエ
樺太アイヌに伝わる妖怪。
¶神仏辞典（オハチスィエ）
　全国妖怪（オハチスエ〔北海道〕）
　妖怪事典（オハチスエ）
　妖怪大事典（オハチスエ）〔像〕

お八狸　おはちだぬき
徳島県の動物の怪。
¶全国妖怪（オハチダヌキ〔徳島県〕）

お初　おはつ
近松門左衛門作の浄瑠璃『曾根崎心中』の主人公。
¶朝日歴史（お初・徳兵衛　おはつ・とくべえ）
　架空人日（お初　おはつ）
　架空人物（お初、徳兵衛）
　架空人物（お初・徳兵衛　おはつ・とくべえ）〔像〕
　歌舞伎登（お初　おはつ）〔像〕
　広辞苑6（お初　おはつ）
　広辞苑6（お初　おはつ）
　コン5（お初・徳兵衛　おはつ・とくべえ）
　新潮日本（お初・徳兵衛　おはつ・とくべえ）
　説話伝説（お初徳兵衛　おはつとくべえ）〔像〕
　大辞林3（お初・徳兵衛　おはつ・とくべえ）

お初　おはつ
伝奇伝説（お初徳兵衛　おはつ　とくべえ）
日本人名（お初・徳兵衛　おはつ・とくべえ）

お初　おはつ
平岩弓枝作『はやぶさ新八御用帳』の登場人物。
¶時代小説（お初　おはつ）

お初　おはつ
宮部みゆき作『霊験お初捕物控』の登場人物。
¶時代小説（お初　おはつ）

お初　おはつ
三上於菟吉作『雪之丞変化』の登場人物。
¶時代小説（お初　おはつ）

お初　おはつ
浄瑠璃『加賀見山旧錦絵』、歌舞伎『鏡山旧錦絵』に登場する、中老尾上の召し使い。
¶歌舞伎登（お初　おはつ）〔像〕
　広辞苑6（お初　おはつ）
　古典大学（お初　おはつ）
　大辞林3（お初　おはつ）

お花　おはな
近松門左衛門作の浄瑠璃『長町女腹切』の主人公の遊女。
¶広辞苑6（お花半七　おはな・はんしち）
　コン5（お花・半七　おはな・はんしち）
　説話伝説（お花半七　おはなはんしち）
　伝奇伝説（お花半七　おはな はんしち）
　日本人名（お花・半七　おはな・はんしち）

お花　おはな
笹沢左保作『木枯し紋次郎』の登場人物。
¶時代小説（お花　おはな）

お花　おはな
宮本昌孝作『藩校早春賦』の登場人物。
¶時代小説（お花　おはな）

お花　おはな
歌舞伎演目『東海道四谷怪談』に登場する、小仏小平の女房。
¶歌舞伎登（お花　おはな）

おはなはん
小野田勇脚本の連続テレビ小説『おはなはん』の主人公。
¶日本人名（おはなはん）

尾花屋の呉山　おばなやのござん
永井荷風作『腕くらべ』（1916-17）に登場する、新橋の芸者置屋の主人。
¶架空人日（尾花屋の呉山　おばなやのござん）

意波閉神　おはへのかみ
近江国伊香郡の意波閉神社の祭神。
¶神仏辞典（意波閉神・意波閇神　おはへのかみ）

おはま
長谷川伸作の戯曲『瞼の母』（『番場の忠太郎』）に登場する、番場の忠太郎の「瞼の母」。
¶架空人日（おはま）
　架空伝説
　歌舞伎登（水熊のおはま　みずくまのおはま）

おはま
歌舞伎演目『新皿屋舗月雨暈』に登場する、魚屋宗五郎の女房。
¶歌舞伎登（おはま）

お浜　おはま
中里介山作『大菩薩峠』の登場人物。
¶時代小説（お浜　おはま）

お浜　おはま
角田喜久雄作『髑髏銭』の登場人物。
¶時代小説（お浜　おはま）

小浜神　おばまのかみ
加賀国加賀郡の小浜神社の祭神。
¶神仏辞典（小浜神　おばまのかみ）

お早　おはや
歌舞伎演目『双蝶々曲輪日記』に登場する、もと大坂新町の遊女都。南与兵衛の愛人。
¶歌舞伎登（お早　おはや）

姨雪世四郎　おばゆきよしろう
曲亭馬琴作の読本『南総里見八犬伝』（1814-42）に登場する元武士で漁師。
¶架空人日（姨雪世四郎　おばゆきよしろう）

小原庄助　おはらしょうすけ
民謡『会津磐梯山』に出てくる人物。
¶架空人物（小原庄助）
　コン5（小原庄助　おはらしょうすけ　生没年不詳）
　新潮日本（小原庄助　おはらしょうすけ）
　説話伝説（小原庄助　おはらしょうすけ）
　日本人名（小原庄助　おはらしょうすけ）

小原の万兵衛　おばらのまんべえ
歌舞伎演目『毛抜』に登場する、小野家をゆすりにやってきた男。
¶歌舞伎登（小原の万兵衛　おばらのまんべえ）

小原女　おはらめ
歌舞伎演目『小原女』に登場する、八瀬や大原から薪や炭などを頭に乗せて町中に売りに来た女物売り。
¶歌舞伎登（小原女　おはらめ）

小墾田采女　おはりだのうねめ
『日本書紀』にみえる女官。允恭天皇につかえる。
¶朝日歴史（小墾田采女　おはりだのうねめ）
　日本人名（小墾田采女　おはりだのうねめ）

尾針神　おはりのかみ
備前国御野郡の尾針神社の祭神。
¶神仏辞典（尾針神　おはりのかみ）

おばりょん
暗い夜道を歩いていると、背中に飛びのってくる妖怪。
¶水木妖怪（オバリヨン）〔像〕
妖怪図鑑（おばりょん）〔像〕
妖怪大全（オバリヨン）〔像〕

おはる
池波正太郎作『剣客商売』の登場人物。
¶時代小説（おはる）

お春　おはる
上田秋成作『世間妾形気』の登場人物。浦島太郎の子孫寿斎が妻子と死別し家の絶えるのを歎き、龍女（乙姫）に祈って、夢の中で玉手箱と友に与えられた娘。
¶架空伝説（お春　おはる）
古典人学（お春　おはる）

お春　おはる
岡本綺堂作『半七捕物帳』の登場人物。
¶時代小説（お春　おはる）

お春　おはる
野村胡堂作『銭形平次捕物控』の登場人物。
¶時代小説（お春　おはる）

おはん
宇野千代の小説『おはん』の主人公。
¶日本人名（おはん）

お半　おはん
江戸期の情話の主人公。信濃屋の14歳の娘。隣家の帯屋長右衛門と心中する。
¶朝日歴史（お半・長右衛門　おはん・ちょうえもん）
架空伝承（お半・長右衛門　おはん・ちょうえもん）〔像〕
架空伝説（お半・長右衛門　おはん・ちょうえもん）〔像〕
歌舞伎登（お半　おはん）
広辞苑6（お半長右衛門　おはん・ちょうえもん）
コン5（お半・長右衛門　おはん・ちょうえもん）
新潮日本（お半・長右衛門　おはん・ちょうえもん）
説話伝説（お半長右衛門　おはんちょうえもん　[没]宝暦11（1761）年4月12日）
大辞林3（お半・長右衛門　おはん・ちょうえもん）
伝奇伝説（お半長右衛門　おはん ちょうえもん）
日本人名（お半・長右衛門　おはん・ちょうえもん）

オハンギツネ
広島県倉橋島でいう狐。
¶妖怪事典（オハンギツネ）

御火　おび
島根県隠岐郡西郷町でいう怪火。
¶妖怪事典（オビ）

おひ神　おひがみ
群馬県の北部で、便所の神。
¶神仏辞典（おひ神　おひがみ）

お久　おひさ
三遊亭円朝作『真景累ヶ淵』に登場する、新吉と駆け落ちした娘。
¶架空人日（お久　おひさ）

お久　おひさ
歌舞伎演目『人情噺文七元結』に登場する、左官長兵衛の娘。
¶歌舞伎登（お久　おひさ）

意非多神　おひたのかみ
伊勢国飯野郡の意非多神社の祭神。
¶神仏辞典（意非多神　おひたのかみ）

お秀　おひで
江戸中期の義民。阿波国重清村東原（徳島県美馬町）の庄屋助役の一人娘。庄屋の不正を強訴し処刑された。「お秀大明神」として祀られている。
¶説話伝説（お秀　おひで　[生]?　[没]宝暦8（1758）年）

お秀　おひで
夏目漱石作『明暗』（1916）の主人公津田由雄の妹。
¶架空人日（お秀　おひで）

お秀　おひで
「浪花話」として「東京絵入新聞」（明治11年）に連載された新聞小説の主人公。
¶奇談逸話（お秀　おひで 生没年未詳）

お秀　おひで
白井喬二作『富士に立つ影』の登場人物。
¶時代小説（お秀　おひで）

おひな
便所神の呼称。宮城県でいう。
¶神仏辞典（おひな）

意悲神　おひのかみ
伊勢国飯高郡の意悲神社、因幡国八上郡の意非神社の祭神。
¶神仏辞典（意悲神・意非神　おひのかみ）

お百　おひゃく
滝沢馬琴の妻。杉本苑子作『滝沢馬琴』の登場人物。
¶時代小説（お百　おひゃく）

小枚宿禰神　おひらのすくねのかみ
対馬島上県郡の小枚宿禰命神社の祭神。
¶神仏辞典（小枚宿禰神　おひらのすくねのかみ）

お

おひろ
山本周五郎作『つゆのひぬま』(1956)に登場する、深川の佃町にある娼家蔦屋の娼婦。
¶架空人日（おひろ）

お房　おふさ
近松門左衛門作の人形浄瑠璃『心中重井筒』の主人公。
¶歌舞伎登（お房　おふさ）
　広辞苑6（お房徳兵衛　おふさ・とくべえ）
　広辞苑6（お房徳兵衛　おふさ・とくべえ）
　説話伝説（お房徳兵衛　おふさとくべえ）
　大辞林3（お房・徳兵衛　おふさ・とくべえ）

お房　おふさ
『春色辰巳園』『春色英対暖語』『春色梅美婦禰』の主人公峯次郎の恋人の一人。
¶架空人日（お房　おふさ）

おふじ
佐藤雅美作『恵比寿屋喜兵衛手控え』の登場人物。
¶時代小説（おふじ）

お藤　おふじ
歌舞伎演目『花街模様薊色縫』に登場する、金貸し（実は盗賊）大寺正兵衛の妻。
¶歌舞伎登（お藤　おふじ）

お藤　おふじ
人形浄瑠璃・歌舞伎『堀川波の鼓』に登場する、お種の妹。
¶架空伝説（お藤　おふじ）
　歌舞伎登（お藤　おふじ）

小被神　おぶすまのかみ
武蔵国男衾郡の小被神社の祭神。
¶神仏辞典（小被神　おぶすまのかみ）

小布勢神　おふせのかみ
越後国蒲原郡の小布勢神社の祭神。
¶神仏辞典（小布勢神　おふせのかみ）

お筆　おふで
浄瑠璃『ひらがな盛衰記』(1739年初演)に登場する、山吹御前に仕える腰元。
¶架空人日（お筆　おふで）
　歌舞伎登（お筆　おふで）

お舟　おふね
福内鬼外(平賀源内)作『神霊矢口渡』の登場人物。矢口の渡し守頓兵衛の娘。
¶架空伝説（お舟　おふね）
　歌舞伎登（お舟　おふね）〔像〕
　古典人学（お舟　おふね）

飫富神　おふのかみ
上総国望陀郡の飫富神社の祭神。

¶神仏辞典（飫富神・飯富神　おふのかみ）

お文　おふみ
岡本綺堂作『半七捕物帳』の登場人物。
¶時代小説（お文　おふみ）

お冬　おふゆ
岡本綺堂作『半七捕物帳』の登場人物。
¶時代小説（お冬　おふゆ）

お振　おふり
海音寺潮五郎作『二本の銀杏』の登場人物。
¶時代小説（お振　おふり）

おぶん
山本周五郎作『つゆのひぬま』(1956)に登場する、江戸の深川佃町の娼家蔦屋の女。
¶架空人日（おぶん）

お文　おぶん
宇江佐真理作『髪結い伊三次捕物余話』の登場人物。
¶時代小説（お文　おぶん）

おふんどう
便所神の呼称。宮城県登米郡迫町でいう。
¶神仏辞典（おふんどう）

小戸神　おべのかみ
摂津国川辺郡の小戸神社の祭神。
¶神仏辞典（小戸神　おべのかみ）

おへや神　おへやがみ
栃木県安蘇郡などで、便所の神をいう。
¶神仏辞典（おへや神　おへやがみ）

おぼ
群馬県利根郡、新潟県南魚沼郡、福島県でいう妖怪。貂に似ていて、夜歩いている人の脚にからみついて動けなくしてしまう。
¶幻想動物（オボ）〔像〕
　神仏辞典（おぼ）
　全国妖怪（オボ〔群馬県〕）
　全国妖怪（オボ〔新潟県〕）
　水木妖怪続（オボ）〔像〕
　妖怪事典（オボ）
　妖怪大全（オボ）〔像〕
　妖怪大事典（オボ）〔像〕

お坊吉三　おぼうきちさ
河竹黙阿弥作の歌舞伎『三人吉三廓初買』(1860年初演)に登場する盗賊。もと旗本安森家の息子で、その育ちからお坊と渾名される。
¶架空人日（お坊吉三　おぼうきちざ）
　架空伝説（お坊吉三　おぼうきちさ）
　歌舞伎登（お坊吉三　おぼうきちさ）
　大辞林3（お坊吉三　おぼう・きちさ）
　日本人名（お坊吉三　おぼうきちさ）

お坊吉三　おぼうきちさ
　歌舞伎演目『網模様燈籠菊桐』に登場する、将軍の昵近渋川家の次男。
　¶歌舞伎登（お坊吉三　おぼうきちさ）

小祝神　おほうりのかみ
　上野国片岡郡の小祝神社の祭神。
　¶神仏辞典（小祝神　おほうりのかみ）

大酒神　おほさけのかみ
　山城国葛野郡の大酒神社の祭神。
　¶神仏辞典（大酒神　おほさけのかみ）

お星　おほし
　昔話の継子譚に登場する姉妹の一人の名。
　¶神話伝説（お月お星　おつきおほし）

おぼすな
　全国的に分布する、集落の神、村の神。
　¶神仏辞典（おぼすな）

おぼら火　おぼらび
　火の妖怪。愛媛県越智郡宮窪町で沖の怪火のことをいう。
　¶神仏辞典（おぼら火　おぼらび）
　　全国妖怪（オボラビ〔愛媛県〕）
　　妖怪事典（オボラ）

朧　おぼろ
　山田風太郎作『甲賀忍法帖』の登場人物。
　¶時代小説（朧　おぼろ）

朧車　おぼろぐるま
　牛車の形をした妖怪。
　¶幻想動物（朧車）〔像〕
　　神仏辞典（朧車　おぼろぐるま）
　　妖怪事典（オボログルマ）
　　妖怪図鑑（朧車　おぼろぐるま）〔像〕
　　妖怪大全（朧車　おぼろぐるま）〔像〕
　　妖怪大事典（朧車　おぼろぐるま）〔像〕
　　妖百3（片輪車・輪入道・朧車　かたわぐるま・わにゅうどう・おぼろぐるま）〔像〕

朧月夜　おぼろづきよ
　『源氏物語』に登場する、光源氏が弘徽殿の細殿で出会った女性。
　¶架空人日（朧月夜　おぼろづきよ）
　　広辞苑6（朧月夜　おぼろづくよ）
　　古典人学（朧月夜の君　おぼろづきよのきみ）
　　古典人東（朧月夜　おぼろづきよ）
　　大辞林3（朧月夜　おぼろづくよ）

お牧　おまき
　歌舞伎演目『天衣紛上野初花』に登場する、質屋上州屋の後家。
　¶歌舞伎登（お牧　おまき）

お槇　おまき
　歌舞伎演目『東海道四谷怪談』に登場する、伊藤家の乳母。
　¶歌舞伎登（お槇　おまき）

オマク
　岩手県遠野地方でいう怪異。生者や死者の思いが凝って出て歩く姿が、人の目に見える幻。
　¶妖怪事典（オマク）
　　妖怪大鑑（オマク）〔像〕
　　妖怪大事典（オマク）

おまさ
　池波正太郎作『鬼平犯科帳』の登場人物。
　¶時代小説（おまさ）

おまさ
　杉本章子作『おすず信太郎人情始末帖』の登場人物。
　¶時代小説（おまさ）

お政　おまさ
　二葉亭四迷作『浮雲』(1887-89)の主人公の文三の叔母。
　¶架空人日（お政　おまさ）

お政　おまさ
　大佛次郎作『鞍馬天狗』の登場人物。
　¶時代小説（お政　おまさ）

お政　おまさ
　歌舞伎演目『東海道四谷怪談』に登場する、浅草観音境内の茶店の女。
　¶歌舞伎登（お政　おまさ）

小俣神　おまたのかみ
　伊勢国度会郡のの小俣神社の祭神。
　¶神仏辞典（小俣神　おまたのかみ）

小俣王　おまたのみこ
　日子坐王の王子。
　¶神様読解（小俣王　おまたのみこ）

おまち
　国定忠治の第一の妾。
　¶架空伝説（おまち）

おまつ
　歌舞伎演目『三世相錦繡文章』に登場する、小柴六三郎と深川福島屋芸者お園との間にできた子。
　¶歌舞伎登（おまつ）

お松　おまつ
　徳島市佐古町に伝わる女狸の名。
　¶神仏辞典（お松　おまつ）

お

お松 おまつ
江戸時代前期の女性。不当に取り上げられた土地を取り戻すため徳島藩主に直訴、打ち首となった。死後、お松権現として祀られた。
¶**日本人名**（お松 おまつ ㊉1663年 ㊊1686年）

お松 おまつ
中里介山作『大菩薩峠』の登場人物。
¶**時代小説**（お松 おまつ）

お松 おまつ
山手樹一郎作『夢介千両みやげ』の登場人物。
¶**時代小説**（お松 おまつ）

お松 おまつ
歌舞伎演目『紙子仕立両面鑑』に登場する、大坂の道具商万屋の惣領助六の妻。
¶**歌舞伎登**（お松 おまつ）

お祭り佐七 おまつりさしち
⇒佐七（さしち）

お守り伝兵衛 おまもりでんべえ
歌舞伎演目『杜若艶色紫』に登場する、土手のお六の亭主。
¶**歌舞伎登**（お守り伝兵衛 おまもりでんべえ）

おまん
享保（1716-36）の頃の俗謡にあらわれる名前。紅売りや飴売りがこの名を用いて売り歩いた。
¶**架空伝承**（おまん）〔像〕

おまん
島崎藤村作『夜明け前』（1929-35）の主人公青山半蔵の継母。
¶**架空人日**（おまん）

おまん
村上元三作『佐々木小次郎』の登場人物。
¶**時代小説**（おまん）

おまん
岡鬼太郎の新作歌舞伎『今様薩摩歌』に登場する、目黒行人坂上の染め物屋千草屋の娘。
¶**歌舞伎登**（おまん）

お万 おまん
井原西鶴の浮世草子『好色五人女』で取り上げられた、薩摩源五兵衛と心中した女。人形浄瑠璃『薩摩歌』、歌舞伎『五大力恋緘』にも登場する。
¶**朝日歴史**（小万・源五兵衛 おまん・げんごべえ）
架空人日（おまん）
架空伝承（おまん・源五兵衛 おまん・げんごべえ 生没年不詳）〔像〕
架空伝説（おまん・源五兵衛 おまん・げんごべえ）
架空伝説（小萬・源五兵衛 こまん・げんごべえ）
歌舞伎登（小万 こまん）
古典人学（おまん）
古典人東（おまん）
コン5（お万・源五兵衛 おまん・げんごべえ）
新潮日本（お万・源五兵衛 おまん・げんごべえ）
説話伝説（おまん源五兵衛 おまんげんごべえ）
伝奇伝説（お万源五兵衛 おまん げんごべえ）
日本人名（お万・源五兵衛 おまん・げんごべえ）

お万 おまん
吉屋信子作『徳川の夫人たち』の登場人物。
¶**時代小説**（お万 おまん）

お万の方 おまんのかた
将軍家光の側室。
¶**架空伝説**（お万の方 おまんのかた）

おまんの母 おまんのはは
山の妖怪。香川県仲多度郡琴南町でいう。
¶**神仏辞典**（おまんの母 おまんのはは）
全国妖怪（オマンノハハ〔香川県〕）
妖怪事典（オマンノハハ）

おまん姫 おまんひめ
愛媛県北宇和郡日吉村に伝わる。歯痛に効験があるとされる。
¶**神仏辞典**（おまん姫 おまんひめ）

於美阿志神 おみあしのかみ
大和国高市郡の於美阿志神社の祭神。
¶**神仏辞典**（於美阿志神 おみあしのかみ）

お三重 おみえ
泉鏡花作『歌行燈』（1910）に登場する人物。本名をお袖といい、謡の名手宗山の娘。
¶**架空人日**（お三重 おみえ）

お見越し おみこし
静岡県庵原郡両河内村でいう妖怪。
¶**全国妖怪**（オミコシ〔静岡県〕）
妖怪事典（オミコシ）
妖怪大事典（お見越し おみこし）

臣狭山命 おみさやまのみこと
『新撰姓氏録』に所出。中臣酒人宿禰の祖（左京神別上天神）。
¶**神仏辞典**（臣狭山命 おみさやまのみこと）

臣知人命 おみしるひとのみこと
『新撰姓氏録』に所出。伊香連の祖（左京神別上天神）。
¶**神仏辞典**（臣知人命 おみしるひとのみこと）

お道 おみち
岡本綺堂作『半七捕物帳』の登場人物。
¶**時代小説**（お道 おみち）

お路 おみち
宗伯（滝沢馬琴の息子）の妻。杉本苑子作『滝沢馬琴』の登場人物。

¶時代小説（お路　おみち）

お光　おみつ
人形浄瑠璃『新版歌祭文』に登場する人物。
¶架空伝説（お光　おみつ）
　歌舞伎登（お光　おみつ）〔像〕

お美津　おみつ
陣出達朗作『伝七捕物帳』の登場人物。
¶時代小説（お美津　おみつ）

お光母　おみつはは
歌舞伎演目『新版歌祭文』に登場する、久作の後妻で、お光の実母。
¶歌舞伎登（お光母　おみつはは）

おみね
泡坂妻夫作『宝引の辰捕者帳』の登場人物。
¶時代小説（おみね）

おみね
佐江衆一作『江戸職人綺譚』の登場人物。
¶時代小説（おみね）

お峰　おみね
歌舞伎演目『怪異談牡丹燈籠』に登場する、萩原新三郎の孫店に住む伴蔵の女房。
¶歌舞伎登（お峰　おみね）

乎美祢神　おみねのかみ
伊賀国伊賀郡の乎美祢神社の祭神。
¶神仏辞典（乎美祢神　おみねのかみ）

おみの
歌舞伎『元禄忠臣蔵』に登場する人物。
¶架空伝説（おみの）
　歌舞伎登（おみの）

麻績王　おみのおおきみ
7世紀の王族の一人で歌や説話に伝説化された人物。
¶架空伝承（麻績王　おみのおおきみ）
　神話伝説（麻績王　おみのおおきみ）
　説話伝説（麻績王　おみのおおきみ）
　世百新（麻績王　おみのおおきみ）
　伝奇伝説（麻績王　おみのおおきみ）

乎弥神　おみのかみ
近江国伊香郡の乎弥神社の祭神。
¶神仏辞典（乎弥神　おみのかみ）

麻続神　おみのかみ
伊勢国多気郡の麻続神社の祭神。
¶神仏辞典（麻続神　おみのかみ）

おみや
山本周五郎作『樅ノ木は残った』の登場人物。

¶時代小説（おみや）

お宮　おみや
「貫一・お宮」で知られる、尾崎紅葉の長編小説『金色夜叉』の主人公。鴫沢家の一人娘。
¶架空人日（お宮　おみや）
　架空人物（お宮、貫一）
　架空伝承（貫一・お宮　かんいち・おみや）
　架空伝説（お宮・貫一　おみや・かんいち）
　コン5（貫一・お宮　かんいち・おみや）
　新潮日本（貫一・お宮　かんいち・おみや）
　大辞林3（貫一・お宮　かんいち・おみや）
　日本人名（貫一・お宮　かんいち・おみや）

お宮　おみや
歌舞伎演目『けいせい廓源氏』に登場する、佐々木家の家臣名古屋将監（山三の父）に仕えていた腰元。
¶歌舞伎登（お宮　おみや）

小宮神　おみやのかみ
伊賀国阿拝郡の小宮神社の祭神。
¶神仏辞典（小宮神　おみやのかみ）

おみよ
松本清張作『無宿人別帳』の登場人物。
¶時代小説（おみよ）

お美代の方　おみよのかた
徳川11代将軍家斉の愛妾。
¶伝奇伝説（お美代の方　おみよのかた）

お三輪　おみわ
人形浄瑠璃『妹背山婦女庭訓』（1771年）四段目に登場する田舎娘。
¶架空伝承（お三輪　おみわ）〔像〕
　架空伝説（お三輪　おみわ）
　歌舞伎登（お三輪　おみわ）〔像〕
　広辞苑6（お三輪　おみわ）
　古典大学（お三輪　おみわ）
　コン5（お三輪　おみわ）
　日本人名（お三輪　おみわ）

小虫神　おむしのかみ
丹後国与謝郡の小虫神社の祭神。
¶神仏辞典（小虫神　おむしのかみ）

お六つ　おむつ
徳島県徳島市寺町に伝わる狸の名。
¶神仏辞典（お六つ・お睦　おむつ）

小村神　おむらのかみ
『日本三代実録』に所出。土佐国の神。
¶神仏辞典（小村神　おむらのかみ）

お目出たき人　おめでたきひと
武者小路実篤作『お目出たき人』（1911）の主人公。
¶架空人日（お目出たき人　おめでたきひと）

思兼神　おもいかねのかみ
高御産巣日神の子。天照大神が天の岩戸に隠れた時、謀を設けて誘い出した。八意思兼神とも。『古事記』では思金神と書く。
- ¶朝日歴史（思兼神　おもいかねのかみ）
- 神様読解（思兼神/思兼命　おもいかねのかみ・おもいかねのみこと）
- 広辞苑6（思金神・思兼神　おもいかねのかみ）
- 新潮日本（思兼神　おもいかねのかみ）
- 神仏辞典（思金神・思兼神　おもいかねのかみ）
- 神仏辞典（八意思兼命　やごころおもいかねのみこと）
- 世百新（思兼神　おもいかねのかみ）
- 大辞林3（思兼神・思金神　おもいかねのかみ）
- 東洋神名（思金神　オモイカネノカミ）〔像〕
- 日本神々（思金神　おもいかねのかみ）〔像〕
- 日本神様（八意思兼神　やごころおもいかねのかみ）〔像〕
- 日本人名（思兼神　おもいかねのかみ）
- 日本神話（オモヒカネ）

思松金　おもいまつがね
奄美のユタが唱える呪詞に登場する天ザシシノカミ（太陽神）に愛された女性。
- ¶アジア女神（思松金　おもいまつがね）

面影　おもかげ
秋田県鹿角地方でいう怪異。死の直前、知人のもとを訪れて姿をあらわしたり、下駄の音をさせたりする魂。
- ¶妖怪事典（オモカゲ）
- 妖怪大鑑（オモカゲ）〔像〕
- 妖怪大事典（面影　おもかけ）〔像〕

面白の駒　おもしろのこま
『落窪物語』に登場する、落窪の君の夫となる少将道頼の奥方の伯父の子。
- ¶架空人日（面白の駒　おもしろのこま）

沢瀉姫　おもだかひめ
歌舞伎演目『嫗山姥』に登場する、岩倉の大納言兼冬の息女。
- ¶歌舞伎登（沢瀉姫　おもだかひめ）

淤母陀琉神　おもだるのかみ
神世七代中の第六代の神で、阿夜訶志古泥神（吾屋惶根尊）と偶生の神。
- ¶神様読解（淤母陀琉神/面足尊　おもだるのかみ・おもだるのみこと）
- 神仏辞典（淤母陀琉神　おもだるのかみ）
- 日本人名（面足尊　おもだるのみこと）

おもと
池波正太郎作『剣客商売』の登場人物。
- ¶時代小説（おもと）

ヲモトオナリ
『琉球国由来記』の石垣島名蔵村の御嶽の由来譚に登場する神憑りをする神女。
- ¶アジア女神（ヲモトオナリ）

袁物忌神　おものいみのかみ
出羽国飽海郡の小物忌神社の祭神。
- ¶神仏辞典（袁物忌神・小物忌神　おものいみのかみ）

思往神　おものゆくのかみ
但馬国気多郡の思往神社の祭神。
- ¶神仏辞典（思往神　おものゆくのかみ）

小社神命神　おもりのかみのみことのかみ
大和国十市郡の小杜神命神社の祭神。
- ¶神仏辞典（小社神命神・小杜神命神　おもりのかみのみことのかみ）

思ぬ方にとまりする少将　おもわぬかたにとまりするしょうしょう
物語集『堤中納言物語』に登場する貴族。
- ¶架空人日（思ぬ方にとまりする少将　おもわぬかたにとまりするしょうしょう）

おもん
山本周五郎作『柳橋物語』（1946）に登場する、油屋の娘。
- ¶架空人日（おもん）

おもん
池波正太郎作『仕掛人・藤枝梅安』の登場人物。
- ¶時代小説（おもん）

おもん
北原亞以子作『深川澪通り木戸番小屋』の登場人物。
- ¶時代小説（おもん）

おもん
城昌幸作『若さま侍捕物手帖』の登場人物。
- ¶時代小説（おもん）

おもん
乙川優三郎作『霧の橋』の登場人物。
- ¶時代小説（おもん）

おもん
藤沢周平作『本所しぐれ町物語』の登場人物。
- ¶時代小説（おもん）

お八重　おやえ
白井喬二作『富士に立つ影』の登場人物。
- ¶時代小説（お八重　おやえ）

お八重　おやえ
久生十蘭作『顎十郎捕物帳』の登場人物。
- ¶時代小説（お八重　おやえ）

親神　おやがみ
個人を守る神や祖霊をその働きから呼ぶ名。子神との対で呼ぶ場合もある。

¶広辞苑6（祖神　おやがみ）
　神仏辞典（親神　おやがみ）

オヤケアカハチ
15世紀後半より16世紀にかけて沖縄八重山で活躍したと伝えられる土豪。
¶架空伝承（オヤケアカハチ　生没年不詳）
　神仏辞典（オヤケアカハチ　生没年未詳）

おやじ
佐々木味津三作『右門捕物帖』の登場人物。
¶時代小説（おやじ）

オヤシ
アイヌの樺太に住む人間型の化け物の総称。
¶神仏辞典（オヤシ）

おやす
山本一力作『大川わたり』の登場人物。
¶時代小説（おやす）

オヤマ
都筑道夫作『なめくじ長屋捕物さわぎ』の登場人物。
¶時代小説（オヤマ）

小山田角助　おやまだかくすけ
神坂次郎作『おかしな侍たち』の登場人物。
¶時代小説（小山田角助　おやまだかくすけ）

小山田幸内　おやまだこうない
歌舞伎演目『蘭奢待新田系図』に登場する、播磨の国脇の浜に隠れ住む浪人。
¶歌舞伎登（小山田幸内　おやまだこうない）

小山田庄左衛門　おやまだしょうざえもん
江戸末頃の実録『大岡政談』「直助権兵衛一件」に登場する、もと赤穂浪士の一人。
¶架空人日（小山田庄左衛門　おやまだしょうざえもん）

小山田神　おやまだのかみ
越前国今立郡の小山田神社の祭神。
¶神仏辞典（小山田神　おやまだのかみ）

小山神　おやまのかみ
越中国新川郡の雄山神社の祭神。
¶神仏辞典（小山神・雄山神　おやまのかみ）

小山の太郎行重　おやまのたろうゆきしげ
幸若『信太』に登場する、下野国都賀郡小山の武士。
¶架空人日（小山の太郎行重　おやまのたろうゆきしげ）

阿良の幽霊火　おややのゆうれいび
広島県福山市神村町でいう怪火。

¶妖怪事典（オヤヤノユウレイビ）

親指太郎　おやゆびたろう
昔話の主人公。子のない老夫婦が神に祈り授かった小さな子供。
¶神話伝説（親指太郎　おやゆびたろう）
　伝奇伝説（親指太郎　おやゆびたろう）
　日本人名（親指太郎　おやゆびたろう）

小結神　おゆいのかみ
『日本三代実録』に所出。陸奥国の神。
¶神仏辞典（小結神　おゆいのかみ）

お夕　おゆう
笹沢左保作『木枯し紋次郎』の登場人物。武蔵野国日野宿の両替屋の娘。
¶時代小説（お夕　おゆう）

お夕　おゆう
笹沢左保作『木枯し紋次郎』の登場人物。三宅島の流人。日野宿のお夕と同名のため主人公が気にかける。
¶時代小説（お夕　おゆう）

お雪　おゆき
講談『天保六花撰』に登場する、河内山宗俊と片岡直次郎と三角関係になった美女。
¶架空人日（お雪　おゆき）

お雪　おゆき
歌舞伎演目『水天宮利生深川』に登場する、幸兵衛の長女。
¶歌舞伎登（お雪　おゆき）

お雪　おゆき
白井喬二作『富士に立つ影』の登場人物。
¶時代小説（お雪　おゆき）

お雪　おゆき
山本周五郎作『赤ひげ診療譚』の登場人物。
¶時代小説（お雪　おゆき）

お雪　おゆき
永井荷風の小説『濹東綺譚』の主人公。
¶日本人名（お雪　おゆき）

お雪ちゃん　おゆきちゃん
中里介山作『大菩薩峠』の登場人物。
¶時代小説（お雪ちゃん　おゆきちゃん）

お弓　おゆみ
歌舞伎演目『国訛嫩笈摺』に登場する、おつるの母親。
¶歌舞伎登（お弓　おゆみ）

お弓　おゆみ
4世鶴屋南北作の歌舞伎『東海道四谷怪談』（1825

年初演)に登場する、高師直の重臣伊藤喜兵衛の娘。
¶架空人日（お弓　おゆみ）
　歌舞伎登（お弓　おゆみ）

お弓　おゆみ
菊池寛作『恩讐の彼方に』(1919)に登場する、旗本中川三郎兵衛の妾。
¶架空人日（お弓　おゆみ）
　架空伝説（お弓　おゆみ）

お由羅　おゆら
幕末の薩摩藩島津家の藩主斉興の側室。久光の母。お家騒動の主人公。
¶架空伝説（お由羅　おゆら）
　奇談逸話（お由羅　おゆら　生没年不詳）
　コン5（お由良　おゆら　㊗?　㊥慶応2(1866)年）
　時代小説（お由羅の方　おゆらのかた）

お葉　およう
藤沢周平作『暗殺の年輪』の登場人物。
¶時代小説（お葉　およう）

お葉　およう
横溝正史作『人形佐七捕物帳』の登場人物。
¶時代小説（お葉　およう）

およう の尼　おようのあま
御伽草子『おようのあま』(室町時代)に登場する、御用聞きの年老いた尼。
¶架空人日（およう の尼　おようのあま）
　古典人東（御用の尼　おようのあま）

『おようのあま』の法師　おようのあまのほうし
御伽草子『おようのあま』(室町時代)に登場する、京の白川の辺に住む貧しい老僧。
¶架空人日（『おようのあま』の法師　おようのあまのほうし）

およし
宮部みゆき作『霊験お初捕物控』の登場人物。
¶時代小説（およし）

およし
歌舞伎演目『伊賀越道中双六』「岡崎」の場に登場する人物。
¶歌舞伎登（およし）

およし
歌舞伎演目『ひらかな盛衰記』に登場する、船頭権四郎の娘。
¶歌舞伎登（およし）

およし
歌舞伎演目『道行念玉蔓』木津川の渡し場の船頭長作に会いにいく人物。
¶歌舞伎登（およし）

お吉　およし
山東京伝作の洒落本『古契三娼』(1787)に登場する元遊女。
¶架空人日（お吉　およし）
　架空伝説（お吉　およし）

お芳　およし
海音寺潮五郎作『二本の銀杏』の登場人物。
¶時代小説（お芳　およし）

お四つ　およつ
徳島市二軒屋町辺りに伝わる女狸。
¶神仏辞典（お四つ　およつ）

お米　およね
歌舞伎演目『伊賀越道中双六』に登場する、沼津の雲助平作の娘。
¶歌舞伎登（お米　およね）

お米　およね
歌舞伎演目『怪談談牡丹燈籠』に登場する、牛込の旗本飯島平左衛門の娘お露付きの忠実な女中。
¶歌舞伎登（お米　およね）

お米　およね
歌舞伎演目『暗闇の丑松』に登場する、料理職人丑松の女房。
¶歌舞伎登（お米　およね）

お米　およね
吉川英治作『鳴門秘帖』の登場人物。
¶時代小説（お米　およね）

御米　およね
夏目漱石作『門』(1910)の主人公宗助の妻。
¶架空人日（御米　およね）

オヨヨ大統領　およよだいとうりょう
小林信彦作『オヨヨ』シリーズの主人公。
¶架空人物（オヨヨ大統領）

お頼　おらい
日本橋の油問屋の娘。品川の宿屋の六次郎に惚れたが叶わず、病で悔やみながら死んだ。滝沢馬琴が『宿六物語』として書き流行した。
¶コン5（お頼　おらい）
　説話伝説（お頼　おらい　生没年未詳）
　伝奇伝説（お頼　おらい）
　日本人名（お頼　おらい）

お楽　おらく
歌舞伎演目『摂州合邦辻』に登場する、玉手御前に仕える奴入平の女房。
¶歌舞伎登（お楽　おらく）

おらち
歌舞伎演目『鎌倉三代記』に登場する、三浦之

助の老母が住まう絹川村の百姓女。
¶歌舞伎登（おらち）

叫び　おらび
音の妖怪。高知県中村市の俗伝。
¶神仏辞典（叫び　おらび）
妖怪事典（オラビ）

オラビソウケ
長崎県北部、佐賀県北西部、福岡県八女郡などの山間でいう妖怪の一種。
¶幻想動物（オラビソウケ）〔像〕
神仏辞典（おらびそうて）
全国妖怪（オラビソウテ〔佐賀県〕）
妖怪事典（オラビソウケ）
妖怪大事典（オラビソウケ）

お蘭　おらん
邦枝完二作『歌麿』の登場人物。
¶時代小説（お蘭　おらん）

降居神　おりいのかみ
『日本三代実録』に所出。山城国の神。
¶神仏辞典（降居神・下居神　おりいのかみ）

おりえ
歌舞伎演目『太平記忠臣講釈』に登場する、塩冶浪人矢間重太郎の妻。
¶歌舞伎登（おりえ）

おりき
城昌幸作『若さま侍捕物手帖』の登場人物。
¶時代小説（おりき）

お力　おりき
樋口一葉作『にごりえ』（1895）に登場する遊女。
¶架空人日（お力　おりき）

おりく
歌舞伎演目『倭仮名在原系図』に登場する、東寺前にある水茶屋の女房。
¶歌舞伎登（おりく）

折口信夫　おりくちしのぶ
井沢元彦の『猿丸幻視行』で探偵役をつとめる国学院大学の学生。
¶名探偵日（折口信夫　おりくちしのぶ）

折琴姫　おりことひめ
歌舞伎演目『岩倉宗玄恋慕琴』に登場する、大友家の忘れ形見。
¶歌舞伎登（折琴姫　おりことひめ）

折り柴　おりしば
峠や山道の入口にあって、行路の安全を祈る路傍の神。愛知県北設楽郡や愛媛県南部でいう。
¶神仏辞典（折り柴　おりしば）

折鶴刑事部長　おりづるけいじぶちょう
佐野洋の連作短編集『折鶴の殺意』の語り手にして主人公。
¶名探偵日（折鶴刑事部長　おりづるけいじぶちょう）

折田金之助　おりたきんのすけ
海音寺潮五郎作『二本の銀杏』の登場人物。
¶時代小説（折田金之助　おりたきんのすけ）

織田神　おりたのかみ
越前国敦賀郡、若狭国三方郡の織田神社の祭神。
¶神仏辞典（織田神　おりたのかみ）

おりつ
山本周五郎作『ちいさこべ』（1957）に登場する町人。
¶架空人日（おりつ）

おりつ
歌舞伎『楼門五三桐』『艶競石川染』に登場する、石川五右衛門の妻。
¶歌舞伎登（おりつ1　『楼門五三桐』　おりつ）
歌舞伎登（おりつ2　『艶競石川染』　おりつ）

織幡神　おりはたのかみ
筑前国宗像郡の織幡神社の祭神。
¶神仏辞典（織幡神　おりはたのかみ）

お柳　おりゅう
為永春水作の人情本『春色英対暖語』（1838）に登場する、文次郎の妻。
¶架空人日（お柳　おりゅう）
架空伝説（お柳　おりゅう）

お柳　おりゅう
人形浄瑠璃『祇園女御九重錦』に登場する人物。
¶架空伝説（お柳　おりゅう）

お柳　おりゅう
泡坂妻夫作『宝引の辰捕者帳』の登場人物。
¶時代小説（お柳　おりゅう）

お柳　おりゅう
歌舞伎演目『卅三間堂棟由来』に登場する、熊野山中の柳の精霊。
¶歌舞伎登（お柳　おりゅう）

お柳の方　おりゅうのかた
歌舞伎演目『梅柳若葉加賀染』に登場する、望月帯刀の妻松月尼が、多賀大領に身染められ愛妾となった名。
¶歌舞伎登（お柳の方　おりゅうのかた）

おりょう
⇒楢崎りょう（ならさきりょう）

おりん
泡坂妻夫作『宝引の辰捕者帳』の登場人物。
¶時代小説（おりん）

おりん
姥捨山伝説に題材をとった深沢七郎の短編『楢山節考』の女主人公。
¶架空人物（おりん）
日本人名（おりん）

お累　おるい
三遊亭円朝作『真景累ヶ淵』に登場する、新吉の妻。
¶架空人日（お累　おるい）

オルカ
岡山県都窪郡地方でいう妖怪。
¶妖怪事典（オルカ）

遠流志別石神　おるしわけのいしのかみ
陸奥国栗原郡の遠流志別石神社の祭神。
¶神仏辞典（遠流志別石神　おるしわけのいしのかみ）

お瑠璃　おるり
佐江衆一作『江戸職人綺譚』の登場人物。
¶時代小説（お瑠璃　おるり）

おれん
山本有三作『路傍の石』(1937)の主人公吾一少年の母親。
¶架空人日（おれん）

おれん
村上元三作『松平長七郎江戸日記』の登場人物。
¶時代小説（おれん）

お蓮　おれん
横溝正史作『人形佐七捕物帳』の登場人物。
¶時代小説（お蓮　おれん）

おろく
城昌幸作『若さま侍捕物手帖』の登場人物。
¶時代小説（おろく）

お六　おろく
⇒土手のお六（どてのおろく）

大蛇　おろち
日本の山などに棲む巨大な蛇の総称。
¶幻想動物（大蛇）〔像〕
　日本未確認（巨蟒　おろち）〔像〕
　妖怪図鑑（大蛇　だいじゃ）〔像〕

大蛇丸　おろちまる
合巻『児雷也豪傑譚』(1839-68)第12編から登場する残忍な山賊。歌舞伎『児雷也後編譚話』にも登場。
¶架空人日（大蛇丸　おろちまる）
　歌舞伎登（大蛇丸　おろちまる）

於侶神　おろのかみ
遠江国鹿玉郡の於侶神社の祭神。
¶神仏辞典（於侶神　おろのかみ）

拝幣志神　おろへしのかみ
陸奥国胆沢郡の於呂閉志神社の祭神。
¶神仏辞典（拝幣志神・拝弊志神・於呂閉志神・於呂閇志神　おろへしのかみ）

オワイオワイ
大阪府地方でいう妖怪の児童語。
¶妖怪事典（オワイオワイ）

おわか
杉本章子作『おすず信太郎人情始末帖』の登場人物。
¶時代小説（おわか）

お若　おわか
中里介山作『大菩薩峠』の登場人物。
¶時代小説（お若　おわか）

小若子神　おわくごのかみ
『続日本後紀』『日本三代実録』に所出。山城国の神。
¶神仏辞典（小若子神　おわくごのかみ）

おわさ
歌舞伎演目『御所桜堀川夜討』に登場する物縫師。
¶歌舞伎登（おわさ）

小和田逸平　おわだいっぺい
藤沢周平作『蝉しぐれ』の登場人物。
¶時代小説（小和田逸平　おわだいっぺい）

尾張大神　おわりのおおかみ
『日本文徳天皇実録』に所出。尾張大神社の祭神。
¶神仏辞典（尾張大神　おわりのおおかみ）

尾張大国霊神　おわりのおおくにたまのかみ
尾張国中島郡の尾張大国霊神社の祭神。
¶神仏辞典（尾張大国霊神　おわりのおおくにたまのかみ）

尾張大海媛　おわりのおおしあまひめ
⇒意富阿麻比売（おおあまひめ）

尾張兼時　おわりのかねとき
『今昔物語集』に登場する、10～11世紀にかけて実在した高名な近衛官人。
¶架空人日（尾張兼時　おわりのかねとき）

尾張神　おわりのかみ
尾張国山田郡の尾張神社の祭神。
¶神仏辞典（尾張神　おわりのかみ）

尾張屋主都久代命　おわりのやぬしつくしろのみこと
『新撰姓氏録』に所出。山首の祖（未定雑姓摂津国）。
¶神仏辞典（尾張屋主都久代命　おわりのやぬしつくしろのみこと）

尾張戸神　おわりべのかみ
尾張国山田郡の尾張神社の祭神。
¶神仏辞典（尾張戸神　おわりべのかみ）

オンカニャモノ
秋田県地方でいう妖怪の児童語。
¶妖怪事典（オンカニャモノ）

男神　おんがみ
広島県神石郡豊松村の数か所に伝えられる一対の神のうちの一柱。
¶神仏辞典（男神・女神　おんがみ・めんがみ）

オンガメ
宮崎県真幸地方でいうカマキリのことで、貧乏の神。
¶妖怪事典（オンガメ）

オンガラボーシ
和歌山県東牟婁郡熊野川町、本宮町でいう河童。
¶妖怪事典（オンガラボーシ）

オンキ
香川県地方でいう妖怪の児童語。
¶妖怪事典（オンキ）

おんこはじ
青森県上北郡野辺地町で人に憑く狐。
¶神仏辞典（おんこはじ）
　妖怪事典（オンコハヂ）

おんころ
山の妖怪。長野県南安曇郡でいう。
¶神仏辞典（おんころ）
　妖怪事典（オンコロ）

恩田勘次郎　おんだかんじろう
高橋義夫作『浄瑠璃坂の仇討ち』の登場人物。
¶時代小説（恩田勘次郎　おんだかんじろう）

御嶽山の神々　おんたけさんのかみがみ
木曽御嶽山の神として、御嶽神社を本社（祭神は少彦名命）とし、王滝村に里宮（祭神は国常立尊・少彦名命）が鎮座する。
¶日本神様（御嶽山の神々　おんたけさんのかみがみ）

恩田志保　おんだしほ
宮本昌孝作『藩校早春賦』の登場人物。
¶時代小説（恩田志保　おんだしほ）

オンチ
香川県、愛媛県地方でいう妖怪の児童語。
¶妖怪事典（オンチ）

恩地喜多八　おんちきだはち
泉鏡花作『歌行燈』（1910）の主人公。
¶架空人日（恩地喜多八　おんちきだはち）

恩地源三郎　おんちげんざぶろう
泉鏡花作『歌行燈』（1910）の主人公恩地喜多八の伯父。
¶架空人日（恩地源三郎　おんちげんざぶろう）

恩智大御食津彦命神　おんちのおおみけつひこのみことのかみ
『日本文徳天皇実録』『日本三代実録』に所出。河内国の神。
¶神仏辞典（恩智大御食津彦命神・恩智大御食津比古命神　おんちのおおみけつひこのみことのかみ）

恩智神　おんちのかみ
河内国高安郡の恩智神社二座の祭神。
¶神仏辞典（恩智神　おんちのかみ）

温知神　おんちのかみ
『日本三代実録』に所出。肥前国の神。
¶神仏辞典（温知神　おんちのかみ）

小忌人　おんど
島根県八束郡美保関の美保神社の一年神主の妻。
¶神仏辞典（小忌人　おんど）

女一の宮　おんないちのみや
『うつほ物語』に登場する、嵯峨帝の長女。
¶架空人日（女一の宮　おんないちのみや）

女一宮　おんないちのみや
『夜の寝覚』の登場人物。朱雀院の姫宮。母は大宮。
¶古典人学（女一宮　おんないちのみや）

女右大将　おんなうだいしょう
『有明の別』の主人公で貴族。父は太政大臣、母は大宮。男装し、右大将になる姫君。
¶古典人学（姫君　ひめぎみ）
　古典人東（女右大将　おんなうだいしょう）

女三の宮　おんなさんのみや
『源氏物語』の登場人物。朱雀院の第三皇女。
¶架空人日（女三の宮　おんなさんのみや）
　広辞苑6（女三の宮　おんなさんのみや）
　古典人学（女三の宮　おんなさんのみや）
　古典人東（女三の宮　おんなさんのみや）

大辞林3（女三の宮　おんなさんのみや）

女暫　おんなしばらく
歌舞伎演目『女暫』に登場する、「しばらく」と声をかけて悪人を止め、善人を救う超人的な女性。
¶歌舞伎登（女暫　おんなしばらく）

女助六　おんなすけろく
歌舞伎演目『女助六』に登場する、傾城の姿で、助六の下駄を履き傘を手に踊る揚巻のこと。
¶歌舞伎登（女助六　おんなすけろく）

女船頭　おんなせんどう
歌舞伎演目『乗合船恵方万歳』に登場する、浅草山谷堀の入口にあたる待乳山聖天下と、向島三囲神社鳥居下を結ぶ待乳山（竹屋）の渡しの船頭。
¶歌舞伎登（女船頭　おんなせんどう）

女太夫　おんなだゆう
歌舞伎演目『女太夫』に登場する、江戸の非人小屋の女房と娘が三味線を弾き歌を歌って歩く門付けの大道芸人。
¶歌舞伎登（女太夫　おんなだゆう）

女中納言　おんなちゅうなごん
『とりかへばや物語』の主人公。権大納言の娘。活発な性格からそっくりな異腹の女として育つ男君に代わり、男として育てられる。
¶架空人日（とりかへばやの姫君　とりかえばやのひめぎみ）
架空伝説（女大将　おんなたいしょう）
古典人学（女中納言　おんなちゅうなごん）
古典人東（女中納言　おんなちゅうなごん）

女天狗　おんなてんぐ
驕った心を持つ尼が天狗道に落ちて天狗となったもの。
¶幻想動物（女天狗）〔像〕
日本未確認（女天狗）

女盗賊　おんなとうぞく
『今昔物語集』の登場人物。盗賊団を率いる女性主人公。芥川龍之介が『偸盗』のモデルとした作品。
¶架空人日（『今昔物語集』の女盗人　こんじゃくものがたりしゅうのおんなぬすびと）
古典人東（女盗賊　おんなとうぞく）

女盗賊に愛された男　おんなとうぞくにあいされたおとこ
『今昔物語集』の登場人物。年齢30くらいで背が高く、赤鬚の侍。
¶古典人学（女盗賊に愛された男　おんなとうぞくにあいされたおとこ）

恩納なべ　おんななべ
琉歌人。沖縄本島北部恩納村の人といわれる。
¶架空伝承（恩納なべ　おんななべ　生没年不詳）

女二の宮　おんなにのみや
『狭衣物語』の登場人物。嵯峨帝の第二皇女。入道の宮とも。
¶古典人学（女二の宮　おんなにのみや）

女二の宮　おんなにのみや
⇒落葉宮（おちばのみや）

女の首　おんなのくび
静岡県庵原郡両河内村でいう道の怪。
¶全国妖怪（オンナノクビ〔静岡県〕）

女の首の怪　おんなのくびのかい
高知県の海岸でいう怪異。
¶妖怪事典（オンナノクビノカイ）

女の秘部を治療した医師　おんなのひぶをちりょうしたいし
『今昔物語集』の登場人物。典薬頭の高齢の好色な医師。
¶古典人学（女の秘部を治療した医師　おんなのひぶをちりょうしたいし）

オンニョ
広島県地方でいう妖怪の児童語。
¶妖怪事典（オンニョ）

温沼神　おんぬのかみ
『日本三代実録』に所出。出雲国の神。
¶神仏辞典（温沼神　おんぬのかみ）

オンブオバケ
夜道でどこからか「負うてくれ」という声がし、それに応えると、突然背中に乗ってくる妖怪。
¶幻想動物（オンブオバケ）〔像〕

オンボノヤス
福島県田村郡でいう怪異。
¶全国妖怪（オンボノヤス〔福島県〕）
妖怪事典（オンボノヤス）

御厩の喜三太　おんまやのきさんだ
江戸の顔見世狂言で、源義経の家臣。
¶歌舞伎登（御厩の喜三太　おんまやのきさんだ）

おんめ様　おんめさま
神奈川県鎌倉市小町の大巧寺に祀る産女霊神。
¶神仏辞典（おんめ様　おんめさま）

陰摩羅鬼　おんもらき
寺に集まる屍の気が変化した人面鳥。
¶幻想動物（陰摩羅鬼）〔像〕
全国妖怪（オンモラキ〔京都府〕）
日ミス（陰摩羅鬼　おんもらき）
水木幻獣（陰摩羅鬼　おんもらき）〔像〕
妖怪事典（オンモラキ）
妖怪大鑑（陰魔羅鬼　おんもらき）〔像〕

妖怪大事典（陰摩羅鬼　おんもらき）〔像〕

怨霊　おんりょう
人間に恨みを抱き祟りをなす霊。
¶幻想動物　（怨霊）〔像〕
　神仏辞典　（怨霊　おんりょう）
　説話伝説　（怨霊　おんりょう）
　日ミス　（怨霊　おんりょう）

【 か 】

かぁかんば
水の妖怪。長野県東筑摩郡で河童のこと。
¶神仏辞典　（かぁかんば）

河小僧　かあこぞー
愛知県地方でいう河童のこと。
¶妖怪事典　（カアコゾー）

ガアタロ
長崎県の水の怪。河童のこと。
¶神仏辞典　（があたろう）
　全国妖怪　（ガアタロ〔長崎県〕）

ガァッパ
長崎県の対馬で河童のこと。
¶全国妖怪　（ガァッパ〔長崎県〕）

『貝合せ』の蔵人少将　かいあわせのくろうどのしょうしょう
物語集『堤中納言物語』に登場する、随身二人を賜る蔵人の少将。
¶架空人日　（『貝合せ』の蔵人少将　かいあわせのくろうどのしょうしょう）

快庵禅師　かいあんぜんじ
上田秋成作の読本『雨月物語』(1776)巻之五「青頭巾」に登場する僧。実在の人物。
¶架空人日　（快庵禅師　かいあんぜんじ）

怪イモリ　かいいもり
日本や中国における、水に棲み、人に化けるイモリ。
¶水木幻獣　（怪イモリ）〔像〕
　水木世幻獣　（怪イモリ）〔像〕

開化天皇　かいかてんのう
記紀系譜上の第9代天皇。父は孝元天皇。母は鬱色謎命。
¶朝日歴史　（開化天皇　かいかてんのう）
　架空人日　（開化天皇　かいかてんのう）
　神様読解（開化天皇/若倭根子日子大毘毘命　かいかてんのう・わかやまとねこひこおおびびのみこと）
　新潮日本　（開化天皇　かいかてんのう）

神仏辞典　（開化天皇　かいかてんのう）
日本人名　（開化天皇　かいかてんのう）

ガイガン
映画『地球攻撃命令・ゴジラ対ガイガン』(1971)に登場する異星生物。
¶怪物事典　（ガイガン）

怪魚　かいぎょ
沖縄県美里間切古謝村でいう動物の怪。
¶全国妖怪　（カイギョ〔沖縄県〕）

戒金喜右衛門　かいきんきえもん
実録『関東血気物語』に登場する俠客。
¶架空人日　（戒金喜右衛門　かいきんきえもん）

快傑黒頭巾　かいけつくろずきん
高垣眸の同名の時代小説の主人公。
¶日本人名　（快傑黒頭巾　かいけつくろずきん）

怪傑ハリマオ　かいけつはりまお
1960年に日本テレビで放送された子供向けヒーロー番組の主人公。
¶架空伝承　（怪傑ハリマオ　かいけつはりまお）

蚕神　かいこがみ
養蚕の守護神。
¶神様読解　（蚕神　かいこがみ）〔像〕
　神仏辞典　（蚕神　かいこがみ）
　東洋神名　（蚕神　カイコガミ）〔像〕

カイコ狐　かいこぎつね
岡山県でいう憑き狐。
¶妖怪事典　（カイコギツネ）

骸骨　がいこつ
鳥取県東伯郡赤崎町（琴浦町）に伝わる怪異。歩くのに困るほど道に出てきた骸骨。
¶妖怪大事典　（骸骨　がいこつ）

海神　かいじん
海を司るとされる神。『古事記』では大綿津見神や底筒之男命・中筒之男命・上筒之男命があたる。また、山幸彦が訪れた海神宮の神やその娘の豊玉毘売など。
¶神文化史　（ウミノカミ（海の神））
　広辞苑6　（海神　かいじん）
　神仏辞典　（海神　かいじん）
　世百新　（海神　かいじん）
　大辞林3　（海神　かいじん）
　日本神様　（海の神　うみのかみ）

海人　かいじん
人型で海に棲むもの。『大和本草』『長崎見聞録』にある。
¶日本未確認　（海人　かいじん）〔像〕
　妖怪事典　（カイジン）
　妖怪大事典　（海人　かいじん）〔像〕

怪人二十面相　かいじんにじゅうめんそう
江戸川乱歩が創作した怪盗。名探偵明智小五郎のライバル。
- ¶英雄事典（怪人二十面相　カイジンニジュウメンソウ）
- 架空人日（怪人二十面相　かいじんにじゅうめんそう）
- 架空人物（怪人二十面相）
- 広辞苑6（怪人二十面相　かいじんにじゅうめんそう）
- 新潮日本（怪人二十面相　かいじんにじゅうめんそう）
- 日本人名（怪人二十面相　かいじんにじゅうめんそう）

快川紹喜　かいせんしょうき
戦国時代の禅僧。信長の命に反して、落武者をかくまったことから寺を焼かれ、焼死した。
- ¶神仏辞典（快川紹喜　かいせんしょうき　⊕?　⊗1582年）
- 時代小説（快川　かいせん）
- 説話伝説（快川紹喜　かいせんじょうき　⊕文亀1（1501）年　⊗天正10（1582）年）
- 伝奇伝説（快川和尚　かいせんおしょう　⊗天正10（1582）年4月3日）

海尊　かいそん
⇒常陸坊海尊（ひたちぼうかいそん）

貝田勘解由　かいだかげゆ
松貫四ら作『伽羅先代萩』の登場人物。奥州五十四郡の主冠者太郎義綱の家臣。
- ¶古典入学（貝田勘解由　かいだかげゆ）

ガイタル
和歌山県東牟婁郡地方でいう河童のこと。
- ¶妖怪事典（ガイタル）

カイダルボーズ
兵庫県赤穂郡地方でいう河童。
- ¶妖怪事典（カイダルボーズ）

貝児　かいちご
鳥山石燕の『画図百器徒然袋』に描かれたもの。貝桶が古びて中から生まれた妖怪とも。
- ¶妖怪事典（カイチゴ）
- 妖怪大鑑（貝児　かいちご）〔像〕
- 妖怪大事典（貝児　かいちご）〔像〕

怪童丸　かいどうまる
浄瑠璃・歌舞伎の山姥物に登場する子供の役名。坂田金時の幼名とされる。
- ¶歌舞伎登（怪童丸　かいどうまる）
- 広辞苑6（怪童丸・快童丸　かいどうまる）
- 大辞林3（怪童丸・快童丸　かいどうまる）

カイナデ
京都で節分の夜、便所に入ると尻をなでられるという妖怪。
- ¶神仏辞典（かいなで）
- 全国妖怪（カイナデ〔京都府〕）
- 日ミス（カイナデ・カイナゼ）
- 妖怪事典（カイナデ）
- 妖怪図鑑（かいなで）〔像〕
- 妖怪大事典（カイナデ）

甲斐奈神　かいなのかみ
甲斐国山梨郡の甲斐奈神社の祭神。
- ¶神仏辞典（甲斐奈神　かいなのかみ）

かいなんぼう
家にいる妖怪。岐阜県揖斐郡徳山村でいう。貧乏神の一種。
- ¶幻想動物（カイナンボウ）〔像〕
- 神仏辞典（かいなんぼう）
- 全国妖怪（カイナンボウ〔岐阜県〕）
- 妖怪事典（カイナンボウ）

海難法師　かいなんほうし
伊豆七島に出現するとされる、海で死んだ者たちの亡霊。
- ¶幻想動物（海難法師）〔像〕
- 広辞苑6（海難法師　かいなんぼし）
- 神仏辞典（海難法師　かいなんぼし）
- 神話伝説（海難法師　かいなんぼうし）
- 水木妖怪（海難法師　かいなんぼうし）〔像〕
- 妖怪事典（カイナンホウシ）
- 妖怪大全（海難法師　かいなんぼうし）〔像〕
- 妖怪大事典（海難法師　かいなんぼうし）
- 妖百2（亡者舟・海難法師　もうじゃぶね・かいなんぼうし）

貝沼市郎左衛門　かいぬまいちろうざえもん
藤沢周平作『暗殺の年輪』の登場人物。
- ¶時代小説（貝沼市郎左衛門　かいぬまいちろうざえもん）

貝沼金吾　かいぬまきんご
藤沢周平作『暗殺の年輪』の登場人物。
- ¶時代小説（貝沼金吾　かいぬまきんご）

貝原益軒　かいばらえきけん
江戸前期の儒者、博物学者、庶民教育家。膨大な編著を残した。
- ¶架空伝承（貝原益軒　かいばらえきけん　⊕寛永7（1630）年　⊗正徳4（1714）年）〔像〕

貝原修理　かいばらしゅり
白石一郎作『十時半睡事件帖』の登場人物。
- ¶時代小説（貝原修理　かいばらしゅり）

貝吹き坊　かいふきぼう
音の妖怪。岡山県赤磐郡熊山町の熊山城跡にいたという。
- ¶幻想動物（貝吹坊）〔像〕
- 神仏辞典（貝吹き坊　かいふきぼう）
- 全国妖怪（カイフキボウ〔岡山県〕）
- 妖怪事典（カイフキボウ）
- 妖怪大全（貝吹坊　かいふきぼう）〔像〕
- 妖怪大事典（貝吹坊　かいふきぼう）〔像〕

蚕屋善吉　かいやぜんきち
歌舞伎演目『定結納爪櫛』に登場する、近江の国（滋賀県）二夫川の孝子。貝屋善吉とも書く。
¶歌舞伎登（蚕屋善吉　かいやぜんきち）

海妖　かいよう
海上に現れる妖怪。幽霊船や火の玉。
¶妖怪大全（海妖　かいよう）〔像〕

傀儡師　かいらいし
歌舞伎演目『傀儡師』「小倉の野辺のひともと薄」という歌とともに登場する人形遣い。
¶歌舞伎登（傀儡師　かいらいし）

海龍　かいりゅう
海に棲む龍。
¶世怪物神獣（海龍）

海竜王　かいりゅうおう
海中に住む竜神。海・雨の支配者。
¶広辞苑6（海竜王　かいりゅうおう）
　大辞林3（海竜王　かいりゅうおう）

カイロ
和歌山県西牟婁郡地方でいう河童のこと。
¶妖怪事典（カイロ）

カウコ
備前地方でいう河童。
¶妖怪事典（カウコ）

カウソ
富山県上新川郡地方でいう川獺のこと。
¶妖怪事典（カウソ）

河内青玉　かうちのあおだま
波邇夜須毘売の父。
¶神様読解（河内青玉　かうちのあおだま）

ガウル
鹿児島県トカラ列島でいう河童。
¶妖怪事典（ガウル）

かへ
建部綾足作『西山物語』の登場人物。京都西山に住む大森彦七の後裔七郎の妹。従弟大森八郎の子・宇須美との悲恋が描かれる。
¶架空伝説（かへ）
　古典入学（かへ）

加恵　かえ
華岡青洲の妻。有吉佐和子作『華岡青洲の妻』の登場人物。
¶時代小説（加恵　かえ）

楓　かえで
歌舞伎演目『修禅寺物語』に登場する、面作師夜叉王の次女。
¶歌舞伎登（楓　かえで）

加恵の母　かえのはは
華岡加恵の母。有吉佐和子作『華岡青洲の妻』の登場人物。
¶時代小説（加恵の母　かえのはは）

鹿江比咩神　かえひめのかみ
阿波国板野郡の鹿江比売神社の祭神。
¶神仏辞典（鹿江比咩神・鹿江比売神　かえひめのかみ）

蛙神　かえるがみ
疣取り神、雨を祈る神。
¶神様読解（蛙神　かえるがみ）〔像〕
　神仏辞典（蛙神　かえるがみ）

賀縁　がえん
平安時代の延暦寺の僧。『拾遺集』の詞書に登場する。
¶説話伝説（賀縁　がえん　生没年未詳）
　伝奇伝説（賀縁　がえん）

火炎婆　かえんばば
『新説百物語』にある怪異。燃えさかる火炎の中に白髪の老婆の首が火を吹いているのが見えたという。
¶妖怪事典（カエンババ）
　妖怪大事典（火炎婆　かえんばばあ）

ガオ
岐阜県、京都府、熊本県地方でいう妖怪の児童語。
¶妖怪事典（ガオ）

家屋の神　かおくのかみ
家屋を守る神で、棟上げ、上棟祭に祀られる。
¶日本神様（家屋の神　かおくのかみ）

花和尚魯智深　かおしょうろちしん
歌舞伎演目『水滸伝雪挑』に登場する人物。中国小説『水滸伝』の主人公の一人。
¶歌舞伎登（花和尚魯智深　かおしょうろちしん）

顔撫ぜ　かおなぜ
道の妖怪。長野県北安曇郡池田町の俗伝。
¶神仏辞典（顔撫で　かおなで）
　全国妖怪（カオナゼ〔長野県〕）
　妖怪事典（カオナゼ）

賀袁乃真稚命　かおのまわかのみこと
『新撰姓氏録』に所出。垂水公の祖（右京皇別上）。
¶神仏辞典（賀袁乃真稚命　かおのまわかのみこと）

顔世御前　かおよごぜん
『仮名手本忠臣蔵』に登場する、塩冶判官高貞の妻。赤穂城主浅野長矩の妻に擬する。
¶**歌舞伎登**（顔世御前　かおよごぜん）
広辞苑6（顔世御前　かおよごぜん）
大辞林3（顔世御前　かおよごぜん）

カオーラ
長崎県対馬地方でいう河童。
¶**妖怪事典**（カオーラ）

ガオラ　かおーら
徳島県祖谷山村でいう河童。
¶**妖怪事典**（ガオラ）

薫　かおる
『源氏物語』の「宇治十帖」の主人公。光源氏の正妻の女三宮と頭中将の長男柏木との不義の子。「宇治十帖」を典拠とする歌舞伎『浮舟』にも登場する。
¶**架空人日**（薫　かおる）
架空伝承（薫　かおる）
架空伝説（薫　かおる）
歌舞伎登（薫大将　かおるのたいしょう）
古典人学（薫　かおる）
古典人東（薫君　かおるぎみ）
コン5（薫　かおる）
新潮日本（薫　かおる）
大辞林3（薫大将　かおるだいしょう）
日本人名（薫　かおる）

薫　かおる
川端康成作『伊豆の踊子』(1926)に登場する、踊子の少女。
¶**架空人日**（薫　かおる）

カオロ
岐阜県地方でいう河童のこと。
¶**妖怪事典**（カオロ）

ガオロ　かおろ
岐阜県大野郡、和歌山県などの地方でいう河童のこと。
¶**神仏辞典**（がおろ）
妖怪事典（ガオロ）

加賀　かが
平安末期の歌人。『今物語』『十訓抄』『古今著聞集』『東斎随筆』『女郎花物語』に逸話が載っている。
¶**説話伝説**（加賀　かが　生没年未詳）

案山子神　かかしがみ
豊作の守護神。
¶**神様読解**（案山子神　かかしがみ）〔像〕
神仏辞典（案山子神　かかしがみ）
妖怪大鑑（案山子神　かかしがみ）〔像〕

香香背男　かがせお
⇒天香香背男（あめのかがせお）

加賀鳶の松蔵　かがとびのまつぞう
⇒松蔵（まつぞう）

加賀神　かがのかみ
出雲国島根郡の加賀社の祭神。
¶**神仏辞典**（加賀神　かがのかみ）

加賀の千代　かがのちよ
江戸中期の女流俳人。千代女、千代尼にとも。加賀の人。
¶**説話伝説**（加賀の千代　かがのちよ　[生]元禄16(1703)年　[没]安永4(1775)年）
伝奇伝説（加賀の千代　かがのちよ　[生]元禄16(1703)年2月　[没]安永4(1775)年9月8日）

ガガマ
鳥取県東伯郡、島根県出雲地方でいう妖怪の児童語。
¶**妖怪事典**（ガガマ）

加賀美敬介　かがみけいすけ
角田喜久雄の『高木家の惨劇』などに登場する警視庁捜査第一課長。
¶**名探偵日**（加賀美敬介　かがみけいすけ）

鏡作坐天照御魂神　かがみつくりにますあまてるみたまのかみ
大和国城下郡の鏡作坐天照御魂神社の祭神。
¶**神仏辞典**（鏡作坐天照御魂神　かがみつくりにますあまてるみたまのかみ）

鏡作伊多神　かがみつくりのいたのかみ
大和国城下郡の鏡作伊多神社の祭神。
¶**神仏辞典**（鏡作伊多神　かがみつくりのいたのかみ）

鏡作麻気神　かがみつくりのまけのかみ
大和国城下郡の鏡作麻気神社の祭神。
¶**神仏辞典**（鏡作麻気神　かがみつくりのまけのかみ）

鏡作の造の万の子　かがみつくりのみやつこのよろずのこ
『日本霊異記』『今昔物語集』に登場する、大和国十市郡に住む富豪の娘。
¶**架空人日**（鏡作の造の万の子　かがみつくりのみやつこのよろずのこ）

ガガモ
富山県、岐阜県、福井県、愛媛県地方でいう妖怪の児童語。
¶**妖怪事典**（ガガモ）

香用比売神　かがよひめのかみ
大年神の妃神。
¶**神様読解**（香用比売神　かがよひめのかみ）

篝火　かがりび
歌舞伎演目『近江源氏先陣館』に登場する、佐々木高綱の妻。
¶歌舞伎登（篝火　かがりび）

鹿我別　かがわけ
『日本書紀』にみえる武人。賀我別王ともいう。
¶日本人名（鹿我別　かがわけ）

カーカンバ
長野県木曾福島、東筑摩郡などでいう河童のこと。
¶妖怪事典（カーカンバ）

カーカンロー
沖縄県でいう妖怪。
¶妖怪事典（カーカンロー）

ガキ
福井県石徹白村でいうシナノキの下にいた道の怪。ヒダルともいう。
¶全国妖怪（ガキ〔福井県〕）

餓鬼　がき
和歌山県の山の怪。旅人を悩ませて餓死させる。
¶全国妖怪（ガキ〔和歌山県〕）

餓鬼　がき
仏教でいう六道の一つである餓鬼道に堕とされた者。常に飢えと渇きに苦しむ。
¶幻想動物（餓鬼）〔像〕
　神仏辞典（餓鬼　がき）
　世怪物神獣（餓鬼）
　世百新（餓鬼　がき）
　日ミス（餓鬼　がき）
　日本未確認（餓鬼　がき）
　妖怪事典（ガキ）
　妖怪大事典（餓鬼　がき）〔像〕

柿内夫人　かきうちふじん
谷崎潤一郎作『卍』(1928-30) に登場する人物。
¶架空人日（柿内夫人　かきうちふじん）

蠣崎主殿　かきざきとのも
大佛次郎作『ごろつき船』の登場人物。
¶時代小説（蠣崎主殿　かきざきとのも）

柿崎六郎兵衛　かきざきろくろべえ
山本周五郎作『樅ノ木は残った』の登場人物。
¶時代小説（柿崎六郎兵衛　かきざきろくろべえ）

加支多神　かきたのかみ
和泉国日根郡の加支多神社、播磨国賀茂郡の垣田神社の祭神。
¶神仏辞典（加支多神・垣田神　かきたのかみ）

加吉　かきち
宮部みゆき作『霊験お初捕物控』の登場人物。
¶時代小説（加吉　かきち）

餓鬼憑き　がきつき
各地でいう憑き物。山道などで憑かれると空腹におそわれる。
¶妖怪事典（ガキツキ）
　妖怪大鑑（餓鬼憑　がきつき）〔像〕
　妖怪大鑑（餓鬼の霊　がきのれい）〔像〕
　妖怪大全（餓鬼　がき）〔像〕
　妖怪大事典（餓鬼憑き　がきつき）

がきデカ
漫画『がきデカ』（山上たつひこ作画）の主人公。日本最初の少年警察官こまわりくんの別名。
¶架空人物（がきデカ）

柿木金助　かきのききんすけ
江戸中期の盗賊。名古屋城の金の鯱の鱗を盗み取った伝説がある。歌舞伎『金鯱噂高浪』『けいせい黄金鯱』に登場する。
¶架空伝説（柿木金助　かきのききんすけ）
　歌舞伎登（柿木金助　かきのききんすけ）
　説話伝説（柿木金助　かきのききんすけ ㋬? ㋱宝暦13(1763)年）
　伝奇伝説（柿木金助　かきのききんすけ）

柿本人麻呂　かきのもとのひとまろ
『万葉集』の歌人。三十六歌仙の一人。後世、歌聖と崇められ、神格化・伝説化された人物。人丸とも。
¶架空伝承（柿本人麻呂　かきのもとのひとまろ　生没年未詳）〔像〕
　奇談逸話（柿本人麻呂　かきのもとのひとまろ　生没年未詳）
　神仏辞典（人丸　ひとまる）
　人物伝承（柿本人麻呂　かきのもとのひとまろ　生没年未詳）
　説話伝説（柿本人麻呂　かきのもとのひとまろ　生没年未詳）
　伝奇伝説（柿本人麻呂　かきのもとのひとまろ）
　日本神様（柿本人麻呂　かきのもとのひとまろ　生没年未詳）〔像〕

餓鬼仏　がきぼとけ
徳島県地方で、祀り手のない仏、または飢え死にした仏が峠などで人に取り憑くもの。
¶神仏辞典（餓鬼仏　がきぼとけ）

柿本神　かきもとのかみ
山城国紀伊郡の柿本社の祭神。
¶神仏辞典（柿本神　かきもとのかみ）

ガク
新潟県地方でいう妖怪の児童語。
¶妖怪事典（ガク）

覚王院義観　かくおういんぎかん
歌舞伎演目『慶喜命乞』に登場する、上野寛永寺の執当職。
¶歌舞伎登（覚王院義観　かくおういんぎかん）

か

格さん　かくさん
⇒渥美格之進（あつみかくのしん）

隠し神　かくしがみ
京都府天田郡、福井県遠敷郡でいう妖怪。
¶**妖怪事典**（カクシガミ）
妖怪大事典（隠し神　かくしがみ）

カクシジョッコ
秋田県雄勝郡地方でいう神隠しをする妖怪。
¶**妖怪事典**（カクシジョッコ）

隠し坊主　かくしぼうず
群馬県多野郡上野村でいう妖怪。
¶**妖怪事典**（カクシボウズ）

覚寿　かくじゅ
『菅原伝授手習鑑』に登場する、右大臣菅原道真の伯母。
¶**架空人日**（覚寿　かくじゅ）
歌舞伎登（覚寿　かくじゅ）〔像〕

岳神　がくじん
富士山に鎮座する浅間神社の神。
¶**広辞苑6**（岳神　がくじん）

カクシンボ
栃木県鹿沼地方でいう妖怪。
¶**全国妖怪**（カクシンボ〔栃木県〕）
妖怪事典（カクシンボ）

角太郎　かくたろう
岡本綺堂作『半七捕物帳』の登場人物。
¶**時代小説**（角太郎　かくたろう）

迦具土神　かぐつちのかみ
イザナキとイザナミの子で火神。生まれたときにイザナミの陰所を焼き、それが原因でイザナミは死んだ。『古事記』では火之迦具土神、火之炫毘古神、火之夜芸速男神。『日本書記』では軻遇突智、火産霊。『延喜式』の「鎮火祭祝詞」では火結神。
¶**朝日歴史**（軻遇突智神　かぐつちのかみ）
神様読解（火之迦具土神/火之夜芸速男神/阿遇突智神/火産霊神　ほのかぐつちのかみ・ひのやぎはやおのかみ・かぐづちのかみ・ほむすびのかみ）
神文化史（火之迦具土（記）、火神軻遇突智（紀）　カグツチ）
広辞苑6（迦具土神　かぐつちのかみ）
広辞苑6（火結神・火産霊神　ほむすびのかみ）
新潮日本（軻遇突智神　かぐつちのかみ）
神仏辞典（迦具土神　かぐつちのかみ）
神仏辞典（火之炫毘古神　ひのかがびこのかみ）
神仏辞典（火之夜芸速男神　ひのやぎはやおのかみ）
神仏辞典（火産霊　ほむすび）
神仏辞典（火結神　ほむすびのかみ）
神話伝説（迦具土神　かぐつちのかみ）
世百新（軻遇突智　かぐつち）
大辞林3（軻遇突智　かぐつち）
大辞林3（火結神　ほむすびのかみ）
東洋神名（火之迦具土神　ヒノカグツチノカミ）〔像〕
日本神々（火之迦具土神　ひのかぐつちのかみ）〔像〕
日本神様（秋葉・愛宕信仰の神々〔火之迦具土大神〕　あきば・あたごしんこうのかみがみ）
日本人名（軻遇突智神　かぐつちのかみ）
日本神話（カグツチ）
日本神話（ホムスビ）

額の小さん　がくのこさん
歌舞伎演目『南詠恋抜粋』に登場する、大坂島の内の芸妓。
¶**歌舞伎登**（額の小さん　がくのこさん）

覚鑁　かくばん
平安後期の真言僧。『本願霊瑞并寺家縁起』などで様々な神秘譚が語られる。
¶**古典人学**（覚鑁　かくばん）
神仏辞典（覚鑁　かくばん [生]1095年 [没]1143年）
説話伝説（覚鑁　かくばん [生]嘉保2（1095）年 [没]康治2（1143）年）〔像〕
伝奇伝説（覚鑁　かくばん [生]嘉保2（1095）年 [没]康治2（1143）年）

加久弥神　かくみのかみ
越中国射水郡の加久弥神社二座の祭神。
¶**神仏辞典**（加久弥神　かくみのかみ）

覚明　かくみょう
平安末・鎌倉初期の怪僧。木曾義仲の右筆。
¶**架空伝承**（覚明　かくみょう [生]保元1（1156）年? [没]仁治2（1241）年?）
世百新（覚明　かくみょう [生]保元1（1156）年? [没]仁治2（1241）年?）

覚明　かくめい
木曾御嶽の中興開山。死後、覚明霊神として祀られている。
¶**コン5**（覚明（2）　かくめい [生]享保3（1718）年 [没]天明6（1786）年）
神仏辞典（覚明　かくめい [生]1718年 [没]1786年）

覚明　かくめい
草官散人作『垣根草』の登場人物。藤原信西の妾腹の子。
¶**古典人学**（覚明　かくめい）

学問行者　がくもんぎょうじゃ
戸隠山の開山者。伝説的な存在。
¶**朝日歴史**（学問行者　がくもんぎょうじゃ）
神仏辞典（学問行者　がくもんぎょうじゃ）
日本人名（学門行者　がくもんぎょうじゃ）

かぐや姫　かぐやひめ
『竹取物語』の主人公。光り輝く竹の中から現れ、竹取の翁の夫婦に育てられる。美しく成長し、5人の貴公子に求婚されるがすべて断り、満月の夜に昇天する。
¶**英雄事典**（かぐや姫　カグヤヒメ）
架空人日（かぐや姫　かぐやひめ）

架空・伝承編　　　　　　　　かけま

架空人物　（かぐや姫）
架空伝承　（かぐや姫　かぐやひめ）〔像〕
架空伝説　（かぐや姫　かぐやひめ）〔像〕
奇談逸話　（かぐや姫　かぐやひめ）
広辞苑6　（かぐや姫　かぐやひめ）
古典人学　（かぐや姫　かぐやひめ）
古典人東　（かぐや姫　かぐやひめ）
コン5　（かぐや姫　かぐやひめ）
新潮日本　（かぐや姫　かぐやひめ）
人物伝承　（かぐや姫　かぐやひめ）〔像〕
説話伝説　（かぐや姫　かぐやひめ）
大辞林3　（かぐや姫　かぐやひめ）
伝奇伝説　（かぐや姫　かぐやひめ）
日本神様　（かぐや姫　かぐやひめ）
日本人名　（かぐや姫　かぐやひめ）

迦具夜比売命　かぐやひめのみこと
第11代垂仁天皇の妃。垂仁天皇との間に袁耶弁王を生む。
¶神様読解　（迦具夜比売命　かぐやひめのみこと）
　神仏辞典　（迦具夜比売命　かぐやひめのみこと）
　日本人名　（迦具夜比売命　かぐやひめのみこと）

神楽獅子大八　かぐらじしのだいはち
実録『天保水滸伝』（江戸末期）に登場する、下総の博徒飯岡助五郎の子分。
¶架空人日　（神楽獅子大八　かぐらじしのだいはち）

カクラシタ
長野県南安曇郡安曇村でいう怪異。
¶妖怪事典　（カクラシタ）

賀久留神　かくるのかみ
遠江国敷智郡の賀久留神社の祭神。
¶神仏辞典　（賀久留神・加久留神　かくるのかみ）

がぐれ
水の妖怪。宮崎県都城市の近辺で河童のこと。
¶神仏辞典　（がぐれ）
　全国妖怪　（ガグレ〔宮崎県〕）
　妖怪事典　（ガグレ）

隠れ座頭　かくれざとう
夜中に踏み唐臼をつくような音をたてる妖怪。
¶幻想動物　（隠れ座頭）〔像〕
　神仏辞典　（隠れ座頭　かくれざとう）
　全国妖怪　（カクレザトウ〔秋田県〕）
　全国妖怪　（カクレザトウ〔茨城県〕）
　全国妖怪　（カクレザトウ〔千葉県〕）
　妖怪事典　（カクレザトウ）
　妖怪大事典　（隠れ座頭　かくれざとう）

隠れ里の米搗き　かくれざとのこめつき
栃木県の音の怪。
¶全国妖怪　（カクレザトノコメツキ〔栃木県〕）

隠れ婆　かくればば
兵庫県神戸市でいう妖怪。
¶全国妖怪　（カクレババ〔兵庫県〕）
　妖怪事典　（カクレババ）

　妖怪大全　（隠れ婆　かくればばあ）〔像〕
　妖怪大事典　（隠れ婆　かくればばあ）〔像〕

迦具漏比売　かぐろひめ
『古事記』にみえる応神天皇および景行天皇の妃。
¶神様読解　（訶具漏比売命／迦具漏比売命　かぐろめのみこと・かぐろひめのみこと）
　日本人名　（迦具漏比売　かぐろひめ）

影　かげ
柴田錬三郎作『赤い影法師』の登場人物。
¶時代小説　（影　かげ）

筧十蔵　かけいじゅうぞう
真田十勇士の一人。『真田三代記』には筧十兵衛として登場する。
¶架空人日　（筧十蔵　かけいじゅうぞう）
　日本人名　（筧十蔵　かけいじゅうぞう）

筧新吾　かけいしんご
宮本昌孝作『藩校早春賦』の登場人物。
¶時代小説　（筧新吾　かけいしんご）

影女　かげおんな
影として見られる女の妖怪。
¶妖怪事典　（カゲオンナ）
　妖怪大全　（影女　かげおんな）〔像〕
　妖怪大事典　（影女　かげおんな）〔像〕

景勝団子売り　かげかつだんごうり
歌舞伎演目『玉兎』に登場する、月の餅つき兎に見立てられた団子売り。
¶歌舞伎登　（景勝団子売り　かげかつだんごうり）

景清　かげきよ
⇒平景清（たいらのかげきよ）

欠皿　かけざら
継子話の姉妹の名。姉の名である場合と妹の名である場合がある。歌舞伎『月欠皿恋路宵闇』では、里見義親の家臣継橋素太夫の娘楓姫が継母にいじめられ、改めさせられた名。
¶歌舞伎登　（欠皿　かけざら）
　神話伝説　（紅皿欠皿　べにさらかけさら）

花月　かげつ
能『花月』の主人公の少年。
¶日本人名　（花月　かげつ）

垣見五郎兵衛　かけひごろべえ
藤沢周平作『用心棒日月抄』の登場人物。
¶時代小説　（垣見五郎兵衛　かけひごろべえ）

影丸　かげまる
白土三平の劇画『忍者武芸帳』の主人公。
¶新潮日本　（影丸　かげまる）
　日本人名　（影丸(1)　かげまる）

蔭山繁之丞　かげやまししげのじょう
歌舞伎演目『花街模様薊色縫』に登場する、大江家の重臣蔭山武太夫の息子。
¶歌舞伎登（蔭山繁之丞　かげやまししげのじょう）

陽炎　かげろう
山田風太郎作『甲賀忍法帖』の登場人物。
¶時代小説（陽炎　かげろう）

蜻蛉　かげろう
歌舞伎演目『桐一葉』に登場する、片桐且元の、40過ぎに生まれた娘。
¶歌舞伎登（蜻蛉　かげろう）

影鰐　かげわに
海の妖怪。島根県邇摩郡温泉津町でいう。
¶神仏辞典（影鰐　かげわに）
　全国妖怪（カゲワニ〔島根県〕）
　妖怪事典（カゲワニ）
　妖怪大事典（影鰐　かげわに）

ガゴ
福岡県、熊本県、宮崎県、鹿児島県などの地方でいう妖怪の児童語。
¶妖怪事典（ガゴ）

ガゴー
熊本県球磨郡地方でいう妖怪の児童語。
¶妖怪事典（ガゴー）

河口の神　かこうのかみ
速秋津日子神、速秋津比売神があたる。
¶日本神様（河口の神　かこうのかみ）

加古川本蔵　かこがわほんぞう
浄瑠璃『仮名手本忠臣蔵』（1748年初演）に登場する家老。
¶架空人日（加古川本蔵　かこがわほんぞう）
　架空伝説（加古川本蔵　かこがわほんぞう）〔像〕
　歌舞伎登（加古川本蔵　かこがわほんぞう）
　広辞苑6（加古川本蔵　かこがわほんぞう）
　大辞林3（加古川本蔵　かこがわほんぞう）

香坂王　かごさかのみこ
第14代仲哀天皇の皇子。母は彦人大兄の娘・大中比売命（大中姫）。
¶神様読解（香坂王/麛坂皇子　かごさかのみこ・かごさかのみこ）
　コン5（麛坂皇子　かごさかのみこ）
　新潮日本（麛坂皇子　かごさかのみこ）
　神話伝説（香坂王・忍熊王　かごさかのみこ・おしくまのみこ）
　日本人名（麛坂皇子　かごさかのおうじ）

ガゴジ
徳島県地方でいう妖怪の児童語。
¶妖怪事典（ガゴジ）

鹿児島神　かごしまのかみ
大隅国桑原郡の鹿児島神社の祭神。
¶神仏辞典（鹿児島神　かごしまのかみ）

籠背負い　かごしょい
岩手県九戸郡地方でいう妖怪。
¶全国妖怪（カゴショイ〔岩手県〕）
　妖怪事典（カゴショイ）
　妖怪大事典（籠背負い　かごしょい）

かごしょえ
家を訪れる妖怪。岩手県九戸郡でいう。
¶神仏辞典（かごしょえ）

ガゴジン
鹿児島県などの地方でいう妖怪の児童語。
¶妖怪事典（ガゴジン）

元興寺　がごぜ
鳥山石燕の『画図百鬼夜行』に描かれている妖怪。大和国（奈良県）の元興寺の鐘楼に出現した鬼。
¶水木妖怪続（元興寺　がごぜ）〔像〕
　妖怪事典（元興寺　がごぜ）
　妖怪大全（元興寺　がごぜ）〔像〕
　妖怪大事典（元興寺　がごぜ）〔像〕
　妖百4（元興寺　がごぜ）〔像〕

籠造祖　かごつくりみおや
籠造の守護神。神田明神の末社籠造祖神社で祀られる。
¶神様読解（籠造祖　かごつくりみおや）

駕籠の甚兵衛　かごのじんべえ
歌舞伎演目『當穐八幡祭』に登場する、駕籠屋かご甚の頭。
¶歌舞伎登（駕籠の甚兵衛　かごのじんべえ）

駕屋　かごや
歌舞伎演目『駕屋』「忠臣蔵」十一段返しの所作事の六段目に登場する駕籠舁き。
¶歌舞伎登（駕屋　かごや）

駕籠屋甚兵衛　かごやじんべえ
歌舞伎演目『双蝶々曲輪日記』「橋本」の登場人物。大坂新町藤屋の遊女吾妻の父。
¶歌舞伎登（駕籠屋甚兵衛　かごやじんべえ）

香山神　かごやまのかみ
若狭国大飯郡の香山神社の祭神。
¶神仏辞典（香山神　かごやまのかみ）

ガーゴン
富山県五箇地方でいう妖怪の児童語。
¶妖怪事典（ガーゴン）

笠井　かさい
有島武郎作『カインの末裔』（1917）に登場する、

北海道の松川農場の小作人。
¶架空人日（笠井　かさい）

葛西清重　かさいきよしげ
下総国葛西郡を本貫地とする秩父平氏の流れを汲む武士。
¶人物伝承（葛西清重　かさいきよしげ　生没年不詳）

葛西馨之介　かさいけいのすけ
藤沢周平作『暗殺の年輪』の登場人物。
¶時代小説（葛西馨之介　かさいけいのすけ）

葛西源太夫　かさいげんだゆう
藤沢周平作『暗殺の年輪』の登場人物。
¶時代小説（葛西源太夫　かさいげんだゆう）

笠井平三郎　かさいへいざぶろう
山手樹一郎作『遠山の金さん』の登場人物。
¶時代小説（笠井平三郎　かさいへいざぶろう）

葛西政信　かさいまさのぶ
船戸与一作『蝦夷地別件』の登場人物。
¶時代小説（葛西政信　かさいまさのぶ）

風おり　かざおり
伊豆大島でいう怪異。女性が発熱して精神異常のような状態になること。
¶妖怪事典（カザオリ）
　妖怪大事典（風おり　かざおり）

加佐迦神　かさかのかみ
出雲国出雲郡式内社58社の加佐迦社の祭神。
¶神仏辞典（加佐迦神　かさかのかみ）

瘡神　かさがみ
瘡の病の治療を祈って祀られる神。大和（奈良県）で呼ばれる。
¶神仏辞典（瘡神　かさがみ）

笠柄神　かさからのかみ
出雲国意宇郡の笠柄社の祭神。
¶神仏辞典（笠柄神　かさからのかみ）

笠置山大僧正　かさぎざんだいそうじょう
京都府相楽郡笠置町笠置山でいう天狗。
¶妖怪事典（カサギザンダイソウジョウ）
　妖怪大事典（笠置山大僧正　かさぎざんだいそうじょう）

風木津別之忍男神　かざけつわけのおしおのかみ
⇒風木別之忍男神（かざもつわけのおしおのかみ）

傘さし狸　かささしたぬき
徳島県三好郡池田町でいう化け狸。
¶全国妖怪（カササシタヌキ〔徳島県〕）
　妖怪事典（カササシタヌキ）

笠地蔵　かさじぞう
地蔵に笠を被せたことが功徳となるという昔話で知られる地蔵。
¶神仏辞典（笠地蔵　かさじぞう）

笠大黒屋の新六　かさだいこくやのしんろく
井原西鶴作の浮世草子『日本永代蔵』（1688）巻二「才覚を笠に着大黒」の主人公。
¶架空人日（笠大黒屋の新六　かさだいこくやのしんろく）

加佐奈子神　かさなごのかみ
出雲国島根郡の加佐奈子社の祭神。
¶神仏辞典（加佐奈子神　かさなごのかみ）

累　かさね
祐天上人の霊験譚の一つ、「累」説話の主人公の女。
¶朝日歴史（累　かさね）
　架空伝承（累・与右衛門　かさね・よえもん）〔像〕
　歌舞伎登（累　かさね）〔像〕
　奇談逸話（累　かさね）
　広辞苑6（累　かさね）
　コン5（累・与右衛門　かさね・よもん）
　説話伝説（累　かさね）
　大辞林3（累　かさね）
　伝奇伝説（累　かさね）〔像〕
　日ミス（累　かさね）
　日本人名（累・与右衛門　かさね・よえもん）
　妖怪事典（累　かさね）
　妖怪大事典（累　かさね・るい）〔像〕

笠野神　かさののかみ
加賀国加賀郡の笠野神社の祭神。
¶神仏辞典（笠野神　かさののかみ）

傘化け　かさばけ
古い傘が化けた妖怪。
¶幻想動物（から傘）〔像〕
　水木妖怪（傘化け　かさばけ）〔像〕
　妖怪事典（カラカサオバケ）
　妖怪大全（傘化け　かさばけ）〔像〕
　妖怪大事典（傘お化け　からかさおばけ）〔像〕

笠原湛海　かさはらたんかい
歌舞伎演目『鬼一法眼三略巻』に登場する、兵法家吉岡鬼一法眼の弟子で平清盛に媚びる男。
¶歌舞伎登（笠原湛海　かさはらたんかい）

笠原神　かさはらのかみ
信濃国高井郡の笠原神社の祭神。
¶神仏辞典（笠原神　かさはらのかみ）

笠原良策　かさはらりょうさく
福井藩医。吉村昭作『日本医家伝』の登場人物。
¶時代小説（笠原良策　かさはらりょうさく）

笠張法橋　かさはりほっきょう
江戸の顔見世狂言で「平家物語」の世界に登場

する人物。
¶歌舞伎登（笠張法橋　かさはりほっきょう）

風待将監　かざまちしょうげん
山田風太郎作『甲賀忍法帖』の登場人物。
¶時代小説（風待将監　かざまちしょうげん）

笠松平三　かさまつへいぞう
歌舞伎演目『舞扇南柯話』に登場する、赤根半六からおさん殺害を命じられる人物。
¶歌舞伎登（笠松平三　かさまつへいぞう）

笠間神　かさまのかみ
越前国坂井郡、加賀国石川郡の笠間神社の祭神。
¶神仏辞典（笠間神　かさまのかみ）

風間八郎　かざまはちろう
歌舞伎演目『姫競双葉絵草紙』に登場する人物。盗賊風間八郎となり謀叛を企てる。本名は新田小太郎義久。
¶歌舞伎登（風間八郎　かざまはちろう）

笠間又兵衛　かさままたべえ
加州前田家兵法師範。五味康祐作『柳生武芸帳』の登場人物。
¶時代小説（笠間又兵衛　かさままたべえ）

加佐美神　かさみのかみ
美濃国各務郡の加佐美神社の祭神。
¶神仏辞典（加佐美神　かさみのかみ）

笠目神　かさめのかみ
『日本三代実録』に所出。備中国の神。
¶神仏辞典（笠目神　かさめのかみ）

風木別之忍男神　かざもつわけのおしおのかみ
『古事記』上巻に所出。伊邪那岐命（伊奘諾尊）、伊邪那美命（伊奘冉尊）2神の子。風害をふせぐ神という。
¶神様読解（風木津別之忍男神　かざけつわけのおしおのかみ）
　神仏辞典（風木別神　かざもつわけのおしおのかみ）
　日本人名（風木津別之忍男神　かざもつわけのおしおのかみ）

笠森お仙　かさもりおせん
江戸谷中の笠森稲荷境内の水茶屋の娘で、錦絵に刷られた美人。
¶架空伝承（笠森お仙　かさもりおせん　生没年不詳）〔像〕
　歌舞伎登（笠森お仙1『けいせい忍術池』　かさもりおせん）
　歌舞伎登（笠森お仙2『怪談月笠森』　かさもりおせん）
　コン5（笠森お仙　かさもりおせん　生没年不詳）
　説話伝説（笠森お仙　かさもりおせん　㊇寛延3（1750）年　㊣文政10（1827）年）
　伝奇伝説（笠森お仙　かさもりおせん）〔像〕

日本人名（笠森お仙　かさもりおせん　㊇1751年　㊣1827年）

笠屋神　かさやのかみ
甲斐国巨摩郡の笠屋神社の祭神。
¶神仏辞典（笠屋神　かさやのかみ）

傘屋の徳次郎　かさやのとくじろう
池波正太郎作『剣客商売』の登場人物。
¶時代小説（傘屋の徳次郎　かさやのとくじろう）

笠屋与兵衛　かさやよへえ
⇒与兵衛（よへえ）

花山院　かざんいん
第65代に数えられる天皇。在位984-986年。修験者、歌人としても名高く、後世、西国巡礼の祖とされる。
¶架空伝承（花山院　かざんいん　㊇安和1（968）年　㊣寛弘5（1008）年）
　古典人学（花山院　かざんいん　㊇安和1（968）年　㊣寛弘5（1008）年）
　古典人承（花山院　かざんのいん）
　人物伝承（花山院　かざんいん　㊇安和1（968）年　㊣寛弘5（1008）年）〔像〕
　説話伝説（花山天皇　かざんてんのう　㊇安和1（968）年　㊣寛弘5（1008）年）
　伝奇伝説（花山天皇　かざんてんのう　㊇安和1（968）年　㊣寛弘5（1008）年）

梶　かじ
五味川純平の長編小説『人間の条件』の主人公。第二次大戦末期の満州の製鉄会社の調査部員。
¶架空人物（梶）
　日本人名（梶(2)　かじ）

梶井主膳　かじいしゅぜん
歌舞伎演目『夢結蝶鳥追』に登場する易者。
¶歌舞伎登（梶井主膳　かじいしゅぜん）

橿日神　かしいのかみ
『続日本紀』『日本後紀』などに所出。香稚宮・橿日宮・香稚廟宮・橿日廟宮の祭神。
¶神仏辞典（橿日神　かしいのかみ）

加治織部正　かじおりべのしょう
藤沢周平作『蝉しぐれ』の登場人物。
¶時代小説（加治織部正　かじおりべのしょう）

鍛冶婆　かじがばばあ
昔、土佐（高知県）にいた野根という鍛冶屋の妻が狼に食い殺され、その霊が狼に乗り移ったもの。
¶妖怪事典（カジガババ）
　妖怪大全（鍛冶婆　かじがばばあ）〔像〕
　妖怪大事典（鍛冶が婆　かじがばばあ）〔像〕

梶川与惣兵衛　かじかわよそべえ
江戸城中で吉良上野介に刃傷をはかった赤穂藩主浅野内匠頭を組みとめた旗本。藤沢周平作『用

心棒日月抄』の登場人物。
¶時代小説（梶川与惣兵衛　かじかわよそべえ）

加治木玄白斎　かじきげんぱくさい
直木三十五作『南国太平記』の登場人物。
¶時代小説（加治木玄白斎　かじきげんぱくさい）

炊部神　かしきべのかみ
『延喜式』に所出。諸司の春秋の祭りに祭られる。
¶神仏辞典（炊部神　かしきべのかみ）

かしく
歌舞伎演目『競かしくの紅翅』に登場する、大坂北の新地油屋の遊女。
¶歌舞伎登（かしく）
日本人名（かしく [生]? [没]1749年）

かしくお婆あお松　かしくおばあおまつ
歌舞伎演目『短夜仇散書』に登場する、六三郎の乳母の娘。
¶歌舞伎登（かしくお婆あお松）

賀紫久利神　かしくりのかみ
薩摩国出水郡の加紫久利神社の祭神。
¶神仏辞典（賀紫久利神・加紫久利神　かしくりのかみ）

惶根尊　かしこねのみこと
⇒阿夜訶志古泥神（あやかしこねのかみ）

梶州神　かじすのかみ
『日本三代実録』に所出。讃岐国の神。
¶神仏辞典（梶州神　かじすのかみ）

ガシタロ
長崎県の北松浦郡宇久島で河童のこと。
¶全国妖怪（ガシタロ〔長崎県〕）

梶無神　かじなしのかみ
河内国河内郡の梶無神社の祭神。
¶神仏辞典（梶無神　かじなしのかみ）

梶野長庵　かじのちょうあん
歌舞伎演目『三世相錦繡文章』に登場する、お園の母を殺し、兄と偽っている医者。
¶歌舞伎登（梶野長庵　かじのちょうあん）

梶の長兵衛　かじのちょうべえ
歌舞伎演目『短夜仇散書』に登場する、里見家の家臣。
¶歌舞伎登（梶の長兵衛　かじのちょうべえ）

鹿嶋天足別神　かしまあまたりわけのかみ
陸奥国黒川郡の鹿嶋天足別神社、同亘理郡の鹿嶋天足和気神社の祭神。
¶神仏辞典（鹿嶋天足別神・鹿嶋天足和気神　かしまあまたりわけのかみ）

鹿嶋伊都乃比気神　かしまいつのひけのかみ
陸奥国亘理郡の鹿嶋伊都乃比気神社の祭神。
¶神仏辞典（鹿嶋伊都乃比気神　かしまいつのひけのかみ）

鹿島入道震斎　かしまにゅうどうしんさい
歌舞伎演目『暫』に登場する鯰坊主。
¶歌舞伎登（鹿島入道震斎　かしまにゅうどうしんさい）

鹿島大神　かしまのおおかみ
鹿島神宮の祭神。常陸鹿島を支配したと伝えられる神。
¶朝日歴史（鹿島大神　かしまのおおかみ）
神様読解（鹿島大神　かしまのおおかみ）
新潮日本（鹿島大神　かしまのおおかみ）
神仏辞典（香嶋大神　かしまのおおかみ）
日本人名（鹿島大神　かしまのおおかみ）

鹿嶋緒名太神　かしまのおなだのかみ
陸奥国亘理郡の鹿嶋緒名太神社の祭神。
¶神仏辞典（鹿嶋緒名太神　かしまのおなだのかみ）

鹿嶋神　かしまのかみ
常陸国鹿島郡の鹿嶋神宮の祭神。
¶神仏辞典（鹿嶋神　かしまのかみ）

香嶋神子神　かしまのみこのかみ
陸奥国牡鹿郡の鹿嶋御児神社、同行方郡の鹿嶋御子神社の祭神。
¶神仏辞典（香嶋神子神・鹿嶋御児神・鹿嶋御子神　かしまのみこのかみ）

火車　かしゃ
全国に伝わる死体を奪いに来る妖怪。
¶吸血鬼（火車）
幻想動物（火車）〔像〕
神仏辞典（火車　かしゃ）
神話伝説（火車　かしゃ）
全国妖怪（カシャ〔島根県〕）
全国妖怪（カシャ〔鹿児島県〕）
大辞林3（火車　かしゃ）
日ミス（火車　かしゃ）
水木幻獣（火車　かしゃ）〔像〕
妖怪事典（カシャ）〔像〕
妖怪大全（火車　かしゃ）〔像〕
妖怪大事典（火車　かしゃ）〔像〕
妖精百科（火車婆）

がしゃどくろ
巨大な骸骨の姿をした妖怪。
¶幻想動物（ガシャドクロ）〔像〕
水木妖怪続（がしゃどくろ）〔像〕
妖怪事典（ガシャドクロ）
妖怪大全（がしゃどくろ）〔像〕
妖怪大事典（がしゃどくろ）〔像〕

カシャボ
紀州において、河童の冬になって山奥に入ったときの呼び名。

¶水木妖怪続（カシャボ）〔像〕
　妖怪大全（カシャボ）〔像〕

かしゃんぼ
山または水の妖怪。熊野地方でいう。
¶神仏辞典（かしゃんぼ）
　全国妖怪（カシャンボ〔三重県〕）
　全国妖怪（カシャンボ〔和歌山県〕）
　妖怪事典（カシャンボ）
　妖怪大事典（カシャンボ）〔像〕

かしら
水の妖怪。和歌山県西牟婁郡川添村で河童のこと。
¶神仏辞典（かしら）
　全国妖怪（カシラ〔和歌山県〕）
　妖怪事典（カシラ）

頭神　かしらがみ
疫病神の一種。
¶広辞苑6（頭神　かしらがみ）

柏木　かしわぎ
『源氏物語』の登場人物。頭中将の嫡男。夕霧の親友。
¶架空人日（柏木　かしわぎ）
　広辞苑6（柏木　かしわぎ）
　古典人学（柏木　かしわぎ）
　古典人東（柏木　かしわぎ）
　大辞林3（柏木　かしわぎ）

柏木　かしわぎ
三島由紀夫作『金閣寺』（1956）に登場する、三ノ宮市近郊の禅寺の息子。
¶架空人日（柏木　かしわぎ）

膳余磯　かしわでのあれし
古代伝承上の豪族。
¶日本人名（膳余磯　かしわでのあれし）

膳の臣広国　かしわでのおみひろくに
『日本霊異記』『今昔物語集』に登場する、豊前国宮子郡の人。地獄へ行き、亡妻と亡父に会った。
¶架空人日（膳の臣広国　かしわでのおみひろくに）

柏板神　かしわのいたのかみ
『日本三代実録』に所出。近江国の神。
¶神仏辞典（柏板神　かしわのいたのかみ）

柏済神　かしわのわたりのかみ
『日本書紀』巻7に所出。難波国で旅人を苦しめ日本武尊によって討たれる。
¶神仏辞典（柏済神　かしわのわたりのかみ）

賀志波比売神　かしわひめのかみ
阿波国那賀郡の賀志波比売神社の祭神。
¶神仏辞典（賀志波比売神・加志波比売神　かしわひめのかみ）

膳部神　かしわべのかみ
『延喜式』に所出の神。諸司の春秋の祭りに祭られる。
¶神仏辞典（膳部神　かしわべのかみ）

梶原景季　かじわらかげすえ
鎌倉初期の武将。景時の長男。創作では、美しく若い武将のイメージで描かれた。
¶架空人日（梶原源太景季　かじわらげんたかげすえ）
　架空伝承（梶原景季　かじわらかげすえ ㊥応保2（1162）年 ㊦正治2（1200）年）
　架空伝説（梶原景季　かじわらかげすえ）
　歌舞伎登（梶原源太景季1『ひらかな盛衰記』　かじわらげんだかげすえ）〔像〕
　歌舞伎登（梶原源太景季2『源太』　かじわらげんだかげすえ）
　説話伝説（梶原景季　かじわらかげすえ ㊥応保2（1162）年 ㊦正治2（1200）年）
　伝奇伝説（梶原景季　かじわらかげすえ ㊥応保2（1162）年 ㊦正治2（1200）年）

梶原景時　かじわらかげとき
鎌倉初期の武将。『平家物語』に、頼朝に讒言をして義経を失脚させたことが詳しい。
¶架空人日（梶原平三景時　かじわらへいぞうかげとき）
　架空伝承（梶原平三景時　かじわらかげとき ㊥? ㊦正治2（1200）年）
　架空伝説（梶原平三景時　かじわらへいぞうかげとき）
　歌舞伎登（梶原平三景時1『梶原平三誉石切』　かじわらへいぞうかげとき）〔像〕
　歌舞伎登（梶原平三景時2『義経千本桜』　かじわらへいぞうかげとき）
　歌舞伎登（梶原平三景時3『寿曽我対面』　かじわらへいぞうかげとき）
　奇談逸話（梶原景時　かじわらかげとき ㊥? ㊦正治2（1200）年）
　説話伝説（梶原景時　かじわらかげとき ㊥? ㊦正治2（1200）年）〔像〕
　世百新（梶原景時　かじわらかげとき ㊥? ㊦正治2（1200）年）
　伝奇伝説（梶原景時　かじわらかげとき ㊥? ㊦正治2（1200）年）

梶原源太景季　かじわらげんたかげすえ
⇒梶原景季（かじわらかげすえ）

加志波良比古神　かしわらひこのかみ
能登国珠洲郡の加志波良比古神社の祭神。
¶神仏辞典（加志波良比古神　かしわらひこのかみ）

梶原平次景高　かじわらへいじかげたか
歌舞伎『ひらかな盛衰記』『寿曽我対面』『一谷嫩軍記』に登場する、梶原景時の次男。
¶歌舞伎登（梶原平次景高1『ひらかな盛衰記』　かじわらへいじかげたか）
　歌舞伎登（梶原平次景高2『寿曽我対面』　かじわらへいじかげたか）
　歌舞伎登（梶原平次景高3『一谷嫩軍記』　かじわらへいじかげたか）

梶原平三景時　かじわらへいぞうかげとき
⇒梶原景時（かじわらかげとき）

果心居士　かしんこじ
戦国時代の幻術師。織田信長や明智光秀、松永久秀らを手玉にとったと伝えられる。
¶**架空伝説**（果心居士　かしんこじ）
奇談逸話（果心居士　かしんこじ）
説話伝説（果心居士　かしんこじ 生没年未詳）
伝奇伝説（果心居士　かしんこじ 生没年未詳）
日ミス（果心居士　かしんこじ）

カース
静岡県地方でいう川獺。人間の肛門から手をいれ肝を抜き取るという。
¶**妖怪事典**（カース）

カズオ
山中恒作『とべたら本こ』(1960)の主人公の少年。
¶**児童登場**（カズオ）

春日赤童子　かすがあかどうじ
学僧を擁護する守護神。
¶**仏尊事典**（春日赤童子　かすがあかどうじ）〔像〕

春日重蔵　かすがじゅうぞう
吉川英治作『剣難女難』の登場人物。
¶**時代小説**（春日重蔵　かすがじゅうぞう）

春日新九郎　かすがしんくろう
吉川英治作『剣難女難』に登場する人物。
¶**架空伝説**（春日新九郎　かすがしんくろう）
時代小説（春日新九郎　かすがしんくろう）

春日年祈神　かすがとしごひのかみ
『日本三代実録』に所出。山城国の神。
¶**神仏辞典**（春日年祈神　かすがとしごひのかみ）

春日大娘皇女　かすがのおおいらつめのおうじょ
記紀にみえる仁賢天皇の皇后。
¶**日本人名**（春日大娘皇女　かすがのおおいらつめのおうじょ）

春日神　かすがのかみ
河内国丹比郡の阿麻美許曾神社、参河国額田郡の謁播神社などの祭神。
¶**神仏辞典**（春日神　かすがのかみ）

春日建国勝戸売　かすがのたけくにかつとめ
日子坐王の妃・沙本之大闇見戸売の母。
¶**神様読解**（春日建国勝戸売　かすがのたけくにかつとめ）

春日千千速真若比売　かすがのちちはやまわかひめ
⇒千千速真若比売（ちぢはやまわかひめ）

春日局　かすがのつぼね
徳川家光の乳母。家康に直訴し、家光の世嗣決定に大きな役割を果たし、大奥の統率をした。
¶**架空伝承**（春日局　かすがのつぼね [生]天正7(1579)年 [没]寛永20(1643)年）
架空伝説（春日局　かすがのつぼね [生]1579年 [没]1643年）
奇談逸話（春日局　かすがのつぼね [生]天正7(1579)年 [没]寛永20(1643)年）
時代小説（春日局　かすがのつぼね）
説話伝説（春日局　かすがのつぼね [生]天正7(1579)年 [没]寛永20(1643)年）〔像〕
伝奇伝説（春日局　かすがのつぼね [生]天正7(1579)年 [没]寛永20(1643)年）〔像〕

春日戸神　かすがべのかみ
『日本三代実録』に所出。河内国の神。
¶**神仏辞典**（春日戸神・春日部神　かすがべのかみ）

春日戸社坐御子神　かすがべのやしろにますみこのかみ
河内国高安郡の春日戸社坐御子神社の祭神。
¶**神仏辞典**（春日戸社坐御子神　かすがべのやしろにますみこのかみ）

滓上神　かすがみのかみ
加賀国能美郡の滓上神社の祭神。
¶**神仏辞典**（滓上神　かすがみのかみ）

春日明神　かすがみょうじん
春日大社（奈良県奈良市春日野町）の祭神。藤原氏の氏神。
¶**奇談逸話**（春日明神　かすがみょうじん）
広辞苑6（春日権現　かすがごんげん）
説話伝説（春日明神　かすがみょうじん）
仏尊事典（春日明神と本地仏　かすがみょうじんとほんじぶつ）〔像〕

嘉助　かすけ
池波正太郎作『剣客商売』の登場人物。
¶**時代小説**（嘉助　かすけ）

嘉助　かすけ
平岩弓枝作『御宿かわせみ』の登場人物。
¶**時代小説**（嘉助　かすけ）

嘉助　かすけ
佐藤雅美作『恵比寿屋喜兵衛手控え』の登場人物。
¶**時代小説**（嘉助　かすけ）

かず子　かずこ
太宰治作『斜陽』(1947)に登場する、貴族の娘。
¶**架空人日**（かず子　かずこ）
日本人名（かず子　かずこ）

上総市兵衛　かずさいちべえ
歌舞伎演目『上総棉小紋単地』に登場する、上総市原の名主。
¶**歌舞伎登**（上総市兵衛　かずさいちべえ）

か

カースッパ
静岡県富士市地方でいう河童。
¶妖怪事典（カースッパ）

ガースッパ
福岡県、大分県、熊本県、鹿児島県などでいう河童のこと。
¶妖怪事典（ガースッパ）

和宮　かずのみや
仁孝天皇の皇女。孝明天皇の妹。公武合体運動のため、14代将軍徳川家茂に降嫁。
¶時代小説（和宮　かずのみや）
時代小説（皇妹和宮　こうまいかずのみや）
説話伝説（和宮　かずのみや　[生]弘化3（1846）年　[没]明治10（1877）年）
伝奇伝説（和宮　かずのみや　[生]弘化3（1846）年　[没]明治10（1877）年）

霞刑部　かすみぎょうぶ
山田風太郎作『甲賀忍法帖』の登場人物。
¶時代小説（霞刑部　かすみぎょうぶ）

霞千四郎　かすみせんしろう
五味康祐作『柳生武芸帳』の登場人物。
¶時代小説（霞千四郎　かすみせんしろう）

霞多三郎　かすみたさぶろう
五味康祐作『柳生武芸帳』の登場人物。
¶時代小説（霞多三郎　かすみたさぶろう）

霞夕子　かすみゆうこ
夏樹静子の連作短編「女検事・霞夕子シリーズ」のヒロインである検事。
¶名探偵日（霞夕子　かすみゆうこ）

鹿集神　かずめのかみ
『日本文徳天皇実録』に所出。長門国の神。
¶神仏辞典（鹿集神　かずめのかみ）

糟目神　かすめのかみ
三河国碧海郡の糟目神社の祭神。
¶神仏辞典（糟目神　かすめのかみ）

加須夜神　かすやのかみ
伊勢国多気郡の加須夜神社の祭神。
¶神仏辞典（加須夜神・賀須夜神　かすやのかみ）

糟谷四郎左衛門　かすやのしろうざえもん
御伽草子『三人法師』（室町時代後期）に登場する僧、元武士。
¶架空人日（糟谷四郎左衛門　かすやのしろうざえもん）

葛木坐火雷神　かずらきにますほのいかずちのかみ
大和国忍海郡の葛木坐火雷神社二座の祭神。
¶神仏辞典（葛木坐火雷神　かずらきにますほのいかずちのかみ）

葛木大重神　かずらきのおおえのかみ
大和国葛上郡の葛木大重神社の祭神。
¶神仏辞典（葛木大重神　かずらきのおおえのかみ）

葛木鴨神　かずらきのかものかみ
出雲国意宇郡賀茂神戸の葛木賀茂社の祭神。
¶神仏辞典（葛木鴨神・葛木賀茂神　かずらきのかものかみ）

葛城韓媛　かずらきのからひめ
記紀にみえる雄略天皇の妃。葛城円の娘。『古事記』では韓比売、訶良比売。
¶日本人名（葛城韓媛　かずらきのからひめ）

葛木倭文坐天羽雷命神　かずらきのしどりにますあめのはずちのみことのかみ
大和国葛下郡の葛木倭文坐天羽雷命神社の祭神。
¶神仏辞典（葛木倭文坐天羽雷命神　かずらきのしどりにますあめのはずちのみことのかみ）

葛城襲津彦命　かずらきのそつひこのみこと
『新撰姓氏録』に所出。建内宿禰の子。仁徳天皇の皇后、石之比売の父。
¶神様読解（葛城長江曾都毘古　かつらぎのながえのそつびこ）
神仏辞典（葛城襲津彦命・葛木襲津彦命・葛城曾都比古命・葛木曾頭日古命　かずらきのそつひこのみこと）
日本人名（葛城襲津彦　かずらきのそつひこ）

葛城円　かずらきのつぶら
記紀にみえる豪族。葛城玉田の子。『古事記』では都夫良。
¶日本人名（葛城円　かずらきのつぶら）

葛木二上神　かずらきのふたかみのかみ
大和国葛下郡の葛木二上神社二座の祭神。
¶神仏辞典（葛木二上神　かずらきのふたかみのかみ）

葛木御県神　かずらきのみあがたのかみ
大和国葛下郡の葛木御県神社の祭神。
¶神仏辞典（葛木御県神　かずらきのみあがたのかみ）

葛木水分神　かずらきのみくまりのかみ
大和国葛上郡の葛木水分神社の祭神。
¶神仏辞典（葛木水分神　かずらきのみくまりのかみ）

葛木御歳神　かずらきのみとしのかみ
大和国葛上郡の葛木御歳神社の祭神。
¶神仏辞典（葛木御歳神　かずらきのみとしのかみ）

葛木咩神　かずらきめのかみ
土佐国土佐郡の葛木咩神社の祭神。
¶神仏辞典（葛木咩神　かずらきめのかみ）

鬟児　かずらこ
伝説上の美女。3人の男に求愛され思い悩み、大和（奈良県）耳梨山の麓の池に入水したという。
¶日本人名（鬟児　かずらこ）

カスンテ
アイヌに伝わる妖怪。
¶妖怪事典（カスンテ）

風　かぜ
道の妖怪。宮崎県、鹿児島県でいう。
¶神仏辞典（風　かぜ）
　全国妖怪（カゼ〔鹿児島県〕）
　妖怪事典（カゼ）
　妖怪大事典（風　かぜ）〔像〕

かせ掛け女子　かせかけおなご
道の妖怪。長崎県の壱岐でいう。
¶神仏辞典（かせ掛け女子　かせかけおなご）
　全国妖怪（カセカケオナゴ〔長崎県〕）
　妖怪事典（カセカケオナゴ）
　妖怪大事典（桛掛女子　かせかけおなご）

珂是古　かぜこ
『肥前風土記』に登場する、筑前の宗像の郡の人。
¶神話伝説（珂是古　かぜこ）

『風立ちぬ』の私　かぜたちぬのわたし
堀辰雄作『風立ちぬ』(1936)に登場する小説家。
¶架空人日（『風立ちぬ』の私　かぜたちぬのわたし）

風玉　かぜだま
火の妖怪。岐阜県揖斐郡藤橋村でいう。
¶神仏辞典（風玉　かぜだま）
　全国妖怪（カゼダマ〔岐阜県〕）
　妖怪事典（カゼダマ）

風魂　かぜだま
千葉県でいう人魂の類。
¶妖怪事典（カゼダマ）

加世智神　かせちのかみ
伊勢国飯高郡の加世智神社の祭神。
¶神仏辞典（加世智神　かせちのかみ）

風の神　かぜのかみ
風邪などの病気や災難をもたらす疫神。また、口から吹きかける風に当たると病気になる神霊や妖怪。
¶広辞苑6（風の神　かぜのかみ）
　神仏辞典（風の神　かぜのかみ）
　大辞林3（風の神　かぜのかみ）
　東洋神名（風の神　カゼノカミ）〔像〕
　日本神話（風の神　かぜのかみ）
　妖怪事典（カゼノカミ）
　妖怪大全（妖怪風の神　ようかいかぜのかみ）〔像〕
　妖怪大事典（風の神　かぜのかみ）〔像〕

風の神　かぜのかみ
アイヌの風の神。
¶神仏辞典（風の神　かぜのかみ）

風神　かぜのかみ
『日本三代実録』に所出。安芸国の神。志那都古神（級長戸辺命）と同一神であるとされる。
¶神仏辞典（風神・風伯神　かぜのかみ）

風の三郎　かぜのさぶろう
新潟県、福島県、長野県地方でいう風の神。
¶神仏辞典（風の三郎　かぜのさぶろう）
　妖怪事典（カゼノサブロウサマ）
　妖怪大鑑（風の三郎さま）〔像〕
　妖怪大事典（風の三郎様　かぜのさぶろうさま）〔像〕

風の又三郎　かぜのまたさぶろう
宮沢賢治の童話『風の又三郎』の主人公。本名高田三郎。
¶架空人日（風の又三郎　かぜのまたさぶろう）
　架空人物（風の又三郎）
　架空伝承（風の又三郎　かぜのまたさぶろう）
　児童登場（風の又三郎）
　日本人名（風の又三郎　かぜのまたさぶろう）

風博士　かぜはかせ
坂口安吾作『風博士』(1931)に登場する学者。
¶架空人日（風博士　かぜはかせ）

風速神　かぜはやのかみ
越前国大野郡の風速神社の祭神。
¶神仏辞典（風速神　かぜはやのかみ）

カセブクロ
徳島県那賀郡見能林村に棲む狸。
¶妖怪事典（カセブクロ）

かぜふけ
道の妖怪。外気の妖怪。
¶神仏辞典（かぜふけ）

風間神　かぜまのかみ
信濃国水内郡の風間神社の祭神。
¶神仏辞典（風間神　かぜまのかみ）

カゼンドウ
徳島県名東郡八万村でいう怪火。
¶妖怪事典（カゼンドウ）

火前坊　かぜんぼう
平安時代の鳥部山に、死者を焼く煙と炎に包まれて出現したという妖怪。
¶幻想動物（火前坊）〔像〕
　妖怪事典（カゼンボウ）
　妖怪大鑑（火前坊　かぜんぼう）〔像〕
　妖怪大事典（火前坊　かぜんぼう）〔像〕

鹿菀神　かそののかみ
遠江国磐田郡の鹿菀神社の祭神。
¶神仏辞典（鹿菀神・鹿苑神　かそののかみ）

賀蘇山神　かそやまのかみ
『日本三代実録』に所出。下野国の神。
¶神仏辞典（賀蘇山神　かそやまのかみ）

方県津神　かたあがたつのかみ
美濃国方県郡の方県津神社の祭神。
¶神仏辞典（方県津神　かたあがたつのかみ）

片足神　かたあしがみ
各地の山の神をはじめとした一本足の神。
¶神仏辞典（片足神　かたあしがみ）
　神話伝説（片足神　かたあしがみ）

片脚上臈　かたあしじょうろう
愛知県南設楽郡鳳来町でいう山の妖怪。
¶神仏辞典（片脚上臈　かたあしじょうろう）
　全国妖怪（カタアシジョウロウ〔愛知県〕）
　水木妖怪続（片脚上臈　かたあしじょうろう）〔像〕
　妖怪事典（カタアシジョウロウ）
　妖怪大全（片脚上臈　かたあしじょうろう）〔像〕
　妖怪大事典（片足上臈　かたあしじょうろう）〔像〕

方結神　かたえのかみ
出雲国島根郡式外社45社の方結社の祭神。
¶神仏辞典（方結神　かたえのかみ）

片岡源五右衛門　かたおかげんごえもん
人形浄瑠璃および歌舞伎の『仮名手本忠臣蔵』に登場する人物。
¶架空伝説（片岡源五右衛門　かたおかげんごえもん）

片岡源介　かたおかげんすけ
井原西鶴作『男色大鑑』の登場人物。すべてを投げうち愛する美少年・勝弥につくした男。
¶古典人学（片岡源介　かたおかげんすけ）

片岡直次郎　かたおかなおじろう
江戸末期の無頼漢。通称、直侍。講談『天保六花撰』で天保六花撰の一人となり、河竹黙阿弥作の歌舞伎『天衣紛上野初花』にも登場した。
¶架空人日（直侍　なおざむらい）
　架空伝説（直侍　なおざむらい　㊊1793年）
　歌舞伎登（片岡直次郎　かたおかなおじろう）〔像〕
　コン5（片岡直次郎　かたおかなおじろう　㊊寛政5(1793)年　㊣天保3(1832)年）
　新潮日本（直侍　なおざむらい　㊊寛政5(1793)年　㊣天保3(1832)年11月23日）
　伝奇伝説（直侍　なおざむらい　㊊寛政5(1793)年　㊣天保3(1832)年）
　日本人名（片岡直次郎　かたおかなおじろう　㊊1793年　㊣1832年）

片岡坐神　かたおかにますかみ
大和国葛下郡の片岡坐神社の祭神。
¶神仏辞典（片岡坐神　かたおかにますかみ）

片岡神　かたおかのかみ
遠江国蓁原郡五座の片岡神社の祭神。
¶神仏辞典（片岡神　かたおかのかみ）

片岡八郎　かたおかはちろう
歌舞伎演目『義経千本桜』に登場する、源義経の四天王の一人。
¶歌舞伎登（片岡八郎　かたおかはちろう）

片岡山飢人　かたおかやまのきじん
聖徳太子の説話に登場する、太子が片岡で出会った飢えた人。実は真人（ひじり）であった。
¶神仏辞典（片岡山飢人　かたおかやまのきじん）

片岸神　かたきしのかみ
越前国坂井郡の片岸神社の祭神。
¶神仏辞典（片岸神　かたきしのかみ）

片耳豚　かたきらうわ
奄美大島に棲む小豚の形をした妖怪。片耳がないものを呼ぶ。
¶幻想動物（片耳豚）〔像〕
　全国妖怪（カタキラウワ〔鹿児島県〕）
　水木妖怪続（カタキラウワ（片耳豚））〔像〕
　妖怪事典（カタキラウワ）
　妖怪大全（片耳豚　カタキラウワ）〔像〕
　妖怪大事典（カタキラウワ）〔像〕

片桐且元　かたぎりかつもと
桃山時代・江戸前期の武将。豊臣秀吉に仕え、賤ヶ岳の戦いの七本槍の一人。
¶架空伝説（片桐且元　かたぎりかつもと）
　歌舞伎登（片桐且元　かたぎりかつもと）
　説話伝説（片桐且元　かたぎりかつもと　㊊弘治2(1556)年　㊣元和1(1615)年）
　伝奇伝説（片桐且元　かたぎりかつもと　㊊弘治2(1556)年　㊣元和1(1615)年）

片桐宗蔵　かたぎりむねぞう
無外流の使い手。師から一子相伝の秘剣「鬼の爪」を授けられる。藤沢周平作『隠し剣孤影抄』の登場人物。
¶時代小説（片桐宗蔵　かたぎりむねぞう）〔像（口絵）〕

片桐弥七　かたぎりやしち
江戸の顔見世狂言で「太平記」の世界に登場する人物。
¶歌舞伎登（片桐弥七　かたぎりやしち）

片桐夕子　かたぎりゆうこ
水上勉の小説『五番町夕霧楼』の主人公。
¶日本人名（片桐夕子　かたぎりゆうこ）

家宅を表す六神　かたくをあらわすろくしん
石土毘古神、石巣比売神、大戸日別神、天之吹男神、大屋毘古神、風木津別之忍男神の六柱。建物の主たる基礎材料や主要部分を表す。

¶神様読解（家宅を表す六神　かたくをあらわすろくしん）

片倉景長　かたくらかげなが
仙台藩伊達氏の国家老。白石城1万7千石の館主。初代片倉小十郎の子である重長の養子。山本周五郎作『樅ノ木は残った』の登場人物。
¶時代小説（片倉小十郎景長　かたくらこじゅうろうかげなが）

片倉小十郎　かたくらこじゅうろう
安土桃山時代・江戸前期の伊達政宗の重臣。名は景綱。通称の小十郎は代々当主が名乗った。歌舞伎『早苗鳥伊達聞書』などに登場する。
¶歌舞伎登（片倉小十郎　かたくらこじゅうろう）
説話伝説（片倉小十郎景綱　かたくらこじゅうろうかげつな）⑭弘治3（1557）年　⑫元和1（1615）年）

加多志波神　かたしはのかみ
越前国今立郡の加多志波神社の祭神。
¶神仏辞典（加多志波神　かたしはのかみ）

片菅命神　かたすがのみことのかみ
伊豆国賀茂郡の片菅命神社の祭神。
¶神仏辞典（片菅命神　かたすがのみことのかみ）

堅田源右衛門　かただげんえもん
室町後期の浄土真宗の篤信者。宗祖像を三井寺から取り返すため、息子の生首を差し出した。
¶朝日歴史（堅田源右衛門　かただげんえもん）
コン5（堅田源右衛門　かただげんえもん　生没年不詳）

堅田の小雀　かただのこすずめ
歌舞伎演目『けいせい浜真砂』に登場する、五右衛門狂言の手下の名。
¶歌舞伎登（堅田の小雀　かただのこすずめ）

刀の怪　かたなのかい
群馬県や山梨県の器物の怪。
¶全国妖怪（カタナノカイ〔群馬県〕）
全国妖怪（カタナノカイ〔山梨県〕）

刀屋新助　かたなやしんすけ
歌舞伎演目『鐘鳴今朝噂』に登場する、刀屋の入り聟。
¶歌舞伎登（刀屋新助　かたなやしんすけ）

加多神　かたのかみ
出雲国大原郡の加多社の祭神。
¶神仏辞典（加多神　かたのかみ）

加太神　かたのかみ
紀伊国名草郡の加太神社の祭神。
¶神仏辞典（加太神　かたのかみ）

交野左京太夫　かたのさきょうだゆう
吉川英治作『鳴門秘帖』の登場人物。
¶時代小説（交野左京太夫　かたのさきょうだゆう）

片野神　かたののかみ
河内国交野郡の片野神社の祭神。
¶神仏辞典（片野神　かたののかみ）

交野少将　かたののしょうしょう
平安中期の物語に登場する人物。『源氏物語』『落窪物語』では好色漢とされる。
¶コン5（交野少将　かたののしょうしょう）
世百新（交野少将　かたののしょうしょう）
日本人名（交野少将　かたののしょうしょう）

交野八郎　かたののはちろう
『古今著聞集』に登場する鎌倉時代の盗賊。
¶説話伝説（交野八郎　かたののはちろう　生没年未詳）
日本人名（交野八郎　かたののはちろう　生没年未詳）

形原神　かたはらのかみ
三河国宝飫郡の形原神社の祭神。
¶神仏辞典（形原神　かたはらのかみ）

形部神　かたべのかみ
美作国大庭郡の形部神社の祭神。
¶神仏辞典（形部神　かたべのかみ）

堅真音神　かたまのねのかみ
紀伊国名草郡の堅真音神社の祭神。
¶神仏辞典（堅真音神　かたまのねのかみ）

形売神　かためのかみ
『日本三代実録』に所出。美作国の神。
¶神仏辞典（形売神　かためのかみ）

片目の神　かためのかみ
本来は二つだった目がつぶれて片目になった神。静岡県焼津市等、全国に分布。
¶神仏辞典（片目の神　かためのかみ）
神話伝説（片目の神　かためのかみ）

片もい　かたもい
歌舞伎演目『月欠皿恋路宵闇』に登場する、通称を「紅皿欠皿」という姉妹の母。
¶歌舞伎登（片もい　かたもい）

片山神　かたやまのかみ
伊勢国鈴鹿郡、尾張国春部郡、山田郡、近江国浅井郡の片山神社二座の片山神社の祭神。
¶神仏辞典（片山神　かたやまのかみ）

片山御子神　かたやまのみこのかみ
山城国愛宕郡の片山御子神社の祭神。
¶神仏辞典（片山御子神　かたやまのみこのかみ）

片山日子神　かたやまひこのかみ
備前国邑久郡の片山日子神社の祭神。

¶神仏辞典（片山日子神　かたやまひこのかみ）

ガーダラ
大分県速見郡でいう河童のこと。
¶妖怪事典（ガーダラ）

語らいの神　かたらいのかみ
アイヌのクマを解体できない場合に、肉体を悪神から守るべく立てておく神。
¶神仏辞典（語らいの神　かたらいのかみ）

語猪麻呂　かたりのいまろ
『出雲国風土記』にみえる人物。
¶日本人名（語猪麻呂　かたりのいまろ）

カタロー
高知県地方でいう河童。
¶妖怪事典（カタロー）

カダロ
奈良県宇陀、高知県などの地方でいう河童。
¶妖怪事典（カダロ）

ガータロ
大阪府南河内郡瀬畑村（河内長野市）でいう河童。
¶全国妖怪（ガータロ〔大阪府〕）

ガータロ
大分県、長崎県、和歌山県、兵庫県などの地方でいう河童のこと。
¶妖怪事典（ガータロ）

ガータロー　がーたろ
長崎県、大分県、大阪府などの地方でいう河童のこと。
¶妖怪事典（ガータロー）

ガタロ
奈良県、大阪府、高知県、岩手県などの地方でいう河童。
¶妖怪事典（ガタロ）

ガタロー
兵庫県飾磨郡地方でいう河童。
¶妖怪事典（ガタロー）

ガータロ
『日本民俗図録』にある、猫のような河童の姿をしたもので、狛犬のように祠の両側にいるもの。長崎の五島列島の福江で祀られる。
¶水木妖怪（ガータロ）〔像〕

片輪車　かたわぐるま
炎に包まれた片輪の車に乗って夜に出現する女の妖怪。
¶幻想動物（片輪車）〔像〕
　水木妖怪（片輪車　かたわぐるま）〔像〕
　妖怪事典（カタワグルマ）
　妖怪大全（片車輪　かたしゃりん）〔像〕
　妖怪大事典（片輪車　かたわぐるま）〔像〕
　妖百3（片輪車・輪入道・朧車　かたわぐるま・わにゅうどう・おぼろぐるま）〔像〕

勝宿禰神　かちすくねのかみ
『日本三代実録』に所出。伯耆国の神。
¶神仏辞典（勝宿禰神　かちすくねのかみ）
　神仏辞典（勝宿禰神　すぐりすくねのかみ）

加知彌神　かちみのかみ
因幡国気多郡の加知彌神社の祭神。
¶神仏辞典（加知彌神　かちみのかみ）

鰹売り新吉　かつおうりしんきち
歌舞伎演目『梅雨小袖昔八丈』に登場する、魚の行商人。
¶歌舞伎登（鰹売り新吉　かつおうりしんきち）

鰹屋の助八　かつおやのすけはち
井原西鶴作の浮世草子『本朝二十不孝』（1686）巻四の第二「枕に残す筆の先」の登場人物。漁港の船主で商人。
¶架空人日（鰹屋の助八　かつおやのすけはち）

勝海舟　かつかいしゅう
幕末・明治時代の政治家。幕府側代表として西郷隆盛と会見し、江戸無血開城を実現させた。歌舞伎演目『江戸城総攻』、大佛次郎作『鞍馬天狗』、子母澤寛作『父子鷹』、司馬遼太郎作『竜馬がゆく』などに登場する。
¶歌舞伎登（勝麟太郎　かつりんたろう）
　時代小説（勝安房守『鞍馬天狗』　かつあわのかみ）
　時代小説（勝海舟『竜馬がゆく』　かつかいしゅう）
　時代小説（勝麟太郎『父子鷹』　かつりんたろう）

勝川春朗　かつかわしゅんろう
絵師。皆川博子作『写楽』の登場人物。
¶時代小説（勝川春朗　かつかわしゅんろう）

郭巨　かっきょ
御伽草子『二十四孝』に登場する、中国河南省河内の人。二十四孝の一人。
¶架空人日（郭巨　かっきょ）

カッコ
山中恒作『赤毛のポチ』（1960）の主人公の少女。
¶児童登場（カッコ）

ガッコ
福岡県京都郡伊良原村でいう河童。
¶全国妖怪（ガッコ〔福岡県〕）
　妖怪事典（ガッコ）

月光菩薩　がっこうぼさつ
月の光を象徴するという菩薩。
¶広辞苑6（月光菩薩　がっこうぼさつ）
　世百新（日光・月光　にっこうがっこう）
　大辞林3（月光菩薩　がっこうぼさつ）〔像〕
　日本人名（月光菩薩　がっこうぼさつ）
　仏尊事典（日光・月光菩薩　にっこう・がっこうぼさつ）〔像〕

勝小吉　かつこきち
勝麟太郎（海舟）の父。子母澤寛作『父子鷹』の登場人物。
¶時代小説（勝小吉　かつこきち）

勝五郎　かつごろう
⇒飯沼勝五郎（いいぬまかつごろう）

勝次　かつじ
北原亞以子作『深川澪通り木戸番小屋』の登場人物。
¶時代小説（勝次　かつじ）

葛飾応為　かつしかおうい
江戸後期の浮世絵師。北斎の三女。
¶伝奇伝説（葛飾応為　かつしかおうい　生没年未詳）

葛飾十右衛門　かつしかじゅうえもん
歌舞伎演目『都鳥廓白浪』に登場する、遊女花子太夫（実は吉田松若丸）を忍ぶの惣太と争う男伊達。
¶歌舞伎登（葛飾十右衛門　かつしかじゅうえもん）

葛飾のお十　かつしかのおじゅう
歌舞伎演目『桜姫東文章』に登場する、有明の仙太郎の女房。
¶歌舞伎登（葛飾のお十　かつしかのおじゅう）

葛飾北斎　かつしかほくさい
江戸後期の浮世絵師。代表作『富嶽三十六景』。奇行に富み、画号を30数度変えた。
¶架空伝承（葛飾北斎　かつしかほくさい　㊀宝暦10（1760）年　㊁嘉永2（1849）年）
　奇談逸話（葛飾北斎　かつしかほくさい　㊀宝暦10（1760）年　㊁嘉永2（1849）年）
　時代小説（葛飾北斎『滝沢馬琴』　かつしかほくさい）
　時代小説（葛飾北斎　『八犬伝』　かつしかほくさい）
　説話伝説（葛飾北斎　かつしかほくさい　㊀宝暦10（1760）年　㊁嘉永2（1849）年）
　伝奇伝説（葛飾北斎　かつしかほくさい　㊀宝暦10（1760）年　㊁嘉永2（1849）年）〔像〕

勝十郎　かつじゅうろう
講談『勘当の名笛』に登場する人物。
¶架空伝説（勝十郎　かつじゅうろう）

勝四郎　かつしろう
上田秋成作の読本『雨月物語』（1776）巻之二「浅茅が宿」の主人公。
¶架空人日（勝四郎　かつしろう）

ガッタイ
和歌山県西牟婁郡地方でいう河童。
¶妖怪事典（ガッタイ）

勝田屋善蔵　かつたやぜんぞう
乙川優三郎作『霧の橋』の登場人物。
¶時代小説（勝田屋善蔵　かつたやぜんぞう）

勝田屋彦次郎　かつたやひこじろう
乙川優三郎作『霧の橋』の登場人物。
¶時代小説（勝田屋彦次郎　かつたやひこじろう）

ガッタロ
長崎県壱岐、熊本県阿蘇、岡山県などの地方でいう河童。
¶妖怪事典（ガッタロ）

ガッタロー
岡山県和気郡地方でいう河童。
¶妖怪事典（ガッタロー）

月天　がってん
十二天の中の一尊で、月の守護神とされている。
¶広辞苑6（月天　がってん）
　神仏辞典（月天　がってん）
　大辞林3（月天　がってん）
　東洋神名（月天　ガッテン）〔像〕

がってん勘太　がってんかんた
陣出達朗作『伝七捕物帳』の登場人物。
¶時代小説（がってん勘太　がってんかんた）

カッパ
都筑道夫作『なめくじ長屋捕物さわぎ』の登場人物。
¶時代小説（カッパ）

ガーッパ　かっぱ
神奈川県地方でいう河童のこと。
¶妖怪事典（ガーッパ）

ガッパ
映画『大巨獣ガッパ』（1967）に登場する、うろこで覆われた巨大な2本足の爬虫類。
¶怪物事典（ガッパ）

河童　かっぱ
川や池などの水界に棲む妖怪。頭の頂に皿から水がなくなると死ぬといわれる。全国各地で様々な呼び名がある。
¶架空伝承（河童　かっぱ）〔像〕
　幻想動物（河童）〔像〕
　広辞苑6（河童　かっぱ）
　神仏辞典（河童　かっぱ）

神話伝説（河童　かっぱ）〔像〕
世怪物神獣（河童）〔像〕
世幻想（河童　かっぱ）〔像〕
説話伝説（河童　かっぱ）〔像〕
世百新（河童　かっぱ）〔像〕
世妖精妖怪（河童）
全国妖怪（カッパ〔青森県〕）
全国妖怪（カッパ〔岩手県〕）
全国妖怪（カッパ〔宮城県〕）
全国妖怪（カッパ〔秋田県〕）
全国妖怪（カッパ〔山形県〕）
全国妖怪（カッパ〔福島県〕）
全国妖怪（カッパ〔茨城県〕）
全国妖怪（カッパ〔栃木県〕）
全国妖怪（カッパ〔群馬県〕）
全国妖怪（カッパ〔埼玉県〕）
全国妖怪（カッパ〔千葉県〕）
全国妖怪（カッパ〔東京都〕）
全国妖怪（カッパ〔神奈川県〕）
全国妖怪（カッパ〔新潟県〕）
全国妖怪（カッパ〔富山県〕）
全国妖怪（カッパ〔福井県〕）
全国妖怪（カッパ〔山梨県〕）
全国妖怪（カッパ〔長野県〕）
全国妖怪（カッパ〔岐阜県〕）
全国妖怪（カッパ〔静岡県〕）
全国妖怪（カッパ〔愛知県〕）
全国妖怪（カッパ〔京都府〕）
全国妖怪（カッパ〔兵庫県〕）
全国妖怪（カッパ〔奈良県〕）
全国妖怪（カッパ〔和歌山県〕）
全国妖怪（カッパ〔島根県〕）
全国妖怪（カッパ〔岡山県〕）
全国妖怪（カッパ〔広島県〕）
全国妖怪（カッパ〔福岡県〕）
全国妖怪（カッパ〔佐賀県〕）
全国妖怪（カッパ〔大分県〕）
大辞林3（河童　かっぱ）
伝奇伝説（河童　かっぱ）〔像〕
日ミス（河童　かっぱ）
日本人名（河童　かっぱ）
日本未確認（河童　かっぱ）〔像〕
水木世幻獣（河童　かっぱ）
妖怪事典（カッパ）
妖怪図鑑（河童　かっぱ）〔像〕
妖怪大全（河童　かっぱ）〔像〕
妖怪大事典（河童　かっぱ）〔像〕
妖精百科（河童）
妖百2（河童　かっぱ）〔像〕

海童　かっぱ
海に棲む河童。
¶日本未確認（海童　かっぱ）〔像〕

カッパァ
山形県地方でいう河童。
¶妖怪事典（カッパァ）

河童神　かっぱしん
河童が神として祀られたもの。
¶神様読解（河童神　かっぱしん）〔像〕
　東洋神名（河童神　カッパシン）〔像〕

河童憑き　かっぱつき
河童が人に憑くこと。西日本に多くみられる。
¶妖怪事典（カッパツキ）
　妖怪大鑑（河童憑　かっぱつき）〔像〕
　妖怪大事典（河童憑き　かっぱつき）

河童の吉蔵　かっぱのきちぞう
歌舞伎演目『黄門記童幼講釈』に登場する、水練の得意な船頭。
¶歌舞伎登（河童の吉蔵　かっぱのきちぞう）

加豆比乃神　かつひのかみ
出雲国意宇郡の加豆比乃社の祭神。
¶神仏辞典（加豆比乃神　かつひのかみ）

加豆比乃高守神　かつひのたかもりのかみ
出雲国意宇郡の加豆比乃高守社の祭神。
¶神仏辞典（加豆比乃高守神　かつひのたかもりのかみ）

かつ姫　かつひめ
歌舞伎演目『けいせい壬生大念仏』に登場する、高遠民弥の許婚。
¶歌舞伎登（かつ姫）

勝俵蔵　かつひょうぞう
狂言作者。皆川博子作『写楽』の登場人物。
¶時代小説（勝俵蔵　かつひょうぞう）

ガーッポ
大分県大分郡地方でいう河童のこと。
¶妖怪事典（ガーッポ）

合邦　がっぽう
浄瑠璃・歌舞伎『摂州合邦辻』の登場人物。
¶歌舞伎登（合邦道心　がっぽうどうしん）
　広辞苑6（合邦　がっぽう）

加都麻神　かつまのかみ
出雲国島根郡の加都麻社の祭神。
¶神仏辞典（加都麻神　かつまのかみ）

賀津万神　かつまのかみ
『日本三代実録』に所出。筑前国の神。
¶神仏辞典（賀津万神　かつまのかみ）

賀積神　かつみのかみ
『日本三代実録』に所出。越中国の神。
¶神仏辞典（賀積神　かつみのかみ）

勝奴　かつやっこ
歌舞伎演目『梅雨小袖昔八丈』に登場する、髪結い新三の居候。
¶歌舞伎登（勝奴　かつやっこ）

勝山　かつやま
江戸初期の遊女。吉原で太夫となる。勝山髷・勝山鼻緒・勝山歩みなどの祖。
¶架空伝説（勝山　かつやま）〔像〕
　コン5（勝山　かつやま　生没年不詳）
　時代小説（勝山　かつやま）
　説話伝説（勝山　かつやま　生没年未詳）〔像〕
　伝奇伝説（勝山　かつやま　生没年未詳）〔像〕

桂　かつら
歌舞伎演目『修禅寺物語』に登場する、面作師夜叉王の長女。
¶歌舞伎登（桂　かつら）

桂男　かつらおとこ
和歌山県東牟婁郡那智勝浦町の月中の妖怪。月を見つめていると招かれるという。
¶神仏辞典（桂男　かつらおとこ）
　妖怪事典（カツラオトコ）
　妖怪大全（桂男　かつらおとこ）〔像〕
　妖怪大事典（桂男　かつらおとこ）〔像〕

葛城　かつらぎ
歌舞伎演目『浮世柄比翼稲妻』に登場する、佐々木家を追放された腰元岩橋が吉原上林の傾城となったときの名。
¶歌舞伎登（葛城　かつらぎ）

葛城　かつらぎ
歌舞伎演目『天竺徳兵衛韓噺』に登場する、梅津掃部の奥方。
¶歌舞伎登（葛城　かつらぎ）

葛城　かつらぎ
歌舞伎演目『無間の鐘』に登場する、金に詰まった傾城。わが身は滅んでも無間の鐘を撞きたいと考える。
¶歌舞伎登（葛城　かつらぎ）

桂樹　かつらぎ
柳亭種彦作の合巻『偐紫田舎源氏』（1829-42）に登場する、将軍足利義正の正室の姪。
¶架空人日（桂樹　かつらぎ）

葛木男神　かつらぎおのかみ
土佐国土佐郡の葛木男神社の祭神。
¶神仏辞典（葛木男神　かつらぎおのかみ）

葛城高天坊　かつらぎこうてんぼう
奈良県葛城山塊の主峰金剛山（高天山）でいう天狗。
¶妖怪事典（カツラギコウテンボウ）
　妖怪大事典（葛城高天坊　かつらぎこうてんぼう）

葛城の神　かつらぎのかみ
今の奈良県にある葛城坐一言主神社の祭神である一言主と同一視される神。
¶大辞林3（葛城の神　かつらぎのかみ）

日本神様（葛城山の神　かつらぎさんのかみ）

葛城之高千那毘売　かつらぎのたかちなびめ
尾張連の祖にあたる意志富那毘の妹。
¶神様読解（葛城之高千那毘売　かつらぎのたかちなびめ）

葛城之高額比売　かつらぎのたかぬかひめ
息長宿禰王の妃で、神功皇后の母神。
¶神様読解（葛城之高額比売　かつらぎのたかぬかひめ）
　神仏辞典（葛城之高額比売命　かずらきのたかぬかひめのみこと）

葛城之垂見宿禰　かつらぎのたるみのすくね
第9代開化天皇の四人目の妃・鸇比売の父。
¶神様読解（葛城之垂見宿禰　かつらぎのたるみのすくね）

葛城民部　かつらぎみんぶ
歌舞伎演目『新薄雪物語』に登場する、六波羅探題の執権。
¶歌舞伎登（葛城民部　かつらぎみんぶ）

葛城山の女郎蜘蛛の精　かつらぎやまのじょろうぐものせい
歌舞伎演目『蜘蛛の拍子舞』に登場する、瘧の病を患っている源頼光に障碍をなさんとした女郎蜘蛛の精。
¶歌舞伎登（葛城山の女郎蜘蛛の精　かつらぎやまのじょろうぐものせい）

葛城山のほとりの山がつ　かつらぎやまのほとりのやまがつ
無住道暁作『沙石集』の登場人物。大和国葛城山の生まれ。興福寺の僧房に入るが周囲の出世欲に嫌気がさし、里に帰り結婚。老年に仏法の大要を自得した。
¶古典人学（葛城山のほとりの山がつ　かつらぎやまのほとりのやまがつ）

桂子　かつらこ
歌舞伎演目『源平魁躑躅』に登場する、五条橋袂の扇屋の娘。
¶歌舞伎登（桂子　かつらこ）

桂小五郎　かつらこごろう
長州藩士。のちの木戸孝允。大佛次郎作『鞍馬天狗』の登場人物。
¶時代小説（桂小五郎　『鞍馬天狗』　かつらこごろう）
　時代小説（桂小五郎　『竜馬がゆく』　かつらこごろう）

加津良神　かつらのかみ
河内国若江郡の加津良神社の祭神。
¶神仏辞典（加津良神　かつらのかみ）

か

勝占神　かつらのかみ
阿波国勝浦郡の勝占神社の祭神。
¶**神仏辞典**（勝占神　かつらのかみ）

桂原四郎右衛門　かつらはらしろえもん
五味康祐作『柳生武芸帳』の登場人物。
¶**時代小説**（桂原四郎右衛門　かつらはらしろえもん）

桂姫　かつらひめ
歌舞伎演目『玉藻前曦袂』に登場する、右大臣藤原道春の娘。
¶**歌舞伎登**（桂姫　かつらひめ）

勝麟太郎　かつりんたろう
⇒勝海舟（かつかいしゅう）

カデモーサ
鹿児島県徳之島の怪異。
¶**妖怪事典**（カデモーサ）

火天　かてん
十二天の中の一尊で、東南の守護神。
¶**広辞苑6**（火天　かてん）
大辞林3（火天　かてん）
東洋神名（火天　カテン）〔像〕

加藤景正　かとうかげまさ
⇒藤四郎景正（とうしろうかげまさ）

加藤清正　かとうきよまさ
安土桃山・江戸初期の肥後熊本の城主。浄瑠璃、歌舞伎に描かれた。
¶**架空伝承**（加藤清正　かとうきよまさ ㊤永禄5(1562)年 ㊦慶長16(1611)年）〔像〕
架空伝説（加藤清正　かとうきよまさ）〔像〕
歌舞伎登（加藤清正 1『桃山譚』　かとうきよまさ）
歌舞伎登（加藤清正 2『清正誠忠録』　かとうきよまさ）
神仏辞典（加藤清正　かとうきよまさ ㊤1562年 ㊦1611年）
神仏辞典（清正公　せいしょうこう）
説話伝説（加藤清正　かとうきよまさ ㊤永禄5(1562)年 ㊦慶長16(1611)年）〔像〕
伝奇伝説（加藤清正　かとうきよまさ ㊤永禄5(1562)年 ㊦慶長16(1611)年）〔像〕

加藤与茂七　かとうよもしち
歌舞伎演目『絵本忠臣蔵』に登場する塩谷家浪人。モデルは赤穂義士の矢頭右衛門七。
¶**歌舞伎登**（加藤与茂七　かとうよもしち）

門江神　かどえのかみ
出雲国島根郡の門江社の祭神。
¶**神仏辞典**（門江神　かどえのかみ）

角海老女房　かどえびにょうぼう
歌舞伎演目『人情噺文七元結』に登場する、吉原の大店角海老の女房お駒。
¶**歌舞伎登**（角海老女房　かどえびにょうぼう）

門神　かどかみ
門が家の出入り口であるところから、さまざまなものを守る神。
¶**神様読解**（門神/門入道　かどかみ・かどにゅうどう）〔像（門入道）〕
広辞苑6（門の神　かどのかみ）
神仏辞典（門神　かどがみ）
東洋神名（門神　カドガミ）〔像〕
日本神様（門口の神　かどぐちのかみ）
妖怪大鑑（門神　かどがみ）〔像〕

門倉平馬　かどくらへいま
三上於菟吉作『雪之丞変化』の登場人物。
¶**時代小説**（門倉平馬　かどくらへいま）

門嶋神　かどしまのかみ
『日本三代実録』に所出。伊予国の神。
¶**神仏辞典**（門嶋神　かどしまのかみ）

葛野坐月読神　かどのにますつきよみのかみ
山城国葛野郡の葛野坐月読神社の祭神。
¶**神仏辞典**（葛野坐月読神　かどのにますつきよみのかみ）

葛野神　かどののかみ
『日本三代実録』に所出。近江国の神。
¶**神仏辞典**（葛野神　かどののかみ）

門部の府生　かどべのふしょう
説話集『宇治拾遺物語』に登場する、内裏の門を警護する役人。
¶**架空人日**（門部の府生　かどべのふしょう）

門僕神　かどもりのかみ
大和国宇陀郡の門僕の祭神。
¶**神仏辞典**（門僕神　かどもりのかみ）

角屋勘兵衛　かどやかんべえ
乙川優三郎作『霧の橋』の登場人物。
¶**時代小説**（角屋勘兵衛　かどやかんべえ）

香取伊豆乃御子神　かとりのいずのみこのかみ
陸奥国牡鹿郡の香取伊豆乃御子神社の祭神。
¶**神仏辞典**（香取伊豆乃御子神　かとりのいずのみこのかみ）

香取神　かとりのかみ
下総国香取郡の香取神宮の祭神。
¶**神仏辞典**（香取神　かとりのかみ）

香取神子神　かとりのみこのかみ
常陸国男高里の香取神子社の祭神、陸奥国栗原郡の香取御児神社の祭神。
¶**神仏辞典**（香取神子神・香取御児神　かとりのみこのかみ）

金井谷五郎　かないたにごろう
　歌舞伎演目『碁太平記白石噺』に登場する楠家浪人。のちに勘兵衛正国。
　¶歌舞伎登（金井谷五郎　かないたにごろう）

香苗　かなえ
　平岩弓枝作『御宿かわせみ』の登場人物。
　¶時代小説（香苗　かなえ）

かなえご狐　かなえごきつね
　岡山県美作地方で鍛冶屋の祭祀する狐のこと。
　¶妖怪事典（カナエゴキツネ）

金岡の馬　かなおかのうま
　巨勢金岡が、壁に描いた馬。夜になると出歩いた。
　¶神話伝説（金岡の馬　かなおかのうま）

金神　かながみ
　鹿児島県大島郡喜界町で鍛冶の神。
　¶神仏辞典（金神　かながみ）

金窪兵衛尉行親　かなくぼひょうえのじょうゆきちか
　歌舞伎演目『修禅寺物語』に登場する、北条時政の密命をうけ源頼家暗殺を企む人物。
　¶歌舞伎登（金窪兵衛尉行親　かなくぼひょうえのじょうゆきちか）

寒倉　かなくら
　新潟県の蒲原・古志・魚沼などの山間部で、寒中の念仏行を通じて、崇拝の対象とされる神。
　¶神仏辞典（寒倉　かなくら）

伽那久羅虫　かなくらむし
　仏教で想像上の虫。微細な身であるが、一度風にあえば大きくなって、一切の物を飲みこむという。
　¶広辞苑6（伽那久羅虫　かなくらむし）
　　大辞林3（伽那久羅虫　かなくらむし）

仮名暦の女房　かなごよみのにょうぼう
　説話集『宇治拾遺物語』に登場する、僧が適当に書いた仮名暦をう飲みにした女性。
　¶架空人日（仮名暦の女房　かなごよみのにょうぼう）

金前神　かなさきのかみ
　越前国敦賀郡の金前神社の祭神。
　¶神仏辞典（金前神　かなさきのかみ）

金桜神　かなさくらのかみ
　甲斐国山梨郡の金桜神社の祭神。
　¶神仏辞典（金桜神　かなさくらのかみ）

金佐奈神　かなさなのかみ
　武蔵国児玉郡の金佐奈神社の祭神。
　¶神仏辞典（金佐奈神　かなさなのかみ）

金沢の武弘　かなざわのたけひろ
　芥川龍之介作『藪の中』（1922）に登場する、若狭の国府の侍。
　¶架空人日（金沢の武弘　かなざわのたけひろ）

金杉惣三郎　かなすぎそうざぶろう
　佐伯泰英作『密命』の登場人物。
　¶時代小説（金杉惣三郎　かなすぎそうざぶろう）

金槌坊　かなづちぼう
　熊本県八代市の松井家に伝わる『百鬼夜行絵巻』に描かれているもの。
　¶妖怪事典（カナヅチボウ）

金立神　かなたてのかみ
　『日本三代実録』に所出。肥前国の神。
　¶神仏辞典（金立神　かなたてのかみ）

金田屋の源七　かなだやのげんしち
　井原西鶴作の浮世草子『本朝二十不孝』（1686）巻四の第一「善悪の二つ車」に登場する、乞食となった男。
　¶架空人日（金田屋の源七　かなだやのげんしち）

金釣瓶　かなつるべ
　愛知県新城市鳥原でいう妖怪。
　¶妖怪事典（カナツルベ）
　　妖怪大事典（金釣瓶　かなつるべ）

金町の半次郎　かなまちのはんじろう
　歌舞伎演目『瞼の母』に登場する、若い渡世人で、番場の忠太郎の弟分。
　¶歌舞伎登（金町の半次郎　かなまちのはんじろう）

金鞠大助　かなまりだいすけ
　歌舞伎演目『花魁莟八総』に登場する、里見家の忠臣。
　¶歌舞伎登（金鞠大助　かなまりだいすけ）

金碗孝徳　かなまりたかのり
　曲亭馬琴作の読本『南総里見八犬伝』（1814-42）に登場する、八犬士を探し当てた功労者。
　¶架空人日（金碗孝徳　かなまりたかのり）

金碗八郎　かなまりはちろう
　曲亭馬琴作の読本『南総里見八犬伝』（1814-42）に登場する、安房の神余光弘の忠臣。
　¶架空人日（金碗八郎　かなまりはちろう）

金村五百村咩命神　かなむらのいおむらひめのみことのかみ
　伊豆国田方郡の金村五百村咩命神社の祭神。
　¶神仏辞典（金村五百村咩命神　かなむらのいおむらひめのみことのかみ）

金村五百君和気命神　かなむらのおきみわけの

みことのかみ
伊豆国田方郡の金村五百君和気命神社の祭神。
¶神仏辞典（金村五百君和気命神　かなむらのおきみわけのみことのかみ）

金村神　かなむらのかみ
大和国葛下郡の金村神社の祭神。
¶神仏辞典（金村神　かなむらのかみ）

要　かなめ
谷崎潤一郎作『蓼喰ふ虫』(1928-29)の主人公。
¶架空人日（要　かなめ）

金屋　かなや
井原西鶴作の浮世草子『日本永代蔵』(1688)巻四「心を畳込古筆屏風」の主人公。
¶架空人日（金屋　かなや）

金焼地蔵　かなやきじぞう
『山椒太夫』において、安寿と厨子王の姉弟が捺された焼印を代わって受けるなどの霊験を示す地蔵。
¶神仏辞典（金焼地蔵　かなやきじぞう）

金屋子神　かなやこがみ
製鉄の守護神。たたら師や鍛冶屋、鋳物師などが奉じる神で、中国地方をはじめ、全国に分布する。
¶アジア女神（金屋子神　かなやごのかみ）
神様読解（金屋子神　かなやこがみ）
広辞苑6（金屋子神　かなやごがみ）
神仏辞典（金屋子　かなやこ）
東洋神名（金屋子神　カナヤゴガミ）〔像〕
日本人名（金屋子神　かなやごがみ）

カナヤマサマ
八丈島で祀られる鍛冶屋の神。この神に祟られると必ず罰があたるとされる。
¶妖怪大鑑（カナヤマサマ）〔像〕

銀山上神　かなやまのえのかみ
対馬島下県郡の銀山上神社の祭神。
¶神仏辞典（銀山上神　かなやまのえのかみ）

銀山神　かなやまのかみ
対馬島下県郡の銀山神社の祭神。
¶神仏辞典（銀山神　かなやまのかみ）

金山八郎左衛門　かなやまはちろうざえもん
御伽草子『あきみち』に登場する、日本一の夜盗。
¶架空人日（金山八郎左衛門　かなやまはちろうざえもん）

金山毘古神　かなやまひこのかみ
伊弉冉が吐いたものから生まれた神。鉱山の男神。
¶神様読解（金山毘古神/金山彦神　かなやまひこのかみ・かなやまひこのかみ）
広辞苑6（金山彦　かなやまひこ）
神仏辞典（金山毘古神　かなやまびこのかみ）
東洋神名（金山毘古神と金山毘売神　カナヤマビコノカミ&カナヤマヒメノカミ）〔像〕
日本神々（金山毘古神　かなやまびこのかみ）〔像〕
日本人名（金山毘古神　かなやまびこのかみ）

金山毘売神　かなやまびめのかみ
伊弉冉が吐いたものから生まれた神。鉱山の女神。
¶アジア女神（金山毘売神　かなやまびめのかみ）
神様読解（金山毘売神/金山姫神　かなやまひめのかみ・かなやまひめのかみ）
神仏辞典（金山毘売神　かなやまびめのかみ）
東洋神名（金山毘古神と金山毘売神　カナヤマビコノカミ&カナヤマヒメノカミ）〔像〕
日本神々（金山毘売神　かなやまびめのかみ）〔像〕
日本人名（金山毘売神　かなやまびめのかみ）

金ん主　かなんぬし
⇒金ん主（かねんぬし）

蟹江一角　かにえいっかく
歌舞伎演目『加賀見山再岩藤』に登場する、多賀家の家臣。
¶歌舞伎登（蟹江一角　かにえいっかく）

可児才蔵　かにさいぞう
戦国期の武将、福島正則の家臣。宝蔵院流の槍の使い手「笹の才蔵」。
¶説話伝説（可児才蔵　かにさいぞう　[生]?　[没]慶長18(1613)年）
伝奇伝説（可児才蔵　かにさいぞう　[没]慶長18(1613)年10月24日）

綺戸辺　かにはたとべ
⇒弟苅羽田刀弁（おとかりばたとべ）

かに坊主　かにぼうず
大蟹、蟹の化け物ともいわれ、寺院の伝説や昔話として各地に伝わる。
¶水木妖怪（かに坊主）〔像〕
妖怪事典（カニボウズ）
妖怪大全（かに坊主　かにぼうず）〔像〕
妖怪大事典（蟹坊主　かにぼうず）〔像〕

迦邇米雷王　かにめいかづちのみこ
山代之大筒木真若王の子。
¶神様読解（迦邇米雷王　かにめいかづちのみこ）

掃部神　かにもりのかみ
『日本三代実録』に所出。河内国の神。
¶神仏辞典（掃部神　かにもりのかみ）

蟹谷雅楽之助　かにやうたのすけ
歌舞伎演目『蝶三升扇加賀製』に登場する、多賀家の忠臣。
¶歌舞伎登（蟹谷雅楽之助　かにやうたのすけ）

鍛人天津麻羅　かぬちあまつまら
⇒天津真浦（あまつまら）

金売吉次　かねうりきちじ
奥州の黄金を京で商って長者になったという伝説的人物。鞍馬山にいた牛若丸を奥州の藤原秀衡のもとに連れ出したという。
¶朝日歴史（金売り吉次　かねうりきちじ）
架空人日（金売吉次　かねうりきちじ）
架空伝承（金売吉次　かねうりきちじ　生没年不詳）
奇談逸話（金売吉次　かねうりきちじ　生没年未詳）
広辞苑6（金売吉次　かねうりきちじ）
コン5（金売吉次　かねうりきちじ）
新潮日本（金売吉次　かねうりきちじ）
説話伝説（金売り吉次　かねうりきちじ　生没年未詳）
世百新（金売吉次　かねうりきちじ　生没年不詳）
大辞林3（金売吉次　かねうりきちじ）
伝奇伝説（金売り吉次　かねうりきちじ）
日本人名（金売吉次　かねうりきちじ）

金鋳神　かねぇがみ
岩手県下閉伊郡岩泉町でいう。
¶神仏辞典（金鋳神　かねぇがみ）

金貸狸　かねかしたぬき★
佐渡の弾三郎という狸のこと。「カチカチ山」の狸の子孫という。
¶日本未確認（金貸狸）

兼吉　かねきち
北原亞以子作『深川澪通り木戸番小屋』の登場人物。
¶時代小説（兼吉　かねきち）

金子市之丞　かねこいちのじょう
講談『天保六花撰』に登場する人物。天保六花撰の一人。
¶架空人日（金子市之丞　かねこいちのじょう）
架空伝説（金子市之丞　かねこいちのじょう）
歌舞伎登（金子市之丞　かねこいちのじょう）

金子与三郎　かねこよさぶろう
上山藩（山形県）藩士。本名は金子清邦。子母澤寛作『新選組始末記』の登場人物。
¶時代小説（金子与三郎　かねこよさぶろう）

庚申どん　かねさっどん
九州南部における農耕の神。
¶神仏辞典（庚申どん　かねさっどん）

かねた一郎　かねたいちろう
宮沢賢治作『どんぐりと山猫』（1924）に登場する小学生。
¶架空人日（かねた一郎　かねたいちろう）

金田鼻子　かねだはなこ
夏目漱石作『吾輩は猫である』（1905-06）に登場する、苦沙弥先生の近所の住人。

¶架空人日（金田鼻子　かねだはなこ）

金霊　かねだま
黄金の玉の形で出現する霊の一種。
¶幻想動物（金玉）
幻想動物（金霊）〔像〕
神仏辞典（金玉　かねだま）
全国妖怪（カネダマ〔静岡県〕）
水木妖怪続（金霊　かねだま）〔像〕
妖怪事典（カネダマ）
妖怪事典（カネダマ）
妖怪図鑑（金霊　かねだま）〔像〕
妖怪大全（江戸の金霊　えどのかねだま）〔像〕
妖怪大全（金霊　かねだま）〔像〕
妖怪大事典（金霊　かねだま）〔像〕
妖百4（銭神・金霊　ぜにがみ・かなだま）〔像〕

金の網　かねのあみ
『岩邑怪談録』にある怪異。行く先に突然現れた金網。
¶妖怪事典（カネノアミ）

金の神　かねのかみ
鉱山を司る神、金属の神。神話上の神では、金山毘古神と金山毘売神があげられる。
¶日本神様（金の神　かねのかみ）

金の神　かねのかみ
『日本三代実録』に所出。美濃国の神。また、尾張国山田郡の金神社の祭神。
¶神仏辞典（金神　かねのかみ）

金の神の火　かねのかみのひ
火の妖怪。愛媛県温泉郡の怒和島で歳徳神のこと。
¶神仏辞典（金の神の火　かねのかみのひ）
全国妖怪（カネノカミノヒ〔愛媛県〕）
妖怪事典（カネノカミノヒ）
妖怪大全（金の神の火　かねのかみのひ）〔像〕
妖怪大事典（金の神の火　かねのかみのひ）〔像〕

金峯神　かねのみたけのかみ
大和国吉野郡の金峰神社の祭神。
¶神仏辞典（金峯神・金峰神　かねのみたけのかみ）

金堀り婆さん　かねほりばあさん
愛知県渥美郡地方でいう妖怪。
¶妖怪事典（カネホリバアサン）

兼見三左ェ門　かねみさんざえもん
藤沢周平作『隠し剣孤影抄』の登場人物。
¶時代小説（兼見三左ェ門　かねみさんざえもん）

金村屋金兵衛　かねむらやきんべえ
黄表紙『金々先生栄花夢』に登場する人物。
¶架空人日（金々先生　きんきんせんせい）
架空伝説（金村屋金兵衛　かねむらやきんべえ）〔像〕
古典入学（金村屋金兵衛　かねむらやきんぴょうえ）

か

金ん主　かねんぬし
熊本県天草郡倉岳町でいう、人を大金持ちにするという妖怪。
¶幻想動物（金ん主）〔像〕
神仏辞典（金ん主　かねんぬし）
全国妖怪（カネンヌシ〔熊本県〕）
妖怪事典（カナンヌシ）
妖怪大事典（金ん主　かなんぬし）

加乃　かの
滝沢馬琴の姪。杉本苑子作『滝沢馬琴』の登場人物。
¶時代小説（加乃　かの）

狩野雅楽之助　かのううたのすけ
歌舞伎演目『傾城反魂香』「吃又」の登場人物。
¶歌舞伎登（狩野雅楽之助　かのううたのすけ）

狩野永徳　かのうえいとく
安土桃山時代を代表する画家。祖父元信に学ぶ。大徳寺聚光院の襖絵をはじめ、織田信長の安土城や豊臣秀吉の大坂城、聚楽第などの障壁画を手がけた。
¶説話伝説（狩野永徳　かのうえいとく [生]天文12(1543)年 [没]天正18(1590)年）

嘉納治五郎　かのうじごろう
明治・大正時代の教育家、講道館柔道の創始者、日本体育協会の創始者。
¶架空伝承（嘉納治五郎　かのうじごろう [生]万延1(1860)年 [没]昭和13(1938)年）

狩野四郎次郎元信　かのうしろじろうもとのぶ
歌舞伎『花雪恋手鑑』『傾城反魂香』に登場する絵師。
¶歌舞伎登（狩野四郎次郎元信 2 『花雪恋手鑑』　かのうしろじろうもとのぶ）
歌舞伎登（狩野四郎二郎元信 1 『傾城反魂香』　かのうしろじろうもとのぶ）

狩野探幽　かのうたんゆう
江戸初期の画家で江戸狩野の確立者。狩野孝信の長男。永徳の孫。
¶架空伝承（狩野探幽　かのうたんゆう [生]慶長7(1602)年 [没]延宝2(1674)年）
説話伝説（狩野探幽　かのうたんゆう・たんにゅう [生]慶長7(1602)年 [没]延宝2(1674)年）〔像〕
伝奇伝説（狩野探幽　かのうたんゆう [生]慶長7(1602)年 [没]延宝2(1674)年）

賀能知院　かのうちいん
説話集『宇治拾遺物語』に登場する、比叡山延暦寺の役僧。
¶架空人日（賀能知院　かのうちいん）

蚊野神　かののかみ
伊勢国度会郡の蚊野神社の祭神。
¶神仏辞典（蚊野神　かののかみ）

狩野之介直信　かののすけなおのぶ
歌舞伎演目『祇園祭礼信仰記』に登場する、雪姫の夫。
¶歌舞伎登（狩野之介直信　かののすけなおのぶ）

樺井神　かばいのかみ
山城国綴喜郡の樺井月神社の祭神。
¶神仏辞典（樺井神　かばいのかみ）

樺井月読神　かばいのつきよみのかみ
『日本三代実録』に所出。山城国の神。
¶神仏辞典（樺井月読神　かばいのつきよみのかみ）

河伯　かはく
河の神。陸奥国亘理郡の安福河伯神社がある。
¶広辞苑6（河伯　かはく）
神仏辞典（河伯　かはく）
大辞林3（河伯　かはく）
日本未確認（河伯　かはく）〔像〕

カーバコ
福島県相馬郡地方でいう河童のこと。
¶妖怪事典（カーバコ）

蒲冠者範頼　かばのかんじゃのりより
⇒源範頼（みなもとののりより）

鹿春神　かはるのかみ
『豊前国風土記』逸文に所出。田河郡鹿春郷に新羅国の神が渡来したのが同神。
¶神仏辞典（鹿春神　かはるのかみ）

香春岑神　かはるのみねのかみ
『続日本後紀』に所出。辛国息長大姫大目命・忍骨命・豊咩命を指す。
¶神仏辞典（香春岑神　かはるのみねのかみ）

カピタンテイコウ
歌舞伎演目『三千世界商往来』に登場する、長崎のオランダ商館長。
¶歌舞伎登（カピタンテイコウ）

甲比丹の三次　かぴたんのさんじ
吉川英治作『鳴門秘帖』の登場人物。
¶時代小説（甲比丹の三次　かぴたんのさんじ）

可比良命　かひらのみこと
『新撰姓氏録』に所出。神人の祖（河内国神別天神）。
¶神仏辞典（可比良命　かひらのみこと）

鹿蒜田口神　かひるたのくちのかみ
越前国敦賀郡の鹿蒜田口神社の祭神。
¶神仏辞典（鹿蒜田口神　かひるたのくちのかみ）

加比留神　かひるのかみ
越前国敦賀郡の加比留神社、鹿蒜神社の祭神。
¶神仏辞典　(加比留神・鹿蒜神　かひるのかみ)

かぶきり小僧　かぶきりこぞう
小さなおかっぱ頭の小僧で、下総地方(千葉県・茨城県)の山道や夜道に出現する。通る人に、「水飲め、茶飲め」などと声をかける妖怪。
¶全国妖怪　(カブキリコゾウ〔茨城県〕)
　全国妖怪　(カブキリコゾウ〔千葉県〕)
　水木妖怪続　(かぶきり小僧)〔像〕
　妖怪事典　(カブキリコゾウ)
　妖怪大全　(かぶきり小僧　かぶきりこぞう)〔像〕
　妖怪大事典　(かぶきり小僧　かぶきりこぞう)〔像〕

カブキレコ
新潟県北魚沼郡湯之谷村でいう妖怪。
¶妖怪事典　(カブキレコ)
　妖怪大事典　(カブキレコ)

カブキレワラシ
岩手県でマダの木に棲んでいるとされる木の精。
¶幻想動物　(カブキレワラシ)
　全国妖怪　(カブキレワラシ〔岩手県〕)
　妖怪事典　(カブキレワラシ)
　妖怪大事典　(カブキレワラシ)

株荒神　かぶこうじん
カブと称される同族によって祭祀される神。近畿・中国地方に多く見いだされる。
¶神仏辞典　(株荒神　かぶこうじん)

カブソ
石川県鹿島郡の川や池などに棲む妖怪。
¶幻想動物　(カブソ)〔像〕
　全国妖怪　(カブソ〔石川県〕)
　妖怪事典　(カブソ)
　妖怪大全　(かぶそ)〔像〕
　妖怪大事典　(カブソ)〔像〕

兜稲荷　かぶといなり
兜神社の氏子総代の稲荷神を中心とした大黒と恵比寿。証券業界の信仰を集める。
¶妖怪大鑑　(兜稲荷　かぶといなり)〔像〕

加富神　かふのかみ
伊勢国三重郡の加富神社の祭神。
¶神仏辞典　(加富神　かふのかみ)

賀富良津神　かぶらつのかみ
『日本三代実録』に所出。讃岐国の神。
¶神仏辞典　(賀富良津神　かぶらつのかみ)

加夫呂伎熊野大神櫛御気野命　かぶろぎくまぬのおおかみくしみけぬのみこと
『延喜式』所載『出雲国造神賀詞』に所出。須佐之男命の別称。
¶神仏辞典　(加夫呂伎熊野大神櫛御気野命　かぶろぎくまぬのおおかみくしみけぬのみこと)

嘉平次　かへいじ
茶碗商を営む一つ屋五兵衛の子。遊女おさがと心中した事件が近松門左衛門作『生玉心中』として作品化された。
¶架空伝説　(おさが・嘉平次　おさが・かへいじ)
　説話伝説　(おさが嘉平次　おさが・かへいじ)

嘉平火　かへいび
和歌山県西牟婁郡西富田村でいう怪火。
¶妖怪事典　(カヘイビ)

嘉兵衛　かへえ
城昌幸作『若さま侍捕物手帖』の登場人物。
¶時代小説　(嘉兵衛　かへえ)

嘉兵衛　かへえ
大田南畝作の洒落本『変通軽井茶話』(1780)に登場する商人。
¶架空人日　(嘉兵衛　かへえ)

菓兵衛　かへえ
滝亭鯉丈作の滑稽本『八笑人』に登場する船頭。
¶架空人日　(菓兵衛　かへえ)

ガボー
広島県地方でいう妖怪の児童語。
¶妖怪事典　(ガボー)

ガボージー
広島県地方でいう妖怪の児童語。
¶妖怪事典　(ガボージー)

南瓜転がし　かぼちゃころがし
広島県世羅郡でいう妖怪。
¶妖怪事典　(カボチャコロガシ)

かほよ
浄瑠璃『仮名手本忠臣蔵』(1748年初演)に登場する、大名塩谷判官高定の妻。
¶架空人日　(かほよ)

鎌鼬　かまいたち
つむじ風に乗って現われるといわれた動物の妖怪。人を斬ったり、生き血を吸うという。伝承は北海道から本州に分布する。
¶幻想動物　(鎌鼬)〔像〕
　神仏辞典　(鎌鼬・窮奇・構太刀・鎌伊太知　かまいたち)
　神話伝説　(鎌鼬　かまいたち)
　世百新　(かまいたち〔鎌鼬〕　かまいたち)
　全国妖怪　(カマイタチ〔栃木県〕)
　全国妖怪　(カマイタチ〔東京都〕)
　全国妖怪　(カマイタチ〔新潟県〕)
　全国妖怪　(カマイタチ〔長野県〕)
　全国妖怪　(カマイタチ〔岐阜県〕)
　全国妖怪　(カマイタチ〔和歌山県〕)

全国妖怪（カマイタチ〔高知県〕）
日本未確認（鎌鼬　かまいたち）
妖怪事典（カマイタチ）
妖怪図鑑（かまいたち）〔像〕
妖怪大全（鎌鼬　かまいたち）〔像〕
妖怪大事典（鎌鼬　かまいたち）〔像〕
妖百3（鎌鼬　かまいたち）〔像〕

竈男　かまおとこ
竈神の形態の一つ。カマドの近くの柱などに掛けてある面。
¶神仏辞典（竈男　かまおとこ）

鎌風　かまかぜ
『斎諧俗談』にあるもの。伊勢の一目連の類として紹介されている。
¶妖怪事典（カマカゼ）

釜神　かまがみ
屋内で祀られる火の神。
¶神仏辞典（釜神　かまがみ）

カマキラス
映画『怪獣島の決戦・ゴジラの息子』（1967）に登場する巨大カマキリ。
¶怪物事典（カマキラス（英語名 ギマンティスまたはガマッケラ）

鎌倉景政　かまくらかげまさ
⇒鎌倉権五郎（かまくらごんごろう）

鎌倉権五郎　かまくらごんごろう
相模国鎌倉郷を本拠とした平安末期の武士。歌舞伎では『暫』の主人公。また神として祀られている。
¶架空伝承（鎌倉権五郎　かまくらごんごろう　生没年不詳）〔像〕
歌舞伎登（鎌倉権五郎景政　かまくらごんごろうかげまさ）
奇談逸話（鎌倉権五郎　かまくらごんごろう　生没年未詳）
神仏辞典（鎌倉権五郎　かまくらごんごろう　生没年未詳）
人物伝承（鎌倉景政　かまくらかげまさ　生没年不詳）
説話伝説（鎌倉権五郎景政　かまくらごんごろうかげまさ　生没年未詳）
伝奇伝説（鎌倉権五郎　かまくらのごんごろう　生没年未詳）

蒲郡風太郎　がまごおりふうたろう
⇒銭ゲバ（ぜにげば）

叺親父　かますおやじ
青森県にいる妖怪の一種。鬼のような大男の姿。
¶幻想動物（叺親父）〔像〕
全国妖怪（カマスオヤジ〔青森県〕）

叺背負い　かますしょい
家を訪れる妖怪。秋田県鹿角地方でいう。
¶神仏辞典（叺背負い　かますしょい）
全国妖怪（カマスショイ〔秋田県〕）
妖怪事典（カマスショイ）
妖怪大事典（叺背負い　かますしょい）

蝦蟇仙人　がませんにん
歌舞伎・浄瑠璃などの登場人物。蝦蟇の妖術を使う仙人として定着した。
¶歌舞伎登（蝦蟇仙人　がませんにん）
コン5（蝦蟇仙人　がませんにん）
説話伝説（蝦蟇仙人　がませんにん）〔像〕
大辞林3（蝦蟇仙人　がませんにん）
伝奇伝説（蝦蟇仙人　がませんにん）
日本人名（蝦蟇仙人　がませんにん）

蝦蟇仙人　がませんにん
山形県西置賜郡小国町でいう妖怪。時を経た蝦蟇で雨を司る。
¶妖怪事典（ガマセンニン）

蒲太神　かまたのかみ
『日本三代実録』に所出。遠江国の神。
¶神仏辞典（蒲太神　かまたのかみ）

蒲田神　かまたのかみ
『日本三代実録』に所出。蒳田神とも。
¶神仏辞典（蒲田神　かまたのかみ）

鎌田又八　かまだまたはち
江戸時代に生み出された、強力無双の架空の人物。
¶コン5（鎌田又八　かまだまたはち）
説話伝説（鎌田又八　かまだまたはち）
伝奇伝説（鎌田又八　かまだまたはち）
日本人名（鎌田又八　かまだまたはち）

蒲智比咩神　かまちひめのかみ
『日本三代実録』に所出。肥後国の神。
¶神仏辞典（蒲智比咩神　かまちひめのかみ）

蝦蟇憑き　がまつき
岩手県高田地方でいう憑き物。
¶妖怪事典（ガマツキ）

竈様　かまっさま
静岡県周智郡春野町などでいう、家の竈に祀る神。
¶神仏辞典（竈様　かまっさま）

竈神　かまどがみ
家の中の竈や火所で祀られる神。
¶広辞苑6（竈の神　かまのかみ）
神仏辞典（竈神　かまどがみ）
神仏辞典（御竈神・竈神　みかまどのかみ）
神社伝説（竈神　かまどがみ）〔像〕
世百新（竈神　かまどがみ）
東洋神名（竈神　カマドガミ）〔像〕
日本神様（竈神　かまどガミ）〔像（竈男）〕
水木妖怪（かまど神）〔像〕
妖怪大全（かまど神　かまどがみ）〔像〕
妖怪大事典（竈神　かまどがみ）〔像〕

竈荒神　かまどこうじん
竈の神を主に九州地方では広くこう称する。
¶神仏辞典（竈荒神　かまどこうじん）

竈の怪　かまどのかい
根岸鎮衛の『耳袋』にあるもの。金を残して死んだ者の執念が、竈の中に現れたもの。
¶妖怪事典（カマドノカイ）

竈門神　かまどのかみ
筑前国御笠郡の竈門神社の祭神。
¶神仏辞典（竈門神　かまどのかみ）

釜殿神　かまどののかみ
『延喜式』に所出。主殿寮の春秋の祭りにあずかる。
¶神仏辞典（釜殿神　かまどののかみ）

『鎌腹』の男　かまばらのおとこ
狂言（聟女狂言）『鎌腹』に登場する、太郎と呼ばれる遊び人。
¶架空人日（『鎌腹』の男　かまばらのおとこ）

蝦蟇火　がまび
岩手県紫波郡煙山村に伝わる。
¶妖怪事典（ガマビ）

竈仏　かまほとけ
岩手県南と宮城県北の海岸地帯での家の守り神、目の神。
¶神仏辞典（竈仏　かまほとけ）

釜屋武兵衛　かまやぶへえ
歌舞伎演目『三人吉三廓初買』に登場する、土左衛門伝吉が拒否した和尚吉三の金を偶然手に入れ、金持ちとなった人物。
¶歌舞伎登（釜屋武兵衛　かまやぶへえ）

竈山神　かまやまのかみ
紀伊国名草郡の竈山神社の祭神。
¶神仏辞典（竈山神　かまやまのかみ）

加麻良神　かまらのかみ
讃岐国苅田郡の加麻良神社の祭神。
¶神仏辞典（加麻良神　かまらのかみ）

神　かみ
一般に人知の及ばぬ霊的存在でその異常な働きをもって人に畏敬の念を抱かす対象。
¶神様読解（神様　かみさま）
　幻獣事典（神）
　広辞苑6（神　かみ）
　神仏辞典（神）
　神話伝説（神）
　世妖精妖怪（神）
　妖精百科（神）

かみあい
道の妖怪。福島県相馬市でいう。
¶神仏辞典（かみあい）

髪洗い婆　かみあらいばばあ
愛知県新城市日吉でいう妖怪。
¶妖怪事典（カミアライババア）
　妖怪大事典（髪洗い婆　かみあらいばばあ）

神活須毘神　かみいくすびのかみ
大年神の妃神である伊怒比売神の父。
¶神様読解（神活須毘神　かみいくすびのかみ）
　神仏辞典（神活須毘神　かむいくすびのかみ）

賀美石神　かみいしのかみ
陸奥国賀美郡の賀美石神社の祭神。
¶神仏辞典（賀美石神　かみいしのかみ）

上泉伊勢守　かみいずみいせのかみ
戦国時代の剣術家で新陰流の祖。上泉流兵法学の祖。兵法史上の巨柳。
¶架空伝承（上泉伊勢守　かみいずみいせのかみ　生没年不詳）
　架空伝説（上泉信綱　こういずみのぶつな）
　奇談逸話（上泉伊勢守信綱　かみいずみいせのかみのぶつな　㊄永正5(1508)年　㊁天正5(1577)年）
　時代小説（上泉伊勢守　こういずみいせのかみ）
　説話伝説（上泉伊勢守　やつりいりひこのみこ　㊄永正5(1508)年　㊁天正(1577)年）
　伝奇伝説（上泉信綱　かみいずみのぶつな　生没年未詳）

かみえ
道の妖怪。福島県会津若松市でいう。
¶神仏辞典（かみえ）

神大市比売命　かみおおいちひめのみこと
大山津見神の娘。須佐之男神と結婚。
¶神様読解（神大市比売命　かみおおいちひめのみこと）
　日本人名（神大市比売　かみおおいちひめ）

神大根王　かみおおねのみこ
古代伝承上の豪族。開化天皇の孫。日子坐王の子。母は息長水依比売。『古事記』では、八瓜入日子王。
¶神様読解（神大根王(1)／八瓜入日子王　かみおおねのみこ・やうりいりひこのみこ）
　日本人名（八瓜入日子王　やつりいりひこのおう）

神大根王　かみおおねのみこ
兄比売と弟比売の父で美濃国造の祖先とされる。
¶神様読解（神大根王(2)　かみおおねのみこ）

神岳神　かみおかのかみ
大和国平群郡の神岳神社の祭神。
¶神仏辞典（神岳神　かみおかのかみ）

神尾左馬之介 かみおさまのすけ
北原亞以子作『深川澪通り木戸番小屋』の登場人物。
¶時代小説（神尾左馬之介　かみおさまのすけ）

神尾修二 かみおしゅうじ
北方謙三のハードボイルド「神尾シリーズ」の主人公。
¶名探偵日（神尾修二　かみおしゅうじ）

神尾主膳 かみおしゅぜん
中里介山作『大菩薩峠』の登場人物。
¶時代小説（神尾主膳　かみおしゅぜん）

髪鬼 かみおに
鳥山石燕の『画図百器徒然袋』に描かれたもの。
¶妖怪事典（カミオニ）
　妖怪大事典（髪鬼　かみおに）〔像〕

神尾元勝 かみおもとかつ
江戸町奉行。佐々木味津三作『右門捕物帖』の登場人物。
¶時代小説（神尾元勝　かみおもとかつ）

神風 かみかぜ
茨城県多賀郡地方でいう怪異。
¶妖怪事典（カミカゼ）

神韓国伊太氏神 かみからくにいたてのかみ
出雲国出雲郡の阿受枳社のうち一社、阿須伎神社の神韓国伊太氏神社の祭神。
¶神仏辞典（神韓国伊太氏神・神韓国伊大氏神　かみからくにいたてのかみ）

髪切 かみきり
夜道を歩いていると知らぬ間に髪の毛を切っていく妖怪。
¶全国妖怪（カミキリ〔群馬県〕）
　全国妖怪（カミキリ〔東京都〕）
　全国妖怪（カミキリ〔三重県〕）
　妖怪事典（カミキリ）
　妖怪図鑑（髪切　かみきり）〔像〕
　妖怪大全（かみきり）〔像〕
　妖怪大事典（髪切り　かみきり）〔像〕

髪期里神 かみきりのかみ
出雲国仁多郡式外社8社の髪期里社の祭神。
¶神仏辞典（髪期里神　かみきりのかみ）

髪切虫 かみきりむし
結髪を元結の際から切る魔力があるという想像上の虫。
¶広辞苑6（髪切虫・天牛　かみきりむし）

神櫛王 かみくしのみこ
第12代景行天皇の子。
¶神様読解（神櫛王　かみくしのみこ）
　神仏辞典（神櫛別命　かむくしわけのみこと）

紙屑買い久八 かみくずかいきゅうはち
⇒久八（きゅうはち）

紙屑屋善吉 かみくずやぜんきち
歌舞伎演目『勧善懲悪孝子誉』に登場する人物。通称「孝子の善吉」。罪を被って捕らえられるが、行いが良く減刑となる。
¶歌舞伎登（紙屑屋善吉　かみくずやぜんきち）

上許曾神 かみこそのかみ
近江国浅井郡の上許曾神社の祭神。
¶神仏辞典（上許曾神　かみこそのかみ）

「神さへ御目違ひ」の男 かみさえおめちがいのおとこ
井原西鶴作の浮世草子『世間胸算用』（1692）巻三の四「神さへ御目違ひ」に登場する商人。
¶架空人日（「神さへ御目違ひ」の男　かみさえおめちがいのおとこ）

神島伊織 かみしまいおり
山手樹一郎作『桃太郎侍』の登場人物。
¶時代小説（神島伊織　かみしまいおり）

神嶋神 かみしまのかみ
肥前国の神、備中国小田郡の神嶋神社の祭神。
¶神仏辞典（神嶋神　かみしまのかみ）

神代直 かみしろのあたい
古代伝承上の景行天皇の従者。
¶日本人名（神代直　かみしろのあたい）

神代神 かみしろのかみ
『日本三代実録』に所出。上総国の神。
¶神仏辞典（神代神　かみしろのかみ）

神代神 かみしろのかみ
出雲国出雲郡の神代社の祭神。
¶神仏辞典（神代神　かみしろのかみ）

神津恭介 かみづきょうすけ
高木彬光の「神津恭介シリーズ」の主人公。
¶日本人名（神津恭介　かみづきょうすけ）
　名探偵日（神津恭介　かみづきょうすけ）

上毛野竹葉瀬 かみつけののたかはせ
古代伝承上の豪族。荒田別命の子。
¶日本人名（上毛野竹葉瀬　かみつけののたかはせ）

上知我麻神 かみつちかまのかみ
尾張国愛智郡の上知我麻神社の祭神。
¶神仏辞典（上知我麻神　かみつちかまのかみ）

神直毘神 かみなおびのかみ
黄泉国から帰った伊弉諾が禊祓をしたおりに化生した神々の一柱。禍を直す神。

¶神様読解（神直毗神　かみなおびのかみ）
神仏辞典（神直毘神・神直日神　かむなおびのかみ）
日本神様（大直毘神・神直毘神　おおなおびのかみ・かむなおびのかみ）

髪長媛　かみながひめ
記紀にみえる仁徳天皇の妃。日向国の諸県君牛諸井の娘。
¶架空人日（髪長比売　かみながひめ）
神様読解（髪長媛　かみながひめ）
コン5（髪長媛　かみながひめ）
新潮日本（髪長媛　かみながひめ）
日本人名（髪長媛　かみながひめ）

雷神おしん　かみなりおしん
幕末～明治期の女賊。『鳴渡雷神於新全伝』に登場する。
¶架空伝説（雷神おしん　かみなりおしん [生]1845年）
奇談逸話（雷神おしん　かみなりおしん　生没年不詳）
説話伝説（雷神おしん　かみなりおしん　生没年未詳）

雷五郎次　かみなりごろうじ
歌舞伎演目『盲長屋梅加賀鳶』に登場する、加賀鳶梅吉の子分。
¶歌舞伎登（雷五郎次　かみなりごろうじ）

雷庄九郎　かみなりしょうくろう
江戸時代前期の無頼者。雁金五人男の一人。歌舞伎『男作五雁金』ほかに登場する。
¶歌舞伎登（雷庄九郎　かみなりしょうくろう）
日本人名（神鳴庄九郎　かみなりしょうくろう [生]1672年 [没]1702年）

雷のカムイ　かみなりのかむい
アイヌの雷の神。「カンナカムイ（上方のカムイ）」と呼ばれる。「シカンナカムイ」「ポンカンナカムイ」ともいう。
¶神仏辞典（雷神　らいじん）
東洋神名（雷のカムイ　カミナリノカムイ）〔像〕
妖怪事典（カンナカムイ）

『神鳴』の医師　かみなりのくすし
狂言（鬼山伏狂言）『神鳴』に登場する藪医者。
¶架空人日（『神鳴』の医師　かみなりのくすし）

神根神　かみねのかみ
備前国和気郡の神根神社の祭神。
¶神仏辞典（神根神　かみねのかみ）

上神　かみのかみ
出雲国飯石郡の上社の祭神。
¶神仏辞典（上神　かみのかみ）

上新川神　かみのにいかわのかみ
近江国野洲郡の上新川神社の祭神。
¶神仏辞典（上新川神　かみのにいかわのかみ）

神野神　かみののかみ
山城国愛宕郡蓼倉里の祭神。
¶神仏辞典（神野神　かみののかみ）

神野神　かみののかみ
丹波国桑田郡・氷上郡、讃岐国那珂郡の神野神社の祭神。
¶神仏辞典（神野神　かみののかみ）

加弥命神　かみのみことのかみ
伊豆国加茂郡の加弥命神社の祭神。
¶神仏辞典（加弥命神　かみのみことのかみ）

神林東吾　かみばやしとうご
平岩弓枝作『御宿かわせみ』の登場人物。
¶時代小説（神林東吾　かみばやしとうご）

神林通之進　かみばやしみちのしん
平岩弓枝作『御宿かわせみ』の登場人物。
¶時代小説（神林通之進　かみばやしみちのしん）

紙舞　かみまい
神無月（10月）に紙をひとりでに一枚ずつ舞い飛ばす妖怪。
¶妖怪事典（カミマイ）
妖怪大全（紙舞　かみまい）〔像〕
妖怪大事典（紙舞　かみまい）〔像〕

髪結び猫　かみむすびねこ
京都府亀岡市西別院村の墓の近くに出た、長い髪の女。猫が化けたものという。
¶全国妖怪（カミムスビネコ〔京都府〕）

神産巣日神　かみむすびのかみ
造化三神の神々の一柱。また、別天神の五神の一柱。天地開闢の際、高天原に出現した神。『日本書紀』では、神皇産霊尊。
¶朝日歴史（神皇産霊尊　かみむすひのみこと）
アジア女神（神産巣日神　かむむすひのかみ）
架空伝承（神皇産霊尊　かむむすひのみこと）
神様読解（神産巣日神/神皇産霊尊　かみむすびのかみ・かみむすびのみこと）
広辞苑6（神産巣日神・神皇産霊神　かみむすひのかみ）
コン5（神産巣日神　かみむすびのかみ）
新潮日本（神皇産霊神　かみむすびのかみ）
神仏辞典（神皇産霊尊　かむみむすびのみこと）
世百新（神皇産霊尊　かむむすひのみこと）
大辞林3（神皇産霊尊・神魂命　かみむすびのみこと）
東洋神名（神産巣日神　カミムスヒノカミ）〔像〕
日本神々（神産巣日神　かみむすひのかみ）〔像〕
日本神様（神産巣日神　かむむすひのかみ）
日本人名（神皇産霊尊　かみむすびのみこと）
日本神話（カミムスヒ）

神魂命　かみむすびのみこと
賀茂氏神系の神々の一柱。
¶神様読解（神魂命　かみむすびのみこと）

か

神産魂命子午日命神　かみむすびのみことのみこうまのみことのかみ
出雲国神門郡の神産魂命子午日命神社の祭神。
¶神仏辞典（神産魂命子午日命神　かみむすびのみことのみこうまのみことのかみ）

神産巣日御祖命　かみむすびみおやのみこと
『古事記』上巻に所出。死んだ大気津比売神の身に生じたものを取り、種とした。神皇産霊と同一とされる。
¶神仏辞典（神産巣日御祖命　かみむすびみおやのみこと）

神八井耳命　かみやいみみのみこと
第1代神武天皇の皇子。母は伊須気余理比売命。
¶神様読解（神八井耳命　かみやいみみのみこと）
神仏辞典（神八井耳命　かむやいみみのみこと）

神谷玄蔵　かみやげんぞう
歌舞伎演目『安政奇聞佃夜嵐』に登場する、小普請入りの御家人だったが佃島で懲役の身。
¶歌舞伎登（神谷玄蔵　かみやげんぞう）

カミヤシ
アイヌ語で化け物や妖怪のこと。
¶妖怪事典（カミヤシ）

神谷鹿之助　かみやしかのすけ
平岩弓枝作『はやぶさ新八御用帳』の登場人物。
¶時代小説（神谷鹿之助　かみやしかのすけ）

紙屋治兵衛　かみやじへえ
⇒治兵衛（じへえ）

神谷宗湛　かみやそうたん
安土桃山・江戸前期の茶人。「博多の三傑」の一人で博多再興の功労者。
¶説話伝説（神谷宗湛　かみやそうたん　㊐天文20（1551）年　㊓寛永12（1635）年）〔像〕
伝奇伝説（神谷宗湛　かみやそうたん　㊐天文22（1553）年　㊓寛永12（1635）年）

神屋楯比売命　かみやたてひめのみこと
事代主命の母神で、大国主命の妃。
¶神様読解（神屋楯比売命　かみやたてひめのみこと）
神仏辞典（神屋楯比売命　かむやたてひめのみこと）

神矢悠之丞　かみやゆうのじょう
五味康祐作『柳生武芸帳』の登場人物。
¶時代小説（神矢悠之丞　かみやゆうのじょう）

髪結新三　かみゆいしんざ
河竹黙阿弥作の歌舞伎『梅雨小袖昔八丈』に登場する髪結。
¶架空伝説（髪結新三　かみゆいしんざ）
歌舞伎登（髪結い新三　かみゆいしんざ）〔像〕
広辞苑6（髪結新三　かみゆいしんざ）
コン5（髪結新三　かみゆいしんざ）
新潮日本（髪結新三　かみゆいしんざ）
説話伝説（髪結新三　かみゆいしんざ）
大辞林3（髪結新三　かみゆいしんざ）
伝奇伝説（髪結新三　かみゆいしんざ）
日本人名（髪結新三　かみゆいしんざ）

髪結清三郎　かみゆいせいざぶろう
江戸末頃の実録『大岡政談』「白子屋阿熊之記」に登場する男。
¶架空人日（髪結清三郎　かみゆいせいざぶろう）

髪結い藤次　かみゆいとうじ
歌舞伎演目『三題噺高座新作』に登場する、和国橋の髪結い。
¶歌舞伎登（髪結い藤次　かみゆいとうじ）

カム
神沢利子作『ちびっこカムのぼうけん』(1961)「火の山のまき」と「北の海のまき」という中編二編からなる物語の主人公。
¶児童登場（カム）

神阿須伎神　かむあすきのかみ
出雲国出雲郡阿須伎神社の神阿須伎神社の祭神。
¶神仏辞典（神阿須伎神　かむあすきのかみ）

神吾田鹿葦津姫　かむあだかあしづひめ
⇒木花開耶姫（このはなのさくやびめ）

神阿麻能比奈等理神　かむあまのひなとりのかみ
出雲国出雲郡阿須伎神社の神阿麻能比奈等理神社の祭神。
¶神仏辞典（神阿麻能比奈等理神　かむあまのひなとりのかみ）

カムイ
白土三平の漫画『カムイ伝』の主人公。
¶日本人名（カムイ）

カムイ
アイヌの神、自然あるいは世界。
¶神文化史（カムイ）
広辞苑6（カムイ）
神仏辞典（カムイ）

神伊佐我神　かむいさかのかみ
出雲国出雲郡阿須伎神社の神伊佐我神社の祭神。
¶神仏辞典（神伊佐我神　かむいさかのかみ）

神伊佐那伎神　かむいざなぎのかみ
出雲国出雲郡阿須伎神社の神伊佐那伎神社の祭神。
¶神仏辞典（神伊佐那伎神　かむいざなぎのかみ）

カムイ・フチ
⇒火のカムイ（ひのかむい）

カムイ・メムペ
⇒火のカムイ（ひのかむい）

カムイラッチャク
アイヌに伝わる妖怪。
¶妖怪事典（カムイラッチャク）

神汗久宿禰命　かむうくのすくねのみこと
『新撰姓氏録』に所出。凡人の祖（未定雑姓和泉国）。
¶神仏辞典（神汗久宿禰命　かむうくのすくねのみこと）

神大穴持御子神　かむおおなもちのみこのかみ
出雲国杵築大社の神大穴持御子神社の祭神。
¶神仏辞典（神大穴持御子神　かむおおなもちのみこのかみ）

神垣神　かむかきのかみ
伊勢国飯野郡の神垣神社の祭神。
¶神仏辞典（神垣神　かむかきのかみ）

神鹿高神　かむかたかのかみ
『日本三代実録』に所出。伊賀国の神。
¶神仏辞典（神鹿高神　かむかたかのかみ）

神川神　かむかはのかみ
山城国乙訓郡の神川神社の祭神。
¶神仏辞典（神川神　かむかはのかみ）

神櫛別命　かむくしわけのみこと
⇒神櫛王（かみくしのみこ）

神志波移命　かむしはやのみこと
『新撰姓氏録』に所出。鞍編首の祖（未定雑姓河内国）。
¶神仏辞典（神志波移命　かむしはやのみこと）

神知津彦命　かむしりつひこのみこと
『新撰姓氏録』に所出。倭太・大和宿禰の祖（大和国神別地祇）。
¶神仏辞典（神知津彦命　かむしりつひこのみこと）

神杉伊豆牟比咩神　かむすぎいずむひめのかみ
能登国鳳至郡の神杉伊豆牟比咩神社の祭神。
¶神仏辞典（神杉伊豆牟比咩神　かむすぎいずむひめのかみ）

神須牟地神　かむすむちのかみ
摂津国住吉郡の神須牟地神社の祭神。
¶神仏辞典（神須牟地神　かむすむちのかみ）

神傍神　かむそいのかみ
越前国足羽郡の神傍神社の祭神。
¶神仏辞典（神傍神　かむそいのかみ）

神高槻神　かむたかつきのかみ
近江国伊香郡の神高槻神社の祭神。
¶神仏辞典（神高槻神　かむたかつきのかみ）

神谷神　かむたにのかみ
讃岐国阿野郡の神谷神社、丹後国熊野郡の神谷神社の祭神。
¶神仏辞典（神谷神　かむたにのかみ）

神魂伊豆乃売神　かむたまいずめのめのかみ
出雲国出雲郡伊努神社の神魂伊豆乃売神社の祭神。
¶神仏辞典（神魂伊豆乃売神　かむたまいずめのめのかみ）

神魂伊能知奴志神　かむたまいのちぬしのかみ
出雲国出雲郡杵築大社の神魂伊能知奴志神社の祭神。
¶神仏辞典（神魂伊能知奴志神　かむたまいのちぬしのかみ）

神魂意保刀自神　かむたまいほとじのかみ
出雲国出雲郡阿須伎神社の神魂意保刀自神社の祭神。
¶神仏辞典（神魂意保刀自神　かむたまいほとじのかみ）

神魂神　かむたまのかみ
出雲国出雲郡伊努神社の神魂神社の祭神。
¶神仏辞典（神魂神　かむたまのかみ）

神魂子角魂神　かむたまみこつのたまのかみ
出雲国神門郡の比布智神社の神魂子角魂神社の祭神。
¶神仏辞典（神魂子角魂神　かむたまみこつのたまのかみ）

神魂御子神　かむたまみこのかみ
出雲国出雲郡の案下の国幣にあずかる杵築大社の神魂御子神社神社の祭神。
¶神仏辞典（神魂御子神　かむたまみこのかみ）

神足神　かむたりのかみ
山城国乙訓郡の神足神社の祭神。
¶神仏辞典（神足神　かむたりのかみ）

霹靂神　かむときのかみ
石見国邇摩郡の霹靂神社の祭神。
¶神仏辞典（霹靂神　かむときのかみ）

神度神　かむどのかみ
越中国新川郡の神度神社の祭神。
¶神仏辞典（神度神　かむどのかみ）

神門神　かむどのかみ
但馬国気多郡の神門神社の祭神。
¶神仏辞典（神門神　かむどのかみ）

かむな

神奈地祇神　かむなくにつかみ
『日本三代実録』に所出。土佐国の神。
¶神仏辞典（神奈地祇神・神无地祇神　かむなくにつかみ）

甘南備神　かむなびのかみ
山城国綴喜郡の甘南備神社、備後国葦田郡の賀武奈備神社などの祭神。
¶神仏辞典（甘南備神・珂牟奈備神・河牟奈備・賀武奈備神　かむなびのかみ）

神饒速日命　かむにぎはやひのみこと
『新撰姓氏録』に所出。石上朝臣、穂積朝臣、阿刀宿禰、などの祖神。
¶神仏辞典（神饒速日命　かむにぎはやひのみこと）

綺日女命　かむはたひめのみこと
『常陸国風土記』に所出。ニニギノミコトに従い、高千穂二上峰に降り、三野引津根丘に至った。『延喜式』所出の神波多神、神服部神と同一とされる。
¶神仏辞典（神波多神　かむはたのかみ）
　神仏辞典（綺日女命　かむはたひめのみこと）
　神仏辞典（神服神・神服部神　かむはとりのかみ）

カムパネルラ
宮沢賢治作『銀河鉄道の夜』に登場する、ジョバンニの親族。
¶架空人日（カムパネルラ）
　児童登場（カムパネルラ）

神日子命　かむひこのみこと
『播磨国風土記』に所出。讃容郡邑宝里の鍬柄川の名の由来に現れる。
¶神仏辞典（神日子命　かむひこのみこと）

神目伊豆伎比古神　かむめのいずきひこのかみ
能登国鳳至郡の神目伊豆伎比古神社の祭神。
¶神仏辞典（神目伊豆伎比古神　かむめのいずきひこのかみ）

神屋楯比売命　かむやたてひめのみこと
⇒神屋楯比売命（かみやたてひめのみこと）

神倭伊波礼毘古命　かむやまといわれひこのみこと
⇒神功皇后（じんぐうこうごう）

神山神　かむやまのかみ
伊勢国飯野郡の神山神社の祭神。
¶神仏辞典（神山神　かむやまのかみ）

加村宇田右衛門　かむらうたえもん
歌舞伎演目『敵討艦褸綿』に登場する、大和郡山の藩士。
¶歌舞伎登（加村宇田右衛門　かむらうたえもん）

神留伎命　かむるぎのみこと
『古語拾遺』に所出。高皇産霊神。伴・佐伯等の祖。
¶神仏辞典（神留伎命　かむるぎのみこと）

カムロ
沖縄に棲む河童のような妖怪。
¶幻想動物（カムロ）〔像〕
　全国妖怪（カムロ〔沖縄県〕）
　妖怪事典（カムロ）

神漏岐神漏美命　かむろぎかむろみのみこと
『続日本紀』『常陸国風土記』『延喜式』等に所出。男女二柱の皇祖神の尊称。
¶神仏辞典（神漏岐神漏美命・神魯岐神魯美命・神魯岐神魯弥命　かむろぎかむろみのみこと）
　日本神話（カムロキ・カムロミ）

禿たより　かむろたより
歌舞伎演目『戻駕色相肩』に登場する、京島原の傾城文車（小車）太夫の禿。
¶歌舞伎登（禿たより　かむろたより）

禿みどり　かむろみどり
歌舞伎演目『明烏夢泡雪』に登場する、新吉原の山名屋の禿。
¶歌舞伎登（禿みどり　かむろみどり）

がめ
富山県、石川県、福岡県地方でいう河童。
¶神仏辞典（がめ）
　全国妖怪（ガメ〔石川県〕）
　妖怪事典（ガメ）
　妖怪大事典（ガメ）

亀井六郎　かめいのろくろう
歌舞伎『義経腰越状』『義経千本桜』に登場する、源義経の忠臣。
¶歌舞伎登（亀井六郎1『義経腰越状』　かめいのろくろう）
　歌舞伎登（亀井六郎2『義経千本桜』　かめいのろくろう）

甕長　かめおさ
甕が古くなり、目や鼻が現われて妖怪になったもの。
¶水木妖怪続（甌長　かめおさ）〔像〕
　妖怪事典（カメオサ）
　妖怪大全（甕長　かめおさ）〔像〕
　妖怪大事典（甌長　かめおさ）〔像〕

亀吉　かめきち
岡本綺堂作『半七捕物帳』の登場人物。
¶時代小説（亀吉　かめきち）

亀吉　かめきち
城昌幸作『若さま侍捕物手帖』の登場人物。
¶時代小説（亀吉　かめきち）

亀吉　かめきち
佐藤雅美作『恵比寿屋喜兵衛手控え』の登場人物。
¶時代小説（亀吉　かめきち）

亀篠　かめざさ
曲亭馬琴作の読本『南総里見八犬伝』(1814-42)に登場する、大塚番作の異母姉。浜路の養母。
¶架空人日（亀篠　かめざさ）
　歌舞伎登（亀笹　かめざさ）

亀蔵　かめぞう
笹沢左保作『木枯し紋次郎』の登場人物。
¶時代小説（亀蔵　かめぞう）

カメノコ
群馬県の動物の怪。ツチノコのこと。
¶全国妖怪（カメノコ〔群馬県〕）

亀八　かめはち
岡本綺堂作『半七捕物帳』の登場人物。
¶時代小説（亀八　かめはち）

亀比売　かめひめ
海の彼方の神仙世界に住む乙女で、浦島子と結婚した女神。
¶アジア女神（亀比売　かめひめ）〔像〕

亀姫　かめひめ
会津（福島県）の武士松風庵寒流の聞き書きによる『老媼茶話』にあるもの。猪苗代城に出る妖怪。
¶全国妖怪（カメヒメ〔福島県〕）
　妖怪事典（カメヒメ）
　妖怪大鑑（亀姫　かめひめ）〔像〕
　妖怪大事典（亀姫　かめひめ）

亀屋忠兵衛　かめやちゅうべえ
⇒忠兵衛（ちゅうべえ）

ガメラ
映画「ガメラ」シリーズほかに登場する、巨大な太古のカメの怪獣。
¶怪物事典（ガメラ）

仮面ライダー　かめんらいだー
テレビ番組『仮面ライダー』(1971-73)および石森（現・石ノ森）章太郎による同名漫画の主人公。
¶架空人物（仮面ライダー）
　架空伝承（仮面ライダー　かめんらいだー）

ガモ
鹿児島県、三重県でいう妖怪の児童語。
¶妖怪事典（ガモ）

ガモー
兵庫県但馬地方でいう妖怪の児童語。
¶妖怪事典（ガモー）

蒲生氏郷　がもううじさと
安土桃山時代の武将。蒲生賢秀の長男。織田信長、豊臣秀吉に仕えた。
¶説話伝説（蒲生氏郷　がもううじさと　㊌弘治2(1556)年　㊋文禄4(1595)年）〔像〕
　伝奇伝説（蒲生氏郷　がもううじさと　㊌弘治2(1556)年　㊋文禄4(1595)年）

蒲生君平　がもうくんぺい
徳川時代後期の儒学者、尊王家。寛政の三奇人の一人。
¶奇談逸話（蒲生君平　がもうくんぺい　㊌明和5(1768)年　㊋文化10(1813)年）
　説話伝説（蒲生君平　がもうくんぺい　㊌明和5(1768)年　㊋文化10(1813)年）〔像〕
　伝奇伝説（蒲生君平　がもうくんぺい　㊌明和5(1768)年　㊋文化10(1813)年）

蒲生泰軒　がもうたいけん
林不忘作『丹下左膳』の登場人物。
¶時代小説（蒲生泰軒　がもうたいけん）

ガモシ
三重県宇治山田地方でいう妖怪の児童語。
¶妖怪事典（ガモシ）

ガモジ
三重県相可地方でいう妖怪の児童語。
¶妖怪事典（ガモジ）

ガモジー
広島県福山地方でいう妖怪の児童語。
¶妖怪事典（ガモジー）

加茂志神　かもしのかみ
出雲国島根郡の加茂志社の祭神。
¶神仏辞典（加茂志神　かもしのかみ）

ガモジョ
長崎県地方でいう妖怪の児童語。
¶妖怪事典（ガモジョ）

ガモジン
鹿児島県地方でいう妖怪の児童語。
¶妖怪事典（ガモジン）

鴨高田神　かもたかたのかみ
河内国渋川郡の鴨高田神社の祭神。
¶神仏辞典（鴨高田神　かもたかたのかみ）

賀茂建角身命　かもたけつぬみのみこと
賀茂氏神系の神々の一柱。
¶朝日歴史（賀茂建角身命　かもたけつのみこと）
　神様読解（賀茂建角身命　かもたけつのみこと）
　広辞苑6（賀茂建角身命・鴨武津身命　かもたけつのみこと）
　新潮日本（賀茂建角身命　かもたけつのみこと）
　神仏辞典（賀茂建角身命　かものたけつぬみのみこと

かもち

（賀茂建角身命　かものたけつぬみのみこと）
　神話伝説（賀茂建角身命　かものたけつぬみのみこと）
　説話伝説（賀茂建角身命　かもたけつのみのみこと）
　世百新（賀茂建角身命　かもたけつのみのみこと）
　大辞林3（賀茂建角身命　かもたけつのみのみこと）
　伝奇伝説（賀茂建角身命　かもたけつのみのみこと）
　日本神々（賀茂建角身命　かもたけつぬみのみこと）
　日本神様（賀茂信仰の神々〔賀茂建角身命〕かもしんこうのかみがみ）〔像（賀茂大明神）〕
　日本人名（賀茂建角身命　かもたけつのみのみこと）

カモチ
和歌山県地方でいう妖怪の児童語。
¶妖怪事典（カモチ）

ガモチ
和歌山県熊野地方でいう妖怪の児童語。
¶妖怪事典（ガモチ）

賀茂那備神　かもなびのかみ
隠岐国周吉郡の賀茂那備神社の祭神。
¶神仏辞典（賀茂那備神　かもなびのかみ）

鴨習太神　かもならいたのかみ
河内国石川郡の鴨習太神社の祭神。
¶神仏辞典（鴨習太神　かもならいたのかみ）

鹿母伊賀迦色許売命　かものいがかしこめのみこと
⇒伊賀迦色許売命（いがかしこめのみこと）

迦毛大神　かものおおかみ
⇒味耜高彦根神（あじすきたかひこねのかみ）

鴨大神御子神主玉神　かものおおかみのみこのかみぬしたまのかみ
常陸国新治郡の鴨大神御子神主玉神社の祭神。
¶神仏辞典（鴨大神御子神主玉神　かものおおかみのみこのかみぬしたまのかみ）

鴨岡本神　かものおかもとのかみ
山城国愛宕郡の鴨岡本神社の祭神。
¶神仏辞典（鴨岡本神　かものおかもとのかみ）

賀茂神　かものかみ
讃岐国阿野郡の賀茂神社などの祭神。
¶神仏辞典（賀茂神　かものかみ）

賀茂神　かものかみ
『続日本紀』『日本後紀』『続日本後紀』『日本文徳天皇実録』『日本三代実録』に所出。山城国に鎮座。
¶神仏辞典（賀茂神・鴨神　かものかみ）

賀毛神　かものかみ
伊勢国員弁郡の賀毛神社、伊豆国賀茂郡の加毛神社二座などの祭神。
¶神仏辞典（賀毛神・加毛神　かものかみ）

鴨神　かものかみ
伊勢国度会郡の鴨神社などの祭神。
¶神仏辞典（鴨神　かものかみ）

鴨川合坐小社宅神　かものかわあいにますこそやけのかみ
山城国愛宕郡の鴨川合坐小社宅神社の祭神。
¶神仏辞典（鴨川合坐小社宅神　かものかわあいにますこそやけのかみ）

加茂二郎義綱　かものじろうよしつな
源義家の弟。歌舞伎演目『暫』に登場する。
¶歌舞伎登（加茂二郎義綱　かものじろうよしつな）

鴨建玉依彦命　かものたけたまよりひこのみこと
『新撰姓氏録』に所出。西泥部の祖（山城国神別天神）。
¶神仏辞典（鴨建玉依彦命　かものたけたまよりひこのみこと）

賀茂忠行　かものただゆき
平安時代の陰陽師。村上天皇に箱中の物を問われ念珠であることを的中させたり、京中の盗難を占卜して令名をあげた。子の保憲・保遠の同門から安倍清明が出た。
¶コン5（賀茂忠行　かものただゆき　生没年不詳）
　説話伝説（賀茂忠行　かものただゆき　生没年未詳）

鴨長明　かものちょうめい
鎌倉初期の歌人・文人。『方丈記』の作者で隠者。父は鴨長継。
¶奇談逸話（鴨長明　かものちょうめい　㊀久寿2（1155）年　㊁建保4（1216）年）
　古典人東（鴨長明　かものちょうめい）
　説話伝説（鴨長明　かものちょうめい　㊀久寿2（1155）年　㊁建保4（1216）年）
　伝奇伝説（鴨長明　かものちょうめい・かものながあきら　㊀久寿2（1155）年　㊁建保4年6月9日（1216）年）〔像〕

鴨都味波八重事代主命神　かものつみはやえことしろぬしのみことのかみ
大和国葛上郡の鴨都味波八重事代主命神社の祭神。
¶神仏辞典（鴨都味波八重事代主命神　かものつみはやえことしろぬしのみことのかみ）

賀茂波尓神　かものはにのかみ
山城国愛宕郡の賀茂波尓神社の祭神。
¶神仏辞典（賀茂波尓神　かものはにのかみ）

賀茂比売　かものひめ
奈良時代、聖武天皇の外祖母。藤原宮子の母、藤原不比等の室と伝えられる。

¶日本人名（賀茂比売　かものひめ [生]? [没]735年）

賀茂御祖神　かものみおやのかみ

山城国愛宕郡の賀茂御祖神社二座の祭神。

¶神仏辞典（賀茂御祖神・鴨御祖神　かものみおやのかみ）

賀茂光栄　かものみつよし

平安中期の陰陽師。賀茂保憲の子。安倍晴明と双璧と称され、術法は晴明に劣るが、才覚は長じていたという。

¶朝日歴史（賀茂光栄　かものみつよし [生]天慶2(939)年 [没]長和4年6月7日(1015年6月25日)）
コン5（賀茂光栄　かものみつひで [生]? [没]長和4(1015)年）
日本人名（賀茂光栄　かものみつよし [生]939年 [没]1015年）

賀茂保憲　かものやすのり

平安中期の陰陽師。幼時から奇才をあらわし、長じて暦博士となった。天文を安倍晴明に伝えた。『今昔物語集』に登場する。

¶コン5（賀茂保憲　かものやすのり [生]延喜17(917)年 [没]貞元2(977)年）
説話伝説（賀茂保憲　かものやすのり [生]延喜17(917)年 [没]貞元2(977)年）
伝奇伝説（賀茂保憲　かものやすのり [生]延喜17(917)年 [没]貞元2(977)年）
日ミス（賀茂保憲　かものやすのり [生]延喜17(917)年 [没]貞元2(977)年）

賀茂山口神　かものやまのくちのかみ

山城国愛宕郡の賀茂山口神社の祭神、大和国葛上郡の鴨山口神社の祭神。

¶神仏辞典（賀茂山口神・鴨山口神　かものやまのくちのかみ）

賀茂若宮神　かものわかみやのかみ

『日本三代実録』に所出。飛騨国の神。

¶神仏辞典（賀茂若宮神　かものわかみやのかみ）

賀茂明神　かもみょうじん

京都市北区の上賀茂神社の祭神。上社は賀茂別雷神、下社は玉依姫・建角身命等を祀る。

¶説話伝説（賀茂明神　かもみょうじん）

加毛利神　かもりのかみ

出雲国出雲郡加毛利社の祭神。

¶神仏辞典（加毛利神　かもりのかみ）

賀茂別雷命　かもわけいかづちのみこと

京都の賀茂別雷神社(上賀茂神社)の祭神。火雷命の子。母は玉依姫。

¶朝日歴史（賀茂別雷命　かもわけいかづちのみこと）
神様読解（賀茂別雷命　かもわけいかづちのみこと）
広辞苑6（賀茂別雷命　かもわけいかずちのみこと）
新潮日本（賀茂別雷命　かもわけいかずちのみこと）
神仏辞典（賀茂別雷命　かものわけいかずちのみこと）
神話伝説（賀茂別雷命　かもわけいかずちのみこと）
日本人名（賀茂別雷命　かもわけいかずちのみこと）
日本神話（カモワケイカツチ）

鴨別命　かもわけのみこと

『新撰姓氏録』に所出。稚武彦命の孫、笠臣の祖(右京皇別下)。

¶神仏辞典（鴨別命　かもわけのみこと）

掃部長者　かもんちょうじゃ

岩手県水沢市胆沢町南都田周辺に伝わる伝説に登場する長者。

¶説話伝説（掃部長者　かもんちょうじゃ）
伝奇伝説（掃部長者　かもんちょうじゃ）

萱垣　かやがき

家に居る屋敷神、長野県下伊那郡周辺でいう。

¶神仏辞典（萱垣　かやがき）

蚊帳吊り狸　かやつりたぬき

夜、人気のない暗い道の真ん中に出現する蚊帳のような妖怪。

¶幻想動物（蚊帳つり狸）〔像〕
全国妖怪（カヤツリダヌキ〔徳島県〕）
妖怪事典（カヤツリダヌキ）
妖怪大鑑（蚊帳吊り狸　かやつりだぬき）〔像〕
妖怪大事典（蚊帳吊り狸　かやつりたぬき）〔像〕

賀夜奈流美神　かやなるみのかみ

大和国高市郡の加夜奈留美命神社の祭神。

¶神仏辞典（賀夜奈流美神　かやなるみのかみ）
日本神話（カヤナルミ）

草野神　かやぬのかみ

出雲国秋鹿郡式外社16社の祭神。

¶神仏辞典（草野神　かやぬのかみ）

加夜神　かやのかみ

出雲国神門郡の加夜社の祭神。

¶神仏辞典（加夜神　かやのかみ）

萱野の亀右衛門　かやののかめえもん

池波正太郎作『仕掛人・藤枝梅安』の登場人物。

¶時代小説（萱野の亀右衛門　かやののかめえもん）

鹿屋野比売神　かやのひめのかみ

伊弉諾・伊弉冉の子。野椎ともいい、野の神とされる。『日本書紀』では、草野姫。

¶アジア女神（草野姫・鹿屋野比売神　かやのひめのかみ）
神様読解（鹿屋野比売神/草相祖草野媛命　かやぬひめのかみ・くさのおやかやぬひめのみこと）
広辞苑6（野槌　のづち）
神仏辞典（鹿屋野比売神　かやのひめのかみ）
神仏辞典（野椎神　のづちのかみ）
大辞林3（野槌・野雷　のづち）
日本神様（野の神　ののかみ）
日本人名（草野姫　かやのひめ）

賀陽良藤　かやのよしふじ
『今昔物語集』の登場人物。備中国賀陽郡葦守郷の人。金貸しを業とする好色家の男。
¶架空人日（賀陽良藤　かやのよしふじ）
　架空伝説（賀陽良藤　かやのよしふじ）
　古典人学（賀陽良藤　かやのよしふじ）

香山戸臣神　かやまとおみのかみ
大年神の子。母は天知迦流美豆比売神。七番目の子。
¶神様読解（香山戸臣神　かやまとおみのかみ）
　神仏辞典（香山戸臣神　かがやまとおみのかみ）

河陽県の后　かようけんのきさき
『浜松中納言物語』に登場する、浜松中納言の亡父の転生した唐国の第三皇子の母后。
¶架空人日（河陽県の后　かようけんのきさき）
　架空伝説（河陽県の后　かようけんのきさき）
　古典人学（唐后（河陽県の后）　からきさき）

花陽夫人　かようぶにん
歌舞伎演目『玉藻前御園公服』に登場する、金毛九尾の狐が、美女に化けた姿。
¶歌舞伎登（花陽夫人　かようぶにん）

カヨーオヤシ
樺太にいるという声だけの妖怪。アイヌ語で「人呼びおばけ」の意。
¶幻想動物（カヨーオヤシ）〔像〕
　全国妖怪（カヨーオヤシ）〔北海道〕
　妖怪事典（カヨーオヤシ）
　妖怪大事典（カヨーオヤシ）

香余理比売命　かよりひめのみこと
第12代景行天皇の皇女（次女）。
¶神様読解（香余理比売命　かよりひめのみこと）
　神仏辞典（香余理比売命　かごよりひめのみこと）

ガーラ
兵庫県但馬、香川県坂出地方でいう河童のこと。
¶妖怪事典（ガーラ）

唐糸　からいと
御伽草子『唐糸草紙』（室町時代）に登場する、木曾義仲の家臣手塚太郎金刺光盛の娘。
¶架空人日（唐糸　からいと）

唐織　からおり
歌舞伎演目『本朝廿四孝』に登場する、武田家の執権高坂弾正の妻。
¶歌舞伎登（唐織　からおり）

から傘　からかさ
⇒傘化け（かさばけ）

傘火　からかさび
大坂天満の大鏡寺の前に出たという怪物。
¶広辞苑6（傘火　からかさび）

賀羅加波神　からかはのかみ
備後御調郡の賀羅加波神社の祭神。
¶神仏辞典（賀羅加波神　からかはのかみ）

韓鋥神　からかまのかみ
出雲国出雲郡の韓鋥社の祭神。
¶神仏辞典（韓鋥神・韓竈神　からかまのかみ）

漢神　からかみ
渡来人等によって日本に伝来したと考えられる俗信仰。牛馬を殺して漢神を祭った。
¶神仏辞典（漢神　からかみ）

韓神　からかみ
⇒韓神（からのかみ）

空木返り　からきがえり
宮城県刈田郡宮村でいう怪異。
¶全国妖怪（カラキガエリ〔宮城県〕）
　妖怪事典（カラキガエリ）

唐后　からきさき
⇒河陽県の后（かようけんのきさき）

空木倒し　からきだおし
音の妖怪。新潟県岩船郡朝日村でいう。
¶神仏辞典（空木倒し　からきだおし）
　全国妖怪（カラキダオシ〔新潟県〕）
　妖怪事典（カラキダオシ）
　妖怪大事典（空木倒し　からきだおし）

空衣　からぎぬ
柳亭種彦の合巻『修紫田舎源氏』（1829-42）に登場する、『源氏物語』の空蝉に対応する女性。
¶架空人日（空衣　からぎぬ）

唐衣　からぎぬ
歌舞伎演目『信州川中島合戦』に登場する、直江山城守の妻、山本勘助の妹。
¶歌舞伎登（唐衣　からぎぬ）

唐木政右衛門　からきまさえもん
近松半二、近松加作『伊賀越道中双六』の登場人物。荒木又右衛門をモデルにした人物。
¶歌舞伎登（唐木政右衛門　からきまさえもん）
　古典人学（唐木政右衛門　からきまさえもん）

唐草銀五郎　からくさぎんごろう
吉川英治作『鳴門秘帖』の登場人物。
¶時代小説（唐草銀五郎　からくさぎんごろう）

韓国天師命　からくにあましのみこと
『新撰姓氏録』に所出。長倉造の祖（未定雑姓大和国）。
¶神仏辞典（韓国天師命　からくにあましのみこと）

韓国伊太氏神　からくにいたてのかみ
出雲国出雲郡の曾伎乃夜社などの祭神。
¶神仏辞典（韓国太氏神・韓国伊大氏神　からくにいたてのかみ）

辛国息長大姫大目命　からくにおきながおおひめおおまのみこと
豊前国田川郡の辛国息長大姫大目命神社の祭神。
¶神仏辞典（辛国息長大姫大目命　からくにおきながおおひめおおまのみこと）

韓国宇豆峯神　からくにのうずのみねのかみ
大隅国曾於郡の韓国宇豆峯神社の祭神。
¶神仏辞典（韓国宇豆峯神　からくにのうずのみねのかみ）

辛国神　からくにのかみ
河内国志紀郡の辛国神社の祭神。
¶神仏辞典（辛国神　からくにのかみ）

カラコワラシ
岩手県胆沢郡永岡村でいう家にいる怪。
¶全国妖怪（カラコワラシ〔岩手県〕）

烏神　からすがみ
岩手県下では遠野市の烏神様をはじめ軽米町の白山さんもこう俗称される。
¶神仏辞典（烏神　からすがみ）

からすたろう
八島太郎作『からすたろう』の絵本に登場する主人公の少年。
¶児童登場（からすたろう）

烏天狗　からすてんぐ
山の妖怪。鳥頭人身で背中に翼をもつ。
¶歌舞伎登（烏天狗　からすてんぐ）
　幻想動物（烏天狗〔像〕）
　神仏辞典（烏天狗　からすてんぐ）
　世怪物神獣（からす天狗）
　全国妖怪（カラステング〔愛媛県〕）
　水木妖怪続（烏天狗　からすてんぐ）〔像〕
　妖怪事典（カラステング）
　妖怪大全（烏天狗　からすてんぐ）〔像〕
　妖怪大事典（烏天狗　からすてんぐ）〔像〕

烏丸光弘　からすまるみつひろ
安土桃山時代・江戸初期の歌人、公卿。
¶説話伝説（烏丸光弘　からすまるみつひろ　㊉天正7(1579)年　㊁寛永15(1658)年）
　伝奇伝説（烏丸光広　からすまるみつひろ　㊉天正7(1579)年　㊁寛永15(1638)年）

発枳神　からたちのかみ
丹後国竹野郡の発枳神社の祭神。
¶神仏辞典（発枳神　からたちのかみ）

唐津城の妖怪　からつじょうのようかい
『思斉漫録』にある、唐津城の堀に現れた妖怪。
¶妖怪事典（カラツジョウノヨウカイ）

がらっぱ
鹿児島県、宮崎県、熊本県など南九州地方でいう河童。
¶幻想動物（ガラッパ）〔像〕
　神仏辞典（がらっぱ）
　全国妖怪（ガラッパ〔鹿児島県〕）
　水木妖怪（ガラッパ）〔像〕
　妖怪事典（ガラッパ）
　妖怪大全（ガラッパ）〔像〕
　妖怪大事典（ガラッパ）〔像〕

ガラッ八　がらっぱち
野村胡堂作『銭形平次捕物控』(1931-57)に登場する、銭形平次の子分の八五郎の通称。
¶架空人日（ガラッ八　がらっぱち）
　架空伝説（ガラッ八　がらっぱち）
　時代小説（八五郎　はちごろう）

ガラッポ
宮崎県飫肥地方でいう河童。
¶妖怪事典（ガラッポ）

韓神　からのかみ
大年神の子で、母は伊怒比売神。
¶朝日歴史（韓神　からのかみ）
　神様読解（韓神　からのかみ）
　広辞苑6（韓神　からのかみ）
　新潮日本（韓神　からのかみ）
　神仏辞典（韓神　からのかみ）
　日本人名（韓神　からかみ）

唐橋弾正大弼　からはしだんじょうだいひつ
歌舞伎演目『敵討浦朝霧』に登場する、病没した網干家当主の弟。
¶歌舞伎登（唐橋弾正大弼　からはしだんじょうだいひつ）

唐橋中将光盛卿　からはしちゅうじょうみつもりきょう
頭之宮四方神社（三重県大内山村）の祭神。桓武平氏の武士。
¶神様読解（唐橋中将光盛卿　からはしちゅうじょうみつもりきょう）

加良比乃神　からひのかみ
伊勢国安濃郡の加良比乃神社の祭神。
¶神仏辞典（加良比乃神　からひのかみ）

韓俗　からふくろ
記紀にみえる豪族。近江の狭狭城山（佐佐貴山）氏の祖。
¶日本人名（韓俗　からふくろ）

ガラボシ
和歌山県東牟婁郡地方でいう河童。

¶妖怪事典（ガラボシ）

河原坊主　かーらぼーず
富山県上新川郡地方でいう河童のこと。
¶妖怪事典（カーラボーズ）

ガラヨー
鹿児島県喜界島でいう河童。
¶妖怪事典（ガラヨー）

ガラン
岡山県地方でいう妖怪。寺にいて、ひどく物惜しみをするという。
¶全国妖怪（ガラン〔岡山県〕）
　妖怪事典（ガラン）

伽藍殿　がらんどん
鹿児島県を中心にした南九州でいう民間神あるいは河童。
¶妖怪事典（ガランドン）
　妖怪大鑑（がらんどん）〔像〕
　妖怪大事典（ガランドン）〔像〕

カーランベ
岐阜県加茂郡、長野県木曾上柳町地方でいう河童のこと。
¶妖怪事典（カーランベ）

かりあげ君　かりあげくん
植田まさしのギャグ漫画『かりあげ君』の主人公。
¶架空人物（かりあげ君）

雁音　かりがね
柳亭種彦作の合巻『偐紫田舎源氏』（1829-42）に登場する、『源氏物語』の雲居雁に対応する人物。
¶架空人日（雁音　かりがね）

雁金五人男　かりがねごにんおとこ
1702（元禄15）年に処刑された大坂の5人の無頼者。浄瑠璃や歌舞伎の題材となった。
¶架空伝承（雁金五人男　かりがねごにんおとこ）
　説話伝説（雁金五人男　かりがねごにんおとこ）
　伝奇伝説（雁金五人男　かりがねごにんおとこ）〔像〕

雁金文七　かりがねぶんしち
人形浄瑠璃『男作五雁金』に登場する元禄後期の侠客。
¶架空伝説（雁金文七　かりがねぶんしち）
　歌舞伎登（雁金文七　かりがねぶんしち）
　日本人名（雁金文七　かりがねぶんしち ㊤1676年 ㊦1702年）

カリコサマ
宮崎県米良地方でいう河童。
¶妖怪事典（カリコサマ）

苅田神　かりたのかみ
石見国安濃郡の苅田神社の祭神。

¶神仏辞典（苅田神　かりたのかみ）

苅田比古神　かりたひこのかみ
若狭国遠敷郡の苅田比古神社の祭神。
¶神仏辞典（苅田比古神　かりたひこのかみ）

苅田比売神　かりたひめのかみ
若狭国遠敷郡の苅田比売神社の祭神。
¶神仏辞典（苅田比売神　かりたひめのかみ）

刈田嶺神　かりたみねのかみ
陸奥国苅田郡の苅田嶺神社の祭神。
¶神仏辞典（刈田嶺神・苅田嶺神　かりたみねのかみ）

訶梨帝母　かりていも
⇒鬼子母神（きしもじん）

雁の童子　かりのどうじ
宮沢賢治作『雁の童子』に登場する、天の眷族で、雁の老人の孫。
¶架空人日（雁の童子　かりのどうじ）

苅野神　かりののかみ
丹波国氷上郡の苅野神社の祭神。
¶神仏辞典（苅野神　かりののかみ）

仮世太夫　かりのよたゆう
洒落本『聖遊廓』（1757）に登場する遊女。
¶架空人日（仮世太夫　かりのよたゆう）
　架空伝説（仮世太夫　かりのよたゆう）

苅羽田刀弁　かりばたとべ
第11代垂仁天皇の妃。
¶神様読解（苅羽田刀弁　かりばたとべ）
　日本人名（苅幡戸辺　かりはたべ）

狩場明神　かりばみょうじん
高野山四所明神の一。狩人姿の明神。
¶神仏辞典（狩場明神　かりばみょうじん）
　説話伝説（狩場明神　かりばみょうじん）
　大辞林3（狩場明神　かりばみょうじん）
　伝奇伝説（狩場明神　かりばみょうじん）
　日本人名（狩場明神　かりばみょうじん）

加理波夜須多祁比波預命神　かりはやすたけひはよのみことのかみ
伊豆国田方郡の加理波夜須多祁比波預命神社の祭神。
¶神仏辞典（加理波夜須多祁比波預命神　かりはやすたけひはよのみことのかみ）

苅原河内神　かりはらのかわちのかみ
『日本三代実録』に所出。遠江国の神。
¶神仏辞典（苅原河内神　かりはらのかわちのかみ）

加利比売神　かりひめのかみ
出雲国神門郡の阿利社の祭神。

¶神仏辞典（加利比売神　かりひめのかみ）

刈屋姫　かりやひめ
『菅原伝授手習鑑』に登場する、菅原道真の養女。
¶架空人日（刈屋姫　かりやひめ）
　歌舞伎登（苅屋姫　かりやひめ）

かる
大石内蔵助の愛人。池宮彰一郎作『四十七人の刺客』の登場人物。
¶時代小説（かる）

苅萱　かるかや
説経節『苅萱』の主人公。
¶架空伝承（苅萱　かるかや）
　架空伝説（苅萱道心　かるかやどうしん）
　歌舞伎登（苅萱道心　かるかやどうしん）
　広辞苑6（苅萱　かるかや）
　古典人東（苅萱道心　かるかやどうしん）
　コン5（苅萱　かるかや）
　大辞林3（苅萱　かるかや）
　日本人名（苅萱　かるかや）

軽樹村坐神　かるこむらにますかみ
大和国高市郡の軽樹村坐神社二座の祭神。
¶神仏辞典（軽樹村坐神　かるこむらにますかみ）

軽大郎女　かるのおおいらつめ
允恭天皇の皇女。記紀に兄妹で相姦したと伝えられる。衣通郎女（衣通郎姫）とも。
¶架空伝承（軽太子・軽大郎女　かるのみこ・かるのおおいらつめ）
　コン5（軽大娘皇女　かるのおおいらつめのひめみこ）
　神仏辞典（衣通郎女・衣通郎姫　そとおりいらつめ）
　神話伝説（軽王・軽大郎女　かるのみこ・かるのおおいらつめ）
　説話伝説（衣通姫　そとおりひめ）
　世百新（軽太子・軽大郎女　かるのみこ・かるのおおいらつめ）
　大辞林3（衣通姫　そとおりひめ）
　日本人名（衣通郎姫　そとおりいらつめ）

軽太子　かるのみこ
允恭天皇の皇子。母は忍坂大中姫。記紀に兄妹で相姦したと伝えられる。
¶架空伝承（軽太子・軽大郎女　かるのみこ・かるのおおいらつめ）
　古典人学（木梨軽太子　きなしのかるのみこ）
　古典人東（キナシノカルノミコ（木梨之軽太子）　きなしのかるのみこ）
　神話伝説（軽王・軽大郎女　かるのみこ・かるのおおいらつめ）
　世百新（軽太子・軽大郎女　かるのみこ・かるのおおいらつめ）
　日本人名（木梨軽皇子　きなしのかるのおうじ）

迦楼羅　かるら
仏教における八部衆の中の一つ。
¶世百新（迦楼羅　かるら）〔像〕

　大辞林3（迦楼羅　かるら）〔像〕
　東洋神名（迦楼羅　カルラ）〔像〕

画霊　がれい
絵の中に宿る霊。
¶妖怪大全（画霊　がれい）〔像〕

ガロー
奈良県吉野地方でいう河童。
¶妖怪事典（ガロー）

ガーロ
宮崎県、鹿児島県地方でいう河童のこと。
¶妖怪事典（ガーロ）

ガーロー　がーろ
鹿児島県地方でいう河童のこと。
¶妖怪事典（ガーロー）

賀露神　かろのかみ
『日本三代実録』に所出。因幡国の神。
¶神仏辞典（賀露神　かろのかみ）

軽野神　かろののかみ
伊豆国田方郡、近江国愛智郡の軽野神社の祭神。
¶神仏辞典（軽野神　かろののかみ）

ガロボシ
三重県志摩地方でいう河童。
¶妖怪事典（ガロボシ）

川併神　かわあいのかみ
伊勢国一志郡の川併神社、越後国魚沼郡・沼垂郡の川合神社などの祭神。
¶神仏辞典（川併神・川合神・川会神　かわあいのかみ）

川赤子　かわあかご
鳥山石燕が画集『今昔画図続百鬼』で、河童の一種かといっている赤ん坊の姿をした妖怪。
¶幻想動物（川赤子）〔像〕
　日本未確認（川赤子　かわあかご）
　妖怪事典（カワアカゴ）
　妖怪大全（川赤子　かわあかご）〔像〕
　妖怪大事典（川赤子　かわあかご）〔像〕

河合甚左衛門　かわいじんざえもん
大和郡山・松平藩の槍術指南。長谷川伸作『荒木又右衛門』の登場人物。
¶時代小説（河合甚左衛門　かわいじんざえもん）

川合武右衛門　かわいたけえもん
荒木又右衛門の門人。長谷川伸作『荒木又右衛門』の登場人物。
¶時代小説（川合武右衛門　かわいたけえもん）

か

河合半左衛門　かわいはんざえもん
河合又五郎の父。長谷川伸作『荒木又右衛門』の登場人物。
¶時代小説（河合半左衛門　かわいはんざえもん）

河合又五郎　かわいまたごろう
「伊賀越の仇討ち」で有名な渡辺数馬の敵討ちの相手。近松半二作の浄瑠璃『伊賀越道中双六』（1783年初演）に沢井股五郎の名で登場する。
¶架空人日（河合又五郎　かわいまたごろう）
架空伝説（河合又五郎　かわいまたごろう）〔像〕
歌舞伎登（沢井股五郎　さわいまたごろう）
時代小説（河合又五郎　かわいまたごろう）

がわいろ
水の妖怪。岐阜県武儀郡で河童のこと。
¶幻想動物（ガワイロ）〔像〕
神仏辞典（がわいろ）
全国妖怪（ガワイロ〔岐阜県〕）
妖怪事典（ガワイロ）

ガワウ
宮崎県地方でいう河童。
¶妖怪事典（ガワウ）

かわうそ
全国各地に分布する、かわうその妖怪。または河童のこと。
¶神仏辞典（かわうそ）
全国妖怪（カワウソ〔青森県〕）
全国妖怪（カワウソ〔東京都〕）
全国妖怪（カワウソ〔新潟県〕）
全国妖怪（カワウソ〔石川県〕）
全国妖怪（カワウソ〔島根県〕）
全国妖怪（カワウソ〔高知県〕）
全国妖怪（カワウソノマ〔北海道〕）
全国妖怪（カワウソノカイ〔山形県〕）
妖怪事典（カワウソノマ）
妖怪大全（川獺の化け物　かわうそのばけもの）〔像〕

河媼　かわうば
水の妖怪。青森県中津軽郡西目屋村の藩政時代の俗伝。
¶神仏辞典（河媼　かわうば）
全国妖怪（カワウバ〔青森県〕）

川浦流見　かわうらりゅうけん
歌舞伎演目『三拾石艠始』に登場する、禁裏御用を勤め、朝廷内で絶大な権力を誇る邪な男。
¶歌舞伎登（川浦流見　かわうらりゅうけん）

河江神　かわえのかみ
『日本三代実録』に所出。常陸国の神。
¶神仏辞典（河江神　かわえのかみ）

かわえろ
水の妖怪。岐阜県揖斐郡徳山村で河童のこと。
¶神仏辞典（かわえろ）
全国妖怪（ガワエロ〔岐阜県〕）
妖怪事典（カワエロ）
妖怪大鑑（カワエロ）〔像〕
妖怪大事典（カワエロ）〔像〕

川男　かわおとこ
水の妖怪。岐阜県美濃地方でいう。
¶幻想動物（川男）〔像〕
神仏辞典（川男　かわおとこ）
全国妖怪（カワオトコ〔岐阜県〕）
日本未確認（川男　かわおとこ）
水木妖怪続（川男　かわおとこ）〔像〕
妖怪事典（カワオトコ）
妖怪大全（川男　かわおとこ）〔像〕
妖怪大事典（川男　かわおとこ）〔像〕

河女　かわおなご
青森県南津軽郡浪岡町でいう妖怪。
¶全国妖怪（カワオンナ〔青森県〕）
妖怪事典（カワオナゴ）
妖怪大事典（河女　かわおなご）

川神　かわがみ
佐賀県佐賀郡一円にみられる水神信仰。
¶神仏辞典（川神　かわがみ）

川上音二郎　かわかみおとじろう
明治期の俳優、興行師。「オッペケペー節」で有名となった。渡欧して名声を高めた。
¶架空伝承（川上音二郎　かわかみおとじろう　[生]元治1（1864）年　[没]明治44（1911）年）〔像〕

川上御前　かわかみごぜん
大滝神社（福井県）の摂社岡太神社の社伝に登場する、水波能売命（水の神）と名乗った乙女。紙を漉くことを教えた。
¶神様読解（川上御前　かわかみごぜん）
説話伝説（川上御前　かわかみごぜん）
伝奇伝説（川上御前　かわかみごぜん）

川上鹿塩神　かわかみのかしおのかみ
大和国吉野郡の川上鹿神社の祭神。
¶神仏辞典（川上鹿塩神　かわかみのかしおのかみ）

川上神　かわかみのかみ
出雲国島根郡の川上社、淡路国津名郡の河上神社の祭神。
¶神仏辞典（川上神・河上神　かわかみのかみ）

河上梟帥　かわかみのたける
⇒熊襲魁帥（くまそたける）

カワカムロウ
沖縄県の水の怪。以前はよく池などで人を引き入れた。
¶全国妖怪（カワカムロウ〔沖縄県〕）

川枯神　かわかれのかみ
近江国甲賀郡の川枯神社二座の祭神。
¶神仏辞典（川枯神　かわかれのかみ）

河熊　かわくま
水の妖怪。秋田県雄物川、新潟県信濃川でいう。
- ¶神仏辞典（河熊　かわくま）
　全国妖怪（カワクマ〔秋田県〕）
　全国妖怪（カワクマ〔新潟県〕）
　妖怪事典（カワクマ）
　妖怪大全（川熊　かわぐま）〔像〕
　妖怪大事典（川熊　かわくま）〔像〕
　妖百2（川熊　かわくま）〔像〕

川桁神　かわけたのかみ
近江国神埼郡の川桁神社の祭神。
- ¶神仏辞典（川桁神　かわけたのかみ）

川子　かわこ
水の妖怪。兵庫県、高知県、島根県、鳥取県、大分県、長崎県でいう河童。
- ¶神仏辞典（川子　かわこ）
　全国妖怪（カワコ〔島根県〕）
　妖怪事典（カワコ）
　妖怪大鑑（河虎　かわこ）〔像〕
　妖怪大事典（河虎　かわこ）〔像〕

河鯉孝嗣　かわこいたかつぐ
曲亭馬琴作の読本『南総里見八犬伝』（1814-42）に登場する、八犬士ゆかりの一人。
- ¶架空人日（河鯉孝嗣　かわこいたかつぐ）

河鯉守如　かわこいもりゆき
曲亭馬琴作の読本『南総里見八犬伝』（1814-42）に登場する、管領家の重臣。
- ¶架空人日（河鯉守如　かわこいもりゆき）

カワコウ
岡山県の水の怪。河童。
- ¶全国妖怪（カワコウ〔岡山県〕）

川越太郎　かわごえたろう
歌舞伎演目『義経千本桜』に登場する、鎌倉の大老。
- ¶歌舞伎登（川越太郎　かわごえたろう）

川小僧　かわこぞう
水の妖怪。愛知県、静岡県、三重県でいう河童。
- ¶幻想動物（川小僧）〔像〕
　神仏辞典（川小僧　かわこぞう）
　全国妖怪（カワコゾウ〔静岡県〕）
　全国妖怪（カワコゾウ〔愛知県〕）
　妖怪事典（カワコゾウ）

カワコ坊主　かわこぼうず
鳥取県因幡地方でいう河童。
- ¶妖怪事典（カワコボウズ）

川小法師　かわこぼし
水の妖怪。三重県志摩市・鈴鹿市で河童のこと。
- ¶神仏辞典（川小法師　かわこぼし）
　全国妖怪（カワコボシ〔三重県〕）
　妖怪事典（カワコボシ）

川駒　かわこま
水の妖怪。秋田県地方でいう。
- ¶神仏辞典（川駒　かわこま）
　全国妖怪（カワコマ〔秋田県〕）

川崎権太夫　かわさきごんだゆう
室町時代の神職。岩木川の杭止めの人柱となり堰神として祀られている。
- ¶日本人名（川崎権太夫　かわさきごんだゆう　生没年未詳）

川猿　かわざる
静岡県に棲むという河童の一種。
- ¶幻想動物（川猿）〔像〕
　全国妖怪（カワサル〔静岡県〕）
　水木妖怪（川猿　かわざる）〔像〕
　妖怪事典（カワサル）
　妖怪大全（川猿　かわざる）〔像〕
　妖怪大事典（川猿　かわざる）〔像〕

川島武男　かわしまたけお
⇒武男（たけお）

川嶋神　かわしまのかみ
尾張国葉栗郡・山田郡の川嶋神社の祭神。
- ¶神仏辞典（川嶋神　かわしまのかみ）

川島芳子　かわしまよしこ
清朝太宗の直系粛親王の第一四王女。川島浪速の養女となった。満州事変、上海事変には、男装の麗人、東洋のマタハリと呼ばれ密偵として暗躍した。
- ¶架空伝承（川島芳子　かわしまよしこ ㊌明治40（1907）年 ㊥昭和23（1948）年）

カワショウジモン
青森県五所川原市上福山地方でいう河童のこと。
- ¶妖怪事典（カワショウジモン）

川女郎　かわじょろう
香川県仲多度郡、坂出市地方でいう妖怪。
- ¶全国妖怪（カワジョロウ〔香川県〕）
　妖怪事典（カワジョロウ）
　妖怪大事典（川女郎　かわじょろう）

河津三郎　かわづさぶろう
⇒河津祐泰（かわづすけやす）

河津祐親　かわづすけちか
『曾我物語』に登場する、曾我兄弟の祖父。河津二郎祐親、伊東祐親などとも。
- ¶架空人日（河津祐親　かわづのすけちか）

河津祐泰　かわづすけやす
曾我兄弟の父親。工藤祐経との所領争いから殺され、兄弟の仇討ち物語となる。

¶架空人日（河津祐重　かわづのすけしげ）
歌舞伎登（河津三郎祐安　かわづのさぶろうすけやす）

川側伴之丞　かわづらばんのじょう
歌舞伎演目『鐫の権三重帷子』に登場する、山陰某藩の士。
¶歌舞伎登（川側伴之丞　かわづらばんのじょう）

か

河瀬神　かわせのかみ
『古事記』中巻に所出。疫病を鎮めるため、崇神天皇から幣帛が奉られる。
¶神仏辞典（河瀬神　かわせのかみ）

カワソ
石川県、愛媛県、島根県、広島県などの地方でいう川獺、河童のこと。
¶神仏辞典（かわそ）
妖怪事典（カワソ）
妖怪大事典（カワソ）〔像〕

カワソー
佐賀県地方でいう川獺、河童。
¶妖怪事典（カワソー）

がわた
水の妖怪。岐阜県揖斐郡坂内村川上でいう。
¶神仏辞典（がわた）
全国妖怪（ガワタ〔岐阜県〕）
妖怪事典（ガワタ）

カワダ
新潟県新発田地方でいう河童。
¶妖怪事典（カワダ）

河竹新七　かわたけしんしち
杉本章子作『おすず信太郎人情始末帖』の登場人物。
¶時代小説（河竹新七　かわたけしんしち）

河竹黙阿弥　かわたけもくあみ
幕末・明治期を代表する歌舞伎作者。
¶説話伝説（河竹黙阿弥　かわたけもくあみ　[生]文化13（1816）年　[没]明治26（1893）年）
伝奇伝説（河竹黙阿弥　かわたけもくあみ　[生]文化13（1816）年　[没]明治26（1893）年）〔像〕

河田小竜　かわだこりゅう
土佐藩のお抱え絵師。司馬遼太郎作『竜馬がゆく』の登場人物。
¶時代小説（河田小竜　かわだこりゅう）

川田神　かわたのかみ
近江国甲賀郡の川田神社二座の祭神。
¶神仏辞典（川田神　かわたのかみ）

カワタラ
奈良県吉野地方でいう河童。
¶全国妖怪（カワタラ〔奈良県〕）
妖怪事典（カワタラ）

カワタロ
京都府、長崎県、熊本県、宮崎県でいう河童。
¶妖怪事典（カワタロ）

カワタロー
滋賀県、兵庫県、広島県、佐賀県、大分県などの地方でいう河童。
¶妖怪事典（カワタロー）

ガワタロ
宮崎県、大分県でいう河童。
¶全国妖怪（ガワタロ〔大分県〕）
妖怪事典（ガワタロ）

ガワダロー
山形県庄内地方でいう河童。
¶妖怪事典（ガワダロー）

かわたろう
全国各地に分布する水の怪。河童のこと。
¶神仏辞典（河太郎　かわたろう）
全国妖怪（カワタロウ〔青森県〕）
全国妖怪（カワタロウ〔岩手県〕）
全国妖怪（カワタロウ〔徳島県〕）
全国妖怪（カワタロウ〔長崎県〕）
全国妖怪（ガワタロウ〔滋賀県〕）

がわ太郎　がわたろう
水の妖怪。滋賀県伊香郡熊野村で河童のこと。
¶神仏辞典（がわ太郎　がわたろう）

河内国魂神　かわちのくにたまのかみ
摂津国菟原郡の河内国魂神社の祭神。
¶神仏辞典（河内国魂神　かわちのくにたまのかみ）

河内の庄屋大臣　かわちのしょうやだいじん
井原西鶴作の浮世草子『西鶴置土産』（1693）巻二の三「うきは餅屋つらきは碓ふみ」の主人公。
¶架空人日（河内の庄屋大臣　かわちのしょうやだいじん）

川内多多奴比神　かわちのたたぬひのかみ
丹波国多紀郡の川内多多奴比神社二座の祭神。
¶神仏辞典（川内多多奴比神　かわちのたたぬひのかみ）

河内屋庄助　かわちやしょうすけ
角田喜久雄作『髑髏銭』の登場人物。
¶時代小説（河内屋庄助　かわちやしょうすけ）

河内屋四郎兵衛　かわちやしろべえ
十返舎一九作の滑稽本『東海道中膝栗毛』（1804-09）に登場する、大坂の長町にある旅籠の主人。
¶架空人日（河内屋四郎兵衛　かわちやしろべえ）

河内屋太兵衛　かわちやたへえ
歌舞伎演目『女殺油地獄』に登場する、大坂順慶町の油商。
¶**歌舞伎登**（河内屋太兵衛　かわちやたへえ）

河内屋徳兵衛　かわちやとくべえ
歌舞伎演目『女殺油地獄』に登場する、大坂本天満町の油商河内屋の主人。
¶**歌舞伎登**（河内屋徳兵衛　かわちやとくべえ）

河内屋与兵衛　かわちやよへえ
近松門左衛門作の浄瑠璃『女殺油地獄』(1721年初演)の主人公。
¶**朝日歴史**（河内屋与兵衛　かわちやよへえ）
架空人日（河内屋与兵衛　かわちやよへえ）
歌舞伎登（河内屋与兵衛　かわちやよへえ）〔像〕
広辞苑6（河内屋与兵衛　かわちやよへえ）
大辞林3（河内屋与兵衛　かわちやよへえ）
日本人名（河内屋与兵衛　かわちやよへえ）

カワッソー
佐賀県地方でいう川獺、河童。
¶**妖怪事典**（カワッソー）

川鼓　かわつつみ
長野県小谷地方でいう音の怪。
¶**妖怪事典**（カワツツミ）

がわっぱ
水の妖怪。宮崎県、熊本県、鹿児島県でいう河童。
¶**神仏辞典**（がわっぱ）
全国妖怪（ガワッパ〔熊本県〕）
全国妖怪（ガワッパ〔鹿児島県〕）
妖怪事典（ガワッパ）

カワッパ
福岡県、熊本県、大分県地方でいう河童。
¶**妖怪事典**（カワッパ）

ガワッポ
大分県地方でいう河童。
¶**妖怪事典**（ガワッポ）

川連法眼　かわつらほうげん
歌舞伎演目『義経千本桜』に登場する、吉野山の衆徒頭を務める有髪の僧。
¶**歌舞伎登**（川連法眼　かわつらほうげん）

川手　かわて
長野県南佐久郡南牧村に伝わる妖怪の名。
¶**妖怪事典**（カワテ）

川天狗　かわてんぐ
東京都、神奈川県、山梨県、埼玉県、静岡県でいう妖怪。
¶**幻想動物**（川天狗）〔像〕
神仏辞典（川天狗　かわてんぐ）
全国妖怪（カワテング〔東京都〕）
全国妖怪（カワテング〔神奈川県〕）
全国妖怪（カワテング〔山梨県〕）
全国妖怪（カワテング〔静岡県〕）
水木妖怪続（川天狗　かわてんぐ）〔像〕
妖怪事典（カワテング）
妖怪大全（川天狗　かわてんぐ）〔像〕
妖怪大事典（川天狗　かわてんぐ）〔像〕
妖百2（川天狗　かわてんぐ）

川童子　かわどうじ
九州地方でいう河童。
¶**妖怪事典**（カワドウジ）

カワトノ
福岡県久留米市でいう水の怪。
¶**全国妖怪**（カワトノ〔福岡県〕）

川内神　かわなかのかみ
『日本三代実録』に所出。近江国の神。
¶**神仏辞典**（川内神　かわなかのかみ）

河鍋暁斎　かわなべきょうさい
幕末から明治初期にかけて活躍した絵師。19歳で狩野派の免状を得たが、狂斎を名のって戯画、狂画に腕を振るった。
¶**架空伝承**（河鍋暁斎　かわなべきょうさい [生]天保2(1831)年 [没]明治22(1889)年）

河神　かわのかみ
倭建命による熊襲征伐の帰途に平定された神。
¶**英雄事典**（山神・河神　ヤマノカミ&カワノカミ）

河伯　かわのかみ
『日本書紀』に所出。雨乞いの神。
¶**神仏辞典**（河伯・河神　かわのかみ）

川の神　かわのかみ
河川・泉・井戸を守護する神。
¶**広辞苑6**（河の神　かわのかみ）
神仏辞典（川の神　かわのかみ）

川の神　かわのかみ
長崎県の水の怪。
¶**全国妖怪**（カワノカミ〔長崎県〕）

川の神(アイヌ)　かわのかみ
⇒水のカムイ(みずのかむい)

川神　かわのかみ
伊勢国河曲郡の川神社の祭神。
¶**神仏辞典**（川神　かわのかみ）

甲波宿禰神　かわのすくねのかみ
上野国群馬郡の甲波宿禰神社の祭神。
¶**神仏辞典**（甲波宿禰神　かわのすくねのかみ）

川の殿　かわのとの
熊本県、大分県でいう河童。
¶妖怪事典（カワノトノ）
　妖怪大事典（川の殿　かわのとの）

皮聖行円　かわのひじりぎょうえん
⇒行円（ぎょうえん）

川の人　かわのひと
熊本県、宮崎県でいう河童。
¶妖怪事典（カワノヒト）

川の者　かわのもの
水の妖怪。大分県玖珠郡で河童のこと。
¶神仏辞典（川の者　かわのもの）
　全国妖怪（カワノモノ〔大分県〕）
　妖怪事典（カワノモノ）
　妖怪大鑑（川者　かわのもの）〔像〕
　妖怪大事典（川の者　かわのもの）〔像〕

川野黎左衛門　かわのれいざえもん
五味康祐作『柳生武芸帳』の登場人物。
¶時代小説（川野黎左衛門　かわのれいざえもん）

川ばたの九助　かわばたのきゅうすけ
井原西鶴作の浮世草子『日本永代蔵』（1688）巻五「大豆一粒の光り堂」に登場する元農民、木綿商。
¶架空人日（川ばたの九助　かわばたのきゅうすけ）

かわばば
水の妖怪。愛知県北設楽郡設楽町・東栄町で河童のこと。
¶神仏辞典（かわばば）
　全国妖怪（カワババ〔愛知県〕）
　妖怪事典（カワババ）

川姫　かわひめ
高知県、福岡県、大分県において、川に棲むとされている美女の化け物。
¶幻想動物（川姫）〔像〕
　全国妖怪（カワヒメ〔福岡県〕）
　水木妖怪続（川姫　かわひめ）〔像〕
　妖怪事典（カワヒメ）
　妖怪大全（川姫　かわひめ）〔像〕
　妖怪大事典（川姫　かわひめ）〔像〕
　妖百2（川姫　かわひめ）〔像〕

河辺神　かわべのかみ
出雲国飯石郡の河辺社の祭神。
¶神仏辞典（河辺神・川神　かわべのかみ）

河坊主　かわぼうず
長崎県北高来郡有喜地方でいう河童。
¶妖怪事典（カワボウズ）

カワボタル
千葉県、茨城県に夜中現われる怪火。
¶全国妖怪（カワボタル〔茨城県〕）
　妖怪事典（カワボタル）
　妖怪大全（川蛍　かわぼたる）〔像〕

河俣稲依毘売　かわまたのいなよりびめ
息長宿禰王の妃（次妻）。
¶神様読解（河俣稲依毘売　かわまたのいなよりびめ）

川俣神　かわまたのかみ
河内国若江郡の川俣神社の祭神。
¶神仏辞典（川俣神　かわまたのかみ）

河俣毘売　かわまたびめ
第2代綏靖天皇の皇后。
¶神様読解（河俣毘売　かわまたびめ）
　日本人名（河俣毘売　かわまたひめ）

川俣主水　かわまたもんど
剣術家。戸部新十郎作『秘剣』の登場人物。
¶時代小説（川俣主水　かわまたもんど）

川みさき　かわみさき
水の妖怪。四国地方でいう。
¶神仏辞典（川みさき　かわみさき）
　全国妖怪（カワミサキ〔徳島県〕）
　全国妖怪（カワミサキ〔高知県〕）
　妖怪事典（カワミサキ）

河村瑞賢　かわむらずいけん
江戸初期の富商。
¶説話伝説（河村瑞賢　かわむらずいけん　㋖元和3（1617）年　㋒元禄12（1699）年）
　伝奇伝説（河村瑞賢　かわむらずいけん　㋖元和4（1618）年　㋒元禄12（1699）年）

川本安夫　かわもとやすお
三島由紀夫作『潮騒』（1954）に登場する、歌島の青年会の支部長。
¶架空人日（川本安夫　かわもとやすお）

厠神　かわやがみ
便所（厠）に祀られる神。各地域で厠神・雲隠神・カンジョバの神・コウカ神など様々な呼び名がある。
¶神様読解（便所神／厠神　べんじょがみ・かわやがみ）〔像〕
　幻想動物（厠神）〔像〕
　広辞苑6（厠の神　かわやのかみ）
　神仏辞典（厠神　かわやがみ）
　神仏辞典（便所神　べんじょがみ）
　世相新（厠神　かわやがみ）
　東洋神名（便所神　ベンジョガミ）〔像〕
　日本神様（厠の神　かわやのかみ）〔像（烏枢沙摩明王）〕

カワヤロウ
岐阜県揖斐郡谷汲村でいう河童。
¶妖怪事典（カワヤロウ）

カワラ
富山県、滋賀県、兵庫県、香川県などの地方でいう河童。
¶妖怪事典（カワラ）

ガワラ
富山県、和歌山県、宮崎県地方でいう河童。
¶神仏辞典（がわら）
妖怪事典（ガワラ）

ガワライ
兵庫県但馬地方でいう河童。
¶妖怪事典（ガワライ）

河原小僧　かわらこぞう
静岡県、三重県白子地方でいう河童。
¶全国妖怪（カワラコゾウ〔静岡県〕）
妖怪事典（カワラコゾウ）

川原坐国生神　かわらにますくになりのかみ
伊勢国度会郡の川原坐国生神社の祭神。
¶神仏辞典（川原坐国生神　かわらにますくになりのかみ）

加和羅神　かわらのかみ
出雲国意宇郡加和羅社の祭神。
¶神仏辞典（加和羅神　かわらのかみ）

加和良神　かわらのかみ
伊勢国奄芸郡、丹波国氷上郡の加和良神社の祭神。
¶神仏辞典（加和良神　かわらのかみ）

河原神　かわらのかみ
伊勢国度会郡の河原大社の祭神。
¶神仏辞典（河原神　かわらのかみ）

川原神　かわらのかみ
伊勢国度会郡、尾張国愛智郡の川原神社の祭神。
¶神仏辞典（川原神　かわらのかみ）

川原神　かわらのかみ
出雲国島根郡の川原社、大原郡の川原社、意宇郡河原社の祭神。
¶神仏辞典（川原神・河原神　かわらのかみ）

川原淵神　かわらのふちのかみ
伊勢国度会郡の川原淵社の祭神。
¶神仏辞典（川原淵神　かわらのふちのかみ）

川原坊主　かわらぼうず
水の妖怪。河童の別称。富山県富山市でいう。
¶神仏辞典（川原坊主　かわらぼうず）
妖怪事典（カワラボウズ）

かわらんべ
水の妖怪。愛知県、静岡県、岐阜県、長崎県などで河童のこと。
¶神仏辞典（かわらんべ）
全国妖怪（カワランベ〔長野県〕）
全国妖怪（カワランベ〔岐阜県〕）
妖怪事典（カワランベ）

河童　がわる
鹿児島県沖永良部島でいう河童。
¶神仏辞典（河童　ガワル）
全国妖怪（ガワル〔鹿児島県〕）
妖怪事典（ガワル）

カワロー
熊本県阿蘇郡地方でいう河童。
¶妖怪事典（カワロー）

ガワロ
岐阜県、和歌山県、鹿児島県、宮崎県などの地方でいう河童。
¶全国妖怪（ガワロ〔鹿児島県〕）
妖怪事典（ガワロ）

河輪神　かわわのかみ
『日本三代実録』に所出。武蔵国の神。
¶神仏辞典（河輪神　かわわのかみ）

川曲神　かわわのかみ
尾張国中島郡の川曲神社、相模国餘綾郡の川匂神社の祭神。
¶神仏辞典（川曲神・川匂神　かわわのかみ）

川ワラス　かわわらす
山形県最上郡最上町地方でいう河童。
¶妖怪事典（カワワラス）

川ワラワ　かわわらわ
関東、甲信、東海地方でいう河童。
¶妖怪事典（カワワラワ）

ガワンタ
長崎県西彼杵郡地方でいう河童。
¶妖怪事典（ガワンタ）

カワンタロ
長崎市地方でいう河童。
¶妖怪事典（カワンタロ）

カワンバッチョ
鹿児島県阿久根地方でいう河童。
¶妖怪事典（カワンバッチョ）

観阿弥　かんあみ
南北朝時代の能役者・能作者。観世座の創設者。
¶架空伝承（観阿弥　かんあみ　[生]元弘3（1333）年　[没]元中1/至徳1（1384）年）
奇談逸話（観阿弥　かんあみ・かんなみ　[生]元弘3（1333）年　[没]至徳1（1384）年）

か

かんあ

説話伝説（観阿弥　かんあみ　⊕元弘3（1333）年
　⊗至徳1（1384）年）
伝奇伝説（観阿弥　かんあみ　⊕元弘3（1333）年
　⊗至徳1（1384）年）

冠阿弥膳兵衛　かんあみぜんべえ
佐伯泰英作『密命』の登場人物。
¶時代小説（冠阿弥膳兵衛　かんあみぜんべえ）

貫一　かんいち
尾崎紅葉の長編小説『金色夜叉』の登場人物。間貫一。鴫沢隆三の家に寄宿する一高生。
¶架空人日（間貫一　はざまかんいち）
　架空人物（お宮、貫一）
　架空伝説（貫一・お宮　かんいち・おみや）
　架空伝説（お宮・貫一　おみや・かんいち）
　コン5（貫一・お宮　かんいち・おみや）
　新潮日本（貫一・お宮　かんいち・おみや）
　大辞林3（貫一・お宮　かんいち・おみや）
　日本人名（貫一・お宮　かんいち・おみや）

関羽　かんう
歌舞伎演目『関羽』に登場する、『三国志』の英雄。
¶歌舞伎登（関羽　かんう）

勘右衛門　かんえもん
歌舞伎演目『江戸育御祭佐七』に登場する鳶頭。
¶歌舞伎登（勘右衛門　かんえもん）

カンカン
宮崎県地方でいう妖怪の児童語。
¶妖怪事典（カンカン）

甘輝　かんき
⇒五常軍甘輝（ごじょうぐんかんき）

観規　かんき
『日本霊異記』に登場する僧。生き返り、未完であった十一面観音像の完成を依頼し、釈迦入滅の日にまた死んだ。
¶架空人日（観規　かんき）

岸涯小僧　がんこぞう
川辺などに出現し、鋭いぎざぎざの歯で魚を喰う妖怪。
¶幻想動物（岸涯小僧）〔像〕
　妖怪事典（ガンギコゾウ）
　妖怪大全（岸涯小僧　がんこぞう）〔像〕
　妖怪大事典（岸涯小僧　がんこぞう）〔像〕

歓喜天　かんぎてん
⇒聖天（しょうてん）

観行院　かんぎょういん
有吉佐和子作『和宮様御留』の登場人物。
¶時代小説（観行院　かんぎょういん）

髪切りっ子　かんぎりっこ
道の妖怪。新潟県南魚沼郡でいう。
¶神仏辞典（髪切りっ子　かんぎりっこ）
　全国妖怪（カンギリッコ〔新潟県〕）
　妖怪事典（カンギリッコ）

寒月　かんげつ
夏目漱石作『吾輩は猫である』（1905～06）に登場する物理学者。
¶架空人日（寒月　かんげつ）

観硯聖人　かんけんしょうにん
10～11世紀にかけて実在した人物。『今昔物語集』巻第二十六第十八に報恩譚の主人公として語られている。
¶架空人日（観硯聖人　かんけんしょうにん）

ガンコ
大分県地方でいう妖怪の児童語。
¶妖怪事典（ガンコ）

ガンゴ
徳島県の三好郡祖谷山地方でいう道の怪。
¶全国妖怪（ガンゴ〔徳島県〕）

ガンゴ
奈良県、愛媛県、山口県、宮崎県、大分県、佐賀県などの地方でいう妖怪の児童語。
¶妖怪事典（ガンゴ）

ガンゴー
茨城県、奈良県、中国地方、佐賀県、長崎県でいう妖怪の児童語。
¶妖怪事典（ガンゴー）

感古佐備神　かんこさびのかみ
河内国石川郡の感古佐備神社、咸古佐備神社の祭神。
¶神仏辞典（感古佐備神・咸古佐備神　かんこさびのかみ）

ガンゴジ
茨城県水戸、徳島県などの地方でいう妖怪の児童語。
¶妖怪事典（ガンゴジ）

ガンゴジー
茨城県芳賀郡地方でいう妖怪の児童語。
¶妖怪事典（ガンゴジー）

ガンゴチ
茨城県、愛媛県でいう妖怪の児童語。
¶妖怪事典（ガンゴチ）

勘五郎　がんごろー
愛知県東春日井郡でいう怪火。
¶妖怪事典（ガンゴロー）

ガンゴン
富山県地方でいう妖怪の児童語。
¶妖怪事典（ガンゴン）

神崎式部　かんざきしきぶ
井原西鶴作『武家義理物語』の登場人物。荒木村重に仕えた横目役の武士。
¶架空人日（神崎式部　かんざきしきぶ）
　架空伝説（神崎式部　かんざきしきぶ）
　古典入学（神崎式部　かんざきしきぶ）

神崎甚五郎　かんざきじんごろう
横溝正史作『人形佐七捕物帳』の登場人物。
¶時代小説（神崎甚五郎　かんざきじんごろう）

神崎甚内　かんざきじんない
歌舞伎演目『茲江戸小腕達引』に登場する、腕の喜三郎の剣術の師。
¶歌舞伎登（神崎甚内　かんざきじんない）

神前皇女　かんさきのおうじょ
記紀にみえる継体天皇の皇女。
¶日本人名（神前皇女　かんさきのおうじょ）

神前神　かんざきのかみ
『日本三代実録』に所出。因幡国の神。
¶神仏辞典（神前神　かんざきのかみ）

神前神　かんざきのかみ
和泉国日根郡、伊勢国三重郡などの神前神社の祭神。
¶神仏辞典（神前神　かんざきのかみ）

神崎屋喜兵衛　かんざきやきへえ
歌舞伎演目『三題噺高座新作』に登場する、唐物屋の主人。
¶歌舞伎登（神崎屋喜兵衛　かんざきやきへえ）

神崎与五郎　かんざきよごろう
赤穂浪士の一人。浄瑠璃・歌舞伎の『仮名手本忠臣蔵』ほかに登場する。
¶架空伝説（神崎与五郎　かんざきよごろう）
　時代小説（神崎与五郎　かんざきよごろう）
　説話逸話（神崎与五郎　かんざきよごろう　㋐寛文6（1666）年　㋒元禄16（1703）年）〔像〕
　伝奇伝説（神崎与五郎　かんざきよごろう　㋐寛文6（1666）年　㋒元禄16（1703）年）

かんざしお馬　かんざしおうま
土佐の鍛冶屋の娘で修行僧純信の恋人。二人のことは"よさこい節"となって歌われた。
¶コン5（純信・お馬　じゅんしん・おうま）
　説話伝説（かんざしお馬　かんざしおうま　㋐天保4（1833）年　㋒明治31（1898）年）
　伝奇伝説（かんざしお馬　かんざしおうま　㋒明治36年12月15日）

寒山　かんざん
中国の寒山寺に伝承される、唐代の脱俗的人物。森鷗外や井伏鱒二の小説『寒山拾得』の題材。
¶広辞苑6（寒山　かんざん）
　神仏辞典（寒山拾得　かんざんじっとく）
　説話伝説（寒山拾得　かんざんじっとく）
　世百新（寒山・拾得　かんざん・じっとく）〔像〕
　大辞林3（寒山　かんざん）

翫色居士　がんしきこじ
江島其磧（八文字自笑）作の浮世草子『傾城禁短気』（1711）に登場する、女道門の隠者。
¶架空人日（翫色居士　がんしきこじ）

眼七　がんしち
滝亭鯉丈作の滑稽本『八笑人』に登場する、八笑人の一人。モデルは、人情本作者の為永春水であるとされている。
¶架空人日（眼七　がんしち）

観修　かんじゅ
平安時代の僧。『古今著聞集』に登場する。
¶説話伝説（観修　かんじゅ　㋐天慶1（945）年　㋒寛弘5（1008）年）

菅秀才　かんしゅうさい
浄瑠璃『菅原伝授手習鑑』や恋川春町作の黄表紙『鸚鵡返文武二道』に登場する、菅原道真の子。
¶架空人日（菅秀才　かんしゅうさい）
　歌舞伎登（菅秀才　かんしゅうさい）
　広辞苑6（菅秀才　かんしゅうさい）
　大辞林3（菅秀才　かんしゅうさい）

勧修坊　かんじゅぼう
『義経記』に登場する、12世紀に実在した興福寺の僧。義経に出家を勧める。
¶架空人日（勧修坊　かんじゅぼう）

かんしょばの神　かんしょばのかみ
厠神の地方での呼名。富山県砺波地方でいう。
¶神仏辞典（かんしょばの神　かんしょばのかみ）

鑑真　がんじん
中国・唐代の高僧。日本へ戒律を伝えるため数度の遭難で失明しながも754年来日した。『三宝絵詞』『今昔物語集』などに登場する。
¶架空人日（鑑真和尚　がんじんわじょう）
　架空伝承（鑑真　がんじん　㋐688年　㋒763年）
　奇談逸話（鑑真　がんじん　㋐嗣聖5（688）年　㋒天平宝字7（763）年）
　神仏辞典（鑑真　がんじん　㋐688年　㋒763年）
　説話逸話（鑑真　がんじん　㋐唐の嗣聖5（688）年　㋒天平宝字7（763）年）
　伝奇伝説（鑑真　がんじん　㋐唐の嗣聖5（688）年　㋒天平宝字7（763）年）〔像〕

勘助　かんすけ
澤田ふじ子作『虹の橋』の登場人物。
¶時代小説（勘助　かんすけ）

かんすころげ 鑵子転げ
山口県などでいう妖怪。
¶妖怪事典（カンスコロゲ）
　妖怪大鑑（鑵子転げ　かんすころげ）

かんすころばし 罐子転ばし
道の妖怪。山の妖怪。福島県の俗伝。
¶神仏辞典（罐子転ばし　かんすころばし）
　全国妖怪（カンスコロバシ〔福島県〕）

かんぜおんぼさつ 観世音菩薩
南海にある補陀落世界に住んでいるとされる菩薩。略称である観音の名で親しまれ、慈悲を徳とし、最も広く信仰される。
¶架空人物（観世音菩薩）
　架空伝承（観音　かんのん）〔像〕
　歌舞伎登（観世音菩薩　かんぜおんぼさつ）
　奇談逸話（観音菩薩　かんのんぼさつ）
　広辞苑6（観音　かんぜおん）
　神仏辞典（観音　かんのん）
　世神辞典（観音）〔像〕
　説話伝説（観音菩薩　かんのんぼさつ）
　世百新（観音　かんのん）〔像〕
　大辞林3（観世音菩薩　かんぜおんぼさつ）
　東洋神名（観世音菩薩　カンゼオンボサツ）〔像〕
　日本人名（観世音菩薩　かんぜおんぼさつ）
　仏尊事典（観世音菩薩　かんぜおんぼさつ）〔像〕

かんだた 犍陀多
芥川龍之介作『蜘蛛の糸』(1918)に登場する盗人。釈迦がおろしてくれた一すじの蜘蛛の糸につかまって、地獄から抜け出そうとする。
¶架空人日（犍陀多　かんだた）
　児童登場（カンダタ）
　日本人名（犍陀多　かんだた）

かんたのかみ 神田神
近江国滋賀郡、美濃国賀茂郡、加賀国石川郡・加賀郡、丹波国多紀郡の神田神社の祭神。
¶神仏辞典（神田神　かんたのかみ）

ガンタロ
奈良県大和地方でいう河童。
¶妖怪事典（ガンタロ）

かんたろう 勘太郎
歌舞伎演目『心中天網島』に登場する、紙屋治兵衛の子。お末の兄。
¶歌舞伎登（お末・勘太郎　おすえ・かんたろう）

かんたろうび 勘太郎火
愛知県名古屋付近でいう火の怪。
¶全国妖怪（カンタロウビ〔愛知県〕）

かんちき
水の妖怪。山梨県南都留郡の砂原に近い大淵に棲む。
¶幻想動物（カンチキ）〔像〕
　神仏辞典（かんちき）
　全国妖怪（カンチキ〔山梨県〕）
　妖怪事典（カンチキ）
　妖怪大鑑（カンチキ）〔像〕
　妖怪大事典（カンチキ）〔像〕

かんちょう 寛朝
平安時代中期の真言宗僧。仁和寺の別当。『今昔物語集』『宇治拾遺物語』に登場する。
¶神仏辞典（寛朝　かんちょう　㊉916年　㊢998年）
　説話伝説（寛朝　かんちょう）
　伝奇伝説（寛朝　かんちょう　㊉延喜16(916)年　㊢長徳4(998)年）

かんつけのみや 上野宮
『うつほ物語』に登場する、少しひがみ心のある年寄りの皇子。物語中で、三奇人の一人。
¶架空人日（上野宮　かんつけのみや）

かんてい 関帝
『三国志』の英傑である関羽を神格化したもの。日本でも各地の関帝廟で祀られる。
¶神仏辞典（関帝　かんてい）

がんてつ 願哲
歌舞伎演目『杜若艶色紫』に登場する修行者。
¶歌舞伎登（願哲　がんてつ）

カンテメ
死後、神として崇められるようになった奄美大島の娘。
¶妖怪事典（カンテメ）
　妖怪大鑑（カンテメ）〔像〕
　妖怪大事典（カンテメ）〔像〕

かんとうころく 関東小六
江戸前期の伝説の伊達男。
¶コン5（関東小六　かんとうころく）
　説話伝説（関東小六　かんとうころく）
　伝奇伝説（関東小六　かんとうころく）〔像〕
　日本人名（関東小六　かんとうころく）

かんどうせいきょう 寒藤清郷
山本周五郎作『季節のない街』(1962)の「ビスマルクいわく」に登場する憂国塾の塾頭。
¶架空人日（寒藤清郷　かんどうせいきょう）

カント・コル・カムイ
アイヌの蒼天を領する女神、上天を領わく女神。
¶アジア女神（カント・コル・カムイ）

カンナカムイ
⇒雷のカムイ(かみなりのかむい)

かんなさんしろう 神奈三四郎
角田喜久雄作『髑髏銭』の登場人物。
¶時代小説（神奈三四郎　かんなさんしろう）

神夏磯媛　かんなつそひめ
『日本書紀』に見える九州北部の女酋。
¶朝日歴史（神夏磯媛　かんなつそひめ）
　神様読解（神夏磯媛　かんなつそひめ）
　コン5（神夏磯媛　かんなつそひめ）
　新潮日本（神夏磯媛　かんなつそひめ）
　日本人名（神夏磯媛　かんなつそひめ）

神奈備種松　かんなびのたねまつ
『うつほ物語』の登場人物。紀伊国在住の長者。
¶架空人日（神南備種松　かんなびのたねまつ）
　古典人学（神南備種松　かんなびのたねまつ）
　コン5（神奈備種松　かんなびのたねまつ）
　日本人名（神南備種松　かんなびのたねまつ）

ガンニン
都筑道夫作『なめくじ長屋捕物さわぎ』の登場人物。
¶時代小説（ガンニン）

勘のう　かんのう
高橋義夫作『狼奉行』の登場人物。
¶時代小説（勘のう　かんのう）

菅野覚兵衛　かんのかくべえ
神戸海軍塾航海練習生。司馬遼太郎作『竜馬がゆく』の登場人物。
¶時代小説（菅野覚兵衛　かんのかくべえ）

がんの精　がんのせい
牛になったり馬になったりして人を襲う化け物。
¶全国妖怪（ガンノマジムン〔沖縄県〕）
　水木妖怪続（がんの精）〔像〕
　妖怪事典（ガンノセイ）
　妖怪大全（がんの精　がんのせい）〔像〕
　妖怪大事典（龕の精　がんのせい）〔像〕

漢文帝　かんのぶんてい
御伽草子『二十四孝』に登場する、中国・漢代の皇帝。二十四孝の一人。
¶架空人日（漢文帝　かんのぶんてい）

観音　かんのん
⇒観世音菩薩（かんぜおんぼさつ）

観音久次　かんのんきゅうじ
3世瀬川如皐作の歌舞伎『与話浮名横櫛』（1853年初演）に登場する元武士。
¶架空人日（観音久次　かんのんきゅうじ）
　歌舞伎登（観音久次　かんのんきゅうじ）

観音菩薩　かんのんぼさつ
⇒観音菩薩（かんぜおんぼさつ）

ガンバ
鹿児島県地方でいう河童。
¶妖怪事典（ガンバ）

ガンバ
斎藤惇夫作『冒険者たち』（1972）の主人公のオスのネズミ。
¶児童登場（ガンバ）

関白の次女　かんぱくのじじょ
『風につれなき物語』の登場人物。関白左大臣の父親からは財産、早世した仲のよかった姉からは男皇子を授かる幸運な女。
¶古典人学（関白の次女　かんぱくのじじょ）

関白の姫君　かんぱくのひめぎみ
『我身にたどる姫君』の登場人物。音羽の山里で、尼に養われていた姫君。
¶古典人学（姫君　ひめぎみ）
　古典人東（関白の姫君　かんぱくのひめぎみ）

椛神　かんばのかみ
越前国大野郡の椛神社の祭神。
¶神仏辞典（椛神　かんばのかみ）

かんばら狐　かんぱらきつね
岡山県邑久郡地方でいう狐の憑き物。
¶妖怪事典（カンパラキツネ）

綺原坐健伊那太比売神　かんばらにますたけいなだひめのかみ
山城国相楽郡の綺原坐健伊那太比売神社の祭神。
¶神仏辞典（綺原坐健伊那太比売神　かんばらにますたけいなだひめのかみ）

蒲原神　かんばらのかみ
越後国磐船郡の蒲原神社の祭神。
¶神仏辞典（蒲原神　かんばらのかみ）

神原神　かんばらのかみ
出雲国大原郡の神原社の祭神。
¶神仏辞典（神原神　かんばらのかみ）

加牟波理入道　がんばりにゅうどう
便所の妖怪。大晦日の夜、厠に行って「加牟波理入道郭公」ととなえると、1年間は便所で妖怪を見ないといわれる。
¶妖怪事典（ガンバリニュウドウ）
　妖怪大全（加牟波理入道　がんばりにゅうどう）〔像〕
　妖怪大事典（加牟波理入道　がんばりにゅうどう）〔像〕
　妖百4（加牟波理入道　がんばりにゅうどう）〔像〕

勘平　かんぺい
⇒早野勘平（はやのかんぺい）

勘兵衛　かんべえ
平岩弓枝作『はやぶさ新八御用帳』の登場人物。
¶時代小説（勘兵衛　かんべえ）

き

神戸大助 かんべだいすけ
筒井康隆の連作短編集『富豪刑事』の主人公の刑事。
¶**名探偵日**（神戸大助 かんべだいすけ）

神部神 かんべのかみ
駿河国安倍郡の神部神社、甲斐国山梨郡・同巨麻郡の神部神社の祭神。
¶**神仏辞典**（神部神 かんべのかみ）

かんぺら門兵衛 かんぺらもんべえ
金井三笑作の歌舞伎『助六所縁江戸桜』(1761年初演)に登場する、髭の意休というヤクザな男伊達の一の子分。
¶**架空人日**（かんぺら門兵衛 かんぺらもんべえ）
歌舞伎登（かんぺら門兵衛）

ガンボ
岐阜県地方でいう妖怪の児童語。
¶**妖怪事典**（ガンボ）

ガンボー
長野県、岩手県でいう妖怪の児童語。
¶**妖怪事典**（ガンボー）

神衣媛 かんみそひめ
東国平定のため進軍した日本武尊によって八槻(福島県棚倉町)の辺で滅ぼされた8人の土豪の一人。
¶**日本人名**（神衣媛 かんみそひめ）

桓武天皇 かんむてんのう
平安時代最初の天皇。第50代。『日本霊異記』『古今著聞集』にみえる。
¶**説話伝説**（桓武天皇 かんむてんのう [生]天平9(737)年 [没]大同1(806)年）〔像〕

ガンモジャー
静岡県地方でいう妖怪の児童語。
¶**妖怪事典**（ガンモジャー）

甘蠅老師 かんようろうし
中島敦作『名人伝』(1942)に登場する、俗世を離れ、霍山の山頂を住まいとする老隠者。弓矢の大家。
¶**架空人日**（甘蠅老師 かんようろうし）

がんりきの百蔵 がんりきのひゃくぞう
中里介山作『大菩薩峠』の登場人物。
¶**時代小説**（がんりきの百蔵 がんりきのひゃくぞう）

寛蓮 かんれん
『今昔物語集』に登場する、9〜10世紀にかけて実在した僧。囲碁の達人。
¶**架空人日**（寛蓮 かんれん）

甘露神 かんろのかみ
因幡国巨濃郡の甘露神社の祭神。
¶**神仏辞典**（甘露神 かんろのかみ）

【き】

偽庵 ぎあん
剣術家。戸部新十郎作『秘剣』の登場人物。
¶**時代小説**（偽庵 ぎあん）

紀伊 きい
童門冬二作『上杉鷹山』の登場人物。
¶**時代小説**（紀伊 きい）

聞いたか坊主 きいたかぼうず
歌舞伎演目『京鹿子娘道成寺』「娘道成寺」に登場する道成寺の所化。
¶**歌舞伎登**（聞いたか坊主 きいたかぼうず）

鬼一法眼 きいちほうげん
義経伝説に登場する陰陽師。義経に兵法を授けた。
¶**朝日歴史**（鬼一法眼 きいちほうげん）
英雄事典（鬼一法眼 キイチホウガン）
架空伝承（鬼一法眼 きいちほうげん）〔像〕
架空伝説（鬼一法眼 きいちほうげん）〔像〕
歌舞伎登（鬼一法眼 きいちほうげん）
広辞苑6（鬼一法眼 きいちほうげん）
コン5（鬼一法眼 きいちほうげん）
新潮日本（鬼一法眼 きいちほうげん）
神仏辞典（鬼一法眼 きいちほうげん）
神話伝説（鬼一法眼 おにいちほうげん）
人物伝承（鬼一法眼 きいちほうげん 生没年不明）
説話伝説（鬼一法眼 きいちほうげん）
世百新（鬼一法眼 きいちほうげん）
大辞林3（鬼一法眼 きいちほうげん）
伝奇伝説（鬼一法眼 きいちほうげん）〔像〕
日ミス（鬼一法眼 きいちほうげん）
日本人名（鬼一法眼 きいちほうげん）

紀伊大神 きいのおおかみ
『日本書紀』巻30に所出の神。
¶**神仏辞典**（紀伊大神 きいのおおかみ）

紀伊国所坐大神 きいのくにましますおおかみ
⇒五十猛神(いそたけるのかみ)

紀伊国所坐日前神 きいのくにましますひのくまのかみ
『日本書紀』巻1に所出。天照大神の天岩屋戸隠れの際に鞴を造った神。
¶**神仏辞典**（紀伊国所坐日前神 きいのくにましますひのくまのかみ）

義淵　ぎいん
⇒義淵（ぎえん）

喜運川兵部　きうかわひょうぶ
白井喬二作『富士に立つ影』の登場人物。
¶時代小説（喜運川兵部　きうかわひょうぶ）

義円　ぎえん
のちの6代将軍足利義教。山田風太郎作『柳生十兵衛死す』に登場する。
¶時代小説（義円　ぎえん）

義淵　ぎえん
奈良時代の法相宗の僧侶。両親が観音菩薩に祈って授かった子で、天智天皇に養育されたという伝承がある。「ぎいん」とも読む。
¶神仏辞典（義淵　ぎえん　㋐?　㋓728年）
説話伝説（義淵　ぎえん　㋐?　㋓神亀5（728）年）
日本人名（義淵　ぎいん　㋐?　㋓728年）

きおいの辰　きおいのたつ
鐘木庵主人作の洒落本『卯地臭意』（1783）に登場する、博徒の予備軍の男。
¶架空人日（きおいの辰　きおいのたつ）

祇王　ぎおう
『平家物語』巻1「祇王」に登場する白拍子姉妹のうちの姉。
¶朝日歴史（妓王　ぎおう）
架空人日（祇王　ぎおう）
架空伝承（祇王・祇女　ぎおう・ぎじょ）〔像〕
架空伝説（祇王　ぎおう）〔像〕
広辞苑6（祇王・妓王　ぎおう）
古典人学（祇王　ぎおう）
古典人東（祇王　ぎおう）
コン5（妓王　ぎおう）
新潮日本（祇王・祇女　ぎおう・ぎじょ）
説話伝説（祇王・祇女　ぎおう・ぎにょ　生没年未詳）
世百新（祇王・祇女　ぎおう・ぎじょ）
大辞林3（祇王・妓王　ぎおう）
伝奇伝説（祇王祇女　ぎおう　ぎにょ）
日本人名（祇王・祇女　ぎおう・ぎじょ）

祇園鮫　ぎおんざめ
愛知県渥美郡地方でいう妖怪。
¶妖怪事典（ギオンザメ）
妖怪大事典（祇園鮫　ぎおんざめ）

祇園藤次　ぎおんとうじ
剣客。吉川英治作『宮本武蔵』の登場人物。
¶時代小説（祇園藤次　ぎおんとうじ）

祇園のお梶　ぎおんのおかじ
歌舞伎演目『喜撰』に登場する、京祇園社内の水茶屋の茶汲み女。
¶歌舞伎登（祇園のお梶　ぎおんのおかじ）

祇園女御　ぎおんのにょうご
平安後期の女性。白河院の寵妃で、平清盛の生母としての伝承が有名。
¶コン5（祇園女御　ぎおんのにょうご　生没年不詳）
人物伝承（祇園女御　ぎおんのにょうご　生没年不詳）
説話伝説（祇園女御　ぎおんのにょうご　生没年不詳）
伝奇伝説（祇園女御　ぎおんにょうご）

祇園坊主　ぎおんぼうず
静岡県でいう水の妖怪。
¶神仏辞典（祇園坊主　ぎおんぼうず）
全国妖怪（ギオンボウズ〔静岡県〕）
妖怪事典（ギオンボウズ）
妖怪大事典（祇園坊主　ぎおんぼうず）

鬼火　きか
火の妖怪。鹿児島県の下甑島で火の玉のこと。
¶神仏辞典（鬼火　きか）
全国妖怪（キカ〔鹿児島県〕）
妖怪事典（キカ）

鬼界ヶ島伽藍坊　きかいがしまがらんぼう
鹿児島県種子島や、トカラ列島の悪石島を限りに分布する天狗。
¶妖怪事典（キカイガシマガランボウ）
妖怪大事典（鬼界ヶ島伽藍坊　きかいがしまがらんぼう）

義覚　ぎかく
『日本霊異記』に登場する人物。
¶説話伝説（義覚　ぎかく　生没年未詳）

城上神　きがみのかみ
石見国邇摩郡の城上神社の祭神。
¶神仏辞典（城上神　きがみのかみ）

キーキー
香川県地方でいう妖怪の児童語。
¶妖怪事典（キーキー）

キキ
角野栄子作『魔女の宅急便』（1985）および続編『キキと新しい魔法』（1993）の主人公の少女。
¶児童登場（キキ）

キキ
いぬいとみこ作『ながいながいペンギンの話』（1957）の主人公の双子のペンギン。
¶児童登場（キキ）

聞部神　ききべのかみ
丹後国熊野郡の聞部神社の祭神。
¶神仏辞典（聞部神　ききべのかみ）

桔梗　ききょう
南條範夫作『月影兵庫』の登場人物。

¶時代小説（桔梗　ききょう）

桔梗　ききょう
歌舞伎演目『妹背山婦女庭訓』に登場する、雛鳥に付き添う腰元。
¶歌舞伎登（桔梗　ききょう）

桔梗　ききょう
歌舞伎演目『時今也桔梗旗揚』に登場する、武智光秀(明智光秀)の妹。
¶歌舞伎登（桔梗　ききょう）

桔梗屋甚三郎　ききょうやじんざぶろう
井原西鶴作の浮世草子『日本永代蔵』(1688)巻四「折る印の神の折敷」に登場する染物屋。
¶架空人日（桔梗屋甚三郎　ききょうやじんざぶろう）

木伐り　ききり
新潟県、長野県地方でいう山中で木を伐る音をたてる妖怪。
¶妖怪事典（キキリ）

飢饉魔　ききんま
アイヌの飢饉を起こす魔。
¶神仏辞典（飢饉魔　ききんま）
　全国妖怪（キキンマ〔北海道〕）
　妖怪事典（キキンマ）

きく
澤田ふじ子作『虹の橋』の登場人物。
¶時代小説（きく）

菊　きく
山手樹一郎作『夢介千両みやげ』の登場人物。
¶時代小説（菊　きく）

菊香　きくか
城昌幸作『若さま侍捕物手帖』の登場人物。
¶時代小説（菊香　きくか）

菊咲　きくざき
柳亭種彦の合巻『修紫田舎源氏』(1829-42)の登場人物。
¶架空人日（菊咲　きくざき）

菊咲　きくざき
洒落本『繁千話』に登場する人物。
¶架空伝説（菊咲　きくざき）

菊路　きくじ
佐々木味津三作『旗本退屈男』の登場人物。
¶時代小説（菊路　きくじ）

菊慈童　きくじどう
中国、周の穆王に仕えていた伝説上の少年。
¶歌舞伎登（菊慈童　きくじどう）
　説話伝説（菊慈童　きくじどう　生没年不詳）〔像〕

菊水　きくすい
歌舞伎演目『女楠』に登場する、河内の国金剛山の居城にある楠正成の奥方。
¶歌舞伎登（菊水　きくすい）

菊蔵　きくぞう
南條範夫作『抛銀商人』の登場人物。
¶時代小説（菊蔵　きくぞう）

菊造　きくぞう
佐江衆一作『江戸職人綺譚』の登場人物。
¶時代小説（菊造　きくぞう）

木口小平　きぐちこへい
日清戦争で戦死した陸軍二等兵。死んでもラッパを離さなかった「忠勇美談」の主人公として、国定教科書に登場した。
¶架空伝承（木口小平　きぐちこへい　㊥明治5(1872)/6(1873)年　㊦明治27(1894)年）〔像〕

菊地藤五郎　きくちとうごろう
江戸時代前期の治水家。寒河江市松川の高松神社に祀られている。
¶日本人名（菊地藤五郎　きくちとうごろう　生没年未詳）

菊地半九郎　きくちはんくろう
⇒半九郎(はんくろう)

菊千代　きくちよ
永井荷風作『腕くらべ』(1916-17)に登場する、新橋の芸者。
¶架空人日（菊千代　きくちよ）

菊乃　きくの
藤沢周平作『暗殺の年輪』の登場人物。
¶時代小説（菊乃　きくの）

菊野　きくの
歌舞伎演目『五大力恋緘』に登場する、「五人斬り」の事件で殺害された桜風呂の髪洗い女(遊女)。
¶歌舞伎登（菊野　きくの）

菊の前　きくのまえ
歌舞伎演目『一谷嫩軍記』に登場する、『千載集』の選者、歌人藤原俊成の娘。
¶歌舞伎登（菊の前　きくのまえ）

菊姫　きくひめ
郡司次郎正作『侍ニッポン』に登場する人物。
¶架空伝説（菊姫・菊菊　きくひめ・ひめぎく）
　時代小説（菊姫　きくひめ）

菊丸　きくまる★
NHKの子供向けラジオドラマ「新諸国物語」シリーズ（北村寿夫作）の一つ『笛吹童子』(1953)

の主人公兄弟のうち弟。笛吹童子と呼ばれる。
¶架空人物（萩丸、菊丸）〔像〕
　新潮日本（笛吹童子　ふえふきどうじ）
　日本人名（笛吹童子　ふえふきどうじ）

菊本　きくもと
宮尾登美子作『天璋院篤姫』の登場人物。
¶時代小説（菊本　きくもと）

菊本おはん　きくもとおはん
江戸時代中期〜後期の女性。喜多川歌麿の浮世絵にも描かれた寛政の三美人の一人。
¶日本人名（菊本おはん　きくもとおはん　生没年未詳）

菊弥　きくや
高橋克彦作『だましゑ歌麿』の登場人物。
¶時代小説（菊弥　きくや）

菊屋の善蔵　きくやのぜんぞう
井原西鶴作の浮世草子『日本永代蔵』(1688)巻三「世は抜取の観音の眼」の主人公。
¶架空人日（菊屋の善蔵　きくやのぜんぞう）

キクヮ
宮崎県、鹿児島県でいう妖怪。
¶妖怪事典（キクヮ）

伎芸天　ぎげいてん
伎芸を司る神であり、芸に関する願いを成就できるとされる。
¶大辞林3（伎芸天　ぎげいてん）〔像〕
　東洋神名（伎芸天　ギゲイテン）〔像〕
　仏尊事典（伎芸天　ぎげいてん）〔像〕

鬼撃病　きげきびょう
鬼癘の気（物の怪による病）が人間に取り憑き撃つもの。
¶妖怪大鑑（鬼撃病　きげきびょう）〔像〕

岐気保神　きけほのかみ
『日本三代実録』に所出。遠江国の神。
¶神仏辞典（岐気保神　きけほのかみ）

聞得大君　きこえおおぎみ
琉球王国時代に宗教組織の最高位に君臨した神女。
¶アジア女神（聞得大君　きこえのおおきみ）
　架空伝承（聞得大君　きこえおおぎみ）
　神仏辞典（聞得大君　きこえおおぎみ）

私市宗平　きさいちのむねひら
『今昔物語集』に登場する、10世紀後半に実在した相撲人。
¶架空人日（私市宗平　きさいちのむねひら）

蚶貝比売　きさがいひめ
火傷を負って死んだ大国主神を復活させた二神の一神。赤貝が神格化された女神。
¶アジア女神（䗯(蚶)貝比売　きさかひひめ）〔像〕
　神様読解（蚶貝比売　きさがいひめ）〔像〕
　神仏辞典（䗯貝比売　きさがいひめ）
　日本人名（蚶貝比売　きさがいひめ）
　日本神話（ウムガヒヒメ・キサガヒヒメ）

支佐加比売命　きさかひめのみこと
『出雲国風土記』に所出。島根郡加賀郷の神埼で佐太神を生む。
¶神仏辞典（支佐加比売命・枳佐加比売命　きさかひめのみこと）

后神天比理刀咩命神　きさきがみあめのひりとめのみことのかみ
安房国安房郡の后神天比理刀咩命神社の祭神。
¶神仏辞典（后神天比理刀咩命神　きさきがみあめのひりとめのみことのかみ）

后に恋した聖人　きさきにこいしたしょうにん
『今昔物語集』の登場人物。染殿后をもののけより救った聖人。后に恋をし、思いを遂げるため死して鬼となった。
¶古典人学（后に恋した聖人　きさきにこいしたしょうにん）

喜作　きさく
山本一力作『大川わたり』の登場人物。
¶時代小説（喜作　きさく）

岐佐神　きさのかみ
遠江国敷智郡の岐佐神社の祭神。
¶神仏辞典（岐佐神　きさのかみ）

如月左衛門　きさらぎさえもん
山田風太郎作『甲賀忍法帖』の登場人物。
¶時代小説（如月左衛門　きさらぎさえもん）

岸井左馬之助　きしいさまのすけ
池波正太郎作『鬼平犯科帳』の登場人物。
¶時代小説（岸井左馬之助　きしいさまのすけ）

岸河神　きしかわのかみ
淡路国津名郡の岸河神社の祭神。
¶神仏辞典（岸河神　きしかわのかみ）

岸岳末孫　きしだけばっそん
佐賀県唐津市・東松浦郡一円にみられる祟り神。
¶神仏辞典（岸岳末孫　きしだけばっそん）

岸田民部　きしだみんぶ
歌舞伎演目『楼門五三桐』に登場する、真柴久吉（史実の豊臣秀吉）の忠臣。
¶歌舞伎登（岸田民部　きしだみんぶ）

姫氏怒喇斯致契　きしぬりしちけい
百済(朝鮮)の使者。日本に仏教をもたらしたという。
¶日本人名（姫氏怒喇斯致契　きしぬりしちけい　生没年未詳）

岸野　きしの
歌舞伎演目『西郷と豚姫』に登場する、京三本木の芸妓。
¶歌舞伎登（岸野　きしの）

紀師神　きしのかみ
伊勢国多気郡の紀師神社、同河曲郡の貴志神社の祭神。
¶神仏辞典（紀師神・貴志神　きしのかみ）

吉志火麻呂　きしのひまろ
『日本霊異記』の登場人物。聖武天皇の代の防人。
¶架空人日（吉志火麻呂　きしのほまろ）
　古典人学（吉志火麻呂　きしのひまろ）

伎自麻都美命　きじまつみのみこと
『出雲国風土記』に所出。飯石郡来嶋郷は同神が坐すことにより名付けられる。
¶神仏辞典（伎自麻都美命　きじまつみのみこと）

来島又兵衛　きじままたべえ
長州藩の重臣。司馬遼太郎作『竜馬がゆく』の登場人物。
¶時代小説（来島又兵衛　きじままたべえ）

キジムナー
古い大木などを住処とする沖縄諸島の精霊。
¶神文化史（キジムナー）
　幻想動物（キジムナー）〔像〕
　神仏辞典（キジムナー）
　世末確認（キジムナー）〔像〕
　全国妖怪（キジムン〔沖縄県〕）
　大辞林3（きじむなあ）
　妖怪事典（キジムナー）
　妖怪図鑑（キジムナー）〔像〕
　妖怪大全（キジムナー）
　妖怪大事典（キジムナー）〔像〕

キジムナー火　きじむなーび
沖縄県に出現する怪火の一種。
¶幻想動物（キジムナー火）〔像〕

鬼子母神　きしもじん
安産と幼児保護の女神。他人の幼児を奪い食っていたが、仏に帰依し善神となり、小児の息災や福徳を求めて祀られた。
¶架空人物（鬼子母神）
　架空伝承（鬼子母神　きしもじん）
　神様読解（鬼子母神　きしもじん）〔像〕
　神文化史（キシモジン（鬼子母神））
　広辞苑6（鬼子母神　きしもじん）〔像〕
　神仏辞典（鬼子母神　きしもじん）
　世怪物神獣（訶梨帝母）
　世怪物神獣（鬼子母神）
　世神辞典（鬼子母神）〔像〕
　世神話東（鬼子母神）
　世百新（鬼子母神　きしもじん）
　大辞林3（鬼子母神　きしもじん）〔像〕
　東洋神名（訶利帝母　カリテイモ）
　仏尊神（訶梨帝母（鬼子母神）　かりていも（きしもじん））〔像〕

岸本捨吉　きしもとすてきち
島崎藤村作『春』(1908)、『新生』(1918)、『桜の実の熟する時』(1919)の主人公。
¶架空人日（岸本捨吉　きしもとすてきち）

紀州慶福　きしゅうよしとみ
紀州家当主。名を家茂とあらため、13歳で江戸幕府14代将軍となる。宮尾登美子作『天璋院篤姫』の登場人物。
¶時代小説（紀州慶福（菊千代）　きしゅうよしとみ（きくちよ））

きしゆ御前　きしゅごぜん
御伽草子『木幡狐』に登場する、山城国木幡の里に棲む狐。
¶架空人日（きしゆ御前　きしゅごぜん）

祇女　ぎじょ
『平家物語』巻1「祇王」に登場する白拍子の姉妹のうちの妹。
¶架空人日（祇女　ぎじょ）
　架空伝承（祇王・祇女　ぎおう・ぎじょ）〔像〕
　広辞苑6（祇女・妓女　ぎにょ）
　コン5（妓女　ぎじょ）
　新潮日本（祇王・祇女　ぎおう・ぎじょ）
　説話伝説（祇王・祇女　ぎおう・ぎにょ　生没年未詳）
　世百新（祇王・祇女　ぎおう・ぎじょ）
　大辞林3（祇女・妓女　ぎじょ）
　伝奇伝説（祇王祇女　ぎおう　ぎにょ）
　日本人名（祇王・祇女　ぎおう・ぎじょ）

鬼女　きじょ
物語や芸能、昔話、伝説などで、女性が宿業や怨念から鬼に化したしたもの。
¶幻想動物（鬼婆）〔像〕
　世怪物神獣（鬼女　きじょ）〔像〕
　水木妖怪（鬼女　きじょ）〔像〕
　妖怪事典（キジョ）
　妖怪大全（鬼女　きじょ）
　妖怪大事典（鬼女　きじょ）〔像〕

紀昌　きしょう
中島敦作『名人伝』(1942)に登場する、趙の邯鄲の人。弓の名人飛衛のもとに入門する。
¶架空人日（紀昌　きしょう）

鬼女紅葉　きじょもみじ
信州戸隠山に棲んでいたという鬼女。
¶朝日歴史（鬼女紅葉　きじょもみじ）
　幻想動物（鬼女紅葉）〔像〕
　日本人名（鬼女紅葉　きじょもみじ）

架空・伝承編　　　　　　　　　　　　　261　　　　　　　　　　　　　きその

　　妖怪事典　（キジョモミジ）
　　妖怪大事典　（鬼女紅葉　きじょもみじ）〔像〕

喜次郎　きじろう
梅亭金鵞作『七偏人』の登場人物。家業を人に譲り、財産のある若隠居として暮らす。
¶架空伝説　（喜次郎　きじろう）
　古典人学　（喜次郎　きじろう）

鬼神　きじん
東大寺の僧坊に現れた「鬼神」たち。
¶妖怪大鑑　（鬼神　きじん）〔像〕

鬼神のお松　きじんのおまつ
江戸中期の安永年間（1772-1781）頃、殺人や強盗を繰り返したという伝説の女盗賊。
¶架空伝承　（鬼神のお松　きじんのおまつ）
　架空伝説　（鬼神のお松　きじんのおまつ）〔像〕
　歌舞伎登　（鬼神のお松　きじんのおまつ）
　歌舞伎登　（鬼神のお松 2『百御贐曽我』　きじんのおまつ）
　奇談逸話　（鬼神のお松　きじんのおまつ）
　広辞苑6　（鬼神のお松　きじんのおまつ）
　神話伝説　（鬼神のお松　きじんのおまつ）〔像〕
　説話伝説　（鬼神のお松　きじんのおまつ）
　大辞林3　（鬼神のお松　きじんのおまつ）
　伝奇伝説　（鬼神のお松　きじんのおまつ）〔像〕

木心坊　きしんぼう
木の妖怪。熊本県、京都府でいう。
¶神仏辞典　（木心坊　きしんぼう）
　全国妖怪　（キシンボウ〔京都府〕）
　全国妖怪　（キシンボウ〔熊本県〕）
　妖怪事典　（キシンボウ）

木津勘助　きづかんすけ
歌舞伎演目『棹歌木津川八景』に登場する、津の国浅山家の家臣。
¶歌舞伎登　（木津勘助　きづかんすけ）

杵築神　きずきのかみ
出雲国出雲郡の杵築大社の祭神。
¶神仏辞典　（杵築神　きずきのかみ）

支豆支神　きずきのかみ
出雲国出雲郡の支豆支社の祭神。
¶神仏辞典　（支豆支神　きずきのかみ）

来次神　きすきのかみ
出雲国大原郡の支須支社の祭神。
¶神仏辞典　（来次神　きすきのかみ）

キスケ
岡山県浅口郡地方でいう狐。
¶妖怪事典　（キスケ）

喜助　きすけ
森鷗外作『高瀬舟』（1916）に登場する、弟殺しの罪で遠島になり、罪人を護送する高瀬舟に乗せられた男。
¶架空人日　（喜助　きすけ）
　日本人名　（喜助　きすけ）

喜助　きすけ
歌舞伎演目『伊勢音頭恋寝刃』に登場する、伊勢古市の遊廓油屋の料理人。
¶歌舞伎登　（喜助　きすけ）

喜助　きすけ
伊藤桂一作『風車の浜吉・捕物綴』の登場人物。
¶時代小説　（喜助　きすけ）

岐須美美命　きすみみのみこと
第1代神武天皇の皇子。母は阿比良比売命。
¶神様読解　（岐須美美命　きすみみのみこと）
　神仏辞典　（岐須美美命　きすみみのみこと）
　日本人名　（岐須美美命　きすみみのみこと）

喜瀬川　きせがわ
歌舞伎演目『鴛鴦襖恋睦』上の巻「相撲」に登場する遊女。
¶歌舞伎登　（喜瀬川　きせがわ）

喜瀬川の亀鶴　きせがわのかめづる
歌舞伎演目『寿曽我対面』に登場する、東海道の喜瀬川宿の廓の遊女。
¶歌舞伎登　（喜瀬川の亀鶴　きせがわのかめづる）

喜撰　きせん
歌舞伎演目『喜撰』に登場する、平安期の六歌仙に選ばれた男性歌人。
¶架空伝承　（喜撰法師　きせんほうし　生没年不詳）
　架空伝説　（喜撰法師　きせんほうし）〔像〕
　歌舞伎登　（喜撰　きせん）
　大辞林3　（喜撰　きせん）
　日本人名　（喜撰　きせん　生没年未詳）

喜蔵　きぞう
松本清張作『無宿人別帳』の登場人物。
¶時代小説　（喜蔵　きぞう）

基増　きぞう
『今昔物語集』に登場する、木寺の僧。「小寺の小僧」とあだ名された。
¶架空人日　（基増　きぞう）

木曽のお六　きそのおろく
歌舞伎演目『定結納爪櫛』に登場する人物。中仙道木曽路妻籠宿の幼い孝女。妻籠のお六ともいう。
¶歌舞伎登　（木曽のお六　きそのおろく）

木曽先生義賢　きそのせんじょうよしかた
歌舞伎演目『源平布引滝』に登場する、源義朝の弟。
¶歌舞伎登　（木曽先生義賢　きそのせんじょうよしかた）

木曾義仲　きそよしなか
平安末期の武将。『平家物語』や『源平盛衰記』などで武勲の人として描かれる。
- 架空人日（木曾義仲　きそよしなか）
- 架空伝承（木曾義仲　きそよしなか）㊙久寿1(1154)年 ㊙元暦1(1184)年）
- 架空伝説（木曾義仲　きそよしなか）
- 奇談逸話（木曾義仲　きそよしなか）㊙久寿1(1154)年 ㊙寿永3(1184)年）
- 古典人学（木曾義仲　きそよしなか）
- 古典人東（木曾義仲　きそよしなか）
- 説話伝説（木曾義仲　きそよしなか）㊙久寿1(1154)年 ㊙寿永3(1184)年）〔像〕
- 世百新（源義仲　みなもとのよしなか）㊙久寿1(1154)年 ㊙元暦1(1184)年）
- 伝奇伝説（木曾義仲　きそよしなか）㊙久寿1(1154)年 ㊙寿永3(1184)年）

喜多　きた
十返舎一九作の滑稽本『東海道中膝栗毛』(1802-22刊)の二人連れ主人公の一人。弥次郎兵衛方の居候で、共に旅に出る。喜多八の略称。
- 英雄事典（弥次喜多　ヤジキタ）
- 架空人日（喜多さん　きたさん）
- 架空人物（弥次郎兵衛、喜多八）
- 架空伝説（弥次・喜多　やじ・きた）〔像〕
- 歌舞伎登（弥次郎兵衛・喜多八　やじろべえ・きたはち）
- 広辞苑6（北八・喜多八　きたはち）
- 古典人学（北八　きたはち）
- 古典人東（弥次、喜多　やじ・きた）
- 説話伝説（弥次きた　やじきた　生没年不明）
- 大辞林3（北八・喜多八　きたはち）
- 日本人名（弥次・喜多　やじ・きた）

喜多川行麿　きたがわいくまろ
喜多川歌麿の弟子。高橋克彦作『だましゑ歌麿』の登場人物。
- 時代小説（喜多川行麿　きたがわいくまろ）

喜多川歌麿　きたがわうたまろ
江戸中・後期の浮世絵師。浮世絵の第一人者。
- 架空伝承（喜多川歌麿　きたがわうたまろ）㊙宝暦3(1753)年 ㊙文化3(1806)年）
- 架空伝説（歌麿　うたまろ）㊙1753年）
- 奇談逸話（喜多川歌麿　きたがわうたまろ）㊙文化3(1806)年）
- 時代小説（喜多川歌麿『だましゑ歌麿』　きたがわうたまろ）
- 時代小説（喜多川歌麿『歌麿』　きたがわうたまろ）
- 時代小説（喜多川歌麿『写楽』　きたがわうたまろ）
- 説話伝説（喜多川歌麿　きたがわうたまろ）㊙宝暦3(1753)年? ㊙文化3(1806)年9月20日）
- 伝奇伝説（喜多川歌麿　きたがわうたまろ）㊙宝暦3(1753)年 ㊙文化3(1806)年）〔像〕

北川惣左衛門　きたがわそうざえもん
歌舞伎演目『けいせい天羽衣』に登場する、山名宗全家臣桂左衛門の仮名。
- 歌舞伎登（北川惣左衛門　きたがわそうざえもん）

北川雷三　きたがわらいぞう
広山義慶の「雷神シリーズ」に登場する元東京地検特捜検事。
- 名探偵日（北川雷三　きたがわらいぞう）

北沢五郎兵衛　きたざわごろべえ
童門冬二作『上杉鷹山』の登場人物。
- 時代小説（北沢五郎兵衛　きたざわごろべえ）

岐多志太神　きたしたのかみ
大和国城下郡の岐多志太神社二座の祭神。
- 神仏辞典（岐多志太神　きたしたのかみ）

岐多志比売命　きたしひめのみこと
『古事記』下巻に所出。欽明天皇との間に、用明天皇・石坰王などを生む。
- 神仏辞典（岐多志比売命　きたしひめのみこと）

北添倍摩　きたぞえきつま
土佐の脱藩浪士の代表。司馬遼太郎作『竜馬がゆく』の登場人物。
- 時代小説（北添倍摩　きたぞえきつま）

木谷利一郎　きたにりいちろう
野間宏の小説『真空地帯』の主人公。
- 日本人名（木谷利一郎　きたにりいちろう）

北庭筑波　きたにわつくば
歌舞伎演目『勧善懲悪孝子誉』に登場する、実在の写真師。
- 歌舞伎登（北庭筑波　きたにわつくば　㊙1842年 ㊙1887年）

北の方　きたのかた
歌舞伎演目『傾城反魂香』に登場する、絵師土佐将監の妻。
- 歌舞伎登（北の方　きたのかた）

北畠顕家　きたばたけあきいえ
南北朝時代の貴族、武将。
- 説話伝説（北畠顕家　きたばたけあきいえ　㊙文保2(1318)年 ㊙延元3/暦応1(1338)年）

北畠主計正　きたばたけかずえのかみ
歌舞伎演目『けいせい倭荘子』に登場する、伊勢の国の国王。
- 歌舞伎登（北畠主計正　きたばたけかずえのかみ）

北畠親房　きたばたけちかふさ
鎌倉末南北朝時代の公卿、思想家、武将。『太平記』に登場する。
- 説話伝説（北畠親房　きたばたけちかふさ　㊙永仁1(1293)年 ㊙正平9/文和3(1354)年）
- 伝奇伝説（北畠親房　きたばたけちかふさ　㊙永仁1(1293)年 ㊙正平9(1354)年）

喜多八　きたはち
　⇒喜多（きた）

北浜の源　きたはまのみなもと
　井原西鶴作の浮世草子『西鶴置土産』(1693)巻一の三「偽もいひすごして」に登場する米屋。
　¶架空人日（北浜の源　きたはまのみなもと）

木霊　きだま
　東京都の伊豆八丈島の三根村の山林の神様、木の精霊。
　¶神仏辞典（木霊　きだま）

北見君　きたみくん
　吉野源三郎作『君たちはどう生きるか』(1937)の主人公のコペル君の友人の一人。
　¶架空人日（北見君　きたみくん）

北向　きたむき
　御伽草子『あきみち』に登場する、鎌倉在住の武士山口秋道の北の方。
　¶架空人日（北向　きたむき）

北村大膳　きたむらだいぜん
　歌舞伎演目『天衣紛上野初花』に登場する、松江出雲守の家臣。
　¶歌舞伎登（北村大膳　きたむらだいぜん）

北山の餌取り法師　きたやまのえとりほうし
　『今昔物語集』の登場人物。天台座主・延昌が修業時代に出会った北山に住む破戒僧。
　¶古典人学（北山の餌取り法師　きたやまのえとりほうし）

北山宮　きたやまのみや
　室町時代の後南朝の皇族。
　¶日本人名（北山宮　きたやまのみや ㊔? ㊥1457年）

北里喜之介　きたりきのすけ
　山東京伝作の黄表紙『江戸生艶気樺焼』(1785)に登場する、江戸の町人。
　¶架空人日（北里喜之介　きたりきのすけ）
　架空伝説（北里喜之介　きたりきのすけ）

鬼太郎　きたろう
　水木しげるの代表作『ゲゲゲの鬼太郎』の主人公。幽霊族の生き残り。
　¶架空人物（ゲゲゲの鬼太郎）
　日本人名（鬼太郎　きたろう）

キチ
　愛知県北設楽郡地方でいう天狗。
　¶妖怪事典（キチ）

吉五郎　きちごろう
　岡本綺堂『半七捕物帳』(1917-37)の主人公半七の岳父。
　¶架空人日（吉五郎　きちごろう）
　架空伝説（吉五郎　きちごろう）
　時代小説（吉五郎　きちごろう）

吉五郎　きちごろう
　⇒木鼠長吉（きねずみちょうきち）

吉左衛門　きちざえもん
　澤田ふじ子作『公事宿事件書留帳』の登場人物。
　¶時代小説（吉左衛門　きちざえもん）

吉三郎　きちさぶろう
　井原西鶴作『好色五人女』の登場人物。松前藩の武家の思い人（若衆）。
　¶架空人日（吉三郎　きちさぶろう）
　古典人学（吉三郎　きちさぶろう）

吉三郎　きちさぶろう
　人形浄瑠璃『八百屋お七』『伊達娘恋緋鹿子』に登場する人物。
　¶架空伝説（お七・吉三郎　おしち・きちさぶろう）〔像〕

吉三郎　きちさぶろう
　歌舞伎演目『其往昔恋江戸染』に登場する、吉祥寺に小姓として預けられた曾我十郎祐成の嫡男。
　¶歌舞伎登（吉三郎　きちさぶろう）

吉次　きちじ
　北原亞以子作『傷　慶次郎縁側日記』の登場人物。
　¶時代小説（吉次　きちじ）

吉少尚　きちしょうじょう
　飛鳥時代の渡来人。
　¶日本人名（吉少尚　きちしょうじょう　生没年未詳）

吉祥天　きちじょうてん
　⇒吉祥天（きっしょうてん）

吉助　きちすけ
　松本清張作『無宿人別帳』の登場人物。
　¶時代小説（吉助　きちすけ）

吉蔵　きちぞう
　藤沢周平作『用心棒日月抄』の登場人物。
　¶時代小説（吉蔵　きちぞう）

吉之助　きちのすけ
　江戸末頃の実録『大岡政談』に登場する、下総で穀物を扱う豪商の一人息子。
　¶架空人日（吉之助　きちのすけ）

吉兵衛　きちべえ
　白石一郎作『十時半睡事件帖』の登場人物。
　¶時代小説（吉兵衛　きちべえ）

き

吉兵衛　きちべえ
横溝正史作『人形佐七捕物帳』の登場人物。
¶時代小説（吉兵衛　きちべえ）

キッキ
新潟県地方でいう妖怪の児童語。
¶妖怪事典（キッキ）

吉祥天　きっしょうてん
美、福徳、幸運を司るとされる神。仏教では毘沙門天の妻。鬼子母神の娘。
¶神仏辞典（吉祥天　きちじょうてん）
説話伝説（吉祥天女　きっしょうてんにょ）
世百新（吉祥天　きっしょうてん）〔像〕
大辞林3（吉祥天　きちじょうてん）〔像〕
伝奇伝説（吉祥天女　きっしょうてんにょ）〔像〕
東洋神名（吉祥天　キッショウテン）〔像〕
仏尊事典（吉祥天　きちじょうてん（きっしょうてん））〔像〕

吉弔　きっちょう
龍が2つ産む卵の内の一つから生まれる生き物。蛇頭亀身。
¶日本未確認（吉弔　きっちょう）〔像〕

吉四六　きっちょむ
笑話の主人公。主に大分県の中南部の地に伝承される。
¶朝日歴史（吉四六　きっちょむ）
架空伝承（吉四六　きっちょむ）
コン5（吉四六　きっちょむ）
神仏辞典（吉四六　きっちょむ）
神話伝説（吉四六話　きちょむばなし）
説話伝説（吉四六話　きっちょむばなし）
世百新（吉四六　きっちょむ）
伝奇伝説（吉四六話　きっちょむばなし）
日本人名（吉四六　きっちょむ）

吉六虫　きっちょんむし
下野の国の吉六という男が牢死した後に化けた虫。
¶妖百4（羞虫・吉六虫・常元虫・お菊虫　つつがむし・きっちょんむし・じょうげんむし・おきくむし）

狐を愛した男　きつねをあいしたおとこ
首楞厳院沙門鎮源作『法華験記』の登場人物。官位・妻子を持ち仏法に帰依していた男。姓名不詳。
¶古典入学（狐を愛した男　きつねをあいしたおとこ）

狐松明　きつねたいまつ
火の妖怪。秋田県、山形県でいう。
¶神仏辞典（狐松明　きつねたいまつ）
全国妖怪（キツネタイマツ〔秋田県〕）
全国妖怪（キツネタイマツ〔山形県〕）
妖怪事典（キツネタイマツ）

狐忠信　きつねただのぶ
人形浄瑠璃『義経千本桜』、大和の国（奈良県）に住む狐。
¶架空伝説（狐忠信　きつねただのぶ）〔像〕
歌舞伎登（狐忠信　きつねただのぶ）〔像〕
大辞林3（狐忠信　きつねただのぶ）

キツネダマ
青森県津軽地方でいう怪異。
¶妖怪事典（キツネダマ）

狐憑き　きつねつき
狐の霊が人に取り憑いて異常な状態を現出させること。
¶神仏辞典（狐憑き　きつねつき）
世怪物神獣（キツネ憑き）
妖怪事典（キツネツキ）
妖怪大全（狐憑き　きつねつき）〔像〕
妖怪大事典（狐憑き　きつねつき）〔像〕

岐都禰の直　きつねのあたえ
『日本霊異記』に登場する、三野（美濃）国大野郡の男と女狐の間にできた子。
¶架空人日（岐都禰の直　きつねのあたえ）

狐の怪　きつねのかい
全国に分布する、狐にまつわる怪。
¶全国妖怪（キツネノカイ〔宮城県〕）
全国妖怪（キツネノカイ〔秋田県〕）
全国妖怪（キツネノカイ〔山形県〕）
全国妖怪（キツネノカイ〔茨城県〕）
全国妖怪（キツネノカイ〔栃木県〕）
全国妖怪（キツネノカイ〔群馬県〕）
全国妖怪（キツネノカイ〔東京都〕）
全国妖怪（キツネノカイ〔神奈川県〕）
全国妖怪（キツネノカイ〔新潟県〕）
全国妖怪（キツネノカイ〔福井県〕）
全国妖怪（キツネノカイ〔山梨県〕）
全国妖怪（キツネノカイ〔静岡県〕）
全国妖怪（キツネノカイ〔愛知県〕）
全国妖怪（キツネノカイ〔三重県〕）
全国妖怪（キツネノカイ〔京都府〕）
全国妖怪（キツネノカイ〔大阪府〕）
全国妖怪（キツネノカイ〔福岡県〕）
全国妖怪（キツネノカイ〔長崎県〕）

狐の風　きつねのかぜ
佐賀県地方でいう憑き物。
¶妖怪事典（キツネノカゼ）
妖怪大鑑（狐の風　きつねのかぜ）〔像〕
妖怪大事典（狐の風　きつねのかぜ）

狐のタテ　きつねのたて
秋田県八郎潟地方でいう怪異。
¶妖怪事典（キツネノタテ）

狐の森　きつねのもり
三重県桑名地方でいう怪異。
¶妖怪事典（キツネノモリ）

狐の嫁入り　きつねのよめいり
怪火、日照り雨、異様な嫁入り行列と三つの意

味がある。
¶全国妖怪（キツネノヨメイリ〔東京都〕）
　妖怪事典（キツネノヨメイリ）
　妖怪大全（狐の嫁入り　きつねのよめいり）
　妖怪大事典（狐の嫁入り　きつねのよめいり）

狐火　きつねび
沖縄地方を除く各地でいう怪火。
¶幻想動物（狐火）〔像〕
　神仏辞典（狐火　きつねび）
　全国妖怪（キツネビ〔東京都〕）
　全国妖怪（キツネビ〔新潟県〕）
　全国妖怪（キツネビ〔石川県〕）
　日本未確認（狐火）〔像〕
　水木妖怪（狐火　きつねび）〔像〕
　妖怪事典（キツネビ）
　妖怪大全（狐火　きつねび）〔像〕
　妖怪大事典（狐火　きつねび）〔像〕

狐火の勇五郎　きつねびのゆうごろう
池波正太郎作『鬼平犯科帳』の登場人物。
¶時代小説（狐火の勇五郎　きつねびのゆうごろう）

岐都咩命神　きつめのみことのかみ
『日本三代実録』に所出。駿河国の神。
¶神仏辞典（岐都咩命神　きつめのみことのかみ）

鬼童丸　きどうまる
『古今著聞集』にある、源頼光に斬られた鬼の盗賊。歌舞伎『市原野のだんまり』にも登場する。
¶歌舞伎登（鬼童丸　きどうまる）
　妖怪事典（キドウマル）
　妖怪大鑑（鬼童　きどう）〔像〕
　妖怪大事典（鬼童丸　きどうまる）〔像〕

木戸孝允　きどたかよし
⇒桂小五郎（かつらこごろう）

黄粉坊　きなこぼう
熊本県八代市の松井家に伝わる『百鬼夜行絵巻』に描かれているもの。
¶妖怪事典（キナコボウ）

木梨軽太子　きなしのかるのみこ
⇒軽太子（かるのみこ）

キナポソインカラ
北海道の道の怪。雑草の中から外を見ていて、人間に悪さをする化け物。
¶全国妖怪（キナポソインカラ〔北海道〕）
　妖怪事典（キナポソインカラ）

絹　きぬ
佐藤雅美作『恵比寿屋喜兵衛手控え』の登場人物。
¶時代小説（絹　きぬ）

絹売り弥市　きぬうりやいち
歌舞伎演目『傾城吾嬬鑑』に登場する白井権八の家来筋にあたる人物。
¶歌舞伎登（絹売り弥市　きぬうりやいち）

絹笠　きぬがさ
養蚕の神。
¶神仏辞典（絹笠　きぬがさ）

絹川谷蔵　きぬがわたにぞう
歌舞伎演目『伽羅先代萩』に登場する、足利頼兼の廓通いの供をしてきたお抱え力士。
¶歌舞伎登（絹川谷蔵　きぬがわたにぞう）

絹川与右衛門　きぬがわよえもん
⇒与右衛門（よえもん）

キーヌシ
沖縄県において大木に宿るとされている木の精。
¶幻想動物（キーヌシ）〔像〕
　全国妖怪（キーヌシー〔沖縄県〕）
　妖怪事典（キーヌシー）
　妖怪大事典（キーヌシー）

衣多手神　きぬだてのかみ
陸奥国気仙郡の衣太手神社の祭神。
¶神仏辞典（衣多手神・衣太手神　きぬだてのかみ）

絹狸　きぬたぬき
鳥山石燕の『画図百器徒然袋』に描かれた織物に化けた狸の妖怪。
¶妖怪事典（キヌタヌキ）
　妖怪大鑑（絹狸　きぬたぬき）〔像〕
　妖怪大事典（絹狸　きぬたぬき）〔像〕

衣縫の伴造義通　きぬぬいのとものみやつこぎとお
『日本霊異記』『今昔物語集』に登場する、推古天皇の代の人。両耳が聞こえなくなったが善を行い、経を読んで一心に拝んだところ、耳に菩薩の名を聞き、聴こえるようになった。
¶架空人目（衣縫の伴造義通　きぬぬいのとものみやつこぎとお）

絹巻神　きぬまきのかみ
『日本三代実録』に所出。但馬国の神。
¶神仏辞典（絹巻神　きぬまきのかみ）

きねざおさま
岡山県真庭郡落合町鹿田でいう。子授けの神。
¶神仏辞典（きねざおさま）

木鼠お吉　きねずみおきち
歌舞伎演目『処女評判善悪鏡』に登場する、雲切りお六を頭とする女盗賊の一味。
¶歌舞伎登（木鼠お吉　きねずみおきち）

木鼠吉五郎　きねずみきちごろう
⇒木鼠長吉（きねずみちょうきち）

木鼠忠太　きねずみちゅうた
歌舞伎演目『源平魁躑躅』に登場する、五条の扇屋へ詮議に来る姉輪平次の家来。
¶**歌舞伎登**（木鼠忠太　きねずみちゅうた）

木鼠長吉　きねずみちょうきち
享保年間の義賊。講談を中心とした伝説中の主人公。『大岡政談』などに登場する。雲霧仁左衛門の元手下。名は吉五郎ともいう。
¶**架空伝説**（木鼠吉五郎　きねずみきちごろう）
時代小説（吉五郎　きちごろう）
説話伝説（木鼠長吉　きねずみちょうきち 生没年不明）
伝奇伝説（木鼠長吉　きねずみちょうきち）
日本人名（木鼠長吉　きねずみちょうきち）

岐尼神　きねのかみ
摂津国能勢郡の岐尼神社、伊賀国伊賀郡の木根神社の祭神。
¶**神仏辞典**（岐尼神・木根神　きねのかみ）

杵の子　きねのこ
京都府の動物の怪。
¶**全国妖怪**（キネノコ〔京都府〕）

木根乃命　きねのみこと
『新撰姓氏録』に所出。佐伯連の祖の丹波真太玉命の親神（左京神別中）。
¶**神仏辞典**（木根乃命・枳祢命　きねのみこと）

杵屋六左衛門　きねやろくざえもん
江戸時代の音曲、江戸長唄中興の祖。
¶**説話伝説**（杵屋六左衛門　きねやろくざえもん [生]寛政12(1800)年 [没]安政5(1858)年）
伝奇伝説（杵屋六左衛門　きねやろくざえもん [生]寛政12(1800)年 [没]安政5(1858)年8月16日）

紀の直吉足　きのあたえよしたり
『日本霊異記』に登場する、紀伊国日高郡別の里の人。殴り脅した私度僧が神名を唱えると倒れ死んでしまった。
¶**架空人日**（紀の直吉足　きのあたえよしたり）

紀有常　きのありつね
歌舞伎演目『競伊勢物語』に登場する、謀叛人として死んだ紀名虎の弟。
¶**歌舞伎登**（紀有常　きのありつね）

紀在昌　きのありまさ
平安時代中期の漢詩人。
¶**日本人名**（紀在昌　きのありまさ 生没年未詳）

きのう
大分県日田市を中心に、腰から下の病・婦人病治癒の神としてひろく知られる。
¶**神仏辞典**（きのう）

甲子様　きのえねさま
甲子講で祀られる神。ほとんどの場合大黒天であるとされる。
¶**東洋神名**（甲子様　キノエネサマ）〔像〕

紀皇女　きのおうじょ
飛鳥時代、天武天皇の皇女。
¶**日本人名**（紀皇女　きのおうじょ 生没年未詳）

紀の臣馬養　きのおみうまかい
『日本霊異記』『今昔物語集』に登場する、紀伊国安諦郡吉備郷の人。漂流したが、釈迦祈りつづけると助かった。
¶**架空人日**（紀の臣馬養　きのおみうまかい）

夔の神　きのかみ
山梨県山梨岡神社の一本足の奇獣の木像で、雷除け・魔除けの神。
¶**妖怪大鑑**（夔の神　きのかみ）〔像〕

木の神　きのかみ
神木に宿る精霊。
¶**妖怪大鑑**（木の神　きのかみ）〔像〕

木の神　きのかみ
『古事記』『日本書紀』では久久能智、木俣神などが木の神とされる。また『古事記』のオオホヤビコを木の神とする説もある。
¶**神仏辞典**（木神　きのかみ）
日本神様（木の神　きのかみ）
日本神話（木の神　きのかみ）

紀伊国屋文左衛門　きのくにやぶんざえもん
元禄時代の豪商。人情本や歌舞伎にも描かれた。
¶**架空伝承**（紀伊国屋文左衛門　きのくにやぶんざえもん 生没年不詳）〔像〕
架空伝説（紀伊国屋文左衛門　きのくにやぶんざえもん）〔像〕
歌舞伎登（紀伊国屋文左衛門　きのくにやぶんざえもん）
奇談逸話（紀伊国屋文左衛門　きのくにやぶんざえもん [生]寛文5(1665)年 [没]享保3(1718)年）
時代小説（紀伊国屋文左衛門　きのくにやぶんざえもん）
説話伝説（紀伊国屋文左衛門　きのくにやぶんざえもん [生]寛文5(1665)年? [没]享保19(1734)年?）
世百新（紀伊国屋文左衛門　きのくにやぶんざえもん 生没年不詳）
伝奇伝説（紀伊国屋文左衛門　きのくにやぶんざえもん [生]? [没]享保19(1734)年4月24日）〔像〕

木の子　きのこ
山中にいる子供の姿をした妖怪の仲間。
¶**妖怪事典**（キノコ）
妖怪大全（木の子　きのこ）〔像〕
妖怪大事典（木の子　きのこ）〔像〕

城崎神　きのさきのかみ
『日本三代実録』に所出。丹波国の神。

木下藤吉郎　きのしたとうきちろう
歌舞伎演目『若き日の信長』に登場する、織田信長の家臣。豊臣秀吉の、藤吉郎時代のイメージに忠実な役柄。
¶歌舞伎登（木下藤吉郎　きのしたとうきちろう）

木の精霊　きのせいれい
森の木に宿る精霊。
¶世幻想（木の精霊）〔像〕

紀僧正真済　きのそうじょうしんぜい
平安時代の僧。空海十大弟子の一人。25歳にして異例の伝法阿闍梨となる。説話の世界では典型的な怨霊譚の主人公。
¶奇談逸話（紀僧正真済　きのそうじょうしんぜい　㊀延暦19（800）年　㊁貞観2（860）年）
神仏辞典（真済　しんぜい　㊀800年　㊁860年）
説話伝説（紀僧正真済　きのそうじょうしんぜい　㊀延暦19（800）年　㊁貞観2（860）年）
伝奇伝説（紀僧正　きのそうじょう　㊀延暦19（800）年　㊁貞観2（860）年）
日ミス（紀僧正真済　きのそうじょうしんぜい　㊀延暦19（800）年　㊁貞観2（860）年）
日ミス（真済　しんぜい　㊀延暦19（800）年　㊁貞観2（860）年）

紀角宿禰　きのつののすくね
4世紀末〜5世紀の初めに活躍した伝説的人物。紀氏の祖といわれる。
¶朝日歴史（紀角宿禰　きのつののすくね）
神様études（木角宿禰　きのつぬのすくね）
コン5（紀角宿禰　きのつののすくね）
新潮日本（紀角宿禰　きのつののすくね）
日本人名（紀角　きのつの）

紀貫之　きのつらゆき
平安前期の歌人。歌聖として尊敬された。『土佐日記』は作者・紀貫之が土佐守としての任務を終えて、京に帰ってくるまでの船旅を中心に書かれる。
¶架空人日（紀貫之　きのつらゆき）
架空伝説（紀貫之　きのつらゆき）
奇談逸話（紀貫之　きのつらゆき　㊁貞観13（871）年頃　㊁天慶9（946）年頃）
古典人東（紀貫之　きのつらゆき）
人物伝承（紀貫之　きのつらゆき　生没年未詳）〔像〕
説話伝説（紀貫之　きのつらゆき　㊀?　㊁天慶8（945）年）
伝奇伝説（紀貫之　きのつらゆき　㊀貞観13（871）年?　㊁天慶9（946）年）

紀遠助　きのとうすけ
『今昔物語集』に登場する、美濃国の人。故郷へ帰る途中、勢田の橋の上で、ある女から開けてはならぬ箱を託される。
¶架空人日（紀遠助　きのとうすけ）

紀内侍　きのないし
平安中期の女流歌人。『鶯宿梅』の故事の女主人公。
¶コン5（紀内侍　きのないし　生没年不詳）

紀長谷雄　きのはせお
平安時代の詩人・学者。朱雀門の上に鬼を見た話や物忌みの日を忘れて鬼に襲われた話がある。
¶新潮日本（紀長谷雄　きのはせお　㊀承和12（845）年　㊁延喜12（912）年2月10日）
説話伝説（紀長谷雄　きのはせお　㊀承和12（845）年　㊁延喜12（912）年）
伝奇伝説（紀長谷雄　きのはせお　㊀承和12（845）年　㊁延喜12（912）年）
日本人名（紀長谷雄　きのはせお　㊀845年　㊁912年）

紀益女　きのますめ
奈良時代の女呪師。淳仁天皇淡路配流事件・和気王謀反事件の関係者。
¶コン5（紀益女　きのますめ　㊀?　㊁天平神護1（765）年）

木俣神　きのまたのかみ
⇒御井神（みいのかみ）

紀用方　きのもちかた
『今昔物語集』に登場する、いわゆる悪人往生譚の主人公の一人。
¶架空人日（紀用方　きのもちかた）

紀茂経　きのもちつね
『今昔物語集』『宇治拾遺物語』に登場する下級官人。藤原頼通に献上された鯛の荒巻を食料庫の管理人からねだり取るが中身はガラクタにすり替えられていた。
¶架空人日（紀茂経　きのもちつね）

城山神　きのやまのかみ
讃岐国阿野郡の城山神社の祭神。
¶神仏辞典（城山神　きのやまのかみ）

城輪神　きのわのかみ
『日本三代実録』に所出。出羽国の神。
¶神仏辞典（城輪神　きのわのかみ）

馬魔　ぎば
馬だけを襲って殺すという美女の姿の魔物。
¶幻想動物（馬魔）〔像〕
妖怪大全（馬魔　ぎば）〔像〕

喜八　きはち
宇江佐真理作『髪結い伊三次捕物余話』の登場人物。
¶時代小説（喜八　きはち）

鬼八　きはち
宮崎県高千穂地方に古くから伝わる荒ぶる神。
¶妖怪事典（キハチ）

鬼髪 きはつ
髪につく妖怪、または妖怪化した髪。
¶**妖怪大鑑**（鬼髪 きはつ）〔像〕

牙のお才 きばのおさい
歌舞伎演目『秋葉権現廻船語』に登場する、玉島幸兵衛の妻。
¶**歌舞伎登**（牙のお才 きばのおさい）

伎比佐加美高日子命 きひさかみたかひこのみこと
出雲国出雲郡の曽支能夜社の祭神。
¶**神仏辞典**（伎比佐加美高日子命 きひさかみたかひこのみこと）

岐比佐都美 きひさつみ
『古事記』にみえる豪族。出雲国造の祖。
¶**日本人名**（岐比佐都美 きひさつみ）

支比佐神 きひさのかみ
出雲国出雲郡の支比佐社の祭神。
¶**神仏辞典**（支比佐神 きひさのかみ）

吉備津彦命 きびつひこのみこと
第7代孝霊天皇の子。四道将軍の1人。本名は彦五十狭芹彦命。岡山県の吉備津神社、吉備津彦神社の祭神。『古事記』では、比古伊佐勢理毘古命、大吉備津日子命。
¶**朝日歴史**（吉備津彦命 きびつひこのみこと）
英雄事典（吉備津彦命 キビツヒコノミコト）
神様読解（比古伊佐勢理毘古命/大吉備津日子命/吉備津彦命 ひこいさせりびこのみこと・おおきびつひこのみこと・きびつひこのみこと）
コン5（吉備津彦 きびつひこ）
新潮日本（吉備津彦 きびつひこ）
神仏辞典（大吉備津日子命 おおきびつひこのみこと）
神仏辞典（吉備津彦命・吉備都彦命 きびつひこのみこと）
神仏辞典（比古伊佐勢理毘古命・彦五十狭芹彦命 ひこいさせりびこのみこと）
日本人名（吉備津彦命 きびつひこのみこと）

吉備穴済神 きびのあなのわたりのかみ
『日本書紀』巻7に所出。吉備国にあって、日本武尊によって熊襲征討の帰路に討たれる。
¶**神仏辞典**（吉備穴済神 きびのあなのわたりのかみ）

吉備之兄日子王 きびのえひこのみこ
第12代景行天皇の皇子（次男）。
¶**神様読解**（吉備之兄日子王 きびのえひこのみこ）
日本人名（吉備兄彦皇子 きびのえひこのおうじ）

吉備臣建日子 きびのおみたけひこ
⇒吉備武彦（きびのたけひこ）

吉備上道臣 きびのかみつみちのおみ
記紀にみえる豪族。娘の稚媛が雄略天皇の妃となった。
¶**日本人名**（吉備上道臣 きびのかみつみちのおみ）

吉備上道田狭 きびのかみつみちのたさ
上代の伝説中の人物。任那国司。
¶**朝日歴史**（吉備上道田狭 きびのかみつみちのたさ）

吉備鴨別 きびのかもわけ
古代伝承上の豪族。吉備武彦の3男。
¶**日本人名**（吉備鴨別 きびのかもわけ）

吉備武彦 きびのたけひこ
説話上の武将。吉備下道臣らの祖先とする。日本武尊の東国征討に従った。
¶**神様読解**（吉備臣建日子 きびのおみたけひこ）
神様読解（御鉏友耳建日子/吉備武彦 みすきともみみたけひこ・きびのたけひこ）
コン5（吉備武彦 きびのたけひこ）
神仏辞典（吉備建彦命 きびのたけひこのみこと）
日本人名（吉備武彦 きびのたけひこ）

吉備武彦命 きびのたけひこのみこと
『新撰姓氏録』に所出。下道朝臣（左京皇別上）、真髪部（右京皇別下）の祖。
¶**神仏辞典**（吉備武彦命 きびのたけひこのみこと）

吉備真備 きびのまきび
奈良時代の学者、政治家。716（霊亀2）年唐へ留学、735（天平7）年帰国。日本の陰陽道の祖、兵法の祖などともいわれる。
¶**架空伝承**（吉備真備 きびのまきび [生]持統9（695）年 [没]宝亀6（775）年）〔像〕
奇談逸話（吉備真備 きびのまきび [生]持統9（695）年 [没]宝亀6（775）年）
古典人学（吉備真備 きびのまきび）
神仏辞典（吉備真備 きびのまきび [生]? [没]775年）
神話伝説（吉備真備 きびのまきび）
人物伝承（吉備真備 きびのまきび [生]持統9（695）年? [没]宝亀6（775）年）
説話伝説（吉備真備 きびのまきび [生]? [没]宝亀6（775）年）
伝奇伝説（吉備真備 きびのまきび [没]宝亀6（775）年）

吉備御友別 きびのみともわけ
吉備臣の祖第7代孝霊天皇の皇子・稚武彦命の孫と伝えられる。
¶**朝日歴史**（吉備御友別 きびのともわけ）
神様読解（吉備御友別 きびのみともわけ）
新潮日本（吉備御友別 きびのみともわけ）

吉備稚媛 きびのわかひめ
5世紀後半、雄略天皇の妃。
¶**コン5**（吉備稚媛 きびのわかひめ）

支布佐神 きふさのかみ
出雲国意宇郡の支布佐社の祭神。
¶**神仏辞典**（支布佐神 きふさのかみ）

貴布禰神 きふねのかみ
淡路国津名郡の賀茂神社、静岡県磐田市竜洋町

掛塚の貴船神社などの祭神。
¶神仏辞典（貴布禰神・貴船神　きふねのかみ）

貴船明神　きぶねみょうじん
京都市左京区鞍馬貴船町の貴船神社の祭神。水神。
¶奇談逸話（貴船明神　きぶねみょうじん）

喜平太　きへいた
柴田錬三郎作『眠狂四郎無頼控』の登場人物。
¶時代小説（喜平太　きへいた）

喜兵衛　きへえ
松本清張作『無宿人別帳』の登場人物。
¶時代小説（喜兵衛　きへえ）

喜兵衛　きへえ
佐藤雅美作『恵比寿屋喜兵衛手控え』の登場人物。
¶時代小説（喜兵衛　きへえ）

喜兵衛　きへえ
歌舞伎演目『天衣紛上野初花』に登場する、吉原の遊女屋、大口屋の寮番。
¶歌舞伎登（喜兵衛　きへえ）

鬼兵衛　きへえ
為永春水作の人情本『春色梅児誉美』(1832-33)に登場する、遊廓の番頭、実は盗賊。
¶架空人日（鬼兵衛　きへえ）

儀兵衛　ぎへえ
歌舞伎演目『桂川連理柵』に登場する、帯屋長右衛門の義弟。
¶歌舞伎登（儀兵衛　ぎへえ）

木部孤笻　きべこきょう
有島武郎作『或る女』(1919)に登場する新聞記者。
¶架空人日（木部孤笻　きべこきょう）

紀倍神　きべのかみ
越前国坂井郡の紀倍神社の祭神。
¶神仏辞典（紀倍神　きべのかみ）

支麻知神　きまちのかみ
出雲国意宇郡の支麻知社、来待神社の祭神。
¶神仏辞典（支麻知神・来待神　きまちのかみ）

君　きみ
首里王府の高級神女の位。
¶アジア女神（君　きみ）
広辞苑6（鬼魅　きみ）

君加那志　きみかなし
首里王府の高級神女。
¶アジア女神（君加那志　きみかなし）

木みさき　きみさき
山中の神霊の樹木に憑く小神。愛知県北設楽郡でいう。
¶妖怪事典（キミサキ）
妖怪大事典（木ミサキ　きみさき）

喜見城　きみじょう
富山県魚津地方でいう怪異。
¶妖怪事典（キミジョウ）

君積命　きみつみのみこと
『新撰姓氏録』に所出。大村直の祖（右京神別下天孫）。
¶神仏辞典（君積命　きみつみのみこと）

枳弥都弥命　きみつみのみこと
『新撰姓氏録』に所出。大村直・直尻家の祖（和泉国神別天神）。
¶神仏辞典（枳弥都弥命　きみつみのみこと）

君南風　きみはへ
⇒君南風（ちんべー）

キムナイヌ
北海道の一部と樺太に棲むという山男の一種。
¶幻想動物（キムナイヌ）〔像〕
全国妖怪（キムナイヌ〔北海道〕）
妖怪事典（キムナイヌ）
妖怪大事典（キムナイヌ）

木村　きむら
有島武郎作『或る女』(1919)に登場する事業家。葉子の婚約者。
¶架空人日（木村　きむら）

木村勘解由　きむらかげゆ
半村良作『妖星伝』の登場人物。
¶時代小説（木村勘解由　きむらかげゆ）

木村重成　きむらしげなり
安土桃山・江戸初期の武将。大坂冬の陣・夏の陣の活躍およびその死に際の見事さで後世に名を残す。
¶架空伝承（木村重成　きむらしげなり [生]? [没]元和1(1615)年）
歌舞伎登（木村重成 2 『茶臼山凱歌陣立』　きむらしげなり）
歌舞伎登（木村長門守重成 1 『桐一葉』　きむらながとのかみしげなり）
説話伝説（木村重成　きむらしげなり [生]? [没]慶長20(1615)年）
伝奇伝説（木村重成　きむらしげなり [生]? [没]元和1(1615)年）〔像〕

木村高広　きむらたかひろ
童門冬二作『上杉鷹山』の登場人物。
¶時代小説（木村高広　きむらたかひろ）

木村忠吾　きむらちゅうご
池波正太郎作『鬼平犯科帳』の登場人物。
¶時代小説（木村忠吾　きむらちゅうご）

キムンアイヌ
アイヌの人間の姿をしているが、顔半分が黒く顔半分が白いとか、ひとつ目であるとかいわれる魔物。
¶神仏辞典（キムンアイヌ）
　全国妖怪（キムンアイヌ〔北海道〕）

キムンカムイ
アイヌに伝わる妖怪。
¶妖怪事典（キムンカムイ）

キムンクル
北海道アイヌに伝わる妖怪。
¶妖怪事典（キムンクル）

鬼面山谷五郎　きめんざんたにごろう
第13代横綱。明治最初の横綱にして、京都相撲出身の唯一の横綱。
¶説話伝説（鬼面山谷五郎　きめんざんたにごろう
　　㊗文政9(1826)年 ㊡明治4(1871)年）
　伝奇伝説（鬼面山谷五郎　きめんざんたにごろう
　　㊗文政9(1826)年 ㊡明治4(1871)年）

木本　きもと
有島武郎作『生れ出ずる悩み』(1918)に登場する、北海道岩内の漁夫、画家。モデルは、木田金次郎。
¶架空人日（木本　きもと）

紀本花　きもとはな
有吉佐和子の小説『紀ノ川』の主人公。
¶日本人名（紀本花　きもとはな）

肝取り　きもとり
長野県東筑摩郡、鹿児島県出水地方でいう妖怪。
¶妖怪事典（キモトリ）
　妖怪大事典（肝取り　きもとり）

鬼門喜兵衛　きもんきへい
4世鶴屋南北作の歌舞伎『お染久松色読販』(1813年初演)。
¶架空人日（鬼門喜兵衛　きもんきへい）
　歌舞伎登（鬼門の喜兵衛　きもんのきへえ）

ギャオス
映画『大怪獣空中戦・ガメラ対ギャオス』(1967)に登場する、2本足で歩く、翼のある太古の怪獣。
¶怪物事典（ギャオス）

瘧鬼　ぎゃくき
『倭名類聚抄』に見える鬼の一種。
¶妖怪事典（ギャクキ）
　妖怪大事典（瘧鬼　ぎゃくき）

客人権現　きゃくじんごんげん
商家で祀る神。大津市の日吉山王の祭神。
¶広辞苑6（客人権現　きゃくじんごんげん）

キャサリン・ターナー
山村美紗の「ミス・キャサリン・シリーズ」のヒロイン。
¶名探偵日（キャサリン・ターナー）

火車　きゃしゃ
道の妖怪。長野県南佐久郡南牧村広瀬、岩手県遠野市でいう。
¶神仏辞典（火車　きゃしゃ）
　妖怪事典（キャシャ）

ギャタロ
長崎県五島地方でいう河童。
¶妖怪事典（ギャタロ）

キャツ
兵庫県飾磨郡の海上でいう怪異。
¶妖怪事典（キャツ）
　妖怪大事典（キャツ）

木屋文里　きやぶんり
梅暮里谷峨作の洒落本『傾城買二筋道』(1798)、河竹黙阿弥作の歌舞伎『三人吉三廓初買』(1860年初演)に登場する商人。
¶架空人日（文里　ぶんり）
　歌舞伎登（木屋文里　きやぶんり）

喜遊　きゆう
幕末の遊女。岩亀楼亀遊とも。
¶新潮日本（喜遊　きゆう　㊗弘化3(1846)年 ㊡文久2(1862)/3(1863)年）
　新潮日本（亀遊　きゆう）
　日本人名（喜遊　きゆう　㊗1846年 ㊡1862/1863年）

久右衛門　きゅうえもん
杉本章子作『おすず信太郎人情始末帖』の登場人物。
¶時代小説（久右衛門　きゅうえもん）

窮鬼　きゅうき
『倭名類聚抄』に見える鬼の一種。貧乏神。
¶広辞苑6（窮鬼　きゅうき）
　妖怪事典（キュウキ）
　妖怪大鑑（窮鬼　きゅうき）〔像〕
　妖怪大事典（窮鬼　きゅうき）

牛鬼　ぎゅうき
⇒牛鬼（うしおに）

久作　きゅうさく
「お染・久松」ものの歌舞伎『新版歌祭文』や『お染久松色読販』に登場する人物。
¶架空人日（久作　きゅうさく）

久七　きゅうしち
井原西鶴作の浮世草子『好色盛衰記』(1688)巻一の三「久七生れながら俄大臣」の主人公。
¶架空人日　(久七　きゅうしち)

久七　きゅうしち
杉本章子作『おすず信太郎人情始末帖』の登場人物。
¶時代小説　(久七　きゅうしち)

きゅうせん山の神　きゅうせんやまのかみ
長野県南アルプス山麓の遠山地方の山の神の一種。
¶神仏辞典　(きゅうせん山の神　きゅうせんやまのかみ)

旧鼠　きゅうそ
昔、大和(奈良県)の信貴にいた、毛の色が赤黒白の三毛の鼠。猫をとって食ったという。
¶妖怪事典　(キュウソ)
　妖怪大全　(旧鼠　きゅうそ)〔像〕
　妖怪大事典　(旧鼠　きゅうそ)〔像〕

宮中神　きゅうちゅうのかみ
『延喜式』に神祇官西院坐御巫等祭神23をはじめ36座所出の神。
¶神仏辞典　(宮中神　きゅうちゅうのかみ)

牛鍋屋五郎七　ぎゅうなべやごろしち
歌舞伎演目『繰返開花婦見月』に登場する、天ぷら銀次の昔の家来。
¶歌舞伎登　(牛鍋屋五郎七　ぎゅうなべやごろしち)

九之助　きゅうのすけ
井原西鶴作の浮世草子『日本永代蔵』(1688)巻五「大豆一粒の光り堂」に登場する木綿商。
¶架空人日　(九之助　きゅうのすけ)

久八　きゅうはち
江戸末頃の実録『大岡政談』、河竹黙阿弥作の歌舞伎『勧善懲悪覗機関』(1862年初演)に登場する、質屋の番頭。店の跡継ぎの借金の罪をかぶって店を追い出される。
¶架空人日　(久八　きゅうはち)
　架空伝説　(久八　きゅうはち)
　歌舞伎登　(紙屑買い久八　かみくずかいきゅうはち)

九尾の狐　きゅうびのきつね
白面金毛九尾(金毛玉面九尾)の狐。天竺、殷、周で様々な美女に姿を変え、国を傾けてきた妖怪。遣唐使の船に乗って日本に渡来。「玉藻前」という名の美女に姿を変えて日本を混乱に陥れた。
¶幻想動物　(九尾の狐)〔像〕
　神仏辞典　(九尾の狐　きゅうびのきつね)
　世未確認　(九尾の狐　きゅうびのきつね)〔像〕
　日ミス　(九尾の狐・玉藻の前　きゅうびのきつね・たまものまえ)
　日本未確認　(九尾の狐)〔像〕
　妖怪事典　(キュウビノキツネ)
　妖怪大事典　(九尾の狐　きゅうびのきつね)〔像〕

久兵衛　きゅうべえ
宮部みゆき作『ぼんくら』の登場人物。
¶時代小説　(久兵衛　きゅうべえ)

九兵衛　きゅうべえ
南原幹雄作『付き馬屋おえん』の登場人物。
¶時代小説　(九兵衛　きゅうべえ)

九兵衛　きゅうべえ
澤田ふじ子作『虹の橋』の登場人物。
¶時代小説　(九兵衛　きゅうべえ)

キュウモウ狸　きゅうもうだぬき
岡山県御津郡加茂川町でいう化け狸。
¶妖怪事典　(キュウモウダヌキ)
　妖怪大事典　(キュウモウ狸　きゅうもうだぬき)〔像〕

清　きよ
夏目漱石作『坊っちゃん』(1906)に登場する、坊っちゃんの家の下女。
¶架空人日　(清　きよ)

行叡　ぎょうえい
古代伝承上の僧。京都東山の音羽山に庵をむすび、200年間修行したという。
¶日本人名　(行叡　ぎょうえい)

行円　ぎょうえん
平安時代の僧。身に鹿皮をまとった異様な風体で、当時、都の貴顕から尊崇されていた人物。
¶奇談逸話　(皮聖行円　かわのひじりぎょうえん　㊤天暦2・3(948・949)年頃　㊦?)
　神仏辞典　(行円　ぎょうえん　生没年不詳)
　説話伝説　(行円　ぎょうえん　㊤天暦2(948)/3(949)年頃　㊦?)
　伝奇伝説　(行円　ぎょうえん　生没年未詳)

教懐　きょうかい
平安時代の僧。高野山の念仏聖の祖。
¶神仏辞典　(教懐　きょうかい　㊤1001年　㊦1093年)
　説話伝説　(教懐　きょうかい　㊤長保2(1000)年　㊦寛治7(1093)年)

景戒　きょうかい
『日本国現報善悪霊異記』の編者。紀伊国名草郡出身の大伴氏の関係者か。
¶神仏辞典　(景戒　きょうかい)
　説話伝説　(景戒　きょうかい・けいかい・けいがい　生没年未詳)
　伝奇伝説　(景戒　きょうかい　生没年未詳)

行基　ぎょうき
奈良時代の僧。仏教の民間布教に尽くし、多く

き

の伝説が伝えられる。
¶架空伝承（行基　ぎょうき [生]天智7(668)年 [没]天平勝宝1(749)年)〔像〕
奇談逸話（行基　ぎょうき [生]天智天皇7(668)/9(670)年 [没]天平21(749)年）
新潮日本（行基　ぎょうき [生]天智7(668)年 [没]天平勝宝1(749)年2月2日）
神仏辞典（行基　ぎょうき [生]668年 [没]749年）
人物伝承（行基　ぎょうき [生]天智7(668)年 [没]天平勝宝1(749)年）
説話伝説（行基菩薩　ぎょうきぼさつ [生]大津朝戊辰歳(668)年 [没]天平21(749)年）
伝奇伝説（行基　ぎょうき [生]天智天皇7(668)年 [没]天平21(749)年)〔像〕
日ミス（行基　ぎょうき [生]天智7(668)年 [没]天平勝宝1(749)年）
日本人名（行基　ぎょうき [生]668年 [没]749年）

狂言師右近　きょうげんしうこん
歌舞伎演目『連獅子』に登場する狂言師。左近の子。
¶歌舞伎登（狂言師右近　きょうげんしうこん）

狂言師左近　きょうげんしさこん
歌舞伎演目『連獅子』に登場する、白い毛の手獅子を持つ狂言師。右近の親獅子。
¶歌舞伎登（狂言師左近　きょうげんしさこん）

狂言師左近　きょうげんしさこん
歌舞伎演目『奴道成寺』に登場する、白拍子に化けて舞を舞う狂言師。
¶歌舞伎登（狂言師左近　きょうげんしさこん）

杏子　きょうこ
室生犀星の小説『杏っ子』の主人公。
¶日本人名（杏子　きょうこ）

京極内匠　きょうごくたくみ
歌舞伎演目『彦山権現誓助剣』に登場する剣術師。
¶歌舞伎登（京極内匠　きょうごくたくみ）

京極上　きょうごくのうえ
『うつほ物語』の作中人物。清原俊蔭の娘で藤原仲忠の母。
¶広辞苑6（京極上　きょうごくのうえ）
古典人学（俊蔭の女　としかげのむすめ）
古典人東（俊蔭の娘　としかげのむすめ）
大辞林3（京極上　きょうごくのうえ）

峡谷の神　きょうこくのかみ
『古事記』において、天之闇戸神と国之闇戸神があたる。
¶日本神様（峡谷の神　きょうこくのかみ）

京極御息所　きょうごくのみやすんどころ
藤原時平の女。
¶説話伝説（京極御息所　きょうごくのみやすんどころ 生没年未詳）
伝奇伝説（京極御息所　きょうごくみやすどころ 生没年未詳）

京極備前守高久　きょうごくびぜんのかみたかひさ
幕府の若年寄。池波正太郎作『鬼平犯科帳』の登場人物。
¶時代小説（京極備前守高久　きょうごくびぜんのかみたかひさ）

狂骨　きょうこつ
鳥山石燕の『今昔百鬼拾遺』に登場する、井戸からふらりと浮かび上がった強い怨みを持つ妖怪。
¶幻想動物（狂骨)〔像〕
日ミス（狂骨　きょうこつ）
妖怪事典（キョウコツ）
妖怪大鑑（狂骨　きょうこつ)〔像〕
妖怪大事典（狂骨　きょうこつ)〔像〕

姜詩　きょうし
御伽草子『二十四孝』に登場する、中国の広漢の人。二十四孝の一人。
¶架空人日（姜詩　きょうし）

教信　きょうしん
平安初期の半僧半俗の念仏行者。その往生は、往生伝や説話に収録され、広く知られた。
¶架空伝承（教信　きょうしん [生]? [没]貞観8(866)年）
奇談逸話（教信　きょうしん [生]天応1(781)年 [没]貞観8(866)年）
神仏辞典（教信　きょうしん [生]781年 [没]866年）
説話伝説（教信　きょうしん [生]? [没]貞観8(866)年)〔像〕

行真　ぎょうしん
平安時代中期の僧。道長の子顕信の出家に関する伝承から生まれた人物。
¶日本人名（行真　ぎょうしん 生没年未詳）

教信尼　きょうしんに
歌舞伎演目『山伏摂待』に登場する、奥州信夫佐藤庄司の妻、佐藤継信・忠信兄弟の母。
¶歌舞伎登（教信尼　きょうしんに）

行仙　ぎょうせん
鎌倉時代の僧。『念仏往生伝』『沙石集』などに説話がある。
¶説話伝説（行仙　ぎょうせん [生]? [没]弘安1(1278)年?）
伝奇伝説（行仙　ぎょうせん [没]弘安1(1278)年?）

経蔵坊狐　きょうぞうぼうぎつね
鳥取県の動物の怪。
¶全国妖怪（キョウゾウボウギツネ〔鳥取県〕）

行尊　ぎょうそん
平安後期の僧、歌人。出生について霊夢による懐妊譚がある。
¶神仏辞典（行尊　ぎょうそん [生]1055年 [没]1135年）
説話伝説（行尊　ぎょうそん [生]天喜3(1055)年 [没]長承4(1135)年）

伝奇伝説（行尊　ぎょうそん　⑭天喜3（1055）年　⑫長承4（1135）年）

教待　きょうたい
説話上の僧。162歳まで生きていたという。
¶日本人名（教待　きょうたい）

経題尼　きょうだいに
歌舞伎演目『名高手毬諷実録』に登場する、万里家の後室。
¶歌舞伎登（経題尼　きょうだいに）

京中坐神　きょうちゅうにますかみ
『延喜式』に所出。左京二条坐神社二座、左京四条坐神一の計三座。
¶神仏辞典（京中坐神　きょうちゅうにますかみ）

京人形　きょうにんぎょう
歌舞伎演目『京人形』に登場する、吉原の傾城に恋慕した左甚五郎が彫って、動き出す京人形。
¶歌舞伎登（京人形　きょうにんぎょう）

卿の君　きょうのきみ
歌舞伎演目『義経千本桜』に登場する、源義経の御台所。
¶歌舞伎登（卿の君　きょうのきみ）

京の次郎祐俊　きょうのじろうすけとし
江戸の曾我狂言で、曾我兄弟の兄。
¶歌舞伎登（京の次郎祐俊　きょうのじろうすけとし）

京の販女　きょうのひさめ
『今昔物語集』巻第31の第32に登場する、京の町中でものを商う女。
¶架空人日（京の販女　きょうのひさめ）

京の水銀商　きょうのみずがねあきない
『今昔物語集』巻第29の第36話の鈴鹿山の蜂の話に登場する男。
¶架空人日（京の水銀商　きょうのみずがねあきない）

刑部卿敦兼　ぎょうぶきょうあつかね
『古今著聞集』の登場人物。ひどく醜い容貌の持ち主。
¶古典人東（刑部卿敦兼　ぎょうぶきょうあつかね）

敬満神　きょうまんのかみ
遠江国榛原郡の敬満神社の祭神。
¶神仏辞典（敬満神　きょうまんのかみ）

京屋四郎兵衛　きょうやしろべえ
大佛次郎作『鞍馬天狗』の登場人物。
¶時代小説（京屋四郎兵衛　きょうやしろべえ）

京屋万助　きょうやまんすけ
歌舞伎演目『敵討天下茶屋聚』に登場する、伏見の呉服店の主人。
¶歌舞伎登（京屋万助　きょうやまんすけ）

経凛々　きょうりんりん
鳥山石燕の『画図百器徒然袋』に経文の妖怪として描かれたもの。
¶妖怪事典（キョウリンリン）
　妖怪大鑑（経凛々　きょうりんりん）〔像〕
　妖怪大事典（経凛々　きょうりんりん）〔像〕

清川　きよかわ
歌舞伎演目『侠客五雁金』に登場する、雁金文七と深い仲の遊女。
¶歌舞伎登（清川　きよかわ）

清河八郎　きよかわはちろう
幕末の庄内藩（山形県）郷士、尊攘派志士。子母澤寛作『新選組始末記』、司馬遼太郎作『竜馬がゆく』の登場人物。
¶時代小説（清河八郎　『新選組始末記』　きよかわはちろう）
　時代小説（清河八郎　『竜馬がゆく』　きよかわはちろう）

清川八郎　きよかわはちろう
白井喬二作『富士に立つ影』の登場人物。
¶時代小説（清川八郎　きよかわはちろう）

曲亭馬琴　きょくていばきん
⇒滝沢馬琴（たきざわばきん）

旭蓮　きょくれん
白井喬二作『富士に立つ影』の登場人物。
¶時代小説（旭蓮　きょくれん）

魚街　ぎょけい
山東京伝作の洒落本『繁千話』（1790）に直接には登場しないが、話の鍵となる重要な人物。
¶架空人日（魚街　ぎょけい）

巨人　きょじん
神話や伝説、昔話などに登場する巨大な体の人、もしくは神。
¶世百新（巨人　きょじん）
　大辞林3（巨人　きょじん）
　日本未確認（巨人・大入道）

清澄の茂太郎　きよすみのしげたろう
中里介山作『大菩薩峠』の登場人物。
¶時代小説（清澄の茂太郎　きよすみのしげたろう）

清滝姫　きよたきひめ
奈良〜平安時代前期、伝承上の女性。桓武天皇の皇女と伝えられる。
¶日本人名（清滝姫　きよたきひめ）

清仲　きよなか
説話集『宇治拾遺物語』に登場する、神楽の管弦に従事する地下の楽人。

¶架空人日（清仲　きよなか）

清野井庭神　きよのいばのかみ
伊勢国度会郡の清野井庭神社の祭神。
¶神仏辞典（清野井庭神　きよのいばのかみ）

清原武衡　きよはらのたけひら
歌舞伎演目『暫』に登場する、奥州の武将。
¶歌舞伎登（清原武衡　きよはらのたけひら）

清原俊蔭　きよはらのとしかげ
『うつほ物語』の登場人物。渡唐の途中波斯国に漂着。仙人から琴を習い、天女の秘琴と仏の預言を経て帰朝。
¶架空人日（清原俊蔭　きよはらのとしかげ）
　広辞苑6（清原俊蔭　きよはらのとしかげ）
　古典人学（清原俊蔭　きよはらのとしかげ）
　大辞林3（清原俊蔭　きよはらのとしかげ）

清原仲忠　きよはらのなかただ
⇒藤原仲忠（ふじわらのなかただ）

清原元輔　きよはらのもとすけ
平安中期の歌人。「梨壺の五人」「三十六歌仙」の一人。
¶架空人日（清原元輔　きよはらのもとすけ）
　説話伝説（清原元輔　きよはらもとすけ ㊤延喜8（908）年 ㊦正暦1（990）年）
　伝奇伝説（清原元輔　きよはらのもとすけ ㊤延喜8（908）年 ㊦正暦1（990）年）

清原頼業　きよはらのよりなり
平安後期～鎌倉時代の儒者。清原家中興の祖として京都嵯峨の車折神社に祀られる。
¶日本人名（清原頼業　きよはらのよりなり ㊤1122年 ㊦1189年）

清日子　きよひこ
天之日矛の子孫で、多遅摩比那良岐の子。
¶神様読解（清日子　きよひこ）
　日本人名（清彦　きよひこ）

清姫　きよひめ
紀州の道成寺伝説における主人公の女。謡曲、歌舞伎、人形浄瑠璃などの題材になった。
¶朝日歴史（安珍・清姫　あんちん・きよひめ）
　架空人日（道成寺の女　どうじょうじのおんな）
　架空人物（安珍、清姫）
　架空伝承（安珍・清姫　あんちん・きよひめ）〔像〕
　架空記（清姫　きよひめ）〔像〕
　歌舞伎登（清姫　きよひめ）
　奇談逸話（清姫　きよひめ）
　幻想動物（清姫）〔像〕
　広辞苑6（安珍清姫　あんちん・きよひめ）
　古典人学（大蛇になって男を追った女　だいじゃになっておとこをおったおんな）
　コン5（安珍・清姫　あんちん・きよひめ）
　新潮日本（安珍・清姫　あんちん・きよひめ）
　神仏辞典（清姫　きよひめ）
　世怪物神獣（清姫）
　説話伝説（安珍清姫　あんちんきよひめ）
　世百新（安珍・清姫　あんちん・きよひめ）
　伝奇伝説（安珍清姫　あんちん きよひめ）〔像〕
　日ミス（清姫　きよひめ）
　日本人名（安珍・清姫　あんちん・きよひめ）
　妖怪事典（キヨヒメ）
　妖怪大全（清姫　きよひめ）〔像〕
　妖怪大事典（清姫　きよひめ）〔像〕

清姫　きよひめ
五味康祐作『柳生武芸帳』の登場人物。
¶時代小説（清姫　きよひめ）

虚亡隠士　きょぼういんし
空海の『三教指帰』の中巻に登場する道士。
¶神仏辞典（虚亡隠士　きょぼういんし）

清水清玄　きよみずせいげん
⇒清玄（せいげん）

清宗　きよむね
山口県阿武山中に伝わる平家落人伝説中の悲恋の主人公。平宗盛の子。
¶コン5（清宗・佐々連姫　きよむね・さざなみひめ）
　説話伝説（清宗と佐々連姫　きよむねとさざなみひめ）
　伝奇伝説（清宗と佐々連姫　きよむねとさざなみひめ）
　日本人名（清宗・佐々連姫　きよむね・さざなみひめ）

清元延寿太夫　きよもとえんじゅだゆう
初世。清元の祖。中村座帰りに何者かに刺され、死亡した一連の事件は有名。
¶伝奇伝説（清元延寿太夫　きよもとえんじゅだゆう ㊤永6（1777）年 ㊦文政8（1825）年5月26日）

魚籃観音　ぎょらんかんのん
三十三観音の一つ。
¶神仏辞典（魚籃観音　ぎょらんかんのん）

キラウシカムイ
アイヌ語で鹿の角を所有する神という意味の雷を司る神。
¶妖怪事典（キラウシカムイ）

吉良上野介　きらこうずけのすけ
江戸中期の幕臣。赤穂事件の中心人物。
¶架空人日（吉良上野介義央　きらこうずけのすけよしなか）
　架空伝承（吉良上野介　きらこうずけのすけ ㊤寛永18（1641）年 ㊦元禄15（1702）年）
　時代小説（吉良上野介　きらこうずけのすけ）
　説話伝説（吉良上野介　きらこうずけのすけ ㊤寛永18（1641）年 ㊦元禄15（1702）年）
　世百新（吉良義央　きらよしなか ㊤寛永18（1641）年 ㊦元禄15（1702）年）
　伝奇伝説（吉良上野介　きらこうずけのすけ ㊤寛永18（1641）年 ㊦元禄15（1702）年）〔像〕

吉良常　きらつね
尾崎士郎の小説『人生劇場』の登場人物。
¶**日本人名**（吉良常　きらつね）

吉良の仁吉　きらのにきち
江戸後期の侠客。清水次郎長一家の加勢とともに戦った話や神戸の長吉との義理に殉じたことが、講談、芝居などにとりあげられた。
¶**架空人日**（吉良の仁吉　きらのにきち）
架空伝承（吉良の仁吉　きらのにきち [生]天保10(1839)年 [没]慶応1(1865)年）
架空伝説（吉良の仁吉　きらのにきち [生]1839年）
新潮日本（吉良仁吉　きらのにきち [生]天保10(1839)年 [没]慶応1(1865)年）
説話伝説（吉良の仁吉　きらのにきち [生]天保10(1839)年 [没]慶応2(1866)年）
伝奇伝説（吉良の仁吉　きらのにきち [生]天保10(1839)年）
日本人名（吉良仁吉　きらのにきち [生]1839年 [没]1866年）

ギララ
映画『宇宙大怪獣ギララ』(1967)に登場する、2本足で歩く爬虫類のような異星怪獣。
¶**怪物事典**（ギララ）

切られお富　きられおとみ
⇒お富(おとみ)

切られ与三郎　きられよさぶろう
⇒与三郎(よさぶろう)

桐一兵衛　きりいちべい
山の妖怪。新潟県南蒲原郡でいう。
¶**神仏辞典**（桐一兵衛・斬一倍　きりいちべい）
全国妖怪（キリイチベイ〔新潟県〕）
妖怪事典（キリイチベイ）

キリオン・スレイ
都筑道夫の「キリオン・スレイ・シリーズ」に登場するアメリカ人の詩人。
¶**名探偵日**（キリオン・スレイ）

霧隠才蔵　きりがくれさいぞう
架空の忍者。真田十勇士の一人。
¶**英雄事典**（霧隠才蔵　キリガクレサイゾウ）
架空人日（霧隠才蔵　きりがくれさいぞう）
コン5（霧隠才蔵　きりがくれさいぞう）
新潮日本（霧隠才蔵　きりがくれさいぞう）
説話伝説（霧隠才蔵　きりがくれさいぞう）
大辞林3（霧隠才蔵　きりがくれさいぞう）
日本人名（霧隠才蔵　きりがくれさいぞう）

伐木坊　きりきぼう
音の妖怪。木を伐るような音をさせる。
¶**神仏辞典**（伐木坊　きりきぼう）

吉里吉里人　きりきりじん★
井上ひさし作の同名小説(1981)中、日本国から独立を宣言した吉里吉里国の国民。
¶**架空人物**（吉里吉里人）

霧島京弥　きりしまきょうや
佐々木味津三作『旗本退屈男』の登場人物。
¶**時代小説**（霧島京弥　きりしまきょうや）

霧島三郎　きりしまさぶろう
高木彬光の『検事霧島三郎』(1964)以下の長短編に登場する東京地検の検事。
¶**名探偵日**（霧島三郎　きりしまさぶろう）

霧島神　きりしまのかみ
日向国諸県郡の霧島神社の祭神。
¶**神仏辞典**（霧島神　きりしまのかみ）

霧太郎　きりたろう
歌舞伎演目『霧太郎天狗酒醼』に登場する、天狗魔道の術を得、主君義経の恨みを晴らそうと謀叛を企む人物。
¶**歌舞伎登**（霧太郎　きりたろう）

桐壺更衣　きりつぼのこうい
『源氏物語』の作中人物。光源氏の母。
¶**架空人日**（桐壺更衣　きりつぼのこうい）

桐壺の帝　きりつぼのみかど
『源氏物語』の作中人物。源氏物語の桐壺巻から花宴巻まで在位する帝。光源氏の父。
¶**歌舞伎登**（桐壺帝　きりつぼてい）
広辞苑6（桐壺の帝　きりつぼのみかど）
大辞林3（桐壺の帝　きりつぼのみかど）

霧の神　きりのかみ
天之狭霧神と国之狭霧神。
¶**日本神様**（霧の神　きりのかみ）

桐野神　きりののかみ
但馬国出石郡の桐野神社の祭神。
¶**神仏辞典**（桐野神　きりののかみ）

桐原石部神　きりはらのいそべのかみ
越後国古志郡の桐原石部神社の祭神。
¶**神仏辞典**（桐原石部神　きりはらのいそべのかみ）

桐原神　きりはらのかみ
但馬国養父郡の桐原神社の祭神。
¶**神仏辞典**（桐原神　きりはらのかみ）

切り板　きりばん
熊本県天草郡御領村でいう怪異。
¶**妖怪事典**（キリバン）

麒麟　きりん
古代中国の想像上の動物。日本でも吉兆の存在とされ、美術品などにあらわされた。動物のキリンの日本名の起源となったもの。

¶幻想動物　（麒麟）〔像〕
　神仏辞典　（麒麟　きりん）
　世怪物神獣　（麒麟）
　世未確認　（麒麟　きりん）〔像〕
　大辞林3　（麒麟　きりん）〔像〕
　日本未確認　（麒麟　きりん）〔像〕
　水木幻獣　（麒麟　きりん）〔像〕
　妖怪事典　（キリン）
　妖怪大全　（麒麟　きりん）〔像〕
　妖怪大事典　（麒麟　きりん）〔像〕
　妖精百科　（麒麟）

伎留太神　きるたのかみ
伊勢国朝明郡の伎留太神社の祭神。
¶神仏辞典　（伎留太神　きるたのかみ）

ギルマナア
沖縄県でいう妖怪。
¶全国妖怪　（ギルマナア〔沖縄県〕）
　妖怪事典　（ギルマナア）
　妖怪大事典　（ギルマナア）

喜六　きろく
澤田ふじ子作『公事宿事件書留帳』の登場人物。
¶時代小説　（喜六　きろく）

ギロン
映画『ガメラ対大悪獣ギロン』（1969）に登場する、ナイフのような頭をもつ2本足の怪獣。
¶怪物事典　（ギロン）

貴和　きわ
澤田ふじ子作『虹の橋』の登場人物。
¶時代小説　（貴和　きわ）

「銀壱匁の講中」の銀貸屋　ぎんいちもんめのこうじゅうのかねかしや
井原西鶴作の浮世草子『世間胸算用』（1692）巻二の一「銀壱匁の講中」に登場する人物。
¶架空人日　（「銀壱匁の講中」の銀貸屋　ぎんいちもんめのこうじゅうのかねかしや）

きんか
新潟県の下越地方などで、境界を守り悪霊の侵入を防ぐ神。
¶神仏辞典　（きんか）

金火　きんか
石川県の上使街道八幡でいう火の怪。
¶全国妖怪　（キンカ〔石川県〕）

金看板の甚九郎　きんかんばんのじんくろう
江戸中期の江戸の侠客。河竹黙阿弥『金看板侠客本店』の主人公。
¶架空伝説　（金看板の甚九郎　きんかんばんのじんくろう　㋑1745年　㋺1816年）〔像〕
　歌舞伎登　（金看板甚九郎　きんかんばんじんくろう）
　説話伝説　（金看板の甚九郎　きんかんばんのじんくろう　㋑元禄7（1694）年　㋺明和2（1765）年）

日本人名　（金看板甚九郎　きんかんばんのじんくろう　㋑1694年　㋺1765年）

金魚の幽霊　きんぎょのゆうれい
「藻の花」という女性が、金魚鉢に頭を突っこまれて殺され、その恨みが金魚に乗りうつって幽霊と化したもの。
¶水木妖怪　（金魚の幽霊　きんぎょのゆうれい）〔像〕
　妖怪大全　（金魚の幽霊　きんぎょのゆうれい）〔像〕

金魚屋金八　きんぎょやきんぱち
歌舞伎演目『けいせい廓源氏』に登場する、もと佐々木家の家臣名古屋将監（山三の父）の仲間。追放され百姓となる。
¶歌舞伎登　（金魚屋金八　きんぎょやきんぱち）

金々先生　きんきんせんせい
⇒金村屋金兵衛（かねむらやきんべえ）

キングギドラ
映画『三大怪獣・地球最大の決戦』（1964）に登場する、3本の首に金色の体をした異星生物。
¶怪物事典　（キングギドラ）〔像〕

キング・シーザー
映画『ゴジラ対メカゴジラ』（1974）に登場する巨大怪獣。
¶怪物事典　（キング・シーザー）

銀子　ぎんこ
徳田秋声の小説『縮図』の主人公。
¶日本人名　（銀子　ぎんこ）

銀公　ぎんこう
山本周五郎作『青べか物語』（1960）に登場する、見習い水夫。
¶架空人日　（銀公　ぎんこう）

琴高仙人　きんこうせんにん
日本で「琴高乗鯉」という画題として好まれた仙人。
¶説話伝説　（琴高仙人　きんこうせんにん）

金五郎　きんごろう
江戸期の歌舞伎役者。遊女小さんとの情話は歌謡、浄瑠璃、歌舞伎などに作られた。
¶歌舞伎登　（金五郎　きんごろう）
　広辞苑6　（小さん金五郎　こさん・きんごろう）
　古典人学　（金五郎　きんごろう）
　コン5　（小さん・金五郎　こさん・きんごろう）
　説話伝説　（小さん金五郎　こさんきんごろう　㋑?　㋺元禄13（1700）年）
　伝奇伝説　（小さん金五郎　こさん　きんごろう）

金五郎　きんごろう
伊あ桂一作『風車の浜吉・捕物綴』の登場人物。
¶時代小説　（金五郎　きんごろう）

金次　きんじ
岡本綺堂作『半七捕物帳』の登場人物。
¶時代小説（金次　きんじ）

銀次　ぎんじ
北原亞以子作『深川澪通り木戸番小屋』の登場人物。
¶時代小説（銀次　ぎんじ）

銀次　ぎんじ
佐江衆一作『江戸職人綺譚』の登場人物。
¶時代小説（銀次　ぎんじ）

銀次　ぎんじ
松本清張作『無宿人別帳』の登場人物。
¶時代小説（銀次　ぎんじ）

銀次　ぎんじ
山本一力作『大川わたり』の登場人物。
¶時代小説（銀次　ぎんじ）

錦祥女　きんしょうじょ
近松門左衛門作の浄瑠璃『国性爺合戦』(1715年初演）に登場する、明朝の大名甘輝の妻。
¶架空人日（錦祥女　きんしょうじょ）
歌舞伎登（錦祥女　きんしょうじょ）
広辞苑6（錦祥女　きんしょうじょ）
大辞林3（錦祥女　きんしょうじょ）

錦将晩霞　きんしょうばんか
白井喬二作『富士に立つ影』の登場人物。
¶時代小説（錦将晩霞　きんしょうばんか）

金推　きんすい
中里介山作『大菩薩峠』の登場人物。
¶時代小説（金推　きんすい）

銀助　ぎんすけ
松本清張作『無宿人別帳』の登場人物。
¶時代小説（銀助　ぎんすけ）

公助　きんすけ
⇒下野公助（しもつけのきんすけ）

金太　きんた
山本周五郎作『さぶ』の登場人物。
¶時代小説（金太　きんた）

金田一耕助　きんだいちこうすけ
横溝正史の小説に登場する名探偵。
¶架空伝承（金田一耕助　きんだいちこうすけ）
架空伝説（金田一耕助　きんだいちこうすけ）
コン5（金田一耕助　きんだいちこうすけ）
新潮日本（金田一耕助　きんだいちこうすけ）
日本人名（金田一耕助　きんだいちこうすけ）
名探偵日（金田一耕助　きんだいちこうすけ）

金太夫　きんだゆう
井原西鶴作の浮世草子『本朝二十不孝』(1686）巻三の第四「当社の案内申程おかし」に登場する宿屋の婿養子。
¶架空人日（金太夫　きんだゆう）

金太郎　きんたろう
大江山の鬼酒呑童子を倒したという半伝説的童話の主人公。相模国・足柄山で生まれ、山姥に育てられた怪童。源頼光の四天王の一人、坂田金時の幼名ともいわれる。
¶架空人物（金太郎）
広辞苑6（金太郎　きんたろう）
新潮日本（金太郎　きんたろう）
神仏辞典（金太郎　きんたろう）
神話伝説（金太郎　きんたろう）
説話伝説（金太郎　きんたろう）
大辞林3（金太郎　きんたろう）
伝奇伝説（金太郎　きんたろう）〔像〕
日本神様（金太郎　きんたろう）〔像〕

金太郎神　きんたろうしん
昔話『金太郎』の主人公を神格化したもの。
¶神様読解（金太郎神　きんたろうしん）
東洋神名（金太郎神　キンタロウシン）〔像〕

金長狸　きんちょうだぬき
徳島県小松島市に伝わる狸の名。金長神社に「金長大明神」として祀られて信仰されている。
¶神仏辞典（金長　きんちょう）
妖怪事典（キンチョウダヌキ）
妖怪大鑑（金長狸　きんちょうたぬき）〔像〕
妖怪大事典（金長狸　きんちょうたぬき）

ぎん槌　ぎんつち
徳島県の動物の怪。
¶全国妖怪（ギンツチ〔徳島県〕）

金鍔次兵衛　きんつばじへい
江戸時代のキリシタン。『長崎キリシタン物語』の題材となった。
¶奇談逸話（金鍔次兵衛　きんつばじべい [生]慶長5(1600）年？ [没]寛永14(1637）年）
説話伝説（金鍔次兵衛　きんつばじへい [生]？ [没]寛永14(1637）年）
伝奇伝説（金鍔次兵衛　きんつばじへい [生]？ [没]寛永14(1637）年12月6日）

金内の娘　きんないのむすめ
井原西鶴作の浮世草子『武道伝来記』(1687）巻二の第四「命とらるゝ人魚の海」に登場する松前藩の奉行中堂金内の娘。
¶架空人日（金内の娘　きんないのむすめ）

緊那羅　きんなら
八部衆の中の一つ。仏法の守護神とされる。
¶広辞苑6（緊那羅　きんなら）
大辞林3（緊那羅　きんなら）
東洋神名（緊那羅　キンナラ）〔像〕

銀之助 ぎんのすけ
大佛次郎作『ごろつき船』の登場人物。
¶時代小説（銀之助　ぎんのすけ）

金鵄 きんのとび
神武天皇が大和の長髄彦の軍と戦ったとき、飛来したトビ。
¶神話伝説（金鵄　きんのとび）

金八 きんぱち
柴田錬三郎作『眠狂四郎無頼控』の登場人物。
¶時代小説（金八　きんぱち）

金平狐 きんぺいぎつね
熊本県球磨郡山江村に伝わる、欅の木の空洞に住む百歳の白狐。
¶全国妖怪（キンペイギツネ〔熊本県〕）

金兵衛 きんべえ
山本周五郎作『赤ひげ診療譚』の登場人物。
¶時代小説（金兵衛　きんべえ）

キンマモン
琉球における最高神の呼称。
¶神文化史（キンマモン）
　神仏辞典（君真物　きんまもの）

欽明天皇 きんめいてんのう
記紀系譜による第29代天皇。継体天皇の皇子。母は手白香皇后。
¶日本人名（欽明天皇　きんめいてんのう ⑮? ⑳571年）

金龍 きんりょう
金色に輝く龍。
¶日本未確認（金龍　きんりょう）

【く】

咋岡神 くいおかのかみ
山城国綴喜郡の咋岡神社、丹後国丹波郡の咋岡神社の祭神。
¶神仏辞典（咋岡神　くいおかのかみ）

首切り牛 くいきりうし
鹿児島県徳之島でいう妖怪。
¶全国妖怪（クイキリウシ〔鹿児島県〕）
　妖怪事典（クイキリウシ）

杙俣長日子王 くいまたながひこのみこ
倭建命の孫。『古事記』だけに出てくる。
¶神様読解（杙俣長日子王　くいまたながひこのみこ）

グイン・サーガ
栗本薫の"グイン・サーガ"シリーズの主人公。
¶架空人物（グイン・サーガ）

クインサン
奈良県大和地方でいう天狗。
¶妖怪事典（クインサン）

空海 くうかい
弘法大師ともいう。平安初期の僧で日本真言密教の大成者。真言宗の開祖。
¶英雄事典（空海　クウカイ）
　架空人日（弘法大師　こうぼうだいし）
　架空伝承（空海　くうかい ⑮宝亀5(774)年 ⑳承和2(835)年）
　架空伝承（空海　くうかい ⑮774年）
　奇談逸話（空海　くうかい ⑮宝亀5(774)年 ⑳承和2(835)年）
　コン5（空海　くうかい ⑮宝亀5(774)年 ⑳承和2(835)年）
　神仏辞典（空海　くうかい ⑮774年 ⑳835年）
　人物伝承（空海　くうかい ⑮宝亀5(774)年 ⑳承和2(835)年）〔像〕
　説話伝説（弘法大師　こうぼうだいし ⑮宝亀5(774)年 ⑳承和2(835)年）
　世百新（空海　くうかい ⑮宝亀5(774)年 ⑳承和2(835)年）
　伝奇伝説（空海　くうかい ⑮宝亀5(774)年 ⑳承和2(835)年）〔像〕
　東洋神名（空海　クウカイ）〔像〕
　東洋神名（大師様　ダイシサマ）〔像〕
　日ミス（空海　くうかい ⑮宝亀5(774)年 ⑳承和1(835)年）
　日本人名（空海(1)　くうかい ⑮774年 ⑳835年）

空海母 くうかいのはは
奈良～平安時代前期の女性。息子に会うため女人禁制の高野山に登るが果たせず、山麓の慈尊院に住んだ。死後、同時の廟に祀られたという。
¶日本人名（空海母　くうかいのはは　生没年未詳）

クウケェシュキ／クウケエパロ くうけぇしゅき／くうけえぱろ
北海道の道の怪。肩の上に目のある妖怪。
¶全国妖怪（クウケェシュキ／クウケエパロ〔北海道〕）
　妖怪事典（クウケェシュキ）
　妖怪事典（クウケエパロ）

空月 くうげつ
歌舞伎演目『解脱衣楓累』に登場する、懐妊した恋人お吉を殺し、その生首を携えて旅に出る人物。
¶歌舞伎登（空月　くうげつ）

くうすけ
『宇治拾遺物語』の登場人物。「兵だちたる法師」と記される法師。
¶架空人日（くうすけ）
　古典人学（くうすけ）
　古典人東（くうすけ）

空然 くうぜん
柴田錬三郎作『眠狂四郎無頼控』の登場人物。
¶**時代小説**（空然 くうぜん）

空也 くうや
平安中期、民間の浄土教の祖ともいうべき僧。市聖とも呼ばれた。伝記には不明な点が多く、死後まもなくから伝説化された。
¶**架空伝承**（空也 くうや [生]延喜3（903）年 [没]天禄3（972）年）
奇談逸話（空也 くうや [生]延喜3（903）年 [没]天禄3（972）年）
古典人学（空也 こうや）
コン5（空也 くうや [生]延喜3（903）年 [没]天禄3（972）年）
神仏辞典（市聖 いちひじり [生]903年 [没]972年）
神仏辞典（空也 くうや [生]903年 [没]972年）
人物伝承（空也 くうや [生]延喜3（903）年 [没]天禄3（972）年）
説話伝説（空也 くうや・こうや [生]延喜3（903）年 [没]天禄3（972）年）〔像〕
伝奇伝説（空也 くうや・こうや [生]延喜3（903）年 [没]天禄3（972）年）〔像〕
日ミス（空也 くうや・こうや [生]延喜3（903）年 [没]天禄3（972）年）

久延毘古 くえびこ
『古事記』に登場する神。大国主神に誰も知らなかった少彦名命の名を教えた。別名に山田之曾富騰。
¶**朝日歴史**（久延毘古 くえびこ）
神様読解（久延毘古神 くえびこのかみ）
新潮日本（久延毘古 くえびこ）
神仏辞典（久延毘古 くえびこ）
神仏辞典（山田之曾富騰 やまだのそほど）
大辞林3（久延毘古 くえびこ）
日本人名（久延毘古 くえびこ）

久我武左衛門 くがたけざえもん
五味康祐作『柳生武芸帳』の登場人物。
¶**時代小説**（久我武左衛門 くがたけざえもん）

久上の禅司坊 くがみのぜんじぼう
江戸の曾我狂言で、曾我兄弟の弟。
¶**歌舞伎登**（久上の禅司坊 くがみのぜんじぼう）

九鬼 くき
堀辰雄作『聖家族』（1930）に登場する小説家。
¶**架空人日**（九鬼 くき）

釘抜藤吉 くぎぬきとうきち
林不忘作『釘抜藤吉捕物覚書』に登場する人物。
¶**架空伝説**（釘抜藤吉 くぎぬきとうきち）

九鬼弥助 くきやすけ
吉川英治作『鳴門秘帖』の登場人物。
¶**時代小説**（九鬼弥助 くきやすけ）

公暁 くぎょう
鎌倉幕府2代将軍源頼家の子。父の没後、鶴岡八幡宮寺別当尊暁の弟子となり、公暁は法名。歌舞伎に登場する。
¶**歌舞伎登**（公暁 1 『名残の星月夜』 くぎょう）
歌舞伎登（公暁 2 『霧太郎天狗酒醼』 くぎょう）
説話伝説（公暁 くぎょう [生]正治2（1200）年 [没]承久1（1219）年）

九鬼嘉隆 くきよしたか
安土桃山時代の武将。
¶**説話伝説**（九鬼嘉隆 くきよしたか [生]天文11（1542）年 [没]慶長5（1600）年）〔像〕

久久紀若室葛根神 くくきわかむろつなねのかみ
羽山戸神の子。母は大気津比売神。久久年神の弟神。
¶**神様読解**（久久紀若室葛根神 くくきわかむろつなねのかみ）
神仏辞典（久久紀若室葛根神 くくきわかむろつなねのかみ）

久久志弥神 くくしみのかみ
伊勢国河曲郡の久久志弥神社の祭神。
¶**神仏辞典**（久久志弥神 くくしみのかみ）

久久都比売神 くくつひめのかみ
伊勢国度会郡の久久都比売神社の祭神。
¶**神仏辞典**（久久都比売神 くくつひめのかみ）

久久年神 くくとしのかみ
羽山戸神の子。母は大気津比売神。久久紀若室葛根神の兄神。
¶**神様読解**（久久年神 くくとしのかみ）
神仏辞典（久久年神 くくとしのかみ）

久具神 くぐのかみ
『延喜式』に所出。久具社の祭神とされ、風雨の穏やかなことを祈る。
¶**神仏辞典**（久具神 くぐのかみ）

久久能智神 くぐのちのかみ
木の神。伊弉諾・伊弉冉の二神より生まれた。『日本書紀』では、句句廼馳。
¶**神様読解**（久久能智神 くぐのちのかみ）
神様読解（久々能智神・五十猛神 くぐのちのかみ・いそたけるのかみ）
幻想動物（句句廼馳）〔像〕
広辞苑6（久久能智神 くくのちのかみ）
神仏辞典（久久能智神 くくのちのかみ）
大辞林3（句句廼馳 くくのち）
日本神々（久久能智神 くくのちのかみ）
日本人名（句句廼馳 くくのち）

久久比神 くくひのかみ
但馬国城崎郡の久久比神社の祭神。
¶**神仏辞典**（久久比神 くくひのかみ）

玖玖麻毛理比売 くくまもりひめ
倭建命の妃。

く

¶神様読解（玖玖麻毛理比売　くくまもりひめ）

久久美雄彦神　くくみおひこのかみ
美濃国多芸郡の久久美雄彦神社の祭神。
¶神仏辞典（久久美雄彦神　くくみおひこのかみ）

菊理媛神　くくりひめのかみ
伊弉諾尊と伊弉冉尊の間に立って両者の間を調和して助言した神。白山比咩神ともいい、全国の白山神社の祭神。
¶アジア女神（菊理媛神　くくりひめのかみ）〔像〕
　神様読解（菊理媛神／白山比咩神　くくりひめのかみ・はくさんひめのかみ）〔像〕
　神文化史（ククリヒメ〔菊理媛神〕）
　神仏辞典（菊理媛神　くくりひめのかみ）
　神仏辞典（白山比咩神　しらやまひめのかみ）
　東洋神名（菊理媛神　ククリヒメノカミ）〔像〕
　日本神々（菊理媛神　くくりひめのかみ）〔像〕
　日本神様（白山信仰の神々〔白山比咩大神〔菊理媛神〕〕　はくさんしんこうのかみがみ）
　日本人名（菊理媛命　くくりひめのみこと）

クサイ
青森県や岩手県でいう狸の怪。
¶全国妖怪（クサイ〔青森県〕）
　全国妖怪（クサイ〔岩手県〕）

弘済　ぐさい
『日本霊異記』『今昔物語集』に登場する、亀に恩を返された僧。
¶架空人日（弘済　ぐさい）

クサイ憑き　くさいつき
青森県、岩手県地方でいう狸憑きのこと。
¶妖怪事典（クサイツキ）

草岡神　くさおかのかみ
近江国伊香郡・越中国射水郡の草岡神社の祭神。
¶神仏辞典（草岡神　くさおかのかみ）

久坂玄瑞　くさかげんずい
吉田松陰の弟子。司馬遼太郎作『竜馬がゆく』の登場人物。
¶時代小説（久坂玄瑞　くさかげんずい）

日下左近　くさかさこん
佐伯泰英作『密命』の登場人物。
¶時代小説（日下左近　くさかさこん）

久佐加神　くさかのかみ
出雲国出雲郡の久佐加社の祭神。
¶神仏辞典（久佐加神　くさかのかみ）

日下左衛門　くさかのさえもん
謡曲（現在能）『葦刈』（世阿弥作）に登場する、芦売りの男。
¶架空人日（日下左衛門　くさかのさえもん）

草香幡梭姫皇女　くさかのはたびひめのおうじょ
⇒若日下部命（わかくさのかべのみこと）

日部神　くさかべのかみ
和泉国大鳥郡の日部神社の祭神。
¶神仏辞典（日部神　くさかべのかみ）

草壁皇子　くさかべのみこ
天武天皇を父、持統天皇を母とする。現在の愛知県宝飯郡音羽町の宮道天神社の祭神。
¶神仏辞典（草壁皇子　くさかべのみこ）

瘡神　くさがみ
大阪府から奈良県にかけて、瘡の病を治してくれると信じられる神。
¶神仏辞典（瘡神　くさがみ）

草木命　くさきのみこと
古代伝承上の景行天皇の子80人のうちの一人。
¶日本人名（草木命　くさきのみこと）

久佐佐神　くささのかみ
摂津国能勢郡の久佐佐神社の祭神。
¶神仏辞典（久佐佐神　くささのかみ）

草津大歳神　くさつのおおとしのかみ
摂津国住吉郡の草津大歳神社の祭神。
¶神仏辞典（草津大歳神　くさつのおおとしのかみ）

草奈井比売神　くさないひめのかみ
『日本三代実録』に所出。信濃国の神。
¶神仏辞典（草奈井比売神　くさないひめのかみ）

日柳燕石　くさなぎえんせき
幕末の勤皇侠客、漢詩人。高杉晋作をかくまった罪で入獄。戊辰戦争に従軍中、柏崎で病死した。
¶説話伝説（日柳燕石　くさなぎえんせき　㋳文化14〔1817〕年　㋷明治1〔1868〕年）
　伝奇伝説（日柳燕石　くさなぎえんせき　㋳文化14〔1817〕年　㋷慶応4〔1868〕年8月25日）

草薙天鬼　くさなぎてんき
吉川英治作『宮本武蔵』の登場人物。鐘捲自斎の甥。
¶時代小説（草薙天鬼　くさなぎてんき）

草薙神　くさなぎのかみ
伊勢国度会郡の草名伎神社、駿河国有度郡の草薙神社、同廬原郡の久佐奈岐神社の祭神。
¶神仏辞典（草薙神・久佐奈岐神・草名伎神　くさなぎのかみ）

草相祖草野媛命　くさのおやかやぬひめのみこと
⇒鹿屋野比売神（かやぬひめのかみ）

荵野神　くさののかみ
陸奥国標葉郡の荵野神社の祭神。
¶ 神仏辞典（荵野神・苔野神　くさののかみ）

クサビラ
奈良県吉野郡上北山地方でいう妖怪。
¶ 妖怪事典（クサビラ）
　妖怪大事典（クサビラ）

櫛明玉神　くしあかだまのかみ
『日本書紀』にみえる神。玉作部の祖神。『古事記』の玉祖命と同じ神といわれる。現在の島根県八束郡玉湯町玉造の玉作湯神社の祭神。
¶ 神様読解（櫛明玉神　くしあかだまのかみ）
　神仏辞典（櫛明玉神　くしあかるたまのかみ）
　日本人名（櫛明玉神　くしあかるたまのかみ）

久志伊奈太伎比咩神　くしいなだきひめのかみ
能登国能登郡の久志伊奈太伎比咩神社の祭神。
¶ 神仏辞典（久志伊奈太伎比咩神　くしいなだきひめのかみ）

櫛色天蘿箇彦命神　くしいろあめのこけかひこのみことのかみ
石見国那賀郡の櫛色天蘿箇彦命神社の祭神。
¶ 神仏辞典（櫛色天蘿箇彦命神　くしいろあめのこけかひこのみことのかみ）

櫛石窓神　くしいわまどのかみ
⇒天石門別神（あめのいわとわけのかみ）

久治国神　くじくにつかみ
『日本三代実録』に所出。肥前国の神。
¶ 神仏辞典（久治国神　くじくにつかみ）

櫛田神　くしだのかみ
越中国射水郡の櫛田神社の祭神。
¶ 神仏辞典（櫛田神　くしだのかみ）

櫛田槻本神　くしたのつきもとのかみ
伊勢国多気郡の櫛田槻本神社の祭神。
¶ 神仏辞典（櫛田槻本神　くしたのつきもとのかみ）

櫛玉饒速日命　くしたまにぎはやびのみこと
⇒邇芸速日命（にぎはやびのみこと）

櫛玉命　くしたまのみこと
大和国高市郡の櫛玉命神社四座の祭神。
¶ 神仏辞典（櫛玉命　くしたまのみこと）

櫛玉姫神　くしたまひめのかみ
伊予国風早郡の櫛玉比売命神社、大和国広瀬郡の櫛玉比女命神社の祭神。
¶ 神仏辞典（櫛玉姫神　くしたまひめのかみ）

櫛角別王　くしつぬわけのみこ
第12代景行天皇の皇子。

¶ 神様読解（櫛角別王　くしつぬわけのみこ）
　日本人名（櫛角別王　くしつのわけのおおきみ）

櫛梨神　くしなしのかみ
讃岐国三木郡の櫛梨神社の祭神。
¶ 神仏辞典（櫛梨神　くしなしのかみ）

櫛名田比売　くしなだひめ
足名稚（脚摩乳）・手名稚（手摩乳）の夫婦神の八番目の娘。稲田の女神。『日本書紀』では、奇稲田姫。八岐大蛇にのみこまれようとするところを、素戔嗚尊（須佐之男命）に助けられ結婚する。
¶ 朝日歴史（奇稲田姫　くしいなだひめ）
　アジア女神（奇稲田姫・櫛名田比売　くしなだひめ）〔像〕
　架空人日（櫛名田比売　くしなだひめ）
　神様読解（櫛名田比売命/奇稲田媛命　くしなだひめのみこと・くしなだひめのみこと）〔像〕
　コン5（櫛名田比売　くしなだひめ）
　新潮日本（奇稲田姫　くしいなだひめ）
　神仏辞典（櫛名田比売　くしなだひめ）
　説話伝説（櫛名田比売　くしなだひめ）
　世百新（奇稲田姫　くしなだひめ）
　大辞林3（奇稲田姫・櫛名田比売　くしなだひめ）
　伝奇伝説（櫛名田比売　くしいなだひめ）
　東洋神名（櫛名田比売命　クシナダヒメノミコト）〔像〕
　日本神々（櫛名田比売命　くしなだひめのみこと）〔像〕
　日本神様（櫛名田比売　くしなだひめ）
　日本人名（奇稲田姫　くしいなだひめ）
　日本神話（クシナダヒメ/クシイナダヒメ）

久斬比賀多命　くしひかたのみこと
現在の石川県小松市古府町カ、滋賀県愛知郡愛知川町沓掛、兵庫県出石郡出石町下谷の石部神社の祭神。
¶ 神仏辞典（久斬比賀多命・櫛日方命　くしひかたのみこと）

櫛まきお藤　くしまきおふじ
林不忘作『丹下左膳』の登場人物。
¶ 時代小説（櫛まきお藤　くしまきおふじ）

久慈真智神　くしまちのかみ
『日本三代実録』『延喜式』に所出。京中坐神三座の左京二条坐神の久慈真智命神社の祭神。
¶ 神仏辞典（久慈真智神　くしまちのかみ）

櫛御方命　くしみかたのみこと
大物主神の子。母は陶都耳命の娘・活玉依毘売。
¶ 神様読解（櫛御方命　くしみかたのみこと）
　神仏辞典（櫛御方命　くしみかたのみこと）

久志美気濃神　くしみけぬのかみ
出雲国意宇郡の夜麻佐社二社のうち一社、山狭神社の久志美気濃神社の祭神。
¶ 神仏辞典（久志美気濃神　くしみけぬのかみ）

櫛御気野命　くしみけぬのみこと
『延喜式』出雲国造神賀詞に所出。穀霊神とされる。
¶神仏辞典　（櫛御気野命　くしみけぬのみこと）
　日本神話　（クシミケノ）

孔雀明王　くじゃくみょうおう
蛇の毒を含むあらゆる毒、病気、恐怖や災いを取り除き、安楽を得られる御利益のある明王。
¶神文化史　（クジャクミョウオウ（孔雀明王））
　広辞苑6　（孔雀明王　くじゃくみょうおう）〔像〕
　神仏辞典　（孔雀明王　くじゃくみょうおう）
　世百新　（孔雀明王　くじゃくみょうおう）〔像〕
　大辞林3　（孔雀明王　くじゃくみょうおう）〔像〕
　東洋神名　（孔雀明王　クジャクミョウオウ）〔像〕
　日本人名　（孔雀明王　くじゃくみょうおう）
　仏尊事典　（孔雀明王　くじゃくみょうおう）〔像〕

櫛八玉神　くしやたまのかみ
水戸神二神の孫神。
¶神様読解　（櫛八玉神　くしやたまのかみ）
　神仏辞典　（櫛八玉神　くしやたまのかみ）

苦沙弥先生　くしゃみせんせい
夏目漱石作『吾輩は猫である』の登場人物。
¶架空人日　（苦沙弥先生　くしゃみせんせい）
　架空人物　（苦沙弥先生）
　コン5　（苦沙弥先生　くしゃみせんせい）
　日本人名　（苦沙弥先生　くしゃみせんせい）

九条兼実　くじょうかねざね
平安時代末から鎌倉初期の政治家。『愚管抄』『古今著聞集』『十訓抄』に登場する。
¶説話伝説　（九条兼実　くじょうかねざね ⊕久安5（1149）年 ⊗承元1（1207）年）〔像〕
　説話伝説　（藤原兼実　ふじわらのかねざね ⊕久安5（1149）年 ⊗承元1（1207）年）
　伝奇伝説　（藤原兼実　ふじわらのかねざね ⊕久安5（1149）年 ⊗承元1（1207）年）

倶生神　くしょうじん
常に人の肩にいて善悪の行動を記録し、死後、閻魔王に報告するとされる同生同名という二神。
¶広辞苑6　（倶生神　くしょうじん）
　神仏辞典　（倶生神　くしょうじん）
　大辞林3　（倶生神　くしょうじん）〔像〕

櫛梳神　くしらのかみ
『大隅国風土記』逸文に所出。土地の有力神。串卜郷の地名由来。
¶神仏辞典　（櫛梳神　くしらのかみ）

櫛代賀姫命神　くしろがひめのみことのかみ
石見国美濃郡の櫛代賀姫命神社の祭神。
¶神仏辞典　（櫛代賀姫命神　くしろがひめのみことのかみ）

久志和都命　くしわつのみこと
『新撰姓氏録』に所出。出雲臣の祖（左京神別中天孫）。

¶神仏辞典　（久志和都命　くしわつのみこと）

グズ
石川県加賀市でいう怪獣。
¶妖怪事典　（グズ）
　妖怪大事典　（グズ）

国栖神　くずかみ
川沿いなどに祀られる水の神。奈良県下に「くず」を社名にもつ神社が分布する。
¶神仏辞典　（国栖神・葛神・九頭神　くずかみ）

九助　くすけ
歌舞伎演目『江戸育御祭佐七』に登場する、小糸つきの箱屋で小悪党。
¶歌舞伎登　（九助　くすけ）

グスコーブドリ
宮沢賢治作『グスコーブドリの伝記』（1932）の主人公。
¶架空人日　（グスコーブドリ）

葛嶋神　くずしまのかみ
『日本三代実録』に所出。丹後国の神。
¶神仏辞典　（葛嶋神　くずしまのかみ）

久須須美神　くすすみのかみ
大和国城下郡、河内国交野郡の久須須美神社の祭神。
¶神仏辞典　（久須須美神　くすすみのかみ）

葛神　くずのかみ
但馬国養父郡の葛神社の祭神。
¶神仏辞典　（葛神　くずのかみ）

楠木正成　くすのきまさしげ
鎌倉時代末〜南北朝時代の武将。鎌倉幕府打倒を企てる後醍醐天皇につき、幕府と戦う。『太平記』では悪党的武将の典型とされ、儒学者によっては、忠孝の臣とした。
¶英雄神　（楠木正成　クスノキマサシゲ）
　架空人日　（楠木正成　くすのきまさしげ）
　架空伝承　（楠木正成　くすのきまさしげ ⊕? ⊗延元1/建武3（1336）年）
　架空伝説　（楠木正成　くすのきまさしげ）〔像〕
　歌舞伎登　（楠正成　くすのきまさしげ）
　奇談逸話　（楠木正成　くすのきまさしげ ⊕? ⊗延元1/建武3（1336）年）
　古典人学　（楠正成　くすのきまさしげ）
　古典人東　（楠木正成（楠正成とも）　くすのきまさしげ）
　神仏辞典　（楠木正成　くすのきまさしげ ⊕? ⊗1338年）
　人物辞典　（楠正成　くすのきまさしげ ⊕? ⊗建武3（1336）年）
　説話伝説　（楠木正成　くすのきまさしげ ⊕? ⊗延元1/建武3（1336）年）
　伝奇伝説　（楠木正成　くすのきまさしげ ⊕? ⊗延元1（1336）年）〔像〕
　日本神々　（楠木正成　くすのきまさしげ）〔像〕

日本神様（楠木正成　くすのきまさしげ [生]? [没]1336年）〔像〕

楠木正行　くすのきまさつら

南北朝時代の武将。正成の子。『太平記』に発する、父との「桜井駅の別れ」の場面が知られる。

¶架空伝承（楠木正行　くすのきまさつら [生]? [没]正平3/貞和4(1348)年）〔像〕
歌舞伎登（楠正行 1 『花三升吉野深雪』　くすのきまさつら）
歌舞伎登（楠正行 2 『同計略花芳野山』　くすのきまさつら）
古典人東（楠木正行(楠正行とも)　くすのきまさつら）
神仏辞典（楠木正行　くすのきまさつら [生]? [没]1348年）
伝奇伝説（楠木正行　くすのきまさつら [生]? [没]正平3(貞和4)(1348)年）

葛の葉　くずのは

歌舞伎や浄瑠璃の信田妻物における母狐の名。和泉国の信太の森に棲んでいたが、安倍保名に命を救われたことから人間の女に化けて妻となる。のちの陰陽師安倍晴明を生む。

¶架空伝承（葛の葉　くずのは）〔像〕
架空伝説（葛の葉　くずのは）〔像〕
歌舞伎登（葛の葉狐　くずのはぎつね）〔像〕
幻想動物（信田の狐）〔像〕
広辞苑6（葛の葉　くずのは）
コン5（葛の葉　くずのは）
神仏辞典（葛の葉　くずのは）
大辞林3（葛の葉　くずのは）
伝奇伝説（信太の狐　しのだのきつね）
妖怪大事典（葛ノ葉狐　くずのはぎつね）

葛の葉姫　くずのはひめ

歌舞伎演目『芦屋道満大内鑑』に登場する、葛の葉狐が姿を借りた、安倍保名の恋人。

¶歌舞伎登（葛の葉姫　くずのはひめ）

楠原普伝　くすはらふでん

歌舞伎演目『碁太平記白石噺』に登場する人物。岩手石堂家の家臣から師範と仰がれているが、正体は七草(実説の天草)の残党洞理軒。

¶歌舞伎登（楠原普伝　くすはらふでん）

久集比奈神　くすひなのかみ

陸奥国牡鹿郡の久集比奈神社の祭神。

¶神仏辞典（久集比奈神　くすひなのかみ）

久豆弥神　くずみのかみ

伊豆国田方郡、越前国敦賀郡の久豆弥神社の祭神。

¶神仏辞典（久豆弥神　くずみのかみ）

楠本いね　くすもといね

幕末の医家。吉村昭作『日本医家伝』の登場人物。

¶時代小説（楠本いね　くすもといね）

樟本神　くすもとのかみ

和泉国和泉郡、伊予国越智郡、河内国志紀郡の樟本神社の祭神。

¶神仏辞典（楠本神・樟本神　くすもとのかみ）
神仏辞典（楠本神・樟本神　まきもとのかみ）

ぐず盛り　ぐずもり

青森県南津軽郡田舎館村でいう怪異。

¶妖怪事典（グズモリ）

久須夜神　くすやのかみ

若狭国遠敷郡の久須夜神社の祭神。

¶神仏辞典（久須夜神　くすやのかみ）

九頭竜権現　くずりゅうこんげん

神奈川県箱根の芦ノ湖の湖神。

¶神様読解（九頭竜権現　くずりゅうこんげん）
幻想動物（九頭竜）〔像〕
東洋神名（九頭竜権現　クヅリュウゴンゲン）〔像〕

グゼ

松浦静山の『甲子夜話』にある海の怪異。

¶妖怪事典（グゼ）
妖怪大事典（グゼ）

久世重太夫　くぜじゅうだゆう

白石一郎作『十時半睡事件帖』の登場人物。

¶時代小説（久世重太夫　くぜじゅうだゆう）

久世広之　くぜひろゆき

徳川幕府の老中。歌舞伎『佐倉義民伝』や山本周五郎作『樅ノ木は残った』に登場する。

¶歌舞伎登（久世大和守　くぜやまとのかみ）
時代小説（久世大和守広之　くぜやまとのかみひろゆき）

九千坊　くせんぼう

熊本県八代市地方でいう河童の親分。

¶妖怪事典（クセンボウ）
妖怪大事典（九千坊　くせんぼう）

管狐　くだぎつね

人間に憑く狐。竹筒の中に入れて飼ったり、持ち歩いたりできた。中部地方、東海地方、関東南部、東北地方などの一部地方でいう。

¶幻想動物（くだ狐）〔像〕
広辞苑6（管狐　くだぎつね）
神仏辞典（管狐　くだぎつね）
日本未確認（くだ狐）〔像〕
妖怪事典（クダギツネ）
妖怪大鑑（クダ）〔像〕
妖怪大鑑（江戸の管狐　えどのくだぎつね）〔像〕
妖怪大事典（管狐　くだぎつね）〔像〕

くだしょう

動物の妖怪。長野県下伊那郡阿南町和合でクダギツネのこと。

¶神仏辞典（くだしょう）
妖怪事典（クダショー）

管憑き　くだつき
長野県伊那、静岡県駿河地方でいう管狐が憑くこと。
¶妖怪事典　（クダツキ）

久多神　くたのかみ
尾張国中島郡の久多神社の祭神。
¶神仏辞典　（久多神　くたのかみ）

クダベ
『道聴塗説』にある妖怪。
¶妖怪事典　（クダベ）
　妖怪大鑑　（倚部　くたべ）〔像〕
　妖怪大事典　（クダ部　くだべ）〔像〕

久多美神　くたみのかみ
出雲国楯縫郡、楯縫郡、意宇郡の久多美社の祭神。
¶神仏辞典　（久多美神・玖潭神　くたみのかみ）

百済河成　くだらのかわなり
『今昔物語集』に逸話や伝説がある平安時代前期の画家。
¶架空人日　（百済川成　くだらのかわなり）
　架空伝承　（百済河成　くだらのかわなり　㊕延暦1（782）年　㊗仁寿3（853）年）
　日本人名　（百済河成　くだらのかわなり　㊕782年　㊗853年）

件　くだん
動物の妖怪。牛の子で人語を解する。
¶神仏辞典　（件　くだん）
　世怪物神獣　（件）
　全国妖怪　（クダン〔福岡県〕）
　水木妖怪続　（くだん）〔像〕
　妖怪事典　（クダン）
　妖怪図鑑　（件　くだん）〔像〕
　妖怪大全　（くだん）〔像〕
　妖怪大事典　（件　くだん）〔像〕

クダンギツネ
静岡県三河地方でいう憑き物。
¶妖怪事典　（クダンギツネ）

口裂け女　くちさけおんな
耳まで裂けた口を見せて驚かせ、逃げると刃物を持って追いかけてくる女性。
¶架空人日　（口裂け女）
　神仏辞典　（口裂け女　くちさけおんな）
　日ミス　（口裂け女　くちさけおんな）
　水木妖怪続　（口裂け女　くちさけおんな）〔像〕
　妖怪事典　（クチサケオンナ）
　妖怪大全　（口裂け女　くちさけおんな）〔像〕
　妖怪大事典　（口裂け女　くちさけおんな）〔像〕

クチナワ
一般的には蛇のことだが、高知県地方では蛇憑きのことをいう。
¶妖怪事典　（クチナワ）

クチナワ憑き　くちなわつき
山口県阿武郡で青大将が人に憑くことをいう。
¶妖怪事典　（クチナワツキ）

蛇の平十郎　くちなわのへいじゅうろう
池波正太郎作『鬼平犯科帳』の登場人物。
¶時代小説　（蛇の平十郎　くちなわのへいじゅうろう）

公智神　くちのかみ
摂津国有馬郡の公智神社の祭神。
¶神仏辞典　（公智神　くちのかみ）

口比売　くちひめ
『古事記』にみえる女官。
¶日本人名　（口比売　くちひめ）

口持　くちもち
『日本書紀』にみえる豪族。国依媛の兄。
¶日本人名　（口持　くちもち）

朽羅神　くちらのかみ
伊勢国度会郡の朽羅神社の祭神。
¶神仏辞典　（朽羅神　くちらのかみ）

沓掛時次郎　くつかけときじろう
長谷川伸の戯曲によって創造された旅の博徒。
¶架空人日　（沓掛時次郎　くつかけのときじろう）
　架空人物　（沓掛時次郎）
　架空伝承　（沓掛時次郎　くつかけのときじろう）
　架空伝説　（沓掛時次郎　くつかけのときじろう）〔像〕
　コン5　（沓掛時次郎　くつかけときじろう）
　日本人名　（沓掛時次郎　くつかけときじろう）

クッコロカムイ
アイヌの岩棚で獲物を授ける神。
¶神仏辞典　（クッコロカムイ）

沓頬　くつつら
鳥山石燕の『画図百器徒然袋』に描かれているもの。
¶妖怪事典　（クツツラ）
　妖怪大鑑　（沓頬　くつつら）〔像〕
　妖怪大事典　（沓頬　くつつら）〔像〕

久氏比古神　くてひこのかみ
能登国能登郡の久氏比古神社の祭神。
¶神仏辞典　（久氏比古神　くてひこのかみ）

工藤丈庵　くどうじょうあん
伊達家の藩医。永井路子作『葛の葉抄』の登場人物。
¶時代小説　（工藤丈庵　くどうじょうあん）

工藤祐経　くどうすけつね
鎌倉初期の武将。『曾我物語』に登場し、劇化された「対面」の場が知られる。
¶架空人日　（工藤祐経　くどうすけつね）

架空・伝承編 285 くにこ

架空伝承（工藤祐経　くどうすけつね　④?　②建久4
　（1193）年）〔像〕
歌舞伎登（工藤祐経　くどうすけつね）〔像〕
古典人学（工藤祐経　くどうすけつね）

愚堂禅師　ぐどうぜんじ
京都妙心寺の禅僧。吉川英治作『宮本武蔵』の
登場人物。
¶時代小説（愚堂禅師　ぐどうぜんじ）

工藤平助　くどうへいすけ
伊達家の藩医。永井路子作『葛の葉抄』の登場
人物。
¶時代小説（工藤平助　くどうへいすけ）

工藤元保　くどうもとやす
永井路子作『葛の葉抄』の登場人物。
¶時代小説（工藤元保　くどうもとやす）

功徳寺　くどくじ
西沢一風作『新色五巻書』の登場人物。神田の
日蓮宗寺の住職で男色家。
¶古典人学（功徳寺　くどくじ）

久止神　くとのかみ
美作国大庭郡の久刀神社の祭神。
¶神仏辞典（久止神・久刀神　くとのかみ）

久度神　くどのかみ
大和国平群郡の久度神社、淡路国三原郡の久度
神社の祭神。
¶神仏辞典（久度神　くどのかみ）

久度神　くどのかみ
『続日本後紀』『日本文徳天皇実録』『延喜式』に
所出。山城国の神。
¶神仏辞典（久度神　くどのかみ）

久刀村兵主神　くとむらひょうすのかみ
但馬国気多郡の久刀寸兵主神社の祭神。
¶神仏辞典（久刀村兵主神　くとむらひょうすのかみ）

久奈為神　くないのかみ
出雲国神門郡の久奈為社の祭神。
¶神仏辞典（久奈為神　くないのかみ）

久奈子神　くなこのかみ
出雲国神門郡の久奈子社の祭神。
¶神仏辞典（久奈子神　くなこのかみ）

久那斗神　くなどのかみ
記紀神話の道の神。伊弉諾尊が投じた杖より化
生した。道の分岐点や村境などで悪霊の侵入を
防ぐ神。『古事記』では岐神、衝立船戸神。『日
本書紀』では来名戸祖神。
¶朝日歴史（久那斗神　くなどのかみ）
　神様読解（久那斗神　くなどのかみ）

神様読解（衝立船戸神　つきたつふなどのかみ）
広辞苑6（岐神　ふなとのかみ）
新潮日本（久那斗神　くなどのかみ）
神仏辞典（岐神　くなどのかみ）
神仏辞典（来名戸祖神・来名戸之祖神　くなどのさ
　えのかみ）
神仏辞典（衝立船戸神　つきたてふなどのかみ）
神仏辞典（岐神　ふなどのかみ）
大辞林3（久那斗神・岐神　くなどのかみ）
日本人名（来名戸之祖神　くなどのさえのかみ）

国渭地祇　くにいくにつかみ
武蔵国入間郡の国渭地祇社の祭神。
¶神仏辞典（国渭地祇　くにいくにつかみ）

邦江　くにえ
藤沢周平作『隠し剣孤影抄』の登場人物。
¶時代小説（邦江　くにえ）

国忍富神　くにおしとみのかみ
鳥鳴海神の子。
¶神様読解（国忍富神　くにおしとみのかみ）
　神仏辞典（国忍富神　くにおしとみのかみ）
　日本人名（国忍富神　くにおしとみのかみ）

国忍別神　くにおしわけのかみ
『出雲国風土記』に所出。須佐能乎命の子。
¶神仏辞典（国忍別神　くにおしわけのかみ）

国懸神　くにかかすのかみ
紀伊国名草郡の国懸神社の祭神。
¶神仏辞典（国懸神　くにかかすのかみ）

国笠　くにかさ
『おもろさうし』に名前の見える神女。
¶アジア女神（国笠　くにかさ）

国片主神　くにかたぬしのかみ
壱岐嶋壱岐郡の国片主神社の祭神。
¶神仏辞典（国片主神　くにかたぬしのかみ）

国片比売命　くにかたひめのみこと
第10代崇神天皇の皇女。
¶神様読解（国片比売命　くにかたひめのみこと）
　神仏辞典（国片比売命・国方姫命　くにかたひめの
　　みこと）

国堅大神　くにかためまししおおかみ
『播磨国風土記』逸文に所出。尓保都比売命の
親神。
¶神仏辞典（国堅大神　くにかためまししおおかみ）

国建　くにこうだ
沖永良部島のユタの唱える呪詞「シマダテシン
ゴ」や昔話に出てくる神。
¶神仏辞典（国建・島建　くにこうだ・しまこうだ）
　神話伝説（島建・国建　しまこうだ・くにこうだ）

国辞代命 くにことしろのみこと
『新撰姓氏録』に所出。畝尾連の祖(左京神別中天神)。
¶神仏辞典（国辞代命　くにことしろのみこと）

国坂神 くにさかのかみ
伯耆国久米郡の国坂神社の祭神。
¶神仏辞典（国坂神・訓坂神　くにさかのかみ）

国定忠治 くにさだちゅうじ
江戸後期の博徒。義侠として芝居などにとりあげられるが虚説が多い。
¶英雄事典（国定忠次　クニサダチュウジ）
架空人日（国定忠次　くにさだちゅうじ）
架空伝承（国定忠治　くにさだちゅうじ ⑪文化7(1810)年 ⑫嘉永3(1850)年）〔像〕
架空伝説（国定忠治　くにさだちゅうじ ⑪1810年 ⑫1850年）〔像〕
奇談逸話（国定忠治　くにさだちゅうじ ⑪文化7(1810)年 ⑫嘉永3(1850)年）
コン5（国定忠治　くにさだちゅうじ ⑪文化7(1810)年 ⑫嘉永3(1850)年）
新潮日本（国定忠治　くにさだちゅうじ ⑪文化7(1810)年 ⑫嘉永3(1850)年12月21日）
説話伝説（国定忠治　くにさだちゅうじ ⑪文化7(1810)年 ⑫嘉永3(1850)年）
世百新（国定忠次　くにさだちゅうじ ⑪文化7(1810)年 ⑫嘉永3(1850)年）
伝奇伝説（国定忠治　くにさだちゅうじ ⑪文化7(1810)年 ⑫嘉永3(1850)年）〔像〕
日本人名（国定忠次　くにさだちゅうじ ⑪1810年 ⑫1851年）

国侍利金太 くにざむらいりきんた
歌舞伎演目『助六由縁江戸桜』に登場する人物。参勤交代で江戸に出てきた田舎侍。
¶歌舞伎登（国侍利金太　くにざむらいりきんた）

国高依彦神 くにたかよりひこのかみ
備後国葦田郡の国高依彦神社の祭神。
¶神仏辞典（国高依彦神　くにたかよりひこのかみ）

国玉神 くにたまのかみ
和泉国日根郡・尾張国海部郡の国玉神社、伊豆国那賀郡の国玉神社の祭神。
¶神仏辞典（国玉神　くにたまのかみ）

国魂神 くにたまのかみ
国土を経営する神。大国主神などをいう。
¶広辞苑6（国魂神　くにたまのかみ）
世百新（国魂神　くにたまのかみ）
大辞林3（国魂神　くにたまのかみ）

国千代 くにちよ
のちの大納言徳川忠長。山田風太郎作『甲賀忍法帖』の登場人物。
¶時代小説（国千代　くにちよ）

国津意加美神 くにつおかみのかみ
壱岐嶋石田郡の国津意加美神社の祭神。

¶神仏辞典（国津意加美神　くにつおかみのかみ）

国つ神 くにつかみ
天つ神に対する神。中津国に出現した神々や天つ神の子孫で中津国に土着した神、各地方の有力な神々のこと。地祇とも書く。
¶広辞苑6（国つ神・地祇　くにつかみ）
神仏辞典（天つ神・国つ神　あまつかみ・くにつかみ）
神仏辞典（国神・国津神・地祇・県祇　くにつかみ）
神話伝説（天津神・国津神　あまつかみ・くにつかみ）
世百新（国津神　くにつかみ）
日本人名（国津神　くにつかみ）
日本神話（国神）

国神 くにつかみ
和泉国大鳥郡、備前国御野郡の国神社の祭神。
¶神仏辞典（国神　くにつかみ）

国都神 くにつかみ
『日本三代実録』に所出。常陸国の神。
¶神仏辞典（国都神　くにつかみ）

国造神 くにつくりのかみ
肥後国阿蘇郡の国造神社の祭神。
¶神仏辞典（国造神　くにつくりのかみ）

久爾都神 くにつのかみ
伊勢国飯高郡の久爾都神社の祭神。
¶神仏辞典（久爾都神　くにつのかみ）

国津比古命神 くにつひこのみことのかみ
伊予国風早郡の国津比古命神社の祭神。
¶神仏辞典（国津比古命神　くにつひこのみことのかみ）

久尓都比咩命神 くにつひめのみことのかみ
伊豆国賀茂郡の久尓都比咩命神社の祭神。
¶神仏辞典（久尓都比咩命神　くにつひめのみことのかみ）

国津御祖神 くにつみおやのかみ
伊勢国度会郡の国津御祖神社の祭神。
¶神仏辞典（国津御祖神　くにつみおやのかみ）

国中神 くになかのかみ
山城国乙訓郡・河内国讚良郡の国中神社、越前国今立郡の国中神社二座の祭神。
¶神仏辞典（国中神　くになかのかみ）

国生大野神 くになりおおののかみ
越前国大野郡の国生大野神社の祭神。
¶神仏辞典（国生大野神　くになりおおののかみ）

国生神 くになりのかみ
伊勢国多気郡の国生神社の祭神。
¶神仏辞典（国生神　くになりのかみ）

国業比売神　くになりひめのかみ
『日本三代実録』に所出。信濃国の神。
- 神仏辞典（国業比売神　くになりひめのかみ）

国之久比奢母智神　くにのくひざもちのかみ
速秋津日子神と妹速秋津比売神の二神より生まれた水に縁のある神八神の一柱。水徳の神とされる。
- 神様読解（国之久比奢母智神　くにのくひざもちのかみ）
- 神仏辞典（国之久比奢母智神　くにのくひざもちのかみ）
- 日本人名（国之久比奢母智神　くにのくひざもちのかみ）

国之闇戸神　くにのくらとのかみ
大山津見神（山の神）と鹿屋野比売（野槌神）の二神より生まれた八神の一柱。道路の守護神とされる。
- 神様読解（国之闇戸神　くにのくらとのかみ）
- 神仏辞典（国之闇戸神　くにのくらどのかみ）
- 日本人名（国之闇戸神　くにのくらとのかみ）

国之狭霧神　くにのさぎりのかみ
大山津見神（山の神）・鹿屋野比売（野の神）の二神より生まれた八神の一柱。境の神とされる。
- 神様読解（国之狭霧神　くにのさぎりのかみ）
- 神仏辞典（国之狭霧神　くにのさぎりのかみ）
- 日本人名（国之狭霧神　くにのさぎりのかみ）

国之狭土神　くにのさづちのかみ
大山津見神（山の神）・鹿屋野比売（野の神）の二神より生まれた八神の一柱。天之狭土神と対をなす神。
- 神様読解（国之狭土神　くにのさづちのかみ）
- 神仏辞典（国之狭土神　くにのさづちのかみ）
- 日本人名（国之狭土神　くにのさづちのかみ）

国狭立尊　くにのさたちのみこと
『日本書紀』巻1に所出。国狭槌尊の別名。
- 神仏辞典（国狭立尊　くにのさたちのみこと）
- 神仏辞典（国狭槌尊　くにのさつちのみこと）

国之常立神　くにのとこたちのかみ
神世七代の神々の一柱。天之常立神に対する神。
- 朝日歴史（国常立尊　くにのとこたちのみこと）
- 神様読解（国之常立神/国常立尊/国底立尊　くにのとこたちのかみ・くにとこたちのみこと・くにとこたちのみこと）
- 広辞苑6（国常立尊　くにのとこたちのみこと）
- 新潮日本（国常立尊　くにのとこたちのみこと）
- 神仏辞典（国常立尊　くにのとこたちのみこと）
- 大辞林3（国常立尊　くにのとこたちのみこと）
- 東洋神名（国之常立神　クニノトコタチノカミ）〔像〕
- 日本神名（国常立尊　くにのとこたちのみこと）
- 日本神様（国常立尊　くにのとこたちのみこと）〔像〕
- 日本人名（国常立尊　くにのとこたちのみこと）
- 日本神話（クニノトコタチ）

国乃御神　くにのみかみ
伊勢国多気郡の国乃御神社の祭神。
- 神仏辞典（国乃御神　くにのみかみ）

国之水分神　くにのみくまりのかみ
速秋津日子神妹速秋津比売神の二神より生まれた水に縁のある神八神の一柱。水徳の神とされる。
- 神様読解（国之水分神　くにのみくまりのかみ）
- 日本人名（国之水分神　くにのみくまりのかみ）

国御柱神　くにのみはしらのかみ
天御柱神とともに風をつかさどる神。
- 広辞苑6（国御柱神　くにのみはしらのかみ）
- 神仏辞典（国御柱命神　くにのみはしらのみことのかみ）
- 大辞林3（国御柱神　くにのみはしらのかみ）

郷造神　くにのみやつこのかみ
『日本三代実録』に所出。常陸国の神。
- 神仏辞典（郷造神・御造神　くにのみやつこのかみ）

国庁裏神　くにのやかたのうちのかみ
『日本三代実録』に所出。伯耆国の神。
- 神仏辞典（国庁裏神　くにのやかたのうちのかみ）

訓原神　くにはらのかみ
尾張国春部郡の訓原神社、丹後国竹野郡の久尓原神社の祭神。
- 神仏辞典（訓原神・久尓原神　くにはらのかみ）

国原神　くにはらのかみ
出雲国意宇郡の国原社の祭神。
- 神仏辞典（国原神　くにはらのかみ）

国摩侶　くにまろ
古代伝承上の豪族。景行天皇12年の九州遠征の際、抵抗した5人のうちの一人。
- 日本人名（国摩侶　くにまろ）

国見虎之助　くにみとらのすけ
井原西鶴作の浮世草子『武道伝来記』(1687) 巻八の第一「野机の煙くらべ」の登場人物。
- 架空人日（国見虎之助　くにみとらのすけ）
- 架空伝説（国見虎之助　くにみとらのすけ）

国見野尊　くにみぬのみこと
⇒豊雲野神（とよくもぬのかみ）

国村神　くにむらのかみ
出雲国神門郡の国村社の祭神。
- 神仏辞典（国村神　くにむらのかみ）
- 神仏辞典（国村神　くむらのかみ）

国本神　くにもとのかみ
『日本三代実録』に所出。貞観12(870)年従五位上を授かる。
- 神仏辞典（国本神　くにもとのかみ）

櫟の精　くぬぎのせい
甲州(山梨県)の身延山の古い櫟に憑いた精霊。
- ¶妖怪大鑑（櫟の精　くぬぎのせい）〔像〕

くね揺すり　くねゆすり
音の妖怪。秋田県仙北郡角館町でいう。
- ¶神仏辞典（くね揺すり　くねゆすり）
- 全国妖怪（クネユスリ〔秋田県〕）
- 水木妖怪続（クネユスリ）〔像〕
- 妖怪事典（クネユスリ）
- 妖怪大全（クネユスリ）〔像〕
- 妖怪大事典（くね揺すり　くねゆすり）〔像〕

鳩槃荼　くばんだ
人の精気を吸う悪鬼。仏教に取り込まれ、増長天の眷属とされる。
- ¶広辞苑6（鳩槃荼　くばんだ）
- 大辞林3（鳩槃荼　くはんだ）
- 東洋神名（鳩槃荼　クバンダ）〔像〕

首かじり　くびかじり
飢え死にした者の霊が化したもの。食物を与えなかった人の墓に現われて、その首を掘り出して食べる。
- ¶妖怪事典（クビカジリ）
- 妖怪大全（首かじり　くびかじり）〔像〕
- 妖怪大事典（首かじり　くびかじり）〔像〕

首切れ馬　くびきれうま
日本各地に出現するという首のない馬の姿をした妖怪。
- ¶幻想動物（首切れ馬）〔像〕
- 神仏辞典（首切れ馬　くびきれうま）
- 全国妖怪（クビキレウマ〔福島県〕）
- 全国妖怪（クビキレウマ〔東京都〕）
- 全国妖怪（クビキレウマ〔福井県〕）
- 全国妖怪（クビキレウマ〔長崎県〕）
- 妖怪事典（クビキレウマ）
- 妖怪大事典（首切れ馬　くびきれうま）

首切れ地蔵　くびきれじぞう
徳島県美馬郡地方でいう妖怪。
- ¶妖怪事典（クビキレジゾウ）

首縊り上人　くびくくりしょうにん
『沙石集』に登場する大原の僧。
- ¶説話伝説（首縊り上人　くびくくりしょうにん　生没年未詳）

首様　くびさま
⇒首様（こーべさま）

首吊り狸　くびつりだぬき
徳島県三好郡箸蔵村でいう化け狸。
- ¶全国妖怪（クビツリダヌキ〔愛知県〕）
- 全国妖怪（クビツリダヌキ〔徳島県〕）
- 妖怪事典（クビツリタヌキ）

首なし　くびなし
岡山県真庭郡、山口県厚狭郡などでいう妖怪。
- ¶妖怪事典（クビナシ）

首無し馬　くびなしうま
徳島県の動物の怪。妖怪「夜行さん」が乗る馬。馬の首だけが現れる地方もある。
- ¶全国妖怪（クビナシウマ〔徳島県〕）
- 妖百3（夜行さん・首無し馬　やぎょうさん・くびなしうま）

首なし人間　くびなしにんげん
世界各地に伝わる首の無い人型の生き物。
- ¶世末確認（首なし人間）〔像〕

縊れ鬼　くびれおに
⇒縊鬼（いつき）

狗賓　ぐひん
動物の妖怪。犬の口を持ち、身体全体が狼の姿をした天狗の一種。
- ¶幻想動物（狗賓）〔像〕
- 神仏辞典（狗賓　ぐひん）
- 全国妖怪（グヒン〔静岡県〕）
- 全国妖怪（グヒン〔広島県〕）
- 全国妖怪（グヒンサマ〔群馬県〕）
- 全国妖怪（グヒンサマ〔新潟県〕）
- 全国妖怪（グヒンサマ〔愛知県〕）
- 全国妖怪（グヒンサン〔滋賀県〕）
- 妖怪事典（グヒン）

九平次　くへいじ
近松門左衛門作の浄瑠璃『曾根崎心中』(1703年初演)に登場する油売り。
- ¶架空人日（九平次　くへいじ）
- 歌舞伎登（九平次　くへいじ）

クーボー大博士　くーぼーだいはかせ
宮沢賢治作『グスコーブドリの伝記』(1932)に登場する、イーハトーヴ市の学校で教鞭をとっている科学者。
- ¶架空人日（クーボー大博士　くーぼーだいはかせ）

久保田源八　くぼたげんぱち
池波正太郎作『鬼平犯科帳』の登場人物。
- ¶時代小説（久保田源八　くぼたげんぱち）

熊井太郎忠基　くまいのたろうただもと
歌舞伎演目『御摂勧進帳』に登場する、源義経の家臣。
- ¶歌舞伎登（熊井太郎忠基　くまいのたろうただもと）

熊谷直家　くまがいなおいえ
熊谷直実の子。歌舞伎演目『一谷嫩軍記』に登場する。
- ¶歌舞伎登（熊谷小次郎直家　くまがいこじろうなおいえ）

熊谷直実　くまがいなおざね
鎌倉幕府成立期の在地武士。『平家物語』や『吾妻鏡』などに登場する。
¶**架空人日**（熊谷次郎直実　くまがいじろうなおざね）
架空伝承（熊谷直実　くまがいなおざね [生]永治1(1141)年 [没]承元2(1208)年)〔像〕
架空伝説（熊谷直実　くまがいなおざね)〔像〕
歌舞伎登（熊谷次郎直実 1『一谷嫩軍記』　くまがいじろうなおざね)〔像〕
歌舞伎登（熊谷次郎直実 2『源平魁躑躅』　くまがいじろうなおざね）
歌舞伎登（熊谷蓮生　くまがいれんしょう）
神仏辞典（熊谷直実　くまがいなおざね [生]1141年 [没]1208年）
説話伝説（熊谷直実　くまがいなおざね [生]永治1(1141)年 [没]承元2(1208)年)〔像〕
世百新（熊谷直実　くまがいなおざね [生]永治1(1141)年 [没]承元2(1208)年）
伝奇伝説（熊谷直実　くまがいなおざね [生]永治1(1141)年 [没]承元2(1208)年）

久麻加夫都阿良加志比古神　くまかぶつあらかしひこのかみ
能登国羽咋郡の久麻加夫都阿良加志比古神社の祭神。
¶**神仏辞典**（久麻加夫都阿良加志比古神　くまかぶつあらかしひこのかみ）

熊川茂左衛門　くまかわもざえもん
井原西鶴作の浮世草子『武道伝来記』(1687)巻八の第四「行水でしるゝ人の身の程」に登場する武士。
¶**架空人日**（熊川茂左衛門　くまかわもざえもん）

熊川茂三郎　くまかわもさぶろう
井原西鶴作の浮世草子『武道伝来記』(1687)巻八第四「行水でしるゝ人の身の程」の主人公の一人。武士。
¶**架空人日**（熊川茂三郎　くまかわもさぶろう）

熊木公太郎　くまききみたろう
白井喬二作『富士に立つ影』の登場人物。
¶**時代小説**（熊木公太郎　くまききみたろう）
日本人名（熊木公太郎　くまききみたろう）

熊木城太郎　くまきしろたろう
白井喬二作『富士に立つ影』の登場人物。
¶**時代小説**（熊木城太郎　くまきしろたろう）

熊吉　くまきち
海音寺潮五郎作『二本の銀杏』の登場人物。
¶**時代小説**（熊吉　くまきち）

熊木伯典　くまきはくてん
白井喬二作『富士に立つ影』の登場人物。
¶**コン5**（熊木伯典　くまきはくてん）
時代小説（熊木伯典　くまきはくてん）
日本人名（熊木伯典　くまきはくてん）

阿公　くまぎみ
曲亭馬琴作の読本『椿説弓張月』(1807-11)に登場する、琉球で国の祭祀を司る巫女。
¶**架空人日**（阿公　くまぎみ）
歌舞伎登（阿公　くまぎみ）

久麻久神　くまくのかみ
三河国幡豆郡の久麻久神神社二座の祭神。
¶**神仏辞典**（久麻久神　くまくのかみ）

熊鞍神　くまくらのかみ
丹波国多紀郡の熊鞍神社の祭神。
¶**神仏辞典**（熊鞍神・熊桉神・熊按神　くまくらのかみ）

熊毛神　くまけのかみ
周防国熊毛郡の熊毛神社の祭神。
¶**神仏辞典**（熊毛神　くまけのかみ）

熊坂お長　くまさかおちょう
歌舞伎演目『夢結蝶鳥追』に登場する女盗賊。
¶**歌舞伎登**（熊坂お長　くまさかおちょう）

熊坂長範　くまさかちょうはん
義経伝説に登場する盗賊。牛若丸の活躍によって討ちとられたという。
¶**架空人日**（熊坂長範　くまさかちょうはん）
架空伝承（熊坂長範　くまさかちょうはん)〔像〕
架空伝説（熊坂長範　くまさかちょうはん)〔像〕
歌舞伎登（熊坂長範　くまさかちょうはん）
奇談逸話（熊坂長範　くまさかちょうはん 生没年不詳）
広辞苑6（熊坂長範　くまさかちょうはん）
コン5（熊坂長範　くまさかちょうはん 生没年不詳）
新潮日本（熊坂長範　くまさかちょうはん）
説話伝説（熊坂長範　くまさかちょうはん 生没年未詳）
世百新（熊坂長範　くまさかちょうはん）
大辞林3（熊坂長範　くまさかちょうはん）
伝奇伝説（熊坂長範　くまさかちょうはん 生没年未詳）
日本人名（熊坂長範　くまさかちょうはん）

熊笹王　くまささおう
⇒猪笹王(いのささおう)

熊沢蕃山　くまざわばんざん
江戸前期の儒者、陽明学者。
¶**伝奇伝説**（熊沢蕃山　くまざわばんざん [生]元和5(1619)年 [没]元禄4(1691)年）

熊さん　くまさん
落語の登場人物。典型的な江戸っ子像を有す。
¶**架空人物**（熊さん、八つあん）
架空伝承（熊さん・八っつぁん　くまさん・はっつぁん）
コン5（熊さん・八っつぁん　くまさん・はっつぁん）
日本人名（熊さん・八っつぁん　くまさん・はっ

つぁん)

神代神　くましろのかみ
能登国羽咋郡の神代神社の祭神。
¶神仏辞典（神代神　くましろのかみ）

熊蔵　くまぞう
岡本綺堂作『半七捕物帳』の登場人物。
¶時代小説（熊蔵　くまぞう）

熊襲魁帥　くまそたける
記紀の景行天皇条に出てくる王化に従わぬ西方の土豪。『日本書紀』では熊襲梟帥と書き、取石鹿文、または川上梟帥などの名がみえる。
¶朝日歴史（熊曾建　くまそたける）
　架空伝承（熊襲魁帥　くまそたける）
　神様読解（河上梟帥　かわかみのたける）
　コン5（川上梟帥　かわかみのたける）
　新潮日本（川上梟帥　かわかみのたける）
　世百新（熊襲魁師　くまそたける）
　日本人名（熊曾建　くまそたける）
　日本神話（クマソタケル）

熊襲建兄弟　くまそたけるのあにおと
小碓命(倭建命)の西征のおりに登場する神々の兄弟。
¶英雄事典（熊襲建兄弟　クマソタケルノアニオト）
　神様読解（熊襲建兄弟　くまそたけるのあにおと）〔像〕

熊田神　くまだのかみ
加賀国能美郡の熊田神社の祭神。
¶神仏辞典（熊田神　くまだのかみ）

熊津彦命　くまつひこのみこと
古代伝承上の景行天皇の皇子。
¶日本人名（熊津彦命　くまつひこのみこと）

熊野加武呂乃命　くまぬかむろのみこと
『出雲国風土記』『延喜式』等に所出。スサノオノミコトと同神。
¶神仏辞典（熊野加武呂乃命　くまぬかむろのみこと）

熊野久須毘命　くまぬくすびのみこと
須佐男之命の息(狭霧)から生まれた五神の一柱。
¶神様読解（熊野久須毘命　くまぬくすびのみこと）
　神仏辞典（熊野久須毘命　くまぬくすびのみこと）

熊野坐神　くまぬにますかみ
紀伊国牟婁郡の熊野坐神社の祭神。
¶神仏辞典（熊野坐神　くまぬにますかみ）

熊野大神　くまぬのおおかみ
出雲国意宇郡の熊野大社また熊野坐神社の祭神。
¶神仏辞典（熊野大神　くまぬのおおかみ）

熊野大峰菊丈坊　くまのおおみねきくじょう
ぼう
奈良県吉野郡大峯山菊ノ窟でいう天狗。
¶妖怪事典（クマノオオミネキクジョウボウ）
　妖怪大事典（熊野大峰菊丈坊　くまのおおみねきくじょうぼう）

久麻神　くまのかみ
但馬国城崎郡の久麻神社の祭神。
¶神仏辞典（久麻神　くまのかみ）

熊野権現と本地仏　くまのごんげんとほんじ
ぶつ
熊野権現とは熊野三山の祭神である神々のこと。本宮の本地が阿弥陀如来、新宮が薬師如来、那智が千手観音とされている。
¶仏尊事典（熊野権現と本地仏　くまのごんげんとほんじぶつ）〔像〕

熊野十二社権現　くまのじゅうにしゃごんげん
修験道の道場の一つである熊野三山に祀られる神の総称。
¶東洋神名（熊野十二社権現　クマノジュウニシャゴンゲン）〔像〕

熊野高倉下命　くまのたかくらじのみこと
⇒高倉下（たかくらじ）

熊野大神　くまののおおかみ
古代伝承上の神。出雲大社の大国主神とともに出雲国内の最高神とされる。素戔嗚尊を称えた別名。神祖熊野大神櫛御気野命。
¶日本人名（熊野大神　くまののおおかみ）

熊野大隅命　くまののおおすみのみこと
『日本書紀』巻1に所出。素戔嗚尊が右の髻に巻いた瓊を嚙んで、右の掌において生まれた6番目の神。
¶神仏辞典（熊野大隅命・熊野大角命　くまののおおすみのみこと）

熊野忍隅命　くまののおしずみのみこと
⇒熊野忍踏命（くまののおしほむのみこと）

熊野忍踏命　くまののおしほむのみこと
『日本書紀』巻1に所出。五百箇御統之瓊を天の淳名井戸で振り濯いで食べて生んだ5番目の神。別名、熊野忍隅命。
¶神仏辞典（熊野忍隅命　くまののおしずみのみこと）
　神仏辞典（熊野忍踏命　くまののおしほむのみこと）

熊野神　くまののかみ
丹後国熊野郡、近江国高島郡、越中国婦負郡の熊野神社の祭神。
¶神仏辞典（熊野神　くまののかみ）

熊野櫲樟日命　くまののくすひのみこと
『日本書紀』巻1に所出。天照大神の八坂瓊之五百箇御統をカリカリと嚙んで噴き出した霧に化

生した5番目の神。
¶神仏辞典（熊野櫲樟日命　くまののくすひのみこと）

熊野のなにがしの阿闍梨　くまののなにがしのあじゃり
無住道暁作『沙石集』の登場人物。上総国高滝の地頭の一人娘に思いを寄せた熊野の阿闍梨。
¶古典人学（熊野のなにがしの阿闍梨　くまののなにがしのあじゃり）

熊野速玉大神　くまのはやたまおおかみ
熊野速玉大社の主祭神。『日本書紀』に登場する速玉之男と同一の神ともいわれる。
¶日本神様（熊野信仰の神々〔熊野速玉大神〕　くまのしんこうのかみがみ）〔像〕

熊野早玉神　くまのはやたまのかみ
紀伊国牟婁郡の熊野早玉神社の祭神。
¶神仏辞典（熊野早玉神　くまのはやたまのかみ）

熊野夫須美大神　くまのふすみのおおかみ
熊野那智大社の主祭神。伊弉冉尊のことであるとされる。
¶日本神様（熊野信仰の神々〔熊野夫須美大神〕　くまのしんこうのかみがみ）〔像〕

熊通男神　くまのみちおのかみ
『日本三代実録』に所出。出羽国の神。
¶神仏辞典（熊通男神　くまのみちおのかみ）

鳩摩羅天　くまらてん
巨象のごとき偉力で勧善懲悪に努め、仏法を守護するとされる。
¶東洋神名（鳩摩羅天　クマラテン）〔像〕

阿新丸　くまわかまる
鎌倉時代末の公家日野資朝の子。『太平記』に父の復讐にまつわる話がある。明治時代に忠孝を実践した人物として顕彰された。
¶架空伝承（阿新丸　くまわかまる [生]元応1（1319）年 [没]?）
説話伝説（阿新丸　くまわかまる [生]元応2（1320）年 [没]貞治2（1363）年）
世百新（阿新丸　くまわかまる [生]元応2（1320）年 [没]正平18/貞治2（1363）年）
伝奇伝説（阿新丸　くまわかまる）〔像〕

久牟神　くむのかみ
出雲国出雲郡の久牟社の祭神。
¶神仏辞典（久牟神・久武神　くむのかみ）

国村神　くむらのかみ
⇒国村神（くにむらのかみ）

粂　くめ
澤田ふじ子作『虹の橋』の登場人物。
¶時代小説（粂　くめ）

粂吉　くめきち
松本清張作『無宿人別帳』の登場人物。
¶時代小説（粂吉　くめきち）

粂五郎　くめごろう
佐々木味津三作『右門捕物帖』の登場人物。
¶時代小説（粂五郎　くめごろう）

粂次　くめじ
大佛次郎作『鞍馬天狗』の登場人物。
¶時代小説（粂次　くめじ）

久米多神　くめたのかみ
越前国坂井郡の久米多神社の祭神。
¶神仏辞典（久米多神　くめたのかみ）

来目津彦命　くめつひこのみこと
『新撰姓氏録』に所出。江首の祖（河内国皇別）。
¶神仏辞典（来目津彦命　くめつひこのみこと）

粂寺弾正　くめでらだんじょう
歌舞伎『毛抜き（雷神不動北山桜）』に登場する人物。
¶架空伝説（粂寺弾正　くめでらだんじょう）
歌舞伎登（粂寺弾正　くめでらだんじょう）〔像〕

久米神　くめのかみ
出雲国意宇郡久米社の祭神。
¶神仏辞典（久米神・久目神　くめのかみ）

粂之介　くめのすけ
近松門左衛門作『心中万年草』の主人公の一人。
¶説話伝説（お梅粂之介　おうめくめのすけ [没]宝永7（1710）年）

久米禅師　くめのぜんじ
飛鳥時代の歌人。
¶日本人名（久米禅師　くめのぜんじ 生没年未詳）

久米の仙人　くめのせんにん
古代に伝承された仙人。空を飛んでいたとき、若い女に目をとられ、通力を失って落ちた。久米寺の縁起説話に登場する。
¶朝日歴史（久米仙人　くめのせんにん）
架空人日（久米の仙人　くめのせんにん）
架空人物（久米仙人）
架空伝承（久米の仙人　くめのせんにん）〔像〕
架空伝説（久米仙人　くめのせんにん）
奇談逸話（久米仙人　くめのせんにん）
古典人学（久米の仙人　くめのせんにん）
古典人東（久米の仙人　くめのせんにん）
コン5（久米仙人　くめのせんにん）
新潮日本（久米仙人　くめのせんにん）
神仏辞典（久米仙人　くめのせんにん）
神話伝説（久米仙人　くめせんにん）
説話伝説（久米仙人　くめのせんにん）
大辞林3（久米仙人　くめのせんにん）
伝奇伝説（久米仙人　くめのせんにん）
日ミス（久米仙人　くめのせんにん）

久米平内　くめのへいない
浅草寺久米堂の本尊となった江戸初期の人物。
- ¶架空伝説　(粂平内　くめのへいない)
  - 広辞苑6　(久米平内・粂平内　くめのへいない)
  - 新潮日本　(久米平内　くめのへいない　㊍?　㊣天和3 (1683)年6月6日)
  - 神仏辞典　(久米平内　くめのへいない)
  - 説話伝説　(久米平内　くめのへいない　㊍元和3 (1617)年　㊣天保3 (1683)年)
  - 大辞林3　(粂平内・久米平内　くめのへいない)
  - 伝奇伝説　(久米平内　くめのへいない　㊍元和1 (1615)年?　㊣天和3 (1683)年6月6日)
  - 日本人名　(久米平内　くめのへいない　㊍1616年　㊣1683年)

久米能摩伊刀比売　くめのまいとひめ
建内宿禰の子。
- ¶神様読解　(久米能摩伊刀比売　くめのまいとひめ)

久米御県神　くめのみあがたのかみ
大和国高市郡の久米御県神社三座の祭神。
- ¶神仏辞典　(久米御県神　くめのみあがたのかみ)

久米若子　くめのわくご
『万葉集』に詠まれた伝承上の人物。
- ¶日本人名　(久米若子　くめのわくご)

蜘蛛　くも
岡山県浅口郡でいう怪火。
- ¶妖怪事典　(クモ)

雲井御前　くもいごぜん
歌舞伎演目『けいせい鏡台山』に登場する、二条家の姫君。
- ¶歌舞伎登　(雲井御前　くもいごぜん)

雲井龍雄　くもいたつお
幕末維新の志士。米沢藩士。
- ¶説話伝説　(雲井龍雄　くもいたつお　㊍弘化1 (1844)年　㊣明治3 (1870)年)〔像〕

雲居雁　くもいのかり
『源氏物語』に登場する、内大臣の娘。
- ¶架空人日　(雲居雁　くもいのかり)
  - 広辞苑6　(雲居雁　くもいのかり)
  - 大辞林3　(雲居の雁　くもいのかり)

雲男　くもおとこ
富山県地方でいう妖怪。
- ¶妖怪事典　(クモオコト)

雲切りお六　くもきりおろく
歌舞伎演目『処女評判善悪鏡』に登場する、女ながらも盗賊の頭分。
- ¶歌舞伎登　(雲切りお六　くもきりおろく)

雲霧五人男　くもきりごにんおとこ
江戸時代の架空と思われる5人の盗賊団。
- ¶英雄事典　(雲霧五人男　クモキリゴニンノオトコ)
- 架空伝承　(雲霧(切)五人男　くもきりごにんおとこ)

雲霧仁左衛門　くもきりにざえもん
享保時代の盗賊「雲霧五人男」の頭領。雲切とも書く。『大岡政談』の一つとして講釈に仕組まれた。歌舞伎では『名誉仁政録』、小説では池波正太郎作『雲霧仁左衛門』などに描かれる。
- ¶架空人日　(雲切仁左衛門　くもきりにざえもん)
  - 架空伝説　(雲霧仁左衛門　くもきりにざえもん)
  - 歌舞伎登　(雲霧仁左衛門　くもきりにざえもん)
  - 奇談逸話　(雲霧仁左衛門　くもきりにざえもん　㊍?　㊣享保17 (1732)年)
  - 時代小説　(雲霧仁左衛門　くもきりにざえもん)
  - 説話伝説　(雲切仁左衛門　くもきりにざえもん)
  - 世百新　(雲霧仁左衛門　くもきりにざえもん)
  - 伝奇伝説　(雲霧仁左衛門　くもきりにざえもん)
  - 日本人名　(雲霧仁左衛門　くもきりにざえもん)

雲霧のお辰　くもきりのおたつ
幕末の遊女。攘夷強盗弥太郎の行動をてつだう。
- ¶架空伝説　(雲霧のお辰　くもきりのおたつ　㊍1844年)
  - 奇談逸話　(雲霧のお辰　くもきりのおたつ　㊍弘化1 (1844)年　㊣?)
  - 説話伝説　(雲霧のお辰　くもきりのおたつ　㊍弘化1 (1844)年　㊣?)

雲櫛神　くもくしのかみ
大和国葛上郡の雲櫛社の祭神。
- ¶神仏辞典　(雲櫛神　くもくしのかみ)

雲気神　くもけのかみ
讃岐国多度郡の雲気神社の祭神。
- ¶神仏辞典　(雲気神　くもけのかみ)

蜘蛛の怪　くものかい
静岡県の動物の怪。
- ¶全国妖怪　(クモノカイ〔静岡県〕)

蜘蛛の陣十郎　くものじんじゅうろう
大佛次郎作『赤穂浪士』(1927～28)に登場する盗賊。
- ¶架空人日　(蜘蛛の陣十郎　くものじんじゅうろう)
- 架空伝説　(蜘蛛の陣十郎　くものじんじゅうろう)

雲之介　くものすけ
ジョージ秋山の漫画『浮浪雲』の主人公。
- ¶日本人名　(雲之介　くものすけ)

雲の絶間之助　くものたえまのすけ
歌舞伎演目『女鳴神』に登場する、松永弾正の娘泊瀬の前の許婚富若丸によく似た美男。
- ¶歌舞伎登　(雲の絶間之助　くものたえまのすけ)

雲の絶間姫　くものたえまひめ
歌舞伎『鳴神』に登場する、鳴神上人を誘惑した美女。

架空・伝承編　　　　　　　　　293　　　　　　　　　くらは

¶架空人日（雲の絶間姫　くものたえまひめ）
　架空伝説（雲の絶間姫　くものたえまひめ）〔像〕
　歌舞伎登（雲の絶間姫　くものたえまひめ）〔像〕

蜘蛛火　くもび
奈良県磯城郡纒向村でいう怪火。
¶妖怪事典（クモビ）
　妖怪大鑑（蜘蛛火　くもび）〔像〕
　妖怪大事典（蜘蛛火　くもび）〔像〕

クモンガ
映画『怪獣島の決戦・ゴジラの息子』(1968)に登場する巨大クモ。
¶怪物事典（クモンガ）

求聞持虚空蔵　くもんじこくうぞう
求聞持法を修するときの本尊として祀られる虚空蔵菩薩のこと。
¶神仏辞典（求聞持虚空蔵　くもんじこくうぞう）

九紋竜史進　くもんりゅうししん
歌舞伎演目『水滸伝雪挑』に登場する、水滸伝の英雄。
¶歌舞伎登（九紋竜史進　くもんりゅうししん）

玖夜神　くやのかみ
出雲国島根郡の玖夜社の祭神。
¶神仏辞典（玖夜神・久夜神　くやのかみ）

ぐら
『ぐりとぐら』(1963、中川李枝子・文、大村百合子・絵)の主人公の、のねずみの子ども。
¶児童登場（ぐら）

久良恵命神　くらえのみことのかみ
伊豆国賀茂郡の久良恵神社の祭神。
¶神仏辞典（久良恵命神　くらえのみことのかみ）

闇淤加美神　くらおかみのかみ
伊弉諾が火の神・迦具土神の首を斬ったとき、集まった血から生まれた二神の一柱。祈雨・止雨の神とされる。
¶神様読解（闇淤加美神/高龗神　くらおかみのかみ・たかおかみのかみ）
　広辞苑6（闇龗　くらおかみ）
　神仏辞典（闇淤加美神　くらおかみのかみ）
　東洋神名（闇淤加美神　クラオカミノカミ）〔像〕
　日本神々（闇淤加美神　くらおかみのかみ）〔像〕

鞍居神　くらおきのかみ
播磨国赤穂郡の鞍居神社の祭神。
¶神仏辞典（鞍居神　くらおきのかみ）

鞍掛け猫　くらかけみや
動物の妖怪。鹿児島県奄美諸島の沖永良部島で夜中に鳴く猫。
¶神仏辞典（鞍掛け猫　くらかけみや）
　妖怪事典（クラカケミヤ）

鞍掛闇　くらかけやみ
鹿児島県の沖永良部島でいう動物の怪。
¶全国妖怪（クラカケヤミ〔鹿児島県〕）

海月の火の玉　くらげのひのたま
昔、加賀（石川県）大聖寺（今の加賀市）全昌寺の裏に現れた火の玉。海月が、風によって飛びまわり、火の玉のように見えたものだという。
¶水木妖怪（海月の火玉　くらげのひのたま）〔像〕
　妖怪事典（クラゲノヒノタマ）
　妖怪大全（海月の火の玉　くらげのひのたま）〔像〕
　妖怪大事典（海月の火の玉　くらげのひのたま）〔像〕

倉田敏宇　くらたとしたか
笹沢左保の『招かれざる客』で「特別上申書」を提出する警視庁捜査一課警部補。
¶名探偵日（倉田敏宇　くらたとしたか）

倉田伴平　くらたばんぺい
歌舞伎演目『江戸育御祭佐七』に登場する、加賀屋の侍を装う盗賊で、芸者小糸に横恋慕する典型的な世話物の敵役。
¶歌舞伎登（倉田伴平　くらたばんぺい）

倉地三吉　くらちさんきち
有島武郎作『或る女』(1919)に登場する、日本郵船会社絵島丸の事務長。
¶架空人日（倉地三吉　くらちさんきち）

鞍作止利　くらつくりのとり
⇒止利仏師（とりぶっし）

椋家長　くらのいえぎみ
『日本霊異記』の作中人物。
¶コン5（椋家長　くらのいえぎみ）
　日本人名（椋家長　くらのいえぎみ）

グラバー
英国の貿易商。司馬遼太郎作『竜馬がゆく』の登場人物。
¶時代小説（トーマス・ブレーク・グラバー）

椋橋下居神　くらはししたいのかみ
『日本文徳天皇実録』に所出の大和国の神。
¶神仏辞典（椋橋下居神　くらはししたいのかみ）

倉八長之助　くらはしちょうのすけ
滝口康彦作『主家滅ぶべし』の登場人物。
¶時代小説（倉八長之助　くらはしちょうのすけ）

椋橋神　くらはしのかみ
但馬国美含郡の椋橋神社の祭神。
¶神仏辞典（椋橋神　くらはしのかみ）

クラバック
芥川龍之介作『河童』(1922)に登場する、河童

の作曲家。
¶架空人日（クラパック）

倉婆　くらばば
宮崎県東諸県郡地方でいう妖怪。
¶全国妖怪（クラババ〔宮崎県〕）
　妖怪事典（クラババ）
　妖怪大事典（倉婆　くらばばあ）

倉坊主　くらぼうず
東京都の家にいる怪。
¶全国妖怪（クラボウズ〔東京都〕）

蔵小僧　くらぼっこ
家にいる妖怪。岩手県上閉伊郡遠野市で、村の旧家にいるという。
¶神仏辞典（蔵小僧　くらぼっこ）
　全国妖怪（クラボッコ〔岩手県〕）
　水木妖怪（倉ぼっこ）〔像〕
　妖怪事典（クラボッコ）
　妖怪大全（倉ぼっこ　くらぼっこ）〔像〕
　妖怪大事典（蔵ぼっこ　くらぼっこ）〔像〕

鞍馬天狗　くらまてんぐ
大佛次郎の連作時代小説『鞍馬天狗』の主人公。
¶英雄事典（鞍馬天狗　クラマテング）
　架空人日（鞍馬天狗　くらまてんぐ）
　架空人物（鞍馬天狗）〔像〕
　架空伝承（鞍馬天狗　くらまてんぐ）〔像〕
　架空伝説（鞍馬天狗　くらまてんぐ）〔像〕
　広辞苑6（鞍馬天狗　くらまてんぐ）
　コン5（鞍馬天狗　くらまてんぐ）
　新潮日本（鞍馬天狗　くらまてんぐ）
　時代小説（鞍馬天狗　くらまてんぐ）〔像（口絵）〕
　日本人名（鞍馬天狗　くらまてんぐ）

鞍馬天狗　くらまてんぐ
京都鞍馬山に住むといわれる天狗。
¶幻想動物（鞍馬天狗）〔像〕
　広辞苑6（鞍馬天狗　くらまてんぐ）
　説話伝説（鞍馬天狗　くらまてんぐ）
　大辞林3（鞍馬天狗　くらまてんぐ）
　妖怪事典（クラマヤマソウジョウボウ）
　妖怪大事典（鞍馬山僧正坊　くらまやまそうじょうぼう）

闇御津羽神　くらみつはのかみ
伊弉諾が火の神・迦具土神の首を斬ったとき、剣の柄に集まった血から生まれた二神の一柱。渓谷の水を司る神。
¶神様読解（闇御津羽神　くらみつはのかみ）
　神仏辞典（闇御津羽神　くらみつはのかみ）
　日本神々（闇御津羽神　くらみつはのかみ）

闇見神　くらみのかみ
若狭国三方郡の国幣小社の祭神。
¶神仏辞典（闇見神　くらみのかみ）

久良弥神　くらみのかみ
出雲国島根郡の久良弥社の祭神。

¶神仏辞典（久良弥神　くらみのかみ）

椋見神　くらみのかみ
出雲国島根郡の椋見社の祭神。
¶神仏辞典（椋見神　くらみのかみ）

庫持の皇子　くらもちのみこ
『竹取物語』の登場人物。五人の求婚者の二番手。
¶架空人日（くらもちの皇子　くらもちのみこ）
　架空伝説（車持皇子　くらもちのみこ）
　広辞苑6（くらもちの皇子　くらもちのみこ）
　古典大学（庫持の皇子　くらもちのみこ）
　古典人東（五人の貴公子　ごにんのきこうし）

闇山津見神　くらやまつみのかみ
谷を守る神。迦具土神の死体の陰から生まれた神。
¶神様読解（闇山津見神　くらやまつみのかみ）
　神仏辞典（闇山津見神　くらやまつみのかみ）

倉山南巣　くらやまなんそう
永井荷風作『腕くらべ』(1916-17) に登場する、小説家兼脚本家。
¶架空人日（倉山南巣　くらやまなんそう）

暗闇の丑松　くらやみのうしまつ
講談『天保六花撰』に登場する天保六花撰の一人。講談を元にした歌舞伎『天衣紛上野初花』『暗闇の丑松』にも登場する。
¶架空人日（闇の丑松　くらやみのうしまつ）
　架空伝説（暗闇の丑松　くらやみのうしまつ）
　歌舞伎登（暗闇の丑松　くらやみのうしまつ）
　歌舞伎登（暗闇の丑松　くらやみのうしまつ）

暗闇のお兼　くらやみのおかね
大佛次郎作『鞍馬天狗』の登場人物。
¶時代小説（暗闇のお兼　くらやみのおかね）

鞍野郎　くらやろう
鳥山石燕の『画図百器徒然袋』に鞍の妖怪として描かれたもの。
¶妖怪事典（クラヤロウ）
　妖怪大鑑（鞍野郎　くらやろう）〔像〕
　妖怪大事典（鞍野郎　くらやろう）〔像〕

倉わらし　くらわらし
倉に棲む子どもの妖怪で、主に岩手県でいわれる。
¶全国妖怪（クラワラシ〔岩手県〕）
　妖怪事典（クラワラシ）

ぐり
『ぐりとぐら』(1963、中川李枝子・文、大村百合子・絵) の主人公の、のねずみの子ども。
¶児童登場（ぐり）

倶利迦羅不動　くりからふどう
倶利迦羅龍王ともいい、不動明王の化身。
¶神仏辞典（倶利迦羅不動　くりからふどう）

久理陁神　くりだのかみ
丹後国与謝郡の久理陁神社の祭神。
¶神仏辞典（久理陁神・久理陀神　くりだのかみ）

クリちゃん
根本進の同名の漫画の主人公。
¶日本人名（クリちゃん）

グリック
斎藤惇夫作『グリックの冒険』(1970) の主人公のシマリス。
¶児童登場（グリック）

栗原神　くりはらのかみ
飛騨国荒城郡の栗原神社の祭神。
¶神仏辞典（栗原神　くりはらのかみ）

繰り回しの弥助　くりまわしのやすけ
歌舞伎演目『盟三五大切』に登場する、四谷鬼横町の長屋の家主。
¶歌舞伎登（繰り回しの弥助　くりまわしのやすけ）

クリムセ
クルイセイとも。アイヌの東方の地の果てに住んでいるとされる魔物。
¶神仏辞典（クリムセ）

栗本薫　くりもとかおる
栗本薫の「栗本薫シリーズ」の主人公。
¶名探偵日（栗本薫　くりもとかおる）

栗山定十郎　くりやまさだじゅうろう
半村良作『妖星伝』の登場人物。
¶時代小説（栗山定十郎　くりやまさだじゅうろう）

栗山大膳　くりやまだいぜん
筑前黒田藩、2代藩主忠之の筆頭家老。黒田騒動の当事者。講談『黒田騒動』、歌舞伎『黒白論博多織分』などに描かれる。
¶架空伝説（栗山大膳　くりやまたいぜん）
　歌舞伎登（栗山大膳　くりやまだいぜん）
　時代小説（栗山大膳　くりやまだいぜん）
　説話伝説（栗山大膳　くりやまだいぜん）㊉天正19 (1591)年 ㊰承応1 (1653)年）

栗山備後利安　くりやまびんごとしやす
黒田家の家臣。滝口康彦作『主家滅ぶべし』の登場人物。
¶時代小説（栗山備後利安　くりやまびんごとしやす）

九竜山浪右衛門　くりゅうざんなみえもん
歌舞伎演目『神明恵和合取組』に登場する、め組の鳶と対立する力士の一人。
¶歌舞伎登（九竜山浪右衛門　くりゅうざんなみえもん）

クルカニジャーシ
尚敬王の時代、沖縄、那覇若狭の護道院にいた坊主。日本語では黒金座主。
¶朝日歴史（黒金座主　くるかにじゃーしー）
　架空伝承（クルカニジャーシ）
　コン5（黒金座主　クルカニジャーシ）
　神仏辞典（黒金座主　クルカニジャーシ）
　日本人名（黒金座主　くるかにじゃーしー）

栗栖神　くるすのかみ
河内国若江郡の官幣小社の栗栖神社の祭神。
¶神仏辞典（栗栖神　くるすのかみ）

栗栖地神　くるすのちのかみ
『日本三代実録』に所出。尾張国の神。
¶神仏辞典（栗栖地神　くるすのちのかみ）

久流比神　くるひのかみ
但馬国城崎郡の久流比神社の祭神。
¶神仏辞典（久流比神　くるひのかみ）

車寅次郎　くるまとらじろう
テレビおよび映画シリーズ『男はつらいよ』の主人公。通称「寅さん」。
¶英雄事典（フーテンの寅さん）
　架空人物（フーテンの寅）
　架空伝承（車寅次郎　くるまとらじろう）
　コン5（車寅次郎　くるまとらじろう）
　日本人名（車寅次郎　くるまとらじろう）

久留真神　くるまのかみ
伊勢国奄芸郡の久留真神社の祭神。
¶神仏辞典（久留真神　くるまのかみ）

車引き　くるまひき
岡山県上道郡地方でいう妖怪。
¶妖怪事典（クルマヒキ）

久留弥多神　くるみたのかみ
近江国伊香郡の久留弥多神社の祭神。
¶神仏辞典（久留弥多神　くるみたのかみ）

クルワ下げ　くるわさげ
越前石徹白（石川県）でいう怪異。
¶妖怪事典（クルワサゲ）
　妖怪大事典（クルワ下げ　くるわさげ）

呉竹　くれたけ
歌舞伎演目『嫐』に登場する、甲賀三郎の娘。
¶歌舞伎登（呉竹　くれたけ）

呉津孫神　くれつひこのかみ
大和国高市郡の官幣小社の呉津孫神社の祭神。
¶神仏辞典（呉津孫神　くれつひこのかみ）

呉原の忌寸名妹丸　くれはらのいみきなぐわし

まろ
『日本霊異記』に登場する、大和国高市郡波多の里の漁師。漂流したが、妙見菩薩に祈り助かる。
¶架空人日（呉原の忌寸名妹丸　くれはらのいみきなぐわしまろ）

黒雷　くろいかずち
『古事記』上巻、『日本書紀』巻1に所出。黄泉国の八雷神の一。
¶神仏辞典（黒雷　くろいかずち）

九郎　くろう★
平塚武二作『馬ぬすびと』(1955)に登場する野生馬。
¶児童登場（九郎）

九郎次　くろうじ★
平塚武二作『馬ぬすびと』(1955)の主人公。
¶児童登場（九郎次）

黒江壮　くろえつよし
深谷忠記の「黒江壮&笹谷美緒シリーズ」の主人公。
¶名探偵日（黒江壮　くろえつよし）

黒男　くろお
長崎県壱岐郡に祀られる、ヤボサ神の勧請神の名称の一つ。
¶神仏辞典（黒男　くろお）

黒鬼　くろおに★
皮膚の色が黒い鬼。漆黒で黒光りした鬼が文徳天皇の妃・藤原明子の前に現れたという。
¶日本未確認（青鬼・赤鬼・黒鬼）

畔神　くろかみ
秋田県山本郡八森町の路傍で祀る、畔神とか黒尊仏、また馬の神。
¶神仏辞典（畔神　くろかみ）

黒髪切り　くろかみきり
江戸時代に、女の長い髪を切るとされた妖怪。
¶幻想動物（黒髪切り）〔像〕
妖怪大全（黒髪切　くろかみきり）〔像〕

黒川圭介　くろかわけいすけ
堀辰雄作『菜穂子』(1941)に登場する、菜穂子の夫。
¶架空人日（黒川圭介　くろかわけいすけ）

玄狐　くろきつね
北海道松前町の玄狐稲荷に祀られる狐。
¶妖怪事典（クロキツネ）

黒木豹介　くろきひょうすけ
門田泰明の「黒豹シリーズ」に登場する特命武装検事。
¶名探偵日（黒木豹介　くろきひょうすけ）

黒眷属金比羅坊　くろけんぞくこんぴらぼう
香川県の金比羅山でいう天狗。
¶妖怪事典（クロケンゾクコンピラボウ）
妖怪大事典（黒眷属金比羅坊　くろけんぞくこんぴらぼう）

黒駒　くろこま
聖徳太子が乗っていたという駿足の馬。
¶幻想動物（黒駒）〔像〕
日本未確認（驪馬　くろうま）〔像〕

黒駒太子　くろこまたいし
黒い馬に乗って富士山を登る姿の聖徳太子のこと。
¶神仏辞典（黒駒太子　くろこまたいし）

黒駒の勝蔵　くろこまのかつぞう
幕末期の博徒の親分。赤報隊に参加、池田数馬を名のる。戊辰戦争では、第一遊軍隊に所属したが、「博徒勝馬」として斬罪に処せされた。
¶架空人日（黒駒の勝蔵　くろこまのかつぞう）
架空伝承（黒駒の勝蔵　くろこまのかつぞう　㊄天保2(1831)年　㊀明治4(1871)年）
架空伝説（黒駒の勝蔵　くろこまのかつぞう　㊄1831年）
新潮日本（黒駒勝蔵　くろこまのかつぞう　㊄天保3(1832)年　㊀明治4(1871)年10月14日）
説話伝説（黒駒の勝蔵　くろこまのかつぞう　㊄天保3(1832)年　㊀明治4(1871)年）
伝奇伝説（黒駒の勝蔵　くろこまのかつぞう　㊄天保3(1832)年　㊀明治4(1871)年10月14日）
日本人名（黒駒勝蔵　くろこまのかつぞう　㊄1832年　㊀1871年）

黒坂命　くろさかのみこと
『常陸国風土記』に所出。朝廷に服従しない国栖を討伐。
¶神仏辞典（黒坂命　くろさかのみこと）
神話伝説（黒坂命　くろさかのみこと）

黒沢官蔵　くろさわかんぞう
歌舞伎演目『伽羅先代萩』に登場する、大江鬼貫の腹心。
¶歌舞伎登（黒沢官蔵　くろさわかんぞう）

黒嶋神　くろしまのかみ
讃岐国苅田郡、伊予国新居郡の黒嶋神社の祭神。
¶神仏辞典（黒嶋神　くろしまのかみ）

九郎助　くろすけ
歌舞伎演目『源平布引滝』に登場する、近江堅田の百姓。
¶歌舞伎登（九郎助　くろすけ）

黒住団七　くろずみだんしち
佐々木味津三作『旗本退屈男』の登場人物。
¶時代小説（黒住団七　くろずみだんしち）

黒祖父左京　くろそぶさきょう
南條範夫作『月影兵庫』の登場人物。
¶時代小説（黒祖父左京　くろそぶさきょう）

黒田　くろだ
山本有三作『路傍の石』(1937)の主人公が、父親を探して訪ねた家の下宿人。
¶架空人日（黒田　くろだ）

黒田右衛門佐忠之　くろだえもんのすけただゆき
黒田筑前守長政の嫡男。滝口康彦作『主家滅ぶべし』の登場人物。
¶時代小説（黒田右衛門佐忠之　くろだえもんのすけただゆき）

黒田外記　くろだげき
山手樹一郎作『遠山の金さん』の登場人物。
¶時代小説（黒田外記　くろだげき）

黒田如水　くろだじょすい
安土桃山時代から江戸前期の武将。秀吉に仕えた。秀吉亡き後は家康についた。
¶架空伝承（黒田如水　くろだじょすい [生]天文15(1546)年 [没]慶長9(1604)年）
奇談逸話（黒田如水　くろだじょすい [生]天文15(1546)年 [没]慶長9(1604)年）
説話伝説（黒田如水　くろだじょすい [生]天文15(1546)年 [没]慶長9(1604)年1月）
伝奇伝説（黒田如水　くろだじょすい [生]天文15(1546)年 [没]慶長9(1604)年）〔像〕

黒田長政　くろだながまさ
安土桃山から江戸初期の武将。黒田如水の嫡男。
¶時代小説（黒田筑前守長政　くろだちくぜんのかみながまさ）
説話伝説（黒田長政　くろだながまさ [生]永禄11(1568)年 [没]元和9(1623)年）〔像〕
伝奇伝説（黒田長政　くろだながまさ [生]永禄11(1568)年 [没]元和9(1623)年）〔像〕

黒田神　くろだのかみ
河内国志紀郡、尾張国葉栗郡、近江国伊香郡の黒田神社の祭神。
¶神仏辞典（黒田神　くろだのかみ）

黒玉　くろだま
黒いかたまりのような妖怪。
¶妖怪大全（黒玉　くろだま）〔像〕

黒田美作　くろだみまさか
黒田家家老。滝口康彦作『主家滅ぶべし』の登場人物。
¶時代小説（黒田美作　くろだみまさか）

黒田別　くろだわけ
古代伝承上の豪族。播磨(兵庫県)の播磨賀毛国造。
¶日本人名（黒田別　くろだわけ）

クロッポコ人　くろっぽこじん
富山県東砺波郡利賀村に伝わる伝説の小人。
¶妖怪事典（クロッポコジン）
妖怪大鑑（クロッポコ人）〔像〕
妖怪大事典（クロッポコ人　くろっぽこじん）〔像〕

黒手　くろて
手に黒い毛が生え爪が長い厠に棲む妖怪。
¶妖怪事典（クロテ）
妖怪大全（黒手　くろて）〔像〕
妖怪大事典（黒手　くろて）〔像〕

黒手組の助六　くろてぐみのすけろく
歌舞伎演目『黒手組曲輪達引』に登場する、浪人、男伊達。
¶歌舞伎登（黒手組の助六　くろてぐみのすけろく）

黒戸奈神　くろとなのかみ
甲斐国山梨郡の黒戸奈神社の祭神。
¶神仏辞典（黒戸奈神　くろとなのかみ）

黒入道　くろにゅうどう
『奇異雑談集』にある海坊主の類。
¶妖怪事典（クロニュウドウ）
妖怪大事典（黒入道　くろにゅうどう）

黒沼神　くろぬまのかみ
陸奥国信夫郡の黒沼神社の祭神。
¶神仏辞典（黒沼神　くろぬまのかみ）

黒野神　くろののかみ
但馬国七美郡の黒野神社の祭神。
¶神仏辞典（黒野神　くろののかみ）

黒日売　くろひめ
説話上の妃。仁徳天皇に寵愛された。
¶朝日歴史（黒日売　くろひめ）
コン5（黒日売　くろひめ）
日本人名（黒日売　くろひめ）

黒姫の吉兵衛　くろひめのきちべえ
大佛次郎作『鞍馬天狗』の登場人物。
¶時代小説（黒姫の吉兵衛　くろひめのきちべえ）

黒比売命　くろひめのみこと
『古事記』下巻に所出。履中天皇との間に、市辺之忍歯王、御馬王、青海郎女を生む。
¶神仏辞典（黒比売命　くろひめのみこと）
日本人名（黒媛　くろひめ）

黒船忠右衛門　くろふねちゅうえもん
歌舞伎、浄瑠璃の主人公。享保(1716-36)頃の大坂堂島の侠客・根津四郎右衛門をモデルとした人物。
¶朝日歴史（黒船忠右衛門　くろふねちゅうえもん）
歌舞伎登（黒船忠右衛門　くろふねちゅうえもん）

説話伝説（黒船忠右衛門　くろふねちゅうえもん）〔像〕
大辞林3（黒船忠右衛門　くろふねちゅうえもん）
伝奇伝説（黒船忠右衛門　くろふねちゅうえもん）
日本人名（黒船忠右衛門　くろふねちゅうえもん）

黒坊　くろぼう
熊本県八代市の松井家に伝わる『百鬼夜行絵巻』に描かれているもの。
¶妖怪事典（クロボウ）

黒坊主　くろぼうず
秋田・岩手・宮城・石川県などで出現したといわれる妖怪。深夜、人の寝息を吸い、口をなめる。
¶全国妖怪（クロボウズ〔石川県〕）
　水木妖怪続（黒坊主　くろぼうず）〔像〕
　妖怪事典（クロボウズ）
　妖怪大全（黒坊主　くろぼうず）〔像〕
　妖怪大事典（黒坊主　くろぼうず）〔像〕

黒星光　くろほしひかる
折原一の『七つの棺』以下のユーモア推理シリーズに登場する埼玉県警の警部。
¶名探偵日（黒星光　くろほしひかる）

黒仏　くろほとけ
岩手県紫波郡のある村で、秘事念仏宗の至尊仏をいう。座敷童子のような力を持つものと伝えられる。
¶妖怪事典（クロボトケ）
　妖怪大全（黒仏　くろほとけ）〔像〕
　妖怪大事典（黒仏　くろほとけ）〔像〕

黒門町伝七　くろもんちょうのでんしち
陣出達朗の小説『伝七捕物帳』の主人公。
¶日本人名（黒門町伝七　くろもんちょうのでんしち）

黒山神　くろやまのかみ
『日本三代実録』に所出。貞観15（873）年、従五位下を授かる。
¶神仏辞典（黒山神　くろやまのかみ）

黒百合姫　くろゆりひめ
中世末期以来の語り物で祭文の一種である「黒百合姫祭文」に登場する女性。
¶架空伝承（黒百合姫　くろゆりひめ）
　コン5（黒百合姫　くろゆりひめ）
　世百新（黒百合姫　くろゆりひめ）
　日本人名（黒百合姫　くろゆりひめ）

黒ん坊　くろんぼう
岐阜県の山の怪。
¶全国妖怪（クロンボウ〔岐阜県〕）

木狗　くろんぼう
和歌山県などの山間部にすむという神秘な小獣。
¶神仏辞典（木狗　くろんぼう）

桑内神　くわうちのかみ
大和国城上郡の桑内神社二座の祭神。
¶神仏辞典（桑内神　くわうちのかみ）

細比売命　くわしひめのみこと
第7代孝霊天皇の皇后。
¶神様読解（細比売命／千乳早山香媛命／真舌媛命　くわしひめのみこと・ちちはやまかひめのみこと・ましたひめのみこと）
　神仏辞典（細比売命・細媛命　くわしひめのみこと）
　日本人名（細媛命　くわしひめのみこと）

喰わず女房　くわずにょうぼう
後頭部に巨大な口を持つ妖怪二口女の一種。口なし女房ともいう。
¶幻想動物（喰わず女房）〔像〕
　日本人名（食わず女房　くわずにょうぼう）

桑田神　くわだのかみ
丹波国桑田郡の桑田神社の祭神。
¶神仏辞典（桑田神　くわだのかみ）

グワタロー
高知県地方でいう河童。
¶妖怪事典（グワタロー）

クワッキ
秋田県北秋田郡でいう妖怪の総称。
¶妖怪事典（クワッキ）

桑名頼母　くわなたのも
中里介山作『浄瑠璃坂の仇討』に登場する人物。
¶架空伝説（桑名頼母　くわなたのも）
　時代小説（桑名頼母　くわなたのも）

桑名神　くわなのかみ
伊勢国桑名郡の桑名神社二座の祭神。
¶神仏辞典（桑名神　くわなのかみ）

桑名屋徳蔵　くわなやとくぞう
『雨窓閑話』（著者、成立年未詳）や『伝奇作書』（西沢一鳳著、1851成立）に伝えられる実在の人物。大坂の船頭。
¶架空伝承（桑名屋徳蔵　くわなやとくぞう）〔像〕
　架空伝承（桑名屋徳蔵　くわなやとくぞう）
　歌舞伎登（桑名屋徳蔵　くわなやとくぞう）

桑名屋徳兵衛　くわなやとくべえ
お百を妾にした難波の廻船問屋の若旦那。
¶架空伝説（桑名屋徳兵衛　くわなやとくべえ）

桑畑三十郎　くわばたさんじゅうろう
⇒椿三十郎（つばきさんじゅうろう）

桑原女之助　くわばらおんなのすけ
歌舞伎演目『苅萱桑門筑紫轢』に登場する、筑前の城主加藤左衛門尉繁氏の執権監物太郎の弟。

¶歌舞伎登（桑原女之助　くわばらおんなのすけ）

桑原丈四郎　くわばらじょうしろう
歌舞伎演目『伊勢音頭恋寝刃』に登場する、阿波の家老職今田家の家来。
¶歌舞伎登（桑原丈四郎　くわばらじょうしろう）

桑原神　くわばらのかみ
下総国岡田郡、但馬国美含郡の桑原神社の祭神。
¶神仏辞典（桑原神　くわばらのかみ）

鍬山神　くわやまのかみ
丹波国桑田郡の鍬山神社の祭神。
¶神仏辞典（鍬山神　くわやまのかみ）

クワン
高知県土佐郡土佐山村などの地方でいう憑き物。
¶妖怪事典（クワン）
妖怪大事典（クワン）

郡家神　くんけのかみ
加賀国加賀郡の郡家神社の祭神。
¶神仏辞典（郡家神　くんけのかみ）

軍神　ぐんしん
戦の神。
¶広辞苑6（軍神　ぐんしん）
神仏辞典（軍神　ぐんしん）
世百新（軍神　ぐんしん）

軍助　ぐんすけ
歌舞伎演目『桜姫東文章』に登場する、吉田家の奴。
¶歌舞伎登（軍助　ぐんすけ）

軍荼利明王　くんだりみょうおう
五大明王の一つで、南を司る仏神。
¶神様読解（軍荼利明王　くんだりみょうおう）〔像〕
神文化史（グンダリミョウオウ（軍荼利明王））
神仏辞典（軍荼利　ぐんだり）
世百新（軍荼利明王　ぐんだりみょうおう）〔像〕
大辞林3（軍荼利明王　ぐんだりみょうおう）〔像〕
東洋神名（軍荼利明王　グンダリミョウオウ）〔像〕
日本人名（軍荼利明王　ぐんだりみょうおう）
仏尊事典（軍荼利明王　ぐんだりみょうおう）〔像〕

クンツゥカプ
アイヌに伝わる妖怪。
¶妖怪事典（クンツゥカプ）

薫的　くんてき
江戸時代前期の僧。死後薫的神社に祀られた。
¶日本人名（薫的　くんてき ㊐1625年 ㊞1671年）

クンムン
鹿児島県奄美大島、徳之島伊仙町などでいう妖怪。
¶妖怪事典（クンムン）

【け】

K　けー
夏目漱石作『こころ』(1914)に登場する、作品の語り手である「私」から「先生」と呼ばれる人物と同郷の男。
¶架空人日（K）

計案和尚　けいあんおしょう
江島其磧（八文字自笑）作の浮世草子『傾城禁短気』(1711)に登場する、金沢山大分院の高僧。
¶架空人日（計案和尚　けいあんおしょう）

螢火　けいか
御伽草子『猿源氏草紙』、戯曲『鰯売恋曳網』に登場する遊女。「猿源氏」という名の鰯売りの男と契る。
¶架空人日（螢火　けいが）
架空伝説（蛍火・猿源氏　けいか・さるげんじ）
歌舞伎登（傾城蛍火　けいせいほたるび）

桂海律師　けいかいりっし
『秋夜長物語』の登場人物。瞻西上人の前名。
¶古典人学（桂海律師　けいかいりっし）
古典人東（桂海律師　けいかいりっし）

ケイケイ神　けいけいしん
百日咳の神。茨城県水戸市大鋸町の祠で祀られる。佐竹義宣の忠臣・車丹波守義照とされる。
¶神様読解（ケイケイ神　けいけいしん）

景行天皇　けいこうてんのう
記紀系譜上の第12代天皇。
¶朝日歴史（景行天皇　けいこうてんのう）
架空人日（景行天皇　けいこうてんのう）
神様読解（景行天皇/大帯日子淤斯呂和気命　けいこうてんのう・おおたらしひこおしろわけのみこと）
コン5（景行天皇　けいこうてんのう）
神話伝説（景行天皇　けいこうてんのう）
日本人名（景行天皇　けいこうてんのう）

圭治　けいじ★
宮川ひろ作『春駒のうた』(1971)に登場する男の子。
¶児童登場（圭治）

慶寿院　けいじゅいん
歌舞伎演目『祇園祭礼信仰記』に登場する、足利将軍義輝の生母。
¶歌舞伎登（慶寿院　けいじゅいん）

稽主勲　けいしゅくん
奈良時代の仏師。大和（奈良県）長谷寺の十一面

観音像を作ったと伝えられる。
¶日本人名（稽主勲　けいしゅくん　生没年未詳）

桂昌院　けいしょういん
5代将軍徳川綱吉の生母。
¶説話伝説（桂昌院　けいしょういん　⊕寛永4(1627)年　⊗宝永2(1705)年）
伝奇伝説（桂昌院　けいしょういん　⊕寛永1(1624)年　⊗宝永2(1705)年）

慶植　けいしょく
『今昔物語集』『宇治拾遺物語』に登場する、魏王府の長吏。羊に転生した娘を、自ら命じて殺してしまう。
¶架空人日（慶植　けいしょく）

慶政　けいせい
鎌倉時代の僧侶。『比良山古人霊託』では天狗と問答したとある。
¶神仏辞典（慶政　けいせい　⊕1189年　⊗1266年）
説話伝説（慶政　けいせい　⊕文治5(1189)年　⊗文永5(1268)年）
伝奇伝説（慶政　けいせい　⊕文治5(1189)年　⊗文永3(1266)年）

傾城薄雲　けいせいうすぐも
歌舞伎演目『来宵蜘蛛線』に登場する、源頼光のかつての恋人千鳥の前の亡魂の仮の姿。
¶歌舞伎登（傾城薄雲　けいせいうすぐも）

継体天皇　けいたいてんのう
記紀系譜による第26代天皇。父は彦主人王。母は振媛。
¶神仏辞典（継体天皇　けいたいてんのう）
伝奇伝説（継体天皇　けいたいてんのう　⊕450年　⊗531年?）
日本人名（継体天皇　けいたいてんのう　⊕?　⊗531年）

敬太郎　けいたろう
夏目漱石作『彼岸過迄』(1912)に登場する、就職口を探している青年。
¶架空人日（敬太郎　けいたろう）

敬太郎　けいたろう
角田喜久雄作『折鶴七変化』の登場人物。
¶時代小説（敬太郎　けいたろう）

毛一杯　けいっぱい
熊本県八代市の松井家に伝わる『百鬼夜行絵巻』に描かれているもの。
¶妖怪事典（ケイッパイ）

けいたう房　けいとうぼう
説話集『宇治拾遺物語』に登場する、苦行を重ね神秘的な呪力をそなえた山伏。
¶架空人日（けいたう房　けいとうぼう）

敬白の化け物　けいはくのばけもの
『二郡見聞私記』にあるもの。
¶妖怪事典（ケイハクノバケモノ）
妖怪大事典（敬白の化け物　けいはくのばけもの）

気入彦命　けいりひこのみこと
『新撰姓氏録』に所出。景行天皇皇子、御使朝臣の祖。
¶神仏辞典（気入彦命　けいりひこのみこと）
日本人名（気入彦命　けいりひこのみこと）

毛羽毛現　けうけげん
全身が長い毛に覆われた犬に似た妖怪。
¶幻想動物（毛羽現）〔像〕
妖怪事典（ケウケゲン）
妖怪大全（毛羽毛現　けうけげん）〔像〕
妖怪大事典（毛羽毛現　けうけげん）〔像〕
妖百4（毛羽毛現　けうけげん）〔像〕

ゲエル
芥川龍之介作『河童』(1922)に登場する、河童国の硝子会社の社長。
¶架空人日（ゲエル）

毛織五郎右衛門　けおりごろえもん
歌舞伎演目『人間万事金世中』に登場する、遺産欲しさの親戚中で遺言を読み上げ、公平に裁く人物。
¶歌舞伎登（毛織五郎右衛門　けおりごろえもん）

ゲゲゲの鬼太郎　げげげのきたろう
⇒鬼太郎（きたろう）

蹴転がし　けころがし
岡山県川上郡地方でいう妖怪。
¶妖怪事典（ケコロガシ）

ケサゴ
山形県西置賜郡小国町明神けはい坂でいう化け狐。
¶妖怪事典（ケサゴ）

袈裟御前　けさごぜん
文覚（俗名・遠藤盛遠）の発心譚に登場する婦人。源左衛門尉渡の妻。従兄の盛遠に横恋慕されて悩み、自ら謀って盛遠に殺された。浄瑠璃や歌舞伎の題材となった。
¶架空伝承（袈裟御前　けさごぜん）〔像〕
架空伝説（袈裟御前　けさごぜん）〔像〕
歌舞伎登（袈裟御前　けさごぜん）
奇談逸話（袈裟御前　けさごぜん　生没年不明）
コン5（袈裟御前　けさごぜん）
新潮日本（袈裟　けさ　生没年不詳）
説話伝説（袈裟御前　けさごぜん　生没年未詳）
大辞林3（袈裟御前　けさごぜん）
日本人名（袈裟御前　けさごぜん）

袈裟太郎　けさたろう
歌舞伎演目『宮島のだんまり』に登場する、遊女

に化けて安芸の宮島の宝鏡を盗もうとする盗賊。
¶歌舞伎登（裟婆太郎　けさたろう）

ケサランバサラン
主に東北地方で見られる不思議な毛玉。
¶妖怪事典（ケサランバサラン）
　妖怪大事典（ケサランバサラン）

下食　げじき
鬼神の名前。
¶妖怪事典（ゲジキ）

芥子坊主　けしぼうず
赤子の妖怪。徳島県三好郡東祖谷山村でいう。
¶神仏辞典（けしぼうず）
　全国妖怪（ケシボウズ〔徳島県〕）
　妖怪事典（ケシボウズ）
　妖怪大事典（芥子坊主　けしぼうず）

外術を使う翁　げじゅつをつかうおきな
『今昔物語集』巻第二十八の第四十に登場する不思議な術を使う老人。
¶架空人日（外術を使う翁　げじゅつをつかうおきな）

毛倡妓　けじょうろう
鳥山石燕の『今昔画図続百鬼』に髪の毛を振り乱した女郎として描かれたもの。
¶妖怪事典（ケジョウロウ）
　妖怪大事典（毛倡妓　けじょうろう）〔像〕

下女お国　げじょおくに
歌舞伎『浮世柄比翼稲妻』に登場する、顔に痣のある蛇遣いの娘。
¶架空伝説（お国　おくに）
　歌舞伎登（下女お国　げじょおくに）

下女りん　げじょりん
歌舞伎『仮名手本忠臣蔵』に登場する、大星家の下女。
¶歌舞伎登（下女りん　げじょりん）

削栗神　けずりぐりのかみ
尾張国丹羽郡の削栗神社の祭神。
¶神仏辞典（削栗神　けずりぐりのかみ）

計仙麻大嶋神　けせまのおおしまのかみ
陸奥国桃生郡の案上の国幣にあずかる計仙麻大嶋神社の祭神。
¶神仏辞典（計仙麻大嶋神　けせまのおおしまのかみ）

計仙麻神　けせまのかみ
陸奥国牡鹿郡の案下の国幣にあずかる計仙麻神社の祭神。
¶神仏辞典（計仙麻神　けせまのかみ）

ケソラブ
アイヌの伝説上の鳥。
¶神仏辞典（ケソラブ）

毛剃九右衛門　けぞりくえもん
江戸時代の海賊・密貿易の首領。近松浄瑠璃『博多少女郎波枕』に登場。
¶朝日歴史（毛剃九右衛門　けぞりくえもん）
　架空伝説（毛剃九右衛門　けぞりくえもん）
　歌舞伎登（毛剃九右衛門　けぞりくえもん）〔像〕
　広辞苑6（毛剃九右衛門　けぞりくえもん）
　古典人学（毛剃九右衛門　けぞりくえもん）
　新潮日本（毛剃九右衛門　けぞりくえもん）
　説話伝説（毛剃九右衛門　けぞりくえもん）
　大辞林3（毛剃九右衛門　けぞりくえもん）
　伝奇伝説（毛剃九右衛門　けぞりくえもん）
　日本人名（毛剃九右衛門　けぞりくえもん）

家内神　けたいがみ
東北地方で主に信仰されている、生まれ年によって決まる守り本尊のこと。
¶神仏辞典（けたいがみ）
　東洋神名（家内神　ケタイガミ）〔像〕

下駄常　げたつね
都筑道夫作『なめくじ長屋捕物さわぎ』の登場人物。
¶時代小説（下駄常　げたつね）

毛谷神　けたにのかみ
越前国坂井郡の案下の国幣にあずかる毛谷神社の祭神。
¶神仏辞典（毛谷神　けたにのかみ）

気多神　けたのかみ
能登国羽咋郡の気多神社の祭神。
¶神仏辞典（気多神・気太神　けたのかみ）

気多神　けたのかみ
越後国頚城郡の居多神社の祭神。
¶神仏辞典（気多神・居多神　けたのかみ）

下駄の歯入れ権助　げたのはいれごんすけ
歌舞伎演目『勝相撲浮名花触』に登場する、本所岩瀬に住む小悪党。
¶歌舞伎登（下駄の歯入れ権助　げたのはいれごんすけ）

気多御子神　けたのみこのかみ
加賀国江沼郡の案下の国幣にあずかる気多御子神社の祭神。
¶神仏辞典（気多御子神　けたのみこのかみ）

気多若宮神　けたわかみやのかみ
『日本三代実録』に所出。飛騨国の神。
¶神仏辞典（気多若宮神　けたわかみやのかみ）

ケチ
新潟県佐渡地方でいう人魂のこと。
¶妖怪事典（ケチ）

けち火　けちび
火の妖怪。高知県では人の怨霊の化したものとされる。
- ¶幻想動物（けち火）〔像〕
- 神仏辞典（けち火　けちび）
- 全国妖怪（ケチビ〔高知県〕）
- 妖怪事典（ケチビ）
- 妖怪図鑑（けち火　けちび）〔像〕
- 妖怪大事典（ケチ火　けちび）

血塊　けっかい
神奈川県、埼玉県、長野県で、出産時に現れるという妖怪。
- ¶幻想動物（血塊）〔像〕
- 全国妖怪（ケッカイ〔埼玉県〕）
- 全国妖怪（ケッカイ〔神奈川県〕）
- 全国妖怪（ケッカイ〔長野県〕）
- 妖怪事典（ケッカイ）
- 妖怪大鑑（ケッカイ）〔像〕
- 妖怪大事典（血塊　けっかい）〔像〕

ケツキツネ
広島県安芸郡地方でいう人に憑く狐。
- ¶妖怪事典（ケツキツネ）

けっけ
長野県下伊那郡で、異常妊娠によって生まれ出るという妖怪。
- ¶神仏辞典（けっけ）
- 全国妖怪（ケッケ〔長野県〕）

月光院　げっこういん
6代将軍家宣の第三の側室、左京の局。舟橋聖一作『絵島生島』の登場人物。
- ¶時代小説（月光院　げっこういん）

月光仮面　げっこうかめん
KRテレビ（現、TBS）で映映された川内康範原作の同名テレビドラマの主人公。
- ¶架空人物（月光仮面）
- 架空伝承（月光仮面　げっこうかめん）
- コン5（月光仮面　げっこうかめん）
- 新潮日本（月光仮面　げっこうかめん）
- 日本人名（月光仮面　げっこうかめん）

月神　げっしん
月を神格化したもの。『古事記』では月読命、『日本書紀』においては穀神保食神を殺して、初めて穀物等をもたらした神。
- ¶神仏辞典（月神　げっしん）

月念　げつねん
半村良作『妖星伝』の登場人物。
- ¶時代小説（月念　げつねん）

家津御子神　けつみこのかみ
熊野本宮大社の祭神。
- ¶朝日歴史（家都御子神　けつみこのかみ）
- 新潮日本（家都御子神　けつみこのかみ）
- 神仏辞典（家津御子神　けつみこのかみ）
- 日本神様（熊野信仰の神々〔家津御子大神〕　くまのしんこうのかみがみ）〔像〕
- 日本人名（家都御子神　けつみこのかみ）

気都和既神　けつわきのかみ
大和国高市郡の気都和既神社の祭神。
- ¶神仏辞典（気都和既神　けつわきのかみ）

気津別命　けつわけのみこと
『新撰姓氏録』に所出。真神田曾弥連の祖（左京神別上天神）。
- ¶神仏辞典（気津別命　けつわけのみこと）

ゲド
猫くらいの大きさで黒褐色をしているもの。"ゲド持ち"の家の稲を盗むとゲドを憑けられ、苦しむ。
- ¶妖怪大鑑（ゲド）〔像〕

外道　げどう
中国地方でいう憑き物。
- ¶妖怪事典（ゲドウ）
- 妖怪大事典（外道　げどう）〔像〕

外道皇帝　げどうこうてい
半村良作『妖星伝』の登場人物。
- ¶時代小説（外道皇帝　げどうこうてい）

ゲドガキのバケモン
長崎県の二本楠と玉之浦字荒川との間にある「ゲドガキ」という場所に棲んでいた妖怪。
- ¶水木妖怪続（ゲドガキのバケモン）〔像〕
- 妖怪事典（ゲドガキノバケモノ）
- 妖怪大全（ゲドガキのバケモン）〔像〕
- 妖怪大事典（ゲドガキのバケモン）〔像〕

ケナシコルウナルペ
アイヌの伝承で胆振や日高地方にいるという妖怪。
- ¶幻想動物（ケナシコルウナルペ）〔像〕
- 神仏辞典（ケナシウナラペ）
- 全国妖怪（ケナシコルウナルペ〔北海道〕）
- 妖怪事典（ケナシコルウナルペ）
- 妖怪大事典（ケナシコルウナルペ）

下男三助　げなんさんすけ
歌舞伎演目『菅原伝授手習鑑』に登場する、「寺子屋」へ寺入りする小太郎の荷物を運んでくる下男。
- ¶歌舞伎登（下男三助　げなんさんすけ）

下男正介　げなんしょうすけ
歌舞伎演目『怪談乳房榎』に登場する、絵師菱川重信に仕える下男。
- ¶歌舞伎登（下男正介　げなんしょうすけ）

検非違使の某　けびいしのなにがし
『今昔物語集』巻第二十九の第十五話に載る検非違使。
¶架空人日（検非違使の某　けびいしのなにがし）

気比神　けひのかみ
但馬国城崎郡の気比神社の祭神。
¶神仏辞典（気比神　けひのかみ）

笥飯神　けひのかみ
越前国敦賀郡の案上の国幣にあずかる気比神社七座の祭神。
¶神仏辞典（笥飯神・気比神　けひのかみ）

ケビョウ
高知県でいう怪異。怪病、気病と書く。
¶妖怪事典（ケビョウ）

外法頭　げほうがしら
霊魂が宿り、呪詛をかけるとされる頭が異様に大きい髑髏。
¶妖怪大鑑（外法頭　げほうがしら）〔像〕

けぼろき
音の妖怪。奥羽地方の山村でいう。
¶神仏辞典（けぼろき）
　全国妖怪（ケボロキ〔山形県〕）
　妖怪事典（ケボロキ）

毛虫の怪　けむしのかい
恨みや執着を残して死んだものが、死後虫となって害をなすもの。
¶妖怪大事典（毛虫の怪　けむしのかい）〔像〕

煙大臣　けむりだいじん
井原西鶴作の浮世草子『好色盛衰記』（1688）巻五の五「色に焼かれて煙大臣」に登場する商人。
¶架空人日（煙大臣　けむりだいじん）

毛谷村六助　けやむらろくすけ
安土桃山時代の剣術の達人。時代物浄瑠璃で主人公とされた。
¶架空人日（毛谷村六助　けやむらろくすけ　生没年不詳）
　架空伝説（毛谷村六助　けやむらろくすけ）
　歌舞伎登（毛谷村六助　けやむらろくすけ）
　広辞苑6（毛谷村六助　けやむらろくすけ）
　コン5（毛谷村六助　けやむらろくすけ）
　新潮日本（毛谷村六助　けやむらろくすけ）
　説話伝説（毛谷村六助　けやむらろくすけ　生没年不詳）〔像〕
　世百新（毛谷村六助　けやむらろくすけ　生没年不詳）
　伝奇伝説（毛谷村六助　けやむらろくすけ）
　日本人名（毛谷村六助　けやむらろくすけ）

倩兮女　けらけらおんな
けらけら笑って人を驚かす巨大な女の姿をした妖怪。

¶幻想動物（倩兮女）〔像〕
　妖怪事典（ケラケラオンナ）
　妖怪大全（倩兮女　けらけらおんな）〔像〕
　妖怪大事典（倩兮女　けらけらおんな）〔像〕

化粧坂の少将　けわいざかのしょうしょう
歌舞伎演目『寿曽我対面』に登場する、曽我五郎の愛人。
¶歌舞伎登（化粧坂の少将　けわいざかのしょうしょう）

ゲン
宮口しづえ作『ゲンと不動明王』（1958）の主人公で、小学校高学年の男の子。
¶児童登場（ゲン）

源　げん
伊藤桂一作『風車の浜吉・捕物綴』の登場人物。
¶時代小説（源　げん）

釼阿　けんあ
鎌倉後期から南北朝時代の僧。
¶説話伝説（釼阿　けんあ・けんな　㊂弘長1（1261）年　㊥建武5（1338）年）
　伝奇伝説（釼阿　けんあ(な)　㊂弘長1（1261）年　㊥建武5（1338）年）

源庵　げんあん
宮部みゆき作『霊験お初捕物控』の登場人物。
¶時代小説（源庵　げんあん）

玄慧　げんえ
鎌倉末期から南北朝時代にかけて活躍した天台宗の僧侶で儒者。「才学無双」の定評を得た。
¶架空伝承（玄慧　げんえ　㊂?　㊥正平5/観応1（1350）年）

犬悦　けんえつ
山東京伝作の洒落本『繁千話』（1790）に登場する医者。
¶架空人日（犬悦　けんえつ）

源右衛門　げんえもん
井原西鶴作『万の文反古』の登場人物。酒で失敗し一儲けしようと大阪から江戸に来た男。
¶架空伝説（源右衛門　げんえもん）
　古典人学（「百三十里の所を十匁の無心」の源右衛門　ひゃくさんじふりのところをじふもんめのむしんのげんえもん）

玄海灘右衛門　げんかいなだえもん
歌舞伎演目『千代始音頭瀬渡』に登場する、博多で密貿易を商売とする海賊の親分。
¶歌舞伎登（玄海灘右衛門　げんかいなだえもん）

喧嘩屋五郎右衛門　けんかやごろうえもん
歌舞伎演目『大坂神事揃』に登場する、喧嘩の仲裁を商売にする侠客。

¶歌舞伎登（喧嘩屋五郎右衛門　けんかやごろうえもん）

牽牛　けんぎゅう

歌舞伎演目『流星』に登場する、天の河を渡って愛する織女に会う人物。

¶歌舞伎登（牽牛　けんぎゅう）

元九郎今義　げんくろういまよし

西沢一風作『御前義経記』の登場人物。橘屋三津氏権之助義方と島原の太夫常盤の子。

¶古典人学（元九郎今義　げんくろういまよし）

源九郎狐　げんくろうぎつね

浄瑠璃『義経千本桜』に登場する狐。

¶大辞林3（源九郎狐　げんくろうぎつね）

ケーンケン

大分県地方でいう妖怪の児童語。

¶妖怪事典（ケーンケン）

兼好法師　けんこうほうし

『徒然草』の著者。俗に吉田兼好と称される。

¶奇談逸話（兼好法師　けんこうほうし　生没年未詳）
古典人東（吉田兼好　よしだけんこう）
説話伝説（兼好　けんこう）
伝奇伝説（兼好法師　けんこうほうし　生没年未詳）

拳骨和尚　げんこつおしょう

幕末の僧侶。辻斬りを捕らえたり、大干魃の尾道で雨を祈り成功したことで有名。

¶説話伝説（拳骨和尚　げんこつおしょう　[生]寛政6(1794)年　[没]慶応3(1867)年）
伝奇伝説（拳骨和尚　げんこつおしょう　[生]寛政6(1794)年　[没]慶応3(1867)年）

源五兵衛　げんごべえ

薩摩でお万と心中した男。井原西鶴の浮世草子『好色五人女』、人形浄瑠璃『薩摩歌』、初世並木五瓶作の歌舞伎狂言『五大力恋緘』などに登場する。

¶朝日歴史（小万・源五兵衛　おまん・げんごべえ）
架空人日（源五兵衛　げんごべえ）
架空伝承（おまん・源五兵衛　おまん・げんごべえ　生没年不詳）〔像〕
架空伝説（おまん・源五兵衛　おまん・げんごべえ）
架空伝説（小萬・源五兵衛　こまん・げんごべえ）
歌舞伎登（薩摩源五兵衛 1 『五大力恋緘』　さつまげんごべえ）
歌舞伎登（薩摩源五兵衛 2 『盟三五大切』　さつまげんごべえ）
古典人学（源五兵衛　げんごべえ）
コン5（お万・源五兵衛　おまん・げんごべえ）
新潮日本（お万・源五兵衛　おまん・げんごべえ）
説話伝説（おまん源五兵衛　おまんげんごべえ）
伝奇伝説（お万源五兵衛　おまん げんごべえ）
日本人名（お万・源五兵衛　おまん・げんごべえ）

源五兵衛　げんごべえ

佐々木味津三作『右門捕物帖』の登場人物。

¶時代小説（源五兵衛　げんごべえ）

源五郎　げんごろう

講談『肉つきの面』に登場する人物。

¶架空伝説（源五郎　げんごろう）

源五郎狐　げんごろうぎつね

『諸国里人談』にある、延宝のころに大和宇多（奈良県）にいたという狐。

¶全国妖怪（ゲンゴロウギツネ〔奈良県〕）
妖怪事典（ゲンゴロウギツネ）

幻斎　げんさい

隆慶一郎作『吉原御免状』の登場人物。

¶時代小説（幻斎　げんさい）

源三郎　げんざぶろう

実録小説や歌舞伎に登場する江戸後期の旗本。実話をもとに河竹黙阿弥が『夢結蝶鳥追』（通称「雪駄直し長五郎」「おこよ源三郎」）として作品化した。

¶コン5（おこよ・源三郎　おこよ・げんざぶろう）
説話伝説（おこよ源三郎）〔像〕
伝奇伝説（おこよ源三郎　おこよ げんざぶろう）
日本人名（おこよ・源三郎　おこよ・げんざぶろう）

兼算　けんさん

平安時代前期の伝承上の僧。

¶日本人名（兼算　けんさん）

源次　げんじ

岡本綺堂作『半七捕物帳』の登場人物。

¶時代小説（源次　げんじ）

源七　げんしち

樋口一葉作『にごりえ』(1895)に登場する元蒲団屋。

¶架空人日（源七　げんしち）

源氏の宮　げんじのみや

『狭衣物語』の登場人物。先帝の皇女であったが早くに両親を失い、関白家で狭衣と兄妹のように育つ。

¶架空人日（源氏の宮　げんじのみや）
広辞苑6（源氏宮　げんじのみや）
古典人学（源氏の宮　げんじのみや）
古典人東（源氏の宮　げんじのみや）

源次坊　げんじぼう

歌舞伎演目『三人吉三廓初買』に登場する、吉祥院の堂守り。

¶歌舞伎登（源次坊　げんじぼう）

健寿御前　けんじゅごぜん

『たまきはる』の作者で貴族。父は藤原俊成。はじめ建春門院、のち八条院に出仕した。

¶古典人東（健寿御前　けんじゅごぜん）

顕昭　けんしょう
平安末期から鎌倉初期の僧侶歌人。
¶**説話伝説**（顕昭　けんしょう [生]大治5(1130)年頃 [没]承元3(1209)年頃）

元昭　げんしょう
⇒売茶翁(ばいさおう)

源四郎　げんしろう
永井路子作『葛の葉抄』の登場人物。
¶**時代小説**（源四郎　げんしろう）

源四郎　げんしろう
恋川春町作の黄表紙『金々先生栄花夢』(1775)に登場する、江戸の豪商和泉屋の手代。
¶**架空人日**（源四郎　げんしろう）

源次郎　げんじろう
⇒宮野辺源次郎(みやのべげんじろう)

源信　げんしん
平安中期の天台宗の学僧。首楞厳院沙門鎮源作『法華経験記』の登場人物。『源氏物語』の横川僧都のモデルといわれる。恵心僧都とも。
¶**架空伝承**（源信　げんしん [生]天慶5(942)年 [没]寛仁1(1017)年）
架空伝説（源信　げんしん）
奇談逸話（源信　げんしん [生]天慶5(942)年 [没]寛仁1(1017)年）
古典人学（源信　げんしん）
神仏辞典（源信　げんしん [生]942年 [没]1017年）
人物伝承（源信　げんしん [生]天慶5(942)年 [没]寛仁1(1017)年）
説話伝説（源信　げんしん [生]天慶5(942)年 [没]寛仁1(1017)年）
伝奇伝説（恵心僧都　えしんそうず [生]天慶5(942)年 [没]寛仁1(1017)年）

源信の母　げんしんのはは
『今昔物語集』の登場人物。
¶**古典人学**（源信の母　げんしんのはは）

源助　げんすけ
佐渡真野町山本半右衛門家の屋敷貉神。
¶**神仏辞典**（源助　げんすけ）

源助山の飛び火　げんすけやまのとびひ
『譚海』にある怪火。
¶**妖怪事典**（ゲンスケヤマノトビヒ）

元政　げんせい
江戸時代の日蓮宗の僧、漢詩人、歌人。
¶**神仏辞典**（元政　げんせい [生]1623年 [没]1668年）
説話伝説（元政　げんせい [生]元和9(1623)年 [没]寛文8(1668)年）
伝奇伝説（深草の元政　ふかくさのげんせい [生]元和9(1623)年 [没]寛文8(1668)年）

ゲンゼ囃子　げんぜばやし
群馬県群馬郡倉淵村でいう怪異。
¶**妖怪事典**（ゲンゼバヤシ）

健三　けんぞう
夏目漱石作『道草』(1915)に登場する大学教授。
¶**架空人日**（健三　けんぞう）

顕宗天皇　けんそうてんのう
記紀で伝えられる第23代天皇。仁賢天皇(億計天皇)の弟。別名に弘計天皇、袁祁王など。
¶**架空伝承**（億計天皇・弘計天皇　おけのすめらみこと・おけのすめらみこと）
古典人学（顕宗天皇(弘計王・袁祁王)　けんぞうてんのう）
コン5（顕宗天皇　けんそうてんのう）
神仏辞典（顕宗天皇　けんぞうてんのう）
神話伝説（意富祁王(または意祁王)・袁祁王　おおけのみこ・おけのみこ）
日本人名（顕宗天皇　けんぞうてんのう）

源太　げんた
幸田露伴作『五重塔』(1891-92)に登場する、大工の棟梁。
¶**架空人日**（源太　げんた）

源太　げんた
笹沢左保作『木枯し紋次郎』の登場人物。
¶**時代小説**（源太　げんた）

源大夫　げんだいふ
平安時代の豪族・往生人。
¶**説話伝説**（源大夫　げんだいふ 生没年未詳）
伝奇伝説（源大夫　げんだいふ 生没年未詳）

乾闥婆　けんだつば
八部衆の中の一つ。帝釈天に仕え、香をたべて楽を奏する。女性や胎児、幼児の守護神。
¶**広辞苑6**（乾闥婆　けんだつば）
大辞林3（乾闥婆　けんだつば）
東洋神名（乾闥婆　ケンダツバ）〔像〕
日本人名（乾闥婆　けんだつば）

源太郎　げんたろう
岡本綺堂作『半七捕物帳』の登場人物。
¶**時代小説**（源太郎　げんたろう）

源中納言　げんちゅうなごん
⇒中納言(ちゅうなごん)

減点パパ　げんてんぱぱ
古谷三敏の連載マンガ『減点パパ』の主人公。平凡なサラリーマン。
¶**架空人物**（減点パパ）

源内狸　げんないだぬき
新潟県佐渡島の狸の親分。
¶**妖怪事典**（ゲンナイダヌキ）

顕如　けんにょ
織田信長の時代の僧侶。本願寺第11世。
- 奇談逸話（顕如　けんにょ ⑪天文12（1543）年 ⑫文禄1（1592）年）
- 神仏辞典（顕如　けんにょ ⑪1543年 ⑫1592年）

ケンニン
熊本県上益城郡大臣山でいう河童。
- 全国妖怪（ケンニン〔熊本県〕）
- 妖怪事典（ケンニン）

監の命婦　げんのみょうぶ
平安中期の歌人。『大和物語』『元良親王御集』に歌のやりとりや逸話がある。
- 説話伝説（監の命婦　げんのみょうぶ　生没年未詳）

玄伯　げんぱく
歌舞伎演目『碁盤太平記』に登場する、山科に閑居した大石内蔵助の近所に住む医者。
- 歌舞伎登（玄伯　げんぱく）

玄蕃丞狐　げんばのじょうぎつね
長野県東筑摩郡桔梗原に棲む狐。
- 神話伝説（玄蕃丞　げんばのじょう）
- 妖怪事典（ゲンバノジョウギツネ）

剣菱呑助　けんびしのみすけ
歌舞伎演目『梶原平三誉石切』に登場する、六郎太夫とともに二つ胴の試しものにされる罪人。
- 歌舞伎登（剣菱呑助　けんびしのみすけ）

玄賓　げんぴん
平安時代の僧。説話世界では諸国放浪型の僧。
- 奇談逸話（玄賓　げんぴん ⑪天平10（738）年（一説） ⑫弘仁9（818）年）
- 神仏辞典（玄賓　げんぴん ⑪? ⑫818年）
- 説話伝説（玄賓　げんぴん ⑪天平年間（?） ⑫弘仁9（818）年）〔像〕
- 伝奇伝説（玄賓　げんぴん ⑪天平年間（?） ⑫弘仁9（818）年）

玄武　げんぶ
四方をつかさどる天の四神の一。
- 幻想動物（玄武）〔像〕
- 広辞苑6（玄武　げんぶ）
- 大辞林3（玄武　げんぶ）〔像〕

源兵衛　げんべえ
陣出達朗作『伝七捕物帳』の登場人物。
- 時代小説（源兵衛　げんべえ）

源兵衛堀の源兵衛　げんべえぼりのげんべえ
歌舞伎演目『隅田春妓女容性』に登場する男伊達。
- 歌舞伎登（源兵衛堀の源兵衛　げんべえぼりのげんべえ）

玄昉　げんぼう
奈良時代の法相宗の高僧。藤原広嗣の怨霊に殺された、大空に体を捕えられその首が興福寺に落ちていたなど奇怪な伝説がある。
- 架空人曰（玄昉　げんぼう）
- 奇談逸話（玄昉　げんぼう ⑪? ⑫天平18（746）年）
- 神仏辞典（玄昉　げんぼう ⑪? ⑫746年）
- 人物伝承（玄昉　げんぼう ⑪? ⑫天平18（746）年）
- 説話伝説（玄昉　げんぼう ⑪? ⑫天平18（746）年）
- 伝奇伝説（玄昉　げんぼう ⑪? ⑫天平18（746）年）

ケンムン
鹿児島県の奄美諸島に生息する、河童に似た木・水の妖怪。
- 幻想動物（ケンモン）〔像〕
- 神仏辞典（ケンムン）
- 全国妖怪（ケンモン〔鹿児島県〕）〔像〕
- 日ミス（ケンムン）
- 水木妖怪（水蝹　けんもん）〔像〕
- 妖怪事典（ケンムン）
- 妖怪大全（水蝹　けんもん）〔像〕
- 妖怪大事典（ケンムン）〔像〕
- 妖百2（シバテン・ケンモン）〔像〕

監物太郎　けんもつたろう
歌舞伎演目『苅萱桑門筑紫轢』に登場する、筑前の城主加藤左衛門尉繁氏の執権。
- 歌舞伎登（監物太郎　けんもつたろう）

建礼門院　けんれいもんいん
平安末期の女院。安徳天皇の国母。父は平清盛。壇ノ浦で入水するが、源義経に助けられた。
- 架空人曰（建礼門院　けんれいもんいん）
- 架空人承（建礼門院　けんれいもんいん ⑪久寿2（1155）年 ⑫建保1（1213）年?）
- 歌舞伎登（建礼門院　けんれいもんいん）
- 奇談逸話（建礼門院　けんれいもんいん ⑪久寿2（1155）年 ⑫建保1（1213）年?）
- 古典人学（建礼門院　けんれいもんいん）
- 古典人東（建礼門院　けんれいもんいん）
- 人物伝承（建礼門院徳子　けんれいもんいんとくこ ⑪久寿2（1155）年 ⑫建保1（1213）年）
- 説話伝説（建礼門院　けんれいもんいん ⑪久寿2（1155）年 ⑫建保1（1213）年）〔像〕
- 伝奇伝説（建礼門院　けんれいもんいん ⑪久寿2（1155）年 ⑫建保1（1213）年?）

建礼門院右京大夫　けんれいもんいんうきょうのだいぶ
平安末期、鎌倉初期の女流歌人。『建礼門院右京大夫集』の作者。父は藤原伊行、母は大神基政の娘。高倉天皇の中宮徳子に仕えた。
- 古典人東（右京大夫　うきょうのだいぶ）
- 説話伝説（建礼門院右京大夫　けんれいもんいんうきょうのだいぶ　生没年未詳）

堅牢地神　けんろうじじん
仏教では、この世界の下方にあって、大地をつかさどる神。
- 神仏辞典（堅牢地神　けんろうじじん）

架空・伝承編

源六　げんろく
山本周五郎作『柳橋物語』(1946)の主人公の薄幸の娘おせんの祖父。
¶架空人日（源六　げんろく）

【こ】

小朝熊神　こあさくまのかみ
『延喜式』に所出。小朝熊社の祭神。
¶神仏辞典（小朝熊神　こあさくまのかみ）

こあし婆さん　こあしばあさん
猫の妖怪。香川県丸亀地方の伝承。
¶神仏辞典（こあし婆さん　こあしばあさん）

恋をいどむ女　こいをいどむおんな
『平中物語』の登場人物。閑院の御。平中に恋を挑んだ。
¶古典人学（恋をいどむ女　こいをいどむおんな）

恋絹　こいぎぬ
歌舞伎演目『奥州安達原』に登場する、安倍頼時の娘。
¶歌舞伎登（恋絹　こいぎぬ）

小池弾正左衛門　こいけだんじょうざえもん
歌舞伎演目『馬切り』に登場する、紀州徳川家の大坂留守居役。
¶歌舞伎登（小池弾正左衛門　こいけだんじょうざえもん）

小池婆　こいけばあ
雲州（島根県）松江の小池という武士の母親に化けていた大猫。
¶水木妖怪（小池妖怪　こいけばば）〔像〕
　妖怪事典（コイケババ）
　妖怪大全（小池婆　こいけばあ）〔像〕
　妖怪大事典（小池婆　こいけばあ）〔像〕

五位鷺の怪　ごいさぎのかい
根岸鎮衛の『耳袋』にあるもの。
¶全国妖怪（ゴイサギノカイ〔東京都〕）
　妖怪事典（ゴイサギノカイ）

コイシノ
久米島中城（現在の宇江グスク）の神女。
¶アジア女神（コイシノ）

小石屋又右衛門　こいしやまたえもん
江島其磧作『浮世親仁形気』の登場人物。京都花咲町の銭見世の主人。
¶古典人学（小石屋又右衛門　こいしやまたえもん）

恋路ゆかしき大将　こいじゆかしきだいしょう
『恋路ゆかしき大将』の主人公。関白左大臣の子。
¶古典人学（恋路ゆかしき大将　こいじゆかしきだいしょう）

恋塚求女　こいづかもとめ
歌舞伎演目『花街模様薊色縫』に登場する、称名寺の小姓。
¶歌舞伎登（恋塚求女　こいづかもとめ）

小泉小太郎　こいずみこたろう
長野県地方の伝説に登場する人物。
¶コン5（小泉小太郎　こいずみこたろう）
　説話伝説（小泉小太郎　こいずみこたろう　生没年不詳）
　伝奇伝説（小泉小太郎　こいずみこたろう）
　日本人名（小泉小太郎　こいずみこたろう）

小泉三吉　こいずみさんきち
島崎藤村作『家』(1910-11)に登場する教師、小説家。藤村自身がモデル。
¶架空人日（小泉三吉　こいずみさんきち）

小泉実　こいずみみのる
島崎藤村作『家』(1910-11)の主人公小泉三吉の長兄。
¶架空人日（小泉実　こいずみみのる）

小鼬　こいたち
島根県地方でいう妖怪。
¶妖怪事典（コイタチ）

小一条院　こいちじょういん
『栄華物語』『大鏡』の登場人物。三条天皇第一皇子。
¶古典人学（小一条院　こいちじょういん　㊤正暦5(994)年　㊦永承6(1051)年）

後一条天皇　ごいちじょうてんのう
68代の天皇。『十訓抄』に逸話が残る。
¶説話伝説（後一条天皇　ごいちじょうてんのう　㊤寛弘5(1008)年　㊦長元9(1036)年）

小一郎神　こいちろうがみ
大分県を中心とする祖先崇拝。
¶東洋神名（小一郎神　コイチロウガミ）〔像〕

小糸　こいと
浄瑠璃・歌舞伎作品の登場人物。『江戸育御祭佐七』『糸桜本町育』などに佐七とともに登場する。
¶架空伝説（小糸・佐七　こいと・さしち）〔像〕
　歌舞伎登（小糸　こいと）
　広辞苑6（小糸佐七　こいと・さしち）
　コン5（小糸・佐七　こいと・さしち）
　説話伝説（小糸佐七　こいとさしち　生没年未詳）
　大辞林3（小糸・佐七　こいと・さしち）
　伝奇伝説（小糸佐七　こいと・さしち）
　日本人名（小糸・佐七　こいと・さしち）

コイナー　こいな
沖縄県石垣島でいう鳥。クイナとも。鳴き声を聞くことが吉兆であるという。
¶妖怪事典（コイナー）

小いな　こいな
大津柴屋町の芸者。初代都太夫一中の語りもの「唐崎心中」をはじめとする作品に登場する。
¶広辞苑6（小稲半兵衛・小雛半兵衛・小いな半兵衛　こいな・はんべえ）
コン5（小いな・半兵衛　こいな・はんべえ）
伝奇伝説（小いな半兵衛　こいなはんべえ）
日本人名（小稲・半兵衛　こいな・はんべえ）

小稲　こいな
歌舞伎演目『月武蔵野稚狂言』に登場する、剣術師範浜田逸当の娘。
¶歌舞伎登（小稲　こいな）

小稲　こいな
柳亭種彦作『正本製』の登場人物。大磯のかつみ屋藻兵衛抱えの遊女。
¶古典人学（小稲　こいな）

鯉名の銀平　こいなのぎんぺい
長谷川伸作の戯曲『雪の渡り鳥』(1930)の主人公。博徒。
¶架空人日（鯉名の銀平　こいなのぎんぺい）
架空伝説（鯉名の銀平　こいなのぎんぺい）

恋に引かれて修行した僧　こいにひかれてしゅぎょうしたそう
『今昔物語集』の登場人物。比叡山の高僧。
¶古典人学（恋に引かれて修行した僧　こいにひかれてしゅぎょうしたそう）

五位之介諸岩　ごいのすけもろいわ
近松門左衛門作の浄瑠璃『用明天皇職人鑑』(1705年初演)に登場する武人。
¶架空人日（五位之介諸岩　ごいのすけもろいわ）

鯉の明神　こいのみょうじん
料理人の守護神。高橋神社（栃木県小山市）の別名。
¶神様読解（磐鹿六雁命・鯉の明神・山蔭中納言政朝　いわかむつかりのみこと・こいのみょうじん・やまかげちゅうなごんまさとも）

鯉屋源十郎　こいやげんじゅうろう
澤田ふじ子作『公事宿事件書留帳』の登場人物。
¶時代小説（鯉屋源十郎　こいやげんじゅうろう）

鯉屋宗琳　こいやそうりん
澤田ふじ子作『公事宿事件書留帳』の登場人物。
¶時代小説（鯉屋宗琳　こいやそうりん）

小岩井寅之助　こいわいとらのすけ
大佛次郎作『鞍馬天狗』の登場人物。
¶時代小説（小岩井寅之助　こいわいとらのすけ）

虎隠良　こいんりょう
鳥山石燕の『画図百器徒然袋』に印籠の妖怪として描かれたもの。
¶妖怪事典（コインリョウ）
妖怪大事典（虎隠良　こいんりょう）

幸菴狐　こうあんぎつね
群馬県の動物の怪。
¶全国妖怪（コウアンギツネ〔群馬県〕）

孝安天皇　こうあんてんのう
記紀系譜上の第6代天皇。
¶架空人日（孝安天皇　こうあんてんのう）
神様読解（孝安天皇/大倭帯日子国押人命　こうあんてんのう・おおやまとたらしひこくにおしひとのみこと）
コン5（孝安天皇　こうあんてんのう）
新潮日本（孝安天皇　こうあんてんのう）
神仏辞典（孝安天皇　こうあんてんのう）
日本人名（孝安天皇　こうあんてんのう）

上泉信綱　こういずみのぶつな
⇒上泉伊勢守（かみいずみいせのかみ）

甲賀円蔵　こうがえんぞう
白井喬二作『富士に立つ影』の登場人物。
¶時代小説（甲賀円蔵　こうがえんぞう）

後架神　こうかがみ
厠神。群馬県多野郡上野村でいう。
¶神仏辞典（後架神　こうかがみ）

甲賀弦之介　こうがげんのすけ
山田風太郎作『甲賀忍法帖』の登場人物。
¶時代小説（甲賀弦之介　こうがげんのすけ）

甲賀三郎　こうがさぶろう
中世語り物に登場する架空の人物。信濃国上下諏訪神社及び近江国大岡寺観音堂の縁起の主人公。諏訪明神として祀られる。
¶朝日歴史（甲賀三郎　こうがさぶろう）
英雄事典（甲賀三郎　コウガサブロウ）
架空伝承（甲賀三郎　こうがさぶろう）〔像〕
架空伝説（甲賀三郎　こうがさぶろう）
歌舞伎登（甲賀三郎　こうがのさぶろう）
奇談逸話（甲賀三郎　こうがさぶろう）
コン5（甲賀三郎(1)　こうがさぶろう）
新潮日本（甲賀三郎　こうがさぶろう）
神仏辞典（甲賀三郎　こうがさぶろう）
神話伝説（甲賀三郎　こうがさぶろう）
説話伝説（甲賀三郎　こうがさぶろう）
世百新（甲賀三郎　こうがさぶろう）
大辞林3（甲賀三郎　こうがさぶろう）
伝奇伝説（甲賀三郎　こうがさぶろう）
日本神様（甲賀三郎　こうがさぶろう）
日本人名（甲賀三郎(2)　こうがさぶろう）

甲賀世阿弥　こうがぜあみ
吉川英治作『鳴門秘帖』の登場人物。
¶**時代小説**（甲賀世阿弥　こうがぜあみ）

甲賀弾正　こうがだんじょう
山田風太郎作『甲賀忍法帖』の登場人物。
¶**時代小説**（甲賀弾正　こうがだんじょう）

興義　こうぎ
上田秋成作の読本『雨月物語』(1776) 巻之二「夢応の鯉魚」に登場する僧。
¶**架空人日**（興義　こうぎ）

光空　こうぐう
『今昔物語集』に登場する、滋賀県栗太郡の金勝寺の僧。
¶**架空人日**（光空　こうぐう）

香具屋弥七　こうぐややしち
歌舞伎演目『忠臣連理廼鉢植』に登場する塩冶浪士。
¶**歌舞伎登**（香具屋弥七　こうぐややしち）

香具屋弥兵衛　こうぐややへえ
歌舞伎演目『文月恨鮫鞘』に登場する、八郎兵衛の義兄弟。
¶**歌舞伎登**（香具屋弥兵衛　こうぐややへえ）

纐纈城主　こうけつじょうしゅ
国枝史郎作『神州纐纈城』の登場人物。
¶**時代小説**（纐纈城主　こうけつじょうしゅ）

高間和尚　こうけんおしょう
江島其磧（八文字自笑）作の浮世草子『傾城禁短気』(1711) 五之巻の第二から登場する色道の談義僧。
¶**架空人日**（高間和尚　こうけんおしょう）

孝謙天皇　こうけんてんのう
第46代に数えられる奈良後期の女帝。重祚し、第48代称徳天皇となる。『日本霊異記』『今昔物語集』に登場する。聖武天皇を父、光明皇后を母とする。現在の福井県武生市蛭子町の御霊神社の祭神。
¶**架空人日**（高野姫の天皇　たかのひめのすめらみこと）
架空伝承（孝謙天皇　こうけんてんのう [生]養老2(718) 年 [没]宝亀1(770) 年）
古典人学（称徳天皇　しょうとくてんのう）
神仏辞典（孝謙天皇　こうけんてんのう）
人物伝承（称徳天皇(孝謙天皇)　しょうとくてんのう(こうけんてんのう) [生]養老2(718) 年 [没]神護景雲4(770) 年）
説話伝説（称徳天皇　しょうとくてんのう [生]養老2(718) 年 [没]宝亀1(770) 年）
伝奇伝説（称徳天皇　しょうとくてんのう [生]養老2(718) 年 [没]宝亀1(770) 年）

孝元天皇　こうげんてんのう
記紀系譜上の第8代天皇。別名は大倭根子日子国玖琉命、大日本根子彦国牽天皇。現在の新潟県新津市満願寺の石川神社の祭神。
¶**朝日歴史**（孝元天皇　こうげんてんのう）
架空人日（孝元天皇　こうげんてんのう）
神様読解（孝元天皇/大倭根子日子国玖琉命　こうげんてんのう・おおやまとねこひこくにくるのみこと）
コン5（孝元天皇　こうげんてんのう）
新潮日本（孝元天皇　こうげんてんのう）
神仏辞典（孝元天皇　こうげんてんのう）
日本人名（孝元天皇　こうげんてんのう）

高坂釆女　こうさかうねめ
歌舞伎演目『浪人盃』に登場する、萩山家中の若侍。
¶**歌舞伎登**（高坂釆女　こうさかうねめ）

高坂甚太郎　こうさかじんたろう
国枝史郎作『神州纐纈城』の登場人物。
¶**時代小説**（高坂甚太郎　こうさかじんたろう）

高坂甚内　こうさかじんない
甲州武田氏の忍者、盗賊。江戸初期の暗黒面を生きた三人甚内の一人。宮本武蔵の弟子ともいわれ、講談や歌舞伎に登場する。
¶**英雄事典**（向坂甚内　コウサカジンナイ [生]? [没]慶長18(1613) 年）
架空伝説（幸坂甚内　こうさかじんない）
歌舞伎登（高坂甚内 1 『けいせい黄金鯱』　こうさかじんない）
歌舞伎登（高坂甚内 2 『七種粧曽我』　こうさかじんない）
説話伝説（高坂甚内　こうさかじんない [生]? [没]慶長18(1613) 年）
説話伝説（三人甚内　さんにんじんない [生]? [没]慶長18(1613) 年）
伝奇伝説（三人甚内　さんにんじんない）
東洋神名（高坂甚内　コウサカジンナイ）〔像〕
日本人名（向坂甚内　こうさかじんない [生]? [没]1613年）

幸崎亡魂　こうざきぼうこん
歌舞伎演目『彩入御伽草』に登場する、浅山家の腰元幸崎の亡魂。
¶**歌舞伎登**（幸崎亡魂　こうざきぼうこん）

洪作　こうさく★
井上靖作『しろばんば』(1962) の主人公。伊上洪作。
¶**児童登場**（洪作）

降三世明王　ごうざんぜみょうおう
五大明王の中の一尊。東方に配し、貪瞋痴の三世を降伏する。
¶**広辞苑6**（降三世明王　ごうざんぜみょうおう）〔像〕
神仏辞典（降三世明王　ごうざんぜみょうおう）
世百新（降三世明王　ごうざんぜみょうおう）
大辞林3（降三世明王　ごうざんぜみょうおう）〔像〕
東洋神名（降三世明王　ゴウザンゼミョウオウ）〔像〕
日本人名（降三世明王　ごうざんぜみょうおう）

こうし

仏尊事典　（降三世明王　ごうざんぜみょうおう）〔像〕

孔子大尽　こうしだいじん
洒落本『聖遊廓』(1757)に登場する、廓で仁さまと呼ばれる、色里のベテラン。
¶架空人日　（孔子大尽　こうしだいじん）

麹屋長左衛門　こうじやちょうざえもん
井原西鶴作の浮世草子『好色五人女』(1686)巻二「情を入し樽屋物かたり」の登場人物。
¶架空人日　（麹屋長左衛門　こうじやちょうざえもん）
　架空伝説　（おせん・長左衛門　おせん・ちょうざえもん）

孝昭天皇　こうしょうてんのう
記紀系譜上の第5代天皇。
¶朝日歴史　（孝昭天皇　こうしょうてんのう）
　架空人日　（孝昭天皇　こうしょうてんのう）
　神様読解　（孝昭天皇／御真津日子訶恵志泥命　こうしょうてんのう・みまつひこかえしねのみこと）
　コン5　（孝昭天皇　こうしょうてんのう）
　新潮日本　（孝昭天皇　こうしょうてんのう）
　神仏辞典　（孝昭天皇　こうしょうてんのう）
　日本人名　（孝昭天皇　こうしょうてんのう）

好色一代女　こうしょくいちだいおんな
井原西鶴作『好色一代女』の主人公。京嵯峨の庵に住む老女。
¶架空人日　（好色庵の老女　こうしょくあんのろうにょ）
　架空伝説　（好色一代女　こうしょくいちだいおんな）
　古典人学　（「好色一代女」の主人公）
　古典人東　（一代女　いちだいおんな）

幸次郎　こうじろう
岡本綺堂作『半七捕物帳』の登場人物。
¶時代小説　（幸次郎　こうじろう）

庚申　こうしん
60日に一度巡ってくる庚申の日に関わる信仰で、庚申様、庚申さんと呼ばれるものを祀った。諸仏、青面金剛、猿田彦大神などさまざまなものが礼拝対象とされた。
¶神様読解　（庚申　こうしん）〔像〕
　神仏辞典　（庚申　こうしん）
　東洋神名　（庚申　コウシン）〔像〕

荒神　こうじん
本来は荒々しい祟りを示す神の呼称。民俗的には家屋の中の火処に関わる神（三宝荒神）、屋外の屋敷神や同族や集落単位で祀る神（地荒神）、牛馬の守護神としての荒神にわけられる。
¶神様読解　（荒神　こうじん）〔像〕
　広辞苑6　（荒神　こうじん）
　神仏辞典　（荒神　こうじん）
　世百新　（荒神　こうじん）
　東洋神名　（荒神　コウジン）〔像〕
　日本人名　（荒神　こうじん）

荒神辰　こうじんたつ
村上元三作『松平長七郎江戸日記』の登場人物。
¶時代小説　（荒神辰　こうじんたつ）

荒神屋喜八　こうじんやきはち
佐伯泰英作『密命』の登場人物。
¶時代小説　（荒神屋喜八　こうじんやきはち）

孝助　こうすけ
三遊亭円朝作『牡丹燈籠』(1884)に登場する、飯島平左衛門の家の草履取り。
¶架空人日　（孝助　こうすけ）

孝助　こうすけ
杉本章子作『おすず信太郎人情始末帖』の登場人物。
¶時代小説　（孝助　こうすけ）

幸助　こうすけ
講談『幸助餅』に登場する人物。
¶架空伝説　（幸助　こうすけ）

幸助　こうすけ
歌舞伎演目『名酒盛色の中汲』に登場する、菊酒屋の手代。
¶歌舞伎登　（幸助　こうすけ）

光然　こうぜん
歌舞伎演目『佐倉義民伝』に登場する、仏光寺の和尚、佐倉宗吾の伯父にあたる。
¶歌舞伎登　（光然　こうぜん）

幸太　こうた
山本周五郎作『柳橋物語』(1946)に登場する大工。
¶架空人日　（幸太　こうた）
　時代小説　（幸太　こうた）

神田五郎　こうだごろう
佐賀県唐津市神田を領した地頭、神田五郎宗次。
¶神仏辞典　（神田五郎　こうだごろう）

合田雄一郎　ごうだゆういちろう
高村薫の「警視庁第七係シリーズ」に登場する刑事。
¶名探偵日　（合田雄一郎　ごうだゆういちろう）

河内　こうち
山口県の周防の旧玖珂郡を中心に多くの神社や小祠に祀られる神。用水の利便を守る神、村内の安全を守る神。
¶神仏辞典　（河内　こうち）

河内山宗春　こうちやまそうしゅん
水戸家でゆすりを働き捕らえられ獄死した人物。実録本や講談、歌舞伎で描かれた。
¶架空人日　（河内山宗俊　こうちやまそうしゅん）

架空人物（河内山宗俊）
架空伝承（河内山宗春　こうちやまそうしゅん [生]? [没]文政6（1823）年）
架空伝説（河内山宗俊　こうちやまそうしゅん [生]1780年前後 [没]1823年）
歌舞伎登（河内山宗俊　こうちやまそうしゅん）〔像〕
奇談逸話（河内山宗俊　こうちやまそうしゅん [生]? [没]文政6（1823）年）
広辞苑6（河内山　こうちやま）
新潮日本（河内山宗俊（宗春）　こうちやまそうしゅん）
説話伝説（河内山宗春　こうちやまそうしゅん [生]? [没]文政6（1823）年）
伝奇伝説（河内山宗春　こうちやまそうしゅん [生]? [没]文政6（1823）年）
日本人名（河内山宗春　こうちやまそうしゅん [生]? [没]1823年）

強盗の僧　ごうとうのそう

お伽草子『三人法師』の登場人物。9歳の時から盗みを始め、出家するまでに380余人を殺したという。

¶架空伝説（強盗の僧　ごうとうのそう）
古典人学（強盗の僧　ごうとうのそう）

勾当内侍　こうとうのないし

『太平記』にみえる美女。新田義貞の妻となる。後醍醐天皇に仕え、勾当内侍の職にあった。

¶架空伝承（勾当内侍　こうとうのないし 生没年不詳）〔像〕
広辞苑6（勾当内侍　こうとうのないし）
大辞林3（勾当内侍　こうとうのないし）
日本人名（勾当内侍（2）　こうとうのないし 生没年不詳）

強盗法師　ごうとうほうし

無住道暁作『沙石集』の登場人物。南都の僧。強盗の仲間になって人助けしようとした。

¶架空伝説（強盗法師　ごうとうほうし）
古典人学（強盗法師　ごうとうほうし）
古典人東（強盗法師　ごうとうほうし）

孝徳天皇　こうとくてんのう

『日本書紀』に所出。第36代天皇。

¶神仏辞典（孝徳天皇　こうとくてんのう）

幸内　こうない

中里介山作『大菩薩峠』の登場人物。

¶時代小説（幸内　こうない）

河野英吉　こうのえいきち

泉鏡花作『婦系図』（1907）に登場する文学士。

¶架空人日（河野英吉　こうのえいきち）

甲野欽吾　こうのきんご

夏目漱石作『虞美人草』（1907）のヒロイン藤尾の異母兄。

¶架空人日（甲野欽吾　こうのきんご）

高内侍　こうのないし

平安中期の女流歌人。

¶説話伝説（高内侍　こうのないし [生]天暦8（954）年頃 [没]長徳2（996）年）
伝奇伝説（高内侍　こうのないし [生]天暦8（954）年? [没]長徳2（996）年）

河野扁理　こうのへんり

堀辰雄作『聖家族』（1930）に登場する、20歳の青年。

¶架空人日（河野扁理　こうのへんり）

高師直　こうのもろなお

南北朝時代の武将。室町幕府の初代執事。『太平記』では悪名高い好色漢。『仮名手本忠臣蔵』では、史実の吉良上野介を太平記の世界に置き換えた人物として貪欲で好色な老人の役柄。

¶架空人日（高師直　こうのもろなお）
架空人日（高師直　こうのもろなお）
架空伝承（高師直　こうのもろなお [生]? [没]正平6/観応2（1351）年）〔像〕
架空伝説（高師直　こうのもろなお）
歌舞伎登（高師直　こうのもろのお）〔像〕
奇談逸話（高師直　こうのもろなお [生]? [没]観応2/正平6（1351）年）
広辞苑6（高師直　こうのもろなお [生]? [没]1351年）
古典人学（高師直　こうのもろなお）
古典人学（高師直　こうのもろなお）
古典人東（高師直　こうのもろなお）
古典人東（高師直　こうのもろなお）
人物伝承（高師直　こうのもろなお [生]? [没]観応2（1351）年）
説話伝説（高師直　こうのもろなお [生]? [没]観応2（1351）年）
世百新（高師直　こうのもろなお [生]? [没]正平6/観応2（1351）年）
大辞林3（高師直　こうのもろなお [生]? [没]1351年）
伝奇伝説（高師直　こうのもろなお [生]? [没]観応2（正平6）（1351）年）

高師泰　こうのもろやす

歌舞伎演目『仮名手本忠臣蔵』に登場する、吉良上野介の養子左兵衛義周に擬せられる人物。

¶歌舞伎登（高師泰　こうのもろやす）

こうばし婆様　こうばしばばさま

福岡県浮羽郡田主丸町菅原の百日咳の神。

¶神仏辞典（こうばし婆様　こうばしばばさま）

郷原部長刑事　ごうはらぶちょうけいじ

結城昌治の『ひげのある男たち』ほかに登場する四谷署の刑事。

¶名探偵日（郷原部長刑事　ごうはらぶちょうけいじ）

弘文天皇　こうぶんてんのう

⇒大友皇子（おおとものおうじ）

弘法大師　こうぼうだいし

⇒空海（くうかい）

功満王　こうまんおう

古代伝承上の渡来人。弓月君の父。

¶日本人名（功満王　こうまんおう）

こ

子生弁天の大入道　こうみべんてんのおおにゅうどう
茨城県鹿島郡旭村(現・鉾田市)の厳島神社(子生弁天)には夜な夜な現れた化け物。
¶**妖怪大鑑**(子生弁天の大入道　こうみべんてんのおおにゅうどう)〔像〕

光明優婆塞　こうみょううばそく
国枝史郎作『神州纐纈城』の登場人物。
¶**時代小説**(光明優婆塞　こうみょううばそく)

光明皇后　こうみょうこうごう
奈良前期の聖武天皇の皇后。仏の教えを実践した人として、中世庶民の間で、賛仰の対象になった。
¶**架空伝承**(光明皇后　こうみょうこうごう [生]大宝1(701)年 [没]天平宝字4(760)年)〔像〕
架空伝説(光明皇后　こうみょうこうごう [生]701年 [没]760年)〔像〕
神仏辞典(光明皇后　こうみょうこうごう [生]701年 [没]760年)
人物伝承(光明皇后　こうみょうこうごう [生]大宝1(701)年 [没]天平宝字4(760)年)〔像〕
説話伝説(光明皇后　こうみょうこうごう [生]大宝1(701)年 [没]天平宝字4(760)年)
世百新(光明皇后　こうみょうこうごう [生]大宝1(701)年 [没]天平宝字4(760)年)
伝奇伝説(光明皇后　こうみょうこうごう [生]大宝1(701)年 [没]天平宝字4(760)年6月7日)

小梅　こうめ
歌舞伎演目『隅田春妓女容性』に登場する、男伊達梅の由兵衛の女房。
¶**歌舞伎登**(小梅　こうめ)

小梅のお由　こうめのおよし
『春色梅児誉美』『春色恵の花』『春色梅美婦禰』に登場する、女伊達の髪結。
¶**架空人日**(小梅のお由　こうめのおよし)

広目天　こうもくてん
仏教の四天王の中の一尊で、西方を守護する。
¶**広辞苑6**(広目天　こうもくてん)〔像〕
大辞林3(広目天　こうもくてん)〔像〕
東洋神名(広目天　コウモクテン)〔像〕
日本人名(広目天　こうもくてん)

蝙蝠の安蔵　こうもりのやすぞう
歌舞伎演目『処女翫浮名横櫛』に登場する、赤間源左衛門の子分。
¶**歌舞伎登**(蝙蝠の安蔵　こうもりのやすぞう)

蝙蝠安　こうもりやす
3世瀬川如皐作の歌舞伎『与話浮名横櫛』(1853年初演)に登場するゴロツキ。
¶**架空人日**(蝙蝠安　こうもりやす)
歌舞伎登(蝙蝠安　こうもりやす)〔像〕

空也　こうや
⇒空也(くうや)

甲谷　こうや
横光利一作『上海』(1932)に登場する、材木会社社員。
¶**架空人日**(甲谷　こうや)

高野山高林坊　こうやさんこうりんぼう
和歌山県高野山でいう天狗。
¶**妖怪事典**(コウヤサンコウリンボウ)
妖怪大事典(高野山高林坊　こうやさんこうりんぼう)

高野山の神々　こうやさんのかみがみ
地主神は丹生都比売大神で、高野御子大神とともに、丹生都比売神社(和歌山県)に祀られる。
¶**日本神様**(高野山の神々　こうやさんのかみがみ)

高野聖　こうやひじり
泉鏡花作『高野聖』(1900)に登場する、僧。
¶**架空人日**(高野聖　こうやひじり)

高野明神と本地仏　こうやみょうじんとほんじぶつ
和歌山県・高野山の鎮守神で、山麓の天野神社に祀られる祭神。本地仏には諸説ある。
¶**仏尊事典**(高野明神と本地仏　こうやみょうじんとほんじぶつ)〔像〕

ごうら
水の妖怪。和歌山県で河童のこと。
¶**神仏辞典**(ごうら)
全国妖怪(ゴウラ〔和歌山県〕)

高良山筑後坊　こうらざんちくごぼう
福岡県高良山でいう天狗。
¶**妖怪事典**(コウラザンチクゴボウ)
妖怪大事典(高良山筑後坊　こうらざんちくごぼう)

高良玉垂神　こうらたまたれのかみ
筑後国三井郡の高良玉垂命神社の祭神。
¶**神仏辞典**(高良玉垂神　こうらたまたれのかみ)

高良玉垂比咩神　こうらたまたれのひめのかみ
『日本文徳天皇実録』に所出。筑後国の神。
¶**神仏辞典**(高良玉垂比咩神　こうらたまたれのひめのかみ)

蛟竜　こうりょう
想像上の動物。まだ竜とならない蛟。
¶**広辞苑6**(蛟竜　こうりょう)
大辞林3(蛟竜　こうりょう)

ごうりん火　ごうりんび
静岡県浜松市でいう怪火。
¶**妖怪事典**(ゴウリンビ)

孝霊天皇　こうれいてんのう
記紀系譜上の第7代天皇。

¶朝日歴史（孝霊天皇　こうれいてんのう）
架空人日（孝霊天皇　こうれいてんのう）
神様読解（孝霊天皇/大倭根子日子賦斗邇命　こうれいてんのう・おおやまとねこひこふとにのみこと）
コン5（孝霊天皇　こうれいてんのう）
新潮日本（孝霊天皇　こうれいてんのう）
神仏辞典（孝霊天皇　こうれいてんのう）
日本人名（孝霊天皇　こうれいてんのう）

小右衛門火　こえもんび
昔、奈良県下のある川堤に現われた一団の陰火。
¶妖怪事典（コエモンビ）
妖怪大全（小右衛門火　こえもんび）〔像〕
妖怪大事典（小右衛門火　こえもんび）〔像〕

コエルエル
幕末期の蝦夷人。不思議な霊力を持ち、漁模様に対する予言をしたという。
¶コン5（コエルエル　生没年不詳）

子負嶺神　こおいみねのかみ
陸奥国宇多郡の子負嶺神社の祭神。
¶神仏辞典（子負嶺神　こおいみねのかみ）

ごおご
水の妖怪。岡山県岡山市付近における河童の呼称。
¶神仏辞典（ごおご）

郡頭神　こおりずのかみ
土佐国土佐郡の郡頭神社の祭神。
¶神仏辞典（郡頭神　こおりずのかみ）

郡辺神　こおりべのかみ
遠江国山名郡の郡辺神社の祭神。
¶神仏辞典（郡辺神　こおりべのかみ）

蠶養国神　こかいのくにつかみ
陸奥国会津郡の蠶養神社の祭神。
¶神仏辞典（蠶養国神　こかいのくにつかみ）

小鍛冶　こかじ
鍛冶師。一条帝代（986-1011）の名人。
¶伝奇伝説（小鍛冶　こかじ）

小勝　こかつ
明治時代の女性。西南戦争で籠城、負傷兵を看護し講談や錦絵にとりあげられた。
¶日本人名（小勝　こかつ　生没年未詳）

こがね丸　こがねまる
巌谷小波の童話『こがね丸』の主人公。
¶日本人名（こがね丸　こがねまる）

黄金山神　こがねやまのかみ
陸奥国小田郡の黄金山神社の祭神。
¶神仏辞典（黄金山神　こがねやまのかみ）

久何神　こがのかみ
山城国乙訓郡の久何神社の祭神。
¶神仏辞典（久何神　こがのかみ）

久我神　こがのかみ
山城国愛宕郡の久我神社の祭神。
¶神仏辞典（久我神　こがのかみ）

久我之助清船　こがのすけきよふね
歌舞伎演目『妹背山婦女庭訓』に登場する、紀伊の国の領主大判事清澄の嫡男。
¶歌舞伎登（久我之助清船　こがのすけきよふね）

久我の姫君　こがのひめぎみ
久我大将の娘。義経の妻。義経と平泉へ行き、最後は共に自決した。
¶架空伝説（久我の姫君　こがのひめぎみ）

興我万代継神　こがよろずよつぎのかみ
『日本三代実録』に所出。山城国の神。
¶神仏辞典（興我万代継神　こがよろずよつぎのかみ）

木枯神　こがらしのかみ
『日本三代実録』に所出の神名。
¶神仏辞典（木枯神　こがらしのかみ）

木枯し紋次郎　こがらしもんじろう
笹沢左保の股旅小説『木枯し紋次郎』の主人公。
¶架空人物（木枯し紋次郎）
架空伝承（木枯し紋次郎　こがらしもんじろう）
コン5（木枯紋次郎　こがらしもんじろう）
新潮日本（木枯し紋次郎　こがらしもんじろう）
時代小説（紋次郎　もんじろう）
日本人名（木枯し紋次郎　こがらしもんじろう）

小かん　こかん
人形浄瑠璃『心中刃は氷の朔日』の主人公。
¶広辞苑6（小かん平兵衛　こかん・へいべえ）
大辞林3（小かん・平兵衛　こかん・へいべえ）

虎関師錬　こかんしれん
鎌倉後期の禅僧。
¶説話伝説（虎関師錬　こかんしれん　[生]弘安1（1278）年　[没]貞和2（1346）年）
伝奇伝説（虎関師錬　こかんしれん　[生]弘安1（1278）年　[没]貞和2（1346）年）

狐勘平　こかんぺい
歌舞伎演目『芦屋道満大内鑑』に登場する、狐が化けた赤っ面の奴。
¶歌舞伎登（狐勘平　こかんぺい）

五貫屋善六　ごかんやぜんろく
歌舞伎演目『心中天網島』に登場する、江戸屋太兵衛と連れ立って廓に出入りしている客。
¶歌舞伎登（五貫屋善六　ごかんやぜんろく）

後鬼　ごき
修験道の開祖役行者（役小角）の従者。
- ¶幻想動物　（前鬼/後鬼）〔像〕
- 神仏辞典　（前鬼・後鬼　ぜんき・ごき）

小菊　こぎく
歌舞伎演目『妹背山婦女庭訓』に登場する、桔梗とともに雛鳥に付き添う腰元。
- ¶歌舞伎登　（小菊　こぎく）

小菊　こぎく
歌舞伎演目『女殺油地獄』に登場する、大坂曽根崎新地天王寺屋の遊女。
- ¶歌舞伎登　（小菊　こぎく）

子狐礼三　こぎつねれいざ
歌舞伎演目『小春穏沖津白浪』に登場する、甲斐の国猿橋生まれの盗賊。
- ¶歌舞伎登　（子狐礼三　こぎつねれいざ）

弘徽殿女御　こきでんのにょうご
『源氏物語』に登場する、右大臣の娘。
- ¶架空人日　（弘徽殿女御　こきでんのにょうご）
- 広辞苑6　（弘徽殿の女御　こきでんのにょうご）
- 大辞林3　（弘徽殿女御　こきでんのにょうご）

ゴギャナキ
徳島県や高知県の山中に出現した子泣き爺の一種。
- ¶幻想動物　（ゴギャナキ）〔像〕
- 全国妖怪　（ゴギャナキ〔徳島県〕）
- 全国妖怪　（ゴギャナキ〔高知県〕）
- 妖怪事典　（ゴギャナキ）
- 妖怪大事典　（ゴギャ泣き　ごぎゃなき）

五行亭相生　ごぎょうていあいしょう
歌舞伎演目『与話情浮名横櫛』に登場する、江戸の幇間甚八。
- ¶歌舞伎登　（五行亭相生　ごぎょうていあいしょう）

古今　こきん
歌舞伎演目『蔦紅葉宇都谷峠』に登場する、盲人文弥の姉。本名はお菊。
- ¶歌舞伎登　（古今　こきん）

小吟　こぎん
井原西鶴作の浮世草子『本朝二十不孝』(1686)巻二の第二「旅行の暮の僧にて候」の主人公。
- ¶架空人日　（小吟　こぎん）
- 架空伝説　（小吟　こぎん）
- 古典人学　（小吟　こぎん）

小吟　こぎん
井原西鶴作の浮世草子『武道伝来記』(1687)巻六の第一「女の作れる男文字」に登場する気丈な女性。
- ¶架空人日　（小吟　こぎん）
- 架空伝説　（小吟　こぎん）

小金吾武里　こきんごたけさと
歌舞伎演目『義経千本桜』に登場する、平維盛の家臣、主馬。
- ¶歌舞伎登　（小金吾武里　こきんごたけさと）

黒闇天　こくあんてん
容貌醜く人に災いを与える女神。吉祥天の妹で、密教では閻魔王の妃とする。
- ¶広辞苑6　（黒闇天　こくあんてん）
- 大辞林3　（黒闇天　こくあんてん）

極印千右衛門　ごくいんせんえもん
歌舞伎演目『侠客五雁金』に登場する、雁金五人男の一人。
- ¶歌舞伎登　（極印千右衛門　ごくいんせんえもん）
- 日本人名　（極印千右衛門　ごくいんせんえもん）㋑1680年　㋺1702年）

虚空蔵菩薩　こくうぞうほさつ
様々な姿に身を変じて、種々の御利益を授ける菩薩といわれているが、中でも智恵や記憶力に効果があるとされる。
- ¶神仏辞典　（虚空蔵　こくうぞう）
- 大辞林3　（虚空蔵菩薩　こくうぞうほさつ）
- 東洋神名　（虚空蔵菩薩　コクウゾウボサツ）〔像〕
- 日本人名　（虚空蔵菩薩　こくうぞうほさつ）
- 仏尊事典　（虚空蔵菩薩　こくうぞうほさつ）〔像〕

虚空大鼓　こくうだいこ
海上の妖怪。山口県玖珂郡大畠町あたりでいう。
- ¶神仏辞典　（虚空大鼓　こくうだいこ）
- 全国妖怪　（虚空ダイコ〔山口県〕）
- 妖怪事典　（コクウダイコ）
- 妖怪図鑑　（虚空太鼓　こくうだいこ）
- 妖怪大鑑　（虚空太鼓　こくうだいこ）〔像〕
- 妖怪大事典　（虚空太鼓　こくうだいこ）〔像〕

黒雲坊　こくうんぼう
歌舞伎演目『鳴神』に登場する、鳴神上人の弟子で、酒や魚肉を嗜む生臭坊主。
- ¶歌舞伎登　（白雲坊・黒雲坊　はくうんぼう・こくうんぼう）

国姓爺　こくせんや
⇒和藤内（わとうない）

穀断の聖　こくだちのひじり
平安初期の僧。
- ¶奇談逸話　（穀断の聖　こくだちのひじり　生没年不詳）
- 説話伝説　（穀断の聖　こくだちのひじり　生没年不詳）

国府中神　こくふなかのかみ
『日本三代実録』に所出。石見国の神。
- ¶神仏辞典　（国府中神　こくふなかのかみ）

国分寺霹靂神　こくぶんじひゃくりゃくのかみ
石見国邇摩郡の国分寺霹靂神社の祭神。

¶神仏辞典（国分寺霹靂神　こくぶんじひゃくりゃくのかみ）

子熊の守護神　こぐまのしゅごしん
アイヌの子グマを飼育する檻の東隅に立てるストゥイナウカムイの一種。
¶神仏辞典（子熊の守護神　こぐまのしゅごしん）

穀物の神　こくもつのかみ
大年神とその子の御年神。穀物の守護神。
¶日本神様（穀物の神　こくもつのかみ）〔像〕

獄門庄兵衛　ごくもんしょうべえ
歌舞伎演目『容競出入湊』に登場する、大坂天満上町の馬士頭で、無頼集団茶筅組の頭分。
¶歌舞伎登（獄門庄兵衛　ごくもんしょうべえ）

極楽十三　ごくらくじゅうざ
歌舞伎演目『極付幡随長兵衛』に登場する、幡随長兵衛の子分で町奴の一人。
¶歌舞伎登（極楽十三　ごくらくじゅうざ）

子倉神　こくらのかみ
遠江国長上郡の子倉神社の祭神。
¶神仏辞典（子倉神　こくらのかみ）

古庫裏婆　こくりばばあ
寺の庫裏に隠れすんでいた老婆の妖怪。
¶妖怪事典（コクリババア）
妖怪大全（古庫裏婆　こくりばばあ）〔像〕
妖怪大事典（古庫裏婆　こくりばばあ）〔像〕
妖百4（古庫裏婆　こくりばば）〔像〕

黒龍　こくりょう
身体が黒い龍。仏教では倶利伽羅といわれる。
¶日本未確認（黒龍　こくりょう）

穀霊　こくれい
穀物に宿っているとされる精霊。日本でいう稲霊はその例。
¶広辞苑6（穀霊　こくれい）
世百新（穀霊　こくれい）
大辞林3（穀霊　こくれい）
日本神話（穀霊　こくれい）

子鍬倉神　こくわくらのかみ
陸奥国磐城郡の子鍬倉神社の祭神。
¶神仏辞典（子鍬倉神　こくわくらのかみ）

コーケ神　こーけがみ
長崎県壱岐地方でいう妖怪。
¶妖怪事典（コーケガミ）

御家直　ごけなお
歌舞伎演目『富士額男女繁山』に登場する、もと、旧幕の御徒士を勤めた御家人。本名倉橋直次郎。
¶歌舞伎登（御家直　ごけなお）

こけ丸　こけまる
御伽草子『のせ猿草子』に登場する、丹波国の年老いた猿、猿尾の権頭の息子。
¶架空人日（こけ丸　こけまる）

孤軒先生　こけんせんせい
三上於菟吉作『雪之丞変化』の登場人物。
¶時代小説（孤軒先生　こけんせんせい）

コーコ
岡山県地方でいう河童。
¶妖怪事典（コーコ）

小督　こごう
高倉天皇の寵人、琴の名手。『平家物語』では時の権力者に翻弄された悲恋譚のヒロイン。
¶架空人日（小督　こごう）
架空伝説（小督　こごう）
奇談逸話（小督　こごう [生]? [没]元久2（1205）年?）
古典人学（小督　こごう）
古典人東（小督　こごう）
説話伝説（小督　こごう　生没年未詳）〔像〕
大辞林3（小督　こごう）
伝奇伝説（小督　こごう　生没年未詳）

五劫思惟弥陀　ごこうのしゆいみだ
阿弥陀如来が法蔵菩薩でいたころ思惟した姿。
¶神仏辞典（五劫思惟弥陀　ごこうのしゆいみだ）

小督局　こごうのつぼね
平安時代後期の女官。藤原成範の娘。高倉天皇の寵愛をうけた。
¶新潮日本（小督局　こごうのつぼね [生]保元2（1157）年 [没]?）
日本人名（小督局　こごうのつぼね [生]1157年 [没]?）

五穀明神　ごこくみょうじん
五穀の豊穣や豊作の守護神。
¶東洋神名（五穀明神　ゴコクミョウジン）〔像〕

ゴーゴージー
山口県地方でいう妖怪の児童語。
¶妖怪事典（ゴーゴージー）

小言幸兵衛　こごとこうべえ
江戸・麻布古川町に住む世話好きの家主。同名の落語の主人公。本名、田中幸兵衛。
¶架空人物（小言幸兵衛）
日本人名（小言幸兵衛　こごとこうべえ）

木事命　こことのみこと
記紀にみえる豪族。和邇氏の一族で、大宅臣、布留宿禰らの祖とされる。名は『古事記』では許碁登。
¶神仏辞典（木事命　こことのみこと）
日本人名（木事命　こごとのみこと）

興台産霊　こごとむすび
天児屋命の親神。
¶神仏辞典（興台産霊　こごとむすび）

己己都牟須比命　こことむすびのみこと
中村連の祖の天乃古矢根命の親神。
¶神仏辞典（己己都牟須比命　こことむすびのみこと）

九重　ここのえ
歌舞伎演目『籠釣瓶花街酔醒』に登場する、吉原兵庫屋の次席花魁。
¶歌舞伎登（九重　ここのえ）

『こころ』の先生　こころのせんせい
夏目漱石作『こころ』(1914)に登場する、作品の語り手である「私」が、「先生」と呼び親しく交際することになる人物。
¶架空人日（『こころ』の先生　こころのせんせい）

小宰相　こざいしょう
『平家物語』の登場人物。平通盛の妻。
¶架空伝説（小宰相　こざいしょう）
　古典人学（小宰相　こざいしょう）
　古典人東（小宰相　こざいしょう）

五左衛門　ござえもん
近松門左衛門作の浄瑠璃『心中天の網島』(1720年初演)に登場する隠居。再婚相手の連れ子であるおさんを嫁ぎ先から連れ帰った。
¶架空人日（五左衛門　ござえもん）
　歌舞伎登（五左衛門　ござえもん）

小左衛門狐　こざえもんぎつね
滋賀県近江地方でいう化け狐。
¶妖怪事典（コザエモンギツネ）

後嵯峨天皇　ごさがてんのう
『五代帝王物語』の登場人物。第88代天皇。
¶古典人学（後嵯峨天皇　ごさがてんのう）

古佐壁主水　こさかべもんど
歌舞伎演目『袖簿播州廻』に登場する、播州の国主桃井家の家老。
¶歌舞伎登（古佐壁主水　こさかべもんど）

小桜　こざくら
歌舞伎演目『源平布引滝』に登場する、多田蔵人行綱と待宵姫の娘。
¶歌舞伎登（小桜　こざくら）

小三郎　こさぶろう
歌舞伎演目『近江源氏先陣館』に登場する、佐々木盛綱の子。
¶歌舞伎登（小三郎　こさぶろう）

古佐麻豆知命　こさまずちのみこと
天富貴命5世の孫、穴師神主の祖。

¶神仏辞典（古佐麻豆知命　こさまずちのみこと）

護佐丸　ごさまる
護佐丸・阿麻和利の乱(1458)で討たれた豪族。
¶架空伝承（護佐丸　ごさまる　㊥? ㉔1458年）
　新潮日本（護佐丸　ごさまる　㊥? ㉔1458年）
　日本人名（護佐丸　ごさまる　㊥? ㉔1458年）

コサメ小女郎　こさめこじょろう
和歌山県日高郡のオエガウラ淵に棲んでいたとされるヤマメ（コサメ）の妖怪。
¶幻想動物（コサメ小女郎）〔像〕
　全国妖怪（コサメコジョロウ）〔和歌山県〕

小雨坊　こさめぼう
鳥山石燕の『今昔百鬼拾遺』に僧形の妖怪として描かれているもの。
¶水木妖怪続（小雨坊　こさめぼう）〔像〕
　妖怪事典（コサメボウ）
　妖怪大全（小雨坊　こさめぼう）〔像〕
　妖怪大事典（小雨坊　こさめぼう）〔像〕
　妖百3（小雨坊　こさめぼう）〔像〕

小猿七之助　こざるしちのすけ
講談、芝居（河竹黙阿弥作『網模様灯籠菊桐』）の登場人物。
¶架空伝承（小猿七之助　こざるしちのすけ）〔像〕
　架空伝説（小猿七之助　こざるしちのすけ）〔像〕
　歌舞伎登（小猿七之助　こざるしちのすけ）
　コン5（小猿七之助　こざるしちのすけ）
　新潮日本（小猿七之助　こざるしちのすけ）
　伝奇伝説（小猿七之助　こざるしちのすけ）
　日本人名（小猿七之助　こざるしちのすけ）

小さん　こさん
額風呂の湯女。歌舞伎役者の金五郎との情話は歌謡、浄瑠璃、歌舞伎などに作られた。
¶広辞苑6（小さん金五郎　こさん・きんごろう）
　古典人学（小三　こさん）
　コン5（小さん・金五郎　こさん・きんごろう）
　説話伝説（小さん金五郎　こさんきんごろう　生没年未詳）
　伝奇伝説（小さん金五郎　こさん　きんごろう）

小さん　こさん
井原西鶴作『本朝二十不孝』の登場人物。筑前福岡の辻屋長九郎という舟乗りの娘。
¶架空人日（小さん　こさん）
　古典人学（小さん　こさん）

呉三桂　ごさんけい
近松門左衛門作の浄瑠璃『国性爺合戦』(1715年初演)に登場する、大司馬将軍。
¶架空人日（呉三桂　ごさんけい）

後三条天皇　ごさんじょうてんのう
第71代天皇。源顕兼作『古事談』の登場人物。
¶古典人学（後三条天皇　ごさんじょうてんのう）

許志伎命神　こしきのみことのかみ
伊豆国賀茂郡の許志伎命神社の祭神。
¶神仏辞典（許志伎命神　こしきのみことのかみ）

小式部　こしきぶ
『十訓抄』の登場人物。平安時代の女流歌人。父は橘道貞、母は和泉式部。
¶古典人東（小式部　こしきぶ）
　説話伝説（小式部　こしきぶ？ ㊩万寿2（1025）年）
　伝奇伝説（小式部内侍　こしきぶのないし ㊩長保1（999）年頃 ㊩万寿2（1025）年）

越路　こしじ
歌舞伎『本朝廿四孝』『信州川中島合戦』に登場する女性。
¶歌舞伎登（越路1『本朝廿四孝』　こしじ）
　歌舞伎登（越路2『信州川中島合戦』　こしじ）

小侍従　こじじゅう
平安時代末から鎌倉初期の歌人。待宵の小侍従。『平家物語』に逸話がある。
¶奇談逸話（小侍従　こじじゅう）
　説話伝説（小侍従　こじじゅう　生没年未詳）
　説話伝説（待宵の小侍従　まつよいのこじじゅう　生没年未詳）
　伝奇伝説（小侍従　こじじゅう　生没年未詳）

越野勘左衛門　こしのかんざえもん
歌舞伎演目『けいせい倭荘子』に登場する、北畠家の弓術指南役だった浪人。
¶歌舞伎登（越野勘左衛門　こしのかんざえもん）

児島狐　こじまぎつね
岡山県児島地方でいう狐。
¶妖怪事典（コジマギツネ）

児島高徳　こじまたかのり
南朝方として活躍した武将。『太平記』が伝える。歌舞伎『御能太平記』『親船太平記』では備後三郎の名で登場。
¶架空人日（児島高徳　こじまたかのり）
　架空伝承（児島高徳　こじまたかのり　生没年未詳）〔像〕
　架空伝説（児島高徳　こじまたかのり）
　歌舞伎登（備後三郎　びんごのさぶろう）
　古典人学（児島高徳　こじまたかのり）
　古典人東（児島高徳　こじまたかのり）
　コン5（児島高徳　こじまたかのり　生没年未詳）
　説話伝説（児島高徳　こじまたかのり　生没年未詳）
　伝奇伝説（児島高徳　こじまたかのり　生没年未詳）〔像〕

子嶋神　こじまのかみ
『日本三代実録』に所出。大和国の神。
¶神仏辞典（子嶋神　こじまのかみ）

小島法師　こじまほうし
南北朝時代の人物で、『太平記』の作者として注目された。
¶架空伝承（小島法師　こじまほうし ㊩ ㊩文中3/応安7（1374）年）
　コン5（小島法師　こじまほうし　生没年不詳）
　説話伝説（小島法師　こじまほうし ㊩ ㊩応安7/文中3（1374）年）
　世百新（小島法師　こじまほうし ㊩ ㊩文中3/応安7（1374）年）
　伝奇伝説（小島法師　こじまほうし ㊩ ㊩応安7（1374）年）

小島弥太郎　こじまやたろう
越後（新潟県）上杉家の家臣。川中島の戦いで功をたてた。
¶日本人名（小島弥太郎　こじまやたろう　生没年未詳）

腰元ちえ　こしもとちえ
歌舞伎演目『けいせい花絵合』に登場する、四国の大名高島左京太夫家の腰元。
¶歌舞伎登（腰元ちえ　こしもとちえ）

腰元籬　こしもとまがき
歌舞伎演目『新薄雪物語』に登場する、薄雪姫の腰元。
¶歌舞伎登（腰元籬　こしもとまがき）

五尺染五郎　ごしゃくそめごろう
歌舞伎演目『其往昔恋江戸染』に登場する、八百屋後家の連れ子で、お七の親違いの兄。
¶歌舞伎登（五尺染五郎　ごしゃくそめごろう）

コシャマイン
15世紀中期のアイヌの首長。長禄1（1457）年に起きたアイヌ蜂起を指導した。
¶架空伝承（コシャマイン ㊩ ㊩1458年）
　奇談逸話（コシャマイン（胡奢魔尹）　こしゃまいん ㊩? ㊩長禄1（1457）年）
　説話伝説（コシャマイン（胡奢魔尹））
　伝奇伝説（コシャマイン（胡奢魔尹） ㊩? ㊩康正3（1457）年）

ゴーシュ
宮沢賢治作『セロ弾きのゴーシュ』に登場する、町の活動写真館の楽士。
¶架空人日（ゴーシュ）
　児童登場（ゴーシュ）

コシュンプ
アイヌの人間の異性に恋して憑く獣の憑物。
¶妖怪大鑑（コシュンプ）〔像〕

五常軍甘輝　ごじょうぐんかんき
近松門左衛門作の浄瑠璃『国性爺合戦』（1715年初演）に登場する、明の大名。
¶架空人日（甘輝　かんき）
　歌舞伎登（五常軍甘輝　ごじょうぐんかんき）
　広辞苑6（甘輝　かんき）
　大辞林3（甘輝　かんき）

五条の道祖神　ごじょうのどうそじん
『古事談』『宇治拾遺物語』に登場する道祖神。
¶説話伝説（五条の道祖神　ごじょうのどうそじん）

御所の五郎蔵　ごしょのごろぞう
歌舞伎『曽我綉侠御所染』に登場する侠客。
¶架空伝説（御所五郎蔵　ごしょのごろぞう）〔像〕
歌舞伎登（御所の五郎蔵　ごしょのごろぞう）〔像〕
新潮日本（御所の五郎蔵　ごしょのごろぞう）
説話伝説（御所の五郎蔵　ごしょのごろぞう）
伝奇伝説（御所の五郎蔵　ごしょのごろぞう）
日本人名（御所の五郎蔵　ごしょのごろぞう）

小女郎　こじょろう
歌舞伎演目『三千世界商往来』に登場する、武智光秀家臣大矢作左衛門の娘。
¶歌舞伎登（小女郎　こじょろう）

小女郎　こじょろう
歌舞伎演目『富岡恋山開』に登場する、下総結城の家中鵜飼兵太夫の娘だった深川の女郎。
¶歌舞伎登（小女郎　こじょろう）

小女郎火　こじょろうび
『摂陽奇観』にある怪火。
¶妖怪事典（コジョロウビ）

ゴジラ
『ゴジラ』シリーズに登場する、太古の両生類（架空種）。
¶怪物事典（ゴジラ）〔像〕

後白河法皇　ごしらかわほうおう
第77代天皇。鳥羽帝の第四皇子。母は待賢門院璋子。『平家物語』、歌舞伎『建礼門院』の登場人物。
¶架空伝承（後白河天皇　ごしらかわてんのう �生大治2（1127）年 ㊬建久3（1192）年）
架空伝説（後白河法皇　ごしらかわほうおう）
歌舞伎登（後白河法皇　ごしらかわほうおう）
奇談逸話（後白河天皇　ごしらかわてんのう �生大治2（1127）年 ㊬建久3（1192）年）
古典人学（後白河法皇　ごしらかわほうおう）
古典人東（後白河院　ごしらかわいん）
人物伝承（後白河院　ごしらかわいん �生大治2（1127）年 ㊬建久3（1192）年）
説話伝説（後白河天皇　ごしらかわてんのう �生大治2（1127）年 ㊬建久3（1192）年）〔像〕
伝奇伝説（後白河天皇　ごしらかわてんのう ㊺大治2（1127）年 ㊬建久3（1192）年）〔像〕

小四郎　こしろう
歌舞伎演目『近江源氏先陣館』に登場する、佐々木高綱の子。
¶歌舞伎登（小四郎　こしろう）

小次郎冠者　こじろうかじゃ
高句麗（朝鮮）の伝説上の王子。
¶日本人名（小次郎冠者　こじろうかじゃ）

小次郎法師　こじろうほうし
泉鏡花作『草迷宮』（1908）に登場する、僧。
¶架空人日（小次郎法師　こじろうほうし）

コシンプ
アイヌの変幻自在の魔物。
¶神仏辞典（コシンプ）
全国妖怪（コシンプ〔北海道〕）
妖怪事典（コシンプ）
妖怪大事典（コシンプ）〔像〕

牛頭　ごず
仏教の地獄で、鉄杖を持って罪人を苦しめる鬼。馬頭と一組で語られる。
¶幻想動物（牛頭／馬頭）〔像〕

梢　こずえ
歌舞伎演目『梶原平三誉石切』に登場する、青貝師六郎太夫の娘で、真田文蔵の許婚。
¶歌舞伎登（梢　こずえ）

小周防　こずおう
歌舞伎演目『頼朝の死』に登場する、源頼朝の死の謎に関わる鎌倉御所の女房。
¶歌舞伎登（小周防　こずおう）

考祖加那志　こすがなし
南島でコス（考祖）は祖霊で、人間に禍をもたらす悪神悪霊と考えられる。加那志は敬称。
¶神仏辞典（考祖加那志　コスガナシ）

小杉十五郎　こすぎじゅうごろう
池波正太郎作『仕掛人・藤枝梅安』の登場人物。
¶時代小説（小杉十五郎　こすぎじゅうごろう）

伍助　ごすけ
城昌幸作『若さま侍捕物手帖』の登場人物。
¶時代小説（伍助　ごすけ）

小助　こすけ
歌舞伎演目『新版歌祭文』に登場する、油屋の手代。
¶歌舞伎登（小助　こすけ）

後朱雀天皇　ごすざくてんのう
第69代天皇。病や崩御に関した逸話が多い。
¶説話伝説（後朱雀天皇　ごすざくてんのう ㊺寛弘6（1009）年 ㊬寛徳2（1045）年）
伝奇伝説（後朱雀天皇　ごすざくてんのう ㊺寛弘6（1009）年 ㊬寛徳2（1045）年）

牛頭天王　ごずてんのう
京都祇園社（八坂神社）の祭神。もとはインドの祇園精舎の守護神。
¶朝日歴史（牛頭天王　ごずてんのう）
架空伝承（牛頭天王　ごずてんのう）
神様読解（牛頭天王　ごずてんのう）〔像〕
新潮日本（牛頭天王　ごずてんのう）

神仏辞典　（牛頭天王　ごずてんのう）
説話伝説　（牛頭天王　ごずてんのう）
世百新　（牛頭天王　ごずてんのう）
大辞林3　（牛頭天王　ごずてんのう）
東洋神名　（牛頭天王　ゴズテンノウ）〔像〕
日本人名　（牛頭天王　ごずてんのう）
仏尊事典　（牛頭天王　ごずてんのう）〔像〕

許豆乃神　こずのかみ
出雲国楯縫郡式内社九社の許豆社、『延喜式』の許豆神社の祭神。
¶神仏辞典　（許豆乃神・許豆神　こずのかみ）

木積神　こずみのかみ
丹後国与謝郡の木積神社の祭神。
¶神仏辞典　（木積神　こずみのかみ）

小瀬　こせ
近路行者（都賀庭鐘）作『英草紙』の登場人物。堺の郡代・茅渟官平の妻。情夫の権藤太と共謀して夫を殺害。
¶古典人学　（小瀬　こせ）

小関十太夫　こせきじゅうだゆう
藤沢周平作『隠し剣孤影抄』の登場人物。
¶時代小説　（小関十太夫　こせきじゅうだゆう）

小瀬源内　こせげんない
会津藩兵法師範。五味康祐作『柳生武芸帳』の登場人物。
¶時代小説　（小瀬源内　こせげんない）

許世都比古命神　こせつひこのみことのかみ
大和国高市郡の許世都比古命神社の祭神。
¶神仏辞典　（許世都比古命神　こせつひこのみことのかみ）

巨勢の皆女　こせのあため
『日本霊異記』に登場する、仏道を信じたために悪性の病が平癒したという話の主人公。
¶架空人日　（巨勢の皆女　こせのあため）

許勢小柄宿禰　こせのおがらのすくね
建内宿禰の子。
¶神様読解　（許勢小柄宿禰　こせのおがらのすくね）

巨勢金岡　こせのかなおか
9世紀後半の宮廷画家。巨勢派の始祖。『古今著聞集』などに逸話がある。
¶架空伝承　（巨勢金岡　こせのかなおか　生没年不詳）
神仏辞典　（巨勢金岡　こせのかなおか）
伝奇伝説　（巨勢の金岡　こせのかなおか　生没年未詳）

巨勢公望　こせのきんもち
『古今著聞集』にみえる平安時代中期の画家。
¶日本人名　（巨勢公望　こせのきんもち　生没年未詳）

巨勢弘高　こせのひろたか
平安時代の画家。『今昔物語集』『古今著聞集』で地獄の絵を描いた説話がある。
¶説話伝説　（巨勢弘高　こせのひろたか　生没年未詳）
伝奇伝説　（巨勢弘高　こせのひろたか　生没年未詳）

巨勢山坐石椋孫神　こせのやまにますいわくらひこのかみ
大和国高市郡の巨勢山坐石椋孫神社の祭神。
¶神仏辞典　（巨勢山坐石椋孫神　こせのやまにますいわくらひこのかみ）

巨勢山口神　こせのやまのくちのかみ
大和国葛上郡の巨勢山口神社の祭神。
¶神仏辞典　（巨勢山口神　こせのやまのくちのかみ）

瞽女の幽霊　ごぜのゆうれい
江戸時代、武士に殺されたごぜの幽霊。
¶妖怪大鑑　（ごぜの幽霊）〔像〕
妖怪大事典　（瞽女の幽霊　ごぜのゆうれい）〔像〕

巨勢博士　こせはかせ
坂口安吾作『不連続殺人事件』（1948）に登場する探偵。
¶架空人日　（巨勢博士　こせはかせ）
名探偵日　（巨勢博士　こせはくし）

狐仙　こせん
中国と日本の民間伝承における狐の精霊。
¶世妖精妖怪　（フ・シェン〔狐仙〕）

小せん　こせん
歌舞伎演目『義経千本桜』に登場する、いがみの権太の女房。
¶歌舞伎登　（小せん　こせん）

古戦場火　こせんじょうのひ
鳥山石燕の『今昔画図続百鬼』に描かれた怪火。
¶幻想動物　（古戦場火）〔像〕
妖怪事典　（コセンジョウノヒ）
妖怪大全　（古戦場火　こせんじょうび）〔像〕
妖怪大事典　（古戦場火　こせんじょうのひ）〔像〕

五蔵　ごぞう
上田秋成作の読本『春雨物語』（1808）の「死首（死骨）の咲顔」に登場する男。
¶架空人日　（五蔵　ごぞう）

小僧狸　こぞうだぬき
徳島県麻植郡学島村でいう化け狸。
¶全国妖怪　（コゾウダヌキ〔徳島県〕）
妖怪事典　（コゾウダヌキ）
妖怪大事典　（小僧狸　こぞうだぬき）

小僧長松　こぞうちょうまつ
歌舞伎演目『青砥稿花紅彩画』に登場する、呉服屋浜松屋の「お茶番」の小僧。

¶歌舞伎登（小僧長松　こぞうちょうまつ）

こそこそ岩　こそこそいわ
岡山県の御津郡円城村（現・津島市加茂川町）にある岩の音の怪。
¶神仏辞典　（こそこそ岩　こそこそいわ）
全国妖怪　（コソコソイワ　[岡山県]）
妖怪事典　（コソコソイワ）
妖怪大全　（こそこそ岩　こそこそいわ）〔像〕
妖怪大事典　（こそこそ岩　こそこそいわ）〔像〕

許曾志神　こそしのかみ
出雲国秋鹿郡内社10社の許曾志社、『延喜式』の許曾志神社の祭神。
¶神仏辞典　（許曾志神　こそしのかみ）

子育て幽霊　こそだてゆうれい
胎児を宿したまま死んだ妊婦が、埋葬後に墓地で出産し、生まれた子を育てる幽霊のこと。
¶神仏辞典　（子育て幽霊　こそだてゆうれい）
神話伝説　（子育幽霊　こそだてゆうれい）
説話伝説　（子育て幽霊　こそだてゆうれい）
伝奇伝説　（子育て幽霊　こそだてゆうれい）
妖怪事典　（コソダテユウレイ）
妖怪大事典　（子育て幽霊　こそだてゆうれい）〔像〕

小袖の手　こそでのて
小袖の袖口から出てきた、女の手のような白いもの。
¶妖怪事典　（コソデノテ）
妖怪大全　（小袖の手　こそでのて）〔像〕
妖怪大事典　（小袖の手　こそでのて）〔像〕
妖百4　（小袖の手　こそでのて）

五大虚空蔵菩薩　ごだいこくうぞうぼさつ
虚空蔵菩薩が三昧に入って五智を開く様相を五体の菩薩像で表した仏。
¶神仏辞典　（五大虚空蔵菩薩　ごだいこくうぞうぼさつ）

後醍醐天皇　ごだいごてんのう
第96代に数えられる天皇。在位1318-1339年。後宇多天皇の第2皇子。怨霊化した姿が『太平記』にみえる。
¶架空人日　（後醍醐天皇　ごだいごてんのう）
架空伝承　（後醍醐天皇　ごだいごてんのう　㊤正応1（1288）年　㊦延元1/暦応2（1339）年）
奇談逸話　（後醍醐天皇　ごだいごてんのう　㊤正応1（1288）年　㊦延元1/暦応2（1339）年）
古典人学　（後醍醐天皇　ごだいごてんのう）
古典人東　（後醍醐天皇　ごだいごてんのう）
神仏辞典　（後醍醐天皇　ごだいごてんのう　㊤1288年　㊦1339年）
人物辞典　（後醍醐天皇　ごだいごてんのう　㊤正応1（1288）年　㊦延元1/暦応2（1339）年）〔像〕
説話伝説　（後醍醐天皇　ごだいごてんのう　㊤正応1（1288）年　㊦暦応2/延元4（1339）年）
伝奇伝説　（後醍醐天皇　ごだいごてんのう　㊤正応1（1288）年　㊦延元4（1339）年）〔像〕

五代才助　ごだいさいすけ
薩摩藩士。司馬遼太郎作『竜馬がゆく』の登場人物。
¶時代小説　（五代才助　ごだいさいすけ）

五大三郎　ごだいさぶろう
江戸の顔見世狂言で「小町」の世界に登場する人物。
¶歌舞伎登　（五大三郎　ごだいさぶろう）

小大進　こだいじん
平安時代の歌人。平安時代末期の菅原在良の女。石清水別当光清の妻。歌徳説話が多く『今物語』に説話がある。
¶説話伝説　（小大進　こだいじん　生没年未詳）
伝奇伝説　（小大進　こだいじん　生没年未詳）

小大進　こだいじん
平安時代中期の三十六歌仙の一人。紫式部などと並び称される才女。
¶伝奇伝説　（小大進　こだいじん　生没年未詳）

小大進　こだいじん
平安時代末期の人。今様の名手として『梁塵秘抄口伝集』に登場。
¶伝奇伝説　（小大進　こだいじん　生没年未詳）

五大尊明王　ごだいそんみょうおう
五大尊、五大明王といわれ、密教で信仰される。不動尊を中央、降三世明王、大威徳明王、軍荼利明王、金剛夜叉明王を東西南北に配す。
¶神仏辞典　（五大尊明王　ごだいそんみょうおう）
仏尊辞典　（五大明王　ごだいみょうおう）

五体面　ごたいめん
熊本県八代市の松井家に伝わる『百鬼夜行絵巻』に描かれているもの。
¶妖怪事典　（ゴタイメン）
妖怪大鑑　（五体面　ごたいめん）〔像〕
妖怪大事典　（五体面　ごたいめん）〔像〕

五大力菩薩　ごだいりきぼさつ
仏、法、僧の三宝を護持し、鎮護国家の修法の本尊となる五尊の菩薩のこと。
¶広辞苑6　（五大力菩薩　ごだいりきぼさつ）
神仏辞典　（五大力菩薩　ごだいりきぼさつ）
大辞林3　（五大力菩薩　ごだいりきぼさつ）
東洋神名　（五大力菩薩　ゴダイリキボサツ）〔像〕
仏尊辞典　（五大力菩薩　ごだいりきぼさつ）〔像〕

小谷芙美　こたにふみ
灰谷健次郎の児童文学『兎の眼』の主人公。
¶児童登場　（小谷先生）
日本人名　（小谷芙美　こたにふみ）

コタネチクチク　モシレチクチク
アイヌの日の神をさらって閉じ込め、この世を闇にしたという魔物。

木霊　こだま
年を経た樹木に宿るとされる木の精霊。
¶幻想動物（木霊）〔像〕
　広辞苑6（木霊・谺　こだま）
　世百新（木霊　こだま）
　水木妖怪続（木霊　こだま）〔像〕
　妖怪事典（コダマ）
　妖怪大全（木霊　こだま）〔像〕
　妖怪大事典（木霊　こだま）〔像〕
　妖百1（木霊　こだま）〔像〕

コダマネズミ
秋田県北秋田郡で猟師たちが山中で出会うという不思議な鼠の一種。
¶幻想動物（コダマネズミ）〔像〕
　妖怪事典（コダマネズミ）
　妖怪大事典（小玉鼠　こだまねずみ）

ゴタロ
徳島県美馬郡でいう河童。
¶妖怪事典（ゴタロ）

ゴータロ
京都地方でいう河童。
¶妖怪事典（ゴータロ）

ゴータロー
長崎県彼杵地方でいう河童。
¶妖怪事典（ゴータロー）

小太郎　こたろう
歌舞伎演目『菅原伝授手習鑑』に登場する、松王丸の子。
¶歌舞伎登（小太郎　こたろう）

小太郎　こたろう
半村良作『妖星伝』の登場人物。
¶時代小説（小太郎　こたろう）

コタンカラカムイ
アイヌの国造りの神。
¶神仏辞典（コタンカラカムイ）

コタンコロカムイ
アイヌの村人の生活を守るフクロウの神。
¶神文化史（コタンコロカムイ）

巨旦将来　こたんしょうらい
歌舞伎演目『日本振袖始』に登場する、食保の長の二人の息子の長男。
¶歌舞伎登（巨旦将来　こたんしょうらい）

コチウツナシュグル
アイヌ語で早瀬の男という意味の激流にいる魔。
¶妖怪事典（コチウツナシュグル）

¶神仏辞典（コタネチクチク　モシレチクチク）

五智如来　ごちにょらい
大日如来が備えている五つの智徳を、五尊の如来に当てはめたもの。
¶神仏辞典（五智如来　ごちにょらい）
　東洋神名（五智如来　ゴチニョライ）〔像〕
　仏尊事典（五智如来　ごちにょらい）〔像〕

小中将の君　こちゅうじょうのきみ
『今昔物語集』に登場する女房。燈火の炎の中にそっくりの女の姿が見えたが、女房たちがそのまま掻き落としてしまい、この後病気になって死んでしまった。
¶架空人日（小中将の君　こちゅうじょうのきみ）

胡蝶　こちょう
歌舞伎演目『土蜘』に登場する侍女。
¶歌舞伎登（胡蝶　こちょう）

五丁　ごちょう
常磐津の『年増』で主人公に呼び止められる太鼓持ち。
¶歌舞伎登（五丁　ごちょう）

小蝶　こちょう
歌舞伎演目『関八州繋馬』に登場する、平将門の遺娘で、将軍太郎良門の妹。
¶歌舞伎登（小蝶　こちょう）

胡蝶の精　こちょうのせい
歌舞伎演目『春興鏡獅子』に登場する、牡丹の花に舞い遊ぶ蝶を擬人化したもの。
¶歌舞伎登（胡蝶の精　こちょうのせい）

ゴッコ
関東、新潟県地方でいう妖怪の児童語。
¶妖怪事典（ゴッコ）

ゴッコメ
茨城県地方でいう妖怪の児童語。
¶妖怪事典（ゴッコメ）

ごったい火　ごったいび
三重県阿山郡で鬼火のこと。
¶神仏辞典（ごったい火　ごったいび）
　全国妖怪（ゴッタイビ〔三重県〕）
　妖怪事典（ゴッタイビ）

こっぱの権　こっぱのごん
歌舞伎演目『夏祭浪花鑑』に登場する、二人組の小悪党その一。
¶歌舞伎登（こっぱの権）

こっぱの権助　こっぱのごんすけ
歌舞伎演目『謎帯一寸徳兵衛』に登場する、貸し物屋の手代。
¶歌舞伎登（こっぱの権助）

こ

小鶴　こつる
井原西鶴作の浮世草子『本朝二十不孝』(1686)巻一の第三「跡の剥たる娌入長持」の主人公。
¶架空人日（小鶴　こつる）

虎徹　こてつ
江戸初期の刀鍛冶。
¶伝奇伝説（虎徹　こてつ ㊣慶長10(1605)年? ㊝延宝6(1678)年）

小天狗正作　こてんぐしょうさく
河竹黙阿弥作の歌舞伎『縮屋新助』(1860年初演)に登場する、小天狗と異名をとる町道場の先生。
¶架空人日（小天狗正作　こてんぐしょうさく）

小天狗要次郎　こてんぐようじろう
歌舞伎演目『水天宮利生深川』に登場する、強盗で、吉原千歳楼の小雛と深い仲。
¶歌舞伎登（小天狗要次郎　こてんぐようじろう）

小伝次　こでんじ
上田秋成作の読本『春雨物語』(1808)の「捨石丸」に登場する長者の跡取り。
¶架空人日（小伝次　こでんじ）

別天神　ことあまつかみ
『古事記』上巻で、最初に高天原に化成した神々。
¶広辞苑6（別天神　ことあまつかみ）
神仏辞典（別天神　ことあまつかみ）

事忌神　こといみのかみ
伊勢国奄芸郡の事忌神社の祭神。
¶神仏辞典（事忌神　こといみのかみ）

古藤義一　ことうぎいち
有島武郎作『或る女』(1919)の主人公の婚約者木村の2年後輩の青年。
¶架空人日（古藤義一　ことうぎいち）

後藤艮山　ごとうこんざん
幕末の医家。吉村昭作『日本医家伝』の登場人物。
¶時代小説（後藤艮山　ごとうこんざん）

小藤次　ことうじ
直木三十五作『南国太平記』の登場人物。
¶時代小説（小藤次　ことうじ）

後藤象二郎　ごとうしょうじろう
土佐藩仕置家老。司馬遼太郎作『竜馬がゆく』の登場人物。
¶時代小説（後藤象二郎　ごとうしょうじろう）

孤堂先生　こどうせんせい
夏目漱石作『虞美人草』(1907)に登場する教師。
¶架空人日（孤堂先生　こどうせんせい）

小藤太　ことうだ
説話集『宇治拾遺物語』に登場する、右大臣源雅定の子(養子)の大納言定房に仕えていた侍。
¶架空人日（小藤太　ことうだ）

五斗兵衛　ごとうびょうえ
歌舞伎演目『義経腰越状』に登場する目貫師。
¶歌舞伎登（五斗兵衛　ごとうびょうえ）〔像〕

後藤又兵衛　ごとうまたべえ
織豊政権期の武将。実録本や講釈などで快男子として語られた。
¶架空人日（後藤又兵衛　ごとうまたびょうえ）
架空伝承（後藤又兵衛　ごとうまたべえ ㊣永禄3(1560)年 ㊝元和1(1615)年）〔像〕
歌舞伎登（後藤又兵衛　ごとうまたべえ）
奇談逸話（後藤又兵衛基次　ごとうまたべいもとつぐ ㊣永禄3(1560)年 ㊝元和1(1615)年）
説話伝説（後藤又兵衛　ごとうまたべえ ㊣? ㊝元和1(1615)年）
伝奇伝説（後藤又兵衛　ごとうまたべえ ㊣永禄3(1560)年 ㊝元和1(1615)年）

小邑刀自神　ことうめのかみ
『日本文徳天皇実録』に所出。造酒司に坐す神。
¶神仏辞典（小邑刀自神　ことうめのかみ）

琴浦　ことうら
歌舞伎演目『夏祭浪花鑑』に登場する、堺乳守の遊女。
¶歌舞伎登（琴浦　ことうら）

事勝国勝長狭　ことかつくにかつながさ
⇒塩土老翁(しおつちのおじ)

蠱毒　こどく
人を呪う術に使われる昆虫や生き物の総称。
¶幻想動物（蠱毒）〔像〕

五徳猫　ごとくねこ
化猫のようなもので、囲炉裏や火鉢のそばに寝そべり、自分で火を起こしたり人語を解す猫。
¶水木幻獣（五徳猫　ごとくねこ）〔像〕
妖怪事典（ゴトクネコ）
妖怪大全（五徳猫　ごとくねこ）〔像〕
妖怪大事典（五徳猫　ごとくねこ）〔像〕

ことこと地蔵　ことことじぞう
奈良県高市郡船倉村でいう怪異。
¶妖怪事典（コトコトジゾウ）

ことこと婆さん　ことことばあさん
村の災疫の神。
¶神仏辞典（ことこと婆さん　ことことばあさん）

事代主神　ことしろぬしのかみ
天皇を守護する託宣の神。記紀神話においては大国主神の子。母は神屋楯比売命。

¶朝日歴史（事代主神　ことしろぬしのかみ）
　架空伝承（事代主神　ことしろぬしのかみ）
　神様読解（事代主神/事代主命　ことしろぬしのか
　　み・ことしろぬしのみこと）
　広辞苑6（事代主神　ことしろぬしのかみ）
　コン5（言代主神　ことしろぬしのかみ）
　新潮日本（事代主神　ことしろぬしのかみ）
　神仏辞典（事代主神　ことしろぬしのかみ）
　神話伝説（事代主神　ことしろぬしのかみ）
　説話伝説（事代主神　ことしろぬしのかみ）
　世百新（事代主神　ことしろぬしのかみ）
　大辞林3（事代主神　ことしろぬしのかみ）
　伝奇伝説（事代主神　ことしろぬしのかみ）
　東洋神名（八重言代主神　ヤエコトシロヌシノカミ）
　　〔像〕
　日本神々（事代主神　ことしろぬしのかみ）〔像〕
　日本神様（恵比寿信仰の神々〔事代主神〕　えびす
　　しんこうのかみがみ）
　日本神様（事代主神　ことしろぬしのかみ）〔像〕
　日本人名（事代主神　ことしろぬしのかみ）
　日本神話（コトシロヌシ）

言霊　ことだま
ことばに宿る霊威。
　¶日本神話（言霊　ことだま）

事の神　ことのかみ
関東以西に広く分布している災厄神。
　¶東洋神名（事の神　コトノカミ）〔像〕

小殿平六　ことのへいろく
『古今著聞集』に記されているいたるところで賊を働いた鎌倉時代の大盗賊。
　¶説話伝説（小殿平六　ことのへいろく　生没年未詳）

己等乃真知乃神　ことのまちのかみ
遠江国佐野郡の己等乃麻知神社の祭神。
　¶神仏辞典（己等乃真知乃神・己等乃麻知神　こと
　　のまちのかみ）

任事神　ことのままのかみ
『日本文徳天皇実録』に所出。遠江国の神。
　¶神仏辞典（任事神　ことのままのかみ）

後鳥羽院　ごとばいん
第82代天皇。『新古今和歌集』の撰進を下命、承久の乱の責任者として隠岐に配流された。
　¶奇談逸話（後鳥羽上皇　ごとばじょうこう　㊤治承4
　　（1180）年　㊦延応1（1239）年）
　古典人学（後鳥羽院　ごとばいん）
　人物伝承（後鳥羽院　ごとばいん　㊤治承4（1180）
　　年　㊦延応1（1239）年）
　説話伝説（後鳥羽天皇　ごとばてんのう　㊤治承4
　　（1180）年　㊦延応1（1239）年）〔像〕
　伝奇伝説（後鳥羽天皇　ごとばてんのう　㊤治承4
　　（1180）年　㊦延応1（1239）年）
　日ミス（後鳥羽上皇　ごとばじょうこう　㊤治承4
　　（1180）年　㊦延応1（1239）年）
　日本神々（後鳥羽院　ごとばいん　㊤治承4（1180）
　　年7月14日　㊦延応1（1239）年2月22日）〔像〕
　日本神様（御霊信仰の神々〔後鳥羽天皇〕　ごりょ
　　うしんこうのかみがみ）

琴姫　ことひめ
川口松太郎作『蛇姫様』の登場人物。
　¶時代小説（琴姫　ことひめ）

琴古主　ことふるぬし
鳥山石燕の『画図百器徒然袋』に琴の妖怪として描かれたもの。
　¶妖怪事典（コトフルヌシ）
　妖怪大鑑（琴古主　ことふるぬし）〔像〕
　妖怪大事典（琴古主　ことふるぬし）〔像〕

子取りぞ　ことりぞ
島根県出雲地方でいう妖怪。
　¶全国妖怪（コトリゾ〔島根県〕）
　妖怪事典（コトリゾ）
　妖怪大事典（子取りぞ　ことりぞ）

子取り坊主　ことりぼうず
愛媛県大三島地方でいう妖怪。
　¶妖怪事典（コトリボウズ）

古奈為神　こないのかみ
播磨国多可郡の古奈為神社の祭神。
　¶神仏辞典（古奈為神　こないのかみ）

子泣き爺　こなきじじい
徳島県の山間部で爺だが、赤ん坊の泣き声をだす妖怪。
　¶神仏辞典（子泣き爺　こなきじじ）
　全国妖怪（コナキジジ〔徳島県〕）
　日ミス（子泣き爺　こなきじじい）
　妖怪事典（コナキジジイ）
　妖怪図鑑（子泣き爺　こなきじじい）〔像〕
　妖怪大全（児啼爺　こなきじじい）
　妖怪大事典（子泣き爺　こなきじじい）〔像〕
　妖百1（コナキ爺・粉挽き爺　こなきじじい・こひき
　　じじい）

児泣き婆　こなきばばあ
山田野理夫の『東北怪談の旅』に登場するもの。
　¶妖怪事典（コナキババア）
　妖怪大事典（児泣き婆　こなきばばあ）

子投げ婆　こなげばば
富山県の富山でいう道の怪。
　¶全国妖怪（コナゲババ〔富山県〕）

木梨神　こなしのかみ
播磨国賀茂郡の木梨神社の祭神。
　¶神仏辞典（木梨神　こなしのかみ）

こなみ
『大和物語』の登場人物。大和掾の本妻。
　¶古典人学（うはなり・こなみ）

小浪　こなみ
浄瑠璃『仮名手本忠臣蔵』（1748年初演）に登場する武家の娘。大星力弥の恋人。

¶架空人日（小浪　こなみ）
歌舞伎登（小浪　こなみ）

古那屋文吾兵衛　こなやぶんごべえ
曲亭馬琴作の読本『南総里見八犬伝』（1814-42）の登場人物。八犬士の一人、犬田小文吾の父。
¶架空人日（古那屋文吾兵衛　こなやぶんごべえ）

五男三女神　ごなんさんじょしん
『古事記』『日本書紀』で、天照御大神と須佐之男命（素戔嗚尊）による天の安河原での誓約で化成した神々。
¶神仏辞典（五男三女神　ごなんさんじょしん）

小西行長　こにしゆきなが
織豊時代の武将。商人出身のキリシタン大名。歌舞伎演目『三日太平記』に登場する、浪人・松下嘉平次の息子。のち行長に名を変えて秀吉に仕える。歌舞伎演目『桐一葉』「吉野山桜がり」では佐々成政の変装した奴を怪しみ、詮議する人物として登場。
¶歌舞伎登（小西行長1『三日太平記』　こにしゆきなが）
　歌舞伎登（小西行長2『桐一葉』　こにしゆきなが）
　奇談逸話（小西行長　こにしゆきなが ㊌永禄1（1558）年　㊥慶長5（1600）年）
　説話伝説（小西行長　こにしゆきなが ㊌？慶長5（1600）年）
　伝奇伝説（小西行長　こにしゆきなが ㊌？慶長5（1600）年）

己爾乃神　こにのかみ
近江国野洲郡の己尓乃神社二座の祭神。
¶神仏辞典（己爾乃神　こにのかみ）

コヌプキオトグル
アイヌ語で泥中に棲む者という意味の川岸を崩す魔。
¶妖怪事典（コヌプキオトグル）

許祢神　こねのかみ
遠江国山名郡の許祢神社の祭神。
¶神仏辞典（許祢神　こねのかみ）

此糸　こいと
江戸後期の新内節・歌舞伎・人情本等に登場する遊女。
¶架空人日（此糸　こいと）
　歌舞伎登（此糸　こいと）
　コン5（此糸・蘭蝶　こいと・らんちょう）
　説話伝説（此糸蘭蝶　こいとらんちょう）
　伝奇伝説（此糸蘭蝶　こいとらんちょう）
　日本人名（此糸・蘭蝶　こいと・らんちょう）

此糸　こいと
泡坂妻夫作『宝引の辰捕者帳』の登場人物。
¶時代小説（此糸　こいと）

此下東吉　このしたとうきち
歌舞伎演目『祇園祭礼信仰記』『木下蔭狭間合戦』に登場する人物。小田春永の家臣。モデルは豊臣秀吉。
¶歌舞伎登（此下東吉1『祇園祭礼信仰記』　このしたとうきち）〔像〕
　歌舞伎登（此下当吉2『木下蔭狭間合戦』　このしたとうきち）

木嶋坐天照御魂神　このしまにますあまてらすみたまのかみ
山城国葛野郡の木嶋坐天照御魂神社の祭神。木嶋神と同一とされる。
¶神仏辞典（木嶋坐天照御魂神　このしまにますあまてらすみたまのかみ）
　神仏辞典（木嶋神　このしまのかみ）

己乃須美神　このすみのかみ
越前国坂井郡の己乃須美神社の祭神。
¶神仏辞典（己乃須美神　このすみのかみ）

木野神　こののかみ
若狭国三方郡の木野神社の祭神。
¶神仏辞典（木野神　こののかみ）

許野乃兵主神　こののひょうすのかみ
因幡国巨濃郡の許野乃兵主神社の祭神。
¶神仏辞典（許野乃兵主神　こののひょうすのかみ）

木の葉天狗　このはてんぐ
大天狗の手下といわれる天狗の一種。烏天狗と同じ姿。
¶幻想動物（木の葉天狗）〔像〕
　世怪物神獣（木の葉天狗）
　全国妖怪（コノハテング〔静岡県〕）
　妖怪事典（コノハテング）
　妖怪大全（木葉天狗　このはてんぐ）〔像〕
　妖怪大事典（木葉天狗　このはてんぐ）〔像〕

木花知流比売命　このはなちるひめのみこと
大山津見神の娘。
¶神様読解（木花知流比売命　このはなちるひめのみこと）
　日本人名（木花知流比売　このはなちるひめ）

木花開耶姫　このはなのさくやびめ
日本神話で、大山祇神の娘。瓊瓊杵尊の子を一夜にして懐妊する。
¶朝日歴史（木花開耶姫　このはなのさくやびめ）
　アジア女神（木花之佐久夜毘売・木花開耶姫　このはなのさくやびめ）〔像〕
　架空人日（木花之佐久夜毘売　このはなのさくやびめ）
　架空伝承（木花開耶姫　このはなのさくやびめ）〔像〕
　神様読解（木花開耶媛命・岩長媛命　このはなさくやひめのみこと・いわながひめのみこと）
　神様読解（木花之佐久夜毘売命／木花開耶媛命／神阿多都比売命／豊吾田津媛命／神吾田鹿葦津姫命　このはなのさくやひめのみこと・このはなさくやひめのみこと・かみあたつひめのみこと・とよあたつひめ

のみこと・かみあたかあしつひめのみこと)〔像〕
神文化史(コノハナノサクヤビメ(木花之佐久夜毘売、木花開耶姫))
広辞苑6(木花之開耶姫・木花之佐久夜毘売 このはなのさくやびめ)
コン5(木花之佐久夜毘売 このはなのさくやひめ)
新潮日本(木花開耶姫 このはなさくやひめ)
神仏辞典(神吾田鹿葦津姫 かむあだかあしづひめ)
神仏辞典(木花之佐久夜毘売 このはなのさくやびめ)
神話伝説(木花之佐久夜毘売 このはなのさくやびめ)
説話伝説(木花開耶姫 このはなのさくやひめ)
世百新(木花開耶姫 このはなのさくやびめ)
大辞林3(木花開耶姫 このはなのさくやびめ)
伝奇伝説(木花之佐久夜毘売 このはなのさくやびめ)
東洋神名(木花之佐久夜毘売命 コノハナノサクヤヒメノミコト)〔像〕
日本神々(木花之佐久夜毘売 このはなのさくやびめ)〔像〕
日本神様(浅間信仰の神〔木花之佐久夜毘売命〕 あさましんこうのかみ)
日本人名(木花開耶姫 このはなさくやひめ)
日本神話(コノハナノサクヤビメ)

木の葉の峰蔵 このはのみねぞう
歌舞伎演目『都鳥廓白浪』に登場する、傾城花子実は盗賊天狗小僧霧太郎の子分。
¶歌舞伎登(木の葉の峰蔵 このはのみねぞう)

此兵衛 このべえ
歌舞伎演目『今様須磨の写絵』に登場する、須磨の浦の船頭。
¶歌舞伎登(此兵衛 このべえ)

蚕の宮さあ このみやさあ
九州南部における蚕の神。
¶神仏辞典(蚕の宮さあ このみやさあ)

此村大炊之助 このむらおおいのすけ
歌舞伎演目『楼門五三桐』に登場する、もと大明十二代神宗皇帝の左将軍宋蘇卿。
¶歌舞伎登(此村大炊之助 このむらおおいのすけ)

許波伎神 こはきのかみ
若狭国遠敷郡の許波伎神社の祭神。
¶神仏辞典(許波伎神 こはきのかみ)

小橋の利助 こばしのりすけ
井原西鶴作の浮世草子『日本永代蔵』(1688)巻四「茶の十徳も一度に皆」の主人公。
¶架空人日(小橋の利助 こばしのりすけ)
古典人東(小橋の利助 こばしのりすけ)

小幡小平次 こはだこへいじ
江戸後期、初世尾上松助門下の旅役者と思われる人物。「小平次物」として読本や歌舞伎に描かれた。
¶架空伝承(小幡小平次 こはだこへいじ 生没年不詳)〔像〕
歌舞伎登(小幡小平次 1『彩入御伽草』 こはだこへいじ)
歌舞伎登(小幡小平次 2『生きてゐる小平次』 こはだこへいじ)
新潮日本(小幡小平次 こばたこへいじ)
説話伝説(小幡小平次 こはたこへいじ)
大辞林3(小幡小平次 こばたこへいじ)
伝奇伝説(木幡小平次 こはだこへいじ)
日本人名(小幡小平次 こはだこへいじ)

許波多神 こはたのかみ
山城国宇治郡の許波多神社三座の祭神。
¶神仏辞典(許波多神 こはたのかみ)

ごはっすん
動物(蛇)の妖怪。三重県でツチノコのこと。
¶神仏辞典(ごはっすん)

小花 こばな
永井荷風作『おかめ笹』(1920)に登場する芸妓。
¶架空人日(小花 こばな)

小早川隆景 こばやかわたかかげ
毛利元就の三男。
¶奇談逸話(小早川隆景 こばやかわたかかげ [生]天文2(1533)年 [没]慶長2(1597)年)
説話伝説(小早川隆景 こばやかわたかかげ [生]天文2(1533)年 [没]慶長1(1596)年)

小林 こばやし
夏目漱石作『明暗』(1916)の主人公津田の友人。
¶架空人日(小林 こばやし)

小林一茶 こばやしいっさ
⇒一茶(いっさ)

小林少年 こばやししょうねん
江戸川乱歩作『怪人二十面相』に登場する、明智小五郎の助手。
¶架空人日(小林少年 こばやししょうねん)
架空伝説(小林少年 こばやししょうねん)
児童登場(小林少年)

小林太郎左衛門 こばやしたろうざえもん
廻船問屋の主人。吉川英治作『宮本武蔵』の登場人物。
¶時代小説(小林太郎左衛門 こばやしたろうざえもん)

小林平内 こばやしへいない
歌舞伎演目『東海道四谷怪談』に登場する、高野家の家臣。
¶歌舞伎登(小林平内 こばやしへいない)

小林平八郎 こばやしへいはちろう
歌舞伎演目『仮名手本忠臣蔵』に登場する、吉良の用人、上杉家の付け人。
¶歌舞伎登(小林平八郎 こばやしへいはちろう)

小春　こはる

近松門左衛門の浄瑠璃『心中天の網島』の主人公。曽根崎新地の遊女。

¶**朝日歴史**（小春・治兵衛　こはる・じへえ）
架空人日（小春　こはる）
架空伝説（小春・治兵衛　こはる・じへえ）〔像〕
歌舞伎登（小春　こはる）
広辞苑6（小春治兵衛　こはる・じへえ）
コン5（小春・治兵衛　こはる・じへえ）
新潮日本（小春・治兵衛　こはる・じへえ）
説話伝説（小春治兵衛　こはるじへい）
大辞林3（小春・治兵衛　こはる・じへえ）
伝奇伝説（小春治兵衛　こはる）
日本人名（小春・治兵衛　こはる・じへえ）

小春吉五郎　こはるきちごろう

柴田錬三郎作『眠狂四郎無頼控』の登場人物。

¶**時代小説**（小春吉五郎　こはるきちごろう）

「小判は寝姿の夢」の亭主　こばんはねすがたのゆめのていしゅ

井原西鶴作の浮世草子『世間胸算用』(1692) 巻三の三「小判は寝姿の夢」の主人公。親からの財産を使い果たし、江戸を離れ伏見の里にひっそり暮らす男。

¶**架空人日**（「小判は寝姿の夢」の男　こばんはねすがたのゆめのおとこ）
古典人学（「小判は寝姿の夢」の亭主　こばんはねすがたのゆめのていしゅ）
古典人東（さる貧者　さるひんじゃ）

小比叡神　こひえのかみ

『日本三代実録』に所出。近江国の神。

¶**神仏辞典**（小比叡神　こひえのかみ）

粉挽き爺　こひきじじい

四国の妖怪。山中で粉をひく音を出す。

¶**妖百1**（コナキ爺・粉挽き爺　こなきじじい・こひきじじい）

小人　こびと

神話や伝説、昔話などに登場する体の小さい人、もしくは神。

¶**広辞苑6**（小人　こびと）
世百新（小人　こびと）
大辞林3（小人　こびと）
日本未確認（小人）

五百羅漢　ごひゃくらかん

釈迦没後、第一結集、または第四結集に集まった、五百人の阿羅漢。

¶**広辞苑6**（五百羅漢　ごひゃくらかん）
大辞林3（五百羅漢　ごひゃくらかん）
仏尊事典（五百羅漢　ごひゃくらかん）〔像〕

ごひんさま

山の妖怪。新潟県岩船郡朝日村布部で天狗のこと。

¶**神仏辞典**（ごひんさま）
妖怪事典（ゴヒンサマ）

後深草院　ごふかくさいん

後深草院二条作『とはずがたり』の登場人物。上皇。父は後嵯峨院、母は西園寺実氏の娘。

¶**古典人東**（後深草院　ごふかくさいん）

後深草院二条　ごふかくさいんのにじょう

『とはずがたり』の作者で貴族。父は大納言久我雅忠、母は四条隆親の娘。4歳の時から後深草院に引き取られ、のち父との密約によって、院の愛人となる。

¶**架空伝説**（後深草院二条　ごふかくさいんのにじょう）
奇談逸話（後深草院二条　ごふかくさいんにじょう　[生]正嘉2(1258)年　[没]?）
古典人東（二条（後深草院二条）　にじょう）
説話伝説（後深草院二条　ごふかくさいんのにじょう　[生]正嘉2(1258)年　[没]?）

呉服屋重兵衛　ごふくやじゅうべえ

歌舞伎演目『伊賀越道中双六』に登場する、「伊賀越の仇討ち」の外伝として創作された人物。

¶**歌舞伎登**（呉服屋重兵衛　ごふくやじゅうべえ）

呉服屋忠助　ごふくやちゅうすけ

井原西鶴作の浮世草子『日本永代蔵』(1688) 巻三「紙子身代の破れ時」の主人公。

¶**架空人日**（呉服屋忠助　ごふくやちゅうすけ）

小房の粂八　こぶさのくめはち

池波正太郎作『鬼平犯科帳』の登場人物。

¶**時代小説**（小房の粂八　こぶさのくめはち）

小藤　こふじ

歌舞伎演目『仏母摩耶山開帳』に登場する、もと、太夫高尾。遣り手小藤。

¶**歌舞伎登**（小藤　こふじ）

瘤取爺　こぶとりじい

昔話に登場する、頬にこぶのある爺。

¶**架空人日**（瘤取爺さん　こぶとりじいさん）
架空伝承（瘤取爺　こぶとりじい）
神話伝説（瘤取爺　こぶとりじじい）
説話伝説（瘤取爺　こぶとりじい）
伝奇伝説（瘤取爺　こぶとりじい）
日本人名（瘤取り爺　こぶとりじじい）

瘤取り翁　こぶとりのおきな

説話集『宇治拾遺物語』に登場する人物。顔に大きなこぶのある翁。

¶**架空伝説**（瘤取り翁　こぶとりのおきな）
古典人学（鬼にこぶを取られた翁　おににこぶをとられたおきな）

小鮒の源五郎　こふなのげんごろう

歌舞伎演目『艶競石川染』に登場する、石川五右衛門の手下の名。

¶**歌舞伎登**（小鮒の源五郎　こふなのげんごろう）

来振神 こぶりのかみ
美濃国大野郡の来振神社の祭神。
¶ 神仏辞典（来振神　こぶりのかみ）

伍平 ごへい
新宮正春作『芭蕉庵捕物帳』の登場人物。
¶ 時代小説（伍平　ごへい）

小平次 こへいじ
読本『復讐奇談安積沼』に登場する人物。
¶ 架空伝説（小平次　こへいじ）〔像〕

小平治 こへいじ
宮部みゆき作『ぼんくら』の登場人物。
¶ 時代小説（小平治　こへいじ）

首様 こーべさま
東京都三宅島首山でいう妖怪。
¶ 幻想動物（首様）〔像〕
　妖怪事典（コーベサマ）

許部神 こべのかみ
遠江国敷智郡の許部神社の祭神。
¶ 神仏辞典（許部神　こべのかみ）

子部神 こべのかみ
大和国十市郡の子部神社二座の祭神。
¶ 神仏辞典（子部神　こべのかみ）

コペル君 こぺるくん
吉野源三郎作『君たちはどう生きるか』(1937)に登場する中学生。本名は本田潤一。
¶ 架空人日（コペル君　こぺるくん）
　児童登場（コペルくん）

コペル君のお母さん こぺるくんのおかあさん
吉野源三郎作『君たちはどう生きるか』(1937)の主人公の母。
¶ 架空人日（コペル君のお母さん　こぺるくんのおかあさん）

コペル君の叔父さん こぺるくんのおじさん
吉野源三郎作『君たちはどう生きるか』(1937)の主人公コペル君のよき理解者。
¶ 架空人日（コペル君の叔父さん　こぺるくんのおじさん）

小弁 こべん
華岡青洲の娘。有吉佐和子作『華岡青洲の妻』の登場人物。
¶ 時代小説（小弁　こべん）

護法 ごほう
仏法に帰依して三宝を守護する神霊・鬼神の類。狭義では、密教の高僧や修験道の行者・山伏たちの使役する神霊・鬼神。護法童子と呼ばれる。
¶ 架空伝承（護法　ごほう）

広辞苑6（護法　ごほう）

湖坊主 こぼうず
茨城県霞ヶ浦でいう妖怪。
¶ 妖怪事典（コボウズ）

小坊主 こぼうず
宇和島の家にいる、坊主頭をした子供の妖怪。
¶ 水木妖怪続（小坊主　こぼうず）〔像〕
　妖怪大全（小坊主　こぼうず）〔像〕
　妖怪大事典（小坊主　こぼうず）〔像〕

小坊主 こぼうず
宮崎県加久藤村でいう河童。
¶ 妖怪事典（コボウズ）
　妖怪大事典（小坊主　こぼうず）〔像〕

護法善神 ごほうぜんじん
仏法を守護する神のこと。
¶ 広辞苑6（護法善神　ごほうぜんじん）
　神仏辞典（護法善神　ごほうぜんじん）

護法童子 ごほうどうじ
仏教守護のために高僧・修験者など法力ある人に随伴し、これを導く一方使役に服した精霊の一種。
¶ 幻想動物（護法童子）〔像〕
　広辞苑6（護法童子　ごほうどうじ）
　神仏辞典（護法童子　ごほうどうじ）

古木 こぼく
魂をもった古い木。
¶ 水木幻獣（古木　こぼく）〔像〕

古木の怪 こぼくのかい
佐渡の相川雲子番屋の役人梶太郎右衛門の家にあった古木の精がなしたもの。
¶ 水木妖怪（古木の怪　こぼくのかい）〔像〕

コボシ
三重県の鳥羽・志摩地方の海底に棲むといわれる河童の一種。
¶ 幻想動物（コボシ）〔像〕
　全国妖怪（コボシ〔三重県〕）
　妖怪事典（コボシ）
　妖怪大事典（小法師　こぼし）〔像〕

こぼっち
山または水の妖怪。静岡県遠江地方では、河童の劫を経たもの。
¶ 神仏辞典（こぼっち）
　全国妖怪（コボッチ〔静岡県〕）
　妖怪事典（コボッチ）
　妖怪大鑑（コボッチ）〔像〕
　妖怪大事典（コボッチ）〔像〕

小仏小平 こほとけこへい
4世鶴屋南北作の歌舞伎『東海道四谷怪談』(1825年初演)に登場する、お岩といっしょに戸板に打

ちつけられ川に流された男。
¶架空人日（小仏小平　こぼとけこへい）
歌舞伎登（小仏小平　こぼとけこへい）

小堀弥平次　こほりやへいじ
歌舞伎演目『吉様参由縁音信』に登場する、青山の旗本小堀家の養子。
¶歌舞伎登（小堀弥平次　こほりやへいじ）

狛犬　こまいぬ
神社の縁や参道の脇などに置かれていて、邪心を持つものを見張っている怪獣の総称。
¶幻想動物（狛犬）〔像〕
神仏辞典（狛犬　こまいぬ）
日本未確認（狛犬　こまいぬ）

駒井能登守　こまいのとのかみ
中里介山作『大菩薩峠』の登場人物。
¶時代小説（駒井能登守　こまいのとのかみ）

駒形根神　こまがたねのかみ
陸奥国栗原郡の駒形根神社の祭神。
¶神仏辞典（駒形根神　こまがたねのかみ）

駒形神　こまがたのかみ
牛馬の安全・災難除け、農業畜産の守護神。
¶神仏辞典（駒形神　こまがたのかみ）

駒形茂兵衛　こまがたもへえ
長谷川伸作の戯曲『一本刀土俵入』（1931）の主人公。角力取り、後に博徒。
¶架空人日（駒形茂兵衛　こまがたもへい）
架空人物（駒形茂兵衛）
架空伝承（駒形茂兵衛　こまがたもへえ）
架空伝説（駒形茂兵衛　こまがたもへえ）〔像〕
歌舞伎登（駒形茂兵衛　こまがたもへえ）
コン5（駒形茂兵衛　こまがたもへえ）
新潮日本（駒形茂兵衛　こまがたもへえ）
日本人名（駒形茂兵衛　こまがたもへえ）

小槙　こまき
歌舞伎演目『蝶の道行』に登場する、北畠家のもと家臣越野勘左衛門の妹。
¶歌舞伎登（小槙　こまき）

小槙　こまき
歌舞伎演目『伽羅先代萩』に登場する、毒薬調合をさせられたうえで殺された大場道益の妻。
¶歌舞伎登（小槙　こまき）

駒吉　こまきち
宇江佐真理作『髪結い伊三次捕物余話』の登場人物。
¶時代小説（駒吉　こまきち）

駒木根監物　こまぎねけんもつ
大佛次郎作『鞍馬天狗』の登場人物。
¶時代小説（駒木根監物　こまぎねけんもつ）

駒木根八郎　こまきねはちろう
歌舞伎演目『けいせい飛馬始』に登場する、後に大筒大五郎と名乗る砲術師。
¶歌舞伎登（駒木根八郎　こまきねはちろう）

小枕の伝八　こまくらのでんぱち
長谷川伸作『股旅新八景』に登場する人物。
¶架空伝説（小枕の伝八　こまくらのでんぱち）

駒子　こまこ
川端康成作『雪国』（1937）に登場する、新潟県の出身の芸者。
¶架空人日（駒子　こまこ）
架空人物（島村、駒子）
日本人名（駒子　こまこ）

小政　こまさ
講談『清水次郎長』に登場する、清水次郎長の子分。
¶架空人日（小政　こまさ）
架空伝説（小政　こまさ）

古麻志比古神　こましひこのかみ
能登国珠洲郡の古麻志比古神社の祭神。
¶神仏辞典（古麻志比古神　こましひこのかみ）

小町屋惣七　こまちやそうしち
浄瑠璃『博多小女郎波枕』の登場人物。
¶歌舞伎登（小松屋惣七　こまつやそうしち）
広辞苑6（小町屋惣七　こまちやそうしち）
大辞林3（小町屋惣七　こまちやそうしち）

小松一門　こまついちもん
京の小松谷に邸宅を構えて「小松の内府」と称された平重盛と、その子孫を指す総称。
¶人物伝承（小松一門　こまついちもん）

小松帯刀　こまつたてわき
薩摩藩家老。司馬遼太郎作『竜馬がゆく』の登場人物。
¶時代小説（小松帯刀　こまつたてわき）

子松神　こまつのかみ
陸奥国新田郡の子松神社、土佐国香美郡の小松神社の祭神。
¶神仏辞典（子松神・小松神　こまつのかみ）

小松屋惣七　こまつやそうしち
⇒小町屋惣七（こまちやそうしち）

許麻神　こまのかみ
河内国渋川郡の許麻神社の祭神。
¶神仏辞典（許麻神　こまのかみ）

高麗若光　こまのじゃっこう
飛鳥～奈良時代の渡来人。武蔵高麗氏の祖として高麗神社（埼玉県日高市）に祀られる。

¶日本人名（高麗若光　こまのじゃくこう [生]? [没]748年）

狛近真　こまのちかざね
鎌倉時代の楽人。
¶説話伝説（狛近真　こまのちかざね [生]治承1(1177)年 [没]仁治3(1242)年）
伝奇伝説（狛近真　こまのちかざね [生]治承1(1177)年 [没]仁治3(1242)年）

狛光季　こまのみつすえ
平安時代の楽人。
¶説話伝説（狛光季　こまのみつすえ [生]万寿2(1025)年 [没]天永3(1112)年）

駒引き　こまひき
北海道松前地方で河童のこと。
¶神仏辞典（駒引き　こまひき）
全国妖怪（コマヒキ〔北海道〕）
妖怪事典（コマヒキ）

小間物屋才次郎　こまものやさいじろう
歌舞伎演目『因幡小僧雨夜噺』に登場する、武家榊原家出入りの小間物屋。
¶歌舞伎登（小間物屋才次郎　こまものやさいじろう）

小間物屋彦兵衛　こまものやひこべえ
江戸末頃の実録『大岡政談』に登場する、無実の罪を着せられた小間物屋。
¶架空人日（小間物屋彦兵衛　こまものやひこべえ）

駒弓神　こまゆみのかみ
『延喜式』に所出の信濃国小県郡の子檀峯神社の祭神。
¶神仏辞典（駒弓神　こまゆみのかみ）

駒代　こまよ
永井荷風作『腕くらべ』(1916-17)に登場する芸者。
¶架空人日（駒代　こまよ）
日本人名（駒代　こまよ）

駒若　こまわか
浄瑠璃『ひらがな盛衰記』(1739年初演)に登場する、木曾義仲と御台の山吹御前との間に生まれた長男。
¶架空人日（駒若　こまわか）

小万　こまん
歌舞伎演目『源平布引滝』に登場する、堅田の百姓。
¶歌舞伎登（小万　こまん）

後水尾天皇　ごみずのおてんのう
第108代に数えられる天皇。在位1611-1629年。
¶架空伝承（後水尾天皇　ごみずのおてんのう [生]慶長1(1596)年 [没]延宝8(1680)年）
時代小説（後水尾院　ごみずのおいん）
時代小説（後水尾法王　ごみずのおほうおう）

小湊井右衛門　こみなといえもん
井原西鶴作の浮世草子『武道伝来記』(1687)巻八の第三「播州の浦浪皆帰り打」の主人公。
¶架空人日（小湊井右衛門　こみなといえもん）
架空伝説（小湊井右衛門　こみなといえもん）

籠山縁連　こみやまよりつら
曲亭馬琴作の読本『南総里見八犬伝』(1814-42)に登場する、君側の奸。下総の千葉家の家老を斬って逃亡した。
¶架空人日（籠山縁連　こみやまよりつら）

護命　ごみょう
平安時代初期を代表する官僧。
¶神仏辞典（護命　ごみょう [生]750年 [没]834年）

小睦　こむつ
近松門左衛門作の浄瑠璃『国性爺合戦』(1715年初演)に登場する、九州の松浦に住む海女。
¶架空人日（小睦　こむつ）
歌舞伎登（小むつ　こむつ）

小紫　こむらさき
江戸期の情話の主人公。吉原の遊女三浦屋小紫。
¶架空人日（小紫　こむらさき）
架空伝承（権八・小紫　ごんぱち・こむらさき）〔像〕
架空伝説（小紫　こむらさき）
歌舞伎登（小紫　こむらさき）
広辞苑6（権八小紫　ごんぱち・こむらさき）
新潮日本（小紫　こむらさき）
神話伝説（小紫権八　こむらさきごんぱち）
伝奇伝説（権八小紫　ごんぱちこむらさき）
日本人名（小紫　こむらさき 生没年未詳）

小室善兵衛　こむろぜんべえ
藤沢周平作『暗殺の年輪』の登場人物。
¶時代小説（小室善兵衛　こむろぜんべえ）

米を磨ぐ荒神様　こめをとぐこうじんさま
長野県小諸市でいう音の怪異。
¶妖怪事典（コメヲトグコウジンサマ）
妖怪大事典（米を磨ぐ荒神様　こめをとぐこうじんさま）

米かし　こめかし
愛知県幡豆郡の佐久島でいう音の妖怪。
¶神仏辞典（米かし　こめかし）
全国妖怪（コメカシ〔愛知県〕）
妖怪事典（コメカシ）
妖怪大事典（米かし　こめかし）

米搗き童子　こめつきわらし
岩手県の家にいる怪。
¶全国妖怪（コメツキワラシ〔岩手県〕）

米磨ぎ婆　こめとぎばばあ
長野県北佐久郡地方でいう妖怪。

¶妖怪事典（コメトギババア）
妖怪大事典（米磨ぎ婆　こめとぎばばあ）

御免橋　ごめんばし
兵庫県西宮市西浜にある橋の妖怪。
¶神仏辞典（御免橋　ごめんばし）
全国妖怪（ゴメンバシ〔兵庫県〕）
妖怪事典（ゴメンバシ）

呉猛　ごもう
御伽草子『二十四孝』に登場する、二十四孝の一人の少年。
¶架空人日（呉猛　ごもう）

虚無僧　こもそう
歌舞伎演目『虚無僧』に登場する、勇士浪人の一時の隠れた姿。
¶歌舞伎登（虚無僧　こもそう）

菰の十郎　こものじゅうろう
吉川英治作『宮本武蔵』の登場人物。
¶時代小説（菰の十郎　こものじゅうろう）

薦枕志都沼値　こもまくらしつぬち
⇒天津枳値可美高日子命（あまつきちかみたかひこのみこと）

薦枕高御産栖日神　こもまくらたかみむすびのかみ
『日本三代実録』に所出の大和国の神。高御産巣日神と同一とされる。
¶神仏辞典（薦枕高御産栖日神　こもまくらたかみむすびのかみ）

小杜神　こもりのかみ
『日本三代実録』に所出。山城国の神。
¶神仏辞典（小杜神　こもりのかみ）

籠神　こもりのかみ
丹後国与謝郡の籠神社の祭神。
¶神仏辞典（籠神　こもりのかみ）

子安神　こやすがみ
婦人が子供を授りたいと願い、またお産の安からんことを祈る神。また子供を守り育てる神。
¶神様読解（子安神／子守神　こやすがみ・こもりがみ）〔像〕
世百新（子安神　こやすがみ）
東洋神名（子安神　コヤスガミ）〔像〕
日本神様（子安神　こやすがみ）

児安神　こやすのかみ
『日本三代実録』に所出。美濃国の神。
¶神仏辞典（児安神　こやすのかみ）

子安霊神　こやすれいじん
静岡県富士宮市杉田にあらわれた霊神。
¶神仏辞典（子安霊神　こやすれいじん）

小柳進之助　こやなぎしんのすけ
大佛次郎作『おぼろ駕籠』の登場人物。
¶時代小説（小柳進之助　こやなぎしんのすけ）

小柳安五郎　こやなぎやすごろう
池波正太郎作『鬼平犯科帳』の登場人物。
¶時代小説（小柳安五郎　こやなぎやすごろう）

粉屋孫右衛門　こやまごえもん
近松門左衛門作の浄瑠璃『心中天の網島』（1720年初演）に登場する商人。
¶架空人日（粉屋孫右衛門　こやまごえもん）
歌舞伎登（粉屋孫右衛門　こやまごえもん）

小山丹後　こやまたんご
菊地寛作『忠直卿行状記』の登場人物。
¶時代小説（小山丹後　こやまたんご）

湖山長者　こやまちょうじゃ
伝説上の人物。鳥取県気高郡の伝説に登場する湖山の里の長者。
¶神話伝説（湖山長者　こやまちょうじゃ）
伝奇伝説（湖山長者　こやまちょうじゃ）
日本人名（湖山長者　こやまちょうじゃ）

小雪　こゆき
歌舞伎演目『花雪恋手鑑』に登場する、室町末の禅僧で画家だった幸村の娘。
¶歌舞伎登（小雪　こゆき）

小よし　こよし
歌舞伎演目『源平布引滝』「実盛物語」に登場する老婆。
¶歌舞伎登（小よし　こよし）

小よし　こよし
歌舞伎演目『競伊勢物語』に登場する、奥州の農夫の妻。
¶歌舞伎登（小よし　こよし）

小よし　こよし
歌舞伎演目『女猿曳周調』に登場する、女猿回し。
¶歌舞伎登（小よし　こよし）

小米　こよね
伊藤桂一作『風車の浜吉・捕物綴』の登場人物。
¶時代小説（小米　こよね）

小よろぎの浦人　こよろぎのうらびと
上田秋成作の読本『春雨物語』（1808）の「目ひとつの神」の主人公。
¶架空人日（小よろぎの浦人　こよろぎのうらびと）

ゴーラ
和歌山県日高郡、奈良県十津川地方でいう河童。
¶妖怪事典（ゴーラ）

こらだかしょ
山口県厚狭郡の角井原の坂などに出た道の妖怪。
¶神仏辞典　（こらだかしょ）
　全国妖怪　（コラダカショ〔山口県〕）

ゴラボシ
奈良県吉野郡地方でいう河童。
¶妖怪事典　（ゴラボシ）

ゴランボー
和歌山県でいう河童。
¶妖怪事典　（ゴランボー）

小陸　こりく
華岡於勝の2歳下の妹。有吉佐和子作『華岡青洲の妻』の登場人物。
¶時代小説　（小陸　こりく）

古利命　こりのみこと
火明命15世の孫、若犬養宿禰の祖。
¶神仏辞典　（古利命　こりのみこと）

古琉球の王　こりゅうきゅうのおう
10世紀前後から16世紀にかけて琉球を治めた王たち。
¶奇談逸話　（古琉球の王　こりゅうきゅうのおう）

御霊　ごりょう
悲劇的な死や、失脚による不遇の死を遂げた貴人の魂のこと。
¶神仏辞典　（御霊　ごりょう）
　説話伝説　（御霊　ごりょう）
　東洋神名　（御霊　ゴリョウ）〔像〕

ゴルゴ13
さいとうたかを&さいとうプロによる『ゴルゴ13』の主人公。狙撃者者の名手で殺し屋。デューク東郷と名乗ることが多い。
¶架空人物　（ゴルゴ13）
　新潮日本　（ゴルゴ13）
　日本人名　（ゴルゴ13）

是明親王　これあきらしんのう
歌舞伎演目『御摂勧進帳』に登場する、天皇になれなかった王子。モデルは惟明親王。
¶歌舞伎登　（是明親王　これあきらしんのう）

後冷泉天皇　ごれいぜいてんのう
第70代の天皇。『古今著聞集』に登場する。
¶説話伝説　（後冷泉天皇　ごれいぜいてんのう）

是枝万介　これえだばんすけ
歌舞伎演目『同志の人々』に登場する薩摩藩士。
¶歌舞伎登　（是枝万介　これえだばんすけ）

惟喬親王　これたかしんのう
文徳天皇の第一皇子。木地師の守護神。『伊勢物語』の登場人物。浄惟喬・惟仁位争いの説話があり、瑠璃、歌舞伎や草双紙に王位をねらう悪人として登場する。
¶架空伝承　（惟喬親王　これたかしんのう　㊥承和11 (844)年　㊦寛平9 (897)年）〔像〕
　架空伝説　（惟喬親王　これたかしんのう　㊥844年）
　歌舞伎登　（惟喬親王　これたかしんのう）
　神様読解　（惟喬親王　これたかしんのう）
　古典人学　（惟喬親王　これたかのみこと）
　古典人東　（惟喬親王　これたかしんのう）
　神仏辞典　（惟喬親王　これたかしんのう）
　神話伝説　（惟喬惟仁　これたかこれひと）
　人物伝承　（惟喬・惟仁親王　これたか・これひとしんのう　㊥承和11 (844)年　㊦寛平9 (897)年）
　説話伝説　（惟喬親王　これたかしんのう　㊥承和11 (844)年　㊦寛平9 (897)年）
　伝奇伝説　（惟喬惟仁親王　これたか これひとしんのう）
　東洋神名　（惟喬親王　コレタカシンノウ）〔像〕
　日本神様　（惟喬親王　これたかしんのう　㊥844年 ㊦897年）

惟仁親王　これひとしんのう
清和天皇。惟喬・惟仁位争いの説話がある。
¶神仏辞典　（惟仁　これひと）
　人物伝承　（惟喬・惟仁親王　これたか・これひとしんのう　㊥嘉祥3 (850)年　㊦元慶4 (880)年）
　説話伝説　（惟喬惟仁しんのう　㊥嘉祥3 (850)年　㊦元慶4 (880)年）
　伝奇伝説　（惟喬惟仁親王　これたか これひとしんのう）

惟光　これみつ
『源氏物語』に登場する光源氏の従者の名。
¶大辞林3　（惟光　これみつ）

五郎市　ごろいち
歌舞伎演目『釜淵双級巴』「継子いじめ」「釜煎」に登場する子役。
¶歌舞伎登　（五郎市　ごろいち）

五郎　ごろう
梅暮里谷峨作の洒落本『傾城買二筋道』の「夏の床」（寛政10 (1798)）に登場する町人。
¶架空人日　（五郎　ごろう）

五郎　ごろう
山本周五郎作『青べか物語』(1960)の「砂と柘榴」に登場する洋品雑貨店経営者。
¶架空人日　（五郎　ごろう）

五郎右衛門狐　ごろうえもんぎつね
静岡県地方でいう化け狐。
¶妖怪事典　（ゴロウエモンギツネ）

古籠火　ころうか
鳥山石燕の『画図百器徒然袋』に描かれているもの。灯籠の妖怪。
¶妖怪事典　（コロウカ）
　妖怪大事典　（古籠火　ころうか）

五郎次　ごろうじ
長崎県西彼杵郡崎戸町江ノ島で水死人のことをいう。御霊神にあたるものとされる。
¶神仏辞典（五郎次　ごろうじ）

五郎次　ごろうじ
多岐川恭作『ゆっくり雨太郎捕物控』の登場人物。
¶時代小説（五郎次　ごろうじ）

古籠火　ころうび
みずから精気を発し、夜になると人のいるような気配を感じさせたり、ぼんやりと灯籠に光を宿す妖怪。
¶妖怪大全（古籠火　ころうび）〔像〕

ころ柿山　ころかきやま
静岡県賀茂郡下河津村でいう怪異。
¶妖怪事典（コロカキヤマ）

小六　ころく
夏目漱石作『門』（1910）の主人公宗助の弟。
¶架空人日（小六　ころく）

胡禄神　ころくのかみ
対馬嶋上県郡の胡禄神社の祭神。
¶神仏辞典（胡禄神　ころくのかみ）

胡禄御子神　ころくのみこのかみ
対馬嶋上県郡の胡禄御子神社の祭神。
¶神仏辞典（胡禄御子神　ころくのみこのかみ）

コロコロ
大分県速見郡の某家で飼っていた犬神の名前。
¶妖怪事典（コロコロ）

コロトラングル
アイヌ語で海上にくる者という意味の暴風を起こす海の魔。
¶妖怪事典（コロトラングル）

転ばし　ころばし
日本各地で夜道に出現するとされる妖怪。
¶幻想動物（転ばし）〔像〕

ころび
道の妖怪。島根県益田市でいう。
¶神仏辞典（ころび）
全国妖怪（コロビ〔島根県〕）
妖怪事典（コロビ）
妖怪大事典（コロビ）

コロビッチ
岡山県上房郡地方でいう妖怪。
¶妖怪事典（コロビッチ）

コロボックル
アイヌの伝承に登場する小人。アイヌ語で「蕗の葉の下の人」の意。
¶架空伝承（コロボックル）
神文化史（コロボックル（コロボクンクル））
幻想動物（コロボックル）
神仏辞典（コロボックル）
説話伝説（コロボックル）
世百新（コロボックル）
伝奇伝説（コロボックル）
日本人名（コロボックル）
妖怪事典（コロボックル）
妖怪大全（コロボックル）〔像〕
妖怪大事典（コロボックル）

コロボックル
佐藤さとる作『だれも知らない小さな国』（1959）に登場する小人たち。
¶児童登場（コロボックル）

衣蛸　ころもだこ
京都府与謝郡でいう海の妖怪。
¶幻想動物（衣蛸）〔像〕
神仏辞典（衣蛸　ころもだこ）
全国妖怪（コロモダコ〔京都府〕）

コロリ
広島県の動物の怪。ツチノコのこと。
¶全国妖怪（コロリ〔広島県〕）

狐者異　こわい
江戸時代後期の奇談集『桃山人夜話』の中で紹介されている、食い意地のはった妖怪。
¶幻想動物（狐者異）〔像〕
妖怪事典（コワイ）
妖怪大全（狐者異　こわい）〔像〕
妖怪大事典（狐者異　こわい）〔像〕

コワイコワイ
日本各地でいう妖怪の児童語。
¶妖怪事典（コワイコワイ）

コワイサン
山口県地方でいう妖怪の児童語。
¶妖怪事典（コワイサン）

コワコワ
佐賀県地方でいう妖怪の児童語。
¶妖怪事典（コワコワ）

小割伝内　こわりでんない
歌舞伎演目『敵討浦朝霧』に登場する、箱根の猟師。
¶歌舞伎登（小割伝内　こわりでんない）

ごん
新美南吉作『ごんぎつね』（1932）の主人公のきつね。

¶児童登場　（ごん）

矜羯羅童子　こんがらどうじ
不動明王の眷属の八大童子の第七。
¶歌舞伎登（金加羅童子　こんがらどうじ）
　神仏辞典（矜羯羅童子　こんがらどうじ）
　大辞林3（矜羯羅童子・金伽羅童子　こんがらどうじ）〔像〕

ごんぎゃ泣き　ごんぎゃなき
徳島県祖谷山地方でいう道の妖怪。
¶神仏辞典（ごんぎゃ泣き　ごんぎゃなき）
　妖怪事典（ゴンギャナキ）

権九郎　ごんくろう
歌舞伎演目『黒手組曲輪達引』に登場する、質両替近江屋の番頭。
¶歌舞伎登（権九郎　ごんくろう）

権九郎　ごんくろう
歌舞伎演目『双蝶々曲輪日記』に登場する、山崎屋の番頭。
¶歌舞伎登（権九郎　ごんくろう）

根源さま　こんげんさま
「経営の神様」と呼ばれた松下幸之助が松下電器の繁栄を祈って、"宇宙の生成発展をつかさどる力"を祠った会社霊。
¶妖怪大鑑（根源さま　こんげんさま）〔像〕

ごんご
岡山県岡山市付近で河童のこと。
¶幻想動物（ゴンゴ）〔像〕
　神仏辞典（ごんご）
　全国妖怪（ゴンゴ〔岡山県〕）
　妖怪事典（ゴンゴ）

金剛界大日　こんごうかいだいにち
金剛界曼荼羅の主尊。
¶神仏辞典（金剛界大日　こんごうかいだいにち）

金剛薩埵　こんごうさった
密教を代表する菩薩。大日如来を継ぐ第二祖。
¶広辞苑6（金剛薩埵　こんごうさった）
　神仏辞典（金剛薩埵　こんごうさった）
　世百新（金剛薩埵　こんごうさった）
　大辞林3（金剛薩埵　こんごうさった）
　東洋神名（金剛薩埵　コンゴウサッタ）〔像〕
　仏尊事典（金剛薩埵　こんごうさった）〔像〕

金剛童子　こんごうどうじ
密教の護法童子の一つ。
¶神仏辞典（金剛童子　こんごうどうじ）
　大辞林3（金剛童子　こんごうどうじ）

金剛夜叉明王　こんごうやしゃみょうおう
五大明王の一つ。北方を守護する。金剛杵の威力を持つとされる明王。

¶神仏辞典（金剛夜叉　こんごうやしゃ）
　大辞林3（金剛夜叉明王　こんごうやしゃみょうおう）
　東洋神名（金剛夜叉明王　コンゴウヤシャミョウオウ）〔像〕
　日本人名（金剛夜叉明王　こんごうやしゃみょうおう）
　仏尊事典（金剛夜叉明王　こんごうやしゃみょうおう）〔像〕

金剛力士　こんごうりきし
手に金剛杵を持って仏法を守護する天部。寺門の左右に安置されるものは仁王の名で知られる。執金剛神とも。
¶神文化史（コンゴウリキシ（金剛力士））
　広辞苑6（執金剛神　しゅこんごうじん）
　神仏辞典（金剛力士　こんごうりきし）
　大辞林3（金剛力士　こんごうりきし）
　東洋神名（金剛力士　コンゴウリキシ）〔像〕
　仏尊事典（執金剛神・仁王　しゅうこんごうしん・におう）〔像〕

ゴンゴシ
山口県山口市地方でいう妖怪の児童語。
¶妖怪事典（ゴンゴシ）

ゴンゴヂー
島根県岩見地方でいう妖怪の児童語。
¶妖怪事典（ゴンゴヂー）

ゴンゴチ
山口県地方でいう妖怪の児童語。
¶妖怪事典（ゴンゴチ）

ゴンゴチ
山口県、島根県地方でいう妖怪の児童語。
¶妖怪事典（ゴンゴチ）

コンコーボー
香川県金毘羅山の天狗のこと。
¶妖怪事典（コンコーボー）

権五郎火　ごんごろうび
新潟県三条市本成寺地方でいう怪火。
¶全国妖怪（ゴンゴロウビ〔新潟県〕）
　妖怪事典（ゴンゴロウビ）

コンコン
愛知県東加茂郡の四辻という山の山頂に現れるという妖怪。
¶妖怪事典（コンコン）

ゴンゴン
山口県地方でいう妖怪の児童語。
¶妖怪事典（ゴンゴン）

ゴンゴンヂー
島根県地方でいう妖怪の児童語。
¶妖怪事典（ゴンゴンヂー）

こんこ

コンコンチャン
兵庫県地方でいう妖怪の児童語。
¶妖怪事典 （コンコンチャン）

コンコン坊主　こんこんぼうず
長野県東筑摩郡東山でいう化け狐。
¶妖怪事典 （コンコンボウズ）

権三　ごんざ
江戸末頃の実録『大岡政談』「小間物屋彦兵衛之伝」、歌舞伎演目『権三と助十』に登場する駕籠かき。
¶架空人日 （権三　ごんざ）
　架空伝説 （権三　ごんさ）
　歌舞伎登 （権三　ごんざ）

権次　ごんじ
歌舞伎演目『番町皿屋舗』に登場する、七百石の旗本青山播磨の家来の奴。
¶歌舞伎登 （権次　ごんじ）

権次　ごんじ
松本清張作『無宿人別帳』の登場人物。
¶時代小説 （権次　ごんじ）

ごんじゃ
蛇の妖怪。三重県でツチノコのこと。
¶神仏辞典 （ごんじゃ）

『今昔物語集』の女盗人　こんじゃくものがたりしゅうのおんなぬすびと
⇒女盗賊（おんなとうぞく）

金鐘　こんしゅ
奈良時代の僧。霊験の能力をもつ行者。
¶コン5 （金鐘　こんしゅ　生没年不詳）

権四郎　ごんしろう
浄瑠璃『ひらがな盛衰記』（1739年初演）に登場する、難波福島という寒村に住んでいた船頭の老人。
¶架空人日 （権四郎　ごんしろう）
　歌舞伎登 （権四郎　ごんしろう）

コンジン
沖縄県八重山地方にみられる、家族個々の守護神。
¶神仏辞典 （コンジン）

金神　こんじん
陰陽道で祀る方位の神。この神のいる方位を冒すと激しく祟られる。
¶神様読解 （金神　こんじん）〔像〕
　神文化史 （コンジン（金神））
　広辞苑6 （金神　こんじん）
　神仏辞典 （金神　こんじん）
　世百新 （金神　こんじん）
　大辞林3 （金神　こんじん）
　東洋神名 （金神　コンジン）〔像〕

金精神　こんせいじん
男根に似た自然石・樹木・金製の陽物を御神体として祀った神。
¶神様読解 （金精神/金精大明神　こんせいじん・こんせいだいみょうじん）〔像〕
　広辞苑6 （金精神・金勢神　こんせいじん）
　神仏辞典 （金精　こんせい）
　東洋神名 （金精神　コンセイジン）〔像〕

権大納言兼大将　ごんだいなごんけんたいしょう
『とりかへばや物語』に登場する、とりかへばやの姫君と若君の父。
¶架空人日 （権大納言兼大将　ごんだいなごんけんたいしょう）

権太郎　ごんたろう
岡本綺堂作『半七捕物帳』の登場人物。
¶時代小説 （権太郎　ごんたろう）

金地院崇伝　こんちいんすうでん
⇒崇伝（すうでん）

近藤勇　こんどういさみ
新撰組隊長。鳥羽・伏見の戦で幕府軍が敗れた後も官軍に抗するが降伏、板橋で斬首された。
¶架空伝承 （近藤勇　こんどういさみ ⊕天保5(1834)年 ⊗明治1(1868)年）
　架空伝説 （近藤勇　こんどういさみ）
　時代小説 （近藤勇　『鞍馬天狗』　こんどういさみ）
　時代小説 （近藤勇　『新選組始末記』　こんどういさみ）
　時代小説 （近藤勇　『壬生義士伝』　こんどういさみ）
　時代小説 （近藤勇　『竜馬がゆく』　こんどういさみ）
　説話伝説 （近藤勇　こんどういさみ ⊕天保5(1834)年 ⊗慶応4(1869)年）

近藤右門　こんどううもん
⇒むっつり右門（むっつりうもん）

近藤軍次兵衛　こんどうぐんじべえ
歌舞伎演目『けいせい倭荘子』に登場する、もと北畠家の家老で、今は庄屋のかたわら金貸しをする。
¶歌舞伎登 （近藤軍次兵衛　こんどうぐんじべえ）

近藤貞用　こんどうさだもち
江戸時代前期の武士。歌舞伎で幡随院長兵衛らとわたりあう旗本として知られる。
¶日本人名 （近藤貞用　こんどうさだもち ⊕1606年 ⊗1696年）

近藤重蔵　こんどうじゅうぞう
御先手鉄砲組の与力。逢坂剛作『重蔵始末』の登場人物。
¶時代小説 （近藤重蔵　こんどうじゅうぞう）

近藤長次郎　こんどうちょうじろう
海援隊士。司馬遼太郎作『竜馬がゆく』の登場人物。
¶時代小説（近藤長次郎　こんどうちょうじろう）

近藤登之助　こんどうのぼりのすけ
歌舞伎演目『極付幡随長兵衛』に登場する、水野十郎左衛門と昵懇の旗本奴。
¶歌舞伎登（近藤登之助　こんどうのぼりのすけ）

蒟蒻坊　こんにゃくぼう
和歌山県でいう妖怪。
¶妖怪事典（コンニャクボウ）
　妖怪大事典（蒟蒻坊　こんにゃくぼう）

こんにゃく幽霊　こんにゃくゆうれい
奈良県天理市の石橋にこんにゃくをくわえて現われる幽霊。
¶妖怪事典（コンニャクバシノユウレイ）
　妖怪大鑑（こんにゃく幽霊）〔像〕
　妖怪大事典（蒟蒻橋の幽霊　こんにゃくばしのゆうれい）〔像〕

権八　ごんぱち
⇒平井権八（ひらいごんぱち）

金春七郎　こんぱるしちろう
山田風太郎作『柳生十兵衛死す』の登場人物。
¶時代小説（金春七郎　こんぱるしちろう）

金春竹阿弥　こんぱるちくあみ
山田風太郎作『柳生十兵衛死す』の登場人物。
¶時代小説（金春竹阿弥　こんぱるちくあみ）

金比羅　こんぴら
仏教の十二神将の一である宮毘羅の転訛したもの。香川県の金刀比羅宮を始め、全国の金刀比羅神社の祭神。
¶神仏辞典（金比羅　こんぴら）
　大辞林3（金毘羅・金比羅　こんぴら）
　仏尊事典（金毘羅　こんぴら）〔像〕

金毘羅次郎義方　こんぴらじろうよしかた
鎌倉後期の高野山領紀伊国名手荘の悪党。「国中無双の大悪党」といわれた。
¶コン5（金毘羅次郎義方　こんぴらじろうよしかた　生没年不詳）

権平　ごんべえ
香川県大川郡白鳥町において祀られる足の神。戦国時代の武将、森権平のこと。長曾我部氏との戦いで、ぬかるみに足を取られ、討ち取られたことから足の神とされる。
¶神仏辞典（権平　ごんべえ）

コンボウズ
長野県の山中に棲む子どもの妖怪。
¶妖怪事典（コンボウズ）

牛蒡種　ごんぼだね
岐阜県の飛騨地方で知られた、いわゆる憑き物の一種。
¶神仏辞典（牛蒡種・護法種　ごんぼだね）
　妖怪事典（ゴンボダネ）
　妖怪大鑑（牛蒡種　ごんぼだね）〔像〕
　妖怪大事典（牛蒡種　こほうだね）〔像〕

紺屋の婆　こんやのばばあ
兵庫県加西市でいう妖怪。
¶妖怪事典（コンヤノババア）

厳融房　ごんゆうぼう
無住道暁作『沙石集』の登場人物。甲斐国の学生。
¶古典人学（厳融房　ごんゆうぼう）

権六　ごんろく
佐伯泰英作『密命』の登場人物。
¶時代小説（権六　ごんろく）

権六　ごんろく★
竹崎有斐作『石切り山の人びと』(1976)の主人公。姓は阿能。
¶児童登場（権六）

【さ】

ザー
沖縄県宮古島でいう女の幽霊。
¶妖怪事典（ザー）

斉遠　さいおん
仏教説話にみえる僧。
¶日本人名（斉遠　さいおん）

犀が崖の来作　さいがかけのらいさく
歌舞伎演目『木下蔭狭間合戦』に登場する、三河の国犀が崖の山賊。
¶歌舞伎登（犀が崖の来作　さいがかけのらいさく）

雑賀久伍　さいかきゅうご
直木三十五作『明暗三世相』の登場人物。
¶時代小説（雑賀久伍　さいかきゅうご）

雑賀久蔵　さいかきゅうぞう
直木三十五作『明暗三世相』の登場人物。
¶時代小説（雑賀久蔵　さいかきゅうぞう）

雑賀久馬　さいかきゅうま
直木三十五作『明暗三世相』の登場人物。
¶時代小説（雑賀久馬　さいかきゅうま）

雑賀孫一　さいかまごいち
紀伊国の鉄砲集団雑賀衆の棟梁。
¶説話伝説（雑賀孫一　さいかまごいち　生没年未詳）

細木絹子　さいきぬこ
堀辰雄作『聖家族』(1930)に登場する、17歳の少女。
¶架空人日（細木絹子　さいきぬこ）

斎木高玖　さいきたかひさ
佐伯泰英作『密命』の登場人物。
¶時代小説（斎木高玖　さいきたかひさ）

斎木丹波　さいきたんば
佐伯泰英作『密命』の登場人物。
¶時代小説（斎木丹波　さいきたんば）

細木夫人　さいきふじん
堀辰雄作『聖家族』(1930)に登場する未亡人。
¶架空人日（細木夫人　さいきふじん）

才喜坊　さいきぼう
佐渡新穂村潟上湖鏡庵の境内に祀られる貉神。
¶神仏辞典（才喜坊　さいきぼう）

西行　さいぎょう
平安時代末、鎌倉時代初頭の歌人。23歳の若さで出家した。『西行物語』『西行物語絵巻』といった伝記をもとに伝説化された人物。
¶英雄事典（西行　サイギョウ　㊅元永1(1118)年　㊆建久1(1190)年）
架空人日（西行　さいぎょう　㊅元永1(1118)年　㊆建久1(1190)年）〔像〕
架空伝承（西行　さいぎょう　㊅1118年　㊆1190年）
歌舞伎登（西行　さいぎょう）
奇談逸話（西行　さいぎょう　㊅元永1(1118)年　㊆建久1(1190)年）
広辞苑6（歳刑　さいきょう）
古典人学（西行　『雨月物語』「白峯」　さいぎょう）
古典人学（西行　『西行物語』　さいぎょう）
古典人東（西行　さいぎょう）
神仏辞典（西行　さいぎょう　㊅1118年　㊆1190年）
人物伝承（西行　さいぎょう　㊅元永1(1118)年　㊆文治6(1190)年2月16日）〔像〕
説話伝説（西行　さいぎょう　㊅元永1(1118)年　㊆建久1(1190)年）〔像〕
伝奇伝説（西行　さいぎょう　㊅元永1(1118)年　㊆建久1(1190)年）〔像〕

サイキョウネズミ
愛知県幡豆郡地方でいう怪異。
¶妖怪事典（サイキョウネズミ）

西行の娘　さいぎょうのむすめ
鴨長明作『発心集』の登場人物。西行が出家した際、弟に託した娘。
¶古典人学（西行の娘　さいぎょうのむすめ）

斎宮　さいぐう
『伊勢物語』の登場人物。伊勢神宮に仕える皇統の未婚女性。
¶古典人学（斎宮　さいぐう）

サイコイタロウ
『日本妖怪変化語彙』にある火葬場に出る妖怪。
¶妖怪事典（サイコイタロウ）

西光　さいこう
『平家物語』の登場人物。藤原家成の五男、師光の法名。信西に仕えた。
¶古典人学（西光　さいこう）
古典人東（西光　さいこう）

西郷吉之助　さいごうきちのすけ
⇒西郷隆盛（さいごうたかもり）

西郷隆盛　さいごうたかもり
幕末・明治維新期の政治家、軍人。討幕派の指導者の一人。西南戦争を起こしたが、敗走、自刃した。
¶英雄事典（西郷隆盛　サイゴウタカモリ）
架空伝承（西郷隆盛　さいごうたかもり　㊅文政10(1827)年　㊆明治10(1877)年）〔像〕
歌舞伎登（西郷吉之助　さいごうきちのすけ）
奇談逸話（西郷隆盛　さいごうたかもり　㊅文政10(1827)年　㊆明治10(1877)年）
時代小説（西郷吉之助　『鞍馬天狗』　さいごうきちのすけ）
時代小説（西郷吉之助　『竜馬がゆく』　さいごうきちのすけ）
説話伝説（西郷隆盛　さいごうたかもり　㊅文政10(1827)年　㊆明治10(1877)年）

西郷頼母　さいごうたのも
幕末維新期の会津藩家老職。田中土佐と共に、会津藩主松平容保に京都守護職辞退を進言する。早乙女貢作『会津士魂』の登場人物。
¶時代小説（西郷頼母　さいごうたのも）

西光坊　さいこうぼう
『さゝやき竹』の登場人物。僧正ヶ谷の地名由来譚ともなった老僧正。
¶古典人学（西光坊　さいこうぼう）
古典人東（西光坊　さいこうぼう）

西国屋紋兵衛　さいごくやもんべえ
大佛次郎作『鞍馬天狗』の登場人物。
¶時代小説（西国屋紋兵衛　さいごくやもんべえ）

才三　さいざ
浄瑠璃・歌舞伎の登場人物。
¶朝日歴史（お駒・才三郎　おこま・さいざぶろう）
歌舞伎登（髪結い才三 1『恋娘昔八丈』　かみゆいさいざ）
歌舞伎登（髪結い才三 2『裡重噂菊月』　かみゆいさいざ）
広辞苑6（お駒才三　おこま・さいざ）
コン5（お駒・才三　おこま・さいざ）

説話伝説（お駒才三　おこまさいざ）
大辞林3（お駒・才三　おこま・さいざ）
伝奇伝説（お駒才三　おこま さいざ）
日本人名（お駒・才三　おこま・さいざ）

幸崎伊賀守　さいざきいがのかみ
歌舞伎演目『新薄雪物語』に登場する、薄雪姫の父。
¶歌舞伎登（幸崎伊賀守　さいざきいがのかみ）

西住　さいじゅう
『西行物語』の登場人物。西行（佐藤憲清）に長年仕えていた人物。主君とともに出家してからの名。
¶古典人学（西住　さいじゅう）

蔡順　さいじゅん
御伽草子『二十四孝』に登場する、二十四孝の一人。漢の汝南の人。
¶架空人日（蔡順　さいじゅん）

宰相殿御曹子　さいしょうどのおんぞうし
御伽草子『鉢かづき』（室町時代）に登場する、山蔭三位中将の四男。
¶架空人日（宰相殿御曹子　さいしょうどのおんぞうし）
架空伝説（鉢かづき姫・宰相殿　はちかずきひめ・さいしょうどの）

西条巻夫　さいじょうまきお
中薗英助のスパイ小説『密航定期便』に登場する最上労働心理相談所の調査員。
¶名探偵日（西条巻夫　さいじょうまきお）

西心　さいしん
歌舞伎演目『花街模様薊色縫』に登場する、名越にある無縁寺の墓守り。
¶歌舞伎登（西心　さいしん）

財前五郎　ざいぜんごろう
山崎豊子作『白い巨塔』の主人公。国立浪速大学付属病院第一外科の助教授。
¶架空人物（財前五郎）
日本人名（財前五郎　ざいぜんごろう）

才蔵　さいぞう
歌舞伎演目『乗合船恵方万歳』に登場する、三河万歳で太夫の相手となる滑稽な芸能者。
¶歌舞伎登（才蔵　さいぞう）

齋田一馬　さいだかずま
永井路子作『葛の葉抄』の登場人物。
¶時代小説（齋田一馬　さいだかずま）

前玉神　さいたまのかみ
武蔵国埼玉郡の前玉神社二座の祭神。
¶神仏辞典（前玉神　さいたまのかみ）

最澄　さいちょう
平安初期の僧侶。天台宗の開祖。諡号は伝教大師。『今昔物語集』にも登場する。
¶架空人日（伝教大師　でんぎょうだいし [生]767 [没]822）
架空伝承（最澄　さいちょう [生]神護景雲1（767）年 [没]弘仁13（822）年）
奇談逸話（最澄　さいちょう [生]神護景雲1（767）/一説・天平神護2（766）年 [没]弘仁13（822）年）
神仏辞典（最澄　さいちょう [生]767年 [没]822年）
人物伝承（最澄　さいちょう [生]神護景雲1（767）年 [没]弘仁13（822）年）〔像〕
説話伝説（最澄　さいちょう [生]神護景雲1（767）年 [没]弘仁13（822）年）
伝奇伝説（最澄　さいちょう [生]神護景雲1（767）年 [没]弘仁13（822）年）

西天の宗九郎　さいてんのそうくろう
歌舞伎演目『韓人漢文手管始』に登場する、悪家老五島大学の差し金で長崎家の重宝と系図を盗む唐人組の頭目。
¶歌舞伎登（西天の宗九郎　さいてんのそうくろう）

サイトー
秋田県、神奈川県、兵庫県地方でいう犬神のこと。
¶妖怪事典（サイトー）

斎藤栄順　さいとうえいじゅん
滝亭鯉丈作の滑稽本『八笑人』に登場する、駒形の医者。
¶架空人日（斎藤栄順　さいとうえいじゅん）

斎藤実盛　さいとうさねもり
平安末期の武士。加賀国篠原の合戦で老齢を隠して奮戦した話など様々な伝説や説話がある。『平家物語』などに登場する。
¶架空人日（斎藤別当実盛　さいとうべっとうさねもり）
架空伝承（斎藤実盛　さいとうさねもり [生]? [没]寿永2（1183）年）
架空伝説（斎藤実盛　さいとうさねもり）
歌舞伎登（斎藤別当実盛　さいとうべっとうさねもり）〔像〕
説話伝説（斎藤実盛　さいとうさねもり [生]? [没]寿永2（1183）年）
世百新（斎藤実盛　さいとうさねもり [生]? [没]寿永2（1183）年）
伝奇伝説（斎藤実盛　さいとうさねもり [生]? [没]寿永2（1183）年）〔像〕
日本神様（斎藤実盛　さいとうさねもり [生]? [没]1183年）

斎藤新太郎　さいとうしんたろう
山手樹一郎作『夢介千両みやげ』の登場人物。
¶時代小説（斎藤新太郎　さいとうしんたろう）

斎藤太郎左衛門　さいとうたろうざえもん
歌舞伎演目『大塔宮曦鎧』に登場する、六波羅に仕える武士。
¶歌舞伎登（斎藤太郎左衛門　さいとうたろうざえもん）

斎藤道三　さいとうどうさん
美濃国の戦国大名。蝮と呼ばれた国盗り物語の主人公。
- 歌舞伎登（斎藤道三　さいとうどうさん）
- 説話伝説（斎藤道三　さいとうどうさん 生? 歿弘治2(1556)年）
- 伝奇伝説（斎藤道三　さいとうどうさん 生明応3(1494)年 歿弘治2(1556)年）〔像〕

斎藤時頼　さいとうときより
⇒滝口入道（たきぐちにゅうどう）

斎藤一　さいとうはじめ
新選組隊士。剣道の達人。子母澤寛作『新選組始末記』、浅田次郎作『壬生義士伝』の登場人物。
- 時代小説（斎藤一　『新選組始末記』　さいとうはじめ）
- 時代小説（斎藤一　『壬生義士伝』　さいとうはじめ）〔像（口絵）〕

斎藤弥九郎　さいとうやくろう
平岩弓枝作『御宿かわせみ』の登場人物。
- 時代小説（斎藤弥九郎　さいとうやくろう）

狭井坐大神荒御魂神　さいにますおおかみのあらみたまのかみ
大和国城上郡の狭井坐大神荒御魂神社五座の祭神。
- 神仏辞典（狭井坐大神荒御魂神　さいにますおおかみのあらみたまのかみ）

西念　さいねん
歌舞伎演目『網模様燈籠菊桐』に登場する、地蔵堂の堂守り。
- 歌舞伎登（西念　さいねん）

佐井神　さいのかみ
『延喜式』の佐為神社の祭神。
- 神仏辞典（佐井神・佐為神　さいのかみ）

塞の神　さいのかみ
村境、峠などの路傍にあって外来の疫病や悪霊を防ぐ神。また「あの世」の入り口にある神。
- 神様読解（塞の神　さいのかみ）〔像〕
- 幻想動物（境の神）〔像〕
- 広辞苑6（障の神・塞の神・道祖神　さえのかみ）
- 神仏辞典（塞の神　さいのかみ）
- 説話伝説（塞の神　さいのかみ）
- 東洋神名（塞の神　サイノカミ）〔像〕
- 日本神様（塞の神（道祖神）　さえのかみ（どうそじん））〔像（猿田毘古神）〕

狭井高守神　さいのたかもりのかみ
意宇郡式内社四八社の狭井高守社、『延喜式』の佐為高守神社の祭神。
- 神仏辞典（狭井高守神・佐為高守神　さいのたかもりのかみ）

才原勧解由　さいばらかげゆ
歌舞伎演目『けいせい睦玉川』に登場する、菅沼小助にお家相続の感状を奪い取らせる人物。
- 歌舞伎登（才原勧解由　さいばらかげゆ）

宰府高垣高森坊　さいふたかがきこうりんぼう
福岡県の竈門山（宝満山）でいう天狗。
- 妖怪事典（サイフタカガキコウリンボウ）
- 妖怪大事典（宰府高垣高林坊　さいふたかがきこうりんぼう）

サイボーグ009
石森章太郎のSF漫画『サイボーグ009』の主人公。001から009まで9人のサイボーグ戦士のうち、009は島村ジョー。
- 架空人物（サイボーグ009）

最明寺入道時頼　さいみょうじにゅうどうときより
⇒北条時頼（ほうじょうときより）

佐受神　さうけのかみ
但馬国美含郡の佐受神社の祭神。
- 神仏辞典（佐受神　さうけのかみ）

佐伯熊太　さえきくまた
藤沢周平作『三屋清左衛門残日録』の登場人物。
- 時代小説（佐伯熊太　さえきくまた）

佐伯左衛門　さえきさえもん
川口松太郎作『蛇姫様』の登場人物。
- 時代小説（佐伯左衛門　さえきさえもん）

佐伯神　さえきのかみ
『延喜式』の佐伯神社の祭神。
- 神仏辞典（佐伯神　さえきのかみ）

三枝祇神　さえぎのかみ
『日本三代実録』に所出。常陸国の神。
- 神仏辞典（三枝祇神　さえぎのかみ）

佐伯経範　さえきのつねのり
『陸奥話記』の登場人物。相模守藤原公光の子。黄海の戦の談に登場。
- 古典人学（佐伯経範　さえきのつねのり）

佐伯の人魚　さえきのにんぎょ
大分県佐伯の海に棲む人魚。
- 水木世幻獣（佐伯の人魚）〔像〕
- 水木妖怪（佐伯の人魚　さえきのにんぎょ）〔像〕

小枝御前　さえごぜん
帯刀先生源義賢の妾で旭将軍木曾義仲の生母。
- 説話伝説（小枝御前　さえごぜん・さえだごぜん 生? 歿仁安3(1168)年10月19日）

囀石　さえずりいし
　群馬県吾妻郡にあった、人の言葉を話して人助けをする石。
　¶幻想動物（囀石）〔像〕
　　水木妖怪（囀石　さえずりいし）〔像〕
　　妖怪事典（サエズリイシ）
　　妖怪大全（囀り石　さえずりいし）〔像〕
　　妖怪大事典（囀り石　さえずりいし）〔像〕

左枝犬清　さえだいぬきよ
　歌舞伎演目『木下蔭狭間合戦』に登場する、小田春永の家臣。
　¶歌舞伎登（左枝犬清　さえだいぬきよ）

佐枝大学之助　さえだいがくのすけ
　歌舞伎演目『絵本合法衢』に登場する、高橋作左衛門に仇討ちをする人物。
　¶歌舞伎登（佐枝大学之助　さえだいがくのすけ）

塞の神　さえのかみ
　⇒塞の神（さいのかみ）

蔵王権現　ざおうごんげん
　修験道の開祖役行者が金峰山の頂上で衆生済度のため祈請して感得したと伝える魔障降伏の菩薩。
　¶架空伝承（蔵王権現　ざおうごんげん）
　　神様読解（蔵王権現　ざおうごんげん）〔像〕
　　神仏辞典（蔵王　ざおう）
　　世五新（蔵王権現　ざおうごんげん）〔像〕
　　大辞林3（蔵王権現　ざおうごんげん）〔像〕
　　東洋神名（蔵王権現　ザオウゴンゲン）〔像〕
　　仏尊事典（蔵王権現　ざおうごんげん）〔像〕

佐岡神　さおかのかみ
　大和国添上郡の佐岡神社八座の祭神。
　¶神仏辞典（佐岡神　さおかのかみ）

早乙女主水之介　さおとめもんどのすけ
　佐々木味津三の『旗本退屈男』シリーズの主人公。直参旗本。
　¶架空人日（早乙女主水之介　さおとめもんどのすけ）
　　架空人物（旗本退屈男）
　　架空伝承（早乙女主水之介　さおとめもんどのすけ）
　　架空伝説（早乙女主水之介　さおとめもんどのすけ）〔像〕
　　コン5（早乙女主水之介　さおとめもんどのすけ）
　　新潮日本（早乙女主水之介　さおとめもんどのすけ）
　　時代小説（早乙女主水之介　さおとめもんどのすけ）
　　日本人名（早乙女主水之介　さおとめもんどのすけ）

槁根津日子　さおねつひこ
　⇒椎根津彦（しいねつひこ）

坂合神　さかあいのかみ
　播磨国賀茂郡の坂合神社の祭神。
　¶神仏辞典（坂合神　さかあいのかみ）

酒井雅楽頭忠清　さかいうたのかみただきよ
　幕府老中。山本周五郎作『樅ノ木は残った』の登場人物。
　¶時代小説（酒井雅楽頭忠清　さかいうたのかみただきよ）

酒井左衛門尉　さかいさえもんのじょう
　歌舞伎演目『太鼓音知勇三略』に登場する、太鼓を打ち鳴らす策略で敵を欺く徳川方の武将。
　¶歌舞伎登（酒井左衛門尉　さかいさえもんのじょう）

酒泉神　さかいずみのかみ
　⇒酒屋神（さかやのかみ）

酒井田柿右衛門　さかいだかきえもん
　肥前有田の陶工。日本で初めて赤絵の焼成に成功した。柿右衛門様式として知られる。
　¶架空伝承（酒井田柿右衛門　さかいだかきえもん）
　　架空伝説（柿右衛門　かきえもん）
　　伝奇伝説（酒井田柿右衛門　さかいだかきえもん　ⓐ慶長1（1596）年　ⓑ寛文6（1666）年）

坂合神　さかいのかみ
　河内国若江郡の坂合神社二座の祭神。
　¶神仏辞典（坂合神　さかいのかみ）

堺神　さかいのかみ
　『日本三代実録』に所出。河内国の神。
　¶神仏辞典（堺神　さかいのかみ）

酒井神　さかいのかみ
　伊勢国奄芸郡の酒井神社の祭神。
　¶神仏辞典（酒井神　さかいのかみ）

坂合黒彦皇子　さかいのくろひこのおうじ
　記紀にみえる允恭天皇の皇子。
　¶日本人名（坂合黒彦皇子　さかいのくろひこのおうじ）

酒井抱一　さかいほういつ
　江戸後期の画家・俳人。
　¶説話伝説（酒井抱一　さかいほういつ　ⓐ宝暦11（1761）年　ⓑ文政11（1828）年）
　　伝奇伝説（酒井抱一　さかいほういつ　ⓐ宝暦11（1761）年7月1日　ⓑ文政11（1828）年11月29日）

酒井祐助　さかいゆうすけ
　池波正太郎作『鬼平犯科帳』の登場人物。
　¶時代小説（酒井祐助　さかいゆうすけ）

栄御前　さかえごぜん
　歌舞伎演目『伽羅先代萩』に登場する、管領山名宗全の奥方。
　¶歌舞伎登（栄御前　さかえごぜん）

栄飛騨守　さかえひだのかみ
　歌舞伎演目『けいせい楊柳桜』に登場する、足利家の大老。
　¶歌舞伎登（栄飛騨守　さかえひだのかみ）

酒折宮翁　さかおりのみやのおきな
倭建命が酒折宮で歌を詠んだとき、即座に歌を次いだ翁。連歌の起源であるといわれる。
¶神様読解　(酒折宮翁　さかおりのみやのおきな)〔像〕

逆髪　さかがみ
謡曲『蝉丸』(古名『逆髪』)の登場人物。醍醐天皇の第三皇女で、蝉丸の姉宮。
¶架空伝承　(逆髪　さかがみ)
広辞苑6　(逆髪　さかがみ)
神仏辞典　(逆髪　さかがみ)
世百新　(逆髪　さかがみ)
大辞林3　(逆髪　さかがみ)
日本人名　(逆髪　さかがみ)

逆髪　さかがみ
頭髪が逆立った化け物。熊本県八代市の松井家に伝わる『百鬼夜行絵巻』に描かれている。
¶広辞苑6　(逆髪　さかがみ)
大辞林3　(逆髪　さかがみ)
妖怪事典　(サカガミ)

坂上与一郎　さかがみよいちろう
佐々木味津三作『右門捕物帖』の登場人物。
¶時代小説　(坂上与一郎　さかがみよいちろう)

坂城神　さかきのかみ
信濃国埴科郡の坂城神社の祭神。
¶神仏辞典　(坂城神　さかきのかみ)

榊原大内記　さかきばらだいないき
佐々木味津三作『旗本退屈男』の登場人物。
¶時代小説　(榊原大内記　さかきばらだいないき)

榊山泰之進　さかきやまたいのしん
村上元三作『松平長七郎江戸日記』の登場人物。
¶時代小説　(榊山泰之進　さかきやまたいのしん)

坂崎出羽守　さかざきでわのかみ
江戸初期の津和野藩主。
¶歌舞伎登　(坂崎出羽守　さかざきでわのかみ)
説話伝説　(坂崎出羽守　さかざきでわのかみ　㋩?　㋞元和2(1616)年)
伝奇伝説　(坂崎出羽守　さかざきでわのかみ　㋩?　㋞元和2(1616)年)

酒島章　さかじまあきら
嵯峨島昭の『踊り子殺人事件』以下の作品に登場する刑事。
¶名探偵日　(酒島章　さかじまあきら)

坂十仏　さかじゅうぶつ
室町初期の連歌師、医師。
¶説話伝説　(坂十仏　さかじゅうぶつ)
伝奇伝説　(坂十仏　さかじゅうぶつ　生没年未詳)

坂代神　さかしろのかみ
『日本三代実録』に所出。丹後国の神。

¶神仏辞典　(坂代神　さかしろのかみ)

坂田市之助　さかたいちのすけ
歌舞伎演目『鳥辺山心中』に登場する、菊池半九郎の同輩。
¶歌舞伎登　(坂田市之助　さかたいちのすけ)

坂田金左衛門　さかたきんざえもん
歌舞伎演目『極付幡随長兵衛』に登場する、坂田金平の末流と称して村山座の芝居に因縁をつける白柄組の旗本奴。
¶歌舞伎登　(坂田金左衛門　さかたきんざえもん)

坂田源三郎　さかたげんざぶろう
歌舞伎演目『鳥辺山心中』に登場する、坂田市之助の弟。
¶歌舞伎登　(坂田源三郎　さかたげんざぶろう)

坂田こゆう　さかたこゆう
坂田三吉の妻。北条秀司の戯曲『王将』で、小春として登場する。
¶日本人名　(坂田こゆう　さかたこゆう　㋬1881年　㋞1927年)

坂田三吉　さかたさんきち
伝説の将棋棋士、名人・王将。北条秀司作の戯曲『王将』(1947初演)で名が広く知られ、映画、演歌などにもなった。
¶架空伝承　(坂田三吉　さかたさんきち　㋬明治3(1870)年　㋞昭和21(1946)年)

坂田庄三郎　さかたしょうざぶろう
歌舞伎演目『敵討天下茶屋聚』に登場する、坂本城に勤士する武士。
¶歌舞伎登　(坂田庄三郎　さかたしょうざぶろう)

坂田藤十郎　さかたとうじゅうろう
江戸時代、上方で活躍した歌舞伎役者。初代。『耳塵集』『続耳塵集』『賢外集』の芸談集に逸話がある。
¶歌舞伎登　(坂田藤十郎　さかたとうじゅうろう)
奇談逸話　(坂田藤十郎　さかたとうじゅうろう　㋬正保4(1647)年　㋞宝永6(1709)年)
説話伝説　(坂田藤十郎　さかたとうじゅうろう　㋬正保4(1647)年　㋞宝永6(1709)年)
伝奇伝説　(坂田藤十郎　さかたとうじゅうろう　㋬正保4(1647)年　㋞宝永6(1709)年)〔像〕

坂田金時　さかたのきんとき
源頼光の郎等で、四天王の一人。幼名金太郎とされ、足柄山中で生活していたとする。
¶英雄事典　(坂田金時　サカタノキントキ)
架空人日　(坂田公時　さかたのきんとき)
架空伝承　(坂田金時　さかたのきんとき)〔像〕
歌舞伎登　(坂田金時1『四天王稚立』　さかたのきんとき)
歌舞伎登　(坂田金時2『来宵蜘蛛線』　さかたのきんとき)
奇談逸話　(坂田金時　さかたのきんとき　生没年未詳)

世百新（坂田金時　さかたのきんとき）
大辞林3（坂田金時　さかたのきんとき）
伝奇伝説（頼光四天王　らいこうしてんのう）
日本人名（坂田公時　さかたのきんとき　生没年未詳）

坂田金平　さかたのきんぴら
源頼光の四天王の一人である坂田金時の息子。江戸期、明暦末〜寛文(1658-73)頃にかけての金平浄瑠璃のヒーロー。歌舞伎演目にも登場する。
¶ 英雄事典（坂田金平　サカタノキンピラ）
架空伝承（坂田金平　さかたのきんぴら）
歌舞伎登（坂田金平1『金平六条通』さかたのきんぴら）
歌舞伎登（坂田金平2『極付幡随長兵衛』さかたのきんぴら）
広辞苑6（金平・公平　きんぴら）
説話伝説（金平　きんぴら）〔像〕
大辞林3（金平・公平　きんぴら）

坂田蔵人時行　さかたのくらんどときゆき
歌舞伎演目『嫗山姥』に登場する、浪人坂田前司忠時の子。
¶ 歌舞伎登（坂田蔵人時行　さかたのくらんどときゆき）

酒垂神　さかたるのかみ
但馬国城崎郡の酒垂神社の祭神。
¶ 神仏辞典（酒垂神　さかたるのかみ）

酒治志神　さかちしのかみ
丹波国船井郡の酒治志神社の祭神。
¶ 神仏辞典（酒治志神　さかちしのかみ）

佐賀町の仁平　さがちょうのにへい
宮部みゆき作『ぽんくら』の登場人物。
¶ 時代小説（佐賀町の仁平　さがちょうのにへい）

酒列磯前神　さかつらいそさきのかみ
常陸国那賀郡の酒列磯前薬師菩薩神社の祭神。
¶ 神仏辞典（酒列磯前神　さかつらいそさきのかみ）

坂手国生神　さかてのくになりのかみ
尾張国中島郡の坂手神社、伊勢国度会郡の坂手国生神社の祭神。坂手神とも。
¶ 神仏辞典（坂手国生神　さかてのくになりのかみ）

嵯峨天皇　さがてんのう
平安初期の天皇。三筆の一人。
¶ 奇談逸話（嵯峨天皇　さがてんのう　㊋延暦5(786)年　㊌承和9(842)年）
説話伝説（嵯峨天皇　さがてんのう　㊋延暦5(786)年9月7日　㊌承和9(842)年7月1日）
伝奇伝説（嵯峨天皇　さがてんのう　㊋延暦5(786)年　㊌承和9(842)年）〔像〕

酒解神　さかとけのかみ
京都府京都市右京区梅津フケノ川の梅宮大社の祭神。自玉手祭来酒解神と同一とされる。

¶ 神仏辞典（酒解神　さかとけのかみ）

酒解子神　さかとけのみこのかみ
『続日本後紀』『日本三代実録』に所出の神名。
¶ 神仏辞典（酒解子神　さかとけのみこのかみ）

坂戸神　さかとのかみ
『常陸国風土記』に所出。坂戸明神とも。
¶ 神仏辞典（坂戸神　さかとのかみ）

坂門神　さかとのかみ
大和国十市郡の坂門神社、伊賀国伊賀郡の坂戸神社の祭神。
¶ 神仏辞典（坂門神・坂戸神　さかとのかみ）

酒殿神　さかとののかみ
宮中36座のうち、造酒司坐神6座の酒殿神社2座の祭神。酒弥豆男神・酒弥豆女神の2座。
¶ 神仏辞典（酒殿神　さかとののかみ）

坂門一言神　さかとひとことのかみ
越前国大野郡の坂門一言神社の祭神。
¶ 神仏辞典（坂門一言神　さかとひとことのかみ）

坂名井神　さかないのかみ
越前国坂井郡の坂名井神社の祭神。
¶ 神仏辞典（坂名井神　さかないのかみ）

魚の主のカムイ　さかなのぬしのかみ
「チェプコロカムイ（魚の主のカムイ）」もしくは「チェパッテカムイ（魚を増やすカムイ）」と呼ばれる。
¶ 東洋神名（魚の主のカムイ　サカナノヌシノカムイ）〔像〕

魚屋宗五郎　さかなやそうごろう
歌舞伎『新皿屋舗月雨暈』に登場する人物。
¶ 架空伝承（魚屋宗五郎　さかなやそうごろう）
歌舞伎登（魚屋宗五郎　さかなやそうごろう）〔像〕

坂庭神　さかにわのかみ
尾張国山田郡の坂名井神社の祭神。
¶ 神仏辞典（坂庭神　さかにわのかみ）

坂上田村麻呂　さかのうえのたむらまろ
平安初頭の武将。征夷大将軍。坂上苅田麻呂の子。武術に秀で、蝦夷地平定に功を残した。
¶ 架空伝承（坂上田村麻呂　さかのうえのたむらまろ　㊋天平宝字2(758)年　㊌弘仁2(811)年）〔像〕
奇談逸話（坂上田村麻呂　さかのうえのたむらまろ　㊋天平宝字2(758)年　㊌弘仁2(811)年）
神仏辞典（坂上田村麻呂　さかのうえのたむらまろ　㊋758　㊌811）
人物伝承（坂上田村麻呂　さかのうえのたむらまろ　㊋天平宝字2(758)年　㊌弘仁2(811)年）〔像〕
説話伝説（坂上田村麻呂　さかのうえのたむらまろ　㊋天平宝字2(758)年　㊌弘仁2(811)年）
世百新（坂上田村麻呂　さかのうえのたむらまろ　㊋天平宝字2(758)年　㊌弘仁2(811)年）

伝奇伝説（坂上田村麻呂　さかのうえのたむらまろ
㋤天平宝字2(758)年　㋥弘仁2(811)年）

坂上神　さかのえのかみ
和泉国大鳥郡の坂上神社の祭神。
¶神仏辞典（坂上神　さかのえのかみ）

佐加神　さかのかみ
『延喜式』の佐香神社の祭神。
¶神仏辞典（佐加神・佐香神　さかのかみ）

坂神　さかのかみ
『日本三代実録』に所出。近江国の神。
¶神仏辞典（坂神　さかのかみ）

佐牙乃神　さがののかみ
山城国綴喜郡の佐牙乃神社の祭神。
¶神仏辞典（佐牙乃神　さがののかみ）

坂祝神　さかはふりのかみ
美濃国賀茂郡の坂祝神社の祭神。
¶神仏辞典（坂祝神　さかはふりのかみ）

酒人神　さかひとのかみ
三河国碧海郡の酒人神社の祭神。
¶神仏辞典（酒人神　さかひとのかみ）

坂部三十郎　さかべさんじゅうろう
実録『幡随院長兵衛一代記』に登場する武士。
¶架空人目（坂部三十郎　さかべさんじゅうろう）

酒部神　さかべのかみ
斎宮の諸司の春の祭りの祭神。
¶神仏辞典（酒部神　さかべのかみ）

坂間伝兵衛　さかまでんべえ
歌舞伎演目『勝相撲浮名花触』に登場する、蔵前の米問屋。
¶歌舞伎登（坂間伝兵衛　さかまでんべえ）

相模　さがみ
平安時代の歌人。中古三十六歌仙の一人。伊豆走湯権現に奉った百首に、権現から返歌があったという逸話がある。その歌は家集に収められている。
¶神仏辞典（相模　さがみ　生没年不詳）
　説話伝説（相模　さがみ　生没年未詳）
　伝奇伝説（相模　さがみ　生没年未詳）

相模　さがみ
歌舞伎演目『一谷嫩軍記』に登場する、熊谷次郎直実の妻。
¶歌舞伎登（相模　さがみ）

酒甕神　さかみかのかみ
『日本文徳天皇実録』に所出。造酒司の神。
¶神仏辞典（酒甕神　さかみかのかみ）

相模五郎　さがみごろう
歌舞伎演目『桑名屋徳蔵入船物語』に登場する、足利尊氏らに亡ぼされた鎌倉執権北条高時の遺児。
¶歌舞伎登（相模五郎　さがみごろう）

相模五郎　さがみごろう
歌舞伎演目『義経千本桜』に登場する、北条の家来。
¶歌舞伎登（相模五郎　さがみごろう）

サガミサマ
新潟県地方でいう山の神。
¶妖怪事典（サガミサマ）

酒美豆男神　さかみずおのかみ
現在の愛知県一宮市今伊勢町本神戸宮山の酒見神社の祭神。
¶神仏辞典（酒美豆男神・酒弥豆男神　さかみずおのかみ・さかみずめのかみ）
　神仏辞典（酒美豆男神・酒弥豆男神　さかみずおのかみ・さかみずめのかみ）

冠嶺神　さかみねのかみ
陸奥国行方郡の冠嶺神社の祭神。
¶神仏辞典（冠嶺神　さかみねのかみ）

酒見神　さかみのかみ
尾張国中島郡の酒見神社の祭神。
¶神仏辞典（酒見神　さかみのかみ）

相模の彦十　さがみのひこじゅう
池波正太郎作『鬼平犯科帳』の登場人物。
¶時代小説（相模の彦十　さがみのひこじゅう）

相模屋幸右衛門　さがみやこうえもん
山手樹一郎作『夢介千両みやげ』の登場人物。
¶時代小説（相模屋幸右衛門　さがみやこうえもん）

相模屋政五郎　さがみやまさごろう
江戸末期の侠客。
¶歌舞伎登（相模屋政五郎　さがみやまさごろう）
　説話伝説（相模屋政五郎　さがみやまさごろう　㋤文化5(1808)年　㋥明治19(1886)年）
　伝奇伝説（相模屋政五郎　さがみやまさごろう　㋤文化5(1808)年　㋥明治19(1886)年）

相武国造　さがむのくにのみやつこ
倭建命を相武国で火攻めにした者。
¶英雄事典（相武国造　サガムノクニノミヤツコ）
　神様読解（相武国造　さがむのくにのみやつこ）

さかもと
長崎県平戸市宝亀で、一種の霊地に祀る神。
¶神仏辞典（さかもと）

坂本権平　さかもとごんべい
坂本竜馬の兄。司馬遼太郎作『竜馬がゆく』の

登場人物。
¶時代小説（坂本権平　さかもとごんぺい）

坂本神　さかもとのかみ
近江国高島郡、美濃国恵那郡、越後国魚沼郡の坂本神社の祭神。
¶神仏辞典（坂本神　さかもとのかみ）

坂本八平　さかもとはっぺい
坂本竜馬の父。司馬遼太郎作『竜馬がゆく』の登場人物。
¶時代小説（坂本八平　さかもとはっぺい）

坂本屋仁兵衛　さかもとやじんべえ
井原西鶴作の浮世草子『日本永代蔵』(1688) 巻二「怪我の冬神鳴」に登場する商人。
¶架空人日（坂本屋仁兵衛　さかもとやじんべえ）

坂本竜馬　さかもとりょうま
幕末の志士。土佐藩の郷士の出身。薩長同盟を仲介した。幕府の京都見廻組に暗殺されたという。司馬遼太郎作『竜馬がゆく』の主人公。
¶英雄事典（坂本竜馬　サカモトリョウマ）
架空伝承（坂本竜馬　さかもとりょうま [生]天保6(1835)年 [没]慶応3(1867)年）
奇談逸話（坂本龍馬　さかもとりょうま [生]天保6(1835)年11月(10月説も)15日 [没]慶応3(1867)年11月15日）
時代小説（坂本竜馬　さかもとりょうま）
説話伝説（坂本竜馬　さかもとりょうま [生]天保6(1835)年 [没]慶応3(1867)年）

酒屋神　さかやのかみ
河内国丹比郡の酒屋神社、山城国綴喜郡の酒屋神社の祭神。
¶神仏辞典（酒泉神　さかいずみのかみ）
神仏辞典（酒屋神　さかやのかみ）

相楽神　さがらのかみ
山城国相楽郡の相楽神社の祭神。
¶神仏辞典（相楽神　さがらのかみ）

下がり　さがり
岡山県邑久郡の道の妖怪。
¶幻想動物（下がり）〔像〕
神仏辞典（下がり　さがり）
全国妖怪（サガリ〔岡山県〕）
水木妖怪続（さがり）〔像〕
妖怪事典（サガリ）
妖怪大全（さがり）〔像〕
妖怪大事典（下がり　さがり）〔像〕

狭川新九郎　さがわしんくろう
仙台藩兵法師範。五味康祐作『柳生武芸帳』の登場人物。
¶時代小説（狭川新九郎　さがわしんくろう）

左官長兵衛　さかんちょうべえ
歌舞伎演目『人情噺文七元結』に登場する、本所割下水に住む左官。
¶歌舞伎登（左官長兵衛　さかんちょうべえ）

左官屋勧太郎　さかんやかんたろう
歌舞伎演目『権三と助十』に登場する人物。
¶歌舞伎登（左官屋勧太郎　さかんやかんたろう）

佐支栗栖神　さきくるすのかみ
伊勢国多気郡の佐支栗栖神社の祭神。
¶神仏辞典（佐支栗栖神・佐岐栗栖神　さきくるすのかみ）

鷺坂左内　さぎさかさない
歌舞伎演目『恋女房染分手綱』に登場する、丹波の国主由留木家の執権。
¶歌舞伎登（鷺坂左内　さぎさかさない）

鷺坂伴内　さぎさかばんない
浄瑠璃『仮名手本忠臣蔵』(1748年初演) に登場する、高師直の臣下。
¶架空人日（鷺坂伴内　さぎさかばんない）
歌舞伎登（鷺坂坂内　さぎさかばんない）〔像〕

鷺栖神　さぎすのかみ
大和国高市郡の鷺栖神社の祭神。
¶神仏辞典（鷺栖神　さぎすのかみ）

サキソマエップ
アイヌの妖怪、あるいは神。
¶全国妖怪（サキソマエップ〔北海道〕）
妖怪事典（サキソマエップ）

佐支多神　さきたのかみ
出雲郡式外社64社の佐支多社の祭神。
¶神仏辞典（佐支多神　さきたのかみ）

埼田神　さきたのかみ
出雲国楯縫郡式外社19社の埼田社の祭神。
¶神仏辞典（埼田神　さきたのかみ）

さきたまさま
高知県室戸市津呂の旧家で屋敷内の東北隅に祀っている神。
¶神仏辞典（さきたまさま）

前玉比売神　さきたまひめのかみ
天之甕主神の子。
¶神様読解（前玉比売神　さきたまひめのかみ）

佐岐多麻比咩命　さきたまひめのみこと
伊豆国賀茂郡の佐伎多麻比咩神社の祭神。
¶神仏辞典（佐岐多麻比咩命・佐伎多麻比咩命　さきたまひめのみこと）

佐吉　さきち
大佛次郎作『鞍馬天狗』の登場人物。
¶時代小説（佐吉　さきち）

佐吉 さきち
佐江衆一作『江戸職人綺譚』の登場人物。
¶時代小説（佐吉　さきち）

佐吉 さきち
宮部みゆき作『ぼんくら』の登場人物。
¶時代小説（佐吉　さきち）

佐伎治神 さきちのかみ
若狭国大飯郡の佐伎治神社の祭神。
¶神仏辞典（佐伎治神　さきちのかみ）

佐伎都比古阿流知命神 さきつひこあるちのみことのかみ
但馬国養父郡の佐伎都比古阿流知命神社二座の祭神。
¶神仏辞典（佐伎都比古阿流知命神・佐支比古阿流知命神　さきつひこあるちのみことのかみ）

前津見 さきつみ
天之日矛の妻。
¶神様読解（前津見　さきつみ）

前利神 さきとのかみ
尾張国丹羽郡の前利神社の祭神。
¶神仏辞典（前利神　さきとのかみ）

前鳥神 さきとりのかみ
相模国大住郡の前鳥神社の祭神。
¶神仏辞典（前鳥神　さきとりのかみ）

佐紀神 さきのかみ
大和国添下郡の佐紀神社、加賀国石川郡の佐奇神社、若狭国三方郡の佐支神社の祭神。
¶神仏辞典（佐紀神・佐奇神・佐支神　さきのかみ）

前神 さきのかみ
『延喜式』の前神社の祭神。
¶神仏辞典（前神　さきのかみ）

鷺の首の太郎右衛門 さぎのくびのたろうえもん
歌舞伎演目『三人吉三廓初買』に登場する、「烏貸し」と呼ばれる高利貸しの男。
¶歌舞伎登（鷺の首の太郎右衛門　さぎのくびのたろうえもん）

鷺の龍灯 さぎのりゅうとう
新潟県佐渡島の根本寺の梅の木に、毎夜飛んできた鷺。
¶妖怪事典（サギノリュウトウ）

前広神 さきひろのかみ
『日本三代実録』に所出。上総国の神。
¶神仏辞典（前広神　さきひろのかみ）

鷺娘 さぎむすめ
歌舞伎『柳雛諸鳥囀（鷺娘）』に登場する人物。
¶架空伝説（鷺娘　さぎむすめ）
歌舞伎登（鷺娘　さぎむすめ）

左京職戌亥隅神 さきょうしきのいぬいのすみにますかみ
『日本三代実録』に所出の神名。
¶神仏辞典（左京職戌亥隅神　さきょうしきのいぬいのすみにますかみ）

折雷 さくいかずち
記紀に所出の黄泉国の八雷神の一柱。
¶神仏辞典（折雷・裂雷　さくいかずち）

福井神 さくいのかみ
現在の大阪府大阪市東区渡辺町の坐摩神社、大阪府岸和田市積川町の積川神社の祭神。
¶神仏辞典（福井神・栄井神　さくいのかみ）

佐具叡神 さくえのかみ
陸奥国名取郡の佐具叡神社の祭神。
¶神仏辞典（佐具叡神　さくえのかみ）

作神 さくがみ
農作物の豊作をもたらすと信じられた神。地域により祀るものは異なる。
¶広辞苑6（作神　さくがみ）
神仏辞典（作神　さくがみ）
東洋神名（作神　サクガミ）〔像〕

佐草神 さくさのかみ
『延喜式』の佐久佐神社の祭神。
¶神仏辞典（佐草神・佐久佐神　さくさのかみ）

三狐神 さぐじ
農家で祭る田の守り神。
¶広辞苑6（三狐神　さぐじ）

佐久象山 さくしょうざん
鳥羽亮作『三鬼の剣』の登場人物。
¶時代小説（佐久象山　さくしょうざん）

サクソモアイエブ
支笏湖や洞爺湖など山奥の湖沼にすんでおり、体はヘビのようで、羽がある妖怪。
¶神仏辞典（サクソモアイエブ）
妖怪図鑑（サクソモアイエブ）〔像〕

佐久多神 さくたのかみ
意宇郡式内社四八社の佐久多社、『延喜式』の佐久多神社の祭神。
¶神仏辞典（佐久多神　さくたのかみ）

佐久太神 さくたのかみ
美濃国賀茂郡の佐久太神社の祭神。
¶神仏辞典（佐久太神　さくたのかみ）

散久難度神　さくなどのかみ
近江国栗太郡の佐久奈度神社の祭神。
¶**神仏辞典**（散久難度神・佐久奈度神　さくなどのかみ）

佐久神　さくのかみ
甲斐国八代郡、但馬国気多郡の佐久神社の祭神。
¶**神仏辞典**（佐久神　さくのかみ）

作の神　さくのかみ
青森県津軽地方では庚申さま、宮崎県西臼杵郡高千穂町上野の黒口では弘法大師。
¶**神仏辞典**（作の神　さくのかみ）

桜井俊策　さくらいしゅんさく
半村良作『妖星伝』の登場人物。
¶**時代小説**（桜井俊策　さくらいしゅんさく）

桜井庄右衛門　さくらいしょうえもん
実録『幡随院長兵衛一代記』に登場する武士。桜井庄之助の父。
¶**架空人日**（桜井庄右衛門　さくらいしょうえもん）

桜井庄之助　さくらいしょうのすけ
実録『幡随院長兵衛一代記』に登場する武士。幡随院長兵衛の主。
¶**架空人日**（桜井庄之助　さくらいしょうのすけ）

桜市神　さくらいちのかみ
『延喜式』に所出。近江国伊香郡の桜市神社の祭神。
¶**神仏辞典**（桜市神　さくらいちのかみ）

桜井神　さくらいのかみ
和泉国大鳥郡の桜井神社の祭神。
¶**神仏辞典**（桜井神　さくらいのかみ）

桜井半兵衛　さくらいはんべえ
河合又五郎の妹の夫、十文字槍の名人。長谷川伸作『荒木又右衛門』の登場人物。
¶**時代小説**（桜井半兵衛　さくらいはんべえ）

桜川善孝　さくらがわぜんこう
歌舞伎演目『網模様燈籠菊桐』に登場する、戯作者桜川慈悲成の弟子。
¶**歌舞伎登**（桜川善孝　さくらがわぜんこう）

桜川蘭蝶　さくらがわらんちょう
⇒蘭蝶（らんちょう）

桜児　さくらこ
『万葉集』にみえる伝説上の女性。
¶**日本人名**（桜児　さくらこ）

佐倉惣五郎　さくらそうごろう
江戸前期の義民とされる人物。佐倉領主による重税の廃止を訴え直訴をし、一家処刑となったという。江戸後期には、歌舞伎、講談などにも取り上げられた。佐倉宗吾とも。本名、木内惣五郎。
¶**朝日歴史**（木内惣五郎　きうちそうごろう　生没年不詳）
架空伝承（佐倉惣五郎　さくらそうごろう　生没年不詳）〔像〕
架空伝説（佐倉宗吾　さくらそうご）〔像〕
歌舞伎登（佐倉宗吾　さくらそうご）
古典人学（佐倉宗吾　さくらそうご）
コン5（佐倉宗吾　さくらそうご [生]?　[没]正保2（1645）年?）
新潮日本（佐倉惣五郎　さくらそうごろう　生没年不詳）
神仏辞典（佐倉惣五郎　さくらそうごろう）
神話伝説（佐倉惣五郎　さくらそうごろう）
説話伝説（佐倉宗吾　さくらそうご　生没年未詳）〔像〕
世百新（佐倉惣五郎　さくらそうごろう）
伝奇伝説（佐倉惣五郎　さくらそうごろう）〔像〕
日ミス（佐倉惣五郎　さくらそうごろう）
日本神様（佐倉宗吾　さくらそうご　生没年不詳）
日本人名（佐倉惣五郎　さくらそうごろう　[生]?　[没]1653年?）
妖怪大事典（佐倉惣五郎　さくらそうごろう）〔像〕

佐倉惣五郎の霊　さくらそうごろうのれい
江戸前期、下総の義民の怨霊。
¶**妖怪大鑑**（佐倉惣五郎の霊　さくらそうごろうのれい）〔像〕

桜田林左衛門　さくらだりんざえもん
歌舞伎演目『伊賀越道中双六』に登場する、大和郡山藩の剣術師範。
¶**歌舞伎登**（桜田林左衛門　さくらだりんざえもん）

桜神　さくらのかみ
伊勢国朝明郡の桜神社の祭神。
¶**神仏辞典**（桜神　さくらのかみ）

桜実神　さくらのみのかみ
大和国宇陀郡の桜実神社の祭神。
¶**神仏辞典**（桜実神　さくらのみのかみ）

桜椅神　さくらはしのかみ
近江国伊香郡の桜椅神社の祭神。
¶**神仏辞典**（桜椅神　さくらはしのかみ）

桜庭弥之助　さくらばやのすけ
浅田次郎作『壬生義士伝』の登場人物。
¶**時代小説**（桜庭弥之助　さくらばやのすけ）

桜姫　さくらひめ
近世初頭の誕生と思われる物語の主人公。京都の清水寺の僧清玄が恋い焦がれ、追いかけられる。
¶**架空伝承**（清玄・桜姫　せいげん・さくらひめ）〔像〕
架空伝説（桜姫　さくらひめ）〔像〕
歌舞伎登（桜姫　さくらひめ）〔像〕
広辞苑6（清玄桜姫　せいげん・さくらひめ）
古典人学（桜姫　さくらひめ）

コン5（清玄・桜姫　せいげん・さくらひめ）
説話伝説（清玄桜姫　せいげんさくらひめ）
伝奇伝説（清玄桜姫　せいげん さくらひめ）
日本人名（清玄・桜姫　せいげん・さくらひめ）

桜町中将清房　さくらまちちゅうじょうきよふさ
歌舞伎演目『毛抜』に登場する、陽成天皇の勅使。
¶歌舞伎登（桜町中将清房　さくらまちちゅうじょうきよふさ）

さ

桜丸　さくらまる
菅公伝説を脚色した浄瑠璃の代表作『菅原伝授手習鑑』で活躍する三つ子の兄弟の一人。
¶架空人日（桜丸　さくらまる）
架空伝承（松王丸・梅王丸・桜丸　まつおうまる・うめおうまる・さくらまる）〔像〕
歌舞伎登（桜丸　さくらまる）〔像〕
コン5（松王丸・梅王丸・桜丸　まつおうまる・うめおうまる・さくらまる）
大辞林3（桜丸　さくらまる）

桜山茲俊　さくらやまこれとし
鎌倉後期の武将。楠木正成の挙兵に呼応し、備後国一宮に蜂起したが一族郎党とともに自害、のちに桜山神社が建てられ祀られた。
¶コン5（桜山茲俊　さくらやまこれとし [生]? [没]元弘2/正慶1(1332)年）

雙栗神　さぐりのかみ
山城国久世郡の雙栗神社三座の祭神。
¶神仏辞典（雙栗神　さぐりのかみ）

鮭の大助　さけのおおすけ
東日本でいわれる怪魚。東北を中心に伝わる。
¶妖怪大事典（鮭の大助　さけのおおすけ）

サケノンクル
幕末期の蝦夷の族長。酒を飲めば力は経に10倍になったという。ニイカップ場所の総ての人々を一言の命令によって、服従させたといわれる。
¶コン5（サケノンクル 生没年不詳）

左源太　さげんた
歌舞伎演目『紅葉狩』に登場する、平維茂に仕える従者。
¶歌舞伎登（右源太・左源太　うげんた・さげんた）

左近右衛門　さこえもん
井原西鶴作の浮世草子『本朝二十不孝』(1686)巻一の第三「跡の剃たる娌入長持」に登場する絹問屋。
¶架空人日（左近右衛門　さこえもん）

沙悟浄　さごじょう
歌舞伎演目『通俗西遊記』に登場する、唐僧玄奘三蔵の従者。
¶歌舞伎登（沙悟浄　さごじょう）

狭衣　さごろも
『狭衣物語』の主人公。兄妹のようにして育った従妹の源氏の宮への恋に苦しむ。
¶架空人日（狭衣　さごろも）
架空伝説（狭衣　さごろも）
広辞苑6（狭衣大将　さごろものだいしょう）
古典人学（狭衣　さごろも）
古典人東（狭衣の大将　さごろものたいしょう）
大辞林3（狭衣大将　さごろものたいしょう）

サコン
米沢藩の城代岩井大膳が飼っていた狐。ウコンまたはサコンという名。間違えて送った書状を取り戻しに行かせ、無事果たしたのち死んでしまった。
¶全国妖怪（ウコン/サコン）

左近　さこん
三上於菟吉作『敵打日月双紙』の登場人物。
¶時代小説（右近・左近　うこんさこん）

笹市　ささいち
歌舞伎演目『蝶花形名歌島台』に登場する、真柴秀吉（豊臣秀吉）の家臣加藤正清（加藤清正）の子。
¶歌舞伎登（笹市　ささいち）

栄螺鬼　さざえおに
海中の栄螺が鬼と化したもの。
¶幻想動物（栄螺鬼）〔像〕
水木妖怪続（さざえ鬼）〔像〕
妖怪事典（サザエオニ）
妖怪大全（さざえ鬼　さざえおに）〔像〕
妖怪大事典（栄螺鬼　さざえおに）〔像〕

サザエさん
長谷川町子の新聞連載四コマ漫画『サザエさん』の主人公。本名、磯野サザエ。
¶架空人物（サザエさん）
架空伝承（サザエさん）
新潮日本（サザエさん）
日本人名（サザエさん）

笹神　ささがみ
福徳の神。茨城県から栃木県にかけて、2月と12月の8日に祭る神。
¶神仏辞典（笹神　ささがみ）
神話伝説（笹神　ささがみ）〔像〕

笹川繁蔵　ささがわのしげぞう
江戸後期の博徒。講談・浪曲の『天保水滸伝』では善玉として描かれる。
¶架空人日（笹川繁蔵　ささがわのしげぞう）
架空伝承（笹川繁蔵　ささがわのしげぞう [生]文化7(1810)年 [没]弘化4(1847)年）
架空伝説（笹川繁蔵　ささがわのしげぞう [生]1810年）
コン5（笹川繁蔵　ささがわのしげぞう [生]文化7(1810)年 [没]弘化4(1847)年）
新潮日本（笹川繁蔵　ささがわのしげぞう [生]文化7

(1810)年 [没]弘化4(1847)年7月4日)
説話伝説(笹川の繁蔵 ささがわのしげぞう [生]文化7年 [没]天保15年)
伝奇伝説(笹川の繁蔵 ささがわのしげぞう [生]文化7(1810)年 [没]弘化4(1847)年7月4日)
日本人名(笹川繁蔵 ささがわのしげぞう [生]1810年 [没]1847年)

佐々木桂之助 ささきかつらのすけ

歌舞伎演目『天竺徳兵衛韓噺』に登場する、天竺徳兵衛の実父吉岡宗観の主君。

¶歌舞伎登(佐々木桂之助 ささきかつらのすけ)

佐々木源之助 ささきげんのすけ

歌舞伎演目『昔語黄鳥墳』に登場する、河内の佐々木源太左衛門の一子。

¶歌舞伎登(佐々木源之助 ささきげんのすけ)

佐々木小次郎 ささきこじろう

安土桃山時代から江戸初期の剣豪。巌流とも称した。巌流島(船島)で宮本武蔵と決闘したことが有名。

¶架空人日(佐々木小次郎 ささきこじろう)
架空伝承(佐々木小次郎 ささきこじろう [生]? [没]慶長17(1612)年)
架空伝説(佐々木小次郎 ささきこじろう)
歌舞伎登(佐々木巌流 ささきがんりゅう)
奇談逸話(佐々木小次郎 ささきこじろう [生]? [没]慶長17(1612)年)
コン5(佐々木巌流 ささきがんりゅう [生]? [没]慶長17(1612)年)
新潮日本(佐々木小次郎 ささきこじろう [生]? [没]慶長17(1612)年?)
時代小説(佐々木小次郎『宮本武蔵』 ささきこじろう)〔像(口絵)〕
時代小説(佐々木小次郎『佐々木小次郎』 ささきこじろう)
説話伝説(佐々木小次郎 ささきこじろう [生]? [没]慶長17(1612)年)
伝奇伝説(佐々木小次郎 ささきこじろう [生]文禄4(1595)年? [没]慶長17(1612)年?)
日本人名(佐々木小次郎 ささきこじろう [生]? [没]1612年)

佐々木左門 ささきさもん

阿州蜂須賀家兵法師範。五味康祐作『柳生武芸帳』の登場人物。

¶時代小説(佐々木左門 ささきさもん)

佐々木助三郎 ささきすけさぶろう

『水戸黄門漫遊記』ほかに登場する武士。水戸光圀のお供で諸国を漫遊する。助さんが愛称。

¶架空人日(助さん すけさん)
架空伝説(助さん すけさん)
時代小説(佐々助三郎 さっさすけさぶろう)
日本人名(佐々木助三郎 ささきすけさぶろう)

笹木仙十郎 ささきせんじゅうろう

新宮正春作『芭蕉庵捕物帳』の登場人物。

¶時代小説(笹木仙十郎 ささきせんじゅうろう)

佐々木高綱 ささきたかつな

鎌倉初期の武将。義仲追討に際しての、宇治川での先陣争いは名高い。『平家物語』や歌舞伎『鎌倉三代記』に登場する。

¶架空人日(佐々木四郎高綱 ささきしろうたかつな)
歌舞伎登(佐々木高綱 ささきたかつな)
説話伝説(佐々木高綱 ささきたかつな [生]? [没]建保2(1214)年)
伝奇伝説(佐々木高綱 ささきたかつな [生]? [没]建保2(1214)年)

佐々木只三郎 ささきたださぶろう

京都見廻組与頭。清河八郎、坂本龍馬殺害の指揮者ともいわれる。子母澤寛作『新選組始末記』、司馬遼太郎作『竜馬がゆく』の登場人物。

¶時代小説(佐々木只三郎『新選組始末記』 ささきたださぶろう)
時代小説(佐々木唯三郎『竜馬がゆく』 ささきたださぶろう)

佐々木伝蔵 ささきでんぞう

山手樹一郎作『遠山の金さん』の登場人物。

¶時代小説(佐々木伝蔵 ささきでんぞう)

佐々木道誉 ささきどうよ

鎌倉末期・南北朝時代の武将。「ばさら大名」と呼ばれる。生涯に三つの賭をして、いずれも成功する。

¶架空人日(佐々木道誉 ささきどうよ)
説話伝説(佐々木道誉 ささきどうよ [生]永仁4(1296)年 [没]応安6/文中2(1373)年)
伝奇伝説(佐々木道誉 ささきどうよ [生]永仁4(1296)年 [没]文中2(1373)年)

沙沙貴神 ささきのかみ

近江国蒲生郡の沙沙貴神社、但馬国出石郡の佐佐伎神社の祭神。

¶神仏辞典(沙沙貴神・佐佐貴神・佐佐伎神 ささきのかみ)

佐々木三冬 ささきみふゆ

池波正太郎作『剣客商売』の登場人物。

¶時代小説(佐々木三冬 ささきみふゆ)

佐々木盛綱 ささきもりつな

鎌倉初期の武将。世阿弥作と伝える謡曲「藤戸」、近松門左衛門の浄瑠璃「佐々木先陣」などが書かれた。

¶架空伝説(佐々木盛綱 ささきもりつな)
歌舞伎登(佐々木盛綱 ささきもりつな)〔像〕
伝奇伝説(佐々木盛綱 ささきもりつな 生没年未詳)

佐々木累 ささきるい

江戸前期の女流剣客。武勇の士を夫に持ちたいための異装で衆目を集めた。

¶コン5(佐々木累 ささきるい 生没年不詳)

佐佐久神　ささくのかみ
伊予国桑村郡の佐佐久神社の祭神。
¶神仏辞典（佐佐久神　ささくのかみ）

佐々島俊蔵　ささじましゅんぞう
城昌幸作『若さま侍捕物手帖』に登場する人物。
¶架空伝説（佐々島俊蔵　ささじましゅんぞう）
　時代小説（佐々島俊蔵　ささじまとしぞう）

佐々連姫　さざなみひめ
平家落人伝説中の悲恋の主人公。安徳天皇の侍女。
¶コン5（清宗・佐々連姫　きよむね・さざなみひめ）
　伝奇伝説（清宗と佐々連姫　きよむねとさざなみひめ）
　日本人名（清宗・佐々連姫　きよむね・さざなみひめ）

佐佐神　ささのかみ
伊賀国阿拝郡の佐佐神社の祭神。
¶神仏辞典（佐佐神　ささのかみ）

笹野権三　ささのごんざ
⇒鑓の権三（やりのごんざ）

笹野才蔵　ささのさいぞう
歌舞伎演目『伽羅先代萩』に登場する、室町幕府の問注所で渡辺外記左衛門とともに対決の場に臨む忠臣。
¶歌舞伎登（笹野才蔵　ささのさいぞう）

笹野三五兵衛　ささのさんごべえ
歌舞伎演目『五大力恋緘』に登場する、九州千島の家中。
¶歌舞伎登（笹野三五兵衛　ささのさんごべえ）

笹野新三郎　ささのしんざぶろう
野村胡堂作『銭形平次捕物控』の登場人物。
¶架空伝説（笹野新三郎　ささのしんざぶろう）
　時代小説（笹野新三郎　ささのしんざぶろう）

佐々伸子　ささのぶこ
宮本百合子の小説『伸子』の主人公。
¶日本人名（佐々伸子　ささのぶこ）

笹野屋三五郎　ささのやさんごろう
歌舞伎演目『盟三五大切』に登場する、船宿笹野屋の船頭。
¶歌舞伎登（笹野屋三五郎　ささのやさんごろう）

佐佐婆神　ささばのかみ
丹波国多紀郡の佐佐婆神社の祭神。
¶神仏辞典（佐佐婆神　ささばのかみ）

笹原隼人　ささはらはやと
歌舞伎演目『濃紅葉小倉色紙』に登場する、笠原家（小笠原家）の家臣。

¶歌舞伎登（笹原隼人　ささはらはやと）

佐佐原比咩命神　ささはらひめのみことのかみ
伊豆国賀茂郡の佐佐原比咩命神社の祭神。
¶神仏辞典（佐佐原比咩命神　ささはらひめのみことのかみ）

笹原与五郎　ささはらよごろう
滝口康彦作『拝領妻始末』の登場人物。
¶時代小説（笹原与五郎　ささはらよごろう）

佐佐牟志神　ささむしのかみ
越前国丹生郡の佐佐牟志神社四座の祭神。
¶神仏辞典（佐佐牟志神　ささむしのかみ）

西寒多神　ささむたのかみ
豊後国大分郡の西寒多神社の祭神。
¶神仏辞典（西寒多神　ささむたのかみ）

ささめの太夫　ささめのたゆう
歌舞伎演目『一心二河白道』に登場する、丹波の国さいきの郡司秋高の家老で、息女桜姫の守り役。
¶歌舞伎登（ささめの太夫）

笹屋五兵衛　ささやごへえ
高橋克彦作『だましゑ歌麿』の登場人物。
¶時代小説（笹屋五兵衛　ささやごへえ）

ささやん
山本周五郎作『青べか物語』（1960）に登場する自称、海軍兵曹長。
¶架空人日（ささやん）

簓江　ささらえ
曲亭馬琴作の読本『椿説弓張月』（1807-11）の登場人物。源為朝の妻の一人。
¶架空人日（簓江　ささらえ）

ささら三八　ささらさんぱち
歌舞伎演目『けいせい天羽衣』に登場する、謀反人北川惣左衛門・赤松四郎を探索する細川勝元の変名。
¶歌舞伎登（ささら三八）

笹六　ささろく
井原西鶴作『本朝二十不孝』「今の都も世は借物」の主人公。京都の富裕な町人笹屋の息。
¶架空人日（笹六　ささろく）
　架空伝説（笹六　ささろく）
　古典人学（笹六　ささろく）

座敷小僧　ざしきこぞう
東北地方や愛知県、静岡県でいう妖怪。
¶神仏辞典（座敷小僧　ざしきこぞう）
　全国妖怪（ザシキコゾウ〔岩手県〕）
　全国妖怪（ザシキコゾウ〔愛知県〕）

妖怪事典（ザシキコゾウ）
妖怪大事典（座敷小僧　ざしきこぞう）

座敷婆こ　ざしきばっこ
岩手県釜石市砂子畑の家の妖怪。
¶幻想動物（座敷婆子）〔像〕
　神仏辞典（座敷婆こ　ざしきばっこ）
　全国妖怪（ザシキバッコ〔岩手県〕）

座敷坊主　ざしきぼうず
静岡県周智郡佐久間町・水窪町、愛知県南設楽郡鳳来町門谷の家の妖怪。
¶神仏辞典（座敷坊主　ざしきぼうず）
　全国妖怪（ザシキボウズ〔静岡県〕）
　全国妖怪（ザシキボウズ〔愛知県〕）
　水木妖怪続（座敷坊主　ざしきぼうず）〔像〕
　妖怪事典（ザシキボウズ）
　妖怪大全（座敷坊主　ざしきぼうず）〔像〕
　妖怪大事典（座敷坊主　ざしきぼうず）〔像〕

座敷童子　ざしきぼっこ
岩手県の家にくる怪。
¶全国妖怪（ザシキボッコ〔岩手県〕）

座敷童子　ざしきわらし
岩手県を中心とする東北地方北部で、旧家に住むと信じられている神霊、妖怪の一種。長野県、山口県、高知県などでもいう。
¶架空伝承（座敷童子　ざしきわらし）
　幻想動物（座敷童子）〔像〕
　広辞苑6（座敷童　ざしきわらし）
　コン5（座敷童子　ざしきわらし）
　神仏辞典（座敷童子　ざしきわらし）
　神話伝説（座敷童子　ざしきわらし）
　説話伝説（座敷童子　ざしきわらし）
　世百新（座敷童子　ざしきわらし）
　全国妖怪（ザシキワラシ〔青森県〕）
　全国妖怪（ザシキワラシ〔岩手県〕）
　全国妖怪（ザシキワラシ〔宮城県〕）
　全国妖怪（ザシキワラシ〔秋田県〕）
　全国妖怪（ザシキワラシ〔長野県〕）
　全国妖怪（ザシキワラシ〔山口県〕）
　全国妖怪（ザシキワラシ〔高知県〕）
　大辞林3（座敷童　ざしきわらし）
　伝奇伝説（座敷童子　ざしきわらし）
　東洋神名（座敷童子　ザシキワラシ）〔像〕
　日ミス（座敷童　ざしきわらし）
　日本人名（座敷童子　ざしきわらし）
　妖怪事典（ザシキワラシ）
　妖怪図鑑（座敷童子　ざしきわらし）〔像〕
　妖怪大全（座敷童子　ざしきわらし）〔像〕
　妖怪大事典（座敷わらし　ざしきわらし）〔像〕
　妖精百科（ざしきわらし）
　妖百4（ザシキワラシ）

刺国大神　さしくにおおかみ
刺国若比売命の父神。
¶神様読解（刺国大神　さしくにおおかみ）
　神仏辞典（刺国大神　さしくにおおかみ）

刺国若比売命　さしくにわかひめのみこと
刺国大神の娘神。大国主神の母神。
¶アジア女神（刺国若比売　さしのくにわかひめ）
　神様読解（刺国若比売命　さしくにわかひめのみこと）

刺田比古神　さしたひこのかみ
紀伊国名草郡の刺田比古神社の祭神。
¶神仏辞典（刺田比古神　さしたひこのかみ）

左次太夫　さじだゆう
歌舞伎演目『嬢景清八島日記』に登場する、景清の娘糸滝に頼まれ、日向まで糸滝の供をする肝煎り。
¶歌舞伎登（左次太夫　さじだゆう）

佐七　さしち
浄瑠璃、歌舞伎の登場人物。『江戸育お祭佐七』『心謎解色糸』などに小糸とともに登場する男。
¶架空伝説（小糸・佐七　こいと・さしち）〔像〕
　歌舞伎登（お祭り佐七1『江戸育御祭佐七』　おまつりさしち）
　歌舞伎登（お祭り左七2『心謎解色糸』　おまつりさしち）
　広辞苑6（お祭佐七　おまつりさしち）
　広辞苑6（小糸佐七　こいとさしち）
　コン5（小糸・佐七　こいと・さしち）
　説話伝説（小糸佐七　こいとさしち　生没年未詳）
　大辞林3（お祭佐七　おまつりさしち）
　大辞林3（小糸・佐七　こいと・さしち）
　伝奇伝説（小糸佐七　こいと・さしち）
　日本人名（小糸・佐七　こいと・さしち）

佐七　さしち
北原亞以子作『傷　慶次郎縁側日記』の登場人物。
¶時代小説（佐七　さしち）

佐志能神　さしののかみ
常陸国新治郡の佐志能神社の祭神。
¶神仏辞典（佐志能神　さしののかみ）

佐士布都神　さじふつのかみ
神武天皇が熊に出遭い、天皇はじめとして全軍が失神したとき、高倉下の夢枕に立った建御雷神が与えた剣のこと。石上神宮ほかの祭神。
¶神様読解（佐士布都神/甕布都神/布都御魂　さじふつのかみ・みかふつのかみ・ふつのみたま）
　神仏辞典（佐士布都神　さじふつのかみ）
　神仏辞典（布都御魂　ふつのみたま）
　神仏辞典（甕布都神　みかふつのかみ）

佐肆布都神　さしふつのかみ
壱岐嶋壱岐郡の佐肆布都神社（2社）の祭神。
¶神仏辞典（佐肆布都神　さしふつのかみ）

佐嶋忠介　さじまちゅうすけ
池波正太郎作『鬼平犯科帳』の登場人物。
¶時代小説（佐嶋忠介　さじまちゅうすけ）

佐志牟神　さしむのかみ
『延喜式』の佐志武神社の祭神。

¶神仏辞典（佐志牟神・佐志武神　さしむのかみ）

指物師長次　さしものしちょうじ
歌舞伎演目『指物師名人長次』に登場する、本所に住む、名人と呼ばれる指物師。
¶歌舞伎登（指物師長次　さしものしちょうじ）

左次郎　さじろう
滝亭鯉丈作『八笑人』の登場人物。江戸・下谷の名ある商家の長男。
¶架空人日（左二郎　さじろう）
　架空伝説（左次郎　さじろう）
　古典人学（左次郎　さじろう）

差笠　さすかさ
首里王府の高級神女。
¶アジア女神（差笠　さすかさ）

佐須我神　さすがのかみ
丹波国何鹿郡の佐須我神社の祭神。
¶神仏辞典（佐須我神　さすがのかみ）

刺鹿神　さすかのかみ
石見国安濃郡の刺鹿神社の祭神。
¶神仏辞典（刺鹿神　さすかのかみ）

さすがみ
兵庫県佐用郡佐用町でいう便所神のこと。
¶神仏辞典（さすがみ）
　全国妖怪（サスガミ〔兵庫県〕）
　妖怪事典（サスガミ）

サスケ
白土三平の同名の漫画の主人公。忍者の少年。
¶架空人物（サスケ）

佐助　さすけ
谷崎潤一郎作『春琴抄』(1933)に登場する、春琴の奉公人。のちに夫。
¶架空人日（佐助　さすけ）
　日本人名（春琴・佐助　しゅんきん・さすけ）

佐助　さすけ
吉川英治作『宮本武蔵』の登場人物。
¶時代小説（佐助　さすけ）

佐助　さすけ
浅田次郎作『壬生義士伝』の登場人物。
¶時代小説（佐助　さすけ）

佐助稲荷　さすけいなり
鎌倉の頼朝の肩書である「前右兵衛佐」を助けたということから、呼ばれるようになった神。
¶妖怪大鑑（佐助稲荷　さすけいなり）〔像〕

佐瀬　させ
藤沢周平作『用心棒日月抄』の登場人物。

¶時代小説（佐瀬　させ）

佐世神　させのかみ
『延喜式』の佐世神社の祭神。
¶神仏辞典（佐世神　させのかみ）

さだ
澤田ふじ子作『虹の橋』の登場人物。
¶時代小説（さだ）

サダ
青森県西津軽郡赤石村でいう山路に出る妖怪。
¶全国妖怪（サダ〔青森県〕）
　妖怪事典（サダ）

佐田綾子　さたあやこ
武者小路実篤作『幸福な家族』(1940)に登場する、佐田家の一人娘。
¶架空人日（佐田綾子　さたあやこ）

定高　さだか
歌舞伎演目『妹背山婦女庭訓』に登場する、大和の国の領主太宰少弐国人の後室。
¶歌舞伎登（定高　さだか）〔像〕

定吉　さだきち
佐江衆一作『江戸職人綺譚』の登場人物。
¶時代小説（定吉　さだきち）

佐田九郎兵衛　さだくろべえ
戦国時代の兵学者。阿波水軍森家の祖として佐田神社（阿南市）に祀られている。
¶日本人名（佐田九郎兵衛　さだくろべえ　生没年未詳）

貞五郎　さだごろう
杉本章子作『おすず信太郎人情始末帖』の登場人物。
¶時代小説（貞五郎　さだごろう）

佐田正蔵　さたしょうぞう
武者小路実篤作『幸福な家族』(1940)に登場する、佐田家の長男で一人息子。
¶架空人日（佐田正蔵　さたしょうぞう）

佐田正之助　さたしょうのすけ
武者小路実篤作『幸福な家族』(1940)に登場する元ドイツ語教師、現在は画家。
¶架空人日（佐田正之助　さたしょうのすけ）

佐太大神　さだのおおかみ
『出雲国風土記』に所出。出雲の海岸の洞窟で生まれたという神。支佐加比比売命を母とする。
¶広辞苑6（佐太大神　さだのおおかみ）
　神仏辞典（佐太大神　さだのおおかみ）
　神話伝説（佐太大神　さたのおおかみ）

佐陀神　さだのかみ
　『出雲国風土記』の佐太御子社、『延喜式』の佐陀神社の祭神。佐太大神と同一とされる。
　¶神仏辞典（佐陀神・佐陀神　さだのかみ）

佐多神　さたのかみ
　越後国頚城郡の佐多神社の祭神。
　¶神仏辞典（佐多神　さたのかみ）

幸　さち
　古代において海山の漁猟の獲物を得る呪力・霊能ないし霊魂の名。
　¶神話伝説（幸　さち）

佐知　さち
　藤沢周平作『用心棒日月抄』の登場人物。
　¶時代小説（佐知　さち）

幸子　さちこ
　谷崎潤一郎作『細雪』（1943-48）に登場する、大阪船場の旧家蒔岡家の次女。
　¶架空人日（幸子　さちこ）
　　日本人名（蒔岡幸子　まきおかさちこ）

佐地神　さちのかみ
　丹波国氷上郡の佐地神社の祭神。
　¶神仏辞典（佐地神　さちのかみ）

幸山船長　さちやませんちょう
　山本周五郎作『青べか物語』（1960）に登場する船長。
　¶架空人日（幸山船長　さちやませんちょう）

左中弁希世　さちゅうべんまれよ
　歌舞伎演目『菅原伝授手習鑑』に登場する、菅丞相の古参の弟子の公卿。
　¶歌舞伎登（左中弁希世　さちゅうべんまれよ）

皐月　さつき
　歌舞伎演目『絵本合法衢』に登場する、高橋弥十郎の妻。
　¶歌舞伎登（皐月　さつき）

皐月　さつき
　歌舞伎演目『絵本太功記』に登場する、武智光秀の母。
　¶歌舞伎登（皐月　さつき）

皐月　さつき
　歌舞伎演目『曽我綉俠御所染』に登場する、京の五条坂の傾城。
　¶架空伝説（皐月　さつき）
　　歌舞伎登（皐月　さつき）

皐月　さつき
　歌舞伎演目『時今也桔梗旗揚』に登場する、武智光秀(明智光秀)の妻。

　¶歌舞伎登（皐月　さつき）

皐月　さつき
　北原亞以子作『傷　慶次郎縁側日記』の登場人物。
　¶時代小説（皐月　さつき）

早月葉子　さつきようこ
　有島武郎作『或る女』（1919）の美貌のヒロイン。
　¶架空人日（早月葉子　さつきようこ）
　　日本人名（早月葉子　さつきようこ）

ザツクワ
　香川県の妙雲寺でいう家にいる怪。
　¶全国妖怪（ザツクワ〔香川県〕）

佐々成政　さっさなりまさ
　織豊時代の武将。歌舞伎演目『桐一葉』では、余興に出る奴に変装して太閤秀吉を刺そうとするが失敗、その場で腹を切る。
　¶歌舞伎登（佐々成政　さっさなりまさ）
　　説話伝説（佐々成政　さっさなりまさ　㊌天文5(1536)年　㊥天正16(1588)年）

佐々宗淳　さっさむねきよ
　江戸前期の歴史家。徳川光圀に招かれて彰考館に入り、『大日本史』編纂のため全国の文書・記録を採訪した。安積澹泊とともに、水戸黄門漫遊譚の「助さん・格さん」のモデルと言われる。
　¶コン5（佐々宗淳　さっさむねきよ　㊌寛永17(1640)年　㊥元禄11(1698)年）
　　新潮日本（佐々宗淳　さっさむねきよ　㊌寛永17(1640)年5月　㊥元禄11(1698)年6月3日）
　　日本人名（佐々宗淳　さっさむねきよ　㊌1640年　㊥1698年）

雑談岩　ざつだんいわ
　長野県埴科郡西條村でいう怪石。
　¶妖怪事典（ザツダンイワ）

察度　さっと
　琉球国中山王。初めて明との交通を開き、朝貢関係を結んだ。
　¶架空伝承（察度　さっと　㊌1321年　㊥1396年）

薩都神　さつのかみ
　常陸国久慈郡の薩都神社の祭神。
　¶神仏辞典（薩都神　さつのかみ）

薩摩源五兵衛　さつまげんごべえ
　⇒源五兵衛（げんごべえ）

薩摩治郎八　さつまじろはち
　近江商人薩摩治兵衛の孫。晩年には随筆家となる。1920年代以降、在パリ日本人画家のパトロンとなった。治郎八をモデルにした小説に獅子文六の『但馬太郎治伝』がある。
　¶架空伝承（薩摩治郎八　さつまじろはち　㊌明治34(1901)年　㊥昭和51(1976)年）

さつま

コン5（薩摩治郎八　さつまじろはち　㊤明治34（1901）年　㊦昭和51（1976）年）

薩摩守忠度　さつまのかみただのり
芝全交作の黄表紙『大悲千禄本』(1785)に登場する武士。手の貸し出し業を始めた千手観音から手を借りた。
- 架空人日（薩摩守忠度　さつまのかみただのり）

座頭市　ざとういち
子母澤寛の『ふところ手帖』に収録された掌編、『座頭市物語』に登場する主人公。勝新太郎主演の映画シリーズで有名になった。
- 架空人物（座頭市）
- 架空伝承（座頭市　ざとういち）
- 新潮日本（座頭市　ざとういち）
- 時代小説（座頭市　ざとういち）〔像（口絵）〕
- 日本人名（座頭市　ざとういち）

佐藤主計之助清郷　さとうかずえのすけきよさと
歌舞伎演目『八陣守護城』に登場する、忠臣佐藤肥田守正清の息子。
- 歌舞伎登（佐藤主計之助清郷　さとうかずえのすけきよさと）

佐藤菊太郎　さとうきくたろう
白井喬二作『富士に立つ影』の登場人物。
- コン5（佐藤菊太郎　さとうきくたろう）
- 時代小説（佐藤菊太郎　さとうきくたろう）
- 日本人名（佐藤菊太郎　さとうきくたろう）

座頭慶政　ざとうけいまさ
歌舞伎演目『恋女房染分手綱』全段中第六「沓掛村」、第七「坂の下」の「慶政殺し」に登場する盲目座頭で、実は与作の兄伊達与八郎。
- 歌舞伎登（座頭慶政　ざとうけいまさ）

座頭転がし　ざとうころがし
山口県厚狭郡でいう妖怪。
- 妖怪事典（ザトウコロガシ）

佐藤城太郎　さとうしろたろう
白井喬二作『富士に立つ影』の登場人物。
- 時代小説（佐藤城太郎　さとうしろたろう）

佐藤信三郎　さとうしんざぶろう
城昌幸作『若さま侍捕物手帖』の登場人物。
- 時代小説（佐藤信三郎　さとうしんざぶろう）

佐藤忠信　さとうただのぶ
鎌倉時代初めの武士。佐藤元治の子。兄の継信とともに西日本各地を転戦。忠信説話として様々に語られる。源義経に仕えた。
- 架空人日（佐藤忠信　さとうただのぶ）
- 架空伝承（佐藤忠信　さとうただのぶ　㊤応保1(1161)年　㊦文治2(1186)年）〔像〕
- 歌舞伎登（佐藤四郎兵衛忠信　さとうしろうびょうえのただのぶ）
- 古典人学（佐藤忠信　さとうただのぶ）
- 説話伝説（佐藤忠信　さとうただのぶ　㊤応保1(1161)年　㊦文治2(1186)年）
- 世百新（佐藤忠信　さとうただのぶ　㊤応保1(1161)年　㊦文治2(1186)年）
- 伝奇伝説（佐藤忠信　さとうただのぶ　㊤応保1(1161)年　㊦文治2(1186)年）

佐藤継信　さとうつぐのぶ
平安末期の武将。藤原秀衡の郎党であったが、のち弟忠信とともに源義経に従った。義経四天王の一人。
- 架空人日（佐藤嗣信　さとうつぐのぶ）
- 説話伝説（佐藤継信　さとうつぐのぶ　㊤?　㊦文治1(1185)年）

里又神　さとうぬかん
沖縄県宮古諸島一円でサトウ（里）のレベルで拝んでいる神。
- 神仏辞典（里ヌ神　サトゥヌカン）

佐藤文四郎　さとうぶんしろう
童門冬二作『上杉鷹山』の登場人物。
- 時代小説（佐藤文四郎　さとうぶんしろう）

佐藤兵之助　さとうへいのすけ
白井喬二作『富士に立つ影』の登場人物。
- 時代小説（佐藤兵之助　さとうへいのすけ）

佐藤正清　さとうまさきよ
歌舞伎『八陣守護城』『絵本太功記』『祇園祭礼信仰記』に登場する武士。
- 歌舞伎登（佐藤正清1『八陣守護城』　さとうまさきよ）
- 歌舞伎登（佐藤正清2『絵本太功記』　さとうまさきよ）
- 歌舞伎登（佐藤正清3『祇園祭礼信仰記』　さとうまさきよ）

佐藤与茂七　さとうよもしち
4世鶴屋南北作の歌舞伎『東海道四谷怪談』(1825年初演)に登場する、塩冶の浪人。
- 架空人日（佐藤与茂七　さとうよもしち）
- 歌舞伎登（佐藤与茂七　さとうよもしち）

佐藤和三郎　さとうわさぶろう
昭和時代の相場師。獅子文六の小説『大番』の主人公ギューちゃんのモデル。
- 日本人名（佐藤和三郎　さとうわさぶろう　㊤1902年　㊦1980年）

里荒神　さとこうじん
山口県大島郡和田村で祀られる荒神。
- 神仏辞典（里荒神　さとこうじん）

里見家基　さとみいえもと
室町時代の武将。結城合戦で下総結城城に立て籠もるが、討ち死にしたという。
- 日本人名（里見家基　さとみいえもと　㊤1409年

[没]1441年）

里見伊助　さとみいすけ
歌舞伎演目『銘作切籠曙』に登場する、鷹津佐市郎に仕える若党。
¶歌舞伎登（里見伊助　さとみいすけ）

里見十左衛門　さとみじゅうざえもん
幕府から伊達家に仰せつかった小石川堀普請の目付役。山本周五郎作『樅ノ木は残った』の登場人物。
¶時代小説（里見十左衛門　さとみじゅうざえもん）

里見忠義　さとみただよし
千葉館山の領主であった里見家の最後の当主。
¶伝奇伝説（里見忠義　さとみただよし [生]文禄3（1594）年 [没]元和8（1622）年）

里見成義　さとみなりよし
室町～戦国時代の武将。里見義実の長男。安房（千葉県）白浜城主。実在は疑問視されている。
¶日本人名（里見成義　さとみなりよし [生]1440年 [没]1517年）

里見八犬士　さとみはっけんし
⇒八犬士（はっけんし）

里見美禰子　さとみみねこ
夏目漱石作『三四郎』（1908）に登場する、三四郎や野々宮宗八と親しい女性。
¶架空人日（美禰子　みねこ）
日本人名（里見美禰子　さとみみねこ）

里見義実　さとみよしざね
曲亭馬琴作『南総里見八犬伝』の登場人物。里見家中興の祖。伏姫の父。
¶架空人日（里見義実　さとみよしさね）
古典人学（里見義実　さとみよしざね）
古典人東（里見義実　さとみよしざね）
日本人名（里見義実　さとみよしざね [生]1417年 [没]1488年）

里見義成　さとみよしなり
曲亭馬琴作の読本『南総里見八犬伝』（1814-42）に登場する、真田家の2代目。
¶架空人日（里見義成　さとみよしなり）

里村左内　さとむらさない
藤沢周平作『蟬しぐれ』の登場人物。
¶時代小説（里村左内　さとむらさない）

里村紹巴　さとむらじょうは
安土・桃山時代の連歌師。
¶説話伝説（里村紹巴　さとむらじょうは [生]大永5（1525）年？ [没]慶長7（1602）年）
伝奇伝説（里村紹巴　さとむらじょうは [生]大永4（1524）年 [没]慶長7（1602）年）

覚　さとり
漁師や樵が山小屋で火を焚いているときにあらわれ、人の心を読んで隙あらば取って食おうとする妖怪。思いの魔物、山鬼とも。
¶幻想動物（覚）〔像〕
神仏辞典（悟り　さとり）
全国妖怪（サトリ〔新潟県〕）
全国妖怪（サトリ〔山梨県〕）
全国妖怪（サトリ〔長野県〕）
全国妖怪（サトリ〔和歌山県〕）
日ミス（覚　さとり）
水木妖怪（さとり）〔像〕
妖怪事典（サトリ）
妖怪図鑑（覚　さとり）〔像〕
妖怪大全（さとり）〔像〕
妖怪大事典（覚　さとり）〔像〕
妖百1（覚　さとり）〔像〕

狭長神　さながのかみ
出雲国飯石郡式外社16社の狭長社の祭神。
¶神仏辞典（狭長神　さながのかみ）

左長神　さながのかみ
『日本三代実録』に所出。但馬国の神。佐嚢神と同一とされる。
¶神仏辞典（左長神　さながのかみ）

佐嚢神　さなぎのかみ
但馬国朝来郡の佐嚢神社の祭神。左長神と同一とされる。
¶神仏辞典（佐嚢神　さなぎのかみ）

狭投神　さなげのかみ
三河国賀茂郡の狹投神社の祭神。
¶神仏辞典（狭投神・佐投神　さなげのかみ）

真田十勇士　さなだじゅうゆうし
真田幸村に仕え、武勇をあらわしたという10人の勇士の総称。武勇伝の数々は「立川文庫」による創作。
¶英雄事典（真田十勇士　サナダジュウユウシ）
架空人物（真田十勇士）
架空伝承（真田十勇士　さなだじゅうゆうし）
コン5（真田十勇士　さなだじゅうゆうし）
説話伝説（真田十勇士　さなだじゅうゆうし）
世百新（真田十勇士　さなだじゅうゆうし）
伝奇伝説（真田十勇士　さなだじゅうゆうし）

真田大助　さなだだいすけ
江戸時代前期の武将。智将・真田幸村の子。大助は通称。名は幸昌。別名に治幸など。実録『真田三代記』や吉川英治作『宮本武蔵』の登場人物。
¶架空人日（真田大助治幸　さなだだいすけはるゆき）
時代小説（真田大助　さなだだいすけ）

真田信之　さなだのぶゆき
安土桃山・江戸初期の武将。真田昌幸の子。真田幸村の兄。実録『真田三代記』に登場する。
¶架空人日（真田信之　さなだのぶゆき）

真田与一　さなだのよいち
源頼朝の麾下の勇士。痰咳の病が原因となり合戦で非業の死を遂げたことから、痰咳や喘息の神としてあがめられている。
¶神仏辞典（真田与一・佐奈田与一　さなだのよいち）

真田昌幸　さなだまさゆき
戦国時代の武将。真田幸村らの父。実録『真田三代記』に登場する。
¶架空人日（真田昌幸　さなだまさゆき）

真田幸村　さなだゆきむら
安土桃山・江戸初期の武将。名は信繁。真田昌幸の次男。立川文庫による創作において「真田十勇士」の主君。
¶英雄事典（真田幸村　サナダユキムラ）
　架空人日（真田幸村　さなだゆきむら）
　架空伝承（真田幸村　さなだゆきむら ㋐永禄10(1567)年 ㋑元和1(1615)年）
　架空伝説（真田幸村　さなだゆきむら）
　歌舞伎登（真田幸村1『出来秋月花雪聚』　さなだゆきむら）
　歌舞伎登（真田幸村2『茶臼山凱歌陣立』　さなだゆきむら）
　奇談逸話（真田幸村　さなだゆきむら ㋐永禄10(1567)年 ㋑元和1(1615)年）
　コン5（真田幸村　さなだゆきむら ㋐永禄12(1569)年 ㋑元和1(1615)年）
　時代小説（真田左衛門佐幸村　さなださえもんすけゆきむら）
　時代小説（真田幸村　さなだゆきむら）
　説話伝説（真田幸村　さなだゆきむら ㋐永禄10(1567)年 ㋑元和1(1615)年）
　伝奇伝説（真田幸村　さなだゆきむら ㋐永禄12(1569)年? ㋑元和1(1615)年）〔像〕

佐那神　さなのかみ
伊勢国多気郡の佐那神社二座の祭神。
¶神仏辞典（佐那神　さなのかみ）

散吉大建命　さぬきおおたけるのみことのかみ
『日本三代実録』に所出。大和国の神。
¶神仏辞典（散吉大建命　さぬきおおたけるのみことのかみ）

讃岐垂根王　さぬきたりねのみこ
『古事記』によれば、崇神天皇の異母兄・比古由牟須美命の王子の一人。
¶神様読解（讃岐垂根王　さぬきたりねのみこ）

散吉伊能城神　さぬきのいのきのかみ
『日本三代実録』に所出。讃岐神とも。『延喜式』に所出の大和国広瀬郡の讃岐神社の祭神。
¶神仏辞典（散吉伊能城神　さぬきのいのきのかみ）

讃岐の源大夫　さぬきのげんだゆう
『今昔物語集』の登場人物。讃岐国多度郡の人で大悪人だった人物。
¶古典人学（讃岐の源大夫　さぬきのげんだゆう）

古典人東（讃岐の源大夫　さぬきのげんだゆう）

讃岐の局　さぬきのつぼね
歌舞伎演目『鎌倉三代記』に登場する、時姫を迎えにきた北条家の局その一。
¶歌舞伎登（讃岐の局　さぬきのつぼね）

讃伎日子神　さぬきひこのかみ
『播磨国風土記』に所出。託賀郡の地名由来に登場する。
¶神仏辞典（讃伎日子神・讃岐日子神　さぬきひこのかみ）

讃岐房　さぬきぼう
無住道暁作『沙石集』の登場人物。和州の学生。論識房の弟子。
¶古典人学（讃岐房　さぬきぼう）

狭野命　さぬのみこと
⇒神武天皇（じんむてんのう）

実盛神　さねもりしん
斎藤別当実盛が稲の害虫の守護神とされたもの。
¶神様読解（実盛神　さねもりしん）〔像〕
　神仏辞典（実盛　さねもり）
　東洋神名（実盛神　サネモリシン）〔像〕

実盛虫　さねもりむし
平安時代の武将・斉藤実盛の悪霊が稲を喰い荒らす大量の虫となったもの。
¶幻想動物（実盛虫）〔像〕
　妖怪事典（サネモリムシ）
　妖怪大事典（実盛虫　さねもりむし）

佐野　さの
井上ひさし作『手鎖心中』の登場人物。
¶時代小説（佐野　さの）

佐野川市松　さのがわいちまつ
江戸中期の若衆形、女形の歌舞伎役者。「市松模様」は江戸中村座で演じた『高野心中』の粂之介役の衣装に用いた石畳模様に由来する。
¶伝奇伝説（佐野川市松　さのがわいちまつ ㋐享保7(1722)年 ㋑宝暦12(1762)年）

佐野源左衛門経世　さのげんざえもんつねよ
歌舞伎演目『有職鎌倉山』に登場する、営中で刃傷に及んだ旗本。
¶歌舞伎登（佐野源左衛門経世　さのげんざえもんつねよ）

佐野源左衛門常世　さのげんざえもんつねよ
謡曲・能『鉢木』に登場する武士。旅僧に身をやつした北条時頼をもてなした。
¶架空人日（佐野源左衛門常世　さのげんざえもんつねよ）
　架空伝承（佐野源左衛門常世　さのげんざえもんつねよ）
　架空伝説（佐野源左衛門　さのげんざえもん）

広辞苑6（佐野源左衛門尉常世　さののげんざえもんのじょうつねよ）
古典人学（佐野源左衛門常世　さのげんざえもんつねよ）
新潮日本（佐野源左衛門　さのげんざえもん）
世百新（佐野源左衛門常世　さのげんざえもんつねよ）
日本人名（佐野源左衛門　さのげんざえもん）

佐野紹益　さのしょうえき
江戸初期の豪商。2代目吉野太夫を近衛信尋と争い、正妻にしたという逸話が知られる。
¶架空伝承（佐野紹益　さのしょうえき [生]慶長12（1607）年 [没]元禄4（1691）年）

佐野次郎左衛門　さのじろうざえもん
下野国佐野の豪農。いわゆる吉原百人斬をひきおこした人物。歌舞伎『杜若艶色紫』『籠釣瓶花街酔醒』で有名。
¶架空伝承（佐野次郎左衛門　さのじろうざえもん [生]? [没]享保16（1731）年?）
架空伝説（佐野次郎左衛門　さのじろうざえもん）
歌舞伎登（佐野次郎左衛門 1 『籠釣瓶花街酔醒』　さのじろざえもん）
歌舞伎登（佐野次郎左衛門 2 『杜若艶色紫』　さのじろざえもん）
新潮日本（佐野次郎左衛門　さのじろうざえもん）
説話伝説（佐野次郎左衛門　さのじろうざえもん　生没年未詳）
説話伝説（佐野八橋　さのやつはし）
伝奇伝説（佐野次郎左衛門　さのじろうざえもん）
日本人名（佐野次郎左衛門　さのじろうざえもん　生没年未詳）

佐野善左衛門　さのぜんざえもん
江戸中期の旗本。田沼意次の嫡子。意知を斬殺した。
¶伝奇伝説（佐野善左衛門　さのぜんざえもん [生]宝暦7（1757）年 [没]天明4（1784）年）

狭野神　さののかみ
加賀国能美郡の狭野神社の祭神。
¶神仏辞典（狭野神　さののかみ）

佐野兵衛　さののひょうえ
歌舞伎演目『花菖蒲佐野八橋』に登場する、佐野源左衛門の父。
¶歌舞伎登（佐野兵衛　さののひょうえ）

佐乃富神　さのふのかみ
伊勢国桑名郡の佐乃富神社の祭神。
¶神仏辞典（佐乃富神　さのふのかみ）

佐野平太郎　さのへいたろう
高橋克彦作『だましゑ歌麿』の登場人物。
¶時代小説（佐野平太郎　さのへいたろう）

さばい
田の神のこと。
¶神仏辞典（さばい）

鯖神　さばがみ
鯖の守護神。神奈川県の境川畔の鯖神社で祀られる。
¶神様読解（鯖神　さばがみ）

莨屋喜八　さばこやきはち
歌舞伎演目『名誉仁政録』に登場する、浅草田町の莨屋。
¶歌舞伎登（莨屋喜八　さばこやきはち）

佐八　さはち
山本周五郎作『赤ひげ診療譚』（1958）に登場する、通称むじな長屋に住む職人。
¶架空人日（佐八　さはち）
時代小説（佐八　さはち）

佐原の為　さはらのため
山手樹一郎作『遠山の金さん』の登場人物。
¶時代小説（佐原の為　さはらのため）

佐備神　さびのかみ
河内国石川郡の佐備神社の祭神。
¶神仏辞典（佐備神　さびのかみ）

佐比売山神　さひめのやまのかみ
石見国安濃郡の佐比売山神社の祭神。
¶神仏辞典（佐比売山神　さひめのやまのかみ）

佐毘売山神　さびめのやまのかみ
石見国美濃郡の佐毘売山神社の祭神。
¶神仏辞典（佐毘売山神　さびめのやまのかみ）

佐比持神　さひもちのかみ
海神の宮から山幸彦を乗せて帰った鰐。
¶神様読解（佐比持神　さひもちのかみ）
神仏辞典（佐比持神　さひもちのかみ）

鋤持神　さひもちのかみ
『日本書紀』に所出。稲飯命が進軍に難渋したことを嘆き、剣を抜いて海に入り、この神となったという。
¶神仏辞典（鋤持神　さひもちのかみ）

さぶ
山本周五郎作『さぶ』（1963）の主人公。
¶架空人日（さぶ）
時代小説（さぶ）

寒戸　さぶと
佐渡相川町関の大杉神社に祀られている狢神。
¶神仏辞典（寒戸　さぶと）

侍の身代りになった若君　さぶらいのみがわりになったわかぎみ
『今昔物語集』の登場人物。左大臣藤原師尹の子。屋敷に仕えていた若い侍が硯を壊してしまったことをかぶり、勘当された。

さ

さふろ

¶古典人学（侍の身代りになった若君　さぶらいのみがわりになったわかぎみ）

三郎九郎　さぶろうくろう
有吉佐和子作『出雲の阿国』の登場人物。
¶時代小説（三郎九郎　さぶろうくろう）

三郎吾　さぶろうご
歌舞伎演目『素襖落』に登場する、太郎冠者の主人の伯父者人に仕える召し使い。
¶歌舞伎登（三郎吾　さぶろうご）

三郎太夫忠重　さぶろうだゆうただしげ
曲亭馬琴作の読本『椿説弓張月』(1807-11)に登場する、伊豆大嶋の代官。
¶架空人日（三郎太夫忠重　さぶろうだゆうただしげ）

三郎兵衛　さぶろべえ
三上於菟吉作『雪之丞変化』の登場人物。
¶時代小説（三郎兵衛　さぶろべえ）

佐兵衛　さへえ
岡本綺堂作『半七捕物帳』の登場人物。
¶時代小説（佐兵衛　さへえ）

左兵衛　さへえ
歌舞伎演目『敵討襤褸綿』に登場する、春藤家譜代の家来。
¶歌舞伎登（伊兵衛・左兵衛　いへえ・さへえ）

左兵衛　さへえ
柴田錬三郎作『眠狂四郎無頼控』の登場人物。
¶時代小説（左兵衛　さへえ）

佐保神　さほがみ
春をつかさどる佐保山の女神。
¶広辞苑6（佐保姫　さおひめ）
大辞林3（佐保神　さほがみ）

さぼてん婆　さぼてんばばあ
歌舞伎演目『四天王楓江戸粧』に登場する、公家の夜鷹の世話をする女の妓夫。
¶歌舞伎登（さぼてん婆）

沙本之大闇見戸売　さほのおおくらみとめ
日子坐王の妃。
¶神様読解（沙本之大闇見戸売　さほのおおくらみとめ）

狭穂彦　さほびこ
垂仁天皇の皇后である狭穂姫の兄。開化天皇の孫。『古事記』では沙本毘古。
¶朝日歴史（狭穂彦　さほびこ）
架空伝承（狭穂彦・狭穂姫　さほびこ・さほびめ）
架空伝説（狭穂彦　さほびこ）
神様読解（沙本毘古王　さほびこのみこ）
広辞苑6（狭穂彦狭穂姫・沙本毘古沙本毘売　さおびこさおびめ）

新潮日本（狭穂彦　さほびこ）
神仏辞典（沙本毘古命・狭穂彦命　さほびこのみこと）
神話伝説（沙本毘古（狭穂彦））
神話伝説（沙本毘古・沙本毘売（狭穂彦・狭穂媛）さおびこ・さおひめ）
日本人名（狭穂彦　さほひこ）

狭穂姫　さほびめ
第11代垂仁天皇の后。兄の狭穂彦に天皇殺害を命じられたがはたせなかった。『古事記』では沙本毘売、佐波遅比売。
¶朝日歴史（狭穂姫　さほびめ）
架空伝承（狭穂彦・狭穂姫　さほびこ・さほびめ）
架空伝説（狭穂姫　さほびめ）
神様読解（沙本毘売命/佐波遅比売　さほびめのみこと・さはひめ）
広辞苑6（狭穂彦狭穂姫・沙本毘古沙本毘売　さおびこさおびめ）
古典人学（沙本毘売　さほびめ）
新潮日本（狭穂姫　さほびめ）
神仏辞典（沙本毘売命　さほびめのみこと）
神仏辞典（佐波遅比売命　さわじひめのみこと）
神話伝説（沙本毘売（狭穂媛））
日本人名（狭穂姫　さほひめ）

佐麻久嶺神　さまくのみねのかみ
陸奥国磐城郡の佐麻久嶺神社の祭神。
¶神仏辞典（佐麻久嶺神　さまくのみねのかみ）

佐麻多度神　さまたどのかみ
河内国高安郡の佐麻多度神社の祭神。
¶神仏辞典（佐麻多度神　さまたどのかみ）

左馬頭　さまのかみ
『源氏物語』に登場する貴族。
¶架空人日（左馬頭　さまのかみ）

サマユンクル　さまゆんくる
「サマイゥンクル」とも。オキクルミの同行者。
¶東洋神名（サマユンクル）〔像〕

佐味神　さみのかみ
近江国伊香郡の佐味神社の祭神。
¶神仏辞典（佐味神　さみのかみ）

佐弥乃兵主神　さみのひょうずのかみ
因幡国巨濃郡の佐弥乃兵主神社の祭神。
¶神仏辞典（佐弥乃兵主神　さみのひょうずのかみ）

狭宮神　さみやのかみ
丹波国氷上郡の狭宮神社の祭神。
¶神仏辞典（狭宮神　さみやのかみ）

寒河神　さむかわのかみ
相模国高座郡の寒川神社、下総国千葉郡の寒川神社の祭神。
¶神仏辞典（寒河神・寒川神　さむかわのかみ）

寒田神　さむたのかみ
相模国足上郡の寒田神社の祭神。
¶神仏辞典（寒田神　さむたのかみ）

寒戸の婆　さむとのばば
『遠野物語』にある山姥の類。
¶妖怪事典（サムトノババ）
　妖怪大事典（寒戸の婆　さむとのばば）〔像〕

さめ
島根県隠岐郡都万村の山の妖怪。
¶神仏辞典（さめ）
　全国妖怪（サメ［島根県］）

鮫島市郎右衛門　さめじまいちろうえもん
海音寺潮五郎作『二本の銀杏』の登場人物。
¶時代小説（鮫島市郎右衛門　さめじまいちろうえもん）

鮫島老雲斎　さめじまろううんさい
佐々木味津三作『右門捕物帖』の登場人物。
¶時代小説（鮫島老雲斎　さめじまろううんさい）

鮫の政五郎　さめのまさごろう
歌舞伎演目『刺青奇偶』に登場する、品川在の親分。
¶歌舞伎登（鮫の政五郎　さめのまさごろう）

左文治　さもんじ
笹沢左保作『木枯し紋次郎』の登場人物。
¶時代小説（左文治　さもんじ）

紗綾　さや
乙川優三郎作『霧の橋』の登場人物。
¶時代小説（紗綾　さや）

さやの神　さやのかみ
長崎県壱岐郡で、境界に祀られる神。
¶神仏辞典（さやの神　さやのかみ）

狭山堤神　さやまつつみのかみ
河内国丹比郡の狭山堤神社の祭神。
¶神仏辞典（狭山堤神　さやまつつみのかみ）

狭山神　さやまのかみ
河内国丹比郡の狭山神社の祭神。
¶神仏辞典（狭山神　さやまのかみ）

射山神　さやまのかみ
伊勢国一志郡の射山神社の祭神。
¶神仏辞典（射山神　さやまのかみ）

狭山命　さやまのみこと
内原直の祖。
¶神仏辞典（狭山命　さやまのみこと）

寒坐黄泉戸大神　さやりますよみどのおおかみ
黄泉国の神々の一柱。黄泉国の入口を塞ぐようにある大岩のこと。
¶神様読解（塞坐黄泉戸大神/道敷大神/道反大神　さやりますよみどのおおかみ・みちしきのおおかみ・みちかえしのおおかみ）
　神仏辞典（寒坐黄泉戸大神　さやりますよみどのおおかみ）

塞ん御前　さやんごぜ
長崎県の道祖神。
¶神仏辞典（塞ん御前　さやんごぜ）

小百合　さゆり
歌舞伎『戻橋』に登場する人物。京五条の扇折りの娘だが、実は愛宕山の悪鬼。
¶架空伝説（小百合　さゆり）
　歌舞伎登（小百合　さゆり）

早百合火　さゆりび
富山県富山市でいう怪火。
¶妖怪事典（サユリビ）

さよ
林不忘作『丹下左膳』の登場人物。
¶時代小説（さよ）

小夜　さよ
佐藤雅美作『恵比寿屋喜兵衛手控え』の登場人物。
¶時代小説（小夜　さよ）

小夜衣　さよぎぬ
江戸末頃の実録『大岡政談』、河竹黙阿弥作の歌舞伎『勧善懲悪覗機関』（1862年初演）に登場する、丁子屋の遊女。村井長庵の姪。
¶架空人日（小夜衣　さよぎぬ）
　架空伝説（小夜衣　さよぎぬ）
　歌舞伎登（小夜衣　さよぎぬ）

小夜衣　さよぎぬ
講談『小夜衣草子』に登場する人物。
¶架空伝説（小夜衣　さよぎぬ）

サヨコ
岩手県雫石地方でいう白い化け狐。
¶妖怪事典（サヨコ）

小夜子　さよこ
二葉亭四迷作『其面影』（1906）の主人公小野哲也の義妹。
¶架空人日（小夜子　さよこ）

小夜子　さよこ
夏目漱石作『虞美人草』（1907）に登場する、孤堂先生のひとり娘。
¶架空人日（小夜子　さよこ）

賛用都比売命　さよつひめのみこと
作物や動物や金属や水を司る大地の女神。
- 朝日歴史（佐用都比売命　さよつひめのみこと）
- アジア女神（賛用都比売命　さよつひめのみこと）
- 神様読解（佐用都比売命/玉津日女命　さよつひめのみこと・たまつひめのみこと）
- 新潮日本（佐用都比売命　さよつひめのみこと）
- 神仏辞典（佐用津姫神・賛用都比売神　さよつひめのかみ）
- 神話伝説（讚用都比売命　さよつひめのみこと）
- 日本人名（佐用都比売命　さよつひめのみこと）

さよひめ
お伽草子に登場する大和国、壺坂のまつら長者の娘。
- 神話伝説（さよひめ）

狭依毘売命　さよりびめのみこと
⇒市杵島比売命（いちきしまひめのみこと）

皿数え　さらかぞえ
井戸の中から陰火が出て皿の数を数えるもの。鳥山石燕の『今昔画図続百鬼』ではお菊の幽霊として描かれている。
- 妖怪事典（皿数え　さらかぞえ）
- 妖怪大全（皿数え　さらかぞえ）[像]
- 妖怪大事典（皿数え　さらかぞえ）

更杵村大兵主神　さらきむらのおおひょうずのかみ
但馬国養父郡の更杵村大兵主神社の祭神。
- 神仏辞典（更杵村大兵主神　さらきむらのおおひょうずのかみ）

ザラザラザッタラ
静岡県榛原郡上川根村の昔話に登場する妖怪。
- 妖怪事典（ザラザラザッタラ）

曝葛屋の彦六　さらしくずやのひころく
井原西鶴作の浮世草子『本朝二十不孝』（1686）巻三の第一「娘盛の散桜」の悲劇の父親。
- 架空人日（曝葛屋の彦六　さらしくずやのひころく）

佐良志奈神　さらしなのかみ
信濃国更級郡の佐良奈志神社の祭神。
- 神仏辞典（佐良志奈神　さらしなのかみ）

更科姫　さらしなひめ
歌舞伎『紅葉狩』に登場する人物。信濃戸隠山に棲む鬼女が紅葉狩りに訪れた平惟茂の前に化して現れた姿。
- 架空伝説（更科姫　さらしなひめ）
- 歌舞伎登（更科姫　さらしなひめ）[像]

ザラッパ
鹿児島県大隅地方でいう河童。
- 妖怪事典（ザラッパ）

猿鬼　さるおに
石川県鳳至郡柳田村を中心にした能登地方でいう妖怪。
- 妖怪事典（サルオニ）
- 妖怪大事典（猿鬼　さるおに）[像]

猿神　さるがみ
猿を神格化したもの。『今昔物語集』や各地に猿神退治の伝説として伝わる。
- 幻想動物（猿神）[像]
- 神仏辞典（猿神　さるがみ）
- 日本未確認（猿神）
- 水木妖怪続（猿神　さるがみ）[像]
- 妖怪事典（サルガミ）
- 妖怪大全（猿神　さるがみ）[像]
- 妖怪大事典（猿神　さるがみ）[像]

猿神を退治した男　さるがみをたいじしたおとこ
『今昔物語集』の登場人物。東国から来た猟師。
- 古典人学（猿神を退治した男　さるがみをたいじしたおとこ）

猿神を退治した男　さるがみをたいじしたおとこ
『今昔物語集』の登場人物。回国の修行僧。
- 古典人学（猿神を退治した男　さるがみをたいじしたおとこ）

猿源氏　さるげんじ
『猿源氏草子』の主人公。伊勢国・阿漕が浦の鰯売り。
- 架空人日（猿源氏　さるげんじ）
- 架空伝説（蛍火・猿源氏　けいか・さるげんじ）
- 歌舞伎登（猿源氏　さるげんじ）
- 古典人学（猿源氏　さるげんじ）
- 古典人東（猿源氏　さるげんじ）

猿島惣太　さるしまそうだ
歌舞伎演目『双生隅田川』に登場する、隅田の川辺に住む人買い。
- 歌舞伎登（猿島惣太　さるしまそうだ）

猿田彦　さるたひこ
瓊瓊杵尊が降臨する際に先導を務めた神。
- 朝日歴史（猿田毘古神　さるたびこのかみ）
- 架空人日（猿田毘古神　さるだびこのかみ）
- 架空伝承（猨田彦大神　さるたひこのおおかみ）[像]
- 神様読解（猿田毘古神　さるたひこしん）
- 神様読解（猿田毘古神/猿田彦命　さるたひこのかみ・さるたひこのみこと）[像]
- 神文化史（サルタヒコ〈猿田彦〉）
- 広辞苑6（猿田彦　さるたひこ）
- コン5（猿田毘古神　さるたひこのかみ）
- 新潮日本（猿田毘古神　さるたひこのかみ）
- 神仏辞典（綾田毘古大神　さるたひこのおおかみ）
- 神話伝説（猿田毘古〈記〉/猿田彦〈紀〉　さるだひこ）
- 説話伝説（猿田彦　さるたひこ）
- 世百新（猨田彦大神　さるたひこのおおかみ）
- 大辞林3（猿田彦　さるたびこ）

伝奇伝説（猿田毘古　さるだひこ）
東洋神名（猿田毘古神　サルタビコノカミ）〔像〕
日本神々（猨田毘古神　さるたびこのかみ）〔像〕
日本人名（猿田彦神　さるたひこのかみ）
日本神話（サルタビコ）

猿田彦太夫　さるたひこたゆう
歌舞伎演目『伊勢音頭恋寝刃』「太々講」に登場する伊勢の御師。
¶歌舞伎登（猿田彦太夫　さるたひこたゆう）

猿遣い石和のおかん　さるつかいいさわのおかん
歌舞伎演目『法懸松成田利剣』に登場する、鵜飼い勘作の娘。
¶歌舞伎登（猿遣い石和のおかん　さるつかいいさわのおかん）

猿憑き　さるつき
岡山県、山口県地方でいう憑き物。
¶妖怪事典（サルツキ）

猿飛佐助　さるとびさすけ
甲賀流忍術の名人とされる伝説上の人物。玉田玉秀斎による創作講談『猿飛佐助』の主人公。真田十勇士の一人。
¶朝日歴史（猿飛佐助　さるとびさすけ）
英雄事典（猿飛佐助　サルトビサスケ）
架空人日（猿飛佐助　さるとびさすけ）
架空人物（猿飛佐助）
架空伝承（猿飛佐助　さるとびさすけ）〔像〕
架空伝説（猿飛佐助　さるとびさすけ）
奇談逸話（猿飛佐助　さるとびさすけ）
コン5（猿飛佐助　さるとびさすけ）
新潮日本（猿飛佐助　さるとびさすけ）
説話伝説（猿飛佐助　さるとびさすけ）
世百新（猿飛佐助　さるとびさすけ）
大辞林3（猿飛佐助　さるとびさすけ）
日本人名（猿飛佐助　さるとびさすけ）

猿の経立　さるのふったち
岩手県上閉伊郡遠野地方の猿の妖怪。
¶神仏辞典（猿の経立　さるのふったち）
全国妖怪（サルノフッタチ〔岩手県〕）

猿曳き　さるひき
歌舞伎演目『花舞台霞の猿曳』に登場する、猿に猿舞などさまざまな芸を演じさせて銭を乞うた街頭芸人。
¶歌舞伎登（猿曳き　さるひき）

猿丸大夫　さるまるだゆう
奈良朝後期か平安朝初期の人物で、三十六歌仙の一人。『古今集』真名序に見える、伝説的人物。
¶架空伝承（猿丸大夫　さるまるだゆう）
架空伝説（猿丸大夫　さるまるだゆう）
広辞苑6（猿丸大夫　さるまるだゆう）
コン5（猿丸大夫　さるまるだゆう　生没年不詳）
新潮日本（猿丸太夫　さるまるだゆう　生没年不詳）
神仏辞典（猿丸大夫　さるまるだゆう）
神話伝説（猿丸太夫　さるまるだゆう）
世百新（猿丸大夫　さるまるだゆう）
大辞林3（猿丸大夫　さるまるだゆう）
伝奇伝説（猿丸太夫　さるまるだゆう　生没年未詳）
日本人名（猿丸大夫　さるまるだゆう　生没年未詳）

猿廻し　さるまわし
佐々木味津三作『右門捕物帖』の登場人物。
¶時代小説（猿廻し　さるまわし）

猿廻し山谷の桃太　さるまわしさんやのももた
歌舞伎演目『道行浮塒鷗』に登場する猿回し。
¶歌舞伎登（猿廻し山谷の桃太　さるまわしさんやのももた）

猿廻し与次郎　さるまわしよじろう
歌舞伎演目『近頃河原達引』に登場する、京堀川在住の猿回し。
¶歌舞伎登（猿廻し与次郎　さるまわしよじろう）

猿若　さるわか
歌舞伎演目『猿若』に登場する。出雲のお国らがかぶき踊りを始めた頃から舞台に現われていた道外の役。
¶歌舞伎登（猿若　さるわか）

猿若勘三郎　さるわかかんざぶろう
歌舞伎役者。
¶伝奇伝説（猿若勘三郎　さるわかかんざぶろう [生]慶長2（1597）年？ [没]明暦4（1658）（初代）年）

佐和　さわ
滝口康彦作『主家滅ぶべし』の登場人物。
¶時代小説（佐和　さわ）

沢井転　さわいうたた
吉川英治作『貝殻一平』の登場人物。
¶時代小説（沢井転　さわいうたた）

沢井城五郎　さわいじょうごろう
歌舞伎演目『伊賀越道中双六』に登場する、徳川幕府の旗本。
¶歌舞伎登（沢井城五郎　さわいじょうごろう）

沢市　さわいち
人形浄瑠璃・歌舞伎脚本などの登場人物。大和国壺坂寺観世音の霊験譚にまつわる夫婦のうちの夫。
¶架空伝承（お里・沢市　おさと・さわいち）
架空伝説（お里・沢市　おさと・さわいち）〔像〕
歌舞伎登（沢市　さわいち）
新潮日本（お里・沢市　おさと・さわいち）
説話伝説（お里沢市　おさとさわいち）
伝奇伝説（お里沢市　おさと さわいち）
日本人名（お里・沢市　おさと・さわいち）

沢井股五郎　さわいまたごろう
⇒河合又五郎（かわいまたごろう）

さ

佐波加刀神　さわかとのかみ
近江国伊香郡の佐波加刀神社の祭神。
¶**神仏辞典**（佐波加刀神　さわかとのかみ）

沢上良太郎　さわがみりょうたろう
山本周五郎作『季節のない街』(1962) に登場する、「良さん」と呼ばれる、ヘアブラシづくりの職人。
¶**架空人日**（沢上良太郎　さわがみりょうたろう）

沢木甲午　さわきこうご
山本周五郎作『肌匂う』(1956) に登場する武士。
¶**架空人日**（沢木甲午　さわきこうご）

沢崎　さわざき
原尞の『そして夜は甦る』以下の長短編に登場する私立探偵。
¶**名探偵日**（沢崎　さわざき）

沢道彦命　さわじひこのみこと
彦坐命の子、豊階公の祖。
¶**神仏辞典**（沢道彦命　さわじひこのみこと）

佐波遅比売命　さわじひめのみこと
⇒狭穂姫（さほびめ）

沢田小平次　さわだこへいじ
池波正太郎作『鬼平犯科帳』の登場人物。
¶**時代小説**（沢田小平次　さわだこへいじ）

沢田長　さわたのおさ
古代伝承上の陶工。
¶**日本人名**（沢田長　さわたのおさ）

佐波神　さわのかみ
伊豆国那賀郡の佐波神社の祭神。
¶**神仏辞典**（佐波神　さわのかみ）

沢野忠庵　さわのちゅうあん
ポルトガル人の転び伴天連。
¶**説話伝説**（沢野忠庵　さわのちゅうあん [生]天正8 (1580) 年 [没]慶安3 (1650) 年）
伝奇伝説（沢野忠庵　さわのちゅうあん [生]天正8 (1580) 年 [没]慶安3 (1650) 年）

沢村栄治　さわむらえいじ
日本プロ野球草創期の名投手。背番号14は巨人軍の永久欠番。セ・パ両リーグの最優秀投手に「沢村賞」が授与されている。
¶**架空伝承**（沢村栄治　さわむらえいじ [生]大正6 (1917) 年 [没]昭和19 (1944) 年）〔像〕

沢村国太郎　さわむらくにたろう
歌舞伎演目『宿無団七時雨傘』に登場する、実在の歌舞伎役者。若女形で初代。
¶**歌舞伎登**（嵐三五郎・沢村国太郎　あらしさんごろう・さわむらくにたろう [生]1739年 [没]1818年）

沢村惣之丞　さわむらそうのじょう
神戸海軍塾航海練習生。司馬遼太郎作『竜馬がゆく』の登場人物。
¶**時代小説**（沢村惣之丞　さわむらそうのじょう）

佐和良義神　さわらぎのかみ
摂津国島下郡の佐和良義神社の祭神。
¶**神仏辞典**（佐和良義神　さわらぎのかみ）

早良親王　さわらしんのう
光仁天皇の第二皇子で、桓武天皇の同母弟。没後に追尊された、崇道天皇の名で知られる。
¶**架空伝承**（崇道天皇　すどうてんのう [生]天平勝宝2 (750) 年? [没]延暦4 (785) 年）
奇談逸話（崇道天皇　すどうてんのう [生]天平勝宝2 (750) 年 [没]延暦4 (785) 年）
コン5（早良親王　さわらしんのう [生]? [没]延暦4 (785) 年）
人物伝承（早良親王・井上内親王　さわらしんのう・いのうえないしんのう [生]天平勝宝2 (750) 年 [没]延暦4 (785) 年）
説話伝説（早良親王　さわらしんのう [生]天平勝宝2 (750) 年 [没]延暦4 (785) 年）
東洋神名（早良親王　サワラシンノウ）〔像〕
日ミス（井上内親王・他戸親王・早良親王　いのえないしんのう・おさべしんのう・さわらしんのう [生]天平勝宝2 (750) 年 [没]延暦4 (785) 年）
日本神々（早良親王　さわらしんのう [生]天平勝宝2 (750) 年 [没]延暦4 (785) 年）
日本人名（早良親王　さわらしんのう [生]750年 [没]785年）
日本人名（崇道天皇　すどうてんのう [生]750年 [没]785年）

佐原神　さわらのかみ
美作国大庭郡の佐波良神社の祭神。
¶**神仏辞典**（佐原神・佐波良神　さわらのかみ）

佐原の喜三郎　さわらのきさぶろう
江戸末期の八丈島流人。
¶**伝奇伝説**（佐原の喜三郎　さわらのきさぶろう [生]文化3 (1806) 年 [没]弘化2 (1845) 年6月3日）

早蕨　さわらび
歌舞伎演目『箱根霊験躄仇討』に登場する、初花の母。
¶**歌舞伎登**（早蕨　さわらび）

障りもの　さわりもの
長野県下伊那郡地方でいう管狐の隠語。
¶**妖怪事典**（サワリモノ）

佐波波神　さわわのかみ
『日本三代実録』に所出。常陸国の神。
¶**神仏辞典**（佐波波神　さわわのかみ）

佐波波地祇神　さわわのくにつかみ
常陸国多珂郡の佐波波地祇神社の祭神。
¶**神仏辞典**（佐波波地祇神・佐波波地祇　さわわのくにつかみ）

ザン
沖縄の海に棲む人魚。
¶**幻想動物**（ザン）〔像〕
全国妖怪（ザン〔沖縄県〕）
水木妖怪続（ザン（人魚））〔像〕
妖怪事典（ザン）
妖怪大全（ザン）〔像〕
妖怪大事典（ザン）〔像〕

サンアイ・イソバ
与那国島の伝説の女性。15世紀末から16世紀初期のサンアイ村の女酋長。
¶**アジア女神**（サンアイ・イソバ）

山嶽党の首領　さんがくとうのしゅりょう
大佛次郎作『鞍馬天狗』の登場人物。
¶**時代小説**（山嶽党の首領　さんがくとうのしゅりょう）

三勝　さんかつ
江戸時代前期の女舞芸人。大坂千日寺の墓地で半七と心中。歌舞伎『茜の色揚』や浄瑠璃『艶容女舞衣』の題材となった。
¶**朝日歴史**（三勝・半七　さんかつ・はんしち）
架空伝承（三勝・半七　さんかつ・はんしち）
架空伝説（三勝・半七　さんかつ・はんしち）
歌舞伎登（三勝　さんかつ）
古典人学（三勝半七　さんかつはんしち）
コン5（三勝・半七　さんかつ・はんしち）
新潮日本（三勝・半七　さんかつ・はんしち）
説話伝説（三勝半七　さんかつはんしち）〔像〕
伝奇伝説（三勝半七　さんかつはんしち）
日本人名（三勝　さんかつ　[生]?　[没]1696年）

三河良　さんがろう
歌舞伎演目『国性爺合戦』の獅子が城楼門の場に、珍沢山とともに登場する道外役。
¶**歌舞伎登**（三河良　さんがろう）

参木　さんぎ
横光利一作『上海』(1932)の主人公。
¶**架空人日**（参木　さんぎ）

三吉　さんきち
歌舞伎演目『新皿屋舗月雨暈』二枚目の魚屋内の場に登場する、太兵衛、宗五郎の営む魚屋の奉公人。
¶**歌舞伎登**（三吉　さんきち）

三吉　さんきち
逢坂剛作『重蔵始末』の登場人物。
¶**時代小説**（三吉　さんきち）

三吉　さんきち
浄瑠璃・歌舞伎『丹波与作待夜の小室節』『恋女房染分手綱』に登場する、伊達与作と重の井の密通により生まれた子。与之助の幼名。
¶**歌舞伎登**（自然薯の三吉　じねんじょのさんきち）
広辞苑6（三吉　さんきち）
大辞林3（三吉　さんきち）

三吉鬼　さんきちおに
秋田県を中心に東北地方に伝わる妖怪。酒を飲ました代わりに、頼まれごとをしてくれたもの。
¶**神仏辞典**（三吉　さんきち）
全国妖怪（サンキチオニ〔秋田県〕）
水木妖怪続（三吉鬼　さんきちおに）〔像〕
妖怪事典（サンキチオニ）
妖怪大全（三吉鬼　さんきちおに）〔像〕
妖怪大事典（三吉鬼　さんきちおに）〔像〕

三吉狐　さんきちぎつね
歌舞伎演目『濃紅葉小倉色紙』に登場する、千年生きたといわれる白狐。
¶**歌舞伎登**（三吉狐　さんきちぎつね）

散切りお富　ざんぎりおとみ
歌舞伎演目『月宴升毬栗』に登場する、坊主与三の女房。
¶**歌舞伎登**（散切りお富　ざんぎりおとみ）

残月　ざんげつ
歌舞伎演目『桜姫東文章』に登場する、鎌倉長谷寺新清水の一老職の僧。
¶**歌舞伎登**（残月　ざんげつ）

三五右衛門　さんごえもん
高橋義夫作『浄瑠璃坂の仇討ち』の登場人物。
¶**時代小説**（三五右衛門　さんごえもん）

三子狐　さんこぎつね
岩手県の動物の怪。
¶**全国妖怪**（サンコギツネ〔岩手県〕）

山谷　さんこく
御伽草子『二十四孝』に登場する、二十四孝の一人。詩人。本名は黄庭堅(1045～1105)。
¶**架空人日**（山谷　さんこく）

三五郎　さんごろう
歌舞伎演目『水天宮利生深川』に登場する人力車夫。
¶**歌舞伎登**（三五郎　さんごろう）

三五郎　さんごろう
佐江衆一作『江戸職人綺譚』の登場人物。
¶**時代小説**（三五郎　さんごろう）

三五郎　さんごろう
今西祐行作『肥後の石工』(1965)の主人公。
¶**児童登場**（三五郎）

三作　さんさく
歌舞伎演目『妹背山婦女庭訓』に登場する、猟師芝六の女房お雉の連れ子。
¶**歌舞伎登**（三作　さんさく）

さんし

三尸　さんし
道教に発した信仰で庚申の日に人の体内から出て、天帝にその人の罪を報告するという虫。
¶神仏辞典（三尸　さんし）

三七信孝　さんしちのぶたか
歌舞伎演目『けいせい青陽鵑』に登場する、小田信長の息子。
¶歌舞伎登（三七信孝　さんしちのぶたか）

山司の金右衛門　さんしのきんえもん
歌舞伎演目『三千世界商往来』に登場する、日本、海外諸国で抜け荷、騙り、略奪を行う八幡（海賊）の首魁。
¶歌舞伎登（山司の金右衛門　さんしのきんえもん）

三姉妹探偵団　さんしまいたんていだん
赤川次郎の「三姉妹探偵団」シリーズの主人公である三姉妹。
¶名探偵日（三姉妹探偵団　さんしまいたんていだん）

三尺坊　さんじゃくぼう
遠州秋葉山の天狗とも神ともいわれている存在。
¶神話伝説（三尺坊　さんじゃくぼう）
　妖怪大鑑（三尺坊　さんじゃくぼう）〔像〕

三十三観音　さんじゅうさんかんのん
観世音菩薩が33の姿に変化して人々を救済すると説かれることから、俗信の三十三尊の観音を集めたもの。
¶神仏辞典（三十三観音　さんじゅうさんかんのん）
　東洋神名（三十三観音　サンジュウサンカンノン）〔像〕
　仏尊事典（三十三観音　さんじゅうさんかんのん）

三十番神　さんじゅうばんしん
一か月三十日の間毎日番がわりに、国家、人民などを守護すると信じられる三十柱の善神。
¶神様読解（三十番神　さんじゅうばんしん）〔像〕
　広辞苑6（三十番神　さんじゅうばんじん）
　神仏辞典（三十番神　さんじゅうばんじん）
　仏尊事典（三十番神　さんじゅうばんじん）〔像〕

三十六禽　さんじゅうろっきん
三六種の修禅者を悩ます禽獣。
¶広辞苑6（三十六禽　さんじゅうろくきん）
　神仏辞典（三十六禽　さんじゅうろっきん）

サンジョー
九州各地で山中に棲む老翁の妖怪。
¶妖怪事典（サンジョー）

三条実美　さんじょうさねとみ
幕末・明治期の公卿、政治家。司馬遼太郎作『竜馬がゆく』の登場人物。
¶時代小説（三条実美　さんじょうさねとみ）

山椒大夫　さんしょうだゆう
安寿厨子王の哀話として知られる伝説の主人公。安寿や厨子王を酷使する残忍な人物。
¶朝日歴史（山椒大夫　さんしょうだゆう）
　架空人日（山椒大夫　さんしょうだゆう）
　架空伝承（山荘大夫　さんしょうだゆう）〔像〕
　架空伝説（山椒大夫　さんしょうだゆう）
　歌舞伎登（三庄太夫　さんしょうだゆう）
　古典人学（さんせう太夫　さんせうだゆう）
　コン5（山椒大夫　さんしょうだゆう）
　新潮日本（山椒大夫　さんしょうだゆう）
　神話伝説（山荘大夫　さんしょうだゆう）
　説話伝説（山椒大夫　さんしょうだゆう）
　大辞林3（山椒大夫・山椒大夫　さんしょうだゆう）
　伝奇伝説（山椒大夫　さんしょうだゆう）
　日本人名（山椒大夫　さんしょうだゆう）

三笑亭可楽　さんしょうていからく
江戸後期の噺家。
¶説話伝説（三笑亭可楽　さんしょうていからく　⊕安永6(1777)年　⊗天保4(1833)年）
　伝奇伝説（三笑亭可楽　さんしょうていからく　⊕安永6(1777)年　⊗天保4(1833)年）

三条天皇　さんじょうてんのう
『栄華物語』『大鏡』の登場人物。冷泉天皇第二皇子。
¶古典人学（三条天皇　さんじょうてんのう　⊕貞元1(976)年　⊗寛仁1(1017)年）

三条西実隆　さんじょうにしさねたか
室町後期の公卿。
¶伝奇伝説（三条西実隆　さんじょうにしさねたか　⊕康正1(1455)年　⊗天文6(1537)年）

三条の荒五郎　さんじょうのあらごろう
御伽草子『三人法師』（室町時代後期）に登場する僧、元強盗。
¶架空人日（三条の荒五郎　さんじょうのあらごろう）
　古典人東（三条の荒五郎　さんじょうのあらごろう）

三四郎　さんしろう
夏目漱石作『三四郎』の主人公。
¶架空人日（三四郎　さんしろう）
　コン5（三四郎　さんしろう）
　新潮日本（三四郎　さんしろう）
　日本人名（三四郎　さんしろう）

三次郎　さんしろう
池波正太郎作『鬼平犯科帳』の登場人物。
¶時代小説（三次郎　さんしろう）

山神　さんじん
深山の木々の魂や、その他の霊的なものが凝りかたまってできるとされるもの。
¶妖怪大全（山神　さんじん）〔像〕

山神　さんじん
歌舞伎演目『紅葉狩』に登場する、戸隠山の山神。

¶歌舞伎登（山神　さんじん）

山人　さんじん
各地でいう山中に棲む男の妖怪。
¶妖怪事典（サンジン）

山精　さんせい
『抱朴子』などに記述がある、山の精の一種。鳥山石燕の『今昔画図続百鬼』では一本足の山の精として描かれた。
¶幻想動物（山精）〔像〕
妖怪事典（サンセイ）
妖怪大全（山精　さんせい）〔像〕
妖怪大事典（山精　さんせい）〔像〕

残雪　ざんせつ★
椋鳩十作『大造じいさんとガン』（1943）に登場する雁の頭領。
¶児童登場（残雪）

三蔵法師　さんぞうほうし
歌舞伎演目『通俗西遊記』に登場する、天竺への求経の旅に出立した唐僧。
¶歌舞伎登（三蔵法師　さんぞうほうし）

三太　さんた
青木茂作「三太物語」シリーズの主人公の少年。
¶児童登場（三太）
日本人名（三太　さんた）

三太　さんた
山手樹一郎作『夢介千両みやげ』の登場人物。
¶時代小説（三太　さんた）

参太　さんた
山本周五郎作『おさん』（1961）に登場する大工。
¶架空人日（参太　さんた）

サンタチ
大阪府の南河内郡瀧畑（河内長野市）でいう動物の怪。
¶全国妖怪（サンタチ〔大阪府〕）

さんたつ
和歌山県伊都郡の鼬または山獺の妖怪。
¶神仏辞典（さんたつ）
全国妖怪（サンタツ〔和歌山県〕）

三太郎　さんたろう
宮部みゆき作『ぼんくら』の登場人物。
¶時代小説（三太郎　さんたろう）

桟俵をかぶったもの　さんだわらをかぶったもの
南佐久郡小海町松原湖でいう妖怪。
¶妖怪事典（サンダワラヲカブッタモノ）

山東京伝　さんとうきょうでん
江戸後期の戯作者。
¶時代小説（山東京伝『だましゑ歌麿』　さんとうきょうでん）
時代小説（山東京伝『写楽』　さんとうきょうでん）
時代小説（山東京伝『手鎖心中』　さんとうきょうでん）
説話伝説（山東京伝　さんとうきょうでん　[生]宝暦11（1761）年　[没]文化13（1816）年）
伝奇伝説（山東京伝　さんとうきょうでん　[生]宝暦11（1761）年　[没]文化13（1816）年）〔像〕

三二五郎七　さんにごろしち
歌舞伎演目『雁のたより』に登場する、有馬の髪結い。
¶歌舞伎登（三二五郎七　さんにごろしち）

三二五郎兵衛　さんにごろべえ
歌舞伎演目『釜淵双級巴』に登場する、京島原の遊女滝川（お滝）の養父。
¶歌舞伎登（三二五郎兵衛　さんにごろべえ）

三人吉三　さんにんきちさ
歌舞伎『三人吉三廓初買』に登場する三人の盗賊の名。
¶架空伝承（三人吉三　さんにんきちさ）〔像〕
コン5（三人吉三　さんにんきちさ）
日本人名（三人吉三　さんにんきちさ）

山王権現　さんのうごんげん
日吉神社・日枝神社の祭神。
¶広辞苑6（山王権現　さんのうごんげん）
神仏辞典（山王　さんのう）
仏尊事典（山王権現と本地仏　さんのうごんげんとほんじぶつ）〔像〕

算の先生　さんのせんじょう
『今昔物語集』『宇治拾遺物語』に登場する、算道（算術）の名手。
¶架空人日（算の先生　さんのせんじょう）

さんばい
中国・四国地方で、田植えにあたって迎え送られる田の神。
¶神仏辞典（さんばい）

三番叟　さんばそう
歌舞伎演目『式三番』に登場する人物。三番目の翁（老人）の意味。翁に続いて登場し、舞を舞う。
¶歌舞伎登（三番叟　さんばそう）

三平　さんぺい
白井喬二作『富士に立つ影』の登場人物。
¶時代小説（三平　さんぺい）

三平　さんぺい
坪田譲治の小説と童話の主人公。
¶日本人名（善太・三平　ぜんた・さんぺい）

さんぼう
山口県の都濃郡や佐波郡などで、田植えに迎え祀られる神。
¶神仏辞典（さんぼう）

三宝荒神　さんぽうこうじん
仏・法・僧の三宝を守護するという神。
¶広辞苑6（三宝荒神　さんぽうこうじん）
神仏辞典（三宝荒神　さんぽうこうじん）
仏尊事典（三宝荒神　さんぽうこうじん）〔像〕

三法師丸　さんぼうしまる
歌舞伎演目『大徳寺焼香』に登場する、織田信長の長男信忠の遺児で、直系の孫。
¶歌舞伎登（三法師丸　さんぼうしまる）

さんぼん
宮崎県東臼杵郡北方町における河童の別称。
¶神仏辞典（さんぼん）
全国妖怪（サンボン〔宮崎県〕）
妖怪事典（サンボン）

三位の中将　さんみのちゅうじょう
『海人の刈藻』の登場人物。藤壺女御と密通し、のち出家を遂げ極楽往生した。
¶古典文学（三位の中将　さんみのちゅうじょう）

三位の中将　さんみのちゅうじょう
御伽草子『木幡狐』に登場する、三条大納言の子。
¶架空人日（三位の中将　さんみのちゅうじょう）

三目八面　さんめやづら
⇒三目八面（みつめやづら）

山ン本五郎左衛門　さんもとごろうざえもん
柏正甫作『稲生物怪録』に登場する妖怪の首領。
¶日ミス（山ン本五郎左衛門　さんもとごろうざえもん）
妖怪大鑑（山ン本五郎左衛門　やまんもとごろうざえもん）〔像〕
妖怪大事典（山本五郎左衛門　さんもとごろうざえもん）〔像〕

三野上人　さんやしょうにん
江島其磧（八文字自笑）作の浮世草子『傾城禁短気』(1711)四之巻に登場する説法師。
¶架空人日（三野上人　さんやしょうにん）

三遊亭円朝　さんゆうていえんちょう
幕末・明治の落語家。代表作に速記本『怪談牡丹灯籠』『塩原多助一代記』など。
¶架空伝承（三遊亭円朝　さんゆうていえんちょう）
㋴天保10(1839)年　㋵明治33(1900)年
歌舞伎登（三遊亭円朝　さんゆうていえんちょう）
説話伝説（三遊亭円朝　さんゆうていえんちょう）
㋴天保10(1839)年　㋵明治33(1900)年
伝奇伝説（三遊亭円朝　さんゆうていえんちょう）
㋴天保10(1839)年　㋵明治32(1900)年〔像〕

山霊　さんれい
山にいる霊。
¶大辞林3（山霊　さんれい）
妖怪大全（山霊　さんれい）〔像〕
妖怪大事典（山霊　さんれい）〔像〕

【し】

仕合大臣　しあわせだいじん
井原西鶴の浮世草子『好色盛衰記』(1688)巻五の一「後家にかかって仕合大臣」に登場する商人。
¶架空人日（仕合大臣　しあわせだいじん）

しい
和歌山県熊野地方の山の妖怪。山路で人を餓死させる。
¶神仏辞典（しい）
全国妖怪（シイ〔和歌山県〕）

しい
奈良県、和歌山県、広島県、山口県などに伝わる妖怪。牛に害をなす想像上の獣。もともとは中国でいわれた怪物。
¶幻想動物（黒眚）〔像〕
神仏辞典（しい）
全国妖怪（シイ〔和歌山県〕）
全国妖怪（シイ〔山口県〕）
日本未確認（黒眚　しい）〔像〕
水木幻獣（黒眚　しい）〔像〕
妖怪事典（シイ）
妖怪大鑑（黒眚　しい）〔像〕
妖怪大事典（シイ）〔像〕

椎前神　しいさきのかみ
越前国敦賀郡の志比前神社の祭神。
¶神仏辞典（椎前神・志比前神　しいさきのかみ）

水神　しいじん
新潟県佐渡島における河童の別称。
¶神仏辞典（水神　しいじん）
全国妖怪（シイジン〔新潟県〕）

椎津市之正国久　しいづいちのかみくにひさ
歌舞伎演目『柵自来也談』に登場する越路城主。
¶歌舞伎登（椎津市之正国久　しいづいちのかみくにひさ）

椎根津彦　しいねつひこ
説話上の倭国造の祖先。もとの名は珍彦。『古事記』では槁根津日子。神武天皇東征譚に水先案内人としてあらわれる。
¶朝日歴史（椎根津彦　しいねつひこ）
神様読解（宇豆比古/珍彦　うづひこ・うづびこ）

神様読解（楠根津日子/椎根津彦　さおねつひこ・しいねつひこ）
コン5（椎根津彦　しいねつひこ）
新潮日本（椎根津彦　しいねつひこ）
神仏辞典（椎根津彦命　しいねつひこのみこと）
神話伝説（椎根津彦　しいねつひこ）
世百新（鴟根津日子　さおねつひこ）
日本人名（椎根津彦　しいねつひこ）

椎の木の精　しいのきのせい
沖縄県の木の変化。
¶全国妖怪（シイノキノセイ〔沖縄県〕）

四位の少将　しいのしょうしょう
『しのびね物語』の主人公で貴族。父は内大臣。
¶古典人東（四位の少将　しいのしょうしょう）

椎葉円比咩神　しいはのつぶらひめのかみ
能登国羽咋郡の椎葉円比咩神社の祭神。
¶神仏辞典（椎葉円比咩神　しいはのつぶらひめのかみ）

椎村神　しいむらのかみ
若狭国遠敷郡の椎村神社の祭神。
¶神仏辞典（椎村神　しいむらのかみ）

慈恵大師　じえだいし
平安時代の天台僧。『慈恵大僧正伝』に伝説化の跡が顕著。
¶説話伝説（慈恵大師　じえだいし ㊀延喜12（912）年 ㊁永観3（985）年）
　伝奇伝説（慈恵大師　じえだいし ㊀延喜12（912）年 ㊁永観3（985）年）

慈円　じえん
鎌倉時代の天台宗の僧。歌人。
¶奇談逸話（慈円　じえん ㊀久寿2（1155）年 ㊁嘉禄1（1225）年）
　説話伝説（慈円　じえん ㊀久寿2（1155）年 ㊁嘉禄1（1225）年）
　伝奇伝説（慈円　じえん ㊀久寿2（1155）年 ㊁嘉禄1（1225）年）

紫黄山利休坊　しおうざんりきゅうぼう
茨城県筑波山の裏参道にあたる紫尾山でいう天狗。
¶妖怪事典（シオウザンリキュウボウ）
　妖怪大事典（紫黄山利休坊　しおうざんりきゅうぼう）

地黄煎火　じおうせんび
江州水口（現・滋賀県甲賀市）の駅泉縄手に膝頭松で地黄煎（穀芽の粉に地黄の汁を練りあわせたもの）を売って生計をたてていた男の執念から現れた陰火。
¶妖怪大鑑（地黄煎火　じおうせんび）〔像〕
　妖怪大事典（地黄煎火　じおうせんび）〔像〕

四王天但馬守　しおうでんたじまのかみ
歌舞伎演目『時今也桔梗旗揚』に登場する、武智光秀（明智光秀）の家臣。
¶歌舞伎登（四王天但馬守　しおうでんたじまのかみ）

塩江神　しおえのかみ
尾張国中島郡の塩江神社の祭神。
¶神仏辞典（塩江神　しおえのかみ）

塩神　しおがみ
福島県喜多方地方の塩の神。
¶神仏辞典（塩神　しおがみ）

塩沢丹三郎　しおざわにさぶろう
山本周五郎作『樅ノ木は残った』の登場人物。
¶時代小説（塩沢丹三郎　しおざわにさぶろう）

塩道神　しおじのかみ
尾張国丹羽郡の塩道神社の祭神。
¶神仏辞典（塩道神　しおじのかみ）

塩垂津彦命　しおたりつひこのみこと
彦国葺命の孫。
¶神仏辞典（塩垂津彦命　しおたりつひこのみこと）

塩土老翁　しおつちのおじ
『日本書紀』に所出。『古事記』では塩椎神。彦火火出見尊を海宮へ送る。石川県加賀市潮津町の潮津神社、栃木県矢板市の塩竈神社、和歌山県和歌山市の塩竈神社の祭神。
¶朝日歴史（塩土老翁　しおつちのおじ）
　神様読解（塩椎神　しおつちのかみ）
　神様読解（塩椎神/塩土老翁　しおつちのかみ・しおつのおきな（おじ））
　広辞苑6（塩土老翁　しおつちのおじ）
　神仏辞典（事勝国勝長狭　ことかつくにかつながさ）
　神仏辞典（塩土老翁　しおつちのおじ）
　神仏辞典（塩椎神・塩槌神　しおつちのかみ）
　神仏辞典（塩筒老翁　しおつつのおきな）
　神話伝説（塩土老爺　しおつちのおじ）
　世百新（塩土老翁　しおつちのおじ）
　大辞林3（塩土老翁　しおつちのおじ）
　日本神々（塩椎神　しおつちのかみ）〔像〕
　日本神様（塩竈信仰の神々〔鹽土老翁神〕　しおがましんこうのかみがみ）
　日本人名（塩土老翁　しおつちのおじ）
　日本神話（シホツチノヲヂ）

塩津神　しおつのかみ
近江国浅井郡の塩津神社の祭神。
¶神仏辞典（塩津神　しおつのかみ）

志乎神　しおのかみ
能登国羽咋郡の志乎神社の祭神。
¶神仏辞典（志乎神　しおのかみ）

塩の長司　しおのちょうじ
『絵本百物語桃山人夜話』にある怪異。塩の長司が老いた飼馬を殺して食べたところ馬に取り憑かれて死んだという。
¶妖怪事典（シオノチョウジ）

妖怪大全（塩の長司　しおのちょうじ）〔像〕
妖怪大事典（塩の長司　しおのちょうじ）〔像〕

塩野神　しおののかみ
信濃国小県郡の塩野神社の祭神。
¶神仏辞典（塩野神　しおののかみ）

塩野上神　しおののかみのかみ
因幡国八上郡の塩野上神社二座の祭神。
¶神仏辞典（塩野上神　しおののかみのかみ）

しおのめ
新潟県両津市虫埼の海の妖怪。
¶神仏辞典（しおのめ）
　全国妖怪（シオノメ〔新潟県〕）
　妖怪事典（シオノメ）

塩乗津彦　しおのりつひこ
古代伝承上の武人。孝昭天皇の5世孫彦国葺の孫。松樹君とも。
¶日本人名（塩乗津彦　しおのりつひこ）

塩原角右衛門　しおばらかくえもん
三遊亭円朝作『塩原多助一代記』(1889)に登場する、塩原多助の実父。
¶架空人日（塩原角右衛門　しおばらかくえもん）

塩原角右衛門　しおばらかくえもん
三遊亭円朝作『塩原多助一代記』(1889)に登場する、塩原多助の養父。
¶架空人日（塩原角右衛門　しおばらかくえもん）

塩原多助　しおばらたすけ
三遊亭円朝作の人情噺『塩原多助一代記』(1885年刊)の主人公の名。
¶架空人日（塩原多助　しおばらたすけ）
　架空伝承（塩原多助　しおばらたすけ）〔像〕
　架空伝説（塩原多助　しおばらたすけ）
　歌舞伎登（塩原多助　しおばらたすけ）
　広辞苑6（塩原多助　しおばらたすけ）
　新潮日本（塩原太助　しおばらたすけ ㊇寛保3(1743)年 ㊋文化13(1816)年閏8月14日）
　説話伝説（塩原多助　しおばらたすけ ㊇寛保3(1743)年 ㊋文化13(1816)年）〔像〕
　世百新（塩原多助　しおばらたすけ）
　伝奇伝説（塩原多助　しおばらたすけ）
　日本人名（塩原太助　しおばらたすけ ㊇1743年 ㊋1816年）

塩屋の何某の息子　しおやのなにがしのむすこ
井原西鶴作の浮世草子『本朝二十不孝』(1686)巻一の第四「慰み改て咄の点取」の主人公。
¶架空人日（塩屋の何某の息子　しおやのなにがしのむすこ）

塩山与左衛門　しおやまよざえもん
歌舞伎演目『仮名手本硯高島』に登場する、塩谷浪人赤垣源蔵の実兄。
¶架空人日（与左衛門　よざえもん）

歌舞伎登（塩山与左衛門　しおやまよざえもん）

塩湯彦神　しおゆひこのかみ
出羽国平鹿郡の塩湯彦神社の祭神。
¶神仏辞典（塩湯彦神　しおゆひこのかみ）

志賀市　しがいち
歌舞伎演目『加賀見山再岩藤』に登場する、鳥井又助の弟。
¶歌舞伎登（志賀市　しがいち）

鹿を下ろす神　しかをおろすかみ
アイヌの狩猟の獲物である鹿に関する神。
¶神仏辞典（鹿を下ろす神　しかをおろすかみ）

慈覚大師　じかくだいし
⇒円仁（えんにん）

志賀清林　しがせいりん
伝承上の相撲行司の祖。
¶日本人名（志賀清林　しがせいりん）

シカタ
鹿児島県奄美大島地方でいう妖怪。
¶妖怪事典（シカタ）

志賀台七　しがだいしち
歌舞伎演目『碁太平記白石噺』に登場する、岩手石堂家の家臣。
¶歌舞伎登（志賀台七　しがだいしち）

志賀寺上人　しがでらしょうにん
修行を積み功験ある老いた上人であったが、京極御息所に恋心を抱く。伝説上の人物。
¶奇談逸話（志賀寺の聖人　しがでらのしょうにん 生没年未詳）
　神話伝説（志賀寺上人　しがでらのしょうにん）
　説話伝説（志賀寺上人　しがでらのしょうにん 生没年不明）
　伝奇伝説（志賀寺の上人　しがでらのしょうにん）
　日ミス（志賀寺上人　しがでらしょうにん）

志賀寺の法師　しがでらのほうし
源俊頼作『俊頼髄脳』の登場人物。三井寺の傍にあった志賀寺の老法師。
¶古典人学（志賀寺の法師　しがでらのほうし）

志加奴神　しかぬのかみ
因幡国気多郡の志加奴神社の祭神。
¶神仏辞典（志加奴神　しかぬのかみ）

志我神　しがのかみ
『日本書紀』巻七に所出。景行天皇が土蜘蛛征伐の際に神意を占った神。
¶神仏辞典（志我神　しがのかみ）

志賀之助　しがのすけ
歌舞伎演目『鯉つかみ』に登場する、田原の末孫。
¶歌舞伎登（志賀之助　しがのすけ）

シカの主のカムイ　しかのぬしのかむい
人間に鹿を送ってくれるカムイ。「ユクコロカムイ」（鹿の主のカムイ）もしくは「ユカッテカムイ」（鹿を増やすカムイ）と呼ばれる。
¶東洋神名（シカの主のカムイ　シカノヌシノカムイ）〔像〕

鹿野武左衛門　しかのぶざえもん
江戸初期の舌耕者。
¶説話伝説（鹿野武左衛門　しかのぶざえもん　㉘元禄12（1699）年）
　伝奇伝説（鹿野武左衛門　しかのぶざえもん　④慶安2（1649）年　㉘元禄12（1699）年）

滋賀の蓑火　しがのみのび
近江国彦根の大藪村あたりの琵琶湖に出た怪火。
¶妖怪大鑑（滋賀の蓑火　しがのみのび）〔像〕

志賀海神　しかのわたつみのかみ
筑前国糟屋郡の志加海神社三座（福岡市志賀島の志賀海神社）の祭神。
¶神仏辞典（志賀海神・志加海神　しかのわたつみのかみ）

飾磨宅兵衛　しかまたくべえ
歌舞伎演目『真写いろは日記』に登場する、塩冶の足軽寺岡平右衛門の仮の名。
¶歌舞伎登（飾磨宅兵衛　しかまたくべえ）

しがま女房　しがまにょうぼう
青森県の雪の妖怪。
¶神仏辞典（しがま女房　しがまにょうぼう）
　全国妖怪（シガマニョウボウ〔青森県〕）

信楽太郎　しがらきたろう
歌舞伎演目『近江源氏先陣館』に登場する人物。佐々木盛綱の陣屋へ高綱苦戦を伝える注進。
¶歌舞伎登（信楽太郎　しがらきたろう）

柵　しがらみ
歌舞伎演目『芦屋道満大内鑑』に登場する、信田庄司の妻で、葛の葉姫の母親。
¶歌舞伎登（柵　しがらみ）

志賀理和気神　しがりわけのかみ
陸奥国斯波郡の志賀理和気神社の祭神。
¶神仏辞典（志賀理和気神　しがりわけのかみ）

地神　じがん
九州南部における屋敷神の一つ。
¶神仏辞典（地神　じがん）

しき
九州西側の海の妖怪。
¶神仏辞典（しき）
　全国妖怪（シキ〔鹿児島県〕）
　妖怪事典（シキ）
　妖怪大事典（シキ）〔像〕

式王子　しきおうじ
高知県香美郡物部村で信仰されている、いざなぎ流陰陽道の祈祷師が使役する鬼神。
¶幻想動物（式王子）〔像〕
　妖怪大事典（式王子　しきおうじ）〔像〕

式神　しきがみ
陰陽師の使役神。陰陽道で、陰陽師の命令に従って不思議なわざをなすという精霊。
¶神文化史（シキガミ（式神））
　幻想動物（式神）〔像〕
　広辞苑6（式神・識神・職神　しきがみ）
　神仏辞典（式神　しきしん）
　説話伝説（式神　しきがみ・しきじん）
　東洋神名（式神　シキガミ）〔像〕
　妖怪大事典（式神　しきがみ）〔像〕

食行身禄　じきぎょうみろく
富士行者の傍系6世。富士山の烏帽子岩で入定し即身仏となった。
¶神仏辞典（食行身禄　じきぎょうみろく　④1761年　㉘1733年）
　神仏辞典（身禄　みろく）

式乾門院　しきけんもんいん
後堀河天皇時代の斎王。斎宮御座所の絵馬堂に関する説話、謡曲『絵馬』が語りつがれる。
¶説話伝説（式乾門院　しきけんもんいん　④建久7（1196）年?　㉘建長3（1251）年）
　伝奇伝説（式乾門院　しきけんもんいん　④建久7（1196）年?　㉘建長3（1251）年）

敷島　しきしま
講釈『敷島怪談』に登場する遊女。
¶架空伝説（敷島　しきしま）
　歌舞伎登（敷島　しきしま）
　説話伝説（敷島　しきしま）

敷島神　しきしまのかみ
対馬嶋下県郡の敷島神社の祭神。
¶神仏辞典（敷島神　しきしまのかみ）

敷次郎　しきじろう
数百年続く鉱山などでいう妖怪。
¶妖怪事典（シキジロウ）
　妖怪大全（敷次郎　しきじろう）〔像〕
　妖怪大事典（敷次郎　しきじろう）〔像〕

敷妙　しきたえ
歌舞伎演目『奥州安達原』に登場する、平傔仗直方の妹娘。
¶歌舞伎登（敷妙　しきたえ）

敷玉早御玉神　しきたまはやみたまのかみ
陸奥国志太郡の敷玉早御玉神社の祭神。
¶神仏辞典（敷玉早御玉神　しきたまはやみたまのかみ）

敷地神　しきちがみ
愛媛県南部に存する神。
¶神仏辞典（敷地神　しきちがみ）

敷地の神　しきちのかみ
石土毘古神は、住居の土台としての性質を持つことから敷地神とされる。地鎮祭では産土神と、大地主神を祀る。
¶日本神様（敷地の神　しきちのかみ）

師木津日子命　しきつひこのみこと
第3代安寧天皇の皇子。
¶神様読解（師木津日子命/磯城津彦命　しきつひこのみこと・しきつひこのみこと）
　神仏辞典（師木津日子命・磯城津彦命・志紀都比古命　しきつひこのみこと）
　日本人名（磯城津彦命　しきつひこのみこと）

式亭三馬　しきていさんば
江戸後期の戯作者。
¶奇談逸話（式亭三馬　しきていさんば　㋑安永5(1776)年　㋺文政5(1822)年）
　時代小説（式亭三馬　しきていさんば）
　説話伝説（式亭三馬　しきていさんば　㋑安永5(1776)年　㋺文政5(1822)年）
　伝奇伝説（式亭三馬　しきていさんば　㋑安永5(1776)年　㋺文政5(1822)年）〔像〕

じきとり
愛媛県で山道に出るといわれる亡霊。
¶神仏辞典（じきとり）
　全国妖怪（ジキトリ〔愛媛県〕）
　妖怪事典（ジキトリ）
　妖怪大鑑（ジキトリ）〔像〕
　妖怪大事典（食取り　じきとり）〔像〕

重浪神　しきなみのかみ
但馬国城埼郡の重浪神社の祭神。
¶神仏辞典（重浪神　しきなみのかみ）

志貴県主神　しきのあがたぬしのかみ
河内国志紀郡の志貴県主神社の祭神。
¶神仏辞典（志貴県主神　しきのあがたぬしのかみ）

志疑神　しきのかみ
河内国志紀郡の志疑神社の祭神。
¶神仏辞典（志疑神　しきのかみ）

志紀辛国神　しきのからくにのかみ
河内国志紀郡の志紀辛国神社の祭神。
¶神仏辞典（志紀辛国神　しきのからくにのかみ）

志紀長吉神　しきのながよしのかみ
河内国志紀郡の志紀長吉神社二座の祭神。
¶神仏辞典（志紀長吉神　しきのながよしのかみ）

志貴御県神　しきのみあがたにますかみ
大和国城上郡の志貴御県坐神社の祭神。
¶神仏辞典（志貴御県神・志貴御県坐神　しきのみあがたにますかみ）

斯鬼乃命　しきのみこと
天佐鬼利命3世の孫、羽束の祖。
¶神仏辞典（斯鬼乃命　しきのみこと）

式部　しきぶ
澤田ふじ子作『虹の橋』の登場人物。
¶時代小説（式部　しきぶ）

志芸山津見神　しぎやまつみのかみ
伊弉諾が迦具土神を斬ったとき、死体から生まれた神々の一柱。左の手より化生した神。
¶神様読解（志芸山津見神　しぎやまつみのかみ）
　神仏辞典（志芸山津見神　しぎやまつみのかみ）

敷山主神　しきやまぬしのかみ
青沼馬押比売神の父。
¶神様読解（敷山主神　しきやまぬしのかみ）
　神仏辞典（敷山主神　しきやまぬしのかみ）

敷山神　しきやまのかみ
越前国今立郡の敷山神社の祭神。
¶神仏辞典（敷山神　しきやまのかみ）

自久　じきゅう
歌舞伎演目『桜姫東文章』登場する人物。奥州信夫の里の生まれで、伊達次郎親衡の家臣清水宿直之助清玄。
¶歌舞伎登（自久　じきゅう）

シキユウレイ
三重県の海の怪。船幽霊と似たもの。
¶全国妖怪（シキユウレイ〔三重県〕）

ジグラ
映画『ガメラ対深海怪獣ジグラ』(1971)に登場する、鮫に似た異星生物（ジグラ星）。
¶怪物事典（ジグラ）

滋岳川人　しげおかのかわひと
『今昔物語集』に登場する、9世紀に実在した著名な陰陽師。
¶架空人日（滋岳川人　しげおかのかわひと）

重吉　しげきち
山本周五郎作『ちゃん』(1959)に登場する、火鉢づくりの職人。
¶架空人日（重吉　しげきち）

繁次　しげじ
山本周五郎作『落葉の隣り』(1959)に登場する指物職人。
¶架空人日（繁次　しげじ）

茂次　しげじ
山本周五郎作『ちいさこべ』(1957)に登場する若棟梁。
¶架空人日（茂次　しげじ）

繁蔵　しげぞう
歌舞伎演目『倭仮名在原系図』に登場する、蘭平の一子。
¶歌舞伎登（繁蔵　しげぞう）

重野　しげの
宮尾登美子作『天璋院篤姫』の登場人物。
¶時代小説（重野　しげの）

重の井　しげのい
近松門左衛門作『丹波与作待夜の小室節』、また『恋女房染分手綱』をはじめとする改作の登場人物。三吉の母。
¶架空伝承（重の井　しげのい）
架空伝説（重の井　しげのい）
歌舞伎登（重の井　しげのい）
広辞苑6（滋野井・重の井　しげのい）
コン5（重の井　しげのい）
大辞林3（滋野井・重の井　しげのい）
日本人名（重の井　しげのい）

滋野真菅　しげののますげ
『うつほ物語』に登場する大宰帥。物語中で三奇人の一人。
¶架空人日（滋野真菅　しげののますげ）

繁山栄之丞　しげやまえいのじょう
歌舞伎演目『籠釣瓶花街酔醒』に登場する、八ツ橋の間夫の浪人。
¶歌舞伎登（繁山栄之丞　しげやまえいのじょう）

しげる
『いやいやえん』(1962、中川李枝子・作、大村百合子・絵）の主人公の男の子。
¶児童登場（しげる）

示現太郎　じげんたろう
美しい童子であったという、宇都宮二荒山神社の祭神を元々称した名。
¶神仏辞典（示現太郎　じげんたろう）

慈興　じこう
伝説上の僧。『和漢三才図会』などによれば越中（富山県）の立山をひらいたという。
¶朝日歴史（慈興　じこう）
日本人名（慈興　じこう）

地獄馬　じごくうま
歌舞伎演目『三世相錦繡文章』「十万億土」の場に登場する、婆婆と冥途を三度飛脚する地獄馬。
¶歌舞伎登（地獄馬　じごくうま）

地獄谷清左衛門坊主　じごくだにのせいざえもんぼうず
歌舞伎演目『大商蛭子島』に登場する、高雄の文覚上人。
¶歌舞伎登（地獄谷清左衛門坊主　じごくだにのせいざえもんぼうず）

地獄大夫　じごくだゆう
室町中期頃、和泉国堺で名を馳せたという伝説的な遊女。
¶朝日歴史（地獄大夫　じごくだゆう）
歌舞伎登（地獄太夫　じごくだゆう）
古典人学（地獄大夫　じごくだゆう）
コン5（地獄大夫　じごくだゆう）
新潮日本（地獄大夫　じごくだゆう　生没年不詳）
日本人名（地獄太夫　じごくだゆう）

持国天　じこくてん
四天王の中の一尊で、東方を守護する。
¶広辞苑6（持国天　じこくてん）〔像〕
神仏辞典（持国天　じこくてん）
大辞林3（持国天　じこくてん）〔像〕
東洋神名（持国天　ジコクテン）〔像〕
日本人名（持国天　じこくてん）

地獄の鬼　じごくのおに
地獄で亡者をさいなみ苦しめる役である羅刹のこと。
¶日本未確認（地獄の鬼）〔像〕

じごじんさま
愛知県北設楽郡で天狗のことをいう。
¶神仏辞典（じごじんさま）

醜女　しこめ
歌舞伎演目『釣女』に登場する、妻を授かりたい太郎冠者が、西宮の恵比寿神に祈願をかけて釣り竿で獲得した、河豚に似た女。
¶歌舞伎登（醜女　しこめ）

死後も舌が朽ちなかった法華経読誦の禅師　しごもしたがくちなかったほけきょうどくじゅのぜんじ
『日本霊異記』の登場人物。永興禅師の許にいた法華持経者。
¶古典人学（死後も舌が朽ちなかった法華経読誦の禅師　しごもしたがくちなかったほけきょうどくじゅのぜんじ）

じごん神さあ　じごんかんさあ
鹿児島県鹿児島市谷山地方でエビス神のこと。
¶神仏辞典（じごん神さあ　じごんかんさあ）

地金神　じこんじん
大阪府河内長野市滝畑で祀られる神。季節ごとに居場所が異なる。
¶神仏辞典（地金神　じこんじん）

シーサー
沖縄県において、魔除の働きをするとされている怪物。
¶幻想動物（シーサー）〔像〕

ヂーヂーウワー小　ぢーぢーうゎーぐゎ
沖縄県沖縄市地方でいう妖怪。
¶妖怪事典（ヂーヂーウヮーグヮ）

獅子頭さま　ししがしらさま
波除神社にある厄除けの獅子頭。築地魚市場の一角にあることから魚の供養と漁業の安全を護るとされる。
¶妖怪大鑑（獅子頭さま　ししがしらさま）〔像〕

志志岐神　ししきのかみ
肥前国松浦郡の志志岐神社の祭神。
¶神仏辞典（志志岐神・志志伎神・志志支神　ししきのかみ）

宍道神　ししじのかみ
宍道神社の祭神。
¶神仏辞典（宍道神　ししじのかみ）

宍戸梅軒　ししどばいけん
吉川英治作『宮本武蔵』の登場人物。
¶時代小説（宍戸梅軒　ししどばいけん）

志志乃村神　ししのむらのかみ
出雲国飯石郡式外社16社の志志乃村社の祭神。
¶神仏辞典（志志乃村神　ししのむらのかみ）

蜆売り三吉　しじみうりさんきち
歌舞伎演目『鼠小紋東君新形』に登場する、貝や沙蚕掘りをして家を支える少年。
¶歌舞伎登（蜆売り三吉　しじみうりさんきち）

侍従　じじゅう
平安時代後期の遊女。謡曲『熊野』の素材となった。
¶日本人名（侍従　じじゅう　生没年未詳）

侍従太郎　じじゅうたろう
歌舞伎演目『御所桜堀川夜討』に登場する、義経の北の方卿の宮の乳人。
¶歌舞伎登（侍従太郎　じじゅうたろう）

侍従房　じじゅうぼう
無住道暁作『沙石集』の登場人物。三井寺の僧。
¶古典入学（侍従房　じじゅうぼう）

枳首蛇　ししゅだ
中国や日本にいるとされる双頭の蛇の一種。
¶幻想動物（枳首蛇）〔像〕

熾盛光仏頂如来　しじょうこうぶっちょうにょらい
一切の災難を除くという如来。仏身の毛孔から熾盛の光明を放つという。熾盛光如来。熾盛光。
¶広辞苑6（熾盛光仏頂　しじょうこうぶっちょう）
大辞林3（熾盛光仏頂如来　しじょうこうぶっちょうにょらい）
仏教事典（仏頂・仏母〔熾盛光仏頂如来〕　ぶっちょう・ぶつも）

四条中納言山陰　しじょうちゅうなごんやまかげ
料理人の守護神。庖丁道を伝える四条流の中興の祖神。
¶神様読解（四条中納言山陰　しじょうちゅうなごんやまかげ）

司生虫　ししょむし
福岡県鞍手郡宮田地方でいう怪虫。
¶妖怪事典（シショムシ）

しじら
御伽草子『蛤の草紙』（室町時代初期）に登場する、天竺の摩訶陀国の人、漁師。
¶架空人日（しじら）

シージン
新潟県刈羽郡地方でいう河童。
¶妖怪事典（シージン）

四神　しじん
東西南北を守護するとされる中国の神獣。青龍、白虎、朱雀、玄武。日本にも伝わり古墳壁画などで知られる。
¶幻想動物（四神）〔像〕
広辞苑6（四神　しじん）
神仏辞典（四神　しじん）
大辞林3（四神　しじん）
東洋神名（四神　シジン）〔像〕

地震魚　じしんうお
伝説や文学伝承に登場する巨大なナマズ。
¶世怪物神獣（地震魚）

慈心房　じしんぼう
『平家物語』に慈心房尊恵として登場。『冥途蘇生記』によると蘇生体験者。
¶神仏辞典（慈心房　じしんぼう）

地震虫　じしんむし
伝説や文学伝承に登場する地下に棲む怪物。
¶世怪物神獣（地震虫）

架空・伝承編　　　　　　　　*371*　　　　　　　　しそう

しず
　神坂次郎作『おかしな侍たち』の登場人物。
　¶時代小説（しず）

しづ
　浅田次郎作『壬生義士伝』の登場人物。
　¶時代小説（しづ）

鎮岡神　しずおかのかみ
　陸奥国江差郡の鎮岡神社の祭神。
　¶神仏辞典（鎮岡神　しずおかのかみ）

静香　しずか
　柴田錬三郎作『眠狂四郎無頼控』の登場人物。
　¶時代小説（静香　しずか）

静御前　しずかごぜん
　平安末期の白拍子。源義経の愛妾。義経の都落ちに従ったが捕らえられ、鎌倉に送られた。鶴岡八幡宮において、頼朝の面前で義経を恋う歌を舞って人々を感動させた。義経の子を出産するが殺され、静は京に帰された。能『吉野静』、浄瑠璃『義経千本桜』などの主題となった。
　¶英雄事典　（静御前　シズカゴゼン）
　　架空人日　（静御前　しずかごぜん）
　　架空伝承　（静御前　しずかごぜん　生没年不詳）〔像〕
　　架空伝説　（静御前　しずかごぜん）〔像〕
　　歌舞伎登　（静御前1『義経千本桜』　しずかごぜん）〔像〕
　　歌舞伎登　（静御前2『船弁慶』　しずかごぜん）〔像〕
　　歌舞伎登　（静御前4『夫婦酒替奴中仲』　しずかごぜん）
　　歌舞伎登　（静御前5『春調娘七種』　しずかごぜん）
　　歌舞伎登　（静御前3『御所桜堀川夜討』　しずかごぜん）
　　古典人学　（静　しずか）
　　古典人東　（静御前　しずかごぜん）
　　コン5　（静御前　しずかごぜん　生没年不詳）
　　新潮日本　（静御前　しずかごぜん）
　　説話伝説　（静御前　しずかごぜん　生没年未詳）
　　世百新　（静御前　しずかごぜん　生没年不詳）
　　伝奇伝説　（静御前　しずかごぜん）〔像〕
　　日本人名　（静御前　しずかごぜん　生没年未詳）

賤ヶ岳七本槍　しずがだけしちほんやり
　賤ヶ岳戦一番槍の戦功七武者。
　¶説話伝説　（賤ヶ岳七本槍　しずがだけしちほんやり）
　　伝奇伝説　（賤ヶ岳七本槍　しずがだけしちほんやり）

静か餅　しずかもち
　栃木県芳賀郡益子町や兵庫県でいう音の妖怪。夜中にコツコツと餅をつくような音がする。
　¶神仏辞典　（静か餅　しずかもち）
　　全国妖怪　（シズカモチ〔栃木県〕）
　　全国妖怪　（シズカモチ〔兵庫県〕）
　　水木妖怪続　（シズカモチ）〔像〕
　　妖怪事典　（シズカモチ）
　　妖怪大全　（シズカモチ）〔像〕

賤ケ谷伴右衛門　しずがやばんえもん
　歌舞伎演目『五大力恋緘』に登場する九州千島の家来。薩摩源五兵衛の恋敵笹野三五兵衛の仲間。
　¶歌舞伎登　（賤ケ谷伴右衛門　しずやがばんえもん）

志筑神　しずきのかみ
　淡路国津名郡の志筑神社の祭神。
　¶神仏辞典　（志筑神　しずきのかみ）

しづ子　しづこ
　永井路子作『葛の葉抄』の登場人物。
　¶時代小説　（しづ子　しづこ）

静志神　しずしのかみ
　若狭国大飯郡の静志神社の祭神。
　¶神仏辞典　（静志神　しずしのかみ）

静神　しずのかみ
　常陸国久慈郡の静神社の祭神。
　¶神仏辞典　（静神　しずのかみ）

静火神　しずひのかみ
　紀伊国名草郡の静火神社の祭神。
　¶神仏辞典　（静火神　しずひのかみ）

閑間重松　しずましげまつ
　井伏鱒二の小説『黒い雨』の登場人物。
　¶日本人名　（閑間重松　しずましげまつ）

静間神　しずまのかみ
　石見国安濃郡の静間神社の祭神。
　¶神仏辞典　（静間神　しずまのかみ）

志津女　しずめ
　柴田錬三郎作『孤剣は折れず』の登場人物。
　¶時代小説（志津女　しずめ）

倭文一神　しずりいつのかみ
　『日本文徳天皇実録』に所出。武蔵国の神。倭文神と同一とされる。
　¶神仏辞典　（倭文一神　しずりいつのかみ）

倭文神　しずりのかみ
　星の神である香香背男を服従させるために使わされた神。
　¶神仏辞典　（倭文神・委文神　しずりのかみ）

持世菩薩　じせぼさつ
　財宝を雨のように降らし、この世を平和に維持する菩薩。
　¶東洋神名　（持世菩薩　ジセボサツ）〔像〕

地蔵穴の怪物　じぞうあなのかいぶつ
　北海道函館市にあった地蔵穴という洞窟に棲んでいた怪物。
　¶妖怪事典　（ジゾウアナノカイブツ）

し

地蔵菩薩　じぞうぼさつ
釈迦の入寂後から五十六億七千万年後の弥勒が出現するまでの無仏の間、六道の衆生を救済するため付嘱された菩薩。
¶架空人物　（地蔵菩薩）
　架空伝承　（地蔵　じぞう）〔像〕
　神様読解　（地蔵菩薩　じぞうぼさつ）〔像〕
　神文化史　（クシュティガルバ）
　奇談逸話　（地蔵菩薩　じぞうぼさつ）
　神仏辞典　（地蔵　じぞう）
　世神辞典　（地蔵菩薩）〔像〕
　説話伝説　（地蔵菩薩　じぞうぼさつ）
　大辞林3　（地蔵菩薩　じぞうぼさつ）〔像〕
　東洋神名　（地蔵菩薩　ジゾウボサツ）〔像〕
　日本人名　（地蔵菩薩　じぞうぼさつ）
　仏尊事典　（地蔵菩薩　じぞうぼさつ）〔像〕

次第高　しだいだか
広島県や山口県における道の妖怪。見越入道の類。
¶幻想動物　（次第高）〔像〕
　神仏辞典　（次第高　しだいだか）
　全国妖怪　（シダイダカ〔広島県〕）
　全国妖怪　（シダイダカ〔山口県〕）
　水木妖怪続　（次第高　しだいだか）〔像〕
　妖怪事典　（シダイダカ）
　妖怪大全　（次第高　しだいだか）〔像〕
　妖怪大事典　（次第高　しだいだか）〔像〕

シタガラゴンボコ
岩手県二戸市福岡岩谷橋付近でいう狸の怪異。
¶妖怪事典　（シタガラゴンボコ）
　妖怪大事典　（シタガラゴンボコ）

志田司郎　しだしろう
生島治郎『追いつめる』に登場する元兵庫県警暴力課の部長刑事。のちに私立探偵。
¶名探偵日　（志田司郎　しだしろう）

下照比売命　したてるひめのみこと
大国主命の娘。母は多紀理毘売命。天稚彦の妃。
¶朝日歴史　（下照比売命　したてるひめのみこと）
　アジア女神　（下照比売命　したでるひめのみこと）
　神様読解　（下光比売命／妹高比売命　したてるひめのみこと・たかひめのみこと）
　広辞苑6　（下照媛・下照姫　したてるひめ）
　新潮日本　（下照比売命　したてるひめのみこと）
　神仏辞典　（下光比売命・下照姫命　したてるひめのみこと）
　神仏辞典　（高比売命　たかひめのみこと）
　神仏辞典　（稚国玉　わかくにたま）
　大辞林3　（下照姫　したてるひめ）
　日本人名　（下照姫　したてるひめ）
　日本神話　（シタテルヒメ）

舌長婆　したながばば
『老媼茶話』にある、長野県の諏訪千本松原に出た道の妖怪。
¶全国妖怪　（シタナガババ〔長野県〕）
　妖怪事典　（シタナガババ）
　妖怪大事典　（舌長姥　したながばば）〔像〕

信太の小太郎　しだのこたろう
幸若『信太』に登場する、相馬の嫡男、国主。
¶架空人日　（信太の小太郎　しだのこたろう）

志太張神　したはりのかみ
讃岐国寒川郡の志太張神社の祭神。
¶神仏辞典　（志太張神　したはりのかみ）

志多非神　したひのかみ
丹波国船井郡の志多非神社の祭神。
¶神仏辞典　（志多非神　したひのかみ）

志田備神　したびのかみ
意宇郡式外社19社の志田備神社の祭神。
¶神仏辞典　（志田備神　したびのかみ）

下谷上野　したやうえの
歌舞伎演目『勧善懲悪孝子誉』に登場する、明治初期の写真家北庭筑波の弟子。
¶歌舞伎登　（下谷上野　したやうえの）

設楽神　しだらのかみ
平安時代、民間で信仰された神。疫神・御霊神の一種。
¶広辞苑6　（しだらの神　しだらのかみ）
　新潮日本　（設楽神　しだらのかみ）
　日本人名　（設楽神　しだらのかみ）

しち
沖縄県でいう妖怪。ヒチ、シチマジムンともいい、真っ黒で山路を歩くと立ち塞がって人の邪魔をする。
¶全国妖怪　（シチ〔沖縄県〕）
　妖怪大鑑　（シチ）〔像〕
　妖怪大事典　（シチ）〔像〕

シチ
鹿児島県の喜界島地方でいう妖怪。産死した女の亡霊といわれる。
¶神仏辞典　（しち）
　妖怪大鑑　（シチ）
　妖怪大事典　（シチ）〔像〕

七観音　しちかんのん
聖観音、千手観音、馬頭観音、十一面観音、不空羂索観音、如意輪観音、准胝観音をいう。
¶神仏辞典　（七観音　しちかんのん）

七十御前　しちじゅうごぜん
香川県丸亀地方の蛇の妖怪。憑き物。
¶神仏辞典　（七十御前　しちじゅうごぜん）
　妖怪事典　（シチジュウゴゼン）

七条左馬頭　しちじょうさまのかみ
吉川英治作『鳴門秘帖』の登場人物。
¶時代小説　（七条左馬頭　しちじょうさまのかみ）

七条の薄打　しちじょうのはくうち
説話集『宇治拾遺物語』に登場する、箔打ち職人。
¶架空人日（七条の薄打　しちじょうのはくうち）

七大童子　しちだいどうじ
金剛蔵王権現の眷属の総称である金剛童子のうち、主要な宿に祀られた7つの童子のこと。
¶神仏辞典（七大童子　しちだいどうじ）

七難の揃毛　しちなんのそそげ
悉難の揃毛、山姥の髪也、山姥のおくづともいう。
¶妖怪事典（シチナンノソソゲ）

七人同行　しちにんどうぎょう
香川県の道の妖怪。
¶幻想動物（七人同行）〔像〕
　神仏辞典（七人同行　しちにんどうぎょう）
　全国妖怪（シチニンドウギョウ〔香川県〕）
　妖怪事典（シチニンドウギョウ）
　妖怪大鑑（七人同行　しちにんどうぎょう）〔像〕
　妖怪大事典（七人同行　しちにんどうぎょう）〔像〕

七人同志　しちにんどうじ
香川県地方でいう怪異。百姓一揆で処刑された7人の同志の怨霊。
¶幻想動物（七人同志）〔像〕
　全国妖怪（ヒチニンドウジ〔香川県〕）
　妖怪事典（シチニンドウジ）

七人童子　しちにんどうじ
香川県讃岐地方の道の妖怪。行き逢い神のようなもの。
¶神仏辞典（七人童子　しちにんどうじ）
　全国妖怪（シチニンドウジ〔香川県〕）
　妖怪事典（シチニンドウジ）

七人の侍　しちにんのさむらい
1954年東宝製作の黒澤明監督による時代劇映画に登場する7人の浪人。
¶架空伝承（七人の侍　しちにんのさむらい）

七人みさき　しちにんみさき
四国・中国地方を中心に語られる7人一組の死霊の集団。
¶幻想動物（七人ミサキ）〔像〕
　神仏辞典（七人みさき　しちにんみさき）
　説話伝説（七人みさき　しちにんみさき）
　説話伝説（七人御前　しちにんみさき）
　伝奇伝説（七人みさき　しちにんみさき）
　日ミス（七人岬　しちにんみさき）
　妖怪事典（シチニンミサキ）
　妖怪大事典（七人ミサキ　しちにんみさき）

七化け八右衛門　しちばけはちえもん
逢坂剛作『重蔵始末』の登場人物。
¶時代小説（七化け八右衛門　しちばけはちえもん）

七福神　しちふくじん
福徳をもたらす神として信仰される七神。
¶架空伝承（七福神　しちふくじん）〔像〕
　神様読解（七福神　しちふくじん）〔像（大黒天）〕
　神文化史（シチフクジン（七福神））
　広辞苑6（七福神　しちふくじん）
　神仏辞典（七福神　しちふくじん）
　説話伝説（七福神　しちふくじん）
　伝奇伝説（七福神　しちふくじん）
　東洋神名（シチフクジン）〔像〕
　日本神様（七福神　しちふくじん）〔像〕
　仏尊事典（七福神　しちふくじん）〔像〕

七仏薬師　しちぶつやくし
薬師如来の分身としてある七体の薬師。
¶神仏辞典（七仏薬師　しちぶつやくし）

七兵衛　しちべえ
中里介山作『大菩薩峠』の登場人物。
¶時代小説（七兵衛　しちべえ）

七兵衛　しちべえ★
遠藤公男作『帰らぬオオワシ』(1975)の実在した主人公でワシ猟師。
¶児童登場（七兵衛）

七歩蛇　しちほだ
浅井了意の怪異小説集『伽婢子』の中で、京都東山に出現したことがあるという奇怪な蛇。
¶幻想動物（七歩蛇）〔像〕
　日本未確認（七歩蛇　しちほだ）〔像〕
　妖怪事典（シチフジャ）

七本足　しちほんあし
福岡県脇浦の海の妖怪。
¶神仏辞典（七本足　しちほんあし）
　全国妖怪（シチホンアシ〔福岡県〕）

七本鮫　しちほんざめ
六月一四日に必ず訪れる龍神様のお使い。
¶神仏辞典（七本鮫　しちほんざめ）
　妖怪事典（シチホンザメ）
　妖怪大事典（七本鮫　しちほんざめ）〔像〕

七面神　しちめんしん
日蓮宗の守護神。身延七面山に住む神で、女身の形をとる。
¶神仏辞典（七面大明神　しちめんだいみょうじん）
　日本人名（七面神　しちめんしん）

治鳥　じちょう
『和漢三才図会』で、放火して火災をおこすとされる奇怪な鳥。
¶幻想動物（治鳥）〔像〕

七郎助　しちろすけ
歌舞伎演目『三世相錦繡文章』に登場する、お園に横恋慕する請負師。
¶歌舞伎登（七郎助　しちろすけ）

実因　じついん
平安中期の僧。怨霊となって天皇を悩ませた話がある。
- ¶説話伝説（実因　じついん ㊗天慶8(945)年 ㊥長保2(1000)年）
  伝奇伝説（実因　じついん ㊗天慶8(945)年 ㊥長保2(1000)年）

実睿　じつえい
平安時代中期の三井寺の僧。仏教説話集『地蔵菩薩霊験記』の編者。
- ¶伝奇伝説（実睿　じつえい　生没年未詳）

蛭牙公子　しつがこうし
空海作『三教指帰』の登場人物。兎角公という人物の外甥。
- ¶古典人学（蛭牙公子　しつがこうし）

しっけんけん
雪の妖怪。長野県諏訪郡永明村・宮川村などの俗伝。
- ¶幻想動物（シッケンケン）〔像〕
  神伙辞典（しっけんけん）
  全国妖怪（シッケンケン〔長野県〕）
  妖怪事典（シッケンケン）

悉達太子　しったたいし
歌舞伎演目『花観堂大和文庫』に登場する、のちの釈迦。
- ¶歌舞伎登（悉達太子　しったたいし）

実忠　じっちゅう
奈良時代の東大寺の僧侶。二月堂のいわゆる「お水取り(修二会)」の創始者。
- ¶神仏辞典（実忠　じっちゅう ㊗726年 ㊥?）

しっつぁん
山本周五郎作『青べか物語』(1960)に登場する、千葉県の浦粕(浦安のこと)の住人。
- ¶架空人日（しっつぁん）

拾得　じっとく
中国の寒山寺に伝わる、唐代の脱俗的人物。森鷗外や井伏鱒二の小説『寒山拾得』の題材。
- ¶広辞苑6（拾得　じっとく）
  神仏辞典（寒山拾得　かんざんじっとく）
  神仏辞典（拾得　じっとく）
  説話伝説（寒山拾得　かんざんじっとく）
  世百新（寒山・拾得　かんざん・じっとく）〔像〕
  大辞林3（拾得　じっとく）

しつながみ
伊豆大島の野増の女の神。
- ¶神仏辞典（しつながみ）

漆仁神　しつにのかみ
仁多郡式外社8社の漆仁社の祭神。
- ¶神仏辞典（漆仁神　しつにのかみ）

巳亥の火　しつぬび
沖縄県石垣島途方でいう怪火。
- ¶妖怪事典（シツヌビ）

実之助　じつのすけ
菊池寛作『恩讐の彼方に』(1919)に登場する、旗本中川三郎兵衛の遺子。
- ¶架空人日（実之助　じつのすけ）
  架空伝説（実之助　じつのすけ）

十返舎一九　じっぺんしゃいっく
江戸後期の戯作者。作品にしばしば滑稽に描いた自身が登場する。
- ¶奇談逸話（十返舎一九　じっぺんしゃいっく ㊗明和2(1765)年 ㊥天保2(1831)年）
  時代小説（近松余七『手鎖心中』　ちかまつよしち）
  時代小説（近松余七『写楽』　ちかまつよしち）
  説話伝説（十返舎一九　じっぺんしゃいっく ㊗明和2(1765)年 ㊥天保2(1831)年）
  伝奇伝説（十返舎一九　じっぺんしゃいっく ㊗明和2(1765)年 ㊥天保2(1831)年）〔像〕

七美神　しつみのかみ
但馬国七美郡の志都美神社二座の祭神。
- ¶神仏辞典（七美神・志都美神　しつみのかみ）

質留比神　しつるのひめかみ
『出雲国風土記』に所出の島根郡式外社35社の祭神。
- ¶神仏辞典（質留比神　しつるのひめかみ）

志氐神　してのかみ
伊勢国朝明郡の志氐神社の祭神。
- ¶神仏辞典（志氐神　してのかみ）

地天　じてん
十二天の中の一尊で、大地の守護神とされる。
- ¶広辞苑6（地天　じてん）
  神仏辞典（地天　じてん）
  大辞林3（地天　じてん）
  東洋神名（地天　ヂテン）〔像〕

四天王　してんのう
須弥山の中腹にある四天王天の四方に住んで仏法を守護する4体の護法神。
- ¶架空人物（四天王）
  架空伝承（四天王　してんのう）
  神文化史（シテンノウ（四天王））
  広辞苑6（四天王　してんのう）
  神仏辞典（四天王　してんのう）
  世百新（四天王　してんのう）
  大辞林3（四天王　してんのう）
  仏尊事典（四天王　してんのう）〔像〕

四天王神　してんのうのかみ
『日本三代実録』に所出。飛驒国の神。
- ¶神仏辞典（四天王神　してんのうのかみ）

志道軒　しどうけん
江戸時代の講談師。風来山人作『風流志道軒伝』に登場。出家し、風来仙人の教えに従って諸国の人情、風俗を知るため旅に出る。
¶架空人日（志道軒　しどうけん）
　架空伝承（深井志道軒　ふかいしどうけん　㊦延宝8（1680）年？　㊥明和2（1765）年）〔像〕
　古典人学（志道軒　しどうけん）
　説話伝説（志道軒　しどうけん　㊦延宝8（1680）年頃　㊥明和2（1765）年）
　伝奇伝説（志道軒　しどうけん　㊦延宝8（1680）年頃　㊥明和2（1765）年）〔像〕

四道将軍　しどうしょうぐん
崇神天皇の十年に四夷征討のため四道に派遣された四人の将軍。
¶神話伝説（四道将軍　しどうしょうぐん）

持統天皇　じとうてんのう
第41代天皇。父は天智天皇、天武天皇を夫とする。夫の死後、政務を継いだ。『今昔物語集』『古今著聞集』に登場する。
¶神仏辞典（持統天皇　じとうてんのう）
　説話伝説（持統天皇　じとうてんのう　㊦大化1（645）年　㊥大宝2（702）年）
　伝奇伝説（持統天皇　じとうてんのう）

志登神　しとのかみ
筑前国怡土郡の志登神社の祭神。
¶神仏辞典（志登神　しとのかみ）

志等美神　しとみのかみ
伊勢国度会郡の志等美神社の祭神。
¶神仏辞典（志等美神　しとみのかみ）

シトムベカムイ
アイヌ語で神の悪漢という意味。
¶妖怪事典（シトムベカムイ）

地内明神　じないみょうじん
屋敷神の宮城県伊具地方での呼び名。
¶神仏辞典（地内明神　じないみょうじん）

科長神　しながのかみ
河内国石川郡の科長神社の祭神。
¶神仏辞典（科長神　しながのかみ）

品川弥二郎　しながわやじろう
松陰門下生。司馬遼太郎作『竜馬がゆく』の登場人物。
¶時代小説（品川弥二郎　しながわやじろう）

志那都比古神　しなつひこのかみ
伊弉諾・伊弉冉二神より生まれた神。風の神。級長戸辺とも。『日本書紀』では、級長津彦命。
¶朝日歴史（級長津彦命　しなつひこのみこと）
　神様読解（志那都比古神/級長戸辺/級長津彦　しなつひこのかみ・しなとべのかみ・しなつひこのみこと）
　広辞苑6（級長津彦神　しなつひこのかみ）
　神仏辞典（志那都比古神　しなつひこのかみ）
　神仏辞典（級長戸辺命　しなとべのみこと）
　大辞林3（級長津彦命　しなつひこのみこと）
　日本神々（志那都比古神　しなつひこのかみ）
　日本人名（級長津彦命　しなつひこのみこと）

科野之坂神　しなぬのさかのかみ
信濃国と美濃国との境の峠の神。
¶神仏辞典（科野之坂神　しなぬのさかのかみ）

信濃国の優婆塞　しなののくにのうばそく
『霊異記』中巻の第13話にある、吉祥天女像に恋した優婆塞。
¶架空人日（信濃国の優婆塞　しなののくにのうばそく）

信濃前司行長　しなののぜんじゆきなが
鎌倉時代の下級貴族。『徒然草』226段に『平家物語』の作者として伝えられる人物。
¶架空伝承（信濃前司行長　しなののぜんじゆきなが　生没年不詳）
　奇談逸話（信濃前司行長　しなののぜんじゆきなが　生没年不詳）
　説話伝説（信濃前司行長　しなののぜんじゆきなが　生没年未詳）
　世百新（信濃前司行長　しなののぜんじゆきなが　生没年不詳）
　伝奇伝説（信濃前司行長　しなののぜんじゆきなが）

志奈毛神　しなものかみ
『日本三代実録』に所出。薩摩国の神。
¶神仏辞典（志奈毛神　しなものかみ）

死神　しにがみ
人間を死へと導く悪霊または神。
¶広辞苑6（死神　しにがみ）
　妖怪事典（シニガミ）
　妖怪大事典（死神　しにがみ）〔像〕

死神　しにがみ
歌舞伎演目『盲長屋梅加賀鳶』で、小石川水道橋の川岸通りに登場する死神。
¶歌舞伎登（死神　しにがみ）

慈忍和尚　じにんおしょう
京都の街に出現したという一つ目小僧の一種。もと比叡山延暦寺の僧。
¶幻想動物（慈忍和尚）〔像〕

地主荒神　じぬしこうじん
地主神信仰と荒神信仰とが習合したもの。京都府口丹波地方では、こう称される神がある。
¶神仏辞典（地主荒神　じぬしこうじん）

しねごの化け物　しねごのばけもの
上ノ国洲根子（北海道の上ノ国町）あたりで様々な怪異をなしたものの総称。

¶妖怪事典（シネゴノバケモノ）

しねりきょ
琉球における国土創成の神。
¶神話伝説（あまみきょ・しねりきょ）

自然居士　じねんこじ
観阿弥作・能『自然居士』の登場人物。ササラ摺りの芸能や歌舞曲をよくしたといわれる伝説的な禅僧。
¶架空人日（自燃居士　じねんこじ）
架空伝説（自然居士　じねんこじ）
古典人学（自然居士　じねんこじ）
伝奇伝説（自然居士　じねんこじ）

自然薯の三吉　じねんじょのさんきち
⇒三吉（さんきち）

しの
佐伯泰英作『密命』の登場人物。
¶時代小説（しの）

志乃　しの
三浦哲郎の小説『忍ぶ川』の主人公。
¶日本人名（志乃　しの）

志野　しの
藤沢周平作『隠し剣孤影抄』の登場人物。
¶時代小説（志野　しの）

じのいし
香川県仲多度津郡高見島で旧暦6月12、13日に祭られる神。
¶神仏辞典（じのいし）

じのおっさん
香川県仲多度津郡で祀られる神。
¶神仏辞典（じのおっさん）

痔の神　じのかみ
痔疾の悩みを救う神。東京都台東区本性寺の秋山自雲神の祠や神奈川県小田原市の妙泉寺の秋山自在霊神、京都市東山区の自雲霊神の祠など。
¶神仏辞典（痔の神　じのかみ）

篠倉神　しのくらのかみ
越前国大野郡の篠倉神社の祭神。
¶神仏辞典（篠倉神　しのくらのかみ）

篠崎狐　しのざききつね
武州小松川の篠崎村（今の東京都江戸川区）に棲んでいた、いたずら狐。
¶水引妖怪（篠崎狐　しのざきぎつね）〔像〕
妖怪事典（シノザキギツネ）
妖怪大全（篠崎狐　しのざきぎつね）〔像〕
妖怪大事典（篠崎狐　しのざきぎつね）〔像〕

篠崎六郎左衛門　しのざきろくろうざえもん
御伽草子『三人法師』（室町時代後期）に登場する僧、元武士。
¶架空人日（篠崎六郎左衛門　しのざきろくろうざえもん）
古典人東（篠崎六郎左衛門　しのざきろくろうざえもん）

地主　じのし
東京都伊豆諸島の御蔵島で屋敷守護の神として祀られる神々の総称。
¶神仏辞典（地主　じのし）

篠塚伊賀守定綱　しのづかいがのかみさだつな
歌舞伎演目『暫』に登場する人物。金棒を振り回して暴れた大力無双の豪傑。『太平記』に記される。
¶歌舞伎登（篠塚伊賀守定綱　しのづかいがのかみさだつな）

信太の狐　しのだのきつね
⇒葛の葉（くずのは）

信田庄司　しのだのしょうじ
歌舞伎演目『芦屋道満大内鑑』に登場する、安倍安名の恋人榊の前、葛の葉姫姉妹の実父。
¶歌舞伎登（信田庄司　しのだのしょうじ）

東雲　しののめ
歌舞伎演目『田舎源氏露東雲』に登場する、京五条の舞の女師匠。黄昏の母。
¶歌舞伎登（東雲　しののめ）

篠原　しのはら
歌舞伎演目『扇的西海硯』に登場する、那須与市の兄小太郎の乳母。
¶歌舞伎登（篠原　しのはら）

篠原泰之進　しのはらたいのしん
新選組隊士。子母澤寛作『新選組始末記』の登場人物。
¶時代小説（篠原泰之進　しのはらたいのしん）

篠原神　しのはらのかみ
加賀国江沼郡の篠原神社の祭神。
¶神仏辞典（篠原神　しのはらのかみ）

「忍び扇の長哥」の女　しのびおうぎのながうたのおんな
井原西鶴作『西鶴諸国ばなし』の登場人物。江戸の某大名の姪で、絶世の美女。
¶古典人学（「忍び扇の長哥」の女　しのびあふぎのながうたのおんな）

忍び草　しのびぐさ
『狭衣物語』に登場する、狭衣の大将と飛鳥井の姫君との間に生まれた娘。

信夫　しのぶ
人形浄瑠璃・歌舞伎脚本の役名。田舎娘で、親の敵討をした姉妹のうちの妹。『碁太平記白石噺』『姉妹達大磯』などに登場する。
¶朝日歴史（宮城野・信夫　みやぎの・しのぶ）
　架空伝承（宮城野・信夫　みやぎの・しのぶ）
　架空伝説（宮城野・信夫　みやぎの・しのぶ）〔像〕
　歌舞伎登（信夫　しのぶ）
　広辞苑6（宮城野・信夫　みやぎのしのぶ）
　コン5（宮城野・信夫　みやぎの・しのぶ）
　新潮日本（宮城野・信夫　みやぎの・しのぶ）
　説話伝説（宮城野信夫　みやぎのしのぶ）〔像〕
　大辞林3（宮城野・信夫　みやぎのしのぶ）
　伝奇伝説（宮城野信夫　みやぎのしのぶ）
　日本人名（宮城野・信夫　みやぎの・しのぶ）

信夫　しのぶ
歌舞伎演目『御所桜堀川夜討』に登場する、義経の北の方卿の宮の乳人侍従太郎の館に仕える腰元。
¶歌舞伎登（信夫　しのぶ）

信夫　しのぶ
歌舞伎演目『競伊勢物語』に登場する、紀有常の娘。春日村の小よしの娘として育ち、忍摺りを商っている。
¶歌舞伎登（信夫　しのぶ）

忍の惣太　しのぶのそうた
梅若伝説を基とする「隅田川物」にあらわれる人物。河竹黙阿弥作の歌舞伎『都鳥郭白波』などに登場する。
¶架空人日（忍ぶの惣太　しのぶのそうた）
　歌舞伎登（忍ぶの惣太　しのぶのそうた）
　コン5（忍惣太　しのぶのそうた）
　新潮日本（忍の惣太　しのぶのそうた）
　説話伝説（忍の惣太　しのぶのそうた）
　伝奇伝説（忍の惣太　しのぶのそうた）
　日本人名（忍の惣太　しのぶのそうた）

芝右衛門狸　しばえもんたぬき
昔、淡路（兵庫県）の芝右衛門という百姓のところに現れた古狸。
¶妖怪事典（シバエモンダヌキ）
　妖怪大全（芝右衛門狸　しばえもんたぬき）〔像〕
　妖怪大事典（芝右衛門狸　しばえもんたぬき）〔像〕

柴折神　しばおりがみ
主に西日本で分布する峠神。柴神ともいう。
¶神様読解（柴折神/峠神　しばおりがみ・とうげがみ）
　神仏辞典（柴折り　しばおり）
　神仏辞典（柴折り神　しばおりがみ）
　神仏辞典（柴神　しばがみ）
　妖怪大鑑（柴神　しばがみ）〔像〕

柴掻き　しばかき
熊本県玉名郡南関町の妖怪。道を歩いていると、ガリガリというような音とともに石を投げる。
¶神仏辞典（柴掻き　しばかき）
　全国妖怪（シバガキ〔熊本県〕）
　妖怪事典（シバガキ）
　妖怪大全（しばがき）〔像〕
　妖怪大事典（しばかき）〔像〕

志婆加支神　しばかきのかみ
伊勢国鈴鹿郡の志婆加支神社の祭神。
¶神仏辞典（志婆加支神　しばかきのかみ）

柴神　しばがみ
⇒柴折神（しばおりがみ）

柴刈り爺徳太夫　しばかりぢぢとくたゆう
歌舞伎演目『楠昔噺』に登場する老人。
¶歌舞伎登（柴刈り爺徳太夫　しばかりぢぢとくたゆう）

柴田勝家　しばたかついえ
安土桃山時代の武将。織田信長に仕えた。本能寺の変後、豊臣秀吉に賤ヶ岳の戦いで敗れ、妻で信長の妹・お市の方とともに自刃した。
¶歌舞伎登（柴田勝家　しばたかついえ）
　奇談逸話（柴田勝家　しばたかついえ　㊺?　㊼天正11（1583）年）
　説話伝説（柴田勝家　しばたかついえ　㊺?　㊼天正11（1583）年）〔像〕

柴田勝重　しばたかつしげ
歌舞伎演目『けいせい北国曙』に登場する、小田春永の重臣。
¶歌舞伎登（柴田勝重　しばたかつしげ）

新波陀神　しばたがみ
木綿の守護神。
¶神様読解（新波陀神　しばたがみ）〔像〕

柴田十太夫　しばたじゅうだゆう
歌舞伎演目『番町皿屋敷』に登場する、旗本青山家用人。
¶歌舞伎登（柴田十太夫　しばたじゅうだゆう）

芝天狗　しばてん
水の妖怪。高知県の高地平野などにいる。
¶幻想動物（シバテン）〔像〕
　神仏辞典（芝天狗　しばてん）
　全国妖怪（シバテン〔高知県〕）
　水木妖怪（シバテン）〔像〕
　妖怪事典（シバテン）
　妖怪大全（シバテン）〔像〕
　妖怪大事典（芝天　しばてん）〔像〕
　妖百2（シバテン・ケンモン）

芝天狗　しばてんぐ
山の妖怪。徳島県三好郡祖谷山地方の俗伝。
¶神仏辞典（芝天狗　しばてんぐ）
　全国妖怪（シバテング〔徳島県〕）
　妖怪事典（シバテン）

¶妖怪大事典（芝天　しばてん）〔像〕

柴取り神　しばとりがみ
長崎県壱岐郡の路傍に祀られる神。
¶神仏辞典（柴取り神　しばとりがみ）

シバナ神　しばながみ
奄美の沖永良部島において海死した人の霊。麦と米の収穫時に供物を供え祭った。
¶神仏辞典（シバナ神　シバナガミ）

舌長幽霊　しばながゆうれい
沖縄県国頭地方でいう幽霊。
¶妖怪事典（シバナガユウレイ）

柴野比売　しばぬひめ
須売伊呂大中日子王の子。
¶神様読解（柴野比売　しばぬひめ）

柴神　しばのかみ
越前国坂井郡の柴神社の祭神。
¶神仏辞典（柴神　しばのかみ）

柴山伊兵衛　しばやまいへえ
江戸時代前期の治水家。長良川から水をひく曾代用水の開削をし、井神社に祀られた。
¶日本人名（柴山伊兵衛　しばやまいへえ ⓑ1611年 ⓓ1703年）

柴山大四郎　しばやまだいしろう
山本周五郎作『ひやめし物語』(1947)の主人公。柴山家の四男。
¶架空人日（柴山大四郎　しばやまだいしろう）

暫　しばらく
歌舞伎演目『暫』の危機一髪の場面で、「しばらく」と声をかけてから登場する江戸歌舞伎の登場人物の総称。
¶歌舞伎登（暫　しばらく）〔像〕

暫のウケ　しばらくのうけ
歌舞伎演目『暫』に登場する、暫に対抗する公家悪の総称。
¶歌舞伎登（暫のウケ　しばらくのうけ）〔像〕

暫の四天王　しばらくのしてんのう
歌舞伎演目『暫』に登場する、暫のウケの四天王。
¶歌舞伎登（暫の四天王　しばらくのしてんのう）

暫の太刀下　しばらくのたちした
歌舞伎演目『暫』に登場する、腹出しの振り上げる大太刀の下で首を打たれそうになる立役、女形の総称。
¶歌舞伎登（暫の太刀下　しばらくのたちした）

暫の中ウケ　しばらくのなかうけ
歌舞伎演目『暫』に登場する、暫のウケに呼び出されて、太刀下の首を斬ろうとする荒武者。
¶歌舞伎登（暫の中ウケ　しばらくのなかうけ）

暫の八人奴　しばらくのはちにんやっこ
歌舞伎演目『暫』で、八人揃いの姿で登場する敵役の奴。
¶歌舞伎登（暫の八人奴　しばらくのはちにんやっこ）

暫の腹出し　しばらくのはらだし
歌舞伎演目『暫』に登場する、暫のウケから、善人方の立役や女形の首を打てと命じられる侍の総称。
¶歌舞伎登（暫の腹出し　しばらくのはらだし）〔像〕

暫の引っ立て　しばらくのひったて
歌舞伎演目『暫』に登場する、暫を引っ立てようとする役の総称。
¶歌舞伎登（暫の引っ立て　しばらくのひったて）

芝六　しばろく
歌舞伎演目『妹背山婦女庭訓』に登場する人物。奈良の興福寺の菩提院に伝わる十三鐘の伝説に基づいて創作された。
¶歌舞伎登（芝六　しばろく）

慈悲蔵　じひぞう
歌舞伎演目『本朝廿四孝』に登場する、故山本勘助の次男。
¶歌舞伎登（慈悲蔵　じひぞう）

死人小左衛門　しびとこざえもん
実録『関東血気物語』に登場する、江戸の町人。
¶架空人日（死人小左衛門　しびとこざえもん）

死人憑　しびとつき
死者に何ものかが憑いたもの。
¶妖怪大全（死人憑　しびとつき）〔像〕

渋川藤馬　しぶかわとうま
歌舞伎演目『新薄雪物語』に登場する、秋月大膳の家来で、半道の要素の混じった敵役。
¶歌舞伎登（渋川藤馬　しぶかわとうま）

渋川神　しぶかわのかみ
河内国若江郡の渋川神社二座の祭神。尾張国山田郡の渋川神社の祭神。
¶神仏辞典（渋川神　しぶかわのかみ）

じぷた
渡辺茂男・作、山本忠敬・絵の『しょうぼうじどうしゃ じぷた』(1963)に登場するジープを改良しただけの小さな消防自動車。
¶児童登場（じぷた）

渋垂神　しぶたりのかみ
『日本三代実録』に所出。遠江国の神。
¶神仏辞典（渋垂神　しぶたりのかみ）

志布比神　しふひのかみ
丹後国竹野郡の志布比神社の祭神。
¶神仏辞典（志布比神　しふひのかみ）

志夫弥神　しふみのかみ
伊勢国安濃郡の志夫弥神社の祭神。
¶神仏辞典（志夫弥神　しふみのかみ）

志夫美宿禰王　しぶみのすくねのみこ
日子坐王の子。
¶神樣読解（志夫美宿禰王　しぶみのすくねのみこ）

自分の影に怯えた勇士　じぶんのかげにおびえたゆうし
『今昔物語集』の登場人物。受領の郎等。臆病者のくせに勇者を気取る。
¶古典人学（自分の影に怯えた勇士　じぶんのかげにおびえたゆうし）

治平　じへい
京極夏彦作『巷説百物語』の登場人物。
¶時代小説（治平　じへい）

治兵衛　じへえ
近松門左衛門作『心中天の網島』の主人公。大坂天満・紙屋の主人。紀の国屋の抱え女郎小春と情死をとげた。
¶朝日歴史（小春・治兵衛　こはる・じへえ）
　架空人日（治兵衛　じへえ）
　架空伝説（小春・治兵衛　こはる・じへえ）〔像〕
　歌舞伎登（紙屋治兵衛　かみやじへえ）〔像〕
　広辞苑6（紙屋治兵衛　かみやじへえ）
　広辞苑6（小春治兵衛　こはる・じへえ）
　古典人学（治兵衛　じへえ）
　古典人東（治兵衛　じへえ）
　コン5（小春・治兵衛　こはる・じへえ）
　新潮日本（小春・治兵衛　こはる・じへえ）
　説話伝説（小春治兵衛　こはる・じへえ）
　大辞林3（紙屋治兵衛　かみやじへえ）
　大辞林3（小春・治兵衛　こはる・じへえ）
　伝奇伝説（小春治兵衛　こはる・じへえ）
　日本人名（紙屋治兵衛　かみやじへえ ㊗? ㊤1720年）
　日本人名（小春・治兵衛　こはる・じへえ）

志保濃神　しほののかみ
『日本文徳天皇実録』に所出。因幡国の神。
¶神仏辞典（志保濃神　しほののかみ）

斯保弥神　しほみのかみ
『延喜式』の志保美神社の祭神。
¶神仏辞典（斯保弥神・志保美神　しほみのかみ）

シーボルト
長崎出島のオランダ商館の医官。吉村昭作『日本医家伝』の登場人物。
¶時代小説（シーボルト）

嶋穴神　しまあなのかみ
上総国海上郡の嶋穴神社の祭神。
¶神仏辞典（嶋穴神　しまあなのかみ）

しまあぶう
道の妖怪。鹿児島県喜界島の俗伝。
¶神仏辞典（しまあぶう）

島井宗室　しまいそうしつ
安土桃山時代の豪商・茶人。
¶説話伝説（島井宗室　しまいそうしつ ㊤天文8（1539）年　㊦元和1（1615）年）
　伝奇伝説（島井宗室　しまいそうしつ ㊤天文8（1539）年? ㊦元和1（1615）年）

島川太兵衛　しまがわたへえ
歌舞伎演目『敵討御未刻太鼓』に登場する、徳島某家の家臣。
¶歌舞伎登（島川太兵衛　しまがわたへえ）

嶋君　しまきみ
曲亭馬琴作の読本『椿説弓張月』（1807-11）に登場する、源為朝が伊豆大島に流されていたとき、その地の代官の娘簓江との間にもうけた息女。
¶架空人日（嶋君　しまきみ）

島建　しまこうだ
沖永良部島のユタの唱える呪詞「シマダテシンゴ」や昔話に出てくる神。
¶神仏辞典（国建・島建　くにこうだ・しまこうだ）
　神話伝説（島建・国建　しまこうだ・くにこうだ）

島崎の音蔵　しまざきのおとぞう
池波正太郎作『仕掛人・藤枝梅安』の登場人物。
¶時代小説（島崎の音蔵　しまざきのおとぞう）

島崎正樹　しまざきまさき
幕末〜明治時代の国学者。島崎藤村の父で、小説『夜明け前』の主人公青山半蔵のモデル。
¶日本人名（島崎正樹　しまざきまさき ㊤1831年　㊦1886年）

島崎雪子　しまざきゆきこ
石坂洋次郎作『青い山脈』の登場人物。
¶架空人日（島崎雪子　しまざきゆきこ）
　架空人物（島崎雪子　しまざきゆきこ）
　コン5（島崎雪子　しまざきゆきこ）
　日本人名（島崎雪子　しまざきゆきこ）

島崎与之助　しまざきよのすけ
藤沢周平作『蟬しぐれ』の登場人物。
¶時代小説（島崎与之助　しまざきよのすけ）

島左近　しまさこん
安土桃山時代の武将。名は清興、左近は通称。石田三成の参謀。「治部少（三成）にすぎたるものが二つあり 島の左近と佐和山の城」とうたわれた。

¶説話伝説（島左近　しまさこん　⑭? ⑫慶長5（1600）年）

島津安芸忠剛　しまづあきただとき
島津本家から分かれた今和泉家の当主。宮尾登美子作『天璋院篤姫』の登場人物。
¶時代小説（島津安芸忠剛　しまづあきただとき）

島津お政　しまづおまさ
明治五人毒婦の一人。
¶奇談逸話（島津お政　しまづおまさ　生没年未詳（江戸末期～明治中期頃））
　説話伝説（島津お政　しまづおまさ　生没年未詳）

島津重豪　しまづしげひで
薩摩島津藩主。海音寺潮五郎作『二本の銀杏』の登場人物。
¶時代小説（島津重豪　しまづしげひで）

島津斉彬　しまづなりあきら
第28代薩摩藩主。島津斉興の子。鹿児島県鹿児島市照国町に鎮座する照国神社に祀られる。
¶時代小説（島津斉彬　『天璋院篤姫』　しまづなりあきら）
　時代小説（島津斉彬　『南国太平記』　しまづなりあきら）
　日本神々（島津斉彬　しまづなりあきら　⑭文化3（1809）年9月28日　⑫安政5（1858）年7月16日）〔像〕

島津斉興　しまづなりおき
薩摩島津藩主。直木三十五作『南国太平記』、海音寺潮五郎作『二本の銀杏』の登場人物。
¶時代小説（島津斉興　『南国太平記』　しまづなりおき）
　時代小説（島津斉興　『二本の銀杏』　しまづなりおき）

島津のお政　しまづのおまさ
実録本『島津政改心実録』に登場する商人の娘。
¶架空伝説（島津のお政　しまづのおまさ）〔像〕

島津久光　しまづひさみつ
薩摩藩主。島津斉彬の異母弟。直木三十五『南国太平記』、司馬遼太郎作『竜馬がゆく』の登場人物。
¶時代小説（島津久光　『南国太平記』　しまづひさみつ）
　時代小説（島津久光　『竜馬がゆく』　しまづひさみつ）

島津義弘　しまづよしひろ
織豊期から江戸初期の戦国大名。島津貴久の次男。兄義久とともに九州をほぼ平定した。
¶奇談逸話（島津義弘　しまづよしひろ　⑭天文4（1535）年　⑫元和5（1619）年）
　説話伝説（島津義弘　しまづよしひろ　⑭天文4（1535）年　⑫元和5（1619）年）
　伝奇伝説（島津義弘　しまづよしひろ　⑭天文4（1535）年　⑫元和5（1619）年）

島田　しまだ
夏目漱石作『道草』（1915）に登場する、かつて主人公健三の養父であった人物。
¶架空人日（島田　しまだ）

島田越後　しまだえちご
山本周五郎作『赤ひげ診療譚』の登場人物。
¶時代小説（島田越後　しまだえちご）

島田潔　しまだきよし
綾辻行人の「館シリーズ」に登場する素人探偵。
¶名探偵日（島田潔　しまだきよし）

島田重三郎　しまだじゅうざぶろう
歌舞伎演目『万歳阿国歌舞妓』に登場する、もと足利頼兼の家臣。
¶歌舞伎登（島田重三郎　しまだじゅうざぶろう）

島田虎之助　しまだとらのすけ
直心影流の剣豪。中里介山作『大菩薩峠』、子母澤寛作『父子鷹』の登場人物。
¶時代小説（島田虎之助　『大菩薩峠』　しまだとらのすけ）
　時代小説（島田虎之助　『父子鷹』　しまだとらのすけ）

嶋田神　しまだのかみ
大和国添上郡の嶋田神社の祭神。
¶神仏辞典（嶋田神　しまだのかみ）

島田平右衛門　しまだへいえもん
歌舞伎演目『心中宵庚申』に登場する、山城の国上田村の大百姓。
¶歌舞伎登（島田平右衛門　しまだへいえもん）

嶋津神　しまつがみ
『日本書紀』巻7に所出。陸奥国の竹水門で国津神とともに日本武尊を防ごうとしたが降伏した神。
¶神仏辞典（嶋津神　しまつがみ）

下知我麻神　しまつちかまのかみ
尾張国愛智郡の下知我麻神社の祭神。
¶神仏辞典（下知我麻神　しまつちかまのかみ）

島中賢吾　しまなかけんご
北原亞以子作『傷 慶次郎縁側日記』の登場人物。
¶時代小説（島中賢吾　しまなかけんご）

嶋名神　しまなのかみ
遠江国山名郡の嶋名神社の祭神。
¶神仏辞典（嶋名神　しまなのかみ）

島抜けの法院　しまぬけのほういん
三上於菟吉作『雪之丞変化』の登場人物。
¶時代小説（島抜けの法院　しまぬけのほういん）

嶋大国魂神　しまのおおくにたまのかみ
対馬嶋上県郡の嶋大国魂神社の祭神。
¶**神仏辞典**（嶋大国魂神　しまのおおくにたまのかみ）

志摩神　しまのかみ
紀伊国名草郡の志磨神社の祭神。
¶**神仏辞典**（志摩神・志磨神　しまのかみ）

島の小平次　しまのこへいじ
歌舞伎演目『濃紅葉小倉色紙』に登場する人物。奪われた御用金3千両の調達のため、百両を所持した幼女を我が子と知らずに殺害してしまう。
¶**歌舞伎登**（島の小平次　しまのこへいじ）

嶋皇祖母命　しまのすめみおやのみこと
天智天皇の祖母。
¶**神仏辞典**（嶋皇祖母命　しまのすめみおやのみこと　[没]天智天皇3年6月）

嶋御子神　しまのみこのかみ
嶋大国魂神御子とも。対馬嶋上県郡の嶋大国魂神御子神社の祭神。
¶**神仏辞典**（嶋御子神　しまのみこのかみ）

嶋物部神　しまのもののべのかみ
丹波国船井郡の嶋物部神社の祭神。
¶**神仏辞典**（嶋物部神　しまのもののべのかみ）

シマーブー
鹿児島県奄美諸島の喜界島でいう妖怪。
¶**全国妖怪**（シマーブー〔鹿児島県〕）
妖怪事典（シマーブー）
妖怪大事典（シマーブー）

嶋万神　しままのかみ
丹波国何鹿郡の嶋万神社の祭神。
¶**神仏辞典**（嶋万神　しままのかみ）

島虫神　しまむしがみ
新潟県の信濃川の流域などで恙虫の害を免れるために、石祠などで祀られているもの。
¶**神仏辞典**（島虫神　しまむしがみ）

島村　しまむら
川端康成作『雪国』(1937)に登場する、駒子の恋人。
¶**架空人日**（島村　しまむら）
架空人物（島村、駒子）
日本人名（島村　しまむら）

清水一学　しみずいちがく
本所吉良邸の用心棒。藤沢周平作『用心棒日月抄』の登場人物。
¶**時代小説**（清水一学　しみずいちがく）

清水一角　しみずいっかく
歌舞伎演目『忠臣いろは実記』に登場する、赤穂浪士の討ち入りに備え、吉良上野介の警護に当たる上杉家の武士。
¶**歌舞伎登**（清水一角　しみずいっかく）

清水神　しみずのかみ
『日本三代実録』に所出。山城国の神。
¶**神仏辞典**（清水神　しみずのかみ）

清水神　しみずのかみ
信濃国更級郡の清水神社の祭神。
¶**神仏辞典**（清水神　しみずのかみ）

清水冠者義高　しみずのかんじゃよしたか
平安末期の武士。室町物語『清水冠者物語』馬琴の読本『頼豪阿闍梨怪鼠伝』の題材となる。
¶**歌舞伎登**（清水冠者義高　しみずのかんじゃよしたか）
説話伝説（清水冠者義高　しみずのかんじゃよしたか　[生]承安3(1173)年　[没]元暦1(1184)年）

清水次郎長　しみずのじろちょう
江戸後期・維新期の駿河国清水湊(静岡市清水)の侠客。講談、浪曲の題材として人気となった。
¶**英雄事典**（清水次郎長　シミズノジロチョウ）
架空人日（清水次郎長　しみずのじろちょう）
架空伝承（清水次郎長　しみずのじろちょう　[生]文政3(1820)年　[没]明治26(1893)年）〔像〕
架空伝説（清水次郎長　しみずのじろちょう　[生]1820年1月1日　[没]1893年）〔像〕
奇談逸話（清水次郎長　しみずのじろちょう　[生]文政3(1820)年　[没]明治26(1893)年）
コン5（清水次郎長　しみずのじろちょう　[生]文政3(1820)年　[没]明治26(1893)年）
説話伝説（清水次郎長　しみずのじろちょう　[生]文政3(1820)年　[没]明治26(1893)年）
世百新（清水次郎長　しみずのじろちょう　[生]文政3(1820)年　[没]明治26(1893)年）
伝奇伝説（清水の次郎長　しみずのじろちょう　[生]文政3(1820)年　[没]明治26(1893)年）〔像〕

清水利兵衛　しみずりへえ
信濃国上高井郡の天領押切村の名主。郷倉へ租米を積込んであったのが発覚し責任を問われ処刑、闕所となった。村人が闕所(利兵衛)地蔵を利兵衛の邸跡に祠った。
¶**コン5**（清水利兵衛　しみずりへえ　[生]?　[没]承応3(1654)年）

紫美神　しみのかみ
『日本三代実録』に所出。薩摩国の神。
¶**神仏辞典**（紫美神　しみのかみ）

染羽天石勝命神　しみはあめのいわかつのみことのかみ
石見国美濃郡の染羽天石勝命神社の祭神。
¶**神仏辞典**（染羽天石勝命神　しみはあめのいわかつのみことのかみ）

地虫十兵衛　じむしじゅうべえ
山田風太郎作『甲賀忍法帖』の登場人物。

¶時代小説（地虫十兵衛　じむしじゅうべえ）

下居神　しもいのかみ
大和国十市郡の下居神社の祭神。
¶神仏辞典（下居神　しもいのかみ）

仕舞屋殿の八五郎　しもうたやどののはちごろう
井原西鶴作の浮世草子『本朝二十不孝』(1686)巻三の第二「先斗に置て来た男」の主人公。
¶架空人日（仕舞屋殿の八五郎　しもうたやどののはちごろう）

下嶋甚右衛門　しもじまじんえもん
歌舞伎演目『ぢいさんばあさん』に登場する、江戸の旗本。
¶歌舞伎登（下嶋甚右衛門　しもじまじんえもん）

下立松原神　しもたちまつばらのかみ
安房国朝夷郡の下立松原神社の祭神。
¶神仏辞典（下立松原神　しもたちまつばらのかみ）

下野公助　しもつけのきんすけ
『今昔物語集』の登場人物。平安中期の実在の近衛官人。下毛野敦行の子。騎射の名手で敦行の子。
¶架空人日（下野公助　しもつけののきんすけ）
古典人学（下野公助　しもつけのきんすけ）
説話伝説（公助　きんすけ 生没年未詳）
日本人名（下毛野公助　しもつけののきんすけ 生没年不詳）

下毛野敦行　しもつけののあつゆき
『今昔物語集』『宇治拾遺物語』に登場する、9世紀中頃に活躍したといわれる実在の近衛官人。
¶架空人日（下毛野敦行　しもつけののあつゆき）

下毛野武正　しもつけののたけまさ
説話集などに登場する平安時代後期の官吏。
¶日本人名（下毛野武正　しもつけののたけまさ 生没年未詳）

下鳥富次郎　しもとりとみじろう
江戸時代中期〜後期の治水家。越後（新潟県）頸城郡川浦村の庄屋。私財を投じ、用水を完成した功績から北辰神社に祀られた。
¶日本人名（下鳥富次郎　しもとりとみじろう [生]1745年 [没]1815年）

下塩津神　しものしおつのかみ
近江国浅井郡の下塩津神社の祭神。
¶神仏辞典（下塩津神　しものしおつのかみ）

下新川神　しものにいかわのかみ
近江国野洲郡の下新川神社の祭神。
¶神仏辞典（下新川神　しものにいかわのかみ）

下野間神　しもののまのかみ
加賀国加賀郡の下野間神社の祭神。
¶神仏辞典（下野間神　しもののまのかみ）

下部神　しもべのかみ
大和国山辺郡の下部神社の祭神。
¶神仏辞典（下部神　しもべのかみ）

下村良庵　しもむらりょうあん
華岡直道の門弟、開業医。有吉佐和子作『華岡青洲の妻』の登場人物。
¶時代小説（下村良庵　しもむらりょうあん）

ジャイガー
映画『ガメラ対大魔獣ジャイガー』(1970)に登場する、太古の怪獣。
¶怪物事典（ジャイガー）

ジャイガンティス
映画『ゴジラの逆襲』(1959)に登場する、太古の恐竜（架空のアングルザウルス科）。
¶怪物事典（ジャイガンティス）〔像〕

釈迦　しゃか
仏教の開祖ゴータマ=ブッダのこと。
¶広辞苑6（釈迦　しゃか）
神仏辞典（釈迦　しゃか）
世神辞典（釈迦如来）〔像〕
説話伝説（釈迦　しゃか）
大辞林3（釈迦　しゃか）
東洋神名（釈迦如来　シャカニョライ）〔像〕
日本人名（釈迦如来　しゃかにょらい 生没年未詳）
仏尊事典（釈迦如来　しゃかにょらい）〔像〕

釈迦ヶ嶽雲右衛門　しゃかがたけくもえもん
史上屈指の巨人力士。
¶説話伝説（釈迦ヶ嶽雲右衛門　しゃかがたけくもえもん [生]寛延2(1749)年 [没]安永4(1775)年）
伝奇伝説（釈迦ケ嶽雲右衛門　しゃかがたけくもえもん 生没年未詳）

釈迦大尽　しゃかだいじん
洒落本『聖遊廓』(1757)に登場する、李白が亭主の揚屋の常連。
¶架空人日（釈迦大尽　しゃかだいじん）

ジャガタラお春　じゃがたらおはる
異国追放の日蘭混血の女性。
¶奇談逸話（ジャガタラお春　ジャガタラおはる [生]寛永2(1625)年? [没]元禄6(1693)年?）
説話伝説（ジャガタラお春　じゃがたらおはる [生]寛永(1625)年? [没]元禄6(1693)年?）
伝奇伝説（ジャガタラおはる）

沙伽羅竜王　しゃからりゅうおう
八大竜王の一。護法神。雨乞いの本尊。
¶大辞林3（沙伽羅竜王・沙羯羅竜王　しゃからりゅうおう）

邪鬼　じゃき
人に害を与える邪悪な存在のこと。
¶広辞苑6（邪鬼　じゃき）
大辞林3（邪鬼　じゃき）
妖怪事典（ジャキ）

邪鬼　じゃき
四天王像の足の下に踏まれている怪獣。
¶大辞林3（邪鬼　じゃき）

社宮司神　しゃぐうじしん
咽喉・風邪の守護神。
¶神様読解（社宮司神　しゃぐうじしん）〔像〕

杓子岩　しゃくしいわ
岡山県苫田郡泉村でいう道の妖怪。
¶神仏辞典（杓子岩　しゃくしいわ）
全国妖怪（シャクシイワ〔岡山県〕）
妖怪事典（シャクシイワ）

杓子呉れ　しゃくしくれ
海の妖怪。京都府竹野郡下宇川村の俗伝。
¶神仏辞典（杓子呉れ　しゃくしくれ）
全国妖怪（シャクシクレ〔京都府〕）
妖怪事典（シャクシクレ）
妖怪大事典（杓子くれ　しゃくしくれ）

蛇苦止明神　じゃくしみょうじん
社宮司神の一つ。日蓮宗でも信仰している。蛇苦止は梵語の荼吉尼からの転訛。
¶神様読解（蛇苦止明神　じゃくしみょうじん）

シャクシャイン
17世紀の蝦夷地日高地方の大首長。松前藩に対し、アイヌモシリ総決起をおこした。
¶架空伝承（シャクシャイン [生]1606年 [没]1669年）
奇談逸話（シャクシャイン（沙牟奢允）　しゃくしゃいん [生]? [没]寛文9（1669）年）
説話伝説（シャクシャイン [生]? [没]寛文9（1669）年10月23日）

赤舌神　しゃくぜつじん
陰陽道で、太歳の西門を守る番神ないし第3番目の羅刹神。
¶広辞苑6（赤舌神　しゃくぜつじん）

尺取り虫　しゃくとりむし
長野県蓼科山でいう妖怪。
¶妖怪事典（シャクトリムシ）

シャグマ
静岡県磐田郡水窪町の常光寺山、龍頭山でいう異獣。
¶全国妖怪（シャグマ〔静岡県〕）
妖怪事典（シャグマ）

寂蓮　じゃくれん
平安後期・鎌倉初期の歌人。死して道誉僧正の夢に現われ一首の歌を詠みかけたという説話が残る。
¶説話伝説（寂蓮　じゃくれん [生]保延5（1139）年? [没]建仁2（1202）年?）
伝奇伝説（寂蓮　じゃくれん [生]保延?康治年? [没]建仁2（1202）年）

蛇骨婆　じゃこつばばあ
鳥山石燕の『今昔百鬼拾遺』に蛇を体に巻き付けた婆として描かれているもの。「蛇五衛門」という怪蛇の女房。
¶幻想動物（蛇五婆）〔像〕
妖怪事典（ジャコツババア）
妖怪大全（蛇骨婆　じゃこつばばあ）〔像〕
妖怪大事典（蛇骨婆　じゃこつばばあ）〔像〕

蛇帯　じゃたい
鳥山石燕の『今昔百鬼拾遺』に描かれている、帯が妖怪化したもの。
¶幻想動物（蛇帯）〔像〕
妖怪事典（ジャタイ）
妖怪大鑑（蛇帯　じゃたい）〔像〕
妖怪大事典（蛇帯　じゃたい）〔像〕

魚虎　しゃちほこ
日本の城の屋根にある、龍の頭を持つ一対の魚の像の総称。もともと中国の南海に棲むとされた怪魚。
¶幻想動物（魚虎）〔像〕
世怪物神獣（魚虎（鯱））

車匿　しゃのく
歌舞伎演目『花観堂大和文庫』に登場する舎人。
¶歌舞伎登（車匿　しゃのく）

蛇の目眼八　じゃのめのがんぱち
歌舞伎演目『伊賀越道中双六』に登場する、東海道岡崎の宿の馬子。
¶歌舞伎登（蛇の目眼八　じゃのめのがんぱち）

社吹　しゃぶき
咳を鎮めてくれる神。
¶神仏辞典（社吹　しゃぶき）

咳婆　しゃぶきばば
咳、風邪を治してくれる神。
¶神仏辞典（咳婆　しゃぶきばば）

邪魅　じゃみ
『百鬼夜行』に記されている魑魅の類。
¶水木幻獣（邪魅　じゃみ）〔像〕
妖怪事典（ジャミ）
妖怪大全（邪魅　じゃみ）〔像〕
妖怪大事典（邪魅　じゃみ）〔像〕

三味長老　しゃみちょうろう
鳥山石燕の『画図百器徒然袋』に三味線の妖怪として描かれたもの。
¶妖怪事典（シャミチョウロウ）

妖怪大鑑（三味長老　しゃみちょうろう）〔像〕
妖怪大事典（三味長老　しゃみちょうろう）〔像〕

『斜陽』のお母さま　しゃようのおかあさま
太宰治作『斜陽』(1947)に登場する、直治とかず子の母。
¶架空人日（『斜陽』のお母さま　しゃようのおかあさま）

写楽　しゃらく
⇒東洲斎写楽（とうしゅうさいしゃらく）

車力善八　しゃりきぜんぱち
歌舞伎演目『梅雨小袖昔八丈』に登場する、白子屋の一人娘お熊の側付きをしている下女お菊の叔父。
¶歌舞伎登（車力善八　しゃりきぜんぱち）

じゃりン子チエ　じゃりんこちえ
はるき悦巳作の同名漫画の主人公。本名、竹本チエ。
¶架空人物（じゃりン子チエ）

蛇類　じゃるい
宮城県で屋敷神として祀られているもの。
¶神仏辞典（蛇類　じゃるい）

じゃん
海の妖怪。高知県の俗伝。
¶神仏辞典（じゃん）
全国妖怪（ジャン〔高知県〕）
妖怪事典（ジャン）
妖怪大事典（ジャン）

ジャンゴジャンゴ
香川県坂出地方でいう狸。
¶妖怪事典（ジャンゴジャンゴ）

じゃんじゃん火　じゃんじゃんび
奈良県内各地に出る火の妖怪。
¶幻想動物（じゃんじゃん火）〔像〕
神仏辞典（じゃんじゃん火　じゃんじゃんび）
全国妖怪（ジャンジャンビ〔奈良県〕）
妖怪事典（ジャンジャンビ）
妖怪図鑑（じゃんじゃん火）〔像〕
妖怪大全（じゃんじゃん火　じゃんじゃんび）〔像〕
妖怪大事典（ジャンジャン火　じゃんじゃんび）〔像〕
妖百3（ジャンジャン火・天火）〔像〕

ジュアン・ヘルナンド
柴田錬三郎作『眠狂四郎無頼控』の登場人物。
¶時代小説（ジュアン・ヘルナンド）

十一面観音　じゅういちめんかんのん
変化観音の一つで、頭部に11の顔を持つ観音。
¶広辞苑6（十一面観世音　じゅういちめんかんぜおん）〔像〕
世百新（十一面観音　じゅういちめんかんのん）
大辞林3（十一面観世音　じゅういちめんかんぜおん）〔像〕
東洋神名（十一面観音　ジュウイチメンカンノン）〔像〕
仏尊事典（十一面観音　じゅういちめんかんのん）〔像〕

十一面千手観音　じゅういちめんせんじゅかんのん
変化観音で六観音の一つ。
¶神仏辞典（十一面千手観音　じゅういちめんせんじゅかんのん）

十王　じゅうおう
冥府にあって、亡者の罪業を裁断する10人の大王。
¶広辞苑6（十王　じゅうおう）
神仏辞典（十王　じゅうおう）
大辞林3（十王　じゅうおう）
仏尊事典（十王　じゅうおう）〔像〕

重吉　じゅうきち
佐藤雅美作『恵比寿屋喜兵衛手控え』の登場人物。
¶時代小説（重吉　じゅうきち）

十九夜観音　じゅうくやかんのん
十九夜の晩に女性が集まる講で祀られるもの。如意輪観音にあたる。
¶神仏辞典（十九夜観音　じゅうくやかんのん）

舟月　しゅうげつ
佐江衆一作『江戸職人綺譚』の登場人物。
¶時代小説（舟月　しゅうげつ）

重五郎　じゅうごろう
山手樹一郎作『遠山の金さん』の登場人物。
¶時代小説（重五郎　じゅうごろう）

周作　しゅうさく★
和田登作『想い出のアン』(1984)の主人公。野宮周作。
¶児童登場（周作）

十三郎　じゅうざぶろう
河竹黙阿弥作の歌舞伎『三人吉三廓初買』(1860年初演)に登場する、八百屋久兵衛の養子。
¶架空人日（十三郎　じゅうざぶろう）
歌舞伎登（十三郎　じゅうざぶろう）

十三仏　じゅうさんぶつ
死者の追善供養のために配された十三の仏や菩薩。
¶神仏辞典（十三仏　じゅうさんぶつ）
仏尊事典（十三仏　じゅうさんぶつ）〔像〕

秋色女　しゅうしきじょ
江戸の女流俳人。
¶説話伝説（秋色女　しゅうしきじょ [生]? [没]享保10

(1725)年)
伝奇伝説（秋色女　しゅうしきじょ 生没年未詳）

じゅうじゅう坊　じゅうじゅうぼう
熊本県八代市の松井家に伝わる『百鬼夜行絵巻』に描かれているもの。
¶**妖怪事典**（ジュウジュウボウ）

重蔵　じゅうぞう
岡本綺堂作『半七捕物帳』の登場人物。
¶**時代小説**（重蔵　じゅうぞう）

十大弟子　じゅうだいでし
釈迦の弟子の中で最も優れていた10人の弟子。
¶**広辞苑6**（十大弟子　じゅうだいでし）
世百新（十大弟子　じゅうだいでし）
東洋神名（十大弟子　ジュウダイデシ）〔像〕
仏尊事典（十大弟子　じゅうだいでし）〔像〕

集団亡霊　しゅうだんぼうれい
三重県津市の海岸に現れた何十人もの女性の姿で、防空頭巾をかぶった亡霊。
¶**妖怪大鑑**（集団亡霊　しゅうだんぼうれい）〔像〕

十二　じゅうに
新潟県・群馬県・長野県・福島県に見られる山の神の別名。十二様は女神とされる。
¶**神仏辞典**（十二　じゅうに）

十二様　じゅうにさま
群馬県と新潟県の県境における山の守護神。
¶**幻想動物**（十二様）〔像〕
全国妖怪（ジュウニサマ〔群馬県〕）

十二神　じゅうにしん
山の神の別称。
¶**神仏辞典**（十二神　じゅうにしん）

十二神将　じゅうにしんしょう
薬師如来の眷属である夜叉の一群。
¶**広辞苑6**（十二神将　じゅうにしんしょう）
神仏辞典（十二神将　じゅうにしんしょう）
世百新（十二神将　じゅうにじんしょう）
大辞林3（十二神将　じゅうにじんしょう）
東洋神名（十二神将　ジュウニシンショウ）〔像〕
仏尊事典（十二神将　じゅうにしんしょう）〔像〕

十二神将　じゅうにしんしょう
平安時代の陰陽師・阿部晴明が使役した12人の式神。
¶**幻想動物**（十二神将）〔像〕

十二天　じゅうにてん
天部に含まれるすべての天、竜王、諸神、薬叉（夜叉）、冥官、星宿などのそれぞれを代表する天部十二尊の総称。
¶**神様読解**（十二天　じゅうにてん）
広辞苑6（十二天　じゅうにてん）
神仏辞典（十二天　じゅうにてん）
世百新（十二天　じゅうにてん）
大辞林3（十二天　じゅうにてん）
仏尊事典（十二天　じゅうにてん）〔像〕

十二船霊　じゅうにふなだま
船の守り神。
¶**神仏辞典**（十二船霊　じゅうにふなだま）

十二山の神　じゅうにやまのかみ
山の神。秋田・岩手・青森の各県に分布。
¶**神仏辞典**（十二山の神　じゅうにやまのかみ）

執念の鬼　しゅうねんのおに
『絵本小夜時雨』に記されている鬼八郎に殺害された人々の執念の鬼。
¶**妖怪大鑑**（執念の鬼　しゅうねんのおに）〔像〕

十兵衛　じゅうべえ
幸田露伴作『五重塔』(1891-92)に登場する大工。
¶**架空人日**（十兵衛　じゅうべえ）
日本人名（十兵衛　じゅうべえ）

十羅刹女　じゅうらせつにょ
「法華経」を守護する10人の天女の姿で描かれる羅刹の女性。普賢菩薩の眷属とされる。
¶**神様読解**（十羅刹女　じゅうらせつめ）〔像〕
広辞苑6（十羅刹女　じゅうらせつにょ）
神仏辞典（十羅刹女　じゅうらせつにょ）
大辞林3（十羅刹女　じゅうらせつにょ）
東洋神名（十羅刹女　ジュウラセツニョ）〔像〕

十六善神　じゅうろくぜんじん
『般若経』とその誦持者とを守護する善神。
¶**広辞苑6**（十六善神　じゅうろくぜんじん）
神仏辞典（十六善神　じゅうろくぜんじん）
仏尊事典（十六善神　じゅうろくぜんじん）〔像〕

十六大菩薩　じゅうろくだいぼさつ
金剛界曼荼羅三七尊の中の四方の四仏を囲む各四菩薩の総称。
¶**神仏辞典**（十六大菩薩　じゅうろくだいぼさつ）

十六羅漢　じゅうろくらかん
仏滅後、正法を護持しのち、弥勒仏の出世を待って悟りを得る16人の大阿羅漢。
¶**広辞苑6**（十六羅漢　じゅうろくらかん）
神仏辞典（十六羅漢　じゅうろくらかん）
大辞林3（十六羅漢　じゅうろくらかん）
仏尊事典（十六羅漢　じゅうろくらかん）〔像〕

守鶴　しゅかく
群馬県茂林寺の狸が変化した僧。
¶**神仏辞典**（守鶴　しゅかく）

守覚法親王　しゅかくほっしんのう
平安末・鎌倉初期の真言宗僧で仁和寺御室。
¶**説話伝説**（守覚法親王　しゅかくほっしんのう [生]久

宿神　しゅくしん
呪術的信仰対象の一つ。元来はシャグジ、シュグジなどと称された小祠の神の名だったとされる。他の民間信仰と習合を果たし複雑な祀られ方となった。
¶架空伝承（宿神　しゅくしん）

寿限無……　じゅげむ★
落語に登場する人物の中で一番長い名前の持ち主。
¶架空人物（寿限無……）

寿元　じゅげん
修験道の開祖とされる役小角の法脈を嗣ぐ験力に通達した五代山伏の一人。
¶神仏辞典（寿元　じゅげん）

守公神　しゅこうじん
神奈川県中郡大磯町の神。
¶神仏辞典（守公神　しゅこうじん）

守護神　しゅごしん
個人や集団に安全・幸福・繁栄をもたらす神のこと。
¶広辞苑6（守護神　しゅごじん）
　神仏辞典（守護神　しゅごしん）

守護神　しゅごしん
アイヌの神。神の世界などの別の場所からその人間を見守っている神。
¶神仏辞典（守護神　しゅごしん）

守護神　しゅごじん
愛知県三河地方における天狗の別称。
¶神仏辞典（守護神　しゅごじん）
　全国妖怪（シュゴジンサマ〔愛知県〕）
　妖怪事典（ジュゴンジンサマ）

朱雀　しゅじゃく
四神の一つ。朱は五行説で南方に配する。
¶広辞苑6（朱雀　しゅじゃく）
　大辞林3（朱雀　すざく）〔像〕

朱雀上人　しゅじゃくしょうにん
江島其磧（八文字自笑）作の浮世草子『傾城禁短気』（1711）に登場する、嶋原寺の高僧。
¶架空人日（朱雀上人　しゅじゃくしょうにん）

朱寿昌　しゅじゅしょう
御伽草子『二十四孝』に登場する、宋代の役人。二十四孝の一人。
¶架空人日（朱寿昌　しゅじゅしょう）

数珠懸け　じゅずかけ
動物（狐）の妖怪。頸のまわりに白い毛がある狐のこと。青森県三戸郡・長野県南佐久郡などに事例がある。
¶神仏辞典（数珠懸け　じゅずかけ）
　全国妖怪（ジュズカケ〔青森県〕）
　全国妖怪（ジュズカケ〔長野県〕）

酒造の神　しゅぞうのかみ
奈良県桜井市の大神神社と京都市西京区の松尾大社の神が古くから酒造家に信仰される。
¶神様読解（酒造の神　しゅぞうのかみ）
　日本神様（酒造の神　しゅぞうのかみ）

出世螺　しゅっせぼら
深山の法螺貝が山に三千年、里に三千年、海に三千年をへて竜になったもの。
¶妖怪事典（シュッセホラ）
　妖怪大全（出世螺　しゅっせぼら）〔像〕
　妖怪大事典（出世螺　しゅっせぼら）〔像〕

酒呑童子　しゅてんどうじ
大江山伝説に登場する鬼神。源頼光とその配下の四天王、藤原保昌に退治された。
¶朝日歴史（酒呑童子　しゅてんどうじ）
　英雄事典（酒呑童子　シュテンドウジ）
　架空人日（酒呑童子　しゅてんどうじ）
　架空人物（酒呑童子　しゅてんどうじ）
　架空伝承（酒呑童子　しゅてんどうじ）〔像〕
　架空伝説（酒呑童子　しゅてんどうじ）〔像〕
　歌舞伎登（酒天童子　しゅてんどうじ）
　奇談逸話（酒呑童子　しゅてんどうじ）
　幻想動物（酒呑童子）〔像〕
　古典人東（酒呑童子　しゅてんどうじ）
　コン5（酒呑童子　しゅてんどうじ）
　新潮日本（酒呑童子　しゅてんどうじ）
　神仏辞典（酒呑童子　しゅてんどうじ）
　神話伝説（酒顛童子　しゅてんどうじ）〔像〕
　説話伝説（酒呑童子　しゅてんどうじ）
　世百新（酒呑童子　しゅてんどうじ）
　大辞林3（酒顛童子・酒呑童子　しゅてんどうじ）
　伝奇伝説（酒呑童子　しゅてんどうじ）〔像〕
　日ミス（酒呑童子　しゅてんどうじ）
　日本人名（酒呑童子　しゅてんどうじ）
　妖怪事典（シュテンドウジ）
　妖怪大事典（酒呑童子　しゅてんどうじ）〔像〕

首藤彦太郎　しゅどうひこたろう
藤沢周平作『暗殺の年輪』の登場人物。
¶時代小説（首藤彦太郎　しゅどうひこたろう）

朱の盤　しゅのばん
福島県、新潟県でいう道の妖怪。
¶神仏辞典（朱の盤　しゅのばん）
　全国妖怪（シュノバン〔福島県〕）
　全国妖怪（シュノバン〔新潟県〕）
　水木妖怪（シュノバン）〔像〕
　妖怪事典（シュノバン）
　妖怪大全（朱の盆　しゅのばん）〔像〕
　妖怪大事典（朱の盤　しゅのばん）〔像〕
　妖百5（朱の盤　しゅのばん）

朱盤　しゅばん
家の妖怪。山形県の俗伝。

¶神仏辞典（朱盤　しゅばん）
全国妖怪（シュパン〔山形県〕）

樹木子　じゅぼっこ
人間の血を大量に吸いこんだ木がなる妖怪。
¶幻想動物（樹木子）〔像〕
水木妖怪続（樹木子　じゅぼっこ）〔像〕
妖怪事典（ジュボッコ）
妖怪大全（樹木子　じゅぼっこ）〔像〕
妖怪大事典（樹木子　じゅぼっこ）〔像〕

シュムレラウンユク
アイヌ語で西風という意味の空中にいる悪魔。
¶妖怪事典（シュムレラウンユク）

ジュリアン・ヴィオ
芥川龍之介作『舞踏会』(1920)に登場する、フランスの海軍将校。
¶架空人日（ジュリアン・ヴィオ）

ジュリガーマジムン
沖縄県でいう遊女の幽霊。
¶全国妖怪（ジュリグワーマジムン〔沖縄県〕）
妖怪事典（ジュリガーマジムン）

修理之介　しゅりのすけ
歌舞伎演目『傾城反魂香』に登場する、禁中絵師土佐将監光信の弟子。
¶歌舞伎登（修理之介　しゅりのすけ）

狩猟神　しゅりょうしん
アイヌで飢饉となった時、人間の訴えをきき鹿を下ろす神、魚を下ろす神へのとりなしをする神。
¶神仏辞典（狩猟神　しゅりょうしん）

狩猟と漁のカムイ　しゅりょうとりょうのかむい
動物の支配者であるカムイや、アイヌ人の願いを伝える使者。多くが女性。
¶東洋神名（狩猟と漁のカムイ　シュリョウトリョウノカムイ）〔像〕

寿老人　じゅろうじん
七福神の一神。福禄寿と同体異名ともいう。
¶広辞苑6（寿老人　じゅろうじん）
神仏辞典（寿老人　じゅろうじん）
大辞林3（寿老人　じゅろうじん）
日本人名（寿老人　じゅろうじん）

ジュン
早船ちよ作『キューポラのある街』(1961)の主人公の少女。
¶児童登場（ジュン）

舜　しゅん
御伽草子『二十四孝』に登場する、古代中国の伝説的帝王である五帝の一。二十四孝の一人。
¶架空人日（舜　しゅん）

純一　じゅんいち
森鷗外作『青年』(1910-11)に登場する、Y県の資産家の一人息子。
¶架空人日（純一　じゅんいち）

俊恵　しゅんえ
平安時代最末期の歌僧。京都北白川の僧房を歌林苑と称し、月毎に歌会を主催。
¶神仏辞典（俊恵　しゅんえ [生]1113年 [没]?）
説話伝説（俊恵　しゅんえ [生]永久1(1113)年 [没]建久2(1191)年頃）
伝奇伝説（俊恵　しゅんえ [生]永久1(1113)年 [没]?）

俊寛　しゅんかん
平安末期の僧で後白河法皇の近臣。平氏討滅を謀った鹿ヶ谷事件の首謀者の一人。
¶架空人日（俊寛　しゅんかん）
架空伝承（俊寛　しゅんかん [生]康治2(1143)年? [没]治承3(1179)年?）〔像〕
架空伝説（俊寛　しゅんかん）〔像〕
歌舞伎登（俊寛 1『平家女護島』　しゅんかん）〔像〕
歌舞伎登（俊寛 2『姫小松子日の遊』　しゅんかん）〔像〕
奇談逸話（俊寛　しゅんかん [生]康治2(1143)年 [没]治承3(1179)年?）
古典人学（俊寛　しゅんかん）
古典人東（俊寛 能『俊寛』　しゅんかん）
古典人東（俊寛『平家物語』　しゅんかん）
コン5（俊寛　しゅんかん [生]康治1(1142)年 [没]治承3(1179)年）
人物伝承（俊寛　しゅんかん [生]康治2(1143)年? [没]治承3(1179)年?）
説話伝説（俊寛　しゅんかん 生没年不詳）
世百新（俊寛　しゅんかん [生]康治2?(1143?)年 [没]治承3?(1179?)年）
伝奇伝説（俊寛　しゅんかん [生]康治2(1143)年? [没]治承3(1179)年?）
日本人名（俊寛　しゅんかん 生没年未詳）

順喜観　じゅんきかん
歌舞伎演目『楼門五三桐』に登場する、宋蘇卿の忠臣。
¶歌舞伎登（順喜観　じゅんきかん）

春琴　しゅんきん
谷崎潤一郎作『春琴抄』(1933)に登場する、薬屋の娘。
¶架空人日（春琴　しゅんきん）
日本人名（春琴・佐助　しゅんきん・さすけ）

春月尼　しゅんげつに
歌舞伎演目『絵本忠臣蔵』に登場する、塩谷家浪人不破数右衛門の伯母で、塩谷判官の乳母。
¶歌舞伎登（春月尼　しゅんげつに）

純信　じゅんしん
江戸後期“よさこい節”にお馬とともに歌われた修行僧。
¶コン5（純信・お馬　じゅんしん・おうま）

しゅん

俊成女　しゅんぜいのむすめ
鎌倉時代の歌人。『十訓抄』に登場する。
¶説話伝説（俊成女　しゅんぜいのむすめ）㊤承安1（1171）年頃　㊦建長4（1252）年以後）
　伝奇伝説（しゅんぜいのむすめ　㊤承安1（1171）年頃　㊦建長4（1252）年以後）

春朝　しゅんちょう
平安時代の僧。法華経持経者。故意に罪を犯して入獄し、囚人に経をきかせて発心させようとした。首楞厳院沙門鎮源作『法華経験記』に登場する。
¶古典人学（囚人救済に命を賭けた春朝　しゅうじんきゅうさいにいのちをかけたしゅんちょう）
　日本人名（春朝　しゅんちょう　生没年不詳）

准胝観音　じゅんていかんのん
聡明、夫婦和合、求子安産、延命、治病、降雨、求児の願いを成就する観音。
¶神仏辞典（准胝観音　じゅんていかんのん）
　東洋神名（准胝観音　ジュンテイカンノン）〔像〕
　仏尊事典（准胝観音　じゅんていかんのん）〔像〕

舜天　しゅんてん
琉球王国最初の人王といわれる人物。源為朝と大里按司の娘との子とされる。名を尊敦。
¶英雄事典（舜天王　シュンテンオウ）
　架空人目（舜天丸　すてまる）
　コン5（舜天　しゅんてん）
　人物伝承（舜天　しゅんてん　㊤?　㊦南宋嘉熙1（1237）年）
　説話伝説（舜天王　しゅんてんおう）
　日本人名（舜天王　しゅんてんおう　㊤1166　㊦1237）

春藤玄蕃　しゅんどうげんば
歌舞伎演目『菅原伝授手習鑑』に登場する、式部省の下司。
¶歌舞伎登（春藤玄蕃　しゅんどうげんば）

春藤次郎右衛門　しゅんどうじろうえもん
歌舞伎演目『敵討襤褸錦』に登場する、「非人の仇討ち」をする人物。
¶歌舞伎登（春藤次郎右衛門　しゅんどうじろうえもん）

春藤新七　しゅんどうしんしち
歌舞伎演目『敵討襤褸錦』に登場する、親の仇を尋ねるため、兄の次郎右衛門とともに大晏寺堤の非人小屋で暮らしている若者。
¶歌舞伎登（春藤新七　しゅんどうしんしち）

俊徳丸　しゅんとくまる
弱法師伝説の主人公。
¶歌舞伎登（俊徳丸　しゅんとくまる）
　広辞苑6（俊徳丸　しゅんとくまる）
　新潮日本（俊徳丸　しゅんとくまる）
　説話伝説（俊徳丸　しゅんとくまる　生没年不詳）
　大辞林3（俊徳丸　しゅんとくまる）
　伝奇伝説（俊徳丸　しゅんとくまる）

舜馬順熙王　しゅんばじゅんきおう
琉球の国王。舜天王統第2代。舜天王の長男。実在は不明。
¶日本人名（舜馬順熙王　しゅんばじゅんきおう　㊤1185年　㊦1248年）

春風小柳　しゅんぷうこりゅう
岡本綺堂作『半七捕物帳』の登場人物。
¶時代小説（春風小柳　しゅんぷうこりゅう）

巡礼狼　じゅんれいおおかみ
備中玉島の富ケ峠でいう妖怪。
¶妖怪事典（ジュンレイオオカミ）
　妖怪大事典（巡礼狼　じゅんれいおおかみ）

巡礼姉妹　じゅんれいしまい
南條範夫作『月影兵庫』の登場人物。
¶時代小説（巡礼姉妹　じゅんれいしまい）

春朗　しゅんろう
高橋克彦作『だましゑ歌麿』の登場人物。のちの葛飾北斎。
¶時代小説（春朗　しゅんろう）

城一　じょういち
南北朝時代の琵琶法師。半ば伝説上の人物。
¶コン5（城一　じょういち　生没年不詳）

醬院高部神　しょういんのたかべのかみ
大膳職の祀る神一座。
¶神仏辞典（醬院高部神　しょういんのたかべのかみ）

正栄尼　しょうえいに
歌舞伎演目『桐一葉』に登場する、渡辺内蔵之介と銀之丞の母。
¶歌舞伎登（正栄尼　しょうえいに）

ジョー・ヴェニス
木村二郎の短編集『ヴェニスを見て死ね』（1994）に登場するニューヨークの私立探偵。
¶名探偵日（ジョー・ヴェニス）

浄円寺の住職　じょうえんじのじゅうしょく
岡本綺堂作『半七捕物帳』の登場人物。
¶時代小説（浄円寺の住職　じょうえんじのじゅうしょく）

丈賀　じょうが
歌舞伎演目『天衣紛上野初花』に登場する、吉原出入りのけちな按摩。
¶歌舞伎登（丈賀　じょうが）

聖覚　しょうかく
天台宗・浄土宗の僧。歌人。『沙石集』に説法の名人であったという説話が多い。
¶神仏辞典（聖覚　しょうかく　㊤1167年　㊦1235年）
　説話伝説（聖覚　しょうかく・せいかく　㊤仁安2）

(1167)年 [没]文暦2(1235)年)
伝奇伝説(聖覚 しょうかく・せいかく [生]仁安2(1167)年 [没]嘉禎1(1235)年)

枡花女 しょうかじょ
歌舞伎演目『江戸の顔見世狂言』に登場する、弓の名人として知られる中国楚の国の養由こと養由基の娘。
¶歌舞伎登(枡花女 しょうかじょ)

しょう神 しょうがみ
人をぼんやりさせ、居眠りさせる神。
¶神仏辞典(しょう神 しょうがみ)

ショウカラビー
香川県小豆郡小豆島神の浦でいう船幽霊の類。
¶神仏辞典(しょうからびい)
全国妖怪(ショウカラビー〔香川県〕)
妖怪事典(ショウカラビー)
妖怪大事典(ショウカラビー)

静観 じょうかん
平安前期の天台宗の僧。『今昔物語集』『宇治拾遺物語』に登場する。祈祷をよくしたことでも知られる。
¶架空人日(静観 じょうがん)
説話伝説(静観 じょうかん [生]承和10(843)年 [没]延長5(927)年)

聖観音 しょうかんのん
変化しない本来の観世音菩薩。
¶広辞苑6(聖観音・正観音 しょうかんのん)
神仏辞典(聖観音 しょうかんのん)
大辞林3(聖観世音 しょうかんぜおん)〔像〕
東洋神名(聖観音 ショウカンノン)〔像〕
仏尊事典(聖観音 しょうかんのん)〔像〕

小鬼 しょうき
北條時政のもとに、毎晩のように現われたもの。
¶妖怪大全(小鬼 しょうき)〔像〕

鍾馗 しょうき
もとは道教の神。室町時代頃より悪鬼や災厄、疫病を払う神として信仰された。
¶歌舞伎登(鍾馗 しょうき)
神様読解(鍾馗神 しょうきしん)〔像〕
神仏辞典(鍾馗 しょうき)
説話伝説(鍾馗 しょうき)
大辞林3(鍾馗 しょうき)〔像〕
伝奇伝説(鍾馗 しょうき)
日本神様(鍾馗 しょうき)〔像〕
日本人名(鍾馗 しょうき)

蒸気河岸の先生 じょうきがしのせんせい
山本周五郎作『青べか物語』(1960)に登場する小説家。
¶架空人日(蒸気河岸の先生 じょうきがしのせんせい)

庄吉 しょうきち
山本周五郎作『柳橋物語』(1946)に登場する大工。
¶架空人日(庄吉 しょうきち)
時代小説(庄吉 しょうきち)

庄吉 しょうきち
直木三十五作『南国太平記』の登場人物。
¶時代小説(庄吉 しょうきち)

正吉河童 しょうきちかっぱ
豊後(大分県)日田郡の白糸という相撲とりの息子の正吉が相撲をとった河童たち。
¶妖怪大全(正吉河童 しょうきちかっぱ)〔像〕

承香殿俊子 しょうきょうでんのとしこ
『大和物語』に登場する平安時代中期の歌人。
¶日本人名(承香殿俊子 しょうきょうでんのとしこ 生没年未詳)

承香殿女御 じょうきょうでんのにょうご
『栄華物語』の登場人物。右大臣藤原顕光の女。
¶古典人学(承香殿女御(藤原元子) じょうきょうでんのにょうご)

上行菩薩 じょうぎょうぼさつ
地から涌出した四大士(四菩薩)の一人。
¶広辞苑6(上行菩薩 じょうぎょうぼさつ)
神仏辞典(上行菩薩 じょうぎょうぼさつ)
大辞林3(上行菩薩 じょうぎょうぼさつ)

松旭斎天勝 しょうきょくさいてんかつ
女流奇術師。松旭斎天一の弟子。海外にも巡業し、人気を博した。
¶架空伝承(松旭斎天勝 しょうきょくさいてんかつ [生]明治19(1944)年 [没]昭和19(1944)年)〔像〕

松吟庵 しょうぎんあん
柳生宗矩の叔父。五味康祐作『柳生武芸帳』の登場人物。
¶時代小説(松吟庵 しょうぎんあん)

証空 しょうくう
薬師寺の律師。『発心集』巻3に説話がみられる。
¶伝奇伝説(証空 しょうくう)

証空 しょうくう
浄土宗西山派の開祖。
¶神仏辞典(証空 しょうくう [生]1177年 [没]1247年)
伝奇伝説(証空 しょうくう [生]治承1(1177)年 [没]宝治1(1247)年)

証空 しょうくう
三井寺常住院の泣不動縁起譚を描いた絵巻『泣不動縁起』の主人公。
¶神仏辞典(証空 しょうくう 生没年未詳)
説話伝説(証空 しょうくう 生没年未詳)
伝奇伝説(証空 しょうくう)

し

証空　しょうくう
高野山の上人。『徒然草』百六段に逸話がある。
¶**伝奇伝説**（証空　しょうくう）

性空　しょうくう
平安時代中期の僧。円教寺を開く。花山法皇、源信、藤原実資、和泉式部などの参詣、詩歌が知られる。
¶**架空伝承**（性空　しょうくう [生]延喜10(910)年 [没]寛弘4(1007)年）
奇談逸話（性空　しょうくう [生]延喜10(910)年 [没]寛弘4(1007)年）
古典人学（性空　しょうくう）
神仏辞典（性空　しょうくう [生]? [没]1007年）
人物伝承（性空　しょうくう [生]? [没]寛弘4(1007)年3月10日）
説話伝説（性空　しょうくう [生]延喜17(917)年 [没]寛弘4(1007)年）
伝奇伝説（性空　しょうくう [生]延喜10(910)年 [没]寛弘4(1007)年）

正九郎　しょうくろう
モジナ(貉)の妖怪。神奈川県の俗伝。
¶**神仏辞典**（正九郎　しょうくろう）

勝軍地蔵　しょうぐんじぞう
戦乱や騒動において利益をもたらすとされる地蔵。甲冑を身につけ馬に乗った軍神の姿。
¶**神仏辞典**（勝軍地蔵　しょうぐんじぞう）

貞慶　じょうけい
平安・鎌倉時代の法相宗の僧。
¶**神仏辞典**（貞慶　じょうけい [生]1155年 [没]1213年）
説話伝説（貞慶　じょうけい [生]久寿2(1155)年 [没]建保1(1213)年）
伝奇伝説（貞慶　じょうけい [生]久寿2(1155)年 [没]建保1(1213)年）

松月尼　しょうげつに
歌舞伎演目『天満宮菜種御供』に登場する、河内の国(大阪府)土師の群領の娘。
¶**歌舞伎登**（松月尼　しょうげつに）

しょうけら
鳥山石燕の『画図百鬼夜行』に描かれている妖怪。屋根に乗って窓を覗き、人がいたら襲うという。庚申信仰の呪文に名があらわれる。
¶**幻想動物**（精螻蛄）〔像〕
日本未確認（しょうけら）〔像〕
水木世幻獣（しょうけら）〔像〕
妖怪事典（ショウケラ）
妖怪大全（精螻蛄　しょうけら）〔像〕
妖怪大事典（ショウケラ）〔像〕

常行虫　じょうげんむし
『三養雑記』『煙霞綺談』にある怪異。
¶**妖怪事典**（ジョウゲンムシ）
妖怪大事典（常元虫　じょうげんむし）〔像〕
妖百4（恙虫・吉六虫・常元虫・お菊虫　つつがむし・きっちょんむし・じょうげんむし・おきくむし）

鉦五郎　じょうごろう
鳥山石燕の『画図百器徒然袋』に鉦鼓の妖怪として描かれたもの。
¶**妖怪事典**（ジョウゴロウ）
妖怪大鑑（鉦五郎　しょうごろう）〔像〕
妖怪大事典（鉦五郎　しょうごろう）〔像〕

上冊吉兵衛　じょうさつきちべえ
白井喬二作『富士に立つ影』の登場人物。
¶**時代小説**（上冊吉兵衛　じょうさつきちべえ）

庄三郎　しょうざぶろう
川口松太郎作『新吾十番勝負』の登場人物。
¶**時代小説**（庄三郎　しょうざぶろう）

上山天王　じょうさんてんのう
岡山県久米郡柵原町の上山堀江神社で亥の子神として祀られている。
¶**神仏辞典**（上山天王　じょうさんてんのう）

譲治　じょうじ
谷崎潤一郎作『痴人の愛』(1924)に登場する、ナオミの夫。
¶**架空人日**（譲治　じょうじ）

正直正太夫　しょうじきしょうだゆう
歌舞伎演目『伊勢音頭恋寝刃』に登場する、猿田彦太夫の甥で、ともに伊勢の御師。
¶**歌舞伎登**（正直正太夫　しょうじきしょうだゆう）

正直清兵衛　しょうじきせいべえ
歌舞伎演目『敵討噂古市』に登場する、伊勢古市窪田村の清兵衛の異名。
¶**歌舞伎登**（正直清兵衛　しょうじきせいべえ）

庄司甚右衛門　しょうじじんえもん
⇒庄司甚内(しょうじじんない)

庄司甚内　しょうじじんない
江戸の吉原遊郭を開設した人物。江戸初期の暗黒面を生きた三人甚内の一人。
¶**時代小説**（庄司甚右衛門 『吉原御免状』　しょうじじんえもん）
時代小説（庄司甚内 『宮本武蔵』　しょうじじんない）
説話伝説（三人甚内　さんにんじんない [生]? [没]正保1(1644)年）
伝奇伝説（三人甚内　さんにんじんない）

庄司甚之丞　しょうじじんのじょう
隆慶一郎作『吉原御免状』の登場人物。
¶**時代小説**（庄司甚之丞　しょうじじんのじょう）

上州屋亀八　じょうしゅうやかめはち
山手樹一郎作『桃太郎侍』の登場人物。
¶**時代小説**（上州屋亀八　じょうしゅうやかめはち）

上州屋九兵衛　じょうしゅうやきゅうべえ
山手樹一郎作『遠山の金さん』の登場人物。
¶**時代小説**（上州屋九兵衛　じょうしゅうやきゅうべえ）

正十郎　しょうじゅうろう
佐藤雅美作『恵比寿屋喜兵衛手控え』の登場人物。
¶**時代小説**（正十郎　しょうじゅうろう）

少将　しょうしょう
⇒手越の少将（てごしのしょうしょう）

猩々　しょうじょう
想像上の怪獣。猿に似て朱紅色の毛で、人面人足、人語を解し、酒を好むという。
¶**幻想動物**（猩猩）〔像〕
広辞苑6（猩猩　しょうじょう）
神仏辞典（猩猩　しょうじょう）
世怪物神獣（ショウジョウ（猩猩））
説話伝説（猩々　しょうじょう）
世百新（猩猩　しょうじょう）
全国妖怪（ショウジョウ〔岩手県〕）
全国妖怪（ショウジョウ〔山梨県〕）
全国妖怪（ショウジョウ〔三重県〕）
全国妖怪（ショウジョウ〔和歌山県〕）
大辞林3（猩猩　しょうじょう）
妖怪事典（ショウジョウ）
妖怪大事典（猩々　しょうじょう）〔像〕
妖百1（猩々　しょうじょう）〔像〕

猩猩の銀　しょうじょうのぎん
伊藤桂一作『風車の浜吉・捕物綴』の登場人物。
¶**時代小説**（猩猩の銀　しょうじょうのぎん）

成尋　じょうじん
天台宗の僧。東寺長者小野僧都成尊の兄弟で、関白頼通の護持僧。
¶**神仏辞典**（成尋　じょうじん　[生]1011年　[没]1081年）
説話伝説（成尋　じょうじん　[生]寛弘8（1011）年　[没]永保1（1081）年）
伝奇伝説（成尋　じょうじん　[生]寛弘8（1011）年　[没]永保1（1081）年）

生身地蔵　しょうじんじぞう
仏が衆生済度のために肉身の姿を現す地蔵。
¶**神仏辞典**（生身地蔵　しょうじんじぞう）

三途川の婆　しょうずかのばば
歌舞伎演目『三世相錦繡文章』に登場する、三途の川で亡者の着物を剥ぎ取る鬼婆。
¶**歌舞伎登**（三途川の婆　しょうずかのばば）

正塚婆　しょうづかばばあ
⇒奪衣婆（だつえば）

昭三　しょうぞう★
砂田弘作『さらばハイウェイ』（1970）の主人公。
¶**児童登場**（昭三）

浄蔵　じょうぞう
平安初期の験者。三善清行の第八子。幼少より神秀の逸話があった。平将門調伏のため大威徳法を修したことや八坂の塔が傾いていたのを加持によって直したことなどが伝えられる。
¶**架空人日**（浄蔵大徳　じょうぞうだいとこ）
架空伝承（浄蔵　じょうぞう）〔像〕
架空伝説（浄蔵　じょうぞう）
奇談逸話（浄蔵　じょうぞう　[生]寛平3（891）年　[没]康保1（964）年）
古典人学（浄蔵　じょうぞう）
神仏辞典（浄蔵　じょうぞう　[生]891年　[没]963年）
説話伝説（浄蔵　じょうぞう　[生]寛平3（891）年　[没]康保1（964）年）
伝奇伝説（浄蔵　じょうぞう　[生]寛平3（891）年　[没]康保1（964）年）
日ミス（浄蔵　じょうぞう　[生]寛平3（891）年　[没]康保1（964）年）

庄太　しょうた
岡本綺堂作『半七捕物帳』の登場人物。
¶**時代小説**（庄太　しょうた）

城代　じょうだい
大佛次郎作『鞍馬天狗』の登場人物。
¶**時代小説**（城代　じょうだい）

常啼菩薩　じょうたいぼさつ
般若経に出る菩薩の名。
¶**広辞苑6**（常啼菩薩　じょうたいぼさつ）
大辞林3（常啼菩薩　じょうたいぼさつ）

庄田喜左衛門　しょうだきざえもん
柳生家の家臣。吉川英治作『宮本武蔵』の登場人物。
¶**時代小説**（庄田喜左衛門　しょうだきざえもん）

城太郎　じょうたろう
吉川英治作『宮本武蔵』の登場人物。
¶**時代小説**（城太郎　じょうたろう）

正太郎　しょうたろう
上田秋成作『雨月物語』「吉備津の釜」の登場人物。室町時代の吉備の国の農民の子。放蕩の限りを尽くし、最後は妻の霊にとりつかれ殺される。
¶**架空人日**（井沢正太郎　いざわしょうたろう）
古典人学（正太郎　しょうたろう）

正太郎　しょうたろう
樋口一葉作『たけくらべ』（1895-96）に登場する、質屋の田中屋の息子。
¶**架空人日**（正太郎　しょうたろう）

正チャン　しょうちゃん
織田小星文・樺島勝一画の漫画『正チャンの冒険』の主人公。
¶**コン5**（正チャン　しょうチャン）
日本人名（正チャン　しょうチャン）

しょうつつあん
水神の一つ。熊本県玉名郡南関町でいう。
¶神仏辞典（しょうっつあん）

正徹　しょうてつ
室町時代の歌人。
¶説話伝説（正徹　しょうてつ　㋹弘和1/永徳1 (1381) 年　㋬長禄3 (1459) 年）
伝奇伝説（正徹　しょうてつ　㋹弘和1/永徳1 (1381) 年　㋬長禄3 (1459) 年）

聖天　しょうてん
大聖歓喜天の略称。歓喜天、天尊などの略称ともいう。インド神話におけるガネーシャ神に相当し、仏教に取り入れられて障害を排除する神となった。象頭人身で表される。
¶架空伝承（聖天　しょうてん）
神様読解（歓喜天　かんぎてん）
広辞苑6（聖天　しょうてん）
神仏辞典（歓喜天　かんぎてん）
世ब辞典（聖天）
世百新（聖天　しょうてん）〔像〕
大辞林3（聖天　しょうてん）
東洋神名（聖天　ショウテン）〔像〕
日本未確認（頻那夜迦・茶吉尼　ぴなやきゃ・だきに）
仏尊事典（歓喜天 (聖天)　かんぎてん（しょうでん））〔像〕

勝道　しょうどう
奈良末平安初期に活躍した山林仏徒の一人。男体山を開山し、赤城山開山の伝承がある。
¶神仏辞典（勝道　しょうどう）

少童　しょうどう
年少の童子。神の子、神の依坐として力を発揮する。
¶神仏辞典（少童　しょうどう）

上東門院彰子　じょうとうもんいんあきこ
平安中期の皇后。
¶古典人東（中宮彰子　ちゅうぐうしょうし）
説話伝説（上東門院彰子　じょうとうもんいんあきこ　㋹永延2 (988) 年　㋬承保1 (1074) 年10月3日）
伝奇伝説（上東門院　じょうとうもんいん　㋹永延2 (988) 年　㋬承保1 (1074) 年）

聖徳太子　しょうとくたいし
政治家、仏教文化推進者。用明天皇の皇子。幼名を厩戸豊聡耳皇子。『日本書紀』において既に事跡を神秘化されており、奈良時代には法隆寺や四天王寺で祀られた。
¶架空伝承（聖徳太子　しょうとくたいし　㋱?　㋬推古30 (622) 年）〔像〕
架空伝説（聖徳太子　しょうとくたいし）〔像〕
神様読解（聖徳太子　しょうとくたいし）〔像〕
奇談逸話（聖徳太子　しょうとくたいし　㋹敏達3 (574) 年　㋬推古30 (622) 年）
広辞苑6（聖徳太子　しょうとくたいし　㋹574年 ㋬622年）
古典人学（聖徳太子　しょうとくたいし）

コン5（聖徳太子　しょうとくたいし　㋹敏達3 (574) 年　㋬推古30 (622) 年）
神仏辞典（聖徳太子　しょうとくたいし　㋹574年 ㋬622年）
神仏辞典（太子　たいし　㋹574年 ㋬622年）
人物伝承（聖徳太子　しょうとくたいし　㋹敏達3 (574) 年?　㋬推古30 (622) 年）〔像〕
説話伝説（聖徳太子　しょうとくたいし　㋹敏達天皇3 (574) 年　㋬推古天皇30 (622) 年）
世百新（聖徳太子　しょうとくたいし　㋹?　㋬推古30 (622) 年）
大辞林3（聖徳太子　しょうとくたいし　㋹574年 ㋬622年）
伝奇伝説（聖徳太子　しょうとくたいし　㋹敏達天皇3 (574) 年　㋬推古天皇30 (622) 年）
東洋神名（聖徳太子　ショウトクタイシ）〔像〕
日ミス（聖徳太子　しょうとくたいし　㋹敏達天皇3 (574) 年　㋬推古天皇30 (622) 年）
日本神様（聖徳太子　しょうとくたいし）〔像〕
日本人名（聖徳太子　しょうとくたいし　㋹574年 ㋬622年）

称徳天皇　しょうとくてんのう
⇒孝謙天皇（こうけんてんのう）

城俊　じょうとし
井原西鶴作の浮世草子『西鶴置土産』(1693) 巻五の二「しれぬものは子の親」に登場する盲目の太鼓持ち。
¶架空人日（城俊　じょうとし）

尚寧王　しょうねいおう
曲亭馬琴作の読本『椿説弓張月』(1807-11) に登場する、琉球王家天孫氏の第25世の国王。史上の尚寧王とは別人。
¶架空人日（尚寧王　しょうねいおう）

少年ケニヤ　しょうねんけにや
山川惣治の冒険物語『少年ケニヤ』(1952) の主人公。本名、村上渡。
¶架空人物（少年ケニヤ）
日本人名（少年ケニヤ　しょうねんケニヤ）

尚巴志　しょうはし
1429年、初めて沖縄島を統一した英雄。
¶架空伝承（尚巴志　しょうはし　㋹1372年 ㋬1439年）

丈八　じょうはち
歌舞伎演目『恋娘昔八丈』に登場する、材木問屋城木屋の番頭。
¶歌舞伎登（丈八　じょうはち）

正八幡大菩薩　しょうはちまんだいぼさつ
八幡宮の祭神に贈られた菩薩号。
¶大辞林3（正八幡大菩薩　しょうはちまんだいぼさつ）

菖蒲魚　しょうぶうお
菖蒲の根が魚となったもの。
¶妖怪事典（ショウブウオ）

常不軽菩薩　じょうふきょうぼさつ
『法華経』常不軽菩薩品に登場する菩薩。
¶**広辞苑6**（常不軽　じょうふきょう）
神仏辞典（常不軽菩薩　じょうふきょうぼさつ）
大辞林3（常不軽　じょうふきょう）

生仏　しょうぶつ
『平家物語』の最初の語り手であるとされる盲目の琵琶法師。
¶**説話伝説**（生仏　しょうぶつ 生没年不詳）
伝奇伝説（生仏　しょうぶつ 生没年未詳）

庄平　しょうへい
佐藤雅美作『恵比寿屋喜兵衛手控え』の登場人物。
¶**時代小説**（庄平　しょうへい）

笑兵衛　しょうべえ
北原亞以子作『深川澪通り木戸番小屋』の登場人物。
¶**時代小説**（笑兵衛　しょうべえ）

聖宝　しょうぼう
平安前期の僧。中世以降、修験道中興の祖として鑽仰された。
¶**架空伝承**（聖宝　しょうぼう [生]天長9(832)年 [没]延喜9(909)年）
神仏辞典（聖宝　しょうぼう [生]832年 [没]909年）

聖武天皇　しょうむてんのう
奈良時代の第45代天皇。文武天皇の子。国分寺・国分尼寺の建設や東大寺の大仏の造立が知られる。
¶**神仏辞典**（聖武天皇　しょうむてんのう [生]701年 [没]756年）
説話伝説（聖武天皇　しょうむてんのう [生]大宝1(701)年 [没]天平勝宝8(756)年）
伝奇伝説（聖武天皇　しょうむてんのう）

青面金剛　しょうめんこんごう
顔が青い金剛童子で、もとは鬼病を流行させる神。
¶**広辞苑6**（青面金剛　しょうめんこんごう）
神仏辞典（青面金剛　しょうめんこんごう）
大辞林3（青面金剛　しょうめんこんごう）
仏尊事典（青面金剛　しょうめんこんごう）〔像〕

醤油屋の喜平次　しょうゆやのきへいじ
井原西鶴作の浮世草子『日本永代蔵』(1688)巻二「怪我の冬神鳴」に登場する醤油の行商人。
¶**架空人日**（醤油屋の喜平次　しょうゆやのきへいじ）

松葉　しょうよう
室町時代の僧。興福寺周辺に妖怪が現れた際、堂壁に不動尊を描くとたちまち消えたという。
¶**日本人名**（松葉　しょうよう 生没年未詳）

浄瑠璃姫　じょうるりひめ
三河国矢作地方などの伝説や『浄瑠璃物語』に登場する女主人公。
¶**架空伝承**（浄瑠璃姫　じょうるりひめ）〔像〕
架空伝説（浄瑠璃姫　じょうるりひめ）
広辞苑6（浄瑠璃姫　じょうるりひめ）
古典人東（浄瑠璃姫　じょうるりひめ）
コン5（浄瑠璃姫　じょうるりひめ）
新潮日本（浄瑠璃姫　じょうるりひめ）
説話伝説（浄瑠璃姫　じょうるりひめ）
世百新（浄瑠璃姫　じょうるりひめ）
大辞林3（浄瑠璃姫　じょうるりひめ）
伝奇伝説（浄瑠璃姫　じょうるりひめ）
日本人名（浄瑠璃姫　じょうるりひめ）

昇蓮　しょうれん
鎌倉初期に活動した念仏聖。
¶**説話伝説**（昇蓮　しょうれん 生没年不明）

精霊風　しょうろうかぜ
長崎県の五島で、盆の十六日の朝吹くといわれている「魔風」。
¶**神仏辞典**（精霊風　しょうろかぜ）
水木妖怪続（精霊風　しょうろうかぜ）〔像〕
妖怪事典（ショウロカゼ）
妖怪大全（精霊風　しょうろうかぜ）〔像〕
妖怪大事典（精霊風　しょうろかぜ）

蜀山人　しょくさんじん
江戸時代の文人・幕臣。落語をはじめ洒脱で機知に富んだ性質を強調した逸話が多い。
¶**奇談逸話**（蜀山人　しょくさんじん [生]寛延2(1749)年 [没]文政6(1823)年）
説話伝説（蜀山人　しょくさんじん [生]寛延2(1749)年 [没]文政6(1823)年）〔像〕
伝奇伝説（大田蜀山人　おおたしょくさんじん [生]寛延2(1749)年 [没]文政6(1823)年）〔像〕

式子内親王　しょくしないしんのう
能『定家』の登場人物。後白河天皇の第三皇女。歌人として名高い。
¶**架空伝説**（式子内親王　しょく(しき)しないしんのう）
古典人学（式子内親王　しょくしないしんのう）
古典人東（式子内親王　しょくしないしんのう）

織女　しょくじょ
歌舞伎演目『流星』に登場する、牽牛と久しぶりの逢瀬を楽しむ機織りの女。
¶**歌舞伎登**（織女　しょくじょ）

食人鬼　しょくじんき
世界各地に伝わる人を食う鬼や神。
¶**世未確認**（食人鬼）〔像〕

職人　しょくにん
佐々木味津三作『右門捕物帖』の登場人物。
¶**時代小説**（職人　しょくにん）

職能神　しょくのうしん
職人を守護する祖神。
¶**神仏辞典**（職能神　しょくのうしん）

食物の神　しょくもつのかみ
和久産巣日神、保食神、宇迦之御魂神。五穀を司る神。
¶日本神様（食物の神　しょくもつのかみ）

ショージ君　しょーじくん
東海林さだお作のサラリーマン漫画『ショージ君』の主人公。
¶架空人物（ショージ君）

ジョードギツネ
秋田県角館地方でいう化け狐。
¶妖怪事典（ジョードギツネ）

ジョバンニ
宮沢賢治作『銀河鉄道の夜』に登場する少年。
¶架空人日（ジョバンニ）
　児童登場（ジョバンニ）
　日本人名（ジョバンニ）

徐福　じょふく
中国、秦の始皇帝の時代、不老不死の仙薬を求めて日本に渡ったとされる人物。九州から東北に至る各地や八丈島に広く徐福伝説が伝わっている。
¶架空伝承（徐福　じょふく）
　奇談逸話（徐福　じょふく）
　広辞苑6（徐福　じょふく）
　コン5（徐福　じょふく　生没年不詳）
　神仏辞典（徐福　じょふく）
　説話伝説（徐福　じょふく　生没年未詳）
　世百新（徐福　じょふく）
　大辞林3（徐福　じょふく　生没年未詳）
　伝奇伝説（徐福　じょふく）
　日本人名（徐福　じょふく　生没年未詳）

女郎蜘蛛　じょろうぐも
女の姿をとる大蜘蛛の妖怪。文献や伝説に登場する。
¶幻想動物（女郎蜘蛛）〔像〕
　世怪物神獣（女郎蜘蛛）
　日ミス（女郎蜘蛛　じょろうぐも）
　水木妖怪続（絡新婦　じょろうぐも）〔像〕
　妖怪事典（ジョロウグモ）
　妖怪大全（絡新婦　じょろうぐも）〔像〕
　妖怪大事典（女郎蜘蛛　じょろうぐも）〔像〕

しょろしょろ狐　しょろしょろぎつね
鳥取県鳥取市多鯰ケ池あたりでいう化け狐。
¶妖怪事典（ショロショロギツネ）

祥瑞五郎太夫　しょんずいごろうだゆう
伝説上の陶工。「五良大甫 呉祥瑞造」の銘のある染め付け磁器をつくった。
¶新潮日本（祥瑞五郎太夫　しょんずいごろうだゆう）
　日本人名（祥瑞五郎太夫　しょんずいごろうだゆう）

ジョン万次郎　じょんまんじろう
幕末に漂流してアメリカに渡り、帰国後は幕臣となって外交や軍事の指南役となった人物。
¶時代小説（ジョン万次郎　じょんまんじろう）
　説話伝説（ジョン万次郎　ジョンまんじろう　㊤文政10（1827）年 ㊦明治31（1898）年）
　伝奇伝説（ジョン万次郎　じょんまんじろう　㊤文政10（1827）年 ㊦明治31（1898）年）〔像〕

白綾　しらあや
歌舞伎演目『霊験亀山鉾』に登場する、「亀の仇討ち」の石井兵助の妻。
¶歌舞伎登（白綾　しらあや）

白井権八　しらいごんぱち
⇒平井権八（ひらいごんぱち）

地雷太郎　じらいたろう
歌舞伎演目『吾嬬下五十三駅』に登場する、鈴鹿を根城にする盗賊。
¶歌舞伎登（地雷太郎　じらいたろう）

白糸　しらいと
歌舞伎『隅田川対高賀紋』に登場する人物。内藤新宿橋本屋の遊女。
¶架空伝説（白糸・主水　しらいと・もんど）
　歌舞伎登（白糸　しらいと）

白井道也　しらいどうや
夏目漱石作『野分』（1907）に登場する文学者。
¶架空人日（白井道也　しらいどうや）

白井亨　しらいとおる
江戸時代の剣客。津本陽作『千葉周作』の登場人物。
¶時代小説（白井亨　しらいとおる）

白伊大刀自神　しらいのおおとじのかみ
『日本三代実録』に所出。遠江国の神。
¶神仏辞典（白伊大刀自神　しらいのおおとじのかみ）

児雷也　じらいや
江戸時代の読本や草双紙『児雷也豪傑譚』で人気となり、河竹黙阿弥が劇化した作品の主人公。元武士の義賊で蝦蟇の妖術を使う。自雷也、自来也とも。
¶英雄事典（児雷也　ジライヤ）
　架空人日（児雷也　じらいや）
　架空人物（児雷也）
　架空伝承（児雷也　じらいや）〔像〕
　架空伝説（児来也　じらいや）〔像〕
　歌舞伎登（児雷也『児雷也豪傑譚話』　じらいや）〔像〕
　歌舞伎登（自来也『柵自来也談』　じらいや）
　奇談逸話（児雷也　じらいや）
　広辞苑6（自来也・児雷也　じらいや）
　古典人学（児雷也　じらいや）
　コン5（児雷也　じらいや）
　新潮日本（児雷也　じらいや）
　世百新（児雷也　じらいや）
　大辞林3（自来也・児雷也　じらいや）
　伝奇伝説（児雷也（自来也）　じらいや）〔像〕

日ミス（児雷也　じらいや）
日本人名（児雷也　じらいや）

白馬神　しらうまのかみ
『日本三代実録』に所出。阿波国の神。
¶神仏辞典（白馬神　しらうまのかみ）

白髪部猪麿　しらがべのいまろ
『日本霊異記』『今昔物語集』に登場する、乞食僧を邪険に追いはらった報いで死んだ男。
¶架空人日（白髪部猪麿　しらがべのいまろ）

白神　しらかみ
家の神または養蚕の神。
¶神仏辞典（白神　しらかみ）

白髪神　しらかみのかみ
武蔵国播羅郡の白髪神社の祭神。
¶神仏辞典（白髪神　しらかみのかみ）

白髪山高積坊　しらがやまこうじょうぼう
高知県白髪山でいう天狗。
¶妖怪事典（シラガヤマコウジョウボウ）
妖怪大事典（白髪山高積坊　しらがやまこうじょうぼう）

白髪山の怪物　しらがやまのかいぶつ
『土佐奇談実話集』にある。土佐の医者・松井道順が不老長寿の霊薬を求め深山をさまよっていた際に出会った朱色の顔に黄色い1本の大角を生やした怪物。
¶妖怪大事典（白髪山の怪物　しらがやまのかいぶつ）〔像〕

白河天皇　しらかわてんのう
平安後期の第72代の天皇。
¶古典人学（白河天皇　しらかわてんのう）
説話伝説（白河天皇　しらかわてんのう　㊨天喜1(1053)年　㊧大治4(1129)年）
伝奇伝説（白河天皇　しらかわてんのう　㊨天喜1(1053)年　㊧大治4(1129)年）

白川倫　しらかわとも
円地文子の小説『女坂』の主人公。
¶日本人名（白川倫　しらかわとも）

白河神　しらかわのかみ
陸奥国白河郡の白河神社の祭神。
¶神仏辞典（白河神　しらかわのかみ）

白川のほとりの遁世者　しらかわのほとりのとんせいしゃ
鎌倉時代の説話集『撰集抄』の登場人物。敵同士の立場を超え、発心して修業の友となった2人の遁世者。
¶古典人学（白川のほとりの遁世者　しらかわのほとりのとんせいしゃ）

白菊　しらぎく
歌舞伎演目『嫗山姥』に登場する、坂田時行の妹。
¶歌舞伎登（白菊　しらぎく）

白菊の方　しらぎくのかた
近路行者(都賀庭鐘)作『繁野話(しげしげやわ)』の登場人物。信濃掾三須守廉の妻。
¶古典人学（白菊の方　しらぎくのかた）

白菊姫　しらぎくひめ
大佛次郎作『鞍馬天狗』の登場人物。
¶時代小説（白菊姫　しらぎくひめ）

白菊丸　しらぎくまる
歌舞伎演目『桜姫東文章』に登場する、建長寺広徳院の自久和尚に見染められた鎌倉雪の下の相承院の稚児。
¶歌舞伎登（白菊丸　しらぎくまる）
日本人名（白菊丸　しらぎくまる）

白城神　しらきのかみ
越前国敦賀郡の白城神社の祭神。
¶神仏辞典（白城神　しらきのかみ）

白国神　しらくにのかみ
播磨国飾磨郡の白国神社の祭神。
¶神仏辞典（白国神　しらくにのかみ）

白雲　しらくも
井原西鶴作『万の文反古』の登場人物。72の引き立てで有名になった女郎。
¶架空伝説（白雲　しらくも）
古典人学（「御恨みを伝へまゐらせ候」の白雲　おうらみをつたへまいらせそうろうのしらくも）

白子ぞう　しらこぞう
熊本県八代市の松井家に伝わる『百鬼夜行絵巻』中の全身真っ白な妖怪。
¶妖怪事典（シラコゾウ）

白子屋菊右衛門　しらこやきくえもん
池波正太郎作『仕掛人・藤枝梅安』の登場人物。
¶時代小説（白子屋菊右衛門　しらこやきくえもん）

白沢神　しらさわのかみ
駿河国安倍郡の白沢神社の祭神。
¶神仏辞典（白沢神　しらさわのかみ）

白醜人　しらしゅうと
石川県の田鶴浜でいう道の怪。
¶全国妖怪（シラシュウト〔石川県〕）

白須賀六郎　しらすかろくろう
歌舞伎演目『本朝廿四孝』四段目「十種香」の場に登場する、長尾(上杉)謙信の家臣。
¶歌舞伎登（白須賀六郎　しらすかろくろう）

白玉　しらたま
歌舞伎演目『黒手組曲輪達引』『助六由縁江戸桜』に登場する遊女。
- ¶歌舞伎登　（白玉1　『黒手組曲輪達引』　しらたま）
- 歌舞伎登　（白玉2　『助六由縁江戸桜』　しらたま）

白玉足穂命神　しらたまたりほのみことのかみ
信濃国水内郡の白玉足穂命神社の祭神。
- ¶神仏辞典（白玉足穂命神　しらたまたりほのみことのかみ）

白太夫　しらだゆう
菅公伝説を脚色した浄瑠璃の『菅原伝授手習鑑』（1746年初演）において、菅丞相（菅原道真）に仕える忠義心の厚い百姓。佐太村の四郎九郎に菅承相が与えた名。
- ¶架空人日（四郎九郎　しろうくろう）
- 架空伝承（白太夫　しらだゆう）
- 歌舞伎登（白太夫　しらだゆう）
- コン5（白太夫　しらだゆう）
- 日本人名（白太夫　しらだゆう）

白太夫　しらだゆう
遊女の守護神。
- ¶神仏辞典（白太夫　しらだゆう）

シラッキカムイ
アイヌの守り神。
- ¶神仏辞典（シラッキカムイ）

白鳥主膳　しらとりしゅぜん
柴田錬三郎作『眠狂四郎無頼控』の登場人物。
- ¶時代小説（白鳥主膳　しらとりしゅぜん）

白角折神　しらとりのかみ
『日本三代実録』に所出。肥前国の神。福岡県久留米市白山町の白角折神社の祭神。
- ¶神仏辞典（白角折神　しらとりのかみ）

白鳥神　しらとりのかみ
『日本三代実録』に所出。阿波国の神。越中国婦負郡の白鳥神社の祭神。
- ¶神仏辞典（白鳥神　しらとりのかみ）

白浪五人男　しらなみごにんおとこ
歌舞伎や講釈に登場する架空の盗賊団。
- ¶英雄事典（白波五人男　シラナミゴニンオトコ）
- 架空人物（白浪五人男）
- 架空伝承（白浪五人男　しらなみごにんおとこ）〔像〕
- コン5（白浪五人男　しらなみごにんおとこ）
- 伝奇伝説（白浪五人男　しらなみごにんおとこ）

白波之弥奈阿和命神　しらなみのみなあわのみことのかみ
伊豆国田方郡の白波之弥奈阿和命神社の祭神。
- ¶神仏辞典（白波之弥奈阿和命神　しらなみのみなあわのみことのかみ）

不知火　しらぬい
九州の八代海と有明海で、旧暦7月晦日の真夜中に出現する怪火。
- ¶幻想動物（不知火）〔像〕
- 妖怪事典（シラヌイ）
- 妖怪大全（不知火　しらぬい）〔像〕
- 妖怪大事典（不知火　しらぬい）〔像〕

白縫姫　しらぬいひめ
曲亭馬琴作『椿説弓張月』の登場人物。肥後の武士・阿曽忠国の娘。
- ¶架空人日（白縫　しらぬい）
- 架空伝説（白縫姫　しらぬいひめ）
- 歌舞伎登（白縫姫　しらぬいひめ）
- 古典人学（白縫姫　しらぬいひめ）

シラの神　しらのかみ
稲積みの神。沖縄県八重山地方でいう。
- ¶神仏辞典（シラの神　シラのかみ）

白羽火雷神　しらはのいかずちのかみ
『日本三代実録』に所出。薩摩国の神。
- ¶神仏辞典（白羽火雷神　しらはのいかずちのかみ）

白浜信兵衛　しらはましんべえ
海音寺潮五郎作『二本の銀杏』の登場人物。
- ¶時代小説（白浜信兵衛　しらはましんべえ）

白比丘尼　しらびくに
伝説上の比丘尼の名。若狭・伊勢・武蔵・相模・能登などの地方で呼ばれた。
- ¶神仏辞典（白比丘尼　しらびくに）

白比古神　しらひこのかみ
能登国羽咋郡の白比古神社の祭神。
- ¶神仏辞典（白比古神　しらひこのかみ）

白日神　しらひのかみ
大年神と伊怒比売との間に生まれた五柱の神のうち第四子。
- ¶神仏辞典（白日神　しらひのかみ）

白姫　しらひめ
冬をつかさどる女神。
- ¶広辞苑6（白姫　しらひめ）

白拍子花子　しらびょうしはなこ
歌舞伎演目『京鹿子娘道成寺』に登場する、まなごの庄司の娘が亡霊になった姿。
- ¶歌舞伎登（白拍子花子　しらびょうしはなこ）〔像〕

白日別命　しらひわけのみこと
岐美二神の国生みにより生まれた筑紫国の名。筑紫国魂命。
- ¶神仏辞典（白日別命　しらひわけのみこと）

白藤源太　しらふじげんた
江戸時代の門付芸四ツ竹節に唄われ、歌舞伎や戯作にも登場する力士。
¶歌舞伎登（白藤源太1『勝相撲浮名花触』　しらふじげんた）
　歌舞伎登（白藤源太2『身替りお俊』　しらふじげんた）
　新潮日本（白藤源太　しらふじげんた）
　説話伝説（白藤源太　しらふじげんた　㉑元禄13(1700)年　㉒元文2(1737)年）
　伝奇伝説（白藤源太　しらふじげんた）〔像〕
　日本人名（白藤源太　しらふじげんた）

調姫　しらべひめ
歌舞伎演目『恋女房染分手綱』に登場する、由留木家の息女。
¶歌舞伎登（調姫　しらべひめ）

しらみ
海の妖怪。愛媛県北宇和郡下波村における亡霊の呼称。
¶神仏辞典（しらみ）
　全国妖怪（シラミ〔愛媛県〕）
　妖怪事典（シラミ）
　妖怪大事典（シラミ）〔像〕

白峰相模坊　しらみねさがみぼう
香川県五色台白峰でいう天狗。
¶妖怪事典（シラミネサガミボウ）
　妖怪大事典（白峰相模坊　しらみねさがみぼう）

シラミユウレン
愛媛県の海に出現するという不思議な白い発光体。シラミともいう。
¶幻想動物（シラミユウレン）〔像〕
　水木妖怪続（しらみゆうれん）〔像〕
　妖怪大全（しらみゆうれん）〔像〕

白山比咩神　しらやまひめのかみ
⇒菊理媛神（くくりひめのかみ）

白雪姫　しらゆきひめ
泉鏡花の小説『夜叉ヶ池』に登場する竜神。
¶架空人日（白雪姫　しらゆきひめ）
　架空伝説（白雪姫　しらゆきひめ）
　東洋神名（白雪姫　シラユキヒメ）〔像〕
　日本人名（白雪姫　しらゆきひめ）

白和瀬神　しらわせのかみ
陸奥国信夫郡の白和瀬神社の祭神。
¶神仏辞典（白和瀬神　しらわせのかみ）

シリー
沖縄県那覇地方でいう死霊のこと。
¶妖怪事典（シリー）

シリクルオヤシ
人間の魂を盗むアイヌの魔物。
¶妖怪事典（シリクルオヤシ）

尻こぼし　しりこぼし
海の妖怪。三重県志摩郡志摩町の俗伝。
¶神仏辞典（尻こぼし　しりこぼし）
　全国妖怪（シリコボシ〔三重県〕）
　妖怪事典（シリコボシ）
　妖怪大事典（シリコボシ）

シリコロカムイ
アイヌの樹木の神。「大地をもつ神」の意味。
¶神文化史（シリコロカムイ）
　神仏辞典（大地の神　だいちのかみ）
　東洋神名（樹木のカムイ　ジュモクノカムイ）〔像〕

しりしり神　しりしりがみ
便所の神、またはお産の神。東京都新島本村などで祀られている。
¶神仏辞典（しりしり神　しりしりがみ）

志理太宜神　しりたきのかみ
伊豆国賀茂郡の志理太宜神社の祭神。
¶神仏辞典（志理太宜神　しりたきのかみ）

尻調根命　しりつきねのみこと
火明命16世の孫、若犬養宿禰の祖。
¶神仏辞典（尻調根命　しりつきねのみこと）

尻引きまんじゅ　しりひきまんじゅ
水の妖怪。兵庫県多紀郡篠山町における河童の別称。
¶神仏辞典（尻引きまんじゅ　しりひきまんじゅ）
　全国妖怪（シリヒキマンジュ〔兵庫県〕）
　妖怪事典（シリヒキマンジュ）

尻目　しりめ
与謝蕪村の『蕪村妖怪絵巻』に描かれたもの。尻に目の付いた妖怪。
¶妖怪事典（シリメ）
　妖怪大鑑（尻目　しりめ）〔像〕
　妖怪大事典（尻目　しりめ）〔像〕

死霊　しりょう
死者の霊魂。また生者に憑き祟りをなす死者の怨霊。
¶神仏辞典（死霊　しりょう）
　妖怪事典（シリョウ）
　妖怪大鑑（死霊　しりょう）〔像〕
　妖怪大事典（死霊　しりょう）〔像〕

シルクル
北海道の魔。船で来て美しい娘の魂を奪って妻にするという。
¶全国妖怪（シルクル〔北海道〕）

ジルベール
竹宮恵子作の漫画『風と木の詩』の主人公。
¶架空人物（ジルベール）

白い蝶　しろいちょう
高知県の吾川郡や香美郡でいう妖怪。夜更けの道で飛んできてまとわりつく白い蝶。
¶神仏辞典（白い蝶　しろいちょう）
　妖怪事典（シロイチョウ）
　妖怪大事典（白い蝶　しろいちょう）

白稲荷法印　しろいなりほういん
歌舞伎演目『女殺油地獄』に登場する山伏。
¶歌舞伎登（白稲荷法印　しろいなりほういん）

白犬　しろいぬ
徳島県地方でいう妖怪。
¶妖怪事典（シロイヌ）

次郎　じろう
下村湖人作『次郎物語』五部作(1941-54)の主人公。
¶架空人日（次郎　じろう）
　児童登場（次郎）

次郎　じろう★
今江祥智作『山のむこうは青い海だった』(1960)の主人公。
¶児童登場（次郎）

二郎　じろう
夏目漱石作『行人』(1912-13)に登場する、一郎の弟。
¶架空人日（二郎　じろう）

次郎冠者　じろうかじゃ
歌舞伎ほかの『棒しばり』に登場する召し使い。
¶歌舞伎登（次郎冠者　じろうかじゃ）

白うかり　しろうかり
熊本県八代市の松井家に伝わる『百鬼夜行絵巻』に描かれている真っ白い体の妖怪。
¶妖怪事典（シロウカリ）

四郎九郎　しろうくろう
⇒白太夫（しらだゆう）

白溶裔　しろうねり
台所などで、古いぞうきんなどを放っておくと化す妖怪。
¶妖怪事典（シロウネリ）
　妖怪大全（白溶裔　しろうねり）〔像〕
　妖怪大事典（白容裔　しろうねり）〔像〕

二郎兵衛　じろうべえ
近松門左衛門作『今宮の心中』、紀海音作『今宮心中丸腰連理松』で心中する男。
¶説話伝説（おきさ二郎兵衛　おきさじろうべえ）

白馬　しろうま
大分県臼杵市津留に伝わる妖怪。雨の夜に杉森の中の因幡堂の墓に現れる馬。
¶神仏辞典（白馬　しろうま）

次郎丸　じろうまる
歌舞伎演目『摂州合邦辻』に登場する、河内の国の城主高安左衛門の長男。
¶歌舞伎登（次郎丸　じろうまる）

銀王　しろがねのみこ
『古事記』にみえる景行天皇の皇女。庶兄彦人大兄王の妻。
¶神様読解（銀王　しろがねのみこ）
　日本人名（銀王　しろがねのみこ）

次郎吉　じろきち
歌舞伎演目『東海道四谷怪談』に登場する、小仏小平の子供。
¶歌舞伎登（次郎吉　じろきち）

白狐　しろぎつね
岡山県英田郡でいう妖怪。
¶妖怪事典（シロギツネ）

信露貴彦神　しろきひこのかみ
越前国敦賀郡の信露貴彦神社の祭神。
¶神仏辞典（信露貴彦神　しろきひこのかみ）

治六　じろく
歌舞伎演目『籠釣瓶花街酔醒』に登場する、佐野次郎左衛門の忠実な下男で、田舎訛りが抜けない。
¶歌舞伎登（治六　じろく）

四六大臣　しろくだいじん
井原西鶴作の浮世草子『西鶴置土産』(1693)巻三の一「おもはせ姿今は土人形」の主人公。
¶架空人日（四六大臣　しろくだいじん）

地禄天神　じろくてんじん
『筑前国続風土記拾遺』中に多くみえる神で、十六天神、十六三天神とも記される。
¶神仏辞典（地禄天神　じろくてんじん）

白倉屋万八　しろくらやまんぱち
歌舞伎演目『籠釣瓶花街酔醒』に登場する、吉原に不慣れな客を言葉巧みに誘い、暴利をむさぼる茶屋に連れ込もうとするポン引き。
¶歌舞伎登（白倉屋万八　しろくらやまんぱち）

白小僧　しろこぞう
岡山県御津郡でいう妖怪。
¶妖怪事典（シロコゾウ）

白子屋お熊　しろこやおくま
江戸中期の商家の娘で、白子屋事件の主人公。
¶架空人日（白子屋阿熊　しろこやおくま）
　奇談逸話（白子屋お熊　しろこやおくま　⑲宝永2

(1705)年 [没]享保12(1727)年)
新潮日本（白子屋お熊　しろこやおくま [生]宝永1(1704)年? [没]享保12(1727)年2月25日)

白酒売り　しろざけうり
歌舞伎演目『白酒売』『乗合船恵方万歳』に登場する白酒の荷を担いで売り歩く白酒売り。
¶歌舞伎登（白酒売り 1 『白酒売』　しろざけうり）
歌舞伎登（白酒売り 2 『乗合船恵方万歳』　しろざけうり）

白酒売の新兵衛　しろざけうりのしんべえ
金井三笑作の歌舞伎『助六所縁江戸桜』(1761年初演)に登場する、曾我十郎祐成の仮の姿。
¶架空人日（白酒売の新兵衛　しろざけうりのしんべえ）
歌舞伎登（白酒売り新兵衛 1 『助六由縁江戸桜』　しろざけうりしんべえ)〔像〕
歌舞伎登（白酒売り新兵衛 2 『黒手組曲輪達引』　しろざけうりしんべえ）

志呂志神　しろしのかみ
近江国高島郡の志呂志神社の祭神。
¶神仏辞典（志呂志神　しろしのかみ）

白堤神　しろつつみのかみ
大和国山辺郡の白堤神社の祭神。
¶神仏辞典（白堤神　しろつつみのかみ）

白徳利　しろとっくり
動物(狸)の妖怪。徳島県鳴門市小桑島。
¶神仏辞典（白徳利　しろとっくり）
全国妖怪（シロトックリ〔徳島県〕）
妖怪事典（シロドックリ）

四郎兵衛　しろべえ
歌舞伎演目『暗闇の丑松』に登場する、江戸深川で料理職人の部屋を経営する元締め。
¶歌舞伎登（四郎兵衛　しろべえ）

次郎兵衛　じろべえ
海音寺潮五郎作『二本の銀杏』の登場人物。
¶時代小説（次郎兵衛　じろべえ）

四郎兵衛の娘　しろべえのむすめ
大佛次郎作『鞍馬天狗』の登場人物。
¶時代小説（四郎兵衛の娘　しろべえのむすめ）

しろぼうず
道の妖怪。大阪府高石市などに出る。
¶神仏辞典（しろぼうず）
全国妖怪（シロボウズ〔三重県〕）
全国妖怪（シロボウズ〔大阪府〕）
妖怪事典（シロボウズ）
妖怪大全（白坊主　しろぼうず)〔像〕
妖怪大事典（白坊主　しろぼうず)〔像〕

シロマタ
沖縄各地で行われる豊年祭に登場する神。
¶妖怪大鑑（シロマタ)〔像〕
妖怪大事典（シロマタ)〔像〕

ジロムン
鹿児島県奄美大島でいう妖怪。
¶全国妖怪（ジロムン〔鹿児島県〕）
妖怪事典（ジロムン）
妖怪大事典（ジロムン）

白羽火　しろわのひ
静岡県磐田郡掛塚町でいう怪火。
¶妖怪事典（シロワノヒ）

志波加神　しわかのかみ
丹波国船井郡の志波加神社の祭神。
¶神仏辞典（志波加神　しわかのかみ）

止神　しわがみ
島根県八束郡鹿島町の佐太神社におけるカラサデの神事にいのこり、シワガミ送りによって、改めて送りだされるという神。
¶神仏辞典（止神　しわがみ）

地分けの稲荷　じわけのいなり
神奈川県下では、同族神的な性格のある稲荷をジワケノイナリと呼ぶ。
¶神仏辞典（地分けの稲荷　じわけのいなり）

志波彦神　しわひこのかみ
陸奥国宮城郡の志波彦神社の祭神。
¶神仏辞典（志波彦神　しわひこのかみ）

志波姫神　しわひめのかみ
陸奥国栗原郡の志波姫神社の祭神。
¶神仏辞典（志波姫神　しわひめのかみ）

咳　しわぶき
山梨県南巨摩郡増穂町にある風邪・咳の神。
¶神仏辞典（咳　しわぶき）

咳婆　しわぶきばば
咳・風邪・百日咳などの神。山梨県中巨摩郡白根町でいう。
¶神仏辞典（咳婆　しわぶきばば）
神話伝説（咳婆さん　しわぶきばあさん）

地豚　じーわーわ
沖縄県でいう妖怪。
¶妖怪事典（ジーワーワ）
妖怪大事典（ジーワーワ）

蜃　しん
日本や中国で蜃気楼を作るとされた大蛤の姿をした妖怪。
¶幻想動物（蜃)〔像〕

神叡　しんえい
奈良時代の元興寺僧。興福寺の国宝信叡像と同一人物とする説がある。『今昔物語集』に登場する。
¶架空人日（神叡　しんえい）
　神仏辞典（神叡　しんえい �?? ㊡727年）

神鹿　しんか
神の憑り代であると神聖視された鹿。
¶妖怪大鑑（神鹿　しんか）〔像〕

新吉　しんきち
三遊亭円朝作『真景累ヶ淵』に登場する、商家の入り婿。
¶架空人日（新吉　しんきち）

新吉　しんきち
大佛次郎作『鞍馬天狗』の登場人物。
¶時代小説（新吉　しんきち）

新吉　しんきち
泡坂妻夫作『宝引の辰捕者帳』の登場人物。
¶時代小説（新吉　しんきち）

新宮馬之助　しんぐううまのすけ
海援隊士官。司馬遼太郎作『竜馬がゆく』の登場人物。
¶時代小説（新宮馬之助　しんぐううまのすけ）

神功皇后　じんぐうこうごう
第14代仲哀天皇の妃。記紀の新羅遠征説話の主人公。息長帯比売命、気長足姫尊などとも。
¶朝日歴史（神功皇后　じんぐうこうごう）
　英雄事典（神功皇后　ジングウコウゴウ）
　架空人日（神功皇后　じんぐうこうごう）
　架空伝承（神功皇后　じんぐうこうごう）
　架空伝説（神功皇后　じんぐうこうごう）〔像〕
　歌舞伎登（神功皇后　じんぐうこうごう）
　神様読解（神功皇后/息長帯比売命　じんぐうこうごう・おきながたらしひめのみこと）〔像〕
　奇談逸話（神功皇后　じんぐうこうごう）
　古典人学（神功皇后（息長帯日売命）　じんぐうこうごう）
　コン5（神功皇后　じんぐうこうごう）
　新潮日本（神功皇后　じんぐうこうごう）
　神仏辞典（大帯命　おおたらしのみこと）
　神仏辞典（息長帯比売命・気長足姫尊　おきながたらしひめのみこと）
　神仏辞典（神功皇后　じんぐうこうごう）
　神話伝説（神功皇后　じんぐうこうごう）
　人物伝承（神功皇后　じんぐうこうごう）〔像〕
　説話伝説（神功皇后　じんぐうこうごう　生没年不詳）〔像〕
　世百新（神功皇后　じんぐうこうごう）
　伝奇伝説（神功皇后　じんぐうこうごう）〔像〕
　東洋神名（神功皇后　ジングウコウゴウ）〔像〕
　日本神様（住吉信仰の神々〔息長帯姫命〕　すみよししんこうのかみがみ）〔像（住吉大明神江）〕
　日本人名（神功皇后　じんぐうこうごう）

シングリマクリ
奈良県山辺地方でいう妖怪。山添村の八王子神社の石段に現れるという。
¶妖怪事典（シングリマクリ）
　妖怪大事典（シングリマクリ）

心敬　しんけい
室町時代の歌人・連歌師。
¶伝奇伝説（心敬　しんけい ㊉応永13(1406)年 ㊡文明7(1475)年）

人虎　じんこ
『山月記』や『斉諧記』に話がある自分の意志に関係なく虎に変身してしまう人間の総称。
¶幻想動物（人虎）〔像〕

神後伊豆　じんごいず
剣術家。戸部新十郎作『秘剣』の登場人物。
¶時代小説（神後伊豆　じんごいず）

新五郎　しんごろう
南原幹雄作『付き馬屋おえん』の登場人物。
¶時代小説（新五郎　しんごろう）

信厳　しんごん
『日本霊異記』に登場する、和泉国の大領。出家して行基に従った。
¶架空人日（信厳　しんごん）

新左衛門狐　しんざえもんぎつね
長野県東筑摩郡赤木山に棲む化け狐。
¶妖怪事典（シンザエモンギツネ）

信三郎　しんざぶろう
半村良作『妖星伝』の登場人物。
¶時代小説（信三郎　しんざぶろう）

新三郎　しんざぶろう
山本一力作『大川わたり』の登場人物。
¶時代小説（新三郎　しんざぶろう）

新治　しんじ
三島由紀夫作『潮騒』(1954)に登場する、18歳の漁師。
¶架空人日（新治　しんじ）
　日本人名（新治・初江　しんじ・はつえ）

深沙大将　じんしゃだいしょう
諸難消除の神。玄奘三蔵がインドで流沙を越えるとき助けられたという。
¶広辞苑6（深沙大将　じんじゃたいしょう）
　神仏辞典（深沙大将　じんしゃだいしょう）
　大辞林3（深沙大将　じんしゃだいしょう）
　仏尊事典（深沙大将　じんじゃたいしょう）〔像〕

神社姫　じんじゃひめ
『我衣』にある人魚の類。

¶妖怪事典（ジンジャヒメ）
　妖怪大事典（神社姫　じんじゃひめ）〔像〕

新宿鮫　しんじゅくざめ
大沢在昌の「新宿鮫シリーズ」に登場する新宿署防犯課の警部。
¶名探偵日（新宿鮫　しんじゅくざめ）

真照寺鷺十　しんしょうじろじゅう
江戸時代中期の俳人。蕪村の漫画『三俳僧』にえがかれた。
¶日本人名（真照寺鷺十　しんしょうじろじゅう　㊐1715年　㊁1790年）

真浄坊　しんじょうぼう
鴨長明作『発心集』の登場人物。平安後期の僧侶。
¶古典人学（真浄坊　しんじょうぼう）

信西　しんぜい
平安末期の貴族。学者・僧侶。後白河天皇の近臣。平治の乱で追われて奈良へ向かう山中で死んだ。
¶架空人日（信西　しんぜい）
　架空伝承（信西　しんぜい　㊐嘉承1(1106)年　㊁平治1(1159)年）
　奇談逸話（信西　しんぜい　㊐嘉承1(1106)年　㊁平治1(1159)年）
　古典人学（信西　しんぜい　㊐?　㊁平治1(1159)年）
　神仏辞典（信西　しんぜい　㊐1106年　㊁1159年）
　説話伝説（信西　しんぜい　㊐嘉承1(1106)年　㊁平治1(1159)年）
　伝奇伝説（信西　しんぜい　㊐嘉承1(1106)年　㊁平治1(1159)年）

真済　しんぜい
⇒紀僧正真済（きのそうじょうしんぜい）

神仙　しんせん
神人や仙人のことで、現実の肉体をそのまま不老不死とする術を獲得して変化自在になった者のこと。
¶奇談逸話（神仙・超人　しんせん・ちょうじん）
　神仏辞典（神仙　しんせん）
　説話伝説（神仙　しんせん）

新撰組　しんせんぐみ
幕末の動乱期に活躍した幕府側の組織。
¶英雄事典（新撰組　シンセングミ）

甚蔵　じんぞう
三遊亭円朝作『真景累ヶ淵』に登場する、バクチ打ち。
¶架空人日（甚蔵　じんぞう）

新造菊咲　しんぞうきくざき
山東京伝の洒落本『繁千話』(1790)に登場する遊女。
¶架空人日（新造菊咲　しんぞうきくざき）

新太　しんた
松本清張作『無宿人別帳』の登場人物。
¶時代小説（新太　しんた）

真達羅　しんだら
仏教において十二神将の一。
¶大辞林3（真達羅　しんだら）

信太郎　しんたろう
杉本章子作『おすず信太郎人情始末帖』の登場人物。
¶時代小説（信太郎　しんたろう）

進藤源四郎　しんどうげんしろう
歌舞伎演目『東海道四谷怪談』に登場する、民谷伊右衛門の父。
¶歌舞伎登（進藤源四郎　しんどうげんしろう）

神道源八　しんとうげんぱち
歌舞伎演目『三拾石艠始』に登場する、花満憲法の家臣。
¶歌舞伎登（神道源八　しんとうげんぱち）

新洞左衛門　しんとうさえもん
歌舞伎演目『苅萱桑門筑紫𬗉』に登場する、謀反を企てる豊前の大領大内義弘の老臣。
¶歌舞伎登（新洞左衛門　しんとうさえもん）

神道徳次　しんとうとくじ
歌舞伎演目『処女評判善悪鏡』に登場する盗賊。表向きは真野屋徳兵衛と名乗る。
¶歌舞伎登（神道徳次　しんとうとくじ）

真刀徳次郎　しんとうとくじろう
江戸時代中期の盗賊。移嶋散人の『天明水滸伝』などでは、神道徳次郎の名で登場。
¶日本人名（真刀徳次郎　しんとうとくじろう　㊐?　㊁1789年）

信徳丸　しんとくまる
説経節『信徳丸』の主人公。
¶架空伝承（信徳丸　しんとくまる）〔像〕
　広辞苑6（しんとく丸　しんとくまる）
　古典人東（信徳丸　しんとくまる）
　コン5（信徳丸　しんとくまる）
　神仏辞典（信徳丸　しんとくまる）
　説話伝説（信徳丸　しんとくまる）
　日本人名（信徳丸　しんとくまる）

信如　しんにょ
樋口一葉作『たけくらべ』(1895-96)の主人公。藤本信如。
¶架空人日（信如　しんにょ）
　日本人名（美登利・信如　みどり・しんにょ）

真如院　しんにょいん
講談『加賀騒動』、歌舞伎『鏡山錦楓葉』に登場する人物。

¶架空伝説（真如院　しんにょいん）

真如親王　しんにょしんのう
平安初期の皇太子。平城天皇の第三皇子。861年渡唐、天竺（インド）に渡ることを決意したが、途中羅越国で客死。慶政作『閑居友』の登場人物。
¶架空伝承（高岳親王　たかおかしんのう　生没年不詳）
奇談逸話（真如親王　しんにょしんのう　㉝延暦18(799)年　㉞貞観7(865)年）
古典人学（真如親王　しんにょしんのう）
古典人東（真如親王　しんにょしんのう）
人物伝承（真如親王　しんにょしんのう　生没年未詳）
説話伝説（真如親王　しんにょしんのう　㉝延暦18(799)年　㉞貞観7(865)年）〔像〕
伝奇伝説（真如親王　しんにょしんのう　㉝延暦18(799)年　㉞貞観7(865)年）

新ぬらりひょん　しんぬらりひょん
エアコンのスイッチを入れると現れて取り憑き、電気を吸いとる妖怪。
¶妖怪大鑑（新ぬらりひょん　しんぬらりひょん）〔像〕

新ぬりかべ　しんぬりかべ
家の中に突如として現れる冷蔵庫が妖怪化したもの。
¶妖怪大鑑（新ぬりかべ　しんぬりかべ）〔像〕

神農　しんのう
中国古代の三皇の一人。日本でも薬屋や香具師の守護神として祀られる。
¶神様読解（神農神　しんのうしん）〔像〕
神仏辞典（神農　しんのう）
日本神様（神農　しんのう）〔像〕

神農さん　しんのうさん
大手製薬会社が密集する道修町（大阪市）の少彦名神社の神。地道な研究を続ける会社の守り神。
¶妖怪大鑑（神農さん　しんのうさん）〔像〕

新納鶴千代　しんのうつるちよ
⇒新納鶴千代（にいろつるちよ）

進ノ蔵人家貞　しんのくらんどいえさだ
歌舞伎演目『卅三間堂棟由来』に登場する、平忠盛の家臣。
¶歌舞伎登（進ノ蔵人家貞　しんのくらんどいえさだ）

信之助　しんのすけ
澤田ふじ子作『虹の橋』の登場人物。
¶時代小説（信之助　しんのすけ）

新之助　しんのすけ
山手樹一郎作『桃太郎侍』の登場人物。
¶時代小説（新之助　しんのすけ）

進命婦　しんのみょうぶ
説話集『宇治拾遺物語』に登場する、藤原頼通の子3人を生んだ女性。
¶架空人日（進命婦　しんのみょうぶ）

新八狐　しんぱちぎつね
島根県の松山県で飛脚をしていたという狐。
¶神仏辞典（新八狐　しんぱちぎつね）
全国妖怪（シンパチギツネ〔島根県〕）

新八狸　しんぱちだぬき
徳島県池古町の天正寺に棲む化け狸。
¶妖怪事典（シンパチダヌキ）

真範　しんぱん
鎌倉時代の説話集『撰集抄』の登場人物。興福寺貫首・僧正。
¶古典人学（真範　しんぱん）

新貧乏神　しんびんぼうがみ
取り憑いた人にカード・ローンで知らず知らずに借金をさせる妖怪。
¶妖怪大鑑（新貧乏神　しんびんぼうがみ）〔像〕

新聞小政　しんぶんこまさ
明治時代の新聞売り子。5代尾上菊五郎が舞台で真似し、錦絵にも登場した。
¶日本人名（新聞小政　しんぶんこまさ　生没年未詳）

人文神　じんぶんしん
アイヌの人間と同じ姿をしたカムイでさまざまな生きる知恵を与えたとされる存在。
¶神仏辞典（人文神　じんぶんしん）

新平　しんぺい
松本清張作『無宿人別帳』の登場人物。
¶時代小説（新平　しんぺい）

ジンベイサマ
宮城県金華山沖でいう妖怪。
¶神仏辞典（じんべい）
全国妖怪（ジンベイサマ〔宮城県〕）
妖怪事典（ジンベイサマ）
妖怪大事典（ジンベイサマ）

甚兵衛　じんべえ
城昌幸作『若さま侍捕物手帖』の登場人物。
¶時代小説（甚兵衛　じんべえ）

神保甲作　じんぽこうさく
童門冬二作『上杉鷹山』の登場人物。
¶時代小説（神保甲作　じんぽこうさく）

神保綱忠　じんぽつなただ
米沢藩重役。童門冬二作『上杉鷹山』の登場人物。
¶時代小説（神保綱忠　じんぽつなただ）

陣幕久五郎　じんまくきゅうごろう
江戸末期から明治時代の力士。鬼面山との遺恨相撲は相撲史上名高い。
¶伝奇伝説（陣幕久五郎　じんまくきゅうごろう ㊤文政12(1829)年 ㊦明治36(1903)年）

神武天皇　じんむてんのう
記紀系譜上の初代天皇。瓊瓊杵尊の曾孫とする。「神倭伊波礼毘古命」などの異名を持つ。
¶朝日歴史（神武天皇　じんむてんのう）
英雄事典（神武天皇　ジンムテンノウ）
架空人日（神武天皇　じんむてんのう）
架空伝承（神武天皇　じんむてんのう）
神様読解（神武天皇/神倭伊波礼毘古命/若御毛沼命/豊御毛沼命/豊毛沼命　じんむてんのう・かみやまといわれひこのみこと・わかみけぬのみこと・とよみけぬのみこと・とよけぬのみこと）〔像〕
神文化史（ジンムテンノウ（神武天皇））
奇談逸話（神武天皇　じんむてんのう）
古典人学（神武天皇　じんむてんのう）
コン5（神武天皇　じんむてんのう）
新潮日本（神武天皇　じんむてんのう）
神仏辞典（狭野命・狭野尊　さぬのみこと）
神仏辞典（神武天皇　じんむてんのう）
神仏辞典（若御毛沼命　わかみけぬのみこと）
神話伝説（神武天皇　じんむてんのう）
人物伝承（神武天皇　じんむてんのう）〔像〕
説話伝説（神武天皇　じんむてんのう）
世百新（神武天皇　じんむてんのう）
伝奇伝説（神武天皇　じんむてんのう）
東洋神名（神倭伊波礼毘古命　カムヤマトイワレヒコノミコト）〔像〕
日本人名（神武天皇　じんむてんのう）
日本神話（カムヤマトイハレビコ）

人面犬　じんめんけん
犬の妖怪。1989年の後半より話題となった、人の顔をした犬。
¶神仏辞典（人面犬　じんめんけん）
妖怪事典（ジンメンケン）
妖怪大鑑（人面犬　じんめんけん）〔像〕
妖怪大事典（人面犬　じんめんけん）〔像〕

人面樹　じんめんじゅ
⇒人面樹（にんめんじゅ）

人面瘡　じんめんそう
「人面疽」ともいう。傷口が人の顔になるもの。
¶妖怪事典（ジンメンソウ）
妖怪大全（人面瘡　じんめんそう）〔像〕
妖怪大事典（人面瘡　じんめんそう）〔像〕

新免武蔵　しんめんむさし
⇒宮本武蔵（みやもとむさし）

新免無二斎　しんめんむにさい
宮本武蔵の父。吉川英治作『宮本武蔵』の登場人物。
¶時代小説（新免無二斎　しんめんむにさい）

新門辰五郎　しんもんたつごろう
江戸末期の町火消十番組の頭取・侠客。
¶時代小説（新門辰五郎　しんもんたつごろう）
説話伝説（新門辰五郎　しんもんたつごろう ㊤寛政12(1800)年 ㊦明治8(1875)年）
伝奇伝説（新門辰五郎　しんもんたつごろう ㊤寛政12(1800)年 ㊦明治8(1875)年）

新羅三郎義光　しんらさぶろうよしみつ
平安後期の武将。弓馬にすぐれ、音曲もよくし、笙の名手であったという。
¶架空伝承（新羅三郎義光　しんらさぶろうよしみつ ㊤寛徳2(1045)年 ㊦大治2(1127)年）
歌舞伎登（新羅三郎義光　しんらさぶろうよしみつ）
説話伝説（新羅三郎義光　しんらさぶろうよしみつ ㊤寛徳2(1045)年 ㊦大治2(1127)年）〔像〕
伝奇伝説（新羅三郎義光　しんらさぶろうよしみつ ㊤寛徳2(1045)年 ㊦大治2(1127)年）

新羅明神　しんらみょうじん
滋賀県の三井寺園城寺で祀られる神。
¶広辞苑6（新羅明神　しんらみょうじん）
東洋神名（新羅明神　シンラミョウジン）〔像〕
日本人名（新羅明神　しんらみょうじん）
仏尊事典（新羅明神　しんらみょうじん）〔像〕

親鸞　しんらん
浄土真宗の開祖。『親鸞聖人正明伝』『親鸞聖人正統伝』『親鸞聖人御一代記』などで語られた僧。
¶架空伝承（親鸞　しんらん ㊤承安3(1173)年 ㊦弘長2(1262)年）
奇談逸話（親鸞　しんらん ㊤承安3(1173)年 ㊦弘長2(1262)年）
神仏辞典（親鸞　しんらん ㊤承安3(1173)年 ㊦弘長2(1262)年11月28日）
人物伝承（親鸞　しんらん ㊤承安3(1173)年 ㊦弘長2(1262)年）
説話伝説（親鸞　しんらん ㊤承安3(1173)年 ㊦弘長2(1262)年）〔像〕
伝奇伝説（親鸞　しんらん ㊤承安3(1173)年 ㊦弘長2(1262)年）〔像〕
日ミス（親鸞　しんらん ㊤承安3(1173)年 ㊦弘長2(1262)年）

真理先生　しんりせんせい
武者小路実篤作『真理先生』(1949-50)に登場する人物。本名を村野誠一。独身で無一文の人物。
¶架空人日（真理先生　しんりせんせい）

神霊　しんれい
神のこと。死後神として祀られた人の魂。
¶神仏辞典（神霊　しんれい）

【す】

吸いかずら　すいかずら
　徳島県三好郡祖谷山における犬神の呼称。
　¶神仏辞典（すいかつら）
　　妖怪事典（スイカズラ）
　　妖怪大鑑（スイカツラ）〔像〕
　　妖怪大事典（吸いかずら　すいかずら）〔像〕

水鬼　すいき
　水をつかさどる鬼。
　¶広辞苑6（水鬼　すいき）
　　大辞林3（水鬼　すいき）

水鬼　すいき
　航海中に現れる怪物。船幽霊。
　¶広辞苑6（水鬼　すいき）
　　大辞林3（水鬼　すいき）

水銀商人　すいぎんしょうにん
　『今昔物語集』の登場人物。日頃、酒を作って蜂に飲ませており、その蜂の恩返しにより山賊を退治できた商人。
　¶古典人学（水銀商人　すいぎんしょうにん）

水月観音　すいげつかんのん
　三十三観音の一つ。蓮華の上に立ち、水面に映る月を見る姿などで描かれる。
　¶神仏辞典（水月観音　すいげつかんのん）

水虎　すいこ
　水の妖怪。青森県や長崎県、琵琶湖近辺で、川や湖に棲むといわれる妖怪。
　¶幻想動物（水虎）〔像〕
　　水木妖怪（水虎　すいこ）〔像〕
　　妖怪事典（スイコ）
　　妖怪大鑑（長崎の水虎　ながさきのすいこ）〔像〕
　　妖怪大全（水虎　すいこ）〔像〕
　　妖怪大事典（水虎　すいこ）〔像〕

水虎様　すいこさま
　青森県津軽地方でいう河童、もしくは河童の上役とされる存在。
　¶神仏辞典（水虎　すいこ）
　　妖怪事典（スイコサマ）

推古天皇　すいこてんのう
　第33代天皇。敏達天皇の皇后。日本最初の女帝。甥の厩戸皇子（聖徳太子）を皇太子に立て摂政に任じた。
　¶神仏辞典（推古天皇　すいこてんのう ㊛554年 ㊙628年）
　　説話伝説（推古天皇　すいこてんのう ㊛554年

㊙628年）

水釈様　すいしゃくさま
　宮崎県西臼杵郡高千穂町、岩戸の馬生木村の蛇の生霊。
　¶妖怪大鑑（水釈様　すいしゃくさま）〔像〕
　　妖怪大事典（水釈様　すいしゃくさま）

垂迹神　すいじゃくにん
　仏教の仏・菩薩などを本地とする神。
　¶神仏辞典（垂迹神　すいじゃくにん）

水神　すいじん
　水の神。民俗的には蛇・龍体などの形をとり、水源・井・泉・沼・池・湖などに祭られる。『古事記』では、天之水分神、国之水分神、弥都波能売神が水の神とされる。
　¶広辞苑6（水神　すいじん）
　　神仏辞典（水神　すいじん）
　　神話伝説（水神　すいじん）
　　世百新（水神　すいじん）
　　東洋神名（水神　スイジン）〔像〕
　　日本神様（水の神　みずのかみ）〔像〈弥都波能売神〉〕
　　日本神話（水の神　みずのかみ）
　　妖怪大事典（水神　すいじん）〔像〕

水神　すいじん
　新潟県佐渡、石川県羽咋地方でいう河童のこと。
　¶妖怪事典（スイジン）

随神　ずいしん
　主神に従う神々の称。
　¶神仏辞典（随神　ずいしん）

綏靖天皇　すいぜいてんのう
　記紀系譜上の第2代天皇。父は神武天皇。母は媛蹈鞴五十鈴媛命。別名に神沼河耳命、神淳名川耳命など。
　¶朝日歴史（綏靖天皇　すいぜいてんのう）
　　架空人目（綏靖天皇　すいぜいてんのう）
　　神様読解（綏靖天皇/神沼河耳命/神淳名川耳命　すいぜいてんのう・かみぬなかわみみのみこと・かみぬなかわみみのみこと）
　　コン5（綏靖天皇　すいぜいてんのう）
　　新潮日本（綏靖天皇　すいぜいてんのう）
　　神仏辞典（綏靖天皇　すいぜいてんのう）
　　神仏辞典（健沼河耳命・建沼河耳命　たけぬなかわみみのみこと）
　　日本人名（綏靖天皇　すいぜいてんのう）

水精の翁　すいせいのおきな
　三尺ほどある、翁の姿をした水の精。
　¶水木妖怪（水精翁　すいせいのおきな）〔像〕
　　妖怪大全（水精の翁　すいせいのおきな）〔像〕

水天　すいてん
　十二天の中の一尊で、西方の守護神とされている。
　¶広辞苑6（水天　すいてん）
　　神仏辞典（水天　すいてん）

　大辞林3（水天　すいてん）
　東洋神名（水天　スイテン）〔像〕

水天宮　すいてんぐう

日本の水神と、中国の天妃の伝承が結びついた神。安産の神。

¶東洋神名（水天宮　スイテングウ）〔像〕

すいてんぼうず

水の妖怪。宮崎県児湯郡西米良村での河童の別称。

¶神仏辞典（すいてんぼうず）
　全国妖怪（スイテンボウズ〔宮崎県〕）
　妖怪事典（スイテンボウズ）

粋呑　すいとん

鳥取県、岡山県境に蒜山高原に伝わる妖怪。

¶妖怪事典（スイトン）
　妖怪大事典（粋呑　すいとん）

垂仁天皇　すいにんてんのう

第11代に数えられる天皇。実在を認められる4世紀の天皇。

¶朝日歴史（垂仁天皇　すいにんてんのう）
　架空人日（垂仁天皇　すいにんてんのう）
　架空伝承（垂仁天皇　すいにんてんのう）
　神様読解（垂仁天皇/伊玖米入日子伊沙知命/伊久米伊理毘古伊佐知命　すいにんてんのう・いくめいりひこいさちのみこと・いくめいりひこいさちのみこと）
　コン5（垂仁天皇　すいにんてんのう）
　神仏辞典（活目尊　いくめのみこと）
　日本人名（垂仁天皇　すいにんてんのう）

随伴神　ずいはんしん

供としてつき従う神のこと。

¶日本神話（随伴神　ずいはんしん）

スインテング

福岡県筑後地方でいう河童。

¶妖怪事典（スインテング）

崇伝　すうでん

臨済宗の僧、京都南禅寺270世。徳川家康の信任を得て外交寺務に携わり、禁中並公家諸法度、武家諸法度、寺院法度などを起草。

¶奇談逸話（崇伝　すうでん　[生]永禄12（1569）年　[没]寛永10（1633）年）
　神仏辞典（崇伝　すうでん　[生]1569年　[没]1633年）
　説話伝説（金地院崇伝　こんじいんすうでん　[生]永禄12（1569）年　[没]寛永10（1633）年）

スウリカンコ

青森県八戸市大館塩入でいう怪火。

¶妖怪事典（スウリカンコ）
　妖怪大事典（スウリカンコ）

末朱之介晴賢　すえあけのすけはるかた

曲亭馬琴作『近世説美少年録』の登場人物。大内家家臣陶瀬十郎とお夏との間の子。のち主君を滅ぼす。

¶古典人学（末朱之介晴賢　すえあけのすけはるかた）

須衛都久神　すえつくのかみ

出雲国島根郡式外社45社の須衛都久社の祭神。

¶神仏辞典（須衛都久神　すえつくのかみ）

末次平蔵　すえつぐへいぞう

江戸初期の貿易商人・長崎代官。

¶説話伝説（末次平蔵　すえつぐへいぞう　[生]?　[没]寛永7（1630）年）
　伝奇伝説（末次平蔵　すえつぐへいぞう　[生]?　[没]寛永7（1630）年）

陶都耳命　すえつみみのみこと

活玉依媛の父。

¶神様読解（陶都耳命　すえつみみのみこと）

末摘花　すえつむはな

『源氏物語』に登場する、故常陸宮の娘。稀代の醜女。

¶架空人日（末摘花　すえつむはな）
　架空伝承（末摘花　すえつむはな）
　歌舞伎登（末摘花　すえつむはな）
　広辞苑6（末摘花　すえつむはな）
　古典人学（末摘花　すえつむはな）
　古典人東（末摘花　すえつむはな）
　コン5（末摘花　すえつむはな）
　新潮日本（末摘花　すえつむはな）
　大辞林3（末摘花　すえつむはな）
　日本人名（末摘花　すえつむはな）

季縄　すえなわ

『大和物語』の登場人物。藤原氏南家の末裔。

¶古典人学（季縄　すえなわ）

陶荒田神　すえのあらたのかみ

和泉国大鳥郡の陶荒田神社二座の祭神。

¶神仏辞典（陶荒田神　すえのあらたのかみ）

陶器師　すえものし

国枝史郎作『神州纐纈城』の登場人物。

¶時代小説（陶器師　すえものし）

周防内侍　すおうのないし

平安後期の女流歌人。

¶説話伝説（周防内侍　すおうないし　生没年未詳）
　伝奇伝説（周防内侍　すおうのないし　[生]?　[没]天永1（1110）年?）

菅生石部神　すがうのいそべのかみ

加賀国江沼郡の菅生石部神社の祭神。

¶神仏辞典（菅生石部神　すがうのいそべのかみ）

菅生神　すがうのかみ

河内国丹比郡の菅生神社の祭神。備中国窪屋郡の菅生神社の祭神。

¶神仏辞典（菅生神　すがうのかみ）

菅忍比咩神　すがおしひめのかみ
能登国能登郡の菅忍比咩神社の祭神。
¶神仏辞典（菅忍比咩神　すがおしひめのかみ）

菅竈由良度美　すがかまゆらどみ
清日子と当摩之咩斐の子。
¶神様読解（菅竈由良度美　すがかまゆらどみ）

姿三四郎　すがたさんしろう
富田常雄作『姿三四郎』の主人公。
¶架空人日（姿三四郎　すがたさんしろう）
　架空人物（姿三四郎）
　架空伝説（姿三四郎　すがたさんしろう）
　コン5（姿三四郎　すがたさんしろう）
　新潮日本（姿三四郎　すがたさんしろう）
　大辞林3（姿三四郎　すがたさんしろう）
　日本人名（姿三四郎　すがたさんしろう）

菅田神　すがたのかみ
『日本三代実録』に所出。常陸国の神。大和国添下郡、近江国蒲生郡、播磨国賀茂郡の菅田神社の祭神。
¶神仏辞典（菅田神　すがたのかみ）

菅田比売神　すがたひめのかみ
大和国添下郡の菅田比売神社二座の祭神。
¶神仏辞典（菅田比売神　すがたひめのかみ）

菅田平野　すがたひらの
山本周五郎作『日日平安』（1954）の主人公の浪人。
¶架空人日（菅田平野　すがたひらの）

菅沼治右衛門　すがぬまじえもん
高橋義夫作『浄瑠璃坂の仇討ち』の登場人物。
¶時代小説（菅沼治右衛門　すがぬまじえもん）

須我禰命　すがねのみこと
須義禰命、須美禰命とも。出雲国大原郡海潮郷の宇能治比古命の親神。
¶神仏辞典（須我禰命　すがねのみこと）

清之繋名坂軽彦八嶋手命　すがのかけなさかかるひこやしまてのみこと
⇒清之湯山主三名狭漏彦八嶋篠（すがのゆやまぬしみなさろひこやしましね）

酒賀神　すがのかみ
『日本三代実録』に所出。因幡国の神。
¶神仏辞典（酒賀神・須賀神　すがのかみ）

須加神　すかのかみ
伊勢国壹志郡、但馬国二方郡の須加神社の祭神。
¶神仏辞典（須加神　すかのかみ）

須我神　すがのかみ
出雲国大原郡式外社16社の須我社の祭神。
¶神仏辞典（須我神　すがのかみ）

菅野天財若子命神　すがののあめたからわかこのみことのかみ
石見国美濃郡の菅野天財若子命神社の祭神。
¶神仏辞典（菅野天財若子命神　すがののあめたからわかこのみことのかみ）

酢鹿之諸男　すがのもろお
清日子と当摩之咩斐の子。
¶神様読解（酢鹿之諸男　すがのもろお）

清之湯山主三名狭漏彦八嶋篠　すがのゆやまぬしみなさろひこやしましね
『日本書紀』巻一に所出。簸川に降りた素戔烏尊が稲田媛を見初めて生まれた子。別名、清之繋名坂軽彦八嶋手命。
¶神仏辞典（清之繋名坂軽彦八嶋手命　すがのかけなさかかるひこやしまてのみこと）
　神仏辞典（清之湯山主三名狭漏彦八嶋篠　すがのゆやまぬしみなさろひこやしましね）

須我非乃神　すがひのかみ
出雲国仁多郡式外社8社の須我非乃社の祭神。
¶神仏辞典（須我非乃神　すがひのかみ）

須可麻神　すかまのかみ
若狭国三方郡の須可麻神社の祭神。
¶神仏辞典（須可麻神　すかまのかみ）

酢川温泉神　すかわおんせんのかみ
『日本三代実録』に所出。出羽国の神。
¶神仏辞典（酢川温泉神　すかわおんせんのかみ）

菅原神　すがわらのかみ
大和国添下郡、越後国頚城郡の菅原神社の祭神。
¶神仏辞典（菅原神　すがわらのかみ）

菅原輔正　すがわらのすけまさ
平安時代中期の公卿、学者。没後北野社の摂社に祀られ北野宰相、北野三位と称された。
¶日本人名（菅原輔正　すがわらのすけまさ ㊝925年 ㊤1010年）

菅原孝標女　すがわらのたかすえのむすめ
平安後期の物語作者・歌人。
¶古典人東（菅原孝標の娘　すがわらのたかすえのむすめ）
　説話伝説（菅原孝標女　すがわらのたかすえのむすめ ㊝寛弘5（1008）年 ㊤康平年間（1060）頃？）

菅原為長　すがわらのためなが
鎌倉初期の儒学者。
¶説話伝説（菅原為長　すがわらためなが ㊝保元3（1158）年 ㊤寛元4（1246）年）
　伝奇伝説（菅原為長　すがわらのためなが ㊝保元3（1158）年 ㊤寛元4（1246）年）

菅原文時　すがわらのふみとき
平安時代の漢詩人。菅原道真の孫。『江談抄』『今

昔物語集』に登場する。
¶架空人日（菅原文時　すがわらのふみとき）
古典人学（菅原文時　すがわらのふみとき）
説話伝説（菅原文時　すがわらのふみとき [生]昌泰2(899)年 [没]天元4(981)年）
伝奇伝説（菅原文時　すがわらのふみとき [生]昌泰2(899)年 [没]天元4(981)年）

菅原道真　すがわらのみちざね
平安中期の学者。政治家。右大臣に任ぜられたが、突然左遷された。死後、道真の祟りと称する異変が相次ぎ、天満天神として祀られた。
¶架空人日（菅原道真　すがわらのみちざね）
架空伝承（菅原道真　すがわらのみちざね [生]承和12(845)年 [没]延喜3(903)年）〔像〕
架空伝説（菅原道真　すがわらのみちざね）〔像〕
歌舞伎登（菅丞相　かんしょうじょう）〔像〕
歌舞伎登（菅原道真　すがわらのみちざね）
奇談逸話（菅原道真　すがわらのみちざね [生]承和12(845)年 [没]延喜3(903)年）
古典人学（菅原道真　すがわらのみちざね）
古典人学（菅原道真　すがわらみちざね）
古典人東（菅原道真『菅原伝授手習鑑』　すがわらのみちざね）
古典人東（菅原道真『大鏡』　すがわらのみちざね）
神仏辞典（菅原道真　すがわらのみちざね [生]845年 [没]903年）
人物伝承（菅原道真　すがわらのみちざね [生]承和12(845)年 [没]延喜3(903)年）〔像〕
説話伝説（菅原道真　すがわらのみちざね [生]承和12(845)年 [没]延喜3(903)年）
伝奇伝説（菅原道真　すがわらのみちざね [生]承和12(845)年 [没]延喜3(903)年）〔像〕
日ミス（菅原道真　すがわらのみちざね）
日本神々（菅原道真　すがわらのみちざね [生]承和12(845)年6月25日 [没]延喜3(903)年2月25日）〔像〕
日本神様（天神信仰の神々〔菅原道真〕　てんじんしんこうのかみがみ）〔像(北野天神)〕
日本人名（菅原道真　すがわらのみちざね [生]845年 [没]903年）
妖怪大鑑（菅原道真の怨霊　すがわらのみちざねのおんりょう）〔像〕
妖怪大事典（菅原道真の怨霊　すがわらみちざねのおんりょう）〔像〕

杉浦格之丞　すぎうらかくのじょう
山岡荘八作『水戸光圀』の登場人物。
¶時代小説（杉浦格之丞　すぎうらかくのじょう）

杉浦権之兵衛　すぎうらごんのひょうえ
佐々木味津三作『旗本退屈男』の登場人物。
¶時代小説（杉浦権之兵衛　すぎうらごんのひょうえ）

榲尾国社神　すぎおくにつやしろのかみ
『日本三代実録』に所出。石見国の神。
¶神仏辞典（榲尾国社神　すぎおくにつやしろのかみ）

杉木茂左衛門　すぎきもざえもん
⇒礫茂左衛門（はりつけもざえもん）

杉子　すぎこ
武者小路実篤作『友情』(1919)に登場する、大宮の恋人。
¶架空人日（杉子　すぎこ）

杉作　すぎさく
大佛次郎作『鞍馬天狗』(1951)に登場する、角兵衛獅子の少年。
¶架空人日（杉作　すぎさく）
時代小説（杉作　すぎさく）

杉末神　すぎすえのかみ
丹後国与謝郡の杉末神社の祭神。
¶神仏辞典（杉末神・椙末神　すぎすえのかみ）

杉田薫　すぎたかおる
歌舞伎演目『霜夜鐘十字辻筮』に登場する、東京上野の巡査官。
¶歌舞伎登（杉田薫　すぎたかおる）

杉田玄白　すぎたげんぱく
小浜藩医。吉村昭作『日本医家伝』の登場人物。
¶時代小説（杉田玄白　すぎたげんぱく）

杉田神　すぎたのかみ
『日本三代実録』に所出の神名。
¶神仏辞典（杉田神　すぎたのかみ）

椙地神　すぎちのかみ
『日本三代実録』に所出。尾張国の神。
¶神仏辞典（椙地神　すぎちのかみ）

須岐神　すきのかみ
伊勢国河曲郡、陸奥国黒川郡の須伎神社、加賀国加賀郡の須岐神社の祭神。
¶神仏辞典（須岐神・須伎神　すきのかみ）

須義神　すぎのかみ
出雲国島根郡式外社45社の須義社の祭神。但馬国出石郡の須義神社の祭神。
¶神仏辞典（須義神　すぎのかみ）

次邑刀自甕神　すきのとうめのかみ
『延喜式』に所出の造酒司の祭神。
¶神仏辞典（次邑刀自甕神　すきのとうめのかみ）

榲槻神　すぎののかみ
『日本三代実録』に所出。安芸国の神。
¶神仏辞典（榲槻神　すぎののかみ）

杉杜郡神　すぎのもりのこおりのかみ
越前国足羽郡の杉杜郡神社の祭神。
¶神仏辞典（杉杜郡神　すぎのもりのこおりのかみ）

杉原神　すぎはらのかみ
越中国婦負郡の杉原神社の祭神。
¶神仏辞典（杉原神　すぎはらのかみ）

す

榁原神　すぎはらのかみ
伊勢国度会郡の榁原神社の祭神。
¶**神仏辞典**（榁原神　すぎはらのかみ）

杉桙別命神　すぎほこわけのみことのかみ
伊豆国賀茂郡の杉桙別命神社の祭神。
¶**神仏辞典**（杉桙別命神　すぎほこわけのみことのかみ）

好魔風　すきまかぜ
鹿児島県奄美大島の十島村口ノ島でいう怪異。
¶**妖怪事典**（スキマカゼ）

杉本左兵衛　すぎもとさへえ
歌舞伎演目『同計略花芳野山』に登場する、楠正成に仕えた泣き男。
¶**歌舞伎登**（杉本左兵衛　すぎもとさへえ）

杉本甚内　すぎもとじんない
歌舞伎演目『姉妹達大礎』に登場する、宮城野信夫姉妹の父。
¶**歌舞伎登**（杉本甚内　すぎもとじんない）

杉山検校　すぎやまけんぎょう
江戸時代の鍼医。『続近世畸人伝』で管鍼の発明に関するものが伝説となっている。
¶**伝奇伝説**（杉山検校　すぎやまけんぎょう　[生]慶長15（1610）年　[没]元禄7（1694）年）

杉山大蔵　すぎやまだいぞう
歌舞伎演目『伊勢音頭恋寝刃』に登場する、阿波の家老職今田家の家来。
¶**歌舞伎登**（杉山大蔵　すぎやまだいぞう）

枌山神　すぎやまのかみ
武蔵国都筑郡の杉山神社の祭神。
¶**神仏辞典**（枌山神・杉山神　すぎやまのかみ）

須久久神　すくくのかみ
摂津国嶋下郡の須久久神社二座の祭神。
¶**神仏辞典**（須久久神　すくくのかみ）

少足命　すくなおだりのみこと
播磨国揖保郡萩原里に鎮座する神。
¶**神仏辞典**（少足命　すくなおだりのみこと）

少神積命　すくなかむつみのみこと
『日本三代実録』に所出。善淵の姓を賜った六人部の永貞、愛成、行直ら同神の裔。
¶**神仏辞典**（少神積命　すくなかむつみのみこと）

宿奈川田神　すくなかわたのかみ
河内国大県郡の宿奈川田神社の祭神。
¶**神仏辞典**（宿奈川田神　すくなかわたのかみ）

少名日子建猪心命　すくなひこたけいごころのみこと
第8代孝元天皇の第二皇子。
¶**神様読解**（少名日子建猪心命　すくなひこたけいごころのみこと）
神仏辞典（少名日子建猪心命　すくなひこたけいごころのみこと）

少名毘古那神　すくなびこなのかみ
神産巣日神の子であるとも（古事記）、高皇産霊尊（日本書紀）の子であるともいう。小人の神で、大国主神とともに国作りをした。
¶**朝日歴史**（少彦名神　すくなひこなのかみ）
架空人日（少名毘古那神　すくなびこなのかみ）
架空伝承（少彦名命　すくなびこなのみこと）
神様読解（少彦名命　すくなひこなのみこと）〔像〕
神様読解（少名毘古那神/少彦名命　すくなびこなのかみ・すくなびこなのみこと）
神文化史（少名毘古那神（記）、少彦名命（紀）　スクナビコナ）
幻想動物（少彦名命）〔像〕
広辞苑6（少彦名神　すくなびこなのかみ）
コン5（少彦名神　すくなひこなのかみ）
新潮日本（少彦名神　すくなひこなのかみ）
神仏辞典（少名毘古那神　すくなびこなのかみ）
神話伝説（少名毘古那神　すくなびこなのかみ）
世神辞典（スクナビコナ（少名毘古那神））
説話伝説（少名毘古那神　すくなひこなのかみ）
世百新（少彦名命　すくなびこなのみこと）
大辞林3（少彦名神　すくなびこなのかみ）
伝奇伝説（少彦名命　すくなひこなのみこと）
東洋神名（少名毘古那神　スクナビコナノカミ）〔像〕
日本神々（少名毘古那神　すくなびこなのかみ）〔像〕
日本神様（少彦名神　すくなひこなのかみ）〔像〕
日本人名（少彦名命　すくなひこなのみこと）
日本神話（スクナビコナ）

宿那彦神像石神　すくなひこのかみのかたいしのかみ
能登国能登郡の宿那彦神像石神社の祭神。少名毘古那神と同一とされる。
¶**神仏辞典**（宿那彦神像石神　すくなひこのかみのかたいしのかみ）

宿努神　すくぬのかみ
出雲国楯縫郡式外社19社の宿努社の祭神。
¶**神仏辞典**（宿努神　すくぬのかみ）

宿弥太郎　すくねのたろう
歌舞伎演目『菅原伝授手習鑑』に登場する、土師兵衛の長男で、菅原道真の伯母覚寿の娘聟。
¶**歌舞伎登**（宿弥太郎　すくねのたろう）

勝宿禰神　すぐりすくねのかみ
⇒勝宿禰神（かちすくねのかみ）

助　すけ
『今昔物語集』に登場する、藤原実頼の娘慶子の女房。
¶**架空人日**（助　すけ）

助一　すけいち
白井喬二作『富士に立つ影』の登場人物。
¶時代小説（助一　すけいち）

助右衛門　すけえもん
歌舞伎演目『大経師昔暦』に登場する、大経師家の主手代。
¶歌舞伎登（助右衛門　すけえもん）

佐国　すけくに
歌舞伎演目『蝶の道行』に登場する、北畠家のもと家臣近藤軍次兵衛の息子。
¶歌舞伎登（佐国　すけくに）

佐実　すけざね
『十訓抄』の登場人物。源仲政が寵愛する沙金という美女を手に入れると公言した武士で、郎等らに懲らしめられた。
¶古典人学（佐実　すけざね）

助さん　すけさん
⇒佐々木助三郎（ささきすけさぶろう）

助十　すけじゅう
江戸末頃の実録『大岡政談』「小間物屋彦兵衛之伝」に登場する駕籠かき。
¶架空人日（助十　すけじゅう）
　歌舞伎登（助十　すけじゅう）

助太郎　すけたろう
井原西鶴作の浮世草子『本朝二十不孝』(1686)に登場する、船主兼魚屋。
¶架空人日（助太郎　すけたろう）

助太郎の嫁　すけたろうのよめ
井原西鶴作の浮世草子『本朝二十不孝』(1686)巻四の第二「枕に残す筆の先」の登場人物。商家の嫁。
¶架空人日（助太郎の嫁　すけたろうのよめ）

助なあこ　すけなあこ
山本周五郎作『青べか物語』(1960)の「蜜柑の木」に登場する水夫。
¶架空人日（助なあこ　すけなあこ）

菅神　すげのかみ
『日本三代実録』に所出。但馬国の神。
¶神仏辞典（菅神　すげのかみ）

典侍局　すけのつぼね
歌舞伎演目『義経千本桜』に登場する、安徳天皇のお乳の人。
¶歌舞伎登（典侍局　すけのつぼね）

助六　すけろく
元和年中(1615-24)の京の侠客と伝えられる。上方系心中狂言の主人公として定着し、のち上方の巷説が江戸にもたらされ、合して江戸の「助六劇」として成立した。
¶朝日歴史（花川戸助六　はなかわどすけろく）
　架空人日（助六　すけろく）
　架空人物（助六）
　架空伝承（助六　すけろく）〔像〕
　歌舞伎登（助六　すけろく）
　古典人学（助六　すけろく）
　コン5（総角助六　あげまきのすけろく　生没年不詳）
　コン5（花川戸助六　はなかわどすけろく　生没年不詳）
　新潮日本（助六　すけろく）
　説話伝説（助六　すけろく）〔像〕
　世百新（助六　すけろく）
　伝奇伝説（総角助六　あげまきのすけろく　㊊?　㊋元和9(1623)年）
　伝奇伝説（助六　すけろく）〔像〕
　日本人名（助六　すけろく）
　日本人名（花川戸助六　はなかわどすけろく　生没年未詳）

祐若　すけわか
歌舞伎演目『世継曽我』に登場する、曽我十郎の遺児。
¶歌舞伎登（祐若　すけわか）

朱雀院　すざくいん
『源氏物語』の登場人物。主人公光源氏の異腹の兄で、天皇・上皇。桐壺帝の第一皇子。
¶古典人学（朱雀院　すざくいん）
　古典人東（朱雀院　すざくいん）

朱雀のお幾　すざくのおいく
半村良作『妖星伝』の登場人物。
¶時代小説（朱雀のお幾　すざくのおいく）

須佐之男命　すさのおのみこと
記紀神話の英雄神でヤマタノオロチ退治などで知られる。伊邪那岐を父とし、天照大御神と月読命の弟とされる。建速須佐之男命とも。『日本書紀』では素戔嗚尊。
¶朝日歴史（素戔嗚尊　すさのおのみこと）
　英雄事典（須佐之男命　スサノヲノミコト）
　架空人日（須佐之男命　すさのおのみこと）
　架空人物（須佐之男命）
　架空伝承（素戔嗚尊　すさのおのみこと）〔像〕
　架空伝説（須佐之男命　すさのおのみこと）
　歌舞伎登（素戔嗚尊　すさのおのみこと）
　神様読解（建速須佐之男神(命)/素戔嗚尊/素戔嗚尊　たけはやすさのおのかみ・すさのおのみこと・すさのおのみこと）〔像〕
　神文化史（建速須佐之男命(記)、素戔嗚尊(紀)　スサノオ）
　奇談逸話（素戔嗚尊　すさのおのみこと）
　広辞苑6（素戔嗚尊・須佐之男命　すさのおのみこと）
　古典人学（須佐之男命　すさのおのみこと）
　コン5（素戔嗚尊　すさのおのみこと）
　新潮日本（素戔嗚尊　すさのおのみこと）
　神仏辞典（須佐之男命・素戔嗚尊　すさのおのみこと）
　神話伝説（須佐之男命　すさのおのみこと）

すさの

人物伝承（素戔嗚尊　すさのおのみこと）
世神辞典（スサノヲ〈須佐之男命〉）
説話伝説（須佐之男命　すさのおのみこと）
世百新（素戔嗚尊　すさのおのみこと）
大辞林3（素戔嗚尊・須佐之男命　すさのおのみこと）
伝奇伝説（須佐之男命　すさのおのみこと）
東洋神名（須佐之男命　スサノオノミコト）〔像〕
日本神々（須佐之男命　すさのおのみこと）
日本神様（祇園信仰の神〔素戔嗚尊〕　ぎおんしんこうのかみ）〔像〕
日本人名（素戔嗚尊　すさのおのみこと）
日本神話（スサノヲ）
ラル神々（須佐之男命）〔像〕

須佐神　すさのかみ
紀伊国在田郡の須佐神社の祭神。また、出雲国飯石郡式内社五社の『延喜式』の須佐神社の祭神。
¶**神仏辞典**（須佐神　すさのかみ）

簀狭之八箇耳神　すさのやつみみのかみ
⇒足名椎（あしなづち）

厨子王　ずしおう
説経節『山荘太夫』および、それを元に書かれた森鷗外作『山椒大夫』（1915）に登場する姉弟の弟。
¶**朝日歴史**（安寿・厨子王　あんじゅ・ずしおう）
架空人日（厨子王　ずしおう）
架空人物（安寿、厨子王）
架空伝承（安寿・厨子王　あんじゅ・ずしおう）〔像〕
架空伝説（安寿・厨子王　あんじゅ・ずしおう）
古典人東（厨子王丸　ずしおうまる）
コン5（安寿・厨子王　あんじゅ・ずしおう）
新潮日本（安寿・厨子王　あんじゅ・ずしおう）
神仏辞典（安寿・厨子王　あんじゅ・ずしおう）
児童登場（厨子王）
説話伝説（安寿と厨子王　あんじゅとずしおう）
世百新（安寿・厨子王　あんじゅ・ずしおう）
大辞林3（厨子王　ずしおう）
伝奇伝説（安寿厨子王　あんじゅずしおう）
日本人名（安寿・厨子王　あんじゅ・ずしおう）

対王丸　づしおうまる
歌舞伎演目『由良湊千軒長者』に登場する、岩木政氏の子の姉弟のうち弟。
¶**歌舞伎登**（安寿姫・対王丸　あんじゅひめ・づしおうまる）

筋川源十郎　すじかわげんじゅうろう
歌舞伎演目『名誉仁政録』に登場する、直参の武士だが、強請、騙りの悪事を働く悪党。
¶**歌舞伎登**（筋川源十郎　すじかわげんじゅうろう）

崇峻天皇　すしゅんてんのう
第32代天皇。長欽明天皇の皇子。長谷部若雀天皇。泊瀬部天皇。蘇我馬子を除こうとして弑逆された。
¶**神仏辞典**（崇峻天皇　すしゅんてんのう）
説話伝説（崇峻天皇　すしゅんてんのう）

調所笑左衛門　ずしょしょうざえもん
島津家国家老。直木三十五作『南国太平記』、海音寺潮五郎作『二本の銀杏』の登場人物。
¶**時代小説**（調所笑左衛門『二本の銀杏』　じゅしょしょうざえもん）
時代小説（調所笑左衛門『南国太平記』　ずしょうざえもん）

須代神　すしろのかみ
丹後国与謝郡の国幣小社の須代神社の祭神。
¶**神仏辞典**（須代神　すしろのかみ）

水神こ　すじんこ
水の妖怪。新潟県頸城地方での河童の呼称。
¶**神仏辞典**（水神こ　すじんこ）
全国妖怪（スジンコ〔新潟県〕）
妖怪事典（スジンコ）

水神さあ　すじんさあ
九州南部で、水をつかさどる神。
¶**神仏辞典**（水神さあ　すじんさあ）

崇神天皇　すじんてんのう
第10代に数えられる天皇。もろもろの国津神を祭り、また伊勢神宮の創始に関係したとされる。
¶**朝日歴史**（崇神天皇　すじんてんのう）
架空人日（崇神天皇　すじんてんのう）
架空伝承（崇神天皇　すじんてんのう）
神様読解（崇神天皇/御真木入日子印恵命　すじんてんのう・みまきいりひこいにえのみこと）
コン5（崇神天皇　すじんてんのう）
神仏辞典（崇神天皇　すじんてんのう）
神話伝説（崇神天皇　すじんてんのう）
日本人名（崇神天皇　すじんてんのう）

水神どん　すじんどん
水の妖怪。鹿児島県垂水市での河童の呼称。
¶**神仏辞典**（水神どん　すじんどん）
全国妖怪（スジンドン〔鹿児島県〕）
妖怪事典（スジンドン）

鈴鹿御前　すずかごぜん
鈴鹿山に棲んでいたとされる鬼女。立烏帽子ともいう。
¶**幻想動物**（鈴鹿御前）〔像〕

錫ケ森の雲助　すずがもりのくもすけ
歌舞伎演目『錫ケ森』に登場する、金になる美しい若衆を捕まえようとして、かえって懲らしめられる人足。
¶**歌舞伎登**（錫ケ森の雲助　すずがもりのくもすけ）

鈴川源十郎　すずかわげんじゅうろう
林不忘作『丹下左膳』の登場人物。
¶**時代小説**（鈴川源十郎　すずかわげんじゅうろう）

鈴木源之丞　すずきげんのじょう
江戸時代中期の一揆指導者。摺騒動の頭取として処刑される。のち喜国大明神として祀られた。

¶日本人名（鈴木源之丞 すずきげんのじょう [生]? [没]1765年）

鈴木正三 すずきしょうさん
江戸時代の僧侶。独自の「仁王禅」という禅と念仏を修める仏法を説いた。怨霊や祟りなど、見聞きした怪事を書き留めて教化の手段とし、その集大成は没後に『因果物語』として出版された。
¶神仏辞典（鈴木正三 すずきしょうさん [生]1579年 [没]1655年）
説話伝説（鈴木正三 すずきしょうさん [生]天正7(1579)年 [没]明暦1(1655)年）

鈴木綱四郎光政 すずきつなしろうみつまさ
五味康祐作『柳生連也斎』の登場人物。
¶時代小説（鈴木綱四郎光政 すずきつなしろうみつまさ）

須須岐水神 すすきのみずのかみ
『日本三代実録』に所出。信濃国の神。
¶神仏辞典（須須岐水神 すすきのみずのかみ）

鈴木平八 すずきへいはち
井原西鶴作『男色大鑑』の登場人物。「品形」ともに優れた若衆方の随一の役者。
¶古典人学（鈴木平八 すずきへいはち）

鱸孫市 すずきまごいち
歌舞伎演目『絵本太功記』に登場する、石山本願寺派の杉の森の砦に立て籠る鱸重成の一子。
¶歌舞伎登（鱸孫市 すずきまごいち）

鈴木三樹三郎 すずきみきさぶろう
新選組隊士。子母澤寛作『新選組始末記』の登場人物。
¶時代小説（鈴木三樹三郎 すずきみきさぶろう）

鈴木主水 すずきもんど
江戸内藤新宿橋本屋の遊女白糸と情死し、家名断絶となったと伝えられる武士。
¶架空伝承（鈴木主水 すずきもんど [生]? [没]享和1(1801)年）
歌舞伎登（鈴木主水 すずきもんど）
広辞苑6（鈴木主水 すずきもんど [生]? [没]1801年）
新潮日本（鈴木主水 すずきもんど [生]? [没]享和1(1801)年）
神話伝説（鈴木主水 すずきもんど）
説話伝説（鈴木主水 すずきもんど）
世百新（鈴木主水 すずきもんど [生]? [没]享和1(1801)年）
伝奇伝説（鈴木主水 すずきもんど）
日本人名（鈴木主水(2) すずきもんど [生]? [没]1801年）

煤け行灯 すすけあんどん
火の妖怪。石川県金沢の俗伝。
¶神仏辞典（煤け行灯 すすけあんどん）
全国妖怪（ススケアンドン〔石川県〕）
妖怪事典（ススケアンドン）

煤け提灯 すすけちょうちん
新潟県地方でいう怪火。
¶神仏辞典（煤け提灯 すすけぢょうちん）
全国妖怪（ススケジョウチン〔新潟県〕）
妖怪事典（ススケチョウチン）

須須神 すずのかみ
能登国珠洲郡の須須神社の祭神。
¶神仏辞典（須須神 すずのかみ）

鈴彦姫 すずひこひめ
鳥山石燕の『画図百器徒然袋』に頭部に鈴をつけた女の姿で描かれた妖怪。
¶妖怪事典（スズヒコヒメ）
妖怪大事典（鈴彦姫 すずひこひめ）

進 すすむ★
吉本直志郎作「青葉学園物語」全五冊(1978-81)の登場人物。
¶児童登場（進）

雀の長者 すずめのちょうじゃ
すずめに因縁を持つ長者話の主人公。
¶説話伝説（雀の長者 すずめのちょうじゃ）
伝奇伝説（すずめの長者 すずめのちょうじゃ）

雀報恩事の老女 すずめほうおんのことのろうじょ
説話集『宇治拾遺物語』「舌切雀」の原型となった話に登場する善人の老女。
¶架空人日（雀報恩事の老女 すずめほうおんのことのろうじょ）

雀報恩の隣の女 すずめほうおんのとなりのおんな
『宇治拾遺物語』の登場人物。雀を助けた恩返しに無尽蔵に米の生ずるひさごを手に入れた女の隣に住む欲深い女。
¶古典人学（雀報恩の隣の女 すずめほうおんのとなりのおんな）

硯の魂 すずりのたましい
鳥山石燕の『今昔百鬼拾遺』に描かれたもの。赤間ヶ関(山口県下関)の硯で、平家の怨霊が憑いたものか。
¶妖怪事典（スズリノタマシイ）
妖怪大全（硯の精 すずりのせい）〔像〕
妖怪大事典（硯の魂 すずりのたましい）〔像〕

須勢理比売命 すせりびめのみこと
素戔嗚尊の娘で、大国主命の正妻。
¶朝日歴史（須勢理毘売命 すせりびめのみこと）
アジア女神（須勢理毘女 すせりびめ）
架空人日（須勢理毘売 すせりびめ）
神様読解（須勢理比売命/須勢理毘売命 すせりびめのみこと・すせりびめのみこと）
広辞苑6（須勢理毘売 すせりびめ）
新潮日本（須勢理毘売命 すせりびめのみこと）
神仏辞典（須勢理毘売命・須世理毘売命 すせりび

す

めのみこと）
神話伝説（須勢理毘売　すせりびめ）
説話伝説（須勢理毘売　すせりびめ）
世百新（須勢理毘売命　すせりびめのみこと）
大辞林3（須勢理毘売　すせりびめ）
伝奇伝説（須勢理毘売　すせりびめ）
日本人名（須勢理毘売命　すせりびめのみこと）
日本神話（スセリビメ）

須谷神　すたにのかみ
但馬国気多郡の須谷神社の祭神。
¶神仏辞典（須谷神　すたにのかみ）

須多神　すたのかみ
出雲国意宇郡式内社四八社の『延喜式』の須多神社の祭神。
¶神仏辞典（須多神　すたのかみ）

須田平九郎　すだへいくろう
童門冬二作『上杉鷹山』の登場人物。
¶時代小説（須田平九郎　すだへいくろう）

須多下神　すたべのかみ
出雲国意宇郡式外社19社の須多下社の祭神。
¶神仏辞典（須多下神・須多閉神　すたべのかみ）

魑魅　すだま
⇒魑魅（ちみ）

須田満主　すだみつたけ
米沢藩江戸家老。童門冬二作『上杉鷹山』の登場人物。
¶時代小説（須田満主　すだみつたけ）

須田弥兵衛妻　すだやへえつま
鈴木正三作『二人比丘尼』の登場人物。下野国の住人で、二十五歳で討死した男の妻。
¶古典人学（須田弥兵衛妻　すだやへえつま）

すだれの芳松　すだれのよしまつ
歌舞伎演目『江戸育御祭佐七』に登場する、お祭り佐七の子分の鳶の者。
¶歌舞伎登（すだれの芳松）

須智荒木神　すちあらきのかみ
伊賀国阿拝郡の須智荒木神社の祭神。
¶神仏辞典（須智荒木神　すちあらきのかみ）

朱智神　すちのかみ
山城国綴喜郡の朱智神社の祭神。
¶神仏辞典（朱智神　すちのかみ）

須知神　すちのかみ
大和国の国司による祈雨の祭祀がなされた。
¶神仏辞典（須知神　すちのかみ）

すっぽん
海上に現れたスッポンの化け物。
¶水木世幻獣（すっぽん）〔像〕

すっぽんの幽霊　すっぽんのゆうれい
すっぽんのような顔をしており、足が長い幽霊。
¶水木妖怪（すっぽんの幽霊）〔像〕
妖怪大全（すっぽんの幽霊）〔像〕

すて
新宮正春作『芭蕉庵捕物帳』の登場人物。
¶時代小説（すて）

捨石丸　すていしまる
上田秋成作『春雨物語』「捨石丸」の登場人物。陸奥・小田の長者に仕える怪力の大男。
¶架空人日（捨石丸　すていしまる）
古典人学（捨石丸　すていしまる）
古典人東（捨石丸　すていしまる）

捨吉　すてきち
笹沢左保作『木枯し紋次郎』の登場人物。
¶時代小説（捨吉　すてきち）

ステファン・マホウスキ
船戸与一作『蝦夷地別件』の登場人物。
¶時代小説（ステファン・マホウスキ）

捨松　すてまつ
合巻『児雷也豪傑譚』（1839-68）に登場する児雷也に助けられ、仇討ちをした人物。
¶架空人日（捨松　すてまつ）

舜天丸　すてまる
⇒舜天（しゅんてん）

捨若丸　すてわかまる
歌舞伎演目『けいせい稚児淵』に登場する、清水寺に捨て子にされて育った稚児。
¶歌舞伎登（捨若丸　すてわかまる）

須藤賀源太　すどうかげんた
五味康祐作『柳生武芸帳』の登場人物。
¶時代小説（須藤賀源太　すどうかげんた）

須藤康平　すどうこうへい
紀田順一郎の『古本屋探偵の事件簿』の主人公。
¶名探偵日（須藤康平　すどうこうへい）

崇道天皇　すどうてんのう
⇒早良親王（さわらしんのう）

須藤六郎右衛門　すどうろくろうえもん
歌舞伎演目『非人敵討』に登場する敵役の人物。
¶歌舞伎登（須藤六郎右衛門　すどうろくろうえもん）

崇徳院　すとくいん
第75代に数えられる天皇(在位1123-41)。保元の乱の後、讃岐に配流され怨みを抱いて没したことから怨霊伝説が生まれた。様々に作品化され、『雨月物語』では西行の前に霊として現れる。
¶架空人日　(崇徳院の御霊　すとくいんのみたま)
　架空人日　(崇徳上皇　すとくじょうこう)
　架空伝承　(崇徳院　すとくいん　㊤元永2(1119)年　㊦長寛2(1164)年)〔像〕
　歌舞伎登　(崇徳院1『貞操花鳥羽恋塚』　すとくいん)
　歌舞伎登　(崇徳上皇(崇徳院)2『椿説弓張月』　すとくじょうこう(すとくいん))
　奇談逸話　(崇徳院　すとくいん　㊤元永2(1119)年　㊦長寛2(1164)年)
　古典人学　(崇徳院『保元物語』　しゅうとくいん)
　古典人学　(崇徳院『雨月物語』「白峯」　すとくいん)
　古典人東　(崇徳院『雨月物語』「白峯」　すとくいん)
　古典人東　(崇徳院『保元物語』　すとくいん)
　人物伝承　(崇徳天皇　すとくてんのう　㊤元永2(1119)年　㊦長寛2(1164)年)
　説話伝説　(崇徳天皇　すとくてんのう　㊤元永2(1119)年　㊦長寛2(1164)年)
　伝奇伝説　(崇徳天皇　すとくてんのう　㊤元永2(1119)年　㊦長寛2(1164)年)〔像〕
　東洋神名　(崇徳上皇　ストクジョウコウ)〔像〕
　日ミス　(崇徳上皇　すとくじょうこう　㊤元永2(1119)年　㊦長寛2(1164)年)
　日本神々　(崇徳天皇　すとくいん　㊤元永2(1119)年　㊦長寛2(1164)年8月26日)〔像〕
　日本神様　(御霊信仰の神々〔崇徳天皇〕　ごりょうしんこうのかみがみ)
　日本人名　(崇徳天皇　すとくてんのう　㊤1119年　㊦1164年)
　妖怪大鑑　(崇徳院(白峰)　すとくいん(しらみね))〔像〕
　妖怪大事典　(崇徳上皇の怨霊　すとくじょうこうのおんりょう)〔像〕

須永市蔵　すながいちぞう
夏目漱石作『彼岸過迄』(1912)に登場する、敬太郎の友人。
¶架空人日　(須永市蔵　すながいちぞう)

砂掛け婆　すなかけばばあ
高い木の上から砂をふりかけ、通る人をおどろかす妖怪。奈良県、兵庫県でいう。
¶幻想動物　(砂掛け婆)〔像〕
　神仏辞典　(砂掛け婆　すなかけばばあ)
　全国妖怪　(スナカケババ〔兵庫県〕)
　全国妖怪　(スナカケババ〔奈良県〕)
　水木妖怪続　(砂かけ婆)〔像〕
　妖怪事典　(スナカケババア)
　妖怪図鑑　(砂かけ婆　すなかけばばあ)〔像〕
　妖怪大全　(砂かけ婆　すなかけばばあ)〔像〕
　妖怪大事典　(砂かけ婆　すなかけばばあ)〔像〕

砂降らし　すなふらし
道の妖怪。動物(狸)の妖怪。徳島県鳴門市小桑島の俗伝。
¶神仏辞典　(砂降らし　すなふらし)
　全国妖怪　(スナフラシ〔徳島県〕)
　妖怪事典　(スナフラシ)

砂撒き　すなまき
動物(狸・鼬)の妖怪。道の妖怪。佐渡、津軽・越後・備中など、全国各地に広く伝えられる。
¶神仏辞典　(砂撒き　すなまき)

砂撒き鼬　すなまきいたち
新潟県大面村でいう怪異。
¶全国妖怪　(スナマキイタチ〔新潟県〕)
　妖怪事典　(スナマキイタチ)
　妖怪大事典　(砂撒き鼬　すなまきいたち)

砂撒き狐　すなまききつね
青森県三戸郡五戸町でいう狐の怪異。
¶妖怪事典　(スナマキキツネ)
　妖怪大事典　(砂撒き狐　すなまききつね)

砂撒き猿　すなまきざる
『日本妖怪変化語彙』に挙げられている妖怪の名。全国各地に伝わる。
¶妖怪事典　(スナマキザル)

砂撒き地蔵　すなまきじぞう
福島県草野村北神谷薬師堂(いわき市)でいう怪異。
¶妖怪事典　(スナマキジゾウ)

砂撒き狸　すなまきだぬき
青森県津軽地方、新潟県、愛知県、福岡県ほかの地方でいう狸の怪異。
¶全国妖怪　(スナマキダヌキ〔千葉県〕)
　全国妖怪　(スナマキダヌキ〔新潟県〕)
　全国妖怪　(スナマキダヌキ〔岡山県〕)
　全国妖怪　(スナマキダヌキ〔福岡県〕)
　妖怪事典　(スナマキダヌキ)
　妖怪大事典　(砂撒き狸　すなまきたぬき)

スネカ
岩手県の陸中海岸寄りで、小正月に現われる来訪神または妖怪。なまけもののしるしとされる脛に生じた火斑を剥ぎ取りに来る。
¶東洋神名　(スネカ)〔像〕
　水木妖怪続　(スネカ)〔像〕
　妖怪事典　(スネカ)
　妖怪大全　(スネカ)〔像〕
　妖怪大事典　(スネカ)〔像〕

脛擦り　すねこすり
道の妖怪。岡山県小田郡の俗伝。脚にからみついて走るのを妨げる。
¶幻想動物　(脛擦り)〔像〕
　神仏辞典　(脛擦り　すねこすり)
　全国妖怪　(スネコスリ〔岡山県〕)
　妖怪事典　(スネコスリ)
　妖怪大全　(すねこすり)〔像〕
　妖怪大事典　(脛こすり　すねこすり)〔像〕

洲崎政吉　すのさきのまさきち
　実録『天保水滸伝』(江戸末期)に登場する侠客。
　¶架空人日（洲崎政吉　すのさきのまさきち）

簀乃波神　すのはのかみ
　『日本三代実録』に所出。伊勢国の神。
　¶神仏辞典（簀乃波神　すのはのかみ）

墨俣神　すのまたのかみ
　美濃国安八郡の墨俣神社の祭神。
　¶神仏辞典（墨俣神　すのまたのかみ）

須波伎部神　すはきべのかみ
　丹波国何鹿郡の須波伎部神社の祭神。
　¶神仏辞典（須波伎部神　すはきべのかみ）

すばしりお熊　すばしりおくま
　歌舞伎演目『処女評判善悪鏡』に登場する、雲切お六を頭とする女盗賊の一味。
　¶歌舞伎登（すばしりお熊）

素走り熊五郎　すばしりくまごろう
　雲霧仁左衛門の元手下。
　¶架空伝説（素走り熊五郎　すばしりくまごろう）

須比智邇神　すひぢにのかみ
　泥土の女神。宇比地邇神と男女一対をなす。沙土煮尊、沙土根尊とも。
　¶アジア女神（須比智邇神　すひぢにのかみ）
　　神様読解（宇比地邇神/埿土煮尊/沙土煮尊・泥土根尊/沙土根尊　うひぢにのかみ・うひぢにのみこと・すひぢにのみこと・うびぢねのみこと・すひぢねのみこと）
　　神様読解（妹須比智邇神　すひぢにのかみ）
　　神仏辞典（須比智邇神　すひじにのかみ）
　　東洋神名（宇比地邇神と須比智邇神　ウヒヂニノカミ＆スヒヂニノカミ）〔像〕
　　日本人名（沙土煮尊　すいじにのみこと）

周敷神　すふのかみ
　伊予国桑村郡の周敷神社の祭神。
　¶神仏辞典（周敷神　すふのかみ）

スブやん
　野坂昭如の『エロ事師たち』に登場する人物。
　¶架空人物（スブやん）

ずぶ六　ずぶろく
　歌舞伎演目『東海道四谷怪談』に登場する、浅草観音境内の非人。
　¶歌舞伎登（ずぶ六）

頭武六　ずぶろく
　滝亭鯉丈作の滑稽本『八笑人』に登場する、八笑人の一人。
　¶架空人日（頭武六　ずぶろく）

須倍神　すべのかみ
　遠江国引佐郡の須倍神社、若狭国三方郡の須部神社の祭神。
　¶神仏辞典（須倍神・須部神　すべのかみ）

須磨衣　すまぎぬ
　梅暮里谷峨作の洒落本『傾城買二筋道』(1798)に登場する遊女。
　¶架空人日（須磨衣　すまぎぬ）
　　架空伝説（須磨衣　すまぎぬ）

隅太郎　すまたら
　福島県南会津郡田島町における、こどもの遊びにともなう怪異。
　¶神仏辞典（隅太郎　すまたら）

隅の婆様　すまのばさま
　⇒隅の婆様（すみのばさま）

隅坊主　すまほうず
　家の妖怪。岩手県北上市平沢に伝承がある。
　¶神仏辞典（隅坊主　すまほうず）
　　妖怪事典（スマボウズ）
　　妖怪大事典（隅坊主　すまほうず）

須麻漏売神　すまろめのかみ
　伊勢国多気郡の須麻漏売神社の祭神。
　¶神仏辞典（須麻漏売神・須麻留神　すまろめのかみ）

墨坂神　すみさかのかみ
　信濃国高井郡の墨坂神社の祭神。
　¶神仏辞典（墨坂神　すみさかのかみ）

墨染　すみぞめ
　歌舞伎演目『積恋雪関扉』に登場する、都の傾城。本性は人体を借りた桜の精。
　¶歌舞伎登（墨染　すみぞめ）

須美禰神　すみねのかみ
　出雲国大原郡式内社一三社の宇乃遅社、『延喜式』の宇能遅社に坐す須美禰神社の祭神。
　¶神仏辞典（須美禰神　すみねのかみ）

角の隠居　すみのいんきょ
　歌舞伎演目『四千両小判梅葉』六幕目大切「伝馬町大牢」の場に登場する牢内役人の一人、音羽の勘右衛門。
　¶歌舞伎登（角の隠居　すみのいんきょ）

墨江三神　すみのえさんじん
　黄泉国から還った伊邪那岐が禊をした際に出現した、底筒之男命・中筒之男命・上筒之男命の総称。住吉神社の祭神。「すみよし」とも読み、墨江三前大神、住吉大神などとも。
　¶神様読解（墨江三神/住吉三神　すみのえさんじん・すみよしさんじん）

奇談逸話（住吉の神　すみよしのかみ）
広辞苑6（住吉神・墨江神　すみのえのかみ）
神仏辞典（墨江大神・住吉大神　すみのえのおおかみ）
神話伝説（住吉の神　すみよしのかみ）
説話伝説（住吉の神　すみよしのかみ）
大辞林3（住吉神　すみのえのかみ）
東洋神名（住吉三神　スミヨシサンシン）〔像〕
日本神話（スミノエ三神　すみのえさんしん）

住吉荒御影神　すみのえのあらみかげのかみ
『日本三代実録』に所出。長門国の神。
¶神仏辞典（住吉荒御影神　すみのえのあらみかげのかみ）

住吉荒御魂神　すみのえのあらみたまのかみ
長門国豊浦郡の住吉荒御魂神社三座の祭神。
¶神仏辞典（住吉荒御魂神　すみのえのあらみたまのかみ）

住吉神　すみのえのかみ
筑前国那珂郡の住吉神社三座、対馬嶋下県郡の住吉神社、壱岐嶋壱岐郡の住吉神社、陸奥国磐城郡の住吉神社の祭神。
¶神仏辞典（住吉神　すみのえのかみ）

住吉仲皇子　すみのえのなかつみこ
説話上の仁徳天皇の皇子。母は磐之媛命。5世紀中葉、皇位争いに敗れた。
¶コン5（住吉仲皇子　すみのえのなかつみこ）
　新潮日本（住吉仲皇子　すみのえのなかつみこ）
　日本人名（住吉仲皇子　すみのえのなかつおうじ）

炭竈山神　すみのかまどのやまのかみ
『延喜式』に所出。諸司の春祭・秋祭において祭られる。
¶神仏辞典（炭竈山神　すみのかまどのやまのかみ）

角倉了以　すみのくらりょうい
桃山・江戸初期の豪商。河川開墾土木工事の大家、朱印船貿易家。
¶説話伝説（角倉了以　すみのくらりょうい　㊤天文23（1554）年　㊦慶長19（1614）年）
　伝奇伝説（角倉了以　すみのくらりょうい　㊤天文23（1554）年　㊦慶長19（1614）年）〔像〕

隅の婆様　すみのばさま
山形県米沢地方で行われた一種の胆試しのようなものに現れる妖怪。
¶神仏辞典（隅の婆様　すまのばさま）
　妖怪事典（スミノバサマ）
　妖怪大事典（隅の婆様　すみのばさま）

炭焼き小五郎　すみやきこごろう
大分県大野郡、海部郡を中心として類話が全国的に流布する「炭焼き長者」話の主人公。名を藤太と称することもある。
¶朝日歴史（炭焼小五郎　すみやきこごろう）
　コン5（炭焼小五郎　すみやきこごろう）
　神仏辞典（炭焼き藤太　すみやきとうた）

説話伝説（炭焼き小五郎　すみやきこごろう）
伝奇伝説（炭焼き小五郎　すみやきこごろう）
日本人名（炭焼小五郎　すみやきこごろう）

墨屋団兵衛　すみやだんべえ
井原西鶴作の浮世草子『本朝二十不孝』（1686）巻五の第二「八人の猩々講」の大酒飲み。
¶架空人日（墨屋団兵衛　すみやだんべえ）

住谷寅之介　すみやとらのすけ
水戸藩士。司馬遼太郎『竜馬がゆく』の登場人物。
¶時代小説（住谷寅之介　すみやとらのすけ）

住吉慶恩　すみよしけいおん
鎌倉時代の画家。住吉派の祖と伝えられるが、その存在は疑わしい。
¶コン5（住吉慶恩　すみよしけいおん　生没年不詳）

住吉の姫君　すみよしのひめぎみ
『住吉物語』の主人公で貴族。父は中納言、母は宮。
¶古典人東（住吉の姫君　すみよしのひめぎみ）

住吉屋次郎兵衛　すみよしやじろべえ
滝亭鯉丈作の滑稽本『八笑人』に登場する、神田川の船宿の主人。
¶架空人日（住吉屋次郎兵衛　すみよしやじろべえ）

住道神　すむじのかみ
『延喜式』に所出。住道神二座が東宮八十嶋祭にあずかる。
¶神仏辞典（住道神　すむじのかみ）

須牟地曾祢神　すむちそねのかみ
摂津国住吉郡の須牟地曾祢神社の祭神。
¶神仏辞典（須牟地曾祢神　すむちそねのかみ）

須売伊呂大中日子王　すめいろおおなかひこのみこ
第12代景行天皇の妃・訶具漏比売の父神。
¶神様読解（須売伊呂大中日子王　すめいろおおなかひこのみこ）
　日本人名（須売伊呂大中日子王　すめいろおおなかつひこのみこ）

皇御祖命　すめみおやのみこと
皇統の祖神。
¶神仏辞典（皇御祖命　すめみおやのみこと）

相撲の神　すもうのかみ
建御雷之男神、あるいは野見宿禰と当麻蹶速があげられる。
¶日本神様（相撲の神）

相撲弘光　すもうひろみつ
『十訓抄』の登場人物。鳥羽院の時の相撲人。

¶古典人学（相撲弘光　すもうひろみつ）

すり九郎兵衛　すりくろべえ
歌舞伎演目『太刀盗人』に登場する、田舎者万兵衛から盗んだ太刀をわが物にしようとして、詮議する目代を欺くすり。
¶歌舞伎登（すり九郎兵衛）

摺針太郎　すりはりたろう
歌舞伎演目『鎌倉三代記』に登場する、琵琶湖のほとり矢橋に住み湖上を仕事場とする盗賊。
¶歌舞伎登（摺針太郎　すりはりたろう）

須利耶圭　すりやけい
宮沢賢治作『雁の童子』に登場する、西域の沙車（ヤルカンド）の写経師。
¶架空人日（須利耶圭　すりやけい）

駿河次郎清繁　するがのじろうきよしげ
歌舞伎演目『義経千本桜』に登場する源義経家臣。
¶歌舞伎登（駿河次郎清繁　するがのじろうきよしげ）

須流神　するのかみ
但馬国出石郡の須流神社の祭神。
¶神仏辞典（須流神　するのかみ）

須波阿須疑神　すわあすきのかみ
越前国今立郡の須波阿須疑神社三座の祭神。
¶神仏辞典（須波阿須疑神　すわあすきのかみ）

諏訪栄三郎　すわえいざぶろう
林不忘作『丹下左膳』の登場人物。
¶時代小説（諏訪栄三郎　すわえいざぶろう）

須波神　すわのかみ
『日本三代実録』に所出。出羽国の神。また、山城国愛宕郡の須波神社の祭神。
¶神仏辞典（須波神　すわのかみ）

須波麻神　すわまのかみ
河内国讃良郡の須波麻神社の祭神。
¶神仏辞典（須波麻神　すわまのかみ）

諏訪明神　すわみょうじん
長野県諏訪大社を中心に全国的に信仰される神。
¶奇談逸話（諏訪明神　すわみょうじん）
説話伝説（諏訪明神　すわみょうじん）

簀原神　すわらのかみ
『日本三代実録』『延喜式』に所出。山城国乙訓郡の簀原神社。
¶神仏辞典（簀原神　すわらのかみ）

須波若御子神　すわわかみこのかみ
遠江国磐田郡の須波若御子神社の祭神。
¶神仏辞典（須波若御子神　すわわかみこのかみ）

すんで
山の妖怪。長野県北安曇郡でいう。
¶神仏辞典（すんで）
全国妖怪（スンデ〔長野県〕）
妖怪事典（スンデ）

随戸平　ずんどへい
歌舞伎演目『幼稚子敵討』に登場する、紀州（和歌山県）有田家の武術指南役民谷新左衛門に奉公していた忠義心厚い奴。
¶歌舞伎登（随戸平　ずんどへい）

駿府の安鶴　すんぷのあんつる
幕末の駿府の奇人。狐の証文事件、逆立ちで川を渡った話で知られる。
¶説話伝説（駿府の安鶴　すんぷのあんつる　[生]文化8（1811）年　[没]明治5（1872）年）
伝奇伝説（駿府の安鶴　すんぷのあんつる　[生]文化8（1811）年　[没]明治5（1872）年）

ずんべら坊　ずんべらぼう
昔、津軽領（青森県）弘前に現れた、鼻も目も口もない妖怪。のっぺら坊のこと。
¶水木妖怪続（ずんべら坊）〔像〕
妖怪事典（ズンベラボウ）
妖怪大全（ずんべら坊　ずんべらぼう）〔像〕
妖怪大事典（ずんべら坊　ずんべらぼう）
妖百3（ずんべらぼう）〔像〕

【せ】

世阿弥　ぜあみ
南北朝から室町前期の能役者・能作者。父の観阿弥とともに能を大成した。
¶架空伝承（世阿弥　ぜあみ　[生]正平18/貞治2（1363）年?　[没]嘉吉3（1443）年?）
奇談逸話（世阿弥　ぜあみ　[生]貞治2（1363）年?　[没]嘉吉3（1443）年?）
時代小説（世阿弥元清　ぜあみもときよ）
説話伝説（世阿弥　ぜあみ　[生]貞治2（1363）年?　[没]嘉吉3（1443）年?）
伝奇伝説（世阿弥　ぜあみ　[生]貞治2（1363）年?　[没]嘉吉3（1443）年?）

精　せい
物体に宿ることでその物体を動かす力を持つとされている不思議な存在。
¶幻想動物（精）〔像〕

蜺庵　ぜいあん
狐の妖怪。信濃国の千野兵庫に卜筮をもって仕えた。
¶神仏辞典（蜺庵　ぜいあん）
全国妖怪（ゼイアンキツネ〔長野県〕）

清悦　せいえつ
義経高館落城のとき、戦死せず、それより四百余年の長寿を保って、当時の合戦の模様を語って歩いたという男。
- ¶神話伝説　(清悦　せいえつ)
- 日本人名　(清悦　せいえつ)

静海　せいかい
半村良作『妖星伝』の登場人物。
- ¶時代小説　(静海　せいかい)

清吉　せいきち
谷崎潤一郎作『刺青』(1910)に登場する刺青師。
- ¶架空人日　(清吉　せいきち)

清吉　せいきち
⇒清心(せいしん)

清吉　せいきち
山手樹一郎作『夢介千両みやげ』の登場人物。
- ¶時代小説　(清吉　せいきち)

清玄　せいげん
近世初頭の誕生と思われる物語の主人公。京都の清水寺の僧。桜姫に恋い焦がれ、破戒し追いかけるが叶わず、逆に殺される。
- ¶架空伝承　(清玄・桜姫　せいげん・さくらひめ)〔像〕
- 歌舞伎登　(清玄 1『桜姫東文章』　せいげん)〔像〕
- 歌舞伎登　(清玄 2『一心二河白道』　せいげん)
- 歌舞伎登　(清玄 3『清水清玄六道巡』　せいげん)
- 広辞苑6　(清水清玄　きよみずせいげん)
- 広辞苑6　(清玄桜姫　せいげん・さくらひめ)
- 古典人学　(清玄　せいげん)
- コン5　(清玄・桜姫　せいげん・さくらひめ)
- 説話伝説　(清玄桜姫　せいげんさくらひめ)
- 大辞林3　(清水清玄　きよみずせいげん)
- 伝奇伝説　(清玄桜姫　せいげんさくらひめ)
- 日本人名　(清玄・桜姫　せいげん・さくらひめ)

清玄尼　せいげんに
歌舞伎演目『隅田川花御所染』に登場する、入間の姉姫花子の前が尼になった名。
- ¶歌舞伎登　(清玄尼　せいげんに)

誠吾　せいご
夏目漱石作『それから』(1909)の主人公代助の兄。
- ¶架空人日　(誠吾　せいご)

清五郎　せいごろう
笹沢左保作『木枯し紋次郎』の登場人物。
- ¶時代小説　(清五郎　せいごろう)

清七　せいしち
柳亭種彦作『正本製』の登場人物。道具屋小浪屋の養子。
- ¶古典人学　(清七　せいしち)

清七　せいしち
山本周五郎作『さぶ』の登場人物。
- ¶時代小説　(清七　せいしち)

勢至菩薩　せいしぼさつ
知恵によって人々を救済する菩薩。
- ¶神仏辞典　(勢至菩薩　せいしぼさつ)
- 大辞林3　(勢至菩薩　せいしぼさつ)〔像〕
- 東洋神名　(勢至菩薩　セイシボサツ)〔像〕
- 日本人名　(勢至菩薩　せいしぼさつ)〔像〕
- 仏尊事典　(勢至菩薩　せいしぼさつ)〔像〕

勢州屋質兵衛　せいしゅうやしちべえ
滝亭鯉丈作の滑稽本『八笑人』に登場する商人。
- ¶架空人日　(勢州屋質兵衛　せいしゅうやしちべえ)

清十郎　せいじゅうろう
井原西鶴の『好色五人女』巻1「姿姫路清十郎物語」や近松門左衛門浄瑠璃『五十年忌歌念仏』などに登場する。
- ¶朝日歴史　(お夏・清十郎　おなつ・せいじゅうろう)
- 架空人日　(清十郎　せいじゅうろう)
- 架空人日　(お夏・清十郎　おなつ・せいじゅうろう)
- コン5　(お夏・清十郎　おなつ・せいじゅうろう)
- 新潮日本　(お夏・清十郎　おなつ・せいじゅうろう)
- 神話伝説　(お夏清十郎　おなつせいじゅうろう)
- 説話伝説　(おなつ清十郎　おなつせいじゅうろう)
- 伝奇伝説　(お夏清十郎　おなつせいじゅうろう)
- 日本人名　(お夏・清十郎　おなつ・せいじゅうろう)

清正公　せいしょうこう
⇒加藤清正(かとうきよまさ)

清少納言　せいしょうなごん
平安中期の女流文学者。『枕草子』の作者。
- ¶架空伝承　(清少納言　せいしょうなごん ④康保3(966)年? ②万寿2(1025)年?)
- 架空伝説　(清少納言　せいしょうなごん)〔像〕
- 奇談逸話　(清少納言　せいしょうなごん ④康保年間(964)年 ②寛仁年間(1020)年頃)
- 古典人東　(清少納言　せいしょうなごん)
- 人物伝承　(清少納言　せいしょうなごん　生没年未詳)
- 説話伝説　(清少納言　せいしょうなごん　生没年不詳)
- 伝奇伝説　(清少納言　せいしょうなごん　生没年未詳)〔像〕

清次郎　せいじろう
岡本綺堂作『半七捕物帳』の登場人物。
- ¶時代小説　(清次郎　せいじろう)

性神　せいしん
性に関する民間信仰の対象となるもの。
- ¶神仏辞典　(性神　せいしん)

清心　せいしん
河竹黙阿弥作の歌舞伎『小袖曾我薊色縫』(「花街模様薊色縫」)の主人公。鎌倉極楽寺の所化であったが、鬼薊清吉と名のる盗賊となる。

¶架空伝承（十六夜・清心　いざよい・せいしん）
架空伝説（清吉　せいきち）〔像〕
歌舞伎登（鬼薊清吉　おにあざみせいきち）
広辞苑6（十六夜清心　いざよい・せいしん）
古典人学（清心　せいしん）
コン5（十六夜・清心　いざよい・せいしん）
新潮日本（十六夜・清心　いざよい・せいしん）
日本人名（十六夜・清心　いざよい・せいしん）

せ

清大工　せいだいく
歌舞伎演目『一本刀土俵入』に登場する、利根川沿い、布施に住む老いた船大工清吉。
¶歌舞伎登（清大工　せいだいく）

精大明神　せいだいみょうじん
元来は蹴鞠の神、転じて球技スポーツの守護神。滋賀県大津市松本の平野神社ほかで祀られる。
¶東洋神名（精大明神　セイダイミョウジン）〔像〕
日本神様（精大明神　せいだいみょうじん）
妖怪大鑑（精大明神　せいだいみょうじん）〔像〕

制吒迦童子　せいたかどうじ
不動明王の眷属の八大童子の第八。矜羯羅童子とともに、不動明王の侍者。
¶歌舞伎登（制咤迦童子　せいたかどうじ）
神仏辞典（制吒迦童子　せいたかどうじ）
大辞林3（制吒迦童子・勢多迦童子　せいたかどうじ）〔像〕
日本人名（制吒迦童子　せいたかどうじ）

清太郎　せいたろう
北原亞以子作『深川澪通り木戸番小屋』の登場人物。
¶時代小説（清太郎　せいたろう）

清徳聖　せいとくひじり
『宇治拾遺物語』の登場人物。詳伝不詳。愛宕山への三年間の山籠りなどしたとされる聖。
¶古典人学（清徳聖　せいとくひじり）

清寧天皇　せいねいてんのう
記紀系譜では第22代天皇。
¶コン5（清寧天皇　せいねいてんのう）
日本人名（清寧天皇　せいねいてんのう）

青農　せいのう
山口県萩市見島の旧八幡宮の拝殿に祀られる神。
¶神仏辞典（青農　せいのう）

清兵衛　せいべえ
志賀直哉作『清兵衛と瓢箪』(1913)に登場する小学生。
¶架空人日（清兵衛　せいべえ）

清兵衛　せいべえ
城昌幸作『若さま侍捕物手帖』の登場人物。
¶時代小説（清兵衛　せいべえ）

清兵衛　せいべえ
横溝正史作『人形佐七捕物帳』の登場人物。
¶時代小説（清兵衛　せいべえ）

清兵衛　せいべえ
藤沢周平作『本所しぐれ町物語』の登場人物。
¶時代小説（清兵衛　せいべえ）

成務天皇　せいむてんのう
記紀系譜上の第13代天皇。
¶朝日歴史（成務天皇　せいむてんのう）
神様読解（成務天皇/若帯日子命　せいむてんのう・わかたらしひこのみこと）
コン5（成務天皇　せいむてんのう）
日本人名（成務天皇　せいむてんのう）

誓文返しの神　せいもんがえしのかみ
商人の神。誓文払の日に参詣に行く。
¶神様読解（誓文返しの神/冠者殿　せいもんがえしのかみかんじゃでん）

勢力富五郎　せいりきとみごろう
『天保水滸伝』で名高い笹川繁蔵の子分。河竹黙阿弥『群清滝贔屓勢力』の主人公。
¶架空人日（勢力富五郎　せいりきとみごろう）
架空伝説（勢力富五郎　せいりきとみごろう）〔像〕
歌舞伎登（勢力富五郎　せいりきとみごろう）
コン5（勢力富五郎　せいりきとみごろう　㊐文化10(1813)年　㊦嘉永2(1849)年）
説話伝説（勢力富五郎　せいりきとみごろう　㊐文化10(1813)年　㊦嘉永2(1849)年）

清滝権現　せいりゅうごんげん
仏教の守護神。
¶日本人名（清滝権現　せいりゅうごんげん）
仏尊事典（清滝権現　せいりょうごんげん）〔像〕

青龍　せいりょう
四神の一つに数えられる聖獣。
¶幻想動物（青龍）〔像〕
広辞苑6（青竜　せいりょう）
大辞林3（青竜　せいりょう）〔像〕
日本未確認（青龍　せいりょう）

精霊　せいれい
山川草木などあらゆる自然物、森羅万象に宿ると観念された魂。
¶広辞苑6（精霊　せいれい）
神仏辞典（精霊　せいれい）
世百新（精霊　せいれい）
大辞林3（精霊　せいれい）
妖怪大鑑（精霊　せいれい）〔像〕

清和天皇　せいわてんのう
第56代天皇。
¶説話伝説（清和天皇　せいわてんのう　㊐嘉祥3(850)年　㊦元慶4(880)年）
伝奇伝説（清和天皇　せいわてんのう　㊐嘉祥3(850)年　㊦元慶4(880)年）

せえしん
水の妖怪。長野県下水内郡での河童の呼称。
¶神仏辞典（せえしん）
全国妖怪（セエシン〔長野県〕）

瀬尾孫左衛門　せおまござえもん
大石家の用人。池宮彰一郎作『四十七人の刺客』の登場人物。
¶時代小説（瀬尾孫左衛門　せおまござえもん）

瀬織津比咩　せおりつひめ
罪穢れを川から海へ持ち出していく女神。
¶アジア女神（瀬織津比咩　せおりつひめ）
日本神々（瀬織津比咩神　せおりつひめのかみ）

瀬女　せおんな
水の妖怪。福島県福島市付近の阿武隈川。
¶神仏辞典（瀬女　せおんな）
妖怪事典（セオンナ）
妖怪大事典（瀬女　せおんな）

瀬川　せがわ
実録『大岡政談』「傾城瀬川一件」の主人公。
¶架空人日（瀬川　せがわ）
架空伝説（瀬川　せがわ）

瀬川　せがわ
江戸吉原の遊女の名。『契情買虎之巻』（田螺金魚作）に登場。
¶伝奇伝説（瀬川　せがわ）

瀬川一糸　せがわいっし
永井荷風作『腕くらべ』（1916-17）に登場する役者。
¶架空人日（瀬川一糸　せがわいっし）

瀬川丑松　せがわうしまつ
島崎藤村作『破戒』（1906）の主人公。
¶架空人日（瀬川丑松　せがわうしまつ）
日本人名（瀬川丑松　せがわうしまつ）

瀬川采女　せがわうねめ
歌舞伎演目『楼門五三桐』に登場する、若殿真柴久秋（史実の金吾中納言秀秋）の忠臣。
¶歌舞伎登（瀬川采女　せがわうねめ）

瀬川菊之丞〔初代〕　せがわきくのじょう
江戸中期の歌舞伎俳優。
¶説話伝説（瀬川菊之丞　せがわきくのじょう ㊌元禄6(1693)年 ㊦寛延2(1749)年）
伝奇伝説（瀬川菊之丞　せがわきくのじょう ㊌?　㊦寛延2(1749)年）〔像〕

瀬川菊之丞〔2代〕　せがわきくのじょう
江戸中期の歌舞伎俳優。初代の養子とも実子とも言われる。通称王子路考。
¶伝奇伝説（瀬川菊之丞　せがわきくのじょう ㊌寛保1(1741)年 ㊦安永2(1773)年）〔像〕

救世観世音菩薩　くせかんぜおんぼさつ
聖観音の一名。略して、救世観音、救世菩薩などとも。
¶広辞苑6（救世観世音菩薩　くせかんぜおんぼさつ）
神仏辞典（救世観音　くせかんのん）
大辞林3（救世観世音菩薩　くせかんぜおんぼさつ）

関口官蔵　せきぐちかんぞう
歌舞伎演目『東海道四谷怪談』に登場する、民谷伊右衛門の浪人仲間。
¶歌舞伎登（関口官蔵　せきぐちかんぞう）

関口平太　せきぐちへいた
歌舞伎演目『三十石艠始』に登場する、花満憲法の家臣で関口流の師範。
¶歌舞伎登（関口平太　せきぐちへいた）

関口弥之郎　せきぐちやたろう
講談『関口武勇伝』に登場する人物。
¶架空伝説（関口弥太郎　せきぐちやたろう）

赤山明神　せきざんみょうじん
天台宗比叡山の護法神。道教の泰山府君を勧請したもので、京都市左京区修学院にある赤山禅院に祀られる。
¶広辞苑6（赤山明神　せきざんみょうじん）
大辞林3（赤山明神　せきざんみょうじん）
東洋神名（赤山明神　セキザンミョウジン）〔像〕
仏尊事典（赤山明神　せきざんみょうじん）〔像〕

関女　せきじょ
歌舞伎演目『義経腰越状』に登場する、五斗兵衛の女房。
¶歌舞伎登（関女　せきじょ）

咳神　せきしん
咳の神。
¶神様読解（咳神　せきしん）

関助　せきすけ
歌舞伎演目『生写朝顔話』に登場する、秋月弓之助の忠僕。
¶歌舞伎登（関助　せきすけ）

石塔鬼王帝釈天王国社神　せきとうきおうたいしゃくてんのうくにつやしろのかみ
『日本三代実録』に所出。石見国の神。
¶神仏辞典（石塔鬼王帝釈天王国社神　せきとうきおうたいしゃくてんのうくにつやしろのかみ）

石塔飛行　せきとうひぎょう
武州多摩郡中野村本郷（現・東京都中野区）に現れた光って飛ぶ古い石塔。
¶妖怪大鑑（石塔飛行　せきとうひぎょう）〔像〕

関俊平　せきとしひら
平安後期～鎌倉時代の武将。常陸関氏の祖。

せ

¶日本人名（関俊平　せきとしひら 生没年未詳）

関の小万　せきのこまん

東海道、関の宿に伝わる伝説的な女性。歌舞伎『恋女房染分手綱』では、もと京祇園の芸子いろは。後に宿場女となる。

¶歌舞伎登（関の小万　せきのこまん）
大辞林3（関の小万　せきのこまん）

関の寒戸　せきのさぶと

新潟県佐渡でいう化け狸。

¶妖怪大事典（関の寒戸　せきのさぶと）

関の弥太っぺ　せきのやたっぺ★

同名の長谷川伸の劇作品（1929）の主人公。関の弥太郎の通称。

¶架空人物（関の弥太っぺ）

関明神　せきみょうじん

逢坂関にある明神。

¶神仏辞典（関明神　せきみょうじん）

関屋　せきや

歌舞伎演目『當穐八幡祭』に登場する、鴻野家の奥女中。

¶歌舞伎登（関屋　せきや）

石妖　せきよう

石が美しい女に化けたもの。

¶水木妖怪続（石妖　せきよう）〔像〕
妖怪大全（石妖　せきよう）〔像〕
妖怪大事典（石妖　せきよう）〔像〕

赤龍　せきりょう

身体が赤く輝く龍。

¶日本未確認（赤龍　せきりょう）

細工の神　せくのかみ

奄美諸島の男性が拝む神。

¶神仏辞典（細工の神　せくのかみ）

女衒の観九郎　ぜげんのかんくろう

歌舞伎演目『碁太平記白石噺』に登場する、姉を尋ねるおのぶを勾引かし、大黒屋惣六に五十両で引き渡す女衒。

¶歌舞伎登（女衒の観九郎　ぜげんのかんくろう）

女衒の源六　ぜげんのげんろく

歌舞伎演目『仮名手本忠臣蔵』に登場する、祇園一文字屋の女衒。

¶歌舞伎登（女衒の源六　ぜげんのげんろく）

清玄坊　せーげんぼう

徳島県徳島市城山でいう山伏姿をした妖怪。

¶妖怪事典（セーゲンボウ）

せこ

鹿児島県を除く九州地方でいう妖怪。河童が山に登ったもの。セココ・セコンボ・ヤマンタロウ・ヤマワロなどとも。

¶神仏辞典（せこ）
全国妖怪（セコ〔長崎県〕）
全国妖怪（セコ〔熊本県〕）
全国妖怪（セコ〔大分県〕）
全国妖怪（セコ〔宮崎県〕）
水木妖怪続（せこ）〔像〕
妖怪事典（セコ）
妖怪大全（せこ）〔像〕
妖怪大事典（セコ）〔像〕

せこ

鼬のように身が軽い山の妖怪。こちらでヨイヨイと鳴くと、あちらに飛んでヨイヨイと返す。島根県隠岐地方などでいう。

¶神仏辞典（せこ）
全国妖怪（セコ〔島根県〕）
妖怪事典（セコ）
妖怪大事典（セコ）〔像〕

セココ

熊本県、宮崎県でいう河童が山に入ったもの。

¶妖怪事典（セココ）

セコゴ

宮崎県西臼杵郡鞍安地方でいう河童が山に入ったもの。

¶妖怪事典（セコゴ）

勢子ん坊　せこんぼ

大分県、宮崎県の山地一帯でいう河童が山に入ったもの。

¶妖怪事典（セコンボ）

善神王　ぜじのう

大分県下で知られる作神の一つ。

¶神仏辞典（善神王　ぜじのう）

セージン

長野県下水内郡地方でいう河童。

¶妖怪事典（セージン）

節子　せつこ

堀辰雄作『風立ちぬ』（1936）の主人公の婚約者。

¶架空人日（節子　せつこ）

セッコーサマ

青森県西津軽郡地方でいう河童。

¶妖怪事典（セッコーサマ）

雪舟　せっしゅう

室町時代の画僧。日本中世における水墨画の大成者。

¶架空伝承（雪舟　せっしゅう [生]応永27（1420）年 [没]永正3（1506）年頃）〔像〕

説話伝説（雪舟　せっしゅう　㊍応永27（1420）年　㉒永正3（1506）年）〔像〕
伝奇伝説（雪舟　せっしゅう　㊍応永27（1420）年　㉒永正3（1506）年）〔像〕

雪叟　せっそう
泉鏡花作『歌行燈』(1910)に登場する小鼓打ち。
¶架空人日（雪叟　せっそう）

雪駄直し長五郎　せったなおしちょうごろう
歌舞伎演目『夢結蝶鳥追』に登場する、もとは旗本阿古木家出入りの職人だったが、身を持ち崩して雪駄直しを稼業とする男。
¶歌舞伎登（雪駄直し長五郎　せったなおしちょうごろう）

雪隠神　せっちんがみ
厠神をセッチンガミと呼ぶ。子供が生まれると厠に参る雪隠参りも各地にみられる。
¶神仏辞典（雪隠神　せっちんがみ）

セツハヤ
前川康男作『魔神の海』(1969)の主人公の青年。
¶児童登場（セツハヤ）

瀬戸大将　せとだいしょう
鳥山石燕の『画図百器徒然袋』に描かれた妖怪。瀬戸物の体に瀬戸物の甲冑を着けた姿の妖怪。
¶妖怪事典（セトダイショウ）
妖怪大事典（瀬戸大将　せとたいしょう）〔像〕

西刀神　せとのかみ
但馬国城埼郡の西刀神社の祭神。
¶神仏辞典（西刀神　せとのかみ）

瀬戸比古神　せとひこのかみ
能登国羽咋郡の瀬戸比古神社の祭神。
¶神仏辞典（瀬戸比古神　せとひこのかみ）

銭衛門　ぜにえもん
式亭三馬作の滑稽本『浮世床』(1813-14)に登場する商人。
¶架空人日（銭衛門　ぜにえもん）

銭形平次　ぜにがたへいじ
野村胡堂作『銭形平次捕物控』シリーズの主人公。江戸神田明神下の長屋に住む御用聞（岡っ引）。
¶英雄事典（銭形平次　ゼニガタヘイジ）
架空人日（銭形平次　ぜにがたへいじ）
架空人物（銭形平次）
架空伝承（銭形平次　ぜにがたへいじ）〔像〕
コン5（銭形平次　ぜにがたへいじ）
新潮日本（銭形平次　ぜにがたへいじ）
時代小説（銭形平次　ぜにがたへいじ）
大辞林3（銭形平次　ぜにがたへいじ）
日本人名（銭形平次　ぜにがたへいじ）
名探偵日（銭形平次　ぜにがたへいじ）

銭神　ぜにがみ
『古今百物語評判』にあるもの。
¶妖怪事典（ゼニガミ）
妖怪大事典（銭神　ぜにがみ）
妖百4（銭神・金霊　ぜにがみ・かなだま）

銭ゲバ　ぜにげば
漫画家ジョージ秋山の同名漫画の主人公。本名、蒲郡風太郎。
¶架空人物（銭ゲバ）

銭酸漿　ぜにほおずき
角田喜久雄作『髑髏銭』の登場人物。
¶時代小説（銭酸漿　ぜにほおずき）

銭屋五兵衛　ぜにやごへえ
幕末、加賀国金沢の豪商。海運業者。加賀藩の御用商人となって巨富を築いた。
¶時代小説（銭屋五兵衛　ぜにやごへえ）
説話伝説（銭屋五兵衛　ぜにやごへい　㊍安永2(1773)年　㉒嘉永5(1852)年）
伝奇伝説（銭屋五兵衛　ぜにやごへえ　㊍安永2(1774)年　㉒嘉永5(1852)年）〔像〕

瀬尾十郎兼氏　せのおじゅうろうかねうじ
歌舞伎演目『源平布引滝』に登場する、平家の侍。
¶歌舞伎登（瀬尾十郎兼氏　せのおじゅうろうかねうじ）

瀬尾太郎兼康　せのおたろうかねやす
歌舞伎演目『平家女護島』に登場する、鬼界ヶ島を訪れ、成経・康頼の赦文を読み上げる人物。
¶歌舞伎登（瀬尾太郎兼康　せのおたろうかねやす）

塞の神　せのかん
九州南部で、サイノカミの訛ったもの。百日咳の神とも。
¶神仏辞典（塞の神　せのかん）

背布利神　せぶりのかみ
『日本三代実録』に所出。筑前国の神。
¶神仏辞典（背布利神　せぶりのかみ）

瀬坊主　せぼうず
水の妖怪。福島県福島市付近の俗伝。
¶神仏辞典（瀬坊主　せぼうず）
全国妖怪（セボウズ〔福島県〕）
妖怪事典（セボウズ）

セーマ
沖縄島の本部半島一帯に分布する妖怪。キジムナーの別称。
¶神仏辞典（セーマ）
妖怪事典（セーマ）

蝉丸　せみまる
説話では、延喜帝（醍醐天皇）の第四皇子。盲目のため逢坂山へ遺棄された琵琶の名手。『百人一

首」に和歌が収められているが、作者蝉丸については不明。
- ¶架空人日（蝉丸　せみまる）
- 架空伝承（蝉丸　せみまる）〔像〕
- 架空伝説（蝉丸　せみまる）
- 神様読解（関蝉丸　せきせみまる）
- コン5（蝉丸　せみまる　生没年不詳）
- 新潮日本（蝉丸　せみまる　生没年不詳）
- 神仏辞典（蝉丸　せみまる）
- 人物伝承（蝉丸　せみまる　生没年未詳）〔像〕
- 説話伝承（蝉丸　せみまる）
- 世百新（蝉丸　せみまる）
- 伝奇伝説（蝉丸　せみまる　生没年未詳）
- 東洋神名（関蝉丸　セキセミマル）
- 日本神様（蝉丸　せみまる　生没年未詳）〔像〕
- 日本人名（蝉丸　せみまる　生没年未詳）

勢夜陀多良比売　せやだたらひめ
三島溝咋の娘。事代主神と結婚。媛蹈鞴五十鈴媛命を生んだ。『日本書紀』では玉櫛媛。
- ¶神様読解（勢夜陀多良比売/三島之溝樴姫　せやだたらひめ・みしまのみぞくいひめ）
- 神仏辞典（玉櫛姫・玉櫛媛　たまくしひめ）
- 日本人名（玉櫛媛　たまくしひめ）

是楽　ぜらく
『是楽物語』の主人公。京都の山本友名という裕福な町人のもとに出入りする男。
- ¶古典人東（是楽　ぜらく）

世良田二郎三郎　せらたじろうさぶろう
隆慶一郎作『影武者徳川家康』『吉原御免状』の登場人物。家康の影武者を務める。
- ¶時代小説（世良田二郎三郎　『影武者徳川家康』　せらたじろうさぶろう）
- 時代小説（世良田二郎三郎元信　『吉原御免状』　せらたじろうさぶろうもとのぶ）

芹沢鴨　せりざわかも
近藤勇らと新選組を組織、初代局長首席。素行が粗暴で近藤派により暗殺された。
- ¶架空伝説（芹沢鴨　せりざわかも）
- 時代小説（芹沢鴨　せりざわかも）

芹田神　せりたのかみ
丹波国氷上郡の芹田神社の祭神。
- ¶神仏辞典（芹田神　せりたのかみ）

世裡陀神　せりたのかみ
出雲国大原郡式内社13社の世裡陀社、『延喜式』の西利太神社の祭神。
- ¶神仏辞典（世裡陀神・西利太神　せりたのかみ）

セリヌンティウス
太宰治作『走れメロス』(1940)に登場する、シラクスの町の石工。羊飼いメロスの親友。
- ¶架空人日（セリヌンティウス）

瀬波河浦神　せわかわのうらのかみ
『日本書紀』巻19に所出の神。霊力が強く、粛慎人がこの神の坐す浦の水を飲んで死んだ、とある。
- ¶神仏辞典（瀬波河浦神　せわかわのうらのかみ）

善右衛門　ぜんえもん
井原西鶴作の浮世草子『本朝二十不孝』(1686)巻二の四「親子五人仍書置如件」に登場する商人。
- ¶架空人日（善右衛門　ぜんえもん）

禅海　ぜんかい
江戸時代中期の僧。菊池寛の『恩讐の彼方に』の主人公のモデル。
- ¶日本人名（禅海(1)　ぜんかい　㊌1687年　㊣1774年）

善覚稲利狐　ぜんかくいなりぎつね
岡山県真庭郡木山村木山寺に棲むという狐。
- ¶妖怪事典（ゼンカクイナリギツネ）

宣化天皇　せんかてんのう
第28代天皇。武小広国押盾天皇。継体天皇を父、兄に安閑天皇がいる。
- ¶神仏辞典（宣化天皇　せんかてんのう）
- 日本人名（宣化天皇　せんかてんのう　㊌467年　㊣539年）

千観　せんかん
金龍寺の僧。千手観音の化身という伝説がある。
- ¶神仏辞典（千観　せんかん　㊌918年　㊣983年）
- 説話伝承（千観　せんかん　㊌延喜19(919)年　㊣永観2(984)年）
- 伝奇伝説（千観　せんかん　㊌延喜19(919)年　㊣永観2(984)年）

前鬼　ぜんき
修験道の開祖役行者(役小角)の従者。
- ¶幻想動物（前鬼/後鬼）〔像〕
- 神仏辞典（前鬼・後鬼　ぜんき・ごき）

仙吉　せんきち
志賀直哉作『小僧の神様』(1920)に登場する、神田の秤屋の小僧。
- ¶架空人日（仙吉　せんきち）
- 児童登場（仙吉）

仙吉　せんきち
岡本綺堂作『半七捕物帳』の登場人物。
- ¶時代小説（仙吉　せんきち）

千金斎春芳　せんきんさいはるよし
江戸時代中期～後期の狂歌師。柔術に優れ、河童退治の伝説を残す。
- ¶日本人名（千金斎春芳　せんきんさいはるよし　㊌1767年　㊣1847年）

善九郎　ぜんくろう
歌舞伎演目『関取千両幟』に登場する、鶴屋の手代。

¶**歌舞伎登**（善九郎　ぜんくろう）

洗元　せんげん
船戸与一作『蝦夷地別件』の登場人物。
¶**時代小説**（洗元　せんげん）

善光寺辰　ぜんこうじたつ
佐々木味津三作『右門捕物帖』の登場人物。
¶**時代小説**（善光寺辰　ぜんこうじたつ）

仙石左京　せんごくさきょう
講談『仙石騒動』に登場する人物。
¶**架空伝説**（仙石左京　せんごくさきょう）

仙石伯耆守　せんごくほうきのかみ
歌舞伎演目『元禄忠臣蔵』第八部『仙石屋敷』の登場人物。
¶**歌舞伎登**（仙石伯耆守　せんごくほうきのかみ）

先妻　せんさい
能「鉄輪」の登場人物。夫が自分を棄てて後妻を迎えたのを恨む先妻。
¶**架空伝説**（先妻　せんさい）
古典人学（先妻　せんさい）

千歳　せんざい
猿楽能に古くから伝わる『翁（式三番）』の露払いの役。
¶**歌舞伎登**（千歳　せんざい）
説話伝説（千歳　せんざい）

善財童子　ぜんざいどうじ
『華厳経』入法界品に所出の菩薩。
¶**広辞苑6**（善財童子　ぜんざいどうじ）
神仏辞典（善財童子　ぜんざいどうじ）
世百新（善財童子　ぜんざいどうじ）
大辞林3（善財童子　ぜんざいどうじ）

千崎弥五郎　せんざきやごろう
浄瑠璃『仮名手本忠臣蔵』（1748年初演）に登場する、塩谷判官の家臣。
¶**架空人日**（千崎弥五郎　せんざきやごろう）
歌舞伎登（千崎弥五郎　せんざきやごろう）

剡子　ぜんし
御伽草子『二十四孝』に登場する、二十四孝の一人。孝行息子。
¶**架空人日**（剡子　ぜんし）

禅師の君　ぜんじのきみ
『十訓抄』の登場人物。詐術にかかって妻と離縁し、舞女を妻に迎えて恥をかいた貧僧。
¶**古典人学**（禅師の君　ぜんじのきみ）

千手　せんじゅ
駿河国手越の遊女。『平家物語』で平重衡に侍し愛された女性。
¶**古典人東**（千手　せんじゅ）
説話伝説（千手前　せんじゅのまえ　[生]永万1（1165）年　[没]文治4（1188）年）
大辞林3（千手　せんじゅ）
伝奇伝説（千手　せんじゅ　[生]永万1（1165）年　[没]文治4（1188）年）

千寿　せんじゅ
歌舞伎演目『碁盤太平記』に登場する、大石内蔵助の母。
¶**歌舞伎登**（千寿　せんじゅ）

善珠　ぜんじゅ
奈良時代の僧。『日本霊異記』『扶桑略記』に伝や逸話がある。
¶**架空人日**（善珠禅師　ぜんじゅぜんじ）
コン5（善珠　ぜんじゅ　[生]養老7（723）年　[没]延暦17（798）年）
日本人名（善珠　ぜんじゅ　[生]723　[没]797）

泉州堺の島長　せんしゅうさかいのとうちょう
井原西鶴作の浮世草子『西鶴置土産』（1693）巻二の一「あたご颪の袖さむし」の主人公。
¶**架空人日**（泉州堺の島長　せんしゅうさかいのとうちょう）

千手観音　せんじゅかんのん
千の慈悲の眼と千の慈悲の手をそなえる変化観音。観音の慈悲が無量であることを表す。
¶**広辞苑6**（千手観音　せんじゅかんのん）〔像〕
神仏辞典（千手観音　せんじゅかんのん）
世百新（千手観音　せんじゅかんのん）
大辞林3（千手観音　せんじゅかんのん）〔像〕
東洋神名（千手観音　センジュカンノン）〔像〕
仏尊事典（千手観音　せんじゅかんのん）〔像〕

千手観音　せんじゅかんのん
芝全交作の黄表紙『大悲千禄本』（1785）の主人公。千本ある手の貸し出し業を始めた。
¶**架空人日**（千手観音　せんじゅかんのん）

千手姫　せんじゅひめ
幸若『信太』に登場する、相馬殿の娘。小山の太郎行重の妻。
¶**架空人日**（千手姫　せんじゅひめ）

千寿姫　せんじゅひめ
河竹黙阿弥作の歌舞伎『青砥稿花紅彩画（白波五人男）』に登場する薄幸の美女。北条時頼に仕える判官家の一人娘。
¶**架空人日**（千寿姫　せんじゅひめ）
架空伝説（千寿姫　せんじゅひめ）〔像〕
歌舞伎登（千寿姫　せんじゅひめ）

千助　せんすけ
松本清張作『無宿人別帳』の登場人物。
¶**時代小説**（千助　せんすけ）

せ

善助　ぜんすけ
井原西鶴作の浮世草子『本朝二十不孝』(1686) 巻二の四「親子五人偽書置如件」に登場する商人。
¶架空人日（善助　ぜんすけ）

センセー
都筑道夫作『なめくじ長屋捕物さわぎ』の登場人物。
¶時代小説（センセー）

千造　せんぞう
城昌幸作『若さま侍捕物手帖』の登場人物。
¶時代小説（千造　せんぞう）

善蔵　ぜんぞう
多岐川恭作『ゆっくり雨太郎捕物控』の登場人物。
¶時代小説（善蔵　ぜんぞう）

仙素道人　せんそどうじん
合巻『児雷也豪傑譚』や歌舞伎『児雷也豪傑譚話』に登場する、越後国妙香山に住む蝦蟇の仙人。
¶架空人日（仙素道人　せんそどうじん）
　歌舞伎登（仙素道人　せんそどうじん）

善太　ぜんた
歌舞伎演目『義経千本桜』に登場する、いがみの権太の息子。
¶歌舞伎登（善太　ぜんた）

善太　ぜんた
坪田譲治の童話「善太と三平」ものや短編小説の主人公。
¶日本人名（善太・三平　ぜんた・さんぺい）

千体荒神　せんたいこうじん
東京都品川区南品川の曹洞宗海雲寺荒神堂に祀る。火防・竈の神。
¶神仏辞典（千体荒神　せんたいこうじん）

仙台座頭　せんだいざとう
歌舞伎演目『来宵蜘蛛線』に登場する、奥(仙台)浄瑠璃を語る座頭。
¶歌舞伎登（仙台座頭　せんだいざとう）

仙台四郎　せんだいしろう
明治年間に仙台の街を徘徊していた男で、訪れる店は繁盛するといって歓迎されたという。没後、福の神としてその写真が飾られるようになった。
¶神仏辞典（仙台四郎　せんだいしろう）

洗濯狐　せんだくぎつね
静岡県引佐郡鹿玉村でいう、洗濯をする狐の妖怪。
¶神仏辞典（洗濯狐　せんだくぎつね）
　全国妖怪（センダクギツネ〔静岡県〕）
　妖怪事典（センタクギツネ）
　妖怪大事典（洗濯狐　せんたくぎつね）

洗濯婆お倉　せんたくばばおくら
歌舞伎演目『楠昔噺』に登場する老婆。
¶歌舞伎登（洗濯婆お倉　せんたくばばおくら）

禅達　ぜんたつ
佐渡赤泊村東光寺境内に祀られる狢神。
¶神仏辞典（禅達　ぜんたつ）

扇陀夫人　せんだぶにん
謡曲（現在能）『一角仙人』（金春禅鳳作）に登場する、天竺波羅奈国の帝王の後宮3千人の中で、最も美しい女性。
¶架空人日（扇陀夫人　せんだぶにん）

善玉・悪玉　ぜんだま・あくだま
歌舞伎舞踊『弥生の花浅草祭』の登場人物。「善」「悪」の面を被り、「悪づくし」「善づくし」「玉づくし」の歌詞で「善悪踊り」を競演する役。
¶歌舞伎登（善玉・悪玉　ぜんだま・あくだま）

千太郎　せんたろう
江戸末頃の実録『大岡政談』や歌舞伎『勧善懲悪覗機関』に登場する商家の息子。
¶架空人日（千太郎　せんたろう）
　架空伝説（千太郎　せんたろう）
　歌舞伎登（千太郎　せんたろう）

千太郎　せんたろう
川口松太郎作『蛇姫様』の登場人物。
¶時代小説（千太郎　せんたろう）

栴檀皇女　せんだんこうにょ
近松門左衛門作の浄瑠璃『国性爺合戦』(1715年初演)に登場する、明皇帝の妹。
¶架空人日（栴檀皇女　せんだんこうにょ）

せんち神　せんちがみ
厠神、便所神のこと。岡山県、佐賀県などで呼ばれる。
¶広辞苑6（雪隠神　せんちがみ）
　神仏辞典（せんち神　せんちがみ）

禅珍内供　ぜんちんないぐ
『今昔物語集』『宇治拾遺物語』に登場する人物。芥川龍之介の『鼻』の禅智内供のこと。
¶架空人日（禅珍内供　ぜんちんないぐ）
　架空人物（禅智内供）
　コン5（禅智内供　ぜんちないぐ）
　日本人名（禅智内供　ぜんちないぐ）

船頭　せんどう
歌舞伎演目『日高川』に登場する、日高川の渡し船の船頭。
¶歌舞伎登（船頭　せんどう）

先導神　せんどうしん
先に立って導く神のこと。嚮導神ともいう。

¶日本神話（先導神　せんどうしん）

仙女　せんにょ
女性の神仙。
¶神仏辞典（仙女　せんにょ）

善女竜王　ぜんにょりゅうおう
仏教の守護神。「善如竜王」ともいう。空海が神泉苑で請雨法を修した時に応現した竜王。
¶神仏辞典（善女竜王　ぜんにょりゅうおう）
日本人名（善女竜王　ぜんにょりゅうおう）

仙人　せんにん
人間の世界を離れて、山中で修行を積み、不老不死を達成したとされる人をいう。
¶広辞苑6（仙人・僊人　せんにん）
神仏辞典（仙人　せんにん）
説話伝説（仙人　せんにん）
世百新（仙人　せんにん）
大辞林3（仙人　せんにん）

仙人坊　せんにんぼう
井原西鶴作の浮世草子『西鶴置土産』（1693）巻三の三「算用して見れば一年二百貫目づかひ」に登場する商人。
¶架空人日（仙人坊　せんにんぼう）

千利休　せんのりきゅう
桃山時代の茶人、茶の湯の大成者。利休と秀吉をめぐる伝説は種々伝えられる。
¶架空伝承（千利休　せんのりきゅう ⑭大永2（1522）年 �天正19（1591）年）〔像〕
歌舞伎登（千利休　せんのりきゅう ⑭大永2（1522）年 �天正19（1591）年）
奇談逸話（千利休　せんのりきゅう ⑭大永1（1521）年 �天正19（1591）年）
説話伝説（千利休　せんのりきゅう ⑭大永2（1522）年 �天正19（1591）年）
伝奇伝説（千利休　せんのりきゅう ⑭大永2（1522）年 �天正19（1591）年）〔像〕

仙波阿古十郎　せんばあこじゅうろう
久生十蘭の『顎十郎捕物帳』の主人公。あだ名は「顎十郎」。
¶架空伝説（顎十郎　あごじゅうろう）
時代小説（仙波阿古十郎　せんばあこじゅうろう）
名探偵日（仙波阿古十郎　せんばあこじゅうろう）

仙波右近　せんばうこん
滝口康彦作『主家滅ぶべし』の登場人物。
¶時代小説（仙波右近　せんばうこん）

仙墓　せんはか
岡山県上道郡地方でいう妖怪。
¶妖怪事典（センハカ）

仙波一之進　せんばかずのしん
高橋克彦作『だましゑ歌麿』の登場人物。
¶時代小説（仙波一之進　せんばかずのしん）

千羽川吉兵衛　せんばがわきちべえ
歌舞伎演目『関取千両幟』に登場する力士。
¶歌舞伎登（千羽川吉兵衛　せんばがわきちべえ）

仙波小太郎　せんばこたろう
直木三十五作『南国太平記』の登場人物。
¶時代小説（仙波小太郎　せんばこたろう）

仙波左門　せんばさもん
高橋克彦作『だましゑ歌麿』の登場人物。
¶時代小説（仙波左門　せんばさもん）

善八　ぜんぱち
岡本綺堂作『半七捕物帳』の登場人物。
¶時代小説（善八　ぜんぱち）

仙波八郎太　せんばはちろうた
直木三十五作『南国太平記』の登場人物。
¶時代小説（仙波八郎太　せんばはちろうた）

千姫　せんひめ
江戸幕府2代将軍徳川秀忠の長女。7歳で豊臣秀頼に嫁した。
¶架空伝承（千姫　せんひめ ⑭慶長2（1597）年 ㉓寛文6（1666）年）
架空伝説（千姫　せんひめ）〔像〕
歌舞伎登（千姫1『坂崎出羽守』　せんひめ）
歌舞伎登（千姫2『沓手鳥孤城落月』　せんひめ）
奇談逸話（千姫　せんひめ ⑭慶長2（1597）年 ㉓寛文6（1666）年）
説話伝説（千姫　せんひめ ⑭慶長2（1599）年 ㉓寛文6（1666）年）〔像〕
伝奇伝説（千姫　せんひめ ⑭慶長2（1597）年 ㉓寛文6（1666）年）

禅釜尚　ぜんふしょう
鳥山石燕の『画図百器徒然袋』に茶釜の妖怪として描かれたもの。
¶妖怪事典（ゼンフショウ）
妖怪大鑑（禅釜尚　ぜんふしょう）〔像〕
妖怪大事典（禅釜尚　ぜんふしょう）

せんぶりの千太　せんぶりのせんた
久生十蘭作『顎十郎捕物帳』の登場人物。
¶時代小説（せんぶりの千太　せんぶりのせんた）

仙坊　せんぼう
山手樹一郎作『桃太郎侍』の登場人物。
¶時代小説（仙坊　せんぼう）

善宝寺の竜神　ぜんぽうじのりゅうじん
山形県鶴岡市の善宝寺に祀られる海の守護神。
¶伝奇伝説（善宝寺の竜神　ぜんぽうじのりゅうじん）

センポクカンポク
富山県東砺波郡利賀村で、死人のあった家の掛むしろにいるという妖怪。
¶神仏辞典（せんぽくかんぼく）

全国妖怪（センポクカンポク〔富山県〕）
水木妖怪続（センポク・カンポク）〔像〕
妖怪事典（センポクカンポク）
妖怪大全（センポク・カンポク）〔像〕
妖怪大事典（センポクカンポク）〔像〕

千松　せんまつ
歌舞伎演目『伽羅先代萩』に登場する、母政岡とともに幼君鶴千代に仕える少年。
¶**歌舞伎登**（千松　せんまつ）
広辞苑6（千松　せんまつ）
大辞林3（千松　せんまつ）

仙六　せんろく
山本一力作『大川わたり』の登場人物。
¶**時代小説**（仙六　せんろく）

善六　ぜんろく
歌舞伎演目『是評判浮名読売』『お染久松色読販』に登場する油屋の番頭。
¶**歌舞伎登**（善六 1『是評判浮名読売』　ぜんろく）
歌舞伎登（善六 2『お染久松色読販』　ぜんろく）

【そ】

副川神　そいかわのかみ
出羽国山本郡の副川神社の祭神。
¶**神仏辞典**（副川神　そいかわのかみ）

そいけ
動物の妖怪。静岡県周智郡気多村で憑き物のことをいう。
¶**神仏辞典**（そいけ）

宗意　そうい
新宮正春作『芭蕉庵捕物帳』の登場人物。
¶**時代小説**（宗意　そうい）

宋へ派遣されようとした男　そうへはけんされようとしたおとこ
無住道暁作『雑談集』の登場人物。将軍源実朝の近習の侍。
¶**古典人学**（宋へ派遣されようとした男　そうへはけんされようとしたおとこ）

蔵縁　ぞうえん
泰澄の弟子といわれる伝説上の僧。
¶**日本人名**（蔵縁　ぞうえん）

相応　そうおう
平安前期の天台宗の僧。呪験力をもって有名。866年最澄に伝教、円仁に慈覚の日本における最初の大師号を賜る。
¶**架空伝承**（相応　そうおう [生]天長8(831)年 [没]延喜18(918)年）
奇談逸話（相応　そうおう [生]天長8(831)年 [没]延喜18(918)年）
古典人学（相応　そうおう）
神仏辞典（相応　そうおう [生]831年 [没]918年）
説話伝説（相応　そうおう [生]天長8(831)年 [没]延喜18(918)年）
伝奇伝説（相応　そうおう [生]天長8(831)年 [没]延喜18(918)年）
日ミス（相応　そうおう [生]天長8(831)年 [没]延喜18(918)年）

増賀　ぞうが
平安中期の天台宗の僧。佯狂の聖人と仰がれ『今昔物語集』『今鏡』などに逸話が載る。
¶**架空伝承**（増賀　ぞうが [生]延喜17(917)年 [没]長保5(1003)年）
奇談逸話（増賀　ぞうが）
古典人学（増賀　ぞうが）
古典人東（増賀上人　ぞうがしょうにん）
神仏辞典（増賀　ぞうが [生]917年 [没]1003年）
説話伝説（増賀　ぞうが [生]延喜17(917)年 [没]長保5(1003)年）〔像〕
伝奇伝説（増賀　ぞうが）

惣嫁おきぬ　そうかおきぬ
歌舞伎演目『けいせい睦玉川』に登場する人物。惣嫁は江戸でいう夜鷹のこと。佐々木家の家老秋塚帯刀の妻浅香のこと。
¶**歌舞伎登**（惣嫁おきぬ　そうかおきぬ）

造化三神　ぞうかさんしん
『古事記』において、高天原に最初に現れた神。天御中主神、高皇産霊神、神皇産霊神の三神。
¶**広辞苑6**（造化の三神　ぞうかのさんしん）
日本神話（造化三神　ぞうかさんしん）

造化神　ぞうかしん
宇宙・自然・人間・動物などの創造に関与したとされる神。
¶**神仏辞典**（造化神　ぞうかしん）

僧迦羅　そうから
『今昔物語集』『宇治拾遺物語』に登場する、天竺に住む商人。
¶**架空人日**（僧迦羅　そうから）

宗岸　そうがん
歌舞伎演目『艶容女舞衣』に登場する、お園の父、茜屋半七の舅。
¶**歌舞伎登**（宗岸　そうがん）

宗祇　そうぎ
室町末期の連歌師。歌に関連する伝説が多い。
¶**説話伝説**（飯尾宗祇　いいおそうぎ [生]応永28(1421)年 [没]文亀2(1502)年）〔像〕
伝奇伝説（宗祇　そうぎ [生]応永28(1421)年 [没]文亀2(1502)年）

宗吉　そうきち
澤田ふじ子作『虹の橋』の登場人物。
¶**時代小説**（宗吉　そうきち）

宋金花　そうきんか
芥川龍之介作『南京の基督』(1920)に登場する、南京奇望街の私娼。
¶**架空人日**（宋金花　そうきんか）

宗玄　そうげん
歌舞伎演目『岩倉宗玄恋慕琴』に登場する、北岩倉の清僧。
¶**歌舞伎登**（宗玄　そうげん）

宗玄　そうげん
歌舞伎演目『霊験亀山鉾』に登場する人物。「亀山の仇討ち」の藤田水右衛門の仮名。
¶**歌舞伎登**（宗玄　そうげん）

叢原火　そうげんび
炎の中に坊主の頭が浮かんでいる鬼火。
¶**幻想動物**（叢原火）〔像〕
妖怪事典（ソウゲンビ）
妖怪大事典（叢原火　そうげんび）

惣荒神　そうこうじん
荒神のうち、集団で祀っているものをいう。
¶**神仏辞典**（惣荒神　そうこうじん）

宗固狸　そうこたぬき
茨城県結城郡飯沼村の弘教寺で僧に化け働いていた狸。寺にはその狸の墓がある。
¶**神仏辞典**（宗固　そうこ）
全国妖怪（ソウコタヌキ〔茨城県〕）

惣左衛門　そうざえもん
歌舞伎演目『博多小女郎波枕』に登場する、小松屋惣七の父。
¶**歌舞伎登**（惣左衛門　そうざえもん）

宗山　そうざん
泉鏡花作『歌行燈』(1910)に登場する按摩。
¶**架空人日**（宗山　そうざん）

宗重尚　そうしげひさ
鎌倉時代の武将。対馬の地頭代。
¶**日本人名**（宗重尚　そうしげひさ 生没年未詳）

惣七　そうしち
人形浄瑠璃『博多小女郎浪枕』に登場する人物。
¶**架空伝説**（惣七　そうしち）

増長天　ぞうじょうてん
仏教の守護神。四天王の一で南方を守護する。「ぞうちょうてん」ともよむ。
¶**広辞苑6**（増長天　ぞうじょうてん）〔像〕
大辞林3（増長天　ぞうじょうてん）〔像〕
東洋神名（増長天　ゾウチョウテン）〔像〕
日本人名（増長天　ぞうじょうてん）

僧正遍照　そうじょうへんじょう
⇒遍照（へんじょう）

宗次郎　そうじろう
為永春水作の人情本『春色英対暖語』(1838)に登場する商人。
¶**架空人日**（宗次郎　そうじろう）

宗助　そうすけ
夏目漱石作『門』(1910)に登場する公務員。
¶**架空人日**（宗助　そうすけ）

象頭山金剛坊　ぞうずさんこんごうぼう
香川県の琴平山に棲む天狗。
¶**妖怪事典**（ゾウズサンコンゴウボウ）
妖怪大事典（象頭山金剛坊　ぞうずさんこんごうぼう）

蒼前神　そうぜんしん
東北地方で多く信仰されている馬の守護神。
¶**神様読解**（蒼前神　そうぜんしん）〔像〕
神仏辞典（蒼前　そうぜん）

創造のカムイ　そうぞうのかむい
アイヌ人の神謡や散文説話において、アイヌモシリ（人間の世界）や、アイヌ人そのものを創造したものとして登場するカムイ。
¶**東洋神名**（創造のカムイ　ソウゾウノカムイ）〔像〕

総太郎　そうたろう
山手樹一郎作『夢介千両みやげ』の登場人物。
¶**時代小説**（総太郎　そうたろう）

増長天　ぞうちょうてん
⇒増長天（ぞうじょうてん）

増珍　ぞうちん
大江匡房作『狐媚記』の登場人物。惟康親王の王子。のち三井寺の僧侶。
¶**古典人学**（増珍　ぞうちん）
日本人名（増珍　ぞうちん [生]? [没]1413年）

惣ど　そうど
木下順二作の戯曲『夕鶴』(1949)に登場する、運ずの親分格で、農民。
¶**架空人日**（惣ど　そうど）

そうとく
中国地方を中心に、田植えに迎えおろされる神。
¶**神仏辞典**（そうとく）

宗知宗　そうともむね
鎌倉時代の武将。平知盛の3男といわれる。
¶**日本人名**（宗知宗　そうともむね 生没年未詳）

そ

そうのすけ

宗之助　そうのすけ
歌舞伎演目『青砥稿花紅彩画』に登場する、呉服屋浜松屋幸兵衛の息子。
¶歌舞伎登（宗之助　そうのすけ）

添御県坐神　そうのみあがたにますかみ
大和国添下郡の添御県坐神社の祭神。
¶神仏辞典（添御県坐神　そうのみあがたにますかみ）

宗伯　そうはく
滝沢馬琴の息子。杉本苑子作『滝沢馬琴』の登場人物。
¶時代小説（宗伯　そうはく）

相馬謙三　そうまけんぞう
大佛次郎作『鞍馬天狗』の登場人物。
¶時代小説（相馬謙三　そうまけんぞう）

相馬黒光　そうまこっこう
明治〜昭和時代の実業家。夫とともに中村屋（パン屋）を開業し、芸術家を支援した。
¶架空伝承（相馬黒光　そうまこっこう　㊗明治9(1876)年　㊡昭和30(1955)年）

相馬大作　そうまだいさく
南部藩の旧藩士。大名暗殺未遂の武芸者。講談『檜山騒動』や歌舞伎『講談桧木山実記』に仕立てられた。
¶架空伝説（相馬大作　そうまだいさく）
歌舞伎登（相馬大作　そうまだいさく）
説話伝説（相馬大作　そうまだいさく　㊗寛成1(1789)年　㊡文政4(1821)年）

増命　ぞうみょう
平安時代の天台僧。『宇治拾遺物語』に説話が3話ある。
¶説話伝説（増命　ぞうみょう　㊗承和10(843)年　㊡延長5(927)年）
伝奇伝説（増命　ぞうみょう　㊗承和10(843)年　㊡延長5(927)年）

曾男神　そおのかみ
『日本文徳天皇実録』に所出。肥後国の神。
¶神仏辞典（曾男神　そおのかみ）

曾我兄弟の怨霊　そがきょうだいのおんりょう
『曾我物語』に見える怪異。
¶妖怪事典（ソガキョウダイノオンリョウ）
妖怪大事典（曾我兄弟の怨霊　そがきょうだいのおんりょう）〔像〕

曾我兄弟の母　そがきょうだいのはは
『曾我物語』に登場する、伊豆国の人。河津三郎祐重（祐泰）の妻。
¶架空人日（曾我兄弟の母　そがきょうだいのはは）

曾我五郎時致　そがごろうときむね
鎌倉時代の初期の武士。『曾我物語』の主人公兄弟のうちの弟。
¶架空人日（曾我五郎時致　そがのごろうときむね）
架空人日（『矢の根』の曾我五郎時致　やのねのそがのごろうときむね）
架空伝承（曾我兄弟　そがきょうだい　㊗1174年　㊡93年）〔像〕
架空伝説（曾我兄弟　そがきょうだい）〔像〕
歌舞伎登（曾我五郎時致 1　『寿曽我対面』　そがのごろうときむね）〔像〕
歌舞伎登（曾我五郎時致 2　『矢の根』　そがのごろうときむね）
歌舞伎登（曾我五郎時致 3　『正札付根元草摺』　そがのごろうときむね）〔像〕
歌舞伎登（曾我五郎時致 4　『兵根元曾我』　そがのごろうときむね）〔像〕
歌舞伎登（曾我五郎時致 5　『雨の五郎』　そがのごろうときむね）
奇談逸話（曾我兄弟　そがきょうだい）
古典人学（曾我五郎時致　そがのごろうときむね）
古典人東（曾我五郎時致　そがのごろうときむね）
コン5（曾我時致　そがときむね　㊗承安4(1174)年　㊡建久4(1193)年）
新潮日本（曾我時致　そがときむね　㊗承安4(1174)年　㊡建久4(1193)年）
神仏辞典（曾我兄弟　そがきょうだい）
人物伝承（曾我十郎・五郎　そがじゅうろう・ごろう　㊗承安4(1174)年　㊡建久4(1193)年）〔像〕
説話伝説（曾我十郎・五郎　そがじゅうろう・ごろう　㊗承安4(1174)年　㊡建久4(1193)年）〔像〕
伝奇伝説（曾我兄弟　そがきょうだい）
日本神様（曾我兄弟　そがきょうだい）
日本人名（曾我時致　そがときむね　㊗1174年　㊡1193年）

曾我十郎祐成　そがじゅうろうすけなり
鎌倉時代の初期の武士。『曾我物語』の主人公兄弟のうちの兄。
¶架空人日（曾我十郎祐成　そがのじゅうろうすけなり）
架空人日（『矢の根』の曾我十郎祐成　やのねのそがのじゅうろうすけなり）
架空伝承（曾我兄弟　そがきょうだい　㊗1172年　㊡1193年）〔像〕
架空伝説（曾我兄弟　そがきょうだい）〔像〕
歌舞伎登（曾我十郎祐成 1　『寿曽我対面』　そがのじゅうろうすけなり）
歌舞伎登（曾我十郎祐成 2　『矢の根』　そがのじゅうろうすけなり）
奇談逸話（曾我兄弟　そがきょうだい）
古典人学（曾我十郎祐成　そがのじゅうろうすけなり）
古典人東（曾我十郎祐成　そがのじゅうろうすけなり）
コン5（曾我祐成　すがすけなり　㊗承安2(1172)年　㊡建久4(1193)年）
新潮日本（曾我祐成　そがすけなり　㊗承安2(1172)年　㊡建久4(1193)年5月28日）
神仏辞典（曾我兄弟　そがきょうだい）
人物伝承（曾我十郎・五郎　そがじゅうろう・ごろう　㊗承安2(1172)年　㊡建久4(1193)年）〔像〕
説話伝説（曾我十郎・五郎　そがじゅうろう・ごろう　㊗承安2(1172)年　㊡建久4(1193)年）〔像〕
世百新（曾我兄弟　そがきょうだい）
世百新（曾我兄弟　そがきょうだい）
伝奇伝説（曾我兄弟　そがきょうだい）
日本神様（曾我兄弟　そがきょうだい）
日本人名（曾我祐成　そがすけなり　㊗1172年

㉂1193年)

曾我祐成　そがすけなり
⇒曾我十郎祐成(そがじゅうろうすけなり)

曾我祐信　そがすけのぶ
曾我兄弟の義父。『曾我物語』に登場する武士。
¶架空人日（曾我祐信　そがすけのぶ）
歌舞伎登（曾我太郎祐信　そがのたろうすけのぶ）

宗我都比古神　そがつひこののかみ
大和国高市郡の宗我坐宗我都比古神社二座の祭神。
¶神仏辞典（宗我都比古神・宗我戸比古神　そがつひこののかみ）

曾我時致　そがときむね
⇒曾我五郎時致(そがごろうときむね)

宗我石川　そがのいしかわ
記紀にみえる豪族。応神天皇3年百済につかわされたという。建内宿禰の子(3男)。『古事記』では蘇賀石河。
¶神様読解（蘇賀石河宿禰　そがのいしかわのすくね）
日本人名（宗我石川　そがのいしかわ）

蘇我入鹿　そがのいるか
飛鳥時代の廷臣。蘇我毛人(蝦夷)の子。聖徳太子の子の大兄山背皇子の一族を覆滅した。
¶架空伝説（蘇我入鹿　そがのいるか ㊄? ㉂大化1(645)年）〔像〕
架空伝説（蘇我入鹿　そがのいるか）〔像〕
歌舞伎登（蘇我入鹿　そがのいるか）〔像〕
奇談逸話（蘇我入鹿　そがのいるか ㊄? ㉂大化1(645)年）
古典人学（蘇我入鹿　そがのいるか）
人物伝承（蘇我入鹿　そがのいるか ㊄? ㉂大化1(645)年）〔像〕
説話伝説（蘇我入鹿　そがのいるか ㊄? ㉂大化1(645)年）
世百新（蘇我入鹿　そがのいるか ㊄? ㉂大化1(645)年）
伝奇伝説（蘇我入鹿　そがのいるか ㊄? ㉂大化1(645)年）〔像〕

蘇我馬子　そがのうまこ
敏達・用明・崇峻・推古朝の大臣。蝦夷らの父。崇峻天皇を暗殺、推古天皇を立て、聖徳太子を摂政とした。仏教興隆に尽力し法興寺(飛鳥寺)を造営。
¶説話伝説（蘇我馬子　そがのうまこ ㊄? ㉂626年）
伝奇伝説（蘇我馬子　そがのうまこ ㊄? ㉂推古34(626)年）

蘇我蝦夷　そがのえみし
7世紀の中央豪族。蘇我馬子の子。父を継いで大臣となり、推古天皇の死後、舒明天皇を即位させるなど権勢を振るった。子の入鹿が暗殺された翌日自殺した。
¶説話伝説（蘇我蝦夷　そがのえみし ㊄? ㉂大化1

(645)年)

宗我神　そがのかみ
『日本三代実録』に所出。土佐国の神。
¶神仏辞典（宗我神　そがのかみ）

曾我太郎祐信　そがのたろうすけのぶ
⇒曾我祐信(そがすけのぶ)

曾我の二の宮　そがのにのみや
江戸の曾我狂言で、曾我兄弟と同腹の姉。
¶歌舞伎登（曽我の二の宮　そがのにのみや）

蘇我満智　そがのまち
『日本書紀』にみえる豪族。蘇我石川の子といわれる。
¶朝日歴史（蘇我満智　そがのまち）
新潮日本（蘇我満知　そがのまち）
日本人名（蘇我満知　そがのまち）

蘇賀比咩神　そがひめのかみ
下総国千葉郡の蘇賀比咩神社の祭神。
¶神仏辞典（蘇賀比咩神　そがひめのかみ）

曾伎乃夜神　そきのやのかみ
出雲国出雲郡式内社五八社の内の曾伎乃夜社、『延喜式』の曾枳能夜神社の祭神。
¶神仏辞典（曾伎乃夜神・曾枳能夜神　そきのやのかみ）

俗医者奥山左内　ぞくいしゃおくやまさない
歌舞伎演目『伊賀越乗掛合羽』に登場する、顔の相好が変わる妙薬や惚れ薬など街頭でいかがわしい薬を売る薬売り。
¶歌舞伎登（俗医者奥山左内　ぞくいしゃおくやまさない）

底土命　そこつちのみこと
伊弉諾尊が橘の小門での禊で二度目に水に入ったときに吹き生した神。
¶神仏辞典（底土命　そこつちのみこと）

底筒之男命　そこつつのおのみこと
黒江三神(住吉三神)の一柱。
¶朝日歴史（底筒男命　そこつつのおのみこと）
神様読解（底筒之男命　そこつつのおのみこと）〔像〕
新潮日本（底筒男命　そこつつのおのみこと）
神仏辞典（底筒男神・底筒男神・底筒雄神　そこつつのおのみこと）
日本神々（底筒之男命　そこつつのおのみこと）〔像〕
日本神様（住吉信仰の神々〔底筒男命〕　すみよししんこうのかみがみ）〔像(住吉大明神江)〕
日本人名（底筒男命　そこつつのおのみこと）

底津綿津見神　そこつわたつみのかみ
綿津三神の一柱。伊弉諾が禊をしたとき、水底ですすいだときに化生した神。
¶神様読解（底津綿津見神　そこつわたつみのかみ）
神仏辞典（底津綿津見神　そこつわたつみのかみ）

日本神々（底津綿津見神　そこつわたつみのかみ）〔像〕

曾許乃御立神　そこのみたてのかみ
遠江国敷智郡の曾許乃御立神社の祭神。
¶神仏辞典（曾許乃御立神　そこのみたてのかみ）

底幽霊　そこゆうれい
海の妖怪。長崎県や佐賀県の海に出現する怪異。
¶幻想動物（底幽霊）
　神仏辞典（底幽霊　そこゆうれい）
　全国妖怪（ソコユウレイ〔佐賀県〕）
　全国妖怪（ソコユウレイ〔長崎県〕）
　妖怪事典（ソコユウレイ）
　妖怪大事典（底幽霊　そこゆうれい）

素性　そせい
平安前期の歌僧。官人。三十六歌仙の一人。
¶説話伝説（素性　そせい　生没年未詳）
　伝奇伝説（素性　そせい　生没年未詳）

祖先神　そせんしん
アイヌの男系・女系それぞれの系譜を辿っていくと行き着く人間と婚姻した神。
¶神仏辞典（祖先神　そせんしん）

粗相惣兵衛　そそうそうべえ
あわて者が失敗する笑話の主人公。小噺、落語に登場する。
¶神話伝説（粗相惣兵衛　そそうそうべえ）
　日本人名（粗相惣兵衛　そそうそうべえ）

卒八　そっぱち
滝亭鯉丈作の滑稽本『八笑人』に登場する、八笑人の一人。
¶架空人日（卒八　そっぱち）

袖　そで
上田秋成作の読本『雨月物語』(1776) 巻之三「吉備津の釜」に登場する遊女。
¶架空人日（袖　そで）
　架空伝説（袖　そで）

袖萩　そではぎ
人形浄瑠璃『奥州安達原』（近松半二・竹本三郎兵衛らの合作、1762年）の三段目に登場する悲劇のヒロイン。
¶架空伝承（袖萩　そではぎ）
　架空伝説（袖萩　そではぎ）
　歌舞伎登（袖萩　そではぎ）
　コン5（袖萩　そではぎ）
　日本人名（袖萩　そではぎ）

袖引き小僧　そでひきこぞう
道の妖怪。埼玉県西部に多い俗伝。
¶幻想動物（袖引き小僧）〔像〕
　神仏辞典（袖引き小僧　そでひきこぞう）
　全国妖怪（ソデヒキコゾウ〔埼玉県〕）
　水木妖怪続（袖ひき小僧）〔像〕
　妖怪事典（ソデヒキコゾウ）
　妖怪図鑑（袖引き小僧　そでひきこぞう）〔像〕
　妖怪大全（袖引き小僧　そでひきこぞう）
　妖怪大事典（袖引き小僧　そでひきこぞう）〔像〕
　妖百3（袖引き小僧　そでひきこぞう）

袖引き貉　そでひきむじな
茨城県筑波郡大穂町でいう怪異。
¶妖怪事典（ソデヒキムジナ）
　妖怪大事典（袖引き貉　そでひきむじな）

袖もぎ様　そでもぎさま
路傍神の一種。この神のそばを通ると袖を取られるとか、神前で転ぶと袖を取って上げるなどの俗信がある。
¶広辞苑6（袖もぎ様　そでもぎさん）
　神仏辞典（袖もぎ　そでもぎ）
　神話伝説（袖もぎ様　そでもぎさま）
　妖怪大鑑（袖もぎ様）〔像〕
　妖怪大事典（袖もぎ様　そでもぎさま）〔像〕

衣通郎女　そとおりのいらつめ
5世紀中葉、允恭天皇の妃。皇后の妹で、弟姫ともいう。容色すぐれ美しさが衣を通して輝いていたことから呼ばれた名。後世、和歌の浦の玉津島神社に祀る。和歌三神の一神。
¶朝日歴史（衣通郎姫　そとおりのいらつめ　生没年不詳）
　架空伝承（衣通姫　そとおりひめ　生没年不詳）
　広辞苑6（衣通姫　そとおりひめ）
　コン5（衣通郎女(1)　そとおしのいらつめ）
　新潮日本（衣通姫　そとおりひめ）
　神仏辞典（衣通郎女・衣通郎姫　そとおりのいらつめ）
　説話伝説（衣通姫　そとおりひめ）
　大辞林3（衣通姫　そとおりひめ）
　伝奇伝説（衣通姫　そとおりひめ）
　日本人名（衣通郎姫　そとおりのいらつめ）

外荒神　そとこうじん
大分県で、敷地の隅に祀る荒神をいう。家の鬼門を守る。
¶神仏辞典（外荒神　そとこうじん）

卒都婆小町　そとばこまち
晩年流浪の果てに亡くなったとされる小野小町の髑髏がなした怪異。
¶妖怪大鑑（卒都婆小町　そとばこまち）〔像〕

蘇那曷叱知　そなかしち
任那から最初に朝貢のために渡来したと伝える伝説上の人物。
¶朝日歴史（蘇那曷叱知　そなかしち）
　新潮日本（蘇那曷叱知　そなかしち）
　日本人名（蘇那曷叱知　そなかしち）

曽根右太郎　そねうたろう
山手樹一郎作『遠山の金さん』の登場人物。
¶時代小説（曽根右太郎　そねうたろう）

曽根仙之助　そねせんのすけ
宮本昌孝作『藩校早春賦』の登場人物。
¶**時代小説**（曽根仙之助　そねせんのすけ）

曾禰神　そねのかみ
和泉国和泉郡の曾禰神社の祭神。
¶**神仏辞典**（曾禰神　そねのかみ）

曽根松兵衛　そねのまつべえ
歌舞伎演目『棒しばり』に登場する、留守中にいつも盗み酒をはたらく太郎冠者・次郎冠者に一計を案じる大名。
¶**歌舞伎登**（曽根松兵衛　そねのまつべえ）

曾禰好忠　そねのよしただ
10～11世紀の中古三十六歌仙の一人。『今昔物語集』に登場する。
¶**架空人日**（曾禰好忠　そねのよしただ）
奇談逸話（曾禰好忠　そねのよしただ 生没年未詳）
説話伝説（曾根好忠　そねよしただ 生没年未詳）
伝奇伝説（曾禰好忠　そねのよしただ 生没年未詳）

曾根真知子　そねまちこ
野上弥生子の小説『真知子』の主人公。
¶**日本人名**（曾根真知子　そねまちこ）

園相神　そのあうのかみ
伊勢国度会郡の園相神社の祭神。
¶**神仏辞典**（園相神　そのあうのかみ）

其朝　そのあさ
歌舞伎演目『花上野誉碑』に登場する、品川宿大松坂屋抱えの遊女。
¶**歌舞伎登**（其朝　そのあさ）

園江　そのえ
半村良作『妖星伝』の登場人物。
¶**時代小説**（園江　そのえ）

園生の前　そのおのまえ
歌舞伎演目『菅原伝授手習鑑』に登場する、菅丞相の奥方。
¶**歌舞伎登**（園生の前　そのおのまえ）

襲小橋別命　そのおはしわけのみこと
古代伝承上の景行天皇の皇子。菟田小橋別の祖といわれる。
¶**日本人名**（襲小橋別命　そのおはしわけのみこと）

園女　そのじょ
国枝史郎作『神州纐纈城』の登場人物。
¶**時代小説**（園女　そのじょ）

園田道閑　そのだどうかん
江戸前期の義民。加賀藩の大庄屋。検地に対し出訴抗議し、磔刑に処せられた。郷民は祠を建てて道閑様と称し、150年忌も営まれた。
¶**コン5**（園田道閑　そのだどうかん [生]寛永3（1626）年 [没]寛文7（1667）年）

園神　そののかみ
宮中神三六座のうち宮内省坐三座の園神社の祭神。
¶**広辞苑6**（園神　そののかみ）
神仏辞典（園神　そののかみ）

園部左衛門　そのべさえもん
歌舞伎演目『新薄雪物語』に登場する人物。典型的な武家の二枚目役。
¶**架空伝説**（薄雪姫・左衛門　うすゆきひめ・さえもん）
歌舞伎登（園部左衛門　そのべさえもん）

園部兵衛　そのべのひょうえ
歌舞伎演目『新薄雪物語』に登場する、園部左衛門の父。
¶**歌舞伎登**（園部兵衛　そのべのひょうえ）

曾能目別命　そのめわけのみこと
古代伝承上の景行天皇の皇子。
¶**日本人名**（曾能目別命　そのめわけのみこと）

ソパウンカムイ
⇒家の神（アイヌ）（いえのかみ）

曾波神　そはのかみ
陸奥牡鹿郡の曾波神社の祭神。
¶**神仏辞典**（曾波神　そはのかみ）

蕎麦屋仁八　そばやにはち
歌舞伎演目『天衣紛上野初花』に登場する、入谷にある蕎麦屋の主人。
¶**歌舞伎登**（蕎麦屋仁八　そばやにはち）

曾尾神　そびのかみ
若狭国遠敷郡の曾尾神社の祭神。
¶**神仏辞典**（曾尾神　そびのかみ）

曾部　そべ
藤沢周平作『用心棒日月抄』の登場人物。
¶**時代小説**（曾部　そべ）

曾富理神　そほりのかみ
大年神の子で、母は神活須毘神の娘・伊怒比売神。
¶**神様読解**（曾富理神　そほりのかみ）
神仏辞典（曾富理神・曾保理神　そほりのかみ）

蘇民将来　そみんしょうらい
古代説話に登場する人物。『備後国風土記』逸文において、旅に出た武塔天神（素戔嗚尊）を歓待した。
¶**架空伝承**（蘇民将来　そみんしょうらい）
神様読解（蘇民将来/武塔天神　そみんしょうらい・むとうてんじん）
神仏辞典（蘇民将来　そみんしょうらい）

神話伝説　（蘇民将来　そみんしょうらい）
説話伝説　（蘇民将来　そみんしょうらい）
大辞林3　（蘇民将来　そみんしょうらい）
伝奇伝説　（蘇民将来　そみんしょうらい）

蘇民将来　そみんしょうらい
歌舞伎『日本振袖始』に登場する、食保の長の二人の息子の次男。京都祇園の八坂神社の伝説に基づいて、近松門左衛門が創作した人物。
¶歌舞伎登　（蘇民将来　そみんしょうらい）

染殿の后　そめどののきさき
平安初期の女御で良房の長女。文徳天皇に入内。『今昔物語集』などに登場する。
¶架空人日　（染殿の后　そめどののきさき ⓈⒻ829年 ⓈⒼ900年）
架空伝承　（染殿の后　そめどののきさき ⓈⒻ天長6（829）年 ⓈⒼ昌泰3（900）年）
奇談逸話　（染殿后　そめどののきさき ⓈⒻ天長4（827）年 ⓈⒼ昌泰3（900）年）
人物伝承　（染殿の后　そめどののきさき ⓈⒻ天長5（828）年 ⓈⒼ昌泰3（900）年）
説話伝説　（染殿后　そめどののきさき ⓈⒻ天長6（829）年 ⓈⒼ昌泰3（900）年）
伝奇伝説　（染殿后　そめどののきさき ⓈⒻ天長6（829）年 ⓈⒼ昌泰3（900）年）〔像〕

染の井　そめのい
歌舞伎演目『敵討天下茶屋聚』に登場する、備前浮田家中花形部の姉娘。
¶歌舞伎登　（染の井　そめのい）

空神　そらがみ
奈良県吉野郡、三重県熊野市、和歌山県西牟婁郡などで天狗のこと。
¶神仏辞典　（そらがみ）
水木妖怪　（空神　そらがみ）〔像〕
妖怪事典　（ソラガミ）
妖怪大全　（空神　そらがみ）〔像〕
妖怪大事典　（空神　そらがみ）〔像〕

空木返し　そらきがえし
福島県、鹿児島県でいう山中の音の怪。
¶神仏辞典　（空木返し　そらきがえし）
全国妖怪　（ソラキガエシ〔福島県〕）
妖怪事典　（ソラキガエシ）

空木倒し　そらきだおし
鹿児島県でいう山中の怪異。
¶全国妖怪　（ソラキダオシ〔鹿児島県〕）
妖怪事典　（ソラキダオシ）
妖怪大事典　（空木倒し　そらきだおし）

空琴　そらこと
山東京伝作の洒落本『繁千話』（1790）に登場する遊女。
¶架空人日　（空琴　そらこと）
架空伝説　（空琴　そらこと）

空入水した僧　そらじゅすいしたそう
『宇治拾遺物語』の登場人物。京都・祇陀林寺にいた僧。桂川で偽りの入水を演じ、嘲笑をかう。
¶古典人学　（空入水した僧　そらじゅすいしたそう）
古典人東　（空入水した僧　そらじゅすいしたそう）

虚空津比売命　そらつひめのみこと
神功皇后の妹神。息長宿禰王の子。
¶神様読解　（虚空津比売命　そらつひめのみこと）
神仏辞典　（虚空津比売命　そらつひめのみこと）

虚代玉籤入彦厳之事代主神　そらにことしろたまくしいりひこいつのこことしろぬしのかみ
神功皇后摂政前紀で、神託に現れる神。事代主神のこと。
¶神仏辞典　（虚代玉籤入彦厳之事代主神　そらにことしろたまくしいりひこいつのこことしろぬしのかみ）

蘇羅比古神　そらひこのかみ
備後国三上郡の国幣小社の蘇羅神社の祭神。
¶神仏辞典　（蘇羅比古神　そらひこのかみ）

祖霊　それい
古くから祀られている祖先の霊のこと。
¶幻想動物　（祖霊）〔像〕

祖霊神　それいしん
沖縄において、ウウイジュウコウ（33年忌）を終え、神となった死者の霊。
¶神仏辞典　（祖霊神　それいしん）

算盤坊主　そろばんぼうず
京都府船井郡西別院村でいう妖怪。
¶神仏辞典　（算盤小僧　そろばんこぞう）
全国妖怪　（ソロバンボウズ〔京都府〕）
妖怪事典　（ソロバンボウズ）
妖怪大鑑　（算盤坊主　そろばんぼうす）〔像〕
妖怪大事典　（算盤坊主　そろばんぼうず）〔像〕
妖百3　（そろばん坊主）

曾呂利新左衛門　そろりしんざえもん
泉州堺の人で、豊臣秀吉の御伽衆だったといわれる。茶人であり、頓智頓才をもって秀吉の寵遇を得たことが『曾呂利物語』などにより伝承される。
¶架空伝承　（曾呂利新左衛門　そろりしんざえもん 生没年不詳）
奇談逸話　（曾呂利新左衛門　そろりしんざえもん 生没年未詳）
コン5　（曾呂利新左衛門　そろりしんざえもん 生没年不詳）
新潮日本　（曾呂利新左衛門　そろりしんざえもん ⓈⒻ? ⓈⒼ慶長8（1603）年9月22日?）
時代小説　（曾呂利伴内　そろりばんない）
説話伝説　（曾呂利新左衛門　そろりしんざえもん ⓈⒻ? ⓈⒼ慶長8（1603）年）
世百新　（曾呂利新左衛門　そろりしんざえもん 生没年不詳）
伝奇伝説　（曾呂利新左衛門　そろりしんざえもん 生没年未詳）

日本人名（曾呂利新左衛門　そろりしんざえもん　生没年未詳）

曽呂利新作　そろりしんさく
歌舞伎演目『けいせい遊山桜』に登場する、泉州堺(大阪府堺市)の鞘師。
¶歌舞伎登（曽呂利新作　そろりしんさく）

曾呂利伴内　そろりばんない
⇒曾呂利新左衛門（そろりしんざえもん）

孫悟空　そんごくう
歌舞伎演目『通俗西遊記』に登場する、唐僧玄奘三蔵の従者。
¶歌舞伎登（孫悟空　そんごくう）

村允　そんじょう
小泉八雲作『怪談』(1904)収録の「おしどり」に登場する猟師。
¶架空人日（村允　そんじょう）

尊星王　そんじょうおう
天台密教における秘法・尊星王法の本尊。
¶東洋神名（尊星王　ソンジョウオウ）〔像〕

ソンツル
鳥取県伯耆地方でいう憑き物。
¶妖怪事典（ソンツル）
　妖怪大鑑（そんつる）〔像〕
　妖怪大事典（ソンツル）〔像〕

【た】

大威徳明王　だいいとくみょうおう
五大明王の中の一尊。
¶広辞苑6（大威徳明王　だいいとくみょうおう）〔像〕
　神仏辞典（大威徳明王　だいいとくみょうおう）
　世百科（大威徳明王　だいいとくみょうおう）
　大辞林3（大威徳明王　だいいとくみょうおう）〔像〕
　東洋神名（大威徳明王　ダイイトクミョウオウ）〔像〕
　日本人名（大威徳明王　だいいとくみょうおう）
　仏尊事典（大威徳明王　だいいとくみょうおう）〔像〕

泰右衛門　たいえもん
白井喬二作『富士に立つ影』の登場人物。
¶時代小説（泰右衛門　たいえもん）

大陰神　だいおんじん
暦の八将神の一神。
¶広辞苑6（大陰神　だいおんじん）

太神楽の太夫　だいかぐらのたゆう
歌舞伎演目『神楽諷雲井曲毬』に登場する、初春の江戸日本橋で、「鹿島踊り」を踊って人を集めている座の太神楽の一座。
¶歌舞伎登（太神楽の太夫　だいかぐらのたゆう）

大魚悪楼　たいぎょあくる
ヤマトタケルが吉備穴海で退治した巨大魚。
¶水木幻獣（大魚悪楼　たいぎょあくる）〔像〕
　妖怪大鑑（大魚悪楼　たいぎょあくる）〔像〕

大経師以春　たいきょうじいしゅん
歌舞伎演目『大経師昔暦』に登場する、大経師家の当主。
¶歌舞伎登（大経師以春　たいきょうじいしゅん）

大工　だいく
歌舞伎演目『乗合船恵方万歳』に登場する人物。惚気話を艶やかな芸者と仕抜きで踊る大工。
¶歌舞伎登（大工　だいく）

大工与四郎　だいくよしろう
歌舞伎演目『宇都宮紅葉釣釜』に登場する、宇都宮城の湯殿の釣り天井の秘密工事に関っている大工。
¶歌舞伎登（大工与四郎　だいくよしろう）

大君　だいくん
『おもろさうし』に登場する王府の高級神女達。
¶アジア女神（大君）

大元神　だいげんしん
⇒黄蕃神（おうばんじん）

大元帥明王　たいげんすいみょうおう
密教では太元帥、略して太元と称する。「太元帥御修法」の本尊。元は悪鬼であったが仏の教化を受けて十六薬叉神の一となっている。
¶広辞苑6（大元帥明王　たいげんみょうおう）
　神仏辞典（太元帥明王　たいげんみょうおう）
　世百科（大元帥明王　だいげんすいみょうおう）
　大辞林3（大元帥明王　だいげんみょうおう）
　東洋神名（太元帥明王　タイゲンスイミョウオウ）〔像〕
　日本人名（太元帥明王　たいげんすいみょうおう）
　仏尊事典（太元帥明王　たいげんすいみょうおう）〔像〕

代言人口上糊ス　だいげんにんくちのうえのりす
歌舞伎演目『人間万事金世中』に登場する人物。弁護士を「三百代言」という悪口に、「糊口を凌ぐ」の意味を被せた愚意の役名。
¶歌舞伎登（代言人口上糊ス　だいげんにんくちのうえのりす）

待賢門院　たいけんもんいん
鳥羽天皇の中宮。幼時より白河上皇に愛育され、鳥羽天皇との間に生んだ崇徳天皇は上皇の子との噂があるなど、「奇怪不可思議の女御」といわれた。

¶説話伝説（待賢門院　たいけんもんいん　㊥康和3（1101）年　㉂久安1（1145）年）
　伝奇伝説（待賢門院　たいけんもんいん　㊥康和3（1101）年　㉂久安1（1145）年）

大光寺の怪異　だいこうじのかいい
大光寺の書院の便所の戸を開けておくと現れる、僧の姿をしたもの。
¶妖怪大全（大光寺の怪異　だいこうじのかいい）〔像〕

太鼓狐　たいこきつね
岡山県津山地方でいう化け狐。
¶妖怪事典（タイコキツネ）

大黒天　だいこくてん
摩醯首羅（大自在天）の化身で戦闘の神。中世以後、大国主神と同一視された。七福神の一神ともなる。
¶架空伝承（大黒天　だいこくてん）〔像〕
　神様読解（大黒天　だいこくてん）〔像〕
　広辞苑6（大黒天　だいこくてん）
　神仏辞典（大黒　だいこく）
　神話伝説（夷大黒　えびす・だいこく）
　説話伝説（大黒　だいこく）
　世百新（大黒天　だいこくてん）〔像〕
　大辞林3（大黒天　だいこくてん）〔像〕
　伝奇伝説（大黒　だいこく）
　日本人名（大黒天　だいこくてん）
　仏尊事典（大黒天　だいこくてん）〔像〕

大黒屋光太夫　だいこくやこうだゆう
江戸時代の鎖国下、日本に帰国できた最初の漂流民。
¶架空伝承（大黒屋光太夫　だいこくやこうだゆう　㊥宝暦1（1751）年　㉂文政11（1828）年）
　説話伝説（大黒屋光太夫　だいこくやこうだゆう　㊥宝暦1（1751）年　㉂文政11（1828）年）〔像〕
　伝奇伝説（大黒屋光太夫　だいこくやこうだゆう　㊥宝暦1（1751）年　㉂文政11（1828）年）〔像〕

大黒屋新兵衛　だいこくやしんべえ
井原西鶴作の浮世草子『日本永代蔵』（1688）巻二「才覚を笠に着大黒」に登場する京都の商人。
¶架空人日（大黒屋新兵衛　だいこくやしんべえ）

大黒屋惣六　だいこくやそうろく
歌舞伎演目『碁太平記白石噺』に登場する、江戸吉原で角町の親方分。
¶歌舞伎登（大黒屋惣六　だいこくやそうろく）

醍醐天皇　だいごてんのう
第60代に数えられる天皇。在位897-930年。父は宇多天皇。治世の間、道真の怨霊の恐怖に悩まされた。
¶架空伝承（醍醐天皇　だいごてんのう　㊥仁和1（885）年　㉂延長8（930）年）
　人物伝承（醍醐天皇　だいごてんのう　㊥仁和1（885）年　㉂延長8（930）年）
　説話伝説（醍醐天皇　だいごてんのう　㊥元慶9（885）年　㉂延長8（930）年）
　伝奇伝説（醍醐天皇　だいごてんのう　㊥元慶9（885）年　㉂延長8（930）年）〔像〕

大五郎狸　だいごろうだぬき
徳島県美馬郡一宇村に棲む狸。
¶妖怪事典（ダイゴロウダヌキ）

大斎院　だいさいいん
平安中期の斎院・歌人。
¶説話伝説（大斎院　だいさいいん　㊥康保1（964）年　㉂長元8（1035）年6月22日）
　伝奇伝説（大斎院　だいさいいん　㊥康保1（964）年　㉂長元8（1035）年）

泰山府君　たいざんふくん
中国山東省の泰山に住むとされる道教の神。冥府を司る神で、日本では平安時代に広まり、陰陽道がこの神の祭りを執り行った。
¶神仏辞典（泰山府君　たいざんふくん）
　説話伝説（泰山府君　たいざんふくん）
　伝奇伝説（泰山府君　たいざんふくん）

大自在天　だいじざいてん
苦楽悲喜を司り、仏法を守護する神とされる。密教の十二天のひとつ。
¶世百新（大自在天　だいじざいてん）〔像〕
　大辞林3（大自在天　だいじざいてん）
　東洋神名（大自在天　ダイジザイテン）〔像〕
　日本人名（大自在天　だいじざいてん）

帝釈天　たいしゃくてん
もとはインド神話のインドラ。仏教に入り、梵天と共に仏法の守護神となる。密教では十二天の一つ。
¶架空人物（帝釈天　たいしゃくてん）
　神様読解（帝釈天　たいしゃくてん）
　広辞苑6（帝釈天　たいしゃくてん）〔像〕
　神仏辞典（帝釈天　たいしゃくてん）
　世百新（帝釈天　たいしゃくてん）〔像〕
　大辞林3（帝釈天　たいしゃくてん）
　東洋神名（帝釈天　タイシャクテン）〔像〕
　日本人名（帝釈天　たいしゃくてん）
　仏尊事典（帝釈天　たいしゃくてん）〔像〕

大蛇に犯された女　だいじゃにおかされたおんな
『日本霊異記』の登場人物。河内の国更荒郡馬甘の里の女。
¶古典人学（大蛇に犯された女　だいじゃにおかされたおんな）

大蛇の輪　だいじゃのわ
岡山県苫田郡でいう妖怪。
¶妖怪事典（ダイジャノワ）

大しう　だいしゅう
御伽草子『七草草紙』（室町時代）の主人公。
¶架空人日（大しう　だいしゅう）

大将軍　だいしょうぐん
陰陽道の方伯を司どる八将神の一つで、西方の星太白の精とされ、三年間一方位を占め一二年で一巡する。
¶**広辞苑6**（大将軍　たいしょうぐん）
神仏辞典（大将軍　だいしょうぐん）

大勝金剛　だいしょうこんごう
仏教の尊の一つ。性格が複雑なために異説が多くその所属も仏頂部・菩薩部・明王部など諸説がある。
¶**神仏辞典**（大勝金剛　だいしょうこんごう）

太上老君　たいじょうろうくん
道教における神格としての老子の尊称。
¶**神仏辞典**（太上老君　たいじょうろうくん）

退職刑事　たいしょくけいじ
都筑道夫の「退職刑事シリーズ」の主人公。氏名不詳。
¶**名探偵日**（退職刑事　たいしょくけいじ）

大随求菩薩　だいずいくぼさつ
苦厄を祓い、戦乱を伏し、風雨を止め、子授けをする幅広い功徳を持つ菩薩。
¶**神仏辞典**（大随求菩薩　だいずいくぼさつ）
東洋神名（大随求菩薩　ダイズイクボサツ）〔像〕
仏尊事典（大随求菩薩　だいずいぐぼさつ）〔像〕

大山の神　だいせんのかみ
大山の里宮として創建された大神山神社（鳥取県米子市）で、大穴牟遅神を祀る。
¶**日本神様**（大山の神　だいせんのかみ）

胎蔵界大日　たいぞうかいだいにち
『大日経』に説かれる胎蔵界の大日如来をさし、胎蔵（界）曼荼羅の中台八葉院の中心に配される主尊。
¶**神仏辞典**（胎蔵界大日　たいぞうかいだいにち）

だいだぼっち
⇒だいだらぼっち

だいだらぼう
⇒だいだらぼっち

だいだらぼうし
⇒だいだらぼっち

だいだらぼっち
伝説の巨人。関東、中部地方を中心に広く分布する。だいだぼっち、だいだら坊、だいだらぼうし等ともいい、大太法師とあてる。
¶**架空伝承**（だいだらぼっち）
幻想動物（大太法師）〔像〕
コン5（大太法師　だいだらぼっち）
神仏辞典（大太法師　だいだぼっち）
神仏辞典（だいだら坊　だいだらぼう）
説話伝説（ダイダラボッチ）
世百新（だいだらぼっち）
大辞林3（大太法師　だいだらぼうし）
伝奇伝説（大太法師　だいたらぼうし）
東洋神名（だいだらぼっち）〔像〕
日本人名（大太法師　だいだらぼっち）
妖怪事典（ダイダラボッチ）
妖怪事典（ダダボウシ）
妖怪事典（デーデーボ）
妖怪図鑑（だいだらぼっち）〔像〕
妖怪大事典（ダイダラボッチ）〔像〕
妖百1（ダイダラボウ）〔像〕

大太郎　だいたろう
『宇治拾遺物語』の登場人物。盗賊の首領。
¶**架空人日**（大太郎　だいたろう）
架空伝説（大太郎　だいたろう）
古典人学（大太郎　だいたろう）

太地角右衛門　たいちかくえもん
江戸前期の紀州太地浦鯨方の宰領。井原西鶴『日本永代蔵』の鯨取りの天狗源内のモデル。
¶**コン5**（太地角右衛門　たいちかくえもん [生]元和9（1623）年？ [没]元禄12（1699）年）

大地の神　だいちのかみ
土地に宿る神霊。地鎮祭で祀られる神。
¶**日本神様**（大地の神　だいちのかみ）

胎中天皇　たいちゅうてんのう
⇒応神天皇（おうじんてんのう）

泰澄　たいちょう
白山を開山したとされる、古代北陸の伝説的な行者。飛鉢譚や雷を呪縛、元正天皇の難病平癒などの伝承がある。
¶**架空伝承**（泰澄　たいちょう）
神仏辞典（泰澄　たいちょう）
説話伝説（泰澄　たいちょう [生]白鳳11（682）年 [没]神護景雲1（767）年）
世百新（泰澄　たいちょう）
伝奇伝説（泰澄　たいちょう [生]天武11（682）年 [没]神護景雲1（767）年）
日ミス（泰澄　たいちょう）

大天狗　だいてんぐ
天狗の中でも最も神通力が強力な天狗たちのこと。
¶**幻想動物**（大天狗）〔像〕

大天婆　だいてんばばあ
宮城県気仙沼でいう妖怪。
¶**妖怪事典**（ダイテンババア）
妖怪大事典（大天婆　だいてんばばあ）

大童山文太郎　だいどうざんぶんたろう
歌舞伎演目『神明恵和合取組』に登場する、め組の鳶と対立する力士の一人。
¶**歌舞伎登**（大童山文太郎　だいどうざんぶんたろう）

た

大道寺田畑之助　だいどうじたばたのすけ
歌舞伎演目『花館愛護桜』に登場する、花川戸の助六という男伊達の実名。
¶歌舞伎登（大道寺田畑之助　だいどうじたばたのすけ）

大塔宮　だいとうのみや
後醍醐天皇の皇子。天台座主始まって以来の不思議な門主（『太平記』）と噂された。
¶伝奇伝説（大塔宮　だいとうのみや　㊊延慶1（1308）年　㊁建武2（1335）年）

大とうぼうし　だいとうぼうし
京都府船井郡でいう伝説の巨人。
¶妖怪事典（ダイトウボウシ）

台所の神　だいどころのかみ
台所に祀られる種々の神。家の中の火所には荒神さま（三宝荒神）、戸棚や柱の上には恵比寿・大黒天を祀る。
¶日本神様（台所の神　だいどころのかみ）〔像（三宝荒神）〕

第二十三号　だいにじゅうさんごう
芥川龍之介作『河童』（1922）に登場する、小説の語り手となっている精神病患者。
¶架空人日（第二十三号　だいにじゅうさんごう）

大日お竹　だいにちおたけ
⇒お竹大日（おたけだいにち）

大日如来　だいにちにょらい
密教の中心本尊で如来の一つ。大日経・金剛頂経の中心尊格。
¶架空人物（大日如来　だいにちにょらい）〔像〕
　架空伝承（大日　だいにち）
　神文化史（ヴァイローチャナ）
　広辞苑6（大日如来　だいにちにょらい）
　神仏辞典（大日　だいにち）
　世名辞典（大日如来）〔像〕
　世百新（大日　だいにち）
　大辞林3（大日如来　だいにちにょらい）〔像〕
　東洋神名（大日如来　ダイニチニョライ）〔像〕
　日本人名（大日如来　だいにちにょらい）
　仏尊事典（大日如来　だいにちにょらい）〔像〕

大日坊　だいにちぼう
大佛次郎作『鞍馬天狗』の登場人物。
¶時代小説（大日坊　だいにちぼう）

多為神　たいのかみ
伊勢国奄芸郡、美濃国賀茂郡の多為神社の祭神。
¶神仏辞典（多為神　たいのかみ）

田坐神　たいのかみ
河内国丹比郡の田坐神社の祭神。
¶神仏辞典（田坐神　たいのかみ）

頽馬　だいば
道の妖怪。高知県・富山県など多くの地方に類例がある。
¶架空人日（提婆　だいば）
　幻想動物（提馬）
　神仏辞典（頽馬・提馬　だいば）
　妖怪事典（ダイバ）
　妖怪大事典（ダイバ）〔像〕

太白神　たいはくじん
陰陽道で祀る神。
¶広辞苑6（太白神　たいはくじん）

提婆の仁三　だいばのにさ
歌舞伎演目『粋菩提悟道野晒』に登場する、剣術指南上がりの無頼の男伊達。
¶歌舞伎登（提婆の仁三　だいばのにさ）

提婆の仁三　だいばのにさ
歌舞伎演目『鳶紅葉宇都谷峠』に登場する人物。東海道筋を根城にする護摩の灰（泥棒）。
¶歌舞伎登（提婆の仁三　だいばのにさ）

大判事清澄　だいはんじきよずみ
歌舞伎演目『妹背山婦女庭訓』に登場する、紀伊の国の領主。
¶歌舞伎登（大判事清澄　だいはんじきよずみ）〔像〕

「代筆は浮世の闇」の自心　だいひつはうきよのやみのじしん
井原西鶴作『万の文反古』の登場人物。欲心から身を滅ぼした男。
¶古典人学（「代筆は浮世の闇」の自心　だいひつはうきよのやみのじしん）

大仏餅屋惣右衛門　だいぶつもちやそうえもん
歌舞伎演目『楼門五三桐』に登場する、大仏餅を商う店の主人。実は竹地光秀の遺臣海田新吾。
¶歌舞伎登（大仏餅屋惣右衛門　だいぶつもちやそうえもん）

大魔神　だいまじん
映画『大魔神』（1966）に登場する動く石像。
¶怪物事典（大魔神）

当麻都比古神　たいまつひこのかみ
大和国葛下郡の当麻都比古神社二座の祭神。
¶神仏辞典（当麻都比古神　たいまつひこのかみ）

松明丸　たいまつまる
鳥山石燕の『画図百器徒然袋』に猛禽類のような鳥が火を携えた姿で描かれたもの。
¶妖怪事典（タイマツマル）
　妖怪大鑑（松明丸　たいまつまる）〔像〕
　妖怪大事典（松明丸　たいまつまる）〔像〕

当麻蹶速　たいまのけはや
相撲の祖。

¶朝日歴史（当麻蹶速　たいまのけはや）
神様読解（野見宿弥・当麻蹶速　のみのすくね・たぎまけはや）
コン5（当麻蹶速　たいまのけはや）
新潮日本（当麻蹶速　たいまのけはや）
説話伝説（当麻蹶速　たいまのけはや）
伝奇伝説（当麻蹶速　たいまのけはや）
東洋神名（野見宿禰と当麻蹶速　ノミノスクネ&タイマケハヤ）〔像〕
日本人名（当麻蹶速　たいまのけはや）

当麻山口神　たいまのやまのくちのかみ
大和国葛下郡の当麻山口神社の祭神。
¶神仏辞典（当麻山口神　たいまのやまのくちのかみ）

鯛身命　たいみのみこと
『新撰姓氏録』に所出。天児屋根命9世の孫、中臣東連の祖。
¶神仏辞典（鯛身命　たいみのみこと）

大名　だいみょう
狂言『萩大名』のシテ（主役）。無風流で物覚えの悪い男。
¶古典人東（大名　だいみょう）

大名　だいみょう
歌舞伎演目『素襖落』に登場する、太郎冠者の主人。
¶歌舞伎登（大名　だいみょう）

大名（果報者）　だいみょう
狂言『末広がり』のシテ（主役）。大果報の者。
¶古典人東（大名（果報者）　だいみょう）

平清宗　たいらきよむね
⇒清宗（きよむね）

平季武　たいらすえたけ
⇒卜部季武（うらべすえたけ）

平敦盛　たいらのあつもり
平安末期の武士。『平家物語』や幸若舞曲や能の『敦盛』などに語られる。
¶架空人日（平敦盛　たいらのあつもり）
架空伝承（平敦盛　たいらのあつもり [生]嘉応1（1169）年 [没]元暦1（1184）年）〔像〕
歌舞伎登（平敦盛 1『一谷嫩軍記』　たいらのあつもり）
歌舞伎登（平敦盛 2『源平魁躑躅』　たいらのあつもり）
古典人学（平敦盛　たいらのあつもり）
古典人東（平敦盛『敦盛』　たいらのあつもり）
古典人東（平敦盛『平家物語』　たいらのあつもり）
コン5（平敦盛　たいらのあつもり [生]嘉応1（1169）年 [没]元暦1（1184）年）
説話伝説（平敦盛　たいらのあつもり [生]仁安3（1168）/嘉応1（1169）年 [没]寿永3（1184）年）〔像〕
伝奇伝説（平敦盛　たいらのあつもり [生]仁安3（1168）/嘉応1（1169）年 [没]寿永3（1184）年）〔像〕
日本人名（平敦盛　たいらのあつもり [生]1169年 [没]1184年）

平景清　たいらのかげきよ
平安末・鎌倉初期の武将。『平家物語』、謡曲、能などで悲劇的な英雄として登場する。
¶架空人日（悪七兵衛景清　あくしちびょうえかげきよ）
架空伝承（景清　かげきよ [生]? [没]建久7（1196）年）〔像〕
架空伝説（悪七兵衛景清　あくしちびょうえかげきよ）〔像〕
歌舞伎登（景清 1『雛有御江戸景清』　かげきよ）〔像〕
歌舞伎登（景清 2『嬢景清八島日記』　かげきよ）〔像〕
歌舞伎登（景清 3〔江戸の曽我狂言〕　かげきよ）〔像〕
歌舞伎登（景清 4『景清』　かげきよ）
古典人学（悪七兵衛景清　あくしちひょうえかげきよ）
神仏辞典（平景清　たいらのかげきよ 生没年不詳）
説話伝説（悪七兵衛景清　あくしちびょうえかげきよ 生没年未詳）〔像〕
説話伝説（平景清　たいらのかげきよ 生没年未詳）
世百新（平景清　たいらのかげきよ [生]? [没]建久7（1196）年）
伝奇伝説（景清　かげきよ 生没年未詳）
日本人名（平景清　たいらのかげきよ 生没年未詳）

平神　たいらのかみ
対馬島下県郡の平神社の祭神。
¶神仏辞典（平神　たいらのかみ）

平清経　たいらのきよつね
『平家物語』『源平盛衰記』などに登場。
¶古典人東（平清経『清経』　たいらのきよつね）
古典人東（平清経『平家物語』　たいらのきよつね）
説話伝説（平清経　たいらのきよつね [生]長寛1（1163）年 [没]寿永2（1183）年）
伝奇伝説（平清経　たいらのきよつね [生]長寛1（1163）年 [没]寿永2（1183）年）
日本人名（平清経　たいらのきよつね [生]? [没]1183年）

平清盛　たいらのきよもり
平安末期の武将。武士として初めて公卿に列した。
¶架空人日（平清盛　たいらのきよもり）
架空伝承（平清盛　たいらのきよもり [生]元永1（1118）年 [没]養和1（1181）年）〔像〕
架空伝説（平清盛　たいらのきよもり）
歌舞伎登（平清盛　たいらのきよもり）
奇談逸話（平清盛　たいらのきよもり [生]元永1（1118）年 [没]養和1（1181）年）
古典人学（平清盛　たいらのきよもり）
古典人東（平清盛　たいらのきよもり）
人物伝承（平清盛　たいらのきよもり [生]元永1（1118）年 [没]養和1（1181）年）
説話伝説（平清盛　たいらのきよもり [生]元永1（1118）年 [没]養和1（1181）年）
世百新（平清盛　たいらのきよもり [生]元永1

(1118) 年 [没]養和1 (1181) 年)
伝奇伝説（平清盛　たいらのきよもり [生]元永1 (1118) 年 [没]養和1 (1181) 年)〔像〕

平傔仗直方　たいらのけんじょうなおかた
歌舞伎演目『奥州安達原』「袖萩祭文」の登場人物。
¶歌舞伎登（平傔仗直方　たいらのけんじょうなおかた）

平維時の郎等　たいらのこれときのろうどう
『今昔物語集』に登場する、平維時の郎等。
¶架空人日（平維時の郎等　たいらのこれときのろうどう）

平維茂　たいらのこれもち
平安中期の東国武士。その優れた兵像は『今昔物語集』に語られる。
¶架空人日（平維茂　たいらのこれもち）
歌舞伎登（平維茂　たいらのこれもち）
説話伝説（平維茂　たいらのこれもち 生没年未詳）

平維盛　たいらのこれもり
『平家物語』の登場人物。平重盛の嫡子。棟梁の地位にはつけなかった。
¶架空人日（平維盛　たいらのこれもり）
歌舞伎登（平維盛　たいらのこれもり）
古典人学（平維盛　たいらのこれもり）
古典人東（平維盛　たいらのこれもり）
伝奇伝説（平維盛　たいらのこれもり [生]保元3 (1158) 年? [没]寿永3 (1184) 年?)

平維盛の妻　たいらのこれもりのつま
『平家物語』の登場人物。父は藤原成親、母は京極局。夫の死後すぐに出家し、菩提を弔った。
¶古典人東（平維盛の妻　たいらのこれもりのつま）

平貞文　たいらのさだぶみ
平安朝の歌人。右近衛中将好風の長男。中古歌仙三六人に数えられる。
¶架空人日（平中　へいちゅう）
架空伝承（平貞文　たいらのさだぶみ [生]貞観13 (871) 年頃 [没]延長1 (923) 年)
奇談逸話（平中（仲）　へいちゅう [生]貞観13 (871) 年 [没]延長1 (923) 年)
古典人学（平中　へいちゅう）
古典人学（平中　へいちゅう）
古典人東（平貞文　たいらのさだふん）
説話伝説（平中　へいちゅう [生]貞観13 (871) 年 [没]延長1 (923) 年)
大辞林3（平貞文　たいらのさだふん [生]? [没]923年)
伝奇伝説（平中　へいちゅう [生]? [没]延長1 (923) 年)
日本人名（平貞文　たいらのさだふん [生]? [没]923 年)

平貞道　たいらのさだみち
『今昔物語集』巻第二十五の第十などに登場。頼光の郎党。
¶架空人日（平貞道　たいらのさだみち）

平貞盛　たいらのさだもり
平安中期の武将。平将門の乱に関わる主要人物。
¶古典人学（平貞盛　たいらのさだもり）
説話伝説（平貞盛　たいらのさだもり 生没年未詳）
伝奇伝説（平貞盛　たいらのさだもり 生没年未詳）

平重衡　たいらのしげひら
平安末期の武将。
¶架空人日（平重衡　たいらのしげひら）
古典人学（平重衡　たいらのしげひら）
古典人東（平重衡　たいらのしげひら）
説話伝説（平重衡　たいらのしげひら [生]保元3 (1158) 年 [没]文治1 (1185) 年)
伝奇伝説（平重衡　たいらのしげひら [生]保元3 (1158) 年 [没]文治1 (1185) 年)

平重盛　たいらのしげもり
清盛の長男、保元の乱・平治の乱で活躍。
¶架空人日（平重盛　たいらのしげもり）
古典人学（平重盛　たいらのしげもり）
古典人東（平重盛　たいらのしげもり）
説話伝説（平重盛　たいらのしげもり [生]保延3年 [没]治承3年)〔像〕
伝奇伝説（平重盛　たいらのしげもり [生]保延3 (1137) 年 [没]治承3 (1179) 年)〔像〕

平資盛　たいらのすけもり
平安末期の武将。
¶架空人日（平資盛　たいらのすけもり）
神仏辞典（平資盛　たいらのすけもり）
説話伝説（平資盛　たいらのすけもり [生]? [没]文治1 (1185) 年)

平忠常　たいらのただつね
平安中期の武将。
¶人物伝承（平忠常　たいらのただつね [生]? [没]長元4 (1031) 年)
説話伝説（平忠常　たいらのただつね [生]康保4 (967) 年 [没]長元4 (1031) 年)

平忠度　たいらのただのり
平安末期の武将。忠盛の子。清盛の弟。武勇にすぐれ和歌をよくした。『平家物語』の登場人物。
¶架空人日（平忠度　たいらのただのり）
架空伝承（平忠度　たいらのただのり [生]天養1 (1144) 年 [没]元暦1 (1184) 年)
架空伝説（平忠度　たいらただのり）
歌舞伎登（薩摩守忠度　さつまのかみただのり）
古典人学（平忠度　たいらのただのり）
古典人東（平忠度『忠度』　たいらのただのり）
古典人東（平忠度『平家物語』　たいらのただのり）
説話伝説（平忠度　たいらのただのり [生]? [没]寿永3 (1184) 年)〔像〕
世百新（平忠度　たいらのただのり [生]天養1 (1144) 年 [没]元暦1 (1184) 年)
伝奇伝説（平忠度　たいらのただのり [生]? [没]寿永3 (1184) 年)

平忠盛　たいらのただもり
平安末期の武将。歌人。
¶架空人日（平忠盛　たいらのただもり）

説話伝説　（平忠盛　たいらのただもり　㊌永長1（1096）年　㊁仁平3（1153）年）〔像〕
伝奇伝説　（平忠盛　たいらのただもり　㊌永長1（1096）年　㊁仁平3（1153）年）

平経正　たいらのつねまさ
『平家物語』に登場する、平家方の武将。清盛の甥。
¶架空人日　（平経正　たいらのつねまさ）

平時国　たいらのときくに
中世の能登の豪族。
¶伝奇伝説　（平時国　たいらのときくに）

平時子　たいらのときこ
平清盛の妻。『平家物語』によれば平氏滅亡に際し、宝剣を持し、安徳天皇を抱いて海中に身を投じたという。
¶説話伝説　（平時子　たいらのときこ　㊌大治1（1126）年　㊁文治1（1185）年）
伝奇伝説　（平時子　たいらのときこ　㊌大治1（1126）年?　㊁文治1（1185）年）

平時忠　たいらのときただ
平安末期の武将。平時信の長男。「比一門にあらざらむ者は皆人非人たるべし」とうそぶいた話は有名。
¶架空人日　（平時忠　たいらのときただ）
説話伝説　（平時忠　たいらのときただ　㊌大治2（1127）年　㊁文治5（1189）年）
伝奇伝説　（平時忠　たいらのときただ　㊌大治2（1127）年　㊁文治5（1189）年）

平知盛　たいらのとももり
平安末期の武将。清盛の子。能の『船弁慶』では怨霊化して登場する。
¶架空人日　（平知盛　たいらのとももり）
架空伝承　（平知盛　たいらのとももり　㊌仁平2（1152）年　㊁文治1（1185）年）〔像〕
歌舞伎登　（平知盛1『義経千本桜』　たいらのとももり）
歌舞伎登　（平知盛2『船弁慶』　たいらのとももり）〔像〕
奇談逸話　（平知盛　たいらのとももり　㊌仁平2（1152）年　㊁文治1（1185）年）
古典人学　（平知盛　たいらのとももり）
説話伝説　（平知盛　たいらのとももり　㊌仁平2（1152）年　㊁文治1（1185）年）
世百新　（平知盛　たいらのとももり　㊌仁平2（1152）年　㊁文治1（1185）年）
伝奇伝説　（平知盛　たいらのとももり　㊌仁平2（1152）年　㊁文治1（1185）年）〔像〕

平教経　たいらののりつね
教盛の次男。『平家物語』では剛勇の武将として知られる。
¶架空人日　（平教経　たいらののりつね）
歌舞伎登　（平教経　たいらののりつね）
奇談逸話　（平教経　たいらののりつね　生没年不詳）
古典人学　（平教経　たいらののりつね）
説話伝説　（平教経　たいらののりつね　生没年不詳）
伝奇伝説　（平教経　たいらののりつね　生没年不詳）

平将門　たいらのまさかど
平安中期の武将。「新皇」と称して関東の分国化をめざし、反乱をおこした。『将門記』などで伝説的に語られる。
¶英雄事典　（平将門　タイラノマサカド）
架空人日　（平将門　たいらのまさかど）
架空伝承　（平将門　たいらのまさかど　㊌?　㊁天慶3（940）年）
架空伝承　（平将門　たいらのまさかど）〔像〕
奇談逸話　（平将門　たいらのまさかど　㊌?　㊁天慶3（940）年）
古典人学　（平将門　たいらのまさかど）
神仏辞典　（平将門　たいらのまさかど　㊌?　㊁940年）
人物伝承　（平将門　たいらのまさかど　㊌生年不詳　㊁天慶3（940）年）〔像〕
説話伝説　（平将門　たいらのまさかど　㊌?　㊁天慶3（940）年）
世百新　（平将門　たいらのまさかど　㊌?　㊁天慶3（940）年）
伝奇伝説　（平将門　たいらのまさかど　㊌?　㊁天慶3（940）年）〔像〕
日ミス　（平将門　たいらのまさかど　㊌延喜3（903）年頃　㊁天慶3（940）年）
日本神々　（平将門　たいらのまさかど　㊌延喜3（903）年　㊁天慶3（940）年2月）〔像〕
日本神様　（平将門　たいらのまさかど　㊌?　㊁940年）
日本人名　（平将門　たいらのまさかど　㊌?　㊁940年）

平正盛　たいらのまさもり
平安末期の武士。清盛の祖父。
¶説話伝説　（平正盛　たいらのまさもり　生没年未詳）

平宗盛　たいらのむねもり
平清盛の二男。『平家物語』に登場する。
¶架空人日　（平宗盛　たいらのむねもり）
古典人学　（平宗盛　たいらのむねもり）
古典人東　（平宗盛　たいらのむねもり）
説話伝説　（平宗盛　たいらのむねもり　㊌久安3（1147）年　㊁元暦2（1185）年）

平康頼　たいらのやすより
平安末～鎌倉初期の官人、武士。後、出家する。鹿ヶ谷事件に連座し、鬼界が島へ流されたことに関する説話・伝承で著名。
¶架空人日　（平判官康頼　へいほうがんやすより）
歌舞伎登　（平康頼　へいはんがんやすより）
奇談逸話　（平康頼　たいらのやすより　生没年不詳）
説話伝説　（平康頼　たいらのやすより　生没年未詳）
伝奇伝説　（平康頼　たいらのやすより　生没年未詳）

平良門　たいらのよしかど
江戸の顔見世狂言で「四天王」の世界に登場する人物。
¶歌舞伎登　（平良門　たいらのよしかど）
広辞苑6　（平良門　たいらのよしかど）
大辞林3　（平良門　たいらのよしかど）

平良文　たいらのよしふみ
村岡五郎ともよばれる。平将門の叔父。『今昔物

語集』に登場し、武勇名高い。「坂東平氏諸流の祖」、「武蔵野開発の父」と仰がれる。
¶人物伝承（平良文　たいらのよしふみ　生没年不詳）

平頼盛　たいらのよりもり
『平家物語』に登場する、平安後期の武将。平清盛の異母弟。
¶架空人日（平頼盛　たいらのよりもり）

平等　たいらひとし
東宝映画『無責任男』シリーズの主人公のサラリーマン。
¶架空人物（無責任男）
　日本人名（平等　たいらひとし）

大領神　たいりょうのかみ
美濃国不破郡の大領神社の祭神。
¶神仏辞典（大領神　たいりょうのかみ）

大蓮寺　だいれんじ
埼玉県川越市でいう怪火。
¶妖怪事典（ダイレンジ）
　妖怪大事典（大蓮寺　だいれんじ）

蝸牛神　だいろがみ
埼玉県秩父地方で、子供の耳だれの神様のことをいう。
¶神仏辞典（蝸牛神　だいろがみ）

第六天　だいろくてん
神道では、天神六代目にあたる面足尊、惶根尊の夫婦神。仏教では他化自在天のこと。集落の氏神や屋敷神として様々な名称で祀られる。
¶神様読解（第六天　だいろくてん）
　神仏辞典（第六天　だいろくてん）
　伝奇伝説（第六天　だいろくてん）

唐又神　たうぬかむ
沖縄県宮古諸島の池間島でいう唐の神。
¶神仏辞典（唐ヌ神　タウヌカム）

栲子　たえこ
永井路子作『葛の葉抄』の登場人物。
¶時代小説（栲子　たえこ）

手置帆負神　たおきほおいのかみ
工匠守護の祖神。岡山県倉敷市の由加神社の祭神。
¶神様読解（手置帆負神　たおきほおいのかみ）
　神仏辞典（手置帆負神　たおきほおいのかみ）
　日本神様（手置帆負神　たおきほおいのかみ）
　日本人名（手置帆負神　たおきほおいのかみ）

高家神　たかいえのいかみ
安房国麻夷部の高家神社の祭神。
¶神仏辞典（高家神　たかいえのいかみ）

髙石かつ枝　たかいしかつえ
川口松太郎作『愛染かつら』の主人公。
¶架空人物（髙石かつ枝）
　コン5（髙石かつ枝　たかいしかつえ）
　日本人名（髙石かつ枝　たかいしかつえ）

高石神　たかいしのかみ
和泉国大鳥郡の高石神社の祭神。
¶神仏辞典（高石神　たかいしのかみ）

高泉神　たかいずみのかみ
『日本三代実録』に所出。出羽国の神。
¶神仏辞典（高泉神　たかいずみのかみ）

高礒比咩神　たかいそひめのかみ
『日本三代実録』に所出。筑前国の神。
¶神仏辞典（高礒比咩神　たかいそひめのかみ）

高市数右衛門　たかいちかずえもん
歌舞伎演目『宿無団七時雨傘』に登場する、湊川家家臣で邪な男。
¶歌舞伎登（高市数右衛門　たかいちかずえもん）

高市武右衛門　たかいちぶえもん
歌舞伎演目『敵討艦褸綿』に登場する、郡山の藩士で文武に秀でた武士。
¶歌舞伎登（高市武右衛門　たかいちぶえもん）

多賀牛之助　たがうしのすけ
戸部新十郎作『秘剣』の登場人物。
¶時代小説（多賀牛之助　たがうしのすけ）

高生神　たかうのかみ
『日本三代実録』に所出。大和国の神。
¶神仏辞典（高生神　たかうのかみ）

高負神　たかうのかみ
但馬国気多郡の高負神社の祭神。
¶神仏辞典（高負神　たかうのかみ）

高枝　たかえ
徳永直作『太陽のない街』(1929)に登場する工員。
¶架空人日（高枝　たかえ）

高尾　たかお
江戸の傾城町吉原の三浦屋に抱えられた遊女（太夫）。高尾太夫を名のった遊女は、7人とも11人ともいわれる。歌舞伎や浄瑠璃で高尾物と呼ばれる作品群をなす。
¶架空人日（高尾　たかお）
　架空伝承（高尾　たかお）〔像〕
　架空伝説（高尾　たかお）
　架空伝説（高尾太夫　たかおだゆう）
　歌舞伎登（高尾　たかお）〔像〕
　歌舞伎登（高尾　たかお）
　コン5（高尾　たかお）
　時代小説（高尾　たかお）
　説話伝説（高尾　たかお）〔像〕

世百新（高尾　たかお）
伝奇伝説（高尾(雄)　たかお）〔像〕
日本人名（高尾　たかお）

高於磐座神　たかおいわくらのかみ
越前国大野郡の高於磐座神社の祭神。
¶神仏辞典（高於磐座神　たかおいわくらのかみ）

高岳親王　たかおかしんのう
⇒真如親王（しんにょしんのう）

高岡神　たかおかのかみ
伊勢国河曲郡、越前国敦賀郡の高岡神社、播磨国飾磨郡の高岳神社の祭神。
¶神仏辞典（高岡神・高岳神　たかおかのかみ）

高龗神　たかおかみのかみ
伊弉諾が火の神・迦具土神の首を斬ったとき、集まった血から生まれた二神の一柱。祈雨・止雨の神とされる。
¶朝日歴史（高龗神　たかおかみのかみ）
　神様読解（闇淤加美神/高龗神　くらおかみのかみ・たかおかみのかみ）
　新潮日本（高龗神　たかおかみのかみ）
　神仏辞典（高龗　たかおかみ）
　日本人名（高龗神　たかおかみのかみ）

高忍日売命神　たかおしひめのみことのかみ
伊予国伊予郡の高忍日売命神社の祭神。
¶神仏辞典（高忍日売命神　たかおしひめのみことのかみ）

高雄内供奉　たかおないぐふ
密教系の祈祷秘経『天狗経』にある全国代表四八天狗の一つ。
¶妖怪事典（タカオナイグフ）
　妖怪大事典（高雄内供奉　たかおないぐふ）

高女　たかおんな
遊女屋などの二階をのぞいて歩く女の妖怪。
¶妖怪事典（タカオンナ）
　妖怪大全（高女　たかおんな）〔像〕
　妖怪大事典（高女　たかおんな）〔像〕

高神　たかがみ
多くは山の神・天狗・天神など高所の神をいう。厠神や病気平癒の神を指す場合もある。
¶神仏辞典（高神　たかがみ）

高神様　たかがみさま
地域により様々に扱われる高位の神。
¶東洋神名（高神様　タカガミサマ）〔像〕

高賀茂神　たかかものかみ
『日本三代実録』に所出。大和国の神。
¶神仏辞典（高賀茂神　たかかものかみ）

高鴨神　たかかものかみ
⇒一言主神（ひとことぬしのかみ）

高河原神　たかかわらのかみ
『延喜式』に所出。高河原神社の祭神。
¶神仏辞典（高河原神　たかかわらのかみ）

高木小左衛門　たかぎこざえもん
歌舞伎演目『天衣紛上野初花』に登場する、松江出雲守の家老。
¶歌舞伎登（高木小左衛門　たかぎこざえもん）

高木治郎太夫　たかぎじろだゆう
歌舞伎演目『雁のたより』に登場する、前野家の家老。
¶歌舞伎登（高木治郎太夫　たかぎじろだゆう）

高木之入日売命　たかきのいりひめのみこと
『古事記』中巻に所出。応神天皇との間に額田大中日子命らを生む。
¶神仏辞典（高木之入日売命　たかきのいりひめのみこと）
　日本人名（高城入姫　たかきのいりひめ）

高城神　たかきのかみ
武蔵国大里郡の高城神社の祭神。
¶神仏辞典（高城神　たかきのかみ）

高城神　たかぎのかみ
『日本三代実録』に所出。筑後国の神。
¶神仏辞典（高城神　たかぎのかみ）

高木神　たかぎのかみ
⇒高御産巣日神（たかみむすびのかみ）

高材比売　たかきひめ
迦邇米雷王の妃。
¶神様読解（高材比売　たかきひめ）

高木比売命　たかぎひめのみこと
第12代景行天皇の皇女。
¶神様読解（高木比売命　たかぎひめのみこと）
　神仏辞典（高木比売命　たかぎひめのみこと）

高木文緒　たかぎふみお
逢坂剛作『重蔵始末』の登場人物。
¶時代小説（高木文緒　たかぎふみお）

高樹良文　たかぎよしふみ
北方謙三の作品に登場する警部。
¶名探偵日（高樹良文　たかぎよしふみ）

高木良右衛門　たかぎりょうえもん
平岩弓枝作『はやぶさ新八御用帳』の登場人物。
¶時代小説（高木良右衛門　たかぎりょうえもん）

高倉下　たかくらじ
饒速日命の子。尾張連らの祖。三重県上野市の高倉神社の祭神であり、倉の守護神で祖神。
- ¶朝日歴史（高倉下　たかくらじ）
- 神様読解（熊野高倉下命　くまのたかくらじのみこと）
- 神様読解（高倉下　たかくらじ）
- 新潮日本（高倉下　たかくらじ）
- 神話伝説（高倉下　たかくらじ）
- 日本人名（高倉下　たかくらじ）

高倉天皇　たかくらてんのう
第80代天皇。『平家物語』に登場する。
- ¶古典人東（高倉天皇　たかくらてんのう）
- 説話伝説（高倉天皇　たかくらてんのう ④応保1（1161）年 ②治承5（1181）年）
- 伝奇伝説（高倉天皇　たかくらてんのう ④応保1（1161）年 ②養和1（1181）年）〔像〕

高座神　たかくらのかみ
陸奥国行方郡、丹波国氷上郡の高座神社の祭神。
- ¶神仏辞典（高座神　たかくらのかみ）

高蔵神　たかくらのかみ
『日本三代実録』に所出。伊賀国の神。丹波国何鹿郡の高蔵神社の祭神。
- ¶神仏辞典（高蔵神　たかくらのかみ）

高倉彦神　たかくらひこのかみ
『日本三代実録』に所出。能登国の神。
- ¶神仏辞典（高倉彦神　たかくらひこのかみ）

高座結御子神　たかくらむすびのみこのかみ
熱田大神御児神の一柱。尾張国愛智郡の高座結御子神社の祭神。
- ¶神仏辞典（高座結御子神　たかくらむすびのみこのかみ）

多賀権之佐　たがごんのすけ
剣術家。戸田新十郎作『秘剣』の登場人物。
- ¶時代小説（多賀権之佐　たがごんのすけ）

高坂神　たかさかのかみ
但馬国七美郡の高坂神社の祭神。
- ¶神仏辞典（高坂神　たかさかのかみ）

高砂右馬助　たかさごうまのすけ
歌舞伎演目『二人袴』に登場する人物。歌舞伎化した狂言『二人袴』の聟の役。
- ¶歌舞伎登（高砂右馬助　たかさごうまのすけ）

高砂尉兵衛　たかさごじょうべえ
歌舞伎演目『二人袴』に登場する人物。歌舞伎化した狂言『二人袴』の親の役。
- ¶歌舞伎登（高砂尉兵衛　たかさごじょうべえ）

高砂勇美之助　たかさごゆみのすけ
合巻『児雷也豪傑譚』（1839-68）に登場する、信濃国の領主更科家の弓の名手。
- ¶架空人日（高砂勇美之助　たかさごゆみのすけ）
- 歌舞伎登（高砂勇美之助　たかさごゆみのすけ）

たかし
神沢利子作『銀のほのおの国』（1972）に登場する少年。
- ¶児童登場（たかし）

高階俊平の弟　たかしなのとしひらのおとうと
『今昔物語集』『宇治拾遺物語』に登場する、丹後前司高階俊平の弟。算道の名人である唐人に入門を願い出るが、約束を破って呪をかけられる。
- ¶架空人日（高階俊平の弟　たかしなのとしひらのおとうと）

高階成忠　たかしなのなりただ
『栄華物語』『大鏡』の登場人物。天武天皇の後裔。
- ¶古典人学（高階成忠　たかしなのなりただ ④延長1（923）年 ②長徳4（998）年）

高島四郎太夫　たかしましろたゆう
長崎の町年寄、長崎港の鉄砲方。海音寺潮五郎作『二本の銀杏』の登場人物。
- ¶時代小説（高島四郎太夫　たかしましろたゆう）

高島のお化け　たかしまのおばけ
小樽市高島沖に現れる蜃気楼のこと。
- ¶妖怪事典（タカシマノオバケ）

高杉晋作　たかすぎしんさく
幕末の志士。長州藩士。長州奇兵隊を結成。奇矯かつ奇行の人として知られる。
- ¶架空伝承（高杉晋作　たかすぎしんさく ④天保10（1839）年 ②慶応3（1867）年）
- 時代小説（高杉晋作　たかすぎしんさく）

高砂丹兵衛　たかすなたんべえ
井原西鶴作の浮世草子『武道伝来記』（1687）に登場する人物。伊賀上野で起きた敵討ちの当事者の一人、河合又五郎をモデルとして創作された人物。
- ¶架空人日（高砂丹兵衛　たかすなたんべえ）

高須の隠元　たかすのいんげん
徳島県名東郡沖ノ洲村でいう化け狸。
- ¶妖怪事典（タカスノインゲン）

高須の化猫　たかすのばけねこ
鳥井丹波守の家臣、高須源兵衛の母に化けた猫。
- ¶妖怪大鑑（高須の化猫　たかすのばけねこ）〔像〕

高瀬神　たかせのかみ
越中国礪波郡の高瀬神社の祭神。河内国茨田郡、伊賀国伊賀郡の高瀬神社の祭神。
- ¶神仏辞典（高瀬神　たかせのかみ）

多賀袖　たがそで
　邦枝完二作『歌麿』の登場人物。
　¶時代小説（多賀袖　たがそで）

高瀧神　たかだきのかみ
　『日本三代実録』に所出。上総国の神。
　¶神仏辞典（高瀧神　たかだきのかみ）

崇健神　たかたけのかみ
　播磨国賀茂郡の崇健神社の祭神。
　¶神仏辞典（崇健神　たかたけのかみ）

高田浄円　たかだじょうえん
　宮本昌孝作『藩校早春賦』の登場人物。
　¶時代小説（高田浄円　たかだじょうえん）

高田清兵衛　たかだせいべえ
　宮本昌孝作『藩校早春賦』の登場人物。
　¶時代小説（高田清兵衛　たかだせいべえ）

高田神　たかだのかみ
　飛騨国荒城郡の高田神社の祭神。丹後国加佐郡の高田神社の祭神。
　¶神仏辞典（高田神　たかだのかみ）

田県神　たがたのかみ
　尾張国丹羽郡の田県神社の祭神。
　¶神仏辞典（田県神　たがたのかみ）

高田波蘇伎神　たかだはそきのかみ
　尾張国中島郡の高田波蘇伎神社の祭神。
　¶神仏辞典（高田波蘇伎神　たかだはそきのかみ）

高田又兵衛　たかだまたべえ
　江戸初期の剣客。
　¶説話伝説（高田又兵衛　たかだまたべえ　㊄天正18（1590）年　㊁寛文11（1671）年）

高田屋嘉兵衛　たかだやかへい
　江戸後期の海運業者。
　¶説話伝説（高田屋嘉兵衛　たかだやかへい　㊄明和6（1769）年　㊁文政10（1827）年）〔像〕
　伝奇伝説（高田屋嘉兵衛　たかだやかへい　㊄明和6（1769）年　㊁文政4（1821）年）

高知坐神　たかちにますかみ
　土佐国幡多郡の高知坐神社の祭神。
　¶神仏辞典（高知坐神　たかちにますかみ）

高智保皇神　たかちほのすめがみ
　『続日本後紀』『日本三代実録』に所出。高智保神とも。日向国の神。
　¶神仏辞典（高智保皇神　たかちほのすめがみ）

鷹司信平　たかつかさしんぺい
　吉屋信子作『徳川の夫人たち』の登場人物。

　¶時代小説（鷹司信平　たかつかさしんぺい）

高津神　たかつかみ
　高空を飛行して人にわざわいを与えるという神。
　¶広辞苑6（高津神　たかつかみ）

高角神　たかつののかみ
　大和国宇陀郡の高角神社二座の祭神。
　¶神仏辞典（高角神　たかつののかみ）

高積比古神　たかつみひこのかみ
　紀伊国名草郡の高積比古神社の祭神。
　¶神仏辞典（高積比古神　たかつみひこのかみ）

高積比売神　たかつみひめのかみ
　紀伊国名草郡の高積比売神社の祭神。
　¶神仏辞典（高積比売神　たかつみひめのかみ）

高遠民弥　たかとおたみや
　歌舞伎演目『けいせい壬生大念仏』に登場する、備後の国主高遠家の世継ぎ。
　¶歌舞伎登（高遠民弥　たかとおたみや）

高富百太郎　たかとみひゃくたろう
　歌舞伎演目『石山寺誓の湖』に登場する、江州高富藩の養子。
　¶歌舞伎登（高富百太郎　たかとみひゃくとろう）

鷹取りの男　たかとりのおとこ
　首楞厳院沙門鎮源作『法華経験記』の登場人物。陸奥国の住人。鷹を取り朝廷に献上していた。姓名不詳。
　¶古典入学（鷹取りの男　たかとりのおとこ）

高梨利右衛門　たかなしりえもん
　出羽国置賜郡屋内郷の義民。重税・苛政を訴え、願意が通ったが磔刑に処せられた。史料がなく、口碑による伝承内容に佐倉惣五郎などとの類似性が認められる。
　¶コン5（高梨利右衛門　たかなしりえもん　㊄?　㊁元禄1（1688）年）

高夏秀夫　たかなつひでお
　谷崎潤一郎作『蓼喰ふ虫』（1928-29）に登場する貿易商。
　¶架空人日（高夏秀夫　たかなつひでお）

高那弥神　たかなみのかみ
　若狭国三方郡の高那弥神社の祭神。
　¶神仏辞典（高那弥神　たかなみのかみ）

高縄神　たかなわのかみ
　『日本三代実録』に所出。伊予国の神。
　¶神仏辞典（高縄神　たかなわのかみ）

高入道　たかにゅうどう
　各地で見られる道の妖怪。大入道。

¶神仏辞典（高入道　たかにゅうどう）
全国妖怪（タカニュウドウ［兵庫県］）
全国妖怪（タカニュウドウ［徳島県］）
全国妖怪（タカニュウドウ［香川県］）
妖怪事典（タカニュウドウ）
妖怪大全（高入道　たかにゅうどう）〔像〕
妖怪大事典（高入道　たかにゅうどう）〔像〕

鷹貫神　たかぬきのかみ
但馬国気多郡の鷹貫神社の祭神。
¶神仏辞典（鷹貫神　たかぬきのかみ）

米餅搗大使主命　たがねつきおおおみのみこと
応神天皇の御代に初めて餅を作ったことから日本の餅作りの始祖となる。
¶神仏辞典（米餅搗大使主命・米餅春大使主命　たがねつきおおおみのみこと）

高神　たかのかみ
山城国綴喜郡の高神社の祭神。
¶神仏辞典（高神　たかのかみ）

高神　たかのかみ
伊勢国度会郡の高宮（多賀宮）の祭神。
¶神仏辞典（高神・多賀神　たかのかみ）

多加神　たかのかみ
陸奥国名取郡の多珂神社、同行方郡の多珂神社、近江国犬上郡の多何神社二座の祭神。出雲国飯石郡式外社16社の多加社の祭神。
¶神仏辞典（多加神・多珂神・多何神　たかのかみ）

多賀神　たがのかみ
陸奥国宮城郡の国幣小社の多賀神社の祭神。遠江国鹿玉郡の多賀神社の祭神。
¶神仏辞典（多賀神　たがのかみ）

多賀大領　たがのたいりょう
歌舞伎演目『梅柳若葉加賀染』に登場する、実録小説『護国女太平記』（柳沢騒動）に描かれた5代将軍徳川綱吉がモデル。
¶歌舞伎登（多賀大領　たがのたいりょう）

高野長英　たかのちょうえい
江戸後期の蘭学者、医師。
¶歌舞伎登（高野長英　たかのちょうえい）
　説話伝説（高野長英　たかのちょうえい　㋐文化1（1804）年　㋓嘉永3（1850）年）
　伝奇伝説（高野長英　たかのちょうえい　㋐文化1（1804）年　㋓嘉永3（1850）年）〔像〕

高野神　たかののかみ
美作国苫東郡の高野神社の祭神。近江国栗太郡、同伊香郡、因幡国巨濃郡の高野神社の祭神。
¶神仏辞典（高野神　たかののかみ）

鷹野神　たかののかみ
但馬国美含郡の鷹野神社の祭神。

¶神仏辞典（鷹野神　たかののかみ）

竹野神　たかののかみ
丹後国竹野郡の竹野神社の祭神。
¶神仏辞典（竹野神　たかののかみ）

高野姫の天皇　たかのひめのすめらみこと
⇒孝謙天皇（こうけんてんのう）

高の谷　たかのや
歌舞伎演目『義経腰越状』に登場する、泉三郎の奥方。
¶歌舞伎登（高の谷　たかのや）

高橋　たかはし
井原西鶴作の浮世草子『好色一代男』（1682）巻七の一「其面影は雪むかし」に登場する太夫。
¶架空人日（高橋　たかはし）
　架空伝説（高橋　たかはし）
　歌舞伎登（高橋　たかはし）

高橋伊勢守寛猛　たかはしいせのかみひろたけ
歌舞伎演目『将軍江戸を去る』に登場する、将軍家槍術指南。
¶歌舞伎登（高橋伊勢守寛猛　たかはしいせのかみひろたけ）

高橋お伝　たかはしおでん
明治期の代表的毒婦とされる人物。上州利根郡下牧村生まれ。
¶架空伝承（高橋お伝　たかはしおでん　㋐?　㋓明治12（1879）年）〔像〕
　架空伝説（高橋お伝　たかはしおでん　㋐1851年）〔像〕
　歌舞伎登（高橋お伝　たかはしおでん）
　奇談逸話（高橋お伝　たかはしおでん　㋐嘉永4（1851）年　㋓明治12（1879）年）
　コン5（高橋お伝　たかはしおでん　㋐嘉永3（1850）年　㋓明治12（1879）年）
　新潮日本（高橋お伝　たかはしおでん　㋐嘉永3（1850）年1879　㋓明治12（1879）年1月31日）
　説話伝説（高橋お伝　たかはしおでん　㋐嘉永3（1850）年　㋓明治12（1879）年）
　世百新（高橋お伝　たかはしおでん　㋐?　㋓明治12（1879）年）
　伝奇伝説（高橋お伝　たかはしおでん）〔像〕
　日本人名（高橋お伝　たかはしおでん　㋐1850年　㋓1879年）

高橋作左衛門至時　たかはしさくざえもんよしとき
井上ひさし作『四千万歩の男』の登場人物。
¶時代小説（高橋作左衛門至時　たかはしさくざえもんよしとき）

高橋紹運　たかはしじょううん
立花道雪の往くところ、紹運ありと称えられた戦国武将。
¶説話伝説（高橋紹運　たかはしじょううん　㋐天文17（1548）年　㋓天正14（1586）年）

伝奇伝説（高橋紹運　たかはしじょううん [生]天文17（1548）年 [没]天正14（1586）年）

高橋新五郎〔2代〕　たかはししんごろう
江戸時代後期の機業家。没後塚越結城織の祖として機祖神社に祀られた。
¶**日本人名**（高橋新五郎（2代）　たかはししんごろう [生]1791年 [没]1857年）

高橋神　たかはしのかみ
山城国愛宕郡の高橋神社ほかの祭神。
¶**神仏辞典**（高橋神　たかはしのかみ）

高橋の六兵衛　たかはしのろくべえ
徳島県美馬郡にいたときどき人間に憑く狸。
¶**妖怪大鑑**（高橋の六兵衛　たかはしのろくべえ）〔像〕

高橋判官長常　たかはしはんがんながつね
歌舞伎演目『源平布引滝』に登場する、平清盛の上使。
¶**歌舞伎登**（高橋判官長常　たかはしはんがんながつね）

高橋虫麻呂　たかはしむしまろ
奈良時代の『万葉集』歌人。
¶**説話伝説**（高橋虫麻呂　たかはしむしまろ 生没年不詳）
伝奇伝説（高橋虫麻呂　たかはしのむしまろ）

高橋弥十郎　たかはしやじゅうろう
歌舞伎演目『絵本合法衢』に登場する、佐枝大学之助に殺された高橋瀬左衛門の弟。
¶**歌舞伎登**（高橋弥十郎　たかはしやじゅうろう）

高林神　たかはやしのかみ
『日本三代実録』に所出。摂津国の神。
¶**神仏辞典**（高林神　たかはやしのかみ）

高原村京右衛門　たかはらむらきょうえもん
阿波藩が藍玉の株座を設けて専売制にしようとしたのに反対して磔刑にされた。その豪気さが伝承に残され、五社明神に祀られている。
¶**コン5**（高原村京右衛門　たかはらむらきょうえもん [生]? [没]宝暦7（1757）年）

高原村常右衛門　たかはらむらじょうえもん
阿波藩の藍の専売制実施に反対。常右衛門を含む5人の首謀者が磔刑にされ、高原村に五社明神として祀られる。
¶**コン5**（高原村常右衛門　たかはらむらじょうえもん [生]? [没]宝暦7（1757）年）

高原村長兵衛　たかはらむらちょうべえ
阿波藩の藍の統制専売制に反対。首謀者の1人として捕えられ、磔刑に処せられた。五社明神に祀られている。
¶**コン5**（高原村長兵衛　たかはらむらちょうべえ [生]? [没]宝暦7（1757）年）

多加比神　たかひのかみ
出雲国意宇郡式内社四八社の多加比社、鷹日神社の祭神。
¶**神仏辞典**（多加比神・鷹日神　たかひのかみ）

高比売命　たかひめのみこと
⇒下照比売命（したてるひめのみこと）

隆房家の女房　たかふさけのにょうぼう
橘成季作『古今著聞集』の登場人物。鎌倉時代の女盗賊。藤原隆房家の上臈女房。
¶**古典人学**（隆房家の女房　たかふさけのにょうぼう）

高部神　たかべのかみ
宮中神三六座のうち大膳職坐神三座の高倍神社の祭神。
¶**神仏辞典**（高部神・高倍神　たかべのかみ）

高部屋神　たかへやのかみ
相模国大住郡の高部屋神社の祭神。
¶**神仏辞典**（高部屋神　たかへやのかみ）

高坊主　たかぼうず
路上に出現する妖怪で、見上げれば見上げるほど丈が高くなるもの。愛知県、奈良県、香川県、徳島県などの俗伝。
¶**神仏辞典**（高坊主　たかぼうず）
全国妖怪（タカボウズ〔徳島県〕）
全国妖怪（タカボウズ〔香川県〕）
水木妖怪続（高坊主　たかぼうず）〔像〕
妖怪事典（タカボウズ）
妖怪大全（高坊主　たかぼうず）〔像〕
妖怪大事典（高坊主　たかぼうず）〔像〕

高桙神　たかほこのかみ
大和国吉野郡の高桙神社の祭神。
¶**神仏辞典**（高桙神　たかほこのかみ）

高天岸野神　たかまきしののかみ
大和国宇智郡の高天岸野神社の祭神。
¶**神仏辞典**（高天岸野神　たかまきしののかみ）

高松太郎　たかまつたろう
坂本竜馬の姉、千鶴の長男。司馬遼太郎作『竜馬がゆく』の登場人物。
¶**時代小説**（高松太郎　たかまつたろう）

高松神　たかまつのかみ
『日本三代実録』に所出。伊賀国の神。
¶**神仏辞典**（高松神　たかまつのかみ）

高松の中将頼氏　たかまつのちゅうじょうよりうじ
御伽草子『明石物語』（室町時代）に登場する、七条の関白の子。
¶**架空人日**（高松の中将頼氏　たかまつのちゅうじょうよりうじ）

高間太郎　たかまのたろう
歌舞伎演目『椿説弓張月』に登場する、九州以来の股肱の臣。
¶歌舞伎登（高間太郎　たかまのたろう）

高天山佐太雄神　たかまのやまさたおのかみ
大和国宇智郡の高天山佐太雄神社の祭神。
¶神仏辞典（高天山佐太雄神　たかまのやまさたおのかみ）

高天彦神　たかまひこのかみ
大和国葛上郡の高天彦神社の祭神。
¶神仏辞典（高天彦神　たかまひこのかみ）

田神　たがみ
田の神同様、稲作を司る神。
¶神仏辞典（田神　たがみ）

高御祖神　たかみおやのかみ
壱岐嶋壱岐郡の高御祖神社の祭神。
¶神仏辞典（高御祖神　たかみおやのかみ）

高光の妻　たかみつのつま
『多武峰少将物語』の登場人物。平安時代の官人・歌人藤原高光の妻。高光の出家を題材にした物語。
¶古典人学（高光の妻　たかみつのつま）

高御産巣日神　たかみむすびのかみ
造化三神の神々の一柱。また、別天神の五神の一柱。高皇産霊尊、高木神などとも。
　¶朝日歴史（高皇産霊尊　たかみむすひのみこと）
　架空伝承（高皇産霊尊　たかみむすひのみこと）
　神様読解（高御産巣日神/高皇産霊尊/高木神　たかみむすびのかみ・たかみむすびのみこと・たかぎのかみ）
　広辞苑6（高皇産霊神・高御産巣日神・高御産日神・高御魂神　たかみむすひのかみ）
　コン5（高皇産霊尊　たかみむすひのみこと）
　新潮日本（高皇産霊神　たかみむすびのかみ）
　神仏辞典（斎火武主比命神　いみほむすびのかみ）
　神仏辞典（高木神　たかぎのかみ）
　神仏辞典（高御産巣日神　たかみむすびのかみ）
　神話伝説（高産巣日神（記）/高皇産霊神（紀）　たかみむすびのかみ）
　世百新（高皇産霊尊　たかみむすひのみこと）
　大辞林3（高皇産霊尊　たかみむすひのみこと）
　東洋神名（高御産巣日神　タカミムスヒノカミ）〔像〕
　日本神々（高御産巣日神　タカミムスヒノカミ）〔像〕
　日本神様（高御産巣日神　たかみむすびのかみ）
　日本人名（高皇産霊尊　たかみむすひのみこと）
　日本神話（タカミムスヒ）

高宮大杜祖神　たかみやのおおもりのみおやのかみ
高宮太神祖神とも。河内国讚良郡の高宮大杜祖神社の祭神。
¶神仏辞典（高宮大杜祖神・高宮太杜祖神　たかみやのおおもりのみおやのかみ）

高宮神　たかみやのかみ
高宮（伊勢宮）の祭神。
¶神仏辞典（高宮神　たかみやのかみ）

高宮神　たかみやのかみ
河内国讚良郡の高宮神社の祭神。
¶神仏辞典（高宮神　たかみやのかみ）

高向神　たかむくのかみ
越前国坂井郡の高向神社、因幡国八上郡の多加牟久神社二座の祭神。
¶神仏辞典（高向神・多加牟久神　たかむくのかみ）

高牟神　たかむのかみ
尾張国春部郡、同愛智郡の高牟神社の祭神。
¶神仏辞典（高牟神　たかむのかみ）

篁　たかむら
『篁物語』の登場人物。平安時代の漢学者・小野篁の名を借りた物語の主人公。
¶古典人学（篁　たかむら）

高売布神　たかめふのかみ
摂津国河辺郡の高売布神社の祭神。
¶神仏辞典（高売布神　たかめふのかみ）

高守神　たかもりのかみ
出雲国楯縫郡式外社19社の高守社（2社）の祭神。
¶神仏辞典（高守神　たかもりのかみ）

高杜神　たかもりのかみ
信濃国高井郡の高杜神社の祭神。
¶神仏辞典（高杜神　たかもりのかみ）

高諸神　たかもろのかみ
備後国沼隈郡の高諸神社の祭神。
¶神仏辞典（高諸神　たかもろのかみ）

高屋安倍神　たかやあべのかみ
大和国城上郡の高屋安倍神社三座の祭神。
¶神仏辞典（高屋安倍神　たかやあべのかみ）

高安左衛門　たかやすさえもん
歌舞伎演目『摂州合邦辻』に登場する、河内の国の大名。
¶歌舞伎登（高安左衛門　たかやすさえもん）

高柳　たかやなぎ
夏目漱石作『野分』（1907）の主人公の白井道也の友人。
¶架空人日（高柳　たかやなぎ）

高柳又四郎　たかやなぎまたしろう
江戸時代の剣客。津本陽作『千葉周作』の登場人物。
¶時代小説（高柳又四郎　『千葉周作』　たかやなぎま

たしろう）
時代小説（高柳又四郎『秘剣』　たかやなぎまたしろう）〔

高家神　たかやのかみ
讃岐国苅田郡の高屋神社の祭神。河内国古市郡の高屋神社の祭神。
¶神仏辞典（高家神・高屋神　たかやのかみ）

高山右近　たかやまうこん
安土桃山時代のキリシタン大名。茶人で利休七哲の一人。摂津の高槻城主、のち明石城主。江戸幕府の禁教令で追放され、マニラで没した。
¶説話伝説（高山右近　たかやまうこん　④天文21（1552）年　⑧慶長20（1615）年）
伝奇伝説（高山右近　たかやまうこん　④天文23（1554）年?　⑧元和1（1615）年）〔像〕

高山彦九郎　たかやまひこくろう
江戸中期の勤王家。寛政の三奇人の一人。
¶説話伝説（高山彦九郎　たかやまひこくろう　④延享4（1747）年　⑧寛政5（1793）年）
伝奇伝説（高山彦九郎　たかやまひこくろう　④延享4（1747）年　⑧寛政5（1793）年）

高山正士　たかやままさし
有馬頼義の『四万人の目撃者』以下の三部作に登場する東京地検の検事。
¶名探偵日（高山正士　たかやままさし）

タカユキ
早船ちよ作『キューポラのある街』（1961）に登場する小学校五年生の少年。
¶児童登場（タカユキ）

宝井其角　たからいきかく
江戸時代の俳諧師。松尾芭蕉に入門。「洒落風」と称された。
¶架空伝承（其角　きかく　④寛文1（1661）年　⑧宝永4（1707）年）
歌舞伎登（宝井其角　たからいきかく）
時代小説（宝井其角　たからいきかく）
説話伝説（宝井其角　たからいきかく　④寛文1（1661）年　⑧宝永4（1707）年）
伝奇伝説（宝井其角　たからいきかく　④寛文1（1661）年　⑧宝永4（1707）年）

田川亀右衛門　たがわかめえもん
歌舞伎演目『高台橋諍勝負付』に登場する、大阪在住の兵法、武術指南の師匠。
¶歌舞伎登（田川亀右衛門　たがわかめえもん）

田川神　たがわのかみ
播磨国神埼郡の田川神社の祭神。
¶神仏辞典（田川神　たがわのかみ）

だき
海の妖怪。佐賀県東松浦郡鎮西町加唐島の俗伝。
¶神仏辞典（だき）

全国妖怪（ダキ〔佐賀県〕）
水木妖怪続（ダキ）〔像〕
妖怪事典（ダキ）
妖怪大全（ダキ）〔像〕
妖怪大事典（ダキ）〔像〕

滝川　たきかわ
歌舞伎『網模様燈籠菊桐』に登場する人物。
¶架空伝説（滝川　たきかわ）
歌舞伎登（滝川　たきがわ）

滝川保　たきがわたもつ
清水一行の『動脈列島』に登場する警察庁犯罪科学研究所副所長兼主任研究員。
¶名探偵日（滝川保　たきがわたもつ）

多支支神　たききのかみ
出雲国神門郡式外社12社の多支社の祭神。
¶神仏辞典（多支支神　たききのかみ）

多支枳神　たきぎのかみ
出雲国神門郡式内社二五社の多支枳社、『延喜式』の多伎芸神社の祭神。
¶神仏辞典（多支枳神・多伎芸神　たきぎのかみ）

滝口上野　たきぐちこうずけ
歌舞伎演目『箱根霊験躄仇討』に登場する邪な極悪人。
¶歌舞伎登（滝口上野　たきぐちこうずけ）

滝口入道　たきぐちにゅうどう
『平家物語』巻10「横笛」に語られる悲恋物語の主人公。平重盛に仕えた斎藤時頼が出家してからの呼び名。
¶架空人日（滝口入道　たきぐちにゅうどう）
架空伝承（滝口・横笛　たきぐち・よこぶえ）
架空伝説（横笛・滝口　よこぶえ・たきぐち　④1164年）
新潮日本（斎藤時頼　さいとうときより）
神話伝説（滝口横笛　たきぐちよこぶえ）
説話伝説（滝口入道　たきぐちにゅうどう　④長寛2（1164）年　⑧?）
世百新（滝口・横笛　たきぐち・よこぶえ）
伝奇伝説（滝口入道　たきぐちにゅうどう　④長寛2（1164）年　⑧?）
日本人名（斎藤時頼　さいとうときより　生没年未詳）

滝口の道範　たきぐちのみちのり
『今昔物語集』の登場人物。陽成天皇の代の滝口の武士（宮中警護役）。
¶古典人学（滝口の道範　たきぐちのみちのり）

滝子　たきこ
二葉亭四迷作『其面影』（1906）の主人公小野哲也の義母。
¶架空人日（滝子　たきこ）

滝沢左五郎　たきざわさごろう
皆川博子作『写楽』の登場人物。
- 時代小説（滝沢左五郎　たきざわさごろう）

滝沢清右衛門　たきざわせいえもん
滝沢馬琴の娘婿。杉本苑子作『滝沢馬琴』の登場人物。
- 時代小説（滝沢清右衛門　たきざわせいえもん）

滝沢馬琴　たきざわばきん
江戸時代の戯作者。晩年失明、先立った息子の嫁である路に代筆をさせ、『南総里見八犬伝』を完成させた。
- 奇談逸話（滝沢馬琴　たきざわばきん　⑭明和4（1767）年　㉒嘉永1（1848）年）
- 時代小説（曲亭馬琴『滝沢馬琴』　きょくていばきん）
- 時代小説（滝沢馬琴　『八犬伝』　たきざわばきん）
- 説話伝説（曲亭馬琴　きょくていばきん　⑭明和4（1767）年　㉒嘉永1（1849）年）〔像〕
- 伝奇伝説（滝沢馬琴　たきざわばきん　⑭明和4（1767）年　㉒嘉永1（1848）年）

当信神　たぎしなのかみ
信濃国更級郡の当信神社の祭神。
- 神仏辞典（当信神　たぎしなのかみ）

多芸志比古命　たぎしひこのみこと
第4代懿徳天皇の皇子。母は飯日比売命。兄は孝昭天皇。
- 神様読解（多芸志比古命　たぎしひこのみこと）
- 神仏辞典（多芸志比古命・当芸志比古命　たぎしひこのみこと）
- 日本人名（多芸志比古命　たぎしひこのみこと）

多芸志美美命　たぎしみみのみこと
神武天皇の皇子で、母は阿比良比売命。
- 朝日歴史（手研耳命　たぎしみみのみこと）
- 架空人目（当芸志美美命　たぎしみみのみこと）
- 神様読解（多芸志美美命/手研耳命　たぎしみみのみこと・たぎしみみのみこと）
- 神仏辞典（多芸志美美命・当芸志美美命・手研耳命　たぎしみみのみこと）
- 世百新（手研耳命　たぎしみみのみこと）
- 日本人名（手研耳命　たぎしみみのみこと）

焚出し喜三郎　たきだしきさぶろう
歌舞伎演目『神明恵和合取組』に登場する、人入れ稼業の親分。
- 歌舞伎登（焚出し喜三郎　たきだしきさぶろう）

多吉　たきち
岡本綺堂作『半七捕物帳』の登場人物。
- 時代小説（多吉　たきち）

多伎都比古命　たきつひこのみこと
阿遅須枳高日子命を父、天御梶日女命を母とする。
- 神仏辞典（多伎都比古命　たきつひこのみこと）

多岐津比売命　たぎつひめのみこと
福岡県沖ノ島宗像大社中津宮の祭神。須佐之男命の剣から生まれた三柱の女神の第三子。大国主神の妻で、事代主神の母。田寸津比売命、湍津姫命とも書く。
- 朝日歴史（湍津姫命　たぎつひめのみこと）
- 神様読解（多岐津比売命　たぎつひめのみこと）
- 広辞苑6（湍津姫命　たぎつひめのみこと）
- コン5（多岐津比売命　たぎつひめのみこと）
- 神仏辞典（田寸津比売命・多岐都比売命・湍津姫命　たぎつひめのみこと）
- 大辞林3（湍津姫命・多岐都比売命　たぎつひめのみこと）
- 日本神々（多都比売命　たぎつひめのみこと）〔像〕
- 日本未確認（宗像・厳島信仰の神々〈湍津姫神　むなかた・いつくしましんこうのかみがみ〉）
- 日本人名（湍津姫命　たぎつひめのみこと）

瀧浪神　たきなみのかみ
加賀国能美郡の多伎奈弥神社の祭神。
- 神仏辞典（瀧浪神・多伎奈弥神　たきなみのかみ）

荼枳尼天　だきにてん
大母神カーリーの使婢たる鬼霊。サンスクリットでダーキニー。人を害する鬼女。荼枳尼天の修法は、日本では諸願成就の外法として鎌倉時代ころから行われていた。
- 架空伝承（荼枳尼天　だきにてん）
- 広辞苑6（荼吉尼天・荼枳尼天　だきにてん）
- 神仏辞典（荼枳尼天　だきにてん）
- 世百新（荼枳尼天　だきにてん）〔像〕
- 大辞林3（荼枳尼天・荼吉尼天　だきにてん）
- 東洋神名（荼枳尼天　ダキニテン）〔像〕
- 日本人名（荼枳尼天　だきにてん）
- 日本未確認（頻那夜迦・荼吉尼　びなやきゃ・だきに）〔像〕
- 仏尊事典（荼吉尼天　だきにてん）〔像〕

滝乃　たきの
歌舞伎演目『卅三間堂棟由来』に登場する、横曽根平太郎の母。
- 歌舞伎登（滝乃　たきの）

多吉神　たきのかみ
出雲国神門郡式内社二五社の多吉社、『延喜式』の多伎神社の祭神。
- 神仏辞典（多吉神・多伎神・多支神　たきのかみ）

瀧神　たきのかみ
伊予国越智郡の多伎神社の祭神。
- 神仏辞典（瀧神・多伎神・多吉神　たきのかみ）

滝の白糸　たきのしらいと
泉鏡花の小説『義血侠血』の登場人物。新派『滝の白糸』の主人公。作中の本名は水島友。
- 架空伝承（滝の白糸　たきのしらいと）〔像〕

瀧原並神　たきはらなみのかみ
『延喜式』に所出。瀧原宮の境内社に坐す瀧原並宮の祭神。

¶神仏辞典（瀧原並神　たきはらなみのかみ）

多伎原神　たきはらのかみ

伊勢国度会郡の多伎原神社の祭神。

¶神仏辞典（多伎原神・多岐原神　たきはらのかみ）

瀧原神　たきはらのかみ

伊勢国度会郡の瀧原宮の祭神。

¶神仏辞典（瀧原神　たきはらのかみ）

多祁富許都久和気命神　たきふこつくわけのみことのかみ

伊豆国賀茂郡の多祁富許都久和気命神社の祭神。

¶神仏辞典（多祁富許都久和気命神　たきふこつくわけのみことのかみ）

当摩之咩斐　たぎまのめひ

天之日矛とその曾孫・多遅麻毛理の家系の神々の一柱。

¶神様読解（当摩之咩斐　たぎまのめひ）

滝丸　たきまろ

『今昔物語集』に登場する、仁和寺の観峯威儀師の従童。

¶架空人日（滝丸　たきまろ）

瀧本神　たきもとのかみ

大和国高市郡の瀧本神社の祭神。

¶神仏辞典（瀧本神　たきもとのかみ）

滝夜叉姫　たきやしゃひめ

平将門の娘と伝えられる女性。

¶英雄事典（滝夜叉　タキヤシャ）
架空伝承（滝夜叉　たきやしゃ）〔像〕
架空伝説（滝夜叉姫　たきやしゃひめ）〔像〕
歌舞伎登（滝夜叉　たきやしゃ）〔像〕
幻想動物（滝夜叉姫）〔像〕
広辞苑6（滝夜叉姫　たきやしゃひめ）
コン5（滝夜叉姫　たきやしゃひめ）
新潮日本（滝夜叉　たきやしゃ）
説話伝説（滝夜叉姫　たきやしゃひめ）〔像〕
伝奇伝説（滝夜叉姫　たきやしゃひめ）〔像〕
日本人名（滝夜叉姫　たきやしゃひめ）

滝山　たきやま

江戸城大奥最後の御年寄。宮尾登美子作『天璋院篤姫』の登場人物。

¶時代小説（滝山　たきやま）

田霧姫命　たきりびめのみこと

須佐之男命の剣から生まれた三柱の女神の第一子。福岡県沖ノ島宗像大社の沖津宮の祭神。別名を奥津島比売命。『古事記』では多紀理毘売命と書く。

¶朝日歴史（田霧姫命　たきりびめのみこと）
架空伝承（田霧姫命　たきりびめのみこと）
神様読解（奥津島比売命/多紀理毘売命　おきつしまひめのみこと・たぎりひめのみこと）
コン5（多紀理毘売命　たぎりびめのみこと）
神仏辞典（奥津島比売命　おきつしまひめのみこと）
神仏辞典（田霧姫命　たきりひめのみこと）
神仏辞典（多紀理毘売命　たきりびめのみこと）
世百新（田霧姫命　たきりびめのみこと）
大辞林3（田霧姫命・多紀理売命　たきりびめのみこと）
日本神々（多紀理毘売命　たきりびめのみこと）〔像〕
日本人名（田霧姫命　たぎりひめのみこと）

滝霊王　たきれいおう

鳥山石燕の『今昔百鬼拾遺』に滝の中に現れた不動明王のような姿として描かれているもの。

¶妖怪事典（タキレイオウ）
妖怪大鑑（滝霊王　たきれいおう）〔像〕
妖怪大事典（滝霊王　たきれいおう）〔像〕

た

滝連太郎　たきれんたろう

山村正夫の『湯殿山麓呪い村』以下の伝奇推理シリーズに登場する素人探偵。

¶名探偵日（滝連太郎　たきれんたろう）

崖童　たきわろ

山口県でいう山の妖怪。

¶神仏辞典（崖童　たきわろう）
全国妖怪（タキワロウ〔山口県〕）
妖怪事典（タキワロ）
妖怪大事典（崖童　たきわろ）

沢庵　たくあん

江戸初期の臨済宗の僧。紫衣事件で出羽上山に流罪となる。将軍家剣術指南の柳生宗矩の禅の師。当代きっての文化人でもあった。

¶歌舞伎登（沢庵和尚　たくあんおしょう）
奇談逸話（沢庵　たくあん　[生]天正1（1573）年　[没]正保2（1645）年）
コン5（沢庵宗彭　たくあんそうほう　[生]天正1（1573）年　[没]正保2（1645）年）
神仏辞典（沢庵　たくあん　[生]1573年　[没]1645年）
時代小説（宗彭沢庵　しゅうほうたくわん）
時代小説（沢庵宗彭　たくあんそうほう）
説話伝説（沢庵　たくあん　[生]天正1（1573）年　[没]正保2（1645）年）
伝奇伝説（沢庵　たくあん　[生]天正1（1573）年　[没]正保2（1645）年）〔像〕

宅悦　たくえつ

鶴屋南北（4世）作の歌舞伎『東海道四谷怪談』（1825年初演）に登場する按摩、売春宿経営。

¶架空人日（宅悦　たくえつ）
歌舞伎登（宅悦　たくえつ）

田口要作　たぐちようさく

夏目漱石作『彼岸過迄』（1912）に登場する実業家。

¶架空人日（田口要作　たぐちようさく）

多久豆玉命　たくつたまのみこと

神魂命の子。爪工連の祖。天多久豆玉神、多久都神と同一とされる。

¶神仏辞典（多久豆玉命　たくつたまのみこと）

多久都神　たくつのかみ
対馬島下県郡の多久頭神社の祭神。天多久豆玉神、石園多久豆玉神と同一とされる。
¶神仏辞典　（多久都神・多久頭神　たくつのかみ）

宅内　たくない
歌舞伎演目『菅原伝授手習鑑』に登場する、覚寿の館に仕える奴。
¶歌舞伎登　（宅内　たくない）

多久神　たくのかみ
出雲国島根郡式外社35(45)社の多久社の祭神。楯縫郡式内社九社の多久社、『延喜式』の多久神社の祭神。
¶神仏辞典　（多久神　たくのかみ）

託神　たくのかみ
『日本三代実録』に所出。筑前国の神。
¶神仏辞典　（託神　たくのかみ）

多久比礼志神　たくひれしのかみ
越中国婦負郡の多久比礼志神社の祭神。
¶神仏辞典　（多久比礼志神　たくひれしのかみ）

詫間元龍　たくまげんりゅう
歌舞伎演目『男作五雁金』に登場する人物。本名は本庄曽平太。
¶歌舞伎登　（詫間元龍　たくまげんりゅう）

琢磨小次郎　たくまこじろう
国枝史郎作『神州纐纈城』の登場人物。
¶時代小説　（琢磨小次郎　たくまこじろう）

託美神　たくみのかみ
尾張国丹羽郡の託美神社の祭神。
¶神仏辞典　（託美神　たくみのかみ）

多九郎　たくろう
歌舞伎演目『彩入御伽草』に登場する、もと浅山家の若党。
¶歌舞伎登　（多九郎　たくろう）

たくろう火　たくろうび
海の妖怪。広島県三原市の沖合でいう火の怪。
¶神仏辞典　（たくろう火　たくろうび）
　全国妖怪　（タクロウビ〔広島県〕）
　妖怪事典　（タクロウビ）
　妖怪大全　（たくろう火　たくろうび）〔像〕
　妖怪大事典　（たくろう火　たくろうび）〔像〕

託和神　たくわのかみ
出雲国飯石郡式外社16社の祭神。
¶神仏辞典　（託和神　たくわのかみ）

竹　たけ
陣出達朗作『伝七捕物帳』の登場人物。
¶時代小説　（竹　たけ）

建荒木命　たけあらきのみこと
玉祖宿禰の祖（河内国神別天神）。大荒木と同一とされる。
¶神仏辞典　（建荒木命　たけあらきのみこと）

武雷神　たけいかずちのかみ
『日本三代実録』に所出。大和国の神。建御雷神と同一とされる。
¶神仏辞典　（武雷神　たけいかずちのかみ）

多祁伊志豆伎命神　たけいしずきのみことのかみ
伊豆国賀茂郡の多祁伊志豆伎命神社の祭神。
¶神仏辞典　（多祁伊志豆伎命神　たけいしずきのみことのかみ）

多祁伊奈太伎佐耶布都神　たけいなたきさやふつのかみ
備後国安那郡の多祁伊奈太伎佐耶布都神社の祭神。
¶神仏辞典　（多祁伊奈太伎佐耶布都神　たけいなたきさやふつのかみ）

竹居の吃安　たけいのどもやす
甲州八代郡竹居村生まれの侠客。本名安五郎。講談『清水次郎長』に登場する。
¶架空伝承　（竹居の吃安　たけいのどもやす　㊊文化7(1810)年　㊂文久2(1862)年）
　架空伝説　（竹居の吃安　たけいのどもやす　㊊1811年　㊂1862年）
　説話伝説　（竹居のども安　たけいのどもやす　㊊文化8(1811)年　㊂文久2(1862)年）
　伝奇伝説　（竹居の吃安　たけいのどもやす　㊊文化8(1811)年　㊂文久2(1862)年10月6日）

建石勝神　たけいわかつのかみ
越中国新川郡の建石神社の祭神。
¶神仏辞典　（建石勝神　たけいわかつのかみ）

建石敷命　たけいわしきのみこと
『播磨国風土記』に所出。伊和大神の子。神前山に鎮座し、神前郡の地名由来。
¶神仏辞典　（建石敷命　たけいわしきのみこと）

健磐竜命　たけいわたつのみこと
阿蘇神社の祭神。神武天皇の孫で、肥後（熊本県）阿蘇の地を開拓したとされる。
¶神仏辞典　（健磐竜命　たけいわたつのみこと）
　日本人名　（健磐竜命　たけいわたつのみこと）

健磐竜姫神　たけいわたつひめのかみ
『日本三代実録』に所出。阿蘇都媛、阿蘇比咩神と同一とされる。
¶神仏辞典　（健磐竜姫神　たけいわたつひめのかみ）

建石命　たけいわのみこと
讃岐日子神の強引な求婚に難渋していた冰上刀売に味方して、讃岐日子神と武力で争った神。

¶神仏辞典（建石命　たけいわのみこと）

武内狐　たけうちきつね
岡山県久米郡大垪和村の人に憑くことがある狐。
¶妖怪事典（タケウチキツネ）

武内宿禰（建内宿禰）　たけうちのすくね
⇒武内宿禰（たけしうちのすくね）

健恵賀前命　たけえがくまのみこと
『新撰姓氏録』に所出。神八井耳命5世の孫。
¶神仏辞典（健恵賀前命　たけえがくまのみこと）

武男　たけお
徳富蘆花の小説『不如帰』の登場人物。劇化された新派の主人公。男爵の長男で海軍少尉。川島武男。
¶架空人日（川島武男　かわしまたけお）
架空伝承（浪子・武男　なみこ・たけお）
コン5（武男・浪子　たけお・なみこ）
新潮日本（浪子・武男　なみこ・たけお）
日本人名（浪子・武男　なみこ・たけお）

建岡神　たけおかのかみ
『日本三代実録』に所出。甲斐国の神。
¶神仏辞典（建岡神　たけおかのかみ）

健緒組　たけおくみ
風土記『肥前国風土記』（奈良時代初期）に登場する、土蜘蛛を討伐した者。
¶架空人日（健緒組　たけおくみ）

健男霜凝日子神　たけおしもこりひこのかみ
建雄霜起神とも。豊後国直入郡の建男霜凝日子神社の祭神。
¶神仏辞典（健男霜凝日子神・建男霜凝日子神　たけおしもこりひこのかみ）

健男霜凝比咩神　たけおしもこりひめのかみ
『続日本後紀』に所出。豊後国の神。
¶神仏辞典（健男霜凝比咩神　たけおしもこりひめのかみ）

建忍山垂根　たけおしやまたりね
穂積臣などの祖。
¶神様読解（建忍山垂根　たけおしやまたりね）

建貝児王　たけかいこのみこ
倭建命の子。母は大吉備建比売。
¶神様読解（建貝児王/武卵王　たけかいこのみこ・たけかいこのみこ）

建借間命　たけかしまのみこと
常陸国行方郡の条によれば、那賀国造の初祖。崇神天皇の御代に那賀国の平定に功績があった。
¶架空人日（建借間命　たけかしまのみこと）
神仏辞典（建借間命・建借馬命　たけかしまのみこと）

神話伝説（建借間命　たけかしまのみこと）

竹川　たけかわ
4世鶴屋南北作の歌舞伎『お染久松色読販』（1813年初演）に登場する、大名の奥勤め。久松の姉。
¶架空人日（竹川　たけかわ）
歌舞伎登（竹川　たけかわ）

竹伐爺　たけきりじじい
昔話の登場人物。屁ひり爺ともいう。
¶神話伝説（竹伐爺　たけきりじじい）

竹伐狸　たけきりだぬき
音の妖怪。京都府亀岡市の俗伝。
¶神仏辞典（竹伐狸　たけきりだぬき）
全国妖怪（タケキリダヌキ［京都府］）
妖怪事典（タケキリダヌキ）
妖怪大全（竹切狸　たけきりだぬき）［像］
妖怪大事典（竹切り狸　たけきりたぬき）［像］

多祁許呂命　たけころのみこと
常陸国茨城郡の条に茨城国造の初祖とある。神功皇后から応神天皇まで仕える。
¶神仏辞典（多祁許呂命・建許呂命・建凝命　たけころのみこと）
日本人名（天津多祁許呂命　あまつたけころのみこと）

タケシ
小暮正夫作『ドブネズミ色の街』（1962）に登場する中学校一年生の少年。姓は田中。
¶児童登場（タケシ）

タケシ
古田足日作『宿題ひきうけ株式会社』（1966）に登場する小学生。姓は村山。
¶児童登場（タケシ）

武内宿禰　たけしうちのすくね
景行から仁徳にいたる5代の天皇に仕え、三百歳もの長寿を保ったとされる大和朝廷初期の伝説上の人物。『古事記』では、建内宿禰。
¶朝日歴史（武内宿禰　たけしうちのすくね）
英雄事典（建内宿禰　タケノウチノスクネ）
架空人日（武内宿禰　たけしうちのすくね）
架空伝承（武内宿禰　たけうちのすくね）
歌舞伎登（武内宿禰　たけのうちのすくね）
神様読解（建内宿禰/武内宿禰　たけうちのすくね・たけしうちのすくね）［像］
奇談逸話（武内宿禰　たけしうちのすくね）
コン5（武内宿禰　たけしうちのすくね）
新潮日本（武内宿禰　たけしうちのすくね）
神仏辞典（武内宿禰命・建内宿禰命　たけしうちのすくねのみこと）
説話辞典（武内宿禰　たけしうちのすくね）
大辞林3（武内宿禰　たけしうちのすくね）
伝奇伝説（武内宿禰　たけしうちのすくね）
日ミス（武内宿禰・武内宿禰　たけのうちのすくね・たけしうちのすくね　生没年不詳）
日本神々（武内宿禰　たけのうちのすくね）［像］
日本人名（武内宿禰　たけしうちのすくね）

日本神話（タケウチノスクネ）

他化自在天　たけじざいてん
強力な武力を持ち、仏法を守護する神とされる。
¶**広辞苑6**（他化自在天　たけじざいてん）
神仏辞典（他化自在天　たけじざいてん）
大辞林3（他化自在天　たけじざいてん）
東洋神名（他化自在天　タケジザイテン）〔像〕

竹芝の皇女　たけしばのみこ
菅原孝標の娘作『更級日記』の登場人物。竹芝伝説に登場する皇女。
¶**古典人学**（竹芝の皇女　たけしばのみこ）

た

武石彦奇友背命　たけしひこくしともせのみこと
『日本書紀』巻四に所出の神名。『古事記』の多芸志比古命にあたるとも。
¶**神仏辞典**（武石彦奇友背命　たけしひこくしともせのみこと）

健嶋女祖命神　たけしまめおやのみことのかみ
阿波国勝浦郡の健嶋女祖命神社の祭神。
¶**神仏辞典**（健嶋女祖命神　たけしまめおやのみことのかみ）

竹田出雲〔初代〕　たけだいずも
江戸時代の浄瑠璃作者。『芦屋道満大内鑑』など多くの作品を残し、人形浄瑠璃の全盛期を切り開いた。
¶**説話伝説**（竹田出雲　たけだいずも ㊓? ㊚延享4(1747)年）

竹田出雲〔2代〕　たけだいずも
江戸時代の浄瑠璃作者。初代の子。「親方出雲」と呼ばれ、『双蝶々曲輪日記』などを合作した。
¶**説話伝説**（竹田出雲　たけだいずも ㊓元禄4(1691)年 ㊚宝暦6(1756)年）

竹田出雲〔3代〕　たけだいずも
江戸時代の浄瑠璃作者。2代の子。『日高川入相花王』などを合作した。
¶**説話伝説**（竹田出雲　たけだいずも 生没年未詳）

竹田近江〔初代〕　たけだおうみ
大坂道頓堀のからくり座竹田の芝居の名代、座本名。からくり師、竹田芝居の創設者。
¶**伝奇伝説**（竹田近江　たけだおうみ ㊓? ㊚宝永1(1704)年）

竹田近江〔2代〕　たけだおうみ
大坂道頓堀のからくり座竹田の芝居の名代、座本名。名は清孝。浮世草子に、からくりの妙義を称されている。
¶**伝奇伝説**（竹田近江　たけだおうみ ㊓? ㊚享保14(1729)年）

竹田近江〔3代〕　たけだおうみ
大坂道頓堀のからくり座竹田の芝居の名代、座本名。名は清英。元祖出雲の子。
¶**伝奇伝説**（竹田近江　たけだおうみ ㊓? ㊚寛保2(1742)年）

竹田近江〔4代〕　たけだおうみ
大坂道頓堀のからくり座竹田の芝居の名代、座本名。歴代近江の中で最も勢力があったが、豪奢な宴を開いたせいで入牢。代数から除外されたと考えられる。
¶**伝奇伝説**（竹田近江　たけだおうみ）

武田折命　たけだおりのみこと
建刀米命の子。景行天皇の御代に湯殖に擬して田を賜ったが一夜のうちに菌が生えた。
¶**神仏辞典**（武田折命　たけだおりのみこと）

武田勝頼　たけだかつより
戦国時代の武将、甲斐国の国主。武田信玄の子。浄瑠璃『本朝廿四孝』では、上杉謙信の娘・八重垣姫の許婚として描かれる。
¶**架空伝説**（八重垣姫・勝頼　やえがきひめ・かつより）〔像〕
架空伝説（武田勝頼　たけだかつより）
歌舞伎登（武田勝頼　たけだかつより）〔像〕
説話伝説（武田勝頼　たけだかつより ㊓天文15(1546)年 ㊚天正10(1582)年）
伝奇伝説（武田勝頼　たけだかつより ㊓天文15(1546)年 ㊚天正10(1582)年）〔像〕

武田観柳斎　たけだかんりゅうさい
新選組隊士。子母澤寛作『新選組始末記』の登場人物。
¶**時代小説**（武田観柳斎　たけだかんりゅうさい）

武田耕雲斎　たけだこううんさい
幕末、水戸藩の武士。天狗党々首。
¶**説話伝説**（武田耕雲斎　たけだこううんさい ㊓享和3(1803)年 ㊚慶応1(1865)年）〔像〕

武田信玄　たけだしんげん
戦国時代の武将。戦国大名武田信虎の長男。孫子の言葉に基づく「風林火山」の旗印が有名。
¶**架空伝承**（武田信玄　たけだしんげん ㊓大永1(1521)年 ㊚天正1(1573)年）
奇談逸話（武田信玄　たけだしんげん ㊓大永1(1521)年 ㊚天正1(1573)年）
古典人学（武田信玄　たけだしんげん）
時代小説（武田信玄　たけだしんげん）
説話伝説（武田信玄　たけだしんげん ㊓大永1(1521)年 ㊚元亀4(1573)年）
伝奇伝説（武田信玄　たけだしんげん ㊓大永1(1521)年 ㊚天正1(1573)年）〔像〕

健田神　たけだのかみ
下総国結城郡の健田神社の祭神。
¶**神仏辞典**（健田神　たけだのかみ）

竹田神　たけだのかみ
　大和国十市郡の竹田神社の祭神。
　¶神仏辞典（竹田神　たけだのかみ）

建玉依比古命　たけたまよりひこのみこと
　賀茂氏神系の神々の一柱。賀茂建角身命の子。
　¶神様読解（建玉依比古命／賀茂県主　たけたまよりひこのみこと・かもあがたぬし）

建玉依比売命　たけたまよりひめのみこと
　賀茂氏神系の神々の一柱。賀茂建角身命の子（娘）。
　¶神様読解（建玉依比売命　たけたまよりひめのみこと）

竹田奴　たけだやっこ
　歌舞伎演目『壇浦兜軍記』に登場する、通称「阿古屋の琴責」。「琴責」と呼ばれる場に登場する下部。
　¶歌舞伎登（竹田奴　たけだやっこ）

武智十次郎光義　たけちじゅうじろうみつよし
　歌舞伎演目『絵本太功記』に登場する、武智光秀の嫡子。
　¶歌舞伎登（武智十次郎光義　たけちじゅうじろうみつよし）

武市富子　たけちとみこ
　武市半平太の妻。司馬遼太郎作『竜馬がゆく』の登場人物。
　¶時代小説（武市富子　たけちとみこ）

武智石打命神　たけちのいしうちのみことのかみ
　『日本三代実録』に所出。長門国の神。
　¶神仏辞典（武智石打命神　たけちのいしうちのみことのかみ）

建市神　たけちのかみ
　『日本三代実録』に所出。上総国の神。
　¶神仏辞典（建市神　たけちのかみ）

高市神　たけちのかみ
　伊勢国河曲郡の高市神社の祭神。
　¶神仏辞典（高市神　たけちのかみ）

高市黒人　たけちのくろひと
　奈良時代の歌人。
　¶説話伝説（高市黒人　たけちのくろひと　生没年未詳）
　伝奇伝説（高市黒人　たけちのくろひと）

武乳遺命　たけちのこりみこと
　『新撰姓氏録』に所出。津速魂命の子、添県主の祖（大和国神別天神）。
　¶神仏辞典（武乳遺命　たけちのこりみこと）

高市御県坐鴨八重事代主神　たけちのみあがたにますかものやえことしろぬしのかみ
　『日本三代実録』『延喜式』に所出。高市御県鴨事代主神とも。大和国の神。
　¶神仏辞典（高市御県坐鴨八重事代主神　たけちのみあがたにますかものやえことしろぬしのかみ）

高市御県神　たけちのみあがたのかみ
　大和国高市郡の高市御県神社の祭神。
　¶神仏辞典（高市御県神　たけちのみあがたのかみ）

武市半平太　たけちはんぺいた
　坂本竜馬の盟友。司馬遼太郎作『竜馬がゆく』の登場人物。
　¶時代小説（武市半平太　たけちはんぺいた）

武智光秀　たけちみつひで
　近松柳ほか作『絵本太功記』の登場人物。尾田春長の臣。主君から、度重なる屈辱的仕打ちを受け、春長を弑逆する。
　¶歌舞伎登（武智光秀1　『絵本太功記』　たけちみつひで）〔像〕
　　歌舞伎登（武智光秀2　『時今也桔梗旗揚』　たけちみつひで）〔像〕
　　古典人学（武智光秀　たけちみつひで）

タケちゃんマン
　テレビ番組『オレたちひょうきん族』から生まれた、ビートたけし扮するキャラクター。
　¶架空人物（タケちゃんマン）

武津之身命　たけつぬみのみこと
　『新撰姓氏録』に所出。神魂命の孫。
　¶神仏辞典（武津之身命・建角身命　たけつぬみのみこと）

武刀米命　たけとめのみこと
　『新撰姓氏録』に所出。火明命5世の孫、武田折命の祖。
　¶神仏辞典（武刀米命・武礪目命・建刀米命　たけとめのみこと）

建豊波豆羅和気王　たけとよはづらわけのみこ
　第9代開化天皇の皇子。母は鸇比売。
　¶神様読解（建豊波豆羅和気王　たけとよはづらわけのみこ）
　　神仏辞典（武豊葉頬別命・武豊羽頬別命　たけとよはづらわけのみこと）

竹取の翁　たけとりのおきな
　『竹取物語』の登場人物。かぐや姫を竹の中から発見、養育する老人。
　¶架空人日　（竹取の翁　たけとりのおきな）
　　架空伝承（竹取の翁　たけとりのおきな）
　　広辞苑6（竹取翁　たけとりのおきな）
　　神仏辞典（竹取の翁　たけとりのおきな）
　　大辞林3（竹取翁　たけとりのおきな）
　　日本人名（竹取の翁　たけとりのおきな）

竹中官兵衛 たけなかかんべえ
歌舞伎演目『木下蔭狭間合戦』に登場する、美濃の軍師。
¶歌舞伎登（竹中官兵衛　たけなかかんべえ）

竹中時雄 たけなかときお
田山花袋作『蒲団』(1907)に登場する小説家。
¶架空人日（竹中時雄　たけなかときお）

竹中神 たけなかのかみ
竹中社（竹仲社）の祭神とされ、斎宮の祈年祭にあずかる。
¶神仏辞典（竹中神・竹仲神　たけなかのかみ）

竹中半兵衛 たけなかはんべえ
戦国時代の武将・軍師。
¶説話伝説（竹中半兵衛　たけなかはんべえ　⊕天文13(1544)年　⊗天正7(1579)年）
伝奇伝説（竹中半兵衛　たけなかはんべえ　⊕天文13(1544)年　⊗天正7(1579)年）〔像〕

建新川命 たけにいかわのみこと
大閉蘇杵命の孫。大宅、大宅首の祖（左京神別上天神・右京神別天神）。
¶神仏辞典（建新川命　たけにいかわのみこと）

建額明命 たけぬかのみこと
火明命4世の孫、若倭部の祖（右京神別天孫）。
¶神仏辞典（建額明命　たけぬかのみこと）

健沼河耳命 たけぬなかわみみのみこと
⇒綏靖天皇（すいぜいてんのう）

建沼河別命 たけぬなかわわけのみこと
大毘古命の子。伊佐須美神社の祭神。
¶神様読解（建沼河別命　たけぬなかわわけのみこと）
神仏辞典（建沼河別命・武渟川別命　たけぬなかわわけのみこと）
日本人名（武渟川別命　たけぬなかわわけのみこと）

竹野比売 たけぬひめ
第9代開化天皇の妃。
¶神様読解（竹野比売　たけぬひめ）

武内宿禰（建内宿禰） たけのうちのすくね
⇒武内宿禰（たけしうちのすくね）

竹大與杼神 たけのおおよどのかみ
大與杼神。伊勢国多気郡の竹大與杼神社の祭神。
¶神仏辞典（竹大與杼神　たけのおおよどのかみ）

健神 たけのかみ
阿波国美馬郡の健神社の祭神。
¶神仏辞典（健神　たけのかみ）

多気神 たけのかみ
尾張国春日郡、土佐国安芸郡の多気神社の祭神。出雲国島根郡式内社一四社の多気社、『延喜式』の多気神社の祭神。
¶神仏辞典（多気神　たけのかみ）

竹神 たけのかみ
竹上神、竹田神とも。伊勢国多気郡の竹神社の祭神。
¶神仏辞典（竹神　たけのかみ）

竹佐佐夫江神 たけのささふえのかみ
伊勢国多気郡の竹佐佐夫江神社の祭神。
¶神仏辞典（竹佐佐夫江神　たけのささふえのかみ）

竹下孫八 たけのしたのまごはち
歌舞伎演目『近江源氏先陣館』に登場する、北条時政の家来。
¶歌舞伎登（竹下孫八　たけのしたのまごはち）

多気の大夫 たけのたいふ
説話集『宇治拾遺物語』に登場する、鎮守府将軍平国香の孫。
¶架空人日（多気の大夫　たけのたいふ）

竹俣当綱 たけのまたまさつな
上杉家の家臣。童門冬二作『上杉鷹山』の登場人物。
¶時代小説（竹俣当綱　たけのまたまさつな）

竹森喜多八 たけのもりきたはち
歌舞伎演目『仮名手本忠臣蔵』に登場する、塩冶判官の臣。
¶歌舞伎登（竹森喜多八　たけのもりきたはち）

建葉槌命 たけはづちのみこと
倭文神とともに香香背男を服従させる。天羽槌雄神と同一とされる。茨城県那珂郡瓜連町の静神社、鳥取県倉吉市志津の倭文神社の祭神。
¶神仏辞典（建葉槌命　たけはづちのみこと）

武波都良和気命 たけはつらわけのみこと
『新撰姓氏録』に所出。道守臣の祖。
¶神仏辞典（武波都良和気命・葉頬別命　たけはつらわけのみこと）

建波邇夜須毘古 たけはにやすひこ
孝元帝が河内の青玉繋の女埴安媛を娶り、生ませた皇子。
¶神話伝説（建波邇夜須毘古　たけはにやすひこ）

建波邇夜須毘古命 たけはにやすびこのみこと
第8代孝元天皇の皇子。『日本書紀』では、武埴安彦命。
¶朝日歴史（武埴安彦命　たけはにやすびこのみこと）
英雄事典（建波邇夜須毘古命　タケハニヤスヒコノミコト）
神様読解（建波邇夜須毘古命　たけはにやすびこのみこと）
神仏辞典（建波邇夜須毘古命・武埴安彦命　たけ

はにやすびこのみこと）
日本人名（武埴安彦命　たけはにやすひこのみこと）

武林次庵　たけばやしじあん
神坂次郎作『おかしな侍たち』の登場人物。
¶**時代小説**（武林次庵　たけばやしじあん）

竹林唯七　たけばやしただしち
歌舞伎演目『碁盤太平記』に登場する、旅僧空念に身をやつして、山科の大石内蔵助の閑居を訪れる人物。
¶**歌舞伎登**（竹林唯七　たけばやしただしち）

武林唯七　たけばやしゆいしち
神坂次郎作『おかしな侍たち』の登場人物。
¶**時代小説**（武林唯七　たけばやしゆいしち）

建速須佐之男神　たけはやすさのおのかみ
⇒須佐之男命（すさのおのみこと）

建日方別　たけひかたわけ
『古事記』にみえる神。伊邪那岐命と伊邪那美命による国生み六島のうちの1島の支配神。吉備児島ともいう。
¶**日本人名**（建日方別　たけひかたわけ）

竹久夢二　たけひさゆめじ
明治・大正期の画家、詩人、デザイナー。美人画と、同じ主想の詩文とで一世を風靡する。
¶**架空伝承**（竹久夢二　たけひさゆめじ　[生]明治17（1884）年　[没]昭和9（1934）年）

武日照命　たけひなてるのみこと
⇒建比良鳥命（たけひらとりのみこと）

建日穂命　たけひほのみこと
神魂命16世の孫、三嶋宿禰の祖。
¶**神仏辞典**（建日穂命　たけひほのみこと）

多気比売神　たけひめのかみ
武蔵国足立郡の多気比売神社、阿波国那賀郡の建比売神社の祭神。
¶**神仏辞典**（多気比売神・建比売神　たけひめのかみ）

建比良鳥命　たけひらとりのみこと
天菩比命（天卑能命）の子。出雲国造など7氏の祖。天夷鳥命、天日照命とも。『日本書紀』では、武日照命。天夷鳥命、天日照命とも。
¶**神様読解**（建比良鳥命/天夷鳥命/天日照命　たけひらとりのみこと・あめのひなどりのみこと・あめのひなでりのみこと）
神仏辞典（天夷鳥命神・天日名鳥命神　あめのひなとりのみことのかみ）
神仏辞典（武日照命・建日照命　たけひなてるのみこと）
神仏辞典（建比良鳥命　たけひらとりのみこと）
神話伝説（天夷鳥命　あめのひなどりのみこと）
日本人名（武日照命　たけひでりのみこと）

日本神話（アメノヒナトリ）

建布都神　たけふつのかみ
⇒武甕槌神（たけみかづちのかみ）

高負比古神　たけふひこのかみ
武蔵国横見郡の高負比古神社の祭神。
¶**神仏辞典**（高負比古神　たけふひこのかみ）

武振熊　たけふるくま
和珥（丸邇）氏の祖。神功皇后太子（応神天皇）の将軍。『日本書紀』によれば、両面宿儺を退治した人物。難波根子武（建）振熊とも。『古事記』では建振熊。
¶**英雄事典**（難波根子武振熊　ナニワネノコノタケノフルクマ）
神仏辞典（建振熊命　たけふるくまのみこと）
神仏辞典（難波根子建振熊命　なにわねこのたけふるくまのみこと）
日本人名（武振熊　たけふるくま）

武文蟹　たけぶんがに
尊良親王の家臣、秦武文の怨霊が蟹になったものとされる。
¶**日本未確認**（武文蟹　たけぶんがに）

武部源蔵　たけべげんぞう
歌舞伎演目『菅原伝授手習鑑』に登場する、寺子屋の師匠。
¶**架空人日**（武部源蔵　たけべのげんぞう）
歌舞伎登（武部源蔵　たけべげんぞう）

武部仙十郎　たけべせんじゅうろう
柴田錬三郎作『眠狂四郎無頼控』の登場人物。
¶**時代小説**（武部仙十郎　たけべせんじゅうろう）

建部袁許呂命　たけべのおころのみこと
常陸国行方郡大里の同神が天武天皇の御代に馬を奉った。
¶**神仏辞典**（建部袁許呂命　たけべのおころのみこと）

建部神　たけべのかみ
近江国栗太郡の建部神社の祭神。
¶**神仏辞典**（建部神　たけべのかみ）

建穂神　たけほのかみ
駿河国安倍郡の建穂神社の祭神。
¶**神仏辞典**（建穂神　たけほのかみ）

武椀根命　たけまりねのみこと
火明命6世の孫。石作連の祖。垂仁天皇の御代に皇后日葉酢媛命のために石棺を奉る。
¶**神仏辞典**（武椀根命　たけまりねのみこと）

多祁美加加命神　たけみかかのみことのかみ
伊豆国賀茂郡の多祁美加加命神社の祭神。多都美賀賀神と同一とされる。
¶**神仏辞典**（多祁美加加命神　たけみかかのみことの

かみ）

武甕槌神　たけみかづちのかみ

『古事記』によれば、伊邪那岐命が火神迦具土神を斬った際に剣に着いた血から成った神。茨城県鹿島神宮、奈良県春日大社ほかの祭神。『古事記』では建御雷神、建布都神、豊布都神。

¶朝日歴史（建御雷神　たけみかづちのかみ）
英雄事典（建御雷之男神　タケミカヅチノヲノカミ）
架空人日（建御雷神　たけみかずちのかみ）
架空伝承（武甕槌神　たけみかづちのかみ）
神様読解（建御雷之男神/武甕槌神/建甕槌神　たけみかづちのおのかみ・たけみかづちのかみ・たけみかづちのかみ）
神様読解（建甕槌命　たけみかづちのみこと）〔像〕
神文化史（タケミカヅチ）
広辞苑6（武甕槌命・建御雷命　たけみかずちのみこと）
コン5（建御雷神　たけみかずちのかみ）
新潮日本（建御雷神　たけみかずちのかみ）
神仏辞典（建布都神　たけふつのかみ）
神仏辞典（建御雷神・武甕雷神　たけみかずちのかみ）
神仏辞典（豊布都神　とよふつのかみ）
神話伝説（建御雷神　たけみかずちのかみ）
説話伝説（建御雷神　たけみかづちのかみ）
世百新（武甕槌神　たけみかづちのかみ）
大辞林3（武甕槌神・建御雷神　たけみかづちのかみ）
伝奇伝説（建御雷神　たけみかずちのかみ）
東洋神名（建御雷之男神　タケミカヅチノオノカミ）〔像〕
東洋神名（建甕槌神　タケミカヅチノカミ）〔像〕
日本神々（建御雷之男神　たけみかづちのおのかみ）〔像〕
日本神様（鹿島信仰の神々〔武甕槌大神〕　かしましんこうのかみがみ）〔像（鹿島大明神）〕
日本神様（春日信仰の神々〔武甕槌命〕　かすがしんこうのかみがみ）
日本神様（塩竈信仰の神々〔武甕槌神〕　しおがましんこうのかみがみ）
日本人名（武甕槌神　たけみかづちのかみ）
日本神話（タケミカヅチ）

武三熊之大人　たけみくまのうし

天孫の降臨に先立ち、天穂日命を遣わしたが、大己貴神に懐柔され、その子である同神が遣わされたが、同じく懐柔された。

¶神仏辞典（武三熊之大人　たけみくまのうし）
日本神話（タケミクマ）

健三熊之命　たけみくまのみこと

滋賀県蒲生郡日野町の馬見岡綿向神社の祭神。

¶神仏辞典（健三熊之命　たけみくまのみこと）

建水分神　たけみくまりのかみ

河内国石川郡の建水分神社の祭神。信濃国更級郡の武水別神社の祭神。

¶神仏辞典（建水分神・武水別神　たけみくまりのかみ）

建御狭日命　たけみさひのみこと

成務天皇の御代に多訶国造に任じられた。出雲臣の同族。

¶神仏辞典（建御狭日命　たけみさひのみこと）

建御名方富命　たけみなかたとみのみこと

『続日本後紀』『日本文徳天皇実録』『日本三代実録』に所出。建御名方神のこと。

¶神仏辞典（建御名方富命・健御名方富命　たけみなかたとみのみこと）

建御名方神　たけみなかたのかみ

大国主命の子。諏訪大社の祭神。武神。

¶朝日歴史（建御名方神　たけみなかたのかみ）
英雄事典（建御名方神　タケミナカタノカミ）
架空人日（建御名方神　たけみなかたのかみ）
架空伝承（建御名方神　たけみなかたのかみ）
神様読解（建御名方神　たけみなかたのかみ）
広辞苑6（建御名方神　たけみなかたのかみ）
コン5（建御名方神　たけみなかたのかみ）
新潮日本（建御名方神　たけみなかたのかみ）
神仏辞典（建御名方神　たけみなかたのかみ）
神話伝説（建御名方神　たけみなかたのかみ）
世百新（建御名方神　たけみなかたのかみ）
大辞林3（建御名方神　たけみなかたのかみ）
伝奇伝説（建御名方神　たけみなかたのかみ）
東洋神名（建御名方神　タケミナカタノカミ）〔像〕
日本神々（建御名方神　たけみなかたのかみ）〔像〕
日本神様（諏訪信仰の神〔建御名方神〕　すわしんこうのかみ）〔像（諏訪大明神）〕
日本人名（建御名方神　たけみなかたのかみ）
日本神話（タケミナカタ）

竹向　たけむき

『竹むきが記』の登場人物。

¶古典人東（竹向　たけむき）

健武山神　たけむやまのかみ

下野国那須郡の健武山神社の祭神。

¶神仏辞典（健武山神　たけむやまのかみ）

竹村定之進　たけむらさだのしん

歌舞伎演目『恋女房染分手綱』に登場する、由留木家お抱えの能役者。

¶歌舞伎登（竹村定之進　たけむらさだのしん）

竹本小伝　たけもとおでん

江戸時代後期の女義太夫の太夫。初代竹本小伝の娘。淫婦として有名で、有名役者たちとも浮き名を流した。本名おむら。

¶奇談逸話（竹本お伝　たけもとおでん 生没年不詳）
説話伝説（竹本小伝　たけもとおでん）
伝奇伝説（竹本小伝　たけもとおでん）
日本人名（竹本小伝（2代）　たけもとこでん）

竹本義太夫　たけもとぎだゆう

初代。浄瑠璃太夫。貞享元（1684）年、大坂に竹本座を開設した。義太夫節の始祖。

¶説話伝説（竹本義太夫　たけもとぎだゆう [生]慶安4（1651）年 [没]生徳4（1714）年）
伝奇伝説（竹本義太夫　たけもとぎだゆう [生]慶安4（1651）年 [没]正徳4（1714）年）〔像〕

竹本長門太夫　たけもとながとだゆう
3代。江戸後期の浄瑠璃太夫。浄瑠璃中興の祖と称えられた。
¶説話伝説（竹本長門太夫　たけもとながとだゆう　㊍寛政12（1800）年　㊁元治1（1864）年）
　伝奇説話（竹本長門太夫　たけもとながとだゆう　㊍寛政12（1800）年　㊁元治1（1864）年）

武茂神　たけものかみ
『続日本後紀』に所出。下野国の神。砂金が採れる山に坐すとされる。
¶神仏辞典（武茂神　たけものかみ）

竹屋三位卿有村　たけやさんみきょうありむら
吉川英治作『鳴門秘帖』の登場人物。
¶時代小説（竹屋三位卿有村　たけやさんみきょうありむら）

建安命　たけやすのみこと
彦姥津命3世の孫。葉栗臣の祖。
¶神仏辞典（建安命　たけやすのみこと）

建依別　たけよりわけ
『古事記』にみえる神。
¶日本人名（建依別　たけよりわけ）

タコ
青森県津軽地方の昔話に登場する妖怪。
¶妖怪事典（タコ）
　妖怪大事典（たこ）

蛸売の八助　たこうりのはちすけ
井原西鶴作の浮世草子『世間胸算用』（1692）巻四の二「奈良の庭竈」に登場する蛸の行商人。
¶架空人日（蛸売の八助　たこうりのはちすけ）

蛸神様　たこがみさま
蛸の神。岩手県九戸郡野田村米田の祠の祭神。
¶神ής読解（蛸神様　たこがみさま）〔像〕

田毎　たごと
歌舞伎演目『紅葉狩』に登場する、更科姫（実は戸隠山の鬼女）に仕える侍女。
¶歌舞伎登（望月・田毎　もちづき・たごと）

蛸入道　たこにゅうどう
島根県隠岐地方でいう妖怪。
¶妖怪事典（タコニュウドウ）
　妖怪大事典（蛸入道　たこにゅうどう）

田子の伊兵衛　たこのいへえ
江戸末頃の実録『大岡政談』に登場する、煙草屋喜八に同情した大泥棒。
¶架空人日（田子の伊兵衛　たこのいへえ）
　架空伝説（田子の伊兵衛　たこのいへえ）

多居乃上神　たこのえのかみ
因幡国法美郡の多居乃上神社二座の祭神。
¶神仏辞典（多居乃上神　たこのえのかみ）

哆胡神　たこのかみ
伊豆国那賀郡の哆胡神社の祭神。
¶神仏辞典（哆胡神　たこのかみ）

踞蜛神　たこのかみ
出雲国島根郡式外社35（45）社の踞蜛社（2社）の祭神。
¶神仏辞典（踞蜛神　たこのかみ）

高尾の坊主火　たこのぼうずび
石川県金沢市高尾でいう怪火。
¶妖怪事典（タコノボウズビ）
　妖怪大事典（高尾の坊主火　たこのぼうずび）

田吾平　たごへい
歌舞伎演目『一谷嫩軍記』に登場する、平家の侍後藤兵衛守長の遺児。
¶歌舞伎登（田吾平　たごへい）

たごまくり
道の妖怪。香川県大川郡長尾町の俗伝。
¶神仏辞典（たごまくり）
　全国妖怪（タゴマクリ〔香川県〕）
　妖怪事典（タゴマクリ）

田心姫命　たごりひめのみこと
天照大神と素戔嗚尊の誓約で生まれた神。筑前国宗像郡宗像神社三座の祭神。
¶広辞苑6（田心姫命　たごりひめのみこと）
　神仏辞典（田心姫命・田凝比咩命　たごりひめのみこと）
　日本神έ（宗像・厳島信仰の神々〔田心姫神〕むなかた・いつくしましんこうのかみがみ）

大歳　だいさい
岡山県などの各地で、陰陽師系の祈禱者によってひろめられ、屋敷神などの小祠に祀られる神。
¶神仏辞典（大歳　だいさい）

太歳荒神　だいさいこうじん
荒神信仰の展開の一つとして岡山県北地方で荒神と歳神とが習合したと考えられる。
¶神仏辞典（太歳荒神　だいさいこうじん）

大宰大弐の娘　だいだいにのむすめ
菅原孝標女作『浜松中納言物語』の登場人物。中納言が唐土より帰国して筑紫に滞在した際にはじめて出会った娘。
¶古典人学（大宰大弐の娘　だいだいにのむすめ）

太宰之丞　だいのじょう
歌舞伎演目『参会名護屋』に登場する、天下に災いをなす楠正成の怨霊。

¶歌舞伎登（太宰之丞　だざいのじょう）

太宰帥季仲　だざいのそちすえなか
歌舞伎演目『卅三間堂棟由来』に登場する、藤原太宰帥季仲という公家。
¶歌舞伎登（太宰帥季仲　だざいのそちすえなか）

多左衛門　たざえもん
⇒和泉屋多左衛門（いずみやたざえもん）

太左衛門　たざえもん
城昌幸作『若さま侍捕物手帖』の登場人物。
¶時代小説（太左衛門　たざえもん）

手力男神　たぢからおのかみ
⇒天手力男神（あめのたぢからおのかみ）

たじのかみ
岩手県下閉伊郡黒崎の漁村では、鯨に似た生物をエビスとかタジの神などと呼んで祀る。
¶神仏辞典（たじのかみ）

丹埠神　たじひのかみ
河内国の同神に神宝・幣帛が奉られた。
¶神仏辞典（丹埠神　たじひのかみ）

丹比神　たじひのかみ
河内国丹比郡の丹比神社の祭神。
¶神仏辞典（丹比神　たじひのかみ）

丹治比の経師　たじひのきょうじ
『日本霊異記』『今昔物語集』に登場する、河内国丹治比郡の経師。
¶架空人日（丹治比の経師　たじひのきょうじ）

蝮之水歯別命　たじひのみずわけのみこと
⇒反正天皇（はんぜいてんのう）

船印彫師辰三郎　だしぼりしたつさぶろう
歌舞伎演目『一本刀土俵入』に登場する船印彫師。
¶歌舞伎登（船印彫師辰三郎　だしぼりしたつさぶろう）

田島坐神　たしまにますかみ
田嶋神とも。肥前国松浦郡の田島坐神社の祭神。
¶神仏辞典（田島坐神　たしまにますかみ）

但馬の騒霊　たじまのそうれい
江戸時代、但馬国にある屋敷をさまよっていた熊の霊。
¶妖怪大鑑（但馬の騒霊　たじまのそうれい）〔像〕

多遅摩俣尾　たぢまのまたお
天之日矛の妃で、阿加流比売の父神。
¶神様読解（多遅摩俣尾　たぢまのまたお）

多遅摩比多訶　たぢまひたか
天之日矛と前津見の子孫で、多遅摩比那岐の子。
¶神様読解（多遅摩比多訶　たぢまひたか）

多遅摩比那良岐　たぢまひならき
天之日矛と前津見の子孫で、多遅摩斐泥の子。
¶神様読解（多遅摩比那良岐　たぢまひならき）

田道間守　たじまもり
日本神話にみえる伝説的人物。新羅国の王子天日槍の子孫。
¶朝日歴史（田道間守　たじまもり）
架空人日（多遅摩毛理　たじまもり）
架空伝承（田道間守　たじまもり）
神様読解（田道間守　たぢまもり）〔像〕
神様読解（多遅麻毛理/田道間守　たぢまもり・たぢまもり）〔像〕
広辞苑6（田道間守　たじまもり）
コン5（田道間守　たじまもり）
新潮日本（田道間守　たじまもり）
神仏辞典（田道間守　たじまもり）
神話伝説（多遅摩毛理　たじまもり）
説話伝説（多遅摩毛理　たじまもり　生没年不詳）
世百新（田道間守　たじまもり）
大辞林3（田道間守　たじまもり）
伝奇伝説（多遅摩毛理　たじまもり）
日本神様（多遅麻毛理　たじまもり）
日本人名（田道間守　たじまもり）

多遅摩母呂須玖　たぢまもろすく
天之日矛と前津見の子。
¶神様読解（多遅摩母呂須玖　たぢまもろすく）

田島屋　たじまや
岡本綺堂作『半七捕物帳』の登場人物。
¶時代小説（田島屋　たじまや）

太政大臣東京第神　だじょうだいじんのひがしのきょうのだいのかみ
『日本三代実録』に所出。宗像三女神のこと。
¶神仏辞典（太政大臣東京第神　だじょうだいじんのひがしのきょうのだいのかみ）

多襄丸　たじょうまる
芥川龍之介作『藪の中』（1922）に登場する、洛中を徘徊する名高い盗人。
¶架空人日（多襄丸　たじょうまる）

手白髪命　たしらかのみこと
仁賢天皇皇女の手白香郎女。継体天皇大后。欽明天皇の母。
¶神仏辞典（手白髪命　たしらかのみこと）
日本人名（手白香皇女　たしらかのおうじょ　生没年未詳）

手白髪命　たしらかのみこと
『播磨国風土記』に所出。美嚢郡の条に於奚（仁賢天皇）・袁奚（顕宗天皇）の二皇子の母とある。
¶神仏辞典（手白髪命　たしらかのみこと）

多衰丸　たすいまろ
『今昔物語集』に登場する、王朝時代に出没した盗賊。
¶架空人日（多衰丸　たすいまろ）

黄昏　たそがれ
柳亭種彦作の合巻『偐紫田舎源氏』(1829-42)に登場する、『源氏物語』の夕顔に対応する女性。
¶架空人日（黄昏　たそがれ）
　歌舞伎登（黄昏　たそがれ）

忠明　ただあきら
『今昔物語集』『宇治拾遺物語』に登場する検非違使。
¶架空人日（忠明　ただあきら）

忠子女王　ただこじょおう
鎌倉時代、順徳上皇の第2皇女。はじめ玉嶋姫大明神、のち二宮大明神として二宮神社に祀られた。
¶日本人名（忠子女王(2)　ただこじょおう ⊕1232年 ⊗1249年）

忠こそ　ただこそ
『うつほ物語』の登場人物。あて宮の求婚者の一人。
¶古典人学（忠こそ　ただこそ）

糺の神　ただすのかみ
京都の下鴨神社およびその摂社の河合神社などの祭神。
¶広辞苑6（糺の神　ただすのかみ）

ただす丸　ただすまろ
『今昔物語集』に登場する、播磨国赤穂郡の盗賊の一員。のち、国の追捕使に仕える。
¶架空人日（ただす丸　ただすまろ）

田立建埋根命神　たたちたけほりねのみことのかみ
石見国邑智郡の田立建埋根命神社の祭神。
¶神仏辞典（田立建埋根命神　たたちたけほりねのみことのかみ）

只野伊賀行義　ただのいがつらよし
永井路子作『葛の葉抄』の登場人物。
¶時代小説（只野伊賀行義　ただのいがつらよし）

多多神　たたのかみ
越後国三島郡の多多神社、但馬国七美郡の多他神社の祭神。
¶神仏辞典（多多神・多他神　たたのかみ）

多太神　たたのかみ
大和国葛上郡の多太神社の祭神。摂津国河辺郡、若狭国遠敷郡、加賀国能美郡の多太神社の祭神。
¶神仏辞典（多太神　たたのかみ）

多太神　たたのかみ
出雲国秋鹿郡式外社16社多太社の祭神。
¶神仏辞典（多太神　たたのかみ）

田田神　たたのかみ
出雲国楯縫郡式外社19社の田田社の祭神。
¶神仏辞典（田田神　たたのかみ）

多田刑部家高　ただのぎょうぶいえたか
御伽草子『明石物語』(室町時代)に登場する、明石御前の父。
¶架空人日（多田刑部家高　ただのぎょうぶいえたか）

多田蔵人行綱　ただのくらんどのゆきつな
歌舞伎演目『源平布引滝』に登場する、木曽義賢の奴折平の仮名。
¶歌舞伎登（多田蔵人行綱　ただのくらんどのゆきつな）

忠信利平　ただのぶりへい
河竹黙阿弥作の歌舞伎『白浪五人男』(1862年初演)に登場する、白浪五人男の一。日本駄右衛門の手下。
¶架空人日（忠信利平　ただのぶりへい）
　架空伝説（忠信利平　ただのぶりへい）
　歌舞伎登（忠信利平　ただのぶりへい）
　日本人名（忠信利平　ただのぶりへい）

多田満仲　ただのまんぢゅう
⇒源満仲（みなもとのみつなか）

ダダボウシ
⇒だいだらぼっち

畳叩き　たたみたたき
音の妖怪。動物(狸)の妖怪。
¶神仏辞典（畳叩き　たたみたたき）
　全国妖怪（タタミタタキ〔高知県〕）
　妖怪事典（タタミタタキ）
　妖怪大全（畳叩き　たたみたたき）〔像〕
　妖怪大事典（畳叩き　たたみたたき）〔像〕

畳狸　たたみたぬき
高知県地方でいう妖怪。
¶妖怪事典（タタミタヌキ）

畳屋三郎兵衛　たたみやさぶろうべえ
江戸末頃の実録『大岡政談』に登場する畳屋。「三方一両損」の当事者。
¶架空人日（畳屋三郎兵衛　たたみやさぶろうべえ）

タダリボッコ
『日本妖怪変化語彙』にある青森県八戸地方でいう妖怪。
¶妖怪事典（タダリボッコ）

祟り物怪 たたりもっけ
赤子の亡霊。東北地方に多いとされる赤子の死霊の一種。
¶幻想動物（タタリモッケ）〔像〕
　神仏辞典（祟り物怪　たたりもっけ）
　水木妖怪（たたりもっけ）〔像〕
　妖怪事典（タタリモッケ）
　妖怪大全（たたりもっけ）〔像〕
　妖怪大事典（たたりもっけ）〔像〕

立ち合いの風 たちあいのかぜ
道の妖怪。イキアイノカゼ・トオリガミとも。大分県臼杵市津留の俗伝。
¶神仏辞典（立ち合いの風　たちあいのかぜ）

立坂神 たちさかのかみ
伊勢国桑名郡の立坂神社の祭神。
¶神仏辞典（立坂神　たちさかのかみ）

タチッチュ
沖縄県国頭地方でいう妖怪。
¶全国妖怪（タチッチュ〔沖縄県〕）
　妖怪事典（タチッチュ）

立花桂庵 たちばなけいあん
歌舞伎演目『生写朝顔話』に登場する、秋月弓之助の京都の浪宅へ出入りの医者。
¶歌舞伎登（立花桂庵　たちばなけいあん）

橘氏忠 たちばなのうじただ
『松浦宮物語』の主人公で貴族。父は橘冬明、母は明日香皇女。
¶古典人東（橘氏忠　たちばなのうじただ）

橘樹神 たちばなのかみ
上総国長柄郡の橘神社の祭神。
¶神仏辞典（橘樹神・橘神　たちばなのかみ）

橘季通 たちばなのすえみち
『今昔物語集』『宇治拾遺物語』に登場する、11世紀に実在した下級官人。
¶架空人日（橘季通　たちばなのすえみち）

橘俊綱 たちばなのとしつな
⇒藤原俊綱（ふじわらのとしつな）

橘敏行 たちばなのとしゆき
『今昔物語集』『宇治拾遺物語』に登場する左近少将。実在の人物。正しくは藤原敏行（?-901?）のことか。『宇治拾遺物語』では単に敏行とのみ記される。
¶架空人日（橘敏行　たちばなのとしゆき）

橘直幹 たちばなのなおもと
平安中期の漢詩人。
¶伝奇伝説（橘直幹　たちばなのなおもと　生没年未詳）

橘之中比売命 たちばなのなかつひめのみこと
仁賢天皇の子。宣化天皇との間に石比売命・小石比売命・倉之若江王を生む。
¶神仏辞典（橘之中比売命　たちばなのなかつひめのみこと）

橘奈良麻呂 たちばなのならまろ
奈良時代の官人・政治家。
¶架空人日（橘朝臣諸楽麻呂　たちばなのあそみならまろ）
　説話伝説（橘奈良麻呂　たちばなのならまろ　�生養老5（721）年　㊣天平宝字1（757）年）
　伝奇伝説（橘奈良麿　たちばなのならまろ）

橘成季 たちばなのなりすえ
鎌倉時代の貴族。『古今著聞集』編者。
¶説話伝説（橘成季　たちばなのなりすえ　生没年未詳）
　伝奇伝説（橘成季　たちばなのなりすえ　生没年未詳）

橘則光 たちばなののりみつ
『今昔物語集』『宇治拾遺物語』に登場する、平安中期の実在した下級官人。
¶架空人日（橘則光　たちばなののりみつ）
　古典人学（強盗を切り殺した男　ごうとうをきりころしたおとこ）
　説話伝説（橘則光　たちばなののりみつ　�康保2（965）年　㊣長元1（1028）年以後）

橘逸勢 たちばなのはやなり
平安前期の官人・三筆の一人。無実の罪で伊豆に流され没したため怨霊となった。
¶神仏辞典（橘逸勢　たちばなのはやなり）
　説話伝説（橘逸勢　たちばなのはやなり　㊇?　㊣承和9（842）年8月13日）
　伝奇伝説（橘逸勢　たちばなのはやなり　㊇?　㊣承和9（842）年）

橘以長 たちばなのもちなが
説話集『宇治拾遺物語』に登場する、大膳亮で蔵人の五位。平安後期に実在した貴族。
¶架空人日（橘以長　たちばなのもちなが）

橘諸兄 たちばなのもろえ
奈良中期の官人・政治家。
¶説話伝説（橘諸兄　たちばなのもろえ　㊇天武13（684）年　㊣天平宝字1（757）年）
　伝奇伝説（橘諸兄　たちばなのもろえ）

橘姫 たちばなひめ
人形浄瑠璃『妹背山婦女庭訓』に登場する人物。
¶架空伝説（橘姫　たちばなひめ）
　歌舞伎登（橘姫　たちばなひめ）

立花宗茂 たちばなむねしげ
筑前立花城主、後、柳川藩13万石城主。
¶奇談逸話（立花宗茂　たちばなむねしげ　㊇永禄10（1567）年　㊣寛永19（1642）年）
　説話伝説（立花宗茂　たちばなむねしげ　㊇永禄10

(1567) 年　㉒寛永19 (1642) 年〔像〕
伝奇伝説　(立花宗茂　たちばなむねしげ　㊃永禄12 (1569) 年　㉒寛永19 (1642) 年)

立花屋長兵衛　たちばなやちょうべえ
歌舞伎演目『籠釣瓶花街酔醒』に登場する、吉原の引手茶屋の亭主。
¶歌舞伎登　(立花屋長兵衛　たちばなやちょうべえ)

立速男命　たちはやおのみこと
『常陸国風土記』に所出の神。天降りし、常陸国久慈郡の松沢の松の木の上に坐した。のち、賀毘礼の高峯 (神峰山) に鎮座した。
¶神仏辞典　(立速男命　たちはやおのみこと)
　神仏辞典　(速経和気命　はやわけのみこと)

多治速比売命神　たちはやひめのみことのかみ
和泉国大鳥郡の多治速比売命神社の祭神。
¶神仏辞典　(多治速比売命神　たちはやひめのみことのかみ)

多遅摩斐泥　たちまひね
天之日矛と前津見の子孫で、多遅摩母呂須玖の子。
¶神様読解　(多遅摩斐泥　たちまひね)

立虫神　たちむしのかみ
出雲国出雲郡式内社五八社の立虫社、『延喜式』の立虫神社の祭神。
¶神仏辞典　(立虫神　たちむしのかみ)

館与左衛門　たちよざえもん
江戸時代前期の農民。伊勢 (三重県) 鈴鹿郡深溝村の庄屋。水神社として祀られた。
¶日本人名　(館与左衛門　たちよざえもん　㊃1629年　㉒1699年)

奪衣婆　だつえば
三途の川で死者の衣服をはぎ取り、樹上の懸衣翁に渡す老女の鬼。
¶神様読解　(奪衣婆　だつえば)〔像〕
　神仏辞典　(奪衣婆　だつえば)
　大辞林3　(奪衣婆　だつえば)
　妖怪大鑑　(正塚婆　しょうづかばばあ)〔像〕
　妖怪大事典　(奪衣婆　だつえば)〔像〕

竜右衛門　たつえもん
南北朝～室町時代の能面師。十作の一人とされる伝説的人物。
¶日本人名　(竜右衛門　たつえもん　生没年未詳)

達夫　たつお★
岩崎京子作『鯉のいる村』(1969) の主人公。
¶児童登場　(達夫)

達夫　たつお★
いぬいとみこ作『木かげの家の小人たち』(1959) の登場人物。
¶児童登場　(達夫)

辰雄　たつお
谷崎潤一郎作『細雪』(1943-48) に登場する銀行員。蒔岡家の四姉妹の長女鶴子の夫。
¶架空人日　(辰雄　たつお)

立神　たつがみ
鹿児島県熊毛郡屋久町の太忠岳の山頂の天柱石が立神権現と称してあがめられ暴風雨の襲来にはうなりを発すると伝えられる。
¶神仏辞典　(立神　たつがみ)

辰吉　たつきち
北原亞以子作『傷 慶次郎縁側日記』の登場人物。
¶時代小説　(辰吉　たつきち)

辰吉　たつきち
佐江衆一作『江戸職人綺譚』の登場人物。
¶時代小説　(辰吉　たつきち)

妲妃のお百　だっきのおひゃく
宝暦 (1751-64) 頃の女性。のちに希代の毒婦として虚構化された。
¶架空伝承　(妲妃のお百　だっきのおひゃく)〔像〕
　架空伝承　(妲妃のお百　だっきのおひゃく)〔像〕
　歌舞伎登　(妲妃のお百　だっきのおひゃく)
　奇談逸話　(妲妃のお百　だっきのおひゃく　生没年未詳)
　コン5　(妲妃お百　だっきのおひゃく)
　新潮日本　(妲妃のお百　だっきのおひゃく　生没年不詳)
　説話伝説　(妲妃のお百　だっきのおひゃく　生没年未詳)
　世石新　(妲妃のお百　だっきのおひゃく)
　大辞林3　(妲妃のお百　だっきのおひゃく)
　伝奇伝説　(妲妃のお百　だっきのおひゃく)
　日本人名　(妲妃のお百　だっきのおひゃく　生没年未詳)

妲妃の小万　だっきのこまん
歌舞伎演目『盟三五大切』に登場する、妲妃と評判される深川芸者。
¶歌舞伎登　(妲妃の小万　だっきのこまん)

たつくちなわ
動物 (蛇) の妖怪。九州北部で蛇に耳のあるものをいう。
¶神仏辞典　(たつくちなわ)
　全国妖怪　(タックチナワ〔福岡県〕)
　全国妖怪　(タックチナワ〔佐賀県〕)
　全国妖怪　(タックチナワ〔長崎県〕)

辰子姫　たつこひめ
秋田県田沢湖の主とされる竜神。
¶説話伝説　(辰子姫　たつこひめ)

辰五郎　たつごろう
横溝正史作『人形佐七捕物帳』の登場人物。
¶時代小説　(辰五郎　たつごろう)

た

辰次　たつじ
白石一郎作『十時半睡事件帖』の登場人物。
¶**時代小説**（辰次　たつじ）

辰三　たつぞう
宮部みゆき作『霊験お初捕物控』の登場人物。
¶**時代小説**（辰三　たつぞう）

辰蔵　たつぞう
野村胡堂作『銭形平次捕物控』の登場人物。
¶**時代小説**（辰蔵　たつぞう）

辰蔵　たつぞう
⇒研屋辰次（とぎやたつじ）

龍田坐天御柱国御柱神　たつたにますあめのみはしらくにのみはしらのかみ
大和国平群郡の龍田坐天御柱国御柱神社の祭神。
¶**神仏辞典**（龍田坐天御柱国御柱神　たつたにますあめのみはしらくにのみはしらのかみ）

龍田神　たつたのかみ
龍田風神とも。天武天皇四年風神を龍田の立野に祭る。風雨の安定と秋の豊穣が祈られた。
¶**神仏辞典**（龍田神　たつたのかみ）

立田の前　たつたのまえ
歌舞伎演目『菅原伝授手習鑑』に登場する、菅丞相の伯母覚寿の姉娘で、宿弥太郎の妻。
¶**歌舞伎登**（立田の前　たつたのまえ）

竜田彦　たつたひこ
延喜式に見える、竜田比古竜田比女神社の祭神の一。
¶**広辞苑6**（竜田彦　たつたひこ）
神仏辞典（龍田比古神・龍田比女神　たつたひこのかみ・たつたひめのかみ）
大辞林3（竜田彦　たつたひこ）

竜田姫　たつたひめ
『延喜式』にみえる女神。
¶**朝日歴史**（竜田姫　たつたひめ）
広辞苑6（竜田姫・立田姫　たつたひめ）
神仏辞典（龍田比古神・龍田比女神　たつたひこのかみ・たつたひめのかみ）
大辞林3（竜田姫・立田姫　たつたひめ）
日本人名（竜田姫　たつたひめ）

田土浦坐神　たつちうらにますかみ
備前国児島郡の田土浦坐神社の祭神。
¶**神仏辞典**（田土浦坐神　たつちうらにますかみ）

龍馬　たつのうま
中国の龍と馬が交わって生まれたとする思想によるもの。理想的な馬のことをいった。
¶**幻想動物**（龍馬）〔像〕
世未確認（龍馬　たつのうま）〔像〕
日本未確認（龍馬　たつのうま）

龍の子太郎　たつのこたろう
松谷みよ子作『龍の子太郎』(1960) の主人公。
¶**児童登場**（龍の子太郎）
日本人名（竜の子太郎　たつのこたろう）

立野神　たつののかみ
常陸国久慈郡の立野神社の祭神。
¶**神仏辞典**（立野神　たつののかみ）

辰姫　たつひめ
歌舞伎演目『大商蛭子島』に登場する、伊藤佑親入道の娘。
¶**歌舞伎登**（辰姫　たつひめ）

辰松八郎兵衛　たつまつはちろうべえ
江戸時代の浄瑠璃人形遣い。独特な髪の結い方で「辰松風」の名を残す。
¶**説話伝説**（辰松八郎兵衛　たつまつはちろうべえ　[生]?　[没]享保19(1734)年）
伝奇伝説（辰松八郎兵衛　たつまつはちろべえ　[生]?　[没]享保19(1734)年）〔像〕

多都美賀賀神　たつみかかのかみ
『日本三代実録』に所出。伊豆国の神。
¶**神仏辞典**（多都美賀賀神　たつみかかのかみ）

辰巳隅神　たつみのすみのかみ
『日本三代実録』に所出。織部司。
¶**神仏辞典**（辰巳隅神　たつみのすみのかみ）

辰夜叉御前　たつやしゃごぜん
歌舞伎演目『四天王楓江戸粧』に登場する、修験者石蜘法印の法力で蘇生して源氏への復讐を企てる女傑。
¶**歌舞伎登**（辰夜叉御前　たつやしゃごぜん）

伊達安芸　だてあき
歌舞伎演目『早苗鳥伊達聞書』に登場する、藩主家の一族。老忠臣。
¶**歌舞伎登**（伊達安芸　だてあき）

伊達安芸守宗重　だてあきのかみむねしげ
伊達家の館主。山本周五郎作『樅ノ木は残った』の登場人物。
¶**時代小説**（伊達安芸守宗重　だてあきのかみむねしげ）

楯井神　たていのかみ
出雲国意宇郡式内社四八社の楯井社、『延喜式』の楯井神社の祭神。
¶**神仏辞典**（楯井神　たていのかみ）

立て烏帽子　たてえぼし
海の妖怪。新潟県佐渡外海府の俗伝。
¶**神仏辞典**（立て烏帽子　たてえぼし）
全国妖怪（タテエボシ〔新潟県〕）
妖怪事典（タテエボシ）

妖怪大事典（タテエボシ）

タテオベス
新潟県佐渡島内海府北小浦でいう怪魚。
¶妖怪事典（タテオベス）

立川談亭　たてかわだんてい
柴田錬三郎作『眠狂四郎無頼控』の登場人物。
¶時代小説（立川談亭　たてかわだんてい）

伊達邦彦　だてくにひこ
大藪春彦の『野獣死すべし』三部作の主人公。
¶架空人物（伊達邦彦）
名探偵日（伊達邦彦　だてくにひこ）

建具屋長十郎　たてぐやちょうじゅうろう
江戸末頃の実録『大岡政談』に登場する建具屋。「三方一両損」の当事者。
¶架空人日（建具屋長十郎　たてぐやちょうじゅうろう）
架空伝説（建具屋長十郎　たてぐやちょうじゅうろう）

タテクリカエシ
新潟県、高知県に伝わる器物の妖怪。夜道を歩いていると、スットン、スットンと音をたててやってくる手杵のような形のもの。
¶神仏辞典（たてくりかやし）
全国妖怪（タテクリカエシ〔新潟県〕）
水木妖怪続（タテクリカエシ）〔像〕
妖怪事典（タテクリカエシ）
妖怪大全（タテクリカエシ）〔像〕
妖怪大事典（タテクリカエシ）〔像〕
妖百3（タテクリカエシ）

蓼科神　たてしなのかみ
『日本三代実録』に所出。信濃国の神。
¶神仏辞典（蓼科神　たてしなのかみ）

伊達新座衛門　だてしんざえもん
歌舞伎演目『忠孝染分繮』に登場する、由留木家の息女調姫の乳人役。
¶歌舞伎登（伊達新座衛門　だてしんざえもん）

伊達綱宗　だてつなむね
歌舞伎演目『早苗鳥伊達聞書』に登場する聡明な君主。
¶歌舞伎登（伊達綱宗　だてつなむね）

楯縫神　たてぬいのかみ
常陸国信太郡、丹波国氷上郡、但馬国養父郡、同国気多郡の楯縫神社の祭神。
¶神仏辞典（楯縫神　たてぬいのかみ）

伊達次郎　だてのじろう
歌舞伎演目『義経腰越状』に登場する、義経の佞臣。錦戸太郎の弟。
¶歌舞伎登（伊達次郎　だてのじろう）

多弖命　たてのみこと
崇神天皇の御代、三野（美濃）より常陸国久慈郡太田郷に移り機殿を造り、初めて織った。
¶神仏辞典（多弖命　たてのみこと）

伊達与作　だてのよさく
歌舞伎演目『恋女房染分手綱』に登場する、由留木家の物頭を勤め、千三百石取りの大身である風貌秀でた若侍。
¶歌舞伎登（伊達与作　だてのよさく）

立場の太平次　たてばのたへいじ
歌舞伎演目『絵本合法衢』に登場する、市井無頼の悪。
¶架空伝説（太平次　たへいじ）〔像〕
歌舞伎登（立場の太平次　たてばのたへいじ）

楯原神　たてはらのかみ
摂津国住吉郡の楯原神社の祭神。
¶神仏辞典（楯原神　たてはらのかみ）

伊達兵部少輔宗勝　だてひょうぶしょうゆうむねかつ
伊達政宗の第十子で1万石の直参大名。山本周五郎作『樅ノ木は残った』の登場人物。
¶時代小説（伊達兵部少輔宗勝　だてひょうぶしょうゆうむねかつ）

楯桙神　たてほこのかみ
『日本三代実録』に所出。越中国の神。
¶神仏辞典（楯桙神　たてほこのかみ）

伊達政宗　だてまさむね
戦国時代から江戸初期の「独眼竜」の異名で知られる武将。仙台藩初代藩主。
¶架空伝承（伊達政宗　だてまさむね　㊐永禄10（1567）年　㊒寛永13（1636）年）
奇談逸話（伊達政宗　だてまさむね　㊐永禄10（1567）年　㊒寛永13（1636）年）
説話伝説（伊達政宗　だてまさむね　㊐文禄10（1567）年　㊒寛永13（1636）年）〔像〕
伝奇伝説（伊達政宗　だてまさむね　㊐永禄10（1567）年　㊒寛永13（1636）年）〔像〕

伊達陸奥守綱宗　だてむつのかみつなむね
伊達家62万石藩主。山本周五郎作『樅ノ木は残った』の登場人物。
¶時代小説（伊達陸奥守綱宗　だてむつのかみつなむね）

立山神　たてやまのかみ
『日本三代実録』に所出。土佐国の神。
¶神仏辞典（立山神　たてやまのかみ）

立山の神々　たてやまのかみがみ
雄山神社（富山県）で伊邪那岐神と天手力雄神を祀る。
¶日本神様（立山の神々　たてやまのかみがみ）

多頭大蛇　たとうだいじゃ
伝承に登場する、複数の頭をもつ巨大な蛇。
¶日本未確認（多頭大蛇　たとうだいじゃ）〔像〕

多度神　たどのかみ
多度大神とも。伊勢国桑名郡の多度神社の祭神。
¶神仏辞典（多度神　たどのかみ）

田中河内介　たなかかわちのすけ
歌舞伎演目『同志の人々』に登場する、尊王攘夷派の公卿中山家の家来。
¶歌舞伎登（田中河内介　たなかかわちのすけ）

田中十三郎　たなかじゅうざぶろう
大佛次郎作『鞍馬天狗』の登場人物。
¶時代小説（田中十三郎　たなかじゅうざぶろう）

田中甚兵衛　たなかじんべえ
肥後熊本藩兵法師範。五味康祐作『柳生武芸帳』の登場人物。
¶時代小説（田中甚兵衛　たなかじんべえ）

田中神　たなかのかみ
『日本三代実録』に所出。大和国の神。遠江国磐田郡、武蔵国播羅郡の田中神社の祭神。
¶神仏辞典（田中神　たなかのかみ）

田中豊益　たなかのとよます
伝承上の人物。平安後期の大名田堵。
¶コン5（田中豊益　たなかのとよます）
　日本人名（田中豊益　たなかのとよます）

田中信之進　たなかのぶのしん
大佛次郎作『鞍馬天狗』の登場人物。
¶時代小説（田中信之進　たなかのぶのしん）

田中の真人広蟲女　たなかのまひとひろむしめ
『日本霊異記』に登場する、讚岐国の大領小屋の県主宮手の妻。
¶架空人日（田中の真人広蟲女　たなかのまひとひろむしめ）

田中秀夫　たなかひでお
田山花袋作『蒲団』(1907)に登場する、同志社大学の学生。
¶架空人日（田中秀夫　たなかひでお）

手長比売神　たながひめのかみ
壱岐嶋壱岐郡の手長比売神社の祭神。
¶神仏辞典（手長比売神　たながひめのかみ）

田中屋久兵衛　たなかやきゅうべえ
池波正太郎作『仕掛人・藤枝梅安』の登場人物。
¶時代小説（田中屋久兵衛　たなかやきゅうべえ）

棚倉孫神　たなくらひこのかみ
山城国綴喜郡の棚倉孫神社の祭神。
¶神仏辞典（棚倉孫神　たなくらひこのかみ）

棚機津姫　たなばたつひめ
⇒天棚機姫神（あめのたなばたひめのかみ）

棚機津女　たなばたつめ
⇒天棚機姫神（あめのたなばたひめのかみ）

織女神　たなばたのかみ
⇒天棚機姫神（あめのたなばたひめのかみ）

多奈波太神　たなばたのかみ
尾張国山田郡の多奈波太神社の祭神。
¶神仏辞典（多奈波太神　たなばたのかみ）

棚婆　たなばば
神奈川県津久井郡青根村でいう妖怪。
¶全国妖怪（タナババ〔神奈川県〕）
　妖怪事典（タナババ）
　妖怪大事典（棚婆　たなばば）

多奈閇神　たなべのかみ
伊勢国員弁郡の多奈閇神社の祭神。
¶神仏辞典（多奈閇神　たなべのかみ）

田辺西神　たなべのにしのかみ
『日本三代実録』に所出。摂津国の神。
¶神仏辞典（田辺西神　たなべのにしのかみ）

田辺伯孫　たなべのはくそん
5世紀後半頃の伝承上の人物。交換してもらった赤馬が埴輪の馬になり、自分の馬が誉田陵に立ち並ぶ埴輪馬の中にいた。
¶朝日歴史（田辺伯孫　たなべのはくそん）
　コン5（田辺伯孫　たなべのはくそん）
　新潮日本（田辺伯孫　たなべのはくそん）
　日本人名（田辺伯孫　たなべのはくそん）

田辺東神　たなべのひがしのかみ
『日本三代実録』に所出。摂津国の神。
¶神仏辞典（田辺東神　たなべのひがしのかみ）

田辺安蔵　たなべやすぞう
井上ひさし作『四千万歩の男』の登場人物。
¶時代小説（田辺安蔵　たなべやすぞう）

ダニ
三重県多気郡地方でいう憑き物。
¶妖怪事典（ダニ）

谷風梶之助〔初代〕　たにかぜかじのすけ
享保年間(1716-36)に活躍した大相撲力士。本名・鈴木善十郎。
¶奇談逸話（谷風梶之助　たにかぜかじのすけ　生没年不詳）

谷風梶之助〔2代〕　たにかぜかじのすけ
江戸時代の大横綱。京坂場所を入れ98連勝を記録した。講談『寛政力士伝』で語られる。郷里の仙台市に俗謡が残る。本名・金子与四郎。
¶架空伝承（谷風梶之助　たにかぜかじのすけ　㊤寛延3(1750)年　㊥寛政7(1795)年）〔像〕
奇談逸話（谷風梶之助　たにかぜかじのすけ　㊤寛延3(1750)年　㊥寛政7(1795)年）
説話伝説（谷風梶之助　たにかぜかじのすけ　㊤寛延3(1750)年　㊥寛政7(1795)年）
伝奇伝説（谷風梶之助　たにかぜかじのすけ　㊤寛延3(1750)年　㊥寛政7(1795)年）〔像〕

多邇具久　たにぐく
出雲神話に登場する神々の一柱。多邇具久はひきがえる（蟇蛙）のこと。
¶神様読解（多邇具久　たにぐく）
日本神話（タニグク）

谷沢頼母　たにざわのたのも
歌舞伎演目『加賀見山再岩藤』に登場する、多賀家の忠臣。
¶歌舞伎登（谷沢頼母　たにざわのたのも）

谷三十郎　たにさんじゅうろう
新選組隊士。子母澤寛作『新選組始末記』の登場人物。
¶時代小説（谷三十郎　たにさんじゅうろう）

田螺長者　たにしちょうじゃ
昔話に登場するタニシの姿で生まれてきた子。
¶架空伝承（田螺長者　たにしちょうじゃ）
神仏辞典（田螺長者　たにしちょうじゃ）
神話伝説（田螺長者　たにしちょうじゃ）
説話伝説（田螺長者　たにしちょうじゃ）
世百新（田螺長者　たにしちょうじゃ）
伝奇伝説（田螺長者　たにしちょうじゃ）
日本人名（田螺長者　たにしちょうじゃ）

谷底様　たにそこさま
福岡県宗像郡福間町上西郷の大森神社の末社、須賀神社の頭の病の神。
¶神仏辞典（谷底様　たにそこさま）

丹波能阿治佐波毘売　たにはのあぢさはびめ
伊理泥王の娘。
¶神様読解（丹波能阿治佐波毘売　たにはのあぢさはびめ）

丹波之河上之摩須郎女　たにはのかわかみのますのいらつめ
丹波比古多多須美知能宇斯王の妃。
¶神様読解（丹波之河上之摩須郎女　たにはのかわかみのますのいらつめ）

丹波之遠津臣　たにはのとおつおみ
高材比売の父。
¶神様読解（丹波之遠津臣　たにはのとおつおみ）

丹波比古多多須美知能宇斯王　たにはのひこたたすみちのうしのみこ
⇒丹波道主命（たんばみちぬしのみこと）

丹波道主の女　たにはみちぬしのむすめ
『古事記』垂仁天皇の巻に現れる、丹波道主の娘。比婆須比売、弟比売、歌凝比売、円野比売の四人。『日本書紀』では、五人。
¶神話伝説（丹波道主の女　たにはみちぬしのむすめ）

谷村喜兵衛　たにむらきへえ
新宮正春作『芭蕉庵捕物帳』の登場人物。
¶時代小説（谷村喜兵衛　たにむらきへえ）

多尔夜神　たにやのかみ
伊豆国那賀郡の多尔夜神社の祭神。
¶神仏辞典（多尔夜神　たにやのかみ）

丹波竹野媛　たにわのたかのひめ
記紀にみえる開化天皇の妃。
¶日本人名（丹波竹野媛　たにわのたかのひめ）

丹波真太玉命　たにわのまふとたまのみこと
『新撰姓氏録』に所出。木根乃命の子、佐伯連の祖。
¶神仏辞典（丹波真太玉命　たにわのまふとたまのみこと）

狸　たぬき
夏目漱石作『坊っちゃん』(1906)に登場する、中学校の校長。
¶架空人日（狸　たぬき）

狸和尚　たぬきおしょう
僧侶の姿に化けて各地を旅したといわれる狸。
¶幻想動物（狸和尚）〔像〕

狸神　たぬきがみ
狸を祀ったもの。火伏せ・商売繁盛・盗難除けの信仰がある。
¶神様読解（狸神　たぬきがみ）〔像〕

狸憑き　たぬきつき
徳島県を中心にした四国地方に多くその事例が見られる狸の憑き物。
¶神仏辞典（狸憑き　たぬきつき）
妖怪事典（タヌキツキ）
妖怪大鑑（狸憑　たぬきつき）〔像〕
妖怪大事典（狸憑き　たぬきつき）

狸の角兵衛　たぬきのかくべえ
歌舞伎演目『仮名手本忠臣蔵』「六段目」に登場する猟師。
¶歌舞伎登（狸の角兵衛　たぬきのかくべえ）

狸の腹鼓　たぬきのはらつづみ
東北から九州地方の各地でいう音の怪異。

¶妖怪事典（タヌキノハラツヅミ）

狸囃子　たぬきばやし
深夜、どこからともなく太鼓の音が聞こえてくるもの。
¶神仏辞典（狸囃子　たぬきばやし）
全国妖怪（タヌキバヤシ〔東京都〕）
妖怪事典（タヌキバヤシ）
妖怪大全（狸囃子　たぬきばやし）〔像〕
妖怪大事典（狸囃子　たぬきばやし）〔像〕

狸火　たぬきび
各地でいう狸が灯す怪火。
¶神仏辞典（狸火　たぬきび）
全国妖怪（タヌキビ〔愛知県〕）
全国妖怪（タヌキビ〔兵庫県〕）
日本未確認（狸火）
妖怪事典（タヌキビ）
妖怪大鑑（狸火　たぬきび）〔像〕
妖怪大事典（狸火　たぬきび）〔像〕

田沼意次　たぬまおきつぐ
江戸中期の老中。小姓から出世し、10代将軍家治の側用人、その後老中を兼任。積極的な経済政策を進めたが賄賂政治が横行し失脚。大佛次郎作『おぼろ駕籠』、池波正太郎作『剣客商売』、半村良作『妖星伝』の登場人物。
¶時代小説（田沼意次　『おぼろ駕籠』　たぬまおきつぐ）
時代小説（田沼意次　『剣客商売』　たぬまおきつぐ）
時代小説（田沼意次　『妖星伝』　たぬまおきつぐ）

多沼神　たぬまのかみ
丹波国船井郡の多沼神社の祭神。
¶神仏辞典（多沼神　たぬまのかみ）

田沼雄一　たぬまゆういち★
1961年から始まった映画"若大将シリーズ"の主人公。通称、若大将。
¶架空人物（田沼雄一）

種田山頭火　たねださんとうか
大正・昭和期の俳人。放浪漂泊の人生を送った。
¶架空伝承（種田山頭火　たねださんとうか　㊋明治15（1882）年　㊛昭和15（1940）年）

多禰神　たねのかみ
越前国坂井郡の多禰神社の祭神。
¶神仏辞典（多禰神　たねのかみ）

田上大水神　たのえのおおみずのかみ
伊勢国度会郡の田上大水神社の祭神。
¶神仏辞典（田上大水神　たのえのおおみずのかみ）

田乃家神　たのえのかみ
伊勢国度会郡の田乃家神社の祭神。
¶神仏辞典（田乃家神　たのえのかみ）

田の神　たのかみ
稲作を守護する神。
¶広辞苑6（田の神　たのかみ）
神仏辞典（田の神　たのかみ）
神仏辞典（田の神　たのかん）
神話伝説（田の神　たのかみ）
伝奇伝説（田の神　たのかみ）
東洋神名（田の神　タノカミ）〔像〕
日本神様（田の神　たのかみ）〔像〕
妖怪大全（田の神　たのかみ）〔像〕
妖怪大事典（田の神　たのかみ）〔像〕

タノキノマンガ
岡山県都窪郡でいう怪異。
¶妖怪事典（タノキノマンガ）

田野長者　たのちょうじゃ
伝説上の人物。広大な水田を所有していた長者。
¶日本人名（田野長者　たのちょうじゃ）

多乃毛神　たのものかみ
出雲国意宇郡式内社四八社の多乃毛社、『延喜式』の田面神社の祭神。
¶神仏辞典（多乃毛神・田面神　たのものかみ）

煙草切り三吉　たばこきりさんきち
歌舞伎演目『けいせい三拍子』に登場する、祇園社内で店を出す煙草屋。
¶歌舞伎登（煙草切り三吉　たばこきりさんきち）

煙草屋喜八　たばこやきはち
江戸末頃の実録『大岡政談』に登場する商人。
¶架空人日（煙草屋喜八　たばこやきはち）
架空伝説（煙草屋喜八　たばこやきはち）

タバコ屋の源助　たばこやのげんすけ
横溝正史作『人形佐七捕物帳』の登場人物。
¶時代小説（タバコ屋の源助　たばこやのげんすけ）

多鳩神　たはとのかみ
石見国那賀郡の多鳩神社の祭神。
¶神仏辞典（多鳩神　たはとのかみ）

田原神　たはらのかみ
出雲国島根郡式外社35（45）社の田原社の祭神。
¶神仏辞典（田原神　たはらのかみ）

田原神　たはらのかみ
『日本三代実録』に所出。上総国の神。
¶神仏辞典（田原神　たはらのかみ）

多比鹿神　たひかのかみ
伊勢国朝明郡の多比鹿神社の祭神。
¶神仏辞典（多比鹿神　たひかのかみ）

旅川周馬　たびかわしゅうま
吉川英治作『鳴門秘帖』の登場人物。

¶時代小説（旅川周馬　たびかわしゅうま）

旅の人　たびのひと
熊本県飽託郡地方でいう河童。
¶妖怪事典（タビノヒト）

多比理岐志麻流美神　たひりきしまるみのかみ
甕主比古神の子。母を比那良志毘売神（淤加美神の女）という。
¶神様読解（多比理岐志麻流美神　たひりきしまるみのかみ）
神仏辞典（多比理岐志麻流美神　たひりきしまるみのかみ）

多夫施神　たぶせのかみ
『日本三代実録』に所出。薩摩国の神。
¶神仏辞典（多夫施神　たぶせのかみ）

タブチ君　たぶちくん
阪神球団の主力打者。いしいひさいちの漫画『がんばれ!タブチくん』の主人公。本名、タブチ・コウイチ。
¶架空人物（タブチ君）

太平次　たへいじ
⇒立場の太平次（たてばのたへいじ）

太兵衛　たへえ
近松門左衛門作の浄瑠璃『心中天の網島』（1720年初演）に登場する商人。
¶架空人日（太兵衛　たへえ）

太兵衛　たへえ
歌舞伎演目『新皿屋舗月雨暈』に登場する、魚屋宗五郎とお蔦の父親。
¶歌舞伎登（太兵衛　たへえ）

多倍神　たべのかみ
出雲国飯石郡式内社五社の多倍社、『延喜式』の多倍神社の祭神。
¶神仏辞典（多倍神　たべのかみ）

田部神　たべのかみ
近江国高島郡の田部神社、美濃国賀茂郡の太部神社の祭神。
¶神仏辞典（田部神・太部神　たべのかみ）

多宝如来　たほうにょらい
『法華経』見宝塔品において、法華経の真実を証明した東方宝浄世界の仏。
¶広辞苑6（多宝如来　たほうにょらい）
神仏辞典（多宝如来　たほうにょらい）
大辞林3（多宝如来　たほうにょらい）

玉織姫　たまおりひめ
歌舞伎演目『一谷嫩軍記』に登場する、平敦盛の妻。
¶歌舞伎登（玉織姫　たまおりひめ）

タマガイ
沖縄県で火の玉の一つをいう。
¶神仏辞典（タマガイ）
全国妖怪（タマガイ〔沖縄県〕）
妖怪事典（タマガイ）
妖怪大事典（タマガイ）〔像〕

玉鬘　たまかずら
『源氏物語』の登場人物。頭中将と夕顔の娘。
¶架空人日（玉鬘　たまかずら）
架空伝承（玉鬘　たまかつら）
広辞苑6（玉鬘　たまかずら）
古典人学（玉鬘　たまかずら）
古典人東（玉鬘　たまかずら）
コン5（玉鬘　たまかつら）
新潮日本（玉鬘　たまかずら）
大辞林3（玉鬘・玉葛　たまかずら）
日本人名（玉鬘　たまかずら）

玉川庄右衛門　たまがわしょうえもん
玉川上水を開削した「玉川兄弟」のうちの兄。杉本苑子の歴史小説『玉川兄弟』や浪曲「玉川上水の由来」に描かれる。
¶説話伝説（玉川兄弟　たまがわきょうだい [生]? [没]宝永5（1708）年）
伝奇伝説（玉川兄弟　たまがわきょうだい）

玉川清右衛門　たまがわせいえもん
玉川上水を開削した「玉川兄弟」のうちの弟。
¶説話伝説（玉川兄弟　たまがわきょうだい [生]? [没]正徳5（1715）年）
伝奇伝説（玉川兄弟　たまがわきょうだい）

玉菊　たまぎく
江戸時代の遊女。
¶歌舞伎登（玉菊　たまぎく）
説話伝説（玉菊　たまぎく [生]元禄15（1702）年 [没]享保11（1726）年）〔像〕
伝奇伝説（玉菊　たまぎく）

玉櫛比古命　たまくしひこのみこと
『新撰姓氏録』に所出。神魂命5世の孫、間人宿禰の祖。
¶神仏辞典（玉櫛比古命　たまくしひこのみこと）

玉櫛媛　たまくしひめ
⇒勢夜陀多良比売（せやだたらひめ）

玉葛　たまくず
柳亭種彦作の合巻『偐紫田舎源氏』（1829-42）に登場する黄昏の娘。『源氏物語』では玉鬘に相当する。
¶架空人日（玉葛　たまくず）

玉騎神　たまさきのかみ
上総国長生郡の玉前神社の祭神。
¶神仏辞典（玉騎神・玉崎神・玉埼神・玉前神　たまさきのかみ）

た

玉佐佐良彦神 たまささらひこのかみ
越前国敦賀郡の玉佐佐良彦神社の祭神。
¶神仏辞典（玉佐佐良彦神　たまささらひこのかみ）

たまし
霊の怪。魂の意と思われ、身体から抜け出し、思うところへ赴くもの。
¶神仏辞典（たまし）

玉敷神　たましきのかみ
武蔵国埼玉郡の玉敷神社の祭神。
¶神仏辞典（玉敷神　たましきのかみ）

玉島磯之丞　たましまいそのじょう
歌舞伎演目『夏祭浪花鑑』に登場する、備中玉島の出で、今は泉州浜田家に仕えている玉島兵太夫の嫡男。
¶歌舞伎登（玉島磯之丞　たましまいそのじょう）

玉島逸当　たましまいっとう
歌舞伎演目『秋葉権現廻船語』に登場する、遠州の国主月本家の家老。
¶歌舞伎登（玉島逸当　たましまいっとう）

玉島幸兵衛　たましまこうべえ
歌舞伎演目『秋葉権現廻船語』に登場する、月本家の家老玉島逸当の弟。
¶歌舞伎登（玉島幸兵衛　たましまこうべえ）

タマス
岩手県盛岡市地方でいう魂のこと。
¶妖怪事典（タマス）

玉梓　たまずさ
曲亭馬琴作『南総里見八犬伝』の登場人物。はじめ神余光弘の愛妾。のち怨霊となって里見家に仇をなす。
¶英雄事典（玉梓　タマズサ）
¶架空人日（玉梓　たまずさ）
¶架空伝説（玉梓　たまずさ）〔像〕
¶古典人学（玉梓　たまずさ）

タマセ
千葉県印旛郡川上村でいう人魂のこと。
¶妖怪事典（タマセ）
¶妖怪大鑑（タマセ）〔像〕
¶妖怪大事典（タマセ）〔像〕

玉足日子命　たまたらしひこのみこと
播磨国讃容郡雲濃里の地名由来となった大石命の父信。
¶神仏辞典（玉足日子命　たまたらしひこのみこと）

玉造塞温泉石神　たまつくりいでゆをふさぐいしのかみ
陸奥国の同神が響振して動き、温泉が河のように流れ出したとある。

¶神仏辞典（玉造塞温泉石神　たまつくりいでゆをふさぐいしのかみ）

玉作神　たまつくりのかみ
出雲国仁多郡式外社8社の玉作社の祭神。
¶神仏辞典（玉作神　たまつくりのかみ）

玉作神　たまつくりのかみ
近江国伊香郡の玉作神社の祭神。
¶神仏辞典（玉作神　たまつくりのかみ）

玉作水神　たまつくりのみずのかみ
伊豆国田方郡の玉作水神社の祭神。
¶神仏辞典（玉作水神　たまつくりのみずのかみ）

玉作湯神　たまつくりのゆのかみ
出雲国意宇郡式内社四八社の玉作湯社、『延喜式』の玉作湯神社の祭神。
¶神仏辞典（玉作湯神　たまつくりのゆのかみ）

玉造温泉神　たまつくりのゆのかみ
温泉神とも。陸奥国の神。玉造塞温泉石神と同一とされる。
¶神仏辞典（玉造温泉神　たまつくりのゆのかみ）

玉出嶋神　たまつしまのかみ
『日本三代実録』に所出。紀伊国の神。
¶神仏辞典（玉出嶋神　たまつしまのかみ）

玉津嶋神　たまつしまのかみ
『続日本紀』に所出。紀伊国の神。
¶神仏辞典（玉津嶋神　たまつしまのかみ）

玉津島明神　たまつしまみょうじん
和歌山市和歌浦中に鎮座する玉津島神社和歌の神。
¶日本神様（玉津島明神　たまつしまみょうじん）

玉椿　たまつばき
舟橋聖一作『絵島生島』の登場人物。
¶時代小説（玉椿　たまつばき）

玉積産日神　たまつめむすびのかみ
魂留産霊、玉留魂とも。宮中三六座の御巫祭神八座のうちの一柱。
¶神仏辞典（玉積産日神　たまつめむすびのかみ）

玉列神　たまつらのかみ
玉烈神。大和国城上郡の玉列神社の祭神。
¶神仏辞典（玉列神　たまつらのかみ）

玉手御前　たまてごぜん
人形浄瑠璃『摂州合邦辻』の主人公。河内の国主の後妻。
¶架空伝承（玉手御前　たまてごぜん）
¶架空伝説（玉手御前　たまてごぜん）
¶歌舞伎登（玉手御前　たまてごぜん）〔像〕

コン5（玉手御前　たまてごぜん）
世百新（玉手御前　たまてごぜん）
日本人名（玉手御前　たまてごぜん）

自玉手祭来酒解神　たまてよりまつりきたるさかとけのかみ
山城国乙訓郡の自玉手祭来酒解神社の祭神。
¶神仏辞典（自玉手祭来酒解神　たまてよりまつりきたるさかとけのかみ）

玉の井　たまのい
歌舞伎演目『身替座禅』に登場する、大名の山蔭右京の妻。
¶歌舞伎登（玉の井　たまのい）

玉上神　たまのえのかみ
『出雲国風土記』に所出。仁多郡玉峰山は山の嶺に同神の社があることにより名付けられた。
¶神仏辞典（玉上神　たまのえのかみ）

玉祖神　たまのおやのかみ
周防国佐波郡の玉祖神社二座の祭神。河内国高安郡の玉祖神社の祭神。
¶神仏辞典（玉祖神　たまのおやのかみ）

玉祖命　たまのおやのみこと
玉石・宝石の守護神。玉祖連らの祖。古事記神話で、天岩屋戸の前で玉を作ったという神。『日本書紀』には玉屋命。天明玉命とも。
¶朝日歴史（玉祖命　たまのおやのみこと）
神様読解（玉祖命　たまおやのみこと）
広辞苑6（玉祖命　たまのおやのみこと）
神仏辞典（天明玉命　あめのあかるたまのみこと）
神仏辞典（玉祖命・玉屋命　たまのやのみこと）
世百新（玉祖命　たまのおやのみこと）
日本神様（玉祖命　たまのおやのみこと）
日本人名（天明玉命　あまのあかるたまのみこと）

玉乗り　たまのり
佐々木味津三作『右門捕物帖』の登場人物。
¶時代小説（玉乗り　たまのり）

玉日　たまひ
鎌倉時代の関白九条兼実の娘で、親鸞が法然のもとにいたときに結婚したとされる伝承上の女性。
¶日本人名（玉日　たまひ　生没年未詳）

玉日女命　たまひめのみこと
出雲国仁多郡恋山の女神。
¶アジア女神（玉日女命　たまひめのみこと）
神仏辞典（玉日女命　たまひめのみこと）

玉産魂命神　たまむすびのみことのかみ
『日本三代実録』に所出。大和国の神。
¶神仏辞典（玉産魂命神　たまむすびのみことのかみ）

玉本小三　たまもとこさん
歌舞伎演目『杜若艶色紫』に登場する、東両国の見世物小屋に出る軽業の綱渡りの太夫。
¶歌舞伎登（玉本小三　たまもとこさん）

玉藻前　たまものまえ
伝説上の美女。鳥羽法皇の寵姫だが、正体は金毛九尾の狐の化身。室町時代以降、謡曲、人形浄瑠璃、歌舞伎などの題材となった。
¶朝日歴史（玉藻前　たまものまえ）
英雄事典（玉藻前　タマモノマエ）
架空伝承（玉藻前　たまものまえ）〔像〕
架空伝説（玉藻前　たまものまえ）〔像〕
歌舞伎登（玉藻前　たまものまえ）
奇談逸話（玉藻前　たまものまえ　生没年不明）
コン5（玉藻前　たまものまえ）
世百新（玉藻前　たまものまえ）
大辞林3（玉藻前　たまものまえ）
日ミス（玉藻の前　たまものまえ）
日本人名（玉藻前　たまものまえ）

玉藻前狐　たまものまえきつね
岡山県真庭郡勝山町化生寺に棲むという狐。招福の神として崇敬される。
¶妖怪事典（タマモノマエキツネ）

玉諸神　たまもろのかみ
甲斐国山梨郡の玉諸神社の祭神。
¶神仏辞典（玉諸神　たまもろのかみ）

玉屋　たまや
歌舞伎演目『玉屋』に登場する、石鹸または無患子を煎った粉を水に溶いた「しゃぼん」の物売り。
¶歌舞伎登（玉屋　たまや）

玉屋新兵衛　たまやしんべえ
歌舞伎演目『富岡恋山開』に登場する、三十軒堀の藍問屋。
¶歌舞伎登（玉屋新兵衛　たまやしんべえ）

玉結神　たまゆいのかみ
出雲国島根郡式外社35（45）社の玉結社の祭神。
¶神仏辞典（玉結神　たまゆいのかみ）

玉世の姫　たまよのひめ
近松門左衛門作の浄瑠璃『用明天皇職人鑑』（1705年初演）に登場する、花人親王の妻。
¶架空人日（玉世の姫　たまよのひめ）

玉依日売　たまよりひめ
『山城国風土記』に登場する女神。賀茂氏の祖。賀茂御祖神社（下鴨神社）の祭神。
¶朝日歴史（玉依姫　たまよりひめ）
架空伝承（玉依姫　たまよりひめ）
広辞苑6（玉依姫　たまよりひめ）
コン5（玉依姫（2）　たまよりひめ）
新潮日本（玉依姫　たまよりひめ）
神仏辞典（玉依毘売命　たまよりひめのみこと）
神話伝説（玉依姫　たまよりひめ）
説話伝説（玉依姫　たまよりひめ）

世百新（玉依姫　たまよりひめ）
大辞林3（玉依姫　たまよりびめ）
伝奇伝説（玉依姫　たまよりひめ）
日本神々（玉依毘売命　たまよりびめのみこと）〔像〕
日本神様（賀茂信仰の神々〔玉依媛命〕　かもしんこうのかみがみ）
日本人名（玉依日売　たまよりひめ）
日本神話（タマヨリビメ）

玉依姫　たまよりひめ
⇒活玉依毘売（いくたまよりびめ）

玉依毘売命　たまよりひめのみこと
記紀神話で、海神の綿津見神の次女。豊玉毘売の妹。鵜葺草葺不合命の妻となり五瀬命、神武天皇など四柱を生んだ。
¶朝日歴史（玉依姫　たまよりひめ）
アジア女神（玉依毘売　たまよりびめ）
架空人日（玉依毘売　たまよりびめ）
架空伝承（玉依姫　たまよりひめ）
神様読解（玉依毘売命/玉依姫尊　たまよりひめのみこと・たまよりひめのみこと）
広辞苑6（玉依姫　たまよりびめ）
コン5（玉依姫(1)　たまよりびめ）
新潮日本（玉依姫命　たまよりひめのみこと）
神仏辞典（玉依毘売命　たまよりびめのみこと）
神話伝説（玉依姫　たまよりひめ）
説話伝説（玉依姫　たまよりひめ）
世百新（玉依姫　たまよりひめ）
大辞林3（玉依姫　たまよりびめ）
伝奇伝説（玉依姫　たまよりひめ）
東洋神名（玉依毘売命　タマヨリビメノミコト）〔像〕
日本神々（玉依毘売命　たまよりびめのみこと）〔像〕
日本神様（玉依毘売　たまよりびめ）
日本人名（玉依姫　たまよりひめ）

多麻良伎神　たまらきのかみ
但馬国気多郡の多麻良伎神社の祭神。
¶神仏辞典（多麻良伎神　たまらきのかみ）

玉若　たまわか
御伽草子『梵天国』(室町時代）に登場する、清水観音の申し子。
¶架空人日（玉若　たまわか）

蒫若酢神　たまわかすのかみ
隠岐国周吉郡の玉若酢命神社の祭神。
¶神仏辞典（蒫若酢神・玉若酢神　たまわかすのかみ）

玉脇みを　たまわきみを
泉鏡花作『春昼、春昼後刻』(1906）に登場する、大資産家・玉脇斉之助の後妻。
¶架空人日（玉脇みを　たまわきみを）

タマン
青森県、岩手県地方でいう魂のこと。
¶妖怪事典（タマン）

たみ
吉川英治作『鳴門秘帖』の登場人物。
¶時代小説（たみ）

ダミ
青森県中津軽郡相馬村でいう怪異。
¶妖怪事典（ダミ）

多美　たみ
白石一郎作『十時半睡事件帖』の登場人物。
¶時代小説（多美　たみ）

民　たみ
有吉佐和子作『華岡青洲の妻』の登場人物。
¶時代小説（民　たみ）

田見尾保守　たみおやすもり
歌舞伎演目『水天宮利生深川』に登場する巡査。
¶歌舞伎登（田見尾保守　たみおやすもり）

民子　たみこ
伊藤左千夫作『野菊の墓』(1906）に登場する、政夫の従姉。
¶架空人日（民子　たみこ）
児童登場（民子）

手見神　たみのかみ
因幡国法美郡の手見神社の祭神。
¶神仏辞典（手見神　たみのかみ）

民谷伊右衛門　たみやいえもん
4世鶴屋南北作『東海道四谷怪談』の登場人物。
¶架空人日（民谷伊右衛門　たみやいえもん）
架空伝説（民谷伊右衛門　たみやいえもん）〔像〕
歌舞伎登（民谷伊右衛門　たみやいえもん）〔像〕
古典人学（伊右衛門　いえもん）
日本人名（民谷伊右衛門　たみやいえもん）

田宮源八　たみやげんぱち
歌舞伎演目『花上野誉碑』に登場する、最初は讃岐の国(香川県）丸亀家の仲間であったが主人丸亀貢之助の短期の病を治した功により武士に取り立てられる。
¶歌舞伎登（田宮源八　たみやげんぱち）

田宮坊太郎　たみやぼうたろう
敵討物語の主人公。讃岐国丸亀の生駒家の家来田宮源八郎の子。
¶朝日歴史（田宮坊太郎　たみやぼうたろう）
架空伝承（田宮坊太郎　たみやぼうたろう）
架空伝説（田宮坊太郎　たみやぼうたろう）
歌舞伎登（田宮坊太郎　たみやぼうたろう）
説話伝説（田宮坊太郎　たみやぼうたろう　[生]寛永3(1626)年　[没]正保2(1645)年）
伝奇伝説（田宮坊太郎　たみやぼうたろう）
日本人名（田宮坊太郎　たみやぼうたろう）

手向の神　たむけのかみ
旅の神。
¶神様読解（手向の神　たむけのかみ）

広辞苑6（手向けの神　たむけのかみ）
神仏辞典（手向神　たむけのかみ）

田村一等兵　たむらいっとうへい
大岡昇平作『野火』(1948-49)に登場する一等兵。
¶架空人日（田村一等兵　たむらいっとうへい）

田村右兵次　たむらうへいじ
村上元三作『松平長七郎江戸日記』の登場人物。
¶時代小説（田村右兵次　たむらうへいじ）

田村菊太郎　たむらきくたろう
澤田ふじ子作『公事宿事件書留帳』の登場人物。
¶時代小説（田村菊太郎　たむらきくたろう）

田村次右衛門　たむらじえもん
澤田ふじ子作『公事宿事件書留帳』の登場人物。
¶時代小説（田村次右衛門　たむらじえもん）

田村銕蔵　たむらてつぞう
澤田ふじ子作『公事宿事件書留帳』の登場人物。
¶時代小説（田村銕蔵　たむらてつぞう）

田村神　たむらのかみ
讃岐国香川郡の田村神社の祭神。
¶神仏辞典（田村神　たむらのかみ）

田村神　たむらのかみ
出雲国意宇郡式外社19社の祭神。
¶神仏辞典（田村神　たむらのかみ）

田村丸　たむらまる
芝全交作の黄表紙『大悲千禄本』(1785)に登場する、鈴鹿山の鬼退治を命ぜられた武将。千手観音に金を払って手を借りる。
¶架空人日（田村丸　たむらまる）

為吉　ためきち
逢坂剛作『重蔵始末』の登場人物。
¶時代小説（為吉　ためきち）

為蔵　ためぞう
伊藤桂一作『風車の浜吉・捕物綴』の登場人物。
¶時代小説（為蔵　ためぞう）

為朝神　ためともしん
源為朝が祀られたもの。疱瘡神。
¶神様読解（為朝神　ためともしん）

為永春水　ためながしゅんすい
江戸後期の戯作者。人情本の第一人者とされる。
¶時代小説（為永春水　ためながしゅんすい）
　説話伝説（為永春水　ためながしゅんすい　①寛政2
　　(1790)年　②天保14(1843)年）
　伝奇伝説（為永春水　ためながしゅんすい　①寛政2
　　(1790)年　②天保14(1843)年）

多米神　ためのかみ
摂津国住吉郡の多米神社の祭神。
¶神仏辞典（多米神　ためのかみ）

為世　ためよ
『為世の草子』の主人公。公卿であったが、のち出家した。
¶古典人学（為世　ためよ）

たも
神坂次郎作『おかしな侍たち』の登場人物。
¶時代小説（たも）

袂雀　たもとすずめ
道の妖怪。高知県の俗伝。
¶神仏辞典（袂雀　たもとすずめ）
　全国妖怪（タモトスズメ〔高知県〕）
　妖怪事典（タモトスズメ）
　妖怪大事典（袂雀　たもとすずめ）

田守神　たもりのかみ
伊賀国伊賀郡の田守神社の祭神。
¶神仏辞典（田守神　たもりのかみ）

多聞天　たもんてん
⇒毘沙門天（びしゃもんてん）

田山白雲　たやまはくうん
中里介山作『大菩薩峠』の登場人物。
¶時代小説（田山白雲　たやまはくうん）

多由比神　たゆいのかみ
若狭国三方郡の多由比神社の祭神。
¶神仏辞典（多由比神・田結神　たゆいのかみ）

多由神　たゆのかみ
丹後国与謝郡の多由神社の祭神。
¶神仏辞典（多由神　たゆのかみ）

鱈男　たらおとこ
岩手県気仙郡地方に伝わる怪異。
¶妖怪事典（タラオトコ）

多羅尾伴内　たらおばんない
『七つの顔』を第一作とする探偵映画の主人公。
¶英雄事典（多羅尾伴内　タラオバンナイ）
　架空人典（多羅尾伴内）
　架空伝承（多羅尾伴内　たらおばんない）
　コン5（多羅尾伴内　たらおばんない）

だらし
九州北部全域でいう憑き物。
¶神仏辞典（だらし）
　全国妖怪（ダラシ〔福岡県〕）
　妖怪事典（ダラシ）
　妖怪大鑑（だらし）〔像〕
　妖怪大事典（ダラシ）〔像〕

多羅菩薩　たらぼさつ
「救う母」の意。観音菩薩の目、目から放つ光より生じたという観音の一変化。
¶**神仏辞典**（多羅菩薩　たらぼさつ）

ダリ
三重県、和歌山県、高知県地方でいう憑き物。
¶**妖怪事典**（ダリ）

ダリ神　だりがみ
奈良県、和歌山県、徳島県でいう憑き物。
¶**妖怪事典**（ダリガミ）

た

タリコナ
斎藤了一作『荒野の魂』(1959)に登場するアイヌの男子。
¶**児童登場**（タリコナ）

多理比理神　たりひりのかみ
備後国品治郡の多理比理神社の祭神。
¶**神仏辞典**（多理比理神　たりひりのかみ）

だり仏　だりぼとけ
餓死した旅人の亡霊。愛知県北設楽郡の俗伝。
¶**神仏辞典**（だり仏　だりぼとけ）
全国妖怪（ダリボトケ〔愛知県〕）
妖怪事典（ダリボトケ）

ダル
徳島県那賀郡、奈良県十津川地方でいう憑き物。
¶**全国妖怪**（ダル〔奈良県〕）
全国妖怪（ダル〔和歌山県〕）
妖怪事典（ダル）

垂比咩神　たるひめのかみ
『日本三代実録』に所出。加賀国の神。
¶**神仏辞典**（垂比咩神　たるひめのかみ）

達磨　だるま
中国禅宗の開祖とされるインド僧。『今昔物語集』『宇治拾遺物語』にも登場する。
¶**架空人日**（達磨和尚　だるまおしょう）
神様読解（達磨大師　だるまたいし）〔像〕
広辞苑6（達磨　だるま [生]? [没]530年?）
コン5（達磨　だるま 生没年不詳）
神仏辞典（達磨　だるま）
世神辞典（ボーディダルマ）
世百新（達磨　だるま [生]? [没]532年?）
大辞林3（達磨　だるま）

海神　たるみのかみ
播磨国明石郡の海神社三座の祭神。
¶**神仏辞典**（海神　たるみのかみ）

垂水神　たるみのかみ
摂津国豊嶋郡の垂水神社の祭神。
¶**神仏辞典**（垂水神　たるみのかみ）

足産日神　たるむすびのかみ
宮中三六座の御巫祭神八座のうちの一柱。山形県東置賜郡川西町吉田先達前の八所神社、大分県大分市大字屋山の八柱神社の祭神。
¶**神仏辞典**（足産日神　たるむすびのかみ）

樽屋おせん　たるやおせん
江戸初期の姦通事件における女主人公。
¶**歌舞伎登**（樽屋おせん　たるやおせん）
コン5（樽屋おせん　たるやおせん）
説話伝説（樽屋おせん　たるやおせん 生没年未詳）
伝奇伝説（樽屋おせん　たるやおせん）
日本人名（樽屋おせん　たるやおせん）

太郎　たろう
滝沢馬琴の孫。杉本苑子作『滝沢馬琴』の登場人物。
¶**時代小説**（太郎　たろう）

太郎冠者　たろうかじゃ
中世の武家に仕えた従者。狂言(能狂言)に一番多く登場する役柄。
¶**架空人日**（『輝』の太郎冠者　あかがりのたろうかじゃ）
架空人日（『蝸牛』の太郎冠者　かぎゅうのたろうかじゃ）
架空人日（『鐘の音』の太郎冠者　かねのねのたろうかじゃ）
架空人日（『狐塚』の太郎冠者　きつねづかのたろうかじゃ）
架空人日（『木六駄』の太郎冠者　きろくだのたろうかじゃ）
架空人日（『栗焼』の太郎冠者　くりやきのたろうかじゃ）
架空人日（『察化』の太郎冠者　さっかのたろうかじゃ）
架空人日（『三本柱』の太郎冠者　さんぼんはしらのたろうかじゃ）
架空人日（『止動方角』の太郎冠者　しどうほうがくのたろうかじゃ）
架空人日（『空腕』の太郎冠者　そらうでのたろうかじゃ）
架空人日（『千鳥』の太郎冠者　ちどりのたろうかじゃ）
架空人日（『成上り』の太郎冠者　なりあがりのたろうかじゃ）
架空人日（『武悪』の太郎冠者　ぶあくのたろうかじゃ）
架空人日（『附子』の太郎冠者　ぶすのたろうかじゃ）
架空伝承（太郎冠者　たろうかじゃ）
歌舞伎登（太郎冠者　たろうかじゃ）
歌舞伎登（太郎冠者　たろうかじゃ）
古典人東（太郎冠者　たろうかじゃ）
世百新（太郎冠者　たろうかじゃ）
日本人名（太郎冠者　たろうかじゃ）

太郎婆　たろうばば
猫の妖怪。秋田県仙北郡の俗伝。
¶**神仏辞典**（太郎婆　たろうばば）
全国妖怪（タロウババ〔秋田県〕）
妖怪事典（タロウババ）

太郎坊　たろうぼう
　京都愛宕山に住むといわれる大天狗の名。愛宕の天狗の首領。
　¶説話伝説（太郎坊　たろうぼう）

太郎吉　たろきち
　歌舞伎演目『源平布引滝』に登場する、多田蔵人行綱と近江堅田の百姓九郎助の娘小万の子。
　¶歌舞伎登（太郎吉　たろきち）

タロコ
　磐田県雫石地方でいう化け狐。
　¶妖怪事典（タロコ）

多和神　たわのかみ
　讃岐国寒川郡の多和神社の祭神。
　¶神仏辞典（多和神　たわのかみ）

田寸神　たわのかみ
　阿波国美馬郡の田寸神社の祭神。
　¶神仏辞典（田寸神　たわのかみ）

俵一八郎　たわらいちはちろう
　吉川英治作『鳴門秘帖』の登場人物。
　¶時代小説（俵一八郎　たわらいちはちろう）

俵藤太　たわらとうた
　平安中期の関東の武将、藤原秀郷のこと。平将門を討った勇士として様々な伝説がつくり出された。御伽草子『俵藤太物語』などに登場する。
　¶英雄事典（俵藤太　タワラトウタ）
　　架空人日（俵藤太秀郷　たわらのとうだひでさと）
　　架空伝承（俵藤太　たわらとうた　生没年不詳）〔像〕
　　架空伝説（俵藤太　たわらのとうた）〔像〕
　　神様読解（藤原秀郷　ふじわらのひでさと）
　　広辞苑6（藤原秀郷　ふじわらのひでさと）
　　新潮日本（俵藤太　たわらとうた）
　　神仏辞典（俵藤太　たわらのとうた　生没年不詳）
　　神話伝説（俵藤太　たわらとうた）
　　人物伝承（藤原秀郷　ふじわらのひでさと　生没年不詳）〔像〕
　　説話伝説（俵藤太　たわらのとうた　生没年未詳）
　　世百新（藤原秀郷　ふじわらのひでさと　生没年不詳）
　　伝奇伝説（俵（田原）藤太　たわらのとうた）〔像〕
　　東洋神名（藤原秀郷　フジワラノヒデサト）〔像〕

タワラヘビ
　鹿児島県の動物の怪。ツチノコのこと。
　¶全国妖怪（タワラヘビ〔鹿児島県〕）

俵薬師　たわらやくし
　俵の中から出現したという伝説の薬師仏。
　¶伝奇伝説（俵薬師　たわらやくし）

俵屋宗達　たわらやそうたつ
　江戸前期の画家で、琳派の創始者。京都の町衆の出身。主な作品に「風神雷神図屏風」「関屋澪標図屏風」など。
　¶説話伝説（俵屋宗達　たわらやそうたつ　㊉?　㉛寛永20（1643）年）
　　伝奇伝説（俵屋宗達　たわらやそうたつ）

湛海坊　たんかいぼう
　平安時代後期の伝説上の剣術家。
　¶日本人名（湛海坊　たんかいぼう）

タンク・タンクロー
　漫画『タンク・タンクロー』（阪本牙城作画）の主人公。
　¶架空人物（タンク・タンクロー）
　　日本人名（タンク・タンクロー）

団九郎　だんくろう
　歌舞伎演目『新薄雪物語』に登場する、正宗の一子。
　¶歌舞伎登（団九郎　だんくろう）

湛慶阿闍梨　たんけいあじゃり
　慈覚大師円仁の弟子。
　¶架空人日（湛慶阿闍梨　たんけいあじゃり）
　　奇談逸話（湛慶阿闍梨　たんけいあじゃり　㊉天長4（827）年　㉛元慶4（880）年）
　　説話伝説（湛慶　たんけい　㊉天長4（827）年　㉛元慶4（880）年）

丹下左膳　たんげさぜん
　林不忘の新聞連載・長編小説『新版大岡政談―鈴川源十郎の巻』に初登場した隻眼隻手の怪剣士。続編『丹下左膳』では主人公となった。
　¶架空登（丹下左膳　たんげさぜん）
　　架空人物（丹下左膳　たんげさぜん）
　　架空伝承（丹下左膳　たんげさぜん）
　　架空伝説（丹下左膳　たんげさぜん）〔像〕
　　広辞苑6（丹下左膳　たんげさぜん）
　　コン5（丹下左膳　たんげさぜん）
　　新潮日本（丹下左膳　たんげさぜん）
　　時代小説（丹下左膳　たんげさぜん）〔像（口絵）〕
　　世百新（丹下左膳　たんげさぜん）
　　大辞林3（丹下左膳　たんげさぜん）
　　日本人名（丹下左膳　たんげさぜん）

団子串助　だんごくしすけ
　宮尾しげを作の漫画『団子串助漫遊記』の主人公。
　¶コン5（団子串助　だんごくしすけ）
　　日本人名（団子串助　だんごくしすけ）

タンゴクレレ
　鹿児島県奄美大島地方でいう船幽霊。
　¶全国妖怪（タンゴクレレ〔鹿児島県〕）
　　妖怪事典（タンゴクレレ）

丹後局　たんごのつぼね
　平安末期・鎌倉初期の女流政治家。
　¶説話伝説（丹後局　たんごのつぼね　㊉?　㉛建保4（1216）年）
　　伝奇伝説（丹後局　たんごのつぼね　㊉?　㉛建保4（1216）年）

タンコロリン
大男で僧侶のような姿をした柿の木の精。
- ¶幻想動物　(タンコロリン)〔像〕
  - 水木妖怪　(たんころりん)〔像〕
  - 妖怪大全　(たんころりん)〔像〕

ダンザ
鹿児島県鹿児島郡地方でいう化け狸の名前。
- ¶妖怪事典　(ダンザ)

丹左衛門尉基康　たんさえもんのじょうもとやす
歌舞伎演目『平家女護島』に登場する人物。『平家物語』巻三「足摺」に、「御使は丹左衛門尉基康」とある平家の侍。
- ¶歌舞伎登　(丹左衛門尉基康　たんさえもんのじょうもとやす)

団三郎貉　だんざぶろうむじな
⇒二つ岩団三郎(ふたついわだんざぶろう)

丹七　たんしち
江戸神田白壁町の大酢屋、丹後屋七郎兵衛のこと。遊女の音羽と心中し、大岡越前守の心中禁令にふれた最初の例。歌舞伎の舞踊にとりいれられた。
- ¶説話伝説　(音羽丹七　おとわたんしち)

団七九郎兵衛　だんしちくろべえ
様々な人形浄瑠璃・歌舞伎脚本に登場する役名。
- ¶朝日歴史　(団七九郎兵衛　だんしちくろべえ)
  - 架空伝承　(団七九郎兵衛　だんしちくろべえ)
  - 架空伝説　(団七　だんしち)
  - 歌舞伎登　(団七九郎兵衛　だんしちくろべえ)〔像〕
  - 広辞苑6　(団七　だんしち)
  - 古典人学　(団七九郎兵衛　だんしちくろべえ)
  - コン5　(団七九郎兵衛　だんしちくろべえ)
  - 新潮日本　(団七九郎兵衛　だんしちくろべえ)
  - 説話伝説　(団七九郎兵衛　だんしちくろべえ　㊤?㊦元禄9(1696)年か)〔像〕
  - 大辞林3　(団七　だんしち)
  - 伝奇伝説　(団七　だんしち)
  - 日本人名　(団七九郎兵衛　だんしちくろべえ)

団七茂兵衛　だんしちもへえ
歌舞伎演目『宿無団七時雨傘』に登場する、短気な青年。湊川家家臣宇田甚五右衛門の息子。
- ¶歌舞伎登　(団七茂兵衛　だんしちもへえ)
  - 伝奇伝説　(団七　だんしち)

団十郎吉　だんじゅうろうきち
山手樹一郎作『遠山の金さん』の登場人物。
- ¶時代小説　(団十郎吉　だんじゅうろうきち)

地車吉兵衛　だんぢりきちべい
大阪府大阪市北区西天満でいう狸の怪。
- ¶神仏辞典　(だんじりきちべえ)
  - 妖怪事典　(ダンヂリキチベイ)
  - 妖怪大事典　(地車吉兵衛　だんじりきちべえ)

丹次郎　たんじろう
為永春水作の人情本『春色梅児誉美』(1832-1833)ほかの主人公。
- ¶架空人日　(丹次郎　たんじろう)
  - 架空伝承　(丹次郎　たんじろう)
  - 架空伝説　(丹次郎　たんじろう)
  - 歌舞伎登　(丹次郎　たんじろう)
  - 広辞苑6　(丹次郎　たんじろう)
  - 古典人学　(唐琴屋丹次郎　からことやたんじろう)
  - 古典人東　(丹次郎　たんじろう)
  - コン5　(丹次郎　たんじろう)
  - 日本人名　(丹次郎　たんじろう)

丹助　たんすけ
歌舞伎演目『万歳阿国歌舞妓』に登場する、渡辺家の若党。通称「毒菜の丹助」。
- ¶歌舞伎登　(丹助　たんすけ)

丹前男浮世与之助　たんぜんおとこうきよのすけ
歌舞伎演目『三ツ人形』に登場する、江戸初期に組織された旗本奴「よしや組」の風俗をひく男伊達。
- ¶歌舞伎登　(丹前男浮世与之助　たんぜんおとこうきよのすけ)

湛増　たんぞう
平安末期～鎌倉初期の僧。『平家物語』に登場する。
- ¶説話伝説　(湛増　たんぞう　㊤大治5(1130)年㊦建久9(1198)年)

だんだら法師　だんだらほうし
伝説上の巨人。三重県志摩大王町波切の沖の大王島という。
- ¶神仏辞典　(だんだら法師　だんだらほうし)
  - 全国妖怪　(ダンダラボウシ〔三重県〕)
  - 妖怪事典　(ダンダラボウシ)

たんたんころりん
木(柿)の妖怪。宮城県仙台市。
- ¶神仏辞典　(たんたんころりん)
  - 全国妖怪　(タンタンコリン〔宮城県〕)
  - 妖怪事典　(タンタンコロリン)
  - 妖怪大事典　(タンタンコロリン)〔像〕

だんだん法師　だんだんほうし
富山県の栗殻山越えや石川県の光林寺跡、能美郡山入波佐谷にいた巨人。7～8里をまたぐ足跡が残っていた。
- ¶全国妖怪　(ダンダンホウシ〔富山県〕)
  - 全国妖怪　(ダンダンホウシ〔石川県〕)

タンチ
愛媛県地方でいう妖怪の児童語。
- ¶妖怪事典　(タンチ)

団野真帆斎　だんのまほさい
直心影流の道場主。子母澤寛作『父子鷹』の登

場人物。
¶時代小説（団野真帆斎　だんのまほさい）

たんばさん
山本周五郎作『季節のない街』(1962)に登場する彫金師。
¶架空人日（たんばさん）

丹波少将成経　たんばのしょうしょうなりつね
『平家物語』や歌舞伎『平家女護島』に登場する、藤原成親の子。
¶架空人日（丹波少将成経　たんばのしょうしょうなりつね）
歌舞伎登（丹波少将成経　たんばのしょうしょうなりつね）

丹波の助太郎　たんばのすけたろう
歌舞伎演目『蛇柳』に登場する、阿呆の道外。
¶歌舞伎登（丹波の助太郎　たんばのすけたろう）

丹波忠明　たんばのただあき
『古今著聞集』に安倍晴明らと共に蛇を退治した話がある医師。
¶説話伝説（丹波忠明　たんばのただあき 生没年未詳）

丹波雅忠　たんばのまさただ
「医師ニハ雅忠」「日本の扁鵲」とされる平安時代の名医。
¶説話伝説（丹波雅忠　たんばのまさただ [生]治安1(1021)年 [没]寛治2(1088)年）
伝奇伝説（丹波雅忠　たんばのまさただ [生]治安1(1021)年 [没]寛治2(1088)年）

丹波与作　たんばのよさく
江戸初期の歌謡に関の小万との情事をうたわれた丹波の馬方。近松門左衛門作の浄瑠璃『丹波与作待夜の小室節』やその改作『恋女房染分手綱』の登場人物となった。
¶広辞苑6（丹波与作　たんばのよさく）
コン5（丹波与作　たんばよさく）
新潮日本（丹波与作　たんばよさく）
説話伝説（丹波与作　たんばよさく）
大辞林3（丹波与作　たんばのよさく）
伝奇伝説（丹波与作　たんばよさく）
日本人名（丹波与作　たんばよさく）

丹波道主命　たんばみちぬしのみこと
記紀説話上の将軍。四道将軍の一人。開化天皇の孫。彦坐王の子。
¶朝日歴史（丹波道主命　たにはのみちぬしのみこと）
神様読解（丹波比古多多須美知能宇斯王　たにはのひこたたすみちのうしのみこ）
コン5（丹波道主命　たんばみちぬしのみこと）
新潮日本（丹波道主命　たんばみちぬしのみこと）
神仏辞典（丹波道主命　たにわのみちぬしのみこと）
日本人名（丹波道主命　たんばのみちぬしのみこと）

丹波屋八右衛門　たんばやはちえもん
歌舞伎演目『恋飛脚大和往来』に登場する、大坂の町人。
¶歌舞伎登（丹波屋八右衛門　たんばやはちえもん）

蜻蛉長者　だんぶりちょうじゃ
東北地方にのみ伝承される話の主人公。蜻蛉の導きで金持ちになる。
¶神話伝説（蜻蛉長者　だんぶりちょうじゃ）
説話伝説（蜻蛉長者　だんぶりちょうじゃ）
伝奇伝説（蜻蛉長者　だんぶりちょうじゃ）

丹兵衛　たんべえ
歌舞伎演目『籠釣瓶花街酔醒』に登場する、佐野次郎左衛門と同業の絹商人。
¶歌舞伎登（丹兵衛　たんべえ）

【ち】

小さ子　ちいさご
はじめに小さな姿であらわれて、不思議な成長を遂げる本格昔話の主人公。
¶奇談逸話（大人・小さ子　おおひと・ちいさご）
広辞苑6（小さ子　ちいさご）
神仏辞典（小さ子　ちいさこ）
説話伝説（小さ子　ちいさご）〔像〕
日本神話（小さ子　ちいさこ）
妖怪事典（チイサゴ）

小子部蜾蠃　ちいさこべのすがる
『日本書紀』や『日本霊異記』などにみえる雄略天皇の侍臣。小子部氏の祖。
¶朝日歴史（小子部栖軽　ちいさこべのすがる）
架空人日（小子部栖軽　ちいさこべのすがる）
架空伝承（小子部蜾蠃　ちいさこべのすがる）
新潮日本（少子部栖軽　ちいさこべのすがる）
神話伝説（少子部蜾蠃　ちいさこべのすがる）
説話伝説（小子部栖軽　ちいさこべのすがる 生没年未詳）
世百新（小子部蜾蠃　ちいさこべのすがる）
伝奇伝説（少子部の蜾蠃　ちいさこべのすがる 生没年未詳）
日本人名（少子部蜾蠃　ちいさこべのすがる）
日本神話（チヒサコベノスガル）

ちいちい袴　ちいちいばかま
新潟県佐渡島、岡山県、大分県地方に伝わる昔話の妖怪。お歯黒の鉄漿をつけるのに用いた楊子が付喪神となったもの。小泉八雲の短編「ちんちん小袴」では、爪楊枝が小さな武士に化けたものとして登場する。
¶幻想動物（ちいちい小袴）〔像〕
妖怪事典（チイチイバカマ）
妖怪大事典（ちいちい袴　ちいちいばかま）
妖精百科（ちんちん小袴）

智位神　ちいのかみ
出雲国神門郡の智伊神社、『出雲国風土記』の式

内社二五社の知乃社の祭神。
¶神仏辞典（智位神・智伊神　ちいのかみ）

千五百の黄泉軍　ちいほのよもついくさ
黄泉の国の兵士の総称で、また、そこに巣食う悪鬼邪怪や怨霊の類を擬人化したものとされる。
¶東洋神名（千五百の黄泉軍　チイホノヨモツイクサ）〔像〕

チウカピンネカムイラメトリ
アイヌに伝わる妖怪で、川に棲む魚の姿をした魔。
¶妖怪事典（チウカピンネカムイラメトリ）

チウラングル
アイヌに伝わる妖怪。
¶妖怪事典（チウラングル）

千絵　ちえ
平岩弓枝作『御宿かわせみ』の登場人物。
¶時代小説（千絵　ちえ）

智慧有殿　ちえありどの
智慧のはたらきを中心とする笑話の主人公。頓死した村の旦那の死体の始末の相談に乗る。
¶神話伝説（智慧有殿　ちえありどの）

ちえ子　ちえこ
古世古和子作『八月の最終列車』(1985) に登場する少女。
¶児童登場（ちえ子）

千枝　ちえだ
平安時代中期の画家。『源氏物語』須磨の巻などに、絵の名手としてとりあげられている。
¶日本人名（千枝　ちえだ 生没年未詳）

千枝狐　ちえだぎつね
歌舞伎演目『同計略花芳野山』に登場する、通称「女夫狐」。雄狐の行方を尋ねた雌狐。
¶歌舞伎登（千枝狐　ちえだぎつね）

智恵内　ちえない
歌舞伎演目『鬼一法眼三略巻』に登場する、兵法家吉岡鬼一法眼の弟。
¶歌舞伎登（智恵内　ちえない）

チェパッテカムイ
アイヌの魚を下ろす神。
¶神仏辞典（チェパッテカムイ）

千加　ちか
藤沢周平作『用心棒日月抄』の登場人物。
¶時代小説（千加　ちか）

千賀井鶴松　ちかいつるまつ
泡坂妻夫作『宝引の辰捕者帳』の登場人物。
¶時代小説（千賀井鶴松　ちかいつるまつ）

智賀尾神　ちかおのかみ
『日本三代実録』に所出。薩摩国の神。
¶神仏辞典（智賀尾神　ちかおのかみ）

血頭の丹兵衛　ちがしらのたんべえ
池波正太郎作『鬼平犯科帳』の登場人物。
¶時代小説（血頭の丹兵衛　ちがしらのたんべえ）

近松門左衛門　ちかまつもんざえもん
江戸時代元禄期を中心に活躍した浄瑠璃、歌舞伎作者。「作者の氏神」とよばれた。
¶奇談逸話（近松門左衛門　ちかまつもんざえもん [生]承応2 (1653) 年 [没]享保9 (1724) 年）
説話伝説（近松門左衛門　ちかまつもんざえもん [生]承応2 (1653) 年 [没]享保9 (1724) 年）〔像〕
伝奇伝説（近松門左衛門　ちかまつもんざえもん [生]承応2 (1653) 年 [没]享保9 (1724) 年）〔像〕

近松余七　ちかまつよしち
⇒十返舎一九（じっぺんしゃいっく）

主税　ちから
泉鏡花の小説『婦系図』の登場人物。早瀬主税。元・不良少年、のちにドイツ語学者。
¶架空人日（主税　ちから）
架空人物（お蔦、主税）
架空伝承（お蔦・主税　おつた・ちから）
架空伝説（お蔦・主税　おつた・ちから）
コン5（お蔦・主税　おつた・ちから）
新潮日本（お蔦・主税　おつた・ちから）
大辞林3（お蔦・主税　おつた・ちから）
日本人名（お蔦・主税　おつた・ちから）

力水　ちからみず
水の妖怪。鹿児島県奄美大島の俗伝。
¶神仏辞典（力水　ちからみず）
全国妖怪（チカラミズ〔鹿児島県〕）

力持ち幽霊　ちからもちのゆうれい
延宝年間の能州（石川県）飯山の神子原村に現れた幽霊。
¶水木妖怪（力持ち幽霊　ちからもちゆうれい）〔像〕
妖怪大全（力持ち幽霊　ちからもちのゆうれい）〔像〕

春楡媛　ちきさに
アイヌの春楡の女神。
¶アジア女神（チキサニ（春楡媛））

千切屋お梅　ちきりやおうめ
歌舞伎演目『けいせい三拍子』に登場する、京都室町の商家千切屋の娘。
¶歌舞伎登（千切屋お梅　ちきりやおうめ）

ちぐさ
山本周五郎作『赤ひげ診療譚』の登場人物。
¶時代小説（ちぐさ）

竹斎　ちくさい
　富山道治作『竹斎』の主人公。慶長頃京都に住んでいたという藪医者。
　¶古典人学（竹斎　ちくさい）
　　古典人東（竹斎　ちくさい）

千草泰輔　ちぐさたいすけ
　土屋隆夫の『影の告発』以下の「千草検事シリーズ」の主人公。東京地検検事。
　¶名探偵日（千草泰輔　ちぐさたいすけ）

千種忠顕　ちくさただあき
　『太平記』に登場する、鎌倉末・南北朝初期の公家、武将。
　¶架空人日（千種忠顕　ちくさただあき）

筑紫対馬神　ちくしつしまのかみ
　『日本三代実録』に所出。遠江国の神。
　¶神仏辞典（筑紫対馬神　ちくしつしまのかみ）

筑紫屋卯蔵　ちくしやうぞう
　角田喜久雄作『髑髏銭』の登場人物。
　¶時代小説（筑紫屋卯蔵　ちくしやうぞう）

筑四郎　ちくしろう
　滝亭鯉丈作の滑稽本『八笑人』に登場する西国武士。
　¶架空人日（筑四郎　ちくしろう）

チグトュ
　沖縄県地方でいう怪異。
　¶妖怪事典（チグトュ）

筑摩小四郎　ちくまこしろう
　山田風太郎作『甲賀忍法帖』の登場人物。
　¶時代小説（筑摩小四郎　ちくまこしろう）

智光　ちこう
　奈良時代の元興寺の僧。当代有数の学僧。『日本霊異記』では地獄に堕ちたのち蘇生し行基に帰依した話を伝える。
　¶架空人日（智光　ちこう）
　　架空伝承（智光　ちこう　生没年不詳）
　　架空伝説（智光　ちこう）
　　古典人学（智光　ちこう）
　　神仏辞典（智光　ちこう　㊤709年　㊦?）
　　伝奇伝説（智光頼光　ちこうらいこう　㊤和銅2（709）年　㊦宝亀年間（770-780））

稚児普賢　ちごふげん
　禅定を象徴して白象に乗る姿を取る。釈尊の脇侍として奉仕する。
　¶神仏辞典（稚児普賢　ちごふげん）

稚児文殊　ちごもんじゅ
　子供の姿をした文殊菩薩。文殊菩薩は、その智慧が童子のように清純なことから童形を取ることが多い。

　¶神仏辞典（稚児文殊　ちごもんじゅ）

地坂高敦　ちさかたかあつ
　米沢藩国家老。童門冬二作『上杉鷹山』の登場人物。
　¶時代小説（地坂高敦　ちさかたかあつ）

千坂兵部　ちさかひょうぶ
　大佛次郎作『赤穂浪士』(1927～28)に登場する、上杉家江戸家老。
　¶架空人日（千坂兵部　ちさかひょうぶ）
　　時代小説（千坂兵部　ちさかひょうぶ）

道敷大神　ちしきのおおかみ
　伊邪那美命の別名。黄泉戸大神とも。黄泉国から逃げ出した伊邪那岐命に黄泉つ平坂で追い付いたことによる名。
　¶神仏辞典（道敷大神　ちしきのおおかみ）

千々古　ちぢこ
　『太平百物語』にあるもの。
　¶妖怪事典（チヂコ）
　　妖怪大鑑（千千古　ちぢこ）〔像〕
　　妖怪大事典（千々古　ちぢこ）〔像〕

千千都久和比売命　ちぢつくやまとひめのみこと
　第10代崇神天皇の皇女。
　¶神様読解（千千都久和比売命　ちぢつくやまとひめのみこと）
　　神仏辞典（千千都久和比売命・千千衝倭姫命　ちぢつくやまとひめのみこと）

千千速比売命　ちぢはやひめのみこと
　第7代孝霊天皇の皇女。
　¶神様読解（千千速比売命　ちぢはやひめのみこと）
　　神仏辞典（千千速比売命　ちぢはやひめのみこと）
　　日本人名（千千速比売命　ちちはやひめのみこと）

千千速真若比売　ちぢはやまわかひめ
　第7代孝霊天皇の妃。
　¶神様読解（千千速真若比売　ちぢはやまわかひめ）
　　日本人名（春日千千速真若比売　かすがのちちはやまわかひめ）

千島千太郎　ちしませんたろう
　歌舞伎『五大力恋緘』に登場する、九州千島藩（薩摩藩を暗示）の若殿。
　¶歌舞伎登（千島千太郎　ちしませんたろう）

縮屋新助　ちぢみやしんすけ
　歌舞伎『八幡祭小望月賑』『名月八幡祭』の主人公の越後の縮売り。
　¶朝日歴史（縮屋新助　ちぢみやしんすけ）
　　架空人日（縮売の新助　ちぢみうりのしんすけ）
　　架空伝説（縮屋新助　ちぢみやしんすけ）
　　歌舞伎登（縮屋新助　ちぢみやしんすけ）
　　古典人学（縮屋新助　ちぢみやしんすけ）
　　新潮日本（縮屋新助　ちぢみやしんすけ）

説話伝説 （縮屋新助　ちぢみやしんすけ）〔像〕
伝奇伝説 （縮屋新助　ちぢみやしんすけ）
日本人名 （縮屋新助　ちぢみやしんすけ）

智証大師　ちしょうだいし
諱、円珍。平安前期の天台宗の僧。説話は、三善清行の「智証大師伝」を延源とするものが多い。
¶架空人日 （智證大師　ちしょうだいし）
　神仏辞典 （智証大師　ちしょうだいし ⓖ814年 ⓓ891年）
　説話伝説 （智証大師　ちしょうだいし ⓖ弘仁5(814)年 ⓓ寛平3(891)年）
　伝奇伝説 （智証　ちしょう ⓖ弘仁5(814)年 ⓓ寛平3(891)年）

千代神　ちしろのかみ
大和国城下郡の千代神社の祭神。
¶神仏辞典 （千代神　ちしろのかみ）

地神　ちじん
天人に対する地の神。民俗信仰では、冬は山の神、春は山を下りて田の神となる。農民、屋敷、祖先の守護神。
¶神様読解 （地神/地主様　ちじん・じぬしさま）〔像〕
　広辞苑6 （地主神　じがみ）
　神仏辞典 （地神　ちじん）
　東洋神名 （地神　ジガミ）〔像〕

地神　ちじん
京都府丹波地方では同族で祀られる神格の一つ。
¶神仏辞典 （地神　ちじん）

千鶴　ちず
坂本竜馬の第一姉。司馬遼太郎作『竜馬がゆく』の登場人物。
¶時代小説 （千鶴　ちず）

千鶴　ちず
山岡荘八作『水戸光圀』の登場人物。
¶時代小説 （千鶴　ちず）

知豆神　ちずのかみ
百済国の人。苑部首・園人首の祖。
¶神仏辞典 （知豆神　ちずのかみ）

チセコロカムイ
⇒家の神（アイヌ）（いえのかみ）

地仙　ちせん
地上で生活をしている仙人。
¶神仏辞典 （地仙　ちせん）

チタノザウルス
映画『メカゴジラの逆襲』(1975)に登場する、恐竜（架空種）。
¶怪物事典 （チタノザウルス）〔像〕

チーチー
神奈川県地方でいう妖怪の児童語。
¶妖怪事典 （チーチー）

乳神　ちちがみ
乳の神・乳出し神などともよばれ、乳の出がよくなるように祈願する神仏。
¶神仏辞典 （乳神　ちちがみ）

チチケウ
亡霊と記されることもあるが、耳と尾の先にのみ毛の生えた化物。
¶神仏辞典 （チチケウ）
　妖怪事典 （チチケウ）
　妖怪大事典 （チチケウ）

チチケウニツネヒ
北海道の山の怪。
¶全国妖怪 （チチケウニツネヒ〔北海道〕）

知除波夜神　ちちはやのかみ
尾張国中島郡の知除波夜神社の祭神。
¶神仏辞典 （知除波夜神　ちちはやのかみ）

秩父神　ちちぶのかみ
武蔵国秩父郡の秩父神社の祭神。
¶神仏辞典 （秩父神　ちちぶのかみ）

智籌　ちちゅう
歌舞伎演目『土蜘』に登場する、比叡山の僧だが、実は土蜘の精。
¶歌舞伎登 （智籌　ちちゅう）

チッチ
みつはしちかこ作の漫画『小さな恋のものがたり』のヒロイン。本名は小川チイコ。
¶架空人物 （チッチ）〔像〕

智徳　ちとく
平安時代の法師陰陽師。
¶日ミス （智徳　ちとく）

千鳥　ちどり
歌舞伎演目『平家女護島』に登場する、鬼界ヶ島の海女。
¶歌舞伎登 （千鳥　ちどり）

千鳥　ちどり
⇒梅が枝（うめがえ）

千浪　ちなみ
吉川英治作『剣難女難』の登場人物。
¶時代小説 （千浪　ちなみ）

血沼壮士　ちぬおとこ
妻争い伝説の人物。高橋虫麻呂の歌などに登場

する。
¶日本人名（血沼壮士　ちぬおとこ）

乳の親　ちーのうや
沖縄県でいう妖怪。
¶神仏辞典（乳の親　チーヌウヤ）
　全国妖怪（チーノウヤ〔沖縄県〕）
　妖怪事典（チーノウヤ）
　妖怪大事典（乳の親　ちーのうや）

千野神　ちののかみ
尾張国中島郡の千野神社、丹波国氷上郡の知乃神社の祭神。
¶神仏辞典（千野神・知乃神・千乃神　ちののかみ）

千葉吉之丞　ちばきちのじょう
北辰夢想流の創始者。津本陽作『千葉周作』の登場人物。
¶時代小説（千葉吉之丞　ちばきちのじょう）

千葉幸右衛門　ちばこうえもん
北辰一刀流・千葉周作の父。津本陽作『千葉周作』の登場人物。
¶時代小説（千葉幸右衛門　ちばこうえもん）

千葉貞吉　ちばさだきち
北辰一刀流・千葉周作の弟。司馬遼太郎作『竜馬がゆく』、津本陽作『千葉周作』の登場人物。
¶時代小説（千葉貞吉『竜馬がゆく』　ちばさだきち）
　時代小説（千葉定吉『千葉周作』　ちばさだきち）

千葉さな子　ちばさなこ
千葉貞吉（北辰一刀流千葉周作の弟）の長女。司馬遼太郎作『竜馬がゆく』の登場人物。
¶時代小説（千葉さな子　ちばさなこ）

千葉周作　ちばしゅうさく
幕末の剣客で、北辰一刀流の流祖。江戸随一の道場をもった。
¶架空伝承（千葉周作　ちばしゅうさく　㊗寛政6（1794）年　㊙安政2（1855）年）
　架空伝説（千葉周作　ちばしゅうさく）
　奇談逸話（千葉周作　ちばしゅうさく　㊗寛政6（1794）年　㊙安政2（1855）年）
　時代小説（千葉周作　ちばしゅうさく）
　説話伝説（千葉周作　ちばしゅうさく　㊗寛政6（1794）年　㊙安政2（1855）年）〔像〕
　伝奇伝説（千葉周作　ちばしゅうさく　㊗寛政6（1794）年　㊙安政2（1855）年）〔像〕

千葉重太郎　ちばじゅうたろう
千葉貞吉（北辰一刀流千葉周作の弟）の息子。司馬遼太郎作『竜馬がゆく』の登場人物。
¶時代小説（千葉重太郎　ちばじゅうたろう）

千馬孫九郎　ちばまごくろう
井原西鶴作の浮世草子『武家義理物語』（1688）巻一の一「我物ゆへに裸川」に登場する人足。

¶架空人日（千馬孫九郎　ちばまごくろう）

千葉又右衛門　ちばまたえもん
千葉周作の兄。津本陽作『千葉周作』の登場人物。
¶時代小説（千葉又右衛門　ちばまたえもん）

質覇村峯神　ちはむらみねのかみ
越前国敦賀郡の質覇村峯神社の祭神。
¶神仏辞典（質覇村峯神　ちはむらみねのかみ）

知波夜比古神　ちはやひこのかみ
備後国三谿郡の知波夜比古神社の祭神。
¶神仏辞典（知波夜比古神　ちはやひこのかみ）

千早姫　ちはやひめ
歌舞伎演目『大森彦七』に登場する、般若の面を被って、父の楠正成の仇である大森彦七を討とうとする美しい娘。
¶歌舞伎登（千早姫　ちはやひめ）

知波比売神　ちはやひめのかみ
備後国三次郡の知波比売神社の祭神。
¶神仏辞典（知波比売神　ちはやひめのかみ）

千速見命　ちはやみのみこと
神饒速日命11世の孫。長谷部造の祖。
¶神仏辞典（千速見命　ちはやみのみこと）

千原太夫　ちはらだゆう
幸若『信太』に登場する武士。信太の小太郎を落ちのびさせた。
¶架空人日（千原太夫　ちはらだゆう）

道触の神　ちふりのかみ
陸路または海路を守護する神。
¶広辞苑6（道触の神　ちふりのかみ）

ちま
猫の妖怪。香川県大川郡長尾町多和の俗伝。
¶神仏辞典（ちま）
　全国妖怪（チマ〔香川県〕）

道又の風　ちまたのかぜ
風の妖怪。高知県高岡郡檮原町の俗伝。
¶神仏辞典（道又の風　ちまたのかぜ）
　妖怪事典（チマタノカゼ）

岐の神　ちまたのかみ
疫病・災害などをもたらす悪神・邪霊の集落への侵入を防ぐ神。
¶広辞苑6（岐の神　ちまたのかみ）
　大辞林3（衢の神　ちまたのかみ）
　日本神様（岐の神・辻の神　ちまたのかみ）〔像〕

道俣神　ちまたのかみ
『古事記』に所出。黄泉国から脱出した伊邪那岐命が禊をしたときに投げ捨てた袴に化成した神。

ちまた

¶神様読解（道俣神　みちまたのかみ）
　神仏辞典（道俣神　ちまたのかみ）

衢神　ちまたのかみ
『日本書紀』に所出。猿田彦大神のこと。天孫の一行を天の八街（やちまた）で待っていた。
¶広辞苑6（岐の神　ちまたのかみ）
　神仏辞典（衢神・街神　ちまたのかみ）
　大辞林3（衢の神　ちまたのかみ）

魑魅　ちみ
山林の異気から生ずるという怪物。「すだま」ともいう。
¶広辞苑6（魑魅　すだま）
　広辞苑6（魑魅　ちみ）
　大辞林3（魑魅　すだま）
　大辞林3（魑魅　ちみ）
　日本未確認（魑魅　ちみ）
　妖怪事典（チミ）

魑魅魍魎　ちみもうりょう
山の怪物や川の怪物。
¶広辞苑6（魑魅魍魎　ちみもうりょう）
　大辞林3（魑魅魍魎　ちみもうりょう）

茶釜下ろし　ちゃがまおろし
音の怪。動物（狐）の妖怪。鳥取県鳥取市でいう。
¶神仏辞典（茶釜下ろし　ちゃがまおろし）
　全国妖怪（チャガマオロシ〔鳥取県〕）
　妖怪事典（チャガマオロシ）
　妖怪大事典（茶釜下し　ちゃがまおろし）

チャック
芥川龍之介作『河童』（1922）に登場する、医者の河童。
¶架空人日（チャック）

茶の木稲荷　ちゃのきいなり
東京都新宿区の市谷八幡の境内摂社の地主神。
¶神仏辞典（茶の木稲荷　ちゃのきいなり）

茶袋　ちゃぶくろ
道の妖怪。高知県幡多郡大月町の俗伝。
¶神仏辞典（茶袋　ちゃぶくろ）
　水木妖怪続（茶袋　ちゃぶくろ）〔像〕
　妖怪事典（チャブクロ）
　妖怪大全（茶袋　ちゃぶくろ）〔像〕
　妖怪大事典（茶袋　ちゃぶくろ）〔像〕

茶袋下がり　ちゃぶくろさがり
高知県の道の怪。
¶全国妖怪（チャブクロサガリ〔高知県〕）

茶屋四郎次郎清延　ちゃやしろうじろうきよのぶ
戦国時代の豪商。朱印船貿易家。
¶説話伝説（茶屋四郎次郎清延　ちゃやしろうじろうきよのぶ）⑭天文11（1542）年　⑳慶長1（1596）年）
　伝奇伝説（茶屋四郎次郎　ちゃやしろうじろう）⑭天文14（1545）年　⑳慶長1（1596）年）

茶屋女房お福　ちゃやにょうぼうおふく
歌舞伎演目『浮世柄比翼稲妻』に登場する、吉原仲之町で争いとなった名古屋山三と不破伴左衛門を仲裁に入る留め女。
¶歌舞伎登（茶屋女房お福　ちゃやにょうぼうおふく）

茶碗児　ちゃわんちご
奈良県興福寺光林院に現れた妖怪。
¶妖怪事典（チャワンチゴ）

茶ん袋　ちゃんぶくろ
和歌山県の印南川沿い地方でいう怪異。
¶妖怪事典（チャンブクロ）

仲哀天皇　ちゅうあいてんのう
記紀系譜上の第14代天皇。
¶朝日歴史（仲哀天皇　ちゅうあいてんのう）
　神様読解（仲哀天皇/帯中津日子命　ちゅうあいてんのう・たらしなかつひこのみこと）
　コン5（仲哀天皇　ちゅうあいてんのう）
　神仏辞典（仲哀天皇　ちゅうあいてんのう）
　説話伝説（仲哀天皇　ちゅうあいてんのう）
　日本人名（仲哀天皇　ちゅうあいてんのう）

仲胤　ちゅういん
平安時代の僧。『宇治拾遺物語』説話が計3話ある。
¶説話伝説（仲胤　ちゅういん　⑭?　⑳永暦1（1160）年頃）
　伝奇伝説（仲胤　ちゅういん　生没年未詳）

中央不動　ちゅうおうふどう
五大明王のうち中央に位置する不動明王のこと。
¶神仏辞典（中央不動　ちゅうおうふどう）

忠義王　ちゅうぎおう
室町時代の皇族。伝承によると、後亀山天皇の曾孫。
¶日本人名（忠義王　ちゅうぎおう　⑭?　⑳1457年）

中宮定子　ちゅうぐうていし
⇒藤原定子（ふじわらのていし）

宙狐　ちゅうこ
火の妖怪。岡山県備前地方で狐火のこと。
¶神仏辞典（宙狐・中狐　ちゅうこ）
　全国妖怪（チュウコ〔岡山県〕）
　妖怪事典（チュウコ）
　妖怪大鑑（チュウコ）〔像〕
　妖怪大事典（宙狐　ちゅうこ）〔像〕

忠左衛門　ちゅうざえもん
北原亞以子作『深川澪通り木戸番小屋』の登場人物。
¶時代小説（忠左衛門　ちゅうざえもん）

忠作　ちゅうさく
中里介山作『大菩薩峠』の登場人物。
¶時代小説（忠作　ちゅうさく）

忠三郎嬶　ちゅうざぶろうかか
歌舞伎演目『恋飛脚大和往来』に登場する、大和の国新口村（奈良県橿原市）の百姓忠三郎女房。
¶歌舞伎登（忠三郎嬶　ちゅうざぶろうかか）

忠七　ちゅうしち
歌舞伎演目『梅雨小袖昔八丈』に登場する、材木問屋白子屋の手代。
¶歌舞伎登（忠七　ちゅうしち）

忠七　ちゅうしち
澤田ふじ子作『虹の橋』の登場人物。
¶時代小説（忠七　ちゅうしち）

中将姫　ちゅうじょうひめ
『当麻曼荼羅』の発願者と伝えられる女人。
¶朝日歴史（中将姫　ちゅうじょうひめ）
　架空伝承（中将姫　ちゅうじょうひめ）〔像〕
　架空伝説（中将姫　ちゅうじょうひめ）
　歌舞伎登（中将姫　ちゅうじょうひめ）
　広辞苑6（中将姫　ちゅうじょうひめ）
　コン5（中将姫　ちゅうじょうひめ）
　新潮日本（中将姫　ちゅうじょうひめ）
　神仏辞典（中将姫　ちゅうじょうひめ）
　説話伝説（中将姫　ちゅうじょうひめ）
　世百新（中将姫　ちゅうじょうひめ）
　大辞林3（中将姫　ちゅうじょうひめ）
　伝奇伝説（中将姫　ちゅうじょうひめ）
　日本人名（中将姫　ちゅうじょうひめ）

中納言　ちゅうなごん
菅原孝標女作『浜松中納言物語』の主人公。父は故式部卿宮で源氏。
¶架空人日（浜松中納言　はままつちゅうなごん）
　架空伝説（浜松中納言　はままつちゅうなごん）
　古典人学（中納言　ちゅうなごん）
　古典人東（源中納言　げんちゅうなごん）

中納言北の方　ちゅうなごんきたのかた
『落窪物語』に登場する、源忠頼の妻。
¶架空人日（中納言北の方　ちゅうなごんきたのかた）
　架空伝説（中納言北の方　ちゅうなごんきたのかた）
　古典人学（継母　ままはは）

中納言師時　ちゅうなごんもろとき
説話集『宇治拾遺物語』に登場する、平安後期の貴族で、歌人。
¶架空人日（中納言師時　ちゅうなごんもろとき）

中ノ院権大納言野通村　ちゅうのいんごんだいなごんのぶさと
禁中公卿。五味康祐作『柳生武芸帳』の登場人物。
¶時代小説（中ノ院権大納言野通村　ちゅうのいんごんだいなごんのぶさと）

忠八　ちゅうはち
松本清張作『無宿人別帳』の登場人物。
¶時代小説（忠八　ちゅうはち）

中婦君　ちゅうふきみ
曲亭馬琴作の読本『椿説弓張月』(1807-11)に登場する、琉球の尚寧王の后。
¶架空人日（中婦君　ちゅうふきみ）

忠兵衛　ちゅうべえ
人形浄瑠璃『冥土の飛脚』、歌舞伎『恋飛脚大和往来』などに登場する、大和新口村の百姓孫右衛門の子で、大坂淡路町の飛脚宿亀屋の養子。
¶朝日歴史（梅川・忠兵衛　うめがわ・ちゅうべえ）
　架空人日（忠兵衛　うめがわ・ちゅうべえ）
　架空伝承（梅川・忠兵衛　うめがわ・ちゅうべえ）
　架空伝説（梅川・忠兵衛　うめがわ・ちゅうべえ）
　歌舞伎登（亀屋忠兵衛　かめやちゅうべえ）〔像〕
　広辞苑6（梅川忠兵衛　うめがわ・ちゅうべえ）
　古典人学（忠兵衛　ちゅうべえ）
　古典人東（忠兵衛　ちゅうべえ）
　コン5（梅川・忠兵衛　うめがわ・ちゅうべえ）
　新潮日本（梅川・忠兵衛　うめがわ・ちゅうべえ）
　説話伝説（梅川忠兵衛　うめがわちゅうべえ ⑫宝永8(1711)年か）
　世百新（梅川・忠兵衛　うめがわ・ちゅうべえ）
　大辞林3（梅川・忠兵衛　うめがわ・ちゅうべえ）
　伝奇伝説（梅川忠兵衛　うめがわ ちゅうべえ）
　日本人名（梅川・忠兵衛　うめがわ・ちゅうべえ）

チューザイモン
島根県邑智郡吾郷地方でいう蛇神。
¶妖怪事典（チューザイモン）

チュダマ
鹿児島県の奄美大島でいう光の怪。人魂。
¶全国妖怪（チュダマ〔鹿児島県〕）

チュプカムイ
アイヌの月の神および太陽の神。
¶神文化史（チュプカムイ）

清ラ瘡の神　ちゅらがさのかみ
沖縄で天然痘をうつすといわれた疫神。
¶神仏辞典（清ラ瘡の神　チュラガサのかみ）

チュンチライ
鹿児島県の動物の怪。人面魚。
¶全国妖怪（チュンチライ〔鹿児島県〕）

千代　ちよ
歌舞伎演目『菅原伝授手習鑑』に登場する、松王丸の妻。
¶歌舞伎登（千代　ちよ）〔像〕

千代　ちよ
澤田ふじ子作『虹の橋』の登場人物。
¶時代小説（千代　ちよ）

千代 ちよ
童門冬二作『上杉鷹山』の登場人物。
¶時代小説（千代　ちよ）

長市郎の祖母 ちょういちろうのそば
『万の文反古』の「二膳居る旅の面影」の登場人物。
¶古典人東（長市郎の祖母　ちょういちろうのそば）

長右衛門 ちょうえもん
江戸期の情話の主人公。四十男の帯屋。隣家の信濃屋の14歳の娘お半と心中する。
¶朝日歴史（お半・長右衛門　おはん・ちょうえもん）
架空伝承（お半・長右衛門　おはん・ちょうえもん）〔像〕
架空伝説（お半・長右衛門　おはん・ちょうえもん）〔像〕
歌舞伎登（帯屋長右衛門　おびやちょうえもん）
広辞苑6（お半長右衛門　おはん・ちょうえもん）
古典人学（長右衛門　ちょうえもん）
コン5（お半・長右衛門　おはん・ちょうえもん）
新潮日本（お半・長右衛門　おはん・ちょうえもん）
説話伝説（お半・長右衛門　おはんちょうえもん　㊧宝暦11(1761)年4月12日）
大辞林3（お半・長右衛門　おはん・ちょうえもん）
伝奇伝説（お半長右衛門　おはん・ちょうえもん）
日本人名（お半・長右衛門　おはん・ちょうえもん）

長右衛門 ちょうえもん
海音寺潮五郎作『二本の銀杏』の登場人物。
¶時代小説（長右衛門　ちょうえもん）

鳥雅 ちょうが
為永春水作の人情本『春告鳥』(1836-37)に登場する、江戸の豪商福富屋の次男坊。
¶架空人日（鳥雅　ちょうが）

澄海 ちょうかい
大佛次郎作『鞍馬天狗』の登場人物。
¶時代小説（澄海　ちょうかい）

長吉 ちょうきち
歌舞伎演目『桂川連理柵』に登場する、信濃屋の丁稚。
¶歌舞伎登（長吉　ちょうきち）

長吉 ちょうきち
大佛次郎作『鞍馬天狗』の登場人物。
¶時代小説（長吉　ちょうきち）

長吉 ちょうきち
野村胡堂作『銭形平次捕物控』の登場人物。
¶時代小説（長吉　ちょうきち）

長吉 ちょうきち
歌舞伎演目『隅田春妓女容性』『句兄弟菖蒲帷子』に登場する、丁稚の名。
¶歌舞伎登（長吉1『隅田春妓女容性』　ちょうきち）

歌舞伎登（長吉2『句兄弟菖蒲帷子』　ちょうきち）

長吉狸 ちょうきちだぬき
徳島県美馬郡一宇村に棲む狸。
¶妖怪事典（チョウキチダヌキ）

長九郎 ちょうくろう
歌舞伎演目『隅田川続俤』に登場する、永楽屋の番頭。
¶歌舞伎登（長九郎　ちょうくろう）

蝶化身 ちょうけしん
人間が死後に蝶になったもの。
¶妖怪大鑑（蝶化身　ちょうけしん）〔像〕
妖怪大全（蝶化身　ちょうけしん）〔像〕

重源 ちょうげん
平安後期の僧。炎上した東大寺の再建に成功した。
¶架空伝承（重源　ちょうげん　㊤保安2(1121)年　㊦建永1(1206)年）
奇談逸話（重源　ちょうげん　㊤保安2(1121)年　㊦建永1(1206)年）
神仏辞典（重源　ちょうげん　㊤1121年　㊦1206年）
人物伝承（重源　ちょうげん　㊤保安2(1121)年　㊦建永1(1206)年）
説話伝説（重源　ちょうげん　㊤保安2(1121)年　㊦建永1(1206)年）
伝奇伝説（重源　ちょうげん　㊤保安2(1121)年　㊦建永1(1206)年）

澄憲 ちょうけん
天台宗の僧で安居院流唱導の始祖。
¶奇談逸話（澄憲　ちょうけん　㊤大治1(1126)年　㊦建仁3(1203)年）
神仏辞典（澄憲　ちょうけん　㊤1126年　㊦1203年）
説話伝説（澄憲　ちょうけん　㊤大治1(1126)年　㊦建仁3(1203)年）
伝奇伝説（澄憲　ちょうけん　㊤大治1(1126)年　㊦建仁3(1203)年）

蝶子 ちょうこ
永井荷風作『おかめ笹』(1920)に登場する、内山翰の妻。
¶架空人日（蝶子　ちょうこ）

蝶子 ちょうこ
織田作之助の小説『夫婦善哉』の主人公。
¶日本人名（蝶子　ちょうこ）

長左衛門 ちょうざえもん
⇒麹屋長左衛門（こうじやちょうざえもん）

長作 ちょうさく
歌舞伎演目『道行念玉蔓』に登場する、木津川の渡し場の船頭。
¶歌舞伎登（長作　ちょうさく）

長作　ちょうさく
岡本綺堂作『半七捕物帳』の登場人物。
¶時代小説（長作　ちょうさく）

丁山　ちょうざん
歌舞伎演目『侠客春雨傘』に登場する、吉原松葉屋で葛城に継ぐ位置の花魁。
¶歌舞伎登（丁山　ちょうざん）

丁字　ちょうじ
佐々木味津三作『旗本退屈男』の登場人物。
¶時代小説（丁字　ちょうじ）

長次　ちょうじ
大佛次郎作『鞍馬天狗』の登場人物。
¶時代小説（長次　ちょうじ）

丁字屋平兵衛　ちょうじやへいべえ
版元、文渓堂主人。杉本苑子作『滝沢馬琴』の登場人物。
¶時代小説（丁字屋平兵衛　ちょうじやへいべえ）

超人　ちょうじん
あらゆる能力を兼ね備えて、すべてを思いのままにできるもの。
¶奇談逸話（神仙・超人　しんせん・ちょうじん）

長助　ちょうすけ
佐々木味津三作『右門捕物帖』の登場人物。
¶時代小説（長助　ちょうすけ）

長助　ちょうすけ
平岩弓枝作『御宿かわせみ』の登場人物。
¶時代小説（長助　ちょうすけ）

長宗我部乗親　ちょうそかべのりちか
山田風太郎作『柳生十兵衛死す』の登場人物。
¶時代小説（長宗我部乗親　ちょうそかべのりちか）

長曾我部元親　ちょうそかべもとちか
正三位・宮内少輔、土佐領主。
¶奇談逸話（長曾我部元親　ちょうそかべもとちか　[生]天文9（1539）年　[没]慶長9（1599）年）

長宗我部盛親　ちょうそがべもりちか
桃山時代最後の土佐領主。
¶説話伝説（長宗我部盛親　ちょうそがべもりちか　[生]天正3（1575）年　[没]慶長20（1615）年）

長太郎　ちょうたろう
夏目漱石作『道草』（1915）の主人公健三の兄。
¶架空人日（長太郎　ちょうたろう）

提灯お岩　ちょうちんおいわ
『四谷怪談』に出ていくる「お岩」の霊が、提灯に乗りうつって仇を討つということから生まれたもの。
¶妖怪大全（提灯お岩　ちょうちんおいわ）〔像〕

提灯お化け　ちょうちんおばけ
子ども向けの妖怪本やお化けカルタなどに見えるもの。
¶妖怪事典（チョウチンオバケ）
妖怪大鑑（ちょうちんお化け　ちょうちんおばけ）〔像〕
妖怪大事典（提灯お化け　ちょうちんおばけ）〔像〕

提灯小僧　ちょうちんこぞう
小雨の降る夜に現れる、真っ赤な顔をした小僧姿の妖怪。
¶水木妖怪（ちょうちん小僧）〔像〕
妖怪事典（チョウチンコゾウ）
妖怪大全（提灯小僧　ちょうちんこぞう）〔像〕
妖怪大事典（提灯小僧　ちょうちんこぞう）〔像〕

提灯火　ちょうちんび
人が持つ提灯の灯りのような鬼火の一種。
¶幻想動物（提灯火）〔像〕
妖怪事典（チョウチンビ）
妖怪大鑑（提燈火　ちょうちんび）〔像〕
妖怪大事典（提灯火　ちょうちんび）〔像〕

奝然　ちょうねん
平安中期の真言宗・三輪宗の僧。入唐に関する説話、特に詩歌に関するものが多い。
¶神仏辞典（奝然　ちょうねん　[生]938年　[没]1016年）
説話伝説（奝然　ちょうねん　[生]承平8（938）年　[没]長和5（1016）年）
伝奇伝説（奝然　ちょうねん　[生]承平8（938）年　[没]長和5（1016）年）

蝶の幽霊　ちょうのゆうれい
秋田県仙北郡石堂で、むかし命を落とした武士が化身した蝶の幽霊。
¶妖怪大鑑（蝶の幽霊　ちょうのゆうれい）〔像〕

長八郎　ちょうはちろう
井原西鶴作の浮世草子『本朝二十不孝』（1686）巻五の第一「胸こそ躍れ此盆前」に登場する船乗り。
¶架空人日（長八郎　ちょうはちろう）

長八郎の嫁　ちょうはちろうのよめ
井原西鶴作の浮世草子『本朝二十不孝』（1686）巻五の第一「胸こそ躍れ此盆前」に登場する長八郎の妻。
¶架空人日（長八郎の嫁　ちょうはちろうのよめ）

張飛　ちょうひ
歌舞伎演目『関羽』で、「三国志」の英雄張飛に扮した登場人物。
¶歌舞伎登（張飛　ちょうひ）

調伏丸　ちょうぶくまろ
『今昔物語集』に登場する、王朝時代の盗みの

ち

名人。
¶架空人日（調伏丸　ちょうぶくまろ）

長兵衛　ちょうべえ
歌舞伎『梅雨小袖昔八丈』に登場する人物。
¶架空伝説（長兵衛　ちょうべえ）

長松　ちょうまつ
歌舞伎演目『極付幡随長兵衛』に登場する、幡随院長兵衛の子。
¶歌舞伎登（長松　ちょうまつ）

ちょうめんこ
山の妖怪。岩手県の和賀川が作る渓谷に住む。
¶神仏辞典（ちょうめんこ）

長面妖女　ちょうめんようじょ
顔が一丈（約3メートル）もある大女。石川県の大聖寺に出た。
¶全国妖怪（チョウメンジョ〔石川県〕）
　水木妖怪（長面妖女　ちょうめんようじょ）〔像〕
　妖怪事典（チョウメンヨウジョ）
　妖怪大全（長面妖女　ちょうめんようじょ）〔像〕
　妖怪大事典（長面妖女　ちょうめんようじょ）〔像〕

張礼　ちょうれい
御伽草子『二十四孝』に登場する、兄の張孝とともに二十四孝に載る漢代の人。
¶架空人日（張礼　ちょうれい）

長六　ちょうろく
式亭三馬作の滑稽本『浮世床』（1813-14）に登場する、髪五郎が営む床屋の常連。
¶架空人日（長六　ちょうろく）

千代菊　ちょぎく
歌舞伎演目『天衣紛上野初花』に登場する、吉原大口屋の遊女三千歳付きの新造。
¶歌舞伎登（千代春・千代菊　ちよはる・ちょぎく）

猪口暮露　ちょくぼろん
鳥山石燕の『画図百器徒然袋』に、猪口を被った小さな虚無僧姿の妖怪として描かれたもの。
¶妖怪事典（チョクボロン）
　妖怪大鑑（猪口暮露　ちょくぼろん）〔像〕
　妖怪大事典（猪口暮露　ちょくぼろん）〔像〕

千代子　ちよこ
夏目漱石作『彼岸過迄』（1912）に登場する、実業家田口要作の娘。
¶架空人日（千代子　ちよこ）

千代子　ちよこ
川端康成作『伊豆の踊子』（1926）に登場する、「伊豆の踊子」薫のいる旅芸人一座の一人。
¶架空人日（千代子　ちよこ）

千代子　ちよこ
三島由紀夫作『潮騒』（1954）に登場する、歌島（三重県神島がモデル）の灯台長夫婦の娘。
¶架空人日（千代子　ちよこ）

チョーチェーモン
鳥取県地方でいう妖怪の児童語。
¶妖怪事典（チョーチェーモン）

チョーテー
広島県地方でいう妖怪の児童語。
¶妖怪事典（チョーテー）

猪八戒　ちょはっかい
歌舞伎演目『通俗西遊記』に登場する、唐僧玄奘三蔵の従者。
¶歌舞伎登（猪八戒　ちょはっかい）

千代春　ちよはる
歌舞伎演目『天衣紛上野初花』に登場する、吉原大口屋の遊女三千歳付きの番頭新造。
¶歌舞伎登（千代春・千代菊　ちよはる・ちょぎく）

チョーメンコ
岩手県和賀郡和賀川地方でいう妖怪。
¶全国妖怪（チョーメンコ〔岩手県〕）
　妖怪事典（チョーメンコ）

千代屋太兵衛　ちよやたへえ
山本一力作『大川わたり』の登場人物。
¶時代小説（千代屋太兵衛　ちよやたへえ）

ちょんがれ語り伝海　ちょんがれかたりでんかい
近松門左衛門作『心中天の網島』の書き替え狂言『延紙の置書』に登場する山伏の乞食坊主。
¶歌舞伎登（ちょんがれ語り伝海）

知羅永寿　ちらえいじゅ
『今昔物語集』巻第20の第2に登場する震旦（古代中国）の天狗。
¶架空人日（知羅永寿　ちらえいじゅ）

池鯉鮒　ちりう
蝮よけに効果があるという日常にある神。呪言中に登場する。
¶神仏辞典（池鯉鮒　ちりう）

塵塚お松　ちりづかおまつ
宝暦の頃江戸、三田にいた私娼。
¶説話伝説（塵塚お松　ちりづかおまつ　生没年不詳）
　伝奇伝説（塵塚お松　ちりづかおまつ）〔像〕

塵塚怪王　ちりづかかいおう
鳥山石燕の『画図百器徒然袋』に描かれた唐櫃をこじ開ける鬼。

¶妖怪事典（チリヅカカイオウ）
　妖怪大鑑（塵塚怪王　ちりづかかいおう）〔像〕
　妖怪大事典（塵塚怪王　ちりつかかいおう）〔像〕

知立神　ちりゅうのかみ
三河国碧海郡の国幣小社の知立神社の祭神。
¶神仏辞典（知立神・智立神　ちりゅうのかみ）

地霊　ちれい
大地に宿り、農耕をはじめ人間生活全般を支配すると信じられた霊的存在。
¶世百新（地霊　ちれい）

チロンノップカムイ
アイヌの狐の妖怪あるいは狐神。
¶妖怪事典（チロンノップカムイ）

鎮源　ちんげん
平安時代の僧。
¶神仏辞典（鎮源　ちんげん　生没年不詳）
　説話伝説（鎮源　ちんげん　生没年不明）
　伝奇伝説（鎮源　ちんげん）

珍斎　ちんさい
歌舞伎演目『ひらかな盛衰記』に登場する、梶原の茶道。
¶歌舞伎登（珍斎　ちんさい）

鎮守　ちんじゅ
その地を鎮め守る神。
¶広辞苑6（鎮守・鎮主　ちんじゅ）

鎮守の神　ちんじゅのかみ
一国・王城・院・城内・土地・寺院・邸宅・氏などを鎮護する神。
¶広辞苑6（鎮守の神　ちんじゅのかみ）

ちんじん
屋敷神の一つ。地神または鎮守のこと。
¶神仏辞典（ちんじん）

鎮西八郎為朝　ちんぜいはちろうためとも
⇒源為朝（みなもとのためとも）

ちんちろり
岩国の人に負けじとものを言い返すときに、「そういう者こそ"ちんちろり"」という言葉のもとになった小坊主の化け物。
¶妖怪大鑑（ちんちろり）〔像〕
　妖怪大事典（ちんちろり）〔像〕

ちんちん馬　ちんちんうま
動物（馬）の妖怪。愛媛県越智郡大三島の俗伝。
¶神仏辞典（ちんちん馬　ちんちんうま）
　全国妖怪（チンチンウマ〔愛媛県〕）
　妖怪事典（チンチンウマ）
　妖怪大事典（チンチン馬　ちんちんうま）

ちんちん小袴　ちんちんこばかま
⇒ちいちい袴（ちいちいばかま）

珍柏　ちんぱく
歌舞伎演目『桐一葉』に登場する、姓は野呂利。大坂城大奥に出入りする医者。
¶歌舞伎登（珍柏　ちんぱく）

君南風　ちんべー
久米島の最高神女であり、王府の高級神女。聞得大君の下の高級神女三十三君の一人。三姉妹の神女の三女が久米島の西嶽に住み、君南風となった。
¶アジア女神（君南風　きみはへ）
　神仏辞典（君南風　チンベー）

【つ】

衝立狸　ついたてだぬき
動物（狸）の妖怪。徳島県美馬郡脇町の俗伝。
¶神仏辞典（衝立狸　ついたてだぬき）
　全国妖怪（ツイタテダヌキ〔徳島県〕）
　水木妖怪続（衝立狸　ついたてだぬき）〔像〕
　妖怪事典（ツイタテダヌキ）
　妖怪大全（衝立狸　ついたてだぬき）〔像〕
　妖怪大事典（衝立狸　ついたてだぬき）〔像〕

鎮守どん　ついどん
九州南部における鎮守の神。
¶神仏辞典（鎮守どん　ついどん）

つう
木下順二作の戯曲『夕鶴』（1949）に登場する、鶴の化身。
¶架空人日（つう）
　架空伝説（つう）
　児童登場（つう）

通人　つうじん
歌舞伎演目『乗合船恵方万歳』に登場する、半可通や、その通人ぶりが行き過ぎてかえって滑稽さを醸し出す人間。
¶歌舞伎登（通人　つうじん）

通人里暁　つうじんりぎょう
歌舞伎演目『助六由縁江戸桜』に登場する、助六に「股あくぐれ」と言われて股をくぐる通人。
¶歌舞伎登（通人里暁　つうじんりぎょう）

通用亭徳成　つうようていとくしげ
高橋克彦作『だましゑ歌麿』の登場人物。
¶時代小説（通用亭徳成　つうようていとくしげ）

杖立様　つえたてさま
高知県・愛媛県の通行人の守神。
¶**妖怪大鑑**（杖立様　つえたてさま）〔像〕

杖突　つえつき
道の妖怪。高知県土佐市の俗伝。
¶**神仏辞典**（杖突　つえつき）
全国妖怪（ツエツキ〔高知県〕）
妖怪事典（ツエツキ）
妖怪大事典（杖つき　つえつき）

都恵神　つえのかみ
近江国犬上郡の都恵神社の祭神。
¶**神仏辞典**（都恵神　つえのかみ）

番の妖獣　つがいのようじゅう
家の天井裏に棲む、つがいの毛むくじゃらの獣。
¶**水木世幻獣**（一軒家の妖獣）〔像〕
妖怪大鑑（番の妖獣　つがいのようじゅう）〔像〕

司　つかさ
歌舞伎演目『雁のたより』に登場する、大坂新町の遊女。
¶**歌舞伎登**（司　つかさ）

塚田郡兵衛　つかだぐんべえ
山岡荘八作『水戸光圀』の登場人物。
¶**時代小説**（塚田郡兵衛　つかだぐんべえ）

都賀那木神　つかなきのかみ
大和国宇陀郡の都賀那木神社の祭神。
¶**神仏辞典**（都賀那木神　つかなきのかみ）

都加使主　つかのおみ
5世紀後半の倭漢直の祖とされる人物。
¶**コン5**（都加使主　つかのおみ）

塚林権之右衛門　つかばやしごんのえもん
浮世草子『武道伝来記（我が命の早使）』に登場する人物。
¶**架空伝説**（塚林権之右衛門　つかばやしごんのえもん）

塚原左内　つかはらさない
藤沢周平作『用心棒日月抄』の登場人物。
¶**時代小説**（塚原左内　つかはらさない）

塚原卜伝　つかはらぼくでん
戦国時代の剣客。新当流の流祖。50年間、一度も敗れなかったといわれる。
¶**架空伝承**（塚原卜伝　つかはらぼくでん ㊌延徳1(1489)年 ㊢元亀2(1571)年）
架空伝説（塚原卜伝　つかはらぼくでん）
奇談逸話（塚原卜伝　つかはらぼくでん ㊌延徳1(1489)年 ㊢元亀2(1571)年）
コン5（塚原卜伝　つかはらぼくでん ㊌延徳1(1489)年 ㊢元亀2(1571)年）
時代小説（塚原卜伝　つかはらぼくでん）
説話伝説（塚原卜伝高幹　つかはらぼくでんたかもと ㊌延徳1(1489)年 ㊢元亀3(1572)年）〔像〕
伝奇伝説（塚原卜伝　つかはらぼくでん ㊌延徳1(1489)年? ㊢元亀2(1571)年）

都我利神　つがりのかみ
出雲国出雲郡の都我利神社の祭神。
¶**神仏辞典**（都我利神　つがりのかみ）

津川玄三　つがわげんぞう
山本周五郎作『赤ひげ診療譚』の登場人物。
¶**時代小説**（津川玄三　つがわげんぞう）

使わしめ　つかわしめ
「神使」「使令」とも。神に先立ち、神の意志を伝えるとされる動物のこと。
¶**神仏辞典**（使わしめ　つかわしめ）

津川竜哉　つがわたつや
石原慎太郎の小説『太陽の季節』の主人公。
¶**日本人名**（津川竜哉　つがわたつや）

都河隼人　つがわはやと
井原西鶴作『西鶴諸国ばなし』の登場人物。府中（現・静岡市）の人。
¶**古典人学**（都河隼人　つがわはやと）

槻井泉神　つきいいずみのかみ
『日本三代実録』に所出。信濃国の神。
¶**神仏辞典**（槻井泉神　つきいいずみのかみ）

槻折神　つきおりのかみ
因幡国法美郡の槻折神社の祭神。
¶**神仏辞典**（槻折神・欟折神　つきおりのかみ）

月影兵庫　つきかげひょうご
南條範夫の小説『月影兵庫聞書抄』（のちに『月影兵庫』と改題）の主人公。
¶**架空伝承**（月影兵庫　つきかげひょうご）
架空伝説（月影兵庫　つきかげひょうご）
時代小説（月影兵庫　つきかげひょうご）

月形半平太　つきがたはんぺいた
行友李風作の戯曲『月形半平太』の主人公。
¶**架空人物**（月形半平太）
架空伝承（月形半平太　つきがたはんぺいた）
架空伝説（月形半平太　つきがたはんぺいた）
広辞苑6（月形半平太　つきがたはんぺいた）
コン5（月形半平太　つきがたはんぺいた）
新潮日本（月形半平太　つきがたはんぺいた）
世百新（月形半平太　つきがたはんぺいた）
日本人名（月形半平太　つきがたはんぺいた）

憑神　つきがみ
アイヌで伝わる生まれるときに世話をした神々。
¶**妖怪大鑑**（憑神　つきがみ）〔像〕

月子　つきこ
国枝史郎作『神州纐纈城』の登場人物。
¶**時代小説**（月子　つきこ）

搗米仙右衛門　つきごめせんえもん
歌舞伎演目『繰返開花婦見月』に登場する、二間間口の舂米屋。
¶**歌舞伎登**（搗米仙右衛門　つきごめせねもん）

撞賢木厳之御魂天疎向津媛命　つきさかきいつのみたまあまさかるむかつひめのみこと
神功皇后が自ら神主となり、先の日に仲哀天皇に神託を下した神の名をたずねたところ、七日七夜に至って名乗った。
¶**神仏辞典**（撞賢木厳之御魂天疎向津媛命　つきさかきいつのみたまあまさかるむかつひめのみこと）

築狭神　つきさのかみ
淡路国津名郡の築狭神社の祭神。
¶**神仏辞典**（築狭神　つきさのかみ）

月小夜　つきさよ
江戸の曾我狂言で、鬼王新左衛門の女房。
¶**歌舞伎登**（月小夜　つきさよ）

衝立船戸神　つきたてふなとのかみ
⇒久那斗神（くなどのかみ）

調田坐一事尼古神　つきたにますひとことねこのかみ
調田一事比古神とも。大和国葛下郡の調田坐一事尼古神社の祭神。
¶**神仏辞典**（調田坐一事尼古神　つきたにますひとことねこのかみ）

槻田神　つきたのかみ
越後国蒲原郡の槻田神社の祭神。
¶**神仏辞典**（槻田神　つきたのかみ）

調伊企儺　つきのいきな
『日本書紀』の朝鮮関係説話にみえる倭国の将。
¶**コン5**（調伊企儺　つきのいきな [生]?　[没]欽明23（562）年）

月の兎　つきのうさぎ
月の中に住んで餅をつく兎。
¶**水木幻獣**（月の兎　つきのうさぎ）〔像〕
妖怪大鑑（月の兎　つきのうさぎ）〔像〕

調神　つきのかみ
武蔵国足立郡の調神社、近江国高島郡の槻神社の祭神。
¶**神仏辞典**（調神・槻神　つきのかみ）

次野先生　つぎのせんせい
山本有三作『路傍の石』（1937）の主人公の小学校時代の担任教師。
¶**架空人日**（次野先生　つぎのせんせい）

月ノ輪の院　つきのわのいん
第109代明正天皇。山田風太郎作『柳生十兵衛死す』の登場人物。
¶**時代小説**（月ノ輪の院　つきのわのいん）

つきへび
動物（蛇）の妖怪。島根県八頭郡河原町北の俗伝。
¶**神仏辞典**（つきへび）
全国妖怪（ツキヘビ〔鳥取県〕）

衝桙等乎与留比子命　つきほことおよるひこのみこと
『出雲国風土記』秋鹿郡の条に所出。須佐能乎命の子。
¶**神仏辞典**（衝桙等乎与留比子命　つきほことおよるひこのみこと）

月本円秋　つきもとえんしゅう
歌舞伎演目『秋葉権現廻船語』に登場する、遠州の国主。
¶**歌舞伎登**（月本円秋　つきもとえんしゅう）

槻本神　つきもとのかみ
飛騨国大野郡の槻本神社の祭神。
¶**神仏辞典**（槻本神　つきもとのかみ）

月本武蔵之助　つきもとむさしのすけ
歌舞伎演目『敵討巌流島』に登場する、九州小倉の本田家剣術指南役。
¶**歌舞伎登**（月本武蔵之助　つきもとむさしのすけ）

月本祐明　つきもとゆうめい
歌舞伎演目『秋葉権現廻船語』に登場する、遠州の国主月本円秋の伯父。
¶**歌舞伎登**（月本祐明　つきもとゆうめい）

憑き物　つきもの
人間に取り憑いて病気や死など、種々の災いをもたらすと信じられた動物や物の怪、人などの霊。
¶**説話伝説**（憑き物　つきもの）
世百新（憑物　つきもの）
伝奇伝説（憑物　つきもの）

調屋神　つきやのかみ
出雲国意宇郡式内社四八社の調屋社、『延喜式』の筑陽神社の祭神。
¶**神仏辞典**（調屋神・筑陽神　つきやのかみ）

築山殿　つきやまどの
徳川家康の正室。
¶**歌舞伎登**（築山殿　つきやまどの）
説話伝説（築山殿　つきやまどの [生]天文11（1542）年頃　[没]天正7（1579）年）
伝奇伝説（築山殿　つきやまどの [生]天文11（1542）年　[没]天正7（1579）年）

月山神　つきやまのかみ
出羽国飽海郡の月山神社の祭神。
¶神仏辞典（月山神　つきやまのかみ）

月夜の利左衛門　つきよのりざえもん
井原西鶴作の浮世草子『西鶴置土産』(1693)巻二の二「人には棒振虫同前に思はれ」の主人公。
¶架空人日（月夜の利左衛門　つきよのりざえもん）
架空伝説（月夜の利左衛門　つきよのりざえもん）
古典人学（「人には棒振虫同然に思はれ」の月夜の利左衛門　ひとにはぼうふりむしどうぜんにおもはれのつきよのりざえもん）
古典人東（月夜の利左衛門　つきよのりざえもん）

月読命　つきよみのみこと
⇒月読命(つくよみのみこと)

津咋見神　つくいみのかみ
天照大神の天石窟幽居に際し、思兼神の命により天日鷲神とともに穀の木を植えて白和幣を作る。
¶神仏辞典（津咋見神　つくいみのかみ）

机龍之助　つくえりゅうのすけ
中里介山の大河小説『菩薩峠』の主人公。武州沢井村の武士。
¶架空人日（机龍之助　つくえりゅうのすけ）
架空人物（机龍之助）
架空伝承（机龍之助　つくえりゅうのすけ）〔像〕
架空伝説（机龍之助　つくえりゅうのすけ）
広辞苑6（机竜之助　つくえりゅうのすけ）
コン5（机龍之助　つくえりゅうのすけ）
新潮日本（机龍之助　つくえりゅうのすけ）
時代小説（机竜之助　つくえりゅうのすけ）
日本人名（机竜之助　つくえりゅうのすけ）

筑紫神　つくしのかみ
筑前国御笠郡の筑紫神社の祭神。
¶神仏辞典（筑紫神　つくしのかみ）

筑紫の権六　つくしのごんろく
歌舞伎演目『けいせい筥伝授』に登場する、美男の盗賊。
¶歌舞伎登（筑紫の権六　つくしのごんろく）

都久豆美命　つくずみのみこと
島根県八束郡美保関町爾佐神社の祭神。
¶神仏辞典（都久豆美命　つくずみのみこと）

佃屋喜蔵　つくだやきぞう
歌舞伎演目『恋娘昔八丈』に登場する、萩原家の家宝勝時の茶入を盗んだ盗賊。
¶歌舞伎登（佃屋喜蔵　つくだやきぞう）

筑波男神　つくばおのかみ
『日本三代実録』に所出。常陸国の神。
¶神仏辞典（筑波男神　つくばおのかみ）

筑波神　つくばのかみ
『常陸国風土記』筑波郡条に所出。新粟嘗祭の夜にもかかわらず、神祖尊を歓待したので、筑波山は繁栄していると語られる。
¶神仏辞典（筑波神　つくばのかみ）

筑簞命　つくばのみこと
『常陸国風土記』に所出。崇神天皇の代、国造として紀国に派遣され、地名を自分の名をとり、筑波と改めさせた。
¶神仏辞典（筑簞命・筑波命　つくばのみこと）

筑波女大神　つくばめのおおかみ
筑波女神とも。常陸国の神。
¶神仏辞典（筑波女大神　つくばめのおおかみ）

筑波山神　つくばやまのかみ
常陸国筑波郡の筑波山神社二座神社の祭神。
¶神仏辞典（筑波山神　つくばやまのかみ）

筑波屋茂右衛門　つくばやもえもん
歌舞伎演目『台頭霞彩幕』に登場する、筑波屋茂右衛門は信田家御用商人の筆頭。
¶歌舞伎登（筑波屋茂右衛門　つくばやもえもん）

筑夫嶋神　つくぶしまのかみ
近江国浅井郡の都久夫須麻神社の祭神。
¶神仏辞典（筑夫嶋神・都久夫須麻神　つくぶしまのかみ）

竹麻神　つくまのかみ
伊豆国賀茂郡の竹麻神社三座の祭神。
¶神仏辞典（竹麻神　つくまのかみ）

筑摩神　つくまのかみ
『日本文徳天皇実録』に所出。近江国の神。
¶神仏辞典（筑摩神・筑麻神　つくまのかみ）

著酒神　つくみきのかみ
『延喜式』に所出。縫殿寮神三座のうち一座。
¶神仏辞典（著酒神　つくみきのかみ）

付喪神　つくもがみ
年を経た器物が変じたとされる妖怪。九十九髪・九十九神とも書く。
¶幻想動物（付喪神）〔像〕
広辞苑6（付喪神　つくもがみ）
神仏辞典（付喪神　つくもがみ）
世幻想（付喪神　つくもがみ）
日ミス（付喪神　つくもがみ）
水木妖怪続（付喪神　つくもがみ）〔像〕
妖怪事典（ツクモガミ）
妖怪大全（付喪神　つくもがみ）〔像〕
妖怪大事典（付喪神　つくもがみ）〔像〕

月読命　つくよみのみこと
記紀神話で伊弉諾尊の子で天照大神の弟。月の神。「月読」は月の満ち欠けを支配する神の意。

月弓尊、月夜見尊とも。

¶朝日歴史（月読尊　つくよみのみこと）
架空人日（月読命　つくよみのみこと）
神様読解（月読神(命)/月弓尊/月夜見尊　つきよみのかみ・つきゆみのみこと・つきよみのみこと）
神様読解（月読尊　つきよみのみこと）
広辞苑6（月読尊・月夜見尊　つきよみのみこと）
コン5（月読命　つきよみのみこと）
神仏辞典（月弓尊　つきゆみのみこと）
神仏辞典（月読命・月読尊・月夜見尊　つきよみのみこと）
神話伝説（月読命　つきよみのみこと）
説話伝説（月読命　つくよみのみこと）
世百新（月読尊　つくよみのみこと）
大辞林3（月読尊・月夜見尊　つくよみのみこと）
伝奇伝説（月読命　つきよみのみこと）
東洋神名（月読命　ツクヨミノミコト）〔像〕
日本神々（月読命　つくよみのみこと）〔像〕
日本神様（月の神　つきのかみ）〔像（月読命）〕
日本人名（月読尊　つきよみのみこと）
日本神話（ツクヨミ）

作り神　つくりがみ
農耕をする神の名。関東、中部、近畿地方で用いられている。
¶神仏辞典（作り神　つくりがみ）

都祁水分神　つげのみくまりのかみ
大和国山辺郡の都祁水分神社の祭神。
¶神仏辞典（都祁水分神　つげのみくまりのかみ）

都祁山口神　つげのやまのくちのかみ
大和国山辺郡の都祁祁山口神社の祭神。
¶神仏辞典（都祁山口神　つげのやまのくちのかみ）

付紐小僧　つけひもこぞう
長野県南佐久郡の子供の妖怪。
¶幻想動物（付紐小僧）〔像〕
神仏辞典（付紐小僧　つけひもこぞう）
全国妖怪（ツケヒモコゾウ〔長野県〕）
妖怪事典（ツケヒモコゾウ）
妖怪大事典（付け紐小僧　つけひもこぞう）

辻井英之介　つじいえいのすけ
宮部みゆき作『ぼんくら』の登場人物。
¶時代小説（辻井英之介　つじいえいのすけ）

辻風典馬　つじかぜてんま
吉川英治作『宮本武蔵』の登場人物。
¶時代小説（辻風典馬　つじかぜてんま）

辻神　つじがみ
道の交叉する地点にいる神。
¶神仏辞典（辻の神　つじのかみ）
全国妖怪（ツジノカミ〔兵庫県〕）
東洋神名（辻神　ツジガミ）〔像〕
日本神様（岐の神・辻の神　つじのかみ）〔像〕
妖怪事典（ツジガミ）
妖怪大全（辻神　つじがみ）〔像〕
妖怪大事典（辻神　つじがみ）〔像〕

辻道伯　つじどうはく
歌舞伎演目『油商人廓話』に登場する、藪医者、幇間医者。
¶歌舞伎登（辻道伯　つじどうはく）

辻の藤太　つじのとうた
幸若『信太』に登場する人買商人。
¶架空人日（辻の藤太　つじのとうた）

津嶋部神　つしまべのかみ
河内国茨田郡の津嶋部神社の祭神。
¶神仏辞典（津嶋部神　つしまべのかみ）

都築明　つづきあきら
堀辰雄作『菜穂子』(1941)『楡の家』(1934, 1941)に登場する設計士。菜穂子の幼なじみ。
¶架空人日（都築明　つづきあきら）

鼓神　つづみのかみ
備中国賀夜郡の鼓神社の祭神。
¶神仏辞典（鼓神　つづみのかみ）

つづみの与吉　つづみのよきち
林不忘作『丹下左膳』の登場人物。
¶時代小説（つづみの与吉　つづみのよきち）

蔦吉　つたきち
⇒お蔦（おつた）

津田休甫　つだきゅうほ
『西鶴名残の友』の「三里違ふた人の心」の主人公。俳諧師。
¶古典人東（津田休甫　つだきゅうほ）

津田宗及　つだそうぎゅう
安土桃山時代の堺の豪商。茶人。千利休、今井宗久とともに天下三宗匠と称せられた。
¶説話伝説（津田宗及　つだそうぎゅう [生]? [没]天正19(1591)年）
伝奇伝説（津田宗及　つだそうぎゅう [生]? [没]天正19(1591)年）

蔦屋重三郎　つたやじゅうさぶろう
江戸後期の出版業者。新人発掘に優れ、曲亭馬琴や十返舎一九、喜多川歌麿、東洲斎写楽らを見いだした。
¶時代小説（蔦屋重三郎『だましゑ歌麿』　つたやじゅうざぶろう）
時代小説（蔦屋重三郎『写楽』　つたやじゅうざぶろう）
時代小説（蔦屋重三郎〔『手鎖心中』〕　つたやじゅうざぶろう）
説話伝説（蔦屋重三郎　つたやじゅうさぶろう [生]寛延3(1750)年 [没]寛政9(1797)年）
伝奇伝説（蔦屋重三郎　つたやじゅうざぶろう [生]寛延3(1750)年 [没]寛政9(1797)年）

つ

津田由雄　つだよしお
夏目漱石作『明暗』(1916)の主人公。会社員。
¶架空人日（津田　つだ）

土蜘蛛　つちぐも
古代、大和王権の支配に滅ぼされた辺境の一部土着民の比喩的呼称。中世では妖怪化する。
¶幻想動物（土蜘蛛）〔像〕
　神話伝説（土蜘蛛　つちぐも）
　神話伝説（土蜘蛛　つちぐも）
　世怪物神獣（土蜘蛛）
　説話伝説（土蜘蛛　つちぐも）
　日本人名（土蜘蛛　つちぐも）
　日本神話（土蜘蛛　つちぐも）
　日本未確認（土蜘蛛　つちぐも）〔像〕
　水木妖怪続（土ぐも）〔像〕
　妖怪事典（ツチグモ）
　妖怪大全（土蜘蛛　つちぐも）〔像〕
　妖怪大事典（土蜘蛛　つちぐも）〔像〕
　妖百3（土蜘蛛　つちぐも）〔像〕

土雲八十建　つちぐもやそたける
神武天皇の東征のおりに忍坂の大室で出会った神。
¶英雄事典（土雲八十建　ツチグモヤソタケル）
　神様読解（土雲八十建　つちぐもやそたける）
　東洋神名（土雲八十建　ツチグモヤソタケル）〔像〕

つちこ
道の妖怪。石川県金沢小姓町の槌子坂に関わる俗伝。
¶神仏辞典（つちこ）
　全国妖怪（ツチコ〔石川県〕）

土転び　つちころび
蛇の妖怪。島根県、鳥取県などでいう。
¶神仏辞典（土転び・槌転び　つちころび）
　全国妖怪（ツチコロビ〔鳥取県〕）
　水木妖怪（土転び　つちころび）〔像〕
　妖怪事典（ツチコロビ）
　妖怪大全（土転び　つちころび）〔像〕
　妖怪大事典（槌転び　つちころび）〔像〕

土の神　つちのかみ
天之狭土神、国之狭土神、波邇夜須毘古神、波邇夜須毘売神があげられる。
¶広辞苑6（土の神　つちのかみ）
　神仏辞典（土地神　つちのかみ）
　日本神様（土の神　つちのかみ）〔像（波邇夜須毘売神）〕

つちのこ
全国各地に伝わる山野の怪蛇。寸詰まりの槌のような形をした蛇であることから名付けられたという。江戸期の文献にもみられるが、昭和40年代に話題となった。
¶幻想動物（槌の子）〔像〕
　広辞苑6（槌の子　つちのこ）
　神仏辞典（つちのこ）
　全国妖怪（ツチノコ〔徳島県〕）
　全国妖怪（ツチノコ〔愛媛県〕）

　全国妖怪（ツチノコ〔高知県〕）
　妖怪事典（ツチノコ）
　妖怪図鑑（つちのこ）〔像〕
　妖怪大事典（槌の子　つちのこ）〔像〕

つちのこ狸　つちのこだぬき
徳島県美馬郡美馬町に現れた、槌に化ける狸。
¶神仏辞典（つちのこ狸　つちのこだぬき）
　全国妖怪（ツチノコダヌキ〔徳島県〕）
　妖怪大事典（槌の子狸　つちのこだぬき）

土之御祖神　つちのみおやのかみ
⇒大土神（おおつちのかみ）

土輪神　つちのわのかみ
越前国足羽郡の土輪神社の祭神。
¶神仏辞典（土輪神　つちのわのかみ）

土部駿河守繁右衛門　つちべするがのかみしげえもん
三上於菟吉作『雪之丞変化』の登場人物。
¶時代小説（土部駿河守繁右衛門　つちべするがのかみしげえもん）

槌蛇　つちへび
⇒苞蛇（つとへび）

土屋郡内　つちやぐんない
歌舞伎演目『嬢景清八島日記』に登場する、日向で、里人に身をやつし、景清の様子を監視していた鎌倉よりの隠し目付け。
¶歌舞伎登（土屋郡内　つちやぐんない）

土屋是蔵の妻　つちやこれぞうのつま
伊丹椿園作『唐錦』の登場人物。奈良の豪商であった是蔵の妻。
¶古典人学（土屋是蔵の妻　つちやこれぞうのつま）

土屋相模守　つちやさがみのかみ
江戸幕府老中。舟橋聖一作『絵島生島』の登場人物。
¶時代小説（土屋相模守　つちやさがみのかみ）

槌屋治右衛門　つちやじえもん
歌舞伎演目『恋飛脚大和往来』に登場する、大坂新町の廓にある遊女屋槌屋の主人。
¶歌舞伎登（槌屋治右衛門　つちやじえもん）

土屋庄三郎　つちやしょうざぶろう
国枝史郎作『神州纐纈城』の登場人物。
¶時代小説（土屋庄三郎　つちやしょうざぶろう）

土屋庄八郎　つちやしょうはちろう
国枝史郎作『神州纐纈城』の登場人物。
¶時代小説（土屋庄八郎　つちやしょうはちろう）

つとへ

土屋新三郎　つちやしんざぶろう
半村良作『妖星伝』の登場人物。
¶時代小説（土屋新三郎　つちやしんざぶろう）

土屋清之進　つちやせいのしん
藤沢周平作『用心棒日月抄』の登場人物。
¶時代小説（土屋清之進　つちやせいのしん）

土屋多門　つちやたもん
林不忘作『丹下左膳』の登場人物。
¶時代小説（土屋多門　つちやたもん）

土屋主税　つちやちから
歌舞伎演目『土屋主税』に登場する、八千石の旗本。
¶歌舞伎登（土屋主税　つちやちから）

槌谷内記　つちやないき
歌舞伎演目『花上野誉碑』に登場する、讃岐の国（香川県）丸亀家家臣。
¶歌舞伎登（槌谷内記　つちやないき）

土屋主水　つちやもんど
国枝史郎作『神州纐纈城』の登場人物。
¶時代小説（土屋主水　つちやもんど）

つちんこ
三重県、奈良県でツチノコのこと。
¶神仏辞典（つちんこ）
　全国妖怪（ツチンコ〔三重県〕）
　全国妖怪（ツチンコ〔奈良県〕）

筒井順慶　つついじゅんけい
安土桃山時代の武将。大和郡山城主。本能寺の変、山崎の戦いにおいて日和見主義の典型という俗説が生まれたが、実際は秀吉あての誓紙を出していた。
¶説話伝説（筒井順慶　つついじゅんけい　㊐天文18（1548）年　㊡天正12（1584）年）
　伝奇伝説（筒井順慶　つついじゅんけい　㊐天文18（1549）年　㊡天正12（1584）年）

筒井村作兵衛　つついむらさくべえ
江戸中期の義農。享保大飢饉の際、種麦を食べず餓死した。松山藩主に「義農」として表彰され、明治に郡有志によって義農神社に祀られた。
¶コン5（筒井村作兵衛　つついむらさくべえ　㊐元禄1（1688）年　㊡享保17（1732）年）

恙虫　つつがむし
『絵本百物語　桃山人夜話』にある怪虫。
¶妖怪事典（ツツガムシ）
　妖怪大事典（恙虫　つつがむし）〔像〕
　妖百4（恙虫・吉六虫・常元虫・お菊虫　つつがむし・きっちょんむし・じょうげんむし・おきくむし）〔像〕

都都古別神　つつこわけのかみ
陸奥国白河郡の都都古和気神社の祭神。
¶神仏辞典（都都古別神・都都古和気神　つつこわけのかみ）

都都知神　つつちのかみ
対馬嶋下県郡の都都知神社の祭神。
¶神仏辞典（都都知神・都都智神　つっちのかみ）

堤雄神　つつみおのかみ
『日本三代実録』に所出。肥前国の神。
¶神仏辞典（堤雄神　つつみおのかみ）

堤藤内　つつみとうない
歌舞伎演目『夏祭浪花鑑』に登場する、序幕で団七を引っ立て来て、赦免を申し渡す役人。
¶歌舞伎登（堤藤内　つつみとうない）

堤根津嶋女神　つつみねつしまめのかみ
『日本文徳天皇実録』に所出。河内国の神。
¶神仏辞典（堤根津嶋女神　つつみねつしまめのかみ）

堤根神　つつみねのかみ
河内国茨田郡の堤根神社の祭神。
¶神仏辞典（堤根神　つつみねのかみ）

堤軍次　つつみのぐんじ
歌舞伎演目『一谷嫩軍記』に登場する、熊谷次郎直実の郎党。
¶歌舞伎登（堤軍次　つつみのぐんじ）

堤畑の十作　つつみばたのじゅうさく
歌舞伎演目『天満宮花梅桜松』に登場する、もと、菅原道真の伯母覚寿に仕えていた下僕だが、今は京都近辺の百姓。
¶歌舞伎登（堤畑の十作　つつみばたのじゅうさく）

堤治神　つつみはりのかみ
尾張国中島郡の堤治神社の祭神。
¶神仏辞典（堤治神　つつみはりのかみ）

都度沖普賢坊　つどおきふげんぼう
島根県隠岐島の天狗。
¶妖怪事典（ツドオキフゲンボウ）
　妖怪大事典（都度沖普賢坊　つどおきふげんぼう）

つとっこ
⇒苞蛇（つとへび）

津門神　つどのかみ
石見国那賀郡の津門神社の祭神。
¶神仏辞典（津門神　つどのかみ）

苞蛇　つとへび
愛知県、静岡県でいう怪蛇。つとっこ、のづち（野槌）などとも。

¶神仏辞典　（つとっこ）
　全国妖怪　（ツトヘビ〔静岡県〕）
　全国妖怪　（ツトッコ〔愛知県〕）
　妖怪事典　（ツトヘビ）
　妖怪大鑑　（槌蛇　つちへび）〔像〕

綱長井　つながい
水の枯れない霊妙な井戸に宿る神。
¶広辞苑6　（綱長井　つながい）

綱長井神　つながいのかみ
宮中神三六座のうち座摩巫祭神五座の一柱。
¶神仏辞典　（綱長井神　つながいのかみ）

津長大水神　つながのおおみずのかみ
大水神とも。伊勢国度会郡の津長大水神社の祭神。
¶神仏辞典　（津長大水神　つながのおおみずのかみ）

綱越神　つなこしのかみ
大和国城上郡の綱越神社の祭神。
¶神仏辞典　（綱越神　つなこしのかみ）

都那高志神　つなこしのかみ
越前国坂井郡の都那高志神社の祭神。
¶神仏辞典　（都那高志神　つなこしのかみ）

綱手　つなで
直木三十五作『南国太平記』に登場する女性。
¶時代小説　（綱手　つなで）

綱手姫　つなでひめ
合巻『児雷也豪傑譚』(1839-68) 第9編から登場する怪力の美女。歌舞伎『児雷也後編譚話』にも登場する。児雷也の妻。
¶架空人日　（綱手　つなで）
　歌舞伎登　（綱手姫　つなでひめ）

津波の魔の物搗き音　つなみのまのものつきおと
アイヌに伝わる音の怪異。
¶妖怪事典　（ツナミノマノモノツキオト）

角上神　つぬえのかみ
壱岐嶋壱岐郡の角上神社の祭神。
¶神仏辞典　（角上神　つぬえのかみ）

都怒我阿羅斯等　つぬがあらしと
朝鮮半島の意富加羅国王の子。第11代垂仁天皇に仕えた。
¶朝日歴史　（都怒我阿羅斯等　つぬがあらしと）
　神様読解　（都怒我阿羅斯等　つぬがあらしと）
　新潮日本　（都怒我阿羅斯等　つぬがあらしと）
　日本人名　（都怒我阿羅斯等　つぬがあらしと）
　日本神話　（ツヌガアラシト）

角鹿神　つぬがのかみ
越前国敦賀郡の角鹿神社の祭神。

¶神仏辞典　（角鹿神　つぬがのかみ）

角杙神　つぬぐいのかみ
神世七代の神々の一柱。妹・活杙神と偶生された神。
¶神様読解　（角杙神/角橛尊　つぬぐいのかみ・つぬぐいのみこと）
　神仏辞典　（角杙神　つぬぐひのかみ）
　日本人名　（角橛尊　つのくいのみこと）

角凝魂命　つぬごりむすびのみこと
神魂命の子。税部、委文宿禰の祖。三重県員弁郡東員町の鳥取山田神社の祭神。
¶神仏辞典　（角凝魂命　つぬごりむすびのみこと）

津野神　つぬのかみ
近江国高島郡の津野神社、越後国古志郡の都野神社の祭神。
¶神仏辞典　（津野神・都野神　つぬのかみ）

都濃神　つぬのかみ
都濃皇神とも。日向国児湯郡の都濃神社の祭神。
¶神仏辞典　（都濃神　つぬのかみ）

常木鴻山　つねきこうざん
吉川英治作『鳴門秘帖』の登場人物。
¶時代小説　（常木鴻山　つねきこうざん）

常吉　つねきち
佐江衆一作『江戸職人綺譚』の登場人物。
¶時代小説　（常吉　つねきち）

常田角左衛門　つねたかくざえもん
江戸中期の百姓一揆の指導者。打首の刑に処せられた。村人は辻堂を造り、阿弥陀様と称してながく祭祀を続けた。
¶コン5　（常田角左衛門　つねたかくざえもん　㊉元禄6 (1693) 年　㊣正徳1 (1711) 年）

常神　つねのかみ
若狭国三方郡の常神社の祭神。
¶神仏辞典　（常神　つねのかみ）

恒正　つねまさ
説話集『宇治拾遺物語』に登場する、筑前国の山鹿庄に住んでいた人。
¶架空人日　（恒正　つねまさ）

常松　つねまつ
杉本章子作『おすず信太郎人情始末帖』の登場人物。
¶時代小説　（常松　つねまつ）

常元虫　つねもとむし
南蛇井常元という武士の怨霊が化したとされる大量の虫。
¶幻想動物　（常元虫）〔像〕

水木妖怪（常元虫　つねもとむし）〔像〕
妖怪大全（常元虫　つねもとむし）〔像〕

津神　つのかみ
『日本文徳天皇実録』に所出。伊賀国の神。
¶神仏辞典（津神　つのかみ）

角樴尊　つのくいのみこ
⇒角杙神（つぬぐいのかみ）

角避比古神　つのさくひこのかみ
遠江国浜名郡の角避比古神社の祭神。
¶神仏辞典（角避比古神　つのさくひこのかみ）

角盥漱　つのはんぞう
鳥山石燕の『画図百器徒然袋』に、角盥（洗面道具）の妖怪として描かれたもの。
¶妖怪事典（ツノハンゾウ）
妖怪大鑑（角盥漱　つのはんぞう）〔像〕
妖怪大事典（角盥漱　つのはんぞう）〔像〕

津野媛　つのひめ
記紀にみえる反正天皇の妃。
¶日本人名（津野媛　つのひめ）

椿岸神　つばきぎしのかみ
伊勢国三重郡の椿岸神社の祭神。
¶神仏辞典（椿岸神　つばきぎしのかみ）

椿三十郎　つばきさんじゅうろう
黒沢明の映画『椿三十郎』（1963）の主人公。
¶架空人物（椿三十郎、桑畑三十郎）〔像〕
新潮日本（椿三十郎　つばきさんじゅうろう）

都波只知上神　つばきちのかみのかみ
因幡国八上郡の都波只知上神社二座の祭神。
¶神仏辞典（都波只知上神　つばきちのかみのかみ）

椿神　つばきのかみ
伊勢国鈴鹿郡の椿大神社の祭神。
¶神仏辞典（椿神・都祁岐神　つばきのかみ）

都波奈弥神　つばなみのかみ
因幡国八上郡の都波奈弥神社二座の祭神。
¶神仏辞典（都波奈弥神　つばなみのかみ）

津速魂命　つはやむすびのみこと
津速産霊神とも。天御中主神の三柱の御子神の第二子。藤原朝臣・大家臣・大鹿首の祖。
¶神仏辞典（津速産霊神　つはやむすびのかみ）
神仏辞典（津速魂命・津速魂尊　つはやむすびのみこと）

津原神　つはらのかみ
河内国河内郡の津原神社の祭神。
¶神仏辞典（津原神　つはらのかみ）

都夫久美神　つふくみのかみ
河内国高安郡の都夫久美神社の祭神。
¶神仏辞典（都夫久美神　つふくみのかみ）

円大臣　つぶらのおおきみ
記紀に登場する国事を執る重臣。
¶伝奇伝説（円大臣　つぶらのおおきみ）

菟夫羅媛神　つぶらひめのかみ
仲哀天皇が筑紫国に至ったが、船が進まず、同神と大倉主を祭ったところ船が動いた。
¶神仏辞典（菟夫羅媛神　つぶらひめのかみ）

都俾志呂神　つべしろのかみ
出雲国意宇郡式内社四八社の都俾志呂社、『延喜式』の都弁志呂神社の祭神。
¶神仏辞典（都俾志呂神・都弁志呂神　つべしろのかみ）

壺井平馬　つぼいへいま
歌舞伎演目『摂州合邦辻』に登場する、高安左衛門の息子次郎丸の家来。
¶歌舞伎登（壺井平馬　つぼいへいま）

坪岡蔵人　つぼおかくらうず
井原西鶴作の浮世草子『武道伝来記』（1687）巻五の第一「枕に残る茉違ひ」の登場人物。出頭家老。
¶架空人日（坪岡蔵人　つぼおかくらうず）

津桙神　つほこのかみ
河内国讃良郡の津桙神社の祭神。
¶神仏辞典（津桙神　つほこのかみ）

ツボノマジムン
沖縄県の器物の怪。壺の変化。
¶全国妖怪（ツボノマジムン〔沖縄県〕）

壺屋久兵衛　つぼやきゅうべえ
江戸時代前期の陶器商。『椀久物』の椀屋久右衛門と同一人物とつたえられる。
¶日本人名（壺屋久兵衛　つぼやきゅうべえ　生没年未詳）

妻　つま
女狂言『箕被』のアド（脇役）。
¶古典人学（妻　つま）

妻　つま
狂言『川上』の登場人物。吉野の里に住む盲目の男の妻。
¶古典人東（妻　つま）

妻　つま
狂言『因幡堂』の登場人物。大酒飲みの妻。
¶古典人東（妻　つま）

妻を盗賊に犯された男　つまをとうぞくにおかされたおとこ
『今昔物語集』の登場人物。大江山で盗賊の若い男に弓矢を奪われ、妻を強姦された男。
- ¶古典人学（妻を盗賊に犯された男　つまをとうぞくにおかされたおとこ）
  古典人東（妻を守れなかった男　つまをまもれなかったおとこ）

妻木繁　つまきしげる
歌舞伎演目『富士額男女繁山』に登場する、表向きは散切り、シャッポ、羽織着流し駒下駄掛けの明治の書生であるが、実は熊谷の寺子屋師匠妻木右膳の娘。
- ¶歌舞伎登（妻木繁　つまきしげる）

妻科地神　つましなのくにつかみ
妻科神とも。信濃国水内郡の妻科神社の祭神。八坂刀売神と同一とされる。
- ¶神仏辞典（妻科地神　つましなのくにつかみ）

枛津媛命　つまつひめのみこと
須佐之男神（素戔嗚尊）の娘。
- ¶神様読解（枛津媛命　つまつひめのみこと）
  神仏辞典（枛津姫命　つまつひめのみこと）
  日本人名（枛津姫命　つまつひめのみこと）

妻神　つまのかみ
日向国児湯郡の都万神社の祭神。
- ¶神仏辞典（妻神・都万神　つまのかみ）

妻平　つまへい
歌舞伎演目『新薄雪物語』に登場する、園部左衛門の家来である奴。
- ¶歌舞伎登（妻平　つまへい）〔像〕

「つまりての夜市」の釘鍛冶屋　つまりてのよいちのくぎかじや
井原西鶴作の浮世草子『世間胸算用』(1692)巻五の一「つまりての夜市」に登場する人物。
- ¶架空人日（「つまりての夜市」の釘鍛冶屋　つまりてのよいちのくぎかじや）

積川神　つみかわのかみ
和泉国和泉郡の積川神社五座の祭神。
- ¶神仏辞典（積川神　つみかわのかみ）

柘枝の仙女　つみのえのせんにょ
「柘枝伝」の伝説の神女。
- ¶神話伝説（柘の枝の仙女　つみのえのせんにょ）
  伝奇図説（柘枝の仙女　つみのえのせんにょ）

津向の文吉　つむぎのぶんきち
講談『清水次郎長』に登場する博徒。
- ¶架空伝説（津向の文吉　つむぎのぶんきち　㊤1810年）

都牟自神　つむじのかみ
出雲国出雲郡内社五八社の都牟自社、『延喜式』の都武自神社の祭神。
- ¶神仏辞典（都牟自神・都武自神　つむじのかみ）

飄別神　つむじわけのかみ
『日本三代実録』に所出。信濃国の神。
- ¶神仏辞典（飄別神　つむじわけのかみ）

津村浩三　つむらこうぞう
川口松太郎作『愛染かつら』の登場人物。
- ¶コン5（津村浩三　つむらこうぞう）

津守氏人神　つもりのうじびとのかみ
摂津国住吉郡の大海神社二座の元の名。
- ¶神仏辞典（津守氏人神　つもりのうじびとのかみ）

津毛利神　つもりのかみ
遠江国敷智郡の津毛利神社の祭神。
- ¶神仏辞典（津毛利神　つもりのかみ）

梅雨左衛門　つゆざえもん
島根県出雲西部から石見地方にかけて、梅雨の時節にあらわれるという蛇体の神。
- ¶神仏辞典（梅雨左衛門　つゆざえもん）

梅雨神　つゆじん
島根県出雲地方で、梅雨の時節にあらわれるという蛇体の神。
- ¶神仏辞典（梅雨神　つゆじん）

露の五郎兵衛　つゆのごろべえ
江戸前期の噺家。辻談義の名人といわれた。上方落語の元祖とされる。
- ¶架空伝承（露の五郎兵衛　つゆのごろべえ　㊤寛永20(1643)年　㊦元禄16(1703)年）〔像〕
  歌舞伎登（露の五郎兵衛　つゆのごろべえ）
  説話伝説（露の五郎兵衛　つゆのごろべえ　㊤寛永20(1643)年?　㊦元禄16(1703)年）

頰那芸神　つらなぎのかみ
速秋津日子神・妹速秋津比売神の二神により生まれた水に縁のある神八神の一柱。
- ¶神様読解（頰那芸神　つらなぎのかみ）
  神仏辞典（頰那芸神　つらなぎのかみ）
  日本人名（頰那芸神　つらなぎのかみ）

頰那美神　つらなみのかみ
速秋津日子神・妹速秋津比売神の二神により生まれた水に縁のある神八神の一柱。
- ¶神様読解（頰那美神　つらなみのかみ）
  神仏辞典（頰那美神　つらなみのかみ）
  日本人名（頰那美神　つらなみのかみ）

つらのかわ屋千兵衛　つらのかわやせんべえ
芝全交作の黄表紙『大悲千禄本』(1785)に登場する、千手観音が手を貸し出したとき、営業の一切を受け持った男。

¶架空人日（つらのかわ屋千兵衛　つらのかわやせんべえ）

氷柱女　つららおんな
氷の妖怪。秋田県の俗伝。
¶幻想動物（つらら女）〔像〕
　神仏辞典（氷柱女　つららおんな）
　全国妖怪（ツララオンナ〔秋田県〕）
　水木妖怪（つらら女）〔像〕
　妖怪大全（つらら女　つららおんな）〔像〕

氷柱女房　つららにょうぼう
東北や新潟などの豪雪地帯に伝わる昔話に登場する。
¶全国妖怪（ツララニョウボウ〔新潟県〕）
　妖怪事典（ツララニョウボウ）
　妖怪大事典（氷柱女房　つららにょうぼう）〔像〕

釣鐘権助　つりがねごんすけ
歌舞伎演目『桜姫東文章』に登場する、実名忍ぶの惣太。桜姫の夫。
¶歌舞伎登（釣鐘権助　つりがねごんすけ）

釣鐘権八　つりがねごんぱち
歌舞伎演目『籠釣瓶花街酔醒』に登場する、八ツ橋の親判をしているやくざな遊び人。
¶歌舞伎登（釣鐘権八　つりがねごんぱち）

釣鐘庄兵衛　つりがねしょうべえ
歌舞伎演目『侠客春雨傘』に登場する、稲妻組という町奴の頭。
¶歌舞伎登（釣鐘庄兵衛　つりがねしょうべえ）

釣鐘弥左衛門　つりがねやざえもん
歌舞伎演目『杜若艶色紫』に登場する、豊島家に出入りの町人。
¶歌舞伎登（釣鐘弥左衛門　つりがねやざえもん）

釣舟三吉　つりふねさんきち
歌舞伎演目『謎帯一寸徳兵衛』に登場する、神田の道具屋の若旦那清七。
¶歌舞伎登（釣舟三吉　つりふねさんきち）

釣船清次　つりふねせいじ
疫病よけの神札にしるされた人名。
¶神仏辞典（釣船清次　つりふねせいじ）

釣船の三婦　つりふねのさぶ
歌舞伎演目『夏祭浪花鑑』に登場する老侠客。
¶歌舞伎登（釣船の三婦　つりふねのさぶ）

鶴　つる
武者小路実篤作『お目出たき人』(1911)に登場する、「お目出たき人」に恋慕われる女学生。
¶架空人日（鶴　つる）

敦賀のおべく　つるがのおべく
歌舞伎演目『宝来山金礎』に登場する、和泉の国の高安家が養子にやっておいた里の娘。
¶歌舞伎登（敦賀のおべく　つるがのおべく）

敦賀の女　つるがのおんな
『今昔物語集』の登場人物。敦賀で、観音に頼みを掛けて暮らしていた女。
¶古典人学（敦賀の女　つるがのおんな）

鶴川　つるかわ
三島由紀夫作『金閣寺』(1956)に登場する、東京近郊の裕福な寺の息子。
¶架空人日（鶴川　つるかわ）

剣緒神　つるぎおのかみ
『日本三代実録』に所出。飛騨国の神。
¶神仏辞典（剣緒神　つるぎおのかみ）

剣刀石床別命神　つるぎたちいわとこわけのみことのかみ
伊豆国田方郡の剣刀石床別命神社の祭神。
¶神仏辞典（剣刀石床別命神　つるぎたちいわとこわけのみことのかみ）

剣刀乎夜尓命神　つるぎたちおやにのみことのかみ
伊豆国田方郡の剣刀乎夜尓命神社の祭神。
¶神仏辞典（剣刀乎夜尓命神　つるぎたちおやにのみことのかみ）

剣主神　つるぎぬしのかみ
大和国宇陀郡の剣主神社の祭神。
¶神仏辞典（剣主神　つるぎぬしのかみ）

剣根命　つるぎねのみこと
高御魂命（高魂命）5世の孫、葛木忌寸・葛木直・荒田直の祖。大阪府堺市上之の陶荒田神社の祭神。
¶神仏辞典（剣根命　つるぎねのみこと）

剣神　つるぎのかみ
越前国敦賀郡の剣神社の祭神。
¶神仏辞典（剣神　つるぎのかみ）

ツルギミサキ
山陰地方でいう行き逢い神の一種。
¶妖怪事典（ツルギミサキ）

鶴子　つるこ
谷崎潤一郎作『細雪』(1943-48)に登場する、大阪船場の商家蒔岡家の長女。
¶架空人日（鶴子　つるこ）
　日本人名（蒔岡鶴子　まきおかつるこ）

鶴女　つるじょ
大分県中津市相原坂手隈、八幡鶴市神社にまつわる人柱伝説の母子のうち、市太郎の母お鶴。
¶説話伝説（鶴女市太郎　つるじょいちたろう）
　伝奇伝説（鶴女市太郎　つるじょいちたろう）

鶴千代　つるちよ
歌舞伎演目『伽羅先代萩』に登場する、足利頼兼の嫡子。
¶歌舞伎登（鶴千代　つるちよ）

鶴女房　つるにょうぼう
昔話の主人公。
¶日本人名（鶴女房　つるにょうぼう）

鶴の化け物　つるのばけもの
新潟県三条市の湿地に現れた妖怪。
¶妖怪事典（ツルノバケモノ）

鶴八　つるはち
川口松太郎作『鶴八鶴次郎』に登場する人物。
¶架空伝説（鶴八　つるはち）

つる姫　つるひめ
土田よし子のギャグマンガ『つる姫じゃ～っ!』の主人公。
¶架空人物（つる姫）
日本人名（つる姫　つるひめ）

釣瓶下ろし　つるべおろし
釣瓶落としともいう。木の上から釣瓶や首が落ちて来て人を驚かす妖怪。主に京都府、滋賀県、岐阜県、愛知県でいう。
¶幻想動物（釣瓶落し）〔像〕
神仏辞典（釣瓶下ろし　つるべおろし）
全国妖怪（ツルベオロシ〔岐阜県〕）
全国妖怪（ツルベオロシ〔滋賀県〕）
全国妖怪（ツルベオロシ〔京都府〕）
水木妖怪続（釣瓶落し　つるべおとし）〔像〕
妖怪事典（ツルベオロシ）
妖怪図鑑（つるべ落とし）〔像〕
妖怪大全（釣瓶落とし　つるべおとし）〔像〕
妖怪大事典（釣瓶下ろし　つるべおろし）〔像〕
妖百3（釣瓶下し　つるべおろし）〔像〕

釣部渓三郎　つるべけいざぶろう
太田蘭三の「山岳渓流推理」シリーズの主人公。
¶名探偵日（釣部渓三郎　つるべけいざぶろう）

釣瓶こかし　つるべこかし
京都府船井郡園部町でいう妖怪。
¶妖怪事典（ツルベコカシ）

釣瓶火　つるべび
木の上から突然落ちて来て、上下動を繰り返す怪火の一種。
¶幻想動物（釣瓶火）〔像〕
妖怪事典（ツルベビ）
妖怪大全（釣瓶火　つるべび）〔像〕
妖怪大事典（釣瓶火　つるべび）〔像〕

都留美嶋神　つるみしまのかみ
河内国若江郡の都留美嶋神社の祭神。
¶神仏辞典（都留美嶋神　つるみしまのかみ）

都留弥神　つるみのかみ
河内国渋川郡の都留弥神社の祭神。
¶神仏辞典（都留弥神　つるみのかみ）

鶴屋喜左衛門　つるやきざえもん
版元・仙鶴堂主人。杉本苑子作『滝沢馬琴』の登場人物。
¶時代小説（鶴屋喜左衛門　つるやきざえもん）

鶴屋南北　つるやなんぼく
4代目。代表作『東海道四谷怪談』。
¶架空伝承（鶴屋南北　つるやなんぼく　㊤宝暦5（1755）年　㊦天保1（1830）年）
説話伝説（鶴屋南北　つるやなんぼく　㊤宝暦5（1755）年　㊦文政12（1829）年）
伝奇伝説（鶴屋南北　つるやなんぼく　㊤宝暦5（1755）年　㊦文政12（1829）年）

鶴屋礼三郎　つるやれいざぶろう
歌舞伎演目『関取千両幟』に登場する、鶴屋の若旦那。
¶歌舞伎登（鶴屋礼三郎　つるやれいざぶろう）

ツンツン様　つんつんさま
千葉県安房郡三芳村でいう怪異。
¶妖怪事典（ツンツンサマ）
妖怪大事典（ツンツン様　つんつんさま）

聾神　つんぼがみ
不具の部分を持っている神。
¶東洋神名（聾神　ツンボガミ）〔像〕

【て】

手足の神　てあしのかみ
手足の病気の人が手足の形を作って、名を書いて持って行くと利益がある神。
¶水木妖怪（手足の神　てあしのかみ）〔像〕

手洗い鬼　てあらいおに
海の妖怪。香川県の俗伝。
¶神仏辞典（手洗い鬼　てあらいおに）
全国妖怪（テアライオニ〔香川県〕）〔像〕
妖怪事典（テアライオニ）
妖怪大全（手洗鬼　てあらいおに）〔像〕
妖怪大事典（手洗鬼　てあらいおに）〔像〕

ディオニス王　でぃおにすおう
太宰治作『走れメロス』（1940）に登場する、シシリー島シラクスの王。
¶架空人日（ディオニス王　でぃおにすおう）

泥斎　でいさい
佐々木味津三作『右門捕物帖』の登場人物。
¶時代小説（泥斎　でいさい）

貞昌　ていしょう
歌舞伎演目『お染久松色読販』に登場する、油屋の後家。
¶歌舞伎登（貞昌　ていしょう）

氐人　ていじん
中国の上半身が人で下半身が魚の生き物。『和漢三才図会』にも記される。
¶日本未確認（氐人　ていじん）〔像〕

鄭成功　ていせいこう
⇒和藤内（わとうない）

デイデンボメ
栃木県宇都宮地方でいう巨人。
¶妖怪事典（デイデンボメ）

貞之助　ていのすけ
谷崎潤一郎作『細雪』(1943-48) に登場する、蒔岡四姉妹の次女幸子と結婚した男。
¶架空人日（貞之助　ていのすけ）

丁蘭　ていらん
御伽草子『二十四孝』に登場する、中国河内の野王の人。二十四孝の一人。
¶架空人日（丁蘭　ていらん）

でぇでぇぼう
雪の妖怪。山形県羽黒山の俗伝。
¶神仏辞典（でぇでぇぼう）
　全国妖怪（デェデェボウ〔山形県〕）
　妖怪事典（デエデエボウ）

でえら坊　でえらぼう
長野県小県郡地方でいう巨人。
¶妖怪事典（デエラボウ）

手負蛇　ておいへび
殺したり、半殺しにした蛇がしかえしにくるもの。
¶水木幻獣（手負蛇　ておいへび）〔像〕
　妖怪事典（テオイヘビ）
　妖怪大鑑（手負蛇　ておいへび）〔像〕
　妖怪大事典（手負い蛇　ておいへび）

デーカベエ
兵庫県美方郡浜坂地方でいう怪火。
¶妖怪事典（デーカベエ）

テガワラ
富山県地方でいう河童。
¶妖怪事典（テガワラ）

手杵返し　てぎのかえし
雪の妖怪。高知県宿毛市横山の俗伝。
¶神仏辞典（手杵返し　てぎのかえし）
　全国妖怪（テギノカエシ〔高知県〕）
　妖怪事典（テギノガエシ）

手杵の棒　てぎのぼー
高知県幡多郡十川村でいう妖怪。
¶妖怪事典（テギノボー）

できぼさ
長崎県五島列島で、物事を見透かす人のこと。
¶神仏辞典（できぼさ）

出口王仁三郎　でぐちおにさぶろう
宗教家。大本教教祖の出口なおの後を継ぎ教主となる。
¶架空伝承（出口王仁三郎　でぐちおにさぶろう　㊊明治4(1871)年　㊣昭和23(1948)年）

手越の少将　てごしのしょうしょう
『曾我物語』の登場する曾我時致の愛人。手越宿の遊君として、大磯の虎などと並び高名な存在。
¶架空人日（手越の少将　てごしのしょうしょう）
　古典人学（手越の少将　てごしのしょうしょう）
　新潮日本（少将　しょうしょう）
　日本人名（少将　しょうしょう）

手小屋　てごや
群馬県利根郡水上町でいう怪異。
¶妖怪事典（テゴヤ）
　妖怪大事典（手小屋　てごや）

出崎庄之介　でさきしょうのすけ
井原西鶴作の浮世草子『武道伝来記』(1687) 巻六の第四「碓引べき垣生の琴」に登場する武士。
¶架空人日（出崎庄之介　でさきしょうのすけ）
　架空伝説（出崎庄之助　でさきしょうのすけ）

豊島屋七左衛門　てしまやしちざえもん
歌舞伎演目『女殺油地獄』に登場する、大坂本天満町の油商。
¶歌舞伎登（豊島屋七左衛門　てしまやしちざえもん）

大将軍さあ　でしょぐんさあ
九州南部では、馬に跨がった武人の像などが神体で、牛馬の神という伝承が多い。
¶神仏辞典（大将軍さあ　でしょぐんさあ）

手白の猿又　てじろのさるまた
歌舞伎演目『さるわか万代厦』に登場する、岩倉山に猿とともに住む猟師。
¶歌舞伎登（手白の猿又　てじろのさるまた）

テダ
沖縄において太陽そのもの、太陽神。ティダとも。
¶神文化史（テダ（ティダ））

てたに

手谷神　てたにのかみ
毛谷神とも。但馬国養父郡・出石郡の手谷神社の祭神。
¶神仏辞典（手谷神　てたにのかみ）

デタラボウシ
群馬県太田市地方でいう巨人。
¶妖怪事典（デタラボウシ）

鉄ケ嶽　てつがたけ
人形浄瑠璃「関取千両幟」（1767年初演）で取り上げられた二人の力士のうちの一人。力士千田川吉五郎を変名したもの。
¶歌舞伎登（鉄ケ嶽　てつがたけ）
　伝奇伝説（稲川鉄ケ嶽　いながわてつがたけ）

鉄冠子　てつかんし
芥川龍之介の小説『杜子春』に登場する、峨眉山に住む仙人。
¶架空人日（鉄冠子　てつかんし）
　東洋神名（鉄冠子　テツカンシ）〔像〕

てつじ
東京都の八丈島の山の妖怪。人を神隠しにしたり、一晩中迷わせたりするが良いこともする。乳房を欅のように両肩にかけている。テッチ・テツジメなどとも。
¶神仏辞典（てつじ）
　全国妖怪（テッジ〔東京都〕）
　妖怪事典（テッジ）
　妖怪大全（てっち）〔像〕
　妖怪大事典（テッジ）〔像〕

鉄人28号　てつじんにじゅうはちごう
横山光輝のSF漫画に登場する巨大ロボット。
¶架空伝承（鉄人28号　てつじんにじゅうはちごう）
　日本人名（鉄人28号　てつじんにじゅうはちごう）

鉄鼠　てっそ
鳥山石燕の『画図百鬼夜行』に描かれる鼠の化け物。『太平記』や『平家物語』で頼豪鼠として語られているもので、園城寺の僧、頼豪の怨霊。
¶幻想動物（頼豪鼠）〔像〕
　日ミス（鉄鼠　てっそ）
　日本未確認（頼豪鼠　らいごうねずみ）〔像〕
　水木妖怪続（鉄鼠　てっそ）〔像〕
　妖怪事典（テッソ）〔像〕
　妖怪大全（鉄鼠　てっそ）〔像〕
　妖怪大事典（鉄鼠　てっそ）〔像〕

鉄三　てつぞう★
灰谷健次郎作『兎の眼』（1974）の登場人物。
¶児童登場（鉄三）

丁稚久太郎　でっちきゅうたろう
歌舞伎演目『お染久松色読販』に登場する、油屋の丁稚。
¶歌舞伎登（丁稚久太郎　でっちきゅうたろう）

テッチササリ
山の怪。東京都の八丈島で山神憑きのこと。
¶全国妖怪（テッチササリ〔東京都〕）

丁稚三五郎　でっちさんごろう
歌舞伎演目『心中天網島』に登場する、大坂天満、紙屋治兵衛の丁稚。
¶歌舞伎登（丁稚三五郎　でっちさんごろう）

出尻清兵衛　でっちりせいべえ
歌舞伎演目『極付幡随長兵衛』に登場する、略して「でっちり」ともいう。幡随院長兵衛の子分の一人。
¶歌舞伎登（出尻清兵衛　でっちりせいべえ）

鉄槌　てっつい
おそらくは11世紀に成立したとみられる日本最初の色情文学『鉄槌伝』の主人公。
¶朝日歴史（鉄槌　てっつい）

鉄腕アトム　てつわんあとむ
手塚治虫原作の同名の漫画、アニメの主人公であるロボット。
¶架空人物（鉄腕アトム）
　架空伝承（鉄腕アトム　てつわんアトム）
　児童登場（アトム）
　日本人名（鉄腕アトム　てつわんアトム）

デーデーボ
⇒だいだらぼっち

手取りの半太郎　てどりのはんたろう
歌舞伎演目『刺青奇偶』に登場する、江戸深川佐賀町生まれの水揚げ人足の若頭だったが、人を殺めてからは博打好きの股旅者となる。
¶歌舞伎登（手取りの半太郎　てどりのはんたろう）

手長　てなが
島根県鹿足郡地方でいう河童。
¶妖怪事典（テナガ）

手長足長　てながあしなが
異常に手足の長い、中国の伝説上の異人。日本に伝わり、清涼殿の「荒海の障子」に描かれている。
¶幻想動物（手長足長）〔像〕
　広辞苑6（足長・脚長　あしなが）
　広辞苑6（手長　てなが）
　説話伝説（手長足長　てながあしなが）
　大辞林3（足長　あしなが）
　伝奇伝説（手長足長　てながあしなが）
　日本人名（手長足長　てながあしなが）
　妖怪事典（テナガアシナガ）
　妖怪図鑑（手長足長　てながあしなが）〔像〕
　妖怪大全（足長手長　てながあしなが）
　妖怪大事典（手長足長　てながあしなが）〔像〕
　妖百1（手長足長　てながあしなが）〔像〕

石距　てながだこ
　瀬戸内海沿岸地方に棲んでいる奇怪な蛸の一種。
　¶幻想動物（石距）〔像〕
　　日本未確認（石距　てながだこ）

手長婆　てながばばあ
　水の妖怪。千葉県の俗伝。
　¶神仏辞典（手長婆　てながばばあ）
　　全国妖怪（テナガババア〔千葉県〕）
　　水木妖怪続（手長婆　てながばばあ）〔像〕
　　妖怪事典（テナガババア）
　　妖怪大全（手長婆　てながばばあ）〔像〕
　　妖怪大事典（手長婆　てながばばあ）〔像〕

手名椎　てなづち
　足名椎の妻で、櫛名田比売を生んだ老女神。『日本書紀』では手摩乳。
　¶アジア女神（手摩乳・手名椎　てなづち）
　　神様読解（手名椎命/手摩乳命　てなづちのみこと・てなづちのみこと）
　　神仏辞典（手名椎・手摩乳　てなづち）
　　世百新（脚摩乳・手摩乳　あしなずち・てなずち）
　　大辞林3（手摩乳・手名椎　てなづち）
　　東洋神名（足名椎神と手名椎神　アシナヅチノカミ＆テナヅチノカミ）
　　日本神々（手名椎神　てなづちのかみ）〔像〕
　　日本人名（脚摩乳・手摩乳　あしなずち・てなずち）
　　日本神話（アシナヅチ・テナヅチ）

手習い子　てならいこ
　歌舞伎演目『手習子』に登場する、市井の裕福な家庭に育った娘。
　¶歌舞伎登（手習い子　てならいこ）

掌の火　てのひらのひ
　石川県江沼地方の怪異。
　¶妖怪事典（テノヒラノヒ）

手の目　てのめ
　両方の手のひらにひとつずつ目がついている妖怪。
　¶幻想動物（手の目）〔像〕
　　水木妖怪続（手の目　てのめ）〔像〕
　　妖怪事典（テノメ）
　　妖怪大全（手の目　てのめ）〔像〕
　　妖怪大事典（手の目　てのめ）〔像〕

手速比咩神　てはやひめのかみ
　能登国羽咋郡の手速比咩神社の祭神。
　¶神仏辞典（手速比咩神　てはやひめのかみ）

出村新兵衛　でむらしんべえ
　歌舞伎演目『富岡恋山開』に登場する、本郷の医者山田養酵の倅。
　¶歌舞伎登（出村新兵衛　でむらしんべえ）

出目助　でめすけ
　滝亭鯉丈作の滑稽本『八笑人』に登場する、八笑人の一人。

　¶架空人日（出目助　でめすけ）

手目坊主　てめぼうず
　熊本県八代市の松井家に伝わる『百鬼夜行絵巻』に描かれているもの。
　¶妖怪事典（テメボウズ）
　　妖百3（手目坊主　てめぼうず）〔像〕

寺岡平右衛門　てらおかへいえもん
　浄瑠璃『仮名手本忠臣蔵』（1748年初演）の一力茶屋の段に登場する足軽。
　¶架空人日（寺岡平右衛門　てらおかへいえもん）
　　架空伝説（寺岡平右衛門　てらおかへいえもん）
　　歌舞伎登（寺岡平右衛門1　『仮名手本忠臣蔵』てらおかへいえもん）〔像〕
　　歌舞伎登（寺岡平右衛門2　『稽古筆七いろは』てらおかへいえもん）

寺尾孫之丞　てらおまごのじょう
　宮本武蔵の高弟。隆慶一郎作『吉原御免状』の登場人物。
　¶時代小説（寺尾孫之丞　てらおまごのじょう）

寺子屋兵助　てらこやひょうすけ
　歌舞伎演目『極彩色娘扇』に登場する、妙林の息子。藤兵衛の義弟。
　¶歌舞伎登（寺子屋兵助　てらこやひょうすけ）

寺坂吉右衛門　てらさかきちえもん
　赤穂浪士吉良邸討ち入り後、唯一その後の行動が不明となった人物。
　¶説話伝説（寺坂吉右衛門　てらさかきちえもん）〔像〕
　　伝奇伝説（寺坂吉右衛門　てらさかきちえもん）

寺沢新子　てらざわしんこ
　石坂洋次郎作『青い山脈』（1947）に登場する女学生。主人公の一人。
　¶架空人日（寺沢新子　てらざわしんこ）

寺沢塔十郎　てらさわとうじゅうろう
　歌舞伎演目『花街模様薊色縫』に登場する、盗賊詮議の役人。
　¶歌舞伎登（寺沢塔十郎　てらさわとうじゅうろう）

寺島伊織　てらしまいおり
　大佛次郎作『鞍馬天狗』の登場人物。
　¶時代小説（寺島伊織　てらしまいおり）

寺田五郎右衛門　てらだごろうえもん
　天真伝一刀流組太刀の使い手。津本陽作『千葉周作』の登場人物。
　¶時代小説（寺田五郎右衛門　てらだごろうえもん）

寺つつき　てらつつき
　物部守屋の怨霊が怪鳥となったもの。
　¶幻想動物（寺つつき）〔像〕
　　妖怪事典（テラツツキ）
　　妖怪大事典（寺つつき　てらつつき）〔像〕

寺西閑心　てらにしかんしん
歌舞伎演目『浮世柄比翼稲妻』に登場する、白柄組の頭分。
¶**歌舞伎登**（寺西閑心　てらにしかんしん）

氏良命神　てらのみことのかみ
伊豆国賀茂郡の氏良命神社の祭神。
¶**神仏辞典**（氏良命神　てらのみことのかみ）

デーラボッチ
神奈川県、群馬県、長野県地方でいう巨人。
¶**妖怪事典**（デーラボッチ）

寺村重左ヱ門　てらむらじゅうざえもん
佐伯泰英作『密命』の登場人物。
¶**時代小説**（寺村重左ヱ門　てらむらじゅうざえもん）

照葉　てりは
歌舞伎演目『扇的西海硯』に登場する、那須与市の息子のうち、弟駒若の乳母。
¶**歌舞伎登**（照葉　てりは）

照葉　てりは
歌舞伎演目『暫』に登場する、通称「女鯰」。鯰坊主の女性版。
¶**歌舞伎登**（照葉　てりは）

てる子　てるこ
永井路子作『葛の葉抄』の登場人物。
¶**時代小説**（てる子　てるこ）

照手姫　てるてひめ
説経節『小栗判官』の女性主人公。
¶**架空伝説**（照手姫・小栗判官　てるてひめ・おぐりはんがん）〔像〕
歌舞伎登（照手姫　てるてひめ）
広辞苑6（照手姫　てるてひめ）
コン5（照手姫　てるてひめ）
神仏辞典（照手姫　てるてひめ）
大辞林3（照手姫　てるてひめ）

照る照る坊主　てるてるぼうず
天気が晴れることを祈って軒先などに吊るす人形のことであるが、祈晴の神の一種ということができる。
¶**神様読解**（照る照る坊主・降れ降れ坊王　てるてるぼうず・ふれふれぼうず）
神仏辞典（照る照る坊主　てるてるぼうず）

照る日　てるひ★
『おもろさうし』の今帰仁オモロ群に登場する神女。
¶**アジア女神**（照る日）

てれん上人　てれんしょうにん
江島其磧（八文字自笑）作の浮世草子『傾城禁短気』（1711）に登場する、衆道門の高僧。
¶**架空人日**（てれん上人　てれんしょうにん）

出羽猿鬼　でわえんき
鳥羽亮作『三鬼の剣』の登場人物。
¶**時代小説**（出羽猿鬼　でわえんき）

出羽三山の神々　でわさんざんのかみがみ
月山神社、湯殿山神社を奥宮とし、羽黒山の出羽神社に三神合祭殿を設け、三山の神々を合祀する。
¶**日本神様**（出羽三山の神々　でわさんざんのかみがみ）〔像〕

天　てん
八部衆の中の一つ。如来、菩薩、明王、天のうちの天部の総称でもある。
¶**東洋神名**（天　テン）〔像〕

天　てん
天上にある最高神で天下の統帥者。
¶**神仏辞典**（天　てん）

天　てん
梵語devaの音写、提婆で神を意味する。
¶**神仏辞典**（天　てん）

天一様　てんいちさま
岡山県阿哲郡上刑部村でいう怪異。
¶**神仏辞典**（天一　てんいち）
全国妖怪（テンイチサマ〔岡山県〕）
妖怪事典（テンイチサマ）

天一神　てんいちのかみ
⇒天一神（あめひとつのかみ）

天一坊　てんいちぼう
実録『大岡政談』に登場する、天才的な詐欺師。将軍の御落胤天一坊と名乗って江戸に入るが、大岡越前に逮捕された。
¶**英雄事典**（天一坊　テンイチボウ）
架空人日（天一坊　てんいちぼう）
架空伝承（天一坊　てんいちぼう　[生]?　[没]享保14（1729）年）〔像〕
架空伝説（天一坊　てんいちぼう）〔像〕
歌舞伎登（天一坊　てんいちぼう）
奇談逸話（天一坊　てんいちぼう）
広辞苑6（天一坊　てんいちぼう）
コン5（天一坊　てんいちぼう）
新潮日本（天一坊　てんいちぼう　[生]宝永2（1705）年　[没]享保14（1729）年4月21日）
説話伝説（天一坊　てんいちぼう　[生]?　[没]享保14（1729）年）〔像〕
世百新（天一坊　てんいちぼう）
大辞林3（天一坊　てんいちぼう）
伝奇伝説（天一坊　てんいちぼう）
日本人名（天一坊　てんいちぼう　[生]1705年　[没]1729年）

天英院　てんえいいん
徳川家宣の正室。舟橋聖一作『絵島生島』の登

場人物。
¶時代小説（天英院　てんえいいん）

伝右衛門　でんえもん
歌舞伎演目『天衣紛上野初花』に登場する、質屋上州屋の番頭。
¶歌舞伎登（伝右衛門　でんえもん）

天火　てんか
⇒天火（てんぴ）

天海　てんかい
江戸前期の天台宗僧侶。近世天台宗中興の祖といわれる。徳川家康に重用された怪僧。家康が明智光秀を匿うために与えた仮の名が天海だという伝説がある。
¶架空伝承（天海　てんかい ㊤天文5(1536)年 ㊦寛永20(1643)年）
　奇談逸話（天海　てんかい ㊤天文5(1536)年 ㊦寛永20(1643)年）
　神仏辞典（天海　てんかい ㊤1536年 ㊦1643年）
　説話伝説（天海　てんかい ㊤天文5(1536)年 ㊦寛永20(1643)年）
　日ミス（天海　てんかい ㊤? ㊦寛永20(1643)年）

天蓋藪　てんがいやぶ
和歌山県那賀郡貴志川町でいう怪異。
¶妖怪事典（テンガイヤブ）

田楽屋助一　でんがくやすけいち
歌舞伎演目『蘭奢待新田系図』に登場する、播磨の国脇の浜に住む浪人小山田幸内こと児島高徳の息子。
¶歌舞伎登（田楽屋助一　でんがくやすけいち）

天火人　てんかじん
群馬県佐波郡上陽村でいう怪火。
¶妖怪事典（テンカジン）

天狗　てんぐ
日本人の霊魂観から発する霊的存在。形象化され庶民信仰の対象となった。民俗伝承では赤顔長鼻で山伏の服装をして高下駄をはいた姿で伝わる。
¶架空伝承（天狗　てんぐ）〔像〕
　神様読解（天狗　てんぐ）
　神文化史（テング／天狗）
　奇談逸話（天狗　てんぐ）
　幻想動物（天狗）〔像〕
　広辞苑6（天狗　てんぐ）
　神仏辞典（天狗　てんぐ）
　神話伝説（天狗　てんぐ）〔像〕
　世怪物神獣（天狗）
　世幻想（天狗）〔像〕
　説話伝説（天狗　てんぐ）
　世百新（天狗　てんぐ）〔像〕
　世妖精妖怪（天狗）
　全国妖怪（テング〔岩手県〕）
　全国妖怪（テング〔福島県〕）
　全国妖怪（テング〔茨城県〕）
　全国妖怪（テング〔栃木県〕）
　全国妖怪（テング〔東京都〕）
　全国妖怪（テング〔神奈川県〕）
　全国妖怪（テング〔新潟県〕）
　全国妖怪（テング〔長野県〕）
　全国妖怪（テング〔岐阜県〕）
　全国妖怪（テング〔静岡県〕）
　全国妖怪（テング〔三重県〕）
　全国妖怪（テング〔和歌山県〕）〔像〕
　全国妖怪（テング〔広島県〕）
　大辞林3（天狗　てんぐ）
　伝奇伝説（天狗　てんぐ）
　東洋神名（天狗　テング）〔像〕
　日ミス（天狗　てんぐ）
　日本人名（天狗　てんぐ）
　日本未確認（天狗　てんぐ）〔像〕
　水木妖怪（天狗　てんぐ）
　妖怪事典（テング）
　妖怪図鑑（天狗　てんぐ）〔像〕
　妖怪大全（天狗　てんぐ）
　妖怪大事典（天狗　てんぐ）〔像〕
　妖精百科（天狗）
　妖百1（天狗　てんぐ）〔像〕

天狗源内　てんぐげんない
井原西鶴作の浮世草子『日本永代蔵』(1688)巻二「天狗は家名の風車」の主人公。
¶架空人日（天狗源内　てんぐげんない）

天愚孔平　てんぐこうへい
江戸後期の武士。三絶(三奇人)の一人。
¶伝奇伝説（天愚孔平　てんぐこうへい ㊤宝永6(1709)年 ㊦文化14(1817)年）

天狗小僧霧太郎　てんぐこぞうきりたろう
歌舞伎演目『都鳥廓白浪』に登場する、公家吉田少将の嫡子松若丸が、家の没落に伴い盗賊になり名乗る名。
¶歌舞伎登（天狗小僧霧太郎　てんぐこぞうきりたろう）

天狗小僧寅吉　てんぐこぞうとらきち
天狗にさらわれ仙術を学んだとして評判になった少年。
¶説話伝説（天狗小僧寅吉　てんぐこぞうとらきち ㊤文化3(1806)年 ㊦?）
　伝奇伝説（天狗小僧寅吉　てんぐこぞうとらきち）

天狗攫い　てんぐさらい
山の妖怪。静岡県、大阪府などの俗伝。
¶神仏辞典（天狗攫い　てんぐさらい）
　全国妖怪（テングサライ〔静岡県〕）
　全国妖怪（テングサライ〔大阪府〕）

天狗太鼓　てんぐだいこ
音の妖怪。岐阜県揖斐郡藤橋村の俗伝。
¶神仏辞典（天狗太鼓　てんぐだいこ）
　全国妖怪（テングダイコ〔岐阜県〕）

天狗倒し　てんぐだおし
全国各地に伝わる、山の音の妖怪。
¶神仏辞典（天狗倒し　てんぐだおし）

全国妖怪　（テングダオシ〔茨城県〕）
全国妖怪　（テングダオシ〔埼玉県〕）
全国妖怪　（テングダオシ〔石川県〕）
全国妖怪　（テングダオシ〔福井県〕）
全国妖怪　（テングダオシ〔岐阜県〕）
妖怪事典　（テングダオシ）
妖怪大事典　（天狗倒し　てんぐだおし）〔像〕

天狗礫　てんぐつぶて
山の妖怪。日本各地に伝わる。山中で突然、小石や砂が降ってくるもの。
¶神仏辞典　（天狗礫　てんぐつぶて）
全国妖怪　（テングツブテ〔栃木県〕）
全国妖怪　（テングツブテ〔東京都〕）
全国妖怪　（テングツブテ〔石川県〕）
全国妖怪　（テングツブテ〔大阪府〕）
全国妖怪　（テングツブテ〔大分県〕）
妖怪事典　（テングツブテ）
妖怪大事典　（天狗礫　てんぐつぶて）〔像〕

天狗なめし　てんぐなめし
岩手県上閉伊郡遠野地方でいう「天狗倒し」のこと。
¶神仏辞典　（天狗なめし　てんぐなめし）
全国妖怪　（テングナメシ〔岩手県〕）
妖怪事典　（テングナメシ）

天狗の相撲場　てんぐのすもうば
山の妖怪。山形県、長野県などでいう。
¶神仏辞典　（天狗の相撲場　てんぐのすもうば）
全国妖怪　（テングノスモウバ〔山形県〕）

天狗囃子　てんぐばやし
山の妖怪。山から聞こえてくる太鼓や笛の音。同様の怪異の呼称は各地で異なる。
¶神仏辞典　（天狗囃子　てんぐばやし）
全国妖怪　（テングバヤシ〔群馬県〕）
妖怪事典　（テングバヤシ）
妖怪事典　（テングノウ）
妖怪事典　（テングノタイコ）
妖怪事典　（テングノコクウダイコ）
妖怪大事典　（天狗囃子　てんぐばやし）〔像〕

天狗火　てんぐび
火の妖怪。主に愛知県、静岡県、山梨県、神奈川県でいう怪火。
¶神仏辞典　（天狗火　てんぐび）
全国妖怪　（テングビ〔神奈川県〕）
全国妖怪　（テングビ〔静岡県〕）
全国妖怪　（テングビ〔愛知県〕）
妖怪事典　（テングビ）
妖怪大全　（天狗火　てんぐび）〔像〕
妖怪大事典　（天狗火　てんぐび）〔像〕

伝九郎　でんくろう
歌舞伎演目『紙子仕立両面鑑』に登場する、大坂の道具屋万屋の番頭。
¶歌舞伎登　（伝九郎　でんくろう）

天狗笑い　てんぐわらい
山の妖怪。群馬県、神奈川県、埼玉県、愛知県などの山中で聞こえる笑い声。
¶神仏辞典　（天狗笑い　てんぐわらい）
全国妖怪　（テングワライ〔群馬県〕）
全国妖怪　（テングワライ〔神奈川県〕）
全国妖怪　（テングワライ〔愛知県〕）
妖怪事典　（テングワライ）
妖怪大事典　（天狗笑い　てんぐわらい）

テンコ
岡山県児島郡で古寺に現れる大鼠の妖怪。
¶妖怪事典　（テンコ）

天狐　てんこ
狐の中で最高の位に属するともの。
¶幻想動物　（天狐）〔像〕
日本未確認　（天狐　てんご）

天罡　てんこう
道教の神格で、日本でも古代から中世にかけて「天罡」呪符が用いられた。
¶神仏辞典　（天罡　てんこう）

天狐　てんこう
狐の妖怪。長崎県北松浦郡小値賀島でいう。
¶神仏辞典　（天狐　てんこう）
全国妖怪　（テンコー〔長崎県〕）
妖怪事典　（テンコー）

テンゴーサマ
神奈川県地方でいう天狗のこと。
¶妖怪事典　（テンゴーサマ）

テンゴサマ
長野県、福井県でいう天狗のこと。
¶妖怪事典　（テンゴサマ）

テンゴヌカミ
鹿児島県の奄美大島でいう山の怪。天狗・天河の神。
¶神仏辞典　（テンゴノカミ）
全国妖怪　（テンゴヌカミ〔鹿児島県〕）

てんころ
動物（蛇）の妖怪。岡山県でツチノコのこと。
¶神仏辞典　（てんころ）
全国妖怪　（テンコロ〔岡山県〕）

てんころころばし
道の妖怪。岡山県邑久郡の俗伝。
¶神仏辞典　（てんころころばし）
全国妖怪　（テンコロコロバシ〔岡山県〕）
妖怪事典　（テンコロコロバシ）
妖怪図鑑　（テンコロ転ばし）〔像〕
妖怪大事典　（テンコロ転がし　てんころころばし）

てんころばし
火の妖怪。青森県八戸地方の俗伝。
¶神仏辞典　（てんころばし）

　全国妖怪（テンコロバシ〔青森県〕）
　妖怪事典（テンコロバシ）
　妖怪大事典（テンコロバシ）

天才バカボン　てんさいばかぼん
赤塚不二夫の同名のギャグマンガの主人公。
¶架空人物（天才バカボン）
　日本人名（天才バカボン　てんさいバカボン）

天子　てんじ
伊豆諸島八丈島の昔話に登場する妖怪。山番の前に現れて悪戯をした。
¶妖怪事典（テンジ）
　妖怪大全（天子　てんじ）〔像〕
　妖怪大事典（テンジ）〔像〕

伝次　でんじ
北原亞以子作『深川澪通り木戸番小屋』の登場人物。
¶時代小説（伝次　でんじ）

天竺徳兵衛　てんじくとくべえ
鎖国前に天竺（インド）に数度渡った船頭。『天竺徳兵衛物語』を残し、歌舞伎化もされた。
¶英雄事典（天竺徳兵衛　テンジクトクベエ）
　架空人日（天竺徳兵衛　てんじくとくべえ）
　架空伝承（天竺徳兵衛　てんじくとくべえ [生]寛永9（1632）年頃 [没]宝永7（1710）年頃）〔像〕
　架空伝説（天竺徳兵衛　てんじくとくべえ）〔像〕
　歌舞伎登（天竺徳兵衛　てんじくとくべえ）〔像〕
　古典人学（天竺徳兵衛　てんじくとくべえ）
　コン5（天竺徳兵衛　てんじくとくべえ 生没年不詳）
　新潮日本（天竺徳兵衛　てんじくとくべえ [生]慶長17（1612）年 [没]?）
　説話伝説（天竺徳兵衛　てんじくとくべえ [生]慶長17（1612）/元和5（1619）年 [没]宝永4（1707）年頃）〔像〕
　世百新（天竺徳兵衛　てんじくとくべえ [生]慶長17（1612）年 [没]?）
　伝奇伝説（天竺徳兵衛　てんじくとくべえ）〔像〕
　日本人名（天竺徳兵衛　てんじくとくべえ [生]1612年 [没]?）

天竺の冠者　てんじくのかんじゃ
後鳥羽院時代の博打打ち。空を飛び、水面を走ったという。
¶古典人学（天竺冠者　てんじくのかんじゃ）
　説話伝説（天竺の冠者　てんじくのかんじゃ 生没年未詳）

伝七　でんしち
岡本綺堂作『半七捕物帳』の登場人物。
¶時代小説（伝七　でんしち）

伝七　でんしち
陣出達朗作『伝七捕物帳』の登場人物。
¶時代小説（伝七　でんしち）

天智天皇　てんじてんのう
第38代天皇。中大兄皇子。舒明天皇を父、皇極天皇を母とする。「大化の改新」を断行し、律令体制の基礎を築いた。
¶歌舞伎登（天智天皇　てんじてんのう）
　奇談逸話（天智天皇　てんじてんのう [生]推古天皇34（626）年 [没]天智天皇10（671）年）
　古典人学（天智天皇　てんぢてんのう）
　神仏辞典（天智天皇　てんじてんのう）
　説話伝説（天智天皇　てんじてんのう・てんちてんのう [生]推古天皇34（626）年 [没]天智天皇10（671）年）
　伝奇伝説（天智天皇　てんぢてんのう）〔像〕

天蛇　てんじゃ
空から降ってくる蛇だといわれたもの。『和漢三才図会』ではヒルの部類だとする。
¶日本未確認（天蛇　てんじゃ）

天社神　てんしゃじん
神奈川県の丹沢山塊の各集落で祀られる神。
¶神様読解（天社神　てんしゃじん）〔像〕

天酒大明神　てんしゅだいみょうじん
天酒を神格化したもの。
¶神仏辞典（天酒大明神　てんしゅだいみょうじん）

天璋院篤姫　てんしょういんあつひめ
薩摩・島津家の分家に生まれ、江戸幕府13代将軍徳川家定の正室となった。宮尾登美子作『天璋院篤姫』の主人公。
¶時代小説（天璋院篤姫　てんしょういんあつひめ）

天井下　てんじょうくだり
鳥山石燕の『今昔画図続百鬼』にある、天井から逆さまでぶら下がる妖怪。
¶幻想動物（天井下がり）〔像〕
　妖怪事典（テンジョウクダリ）
　妖怪大事典（天井下　てんじょうくだり）〔像〕

天上皇帝　てんじょうこうてい
芥川龍之介の小説『邪宗門』に登場する沙門・摩利信乃法師が広めている至高神。
¶東洋神名（天上皇帝　テンジョウコウテイ）〔像〕

天井なめ　てんじょうなめ
部屋の天井を舌でなめてシミを作るという妖怪。
¶幻想動物（天井なめ）〔像〕
　全国妖怪（テンジョウナメ〔群馬県〕）
　水木妖怪続（天井なめ）〔像〕
　妖怪事典（テンジョウナメ）
　妖怪大全（天井なめ　てんじょうなめ）〔像〕
　妖怪大事典（天井嘗　てんじょうなめ）〔像〕
　妖百4（垢なめ・天井なめ　あかなめ・てんじょうなめ）〔像〕

天井の足　てんじょうのあし
『新怪談集 実話編』にある大きな足。
¶妖怪事典（テンジョウノアシ）

天神　てんじん
平安時代の貴族・菅原道真の神号「天満大自在天神」の略称。学問の神。
- ¶神様読解（天神様　てんじんさま）〔像〕
- 広辞苑6（天神　てんじん）
- 神仏辞典（天神　てんじん）
- 説話伝説（天神　てんじん）
- 大辞林3（天神　てんじん）
- 東洋神名（天神　テンジン）〔像〕

天神　てんじん
天津神で高天原に生成または誕生した神々。
- ¶神様読解（天神様　てんじんさま）〔像〕
- 広辞苑6（天神　てんじん）
- 大辞林3（天神　てんじん）

田真　でんしん
御伽草子『二十四孝』に載る三兄弟の一人。漢代の人。
- ¶架空人日（田真　でんしん）

天神地祇　てんしんちぎ
天の神と地の神のこと。天津神と国津神ともいう。
- ¶神様読解（天神地祇　てんしんちぎ）
- 広辞苑6（天神地祇　てんじんちぎ）
- 神仏辞典（天神地祇　てんしんちぎ）

天神地祇八百万神　てんしんちぎやおよろずのかみ
京都市の吉田神社の末社、斎場所大元宮の祭神。
- ¶神様読解（天神地祇八百万神　てんしんちぎやおよろずのかみ）
- 東洋神名（天神地祇八百万神　テンジンチギヤオヨロズノカミ）〔像〕

天神の火　てんじんのひ
三重県の天神山でいう火の怪。
- ¶全国妖怪（テンジンノヒ〔三重県〕）

でんすけ
島根県大原郡木次町で、憑き物の狐のこと。
- ¶神仏辞典（でんすけ）

傳介　でんすけ
有吉佐和子作『出雲の阿国』の登場人物。
- ¶時代小説（傳介　でんすけ）

天吊るし　てんつるし
家の妖怪。山梨県北巨摩郡の俗伝。
- ¶神仏辞典（天吊るし　てんづるし）
- 全国妖怪（テンズルシ〔山梨県〕）
- 妖怪事典（テンヅルシ）
- 妖怪大全（天づるし　てんつるし）〔像〕
- 妖怪大事典（天吊し　てんつるし）〔像〕

天台矢房　てんだいやぶさ
長崎県壱岐郡で、矢房神の名称の一つ。
- ¶神仏辞典（天台矢房　てんだいやぶさ）

天地金乃神　てんちかねのかみ
安政2（1855）年に赤沢文治が始めた金光教の神。
- ¶東洋神名（天地金乃神　テンチカネノカミ）〔像〕

天忠　てんちゅう
『大岡政談天一坊』に登場する僧。
- ¶日本人名（天忠　てんちゅう）

天狗　でんつ
山形県の山の怪。
- ¶全国妖怪（デンツ〔山形県〕）

天堂一角　てんどういっかく
吉川英治作『鳴門秘帖』の登場人物。
- ¶時代小説（天堂一角　てんどういっかく）

天道法眼　てんどうほうげん
五味康祐作『柳生武芸帳』の登場人物。
- ¶時代小説（天道法眼　てんどうほうげん）

天童法師　てんどうほうし
対馬の天道信仰の対象。別称天道童子、天道菩薩、宝野上人。
- ¶コン5（天童法師　てんどうほうし）
- 神仏辞典（天童・天道　てんどう）
- 神仏辞典（天童法師・天道法師　てんどうほうし）
- 神話伝説（天童法師　てんどうほうし）
- 説話伝説（天童法師　てんどうほうし）
- 伝奇伝説（天童法師　てんどうほうし）
- 日本人名（天童法師　てんどうほうし）

天女　てんにょ
天界で神々に仕えている半神または精霊の女性たちの総称。また、天人女房とも称され、異類婚姻譚の主人公の一人。
- ¶アジア女神（天女　あまつをとめ）〔像〕
- 架空伝説（羽衣の天女　はごろものてんにょ）
- 歌舞伎登（天津乙女　あまつおとめ）
- 幻想動物（天女）〔像〕
- 広辞苑6（天女　てんにょ）
- 説話伝説（天女　てんにょ）
- 伝奇伝説（天人女房　てんにんにょうぼう）
- 妖精百科（天人）
- 妖精百科（天つ少女　あまつおとめ）

天人　てんにん
⇒天女（てんにょ）

天人女房　てんにんにょうぼう
⇒天女（てんにょ）

テンノー
都筑道夫作『なめくじ長屋捕物さわぎ』の登場人物。
- ¶時代小説（テンノー）

天王　てんのう
牛頭天王、祇園天神、武塔天神とも称する。疫神の代表格的な存在として諸々の疫神の上位に立ち、統御できる神として信仰されている。
¶神仏辞典（天王　てんのう）

天王如来　てんのうにょらい
仏敵である提婆達多が未来に悟りを開いて仏となる時の名。法華経で説く。
¶広辞苑6（天王如来　てんのうにょらい）
　広辞林（天王如来　てんのうにょらい）

天の神　てんのかみ
アイヌのカントコロカムイ（天を領有する神）は、何層もある天のなかでも上方にいるとされ最高の神格をもつ。
¶神仏辞典（天の神　てんのかみ）

天馬　てんば
日本では中国の思想をうけて龍馬、龍の馬といわれているもののこと。
¶日本未確認（天馬　てんば）〔像〕

天白　てんぱく
長野県を中心に東北、関東、中部から近畿地方にかけて分布する神。
¶神仏辞典（天白　てんぱく）

伝八狐　でんぱちぎつね
狐の妖怪。橘門伝八とも。房総の飯高禅林の境内に住む。
¶神仏辞典（伝八狐　でんぱちぎつね）
　全国妖怪（デンパチギツネ〔千葉県〕）

天火　てんび
「てんか」「てんぴ」とも。天から落ちてくる火の妖怪。地方によって伝承の趣に差異がある。
¶幻想動物（天火）〔像〕
　神仏辞典（天火　てんび）
　全国妖怪（テンビ〔愛知県〕）
　全国妖怪（テンビ〔佐賀県〕）
　全国妖怪（テンビ〔長崎県〕）
　全国妖怪（テンビ〔熊本県〕）
　水木妖怪（天火　てんか）〔像〕
　妖怪事典（テンビ）
　妖怪事典（テンビ）
　妖怪大全（天火　てんか）〔像〕
　妖怪大事典（天火　てんび）〔像〕
　妖百3（ジャンジャン火・天火）

天妃　てんぴ
琉球・沖縄の航海を守護する神。中国で発生した媽祖信仰の媽祖の尊号。
¶アジア女神（天妃　てんぴ）

天ぷら銀次　てんぷらぎんじ
歌舞伎演目『繰返開花婦見月』に登場する巾着切り。
¶歌舞伎登（天ぷら銀次　てんぷらぎんじ）

伝兵衛　でんべえ
浄瑠璃・歌舞伎『近頃河原達引』に代表される、心中物戯曲の主人公。井筒屋伝兵衛。
¶朝日歴史（お俊・伝兵衛　おしゅん・でんべえ）
　架空伝承（お俊・伝兵衛　おしゅん・でんべえ）
　架空伝説（お俊・伝兵衛　おしゅん・でんべえ）〔像〕
　歌舞伎登（井筒屋伝兵衛　いづつやでんべえ）
　コン5（お俊・伝兵衛　おしゅん・でんべえ）
　新潮日本（お俊・伝兵衛　おしゅん・でんべえ）
　神話伝説（お俊伝兵衛　おしゅんでんべえ）
　説話伝説（お俊・伝兵衛　おしゅん・でんべえ）
　伝奇伝説（お俊伝兵衛　おしゅんでんべえ）
　日本人名（お俊・伝兵衛　おしゅん・でんべえ）

伝兵衛　でんべえ
歌舞伎演目『淀屋橋喧嘩』に登場する、大坂堂島の和泉屋七兵衛方の手代。
¶歌舞伎登（伝兵衛　でんべえ）

天保六花撰　てんぽうろっかせん
明治初年成立の2世松林伯円作の講談『天保六花撰』に登場する6人。
¶架空伝承（天保六花撰　てんぽうろっかせん）
　コン5（天保六花撰　てんぽうろっかせん）

でんぼの神　でんぼのかみ
皮膚病・出来物の守護神石切剣箭命神社（大阪府東大阪市）の神。
¶神様読解（でんぼの神　でんぼのかみ）

天満屋惣兵衛　てんまやそうべえ
歌舞伎演目『曽根崎心中』に登場する、お初を抱える天満屋の亭主。
¶歌舞伎登（天満屋惣兵衛　てんまやそうべえ）

てんまる
墓場に出る妖怪。群馬県甘楽郡小幡町の俗伝。
¶神仏辞典（てんまる）
　妖怪事典（テンマル）
　妖怪大事典（テンマル）

天満山三万坊　てんまんざんさんまんぼう
密教系の祈祷秘経『天狗経』にある全国代表四八天狗の一つ。
¶妖怪事典（テンマンザンサンマンボウ）
　妖怪大事典（天満山三万坊　てんまんざんさんまんぼう）

天満天神　てんまんてんじん
菅原道真の霊を神格化した呼称。
¶広辞林3（天満天神　てんまんてんじん）

天武天皇　てんむてんのう
第40代の天皇。
¶奇談逸話（天武天皇　てんむてんのう　㊉?　㉜朱鳥1（686）年）
　古典人学（天武天皇　てんむてんのう）
　神仏辞典（天武天皇　てんむてんのう）
　説話伝説（天武天皇　てんむてんのう　㊉?　㉜朱鳥1

(686)年)
伝奇伝説（天武天皇　てんむてんのう　[生]舒明天皇3(631)年? [没]朱鳥1(686)年)

天明稲荷　てんめいいなり
埼玉県朝霞市宮戸にあらわれた流行神。
¶神仏辞典（天明稲荷　てんめいいなり）

天目須之助　てんもくすのすけ
歌舞伎演目『月欠皿恋路宵闇』に登場する、盗賊乞目の畳六の実名。
¶歌舞伎登（天目須之助　てんもくすのすけ）

典薬頭某　てんやくのかみなにがし
『今昔物語集』巻第二十四の第八話に見える、好色で間抜けな老典薬頭。
¶架空人日（典薬頭某　てんやくのかみなにがし）

典薬助　てんやくのすけ
『落窪物語』に登場する、落窪の君の継母である中納言北の方の叔父。典薬寮の次官。
¶架空人日（典薬助　てんやくのすけ）

天蘭敬　てんらんけい
歌舞伎演目『天満宮菜種御供』に登場する、唐からの使者。
¶歌舞伎登（天蘭敬　てんらんけい）

【と】

トイクンラリツムンチ
アイヌに伝わる妖怪。
¶妖怪事典（トイクンラリツムンチ）

トイコシンプク
アイヌ語で地上に広がり出る者という意味の敵を呪うときに祈る魔。
¶妖怪事典（トイコシンプク）

土肥実平　といさねひら
鎌倉時代の武将。『平家物語』で源義経軍に加わって平家を追撃とある。
¶説話伝説（土肥実平　といさねひら　生没年未詳）
伝奇伝説（土肥実平　とひさねひら　生没年未詳）

トイポクンオヤシ
地下のお化けという意味の樺太アイヌに伝わる妖怪。
¶全国妖怪（トイポクンオヤシ〔北海道〕）
妖怪事典（トイポクンオヤシ）
妖怪大事典（トイポクンオヤシ）

道庵　どうあん
中里介山作『大菩薩峠』の登場人物。
¶時代小説（道庵　どうあん）

鳥マジムン　とぅぃまじむん
沖縄県でいう妖怪。
¶全国妖怪（トゥィマジムン〔沖縄県〕）
妖怪事典（トゥィマジムン）

桃印　とういん
松尾芭蕉の甥。新宮正春作『芭蕉庵捕物帳』の登場人物。
¶時代小説（桃印　とういん）

董永　とうえい
御伽草子『二十四孝』に登場する、二十四孝の一人。後漢の頃の人。孝行息子。
¶架空人日（董永　とうえい）

藤英　とうえい
『うつほ物語』の登場人物。本名・藤原季英（すえふさ）。三位、宰相にまで出世する当代一の学者。
¶架空人日（藤英　とうえい）
古典人学（藤英　とうえい）

東金屋茂右衛門　とうがねやもえもん
歌舞伎演目『台頭霞彩幕』に登場する、武術にも優れ、侠気ある商人。
¶歌舞伎登（東金屋茂右衛門　とうがねやもえもん）

トゥカプ
アイヌ語で幽霊のこと。
¶妖怪事典（トゥカプ）

銅鑵子　どうかんし
長野県長野市松代に伝わる怪異。
¶神仏辞典（とうかんす）
全国妖怪（トウガンス〔長野県〕）
妖怪事典（ドウカンシ）

道観長者　どうかんちょうじゃ
東大寺のお水取りに松明を寄進した伝説の長者。伊賀（三重県）名張盆地の南部の村を領した。
¶コン5（道観長者　どうかんちょうじゃ）
伝奇伝説（道観長者　どうかんちょうじゃ）
日本人名（道観長者　どうかんちょうじゃ）

十日夜長十郎　とうかんやちょうじゅうろう
神坂次郎作『おかしな侍たち』の登場人物。
¶時代小説（十日夜長十郎　とうかんやちょうじゅうろう）

藤吉　とうきち
近江屋での竜馬の下僕。司馬遼太郎作『竜馬がゆく』の登場人物。
¶時代小説（藤吉　とうきち）

桃牛舎南玉　とうぎゅうしゃなんぎょく
直木三十五作『南国太平記』の登場人物。
¶**時代小説**（桃牛舎南玉　とうぎゅうしゃなんぎょく）

道鏡　どうきょう
奈良後期の政治家、僧侶。太政大臣禅師に任ぜられて政権を握った。
¶**英雄事典**（道鏡　ドウキョウ）
架空伝承（道鏡　どうきょう ㊓? ㊚宝亀3（772）年）
奇談逸話（道鏡　どうきょう ㊓? ㊚宝亀3（772）年）
古典人学（道鏡　どうきょう）
古典人東（道鏡　どうきょう）
神仏辞典（道鏡　どうきょう ㊓? ㊚772年）
人物伝承（道鏡　どうきょう ㊓? ㊚宝亀3（772）年）
伝奇伝説（道鏡　どうきょう ㊓? ㊚宝亀3（772）年）

道具神　どうぐがみ
埼玉県秩父地方で、大晦日の道具の年取りのときに祀る神。
¶**神仏辞典**（道具神　どうぐがみ）

道具屋金七　どうぐやきんしち
歌舞伎演目『紙子仕立両面鑑』に登場する、道具の仲買い人。
¶**歌舞伎登**（道具屋金七　どうぐやきんしち）

道具屋甚三　どうぐやじんざ
歌舞伎演目『隅田川続俤』に登場する、吉田家の忠臣、奴の軍助。
¶**歌舞伎登**（道具屋甚三　どうぐやじんざ）

峠宗寿軒　とうげそうじゅけん
野村胡堂作『銭形平次捕物控』の登場人物。
¶**時代小説**（峠宗寿軒　とうげそうじゅけん）

道賢　どうけん
⇒日蔵上人（にちぞうしょうにん）

道元　どうげん
鎌倉初期の禅僧。日本曹洞宗の宗祖。
¶**神仏辞典**（道元　どうげん ㊓1200年 ㊚1253年）
説話伝説（道元　どうげん ㊓正治2（1200）年 ㊚建長5（1253）年）
伝奇伝説（道元　どうげん ㊓正治2（1200）年 ㊚建長5（1253）年）〔像〕

道元　どうげん
歌舞伎『盲長屋梅加賀鳶』に登場する江戸後期の按摩。
¶**架空伝説**（道玄　どうげん）
歌舞伎登（道玄　どうげん）

道元ケ火　どうげんがび
京都七条朱雀に現れた怪火。
¶**妖怪事典**（ドウゲンガビ）

唐犬権兵衛　とうけんごんべえ
江戸前期の町奴。幡随院長兵衛の配下。歌舞伎や実録本に登場する半ば伝説的人物。
¶**架空人日**（唐犬権兵衛　とうけんごんべえ）
架空伝説（唐犬権兵衛　とうけんごんべえ）
歌舞伎登（唐犬権兵衛　とうけんごんべえ）
広辞苑6（唐犬権兵衛　とうけんごんべえ）
説話伝説（唐犬権兵衛　からいぬごんべえ 生没年不詳）
伝奇伝説（唐犬権兵衛　とうけんごんべえ）

道興　どうこう
聖護院門跡。熊野三山・新熊野三山検校職、園城寺長吏を兼ねた。
¶**神仏辞典**（道興　どうこう ㊓1430年 ㊚1527年）
日本人名（道公　どうこう）
日本未確認（騰黄　とうこう）〔像〕

と

東郷平八郎　とうごうへいはちろう
海軍軍人、元帥。日露戦争の日本海海戦でロシアのバルチック艦隊を全滅させた。死後、軍神として祀られた。
¶**架空伝承**（東郷平八郎　とうごうへいはちろう ㊓弘化4（1847）年 ㊚昭和9（1934）年）〔像〕
東洋神名（東郷平八郎　トウゴウヘイハチロウ）〔像〕
日本神様（東郷平八郎　とうごうへいはちろう ㊓1847年 ㊚1934年）

道後左衛門　どうごのさえもん
歌舞伎演目『大森彦七』に登場する、大森彦七と同じ北朝の武将で、楠正成の遺児千早姫を下心で連れ出そうとする敵役。
¶**歌舞伎登**（道後左衛門　どうごのさえもん）

藤左衛門　とうざえもん
新宮正春作『芭蕉庵捕物帳』の登場人物。
¶**時代小説**（藤左衛門　とうざえもん）

団三郎　どうざぶろう
曾我十郎・五郎の従者の兄弟の一人。能や歌舞伎の曾我物での呼称。『曾我物語』丹三郎（真名本）、道三郎（仮名本）。
¶**架空伝承**（鬼王・団三郎　おにおう・どうざぶろう）
歌舞伎登（曽我の団三郎　そがのどうざぶろう）
広辞苑6（鬼王団三郎　おにおう・どうざぶろう）
コン5（鬼王・団三郎　おにおう・だんさぶろう）
神話伝説（鬼王・団三郎　おにおう・どうざぶろう）
世百新（鬼王・団三郎　おにおう・どうざぶろう）
大辞林3（鬼王団三郎　おにおうどうざぶろう）
日本人名（鬼王・団三郎　おにおう・だんざぶろう）

とうじ
火の妖怪。高知県の俗伝。
¶**神仏辞典**（とうじ）
全国妖怪（トウジ〔高知県〕）
妖怪事典（トウジ）

道慈　どうじ
『今昔物語集』に登場する、三輪宗の僧。実在の人物で、天平16（744）年に70歳あまりで没。

¶架空人日（道慈　どうじ）

藤式部丞　とうしきぶのじょう
『源氏物語』に登場する貴族。
¶架空人日（藤式部丞　とうしきぶのじょう）

東洲斎写楽　とうしゅうさいしゃらく
江戸時代の浮世絵師。1794年5月から翌95年1月までの正味10ヵ月間を活躍時期とする謎の絵師。
¶架空伝承（東洲斎写楽　とうしゅうさいしゃらく　生没年不詳）〔像〕
　架空伝説（写楽　しゃらく）
　奇談逸話（写楽　しゃらく　生没年不詳）
　説話伝説（東洲斎写楽　とうしゅうさいしゃらく　生没年未詳）
　伝奇伝説（東洲斎写楽　とうしゅうさいしゃらく　生没年未詳）
　日本人名（東洲斎写楽　とうしゅうさいしゃらく　生没年未詳）

道昭　どうしょう
法相宗を日本に伝えた僧。『今昔物語集』に入唐時の奇瑞譚が記されている。
¶神仏辞典（道照　どうしょう　㊈629年　㊥700年）
　説話伝説（道昭　どうしょう　㊈舒明天皇1（629）年　㊥文武天皇4（700）年）
　伝奇伝説（道昭　どうしょう　㊈舒明天皇1（629）年　㊥文武天皇4（700）年）

陶松寿　とうしょうじゅ
曲亭馬琴作の読本『椿説弓張月』（1807-11）に登場する、琉球の若武者。
¶架空人日（陶松寿　とうしょうじゅ）

道場法師　どうじょうほうし
『日本霊異記』にみえる雷より授かった子。元興寺の僧。
¶架空伝承（道場法師　どうじょうほうし）
　架空伝説（道場法師　どうじょうほうし）
　古典人学（道場法師　どうじょうほうし）
　コン5（道場法師　どうじょうほうし）
　神仏辞典（道場法師　どうじょうほうし）
　神話伝説（道場法師　どうじょうほうし）
　説話伝説（道場法師　どうじょうほうし）
　世百新（道場法師　どうじょうほうし）
　伝奇伝説（道場法師　どうじょうほうし　生没年未詳）
　日ミス（道場法師　どうじょうほうし）
　日本人名（道場　どうじょう　生没年未詳）

藤四郎景正　とうしろうかげまさ
瀬戸焼の陶祖と伝えられる伝説的な陶工。陶彦神社の祭神。本名、加藤四郎左衛門景正。
¶架空伝承（加藤景正　かとうかげまさ）〔像〕
　神様読解（陶器神社・藤四郎景正　とうきじんじゃ・とうしろうかげまさ）
　コン5（藤四郎景正　とうしろうかげまさ　生没年不詳）
　世百新（加藤景正　かとうかげまさ　生没年不詳）
　日本人名（加藤景正　かとうかげまさ　生没年未詳）

唐人お吉　とうじんおきち
伊豆下田の芸者。アメリカ領事ハリスの妾。生涯が小説化、舞台化された。
¶架空伝承（唐人お吉　とうじんおきち　㊈天保12（1841）年　㊥明治23（1890）年）
　架空伝説（唐人お吉　とうじんおきち）
　奇談逸話（唐人お吉　とうじんおきち　㊈天保12（1841）年　㊥明治24（1891）年）
　コン5（唐人お吉　とうじんおきち　㊈天保12（1841）年?　㊥明治23（1890）年）
　新潮日本（唐人お吉　とうじんおきち　㊈天保12（1841）年?　㊥明治23（1890）年3月23日）
　説話伝説（唐人お吉　とうじんおきち　㊈天保12（1841）年　㊥明治24（1891）年）
　世百新（唐人お吉　とうじんおきち　㊈天保12（1841）年　㊥明治23（1890）年）
　伝奇伝説（唐人お吉　とうじんおきち）
　日本人名（唐人お吉　とうじんおきち　㊈1841年　㊥1890年）

唐人神　とうじんがみ
長崎県壱岐郡にみられる性神信仰。女性の下半身を祀ったと伝承する。
¶神仏辞典（唐人神　とうじんがみ）

藤助　とうすけ
井原西鶴作の浮世草子『本朝二十不孝』（1686）巻二の第三「人はしれぬ国の土仏」の主人公。
¶架空人日（藤助　とうすけ）

盗跖　とうせき
『今昔物語集』『宇治拾遺物語』に登場する、中国古代の伝説的な大盗賊。
¶架空人日（盗跖　とうせき）

同族神　どうぞくしん
本家・分家などの関係で成り立つ同族が、共通に祀る神。
¶日本神様（同族神　どうぞくしん）

道祖神　どうそじん
境界を守り、外部からやってくる悪霊を防ぎ、行人の安全を守る神。塞の神、道陸神、岐神などとも呼ばれる。
¶神様読解（道祖神　どうそじん）〔像〕
　神文化史（ドウソジン（道祖神））
　広辞苑6（道祖神　どうそじん）
　神仏辞典（道祖神　どうそじん）
　神話伝説（道祖神　どうそじん）
　説話伝説（道祖神　どうそじん）
　世百新（道祖神　どうそじん）〔像〕
　伝奇伝説（道祖神　どうそじん）
　東洋神名（道祖神　ドウソジン）〔像〕
　仏尊事典（道祖神　どうそじん）〔像〕

灯台鬼　とうだいき
『平家物語』などに登場するもの。鳥山石燕の『今昔百鬼拾遺』には、唐人風の男が頭上に燭台を立てた姿で描かれている。
¶妖怪大事典（灯台鬼　とうだいき）

道通さま　どうつうさま
島根県では「トンバイ」、広島県では「トウビョウ」と呼ばれる一種の蛇で、人間に祟ったり憑いたりする。妖怪と神の中間に位するもの。
¶水木妖怪（道通さま）〔像〕
　妖怪大全（道通さま　どうつうさま）〔像〕
　妖怪大事典（道通様　どうつうさま）〔像〕

陶展文　とうてんぶん
陳舜臣の『枯草の根』ほかに登場する神戸の中華料理店主にして漢方医。
¶名探偵日（陶展文　とうてんぶん）

どうど
三重県員弁郡丹生川の山の神。
¶神仏辞典（どうど）

藤堂高虎　とうどうたかとら
安土桃山時代・江戸初期の大名。伊勢国（三重県）津藩初代藩主。
¶説話伝説（藤堂高虎　とうどうたかとら　㊉弘治2（1556）年　㊌寛永7（1630）年）
　伝奇伝説（藤堂高虎　とうどうたかとら　㊉弘治2（1556）年　㊌寛永7（1630）年）

藤堂平助　とうどうへいすけ
新選組隊士。子母澤寛作『新選組始末記』、司馬遼太郎作『竜馬がゆく』の登場人物。
¶時代小説（藤堂平助　『竜馬がゆく』　とうどうへいすけ）
　時代小説（藤堂平助　『新選組始末記』　とうどうへいすけ）

道頓　どうとん
江島其磧（八文字自笑）作の浮世草子『傾城禁短気』（1711）に登場する、大坂南江院の高僧。
¶架空人日（道頓　どうとん）

藤内　とうない
江島其磧作『風流曲三味線』の登場人物。京都の金持među丸長入の長男。
¶架空伝説（藤内　とうない）
　古典人学（藤内　とうない）

藤大夫　とうのたいふ
『今昔物語集』の妻が長谷寺に子授け祈願に行った帰りに、身分の低い女から女の子を一人もらって帰ってくる話に登場する人物。
¶架空人日（藤大夫　とうのたいふ）

頭中将　とうのちゅうじょう
『源氏物語』の登場人物。光源氏の正妻葵上の兄。源氏の友人。
¶架空人日（頭中将　とうのちゅうじょう）
　架空伝承（頭中将　とうのちゅうじょう）
　歌舞伎登（頭の中将　とうのちゅうじょう）
　広辞苑6（頭中将　とうのちゅうじょう）
　古典人学（頭中将　とうのちゅうじょう）
　古典人東（頭の中将　とうのちゅうじょう）
　コン5（頭中将　とうのちゅうじょう）
　新潮日本（頭中将　とうのちゅうじょう）
　大辞林3（頭の中将　とうのちゅうじょう）
　日本人名（頭中将　とうのちゅうじょう）

胴面　どうのつら
熊本県八代市の松井家に伝わる『百鬼夜行絵巻』に描かれているもの。
¶妖怪事典（ドウノツラ）

唐夫人　とうのぶじん
御伽草子『二十四孝』に登場する、二十四孝の一人。唐代の人。
¶架空人日（唐夫人　とうのぶじん）

トウハシリ
沖縄本島その周辺離島にみられる家の神の一種。
¶神仏辞典（トゥハシリ）

藤八　とうはち
歌舞伎演目『東海道四谷怪談』に登場する、藤八五文の薬売りの名前。
¶歌舞伎登（藤八　とうはち）

藤八　とうはち
歌舞伎演目『与話情浮名横櫛』に登場する、和泉屋の二番頭分。
¶歌舞伎登（藤八　とうはち）

とうびょう
憑き物の一つ。狐とも蛇ともいう。中国地方の俗伝。
¶幻想動物（トウビョウ）〔像〕
　神仏辞典（とうびょう）
　妖怪事典（トウビョウ）
　妖怪大事典（トウビョウ）

トウビョウ狐　とうびょうきつね
鳥取県地方でいわれる憑き物。
¶妖怪事典（トウビョウキツネ）

東風　とうふう
夏目漱石作『吾輩は猫である』（1905～06）に登場する、詩人で苦沙弥先生の友人。
¶架空人日（東風　とうふう）

豆腐買いおむら　とうふかいおむら
歌舞伎演目『妹背山婦女庭訓』に登場する、三笠山の入鹿の新御殿に仕えるお端の女中。
¶歌舞伎登（豆腐買いおむら　とうふかいおむら）

豆腐小僧　とうふこぞう
豆腐を持って雨の日に出現するといわれる妖怪。
¶幻想動物（豆腐小僧）〔像〕
　水木妖怪続（豆腐小僧　とうふこぞう）〔像〕
　妖怪事典（トウフコゾウ）
　妖怪大全（豆腐小僧　とうふこぞう）〔像〕
　妖怪大事典（豆腐小僧　とうふこぞう）〔像〕

豆腐三郎兵衛　とうふさぶろべえ
実録『関東血気物語』に登場する、江戸の豆腐屋。
¶架空人日（豆腐三郎兵衛　とうふさぶろべえ）

動物神　どうぶつしん
動物が神格化されて信仰対象となったもの。
¶神仏辞典（動物神　どうぶつしん）

豆腐屋三婦　とうふやさぶ
歌舞伎演目『伊達競阿国戯場』に登場する人物。本名三郎兵衛、南禅寺前の豆腐屋。
¶歌舞伎登（豆腐屋三婦　とうふやさぶ）

島兵衛　とうべえ
村上元三作『佐々木小次郎』の登場人物。
¶時代小説（島兵衛　とうべえ）

藤兵衛　とうべえ
『春色梅児誉美』『春色恵の花』『春色梅美婦禰』に登場する、材木問屋の跡継ぎ。
¶架空人日（藤兵衛　とうべえ）

藤兵衛　とうべえ
陣出達朗作『伝七捕物帳』の登場人物。
¶時代小説（藤兵衛　とうべえ）

藤兵衛　とうべえ
半村良作『妖星伝』の登場人物。
¶時代小説（藤兵衛　とうべえ）

東間三郎右衛門　とうまさぶろうえもん
歌舞伎演目『敵討天下茶屋聚』に登場する、浮田家の家臣、立敵。
¶歌舞伎登（東間三郎右衛門　とうまさぶろうえもん）

東間陳助　とうまちんすけ
子母澤寛作『父子鷹』の登場人物。
¶時代小説（東間陳助　とうまちんすけ）

道命　どうみょう
平安時代の僧。『宇治拾遺物語』『古今著聞集』に登場する。
¶架空人日（道命阿闍梨　どうみょうあじゃり）
人物伝承（道命　どうみょう　[生]天延2（974）年　[没]寛仁4（1020）年7月4日）
説話伝説（道命　どうみょう　[生]天延2（974）年　[没]寛仁4（1020）年）
伝奇伝説（道命　どうみょう　[生]天延2（974）年　[没]寛仁4（1020）年）

東妙和尚　とうみょうおしょう
中里介山作『大菩薩峠』の登場人物。
¶時代小説（東妙和尚　とうみょうおしょう）

トゥムンチカムイ
アイヌの戦いの神。狂暴な神として神謡や散文説話の中によく登場する。
¶神仏辞典（トゥムンチカムイ）

専女　とうめ
狐のこと。『和妙抄』『宇治拾遺物語』『土佐日記』などにみられる。
¶日本未確認（専女　とうめ）
妖怪事典（トウメ）

百目鬼　どうめき
栃木県宇都宮市大曾の伝説にある妖怪。
¶妖怪事典（ドウメキ）
妖怪大事典（百目鬼　どうめき）

ドウモコウモ
石川県江沼郡や長野県小県郡などで知られる「どうもこうもならない」という言葉の由来となった二人の医者。
¶妖怪事典（ドウモコウモ）
妖怪大鑑（どうもこうも）〔像〕
妖怪大事典（どうもこうも）〔像〕

藤弥太　とうやた
歌舞伎演目『御所桜堀川夜討』に登場する、静御前の兄。
¶歌舞伎登（藤弥太　とうやた）

道楽神　どうらくじん
新潟県の柏崎周辺や魚沼方面などで、境界を守り悪霊の侵入を防ぐ神。
¶神仏辞典（道楽神　どうらくじん）

道了　どうりょう
伝説上の僧。大雄山最乗寺の守護神となったという。
¶日本人名（道了　どうりょう）

桃隣　とうりん
新宮正春作『芭蕉庵捕物帳』の登場人物。
¶時代小説（桃隣　とうりん）

トゥレンペ
アイヌに伝わる個人あるいは集団の守護神のようなもの。
¶妖怪事典（トゥレンペ）
妖怪大事典（トゥレンペ）〔像〕

藤六　とうろく
説話集『宇治拾遺物語』に登場する歌人。無官の六位であった才人。本名は藤原輔相。
¶架空人日（藤六　とうろく）

道陸神　どうろくじん
関東地方から中部地方にかけて、境界を守り悪霊の侵入を防ぐ神。
¶神仏辞典（道陸神　どうろくじん）

十城別王　とおきわけのみこ
倭建命の子。長崎県平戸市の志々伎神社ほかの祭神。
¶神様読解（十城別王　とおきわけのみこ）

十市県主大目　とおちあがたぬしのおおめ
細比売命の父神。
¶神様読解（十市県主大目　とおちあがたぬしのおおめ）

十市之入日売命　とおちのいりひめのみこと
第10代崇神天皇の皇女。
¶神様読解（十市之入日売命　とおちのいりひめのみこと）
神仏辞典（十市之入日売命　とおちのいりひめのみこと）

十市御県坐神　とおちのみあがたにますかみ
大和国十市郡の十市御県坐神社の祭神。
¶神仏辞典（十市御県坐神　とおちのみあがたにますかみ）

遠津年魚眼眼妙媛　とおつあゆめまくわしひめ
第10代崇神天皇の皇后。豊城入彦命、豊鍬入姫命を生んだという。『古事記』では遠津年魚目目微比売。
¶神様読解（遠津年魚目目微比売　とおつあゆめめくわしひめ）
日本人名（遠津年魚眼眼妙媛　とおつあゆめまくわしひめ）

遠津待根神　とおつまちねのかみ
天狭霧神の娘。大国主神の子孫、天日腹大科度美神との間に遠津山岬多良斯神を生む。
¶神様読解（遠津待根神　とおつまちねのかみ）
神仏辞典（遠津待根神　とおつまちねのかみ）

遠津山岬多良斯神　とおつやまさきたらしのかみ
大国主神の後裔。天日腹大科度美神の子。
¶神様読解（遠津山岬多良斯神　とおつやまさきたらしのかみ）
神仏辞典（遠津山岬多良斯神・遠津山岬帯神　とおつやまざきたらしのかみ）

戸を欲しがるお化け　とをほしがるおばけ
樺太のある神降ろしの巫女の家に現れたもの。
¶妖怪事典（トヲホシガルオバケ）

遠山　とおやま
歌舞伎演目『傾城反魂香』に登場する、禁中絵師土佐将監の娘。
¶歌舞伎登（遠山　とおやま）

遠山景元　とおやまかげもと
⇒遠山金四郎（とおやまきんしろう）

遠山勘解由　とおやまかげゆ
新任の評定役で奥山大学の弟。山本周五郎作『樅ノ木は残った』の登場人物。
¶時代小説（遠山勘解由　とおやまかげゆ）

遠山金四郎　とおやまきんしろう
江戸末期の江戸北町奉行、遠山景元の通称。肩から両腕にかけて桜花の刺青をした名奉行として講談などに使われた。
¶英雄事典（遠山金四郎　トオヤマキンシロウ）
架空人日（遠山の金さん　とおやまのきんさん）
架空人物（遠山金四郎）
架空伝承（遠山金四郎　とおやまきんしろう [生]寛政5（1793）年 [没]安政2（1855）年）
架空伝説（遠山金四郎　とおやまきんしろう）
歌舞伎登（遠山金四郎　とおやまきんしろう）
奇談逸話（遠山金四郎　とおやまきんしろう [生]寛政5（1793）年 [没]安政2（1855）年）
新潮日本（遠山景元　とおやまかげもと [生]? [没]安政2（1855）年2月29日）
時代小説（遠山金四郎　とおやまきんしろう）
説話伝説（遠山金四郎　とおやまきんしろう [生]寛政5（1793）年 [没]安政2（1855）年）
伝奇伝説（遠山金四郎　とおやまきんしろう [没]安政2（1855）年）
日本人名（遠山景元　とおやまかげもと [生]1793年 [没]1855年）

遠山甚三郎　とおやまじんざぶろう
歌舞伎演目『色一座梅椿』に登場する、一万五千石の千葉家の総領。
¶歌舞伎登（遠山甚三郎　とおやまじんざぶろう）

通り悪魔　とおりあくま
突如人間に取り憑いて気を狂わせ、犯罪をおこさせる妖怪。
¶幻想動物（通り悪魔）〔像〕
妖怪事典（トオリアクマ）
妖怪大事典（通り悪魔　とおりあくま）〔像〕

通り風　とおりかぜ
道の妖怪。長崎県五島の久賀島の俗伝。
¶神仏辞典（通り風　とおりかぜ）
妖怪事典（トオリカゼ）

通り神　とおりがみ
道の妖怪。東日本各地に伝承がある。
¶神仏辞典（通り神　とおりがみ）

通り者　とおりもの
田舎老人多田爺作『遊子方言』の主人公。34、5歳の御家人風の武士。
¶古典人学（通り者　とおりもの）

通り物　とおりもの
庭などに突然現れ、心を静めれば消えてしまう妖怪。
¶妖怪大全（通り物　とおりもの）〔像〕

戸隠山の神々　とがくしやまのかみがみ
戸隠神社の奥社に天手力男命、中社に天八意思兼命、宝光社に天表春命、摂社九頭龍社に九頭龍大神、摂社日之御子神社に天鈿女命が祀られる。
¶日本神様（戸隠山の神々　とがくしやまのかみがみ）

富樫　とがし
謡曲（現在能）『安宅』に登場する関守。
¶架空人日（富樫　とがし）
　歌舞伎登（富樫左衛門　とがしのさえもん）〔像〕

刀我石部神　とかのいそべのかみ
但馬国朝来郡の刀我石部神社の祭神。
¶神仏辞典（刀我石部神　とかのいそべのかみ）

砥鹿神　とがのかみ
三河国宝飫郡の砥鹿神社の祭神。
¶神仏辞典（砥鹿神　とがのかみ）

ドカベン
明訓高校野球部のキャッチャー。水島新司の漫画『ドカベン』の主人公。本名、山田太郎。
¶架空人物（ドカベン）

トーガミ
神奈川県川崎市地方でいう民俗神。
¶妖怪事典（トーガミ）

利鷹神　とかりのかみ
河内国古市郡の利鷹神社、加賀国江沼郡の刀何理神社の祭神。
¶神仏辞典（利鷹神・刀何理神　とかりのかみ）

時置師神　ときおかしのかみ
伊弉諾が禊祓をしたとき三番目に、御裳より化生した神。
¶神様読解（時置師神　ときおかしのかみ）

時次郎　ときじろう
江戸時代の心中事件をモデルにした明烏物の登場人物。鶴賀若狭掾作の新内節『明烏夢泡雪』（1772）の主人公。富商の春日屋の子息。
¶朝日歴史（浦里・時次郎　うらさと・ときじろう）
　架空伝承（浦里・時次郎　うらさと・ときじろう）〔像〕
　歌舞伎登（時次郎　ときじろう）
　広辞苑6（浦里時次郎　うらさと・ときじろう）
　コン5（浦里・時次郎　うらさと・ときじろう）
　新潮日本（浦里・時次郎　うらさと・ときじろう）
　説話伝説（浦里時次郎　うらさとときじろう）〔像〕
　世百新（浦里・時次郎　うらさと・ときじろう）
　大辞林3（浦里時次郎　うらさとときじろう）
　伝奇伝説（浦里時次郎　うらさとときじろう）
　日本人名（浦里・時次郎　うらさと・ときじろう）

時任謙作　ときとうけんさく
志賀直哉作『暗夜行路』の主人公。
¶架空人日（時任謙作　ときとうけんさく）

コン5（時任謙作　ときとうけんさく）
日本人名（時任謙作　ときとうけんさく）

時任直子　ときとうなおこ
志賀直哉作『暗夜行路』(1921-37)の主人公の妻。
¶架空人日（時任直子　ときとうなおこ）

時任信行　ときとうのぶゆき
志賀直哉作『暗夜行路』(1921-37)の主人公の兄。
¶架空人日（時任信行　ときとうのぶゆき）

ときの神　ときのかみ
熊本県南部で信じられている信仰対象不明の神。
¶神仏辞典（ときの神　ときのかみ）

土岐頼員　ときのよりかず
歌舞伎演目『大塔宮曦鎧』に登場する、斎藤太郎左衛門の娘早咲の夫。
¶歌舞伎登（土岐頼員　ときのよりかず）

土岐頼遠　ときのよりとお
美濃国守護。南北朝時代の武将。『太平記』に登場する。
¶架空人日（土岐頼遠　ときのよりとお）

時量師神　ときはかしのかみ
時置師神とも。黄泉国から脱出した伊邪那岐命が竺紫の日向の橘の小門の阿並岐原で禊をした時に投げ棄てた嚢に化成した神。
¶神仏辞典（時量師神　ときはかしのかみ）

時姫　ときひめ
人形浄瑠璃『鎌倉三代記』に登場する人物。
¶架空伝説（時姫　ときひめ）
　歌舞伎登（時姫　ときひめ）

研屋辰次　とぎやたつじ
江戸時代後期の研ぎ師。仇討ちにあった話が講談に入り、歌舞伎に脚色された。実録として伝えられる名は辰蔵。
¶歌舞伎登（研屋　ときたつ）
　説話伝説（研屋辰次　とぎやたつじ）
　日本人名（辰蔵(1)　たつぞう　㊗?　?1827年）

斎世親王　ときよしんのう
『菅原伝授手習鑑』に登場する、醍醐天皇（在位897-930）の弟。実在の人物。
¶架空人日（斎世親王　ときよしんのう）
　歌舞伎登（斎世親王　ときよしんのう）

常盤御前　ときわぜん
平安末期の女性。源義朝の妾となって牛若（のちの義経）らを生んだ。幸若舞曲では、才色兼備の貴女として造形される。
¶架空人日（常盤御前　ときわぜん）
　架空伝承（常盤御前　ときわぜん　生没年不詳）
　架空伝説（常盤御前　ときわぜん）〔像〕
　歌舞伎登（常盤御前1『一条大蔵譚』　ときわぜ

ん）
歌舞伎登（常盤御前2『恩愛瞋関守』　ときわごぜ
古典入学（常磐　ときわ　生没年未詳）
古典大東（常葉(常磐御前)　ときわ）
人物伝承（常磐　ときわ　生没年未詳）
説話伝説（常盤御前　ときわごぜん　⑲保延4
　（1138)年?　⑳?）
世百新（常盤御前　ときわごぜん　生没年不詳）
伝奇伝説（常盤御前　ときわごぜん）〔像〕

徳威神　とくいのかみ
『日本三代実録』に所出。伊予国の神。
¶神仏辞典（徳威神　とくいのかみ）

徳右衛門　とくえもん
山手樹一郎作『遠山の金さん』の登場人物。
¶時代小説（徳右衛門　とくえもん）

徳右衛門同心了心　とくえもんどうしんりょうしん
歌舞伎演目『盟三五大切』に登場する、もと塩冶浪人不破数右衛門の小者。
¶歌舞伎登（徳右衛門同心了心　とくえもんどうしんりょうしん）

徳川家定　とくがわいえさだ
江戸幕府第13代将軍。宮尾登美子作『天璋院篤姫』に登場する。
¶時代小説（徳川家定　とくがわいえさだ）

徳川家綱　とくがわいえつな
江戸幕府第4代将軍。歌舞伎『佐倉義民伝』に登場する。
¶歌舞伎登（徳川家綱　とくがわいえつな）

徳川家光　とくがわいえみつ
江戸幕府第3代将軍。2代秀忠の子。武家諸法度の改訂・参勤交代の整備など江戸幕府の基本的な制度を完成させた。
¶歌舞伎登（徳川家光　とくがわいえみつ）
奇談逸話（徳川家光　とくがわいえみつ　⑭慶長9
　（1604)年　⑳慶安4(1651)年）
時代小説（竹千代『甲賀忍法帖』　たけちよ）
時代小説（徳川家光『銭形平次捕物控』　とくがわいえみつ）
時代小説（徳川家光『柳生武芸帳』　とくがわいえみつ）
説話伝説（徳川家光　とくがわいえみつ　⑭慶長9
　（1604)年　⑳慶安4(1651)年）
伝奇伝説（徳川家光　とくがわいえみつ　⑭慶長9
　（1604)年　⑳慶安4(1651)年）〔像〕

徳川家茂　とくがわいえもち
⇒紀州慶福（きしゅうよしとみ）

徳川家康　とくがわいえやす
江戸幕府初代将軍。幼少時は織田・今川で人質生活を送る。今川義元が討たれると三河の大名として独立、織田信長と同盟を結ぶ。信長の没後は豊臣秀吉に臣従、関東の経営を任され江戸を本拠とした。秀吉の死後、関ヶ原に石田三成らを破り、江戸幕府を創設。死後、東照大権現として東照宮に祀られた。
¶架空伝承（徳川家康　とくがわいえやす　⑭天文11
　（1542)年　⑳元和2(1616)年）
歌舞伎登（徳川家康　とくがわいえやす）
奇談逸話（徳川家康　とくがわいえやす　⑭天文12
　（1543)年　⑳元和2(1616)年）
神仏辞典（徳川家康　とくがわいえやす　⑭1542年
　⑳1616年）
時代小説（徳川家康　とくがわいえやす）
説話伝説（徳川家康　とくがわいえやす　⑭天文11
　（1542)年　⑳元和2(1616)年）〔像〕
伝奇伝説（徳川家康　とくがわいえやす　⑭天文11
　（1542)年　⑳元和2(1616)年）〔像〕
東洋神名（徳川家康　トクガワイエヤス）〔像〕
日本神々（徳川家康　とくがわいえやす　⑭天文11
　（1542)年12月26日　⑳元和2(1616)年4月17日）
〔像〕
日本神様（東照宮信仰の神〔徳川家康〕　とうしょうぐうしんこうのかみ）

徳川忠長　とくがわただなが
江戸時代前期の大名。2代将軍秀忠の第3子。甲府から駿河に移り駿河大納言とよばれたが、家光に謀反の疑いをもたれ自害。
¶説話伝説（徳川忠長　とくがわただなが　⑭慶長11
　（1606)年　⑳寛永10(1633)年）
伝奇伝説（徳川忠長　とくがわただなが　⑭正保1
　（1644)年　⑳延宝6(1678)年）

徳川綱条　とくがわつなえだ
常陸国水戸藩第3代藩主。光圀の甥。山岡荘八作『水戸光圀』の登場人物。
¶時代小説（水戸綱条　みとつなえだ）

徳川綱豊　とくがわつなとよ
歌舞伎演目『元禄忠臣蔵』に登場する甲府宰相。
¶歌舞伎登（徳川綱豊　とくがわつなとよ）

徳川綱吉　とくがわつなよし
江戸幕府第5代将軍。3代家光の末子。初期は信賞必罰を旨とする「天和の治」と呼ばれる政治を行ったが、後期は柳沢吉保を登用した側用人政治となり、生類憐れみの令や貨幣の改鋳など悪政も多かった。
¶奇談逸話（徳川綱吉　とくがわつなよし　⑭正保3
　（1646)年　⑳宝永6(1709)年）
時代小説（徳川綱吉『水戸光圀』　とくがわつなよし）
時代小説（徳川綱吉『髑髏銭』　とくがわつなよし）
説話伝説（徳川綱吉　とくがわつなよし　⑭正保3
　（1646)年　⑳宝永6(1709)年）
伝奇伝説（徳川綱吉　とくがわつなよし　⑭正保3
　（1646)年　⑳宝永6(1709)年）

徳川斉昭　とくがわなりあき
江戸時代末期の大名。水戸藩7代藩主治紀の3男。水戸藩第9代藩主。藩政改革を実行、ペリー来航に際しては尊王攘夷を主張した。

¶日本神々（徳川斉昭　とくがわなりあき [生]寛政12（1800）年3月11日 [没]万延1（1860）年8月15日）〔像〕

徳川秀忠　とくがわひでただ

江戸幕府第2代将軍。家康の3男。家康の死後、武家諸法度や禁中並公家諸法度など法制を整備し幕藩制度の充実に力を注いだ。

¶奇談逸話（徳川秀忠　とくがわひでただ [生]天正7（1579）年 [没]寛永9（1623）年）
時代小説（徳川秀忠 『影武者徳川家康』　とくがわひでただ）
時代小説（徳川秀忠 『吉原御免状』　とくがわひでただ）
時代小説（徳川秀忠 『甲賀忍法帖』　とくがわひでただ）
説話伝説（徳川秀忠　とくがわひでただ [生]天正7（1579）年 [没]寛永9（1632）年）〔像〕

徳川光圀　とくがわみつくに

水戸藩初代藩主徳川頼房の3男で2代藩主。名君として広く定着したのは江戸末から明治期で、「水戸黄門」の名で講談・実録本が流布、演劇化された。

¶英雄事典（水戸黄門　ミトコウモン）
架空人日（水戸黄門　みとこうもん）
架空人物（水戸黄門）
架空伝承（水戸黄門　みとこうもん [生]寛永5（1628）年 [没]元禄13（1700）年）〔像〕
架空伝説（水戸黄門　みとこうもん）
歌舞伎登（水戸黄門　みとこうもん）
奇談逸話（水戸黄門　みとこうもん [生]寛永5（1628）年 [没]元禄13（1700）年）
新潮日本（徳川光圀　とくがわみつくに [生]寛永5（1628）年6月10日 [没]元禄13（1700）年12月6日）
時代小説（水戸光圀 『水戸光圀』　みとみつくに）
時代小説（水戸光國 『水戸黄門』　みとみつくに）
説話伝説（水戸黄門　みとこうもん [生]寛永5（1628）年 [没]元禄13（1700）年）
世百新（徳川光圀　とくがわみつくに [生]寛永5（1628）年 [没]元禄13（1700）年）
伝奇伝説（水戸黄門　みとこうもん [生]寛永5（1628）年 [没]元禄13（1700）年）
日本神々（徳川光圀　とくがわみつくに [生]寛永5（1628）年6月10日 [没]元禄13（1700）年12月6日）〔像〕
日本人名（徳川光圀　とくがわみつくに [生]1628年 [没]1701年）

徳川宗春　とくがわむねはる

江戸時代中期の大名。尾張藩7代藩主。8代将軍吉宗の緊縮政策に反抗し商業の振興を図ったが、吉宗により隠居・謹慎させられた。

¶説話伝説（徳川宗春　とくがわむねはる [生]元禄9（1696）年 [没]明和1（1764）年）

徳川慶喜　とくがわよしのぶ

江戸幕府最後の第15代将軍。水戸斉昭の第7子。1866年将軍に。翌年大政奉還したが鳥羽伏見の戦いに敗れ江戸に逃亡。東征軍の前に江戸城を開城して謹慎する。

¶歌舞伎登（徳川慶喜　とくがわよしのぶ）
時代小説（徳川慶喜　とくがわよしのぶ）
時代小説（一橋刑部卿（慶喜）　ひとつばしぎょうぶきょう（よしのぶ））
説話伝説（徳川慶喜　とくがわよしのぶ [生]天保8（1837）年 [没]大正2（1913）年）

徳川吉宗　とくがわよしむね

江戸幕府第8代将軍。紀伊和歌山藩主から将軍になる。破綻した幕府財政を立て直すため「享保の改革」を断行。倹約・新田開発・殖産興業につとめ、特に米価安定に腐心したため“米将軍”と呼ばれた。

¶時代小説（徳川吉宗 『新吾十番勝負』　とくがわよしむね）
時代小説（徳川吉宗 『丹下左膳』　とくがわよしむね）
説話伝説（徳川吉宗　とくがわよしむね [生]貞享1（1684）年 [没]宝歴1（1751）年）
伝奇伝説（徳川吉宗　とくがわよしむね [生]貞享1（1684）年 [没]宝暦1（1751）年）〔像〕

徳三郎　とくさぶろう

井原西鶴作の浮世草子『本朝二十不孝』（1686）巻五の第四「古き都を立出て雨」の主人公。

¶架空人日（徳三郎　とくさぶろう）

徳三郎　とくさぶろう

落語の「おせつ徳三郎」の登場人物。大店の娘おせつと心中をはかる。

¶日本人名（おせつ・徳三郎　おせつ・とくさぶろう）

徳島岩次　とくしまいわじ

歌舞伎演目『伊勢音頭恋寝刃』に登場する、国横領を企む阿波国主の叔父、蜂須賀大学に加担する国侍。

¶歌舞伎登（徳島岩次　とくしまいわじ）

徳寿丸　とくじゅまる

歌舞伎演目『神霊矢口渡』に登場する、新田義興の子。

¶歌舞伎登（徳寿丸　とくじゅまる）

徳女　とくじょ

歌舞伎演目『義経腰越状』に登場する、関女の連れ子。

¶歌舞伎登（徳女　とくじょ）

土公神　どくじん

⇒土公神（どこうじん）

独仙　どくせん

夏目漱石作『吾輩は猫である』（1905～06）に登場する哲学者。苦沙弥先生の友人。

¶架空人日（独仙　どくせん）

徳蔵　とくぞう

並木正三作『桑名屋徳蔵入船物語』の登場人物。海上で大入道（妖怪）と問答して退散させたという船頭。

¶古典人学（徳蔵　とくぞう）

徳造　とくぞう
山手樹一郎作『遠山の金さん』の登場人物。
¶時代小説（徳造　とくぞう）

戸口の神　とぐちのかみ
アイヌの家の戸口から病気などが入らぬように守る神。
¶神仏辞典（戸口の神　とぐちのかみ）

徳姫　とくひめ
歌舞伎演目『築山殿始末』に登場する、織田信長の娘。
¶歌舞伎登（徳姫　とくひめ）

徳兵衛　とくべえ
近松門左衛門作『曽根崎心中』の登場人物。大坂内本町の醬油屋平野屋の手代。
¶朝日歴史（お初・徳兵衛　おはつ・とくべえ）
架空人日（徳兵衛　とくべえ）
架空人物（お初・徳兵衛　おはつ・とくべえ）
架空伝説（お初・徳兵衛　おはつ・とくべえ）
歌舞伎登（平野屋徳兵衛　ひらのやとくべえ）
広辞苑6（お初徳兵衛　おはつ・とくべえ）
古典人学（徳兵衛　とくべえ）
古典人東（徳兵衛　とくべえ・とくびょうえ）
コン5（お初・徳兵衛　おはつ・とくべえ）
新潮日本（お初・徳兵衛　おはつ・とくべえ）
説話伝説（お初徳兵衛　おはつとくべえ）〔像〕
大辞林3（お初・徳兵衛　おはつ・とくべえ）
伝奇伝説（お初徳兵衛　おはつ・とくべえ）
日本人名（お初・徳兵衛　おはつ・とくべえ）

徳兵衛　とくべえ
近松門左衛門作の人形浄瑠璃『心中重井筒』の主人公。
¶歌舞伎登（徳兵衛　とくべえ）
広辞苑6（お房徳兵衛　おふさ・とくべえ）
説話伝説（お房徳兵衛　おふさ・とくべえ）
大辞林3（お房・徳兵衛　おふさ・とくべえ）

徳兵衛　とくべえ
藤沢周平作『用心棒日月抄』の登場人物。
¶時代小説（徳兵衛　とくべえ）

徳兵衛　とくべえ
藤沢周平作『暗殺の年輪』の登場人物。
¶時代小説（徳兵衛　とくべえ）

徳丸半助　とくまるはんすけ
神坂次郎作『おかしな侍たち』の登場人物。
¶時代小説（徳丸半助　とくまるはんすけ）

徳光光子　とくみつみつこ
『卍（まんじ）』に登場する、羅紗問屋の娘。
¶架空人日（徳光光子　とくみつみつこ）

髑髏の怪　どくろのかい
福原（現・神戸市兵庫区）の都で、無数の髑髏が大きな一個となり、大髑髏となったもの。
¶水木妖怪（髑髏の怪　どくろのかい）
妖怪大全（髑髏の怪　どくろのかい）〔像〕

土公神　どこうじん
陰陽道でいう土公神にあたり、西日本一帯の竈神や火の神の呼称。家の守護神。
¶神様読解（土公神　どくじん）〔像〕
広辞苑6（土公神　どくじん）
神仏辞典（土公神　どこうしん）
東洋神名（土公神　ドコウジン）〔像〕

地主神　とこぬしのかみ
『延喜式』に所出。斎宮の内に坐す。大地主神と同一とされる。
¶広辞苑6（地主の神　とこぬしのかみ）
神仏辞典（地主神　とこぬしのかみ）

常根津日子伊呂泥命　とこねつひこいろねのみこと
第3代安寧天皇の皇子。
¶神様読解（常根津日子伊呂泥命　とこねつひこいろねのみこと）

床の神　とこのかみ
沖縄の伝統的な家庭で、一般に、東側の一番座の床の間に祀られるカミをいう。
¶神仏辞典（床の神　とこのかみ）

常世神　とこよがみ
常世の国から来て、不老長寿・富貴豊饒をもたらすとされた神。
¶広辞苑6（常世の神　とこよのかみ）
神仏辞典（常世神　とこよがみ）
大辞林3（常世の神　とこよのかみ）

常世岐姫神　とこよきひめのかみ
河内国大県郡の常世岐姫神社の祭神。
¶神仏辞典（常世岐姫神　とこよきひめのかみ）

常世国社神　とこよくにつやしろのかみ
『日本三代実録』に所出。石見国の神。
¶神仏辞典（常世国社神　とこよくにつやしろのかみ）

常世神　とこよのかみ
皇極天皇（在位642-45）の時代に流行した、富貴と不老長寿をもたらす神。蚕に似た虫という。
¶神仏辞典（常世神　とこよのかみ）
東洋神名（常世神　トコヨノカミ）〔像〕

常世の長鳴鳥　とこよのながなきどり
天石屋戸神話に登場する鳥。
¶日本神話（常世の長鳴鳥　とこよのながなきどり）

常世虫　とこよむし
『日本書紀』に所出。姿は蚕に似て、橘樹や曼椒に生息する。
¶神仏辞典（常世虫　とこよむし）

野老山五吉郎 ところやまごきちろう
土佐浪士。司馬遼太郎作『竜馬がゆく』の登場人物。
¶時代小説（野老山五吉郎　ところやまごきちろう）

土金神 どこんじん
大分県下で外荒神と呼ばれることが多い屋敷神的な神の一つ。
¶神仏辞典（土金神　どこんじん）

土左衛門伝吉 どざえもんでんきち
河竹黙阿弥作の歌舞伎『三人吉三廓初買』（1860年初演）に登場する元盗賊。
¶架空人日（土左衛門伝吉　どざえもんでんきち）
　歌舞伎登（土左衛門伝吉　どざえもんでんきち）

鳥坂神 とさかのかみ
大和国高市郡の鳥坂神社二座、伊賀国山田郡の鳥坂神社の祭神。
¶神仏辞典（鳥坂神　とさかのかみ）

都佐坐神 とさにますかみ
土佐大神とも。土佐国土佐郡の都佐坐神社の祭神。
¶神仏辞典（都佐坐神　とさにますかみ）

土佐将監光信 とさのしょうげんみつのぶ
歌舞伎演目『傾城反魂香』に登場する人物。禁中絵師であったが勅勘を受けて山科に逼塞する。
¶歌舞伎登（土佐将監光信　とさのしょうげんみつのぶ）

土佐判官内道清 とさほうがんだいみちきよ
『十訓抄』の登場人物。源清雅の子で歌人。
¶古典人学（土佐判官内道清　とさほうがんだいみちきよ）

土佐房昌俊 とさほうしょうしゅん
平安後期の法師。「堀河夜討」の刺客。
¶歌舞伎登（土佐坊昌俊　とさほうしょうしゅん）
　説話伝説（土佐房昌俊　とさほうしょうしゅん　㊉?㊁文治1（1185）年）

戸沢白雲斎 とざわはくうんさい
講談『猿飛佐助』ほかに登場する、摂州花隈の城主。甲賀流忍法の巨匠。姓は戸田ともいう。
¶架空人日（戸沢白雲斎　とざわはくうんさい）
　新潮日本（戸田白雲斎　とだはくうんさい）
　日本人名（戸沢白雲斎　とざわはくうんさい）

利恵 としえ★
乙骨淑子作『十三歳の夏』（1974）の主人公。
¶児童登場（利恵）

俊蔭の娘 としかげのむすめ
⇒京極上（きょうごくのうえ）

歳神 としがみ
正月に祀る神。
¶神文化史（トシガミ（年神））
　広辞苑6（年神・歳神　としがみ）
　神仏辞典（年神（歳神）　としがみ）
　神話伝説（歳神　としがみ）
　東洋神名（歳神　トシガミ）〔像〕

敏子 としこ★
高木敏子作『ガラスのうさぎ』（1977）の主人公。
¶児童登場（敏子）

祈年祭神 としごいにまつるかみ
神名帳に載る全国の班幣にあずかる祭神の3132座。
¶神仏辞典（祈年祭神　としごいにまつるかみ）

祈年神 としごいのかみ
『延喜式』四時祭上と神名帳に祈年神にあずかる神3132座。
¶神仏辞典（祈年神　としごいのかみ）

祈年神 としごいのかみ
『日本三代実録』に所出。土佐国の神。
¶神仏辞典（祈年神　としごいのかみ）

年越屋の何がし としこしやのなにがし
井原西鶴作の浮世草子『日本永代蔵』（1688）巻六「銀のなる木は門口の柊」の主人公。
¶架空人日（年越屋の何がし　としこしやのなにがし）

年爺さん としじいさん
年の夜あるいは七日正月に訪れてくる来訪神。
¶神仏辞典（年爺さん　としじいさん）

杜子春 とししゅん
芥川龍之介作『杜子春』（1920）に登場する、唐の都洛陽の人。主人公。
¶架空人日（杜子春　とししゅん）

稔代神 とししろのかみ
大和国城上郡の稔代神社の祭神。
¶神仏辞典（稔代神　とししろのかみ）

敏太神 としたのかみ
伊勢国壱志郡の敏太神社の祭神。
¶神仏辞典（敏太神　としたのかみ）

歳徳神 としとくじん
正月に家々に迎え祀る神。
¶広辞苑6（歳徳神　としとくじん）
　神仏辞典（歳徳神・年徳神　としとくじん）

歳徳 としとこ
正月に迎え祀る神。
¶神仏辞典（歳徳　としとこ）

歳どん　としどん
年の夜あるいは七日正月に訪れてくる鹿児島県甑島の来訪神。
- ¶幻想動物（トシドン）〔像〕
- 神仏辞典（歳どん・年どん　としどん）
- 妖怪事典（トシドン）
- 妖怪大鑑（トシドン）〔像〕
- 妖怪大事典（年殿　としどん）〔像〕

「年の内の餅ばなは詠め」の掛け取り　としのうちのもちばなはながめのかけとり
井原西鶴作『世間胸算用』の登場人物。ベテランの借金取り。
- ¶古典人学（「年の内の餅ばなは詠め」の掛け取り　としのうちのもちばなはながめのかけとり）

歳の神　としのかみ
正月に家々に迎え祀る神。
- ¶神仏辞典（歳の神・年の神　としのかみ）

利神　としのかみ
『日本三代実録』に所出。出羽国の神。遠江国佐野郡の利神社の祭神。
- ¶神仏辞典（利神　としのかみ）

歳の神　としのかん
九州南部で、正月に来て年をとらせる神。長生きの神、作の神、米の神ともいう。
- ¶神仏辞典（歳の神・年の神　としのかん）

年増　としま
歌舞伎舞踊『年増』において、隅田川の春の夕暮れ、四つ手駕籠の中から現われる、もと深川の芸者。
- ¶歌舞伎登（年増　としま）

刀自待火　とじまちゃーびー
沖縄県地方でいう怪火。
- ¶全国妖怪（トジマチャービー〔沖縄県〕）
- 妖怪事典（トジマチャービー）
- 妖怪大事典（刀自待火　とじまちゃーびー）

トシヤマ
長野県南伊那郡地方でいう祟り山。
- ¶妖怪事典（トシヤマ）

戸田七之助　とだしちのすけ
大身旗本で鷹匠頭。高橋義夫作『浄瑠璃坂の仇討ち』の登場人物。
- ¶時代小説（戸田七之助　とだしちのすけ）

戸田隼人　とだはやと
柴田錬三郎作『眠狂四郎無頼控』の登場人物。
- ¶時代小説（戸田隼人　とだはやと）

ドチ
岐阜県加茂郡八百津町、郡上郡地方でいう河童。
- ¶妖怪事典（ドチ）
- 妖怪大事典（ドチ）

登知為神　とちいのかみ
越前国足羽郡の登知為神社の祭神。
- ¶神仏辞典（登知為神　とちいのかみ）

ドチガメ
岐阜県可児郡兼山町地方でいう河童。
- ¶妖怪事典（ドチガメ）

ドチロベ
岐阜県武儀郡でいう河童。
- ¶全国妖怪（ドチロベ〔岐阜県〕）
- 妖怪事典（ドチロベ）

十津川省三　とつかわしょうぞう
西村京太郎の「十津川警部シリーズ」に登場する警視庁捜査一課の警部。
- ¶名探偵日（十津川省三　とつかわしょうぞう）

トック
芥川龍之介作『河童』（1922）に登場する、河童の詩人。
- ¶架空人日（トック）

徳利転がし　とっくりころがし
動物（狸）の妖怪。徳島県、香川県の俗伝。
- ¶神仏辞典（徳利転がし　とっくりころがし）
- 全国妖怪（トックリコロガシ〔徳島県〕）
- 全国妖怪（トックリコロガシ〔香川県〕）

徳利回し　とっくりまわし
香川県多度津地方でいう怪異。
- ¶妖怪事典（トックリマワシ）
- 妖怪大事典（徳利まわし　とっくりまわし）

トッコ
愛知県中央部でいう河童。
- ¶妖怪事典（トッコ）

独鈷の駄六　とっこのだろく
歌舞伎演目『小野道風青柳硯』に登場する、小野道風と立ち回りを演じるならず者。
- ¶歌舞伎登（独鈷の駄六　とっこのだろく）

トッチ
香川県地方でいう妖怪の児童語。
- ¶妖怪事典（トッチ）

トットちゃん
黒柳徹子の『窓ぎわのトットちゃん』（1985）に登場する小学生。
- ¶架空人物（トットちゃん）

鳥取の牛鬼　とっとりのうしおに
昔、因幡国（鳥取県）に現れた螢の火のようなも

の。沢田村から湯村までの間畦道や青島のあたりの湖に出た。
¶妖怪大全（鳥取の牛鬼　とっとりのうしおに）〔像〕
妖怪大事典（鳥取の牛鬼　とっとりのうしおに）〔像〕

ドーツン
愛知県南設楽郡でいう河童。
¶妖怪事典（ドーツン）

土帝君　とていくん
沖縄で祀られる土地神。
¶神仏辞典（土帝君　とていくん）

と

土手のお六　どてのおろく
4世鶴屋南北が創造した悪婆役の一人。『お染久松色読販』や『杜若艶色紫』に登場する。
¶架空人日（お六　おろく）
架空伝承（土手のお六　どてのおろく）
架空伝説（土手のお六　どてのおろく）〔像〕
歌舞伎登（土手のお六 1 『お染久松色読販』　どてのおろく）〔像〕
歌舞伎登（土手のお六 2 『杜若艶色紫』　どてのおろく）
コン5（土手お六　どてのおろく）
新潮日本（土手のお六　どてのおろく）
説話伝説（土手のお六　どてのおろく）
伝奇伝説（土手のお六　どてのおろく）
日本人名（土手のお六　どてのおろく）

土手の道哲　どてのどうてつ
江戸初期の僧。落語や歌舞伎に登場する。
¶歌舞伎登（土手の道哲　どてのどうてつ）
説話伝説（土手の道哲　どてのどうてつ 生没年不詳）

土手平　どてへい
歌舞伎演目『五大力恋緘』に登場する、千島家の仲間。
¶歌舞伎登（土手平　どてへい）

ドテンコ
滋賀県のツチノコのこと。ゴハッスンとも。
¶全国妖怪（ドテンコ〔滋賀県〕）

都々一坊扇歌　どどいつぼうせんか
唄「都々一」の創始者。
¶伝奇伝説（都々一坊扇歌　どどいつぼうせんか [生]文化1（1804）年 [没]嘉永5（1852）年）

止止井神　とどいのかみ
陸奥国胆沢郡の止止井神社の祭神。
¶神仏辞典（止止井神　とどいのかみ）

十時半睡　とときはんすい
白石一郎作『十時半睡事件帖』の登場人物。
¶時代小説（十時半睡　とときはんすい）

十時弥七郎　とときやしちろう
白石一郎作『十時半睡事件帖』の登場人物。
¶時代小説（十時弥七郎　とときやしちろう）

百々目鬼　どどめき
腕に百個の鳥の目がついている女の妖怪。
¶幻想動物（百々目鬼）〔像〕
妖怪事典（ドドメキ）
妖怪大全（百々目鬼　とどめき）〔像〕
妖怪大事典（百々目鬼　どどめき）〔像〕

鳥取神　ととりのかみ
大国主神との間に鳥鳴海神を生む。伊勢国員弁郡の鳥取神社の祭神。
¶神仏辞典（鳥取神　ととりのかみ）

鳥取山田神　ととりのやまだのかみ
伊勢国員弁郡の鳥取山田神社の祭神。
¶神仏辞典（鳥取山田神　ととりのやまだのかみ）

等々力警部　とどろきけいぶ
横溝正史の小説の登場人物。
¶架空伝説（等々力警部　とどろきけいぶ）

轟先生　とどろきせんせい
秋好馨の同名の漫画の主人公。
¶日本人名（轟先生　とどろきせんせい）

等等呂吉神　とどろきのかみ
出雲国大原郡式外社17社の等等呂吉神社の祭神。
¶神仏辞典（等等呂吉神　とどろきのかみ）

止杼侶支比売命神　とどろきひめのみことのかみ
摂津国住吉郡の止杼侶支比売命神社の祭神。
¶神仏辞典（止杼侶支比売命神・止止呂伎比売命神　とどろきひめのみことのかみ）

轟弁右衛門　とどろきべんえもん
歌舞伎演目『浪人盃』に登場する、殿の勘気をこうむり浪人となった人物。
¶歌舞伎登（轟弁右衛門　とどろきべんえもん）

登奈孝志神　となこしのかみ
陸奥国気仙沼郡の登奈孝志神社の祭神。
¶神仏辞典（登奈孝志神　となこしのかみ）

戸無瀬　となせ
浄瑠璃『仮名手本忠臣蔵』（1748年初演）に登場する、加古川本蔵の妻。
¶架空人日（戸無瀬　となせ）
歌舞伎登（戸無瀬　となせ）

刀那神　となのかみ
越前国今立郡の刀那神社の祭神。
¶神仏辞典（刀那神　となのかみ）

戸浪　となみ
歌舞伎演目『菅原伝授手習鑑』に登場する、武

部源蔵の妻。
¶歌舞伎登（戸浪　となみ）

隣の寝太郎　となりのねたろう
怠け者でありながら逆玉の輿に乗った話の主人公の総称。
¶神話伝説（隣の寝太郎　となりのねたろう）
説話伝説（隣の寝太郎　となりのねたろう）
伝奇伝説（隣の寝太郎　となりのねたろう）

兎禰　とね
村上元三作『佐々木小次郎』の登場人物。
¶時代小説（兎禰　とね）

利根川の火の玉　とねがわのひのたま
利根川でヒューという音をたてたクジラ尺で一尺（約三十八センチメートル）あまりの火の玉。
¶妖怪大鑑（利根川の火の玉　とねがわのひのたま）〔像〕

舎人親王　とねりしんのう
天武天皇の第3子。『日本書紀』編纂の総責任者。
¶説話伝説（舎人親王　とねりしんのう [生]天武5（676）年? [没]天平7（735）年）〔像〕
伝奇伝説（舎人親王　とねり（の）しんのう [生]? [没]天平7（735）年）

戸神　とのかみ
但馬国気多郡の戸神社の祭神。
¶神仏辞典（戸神　とのかみ）

等乃伎神　とのきのかみ
和泉国大鳥郡の等乃伎神社の祭神。
¶神仏辞典（等乃伎神　とのきのかみ）

殿諸足尼命　とのもろすくねのみこと
『新撰姓氏録』に所出。火明命11世の孫、襷多治比宿禰の祖。
¶神仏辞典（殿諸足尼命　とのもろすくねのみこと）

トーバイ
島根県八束郡地方でいう憑き物。
¶妖怪事典（トーバイ）

鳥羽院　とばいん
歌舞伎演目『玉藻前御園公服』に登場する、田熊法眼の子。
¶歌舞伎登（鳥羽院　とばいん）

鳥羽僧正　とばそうじょう
天台座主にもなった平安時代の高僧。画技をよくし、『鳥獣戯画』（高山寺）の筆者に擬せられているが確証はない。
¶架空伝承（鳥羽僧正　とばそうじょう [生]天喜1（1053）年 [没]保延6（1140）年）
架空伝説（鳥羽僧正　とばそうじょう [生]1053年 [没]1140年）
奇談逸話（鳥羽僧正　とばそうじょう [生]天喜1（1053）年 [没]保延6（1140）年）
古典人学（鳥羽僧正　とばそうじょう）
古典人東（鳥羽僧正　とばそうじょう）
説話伝説（鳥羽僧正　とばそうじょう [生]天喜1（1053）年 [没]保延6（1140）年）
伝奇伝説（鳥羽僧正　とばそうじょう [生]天喜1（1053）年 [没]保延6（1140）年）

鳥羽天皇　とばてんのう
平安後期の天皇。第74代。堀河天皇の第1皇子。白河法皇が没して以後、崇徳・近衛・後白河の3代にわたり院政を行った。
¶説話伝説（鳥羽天皇　とばてんのう [生]康和5（1103）年 [没]保元1（1156）年）
伝奇伝説（鳥羽天皇　とばてんのう [生]康和5（1103）年 [没]保元1（1156）年）〔像〕

鳶頭伊兵衛　とびがしらいへえ
歌舞伎演目『人情噺文七元結』に登場する、和泉屋に替わってお久を請け出し家へ連れて帰る鳶頭。
¶歌舞伎登（鳶頭伊兵衛　とびがしらいへえ）

鳶頭清次　とびがしらせいじ
歌舞伎演目『青砥稿花紅彩画』に登場する、呉服屋浜松屋出入りの鳶の頭。
¶歌舞伎登（鳶頭清次　とびがしらせいじ）

飛び加藤　とびかとう
戦国時代の忍びの者。
¶架空伝説（飛び加藤　とびかとう）
説話伝説（飛び加藤　とびかとう [生]? [没]永禄1（1558）年）

飛び神　とびがみ
来訪神のこと。
¶神仏辞典（飛び神　とびがみ）
東洋神名（飛び神　トビガミ）〔像〕

土肥実平　とひさねひら
⇒土肥実平（といさねひら）

鳶沢甚内　とびさわじんない
相州ラッパの流れ。風魔一味没落後、正式に古着屋を営んだ。江戸初期の暗黒面を生きた三人甚内の一人。
¶説話伝説（三人甚内　さんにんじんない 生没年不詳）
伝奇伝説（三人甚内　さんにんじんない）

飛助　とびすけ
式亭三馬作の滑稽本『浮世床』（1813-14）に登場する、商家の居候。
¶架空人日（飛助　とびすけ）

飛び龍　とびたつ
伝承と伝説に登場する想像上の混成動物。
¶世怪物神獣（飛び龍）

飛び魂　とびだま
神奈川県地方でいう人魂のこと。
¶妖怪事典（トビダマ）

飛び魂　とびたまし
亡霊のこと。秋田県仙北郡地方の俗伝。
¶神仏辞典（飛び魂　とびたまし）

飛び銚子　とびちょうし
山の妖怪。日光山の俗伝。男体・女峰などの高峰で修験者が見たという。
¶神仏辞典（飛び銚子　とびちょうし）
　全国妖怪（トビチョウシ〔栃木県〕）

鳶の嘉藤太　とびのかとうだ
歌舞伎演目『伽羅先代萩』「竹の間」に登場する人物。
¶歌舞伎登（鳶の嘉藤太　とびのかとうだ）

兎比神　とひのかみ
出雲国飯石郡式外社16社の兎比社の祭神。
¶神仏辞典（兎比神　とひのかみ）

飛旗数馬　とびはたかずま
米村圭吾作『風流冷飯伝』の登場人物。
¶時代小説（飛旗数馬　とびはたかずま）

トビモノ
京都府の火の怪。古椿の根が光って飛んだという。
¶全国妖怪（トビモノ〔京都府〕）

飛び物　とびもの
茨城県多賀郡高岡村（高萩市）でいう怪火。
¶神仏辞典（飛び物　とびもの）
　全国妖怪（トビモノ〔茨城県〕）
　妖怪事典（トビモノ）

斗布神　とふのかみ
越前国丹生郡の斗布神社の祭神。
¶神仏辞典（斗布神　とふのかみ）

トーベイキツネ
岡山県美作地方でいう憑き物。
¶妖怪事典（トーベイキツネ）

とぼがみ
憑き物の一つ。蛇。四国地方でいう。
¶神仏辞典（とぼがみ）

トボシ
長崎県の西彼杵郡江ノ島でいう海の怪。
¶全国妖怪（トボシ〔長崎県〕）

トボチ
樺太アイヌに伝わる水辺にいて人を誑かす魔女。
¶妖怪事典（トボチ）

トマッコ狸　とまっこだぬき
岡山県美作地方でいう憑き物。
¶妖怪事典（トマッコダヌキ）

富島松五郎　とみしままつごろう
岩下俊作の『富島松五郎伝』（1939）の主人公。のちに『無法松の一生』の題名で映画化され、大ヒットした。
¶架空人日（無法松　むほうまつ）
　架空人物（無法松）
　架空伝承（無法松　むほうまつ）
　架空伝説（松五郎　まつごろう）
　コン5（富島松五郎　とみしままつごろう）
　新潮日本（富島松五郎　とみしままつごろう）
　日本人名（富島松五郎　とみしままつごろう）

富田福之助　とみたふくのすけ
皆川博子作『恋紅』の登場人物。
¶時代小説（富田福之助　とみたふくのすけ）

富永有隣　とみながゆうりん
幕末・維新期の志士。松下村塾で教える。国木田独歩の『富岡先生』のモデルといわれる。
¶コン5（富永有隣　とみながゆうりん　④文政4（1821）年　㉝明治33（1900）年）

登弥神　とみのかみ
大和国添下郡の登弥神社などの祭神。
¶神仏辞典（登弥神・等弥神　とみのかみ）

富の久蔵　とみのきゅうぞう
落語『富久』の主人公。
¶日本人名（富の久蔵　とみのきゅうぞう）

登美能那賀須泥毘古　とみのながすねびこ
⇒長髄彦（ながすねひこ）

富森助右衛門　とみのもりすけえもん
歌舞伎演目『元禄忠臣蔵』に登場する、浅野浪人で、お喜世の証文上の兄。
¶歌舞伎登（富森助右衛門　とみのもりすけえもん）

富姫　とみひめ
戯曲『天守物語』に登場する人物。
¶架空伝説（富姫　とみひめ）

登美夜毘売　とみやびめ
登美能那賀須泥毘古（長髄彦）の妹。『日本書紀』では、三炊屋媛。長髄媛、鳥見屋媛とも。
¶神様読解（登美夜毘売　とみやびめ）
　日本人名（三炊屋媛　みかしきやひめ）

富山唯継　とみやまただつぐ
尾崎紅葉作『金色夜叉』（1897～1902）に登場する、富山銀行の社長富山重平の息子。
¶架空人日（富山唯継　とみやまただつぐ）

富勇　とみゆう
　陣出達朗作『伝七捕物帳』の登場人物。
　¶時代小説（富勇　とみゆう）

とめ
　佐伯泰英作『密命』の登場人物。
　¶時代小説（とめ）

留吉　とめきち
　多岐川恭作『ゆっくり雨太郎捕物控』の登場人物。
　¶時代小説（留吉　とめきち）

留吉　とめきち
　佐藤雅美作『恵比寿屋喜兵衛手控え』の登場人物。
　¶時代小説（留吉　とめきち）

留さん　とめさん
　山本周五郎作『青べか物語』（1960）に登場する水夫。
　¶架空人日（留さん　とめさん）

留蔵　とめぞう
　宇江佐真理作『髪結い伊三次捕物余話』の登場人物。
　¶時代小説（留蔵　とめぞう）

留造　とめぞう
　伊藤桂一作『風車の浜吉・捕物綴』の登場人物。
　¶時代小説（留造　とめぞう）

友市　ともいち
　歌舞伎演目『木下蔭狭間合戦』に登場する、猿之助（此下当吉）とともに、山賊山窩が崖の来作に奉公（「来作住家」）。
　¶歌舞伎登（友市　ともいち）

伴氏神　ともうじのかみ
　山城国葛野郡の伴氏神社の祭神。
　¶神仏辞典（伴氏神　ともうじのかみ）

巴御前　ともえごぜん
　平安末期～鎌倉初期の女性。義仲に従って合戦に参加した女将。
　¶英雄事典（巴御前　トモエゴゼン）
　　架空人日（巴御前　ともえごぜん）
　　架空伝承（巴御前　ともえごぜん　生没年不詳）〔像〕
　　架空伝説（巴御前　ともえごぜん）〔像〕
　　歌舞伎登（巴御前　ともえごぜん）
　　奇談逸話（巴御前　ともえごぜん　生没年不詳）
　　古典人学（巴　ともえ）
　　古典人東（巴御前　ともえごぜん）
　　コン5（巴御前　ともえごぜん　生没年不詳）
　　新潮日本（巴御前　ともえごぜん）
　　人物伝承（巴　ともえ　生没年未詳）
　　説話伝説（巴御前　ともえごぜん）〔像〕
　　伝奇伝説（巴御前　ともえごぜん　生没年未詳）〔像〕
　　日本人名（巴御前　ともえごぜん　生没年未詳）

友枝為右衛門　ともえだためえもん
　井原西鶴作の浮世草子『武道伝来記』（1687）巻五の第四「火燵のありく四足の庭」に登場する武士。
　¶架空人日（友枝為右衛門　ともえだためえもん）

鞆江神　ともえのかみ
　尾張国中島郡の鞆江神社の祭神。
　¶神仏辞典（鞆江神　ともえのかみ）

巴の三吉　ともえのさんきち
　歌舞伎演目『江戸育御祭佐七』に登場する、お祭り佐七の子分の鳶の者。
　¶歌舞伎登（巴の三吉　ともえのさんきち）

巴屋十三郎　ともえやじゅうざぶろう
　乙川優三郎作『霧の橋』の登場人物。
　¶時代小説（巴屋十三郎　ともえやじゅうざぶろう）

共潜き　ともかずき
　曇りの日に海女が海に潜ると、瓜二つの姿をした海女として現れる妖怪。三重県志摩や静岡県に伝わる。
　¶幻想動物（共潜き）〔像〕
　　神仏辞典（共潜き　ともかずき）
　　全国妖怪（トモカヅキ〔静岡県〕）
　　全国妖怪（トモカヅキ〔三重県〕）
　　妖怪事典（トモカヅキ）
　　妖怪図鑑（ともかづき）〔像〕
　　妖怪大全（共潜　ともかずき）〔像〕
　　妖怪大事典（共潜き　ともかづき）〔像〕
　　妖百2（共潜　ともかずき）

鞆前神　ともさきのかみ
　出雲国楯縫郡式外社19社の祭神。
　¶神仏辞典（鞆前神　ともさきのかみ）

伴蔵　ともぞう
　三遊亭円朝作『牡丹燈籠』（1884）に登場する、幽霊お露にとり殺される萩原新三郎の下男。
　¶架空人日（伴蔵　ともぞう）
　　歌舞伎登（伴蔵　ともぞう）

友田刑部　ともだぎょうぶ
　五味康祐作『柳生武芸帳』の登場人物。
　¶時代小説（友田刑部　ともだぎょうぶ）

ともね
　歌舞伎演目『狐と笛吹き』に登場する、王朝時代の楽人春方が助けた狐の子。
　¶歌舞伎登（ともね）

伴馬立天照神　とものうまたてあまてるのかみ
　『続日本後記』『日本三代実録』に所出。摂津国の神。
　¶神仏辞典（伴馬立天照神　とものうまたてあまてるのかみ）

伴酒着神　とものさかつくのかみ
　『続日本後紀』『日本三代実録』に所出。摂津国の神。
　¶神仏辞典（伴酒着神・伴酒著神　とものさかつくのかみ）

伴彦真の妻伴氏　とものひこざねのつまとものうじ
　『今昔物語集』巻第15の48の主人公。女人往生譚に登場する、阿弥陀仏を信仰していた女性。
　¶架空人日（伴彦真の妻伴氏　とものひこざねのつまとものうじ）

吃の又平　どものまたへい
　⇒吃の又平（どもりのまたへい）

友野与右衛門　とものよえもん
　江戸前期の治水家。生涯については、伝説的なことが多く、安倍川の水を手越河原に引き、新田開発の投資を行なったとも、江戸浅草で綿布・両替商を営んでいたとも伝えられる。
　¶コン5（友野与右衛門　とものよえもん　生没年不詳）

伴善男　とものよしお
　平安前期の貴族。応天門の変の犯人とされ、伊豆国へ配流、配所で没した。国宝『伴大納言絵詞』が知られる。
　¶架空人日（伴大納言善男　ばんだいなごんよしお　㊤809年　㊦868年）
　架空伝承（伴善男　とものよしお　㊤弘仁2（811）年　㊦貞観10（868）年）
　奇談逸話（伴大納言　ばんだいなごん　㊤弘仁2（811）年　㊦貞観10（868）年）
　古典人学（伴善男　とものよしお）
　コン5（伴善男　とものよしお　㊤大同4（809）年　㊦貞観10（868）年）
　説話伝説（伴大納言　ばんだいなごん　㊤弘仁2（811）年　㊦貞観10（868）年）
　伝奇伝説（伴善男　とものよしお　㊤弘仁2（811）年　㊦貞観10（868）年）

伴林氏神　ともはやしのうじのかみ
　河内国志紀郡の伴林氏神社の祭神。
　¶神仏辞典（伴林氏神　ともはやしのうじのかみ）

具平親王　ともひらしんのう
　平安中期の文人。『栄花物語』では娘の身を案ずる物の怪となる。
　¶説話伝説（具平親王　ともひらしんのう　㊤康保1（964）年　㊦寛弘6（1009）年）
　伝奇伝説（具平親王　ともひらしんのう　㊤応和4（964）年　㊦寛弘6（1009）年）

友平　ともへい
　歌舞伎演目『彦山権現誓助剣』に登場する、吉岡家の若党。
　¶歌舞伎登（友平　ともへい）

吃又　どもまた
　⇒吃の又平（どもりのまたへい）

供奴　ともやっこ
　歌舞伎演目『供奴』に登場する奴。主人の廓通いのお供に遅れ、箱提灯を手に吉原に駆け込み、古の丹前風俗を真似て披露する。
　¶歌舞伎登（供奴　ともやっこ）

鞆結神　ともゆいのかみ
　近江国高島郡の鞆結神社の祭神。
　¶神仏辞典（鞆結神　ともゆいのかみ）

吃の又平　どもりのまたへい
　近松門左衛門作の浄瑠璃『傾城反魂香』などに登場する大津絵の絵師。略して吃又（どもまた）。浮世又平ともいう。
　¶架空伝説（浮世又平　うきよまたへい）
　歌舞伎登（吃又　どもまた）〔像〕
　広辞苑6（吃の又平　どものまたへい）
　コン5（吃又平　どもりのまたへい）
　説話伝説（吃の又平　どもりのまたへい）
　大辞林3（又平　またへい）
　伝奇伝説（吃又平　どもりのまたへい）
　日本人名（吃又平　どもりのまたへい）

戸山津見神　とやまつみのかみ
　伊弉諾が子・迦具土神を斬ったとき、その右足に化生した神。
　¶神様読解（戸山津見神　とやまつみのかみ）
　広辞苑6（戸山津見神　とやまつみのかみ）
　神仏辞典（戸山津見神　とやまつみのかみ）

外山神　とやまのかみ
　尾張国春部郡の外山神社の祭神。
　¶神仏辞典（外山神　とやまのかみ）

トヤンクットリ
　アイヌ語で地上に広がり出る者という意味の魔の一種。
　¶妖怪事典（トヤンクットリ）

トーユー
　広島県豊田郡でいう妖怪。
　¶妖怪事典（トーユー）

登世　とよ
　藤沢周平作『蟬しぐれ』の登場人物。
　¶時代小説（登世　とよ）

豊雷命神　とよいかずちのみことのかみ
　遠江国磐田郡の豊雷命神社の祭神。
　¶神仏辞典（豊雷命神　とよいかずちのみことのかみ）

豊雷売命神　とよいかずちめのみことのかみ
　遠江国磐田郡の豊雷売命神社の祭神。
　¶神仏辞典（豊雷売命神　とよいかずちめのみことのかみ）

豊稲売神　とよいなめのかみ
　『日本三代実録』に所出。河内国の神。
　¶神仏辞典（豊稲売神　とよいなめのかみ）

豊石窓神　とよいわまどのかみ
　⇒天石門別神（あめのいわとわけのかみ）

止與呼可乃売神　とようかのめのかみ
　『摂津国風土記』逸文に所出。稲倉（稲椋）山は同神が山中で飯を盛る（食物の調理）ことをしていたことにより名付けられた。
　¶神仏辞典（止與呼乃売神・豊宇可之売神　とようかのめのかみ）

豊宇賀能売命　とようかのめのみこと
　丹後国奈具社の祭神。丹波郡比治里の比治山の頂にある真奈井で水浴びをしていた八人の天女の一人。
　¶神仏辞典（豊宇賀能売命　とようかのめのみこと）

豊受大神　とようけのおおかみ
　⇒豊宇気毘売神（とようけひめのかみ）

豊宇気毘売神　とようけひめのかみ
　和久産巣日神（稚産霊神）の娘神で、食物を主宰する女神。豊受大神として伊勢神宮の外宮の祭神。
　¶朝日歴史（豊受毘売神　とようけひめのかみ）
　　アジア女神（豊受大神　とようけのおほかみ）
　　神様読解（宇迦之御魂神・豊受媛神　うかのみたまのかみ・とようけひめのみこと）
　　神様読解（豊宇気毘売神／豊受気媛神／豊受大神／豊由宇気神　とようけひめのかみ・とようけひめのかみ・とようけのおおかみ・とゆうけのかみ）
　　神文化史（トヨウケヒメ（豊宇気毘売））
　　広辞苑6（豊受大神　とようけのおおかみ）
　　神話伝説（豊宇気毘売神　とようけひめのかみ）
　　神話伝説（豊受大神　とようけのおおかみ）
　　世百新（登由宇気神　とゆうけのかみ）
　　大辞林3（豊宇気毘売神　とようけひめのかみ）
　　日本神々（豊宇気毘売神　とようけひめのかみ）〔像〕
　　日本神様（伊勢信仰の神々〔豊受大御神〕いせしんこうのかみがみ）
　　日本神様（豊受大御神　とようけのおおみかみ）〔像〕
　　日本人名（豊宇気毘売神　とようけひめのかみ）

土用坊主　どようぼうず
　神奈川県津久井町（現・相模原市）で、土用になると邸地内に現れるといわれている土地の霊。
　¶神仏辞典（土用坊主　どようぼうず）
　　全国妖怪（ドヨウボウズ〔神奈川県〕）
　　妖怪事典（ドヨウボウズ）
　　妖怪大鑑（土用坊主　どようぼうず）〔像〕
　　妖怪大事典（土用坊主　どようぼうず）〔像〕

豊雄　とよお
　⇒大宅の豊雄（おおやのとよお）

豊岡上天神　とよおかのかみのあまつかみ
　土佐国長岡郡の豊岡上天神社の祭神。
　¶神仏辞典（豊岡上天神　とよおかのかみのあまつかみ）

豊岡姫命　とよおかひめのみこと
　『陸奥国風土記』逸文に所出。農業・穀物の神。豊宇気毘売神と同一とされる。
　¶神仏辞典（豊岡姫命　とよおかひめのみこと）

豊忍別命　とよおしわけのみこと
　応神天皇の代、天皇の巡行に供奉し案内をしていたが、播磨国飾磨郡安相里で罪を得て播磨国造の名（地位）を剥奪された人物。
　¶神仏辞典（豊忍別命　とよおしわけのみこと）

豊木入日子命　とよきいりひこのみこと
　第10代崇神天皇の皇子。母は遠津年魚眼眼妙媛。『日本書紀』では、豊城入彦命。
　¶朝日歴史（豊城彦命　とよきいりひこのみこと）
　　神様読解（豊木入日子命　とよきいりひこのみこと）
　　神仏辞典（豊木入日子命・豊城入彦命　とよきいりひこのみこと）
　　日本人名（豊城入彦命　とよきいりひこのみこと）

豊国主尊　とよくにぬしのみこと
　⇒豊雲野神（とよくもぬのかみ）

豊国野尊　とよくにぬのみこと
　⇒豊雲野神（とよくもぬのかみ）

豊国之神　とよくにのかみ
　『播磨国風土記』に所出の神。飾磨郡小川里豊国村の名の由来となった神。
　¶神仏辞典（豊国之神　とよくにのかみ）

豊国法師　とよくにほうし
　『日本書紀』用明天皇2年4月の条にみられる豊前国の法師。
　¶神仏辞典（豊国法師　とよくにほうし）

豊国別王　とよくにわけのみこ
　第11代景行天皇の皇子。
　¶神様読解（豊国別王　とよくにわけのみこ）
　　日本人名（豊国別皇子　とよくにわけのおうじ）

豊組野尊　とよくみぬのみこと
　⇒豊雲野神（とよくもぬのかみ）

豊斟渟尊　とよくむのみこと
　⇒豊雲野神（とよくもぬのかみ）

豊雲野神　とよくもぬのかみ
　神世七代の第二代。独神として身を隠す。『日本書紀』では豊斟渟尊または豊国主尊。ほかに豊組野尊、豊国野尊、葉木国野尊、国見野尊などともいう。
　¶神様読解（豊雲野神／豊国主尊／豊組野尊／豊国野尊／葉木国野尊／国見野尊／豊斟渟尊　とよぐもぬのかみ・とよくにぬしのみこと・とよくみぬのみこと・とよくにぬのみこと・はぎくにぬのみこと・くに

みぬのみこと・とよくむのみこと）
広辞苑6（豊斟渟神　とよくむぬのかみ）
神仏辞典（国見野尊　くにみぬのみこと）
神仏辞典（豊国主尊　とよくにぬしのみこと）
神仏辞典（豊斟渟尊　とよくむぬのみこと）
神仏辞典（豊雲野神　とよくもぬのみこと）
神仏辞典（葉木国野尊　はこくにぬのみこと）
神仏辞典（見野尊　みののみこと）
東洋神名（豊雲野神　トヨクモヌノカミ）〔像〕
日本人名（豊斟渟神　とよくむぬのかみ）
日本神話（トヨクモノ/トヨクムヌ）

豊沢団平　とよざわだんぺい
明治期の義太夫節三味線の名人。
¶説話伝説（豊沢団平　とよざわだんぺい　⊕文政10（1827）年　⊗明治31（1898）年）
伝奇伝説（豊沢団平　とよざわだんぺい　⊕文政11（1828）年　⊗明治31（1898）（2代目）年）

富徹の前　とよしのまえ
柳亭種彦作の合巻『偐紫田舎源氏』（1829-42）に登場する、将軍の正室。
¶架空人日（富徹の前　とよしのまえ）

豊鉏入日売命　とよすきいりひめのみこと
第10代崇神天皇の皇女。遠津年魚目目微比売を母とし、豊木入日子命を兄に持つ。『日本書紀』では、豊鍬入姫命。
¶朝日歴史（豊鍬入姫命　とよすきいりひめのみこと）
神様読解（豊鉏入日売命　とよすきいりひめのみこと）
コン5（豊鍬入姫　とよすきいりひめ）
新潮日本（豊鍬入姫命　とよすきいりひめのみこと）
神仏辞典（豊鉏入日売命・豊鉏入姫命・豊鍬入姫命　とよすきいりひめのみこと）
日本人名（豊鍬入姫命　とよすきいりひめのみこと）

豊玉　とよたま
玉作部の遠祖。日神の天石窟幽居に際し玉を造る。天明玉命、櫛明玉神と同一とされる。
¶神仏辞典（豊玉　とよたま）

豊玉毘売　とよたまびめ
海神の娘。山幸彦（火遠理命）と結婚して天皇家の祖先神を生んだ。『日本書紀』では豊玉姫。
¶朝日歴史（豊玉姫　とよたまひめ）
アジア女神（豊玉毘売　とよたまびめ）〔像〕
架空人日（豊玉毘売　とよたまびめ）
神様読解（乙姫神　おとひめがみ）
神様読解（豊玉毘売命/豊玉媛尊　とよたまひめのみこと・とよたまひめのみこと）
新潮日本（豊玉姫　とよたまひめ）
神仏辞典（豊玉毘売命　とよたまびめのみこと）
神話伝説（豊玉毘売（記）/豊玉姫（紀）　とよたまひめ）
世怪物神獣（豊玉　とよたま）
説話伝説（豊玉毘売　とよたまびめ）
世百新（豊玉姫　とよたまひめ）
大辞林3（豊玉姫　とよたまひめ）
伝奇伝説（豊玉毘売　とよたまびめ）
東洋神名（豊玉毘売命　トヨタマビメノミコト）〔像〕
日本神々（豊玉毘売命　とよたまびめのみこと）〔像〕
日本人名（豊玉姫　とよたまひめ）

日本神話（トヨタマビメ）

豊積神　とよつみのかみ
駿河国廬原郡の豊積神社の祭神。
¶神仏辞典（豊積神　とよつみのかみ）

豊臣秀次　とよとみひでつぐ
安土・桃山時代の武将。豊臣秀吉の甥で養子。秀吉に切腹を命じられた。歌舞伎『桐一葉』では亡霊となって現れる。
¶架空伝説（豊臣秀次　とよとみひでつぐ）
歌舞伎登（豊臣秀次　とよとみひでつぐ）
古典人学（豊臣秀次　とよとみひでつぐ）
時代小説（豊臣秀次　とよとみひでつぐ）
説話伝説（豊臣秀次　とよとみひでつぐ　⊕永禄11（1568）年　⊗文禄4（1595）年）〔像〕
伝奇伝説（豊臣秀次　とよとみひでつぐ　⊕永禄11（1568）年　⊗文禄4（1595）年）

豊臣秀吉　とよとみひでよし
安土桃山時代の武将。足軽の子として生まれたが織田信長の家臣として頭角をあらわし、全国統一を成した。
¶架空伝承（豊臣秀吉　とよとみひでよし　⊕天文5（1536）年　⊗慶長3（1598）年）
歌舞伎登（太閤秀吉　たいこうひでよし）
歌舞伎登（羽柴秀吉　はしばひでよし）
奇談逸話（豊臣秀吉　とよとみひでよし　⊕天文6（1537）年　⊗慶長3（1598）年）
古典人学（豊臣秀吉　とよとみひでよし）
神仏辞典（豊臣秀吉　とよとみひでよし　⊕1537年?　⊗1598年）
説話伝説（豊臣秀吉　とよとみひでよし　⊕天文7（1538）年　⊗慶長3（1598）年）〔像〕
世百新（豊臣秀吉　とよとみひでよし　⊕天文5（1536）年　⊗慶長3（1598）年）
日本神々（豊臣秀吉　とよとみひでよし　⊕天文6（1537）年　⊗慶長3（1598）年8月18日）〔像〕
日本神様（豊臣秀吉　とよとみひでよし　⊕1537年　⊗1598年）〔像〕

豊臣秀頼　とよとみひでより
豊臣秀吉と淀君の息子。豊臣家滅亡時の当主。
¶架空伝説（秀頼　ひでより）
歌舞伎登（豊臣秀頼1『吾手鳥孤城落月』　とよとみひでより）
歌舞伎登（豊臣秀頼2『桐一葉』　とよとみひでより）
奇談逸話（豊臣秀頼　とよとみひでより　⊕文禄2（1593）年　⊗天和1（1615）年）
説話伝説（豊臣秀頼　とよとみひでより　⊕文禄2（1591）年　⊗元和1（1615）年）
伝奇伝説（豊臣秀頼　とよとみひでより　⊕文禄2（1593）年）〔像〕

豊戸別王　とよとわけのみこ
第12代景行天皇の皇子。
¶神様読解（豊戸別王　とよとわけのみこ）
日本人名（豊戸別皇子　とよとわけのおうじ）

等余神　とよのかみ
但馬国七美郡の等余神社の祭神。

¶神仏辞典（等余神　とよのかみ）

豊葉頬別命　とよはずらわけのみこと
『新撰姓氏録』に所出。道守臣の祖。武豊葉頬別命と同一とされる。
¶神仏辞典（豊葉頬別命　とよはずらわけのみこと）

止與波知命　とよはちのみこと
『新撰姓氏録』に所出。巨椋連の祖。
¶神仏辞典（止與波知命　とよはちのみこと）

豊原統秋　とよはらのむねあき
室町時代の雅楽家。正四位上、雅楽頭。京都方の楽家で笙を専門とした。当時第一の楽人として評判が高く、後柏原天皇の笙の師範をつとめた。
¶説話伝説（豊原統秋　とよはらのむねあき [生]宝徳2（1450）年 [没]大永4（1524）年）

豊日神　とよひのかみ
『日本三代実録』に所出。大和国の神。
¶神仏辞典（豊日神　とよひのかみ）

豊比咩命神　とよひめのみことのかみ
豊比命とも。豊前国田川郡の豊比咩命神社の祭神。
¶神仏辞典（豊比咩命神　とよひめのみことのかみ）
日本人名（豊姫　とよひめ）

豊服の広公の妻　とよぶくのひろぎみのつま
『日本霊異記』に登場する、肥後国八代郡豊服郷の人。舎利菩薩の母。
¶架空人日（豊服の広公の妻　とよぶくのひろぎみのつま）

豊布都神　とよふつのかみ
⇒武甕槌神（たけみかづちのかみ）

豊穂命神　とよほのみことのかみ
播磨国神前郡的部里の石坐神山は石を戴き同神が坐すことにより名付けられた。
¶神仏辞典（豊穂命神　とよほのみことのかみ）

豊御気沼命　とよみけぬのみこと
『古事記』上巻に所出。若御気沼命の別名。
¶神仏辞典（豊御気沼命　とよみけぬのみこと）

豊御玉命神　とよみたまのみことのかみ
伊豆国那賀郡の豊御玉命神社の祭神。
¶神仏辞典（豊御玉命神　とよみたまのみことのかみ）

虎　とら
⇒虎御前（とらごぜん）

ドラえもん
藤子・F・不二雄の同名漫画の主人公。未来からタイムマシンに乗ってやってきた猫型ロボット。
¶日本人名（ドラえもん）

虎柏神　とらかしわのかみ
武蔵国多摩郡の虎柏神社の祭神。
¶神仏辞典（虎柏神　とらかしわのかみ）

虎御前　とらごぜん
鎌倉初期に相模国大磯宿の遊女であったと伝えられる女性。『曾我物語』に十郎祐成の愛人として登場する。
¶架空人日（大磯の虎　おおいそのとら）
架空伝承（虎御前　とらごぜん）
架空伝説（大磯の虎　おおいそのとら）
歌舞伎登（大磯の虎　おおいそのとら）
古典人学（大磯の虎　おおいそのとら）
古典人東（虎御前　とらごぜん）
コン5（虎御前　とらごぜん）
新潮日本（虎　とら [生]安元1（1175）年 [没]暦仁1（1238）年）
神仏辞典（虎御前　とらごぜん 生没年未詳）
神話伝説（虎御前　とらごぜん）
人物伝承（虎御前　とらごぜん [生]安元1（1175）年 [没]?）
説話伝説（虎御前　とらごぜん）
世百新（虎御前　とらごぜん）
大辞林3（虎御前　とらごぜん）
伝奇伝説（虎御前　とらごぜん）
日本人名（虎　とら）

トラサンペ
アイヌ語で湖の化け物、湖の苔の心臓という意味で、マリモのことを指す。
¶妖怪事典（トラサンペ）

虎蔵　とらぞう
歌舞伎『鬼一法眼三略巻』において、源義朝の息子牛若丸の仮の名。
¶歌舞伎登（虎蔵　とらぞう）〔像〕

虎ちゃん　とらちゃん★
千葉省三作『虎ちゃんの日記』（1925）の主人公少年。
¶児童登場（虎ちゃん）

虎鶫　とらつぐみ
釧路の雪裡では、鳴き真似をするとその人に憑いていう。
¶神仏辞典（虎鶫　とらつぐみ）

虎戸工造　とらどくぞう
泡坂妻夫作『宝引の辰捕者帳』の登場人物。
¶時代小説（虎戸工造　とらどくぞう）

銅鑼の鐃八　どらのにょうはち
歌舞伎演目『競伊勢物語』に登場する、奈良周辺をうろつく小悪党。
¶歌舞伎登（銅鑼の鐃八　どらのにょうはち）

虎宮火　とらのみやのひ
『諸国里人談』にある怪火。
¶妖怪事典（トラノミヤノヒ）

トラババ
鳥取県伯耆地方でいう化け狐の名前。
¶妖怪事典（トラババ）

虎鰒の太十　とらふぐのたじゅう
歌舞伎演目『巷談宵宮雨』に登場する、竜達の甥。
¶歌舞伎登（虎鰒の太十　とらふぐのたじゅう）

虎屋善左衛門　とらやぜんざえもん
井原西鶴作の浮世草子『本朝二十不孝』(1686)巻二の四「親子五人仍書置如件」に登場する商人。
¶架空人日（虎屋善左衛門　とらやぜんざえもん）

都藍尼　とらんに
大和の国の神仙。不老不死の仙術を体得した女人行者。
¶日ミス（都藍尼　とらんに）
日本人名（都藍尼　とらんに）

鳥井新左衛門　とりいしんざえもん
歌舞伎演目『黒手組曲輪達引』に登場する人物。歌舞伎十八番「助六」の髭の意休にあたる。
¶歌舞伎登（鳥井新左衛門　とりいしんざえもん）

鳥居強右衛門　とりいすねえもん
戦国時代の武将。三河長篠城主奥平信昌の家臣。武田側に捕らえられ、城内に降伏をすすめるよう強要されたが、逆に援軍がくることを大声で知らせたため、怒った武田軍によって磔にされた。
¶説話伝説（鳥居強右衛門勝商　とりいすねえもんかつあき [生]? [没]天正3(1575)年）
伝奇伝説（鳥居強右衛門　とりいすねえもん 生没年未詳）

鳥出神　とりいでのかみ
伊勢国朝明郡の鳥出神社の祭神。
¶神仏辞典（鳥出神　とりいでのかみ）

鳥井又助　とりいまたすけ
歌舞伎演目『加賀見山再岩藤』に登場する、多賀大領の忠臣。
¶歌舞伎登（鳥井又助　とりいまたすけ）

鳥居耀蔵　とりいようぞう
江戸時代後期の幕臣。江戸南町奉行となり、水野忠邦の片腕として天保の改革を推進した。講談『遠山の金さん』では金さんを失脚させようとする人物として登場する。
¶架空人日（鳥居耀蔵　とりいようぞう）
時代小説（鳥居甲斐守耀蔵　とりいかいのかみようぞう）
説話伝説（鳥居耀蔵　とりいようぞう [生]寛政8(1796)年 [没]明治7(1874)年）

鳥追お松　とりおいおまつ
明治初期の毒婦。実在の人物かは未詳。久保田彦作著『鳥追阿松海上新話』や歌舞伎『廿四時改正新話』で脚色された。
¶架空伝承（鳥追お松　とりおいおまつ）
架空伝説（鳥追お松　とりおいおまつ）〔像〕
奇談逸話（鳥追お松　とりおいおまつ [生]慶応(1850)年中頃 [没]明治10(1878)年2月9日）
コン5（鳥追お松　とりおいおまつ）
新潮日本（鳥追いお松　とりおいおまつ）
説話伝説（鳥追お松　とりおいおまつ [生]慶応中(1850)頃 [没]明治10(1878)年）
世百新（鳥追お松　とりおいおまつ）
日本人名（鳥追お松　とりおいおまつ）

鳥飼神　とりかいのかみ
『日本三代実録』に所出。遠江国の神。
¶神仏辞典（鳥飼神　とりかいのかみ）

とりかへばやの姫君　とりかえばやのひめぎみ
⇒女中納言（おんなちゅうなごん）

トリケ
香川県丸亀地方でいう怪異。
¶妖怪事典（トリケ）

鳥越甚内　とりごえじんない
歌舞伎演目『東京日新聞』に登場する旧士族。
¶歌舞伎登（鳥越甚内　とりごえじんない）

鳥越の茂平次　とりごえのもへいじ
横溝正史作『人形佐七捕物帳』の登場人物。
¶時代小説（鳥越の茂平次　とりごえのもへいじ）

鶏大尽慶政　とりだいじんけいまさ
歌舞伎演目『国色和曽我』に登場する、伊豆相模の守護近藤七国平。
¶歌舞伎登（鶏大尽慶政　とりだいじんけいまさ）

トリダシ
福岡県宗像郡神湊町で何かが取り憑いて神通力を得た人。
¶妖怪大鑑（トリダシ）〔像〕
妖怪大事典（トリダシ）〔像〕

鳥鳴海神　とりなるみのかみ
大国主神の子。鳥取神を母とする。日名照額田毘道男伊許知邇神を妻とし、国忍富神が生まれた。
¶神様読解（鳥鳴海神　とりなるみのかみ）
神仏辞典（鳥鳴海神　とりなるみのかみ）
日本人名（鳥鳴海神　とりなるみのかみ）

鳥之石楠船神　とりのいわくすふねのかみ
天鳥船とも。岐美二神の神生みにおいて生まれた船の神。
¶神様読解（鳥之石楠船神/天鳥船神　とりのいわくすふねのかみ・あめのとりぶねのかみ）
神仏辞典（天鳥船神　あめのとりふねのかみ）
神仏辞典（鳥之石楠船神　とりのいわくすふねのかみ）
神話伝説（天鳥船神　あめのとりふねのかみ）
東洋神名（鳥之石楠船神　トリノイワクスフネノカミ）〔像〕
日本人名（鳥之石楠船神　とりのいわくすぶねのか

み)
日本神話（アメノトリフネ）

鳥野神　とりののかみ
『日本三代実録』に所出。筑前国の神。
¶**神仏辞典**（鳥野神　とりののかみ）

鳥呑爺　とりのみじじい
昔話の登場人物。飲みこんだ鳥が腹の中で鳴き、殿から褒美を得る。
¶**神話伝説**（鳥呑爺　とりのみじじい）

止利仏師　とりぶっし
飛鳥時代の仏師。日本最初の本格的な仏師、鞍作止利(鞍作鳥)のこと。飛鳥寺の飛鳥大仏や法隆寺金堂の釈迦三尊像の作者。
¶**奇談逸話**（止利仏師　とりぶっし）
説話伝説（止利仏師　とりぶっし 生没年不詳）
伝奇伝説（止利仏師　とりぶっし 生没年未詳）

鳥部寺に物詣する女　とりべでらにものもうでするおんな
『今昔物語集』巻第29の第22に載る女。
¶**架空人日**（鳥部寺に物詣する女　とりべでらにものもうでするおんな）

鳥耳神　とりみみのかみ
八島牟遅能神の娘で、大国主神の妃。鳥鳴海神を生む。
¶**神様読解**（鳥耳神　とりみみのかみ）
神仏辞典（鳥耳神　とりみみのかみ）

鶏娘おさん　とりむすめおさん
歌舞伎演目『由良湊千軒長者』に登場する、三庄太夫の娘。
¶**歌舞伎登**（鶏娘おさん　とりむすめおさん）

鳥屋神　とりやのかみ
出雲国出雲郡式内社五八社の鳥屋社、『延喜式』の鳥屋神社の祭神。
¶**神仏辞典**（鳥屋神　とりやのかみ）

鳥屋比古神　とりやひこのかみ
能登国能登郡の鳥屋比古神社の祭神。
¶**神仏辞典**（鳥屋比古神　とりやひこのかみ）

鳥山秋作　とりやまあきさく
歌舞伎演目『しらぬい譚』に登場する、鳥山家の惣領。
¶**歌舞伎登**（鳥山秋作　とりやまあきさく）

鳥山石燕　とりやませきえん
江戸中期の狩野派の町絵師。妖怪絵本が知られ、作品に『百鬼夜行』(1776)、『画図百鬼徒然袋』(1784)などがある。
¶**説話伝説**（鳥山石燕　とりやませきえん [生]正徳2(1712)年? [没]天明8(1788)年）

鳥屋嶺神　とりやみねのかみ
陸奥国伊具郡の鳥屋嶺神社の祭神。
¶**神仏辞典**（鳥屋嶺神　とりやみねのかみ）

どろうじん
長崎県壱岐郡で、田畑の神の異称。
¶**神仏辞典**（どろうじん）

ドロカミサン
長崎県地方でいう雷神のこと。
¶**妖怪事典**（ドロカミサン）

ドロガメ
広島県東部地方でいう雷神のこと。
¶**妖怪事典**（ドロガメ）

道陸神　どろぐずん
山形県山形市周辺の道祖神の呼称。
¶**神仏辞典**（道陸神　どろぐずん）

登勒神　とろくのかみ
「とろのかみ」とも。遠江国長下郡の登勒神社の祭神。
¶**神仏辞典**（登勒神　とろくのかみ）

取石鹿文　とろしかや
⇒熊襲魁帥(くまそたける)

泥田坊　どろたぼう
鳥山石燕の『今昔百鬼拾遺』で田地に棲むとされる妖怪。坊主頭でひとつ目、三本指で全身真っ黒の老人。
¶**幻想動物**（泥田坊）〔像〕
日ミス（泥田坊　どろたぼう）
水木妖怪続（泥田坊　どろたぼう）〔像〕
妖怪事典（ドロタボウ）
妖怪図鑑（泥田坊　どろたぼう）〔像〕
妖怪大全（泥田坊　どろたぼう）〔像〕
妖怪大事典（泥田坊　どろたぼう）〔像〕
妖百3（泥田坊　どろたぼう）〔像〕

ドロドロ
石川県地方でいう妖怪の児童語。
¶**妖怪事典**（ドロドロ）

ドロンドロン
岐阜県、長崎県地方でいう妖怪の児童語。
¶**妖怪事典**（ドロンドロン）

等波神　とわのかみ
近江国伊香郡の等波神社の祭神。
¶**神仏辞典**（等波神　とわのかみ）

頓阿　とんあ
鎌倉・南北朝時代の歌人。二条為世門下の四天王の一人。
¶**説話伝説**（頓阿　とんあ・とんな [生]正応2(1289)

と

年 [没]応安5(1372)年)

どんがす
水の妖怪。和歌山県和歌山市における河童の呼称。
¶神仏辞典(どんがす)
全国妖怪(ドンガス〔和歌山県〕)
妖怪事典(ドンガス)

ドン・ガバチョ
NHKテレビの人形劇『ひょっこりひょうたん島』(井上ひさし・山元護久作)のキャラクター。
¶架空人物(ドン・ガバチョ)

呑七 どんしち
滝亭鯉丈作の滑稽本『八笑人』に登場する、八笑人の一人。
¶架空人日(呑七 どんしち)

トンゾウ
岩手県下閉伊郡岩泉町に伝わる妖怪。
¶妖怪事典(トンゾウ)

富田の六郎 とんだのろくろう
歌舞伎演目『鎌倉三代記』に登場する、北条時政の家臣。
¶歌舞伎登(富田の六郎 とんだのろくろう)

鈍太郎 どんだろう
女狂言『鈍太郎』のシテ(主役)。
¶古典人学(鈍太郎 どんだろう)
古典人東(鈍太郎 どんたろう)
日本人名(鈍太郎 どんだろう)

トンチトンチ
樺太アイヌたちに伝わる小人。
¶妖怪事典(トンチトンチ)

どんつく
歌舞伎演目『神楽諷雲井曲毬』に登場する、太神楽太夫の相手をする滑稽な役。
¶歌舞伎登(どんつく)

どんど神 どんどがみ
青森県五戸地方で雷のことをいう。
¶神仏辞典(どんど神 どんどがみ)

とんとろ落ち とんとろおち
大分県大分市でいう怪火。
¶妖怪事典(トントロオチ)

ドンドロサマ
岡山県地方でいう雷神のこと。
¶妖怪事典(ドンドロサマ)

頓兵衛 とんべえ
歌舞伎演目『神霊矢口渡』に登場する、矢口の渡し守。
¶歌舞伎登(頓兵衛 とんべえ)〔像〕

土瓶神 とんべがみ
四国地方でトウビョウ(蛇に似た憑物)のことをいう。
¶神仏辞典(土瓶神 とんべがみ)
妖怪事典(トンベガミ)
妖怪大鑑(土瓶神 とんぼがみ)〔像〕

とんぼ
皆川博子作『写楽』の登場人物。
¶時代小説(とんぼ)

呑竜 どんりゅう
江戸初期の浄土宗の僧。慈善行を続け、子育て呑竜と呼ばれた。
¶架空伝承(呑竜 どんりゅう [生]弘治2(1556)年 [没]元和9(1623)年)
神仏辞典(呑龍 どんりゅう [生]1556年 [没]1623年)

【な】

尚侍 ないしのかみ
『とりかへばや物語』の主人公。権大納言の息子。女性的な性格と美貌から、そっくりな異腹の男として育つ女君に代わり、女として育てられる。
¶架空人日(とりかへばやの若君 とりかえばやのわかぎみ)
古典人学(尚侍 ないしのかみ)

内大臣 ないだいじん
『風に紅葉』の主人公で貴族。父は関白左大臣、母は女一の宮。
¶古典人東(内大臣 ないだいじん)

内藤錦城 ないとうきんじょう
城山三郎の小説『総会屋錦城』の主人公。
¶日本人名(内藤錦城 ないとうきんじょう)

地震神 ないのかみ
地震の神。
¶神仏辞典(地震神 ないのかみ)

名居神 ないのかみ
伊賀国名張郡の名居神社の祭神。
¶神仏辞典(名居神 ないのかみ)

ナウシカ
宮崎駿作『風の谷のナウシカ』(1982-94)の主人公。
¶児童登場(ナウシカ)

ナエガツク
福岡県遠賀郡岡垣村でいう、餓鬼憑きの一種と思われるもの。
¶妖怪事典（ナエガツク）

直入中臣神　なおいりのなかとみのかみ
景行天皇12年10月、神意を問うための占いで祈られた三神の一。
¶神仏辞典（直入中臣神　なおいりのなかとみのかみ）

直入物部神　なおいりのもののべのかみ
景行天皇12年10月、天皇が土蜘蛛を滅ぼすことができるかどうかの神意を問うための占いを行ったときに祈られた神。
¶神仏辞典（直入物部神　なおいりのもののべのかみ）

直江兼続　なおえかねつぐ
桃山時代・江戸前期の武将。上杉謙信、上杉景勝に仕え、名家老として知られた。
¶奇談逸話（直江兼続　なおえかねつぐ ㊐永禄3(1560)年 ㊋元和5(1619)年）
説話伝説（直江山城守兼続　なおえやましろのかみかねつぐ ㊐永禄3(1560)年 ㊋元和5(1619)年）

直江蔵人　なおえくらんど
国枝史郎作『神州纐纈城』の登場人物。
¶時代小説（直江蔵人　なおえくらんど）

直江主水　なおえもんど
国枝史郎作『神州纐纈城』の登場人物。
¶時代小説（直江主水　なおえもんど）

直江山城守実綱　なおえやましろのかみさねつな
歌舞伎演目『信州川中島合戦』に登場する、越後の国を領する名長尾家の執権職。
¶歌舞伎登（直江山城守実綱　なおえやましろのかみさねつな）

直吉　なおきち
乙川優三郎作『霧の橋』の登場人物。
¶時代小説（直吉　なおきち）

直吉　なおきち★
菅生浩作『子守学校』(1980)の主人公。
¶児童登場（直吉）

直侍　なおざむらい
⇒片岡直次郎（かたおかなおじろう）

直治　なおじ
太宰治作『斜陽』(1947)に登場する、没落貴族の息子。
¶架空人日（直治　なおじ）

直助権兵衛　なおすけごんべえ
享保6年に町医者であった主を殺した下男。逃走中、名を直助から権兵衛にかえたが捕らえられ、処刑された。講釈の『大岡政談』をはじめ、4代鶴屋南北の『東海道四谷怪談』などで名が広まった。
¶朝日歴史（直助権兵衛　なおすけごんべえ）
架空人日（直助　なおすけ）
架空人日（直助権兵衛　なおすけごんべえ）
架空伝説（直助権兵衛　なおすけごんべえ）
歌舞伎登（直助権兵衛　なおすけごんべえ）〔像〕
古典人学（直助権兵衛　なおすけごんべえ）
新潮日本（直助権兵衛　なおすけごんべえ）
伝奇伝説（直助権兵衛　なおすけごんべえ）
日本人名（直助権兵衛　なおすけごんべえ ㊐? ㊋1721年）

直野神　なおののかみ
越前国足羽郡の直野神社の祭神。
¶神仏辞典（直野神　なおののかみ）

直日神　なおびのかみ
伊邪那岐命が禊ぎをしたとき、生まれた神。神直日と大直日の二神。
¶広辞苑6（直日神・直毘神　なおびのかみ）
神話伝説（直日神　なおびのかみ）
世百新（直日神　なおびのかみ）

ナオミ
谷崎潤一郎作『痴人の愛』(1924)に登場する、カフェの女給。譲治の妻となる。
¶架空人日（ナオミ）
架空人物（ナオミ）
日本人名（ナオミ）

永井右馬頭　ながいうまのかみ
歌舞伎演目『大塔宮曦鎧』に登場する、六波羅の重臣。
¶歌舞伎登（永井右馬頭　ながいうまのかみ）

長井代助　ながいだいすけ
夏目漱石の小説『それから』の主人公。
¶架空人日（代助　だいすけ）
日本人名（長井代助　ながいだいすけ）

長井戸の怪　ながいどのかい
新潟県佐渡郡金泉村に伝わる、長井戸という海域に現れた女の妖怪。
¶妖怪事典（ナガイドノカイ）
妖怪大鑑（長井戸の妖怪　ながいどのようかい）〔像〕
妖怪大事典（長井戸の怪　ながいどのかい）〔像〕

永井主水正尚志　ながいもんどのしょうなおむね
軍艦操練所総督。司馬遼太郎作『竜馬がゆく』の登場人物。
¶時代小説（永井主水正尚志　ながいもんどのしょうなおむね）

永井夕子　ながいゆうこ
赤川次郎の「幽霊シリーズ」のヒロイン。

¶名探偵日（永井夕子　ながいゆうこ）

長浦　ながうら
歌舞伎演目『桜姫東文章』に登場する、桜姫の局。
¶歌舞伎登（長浦　ながうら）

長江長左衛門　ながえちょうざえもん
堀内流剣術の道場主。藤沢周平作『用心棒日月抄』の登場人物。
¶時代小説（長江長左衛門　ながえちょうざえもん）

中江藤樹　なかえとうじゅ
江戸初期の儒学者。日本における陽明学派の始祖とされる。
¶架空伝承（中江藤樹　なかえとうじゅ [生]慶長13(1608)年 [没]慶安1(1648)年）

長尾景虎　ながおかげとら
⇒上杉謙信（うえすぎけんしん）

長岡謙吉　ながおかけんきち
海援隊文官。司馬遼太郎作『竜馬がゆく』の登場人物。
¶時代小説（長岡謙吉　ながおかけんきち）

長岡佐渡　ながおかさど
細川忠利の老臣で藩家老。吉川英治作『宮本武蔵』の登場人物。
¶時代小説（長岡佐渡　ながおかさど）

中岡慎太郎　なかおかしんたろう
幕末勤王の志士、土佐藩郷士。坂本龍馬らと薩長同盟を成立させた。龍馬とともに京都で幕府の刺客に暗殺された。
¶時代小説（中岡慎太郎　なかおかしんたろう）
説話伝説（中岡慎太郎　なかおかしんたろう [生]天保9(1837)年 [没]慶応3(1867)年）

長岡神　ながおかのかみ
『肥前風土記』に所出の神。景行天皇が高羅の行宮より還った時に、占いによりこの神の社に鎧を納めた。
¶神仏辞典（長岡神　ながおかのかみ）

長岡神　ながおかのかみ
越前国丹生郡・越中国礪波郡の長岡神社の祭神。
¶神仏辞典（長岡神　ながおかのかみ）

長尾長生　ながおちょうせい
小泉八雲作『怪談』(1904) 収録の “The Story of O-tei” に登場する医師。
¶架空人日（長尾長生　ながおちょうせい）

長尾輝虎　ながおてるとら
⇒上杉謙信（うえすぎけんしん）

中尾神　なかおのかみ
甲斐国八代郡の中尾神社の祭神。
¶神仏辞典（中尾神　なかおのかみ）

長尾神　ながおのかみ
大和国葛下郡の長尾神社の祭神。
¶神仏辞典（長尾神　ながおのかみ）

中川五郎治　なかがわごろうじ
種痘法を導入。吉村昭作『日本医家伝』の登場人物。
¶時代小説（中川五郎治　なかがわごろうじ）

中川脩亭　なかがわしゅうてい
華岡青洲の弟子。有吉佐和子作『華岡青洲の妻』の登場人物。
¶時代小説（中川脩亭　なかがわしゅうてい）

中川縫之助　なかがわぬいのすけ
歌舞伎演目『新規作肥後木駄』に登場する、熊本で千石の知行を取る大身の武士。
¶歌舞伎登（中川縫之助　なかがわぬいのすけ）

中川神　なかがわのかみ
美濃国恵那郡の中川神社の祭神。
¶神仏辞典（中川神　なかがわのかみ）

長寸神　ながきのかみ
近江国蒲生郡の長寸神社の祭神。
¶神仏辞典（長寸神　ながきのかみ）

永倉新八　ながくらしんぱち
新選組隊士。子母澤寛作『新選組始末記』、浅田次郎作『壬生義士伝』の登場人物。
¶時代小説（永倉新八　『新選組始末記』　ながくらしんぱち）
時代小説（永倉新八　『壬生義士伝』　ながくらしんぱち）

永倉神　ながくらのかみ
陸奥国白河郡の永倉神社の祭神。
¶神仏辞典（永倉神　ながくらのかみ）

中黒達弥　なかぐろたつや
山本周五郎作『樅ノ木は残った』の登場人物。
¶時代小説（中黒達弥　なかぐろたつや）

長崎勘解由左衛門　ながさきかげゆさえもん
江戸の顔見世狂言で「太平記」の世界に登場する人物。
¶歌舞伎登（長崎勘解由左衛門　ながさきかげゆさえもん）

長崎の鹿　ながさきのしか
井原西鶴作の浮世草子『西鶴置土産』(1693) 巻四の二「大晦日の伊勢参わら屋の琴」に登場する大臣。

¶架空人日（長崎の鹿　ながさきのしか）

長崎屋伝九郎　ながさきやでんくろう
井原西鶴作の浮世草子『本朝二十不孝』(1686)巻一の第一「今の都も世は借物」の脇役。
¶架空人日（長崎屋伝九郎　ながさきやでんくろう）

流田上神　ながしたのうえのかみ
伊勢国多気郡の流田上神社の祭神。
¶神仏辞典（流田上神　ながしたのうえのかみ）

流田神　ながしたのかみ
伊勢国多気郡の流田神社の祭神。
¶神仏辞典（流田神　ながしたのかみ）

中蒂姫命　なかしひめのみこと
安康天皇皇后。前夫の大草香皇子との間に眉輪王を生む。
¶神仏辞典（中蒂姫命　なかしひめのみこと）
　日本人名（中蒂姫命　なかしひめのみこと）

中島作太郎信行　なかじまさくたろうのぶゆき
神戸海軍塾航海練習生。司馬遼太郎作『竜馬がゆく』の登場人物。
¶時代小説（中島作太郎信行　なかじまさくたろうのぶゆき）

中嶋神　なかしまのかみ
但馬国出石郡の中嶋神社の祭神。
¶神仏辞典（中嶋神　なかしまのかみ）

長白羽神　ながしらはのかみ
伊勢国の麻続の祖。天照大神の天石窟幽居の際し、思兼神の命により麻を植えて青和幣を作る。三重県多気郡明和町斎宮の竹神社の祭神。
¶神仏辞典（長白羽神　ながしらはのかみ）
　日本人名（長白羽神　ながしらはのかみ）

長髄彦　ながすねひこ
神武天皇東征のとき、大和国生駒郡鳥見地方に割拠した土豪。天皇の大和平定に反抗したと伝えられる。
¶朝日歴史（長髄彦　ながすねひこ）
　英雄事典（登美能那賀須泥毘古　トミノナガスネビコ）
　架空人日（那賀須泥毘古　ながすねびこ）
　架空伝承（長髄彦　ながすねひこ）
　神様読解（登美能那賀須泥毘古　とみのながすねびこ）
　広辞苑6（長髄彦　ながすねびこ）
　コン5（長髄彦　ながすねひこ）
　新潮日本（長髄彦　ながすねひこ）
　神話伝説（長髄彦　ながすねひこ）
　説話伝説（長髄彦　ながすねひこ）
　世百新（長髄彦　ながすねひこ）
　伝奇伝説（長髄彦　ながすねひこ）
　東洋神名（登美能那賀須泥毘古　トミノナガスネビコ）〔像〕
　日本人名（長髄彦　ながすねひこ）
　日本神話（トミノナガスネビコ）

長瀬神　ながせのかみ
伊勢国鈴鹿郡・越後国蒲原郡の長瀬神社の祭神。
¶神仏辞典（長瀬神　ながせのかみ）

中空　なかぞら
柳亭種彦作の合巻『修紫田舎源氏』(1829-42)の主人公光氏の正妻二葉上に仕える腰元。
¶架空人日（中空　なかぞら）

永田徳本　ながたとくほん
戦国～江戸時代前期の医師。経歴は伝説的で、2代将軍徳川秀忠の病気を治したという。
¶日本人名（永田徳本　ながたとくほん　㊉1513年　㊷1630年）

長谷神　ながたにのかみ
「はつせのかみ」とも。遠江国鹿玉郡、信濃国更級郡の長谷神社の祭神。
¶神仏辞典（長谷神　ながたにのかみ）

長田神　ながたのかみ
摂津国八部郡の長田神社の祭神。
¶神仏辞典（長田神　ながたのかみ）

長道磐神　ながちはのかみ
⇒道之長乳歯神（みちのながちはのかみ）

中務　なかつかさ
平安時代の歌人。三十六歌仙の一人。
¶説話伝説（中務　なかつかさ　生没年未詳）
　伝奇伝説（中務　なかつかさ　生没年未詳）

中務大輔娘　なかつかさたいふのむすめ
『今昔物語集』巻24「中務太輔の娘、近江群司の婢と成ること」に見える人物。
¶説話伝説（中務大輔娘　なかつかさたいふのむすめ　生没年未詳）
　伝奇伝説（中務大輔女　なかつかさおおすけのむすめ　生没年未詳）

中務の内侍　なかつかさのないし
『中務内侍日記』の作者で貴族。父は藤原永経の娘。
¶古典人東（中務の内侍　なかつかさのないし）

中津川九兵衛　なかつがわきゅうべえ
剣術家。戸部新十郎作『秘剣』の登場人物。
¶時代小説（中津川九兵衛　なかつがわきゅうべえ）

中津川祐範　なかつがわゆうはん
歌舞伎演目『復讐談高田馬場』に登場する、赤坂町の剣術師範。
¶歌舞伎登（中津川祐範　なかつがわゆうはん）

中筒之男命　なかつつのおのみこと
黄泉国から逃げ返った伊弉諾がみそぎをした際、水の中程ですすいで化成した神。住吉三神の一

柱。大阪市東住吉区の住吉神社などの祭神。赤土命ともいう。
- ¶神様読解（中筒之男命　なかつつのおのみこと）
- 　神仏辞典（赤土命　あかつちのみこと）
- 　神仏辞典（中筒男神・中筒男神・中筒雄神　なかつつのおのかみ）
- 　日本神々（中筒之男命　なかつつのおのみこと）〔像〕
- 　日本神様（住吉信仰の神々〔中筒男命〕　すみよししんこうのかみがみ）〔像〔住吉大明神江〕〕

中津神　なかつのかみ
駿河国安倍郡の中津神社の祭神、また壱岐島壱岐郡の中津神社の祭神。
- ¶神仏辞典（中津神　なかつのかみ）

中日売命　なかつひめのみこと
応神天皇皇后。木之荒田郎女・仁徳天皇・根鳥命を生む。『日本書紀』では、仲姫命。
- ¶神仏辞典（中日売命・仲姫命　なかつひめのみこと）
- 　日本人名（仲姫命　なかつひめのみこと）

中津綿津見神　なかつわたつみのかみ
海神の三神の一柱。黄泉国から逃げ返った伊弉諾が禊をした際、中ほどですすいだときに化生した神。
- ¶神様読解（中津綿津見神　なかつわたつみのかみ）
- 　神仏辞典（中津綿津見神　なかつわたつみのかみ）
- 　日本神々（中津綿津見神　なかつわたつみのかみ）〔像〕

長手　ながて
岩手県地方でいう座敷わらしのこと。
- ¶妖怪事典（ナガテ）

長門　ながと
歌舞伎演目『鎌倉三代記』に登場する、京方の武将三浦之助義村の老母。
- ¶歌舞伎登（長門　ながと）

奈加等神　なかとのかみ
伊勢国河曲郡の奈加等神社の祭神。
- ¶神仏辞典（奈加等神　なかとのかみ）

長門前司女　ながとのぜんじのむすめ
説話集『宇治拾遺物語』に登場する不思議な女性。死体を入れた棺を鳥部野（鳥辺野）に埋葬しようとすると、死体が消え、家に勝手に戻っている、ということが何度も続いた。
- ¶架空人日（長門前司女　ながとのぜんじのむすめ）

長門普明鬼宿坊　ながとふみょうきしゅくぼう
山口県の天狗。
- ¶妖怪事典（ナガトフミョウキシュクボウ）
- 　妖怪大事典（長門普明鬼宿坊　ながとふみょうきしゅくぼう）

中臣崇健神　なかとみたかたけのかみ
因幡国邑美郡の中臣崇健神社の祭神。
- ¶神仏辞典（中臣崇健神　なかとみたかたけのかみ）

中臣烏賊津使主　なかとみのいかつおみ
神功皇后から、四大夫として宮中を守るよう命じられた一人。
- ¶朝日歴史（中臣烏賊津使主　なかとみのいかつおみ）
- 　神仏辞典（中臣烏賊津使主　なかとみのいかつおみ）
- 　コン5（中臣烏賊津使主　なかとみのいかつおみ）
- 　新潮日本（中臣烏賊津使主　なかとみのいかつおみ）
- 　日本人名（中臣烏賊津使主　なかとみのいかつおみ）

仲臣雷大臣命　なかとみのいかつちのみこと
『新撰姓氏録』に所出。三間名公の祖。
- ¶神仏辞典（仲臣雷大臣命　なかとみのいかつちのみこと）

中臣印達神　なかとみのいたてのかみ
播磨国揖保郡の中臣印達神社の祭神。
- ¶神仏辞典（中臣印達神　なかとみのいたてのかみ）

中臣祖父麻呂　なかとみのおおじまろ
奈良時代の農民。『日本霊異記』の作中人物。紀伊国海部郡浜中郷の人。
- ¶架空人日（中臣の連祖父麻呂　なかとみのむらじおじまろ）
- 　コン5（中臣祖父麻呂　なかとみのおおじまろ　生没年不詳）

中臣臣狭山命　なかとみのおみさやまのみこと
常陸国香島郡の条に、天之大神の命により神船の管理をするとある。
- ¶神仏辞典（中臣臣狭山命　なかとみのおみさやまのみこと）

中臣神　なかとみのかみ
天照大神の岩屋戸隠れに際し、手力雄神が大神を引き出した後、忌部神とともに岩屋戸にしめ縄を引き渡して戻れないようにした神。伊勢国桑名郡の中臣神社の祭神。
- ¶神仏辞典（中臣神　なかとみのかみ）

中臣須牟地神　なかとみのすむちのかみ
摂津国住吉郡の中臣須牟地神社の祭神。
- ¶神仏辞典（中臣須牟地神　なかとみのすむちのかみ）

長友神　なかとものかみ
『日本三代実録』に所出。美濃国の神。
- ¶神仏辞典（長友神　なかとものかみ）

ナガナー
高知県地方でいうトウビョウのこと。
- ¶妖怪事典（ナガナー）

仲西　なかにし
沖縄県で、那覇と泊の間にある塩田温泉の潮渡橋付近で名を呼びかけると出てくるもの。
- ¶全国妖怪（ナカニシ〔沖縄県〕）

中西忠兵衛　なかにしちゅうべえ
一刀流中西派宗家。津本陽作『千葉周作』の登場人物。
¶**時代小説**（中西忠兵衛　なかにしちゅうべえ）

中野　なかの
夏目漱石作『野分』(1907)に登場する、高柳の友人で文学士。
¶**架空人日**（中野　なかの）

仲大歳神　なかのおおとしのかみ
伊豆国那珂郡の仲大歳神社の祭神。
¶**神仏辞典**（仲大歳神　なかのおおとしのかみ）

仲神　なかのかみ
伊勢国多気郡の仲神社の祭神。
¶**神仏辞典**（仲神　なかのかみ）

奈我神　ながのかみ
『日本三代実録』に所出。肥後国の神。
¶**神仏辞典**（奈我神　ながのかみ）

長野主膳　ながのしゅぜん
舟橋聖一作『花の生涯』の登場人物。
¶**時代小説**（長野主膳　ながのしゅぜん）

中野藤兵衛　なかのとうべえ
歌舞伎演目『霊験亀山鉾』に登場する、「亀山の仇討ち」の石井の若党。
¶**歌舞伎登**（中野藤兵衛　なかのとうべえ）

長野神　ながののかみ
河内国志紀郡、遠江国長下郡の長野神社の祭神。
¶**神仏辞典**（長野神　ながののかみ）

長幡部神　ながはたべのかみ
常陸国久慈郡の長幡部神社の祭神。
¶**神仏辞典**（長幡部神　ながはたべのかみ）

長浜神　ながはまのかみ
伊豆国田方郡の長浜神社の祭神。
¶**神仏辞典**（長浜神　ながはまのかみ）

中原兼遠　なかはらかねとう
平安時代末の人で中ノ三位、信濃権守で木曾義仲の養親。
¶**説話伝説**（中原兼遠　なかはらかねとう [生]? [没]治承5/養和1(1181)年6月15日）

中原富三郎　なかはらとみさぶろう
大佛次郎作『鞍馬天狗』の登場人物。
¶**時代小説**（中原富三郎　なかはらとみさぶろう）

中原師元　なかはらもろもと
平安後期の官人・学者。大外記中原師遠の子。摂関家家司としても活躍した。
¶**説話伝説**（中原師元　なかはらもろもと [生]天仁2(1109)年 [没]承安5(1175)年）

中氷川神　なかひかわのかみ
武蔵国入間郡の中氷川神社の祭神。
¶**神仏辞典**（中氷川神　なかひかわのかみ）

長孫命　ながひこのみこと
『日本三代実録』に所出。長孫神とも。美濃国の神。
¶**神仏辞典**（長孫命　ながひこのみこと）

長日比売命　ながひめのみこと
⇒若日下部命(わかくさのかべのみこと)

永平親王　ながひらしんのう
『栄華物語』の登場人物。村上帝の第八皇子。
¶**古典人学**（永平親王　ながひらしんのう）

中平善之丞　なかひらぜんのじょう
高岡郡檮原村の庄屋。津野山一揆の指導者。死刑の当時暴風雨があり、善之丞時化と呼んだ。藩主がその霊を祀る祠を設けたのが、現在の山田八幡と伝わる。
¶**朝日歴史**（中平善之丞　なかひらぜんのじょう [生]? [没]宝暦7(1757)年）
コン5（中平善之丞　なかひらぜんのじょう [生]宝永6(1709)年 [没]宝暦7(1757)年）

中万字屋弥兵衛　なかまんじややへえ
歌舞伎演目『網模様燈籠菊桐』に登場する、吉原中万字屋の主人。
¶**歌舞伎登**（中万字屋弥兵衛　なかまんじややへえ）

長見神　ながみのかみ
出雲国島根郡式内社一四社の長見社、『延喜式』の長見神社の祭神。
¶**神仏辞典**（長見神　ながみのかみ）

中村歌右衛門〔3代〕　なかむらうたえもん
歌舞伎役者。初代の子。文化・文政期(1804～30)の大坂の名優。
¶**伝奇伝説**（中村歌右衛門　なかむらうたえもん [生]安永7(1778)年 [没]天保9(1838)年）

中村歌右衛門〔4代〕　なかむらうたえもん
歌舞伎役者。3代目の江戸下りの折の弟子。華麗な表現に観客が三嘆した数々の逸話が残る。
¶**伝奇伝説**（中村歌右衛門　なかむらうたえもん [生]寛政10(1798)年 [没]嘉永5(1852)年）

中村雅楽　なかむらがらく
戸板康二の「中村雅楽シリーズ」の主人公。歌舞伎俳優。
¶**名探偵日**（中村雅楽　なかむらがらく）

中村菊之丞　なかむらきくのじょう
三上於菟吉作『雪之丞変化』の登場人物。

な

¶時代小説（中村菊之丞　なかむらきくのじょう）

中村七三郎　なかむらしちさぶろう
初代。歌舞伎俳優。初代市川団十郎と並んで元禄期の江戸で活躍した。
¶伝奇伝説（中村七三郎　なかむらしちさぶろう　⑫宝永5（1708）年）〔像〕

中村滝之丞　なかむらたきのじょう
陣出達朗作『伝七捕物帳』の登場人物。
¶時代小説（中村滝之丞　なかむらたきのじょう）

中村富十郎　なかむらとみじゅうろう
歌舞伎俳優。初代。『京鹿子娘道成寺』の初演者。
¶奇談逸話（中村富十郎　なかむらとみじゅうろう　⑭享保4（1719）年　⑫天明6（1786）年）
　説話伝説（初世　中村富十郎　なかむらとみじゅうろう　⑭享保4（1719）年　⑫天明6（1786）年）
　伝奇伝説（中村富十郎　なかむらとみじゅうろう　⑭享保4（1719）年）

中村仲蔵　なかむらなかぞう
江戸中期の実悪役者。初代。『仮名手本忠臣蔵』の定九郎役の新演出で知られ、その逸話は落語や講談にされた。
¶架空伝承（中村仲蔵（初代）　なかむらなかぞう　⑭元文1（1736）年　⑫寛政2（1790）年）〔像〕
　説話伝説（初世　中村仲蔵　なかむらなかぞう　⑭元文1（1736）年　⑫寛政2（1790）年）〔像〕
　伝奇伝説（中村仲蔵　なかむらなかぞう　⑭元文1（1736）年　⑫寛政3（1791）年）

中村神　なかむらのかみ
河内国若江郡の中村神社の祭神。
¶神仏辞典（中村神・仲村神　なかむらのかみ）

中村半次郎　なかむらはんじろう
幕末から明治時代の薩摩藩武士、軍人。桐野利秋の最初の名。示現流の達人で、人斬り半次郎の名で知られた。
¶歌舞伎登（中村半次郎　なかむらはんじろう）
　時代小説（中村半次郎　なかむらはんじろう）

中村主水　なかむらもんど
テレビ時代劇『必殺』シリーズに登場する、中年の下級同心。裏では金をもらい悪を懲らしめる凄腕の殺し屋。
¶架空伝承（中村主水　なかむらもんど）

中村弥左衛門　なかむらやざえもん
半village良作『妖星伝』の登場人物。
¶時代小説（中村弥左衛門　なかむらやざえもん）

中村屋惣兵衛　なかむらやそうべえ
泡坂妻夫作『宝引の辰捕者帳』の登場人物。
¶時代小説（中村屋惣兵衛　なかむらやそうべえ）

中村雪之丞　なかむらゆきのじょう
三上於菟吉作『雪之丞変化』の主人公。長崎の豪商松浦屋清左衛門の子。本名は雪太郎。
¶架空人物（雪之丞）
　架空伝説（雪之丞　ゆきのじょう）
　コン5（中村雪之丞　なかむらゆきのじょう）
　時代小説（中村雪之丞　なかむらゆきのじょう）
　日本人名（中村雪之丞　なかむらゆきのじょう）

長屋王　ながやおう
奈良前期の皇族。長屋王の変にて自殺。政治的陰謀事件であったとされる。
¶架空人日（長屋親王　ながやのおおきみ）
　架空伝承（長屋王　ながやおう　⑭天武13（684）年　⑫天平1（729）年）
　奇談逸話（長屋王　ながやのおおきみ・ながやおう　⑭天武天皇13（684）年　⑫天平1（729）年）
　古典人学（長屋王　ながやのおおきみ）
　古典人東（長屋王　ながやのおおきみ）
　神仏辞典（長屋王　ながやおう　⑭684年　⑫729年）
　人物伝承（長屋王　ながやおう・ながやのおおきみ　⑭天武13（684）年　⑫天平1（729）年）
　説話伝説（長屋王　ながやおう・ながやのおおきみ　⑭天武天皇4（676）年　⑫天平1（729）年）
　伝奇伝説（長屋王　ながやおう）

中山格之助　なかやまかくのすけ
高橋克彦作『だましゑ歌麿』の登場人物。
¶時代小説（中山格之助　なかやまかくのすけ）

中山金山彦大神　なかやまかなやまひこのおおかみ
中山金山彦神とも。美濃国不破郡の仲山金山彦神社の祭神。
¶神仏辞典（中山金山彦大神・仲山金山彦大神　なかやまかなやまひこのおおかみ）

中山扇子　なかやませんこ
吉川英治作『貝殻一平』の登場人物。
¶時代小説（中山扇子　なかやませんこ）

中山祇　なかやまつみ
伊弉諾尊によって五段に斬られた軻遇突智命の胸のあたりに化成した神。高知県高岡郡仁淀村の五処神社の祭神。
¶神仏辞典（中山祇　なかやまつみ）

仲山神　なかやまのかみ
美作国苫東郡の中山神社の祭神、また、美濃国賀茂郡、越後国蒲原郡の中山神社の祭神。
¶神仏辞典（仲山神・中山神　なかやまのかみ）

中山備前守　なかやまびぜんのかみ
水戸城代家老。山岡荘八作『水戸光圀』の登場人物。
¶時代小説（中山備前守　なかやまびぜんのかみ）

中山みき　なかやまみき
天理教の教祖。
¶架空伝承（中山みき　なかやまみき　⑭寛政10（1798）年　⑫明治20（1887）年）

中山安兵衛　なかやまやすべえ
歌舞伎演目『復讐談高田馬場』に登場する浪人。剣術優れた若者であるが、大酒家。
¶歌舞伎登（中山安兵衛　なかやまやすべえ）

長柄神　ながらのかみ
『日本三代実録』に所出。摂津国の神。また、大和国葛上郡の長柄神社、河内国若江郡の長柄神社の祭神。
¶神仏辞典（長柄神　ながらのかみ）

渚　なぎさ
歌舞伎演目『国性爺合戦』の主人公和藤内の母。
¶歌舞伎登（渚　なぎさ）

渚　なぎさ
舟橋聖一作『絵島生島』の登場人物。
¶時代小説（渚　なぎさ）

渚の方　なぎさのかた
歌舞伎演目『良弁杉由来』に登場する、菅家の臣、水無瀬左近の妻。
¶歌舞伎登（渚の方　なぎさのかた）

泣沢女神　なきさわめのかみ
伊弉諾の涙から生まれた女神。『日本書紀』では啼沢女命。
¶朝日歴史（啼沢女命　なきさわめのみこと）
アジア女神（泣沢女神　なきさはめのかみ）
神様読解（泣沢女神　なきさわめのかみ）
広辞苑6（泣沢女神　なきさわめのかみ）
神仏辞典（泣沢女神　なきさわめのかみ）
神話伝説（泣沢女神　なきさわめのかみ）
日本人名（啼沢女命　なきさわめのみこと）
日本神話（ナキサハメ）

泣き上戸　なきじょうご
歌舞伎演目『若木花容彩四季』に登場する、曾我兄弟を工藤館へ招き入れた十六夜が酒を飲むうち、クドキから泣き上戸となったときの名。
¶歌舞伎登（泣き上戸　なきじょうご）

奈疑知命神　なぎちのみことのかみ
伊豆国賀茂郡奈疑知命神社の祭神。
¶神仏辞典（奈疑知命神　なぎちのみことのかみ）

奈癸神　なきのかみ
『日本三代実録』に所出。美作国の神。
¶神仏辞典（奈癸神・奈関神　なきのかみ）

名木神　なきのかみ
丹後国丹波郡名木神社の祭神。
¶神仏辞典（名木神　なきのかみ）

梛の葉　なぎのは
江戸の歌舞伎で使用される工藤祐経の奥方の名前の一つ。

¶歌舞伎登（梛の葉　なぎのは）

泣き婆　なきばばあ
遠州（静岡県）見付の宿に出現したという、家の門口に来て泣くと、その家で不幸があるという妖怪。
¶妖怪大全（泣き婆　なきばばあ）〔像〕

泣きびす　なきびす
佐賀県で泣き虫のこと。ナキビスサンは子どもの神で、夜泣き・かんの虫・ひきつけなどを治してくれる。
¶神仏辞典（泣きびす　なきびす）

奈伎良比売命神　なきらひめのみことのかみ
隠岐国海部郡の奈伎良比売命神社の祭神。
¶神仏辞典（奈伎良比売命神　なきらひめのみことのかみ）

名草甚兵衛　なぐさじんべえ
歌舞伎演目『けいせい飛馬始』に登場する。『天草軍記』の益田甚兵衛と『陰徳太平記』の山中鹿之助を合わせた人物。
¶歌舞伎登（名草甚兵衛　なぐさじんべえ）

名草神　なくさのかみ
名草彦命とも。但馬国養父郡の名草神社の祭神。
¶神仏辞典（名草神　なくさのかみ）

那久志里神　なくしりのかみ
伊勢国鈴鹿郡の那久志里神社の祭神。
¶神仏辞典（那久志里神　なくしりのかみ）

奈具神　なぐのかみ
丹後国竹野郡奈具神社の祭神。
¶神仏辞典（奈具神　なぐのかみ）

名越左源太　なごしさげんた
薩摩藩士。直木三十五作『南国太平記』の登場人物。
¶時代小説（名越左源太　なごしさげんた）

名越長兵衛　なごしのちょうべえ
歌舞伎演目『柵自来也談』に登場する、美鳥の父親。
¶歌舞伎登（名越長兵衛　なごしのちょうべえ）

莫越山神　なこしやまのかみ
安房国朝夷郡の莫越山神社の祭神。
¶神仏辞典（莫越山神　なこしやまのかみ）

霧の七郎　なごのしちろう
池波正太郎作『鬼平犯科帳』の登場人物。
¶時代小説（霧の七郎　なごのしちろう）

那古の太九郎　なごのたくろう
歌舞伎演目『生きてゐる小平次』に登場する、歌

舞伎の囃子方。
¶歌舞伎登（那古の太九郎　なごのたくろう）

和のわ　なごのわ
三重県四日市市地方でいう蜃気楼のこと。
¶妖怪事典（ナゴノワ）

ナゴミタクリ
岩手県上閉伊郡地方でいう怪異。
¶妖怪事典（ナゴミタクリ）

ナゴメタクレ
青森県西津軽地方でいう怪異。
¶妖怪事典（ナゴメタクレ）

名古屋山三郎　なごやさんざぶろう
出雲のお国とともに歌舞伎の始祖に擬せられ、世に「さんざ」と呼ばれた人物。実録『幡随院長兵衛一代記』や、山東京伝作『昔話稲妻表紙』歌舞伎などに登場する。
¶架空人日（名古屋山三郎　なごやさんざぶろう）
　架空伝承（名古屋山三郎　なごやさんざぶろう　㊤?㊦慶長8（1603）年）
　架空伝説（名古屋山三郎　なごやさんざぶろう）〔像〕
　歌舞伎登（名古屋山三 1　なごやさんざ）
　歌舞伎登（名護屋山三（名古屋山三）2　なごやさんざ（なごやさんざ））
　奇談逸話（名古屋山三郎　なごやさんざぶろう　㊤元亀3（1572）年　㊦慶長8（1603）年）
　広辞苑6（名古屋山三　なごやさんざ）
　古典人学（名古屋山三郎　なごやさんざ）
　コン5（名古屋山三郎　なごやさんざぶろう　㊤?㊦慶長8（1603）年?）
　新潮日本（名古屋山三郎　なごやさんざぶろう　㊦慶長8（1603）年4月10日）
　時代小説（名護屋山三郎　なごやさんざぶろう）
　説話伝説（名古屋山三郎　なごやさんざぶろう　㊦慶長8（1603）年）〔像〕
　世百新（名古屋山三郎　なごやさんざぶろう　㊤?㊦慶長8（1603）年）
　大辞林3（名古屋山三　なごやさんざ）
　伝奇伝説（名古屋山三　なごやさんざ　㊤元亀3（1572）年　㊦慶長8（1603）年）〔像〕
　日本人名（名古屋山三郎　なごやさんざぶろう　㊤1572/1576年　㊦1603年）

梨富命　なしとみのみこと
津速魂命9世の孫、川跨連の祖。
¶神仏辞典（梨富命　なしとみのみこと）

奈蘇上金子神　なすかみのかねこのかみ
対馬嶋上県郡の那須加美乃金子神社の祭神。
¶神仏辞典（奈蘇上金子神・那須加美乃金子神　なすかみのかねこのかみ）

那須信吾　なすしんご
天誅組の首謀の一人。司馬遼太郎作『竜馬がゆく』の登場人物。
¶時代小説（那須信吾　なすしんご）

那須与一　なすのよいち
鎌倉前期の武士。源平の屋島合戦の折、船上の扇を射落とした話で有名な弓の名人。後世の芸能の題材とされた。
¶英雄事典（那須与一　ナスノヨイチ）
　架空人日（那須与一宗高　なすのよいちむねたか）
　架空伝承（那須与一　なすのよいち　生没年不詳）〔像〕
　歌舞伎登（那須与一市　なすのよいち）
　奇談逸話（那須与一　なすのよいち　㊤仁安3（1168）年　㊦貞永1（1232）年）
　古典人学（那須与一　なすのよいち）
　コン5（那須与一　なすのよいち　生没年不詳）
　新潮日本（那須与一　なすのよいち）
　神仏辞典（那須与一　なすのよいち　生没年不詳）
　説話伝説（那須与一　なすのよいち　生没年不詳）
　世百新（那須与一　なすのよいち　生没年未詳）
　伝奇伝説（那須与一　なすのよいち　生没年未詳）〔像〕
　日本人名（那須与一　なすのよいち　生没年未詳）

茄子婆さん　なすばあさん
比叡山に異変があるときに現れ、鐘を鳴らして変事を伝える、紫色の顔色をした婆。
¶妖怪大事典（茄子婆さん　なすばあさん）

夫君命　なせのみこと
『日本書紀』、『延喜式』鎮火祭祝詞にあらわれる、伊弉諾尊を意味する語。
¶神仏辞典（夫君命・名妹乃命・名妹能命・那勢命　なせのみこと）

灘沖の時化火　なだおきのしけび
愛媛県喜多郡喜多灘の海上でいう怪火で、現れると必ず海が大時化になる。
¶妖怪事典（ナダノシケビ）
　妖怪大事典（灘沖の時化火　なだおきのしけび）

灘風　なだかぜ
海の妖怪。長崎県西彼杵郡崎戸町でいう。
¶神仏辞典（灘風　なだかぜ）
　妖怪事典（ナダカゼ）

名立神　なだちのかみ
『日本三代実録』に所出。信濃国の神。
¶神仏辞典（名立神　なだちのかみ）

灘幽霊　なだゆうれい
海の妖怪。長崎県の五島列島でいう。
¶神仏辞典（灘幽霊　なだゆうれい）
　全国妖怪（ナダユウレイ〔長崎県〕）
　妖怪事典（ナダユウレイ）
　妖怪大事典（灘幽霊　なだゆうれい）

雪崩連太郎　なだれれんたろう
都筑道夫の『雪崩連太郎幻視行』『雪崩連太郎怨霊記』に登場するフリー・ライター。
¶名探偵日（雪崩連太郎　なだれれんたろう）

那智滝本前鬼坊　なちたきもとぜんきぼう
奈良県吉野、和歌山県熊野で修行する修験者たちを守護する大天狗。
¶妖怪事典（ナチタキモトゼンキボウ）
　妖怪大事典（那智滝本前鬼坊　なちたきもとぜんきぼう）

那智丸　なちまる
村上元三作『佐々木小次郎』の登場人物。
¶時代小説（那智丸　なちまる）

名次神　なつぎのかみ
摂津国武庫郡の名次神社の祭神。
¶神仏辞典（名次神　なつぎのかみ）

夏高津日神　なつたかつひのかみ
羽山戸神と大気都比売神との間に生まれた八柱の神のうち第五子。
¶神様読解（夏高津日神/夏之売神　なつたかつひのかみ・なつのめのかみ）
　神仏辞典（夏高日神　なつたかひのかみ）
　神仏辞典（夏之売神　なつのめのかみ）

なったほうず
亡霊の妖怪。滋賀県伊香郡で悪霊のこと。
¶神仏辞典（なったほうず）

夏之売神　なつのめのかみ
⇒夏高津日神（なつたかつひのかみ）

奈豆美比咩神　なつみひめのかみ
能登国羽咋郡奈豆美比咩神社の祭神。
¶神仏辞典（奈豆美比咩神　なつみひめのかみ）

夏目外記　なつめげき
奥平内蔵丞の舅。高橋義夫作『浄瑠璃坂の仇討ち』の登場人物。
¶時代小説（夏目外記　なつめげき）

夏目四郎三郎　なつめしろさぶろう
歌舞伎演目『新板越白浪』に登場する、越後の辺見甚左衛門の実子。以前の名は辺見雅次郎。
¶歌舞伎登（夏目四郎三郎　なつめしろさぶろう）

撫座頭　なでざとう
熊本県八代市の松井家に伝わる『百鬼夜行絵巻』に描かれている、目のない座頭のような妖怪。
¶妖怪事典（ナデザトウ）

奈々　なな
澤田ふじ子作『公事宿事件書留帳』の登場人物。
¶時代小説（奈々　なな）

七綾　ななあや
江戸の顔見世狂言で「四天王」の世界に登場する人物。
¶歌舞伎登（七綾　ななあや）

七重　ななえ
平岩弓枝作『御宿かわせみ』の登場人物。
¶時代小説（七重　ななえ）

七瀬　ななせ
直木三十五作『南国太平記』の登場人物。
¶時代小説（七瀬　ななせ）

七瀬　ななせ★
筒井康隆の七瀬三部作に登場するヒロイン。他人の心が読める超能力を持つ。姓は火田。
¶架空人物（七瀬）

七掬脛　ななつかはぎ
古代伝承上の人物。日本武尊の東征にあたり、膳夫（食膳係）に任命された。久米直の祖であるともいう。
¶日本人名（七掬脛　ななつかはぎ）

七つ目女　ななつめおんな
長野県東筑摩郡でいう妖怪。
¶妖怪事典（ナナツメオンナ）

七つ目小僧　ななつめこぞう
長野県東筑摩郡でいう妖怪。
¶妖怪事典（ナナツメコゾウ）

七尋蛙　ななひろがえる
栃木県下都賀郡大平町でいう怪異。城主の娘の霊が蛙と化し鳴いたという。
¶妖怪事典（ナナヒロガエル）
　妖怪大事典（七尋蛙　ななひろがえる）

七尋女房　ななひろにょうぼう
島根県隠岐郡海士町や鳥取県でいう妖怪。背丈が七尋ある大女。
¶妖怪事典（ナナヒロニョウボウ）
　妖怪大事典（七尋女房　ななひろにょうぼう）〔像〕

奈奈美神　ななみのかみ
伊勢国多気郡の奈奈美神社の祭神。
¶神仏辞典（奈奈美神　ななみのかみ）

奈々村久生　ななむらひさお
中井英夫の『虚無への供物』に登場する推理マニアの女性。
¶名探偵日（奈々村久生　ななむらひさお）

那邇妹命　なにものみこと
伊邪那美命を意味する。
¶神仏辞典（那邇妹命　なにものみこと）

難波根子建振熊命　なにわねこのたけふるくまのみこと
⇒武振熊（たけふるくま）

難波根子武振熊 なにわねのこのたけのふるくま
⇒武振熊（たけふるくま）

難波生国魂神 なにわのいくくにたまのかみ
難波大社神、難波坐生国咲国魂神とも。摂津国東生郡の難波生国魂神社二座の祭神。
¶**神仏辞典**（難波生国魂神 なにわのいくくにたまのかみ）

難波小野王 なにわのおののきみ
記紀にみえる顕宗天皇の皇后。
¶**日本人名**（難波小野王 なにわのおののきみ）

浪花の次郎作 なにわのじろさく
歌舞伎演目『戻駕色相肩』に登場する駕籠舁き。
¶**歌舞伎登**（浪花の次郎作 なにわのじろさく）

な

難波屋おきた なにわやおきた
江戸時代後期の女性。寛政三美人の一人。
¶**日本人名**（難波屋おきた なにわやおきた [生]1778年 [没]?）

那波加神 なはかのかみ
近江国滋賀郡の那波加神社の祭神。
¶**神仏辞典**（那波加神 なはかのかみ）

奈美 なび
村上元三作『佐々木小次郎』の登場人物。
¶**時代小説**（奈美 なび）

ナビケーマジムン
沖縄県の器物の怪。鍋笥（杓子）の変化。
¶**全国妖怪**（ナビケーマジムン〔沖縄県〕）

鍋下ろし なべおろし
山形県山辺町でいう道の怪。
¶**全国妖怪**（ナベオロシ〔山形県〕）

堝倉神 なべくらのかみ
大和国城上郡の堝倉神社の祭神。
¶**神仏辞典**（堝倉神 なべくらのかみ）

鍋島直茂 なべしまなおしげ
戦国～江戸時代前期の武将。肥前の戦国大名・龍造寺隆信に仕える。隆信の敗死後、実権を掌握し鍋島氏の覇権を確立していった。
¶**説話伝説**（鍋島直茂 なべしまなおしげ [生]天文7（1538）年 [没]元和4（1618）年）
伝奇伝説（鍋島直茂 なべしまなおしげ [生]天文7（1538）年 [没]元和4（1618）年）〔像〕

鍋島元茂 なべしまもとしげ
佐賀小城の城主。五味康祐作『柳生武芸帳』の登場人物。
¶**時代小説**（鍋島元茂 なべしまもとしげ）

ナベソコタヌキ
岡山県新見市地方でいう憑き物。いたちより少し大きな動物の霊。
¶**妖怪事典**（ナベソコタヌキ）
妖怪大鑑（ナベソコ）〔像〕
妖怪大事典（ナベソコ狸 なべそこたぬき）〔像〕

那閇神 なへのかみ
駿河国益頭郡の那閇神社の祭神。
¶**神仏辞典**（那閇神 なへのかみ）

菜穂子 なほこ
堀辰雄作『菜穂子』（1941）、『楡の家』（1934, 1941）の主人公。
¶**架空人日**（菜穂子 なほこ）

那富乃夜神 なほのやのかみ
出雲国意宇郡式外社19社の那富乃夜神社の祭神。
¶**神仏辞典**（那富乃夜神 なほのやのかみ）

生首茸 なまくびたけ
石川県の金沢でいう植物の怪。
¶**全国妖怪**（ナマクビタケ〔石川県〕）

生首の怪 なまくびのかい
青森県南津軽郡黒石市でいう怪異。
¶**妖怪事典**（ナマクビノカイ）

なまこの八 なまこのはち
歌舞伎演目『箱根霊験躄仇討』に登場する、箱根の阿弥陀寺の施行に集まる乞食。
¶**歌舞伎登**（なまこの八・あんこの次郎）

なまず神 なまずがみ
なまずを神格化したもの。
¶**妖怪大全**（なまず神 なまずがみ）〔像〕

鯰ぎつね なまずぎつね
岡山県・広島県・山口県の農山村に伝わる、小川から大きな魚が上がってくるような音がするもの。古なまずのいたずらとされる。
¶**神仏辞典**（鯰狐 なまずぎつね）
全国妖怪（ナマズギツネ〔岡山県〕）
全国妖怪（ナマズギツネ〔広島県〕）
全国妖怪（ナマズギツネ〔山口県〕）
妖怪事典（ナマズギツネ）
妖怪大事典（鯰ギツネ なまずぎつね）〔像〕

鯰坊主 なまずぼうず
歌舞伎演目『暫』に登場する、「暫の引っ立て」の役。
¶**歌舞伎登**（鯰坊主 なまずぼうず）〔像〕

生団子 なまだんご
関東・中部地方の俗信。盆・彼岸の団子を蒸すと必ず三つだけ生のままの団子がある家があり、その団子が人に憑くとされた。

なまどがみ
愛知県春日井市高蔵寺の白蛇のこと。
- ¶神仏辞典（なまどがみ）

ナマトヌカナシ
鹿児島県瀬戸内町でいう妖怪。または民間神。角・足・尾がそれぞれ8本ある大きな牛。
- ¶妖怪大事典（ナマトヌカナシ）〔像〕

なまの八　なまのはち
歌舞伎演目『夏祭浪花鑑』に登場する、二人組の小悪党その二。
- ¶歌舞伎登（なまの八）

なまはげ
秋田県男鹿半島にみられる小正月（現在では大晦日）に家々を訪問する鬼。
- ¶幻想動物（生剥）〔像〕
- 神仏辞典（なまはげ）
- 神話伝説（生剥　なまはげ）
- 説話伝説（生剥　なまはげ）
- 伝奇伝説（生剥　なまはげ）
- 妖怪事典（ナマハゲ）
- 妖怪大全（生剥　なまはげ）〔像〕
- 妖怪大事典（ナマハゲ）〔像〕

ナマント加那志　なまんとがなし
奄美大島で八本の角と八本の足を持ち、腹に白星がある神。
- ¶神仏辞典（ナマント加那志　ナマントガナシ）

那美　なみ
滝口康彦作『主家滅ぶべし』の登場人物。
- ¶時代小説（那美　なみ）

波一里儀十　なみいちりぎじゅう
歌舞伎演目『一本刀土俵入』に登場する、草角力の三役までとったことのある博徒の親分。
- ¶歌舞伎登（波一里儀十　なみいちりぎじゅう）

並木正三　なみきしょうざ
歌舞伎演目『宿無団七時雨傘』に登場する、大坂の著名な歌舞伎狂言作者。
- ¶歌舞伎登（並木正三　なみきしょうざ）

並木屋源左衛門　なみきやげんざえもん
隆慶一郎作『吉原御免状』の登場人物。
- ¶時代小説（並木屋源左衛門　なみきやげんざえもん）

波切不動　なみきりふどう
水路の安全を守る不動尊。
- ¶神仏辞典（波切不動　なみきりふどう）

浪子　なみこ
徳富蘆花の小説『不如帰』の登場人物。劇化された新派の主人公。軍人片岡中将の娘、片岡浪子。
- ¶架空人日（浪子　なみこ）
- 架空伝承（浪子・武男　なみこ・たけお）
- コン5（武男・浪子　たけお・なみこ）
- 新潮日本（浪子・武男　なみこ・たけお）
- 日本人名（浪子・武男　なみこ・たけお）

浪小僧　なみこぞう
静岡県で海の波から生まれたとされる妖怪。
- ¶幻想動物（浪小僧）〔像〕
- 全国妖怪（ナミコゾウ〔静岡県〕）
- 水木妖怪続（波小僧　なみこぞう）〔像〕
- 妖怪事典（ナミコゾウ）
- 妖怪大全（浪小僧　なみこぞう）〔像〕
- 妖怪大事典（浪小僧　なみこぞう）〔像〕

浪路　なみじ
歌舞伎演目『天衣紛上野初花』に登場する、松江出雲守の腰元。
- ¶歌舞伎登（浪路　なみじ）

浪路　なみじ
三上於菟吉作『雪之丞変化』の登場人物。
- ¶時代小説（浪路　なみじ）

浪七　なみしち
歌舞伎演目『姫競双葉絵草紙』に登場する、近江の国（滋賀県）堅田の漁師。
- ¶歌舞伎登（浪七　なみしち）

並山神　なみやまのかみ
『日本三代実録』に所出。土佐国の神。
- ¶神仏辞典（並山神　なみやまのかみ）

那牟神　なむのかみ
出雲国秋鹿郡外社16社の那牟社の祭神。
- ¶神仏辞典（那牟神　なむのかみ）

嘗女　なめおんな
『百鬼夜行』に見える人をなめまわす妖怪。
- ¶妖怪大全（嘗女　なめおんな）〔像〕
- 妖怪大事典（嘗女　なめおんな）〔像〕

奈売佐神　なめさのかみ
出雲国神門郡式内社二五社の奈売佐社二社のうち一社、『延喜式』の那売佐神社の祭神。
- ¶神仏辞典（奈売佐神・那売佐神　なめさのかみ）

なもうれい
海の妖怪。岩手県久慈市でいう船幽霊。
- ¶神仏辞典（なもうれい）
- 全国妖怪（ナモウレイ〔岩手県〕）
- 妖怪事典（ナモウレイ）

なもない狸　なもないたぬき
動物の妖怪。徳島県名西郡でいう。
- ¶神仏辞典（なもない狸　なもないたぬき）
- 全国妖怪（ナモナイタヌキ〔徳島県〕）

ナモミ
岩手県下閉伊郡地方でいう来訪神の一種。
¶妖怪事典（ナモミ）

ナモミタクリ
岩手県遠野地方でいう怪異。
¶妖怪事典（ナモミタクリ）

ナモミハギ
秋田県由利郡、河辺郡地方でいう怪異。
¶妖怪事典（ナモミハギ）

納屋助左衛門　なやすけざえもん
⇒呂宋助左衛門（るそんすけざえもん）

奈良井屋大蔵　ならいやたいぞう
吉川英治作『宮本武蔵』の登場人物。
¶時代小説（奈良井屋大蔵　ならいやたいぞう）

那羅延　ならえん
仏教の守護神の一。大力を有し、梵天または毘紐天と同体とされる。那羅延金剛と混同されることがある。
¶広辞苑6（那羅延　ならえん）
　大辞林3（那羅延　ならえん）
　東洋神名（那羅延天　ナラエンテン）〔像〕

奈良大久杉坂坊　ならおおひさすぎさかぼう
密教系の祈祷秘経『天狗経』にある全国代表四八天狗の一つ。
¶妖怪事典（ナラオオヒサスギサカボウ）
　妖怪大事典（奈良大久杉坂坊　ならおおひさすぎさかぼう）

楢崎太郎　ならさきたろう
坂本竜馬の妻おりょうの弟。司馬遼太郎作『竜馬がゆく』の登場人物。
¶時代小説（楢崎太郎　ならさきたろう）

楢崎りょう　ならさきりょう
坂本竜馬の妻。おりょうと呼ばれる。
¶時代小説（楢崎りょう　ならさきりょう）

奈良豆比古神　ならつひこのかみ
大和国添上郡奈良豆比古神社の祭神。
¶神仏辞典（奈良豆比古神　ならつひこのかみ）

楢の磐嶋　ならのいわしま
『日本霊異記』の登場人物。諸楽左京六条五坊の人。
¶架空人日（楢の磐嶋　ならのいわしま）
　古典人り（楢の磐嶋　ならのいわしま）

奈良神　ならのかみ
武蔵国播羅郡奈良神社の祭神。
¶神仏辞典（奈良神　ならのかみ）

奈良原喜八郎　ならはらきはちろう
寺田屋襲撃の討手の一人。司馬遼太郎作『竜馬がゆく』の登場人物。
¶時代小説（奈良原喜八郎　ならはらきはちろう）

奈良波良神　ならはらのかみ
那良比女命とも。伊勢国度会郡奈良波良神社の祭神。
¶神仏辞典（奈良波良神　ならはらのかみ）

並び傾城　ならびけいせい
歌舞伎演目『助六由縁江戸桜』に登場する、三浦屋の抱えの遊女たち。
¶歌舞伎登（並び傾城　ならびけいせい）

奈良茂　ならも
江戸時代の豪商の一人。
¶伝奇伝説（奈良茂　ならも　⑫正徳4（1714）年）〔像〕

楢本神　ならもとのかみ
加賀国石川郡楢本神社の祭神。
¶神仏辞典（楢本神　ならもとのかみ）

奈良屋茂左衛門　ならやもざえもん
徳川時代前・中期にかけての豪商。
¶説話伝説（奈良屋茂左衛門　ならやもざえもん　⊕?　⑫正徳4（1714）年）

鳴釜　なりがま
鳥山石燕の『画図百器徒然袋』にある、釜を被った毛だらけの妖怪。
¶妖怪事典（ナリガマ）
　妖怪大鑑（鳴釜　なりがま）〔像〕
　妖怪大事典（鳴釜　なりがま）〔像〕

鳴り神　なりかみ
岡山県地方でいう妖怪。
¶妖怪事典（ナリカミ）

成田屋三升　なりたやさんしょう
歌舞伎演目『四天王産湯玉川』に登場する、市川団十郎の別名。
¶歌舞伎登（成田屋三升　なりたやさんしょう）

業平文次　なりひらぶんじ
歌舞伎演目『業平文次松達摂』に登場する、本名を波島文次郎という浪人。
¶歌舞伎登（業平文次　なりひらぶんじ）

鳴雷神　なるいかずちのかみ
宮中神三六座のうち主水司坐神一座の鳴雷神の祭神。
¶神仏辞典（鳴雷神・響雷神　なるいかずちのかみ）

鳴神　なるかみ
紀伊国名草郡の鳴神社の祭神。

¶神仏辞典（鳴神　なるかみ）

鳴神上人　なるかみしょうにん

歌舞伎十八番『鳴神』ほかの主人公。女性の色香に迷い破戒堕落する聖僧。

¶**架空人日**（鳴神上人　なるかみしょうにん）
架空伝承（鳴神上人　なるかみしょうにん）
架空伝説（鳴神上人　なるかみしょうにん）
歌舞伎登（鳴神上人　なるかみしょうにん）〔像〕
コン5（鳴神上人　なるかみしょうにん）
新潮日本（鳴神上人　なるかみしょうにん）
説話伝説（鳴神　なるかみ）〔像〕
伝奇伝説（鳴神上人　なるかみしょうにん）
日本人名（鳴神上人　なるかみしょうにん）

鳴神尼　なるかみに

歌舞伎演目『女鳴神』に登場する人物。松永弾正の娘泊瀬の前。

¶**歌舞伎登**（鳴神尼　なるかみに）

鳴瀬　なるせ

歌舞伎演目『一条大蔵譚』に登場する、一条大蔵卿の家臣八剣勘解由の妻。

¶**歌舞伎登**（鳴瀬　なるせ）

成瀬川土左衛門　なるせがわどざえもん

江戸中期の相撲取り。水死した人を「土左衛門」という由来となった人物。

¶**説話伝説**（成瀬川土左衛門　なるせがわどざえもん　生没年不詳）
伝奇伝説（成瀬川土左衛門　なるせがわどざえもん　生没年未詳）
日本人名（成瀬川土左衛門　なるせがわどざえもん　生没年不詳）

成瀬久馬　なるせきゅうま

山本周五郎作『樅ノ木は残った』の登場人物。

¶**時代小説**（成瀬久馬　なるせきゅうま）

成瀬陣左衛門　なるせじんざえもん

山田風太郎作『柳生十兵衛死す』の登場人物。

¶**時代小説**（成瀬陣左衛門　なるせじんざえもん）

鳴門中将の妻　なるとちゅうじょうのつま

橘成季作『古今著聞集』の登場人物。某中将の妻。後嵯峨帝に見初められる。

¶**古典人学**（鳴門中将の妻　なるとちゅうじょうのつま）
古典人東（鳴門中将の妻　なるとちゅうじょうのつま）

鳴海市之進　なるみいちのしん

藤沢周平作『用心棒日月抄』の登場人物。

¶**時代小説**（鳴海市之進　なるみいちのしん）

成海神　なるみのかみ

尾張国愛智郡の成海神社の祭神。

¶**神仏辞典**（成海神　なるみのかみ）

鳴海杻神　なるみのてかしのかみ

尾張国丹羽郡の鳴海杻神社の祭神。

¶**神仏辞典**（鳴海杻神　なるみのてかしのかみ）

苗代神　なわしろのかみ

伊勢国朝明郡の苗代神社の祭神。

¶**神仏辞典**（苗代神　なわしろのかみ）

名和長年　なわながとし

鎌倉末・南北朝初期の土豪・武士。後醍醐天皇の忠臣。

¶**説話伝説**（名和長年　なわながとし　[生]?　[没]建武3/延元1(1336)年）

縄簾　なわのれん

『新説百物語』にある、京都で雨の日に歩く人の顔にまとわりつく縄のれんのようなもの。

¶**妖怪事典**（ナワノレン）

南郷二郎　なんごうじろう

島田一男の『上を見るな』以下の長編に登場する刑事弁護士。

¶**名探偵日**（南郷二郎　なんごうじろう）

南郷力丸　なんごうりきまる

河竹黙阿弥作の歌舞伎『青砥稿花紅彩画（白波五人男）』に登場する、白波五人男の一人。弁天小僧の兄貴分。

¶**架空人日**（南郷力丸　なんごうりきまる）
架空伝説（南郷力丸　なんごうりきまる）
歌舞伎登（南郷力丸　なんごうりきまる）
日本人名（南郷力丸　なんごうりきまる）

ナンジャモンジャ

各地でいう名無しの木を指す名称。地方によっては怪しい伝説が伝わる。

¶**神仏辞典**（なんじゃもんじゃ）
妖怪事典（ナンジャモンジャ）
妖怪大鑑（ナンジャモンジャ）〔像〕
妖怪大事典（ナンジャモンジャ）〔像〕

南條力　なんじょうつとむ

中里介山作『大菩薩峠』の登場人物。

¶**時代小説**（南條力　なんじょうつとむ）

南祖坊　なんそぼう

十和田湖の主八郎太郎を追放して湖の主となった伝説上の僧。

¶**説話伝説**（南祖坊　なんそぼう）
伝奇伝説（南祖坊　なんそぼう）

難陀竜王　なんだりゅうおう

八大竜王の一。跋難陀竜王の兄弟。

¶**広辞苑6**（難陀　なんだ）
大辞林3（難陀竜王　なんだりゅうおう）

なんちゃってオジさん

昭和55年夏、東京の山手線車中に出没したとい

な

う「オジさん」。
¶架空人物（なんちゃってオジさん）

納戸神　なんどがみ
納戸に祀られる神。
¶広辞苑6（納戸神　なんどがみ）
神仏辞典（納戸神　なんどがみ）
世百新（納戸神　なんどがみ）
東洋神名（納戸神　ナンドガミ）〔像〕
日本神様（納戸神　なんどがみ）

納戸婆　なんどばあさ
岡山県でいう妖怪。納戸ばばあの類と思われる。
¶妖怪事典（ナンドバアサ）

納戸バジョ　なんどばじょ
宮崎県でいう妖怪。納戸婆に同じ。
¶妖怪事典（ナンドバジョ）

納戸婆　なんどばばあ
奈良・兵庫・岡山・香川・宮崎など各県で、納戸にいるという妖怪。
¶幻想動物（納戸婆）〔像〕
神仏辞典（納戸婆　なんどばば）
全国妖怪（ナンドババ〔兵庫県〕）
全国妖怪（ナンドババ〔奈良県〕）
全国妖怪（ナンドババ〔岡山県〕）
全国妖怪（ナンドババ〔香川県〕）
全国妖怪（ナンドババ〔宮崎県〕）
水木妖怪（納戸婆　なんどばばあ）〔像〕
妖怪事典（ナンドババア）
妖怪大全（納戸婆　なんどばばあ）〔像〕
妖怪大事典（納戸婆　なんどばばあ）〔像〕

難波次郎経康　なんばのじろうつねやす
歌舞伎演目『平家女護島』に登場する、平清盛の股肱の臣。
¶歌舞伎登（難波次郎経康　なんばのじろうつねやす）

南部利済　なんぶとしただ
南部藩第38代藩主。長唄の愛好家、作詞家として知られる。
¶伝奇伝説（南部利済　なんぶとしただ　[生]寛政9(1797)年　[没]安政2(1855)年）

南与兵衛　なんよへえ
人形浄瑠璃『双蝶々曲輪日記』に登場する人物。新町の遊女都と深い仲の笛売り。
¶架空伝説（南与兵衛　なんよへえ）
歌舞伎登（南与兵衛　なんよへえ）

【に】

新井神　にいいのかみ
丹波国氷上郡の新井神社の祭神。
¶神仏辞典（新井神　にいいのかみ）

新垣　にいがき
曲亭馬琴作の読本『椿説弓張月』(1807-11)に登場する、琉球の大臣毛国鼎の妻。
¶架空人日（新垣　にいがき）

新川神　にいかわのかみ
『日本三代実録』に所出。越中国の神。
¶神仏辞典（新川神・新河神　にいかわのかみ）

にいぎょ
海の妖怪。岩手県下閉伊郡普代村黒崎で海底にいるという。
¶神仏辞典（にいぎょ）
全国妖怪（ニイギョ〔岩手県〕）
妖怪事典（ニイギョ）

新具蘇姫命神　にいぐそひめのみことのかみ
石見国安濃郡の新具蘇姫命神社の祭神。
¶神仏辞典（新具蘇姫命神　にいぐそひめのみことのかみ）

新次神　にいすきのかみ
播磨国神埼郡の新次神社の祭神。
¶神仏辞典（新次神　にいすきのかみ）

尓比都売神　にいつめのかみ
備後国奴可郡の尓比都売神社の祭神。
¶神仏辞典（尓比都売神　にいつめのかみ）

二位の中将　にいのちゅうじょう
『いはでしのぶ』の登場人物。白河院女一宮と右大臣の子。
¶古典人学（二位の中将　にいのちゅうじょう）

二位中将　にいのちゅうじょう
お伽草子『秋月物語』に登場する人物。時の関白の息子。
¶架空伝説（愛敬の君・二位中将　あいきょうのきみ・にいのちゅうじょう）

新治神　にいはりのかみ
『日本三代実録』に所出。越中国の神。
¶神仏辞典（新治神　にいはりのかみ）

新見錦　にいみにしき
新選組隊士。子母澤寛作『新選組始末記』の登場人物。
¶時代小説（新見錦　にいみにしき）

新屋坐天照御魂神　にいやにますあまてるみたまのかみ
新屋神とも。摂津国島下郡の新屋坐天照御魂神社三座の祭神。
¶神仏辞典（新屋坐天照御魂神　にいやにますあまてるみたまのかみ）

新屋の婆　にいやのばばあ
広島県山県郡千代田町冠山の麓でいう妖怪。
- ¶妖怪事典（ニイヤノババア）

新納鶴千代　にいろつるちよ
郡司次郎正作『侍ニッポン』の主人公の剣士。
- ¶架空人物（新納鶴千代）
- 架空伝説（新納鶴千代　にいろつるちよ）
- コン5（新納鶴千代　にいろつるちよ）
- 時代小説（新納鶴千代　にいろつるちよ）
- 日本人名（新納鶴千代　しんのうつるちよ）

丹生都比売神　にうつひめのかみ
紀伊国伊都郡（和歌山県かつらぎ町）の丹生都比売神社の祭神。丹生川上神と同一とされる。丹生明神として『播磨国風土記』逸文にみえる神。
- ¶神仏辞典（丹生都比売神・丹生都比女神　にうつひめのかみ）
- 日本人名（丹生明神　にうみょうじん）

丹屋の直弟上　にうのあたえおとかみ
『日本霊異記』『今昔物語集』に登場する、仏舎利二粒を握って生まれてきた子の父。
- ¶架空人日（丹生の直弟上　にうのあたえおとかみ）

丹生神　にうのかみ
『日本三代実録』に所出。肥前国の神。
- ¶神仏辞典（丹生神　にうのかみ）

丹生川上神　にうのかわかみのかみ
丹生神（延喜式）とも。貴布禰神とともに祈雨・止雨の神験が高いことで知られる神。
- ¶神仏辞典（丹生川上神　にうのかわかみのかみ）

丹生川神　にうのかわのかみ
大和国宇智郡の丹生川神社の祭神。
- ¶神仏辞典（丹生川神　にうのかわのかみ）

丹生中神　にうのなかのかみ
伊勢国飯高郡の丹生中神社の祭神。
- ¶神仏辞典（丹生中神　にうのなかのかみ）

丹生明神　にうみょうじん
⇒丹生都比売神（にうつひめのかみ）

贄持之子　にえもつのこ
神武天皇が熊野から八咫烏の先導で吉野へ出たとき、吉野川のほとりで簗漁をしていた者。
- ¶神様読解（贄持之子　にえもつのこ）

仁右衛門　にえもん
江戸時代中期の一揆指導者。備中（岡山県）新本村の農民。義民四人衆の一人として祠に祀られる。
- ¶日本人名（仁右衛門　にえもん　⊕?　㊥1718年）

仁王　におう
寺門の両側に安置される一対の守護神である金剛力士のこと。
- ¶広辞苑6（仁王・二王　におう）〔像〕
- 神仏辞典（仁王　におう）
- 大辞林3（仁王・二王　におう）〔像〕
- 日本人名（仁王　におう）
- 仏尊事典（執金剛神・仁王　しゅうこんごうしん・におう）〔像〕

匂宮　におうのみや
『源氏物語』の登場人物。明石中宮腹の今上の第三親王。いつも衣服に香をたきしめていた。
- ¶架空人日（匂宮　におうのみや）
- 架空伝説（匂宮　におうのみや）
- 歌舞伎登（匂宮　におうのみや）
- 広辞苑6（匂宮　におうみや）
- 広辞苑6（匂宮　におうみや）
- 古典人学（匂宮　におうのみや）
- 古典人東（匂の宮　におうのみや）
- 大辞林3（匂宮　におうのみや）

二階堂卓也　にかいどうたくや
川内康範の小説『銀座旋風児』の主人公。
- ¶架空人日（二階堂卓也）
- 架空伝承（二階堂卓也　にかいどうたくや）

二階堂日美子　にかいどうひみこ
斎藤栄の「日美子＆二階堂警部シリーズ」のヒロイン。
- ¶名探偵日（二階堂日美子　にかいどうひみこ）

二階わらし　にかいわらし
岩手県九戸地方でいう座敷わらしのこと。
- ¶妖怪事典（ニカイワラシ）

仁壁神　にかべのかみ
周防国吉敷郡の仁壁神社の祭神。
- ¶神仏辞典（仁壁神　にかべのかみ）

仁賀保金七郎　にかほきんしちろう
江戸時代の武士。仁賀保大膳誠善の七男・遠山金七郎景善のことか。屋敷に入った疫病神をこらしめてとった詫び証文が、関東各地に疫病よけの呪符として伝わる。
- ¶神仏辞典（仁賀保金七郎　にかほきんしちろう）

苦笑　にがわらい
『百鬼夜行絵巻』に描かれている、苦々しそうな表情をしている妖怪。
- ¶妖怪事典（ニガワライ）
- 妖怪大鑑（苦笑　にがわらい）〔像〕
- 妖怪大事典（苦笑　にがわらい）〔像〕

仁木悦子　にきえつこ
仁木悦子の『猫は知っていた』ほかに登場するアマチュア探偵の兄妹のうち妹。
- ¶名探偵日（仁木雄太郎・悦子　にきゆうたろう・えつこ）

仁木順平 にきじゅんぺい
安部公房の小説『砂の女』の主人公。
¶日本人名（仁木順平 にきじゅんぺい）

仁吉 にきち
南原幹雄作『付き馬屋おえん』の登場人物。
¶時代小説（仁吉 にきち）

弐吉 にきち
山本一力作『大川わたり』の登場人物。
¶時代小説（弐吉 にきち）

邇芸速日命 にぎはやひのみこと
天津神の子。『古事記』では、神武東征説話の最終段階に登場し、天神の子が天降ったことを聞いて、追い来った神。
¶朝日歴史（饒速日命 にぎはやひのみこと）
神様読解（邇芸速日命/櫛玉饒速日命 にぎはやひのみこと・くしたまにぎはやひのみこと）〔像〕
広辞苑6（饒速日命 にぎはやひのみこと）
コン5（饒速日命 にぎはやひのみこと）
新潮日本（饒速日命 にぎはやひのみこと）
神仏辞典（邇芸速日命・饒速日命 にぎはやひのみこと）
神話伝説（邇芸速日命（記）/饒速日命（紀） にぎはやひのみこと）
世百新（饒速日命 にぎはやひのみこと）
大辞林3（饒速日命・邇芸速日命 にぎはやひのみこと）
東洋神名（邇芸速日命 ニギハヤヒノミコト）〔像〕
日本人名（饒速日命 にぎはやひのみこと）
日本神話（ニギハヤヒ）

仁木雄太郎 にきゆうたろう
仁木悦子の『猫は知っていた』ほかに登場するアマチュア探偵の兄妹のうち兄。
¶名探偵日（仁木雄太郎・悦子 にきゆうたろう・えつこ）

肉吸い にくすい
熊野の山中に棲む妖怪。美しい娘に化け「ホーホー」と笑いながら人に近づき、たちまちその肉を吸い取った。
¶幻想動物（肉吸い）〔像〕
神仏辞典（肉吸い にくすい）
全国妖怪（ニクスイ〔三重県〕）
全国妖怪（ニクスイ〔和歌山県〕）
妖怪事典（ニクスイ）
妖怪大鑑（肉吸い にくすい）〔像〕
妖怪大事典（肉吸い にくすい）〔像〕

丹舄姫 にぐつひめ
『日本書紀』に所出。大耳尊との間に火瓊瓊杵尊を生んだ。
¶神仏辞典（丹舄姫 にぐつひめ）

二恨坊の火 にこんぼうのひ
菊岡沾涼著『諸国里人談』ほかで、摂津（兵庫県）の高槻庄二階堂村に出現したとされる鬼火。
¶幻想動物（二恨坊の火）〔像〕
神話伝説（二恨坊の火 にこんぼうのひ）
妖怪事典（ニコンボウノヒ）
妖怪大全（二恨坊の火 にこんぼうのひ）〔像〕
妖怪大事典（二恨坊の火 にこんぼうのひ）〔像〕

尓佐加志能為神 にさのかしのいのかみ
出雲国島根郡式内社一四社の尓佐能加志能為社、『延喜式』の尓佐能加志能為神社の祭神。
¶神仏辞典（尓佐加志能為神・尓佐能加志能為神 にさのかしのいのかみ）

尓佐神 にさのかみ
出雲国島根郡式内社一四社の尓佐社、『延喜式』の尓佐神社の祭神。
¶神仏辞典（尓佐神 にさのかみ）

西尾甚左衛門 にしおじんざえもん
鳥羽亮作『三鬼の剣』の登場人物。
¶時代小説（西尾甚左衛門 にしおじんざえもん）

錦木 にしきぎ
歌舞伎演目『関取千両幟』に登場する遊女。
¶歌舞伎登（錦木 にしきぎ）

錦戸太郎 にしきどたろう
歌舞伎演目『義経腰越状』に登場する、義経の佞臣。
¶歌舞伎登（錦戸太郎 にしきどたろう）

錦の前 にしきのまえ
歌舞伎演目『毛抜』に登場する、小野家の息女。
¶歌舞伎登（錦の前 にしきのまえ）

西島八兵衛 にしじまはちべえ
江戸前期の農政家。伊勢国雲出井用水の開設は有名。村民によって水分神社（八兵衛宮と称す）をたてて祀られた。
¶コン5（西島八兵衛 にしじまはちべえ [生]慶長1（1596）年 [没]延宝8（1680）年）

西田遠順 にしだえんじゅん
角田喜久雄作『髑髏銭』の登場人物。
¶時代小説（西田遠順 にしだえんじゅん）

ニシトービ
沖縄県石垣島でいう怪火。
¶妖怪事典（ニシトービ）

西奈弥神 にしなみのかみ
越後国磐船郡の西奈弥神社の祭神。
¶神仏辞典（西奈弥神 にしなみのかみ）

尓自神 にじのかみ
壱岐嶋石田郡の尓自神社の祭神。
¶神仏辞典（尓自神 にじのかみ）

邇志神　にしのかみ
播磨国宍粟郡の邇志神社の祭神。
¶神仏辞典（邇志神　にしのかみ）

ニシポソインカラ
アイヌ語で「雲を透かして見る化け物」という意味の妖怪。
¶妖怪事典（ニシポソインカラ）

西宮太助　にしみやたすけ
絵草子作者。井上ひさし作『手鎖心中』の登場人物。
¶時代小説（西宮太助　にしみやたすけ）

二十五菩薩　にじゅうごぼさつ
浄土教で臨終の際に、阿弥陀仏とともに来迎する菩薩。阿弥陀仏を念じ、浄土往生を願う者を守護する。
¶広辞苑6（二十五菩薩　にじゅうごぼさつ）
　神仏辞典（二十五菩薩　にじゅうごぼさつ）
　大辞林3（二十五菩薩　にじゅうごぼさつ）
　仏尊事典（二十五菩薩　にじゅうごぼさつ）〔像〕

二十八部衆　にじゅうはちぶしゅう
千手観音の眷属で、この観音を念じ名号や陀羅尼を誦するものを守護する二十八類の善神鬼神衆。
¶広辞苑6（二十八部衆　にじゅうはちぶしゅう）
　神仏辞典（二十八部衆　にじゅうはちぶしゅう）
　大辞林3（二十八部衆　にじゅうはちぶしゅう）
　仏尊事典（二十八部衆　にじゅうはちぶしゅう）〔像〕

二朱判吉兵衛　にしゅばんきちべえ
歌舞伎演目『若木仇名草』に登場する、吉原若木屋の幇間。
¶歌舞伎登（二朱判吉兵衛　にしゅばんきちべえ）

二条の后　にじょうのきさき
『伊勢物語』の主人公・昔男の慕情をかきたてた皇后。
¶古典人学（二条の后　にじょうのきさき）
　古典人東（二条の后　にじょうのきさき）

ニシンナイサムニオヤシツンウンチ
アイヌ語で「樹木の生ずる山野の魔」という意味をもつもの。
¶妖怪事典（ニシンナイサムニオヤシツンウンチ）

仁助　にすけ
佐伯泰英作『密命』の登場人物。
¶時代小説（仁助　にすけ）

偽汽車　にせきしゃ
鉄道が開通した頃、深夜に汽車の音が聞こえたり、汽車の幻が現れたもの。狐や狸、貉のいたずらという。
¶妖怪大事典（偽汽車　にせきしゃ）

贋迎い弥藤太　にせむかいやとうた
歌舞伎演目『菅原伝授手習鑑』に登場する、菅丞相を誘拐しようとした三枚目の役。
¶歌舞伎登（贋迎い弥藤太　にせむかいやとうた）

二代の尾上　にだいのおのえ
歌舞伎演目『加賀見山再岩藤』に登場する、中老尾上の召し使いお初が、出世したときの名。
¶歌舞伎登（二代の尾上　にだいのおのえ）

ニタッウナラペ
アイヌ語で湿地の小母という意味の女の妖怪。
¶全国妖怪（ニタッウナラペ〔北海道〕）
　妖怪事典（ニタッウナラペ）

ニタッラサンペ
アイヌ語で湿地の苔の心臓という意味の妖怪。
¶妖怪事典（ニタッラサンペ）

日円　にちえん
半村良作『妖星伝』の登場人物。
¶時代小説（日円　にちえん）

日尻　にちがん
江島其磧（八文字自笑）作の浮世草子『傾城禁短気』(1711)に登場する、京都四条川原寺の高僧。
¶架空人日（日尻　にちがん）

日月神　にちげつしん
アイヌの天神の子供といい、日神は最も尊く、末娘として生まれたという。
¶神仏辞典（日月神　にちげつしん）

日蔵上人　にちぞうしょうにん
平安前期の僧。『宇治拾遺物語』ほかに登場する。死門に入った菅原道真、地獄に堕ちている醍醐天皇と出会い13日目に蘇生したという。旧号、道賢。
¶架空人日（日蔵上人　にちぞうしょうにん）
　架空伝承（日蔵　にちぞう）㊁延喜5(905)年?　㊁寛和1(985)年?）
　架空伝説（日蔵　にちぞう）
　奇談逸話（日蔵　にちぞう　㊁延喜5(905)年　㊁寛和1(985)年?）
　古典人学（日蔵　にちぞう）
　神仏辞典（道賢　どうけん　生没年不詳(905年生か)）
　神仏辞典（日蔵　にちぞう）
　神話伝説（日蔵上人　にちぞうしょうにん）
　説話伝説（日蔵　にちぞう　㊁延喜1(905)年　㊁寛和1(985)年?）
　伝奇伝説（日蔵　にちぞう　㊁延喜5(905)年　㊁寛和1(985)年?）
　日ミス（日蔵(道賢)　にちぞう(どうけん)　㊁延喜5(907)年　㊁寛和1(985)年）

日道　にちどう
⇒延命院日道（えんめいいんにちどう）

日蓮　にちれん
日蓮宗の開祖。法華仏教至上の立場で『立正安国論』をまとめた。
¶架空伝承（日蓮　にちれん　㊍貞応1（1222）年　㊎弘安5（1282）年）〔像〕
歌舞伎登（日蓮上人　にちれんしょうにん）
奇談逸話（日蓮　にちれん　㊍貞応1（1222）年　㊎弘安5（1282）年）
神仏辞典（日蓮　にちれん　㊍1222年　㊎1282年）
説話伝説（日蓮　にちれん　㊍貞応1（1222）年　㊎建治5（1282）年）
伝奇伝説（日蓮　にちれん　㊎弘安5（1282）年　㊍貞応1（1222）年）〔像〕
日ミス（日蓮　にちれん　㊍貞応1（1222）年　㊎弘安5（1282）年）

日観　にっかん
吉川英治作『宮本武蔵』の登場人物。
¶時代小説（日観　にっかん）

仁木弾正　にっきだんじょう
歌舞伎『伽羅先代萩』に登場する人物。
¶架空人物（仁木弾正）
架空伝説（仁木弾正　にっきだんじょう）〔像〕
歌舞伎登（仁木弾正　にっきだんじょう）〔像〕
広辞苑6（仁木弾正　にっきだんじょう）
大辞林3（仁木弾正　にっきだんじょう）
日本人名（仁木弾正　にっきだんじょう）

日光山東光坊　にっこうざんとうこうぼう
栃木県日光山に棲むという天狗。
¶妖怪事典（ニッコウザントウコウボウ）
妖怪大事典（日光山東光坊　にっこうざんとうこうぼう）

日光山の神々　にっこうさんのかみがみ
二荒山神社は大己貴命（男体山）、田心姫命（女峰山）、味耜高彦根命（太郎山）の三神を二荒山大神として祀る。
¶日本神様（日光山の神々　にっこうさんのかみがみ）

日光菩薩　にっこうぼさつ
太陽の光が闇をてらすように人々をすくうという菩薩。
¶広辞苑6（日光菩薩　にっこうぼさつ）
世百新（日光・月光　にっこう・がっこう）
大辞林3（日光菩薩　にっこうぼさつ）
日本人名（日光菩薩　にっこうぼさつ）
仏尊事典（日光・月光菩薩　にっこう・がっこうぼさつ）〔像〕

日親　にっしん
室町・戦国時代の日蓮宗の僧。法華経の信仰を主張し、頭から焼け鍋をかむらされたことから、「なべかむり日親」として有名。
¶架空伝承（日親　にっしん　㊍応永14（1407）年　㊎長享2（1488）年）
神仏辞典（日親　にっしん　㊍1407年　㊎1488年）
日本人名（日親　にっしん　㊍1407年　㊎1488年）

新田山佐徳坊　にったざんさとくぼう
群馬県太田市金山でいう天狗。
¶妖怪事典（ニッタザンサトクボウ）
妖怪大事典（新田山佐徳坊　にったざんさとくぼう）

仁田忠常　にったただつね
源頼朝の伊豆挙兵以来の御家人。『曾我物語』にある、富士の狩場で猪にとび乗り退治した話が有名。
¶架空人日（新田四郎忠綱　にったしろうただつな）
架空伝承（仁田四郎　にったしろう　㊍?　㊎建仁3（1203）年）
架空伝承（新田四郎　にったしろう）
コン5（仁田忠常　にったただつね　㊍仁安3（1168）年?　㊎建仁3（1203）年）
説話伝説（仁田四郎忠常　にったのしろうただつね　㊍?　㊎建仁3（1203）年）
世百新（仁田忠常　にったただつね　㊍?　㊎建仁3（1203）年）

新田義興　にったよしおき
南北朝時代の南朝方の武将。新田義貞の次男。武蔵守護畠山国清の謀略にかかり、六郷川矢口渡で騙し討ちに遭う。
¶歌舞伎登（新田義興　にったよしおき）
神仏辞典（新田義興　にったよしおき　㊍1331年　㊎1358年）
伝奇伝説（新田義興　にったよしおき　㊍元弘1（1331）年　㊎正平13（1358）年）

新田義貞　にったよしさだ
南北朝期の武将。新田氏の嫡流。足利尊氏と対立した。
¶架空人日（新田義貞　にったよしさだ）
架空伝承（新田義貞　にったよしさだ　㊍正安3（1301）年　㊎延元3/暦応1（1338）年）〔像〕
歌舞伎登（新田義貞　にったよしさだ）
奇談逸話（新田義貞　にったよしさだ　㊍正安2（1300）年　㊎延元3/暦応1（1338）年）
古典人学（新田義貞　にったよしさだ）
古典人東（新田義貞　にったよしさだ）
神仏辞典（新田義貞　にったよしさだ　㊍1301年　㊎38年）
説話伝説（新田義貞　にったよしさだ　㊍正安2（1300）年　㊎暦応1/延元3（1338）年）
伝奇伝説（新田義貞　にったよしさだ　㊍正安3（1301）年?　㊎延元3/暦応1（1338）年）〔像〕
日本神々（新田義貞　にったよしさだ）〔像〕
日本神様（新田義貞　にったよしさだ　㊍1301年　㊎1338年）〔像〕

新田義重　にったよししげ
鎌倉前期の武将。
¶説話伝説（新田義重　にったよししげ　㊍保延1（1135）年　㊎建仁2（1202）年）
伝奇伝説（新田義重　にったよししげ　㊍保延1（1135）年　㊎建仁2（1202）年）

新田義岑　にったよしみね
歌舞伎演目『神霊矢口渡』に登場する、新田義興の弟。
¶歌舞伎登（新田義岑　にったよしみね）

ニッタラサンペ
北海道の道の怪。
¶全国妖怪（ニッタラサンペ〔北海道〕）

日天　にってん
十二天の中の一尊で、太陽を守護する。
¶広辞苑6（日天　にってん）
　大辞林3（日天　にってん）
　東洋神名（日天　ニッテン）〔像〕

日天　にってん
半村良作『妖星伝』の登場人物。
¶時代小説（日天　にってん）

ニッネカムイ
アイヌのさまざまな物語に登場する魔物。
¶神仏辞典（ニッネカムイ）
　妖怪事典（ニッネカムイ）

丹津神　につのかみ
越前国今立郡の丹津神社の祭神。
¶神仏辞典（丹津神　につのかみ）

丹津日子神　につひこのかみ
播磨国賀毛郡雲潤里の地名起源にあらわれる、水に関わる神。
¶神仏辞典（丹津日子神　につひこのかみ）

日本駄右衛門　にっぽんだえもん
⇒日本駄右衛門（にほんだえもん）

二亭先生　にていせんせい
泡坂妻夫作『宝引の辰捕者帳』の登場人物。
¶時代小説（二亭先生　にていせんせい）

蜷川新右衛門　にながわしんえもん
講談『一休禅師』ほかに登場する、足利義教に仕えた京の沙汰人（法の執行官）。後に一休禅師の愛弟子になった実在の人物。
¶架空人日（蜷川新右衛門　にながわしんえもん）
　歌舞伎登（蜷川新右衛門　にながわしんえもん）

瓊瓊杵尊　ににぎのみこと
天孫降臨神話の神。天忍穂耳尊の子。木花開耶姫を妻とし、彦火火出見尊ら3人を生ませた。『古事記』では邇邇芸命。
¶朝日歴史（瓊瓊杵尊　ににぎのみこと）
　架空人日（邇邇芸命　ににぎのみこと）
　架空人物（邇邇藝命）
　架空伝承（瓊瓊杵尊　ににぎのみこと）
　神様読解（天津日高日子番能邇邇芸命/瓊瓊杵尊/邇邇芸命　あまつひこひこほのににぎのみこと・ににぎのみこと・ににぎのみこと）
　神文化史（天迩岐志国迩岐志天津日高日子番能迩々藝命（記）、天津彦火瓊瓊杵尊（紀）　ホノニニギ）
　広辞苑6（瓊瓊杵命・邇邇芸命　ににぎのみこと）
　コン5（瓊瓊杵命　ににぎのみこと）
　新潮日本（瓊瓊杵尊　ににぎのみこと）
　神仏辞典（日子番能邇邇芸命・彦火瓊瓊杵尊　ひこほのににぎのみこと）
　神仏辞典（火瓊瓊杵尊　ほのににぎのみこと）
　神仏辞典（番仁岐命　ほのににぎのみこと）
　神話伝説（邇邇芸命（記）/瓊々杵尊（紀）　ににぎのみこと）
　説話伝説（邇邇芸命　ににぎのみこと）
　世百新（瓊瓊杵尊　ににぎのみこと）
　大辞林3（瓊瓊杵命・邇邇芸命　ににぎのみこと）
　伝奇辞典（邇邇芸命　ににぎのみこと）
　東洋神名（天津日高日子番能邇邇芸命　アマツヒコヒコホノニニギノミコト）〔像〕
　日本神々（日子番能邇邇芸命　ひこほのににぎのみこと）〔像〕
　日本神様（邇邇芸命　ににぎのみこと）〔像〕
　日本人名（瓊瓊杵命　ににぎのみこと）
　日本神話（ホノニニギ）

二宮尊徳　にのみやそんとく
江戸後期の農政家。幼名金次郎。昭和以降、薪を背負って書を読む少年金次郎の像が小学校に建てられた。
¶英雄事典（二宮尊徳　ニノミヤソントク）
　架空伝承（二宮尊徳　にのみやそんとく　㊤天明7（1787）年　㊦安政3（1856）年）〔像〕
　コン5（二宮尊徳　にのみやそんとく　㊤天明7（1787）年　㊦安政3（1856）年）
　神仏辞典（二宮尊徳　にのみやそんとく　㊤1787年　㊦1856年）
　説話伝説（二宮尊徳　にのみやそんとく　㊤天明7（1787）年　㊦安政3（1856）年）
　世百新（二宮尊徳　にのみやそんとく　㊤天明7（1787）年　㊦安政3（1856）年）
　伝奇辞典（二宮金次郎　にのみやきんじろう　㊤天明7（1787）年　㊦安政3（1856）年）〔像〕

仁兵衛　にへえ
南原幹雄作『付き馬屋おえん』の登場人物。
¶時代小説（仁兵衛　にへえ）

鱓大明神　にべだいみょうじん
熊本県八代市の鱓大明神で祀られる神。魚の鱓（イシモチの近縁種）を祀ったもの。
¶神様読解（鱓大明神　にべだいみょうじん）〔像〕
　神仏辞典（鱓大明神　にべだいみょうじん）

邇幣姫神　にへひめのかみ
石見国安濃郡の邇幣姫神社の祭神。
¶神仏辞典（邇幣姫神・邇弊姫神　にへひめのかみ）

尓保都比売命　にほつひめのみこと
『播磨国風土記』に所出。国堅めましし大神（岐美二神）の子。
¶神仏辞典（尓保都比売命　にほつひめのみこと）

二本足　にほんあし
熊本県八代市の松井家に伝わる『百鬼夜行絵巻』に描かれているもの。
¶妖怪事典（ニホンアシ）

日本左衛門　にほんざえもん
江戸中期の大盗賊。河竹黙阿弥作の歌舞伎『青砥稿花紅彩画』(「白浪五人男」)の日本駄右衛門のモデル。本名は浜島庄兵衛。
¶コン5　（日本左衛門　にほんざえもん　㋓享保3(1718)年　㋬延享4(1747)年）
　新潮日本　（日本左衛門　にほんざえもん　㋓享保3(1718)年　㋬延享4(1747)年3月11日）
　伝奇伝説　（日本左衛門　にほんざえもん）
　日本人名　（日本左衛門　にほんざえもん　㋓1719年　㋬1747年）

日本左衛門　にほんざえもん
半村良作『妖星伝』に登場する盗賊。浜島庄兵衛とともに大名屋敷を襲う。
¶時代小説（日本左衛門　にほんざえもん）

日本駄右衛門　にほんだえもん
歌舞伎『青砥稿花紅彩画（白波五人男）』ほかに登場する白波五人男の頭領。
¶朝日歴史（日本駄右衛門　にっぽんだえもん）
　架空人日（日本駄右衛門　にほんだえもん）
　架空伝説（日本駄右衛門　にほんだえもん）〔像〕
　歌舞伎登（日本駄右衛門1　『青砥稿花紅彩画』　にほんだえもん）
　歌舞伎登（日本(二本)駄右衛門2　『秋葉権現廻船語』　にほん(にほん)だえもん）
　日本人名（日本駄右衛門　にっぽんだえもん）

二文字屋の何がし　にもんじやのなにがし
井原西鶴作の浮世草子『西鶴置土産』(1693)巻一の二「四十九日の堪忍」の主人公。
¶架空人日（二文字屋の何がし　にもんじやのなにがし）

若王子　にゃくおうじ
紀伊熊野三山の祭神。
¶日本人名（若王子　にゃくおうじ）

稲魂加那志　にゃーだまがなし
奄美大島で稲そのものを神、精霊と考えて呼ぶ名。
¶神仏辞典（稲魂加那志　ニャーダマガナシ）

入定の定助　にゅうじょうのじょうすけ
上田秋成作の読本『春雨物語』の「二世の縁」(1808)に登場する法師。
¶架空人日（入定の定助　にゅうじょうのじょうすけ）

入道　にゅうどう
宮崎県東諸県郡でいう妖怪。
¶妖怪事典（ニュウドウ）

入道　にゅうどう
愛媛県の水の怪。河童に似ている。
¶全国妖怪（ニュウドウ〔愛媛県〕）

入道　にゅうどう
長崎県の一町田村の道で出た妖怪。
¶全国妖怪（ニュウドウ〔長崎県〕）

入道なぎの火の玉　にゅうどうなぎのひのたま
長野県上伊那郡、日向山入道なぎでいう怪火。
¶妖怪事典（ニュウドウナギノヒノタマ）

入道坊主　にゅうどうぼうず
愛知県南設楽郡、福島県、福岡県でいう道の妖怪。見越し入道、見上入道のたぐいのもの。
¶神仏辞典（入道坊主　にゅうどうぼうず）
　全国妖怪（ニュウドウボウズ〔福島県〕）
　全国妖怪（ニュウドウボウズ〔愛知県〕）
　全国妖怪（ニュウドウボウズ〔福岡県〕）
　水木妖怪続（入道坊主　にゅうどうぼうず）〔像〕
　妖怪事典（ニュウドウボウズ）
　妖怪大全（入道坊主　にゅうどうぼうず）〔像〕
　妖怪大事典（入道坊主　にゅうどうぼうず）〔像〕

ニュウドウボンズ
青森県三戸郡地方でいう妖怪。
¶妖怪事典（ニュウドウボンズ）

入内雀　にゅうないすずめ
藤原実方の怨念が化身したとされる雀の群れ。
¶幻想動物（入内雀）〔像〕
　妖怪事典（ニュウナイスズメ）
　妖怪大鑑（入内雀　にゅうないすずめ）〔像〕
　妖怪大事典（入内雀　にゅうないすずめ）〔像〕

乳鉢坊　にゅうばちぼう
鳥山石燕の『画図百器徒然袋』に瓢箪小僧とともに描かれているもの。
¶妖怪事典（ニュウバチボウ）
　妖怪大事典（乳鉢坊　にゅうばちぼう）〔像〕

ニュルニュル
愛媛県地方でいう妖怪の児童語。
¶妖怪事典（ニュルニュル）

如意ヶ嶽薬師坊　にょいがたけやくしぼう
京都府如意ヶ嶽でいう天狗。
¶妖怪事典（ニョイガタケヤクシボウ）
　妖怪大事典（如意ヶ嶽薬師坊　にょいがたけやくしぼう）

如意自在　にょいじざい
人の背中をかいてくる、"孫の手"のような妖怪。一種の器物の霊。
¶妖怪事典（ニョイジザイ）
　妖怪大全（如意自在　にょいじざい）〔像〕
　妖怪大事典（如意自在　にょいじざい）〔像〕

如意輪観音　にょいりんかんのん
如意宝珠および法輪の功徳によって一切衆生の苦を救い願いをかなえる菩薩。
¶広辞苑6（如意輪観音　にょいりんかんのん）〔像〕
　神仏辞典（如意輪観音　にょいりんかんのん）
　世百新（如意輪観音　にょいりんかんのん）
　大辞林3（如意輪観音　にょいりんかんのん）〔像〕

東洋神名（如意輪観音　ニョイリンカンノン）〔像〕
仏尊事典（如意輪観音　にょいりんかんのん）〔像〕

如月尼　にょげつに
歌舞伎演目『金幣猿島郡』に登場する、京の宇治橋の通円茶屋の女主人。
¶歌舞伎登（如月尼　にょげつに）

長女　によこ
曲亭馬琴作の読本『椿説弓張月』(1807-11)に登場する、伊豆沖の孤島、女護の嶋に住む娘。
¶架空人日（長女　によこ）

如寂　にょじゃく
鎌倉時代、日野法界寺の僧。正二位・権中納言の藤原資長が出家して如寂と号したとされる。
¶説話伝説（如寂　にょじゃく　[生]元永2(1119)年　[没]建久6(1195)年）
伝奇伝説（如寂　にょじゃく　生没年未詳）

如心　にょしん
村上元三作『松平長七郎江戸日記』の登場人物。
¶時代小説（如心　にょしん）

如蔵尼　にょぞうに
平安時代中期の尼僧。平将門の第三女という。容姿美しかったが、父将門の誅殺後奥州に逃れ、恵日寺の傍らに庵を結んで独居した。山東京伝の読み本『善知安方忠義伝』で滝夜叉姫のモデルとなった。
¶神仏辞典（如蔵尼　にょぞうに）
日本人名（如蔵尼　にょぞうに　生没年未詳）

如無　にょむ
平安時代の僧。幼少時に亀に助けられたという報恩譚で有名。
¶説話伝説（如無　にょむ・じょむ　[生]貞観9(867)年　[没]天慶1(938)年）
伝奇伝説（如無　にょむ・じょむ　[生]貞観9(867)年　[没]天慶1(938)年）

如儡子　にょらいし
仮名草子の作者。
¶伝奇伝説（如儡子　にょらいし　[生]慶長8(1603)年　[没]延宝2(1674)年）

ニョロニョロ
愛媛県地方でいう妖怪の児童語。
¶妖怪事典（ニョロニョロ）

ニライ大主　にらいうふぬし
沖縄県で、ニライカナイの神の一つ。ニランタ大主。幸福や豊穣をもたらす。
¶神仏辞典（ニライ大主　ニライウフヌシ）

ニランタフラン
八重山石垣島の西岸では、海のかなたにあるニロースクから来る豊穣をもたらす神と信じられているもの。
¶神仏辞典（ニランタフラン）

楡山神　にれやまのかみ
武蔵国播羅郡の楡山神社の祭神。
¶神仏辞典（楡山神　にれやまのかみ）

庭高津日神　にわたかつひのかみ
大年神の子。母は天知迦流美豆比売。
¶神様読解（庭高津日神　にわたかつひのかみ）
神仏辞典（庭高津日神・庭高日神　にわたかつひのかみ）

庭田神　にわたのかみ
播磨国宍粟郡の庭田神社の祭神。
¶神仏辞典（庭田神　にわたのかみ）

ニワタリ神　にわたりがみ
東北地方一帯に広く分布している民俗神。
¶神様読解（ニワタリ神　にわたりがみ）
神仏辞典（庭渡　にわたり）

庭津日神　にわつひのかみ
大年神の子。母は天知迦流美豆比売。
¶神様読解（庭津日神　にわつひのかみ）
神仏辞典（庭津日神　にわつひのかみ）

丹羽長秀　にわながひで
安土桃山時代の武将。尾張の人。織田信長家臣。本能寺の変後、羽柴(豊臣)秀吉とともに明智光秀を討った。
¶説話伝説（丹羽長秀　にわながひで　[生]天文4(1535)年　[没]天正13(1585)年）〔像〕

尓波神　にわのかみ
尾張国丹羽郡の尓波神社の祭神。
¶神仏辞典（尓波神　にわのかみ）

庭火神　にわびのかみ
⇒庭火皇神(にわびのすめがみ)

庭火皇神　にわびのすめがみ
『日本文徳天皇実録』『日本三代実録』ほかに所出。庭火神、忌火庭火皇神、忌火神とも。内膳司の神。
¶神仏辞典（忌火庭火皇神　いむびのにわびのすめがみ）
神仏辞典（庭火神　にわびのかみ）
神仏辞典（庭火皇神　にわびのすめがみ）

仁海　にんかい
平安中期の真言僧。祈雨の法に優れ雨僧正と呼ばれた。
¶神仏辞典（仁海　にんがい　[生]951年　[没]1046年）
説話伝説（仁海　にんかい　[生]?　[没]永承1(1046)年）

に

人魚　にんぎょ
上半身が人間で、下半身が魚の姿の想像上の動物。その肉を食べると不老長寿になるという伝説もある。
¶幻想動物（人魚）〔像〕
広辞苑6（人魚　にんぎょ）
神仏辞典（人魚　にんぎょ）
神話伝説（人魚　にんぎょ）
世怪物神獣（人魚）〔像〕
説話伝説（人魚　にんぎょ）
世百新（人魚　にんぎょ）〔像〕
世妖精妖怪（人魚）
全国妖怪（ニンギョ〔青森県〕）
全国妖怪（ニンギョ〔山形県〕）
全国妖怪（ニンギョ〔福井県〕）
全国妖怪（ニンギョ〔福岡県〕）
全国妖怪（ニンギョ〔長崎県〕）
大辞林3（人魚　にんぎょ）
伝奇伝説（人魚　にんぎょ）
日ミス（人魚　にんぎょ）
日本人名（人魚　にんぎょ）
日本未確認（人魚）〔像〕
妖怪事典（ニンギョ）
妖怪図鑑（人魚）〔像〕
妖怪大全（人魚　にんぎょ）〔像〕
妖怪大事典（人魚　にんぎょ）〔像〕
妖精百科（人魚）
妖百2（人魚　にんぎょ）〔像〕

人形佐七　にんぎょうさしち
横溝正史作の捕物帳『人形佐七捕物帳』の主人公。
¶架空人物（人形佐七）
架空伝承（人形佐七　にんぎょうさしち）
架空伝説（佐七　さしち）
コン5（人形佐七　にんぎょうさしち）
時代小説（人形佐七　にんぎょうさしち）
日本人名（人形佐七　にんぎょうさしち）
名探偵日（人形佐七　にんぎょうさしち）

人形道祖神　にんぎょうどうそじん
神奈川県三浦市初声町三戸の上集落にある、人形の道祖神。
¶神様読解（人形道祖神　にんぎょうどうそじん）〔像〕

人形の霊　にんぎょうのれい
人形に魂が宿ったもの。
¶妖怪大全（人形の霊　にんぎょうのれい）〔像〕

人形屋幸右衛門　にんぎょうやこうえもん
歌舞伎演目『敵討天下茶屋聚』に登場する、伏見の人形屋の主人。
¶歌舞伎登（人形屋幸右衛門　にんぎょうやこうえもん）

仁賢天皇　にんけんてんのう
記紀で伝えられる第24代天皇。顕宗天皇（弘計天皇）の兄。億計天皇、意富王などとも。
¶架空伝承（億計天皇・弘計天皇　おけのすめらみこと・おけのすめらみこと）
コン5（仁賢天皇　にんけんてんのう）
神仏辞典（仁賢天皇　にんけんてんのう）
神話伝説（意富祁王（または意祁王）・袁祁王　おけのみこ・おけのみこ）
日本人名（仁賢天皇　にんけんてんのう）

人狐　にんこ
中国地方で狐憑きのこと。「ひとぎつね」ともいう。
¶幻想動物（人狐）〔像〕
神仏辞典（人狐　にんこ）
神仏辞典（人狐　ひとぎつね）
妖怪事典（ニンコ）

仁徳天皇　にんとくてんのう
応神天皇につぐ16代の天皇とされる。『古事記』では多くの娘に求愛する主人公として登場する。
¶架空伝承（仁徳天皇　にんとくてんのう）
古典人学（仁徳天皇(大雀命)　にんとくてんのう）
コン5（仁徳天皇　にんとくてんのう）
神仏辞典（仁徳天皇　にんとくてんのう）
神話伝説（仁徳天皇　にんとくてんのう）
人物伝承（仁徳天皇　にんとくてんのう）
説話伝説（仁徳天皇　にんとくてんのう）
世百新（仁徳天皇　にんとくてんのう）
伝奇伝説（仁徳天皇　にんとくてんのう）
日本人名（仁徳天皇　にんとくてんのう）

忍辱　にんにく
『鎮西彦山縁起』にみえる伝説上の僧。継体天皇25(531)年、英彦山を開いたとされる。狩人の藤原恒雄が出家してからの名。
¶朝日歴史（忍辱　にんにく）
日本人名（忍辱　にんにく）

人面樹　にんめんじゅ
鳥山石燕の『今昔百鬼拾遺』に人の頭がなっている木として描かれているもの。
¶妖怪事典（ニンメンジュ）
妖怪大全（人面樹　じんめんじゅ）〔像〕
妖怪大事典（人面樹　にんめんじゅ）〔像〕

人聞菩薩　にんもんぼさつ
『仁聞記』（江戸期）に、御許山霊山寺、現在の宇佐八幡宮・奥宮の南の山峡にある華峡洞で修行し、六郷の寺々を開いたとあるという人物。大分県国東の人。
¶神仏辞典（人聞菩薩・仁聞菩薩　にんもんぼさつ）

【ぬ】

縫殿神　ぬいどのかみ
『延喜式』に所出。縫殿寮神三座のうち一座。
¶神仏辞典（縫殿神　ぬいどのかみ）

縫殿介　ぬいのすけ
吉川英治作『宮本武蔵』の登場人物。
¶時代小説（縫殿介　ぬいのすけ）

鵺　ぬえ
『平家物語』で源三位頼政に退治された、頭が猿、尾が蛇、手足は虎の姿の怪物。世阿弥作謡曲『鵺』に登場する。
- ¶奇談逸話　(鵺　ぬえ)
  - 幻想動物　(鵺)〔像〕
  - 広辞苑6　(鵼・鵺　ぬえ)
  - 神仏辞典　(鵼・鵺　ぬえ)
  - 説話伝説　(鵺　ぬえ)
  - 世百新　(鵼/鵺　ぬえ)
  - 大辞林3　(鵼・鵺　ぬえ)
  - 日ミス　(鵺　ぬえ)
  - 日本未確認　(鵺　ぬえ)〔像〕
  - 水木妖怪　(ヌエ)〔像〕
  - 妖怪事典　(鵺　ぬえ)〔像〕
  - 妖怪図鑑　(鵺　ぬえ)〔像〕
  - 妖怪大鑑　(鵺の亡霊　ぬえのぼうれい)〔像〕
  - 妖怪大全　(鵺　ぬえ)
  - 妖怪大事典　(鵺　ぬえ)〔像〕
  - 妖百1　(鵺　ぬえ)〔像〕

額田王　ぬかたのおおきみ
『万葉集』の代表的女流歌人。歴史の記録への登場は、『万葉集』『日本書紀』のみ。
- ¶架空伝承　(額田王　ぬかたのおおきみ　生没年不詳)
  - 架空伝説　(額田王　ぬかたのおおきみ)
  - 奇談逸話　(額田王　ぬかたのおおきみ　生没年未詳)
  - 説話伝説　(額田王　ぬかたのおおきみ　生没年未詳)
  - 伝奇伝説　(額田王　ぬかたのおおきみ　生没年未詳)

額田大中日子命　ぬかたのおおなかつひこのみこと
応神天皇を父、高木之入日売を母とする。
- ¶神仏辞典　(額田大中日子命・額田大中彦命　ぬかたのおおなかつひこのみこと)
  - 日本人名　(額田大中彦皇子　ぬかたのおおなかつひこのおうじ)

額田神　ぬかだのかみ
伊勢国桑名郡の額田神社の祭神。
- ¶神仏辞典　(額田神　ぬかだのかみ)

糠代比売命　ぬかでひめのみこと
敏達天皇を父、小熊子郎女を母に持つ。忍坂日子人太子との間に舒明天皇・中津王・多良王を生む。宝王、田村王とも。
- ¶神仏辞典　(糠代比売命　ぬかでひめのみこと)

額西神　ぬかのにしのかみ
加賀国石川郡の額西神社の祭神。
- ¶神仏辞典　(額西神　ぬかのにしのかみ)

額東神　ぬかのひがしのかみ
加賀国石川郡の額東神社の祭神。
- ¶神仏辞典　(額東神　ぬかのひがしのかみ)

努賀毘古　ぬかびこ
常陸国那賀郡茨城里哺時臥山に住む。努賀毘咩の兄。
- ¶神仏辞典　(努賀毘古　ぬかびこ)

努賀毘咩　ぬかびめ
常陸国那賀郡茨城里哺時臥山に兄妹で住む。夜毎に来る人と夫婦となり、一夜にして懐妊し、小さな蛇を生む。
- ¶神仏辞典　(努賀毘咩　ぬかびめ)

抜鋒神　ぬきさきのかみ
上野国甘楽郡の貫前神社の祭神。
- ¶神仏辞典　(抜鋒神・貫前神　ぬきさきのかみ)

野城大神　ぬきのおおかみ
出雲国意宇郡野城駅は同神が坐すことにより名付けられた。能義神、野城神と同一とされる。
- ¶神仏辞典　(野城大神　ぬきのおおかみ)

抜け首　ぬけくび
轆轤首の一種。頭が完全に身体から離れる。
- ¶幻想動物　(抜け首)〔像〕
  - 全国妖怪　(ヌケクビ〔東京都〕)

主　ぬし
愛知県尾張地方でいう河童。
- ¶妖怪事典　(ヌシ)

主石神　ぬしいしのかみ
常陸国茨城郡の主石神社の祭神。
- ¶神仏辞典　(主石神　ぬしいしのかみ)

主玉神　ぬしたまのかみ
『日本三代実録』に所出の神名。
- ¶神仏辞典　(主玉神　ぬしたまのかみ)

盗人神　ぬすっとがみ
盗人の守護神。横浜市港南区の青木神社や千葉県市原市の建市神社などがあたる。
- ¶神様読解　(盗人宮　ぬすっとみや)
  - 神仏辞典　(盗人神　ぬすっとがみ)

盗人　ぬすびと
狂言『瓜盗人』のシテ(主役)。盗人。
- ¶古典人東　(盗人　ぬすびと)

怒多之神　ぬたしのかみ
出雲国秋鹿郡式外社16社の怒多之社の祭神。
- ¶神仏辞典　(怒多之神・奴多之神　ぬたしのかみ)

沼帯別命　ぬたらしわけのみこと
第11代垂仁天皇の皇子。沼羽田之入毘売命を母とする。『日本書紀』では、鐸石別命。
- ¶神様読解　(沼帯別命　ぬたらしわけのみこと)
  - 神仏辞典　(沼帯別命　ぬたらしわけのみこと)
  - 神仏辞典　(鐸石別命　ぬでしわけのみこと)
  - 日本人名　(鐸石別命　ぬてしわけのみこと)

ヌッペッポウ
鳥山石燕の『画図百鬼夜行』に、一頭身の肉人のような姿で描かれている妖怪。

¶ 幻想動物　（ヌッヘッホフ）〔像〕
　水木妖怪　（ぬっぺふほふ）〔像〕
　妖怪事典　（ヌッペッポウ）
　妖怪大全　（ぬっぺふほふ）〔像〕
　妖怪大事典　（ぬっぺっぽう）〔像〕

ぬっぺらぼう
　⇒のっぺらぼう

ぬっぺりぼう
　⇒のっぺらぼう

鐸比古神　ぬでひこのかみ
河内国大県郡の鐸比古神社の祭神。
¶ 神仏辞典　（鐸比古神　ぬでひこのかみ）

鐸比売神　ぬでひめのかみ
河内国大県郡の鐸比売神社の祭神。
¶ 神仏辞典　（鐸比売神　ぬでひめのかみ）

奴奈川神　ぬなかわのかみ
越後国頸城郡の奴奈川神社の祭神。
¶ 神仏辞典　（奴奈川神　ぬなかわのかみ）

沼河比売　ぬなかわひめ
『古事記』に登場する越の国の姫。八千矛神（大国主神）との問答歌の相手で妻となる。
¶ 朝日歴史　（沼河姫命　ぬなかわひめのみこと）
　アジア女神　（沼河比売　ぬなかはひめ）
　架空人日　（沼河比売　ぬなかわひめ）
　神様読解　（沼河姫命　ぬまかわひめのみこと）
　広辞苑6　（沼名河比売　ぬなかわひめ）
　新潮日本　（河姫命　ぬなかわひめのみこと）
　神仏辞典　（沼河比売　ぬなかわひめ）
　日本人名　（沼河比売　ぬなかわひめのみこと）
　日本神話　（ヌナカハヒメ）

沼名木郎女　ぬなきのいらつめ
第11代景行天皇の皇女。
¶ 神様読解　（沼名木郎女　ぬなきのいらつめ）

沼名木之入日売命　ぬなきのいりひめのみこと
第10代崇神天皇の皇女。母は意富阿麻比売（尾張大海媛）。『日本書紀』では、渟名城入姫命。
¶ 朝日歴史　（渟名城入姫命　ぬなきいりひめのみこと）
　神様読解　（沼名木之入日売命/渟名城入姫命　ぬなきのいりひめのみこと・ぬなきいりひめのみこと）
　新潮日本　（渟名城入姫命　ぬなきいりひめのみこと）
　神仏辞典　（沼名木入比売命　ぬなきのいりひめのみこと）
　日本人名　（渟名城入姫命　ぬなきいりびめのみこと）

渟名城稚姫命　ぬなきわかひめのみこと
卜占で大倭大神を祭る者として指名される。崇神天皇皇女、渟名城入姫命と同一とされる。
¶ 神仏辞典　（渟名城稚姫命　ぬなきわかひめのみこと）

沼名前神　ぬなくまのかみ
備後国沼隈郡の沼名前神社の祭神。
¶ 神仏辞典　（沼名前神　ぬなくまのかみ）

渟名底仲媛命　ぬなそこなかつひめのみこと
渟名襲媛とも。事代主神の孫の鴨王の娘。安寧天皇との間に息石耳命・懿徳天皇を生む。
¶ 神仏辞典　（渟名底仲媛命　ぬなそこなかつひめのみこと）

怒那弥神　ぬなみのかみ
出雲国島根郡外社35（45）社の怒那弥社の祭神。
¶ 神仏辞典　（怒那弥神・奴奈弥神　ぬなみのかみ）

奴奴伎神　ぬぬきのかみ
丹波国氷上郡の奴奴伎神社の祭神。
¶ 神仏辞典　（奴奴伎神　ぬぬきのかみ）

怒能伊呂比売　ぬのいろひめ
建内宿禰の次女。
¶ 神様読解　（怒能伊呂比売　ぬのいろひめ）

布がらみ　ぬのがらみ
青森県三戸郡田子町長坂でいう妖怪。
¶ 妖怪事典　（ヌノガラミ）
　妖怪大事典　（布がらみ　ぬのがらみ）〔像〕

布忍入姫命　ぬのしいりひめのみこと
日本武尊を父、両道入姫皇女を母とする。稲依別王・仲哀天皇を兄に持つ。
¶ 神仏辞典　（布忍入姫命　ぬのしいりひめのみこと）

布敷の臣衣女　ぬのしきのおみきぬめ
『日本霊異記』中巻の第25話に登場し、『今昔物語集』巻第20の第18に引用される話に登場する女性。供え物を食べた閻魔王の使いが恩を感じ、同姓同名の別人を連れて行く。
¶ 架空人日　（布敷の臣衣女　ぬのしきのおみきぬめ）

布忍富鳥鳴海神　ぬのしとみとりなるみのかみ
美呂浪神の子。母は敷山主神の娘である青沼馬沼押比売。
¶ 神様読解　（布忍富鳥鳴海神　ぬのしとみとりなるみのかみ）
　神仏辞典　（布忍富鳥鳴海神　ぬのしとみとりなるみのかみ）

沼代郎女　ぬのしろのいらつめ
第12代景行天皇の皇女。
¶ 神様読解　（沼代郎女　ぬのしろのいらつめ）

努能太比売命神　ぬのたひめのみことのかみ
摂津国住吉郡の努能太比売命神社の祭神。
¶ 神仏辞典　（努能太比売命神　ぬのたひめのみことのかみ）

ヌノバイ
青森県地方でいう妖怪。
¶妖怪事典　（ヌノバイ）

渟葉田瓊入媛　ぬはたにいりひめ
第11代垂仁天皇の妃。鐸石別命・膽香足姫命を生む。『古事記』では沼羽田之入売命。
¶神様読解　（沼羽田之入毘売命/渟葉田瓊入媛　ぬばたのいりびめのみこと・ぬはたにいりひめ）
　神仏辞典　（渟葉田瓊入媛　ぬはたにいりひめ）
　神仏辞典　（沼羽田之入日売命・沼羽田之入毘売命　ぬばたのいりびめのみこと）
　日本人名　（渟葉田瓊入媛　ぬはたのいりひめ）

ヌプリケスングル
アイヌ語で山麓に住む人という意味の熊の姿をした魔。
¶妖怪事典　（ヌプリケスングル）

ヌプリコロカムイ　ぬぷりころかむい
アイヌの山に住む高位の熊の神。
¶神文化史　（ヌプリコロカムイ）

沼尾神　ぬまおのかみ
常陸国香嶋郡の沼尾社の祭神。香島天大神のこと。
¶神仏辞典　（沼尾神　ぬまおのかみ）

沼御前　ぬまごぜん
福島県会津地方金山谷にある深い沼に棲んでいた巨大な蛇の主。
¶幻想動物　（沼御前）〔像〕
　水木妖怪　（沼御前　ぬまごぜん）〔像〕
　妖怪事典　（ヌマゴゼン）
　妖怪大全　（沼御前　ぬまごぜん）〔像〕
　妖怪大事典　（沼御前　ぬまごぜん）〔像〕

沼田玉雄　ぬまたたまお
石坂洋次郎作『青い山脈』（1947）に登場する、中心人物の一人。東北地方の田舎町に住む医師。
¶架空人日　（沼田玉雄　ぬまたたまお）

ぬらりひょん
鳥山石燕の『画図百鬼夜行』などに描かれている頭の大きな妖怪。
¶幻想動物　（ヌラリヒョン）〔像〕
　水木妖怪続　（ぬらりひょん）〔像〕
　妖怪事典　（ヌウリヒョン）
　妖怪図鑑　（ぬらりひょん）〔像〕
　妖怪大全　（ぬらりひょん）〔像〕
　妖怪大事典　（ぬらりひょん）〔像〕

滑瓢　ぬらりひょん
海坊主のことを指し、岡山県の備讃灘で多く出没する。
¶神仏辞典　（ぬらり瓢箪　ぬらりひょうたん）
　全国妖怪　（ヌラリヒョン〔岡山県〕）
　日ミス　（滑瓢　ぬらりひょん・ぬうりひょん）
　妖怪事典　（ヌラリヒョン）

塗り壁　ぬりかべ
福岡県遠賀郡に出現した壁の妖怪。
¶幻想動物　（塗壁）〔像〕
　神仏辞典　（塗壁　ぬりかべ）
　全国妖怪　（ヌリカベ〔福岡県〕）
　日ミス　（塗り壁　ぬりかべ）
　妖怪事典　（ヌリカベ）
　妖怪図鑑　（ぬりかべ）〔像〕
　妖怪大全　（塗壁　ぬりかべ）〔像〕
　妖怪大事典　（塗壁　ぬりかべ）〔像〕
　妖百3　（塗り壁・ノブスマ　ぬりかべ）

奴理能美　ぬりのみ
古代伝承上の人物。調氏の祖とされる。
¶日本人名　（奴理能美　ぬりのみ）

漆部造麿が妾　ぬりべのみやつこまろがおみなめ
『日本霊異記』『今昔物語集』に登場する、7人の子とむつまじく暮らしていたところ、ある日、仙草を食し仙女となった女性。
¶架空人日　（漆部造麿が妾　ぬりべのみやつこまろがおみなめ）

塗坊　ぬりぼう
道の妖怪。長崎県の壱岐でいう。
¶神仏辞典　（ぬりぼう）
　全国妖怪　（ヌリボウ〔長崎県〕）
　妖怪事典　（ヌリボウ）
　妖怪大全　（塗坊　ぬりぼう）〔像〕
　妖怪大事典　（塗坊　ぬりぼう）〔像〕

塗仏　ぬりぼとけ
仏壇の手入れをする一種の器物精霊。
¶妖怪事典　（ヌリボトケ）
　妖怪大全　（塗仏　ぬりぼとけ）〔像〕
　妖怪大事典　（塗仏　ぬりぼとけ）〔像〕

軍木五倍二　ぬるでごばいじ
曲亭馬琴の読本『南総里見八犬伝』（1814-42）に登場する武士。悪代官の右腕として、民を苦しめた。
¶架空人日　（軍木五倍二　ぬるでごばいじ）

ぬるぬる坊主　ぬるぬるぼうず
鳥取県の米子の海から上がってきた、胴まわり二尺余りの杭のような形をしたものに、目のようなものが2つ付いている生き物。
¶水木世幻獣　（ぬるぬる坊主）〔像〕
　妖怪事典　（ヌルヌルボウズ）
　妖怪大全　（ぬるぬる坊主　ぬるぬるぼうず）〔像〕
　妖怪大事典　（ぬるぬる坊主　ぬるぬるぼうず）〔像〕

濡れ女子　ぬれおなご
四国や九州において、雨の夜に海や沼のそばに出現する女の妖怪。
¶幻想動物　（濡れ女子）〔像〕
　神仏辞典　（濡れ女子　ぬれおなご）
　全国妖怪　（ヌレオナゴ〔愛媛県〕）
　全国妖怪　（ヌレオナゴ〔佐賀県〕）

全国妖怪（ヌレオナゴ〔長崎県〕）〔像〕
全国妖怪（ヌレオナゴ〔鹿児島県〕）
妖怪事典（ヌレオナゴ）
妖怪大鑑（濡れ女子　ぬれおなご）〔像〕
妖怪大事典（濡れ女子　ぬれおなご）〔像〕

濡女　ぬれおんな
妖怪絵巻に蛇体の女として描かれた妖怪。
¶全国妖怪（ヌレオンナ〔島根県〕）
全国妖怪（ヌレオンナ〔福岡県〕）
日本未確認（濡れ女）
妖怪事典（ヌレオンナ）
妖怪大全（濡女　ぬれおんな）〔像〕
妖怪大事典（濡れ女　ぬれおんな）〔像〕
妖百2（牛鬼・濡れ女　うしおに・ぬれおんな）〔像〕

濡髪長五郎　ぬれがみちょうごろう
浄瑠璃・歌舞伎『双蝶々曲輪日記』に登場する力士。恩人の山崎与次兵衛の息子の駆け落ちを助け、殺人を犯してしまう。
¶朝日歴史（濡髪長五郎　ぬれがみちょうごろう）
歌舞伎登（濡髪長五郎　ぬれがみちょうごろう）〔像〕
広辞苑6（濡髪長五郎　ぬれがみちょうごろう）
新潮日本（濡髪長五郎　ぬれがみちょうごろう）
説話伝説（濡髪長五郎　ぬれがみちょうごろう）〔像〕
大辞林3（濡髪長五郎　ぬれがみちょうごろう）
伝奇伝説（濡髪長五郎　ぬれがみちょうごろう）〔像〕
日本人名（濡髪長五郎　ぬれがみちょうごろう）

濡髪のお静　ぬれがみのおしず
歌舞伎演目『當穐八幡祭』に登場する、駕籠の甚兵衛の女房。
¶歌舞伎登（濡髪のお静　ぬれがみのおしず）

濡衣　ぬれぎぬ
歌舞伎演目『本朝廿四孝』に登場する、切腹した武田勝頼（実は偽者）の愛人だった腰元。
¶歌舞伎登（濡衣　ぬれぎぬ）

ぬれよめじょ
海の妖怪。鹿児島県の種子島でいう。
¶神仏辞典（ぬれよめじょ）
全国妖怪（ヌレヨメジョ〔鹿児島県〕）
妖怪事典（ヌレヨメジョ）

【ね】

寧王女　ねいわんにょ
曲亭馬琴作の読本『椿説弓張月』（1807-11）に登場する、琉球の王女。
¶架空人日（寧王女　ねいわんにょ）

姐さん　ねえさん
大佛次郎作『鞍馬天狗』の登場人物。
¶時代小説（姐さん　ねえさん）

根岸団平　ねぎしだんぺい
逢坂剛作『重蔵始末』の登場人物。
¶時代小説（根岸団平　ねぎしだんぺい）

根岸兎角　ねぎしとかく
実録本『武者修行巡録伝』に登場する人物。
¶架空伝説（根岸兎角　ねぎしとかく）

根岸鎮衛　ねぎしやすもり
江戸後期の幕臣。町奉行。落語『鹿政談』、歌舞伎『接木根岸礎』などに登場する。
¶時代小説（根岸肥前守鎮衛　『はやぶさ新八御用帳』　ねぎしひぜんのかみやすもり）
時代小説（根岸肥前守鎮衛　『霊験お初捕物控』　ねぎしひぜんのかみやすもり）
説話伝説（根岸鎮衛　ねぎしやすもり　[生]元文2（1737）年　[没]文化12（1815）年）
伝奇伝説（根岸鎮衛　ねぎしやすもり　[没]文化12（1815）年）

猫　ねこ
夏目漱石作『吾輩は猫である』（1905〜06）に登場する、苦沙弥先生の飼い猫。
¶架空人日（「猫」　ねこ）

猫神　ねこがみ
大分県豊後地方でいう憑き物の一種。
¶神仏辞典（猫神　ねこがみ）
妖怪事典（ネコガミ）

ネコガメ
大分県地方でいう猫神のこと。
¶妖怪事典（ネコガメ）

猫狸　ねこだぬき
香川県丸亀地方でいう化け狸の名前。
¶妖怪事典（ネコダヌキ）

猫憑き　ねこつき
いじめたり、殺した猫の霊が取り憑いて苦しめるもの。
¶妖怪大鑑（猫憑　ねこつき）〔像〕
妖怪大事典（猫憑き　ねこつき）〔像〕

猫の怪　ねこのかい
⇒化け猫（ばけねこ）

猫又　ねこまた
歳をとった猫が妖怪化し、霊力を身につけたもの。尾が二つに分かれ、よく化けるといわれる。
¶幻想動物（猫股）〔像〕
神仏辞典（猫又　ねこまた）
説話伝説（猫又　ねこまた）
全国妖怪（ネコマタ〔群馬県〕）
全国妖怪（ネコマタ〔香川県〕）
大辞林3（猫股・猫又　ねこまた）
日本未確認（猫股　ねこまた）〔像〕
妖怪事典（ネコマタ）〔像〕
妖怪大事典（猫股　ねこまた）〔像〕

猫股の火 ねこまたのひ

猫股が化けていた怪火。

¶水木妖怪（猫股の火　ねこまたのひ）〔像〕
妖怪大全（猫股の火　ねこまたのひ）〔像〕

猫間の重兵衛 ねこまのじゅうべえ

池波正太郎作『鬼平犯科帳』の登場人物。

¶時代小説（猫間の重兵衛　ねこまのじゅうべえ）

根析神 ねさくのかみ

伊弉諾が迦具土神の頸を斬ったときに、その剣の先に付いた血がたくさんの磐石に付いてできた三神の一柱。

¶神様読解（根析神/根裂神　ねさくのかみ・ねさくのかみ）
神仏辞典（根折神・根裂神　ねさくのかみ）

寝覚の君 ねざめのきみ

『夜の寝覚』の主人公。太政大臣の二女。

¶架空人日（寝覚の君　ねざめのきみ）
架空伝説（寝覚の君　ねざめのきみ）
古典人学（寝覚の君　ねざめのきみ）
古典人東（寝覚の君　ねざめのきみ）

ネーシ

トカラ列島の女性神女。

¶アジア女神（ネーシ）

ねじがねお市 ねじがねおいち

歌舞伎演目『島衛月白浪』に登場する、弁天お照の母。

¶歌舞伎登（ねじがねお市）

根津宇右衛門 ねづうえもん

甲府宰相綱重の近習。綱重の手討ちとなり亡霊となって現れる。

¶説話伝説（根津宇右衛門　ねづうえもん 生没年不詳）

根津甚八 ねづじんぱち

真田十勇士の一人。真田幸村の影武者として仕えた。実録『真田三代記』に名がみられる。

¶架空人日（根津甚八　ねづじんぱち）
日本人名（根津甚八　ねづじんぱち）

根津四郎右衛門 ねづのしろうえもん

歌舞伎演目『北浜名物男』に登場する、大坂北浜の侠客。

¶歌舞伎登（根津四郎右衛門　ねづのしろうえもん）

不寝兵衛 ねずべえ

歌舞伎演目『小栗判官車街道』に登場する、横山大膳家の門番。

¶歌舞伎登（不寝兵衛　ねずべえ）

鼠小僧次郎吉 ねずみこぞうじろきち

江戸の著名な盗賊。小説、講談、戯曲に義賊として仕立てられた。

¶英雄事典（鼠小僧次郎吉　ネズミコゾウジロキチ）
架空人日（鼠小僧次郎吉　ねずみこぞうじろきち）
架空人物（鼠小僧次郎吉）
架空伝承（鼠小僧次郎吉　ねずみこぞうじろきち [生]寛政9（1797）年? [没]天保3（1832）年）〔像〕
架空伝説（鼠小僧次郎吉　ねずみこぞうじろうきち）〔像〕
歌舞伎登（鼠小僧　ねずみこぞう）
奇談逸話（鼠小僧　ねずみこぞう [生]寛政8（1796）年 [没]天保3（1832）年）
コン5（鼠小僧　ねずみこぞう [生]寛政9（1797）年 [没]天保3（1832）年）
新潮日本（鼠小僧　ねずみこぞう [生]寛政7（1795）年 [没]天保3（1832）年8月19日）
神仏辞典（鼠小僧次郎吉　ねずみこぞうじろきち [生]1796年 [没]1832年）
時代小説（鼠小僧次郎吉　ねずみこぞうじろきち）
説話伝説（鼠小僧次郎吉　ねずみこぞうじろうきち [生]寛政8（1796）年 [没]天保3（1832）年）
世百新（鼠小僧次郎吉　ねずみこぞうじろきち [生]寛政9?（1797?）年 [没]天保3（1832）年）
伝奇伝説（鼠小僧次郎吉　ねずみこぞうじろきち [生]寛政8（1796）年 [没]天保3（1832）年）
日本人名（鼠小僧　ねずみこぞう [生]1797年 [没]1832年）

「鼠の文づかひ」の隠居の母親 ねずみのふみづかいのいんきょのははおや

井原西鶴作の浮世草子『世間胸算用』(1692）巻一の四「鼠の文づかひ」に登場する、がめついケチな老婆。

¶架空人日（「鼠の文づかひ」の老母　ねずみのふみづかいのろうぼ）
古典人学（「鼠の文づかひ」の隠居の母親　ねずみのふみづかいのいんきょのははおや）
古典人東（隠居の婆　いんきょのばば）

根鳥皇子 ねとりのおうじ

応神天皇を父、中日売命を母に持つ。兄は仁徳天皇。『古事記』では根鳥命。

¶神仏辞典（根鳥命　ねとりのみこと）
日本人名（根鳥皇子　ねとりのおうじ）

禰々子 ねねこ

利根川でいう女の河童。

¶幻想動物（弥々子河童）〔像〕
日本未確認（ねねこ）〔像〕
妖怪事典（ネネコ）
妖怪大鑑（ねね子河童　ねねこがっぱ）〔像〕
妖怪大事典（禰々子　ねねこ）〔像〕

根使主 ねのおみ

5世紀中葉、宮廷に仕えた豪族。大草香皇子が妹を天皇の妃とする承諾のしるしとして献上した押木珠縵を盗み、その結果皇子は殺されたと伝える。

¶コン5（根使主　ねのおみ）
日本人名（根使主　ねのおみ）

子の神 ねのかみ

主に関東甲信越地方で信仰され、根の神、子ノ権現などとも記される神。様々な性質をもつ。

¶神仏辞典（子の神　ねのかみ）

子ノ権現　ねのごんげん
埼玉県飯能市南にある天台宗天竜寺の開祖が祀られたもの。紀州の人で、霊験により「子の聖」と呼ばれた。
¶神仏辞典（子ノ権現　ねのごんげん）

根日女命　ねひめのみこと
『播磨国風土記』に所出の国造の許麻の娘。意奚または袁奚から求婚されたが、二皇子が帝位を譲り合っている間に歳老いて死んでしまった。
¶神仏辞典（根日女命　ねひめのみこと）

ネブザワ
鹿児島県奄美大島でいう妖怪。ケンムンのあだ名とされる。
¶妖怪事典（ネブザワ）
　妖怪大事典（ネブザワ）

ネブッチョウ
埼玉県秩父地方でいう家に憑く蛇。
¶妖怪事典（ネブッチョウ）
　妖怪大鑑（ネブッチョウ）〔像〕
　妖怪大事典（ネブッチョウ）〔像〕

寝待の藤兵衛　ねまちのとうべえ
司馬遼太郎作『竜馬がゆく』の登場人物。
¶時代小説（寝待の藤兵衛　ねまちのとうべえ）

眠狂四郎　ねむりきょうしろう
柴田錬三郎の剣豪小説『眠狂四郎無頼控』から始まるシリーズの主人公。
¶架空人日（眠狂四郎　ねむりきょうしろう）
　架空人物（眠狂四郎）〔像〕
　架空伝承（眠狂四郎　ねむりきょうしろう）
　架空伝説（眠狂四郎　ねむりきょうしろう）
　新潮日本（眠狂四郎　ねむりきょうしろう）
　時代小説（眠狂四郎　ねむりきょうしろう）〔像（口絵）〕
　日本人名（眠狂四郎　ねむりきょうしろう）

ネンネコ
山形県西置賜郡小国町万騎の原でいう化け狐。
¶妖怪事典（ネンネコ）

念仏僧　ねんぶつそう
歌舞伎演目『連獅子』の間狂言に出る登場人物。
¶歌舞伎登（念仏僧　ねんぶつそう）

念仏の仙十郎　ねんぶつのせんじゅうろう
角田喜久雄作『髑髏銭』の登場人物。
¶時代小説（念仏の仙十郎　ねんぶつのせんじゅうろう）

【の】

ノイポロイクシ
アイヌの、人に憑き超能力をもたせる霊。
¶妖怪大鑑（ノイポロイクシ）〔像〕

能因法師　のういんほうし
平安時代中期の僧、歌人。『後拾遺集』以下に65首入集した勅撰歌人。藤原清輔作『袋草紙』に登場する。
¶奇談逸話（能因　のういん　㊝永延2（988）年　㊙?）
　古典人学（和歌に生きた能因　わかにいきたのういん）
　説話伝説（能因　のういん　㊝永延2（988）年　㊙?）
　伝奇伝説（能因　のういん　㊝永延2（988）年）
　日ミス（能因法師　のういんほうし　㊝永延2（988）年　㊙?）

能恵得業　のうえとくごう
平安後期の画僧。あるとき八幡大般若経書写を企てたが途中で死に、蘇生して完成させたという。『能恵法師絵詞』はこの説話。
¶コン5（能恵得業　のうえとくごう　㊝?嘉応1（1169）年）
　日本人名（能恵　のうえ　㊝?　㊙1169年）

農神　のうがみ
農耕を見守る神。東北地方でいう。
¶広辞苑6（農神　のうがみ）
　神仏辞典（農神　のうがみ）

能坂要　のうさかかなめ
泡坂妻夫作『宝引の辰捕者帳』の登場人物。
¶時代小説（能坂要　のうさかかなめ）

能除太子　のうじょたいし
伝説上の修験者。羽黒山、月山、湯殿山の出羽三山（山形県）をひらいたと伝えられる。能除仙、能除太子、蜂子皇子ともいう。
¶朝日歴史（能除太子　のうじょたいし）
　神仏辞典（蜂子の王子　はちこのみこ）
　説話伝説（蜂子皇子　はちこおうじ）
　東洋神名（能除　ノウジョ）〔像〕
　日本人名（能除太子　のうじょたいし）

野馬　のうま
島根県石見地方に現われたという一つ目の妖怪。
¶神仏辞典（野馬　のうま）
　全国妖怪（ノウマ〔島根県〕）
　妖怪事典（ノウマ）
　妖怪大全（ノウマ）〔像〕
　妖怪大事典（野馬　のうま）〔像〕

野鎌 のがま
野山の動物の妖怪。高知県、徳島県の山間地方でいう。
¶神仏辞典（野鎌　のがま）
　全国妖怪（ノガマ〔徳島県〕）
　全国妖怪（ノガマ〔高知県〕）
　妖怪事典（ノガマ）
　妖怪大事典（野鎌　のがま）

野神 のがみ
稲作を守護する神。近畿地方を中心に民間で祀られる。
¶広辞苑6（野神　のがみ）
　神仏辞典（野神　のがみ）
　東洋神名（野神　ノガミ）〔像〕
　日本神様（野神　のがみ）

野菊 のぎく
歌舞伎演目『紅葉狩』に登場する、更科姫に仕える腰元。
¶歌舞伎登（野菊　のぎく）

乃伎多神 のきたのかみ
近江国伊香郡の乃伎多神社の祭神。
¶神仏辞典（乃伎多神　のきたのかみ）

野狐三次 のぎつねさんじ
文政（1818-1830）の頃活躍した「に組」の纏持ち。
¶架空伝承（野狐三次　のぎつねさんじ ㊇文化2（1805）年 ㊚?）
　新潮日本（野狐三次　のぎつねさんじ）
　説話伝説（野狐三次　のぎつねさんじ）
　伝奇伝説（野狐三次　のぎつねさんじ）
　日本人名（野狐三次　のぎつねさんじ）

能義神 のぎのかみ
『日本三代実録』に所出。能美神とも。出雲国の神。
¶神仏辞典（能義神　のぎのかみ）

野城神 のきのかみ
出雲国意宇郡式内社四八社の野城社三社の一社、『延喜式』の野城神社の祭神。
¶神仏辞典（野城神　のきのかみ）

軒端荻 のきばのおぎ
『源氏物語』に登場する、空蝉の継娘。
¶架空人日（軒端荻　のきばのおぎ）

乃木希典 のぎまれすけ
明治期の軍人、陸軍大将。明治天皇大喪の日、夫妻で自刃した。乃木神社に祀られる。
¶架空伝承（乃木希典　のぎまれすけ ㊇嘉永2（1849）年 ㊚大正1（1912）年）〔像〕
　東洋神名（乃木希典　ノギマレスケ）〔像〕
　日本神様（乃木希典　のぎまれすけ ㊇1849年 ㊚1912年）

野口健司 のぐちけんじ
新選組隊士。子母澤寛作『新選組始末記』の登場人物。
¶時代小説（野口健司　のぐちけんじ）

野口英世 のぐちひでよ
明治〜昭和期の細菌学者。戦前戦後を通して、日本人科学者の典型となった。
¶架空伝承（野口英世　のぐちひでよ ㊇明治9（1876）年 ㊚昭和3（1928）年）

野国総管 のぐにそうかん
江戸前期、琉球に初めて甘薯を伝えた人。死後村民たちは季節毎にその墓に詣でて篤く祀った。
¶コン5（野国総管　のぐにそうかん 生没年不詳）

のごう
四国地方の牛馬の守護神。
¶神仏辞典（のごう）

野坂神 のさかのかみ
越前国敦賀郡の野坂神社の祭神。
¶神仏辞典（野坂神　のさかのかみ）

野晒悟助 のざらしごすけ
山東京伝の『本朝酔菩提全伝』と黙阿弥の狂言『酔菩提悟道野晒』に出てくる侠客。
¶架空伝承（野晒悟助　のざらしごすけ）〔像〕
　歌舞伎登（野晒悟助　のざらしごすけ）
　古典人学（野晒悟助　のざらしごすけ）
　説話伝説（野晒悟助　のざらしごすけ）〔像〕
　伝奇伝説（野晒悟助　のざらしごすけ）
　日本人名（野晒悟助　のざらしごすけ）

野晒小兵衛 のざらしこへえ
歌舞伎演目『龍三升高根雲霧』に登場する、因果物の見世物興行を商売とする老人。
¶歌舞伎登（野晒小兵衛　のざらしこへえ）

のしがみ
乳荒神とも呼ばれる神で、道端で祀られている。静岡県遠江周辺で認められる。
¶神仏辞典（のしがみ）

野地勘十郎 のじかんじゅうろう
藤沢周平作『暗殺の年輪』の登場人物。
¶時代小説（野地勘十郎　のじかんじゅうろう）

野島 のじま
武者小路実篤作『友情』（1919）に登場する、野島は脚本家の卵。
¶架空人日（野島　のじま）

野宿火 のじゅくび
森の中で焚火のように見える鬼火の一種。
¶幻想動物（野宿火）〔像〕
　妖怪事典（ノジュクビ）

のしり

妖怪大全（野宿火　のじゅくび）〔像〕
妖怪大事典（野宿火　のじゅくび）〔像〕

野志里神　のしりのかみ
伊勢国桑名郡の野志里神社の祭神。
¶神仏辞典（野志里神　のしりのかみ）

野代神　のしろのかみ
出雲国意宇郡式内社四八社の野代社、『延喜式』の野白神社の祭神。
¶神仏辞典（野代神・野白神　のしろのかみ）

ノヅコ
高知県や愛媛県において、間引きされた赤ん坊の霊が化身したとされる妖怪。
¶幻想動物（ノヅコ）〔像〕
　全国妖怪（ノヅコ〔愛媛県〕）
　全国妖怪（ノヅコ〔高知県〕）

ノヅチ
群馬県利根郡水上町でいう音だけの怪異。
¶妖怪事典（ノヅチ）

野槌　のづち
秋田県から九州に至る各地でいう、長さの短い奇形の蛇。「つちのこ」の類とされる。
¶幻想動物（野槌）〔像〕
　広辞苑6（野槌　のずち）
　神仏辞典（野槌　のづち）
　全国妖怪（ノヅチ〔岐阜県〕）
　全国妖怪（ノヅチ〔奈良県〕）
　大辞林3（野槌・野雷　のづち）
　日本未確認（野槌蛇　のづちへび）
　水木妖怪（野槌　のづち）〔像〕
　妖怪事典（ノヅチ）
　妖怪大全（野槌　のづち）〔像〕
　妖怪大事典（野槌　のづち）〔像〕

野椎神　のづちのかみ
⇒鹿屋野比売神（かやぬひめのかみ）

野槌の弥平　のづちのやへい
池波正太郎作『鬼平犯科帳』の登場人物。
¶時代小説（野槌の弥平　のづちのやへい）

覘坊　のぞきぼう
熊本県八代市の松井家に伝わる『百鬼夜行絵巻』に描かれているもの。
¶妖怪事典（ノゾキボウ）

莅戸善政　のぞきよしまさ
童門冬二作『上杉鷹山』の登場人物。
¶時代小説（莅戸善政　のぞきよしまさ）

野幇間　のだいこ
夏目漱石作『坊っちゃん』の登場人物。四国の中学校の画学の教師。
¶架空人日（野だいこ　のだいこ）
　コン5（野幇間　のだいこ）

日本人名（野だいこ　のだいこ）

のた神　のたがみ
猪が生息するじめじめした土地をのた場と言い、その地の神をのたがみと呼ぶ。
¶神仏辞典（のた神　のたがみ）

ノタバリコ
岩手県江刺郡稲瀬村でいう妖怪。
¶全国妖怪（ノタバリコ〔岩手県〕）
　妖怪事典（ノタバリコ）

野つご　のつご
愛媛県宇和地方、高知県宿毛市地方でいう山の妖怪。
¶広辞苑6（野つご　のつご）
　神仏辞典（野つご・野津子・野津高　のつご）
　水木妖怪続（ノツゴ）〔像〕
　妖怪事典（ノツゴ）
　妖怪大全（ノツゴ）〔像〕
　妖怪大事典（ノツゴ）〔像〕

野蛟神　のつちのかみ
加賀国加賀郡の野蛟神社(2社)の祭神。野椎神と同一とされる。
¶神仏辞典（野蛟神　のつちのかみ）

ノット坊主　のつとぼうず
新潟県赤谷村（新発田市）でいう妖怪。
¶妖怪事典（ノットボウズ）

のっぺらぼう
目、鼻、口などがない卵のような顔の妖怪。
¶幻想動物（のっぺら坊）〔像〕
　広辞苑6（のっぺらぼう）
　神仏辞典（ぬっぺらぼう）
　全国妖怪（ノッペラボウ〔京都府〕）
　全国妖怪（ヌッペリボウ〔京都府〕）
　日ミス（ぬっぺらぼう）
　妖怪事典（ノッペラボウ）
　妖怪図鑑（のっぺらぼう）〔像〕
　妖怪大事典（のっぺら坊　のっぺらぼう）

野鉄砲　のでっぽう
『絵本百物語 桃山人夜話』にある動物の妖怪。
¶妖怪事典（ノデッポウ）
　妖怪大事典（野鉄砲　のでっぽう）

野寺坊　のでらぼう
荒れた寺の鐘つき堂の前に現れる妖怪。
¶水木妖怪続（野寺坊　のでらぼう）〔像〕
　妖怪事典（ノデラボウ）
　妖怪大全（野寺坊　のでらぼう）〔像〕
　妖怪大事典（野寺坊　のでらぼう）〔像〕

能登生国玉比古神　のといくくにたまひこのかみ
能登国能登郡の能登生国玉比古神社の祭神。
¶神仏辞典（能登生国玉比古神　のといくくにたまひ

能登神　のとのかみ
若狭国三方郡の能登神社の祭神。
¶神仏辞典（能登神　のとのかみ）

野殿杢之助　のどのもくのすけ
神坂次郎作『おかしな侍たち』の登場人物。
¶時代小説（野殿杢之助　のどのもくのすけ）

能登比咩神　のとひめのかみ
能登国能登郡の能登比咩神社の祭神。
¶神仏辞典（能登比咩神　のとひめのかみ）

野中神　のなかのかみ
『日本三代実録』に所出。河内国の神。
¶神仏辞典（野中神　のなかのかみ）

野乃　のの
諸田玲子作『恋ぐるい』の登場人物。
¶時代小説（野乃　のの）

野井神　ののいのかみ
石見国安濃郡の野井神社の祭神。
¶神仏辞典（野井神　ののいのかみ）

野の神　ののかみ
『日本三代実録』に所出。河内国の神。
¶神仏辞典（野神　ののかみ）

野の神　ののかみ
⇒鹿屋野比売神（かやぬひめのかみ）

野々宮宗八　ののみやそうはち
夏目漱石作『三四郎』(1908)に登場する学者。
¶架空人日（野々宮宗八　ののみやそうはち）

野々宮よし子　ののみやよしこ
夏目漱石作『三四郎』(1908)に登場する、宗八の妹。
¶架空人日（野々宮よし子　ののみやよしこ）

能原神　のはらのかみ
伊勢国朝明郡の能原神社の祭神。
¶神仏辞典（能原神　のはらのかみ）

野火　のび
土佐（高知県）の長岡郡の火の妖怪。
¶水木妖怪続（野火　のび）〔像〕
　妖怪事典（ノビ）
　妖怪大全（野火　のび）〔像〕
　妖怪大事典（野火　のび）〔像〕

伸び上がり　のびあがり
見れば見るほど高くなっていく妖怪。愛媛県や徳島県でいう。

¶神仏辞典（伸び上がり　のびあがり）
　全国妖怪（ノビアガリ〔徳島県〕）
　全国妖怪（ノビアガリ〔愛媛県〕）
　水木妖怪続（のびあがり）〔像〕
　妖怪事典（ノビアガリ）
　妖怪大全（のびあがり）〔像〕
　妖怪大事典（伸び上がり　のびあがり）〔像〕

野襖　のぶすま
道の妖怪。高知県幡多郡でいう。壁のような妖怪。
¶幻想動物（野襖）〔像〕
　神仏辞典（野襖　のぶすま）
　全国妖怪（ノブスマ〔高知県〕）
　妖怪事典（ノブスマ）
　妖怪大全（野衾　のぶすま）〔像〕
　妖怪大事典（野襖　のぶすま）〔像〕
　妖百3（塗り壁・ノブスマ　ぬりかべ）〔像〕

野衾　のぶすま
ムササビのことで古くは怪しい動物とされた。『梅翁随筆』には、鼬に似て猫の血を吸ったとある。
¶全国妖怪（ノブスマ〔東京都〕）
　妖怪事典（ノブスマ）
　妖怪大事典（野衾　のぶすま）

野俣神　のまたのかみ
備中国賀夜郡の野俣神社の祭神。
¶神仏辞典（野俣神　のまたのかみ）

野間神　のまのかみ
野間天皇神とも。伊予国野間郡の野間神社の祭神。
¶神仏辞典（野間神　のまのかみ）

蚤取り男　のみとりおとこ
歌舞伎演目『蚤取り男』に登場する、夏の夜、蚊帳に入り込んだ蚤を追って縁台へ出て、そのまま涼んでいる男。
¶歌舞伎登（蚤取り男　のみとりおとこ）

能峯神　のみねのかみ
『日本文徳天皇実録』に所出。長門国の神。
¶神仏辞典（能峯神　のみねのかみ）

野見神　のみのかみ
三河国賀茂郡の野見神社の祭神。
¶神仏辞典（野見神・野身神・乃弥神　のみのかみ）

野見宿禰　のみのすくね
力士の始祖とされる人物。また従来の殉死の風を改め陵墓に埴輪を立てることを献策したことも伝わる。
¶朝日歴史（野見宿禰　のみのすくね）
　架空伝承（野見宿禰　のみのすくね）〔像〕
　神様読解（野見宿弥・当麻蹴速　のみのすくね・たぎまけはや）
　奇談逸話（野見宿禰　のみのすくね　生没年不詳）
　コン5（野見宿禰　のみのすくね）

新潮日本（野見宿禰　のみのすくね）
神仏辞典（野見宿禰　のみのすくね）
説話伝説（野見宿禰　のみのすくね　生没年不詳）
世百新（野見宿禰　のみのすくね）
伝奇伝説（野見宿禰　のみのすくね）
東洋神名（野見宿禰と当麻蹴速　ノミノスクネ＆タイマケハヤ）〔像〕
日本人名（野見宿禰　のみのすくね）

野村玄意　のむらげんい
吉原新町の傾城屋主人。隆慶一郎作『吉原御免状』の登場人物。
¶時代小説（野村玄意　のむらげんい）

野守虫　のもりむし
『折々草』『漫遊記』にある怪蛇。
¶日本未確認（野守　のもり）〔像〕
　妖怪事典（ノモリムシ）
　妖怪大事典（野守虫　のもりむし）〔像〕

ノヤウタサプ
アイヌ人の神謡に登場する、文化英雄的カムイであるオキクルミによって創造されたカムイ。
¶東洋神名（ノヤウタサプ）〔像〕

ノヤミ
新潟県岩船郡でいう山の怪。
¶全国妖怪（ノヤミ〔新潟県〕）
　妖怪事典（ノヤミ）

のらくろ
田河水泡の漫画『のらくろ』の主人公の犬。
¶英雄事典（のらくろ）
　架空人物（のらくろ）
　日本人名（のらくろ）

乗越　のりこし
道の妖怪。岩手県遠野市でいう。見越入道に似た妖怪の一種。
¶幻想動物（乗越）〔像〕
　神仏辞典（乗越　のりこし）
　全国妖怪（ノリコシ〔岩手県〕）
　妖怪事典（ノリコシ）
　妖怪大事典（乗り越し　のりこし）

紫菜嶋神　のりしまのかみ
出雲国楯縫郡式外社19社の紫菜嶋社の祭神。
¶神仏辞典（紫菜嶋神　のりしまのかみ）

法月弦之丞　のりづきげんのじょう
吉川英治作『鳴門秘帖』の登場人物。
¶架空伝説（法月弦之丞　のりづきげんのじょう）
　時代小説（法月弦之丞　のりづきげんのじょう）
　日本人名（法月弦之丞　のりづきげんのじょう）

法月綸太郎　のりづきりんたろう
法月綸太郎の『雪密室』ほかに登場する推理作家にして名探偵。
¶名探偵日（法月綸太郎　のりづきりんたろう）

糊付け　のりつけ
長野県東筑摩郡でいう妖怪。
¶妖怪事典（ノリツケ）

詔門神　のりとのかみ
出雲国意宇郡式内社神祇官四八社の詔門社、『延喜式』の能利刀神社の祭神。
¶神仏辞典（詔門神・能利刀神・告刀神・能理刀神　のりとのかみ）

法庭神　のりばのかみ
但馬国美含郡の法庭神社の祭神。
¶神仏辞典（法庭神　のりばのかみ）

法水麟太郎　のりみずりんたろう
小栗虫太郎の『後光殺人事件』以下の長短編に登場する刑事弁護士。
¶架空伝説（法水麟太郎　のりみずりんたろう）
　名探偵日（法水麟太郎　のりみずりんたろう）

のろうま
海の妖怪。島根県浜田市でいう。
¶神仏辞典（のろうま）
　全国妖怪（ノロウマ〔島根県〕）
　妖怪事典（ノロウマ）

能呂志神　のろしのかみ
出雲国楯縫郡の能呂志神社、『出雲国風土記』式内社九社の乃利斯社の祭神。
¶神仏辞典（能呂志神　のろしのかみ）

野呂松　のろまつ
滝亭鯉丈作の滑稽本『八笑人』に登場する、八笑人の一人。
¶架空人日（野呂松　のろまつ）

野分姫　のわけひめ
歌舞伎演目『隅田川続俤』に登場する、吉田の松若の許婚。
¶歌舞伎登（野分姫　のわけひめ）

ノンキナトウサン
麻生豊の新聞漫画『ノンキナトウサン』の主人公。
¶新潮日本（ノンキナトウサン）
　日本人名（ノンキナトウサン）

ノンちゃん
石井桃子作『ノンちゃん雲に乗る』（1947）の主人公の女の子。
¶架空人物（ノンちゃん）
　児童登場（ノンちゃん）〔像〕
　日本人名（ノンちゃん）

【は】

羽明玉　はあかるたま
『日本書紀』巻一に所出。天明玉命、櫛明玉神と同一とされる。
¶**神仏辞典**（羽明玉　はあかるたま）

パイェカイカムイ
⇒疱瘡のカムイ(ほうそうのかむい)

パイカイカムイ
⇒疱瘡のカムイ(ほうそうのかむい)

売茶翁　ばいさおう
江戸期の黄檗宗の僧、月海元昭のこと。長命の煎茶人であり煎茶道の祖といわれる。
¶**架空伝承**（売茶翁　ばいさおう　[生]延宝3(1675)年　[没]宝暦13(1763)年）〔像〕
神仏辞典（元昭　げんしょう　[生]1675年　[没]1763年）

拝師明神　はいしみょうじん
石川県松任市の春日神社境内に祀られる歯痛止めの神。
¶**神仏辞典**（拝師明神　はいしみょうじん）

配志和神　はいしわのかみ
陸奥国磐井郡の配志和神社の祭神。
¶**神仏辞典**（配志和神　はいしわのかみ）

はいずみの女　はいずみのおんな
『堤中納言物語』の登場人物。京の下京辺に住む、身分は低くない男の妻。
¶**古典人学**（はいずみの女　はいずみのおんな）
古典人東（はいずみの女　はいずみのおんな）

灰坊太郎　はいぼうたろう
継子譚の昔話の一つの登場人物。
¶**説話伝説**（灰坊太郎　はいぼうたろう）
伝奇伝説（灰坊太郎　はいぼうたろう）

灰屋紹由　はいやしょうゆう
京都の古い町人。吉川英治作『宮本武蔵』の登場人物。
¶**時代小説**（灰屋紹由　はいやしょうゆう）

梅里　ばいり
為永春水作の人情本『春告鳥』(1836-37)に登場する商人、若隠居。
¶**架空人日**（梅里　ばいり）

波宇志別神　はうしわけのかみ
出羽国平鹿郡の波宇志別神社の祭神。
¶**神仏辞典**（波宇志別神　はうしわけのかみ）

パウチ
アイヌ語で淫魔のこと。
¶**幻想動物**（パウチ）〔像〕
神仏辞典（パウチ）
全国妖怪（パウチ〔北海道〕）
妖怪事典（パウチ）
妖怪大事典（パウチ）〔像〕

絙某弟　はえいろと
記紀にみえる孝霊天皇の妃。倭国香媛の妹。『古事記』では蝿伊呂杼。
¶**神様読解**（蝿伊呂杼　はえいろと）
日本人名（絙某弟　はえいろど）

蝿伊呂泥　はえいろね
⇒倭国香媛(やまとのくにかひめ)

馬鹿一　ばかいち
武者小路実実篤作『真理先生』(1949-50)に登場する画家。
¶**架空人日**（馬鹿一　ばかいち）

波加佐神　はかさのかみ
出雲国神門郡式外社12社の波加佐社(2社)の祭神。
¶**神仏辞典**（波加佐神　はかさのかみ）

ハカゼ
岩手県九戸郡山形村、高知県地方でいう憑き物。
¶**妖怪事典**（ハカゼ）
妖怪大鑑（ハカゼ）〔像〕
妖怪大事典（ハカゼ）〔像〕

博多小女郎　はかたこじょろう
多柳町奥田屋の遊女。近松門左衛門作の義太夫節『博多小女郎波枕』に登場する。
¶**歌舞伎登**（博多小女郎　はかたこじょろう）
広辞苑6（小女郎　こじょろう）
コン5（博多小女郎　はかたこじょろう）
新潮日本（博多小女郎　はかたこじょろう）
説話伝説（博多小女郎　はかたのこじょろう）
大辞林3（小女郎　こじょろう）
伝奇伝説（博多小女郎　はかたこじょろう）
日本人名（博多小女郎　はかたこじょろう）

博多の人魚　はかたのにんぎょ
博多の庄の浦の美しい少女の人魚。
¶**水木妖怪**（博多の人魚　はかたのにんぎょ）〔像〕

ばか火　ばかび
長野県更級郡共和村でいう怪火。
¶**妖怪事典**（バカビ）

墓辺神　はかべのかみ
『日本三代実録』に所出。伊予国の神。
¶**神仏辞典**（墓辺神　はかべのかみ）

バカボン
⇒天才バカボン(てんさいばかぼん)

袴垂　はかまだれ
『今昔物語集』『宇治拾遺物語』に登場する、藤原保昌を襲おうとした盗賊。
¶架空人日(袴垂　はかまだれ)
古典人学(保昌を襲ったごうとう　ほしょうをおそったごうとう)
説話伝説(袴垂　はかまだれ 生没年未詳)
大辞林3(袴垂　はかまだれ)
日本人名(袴垂　はかまだれ)

袴垂れの安　はかまだれのやす
歌舞伎演目『四天王楓江戸粧』に登場する、京の一条戻り橋の袂に出る公家の夜鷹。
¶歌舞伎登(袴垂れの安　はかまだれのやす)

袴垂保輔　はかまだれやすすけ
平安時代にいたという盗人。「袴垂」と「保輔」名別にみられるものもあり同一人の別名か、二人の別人名の合体かは不明。
¶英雄事典(袴垂保輔　ハカマダレヤススケ)
架空伝承(袴垂保輔　はかまだれやすすけ)〔像〕
架空伝説(袴垂保輔　はかまだれやすすけ)〔像〕
歌舞伎登(袴垂れ保輔　はかまだれやすすけ)
奇談逸話(袴垂保輔　はかまだれやすすけ)
コン5(袴垂保輔　はかまだれやすすけ)
伝奇伝説(袴垂保輔　はかまだれやすすけ)

箒神　はきがみ
箒神(ほうきがみ)の別称。岩手県紫波郡紫波町ではハキガミと山の神と塞の神が立ち会わなくては子どもは生まれないと言った。
¶神仏辞典(箒神　はきがみ)

萩の方　はぎのかた
歌舞伎演目『玉藻前曦袂』に登場する、右大臣藤原道春の後室。
¶歌舞伎登(萩の方　はぎのかた)

萩野祐仙　はぎのゆうせん
歌舞伎演目『生写朝顔話』に登場する、深雪のちの朝顔に惚れている滑稽な医者。
¶歌舞伎登(萩野祐仙　はぎのゆうせん)

ハギハラウヮークヮー
鹿児島県奄美大島名瀬でいう妖怪。
¶全国妖怪(ハギハラウヮークヮ〔鹿児島県〕)
妖怪事典(ハギハラウヮークヮー)

芽原川内神　はぎはらかわちのかみ
遠江国周知郡の芽原川内神社の祭神。
¶神仏辞典(芽原川内神　はぎはらかわちのかみ)

萩丸　はぎまる★
NHKの子供向けラジオドラマ「新諸国物語」シリーズ(北村寿夫作)の一つ『笛吹童子』(1953)の主人公兄弟のうち兄。のち映画化。
¶架空人物(萩丸、菊丸)〔像〕

萩村　はぎむら
徳永直作『太陽のない街』(1929)に登場する職工。
¶架空人日(萩村　はぎむら)

履き物の化け物　はきもののばけもの
佐々木喜善の『聴耳草紙』に記されている怪異。
¶妖怪事典(ハキモノノバケモノ)
妖怪大事典(履物の化け物　はきもののばけもの)〔像〕

萩山勝之介　はぎやましょうのすけ
井原西鶴作の浮世草子『武道伝来記』(1687)巻七の第二「若衆盛は宮城野の萩」の主人公。
¶架空人日(萩山勝之介　はぎやましょうのすけ)
架空伝説(萩山勝之介　はぎやましょうのすけ)

萩原晃　はぎわらあきら
泉鏡花作の戯曲『夜叉ケ池』(1913)に登場する、越前国大野郡鹿見村琴弾谷の鐘楼守。
¶架空人日(萩原晃　はぎわらあきら)

萩原新三郎　はぎわらしんざぶろう
三遊亭円朝作『牡丹燈籠』(1884)に登場する浪人。お露の恋人。
¶架空人日(萩原新三郎　はぎわらしんざぶろう)
歌舞伎登(萩原新三郎　はぎわらしんざぶろう)

萩原村久右衛門　はぎわらむらくえもん
江戸時代中期の一揆指導者。義民として子之神社に祀られた。
¶日本人名(萩原村久右衛門　はぎわらむらくえもん [生]? [没]1784年)

萩原祐左　はぎわらゆうさ
長崎の南蛮鋳物師。長与善朗『青銅の基督』に扱われている。
¶説話伝説(萩原祐左　はぎわらゆうさ [生]? [没]延宝5(1677)年)
伝奇伝説(萩原祐佐　はぎわらゆうさ [没]延宝5(1677)年)

萩原百合　はぎわらゆり
泉鏡花作の戯曲『夜叉ケ池』(1913)に登場する、萩原晃の妻。鎮守八幡の神宮の娘。
¶架空人日(萩原百合　はぎわらゆり)

獏　ばく
中国より伝来した妖怪。悪夢を食べる。
¶幻想動物(獏)〔像〕
神仏辞典(獏　ばく)
世怪物神獣(獏)
世百新(バク(獏))
大辞林3(貘・獏　ばく)
日ミス(獏　ばく)
日本未確認(獏　ばく)〔像〕
水木幻獣(ばく)〔像〕
水木妖怪続(ばく)〔像〕

妖怪事典　（バク）
妖怪大全　（ばく）〔像〕
妖怪大事典　（獏　ばく）〔像〕
妖精百科　（獏）

伯庵　はくあん
五味康祐作『柳生武芸帳』の登場人物。
¶時代小説　（伯庵　はくあん）

羽咋神　はくいのかみ
能登国羽咋郡の羽咋神社の祭神。
¶神仏辞典　（羽咋神　はくいのかみ）

白雲子　はくうんし
武者小路実篤作『真理先生』(1949-50)に登場する画家。
¶架空人日　（白雲子　はくうんし）

白雲坊　はくうんぼう
歌舞伎演目『鳴神』に登場する、鳴神上人の弟子で、酒や魚肉を嗜む生臭坊主。
¶歌舞伎登　（白雲坊・黒雲坊　はくうんぼう・こくうんぼう）

白桜　はくおう
泡坂妻夫作『宝引の辰捕者帳』の登場人物。
¶時代小説　（白桜　はくおう）

白翁堂勇斎　はくおうどうゆうさい
歌舞伎演目『怪異談牡丹燈籠』に登場する、萩原新三郎の孫店に住む人相見の老人。
¶歌舞伎登　（白翁堂勇斎　はくおうどうゆうさい）

白山　はくさ
歯の病を治してくれる神。
¶神仏辞典　（白山　はくさ）

パークス
幕末明治期のイギリスの外交官。駐日公使。司馬遼太郎作『竜馬がゆく』の登場人物。
¶時代小説　（パークス）

白象　はくぞう
宮沢賢治作『オッベルと象』(1926)に登場する、オッベルの言いなりになって働く象。
¶架空人日　（白象　はくぞう）

白蔵主　はくぞうす
狐が法師に化けたもの。『絵本百物語 桃山人夜話』『諸国里人談』などに話があり、歌舞伎・狂言『釣狐』にも登場する。
¶歌舞伎登　（白蔵主　はくぞうす）
　全国妖怪　（ハクゾウギツネ〔東京都〕）
　大辞林3　（白蔵主　はくぞうす）
　妖怪事典　（ハクソウズ）
　妖怪大全　（白蔵主　はくぞうす）〔像〕
　妖怪大事典　（白蔵主　はくそうず）〔像〕

白沢王　はくたおう
清涼殿鬼の間の南壁に描かれていた勇士の名。
¶大辞林3　（白沢王　はくたおう）

白沢　はくたく
中国の想像上の動物。日本では邪気や悪病を払う縁起のよいものとされる。
¶神仏辞典　（白沢　はくたく）
　世未確認　（白沢　はくたく）〔像〕
　大辞林3　（白沢　はくたく）
　東洋神名　（白沢）〔像〕
　日本未確認　（白澤　はくたく）〔像〕
　妖怪事典　（ハクタク）
　妖怪大事典　（白沢　はくたく）

伯太彦神　はくたひこのかみ
河内国安宿郡の伯太彦神社の祭神。
¶神仏辞典　（伯太彦神　はくたひこのかみ）

伯太姫神　はくたひめのかみ
河内国安宿郡の伯太姫神社の祭神。
¶神仏辞典　（伯太姫神・伯大姫神　はくたひめのかみ）

博奕打ち　ばくちうち
狂言『三人片輪』に登場する。
¶古典人東　（博奕打ち　ばくちうち）

白兎神　はくとしん
白兎神社（鳥取市白兎海岸）の祭神。
¶神様読解　（白兎神/兎神　はくとしん・うさぎがみ）

波久奴神　はくぬのかみ
近江国浅井郡の波久奴神社の祭神。
¶神仏辞典　（波久奴神　はくぬのかみ）

白馬　はくば
青森県北津軽郡鶴田町でいう怪異。川を渡る白馬を見ると具合が悪くなるというもの。
¶妖怪事典　（ハクバ）

白馬童子　はくばどうじ
映画『南蛮寺の決闘』(1960)の二部作の主人公。江戸時代の素浪人。
¶架空人物　（白馬童子）
　日本人名　（白馬童子　はくばどうじ）

羽倉斎宮　はぐらいつき
歌舞伎演目『元禄忠臣蔵』に登場する、別名荷田春満。伏見稲荷の神官。
¶歌舞伎登　（羽倉斎宮　はぐらいつき）

白楽天　はくらくてん
洒落本『聖遊廓』(1757)に登場する太鼓持ち。
¶架空人日　（白楽天　はくらくてん）

白龍　はくりゅう
中国において天帝に仕えているとされた龍の一

種。『南総里見八犬伝』にも現れている。
¶東洋神名（白龍）〔像〕
　日本未確認（白龍　はくりょう）

白龍　はくりゅう
名古屋市中村区名駅南の柳橋など、同市内の各地に祀られる神。
¶神仏辞典（白龍　はくりゅう）

伯了　はくりょう
歌舞伎演目『羽衣』に登場する、松に掛かる羽衣を見つける人物。
¶歌舞伎登（伯了　はくりょう）

羽黒山金光坊　はぐろざんこんこうぼう
山形県羽黒山でいう天狗。
¶妖怪事典（ハグロザンコンコウボウ）
　妖怪大事典（羽黒山金光坊　はぐろざんこんこうぼう）

バーケ
石川県地方でいう妖怪の児童語。
¶妖怪事典（バーケ）

バケ
岐阜県、石川県、島根県地方でいう妖怪の児童語。
¶妖怪事典（バケ）

化け銀杏の精　ばけいちょうのせい
顔も手も足も黄色で、墨染めの衣に鉦をたたきながら現われるもの。
¶妖怪大全（化け銀杏の精　ばけいちょうのせい）〔像〕

化け蟹　ばけがに
巨大な蟹の怪物。
¶幻想動物（化け蟹）〔像〕

化狐を生捕りにした滝口　ばけぎつねをいきどりにしたたきぐち
『今昔物語集』の登場人物。名もない滝口の武士（宮中警護役）。
¶古典人学（化狐を生捕りにした滝口　ばけぎつねをいきどりにしたたきぐち）

化け鯨　ばけくじら
昔、隠岐島（島根県）あたりの海岸に現われた、巨大な骨だけの鯨。
¶水木世幻獣（骨鯨　ほねくじら）〔像〕
　水木妖怪（化鯨　ばけくじら）〔像〕
　妖怪大全（化け鯨　ばけくじら）〔像〕

化け草履　ばけぞうり
古い草履の霊。
¶水木妖怪続（化けぞうり）〔像〕
　妖怪大全（化け草履　ばけぞうり）〔像〕

化け狸　ばけたぬき
各地に伝わる、狸の妖怪。人に化けたり、怪異を起こした。
¶全国妖怪（タヌキノカイ〔岩手県〕）
　全国妖怪（タヌキノカイ〔茨城県〕）
　全国妖怪（タヌキノカイ〔群馬県〕）〔像〕
　全国妖怪（タヌキノカイ〔埼玉県〕）
　全国妖怪（タヌキノカイ〔千葉県〕）
　全国妖怪（タヌキノカイ〔東京都〕）
　全国妖怪（タヌキノカイ〔神奈川県〕）
　全国妖怪（タヌキノカイ〔新潟県〕）
　全国妖怪（タヌキノカイ〔石川県〕）
　全国妖怪（タヌキノカイ〔福井県〕）
　全国妖怪（タヌキノカイ〔山梨県〕）
　全国妖怪（タヌキノカイ〔静岡県〕）
　全国妖怪（タヌキノカイ〔愛知県〕）
　全国妖怪（タヌキノカイ〔三重県〕）
　全国妖怪（タヌキノカイ〔京都府〕）
　全国妖怪（タヌキノカイ〔岡山県〕）
　全国妖怪（タヌキノカイ〔広島県〕）
　全国妖怪（タヌキノカイ〔徳島県〕）
　全国妖怪（タヌキノカイ〔愛媛県〕）
　全国妖怪（タヌキノカイ〔福岡県〕）
　全国妖怪（タヌキノカイ〔長崎県〕）
　全国妖怪（タヌキノカイ〔熊本県〕）
　水木幻獣（化狸　ばけたぬき）〔像〕
　妖怪大鑑（死霊に化けた狸　しりょうにばけたたぬき）〔像〕
　妖怪大全（化け狸　ばけだぬき）〔像〕

化け灯籠　ばけどうろう
日光に出たという、山中で人を迷わす妖怪。
¶妖怪事典（バケトウロウ）
　妖怪大全（化け灯籠　ばけどうろう）〔像〕
　妖怪大事典（化け灯籠　ばけとうろう）〔像〕

化け猫　ばけねこ
猫が妖怪と化したもの。肥前国の藩主鍋島家を襲った化け猫騒動が特に知られる。
¶幻想動物（化け猫）〔像〕
　神仏辞典（化け猫　ばけねこ）
　全国妖怪（ネコノカイ〔静岡県〕）
　全国妖怪（ネコノカイ〔宮城県〕）
　全国妖怪（ネコノカイ〔福島県〕）
　全国妖怪（ネコノカイ〔千葉県〕）
　全国妖怪（ネコノカイ〔東京都〕）
　全国妖怪（ネコノカイ〔新潟県〕）
　全国妖怪（ネコノカイ〔愛知県〕）
　全国妖怪（ネコノカイ〔大阪府〕）
　全国妖怪（ネコノカイ〔兵庫県〕）
　全国妖怪（ネコノカイ〔和歌山県〕）
　全国妖怪（ネコノカイ〔高知県〕）
　全国妖怪（ネコノカイ〔沖縄県〕）
　大辞林3（化け猫　ばけねこ）
　妖怪事典（バケネコ）
　妖怪図鑑（化け猫　ばけねこ）
　妖怪大全（化け猫　ばけねこ）〔像〕
　妖怪大事典（化け猫　ばけねこ）〔像〕
　妖百4（化け猫　ばけねこ）〔像〕

化けねずみ　ばけねずみ
都一条のほとりの古い家に現れた、小児の姿に化けた鼠の幽霊。
¶妖怪大鑑（化けねずみ　ばけねずみ）〔像〕

バケノ
　山形県地方でいう妖怪の児童語。
　¶妖怪事典（バケノ）

化けの皮衣　ばけのかわごろも
　三千年を経て美女に化けた狐。
　¶妖怪大鑑（化けの皮衣　ばけのかわごろも）〔像〕

化けの火　ばけのひ
　『周遊奇談』にある怪火。
　¶妖怪事典（バケノヒ）
　　妖怪大事典（化けの火　ばけのひ）〔像〕

化け履物　ばけはきもの
　岩手県の器物の怪。
　¶全国妖怪（バケハキモノ〔岩手県〕）

バケバケ
　和歌山県でいう妖怪の児童語。
　¶妖怪事典（バケバケ）

化け火　ばけび
　近江（滋賀県）堅田に現れた怪火。
　¶水木妖怪（化け火　ばけび）〔像〕
　　妖怪大全（化け火　ばけび）〔像〕

化け雛　ばけびな
　年を経た雛人形が、精霊を宿したもの。
　¶妖怪大鑑（化け雛　ばけびな）〔像〕

化け古下駄　ばけふるげた
　古い下駄の霊。
　¶水木妖怪続（化けた古下駄）〔像〕
　　妖怪大全（化け古下駄　ばけふるげた）〔像〕
　　妖怪大事典（化け古下駄　ばけふるげた）〔像〕

化け物　ばけもの
　人間に恐怖を抱かせる怪異の物体、もしくは怪異現象。お化けとも呼ぶ。
　¶広辞苑6（化物　ばけもの）
　　神仏辞典（化物　ばけもの）
　　世百新（化物　ばけもの）
　　世妖精妖怪（化け物）
　　大辞林3（化け物　ばけもの）
　　妖精百科（化け物）

バケモノババ
　北海道の山の怪。幼児の魂を盗んでいく。
　¶全国妖怪（バケモノババ〔北海道〕）

バケンジ
　埼玉県地方でいう妖怪の児童語。
　¶妖怪事典（バケンジ）

バケンジャ
　埼玉県地方でいう妖怪の児童語。
　¶妖怪事典（バケンジャ）

バーコ
　富山県地方でいう妖怪の児童語。
　¶妖怪事典（バーコ）

葉木国野尊　はごくにぬのみこと
　⇒豊雲野神（とよくもぬのかみ）

葉越明　はごしあきら
　泉鏡花作『草迷宮』(1908)の主人公。
　¶架空人日（葉越明　はごしあきら）

箱島様　はこしまさま
　福岡県糸島郡二丈町の塞の神。耳の神。
　¶神仏辞典（箱島様　はこしまさま）

波己曾神　はこそのかみ
　『日本三代実録』に所出。上野国の神。
　¶神仏辞典（波己曾神　はこそのかみ）

馬骨　ばこつ
　山東京伝作の洒落本『繁千話』(1790)に登場する町人。
　¶架空人日（馬骨　ばこつ）

箱根の閉坊　はこねのとちぼう
　江戸の曾我狂言に登場する人物。
　¶歌舞伎登（箱根の閉坊　はこねのとちぼう）
　　吸血鬼（鍋島の猫）

箱根の畑右衛門　はこねのはたえもん
　歌舞伎演目『傾城吾嬬鑑』に登場する、一番目大詰、箱根畑村の場の宿屋の主人。
　¶歌舞伎登（箱根の畑右衛門　はこねのはたえもん）

箱根別当行実　はこねのべっとうぎょうじつ
　江戸の曾我狂言で、曾我五郎時致（幼名・箱王）が出家した箱根権現社の別当。
　¶歌舞伎登（箱根別当行実　はこねのべっとうぎょうじつ）

波古神　はこのかみ
　若狭国遠敷郡の波古神社の祭神。
　¶神仏辞典（波古神　はこのかみ）

パコロカムイ
　⇒疱瘡のカムイ（ほうそうのかむい）

パコロカムイチカッポ
　アイヌ語で疫鬼の小鳥という意味で、カワヒバリのこと。
　¶妖怪事典（パコロカムイチカッポ）

羽衣の天女　はごろものてんにょ
　⇒天女（てんにょ）

は

間貫一 はざまかんいち
⇒貫一（かんいち）

間喜兵衛 はざまきへえ
赤穂浪士の一人。池宮彰一郎作『四十七人の刺客』の登場人物。
¶時代小説（間喜兵衛　はざまきへえ）

間十次郎 はざまじゅうじろう
江戸中期、赤穂四十七士の1人。討入りの際に炭小屋の中で吉良義央を刺した。
¶コン5（間十次郎　はざまじゅうじろう　⊕延宝6（1678）年　⊗元禄16（1703）年）

伐折羅大将 ばさらだいしょう
薬師如来の十二神将の一。丑の時の守護神とされる。
¶広辞苑6（伐折羅大将　ばさらだいしょう）
　大辞林3（伐折羅大将　ばさらだいしょう）

波山 ばさん
竹原春泉斎の『桃山人夜話』で、四国の深山に棲んでいたとされている鳥の怪物。
¶幻想動物（波山）［像］
　水木幻獣（波山　ばさん）［像］
　妖怪事典（バサン）
　妖怪大全（波山　ばさん）［像］
　妖怪大事典（波山　ばさん）［像］

波自加弥神 はじかみのかみ
加賀国加賀郡の波自加弥神社の祭神。
¶神仏辞典（波自加弥神　はじかみのかみ）

蜀椒神 はじかみのかみ
「ほそきのかみ」とも。延命・招福の神、調味医薬の祖。石川県金沢市花園八幡町の波自加弥神社の祭神。
¶神仏辞典（蜀椒神・櫚椒神　はじかみのかみ）

パシクルアペ
アイヌ語で鬼火という意味の山中に現れる青白い怪火。
¶妖怪事典（パシクルアペ）

橋立 はしだて
歌舞伎演目『苅萱桑門筑紫楪』に登場する、筑前の城主加藤左衛門尉繁氏の執権物太郎の妻。
¶歌舞伎登（橋立　はしだて）

ハシナウウクカムイ
アイヌの小枝付きのイナウを取る神。
¶神仏辞典（ハシナウウクカムイ）

ハシナウ・コル・カムイ
アイヌの狩猟の媛神。
¶アジア女神（ハシナウ・コル・カムイ）

土師神 はじのかみ
伊勢国河曲郡の土師神社の祭神。
¶神仏辞典（土師神　はじのかみ）

波治神 はじのかみ
伊豆国賀茂郡の波治神社の祭神。
¶神仏辞典（波治神　はじのかみ）

土師兵衛 はじのひょうえ
歌舞伎演目『菅原伝授手習鑑』に登場する、贋迎いを仕立て早鳴きの鶏を準備する悪知恵の働く老人。
¶歌舞伎登（土師兵衛　はじのひょうえ）

橋場余一郎 はしばよいちろう
逢坂剛作『重蔵始末』の登場人物。
¶時代小説（橋場余一郎　はしばよいちろう）

橋姫 はしひめ
橋のたもとに祀られる神霊。橋を守る女神、あるいは妖怪・鬼神の一種とも。宇治の橋姫や摂津西成郡の長柄の橋姫が特に知られる。
¶架空伝承（橋姫　はしひめ）
　幻想動物（橋姫）［像］
　広辞苑6（橋姫　はしひめ）
　説話伝説（橋姫　はしひめ）
　世互新（橋姫　はしひめ）
　伝奇伝説（橋姫　はしひめ）
　日本神様（橋姫　はしひめ）
　日本人名（橋姫　はしひめ）
　妖怪事典（ハシヒメ）
　妖怪大全（橋姫　はしひめ）［像］
　妖怪大事典（橋姫　はしひめ）［像］
　妖百2（橋姫　はしひめ）［像］

パージヴァル・スペンサー
⇒風船乗りスペンサー（ふうせんのりすぺんさー）

肇くん はじめくん
山本周五郎作『季節のない街』（1962）に登場する、廃品回収業の男。
¶架空人日（肇くん　はじめくん）

橋本五郎右衛門 はしもとごろうえもん
豊後国の産業家。大隅・薩摩から七島蘭とよばれる蘭草を移植し成功、畳表の生産が急激に増大した。大分県神崎村青島神社に祭られた。
¶コン5（橋本五郎右衛門　はしもとごろうえもん　⊕寛永13（1636）年　⊗享保2（1717）年）

橋本左内 はしもとさない
幕末の越前福井藩の志士。緒方洪庵に入門。藩主松平慶永を助けて将軍継嗣問題で活躍したが、安政の大獄で刑死。
¶説話伝説（橋本左内　はしもとさない　⊕天保5（1834）年　⊗安政6（1859）年）［像］

橋本治部右衛門 はしもとじぶえもん
歌舞伎演目『双蝶々曲輪日記』に登場する、八

幡の里の橋本の郷侍。
¶歌舞伎登（橋本治部右衛門　はしもとじぶえもん）

橋本スミ　はしもとすみ
石坂洋次郎作『若い人』(1933〜37)に登場する女教師。
¶架空人日（橋本スミ　はしもとすみ）
　日本人名（橋本スミ　はしもとスミ）

橋本内匠　はしもとたくみ
井原西鶴作の浮世草子『本朝二十不孝』(1686)巻四の第一「善悪の二つ車」に登場する老人。
¶架空人日（橋本内匠　はしもとたくみ）

橋本達夫　はしもとたつお
島崎藤村作『家』(1910-11)主人公の小泉三吉の長姉お種の夫。
¶架空人日（橋本達夫　はしもとたつお）

箸屋甚兵衛　はしやじんべえ
井原西鶴作の浮世草子『日本永代蔵』(1688)巻三「煎じやう常とはかはる問薬」の主人公。
¶架空人日（箸屋甚兵衛　はしやじんべえ）

芭蕉　ばしょう
⇒松尾芭蕉（まつおばしょう）

芭蕉の精　ばしょうのせい
芭蕉の木の精。
¶妖怪事典（バショウノセイ）
　妖怪大全（芭蕉の精　ばしょうのせい）〔像〕
　妖怪大事典（芭蕉精　ばしょうのせい）〔像〕

走落神　はしりおちのかみ
摂津国島下郡の走落神社の祭神。
¶神仏辞典（走落神　はしりおちのかみ）

ハシリガイ
宮城県石巻市地方でいう怪異。
¶妖怪事典（ハシリガイ）

走田神　はしりたのかみ
山城国乙訓郡の走田神社、丹波国桑田郡の走田神社の祭神。
¶神仏辞典（走田神　はしりたのかみ）

走淵神　はしりふちのかみ
『日本三代実録』に所出。飛騨国の神。
¶神仏辞典（走淵神　はしりふちのかみ）

葉末　はずえ
歌舞伎演目『敵討天下茶屋聚』に登場する、浮田家中花形刑部の妹娘。
¶歌舞伎登（葉末　はずえ）

葉末　はずえ
歌舞伎演目『蝶花形名歌島合』に登場する、小坂部音近（長宗我部元親）の姉娘。
¶歌舞伎登（葉末　はずえ）

播豆神　はずのかみ
三河国播豆郡の羽豆神社の祭神。尾張国知多郡の羽豆神社の祭神。
¶神仏辞典（播豆神・羽豆神　はずのかみ）

波須波神　はすはのかみ
出雲国神門郡式外社12社の波須波社の祭神。
¶神仏辞典（波須波神　はすはのかみ）

長谷川嘉平　はせがわかへい
鳥羽亮作『三鬼の剣』の登場人物。
¶時代小説（長谷川嘉平　はせがわかへい）

長谷川宗喜　はせがわそうき
剣術家。戸部新十郎作『秘剣』の登場人物。
¶時代小説（長谷川宗喜　はせがわそうき）

長谷川辰蔵宣義　はせがわたつぞうのぶのり
長谷川平蔵の嫡男。池波正太郎作『鬼平犯科帳』の登場人物。
¶時代小説（長谷川辰蔵宣義　はせがわたつぞうのぶのり）

長谷川銕五郎　はせがわてつごろう
長谷川平蔵の次男。池波正太郎作『鬼平犯科帳』の登場人物。
¶時代小説（長谷川銕五郎　はせがわてつごろう）

長谷川平蔵　はせがわへいぞう
江戸後期の幕臣。火付盗賊改役長官。池波正太郎の『鬼平犯科帳』で知られる。
¶英雄事典（長谷川平蔵宣以　ハセガワヘイゾウノブタメ）
　架空人物（鬼平）
　架空伝承（長谷川平蔵　はせがわへいぞう　㊗延享2(1745)年 ㊡寛政7(1795)年）
　架空伝説（長谷川平蔵　はせがわへいぞう）
　コン5（長谷川平蔵　はせがわへいぞう　㊗延享2(1745)年 ㊡寛政7(1795)年）
　時代小説（長谷川平蔵　『だましや歌麿』　はせがわへいぞう）
　時代小説（長谷川平蔵宣以　『鬼平犯科帳』　はせがわへいぞうのぶため）〔像(口絵)〕
　説話伝説（長谷川平蔵　はせがわへいぞう　㊗延享3(1746)年 ㊡寛政7(1795)年）
　伝奇伝説（長谷川平蔵　はせがわへいぞう）
　日本人名（長谷川平蔵　はせがわへいぞう　㊗1745年 ㊡1795年）
　名探偵日（鬼平　おにへい）

長谷川ゆい　はせがわゆい
鳥羽亮作『三鬼の剣』の登場人物。
¶時代小説（長谷川ゆい　はせがわゆい）

初瀬留　はせとめ
江戸末頃の実録『大岡政談』「煙草屋喜八の記」

に登場する花魁。
¶架空人日（初瀬留　はせとめ）

丈部左門　はせべさもん
上田秋成作『雨月物語』「菊花の約」の登場人物。播磨国加古の住人で浪人学者。
¶架空人日（丈部左門　はせべさもん）
　古典人学（丈部左門　はせべさもん）

長谷部帯刀　はせべたてわき
歌舞伎演目『加賀見山再岩藤』に登場する、多賀家の忠臣。
¶歌舞伎登（長谷部帯刀　はせべたてわき）

丈の直山継　はせべのあたえやまつぐ
『日本霊異記』に登場する、武蔵国多磨郡小河郷の人。観音の利益により、死刑を免れた。
¶架空人日（丈の直山継　はせべのあたえやまつぐ）

波蘇伎神　はそきのかみ
尾張国中島郡の波蘇伎神社の祭神。
¶神仏辞典（波蘇伎神　はそきのかみ）

バーダ
沖縄県地方でいう妖怪の児童語。
¶妖怪事典（バーダ）

畑悪八郎　はたあくはちろう
歌舞伎演目『錦着恋山守』に登場する、山伏の姿になって犬神の妖術を使う人物。
¶歌舞伎登（畑悪八郎　はたあくはちろう）

波多為神　はたいのかみ
『播磨国風土記』に所出。泉里の波多為社の祭神。
¶神仏辞典（波多為神　はたいのかみ）

幡井神　はたいのかみ
因幡国気多郡の幡井神社の祭神。
¶神仏辞典（幡井神　はたいのかみ）

畑怨霊　はたおんりょう
凶作で餓死した人を葬式もしないで放ってほき、妖怪になったもの。
¶妖怪大全（畑怨霊　はたおんりょう）［像］
　妖怪大事典（畑怨霊　はたおんりょう）［像］

裸武兵衛　はだかぶへい
岐阜県東濃方面で、熱病よけの神と信ぜられたもの。
¶神仏辞典（裸武兵衛　はだかぶへい）

畑神　はたがみ
畑に祀る神。
¶神仏辞典（畑神　はたがみ）

波太伎神　はたきのかみ
伊賀国阿拝郡の波太伎神社の祭神。

¶神仏辞典（波太伎神　はたきのかみ）

畠山海太郎　はたけやまうみたろう
大佛次郎作『鞍馬天狗』の登場人物。
¶時代小説（畠山海太郎　はたけやまうみたろう）

畠山重忠　はたけやましげただ
鎌倉初期の武士。典型的な坂東武者として逸話が多い。浄瑠璃、歌舞伎で、捌役の役どころとして形象化された。
¶架空人日（畠山二郎重忠　はたけやまじろうしげただ）
　架空伝承（畠山重忠　はたけやましげただ ⓔ長寛2（1164）年 ⓓ元久2（1205）年）
　歌舞伎登（畠山重忠1『壇浦兜軍記』　はたけやましげただ）［像］
　歌舞伎登（畠山重忠2『ひらかな盛衰記』　はたけやましげただ）
　奇談逸話（畠山重忠　はたけやましげただ ⓔ長寛2（1164）年 ⓓ元久2（1205）年）
　説話伝説（畠山重忠　はたけやましげただ ⓔ長寛2（1164）年 ⓓ元久2（1205）年）
　世百新（畠山重忠　はたけやましげただ ⓔ長寛2（1164）年 ⓓ元久2（1205）年）
　伝奇伝説（畠山重忠　はたけやましげただ ⓔ長寛2（1164）年 ⓓ元久2（1205）年）

畠山重保　はたけやましげやす
鎌倉時代の武士。畠山重忠の子。歌舞伎『頼朝の死』や『牧の方』に登場する。
¶歌舞伎登（畠山重保1『頼朝の死』　はたけやましげやす）
　歌舞伎登（畠山重保2『牧の方』　はたけやましげやす）

波多武彦命　はたたけひこのみこと
『新撰姓氏録』に所出。大彦命の孫、難波の祖。
¶神仏辞典（波多武彦命　はたたけひこのみこと）

畠田神　はたたのかみ
伊勢国多気郡の畠田神社三座の祭神。
¶神仏辞典（畠田神　はたたのかみ）

波多都美命　はたつみのみこと
『出雲国風土記』に所出。飯石郡波多郷は同神が坐すことにより名付けられた。
¶神仏辞典（波多都美命　はたつみのみこと）

幡生神　はたなりのかみ
加賀国能美郡の幡生神社の祭神。
¶神仏辞典（幡生神　はたなりのかみ）

歯田根命　はたねのみこと
狭穂彦の玄孫。密かに采女山辺小嶋子と通じたため、天皇は物部目大連に預けて責めさせた。
¶神仏辞典（歯田根命　はたねのみこと）

秦伊侶具　はたのいろぐ
『山城国風土記』逸文にみえる人物。

¶朝日歴史（秦伊侶具　はたのいろぐ）
　日本人名（秦伊侶具　はたのいろぐ）

秦伊呂巨　はたのいろこ
説話上の人物。秦中家忌寸の祖先。
¶コン5（秦伊呂巨　はたのいろこ）
　新潮日本（秦伊呂巨　はたのいろこ）

秦兼久　はたのかねひさ
『宇治拾遺物語』の登場人物。『後拾遺集』の撰者・藤原通俊に自歌をけなされ悪口を言う人物。
¶架空人日（秦兼久　はたのかねひさ）
　古典入学（秦兼久　はたのかねひさ）

波多神　はたのかみ
大和国高市郡の波多神社などの祭神。
¶神仏辞典（波多神　はたのかみ）

畑の神　はたのかみ
畑に祀る神。
¶神仏辞典（畑の神　はたのかみ）

秦河勝　はたのかわかつ
7世紀前半ころの廷臣。後世には聖徳太子に仕えた臣下かつ武将として知られる。日本における舞楽や能の始まりにかかわる伝承がある（『風姿花伝』）。
¶架空伝承（秦河勝　はたのかわかつ　生没年不詳）〔像〕
　神仏辞典（秦河勝　はたのかわかつ　生没年未詳）
　世百新（秦河勝　はたのかわかつ　生没年未詳）

秦酒公　はたのさけのきみ
5世紀後半の渡来系氏族。雄略天皇の代、琴の音をもって天皇に悟らしめ、木工御田の処罰を救ったという。『新撰姓氏録』には秦公酒としての伝承がみえ、大蔵の長官となったとする。
¶コン5（秦酒公　はたのさけのきみ）
　日本人名（秦酒公　はたのさけのきみ）

秦武員　はたのたけかず
『今昔物語集』巻第二十八の第十に載る話に登場する近衛舎人。
¶架空人日（秦武員　はたのたけかず）

波多武日子命　はたのたけひこのみこと
『新撰姓氏録』に所出。大彦命の子、三宅人の祖。
¶神仏辞典（波多武日子命　はたのたけひこのみこと）

秦野四郎　はたののしろう
歌舞伎演目『寿曽我対面』に登場する、工藤の側近近江小藤太・八幡三郎に補足される役。
¶歌舞伎登（秦野四郎　はたののしろう）

秦民部　はたのみんぶ
歌舞伎演目『毛抜』に登場する、小野家の家老。
¶歌舞伎登（秦民部　はたのみんぶ）

羽田八代　はたのやしろ
記紀にみえる羽田氏の祖とされる人物。『古事記』によれば武内宿禰の子。
¶朝日歴史（羽田八代　はたのやしろ）
　神様読解（波多八代宿禰　はたのやしろのすくね）
　日本人名（羽田八代　はたのやしろ）

ばたばた
和歌山県、広島県、山口県でいう音の怪異。夜中屋根の上、または庭先に声がして、ばたばたと聞こえる。
¶全国妖怪（バタバタ〔広島県〕）
　水木妖怪（ばたばた）〔像〕
　妖怪事典（バタバタ）
　妖怪大全（ばたばた）〔像〕
　妖怪大事典（バタバタ）
　妖百3（バタバタ・ベトベトさん）

幡日佐神　はたひさのかみ
丹波国船井郡の幡日佐神社の祭神。
¶神仏辞典（幡日佐神　はたひさのかみ）

秦秀太郎　はたひでたろう
歌舞伎演目『毛抜』に登場する、小野家の家老秦民部の弟。
¶歌舞伎登（秦秀太郎　はたひでたろう）

幡日若郎女　はたひのわかいらつめ
『古事記』にみえる応神天皇の皇女。母は日向泉長媛。
¶日本人名（幡日若郎女　はたひのわかいらつめ）

機尋　はたひろ
鳥山石燕の『今昔百鬼拾遺』で、機で織られた布が蛇のようになった姿で描かれた妖怪。
¶幻想動物（機尋）〔像〕
　妖怪事典（ハタヒロ）
　妖怪大全（機尋　はたひろ）〔像〕
　妖怪大事典（機尋　はたひろ）〔像〕

波多瓱井神　はたみかいのかみ
大和国高市郡の波多瓱井神社の祭神。
¶神仏辞典（波多瓱井神　はたみかいのかみ）

波多三河守　はたみかわのかみ
松浦党の党主。豊臣秀吉の朝鮮出兵に従ったが、秀吉の勘気に触れて城を追われ非業の死を遂げたという。その怨念が祟りをなすとされる。
¶神仏辞典（波多三河守　はたみかわのかみ）

旗本退屈男　はたもとたいくつおとこ
⇒早乙女主水之介（さおとめもんどのすけ）

幡屋神　はたやのかみ
出雲国大原郡式外社17社の幡屋社の祭神。
¶神仏辞典（幡屋神　はたやのかみ）

ハタラキワラシ
岩手県下閉伊郡豊間根村でいう家にいる怪。
¶**全国妖怪**（ハタラキワラシ〔岩手県〕）

畑六郎左衛門　はたろくろうざえもん
『太平記』に登場する、南北朝時代の武士。
¶**架空人日**（畑六郎左衛門　はたろくろうざえもん）
歌舞伎登（畑六郎左衛門　はたろくろうざえもん）

八右衛門　はちえもん
近松門左衛門作の浄瑠璃『冥途の飛脚』(1711年初演) に登場する、大坂の商人。
¶**架空人日**（八右衛門　はちえもん）

八王子　はちおうじ
日月灯明仏が出家する前にもうけた、八人の王子。
¶**神様読解**（八王子神　はちおうじしん）
広辞苑6（八王子　はちおうじ）
神仏辞典（八王子　はちおうじ）
大辞林3（八王子　はちおうじ）

は

八王子　はちおうじ
祇園牛頭天王(素戔嗚尊と同体)の八人の王子。
¶**広辞苑6**（八王子　はちおうじ）

八王子　はちおうじ
天照大神と素戔嗚尊の誓約の時に出現したという五男三女神。
¶**広辞苑6**（八王子　はちおうじ）
大辞林3（八王子　はちおうじ）

八王子の首捜し　はちおうじのくびさがし
美濃国本巣郡綱代村八王子（岐阜市）でいう怪火。
¶**妖怪事典**（ハチオウジノクビサガシ）

鉢かづき姫　はちかづきひめ
『鉢かづき』の主人公。備中守実高の姫君。十三歳の時、病死した母から頭に鉢を被せられる。
¶**架空人日**（鉢かづき姫　はちかずきひめ）
架空伝承（鉢かづき　はちかづき）
架空伝説（鉢かづき姫・宰相殿　はちかずきひめ・さいしょうどの）
古典人学（鉢かづき姫　はちかづきひめ）
説話伝説（鉢かづき　はちかづき）
伝奇伝説（鉢かづき　はちかづき）〔像〕

蜂子皇子　はちこおうじ
⇒能除太子（のうじょたいし）

八五郎　はちごろう
⇒ガラッ八（がらっぱち）

蜂前神　はちさきのかみ
遠江国引佐郡の蜂前神社の祭神。
¶**神仏辞典**（蜂前神　はちさきのかみ）

蜂須賀小六正勝　はちすかころくまさかつ
戦国武将。『絵本太閤記』の矢作川の橋上での盗賊の小六一行と日吉丸(秀吉)との出会いの話が有名。
¶**説話伝説**（蜂須賀小六正勝　はちすかころくまさかつ　㊓大永6(1526)年　㊦天正14(1586)年）〔像〕
伝奇伝説（蜂須賀小六　はちすかころく　㊓大永6(1526)年　㊦天正14(1586)年）

蜂須賀重喜　はちすかしげよし
阿波25万石領主。吉川英治作『鳴門秘帖』の登場人物。
¶**時代小説**（蜂須賀重喜　はちすかしげよし）

蓮葉与六　はちすはよろく
歌舞伎演目『網模様燈籠菊桐』に登場する、「太閤記」の蜂須賀小六のこと。
¶**歌舞伎登**（蓮葉与六　はちすはよろく）

八大荒神　はちだいこうじん
岡山県阿哲郡・新見市などで祀られる。八大竜王に祟りの激しい荒神が習合した名称。
¶**神仏辞典**（八大荒神　はちだいこうじん）

八大童子　はちだいどうじ
金剛蔵王権現の眷属金剛童子のうち山中の主要な宿に祀られた八つの童子をいう。
¶**広辞苑6**（八大金剛童子　はちだいこんごうどうじ）
神仏辞典（八大童子　はちだいどうじ）
大辞林3（八大金剛童子　はちだいこんごうどうじ）

八大明王　はちだいみょうおう
正法を守り悪魔を降伏する八体の明王。五大明王に穢積(烏枢沙摩)・無能勝・馬頭を加えたもの。
¶**広辞苑6**（八大明王　はちだいみょうおう）
大辞林3（八大明王　はちだいみょうおう）
仏尊事典（八大明王　はちだいみょうおう）〔像〕

八大龍王　はちだいりゅうおう
難陀、跋難陀、沙伽羅、和脩吉、徳叉迦、阿那婆達多、摩那斯、優鉢羅の八龍王の総称。
¶**広辞苑6**（八大竜王　はちだいりゅうおう）
神仏辞典（八大龍王　はちだいりゅうおう）
説話伝説（八大龍王　はちだいりゅうおう）
大辞林3（八大竜王　はちだいりゅうおう）

蜂田神　はちたのかみ
和泉国大鳥郡の蜂田神社の祭神。
¶**神仏辞典**（蜂田神　はちたのかみ）

波知神　はちのかみ
出雲国出雲郡の波知神社、『出雲国風土記』式内社神祇官58社の波祢社の祭神。
¶**神仏辞典**（波知神　はちのかみ）

八の宮　はちのみや
『源氏物語』に登場する、源氏の異母弟。
¶**架空人日**（八の宮　はちのみや）

八部衆　はちぶしゅう
古代インドの邪鬼であったものが、釈迦に教化され、仏法を守護するようになった八種の天部。
¶広辞苑6（天竜八部衆　てんりゅうはちぶしゅう）
　神仏辞典（八部衆　はちぶしゅう）
　世百新（八部衆　はちぶしゅう）
　大辞林3（八部衆　はちぶしゅう）
　仏尊事典（八部衆　はちぶしゅう）〔像〕

八兵衛　はちべえ
静岡県の焼津・藤枝・島田三市などで、疫病除けや厄除けのために祀られる霊神。
¶神仏辞典（八兵衛　はちべえ）

八幡神　はちまんじん
最も早い神仏習合の神。尊号は八幡大菩薩。
¶神様読解（八幡神　はちまんじん）〔像〕
　奇談逸話（八幡大菩薩　はちまんだいぼさつ）
　広辞苑6（八幡神　はちまんじん）
　神仏辞典（八幡　はちまん）
　世神事典（八幡）
　説話伝説（八幡大菩薩　はちまんだいぼさつ）
　大辞林3（八幡神　はちまんじん）
　東洋神名（八幡神　ハチマンシン）〔像〕
　仏尊事典（僧形八幡神　そうぎょうはちまんしん）〔像〕

八幡太郎義家　はちまんたろうよしいえ
⇒源義家（みなもとのよしいえ）

鉢谷十太夫　はちやじゅうだゆう
宮本昌孝作『藩校早春賦』の登場人物。
¶時代小説（鉢谷十太夫　はちやじゅうだゆう）

蜂谷孫太郎　はちやまごたろう
浅井了意作『伽婢子』の登場人物。若州遠敷郡熊川の住人。儒学を好み、仏教を軽んじていた。
¶古典人学（蜂谷孫太郎　はちやまごたろう）

八郎潟の八郎太郎　はちろうがたのはちろうたろう
秋田県内にある十和田湖、八郎潟、田沢湖に伝わる湖沼の主をめぐる争い伝説の主人公。
¶朝日歴史（八郎太郎　はちろうたろう）
　コン5（八郎太郎　はちろうたろう）
　神話伝説（八郎潟の八郎太郎　はちろうがたのはちろうたろう）
　説話伝説（八郎潟の八郎太郎　はちろうがたのはちろうたろう）
　伝奇伝説（八郎潟の八郎太郎　はちろうがたのはちろうたろう）
　日本人名（八郎太郎　はちろうたろう）

八郎兵衛　はちろべえ
大坂鰻谷の古手屋。遊女お妻を殺害し自らも命を絶った事件が歌舞伎などに作品化された。
¶コン5（お妻・八郎兵衛　おつま・はちろべえ）
　神話伝説（お妻八郎兵衛　おつまはちろべえ）
　説話伝説（お妻八郎兵衛　おつまはちろべえ）
　伝奇伝説（お妻八郎兵衛　おつまはちろべえ）

　日本人名（お妻・八郎兵衛　おつま・はちろべえ）

ハチワン
山口県厚狭郡地方でいう憑き物。
¶妖怪事典（ハチワン）

初江　はつえ
三島由紀夫作『潮騒』（1954）に登場する、新治の恋人。
¶架空人日（初江　はつえ）
　日本人名（新治・初江　しんじ・はつえ）

羽束師坐高御産日神　はつかしにますたかみむすびのかみ
山城国乙訓郡の羽束師坐高御産日神社の祭神。
¶神仏辞典（羽束師坐高御産日神　はつかしにますたかみむすびのかみ）

波都賀志神　はつがしのかみ
『続日本紀』『日本三代実録』に所出。山城国葛野郡の同社の神稲は今後中臣氏に給うものとされるとある。
¶神仏辞典（波都賀志神・羽束志神　はつがしのかみ）

初鹿野　はつがの
北町奉行。高橋克彦作『だましゑ歌麿』の登場人物。
¶時代小説（初鹿野　はつがの）

魃鬼　ばっき
南の国の怪物。疾風のように走り、通過する土地は、草木が枯れ、水が干上がった。
¶水木妖怪（魃鬼　ばっき）〔像〕
　妖怪大全（魃鬼　ばっき）〔像〕

初菊　はつぎく
歌舞伎演目『絵本太功記』に登場する、武智十次郎の許婚。
¶歌舞伎登（初菊　はつぎく）

髪魚　はつぎょ
人魚に似た魚。
¶妖怪大全（髪魚　はつぎょ）〔像〕
　妖怪大事典（髪魚　はつぎょ）〔像〕

バッグ
芥川龍之介作『河童』（1922）に登場する、年とった漁夫の河童。
¶架空人日（バッグ）

バッケ
茨城県地方でいう妖怪の児童語。
¶妖怪事典（バッケ）

バッケー
佐賀県地方でいう妖怪の児童語。

¶妖怪事典（バッケー）

八犬士　はっけんし

江戸時代の長編伝奇小説『南総里見八犬伝』(曲亭馬琴著)の8人の主人公たち。

¶**英雄事典**（八犬士　ハチケンシ）
架空伝承（八犬士　はっけんし）〔像〕
架空伝説（里見八犬士　さとみはっけんし）〔像〕
奇談逸話（里見八犬士　さとみはっけんし）
古典人東（八犬士　はっけんし）
コン5（八犬士　はっけんし）
説話伝説（里見八犬士　さとみはっけんし）
世百新（八犬士　はっけんし）

八将神　はっしょうじん

陰陽道で、方位の吉凶を司る八神。大歳神・大将軍・大陰神・歳刑神・歳破神・歳殺神・黄幡神・豹尾神の八神。

¶**広辞苑6**（八将神　はっしょうじん）
神仏辞典（八将神　はっしょうじん）
大辞林3（八将神　はっしょうじん）

八所御霊　はっしょのごりょう

崇道天皇、伊予親王、藤原夫人ら八柱の御霊神をさす。京都市の上御霊、下御霊両神社に祀られる。

¶**日本神様**（御霊信仰の神々〔八所御霊〕　ごりょうしんこうのかみがみ）

長谷神　はつせのかみ

伊勢国朝明郡、桑名郡の長谷神社の祭神。

¶**神仏辞典**（長谷神　はつせのかみ）

長谷山口神　はつせのやまのくちのかみ

大和国城上郡の長谷山口坐神社の祭神。

¶**神仏辞典**（長谷山口神・長谷山口坐神　はつせのやまのくちのかみ）

八丁礫のお喜代　はっちょうつぶてのおきよ

大佛次郎作『鞍馬天狗』の登場人物。

¶**時代小説**（八丁礫のお喜代　はっちょうつぶてのおきよ）

八町礫紀平治　はっちょうつぶてのきへいじ

曲亭馬琴作の読本『椿説弓張月』(1807-11)に登場する、源為朝の家来。

¶**架空人日**（八町礫紀平治　はっちょうつぶてのきへいじ）
日本人名（八町礫紀平治　はっちょうつぶてのきへいじ）

八丁浜太郎　はっちょうはまたろう

長谷川伸作『股旅新八景』の登場人物。

¶**時代小説**（八丁浜太郎　はっちょうはまたろう）

八っつぁん　はっつぁん

落語の登場人物。典型的な江戸っ子像を有す。

¶**架空人物**（熊さん、八つあん）
架空伝承（熊さん・八っつぁん　くまさん・はっつぁん）
コン5（熊さん・八っつぁん　くまさん・はっつぁん）
日本人名（熊さん・八っつぁん　くまさん・はっつぁん）

服部逸郎　はっとりいつろう

歌舞伎演目『仮名手本忠臣蔵』に登場する、馬上で浪士たちを見送り、舞台中央で大団円の幕を切る捌き役。

¶**歌舞伎登**（服部逸郎　はっとりいつろう）

服部武雄　はっとりたけお

新選組隊士。子母澤寛作『新選組始末記』の登場人物。

¶**時代小説**（服部武雄　はっとりたけお）

服部半蔵　はっとりはんぞう

戦国時代から江戸初期の徳川氏の武将。伊賀者を統率し、家康の下、働いた。のちに伊賀忍者の頭目として活躍した話が生まれる。

¶**英雄事典**（服部半蔵　ハットリハンゾウ　[生]天文11(1542)年　[没]慶長1(1596)年）
架空人物（服部半蔵）
架空伝承（服部半蔵　はっとりはんぞう　[生]天文11(1542)年　[没]慶長1(1596)年）
架空伝説（服部半蔵　はっとりはんぞう）
奇談逸話（服部半蔵　はっとりはんぞう　[生]天文11(1542)年　[没]慶長1(1596)年）
時代小説（服部半蔵『甲賀忍法帖』　はっとりはんぞう）
時代小説（服部半蔵『赤い影法師』　はっとりはんぞう）
時代小説（服部半蔵『柳生十兵衛死す』　はっとりはんぞう）
説話伝説（服部半蔵　はっとりはんぞう　[生]天文11(1542)年　[没]慶長1(1596)年）
伝奇伝説（服部半蔵　はっとりはんぞう　[生]天文11(1542)年　[没]慶長1(1596)年）

跋難陀　ばつなんだ

八大竜王の一。

¶**広辞苑6**（跋難陀　ばつなんだ）
大辞林3（跋難陀　ばつなんだ）

ハッパ

長崎県の小値賀島でいう河童のこと。

¶**全国妖怪**（ハッパ〔長崎県〕）

八撥童子　はっぱちわらし

福岡県行橋市の祇園祭に新参する稚児。

¶**神仏辞典**（八撥童子　はっぱちわらし）

初花　はつはな

『太閤起亡録』という実説の写本を素材に講釈師司馬芝叟が浄瑠璃として脚色した浄瑠璃・歌舞伎『箱根霊験躄仇討』の登場人物。

¶**架空伝説**（初花　はつはな）
歌舞伎登（初花　はつはな）
コン5（初花・勝五郎　はつはな・かつごろう）
説話伝説（初花勝五郎　はつはなかつごろう）

伝奇伝説（初花勝五郎　はつはな かつごろう）
日本人名（初花・勝五郎　はつはな・かつごろう）

初花　はつはな
多岐川恭作『ゆっくり雨太郎捕物控』の登場人物。
¶時代小説（初花　はつはな）

初花姫　はつはなひめ
歌舞伎演目『玉藻前曦袂』に登場する、右大臣藤原道春の娘。
¶歌舞伎登（初花姫　はつはなひめ）

八百比丘尼　はっぴゃくびくに
人魚の肉を食べたため、800歳に達したという伝説上の老比丘尼。「やおびくに」ともいう。
¶朝日歴史（八百比丘尼　はっぴゃくびくに）
英雄事典（八百比丘尼　ハッピャクビクニ）
架空伝承（八百比丘尼　はっぴゃくびくに）
奇談逸話（八百比丘尼　はっぴゃくびくに）
古典人学（八百比丘尼　やおびくに）
コン5（八百比丘尼　はっぴゃくびくに）
新潮日本（八百比丘尼　はっぴゃくびくに）
神仏辞典（八百比丘尼　やおびくに）
神話伝説（八百比丘尼　はっぴゃくびくに）
時代小説（八百比丘尼　はっぴゃくびくに）
説話伝説（八百比丘尼　はっぴゃくびくに・やおびくに）
世百新（八百比丘尼　はっぴゃくびくに）
伝奇伝説（八百比丘尼　はっぴゃくびくに）
日本人名（八百比丘尼　はっぴゃくびくに）

八百八狸　はっぴゃくやだぬき
主に阿波に生息する何々狸（親分格の名をもつタヌキ）といわれるタヌキ集団の総称のようなもの。
¶水木世幻獣（八百八狸　はっぴゃくやだぬき）〔像〕
妖怪大全（八百八狸　はっぴゃくやだぬき）〔像〕

初平　はつへい
歌舞伎演目『初冠曽我皐月富士根』に登場する、『鏡山旧錦絵』の男版で、お初の役どころ。
¶歌舞伎登（初平　はつへい）

ハツレン
愛知県刈谷地方でいう化け狐の名前。
¶妖怪事典（ハツレン）

波氏神　はてのかみ
伊勢国壱志郡の波氏神社の祭神。
¶神仏辞典（波氏神　はてのかみ）

はてんご
山の妖怪。長野県上伊那郡長谷村で天狗のこと。
¶神仏辞典（はてんご）
全国妖怪（ハテンゴ〔長野県〕）

馬天ノロ　ばてんのろ
佐敷の馬天港の馬天を名に冠せられた神女。
¶アジア女神（馬天ノロ　ばてんのろ）

馬頭観音　ばとうかんのん
馬頭を持つ変化観音の一つ。六観音・八大明王の一。
¶神様読解（馬頭観音菩薩　ばとうかんのんぼさつ）〔像〕
神文化史（ハヤグリーヴァ）
広辞苑6（馬頭観音　ばとうかんのん）〔像〕
神仏辞典（馬頭観音　ばとうかんのん）
世百新（馬頭観音　ばとうかんのん）
大辞林3（馬頭観音　ばとうかんのん）〔像〕
東洋神名（馬頭観音　バトウカンノン）〔像〕
仏尊事典（馬頭観音　ばとうかんのん）〔像〕

服織田神　はとりたのかみ
遠江国蓁原郡の服織田神社の祭神。
¶神仏辞典（服織田神　はとりたのかみ）

服織伊刀麻神　はとりのいとまのかみ
伊勢国多気郡の服織伊刀麻神社の祭神。
¶神仏辞典（服織伊刀麻神　はとりのいとまのかみ）

服織神　はとりのかみ
因幡国法美郡の服織神社などの祭神。
¶神仏辞典（服織神・服部神　はとりのかみ）

服部麻刀万神　はとりのまとまのかみ
伊勢国多気郡の服部麻刀万神社の祭神。
¶神仏辞典（服部麻刀万神　はとりのまとまのかみ）

花井お梅　はないおうめ
明治期の芸者。柳橋で待合「酔月」を経営。箱屋の八杉峯吉を殺害し、劇化された。
¶架空伝承（花井お梅　はないおうめ [生]元治1（1864）年 [没]大正5（1916）年）
架空伝説（花井お梅　はないおうめ）〔像〕
歌舞伎登（花井お梅　はないおうめ）
奇談逸話（花井お梅　はないおうめ [生]元治1（1864）年 [没]大正5（1916）年）
コン5（花井お梅　はないおうめ [生]文久3（1863）年 [没]大正5（1916）年）
新潮日本（花井お梅　はないおうめ [生]文久3（1863）年 [没]大正5（1916）年12月14日）
説話伝説（花井お梅　はないおうめ [生]元治1（1864）年 [没]大正5（1961）年）
日本人名（花井お梅　はないおうめ [生]1863年 [没]1916年）

花井左近　はないさこん
村上元三作『松平長七郎江戸日記』の登場人物。
¶時代小説（花井左近　はないさこん）

花扇　はなおうぎ
新吉原の花魁。浮世絵歌舞伎のモデルになった。
¶説話伝説（花扇　はなおうぎ 生没年不詳）
伝奇伝説（花扇　はなおうぎ）

華岡雲平　はなおかうんぺい
京都で医学を修め、医業がさかんとなってからは「青洲」を名のる。有吉佐和子作『華岡青洲の妻』の登場人物。

¶時代小説（華岡雲平　はなおかうんぺい [生]宝暦10年10月23日）

華岡青洲　はなおかせいしゅう
⇒華岡雲平（はなおかうんぺい）

華岡直道　はなおかなおみち
上那賀郡名手の医者。有吉佐和子作『華岡青洲の妻』の登場人物。
¶時代小説（華岡直道　はなおかなおみち）

花岡和田右衛門　はなおかわだえもん
歌舞伎演目『傾城浅間嶽』に登場する、信州諏訪家の家老。
¶歌舞伎登（花岡和田右衛門　はなおかわだえもん）

花折　はなおり
路傍の神の一つ。
¶神仏辞典（花折　はなおり）

花川戸助六　はなかわどすけろく
⇒助六（すけろく）

花桐　はなぎり
柳亭種彦作の合巻『偐紫田舎源氏』(1829-42)に登場する、将軍の側室。
¶架空人日（花桐　はなぎり）

花子　はなこ
河竹黙阿弥作の歌舞伎『忍ぶの惣太』(1854年初演)に登場する、吉原の花菱屋の傾城。
¶架空人日（花子　はなこ）

花子さん　はなこさん
学校の女子トイレに出没する霊。
¶妖怪大鑑（花子さん　はなこさん）〔像〕
妖怪大事典（花子さん　はなこさん）〔像〕

花咲爺　はなさかじい
昔話の主人公。拾ってきた犬をめぐり、次々と幸運を得る善良な爺。
¶架空伝承（花咲爺　はなさかじい）〔像〕
架空伝説（花咲爺　はなさかじい）〔像〕
新潮日本（花咲爺　はなさかじじい）
神話伝説（花咲爺　はなさかじじい）〔像〕
説話伝説（花咲爺　はなさかじい）
伝奇伝説（花咲爺　はなさかじい）
日本人名（花咲爺　はなさかじい）

花桜折る少将　はなざくらおるしょうしょう
『堤中納言物語』の主人公。和歌や音楽に堪能。
¶架空人日（花桜折る少将　はなざくらおるしょうしょう）
古典人学（花桜折る少将　はなざくらおるしょうしょう）
古典人東（花桜折る少将　はなざくらおるしょうしょう）

花里　はなざと
皆川博子作『写楽』の登場人物。
¶時代小説（花里　はなざと）

羽梨神　はなしのかみ
『日本三代実録』に所出。常陸国の神。
¶神仏辞典（羽梨神　はなしのかみ）

羽梨山神　はなしやまのかみ
常陸国茨城郡の羽梨山神社の祭神。
¶神仏辞典（羽梨山神　はなしやまのかみ）

花園　はなぞの
歌舞伎演目『大塔宮曦鎧』に登場する、六波羅の重臣永井右馬頭の妻。
¶歌舞伎登（花園　はなぞの）

花園三十郎　はなぞのさんじゅうろう
歌舞伎演目『敵討安栄録』に登場する、三輪家は正室に生まれた弟要之助に仕える人物。
¶歌舞伎登（花園三十郎　はなぞのさんじゅうろう）

花園姫　はなぞのひめ
歌舞伎演目『加賀見山再岩藤』に登場する、多賀大領の妹。
¶歌舞伎登（花園姫　はなぞのひめ）

花田左門　はなださもん
大佛次郎作『鞍馬天狗』の登場人物。
¶時代小説（花田左門　はなださもん）

花田内匠　はなだたくみ
江戸時代前期の浮世絵師。井原西鶴の『男色大鑑』に「浮世絵の名人」とある。
¶日本人名（花田内匠　はなだたくみ 生没年未詳）

花橘　はなたちばな
歌舞伎演目『楼門五三桐』に登場する、真柴久秋の家臣瀬川采女と言い交わした京島原の傾城だが、実は大仏餅屋惣右衛門の娘お菊。
¶歌舞伎登（花橘　はなたちばな）

花田縫殿助　はなだぬいのすけ
佐藤雅美作『恵比寿屋喜兵衛手控え』の登場人物。
¶時代小説（花田縫殿助　はなだぬいのすけ）

花田秀次郎　はなだひでじろう
高倉健主演の東映任侠映画「昭和残侠伝」シリーズ(1965-72)全9作のうち、7作品における主人公。
¶架空人物（花田秀次郎）
架空伝承（花田秀次郎　はなだひでじろう）
日本人名（花田秀次郎　はなだひでじろう）

花散里　はなちるさと
『源氏物語』に登場する、光源氏の愛人。麗景殿女御の妹。

¶架空人日（花散里　はなちるさと）
広辞苑6（花散里　はなちるさと）
古典人学（花散里　はなちるさと）
古典人東（花散里　はなちるさと）
大辞林3（花散里　はなちるさと）

鼻ツリ　はなつり
岡山県苫田郡でいう妖怪。
¶妖怪事典（ハナツリ）

花長神　はなながのかみ
美濃国大野郡の花長神社の祭神。
¶神仏辞典（花長神　はなながのかみ）

花長下神　はなながのしものかみ
美濃国大野郡の花長下神社の祭神。
¶神仏辞典（花長下神　はなながのしものかみ）

花波神　はななみのかみ
播磨国託賀郡法太里の花波山に鎮座する。近江の国の神。
¶神仏辞典（花波神・花浪神　はななみのかみ）

花の井　はなのい
歌舞伎演目『御所桜堀川夜討』に登場する、義経の北の方卿の君の乳人の侍従太郎森国の妻。
¶歌舞伎登（花の井　はなのい）

花人親王　はなひとしんのう
近松門左衛門作の浄瑠璃『用明天皇職人鑑』(1705年初演)に登場する皇太子。
¶架空人日（花人親王　はなひとしんのう）

花火の房之助　はなびのふさのすけ
佐伯泰英作『密命』の登場人物。
¶時代小説（花火の房之助　はなびのふさのすけ）

花房一洗　はなぶさいっせん
歌舞伎演目『梅柳若葉加賀染』に登場する、多賀大領の家臣。
¶歌舞伎登（花房一洗　はなぶさいっせん）

英一蝶　はなぶさいっちょう
江戸前期・中期の絵師。山東京伝の黄表紙「廓中丁子」に登場する。
¶説話伝説（英一蝶　はなぶさいっちょう [生]承応1(1652)年 [没]享保9(1724)年）〔像〕
伝奇伝説（英一蝶　はなぶさいっちょう [生]承応1(1652)年 [没]享保9(1724)年）

花房勘兵衛　はなぶさかんべえ
剣術家。戸部新十郎作『秘剣』の登場人物。
¶時代小説（花房勘兵衛　はなぶさかんべえ）

花房太郎　はなぶさたろう
歌舞伎演目『弥生の花浅草祭』に登場する、『其姿花図絵』(文政元年)から、三人立ちの「石橋」で先代が用いた役名。
¶歌舞伎登（花房太郎　はなぶさたろう）

花房兵左衛門　はなぶさへいざえもん
戸部新十郎作『秘剣』の登場人物。
¶時代小説（花房兵左衛門　はなぶさへいざえもん）

花房求女　はなぶさもとめ
歌舞伎演目『加賀見山再岩藤』に登場する、多賀家の忠臣花房主水の弟。
¶歌舞伎登（花房求女　はなぶさもとめ）

鼻節神　はなふしのかみ
陸奥国宮城郡の鼻節神社の祭神。
¶神仏辞典（鼻節神　はなふしのかみ）

花紫　はなむらさき
江島其磧作『傾城禁短気』の登場人物。江戸吉原三浦屋の太夫。
¶架空伝説（花紫　はなむらさき）
古典人学（三浦屋の花紫　みうらやのはなむらさき）

花村神　はなむらのかみ
『日本三代実録』に所出。佐渡国の神。
¶神仏辞典（花村神　はなむらのかみ）

花山太郎左　はなやまたろうざ
宮本昌孝作『藩校早春賦』の登場人物。
¶時代小説（花山太郎左　はなやまたろうざ）

花山千代丸　はなやまちよまる
宮本昌孝作『藩校早春賦』の登場人物。
¶時代小説（花山千代丸　はなやまちよまる）

花世　はなよ
久生十蘭作『顎十郎捕物帳』の登場人物。
¶時代小説（花世　はなよ）

花世の姫　はなよのひめ
継子いじめの物語の主人公。
¶説話伝説（花世の姫　はなよのひめ）
伝奇伝説（花世の姫　はなよのひめ）

放駒四郎兵衛　はなれごましろべえ
実録『幡随院長兵衛一代記』『関東血気物語』に登場する、江戸初期の侠客。
¶架空人日（放駒四郎兵衛　はなれごましろべえ）
架空伝説（放駒四郎兵衛　はなれごましろべえ）
歌舞伎登（放駒の四郎兵衛　はなれごまのしろべえ）
日本人名（放駒四郎兵衛　はなれごましろべえ 生没年未詳）

放駒の長吉　はなれごまのちょうきち
歌舞伎演目『双蝶々曲輪日記』に登場する、力士濡髪と対立する人物。
¶歌舞伎登（放駒の長吉　はなれごまのちょうきち）
日本人名（放駒長吉(2)　はなれごまちょうきち）

花若　はなわか
歌舞伎演目『望月』に登場する、信濃の国の安田庄司友治の子。
¶歌舞伎登（花若　はなわか）

塙保己一　はなわほきいち
江戸後期の国学者。武蔵児玉郡（埼玉県）出身。幼くして盲目となったが学問に精進。和学講談所を創設し『群書類従』の編纂にあたる。
¶説話伝説（塙保己一　はなわほきいち　㊵延享3（1746）年　㉓文政4（1831）年）
伝奇伝説（塙保己一　はなわほきいち　㊵延享3（1746）年　㉓文政4（1821）年）

土生田神　はにうだのかみ
越後国蒲原郡の土生田神社の祭神。
¶神仏辞典（土生田神　はにうだのかみ）

埴生女屋神　はにうめやのかみ
『日本三代実録』に所出。阿波国の神。徳島県名西郡神山町の上一宮大粟神社の祭神。
¶神仏辞典（埴生女屋神　はにうめやのかみ）

ハニマノカブル
鹿児島県沖永良部島でいう妖怪。
¶全国妖怪（ハニマノカブル〔鹿児島県〕）
妖怪事典（ハニマノカブル）

埴安神　はにやすのかみ
土の神。伊弉諾尊と伊弉冉尊が大八洲国の後に生んだ諸神のうち土神を埴安神とした。
¶神仏辞典（埴安神　はにやすのかみ）

波邇夜須毘古神　はにやすひこのかみ
伊邪那美命の屎（糞）から生まれた神。波邇夜須毘売神に対する男神。土神。
¶神様読解（波邇夜須毘古神/埴安彦命　はにやすひこのかみ・はにやすひこのみこと）
神仏辞典（波邇夜須毘古神　はにやすびこのかみ）
日本神々（波邇夜須毘古神　はにやすびこのかみ）
日本人名（波邇夜須毘古神　はにやすびこのかみ）

波邇夜須毘売神　はにやすびめのかみ
伊邪那美命の屎（糞）から生まれた神。波邇夜須毘古神に対する女神。土神。埴山姫などともいう。孝元天皇の夫人。『日本書紀』では、埴安媛。
¶アジア女神（波邇夜須毘売神　はにやすびめのかみ）
神様読解（波邇夜須毘売神/埴安姫尊　はにやすびめのかみ・はにやすびめのみこと）
神様読解（波邇夜須毘売　はにやすびめ）
神仏辞典（波邇夜須毘売神　はにやすびめのかみ）
日本神々（波邇夜須毘売神　はにやすびめのかみ）
日本人名（埴安媛　はにやすびめ）
日本人名（波邇夜須毘売神　はにやすびめのかみ）

埴山姫　はにやまひめ
徳島県三好郡井川町の馬岡新田神社、埼玉県富士見市勝瀬の榛名神社の祭神。
¶神仏辞典（埴山姫　はにやまひめ）

日本神話（ハニヤマビメ）

羽生村の金五郎　はにゅうむらのきんごろう
歌舞伎演目『伊達競阿国戯場』二番目宝蔵寺堤の場から牟払いの扮装で登場する無頼漢。
¶歌舞伎登（羽生村の金五郎　はにゅうむらのきんごろう）

刎川久馬　はねかわきゅうま
歌舞伎演目『箱根霊験躄仇討』に登場する、北条氏政の家臣。
¶歌舞伎登（刎川久馬　はねかわきゅうま）

刎川兵蔵　はねかわひょうぞう
歌舞伎演目『新薄雪物語』に登場する、幸崎伊賀守の家来。
¶歌舞伎登（刎川兵蔵　はねかわひょうぞう）

羽沢の嘉兵衛　はねざわのかへえ
池波正太郎作『仕掛人・藤枝梅安』の登場人物。
¶時代小説（羽沢の嘉兵衛　はねざわのかへえ）

波如神　はねのかみ
出雲国出雲郡外社64社の波如社の祭神。
¶神仏辞典（波如神　はねのかみ）

羽根の禿　はねのかむろ
歌舞伎演目『羽根の禿』に登場する、吉原で、羽根を突く禿。
¶歌舞伎登（羽根の禿　はねのかむろ）

歯の神　はのかみ
歯の病を治してくれると信じられてきた神。
¶神仏辞典（歯の神　はのかみ）

ババ
山梨県地方でいう妖怪の児童語。
¶妖怪事典（ババ）

母おかや　ははおかや
歌舞伎演目『仮名手本忠臣蔵』に登場する、百姓与市兵衛の妻で、お軽の母。
¶歌舞伎登（母おかや　ははおかや）

母を養うために盗みを犯した童　ははをやしなうためにぬすみをおかしたわらわ
無住道暁作『沙石集』の登場人物。安芸・周防両国の山で、母のため食物の俵を盗もうとした童。
¶古典人学（母を養うために盗みを犯した童　ははをやしなうためにぬすみをおかしたわらわ）

母影　ははかげ
柴田錬三郎作『赤い影法師』の登場人物。
¶時代小説（母影　ははかげ）

婆狐　ばばきつね
石見地方のある村の婆さんの狐が元となった

狐憑。
¶妖怪大鑑（婆狐　ばばきつね）〔像〕

脛巾脱ぎ　はばきぬぎ
和歌山県伊都郡花園村の棕櫚山でいう怪異。
¶妖怪事典（ハバキヌギ）
妖怪大事典（脛巾脱ぎ　はばきぬぎ）

伯耆神　ははきのかみ
伯耆国川村郡の波波伎神社の祭神。
¶神仏辞典（伯耆神・波波伎神　ははきのかみ）

馬場三郎兵衛　ばばさぶろべえ
越前少将の家臣。息子が三郎兵衛の遺骸に弾が当たらぬよう矢面に立ち退いていった話が「小早川式部翁物語」に残っている。
¶歌舞伎登（馬場三郎兵衛　ばばさぶろべえ）
説話伝説（馬場三郎兵衛　ばばさぶろべえ 生没年不詳）

姥津媛　ははつひめ
⇒意祁都比売命（おけつひめのみこと）

馬場文耕　ばばぶんこう
江戸中期の講釈師。未決中の美濃郡上藩金森騒動を講釈して捕まり、尋問でもなお悪政を非難したため獄門に処された。
¶説話伝説（馬場文耕　ばばぶんこう [生]享保3(1718)/一説・元文5(1715)年 [没]宝暦8(1758)）
伝奇伝説（馬場文耕　ばばぶんこう [生]享保3(1718)年? [没]宝暦8(1758)年）

馬場美濃守　ばばみののかみ
歌舞伎演目『太鼓音知勇三略』に登場する、三方ケ原の戦いで徳川家康の逃げ込んだ浜松城を取り囲み、総攻撃を仕掛けようとする武田信玄方の武将。
¶歌舞伎登（馬場美濃守　ばばみののかみ）

羽曳野　はびきの
歌舞伎演目『摂州合邦辻』に登場する、高安左衛門の執権誉田主税之助の妻で、左衛門の後妻玉手御前に仕えている実直な女性。
¶歌舞伎登（羽曳野　はびきの）

波比岐神　はひきのかみ
大年神の子。天知迦流美豆比売を母とする。宅地の境界を司る神とされる。
¶神様読解（波比岐神　はひきのかみ）
神仏辞典（波比岐神　はひきのかみ）
大辞林3（波比岐神　はいきのかみ）

灰宝神　はひほのかみ
三河国賀茂郡の灰宝神社の祭神。
¶神仏辞典（灰宝神　はひほのかみ）

波比売神　はひめのかみ
大和国吉野郡の波比売神社の祭神。
¶神仏辞典（波比売神　はひめのかみ）

土生仙之助　はぶせんのすけ
林不忘作『丹下左膳』の登場人物。
¶時代小説（土生仙之助　はぶせんのすけ）

波布比咩命神　はふひめのみことのかみ
伊豆国賀茂郡の波布比売命神社の祭神。
¶神仏辞典（波布比咩命神・波布比売命神　はふひめのみことのかみ）

祝園神　はふりそののかみ
山城国相楽郡の祝園神社の祭神。
¶神仏辞典（祝園神・祝薗神　はふりそののかみ）

祝田神　はふりたのかみ
大和国山辺郡、播磨国揖保郡の祝田神社の祭神。
¶神仏辞典（祝田神　はふりたのかみ）

祝神　はふりのかみ
信濃国埴科郡の祝神社の祭神。
¶神仏辞典（祝神　はふりのかみ）

波閉科神　はへえなのかみ
信濃国更級郡の波閉科神社の祭神。
¶神仏辞典（波閉科神・波閇科神　はへえなのかみ）

バーベバベ
神奈川県地方でいう妖怪の児童語。
¶妖怪事典（バーベバベ）

波宝神　はほのかみ
大和国吉野郡の波宝神社の祭神。
¶神仏辞典（波宝神　はほのかみ）

浜遊び　はまあそび
山口県周防地方でいう蜃気楼。
¶妖怪事典（ハマアソビ）

浜吉　はまきち
伊藤桂一作『風車の浜吉・捕物綴』の登場人物。
¶時代小説（浜吉　はまきち）

蛤女房　はまぐりにょうぼう
御伽草子『蛤の草紙』(室町時代初期)に登場する、蛤の化身の女人。
¶架空人日（蛤女房　はまぐりにょうぼう）
幻想動物（蛤女房）〔像〕
日本人名（蛤女房　はまぐりにょうぼう）

浜次　はまじ
山手樹一郎作『夢介千両みやげ』の登場人物。
¶時代小説（浜次　はまじ）

は

浜路　はまじ
曲亭馬琴作『南総里見八犬伝』や、その劇化『花魁蘇八総』に登場する人物。蟇六・亀篠夫婦の養女で犬塚信乃の許嫁。
- ¶英雄事典　（浜路〈大塚〉　ハマヂ〈オオツカ〉　⑪寛正3(1462)年　⑫文明10(1478)年）
  架空人日　（浜路　はまじ）
  歌舞伎登　（浜路　はまじ）
  古典人学　（浜路　はまじ）

浜路姫　はまじひめ
曲亭馬琴作の読本『南総里見八犬伝』に登場する、安房国の領主の第五姫で犬塚信乃の妻。
- ¶英雄事典　（浜路〈里見〉　ハマヂ〈サトミ〉　⑪文正1(1466)/応仁2(1468)年　⑫?）
  架空人日　（浜路姫　はまじひめ）

浜島庄兵衛　はまじましょうべえ
半村良作『妖星伝』に登場する盗賊。日本左衛門とともに大名屋敷を襲う。
- ¶時代小説　（浜島庄兵衛　はまじましょうべえ）

浜蔵　はまぞう
南原幹雄作『付き馬屋おえん』の登場人物。
- ¶時代小説　（浜蔵　はまぞう）

浜田長八の姉娘　はまだのちょうはちのあねむすめ
浅井了意作『伽婢子』の登場人物。越前敦賀の金持ち浜田長八の長女。
- ¶古典人学　（浜田長八の姉娘　はまだのちょうはちのあねむすめ）

浜野則之　はまののりゆき
江戸末期の腰物彫りの名人。
- ¶架空伝説　（浜野則之　はまののりゆき）

浜姫　はまひめ
石川県江沼郡橋立村（加賀市）でいう妖怪。
- ¶妖怪事典　（ハマヒメ）
  妖怪大事典　（浜姫　はまひめ）

浜松中納言　はままつちゅうなごん
⇒中納言（ちゅうなごん）

浜松屋幸兵衛　はままつやこうべえ
河竹黙阿弥作の歌舞伎『白浪五人男』(1862年初演)に登場する、白浪五人男が押し入った呉服屋の主。
- ¶架空人日　（浜松屋幸兵衛　はままつやこうべえ）
  歌舞伎登　（浜松屋幸兵衛　はままつやこうべえ）

浜夕　はまゆう
歌舞伎演目『奥州安達原』「袖萩祭文」の登場人物。
- ¶歌舞伎登　（浜夕　はまゆう）

波弥神　はみのかみ
近江国伊香郡・丹後国丹波郡の波弥神社の祭神。
- ¶神仏辞典　（波弥神　はみのかみ）

波牟許曾神　はむこそのかみ
河内国渋川郡の波牟許曾神社の祭神。
- ¶神仏辞典　（波牟許曾神　はむこそのかみ）

波无神　はむのかみ
『日本三代実録』に所出。丹波国の神。
- ¶神仏辞典　（波无神　はむのかみ）

葉村幸三郎　はむらこうざぶろう
二葉亭四迷作『其面影』(1906)の主人公の友人。
- ¶架空人日　（葉村幸三郎　はむらこうざぶろう）

葉叢丸　はむらまる
歌舞伎演目『葉武列土倭錦絵』に登場する、出羽の国最上の城主斯波家の嫡男。
- ¶歌舞伎登　（葉叢丸　はむらまる）〔像〕

ハーメーマジムン
沖縄県地方でいう妖怪。老婆の怪。
- ¶全国妖怪　（ハーメーマジムン〔沖縄県〕）
  妖怪事典　（ハーメーマジムン）

速秋津日子神　はやあきつひこのかみ
海の神三神の一柱で、水戸の神二神の一柱。水戸を司る神。また祓除を司る神。
- ¶神様読解　（速秋津日子神　はやあきつひこのかみ）
  神仏辞典　（速秋津日子神　はやあきつひこのかみ）
  日本神々　（速秋津日子神　はやあきつひこのかみ）〔像〕
  日本人名　（速秋津日子神　はやあきつひこのかみ）

速秋津比売神　はやあきつひめのかみ
罪汚れを呑み込む河口の女神。速秋津日子神と男女の一対をなす。
- ¶アジア女神　（速秋津比売神　はやあきつひめのかみ）
  神様読解　（速秋津比売神　はやあきつひめのかみ）
  神仏辞典　（速秋津比売神　はやあきつひめのかみ）
  日本神々　（速秋津比売神　はやあきつひめのかみ）
  日本人名　（速秋津比売神　はやあきつひめのかみ）
  日本神話　（ハヤアキツヒメ）

速風武雄神　はやかぜたけおのかみ
『日本三代実録』に所出。播磨国の神。
- ¶神仏辞典　（速風武雄神・逸風武雄神　はやかぜたけおのかみ）

早川高景　はやかわたかかげ
歌舞伎演目『楼門五三桐』に登場する、真柴久吉（史実の豊臣秀吉）の忠臣。
- ¶歌舞伎登　（早川高景　はやかわたかかげ）

速川神　はやかわのかみ
越中国射水郡の速川神社、因幡国気多郡の利川神社の祭神。

¶神仏辞典（速川神・利川神　はやかわのかみ）

早坂健　はやさかけん
大佛次郎作『鞍馬天狗』の登場人物。
¶時代小説（早坂健　はやさかけん）

早咲　はやざき
歌舞伎演目『大塔宮曦鎧』に登場する、斎藤太郎左衛門の娘。
¶歌舞伎登（早咲　はやざき）

速佐須良比咩　はやすらひめ
罪穢れを持ってさすらい消失させる女神。
¶アジア女神（速佐須良比咩　はやすらひめ）
　神仏辞典（速佐須良比売　はやすらひめ）
　日本神々（速佐須良比咩神　はやすらひめのかみ）

速雨神　はやさめのかみ
阿波国勝浦郡の速雨神社の祭神。
¶神仏辞典（速雨神　はやさめのかみ）

林　はやし
歌舞伎演目『一谷嫩軍記』に登場する、平家の侍後藤兵衛守長の妻。
¶歌舞伎登（林　はやし）

林子平　はやしへい
江戸中期の思想家。『三国通覧図説』『海国兵談』を著し海防の必要を説くが、幕府の怒りにふれ禁錮に処せられた。寛政の三奇人の一人。
¶説話伝説（林子平　はやしへい　⊕元文4(1739)年　②寛政5(1793)年）〔像〕
　伝奇伝説（林子平　はやしへい　⊕元文4(1739)年　②寛政5(1793)年）

林周蔵　はやししゅうぞう
有吉佐和子作『華岡青洲の妻』の登場人物。
¶時代小説（林周蔵　はやししゅうぞう）

林承賢　はやししょうけん
昭和時代の僧。三島由紀夫の小説『金閣寺』のモデル。
¶日本人名（林承賢　はやししょうけん　⊕1929年　②1956年）

林清三　はやしせいぞう
田山花袋作『田舎教師』(1909)の主人公の教員。
¶架空人日（林清三　はやしせいぞう）
　日本人名（林清三　はやしせいぞう）

林氏神　はやしのうじのかみ
伴林氏神とも。河内国志貴郡の伴林氏神社の祭神。
¶神仏辞典（林氏神　はやしのうじのかみ）

林神　はやしのかみ
伊勢国多気郡、越中国礪波郡、播磨国明石郡の林神社の祭神。

¶神仏辞典（林神　はやしのかみ）

波夜志命神　はやしのみことのかみ
伊豆国賀茂郡の波夜志神社の祭神。
¶神仏辞典（波夜志命神　はやしのみことのかみ）

林肥後守　はやしひごのかみ
柴田錬三郎作『眠狂四郎無頼控』の登場人物。
¶時代小説（林肥後守　はやしひごのかみ）

林房之助　はやしふさのすけ
乙川優三郎作『霧の橋』の登場人物。
¶時代小説（林房之助　はやしふさのすけ）

林羅山　はやしらざん
江戸時代の儒者。将軍家の侍講になり、家康から四代の将軍に仕えた。
¶説話伝説（林羅山　はやしらざん　⊕天正11(1583)年　②明暦3(1657)年）

早吸比咩神　はやすいひめのかみ
豊後国海部郡の早吸日女神社の祭神。
¶神仏辞典（早吸比咩神・早吸咩神・早吸日女神　はやすいひめのかみ）

早瀬　はやせ
歌舞伎演目『近江源氏先陣館』に登場する、佐々木盛綱の妻。
¶歌舞伎登（早瀬　はやせ）

早瀬伊織　はやせいおり
歌舞伎『敵討天下茶屋聚』に登場する人物。
¶架空伝説（早瀬伊織　はやせいおり）
　歌舞伎登（早瀬伊織　はやせいおり）

早瀬源次郎　はやせげんじろう
歌舞伎演目『敵討天下茶屋聚』に登場する人物。浮田家の家老早瀬玄番頭の次男、前髪の若衆役。
¶歌舞伎登（早瀬源次郎　はやせげんじろう）

早瀬主税　はやせちから
⇒主税（ちから）

隼太　はやた
海音寺潮五郎作『二本の銀杏』の登場人物。
¶時代小説（隼太　はやた）

速谷神　はやたにのかみ
『日本後紀』『日本三代実録』『延喜式』に所出。安芸国佐伯郡の神。
¶神仏辞典（速谷神　はやたにのかみ）

速玉之男　はやたまのを
伊弉諾尊が、黄泉国の伊弉冊尊に対して、縁を切ることを宣言した際に吐いた唾が化成した神。
¶朝日歴史（速玉之男神　はやたまのおのかみ）
　神仏辞典（速玉之男　はやたまのを）

はやた

日本人名　(速玉之男神　はやたまのおのかみ)

速玉神　はやたまのかみ
出雲国意宇郡式内社48社の速玉社、『延喜式』の速玉神社の祭神。
¶神仏辞典　(速玉神　はやたまのかみ)

波夜多麻和気命神　はやたまわけのみことのかみ
伊豆国賀茂郡の波夜多麻和気命神社の祭神。
¶神仏辞典　(波夜多麻和気命神　はやたまわけのみことのかみ)

波夜都武志神　はやつむじのかみ
出雲国島根郡式内社14社の久良弥社に坐す波夜都武志社などの祭神。
¶神仏辞典　(波夜都武志神・波夜都武自神　はやつむじのかみ)

波夜都武自和気神　はやつむじわけのかみ
速飄別命とも。出雲国意宇郡式内社48社の調屋社に坐す波夜都武自和気神社などの祭神。
¶神仏辞典　(波夜都武自和気神　はやつむじわけのかみ)

早野勘平　はやのかんぺい
人形浄瑠璃『仮名手本忠臣蔵』に登場する、伯耆国塩冶家の譜代の家来。腰元のお軽と恋仲。史実の萱野三平がモデルとされる。
¶朝日歴史　(お軽・勘平　おかる・かんぺい)
架空人日　(早野勘平　はやのかんぺい)
架空人物　(勘平)
架空伝承　(お軽・勘平　おかる・かんぺい)〔像〕
架空伝説　(お軽・勘平　おかる・かんぺい)〔像〕
歌舞伎登　(早野勘平　はやのかんぺい)〔像〕
広辞苑6　(早野勘平　はやのかんぺい)
古典人学　(早野勘平　はやのかんぺい)
古典人東　(お軽・勘平　おかる・かんぺい)
コン5　(お軽・勘平　おかる・かんぺい)
説話伝説　(お軽勘平　おかるかんぺい)〔像〕
大辞林3　(早野勘平　はやのかんぺい)
伝奇伝説　(お軽勘平　おかる・かんぺい)
日本人名　(お軽・勘平　おかる・かんぺい)

早野弥藤次　はやのやとうじ
歌舞伎演目『釜淵双級巴』に登場する、石川五右衛門捕縛の小頭。
¶歌舞伎登　(早野弥藤次　はやのやとうじ)

早乗三次　はやのりさんじ
江戸末頃の実録『大岡政談』、河竹黙阿弥作の歌舞伎『勧善懲悪覗機関』に登場する、村井長庵の弟分で悪事の片棒をかついだ人物。
¶架空人日　(早乗三次　はやのりさんじ)
歌舞伎登　(早乗り三次　はやのりさんじ)

隼新八郎　はやぶさしんぱちろう
平岩弓枝作『はやぶさ新八御用帳』の登場人物。
¶時代小説　(隼新八郎　はやぶさしんぱちろう)

隼神　はやぶさのかみ
京中坐神三座のうち左京四條座神一座の隼神社の祭神。
¶神仏辞典　(隼神　はやぶさのかみ)

隼の三吉　はやぶさのさんきち
大佛次郎作『鞍馬天狗』の登場人物。
¶時代小説　(隼の三吉　はやぶさのさんきち)

隼の長七　はやぶさのちょうしち
大佛次郎作『鞍馬天狗』の登場人物。
¶時代小説　(隼の長七　はやぶさのちょうしち)

速総別王　はやぶさわけのみこ
応神天皇の皇子。仁徳天皇の異母弟。『日本書紀』には、隼別皇子。
¶朝日歴史　(隼別皇子　はやぶさわけのみこ)
コン5　(隼別皇子　はやぶさわけのみこ)
新潮日本　(隼別皇子　はやぶさわけのみこ)
神仏辞典　(速総別命　はやぶさわけのみこと)
神話伝説　(速総別王・女鳥王　はやぶさわけのおおきみ・めとりのおおきみ)
説話伝説　(速総別王　はやぶさわけのみこ)
伝奇伝説　(速総別王　はやぶさわけのおおきみ)
日本人名　(隼別皇子　はやぶさわけのおうじ)

速経和気命　はやふわけのみこと
⇒立速男命(たちはやおのみこと)

速星神　はやほしのかみ
越中国婦負郡の速星神社の祭神。
¶神仏辞典　(速星神　はやほしのかみ)

はやま
人里近くの秀麗な山に宿っているとされる神で作神として祭祀されてた。
¶神仏辞典　(はやま)

羽山津見神　はやまつみのかみ
迦具土の死体から生まれた神々の一柱。右の手から化生した神。大山津見神と同一とされる。『日本書紀』では、麓山祇。
¶神様読解　(羽山津見神　はやまつみのかみ)
神仏辞典　(羽山津見神　はやまつみのかみ)
神仏辞典　(麓山祇　はやまづみ)

羽山戸神　はやまとのかみ
大年神の子。母は天知迦流美豆比売命。大気都比売との間に若山咋神らを生む。山の麓の神。
¶神様読解　(羽山戸神　はやまとのかみ)
神仏辞典　(羽山戸神　はやまとのかみ)
日本人名　(羽山戸神　はやまとのかみ)

速瓶玉命　はやみかたまのみこと
『先代旧事本紀』にみえる神。健磐竜命の子。母は阿蘇都媛。
¶日本人名　(速瓶玉命　はやみかたまのみこと)

速甕之多気佐波夜遅奴美神　はやみかのたけさばやぢぬみのかみ

国忍富神の子で、母を葦那陀迦神とする。

¶**神様読解**（速甕之多気佐波夜遅奴美神　はやみかのたけさばやぢぬみのかみ）
神仏辞典（速甕之多気佐波夜遅奴美神　はやみかのたけさはやじぬみのかみ）

逸見藤太　はやみのとうだ

歌舞伎演目『義経千本桜』に登場する、堀川御所を落ち延びた義経一行の追っ手。

¶**歌舞伎登**（逸見藤太　はやみのとうだ）

早見政次郎　はやみまさじろう

歌舞伎演目『柵自来也談』に登場する、医師喜楽斎の次男。

¶**歌舞伎登**（早見政次郎　はやみまさじろう）

早見又四郎　はやみまたしろう

新選組隊士。子母澤寛作『新選組始末記』の登場人物。

¶**時代小説**（早見又四郎　はやみまたしろう）

流行神　はやりがみ

ある時代にある地域で突然信仰対象となる神仏。

¶**神仏辞典**（流行神　はやりがみ）

パヨカカムイ

⇒疱瘡のカムイ（ほうそうのかむい）

祓戸神　はらえどのかみ

祓の所を主宰する神。瀬織津比咩・速開津比咩・気吹戸主・速佐須良比咩の四神を総称して呼ぶ名。

¶**朝日歴史**（祓所神　はらえどのかみ）
広辞苑6（祓戸神　はらえどのかみ）
日本神様（祓戸神　はらえどのかみ）

原木十蔵　はらきじゅうぞう

大佛次郎作『鞍馬天狗』の登場人物。

¶**時代小説**（原木十蔵　はらきじゅうぞう）

原口　はらぐち

夏目漱石作『三四郎』(1908) に登場する画家。

¶**架空人日**（原口　はらぐち）

原郷右衛門　はらごうえもん

浄瑠璃・歌舞伎『仮名手本忠臣蔵』に登場する、家老の大星由良之助の側近。

¶**架空人日**（原郷右衛門　はらごうえもん）
歌舞伎登（原郷右衛門　はらごうえもん）

原小文治　はらこぶんじ

歌舞伎演目『本朝廿四孝』四段目「十種香」の場に登場する、長尾（上杉）謙信の家臣。

¶**歌舞伎登**（原小文治　はらこぶんじ）

バラゴン

映画『フランケンシュタイン対地底海獣』(1965) に登場する、4本足の怪獣。

¶**怪物事典**（バラゴン）〔像〕

原惣右衛門　はらそうえもん

赤穂浪士の一人。池宮彰一郎作『四十七人の刺客』の登場人物。

¶**時代小説**（原惣右衛門　はらそうえもん）

原田甲斐　はらだかい

仙台藩奉行（家老）。伊達騒動（寛文事件）で有名。実録本『伊達厳秘録』が有名。歌舞伎『早苗鳥伊達聞書』に登場する。

¶**架空伝承**（原田甲斐　はらだかい [生]元和5 (1619) 年 [没]寛文11 (1671) 年）〔像〕
歌舞伎登（原田甲斐　はらだかい）
時代小説（原田甲斐宗輔　はらだかいむねすけ）
説話伝説（原田甲斐　はらだかい [生]元和5 (1619) 年 [没]寛文11 (1671) 年）
世百新（原田甲斐　はらだかい [生]元和5 (1619) 年 [没]寛文11 (1671) 年）

原田左之助　はらださのすけ

新選組隊士。子母澤寛作『新選組始末記』の登場人物。

¶**時代小説**（原田左之助　はらださのすけ）

原田内助　はらだないすけ

井原西鶴作『西鶴諸国ばなし』の登場人物。江戸郊外の浪人。

¶**古典人学**（原田内助　はらだないすけ）

原田隆助　はらだりゅうすけ

歌舞伎演目『紙子仕立両面鑑』に登場する、備後中村家の惣勘定頭。

¶**歌舞伎登**（原田隆助　はらだりゅうすけ）

原丹治　はらたんじ

三遊亭円朝作『塩原多助一代記』(1889) に登場する、上州沼田の領主土岐伊予守の家臣。

¶**架空人日**（原丹治　はらたんじ）

波良波神　はらはのかみ

対馬島上県郡の波良波神社の祭神。

¶**神仏辞典**（波良波神　はらはのかみ）

原武太夫　はらぶだゆう

江戸時代の文人・三味線の名手。雨乞いのため「京鹿子娘道成寺」の三味線を弾くと、雨が降り出したという。

¶**説話伝説**（原武太夫　はらぶだゆう [生]元禄10 (1697) 年 [没]安永5 (1776) 年）
伝奇伝説（原武太夫　はらぶだゆう [生]元禄10 (1697) 年 [没]寛政4 (1792) 年2月22日）

原山津見神　はらやまつみのかみ

迦具土神の死体から生まれた神々の一柱。左の

足から化生した神。
¶**神様読解**（原山津見神　はらやまつみのかみ）
神仏辞典（原山津見神　はらやまつみのかみ）

針女　はりおなご
四国の宇和島地方（愛媛県）の妖怪で、「ヌレオナゴ」または「笑い女子」ともいう。髪の先の鉤で男を引っかけてつれて行く。
¶**幻想動物**（針女）〔像〕
水木妖怪続（針女　はりおなご）〔像〕
妖怪大全（針女　はりおなご）〔像〕
妖怪大事典（針女　はりおんな）〔像〕

馬力神　ばりきじん
東北および北関東で祀る馬の神。
¶**神仏辞典**（馬力神　ばりきじん）

針熊神　はりくまのかみ
尾張国中島郡の針熊神社の祭神。
¶**神仏辞典**（針熊神　はりくまのかみ）

頗梨采女　はりさいじょ
人の吉凶を司る方位の神。
¶**日本人名**（頗梨采女　はりさいじょ）

治田神　はりたのかみ
大和国高市郡の治田神社の祭神。
¶**神仏辞典**（治田神　はりたのかみ）

礫茂左衛門　はりつけもざえもん
江戸幕府初期の一揆の義人。
¶**コン5**（杉木茂左衛門　すぎきもざえもん [生]? [没]貞享3（1686）年?）
新潮日本（杉木茂左衛門　すぎきもざえもん 生没年不詳）
説話伝説（礫茂左衛門　はりつけもざえもん [生]? [没]貞享2（1685）年）
伝奇伝説（礫茂左衛門　はりつけもざえもん 生没年未詳）
日本人名（杉木茂左衛門　すぎきもざえもん [生]? [没]1681/1686年）

針綱神　はりつなのかみ
尾張国丹羽郡の針綱神社の祭神。
¶**神仏辞典**（針綱神　はりつなのかみ）

針名神　はりなのかみ
尾張国愛智郡の針名神社の祭神。
¶**神仏辞典**（針名神　はりなのかみ）

播磨稲日大郎姫　はりまのいなびのおおいらつひめ
記紀系譜上の景行天皇の皇后。播磨（兵庫県）各地の地名説話に登場する。『古事記』では針間之伊那毘能大郎女。稲日稚郎姫、印南別嬢などともいう。
¶**朝日歴史**（播磨稲日大郎姫　はりまのいなびのおおいらつめ）
架空人日（印南別嬢　いなみのわきいらつめ）
神様読解（針間之伊那毘能大郎女　はりまのいなびのおおいらつめ）
広辞苑6（印南別嬢　いなみのわきいらつめ）
コン5（播磨稲日大郎姫　はりまのいなびのおおいらつひめ）
新潮日本（播磨稲日大郎姫　はりまのいなひのおおいらつめ）
神話伝説（印南別嬢　いなみのわきいらつめ）
日本人名（印南別嬢　いなみのわきいらつめ）
日本人名（播磨稲日大郎姫　はりまのいなびのおおいらつめ）

播磨大掾広盛　はりまのだいじょうひろもり
歌舞伎演目『一条大蔵譚』に登場する、播磨の国の領主で、平清盛の側近。
¶**歌舞伎登**（播磨大掾広盛　はりまのだいじょうひろもり）

播磨安高　はりまのやすたか
『今昔物語集』に登場する、狐を懲らしめる近衛舎人。
¶**架空人日**（播磨安高　はりまのやすたか）

播磨屋助左衛門　はりまやすけざえもん
澤田ふじ子作『公事宿事件書留帳』の登場人物。
¶**時代小説**（播磨屋助左衛門　はりまやすけざえもん）

バリヨン
新潟県三条市地方でいう妖怪。夜中行く人があると、その背中に飛び乗って頭をかじる。
¶**全国妖怪**（バリヨン〔新潟県〕）
妖怪事典（バリヨン）
妖怪大事典（バリヨン）〔像〕

春　はる
歌舞伎演目『菅原伝授手習鑑』に登場する、梅王丸の妻。
¶**歌舞伎登**（春　はる）

波留　はる
藤沢周平作『暗殺の年輪』の登場人物。
¶**時代小説**（波留　はる）

春猪　はるい
坂本竜馬の姪。司馬遼太郎作『竜馬がゆく』の登場人物。
¶**時代小説**（春猪　はるい）

春江　はるえ
大佛次郎作『ごろつき船』の登場人物。
¶**時代小説**（春江　はるえ）

春殖神　はるえのかみ
出雲国大原郡式外社17社の春殖社の祭神。
¶**神仏辞典**（春殖神　はるえのかみ）

春方　はるかた
歌舞伎演目『狐と笛吹き』に登場する、王朝時代の楽人。

¶歌舞伎登（春方　はるかた）

春樹　はるき
菊田一夫作『君の名は』の主人公。
¶コン5（真知子・春樹　まちこ・はるき）

春木神　はるきのかみ
但馬国七美郡の春木神社の祭神。
¶神仏辞典（春木神　はるきのかみ）

春駒太夫　はるこまだゆう
山手樹一郎作『夢介千両みやげ』の登場人物。
¶時代小説（春駒太夫　はるこまだゆう）

バルゴン
映画『大怪獣決闘・ガメラ対バルゴン』（1966）に登場する、4本足の怪獣。
¶怪物事典（バルゴン）

治田若御子神　はるたわかみこのかみ
『日本文徳天皇実録』に所出。加賀国の神。
¶神仏辞典（治田若御子神　はるたわかみこのかみ）

榛名神　はるなのかみ
上野国群馬郡の榛名神社の祭神。
¶神仏辞典（榛名神　はるなのかみ）

春之助　はるのすけ
角田喜久雄作『折鶴七変化』の登場人物。
¶時代小説（春之助　はるのすけ）

春彦　はるひこ
歌舞伎演目『修禅寺物語』に登場する、面作師夜叉王の次女楓の聟で、夜叉王の弟子。
¶歌舞伎登（春彦　はるひこ）

春山之霞壮夫　はるやまのかすみおとこ
『古事記』中巻に登場する。兄の秋山之下氷壮夫と伊豆志袁登売神を争った末、結婚した。
¶神様読解（春山之霞壮夫　はるやまのかすみおとこ）
広辞苑6（春山之霞壮夫　はるやまのかすみおとこ）
世百新（春山之霞壮夫　はるやまのかすみおとこ）
大辞林3（春山之霞壮夫　はるやまのかすみおとこ）
伝奇伝説（春山之霞壮夫　はるやまのかすみおとこ）
日本人名（春山之霞壮夫　はるやまのかすみおとこ）

馬櫪神　ばれきじん
馬の守護神。
¶広辞苑6（馬櫪神　ばれきじん）
大辞林3（馬櫪神　ばれきじん）

ばろう狐　ばろうぎつね
動物の妖怪。新潟県南蒲原郡でいう。
¶神仏辞典（ばろう狐　ばろうぎつね）
全国妖怪（バロウギツネ〔新潟県〕）
妖怪事典（バロウギツネ）

波浪神　はろうじん
航行中の船舶を守るという神。
¶広辞苑6（波浪神　はろうじん）

板遠山頓鈍坊　はんえんざんとんどんぼう
密教系の祈祷秘経『天狗経』にある全国代表四十八天狗の一つ。
¶妖怪事典（ハンエンザントンドンボウ）
妖怪大事典（板遠山頓鈍坊　はんえんざんとんどんぼう）

樊噲　はんかい
上田秋成作『春雨物語』「樊噲」の主人公。伯耆大山麓に住む、大力の大蔵のあだ名。
¶架空人日（樊噲　はんかい）
架空伝説（樊噲　はんかい）
古典入学（樊噲　はんかい）

榛谷十郎　はんがいじゅうろう
歌舞伎演目『近江源氏先陣館』に登場する、北条時政の家臣。
¶歌舞伎登（榛谷十郎　はんがいじゅうろう）

板額　はんがく
平安末〜鎌倉初期の女豪傑。越後国の豪族城資国の娘。奥山荘鳥坂城での籠城で幕府相手に奮戦したという。
¶架空伝承（板額　はんがく　生没年不詳）〔像〕
架空伝説（板額　はんがく）
歌舞伎登（板額　はんがく）
コン5（坂額　はんがく　生没年不詳）
説話伝説（板額　はんがく　生没年不詳）
伝奇伝説（板額　はんがく　生没年未詳）

半瓦の弥次兵衛　はんがわらのやじべえ
吉川英治作『宮本武蔵』の登場人物。
¶時代小説（半瓦の弥次兵衛　はんがわらのやじべえ）

判官代輝国　はんがんだいてるくに
歌舞伎演目『菅原伝授手習鑑』に登場する、配所に向かう菅丞相の警固役。
¶歌舞伎登（判官代輝国　はんがんだいてるくに）

範久阿闍梨　はんきゅうあじゃり
説話集『宇治拾遺物語』に登場する僧侶（阿闍梨）。
¶架空人日（範久阿闍梨　はんきゅうあじゃり）

半九郎　はんくろう
遊女お染と寛永3（1626）年に京都鳥辺山で心中した旗本。近松門左衛門が作品化した。岡本綺堂による『鳥辺山心中』も知られる。
¶朝日歴史（お染・半九郎　おそめ・はんくろう）
歌舞伎登（菊地半九郎　きくちはんくろう）
広辞苑6（お染半九郎　おそめ・はんくろう）
新潮日本（お染・半九郎　おそめ・はんくろう）
大辞林3（お染・半九郎　おそめ・はんくろう）
日本人名（お染・半九郎　おそめ・はんくろう）

伴源之丞　ばんげんのじょう
国枝史郎作『神州纐纈城』の登場人物。
¶**時代小説**（伴源之丞　ばんげんのじょう）

伴蒿蹊　ばんこうけい
近世後期の古典学者・歌人・随筆家。地下の和歌四天王の一人。
¶**説話伝説**（伴蒿蹊　ばんこうけい　[生]享保18(1733)年　[没]文化3(1806)年）
伝奇伝説（伴蒿蹊　ばんこうけい　[生]享保18(1733)年　[没]文化3(1806)年）

繁斎　はんさい
歌舞伎演目『桂川連理柵』「帯屋」の場に登場する70に近い隠居。
¶**歌舞伎登**（繁斎　はんさい）

ハンザキの怪異　はんざきのかいい
ハンザキとは中国地方でいう大山椒魚のことで、巨大なものが人畜に害をなしたという伝説が伝わっている。
¶**妖怪事典**（ハンザキノカイイ）
妖怪大事典（ハンザキの怪異　はんざきのかいい）〔像〕

榛沢六郎　はんざわろくろう
歌舞伎演目『壇浦兜軍記』に登場する、阿古屋を重忠の御前に召し連れる役。
¶**歌舞伎登**（榛沢六郎　はんざわろくろう）

半七　はんしち
岡本綺堂の『半七捕物帳』シリーズの主人公。岡っ引。
¶**架空人日**（半七　はんしち）
架空人物（半七）
架空伝承（半七　はんしち）
架空伝説（半七　はんしち）〔像〕
歌舞伎登（三河町の半七　みかわちょうのはんしち）
コン5（三河町半七　みかわちょうのはんしち）
新潮日本（半七　はんしち）
時代小説（半七　はんしち）
日本人名（半七(2)　はんしち）
名探偵日（半七　はんしち）

半七　はんしち
江戸期の情話の主人公。妻のお園がいながら、千日寺の焼き場裏（通称サイタラ畑）で三勝と心中したといわれる男。茜屋（赤根屋）半七。
¶**朝日歴史**（三勝・半七　さんかつ・はんしち）
架空伝承（三勝・半七　さんかつ・はんしち）
架空伝説（三勝・半七　さんかつ・はんしち）
歌舞伎登（茜屋半七　あかねやはんしち）
歌舞伎登（茜屋半七　あかねやはんしち）
古典人学（三勝半七　さんかつはんしち）
コン5（三勝・半七　さんかつ・はんしち）
新潮日本（三勝・半七　さんかつ・はんしち）
説話伝説（三勝半七　さんかつはんしち）〔像〕
伝奇伝説（三勝半七　さんかつはんしち）

半七　はんしち
近松門左衛門作の浄瑠璃『長町女腹切』の主人公の刀職人。
¶**広辞苑6**（お花半七　おはな・はんしち）
コン5（お花・半七　おはな・はんしち）
説話伝説（お花半七　おはなはんしち）
伝奇伝説（お花半七　おはな はんしち）
日本人名（お花・半七　おはな・はんしち）

半七〔舞扇南柯話〕　はんしち
⇒赤根半七（あかねはんしち）

磐司磐三郎　ばんじばんざぶろう
狩猟伝承にみられる狩人の名。マタギ（狩猟民）の祖先であるという。一人の名でなく、磐次と磐三郎の兄弟とするものもある。
¶**朝日歴史**（磐司磐三郎　ばんじばんざぶろう）
架空伝承（磐司磐三郎　ばんじばんざぶろう）
広辞苑6（磐次磐三郎　ばんじばんざぶろう）
コン5（磐次磐三郎　ばんじばんざぶろう）
神仏辞典（磐次磐三郎　ばんじばんざぶろう）
神話伝説（盤次盤三郎　ばんじばんざぶろう）
説話伝説（磐次磐三郎　ばんじばんざぶろう）
世百新（磐司磐三郎　ばんじばんざぶろう）
大辞林3（磐司磐三郎　ばんじばんざぶろう）
伝奇伝説（磐次磐三郎　ばんじばんざぶろう）
日本人名（磐次磐三郎　ばんじばんざぶろう）

班女　はんじょ
世阿弥作・能『班女』に登場する、花子という名の美濃国野上の宿の遊女。吉田少将と契っり、再会を待ち望む間にあだ名された名。
¶**架空伝説**（班女　はんじょ）
古典人学（班女　はんじょ）
日本人名（班女　はんじょ）

班女の前　はんじょのまえ
歌舞伎の「隅田川」ものに登場する、吉田の少将の妻で梅若丸の母。世阿弥の能『班女』の主人公の名が取られた。
¶**歌舞伎登**（班女の前 1『隅田川』　はんじょのまえ）
歌舞伎登（班女の前 2『都鳥廓白浪』　はんじょのまえ）

幡随院長兵衛　ばんずいいんちょうべえ
江戸前期、江戸で名のあった町奴。歌舞伎、講談などで伝わり、脚色された。
¶**朝日歴史**（幡随院長兵衛　ばんずいいんちょうべえ　[生]元和8(1622)年　[没]明暦3(1657)年）
架空人日（幡随院長兵衛　ばんずいいんちょうべえ）
架空人物（幡随院長兵衛）
架空伝承（幡随院長兵衛　ばんずいいんちょうべえ　[生]?　[没]明暦3(1657)年）
架空伝説（幡随院長兵衛　ばんずいいんちょうべえ）〔像〕
歌舞伎登（幡随長兵衛 1『鈴ヶ森』　ばんずいちょうべえ）〔像〕
歌舞伎登（幡随長兵衛 2『幡随長兵衛精進俎板』　ばんずいちょうべえ）
歌舞伎登（幡随長兵衛 3『極付幡随長兵衛』　ばんずいちょうべえ）
コン5（幡随院長兵衛　ばんずいいんちょうべえ　[生]?

[没]慶安3(1650)/明暦3(1657)年)
新潮日本(幡随院長兵衛　ばんずいいんちょうべえ　[生]元和8(1622)年 [没]明暦3(1657)年7月18日)
時代小説(幡随院長兵衛　ばんずいいんちょうべえ)
説話伝説(幡随院長兵衛　ばんずいいんちょうべい　[生]元和8(1622)年 [没]明暦3(1657)年)〔像〕
世百新(幡随院長兵衛　ばんずいいんちょうべえ　[生]? [没]明暦3(1657)年)
伝奇伝説(幡随院長兵衛　ばんずいいんちょうべえ)
日本人名(幡随院長兵衛　ばんずいいんちょうべえ　[生]? [没]1657年)

伴助　ばんすけ
歌舞伎演目『東海道四谷怪談』に登場する、民谷伊右衛門の悪仲間の仲間。
¶歌舞伎登(伴助　ばんすけ)

半助　はんすけ
河竹黙阿弥作の歌舞伎『仮名手本硯高島』(1858年初演)に登場する、塩山家の若党。
¶架空人日(半助　はんすけ)

反正天皇　はんぜいてんのう
記紀系譜上の第18代天皇。仁徳天皇を父とし、石之日売命を母とする。長兄が履中天皇、弟が允恭天皇。
¶コン5(反正天皇　はんぜいてんのう)
神仏辞典(蝮之水歯別命　たじひのみずはわけのみこと)
神仏辞典(反正天皇　はんぜいてんのう)
神話伝説(反正天皇　はんぜいてんのう)
日本人名(反正天皇　はんぜいてんのう)

伴大納言　ばんだいなごん
⇒伴善男(とものよしお)

半田稲荷の行者　はんだいなりのぎょうじゃ
歌舞伎演目『半田稲荷』に登場する、葛西金町の半田稲荷に代参した物乞いの願人坊主。
¶歌舞伎登(半田稲荷の行者　はんだいなりのぎょうじゃ)

塙団右衛門　ばんだんえもん
戦国の武将。足軽大将。一説に本名塙尚之。
¶架空伝説(塙団右衛門　ばんだんえもん)
奇談逸話(塙団右衛門直之　ばんだんえもんなおゆき [生]永禄10(1567)年 [没]元和1(1615)年)
説話伝説(塙団右衛門　ばんだんえもん [生]永禄10(1567)年 [没]元和1(1615)年)
伝奇伝説(塙団右衛門　ばんだんえもん [生]永禄10(1567)年 [没]元和1(1615)年)

パーント
沖縄県地方でいう妖怪の児童語。
¶妖怪事典(パーント)

パーントゥ
沖縄県宮古本島の島尻、野原と、大神島、来間島の四か所で特定の祭祀のときに出現する仮面神。
¶神仏辞典(パーントゥ)
妖怪大事典(パーントゥ)〔像〕

坂東小鈴　ばんどうこすず
山手樹一郎作『桃太郎侍』の登場人物。
¶時代小説(坂東小鈴　ばんどうこすず)

坂東三津五郎〔3代〕　ばんどうみつごろう
歌舞伎役者。3代目は永気の親玉と呼ばれ、人気を博した。
¶説話伝説(坂東三津五郎　ばんどうみつごろう [生]安永4(1775)年 [没]天保2(1831)年)〔像〕
伝奇伝説(坂東三津五郎　ばんどうみつごろう [生]安永4(1775)年 [没]天保2(1831)年)

坂東三津五郎〔4代〕　ばんどうみつごろう
歌舞伎役者。3代目の養子。4代目歌右衛門と人気を競った。
¶伝奇伝説(坂東三津五郎　ばんどうみつごろう [生]寛政12(1800)年 [没]文久3(1863)年)

半時九郎兵衛　はんときくろべえ
歌舞伎演目『心謎解色糸』に登場する人物。もと、赤城家の若党葛飾十右衛門といい、芸者小糸の兄。
¶歌舞伎登(半時九郎兵衛　はんときくろべえ)

般若　はんにゃ
仏教において最高の智慧の意であったが、鬼女の意で用いられるようになったもの。能の鬼女面は般若と呼ばれ、『葵上』『道成寺』『安達原』を三鬼女としている。
¶吸血鬼(般若)
妖怪事典(ハンニャ)
妖怪大全(般若　はんにゃ)〔像〕
妖怪大事典(般若　はんにゃ)〔像〕

般若五郎　はんにゃのごろう
江戸の顔見世狂言で「小町」の世界に登場する荒事師。
¶歌舞伎登(般若五郎　はんにゃのごろう)

般若の霊　はんにゃのれい
丑三つどきに現れ冷たい息をかける般若の霊。
¶妖怪大鑑(般若の霊　はんにゃのれい)〔像〕

般若菩薩　はんにゃぼさつ
仏法を象徴化した菩薩であり、『大般若経』の本尊として信仰された。
¶東洋神名(般若菩薩　ハンニャボサツ)〔像〕
仏尊事典(般若菩薩　はんにゃぼさつ)〔像〕

判人面白屋文吉　はんにんおもしろやぶんきち
歌舞伎演目『伊達競阿国戯場』の二番目の登場人物。
¶歌舞伎登(判人面白屋文吉　はんにんおもしろやぶんきち)

判八　はんぱち
滝亭鯉丈作の滑稽本『八笑人』に登場する、江戸の住人。
¶**架空人日**（判八　はんぱち）

番場の忠太郎　ばんばのちゅうたろう
長谷川伸の戯曲『瞼の母』(1930年)で創造された旅の博徒。
¶**架空人日**（番場の忠太郎　ばんばのちゅうたろう）
架空人物（番場の忠太郎）
架空伝承（番場の忠太郎　ばんばのちゅうたろう）
架空伝説（番場の忠太郎　ばんばのちゅうたろう）
歌舞伎登（番場の忠太郎　ばんばのちゅうたろう）
新潮日本（番場の忠太郎　ばんばのちゅうたろう）
日本人名（番場の忠太郎　ばんばのちゅうたろう）

バンバン
福岡県嘉穂地方でいう妖怪の児童語。
¶**妖怪事典**（バンバン）

半兵衛　はんべえ
紀海音作の『心中二ツ腹帯』、近松門左衛門作『心中宵庚申』の題材となった夫婦で心中した人物。
¶**朝日歴史**（お千代・半兵衛　おちよ・はんべえ）
架空人日（半兵衛　はんべえ）
架空伝説（おちよ・半兵衛　おちよ・はんべえ）
コン5（お千代・半兵衛　おちよ・はんべえ）
説話伝説（お千代半兵衛　おちよはんべえ [没]享保7(1722)年?4月）
伝奇伝説（お千代半兵衛　おちよ はんべえ）
日本人名（お千代・半兵衛　おちよ・はんべえ）

半兵衛　はんべえ
大津柴屋町の稲野屋半兵衛。初代都太夫一中の語りもの『唐崎心中』をはじめとし、浄瑠璃・歌舞伎などに登場する。
¶**広辞苑6**（小稲半兵衛・小雛半兵衛・小いな半兵衛　こいなはんべえ）
コン5（小いな・半兵衛　こいな・はんべえ）
伝奇伝説（小いな半兵衛　こいなはんべえ）
日本人名（小稲・半兵衛　こいな・はんべえ）

半兵衛〔艶容女舞衣〕　はんべえ
⇒茜屋半兵衛（あかねやはんべえ）

半留　はんる
井原西鶴作の浮世草子『好色二代男』(1684)巻五の三「死ば諸共の木刀」に登場。
¶**架空人日**（半留　はんる）

【ひ】

ピィーイ鳩　ぴぃーいはと
鹿児島県奄美大島地方でいう怪鳥。
¶**妖怪事典**（ピィーイハト）

氷池神　ひいけのかみ
『延喜式』に所出。主水司が11月に祭る、19座の神。
¶**神仏辞典**（氷池神　ひいけのかみ）

斐伊神　ひいのかみ
樋神。出雲国大原郡の斐伊神社の祭神。
¶**神仏辞典**（斐伊神　ひいのかみ）

斐伊波夜比古神　ひいのはやひこのかみ
出雲国大原郡の斐伊波夜比古神社の祭神。
¶**神仏辞典**（斐伊波夜比古神　ひいのはやひこのかみ）

ひいべぇもん
海の妖怪。福岡県宗像郡大島村でナガレボトケの火をいう。
¶**神仏辞典**（ひいべぇもん）

飛衛　ひえい
中島敦作『名人伝』(1942)に登場する、中国の弓の名人。
¶**架空人日**（飛衛　ひえい）

比叡山法性坊　ひえいざんほうしょうぼう
京都府と滋賀県の境にあたる比叡山に棲む天狗。
¶**妖怪事典**（ヒエイザンホウショウボウ）
妖怪大事典（比叡山法性坊　ひえいざんほうしょうぼう）

比叡神　ひえいのかみ
『日本三代実録』に所出。大比叡神、小比叡神とも。近江国の神。
¶**神仏辞典**（大比叡神　おおひえのかみ）
神仏辞典（比叡神　ひえいのかみ）

比叡神　ひえいのかみ
⇒大比叡神（おおひえのかみ）

稗田阿礼　ひえだのあれ
『古事記』編纂に関与した人物。
¶**架空伝承**（稗田阿礼　ひえだのあれ 生没年不詳）
説話伝説（稗田阿礼　ひえだのあれ 生没年未詳）
伝奇伝説（稗田阿礼　ひえだのあれ）

薭田神　ひえたのかみ
武蔵国荏原郡の薭田神社の祭神。
¶**神仏辞典**（薭田神・稗田神　ひえたのかみ）

薭田野神　ひえたののかみ
丹波国桑田郡の薭田神社の祭神。
¶**神仏辞典**（薭田野神　ひえたののかみ）

稗田利八　ひえだりはち
新選組隊士。浅田次郎作『壬生義士伝』の登場人物。
¶**時代小説**（稗田利八　ひえだりはち）

日吉の神　ひえのかみ
日吉大社・全国の日吉(枝)社の祭神。
- ¶奇談逸話（日吉の神　ひえのかみ）
- 神仏辞典（日吉神　ひえのかみ）
- 説話伝説（日吉の神　ひえのかみ）

火を貸せ　ひをかせ
愛知県北設楽郡や南設楽郡でいう、河童のような淵の主（または子）。
- ¶神仏辞典（火を貸せ　ひをかせ）
- 全国妖怪（ヒヲカセ〔愛知県〕）
- 妖怪事典（ヒヲカセ）
- 妖怪大事典（火を貸せ　ひをかせ）

日置神　ひおきのかみ
越中国新川郡の日置神社の祭神。
- ¶神仏辞典（日置神　ひおきのかみ）

火桶の文助　ひおけのぶんすけ
井原西鶴の浮世草子『本朝二十不孝』（1686）巻一の第二「大節季にない袖の雨」に登場する悲劇の父親。
- ¶架空人日（火桶の文助　ひおけのぶんすけ）

火男神・火売神　ひおのかみ・ひめのかみ
火男咩神とも。豊後国速見郡の火男火売神社二座の祭神。
- ¶神仏辞典（火男神・火売神　ひおのかみ・ひめのかみ）
- 神仏辞典（火咩神・火売神・火女神　ひめのかみ）

檜垣　ひがき
歌舞伎演目『桑名屋徳蔵入船物語』に登場する、吉原の傾城で讃岐の国（香川県）高丸家領主亀次郎の恋人。
- ¶歌舞伎登（桧垣　ひがき）

檜垣源之助　ひがきげんのすけ
富田常雄作『姿三四郎』（1944）に登場する、姿三四郎の仇敵、後に友人。
- ¶架空人日（檜垣源之助　ひがきげんのすけ）

桧垣茶屋の亭主与市　ひがきぢゃやのていしゅよいち
歌舞伎演目『一条大蔵譚』に登場する、下鴨神社の糺の森の茶屋の主人。
- ¶歌舞伎登（桧垣茶屋の亭主与市　ひがきぢゃやのていしゅよいち）

檜垣庄右衛門　ひがきしょうえもん
藤沢周平作『暗殺の年輪』の登場人物。
- ¶時代小説（檜垣庄右衛門　ひがきしょうえもん）

檜垣の嫗　ひがきのおうな
平安中期の歌人。世阿弥の謡曲『檜垣』の題材となる。
- ¶架空人日（『檜垣』の嫗　ひがきのおうな）
- 歌舞伎登（桧垣の老女　ひがきのろうじょ）
- 説話伝説（檜垣の嫗　ひがきのおうな　生没年未詳）
- 伝奇伝説（檜垣　ひがき　生没年未詳）

東大谷日女命神　ひがしおおたにひめのみことのかみ
大和国高市郡の東大谷日女命神社の祭神。
- ¶神仏辞典（東大谷日女命神　ひがしおおたにひめのみことのかみ）

東七郎三郎　ひがしのしっちょうさぶろり
曲亭馬琴作の読本『椿説弓張月』（1807-11）に登場する男。島一番の力持ち。
- ¶架空人日（東七郎三郎　ひがしのしっちょうさぶろり）

東山の女　ひがしやまのおんな
藤原信実作『今物語』の登場人物。
- ¶古典人学（東山の女　ひがしやまのおんな）

ピカタトノマトネプ
アイヌ語で西北風という意味の空中に棲む魔。
- ¶妖怪事典（ピカタトノマトネプ）

火斑剥ぎ　ひかたはぎ
青森県の家の怪。
- ¶全国妖怪（ヒカタハギ〔青森県〕）

氷香戸辺　ひかとべ
『崇神紀』にある話に登場する、丹波の氷上の人。
- ¶神話伝説（氷香戸辺　ひかとべ）

簸上宮六　ひかみきゅうろく
曲亭馬琴作の読本『南総里見八犬伝』（1814-42）に登場する、武蔵国豊島郡の代官。
- ¶架空人日（簸上宮六　ひかみきゅうろく）

比加夜神　ひかよのかみ
出雲国島根郡式外社35（45）社の比加夜社の祭神。
- ¶神仏辞典（比加夜神　ひかよのかみ）

ヒカリダマ
長野県東筑摩郡地方でいう火の玉。
- ¶妖怪事典（ヒカリダマ）

光り物　ひかりもの
福島県の動物の怪。
- ¶全国妖怪（ヒカリモノ〔福島県〕）

光源氏　ひかるげんじ
『源氏物語』の主人公。桐壺帝と按察使大納言の娘の更衣との子。
- ¶英雄事典（光源氏　ヒカルゲンジ）
- 架空人日（光源氏　ひかるげんじ）
- 架空人物（光源氏）
- 架空伝承（光源氏　ひかるげんじ）
- 架空伝説（光源氏　ひかるげんじ）
- 歌舞伎登（光源氏　ひかるげんじ）
- 広辞苑6（光源氏　ひかるげんじ）
- 古典人学（光源氏　ひかるげんじ）

古典人東（光源氏　ひかるげんじ）
コン5（光源氏　ひかるげんじ）
新潮日本（光源氏　ひかるげんじ）
人物伝承（光源氏と紫式部　ひかるげんじとむらさきしきぶ）
説話伝説（光源氏　ひかるげんじ）
大辞林3（光源氏　ひかるげんじ）
日本人名（光源氏　ひかるげんじ）

光の大臣　ひかるのおとど
『今昔物語集』『宇治拾遺物語』に登場する貴族、右大臣。実在の人物（845-913）。
¶架空人日（光の大臣　ひかるのおとど）

氷川神　ひかわのかみ
武蔵国足立郡の氷川神社の祭神。
¶神仏辞典（氷川神　ひかわのかみ）

日河比売　ひかわひめ
淤迦美神の娘。布波能母遅久奴須奴神との間に深淵之水夜礼花神を生む。
¶神仏辞典（日河比売　ひかわひめ）

ひ

日河比売命　ひかわひめのみこと
闇淤迦美神の娘。布波能母遅久奴須奴神の妻。
¶神様読解（日河比売命　ひかわひめのみこと）

引手力命神　ひきたじからのみことのかみ
伊豆国田方郡の引手力命神社の祭神。
¶神仏辞典（引手力命神　ひきたじからのみことのかみ）

曳田神　ひきたのかみ
大和国城上郡の曳田神社二座の祭神。
¶神仏辞典（曳田神・乗田神　ひきたのかみ）

疋田文五郎　ひきたぶんごろう
剣術家。戸部新十郎作『秘剣』の登場人物。
¶時代小説（疋田文五郎　ひきたぶんごろう）

引田部神　ひきたべのかみ
佐渡国雑太郡の引田部神社の祭神。
¶神仏辞典（引田部神　ひきたべのかみ）

蟇田素藤　ひきたもとふじ
曲亭馬琴作の読本『南総里見八犬伝』に登場する、山賊から城主にまで成り上がった悪役。
¶架空人日（蟇田素藤　ひきたもとふじ）

比伎多理神　ひきたりのかみ
近江国浅井郡の比伎多理神社の祭神。
¶神仏辞典（比伎多理神・比支多理神　ひきたりのかみ）

比企禅尼　ひきのぜんに
平安時代末期の女性。源頼朝の乳母。
¶説話伝説（比企禅尼　ひきのぜんに 生没年未詳）
伝奇伝説（比企禅尼　ひきのぜんに 生没年未詳）

疋野神　ひきののかみ
肥後国玉名郡の疋野神社の祭神。
¶神仏辞典（疋野神　ひきののかみ）

ひきのまき人　ひきのまきひと
説話集『宇治拾遺物語』に登場する、備中国の郡司の子。
¶架空人日（ひきのまき人　ひきのまきひと）

ひきふなだま
海の妖怪。山口県豊浦郡豊北町などでいう。
¶神仏辞典（ひきふなだま）
全国妖怪（ヒキフナダマ〔山口県〕）
妖怪事典（ヒキフナダマ）

引き亡者　ひきみょーじゃ
三重県志摩地方でいう海の怪異。
¶妖怪事典（ヒキミョージャ）
妖怪大事典（引き亡者　ひきみょーじゃ）

引き亡霊　ひきもうれん
海の妖怪。三重県度会郡で船幽霊のことをいう。
¶神仏辞典（ひきもうれん）
全国妖怪（ヒキモウレン〔三重県〕）
妖怪事典（ヒキモウレン）
妖怪大鑑（引亡霊　ひきもうれん）〔像〕
妖怪大事典（引き亡霊　ひきもうれん）〔像〕

飛脚狐　ひきゃくぎつね
秋田県や長野県の動物の怪。
¶全国妖怪（ヒキャクギツネ〔秋田県〕）
全国妖怪（ヒキャクギツネ〔長野県〕）

比企能員　ひきよしかず
鎌倉時代の武将。源頼朝の乳母比企尼の養子。娘が2代頼家の妻で一時権勢を得たが、北条氏と争い殺された。
¶説話伝説（比企能員　ひきよしかず [生]? [没]建仁3（1203）年）
伝奇伝説（比企能員　ひきよしかず [生]? [没]建仁3（1203）年）

蟇六　ひきろく
曲亭馬琴作の読本『南総里見八犬伝』（1814-42）に登場する、姪婦亀篠の婿。
¶架空人日（蟇六　ひきろく）

樋口次郎兼光　ひぐちのじろうかねみつ
木曾四天王の一人。浄瑠璃・歌舞伎『ひらがな盛衰記』、軍記『平家物語』に登場する。
¶架空人日（樋口次郎兼光　ひぐちのじろうかねみつ）
架空伝説（樋口次郎　ひぐちのじろう）
歌舞伎登（樋口次郎兼光　ひぐちのじろうかねみつ）
説話伝説（樋口次郎兼光　ひぐちじろうかねみつ [生]? [没]元暦1（1184）年1月25日）〔像〕

樋口又七郎　ひぐちまたしちろう
剣術家。戸部新十郎作『秘剣』の登場人物。

¶時代小説（樋口又七郎　ひぐちまたしちろう）

樋口弥治郎　ひぐちやじろう
美作（岡山県）津山藩領でおこった山中一揆の指導者の一人。死後義民として祀られた。
¶朝日歴史（樋口弥治郎　ひぐちやじろう　㊼?　㉘享保12年3月12日(1727年5月2日)）
日本人名（樋口弥治郎　ひぐちやじろう　㊼?　㉘1727年）

ピグミー
中里介山作『大菩薩峠』の登場人物。
¶時代小説（ピグミー）

日暮の何がし　ひぐらしのなにがし
井原西鶴作の浮世草子『日本永代蔵』(1688)巻五「朝の塩籠夕の油桶」の主人公。
¶架空人日（日暮の何がし　ひぐらしのなにがし）

日倉神　ひくらのかみ
出雲国飯石郡式外社16社の日倉社の祭神。
¶神仏辞典（日倉神　ひくらのかみ）

ひけ
海の妖怪。山口県萩市で海上に現れる火の玉のことをいう。
¶神仏辞典（ひけ）
全国妖怪（ヒケ〔山口県〕）
妖怪事典（ヒケ）

髭黒の大将　ひげくろのだいしょう
『源氏物語』に登場する、玉鬘の夫。
¶架空人日（髭黒の大将　ひげくろのだいしょう）

火消し狸　ひけしだぬき
徳島県三好郡白地村でいう化け狸。
¶全国妖怪（ヒケシダヌキ〔徳島県〕）
妖怪事典（ヒケシダヌキ）

火消婆　ひけしばば
家の中の提灯や行灯の火を消してしまうといわれている妖怪。
¶妖怪事典（ヒケシババ）〔像〕
妖怪大事典（火消婆　ひけしばあ）〔像〕

引田部赤猪子　ひけたべのあかいこ
⇒赤猪子（あかいこ）

ヒゲデンマル
香川県塩飽島地方でいう妖怪。
¶妖怪事典（ヒゲデンマル）

髭の意休　ひげのいきゅう
金井三笑作の歌舞伎『助六所縁江戸桜』(1761初演)に登場する、ヤクザの大親分で、平氏の残党。
¶架空人日（髭の意休　ひげのいきゅう）
歌舞伎登（髭の意休　ひげのいきゅう）〔像〕
新潮日本（髭の意休　ひげのいきゅう）

伝奇伝説（髭の意休　ひげのいきゅう）
日本人名（髭の意休　ひげのいきゅう）

肥後阿闍梨　ひごあじゃり
密教系の祈祷秘経『天狗経』にある全国代表四八天狗の一つ。
¶妖怪事典（ヒゴアジャリ）
妖怪大事典（肥後阿闍梨　ひごあじゃり）

彦伊賀都命　ひこいがつのみこと
『新撰姓氏録』に所出。高市連の祖。
¶神仏辞典（彦伊賀都命　ひこいがつのみこと）

比古伊佐勢理毘古命　ひこいさせりびこのみこと
⇒吉備津彦命（きびつひこのみこと）

彦五十狭茅命　ひこいさちのみこと
崇神天皇を父、御間城姫を母とする。兄に垂仁天皇らがいる。
¶神仏辞典（彦五十狭茅命　ひこいさちのみこと）

彦市　ひこいち
笑話の主人公。熊本県球磨郡・八代郡地方に伝承されている、一群の彦市話で活躍する。
¶朝日歴史（彦市　ひこいち）
架空伝承（彦市　ひこいち）
コン5（彦市　ひこいち）
神仏辞典（彦市　ひこいち）
世百新（彦市　ひこいち）
日本人名（彦市　ひこいち）

彦稲勝命　ひこいなかつのみこと
『新撰姓氏録』に所出。末使主の祖。
¶神仏辞典（彦稲勝命　ひこいなかつのみこと）

比古伊那許志別命　ひこいなこしわけのみこと
『古事記』中巻に所出。大毘古命の子。
¶神様読解（比古伊那許志別命　ひこいなこしわけのみこと）
神仏辞典（比古伊那許士別命・比古伊那許志別命　ひこいなこじわけのみこと）

彦稲飯命　ひこいなひのみこと
『日本書紀』巻2に所出の神名。
¶神仏辞典（彦稲飯命　ひこいなひのみこと）

日子坐王　ひこいますのみこ
第9代開化天皇の皇子。『日本書紀』では、彦坐王。
¶神様読解（日子坐王　ひこいますのみこ）
神仏辞典（彦坐命・彦今簀命　ひこいますのみこと）
日本人名（彦坐王　ひこいますのおう）

比古意祁豆命　ひこおけつのみこと
日子国意祁都命（古事記）・姥津命（日本書紀）とも。丸邇臣の祖。
¶神仏辞典（姥津命　おけつのみこと）
神仏辞典（比古意祁豆命・彦姥津命　ひこおけつのみこと）

比古意須王 ひこおすのみこ
第9代開化天皇の皇子である日子坐王の次男。
¶神様読解（比古意須王　ひこおすのみこ）

比古神 ひこがみ
一般に男性の神をいう。
¶神仏辞典（比古神　ひこがみ）

日子国意祁都命 ひこくにおけつのみこと
意祁都比売命の父神。
¶神様読解（日子国意祁都命　ひこくにおけつのみこと）

日子国意祁都命 ひこくにおけつのみこと
⇒比古意祁豆命（ひこおけつのみこと）

彦国葺 ひこくにふく
記紀にみえる武人。垂仁天皇のとき、五大夫の一人であったとある。『古事記』では日子国夫玖命。
¶神仏辞典（日子国夫玖命・彦国葺命　ひこくにふくのみこと）
　日本人名（彦国葺　ひこくにふく）

彦九郎 ひこくろう
⇒小倉彦九郎（おぐらひこくろう）

彦蔣簣命 ひここもすのみこと
⇒比古由牟須美命（ひこゆむすみのみこと）

日子刺肩別命 ひこさしかたわけのみこと
第7代孝霊天皇の皇子。
¶神様読解（日子刺肩別命　ひこさしかたわけのみこと）
　神仏辞典（日子刺肩別命　ひこさしかたわけのみこと）
　日本人名（日子刺肩別命　ひこさしかたわけのみこと）

比古佐自布都命神 ひこさじふつのみことのかみ
『日本三代実録』に所出。河内国の神。
¶神仏辞典（比古佐自布都命神　ひこさじふつのみことのかみ）

彦狭嶋命 ひこさしまのみこと
孝霊天皇を父、絚某弟を母とする。垂水史・宇自可臣の祖。
¶神仏辞典（彦狭嶋命　ひこさしまのみこと）
　日本人名（彦狭嶋命　ひこさしまのみこと）

彦狭知神 ひこさしりのかみ
国譲り・国土平定神話に登場する神々の一柱。
¶神様読解（彦狭知神　ひこさしりのかみ）
　神仏辞典（彦狭知神　ひこさしりのかみ）
　日本神様（彦狭知神　ひこさしりのかみ）

比古佐須伎神 ひこさすきのかみ
備後国沼隈郡の比古佐須伎神社の祭神。
¶神仏辞典（比古佐須伎神　ひこさすきのかみ）

日子寤間命 ひこさめまのみこと
第7代孝霊天皇の皇子。
¶神仏辞典（日子寤間命　ひこさめまのみこと）
　神仏辞典（日子寤間命　ひこさめまのみこと）

比古佐和気神 ひこさわけのかみ
出雲国出雲郡の比古佐和気神社の祭神。
¶神仏辞典（比古佐和気神　ひこさわけのかみ）

英彦山の神々 ひこさんのかみがみ
英彦山神宮（福岡県）で、正哉吾勝勝速日天忍穂耳尊を主神とし、その父母神の伊佐那岐尊、伊佐奈美尊を相殿に祀る。
¶日本神様（英彦山の神々　ひこさんのかみがみ）

彦山豊前坊 ひこざんぶぜんぼう
福岡県と大分県の境にあたる英彦山に祀られる天狗。
¶妖怪事典（ヒコザンブゼンボウ）
　妖怪大事典（彦山豊前坊　ひこざんぶぜんぼう）

日子遅神 ひこじのかみ
夫の神の意。
¶神仏辞典（日子遅神　ひこじのかみ）

彦十 ひこじゅう
澤田ふじ子作『虹の橋』の登場人物。
¶時代小説（彦十　ひこじゅう）

彦次郎 ひこじろう
池波正太郎作『仕掛人・藤枝梅安』の登場人物。
¶時代小説（彦次郎　ひこじろう）

彦背立大腰命 ひこせたつおおいなこしのみこと
大彦命の子。宍人朝臣の祖。比古伊那許士別命と同一とされる。
¶神仏辞典（彦背立大腰命・彦背立大輿命・彦瀬立大越命　ひこせたつおおいなこしのみこと）

彦三 ひこそう
歌舞伎演目『蔦紅葉宇都谷峠』に登場する、本材木町にある白木屋の若旦那（養子）で、伊丹屋十兵衛の実弟。
¶歌舞伎登（彦三　ひこそう）

比古曾乃己呂命 ひこそのころのみこと
天穂日命17世の孫、山直の祖。
¶神仏辞典（比古曾乃己呂命　ひこそのころのみこと）

比古奈神 ひこなのかみ
越前国坂井郡の比古奈神社の祭神。
¶神仏辞典（比古奈神　ひこなのかみ）

飛護念神　ひこねのかみ
『日本三代実録』に所出。常陸国の神。
¶神仏辞典（飛護念神　ひこねのかみ）

日子人之大兄王　ひこひとのおおえのみこ
第12代景行天皇の皇子。
¶神様読解（日子人之大兄王　ひこひとのおおえのみこ）
　日本人名（彦人大兄　ひこひとのおおえ）

比古布都押之信命　ひこふつおしのまことのみこと
第8代孝元天皇の皇子。
¶神様読解（比古布都押之信命　ひこふつおしのまことのみこと）
　神仏辞典（比古布都押之信命・彦布都意斯麻己止命　ひこふつおしのまことのみこと）
　神仏辞典（彦太忍信命　ひこふとおしまことのみこと）
　日本人名（彦太忍信命　ひこふつおしのまことのみこと）

彦振根命　ひこふるねのみこと
武甕槌神15世の孫、倭川原忖寸の祖。
¶神仏辞典（彦振根命　ひこふるねのみこと）

日子番能邇邇芸命　ひこほのににぎのみこと
⇒瓊瓊杵尊（ににぎのみこと）

彦火尊　ひこほのみこと
⇒山幸彦（やまさちひこ）

彦火火出見命（日子穂穂手見命）　ひこほほでみのみこと
⇒山幸彦（やまさちひこ）

比古麻夜真止乃命　ひこまやまとのみこと
『新撰姓氏録』に所出。大家首の祖。
¶神仏辞典（比古麻夜真止乃命　ひこまやまとのみこと）

日子八井命　ひこやいのみこと
第1代神武天皇の皇子。伊須気余理比売命を母とする。『新撰姓氏録』では彦八井耳とも。
¶神様読解（日子八井命　ひこやいのみこと）
　神仏辞典（日子八井命　ひこやいのみこと）
　神仏辞典（彦八井耳命　ひこやいみみのみこと）
　日本人名（日子八井命　ひこやいのみこと）

彦屋主田心命　ひこやぬしたごころのみこと
大彦命の孫、大稲輿命の子、伊賀臣・道公・音太部等の祖。
¶神仏辞典（彦屋主田心命　ひこやぬしたごころのみこと）

日子湯支命　ひこゆきのみこと
神饒速日命の孫。志貴連・日下部の祖。
¶神仏辞典（日子湯支命・日子由支命　ひこゆきのみこと）

比古由牟須美命　ひこゆむすみのみこと
第9代開化天皇の皇子。丹波の竹野比売を母とする。忍海部の祖。『日本書紀』では彦蒋簀命。
¶神様読解（比古由牟須美命　ひこゆむすみのみこと）
　神仏辞典（彦蒋簀命　ひここもすのみこと）
　神仏辞典（比古由牟須美命・彦湯産隅命　ひこゆむすみのみこと）

孫若御子神　ひこわかみこのかみ
熱田大神の御兄神。尾張国愛智郡の孫若御子神社の祭神。
¶神仏辞典（孫若御子神　ひこわかみこのかみ）

久栄　ひさえ
長谷川平蔵の妻。池波正太郎作『鬼平犯科帳』の登場人物。
¶時代小説（久栄　ひさえ）

日割御子神　ひさきのみこのかみ
熱田大神の御兄神。尾張国愛智郡の日割御子神社の祭神。
¶神仏辞典（日割御子神　ひさきのみこのかみ）

比佐豆知神　ひさずちのかみ
伊勢国奄芸郡、安濃郡の比佐豆知神社の祭神。
¶神仏辞典（比佐豆知神　ひさずちのかみ）

ヒザマ
鹿児島県沖永良部島で、家にとり憑いて火事をおこすとされる鳥の妖怪。
¶幻想動物（ヒザマ）〔像〕
　全国妖怪（ヒザマ〔鹿児島県〕）
　水木妖怪続（ヒザマ）〔像〕
　妖怪事典（ヒザマ）
　妖怪大全（ヒザマ）〔像〕
　妖怪大事典（ヒザマ）〔像〕

久松　ひさまつ
江戸期の情話の主人公の丁稚。人形浄瑠璃『新版歌祭文』、歌舞伎『お染久松色読販』に登場する。
¶朝日歴史（お染・久松　おそめ・ひさまつ）
　架空人日（久松　ひさまつ）
　架空人物（お染、久松）
　架空伝承（お染・久松　おそめ・ひさまつ）
　架空伝説（お染・久松　おそめ・ひさまつ）
　歌舞伎登（久松1　『新版歌祭文』　ひさまつ）〔像〕
　歌舞伎登（久松2　『お染久松色読販』　ひさまつ）
　歌舞伎登（久松3　『道行浮塒鴎』　ひさまつ）
　コン5（お染・久松　おそめ・ひさまつ）
　新潮日本（お染・久松　おそめ・ひさまつ）
　伝奇伝説（お染久松　おそめ・ひさまつ）
　日本人名（お染・久松　おそめ・ひさまつ）

土方歳三　ひじかたとしぞう
幕末の志士。新撰組副長。函館・五稜郭の戦いにて戦死した。
¶英雄事典（土方歳三　ヒジカタトシゾウ）
　架空伝説（土方歳三　ひじかたとしぞう）

時代小説（土方歳三『鞍馬天狗』　ひじかたとしぞう）
時代小説（土方歳三『新選組始末記』　ひじかたとしぞう）
時代小説（土方歳三『壬生義士伝』　ひじかたとしぞう）
時代小説（土方歳三『竜馬がゆく』　ひじかたとしぞう）
説話伝説（土方歳三　ひじかたとしぞう　[生]天保6(1835)年　[没]明治2(1869)年）

土方縫殿助　ひじかたぬいのすけ
水野忠成の家臣。柴田錬三郎作『眠狂四郎無頼控』の登場人物。
¶時代小説（土方縫殿助　ひじかたぬいのすけ）

菱川源五平衛　ひしかわげんごべえ
歌舞伎演目『今様薩摩歌』に登場する薩摩藩士。
¶歌舞伎登（菱川源五平衛　ひしかわげんごべえ）

菱川重信　ひしかわしげのぶ
歌舞伎演目『怪談乳房榎』に登場する絵師。
¶歌舞伎登（菱川重信　ひしかわしげのぶ）

比自岐神　ひじきのかみ
伊賀国伊賀郡の比自岐神社の祭神。
¶神仏辞典（比自岐神　ひじきのかみ）

比志神　ひしのかみ
『日本三代実録』に所出。甲斐国の神。
¶神仏辞典（比志神　ひしのかみ）

比遅神　ひじのかみ
但馬国出石郡の比遅神社の祭神。
¶神仏辞典（比遅神　ひじのかみ）

比治麻奈為神　ひじのまないのかみ
丹後国丹波郡の比治麻奈為神社の祭神。
¶神仏辞典（比治麻奈為神　ひじのまないのかみ）

びしゃがつく
道の妖怪。福井県坂井郡でいう。
¶神仏辞典（びしゃがつく）
全国妖怪（ビシャガツク〔福井県〕）
妖怪事典（ビシャガツク）
妖怪大全（びしゃがつく）〔像〕
妖怪大事典（ビシャガツク）〔像〕

毘沙門天　びしゃもんてん
多聞天とも。四天王の一尊として北方を司る。
¶架空人物（毘沙門天）
架空伝承（毘沙門天　びしゃもんてん）
神様読解（毘沙門天・多聞天　びしゃもんてん・たもんてん）〔像〕
神文化史（ビシャモンテン（毘沙門天））
広辞苑6（多聞天　たもんてん）
広辞苑6（毘沙門天　びしゃもんてん）〔像〕
神仏辞典（多聞天　たもんてん）
神仏辞典（毘沙門天　びしゃもんてん）
世神辞典（毘沙門天王）
説話伝説（毘沙門天　びしゃもんてん）
世百新（毘沙門天　びしゃもんてん）〔像〕
大辞林3（多聞天　たもんてん）〔像〕
大辞林3（毘沙門天　びしゃもんてん）
東洋神名（毘沙門天　ビシャモンテン）〔像〕
日本人名（毘沙門天　びしゃもんてん）
仏尊事典（毘沙門天　びしゃもんてん）〔像〕

ピーシャーヤナムン
沖縄県地方でいう妖怪。
¶妖怪事典（ピーシャーヤナムン）

毘首羯磨　びしゅかつま
帝釈天に仕え、種々の道具・工芸品をつくる神。また、建築の神。
¶神仏辞典（毘首羯磨　びしゅかつま）
大辞林3（毘首羯磨　びしゅかつま）

美女御前　びじょごぜん
江戸の顔見世狂言で「四天王」の世界に登場する少年。
¶歌舞伎登（美女御前　びじょごぜん）

聖大神　ひじりおおかみ
聖神社、別名信太明神（大阪府和泉市）の祭神。
¶神様読解（聖大神/信太明神　ひじりおおかみ・しのだみょうじん）

聖神　ひじりがみ
愛媛県や高知県などで、たたりやすい神として知られるもの。
¶神仏辞典（聖神　ひじりがみ）

聖神　ひじりのかみ
大年神と伊怒比売との間に生まれた五柱の神のうち第五子。
¶神様読解（聖神　ひじりがみ）
神仏辞典（聖神　ひじりのかみ）

斐代神　ひしろのかみ
斐提神。出雲国出雲郡の斐代神社の祭神。
¶神仏辞典（斐代神　ひしろのかみ）

びじんさま
山の妖怪。長野県上伊那郡辰野町の奥山にいるとされる。
¶神仏辞典（びじんさま）
妖怪事典（ビジンサマ）
妖怪大全（ビジンサマ）〔像〕
妖怪大事典（ビジンサマ）〔像〕

備前屋　びぜんや
柴田錬三郎作『眠狂四郎無頼控』の登場人物。
¶時代小説（備前屋　びぜんや）

比蘇神　ひそのかみ
三河国碧海郡の比蘇神社の祭神。
¶神仏辞典（比蘇神　ひそのかみ）

比田　ひだ
夏目漱石作『道草』(1915)の主人公健三の姉お夏の夫。
¶架空人日（比田　ひだ）

日高見水神　ひたかみのみずのかみ
日高見乃神、日高見神とも。陸奥国桃生郡の日高見神社の祭神。
¶神仏辞典（日高見水神　ひたかみのみずのかみ）

常陸幻鬼　ひたちげんき
鳥羽亮作『三鬼の剣』の登場人物。
¶時代小説（常陸幻鬼　ひたちげんき）

常陸筑波法印　ひだちつくばほういん
茨城県筑波山でいう天狗。
¶妖怪事典（ヒダチツクバホウイン）
妖怪大事典（常陸筑波法印　ひだちつくばほういん）

常陸介　ひたちのすけ
『源氏物語』「宇治十帖」の女主人公浮舟の継父。
¶架空人日（常陸介　ひたちのすけ）

常陸坊海尊　ひたちぼうかいそん
『源平盛衰記』『義経記』などに名がみえる源義経の家臣。不老長寿の伝説がある。海尊を快賢、荒尊とも。
¶架空伝承（常陸坊海尊　ひたちぼうかいそん）
歌舞伎登（常陸坊海尊　ひたちぼうかいそん）
奇談逸話（常陸坊海尊　ひたちぼうかいそん　生没年未詳）
コン5（常陸坊海尊　ひたちぼうかいそん　生没年不詳）
新潮日本（常陸坊海尊　ひたちぼうかいそん）
神仏辞典（海尊　かいそん）
神話伝説（常陸坊海尊　ひたちぼうかいぞん）
説話伝説（常陸坊海尊　ひたちぼうかいそん　生没年未詳）
世百新（常陸坊海尊　ひたちぼうかいそん）
大辞林3（常陸坊海尊　ひたちぼうかいそん）
伝奇伝説（常陸坊海尊　ひたちぼうかいそん）
日本人名（常陸坊海尊　ひたちぼうかいそん）

敏達天皇　びだつてんのう
第30代天皇。欽明天皇を父、石比売命を母とする。皇后は推古天皇。
¶架空人日（敏達天皇　びだつてんのう）
神仏辞典（敏達天皇　びだつてんのう）
日本人名（敏達天皇　びだつてんのう　㊦? ㊤585年）

比多神　ひたのかみ
秋鹿郡式内社11社の比多社、『延喜式』の日田神社の祭神。
¶神仏辞典（比多神・日田神　ひたのかみ）

比太神　ひたのかみ
仁多郡式外社8社の比太社の祭神。
¶神仏辞典（比太神　ひたのかみ）

非多神　ひたのかみ
尾張国春部郡の非多神社、越後国頚城郡の斐太神社の祭神。
¶神仏辞典（非多神・斐太神　ひたのかみ）

飛驒工　ひだのたくみ
もとは、奈良時代から平安前期にかけて、労役として、木工寮その他の建築関係の官庁に配属された飛驒国の農民。平安後期に『今昔物語集』などで、名工として登場する。
¶架空人日（飛驒工　ひだのたくみ）
架空伝承（飛驒工　ひだのたくみ）〔像〕
架空伝説（飛驒工　ひだのたくみ）
広辞苑6（飛驒匠・飛驒工　ひだのたくみ）
神話伝説（飛驒の工匠　ひだのたくみ）
説話伝説（飛驒匠　ひだのたくみ　生没年不詳）
大辞林3（飛驒匠・飛驒工　ひだのたくみ）
伝奇伝説（飛驒工　ひだのたくみ）
日本人名（飛驒工　ひだのたくみ）

火玉　ひーだま
沖縄県で火の玉のこと。火の玉には人魂としてのタマガイがあり、墓地や原野から出ることが多い。
¶神仏辞典（火玉　ヒーダマ）

火玉　ひだま
富山県、高知県、宮崎県、鹿児島県などの地方でいう火の玉や人魂のこと。
¶全国妖怪（ヒダマ〔高知県〕）
妖怪事典（ヒダマ）
妖怪大事典（火玉　ひだま）

火玉　ぴだま
沖縄県石垣島でいう怪火。
¶妖怪事典（ピダマ）

ヒタマガヒ
沖縄県中頭地方で、遠方より火や煙りが見えるもの。
¶妖怪事典（ヒタマガヒ）

ヒダリガミ
高知県地方でいうヒダル神のこと。
¶妖怪事典（ヒダリガミ）

左甚五郎　ひだりじんごろう
江戸時代の伝説的な彫物の名人。日光東照宮の眠り猫など作と伝えられるものが全国に多数ある。
¶朝日歴史（左甚五郎　ひだりじんごろう）
架空伝承（左甚五郎　ひだりじんごろう）
架空伝説（左甚五郎　ひだりじんごろう）
歌舞伎登（左甚五郎　ひだりじんごろう）
神仏辞典（左甚五郎　ひだりじんごろう　㊦? ㊤1633年）
説話伝説（左甚五郎　ひだりじんごろう　生没年未詳）
大辞林3（左甚五郎　ひだりじんごろう）
伝奇伝説（左甚五郎　ひだりじんごろう　㊦文禄3(1594)年 ㊤慶安4(1651)年）

日本人名（左甚五郎　ひだりじんごろう）

ヒダル神　ひだるがみ
山の峠などで行人に飢餓を感じさせる悪霊。行き逢い神の一種。
¶幻想動物　（ひだる神）〔像〕
　神仏辞典　（ひだる神　ひだるがみ）
　神話伝説　（ひだる神　ひだるがみ）
　全国妖怪　（ヒダルガミ〔三重県〕）
　全国妖怪　（ヒダルガミ〔兵庫県〕）
　全国妖怪　（ヒダル〔京都府〕）
　全国妖怪　（ヒダル〔鹿児島県〕）
　伝奇伝説　（ひだる神　ひだるがみ）
　東洋神名　（ヒダル神　ヒダルガミ）〔像〕
　妖怪事典　（ヒダルガミ）
　妖怪図鑑　（ひだる神　ひだるがみ）〔像〕
　妖怪大全　（ひだる神　ひだるがみ）〔像〕
　妖怪大事典　（ヒダル神　ひだるがみ）〔像〕
　妖百1　（ヒダルガミ）〔像〕

ヒダルゴ
長崎県壱岐地方でいう怪異。
¶全国妖怪　（ヒダルゴ〔長崎県〕）
　妖怪事典　（ヒダルゴ）

七人同志　ひちにんどうじ
⇒七人同志（しちにんどうじ）

火地神　ひのかみ
伊勢国多気郡の火地神社の祭神。
¶神仏辞典　（火地神　ひのかみ）

比地神　ひちのかみ
伊賀国伊賀郡の比地神社の祭神。
¶神仏辞典　（比地神　ひちのかみ）

ヒチマジムン
沖縄県地方でいう妖怪。
¶全国妖怪　（ヒチマジムン〔沖縄県〕）
　妖怪事典　（ヒチマジムン）

棺のマジムン　ひつぎのまじむん
沖縄県でいう妖怪。
¶全国妖怪　（ヒツギノマジムン〔沖縄県〕）
　妖怪事典　（ヒツギノマジムン）

櫃倉神　ひつくらのかみ
伊勢国多気郡の櫃倉神社の祭神。
¶神仏辞典　（櫃倉神　ひつくらのかみ）

比都佐神　ひつさのかみ
近江国蒲生郡の比都佐神社の祭神。
¶神仏辞典　（比都佐神　ひつさのかみ）

零羊埼神　ひつじさきのかみ
陸奥国牡鹿郡の零羊埼神社の祭神。
¶神仏辞典　（零羊埼神　ひつじさきのかみ）

羊神　ひつじのかみ
尾張国山田郡の羊神社の祭神。
¶神仏辞典　（羊神　ひつじのかみ）

羊太夫　ひつじのだゆう
⇒羊太夫（ようだゆう）

備中守実高　びっちゅうのかみさねたか
御伽草子『鉢かづき』（室町時代）に登場する、河内国交野に住む長者。
¶架空人日　（備中守実高　びっちゅうのかみさねたか）

備中屋長左衛門　びっちゅうやちょうざえもん
江戸中期、紀伊国の炭屋人。備長炭を創始したか売り広めたと言われる。創始者については諸説あり、定かではない。
¶コン5　（備中屋長左衛門　びっちゅうやちょうざえもん　生没年不詳）

備中屋の甚七　びっちゅうやのじんしち
井原西鶴作の浮世草子『本朝二十不孝』（1686）巻四の第一「善悪の二つ車」に登場。
¶架空人日　（備中屋の甚七　びっちゅうやのじんしち）

比津神　ひつのかみ
島根郡式外社35（45）社の比津社の祭神。
¶神仏辞典　（比津神　ひつのかみ）

ひっぱりどん
動物の妖怪。東京都伊豆諸島の三宅島坪田でいう猫の妖怪。
¶神仏辞典　（ひっぱりどん）
　全国妖怪　（ヒッパリドン〔東京都〕）

秀　ひで
泡坂妻夫作『宝引の辰捕者帳』の登場人物。
¶時代小説　（秀　ひで）

日出神　ひでのかみ
但馬国出石郡の日出神社の祭神。
¶神仏辞典　（日出神　ひでのかみ）

英姫　ひでひめ
島津斉彬の妻。宮尾登美子作『天璋院篤姫』の登場人物。
¶時代小説　（英姫　ひでひめ）

魃　ひでりがみ
「日照り神」のことで「旱母」ともいう。これが現れると大日照りとなるといわれるもの。
¶日本未確認　（魃　ひでりがみ）〔像〕
　妖怪事典　（ヒデリガミ）
　妖怪大全　（魃　ひでりがみ）〔像〕
　妖怪大事典　（魃　ひでりがみ）〔像〕
　妖百3　（魃・赤舌　ひでり・あかした）〔像〕

一重　ひとえ

梅暮里谷峨作『傾城買二筋道』、河竹黙阿弥作『三人吉三廓初買』の登場人物。吉原の大見世の遊女。

¶架空人日（一重　ひとえ）
　架空伝説（一重　ひとえ）
　歌舞伎登（一重　ひとえ）
　古典人学（一ト重　ひとえ）

一尾背神　ひとおせのかみ

大和国宇智郡の一尾背神社の祭神。

¶神仏辞典（一尾背神　ひとおせのかみ）

人首丸　ひとかべまる

岩手県江刺郡米里村（江刺市）の昔話に見える鬼。

¶妖怪事典（ヒトカベマル）

人神　ひとがみ

人間霊の神格化。生者もしくは死者を対象とする。

¶神仏辞典（人神　ひとがみ）
　世百新（人神　ひとがみ）
　東洋神名（人神　ヒトガミ）〔像〕

人狐　ひとぎつね

⇒人狐（にんこ）

ヒトクサイ

奈良県十津川村玉置山でいう妖怪。

¶全国妖怪（ヒトクサイ〔奈良県〕）
　妖怪事典（ヒトクサイ）

一口拍子木　ひとくちひょうしぎ

栃木県栃木市大平町の曹洞宗大中寺に伝わる七不思議の一つ。

¶妖怪事典（ヒトクチヒョウシギ）

一声おらび　ひとこえおらび

長崎県の対馬でいう道の怪。

¶全国妖怪（ヒトコエオラビ〔長崎県〕）

一声よび　ひとこえよび

岐阜県大野郡の山間部でいう怪異。

¶全国妖怪（ヒトコエヨビ〔岐阜県〕）
　妖怪事典（ヒトコエヨビ）
　妖怪大全（一声叫び　ひとこえさけび）〔像〕
　妖怪大事典（一声よび　ひとこえよび）〔像〕

一言主神　ひとことぬしのかみ

奈良の葛城山に棲むとされた託宣の神。

¶朝日歴史（一言主神　ひとことぬしのかみ）
　架空伝承（一言主神　ひとことぬしのかみ）
　神様読解（一言主神　ひとことぬしのかみ）
　神文化史（ヒトコトヌシ〔一言主〕）
　奇談逸話（一言主神　ひとことぬしのかみ）
　広辞苑6（一言主神　ひとことぬしのかみ）
　コン5（一言主神　ひとことぬしのかみ）
　新潮日本（一言主神　ひとことぬしのかみ）
　神仏辞典（高鴨神　たかかものかみ）
　神仏辞典（一言主大神　ひとことぬしのおおかみ）
　神話伝説（一言主神　ひとことぬしのかみ）
　説話伝説（一言主神　ひとことぬしのかみ）
　大辞林3（一言主神　ひとことぬしのかみ）
　伝奇伝説（一言主神　ひとことぬしのかみ）
　東洋神名（一言主神　ヒトコトヌシノカミ）〔像〕
　日本人名（一言主神　ヒトコトヌシ）
　日本神話（ヒトコトヌシ）

日所神　ひどころがみ

山口県萩市で3月、9月の28日のヒドコロ祭で祀る神。

¶神仏辞典（日所神　ひどころがみ）

仁杉七右衛門　ひとすぎしちえもん

佐藤雅美作『恵比寿屋喜兵衛手控え』の登場人物。

¶時代小説（仁杉七右衛門　ひとすぎしちえもん）

人魂　ひとだま

怪火現象。死んだ人間の身体から出た魂の総称。

¶幻想動物（人魂）〔像〕
　神仏辞典（人魂　ひとだま）
　神話伝説（人魂　ひとだま）
　妖怪大事典（人魂　ひとだま）

一つ足　ひとつあし

雪の妖怪。徳島県、高知県でいう。

¶神仏辞典（一つ足　ひとつあし）
　全国妖怪（ヒトツアシ〔高知県〕）
　妖怪事典（ヒトツアシ）
　妖怪大事典（一つ足　ひとつあし）

一橋刑部卿　ひとつばしぎょうぶきょう

⇒徳川慶喜（とくがわよしのぶ）

ヒトツマナグ

岩手県地方でいう一つ目鬼のこと。

¶妖怪事典（ヒトツマナグ）

一つ目小僧　ひとつめこぞう

目が一つしかなく、主に小僧の姿をしている妖怪。

¶架空伝承（一つ目小僧　ひとつめこぞう）〔像〕
　幻想動物（一つ目小僧）〔像〕
　広辞苑6（一つ目小僧　ひとつめこぞう）
　神仏辞典（一つ目小僧　ひとつめこぞう）
　神話伝説（一目小僧　ひとつめこぞう）
　説話伝説（一つ目小僧　ひとつめこぞう）
　世百新（一つ目小僧　ひとつめこぞう）
　全国妖怪（ヒトツメコゾウ〔群馬県〕）
　全国妖怪（ヒトツメコゾウ〔東京都〕）
　全国妖怪（ヒトツメコゾウ〔神奈川県〕）
　全国妖怪（ヒトツメコゾウ〔静岡県〕）
　全国妖怪（ヒトツメコゾウ〔岡山県〕）
　大辞林3（一つ目小僧　ひとつめこぞう）
　伝奇伝説（一つ目小僧　ひとつめこぞう）
　日ミス（一目小僧　ひとつめこぞう）
　日本人名（一目小僧　ひとつめこぞう）
　妖怪事典（ヒトツメコゾウ）
　妖怪図鑑（一つ目小僧）〔像〕
　妖怪大全（一つ目小僧　ひとつめこぞう）〔像〕
　妖怪大事典（一つ目小僧　ひとつめこぞう）〔像〕

妖百1 （一つ目小僧・一本ダタラ　ひとつめこぞう・いっぽんだたら）〔像（一つ目）〕

一つ目入道　ひとつめにゅうどう
一つ目の大入道のこと。各地に伝わる。
¶幻想動物　（一つ目入道）〔像〕
　全国妖怪　（ヒトツメニュウドウ）〔静岡県〕
　妖怪事典　（ヒトツメニュウドウ）
　妖怪大全　（一つ目入道　ひとつめにゅうどう）〔像〕
　妖怪大事典　（一つ目入道　ひとつめにゅうどう）〔像〕

一目入道　ひとつめにゅうどう
新潟県佐渡島の加茂湖でいう妖怪。水神といわれる。
¶水木妖怪　（一目入道　いちもくにゅうどう）〔像〕
　妖怪事典　（ヒトツメニュウドウ）
　妖怪大全　（一目入道　いちもくにゅうどう）〔像〕
　妖怪大事典　（一目入道　ひとつめにゅうどう）〔像〕

一つ目人間　ひとつめにんげん
世界各地に伝わる目が一つの人型のもの。
¶世未確認　（一つ目人間）〔像〕

一つ目の大入道　ひとつめのおおにゅうどう
樺太西海岸タラントマリに伝わるアイヌの妖怪。
¶全国妖怪　（ヒトツメオオニュウドウ）〔北海道〕
　妖怪事典　（ヒトツメノオオニュウドウ）

一つ目の大坊主　ひとつめのおおぼうず
海に出た一つ目の大坊主。
¶妖怪大鑑　（一つ目の大坊主　ひとつめのおおぼうず）〔像〕

一つ目の化け物　ひとつめのばけもの
広島県福山市宇治島でいう妖怪。
¶妖怪事典　（ヒトツメノバケモノ）
　妖怪大事典　（一つ目の化け物　ひとつめのばけもの）〔像〕

一目坊　ひとつめぼう
『百鬼夜行絵巻』に描かれている、一つ目の上に、赤い印をつけそこから何やら光線のようなものを照射している妖怪。
¶妖怪事典　（ヒトツメボウ）
　妖怪大鑑　（一つ目坊　ひとつめぼう）〔像〕
　妖怪大事典　（一つ目坊　ひとつめぼう）〔像〕

一つ目ん玉　ひとつめんたま
岡山県地方でいう妖怪。
¶妖怪事典　（ヒトツメンタマ）

人花命　ひとはなのみこと
天足彦国押人命7世の孫、小野臣の祖。
¶神仏辞典　（人花命　ひとはなのみこと）

一葉の前　ひとはのまえ
歌舞伎演目『桐一葉』に登場する、片桐且元の後妻。
¶歌舞伎登　（一葉の前　ひとはのまえ）

『一房の葡萄』のぼく　ひとふさのぶどうのぼく
有島武郎作『一房の葡萄』（1922）に登場する、山の手の小学生。
¶架空人日　（『一房の葡萄』のぼく　ひとふさのぶどうのぼく）

人丸　ひとまる
⇒柿本人麻呂（かきのもとのひとまろ）

人丸　ひとまる
歌舞伎演目『月梅摂景清』に登場する、景清の娘。
¶歌舞伎登　（人丸　ひとまる）

人丸お六　ひとまるおろく
歌舞伎演目『吾嬬下五十三駅』に登場する、東海道を股にかける女盗賊。
¶歌舞伎登　（人丸お六　ひとまるおろく）

一夜神　ひとよのかみ
出雲国島根郡外社35（45）社の一夜社の祭神。
¶神仏辞典　（一夜神　ひとよのかみ）

人呼石　ひとよびいし
奈良県吉野郡天川村でいう怪異。
¶妖怪事典　（ヒトヨビイシ）

人呼塚　ひとよびづか
京都府伏見稲荷山でいう怪異。
¶妖怪事典　（ヒトヨビヅカ）

火鳥　ひどり
動物の妖怪。新潟県の佐渡でいう。
¶神仏辞典　（火鳥　ひどり）
　全国妖怪　（ヒドリ〔新潟県〕）
　妖怪事典　（ヒドリ）

独神　ひとりがみ
『古事記』などで、単独の神をいう。大阪府和泉市府中町の泉井上神社の祭神。
¶神仏辞典　（独神　ひとりがみ）

火取魔　ひとりま
火の妖怪。石川県江沼郡山中町の蟋蟀橋近くに出る。
¶神仏辞典　（火取魔　ひとりま）
　全国妖怪　（ヒトリマ〔石川県〕）
　妖怪事典　（ヒトリマ）
　妖怪大鑑　（火取魔　ひとりま）〔像〕
　妖怪大事典　（火取魔　ひとりま）〔像〕

日長神　ひながのかみ
三河国碧海郡の日長神社の祭神。
¶神仏辞典　（日長神　ひながのかみ）

肥長比売　ひながひめ
第11代垂仁天皇の皇女。
¶神様読解　（肥長比売　ひながひめ）

日本神話（ヒナガヒメ）

雛衣　ひなきぬ
曲亭馬琴作の読本『南総里見八犬伝』(1814-42)に登場する、八犬士の一人犬村大角の妻。
¶架空人日（雛衣　ひなきぬ）

雛衣　ひなぎぬ
歌舞伎演目『八陣守護城』に登場する、北畠春雄の家臣森三左衛門義成の娘。
¶歌舞伎登（雛衣　ひなぎぬ）

雛罌粟　ひなげし
三上於菟吉の小説『淀君』に登場する女性。豊臣秀吉の側室淀君の侍女。秀次を籠絡させるために妾となる。
¶架空伝説（雛罌粟　ひなげし）

比奈多乃神　ひなたのかみ
遠江国城飼郡の比奈多乃神社の祭神。
¶神仏辞典（比奈多乃神　ひなたのかみ）

日撫神　ひなでのかみ
近江国坂田郡の日撫神社の祭神。
¶神仏辞典（日撫神　ひなでのかみ）

日名照額田毘道男伊許知邇神　ひなてりぬかたびちおいこちにのかみ
大国主神の子孫、鳥鳴海神の妻となり国忍富神を生む。
¶神様読解（日名照額田毘道男伊許知邇神　ひなてりぬかたびちおいこちにのかみ）
　神仏辞典（日名照額田毘道男伊許知邇神　ひなてりぬかたびちおいこちにのかみ）

雛鳥　ひなどり
歌舞伎演目『妹背山婦女庭訓』に登場する、親同士が敵対するとも知らずに、久我之助を見染める人物。
¶歌舞伎登（雛鳥　ひなどり）

比奈神　ひなのかみ
出雲国神門郡式内社25社の比奈社、『延喜式』の比那神社の祭神。
¶神仏辞典（比奈神・比那神　ひなのかみ）

比奈麻治比売神　ひなまじひめのかみ
比奈麻治比売命神とも。隠岐国知夫郡の比奈麻治比売神社の祭神。
¶神仏辞典（比奈麻治比売神　ひなまじひめのかみ）

比奈守神　ひなもりのかみ
美濃国厚見郡の比奈守神社の祭神。
¶神仏辞典（比奈守神　ひなもりのかみ）

比那良志毘売　ひならしびめ
淤加美神の娘。甕主日子神との間に多比理岐志麻流美神を生む。
¶神様読解（比那良志毘売神　ひならしびめのかみ）
　神仏辞典（比那良志毘売　ひならしびめ）

毘那良珠命　ひならすのみこと
天穂日命の子孫。茨城県真壁郡明野町の雲井宮郷造神社の祭神。
¶神仏辞典（毘那良珠命・比奈良珠命　ひならすのみこと）

火縄売り半次　ひなわうりはんじ
歌舞伎演目『極付幡随長兵衛』に登場する人物。
¶歌舞伎登（火縄売り半次　ひなわうりはんじ）

ヒニャハム加那志　ひにゃはむがなし
奄美大島の南の加計呂麻島での火の神の呼称。
¶神仏辞典（ヒニャハム加那志　ヒニャハムガナシ）

ヒヌカン
沖縄の火の神。
¶神文化史（ヒヌカン）

日根神　ひねのかみ
和泉国日根郡の日根神社の祭神。
¶神仏辞典（日根神　ひねのかみ）

日根野弁治　ひねのべんじ
小栗流の道場主。司馬遼太郎作『竜馬がゆく』の登場人物。
¶時代小説（日根野弁治　ひねのべんじ）

飛縁魔　ひのえんま
仏教で女犯を戒めるために、江戸期に創作された妖怪。
¶日ミス（飛縁魔　ひのえんま）
　妖怪事典（ヒノエンマ）
　妖怪大全（飛縁魔　ひのえんま）〔像〕
　妖怪大事典（飛縁魔　ひのえんま）〔像〕

日岡坐天伊佐佐比古神　ひのおかにますあめのいささひこのかみ
播磨国賀古郡の日岡坐天伊佐佐比古神社の祭神。
¶神仏辞典（日岡坐天伊佐佐比古神　ひのおかにますあめのいささひこのかみ）

日臣命　ひのおみのみこと
⇒道臣命（みちのおみのみこと）

火之炫毘古神　ひのかがびこのかみ
⇒迦具土神（かぐつちのかみ）

火之迦具土神　ひのかぐつちのかみ
⇒迦具土神（かぐつちのかみ）

氷鉋斗売神　ひのかなとめのかみ
信濃国更級郡の氷鉋斗売神神社の祭神。
¶神仏辞典（氷鉋斗売神　ひのかなとめのかみ）

火の神　ひのかみ
火自体を神格化した神または火を支配する神。記紀神話では迦具土神。
- ¶神様読解（火の神　ひのかみ）〔像（迦具土神）〕
  広辞苑6（火の神　ひのかみ）
  神仏辞典（火の神　ひのかみ）
  神話伝説（火の神　ひのかみ）〔像〕
  世百新（火の神　ひのかみ）
  日本神話（火の神　ひのかみ）

火の神　ひのかみ
沖縄および奄美諸島で、家庭の台所に祀られる神。
- ¶アジア女神（カムイ・メムペ（神婆））
  神仏辞典（火の神　ひのかみ）

火のカムイ　ひのかむい
アイヌの火の女神。アペ・フチは「火婆」、アペ・フチ・カムイで「火の嫗神」の意味。カムイ・アハチ、カムイフチ、ウンチアハチ、フチアペなどとも。
- ¶アジア女神（カムイ・アハチ（神婆））
  アジア女神（アペ・フチ（火婆））
  アジア女神（アペ・フチ・カムイ（火の嫗神））
  アジア女神（カムイ・フチ（神婆））
  アジア女神（ウンチ・アハチ（火婆））
  アジア女神（ウンチ・メムペ（火婆））
  神文化史（アペフチカムイ）
  神仏辞典（火のカムイ　ひのかみ）
  東洋神名（火のカムイ　ヒノカムイ）〔像〕

檜　ひのき
角田喜久雄作『髑髏銭』の登場人物。
- ¶時代小説（檜　ひのき）

樋口屋　ひのくちや
井原西鶴作の浮世草子『日本永代蔵』（1688）巻四「伊勢海老の高買」に登場する商人。
- ¶架空人日（樋口屋　ひのくちや）

日前国懸大神　ひのくまくにかかすのおおかみ
『日本文徳天皇実録』に所出。嘉祥3年神財が奉られ、朝廷の磐石と天下平安が祈られた。
- ¶神仏辞典（日前国懸大神　ひのくまくにかかすのおおかみ）

日前神　ひのくまのかみ
紀伊大神とも。天照大神の天岩窟隠れに際し、思兼神の命により鹿の皮を丸剥ぎにして天羽鞴を造った。
- ¶神仏辞典（日前神　ひのくまのかみ）

檜前竹成　ひのくまのたけなり
飛鳥時代の漁師。東京浅草寺の縁起に登場する。兄の浜成と土師中知とともに三社権現（浅草神社）として祀られている。
- ¶歌舞伎登（浜成・武成　はまなり・たけなり）

檜前浜成　ひのくまのはまなり
飛鳥時代の漁師。東京浅草寺の縁起に登場する。弟の竹成と土師中知とともに三社権現（浅草神社）として祀られている。
- ¶歌舞伎登（浜成・武成　はまなり・たけなり）
  日本人名（檜前浜成　ひのくまのはまなり　生没年未詳）

火の車　ひのくるま
生前の行いがよくない者が死ぬとき、地獄の獄卒が火の車をひいて迎えにくるというもの。
- ¶妖怪事典（ヒノクルマ）
  妖怪大全（火の車　ひのくるま）〔像〕
  妖怪大事典（火の車　ひのくるま）〔像〕

日野資朝　ひのすけとも
鎌倉時代の公卿。能「檀風」や『太平記』に出帆した船を祈り戻して乗ることができるなどの伝説がある。
- ¶説話伝説（日野資朝　ひのすけとも　㊤正応3（1290）年　㊦元弘2（1332）年）
  伝奇伝説（日野資朝　ひのすけとも　㊤正応3（1290）年　㊦元弘2（1332）年）

火の玉狸　ひのたまたぬき
徳島県小松島市小松島町中ノ郷でいう動物の怪。
- ¶全国妖怪（ヒノタマタヌキ〔徳島県〕）

日野富子　ひのとみこ
室町中期の女性。8代将軍足利義政の正室。義政隠居後、息子義尚の補佐役として幕府の実権を握った。
- ¶架空伝承（日野富子　ひのとみこ　㊤永享12（1440）年　㊦明応5（1496）年）
  架空伝説（日野富子　ひのとみこ）
  奇談逸話（日野富子　ひのとみこ　㊤永享12（1440）年　㊦明応5（1496）年）
  説話伝説（日野富子　ひのとみこ　㊤永享12（1440）年　㊦明応5（1496）年）
  伝奇伝説（日野富子　ひのとみこ　㊤永享12（1440）年　㊦明応5（1496）年）

日野神　ひののかみ
因幡国巨濃郡の日野神社の祭神。
- ¶神仏辞典（日野神　ひののかみ）

熯之速日命　ひのはやひのみこと
素戔嗚尊が天照大神と天安河を隔てて向かい合い、首にかけた瓊を口に含み、左足の中から生まれた神。
- ¶神仏辞典（熯之速日命・熯速日命　ひのはやひのみこと）

ひのみこ
火の神。山伏など山に籠って修行する者達によって祀られる。
- ¶神仏辞典（ひのみこ）

ひのみさき
ヤケミサキとも。岡山県阿哲郡大佐町（新見市）で、火事で焼け死んだ女性の霊を祀ったもの。

¶神仏辞典　（ひのみさき）

日乃売神　ひのめのかみ
『日本三代実録』に所出。隠岐国の神。
¶神仏辞典　（日乃売神　ひのめのかみ）

日乃守　ひのもり
神奈川県秦野市八沢の大久保、古多部で祀る神。雨を降らせることも止めることも祈願する。
¶神仏辞典　（日乃守　ひのもり）

火之夜芸速男神　ひのやぎはやおのかみ
⇒迦具土神（かぐつちのかみ）

ヒバゴン
1970年頃、広島県北東部の山林で目撃されたといわれる、全身薄茶色の毛で覆われ、人間に似た顔をしたサルのような生き物。
¶水木幻獣　（ヒバゴン）〔像〕
　妖怪大鑑　（ヒバゴン）〔像〕
　妖怪大事典　（ヒバゴン）〔像〕

火走り　ひばしり
新潟県南蒲原郡本成寺村（三条市）でいう怪火。
¶妖怪事典　（ヒバシリ）
　妖怪大事典　（火走り　ひばしり）

火走神　ひはしりのかみ
和泉国日根郡の火走神社の祭神。
¶神仏辞典　（火走神　ひはしりのかみ）

日葉酢媛　ひばすひめ
説話上の垂仁天皇の皇后。
¶朝日歴史　（日葉酢媛命　ひばすひめのみこと）
　神様読解　（比婆須比売命/氷羽州比命/日葉酢媛
　　ひばすひめのみこと・ひばすひめ・ひばすひめ）
　コン5　（日葉酢媛　ひばすひめ）
　新潮日本　（日葉酢媛　ひばすひめ）
　神仏辞典　（比婆須比売命・日葉酢媛　ひばすひめのみこと）
　日本人名　（日葉酢媛命　ひばすひめのみこと）

秘羽目神　ひはめのかみ
阿波国麻殖郡の秘羽目神足浜目門比売神社二座の祭神。
¶神仏辞典　（秘羽目神　ひはめのかみ）

樋速日神　ひはやびのかみ
伊弉諾が火の神・迦具土神の頸を斬ったときに、刀の鐔際に付いた血から生まれた神々の一柱。
¶神様読解　（樋速日神　ひはやびのかみ）
　神仏辞典　（樋速日神・燒速日神　ひはやびのかみ）

日原神　ひはらのかみ
出雲国大原郡式外社17社の日原社の祭神。天日腹大科度美神と同一とされる。
¶神仏辞典　（日原神　ひはらのかみ）

ビービー
広島県地方でいう妖怪の児童語。
¶妖怪事典　（ビービー）

狒々　ひひ
山間部に棲む、猿を大型化したような姿の妖怪。
¶幻想動物　（狒狒）〔像〕
　全国妖怪　（ヒヒ〔静岡県〕）
　日本未確認　（狒狒　ひひ）〔像〕
　水木幻獣　（狒狒　ひひ）〔像〕
　妖怪事典　（ヒヒ）
　妖怪大全　（狒々　ひひ）〔像〕
　妖怪大事典　（狒々　ひひ）〔像〕
　妖百1　（狒々　ひひ）〔像〕

狒々　ひひ
静岡県磐田市の矢奈比売神社に伝わる「しっぺい太郎（早太郎）」の伝説に登場する狒々。
¶神仏辞典　（狒々　ひひ）

比比岐神　ひひきのかみ
伊賀国伊賀郡の比比岐神社の祭神。
¶神仏辞典　（比比岐神　ひひきのかみ）

ヒーヒ猿　ひーひざる
岡山県御津地方でいう憑き物。
¶妖怪事典　（ヒーヒザル）

比比多神　ひひたのかみ
相模国大住郡の比比多神社の祭神。
¶神仏辞典　（比比多神　ひひたのかみ）

日比野信右兵衛　ひびのしんべえ
泡坂妻夫作『宝引の辰捕者帳』の登場人物。
¶時代小説　（日比野信右兵衛　ひびのしんべえ）

比比羅木之其花麻豆美神　ひひらぎのそのはなまづみのかみ
活玉前玉比売神の父神。
¶神様読解　（比比羅木之其花麻豆美神　ひひらぎのそのはなまづみのかみ）
　神仏辞典　（比比羅木之其花麻豆美神　ひひらぎのそのはなまずみのかみ）

火ふき　ひふき
熊本県八代市の松井家に伝わる『百鬼夜行絵巻』に描かれている、馬のような顔に火吹き竹のような口をもつもの。
¶妖怪事典　（ヒフキ）

火吹き鳥　ひーふきとぅり
沖縄県八重山地方でいう妖怪。
¶妖怪事典　（ピーフキトゥリ）

美福門院　びふくもんいん
鳥羽天皇の后。『保元物語』では保元の乱の引き金となったとされる。
¶説話伝説　（美福門院　びふくもんいん　㊸永久5

(1117)年 [没]永暦1(1160)年)〔像〕
伝奇伝説（美福門院　びふくもんいん [生]永久5(1117)年 [没]永暦1(1160)年)

比布知神　ひふちのかみ
出雲国神門郡式内社5社の比布知社、『延喜式』の比布智神社の祭神。
¶神仏辞典（比布知神・比布智神　ひふちのかみ）

ヒーベェーモン
福岡県宗像郡大島でいう怪異。流れ仏の火のこと。
¶妖怪事典（ヒーベェーモン）

緋牡丹のお竜　ひぼたんのおりゅう
東映映画『緋牡丹博徒』シリーズの主人公。本名は矢野竜子。
¶英雄事典（矢野竜子　ヤノリュウコ）
架空人物（矢野竜子)〔像〕
架空伝承（緋牡丹お竜　ひぼたんおりゅう）
日本人名（緋牡丹のお竜　ひぼたんのおりゅう）

ひ

日祭神　ひまつりのかみ
陸奥国行方郡の日祭神社の祭神。
¶神仏辞典（日祭神　ひまつりのかみ）

日真名氏　ひまなし★
民放の連続テレビドラマ第一号『日真名氏飛び出す』(1955-62)の主人公。報道カメラマン。
¶架空人物（日真名氏）

火間虫入道　ひまむしにゅうどう
人が夜なべをしていると、そっと現われて灯油をなめてしまう妖怪。
¶妖怪事典（ヒマムシニュウドウ）
妖怪大全（火間虫入道　ひまむしにゅうどう)〔像〕
妖怪大事典（火間虫入道　ひまむしにゅうどう)〔像〕

卑弥呼　ひみこ
2世紀末から3世紀前半にかけての邪馬台国の女王。「鬼道」と呼ばれる呪術に長け、国を治め、弟が補佐したという。
¶架空伝承（卑弥呼　ひみこ）
架空伝説（卑弥呼　ひみこ）
奇談逸話（卑弥呼　ひみこ）
コン5（卑弥呼　ひみこ）
説話伝説（卑弥呼　ひみこ）
伝奇伝説（卑弥呼　ひみこ）
日本人名（卑弥呼　ひみこ）

檜岑神　ひみねのかみ
『日本三代実録』に所出。甲斐国の神。
¶神仏辞典（檜岑神　ひみねのかみ）

比美神　ひみのかみ
『日本三代実録』に所出。比美大神とも。周防国の神。
¶神仏辞典（比美神　ひみのかみ）

日向泉長媛　ひむかのいずみのながひめ
記紀にみえる応神天皇の妃。『古事記』では日向泉長比売。
¶日本人名（日向泉長媛　ひむかのいずみのながひめ）

日向神　ひむかのかみ
山城国宇治郡、近江国犬上郡の日向神社の祭神。
¶神仏辞典（日向神　ひむかのかみ）

日向之美波迦斯毘売　ひむかのみはかしびめ
第12代景行天皇の妃。『日本書紀』では、御刀媛。
¶神様読解（日向之美波迦斯毘売　ひむかのみはかしびめ）
日本人名（御刀媛　みはかしひめ）

ひむし
大分県大分郡湯布院町でヒダルガミのこと。餓死した旅人の亡霊が人に憑いて飢餓感を起こさせる。
¶神仏辞典（ひむし）
妖怪事典（ヒムシ）

火村英生　ひむらひでお
有栖川有栖の『46番目の密室』ほかに登場する臨床犯罪学者。
¶名探偵日（火村英生　ひむらひでお）

氷室神　ひむろのかみ
伊勢神宮の諸司の春秋の祭の祭神。
¶神仏辞典（氷室神　ひむろのかみ）

姫が城の妖怪　ひめがじょうのようかい
歌舞伎演目『袖簿播州廻』に登場する、播州の国主桃井修理太夫の側室礒の前。
¶歌舞伎登（姫が城の妖怪　ひめがじょうのようかい）

比売神　ひめがみ
一般に女性の神をいう。
¶神仏辞典（比売神・姫神　ひめがみ）

姫菊　ひめぎく
郡司次郎正作『侍ニッポン』に登場する人物。
¶架空伝説（菊姫・姫菊　きくひめ・ひめぎく）
時代小説（姫菊　ひめぎく）

比売久波神　ひめくはのかみ
大和国城下郡の比売久波神社の祭神。
¶神仏辞典（比売久波神　ひめくはのかみ）

比売語曾社神　ひめこそのやしろのかみ
比売許曾神とも。意富加羅国王子の都怒我阿羅斯等の手にあった白い石から化生した美しい乙女が日本に渡り、難波の比売語曾社の神となったという。
¶神仏辞典（比売語曾社神　ひめこそのやしろのかみ）

姫御寮　ひめごりょう
歌舞伎演目『素襖落』に登場する、従兄の大名の使いでやってきた太郎冠者を、留守の父に代わって接待し御酒を振る舞う人物。
¶ 歌舞伎登（姫御寮　ひめごりょう）

比売坂鍾乳穴神　ひめさかのいしのちのあなのかみ
比売坂鍾乳穴神とも。備中国英賀郡の比売坂鍾乳穴神社の祭神。
¶ 神仏辞典（比売坂鍾乳穴神　ひめさかのいしのちのあなのかみ）

姫坂神　ひめさかのかみ
伊予国越智郡の姫坂神社の祭神。
¶ 神仏辞典（姫坂神　ひめさかのかみ）

日女道丘神　ひめじのおかのかみ
『播磨国風土記』に所出。飾磨郡の筥丘の地名起源に登場する。
¶ 神仏辞典（日女道丘神　ひめじのおかのかみ）

比売遅神　ひめじのかみ
出雲国出雲郡の美談神社の比売遅神社の祭神。
¶ 神仏辞典（比売遅神　ひめじのかみ）

比売多多良伊須気余理比売命　ひめたたらすけよりひめのみこと
⇒姫蹈鞴五十鈴姫（ひめたたらいすずひめ）

姫蹈鞴五十鈴姫　ひめたたらいすずひめ
神武天皇の皇后。神八井耳命、神渟名川耳尊（綏靖天皇）を生んだ。『古事記』では、富登多多良伊須須岐比売命、比売多多良伊須気余理比売。
¶ 朝日歴史（姫蹈鞴五十鈴媛命　ひめたたらいすずひめのみこと）
神様読解（富登多多良伊須須岐比売命/比売多多良伊須気余理比売命/媛蹈鞴五十鈴媛命　ほとたたらいすすぎひめのみこと・ひめたたらいすけよりひめのみこと・ひめたたらいすずひめのみこと）
コン5（姫蹈鞴五十鈴姫　ひめたたらいすずひめ）
新潮日本（媛蹈鞴五十鈴媛　ひめたたらいすずひめ）
神仏辞典（比売多多良伊須気余理比売命　ひめたたらいすけよりひめのみこと）
神仏辞典（姫蹈鞴五十鈴姫　ひめたたらいすずひめのみこと）
神仏辞典（富登多多良伊須須岐比売命　ほとたたらいすすぎひめのみこと）
日本人名（媛蹈鞴五十鈴媛命　ひめたたらいすずひめのみこと）

火売神　ひめのかみ
⇒火男神・火売神（ひおのかみ・ひめのかみ）

比売神　ひめのかみ
和泉国日根郡の比売神社の祭神。
¶ 神仏辞典（比売神　ひめのかみ）

売布神　ひめふのかみ
「めふのかみ」ともされる。但馬国気多郡の売布神社の祭神。
¶ 神仏辞典（売布神　ひめふのかみ）

姫松　ひめまつ
歌舞伎演目『今源氏六十帖』に登場する、住江家の姫君。
¶ 歌舞伎登（姫松　ひめまつ）

日売真若比売命　ひめまわかひめのみこと
⇒百師木伊呂弁（ももしきのいろべ）

姫皇子命神　ひめみこのみことのかみ
大和国十市郡の姫皇子命神社の祭神。
¶ 神仏辞典（姫皇子命神　ひめみこのみことのかみ）

比目魚　ひもくのうお
目が各々一つしかなく、2匹並んで泳ぐという想像上の魚。
¶ 広辞苑6（比目魚　ひもくのうお）
大辞林3（比目魚　ひもくぎょ）

ひもじい様　ひもじいさま
山口県周防大島の源明峠でいう怪異。
¶ 妖怪事典（ヒモジイサマ）

紐結命　ひもゆいのみこと
大彦命の子。日下連・大戸首の祖。
¶ 神仏辞典（紐結命・比毛由比命　ひもゆいのみこと）

白衣観音　びゃくえかんのん
常に白蓮華の中にいて、純白衣を着ける観音。三十三観音の一つ。
¶ 広辞苑6（白衣観音　びゃくえかんのん）
神仏辞典（白衣観音　びゃくえかんのん）
世百新（白衣観音　びゃくえかんのん）
大辞林3（白衣観音　びゃくえかんのん）

百神　ひゃくしん
傀儡子が祀った神。
¶ 神仏辞典（百神　ひゃくしん）

百太夫　ひゃくだゆう
平安末期以降、漂泊の遊女および傀儡らの集団が、共同体の守護神として尊崇した神の名。兵庫県西宮の夷大明神（現西宮神社）ほかで祀られる。
¶ 架空伝承（百太夫　ひゃくだゆう）
神様読解（百太夫神　ひゃくだゆうしん）
広辞苑6（百大夫　ひゃくだゆう）
コン5（百太夫　ひゃくだゆう）
神仏辞典（百太夫　ひゃくだゆう）
世百新（百太夫　ひゃくだゆう）
東洋神名（百太夫神　ヒャクダユウシン）〔像〕
日本人名（百太夫　ひゃくだゆう）

百化け十吉　ひゃくばけじゅうきち
佐々木味津三作『旗本退屈男』の登場人物。

¶時代小説（百化け十吉　ひゃくばけじゅうきち）

百目　ひゃくめ
体中に目が百個ついている妖怪。
¶妖怪事典（ヒャクメ）
　妖怪大全（百目　ひゃくめ）〔像〕
　妖怪大事典（百目　ひゃくめ）〔像〕

百鬼夜行　ひゃっきやぎょう
色々な妖怪が夜、列をなして歩きまわること。
¶幻想動物（百鬼夜行）〔像〕
　神仏辞典（百鬼夜行　ひゃっきやぎょう）
　神話伝説（百鬼夜行　ひゃっきやぎょう）
　説話伝説（百鬼夜行　ひゃっきやぎょう）
　伝奇伝説（百鬼夜行　ひゃっきやぎょう）
　日ミス（百鬼夜行　ひゃっきやぎょう）
　日ミス（百鬼夜行　ひゃっきやこう・ひゃっきやぎょう）
　水木妖怪（百鬼夜行　ひゃっきやぎょう）〔像〕
　妖怪事典（ヒャッキヤギョウ）
　妖怪大全（百鬼夜行　ひゃっきやぎょう）〔像〕
　妖怪大事典（百鬼夜行　ひゃっきやこう）〔像〕

白狐　びゃっこ
長野県でいう化け狐。
¶妖怪事典（ビャッコ）

白虎　びゃっこ
四方をつかさどる天の四神の一。虎で表され、西に配する。
¶幻想動物（白虎）〔像〕
　広辞苑6（白虎　びゃっこ）
　大辞林3（白虎　びゃっこ）〔像〕

白虎隊　びゃっこたい
戊辰戦争時の会津藩少年隊士。
¶架空伝承（白虎隊　びゃっこたい）〔像〕

檜山絃之助　ひやまげんのすけ
藤沢周平作『隠し剣孤影抄』の登場人物。
¶時代小説（檜山絃之助　ひやまげんのすけ）

火山神　ひやまのかみ
『日本三代実録』に所出。鋳銭司の神。
¶神仏辞典（火山神　ひやまのかみ）
　神仏辞典（火山神　ほやまのかみ）

ヒュー
大阪府地方でいう妖怪の児童語。
¶妖怪事典（ヒュー）

日向尾畑新蔵坊　ひゅうがおばたしんぞうぼう
密教系の祈祷秘経『天狗経』にある全国代表四八天狗の一つ。
¶妖怪事典（ヒュウガオバタシンゾウボウ）
　妖怪大事典（日向尾畑新蔵坊　ひゅうがおばたけしんぞうぼう）

ヒューヒュー
京都府地方でいう妖怪の児童語。
¶妖怪事典（ヒューヒュー）

兵衛佐上緒の主　ひょうえのすけあげおのぬし
『今昔物語集』『宇治拾遺物語』巻第二十六の十三の致富譚（長者になる話）の主人公。
¶架空人日（兵衛佐上緒の主　ひょうえのすけあげおのぬし）

兵主神　ひょうずのかみ
兵主神社に祀られる神。弓矢をつかさどる軍神とされる。
¶朝日歴史（兵主神　ひょうずのかみ）
　神仏辞典（兵主神　ひょうずのかみ）
　日本人名（兵主神　ひょうずのかみ）

ひょうすべ
佐賀県、宮崎県を中心とした九州地方で伝えられる河童のこと。または河童の一種。ヒョウスボ、ヒョウスヘ、ヒョウズンボ、ヒョウボウ、ヒョウスなどともいう。
¶幻想動物（兵主部）〔像〕
　神仏辞典（兵揃・兵主　ひょうすべ）
　全国妖怪（ヒョウスベ〔佐賀県〕）
　日ミス（ひょうすべ）
　日本未確認（水神　ひょうすべ）
　妖怪事典（ヒョウスベ）
　妖怪大全（ひょうすえ）〔像〕
　妖怪大事典（ヒョウスベ）〔像〕

ヒョウズンボ
宮崎県の河童。春は川にいて、秋になると山に移り住む。移動するときに集団で空を飛ぶ。ヒョウスボともいう。
¶妖怪大鑑（ヒョウズンボ）〔像〕

瓢箪小僧　ひょうたんこぞう
鳥山石燕の『画図百器徒然袋』に、乳鉢坊とともに瓢箪頭の妖怪として描かれたもの。
¶妖怪事典（ヒョウタンコゾウ）
　妖怪大鑑（瓢箪小僧　ひょうたんこぞう）〔像〕
　妖怪大事典（瓢箪小僧　ひょうたんこぞう）〔像〕

病虫　びょうちゅう
江戸時代の病人を襲う妖虫。
¶水木幻獣（病虫　びょうちゅう）〔像〕
　妖怪大全（病虫　びょうちゅう）〔像〕

平等供奉　びょうどうぐぶ
鴨長明作『発心集』の登場人物。平安中期の往生人。
¶古典人学（平等供奉　びょうどうぐぶ）

兵藤玄蕃　ひょうどうげんば
浄瑠璃坂の仇討ち計画の江戸での指揮者。高橋義夫作『浄瑠璃坂の仇討ち』の登場人物。
¶時代小説（兵藤玄蕃　ひょうどうげんば）

兵藤十兵衛　ひょうどうじゅうべえ
佐々木味津三作『旗本退屈男』の登場人物。
¶**時代小説**（兵藤十兵衛　ひょうどうじゅうべえ）

兵藤太　ひょうどうた
近松門左衛門作の浄瑠璃『用明天皇職人鑑』(1705年初演）に登場する、佐渡島の郷土松浦家の惣領。
¶**架空人日**（兵藤太　ひょうどうた）

兵藤怜子　ひょうどうれいこ
原田康子の小説『挽歌』の主人公。
¶**日本人名**（兵藤怜子　ひょうどうれいこ）

ヒョウトク
岩手県に伝わる醜い子供の姿をした妖怪。ある話では、老人が山で柴の礼にもらった醜い子供で、へそから金の小粒を出したという。
¶**幻想動物**（ヒョウトク）〔像〕
妖怪大全（ひょうとく）〔像〕

屏風闚　びょうぶのぞき
屏風の外側から覗き込む妖怪。
¶**妖怪事典**（ビョウブノゾキ）
妖怪大鑑（屏風のぞき　びょうぶのぞき）〔像〕
妖怪大事典（屏風闚　びょうぶのぞき）〔像〕

兵平介　ひょうへいのすけ
『今昔物語集』に登場する武士。
¶**架空人日**（兵平介　ひょうへいのすけ）

ひょうぼう
宮崎県南部における河童の別称。
¶**神仏辞典**（ひょうぼう）

馮六　ひょうろく
南條範夫作『抛銀商人』の登場人物。
¶**時代小説**（馮六　ひょうろく）

ヒョコタン
長崎源之助作『ヒョコタンの山羊』(1967）の主人公の少年。
¶**児童登場**（ヒョコタン）

日吉丸　ひよしまる
歌舞伎演目『網模様燈籠菊桐』永代橋の講釈場で「太閤記」の「矢矧の橋」を聞いた小猿七之助が酔って寝た夢の中に登場する人物。
¶**歌舞伎登**（日吉丸　ひよしまる）

ひょすぼ
水の妖怪。河童の別称。
¶**神仏辞典**（ひょすぼ）

ヒョースボー
和歌山県、宮崎県でいう河童のこと。ヒョウスベ。
¶**妖怪事典**（ヒョースボー）

ヒョスボ
宮崎県西臼杵郡地方でいう河童。ヒョウスベ。
¶**妖怪事典**（ヒョスボ）

ヒョスボウ
宮崎県の水の妖怪。河童のことでヒョスンボともいう。
¶**全国妖怪**（ヒョスボウ〔宮崎県〕）

ヒョースンボ
宮崎県でいう河童。ヒョウスベ。
¶**妖怪事典**（ヒョースンボ）

ひょっとこ
火を吹くときの顔を表現した面。火男のなまった言葉とされ、お亀とともに道化役として神楽の種まきや魚釣りの舞に登場する。
¶**架空伝承**（ひょっとこ）

日和坊　ひよりぼう
雨や曇りの日には見えないが、晴れた日に姿を現わす妖怪。
¶**妖怪事典**（ヒヨリボウ）
妖怪大全（日和坊　ひよりぼう）〔像〕
妖怪大事典（日和坊　ひよりぼう）〔像〕

ピョンオー
遠藤公男作『アリランの青い鳥』(1984）の主人公。
¶**児童登場**（ピョンオー）

平井権八　ひらいごんぱち
もと因幡鳥取藩士。父の同僚を斬り、江戸に出て吉原の遊女小紫となじんだ。金に困り辻斬り強盗をはたらき、鈴ヶ森で処刑された。歌舞伎、浄瑠璃に多く取り上げられ、役名の白井権八の名で知られる。
¶**朝日歴史**（白井権八　しらいごんぱち）
架空人日（平井権八　ひらいごんぱち）
架空人物（白井権八　しらいごんぱち）
架空伝承（権八・小紫　ごんぱち・こむらさき）〔像〕
架空伝説（白井権八　しらいごんぱち）〔像〕
歌舞伎登（白井権八 1 『鈴ヶ森』　しらいごんぱち）
歌舞伎登（白井権八 2 『其小唄夢廓』　しらいごんぱち）
歌舞伎登（白井権八 3 『思花街容性』　しらいごんぱち）
奇談逸話（白井権八(1)　しらいごんぱち [生]? [没]延宝7(1679)年）
奇談逸話（白井権八(2)　しらいごんぱち）
広辞苑6（権八小紫　ごんぱち・こむらさき）
新潮日本（平井権八　ひらいごんぱち [生]明暦1(1655)年? [没]延宝7(1679)年11月3日）
神話伝説（小紫権八　こむらさきごんぱち）
説話伝説（平井権八　ひらいごんぱち [生]? [没]延宝7(1679)年）
伝奇伝説（権八小紫　ごんぱちこむらさき）
日本人名（平井権八　ひらいごんぱち [生]1655年? [没]1679年）

平石次右衛門 ひらいしつぎえもん
江戸末頃の実録『大岡政談』に登場する、町奉行公用人。
¶架空人日（平石次右衛門　ひらいしつぎえもん）

枚井手神 ひらいてのかみ
越前国丹生郡の枚井手神社の祭神。
¶神仏辞典（枚井手神　ひらいてのかみ）

平井保昌 ひらいやすまさ
⇒藤原保昌（ふじわらのやすまさ）

平岩 ひらいわ
佐伯泰英作『密命』の登場人物。
¶時代小説（平岩　ひらいわ）

平岡 ひらおか
夏目漱石作『それから』（1909）に登場する、代助の旧友。
¶架空人日（平岡　ひらおか）

平岡郷左衛門 ひらおかごうざえもん
歌舞伎演目『双蝶々曲輪日記』に登場する、大坂新町藤屋の遊女吾妻に執心する西国の武士。
¶歌舞伎登（平岡郷左衛門　ひらおかごうざえもん）

平岡丹平 ひらおかたんぺい
歌舞伎演目『双蝶々曲輪日記』「引窓」の登場人物。
¶歌舞伎登（平岡丹平　ひらおかたんぺい）

平岡天児屋根目命 ひらおかのあめのこやねのみこと
『日本三代実録』に所出。河内国の神。
¶神仏辞典（平岡天児屋根目命・平岡天子屋根目命　ひらおかのあめのこやねのみこと）

枚岡神 ひらおかのかみ
河内国河内郡の枚を授かる平岡神四座の祭神。
¶神仏辞典（枚岡神・平岡神　ひらおかのかみ）

平岡比咩神 ひらおかのひめのかみ
『日本三代実録』に所出。河内国の神。
¶神仏辞典（平岡比咩神　ひらおかのひめのかみ）

平尾修理 ひらおしゅり
井原西鶴作の浮世草子『武道伝来記』（1687）巻一の第一「心底を弾琵琶の海」の主人公。
¶架空人日（平尾修理　ひらおしゅり）

平賀源内 ひらがげんない
江戸中期の博物学者、戯作者、浄瑠璃作者。奇才であったことから様々な伝説を生んだ。
¶英雄事典（平賀源内　ヒラガゲンナイ）
架空伝承（平賀源内　ひらがげんない）㊥享保13（1728）年　㊣安永8（1779）年
架空伝説（平賀源内　ひらがげんない）

歌舞伎登（平賀源内　ひらがげんない）
奇談逸話（平賀源内　ひらがげんない）㊥享保13（1728）年　㊣安永8（1779）年
時代小説（平賀源内　『鳴門秘帖』　ひらがげんない）
時代小説（平賀源内　『恋ぐるい』　ひらがげんない）
説話伝説（平賀源内　ひらがげんない）㊥享保14（1729）年　㊣安永8（1779）年
伝奇伝説（平賀源内　ひらがげんない）㊥享保13（1728）年　㊣安永8（1779）年〔像〕

平川右金吾 ひらかわうきんご
子母澤寛作『父子鷹』の登場人物。
¶時代小説（平川右金吾　ひらかわうきんご）

平河原の次郎蔵 ひらがわらのじろぞう
歌舞伎演目『勢州阿漕浦』に登場する、阿漕ヶ浦の無頼漢。
¶歌舞伎登（平河原の次郎蔵　ひらがわらのじろぞう）

開聞神 ひらききのかみ
開聞明神とも。薩摩国頴娃郡の枚聞神社の祭神。
¶神仏辞典（開聞神・枚聞神　ひらききのかみ）

ヒラクチ神 ひらくちがみ
熊本県内で蝮除けの神とされている。
¶神仏辞典（ヒラクチ神　ひらくちがみ）

ヒラケ
広島県の比婆郡峯田村（庄原市）でいう山の怪。
¶全国妖怪（ヒラケ〔広島県〕）

比良山治郎坊 ひらさんじろうぼう
滋賀県大津市比良山でいう大天狗。
¶妖怪事典（ヒラサンジロウボウ）
妖怪大事典（比良山治郎坊　ひらさんじろうぼう）

平田篤胤 ひらたあつたね
江戸後期の国学者。国粋主義的な復古神道を大成。また幽冥界を研究し、『新鬼神論』『稲生物怪録』『古今妖魅考』『霊能真柱』などを著した。
¶説話伝説（平田篤胤　ひらたあつたね）㊥安永5（1776）年　㊣天保14（1843）年〔像〕

平田屋簸八 ひらたやとうはち
半村良作『妖星伝』の登場人物。
¶時代小説（平田屋簸八　ひらたやとうはち）

平田靱負 ひらたゆきえ
杉本苑子作『孤愁の岸』の登場人物。
¶時代小説（平田靱負　ひらたゆきえ）

ビラッカムイ
アイヌに伝わる妖怪。
¶妖怪事典（ビラッカムイ）

平手中務　ひらてなかつかさ
歌舞伎演目『若き日の信長』に登場する、織田家の老臣で、若き当主信長の幼少からのお守り役。
¶**歌舞伎登**（平手中務　ひらてなかつかさ）

平手造酒　ひらてみき
江戸後期の博徒の用心棒。実名は平田深喜。講談、浪曲の『天保水滸伝』で描かれた。
¶**英雄事典**（平手造酒　ヒラテミキ）
架空人日（平手造酒　ひらてみき）
架空伝承（平手造酒　ひらてみき [生]? [没]弘化1（1844）年）
架空伝説（平手造酒　ひらてみき）
コン5（平手造酒　ひらてみき [生]文化6（1809）年? [没]天保15（1844）年）
新潮日本（平手造酒　ひらてみき [生]? [没]弘化1（1844）年8月7日）
説話伝説（平手造酒　ひらてみき [生]? [没]天保15（1844）年）
大辞林3（平手造酒　ひらてみき）
伝奇伝説（平手造酒　ひらてみき [生]文化6（1809）年? [没]弘化1（1844）年8月7日）
日本人名（平手造酒　ひらてみき）

比良神　ひらのかみ
『日本三代実録』に所出。近江国の神。
¶**神仏辞典**（比良神　ひらのかみ）

平野金華　ひらのきんか
江戸時代中期の漢学者、儒者。陸奥三春（福島県）出身。荻生徂徠に師事。諧謔を好み義気に富み、人に愛される性格だったと伝えられる。
¶**説話伝説**（平野金華　ひらのきんか [生]貞享4（1687）年 [没]享保17（1732）年）
伝奇伝説（平野金華　ひらのきんか [生]元禄1（1688）年 [没]享保17（1732）年）

平野国臣　ひらのくにおみ
幕末の志士。
¶**説話伝説**（平野国臣　ひらのくにおみ [生]文政11（1828）年 [没]元治1（1864）年）

平野左門　ひらのさもん
浄瑠璃坂の仇討ちの同志。高橋義夫作『浄瑠璃坂の仇討ち』の登場人物。
¶**時代小説**（平野左門　ひらのさもん）

平野竈神　ひらののかまどのかみ
『延喜式』に所出。毎月の癸日のうちの吉日を選んで祭る。
¶**神仏辞典**（平野竈神　ひらののかまどのかみ）

平野神　ひらののかみ
山城国葛野郡の平野祭神四座（今木大神・久度神・古開神・合殿坐比咩神）の祭神。
¶**神仏辞典**（平野神　ひらののかみ）

平野神　ひらののかみ
『日本三代実録』に所出。対馬島の神。
¶**神仏辞典**（平野神　ひらののかみ）

平野美貴子　ひらのみきこ
原爆詩『生ましめん哉』のモデル。
¶**日本人名**（平野美貴子　ひらのみきこ [生]1909年 [没]1981年）

平野屋久右衛門　ひらのやきゅうえもん
歌舞伎演目『曽根崎心中』に登場する、徳兵衛の叔父、醤油商い平野屋の主人。
¶**歌舞伎登**（平野屋久右衛門　ひらのやきゅうえもん）

平野屋源助　ひらのやげんすけ
池波正太郎作『鬼平犯科帳』の登場人物。
¶**時代小説**（平野屋源助　ひらのやげんすけ）

平野屋徳兵衛　ひらのやとくべえ
⇒徳兵衛（とくべえ）

平林新七　ひらばやししんしち
信濃上田藩領中挟村の組頭。検地役人の横暴を訴え年貢減免に成功したが役人を鎌で斬り殺し、処刑されたという。地元農民によって稲荷社に祀られている。
¶**コン5**（平林新七　ひらばやししんしち [生]? [没]享保6（1721）年）
日本人名（平林新七　ひらばやししんしち [生]? [没]1721年）

比良夫貝　ひらふがい
猿田彦が漁に出たとき現れた、毛の生えた大きな貝。
¶**水木幻獣**（比良夫貝　ひらふがい）〔像〕

平間重助　ひらまじゅうすけ
新選組隊士。子母澤寛作『新選組始末記』の登場人物。
¶**時代小説**（平間重助　ひらまじゅうすけ）

平松正四郎　ひらまつせいしろう
山本周五郎作『その木戸を通って』（1959）に登場する武士。
¶**架空人日**（平松正四郎　ひらまつせいしろう）

平山行蔵　ひらやまぎょうぞう
学者、剣客。柴田錬三郎作『眠狂四郎無頼控』の登場人物。
¶**時代小説**（平山行蔵　ひらやまぎょうぞう）

平山五郎　ひらやまごろう
新選組隊士。子母澤寛作『新選組始末記』の登場人物。
¶**時代小説**（平山五郎　ひらやまごろう）

平山尚住　ひらやまなおずみ
江戸中期の民政家。尾道奉行。尾道港の修築工事などの功績から、のち平山神社に祀られた。

¶コン5（平山尚住　ひらやまなおずみ [生]? [没]明和5（1768）年）
新潮日本（平山尚住　ひらやまなおずみ [生]? [没]明和5（1768）年12月）
日本人名（平山尚住　ひらやまなおずみ [生]? [没]1745年）

平山武者所　ひらやまのむしゃどころ
歌舞伎演目『一谷嫩軍記』に登場する、源頼朝の御家人、武将。敵役。
¶歌舞伎登（平山武者所　ひらやまのむしゃどころ）

ピラーラ
岡野薫子作『銀色ラッコのなみだ』（1964）の主人公の少年。
¶児童登場（ピラーラ）

ビリケン
三角の頭に、とがった耳、つりあがった眉という容貌をそなえた福の神。アメリカから世界的に流行したもの。
¶神仏辞典（ビリケン）
世百新（ビリケン）
大辞林3（ビリケン）

ビリケン狐　びりけんぎつね
岡山県真庭郡美甘村でいう狐。
¶妖怪事典（ビリケンギツネ）

比利多神　ひりたのかみ
近江国野洲郡の比利多神社の祭神。
¶神仏辞典（比利多神　ひりたのかみ）

ひる狐　ひるぎつね
岡山県地方でいう憑き物。
¶妖怪事典（ヒルギツネ）

蛭児　ひるこ
記紀の神話でイザナギ・イザナミが結婚して最初に生まれた子。葦の船で流されたという。後世、恵比寿信仰と結びついた。『古事記』では水蛭子。
¶朝日歴史（水蛭子神　ひるこがみ）
神様読解（蛭子神　ひるこがみ）
神様読解（蛭子神　ひるこのかみ）
広辞苑6（蛭子　ひるこ）
神仏辞典（水蛭子・蛭児　ひるこ）
神話伝説（蛭児　ひるこ）
説話伝説（蛭児　ひるこ）
世百新（蛭児　ひるこ）
大辞林3（蛭子　ひるこ）
伝奇伝説（蛭児　ひるこ）
東洋神名（水蛭子　ヒルコ）〔像〕
日本神々（蛭子神　ひるこのかみ）〔像〕
日本神様（恵比寿信仰の神々〔蛭児（西宮大神）〕　えびすしんこうのかみがみ）
日本人名（蛭児　ひるこ）
日本神話（ヒルコ）

毘盧遮那如来　びるしゃなにょらい
広大無辺な仏の智を象徴している如来。
¶広辞苑6（毘盧遮那仏　びるしゃなぶつ）
世百新（毘盧遮那仏　びるしゃなぶつ）
大辞林3（毘盧遮那仏　びるしゃなぶつ）〔像〕
東洋神名（毘盧遮那如来　ビルシャナニョライ）〔像〕
日本人名（毘盧遮那如来　びるしゃなにょらい）
仏尊事典（毘盧遮那如来　びるしゃなにょらい）〔像〕

比留間市之丞　ひるまいちのじょう
鳥羽亮作『三鬼の剣』の登場人物。
¶時代小説（比留間市之丞　ひるまいちのじょう）

比留間右近　ひるまうこん
鳥羽亮作『三鬼の剣』の登場人物。
¶時代小説（比留間右近　ひるまうこん）

比留間半造　ひるまはんぞう
鳥羽亮作『三鬼の剣』の登場人物。
¶時代小説（比留間半造　ひるまはんぞう）

蛭持ち　ひるもち
島根県邑智郡のある村の憑物。憑かれた家では元旦に雑煮を食べないでそのまま神棚にあげると、その雑煮はみな蛭になってしまうという。
¶妖怪事典（ヒルモチ）
妖怪大鑑（蛭持ち　ひるもち）〔像〕
妖怪大事典（蛭持ち　ひるもち）〔像〕

昼・夜　ひる・よる
空中の妖怪。高知県幡多郡の俗伝。
¶神仏辞典（昼・夜　ひる・よる）
妖怪事典（ヒルトヨル）

広海屋　ひろうみや
三上於菟吉作『雪之丞変化』の登場人物。
¶時代小説（広海屋　ひろうみや）

広岡仁右衛門　ひろおかにえもん
有島武郎作『カインの末裔』（1917）に登場する小作人。
¶架空人日（広岡仁右衛門　ひろおかにえもん）

広沢神　ひろさわのかみ
三河国賀茂郡の広沢神社の祭神。
¶神仏辞典（広沢神　ひろさわのかみ）

広沢兵助　ひろさわへいすけ
長州藩政務役。司馬遼太郎作『竜馬がゆく』の登場人物。
¶時代小説（広沢兵助　ひろさわへいすけ）

洋　ひろし★
今江祥智作『ぼんぼん』（1973）の主人公。フルネームは小松洋。
¶児童登場（洋）

広瀬雄椎神　ひろせおしいのかみ
『日本三代実録』に所出。越前国の神。
¶神仏辞典（広瀬雄椎神・広湍雄椎神　ひろせおしいのかみ）

広瀬武夫　ひろせたけお
明治時代の海軍軍人。軍神として神格化された。
¶東洋神名（広瀬武夫　ヒロセタケオ）〔像〕

広瀬坐若加宇加乃売命神　ひろせにますわかうかのめのみことのかみ
広瀬神とも。大和国広瀬郡の広瀬坐若加宇加乃売命神社の祭神。
¶神仏辞典（広瀬坐若加宇加乃売命神・広湍坐若宇加乃売命神　ひろせにますわかうかのめのみことのかみ）

広瀬神　ひろせのかみ
武蔵国入間郡の広瀬神社などの祭神。
¶神仏辞典（広瀬神　ひろせのかみ）

広瀬神　ひろせのかみ
⇒若宇加乃売命神（わかうかのめのみことのかみ）

広田先生　ひろたせんせい
夏目漱石作『三四郎』(1908)に登場する、三四郎の知人。
¶架空人日（広田先生　ひろたせんせい）

広田神　ひろたのかみ
摂津国武庫郡の広田神社の祭神。
¶神仏辞典（広田神　ひろたのかみ）

広能昌三　ひろのうしょうぞう★
飯干晃一のドキュメント小説『仁義なき戦い』シリーズを映画化した作品の主人公。
¶架空人物（広能昌三）

広幡神　ひろはたのかみ
『日本三代実録』に所出。山城国の神。八幡神と同一とされる。
¶神仏辞典（広幡神　ひろはたのかみ）

広比売命　ひろひめのみこと
播磨国讃容郡速湍里の速湍社の祭神。
¶神仏辞典（広比売命　ひろひめのみこと）

比呂比売命　ひろひめのみこと
息長真手王の娘。敏達天皇との間に忍坂日子人太子（麻呂古王）・坂騰王・宇遅王を生む。
¶神仏辞典（比呂比売命　ひろひめのみこと）

枇杷の大臣　びわのおとど
平安時代の貴族、左大臣。藤原仲平のこと。『今昔物語集』に登場する。
¶架空人日（枇杷の大臣　びわのおとど）

比和神　ひわのかみ
出雲国大原郡式外社17社の比和社の祭神。
¶神仏辞典（比和神　ひわのかみ）

琵琶牧々　びわぼくぼく
鳥山石燕の『画図百器徒然袋』にある、頭が琵琶になった妖怪。
¶妖怪事典（ビワボクボク）
　妖怪大鑑（琵琶牧々　びわぼくぼく）〔像〕
　妖怪大事典（琵琶牧々　びわぼくぼく）〔像〕

備後三郎　びんごのさぶろう
⇒児島高徳（こじまたかのり）

髪五郎　びんごろう
式亭三馬作の滑稽本『浮世床』(1813-14)に登場する、髪結床の主人。
¶架空人日（髪五郎　びんごろう）

ピンザマヅモノ
沖縄県宮古島でいう妖怪。
¶妖怪事典（ピンザマヅモノ）

閔子騫　びんしげん
御伽草子『二十四孝』に登場する、二十四孝の一人。
¶架空人日（閔子騫　びんしげん）

賓頭盧　びんずる
賓頭盧頗羅堕。十六羅漢の第一。神通力に優れ、また説法に優れたので獅子吼第一と呼ばれた。
¶神様読解（賓頭盧尊者　びんずるそんじゃ）〔像〕
　広辞苑6（賓頭盧　びんずる）
　神仏辞典（賓頭盧　びんずる）
　大辞林3（賓頭盧　びんずる）
　仏尊事典（賓頭盧尊者　びんずるそんじゃ）〔像〕

ひんど
高知県宿毛市でヒダルガミのこと。
¶神仏辞典（ひんど）
　妖怪事典（ヒンド）

人形神　ひんながみ
富山県砺波地方の一種の憑き物。急に財産ができると、あの家はヒンナを祀っているという。
¶神仏辞典（ひんながみ）
　妖怪事典（ヒンナガミ）
　妖怪大鑑（人形神　ひんながみ）〔像〕
　妖怪大事典（人形神　ひんながみ）〔像〕

貧乏神　びんぼうがみ
取り付いた人や家に貧乏をもたらす神。
¶幻想動物（貧乏神）〔像〕
　広辞苑6（貧乏神　びんぼうがみ）
　神仏辞典（貧乏神　びんぼうがみ）
　世日新（貧乏神　びんぼうがみ）
　大辞林3（貧乏神　びんぼうがみ）
　日ミス（貧乏神　びんぼうがみ）
　水木妖怪（貧乏神　びんぼうがみ）〔像〕

妖怪事典（ビンボウガミ）
妖怪大全（貧乏神　びんぼうがみ）〔像〕
妖怪大事典（貧乏神　びんぼうがみ）〔像〕

【ふ】

武悪　ぶあく
狂言（能狂言）の『武悪』の主人公。
¶**英雄事典**（武悪　ブアク）
架空人日（武悪　ぶあく）
架空伝承（武悪　ぶあく）
架空伝説（武悪　ぶあく）
古典人学（武悪　ぶあく）

ファードリ
沖縄県石垣島でいう怪鳥。
¶**妖怪事典**（ファードリ）

フィーダマ
沖縄県に出現する火の玉の一種。
¶**幻想動物**（フィーダマ）〔像〕
全国妖怪（フイーダマ〔沖縄県〕）

武一　ぶいち
多岐川恭作『ゆっくり雨太郎捕物控』の登場人物。
¶**時代小説**（武一　ぶいち）

風抗道人　ふうこうどうじん
泡坂妻夫作『宝引の辰捕者帳』の登場人物。
¶**時代小説**（風抗道人　ふうこうどうじん）

風神　ふうじん
風を司る神。古代神話において「風の神」は志那都比古神（級長津彦命）などがあたる。仏教の伝来とともに「風神」は「雷神」と対をなす一対の神として捉えられ、裸形で風袋をかつぐ姿の鬼形に表す。
¶**神様読解**（風神　ふうじん）〔像〕
幻想動物（風神）〔像〕
広辞苑6（風の神　かぜのかみ）
広辞苑6（風神　ふうじん）
神仏辞典（風神　ふうじん）
神話伝説（風の神　かぜのかみ）
説話伝説（風神雷神　ふうじんらいじん）
大辞林3（風の神　かぜのかみ）
大辞林3（風神　ふうじん）
伝奇伝説（風神雷神　ふうじん らいじん）〔像〕
日本神様（風の神　かぜのかみ）

風船乗りスペンサー　ふうせんのりすぺんさー
歌舞伎演目『風船乗評判高閣』に登場する、英国人の風船（気球）乗り。パージヴァル・スペンサー。
¶**歌舞伎登**（風船乗りスペンサー）〔像〕

ふうちゃん
灰谷健次郎作『太陽の子』（1979）の主人公の少女。
¶**児童登場**（ふうちゃん）

風鳥　ふうちょう
風を食して生きる鳥。江戸時代には極楽鳥が風鳥として見せ物にされた。
¶**神仏辞典**（風鳥　ふうちょう）

風天　ふうてん
仏教で十二天の中の一尊。西北を守護する。
¶**広辞苑6**（風天　ふうてん）
神仏辞典（風天　ふうてん）
大辞林3（風天　ふうてん）
東洋神名（風天　フウテン）〔像〕

布宇神　ふうのかみ
出雲国意宇郡式外社19社の布宇社の祭神。
¶**神仏辞典**（布宇神　ふうのかみ）

風魔小太郎　ふうまこたろう
戦国末期に活躍したとされる相州乱波の首領。『北条五代記』では、人間離れした異形のものとして語られている。
¶**架空伝承**（風魔小太郎　ふうまこたろう）
架空伝説（風摩小太郎　ふうまこたろう）
奇談逸話（風魔小太郎　ふうまこたろう　[生]?　[没]慶長8（1603）年）
コン5（風魔小太郎　ふうまこたろう）
説話伝説（風魔小太郎　ふうまこたろう　[生]?　[没]慶長8（1603）年）
伝奇伝説（風魔小太郎　ふうまこたろう）

風来仙人　ふうらいせんにん
風来山人（平賀源内）作の談義本『風流志道軒伝』（1763）に登場する、飛行自在の仙人。
¶**架空人日**（風来仙人　ふうらいせんにん）

風狸　ふうり
川獺に似ているが狸の一種と考えられる、空中を飛べる獣。
¶**水木幻獣**（風狸　ふうり）〔像〕
妖怪事典（フウリ）
妖怪大全（風狸　ふうり）〔像〕
妖怪大事典（風狸　ふうり）〔像〕

笛吹き権三郎　ふえふきごんざぶろう
笛吹川命名の由来を語る民話の主人公。安土桃山時代、山梨県東山梨郡三富村（山梨市）に実在した若物という。大洪水の時、母親の好きだった笛を日夜吹きながら母を捜した。
¶**コン5**（笛吹権三郎　ふえふきごんざぶろう）
説話伝説（笛吹き権三郎　ふえふきごんざぶろう）
伝奇伝説（笛吹き権三郎　ふえふきごんざぶろう）

笛吹童子　ふえふきどうじ
⇒菊丸（きくまる）

深井志道軒　ふかいしどうけん
⇒志道軒(しどうけん)

深井大和　ふかいやまと
陣出達朗作『伝七捕物帳』の登場人物。
¶時代小説（深井大和　ふかいやまと）

深江神　ふかえのかみ
伊勢国桑名郡の深江神社の祭神。
¶神仏辞典（深江神　ふかえのかみ）

深川神　ふかがわのかみ
山城国葛野郡、尾張国山田郡の深川神社の祭神。
¶神仏辞典（深川神　ふかがわのかみ）

深草の元政　ふかくさのげんせい
⇒元政(げんせい)

深草少将　ふかくさのしょうしょう
小野小町との百夜通い説話に登場する架空の人物。
¶歌舞伎登（深草の少将　ふかくさのしょうしょう）
広辞苑6（深草少将　ふかくさのしょうしょう）
コン5（深草少将　ふかくさのしょうしょう）
説話伝説（深草少将　ふかくさのしょうしょう）
大辞林3（四位少将　しいのしょうしょう）
大辞林3（深草少将　ふかくさのしょうしょう）
伝奇伝説（深草少将　ふかくさのしょうしょう）
日本人名（深草少将　ふかくさのしょうしょう）

深坂神　ふかさかのかみ
但馬国城崎郡の深坂神社の祭神。
¶神仏辞典（深坂神　ふかさかのかみ）

深田神　ふかたのかみ
伊勢国河曲郡の深田神社の祭神。
¶神仏辞典（深田神　ふかたのかみ）

深田部神　ふかたべのかみ
丹後国竹野郡の深田部神社の祭神。
¶神仏辞典（深田部神　ふかたべのかみ）

深野神　ふかぬのかみ
出雲国飯石郡式外社16社の深野社の祭神。
¶神仏辞典（深野神　ふかぬのかみ）

深淵神　ふかふちのかみ
土佐国香美郡の深淵神社の祭神。
¶神仏辞典（深淵神　ふかふちのかみ）

深淵之水夜礼花神　ふかぶちのみずやれはなのかみ
須佐之男命の神裔で、布波能母遅久奴須奴神の子。
¶神様読解（深淵之水夜礼花神　ふかぶちのみずやれはなのかみ）
神仏辞典（深淵之水夜礼花神　ふかぶちのみずやれはなのかみ）

深見重左衛門　ふかみじゅうざえもん
江戸初期の侠客。実録『関東血気物語』に登場する男伊達。「髭の意休」のモデルとされる。
¶架空人日（深見十左衛門　ふかみじゅうざえもん）
説話伝説（深見重左衛門　ふかみじゅうざえもん　[生]?　[没]享保15(1730)年）
伝奇伝説（深見重左衛門　ふかみじゅうざえもん　[生]寛永18(1641)年　[没]享保15(1730)年）

深見新五郎　ふかみしんごろう
三遊亭円朝作『真景累ヶ淵』に登場する、深見新左衛門の嫡子。
¶架空人日（深見新五郎　ふかみしんごろう）

深見新左衛門　ふかみしんざえもん
三遊亭円朝作『真景累ヶ淵』に登場する武士。
¶架空人日（深見新左衛門　ふかみしんざえもん）

深見瀬平　ふかみせへい
歌舞伎演目『幼稚子敵討』に登場する、紀州(和歌山県)有田家の武術指南役民谷新左衛門の弟子。
¶歌舞伎登（深見瀬平　ふかみせへい）

深溝神　ふかみぞのかみ
大和国葛下郡の深溝神社の祭神。
¶神仏辞典（深溝神　ふかみぞのかみ）

深見神　ふかみのかみ
相模国高座郡の深見神社の祭神。
¶神仏辞典（深見神　ふかみのかみ）

フキ
有吉佐和子作『和宮様御留』の登場人物。
¶時代小説（フキ）

吹き消し婆　ふきけしばばあ
ロウソクや行灯の火を消してしまう妖怪。
¶水木妖怪続（吹消婆　ふきけしばばあ）〔像〕
妖怪大全（吹き消し婆　ふきけしばばあ）〔像〕

富貴三郎　ふきさぶろう
歌舞伎演目『弥生の花浅草祭』に登場する、花房太郎と同じ馬簾付きの四天の扮装で花笠を被り「石橋」の所作ダテを踊る役。
¶歌舞伎登（富貴三郎　ふきさぶろう）

富貴太郎　ふきたろう
歌舞伎演目『児雷也豪傑譚話』に登場する、新潟の廓熊手屋に現われる信州の金持ち。
¶歌舞伎登（富貴太郎　ふきたろう）

ふく
藤沢周平作『蝉しぐれ』の登場人物。
¶時代小説（ふく）

福岩　ふくいわ
京都府舞鶴地方に伝わる怪石。

¶妖怪事典（フクイワ）

不空羂索観音　ふくうけんさくかんのん

羂索（先に金具のついた縄）をもって全ての人々を漏れることなく救済し、願いをかなえるとされる観音。

¶広辞苑6（不空羂索観音　ふくうけんじゃくかんのん）
神仏辞典（不空羂索観音　ふくうけんさくかんのん）
世百新（不空羂索観音　ふくうけんじゃくかんのん）
大辞林3（不空羂索観音　ふくうけんじゃくかんのん）〔像〕
東洋神名（不空羂索観音　フクウケンサクカンノン）〔像〕
仏尊事典（不空羂索観音　ふくうけんさくかんのん）〔像〕

不空成就如来　ふくうじょうじゅにょらい

金剛界五仏の中の一尊で、北方に配置される。

¶広辞苑6（不空成就如来　ふくうじょうじゅにょらい）
大辞林3（不空成就如来　ふくうじょうじゅにょらい）
東洋神名（不空成就如来　フクウジョウジュニョライ）〔像〕

福岡宮内　ふくおかくない

土佐藩家老。司馬遼太郎作『竜馬がゆく』の登場人物。

¶時代小説（福岡宮内　ふくおかくない）

福岡貢　ふくおかみつぎ

後、歌舞伎『伊勢音頭恋寝刃』などになった江戸中期に起きた殺傷事件の当事者。

¶朝日歴史（福岡貢　ふくおかみつぎ）
架空伝説（福岡貢　ふくおかみつぎ）
歌舞伎登（福岡貢　ふくおかみつぎ）〔像〕
古典人学（福岡貢　ふくおかみつぎ）
説話伝説（お紺貢　おこんみつぎ）
日本人名（福岡貢　ふくおかみつぎ）

福賀磨神　ふくかまのかみ

『日本文徳天皇実録』に所出。長門国の神。

¶神仏辞典（福賀磨神　ふくかまのかみ）

福崎軍平　ふくざきぐんべい

浮世草子『武道伝来記（見ぬ人顔に宵の無分別）』に登場する人物。

¶架空人日（福崎軍平　ふさきぐんぺい）
架空伝説（福崎軍平　ふくざきぐんべい）

福崎乗之助　ふくさきじょうのすけ

海音寺潮五郎作『二本の銀杏』の登場人物。

¶時代小説（福崎乗之助　ふくさきじょうのすけ）

ふくじま

三重県熊野市育生町の旧家福島氏の屋敷神。

¶神仏辞典（ふくじま）

福島丹波　ふくしまたんば

安土桃山・江戸前期の武将・福島正則の家老。村上元三作『佐々木小次郎』の登場人物。

¶時代小説（福島丹波　ふくしまたんば）

福島正則　ふくしままさのり

安土桃山・江戸初期の武将。関ヶ原の戦いで東軍につき安芸広島藩主に。後に改易された。

¶時代小説（福島正則　ふくしままさのり）
説話伝説（福島正則　ふくしままさのり　[生]永禄4（1561）年　[没]寛永1（1624）年）〔像〕
伝奇伝説（福島正則　ふくしままさのり　[生]永禄4（1561）年　[没]寛永1（1624）年）〔像〕

福島屋九平次　ふくしまやくへいじ

井原西鶴作『万の文反古』の登場人物。17年の間に23人女房を変え、金銀を使いはたしてしまった男。

¶架空伝説（福島屋九平次　ふくしまやくへいじ）
古典人学（「京にも思ふやうなる事なし」の福島屋九平次　きょうにもおもうようなることなしのふくしまやくへいじ）

福島屋清兵衛　ふくしまやせいべえ

歌舞伎演目『三世相錦繡文章』に登場する、深川仲町福島屋の主。

¶歌舞伎登（福島屋清兵衛　ふくしまやせいべえ）

福助　ふくすけ

縁起人形の一種の名前。

¶架空伝承（福助　ふくすけ）

福太神　ふくだのかみ

丹波国何鹿郡の福太神社の祭神。

¶神仏辞典（福太神　ふくだのかみ）

フクちゃん

横山隆一の四コマ漫画『フクちゃん』の主人公。

¶架空人物（フクちゃん）
新潮日本（フクちゃん）
日本人名（フクちゃん）

福っつあん　ふくっつあん

渡辺茂男作『寺町三丁目十一番地』（1969）に登場する福地家の父親。

¶児童登場（福っつあん）

福富の織部　ふくとみのおりべ

御伽草子『福富草紙』（室町時代）に登場する、京の近郊に住む長者。

¶架空人日（福富の織部　ふくとみのおりべ）

福永十三郎　ふくながじゅうざぶろう

江戸中期の義民。越後国直江津の大庄屋。直江津港に荷上げされる鮮魚の販売権をめぐり、不合理を幕府に訴えた。直江津町民により福永神社に祀られた。

¶朝日歴史（福永十三郎　ふくながじゅうざぶろう

⑭享保6年3月14日（1721年4月10日）⑫安永3年7月4日（1774年8月10日））
コン5（福永十三郎　ふくながじゅうざぶろう　⑭享保6（1721）年　⑫安永3（1774）年

福鼠　ふくねずみ
『奇異珍事録』にあるもの。神棚として吊していた松の板に銭を置いていった鼠。
¶妖怪事典（フクネズミ）

福の神　ふくのかみ
福徳を授ける神。
¶広辞苑6（福の神　ふくのかみ）
　神仏辞典（福の神　ふくのかみ）

布久比神　ふくひのかみ
但馬国城崎郡の布久比神社の祭神。
¶神仏辞典（布久比神　ふくひのかみ）

伏兵　ふくへい
陰陽道で、兵革・刑殺をつかさどるという神。
¶広辞苑6（伏兵　ふくへい）

福山の担ぎ　ふくやまのかつぎ
歌舞伎演目『助六由縁江戸桜』に登場する、福山の担ぎ富吉のこと。
¶歌舞伎登（福山の担ぎ　ふくやまのかつぎ）

茯苓の精　ぶくりょうのせい
石川県能美郡今江村でいう植物の怪。
¶全国妖怪（ブクリョウノセイ〔石川県〕）

文車妖妃　ふぐるまようひ
鳥山石燕の『画図百器徒然袋』にある、文箱から手紙を引き出す妖女。
¶妖怪事典（フグルマヨウヒ）
　妖怪大全（文車妖妃　ふぐるまようひ）〔像〕
　妖怪大事典（文車妖妃　ふぐるまようひ）〔像〕

袋担ぎ　ふくろかつぎ
道の妖怪。長野県埴科郡でいう。
¶神仏辞典（ふくろかつぎ）
　全国妖怪（フクロカツギ〔長野県〕）
　妖怪事典（フクロカツギ）
　妖怪大事典（袋担ぎ　ふくろかつぎ）

袋被せ　ふくろかぶせ
動物の妖怪。岐阜県加茂郡白川町で、狐の一種をいう。
¶神仏辞典（ふくろかぶせ）
　妖怪事典（フクロカブセ）

福禄寿　ふくろくじゅ
七福神の一神。短身、長頭、ひげが多く、経巻を結びつけた杖を携える。鶴をつれた姿であらわされる。
¶広辞苑6（福禄寿　ふくろくじゅ）
　神仏辞典（福禄寿　ふくろくじゅ）

世百新（福禄寿　ふくろくじゅ）
大辞林3（福禄寿　ふくろくじゅ）
日本人名（福禄寿　ふくろくじゅ）

袋下げ　ふくろさげ
長野県大町市付近でいう妖怪。白い袋をぶら下げて出る狸。
¶神仏辞典（袋下げ　ふくろさげ）
　全国妖怪（フクロサゲ〔長野県〕）
　水木幻獣（袋下げ　ふくろさげ）〔像〕
　妖怪事典（フクロサゲ）
　妖怪大鑑（袋下げ　ふくろさげ）〔像〕
　妖怪大事典（袋下げ　ふくろさげ）〔像〕

布久漏神　ふくろのかみ
越前国坂井郡の布久漏神社の祭神。
¶神仏辞典（布久漏神　ふくろのかみ）

袋貉　ふくろむじな
鳥山石燕の『画図百器徒然袋』にある、大きな袋を担いだ貉。
¶妖怪事典（フクロムジナ）
　妖怪大鑑（袋貉　ふくろむじな）〔像〕
　妖怪大事典（袋貉　ふくろむじな）〔像〕

鳳至比古神　ふげしひこのかみ
能登国鳳至郡の鳳至比古神社の祭神。
¶神仏辞典（鳳至比古神　ふげしひこのかみ）

布気神　ふけのかみ
伊勢国鈴鹿郡の布気神社の祭神。
¶神仏辞典（布気神　ふけのかみ）

武家初　ぶけはつ
山手樹一郎作『遠山の金さん』の登場人物。
¶時代小説（武家初　ぶけはつ）

普賢　ふげん
岡山県の一部などで、家の火所の神をさしている。
¶神仏辞典（普賢　ふげん）

普賢延命菩薩　ふげんえんめいぼさつ
密教で、普賢菩薩に延命の功徳があるとされ生じた菩薩。
¶広辞苑6（普賢延命菩薩　ふげんえんめいぼさつ）
　神仏辞典（普賢延命菩薩　ふげんえんめいぼさつ）
　大辞林3（普賢延命菩薩　ふげんえんめいぼさつ）

普賢菩薩　ふげんぼさつ
仏の真理や修行の徳をつかさどる菩薩。釈迦如来の右脇侍。
¶奇談逸話（普賢菩薩　ふげんぼさつ）
　広辞苑6（普賢菩薩　ふげんぼさつ）〔像〕
　神仏辞典（普賢　ふげん）
　世神辞典（普賢菩薩）〔像〕
　世百新（普賢　ふげん）
　大辞林3（普賢菩薩　ふげんぼさつ）〔像〕
　東洋神名（普賢菩薩　フゲンボサツ）〔像〕
　日本人名（普賢菩薩　ふげんぼさつ）

仏尊事典（普賢菩薩　ふげんぼさつ）〔像〕

布甲神　ふこうのかみ

丹後国与謝郡の布甲神社の祭神。

¶**神仏辞典**（布甲神　ふこうのかみ）

布吾弥神　ふごみのかみ

出雲国意宇郡式内社48社の布吾弥社、『延喜式』の布吾弥神社の祭神。

¶**神仏辞典**（布吾弥神　ふごみのかみ）

ふさ

山本周五郎作『その木戸を通って』（1959）に登場する、平松正四郎の妻。

¶**架空人日**（ふさ）

ふさ

泡坂妻夫作『宝引の辰捕者帳』の登場人物。

¶**時代小説**（ふさ）

布佐乎宜神　ふさおぎのかみ

伊豆国賀茂郡の布佐乎宜神社の祭神。

¶**神仏辞典**（布佐乎宜神　ふさおぎのかみ）

福崎軍平　ふさきぐんぺい

⇒福崎軍平（ふくざきぐんぺい）

フサマラー

沖縄県八重山郡の波照間島で旧暦7月に行われるムシャーマの行事に登場する雨乞いの神。

¶**妖怪大事典**（フサマラー）〔像〕

藤　ふじ

山岡荘八作『水戸光圀』の登場人物。

¶**時代小説**（藤　ふじ）

藤井　ふじい

夏目漱石作『明暗』（1916）の主人公の津田由雄の父の弟。

¶**架空人日**（藤井　ふじい）

藤市　ふじいち

井原西鶴作の浮世草子『日本永代蔵』（1688）巻二「世界の借屋大将」の主人公。

¶**架空人日**（藤市　ふじいち）
架空伝説（藤屋市兵衛　ふじやいちべえ）
古典人学（藤屋市兵衛　ふじやいちべえ）
古典人東（藤市（藤屋市兵衛）　ふじいち（ふじやいちべえ））

藤井紋太夫　ふじいもんだゆう

江戸時代前期の武士。徳川光圀、綱条に仕えた。能会で光圀によって手討ちにされた。後世の作品で脚色される。

¶**歌舞伎登**（藤井紋太夫　ふじいもんだゆう）
時代小説（藤井紋太夫　ふじいもんだゆう）
日本人名（藤井紋太夫　ふじいもんだゆう　[生]?　[没]1695年）

藤内神　ふじうちのかみ

常陸国那賀郡の藤内神社の祭神。

¶**神仏辞典**（藤内神　ふじうちのかみ）

藤枝外記　ふじえだげき

江戸後期の幕臣。吉原の遊女綾衣と心中したことで後世に名を遺した。江戸の人々に俗謡に歌われた。

¶**朝日歴史**（藤枝外記　ふじえだげき　[生]宝暦8（1758）年　[没]天明5年7月9日（1785年8月13日））
コン5（藤枝外記　ふじえだげき　[生]宝暦8（1758）年　[没]天明5（1785）年）
新潮日本（藤枝外記　ふじえだげき　[生]宝暦8（1758）年　[没]天明5（1785）年8月13日）
伝奇伝説（藤枝外記　ふじえだげき）
日本人名（藤枝外記　ふじえだげき　[生]1758年　[没]1785年）

藤枝真太郎　ふじえだしんたろう

浜尾四郎の『殺人鬼』ほかに登場する私立探偵。

¶**架空伝説**（藤枝真太郎　ふじえだしんたろう）
名探偵日（藤枝真太郎　ふじえだしんたろう）

藤枝梅安　ふじえだばいあん

池波正太郎の連作時代小説『仕掛人・藤枝梅安』の主人公。巨体の鍼医者。

¶**架空人物**（藤枝梅安）
架空伝承（藤枝梅安　ふじえだばいあん）
架空伝説（梅安　ばいあん）
時代小説（藤枝梅安　ふじえだばいあん）
日本人名（藤枝梅安　ふじえだばいあん）

藤尾　ふじお

夏目漱石作『虞美人草』（1907）に登場する、小野清三の恋人。

¶**架空人日**（藤尾　ふじお）

藤岡藤十郎　ふじおかとうじゅうろう

幕末の盗賊。柳葉亭繁彦の小説『千代田城噂白浪』、河竹黙阿弥の歌舞伎狂言『四千両小判梅葉』にとりあげられた。

¶**歌舞伎登**（藤岡藤十郎　ふじおかとうじゅうろう）
日本人名（藤岡藤十郎　ふじおかとうじゅうろう　[生]?　[没]1857年）

藤掛藤十郎　ふじかけとうじゅうろう

歌舞伎演目『勧善懲悪覗機関』に登場する、もと塩谷家の家臣。

¶**歌舞伎登**（藤掛藤十郎　ふじかけとうじゅうろう）

藤川卜庵　ふじかわぼくあん

歌舞伎演目『霊験曽我籬』に登場する、藤川水右衛門の父で医者。

¶**歌舞伎登**（藤川卜庵　ふじかわぼくあん）

藤川水右衛門　ふじかわみずえもん

歌舞伎演目『霊験曽我籬』に登場する人物。石井兄弟の敵。

¶**歌舞伎登**（藤川水右衛門　ふじかわみずえもん）

藤河別命　ふじかわわけのみこと
古代伝承上の人物。『高橋氏文』によれば天皇の宣命をつたえる使者として派遣されたという。
¶日本人名（藤河別命　ふじかわわけのみこと）

藤木道満　ふじきどうまん
剣術家。戸部新十郎作『秘剣』の登場人物。
¶時代小説（藤木道満　ふじきどうまん）

布自伎弥神　ふじきみのかみ
出雲国島根郡式内社14社の布自伎弥社、『延喜式』の布自伎美神社の祭神。
¶神仏辞典（布自伎弥神・布自伎美神　ふじきみのかみ）

藤倉兵馬　ふじくらひょうま
大佛次郎作『鞍馬天狗』の登場人物。
¶時代小説（藤倉兵馬　ふじくらひょうま）

藤沢小督　ふじさわこごう
井原西鶴作の浮世草子『武道伝来記』(1687) 巻二の第一「思ひ入吹女尺八」の主人公。
¶架空人日（藤沢小督　ふじさわこごう）
架空伝説（藤沢小督　ふじさわこごう）

富士山陀羅尼坊　ふじさんだらにぼう
富士山に棲む天狗。
¶妖怪事典（フジサンダラニボウ）
妖怪大事典（富士山陀羅尼坊　ふじさんだらにぼう）

フジ三太郎　ふじさんたろう
サトウサンペイの四コマ漫画『フジ三太郎』の主人公。
¶架空人物（フジ三太郎）
日本人名（フジ三太郎　フジさんたろう）

ふし柴の加賀　ふししばのかが
平安時代の歌人。待賢門院加賀のこと。待賢門院（藤原璋子）に出仕。源有仁に贈った「かねてより思ひしことぞ伏柴のこるばかりなるなげきせんとは」の歌で知られ、「伏柴の加賀」と称された。
¶説話伝説（ふし柴の加賀　ふししばのかが 生没年未詳）
伝奇伝説（ふし柴の加賀　ふししばのかが 生没年未詳）

藤嶋神　ふじしまのかみ
尾張国海部郡の藤嶋神社の祭神。
¶神仏辞典（藤嶋神　ふじしまのかみ）

富士太　ふじた
澤田ふじ子作『虹の橋』の登場人物。
¶時代小説（富士太　ふじた）

富士田吉治　ふじたきちじ
江戸時代中期の長唄の唄方。初め佐野川千蔵と称して若衆方から若女方の俳優として活躍。のち俳優をやめて一中節の太夫となり、さらに長唄の唄方に転じた。
¶説話伝説（富士田吉治　ふじたきちじ [生]正徳4 (1714) 年? [没]明和8 (1771) 年）
伝奇伝説（富士田吉治　ふじたきちじ）

藤武神　ふじたけのかみ
『日本三代実録』に所出。甲斐国の神。
¶神仏辞典（藤武神　ふじたけのかみ）

藤田東湖　ふじたとうこ
幕末の水戸学派の儒者。
¶説話伝説（藤田東湖　ふじたとうこ [生]文化3 (1860) 年 [没]安政2 (1855) 年）

富士太郎　ふじたろう
歌舞伎演目『敵討高音鼓』に登場する、住吉の舞楽の楽人富士右門の子。
¶歌舞伎登（富士太郎　ふじたろう）

藤津比古神　ふじつひこのかみ
能登国羽咋郡の藤津比古神社の祭神。
¶神仏辞典（藤津比古神　ふじつひこのかみ）

藤壺　ふじつぼ
『源氏物語』の登場人物。光源氏の母桐壺に生き写しの女性。光源氏と不倫の関係に陥り、冷泉院を産む。
¶架空人日（藤壺　ふじつぼ）
架空伝承（藤壺中宮　ふじつぼのちゅうぐう）
架空伝説（藤壺　ふじつぼ）
歌舞伎登（藤壺　ふじつぼ）
広辞苑6（藤壺　ふじつぼ）
古典人学（藤壺中宮　ふじつぼのちゅうぐう）
古典人東（藤壺　ふじつぼ）
新潮日本（藤壺　ふじつぼ）
大辞林3（藤壺　ふじつぼ）

布自奈大穴持神　ふじなのおおなむちのかみ
出雲国意宇郡の布自奈大穴持神社の祭神。
¶神仏辞典（布自奈大穴持神　ふじなのおおなむちのかみ）

布自奈神　ふじなのかみ
出雲国意宇郡の布自奈神社の祭神。
¶神仏辞典（布自奈神　ふじなのかみ）

藤浪左膳　ふじなみさぜん
歌舞伎演目『伊勢音頭恋寝刃』に登場する、伊勢の御師の長官で、神宮領一万石を支配する。
¶歌舞伎登（藤浪左膳　ふじなみさぜん）

藤波庄兵衛　ふじなみしょうべえ
澤田ふじ子作『虹の橋』の登場人物。
¶時代小説（藤波庄兵衛　ふじなみしょうべえ）

藤波友衛　ふじなみともえ
久生十蘭作『顎十郎捕物帳』の登場人物。

¶時代小説（藤波友衛　ふじなみともえ）

藤浪由縁之丞　ふじなみゆかりのじょう
2世為永春水・柳水亭種清作『北雪美談時代加賀美』の登場人物。子供の時から女として育てられる。「加賀騒動」の大槻伝蔵に擬した人物。
¶古典人学（藤浪由縁之丞　ふじなみゆかりのじょう）

藤の方　ふじのかた
柳亭種彦作の合巻『偐紫田舎源氏』(1829-42)に登場する人物。『源氏物語』の藤壺に対応する。
¶架空人日（藤の方　ふじのかた）

藤の方　ふじのかた
歌舞伎演目『一谷嫩軍記』に登場する、平敦盛の母。
¶歌舞伎登（藤の方　ふじのかた）

布自神　ふじのかみ
伊勢国朝明郡の布自神社の祭神。
¶神仏辞典（布自神　ふじのかみ）

福慈神　ふじのかみ
駿河国の福慈の岳の神。
¶神仏辞典（福慈神　ふじのかみ）

藤林長門守　ふじばやしながとのかみ
伊賀三上忍の一人。
¶説話伝説（藤林長門守　ふじばやしながとのかみ　生没年未詳）
伝奇伝説（藤林長門守　ふじばやしながとのかみ　生没年未詳）

富士春　ふじはる
直木三十五作『南国太平記』の登場人物。
¶時代小説（富士春　ふじはる）

藤巻　ふじまき
歌舞伎演目『岸姫松轡鑑』に登場する、飯原兵衛の妻。
¶歌舞伎登（藤巻　ふじまき）

藤松　ふじまつ
歌舞伎演目『神明恵和合取組』に登場する、め組の鳶、三河屋藤松。
¶歌舞伎登（藤松　ふじまつ）

伏見修理大夫俊綱　ふしみしゅりのだいぶとしつな
⇒藤原俊綱（ふじわらのとしつな）

藤娘　ふじむすめ
歌舞伎『歌えすがえす余波大津絵（藤娘）』に登場する人物。大津絵に描かれた藤の花の精。
¶架空伝説（藤娘　ふじむすめ）
歌舞伎登（藤娘　ふじむすめ）〔像〕

藤村操　ふじむらみさお
明治時代の哲学青年、一高生。「巌頭之感」と題した言葉を木肌に残し、華厳の滝で投身自殺した。
¶架空伝承（藤村操　ふじむらみさお　㊐明治19(1886)年　㊣明治36(1903)年）

藤本明　ふじもとあきら★
大石真作『チョコレート戦争』(1965)の主人公の一人。
¶児童登場（藤本明）

藤屋伊左衛門　ふじやいざえもん
歌舞伎演目『廓文章』に登場する、藤屋の若旦那。
¶歌舞伎登（藤屋伊左衛門　ふじやいざえもん）〔像〕

藤屋市兵衛　ふじやいちべえ
⇒藤市（ふじいち）

フジル
北千島のアイヌに伝わる妖怪。
¶妖怪事典（フジル）

藤原明衡　ふじわらのあきひら
平安中期の詩人・儒者。『今昔物語集』、『宇治拾遺物語』に若い頃の説話がある。
¶架空人日（藤原明衡　ふじわらのあきひら）
説話伝説（藤原明衡　ふじわらのあきひら　㊐永祚1(989)年?　㊣治暦2(1066)年）
伝奇伝説（藤原明衡　ふじわらのあきひら　㊐永祚1(989)年　㊣治暦2(1066)年）

藤原顕光　ふじわらのあきみつ
平安中期の公卿。関白道長に望みを妨げられ続けたことから、悪霊と化したとされる。『栄花物語』『大鏡』に載る。
¶架空伝承（藤原顕光　ふじわらのあきみつ　㊐天慶7(944)年　㊣万寿4(1027)年）
奇談逸話（藤原顕光　ふじわらのあきみつ　㊐天慶7(944)年　㊣治安1(1021)年）
古典人学（藤原顕光　ふじわらのあきみつ　㊐天慶1(938)年　㊣治安1(1021)年）
古典人東（藤原顕光　ふじわらのあきみつ）
説話伝説（藤原顕光　ふじわらのあきみつ　㊐天慶7(944)年　㊣治安1(1021)年）
伝奇伝説（藤原顕光　ふじわらのあきみつ　㊐天慶7(944)年　㊣治安1(1021)年）
日ミス（藤原顕光　ふじわらのあきみつ　㊐天慶7(944)年　㊣治安1(1021)年）

藤原朝成　ふじわらのあさひら
⇒藤原朝成（ふじわらのともひら）

藤原篤昌　ふじわらのあつまさ
説話集『宇治拾遺物語』に登場する民部大夫。
¶架空人日（藤原篤昌　ふじわらのあつまさ）

藤原有国　ふじわらのありくに
平安時代の公卿。『古事談』『今鏡』に閻魔の庁に召されそうになった話がある。

¶説話伝説（藤原有国　ふじわらのありくに [生]天慶9(946)年 [没]寛弘8(1011)年）
伝奇伝説（藤原有国　ふじわらのありくに [生]天慶6(943)年 [没]寛弘8(1011)年）

藤原安子　ふじわらのあんし
『栄華物語』『大鏡』の登場人物。藤原師輔の女。
¶古典人学（藤原安子　ふじわらのあんし）

藤原家隆　ふじわらのいえたか
平安後期から鎌倉初期の公卿。歌人。
¶説話伝説（藤原家隆　ふじわらのいえたか [生]保元3(1158)年 [没]嘉禎3(1237)年）

藤原家綱　ふじわらのいえつな
『宇治拾遺物語』の登場人物。兵衛佐実範の子。弟行綱とともに陪従(楽人)として知られる。
¶架空人日（家綱　いえつな）
古典人学（藤原家綱　ふじわらのいえつな）

藤原宇合　ふじわらのうまかい
奈良時代の官人。藤原式家の祖。右大臣藤原不比等の三男。
¶説話伝説（藤原宇合　ふじわらのうまかい [生]? [没]天平9(737)年）
伝奇伝説（藤原宇合　ふじわらのうまかい [生]持統天皇8(694)年? [没]天平9(737)年）

藤原兼家　ふじわらのかねいえ
平安時代の公卿・政治家。『大鏡』では鬼が下ろした格子を、刀を抜いて元のとおり上げさせたとある。
¶架空伝説（藤原兼家　ふじわらのかねいえ）
古典人学（藤原兼家　ふじわらのかねいえ）
古典人東（藤原兼家　ふじわらのかねいえ）
説話伝説（藤原兼家　ふじわらのかねいえ [生]延長7(929)年 [没]永祚2(990)年）
伝奇伝説（藤原兼家　ふじわらのかねいえ [生]延長7(929)年 [没]永祚2(990)年）

藤原兼実　ふじわらのかねざね
⇒九条兼実(くじょうかねざね)

藤原兼雅　ふじわらのかねまさ
『うつほ物語』に登場する、清原仲忠の父。右大将。
¶架空人日（藤原兼雅　ふじわらのかねまさ）

藤原兼通　ふじわらのかねみち
『栄華物語』『大鏡』の登場人物。平安中期の公卿。兼家の兄。
¶架空人日（藤原兼通　ふじわらのかねみち）
古典人学（藤原兼通　ふじわらのかねみち）

藤原鎌足　ふじわらのかまたり
大化改新の功臣で藤原氏の始祖。旧名は中臣連鎌足。多武峰の聖霊院(現在の談山神社)に祀られた。
¶架空伝承（藤原鎌足　ふじわらのかまたり [生]推古22(614)年 [没]天智8(669)年）〔像〕
古典人学（鎌足　かまたり）
人物伝承（藤原鎌足　ふじわらのかまたり [生]推古22(614)年 [没]天智8(669)年）〔像〕
説話伝説（藤原鎌足　ふじわらのかまたり [生]推古22(614)年 [没]天智8(669)年）〔像〕
世百新（藤原鎌足　ふじわらのかまたり [生]推古22(614)年 [没]天智8(669)年）
伝奇伝説（藤原鎌足　ふじわらのかまたり [生]推古天皇22(614)年 [没]天智天皇8(669)年）〔像〕

藤原清廉　ふじわらのきよかど
平安中期の官人。猫嫌いで、『今昔物語』に『猫恐(ねこおじ)大夫』として載っている。
¶架空人日（藤原清廉　ふじわらのきよかど）
古典人学（猫を恐れる男藤原清廉　ねこをおそれるおとこふじわらきよかど）
コン5（藤原清廉　ふじわらのきよかど 生没年不詳）

藤原清輔　ふじわらのきよすけ
平安時代の歌人。父は藤原顕輔、母は高階能遠の娘。歌道の六条家をつぎ、その全盛期を築いた。家集に『清輔朝臣集』がある。『奥儀抄』『袋草紙』などの歌学書を著し、歌学者として大きな業績を残す。
¶説話伝説（藤原清輔　ふじわらのきよすけ [生]長治1(1104)年 [没]治承1(1177)年）
伝奇伝説（藤原清輔　ふじわらのきよすけ [生]長治1(1104)年 [没]治承1(1177)年）

藤原清衡　ふじわらのきよひら
平安時代後期の陸奥の豪族的武士。奥州藤原氏の初代。後三年の役の結果、奥州の覇権を手にする。平泉に中尊寺を建立。
¶説話伝説（藤原清衡　ふじわらのきよひら [生]? [没]大治3(1128)年）
伝奇伝説（藤原清衡　ふじわらのきよひら [生]天喜4(1056)年? [没]大治3(1128)年）

藤原公任　ふじわらのきんとう
平安時代の歌学者・歌人。太政大臣頼忠の長男。『栄華物語』『大鏡』に登場する。
¶奇談逸話（藤原公任　ふじわらのきんとう [生]康保3(966)年 [没]長久2(1041)年）
古典人学（藤原公任　ふじわらのきんとう [生]康保3(966)年 [没]長久2(1041)年）
説話伝説（藤原公任　ふじわらのきんとう [生]康保3(966)年 [没]長久2(1041)年）
伝奇伝説（藤原公任　ふじわらのきんとう [生]康保3(966)年 [没]長久2(1041)年）

藤原薬子　ふじわらのくすこ
平安前期の女官。「薬子の変」の首謀者。
¶説話伝説（藤原薬子　ふじわらのくすこ [生]? [没]大同5(810)年）
伝奇伝説（藤原薬子　ふじわらのくすこ [生]? [没]大同5(810)年）

藤原国経　ふじわらのくにつね
平安時代の公卿。在原業平が盗み出した女を取り返す話がある。

¶**説話伝説**（藤原国経　ふじわらのくにつね [生]天長8(831)年 [没]延喜8(930)年）
伝奇伝説（藤原国経　ふじわらのくにつね [生]? [没]延喜8(908)年）

藤原高子　ふじわらのこうし
平安前期、清和天皇の女御。入内前の在原業平との恋愛譚が知られる。二条后とも呼ばれる。名は「たかいこ」ともよむ。
¶**説話伝説**（二条の后　にじょうのきさき [生]承和9(842)年 [没]延喜10(910)年）
日本人名（藤原高子(1)　ふじわらのこうし [生]842年 [没]910年）

藤原行成　ふじわらのこうぜい
⇒藤原行成(ふじわらのゆきなり)

藤原琴節郎女　ふじわらのことふしのいらつめ
『古事記』にみえる応神天皇の孫。
¶**日本人名**（藤原琴節郎女　ふじわらのことふしのいらつめ）

ふ

藤原伊尹　ふじわらのこれただ
平安中期の大臣。藤原朝成との蔵人頭をめぐる争いは有名。
¶**説話伝説**（藤原伊尹　ふじわらのこれただ・これまさ [生]延長2(924)年 [没]天禄3(972)年）

藤原伊周　ふじわらのこれちか
中関白内大臣道隆の二男。『栄華物語』『大鏡』『枕草子』に登場する。花山院を射て、東三条院を呪詛したことなどにより太宰府に左遷された。
¶**古典人学**（藤原伊周　ふじわらのこれちか [生]天延1(973)年 [没]寛弘7(1010)年）
古典人東（藤原伊周 『栄花物語』『大鏡』　ふじわらのこれちか）
古典人東（藤原伊周 『枕草子』　ふじわらのこれちか）
説話伝説（藤原伊周　ふじわらのこれちか [生]天延6(973)年 [没]寛弘7(1010)年）
伝奇伝説（藤原伊周　ふじわらのこれちか [生]天延1(973)年 [没]寛弘7(1010)年）

藤原定家　ふじわらのさだいえ
平安末期から鎌倉前期の歌人、古典学者。『新古今和歌集』撰者の一人。書風は定家様・定家流といわれる。
¶**奇談逸話**（藤原定家　ふじわらのさだいえ・ていか [生]応保2(1162)年 [没]仁治2(1241)年）
人物伝承（藤原定家　ふじわらのさだいえ [生]応保2(1162)年 [没]仁治2(1241)年）〔像〕
説話伝説（藤原定家　ふじわらのさだいえ・ていか [生]応保2(1162)年 [没]仁治2(1241)年）
伝奇伝説（藤原定家　ふじわらのさだいえ [生]応保2(1162)年 [没]仁治2(1241)年）〔像〕

藤原貞敏　ふじわらのさだとし
平安前期の琵琶の名手。『今昔物語集』「玄象の琵琶、鬼の為に取らるる語」などの話に登場。
¶**説話伝説**（藤原貞敏　ふじわらのさだとし [生]大同2(807)年 [没]貞観9(867)年）
伝奇伝説（藤原貞敏　ふじわらのさだとし [生]大同2(807)年 [没]貞観9(867)年）

藤原定頼　ふじわらのさだより
平安中期の歌人・公卿。権中納言。権大納言藤原公任の長男。四条中納言とも称された。中古三十六歌仙の一人。
¶**説話伝説**（藤原定頼　ふじわらのさだより [生]長徳1(995)年 [没]寛徳2(1045)年）
伝奇伝説（藤原定頼　ふじわらのさだより [生]長徳1(995)年 [没]寛徳2(1045)年）

藤原実方　ふじわらのさねかた
三十六歌仙の一人。『古事談』ほかに諸伝説を残す。鎌倉期には歌の神とされ、賀茂末社「橋本社」に祀られた。
¶**古典人学**（藤原実方　ふじわらのさねかた）
古典人東（藤原実方　ふじわらのさねかた）
コン5（藤原実方　ふじわらのさねかた [生]? [没]長徳4(998)年）
神話伝説（藤原実方　ふじわらのさねかた）
説話伝説（藤原実方　ふじわらのさねかた [生]? [没]長徳4(998)年）
伝奇伝説（藤原実方　ふじわらのさねかた 生没年未詳）〔像〕

藤原実兼　ふじわらのさねかね
平安時代の文人。
¶**説話伝説**（藤原実兼　ふじわらのさねかね [生]応徳2(1085)年 [没]天永3(1112)年）

藤原実資　ふじわらのさねすけ
平安中期の公卿。"賢右府"と称された。『十訓抄』に、鬼神の化けた姿を見破った話がある。
¶**古典人学**（藤原実資　ふじわらのさねすけ）
説話伝説（藤原実資　ふじわらのさねすけ [生]天徳1(957)年 [没]寛徳3(1046)年）
伝奇伝説（藤原実資　ふじわらのさねすけ [生]天徳1(957)年 [没]寛徳3(1046)年）

藤原実政　ふじわらのさねまさ
平安中期の学者・漢詩人。宇佐八幡宮と争って伊豆に流された。後三条天皇との交情を示す説話が『今鏡』などに載っている。
¶**コン5**（藤原実政　ふじわらのさねまさ [生]寛仁3(1019)年 [没]寛治7(1093)年）

藤原実頼　ふじわらのさねより
平安中期の公卿。弟師輔との逸話が多い。
¶**説話伝説**（藤原実頼　ふじわらのさねより [生]昌泰3(900)年 [没]保元1(970)年）

藤原茂頼　ふじわらのしげより
『十訓抄』の登場人物。主君の遺骸を拾うために、敵陣にありながら出家してしまった武士。
¶**古典人学**（藤原茂頼　ふじわらのしげより）

藤原時平　ふじわらのしへい
⇒藤原時平(ふじわらのときひら)

藤原季英　ふじわらのすえふさ
⇒藤英(とうえい)

藤原佐理　ふじわらのすけまさ
平安中期の公卿、書家。摂政・太政大臣藤原実頼の孫。三蹟の一人で能書家として知られる。
¶説話伝説（藤原佐理　ふじわらのすけまさ [生]天慶7(944)年 [没]長徳4(998)年）

藤原資盈　ふじわらのすけみつ
海南神社(神奈川県三浦市)の祭神。藤原広嗣4代の孫。
¶神様読解（藤原朝臣資盈　ふじわらのあそんすけみつ）

藤原純友　ふじわらのすみとも
平安前期、平将門と呼応して乱を起こしたとされる海賊の首領。
¶架空伝承（藤原純友　ふじわらのすみとも [生]? [没]天慶4(941)年）
架空伝説（藤原純友　ふじわらのすみとも）〔像〕
歌舞伎登（藤原純友　ふじわらのすみとも）
コン5（藤原純友　ふじわらのすみとも [生]? [没]天慶4(941)年）
人物伝承（藤原純友　ふじわらのすみとも [生]? [没]天慶4(941)年）
説話伝説（藤原純友　ふじわらのすみとも [生]? [没]天慶4(941)年）
伝奇伝説（藤原純友　ふじわらのすみとも [生]? [没]天慶4(941)年）

藤原隆家　ふじわらのたかいえ
『栄華物語』『大鏡』の登場人物。中関白道隆の四男。
¶古典人学（藤原隆家　ふじわらのたかいえ [生]天元2(979)年 [没]寛徳1(1044)年）

藤原高子　ふじわらのたかいこ
⇒藤原高子(ふじわらのこうし)

藤原隆信　ふじわらのたかのぶ
平安後期～鎌倉初期の歌人、似絵画家。鎌倉期肖像画の代表作である国宝「源頼朝像」「伝平重盛像」「伝藤原光能像」(神護寺蔵)が隆信の作と伝えられる。家集に『隆信朝臣集』。
¶説話伝説（藤原隆信　ふじわらのたかのぶ [生]康治1(1142)年 [没]元久2(1205)年）
伝奇伝説（藤原隆信　ふじわらのたかのぶ [生]康治1(1142)年 [没]元久2(1205)年）

藤原隆房　ふじわらのたかふさ
平安末期・鎌倉初期の歌人。『平家物語』などに小督との悲恋が伝えられる。
¶説話伝説（藤原隆房　ふじわらのたかふさ [生]久安4(1148)年 [没]承元3(1209)年）
伝奇伝説（藤原隆房　ふじわらのたかふさ [生]久安4(1148)年 [没]承元3(1209)年以後）

藤原高藤　ふじわらのたかふじ
平安時代の公卿。『江談抄』に小野篁と百鬼夜行に出会った説話がある。
¶説話伝説（藤原高藤　ふじわらのたかふじ [生]承和5(838)年 [没]昌泰3(900)年）
伝奇伝説（藤原高藤　ふじわらのたかふじ [生]承和5(838)年 [没]昌泰3(900)年）

藤原孝道　ふじわらのたかみち
平安時代末から鎌倉時代にかけての音楽家。『文机談』『古今著聞集』に数々の逸話が収録されている。
¶説話伝説（藤原孝道　ふじわらのたかみち [生]仁安1(1165)/永万1(1165)年 [没]延応1(1239)年）
伝奇伝説（藤原孝道　ふじわらのたかみち [生]仁安1(1166)年 [没]延応1(1239)年）

藤原高光　ふじわらのたかみつ
平安時代の歌人。三十六歌仙の一人。多武峰少将と号す。法名如覚。『多武峰少将物語』は出家を題材にしたもの。
¶説話伝説（藤原高光　ふじわらのたかみつ [生]天慶3(940)年? [没]正暦5(994)年）
伝奇伝説（藤原高光　ふじわらのたかみつ [生]元慶2(878)年? [没]正暦5(994)年?）

藤原忠家　ふじわらのただいえ
鎌倉時代の公卿。『宇治拾遺物語』に登場する。
¶架空人日（藤原忠家　ふじわらのただいえ）

藤原忠実　ふじわらのただざね
平安後期の公卿。摂政・関白・太政大臣。関白藤原師通と右大臣藤原俊家の娘全子の子。有職故実にくわしく、談話録に『中外抄』がある。
¶説話伝説（藤原忠実　ふじわらのただざね [生]承暦2(1078)年 [没]応保2(1162)年）
伝奇伝説（藤原忠実　ふじわらのただざね [生]承暦2(1078)年 [没]応保2(1162)年）

藤原忠輔　ふじわらのただすけ
平安時代中期の公卿。『今昔物語集』に登場する。
¶架空人日（藤原忠輔　ふじわらのただすけ）

藤原忠通　ふじわらのただみち
平安末期の政治家で五摂家の祖。『保元物語』に登場する。
¶架空人日（藤原忠通　ふじわらのただみち [生]1097年 [没]1164年）

藤原種継　ふじわらのたねつぐ
奈良末期の公卿。参議藤原宇合の孫。桓武天皇の信任厚く長岡京造営の中心人物となるが、造営途中に暗殺された。『日本霊異記』ではこのとき月蝕があり、種継の死の前触れだったと伝える。
¶説話伝説（藤原種継　ふじわらのたねつぐ [生]? [没]延暦4(785)年）
伝奇伝説（藤原種継　ふじわらのたねつぐ [生]? [没]延暦4(785)年）

藤原為時　ふじわらのためとき
『今昔物語集』巻第24の30に登場する貴族。一条天皇の時代の人。

藤原為盛　ふじわらのためもり
平安時代の官人。従四位下、越前守。『今昔物語集』に登場する。
¶架空人日　（藤原為盛　ふじわらのためもり）
　古典人学　（藤原為盛　ふじわらのためもり）

藤原千方　ふじわらのちかた
天智天皇治世の人物。伝説では、伊勢と伊賀の国境付近に勢力を誇っていた豪族。
¶英雄事典　（藤原千方　フジワラノチカタ　生没年不明）

藤原親孝　ふじわらのちかたか
源頼信（頼光の弟）の乳母子。『今昔物語集』に登場する。
¶架空人日　（藤原親孝　ふじわらのちかたか）

藤原定家　ふじわらのていか
⇒藤原定家（ふじわらのさだいえ）

藤原定子　ふじわらのていし
一条天皇の中宮、皇后。父は藤原道隆、母は高階貴子。
¶古典人東　（中宮定子　ちゅうぐうていし）
　説話伝説　（藤原定子　ふじわらのていし　㊤貞元2（977）年　㊦長保2（1000）年）
　伝奇伝説　（藤原定子　ふじわらのていし　㊤貞元2（977）年　㊦長保2（1000）年）

藤原時平　ふじわらのときひら
平安期の廷臣。菅原道真配流を策謀した一人とされる。『今昔物語』に逸話が載る。浄瑠璃、歌舞伎の『天神記』、『菅原伝授手習鑑』に悪役として登場する。戯曲では名を「しへい」と読ます。
¶架空人日　（藤原時平　ふじわらのしへい）
　架空伝承　（藤原時平　ふじわらのときひら　㊤貞観13（871）年　㊦延喜9（909）年）〔像〕
　架空伝説　（藤原時平　ふじわらのしへい　㊤871年）〔像〕
　歌舞伎登　（藤原時平1『菅原伝授手習鑑』　ふじわらしへい）〔像〕
　歌舞伎登　（藤原時平2『天満宮菜種御供』　ふじわらしへい）
　奇談逸話　（藤原時平　ふじわらのときひら　㊤貞観13（871）年　㊦延喜9（909）年）
　古典人学　（伯父の妻を盗んだ男　おじのつまをぬすんだおとこ）
　説話伝説　（藤原時平　ふじわらのときひら　㊤貞観13（871）年　㊦延喜9（909）年）
　世百新　（藤原時平　ふじわらのときひら　㊤貞観13（871）年　㊦延喜9（909）年）
　大辞林3　（時平　しへい）
　伝奇伝説　（藤原時平　ふじわらのときひら　㊤貞観13（871）年　㊦延喜9（909）年）

藤原俊綱　ふじわらのとしつな
『今鏡』『宇治拾遺物語』に登場する、宇治関白頼通の子。正四位上、修理大夫。
¶架空人日　（伏見修理大夫俊綱　ふしみしゅりのだいぶとしつな　㊤1028年　㊦1094年）
　古典人学　（橘俊綱　たちばなのとしつな）
　伝奇伝説　（藤原俊綱　ふじわらのとしつな　㊤長元1（1028）年　㊦寛治8（1094）年）

藤原俊成　ふじわらのとしなり
平安末期から鎌倉時代の歌人。『古今著聞集』『愚秘抄』などに逸話がある。
¶奇談逸話　（藤原俊成　ふじわらのとしなり・しゅんぜい　㊤永久2（1114）年　㊦元久1（1204）年）
　説話伝説　（藤原俊成　ふじわらのしゅんぜい・としなり　㊤永久2（1114）年　㊦元久1（1204）年）
　伝奇伝説　（藤原俊成　ふじわらのとしなり　㊤永久2（1114）年　㊦元久1（1204）年）

藤原俊成　ふじわらのとしなり
⇒藤原俊成（ふじわらのしゅんぜい）

藤原利仁　ふじわらのとしひと
平安中期の伝説的な武将。『今昔物語集』などに芥川龍之介の『芋粥』の原型となった話などがみえる。
¶架空人日　（利仁の将軍　としひとのしょうぐん）
　架空伝承　（藤原利仁　ふじわらのとしひと　生没年不詳）
　新潮日本　（藤原利仁　ふじわらのとしひと）
　説話伝説　（藤原利仁　ふじわらのとしひと　生没年未詳）
　世百新　（藤原利仁　ふじわらのとしひと　生没年不詳）
　伝奇伝説　（藤原利仁　ふじわらのとしひと　生没年未詳）
　日本人名　（藤原利仁　ふじわらのとしひと　生没年未詳）

藤原朝成　ふじわらのともひら
平安時代の公卿。『大鏡』『古事談』に悪霊となった話がある。
¶架空人日　（藤原朝成　ふじわらのあさひら）
　奇談逸話　（藤原朝成と鬼殿　ふじわらのともひらとおにどの　㊤延喜17（917）年　㊦天延2（974）年）
　古典人学　（藤原朝成　ふじわらのともひら　㊤延喜17（917）年　㊦天延2（974）年）
　説話伝説　（藤原朝成　ふじわらのともひら　㊤延喜17（917）年　㊦天延2（974）年）
　伝奇伝説　（藤原朝成　ふじわらのともひら　㊤延喜17（917）年　㊦天延2（974）年）
　日ミス　（藤原朝成と鬼殿　ふじわらのあさひらとおにどの　㊤延暦17（917）年　㊦天延2（974）年）

藤原豊成　ふじわらのとよなり
中将姫の父。横佩の右大臣。歌舞伎演目『中将姫古跡の松』に登場する。
¶歌舞伎登　（右大臣豊成卿　うだいじんとよなりきょう）

藤原長方　ふじわらのながかた
平安末期の公卿。剛直をもって聞こえ『今昔物語』に政道忠臣と記される。
¶コン5　（藤原長方　ふじわらのながかた　㊤保延5（1139）年　㊦建久2（1191）年）

藤原仲忠　ふじわらのなかただ
『うつほ物語』の主人公。清原俊蔭の孫。北山のうつほで母から秘琴の伝授を受ける。
- ¶架空人日（清原仲忠　きよはらのなかただ）
  古典人学（藤原仲忠　ふじわらのなかただ）

藤原永手　ふじわらのながて
奈良時代の官僚。藤原北家の祖房前の子。『日本霊異記』に永手が閻魔王に問責された説話がある。
- ¶架空人日（藤原の朝臣永手　ふじわらのあそみながて　㋐714年　㋜771年）
  コン5（藤原永手　ふじわらのながて　㋐和銅7（714）年　㋜宝亀2（771）年）

藤原長能　ふじわらのながとう
平安中期の歌人。歌に執着した逸話が『袋草紙』『十訓抄』等に伝わる。
- ¶説話伝説（藤原長能　ふじわらのながとう・ながよし　㋐天暦3（949）年　㋜寛弘6（1009）年）
  伝奇伝説（藤原長能　ふじわらのながとう　㋐天暦3（949）年？　㋜?）

藤原仲平　ふじわらのなかひら
⇒枇杷の大臣（びわのおとど）

藤原仲麻呂　ふじわらのなかまろ
⇒恵美押勝（えみのおしかつ）

藤原成親　ふじわらのなりちか
『平家物語』の登場人物。中納言家成の三男。妹は平重盛の室。
- ¶架空人日（藤原成親　ふじわらのなりちか）
  古典人学（藤原成親　ふじわらのなりちか）

藤原成経　ふじわらのなりつね
⇒丹波少将成経（たんばのしょうしょうなりつね）

藤原済時　ふじわらのなりとき
『今昔物語集』に登場する、10世紀に実在した公卿。左大臣藤原師尹の次男。
- ¶架空人日（藤原済時　ふじわらのなりとき）

藤原成通　ふじわらのなりみち
平安時代の公卿・歌人。権大納言藤原宗通の四男、母は非参議藤原顕季の長女。白河法皇に寵愛された。才芸豊かな公卿であり、特に蹴鞠は名人として知られる。
- ¶説話伝説（藤原成通　ふじわらのなりみち　㋐承徳1（1097）年　㋜永暦1（1160）年頃）
  伝奇伝説（藤原成通　ふじわらのなりみち　㋐承徳1（1098）年　㋜永暦1（1160）年以前）

藤原信実　ふじわらののぶざね
鎌倉時代の似絵（肖像画）画家、歌人。「三十六歌仙絵」の筆者と伝えられる。
- ¶奇談逸話（藤原信実　ふじわらののぶざね　㋐治承1（1177）年　㋜文永2（1265）年）
  説話伝説（藤原信実　ふじわらののぶざね　㋐治承1（1177）年　㋜文永3（1266）年?）
  伝奇伝説（藤原信実　ふじわらののぶざね　㋐治承1（1177）年　㋜文永2（1265）年）

藤原陳忠　ふじわらののぶただ
平安中期の官人。『今昔物語集』に登場する。「受領ハ倒ル所ニ土ヲツカメ」で有名。谷に転落したが、平茸を持てる限り持って上ってきた。
- ¶架空人日（藤原陳忠　ふじわらののぶただ）
  説話伝説（藤原陳忠　ふじわらののぶただ　生没年未詳）
  伝奇伝説（藤原陳忠　ふじわらののぶただ）

藤原惟規　ふじわらののぶのり
源俊頼作『俊頼髄脳』の登場人物。越後守為時の子で紫式部の弟。
- ¶古典人学（藤原惟規　ふじわらののぶのり）

藤原信頼　ふじわらののぶより
平安後期の公卿。『平家物語』で驕り高ぶる者の例として挙げられている。
- ¶架空人日（藤原信頼　ふじわらののぶより　㋐1133年　㋜1159年）
  古典人学（藤原信頼　ふじわらののぶより　㋐天承1（1131）年　㋜平治1（1159）年）
  説話伝説（藤原信頼　ふじわらののぶより　㋐長承2（1133）年　㋜平治1（1159）年）
  伝奇伝説（藤原信頼　ふじわらののぶより　㋐長承2（1133）年　㋜平治1（1159）年）

藤原範国　ふじわらののりくに
『今昔物語集』に登場する殿上人。
- ¶架空人日（藤原範国　ふじわらののりくに）

藤原秀衡　ふじわらのひでひら
平安・鎌倉前期の豪族。『義経記』に登場する。
- ¶架空人日（藤原秀衡　ふじわらのひでひら）
  奇談逸話（藤原秀衡　ふじわらのひでひら　㋐?　㋜文治3（1187）年）
  説話伝説（藤原秀衡　ふじわらのひでひら　㋐?　㋜文治3（1187）年）
  伝奇伝説（藤原秀衡　ふじわらのひでひら　㋐保安3（1122）年?　㋜文治3（1187）年）

藤原広足　ふじわらのひろたり
『日本霊異記』『宇治拾遺物語』に登場する、冥土からこの世に帰ってきた人物。
- ¶架空人日（藤原の朝臣広足　ふじわらのあそみひろたり）

藤原広嗣　ふじわらのひろつぐ
奈良中期の貴族。藤原広嗣の乱の首謀者。
- ¶奇談逸話（藤原広継　ふじわらのひろつぐ　㋐?　㋜天平12（740）年）
  説話伝説（藤原広継　ふじわらのひろつぐ　㋐?　㋜天平12（740）年）
  日ミス（藤原広嗣　ふじわらのひろつぐ　㋐?　㋜天平12（740）年）

藤原広嗣　ふじわらのひろつぐ
歌舞伎演目『中将姫古跡の松』に登場する、長

屋王子方の公卿横萩豊成の御台岩根御前と密議をこらし、中将姫を雪責めにする悪人。
¶歌舞伎登（藤原広嗣　ふじわらのひろつぐ）

藤原不比等　ふじわらのふひと
奈良時代の政治家。藤原鎌足の二男。「大宝律令」「養老律令」を制定。娘の宮子は文武天皇夫人、光明子は聖武天皇皇后となり、初めて藤原氏が天皇家の外戚になる端緒をつくった。
¶説話伝説（藤原不比等　ふじわらのふひと　㊄斉明天皇5（659）年　㊧養老4（720）年
伝奇伝説（藤原不比等　ふじわらのふひと　㊄斉明天皇5（659）年　㊧養老4（720）年

藤原道家　ふじわらのみちいえ
鎌倉前期の歌人・公卿。関白・摂政・太政大臣。摂政・太政大臣九条良経の長男。母は一条能保の女（源頼朝の姪）。
¶説話伝説（藤原道家　ふじわらのみちいえ　㊄建久4（1193）年　㊧建長4（1252）年

藤原道兼　ふじわらのみちかね
平安中期の公卿。兼家の三男。『栄華物語』『大鏡』に登場する。
¶古典人学（藤原道兼　ふじわらのみちかね）

藤原道隆　ふじわらのみちたか
平安中期の公卿。摂政・関白・内大臣。藤原兼家の長男。『枕草子』には冗談を言って周囲を笑わせる様子や、『大鏡』には酒好きだった様子が描かれている。
¶説話伝説（藤原道隆　ふじわらのみちたか　㊄天暦7（953）年　㊧長徳1（995）年
伝奇伝説（藤原道隆　ふじわらのみちたか　㊄天暦7（953）年　㊧長徳1（995）年

藤原道綱　ふじわらのみちつな
平安中期の公卿。『蜻蛉日記』に母の目から見た可憐な姿が描かれる。
¶説話伝説（藤原道綱　ふじわらのみちつな　㊄天暦9（955）年　㊧寛仁4（1020）年
伝奇伝説（藤原道綱　ふじわらのみちつな　㊄天暦9（955）年　㊧寛仁4（1020）年

藤原通俊　ふじわらのみちとし
平安時代の公卿、勅撰和歌集撰者。
¶架空人日（治部卿通俊　じぶきょうみちとし）
　説話伝説（藤原通俊　ふじわらのみちとし　㊄永承2（1047）年　㊧康和1（1099）年

藤原道長　ふじわらのみちなが
平安中期の公卿。権勢から「御堂関白」と称された。『栄華物語』『大鏡』に登場する。
¶架空伝承（藤原道長　ふじわらのみちなが　㊄康保3（966）年　㊧万寿4（1027）年
架空伝説（藤原道長　ふじわらのみちなが
奇談逸話（藤原道長　ふじわらのみちなが　㊄康保3（966）年　㊧万寿4（1027）年
古典人学（藤原道長　ふじわらのみちなが）
古典人東（藤原道長　ふじわらのみちなが）

人物伝承（藤原道長　ふじわらのみちなが　㊄康保3（966）年　㊧万寿4（1027）年
説話伝説（藤原道長　ふじわらのみちなが　㊄康保3（966）年　㊧万寿4（1027）年
伝奇伝説（藤原道長　ふじわらのみちなが　㊄康保3年　㊧万寿4年）〔像〕

藤原宗友　ふじわらのむねとも
平安時代の人物。「本朝新修往生伝」編者。
¶説話伝説（藤原宗友　ふじわらのむねとも　生没年未詳）

藤原元方　ふじわらのもとかた
平安中期の公卿。『栄花物語』『大鏡』では東宮に物怪としてとり憑く。
¶コン5（藤原元方　ふじわらのもとかた　㊄仁和4（888）年　㊧天暦7（953）年
説話伝説（藤原元方　ふじわらのもとかた　㊄仁和4（888）年　㊧天慶7（953）年
伝奇伝説（藤原元方　ふじわらのもとかた　㊄仁和4（888）年　㊧天暦7（953）年
日本人名（藤原元方　ふじわらのもとかた　㊄888年　㊧953年）

藤原基経　ふじわらのもとつね
平安前期の公卿。権中納言藤原長良の三男で良房の養子。光孝天皇を即位させ、初の関白となった。
¶説話伝説（藤原基経　ふじわらのもとつね　㊄承和3（836）年　㊧寛平3（891）年

藤原基俊　ふじわらのもととし
平安後期の歌人。中古六歌仙の一人で、源俊頼とならんで当時の歌壇の指導者。『新撰朗詠集』を編纂。
¶説話伝説（藤原基俊　ふじわらのもととし　㊄康平3（1060）年　㊧康治1（1142）年
伝奇伝説（藤原基俊　ふじわらのもととし　㊄康平3（1060）年　㊧康治1（1142）年

藤原百川　ふじわらのももかわ
奈良時代末の官僚。『古事談』「称徳天皇ト道鏡ノ事」に登場する。
¶説話伝説（藤原百川　ふじわらのももかわ　㊄?　㊧宝亀10（779）年

藤原師輔　ふじわらのもろすけ
平安前期の廷臣。娘の安子が村上天皇皇后となり冷泉・円融天皇を生み外祖父としての地位を確立した。『栄華物語』『大鏡』に登場する。
¶架空伝承（藤原師輔　ふじわらのもろすけ　㊄延喜8（908）年　㊧天徳4（960）年
古典人学（藤原師輔　ふじわらのもろすけ）

藤原師綱　ふじわらのもろつな
『十訓抄』の登場人物。平安末期の廷臣。忠直・清廉の人物として描かれる。
¶古典人学（藤原師綱　ふじわらのもろつな）

藤原諸任　ふじわらのもろとう
『今昔物語集』に登場する、平維茂のライバル。

藤原保輔　ふじわらのやすすけ
平安時代中期の官吏。のち強盗の首領。『宇治拾遺物語』『続古事談』に登場する。
- ¶架空人日（藤原保輔　ふじわらのやすすけ）
- 古典人学（藤原保輔　ふじわらのやすすけ）
- 新潮日本（藤原保輔　ふじわらのやすすけ ㊤? ㊥永延2(988)年6月）
- 説話伝説（藤原保輔　ふじわらのやすすけ ㊤? ㊥永延2(988)年）
- 日本人名（藤原保輔　ふじわらのやすすけ ㊤? ㊥988年）

藤原泰衡　ふじわらのやすひら
軍記『義経記』に登場する、藤原秀衡の子。
- ¶架空人日（藤原泰衡　ふじわらのやすひら）

藤原保昌　ふじわらのやすまさ
平安中期の官人・家司。和泉式部の夫。『今昔物語集』『宇治拾遺物語』の「袴垂」の話で有名。摂津平井に住んだので平井保昌ともいわれる。
- ¶架空人日（藤原保昌　ふじわらのやすまさ）
- 架空伝説（平井保昌　ひらいやすまさ）
- 歌舞伎登（平井保昌1「市原野のだんまり」　ひらいやすまさ）
- 歌舞伎登（平井保昌2「土蜘」　ひらいやすまさ）
- 説話伝説（平井保昌　ひらいやすまさ ㊤天徳2(958)年 ㊥長元9(1036)年）〔像〕
- 伝奇伝説（平井保昌　ひらいやすまさ ㊤天徳2(958)年 ㊥長元9(1036)年）〔像〕

藤原山蔭　ふじわらのやまかげ
平安前期の公卿。参議藤原藤嗣の孫。助けた亀に愛児（僧の如無）が救われた説話、魚鳥料理の包丁術などで有名。
- ¶説話伝説（藤原山蔭　ふじわらのやまかげ ㊤天長1(824)年 ㊥仁和4(888)年）
- 伝奇伝説（藤原山蔭　ふじわらのやまかげ ㊤天長1(824)年 ㊥仁和4(888)年）

藤原行綱　ふじわらのゆきつな
説話集『宇治拾遺物語』に登場する、地下の楽人。
- ¶架空人日（行綱　ゆきつな）

藤原行成　ふじわらのゆきなり
平安中期の三蹟の一人。『古事談』に正直者であったため冥官の召しを免れた話がある。
- ¶奇談逸話（藤原行成　ふじわらのゆきなり・こうぜい ㊤天禄3(972)年 ㊥万寿4(1027)年）
- 説話伝説（藤原行成　ふじわらのゆきなり ㊤天禄3(972)年 ㊥万寿4(1027)年）
- 伝奇伝説（藤原行成　ふじわらのこうぜい ㊤天禄3(972)年 ㊥万寿4(1027)年）

藤原羊太夫宗勝　ふじわらのようだゆうむねかつ
⇒羊太夫（ようだゆう）

藤原義孝　ふじわらのよしたか
平安中期の貴族・歌人。『今昔物語集』『大鏡』『栄華物語』などによれば眉目秀麗で詩歌などの才能にも優れた。
- ¶古典人学（藤原義孝　ふじわらのよしたか）
- 説話伝説（藤原義孝　ふじわらのよしたか ㊤天暦8(954)年 ㊥天延2(974)年）
- 伝奇伝説（藤原義孝　ふじわらのよしたか ㊤天暦8(954)年 ㊥天延2(974)年）

藤原良経　ふじわらのよしつね
平安末期から鎌倉初期にかけての歌人・公卿。和歌を藤原俊成に学び、歌壇を主宰して定家ら新風歌人の庇護者となった。書では後京極流の祖。
- ¶説話伝説（藤原良経　ふじわらのよしつね ㊤嘉応1(1169)年 ㊥元久3(1206)年）
- 伝奇伝説（藤原良経　ふじわらのよしつね ㊤嘉応1(1169)年 ㊥建永1(1206)年）

藤原良房　ふじわらのよしふさ
平安前期の官人。左大臣藤原冬嗣の二男。承和の変、応天門の変で他氏を次々に排斥して専権を手にし、人臣最初の摂政となる。
- ¶説話伝説（藤原良房　ふじわらのよしふさ ㊤延暦23(804)年 ㊥貞観14(872)年）
- 伝奇伝説（藤原良房　ふじわらのよしふさ ㊤延暦23(804)年 ㊥貞観14(872)年）

藤原頼長　ふじわらのよりなが
平安後期の公卿。崇徳上皇と手を結び兵を挙げたが、敗れた。死後怨霊として恐れられる。『保元物語』に登場する。
- ¶架空人日（藤原頼長　ふじわらのよりなが）
- 架空伝承（藤原頼長　ふじわらのよりなが ㊤保安1(1120)年 ㊥保元1(1156)年）
- 奇談逸話（藤原頼長　ふじわらのよりなが ㊤保安1(1120)年 ㊥保元1(1156)年）
- 古典人学（藤原頼長　ふじわらのよりなが ㊤保安1(1120)年 ㊥保元1(1156)年）
- 説話伝説（藤原頼長　ふじわらのよりなが ㊤保安1(1120)年 ㊥保元1(1156)年）〔像〕
- 伝奇伝説（藤原頼長　ふじわらのよりなが ㊤保安1(1120)年 ㊥保元1(1156)年）〔像〕

藤原頼通　ふじわらのよりみち
藤原道長の長男。『栄華物語』『大鏡』に登場する。
- ¶古典人学（藤原頼通　ふじわらのよりみち ㊤正暦3(992)年 ㊥承保1(1074)年）
- 人物伝承（藤原頼通　ふじわらのよりみち ㊤正暦3(992)年 ㊥承保1(1074)年）
- 説話伝説（藤原頼通　ふじわらのよりみち ㊤正暦3(992)年 ㊥承保1(1074)年）
- 伝奇伝説（藤原頼通　ふじわらのよりみち ㊤正暦3(992)年 ㊥承保1(1074)年）

藤原比古神　ふじわらひこのかみ
能登国能登郡の藤原比古神社の祭神。
- ¶神仏辞典（藤原比古神　ふじわらひこのかみ）

伏雷　ふすいかずち
黄泉国の八雷神の一柱。伊邪那美命の屍の右足にいた神。
- ¶神仏辞典（伏雷　ふすいかずち）

布須神 ふすのかみ
出雲国大原郡式内社13社の布須社、『延喜式』の布須神社の祭神。
¶神仏辞典（布須神　ふすのかみ）

衾 ふすま
道の妖怪。新潟県の佐渡でいう。人の目や鼻をふさいで、五官の働きを妨げてしまう。
¶幻想動物（衾）〔像〕
　神仏辞典（ふすま）
　全国妖怪（フスマ〔新潟県〕）
　妖怪事典（フスマ）
　妖怪大全（衾　ふすま）〔像〕
　妖怪大事典（衾　ふすま）〔像〕

布施いと ふせいと
近江国蒲生郡大村の代官布施仙左衛門の妻。実録本『今常磐布施譚』に登場する。
¶架空伝説（布施いと　ふせいと）
　奇談逸話（布施いと　ふせいと　生没年不詳）

布勢神 ふせのかみ
越中国射水郡・新川郡などの布勢神社、信濃国更級郡の布制神社の祭神。
¶神仏辞典（布勢神・布制神・布世神・布西神　ふせのかみ）

布勢立石神 ふせのたていしのかみ
近江国伊香郡の布勢立石神社の祭神。
¶神仏辞典（布勢立石神　ふせのたていしのかみ）

伏姫 ふせひめ
読本『南総里見八犬伝』（曲亭馬琴作）に登場する、安房の国王、里見義実の息女。
¶架空人日（伏姫　ふせひめ）
　架空伝承（伏姫　ふせひめ）〔像〕
　歌舞伎登（伏姫　ふせひめ）
　古典人学（伏姫　ふせひめ）
　古典人東（伏姫　ふせひめ）
　コン5（伏姫　ふせひめ）
　日本人名（伏姫　ふせひめ）

フセライ
『琉球国由来記』神遊びの由来に登場する女性。
¶アジア女神（フセライ）

舞台番 ぶたいばん
歌舞伎演目『女暫』に登場する、女暫に六方を教える役。
¶歌舞伎登（舞台番　ぶたいばん）

舞台番新吉 ぶたいばんしんきち
歌舞伎演目『極付幡随長兵衛』に登場する、村山座の舞台番。
¶歌舞伎登（舞台番新吉　ぶたいばんしんきち）

札返し ふだかえし
護符を、雨戸からはがしてもらいたがる幽霊。

¶水木妖怪（札返し　ふだかえし）〔像〕
　妖怪大全（札返し　ふだかえし）〔像〕

札掛の吉兵衛 ふだかけのきちべえ
池波正太郎作『仕掛人・藤枝梅安』の登場人物。
¶時代小説（札掛の吉兵衛　ふだかけのきちべえ）

二方神 ふたかたのかみ
但馬国二方郡の二方神社の祭神。
¶神仏辞典（二方神　ふたかたのかみ）

二上神 ふたかみのかみ
『続日本紀』『続日本後紀』『日本文徳天皇実録』『日本三代実録』に所出。越中国射水郡の神。因幡国巨濃郡の二上神社の祭神。
¶神仏辞典（二上神　ふたかみのかみ）

二口女 ふたくちおんな
後頭部や頭のてっぺんに、もう一つの口を持つという女の妖怪。
¶幻想動物（二口女）〔像〕
　妖怪事典（フタクチオンナ）
　妖怪図鑑（二口女　ふたくちおんな）〔像〕
　妖怪大全（二口女　ふたくちおんな）〔像〕
　妖怪大事典（二口女　ふたくちおんな）〔像〕
　妖百4（二口女　ふたくちおんな）〔像〕

布多遅能伊理毘売命 ふたぢのいりびめのみこと
⇒石衝毘売命（いわつくびめのみこと）

布多遅比売 ふたぢひめ
倭建命の妃。
¶神様読解（布多遅比売　ふたぢひめ）

二つ岩団三郎 ふたついわだんさぶろう
新潟県佐渡郡相川町二つ岩に住んでいたと伝わる貉のこと。
¶神仏辞典（団三郎　だんざぶろう）
　神話伝説（二つ岩の団三郎　ふたついわのだんざぶろう）
　説話伝説（二つ岩団三郎　ふたついわだんさぶろう）
　全国妖怪（フタツイワノダンザブロウ〔新潟県〕）
　伝奇伝説（二つ岩団三郎　ふたついわだんさぶろう）
　日本人名（二つ岩団三郎　ふたついわだんさぶろう）
　妖怪事典（ダンザブロウムジナ）
　妖怪大事典（団三郎貉　だんざぶろうむじな）

布多天神 ふたのあまつかみ
武蔵国多磨郡の布多天神社の祭神。
¶神仏辞典（布多天神　ふたのあまつかみ）

二葉大臣 ふたばだいじん
井原西鶴作の浮世草子『好色盛衰記』(1688)巻一の一「松に懸るは二葉大臣」に登場する赤ん坊。
¶架空人日（二葉大臣　ふたばだいじん）

二葉上 ふたばのうえ
柳亭種彦作の合巻『修紫田舎源氏』(1829-42)の

主人公足利光氏の最初の妻。
¶架空人日（二葉上　ふたばのうえ）

双葉山定次　ふたばやまさだじ
名力士。第35代横綱。69連勝の記録を打ち立てた。
¶架空伝承（双葉山定次　ふたばやまさだじ　㊤明治45(1912)年　㉞昭和43(1968)年）〔像〕

二俣神　ふたまたのかみ
周防国都濃郡の二俣神社の祭神。
¶神仏辞典（二俣神　ふたまたのかみ）

二見神　ふたみのかみ
大和国宇智郡の二見神社の祭神。
¶神仏辞典（二見神　ふたみのかみ）

二村神　ふたむらのかみ
丹波国多紀郡の二村神社の祭神。
¶神仏辞典（二村神　ふたむらのかみ）

二荒神　ふたらのかみ
下野国河内郡の二荒山神社の祭神。
¶神仏辞典（二荒神　ふたらのかみ）

ブチ
高知県高岡郡日下村、土佐郡鏡村でいう怪異。
¶妖怪事典（ブチ）

扶持借り　ふちかり
動物の妖怪。福島県南会津山中の忌詞で貂のこと。
¶神仏辞典（扶持借り　ふちかり）
全国妖怪（フチカリ〔福島県〕）
妖怪事典（フチカリ）

淵川権六　ふちかわごんろく
吉川英治作『宮本武蔵』の登場人物。
¶時代小説（淵川権六　ふちかわごんろく）

フチサル
岩手県の土淵村で河童の異名と思われるもの。淵猿か。
¶全国妖怪（フチサル〔岩手県〕）

淵猿　ふちざる
『老媼茶話』にある河童の類。天文8年、芸州（広島県）吉田の釜ヶ淵に現れ、人を淵に引きずり込んだ。
¶全国妖怪（フチザル〔広島県〕）
水木幻獣（淵猿　ふちざる）〔像〕
妖怪事典（フチザル）
妖怪大全（淵猿　ふちざる）〔像〕
妖怪大事典（渕猿　ふちざる）〔像〕

淵沢小十郎　ふちざわこじゅうろう
宮沢賢治作『なめとこ山の熊』に登場する、熊捕りの名人。
¶架空人日（淵沢小十郎　ふちざわこじゅうろう）

鞴の神　ふーちぬかみ
沖縄で、鍛冶屋の守護神、鍛冶を行った人物を祀った御嶽の神をいう。
¶神仏辞典（鞴の神　フーチヌカミ）

布智神　ふちのかみ
尾張国中島郡の布智神社、駿河国富士郡の富知神社の祭神。
¶神仏辞典（布智神　ふちのかみ）

府中神　ふちゅうのかみ
『日本三代実録』に所出。石見国の神。
¶神仏辞典（府中神　ふちゅうのかみ）

仏眼仏母　ぶつげんぶつも
仏の眼を仏格化したもの。仏眼尊ともいう。
¶広辞苑6（仏眼尊　ぶつげんそん）
大辞林3（仏眼尊　ぶつげんそん）
東洋神名（仏眼仏母　ブツゲンブツモ）〔像〕
仏尊事典（仏頂・仏母〔仏眼仏母〕　ぶっちょう・ぶつも）

ふっこ
動物の妖怪。愛知県北設楽郡の山地で、猿・山犬・狐などの年経たものをいう。
¶神仏辞典（ふっこ）
全国妖怪（フッコ〔愛知県〕）
妖怪事典（フッコ）

仏神　ぶっしん
ほとけとかみ、または主に仏教説話などから生まれた神。
¶神様読解（仏神　ぶっしん）
広辞苑6（仏神　ぶつじん）

仏神十王　ぶっしんじゅうおう
亡者の罪業を裁く十神。
¶神様読解（仏神十王　ぶっしんじゅうおう）

経立　ふったち
霊力を持って妖怪となった動物のこと。
¶幻想動物（経立）〔像〕
妖怪事典（フッタチ）
妖怪大事典（経立　ふったち）

プッチャー
横井福次郎の漫画『ふしぎな国のプッチャー』の主人公。
¶日本人名（プッチャー）

仏頂寺弥助　ぶっちょうじやすけ
中里介山作『大菩薩峠』の登場人物。
¶時代小説（仏頂寺弥助　ぶっちょうじやすけ）

仏頂尊　ぶっちょうそん
仏の頭頂はとても尊いものだと考え、これを仏格化したもの。
- 広辞苑6（仏頂尊　ぶっちょうそん）
- 大辞林3（仏頂尊　ぶっちょうそん）
- 東洋神名（仏頂尊　ブッチョウソン）〔像〕
- 仏尊事典（仏頂・仏母　ぶっちょう・ぶつも）〔像〕

経津主神　ふつぬしのかみ
『日本書紀』に所出の神。天孫降臨に先立ち、地上平定のために遣わされた。千葉県佐原市の香取神宮、奈良市の春日大社などの祭神。斎主神、伊波比主神ともいう。
- 朝日歴史（経津主神　ふつぬしのかみ）
- 神様読解（経津主神　ふつぬしのかみ）〔像〕
- 広辞苑6（斎主神　いわいぬしのかみ）
- 広辞苑6（経津主神　ふつぬしのかみ）
- コン5（経津主神　ふつぬしのかみ）
- 新潮日本（経津主神　ふつぬしのかみ）
- 神仏辞典（斎主神　いわいぬしのかみ）
- 神仏辞典（経津主神　ふつぬしのかみ）
- 神話伝説（経津主神　ふつぬしのかみ）
- 説話伝説（経津主神　ふつぬしのかみ）
- 世百新（経津主神　ふつぬしのかみ）
- 大辞林3（経津主神　ふつぬしのかみ）
- 伝奇伝説（経津主神　ふつぬしのかみ）
- 東洋神名（経津主神　フツヌシノカミ）〔像〕
- 日本神々（経津主神　ふつぬしのかみ）〔像〕
- 日本神様（春日信仰の神々〔経津主命〕　かすがしんこうのかみがみ）
- 日本神様（香取信仰の神々〔経津主大神〕　かとりしんこうのかみがみ）
- 日本神様（塩竈信仰の神々〔経津主神〕　しおがましんこうのかみがみ）
- 日本人名（経津主神　ふつぬしのかみ）
- 日本神話（フツヌシ）

布都神　ふつのかみ
伊予国桑村郡の布都神社の祭神。
- 神仏辞典（布都神・富都神　ふつのかみ）

布都御魂　ふつのみたま
⇒佐士布都神（さじふつのかみ）

ぶっ法そう　ぶっぽうそう
熊本県八代市の松井家に伝わる『百鬼夜行絵巻』に描かれている妖怪。大きな頭に赤く長い舌をもち、蛇のような体をしている。
- 妖怪事典（ブッポウソウ）

筆売り幸兵衛　ふでうりこうべえ
歌舞伎演目『水天宮利生深川』に登場する、深川浄心寺裏山本町三百六十四番地に住む筆職人。
- 歌舞伎登（筆売り幸兵衛　ふでうりこうべえ）〔像〕

布帝耳神　ふてみみのかみ
須佐之男命の子孫の淤美豆奴神の妃神。布怒豆怒神の娘。天之冬衣神を生む。
- 神様読解（布帝耳神　ふてみみのかみ）
- 神仏辞典（布帝耳神　ふてみみのかみ）

筆屋幸兵衛　ふでやこうべえ
河竹黙阿弥の散切物歌舞伎の作中人物。
- 説話伝説（筆屋幸兵衛　ふでやこうべえ）〔像〕

フーテンの寅　ふーてんのとら
⇒車寅次郎（くるまとらじろう）

普天間権現　ふてんまごんげん
宜野湾市普天間宮に祀られる祭神。
- アジア女神（普天間権現　ふてんまごんげん）

不動　ふどう
歌舞伎演目『不動』に登場する。江戸の顔見世狂言の一番目大詰に出る神霊事の代表的な主人公。
- 歌舞伎登（不動　ふどう）

武藤太　ぶとうだ
曲亭馬琴作の読本『椿説弓張月』(1807-11)に登場する、主人の源為朝を平氏に密告した男。
- 架空人日（武藤太　ぶとうだ）
- 歌舞伎登（武藤太　むとうだ）

不動明王　ふどうみょうおう
もとはインド教のシバ神の異名。仏教では、如来の命を受けて忿怒の相を表し、密教の修行者を守護する。
- 架空伝承（不動明王　ふどうみょうおう）
- 神様読解（不動尊　ふどうそん）〔像〕
- 神文化史（フドウミョウオウ（不動明王））
- 奇談逸話（不動明王　ふどうみょうおう）
- 広辞苑6（不動明王　ふどうみょうおう）
- 神仏辞典（不動　ふどう）
- 世百新（不動明王）〔像〕
- 説話伝説（不動明王　ふどうみょうおう）
- 世百新（不動明王　ふどうみょうおう）
- 大辞林3（不動明王　ふどうみょうおう）〔像〕
- 東洋神名（不動明王　フドウミョウオウ）〔像〕
- 日本人名（不動明王　ふどうみょうおう）
- 仏尊事典（不動明王　ふどうみょうおう）〔像〕

布刀玉命　ふとだまのみこと
天岩屋戸神話に登場する神。天児屋命と祈祷をおこなった。忌部氏（のち斎部氏）の祖。安房神社（千葉県館山市）と大原神社（千葉県君津市）で祀られる。天太玉命ともいう。『日本書紀』では太玉命。
- 朝日歴史（天太玉命　あめのふとだまのみこと）
- 神様読解（布刀玉命/天太玉命　ふとだまのみこと・あめのふとだまのみこと）
- 広辞苑6（天太玉命　あまのふとだまのみこと）
- 広辞苑6（太玉命　ふとたまのみこと）
- コン5（太玉命　ふとたまのみこと）
- 新潮日本（天太玉命　あめのふとだまのみこと）
- 新潮日本（太玉命　ふとたまのみこと）
- 神仏辞典（天太玉命　あめのふとだまのみこと）
- 神仏辞典（布刀玉命・太玉命　ふとだまのみこと）
- 神話伝説（天太玉命　あめのふとだまのみこと）
- 世百新（太玉命　ふとたまのみこと）
- 大辞林3（太玉命　ふとたまのみこと）
- 東洋神名（布刀玉命　フトタマノミコト）〔像〕
- 日本神々（布刀玉命　ふとだまのみこと）〔像〕

日本人名（太玉命　ふとだまのみこと）
日本神話（フトダマ）

布刀主若玉命神　ふとぬしのわかたまのみことのかみ
伊豆国那賀郡の布刀主若玉命神社の祭神。
¶神仏辞典（布刀主若玉命神　ふとぬしのわかたまのみことのかみ）

太祝詞神　ふとのりとのかみ
京中坐神三座のうち左京二条坐神社二座の太詔戸命神社の祭神。
¶神仏辞典（太祝詞神　ふとのりとのかみ）

布斗比売命　ふとひめのみこと
敏達天皇を父、小熊子郎女を母とする。妹に宝王（糠代比売王）がいる。
¶神仏辞典（布斗比売命　ふとひめのみこと）

賦登麻和詞比売命　ふとまわかひめのみこと
第4代懿徳天皇の皇后。飯日比売命とも。師木県主の祖。孝昭天皇、多芸志比古命の母。『日本書紀』では天豊津媛命。
¶神様読解（賦登麻和詞比売命/飯日比売命　ふとまわかひめのみこと・いいびひめのみこと）
神仏辞典（天豊津媛命　あめとよつひめのみこと）
神仏辞典（賦登麻和詞比売命　ふとまわかひめのみこと）
日本人名（天豊津媛命　あまとよつひめのみこと）

布団被せ　ふとんかぶせ
愛知県西尾市一色町の佐久島でいう怪異。
¶全国妖怪（フトンカブセ〔愛知県〕）
妖怪事典（フトンカブセ）
妖怪大事典（布団被せ　ふとんかぶせ）

布団の怪　ふとんのかい
沖縄県宮古郡城辺町での怪異。
¶妖怪事典（フトンノカイ）

舟板探し　ふないたさがし
海の妖怪。新潟県の佐渡の海府地方でいう。
¶神仏辞典（舟板探し　ふないたさがし）
全国妖怪（フナイタサガシ〔新潟県〕）

船井神　ふないのかみ
丹波国船井郡の船井神社の祭神。
¶神仏辞典（船井神　ふないのかみ）

船江神　ふなえのかみ
越後国蒲原郡の船江神社の祭神。
¶神仏辞典（船江神　ふなえのかみ）

舟長　ふなおさ
歌舞伎演目『隅田川』に登場する、隅田川の渡し守。
¶歌舞伎登（舟長　ふなおさ）

舟長　ふなおさ
歌舞伎演目『船弁慶』に登場する、義経一行が大物の浦から西国へ下る時に乗る舟の舟長。
¶歌舞伎登（舟長　ふなおさ）

ブナガ
沖縄県の木に宿る怪。沖縄本島で木に宿る怪をいう。
¶全国妖怪（ブナガ〔沖縄県〕）

船形神　ふながたのかみ
『日本三代実録』に所出。甲斐国の神。
¶神仏辞典（船形神　ふながたのかみ）

舟形の宗平　ふながたのそうへい
池波正太郎作『鬼平犯科帳』の登場人物。
¶時代小説（舟形の宗平　ふながたのそうへい）

船神　ふながみ
船にやどる神霊。
¶神仏辞典（船神　ふながみ）

ブナガヤ
沖縄県大宜味村一帯で子供の姿をした妖怪。
¶神仏辞典（ブナガヤ）
妖怪大全（ブナガヤ火　ブナガヤび）〔像〕
妖怪大事典（ブナガヤ）〔像〕

船神　ふながん
沖縄県で、船霊にあたるものをいう。船の守護神。
¶神仏辞典（船神　フナガン）

船越十右衛門　ふなこしじゅうえもん
歌舞伎演目『競かしくの紅翅』に登場する、備後の国松江将監の家臣。
¶歌舞伎登（船越十右衛門　ふなこしじゅうえもん）

ブナジ
婢の意味。沖縄県石垣島でいう怪鶏。
¶妖怪事典（ブナジ）

ふなしとぎ
海の妖怪。長崎県の壱岐の海上で遭遇するという怪魚。
¶神仏辞典（ふなしとぎ）
全国妖怪（フナシトギ〔長崎県〕）
妖怪事典（フナシドキ）
妖怪大事典（フナシドキ）

舟田左近　ふなださこん
浅井了意作『伽婢子』の登場人物。山城国淀の住人。情深く、美男。
¶古典文学（舟田左近　ふなださこん）

船霊　ふなだま
船乗りや漁師に広く信奉されている、船の守護神で大漁の神。

¶神様読解（船玉様　ふなだまさま）〔像〕
広辞苑6（船霊・船玉　ふなだま）
神仏辞典（船霊　ふなだま）
神話伝説（船霊　ふなだま）
東洋神名（船霊　フナダマ）〔像〕
日本神様（船霊　ふなだま）

舟玉お才　ふなだまおさい
歌舞伎演目『小春穏沖津白浪』に登場する、紀州の廻船問屋出身、熊野比丘尼の姿で悪事を働く。
¶歌舞伎登（舟玉お才　ふなだまおさい）

船玉神　ふなたまのかみ
摂津国住吉郡の船玉神社の祭神。
¶神仏辞典（船玉神　ふなたまのかみ）

船蓋比咩神　ふなつきひめのかみ
『日本三代実録』に所出。阿波国の神。
¶神仏辞典（船蓋比咩神　ふなつきひめのかみ）

岐神　ふなとのかみ
高知県室戸市元の岐神社の神。片足の神。
¶神仏辞典（岐神　ふなとのかみ）

岐神　ふなとのかみ
⇒久那斗神（くなどのかみ）

船戸の弥八　ふなとのやはち
歌舞伎演目『一本刀土俵入』に登場する、常陸の国取手の宿の博徒流れの三太郎の子分。
¶歌舞伎登（船戸の弥八　ふなとのやはち）

船林神　ふなばやしのかみ
出雲国大原郡式外社17社の船林神社の祭神。
¶神仏辞典（船林神　ふなばやしのかみ）

舟曳休之助　ふなびききゅうのすけ
大佛次郎作『鞍馬天狗』の登場人物。
¶時代小説（舟曳休之助　ふなびききゅうのすけ）

布奈保神　ふなほのかみ
出雲国島根郡外社35(45)社の布奈保社の祭神。
¶神仏辞典（布奈保神　ふなほのかみ）

船虫　ふなむし
曲亭馬琴作『南総里見八犬伝』の登場人物。『八犬伝』を代表する毒婦で行く先々で八犬士を苦しめる。
¶架空人日（船虫　ふなむし）
架空伝説（船虫　ふなむし）
古典人学（船虫　ふなむし）

文梨神　ふなむしのかみ
父祭神ともされる。伊豆国田方郡の文梨神社の祭神。
¶神仏辞典（文梨神　ふなむしのかみ）

船亡霊　ふなもうれん
和歌山県有田郡に伝わる海の亡霊。遭難して死んだ人がそのときに乗っていた船や亡霊となって現れる。
¶神仏辞典（船亡霊　ふなもうれん）
妖怪事典（フナモウレン）
妖怪大鑑（船亡霊　ふなもうれん）〔像〕
妖怪大事典（船亡霊　ふなもうれん）〔像〕

鮒屋源五郎　ふなやげんごろう
歌舞伎演目『けいせい浜真砂』に登場する、膳所の鮒屋の料理人で好男子。
¶歌舞伎登（鮒屋源五郎　ふなやげんごろう）

船山神　ふなやまのかみ
『日本三代実録』に所出。讃岐国の神。大和国平群郡、伊勢国安濃郡の船山神社の祭神。
¶神仏辞典（船山神　ふなやまのかみ）

船幽霊　ふなゆうれい
海上における妖怪の一つで、水難者の亡霊によると信じられている。
¶幻想動物（船幽霊）〔像〕
神仏辞典（船幽霊　ふなゆうれい）
神話伝説（船幽霊　ふなゆうれい）
説話伝説（船幽霊　ふなゆうれい）
全国妖怪（フナユウレイ〔千葉県〕）
全国妖怪（フナユウレイ〔愛知県〕）
全国妖怪（フナユウレイ〔徳島県〕）
全国妖怪（フナユウレイ〔香川県〕）
伝奇伝説（船幽霊　ふなゆうれい）
水木妖怪（舟幽霊　ふなゆうれい）〔像〕
妖怪事典（フナユウレイ）
妖怪図鑑（船幽霊　ふなゆうれい）〔像〕
妖怪大鑑（島原の船幽霊　しまばらのふなゆうれい）〔像〕
妖怪大全（舟幽霊　ふなゆうれい）〔像〕
妖怪大事典（船幽霊　ふなゆうれい）〔像〕
妖百2（舟幽霊　ふなゆうれい）〔像〕

フナユーレン
四国地方でいう船幽霊。
¶妖怪事典（フナユーレン）

布怒豆怒神　ふぬづぬのかみ
布帝耳神の父神。
¶神様読解（布怒豆怒神　ふぬづぬのかみ）
神仏辞典（布怒豆怒神　ふのずぬのかみ）

船入道　ふねにゅうどう
『本朝語園』にある海坊主の類。
¶妖怪事典（フネニュウドウ）

船恵尺　ふねのえさか
7世紀中葉、『国記』を伝えた人。蘇我蝦夷らが滅ぼされるに先立ち、『天皇記』『国記』珍宝を焼いたが、恵尺はすみやかに焼け残った『国記』を取り出し、中大兄皇子に献上したという。
¶コン5（船恵尺　ふねのえさか）

布波能母遅久奴須奴神　ふはのもぢくぬすぬのかみ
八島士奴美神の子。木花知流比売を母とする。須佐之男命の孫。
¶神様読解（布波能母遅久奴須奴神　ふはのもぢくぬすぬのかみ）
　神仏辞典（布波能母遅久奴須奴神　ふはのもじくぬすぬのかみ）

武平　ぶへい
海音寺潮五郎作『二本の銀杏』の登場人物。
¶時代小説（武平　ぶへい）

布弁神　ふべのかみ
出雲国意宇郡式内社48社の布弁社、『延喜式』の布弁神社の祭神。
¶神仏辞典（布弁神　ふべのかみ）

文の忌寸　ふみのいみき
『日本霊異記』『今昔物語集』に登場する悪人。
¶架空人日（文の忌寸　ふみのいみき）

書加竜　ふみのかりょう
『日本書紀』にみえる人。誉田陵（応神天皇陵）のもとで交換した赤い馬が、埴輪になったという伝承がある。
¶日本人名（書加竜　ふみのかりょう）

芙蓉皇女　ふようこうじょ
歌舞伎演目『高麗大和皇白浪』に登場する、中国、明の皇女。
¶歌舞伎登（芙蓉皇女　ふようこうじょ）

ブラック・ジャック
手塚治虫の漫画『ブラック・ジャック』の主人公。無免許の医師。
¶架空人物（ブラック・ジャック）

不落々々　ぶらぶら
鳥山石燕の『画図百器徒然袋』に、提灯の妖怪として描かれているもの。
¶妖怪事典（ブラブラ）
　妖怪大鑑（不落不落　ぶらぶら）〔像〕
　妖怪大事典（不落々々　ぶらぶら）〔像〕

ふらり火　ふらりび
炎に包まれた鳥が飛んでいるように見える怪火。
¶幻想動物（ふらり火）〔像〕
　妖怪事典（フラリビ）
　妖怪大全（ふらり火　ふらりび）〔像〕
　妖怪大事典（ふらり火　ふらりび）〔像〕

フリー
アイヌの怪鳥。
¶妖怪事典（フリー）
　妖怪大事典（フリー）

ブリカンダカムイ
アイヌに伝わる人食い熊となって現れる山の魔。
¶妖怪事典（ブリカンダカムイ）

ブリブリ
高知県吾川郡神谷村地方でいう音の怪異。
¶妖怪事典（ブリブリ）

古開神　ふるあきのかみ
山城国葛野郡の平野神社の祭神四柱のうちの一柱。
¶神仏辞典（古開神　ふるあきのかみ）

古空穂　ふるうつほ
鳥山石燕の『画図百器徒然袋』に矢を入れる靱の妖怪として描かれたもの。
¶妖怪事典（フルウツボ）
　妖怪大鑑（古空穂　ふるうつほ）〔像〕
　妖怪大事典（古空穂　ふるうつほ）〔像〕

古江源八　ふるえげんぱち
滝口康彦作『主家滅ぶべし』の登場人物。
¶時代小説（古江源八　ふるえげんぱち）

古川弁山　ふるかわべんざん
歌舞伎演目『島衛月白浪』に登場する講釈師。ねじがねお市の情人。
¶歌舞伎登（古川弁山　ふるかわべんざん）

古郡神　ふるこおりのかみ
備中国賀夜郡の古郡神社の祭神。
¶神仏辞典（古郡神　ふるこおりのかみ）

古沢右京之介　ふるさわうきょうのすけ
宮部みゆき作『霊験お初捕物控』の登場人物。
¶時代小説（古沢右京之介　ふるさわうきょうのすけ）

古沢十兵衛　ふるさわじゅうべえ
高橋義夫作『狼奉行』の登場人物。
¶時代小説（古沢十兵衛　ふるさわじゅうべえ）

古沢武左衛門重正　ふるさわぶざえもんしげまさ
宮部みゆき作『霊験お初捕物控』の登場人物。
¶時代小説（古沢武左衛門重正　ふるさわぶざえもんしげまさ）

フルセ
愛媛県大三島地方で年老いた動物のことをいう。
¶妖怪事典（フルセ）

古柵　ふるそま
音の妖怪。高知県長岡郡の山中で、伐木に打たれて死んだ者の霊。
¶幻想動物（古柵）〔像〕
　神仏辞典（古柵　ふるそま）
　全国妖怪（フルソマ〔高知県〕）

妖怪事典　（フルソマ）
妖怪図鑑　（古柚　ふるそま）〔像〕
妖怪大全　（古柚　ふるそま）
妖怪大事典　（古柚　ふるそま）〔像〕

古田織部　ふるたおりべ
安土・桃山時代の武将・茶人。織部流茶道の祖。織田信長、豊臣秀吉に仕えた。茶を千利休に学び、利休七哲の一人。
¶説話伝説　（古田織部正重然　ふるたおりべのかみしげてる　㊵天文12（1543）年　㊦元和1（1615）年）
伝奇伝説　（古田織部正　ふるたおりべのかみ　㊵?　㊦元和1（1615）年6月11日）

古高俊太郎　ふるたかしゅんたろう
長州系の間諜。司馬遼太郎作『竜馬がゆく』の登場人物。
¶時代小説　（古高俊太郎　ふるたかしゅんたろう）

古高新兵衛　ふるたかしんべえ
佐々木味津三作『旗本退屈男』の登場人物。
¶時代小説　（古高新兵衛　ふるたかしんべえ）

布留多知神　ふるたちのかみ
因幡国八上郡の布留多知神社の祭神。
¶神仏辞典　（布留多知神　ふるたちのかみ）

古田成部　ふるたなりべ
歌舞伎『艶競石川染』に登場する人物。安土桃山時代から江戸初期の武将で茶人であった古田織部の名を借りた役名。
¶歌舞伎登　（古田成部　ふるたなりべ）

振魂命　ふるたまのみこと
『新撰姓氏録』に所出。掃守宿禰・守部連の祖。
¶神仏辞典　（振魂命　ふるたまのみこと）

布留多摩乃命　ふるたまのみこと
和多罪豊玉彦命の子、八太造の祖。
¶神仏辞典　（布留多摩乃命　ふるたまのみこと）

古山茶の霊　ふるつばきのれい
人をたぶらかす事がある古椿。
¶妖怪事典　（フルツバキノレイ）
妖怪大事典　（古山茶の霊　ふるつばきのれい）〔像〕

古手屋八郎兵衛　ふるてやはちろべえ
歌舞伎『文月恨鮫鞘』『桜鍔恨鮫鞘』に登場する人物。
¶歌舞伎登　（古手屋八郎兵衛1　『文月恨鮫鞘』　ふるてやはちろべえ）
歌舞伎登　（古手屋八郎兵衛2　『桜鍔恨鮫鞘』　ふるてやはちろべえ）

富楼那の忠六　ふるなのちゅうろく
井原西鶴作の浮世草子『世間胸算用』（1692）巻三の二「年の内の餅はな詠め」に登場する人物。
¶架空人日　（富楼那の忠六　ふるなのちゅうろく）

フルの神　ふるのかみ
沖縄方言で、フルとは、厠のこと。フルの神は最も力がつよく悪霊も近付けないとされた。
¶神仏辞典　（フルの神　フルのかみ）

振神　ふるのかみ
大和国の振神宮の祭神。
¶神仏辞典　（振神　ふるのかみ）

旧府神　ふるふのかみ
和泉国和泉郡の旧府神社の祭神。
¶神仏辞典　（旧府神　ふるふのかみ）

震々　ぶるぶる
突然人にとり憑いて臆病にさせるという妖怪。鳥山石燕の『今昔画図続百鬼』に、トコロテンの幽霊のように描かれている。
¶幻想動物　（震震）〔像〕
妖怪事典　（ブルブル）〔像〕
妖怪大全　（震々　ぶるぶる）〔像〕
妖怪大事典　（震々　ぶるぶる）〔像〕

古屋雪江　ふるやせっこう
二葉亭四迷作『平凡』（1907）に登場する元小説家。
¶架空人日　（古屋雪江　ふるやせっこう）

古屋の妖怪　ふるやのようかい
備後国鞆の津の酒屋金屋嘉平治の家の一室に現れた妖怪。追い払うことができなかったため、その宅を金屋古屋と名付け廃家とした。
¶水木妖怪　（古屋の妖怪　ふるやのようかい）〔像〕
妖怪大全　（古屋の妖怪　ふるやのようかい）〔像〕

武烈天皇　ぶれつてんのう
記紀系譜上の第25代の天皇。仁賢天皇を父とし、春日大郎女を母とする。別名は小泊瀬稚鷦鷯天皇。
¶コン5　（武烈天皇　ぶれつてんのう）
神仏辞典　（武烈天皇　ぶれつてんのう）
世百新　（武烈天皇　ぶれつてんのう）
伝奇伝説　（武烈天皇　ぶれつてんのう）
日本人名　（武烈天皇　ぶれつてんのう）

降れ降れ坊主　ふれふれぼうず
天気が雨になることを祈って軒先などに吊るす人形。祈雨の神の一種ということができる。
¶神様読解　（照る照る坊主・降れ降れ坊主　てるてるぼうず・ふれふれぼうず）

不破数右衛門　ふわかずえもん
人形浄瑠璃および歌舞伎の『仮名手本忠臣蔵』ほかに登場する人物。
¶架空伝説　（不破数右衛門　ふわかずえもん）
歌舞伎登　（不破数右衛門1　『仮名手本忠臣蔵』　ふわかずえもん）
歌舞伎登　（不破数右衛門2　『絵本忠臣蔵』　ふわかずえもん）
時代小説　（不破数右衛門　ふわかずえもん）

不破友之進 ふわとものしん
宇江佐真理作『髪結い伊三次捕物余話』の登場人物。
¶時代小説（不破友之進　ふわとものしん）

不破伴左衛門 ふわばんざえもん
歌舞伎『浮世柄比翼稲妻』の一場面であった「鞘当」の主人公の武士。『幡随院長兵衛一代記』にも登場する。
¶朝日歴史（不破伴左衛門　ふわばんざえもん）
架空人日（不破伴左衛門　ふわばんざえもん）
架空伝承（不破伴左衛門　ふわばんざえもん）
架空伝説（不破伴左衛門　ふわばんざえもん）
歌舞伎登（不破伴左衛門　ふわばんざえもん）
コン5（不破伴左衛門　ふわばんざえもん）
世百新（不破伴左衛門　ふわばんざえもん）
日本人名（不破伴左衛門　ふわばんざえもん）

文吉 ぶんきち
宮部みゆき作『霊験お初捕物控』の登場人物。
¶時代小説（文吉　ぶんきち）

文五郎 ぶんごろう
北原亞以子作『傷　慶次郎縁側日記』の登場人物。
¶時代小説（文五郎　ぶんごろう）

ふんごろぼうし
水の妖怪。和歌山県串本市で河童のことをいう。
¶神仏辞典（ふんごろぼうし）
全国妖怪（フンゴロボウシ〔和歌山県〕）
妖怪事典（フンゴロボーシ）

文七元結 ぶんしちもつとい
茅場町の紙捻り職人。落語・歌舞伎に取り上げられる。
¶歌舞伎登（文七　ぶんしち）
説話伝説（文七元結　ぶんしちもとゆい）
伝奇伝説（文七元結　ぶんしちもつとい）

文正 ぶんしょう
御伽草子『文正草子』の主人公。三つの功徳をそなえた塩を作る。やがて長者となり、文正つねをかと名のる。
¶架空人日（文正　ぶんしょう）
架空伝承（文正　ぶんしょう）〔像〕
架空伝説（文正　ぶんしょう）〔像〕
古典人学（文正つねをか　ぶんしょうつねをか）
古典人東（文正　ぶんしょう）

文次郎 ぶんじろう
為永春水作の人情本『春色英対暖語』(1838) に登場する、お柳の夫。
¶架空人日（文次郎　ぶんじろう）

フンジン
沖縄県の八重山地方にみられる、一番座に祭られる神。家に祭る神の最高神。
¶神仏辞典（フンジン）

フンヅゥチ
十勝伏子別地方のアイヌに伝わるミンツチのこと。
¶妖怪事典（フンヅゥチ）

文三 ぶんぞう
額田六福作『諸国捕物帳』に登場する人物。
¶架空伝説（文三　ぶんぞう）

文太左衛門 ぶんたざえもん
井原西鶴作の浮世草子『本朝二十不孝』(1686) 巻一の第二「大節季にない袖の雨」に登場する極道息子。
¶架空人日（文太左衛門　ぶんたざえもん）

文之助 ぶんのすけ
城昌幸作『若さま侍捕物手帖』の登場人物。
¶時代小説（文之助　ぶんのすけ）

文福茶釜 ぶんぶくちゃがま
群馬県館林市の茂林寺にいたという狸の化け物。茶釜の姿をしている。
¶幻想動物（文福茶釜）〔像〕
日本未確認（茂林寺の狸）〔像〕
妖怪大鑑（茂林寺の釜　もりんじのかま）〔像〕
妖怪大事典（茂林寺の釜　もりんじのかま）〔像〕

文福茶釜 ぶんぶくちゃがま
秋田県南秋田郡戸賀村（男鹿市）でいう怪異。大榎から下がってきた茶釜。
¶妖怪事典（ブンブクチャガマ）
妖怪大事典（文福茶釜　ぶんぶくちゃがま）

ぶんぶん岩 ぶんぶんいわ
島根県鹿足郡日原町の石の怪異。その場で19歳で殺された女の幽霊が、うたいながら糸車をまわす音を出した。
¶妖怪事典（ブンブンイワ）
妖怪大鑑（ぶんぶん岩　ぶんぶんいわ）〔像〕
妖怪大事典（ぶんぶん岩　ぶんぶんいわ）〔像〕

文弥 ぶんや
歌舞伎演目『蔦紅葉宇都谷峠』に登場する、按摩を生業にする盲人。
¶歌舞伎登（文弥　ぶんや）
広辞苑6（文弥　ぶんや）

文屋秋津 ふんやのあきつ
上田秋成作『春雨物語』「海賊」の登場人物。平安前期の公卿。浄瑠璃・歌舞伎にはしばしば登場する。
¶架空人日（文屋の秋津　ふんやのあきつ）
架空伝説（文屋秋津　ふんやのあきつ）
古典人学（文屋秋津　ふんやのあきつ）

文室宮田麻呂 ふんやのみやたまろ
平安前期の官僚。新羅商人と反乱を企てたとして伊豆に流された。没後、御霊会の祭神の1人と

された。
¶コン5（文室宮田麻呂　ふんやのみやたまろ　生没年不詳）
日本人名（文室宮田麻呂　ふんやのみやたまろ　生没年未詳）

文屋康秀　ふんやのやすひで
平安初期の歌人。六歌仙の一人。
¶架空伝承（文屋康秀　ふんやのやすひで　生没年不詳）
架空伝説（文屋康秀　ふんやのやすひで）〔像〕
歌舞伎登（文屋康秀　ふんやのやすひで）
説話伝説（文屋康秀　ふんやのやすひで　生没年未詳）
伝奇辞典（文屋康秀　ふんやのやすひで　生没年未詳）

文室綿麻呂　ふんやのわたまろ
坂上田村麻呂亡き後、征夷大将軍に任命された武人。
¶朝日歴史（文室綿麻呂　ふんやのわたまろ　㊗天平神護1（765）年　㊗弘仁14年4月24日（823年6月6日））
英雄事典（文室綿麻呂　フミムロノワタマロ）
広辞苑6（文室綿麻呂　ふんやのわたまろ　㊗765年㊗823年）
コン5（文室綿麻呂　ふんやのわたまろ　㊗天平神護1（765）年　㊗弘仁14（823）年）
世百新（文室綿麻呂　ふんやのわたまろ　㊗天平神護1（765）年　㊗弘仁14（823）年）
大辞林3（文室綿麻呂　ふんやのわたまろ　㊗765年㊗823年）
日本人名（文室綿麻呂　ふんやのわたまろ　㊗765年㊗823年）

文里　ぶんり
⇒木屋文里（きやぶんり）

文六　ぶんろく
歌舞伎演目『堀川波の鼓』に登場する、お種・お藤姉妹の弟。
¶歌舞伎登（文六　ぶんろく）

【へ】

平家一族の怨霊　へいけいちぞくのおんりょう
滅亡した平家一族の怨霊が怪異をなすもの。
¶妖怪大事典（平家一族の怨霊　へいけいちぞくのおんりょう）〔像〕

平家蟹　へいけがに
香川県高松市、山口県下関市地方でいう、平家の武士たちの恨みが蟹に化したもの。
¶妖怪事典（ヘイケガニ）
妖怪大事典（平家蟹　へいけがに）

兵吾　へいご
白井喬二作『富士に立つ影』の登場人物。
¶時代小説（兵吾　へいご）

平作　へいさく
歌舞伎演目『伊賀越道中双六』に登場する、70歳を過ぎた小揚げ人足。
¶歌舞伎登（平作　へいさく）〔像〕

弊柵の神　へいさくのかみ
アイヌで、幣柵（ヌサ）を守るカムイ。火の神の血縁ともいわれ、大きな祭祀および先祖供養の際には必ず祈りが捧げられる。
¶神仏辞典（弊柵の神　へいさくのかみ）

平四郎虫　へいしろうむし
平四郎という男の怨霊が乗り移った大量の虫。山形県六郷村の伝承に登場する。
¶幻想動物（平四郎虫）〔像〕
妖怪事典（ヘイシロウムシ）
妖怪大事典（平四郎虫　へいしろうむし）

平城天皇　へいぜいてんのう
上田秋成作の読本『春雨物語』（1808）「血かたびら」の主人公。
¶架空伝説（平城天皇　へいぜいてんのう）
古典人学（平城上皇　へいぜいじょうこう）
古典人東（平城天皇　へいぜいてんのう）

「平太郎殿」の伊勢の男　へいたろうどののいせのおとこ
井原西鶴作の浮世草子『世間胸算用』（1692）巻五の三「平太郎殿」に登場する商人。
¶架空人日（「平太郎殿」の伊勢の男　へいたろうどののいせのおとこ）

「平太郎殿」の老婆　へいたろうどののろうば
井原西鶴作の浮世草子『世間胸算用』（1692）巻五の三「平太郎殿」に登場する町人。
¶架空人日（「平太郎殿」の老婆　へいたろうどののろうば）

平中　へいちゅう
⇒平貞文（たいらのさだぶみ）

平兵衛　へいべえ
人形浄瑠璃『心中刃は氷の朔日』の主人公。
¶広辞苑6（小かん平兵衛　こかん・へいべえ）
大辞林3（小かん・平兵衛　こかん・へいべえ）

平判官康頼　へいほうがんやすより
⇒平康頼（たいらのやすより）

幣六　へいろく
鳥山石燕の『画図百器徒然袋』にある、御幣を持った異形の者。赤鬼のような妖怪。
¶妖怪事典（ヘイロク）
妖怪大鑑（幣六　へいろく）〔像〕

妖怪大事典（幣六 へいろく）〔像〕

へぇさん
動物の妖怪。青森県上北郡野辺地地方で、動物の年老いて霊力を備えたものをいう。
¶神仏辞典（へぇさん）
全国妖怪（ヘェサン〔青森県〕）

べか太郎 べかたろう
熊本県八代市の松井家に伝わる『百鬼夜行絵巻』に描かれているもの。
¶妖怪事典（ベカタロウ）
妖怪大事典（べか太郎 べかたろう）〔像〕

平栗久馬 へぐりきゅうま
神坂次郎作『おかしな侍たち』の登場人物。
¶時代小説（平栗久馬 へぐりきゅうま）

平群坐紀氏神 へぐりにますきのうじのかみ
大和国平群郡の平群坐紀氏神社の祭神。
¶神仏辞典（平群坐紀氏神 へぐりにますきのうじのかみ）

平群石床神 へぐりのいわとこのかみ
大和国平群郡の平群石床神社の祭神。
¶神仏辞典（平群石床神 へぐりのいわとこのかみ）

平群神 へぐりのかみ
大和国平群郡の平群神社五座の祭神。伊勢国員弁郡の平群神社の祭神。
¶神仏辞典（平群神 へぐりのかみ）

平群鮪 へぐりのしび
5世紀後半の中央豪族。『日本書紀』によれば、大伴金村に殺されたとする。『古事記』では、袁祁命と意祁命（仁賢天皇）に殺されたとみえる。
¶朝日歴史（平群鮪 へぐりのしひ）
コン5（平群鮪 へぐりのしび）
日本人名（平群鮪 へぐりのしび）

平群木菟 へぐりのつく
記紀にみえる豪族。武内宿禰の子。平群氏の祖とされる。
¶神様読解（平群都久宿禰/平群木菟 へぐりのつくのすくね・へぐりのずく）
コン5（平群木菟 へぐりのずく）
新潮日本（平群木菟 へぐりのずく）
世百新（平群木菟 へぐりのつく）
日本人名（平群木菟 へぐりのつく）

平群真鳥 へぐりのまとり
5世紀後半〜6世紀初頭の大臣。死に際し、諸国の塩を天皇が食べられぬように呪咀したとの説話がある。
¶朝日歴史（平群真鳥 へぐりのまとり）
コン5（平群真鳥 へぐりのまとり）

辺疎神 へざかるのかみ
伊弉諾が禊祓をしたとき、右手の手纏より化生した神。水路（海路）の神。
¶神様読解（辺疎神 へざかるのかみ）
神仏辞典（辺疎神 へざかるのかみ）

へじごろ
鹿児島県の水の怪。鹿児島県の一部の地方で呼ばれる河童のこと。
¶神仏辞典（へじごろ）
全国妖怪（ヘジゴロ〔鹿児島県〕）
妖怪事典（ヘジゴロ）

臍の緒荒神 へそのおこうじん
岡山県川上郡から広島県神石郡にかけて祀られている神。
¶神仏辞典（臍の緒荒神 へそのおこうじん）

部多神 へたのかみ
伊豆国那賀郡の部多神社の祭神。
¶神仏辞典（部多神 へたのかみ）

幣多神 へたのかみ
越前国坂井郡の幣多神社の祭神。
¶神仏辞典（幣多神・弊多神 へたのかみ）

辺津甲斐弁羅神 へつかいべらのかみ
伊弉諾が禊祓をしたとき、右手の手纏より化生した神。水路（海路）の神。
¶神様読解（辺津甲斐弁羅神 へつかいべらのかみ）
神仏辞典（辺津甲斐弁羅神 へつかいべらのかみ）

別所長治 べっしょながはる
安土桃山時代の武将。播磨三木城5代目城主。
¶説話伝説（別所長治 べっしょながはる [生]永禄1（1558）年? [没]天正8（1580）年）
伝奇伝説（別所長治 べっしょながはる [生]永禄1（1558）年 [没]天正8（1580）年）

ペット・オルン・カムイ
⇒水のカムイ（みずのかむい）

辺津那芸佐毘古神 へつなぎさひこのかみ
伊弉諾が禊祓をしたとき、右手の手纏より化生した神。水路（海路）の神。
¶神様読解（辺津那芸佐毘古神 へつなぎさひこのかみ）
神仏辞典（辺津那芸佐毘古神 へつなぎさびこのかみ）

辺津比咩神 へつひめのかみ
能登国鳳至郡の辺津比咩神社の祭神。
¶神仏辞典（辺津比咩神 へつひめのかみ）

ペップ
芥川龍之介作『河童』（1922）に登場する、河童国の裁判官。
¶架空人日（ペップ）

別府太郎　べっぷのたろう
幸若『百合若大臣』(室町時代)に登場する、百合若を小島に置き去りにした凶悪な人物。
¶架空人日　(別府太郎　べっぷのたろう)

べとべとさん
夜道を歩いているとついてくる妖怪。
¶神仏辞典　(べとべとさん)
　全国妖怪　(ベトベトサン〔静岡県〕)
　全国妖怪　(ベトベトサン〔奈良県〕)
　妖怪事典　(ベトベトサン)
　妖怪図鑑　(べとべとさん)〔像〕
　妖怪大全　(べとべとさん)〔像〕
　妖怪大事典　(べとべとさん)〔像〕
　妖百3　(パタパタ・ベトベトさん)

ヘドラ
映画『ゴジラ対ヘドラ』(1971)に登場する、日本の駿河湾の産業廃棄物から生まれた巨大な公害怪獣。
¶怪物事典　(ヘドラ)〔像〕

ペトルンカムイ
⇒水のカムイ (みずのかむい)

弁奈貴神　へなきのかみ
丹波国船井郡の弁奈貴神社の祭神。
¶神仏辞典　(弁奈貴神　へなきのかみ)

紅勘　べにかん
歌舞伎演目『艶紅曙接拙』に登場する、紅屋勘兵衛という浅草の小間物屋の主人。
¶歌舞伎登　(紅勘　べにかん)

紅皿　べにざら
継子話の姉妹の名。姉の名であるときも妹の名であるときもある。歌舞伎演目『月欠皿恋路宵闇』では、楓姫の妹。
¶歌舞伎登　(紅皿　べにざら)
　神話伝説　(紅皿欠皿　べにさらかけさら)

紅筆おつた　べにふでおつた
江戸中期の悪女。筆屋の娘。客寄せのため、穂先をなめて口紅のついた筆で字を書いてみせた。享保年間(1716～36)に存命。
¶架空伝説　(紅筆おつた　べにふでおつた)
　説話伝説　(紅筆おつた　べにふでおつた)
　伝奇伝説　(紅筆おつた　べにふでおつた)
　日本人名　(紅筆おつた　べにふでおつた　生没年不詳)

紅屋惣兵衛　べにやそうべえ
乙川優三郎作『霧の橋』の登場人物。
¶時代小説　(紅屋惣兵衛　べにやそうべえ)

紅屋長兵衛　べにやちょうべえ
歌舞伎演目『其往昔恋江戸染』に登場する、還俗して紅粉商いに精を出す紅屋の長さんこと通称紅長。

¶歌舞伎登　(紅屋長兵衛　べにやちょうべえ)

紅屋の勘兵衛　べにやのかんべえ
八人芸の創始者。江戸の名物男。
¶説話伝説　(紅屋の勘兵衛　べにやのかんべえ　生没年不詳)
　伝奇伝説　(紅屋の勘兵衛　べにやのかんべえ)

戸神　へのかみ
諸司の春秋の祭のひとつに同神の祭祀がある。
¶神仏辞典　(戸神　へのかみ)

蛇を救って龍宮へ行った男　へびをすくってりゅうぐうへいったおとこ
『今昔物語集』の登場人物。観音に帰依して、毎年18日に百寺詣をしていた男。
¶古典人学　(蛇を救って龍宮へ行った男　へびをすくってりゅうぐうへいったおとこ)

蛇を踏み返した女　へびをふみかえしたおんな
『宇治拾遺物語』の登場人物。石橋の下に閉じこめられた蛇を逃してやった報恩で幸せを得る女。
¶古典人学　(蛇を踏み返した女　へびをふみかえしたおんな)

蛇を継娘の聟にしようとした継母　へびをままむすめのむこにしようとしたままはは
無住道暁作『沙石集』の登場人物。下総国の人。娘を沼の主の妻にさせようとした。
¶古典人学　(蛇を継娘の聟にしようとした継母　へびをままむすめのむこにしようとしたままはは)

蛇神　へびがみ
蛇の神。呪術・医薬の守護神や田を守る水神とされる。
¶神様読解　(蛇神　へびがみ)
　東洋神名　(蛇神　ヘビガミ)〔像〕
　日本神話　(蛇神　へびがみ)

蛇神　へびがみ
大分県の南部などで、蛇の霊で人につくと信じられるもの。
¶神仏辞典　(蛇神　へびがみ)

蛇憑き　へびつき
福岡県久留米地方でいう憑き物。
¶妖怪事典　(ヘビツキ)
　妖怪大事典　(蛇憑き　へびつき)

蛇に婚ぎたる僧　へびにとつぎたるそう
『今昔物語集』巻第29の第40話に載る若い僧。
¶架空人日　(蛇に婚ぎたる僧　へびにとつぎたるそう)

蛇に見られた女　へびにみられたおんな
『今昔物語集』巻第29の第39話の若い女。
¶架空人日　(蛇に見られた女　へびにみられたおんな)

蛇の怪　へびのかい
岩手県に伝わる、黄色い粉を出して人を眠らせた蛇。
¶全国妖怪（ヘビノカイ〔岩手県〕）

蛇の怪　へびのかい
越中国の黒部川に架かる愛本橋の下の大蛇の怪。
¶妖怪大鑑（蛇の怪　へびのかい）〔像〕

蛇蟲　へびみこ
香川県小豆島地方でいう家筋に憑く蛇の憑き物。
¶妖怪事典（ヘビミコ）
　妖怪大鑑（蛇蟲　へびみこ）〔像〕
　妖怪大事典（蛇蟲　へびみこ）〔像〕

ベベヤー
京都府地方でいう妖怪の児童語。
¶妖怪事典（ベベヤー）

ペポソインカラ
北海道の水の怪。水の中から外を見ていて、人間に悪さをするという。
¶全国妖怪（ペポソインカラ〔北海道〕）
　妖怪事典（ペポソインカラ）

ペポソコシンプク
アイヌ語で水中を通る魔という意味の妖怪。
¶妖怪事典（ペポソコシンプク）

ベロ出しチョンマ　べろだしちょんま
斎藤隆介作『ベロ出しチョンマ』(1967)の主人公。本名は木本長松。
¶児童登場（ベロ出しチョンマ）

べろ長　べろなが
福島県に伝わる、川や沼の水を自分の長い舌で吸い上げて干からびさせたり、吐き出して洪水を起こす妖怪。
¶幻想動物（べろ長）〔像〕
　妖怪事典（ベロナガ）

ペロリ太郎　ぺろりたろう
大食漢の妖怪。
¶妖怪大全（ペロリ太郎　ぺろりたろう）〔像〕

弁　べん
『松浦宮物語』の登場人物。橘冬明と明日香皇女との子。
¶古典人学（弁　べん）

弁　べん
古代伝承上の海女。蜑御前（潜女神）ともいわれ村社海士潜女神社の祭神。鎧崎海女（蜑）の祖とされる。
¶日本人名（弁　べん）

ベンゲ
徳島県地方でいう火の玉のこと。
¶妖怪事典（ベンゲ）

弁慶　べんけい
源義経の郎従。武蔵坊と称する。『吾妻鏡』『義経記』などに登場し、実在の人物と考えられるが詳細不明。能・歌舞伎などに多く脚色された。
¶英雄事典（武蔵坊弁慶　ムサシボウベンケイ ㊊? ㊡文治5(1189)年?）
　架空人日（弁慶　べんけい）
　架空伝承（弁慶　べんけい）〔像〕
　歌舞伎登（弁慶1『勧進帳』　べんけい）〔像〕
　歌舞伎登（弁慶2『御所桜堀川夜討』　べんけい）
　歌舞伎登（弁慶3『船弁慶』　べんけい）
　歌舞伎登（弁慶4『義経千本桜』　べんけい）
　歌舞伎登（弁慶5『橋弁慶』　べんけい）
　歌舞伎登（弁慶6『隈取安宅松』　べんけい）
　歌舞伎登（弁慶7『御摂勧進帳』　べんけい）
　奇談逸話（弁慶　べんけい ㊊? ㊡文治5(1189)年）
　広辞苑6（弁慶　べんけい ㊊? ㊡1189年?）
　古典人学（弁慶　べんけい）
　古典人東（弁慶　べんけい）
　新潮日本（弁慶　べんけい ㊊? ㊡文治5(1189)年）
　神仏辞典（弁慶　べんけい）
　神仏伝説（弁慶　べんけい）
　人物伝承（弁慶　べんけい ㊊? ㊡文治5(1189)年）
　説話伝説（弁慶　べんけい ㊊? ㊡文治5(1189)年）
　世百新（弁慶　べんけい）〔像〕
　伝奇伝説（弁慶　べんけい ㊊? ㊡文治5(1189)年）
　日本人名（弁慶　べんけい ㊊? ㊡1189年?）

弁慶堀の河太郎　べんけいぼりのかわたろう
江戸の弁慶堀に現れた、小児姿の妖怪。
¶水木妖怪（弁慶堀の河太郎　べんけいぼりのかわたろう）〔像〕
　妖怪大全（弁慶堀の河太郎　べんけいぼりのかわたろう）〔像〕

弁才天　べんざいてん
インドの聖河の女神サラスヴァティーが仏教に取り入れられたもの。言語、音楽、学芸の神。中世末期以降、七福神の一つとされる。
¶アジア女神（弁財天　べんざいてん）
　架空人物（弁才(財)天）
　架空伝承（弁才天　べんざいてん）
　神様読解（弁才天　べんざいてん）〔像〕
　神文化史（ベンザイテン(弁才天、弁財天)）
　神仏辞典（弁才天・弁財天　べんざいてん）
　世神辞典（弁天）〔像〕
　説話伝説（弁才天　べんざいてん）
　世百新（弁才天　べんざいてん）
　大辞林3（弁才天・弁財天　べんざいてん）
　東洋神名（弁才天　ベンザイテン）〔像〕
　日本神様（弁才天(市寸嶋比売命)　べんざいてん(いちきしまひめのみこと)）
　日本人名（弁才天　べんざいてん）
　仏尊事典（弁才天　べんざいてん）〔像〕

弁才天十五童子　べんざいてんじゅうごどうじ
川を神格化した弁才天の眷属。
¶神仏辞典（弁才天十五童子　べんざいてんじゅうごどうじ）

弁治　べんじ
子母澤寛作『父子鷹』の登場人物。
¶時代小説（弁治　べんじ）

弁秀　べんしゅう
歌舞伎演目『吉様参由縁音信』に登場する、駒込吉祥寺の斎坊主。
¶歌舞伎登（弁秀　べんしゅう）

遍照　へんじょう
平安前期の歌人。在俗時には良岑宗貞といった。六歌仙の一人。歌僧の先駆者。『大和物語』『今昔物語集』に登場する。
¶架空人日（良峯宗貞　よしみねのむねさだ）
　架空伝承（遍昭　へんじょう　㋐弘仁7（816）年　㋑寛平2（890）年）
　架空伝説（僧正遍昭　そうじょうへんじょう）〔像〕
　歌舞伎登（僧正遍昭　そうじょうへんじょう）
　古典人学（遍昭　へんじょう）
　神仏辞典（遍昭　へんじょう　㋐816年　㋑890年）
　説話伝説（遍昭　へんじょう　㋐弘仁7（816）年　㋑寛平2（890）年）
　伝奇伝説（遍昭（遍照）　へんじょう　㋐弘仁7（816）年　㋑寛平2（890）年）

便所神　べんじょがみ
⇒厠神（かわやがみ）

便所の神　べんじょのかみ
アイヌで、ルコロカムイなどと呼ばれる神。その悪臭によって魔を押さえる強力な力があると考えられた。
¶神仏辞典（便所の神　べんじょのかみ）

弁信　べんしん
中里介山作『大菩薩峠』の登場人物。
¶時代小説（弁信　べんしん）

ペンタチコロオヤシ
樺太アイヌに伝わる妖怪。松明をかざすお化けの意。
¶全国妖怪（ペンタチコロオヤシ〔北海道〕）
　妖怪事典（ペンタチコロオヤシ）
　妖怪大事典（ペンタチコロオヤシ）

弁天お照　べんてんおてる
歌舞伎演目『島衛門白浪』に登場する、六つのとき父が死に、母のお市が芸事を仕込んで芸者になった。
¶歌舞伎登（弁天お照　べんてんおてる）

弁天小僧　べんてんこぞう
河竹黙阿弥作の『青砥稿花紅彩画（白波五人男）』の登場人物。白波五人男の一人。

¶架空人日（弁天小僧菊之助　べんてんこぞうきくのすけ）
　架空伝説（弁天小僧　べんてんこぞう）
　歌舞伎登（弁天小僧菊之助　べんてんこぞうきくのすけ）〔像〕
　奇談逸話（弁天小僧　べんてんこぞう）
　広辞苑6（弁天小僧　べんてんこぞう）
　古典人学（弁天小僧菊之助　べんてんこぞうきくのすけ）
　コン5（弁天小僧菊之助　べんてんこぞうきくのすけ）
　新潮日本（弁天小僧　べんてんこぞう）
　説話伝説（弁天小僧　べんてんこぞう）
　大辞林3（弁天小僧　べんてんこぞう）
　伝奇伝説（弁天小僧　べんてんこぞう）
　日本人名（弁天小僧　べんてんこぞう）

弁公昌信　べんのきみしょうしん
御伽草子『弁の草紙』の登場人物。常陸国行方郡、竹原左近尉平昌保の子。
¶古典人学（弁公昌信　べんのきみしょうしん）

弁内侍　べんのないし
鎌倉時代の歌人で『弁内侍日記』の作者。父は藤原信実。後深草天皇に近侍した。
¶歌舞伎登（弁の内侍　べんのないし）
　古典人東（弁の内侍　べんのないし）
　説話伝説（弁内侍　べんのないし　生没年未詳）
　伝奇伝説（弁内侍　べんのないし）

蛇　へんび
高知県で憑き物の意味。
¶妖怪事典（ヘンビ）

逸見勢左衛門　へんみせいざえもん
歌舞伎演目『人間万事金世中』に登場する、強欲な商人の典型。
¶歌舞伎登（逸見勢左衛門　へんみせいざえもん）

逸見鉄心斎　へんみてっしんさい
歌舞伎演目『侠客春雨傘』に登場する、もと御家人の逸見一角。改名して旗本奴の頭領として悪事を働く。
¶歌舞伎登（逸見鉄心斎　へんみてっしんさい）

【ほ】

火明命　ほあかりのみこと
瓊瓊杵尊と木花之開耶姫の子。尾張氏の祖先とされる。別伝では天忍穂耳尊の子。
¶広辞苑6（火明命　ほあかりのみこと）
　神仏辞典（火明命　ほあかりのみこと）
　大辞林3（火明命　ほあかりのみこと）
　日本人名（天火明命　あめのほのあかりのみこと）

架空・伝承編　　　　　　　　　　635　　　　　　　　　　　　　　　ほうし

火明命　ほあかりのみこと
　『播磨国風土記』に見える神。大己貴神（大国主神）の子。
　¶大辞林3（火明命　ほあかりのみこと）

火明命　ほあかりのみこと
　⇒天火明命（あめのほあかりのみこと）

ボイボイ
　大阪府、広島県、島根県地方でいう妖怪の児童語。
　¶妖怪事典（ボイボイ）

ホイホイビ
　奈良県天理市柳本町でいう怨霊の火。城址の山に「ホイホイ」と2、3度叫ぶと「シャンシャン」という音とともに飛んでくる。
　¶全国妖怪（ホイホイビ〔奈良県〕）
　　妖怪大鑑（ほいほい火　ほいほいび）〔像〕

ポイヤウンペ
　アイヌの、ユカラ、サコロペなどと呼ばれるアイヌの英雄叙事詩（英雄詞曲）の主人公。
　¶神仏辞典（ポイヤウンペ）

封　ほう
　慶長14（1609）年に、駿府城の庭に出現したとされる肉の塊のような妖怪。
　¶幻想動物（肉人）〔像〕
　　日本未確認（封（肉人）　ほう）
　　妖怪大事典（封　ほう）

法印大五郎　ほういんだいごろう
　講談『清水次郎長』に登場する、清水の二十八人衆の一人。
　¶架空伝説（法印大五郎　ほういんだいごろう）㊐1840年）

鳳凰　ほうおう
　古代中国で四霊（四瑞）の一つとされた霊鳥。四神として飛鳥時代には日本に伝わったと思われる。
　¶広辞苑6（鳳凰　ほうおう）
　　世怪物神獣（鳳凰）
　　世百新（鳳凰　ほうおう）〔像〕
　　大辞林3（鳳凰　ほうおう）
　　東洋神名（鳳凰）〔像〕
　　日本未確認（鳳凰　ほうおう）〔像〕

法海和尚　ほうかいおしょう
　上田秋成作の読本『雨月物語』（1776）に登場する僧侶。
　¶架空人日（法海和尚　ほうかいおしょう）

法界坊　ほうかいぼう
　五戒に反逆して生きる堕落坊主。歌舞伎が生み出した人物。
　¶架空人物（法界坊）
　　架空伝承（法界坊　ほうかいぼう）〔像〕

　　架空伝説（法界坊　ほうかいぼう）〔像〕
　　歌舞伎登（法界坊　ほうかいぼう）〔像〕
　　奇談逸話（法界坊　ほうかいぼう）
　　古典人学（法界坊　ほうかいぼう）
　　新潮日本（法界坊　ほうかいぼう　㊐宝暦1（1751）年　㊥文政12（1829）年）
　　説話伝説（法界坊　ほうかいぼう　㊐延亨4（1747）/宝暦1（1751）年　㊥文政12（1829）年）
　　大辞林3（法界坊　ほうかいぼう）
　　伝奇伝説（法界坊　ほうかいぼう　㊐宝暦1（1751）年？㊥文政12（1829）年）

箒神　ほうきがみ
　お産に立ち会う産神の一種。鳥山石燕の『画図百器徒然袋』では、頭が箒になった異形の者として現れる。
　¶神様読解（箒神　ほうきがみ）
　　広辞苑6（箒神　ほうきがみ）
　　神仏辞典（箒神　ほうきがみ）
　　東洋神名（箒神　ホウキガミ）〔像〕
　　妖怪事典（ホウキガミ）
　　妖怪大全（箒神　ほうきがみ）〔像〕
　　妖怪大事典（箒神　ほうきがみ）〔像〕

伯耆大仙清光坊　ほうきだいせんせいこうぼう
　鳥取県伯耆大山でいう天狗。
　¶妖怪事典（ホウキダイセンセイコウボウ）
　　妖怪大事典（伯耆大仙清光坊　ほうきだいせんせいこうぼう）

法喜菩薩　ほうきぼさつ
　金剛山に住する菩薩の名。「法起」「法基」とも書く。
　¶神仏辞典（法喜菩薩　ほうきぼさつ）

冒険ダン吉　ぼうけんだんきち
　島田啓三の漫画『冒険ダン吉』の主人公。
　¶架空人物（冒険ダン吉）
　　コン5（冒険ダン吉　ぼうけんだんきち）
　　新潮日本（冒険ダン吉　ぼうけんだんきち）
　　日本人名（冒険ダン吉　ぼうけんだんきち）

彭侯　ほうこう
　木の精。人面で尻尾のない黒犬のような姿。
　¶妖怪事典（ホウコウ）
　　妖怪大事典（彭侯　ほうこう）〔像〕

北条安房守氏勝　ほうじょうあわのかみうじかつ
　北条流軍学の宗家。吉川英治作『宮本武蔵』の登場人物。
　¶時代小説（北条安房守氏勝　ほうじょうあわのかみうじかつ）

北条氏綱　ほうじょううじつな
　戦国時代の武将。相模小田原城主、後北条氏の第2代。関東各地の武将と戦い、関東南部を平定した。
　¶説話伝説（北条氏綱　ほうじょううじつな　㊐文明18（1486）年　㊥天文10（1541）年）〔像〕

北条新蔵　ほうじょうしんぞう
北条流軍学を完成。吉川英治作『宮本武蔵』の登場人物。
- 時代小説（北条新蔵　ほうじょうしんぞう）

北条早雲　ほうじょうそううん
戦国初期の大名。小田原北条氏（後北条氏）の祖。
- 架空伝承（北条早雲　ほうじょうそううん　㊇永享4（1432）年?　㉂永正16（1519）年）
- 説話伝説（北条早雲　ほうじょうそううん　㊇永享4（1432）年　㉂永正16（1519）年）
- 伝奇伝説（北条早雲　ほうじょうそううん　㊇永享4（1432）年　㉂永正16（1519）年）〔像〕

北条高時　ほうじょうたかとき
鎌倉時代、北条氏最後の得宗。貞時の子。『太平記』や歌舞伎『高時』に登場する。
- 架空伝承（北条高時　ほうじょうたかとき　㊇嘉元1（1303）年　㉂元弘3（1333）年）
- 歌舞伎登（北条高時　ほうじょうたかとき）
- 古典人学（北条高時　ほうじょうたかとき）
- 説話伝説（北条高時　ほうじょうたかとき　㊇嘉元1（1303）年　㉂元弘3（1333）年）〔像〕
- 伝奇伝説（北条高時　ほうじょうたかとき　㊇嘉元1（1303）年　㉂元弘3（1333）年）

北条時政　ほうじょうときまさ
鎌倉幕府の初代執権。『平家物語』では、平家の遺族探索の代官。歌舞伎『近江源氏先陣館』や『牧の方』に登場する。
- 歌舞伎登（北条時政1　『近江源氏先陣館』　ほうじょうときまさ）
- 歌舞伎登（北条時政2　『牧の方』　ほうじょうときまさ）
- 説話伝説（北条時政　ほうじょうときまさ　㊇保延4（1138）年　㉂建保3（1215）年）
- 伝奇伝説（北条時政　ほうじょうときまさ　㊇保延4（1138）年　㉂建保3（1215）年）

北条時頼　ほうじょうときより
鎌倉中期の執権。父は北条時氏。出家後、諸国を行脚して民情を視察したとの伝説が生まれた。最明寺入道時頼として謡曲『鉢の木』や歌舞伎『小春宴三組杯觴』に登場する。
- 架空事人日（最明寺入道時頼　さいみょうじにゅうどうときより）
- 架空伝承（北条時頼　ほうじょうときより　㊇安貞1（1227）年　㉂弘長3（1263）年）
- 歌舞伎登（最明寺入道時頼　さいみょうじにゅうどうときより）
- 説話伝説（北条時頼　ほうじょうときより　㊇安貞1（1227）年　㉂弘長3（1263）年）
- 日本人名（北条時頼　ほうじょうときより　㊇1227年　㉂1263年）

宝生如来　ほうしょうにょらい
金剛界五仏の中の一尊で、南方に配置される。
- 広辞苑6（宝生如来　ほうしょうにょらい）
- 神仏辞典（宝生如来　ほうしょうにょらい）
- 大辞林3（宝生如来　ほうしょうにょらい）
- 東洋神名（宝生如来　ホウショウニョライ）〔像〕

北条政子　ほうじょうまさこ
鎌倉前期の女性政治家。北条時政の娘。源頼朝の夫人。
- 架空伝承（北条政子　ほうじょうまさこ　㊇保元2（1157）年　㉂嘉禄1（1225）年）
- 架空伝説（北条政子　ほうじょうまさこ）
- 歌舞伎登（北条政子　ほうじょうまさこ）
- 人物伝説（北条政子　ほうじょうまさこ　㊇保元2（1157）年　㉂嘉禄1（1225）年）
- 説話伝説（北条政子　ほうじょうまさこ　㊇保元2（1157）年　㉂嘉禄1（1225）年）〔像〕
- 伝奇伝説（北条政子　ほうじょうまさこ　㊇保元2（1157）年　㉂嘉禄1（1225）年）

北条泰時　ほうじょうやすとき
鎌倉幕府第3代執権。在職1224～1242。和田義盛の乱、承久の乱に活躍。六波羅探題の後執権に就任。連署・評定衆を創設し、また「御成敗式目」を制定するなど幕府制度の確立に尽力した。
- 説話伝説（北条泰時　ほうじょうやすとき　㊇寿永2（1183）年　㉂仁治3（1242）年）
- 伝奇伝説（北条泰時　ほうじょうやすとき　㊇寿永2（1183）年　㉂仁治3（1242）年）

北条義時　ほうじょうよしとき
鎌倉幕府第2代執権。竹内宿禰の再誕であるとする伝説がある。
- 歌舞伎登（北条義時　ほうじょうよしとき）
- 奇談逸話（北条義時　ほうじょうよしとき　㊇長寛1（1163）年　㉂元仁1（1224）年）
- 古典人学（北条義時　ほうじょうよしとき）
- 説話伝説（北条義時　ほうじょうよしとき　㊇長寛1（1163）年　㉂元仁1（1224）年）
- 伝奇伝説（北条義時　ほうじょうよしとき　㊇長寛1（1164）年　㉂元仁1（1224）年）

方丈了念　ほうじょうりょうねん
歌舞伎演目『花上野誉碑』に登場する、讃岐の国（香川県）志度寺の住職で田宮源八の遺児坊太郎の師。
- 歌舞伎登（方丈了念　ほうじょうりょうねん）

坊主　ぼうず
岡山県上道郡地方でいう妖怪。
- 妖怪事典（ボウズ）

坊主狐　ぼうずぎつね
岡山県岡山市半田山でいう化け狐。
- 妖怪事典（ボウズギツネ）

ぼうずこ
山の妖怪。高知県土佐郡土佐山村で芝天狗のこと。
- 神仏辞典（ぼうずこ）
- 全国妖怪（ボウズコ〔高知県〕）

坊主小兵衛　ほうずこへえ
江戸前期の道化方の名優。小兵衛人形は小兵衛の姿をとったもので役者人形のはじめ。
- 歌舞伎登（坊主小兵衛　ほうずこへえ）

コン5（坊主小兵衛　ほうずこへえ　生没年不詳）

坊主狸　ほうずだぬき
徳島県美馬郡半田町の「坊主橋」ぎわの藪にいて、通行人の頭を坊主にしてしまう狸。
¶全国妖怪（ボウズダヌキ〔徳島県〕）
　水木妖怪続（坊主狸　ほうずだぬき）〔像〕
　妖怪事典（ボウズダヌキ）
　妖怪大全（坊主狸　ほうずだぬき）〔像〕
　妖怪大事典（坊主狸　ほうずだぬき）〔像〕

坊主火　ほうずび
火の妖怪。石川県石川郡鳥越村でいう。
¶神仏辞典（坊主火　ほうずび）
　全国妖怪（ボウズビ〔石川県〕）
　妖怪事典（ボウズビ）

坊主与三　ほうずよさ
歌舞伎演目『月宴升毯栗』に登場する、もと塚越与三郎という武士。
¶歌舞伎登（坊主与三　ほうずよさ）

朋誠堂喜三二　ほうせいどうきさんじ
黄表紙作者。高橋克彦作『だましゑ歌麿』の登場人物。
¶時代小説（朋誠堂喜三二　ほうせいどうきさんじ）

疱瘡神　ほうそうがみ
疱瘡（天然痘）の神。
¶神様読解（疱瘡の神　ほうそうのかみ）〔像〕
　幻想動物（疱瘡神）〔像〕
　広辞苑6（疱瘡神　ほうそうがみ）
　神仏辞典（疱瘡神　ほうそうがみ）
　東洋神名（疱瘡神　ホウソウガミ）〔像〕
　妖怪事典（ホウソウガミ）
　妖怪大鑑（疱瘡神　ほうそうがみ）〔像〕
　妖怪大事典（疱瘡神　ほうそうがみ）〔像〕

風霜魚　ほうそうぎょ
天保9（1838）年に相模国浦賀「なんごの浜」で獲れた奇魚。頭が猩々のようで、鰭が手足のようになっていた。
¶日本未確認（風霜魚　ほうそうぎょ）

方相氏　ほうそうし
目が四つあって、頭に角が生えている、疫鬼を退散させる鬼神。もとは中国の悪鬼を追い払う官職の名。
¶妖怪大鑑（方相氏　ほうそうし）〔像〕

疱瘡のカムイ　ほうそうのかむい
アイヌの神。病気を流行らすことを役割とする。パコロカムイ（パ（伝染病の原因）をもつ神）、アブカシカムイ（巡行する神）などがいる。
¶神文化史（パコロカムイ）
　神仏辞典（疱瘡神　ほうそうしん）
　東洋神名（疱瘡のカムイ　ホウソウノカムイ）〔像〕
　妖怪事典（パイカイカムイ）
　妖怪事典（パコロカムイ）

疱瘡婆　ほうそうばば
静岡県賀茂郡河津町で、天城山中で死んだという老女が、疱瘡の平癒に霊験があるということで床浦神社に祀られたもの。
¶神仏辞典（疱瘡婆　ほうそうばば）

痘瘡婆　ほうそうばばあ
疱瘡で死んだ者の死体を食う妖怪。
¶全国妖怪（ホウソウババ〔宮城県〕）
　妖怪事典（ホウソウババア）
　妖怪大全（痘瘡婆　ほうそうばばあ）〔像〕
　妖怪大事典（疱瘡婆　ほうそうばばあ）〔像〕

ほうでん
福島県いわき市など浜通り地方での屋敷神の呼称の一つ。
¶神仏辞典（ほうでん）

法道仙人　ほうどうせんにん
播磨国の法華山一乗寺（兵庫県加西市）を中心として十一面観音信仰を伝えたという仙人。天竺の霊鷲山の五百持明仙の一人という伝説上の人物。
¶朝日歴史（法道仙人　ほうどうせんにん）
　架空伝承（法道仙人　ほうどうせんにん）〔像〕
　コン5（法道仙人　ほうどうせんにん）
　神仏辞典（法道仙人　ほうどうせんにん）
　世百新（法道仙人　ほうどうせんにん）
　日本人名（法道　ほうどう）

ほうどら
動物の妖怪。岩手県九戸郡で獺のこと。
¶神仏辞典（ほうどら）
　全国妖怪（ホウドラ〔岩手県〕）

法然　ほうねん
平安末・鎌倉初期の僧。浄土宗の開祖。
¶架空伝承（法然　ほうねん　㊐長承2(1133)年　㊥建暦2(1212)年）〔像〕
　奇談逸話（法然　ほうねん　㊐長承2(1133)年　㊥建暦2(1212)年）
　神仏辞典（法然　ほうねん　㊐1133年　㊥1212年）
　人物伝承（法然　ほうねん　㊐長承2(1133)年　㊥建暦2(1212)年）〔像〕
　説話伝説（法然　ほうねん　㊐長承2(1133)年　㊥建暦2(1212)年）
　伝奇伝説（法然　ほうねん　㊐長承2(1133)年　㊥建暦2(1212)年）
　日ミス（法然　ほうねん　㊐長承2(1133)年　㊥建暦2(1212)年）

方伯神　ほうはくしん
陰陽道で方位をつかさどるという神。
¶広辞苑6（方伯神　ほうはくしん）
　大辞林3（方伯神　ほうはくしん）

宝引の辰　ほうびきのたつ
泡坂妻夫作『宝引の辰捕者帳』の登場人物。
¶時代小説（宝引の辰　ほうびきのたつ）

棒振り　ほうふり
山の妖怪。高知県吾川郡の俗伝。
　¶神仏辞典（棒振り　ほうふり）
　　妖怪事典（ボーフリ）
　　妖怪大事典（棒振り　ほーふり）

法領　ほうりょう
法量、法霊、宝領、宝竜などの字をあて、東北一円から関東北部にみられる神。
　¶神仏辞典（法領　ほうりょう）

法蓮　ほうれん
仏教説話上の僧。「法華験記」によれば、奈良県の興福寺の僧で、もと元興寺の僧光勝と法華経と金光明経の優劣を競って勝った。
　¶日本人名（法蓮　ほうれん）

ボエ
島根県地方でいう妖怪の児童語。
　¶妖怪事典（ボエ）

穂落神　ほおとしがみ
稲の神の化身とされる鳥。稲穂をくわえて飛来し、落とした稲穂をもとに稲作が始まったという伝説におけるもの。
　¶神仏辞典（穂落神　ほおとしがみ）

頬撫で　ほおなで
道の妖怪。山梨県南都留郡道志村でいう。
　¶神仏辞典（頬撫で　ほおなで）
　　全国妖怪（ホオナデ〔山梨県〕）
　　水木妖怪続（頬撫　ほおなで）〔像〕
　　妖怪事典（ホオナデ）
　　妖怪大全（頬撫で　ほおなで）〔像〕
　　妖怪大事典（頬撫で　ほおなで）〔像〕

火遠理命（火折尊）　ほおりのみこと
⇒山幸彦（やまさちひこ）

乏少の藤太　ぼくしょうのとうだ
御伽草子『福富長者物語』（室町時代）に登場する、福富の長者の貧しい隣人。
　¶架空人日（乏少の藤太　ぼくしょうのとうだ）
　　古典人学（乏少の藤太　ぼくしょうのとうだ）
　　古典人東（乏少の藤太　ぼくしょうのとうだ）

乏少の藤太の妻　ぼくしょうのとうだのつま
御伽草子『福富草紙』（室町時代）に登場する、乏少の藤太の妻。
　¶架空人日（乏少の藤太の妻　ぼくしょうのとうだのつま）

ボクちゃん
奥田継夫作『ボクちゃんの戦場』（1969）の主人公。本名は源久志。
　¶児童登場（ボクちゃん）

ホグラ
熊本県天草地方でいう河童。
　¶全国妖怪（ホグラ〔熊本県〕）
　　妖怪事典（ホグラ）

穂椋神　ほくらのかみ
和泉国和泉郡の穂椋神社、摂津国菟原郡の保久良神社の祭神。
　¶神仏辞典（穂椋神・保久良神　ほくらのかみ）

ボーケン
長野県東筑摩郡でいう妖怪。
　¶妖怪事典（ボーケン）

ボコ
岩手県遠野地方で、炉の灰を掘ると出てくる妖怪。
　¶全国妖怪（ボコ〔岩手県〕）
　　妖怪事典（ボコ）
　　妖怪大事典（ボコ）

ボーコー
埼玉県戸田市あたりでいう怪鳥あるいは恐いものの総称。
　¶妖怪事典（ボーコー）
　　妖怪大事典（ボーコー）

ボーコ
長野県、愛媛県地方でいう妖怪の児童語。
　¶妖怪事典（ボーコ）

桙衝く神　ほこつきのかみ
甲斐国八代郡・陸奥国磐瀬郡の桙衝神社の祭神。
　¶神仏辞典（桙衝く神　ほこつきのかみ）

穂己都久命　ほこつくのみこと
海神大和多罪神3世の孫、阿曇犬養連の祖。
　¶神仏辞典（穂己都久命　ほこつくのみこと）

ボコン
宮崎県東諸県郡でいう妖怪。
　¶妖怪事典（ボコン）

亡魂　ぼーこん
広島県地方でいう妖怪の児童語。
　¶妖怪事典（ボーコン）

菩薩　ぼさつ
大乗仏教における、自利利他を求める修行者。
　¶神文化史（ボーディサットヴァ（菩薩））
　　神仏辞典（菩薩　ぼさつ）

星影土右衛門　ほしかげどえもん
歌舞伎演目『曽我綉侠御所染』に登場する、奥州の大名浅間家の剣術指南。
　¶歌舞伎登（星影土右衛門　ほしかげどえもん）

星川運八　ほしかわうんぱち
歌舞伎演目『小栗判官車街道』に登場する、横山大膳の家臣。
¶歌舞伎登（星川運八　ほしかわうんぱち）

星川神　ほしかわのかみ
伊勢国員弁郡の星川神社の祭神。
¶神仏辞典（星川神　ほしかわのかみ）

星川建彦　ほしかわのたけひこ
古代伝承上の豪族。武内宿禰の子孫。名は建日子とも。
¶日本人名（星川建彦　ほしかわのたけひこ）

星川皇子　ほしかわのみこ
5世紀末に反乱をおこしたという皇子。
¶コン5（星川皇子　ほしかわのみこ）

母子神　ほしじん
原始信仰の一形態。母神とその子神がともに崇拝信仰されるもの。
¶神仏辞典（母子神　ほしじん）
　神話伝説（母子神　ほしじん）
　説話伝説（母子神　ほしじん）
　伝奇伝説（母子神　ほしじん）
　日本神話（母子神　ほししん）

星の神　ほしのかみ
⇒天香香背男（あめのかがせお）

星野光一　ほしのこういち★
大石真作『チョコレート戦争』（1965）の主人公の一人。
¶児童登場（星野光一）

星野鉄郎　ほしのてつろう
松本零士の漫画『銀河鉄道999』の主人公。
¶日本人名（星野鉄郎　ほしのてつろう）

星飛雄馬　ほしひゅうま
梶原一騎原作、川崎のぼる作画の野球漫画『巨人の星』の主人公。
¶架空人物（星飛雄馬）
　架空伝承（星飛雄馬　ほしひゅうま）
　日本人名（星飛雄馬　ほしひゅうま）

ボーシン
三重県志摩地方でいう海の船幽霊。
¶妖怪事典（ボーシン）
　妖怪大事典（ボーシン）

坊主子　ぼーずこ
高知県でいう芝天狗のこと。
¶妖怪事典（ボーズコ）

火進命　ほすすみのみこと
⇒海幸彦（うみさちひこ）

火須勢理命　ほすせりのみこと
『古事記』において邇邇芸命の子（中兄）。木花之佐久夜毘売命が、産屋に火を放って、火が激しく燃え進んだときに生まれる。
¶架空人日（火須勢理命　ほすせりのみこと）
　神様読解（火須勢理命　ほすせりのみこと）
　神仏辞典（火須勢理命・富須洗利命　ほすせりのみこと）
　世百新（火須勢理命　ほすせりのみこと）

坊主の子　ぼーずのこ
高知県でいう芝天狗のこと。
¶妖怪事典（ボーズノコ）

穂積新三郎　ほづみしんざぶろう
河竹黙阿弥作の歌舞伎『八幡祭小望月賑』に登場する、もと千葉の家中で、紛失の香炉を探す浪人。
¶架空人日（穂積新三郎　ほづみしんざぶろう）
　歌舞伎登（穂積新三郎　ほづみしんざぶろう）

穂積押山　ほづみのおしやま
6世紀前半の官僚。百済が加羅の多沙津を要求したおりに、加羅の反対を排して、百済側に加担したという伝承などが『日本書紀』に記載されている。
¶コン5（穂積押山　ほづみのおしやま）
　日本人名（穂積忍山　ほづみのおしやま）

穂積神　ほづみのかみ
伊勢国朝明郡の穂積神社の祭神。
¶神仏辞典（穂積神　ほづみのかみ）

穂積隼人　ほづみはやと
3世瀬川如皐作の歌舞伎『与話浮名横櫛』（1853年初演）に登場する、千葉家で重職を勤める武士。
¶架空人日（穂積隼人　ほづみはやと）

ホゼ
岩手県九戸郡山形村（久慈市山形町）でいう怪異。小さい光る玉が飛ぶのを見た女性は自分が妊娠したことを知り、それが胎内に入るとホゼになる。
¶妖怪事典（ホゼ）
　妖怪大事典（ホゼ）〔像〕

ボゼ
鹿児島県悪石島でいう精霊や妖怪のこと。
¶妖怪事典（ボゼ）
　妖怪大事典（ボゼ）

細井金太夫　ほそいきんだゆう
井原西鶴作の浮世草子『武道伝来記』（1687）巻一の第四「内儀の利発は替た姿」の登場人物。
¶架空人日（細井金太夫　ほそいきんだゆう）
　架空伝説（細井金太夫　ほそいきんだゆう）

細井平洲　ほそいへいしゅう
江戸時代の儒者。童門冬二作『上杉鷹山』の登

場人物。
¶時代小説（細井平洲　ほそいへいしゅう）

細川勝元　ほそかわかつもと
室町時代の武将。江戸時代の怪異小説『玉箒木』や歌舞伎『伽羅先代萩』に登場する。
¶歌舞伎登（細川勝元　ほそかわかつもと）
説話伝説（細川勝元　ほそかわかつもと [生]永享2（1430）年 [没]文明5（1473）年）
伝奇伝説（細川勝元　ほそかわかつもと [生]永享2（1430）年 [没]文明5（1473）年）〔像〕

細川ガラシャ　ほそかわがらしゃ
明智光秀の次女（三女説もある）。細川忠興と結婚。本名たま。石田三成が人質に取ろうとしたが応じず、死を選んだ。マリー・アントワネットらが好んだ戯曲『気丈な貴婦人』のモデル。
¶架空伝承（細川ガラシャ　ほそかわガラシャ [生]永禄6（1563）年 [没]慶長5（1600）年）
奇談逸話（細川ガラシャ　ほそかわガラシャ [生]永禄6（1563）年 [没]慶長5（1600）年）
説話伝説（細川ガラシヤ　ほそかわがらしや [生]永禄6（1563）年 [没]慶長5（1600）年）
伝奇伝説（細川ガラシャ　ほそかわガラシャ [生]永禄6（1563）年 [没]慶長5（1600）年）〔像〕

細川清氏　ほそかわきようじ
『太平記』に登場する、南北朝時代の武将。
¶架空人日（細川清氏　ほそかわきようじ）

細川忠興　ほそかわただおき
安土桃山時代の武将・歌人。藤孝（幽斎）の長男。妻は細川ガラシャ。和歌、有職故実に通じ、茶の湯は千利休門下七哲の一人。
¶説話伝説（細川忠興　ほそかわただおき [生]永禄6（1563）年 [没]正保2（1645）年）

細川忠利　ほそかわただとし
細川家当主。吉川英治作『宮本武蔵』の登場人物。
¶時代小説（細川忠利　ほそかわただとし）

細川内記　ほそかわないき
歌舞伎演目『元禄忠臣蔵』に登場する、細川越中守の嫡子。
¶歌舞伎登（細川内記　ほそかわないき）

細川神　ほそかわのかみ
摂津国豊島郡の細川神社の祭神。
¶神仏辞典（細川神　ほそかわのかみ）

細河政元　ほそかわまさもと
曲亭馬琴作の読本『南総里見八犬伝』（1814-42）に登場する、足利幕府の実権を握る管領。
¶架空人日（細河政元　ほそかわまさもと）

細川政元　ほそかわまさもと
歌舞伎演目『天竺徳兵衛韓噺』に登場する、足利将軍家の上使として梅津掃部邸に乗り込む人物。
¶歌舞伎登（細川政元　ほそかわまさもと）

細川峯太郎　ほそかわみねたろう
池波正太郎作『鬼平犯科帳』の登場人物。
¶時代小説（細川峯太郎　ほそかわみねたろう）

細川幽斎　ほそかわゆうさい
安土・桃山時代の武将、歌人。丹後田辺城主。
¶奇談逸話（細川幽斎　ほそかわゆうさい [生]天文3（1534）年 [没]慶長15（1610）年）
説話伝説（細川幽斎　ほそかわゆうさい [生]天文3（1534）年 [没]慶長15（1610）年）
伝奇伝説（細川幽斎　ほそかわゆうさい [生]天文3（1534）年 [没]慶長15（1610）年）〔像〕

細川頼之　ほそかわよりゆき
『太平記』に登場する、南北朝時代の武将。
¶架空人日（細川頼之　ほそかわよりゆき）

楊椒神　ほそきのかみ
但馬国気多郡の楊椒神社の祭神。
¶神仏辞典（楊椒神　ほそきのかみ）

細手　ほそで
蔓のように細い怪異な手。「細手長手」ともいう。
¶全国妖怪（ホソデノカイ〔岩手県〕）
水木妖怪続（細手　ほそで）〔像〕
妖怪事典（ホソテナガテ）
妖怪大全（細手　ほそで）〔像〕
妖怪大事典（細手長手　ほそてながて）〔像〕

臍の緒神　ほぞのおがみ
小さな祠で祀られている神で、通常は数十戸でまとまっている組によって祭祀されている。
¶神仏辞典（臍の緒神　ほぞのおがみ）

細引の玄蔵　ほそびきのげんぞう
鳥羽亮作『三鬼の剣』の登場人物。
¶時代小説（細引の玄蔵　ほそびきのげんぞう）

細見神　ほそみのかみ
出雲国秋鹿郡式外社16社の細見社の祭神。
¶神仏辞典（細見神　ほそみのかみ）

細見下神　ほそみのしもかみ
出雲国秋鹿郡式外社16社の細見下社の祭神。
¶神仏辞典（細見下神　ほそみのしもかみ）

細谷源太夫　ほそやげんだゆう
藤沢周平作『用心棒日月抄』の登場人物。
¶時代小説（細谷源太夫　ほそやげんだゆう）

細谷源内　ほそやげんない
神坂次郎作『おかしな侍たち』の登場人物。
¶時代小説（細谷源内　ほそやげんない）

細屋神　ほそやのかみ
河内国巻茨田郡の細屋神社の祭神。
¶神仏辞典（細屋神　ほそやのかみ）

ほ

保曾呂伎神 ほそろきのかみ
越前国坂井郡の保曾呂伎神社の祭神。
¶神仏辞典（保曾呂伎神　ほそろきのかみ）

菩提僊那 ぼだいせんな
『今昔物語集』に登場する実在の人物で、インドの婆羅門僧。
¶架空人日（菩提僊那　ぼだいせんな　⊕704年　⊛760年）
　神仏辞典（婆羅門僧正　ばらもんそうじょう）

宝宅神 ほたかのかみ
信濃国安曇郡の穂高神社の祭神。
¶神仏辞典（宝宅神・穂高神　ほたかのかみ）

穂高見命 ほたかみのみこと
群馬県沼田市中町須賀神社の祭神。
¶神仏辞典（穂高見命　ほたかみのみこと）

蛍の宮 ほたるのみや
『源氏物語』の登場人物。父は桐壺帝、異母兄は光源氏。絵を好む風流人。
¶古典人東（蛍の宮　ほたるのみや）

螢火 ほたるび
山田風太郎作『甲賀忍法帖』の登場人物。
¶時代小説（螢火　ほたるび）

蛍火光神 ほたるびのかがやくかみ
蛍のように光を発している神。
¶神仏辞典（蛍火光神　ほたるびのかがやくかみ）

牡丹花肖柏 ぼたんかしょうはく
足利時代の連歌師。連歌を飯尾宗祇に学ぶ。宗祇、その弟子・宗長らと共に詠んだ『水無瀬三吟百韻』が有名。
¶説話伝説（牡丹花肖柏　ぼたんかしょうはく　⊕嘉吉3(1443)年　⊛大永7(1527)年）〔像〕
　伝奇伝説（牡丹花肖柏　ぼたんかしょうはく　⊕嘉吉3(1443)年　⊛大永7(1527)年）

法華寺坐神 ほっけじにますかみ
『日本三代実録』に所出。大和国の神。
¶神仏辞典（法華寺坐神　ほっけじにますかみ）

法華僧 ほっけそう
歌舞伎演目『連獅子』に登場する人物。身延山の僧と名乗り、清涼山の険しさに念仏僧を道連れにし誘う。
¶歌舞伎登（法華僧　ほっけそう）

ボッコちゃん
星新一のショート・ショート『ボッコちゃん』に登場する女性型のヒューマノイドロボット。
¶架空人物（ボッコちゃん）

穂都佐気命神 ほつさけのみことのかみ
伊豆国賀茂郡の穂都佐気命神社の祭神。
¶神仏辞典（穂都佐気命神　ほつさけのみことのかみ）

払子守 ほっすもり
鳥山石燕の『画図百器徒然袋』に払子の妖怪として描かれたもの。
¶妖怪事典（ホッスモリ）
　妖怪大鑑（払子守　ほっすもり）〔像〕
　妖怪大事典（払子守　ほっすもり）〔像〕

堀田隼人 ほったはやと
大佛次郎の長編小説『赤穂浪士』の主要人物。元禄期の浪人剣士。
¶架空人日（堀田隼人　ほったはやと）
　架空人物（堀田隼人）
　架空伝承（堀田隼人　ほったはやと）
　架空伝説（堀田隼人　ほったはやと）
　コン5（堀田隼人　ほったはやと）
　新潮日本（堀田隼人　ほったはやと）
　日本人名（堀田隼人　ほったはやと）

坊っちゃん ぼっちゃん
夏目漱石の小説『坊っちゃん』(1906)の主人公。
¶架空人日（坊っちゃん　ぼっちゃん）
　架空人物（坊っちゃん）
　架空伝承（坊っちゃん　ぼっちゃん）
　コン5（坊っちゃん　ぼっちゃん）
　新潮日本（坊っちゃん　ぼっちゃん）
　児童登場（坊っちゃん）
　日本人名（坊っちゃん　ぼっちゃん）

ホットンボウ神 ほっとんぼうがみ
伊豆七島・新島の各氏神の社の境内で祀る楕円形の石。石神。
¶神様読解（ホットンボウ神　ほっとんぼうがみ）〔像〕

穂都禰命 ほつねのみこと
『新撰姓氏録』に所出。天日和伎命6世の孫、日下部首の祖。
¶神仏辞典（穂都禰命　ほつねのみこと）

ぽっぺん先生 ぽっぺんせんせい
舟崎克彦作「ぽっぺん先生」シリーズの主人公。
¶児童登場（ぽっぺん先生）

布袋 ほてい
中国唐末に実在した禅僧。杖をついて布の袋を背負い物を乞うて歩いた。福をもたらすといわれ、金儲けの神として信仰を集めた。
¶広辞苑6（布袋　ほてい）
　神仏辞典（布袋　ほてい　⊕?　⊛917年）
　世百新（布袋　ほてい　⊕?　⊛917年）
　大辞林3（布袋　ほてい）
　日本人名（布袋　ほてい）
　妖精百科（布袋）

ほてい

布袋市右衛門 ほていいちえもん
江戸時代前期の無頼。歌舞伎演目『男作五雁金』に登場する、雁金五人男のモデルの一人。
¶歌舞伎登（布袋市右衛門　ほていいちえもん）
　日本人名（布袋市右衛門　ほていいちえもん）
　㊤1674年　㊥1702年）

火照命 ほでりのみこと
⇒海幸彦（うみさちひこ）

浦東君 ほとうのきみ
古代伝承上の豪族。弓月君の子。
¶日本人名（浦東君　ほとうのきみ）

仏御前 ほとけごぜん
『平家物語』『源平盛衰記』に登場する白拍子。
¶架空人日（仏御前　ほとけごぜん）
　架空伝説（仏御前　ほとけごぜん）
　古典人東（仏御前　ほとけごぜん）
　コン5（仏御前　ほとけごぜん）
　新潮日本（仏御前　ほとけごぜん）
　説話伝説（仏御前　ほとけごぜん）
　大辞林3（仏御前　ほとけごぜん）
　伝奇伝説（仏御前　ほとけごぜん　生没年未詳）
　日本人名（仏御前　ほとけごぜん　生没年未詳）

仏孫兵衛 ほとけまごべえ
歌舞伎演目『東海道四谷怪談』に登場する、小仏小平の父親。
¶歌舞伎登（仏孫兵衛　ほとけまごべえ）

富登多多良伊須須岐比売命 ほとたたらいすすぎひめのみこと
⇒姫蹈鞴五十鈴姫（ひめたたらいすずひめ）

時鳥 ほととぎす
歌舞伎『曽我綉俠御所染』に登場する人物。
¶架空伝説（時鳥　ほととぎす）
　歌舞伎登（時鳥　ほととぎす）

ホドナカ
長野県北部でいう家にいる怪。
¶全国妖怪（ホドナカ〔長野県〕）

火所の神 ほどのかみ
竃神のことをほどの神という。
¶神仏辞典（火所の神　ほどのかみ）

保奈麻神 ほなまのかみ
但馬国養父郡の保奈麻神社の祭神。
¶神仏辞典（保奈麻神　ほなまのかみ）

保沼雷神 ほぬいかずちのかみ
『日本三代実録』に所出。大和国の同神。
¶神仏辞典（保沼雷神　ほぬいかずちのかみ）

骨女 ほねおんな
骸骨の姿でさまよっているという女の妖怪。

¶幻想動物（骨女）〔像〕
　妖怪事典（ホネオンナ）
　妖怪大鑑（骨女　ほねおんな）〔像〕
　妖怪大事典（骨女　ほねおんな）〔像〕

骨傘 ほねからかさ
鳥山石燕の『画図百器徒然袋』にある、鳥のような形をした傘の妖怪。
¶妖怪事典（ホネカラカサ）
　妖怪大事典（骨傘　ほねからかさ）〔像〕

骨鯨 ほねくじら
⇒化け鯨（ばけくじら）

火雷神 ほのいかずちのかみ
黄泉国の伊弉冊尊の遺体に生じた8種の雷神のうちの1神。また『山城国風土記』逸文の賀茂神社の由緒を語る伝説に登場する神。
¶神仏辞典（火雷　ほのいかずち）
　世百新（火雷神　ほのいかずちのかみ）
　日本人名（火雷神　ほのいかずちのかみ）

火雷神 ほのいかずちのかみ
京都府向日市向日町北山の向日神社の祭神。
¶神仏辞典（火雷神　ほのいかずちのかみ）

穂雷命神 ほのいかずちのみことのかみ
大和国広瀬郡の穂雷命神社の祭神。
¶神仏辞典（穂雷命神　ほのいかずちのみことのかみ）

保乃加神 ほのかのかみ
神門郡式内社25社の保乃加社、『延喜式』の富能加神社の祭神。
¶神仏辞典（保乃加神・富能加神　ほのかのかみ）

火神 ほのかみ
火の神。『日本書紀』巻1で、軻遇突智を指す。
¶神仏辞典（火神　ほのかみ）

火上姉子神 ほのかみあねこのかみ
尾張国愛智郡の火上姉子神社の祭神。
¶神仏辞典（火上姉子神　ほのかみあねこのかみ）

富乃須佐利乃命 ほのすさりのみこと
『新撰姓氏録』に所出。阿多隼人の祖。
¶神仏辞典（富乃須佐利乃命　ほのすさりのみこと）

火闌降命 ほのすせりのみこと
⇒海幸彦（うみさちひこ）

火之戸幡姫児千千姫命 ほのとはたひめこちちひめのみこと
天忍穂根命との間に天火明命を生む。栲幡千千万幡姫命と同一とされる。
¶神仏辞典（火之戸幡姫児千千姫命　ほのとはたひめこちちひめのみこと）

ほのに打てる　ほのにうてる
香川県三豊郡五郷村（観音寺市）でいう怪異。山中で気分が悪くなるもの。
¶妖怪事典（ホノニウテル）
　妖怪大事典（ほのに打てる　ほのにうてる）

火瓊瓊杵尊　ほのににぎのみこと
⇒瓊瓊杵尊（ににぎのみこと）

火牟須比命神　ほのむすびのみことのかみ
『延喜式』に所出の伊豆国田方郡の火牟須比命神社（静岡県熱海市伊豆山神社）の祭神。
¶神仏辞典（火牟須比命神　ほのむすびのみことのかみ）

火幡神　ほはたのかみ
大和国葛下郡の火幡神社の祭神。
¶神仏辞典（火幡神　ほはたのかみ）

棒振り　ぼーふり
⇒棒振り（ぼうふり）

ホーホ
大分県でいう妖怪の児童語。
¶妖怪事典（ホーホ）

ホーホー
山口県宇部市東岐波地方でいう怪鳥。
¶妖怪事典（ホーホー）

ボーボ
石川県でいう妖怪の児童語。
¶妖怪事典（ボーボ）

法吉神　ほほきのかみ
出雲国島根郡式内社14社の法吉社などの祭神。
¶神仏辞典（法吉神　ほほきのかみ）

穂穂手見命　ほほでみのみこと
⇒山幸彦（やまさちひこ）

ほぼら
亡霊の妖怪。香川県仲多度郡多度津町で水死人の霊魂をいう。
¶神仏辞典（ほぼら）

穂見神　ほみのかみ
甲斐国巨麻郡の穂見神社の祭神。
¶神仏辞典（穂見神　ほみのかみ）

火産命　ほむすびのみこと
『日本三代実録』に所出の神。
¶神仏辞典（火産命　ほむすびのみこと）

品陀和気命　ほむだわけのみこと
⇒応神天皇（おうじんてんのう）

品知の牧人　ほむちのまきひと
『日本霊異記』に登場する、備後国葦田郡大山の里の人。
¶架空人日（品知の牧人　ほむちのまきひと）

誉津別命　ほむつわけのみこと
記紀にみえる垂仁天皇の皇子。佐波遅比売命を母とする。『古事記』では品牟都和気命、本牟智和気王。
¶朝日歴史（誉津別命　ほむつわけのみこと）
　架空伝承（誉津別命　ほむつわけのみこと）
　神様読解（品牟都和気命/本牟智和気命　ほむつわけのみこと・ほむちわけのみこと）
　神仏辞典（品牟都和気命・誉津別命　ほむつわけのみこと）
　神話伝説（本牟智和気皇子　ほむちわけのみこ）
　説話伝説（本牟智和気皇子　ほむちわけのみこ）
　伝奇伝説（本牟智和気皇子　ほむちわけのみこ）
　日本人名（誉津別命　ほむつわけのみこと）

品夜和気命　ほむやわけのみこと
第14代仲哀天皇の皇子。
¶神様読解（品夜和気命　ほむやわけのみこと）
　神仏辞典（品夜和気命・誉屋別尊　ほむやわけのみこと）

帆村荘六　ほむらそうろく
海野十三作『麻雀殺人事件』に登場する人物。
¶架空伝承（帆村荘六　ほむらそうろく）

ホメク
奈良県吉野郡野迫川村地方でいう怪異。
¶全国妖怪（ホメク〔奈良県〕）
　妖怪事典（ホメク）
　妖怪大事典（ホメク）

本母国都神　ほもくにつかみ
『日本三代実録』に所出。飛騨国の神。
¶神仏辞典（本母国都神　ほもくにつかみ）

火守神　ほもりのかみ
出雲国神門郡式外社12社の火守社の祭神。
¶神仏辞典（火守神　ほもりのかみ）

ホヤウ
日高から西部の湖沼にいるとされたアイヌの神または悪神。
¶妖怪事典（ホヤウ）
　妖怪大事典（ホヤウ）〔像〕

火山神　ほやまのかみ
⇒火山神（ひやまのかみ）

帆山神　ほやまのかみ
越前国今立郡の帆山神社の祭神。
¶神仏辞典（帆山神　ほやまのかみ）

ほより

火夜織命　ほよりのみこと
天杵瀬織命を父に吾田津姫を母とし、火明命を兄に彦火火出見尊を弟とする。
¶神仏辞典（火夜織命　ほよりのみこと）

法螺　ほら
和歌山県西牟婁郡西富田村でいう怪異。
¶妖怪事典（ホラ）

ホーライサン
広島県宮島地方でいう蜃気楼。
¶妖怪事典（ホーライサン）

ぼら長左衛門　ぼらちょうざえもん
山東京伝作の黄表紙『孔子縞于時藍染』(1789) に登場する、伊奈半左衛門忠尊のこと。
¶架空人日（ぼら長左衛門　ぼらちょうざえもん）

堀雷氷都久雷湯豆波和気神　ほりいかずちつくいかずちゆつはわけのかみ
『日本文徳天皇実録』に所出。堀雷氷久雷湯豆波和気神。山城国の神。
¶神仏辞典（堀雷氷都久雷湯豆波和気神　ほりいかずちひつくいかずちゆつはわけのかみ）

堀内節子　ほりうちせつこ
杉本苑子作『滝沢馬琴』の登場人物。
¶時代小説（堀内節子　ほりうちせつこ）

堀内伝右衛門　ほりうちでんえもん
歌舞伎演目『元禄忠臣蔵』に登場する、細川越中守家の御馳走人（接待役）。
¶歌舞伎登（堀内伝右衛門　ほりうちでんえもん）

堀川国広　ほりかわくにひろ
安土桃山時代の刀工。
¶説話伝説（堀川国広　ほりかわくにひろ ㊤?㊦慶長19(1614)年
　伝奇伝説（堀川国広　ほりかわくにひろ ㊤享禄4(1531)年?㊦慶長19(1614)年

堀切休斎　ほりきりきゅうさい
海音寺潮五郎作『二本の銀杏』の登場人物。
¶時代小説（堀切休斎　ほりきりきゅうさい）

堀坂神　ほりさかのかみ
伊勢国飯高郡の堀坂神社の祭神。
¶神仏辞典（堀坂神　ほりさかのかみ）

掘り下げの根吉　ほりさげのねきち
歌舞伎演目『一本刀土俵入』に登場する、布施あたりの博徒の親分波一里儀十の子分。
¶歌舞伎登（掘り下げの根吉　ほりさげのねきち）

堀正之介　ほりしょうのすけ
山本一力作『大川わたり』の登場人物。
¶時代小説（堀正之介　ほりしょうのすけ）

堀の小万　ほりのこまん
山谷堀（東京都台東区）の芸妓の略称。太田蜀山人に「詩は詩仏、書は米庵、狂歌おれ、芸妓は小万、料理八百膳」と書いてもらったことを契機に売れっ子になった。
¶説話伝説（堀の小万　ほりのこまん　生没年不詳）
　伝奇伝説（堀の小万　ほりのこまん）

堀部安兵衛　ほりべやすべえ
赤穂四十七士の一人。「高田の馬場の仇討」や「安兵衛の婿入り」の物語で知られる。
¶架空伝承（堀部安兵衛　ほりべやすべえ）
　架空伝説（堀部安兵衛　ほりべやすべえ）
　歌舞伎登（堀部安兵衛　ほりべやすべえ）
　時代小説（堀部安兵衛　ほりべやすべえ）
　説話伝説（堀部安兵衛　ほりべやすべえ　㊤寛文10(1670)年　㊦元禄16(1703)年）〔像〕
　伝奇伝説（堀部安兵衛　ほりべやすべえ　㊤寛文10(1670)年　㊦元禄16(1703)年）〔像〕

堀部弥兵衛　ほりべやへえ
赤穂四十七士の一人。歌舞伎演目『復讐談高田馬場』ほかに登場する。
¶歌舞伎登（堀部弥兵衛　ほりべやへえ）
　時代小説（堀部弥兵衛　ほりべやへえ）

彫り物師横谷東民　ほりものしよこやとうみん
歌舞伎演目『大船盛鰕顔見勢』に登場する、江戸の勇み肌の男たちの腕に刺青を入れる、腕の彫り物師の役。
¶歌舞伎登（彫り物師横谷東民　ほりものしよこやとうみん）

ボーロ
大分県北海部郡海辺村でいう怪異。
¶妖怪事典（ボーロ）

ホーロ石　ほーろいし
徳島県地方でいう怪石。
¶妖怪事典（ホーロイシ）

暮露々々団　ぼろぼろとん
鳥山石燕の『画図百器徒然袋』にあるぼろ布団の妖怪。
¶妖怪事典（ボロボロトン）
　妖怪大鑑（暮露暮露団　ぼろぼろとん）
　妖怪大事典（暮露々々団　ぼろぼろとん）〔像〕

本阿弥光悦　ほんあみこうえつ
安土桃山・江戸初期の芸術家。書道・工芸・絵画・古典など諸芸諸学に通じた京都の文化人。晩年、徳川家康より洛北の鷹ヶ峰の地をあたえられ、芸術村をつくった。
¶時代小説（本阿弥光悦　ほんあみこうえつ）
　説話伝説（本阿弥光悦　ほんあみこうえつ　㊤永禄1(1558)年　㊦寛永14(1637)年）
　伝奇伝説（本阿弥光悦　ほんあみこうえつ　㊤永禄1(1558)年　㊦寛永14(1637)年）〔像〕

ほ

本位田又八　ほんいでんまたはち
吉川英治作『宮本武蔵』の登場人物。
¶時代小説（本位田又八　ほんいでんまたはち）

本院侍従　ほんいんのじじゅう
平安中期の歌人。『今昔物語集』『宇治拾遺物語』等に平中とのやりとりが、語られている。
¶架空人日（本院の侍従の君　ほんいんのじじゅうのきみ）
説話伝説（本院侍従　ほんいんのじじゅう　生没年未詳）
伝奇伝説（本院侍従　ほんいんのじじゅう　生没年未詳）

ポンエカシ
アイヌ語で小さい老翁という意味の妖怪。
¶妖怪事典（ポンエカシ）
妖怪大事典（ポンエカシ）

北郷隼人介　ほんごうはやとのすけ
海音寺潮五郎作『二本の銀杏』の登場人物。
¶時代小説（北郷隼人介　ほんごうはやとのすけ）

本郷義昭　ほんごうよしあき
山中峯太郎作の少年小説の主人公。
¶日本人名（本郷義昭　ほんごうよしあき）

本妻　ほんさい
『さいきのさいき』の登場人物。豊前の国うだの佐伯の妻。
¶古典人学（本妻　ほんさい）

本妻　ほんさい
能『鉄輪』のシテ（主役）。嫉妬に狂い鬼と化した女。
¶古典人東（本妻　ほんさい）

梵字の真五郎　ぼんじのしんごろう
歌舞伎演目『船打込橋間白浪』に登場する、諸方を盗み回る盗賊で、表向きは商人島屋文蔵と名乗っている。
¶歌舞伎登（梵字の真五郎　ぼんじのしんごろう）

本庄助七　ほんじょうすけしち
実録『幡随院長兵衛一代記』に登場する、平井権八の犠牲者の一人。
¶架空人日（本庄助七　ほんじょうすけしち）

本庄助太夫　ほんじょうすけだゆう
歌舞伎演目『傾城吾嬬鑑』に登場する、菊池主水の老臣。
¶歌舞伎登（本庄助太夫　ほんじょうすけだゆう）

本庄助八　ほんじょうすけはち
実録『幡随院長兵衛一代記』に登場する、平井権八の犠牲者の一人。
¶架空人日（本庄助八　ほんじょうすけはち）

本庄綱五郎　ほんじょうつなごろう
歌舞伎演目『心謎解色糸』に登場する、赤城家の近習役だったが、浪人となる人物。
¶歌舞伎登（本庄綱五郎　ほんじょうつなごろう）

本庄茂平次　ほんじょうもへいじ
松本清張作『天保図録』の登場人物。
¶時代小説（本庄茂平次　ほんじょうもへいじ）

本多内蔵介　ほんだくらのすけ
大佛次郎作『おぼろ駕籠』の登場人物。
¶時代小説（本多内蔵介　ほんだくらのすけ）

本田上野介　ほんだこうずけのすけ
歌舞伎演目『宇都宮紅葉釣衾』「宇都宮の釣り天井」の主人公。
¶歌舞伎登（本田上野介　ほんだこうずけのすけ）

本多佐渡守　ほんださどのかみ
歌舞伎演目『坂崎出羽守』に登場する、徳川家の側近。
¶歌舞伎登（本多佐渡守　ほんださどのかみ）

誉田大内記　ほんだだいないき
歌舞伎演目『伊賀越道中双六』に登場する、大和郡山の藩主。
¶歌舞伎登（誉田大内記　ほんだだいないき）

本多富正　ほんだとみまさ
国老。結城秀康の代から仕え、家老として重用された。菊地寛作『忠直卿行状記』の登場人物。
¶時代小説（本多富正　ほんだとみまさ）

本田昇　ほんだのぼる
二葉亭四迷作『浮雲』（1887-89）の主人公の文三の同僚。
¶架空人日（本田昇　ほんだのぼる）

本多正純　ほんだまさずみ
徳川家康の側近。
¶架空伝説（本多正純　ほんだまさずみ）

品陀真若王　ほんだまわかのおう
『古事記』にみえる景行天皇の孫。
¶日本人名（品陀真若王　ほんだまわかのおう）

本田弥惣左衛門　ほんだやそうざえもん
歌舞伎演目『恋女房染分手綱』に登場する、入間家主家老の老武士。
¶歌舞伎登（本田弥惣左衛門　ほんだやそうざえもん）

本田善光　ほんだよしみつ
善光寺縁起において、皇極天皇の時代に現在の善光寺（長野県）にあたる堂宇を建立したと伝える人物。難波から阿弥陀如来像を運び安置した。
¶朝日歴史（本田善光　ほんだよしみつ）

神仏辞典（本田義光・本多善光　ほんだよしみつ）
日本人名（本田善光　ほんだよしみつ）

梵天　ぼんてん
もとは古代インドのバラモン教、ヒンズー教の主神ブラフマン。仏教に入り、十二天の一。帝釈天と並んで諸天の最高位を占める。
¶架空人物（梵天　ぼんてん）
　神様読解（梵天　ぼんてん）〔像〕
　広辞苑6（梵天　ぼんてん）〔像〕
　神仏辞典（梵天　ぼんてん）
　世百新（梵天　ぼんてん）〔像〕
　大辞林3（梵天　ぼんてん）〔像〕
　東洋神名（梵天　ボンテン）〔像〕
　日本人名（梵天　ぼんてん）
　仏尊事典（梵天　ぼんてん）〔像〕

梵天王の姫君　ぼんでんおうのひめぎみ
御伽草子『梵天国』（室町時代）に登場する、娑婆世界を支配する梵天王の一人娘。
¶架空人日（梵天王の姫君　ぼんでんおうのひめぎみ）

ホンポキケウシュ
アイヌに伝わる山から石を落とす魔。
¶妖怪事典（ホンポキケウシュ）

【ま】

マー
沖縄県の形は漠然としているが、牛の鳴き声をするという怪。
¶全国妖怪（マー〔沖縄県〕）
　妖怪事典（マー）
　妖怪大事典（マー）

儛草神　まいくさのかみ
陸奥久慈磐井郡の儛草神社の祭神。
¶神仏辞典（儛草神・舞草神　まいくさのかみ）

舞い首　まいくび
鎌倉時代の中期の武士、小三太、又重、悪五郎の三人の首が三つ巴になって海上を舞っているもの。
¶幻想動物（舞い首）〔像〕
　妖怪事典（マイクビ）
　妖怪大全（舞首　まいくび）〔像〕
　妖怪大事典（舞首　まいくび）〔像〕

舞鶴　まいづる
歌舞伎演目『寿曽我対面』に登場する、小林朝比奈の妹。
¶歌舞伎登（舞鶴　まいづる）

真乙姥　まいつば
1500年頃の石垣島の女性で長田大主の妹、とさ

れる。死後に真乙姥御嶽の祭神として祀られた。
¶アジア女神（真乙姥　まいつば）

麻為比売神　まいひめのかみ
紀伊国名草郡の麻為比売神社の祭神。
¶神仏辞典（麻為比売神　まいひめのかみ）

前田利家　まえだとしいえ
安土桃山時代の大名。加賀藩主前田家の祖。五大老の一人で徳川家康と同格だったが、秀吉に続いて病死。
¶奇談逸話（前田利家　まえだとしいえ ㊤天文7(1538)年 ㊦慶長4(1599)年）
　説話伝説（前田利家　まえだとしいえ ㊤天文7(1538)年 ㊦慶長4(1599)年）
　日本神々（前田利家　まえだとしいえ ㊤天文7(1538)年 ㊦慶長2(1597)年閏3月3日）〔像〕

前田利昌　まえだとしまさ
江戸中期の大名。上野寛永寺宿坊において、同役の大和国柳本藩主織田秀親を刺殺、切腹を命ぜられた。浅野内匠頭の刃傷事件に類似したものとして世人を驚かせた。
¶コン5（前田利昌　まえだとしまさ ㊤貞享1(1684)年 ㊦宝永6(1709)年）

前野左司馬　まえのさじま
歌舞伎演目『雁のたより』に登場する暗愚な若殿。
¶歌舞伎登（前野左司馬　まえのさじま）

前社神　まえのやしろのかみ
『日本三代実録』に所出。美作国の神。
¶神仏辞典（前社神　まえのやしろのかみ）

前野良沢　まえのりょうたく
豊前中津藩の宮医。吉村昭作『日本医家伝』の登場人物。
¶時代小説（前野良沢　まえのりょうたく）

前原伊助　まえばらいすけ
赤穂浪士の一人。池宮彰一郎作『四十七人の刺客』の登場人物。
¶時代小説（前原伊助　まえばらいすけ）

魔王尊　まおうそん
鞍馬山にある鞍馬弘教鞍馬寺の本尊。
¶東洋神名（魔王尊　マオウソン）〔像〕

真蘇神　まかがやくのかみ
『日本三代実録』に所出。出羽国の神。
¶神仏辞典（真蘇神・真蘇神　まかがやくのかみ）

曲垣平九郎　まがきへいくろう
生駒壱岐守高俊の家臣。講談「愛宕山の石段登り」に登場する。
¶広辞苑6（曲垣平九郎　まがきへいくろう）
　コン5（曲垣平九郎　まがきへいくろう　生没年不詳）

新潮日本（曲垣平九郎　まがきへいくろう）
説話伝説（曲垣平九郎　まがきへいくろう 生没年不詳）
大辞林3（曲垣平九郎　まがきへいくろう）
伝奇伝説（曲垣平九郎　まがきへいくろう）
日本人名（曲垣平九郎　まがきへいくろう 生没年未詳）

マカゲ

鳥取県西伯郡地方で人狐のこと。

¶妖怪事典（マカゲ）

まかしょ

歌舞伎演目『まかしょ』に登場する、寒参りの代参で銭を乞うた願人坊主、「まかしょ」と囃し、人寄せの地口絵を撒いて歩いたことからこの名がある。

¶歌舞伎登（まかしょ）

麻賀多神　まがたのかみ

下総国印旛郡の麻賀多神社の祭神。

¶神仏辞典（麻賀多神　まがたのかみ）

禍津日神　まがつひのかみ

黄泉国から逃げかえった伊奘諾尊が禊をしたときあらわれた神。『古事記』では八十禍津日神・大禍津日神の二神があらわれたとされる。

¶広辞苑6（禍津日神　まがつひのかみ）
神話伝説（禍津日神　まがつひのかみ）
世百新（枉津日神　まがつひのかみ）
日本人名（枉津日神　まがつひのかみ）

真髪成村　まがみのなりむら

『今昔物語集』『宇治拾遺物語』に登場する、10世紀に実在したと思われる相撲人。

¶架空人日（真髪成村　まがみのなりむら）

真賀山神　まかやまのかみ

『日本三代実録』に所出。壱岐島の神。

¶神仏辞典（真賀山神　まかやまのかみ）

曲り金の仁太　まがりがねのにた

歌舞伎演目『色一座梅椿』に登場する、小松菜売りであるが、実は盗賊引き窓与兵衛の兄で弟以上の悪党である。

¶歌舞伎登（曲り金の仁太　まがりがねのにた）

曲殿の姫君　まがりどののひめぎみ

『古本説話集』の登場人物。皇室の血筋をひく、類まれな美貌の女性。

¶架空伝説（曲殿の姫君　まがりどののひめぎみ）
古典人学（曲殿の姫君　まがりどののひめぎみ）
古典人東（曲殿の姫君　まがりどののひめぎみ）

蒔岡妙子　まきおかたえこ

谷崎潤一郎の小説『細雪』(1943-48) に登場する、大阪船場の商家蒔岡家の四女。

¶架空人日（妙子　たえこ）
日本人名（蒔岡妙子　まきおかたえこ）

巻尾神　まきおのかみ

『日本三代実録』に所出。和泉国の神。

¶神仏辞典（巻尾神　まきおのかみ）

真木尾神　まきおのかみ

伊勢国鈴鹿郡の真木尾神社の祭神。

¶神仏辞典（真木尾神　まきおのかみ）

馬木家六　まぎかろく

長州毛利家兵法師範。五味康祐作『柳生武芸帳』の登場人物。

¶時代小説（馬木家六　まぎかろく）

巻衣　まききぎぬ

柳亭種彦作の合巻『偐紫田舎源氏』(1829-42) に登場する人物。『源氏物語』の真木柱に対応する。

¶架空人日（巻衣　まききぎぬ）

巻絹　まききぎぬ

歌舞伎演目『毛抜』に登場する、小野家の腰元。

¶歌舞伎登（巻絹　まききぎぬ）

牧助左衛門　まきすけざえもん

藤沢周平作『蟬しぐれ』の主人公の父。

¶時代小説（牧助左衛門　まきすけざえもん）

牧仲太郎　まきなかたろう

薩摩藩士、兵道家。直木三十五作『南国太平記』の登場人物。

¶時代小説（牧仲太郎　まきなかたろう）

牧の方　まきのかた

歌舞伎演目『苅萱桑門筑紫轢』に登場する、筑前の城主加藤左衛門尉繁氏の正妻。

¶歌舞伎登（牧の方　まきのかた）

牧の方　まきのかた

歌舞伎演目『牧の方』に登場する、北条時政の後妻。

¶歌舞伎登（牧の方　まきのかた）

牧野富太郎　まきのとみたろう

植物分類学者。命名したものは新種が1000余。新変種が1500余に達した。死後文化勲章を受章。

¶架空伝承（牧野富太郎　まきのとみたろう [生]文久2 (1862) 年 [没]昭和32 (1957) 年）

真木柱　まきばしら

『源氏物語』に登場する、髭黒の大将の娘。

¶架空人日（真木柱　まきばしら）

牧文四郎　まきぶんしろう

藤沢周平作『蟬しぐれ』の主人公。

¶時代小説（牧文四郎　まきぶんしろう）

巻向坐若御魂神　まきむくにますわかみたまの

ま

まきも

かみ
大和国城上郡の巻向坐若御魂神社の祭神。
¶神仏辞典（巻向坐若御魂神　まきむくにますわかみたまのかみ）

楠本神　まきもとのかみ
⇒楠本神（くすもとのかみ）

真木山神　まきやまのかみ
伊賀国阿拝郡の真木山神社の祭神。
¶神仏辞典（真木山神　まきやまのかみ）

末錦旱岐　まきんかんき
『日本書紀』にみえる加羅（朝鮮）卓淳国の国王。
¶日本人名（末錦旱岐　まきんかんき）

真草神　まくさのかみ
遠江国佐野郡の真草神社の祭神。
¶神仏辞典（真草神　まくさのかみ）

枕返し　まくらがえし
人が寝ているときに、枕を移動させたり寝床を動かしたりする妖怪。
¶幻想動物（枕返し）〔像〕
神仏辞典（枕返し　まくらがえし）
全国妖怪（マクラガエシ〔石川県〕）
全国妖怪（マクラガエシ〔和歌山県〕）
全国妖怪（マクラガエシ〔高知県〕）
日ミス（枕返し　まくらがえし）
水木妖怪（枕返し　まくらがえし）〔像〕
妖怪事典（マクラガエシ）
妖怪大全（枕返し　まくらがえし）〔像〕
妖怪大事典（枕返し　まくらがえし）〔像〕
妖百4（枕返し　まくらかえし）〔像〕

枕小僧　まくらこぞう
家の妖怪。
¶神仏辞典（枕小僧　まくらこぞう）
全国妖怪（マクラコゾウ〔静岡県〕）
全国妖怪（マクラコゾウ〔香川県〕）
妖怪事典（マクラコゾウ）
妖怪大事典（枕小僧　まくらこぞう）

枕の怪　まくらのかい
古い木枕が妖をなしたもの。深川三十三間堂の近くの空き屋に移り住んだ男を病気にした。
¶全国妖怪（マクラノカイ〔東京都〕）

馬加常武　まくわりつねたけ
曲亭馬琴作の読本『南総里見八犬伝』（1814-42）に登場する、下総国千葉家の家老、八犬士に仇なす男。
¶架空人日（馬加常武　まくわりつねたけ）

麻気神　まけのかみ
丹波国船井郡の麻気神社の祭神。
¶神仏辞典（麻気神・麻希神　まけのかみ）

真気命神　まけのみことのかみ
隠岐国知夫郡の真気命神社の祭神。
¶神仏辞典（真気命神　まけのみことのかみ）

馬子　まご
歌舞伎演目『お夏狂乱』に登場する、お夏を口説こうと近寄る馬子。
¶歌舞伎登（馬子　まご）

孫右衛門　まごえもん
近松門左衛門作の浄瑠璃『冥途の飛脚』（1711年初演）の主人公忠兵衛の実父。
¶架空人日（孫右衛門　まごえもん）
歌舞伎登（孫右衛門　まごえもん）〔像〕

馬子小仏藤六　まごこほとけとうろく
歌舞伎演目『小春宴三組杯觴』に登場する、下野の国佐野の荘の馬子で、出家回国中の北条時頼に馬を頼まれる。
¶歌舞伎登（馬子小仏藤六　まごこほとけとうろく）

孫七　まごしち
歌舞伎演目『絵本合法衢』に登場する問屋人足。
¶歌舞伎登（孫七　まごしち）

孫太郎　まごたろう
歌舞伎演目『傘轆轤浮名濡衣』に登場する、薬種問屋永楽屋の若旦那。
¶歌舞伎登（孫太郎　まごたろう）

孫太郎婆　まごたろうばばあ
静岡県富士郡でいう妖怪。
¶妖怪事典（マゴタロウババア）

馬士畑右衛門　まごはたえもん
歌舞伎演目『矢の根』に登場する馬士。曾我五郎の庵の前を馬を引いて通りかかる。
¶歌舞伎登（馬士畑右衛門　まごはたえもん）

摩睺羅迦　まごらか
仏教を守護するという役割を担っている八部衆の中の一つ。
¶東洋神名（摩睺羅迦　マゴラカ）〔像〕

マサ
石森延男作『コタンの口笛』（1957）の主人公の一人。
¶児童登場（マサ）

真砂　まさ
宮本昌孝作『藩校早春賦』の登場人物。
¶時代小説（真砂　まさ）

マーザービ
沖縄県石垣島の宮良湾に現れる怪火。
¶妖怪事典（マーザービ）

政江 まさえ
澤田ふじ子作『公事宿事件書留帳』の登場人物。
¶時代小説（政江　まさえ）

昌男 まさお★
関英雄作『小さい心の旅』(1971)の主人公。姓は倉谷。
¶児童登場（昌男）

政夫 まさお
伊藤左千夫作『野菊の墓』(1906)の主人公。
¶架空人日（政夫　まさお）
　児童登場（政夫）

政岡 まさおか
歌舞伎、人形浄瑠璃などの「伊達騒動物」に登場する忠義の乳母。
¶架空伝承（政岡　まさおか）〔像〕
　架空伝説（政岡　まさおか）〔像〕
　歌舞伎登（政岡　まさおか）〔像〕
　古典人学（政岡　まさおか）
　古典人東（政岡　まさおか）
　コン5（政岡　まさおか）
　大辞típico3（政岡　まさおか）
　日本人名（政岡　まさおか）

将門神 まさかどがみ
平将門を祭神としたもの。
¶神様読解（将門神　まさかどがみ）
　東洋神名（将門神　マサカドガミ）〔像〕

正鹿山津見神 まさかやまつみのかみ
伊弉諾の子。
¶神様読解（正鹿山津見神　まさかやまつみのかみ）
　神仏辞典（正鹿山津見神　まさかやまつみのかみ）

正木幸右衛門 まさきこうえもん
歌舞伎演目『大商蛭子島』に登場する、源頼朝の仮名。
¶歌舞伎登（正木幸右衛門　まさきこうえもん）

間崎慎太郎 まさきしんたろう
石坂洋次郎作『若い人』(1933〜37)に登場する、若い国語教師。
¶架空人日（間崎慎太郎　まさきしんたろう）
　日本人名（間崎慎太郎　まさきしんたろう）

麻佐岐神 まさきのかみ
備中国下道郡の麻佐岐神社の祭神。
¶神仏辞典（麻佐岐神　まさきのかみ）

正木六郎左衛門 まさきろくろうざえもん
歌舞伎演目『嫁鏡』に登場する仕官。
¶歌舞伎登（正木六郎左衛門　まさきろくろうざえもん）

真砂 まさご
芥川龍之介作『藪の中』(1922)に登場する、金沢の武弘の妻。
¶架空人日（真砂　まさご）

真砂路 まさごじ
歌舞伎演目『けいせい浜真砂』に登場する傾城。実は明智光秀の息女皐月姫。
¶歌舞伎登（真砂路　まさごじ）

真砂町の先生 まさごちょうのせんせい
泉鏡花作『婦系図』(1907)に登場する、東京の真砂町に住む大学教授。
¶架空人日（真砂町の先生　まさごちょうのせんせい）

政五郎 まさごろう
歌舞伎演目『芝浜革財布』に登場する人物。熊五郎とも。酒飲みの魚屋。
¶歌舞伎登（政五郎　まさごろう）

政五郎 まさごろう
宮部みゆき作『ほんくら』の登場人物。
¶時代小説（政五郎　まさごろう）

正宗 まさむね
鎌倉末期の相模国鎌倉の刀工。全刀匠中第一の名工とうたわれる。
¶架空伝承（正宗　まさむね　生没年不詳）
　架空伝説（正宗　まさむね）
　歌舞伎登（正宗　まさむね）
　説話伝説（正宗　まさむね　㊤文永1(1264)年　㊦康永2(1343)年）
　大辞典3（正宗　まさむね　生没年未詳）
　伝奇伝説（正宗　まさむね）

當宗神 まさむねのかみ
河内国志紀郡の當宗神社三座の祭神。
¶神仏辞典（當宗神　まさむねのかみ）

正宗娘おれん まさむねむすめおれん
歌舞伎演目『新薄雪物語』に登場する、正宗の娘。
¶歌舞伎登（正宗娘おれん　まさむねむすめおれん）

真敷刀婢 ましきのとべ
『旧事本紀』にみえる尾張大印岐の娘。
¶日本人名（真敷刀婢　ましきのとべ）

真柴久秋 ましばひさあき
歌舞伎演目『けいせい浜真砂』に登場する、大領真柴久吉の実子。
¶歌舞伎登（真柴久秋　ましばひさあき）

真柴久吉 ましばひさよし
歌舞伎演目『楼門五三桐』『絵本太功記』に登場する人物。羽柴（のち豊臣）秀吉がモデル。
¶歌舞伎登（真柴久吉1『楼門五三桐』　ましばひさよし）
　歌舞伎登（真柴久吉2『絵本太功記』　ましばひさよし）

マジムン
沖縄県で幽霊や妖怪変化の総称。
¶幻想動物（マジムン）〔像〕
　神仏辞典（マジムン）
　全国妖怪（マジムン〔沖縄県〕）
　妖怪事典（マジムン）
　妖怪大事典（マジムン）

真面目な幻獣　まじめなげんじゅう
深山にこもって勉学をしていた者の日頃の行いをたしなめた、人とも獣ともつかない生き物。
¶水木幻獣（真面目な幻獣　まじめなげんじゅう）〔像〕
　妖怪大鑑（真面目な幻獣　まじめなげんじゅう）〔像〕

マジャムン
鹿児島県地方でいう妖怪の児童語。
¶妖怪事典（マジャムン）

猿の吉次　ましらのきちじ
大佛次郎作『鞍馬天狗』の登場人物。
¶時代小説（猿の吉次　ましらのきちじ）

猿の伝次　ましらのでんじ
実録『天保水滸伝』（江戸末期）に登場する元武士、ヤクザ。
¶架空人日（猿の伝次　ましらのでんじ）

増吉　ますきち
『春色辰巳園』『春色英対暖語』に登場する芸妓。
¶架空人日（増吉　ますきち）
　架空伝説（増吉　ますきち）

馬杉孫一郎　ますぎまごいちろう
白石一郎作『十時半睡事件帖』の登場人物。
¶時代小説（馬杉孫一郎　ますぎまごいちろう）

増さん　ますさん
山本周五郎作『青べか物語』(1960)に登場する雑役夫。
¶架空人日（増さん　ますさん）

益蔵　ますぞう
藤沢周平作『用心棒日月抄』の登場人物。
¶時代小説（益蔵　ますぞう）

益田越中　ますだえっちゅう
長州藩国家老。司馬遼太郎作『竜馬がゆく』の登場人物。
¶時代小説（益田越中　ますだえっちゅう）

増田勘之介　ますだかんのすけ
菊地寛作『忠直卿行状記』の登場人物。
¶時代小説（増田勘之介　ますだかんのすけ）

益田時貞　ますだときさだ
⇒天草四郎（あまくさしろう）

益多嶺神　ますたのみねのかみ
陸奥国行方郡の益多嶺神社の祭神。
¶神仏辞典（益多嶺神　ますたのみねのかみ）

増田与兵衛　ますだよへえ
江戸前期の義民。信濃国上田藩領入奈良本村の平百姓の子。庄屋の不正役得を藩主に越訴、死罪に処せられた。地元農民によって「与兵衛明神」として祀られている。
¶コン5（増田与兵衛　ますだよへえ ㊲? ㊤天和2(1682)年）
　日本人名（増田与兵衛　ますだよへえ ㊲? ㊤1682年）

ますます坊主　ますますぼうず
歌舞伎演目『盟三五大切』に登場する、四谷鬼横町に居着いている願人坊主。
¶歌舞伎登（ますます坊主）

十寸見河東　ますみかとう
江戸時代の音曲、河東節の祖。
¶説話伝説（十寸見河東　ますみかとう ㊲貞享1(1684)年 ㊤享保10(1725)年）
　伝奇伝説（十寸見河東　ますみかとう ㊲貞享1(1684)年 ㊤享保10(1725)年）

真清田天神　ますみたのあまつかみ
真清田神とも。尾張国中島郡の真清田神社の祭神。
¶神仏辞典（真清田天神　ますみたのあまつかみ）

益満休之助　ますみつきゅうのすけ
幕末の薩摩鹿児島藩士。西郷隆盛の密命で、伊牟田尚平と共に江戸市内を混乱に陥れた。歌舞伎『江戸城総攻』ほかに登場する。
¶歌舞伎登（益満休之助　ますみつきゅうのすけ）
　時代小説（益満休之助　『鞍馬天狗』　ますみつきゅうのすけ）
　時代小説（益満休之助　『南国太平記』　ますみつきゅうのすけ）

マズムヌ
沖縄県の宮古島でいう化け物。人の死霊もあれば動物の怪もある。
¶全国妖怪（マズムヌ〔沖縄県〕）

麻須羅神　ますらがみ
風土記の佐太大神の神話にのみ登場する男神。
¶広辞苑6（益荒神　ますらかみ）
　神仏辞典（麻須羅神　ますらのかみ）
　日本神話（麻須羅神　ますらがみ）

升六　ますろく
歌舞伎演目『鳥羽絵』に登場する、大店の雑用に雇われている下男の名。
¶歌舞伎登（升六　ますろく）

馬背神　ませのかみ
⇒馬背神（うませのかみ）

媽祖　まそ
中国福建におこった民間信仰の航海守護女神。日本では長崎三寺（福済寺、興福寺、崇福寺）の媽祖堂などで祀られる。
¶**神仏辞典**（媽祖　まそ）

麻蘇多神　まそたのかみ
近江国浅井郡の麻蘇多神社の祭神。
¶**神仏辞典**（麻蘇多神　まそたのかみ）

麻蘇原神　まそはらのかみ
『日本三代実録』に所出。遠江国の神。
¶**神仏辞典**（麻蘇原神　まそはらのかみ）

マゾームス
沖縄県石垣島地方でいう妖怪の総称。
¶**妖怪事典**（マゾームス）

又市　またいち
京極夏彦作『巷説百物語』の登場人物。
¶**時代小説**（又市　またいち）

股くぐり　またくぐり
歌舞伎演目『助六由縁江戸桜』に登場する、吉原の夜見世を冷やかして歩く飄客。
¶**歌舞伎登**（股くぐり　またくぐり）

股くぐりの若衆　またくぐりのわかしゅ
歌舞伎演目『助六由縁江戸桜』に登場する、助六の股くぐりの一人。
¶**歌舞伎登**（股くぐりの若衆　またくぐりのわかしゅ）

又五郎狐　またごろうぎつね
歌舞伎演目『同計略花芳野山』に登場する、河内の国の塚本狐が衛士の又五郎となった姿。
¶**歌舞伎登**（又五郎狐　またごろうぎつね）

又四郎　またしろう
山手樹一郎作『又四郎行状記』に登場する人物。
¶**架空伝説**（又四郎　またしろう）

馬立伊勢部田中神　またついせべたなかのかみ
⇒馬立伊勢部田中神（うまたていせべたなかのかみ）

又之助　またのすけ
南原幹雄作『付き馬屋おえん』の登場人物。
¶**時代小説**（又之助　またのすけ）

俣野五郎　またののごろう
歌舞伎『鴛鴦襖恋睦』『梶原平三誉石切』に登場する、大庭景親の弟。
¶**歌舞伎登**（俣野五郎 1 『梶原平三誉石切』　またののごろう）
歌舞伎登（股野五郎 2 『鴛鴦襖恋睦』　またののごろう）

又八　またはち
歌舞伎演目『神明恵和合取組』に登場する、め組の辰五郎とお仲の間に生まれた息子。
¶**歌舞伎登**（又八　またはち）

真玉著玉之邑日女命　またまつくたまのむらひめのみこと
神魂命の御子神。
¶**神仏辞典**（真玉著玉之邑日女命　またまつくたまのむらひめのみこと）

摩多羅神　まだらじん
中世に天台宗寺院の常行三昧堂（常行堂）に祀られた護法神。
¶**架空伝承**（摩多羅神　まだらじん）〔像〕
大辞林3（摩多羅神　またらじん）
東洋神名（摩多羅神　マタラジン）〔像〕
仏尊事典（摩多羅神　またらじん）〔像〕

マタンゴ
映画『マタンゴ』（1963）に登場する、変異キノコ。食べた人間もキノコ人間「マタンゴ」になる。
¶**怪物事典**（マタンゴ）

まちいぬ
道の妖怪。岐阜県恵那郡川上村でいう。
¶**幻想動物**（待ち犬）〔像〕
神仏辞典（まちいぬ）
全国妖怪（マチイヌ〔岐阜県〕）
妖怪事典（マチイヌ）

真知子　まちこ
菊田一夫作の連続ラジオドラマ『君の名は』の主人公、氏家真知子。1928年の映画化で主演岸恵子の「真知子巻き」が大流行した。
¶**架空人物**（真知子）
コン5（真知子・春樹　まちこ・はるき）
日本人名（氏家真知子　うじいえまちこ）

麻知神　まちのかみ
近江国高島郡の麻知神社の祭神。
¶**神仏辞典**（麻知神　まちのかみ）

真知乃神　まちののかみ
『日本三代実録』に所出。遠江国の神。
¶**神仏辞典**（真知乃神　まちののかみ）

マーチャービ
沖縄県石垣島でいう怪火。
¶**妖怪事典**（マーチャービ）

松井市兵衛　まついいちべえ
江戸時代前期の農民。
¶**日本人名**（松井市兵衛　まついいちべえ [生]? [没]1681年?）

松井源水　まついげんすい
大道芸人・売薬業者。

¶歌舞伎登（松井源水　まついげんすい）
　説話伝説（松井源水　まついげんすい）
　伝奇伝説（松井源水　まついげんすい）〔像〕

松井さん　まついさん★
あまんきみこ作の短編連作集『車のいろは空のいろ』(1968)の主人公。フルネームは松井五郎。
¶児童登場（松井さん）

松井須磨子　まついすまこ
明治末～大正前期の女優。島村抱月との恋愛問題も知られ「新しい女」の奔放な生き方の典型として、多くのフィクションでも取り上げられている。
¶架空伝承（松井須磨子　まついすまこ ④明治19(1886)年 ⑫大正7(1918)年）

松井神　まついのかみ
『日本三代実録』に所出。讃岐国の神。
¶神仏辞典（松井神　まついのかみ）

松井源五　まついのげんご
歌舞伎演目『桜姫東文章』の人物。「隅田川物」の世界に登場する。
¶歌舞伎登（松井源五　まついのげんご）

松浦鎮信　まつうらしずのぶ
歌舞伎演目『松浦の太鼓』に登場する、吉良邸の隣家の文人大名。
¶歌舞伎登（松浦鎮信　まつうらしずのぶ）

松浦宗案　まつうらそうあん
戦国時代の武士。『清良記』第7巻「親民鑑月集」の著者とされる。
¶日本人名（松浦宗案　まつうらそうあん　生没年未詳）

松浦屋清左衛門　まつうらやせいざえもん
三上於菟吉作『雪之丞変化』の登場人物。
¶時代小説（松浦屋清左衛門　まつうらやせいざえもん）

松江出雲守　まつえいずものかみ
歌舞伎演目『天衣紛上野初花』に登場する、松江家の当主。
¶歌舞伎登（松江出雲守　まつえいずものかみ）

松王健児　まつおうこんでい
平清盛の兵庫港築島造成に当たって、海の竜神鎮めるため人柱となった若者。
¶朝日歴史（松王健児　まつおうけんでい）
　コン5（松王健児　まつおうこんでい）
　伝奇伝説（松王健児　まつおうこんでい）
　日本人名（松王健児　まつおうこんでい）

松王丸　まつおうまる
菅公伝説を脚色した浄瑠璃の代表作『菅原伝授手習鑑』で活躍する三つ子の兄弟の一人。

¶架空人日（松王丸　まつおうまる）
　架空伝承（松王丸・梅王丸・桜丸　まつおうまる・うめおうまる・さくらまる）〔像〕
　架空伝説（松王丸　まつおうまる）〔像〕
　歌舞伎登（松王丸　まつおうまる）〔像〕
　広辞苑6（松王丸　まつおうまる）
　古典人学（松王丸　まつおうまる）
　コン5（松王丸・梅王丸・桜丸　まつおうまる・うめおうまる・さくらまる）
　大辞林3（松王丸　まつおうまる）

松尾要人　まつおかなめ
吉川英治作『宮本武蔵』の登場人物。
¶時代小説（松尾要人　まつおかなめ）

松尾神　まつおのかみ
甲斐国山梨郡、丹波国桑田郡の松尾神社の祭神。
¶神仏辞典（松尾神　まつおのかみ）

松尾芭蕉　まつおばしょう
江戸前期の俳人。複数の紀行文を残したが、特に最後の『おくのほそ道』については謎が多く、忍者説まで生まれた。
¶架空伝承（芭蕉　ばしょう ④正保1(1644)年 ⑫元禄7(1694)年）
　歌舞伎登（松尾芭蕉　まつおばしょう）
　奇談逸話（松尾芭蕉　まつおばしょう ④寛永21(1644)年 ⑫元禄7(1694)年10月12日）
　神仏辞典（芭蕉　ばしょう ④1644年 ⑫1694年）
　時代小説（松尾芭蕉　まつおばしょう）
　説話伝説（松尾芭蕉　まつおばしょう ④正保1(寛永21)(1644)年 ⑫元禄7(1694)年）
　伝奇伝説（芭蕉　ばしょう ④寛永21(1644)年 ⑫元禄7(1694)年）〔像〕

松ケ枝　まつがえ
歌舞伎演目『新薄雪物語』に登場する、幸崎伊賀守の妻。
¶歌舞伎登（松ケ枝　まつがえ）

松風　まつかぜ
勅勘をうけて須磨へ流された在原行平が、その地で愛したという姉妹の海女の一人。能「松風」をはじめ、浄瑠璃・歌舞伎などに登場する。
¶架空伝承（松風・村雨　まつかぜ・むらさめ）〔像〕
　架空伝説（松風　まつかぜ）
　歌舞伎登（松風1『今様須磨の写絵』　まつかぜ）
　歌舞伎登（松風2『汐汲』　まつかぜ）
　広辞苑6（松風村雨　まつかぜ・むらさめ）
　古典人学（松風　まつかぜ）
　古典人東（松風・村雨　まつかぜ・むらさめ）
　コン5（松風・村雨　まつかぜ・むらさめ）
　新潮日本（松風・村雨　まつかぜ・むらさめ）
　神仏辞典（松風・村雨　まつかぜ・むらさめ）
　説話伝説（松風村雨　まつかぜむらさめ）〔像〕
　伝奇伝説（松風村雨　まつかぜ　むらさめ）
　日本人名（松風・村雨　まつかぜ・むらさめ）

松木善十郎　まつきぜんじゅうろう
丸亀藩士。司馬遼太郎作『竜馬がゆく』の登場人物。
¶時代小説（松木善十郎　まつきぜんじゅうろう）

松吉　まつきち
岡本綺堂作『半七捕物帳』の登場人物。
¶時代小説（松吉　まつきち）

マッグ
芥川龍之介作『河童』(1922)に登場する、河童の哲学者。
¶架空人日（マッグ）

真暗葬礼　まっくらぞうれ
水の妖怪。熊本県熊本市・宇土市の俗伝。
¶神仏辞典（真暗葬礼　まっくらぞうれ）
　全国妖怪（マックラゾウレ〔熊本県〕）

マッケ
栃木県地方でいう妖怪の児童語。
¶妖怪事典（マッケ）

松五郎　まつごろう
久生十蘭作『顎十郎捕物帳』の登場人物。
¶時代小説（松五郎　まつごろう）

松五郎　まつごろう
⇒富島松五郎（とみしままつごろう）

松下嘉平次　まつしたかへいじ
歌舞伎演目『三日太平記』に登場する、世に知られた軍師だが、今は浪人。
¶歌舞伎登（松下嘉平次　まつしたかへいじ）

松下禅尼　まつしたぜんに
鎌倉時代の女性。北条時氏の妻。質素倹約をすすめた逸話が『徒然草』で知られる。
¶架空伝承（松下禅尼　まつしたぜんに　生没年不詳）

松七　まつしち
陣出達朗作『伝七捕物帳』の登場人物。
¶時代小説（松七　まつしち）

松島　まつしま
歌舞伎演目『伽羅先代萩』に登場する、斯波左京あるいは渡辺主水の妻。
¶歌舞伎登（松島　まつしま）

松島千太　まつしませんた
歌舞伎演目『島衛月白浪』に登場する、係累がない、身軽な悪党。
¶歌舞伎登（松島千太　まつしませんた）

松島の上人　まつしまのしょうにん
鎌倉時代の説話集『撰集抄』の登場人物。瑞巌寺の僧・見仏上人。
¶古典人学（松島の上人　まつしまのしょうにん）

松島明神　まつしまみょうじん
宮城県松島の地主神。
¶広辞苑6（松島明神　まつしまみょうじん）

松寿丸　まつじゅまる
歌舞伎演目『本朝廿四孝』に登場する、足利12代将軍義晴と愛妾賤の方の間に誕生の若君。
¶歌舞伎登（松寿丸　まつじゅまる）

松蔵　まつぞう
歌舞伎演目『盲長屋梅加賀鳶』に登場する、加賀鳶の頭。
¶架空伝承（加賀鳶の松蔵　かがとびのまつぞう）
　歌舞伎登（松蔵　まつぞう）

松造　まつぞう
佐伯泰英作『密命』の登場人物。
¶時代小説（松造　まつぞう）

末代　まつだい
平安時代後期の修験者。富士山麓の村山に伽藍をたて、即身仏となり、大棟梁権現として祀られたという。
¶朝日歴史（末代　まつだい）
　日本人名（末代　まつだい　生没年未詳）

松平伊賀守忠愛　まつだいらいがのかみただされ
信州上田藩主。半村良作『妖星伝』の登場人物。
¶時代小説（松平伊賀守忠愛　まつだいらいがのかみただされ）

松平壱岐守　まつだいらいきのかみ
山本周五郎作『赤ひげ診療譚』の登場人物。
¶時代小説（松平壱岐守　まつだいらいきのかみ）

松平伊豆守信明　まつだいらいずのかみのぶあきら
幕府老中で三河吉田7万石の城主。南條範夫作『月影兵庫』の登場人物。
¶時代小説（松平伊豆守信明　まつだいらいずのかみのぶあきら）

松平伊豆守信綱　まつだいらいずのかみのぶつな
江戸初期の老中。俗に知恵伊豆と呼ばれ、実録『大岡政談』や歌舞伎を始め、多くの作品で取り上げられる。
¶架空人日（松平伊豆守　まつだいらいずのかみ）
　歌舞伎登（松平伊豆守1『慶安太平記』　まつだいらいずのかみ）
　歌舞伎登（松平伊豆守2『佐倉義民伝』　まつだいらいずのかみ）
　時代小説（松平伊豆守『右門捕物帖』　まつだいらいずのかみ）
　時代小説（松平伊豆守『柳生武芸帳』　まつだいらいずのかみ）

松平容保　まつだいらかたもり
幕末の大名。陸奥会津藩（福島県）藩主松平家9代。京都守護職に任命され、京都の治安維持と

公武合体の実現につとめた。早乙女貢作『会津士魂』の登場人物。
¶時代小説（松平容保　まつだいらかたもり）

松平左京之介　まつだいらさきょうのすけ
吉川英治作『鳴門秘帖』の登場人物。
¶時代小説（松平左京之介　まつだいらさきょうのすけ）

松平定綱　まつだいらさだつな
江戸前期の大名。没後、神道の霊をもって鎮国大明神と崇祀された。
¶コン5（松平定綱　まつだいらさだつな　㊍文禄1（1592）年　㊡慶安4（1651）年）

松平定信　まつだいらさだのぶ
老中首座。高橋克彦作『だましゑ歌麿』、船戸与一作『蝦夷地別件』の登場人物。
¶時代小説（松平定信　『だましゑ歌麿』　まつだいらさだのぶ）
時代小説（松平定信　『蝦夷地別件』　まつだいらさだのぶ）

松平春嶽　まつだいらしゅんがく
福井藩主。名は慶永、春嶽は号。門閥にとらわれず有能な人材を登用、名君と称された。子母澤寛作『新選組始末記』、司馬遼太郎作『竜馬がゆく』に登場する。
¶時代小説（松平春嶽　『新選組始末記』　まつだいらしゅんがく）
時代小説（松平春嶽　『竜馬がゆく』　まつだいらしゅんがく）

松平忠直　まつだいらただなお
江戸初期の福井藩主。
¶架空伝説（松平忠直　まつだいらただなお）
時代小説（松平忠直　まつだいらただなお）
説話伝説（松平忠直　まつだいらただなお　㊍文禄4（1595）年　㊡慶安3（1650）年）
伝奇伝説（松平忠直　まつだいらただなお　㊍文禄4（1595）年　㊡慶安3（1650）年）

松平丹波守　まつだいらたんばのかみ
陣出達朗作『伝七捕物帳』の登場人物。
¶時代小説（松平丹波守　まつだいらたんばのかみ）

松平主悦介忠敏　まつだいらちからのすけただとし
新選組の前身・新徴組を組織。大佛次郎作『鞍馬天狗』の登場人物。
¶時代小説（松平忠敏　まつだいらただとし）
時代小説（松平主悦介忠敏　まつだいらちからのすけただとし）

松平長七郎　まつだいらちょうしちろう
江戸初期の武家。一説では駿河大納言徳川忠長の子とされるが不明。父の切腹後、流浪の身となり徳川頼宣からの庇護をうけたという。村上元三作の時代小説『松平長七郎江戸日記』が発表されてから、主人公として広く知られるように

なった。講談・演劇・テレビなどにも取り上げられる。
¶歌舞伎登（松平長七郎　まつだいらちょうしちろう）
広辞苑6（松平長七郎　まつだいらちょうしちろう）
コン5（松平長七郎　まつだいらちょうしちろう　㊍慶長19（1614）年　㊡寛文1（1661）年）
新潮日本（松平長七郎　まつだいらちょうしちろう　㊍慶長19（1614）年　㊡寛文1（1661）年）
時代小説（松平長七郎長頼　まつだいらちょうしちろうながより）
説話伝説（松平長七郎　まつだいらちょうしちろう　㊍元和7（1621）年　㊡延宝4（1676）年）
日本人名（松平長七郎　まつだいらちょうしちろう　㊍1614年　㊡1661年）

松平信綱　まつだいらのぶつな
柴田錬三郎作『孤剣は折れず』の登場人物。
¶時代小説（松平信綱　まつだいらのぶつな）

松平主水正　まつだいらもんどのしょう
柴田錬三郎作『眠狂四郎無頼控』の登場人物。
¶時代小説（松平主水正　まつだいらもんどのしょう）

松田権蔵　まつだごんぞう
山本周五郎作『さぶ』の登場人物。
¶時代小説（松田権蔵　まつだごんぞう）

松太郎　まつたろう
歌舞伎演目『蝶花形名歌島合』に登場する、九州の大名大内義弘（島津義弘）の家臣出海宗貞の子。
¶歌舞伎登（松太郎　まつたろう）

待乳の多市　まつちのたいち
吉川英治作『鳴門秘帖』の登場人物。
¶時代小説（待乳の多市　まつちのたいち）

待道　まつどう
千葉県我孫子市を中心に信仰されている安産・子育ての神。
¶神仏辞典（待道　まつどう）

松永鬼藤太　まつながきとうだ
歌舞伎演目『祇園祭礼信仰記』に登場する、松永大膳の弟。
¶歌舞伎登（松永鬼藤太　まつながきとうだ）

松永誠一郎　まつながせいいちろう
隆慶一郎作『吉原御免状』の登場人物。
¶時代小説（松永誠一郎　まつながせいいちろう）

松永大膳　まつながだいぜん
人形浄瑠璃『祇園祭礼信仰記』に登場する人物。
¶架空伝説（松永大膳　まつながだいぜん）〔像〕
歌舞伎登（松永大膳　まつながだいぜん）〔像〕

松永久秀　まつながひさひで
戦国時代、安土桃山時代の武将。三好長慶に仕えていたが、長慶の死後主家を乗っ取る形で独

立。織田信長に一旦は降伏したが、再度背いて攻められ敗死。
¶奇談逸話（松永久秀　まつながひさひで [生]永正7(1510)年? [没]天正5(1577)年）
説話伝説（松永弾正久秀　まつながだんじょうひさひで [生]永正7(1510)年 [没]天正5(1577)年）
伝奇伝説（松永久秀　まつながひさひで [生]? [没]天正5(1577)年）

松永弥四郎　まつながやしろう
池波正太郎作『鬼平犯科帳』の登場人物。
¶時代小説（松永弥四郎　まつながやしろう）

松尾神　まつのおのかみ
松尾大神、松尾名神とも。山城国葛野郡の松尾神社二座の祭神。
¶神仏辞典（松尾神　まつのおのかみ）

松の精霊　まつのせいれい
参州(愛知県)の長興寺の門前にあった二龍松という古い二本の松に宿っていた精霊。
¶妖怪大鑑（松の精霊　まつのせいれい）〔像〕
妖怪大事典（松の精霊　まつのせいれい）〔像〕

松の前　まつのまえ
歌舞伎舞踊『鬼次拍子舞』、義太夫狂言『姫小松子日の遊』に登場する、鬼界ヶ島の流人平判官康頼の妻。
¶歌舞伎登（松の前　まつのまえ）

松廼家露八　まつのやろはち
幕末・明治期の幇間で、松廼家節の家元。
¶架空伝説（松のや露八　まつのやろはち）
説話伝説（松廼家露八　まつのやろはち [生]天保4(1833)年 [没]明治36(1903)年）
伝奇伝説（松廼家露八　まつのやろはち [生]天保4(1833)年 [没]明治36(1903)年）

松の湯の番頭甚太郎　まつのゆのばんとうじんたろう
歌舞伎演目『暗闇の丑松』に登場する、相生町にある松の湯の番頭。
¶歌舞伎登（松の湯の番頭甚太郎　まつのゆのばんとうじんたろう）

松葉屋三右衛門　まつばやさんえもん
乙川優三郎作『霧の橋』の登場人物。
¶時代小説（松葉屋三右衛門　まつばやさんえもん）

松葉屋の女房　まつばやのにょうぼう
歌舞伎演目『助六由縁江戸桜』に登場する、松葉屋は、吉原の引手茶屋。
¶歌舞伎登（松葉屋の女房　まつばやのにょうぼう）

松原忠司　まつばらちゅうじ
新選組隊士。子母澤寛作『新選組始末記』の登場人物。
¶時代小説（松原忠司　まつばらちゅうじ）

松兵衛　まつべえ
為永春水作の人情本『春色梅児誉美』(1832-33)に登場する、色里に大きな店を構える唐琴屋の元番頭。
¶架空人日（松兵衛　まつべえ）

松兵衛狸　まつべえたぬき
徳島県美馬郡重清地方でいう人に憑く狸。
¶妖怪事典（マツベエタヌキ）

松前鉄之助　まつまえてつのすけ
歌舞伎演目『早苗鳥伊達聞書』に登場する人物。「伊達騒動」の巷説のなかで、伊達安芸側を代表する勇者とされる人物。
¶歌舞伎登（松前鉄之助　まつまえてつのすけ）

松前屋五郎兵衛　まつまえやごろべえ
実録『松前屋五郎兵衛一代記』に登場する元武士、米屋。
¶架空人日（松前屋五郎兵衛　まつまえやごろべえ）
歌舞伎登（松前屋五郎兵衛　まつまえやごろべえ）
日本人名（松前屋五郎兵衛　まつまえやごろべえ 生没年未詳）

松虫　まつむし
国枝史郎作『神州纐纈城』の登場人物。
¶時代小説（松虫　まつむし）

松村金太郎　まつむらきんたろう
子母澤寛作『突っかけ侍』の登場人物。
¶時代小説（松村金太郎　まつむらきんたろう）

松村彦太郎　まつむらひこたろう
岡本綺堂作『半七捕物帳』の登場人物。
¶時代小説（松村彦太郎　まつむらひこたろう）

松本幸四郎〔5代〕　まつもとこうしろう
文化文政期の歌舞伎俳優。実悪(大物の敵役)に優れ、三都随一の名優といわれた。鼻が高く目に凄みがあることから“鼻高幸四郎”と呼ばれた。
¶伝奇伝説（松本幸四郎　まつもとこうしろう [生]明和1(1764)年 [没]天保9(1838)年）

松屋吉兵衛　まつやきちべえ
池波正太郎作『雲霧仁左衛門』の登場人物。
¶時代小説（松屋吉兵衛　まつやきちべえ）

松屋の後家　まつやのごけ
井原西鶴作の浮世草子『日本永代蔵』(1688)巻一「世は欲の入札に仕合」に登場する人物。
¶架空人日（松屋の後家　まつやのごけ）

松山　まつやま
歌舞伎演目『二人椀久』に登場する、大坂新町の佐渡島町にあった丹波屋抱えの遊女。
¶歌舞伎登（松山　まつやま）

松山　まつやま
歌舞伎演目『鼠小紋東君新形』に登場する、駿河二丁町の遊女。
¶歌舞伎登（松山　まつやま）

松宵　まつよい
歌舞伎演目『隅田川花御所染』に登場する、入間家の中老。
¶歌舞伎登（松宵　まつよい）

松宵姫　まつよいひめ
歌舞伎演目『源平布引滝』に登場する、木曽義賢の娘。
¶歌舞伎登（松宵姫　まつよいひめ）

松浦佐用姫　まつらさよひめ
『万葉集』や『肥前国風土記』に登場する伝説上の女性。
¶英雄事典（佐用姫　サヨヒメ）
架空伝承（松浦佐用姫　まつらさよひめ）
コン5（松浦佐用媛　まつらさよひめ）
新潮日本（松浦佐用媛　まつらさよひめ）
神仏辞典（松浦佐用媛　まつらさよひめ）
神話伝説（松浦佐用姫　まつらさよひめ）
説話伝説（松浦佐用姫　まつらさよひめ）
世百新（松浦佐用姫　まつらさよひめ）
大辞林3（松浦佐用姫　まつらさよひめ）
伝奇伝説（松浦佐用姫　まつらさよひめ）
日本人名（松浦佐用姫　まつらさよひめ）

松浦佐用姫　まつらさよひめ
近松門左衛門作の浄瑠璃『用明天皇職人鑑』（1705年初演）に登場する、佐渡島の郷士松浦家の娘。
¶架空人日（松浦佐用姫　まつらさよひめ）

祀り神　まつりがみ
一般に祭祀の対象としての神をさす。
¶神仏辞典（祀り神　まつりがみ）

松童　まつわらわ
神の童子。神が寄りつく尺童の一種。
¶神仏辞典（松童　まつわらわ）

万里小路藤房　までのこうじふじふさ
『太平記』に登場する、鎌倉末・南北朝時代に活躍した公卿。
¶架空人日（万里小路藤房　までのこうじふじふさ）

真天良布神　まてらふのかみ
筑前国上座郡の麻氏良布神社の祭神。
¶神仏辞典（真天良布神・麻氏良布神　まてらふのかみ）

マド
徳島県でいう妖怪。
¶妖怪事典（マド）
妖怪大事典（マド）

マドー
群馬県多野郡地方でいう妖怪。マドウカとも。
¶神仏辞典（魔道　まどう）
妖怪事典（マドー）
妖怪大事典（マドー）

まどうくしゃ
動物（猫）の妖怪。愛知県知多郡日間賀島の俗信。
¶神仏辞典（まどうくしゃ）
全国妖怪（マドウクシャ〔愛知県〕）
妖怪事典（マドウクシャ）

マトナウェンクユク
アイヌ語で北風という意味。
¶妖怪事典（マトナウェンクユク）

末刀神　まとのかみ
山城国愛宕郡の末刀神社の祭神。
¶神仏辞典（末刀神　まとのかみ）

真砥野比売命　まとのひめのみこと
姉妹たちとともに垂仁天皇に召されるが、容姿が醜かったので帰された。これを恥じ、身を投げて死ぬ。
¶架空人日（円野比売　まとのひめ）
神様読解（真砥野比売命/円野比売命　まとぬひめのみこと・まどひめのみこと）
神仏辞典（真砥野比売命・円比売命　まとのひめのみこと）
日本人名（真砥野媛　まとのひめ）

マドーモン
群馬県多野郡上野村でいう妖怪の総称。
¶妖怪事典（マドーモン）

マドンナ
夏目漱石作『坊っちゃん』（1906）に登場する、松山の人。
¶架空人日（マドンナ）
日本人名（マドンナ）

真名井神　まないのかみ
出雲国意宇郡式内社48社の真名井社などの祭神とされる。
¶神仏辞典（真名井神・末那為神　まないのかみ）

真女児　まなご
上田秋成作『雨月物語』「蛇性の婬」の登場人物。白蛇の化身。雨宿りで見染めた美青年豊雄と深い仲になる。
¶架空人日（真女児　まなご）
架空伝説（真女児　まなご）〔像〕
古典人名（真女児　まなご）

曲直瀬道三　まなせどうさん
安土桃山時代の医家。江戸初期の咄本「きのふはけふの物語」に信長との逸話が残る。
¶説話伝説（曲直瀬道三　まなせどうさん ⊕永正4

(1507)年 ㉜文禄3(1594)年)〔像〕
伝奇伝説（曲直瀬道三　まなせどうさん）

間部詮房　まなべあきふさ
徳川家宣の側用人。舟橋聖一作『絵島生島』の登場人物。
¶時代小説（間部詮房　まなべあきふさ）

マナモン
熊本県地方でいう妖怪の児童語。
¶妖怪事典（マナモン）

間野神　まぬのかみ
出雲国出雲郡式外社64社の間野社の祭神。
¶神仏辞典（間野神　まぬのかみ）

招く手　まねくて
亡くなった人の霊が招く手。
¶妖怪大鑑（招く手　まねくて）〔像〕

魔の風　まのかぜ
動物の妖怪。アクマ（悪魔）は猿に似た想像上の獣で、牛が苦しんだりしたとき「魔の風に逢った」という。
¶神仏辞典（魔の風　まのかぜ）

麻能等比古神　まのとひこのかみ
阿波国名方郡の麻能等比古神社の祭神。
¶神仏辞典（麻能等比古神　まのとひこのかみ）

真野の長者　まののちょうじゃ
真名野長者、満野長者とも。豊後の伝説で長者となった炭焼きの男。名は小五郎や藤太といわれる。
¶説話伝説（真野の長者　まののちょうじゃ）
伝奇伝説（真野の長者　まののちょうじゃ）

マノモン
徳島県、香川県地方でいう妖怪の児童語。
¶妖怪事典（マノモン）

真幡寸神　まはたきのかみ
山城国紀伊郡の真幡寸神社二座の祭神。
¶神仏辞典（真幡寸神　まはたきのかみ）

マブイ
沖縄県地方でいう霊魂のこと。
¶妖怪事典（マブイ）
妖怪大事典（マブイ）〔像〕

マブイウトシ
沖縄のマブイ（魂）を落とす妖怪。
¶妖怪大鑑（マブイウトシ）〔像〕

真福田丸　まふくだまろ
『古本説話集』の登場人物。大和の長者の門番の女の息子。
¶古典人学（真福田丸　まふくだまろ）
古典人東（真福田丸　まふくだまろ）

守り神　まぶりがみ
守護神のことを指す。滋賀県高島郡大床で祀られる。
¶神仏辞典（守り神　まぶりがみ）

幻一角　まぼろしいっかく
南條範夫作『月影兵庫』の登場人物。
¶時代小説（幻一角　まぼろしいっかく）

幻の竹右衛門　まぼろしのたけえもん
歌舞伎演目『双蝶々曲輪日記』に登場する、河内の国の観心寺村で相撲の勧進元を勤める顔役。
¶歌舞伎登（幻の竹右衛門　まぼろしのたけえもん）

幻の長吉　まぼろしのちょうきち
歌舞伎演目『佐倉義民伝』に登場する、盗賊、苛政を行う下総佐倉の領主の手先。
¶歌舞伎登（幻の長吉　まぼろしのちょうきち）

継子を殺して後継を狙った女　ままこをころしてあとつぎをねらったおんな
『今昔物語集』の登場人物。陸奥国の大夫介のもとへとついだ女。
¶古典人学（継子を殺して後継を狙った女　ままこをころしてあとつぎをねらったおんな）

真間手児名　ままのてこな
下総国葛飾郡真間（現、千葉県市川市真間）に住んでいたという美少女。『万葉集』に複数の男の求婚を断り入水したと詠われる。
¶朝日歴史（真間手児奈　ままのてこな）
架空伝承（真間手児名　ままのてこな）
広辞苑6（真間手児奈　ままのてこな）
古典人学（勝鹿の真間の娘子　かつしかのままのおとめ）
コン5（真間手児名　ままのてこな）
新潮日本（真間手児奈　ままのてこな）
神仏辞典（真間手児奈　ままのてこな）
人物伝承（真間手児奈　ままのてこな）〔像〕
説話伝説（真間の手児奈　ままのてごな）
世百新（真間手児名　ままのてこな）
大辞林3（真間手児奈　ままのてごな）
伝奇伝説（真間の手児奈　ままのてこな）
日本人名（真間手児奈　ままのてこな）

真間屋東兵衛　ままやとうべえ
井上ひさし作『手鎖心中』の登場人物。
¶時代小説（真間屋東兵衛　ままやとうべえ）

猯　まみ
狸の異称。妖怪視され、魔魅の字が当てられる。
¶日本未確認（貒　まみ）〔像〕
妖怪事典（マミ）
妖怪大事典（猯　まみ）

間宮　まみや
藤沢周平作『用心棒日月抄』の登場人物。
¶時代小説（間宮　まみや）

間宮林蔵　まみやりんぞう
江戸後期の探検家。幕府の隠密も務めた。1808年樺太が離島であることを確認。翌年には単身で間宮海峡を渡った。
¶架空伝承（間宮林蔵　まみやりんぞう　�生安永4（1775）年　㊉弘化1（1844）年）
　説話伝説（間宮林蔵　まみやりんぞう　㊉安永4（1775）年　㊉弘化1（1844）年）
　伝奇伝説（間宮林蔵　まみやりんぞう　㊉安永4（1775）年　㊉弘化1（1844）年）〔像〕

蝮のお市　まむしのおいち
歌舞伎『忠臣蔵後日建前（女定九郎）』に登場する人物。
¶架空伝説（蝮のお市　まむしのおいち）
　歌舞伎登（まむしのお市）

蝮のお政　まむしのおまさ
長谷川伸一作『まむしのお政』に登場する人物。
¶架空伝説（蝮のお政　まむしのおまさ）

蝮の次郎吉　まむしのじろきち
歌舞伎演目『三題噺魚屋茶碗』に登場する凶状持ち。
¶歌舞伎登（蝮の次郎吉　まむしのじろきち）

茨田神　まむたのかみ
山城国乙訓郡の茨田神社の祭神。
¶神仏辞典（茨田神　まむたのかみ）

万農池神　まむのいけのかみ
『日本三代実録』に所出。讃岐国の神。
¶神仏辞典（万農池神　まむのいけのかみ）

豆右衛門　まめえもん
江島其磧作『魂胆色遊懐男』の主人公。
¶広辞苑6（豆右衛門　まめえもん）
　大辞林3（豆右衛門　まめえもん）

豆獣　まめじゅう
人の心の中に棲んでおり、出てくると自然に育ち、言うことをきく。陰陽道でいう式神。中国の道士も使役する。水木しげるの命名。
¶水木幻獣（豆獣　まめじゅう）〔像〕

豆四郎　まめしろう
歌舞伎演目『競伊勢物語』に登場する、在原業平の父阿保親王の旧臣で、勘当を受け春日野に引き籠った民部太郎の子。
¶歌舞伎登（豆四郎　まめしろう）

マメゾー
都筑道夫作『なめくじ長屋捕物さわぎ』の登場人物。
¶時代小説（マメゾー）

豆蔵どじょう　まめぞうどじょう
歌舞伎演目『碁太平記白石噺』に登場する、江戸浅草で手品など見せながら軽口をきかせる大道芸人。
¶歌舞伎登（豆蔵どじょう　まめぞうどじょう）

豆太　まめた
歌舞伎演目『伊達競阿国戯場』に登場する、豆腐屋三郎兵衛の丁稚。
¶歌舞伎登（豆太　まめた）

豆太　まめた
『モチモチの木』（斎藤隆介作・滝平二郎絵、1971）の主人公の男の子。
¶児童登場（豆太）

豆狸　まめだぬき
山陽地方の狸の妖怪。広げると8畳もある陰嚢を持つ。
¶幻想動物（豆狸）〔像〕
　神仏辞典（豆狸　まめだ）
　全国妖怪（マメダ〔岡山県〕）
　日本未確認（狸の陰嚢八畳敷）
　妖怪事典（マメダヌキ）
　妖怪大全（豆狸　まめだぬき）〔像〕
　妖怪大事典（豆狸　まめだぬき）〔像〕

豆六　まめろく
横溝正史作『人形佐七捕物帳』の登場人物。
¶時代小説（豆六　まめろく）

マモー
福島県、高知県地方でいう妖怪の児童語。
¶妖怪事典（マモー）

マモメ
高知県地方でいう妖怪の児童語。
¶妖怪事典（マモメ）

守り神　まもりがみ
災いなどを防いで、身を守ってくれる神。
¶広辞苑6（守り神　まもりがみ）
　神仏辞典（守り神　まもりがみ）

マヤ
椋鳩十作『マヤの一生』（1970）の主人公のメス犬。
¶児童登場（マヤ）

まや助　まやすけ
歌舞伎演目『加賀見山再岩藤』に登場する、もと多賀家の伯楽。
¶歌舞伎登（まや助）

マヤーツクグル
沖縄県石垣島地方でいう怪鳥。

¶妖怪事典（マヤーツクグル）

まやの神　まやのかみ
石垣島の川平と桴海の二村の祭りで現れる神。マヤとトモマヤの二神。
¶神話伝説（まやの神　まやのかみ）

麻桶毛　まゆげ
徳島県三好郡のある村の弥都比売神社の御神体で麻桶に入れられた一筋の毛。神の心が穏やかでないときは、いくつもの股に裂け、蓋を突き上げてどんどん伸びていくという。
¶水木妖怪（麻桶毛　まゆげ）〔像〕
　妖怪大全（麻桶毛　まゆげ）〔像〕

真弓　まゆみ
歌舞伎演目『蝶花形名歌島合』に登場する、小坂部音近（長宗我部元親）の妹娘。
¶歌舞伎登（真弓　まゆみ）

真弓　まゆみ
歌舞伎演目『番町皿屋舗』に登場する、渋川の後室真弓。
¶歌舞伎登（真弓　まゆみ）

真弓長左衛門　まゆみちょうざえもん
江戸前期の開墾功労者。伊勢国鈴鹿郡伊船村の生まれ。開拓の功績により、村民は真弓神社を建てて、その徳を称えた。
¶コン5（真弓長左衛門　まゆみちょうざえもん　生没年不詳）

眉輪王　まゆわのおう
⇒目弱王（まよわのみこ）

真世がなし　まゆんがなし
沖縄の八重山の来訪神。豊穣をもたらすという神。
¶広辞苑6（真世がなし　まゆんがなし）
　妖怪大事典（マユンガナシ）〔像〕

迷い家　まよいが
山の妖怪。岩手県遠野市の俗伝。
¶神仏辞典（迷い家　まよいが）
　全国妖怪（マヨイガ〔岩手県〕）
　水木妖怪続（迷い家　まよいが）〔像〕
　妖怪事典（迷い家　まよいが）
　妖怪大事典（迷い家　まよいが）〔像〕

迷い火　まよいび
山口県岩国市の怪談を集めた『岩邑怪談録』にある怪火。突然出現する火の中に顔が現れる。
¶妖怪事典（マヨイビ）
　妖怪大鑑（迷い火　まよいび）〔像〕
　妖怪大事典（迷い火　まよいび）〔像〕

迷い船　まよいぶね
海の妖怪。福岡県遠賀郡などでいう。

¶神仏辞典（迷い船　まよいぶね）
　全国妖怪（マヨイブネ〔福岡県〕）
　妖怪事典（マヨイブネ）
　妖怪大鑑（迷い船　まよいぶね）〔像〕
　妖怪大事典（マヨイブネ）

迷い仏　まよいぼとけ
海の妖怪。福岡県、長崎県などでいう。
¶神仏辞典（迷い仏　まよいぼとけ）
　全国妖怪（マヨイボトケ〔福岡県〕）

迷った幽霊　まよったゆうれい
奥州会津松沢の松沢寺の秀可に名をつけてもらった幽霊。
¶妖怪大鑑（迷った幽霊　まよったゆうれい）〔像〕

迷わし神　まよわしがみ
京都の長岡京の寺戸（現・向日市寺戸町）にいる、姿は見えないが、取り憑かれると道を迷ってしまう神。
¶妖怪大鑑（迷わし神　まよわしがみ）〔像〕

目弱王　まよわのみこ
仁徳天皇の皇子大日下王と長田郎女との子。『日本書紀』では眉輪王。
¶奇談逸話（目弱王　まよわのみこ　生没年不詳）
　古典人学（眉輪王　まよわのおおきみ）
　神話伝説（目弱王（記）/眉輪王（紀）　まよわのみこ）
　説話伝説（目弱王　まよわのみこ）
　世百新（眉輪王　まゆわのおう）
　伝奇伝説（目弱王　まよわのみこ）
　日本人名（眉輪王　まよわおう）

まらせの神　まらせのかみ
神奈川県秦野市今泉にある道祖神。
¶神仏辞典（まらせの神　まらせのかみ）

麻良多神　まらたのかみ
丹後国加佐郡の麻良多神社の祭神。
¶神仏辞典（麻良多神　まらたのかみ）

マラン神　まらんかみ
鹿児島県磯の旧街道沿いに所在する性神の一つ。
¶神仏辞典（マラン神　マランかみ）

鞠ヶ瀬秋夜　まりがせしゅうや
歌舞伎演目『太平記菊水之巻』に登場する、南朝方の槍の名手。
¶歌舞伎登（鞠ヶ瀬秋夜　まりがせしゅうや）

鞠ヶ瀬伝蔵　まりがせでんぞう
歌舞伎演目『若木仇名草』に登場する、石山藩翅家の重宝桐壺の茶入を盗み出す敵役。
¶歌舞伎登（鞠ヶ瀬伝蔵　まりがせでんぞう）

丸子猫石の精霊　まりこねこいしのせいれい
歌舞伎演目『独道中五十三駅』に登場する、十

二単を着て、おはぐろをつけた化け猫。
¶**歌舞伎登**（丸子猫石の精霊　まりこねこいしのせいれい）

丸子神　まりこのかみ
駿河国駿河郡の丸子神社の祭神。
¶**神仏辞典**（丸子神　まりこのかみ）

摩利支天　まりしてん
みずからの姿を隠し、障害を除いて利益を施す天部。
¶**架空伝承**（摩利支天　まりしてん）
神様読解（摩利支天　まりしてん）〔像〕
神仏辞典（摩利支天　まりしてん）
世百新（摩利支天　まりしてん）
大辞林3（摩利支天　まりしてん）〔像〕
東洋神名（摩利支天　マリシテン）〔像〕
仏尊事典（摩利支天　まりしてん）〔像〕

毬谷直二郎　まりたになおじろう
鳥羽亮作『三鬼の剣』の登場人物。
¶**時代小説**（毬谷直二郎　まりたになおじろう）

丸亀屋の才兵衛　まるがめやのさいべえ
井原西鶴作の浮世草子『本朝二十不孝』(1686)巻五の第三「無用の力自慢」の主人公。
¶**架空人日**（丸亀屋の才兵衛　まるがめやのさいべえ）

円田神　まるたのかみ
越後国頚城郡の円田神社の祭神。
¶**神仏辞典**（円田神　まるたのかみ）

丸橋忠弥　まるばしちゅうや
江戸前期の浪人。慶安事件の参加者の一人。実録本講談で早くから語られた。
¶**架空伝承**（丸橋忠弥　まるばしちゅうや [生]? [没]慶安4(1651)年）
架空伝説（丸橋忠弥　まるばしちゅうや）
歌舞伎登（丸橋忠弥　まるばしちゅうや）〔像〕
奇談逸話（丸橋忠弥　まるばしちゅうや [生]? [没]慶安4(1651)年）
コン5（丸橋忠弥　まるばしちゅうや [生]? [没]慶安4(1651)年）
新潮日本（丸橋忠弥　まるばしちゅうや [生]? [没]慶安4(1651)年8月10日）
時代小説（丸橋忠弥　まるばしちゅうや）
説話伝説（丸橋忠弥　まるばしちゅうや [生]? [没]慶安4(1561)年）〔像〕
世百新（丸橋忠弥　まるばしちゅうや [生]? [没]慶安4(1651)年）
伝奇伝説（丸橋忠弥　まるばしちゅうや）
日本人名（丸橋忠弥　まるばしちゅうや [生]? [没]1651年）

丸目蔵人　まるめくらんど
安土桃山･江戸前期の兵法者。タイ捨流兵法開祖。
¶**時代小説**（丸目蔵人佐　まるめくらんどのすけ）
説話伝説（丸目蔵人　まるめくらんど [生]天文9(1540)年 [没]寛永6(1629)年）
伝奇伝説（丸目蔵人　まるめくらんど [生]天文9(1540)年 [没]寛永6(1629)年）

円山応挙　まるやまおうきょ
江戸中期の画家。円山派の創始者。
¶**架空伝承**（円山応挙　まるやまおうきょ [生]享保18(1733)年 [没]寛政7(1795)年）

丸屋六右衛門　まるやろくえもん
歌舞伎演目『五大力恋緘』に登場する、大和町貸し座敷の家主。
¶**歌舞伎登**（丸屋六右衛門　まるやろくえもん）

客人神　まれびとがみ
土地に常住するのでなく、稀に来訪する神のこと。
¶**神仏辞典**（客人神　まれびとがみ）

丸笠神　まろかさのかみ
和泉国和泉郡の丸笠神社の祭神。
¶**神仏辞典**（丸笠神　まろかさのかみ）

丸田神　まろたのかみ
丹後国熊野郡の丸田神社の祭神。
¶**神仏辞典**（丸田神　まろたのかみ）

真若王　まわかおう
『古事記』にみえる景行天皇の皇子。
¶**神様読解**（真若王　まわかのみこ）
日本人名（真若王　まわかおう）

廻り明神　まわりみょうじん
奈良県の各地において、交代で当屋に祀られる神。
¶**神仏辞典**（廻り明神　まわりみょうじん）

マン
鹿児島県地方でいう妖怪の児童語。
¶**妖怪事典**（マン）

万吉　まんきち
山本周五郎作『さぶ』の登場人物。
¶**時代小説**（万吉　まんきち）

万吉　まんきち
吉川英治作『鳴門秘帖』の登場人物。
¶**時代小説**（万吉　まんきち）

万喜お福　まんぎのおふく
鎌倉時代の巫女。上総万喜城(千葉県夷隅町)城主の娘。一生天神に仕えた。一説に美人で、麦つき唄にうたわれたという。
¶**日本人名**（万喜お福　まんぎのおふく 生没年未詳）

万九郎　まんくろう
歌舞伎演目『四千両小判梅葉』に登場する、「伝馬町大牢」の場で、景気づけに名物の「すってん踊り」を踊らされる新入りの田舎役者。
¶**歌舞伎登**（万九郎　まんくろう）

マンコ
　岩手県岩手郡雫石町巻堀地方でいう化け狐。
　¶妖怪事典（マンコ）

満功　まんこう
　東京都調布市の深大寺など、各地の霊山の開基の僧の名。満行（江、紅）、万劫（公）などとも書く。
　¶架空伝承（満功　まんこう）
　　世百新（満功　まんこう）

満江　まんこう
　曾我兄弟の母。『曾我物語』などに登場する。満功、万劫御前などとも。
　¶架空人日（満江　まんこう）
　　架空伝承（満功　まんこう）
　　架空伝説（満江　まんこう）
　　歌舞伎登（満江　まんこう）
　　神仏辞典（満功　まんこう）
　　世百新（満功　まんこう）

万歳　まんざい
　歌舞伎演目『乗合船恵方万歳』に登場する、初春の隅田川竹屋の渡し場にやってきた万歳の太夫。
　¶歌舞伎登（万歳　まんざい）

万寿姫　まんじゅひめ
　御伽草子『唐糸草紙』に登場する、唐糸という女房の娘。源頼朝に孝心に免じて赦され褒美を得た。
　¶架空人日（万寿　まんじゅ）
　　古典人学（万寿　まんじゅ）
　　神話伝説（万寿姫　まんじゅひめ）
　　日本人名（万寿姫(1)　まんじゅひめ）

万寿姫　まんじゅひめ
　御伽草子『まんじゆのまへ』の主人公。周防判官もりとしの娘。
　¶日本人名（万寿姫(2)　まんじゅひめ）

慢心和尚　まんしんおしょう
　中里介山作『大菩薩峠』の登場人物。
　¶時代小説（慢心和尚　まんしんおしょう）

マンダ
　映画『海底軍艦』（1963）に登場する、巨大なウミヘビのようなムー帝国の怪獣。
　¶怪物事典（マンダ）

茨田重方の妻　まんだしげかたのつま
　『今昔物語集』の登場人物。近衛官人である茨田重方の妻。浮気者の夫を懲らしめる。
　¶古典人東（茨田重方の妻　まんだしげかたのつま）

茨田重方　まんだのしげかた
　『今昔物語集』の登場人物。一条・後一条朝の近衛官人。
　¶架空人日（茨田重方　まむたのしげかた）
　　古典人学（茨田重方　まんだのしげかた）

まんどう
　新潟県糸魚川市で山の神のこと。
　¶神仏辞典（まんどう）

万年大夫　まんねんだゆう
　鎌倉時代の神主。本名、藤原高利。
　¶説話伝説（万年大夫　まんねんだゆう　生没年不詳）
　　伝奇伝説（万年大夫　まんねんだゆう）

万野　まんの
　歌舞伎演目『伊勢音頭恋寝刃』に登場する、伊勢古市の遊郭油屋の仲居。
　¶歌舞伎登（万野　まんの）

万八　まんぱち
　黄表紙『虚言八万八伝』（1780）の主人公。
　¶架空人日（万八　まんぱち）

万八　まんぱち
　歌舞伎『近頃河原達引』に登場する、井筒屋の手代。
　¶歌舞伎登（万八　まんぱち）

万平　まんぺい
　藤沢周平作『本所しぐれ町物語』の登場人物。
　¶時代小説（万平　まんぺい）

満米　まんべい
　平安時代前期の僧。『矢田地蔵縁起』によれば、閻魔王と地獄をめぐり、この世に戻り地蔵菩薩立像（国重文）をつくったという。
　¶日本人名（満米　まんべい　生没年未詳）

万兵衛　まんべえ
　国枝史郎作『神州纐纈城』の登場人物。
　¶時代小説（万兵衛　まんべえ）

万々先生　まんまんせんせい
　唐来参和作の黄表紙『莫切自根金生木』（1785）に登場する、金持ちの町人。
　¶架空人日（万々先生　まんまんせんせい）

万力市右衛門　まんりきいちえもん
　歌舞伎演目『宿無団七時雨傘』に登場する、悪人の力士。
　¶歌舞伎登（万力市右衛門　まんりきいちえもん）

【み】

御饗神　みあえのかみ
　度会宮摂社の祭神。
　¶神仏辞典（御饗神　みあえのかみ）

三県神・御県神　みあがたのかみ
丹波国桑田郡の三県神社、阿波国勝浦郡の御県神社の祭神。
¶神仏辞典（三県神・御県神　みあがたのかみ）

見上げ入道　みあげにゅうどう
路上に出没する入道型の妖怪。新潟県佐渡でいう。
¶神仏辞典（見上げ入道　みあげにゅうどう）
全国妖怪（ミアゲニュウドウ〔新潟県〕）
妖怪事典（ミアゲニュウドウ）
妖怪大全（見上入道　みあげにゅうどう）〔像〕
妖怪大事典（見上げ入道　みあげにゅうどう）〔像〕

見上げ坊主　みあげぼうず
道の妖怪。神奈川県の俗伝。
¶神仏辞典（見上げ坊主・見下げ坊主　みあげぼうず・みさげぼうず）
妖怪事典（ミアゲボウズ）

御池十郎左衛門　みいけじゅうろうざえもん
吉川英治作『宮本武蔵』の登場人物。
¶時代小説（御池十郎左衛門　みいけじゅうろうざえもん）

御出石神　みいづしのかみ
出石神。但馬国出石郡の御出石神社の祭神。
¶神仏辞典（御出石神　みいづしのかみ）

御井津比売　みいつひめ
日子坐王の子。
¶神様読解（御井津比売　みいつひめ）

御井神　みいのかみ
大国主神の子。大国主神が須世理毘売を娶り、八上比売との間に生まれた子を木の俣に刺し挟んだ。その子の名を木俣神といい、別名、御井神。
¶神様読解（木俣神/御井神　きのまたのかみ・みいのかみ）
神仏辞典（木俣神　きのまたのかみ）
神仏辞典（御井神　みいのかみ）

美伊神　みいのかみ
但馬国美含郡の御伊神社の祭神。
¶神仏辞典（美伊神　みいのかみ）

みいれ
水の妖怪。大分県直入郡（竹田市）の俗伝。
¶神仏辞典（みいれ）
全国妖怪（ミイレ〔大分県〕）
妖怪事典（ミイレ）

御厩廏中央御玉神　みうやまくにみたまのかみ
『日本三代実録』に所出。信濃国の神。
¶神仏辞典（御厩廏中央御玉神　みうやまくにみたまのかみ）

三浦　みうら
歌舞伎演目『傾城浅間嶽』に登場する、京島原九文字屋の傾城。
¶歌舞伎登（三浦　みうら）

三浦荒次郎　みうらあらじろう
歌舞伎演目『有職鎌倉山』に登場する、執権北条時頼を害し政権の掌握を企む三浦泰村の子息。
¶歌舞伎登（三浦荒次郎　みうらあらじろう）

三浦右衛門　みうらうえもん
浅井了意作『狗張子』の登場人物。今川氏真の佞臣。
¶古典人学（三浦右衛門　みうらうえもん）

三浦の片貝　みうらのかたがい
江戸の曾我狂言に登場する人物。『曾我物語』に登場する女性。
¶歌舞伎登（三浦の片貝　みうらのかたがい）

三浦之助義村　みうらのすけよしむら
歌舞伎演目『鎌倉三代記』に登場する、京方の武将。
¶歌舞伎登（三浦之助義村　みうらのすけよしむら）

三浦与一義直　みうらのよいちよしなお
『曾我物語』に登場する、曾我兄弟の従姉妹の夫の弟。
¶架空人日（三浦与一義直　みうらのよいちよしなお）

三浦主水正　みうらもんどのしょう
山本周五郎作『ながい坂』の登場人物。
¶時代小説（三浦主水正　みうらもんどのしょう）

三浦屋四郎左衛門　みうらやしろうざえもん
吉原京町の大見世、大三浦屋の主人。隆慶一郎作『吉原御免状』の登場人物。
¶時代小説（三浦屋四郎左衛門　みうらやしろうざえもん）

三浦屋の花紫　みうらやのはなむらさき
⇒花紫（はなむらさき）

三浦義明　みうらよしあき
平安末期の武将。妖狐退治をし大介の名を賜ったという伝承がある。
¶説話伝説（三浦義明　みうらよしあき　㊉寛治6（1092）年　㊥治承4（1180）年）

三浦義澄　みうらよしずみ
平安末期～鎌倉前期の武将。
¶説話伝説（三浦義澄　みうらよしずみ　㊉大治2（1127）年　㊥正治2（1200）年）
伝奇伝説（三浦義澄　みうらよしずみ　㊉大治2（1127）年　㊥正治2（1200）年）

三浦義村　みうらよしむら
鎌倉前期の武将。
¶**説話伝説**（三浦義村　みうらよしむら [生]? [没]延応1(1239)年）

三重生神　みえうのかみ
近江国高島郡の三重生神社二座の祭神。
¶**神仏辞典**（三重生神　みえうのかみ）

三重采女　みえのうねめ
『古事記』にみえる伊勢国の三重から出た采女。
¶**コン5**（三重采女　みえのうねめ）
神話伝説（三重の采女　みえのうねめ）
説話伝説（三重采女　みえのうねめ 生没年未詳）
伝奇伝説（三重采女　みえのうねめ）
日本人名（三重采女　みえのうねめ）

三重神　みえのかみ
丹後国与謝郡の三重神社の祭神。
¶**神仏辞典**（三重神　みえのかみ）

御譯神　みおさのかみ
出雲国意宇郡の意多伎神社に坐す御譯神社などの祭神。
¶**神仏辞典**（御譯神　みおさのかみ）

三尾神　みおのかみ
近江国高島郡の水尾神社の祭神。
¶**神仏辞典**（三尾神・水尾神　みおのかみ）

御祖神　みおやのかみ
河内国高安郡の御祖神社の祭神。遠江国磐田郡の御祖社、隠岐国周知郡の水祖神社の祭神。
¶**神仏辞典**（御祖神・水祖神　みおやのかみ）

見返りお綱　みかえりおつな
吉川英治作『鳴門秘帖』の登場人物。
¶**時代小説**（見返りお綱　みかえりおつな）

御蔭大神　みかげのおおかみ
『播磨国風土記』に所出。揖保郡枚方里の神尾山を通る人の半分を殺した。朝廷に訴えたところ、祭祀が行われた。
¶**神仏辞典**（御蔭大神　みかげのおおかみ）

弥加宜神　みかげのかみ
丹後国加佐郡の弥加宜神社の祭神。
¶**神仏辞典**（弥加宜神　みかげのかみ）

三炊屋媛　みかしきやひめ
⇒登美夜毘売（とみやびめ）

御膳神　みかしわでのかみ
大膳職で2月と11月の上酉日に祭られる神八座。
¶**神仏辞典**（御膳神　みかしわでのかみ）

三日月おせん　みかづきおせん
歌舞伎狂言に登場する江戸の下級遊女。
¶**歌舞伎登**（三ケ月おせん　みかづきおせん）
コン5（三日月お仙　みかづきおせん）
新潮日本（三日月お仙　みかづきおせん）
説話伝説（三日月おせん　みかづきおせん）〔像〕
伝奇伝説（三日月おせん　みかづきおせん）
日本人名（三日月お仙　みかづきおせん）

みかぜ
道の妖怪。千葉県南房総市千倉町でいう。
¶**神仏辞典**（みかぜ）
妖怪事典（ミカゼ）

御賀多多神　みかたたのかみ
播磨国明石郡の御賀多多神社の祭神。
¶**神仏辞典**（御賀多多神　みかたたのかみ）

御方神　みかたのかみ
若狭国三方郡の御方神社、播磨国宍粟郡の御形神社の祭神。
¶**神仏辞典**（御方神・御形神　みかたのかみ）

甗甕神　みかたまのかみ
武蔵国那珂郡の甗甕神社の祭神。
¶**神仏辞典**（甗甕神・瓺甕神　みかたまのかみ）

瓺玉命神　みかたまのみことのかみ
伊豆国那賀郡の瓺玉命神社の祭神。
¶**神仏辞典**（瓺玉命神　みかたまのみことのかみ）

御門神　みかどのかみ
斎宮の祈年祭にあずかる御門神八座。越前国足羽郡の御門神社の祭神。
¶**神仏辞典**（御門神　みかどのかみ）

御門主比古神　みかどのぬしひこのかみ
能登国能登郡の御門主比古神社の祭神。
¶**神仏辞典**（御門主比古神　みかどのぬしひこのかみ）

朝廷別王　みかどわけのみこ
丹波比古多多須美知能宇斯王の子（末子）。
¶**神様読解**（朝廷別王　みかどわけのみこ）

甕主日子神　みかぬしひこのかみ
速甕之多気佐波夜遅奴美神の子。
¶**神様読解**（甕主日子神　みかぬしひこのかみ）
神仏辞典（甕主日子神　みかぬしひこのかみ）

甕速日神　みかはやびのかみ
伊弉諾が火の神・迦具土神の頸を斬ったときに、刀の鐔際に付いた血から生まれた神々の一柱。
¶**神様読解**（甕速日神　みかはやびのかみ）
神仏辞典（甕速日神　みかはやひのかみ）

甕布都神　みかふつのかみ
⇒佐士布都神（さじふつのかみ）

弥加布都命神　みかふつのみことのかみ
『日本三代実録』に所出。河内国の神。
¶神仏辞典（弥加布都命神　みかふつのみことのかみ）

御竈神　みかまどのかみ
⇒竈神（かまどがみ）

三上神　みかみのかみ
近江国野洲郡の御上神社の祭神。
¶神仏辞典（三上神・御上神　みかみのかみ）

三上の百助　みかみのひゃくすけ
歌舞伎演目『釜淵双級巴』に登場する、石川五右衛門の手下の盗賊。
¶歌舞伎登（三上の百助　みかみのひゃくすけ）

御鴨神　みかものかみ
『日本三代実録』に所出。美作国の神。
¶神仏辞典（御鴨神　みかものかみ）

みかり婆　みかりばばあ
神奈川県、千葉県、東京都などの地方でいう家に来る妖怪。
¶幻想動物（箕借り婆さん）〔像〕
　神仏辞典（みかり婆さん　みかりばあさん）
　全国妖怪（ミカリバアサン〔神奈川県〕）
　水木妖怪（みかり婆）〔像〕
　妖怪事典（ミカリババア）
　妖怪図鑑（みかり婆　みかりばばあ）〔像〕
　妖怪大全（みかり婆　みかりばばあ）〔像〕
　妖怪大事典（ミカリ婆　みかりばばあ）〔像〕

実刈屋姫　みかりやひめ
歌舞伎演目『葉武列土倭錦絵』に登場する、出羽の国最上城斯波家の家老宮内主膳の娘。
¶歌舞伎登（実刈屋姫　みかりやひめ）

参川　みかわ
橘成季作『古今著聞集』の登場人物。仁和寺の覚性法親王に寵愛された稚児。
¶古典人学（参川　みかわ）

三河水鬼　みかわすいき
鳥羽亮作『三鬼の剣』の登場人物。
¶時代小説（三河水鬼　みかわすいき）

三河守　みかわのかみ
松浦党の党主波多三河守親。豊臣秀吉の勘気に触れて非業の最期を遂げ、その怨念は祟り神となった。
¶神仏辞典（三河守　みかわのかみ）

御川水神　みかわみずのかみ
斎宮の新嘗祭で祭られる二八座のうち一座とされる。
¶神仏辞典（御川水神　みかわみずのかみ）

三河屋義平次　みかわやぎへいじ
歌舞伎演目『夏祭浪花鑑』に登場する、団七の女房お梶の強欲な父親。
¶歌舞伎登（三河屋義平次　みかわやぎへいじ）

御巫八神　みかんなぎはっしん
天皇を守護する八柱の神々。現在では宮中三殿の一つである「神殿」に祀られている。
¶説話伝説（御巫八神　みかんなぎはっしん）
　東洋神名（御巫八神　ミカンナギハッシン）〔像〕

三木十左衛門　みきじゅうざえもん
歌舞伎演目『敵討千手護助剣』に登場する人物。「亀山の仇討ち物」で石井兄弟の助太刀をする人物。
¶歌舞伎登（三木十左衛門　みきじゅうざえもん）

御木神　みきのかみ
加賀国江沼郡の御木神社の祭神。
¶神仏辞典（御木神　みきのかみ）

三木之丞　みきのじょう
歌舞伎演目『一心二河白道』に登場する、若衆形大和川甚之介の役。
¶歌舞伎登（三木之丞　みきのじょう）

三木原伊織　みきはらいおり
大佛次郎作『ごろつき船』の登場人物。
¶時代小説（三木原伊織　みきはらいおり）

美久我神　みくがのかみ
出雲国神門郡式内社25社の美久我社などの祭神。
¶神仏辞典（美久我神・弥久賀神・御久賀神　みくがのかみ）

美具久留御玉神　みくくるみたまのかみ
河内国石川郡の美具久留御玉神社の祭神。
¶神仏辞典（美具久留御玉神　みくくるみたまのかみ）

御厘殿神　みくしげどののかみ
『延喜式』に所出。縫殿寮神三座のうちの一座。
¶神仏辞典（御厘殿神　みくしげどののかみ）

御櫛神　みくしのかみ
大和国平群郡の御櫛神社の祭神。
¶神仏辞典（御櫛神　みくしのかみ）

三国神　みくにのかみ
越前国坂井郡の三国神社の祭神。
¶神仏辞典（三国神　みくにのかみ）

水分神　みくまりのかみ
『古事記』にみえる、水の分配を司る神。
¶広辞苑6（水分神　みくまりのかみ）
　神仏辞典（水分神　みくまりのかみ）
　日本人名（水分神　みくまりのかみ）

御倉板挙之神 みくらたなのかみ
記紀神話の珠飾りの神。
¶神様読解（御倉板挙之神　みくらたなのかみ）
　神仏辞典（御倉板挙之神　みくらたなのかみ）

美久理神 みくりのかみ
越後国沼垂郡の美久理神社の祭神。
¶神仏辞典（美久理神　みくりのかみ）

三毛入野命 みけいりののみこと
記紀にみえる神武天皇の兄。『古事記』では御毛沼命。
¶神様読解（御毛沼命　みけぬのみこと）
　日本人名（三毛入野命　みけいりののみこと）

三毛狐 みけきつね
北海道苫前郡苫前町の金宝院の傍らに祀られる狐。
¶妖怪事典（ミケキツネ）

御食津神 みけつかみ
食物を司る神。大気都比売神・保食神・倉稲魂神・豊宇気毘売神・若宇迦乃売神など。
¶広辞苑6（御食津神・御饌津神　みけつかみ）
　大辞林3（御食津神・御饌津神　みけつかみ）

御食津神 みけつかみ
宇賀御魂神。稲荷の神の別名。
¶広辞苑6（御食津神・御饌津神　みけつかみ）
　大辞林3（御食津神・御饌津神　みけつかみ）

御食津大神 みけつのおおかみ
宮中で御巫が奉斎する八神の一柱。
¶神仏辞典（御食津大神　みけつのおおかみ）

御毛沼命 みけぬのみこと
⇒三毛入野命（みけいりののみこと）

三毛猫ホームズ みけねこほーむず
赤川次郎の「三毛猫ホームズシリーズ」の主人公である猫。
¶名探偵日（三毛猫ホームズ　みけねこほーむず）

御膳神 みけのかみ
大嘗祭終了の後、御膳神八座が祭られて解斎がなされる。
¶神仏辞典（御膳神　みけのかみ）

三毛蘭次郎 みけらんじろう
小松重男作『ずっこけ侍』の登場人物。
¶時代小説（三毛蘭次郎　みけらんじろう）

御子神 みこがみ
神に仕え、神霊を背負い、神語を説き、神に扮した者を「御子」と呼んだが、やがてこの者が神そのものとみなされた。
¶神仏辞典（御子神　みこがみ）

御子神 みこがみ
親子関係にある子神。王神・王子神・若宮などとも。
¶神仏辞典（御子神　みこがみ）

御子神 みこがみ
遠江国磐田郡の御子神社二座の祭神。
¶神仏辞典（御子神　みこがみ）

神子上源四郎 みこがみげんしろう
柴田錬三郎作『孤剣は折れず』の登場人物。
¶時代小説（神子上源四郎　みこがみげんしろう）

見越し入道 みこしにゅうどう
見上げるほどに大きくなる坊主頭の妖怪。
¶幻想動物（見越入道）〔像〕
　広辞苑6（見越入道　みこしにゅうどう）〔像〕
　神仏辞典（見越入道　みこしにゅうどう）
　全国妖怪（ミコシニュウドウ〔福島県〕）
　全国妖怪（ミコシニュウドウ〔東京都〕）
　全国妖怪（ミコシニュウドウ〔長野県〕）
　全国妖怪（ミコシニュウドウ〔愛知県〕）
　全国妖怪（ミコシニュウドウ〔京都府〕）
　全国妖怪（ミコシニュウドウ〔岡山県〕）
　全国妖怪（ミコシニュウドウ〔長崎県〕）
　日本人名（見越し入道　みこしにゅうどう）
　妖怪事典（ミコシ）
　妖怪事典（ミコシニュウドウ）〔像〕
　妖怪図鑑（見越し入道　みこしにゅうどう）〔像〕
　妖怪大事典（見越し入道　みこしにゅうどう）
　妖百3（見越し入道　みこしにゅうどう）〔像〕

御輿入道 みこしにゅうどう
熊本県天草郡一町田村でいう妖怪。見越し入道の転訛と思われるもの。
¶妖怪事典（ミコシニュウドウ）

皇子神命神 みこのかみのみことのかみ
大和国十市郡の皇子神命神社の祭神。大社の皇子神。
¶神仏辞典（皇子神命神　みこのかみのみことのかみ）

御子宮神 みこみやのかみ
『日本三代実録』に所出。河内国の神。
¶神仏辞典（御子宮神　みこみやのかみ）

操 みさお
歌舞伎演目『絵本太功記』に登場する、武智光秀の妻。
¶歌舞伎登（操　みさお）

三坂神 みさかのかみ
周防国佐波郡の御坂神社などの祭神。
¶神仏辞典（三坂神・御坂神・味坂神　みさかのかみ）

ミサキ
広島県の宮島でいう音の怪。
¶全国妖怪（ミサキ〔広島県〕）

ミサキ
高知県宿毛市鵜来島でいう海の怪。
¶全国妖怪（ミサキ〔高知県〕）

御前　みさき
本来は主神に従属してその神の先駆けとなる神や、主神の使いを意味するもの。多く西日本で憑き物と結びつく。また動物神や非業の死をとげた怨霊など、祟りをなす恐ろしい小神ともする。
¶幻想動物（ミサキ）〔像〕
　神仏辞典（御前　みさき）
　東洋神名（御先神　ミサキガミ）〔像〕
　妖怪事典（ミサキ）
　妖怪大事典（ミサキ）

みさき風　みさきかぜ
道の妖怪。中国地方、九州地方でいう。
¶神仏辞典（みさき風　みさきかぜ）
　妖怪事典（ミサキカゼ）

弥佐支刀神　みさきとのかみ
壱岐嶋石田郡の弥佐支刀神社の祭神。
¶神仏辞典（弥佐支刀神　みさきとのかみ）

御前神　みさきのかみ
越前国坂井郡の御前神社などの祭神。
¶神仏辞典（御前神・三前神　みさきのかみ）

美佐伎神　みさきのかみ
出雲国出雲郡式内社58社の美佐伎社などの祭神。
¶神仏辞典（美佐伎神・御碕神・御前神・御埼社　みさきのかみ）

御前社石立命神　みさきのもりのいわたちのみことのかみ
御前社原石立命神とも。大和国添上郡の御前社石立命神社の祭神。
¶神仏辞典（御前社石立命神　みさきのもりのいわたちのみことのかみ）

見下げ坊主　みさげぼうず
道の妖怪。神奈川県の俗伝。
¶神仏辞典（見上げ坊主・見下げ坊主　みあげぼうず・みさげぼうず）

美佐子　みさこ
谷崎潤一郎作『蓼喰ふ虫』(1928-29)に登場する、要の妻。
¶架空人日（美佐子　みさこ）

陵兵衛　みささぎひょうえ
『義経記』に登場する、下総国の下河辺の庄の領主。
¶架空人日（陵兵衛　みささぎひょうえ）

みさま
動物の妖怪。山梨県巨摩郡で狐のこと。

¶神仏辞典（みさま）
　全国妖怪（ミサマ〔山梨県〕）

三沢伊織　みさわいおり
吉川英治作『宮本武蔵』の登場人物。
¶時代小説（三沢伊織　みさわいおり）

三沢伊兵衛　みさわいへえ
山本周五郎作『雨あがる』(1951)に登場する、けた外れに強い武芸の腕前の持ち主、思いやりの深い好人物。
¶架空人日（三沢伊兵衛　みさわいへえ）

三沢仙右衛門　みさわせんえもん
長谷川平蔵の従兄。池波正太郎作『鬼平犯科帳』の登場人物。
¶時代小説（三沢仙右衛門　みさわせんえもん）

三澤神　みさわのかみ
出雲国仁多郡式内社2社の三澤社、『延喜式』の三澤神社の祭神。
¶神仏辞典（三澤神　みさわのかみ）

ミシゲー・マジムン
沖縄県にいる付喪神の一種。しゃもじ（ミシゲー）が霊力を得て妖怪となったもの。
¶幻想動物（ミシゲー・マジムン）〔像〕
　全国妖怪（ミシゲーマジムン〔沖縄県〕）
　水木妖怪続（ミシゲー（飯笥））〔像〕
　妖怪事典（ミシゲーマジムン）
　妖怪大全（飯笥　ミシゲー）〔像〕
　妖怪大事典（飯笥マジムン　みしげーまじむん）〔像〕

御嶋石部神　みしまいそべのかみ
越後国三嶋郡の御嶋石部神社の祭神。
¶神仏辞典（御嶋石部神　みしまいそべのかみ）

三嶋鴨神　みしまかものかみ
摂津国嶋下郡の三嶋鴨神社の祭神。
¶神仏辞典（三嶋鴨神　みしまかものかみ）

三島大明神　みしまだいみょうじん
富士火山帯の根源の神・伊豆の国魂の神・国土開発の神。
¶説話伝説（三島大明神　みしまだいみょうじん）

三嶋田神　みしまたのかみ
丹後国熊野郡の三嶋田神社の祭神。
¶神仏辞典（三嶋田神　みしまたのかみ）

三嶋神　みしまのかみ
『日本三代実録』に所出。摂津国の神。越後国三嶋郡の三嶋神社の祭神。
¶神仏辞典（三嶋神　みしまのかみ）

三嶋溝機姫　みしまのみぞくいひめ
事代主神が八尋鰐に化身して同神のもとに通い、

姫蹈韛五十鈴姫命を生む。
¶神仏辞典（三嶋溝樴姫　みしまのみぞくいひめ）

三嶋溝橛耳神　みしまのみぞくいみみのかみ
同神の娘、玉櫛媛と事代主神との間に、姫蹈韛五十鈴媛命が生まれる。
¶神仏辞典（三嶋溝橛耳神　みしまのみぞくいみみのかみ）

三島溝咋　みしまみぞくい
勢夜陀多良比売の父神。
¶神様読解（三島溝咋　みしまみぞくい）

御代神　みしろのかみ
出雲国大原郡式内社13社の御代社、『延喜式』の御代神社の祭神。
¶神仏辞典（御代神　みしろのかみ）

水尾内蔵助　みずおくらのすけ
藤沢周平作『暗殺の年輪』の登場人物。
¶時代小説（水尾内蔵助　みずおくらのすけ）

弥都加伎神　みづかきのかみ
伊勢国河曲郡の弥都加伎神社の祭神。
¶神仏辞典（弥都加伎神　みづかきのかみ）

水神　みずがみ
水を司る神。鹿児島県や長崎県で、家の守護神としての機能をもつもの。
¶神仏辞典（水神　みずがみ）

水上神　みずかみのかみ
石見国邇摩郡の水上神社の祭神。
¶神仏辞典（水上神　みずかみのかみ）

御鉏友耳建日子　みすきともみみたけひこ
⇒吉備武彦（きびのたけひこ）

ミヅシ
石川県、滋賀県でいう河童。
¶妖怪事典（ミヅシ）

みづし神　みづしかみ
奄美大島徳之島伊仙町地方でいう水神のこと。
¶妖怪事典（ミヅシカミ）

水島宇右衛門　みずしまうえもん
佐々木味津三作『旗本退屈男』の登場人物。
¶時代小説（水島宇右衛門　みずしまうえもん）

水嶋礒部神　みずしまのいそべのかみ
越後国頸城郡の水嶋礒部神社の祭神。
¶神仏辞典（水嶋礒部神・水嶋礒部神　みずしまのいそべのかみ）

水島破門　みずしまはもん
実録『天保水滸伝』（江戸末期）に登場する、一介の浪人であり、下総のヤクザの仲間。
¶架空人日（水島破門　みずしまはもん）

水島安彦　みずしまやすひこ
竹山道雄の小説『ビルマの竪琴』の主人公。日本軍の上等兵。
¶架空人物（水島上等兵）
　児童登場（水島上等兵）
　日本人名（水島安彦　みずしまやすひこ）

ミツシン
鹿児島県、新潟県刈羽町地方でいう河童。
¶妖怪事典（ミツシン）

みすず
童門冬二作『上杉鷹山』の登場人物。
¶時代小説（みすず）

水谷カツ子　みずたにかつこ
吉野源三郎作『君たちはどう生きるか』（1937）の主人公コペル君の級友水谷君のお姉さん。
¶架空人日（水谷カツ子　みずたにかつこ）

水谷君　みずたにくん
吉野源三郎作『君たちはどう生きるか』（1937）の主人公コペル君の友人。
¶架空人日（水谷君　みずたにくん）

水谷神　みずたにのかみ
但馬国養父郡の水谷神社の祭神。
¶神仏辞典（水谷神　みずたにのかみ）

ミスター・ブラック
山藤章二の風刺漫画『ブラック＝アングル』に登場する講釈師。
¶架空人物（ミスター・ブラック）〔像〕

みずち
富山県、石川県、鹿児島県などでいう水の怪。河童のこと。
¶神仏辞典（みずち）
　全国妖怪（ミズチ〔富山県〕）
　妖怪事典（ミヅチ）

蛟　みずち
古くは『日本書紀』にその名前が見える蛇神。一種の竜。
¶幻想動物（蛟）〔像〕
　広辞苑6（蛟・虬・虯・螭　みずち）
　大辞林3（蛟・虬・虯・螭　みずち）
　日本未確認（蛟龍　みずち）〔像〕
　妖怪事典（ミヅチ）
　妖怪大全（蛟　みずち）〔像〕
　妖怪大事典（虬　みづち・みずち）

蛟蝄神　みずちのかみ
下総国相馬郡の蛟蝄神社の祭神。
¶**神仏辞典**（蛟蝄神　みずちのかみ）

水浪　みずなみ
佐々木味津三作『旗本退屈男』の登場人物。
¶**時代小説**（水浪　みずなみ）

壬癸日神　みずねがみ
奄美地方の婦人たちが、ミズの日に祀る神。
¶**神仏辞典**（壬癸日神　みずねがみ）

水野越前守忠邦　みずのえちぜんのかみただくに
江戸時代後期の大名。江戸後期、老中として天保の改革を断行した。松本清張作『天保図録』、柴田錬三郎作『眠狂四郎無頼控』の登場人物。
¶**時代小説**（水野越前　みずのえちぜん）
時代小説（水野越前守忠邦『天保図録』　みずのえちぜんのかみただくに）
時代小説（水野越前守忠邦『眠狂四郎無頼控』　みずのえちぜんのかみただくに）

水江浦島子　みずのえのうらしまのこ
『丹後国風土記』逸文に載る伝説上の人物。丹後国与謝郡日置里筒川村の漁師。後世の浦島太郎伝説の原型。
¶**神様読解**（浦島太郎神/水江浦島子　うらしまたろうしん・みずのえうらしまこ）
古典人学（水江の浦の嶼子　みずのえのうらのしまこ）
コン5（水江浦島子　みずのえのうらしまのこ）
新潮日本（水江浦島子　みずのえのうらしまのこ）
日本人名（水江浦島子　みずのえのうらしまのこ）

水の神　みずのかみ
水流を司る神。河川の氾濫の多い地域で神社や小祠で祀るもの。
¶**神仏辞典**（水の神　みずのかみ）

水の神　みずのかみ
⇒水神（すいじん）

水神　みずのかみ
水を司る神。臨時祭の鎮水神祭で祭られる神。『延喜式』に所出の壱岐嶋壱岐郡の水神社の祭神。『出雲国風土記』楯縫郡式内社9社の水社の祭神。
¶**神仏辞典**（水神　みずのかみ）

水のカムイ　みずのかむい
アイヌの水の神。ワッカウシカムイ（水の神）、ペットオルンカムイ（水の女神）、ペトルンカムイ（川の神）などの名がある。
¶**アジア女神**（ペット・オルン・カムイ）
神仏辞典（ペトルンカムイ）
神仏辞典（川の神　かわのかみ）
神仏辞典（水の神　みずのかみ）
東洋神名（水（川）のカムイ　ミズ（カワ）ノカムイ）〔像〕

水野十郎左衛門　みずのじゅうろうざえもん
江戸前期の旗本。旗本奴の頭目とされる。実録本や芝居に描かれた。
¶**架空人日**（水野十郎左衛門　みずのじゅうろうざえもん）
架空伝承（水野十郎左衛門　みずのじゅうろうざえもん [生]? [没]寛文4（1664）年）
歌舞伎登（水野十郎左衛門　みずのじゅうろうざえもん）
時代小説（水野十郎左衛門『吉原御免状』　みずのじゅうろうざえもん）
時代小説（水野十郎左衛門『侠客』　みずのじゅうろうざえもん）
説話伝説（水野十郎左衛門　みずのじゅうろうざえもん [生]? [没]寛文4（1664）年）
世百新（水野十郎左衛門　みずのじゅうろうざえもん [生]? [没]寛文4（1664）年）
伝奇伝説（水野十郎左衛門　みずのじゅうろうざえもん [生]慶長18（1613）年 [没]寛文4（1664）年）

水の精　みずのせい
『今昔物語集』にある怪異。
¶**妖怪事典**（ミズノセイ）
妖怪大事典（水の精　みずのせい）〔像〕

水野出羽守忠成　みずのでわのかみただあきら
江戸幕府老中筆頭。柴田錬三郎作『眠狂四郎無頼控』の登場人物。
¶**時代小説**（水野出羽守　みずのでわのかみ）
時代小説（水野出羽守忠成　みずのでわのかみただあきら）

水飲み　みずのみ
道の妖怪。
¶**神仏辞典**（水飲み　みずのみ）

水野美濃守　みずのみののかみ
柴田錬三郎作『眠狂四郎無頼控』の登場人物。
¶**時代小説**（水野美濃守　みずのみののかみ）

水野美濃守忠篤　みずのみののかみただあつ
11代将軍徳川家斉の寵臣。山手樹一郎作『遠山の金さん』の登場人物。
¶**時代小説**（水野美濃守忠篤　みずのみののかみただあつ）

弥都波能売神　みずはのめのかみ
伊奘冉の尿より化生した神。水神とされる。
¶**朝日歴史**（罔象女　みつはのめ）
アジア女神（罔象女・彌都波能売神　みつはのめのかみ）
神様読解（弥都波能売神　みずはのめのかみ）
神様読解（弥都波能売神/罔象女神　みずはのめのかみ・みずはのめのかみ）
幻想動物（罔象女）〔像〕
広辞苑6（罔象　みずは）
神仏辞典（彌都波能売神　みつはのめのかみ）
神話伝説（罔象女神　みずはのめのかみ）
世百新（罔象女神　みつはのめのかみ）

日本神々（弥都波能売神　みつはのめのかみ）〔像〕
日本人名（罔象女神　みつはのめのかみ）
日本未確認（罔象女　みずはめ）

水原勇気　みずはらゆうき
水島新司の漫画『野球狂の詩』の主人公。
¶日本人名（水原勇気　みずはらゆうき）

水引波右衛門　みずひきなみえもん
江戸時代後期の力士。『め組の喧嘩』の当事者。
¶日本人名（水引波右衛門　みずひきなみえもん　生没年未詳）

水ひょろ　みずひょろ
和歌山県日高郡地方でいう妖怪。
¶妖怪事典（ミズヒョロ）

水穂五百依比売　みずほのいほよりひめ
日子坐王の子。
¶神様読解（水穂五百依比売　みずほのいほよりひめ）

水穂真若王　みずほまわかのみこ
日子坐王と息長水依比売の次男。近淡海の安直の祖。
¶神様読解（水穂真若王　みずほまわかのみこ）

弥豆麻岐神　みずまきのかみ
羽山戸神の子。神名は田に水を撒く意。
¶神様読解（弥豆麻岐神　みずまきのかみ）
　神仏辞典（弥豆麻岐神　みずまきのかみ）

水間久二郎　みずまきゅうじろう
海音寺潮五郎作『二本の銀杏』の登場人物。
¶時代小説（水間久二郎　みずまきゅうじろう）

水若酢命神　みずわかすのみことのかみ
隠岐国隠地郡の水若酢命神社の祭神。
¶神仏辞典（水若酢命神　みずわかすのみことのかみ）

御勢大霊石神　みせのおおみたまいしのかみ
筑後国御原郡の御勢大霊石神社の祭神。
¶神仏辞典（御勢大霊石神　みせのおおみたまいしのかみ）

弥山の拍子木　みせんのひょうしき
広島県の宮島でいう怪異。
¶妖怪事典（ミセンノヒョウシキ）

溝出　みぞいだし
櫃や葛籠に入れられた死体が歌をうたうもの。
¶妖怪事典（ミゾイダシ）
　妖怪大全（溝出　みぞいだし）〔像〕
　妖怪大事典（溝出　みぞいだし）〔像〕

みそかよい
山の妖怪。長野県南佐久郡、新潟県の俗伝。
¶神仏辞典（みそかよい）

全国妖怪（ミソカヨイ〔新潟県〕）
全国妖怪（ミソカヨイ〔長野県〕）
妖怪事典（ミソカヨー）
妖怪大事典（ミソカヨー）

溝咋神　みぞくいのかみ
摂津国嶋下郡の溝咋神社の祭神。
¶神仏辞典（溝咋神　みぞくいのかみ）

溝口　みぞぐち
三島由紀夫作『金閣寺』(1956)に登場する、金閣寺を放火した僧。
¶架空人日（溝口　みぞぐち）

味坂比売命神　みさかのひめのみことのかみ
大和国宇陀郡の味坂比売命神社の祭神。
¶神仏辞典（味坂比売命神　みさかのひめのみことのかみ）

溝谷神　みぞたにのかみ
丹後国竹野郡の溝谷神社の祭神。
¶神仏辞典（溝谷神　みぞたにのかみ）

溝淵広之丞　みぞぶちひろのじょう
長崎出張藩吏。司馬遼太郎作『竜馬がゆく』の登場人物。
¶時代小説（溝淵広之丞　みぞぶちひろのじょう）

味鉏神　みそまりのかみ
尾張国春部郡の味鉏神社の祭神。
¶神仏辞典（味鉏神　みそまりのかみ）

御嶽山六石坊　みたけざんろくせきぼう
長野県御嶽山でいう天狗。
¶妖怪事典（ミタケザンロクセキボウ）
　妖怪大事典（御嶽山六石坊　みたけざんろくせきぼう）

御谷神　みたにのかみ
山城国乙訓郡の御谷神社の祭神。
¶神仏辞典（御谷神・弥多仁神　みたにのかみ）

御田神　みたのかみ
『日本三代実録』に所出。越中国の神。尾張国愛智郡の御田神社の祭神。
¶神仏辞典（御田神　みたのかみ）

箕田二郎繦　みたのじろうともづな
歌舞伎演目『関八州繁馬』に登場する、源頼光の末弟頼平の乳兄弟。
¶歌舞伎登（箕田二郎繦　みたのじろうともづな）

神霊命　みたまのみこと
『新撰姓氏録』に所出。衣縫の祖。
¶神仏辞典（神霊命　みたまのみこと）

美歎神 みたみのかみ
因幡国法美郡の美歎神社の祭神。和泉国大鳥郡の美多弥神社の祭神。
¶**神仏辞典**（美歎神・美多弥神 みたみのかみ）

弥太弥神 みたみのかみ
出雲国出雲郡式内社58社の弥太弥社、『延喜式』の美談神社の祭神。
¶**神仏辞典**（弥太弥神・美談神 みたみのかみ）

弥陀弥神 みだみのかみ
出雲国出雲郡式外社64社の弥陀弥社の祭神。
¶**神仏辞典**（弥陀弥神 みだみのかみ）

御手洗潔 みたらいきよし
島田荘司の本格推理「御手洗潔シリーズ」の主人公。
¶**名探偵日**（御手洗潔 みたらいきよし）

弥陀六 みだろく
歌舞伎演目『一谷嫩軍記』に登場する、御影の里の石屋白毫の弥陀六、実は平家の侍弥平兵衛宗清（平宗清）。
¶**歌舞伎登**（弥陀六 みだろく）

み

道芝 みちしば
歌舞伎演目『けいせい壬生大念仏』に登場する、京島原から備後の鞆に売られた傾城。
¶**歌舞伎登**（道芝 みちしば）

道連れ小平 みちづれこへい
歌舞伎演目『塩原多助一代記』に登場する、護摩の灰。
¶**歌舞伎登**（道連れ小平 みちづれこへい）

道綱の母 みちつなのはは
『蜻蛉日記』の作者。父は藤原倫寧、夫は藤原兼家。
¶**古典人東**（道綱の母 みちつなのはは）

三千歳 みちとせ
講談『天保六花撰』、歌舞伎『天衣紛上野初花』に登場する江戸新吉原の花魁。
¶**架空人日**（三千歳 みちとせ）
架空伝説（三千歳 みちとせ）〔像〕
歌舞伎登（三千歳 みちとせ）〔像〕
新潮日本（三千歳 みちとせ [生]文化10（1813）年? [没]明治17（1884）年）
伝奇伝説（三千歳 みちとせ [生]文化10（1813）年? [没]明治17（1884）年）
日本人名（三千歳 みちとせ [生]1813年 [没]1884年）

道主貴 みちぬしのむち
道主命、道中貴とも。日神が三女神を天降らせたが、その道中にある神の意。北への海路の途中に坐す。
¶**神仏辞典**（道主貴 みちぬしのむち）

道主日女命 みちぬしひめのみこと
『播磨国風土記』にみえる神。
¶**神仏辞典**（道主日女命 みちぬしのひめのみこと）
日本人名（道主日女命 みちぬしひめのみこと）

道首名 みちのおびとな
奈良時代の官吏。肥後味生池をつくるなど善政をしき、死後神として祀られたという。
¶**日本人名**（道首名 みちのおびとな [生]663年 [没]718年）

道臣命 みちのおみのみこと
第1代神武天皇の東征につき従った神々の一柱。兄宇迦斯を圧死させた。大伴連の祖。
¶**神様読解**（道臣命/日臣命 みちのおみのみこと・ひのおみのみこと）
神仏辞典（日臣命 ひのおみのみこと）
神仏辞典（道臣命 みちのおみのみこと）
神話伝説（道臣命 みちのおみのみこと）

道神 みちのかみ
越中国射水郡の道神社の祭神。
¶**神仏辞典**（道神 みちのかみ）

味知神 みちのかみ
加賀国石川郡の味知神社の祭神。
¶**神仏辞典**（味知神 みちのかみ）

道後神 みちのしりのかみ
『日本三代実録』に所出。飛騨国の神。
¶**神仏辞典**（道後神 みちのしりのかみ）

道之長乳歯神 みちのながちはのかみ
伊弉諾が禊のために二番目に脱ぎ投げた帯から化生した神。『日本書紀』では長道磐神。
¶**神様読解**（道之長乳歯神/長道磐神 みちのながちはのかみ・ながちはのかみ）
神仏辞典（長道磐神 ながちはのかみ）
神仏辞典（道之長乳歯神 みちのながちはのかみ）

道範 みちのり
『今昔物語集』巻第二十第十話の主人公。『宇治拾遺物語』にも載る。
¶**架空人日**（道範 みちのり）

道原伝吉 みちはらでんきち
梓林太郎の「山岳ミステリー・シリーズ」に登場する長野県警の刑事。
¶**名探偵日**（道原伝吉 みちはらでんきち）

道俣神 みちまたのかみ
⇒道俣神（ちまたのかみ）

三千代 みちよ
夏目漱石作『それから』（1909）に登場する、平岡の妻。
¶**架空人日**（三千代 みちよ）

三千代　みちよ
北原亞以子作『傷 慶次郎縁側日記』の登場人物。
¶時代小説（三千代　みちよ）

道頼　みちより
『落窪物語』に登場する、落窪の君の夫。
¶架空人日（道頼　みちより）
　架空伝説（落窪の君・道頼　おちくぼのきみ・みちより）

みつ
浅田次郎作『壬生義士伝』の登場人物。
¶時代小説（みつ）

みつ
高橋義夫作『狼奉行』の登場人物。
¶時代小説（みつ）

三井九郎右衛門　みついくろうえもん
井原西鶴作『日本永代蔵』の「昔は掛算今は当座銀」の登場人物。昔風の商法をやめ、現金による薄利多売の新商法を編み出した。三井八郎右衛門高平がモデル。
¶架空伝説（三井九郎右衛門　みついくろうえもん）
　古典人学（三井九郎右衛門　みついくろうえもん）
　古典人東（三井九郎右衛門　みついくろうえもん）

三井親和　みついしんな
江戸中期の書家・武芸家。
¶説話伝説（三井親和　みついしんな ⓑ元禄13（1700）年 ⓓ天明2（1782）年）〔像〕
　伝奇伝説（三井親和　みついしんな ⓑ元禄13（1700）年 ⓓ天明2（1782）年）

御杖神　みつえのかみ
大和国宇陀郡の御杖神社の祭神。
¶神仏辞典（御杖神　みつえのかみ）

盈岡神　みつおかのかみ
但馬国養父郡の盈岡神社の祭神。
¶神仏辞典（盈岡神　みつおかのかみ）

三岡八郎　みつおかはちろう
越前藩士。司馬遼太郎作『竜馬がゆく』の登場人物。
¶時代小説（三岡八郎　みつおかはちろう）

貢　みつぎ
白井喬二作『富士に立つ影』の登場人物。
¶時代小説（貢　みつぎ）

三月荒神　みつきこうじん
熊本県内で広く信じられている一種のまわり荒神。3ヶ月ごとに居場所を変え、1年間で一巡する。
¶神仏辞典（三月荒神　みつきこうじん）

御机神　みつくえのかみ
河内国讃良郡の御机神社の祭神。
¶神仏辞典（御机神　みつくえのかみ）

満田弥三右衛門　みつたやそうえもん
鎌倉時代の織工。博多織の伝承上の創始者。
¶日本人名（満田弥三右衛門　みつたやそうえもん ⓑ1202年 ⓓ1282年）

みっつどん
水の妖怪。鹿児島県での河童の呼称。
¶神仏辞典（みっつどん）
　全国妖怪（ミツドン〔鹿児島県〕）
　妖怪事典（ミッツドン）

御津神　みつのかみ
三河国宝飫郡の御津神社などの祭神。
¶神仏辞典（御津神　みつのかみ）

三つ目小僧　みつめこぞう
長野県東筑摩地方でいう妖怪。
¶妖怪事典（ミツメコゾウ）

三つ目入道　みつめにゅうどう
長野県東筑摩地方でいう妖怪。
¶妖怪事典（ミツメニュウドウ）

三目八面　みつめやづら
高知県土佐郡の申山でいう目が3つに顔が8つある妖怪。
¶妖怪事典（サンメヤヅラ）
　妖怪大事典（三目八面　みつめやづら）

三屋清左衛門　みつやせいざえもん
藤沢周平作『三屋清左衛門残日録』の登場人物。
¶時代小説（三屋清左衛門　みつやせいざえもん）

美幣沼神　みてぐらぬのかみ
因幡国八上郡の美幣沼神社の祭神。
¶神仏辞典（美幣沼神　みてぐらぬのかみ）

幣久良神　みてぐらのかみ
摂津国嶋下郡の幣久良神社の祭神。
¶神仏辞典（幣久良神　みてぐらのかみ）

御手代東人　みてしろのあずまびと
『日本霊異記』に登場する、聖武天皇の御代の人物。
¶架空人日（御手代東人　みてしろのあずまびと）

御手槻神　みてつきのかみ
丹波国何鹿郡の御手槻神社の祭神。
¶神仏辞典（御手槻神　みてつきのかみ）

水戸黄門　みとこうもん
⇒徳川光圀（とくがわみつくに）

御年神　みとしのかみ
大年神と香用比売の二番目の子。穀物の守護神。
¶**朝日歴史**（御年神　みとしのかみ）
神様読解（御年神　おとしがみ）
広辞苑6（御年神・御歳神　みとしのかみ）
神仏辞典（御年神　みとしのかみ）
日本人名（御年神　みとしのかみ）

水度神　みとのかみ
山城国久世郡の水度神社三座の祭神。
¶**神仏辞典**（水度神　みとのかみ）

弥刀神　みとのかみ
河内国若江郡、丹後国与謝郡の弥刀神社、陸奥国行方郡の御刀神社の祭神。
¶**神仏辞典**（弥刀神・御刀神　みとのかみ）

水戸光圀　みとみつくに
⇒徳川光圀（とくがわみつくに）

御伴神　みとものかみ
尊貴の神に供奉する神。
¶**広辞苑6**（御伴神・従神　みとものかみ）

み

御友別命　みともわけのみこと
稚武彦命の孫、吉備臣の祖。
¶**神仏辞典**（御友別命　みともわけのみこと）

御門屋神　みとやのかみ
出雲国飯石郡式内社5社の御門屋社、『延喜式』の三屋神社の祭神。
¶**神仏辞典**（御門屋神・三門屋神・三屋神　みとやのかみ）

三刀屋半蔵　みとやはんぞう
半村良作『妖星伝』の登場人物。
¶**時代小説**（三刀屋半蔵　みとやはんぞう）

美鳥　みどり
歌舞伎演目『柵自来也談』に登場する、名越長兵衛の娘。
¶**歌舞伎登**（美鳥　みどり）

美登利　みどり
樋口一葉作『たけくらべ』（1895-96）に登場する、大黒屋大巻の妹。
¶**架空人日**（美登利　みどり）
日本人名（美登利・信如　みどり・しんにょ）

緑丸　みどりまる
幸若『百合若大臣』（室町時代）に登場する、英雄百合若大臣の愛鷹。
¶**架空人日**（緑丸　みどりまる）

緑丸　みどりまる
歌舞伎演目『卅三間堂棟由来』に登場する、横曽根平太郎・お柳夫婦の子。
¶**歌舞伎登**（緑丸　みどりまる）

南方熊楠　みなかたくまぐす
明治～昭和期の博物学者、植物・粘菌学者、民俗学者。ロンドンの大英博物館職につきながら自学。博覧強記、生きた大百科事典のごとき異色の日本人として知られた。
¶**架空伝承**（南方熊楠　みなかたくまぐす [生]慶応3（1867）年 [没]昭和16（1941）年）

南方刀美神　みなかたとみのかみ
御名方富命神とも。信濃国諏訪郡の南方刀美神社二座の祭神。
¶**神仏辞典**（南方刀美神　みなかたとみのかみ）

皆川宗悦　みながわそうえつ
三遊亭円朝作『真景累ヶ淵』に登場する、鍼医で高利貸し。
¶**架空人日**（皆川宗悦　みながわそうえつ）

美奈宜神　みなぎのかみ
筑前国下座郡の美奈宜神社三座の祭神。
¶**神仏辞典**（美奈宜神　みなぎのかみ）

水口神　みなくちのかみ
近江国甲賀郡の水口神社などの祭神。
¶**神仏辞典**（水口神　みなくちのかみ）

水越神　みなこしのかみ
『日本三代実録』に所出。大和国の神。
¶**神仏辞典**（水越神　みなこしのかみ）

水无神　みなしのかみ
飛騨国大野郡の水無神社の祭神。
¶**神仏辞典**（水无神・水無神　みなしのかみ）

みなづき様　みなづきさま
京都府船井郡富本村観音寺の氏寺で祀られるもの。
¶**妖怪事典**（ミナヅキサマ）

皆鶴姫　みなづるひめ
歌舞伎演目『鬼一法眼三略巻』に登場する、兵法家吉岡鬼一法眼の息女。
¶**歌舞伎登**（皆鶴姫　みなづるひめ）

水無瀬　みなせ
歌舞伎演目『倭仮名在原系図』に登場する、在原行平の妻。
¶**歌舞伎登**（水無瀬　みなせ）

湊口神　みなとくちのかみ
淡路国三原郡の湊口神社の祭神。
¶**神仏辞典**（湊口神・奏口神　みなとくちのかみ）

水戸神　みなとのかみ
『古事記』上巻に所出。同神の孫の櫛八玉神が国

護りをした大国主神に仕える。
¶**神仏辞典**（水戸神　みなとのかみ）

湊神　みなとのかみ
『日本三代実録』に所出。伯耆国の神。越後国磐船郡の湊神社の祭神。
¶**神仏辞典**（湊神　みなとのかみ）

湊屋おろく　みなとやおろく
江戸中期の茶屋娘。後世「櫛巻」と呼ばれるこの髪型「おろく髷」で有名。
¶**説話伝説**（湊屋おろく　みなとやおろく 生没年不明）
伝奇伝説（湊屋お六　みなとやおろく）

湊屋総右衛門　みなとやそうえもん
宮部みゆき作『ぼんくら』の登場人物。
¶**時代小説**（湊屋総右衛門　みなとやそうえもん）

南子神　みなみこのかみ
伊豆国賀茂郡の南子神社の祭神。
¶**神仏辞典**（南子神　みなみこのかみ）

南村五百助　みなみむらいおすけ
獅子文六の小説『自由学校』の主人公。
¶**日本人名**（南村五百助　みなみむらいおすけ）

南屋十兵衛　みなみやじゅうべえ
村上元三作『佐々木小次郎』の登場人物。
¶**時代小説**（南屋十兵衛　みなみやじゅうべえ）

源顕兼　みなもとのあきかね
平安後期～鎌倉時代の公卿。諸書から説話を集めて『古事談』を編纂した。
¶**伝奇伝説**（源顕兼　みなもとのあきかね [生]永暦1(1160)年 [没]建保3(1215)年）

源顕基　みなもとのあきもと
平安中期の公卿。
¶**説話伝説**（源顕基　みなもとのあきもと [生]長保2(1000)年 [没]永承2(1047)年）
伝奇伝説（源顕基　みなもとのあきもと [生]長保2(1000)年 [没]永承2(1047)年）

源宛　みなもとのあたる
『今昔物語集』に登場する、源融の曾孫。
¶**架空人日**（源宛　みなもとのあたる）

源有仁　みなもとのありひと
平安時代の公卿。和歌にまつわる説話が多い。
¶**説話伝説**（源有仁　みなもとのありひと [生]康和3(1103)年 [没]久安3(1147)年）
伝奇伝説（源有仁　みなもとのありひと [生]康和3(1103)年 [没]久安3(1147)年）

源有房　みなもとのありふさ
『増鏡』の登場人物。鎌倉後期の公卿。「中将ばかりなる人」として登場。
¶**古典人学**（源有房　みなもとのありふさ）

源邦正　みなもとのくにまさ
『今昔物語集』『宇治拾遺物語』に登場する、奇怪な容貌の持ち主。
¶**架空人日**（源邦正　みなもとのくにまさ）

源実忠　みなもとのさねただ
『うつほ物語』の登場人物。太政大臣源季明の三男で二世源氏。
¶**古典人学**（源実忠　みなもとのさねただ）

源実朝　みなもとのさねとも
鎌倉幕府第3代将軍。
¶**歌舞伎登**（源実朝　みなもとのさねとも）
古典人学（源実朝　みなもとのさねとも）
説話伝説（源実朝　みなもとのさねとも [生]建久3(1192)年 [没]建保7(1219)年）
伝奇伝説（源実朝　みなもとのさねとも）〔像〕

源順　みなもとのしたごう
平安時代の文人・歌人。「梨壷の五人」の一人。
¶**説話伝説**（源順　みなもとのしたごう [生]延喜11(911)年 [没]永観1(983)年）
伝奇伝説（源順　みなもとのしたごう [生]延喜11(911)年 [没]永観1(983)年）

源涼　みなもとのすずし
『うつほ物語』に登場する、清原仲忠の友人。
¶**架空人日**（源涼　みなもとのすずし）

源斉頼　みなもとのせいらい
平安時代天下第一と称された鷹飼。
¶**伝奇伝説**（源斉頼　みなもとのせいらい 生没年未詳）

源高明　みなもとのたかあきら
琵琶の名手としての記事が『古今著聞集』等にある。
¶**架空人日**（源高明　みなもとのたかあきら）
説話伝説（源高明　みなもとのたかあきら [生]延喜14(914)年 [没]天元5(982)年）
伝奇伝説（源高明　みなもとのたかあきら [生]延喜14(914)年 [没]天元5(982)年）
日本人名（源高明　みなもとのたかあきら [生]914年 [没]983年）

源隆国　みなもとのたかくに
平安後期の貴族。道行く人々を呼び止め物語をさせ書き写したものが『宇治大納言物語』であるという伝説がある。
¶**コン5**（源隆国　みなもとのたかくに [生]寛弘1(1004)年 [没]承暦1(1077)年）
人物伝承（源隆国　みなもとのたかくに [生]寛弘1(1004)年 [没]承保4(1077)年）
説話伝説（源隆国　みなもとのたかくに [生]寛弘1(1004)年 [没]承保4(1077)年）
伝奇伝説（源隆国　みなもとのたかくに [生]寛弘1(1004)年 [没]承保4(1077)年）

源為朝 みなもとのためとも
平安末期の武将。義朝の弟。為朝伝説は八丈島や沖縄に特に多く伝えられている。
- 英雄事典（源為朝　ミナモトノタメトモ　㊍保延5（1139）年　㊁治承1（1177）年）
  架空人日（源為朝　みなもとのためとも）
  架空伝承（源為朝　みなもとのためとも　㊍保延5（1139）年　㊁治承1（1177）年?）
  架空伝説（源為朝　みなもとのためとも）〔像〕
  歌舞伎登（源為朝　みなもとのためとも）
  奇談逸話（鎮西八郎為朝　ちんぜいはちろうためとも　㊍保延5（1139）年？　㊁?）
  古典人学（源為朝　『椿説弓張月』　みなもとのためとも）
  古典人学（源為朝　『保元物語』　みなもとのためとも　生没年未詳）
  古典人東（源為朝　『椿説弓張月』　みなもとのためとも）
  古典人東（源為朝　『保元物語』　みなもとのためとも）
  コン5（源為朝　みなもとのためとも　㊍保延5（1139）年　㊁嘉応2（1170）年）
  新潮日本（源為朝　みなもとのためとも　㊍保延5（1139）年　㊁安元2（1176）年3月6日?）
  神仏辞典（源為朝　みなもとのためとも　生没年未詳）
  人物伝承（源為朝　みなもとのためとも　㊍保延5（1139）年　㊁?）
  説話伝説（鎮西八郎為朝　ちんぜいはちろうためとも　生没年未詳）〔像〕
  世百新（源為朝　みなもとのためとも　㊍保延5（1139）年　㊁治承1?（1177?）年）
  伝奇伝説（源為朝　みなもとのためとも　生没年未詳）
  日本人名（源為朝　みなもとのためとも　㊍1139年　㊁1170年）

源為憲 みなもとのためのり
平安中期の漢詩人。
- 説話伝説（源為憲　みなもとのためのり　㊍?　㊁寛弘8（1011）年）
  伝奇伝説（源為憲　みなもとのためのり　㊍?　㊁寛弘8（1011）年）

源為義 みなもとのためよし
清和源氏。源義家の孫で源氏の棟梁。『保元物語』に登場する。
- 架空人日（源為義　みなもとのためよし）
  古典人学（源為義　みなもとのためよし　㊍?　㊁保元1（1156）年）
  説話伝説（源為義　みなもとのためよし　㊍?　㊁保元1（1156）年）
  伝奇伝説（源為義　みなもとのためよし　㊍?　㊁保元1（1156）年）

源為頼 みなもとのためより
曲亭馬琴作の読本『椿説弓張月』（1807-11）に登場する、鎮西八郎為朝が伊豆大嶋で代官の娘繁江との間にもうけた子。
- 架空人日（源為頼　みなもとのためより）

源経信 みなもとのつねのぶ
平安時代の歌人。『十訓抄』に登場。

- 説話伝説（源経信　みなもとのつねのぶ　㊍長和5（1016）年　㊁永長2（1097）年）
  伝奇伝説（源経信　みなもとのつねのぶ　㊍長和5（1016）年　㊁承徳1（1097）年）

源融 みなもとのとおる
平安初期の廷臣。河原左大臣と称される。歌人としても知られる。邸宅河原院は、融の霊や鬼が出没したことでも有名。
- 架空伝承（源融　みなもとのとおる　㊍弘仁13（822）年　㊁寛平7（895）年）
  架空伝説（源融　みなもとのとおる）
  古典人学（源融　みなもとのとおる）
  説話伝説（源融　みなもとのとおる　㊍弘仁13（822）年　㊁寛平7（895）年）
  伝奇伝説（源融　みなもとのとおる　㊍弘仁14（823）年　㊁寛平7（895）年）〔像〕
  日ミス（源融　みなもとのとおる　㊍弘仁13（822）年　㊁寛平7（895）年）

源俊賢 みなもとのとしかた
平安時代の公卿。『和泉式部日記』で通う男の一人。
- 説話伝説（源俊賢　みなもとのとしかた　㊍天徳4（960）年　㊁万寿4（1027）年）

源俊頼 みなもとのとしより
平安時代の歌人。
- 説話伝説（源俊頼　みなもとのとしより　㊍天喜3（1055）年　㊁大治4（1129）年）
  伝奇伝説（源俊頼　みなもとのとしより　㊍天喜3（1055）年　㊁大治4（1129）年）

源朝稚 みなもとのともわか
曲亭馬琴作の読本『椿説弓張月』（1807-11）に登場する、源為朝と簓江の間に生まれた二男。
- 架空人日（源朝稚　みなもとのともわか）

源仲綱 みなもとのなかつな
⇒伊豆守仲綱（いずのかみなかつな）

源仲頼 みなもとのなかより
『うつほ物語』の登場人物。左大臣源祐仲の二男。
- 古典人学（源仲頼　みなもとのなかより）

源範頼 みなもとののりより
頼朝の異母弟。
- 歌舞伎登（蒲冠者範頼1〔江戸の顔見世狂言〕かばのかんじゃのりより）
  歌舞伎登（蒲冠者範頼2〔江戸の曽我狂言〕　かばのかんじゃのりより）
  古典人東（源範頼　みなもとののりより）
  説話伝説（源範頼　みなもとののりより　生没年未詳／建久4（1193）没か）
  伝奇伝説（源範頼　みなもとののりより　㊍?　㊁建久4（1193）年）

源光 みなもとのひかる
⇒光の大臣（ひかるのおとど）

源博雅　みなもとのひろまさ

平安中期の雅楽家。楽書や説話集に、朱雀門の鬼から名笛「葉二」を得た話などがある。

¶**架空人日**（源博雅　みなもとのはくが）
架空伝承（源博雅　みなもとのひろまさ [生]延喜18(918)年 [没]天元3(980)年）
広辞苑6（博雅三位　はくがのさんみ [生]918年 [没]980年）
古典人学（源博雅　みなもとのひろまさ）
コン5（源博雅　みなもとのひろまさ [生]延喜18(918)年 [没]天元3(980)年）
説話伝説（源博雅　みなもとのひろまさ [生]延喜18(918)/延喜22(922)年 [没]天元3(980)年）
伝奇伝説（源博雅　みなもとのひろまさ [生]延喜18(918)年 [没]天元3(980)年）

源信　みなもとのまこと

平安前期の公卿。管絃に関する説話が多い。

¶**伝奇伝説**（源信　みなもとのまこと [生]弘仁1(810)年 [没]貞観10(868)年）

源雅国　みなもとのまさくに

歌舞伎演目『末摘花』に登場する東国の先の受領。原作『源氏物語』には登場しない人物。

¶**歌舞伎登**（源雅国　みなもとのまさくに）

源雅俊　みなもとのまさとし

説話集『宇治拾遺物語』に登場する、平安後期に実在した貴族(1122年没)。俊寛の祖父。

¶**架空人日**（源雅俊　みなもとのまさとし）

源雅通　みなもとのまさみち

首楞厳院沙門鎮源作『法華経験記』の登場人物。平安後期の公卿。源時通の長男。

¶**古典人学**（源雅通　みなもとのまさみち）

源正頼　みなもとのまさより

『うつほ物語』(平安時代)に登場する、嵯峨帝の皇子。

¶**架空人日**（源正頼　みなもとのまさより）

源満仲　みなもとのみつなか

平将門の追討に勲功を立てた清和源氏源経基の嫡男。『今昔物語集』ほかに登場する。

¶**架空人日**（源満仲　みなもとのみつなか）
架空伝承（多田満仲　ただのまんぢゅう [生]? [没]長徳3(997)年）
説話伝説（源満仲　みなもとのみつなか [生]延喜12(912)年 [没]長徳3(997)年）
世百新（源満仲　みなもとのみつなか [生]? [没]長徳3(997)年）
伝奇伝説（源満仲　みなもとのみつなか [生]延喜12(912)年 [没]長徳3(997)年）

源義家　みなもとのよしいえ

平安後期の武将。源頼義の長男。「八幡太郎」と号した。全国の八幡神社には義家伝説が多数伝えられる。

¶**架空伝承**（源義家　みなもとのよしいえ [生]長暦3(1039)年 [没]嘉承1(1106)年）
歌舞伎登（八幡太郎義家 1『奥州安達原』　はちまんたろうよしいえ）
歌舞伎登（八幡太郎義家 2『教草吉原雀』　はちまんたろうよしいえ）
奇談逸話（八幡太郎義家　はちまんたろうよしいえ [生]長暦3(1039)年? [没]嘉承1(1106)年?）
神仏辞典（源義家　みなもとのよしいえ [生]1039年 [没]1106年）
人物伝承（源義家　みなもとのよしいえ [生]長暦3(1039)年頃 [没]嘉承1(1106)年）〔像〕
説話伝説（八幡太郎義家　はちまんたろうよしいえ [生]長暦3(1039)年 [没]嘉承1(1106)年）〔像〕
伝奇伝説（源義家　みなもとのよしいえ [生]長暦3(1039)年? [没]嘉承1(1106)年?）〔像〕
日本人名（源義家　みなもとのよしいえ [生]1039年 [没]1106年）

源義親　みなもとのよしちか

平安時代の後期の武将。『平家物語』では、朝敵の一人。

¶**説話伝説**（源義親　みなもとのよしちか [生]? [没]天仁1(1108)年）
伝奇伝説（源義親　みなもとのよしちか [生]? [没]天仁1(1108)年）

源義経　みなもとのよしつね

平安末期〜鎌倉初期の武将。源義朝の末子、母は常盤御前。幼名牛若、九郎。平治の乱後は鞍馬寺に入り、さらに奥州・藤原秀衡のもとに身を寄せた。兄頼朝の挙兵に応じて義仲を討ち、次いで平氏を壇ノ浦に破って全滅させた。のち後白河院の信任を得て頼朝と対立し、秀衡の子・泰衡に襲われ討死した。悲劇的な生涯が伝説や文学作品の素材となって後世に伝えられる。

¶**英雄事典**（源義経　ミナモトノヨシツネ [生]平治1(1159)年 [没]文治5(1189)年）
架空人日（源義経　みなもとのよしつね）
架空伝承（源義経　みなもとのよしつね [生]平治1(1159)年 [没]文治5(1189)年）〔像〕
架空伝説（源義経　みなもとのよしつね）
歌舞伎登（牛若丸　うしわかまる）
歌舞伎登（源義経 1『義経千本桜』　みなもとのよしつね）〔像〕
歌舞伎登（源義経 2『勧進帳』　みなもとのよしつね）〔像〕
歌舞伎登（源義経 3『一谷嫩軍記』　みなもとのよしつね）
歌舞伎登（源義経 4『船弁慶』　みなもとのよしつね）〔像〕
歌舞伎登（源義経 5『義経腰越状』　みなもとのよしつね）
歌舞伎登（源義経 6『御摂勧進帳』　みなもとのよしつね）
奇談逸話（源義経　みなもとのよしつね [生]平治1(1159)年 [没]文治5(1189)年）
広辞苑6（源義経　みなもとのよしつね [生]1159年 [没]1189年）
古典人学（源義経　みなもとのよしつね）
古典人東（源義経『義経記』　みなもとのよしつね）
古典人東（源義経『義経千本桜』　みなもとのよしつね）
古典人東（源義経『平家物語』　みなもとのよしつね）
コン5（源義経　みなもとのよしつね [生]平治1(1159)年 [没]文治5(1189)年）

神仏辞典（源義経　みなもとのよしつね　㊤1159年
　㊦1189年）
人物伝承（源義経　みなもとのよしつね　㊤平治1
　（1159）年　㊦文治5（1189）年）〔像〕
説話伝説（源義経　みなもとのよしつね　㊤平治1
　（1159）年　㊦文治5（1189）年）
世百新（源義経　みなもとのよしつね　㊤平治1
　（1159）年　㊦文治5（1189）年）
大辞林3（源義経　みなもとのよしつね　㊤1159年
　㊦1189年）
伝奇伝説（源義経　みなもとのよしつね　㊤平治1
　（1159）年　㊦文治5（1189）年）〔像〕
日本人名（源義経　みなもとのよしつね　㊤1159年
　㊦1189年）

源義光　みなもとのよしてる
　⇒村上義光（むらかみよしてる）

源義朝　みなもとのよしとも
平安末期の武将。源為義の長男。平治の乱を引き起こしたが敗れた。
¶架空人日（源義朝　みなもとのよしとも）
　架空伝承（源義朝　みなもとのよしとも　㊤保安4
　（1123）年　㊦永暦1（1160）年?）
　架空伝説（源義朝　みなもとのよしとも　㊤保安4
　（1123）年?　㊦平治2（1160）年）
　古典人学（源義朝　みなもとのよしとも　㊤保安4
　（1123）年?　㊦平治2（1160）年）
　古典人東（源義朝　みなもとのよしとも　㊤保安4
　（1123）年か　㊦平治2（1160）年）
　説話伝説（源義朝　みなもとのよしとも　㊤保安4
　（1123）年か　㊦平治2（1160）年）
　世百新（源義朝　みなもとのよしとも　㊤保安4
　（1123）年　㊦永暦1?（1160?）年）
　伝奇伝説（源義朝　みなもとのよしとも　㊤保安4
　（1123）年　㊦平治2（1160）年）

源義仲　みなもとのよしなか
　⇒木曾義仲（きそよしなか）

源義平　みなもとのよしひら
平安末期の武将。源義朝の長子、頼朝の兄。松居松葉（松翁）の戯曲『悪源太』の題材となった。
¶架空人日（悪源太義平　あくげんたよしひら）
　架空伝承（源義平　みなもとのよしひら　㊤永治1
　（1141）年　㊦永暦1（1160）年）
　架空伝説（悪源太義平　あくげんたよしひら）
　奇談逸話（悪源太義平　あくげんたよしひら　㊤永治
　1（1141）年　㊦永暦1（1160）年）
　古典人学（悪源太義平　あくげんたよしひら　㊤仁平
　1（1151）年?　㊦平治2（1160）年）
　人物伝承（源義平　みなもとのよしひら　㊤永治1
　（1141）年　㊦永暦1（1160）年）
　説話伝説（悪源太義平　あくげんたよしひら　㊤永治
　1（1141）年　㊦永暦1（1160）年）
　世百新（源義平　みなもとのよしひら　㊤永治1
　（1141）年　㊦永暦1（1160）年）
　伝奇伝説（悪源太義平　あくげんたよしひら　㊤永治
　1（1141）年　㊦永暦1（1160）年）
　日ミス（源義平　みなもとのよしひら　㊤永治1
　（1141）年　㊦永暦1（1160）年）

源頼家　みなもとのよりいえ
鎌倉幕府第2代将軍。源頼朝の長子。父の死後、征夷大将軍。岡本綺堂作『修禅寺物語』の題材となった。

¶架空伝承（源頼家　みなもとのよりいえ　㊤寿永1
　（1182）年　㊦元久1（1204）年）
　架空伝説（源頼家　みなもとのよりいえ　㊤寿永1
　（1182）年　㊦元久1（1204）年）
　歌舞伎登（源頼家　みなもとのよりいえ）
　奇談逸話（源頼家　みなもとのよりいえ　㊤寿永1
　（1182）年　㊦元久1（1204）年）
　古典人学（源頼家　みなもとのよりいえ）
　説話伝説（源頼家　みなもとのよりいえ　㊤寿永1
　（1182）年　㊦元久1（1204）年）
　伝奇伝説（源頼家　みなもとのよりいえ　㊤寿永1
　（1182）年　㊦元久1（1204）年）〔像〕
　日本人名（源頼家（2）　みなもとのよりいえ　㊤1182
　年　㊦1204年）

源頼定　みなもとのよりさだ
『栄華物語』『大鏡』の登場人物。為平親王二男。
¶古典人学（源頼定　みなもとのよりさだ　㊤貞元2
　（977）年　㊦寛仁4（1020）年）

源頼朝　みなもとのよりとも
平安末期〜鎌倉初期の武将。武家政治の創始者。鎌倉幕府初代将軍。
¶架空人日（源頼朝　みなもとのよりとも）
　架空伝説（源頼朝　みなもとのよりとも　㊤久安3
　（1147）年　㊦正治1（1199）年）〔像〕
　奇談逸話（源頼朝　みなもとのよりとも　㊤久安3
　（1147）年　㊦建久9（1199）年）
　古典人学（源頼朝　みなもとのよりとも）
　古典人東（源頼朝　みなもとのよりとも　㊤久安3
　（1147）年　㊦正治1（1199）年）〔像〕
　人物伝承（源頼朝　みなもとのよりとも　㊤久安3
　（1147）年　㊦正治1（1199）年）
　説話伝説（源頼朝　みなもとのよりとも　㊤久安3
　（1147）年　㊦正治1（1199）年）
　世百新（源頼朝　みなもとのよりとも　㊤久安3
　（1147）年　㊦正治1（1199）年）
　伝奇伝説（源頼朝　みなもとのよりとも　㊤久安3
　（1147）年　㊦正治1（1199）年）〔像〕

源頼信　みなもとのよりのぶ
平安時代の武将。『今昔物語集』に登場する。
¶架空人日（源頼信　みなもとのよりのぶ）
　古典人学（源頼信　みなもとのよりのぶ）
　古典人東（源頼信・頼義　みなもとのよりのぶ・よりよし）
　説話伝説（源頼信　みなもとのよりのぶ　㊤安和1
　（968）年　㊦永承3（1048）年）
　伝奇伝説（源頼信　みなもとのよりのぶ　㊤安和1
　（968）年　㊦永承3（1048）年）

源頼政　みなもとのよりまさ
平安末期の武将。『保元物語』『平治物語』などの軍記物ものをはじめ、能『頼政』『鵺』などに伝説化して登場する。源三位入道などとも。
¶架空人日（源三位頼政　げんざんみよりまさ）
　架空伝説（源三位頼政　げんざんみよりまさ　㊤長治2
　（1105）年　㊦治承4（1180）年）
　歌舞伎登（源三位頼政　げんざんみよりまさ）
　奇談逸話（源頼政　みなもとのよりまさ　㊤長治2
　（1105）年　㊦治承4（1180）年）
　古典人東（源頼政　みなもとのよりまさ）
　説話伝説（源頼政　みなもとのよりまさ　㊤長治2
　（1105）年　㊦治承4（1180）年）〔像〕
　伝奇伝説（源頼政　みなもとのよりまさ　㊤長治1
　（1104）年　㊦治承4（1180）年）〔像〕

日本人名（源頼政　みなもとのよりまさ [生]1104年 [没]1180年）

源頼光　みなもとのよりみつ

平安中期の武将、貴族。早くから武勇で知られる。頼光とその四天王の名は多くの説話集や軍記に登場し、酒呑童子や土蜘蛛退治の伝説も有名。「らいこう」とも呼ばれる。

¶**英雄事典**（源頼光　ミナモトノヨリミツ [生]天暦2(948)年 [没]治安1(1021)年）
架空人日（源頼光　みなもとのらいこう）
架空伝承（源頼光　みなもとのよりみつ [生]天暦2(948)年? [没]治安1(1021)年）〔像〕
架空伝説（源頼光　みなもとのらいこう）〔像〕
歌舞伎登（源頼光　みなもとのらいこう）
奇談逸話（源頼光　みなもとのよりみつ・らいこう [生]天暦2(948)年 [没]治安1(1021)年）
広辞苑6（源頼光　みなもとのよりみつ [生]948年 [没]1021年）
新潮日本（源頼光　みなもとのよりみつ [生]天暦2(948)年 [没]治安1(1021)年7月19日）
神仏辞典（源頼光　みなもとのよりみつ [生]948年 [没]1021年）
人物伝承（源頼光と渡辺綱　みなもとのよりみつとわたなべのつな [生]天暦2(948)年 [没]治安1(1021)年）
説話伝説（頼光と四天王　らいこうとしてんのう [生]天暦2(948)年 [没]治安1(1021)年）
世百新（源頼光　みなもとのよりみつ [生]天暦2?(948?)年 [没]治安1(1021)年）
大辞林3（源頼光　みなもとのよりみつ [生]948年 [没]1021年）
伝奇伝説（源頼光　みなもとのよりみつ [生]? [没]治安1(1021)年）
日本人名（源頼光　みなもとのよりみつ [生]948年 [没]1021年）

源頼義　みなもとのよりよし

平安中期の武将。『陸奥話記』や『今昔物語集』で優れた武人として形象化される。

¶**奇談逸話**（源頼義　みなもとのよりよし [生]永延2(988)年 [没]永保2(1075)年）
古典人学（源頼義　みなもとのよりよし）
古典人東（源頼信・頼義　みなもとのよりのぶ・よりよし）
人物伝承（源頼義　みなもとのよりよし [生]永延2(988)年 [没]承保2(1075)年）
説話伝説（源頼義　みなもとのよりよし [生]永延2(988)年 [没]承保2(1075)年）
伝奇伝説（源頼義　みなもとのよりよし [生]永延2(988)年 [没]承保2(1075)年）

源頼光　みなもとのらいこう

⇒源頼光（みなもとのよりみつ）

水面の神　みなものかみ

沫那芸神、沫那美神、頬那芸神、頬那美神の四神。

¶**日本神様**（水面の神　みなものかみ）

水泡　みなわ

国枝史郎作『神州纐纈城』の登場人物。

¶**時代小説**（水泡　みなわ）

弥尼布理神　みにふりのかみ

伊勢国奄芸郡の弥尼布理神社の祭神。

¶**神仏辞典**（弥尼布理神　みにふりのかみ）

ミニラ

映画『怪獣島の決戦ゴジラの息子』(1967)に登場する、怪獣ゴジラの息子。

¶**怪物事典**（ミニラ）

水主神　みぬしのかみ

大和国国久世郡の水主神社十座の祭神。

¶**神仏辞典**（水主神　みぬしのかみ）

水内神　みぬちのかみ

『日本書紀』巻30に所出。持統天皇5年使者が遣わされ、信濃国の同神の祭儀が行なわれたとある。

¶**神仏辞典**（水内神　みぬちのかみ）

見努神　みぬのかみ

尾張国中島郡の見努神社の祭神。

¶**神仏辞典**（見努神　みぬのかみ）

弥努波神　みぬはのかみ

出雲国出雲郡式外社64社の弥努波社の祭神。

¶**神仏辞典**（弥努波神　みぬはのかみ）

美努麻神　みぬまのかみ

出雲国出雲郡式内社58社の美努婆社などの祭神。

¶**神仏辞典**（美努麻神　みぬまのかみ）

汶売神　みぬめのかみ

美奴売前神とも。摂津国八部郡の汶売神社の祭神。

¶**神仏辞典**（汶売神　みぬめのかみ）

みね

荒木又右衛門の妻。長谷川伸作『荒木又右衛門』の登場人物。

¶**時代小説**（みね）

美音　みね

柴田錬三郎作『孤剣は折れず』の登場人物。

¶**時代小説**（美音　みね）

嶺岡兵庫　みねおかひょうご

藤沢周平作『暗殺の年輪』の登場人物。

¶**時代小説**（嶺岡兵庫　みねおかひょうご）

峰吉　みねきち

京都河原町の書籍屋菊屋のせがれ。司馬遼太郎作『竜馬がゆく』の登場人物。

¶**時代小説**（峰吉　みねきち）

峯次郎　みねじろう

『春色英対暖語』『春色梅美婦禰』に登場する、裕福な商人の跡取り息子。

¶架空人日（峯次郎　みねじろう）

峴之神　みねのかみ
出雲国楯縫郡式外社19社の祭神。
¶神仏辞典（峴之神　みねのかみ）

峯本神　みねもとのかみ
『日本三代実録』に所出。土佐国の神。
¶神仏辞典（峯本神　みねもとのかみ）

見上神　みのえのかみ
壱岐嶋石田郡の見上神社の祭神。
¶神仏辞典（見上神　みのえのかみ）

巳之吉　みのきち
歌舞伎演目『月梅薫朧夜』に登場する、待合水月（実説は酔月）の家箱（住み込みの箱屋）。
¶歌舞伎登（巳之吉　みのきち）

箕嶋神　みのしまのかみ
近江国高島郡の箕島神社の祭神。
¶神仏辞典（箕嶋神　みのしまのかみ）

巳之助　みのすけ
歌舞伎演目『盲長屋梅加賀鳶』に登場する加賀鳶。
¶歌舞伎登（巳之助　みのすけ）

ミノッコ
青森県の道の怪。雪女とおなじものとする。
¶全国妖怪（ミノッコ〔青森県〕）

蓑念鬼　みのねんき
山田風太郎作『甲賀忍法帖』の登場人物。
¶時代小説（蓑念鬼　みのねんき）

御野県主神　みののあがたぬしのかみ
河内国若江郡の御野県主神社二座の祭神。
¶神仏辞典（御野県主神　みののあがたぬしのかみ）

三野神　みののかみ
但馬国気多郡の三野神社の祭神。
¶神仏辞典（三野神　みののかみ）

三野の狐　みののきつね
『日本霊異記』『今昔物語集』に登場する、岐都禰の直の4代目の孫娘。
¶架空人日（三野の狐　みののきつね）

見野尊　みののみこと
⇒豊雲野神（とよくもぬのかみ）

蓑火　みのび
雨のときに着ていた蓑が、怪火となって光り輝くもの。
¶幻想動物（蓑火）〔像〕
　妖怪事典（ミノビ）

妖怪大鑑（蓑火　みのび）〔像〕
妖怪大事典（蓑火　みのび）〔像〕
妖百3（ミノ火　みのひ）

蓑火の喜之助　みのひのきのすけ
池波正太郎作『鬼平犯科帳』の登場人物。
¶時代小説（蓑火の喜之助　みのひのきのすけ）

美濃部伊織　みのべいおり
森鴎外の小説『ぢいさんばあさん』およびそれを原作とした歌舞伎作品に登場する人物。江戸の旗本。
¶架空伝説（伊織・るん　いおり・るん）
　歌舞伎登（美濃部伊織　みのべいおり）

美濃部筑前守　みのべちくぜんのかみ
柴田錬三郎作『眠狂四郎無頼控』の登場人物。
¶時代小説（美濃部筑前守　みのべちくぜんのかみ）

みのむし
雨のふる晩に、笠や蓑の端につく小さい火やホタルのような光の怪異。
¶神仏辞典（みのむし）
　全国妖怪（ミノムシ〔秋田県〕）
　全国妖怪（ミノムシ〔新潟県〕）
　全国妖怪（ミノムシ〔福井県〕）
　妖怪事典（ミノムシ）
　妖怪図鑑（みのむし）〔像〕
　妖怪大事典（蓑虫　みのむし）

美濃夜神　みのやのかみ
伊勢国安濃郡の美濃夜神社の祭神。
¶神仏辞典（美濃夜神　みのやのかみ）

美濃屋竜吉　みのやりゅうきち
白井喬二作『富士に立つ影』の登場人物。
¶時代小説（美濃屋竜吉　みのやりゅうきち）

箕勾神　みのわのかみ
伊豆国那賀郡の箕勾神社の祭神。
¶神仏辞典（箕勾神　みのわのかみ）

三輪の万七　みのわのまんしち
野村胡堂作『銭形平次捕物控』の登場人物。
¶時代小説（三輪の万七　みのわのまんしち）

蓑草鞋　みのわらじ
鳥山石燕の『画図百器徒然袋』にある、体が蓑と草鞋になった妖怪。
¶妖怪事典（ミノワラジ）
　妖怪大鑑（蓑草鞋　みのわらじ）〔像〕
　妖怪大事典（蓑草鞋　みのわらじ）〔像〕

御刀媛　みはかしひめ
⇒日向之美波迦斯毘売（ひむかのみはかしびめ）

三原有右衛門　みはらありえもん
歌舞伎演目『双蝶々曲輪日記』に登場する、大

坂堂島の蔵屋敷に勤める西国の武士。
¶歌舞伎登（三原有右衛門　みはらありえもん）

三原伝蔵　みはらでんぞう
歌舞伎演目『双蝶々曲輪日記』に登場する、平岡丹平とともに「引窓」に登場する人物。
¶歌舞伎登（三原伝蔵　みはらでんぞう）

三春高基　みはるのたかもと
『うつほ物語』の登場人物。あて宮の求婚者の一人。
¶架空人日（三春高基　みはるのたかもと）
　古典人学（三春高基　みはるのたかもと）

水光神　みひかのかみ
吉野連が祭る神。奈良県北葛城郡当麻町長尾の長尾神社の祭神。
¶神仏辞典（水光神　みひかのかみ）

壬生源左衛門　みぶげんざえもん
吉岡拳法の実弟。武士。吉川英治作『宮本武蔵』の登場人物。
¶時代小説（壬生源左衛門　みぶげんざえもん）

御船神　みふねのかみ
『日本三代実録』に所出。紀伊国の神。
¶神仏辞典（御船神　みふねのかみ）

壬生神　みぶのかみ
『日本文徳天皇実録』に所出。長門国の神。
¶神仏辞典（壬生神　みぶのかみ）

壬生良門　みぶのよしかど
『今昔物語集』巻第十四の第十に載る主人公。
¶架空人日（壬生良門　みぶのよしかど）
　日本人名（壬生良門　みぶのよしかど）

壬生村の治左衛門　みぶむらのじざえもん
歌舞伎演目『木下蔭狭間合戦』に登場する、以前は河内の国石川村の百姓。
¶歌舞伎登（壬生村の治左衛門　みぶむらのじざえもん）

御穂須須美命　みほすすみのみこと
所造天下大神命（大国主神）を父、奴奈宜波比売命を母とする。
¶神仏辞典（御穂須須美命　みほすすみのみこと）

三穂津姫　みほつひめ
大物主神の妻。奈良県磯城郡田原本町の村屋坐弥冨都比売神社の祭神。
¶神仏辞典（三穂津姫　みほつひめ）
　日本人名（三穂津姫　みほつひめ）

御廬神　みほのかみ
駿河国廬原郡の御穂神社の祭神。
¶神仏辞典（御廬神・御廬神・御穂神　みほのかみ）

美保神　みほのかみ
出雲国島根郡式内社14社の美保社などの祭神。
¶神仏辞典（美保神　みほのかみ）

美保代　みほよ
柴田錬三郎作『眠狂四郎無頼控』の登場人物。
¶時代小説（美保代　みほよ）

御間城姫　みまきひめ
⇒御間津比売命（みまつひめのみこと）

三升屋二三治　みますやにそうじ
江戸末期の歌舞伎役者、故実家。
¶説話伝説（三升屋二三治　みますやにそうじ　㊤天明4(1784)年　㊦安政3(1856)年）
　伝奇伝説（三升屋二三治　みますやにそうじ　㊤天明4(1784)年　㊦安政3(1856)年）

御間津比古神　みまつひこのかみ
阿波国名方郡の御間津比古神社の祭神。
¶神仏辞典（御間津比古神　みまつひこのかみ）

弥麻都比古命　みまつひこのみこと
『播磨国風土記』に所出。讃容郡の地名起源に登場する神。
¶神仏辞典（弥麻都比古命　みまつひこのみこと）

御間津比売命　みまつひめのみこと
開化天皇を父、伊迦賀色許売命を母とし、崇神天皇を兄に持つ。
¶神様読解（御真津比売命(1)　みまつひめのみこと）
　神仏辞典（御間津比売命　みまつひめのみこと）

御間津比売命　みまつひめのみこと
大毘古命の娘。崇神天皇との間に垂仁天皇・伊耶能真若命らを生む。
¶神様読解（御真津比売命(2)／御間城姫　みまつひめのみこと・みまきひめ）
　神仏辞典（御間津比売命　みまつひめのみこと）
　日本人名（御間城姫　みまきひめ）

美麻奈比古神　みまなひこのかみ
能登国鳳至郡の美麻奈比古神社の祭神。
¶神仏辞典（美奈比古神　みまなひこのかみ）

美麻奈比咩神　みまなひめのかみ
能登国鳳至郡の美麻奈比咩神社の祭神。
¶神仏辞典（美麻奈比咩神　みまなひめのかみ）

御馬神　みまのかみ
加賀国石川郡の御馬神社の祭神。
¶神仏辞典（御馬神　みまのかみ）

御馬皇子　みまのみこ
5世紀後半、履中天皇の皇子。雄略天皇の軍に捕えられ処刑された。死の前に三輪の磐井の水を雄略が飲めないよう呪詛したと伝える。

耳井神　みみいのかみ
但馬国城埼郡の耳井神社の祭神。
¶神仏辞典（耳井神　みみいのかみ）

耳男　みみお
坂口安吾作『夜長姫と耳男』（1952）に登場する、ウサギのような耳とウマそっくりな顔を持つ男。
¶架空人日（耳男　みみお）

耳切り　みみきり
静岡県刈谷高須にいたという化け狐の名前。
¶妖怪事典（ミミキリ）

耳切団一　みみきりだんいち
耳だけ取られてしまった昔話の主人公。
¶コン5（耳切団一　みみきりだんいち）
　神話伝説（耳切団一　みみきりだんいち）
　説話伝説（耳切団一　みみきりだんいち）
　伝奇伝説（耳切団一　みみきりだんいち）
　日本人名（耳切団一　みみきりだんいち）

みみごさま
耳病を治してくれる神。
¶神仏辞典（みみごさま）

耳切り坊主　みみちりぼーぢ
沖縄県地方でいう妖怪もしくは幽霊。
¶全国妖怪（ミミチリボージ〔沖縄県〕）
　妖怪事典（ミミチリボーヂ）
　妖怪大事典（耳切り坊主　みみちりぼーじ）

耳常神　みみつねのかみ
伊勢国朝明郡の耳常神社の祭神。
¶神仏辞典（耳常神　みみつねのかみ）

耳利神　みみとしのかみ
伊勢国朝明郡の耳利神社の祭神。
¶神仏辞典（耳利神　みみとしのかみ）

耳なし地蔵　みみなしじぞう
耳がない地蔵像で、耳の病に効験があるとされる。
¶神仏辞典（耳なし地蔵　みみなしじぞう）

耳成山口神　みみなしのやまのくちのかみ
大和国十市郡の耳成山口神社の祭神。
¶神仏辞典（耳成山口神　みみなしのやまのくちのかみ）

耳なし芳一　みみなしほういち
小泉八雲「怪談」の「耳なし芳一の話」の主人公。
¶架空人日（耳なし芳一　みみなしほういち）
　奇談逸話（耳なし芳一　みみなしほういち）
　コン5（耳なし芳一　みみなしほういち）
　新潮日本（耳なし芳一　みみなしほういち）
　説話伝説（耳なし芳一　みみなしほういち）
　伝奇伝説（耳なし芳一　みみなしほういち）
　日本人名（耳なし芳一　みみなしほういち）
　妖怪大鑑（耳なし芳一　みみなしほういち）〔像〕
　妖怪大事典（耳なし芳一　みみなしほういち）〔像〕

弥美神　みみのかみ
若狭国三方郡の弥美神社の祭神。
¶神仏辞典（弥美神　みみのかみ）

微妙　みみょう
歌舞伎演目『近江源氏先陣館』に登場する、佐々木盛綱・高綱兄弟の母。
¶架空伝説（微妙　みみょう）
　歌舞伎登（微妙　みみょう）

御向神　みむかいのかみ
出雲郡式内社58社の御向社の祭神。
¶神仏辞典（御向神　みむかいのかみ）

弥牟居神　みむこのかみ
伊勢国鈴鹿郡の弥牟居神社の祭神。
¶神仏辞典（弥牟居神　みむこのかみ）

御魂神　みむすびのかみ
出雲国出雲郡式内社58社の御魂社の祭神。
¶神仏辞典（御魂神　みむすびのかみ）

三統神　みむねのかみ
『日本三代実録』に所出。大和国の神。
¶神仏辞典（三統神　みむねのかみ）

三村夫人　みむらふじん
堀辰雄作『楡の家』（1934, 1941）に登場する未亡人。主人公菜穂子の母。
¶架空人日（三村夫人　みむらふじん）

御室戸僧正　みむろどのそうじょう
説話集『宇治拾遺物語』に登場する、藤原隆家の子、三井寺の長吏。
¶架空人日（御室戸僧正　みむろどのそうじょう）

三諸岳神　みもろのおかのかみ
『日本書紀』巻14に所出。大物主神とも。また、宇陀墨坂神・菟田墨坂神（『古事記』中巻、『日本書紀』巻14）ともいう。
¶神仏辞典（宇陀墨坂神・菟田墨坂神　うだのすみさかのかみ）
　神仏辞典（三諸岳神　みもろのおかのかみ）

御諸神　みもろのかみ
山城国紀伊郡の御諸神社の祭神。
¶神仏辞典（御諸神　みもろのかみ）

御諸別王　みもろわけのきみ
『日本書紀』に登場する武将で、豊城入彦命の孫・彦狭嶋王の子。
¶神様読解（御諸別王　みもろわけのきみ）

コン5　（御諸別王　みもろわけのおう）
新潮日本（御諸別王　みもろわけのきみ）
神仏辞典（御諸別命　みもろわけのみこと）
日本人名（御諸別王　みもろわけのおう）
日本人名（御諸別命　みもろわけのみこと）

宮浦神　みやうらのかみ
大隅国曽於郡の宮浦神社の祭神。
¶神仏辞典（宮浦神　みやうらのかみ）

宮木　みやぎ
上田秋成作『春雨物語』「宮木が塚」の登場人物。摂津神崎の遊女。
¶架空人日（宮木　みやぎ）
　古典人学（宮木　みやぎ）

宮木　みやぎ
上田秋成作『雨月物語』「浅茅が宿」の登場人物。下総国・真間の農民の妻。絹商人として一旗あげようと京へ旅立った夫を待つ間に亡くなり、幽霊となってもなお夫を待った。
¶架空人日（宮木　みやぎ）
　古典人学（宮木　みやぎ）
　古典人東（宮木　みやぎ）

宮城阿曽次郎　みやぎあそじろう
⇒阿曽次郎（あそじろう）

宮城野　みやぎの
人形浄瑠璃・歌舞伎脚本の役名。吉原の傾城。親の敵討をした姉妹のうちの姉。
¶朝日歴史（宮城野・信夫　みやぎの・しのぶ）
　架空伝承（宮城野・信夫　みやぎの・しのぶ）
　架空伝説（宮城野・信夫　みやぎの・しのぶ）〔像〕
　歌舞伎登（宮城野）〔像〕
　広辞苑6（宮城野信夫　みやぎのしのぶ）
　コン5（宮城野・信夫　みやぎの・しのぶ）
　新潮日本（宮城野・信夫　みやぎの・しのぶ）
　説話伝説（宮城野信夫　みやぎのしのぶ）〔像〕
　大辞林3（宮城野信夫　みやぎのしのぶ）
　伝奇伝説（宮城野・信夫　みやぎの・しのぶ）
　日本人名（宮城野・信夫　みやぎの・しのぶ）

宮城神　みやぎのかみ
『日本三代実録』に所出。長門国の神。
¶神仏辞典（宮城神　みやぎのかみ）

三宅宅兵衛　みやけたくべえ
村上元三作『松平長七郎江戸日記』の登場人物。
¶時代小説（三宅宅兵衛　みやけたくべえ）

宮舎神　みやけのかみ
伊勢国度会郡の宮舎神社などの祭神。
¶神仏辞典（宮舎神・三宅神　みやけのかみ）

三宅彦六　みやけひころく
歌舞伎演目『けいせい壬生大念仏』に登場する、もとは歴々の侍であったが、高遠民弥に命を救われた恩から徒侍となって民弥や妹るり姫を守

り抜く。
¶歌舞伎登（三宅彦六　みやけひころく）

都　みやこ
歌舞伎演目『油商人廓話』に登場する、大坂新町の遊女。
¶歌舞伎登（都　みやこ）

都一中　みやこいっちゅう
一中節の祖。
¶説話伝説（都一中　みやこいっちゅう ㊤慶安3(1650)年 ㊦享保9(1724)年）
　伝奇伝説（都一中　みやこいっちゅう ㊤慶安3(1650)年 ㊦享保9(1724)年）

宮越玄蕃　みやこしげんば
歌舞伎演目『妹背山婦女庭訓』に登場する、荒巻弥藤次とともに、三笠山に設えられた入鹿の新御殿を警護する役人。
¶歌舞伎登（宮越玄蕃　みやこしげんば）

宮古路豊後掾　みやこじぶんごのじょう
江戸中期の豊後節の元祖。
¶説話伝説（宮古路豊後掾　みやこじぶんごのじょう ㊤? ㊦元文5(1740)年）
　伝奇伝説（宮古路豊後掾　みやこじぶんごのじょう ㊤? ㊦元文5(1740)年）

都鳥三兄弟　みやこどりさんきょうだい
清水の次郎長と熾烈な縄張り争いを演じた敵役。長男が吉兵衛、次男が常吉、三男が留吉。
¶架空伝説（都鳥三兄弟　みやこどりさんきょうだい）

都良香　みやこのよしか
平安中期の学者。詩文や秀句に関する逸話が多い。
¶古典人学（都良香　みやこのよしか）
　説話伝説（都良香　みやこのよしか ㊤承和1(834)年 ㊦元慶3(879)年）
　伝奇伝説（都良香　みやこのよしか ㊤承和1(834)年 ㊦元慶3(879)年）

宮崎数馬　みやざきかずま
歌舞伎演目『天衣紛上野初花』に登場する、松江出雲守の近習頭。
¶歌舞伎登（宮崎数馬　みやざきかずま）

宮前霹靂神　みやさきのかむとけのかみ
大和国宇智郡の宮前霹靂神社の祭神。
¶神仏辞典（宮前霹靂神　みやさきのかむとけのかみ）

宮路　みやじ
徳川家宣の側室・お寿めの方の右筆。舟橋聖一作『絵島生島』の登場人物。
¶時代小説（宮路　みやじ）

宮地源右衛門　みやじげんえもん
歌舞伎演目『堀川波の鼓』に登場する、因幡の

国某藩の家士へ出入りする鼓の師匠。
¶歌舞伎登（宮地源右衛門　みやじげんえもん）

宮道弥益　みやじのいやます
平安時代の役人。
¶説話伝説（宮道弥益　みやじのいやます　生没年未詳）

瞻保　みやす
『日本霊異記』『今昔物語集』に登場する、「乳房の母に敬養せず、現に悪死の報を得」た男。
¶架空人日（瞻保　みやす）

宮簀媛　みやずひめ
倭建命の妃の一人。
¶朝日歴史（宮簀媛　みやずひめ）
神様読解（美夜受比売/宮簀媛　みやずひめ・みやずひめ）
コン5（宮簀媛　みやすひめ）
新潮日本（宮簀媛　みやずひめ）
神仏辞典（美夜受比売・宮簀媛・宮酢媛　みやずひめ）
神話伝説（宮簀媛　みやずひめ）
説話伝説（宮簀姫　みやずひめ）
伝奇伝説（宮簀媛　みやずひめ）
日本人名（宮簀媛　みやずひめ）
日本神話（ミヤズヒメ）

宮薗鶯鳳軒　みやぞのらんぽうけん
江戸中期の浄瑠璃作者。
¶説話伝説（宮薗鶯鳳軒　みやぞのらんぽうけん　㈠?　㈡天明5（1785）年）
伝奇伝説（宮薗鶯鳳軒　みやぞのらんぽうけん　生没年未詳）

宮地勉　みやちつとむ
大岡昇平作『武蔵野夫人』（1950）に登場する、復員兵で私立大学生。
¶架空人日（宮地勉　みやちつとむ）

宮津日神　みやつひのかみ
出雲国大原郡外社17社の宮津日社の祭神。
¶神仏辞典（宮津日神　みやつひのかみ）

宮主宅媛　みやぬしやかひめ
記紀にみえる応神天皇の妃。『古事記』では宮主矢河枝比売。
¶架空人日（矢河枝比売　やかわえひめ）
日本人名（宮主宅媛　みやぬしやかひめ）

宮野辺源次郎　みやのべげんじろう
三遊亭円朝作『牡丹燈籠』（1884）に登場する武士。お国の情夫。
¶架空人日（源次郎　げんじろう）
歌舞伎登（宮野辺次郎　みやのべげんじろう）

宮原神　みやはらのかみ
『日本三代実録』に所出。備中国の神。
¶神仏辞典（宮原神　みやはらのかみ）

深山懸巣　みやまかけす
アイヌの漁猟の女神。
¶神仏辞典（深山懸巣　みやまかけす）

宮増　みやます
室町後期ころの伝説的能作者。
¶世百新（宮増　みやます　生没年不詳）
日本人名（宮増　みやます　生没年不詳）

宮村峪部神　みやむらのいそべのかみ
加賀国江沼郡の宮村峪部神社の祭神。
¶神仏辞典（宮村峪部神　みやむらのいそべのかみ）

宮目神　みやめのかみ
武蔵国埼玉郡の宮目神社の祭神。
¶神仏辞典（宮目神　みやめのかみ）

宮本新八　みやもとしんぱち
山本周五郎作『樅ノ木は残った』の登場人物。
¶時代小説（宮本新八　みやもとしんぱち）

宮本武蔵　みやもとむさし
江戸初期の剣豪。二天一流（円明流、武蔵流ともいう）剣法の祖。『五輪書』の著者。
¶英雄事典（宮本武蔵　ミヤモトムサシ　㈠天正12（1584）年　㈡正保2（1645）年）
架空人日（宮本武蔵　みやもとむさし）
架空伝承（宮本武蔵　みやもとむさし　㈠天正12（1584）年　㈡正保2（1645）年）〔像〕
架空人日（宮本武蔵　みやもとむさし）〔像〕
歌舞伎登（宮本無三四　みやもとむさし）
奇談逸話（宮本武蔵　みやもとむさし　㈠天正12（1584）年　㈡正保2（1645）年）
時代小説（新免武蔵『柳生武芸帳』　しんめんむさし）
時代小説（宮本武蔵『宮本武蔵』　みやもとむさし）〔像（口絵）〕
時代小説（宮本武蔵『佐々木小次郎』　みやもとむさし）
説話伝説（宮本武蔵　みやもとむさし　㈠天正12（1584）年　㈡正保2（1645）年）〔像〕
世百新（宮本武蔵　みやもとむさし　㈠天正12（1584）年　㈡正保2（1645）年）
伝奇伝説（宮本武蔵　みやもとむさし　㈠天正12（1584）年?　㈡正保2（1645）年）〔像〕

宮本武蔵守　みやもとむさしのかみ
剣術家。疋田栖雲斎の愛弟子。戸部新十郎作『秘剣』の登場人物。
¶時代小説（宮本武蔵守　みやもとむさしのかみ）

深雪　みゆき
人形浄瑠璃・歌舞伎の『生写朝顔話』に登場する、秋月弓之助の娘。阿曽次郎を慕って家出し、盲目の門付として朝顔と名乗る。
¶架空人日（朝顔・阿曾次郎　あさがお・あそじろう）
歌舞伎登（深雪　みゆき）〔像〕
説話伝説（深雪阿曽次郎　みゆきあそじろう）

深雪 みゆき
　合巻『児雷也豪傑譚』(1839-68)に登場する、児雷也の義妹。
　¶架空人日（深雪　みゆき）

深雪 みゆき
　直木三十五作『南国太平記』の登場人物。
　¶時代小説（深雪　みゆき）

御湯神 みゆのかみ
　因幡国巨濃郡の御湯神社の祭神。
　¶神仏辞典（御湯神　みゆのかみ）

明雲 みょううん
　平安末期の天台宗の僧。天台座主。源顕通の子。後白河上皇と平清盛の戒師としても知られる。
　¶説話伝説（明雲　みょううん・めいうん　㊗永久3(1115)年　㊶寿永2(1183)年）

妙雲如来 みょううんにょらい
　密教で、竜樹菩薩の本地とされる仏。妙雲相仏。妙雲自在王如来。
　¶大辞林3（妙雲如来　みょううんにょらい）

明恵 みょうえ
　鎌倉時代の僧で、華厳宗の中興者。
　¶神仏辞典（明恵　みょうえ　㊗1173年　㊶1232年）
　説話伝説（明恵　みょうえ　㊗承安3(1173)年　㊶貞永1(1232)年）
　伝奇伝説（明恵　みょうえ　㊗承安3(1173)年　㊶寛喜4(1232)年）

妙音菩薩 みょうおんぼさつ
　「法華経妙音菩薩品」の主人公。
　¶広辞苑6（妙音菩薩　みょうおんぼさつ）
　大辞林3（妙音菩薩　みょうおんぼさつ）

妙閑 みょうかん
　近松門左衛門作の浄瑠璃『冥途の飛脚』(1711年初演)に登場する、大坂淡路町の飛脚問屋亀屋の後家。
　¶架空人日（妙閑　みょうかん）

妙義山日光坊 みょうぎざんにっこうぼう
　群馬県妙義山でいう天狗。
　¶妖怪事典（ミョウギザンニッコウボウ）
　妖怪大事典（妙義山日光坊　みょうぎさんにっこうぼう）

妙吉 みょうきつ
　南北朝時代の僧。『太平記』によれば、宮方の怨霊にあやつられ、高師直兄弟と直義を離反させたという。
　¶日本人名（妙吉　みょうきつ　生没年未詳）

妙亀尼 みょうきに
　伝説上の女性。謡曲『隅田川』によれば、息子梅若丸の行方をたずねるが死んだことを知り、総泉寺門前の池に子の亡霊をみて身をなげたという。
　¶日本人名（妙亀尼　みょうきに　生没年未詳）

妙義の團右衛門 みょうぎのだんえもん
　池波正太郎作『鬼平犯科帳』の登場人物。
　¶時代小説（妙義の團右衛門　みょうぎのだんえもん）

明救 みょうぐ
　比叡山の僧・第25代天台座主・浄土寺座主。前世は天狗であったという伝説がある。
　¶日ミス（明救　みょうぐ　㊗天慶9(946)年　㊶寛仁4(1020)年）

妙見菩薩 みょうけんぼさつ
　災難をのぞき国土をまもるという菩薩。
　¶神仏辞典（妙見　みょうけん）
　大辞林3（妙見　みょうけん）
　大辞林3（妙見菩薩　みょうけんぼさつ）
　日本人名（妙見菩薩　みょうけんぼさつ）
　仏尊事典（妙見菩薩　みょうけんぼさつ）〔像〕

妙高山足立坊 みょうこうさんあしだてぼう
　新潟県妙高山でいう天狗。
　¶妖怪事典（ミョウコウサンアシダテボウ）
　妖怪大事典（妙高山足立坊　みょうこうさんあしだてぼう）

妙国寺蘇鉄 みょうこうじそてつ
　老翁に化した蘇鉄の精。
　¶妖怪事典（ミョウコウジソテツ）

苗字掛け みょうじかけ
　山梨県で同族で祀る神のことをいう。
　¶神仏辞典（苗字掛け　みょうじかけ）

妙秀 みょうしゅう
　吉川英治作『宮本武蔵』の登場人物。
　¶時代小説（妙秀　みょうしゅう）

妙正 みょうしょう
　千葉県市川市北方町にある、日蓮宗の妙正寺を中心に祀られる神。もと千足池の龍女で、日蓮の化導によって疱瘡の守護を誓った。
　¶神仏辞典（妙正　みょうしょう）

明星天子 みょうじょうてんし
　宵の明星・明けの明星の総称。栃木県に多い星宮神社で祀る。
　¶神仏辞典（明星天子　みょうじょうてんし）

明神 みょうじん
　霊験あらたかな神をあがめて、「住吉明神」「稲荷大明神」などという。
　¶神仏辞典（明神　みょうじん）

妙尊　みょうそん
平安時代の僧。『今昔物語集』には好尊の名で登場する。
- ¶日本人名（妙尊　みょうそん　生没年未詳）

明尊　みょうそん
天台宗の僧。『今昔物語集』などに登場する。
- ¶説話伝説（明尊　みょうそん　㊌天禄2(971)年　㊡康平6(1063)年）
- 伝奇伝説（明尊　みょうそん　㊌天禄2(971)年　㊡康平6(1063)年）

妙珍　みょうちん
歌舞伎演目『国訛嫩笈摺』に登場する、お弓と知り合いの尼。
- ¶歌舞伎登（妙珍・妙林　みょうちん・みょうりん）

妙椿　みょうちん
曲亭馬琴作の読本『南総里見八犬伝』(1814-42) に登場する尼僧。実は妖姫玉梓。
- ¶架空人日（妙椿　みょうちん）

明珍宗清　みょうちんむねきよ
鎌倉時代の甲冑師。刑部大輔と称したという。
- ¶日本人名（明珍宗清　みょうちんむねきよ　生没年未詳）

妙典　みょうでん
歌舞伎演目『鎌髭』に登場する、六部、実は将軍良門。
- ¶歌舞伎登（妙典　みょうでん）

妙伝　みょうでん
歌舞伎演目『其往昔恋江戸染』に登場する、吉祥寺の所化。
- ¶歌舞伎登（妙伝　みょうでん）

夫婦狢　みょうとむじな
狢の妖怪。福島県河沼郡柳津町や大沼郡金山町に出る狢の夫婦のこと。
- ¶神仏辞典（夫婦狢　みょうとむじな）
- 全国妖怪（ミョウトムジナ〔福島県〕）

明遍　みょうへん
平安末期・鎌倉初期の僧。
- ¶神仏辞典（明遍　みょうへん　㊌1142年　㊡1224年）
- 説話伝説（明遍　みょうへん　㊌長承1(1132)年　㊡貞應3(1224)年）

妙林　みょうりん
歌舞伎演目『国訛嫩笈摺』に登場する、お弓と知り合いの尼。
- ¶歌舞伎登（妙珍・妙林　みょうちん・みょうりん）

明練　みょうれん
『今昔物語集』巻第十一の三十六に登場する信貴山の開基。『宇治拾遺物語』にも載る。
- ¶架空人日（明練　みょうれん）
- 古典人学（信貴山の聖　しぎさんのひじり）

美代吉　みよきち
河竹黙阿弥作の歌舞伎『縮屋新助』や『八幡祭小望月賑』に登場する芸者。
- ¶架空人日（美代吉　みよきち）
- 歌舞伎登（美代吉　みよきち）

三好為三入道　みよしいさにゅうどう
真田十勇士の一人で、三好清海入道の弟。伊三入道とも書く。
- ¶架空人日（三好為三入道　みよしいさにゅうどう）
- 日本人名（三好伊三入道　みよしいさにゅうどう）

三吉慎蔵　みよししんぞう
長州藩の支藩長府藩士。司馬遼太郎作『竜馬がゆく』の登場人物。
- ¶時代小説（三吉慎蔵　みよししんぞう）

三好清海入道　みよしせいかいにゅうどう
立川文庫に登場する真田十勇士の一人。実録『真田三代記』にも名が見える。
- ¶架空人日（三好清海入道　みよしせいかいにゅうどう）
- 架空伝説（三好清海入道　みよしせいかいにゅうどう）
- コン5（三好清海入道　みよしせいかいにゅうどう　㊌?　㊡元和11(1615)年）
- 新潮日本（三好清海入道　みよしせいかいにゅうどう）
- 説話伝説（三好清海入道　みよしせいかいにゅうどう　㊌?　㊡元和11(1615)年）
- 大辞林3（三好清海入道　みよしせいかいにゅうどう）
- 日本人名（三好清海入道　みよしせいかいにゅうどう）

三善為康　みよしためやす
平安時代の文人貴族。
- ¶説話伝説（三善為康　みよしのためやす　㊌永承4(1049)年　㊡保延5(1139)年）
- 伝奇伝説（三善為康　みよしのためやす　㊌永承4(1049)年　㊡保延5(1139)年）

三好長慶　みよしながよし
戦国期の武将。管領細川氏の家臣だったが主を追放。のちには部将の松永久秀に実権を奪われた。連歌にすぐれ、茶人としても著名。
- ¶説話伝説（三好長慶　みよしながよし　㊌大永3(1523)年　㊡永禄7(1564)年）
- 伝奇伝説（三好長慶　みよしながよし　㊌大永2(1522)年　㊡永禄7(1564)年）

三善清貫　みよしのきよつら
歌舞伎演目『菅原伝授手習鑑』に登場する、藤原時平の腹心で、天下を狙う陰謀に最初から加担する公卿。
- ¶歌舞伎登（三善清貫　みよしのきよつら）

三善清行　みよしのきよゆき

平安時代の学者、貴族。『今昔物語集』巻第24の25に登場する。怪異の家を買い、老狐を喩して移らせたという。

¶**架空人日**（三善清行　みよしのきよゆき）
説話伝説（三善清行　みよしのきよゆき [生]承和14（847）年 [没]延喜18（918）年）
伝奇伝説（三善清行　みよしきよゆき [生]承和14（847）年 [没]延喜18（918）年）

三善春家　みよしのはるいえ

『今昔物語集』巻第28に載る蛇嫌いの殿上人。

¶**架空人日**（三善春家　みよしのはるいえ）

三善康信　みよしやすのぶ

鎌倉初期の政治家。

¶**説話伝説**（三善康信　みよしやすのぶ [生]保延6（1140）年 [没]承久3（1221）年）
伝奇伝説（三善康信　みよしやすのぶ [生]保延6（1140）年 [没]承久3（1221）年）

海松橿媛　みるかしひめ

古代伝承上の豪族。『肥前国風土記』によれば、肥前松浦郡賀周里（佐賀県）の首長。

¶**日本人名**（海松橿媛　みるかしひめ）

弥勒　みるく

布袋に似た面を被った神。沖縄では、遥か彼方の洋上から豊穣をたずさえて来訪する神と考えている。

¶**神仏辞典**（弥勒　ミルク）

海松杭の松五郎　みるくいのまつごろう

3世瀬川如皐作の歌舞伎『与話浮名横櫛』（1853年初演）に登場する、木更津の博徒。

¶**架空人日**（海松杭の松五郎　みるくいのまつごろう）
歌舞伎登（海松杭の松五郎　みるくいのまつごろう）

視目嗅鼻　みるめかぐはな

地獄の閻魔王に亡者の罪状を報告する二つの鬼の首。

¶**神仏辞典**（視目嗅鼻　みるめかぐはな）

弥勒如来　みろくにょらい

弥勒が釈迦入滅後の56億7000万年後、未来仏として再び現れたときの姿。

¶**仏尊事典**（弥勒如来　みろくにょらい）〔像〕

弥勒菩薩　みろくぼさつ

釈迦入滅後の56億7000万年後に再びこの世に現れ、衆生を救済する菩薩。

¶**神様読解**（弥勒菩薩　みろくぼさつ）〔像〕
神文化史（ミロク（弥勒、弥勒菩薩））
奇談逸話（弥勒菩薩　みろくぼさつ）
広辞苑6（弥勒　みろく）〔像〕
神仏辞典（弥勒　みろく）
世神辞典（弥勒）〔像〕
世百新（弥勒　みろく）
大辞林3（弥勒菩薩　みろくぼさつ）〔像〕
東洋神名（弥勒菩薩　ミロクボサツ）〔像〕
日本人名（弥勒菩薩　みろくぼさつ）
仏尊事典（弥勒菩薩　みろくぼさつ）〔像〕

美呂浪神　みろなみのかみ

大国主神の後裔で、多比理岐志麻流美神の子。

¶**神様読解**（美呂浪神　みろなみのかみ）
神仏辞典（美呂波神　みろなみのかみ）

三輪　みわ

吉川英治作『鳴門秘帖』の登場人物。

¶**時代小説**（三輪　みわ）

三輪五郎左衛門　みわごろうざえもん

歌舞伎演目『けいせい青陽鶏』に登場する、小田信長の老臣。

¶**歌舞伎登**（三輪五郎左衛門　みわごろうざえもん）

神坐日向神　みわにますひむかのかみ

大和国城上郡の神坐日向神社の祭神。

¶**神仏辞典**（神坐日向神　みわにますひむかのかみ）

美和天神　みわのあまつかみ

『日本三代実録』に所出。駿河国の神。

¶**神仏辞典**（美和天神　みわのあまつかみ）

美和之大物主神　みわのおおものぬしのかみ

丹塗矢となって、かわやに入った勢夜陀多良比売のほとを突き妻とする。

¶**神仏辞典**（美和之大物主神　みわのおおものぬしのかみ）

美和神　みわのかみ

上野国山田郡の美和神社の祭神。

¶**神仏辞典**（美和神・三和神・三輪神・神神・弥和神　みわのかみ）

神御子美牟須比女命神　みわのみこみむすひめのみことのかみ

神御子美牟須比命神。大和国宇陀郡の神御子美牟須比女命神社の祭神。

¶**神仏辞典**（神御子美牟須比女命神・神御子美牟須比売命神　みわのみこみむすひめのみことのかみ）

神部忍　みわべのおし

古代伝承上の豪族。『但馬国朝来郡粟鹿大明神元記』によれば、神功皇后摂政のとき但馬（兵庫県）国造をつとめたという。

¶**日本人名**（神部忍　みわべのおし）

弥和山神　みわやまのかみ

三河国浜名郡の弥和山神社の祭神。

¶**神仏辞典**（弥和山神　みわやまのかみ）

無耳豚　みんきらうわ

奄美大島の子豚の妖怪。

¶**全国妖怪**（ミンキラウヮ〔鹿児島県〕）

みんつ　　　　　　　　　　686　　　　　　　　人物レファレンス事典

水木妖怪続（ミンキラウワ（耳無豚））〔像〕
妖怪事典（ミンキラウウー）
妖怪大全（無耳豚　ミンキラウワ）〔像〕
妖怪大事典（ミンキラウウー）〔像〕

ミンツチ
アイヌの人々に伝わる河童。
¶神文化史（ミントゥチ）
幻想動物（ミンツチカムイ）〔像〕
神仏辞典（ミントゥチ）
全国妖怪（ミンツチ〔北海道〕）
妖怪事典（ミンツチ）
妖怪大鑑（ミンツチ）〔像〕
妖怪大事典（ミンツチ）〔像〕

ミンツチトノ
アイヌの河童であるミンツチの親分のこと。
¶妖怪事典（ミンツチトノ）

民部大夫則助　みんぶのたいふのりすけ
『今昔物語集』の登場人物。平安時代の官吏とされる。妻と間男とにより殺されそうになるが命拾いする。
¶古典人学（民部大夫則助　みんぶのたいふのりすけ）

む

【 む 】

ムィティチゴロ
鹿児島県徳之島阿布木名でいう妖怪。
¶神仏辞典（ムィティチゴロ）
全国妖怪（ムィティチゴロ〔鹿児島県〕）
妖怪事典（ムィティチゴロ）
妖怪大事典（ムィティチゴロ）

無縁仏　むえんぶつ
過去世に結縁したことのない仏。
¶神仏辞典（無縁仏　むえんぶつ）

無縁仏　むえんほとけ
一般に、祭りをうけることのない死者の霊。
¶神仏辞典（無縁仏　むえんほとけ）

向井善九朗　むかいぜんくろう
歌舞伎演目『新規作肥後木駄』に登場する、仲間駒平として松山秀之進に仕えた。
¶歌舞伎登（向井善九朗　むかいぜんくろう）

向井長助　むかいちょうすけ
泡坂妻夫作『宝引の辰捕者帳』の登場人物。
¶時代小説（向井長助　むかいちょうすけ）

無可有　むかう
泡坂妻夫作『宝引の辰捕者帳』の登場人物。
¶時代小説（無可有　むかう）

迎え犬　むかえいぬ
動物（犬）の妖怪。長野県下伊那郡の俗伝。
¶神仏辞典（迎え犬　むかえいぬ）
全国妖怪（ムカエイヌ〔長野県〕）
妖怪事典（ムケーイヌ）

向神　むかえのかみ
山城国乙訓郡の向神社の祭神。
¶神仏辞典（向神　むかえのかみ）

昔男　むかしおとこ
『伊勢物語』の主人公。在原業平ともされる。
¶古典人学（昔男　むかしおとこ）
古典人東（在原業平　ありわらのなりひら）

向匱男閇襲大歴五御魂速狭騰尊　むかひつものおききそおおういつのみたまはやさのぼりのみこと
神功皇后に神懸かりをして名を告げた神。
¶神仏辞典（向匱男閇襲大歴五御魂速狭騰尊　むかひつものおききそおおういつのみたまはやさのぼりのみこと）

向日神　むかひのかみ
大年神の子。
¶神様読解（向日神　むかひのかみ）

無関普門　むかんふもん
鎌倉時代の僧。亀山上皇の龍山離宮の妖怪をしずめたことから上皇の帰依を受けた。
¶コン5（無関普門　むかんふもん　㊥建暦2（1212）年㊦正応4（1291）年）
日本人名（無関玄悟　むかんげんご　㊤1212年㊦1292年）

麦うらし　むぎうらし
山口県で麦の熟れる頃に出てくる妖怪。
¶妖怪事典（ムギウラシ）

無空律師　むくうりっし
平安中期の南都の僧。『今昔物語集』に生前ひそかに銭を蓄えておいた報いのため蛇身に堕した説話が残る。
¶架空人日（無空律師　むくうりっし）
コン5（無空　むくう　㊤?　㊦延喜18（918）年）

椋神　むくのかみ
武蔵国秩父郡の椋神社の祭神。
¶神仏辞典（椋神　むくのかみ）

無垢行縢　むくむかばき
鳥山石燕の『画図百器徒然袋』にある妖怪。行縢（騎馬で狩猟や旅行するとき腰につけて垂らし、両足や袴の前面を覆ったもの）の妖怪。
¶妖怪事典（ムクムカバキ）
妖怪大鑑（無垢行縢　むくむかばき）〔像〕
妖怪大事典（無垢行縢　むくむかばき）〔像〕

むくもとのかみ〜むそうごんのすけ

椋下神 むくもとのかみ
大和国宇陀郡の椋下神社の祭神。
¶神仏辞典（椋下神　むくもとのかみ）

向こう見ずの三吉 むこうみずのさんきち
江戸末頃の実録『大岡政談』「雲切仁左衛門之記」に登場するチンピラ。
¶架空人日（向こう見ずの三吉　むこうみずのさんきち）

無言上人 むごんしょうにん
『沙石集』の登場人物。七日間の無言行を始めるが、次々に戒律を破ってしまう4人の僧。
¶古典人東（無言上人　むごんしょうにん）

牟佐上神 むさかみのかみ
『日本三代実録』に所出。近江国の神。
¶神仏辞典（牟佐上神　むさかみのかみ）

牟佐下神 むさしたのかみ
『日本三代実録』に所出。近江国の神。
¶神仏辞典（牟佐下神　むさしたのかみ）

武蔵守女 むさしのかみのむすめ
『大和物語』の登場人物。武蔵守藤原経邦の娘。班子女王の女房。
¶古典人学（武蔵守女　むさしのかみのむすめ）

武蔵坊弁慶 むさしぼうべんけい
⇒弁慶（べんけい）

牟狭坐神 むさにますかみ
『日本書紀』『日本三代実録』『延喜式』に所出。牟狭社之神、身狭社之神とも。
¶神仏辞典（牟狭坐神　むさにますかみ）

虫井神 むしいのかみ
『日本三代実録』に所出。因幡国の神。
¶神仏辞典（虫井神　むしいのかみ）

虫鹿神 むしかのかみ
尾張国丹羽郡の虫鹿神社の祭神。
¶神仏辞典（虫鹿神　むしかのかみ）

貉 むじな
動物の妖怪。人に化けて害をなすと信じられた。
¶神仏辞典（貉・狢　むじな）
　全国妖怪（ムジナ〔千葉県〕）
　全国妖怪（ムジナ〔神奈川県〕）
　全国妖怪（ムジナ〔岐阜県〕）
　全国妖怪（ムジナノカイ〔宮城県〕）
　全国妖怪（ムジナノカイ〔福島県〕）
　全国妖怪（ムジナノカイ〔茨城県〕）
　全国妖怪（ムジナノカイ〔長野県〕）
　日本未確認（貉　むじな）〔像〕
　妖怪事典（ムジナ）

貉の提灯 むじなのちょうちん
茨城県東茨城郡地方でいう怪火。
¶妖怪事典（ムジナノチョウチン）
　妖怪大事典（貉の提灯　むじなのちょうちん）

むしにくる
動物の妖怪。鳥取県八頭郡八東町の俗伝。
¶神仏辞典（むしにくる）
　全国妖怪（ムシニクル〔鳥取県〕）

虫野神 むしののかみ
島根郡式外社35(45)社の虫野社の祭神。
¶神仏辞典（虫野神　むしののかみ）

虫愛づる姫君 むしめづるひめぎみ
『堤中納言物語』に登場する、按察使の大納言の女。虫を収集・愛玩する姫君。
¶架空人日（虫めづる姫君　むしめずるひめぎみ）
　古典人学（虫めづる姫君　むしめづるひめぎみ）
　古典人東（虫めづる姫君　むしめづるひめぎみ）
　説話伝説（虫愛づる姫君　むしめづるひめぎみ）

無住 むじゅう
鎌倉中期の僧。
¶説話伝説（無住　むじゅう ㊥嘉禄2(1226)年　㊦正和1(1312)年）
　伝奇伝説（無住　むじゅう ㊥嘉禄2(1226)年　㊦正和1(1312)年）

むすこ
田舎老人多田爺作『遊子方言』の主人公・通り者の相手として登場する青年。
¶古典人学（むすこ）

産霊 むすび
天地万物を産み成す霊妙な神霊。
¶広辞苑6（産霊　むすび）

霊産魂命神 むすひのみことのかみ
『日本三代実録』に所出。大和国の神。
¶神仏辞典（霊産魂命神　むすひのみことのかみ）

娘 むすめ
佐々木味津三作『右門捕物帖』の登場人物。
¶時代小説（娘　むすめ）

無責任男 むせきにんおとこ
⇒平等（たいらひとし）

夢然 むぜん
上田秋成作の読本『雨月物語』(1776)巻之三「仏法僧」の主人公。
¶架空人日（夢然　むぜん）

夢想権之助 むそうごんのすけ
吉川英治作『宮本武蔵』の登場人物。
¶時代小説（夢想権之助　むそうごんのすけ）

夢想兵衛　むそうびょうえ
曲亭馬琴作『夢想兵衛胡蝶物語』の主人公。神奈川浦島塚のほとりに住む漁夫。
¶古典人学（夢想兵衛　むそうびょうえ）

むち
道の妖怪。高知県高岡郡佐川町の俗伝。
¶神仏辞典（むち）
　妖怪事典（ムチ）
　妖怪大鑑（ムチ）〔像〕
　妖怪大事典（鞭　むち）〔像〕

牟都志神　むつしのかみ
尾張国春部郡の牟都志神社の祭神。
¶神仏辞典（牟都志神　むつしのかみ）

六田掃部　むつだかもん
歌舞伎演目『仏母摩耶山開帳』に登場する国主。
¶歌舞伎登（六田掃部　むつだかもん）

むっつり右門　むっつりうもん
佐々木味津三の『右門捕物帖』シリーズの主人公。本名、近藤右門。
¶架空人日（むっつり右門　むっつりうもん）
　架空人物（むっつり右門）
　架空伝承（むっつり右門　むっつりうもん）
　架空伝説（むっつり右門　むっつりうもん）〔像〕
　コン5（むっつり右門　むっつりうもん）
　新潮日本（近藤右門　こんどううもん）
　時代小説（近藤右門　こんどううもん）
　日本人名（むっつり右門　むっつりうもん）

陸奥宗光　むつむねみつ
明治期の政治家。坂本龍馬に知られて神戸海軍操練所、亀山社中、海援隊と行動を共にした。司馬遼太郎作『竜馬がゆく』に海援隊文官として登場する。
¶時代小説（陸奥陽之助宗光　むつようのすけむねみつ）

武藤太　むとうだ
⇒武藤太（ぶとうだ）

武塔天神　むとうてんじん
疫病除けの神。もとインドの神とも朝鮮の神ともいう。スサノオと同一神とされ、京都府八坂神社、愛知県津島神社ほかの祭神。
¶神様読解（蘇民将来／武塔天神　そみんしょうらい・むとうてんじん）
　神仏辞典（武塔天神　むとうのかみ）
　日本神話（武塔神　むたふのかみ）

宗像近江守　むなかたおうみのかみ
大佛次郎作『鞍馬天狗』の登場人物。
¶時代小説（宗像近江守　むなかたおうみのかみ）

宗像左近　むなかたさこん
大佛次郎作『鞍馬天狗』の登場人物。

¶時代小説（宗像左近　むなかたさこん）

宗像十太夫　むなかたじゅうだゆう
南條範夫作『月影兵庫』の登場人物。
¶時代小説（宗像十太夫　むなかたじゅうだゆう）

宗像の神　むなかたのかみ
天照大神と素戔嗚尊の誓約の中で生まれた、多紀理毘売命（田霧姫命、奥津島比売命）・市寸島比売命（市杵島姫命、狭依毘売命）・多伎都毘売命（湍津姫命）の三女神。福岡県の宗像大社に祀られる。
¶アジア女神（宗像三女神　むなかたさんじょしん）
　神様読解（宗像三神　むなかたさんじん）
　神仏辞典（胸形大神　むなかたのおおかみ）
　神話伝説（宗像の神　むなかたのかみ）
　説話伝説（宗像の神　むなかたのかみ）
　伝奇伝説（宗像の神　むなかたのかみ）
　東洋神名（宗像三神　ムナカタサンシン）〔像〕
　日本人名（宗像神　むなかたのかみ）
　日本神話（ムナカタ三女神　むなかたさんじょしん）

ムヌ
沖縄県の漠然とした妖怪。人が突然行方不明になることを「ムヌに持たれる」という。
¶全国妖怪（ムヌ〔沖縄県〕）

宗清　むねきよ
歌舞伎演目『恩愛瞶関守』に登場する、源氏の落人常盤御前と三人の子を捕らえようとする武士。
¶歌舞伎登（宗清　むねきよ）

宗貞　むねさだ
歌舞伎演目『積恋雪関扉』に登場する、四位の少将。
¶歌舞伎登（宗貞　むねさだ）

棟居弘一良　むねすえこういちろう
森村誠一の『人間の証明』以下の長短編に登場する警視庁麹町署刑事。
¶名探偵日（棟居弘一良　むねすえこういちろう）

宗近　むねちか
平安時代中期の刀工。能、歌舞伎の『小鍛冶』のモデル。
¶歌舞伎登（三条小鍛冶宗近　さんじょうこかじむねちか）
　日本人名（宗近　むねちか　生没年未詳）

宗近一　むねちかはじめ
夏目漱石作『虞美人草』（1907）に登場する、外交官志望の青年。
¶架空人日（宗近一　むねちかはじめ）

宗行の郎等　むねゆきのろうどう
説話集『宇治拾遺物語』に登場する、壱岐守宗行の従者。
¶架空人日（宗行の郎等　むねゆきのろうどう）

むねんこ
　動物（猫）の妖怪。岐阜県大野郡丹生川村の俗伝。
　¶神仏辞典　（むねんこ）
　　全国妖怪　（ムネンコ〔岐阜県〕）

無法松　むほうまつ
　⇒富島松五郎（とみしままつごろう）

馬主神　むまぬしのかみ
　遠江国周知郡の馬主神社の祭神。
　¶神仏辞典　（馬主神　むまぬしのかみ）

馬見岡神　むまみおかのかみ
　近江国蒲生郡の馬見岡神社二座の祭神。
　¶神仏辞典　（馬見岡神　むまみおかのかみ）

馬路石辺神　むまみちのいそべのかみ
　近江国野洲郡の馬路石辺神社の祭神。
　¶神仏辞典　（馬路石辺神　むまみちのいそべのかみ）

村井長庵　むらいちょうあん
　講釈、歌舞伎の登場人物。天保時代の江戸麹町の町医者とされる。
　¶朝日歴史　（村井長庵　むらいちょうあん）
　　架空人日　（村井長庵　むらいちょうあん）
　　架空伝承　（村井長庵　むらいちょうあん）
　　架空伝説　（村井長庵　むらいちょうあん）〔像〕
　　歌舞伎登　（村井長庵　むらいちょうあん）
　　古典人学　（村井長庵　むらいちょうあん）
　　新潮日本　（村井長庵　むらいちょうあん）
　　神話伝説　（村井長庵　むらいちょうあん）
　　説話伝説　（村井長庵　むらいちょうあん　生没年未詳）〔像〕
　　大辞林3　（村井長庵　むらいちょうあん）
　　伝奇伝説　（村井長庵　むらいちょうあん）
　　日本人名　（村井長庵　むらいちょうあん）

村岡神　むらおかのかみ
　丹後国熊野郡の村岡神社の祭神。
　¶神仏辞典　（村岡神・村岳神　むらおかのかみ）

村尾真弓　むらおまゆみ
　大佛次郎作『鞍馬天狗』の登場人物。
　¶時代小説　（村尾真弓　むらおまゆみ）

ムラカゼ
　熊本県人吉市でいう憑き物。
　¶妖怪事典　（ムラカゼ）

村上天皇　むらかみてんのう
　平安中期の天皇。
　¶説話伝説　（村上天皇　むらかみてんのう　㊤延長4(926)年　㊦康保4(967)年）

村上神　むらかみのかみ
　『日本三代実録』に所出。常陸国の神。
　¶神仏辞典　（村上神　むらかみのかみ）

村上道浄　むらかみみちきよ
　織豊期〜江戸時代前期の武士。陸奥気仙郡（岩手県）高田村の郷士。気仙川の漁業権をめぐる争いを自らの命をもって諌め、死後道慶大明神として祀られた。
　¶日本人名　（村上道浄　むらかみみちきよ　㊤1559年　㊦1644年）

村上義光　むらかみよしてる
　鎌倉末期の武士。『太平記』に活躍は詳しい。
　¶説話伝説　（村上義光　むらかみよしてる　㊤?　㊦元弘3(1333)年）
　　伝奇伝説　（源義光　みなもとのよしてる　㊤?　㊦元弘3(正慶2)(1333)年）

村国神　むらくにのかみ
　美濃国各務郡の村国神社二座の祭神。
　¶神仏辞典　（村国神　むらくにのかみ）

村口真墨田神　むらくにますみだのかみ
　美濃国各務郡の村国真墨田神社の祭神。
　¶神仏辞典　（村口真墨田神　むらくにますみだのかみ）

夢楽の女　むらくのおんな
　井原西鶴作の浮世草子『武道伝来記』(1687)巻八の第一「野机の煙くらべ」に登場する女性。
　¶架空人日　（夢楽の女　むらくのおんな）
　　架空伝説　（夢楽の女　むらくのおんな）

むらさ
　海の妖怪。島根県隠岐郡都万村の俗伝。
　¶神仏辞典　（むらさ）
　　全国妖怪　（ムラサ〔島根県〕）
　　妖怪事典　（ムラサ）
　　妖怪大鑑　（ムラサ）〔像〕
　　妖怪大事典　（ムラサ）〔像〕

紫　むらさき
　柳亭種彦作の合巻『偐紫田舎源氏』(1829-42)に登場する、光氏の妻。
　¶架空人日　（紫　むらさき）

紫肝　むらさきぎも
　長崎県の対馬南部でいう道の怪。
　¶全国妖怪　（ムラサキギモ〔長崎県〕）

紫肝　むらさきぎも
　福島県や熊本県の一部で、3月3日に生まれた女と5月5日に生まれた男をいう。河童が好んで肝を抜き食う。
　¶神仏辞典　（紫肝　むらさきぎも）
　　全国妖怪　（ムラサキギモ〔福島県〕）
　　全国妖怪　（ムラサキギモ〔熊本県〕）

紫式部　むらさきしきぶ
　平安中期の女流文学者。『源氏物語』の作者。
　¶架空伝承　（紫式部　むらさきしきぶ　生没年不詳）
　　架空伝説　（紫式部　むらさきしきぶ）〔像〕

歌舞伎登（紫式部　むらさきしきぶ）
奇談逸話（紫式部　むらさきしきぶ 生没年未詳）
古典人学（紫式部　むらさきしきぶ）
古典人東（紫式部　むらさきしきぶ）
人物伝承（光源氏と紫式部　ひかるげんじとむらさきしきぶ）
説話伝説（紫式部　むらさきしきぶ [生]天延1（973）年 [没]長和3（1014）年）
伝奇伝説（紫式部　むらさきしきぶ [生]天延1（973）年? [没]長和3（1014）年?）〔像〕

紫上　むらさきのうえ

『源氏物語』の登場人物の一人。14歳で源氏と結婚、葵上の死後に、第一の妻となる。

¶英雄事典（紫上　ムラサキノウエ）
架空人日（紫の上　むらさきのうえ）
架空伝承（紫上　むらさきのうえ）
広辞苑6（紫の上　むらさきのうえ）
古典人学（紫上　むらさきのうえ）
古典人東（紫の上　むらさきのうえ）
コン5（紫上　むらさきのうえ）
新潮日本（紫の上　むらさきのうえ）
大辞林3（紫の上　むらさきのうえ）
日本人名（紫上　むらさきのうえ）

村雨　むらさめ

勅勘をうけて須磨へ流された在原行平が、その地で愛したという姉妹の海女の一人。能『松風』をはじめ、浄瑠璃・歌舞伎などに登場する。

¶架空伝承（松風・村雨　まつかぜ・むらさめ）〔像〕
架空伝説（村雨　むらさめ）〔像〕
歌舞伎登（村雨　むらさめ）
広辞苑6（松風村雨　まつかぜ・むらさめ）
古典人東（松風・村雨　まつかぜ・むらさめ）
コン5（松風・村雨　まつかぜ・むらさめ）
新潮日本（松風・村雨　まつかぜ・むらさめ）
神仏辞典（松風・村雨　まつかぜ・むらさめ）
説話伝説（松風村雨　まつかぜむらさめ）〔像〕
伝奇伝説（松風村雨　まつかぜ むらさめ）
日本人名（松風・村雨　まつかぜ・むらさめ）

村雨の鉄　むらさめのてつ

野村胡堂作『銭形平次捕物控』の登場人物。

¶時代小説（村雨の鉄　むらさめのてつ）

村雨弥十郎　むらさめやじゅうろう

宇江佐真理作『髪結い伊三次捕物余話』の登場人物。

¶時代小説（村雨弥十郎　むらさめやじゅうろう）

村田新八　むらたしんぱち

歌舞伎演目『江戸城総攻』に登場する、征東大総督府武家参謀付監察。

¶歌舞伎登（村田新八　むらたしんぱち）

村田長吉　むらたちょうきち

子母澤寛作『父子鷹』の登場人物。

¶時代小説（村田長吉　むらたちょうきち）

村檜神　むらひのかみ

下野国都賀郡の村檜神社の祭神。

¶神仏辞典（村檜神　むらひのかみ）

村正　むらまさ

室町時代、伊勢国桑名の刀工。その刀は妖刀説や徳川家にたたるという伝説を生んだ。

¶架空伝承（村正　むらまさ 生没年不詳）
広辞苑6（村正　むらまさ）
コン5（村正　むらまさ 生没年不詳）
神仏辞典（村正　むらまさ）
説話伝説（村正　むらまさ 生没年不詳）
伝奇伝説（村正　むらまさ）
日本人名（村正　むらまさ 生没年未詳）

村屋坐弥富都比売神　むらやにますみふつひめのかみ

村屋禰富都比売神、村屋弥富都比売神とも。大和国城下郡の村屋坐弥富都比売神社の祭神。

¶神仏辞典（村屋坐弥富都比売神　むらやにますみふつひめのかみ）

村屋神　むらやのかみ

長門国豊浦郡の村屋神社の祭神。

¶神仏辞典（村屋神　むらやのかみ）

村山たか　むらやまたか

舟橋聖一作『花の生涯』の登場人物。

¶時代小説（村山たか　むらやまたか）

村山等安　むらやまとうあん

慶長年間の長崎代官。

¶説話伝説（村山等安　むらやまとうあん [生]永禄9（1566）年 [没]元和5（1619）年）
伝奇伝説（村山等安　むらやまとうあん [生]永禄9（1566）年 [没]元和5（1619）年）

村山神　むらやまのかみ

伊予国宇摩郡の村山神社などの祭神。

¶神仏辞典（村山神　むらやまのかみ）

牟礼神　むれのかみ

摂津国島下郡、伊勢国多気郡の牟礼神社の祭神。

¶神仏辞典（牟礼神　むれのかみ）

樫生龍穴神　むろうりゅうけつのかみ

大和国宇陀郡の室生龍穴神社の祭神。

¶神仏辞典（樫生龍穴神・室生龍穴神　むろうりゅうけつのかみ）

室賀豹馬　むろがひょうま

山田風太郎作『甲賀忍法帖』の登場人物。

¶時代小説（室賀豹馬　むろがひょうま）

室城神　むろきのかみ

山城国久世郡の室城神社の祭神。

¶神仏辞典（室城神　むろきのかみ）

室津神　むろつのかみ

土佐国安芸郡の室津神社の祭神。

¶神仏辞典（室津神　むろつのかみ）

牟婁の沙弥　むろのしゃみ
『日本霊異記』『今昔物語集』に登場する私度僧。
¶架空人日（牟婁の沙弥　むろのしゃみ）

室原神　むろはらのかみ
尾張国中島郡の室原神社の祭神。
¶神仏辞典（室原神　むろはらのかみ）

室毘古王　むろびこのみこ
日子坐王の子。
¶神様読解（室毘古王　むろびこのみこ）

室比売神　むろひめのかみ
阿波国勝浦郡の室比売神社の祭神。
¶神仏辞典（室比売神　むろひめのかみ）

室矢醇堂　むろやじゅんどう
柴田錬三郎作『眠狂四郎無頼控』の登場人物。
¶時代小説（室矢醇堂　むろやじゅんどう）

物　むん
鹿児島県奄美諸島に伝わる、目には見えない物の怪。
¶神仏辞典（物　ムン）
　全国妖怪（ムン〔鹿児島県〕）

物　むん
沖縄県の妖怪。姿形は無く目には見えないもの。
¶神文化史（ムン）
　神仏辞典（物　ムン）

ムンバ
奄美大島徳之島伊仙町でいう妖怪。
¶妖怪事典（ムンバ）

【め】

目明し仁蔵　めあかしにぞう
松本清張作『無宿人別帳』の登場人物。
¶時代小説（目明し仁蔵　めあかしにぞう）

名人長次　めいじんちょうじ
歌舞伎脚本、世話物、五幕の主人公。
¶説話伝説（名人長次　めいじんちょうじ）

迷亭　めいてい
夏目漱石作『吾輩は猫である』（1905〜06）に登場する、天衣無縫の美学者。
¶架空人日（迷亭　めいてい）

冥途の鬼　めいどのおに
地獄の鬼形の獄卒のことではなく、鬼本来の意味の幽魂。
¶日本未確認（冥途の鬼）

女夫石　めおといし
夫婦とする由来伝説がある二つの石のことで、多くは神として祀られている。
¶神仏辞典（女夫石　めおといし）

夫婦火　めおとび
長野県上伊那郡東箕輪村でいう怪火。
¶妖怪事典（メオトビ）
　妖怪大事典（夫婦火　めおとび）

メガ
『琉球国由来記』の宮古島の御嶽の由来譚に登場する神的女性や女神の名。
¶アジア女神（メガ）

メカゴジラ
映画『ゴジラ対メカコジラ』（1974）に登場する、異星人がつくったゴジラの形に似た怪獣ロボット。
¶怪物事典（メカゴジラ）

メカニコング
映画『キングコングの逆襲』（1967）に登場する、銀の鎧を来た猿に似た巨大ロボット。
¶怪物事典（メカニコング）

陰神　めがみ
女性神の意。特に伊弉冉尊をいう。
¶神仏辞典（陰神　めがみ）
　世百新（女神　めがみ）

メガロ
映画『ゴジラ対メガロ』（1973）に登場する、甲虫に似た2本足の怪獣。
¶怪物事典（メガロ）

め組の辰五郎　めぐみのたつごろう
歌舞伎『神明恵和合取組』に登場する人物。
¶架空伝説（め組の辰五郎　めぐみのたつごろう）
　歌舞伎登（め組の辰五郎　めぐみのたつごろう）〔像〕

盲半之丞　めくらはんのじょう
歌舞伎演目『三人片輪』に登場する、偽の盲男。
¶歌舞伎登（盲半之丞　めくらはんのじょう）

目競　めくらべ
目玉のついたたくさんの髑髏の妖怪。
¶妖怪事典（メクラベ）〔像〕
　妖怪大事典（目競　めくらべ）〔像〕
　妖百4（目競　めくらべ）〔像〕

め

巡り神 めぐりがみ
遠方から巡歴来訪すると信じられた偉大な神格。
¶神仏辞典（巡り神　めぐりがみ）

飯食い幽霊 めしくいゆうれい
村上義清の家来隅田宮内郷の家に棲みついた、姿は見せず、食べ物ばかり食べていたもの。
¶水木妖怪（めし食い幽霊）〔像〕
　妖怪大全（飯食い幽霊　めしくいゆうれい）〔像〕

目白三平 めじろさんぺい★
中村武志のサラリーマン小説『目白三平』ものに常に登場する人物。国鉄本社に勤める職員。
¶架空人物（目白三平）

女代神 めしろのかみ
但馬国城埼郡の女代神社の祭神。
¶神仏辞典（女代神　めしろのかみ）

馬頭 めず
仏教の地獄で、鉄杖を持って罪人を苦しめる鬼。牛頭と一組で語られる。
¶幻想動物（牛頭/馬頭）〔像〕

女月神 めづきのかみ
出雲国意宇郡式内社48社の売豆貴社、『延喜式』の売豆紀神社の祭神。
¶神仏辞典（女月神・売豆貴神・売豆紀神　めづきのかみ）

売太神 めたのかみ
大和国添上郡の売太神社の祭神。
¶神仏辞典（売太神　めたのかみ）

目だらけの化け物 めだらけのばけもの
山梨県西山梨郡（甲府市）の昔話にある怪異。
¶妖怪事典（メダラケノバケモノ）
　妖怪大事典（目だらけの化け物　めだらけのばけもの）

メットゥチ
岩手県九戸郡地方でいう河童。
¶神仏辞典（めっとっち）
　全国妖怪（メットゥチ〔岩手県〕）
　妖怪事典（メットゥチ）

メットッポ
長崎県五島地方でいう妖怪。
¶全国妖怪（メットッポ〔長崎県〕）
　妖怪事典（メットッポ）

めどち
水の妖怪。メドチの語は水虬に由来するか。青森県における河童の呼称。
¶幻想動物（メドチ）〔像〕
　神仏辞典（めどち）
　全国妖怪（メドチ〔青森県〕）
　妖怪事典（メドチ）

メドツ
青森県、岩手県二戸郡福岡町（二戸市）地方でいう河童。
¶妖怪事典（メドツ）

女鳥王 めどりのおおきみ
古代伝説上の人物。応神天皇の娘。母を異にした仁徳天皇の妹。
¶広辞苑6（女鳥王　めどりのおおきみ）
　古典人学（女鳥王　めどりのおおきみ）
　コン5（雌鳥皇女　めどりのひめみこ）
　新潮日本（雌鳥皇女　めどりのひめみこ）
　神話伝説（速総別王・女鳥王　はやぶさわけのおおきみ・めどりのおおきみ）
　日本人名（雌鳥皇女　めどりのおうじょ）

雌鳥皇女 めどりのひめみこ
⇒女鳥王（めどりのおおきみ）

面沼神 めぬのかみ
但馬国二方郡の面沼神社、因幡国八上郡の沼神社の祭神。
¶神仏辞典（面沼神・売沼神　めぬのかみ）

咩神 めのかみ
『日本三代実録』に所出。筑前国の神。
¶神仏辞典（咩神　めのかみ）

目原坐高御魂神 めはらにますたかみむすびのかみ
目原高御魂神、因原高御魂神とも。大和国十市郡の目原坐高御魂神社二座の祭神。
¶神仏辞典（目原坐高御魂神　めはらにますたかみむすびのかみ）

目一つ小僧 めひとつこぞう
家に来る妖怪。
¶神仏辞典（目一つ小僧　めひとつこぞう）
　全国妖怪（メヒトツコゾウ〔静岡県〕）

目一つ五郎 めひとつごろう
道の妖怪。九州各地で一つ目の怪のこと。
¶神仏辞典（目一つ五郎　めひとつごろう）
　全国妖怪（メヒトツゴロ〔宮崎県〕）
　妖怪事典（メヒトツゴロウ）
　妖怪大事典（目一つ五郎　めひとつごろう）

売布神 めふのかみ
出雲国意宇郡式内社48社の売布社、『延喜式』の売布神社の祭神。
¶神仏辞典（売布神・売夫神　めふのかみ）

メーメー
新潟県地方でいう妖怪の児童語。
¶妖怪事典（メーメー）

メメ
鹿児島県地方でいう妖怪の児童語。

¶妖怪事典（メメ）

メメチャウ
新潟県地方でいう妖怪の児童語。
¶妖怪事典（メメチャウ）

メモジョー
長野県地方でいう妖怪の児童語。
¶妖怪事典（メモジョー）

めよせ
無いものがあるように見える幻覚のこと。鹿児島県肝属郡地方の俗伝。
¶神仏辞典（めよせ）

メラ
福岡県八女郡串毛地方でいう妖怪。
¶妖怪事典（メラ）

馬郎婦観音　めろうふかんのん
馬氏の夫人に化現した観音。
¶神仏辞典（馬郎婦観音　めろうふかんのん）

メロス
太宰治作『走れメロス』（1940）に登場するシシリー島に住む、羊飼い。
¶架空人日（メロス）
　児童登場（メロス）

メン
鹿児島県地方でいう妖怪の児童語。
¶妖怪事典（メン）

面打ち元興寺赤右衛門　めんうちがごぜあかえもん
歌舞伎演目『七つ面』に登場する、実は粟津六郎。尉・潮吹き・般若・姥・武悪の五つの面を見せる。
¶歌舞伎登（面打ち元興寺赤右衛門　めんうちがごぜあかえもん）

女神　めんがみ
広島県神石郡豊松村の数か所に伝えられる一対の神の一柱。
¶神仏辞典（男神・女神　おんがみ・めんがみ）

毛受勝助　めんじゅかつすけ
歌舞伎演目『けいせい北国曙』に登場する、柴田勝重の家臣だが、現在は勘当中で近江（滋賀県）・美濃（岐阜県）との国境寝物語りの里に住んでいる。
¶歌舞伎登（毛受勝助　めんじゅかつすけ）

メンドン
鹿児島県地方でいう妖怪の児童語。
¶妖怪事典（メンドン）
　妖怪大事典（メンドン）〔像〕

メンメ
岐阜県地方でいう妖怪の児童語。
¶妖怪事典（メンメ）

面霊気　めんれいき
鳥山石燕の『画図百器徒然袋』に、面の妖怪として描かれたもの。
¶妖怪事典（メンレイキ）
　妖怪大鑑（面霊気　めんれいき）〔像〕
　妖怪大事典（面霊気　めんれいき）〔像〕

面癘鬼　めんれき
古い面が化けて出た妖怪。
¶妖百4（面癘鬼　めんれき）〔像〕

【 も 】

モー
岩手県、秋田県、宮城県、山形県、山梨県、長野県、富山県、石川県、高知県、長崎県地方でいう妖怪の児童語。
¶妖怪事典（モー）

森殿　もいどん
九州南部で、木立や森の一区画などを神聖視して祀る森神の一つ。
¶神仏辞典（森殿　もいどん）
　妖怪大鑑（モイドン）〔像〕
　妖怪大事典（森殿　もいどん）〔像〕

曚雲　もううん
曲亭馬琴作の読本『椿説弓張月』（1807-11）に登場する、仙人の姿に化けた竜。
¶架空人日（曚雲　もううん）

毛国鼎　もうこくてい
曲亭馬琴作の読本『椿説弓張月』（1807-11）に登場する、琉球王の忠臣。
¶架空人日（毛国鼎　もうこくてい）

亡者船　もうじゃぶね
海の妖怪。
¶幻想動物（亡者船）〔像〕
　神仏辞典（亡者船　もうじゃぶね）
　全国妖怪（モウジャブネ〔青森県〕）
　全国妖怪（モウジャブネ〔岩手県〕）
　全国妖怪（モウジャブネ〔愛知県〕）
　妖怪事典（モウジャブネ）
　妖怪大事典（亡者船　もうじゃぶね）

もうすけ
動物（貂）の妖怪。秋田県北秋田地方でエゾイタチのことをいう。
¶神仏辞典（もうすけ）

全国妖怪（モウスケ〔秋田県〕）

孟宗　もうそう
御伽草子『二十四孝』に登場する、二十四孝の一人。
¶架空人日（孟宗　もうそう）

毛内有之助　もうないありのすけ
新選組隊士。通称・監察。子母澤寛作『新選組始末記』の登場人物。
¶時代小説（毛内有之助　もうないありのすけ）

毛利尚斎　もうりしょうさい
有吉佐和子作『華岡青洲の妻』の登場人物。
¶時代小説（毛利尚斎　もうりしょうさい）

毛利輝元　もうりてるもと
織田豊臣期の大名。
¶説話伝説（毛利輝元　もうりてるもと　⑭天文22(1553)年　⑫寛永2(1625)年）

毛利元就　もうりもとなり
戦国時代の武将。安芸高田郡吉田の国人領主として家督を継ぎ、郡山城主となる。中国地方一帯を支配した。
¶架空伝承（毛利元就　もうりもとなり　⑭明応6(1497)年　⑫元亀2(1571)年）
　歌舞伎登（毛利元就　もうりもとなり）
　奇談逸話（毛利元就　もうりもとなり　⑭明応6(1497)年　⑫元亀2(1571)年）
　説話伝説（毛利元就　もうりもとなり　⑭明応3(1494)年　⑫元亀2(1571)年）〔像〕
　伝奇伝説（毛利元就　もうりもとなり　⑭明応6(1497)年　⑫元亀2(1571)年）〔像〕

魍魎　もうりょう
水の神で、山川の精物。また、死者を食べる妖怪と考えられているもの。
¶広辞苑6（魍魎　もうりょう）
　神仏辞典（魍魎　もうりょう）
　世未確認（魍魎　もうりょう）〔像〕
　全国妖怪（モウリョウ〔岐阜県〕）〔像〕
　日本未確認（魍魎　もうりょう）〔像〕
　妖怪事典（モウリョウ）
　妖怪大全（魍魎　もうりょう）〔像〕
　妖怪大事典（魍魎　もうりょう）〔像〕

亡霊船　もうれいせん
和歌山県や福島県の海上でいう怪異。
¶妖怪事典（モウレイセン）
　妖怪大事典（亡霊船　もうれいせん）

亡霊火　もうれいび
海の妖怪。火の妖怪。日本各地に伝わる。
¶神仏辞典（亡霊火　もうれいび）
　全国妖怪（モウレイビ〔宮城県〕）
　全国妖怪（モウレイビ〔鹿児島県〕）
　妖怪事典（モウレイビ）
　妖怪大事典（亡霊火　もうれいび）

亡霊ヤッサ　もうれんやっさ
千葉県の海上でいう怪異。
¶妖怪事典（モウレンヤッサ）
　妖怪大事典（亡霊ヤッサ　もうれんやっさ）

茂右衛門〔好色五人女〕　もえもん
⇒茂兵衛（もへえ）

モカ
新潟県地方でいう妖怪の児童語。
¶妖怪事典（モカ）

モーカ
長野県、高知県、石川県でいう妖怪の児童語。
¶妖怪事典（モーカ）

モーカー
山形県地方でいう妖怪の児童語。
¶妖怪事典（モーカー）

モガ
長野県地方でいう妖怪の児童語。
¶妖怪事典（モガ）

最上義光　もがみよしあき
安土桃山時代、江戸幕府前期の武将。山形藩主最上家初代。出羽の山形城を拠点に上杉景勝・伊達政宗らと争う。
¶奇談逸話（最上義光　もがみよしあき　⑭天文15(1546)年　⑫慶長19(1614)年）
　説話伝説（最上義光　もがみよしあき　⑭天文15(1546)年　⑫慶長19(1614)年）
　伝奇伝説（最上義光　もがみよしみつ　⑭天文16(1547)年　⑫慶長19(1614)年）

裳咋神　もくいのかみ
尾張国中島郡の裳咋神社の祭神。
¶神仏辞典（裳咋神　もくいのかみ）

木魚達磨　もくぎょだるま
鳥山石燕の『画図百器徒然袋』に、木魚と達磨が合体したような妖怪として描かれ、【杖仏木魚客板など、禅床のふだんの仏具なれば、かかるすがたにもばけぬべし。払子守と同じものかと、夢のうちにおもひぬ】と記されている。
¶妖怪事典（モクギョダルマ）
　妖怪大鑑（木魚達磨　もくぎょだるま）〔像〕
　妖怪大事典（木魚達磨　もくぎょだるま）〔像〕

目犍連　もくけんれん
釈迦十大弟子の一人。神通第一とされる。
¶広辞苑6（目犍連　もくけんれん）
　神仏辞典（目連　もくれん）
　大辞林3（目犍連　もくけんれん）

木食応其　もくじきおうご
安土桃山時代の木食上人（木の実、果実のみを食する修行をした僧）。

¶奇談逸話（木食上人　もくじきしょうにん [生]天文5(1536)年 [没]慶長13(1608)年）
コン5（木食応其　もくじきおうご [生]天文5(1536)年 [没]慶長13(1608)年）
説話伝説（木食上人　もくじきしょうにん [生]天文5(1537)年 [没]慶長13(1608)年）
伝奇伝説（木食上人　もくじきしょうにん [生]天文6(1537)年 [没]慶長13(1608)年10月1日）

木食五行　もくじきごぎょう
江戸時代の木食上人(木の実、果実のみを食する修行をした僧)。
¶コン5（木食五行　もくじきごぎょう [生]享保3(1718)年 [没]文化7(1810)年）
説話伝説（木食上人　もくじきしょうにん [生]享保3(1718)年 [没]文化7(1810)年）
伝奇伝説（木食上人　もくじきしょうにん [生]享保3(1718)年 [没]文化7(1810)年）

杢蔵　もくぞう
歌舞伎演目『神明恵和合取組』に登場する、芝神明町の夜番。
¶歌舞伎登（杢蔵　もくぞう）

木曾官　もくそかん
4世鶴屋南北作の歌舞伎『天竺徳兵衛万里入舩』(1841年初演)に登場する、天竺徳兵衛の父。
¶架空人日（木曾官　もくそかん）

目代丁字左衛門　もくだいちょうじさえもん
歌舞伎演目『太刀盗人』に登場する、太刀を盗まれた田舎者万兵衛と、言い逃れを働くすり九郎兵衛をそれぞれ従者の藤内とともに詮議する目代。
¶歌舞伎登（目代丁字左衛門　もくだいちょうじさえもん）

目目連　もくもくれん
荒れ果てた空き家の破れ障子に、無数の目が張りついているという妖怪。
¶幻想動物（目目連）〔像〕
妖怪事典（モクモクレン）
妖怪大全（目々連　もくもくれん）〔像〕
妖怪大事典（目々連　もくもくれん）〔像〕
妖百4（目目連　もくもくれん）〔像〕

蒙古高句麗　もくりこくり
山・海・動物の妖怪。和歌山県の俗伝。
¶神仏辞典（蒙古高句麗　もくりこくり）
全国妖怪（モクリコクリ〔和歌山県〕）
妖怪事典（モクリコクリ）
妖怪大鑑（モクリコクリ）〔像〕
妖怪大事典（蒙古高句麗　もくりこくり）〔像〕

茂栗安蔵　もぐりやすぞう
歌舞伎演目『水天宮利生深川』に登場する、高利貸し因業金兵衛に雇われる代言人。
¶歌舞伎登（茂栗安蔵　もぐりやすぞう）

モゲラ
映画『地球防衛軍』(1957)に登場する、宇宙ロボット(ミステロイド)。
¶怪物事典（モゲラ）

モーコ
長野県、石川県、山形県、岩手県地方でいう妖怪の児童語。
¶妖怪事典（モーコ）

モコ
北海道、青森県、秋田県、岩手県、山形県地方でいう妖怪の児童語。
¶妖怪事典（モコ）

毛社乃神　もこそのかみ
出雲国意宇郡式外社19社の祭神。
¶神仏辞典（毛社乃神　もこそのかみ）

モーコンジー
長野県地方でいう妖怪の児童語。
¶妖怪事典（モーコンジー）

茂三郎　もさぶろう
陣出達朗作『伝七捕物帳』の登場人物。
¶時代小説（茂三郎　もさぶろう）

文字清　もじきよ
岡本綺堂作『半七捕物帳』の登場人物。
¶時代小説（文字清　もじきよ）

文字豊　もじとよ
松本清張作『無宿人別帳』の登場人物。
¶時代小説（文字豊　もじとよ）

毛之神　もしのかみ
出雲国秋鹿郡式外社16社の毛之社の祭神。
¶神仏辞典（毛之神　もしのかみ）

モシリイクテウエチェップ
アイヌ語で、背で地を支える魚という意味。
¶妖怪事典（モシリイクテウェチェップ）

モシㇼシンナイサㇺ
アイヌで、熊にも鹿にも牛にも馬にも化け、姿を見たと思うと消える化け物。
¶神仏辞典（モシリシンナイサム）
全国妖怪（モシリシンナイサム〔北海道〕）
妖怪事典（モシリシンナイサム）
妖怪大事典（モシリシンナイサム）

モシル・コル・フチ
アイヌ(サハリン東海岸)の火の女神。
¶アジア女神（モシル・コル・フチ(国土を領わく媼)）

文字若　もじわか
柴田錬三郎作『眠狂四郎無頼控』の登場人物。
¶時代小説（文字若　もじわか）

モースク
秋田県北秋田郡でいう憑き物。
¶妖怪事典（モースク）

モスラ
映画『モスラ』ほかに登場する、巨大な蛾に似た怪獣。
¶怪物事典（モスラ）〔像〕

望月　もちづき
歌舞伎演目『紅葉狩』に登場する、更科姫（実は戸隠山の鬼女）に仕える侍女。
¶歌舞伎登（望月・田毎　もちづき・たごと）

望月秋長　もちづきあきなが
歌舞伎演目『望月』に登場する、信濃の国の安田庄司友治を殺害し、その妻と子の花若によって敵討ちされる人物。
¶歌舞伎登（望月秋長　もちづきあきなが）

望月輝　もちづきあきら
歌舞伎演目『島衛月白浪』に登場する、もとは幕府の直参で千石取り。書家のかたわら金貸しをしている。
¶歌舞伎登（望月輝　もちづきあきら）

望月亀弥太　もちづきかめやた
新留守居組に属する下士。司馬遼太郎作『竜馬がゆく』の登場人物。
¶時代小説（望月亀弥太　もちづきかめやた）

望月源蔵　もちづきげんぞう
歌舞伎演目『加賀見山再岩藤』に登場する、多賀家の執権職となり、望月弾正と名を改める。
¶歌舞伎登（望月源蔵　もちづきげんぞう）

望月小平太　もちづきこへいた
山本周五郎作『町奉行日記』(1960)に登場する町奉行。
¶架空人日（望月小平太　もちづきこへいた）

望月帯刀　もちづきたてわき
歌舞伎演目『梅柳若葉加賀染』に登場する、長弦寺の住職、実は源義経の遺臣泉小次郎親平。
¶歌舞伎登（望月帯刀　もちづきたてわき）

望月六郎　もちづきろくろう
真田十勇士の一人。
¶架空人日（望月六郎　もちづきろくろう）
　日本人名（望月六郎　もちづきろくろう）

持田神　もちたのかみ
出雲国島根郡式外社35(45)社の持田社の祭神。

¶神仏辞典（持田神　もちたのかみ）

以仁王　もちひとおう
後白河天皇の第3皇子。平氏打倒に失敗し、宇治川で平氏に追撃され討たれた。しかし、その後も生きていたという風説が各地に伝わる。
¶架空伝承　（以仁王　もちひとおう　㊌仁平1(1151)年　㊡治承4(1180)年）
　コン5　（以仁王　もちひとおう　㊌仁平1(1151)年　㊡治承4(1180)年）
　人物伝承（以仁王　もちひとおう　㊌仁平1(1151)年　㊡治承4(1180)年）
　説話伝説（以仁王　もちひとおう　㊌仁平1(1151)年　㊡治承4(1180)年）
　伝奇伝説（以仁王　もちひとおう　㊌仁平1(1151)年　㊡治承4(1180)年）

持丸富貴太郎　もちまるふきたろう
合巻『児雷也豪傑譚』(1839-68)に登場する、児雷也の友人。
¶架空人日（持丸富貴太郎　もちまるふきたろう）

モッカ
新潟県、長野県南安曇郡地方でいう妖怪の児童語。
¶妖怪事典（モッカ）

モッコ
青森県、岩手県、秋田県、福島県、千葉県地方でいう妖怪の児童語。
¶妖怪事典（モッコ）

モッコー
山形県地方でいう妖怪の児童語。
¶妖怪事典（モッコー）

尤道理之助　もっともどうりのすけ
『伊達競阿国戯場』など「伊達騒動物」の歌舞伎に登場する足利頼兼の家臣の名前。
¶歌舞伎登（尤道理之助　もっともどうりのすけ）

モテナイ
アイヌ語で、北東からの烈風という意味の空中に棲む魔。
¶妖怪事典（モテナイ）

元井エンジ　もといえんじ
山本周五郎作『青べか物語』(1960)に登場する、おさいの恋人。
¶架空人日（元井エンジ　もといえんじ）

本居宣長　もとおりのりなが
江戸時代の国学者。国学の四大人の一人。伊勢国松坂生まれ。著者に『古事記伝』など。
¶説話伝説（本居宣長　もとおりのりなが　㊌享保15(1730)年　㊡享和1(1801)年）〔像〕

もどき
田楽の役の名。里神楽のひょっとこの役や、そ

の面の名まで「もどき」という。
¶神話伝説（もどき）

元吉　もときち
杉本章子作『おすず信太郎人情始末帖』の登場人物。
¶時代小説（元吉　もときち）

本紀明神　もときみょうじん
山梨県南都留郡西桂町の滝口姓の氏神。
¶神仏辞典（本紀明神　もときみょうじん）

本村井神　もとむらのいのかみ
加賀国石川郡の本村井神社の祭神。
¶神仏辞典（本村井神　もとむらのいのかみ）

求女　もとめ
歌舞伎演目『妹背山婦女庭訓』に登場する、烏帽子折りに身をやつした藤原淡海の名。
¶歌舞伎登（求女　もとめ）〔像〕

茂庭佐月　もにわさつき
茂庭周防の父で、周防良元といい、もと国老。山本周五郎作『樅ノ木は残った』の登場人物。
¶時代小説（茂庭佐月　もにわさつき）

茂庭周防定元　もにわすおうさだもと
伊達藩首席国老。山本周五郎作『樅ノ木は残った』の登場人物。
¶時代小説（茂庭周防定元　もにわすおうさだもと）

藻脱け大臣　もぬけだいじん
井原西鶴作の浮世草子『好色盛衰記』（1688）巻二の三「都を見ずに藻脱け大臣」に登場する人物。
¶架空人日（藻脱け大臣　もぬけだいじん）

物忌奈乃命神　ものいみなのみことのかみ
物忌奈乃命、物忌奈神、物忌奈寸命神とも。三嶋大社の御子神。
¶神仏辞典（物忌奈乃命神　ものいみなのみことのかみ）

物岩　ものいわ
長野県北安曇郡小谷村にある怪石。
¶妖怪事典（モノイワ）

物臭大神　ものぐさたいじん
『御伽草子』の一話に登場する物臭太郎のこと。長生の神。土地では「おたがの大明神」と称され穂高神社（穂高町）に祀られる。
¶神様読解（物臭大神　ものぐさたいじん）

物くさ太郎　ものくさたろう
御伽草子『物くさ太郎』の主人公。
¶朝日歴史（物くさ太郎　ものくさたろう）
架空人日（物くさ太郎　ものくさたろう）
架空人物（ものぐさ太郎）

架空伝承（物くさ太郎　ものくさたろう）〔像〕
架空伝説（物くさ太郎　ものくさたろう）〔像〕
古典人学（物くさ太郎ひぢかす　ものくさたろうひぢかす）
古典人東（物くさ太郎　ものくさたろう）
コン5（物くさ太郎　ものくさたろう）
新潮日本（物くさ太郎　ものくさたろう）
神仏辞典（物臭太郎　ものぐさたろう）
神話伝説（物草太郎　ものぐさたろう）〔像〕
説話伝説（ものぐさ太郎　ものぐさたろう）
伝奇伝説（物くさ太郎　ものくさたろう）〔像〕
日本神様（ものぐさ太郎）〔像〕
日本人名（物くさ太郎　ものくさたろう）

物臭太郎　ものぐさたろう
歌舞伎演目『けいせい廓源氏』に登場する「つくり阿呆」で愚か者と見せて、謀叛を企てる人物。
¶歌舞伎登（物臭太郎　ものぐさたろう）

毛能志乃和気命　ものしのわけのみこと
山都多祁流比女命4世の孫。阿刀部の祖。
¶神仏辞典（毛能志乃和気命　ものしのわけのみこと）

物の怪　もののけ
人に祟りをするといわれる、死霊、生き霊。
¶神仏辞典（物の怪　もののけ）
神話伝説（物の怪　もののけ）
説話伝説（物怪　もののけ）
世百新（物の怪　もののけ）
大辞林3（物の怪・物の気　もののけ）
伝奇伝説（もののけ）
妖怪事典（モノノケ）
妖怪大事典（物の怪　もののけ）〔像〕

物部簀掃神　もののべすはきのかみ
『日本三代実録』に所出。丹波国の神。
¶神仏辞典（物部簀掃神　もののべすはきのかみ）

物部天神　もののべのあまつかみ
『続日本紀』に所出。佐渡国の神。
¶神仏辞典（物部天神　もののべのあまつかみ）

物部大前　もののべのおおまえ
記紀にみえる豪族。住吉仲皇子に襲われた去来穂別皇子（履中天皇）を平群木菟らと救出した。
¶日本人名（物部大前　もののべのおおまえ）

物部小事　もののべのおごと
古代伝承上の豪族。
¶日本人名（物部小事　もののべのおごと）

物部小前　もののべのおまえ
古代伝承上の豪族。『先代旧事本紀』によれば、物部大前の弟で、田連の祖とされる。
¶日本人名（物部小前　もののべのおまえ）

物部神　もののべのかみ
甲斐国山梨郡の物部神社の祭神。
¶神仏辞典（物部神　もののべのかみ）

物部の古丸　もののべのこまろ
『日本霊異記』に登場する、地獄で責め苦を受けた遠江国榛原郡の人。
¶架空人目（物部の古丸　もののべのこまろ）

物部武諸隅　もののべのたけもろすみ
古代伝承上の豪族。伊香色雄命の孫。
¶日本人名（物部武諸隅　もののべのたけもろすみ）

物部豊日　もののべのとよひ
古代伝承上の豪族。大伴造の祖とされる。
¶日本人名（物部豊日　もののべのとよひ）

物部布津神　もののべのふつのかみ
『日本三代実録』に所出。近江国の神。
¶神仏辞典（物部布津神　もののべのふつのかみ）

物部の麻呂　もののべのまろ
『日本霊異記』『今昔物語集』に登場する、紀伊国（?）の桜村の人。
¶架空人目（物部の麻呂　もののべのまろ）

物部守屋　もののべのもりや
飛鳥時代の大連尾輿の子、雄君の父。『日本霊異記』『今昔物語集』などで、聖徳太子の対立者として説話化されている。
¶架空伝承（物部守屋　もののべのもりや　㊷?　㉒用明2（587）年）〔像〕
　世百新（物部守屋　もののべのもりや　㊷?　㉒用明2（587）年）
　伝奇伝説（物部守屋　もののべのもりや）

物部山無媛　もののべのやまなしひめ
古代伝承上の女性。
¶日本人名（物部山無媛　もののべのやまなしひめ）

物部経津主之神　もののべふつぬしのかみ
肥前国三根郡物部郷にある社の祭神。
¶神仏辞典（物部経津主之神　もののべふつぬしのかみ）

モノマヨイ
沖縄県地方でいう神隠しのこと。
¶全国妖怪（モノマヨイ〔沖縄県〕）
　妖怪事典（モノマヨイ）

物吉　ものよし
近世の仮面仮装の来訪神人。
¶神仏辞典（物吉　ものよし）

物吉親王　ものよししんのう
長野県飯田市の物吉は親王様を祀っており、この神が物吉親王と呼ばれた。
¶神仏辞典（物吉親王　ものよししんのう）

水部神　もひとりべのかみ
『延喜式』に所出。斎宮の諸司の春秋の祭りに祀る神。
¶神仏辞典（水部神　もひとりべのかみ）

茂兵衛　もへえ
井原西鶴の『好色五人女』巻3「中段に見る暦屋物語」、近松門左衛門『大経師昔暦』などで有名な大経師の家の手代。
¶朝日歴史（おさん・茂兵衛　おさん・もへえ）
　架空伝説（茂右衛門　もえもん）
　架空伝説（おさん・茂右衛門　おさん・もえもん）
　歌舞伎登（茂兵衛　もへえ）
　歌舞伎登（茂兵衛　もへえ）
　古典人学（茂右衛門　もえもん）
　古典人東（茂兵衛　もへえ）
　コン5（おさん・茂兵衛　おさん・もへえ）
　新潮日本（おさん・茂兵衛　おさん・もへえ）
　説話伝説（おさん茂兵衛　おさんもへえ）
　伝奇伝説（おさん茂兵衛　おさん　もへえ）
　日本人名（おさん・茂兵衛　おさん・もへえ）

茂兵衛　もへえ
乙川優三郎作『霧の橋』の登場人物。
¶時代小説（茂兵衛　もへえ）

モマ
宮崎県東諸県郡で声を聞くのは凶兆とされるもの。
¶妖怪事典（モマ）

モミイチ
庄野英二作『星の牧場』（1963）の主人公。フルネームはイシザワ・モミイチ。
¶児童登場（モミイチ）
　日本人名（モミイチ）

木綿貸せ貸せ　もめんかせかせ
家に来る妖怪。東京都西多摩郡奥多摩町の俗伝。
¶神仏辞典（木綿貸せ貸せ　もめんかせかせ）
　全国妖怪（モメンカセカセ〔東京都〕）
　妖怪事典（モメンカセカセ）

木綿引き婆　もめんひきばばあ
音の妖怪。福岡県福岡市の俗伝。
¶神仏辞典（木綿引き婆　もめんひきばばあ）
　全国妖怪（モメンヒキババ〔福岡県〕）
　妖怪事典（モメンヒキババア）
　妖怪大事典（木綿ひき婆　もめんひきばばあ）

モーモ
富山県富山地方でいう妖怪の児童語。
¶妖怪事典（モーモ）

モーモー
岩手県、新潟県、富山県、静岡県東部地方でいう妖怪の児童語。
¶妖怪事典（モーモー）

モモ
長野県、富山県、新潟県地方でいう妖怪の児童語。

¶妖怪事典（モモ）

百射山神　ももいやまのかみ
備中国窪屋郡の百射山神社の祭神。
¶神仏辞典（百射山神　ももいやまのかみ）

百枝槐神　ももえのえにすのかみ
出雲国出雲郡式外社64社の百枝槐神の祭神。
¶神仏辞典（百枝槐神　ももえのえにすのかみ）

モーモーカ
静岡県志太郡でいう妖怪の児童語。
¶妖怪事典（モーモーカ）

モモカ
長野県松本市、岐阜県、福井県地方でいう妖怪の児童語。
¶妖怪事典（モモカ）

桃川神　ももかわのかみ
越後国磐船郡の桃川神社の祭神。
¶神仏辞典（桃川神　ももかわのかみ）

百城月丸　ももきつきまる
直木三十五作『南国太平記』の登場人物。
¶時代小説（百城月丸　ももきつきまる）

モモコ
岐阜県、新潟県地方でいう妖怪の児童語。
¶神仏辞典（ももこ）
　妖怪事典（モモコ）

モモコー
新潟県地方でいう妖怪の児童語。
¶妖怪事典（モモコー）

桃澤神　ももさわのかみ
駿河国駿河郡の桃澤神社の祭神。
¶神仏辞典（桃澤神　ももさわのかみ）

モモジー
新潟県地方でいう妖怪の児童語。
¶妖怪事典（モモジー）

百師木伊呂弁　ももしきのいろべ
『古事記』にみえる女性。日売真若比売命とも。応神天皇の皇子・若野毛二俣王（稚野毛二派皇子）の妻で、意富富杼王ら7人の子を生んだ。
¶神仏辞典（日売真若比売命　ひめまわかひめのみこと）
　日本人名（百師木伊呂弁　ももしきのいろべ）

桃嶋神　ももしまのかみ
但馬国城埼郡の桃嶋神社の祭神。
¶神仏辞典（桃嶋神　ももしまのかみ）

百助　ももすけ
新宮正春作『芭蕉庵捕物帳』の登場人物。
¶時代小説（百助　ももすけ）

桃太郎　ももたろう
川上から流れてきた桃の中から誕生した童子。鬼退治をする昔話の主人公。
¶朝日歴史（桃太郎　ももたろう）
　英雄事典（桃太郎　モモタロウ）
　架空人物（桃太郎）
　架空伝承（桃太郎　ももたろう）〔像〕
　架空伝説（桃太郎　ももたろう）〔像〕
　奇談逸話（桃太郎　ももたろう）
　コン5（桃太郎　ももたろう）
　新潮日本（桃太郎　ももたろう）
　神仏辞典（桃太郎　ももたろう）
　神話伝説（桃太郎　ももたろう）〔像〕
　説話伝説（桃太郎　ももたろう）
　世百新（桃太郎　ももたろう）
　伝奇伝説（桃太郎　ももたろう）
　日本神様（桃太郎　ももたろう）
　日本人名（桃太郎　ももたろう）

桃太郎侍　ももたろうざむらい
山手樹一郎作『桃太郎侍』の主人公。
¶架空伝説（桃太郎侍　ももたろうざむらい）〔像〕
　時代小説（桃太郎侍　ももたろうざむらい）

桃太郎神　ももたろうしん
昔話『桃太郎』の主人公が信仰の対象となったもの。
¶神様読解（桃太郎神　ももたろうしん）〔像〕
　東洋神名（桃太郎神　モモタロウシン）〔像〕

百地三太夫　ももちさんだゆう
室町末期頃の伊賀忍者の頭領。伊賀流忍術の創始者。
¶架空人物（百地三太夫）
　奇談逸話（百地三太夫　ももちさんだゆう　生没年不詳）
　コン5（百地三太夫　ももちさんだゆう　生没年不詳）
　新潮日本（百地三太夫　ももちさんだゆう）
　説話伝説（百地三太夫　ももちさんだゆう　生没年未詳）
　日本人名（百地三太夫　ももちさんだゆう）

百地丹波守　ももちたんばのかみ
伊賀三上忍の一人。本拠を伊賀国喰代（三重県伊賀市）に置いた。百地三太夫のモデルともされる。
¶伝奇伝説（百地丹波守　ももちたんばのかみ）

モモちゃん
松谷みよ子作『ちいさいモモちゃん』（1964）の主人公の女の子。
¶児童登場（モモちゃん）

ももつか
化物の総称。長野県、青森県ほかの俗伝。

¶神仏辞典（ももっか）
妖怪事典（モモッカ）

モモッコ
岩手県、新潟県、富山県でいう妖怪の児童語。
¶妖怪事典（モモッコ）

モモッコー
新潟県地方でいう妖怪の児童語。
¶妖怪事典（モモッコー）

百度踏み揚がり　ももとふみあがり
何回も踏み揚がる、という名を持つ神女。
¶アジア女神（百度踏み揚がり　ももとふみあがり）

牛神　ももどん
薩摩半島の西岸地帯で祀られている農耕神。神体は自然石や樹木。
¶神仏辞典（牛神　ももどん）

百沼比古神　ももぬまひこのかみ
能登国羽咋郡の百沼比古神社の祭神。
¶神仏辞典（百沼比古神　ももぬまひこのかみ）

桃井直詮　もものいなおあき
室町時代、幸若舞の伝承上の祖。
¶日本人名（桃井直詮　もものいなおあき　生没年未詳）

桃井若狭助　もものいわかさのすけ
浄瑠璃『仮名手本忠臣蔵』（1748年初演）に登場する、義憤に燃える熱血漢。
¶架空人日（桃井若狭助　もものいわかさのすけ）
歌舞伎登（桃井若狭助　もものいわかさのすけ）

モモンカ
長野県地方でいう妖怪の児童語。
¶妖怪事典（モモンカ）

モモンガー
福島県、新潟県、埼玉県、神奈川県、山梨県、長野県、岐阜県、静岡県東部、岡山県地方でいう妖怪の児童語。
¶妖怪事典（モモンガー）

モモンガ
長野県南佐久郡地方でいう妖怪の児童語。
¶妖怪事典（モモンガ）

ももんがあ
山の妖怪。モーカとも。長野県信濃一円の俗伝。
¶神仏辞典（ももんがあ）
日本未確認（鼯鼠　ももんがあ）〔像〕
妖百1（モモンガ・モモンジイ）

モーモンジ
千葉県地方でいう妖怪の児童語。

¶妖怪事典（モーモンジ）

モモンジー
東京都、神奈川県、山梨県、静岡県東部でいう妖怪の児童語。
¶妖怪事典（モモンジー）

百々爺　ももんじい
江戸から大正時代にかけて、突然に人を襲うとされた妖怪。
¶幻想動物（百々爺）〔像〕
妖怪事典（モモンジイ）
妖怪大全（百々爺　ももんじい）〔像〕
妖怪大事典（百々爺　ももんじい）〔像〕
妖百1（モモンガ・モモンジイ）〔像〕

モモンジッカー
静岡県地方でいう妖怪の児童語。
¶妖怪事典（モモンジッカー）

モモンジャ
群馬県、千葉県でいう妖怪の児童語。
¶妖怪事典（モモンジャ）

モモンジョー
山梨県地方でいう妖怪の児童語。
¶妖怪事典（モモンジョー）

もよ
逢坂剛作『重蔵始末』の登場人物。
¶時代小説（もよ）

モリ
宮崎県でいう亡霊。
¶妖怪事典（モリ）

社内神　もりうちのかみ
但馬国養父郡の社内神社の祭神。
¶神仏辞典（社内神・杜内神　もりうちのかみ）

森尾重四郎　もりおじゅうしろう
土師清二作『砂絵呪縛』に登場する人物。
¶架空伝説（森尾重四郎　もりおじゅうしろう）

森於菟彦　もりおとひこ
堀辰雄作『楡の家』（1934, 1941）に登場する、独身の作家。
¶架空人日（森於菟彦　もりおとひこ）

森神　もりがみ
神聖視された一区画の森で祀られる神。
¶神仏辞典（森神　もりがみ）

森川庄兵衛　もりかわしょうべえ
久生十蘭作『顎十郎捕物帳』の登場人物。
¶時代小説（森川庄兵衛　もりかわしょうべえ）

森口慶次郎　もりぐちけいじろう
北原亞以子作『傷 慶次郎縁側日記』の登場人物。
¶時代小説（森口慶次郎　もりぐちけいじろう）

森口源太左衛門　もりぐちげんたざえもん
歌舞伎演目『花上野誉碑』に登場する、讃岐の国（香川県）丸亀家剣術師範。
¶歌舞伎登（森口源太左衛門　もりぐちげんたざえもん）

森啓之助　もりけいのすけ
吉川英治作『鳴門秘帖』の登場人物。
¶時代小説（森啓之助　もりけいのすけ）

森宗意軒　もりそういけん
山田風太郎作『魔界転生』の登場人物。
¶時代小説（森宗意軒　もりそういけん）

守達神　もりたつのかみ
『日本三代実録』に所出。信濃国の神。
¶神仏辞典（守達神　もりたつのかみ）

守田神　もりたのかみ
信濃国水内郡の守田神社の祭神。
¶神仏辞典（守田神　もりたのかみ）

母里太兵衛　もりたべえ
筑前黒田藩主、長政の家臣。博多民謡、黒田節のモデル。
¶説話伝説（母里太兵衛　ほりたべえ・もりたべえ　㊌天文25（1556）年 ㊣元和1（1615）年）
伝奇伝説（母里太兵衛　もりたへえ　生没年未詳）

森田屋清蔵　もりたやせいぞう
講談『天保六花撰』に登場する、天保六花撰の一人。
¶架空人日（森田屋清蔵　もりたやせいぞう）
架空伝説（森田屋清蔵　もりたやせいぞう）

森徹馬　もりてつま
林不忘作『丹下左膳』の登場人物。
¶時代小説（森徹馬　もりてつま）

森の石松　もりのいしまつ
清水次郎長の子分。三州八名郡の生まれ。
¶架空人日（森の石松　もりのいしまつ）
架空人物（森の石松）
架空伝承（森の石松　もりのいしまつ）
架空伝説（森の石松　もりのいしまつ）
新潮日本（森の石松　もりのいしまつ　㊌？ ㊣文久3（1863）年）
説話伝説（森の石松　もりのいしまつ　㊌？ ㊣万延1（1860）年）
日本人名（森石松　もりのいしまつ　㊣1860年）

毛利神　もりのかみ
出雲国飯石郡式外社16社の毛利社の祭神。
¶神仏辞典（毛利神　もりのかみ）

森半太夫　もりはんだゆう
山本周五郎作『赤ひげ診療譚』（1958）に登場する、赤ひげの部下。
¶架空人日（森半太夫　もりはんだゆう）
時代小説（森半太夫　もりはんだゆう）

森孫右衛門　もりまごえもん
長谷川伸作『荒木又右衛門』の登場人物。
¶時代小説（森孫右衛門　もりまごえもん）

森本　もりもと
夏目漱石作『彼岸過迄』（1912）に登場する、敬太郎の同宿人。
¶架空人日（森本　もりもと）

杜本神　もりもとのかみ
河内国安宿郡の杜本神社二座の祭神。
¶神仏辞典（杜本神　もりもとのかみ）

守屋恭吾　もりやきょうご
大佛次郎の小説『帰郷』の主人公。
¶日本人名（守屋恭吾　もりやきょうご）

森山玄好　もりやまげんこう
井原西鶴作の浮世草子『日本永代蔵』（1688）巻二「怪我の冬神鳴」に登場する医者。
¶架空人日（森山玄好　もりやまげんこう）

森義　もりよし
白井喬二作『富士に立つ影』の登場人物。
¶時代小説（森義　もりよし）

護良親王　もりよししんのう
後醍醐天皇の皇子。父帝の隠岐配流中討幕運動の中心として活躍した。『太平記』に登場する。「もりなが」とも読む。
¶英雄事典（護良親王　モリヨシシンノウ）
架空人日（護良親王　もりよししんのう）
架空伝承（護良親王　もりよししんのう　㊌延慶1（1308）年 ㊣建武2（1335）年）〔像〕
神様読解（護良親王　もりながしんのう）
奇談逸話（護良親王　もりよししんのう　㊌延慶1（1308）年 ㊣建武2（1335）年）
古典人学（護良親王　もりながしんのう）
古典人東（護良親王　もりよししんのう・もりながしんのう）
神仏辞典（護良親王　もりよししんのう　㊌1308年 ㊣1335年）
説話伝説（護良親王　もりよししんのう　㊌延慶1（1308）年 ㊣建武2（1335）年）
世百新（護良親王　もりよししんのう　㊌延慶1（1308）年 ㊣建武2（1335）年）
日ミス（護良親王　もりよししんのう　㊌延慶1（1308）年 ㊣建武2（1335）年）
日本神々（護良親王　もりよししんのう）〔像〕

森蘭丸　もりらんまる
歌舞伎演目『時今也桔梗旗揚』に登場する人物。小田春永の家臣。

もりん

¶歌舞伎登（森蘭丸　もりらんまる）

茂林寺の狸　もりんじのたぬき
⇒文福茶釜（ぶんぶくちゃがま）

もる火　もるひ
青森県五所川原市でいう怪火。
¶妖怪事典（モルヒ）
妖怪大事典（もる火　もるひ）

守山神　もるやまのかみ
伊勢国多気郡の守山神社の祭神。
¶神仏辞典（守山神　もるやまのかみ）

モレ
鹿児島県地方でいう亡霊。
¶妖怪事典（モレ）

亡霊　もーれい
奄美大島瀬戸内町でよく語られる海上幽霊。
¶神仏辞典（亡霊　モーレイ）

モーレン
岡山県地方でいう亡霊のこと。
¶妖怪事典（モーレン）

諸岡比古神　もろおかひこのかみ
能登国羽咋郡の諸岡比古神社の祭神。
¶神仏辞典（諸岡比古神　もろおかひこのかみ）

諸県牛諸井　もろがたのうしもろい
記紀にみえる豪族。娘の髪長媛を応神天皇に仕えさせるため、故郷の日向（宮崎県）から娘を連れて播磨（兵庫県）まできたとき、淡路島にいた天皇に迎えられた。
¶日本人名（諸県牛諸井　もろがたのうしもろい）

諸鑵神　もろくわのかみ
尾張国丹羽郡の諸鑵神社、同海部郡の諸鍬神社の祭神。
¶神仏辞典（諸鑵神・諸鑵神・諸鍬神　もろくわのかみ）

諸杉神　もろすぎのかみ
但馬国出石郡の諸杉神社の祭神。
¶神仏辞典（諸杉神・諸桫神　もろすぎのかみ）

モロゾー
静岡県地方でいう妖怪の児童語。
¶妖怪事典（モロゾー）

茂侶神　もろのかみ
下総国葛飾郡の茂侶神社の祭神。
¶神仏辞典（茂侶神　もろのかみ）

衆良神　もろよしのかみ
丹後国熊野郡の衆良神社の祭神。
¶神仏辞典（衆良神　もろよしのかみ）

モーン
静岡県静岡市以西地方でいう妖怪の児童語。
¶妖怪事典（モーン）

モンカ
長野県地方でいう妖怪の児童語。
¶妖怪事典（モンカ）

文覚　もんがく
平安末期〜鎌倉初期の真言宗の僧。誤って源渡の妻袈裟御前を斬り、発心し出家。俗名、遠藤盛遠。『平家物語』諸本などに伝承が語られ、浄瑠璃・謡曲・戯曲の題材として有名。
¶架空伝承（文覚　もんがく　生没年不詳）〔像〕
架空伝説（文覚上人　もんがくしょうにん）
歌舞伎登（遠藤武者盛遠　えんどうむしゃもりとお）〔像〕
歌舞伎登（文覚　もんがく）
奇談逸話（文覚　もんがく　㊀保延5（1139）年　㊁建仁3（1203）年）
古典人学（文覚　もんがく）
古典人東（文覚　もんがく）
コン5（文覚　もんがく　生没年不詳）
神仏辞典（文覚　もんがく　生没年未詳）
人物伝承（文覚　もんがく　㊀保延5（1139）年頃　㊁元久1（1204）年）〔像〕
説話伝説（文覚　もんがく　㊀保延5（1137）年　㊁元久1（1204）年）〔像〕
世百新（文覚　もんがく　生没年不詳）
伝奇伝説（文覚　もんがく　㊀保延5（1139）年?　㊁建仁3（1203）年?）〔像〕
日本人名（文覚　もんがく　㊀1139年　㊁1203年）

モンカン
長野県地方でいう妖怪の児童語。
¶妖怪事典（モンカン）

文観　もんかん
中世日本の邪宗・真言立川流の中興の祖。
¶英雄事典（文観　モンカン　㊀弘安1（1278）年?　㊁正平12（1357）年?）

もんこ
岩手県岩手郡で亡霊のこと。
¶神仏辞典（もんこ）

モーンコ
静岡県静岡市以西地方でいう妖怪の児童語。
¶妖怪事典（モーンコ）

モンコ
岩手県盛岡、中郡地方でいう妖怪の児童語。
¶妖怪事典（モンコ）

モンコモンコ
秋田県地方でいう妖怪の児童語。
¶妖怪事典（モンコモンコ）

紋三郎　もんざぶろう
横溝正史作『人形佐七捕物帳』の登場人物。
¶時代小説（紋三郎　もんざぶろう）

紋三郎の秀　もんざぶろうのひで
子母澤寛の小説『紋三郎の秀』(1931)に登場する博徒。
¶架空伝説（紋三郎の秀　もんざぶろうのひで）

モンシ
島根県穴道湖周辺地方でいう海上の怪異。
¶神仏辞典（もんし）
　全国妖怪（モンシ〔島根県〕）
　妖怪事典（モンシ）

モンジ
群馬県、神奈川県、山梨県地方でいう妖怪の児童語。
¶妖怪事典（モンジ）

亡者　もんじゃ
青森県西津軽郡、北津軽郡の海岸地方でいう怪異。
¶妖怪事典（モンジャ）
　妖怪大鑑（モンジャ）〔像〕
　妖怪大事典（モンジャ）〔像〕

亡者火　もんじゃび
青森県津軽地方に出現する船幽霊の一種。
¶幻想動物（亡者火）〔像〕

文殊菩薩　もんじゅぼさつ
仏典と関わりが深いとされ、そのために智恵を司るとされる菩薩。
¶神文化史（マンジュシュリー（文殊菩薩））
　広辞苑6（文殊菩薩　もんじゅぼさつ）〔像〕
　神仏辞典（文殊　もんじゅ）
　世百科（文殊（文殊菩薩））〔像〕
　大辞林3（文殊　もんじゅ）
　大辞林3（文殊菩薩　もんじゅぼさつ）
　東密神名（文殊菩薩　モンジュボサツ）〔像〕
　日本人名（文殊菩薩　もんじゅぼさつ）
　仏尊事典（文殊菩薩　もんじゅぼさつ）〔像〕

聞証　もんしょう
江戸前期の学僧。癩患者に薬を与えるなど、慈悲の人であり、儒学者岡田如隗を帰仏せしめた話は有名。
¶コン5（聞証　もんしょう）㊃寛永12(1635)年㊁元禄1(1688)年

主水　もんど
歌舞伎『隅田川対高賀紋』に登場する人物。
¶架空伝説（白糸・主水　しらいと・もんど）

モンドリ婆　もんどりばあ
栃木県黒磯市でいう妖怪。
¶妖怪事典（モンドリバア）

モンモ
岩手県、長野県、天竜川流域、山梨県、石川県鹿島郡地方でいう妖怪の児童語。
¶妖怪事典（モンモ）

モンモー
石川県能登地方でいう妖怪の児童語。
¶妖怪事典（モンモー）

モンモサン
富山県地方でいう妖怪の児童語。
¶妖怪事典（モンモサン）

モンモン
長野県、島根県地方でいう妖怪の児童語。
¶妖怪事典（モンモン）

モンモンジー
千葉県、島根県地方でいう妖怪の児童語。
¶妖怪事典（モンモンジー）

モンモンジャ
千葉県地方でいう妖怪の児童語。
¶妖怪事典（モンモンジャ）

【 や 】

矢合神　やあいのかみ
近江国浅井郡の矢合神社の祭神。
¶神仏辞典（矢合神　やあいのかみ）

八県宿禰命神　やあがたすくねのみことのかみ
『日本三代実録』に所出。信濃国の神。
¶神仏辞典（八県宿禰命神　やあがたすくねのみことのかみ）

弥市　やいち
澤田ふじ子作『虹の橋』の登場人物。
¶時代小説（弥市　やいち）

ヤウシケブ
アイヌの昔話に登場する礼文華（豊浦町）の山の洞窟にいたという大蜘蛛。
¶妖怪事典（ヤウシケブ）
　妖怪大事典（ヤウシケブ）

八重　やえ
歌舞伎演目『菅原伝授手習鑑』に登場する、桜

丸の恋女房。
¶歌舞伎登（八重　やえ）

八重　やえ
白石一郎作『十時半睡事件帖』の登場人物。
¶時代小説（八重　やえ）

八重垣姫　やえがきひめ
浄瑠璃『本朝廿四孝』（近松半二・三好松洛ら合作）に登場する情熱的な姫君。
¶架空伝承（八重垣姫　やえがきひめ）
架空伝説（八重垣姫・勝頼　やえがきひめ・かつより）〔像〕
歌舞伎登（八重垣姫　やえがきひめ）〔像〕
広辞苑6（八重垣姫　やえがきひめ）
古典人学（八重垣姫　やえがきひめ）
コン5（八重垣姫　やえがきひめ）
新潮日本（八重垣姫　やえがきひめ）
説話伝説（八重垣姫　やえがきひめ）
伝奇伝説（八重垣姫　やえがきひめ）
日本人名（八重垣姫　やえがきひめ）

八重垣紋三　やえがきもんざ
歌舞伎演目『小袖曾我薊色縫』に登場する浪人。重臣蔭山武太夫の推挙を得て大江家へ仕える。
¶歌舞伎登（八重垣紋三　やえがきもんざ）

八重桐　やえぎり
歌舞伎演目『嫗山姥』に登場する、荻野屋のもと傾城。
¶歌舞伎登（八重桐　やえぎり）〔像〕

八重言代主神　やえことしろぬしのかみ
⇒事代主神（ことしろぬしのかみ）

八枝重兵衛　やえだじゅうべえ
歌舞伎演目『二蓋笠柳生実記』に登場する、東軍・慈眼二流の達人として、中仙道松ケ枝宿で道場を開く武芸者。
¶歌舞伎登（八枝重兵衛　やえだじゅうべえ）

やえもん
阿川弘之・文、岡部冬彦・絵『きかんしゃやえもん』(1959)の主人公の老機関車。
¶児童登場（やえもん）

屋岡神　やおかのかみ
但馬国養父郡の屋岡神社の祭神。
¶神仏辞典（屋岡神　やおかのかみ）

八尾朝吉　やおのあさきち
明治時代の侠客。今東光作『悪名』の主人公のモデル。
¶日本人名（八尾朝吉　やおのあさきち　生没年未詳）

八牡姫神　やおひめのかみ
『日本三代実録』に所出。陸奥国の神。
¶神仏辞典（八牡姫神　やおひめのかみ）

八百屋お七　やおやおしち
江戸時代の八百屋の娘。放火の罪で火刑となった。井原西鶴の浮世草子『好色五人女』をはじめ、浄瑠璃、歌舞伎に脚色された。
¶朝日歴史（八百屋お七　やおやおしち）
英雄事典（八百屋お七　ヤオヤオシチ）
架空人日（お七　おしち）
架空人物（八百屋お七）
架空伝承（八百屋お七　やおやおしち [生]? [没]天和3(1683)年）〔像〕
架空伝説（お七・吉三郎　おしち・きちさぶろう [生]1666年 [没]1683年）〔像〕
歌舞伎登（八百屋お七 1『其往昔恋江戸染』　やおやおしち）
歌舞伎登（八百屋お七 2『松竹梅雪曙』　やおやおしち）
奇談逸話（八百屋お七　やおやおしち [生]寛文6(1666)年 [没]天和3(1683)年）
コン5（八百屋お七　やおやおしち [生]寛文8(1668)年 [没]天和3(1683)年）
新潮日本（八百屋お七　やおやおしち [生]寛文6(1666)/寛文8(1668)年 [没]天和3(1683)年3月29日）
説話伝説（八百屋お七　やおやおしち [生]寛文6(1666)年 [没]天和3(1683)年）〔像〕
世百新（八百屋お七　やおやおしち [生]? [没]天和3(1683)年）
日本人名（八百屋お七　やおやおしち [生]? [没]1683年）

八百屋久兵衛　やおやきゅうべえ
河竹黙阿弥作の歌舞伎『三人吉三廓初買』(1860年初演)に登場する、お譲吉三の父。
¶架空人日（八百屋久兵衛　やおやきゅうべえ）
歌舞伎登（八百屋久兵衛　やおやきゅうべえ）

八百屋半兵衛　やおやはんべえ
歌舞伎演目『心中宵庚申』に登場する、遠江の国浜松の武家の出ながら、大坂新靫油掛町の八百屋の養子。
¶歌舞伎登（八百屋半兵衛　やおやはんべえ）

八百万の神　やおよろずのかみ
天の安の河原に招集された神々のこと。
¶神仏辞典（八百万の神　やおよろずのかみ）

矢型連斎　やがたれんさい
泡坂妻夫作『宝引の辰捕者帳』の登場人物。
¶時代小説（矢型連斎　やがたれんさい）

宅神　やかつかみ
家宅を司る神。
¶広辞苑6（宅つ神　やかつかみ）
神仏辞典（宅神　やかつかみ）

八上比売　やかみひめ
稲羽（因幡）国に坐す女神。大国主神を夫に選び、生まれた子とともに大国主神のもとに向かうが、正妻を怖れて子を木の俣に置いて帰った。
¶アジア女神（稲羽の八上比売　いなばのやがみひめ）
架空人日（八上比売　やがみひめ）

神様読解 （八上比売命　やがみひめのみこと）
広辞苑6 （八上比売　やがみひめ）
神仏辞典 （八上比売　やかみひめ）
大辞林3 （八上比売　やかみひめ）
日本人名 （八上比売　やがみひめ）
日本神話 （ヤカミヒメ）

やから様　やからさま
夜泣きの神。
¶神仏辞典（やから様　やからさま）

八河江比売　やかわえひめ
⇒葦那陀迦神（あしなだかのかみ）

矢河枝比売　やかわえひめ
⇒宮主宅媛（みやぬしやかひめ）

矢川神　やかわのかみ
近江国甲賀郡の矢川神社の祭神。
¶神仏辞典（矢川神　やかわのかみ）

野干　やかん
狐、もしくは狐に似た動物。
¶日本未確認（野干　やかん）
　妖怪事典（ヤカン）
　妖怪大鑑（野干　やかん）〔像〕
　妖怪大事典（野干　やかん）〔像〕

ヤガン神　やがんがみ
沖縄諸島粟国島で、ヤガンウユミと呼ばれる祭祀で迎えられる来訪神。
¶神仏辞典（ヤガン神　ヤガンがみ）

薬罐転ばし　やかんころばし
道の妖怪。長野県飯田市の俗伝。
¶神仏辞典（薬罐転ばし　やかんころばし）

薬罐づる　やかんづる
木の妖怪。長野県長野市の俗伝。
¶神仏辞典（薬罐づる　やかんづる）
　全国妖怪（ヤカンズル〔長野県〕）
　妖怪事典（ヤカンヅル）
　妖怪大全（ヤカンヅル）〔像〕
　妖怪大事典（薬缶づる　やかんづる）

野勘平　やかんぺい
歌舞伎演目『芦屋道満大内鑑』に登場する、野干平、弥勘平とも書く。「さし駕籠」と呼ぶ駕籠を大力でさしあげる。
¶歌舞伎登（野勘平　やかんぺい）

薬罐まくり　やかんまくり
道の妖怪。長野県下伊那郡大鹿村の俗伝。
¶神仏辞典（薬罐まくり　やかんまくり）
　全国妖怪（ヤカンマクリ〔長野県〕）
　妖怪事典（ヤカンマクリ）
　妖怪大事典（薬缶まくり　やかんまくり）

薬缶屋助右衛門　やかんやすけえもん
歌舞伎演目『二王門端歌雑詠』に登場する人物。石川五右衛門物の作品に登場する滑稽な人物。
¶歌舞伎登（薬缶屋助右衛門　やかんやすけえもん）

焼津神　やきつのかみ
駿河国益頭郡の焼津神社の祭神。
¶神仏辞典（焼津神　やきつのかみ）

夜疑神　やぎのかみ
和泉国和泉郡の夜疑神社の祭神。
¶神仏辞典（夜疑神　やぎのかみ）

養基神　やきのかみ
美濃国池田郡の養基神社の祭神。
¶神仏辞典（養基神　やきのかみ）

夜岐布山口神　やぎふのやまのくちのかみ
大和国添上郡の夜支布山口神社の祭神。
¶神仏辞典（夜岐布山口神・養父山口神・夜支布山口神　やぎふのやまのくちのかみ）

山羊マジムン　やぎまじむん
沖縄県でいう妖怪。
¶全国妖怪（ヤギノマジムン〔沖縄県〕）
　妖怪事典（ヤギマジムン）
　妖怪大事典（山羊マジムン　やぎまじむん）

山羊ムヌ　やぎむぬ
奄美の与論島で恐れられている山羊の妖怪。
¶神仏辞典（山羊ムヌ　ヤギムヌ）

夜岐村坐山神　やきむらにますやまのかみ
但馬国養父郡の夜伎村坐山神社の祭神。
¶神仏辞典（夜岐村坐山神　やきむらにますやまのかみ）

柳生義仙　やぎゅうぎせん
隆慶一郎作『吉原御免状』の登場人物。
¶時代小説（柳生義仙　やぎゅうぎせん）

柳生刑部少輔友矩　やぎゅうぎょうぶしょうゆうとものり
柳生宗矩の次男で父直伝の剣術者。五味康祐作『柳生武芸帳』の登場人物。
¶時代小説（柳生刑部少輔友矩　やぎゅうぎょうぶしょうゆうとものり）

柳生源太夫　やぎゅうげんだゆう
伊勢津藩の剣士。五味康祐作『柳生武芸帳』の登場人物。
¶時代小説（柳生源太夫　やぎゅうげんだゆう）

柳生十兵衛三厳　やぎゅうじゅうべえみつよし
江戸初期の剣豪。但馬守宗矩の長男。天下無敵で知られた。
¶英雄事典（柳生十兵衛三厳　ヤギュウジュウベエミ

やきゆ

ツヨシ）
架空人物（柳生十兵衛）
架空伝承（柳生十兵衛　やぎゅうじゅべえ）㊤慶長12(1607)年　㊦慶安3(1650)年）
架空伝説（柳生十兵衛　やぎゅうじゅうべえ）
奇談逸話（柳生十兵衛三厳　やぎゅうじゅうべえみつよし　㊤慶長12(1607)年　㊦慶安3(1650)年）
コン5（柳生三厳　やぎゅうみつよし　㊤慶長12(1607)年　㊦慶安3(1650)年）
新潮日本（柳生三厳　やぎゅうみつよし　㊤慶長12(1607)年　㊦慶安3(1650)年3月）
時代小説（柳生十兵衛　『魔界転生』　やぎゅうじゅうべえ）
時代小説（柳生十兵衛三厳　『吉原御免状』　やぎゅうじゅうべえみつよし）
時代小説（柳生十兵衛三厳　『柳生十兵衛死す』　やぎゅうじゅうべえみつよし）
時代小説（柳生十兵衛三厳　『柳生武芸帳』　やぎゅうじゅうべえみつよし）
説話伝説（柳生十兵衛　やぎゅうじゅうべえ　㊤慶長12(1607)年　㊦慶安3(1650)年）
世百新（柳生十兵衛　やぎゅうじゅうべえ　㊤慶長12(1607)年　㊦慶安3(1650)年）
伝奇伝説（柳生十兵衛　やぎゅうじゅうべえ　㊤慶長12(1607)年　㊦慶安3(1650)年）
日本人名（柳生三厳　やぎゅうみつよし　㊤1607年　㊦1650年）

柳生十兵衛満厳　やぎゅうじゅうべえみつよし
山田風太郎作『柳生十兵衛死す』の登場人物。十兵衛三厳から250年前の先祖。
¶時代小説（柳生十兵衛満厳　やぎゅうじゅうべえみつよし）

柳生主膳宗冬　やぎゅうしゅぜんむねふゆ
柳生十兵衛三厳の弟。山田風太郎作『柳生十兵衛死す』の登場人物。
¶時代小説（柳生主膳宗冬　やぎゅうしゅぜんむねふゆ）

柳生石舟斎　やぎゅうせきしゅうさい
小柳生の領主。吉川英治作『宮本武蔵』、山岡荘八作『春の坂道』の登場人物。
¶時代小説（柳生石舟斎　『宮本武蔵』　やぎゅうせきしゅうさい）
時代小説（柳生石舟斎　『春の坂道』　やぎゅうせきしゅうさい）

柳生但馬守宗矩　やぎゅうたじまのかみむねのり
江戸初期の兵法家。新陰流剣術の達人で徳川将軍兵法師範。一万石の大名に列せられた。
¶架空伝承（柳生但馬守宗矩　やぎゅうたじまのかみむねのり　㊤元亀2(1571)年　㊦正保3(1646)年）
歌舞伎登（柳生但馬守宗矩　やぎゅうたじまのかみ）
奇談逸話（柳生宗矩　やぎゅうむねのり　㊤元亀2(1571)年　㊦正保3(1646)年）
時代小説（柳生但馬守宗矩　『宮本武蔵』　やぎゅうたじまのかみむねのり）
時代小説（柳生但馬守宗矩　『柳生武芸帳』　やぎゅうたじまのかみむねのり）
時代小説（柳生宗矩　『孤剣は折れず』　やぎゅうむねのり）
時代小説（柳生宗矩　『春の坂道』　やぎゅうむねの

り）
時代小説（柳生宗矩　『赤い影法師』　やぎゅうむねのり）
時代小説（柳生宗矩　『秘剣』　やぎゅうむねのり）
説話伝説（柳生宗矩　やぎゅうむねのり　㊤元亀2(1571)年　㊦正保3(1646)年）
伝奇伝説（柳生宗矩　やぎゅうむねのり）〔像〕

柳生兵庫介利厳　やぎゅうひょうごのすけとしよし
柳生宗矩の甥。五味康祐作『柳生武芸帳』の登場人物。
¶時代小説（柳生兵庫助　やぎゅうひょうごのすけ）
時代小説（柳生兵庫介利厳　やぎゅうひょうごのすけとしよし）

柳生又十郎宗冬　やぎゅうまたじゅうろうむねふゆ
柳生宗矩の三男。五味康祐作『柳生武芸帳』の登場人物。
¶歌舞伎登（柳生又十郎　やぎゅうまたじゅうろう）
時代小説（柳生内膳正宗冬　やぎゅうないぜんのしょうむねふゆ）
時代小説（柳生又十郎宗冬　やぎゅうまたじゅうろうむねふゆ）
説話伝説（柳生又十郎　やぎゅうまたじゅうろうむねふゆ　㊤慶長18(1613)年　㊦延宝3(1675)年）

柳生三厳　やぎゅうみつよし
⇒柳生十兵衛三厳（やぎゅうじゅうべえみつよし）

柳生連也斎　やぎゅうれんやさい
五味康祐作『柳生連也斎』の登場人物。
¶時代小説（柳生連也斎　やぎゅうれんやさい）

やぎょう
山の妖怪。高知県高岡郡越知町野老山付近の俗伝。
¶神仏辞典（やぎょう）

夜行さん　やぎょうさん
徳島県の妖怪。節分の夜に一つ目の鬼の姿で現れる。首無し馬に乗ってうろつく日もある。
¶幻想動物（夜行さん）〔像〕
神仏辞典（夜行　やぎょう）
全国妖怪（ヤギョウサン〔徳島県〕）
妖怪事典（ヤギョウサン）
妖怪図鑑（夜行さん　やぎょうさん）〔像〕
妖怪大全（夜行さん　やぎょうさん）〔像〕
妖怪大事典（夜行さん　やぎょうさん）
妖百3（夜行さん・首無し馬　やぎょうさん・くびなしうま）

夜行遊女　やぎょうゆうじょ
難産して死んだ女の幽霊。
¶妖怪大全（夜行遊女　やぎょうゆうじょ）〔像〕

薬王菩薩　やくおうぼさつ
薬上菩薩と共に薬師八大菩薩中の一躰とされる菩薩。

架空・伝承編　やころ

¶広辞苑6（薬王菩薩　やくおうぼさつ）
　神仏辞典（薬王菩薩　やくおうぼさつ）
　大辞林3（薬王菩薩　やくおうぼさつ）
　仏尊事典（薬王・薬上菩薩　やくおう・やくじょうぼさつ）〔像〕

八雷神　やくさのいかづちがみ
黄泉国の伊邪那美命の屍に化成した神。大雷神・火雷神・黒雷神・柝雷神・若雷神・土雷神・鳴雷神・伏雷神の八神。
¶神様読解（八の雷神　やくさのいかづちがみ）
　神仏辞典（八雷神　やくさのいかずちのかみ）
　東洋神名（八雷神　ヤクサノイカヅチガミ）〔像〕

薬師寺次郎左衛門　やくしじじろうざえもん
浄瑠璃『仮名手本忠臣蔵』（1748年初演）に登場する、高師直（実説の吉良上野介）の側近。
¶架空人日（薬師寺次郎左衛門　やくしじじろうざえもん）
　歌舞伎登（薬師寺次郎左衛門　やくしじじろうざえもん）

薬師寺天膳　やくしじてんぜん
山田風太郎作『甲賀忍法帖』の登場人物。
¶時代小説（薬師寺天膳　やくしじてんぜん）

薬師十二神　やくしじゅうにじん
薬師如来の眷属。十二神将、十二薬叉大将とも。
¶神仏辞典（薬師十二神　やくしじゅうにじん）

薬師如来　やくしにょらい
人々の病をいやし、苦悩から救うとされる仏（如来）。
¶架空伝承（薬師　やくし）
　広辞苑6（薬師如来　やくしにょらい）〔像〕
　神仏辞典（薬師　やくし）
　世神辞典（薬師如来）
　世百新（薬師　やくし）
　大辞林3（薬師如来　やくしにょらい）〔像〕
　東洋神名（薬師如来　ヤクシニョライ）〔像〕
　日本人名（薬師如来　やくしにょらい）
　仏尊事典（薬師如来　やくしにょらい）〔像〕

八櫛神　やぐしのかみ
『日本三代実録』に所出。信濃国の神。
¶神仏辞典（八櫛神　やぐしのかみ）

薬上菩薩　やくじょうぼさつ
薬王菩薩と共に薬師八大菩薩中の一躰とされる菩薩。
¶仏尊事典（薬王・薬上菩薩　やくおう・やくじょうぼさつ）〔像〕

厄神　やくじん
厄病神や疫病神、風（邪）の神、疱瘡神、作物に虫害をもたらす御霊、貧乏神などさまざまな災厄や害悪をもち込むと信じられている悪神・悪霊の総称。
¶広辞苑6（厄神　やくじん）
　神仏辞典（厄神　やくじん）

矢口神　やくちのかみ
出雲国大原郡式内社13社の矢口社、『延喜式』の八口神社の祭神。
¶神仏辞典（矢口神・八口神　やくちのかみ）

夜具と座頭　やぐとざとう
雨と共に現れた「霊」の一種。
¶妖怪大鑑（夜具と座頭　やぐとざとう）〔像〕

益救神　やくのかみ
大隅国駅謨郡の益救神社の祭神。
¶神仏辞典（益救神　やくのかみ）

疫病神　やくびょうがみ
疫病をもたらすという神。疫病神・疫神・疫鬼ともいう。
¶神様読解（疫病神/厄病神　えきびょうがみ・やくびょうがみ）
　幻想動物（疫病神）〔像〕
　広辞苑6（疫病神　やくびょうがみ）
　神仏辞典（厄病神　やくびょうがみ）
　神話伝説（疫病神　えきびょうがみ）
　説話伝説（疫病神　やくびょうがみ）
　伝奇伝説（疫病神　えきびょうがみ）
　妖怪事典（ヤクビョウガミ）
　妖怪大全（疫病神　やくびょうがみ）〔像〕
　妖怪大事典（疫病神　やくびょうがみ）〔像〕

屋栗神　やぐりのかみ
『日本三代実録』に所出。讃岐国の神。
¶神仏辞典（屋栗神　やぐりのかみ）

焼け御前　やけみさき
人の亡霊のこと。
¶神仏辞典（焼け御前　やけみさき）

ヤーコ
佐賀県杵島郡でいう幽霊のこと。
¶妖怪事典（ヤーコ）

野狐　やこ
小動物の憑き物の一種。九州に分布する。
¶広辞苑6（野狐　やこ）
　神仏辞典（野狐　やこ）
　妖怪事典（ヤコ）
　妖怪大鑑（野狐　やこ）〔像〕
　妖怪大事典（野狐　やこ）〔像〕

八心大市比古神　やごころおおいちひこのかみ
越中国新川郡の八心大市比古神社の祭神。
¶神仏辞典（八心大市比古神　やごころおおいちひこのかみ）

八意思兼神　やごころおもいかねのかみ
⇒思兼神（おもいかねのかみ）

弥五郎　やごろう
江戸末頃の実録『大岡政談』に登場する、江戸

の荷担ぎ。
¶架空人日（弥五郎　やごろう）

弥五郎　やごろう
島根県、鹿児島県、宮崎県などの地方でいう巨人。
¶妖怪事典（ヤゴロウ）
　妖怪大事典（弥五郎　やごろう）

弥五郎　やごろう
藤沢周平作『暗殺の年輪』の登場人物。
¶時代小説（弥五郎　やごろう）

弥左衛門　やざえもん
歌舞伎演目『義経千本桜』に登場する、鮓屋の弥助の改めた名。
¶歌舞伎登（弥左衛門　やざえもん）

八戸掛須御諸命　やさかかけすみもろのみこと
播磨国美囊郡志深里の三坂坐神。
¶神仏辞典（八戸掛須御諸命　やさかかけすみもろのみこと）

八坂刀売神　やさかとめのかみ
長野県の諏訪大社の祭神、建御名方神の妻である女神。
¶アジア女神（八坂刀売神　やさかとめのかみ）
　神様読解（八坂刀売命　やさかとめのみこと）
　神仏辞典（八坂刀売神　やさかとめのかみ）
　日本神々（八坂刀売神　やさかとめのかみ）

八坂之入日子命　やさかのいりひこのみこと
第10代崇神天皇の皇子。
¶神様読解（八坂之入日子命　やさかのいりひこのみこと）
　神仏辞典（八坂之入日子命・八尺入日子命・八坂入彦命　やさかのいりひこのみこと）
　日本人名（八坂入彦命　やさかのいりひこのみこと）

八坂入媛　やさかのいりひめ
記紀伝承上の景行天皇の妃。
¶朝日歴史（八坂入媛　やさかのいりひめ）
　神様読解（八坂之入日売命　やさかのいりひめのみこと）
　コン5（八坂入媛　やさかのいりひめ）
　神仏辞典（八坂入売命・八坂入姫命　やさかのいりひめのみこと）
　日本人名（八坂入媛　やさかのいりひめ）

弥作　やさく
歌舞伎演目『いろは仮名四十七訓』に登場する、神崎村の百姓。
¶歌舞伎登（弥作　やさく）

艶之丞　やさのじょう
歌舞伎演目『氏神詣』に登場する小姓。
¶歌舞伎登（艶之丞　やさのじょう）

弥三郎婆　やさぶろばば
越後・佐渡・出羽に分布する伝説の弥三郎の母に化けた人肉を食らう鬼。
¶説話伝説（弥三郎婆　やさぶろばば）
　伝奇伝説（弥三郎婆　やさぶろばば）
　日本人名（弥三郎婆　やさぶろばば）
　妖怪事典（ヤサブロウババア）
　妖怪大事典（弥三郎婆　やさぶろうばばあ）

矢間喜内　やざまきない
歌舞伎演目『太平記忠臣講釈』に登場する、塩冶判官家の旧臣。
¶歌舞伎登（矢間喜内　やざまきない）

矢間重太郎　やざまじゅうたろう
浄瑠璃『仮名手本忠臣蔵』（1748年初演）に登場する、塩谷判官の家臣。
¶架空人日（矢間重太郎　やざまじゅうたろう）
　歌舞伎登（矢間重太郎1『仮名手本忠臣蔵』　やざまじゅうたろう）
　歌舞伎登（矢間重太郎2『太平記忠臣講釈』　やざまじゅうたろう）

弥次　やじ
十返舎一九作の滑稽本『東海道中膝栗毛』の二人連れ主人公の一人。弥次郎兵衛の略称。
¶英雄事典（弥次喜多　ヤジキタ）
　架空人日（弥次さん　やじきた）
　架空人物（弥次郎兵衛、喜多八）
　架空伝承（弥次・喜多　やじ・きた）〔像〕
　架空伝説（弥次・喜多　やじ・きた）
　歌舞伎登（弥次郎兵衛・喜多八　やじろべえ・きたはち）
　古典入学（弥次郎兵衛　やじろべえ）
　古典人東（弥次・喜多　やじ・きた）
　説話伝説（弥次喜多　やじきた　生没年不明）
　大辞林3（弥次郎兵衛　やじろべえ）
　日本人名（弥次・喜多　やじ・きた）

八汐　やしお
人形浄瑠璃『伽羅先代萩』に登場する、仁木弾正の妹。
¶架空伝説（八汐　やしお）
　歌舞伎登（八汐　やしお）

屋敷神　やしきがみ
家や屋敷の守り神として、屋敷の一角や周辺に祀られる神。
¶神様読解（屋敷神　やしきがみ）
　広辞苑6（屋敷神　やしきがみ）
　神仏辞典（屋敷神　やしきがみ）
　神仏辞典（屋敷の神　やしきのかみ）
　東洋神名（屋敷神　ヤシキガミ）〔像〕
　日本神様（屋敷神　やしきがみ）

弥七　やしち
井原西鶴作の浮世草子『好色二代男』（1684）巻二の三「髪は嶋田の車僧」に登場する太鼓持ち。
¶架空人日（弥七　やしち）

弥七郎　やしちろう
佐々木味津三作『右門捕物帖』の登場人物。

¶時代小説（弥七郎　やしちろう）

八島士奴美神　やしまじぬみのかみ
須佐之男命の子。母は櫛名田比売命。
¶神様読解（八島士奴美神　やしまじぬみのかみ）
　神仏辞典（八嶋士奴美神　やしまじぬみのかみ）
　日本人名（八島士奴美神　やしまじぬみのかみ）

屋島の禿狸　やしまのはげたぬき
香川県高松市でいう化け狸。
¶神話伝説（屋島狸　やしまだぬき）
　妖怪事典（ヤシマノハゲタヌキ）
　妖怪大事典（屋島の禿狸　やしまのはげだぬき）〔像〕

八島牟遅神　やしまむぢのかみ
『古事記』上巻に所出。多くの島の貴い神。鳥取神の親神。
¶神様読解（八島牟遅能神　やしまむちのかみ）
　神仏辞典（八島牟遅神　やしまむぢのかみ）

夜叉　やしゃ
八部衆の中の一つ。
¶神文化史（ヤクシャ（夜叉））
　神仏辞典（夜叉　やしゃ）
　説話伝説（夜叉　やしゃ）
　世百新（夜叉　やしゃ）
　東洋神名（夜叉　ヤシャ）〔像〕
　日本未確認（夜叉　やしゃ）
　仏尊事典（夜叉　やしゃ）〔像〕

夜叉王　やしゃおう
戯曲『修善寺物語』に登場する面作師。
¶架空伝説（夜叉王　やしゃおう）
　歌舞伎登（夜叉王　やしゃおう）〔像〕
　説話伝説（夜叉　やしゃ）
　伝奇伝説（夜叉　やしゃ）
　日本人名（夜叉王　やしゃおう）

夜叉丸　やしゃまる
山田風太郎作『甲賀忍法帖』の登場人物。
¶時代小説（夜叉丸　やしゃまる）

野州徳　やしゅうとく
歌舞伎演目『鳥衛月白浪』に登場する、白川宿の人力車夫。
¶歌舞伎登（野州徳　やしゅうとく）

野州無宿富蔵　やしゅうむしゅくとみぞう
歌舞伎演目『四千両小判梅葉』に登場する、野州犬塚村の生まれ。もと藤岡藤十郎との仲間。盗みの罪で入牢し無宿となって江戸に出る。
¶歌舞伎登（野州無宿富蔵　やしゅうむしゅくとみぞう）

ヤジロウギツネ
岐阜県の動物の怪。
¶神仏辞典（弥二郎　やじろう）
　全国妖怪（ヤジロウギツネ〔岐阜県〕）

矢代耕一郎　やしろこういちろう
横光利一作『旅愁』（1937～46）に登場する、日本主義を主張する人物。
¶架空人日（矢代耕一郎　やしろこういちろう）
　日本人名（矢代耕一郎　やしろこういちろう）

矢代神　やしろのかみ
出雲国大原郡式外社17社の矢代社・屋代社の祭神。
¶神仏辞典（矢代神・屋代神・箭代神　やしろのかみ）

弥次郎兵衛　やじろべえ
⇒弥次（やじ）

安井　やすい
夏目漱石作『門』（1910）の主人公の宗助とその妻御米の過去の中に存在する人物。
¶架空人日（安井　やすい）

谷粋　やすい
大田南畝作の洒落本『甲駅新話』（1775）に登場する町人。
¶架空人日（谷粋　やすい）

安井才蔵　やすいさいぞう
高橋克彦作『だましゑ歌麿』の登場人物。
¶時代小説（安井才蔵　やすいさいぞう）

矢塚　やづか
山の妖怪。長野県上水内郡の俗伝。
¶神仏辞典（矢塚　やづか）
　全国妖怪（ヤズカ〔長野県〕）

安川権之進　やすかわごんのしん
井原西鶴作の浮世草子『武道伝来記』（1687）巻一の第四「内儀の利発は替た姿」の登場人物。
¶架空人日（安川権之進　やすかわごんのしん）

やずくさえ
動物（狸）の妖怪。ヤチ（谷地）のクサエ（狸）の意か。岩手県下閉伊郡普代村大田名部の俗伝。
¶神仏辞典（やずくさえ）
　全国妖怪（ヤズクサエ〔岩手県〕）
　妖怪事典（ヤズクサエ）
　妖怪大事典（ヤズクサエ）

弥助　やすけ
人形浄瑠璃『義経千本桜』に登場する人物。
¶架空伝説（弥助　やすけ）

弥助　やすけ
歌舞伎演目『五大力恋緘』に登場する、深川仲町桜屋の若い者。
¶歌舞伎登（弥助　やすけ）

弥助　やすけ
岡本綺堂作『半七捕物帳』の登場人物。

¶時代小説（弥助　やすけ）

安田作兵衛　やすださくべえ
歌舞伎演目『時今也桔梗旗揚』に登場する、武智光秀（明智光秀）の家臣。
¶歌舞伎登（安田作兵衛　やすださくべえ）

安田隼人　やすだはいと
歌舞伎演目『加賀見山再岩藤』に登場する、多賀家の忠臣。
¶歌舞伎登（安田隼人　やすだはいと）

安綱　やすつな
平安時代中期の刀工。
¶日本人名（安綱　やすつな　生没年未詳）

夜須神　やすのかみ
石見国那賀郡の夜須神社の祭神。
¶神仏辞典（夜須神　やすのかみ）

夜須命神　やすのみことのかみ
伊豆国賀茂郡の夜須命神社の祭神。
¶神仏辞典（夜須命神　やすのみことのかみ）

安兵衛　やすべえ
歌舞伎演目『伊賀越道中双六』「沼津」に登場する呉服屋重兵衛の荷物持ちの下人。
¶歌舞伎登（安兵衛　やすべえ）

安松火　やすまつひ
静岡県浜名郡芳川村（浜松市）でいう怪火。
¶妖怪事典（ヤスマツヒ）
　妖怪大事典（安松火　やすまつひ）

息神　やすみのかみ
遠江国敷智郡の息神社の祭神。
¶神仏辞典（息神　やすみのかみ）

安牟須比命　やすむすひのみこと
牟須比命の子、門部連の祖。
¶神仏辞典（安牟須比命　やすむすひのみこと）

安村住太郎　やすむらすみたろう
南條範夫作『月影兵庫』の登場人物。
¶時代小説（安村住太郎　やすむらすみたろう）

保本登　やすもとのぼる
山本周五郎作『赤ひげ診療譚』（1958）に登場する、赤ひげの部下。
¶架空人日（保本登　やすもとのぼる）
　時代小説（保本登　やすもとのぼる）〔像（口絵）〕

安良姫　やすらひめ
古代都を逃れて薩摩に下った姫。横川の安良嶽で自らの命を断ち、その地には安良大明神が建てられた。
¶コン5（安良姫　やすらひめ）

説話伝説（安良姫　やすらひめ）
伝奇伝説（安良姫　やすらひめ）
日本人名（安良姫　やすらひめ）

八十神　やそがみ
大国主神の兄弟神。
¶英雄事典（八十神　ヤソガミ）
　神様読解（八十神　やそがみ）
　東洋神名（八十神　ヤソノカミ）〔像〕
　日本神話（八十神　やそがみ）

八十子神　やそこのかみ
阿波国阿波郡の八十子神社の祭神。
¶神仏辞典（八十子神　やそこのかみ）

八十島吉平　やそしまきちべい
歌舞伎演目『髙台橋靜勝負付』に登場する、雷電源八の無二の親友である力士。
¶歌舞伎登（八十島吉平　やそしまきちべい）

八十積椋神　やそつみくらのかみ
伊勢国朝明郡の八十積椋神社の祭神。
¶神仏辞典（八十積椋神　やそつみくらのかみ）

八十八　やそはち
乙川優三郎作『霧の橋』の登場人物。
¶時代小説（八十八　やそはち）

八十禍津日神　やそまがつひのかみ
伊弉諾が禊祓をしたおりに洗い落とされた死の穢から生まれた神。
¶神様読解（八十禍津日神　やそまがつひのかみ）
　神仏辞典（八十禍津日神・八十枉津日神　やそまがつひのかみ）
　東洋神名（八十禍津日神と大禍津日神　ヤソマガツヒノカミ＆オオマガツヒノカミ）〔像〕
　日本神様（八十禍津日神・大禍津日神　やそまがつひのかみ・おおまがつひのかみ）

弥三松　やそまつ
歌舞伎演目『彦山権現誓助剣』に登場する、吉岡一味斎の妹娘お菊の遺児。
¶歌舞伎登（弥三松　やそまつ）

八十松火　やそまつひ
静岡県浜名郡神久呂村（浜松市）でいう怪火。
¶妖怪事典（ヤソマツヒ）
　妖怪大事典（八十松火　やそまつひ）

八十万神　やそよろずのかみ
諸々の神々。多くの神々の意。八十魂神、八十諸神、八十万群神ともいう。
¶神仏辞典（八十万神　やそよろずのかみ）

屋台の娘　やたいのむすめ
佐々木味津三作『右門捕物帖』の登場人物。
¶時代小説（屋台の娘　やたいのむすめ）

架空・伝承編

弥太右衛門　やたえもん
北原亞以子作『深川澪通り木戸番小屋』の登場人物。
¶時代小説（弥太右衛門　やたえもん）

八咫烏　やたがらす
神武天皇の東征神話のなかで、先導神として現れてくる鳥。
¶架空人日（八咫烏　やたがらす）
　神様読解（八咫烏　やたがらす）
　神文化史（八咫烏（記）、頭八咫烏（紀）　ヤタガラス）
　奇談逸話（八咫烏　やたがらす）
　神仏辞典（八咫烏・頭八咫烏　やたがらす）
　神話伝説（八咫烏　やたがらす）
　世怪物神獣（八咫鴉　やたがらす）
　説話伝説（八咫烏　やたがらす）
　世百新（八咫烏　やたがらす）
　伝奇伝説（八咫烏　やたがらす）
　東洋神名（八咫烏　ヤタカラス）〔像〕
　日本人名（八咫烏　やたがらす）
　日本神話（ヤタガラス）
　水木幻獣（八咫烏　やたがらす）〔像〕
　妖怪大全（八咫烏　やたがらす）〔像〕

弥太五郎源七　やたごろうげんしち
歌舞伎演目『梅雨小袖昔八丈』に登場する侠客。
¶歌舞伎登（弥太五郎源七　やたごろうげんしち）

矢田坐久志玉比古神　やたにますくしたまひこのかみ
矢田久志玉比古神とも。大和国添下郡の矢田坐久志玉比古神社二座の祭神。
¶神仏辞典（矢田坐久志玉比古神　やたにますくしたまひこのかみ）

八田皇女　やたのおうじょ
記紀にみえる仁徳天皇の皇后。
¶日本人名（八田皇女　やたのおうじょ）

矢田神　やたのかみ
丹後国丹波郡・熊野郡の矢田神社の祭神。
¶神仏辞典（矢田神　やたのかみ）

矢田部神　やたべのかみ
丹後国与謝郡の矢田部神社の祭神。
¶神仏辞典（矢田部神　やたべのかみ）

弥太郎　やたろう
子母澤寛の小説『弥太郎笠』（1931）に登場する渡世人。
¶架空伝説（弥太郎　やたろう）

八千矛神　やちほこのかみ
⇒大国主神（おおくにぬしのかみ）

八衢比古神　やちまたひこのかみ
八衢比売神とともに四方に通じる道の分岐点に坐して外部より侵入する邪霊を防ぐ神。
¶神仏辞典（八衢比古神・八街比古神　やちまたひこのかみ）

八衢比売神　やちまたひめのかみ
八衢比古神とともに四方に通じる道の分岐点に坐して外部より侵入する邪霊を防ぐ神。
¶神仏辞典（八衢比売神・八街比売神　やちまたひめのかみ）
　日本人名（八衢比売神　やちまたひめのかみ）

野猪　やちょ
イノシシのこと。『今昔物語集』に、人を化かしたり、死人の肉を食いに来たりするものとして登場する。
¶日本未確認（野猪　やちょ）

八束脛　やつかはぎ
群馬県利根郡に出たという、脛が8掴みもある巨人。
¶妖怪大事典（八束脛　やつかはぎ）

八束脛命　やつかはぎのみこと
神魂命13世の孫、竹田連の祖。
¶神仏辞典（八束脛命　やつかはぎのみこと）

八束水臣津野命　やつかみずおみつぬのみこと
『出雲国風土記』の国引き神話に登場する神。「八雲立つ」との同神の言葉により出雲の国と名付けられた。『古事記』では淤美豆奴神。
¶朝日歴史（八束水臣津野命　やつかみずおみつののみこと）
　架空人日（八束水臣津野命　やつかみずおみつののみこと）
　神様読解（淤美豆奴神　おみづぬのかみ）
　広辞苑6（八束水臣津野命　やつかみずおみつののみこと）
　コン5（八束水臣津野命　やつかみずおみつぬのみこと）
　神仏辞典（於美豆奴神　おみずぬのかみ）
　神仏辞典（意美豆努命　おみづぬのみこと）
　神仏辞典（八束水臣津野命　やつかみずおみつぬのみこと）
　神話伝説（八束水臣津野命　やつかみずおみつのみこと）
　大辞林3（八束水臣津野命　やつかみずおみつののみこと）
　日本人名（八束水臣津野命　やつかみずおみつののみこと）
　日本神話（ヤツカミヅオミヅノ）

夜都伎神　やつきのかみ
大和国山辺郡の夜都伎神社の祭神。
¶神仏辞典（夜都伎神　やつきのかみ）

屋就神命神　やつきのかみのみことのかみ
大和国十市郡の屋就神命神社の祭神。大社の皇子神。
¶神仏辞典（屋就神命神　やつきのかみのみことのかみ）

奴入平　やっこいりへい

歌舞伎演目『摂州合邦辻』に登場する、玉手御前の家来。

¶**歌舞伎登**（奴入平　やっこいりへい）

奴関助　やっこせきすけ

歌舞伎演目『道行旅路の嫁入』に登場する、戸無瀬・小浪親子の嫁入り道中の供をする奴。

¶**歌舞伎登**（奴関助　やっこせきすけ）

奴の小万　やっこのこまん

本名お雪。大坂島の内鰻谷の薬種屋木津屋五兵衛の養女。女伊達として侠名をはせ、芝居の登場人物とされた。

¶**架空伝承**（奴の小万　やっこのこまん　[生]享保7（1722）年　[没]文化3（1806）年）
架空伝説（奴の小万　やっこのこまん　[生]1722年）〔像〕
歌舞伎登（奴の小万　やっこのこまん）
新潮日本（奴の小万　やっこのこまん　[生]享保7（1722）年　[没]文化3（1806）年）
説話伝説（奴小万　やっこのこまん　[生]享保7（1722）年　[没]文化1（1804）年）〔像〕
伝奇伝説（奴小万　やっこのこまん　生没年未詳）
日本人名（三好正慶　みよししょうけい　[生]1729年　[没]1806年）

奴筆助　やっこふですけ

歌舞伎演目『箱根霊験躄仇討』に登場する、飯沼家の忠僕。

¶**歌舞伎登**（奴筆助　やっこふですけ）

ヤッテイ様　やっていさま

岡山県北部や、島根県、鳥取県などの地方でいう神の使い。

¶**妖怪事典**（ヤッテイサマ）
妖怪大事典（ヤッテイ様　やっていさま）

八綱多命　やつなたのみこと

豊城入彦命の子、我孫の祖。

¶**神仏辞典**（八綱多命　やつなたのみこと）

八ッ橋　やつはし

歌舞伎『籠釣瓶花街酔醒』や『杜若艶色紫』に登場する花魁。

¶**架空伝説**（八ッ橋　やつはし）〔像〕
歌舞伎登（八ツ橋 1 『籠釣瓶花街酔醒』　やつはし）〔像〕
歌舞伎登（八ツ橋 2 『杜若艶色紫』　やつはし）

八橋検校　やつはしけんぎょう

江戸前期の箏曲家。近世箏曲の祖。

¶**説話伝説**（八橋検校　やつはしけんぎょう　[生]慶長19（1614）年　[没]貞享2（1685）年）
伝奇伝説（八橋検校　やつはしけんぎょう　[生]慶長19（1614）年　[没]貞享2（1685）年）

八房　やつふさ

曲亭馬琴作の読本『南総里見八犬伝』（1814-42）に登場する、安房国長狭郡犬懸村に生まれた犬。

¶**架空人日**（八房　やつふさ）
歌舞伎登（八房　やつふさ）

八面頬　やつらお

高知県香美郡物部村でいう妖怪。

¶**妖怪事典**（ヤツラオ）
妖怪大事典（八面頬　やつらお）

八瓜入日子王　やつりいりひこのおう

⇒神大根王（かみおおねのみこ）

八釣白彦皇子　やつりのしろひこのおうじ

記紀にみえる皇子。允恭天皇と忍坂大中姫の子。兄弟に安康天皇、雄略天皇がいる。

¶**日本人名**（八釣白彦皇子　やつりのしろひこのおうじ）

八剣勘解由　やつるぎかげゆ

歌舞伎演目『一条大蔵譚』に登場する、一条大蔵卿の家臣。

¶**歌舞伎登**（八剣勘解由　やつるぎかげゆ）

八剣数馬　やつるぎかずま

歌舞伎演目『毛抜』に登場する、小野家の家老八剣玄蕃の息子。

¶**歌舞伎登**（八剣数馬　やつるぎかずま）

八剣玄蕃　やつるぎげんば

歌舞伎演目『毛抜』に登場する、小野家の家老。

¶**歌舞伎登**（八剣玄蕃　やつるぎげんば）

八剣神　やつるぎのかみ

尾張国愛智郡の八剣神社の祭神。

¶**神仏辞典**（八剣神　やつるぎのかみ）

矢頭右衛門七　やとうえもしち

人形浄瑠璃および歌舞伎の『仮名手本忠臣蔵』に登場する人物。

¶**架空伝説**（矢頭右衛門七　やとうえもしち）

夜道怪　やどうかい

埼玉県で子供を連れ去ってしまうという怪異。

¶**水木妖怪続**（夜道怪　やどうかい）〔像〕
妖怪事典（ヤドウカイ）
妖怪大全（夜道怪　やどうかい）〔像〕
妖怪大事典（夜道怪　やどうかい）〔像〕

夜刀神　やとのかみ

『常陸国風土記』行方郡の段に記された蛇神。

¶**架空伝承**（夜刀神　やとのかみ）
幻想動物（夜刀神）〔像〕
コン5（夜刀神　やとのかみ）
神仏辞典（夜刀神　やとのかみ）
神話伝説（夜刀神　やとのかみ）
説話伝説（夜刀の神　やとのかみ）
世百新（夜刀神　やとのかみ）
伝奇伝説（夜刀神　やとのかみ）

東洋神名（夜刀神　ヤトノカミ）〔像〕
日本人名（夜刀神　やつのかみ）
日本未確認（夜刀の神）

やな
動物の妖怪。埼玉県川越市の俗伝。
¶神仏辞典　（やな）
　全国妖怪　（ヤナ〔埼玉県〕）
　妖怪事典　（ヤナ）
　妖怪大事典（ヤナ）〔像〕

柳女　やなぎおんな
『絵本百物語 桃山人夜話』にあるもの。
¶妖怪事典　（ヤナギオンナ）
　妖怪大事典（柳女　やなぎおんな）〔像〕
　妖百3（産女・柳女　うぶめ・やなぎおんな）〔像〕

柳沢信鴻　やなぎさわのぶとき
江戸中期の大名。大和郡山藩主。俳人。書画・和歌・俳諧をよくした。
¶説話伝説（柳澤信鴻　やなぎさわのぶとき ㊂享保9（1724）年 ㊄寛政4（1792）年）
　伝奇伝説（柳沢信鴻　やなぎさわのぶとき ㊂享保9（1724）年 ㊄寛政4（1792）年）

柳沢吉保　やなぎさわよしやす
江戸前期の幕臣、大名。5代将軍綱吉に寵愛され、大出世をとげた。実録物「柳沢騒動」の当事者。
¶架空伝説（柳沢吉保　やなぎさわよしやす）
　時代小説（柳沢美濃守吉保　『四十七人の刺客』　やなぎさわみののかみよしやす）
　時代小説（柳沢保明　やなぎさわやすあき）
　時代小説（柳沢吉保　『水戸光圀』　やなぎさわよしやす）
　説話伝説（柳沢吉保　やなぎさわよしやす ㊂万治1（1658）年 ㊄正徳4（1714）年）〔像〕

楊瀬神　やなぎせのかみ
越前国坂井郡の楊瀬神社の祭神。
¶神仏辞典　（楊瀬神　やなぎせのかみ）

柳の精　やなぎのせい
柳の木に宿る精霊のこと。
¶神仏辞典　（柳の精　やなぎのせい）

柳婆　やなぎばばあ
柳の精。
¶妖怪事典　（ヤナギババ）
　妖怪大全（柳婆　やなぎばばあ）〔像〕
　妖怪大事典（柳婆　やなぎばばあ）〔像〕

楊原神　やなぎはらのかみ
伊豆国田方郡の楊原神社の祭神。
¶神仏辞典　（楊原神　やなぎはらのかみ）

矢奈比売天神　やなひめのあまつかみ
矢奈比売神とも。遠江国磐田郡の矢奈比売神社の祭神。
¶神仏辞典　（矢奈比売天神　やなひめのあまつかみ）

ヤナムン
沖縄県の悪霊の一つ。目に見えず、人に病気、怪我等の不幸をもたらしたり、食品を腐敗させたりする。
¶神仏辞典　（ヤナムン）
　妖怪事典　（ヤナムン）

家鳴り　やなり
突然、屋敷の戸などが揺れ出す現象。小鬼のようなもののいたずらであるとされた。
¶幻想動物　（家鳴り）〔像〕
　水木妖怪続（家鳴　やなり）〔像〕
　妖怪事典　（ヤナリ）
　妖怪大全（家鳴り　やなり）〔像〕
　妖怪大事典（家鳴り　やなり）〔像〕

屋主忍雄建猪心命　やぬしおしおたけいこころのみこと
紀朝臣の祖。
¶神仏辞典　（屋主忍雄建猪心命　やぬしおしおたけいこころのみこと）

屋主忍男武男心命　やぬしおしおたけおこころのみこと
紀直の先祖の菟道彦の娘の影媛を妻として武内宿禰を生む。
¶神仏辞典　（屋主忍男武男心命　やぬしおしおたけおこころのみこと）

八野若日女命　やぬわかひめのみこと
出雲国神門郡八野郷は所造天下大神（大国主神）が同神との屋（家）を造ったことにより名付けられた。
¶神仏辞典　（八野若日女命　やぬわかひめのみこと）

矢野正五郎　やのしょうごろう
富田常雄作『姿三四郎』（1944）の主人公姿三四郎の師。
¶架空人日　（矢野正五郎　やのしょうごろう）

矢野神　やののかみ
出雲国神門郡内社25社の矢野社、『延喜式』の八野神社の祭神。
¶神仏辞典　（矢野神・八野神　やののかみ）

矢野竜子　やのりゅうこ
⇒緋牡丹のお竜（ひぼたんのおりゅう）

矢作神　やはぎのかみ
河内国若江郡の矢作神社の祭神。
¶神仏辞典　（矢作神　やはぎのかみ）

矢椅神　やはしのかみ
伊勢国河曲郡の矢椅神社の祭神。
¶神仏辞典　（矢椅神　やはしのかみ）

箭括氏麻多智　やはずのうじのまたち
『常陸国風土記』にみえる継体天皇の代にいたと

やはせ

いう豪族。
¶朝日歴史（箭括氏麻多智　やはずのうじのまたち）
架空人日（箭括氏麻多智　やはずのうじのまたち）
日本人名（箭括氏麻多智　やはずのうじのまたち）

矢橋の仁惣太　やばせのにそうた
歌舞伎演目『源平布引滝』「実盛物語」の登場人物。
¶歌舞伎登（矢橋の仁惣太　やばせのにそうた）

弥八　やはち
宇江佐真理作『髪結い伊三次捕物余話』の登場人物。
¶時代小説（弥八　やはち）

笶原神　やはらのかみ
淡路国三原郡・丹後国加佐郡の笶原神社の祭神。
¶神仏辞典（笶原神　やはらのかみ）

夜番久助　やばんきゅうすけ
歌舞伎演目『石山寺誓の湖』に登場する、大井仙左衛門の仮名。
¶歌舞伎登（夜番久助　やばんきゅうすけ）

夜比良神　やひらのかみ
播磨国揖保郡の夜比良神社の祭神。
¶神仏辞典（夜比良神　やひらのかみ）

八尋桙長依日子命　やひろほこながよりひこのみこと
島根県松江市東生馬町の生馬神社の祭神。
¶神仏辞典（八尋桙長依日子命　やひろほこながよりひこのみこと）

ヤブイタチ
島根県地方でいう妖怪。
¶妖怪事典（ヤブイタチ）

藪神　やぶがみ
集落や屋敷の中の藪に祀られる神。
¶神仏辞典（藪神　やぶがみ）
妖怪大事典（藪神　やぶがみ）〔像〕

矢吹駆　やぶきかける
笠井潔の「矢吹駆シリーズ」の主人公。哲学者で探偵。
¶名探偵日（矢吹駆　やぶきかける）

矢吹丈　やぶきじょう
漫画『あしたのジョー』（高森朝雄原作、ちばてつや作画）の主人公。丹下段平ボクシングジム所属のボクサー。
¶架空人物（矢吹ジョー）
日本人名（矢吹丈　やぶきじょう）

藪荒神　やぶこうじん
大分県大野郡や直入郡などで、屋敷荒神にあた

るものをいう。
¶神仏辞典（藪荒神　やぶこうじん）

矢房　やぶさ
北部九州で信仰される藪神。
¶神仏辞典（矢房　やぶさ）

陽夫多神　やふたのかみ
伊賀国阿拝郡の陽夫多神社、伊勢国河曲郡の夜夫多神社の祭神。
¶神仏辞典（陽夫多神・夜夫多神　やふたのかみ）

養夫坐神　やぶにますかみ
養父神とも。但馬国養父郡の養夫坐神社五座の祭神。
¶神仏辞典（養夫坐神・養父坐神　やぶにますかみ）

屋船久久遅命　やふねくくのちのみこと
木の霊。家屋を守る神。
¶神仏辞典（屋船久久遅命　やふねくくのちのみこと）

屋船豊宇気姫命　やふねとようけひめのみこと
稲の霊。宇賀能美多麻。家屋を守る神。
¶神仏辞典（屋船豊宇気姫命　やふねとようけひめのみこと）

屋船命　やふねのみこと
土地の霊を鎮め家屋を守る屋敷神。
¶広辞苑6（屋船の神　やふねのかみ）
神仏辞典（屋船命　やふねのみこと）

籔原検校　やぶはらけんぎょう
講談・歌舞伎作品中の盲人悪徒の名。
¶架空伝承（籔原検校　やぶはらけんぎょう）
架空伝説（籔原検校　やぶはらけんぎょう）
世百新（籔原検校　やぶはらけんぎょう）
日本人名（籔原検校　やぶはらけんぎょう）

藪左中将嗣長　やぶひだりのちゅうじょうつぐなが
五味康祐作『柳生武芸帳』の登場人物。
¶時代小説（藪左中将嗣長　やぶひだりのちゅうじょうつぐなが）

弥平次　やへいじ
松本清張作『無宿人別帳』の登場人物。
¶時代小説（弥平次　やへいじ）

ヤヘー神　やへーかみ
沖縄の慶良間諸島において、種子取祭に来訪する神。
¶神仏辞典（ヤヘー神　やヘーかみ）

やぼがみ
やぶ神・いぼ神とも呼ばれ、多くは祟りがあると伝えられる。佐賀県東松浦郡小川島などで確認される。

¶神仏辞典（やぼがみ）

八桙神　やほこのかみ
阿波国那珂郡の八桙神社の祭神。
¶神仏辞典（八桙神　やほこのかみ）

八保神　やほのかみ
播磨国赤穂郡の八保神社の祭神。
¶神仏辞典（八保神　やほのかみ）

ヤマアラシ
和歌山県有田郡広村（広川町）でいう妖怪。
¶妖怪事典（ヤマアラシ）
妖怪大事典（ヤマアラシ）〔像〕

ヤマアラシ
奈良県吉野郡大塔村で、山で木を伐る音をさせる怪をいう。
¶神仏辞典（やまあらし）
全国妖怪（ヤマアラシ〔奈良県〕）
妖怪事典（ヤマアラシ）
妖怪大事典（ヤマアラシ）〔像〕

山あらし　やまあらし
熊本県八代市の松井家に伝わる『百鬼夜行絵巻』に描かれている、毛が棘のような妖怪。
¶妖怪事典（ヤマアラシ）
妖怪大鑑（山嵐　やまあらし）〔像〕
妖怪大事典（ヤマアラシ）〔像〕

山嵐　やまあらし
夏目漱石作『坊っちゃん』（1906）に登場する、中学校の数学主任教師。
¶架空人日（山嵐　やまあらし）
コン5（山嵐　やまあらし）
日本人名（山嵐　やまあらし）

山家神　やまいえのかみ
信濃国小県郡の山家神社の祭神。
¶神仏辞典（山家神　やまいえのかみ）

山雷　やまいかずち
黄泉国の伊弉冉尊の屍の手にいた神。
¶神仏辞典（山雷　やまいかずち）

山犬　やまいぬ
山の妖怪。高知県高岡郡檮原村宮野の俗伝。
¶神仏辞典（山犬　やまいぬ）
妖怪大全（山犬　やまいぬ）〔像〕

山内容堂　やまうちようどう
幕末の土佐藩第14代藩主。公武合体運動に尽力、徳川慶喜に大政奉還を建白したことで知られる。司馬遼太郎作『竜馬がゆく』に登場。
¶時代小説（山内容堂　やまうちようどう）
説話伝説（山内容堂　やまうちようどう [生]文政10（1827）年 [没]明治5（1872）年）

山姥　やまうば
各地に伝わる、山の奥にすむという妖婆。「やまんば」とも。
¶架空伝承（山姥　やまうば）〔像〕
幻想動物（山姥）〔像〕
広辞苑6（山姥　やまうば）
コン5（山姥　やまうば）
神仏辞典（山姥　やまうば）
神仏辞典（山姥　やまんば）
神話伝説（山姥　やまうば）
説話伝説（山姥　やまうば）
世百新（山姥　やまうば）
世妖精妖怪（山姥）
全国妖怪（ヤマウバ〔山形県〕）
全国妖怪（ヤマウバ〔長野県〕）
全国妖怪（ヤマウバ〔愛知県〕）
全国妖怪（ヤマウバ〔京都府〕）
全国妖怪（ヤマウバ〔島根県〕）
全国妖怪（ヤマウバ〔徳島県〕）
全国妖怪（ヤマウバ〔熊本県〕）
全国妖怪（ヤマンバ〔東京都〕）
全国妖怪（ヤマンバ〔岩手県〕）
全国妖怪（ヤマンバ〔新潟県〕）
全国妖怪（ヤマンバ〔愛媛県〕）
大辞林3（山姥　やまうば）
伝奇伝説（山姥　やまうば）
日本人名（山姥　やまうば）
日本未確認（山姥　やまうば）〔像〕
水木妖怪（山婆　やまんば）〔像〕
妖怪事典（ヤマウバ）
妖怪図鑑（山姥　やまうば）〔像〕
妖怪大鑑（山姥　やまうば）〔像〕
妖怪大全（山婆　やまんば）〔像〕
妖怪大事典（山姥　やまうば）〔像〕
妖精百科（山姥）
妖百1（山姥・山爺　やまうば・やまじじ）〔像〕

山ウロ　やまうろ
長崎県南松浦郡青方町でいう山童。
¶妖怪事典（ヤマウロ）

山岡鉄舟　やまおかてっしゅう
幕末・明治前期の剣客、政治家。江戸開城について勝海舟と西郷隆盛の会談への道を開いた。通称、鉄太郎。
¶歌舞伎登（山岡鉄太郎　やまおかてつたろう）
時代小説（山岡鉄太郎　やまおかてつたろう）
説話伝説（山岡鐵舟　やまおかてっしゅう [生]天保7（1836）年 [没]明治21（1888）年）
伝奇伝説（山岡鉄舟　やまおかてっしゅう [生]天保7（1836）年 [没]明治21（1888）年）

山岡百介　やまおかももすけ
京極夏彦作『巷説百物語』の登場人物。
¶時代小説（山岡百介　やまおかももすけ）

山オサキ　やまおさき
群馬県多野郡上野村でいう憑き物。
¶妖怪事典（ヤマオサキ）
妖怪大鑑（ヤマオサキ）〔像〕
妖怪大事典（山オサキ　やまおさき）〔像〕

やまお　　　　　　　　　716　　　　　　人物レファレンス事典

山おじ　やまおじ
福岡県八女郡星野村でいう山の妖怪。
- ¶神仏辞典（山小父　やまおじ）
  全国妖怪（ヤマオジ〔福岡県〕）
  妖怪事典（ヤマオジ）
  妖怪大事典（山オジ）

山男　やまおとこ
山の妖怪。俗伝は全国に広く分布するが、概して大男の姿であらわされる。
- ¶幻想動物（山男）〔像〕
  広辞苑6（山男　やまおとこ）
  神仏辞典（山男・山夫　やまおとこ）
  神話伝説（山男　やまおとこ）
  世怪物神獣（山男）
  世百新（山男　やまおとこ）
  全国妖怪（ヤマオトコ〔秋田県〕）
  全国妖怪（ヤマオトコ〔新潟県〕）
  全国妖怪（ヤマオトコ〔静岡県〕）
  全国妖怪（ヤマオトコ〔高知県〕）
  大辞林3（山男　やまおとこ）
  日本未確認（山人・山男）〔像〕
  妖怪事典（ヤマオトコ）〔像〕
  妖怪大全（山男）〔像〕
  妖怪大事典（山男　やまおとこ）〔像〕

山オナゴ　やまおなご
宮崎県東諸県郡の山女の類。
- ¶妖怪事典（ヤマオナゴ）

山鬼　やまおに
山中に明治頃まで棲んでいたという、一種の人類。
- ¶妖怪大鑑（山鬼　やまおに）〔像〕

山親父　やまおやじ
熊本県八代市の松井家に伝わる『百鬼夜行絵巻』に描かれているもの。
- ¶妖怪事典（ヤマオヤジ）

山叫び　やまおらび
山の妖怪。福岡県八女郡星野村仁田原の俗伝。
- ¶神仏辞典（山叫び・山哭び　やまおらび）
  全国妖怪（ヤマオラビ〔福岡県〕）
  妖怪事典（ヤマオラビ）
  妖怪大事典（山オラビ　やまおらび）

山童　やまおろ
山の妖怪。長崎県五島列島の俗伝。
- ¶神仏辞典（山童　やまおろ）
  全国妖怪（ヤマオロ〔長崎県〕）
  妖怪事典（ヤマオロ）

山颪　やまおろし
鳥山石燕の『画図百器徒然袋』に、下ろし金の妖怪として描かれたもの。
- ¶妖怪事典（ヤマオロシ）
  妖怪大鑑（山颪　やまおろし）〔像〕
  妖怪大事典（山颪　やまおろし）〔像〕

山女　やまおんな
各地に見られる、山中に棲む女の妖怪。
- ¶幻想動物（山女）〔像〕
  神仏辞典（山女　やまおんな）
  世怪物神獣（山女）
  全国妖怪（ヤマオンナ〔青森県〕）
  全国妖怪（ヤマオンナ〔岩手県〕）
  全国妖怪（ヤマオンナ〔徳島県〕）
  全国妖怪（ヤマオンナ〔長崎県〕）
  全国妖怪（ヤマオンナ〔熊本県〕）
  妖怪事典（ヤマオンナ）
  妖怪大全（山女　やまおんな）〔像〕
  妖怪大事典（山女　やまおんな）〔像〕

山神楽　やまかぐら
山の妖怪。新潟県頸城地方の俗伝。
- ¶神仏辞典（山神楽　やまかぐら）
  全国妖怪（ヤマカグラ〔新潟県〕）
  妖怪事典（ヤマカグラ）

山蔭右京　やまかげうきょう
歌舞伎演目『身替座禅』に登場する、京の近郊に住む町人。
- ¶歌舞伎登（山蔭右京　やまかげうきょう）

山蔭中納言政朝　やまかげちゅうなごんまさとも
料理人の守護神。日本料理の中興の祖。
- ¶神様読解（磐鹿六雁命・鯉の明神・山蔭中納言政朝　いわかむつかりのみこと・こいのみょうじん・やまかげちゅうなごんまさとも）

山陰中納言　やまかげのちゅうなごん
『今昔物語集』巻第19の第29に載る中納言。藤原山陰。
- ¶架空人目（山陰中納言　やまかげのちゅうなごん）

山鹿毛平馬　やまかげへいま
3世瀬川如皐作の歌舞伎『与話浮名横櫛』（1853年初演）に登場する、冷酷な悪党。
- ¶架空人目（山鹿毛平馬　やまかげへいま）

山方神　やまかたのかみ
越前国足羽郡の山方神社の祭神。
- ¶神仏辞典（山方神　やまかたのかみ）

山方比古神　やまがたひこのかみ
阿波国勝浦郡の山方比古神社の祭神。
- ¶神仏辞典（山方比古神　やまがたひこのかみ）

山形屋義兵衛　やまがたやぎへえ
歌舞伎演目『けいせい三拍子』に登場する、京極の家主山形屋の養子。
- ¶歌舞伎登（山形屋義兵衛　やまがたやぎへえ）

山賤斧蔵　やまがつよきぞう
歌舞伎演目『薪荷雪間の市川』に登場する、足柄山の山賤、実は源頼光の家臣三田仕。

¶歌舞伎登（山賤斧蔵　やまがつよきぞう）

山神　やまがみ
山の妖怪。土佐の俗伝。
¶広辞苑6（山神　やまがみ）
神仏辞典（山神　やまがみ）
全国妖怪（ヤマガミ〔高知県〕）

山上源内左衛門　やまがみげんないざえもん
歌舞伎演目『傾城王昭君』に登場する、藤原鎌足の家老。
¶歌舞伎登（山上源内左衛門　やまがみげんないざえもん）

山上宗源　やまがみそうげん
鳥羽亮作『三鬼の剣』の登場人物。
¶時代小説（山上宗源　やまがみそうげん）

山家屋清兵衛　やまがやせいべえ
歌舞伎演目『お染久松色読販』に登場する、油屋お染の許婚の聟。
¶歌舞伎登（山家屋清兵衛　やまがやせいべえ）

やまがろ
山の妖怪。岐阜県飛騨地方の山里の俗伝。
¶神仏辞典（やまがろ）
全国妖怪（ヤマガロ〔岐阜県〕）

山木直　やまきのあたい
古代伝承上の豪族。東漢氏の兄系諸氏25姓の祖とされる。
¶日本人名（山木直　やまきのあたい）

山伎神　やまきのかみ
『日本三代実録』に所出。丹後国の神。
¶神仏辞典（山伎神　やまきのかみ）

山口市左衛門　やまぐちいちざえもん
江戸中期の義民。阿波の藍の生産・販売の統制に反対する一揆計画の首謀者として捕えられ、磔刑。父・山口吉右衛門らと五社明神に祀られる。
¶コン5（山口市左衛門　やまぐちいちざえもん [生]? [没]宝暦7（1757）年）

山口吉右衛門　やまぐちきちえもん
江戸中期の義民。阿波の藍の生産・販売統制に反対し、一揆蜂起を計画した一人。五社明神に祀られる。
¶コン5（山口吉右衛門　やまぐちきちえもん [生]? [没]宝暦7（1757）年）

山口新介　やまぐちしんすけ
童門冬二作『上杉鷹山』の登場人物。
¶時代小説（山口新介　やまぐちしんすけ）

山口神　やまぐちのかみ
出雲国楯縫郡式外社19社の山口社の祭神。
¶神仏辞典（山口神　やまぐちのかみ）

山口の一つ火　やまぐちのひとつび
長野県小県郡神科村（上田市）で、太郎山の中腹に現れるという火の玉。
¶妖怪事典（ヤマグチノヒトツビ）

山口屋善右衛門　やまぐちやぜんえもん
三遊亭円朝作『塩原多助一代記』（1889）に登場する、神田佐久間町河岸で炭問屋を商う大商人。
¶架空人日（山口屋善右衛門　やまぐちやぜんえもん）

山国神　やまぐにのかみ
丹波国桑田郡の山国神社の祭神。
¶神仏辞典（山国神　やまぐにのかみ）

玃仰　やまこ
『和漢三才図会』や『享和雑記』にある妖怪。美濃国（岐阜県）の奥山に現れた話が載る。色が黒く、全身に長い毛の生えたもの。人語を解した。
¶日本未確認（玃　やまこ）〔像〕
妖怪事典（ヤマコ）
妖怪大全（玃仰　やまこ）〔像〕
妖怪大事典（玃　やまこ）〔像〕

山子　やまこ
山中にすんでいるという妖怪。
¶広辞苑6（山子　やまこ）

山崎桂次郎　やまざきけいじろう
白井喬二作『富士に立つ影』の登場人物。
¶時代小説（山崎桂次郎　やまざきけいじろう）

山崎浄閑　やまざきじょうかん
歌舞伎演目『寿の門松』に登場する、山崎与次兵衛の父。
¶歌舞伎登（山崎浄閑　やまざきじょうかん）

山崎蒸　やまざきすすむ
新選組隊士。子母澤寛作『新選組始末記』、司馬遼太郎作『竜馬がゆく』の登場人物。
¶時代小説（山崎蒸『新選組始末記』　やまざきすすむ）
時代小説（山崎蒸『竜馬がゆく』　やまざきすすむ）

山埼神　やまさきのかみ
山埼明神、山埼名神とも。山城国の同神が名神祭にあずかる。
¶神仏辞典（山埼神・山崎神　やまさきのかみ）

山崎屋　やまざきや
井原西鶴作の浮世草子『日本永代蔵』（1688）巻五「世渡りは淀鯉のはたらき」に登場する人物。
¶架空人日（山崎屋　やまざきや）

山崎屋与五郎　やまざきやよごろう
歌舞伎演目『双蝶々曲輪日記』に登場する、山

崎与次兵衛の息子。
¶歌舞伎登（山崎屋与五郎　やまざきやよごろう）

山崎譲　やまさきゆずる
中里介山作『大菩薩峠』の登場人物。
¶時代小説（山崎譲　やまさきゆずる）

山崎与次兵衛　やまざきよじべえ
⇒与次兵衛（よじべえ）

山幸彦　やまさちひこ
「海幸・山幸」の物語で知られる、瓊瓊杵尊の子。木花開耶姫との間に生まれた火遠理命のこと。『古事記』では他に天津日高日子穂手見命、『日本書紀』では彦火火出見尊などと呼ばれる。別名に火折尊。
¶朝日歴史（彦火火出見尊　ひこほほでみのみこと）
　英雄事典（火遠理命　ホオリノミコト）
　架空人日（火遠理命　ほおりのみこと）
　架空人物（海幸彦、山幸彦）
　架空伝承（海幸・山幸　うみさち・やまさち）〔像〕
　神様読解（火遠理命/山幸彦/天津日高日子穂手見命/彦火火出見尊　ほおりのみこと・やまさちひこ・あまつひこひこほほでみのみこと・ひこほほでみのみこと）〔像〕
　広辞苑6（彦火火出見尊　ひこほほでみのみこと）
　コン5（彦火火出見尊　ひこほほでみのみこと）
　新潮日本（彦火火出見尊　ひこほほでみのみこと）
　神仏辞典（彦火尊　ひこほほのみこと）
　神仏辞典（日子穂手見命・彦火火出見尊　ひこほほでみのみこと）
　神仏辞典（火遠理命・火折尊　ほおりのみこと）
　神仏辞典（山佐知毘古・山幸彦　やまさちびこ）
　神話伝説（海幸・山幸　うみさち・やまさち）
　人物伝承（海幸彦・山幸彦　うみさちひこ・やまさちひこ）
　説話伝説（海幸山幸　うみさちやまさち）
　世百新（火遠理命　ほおりのみこと）
　大辞林3（彦火火出見尊・日子穂手見命　ひこほほでみのみこと）
　大辞林3（山幸彦　やまさちびこ）
　伝奇伝説（海幸彦山幸彦　うみさちひこ やまさちびこ）
　東洋神名（天津日高日子穂手見命　アマツヒコヒコホホデミノミコト）〔像〕
　日本神々（日子穂手見命　ひこほほでみのみこと）〔像〕
　日本神様（海幸・山幸　うみさち・やまさち）
　日本神様（火遠理命(山幸彦)　ほおりのみこと(やまさちひこ)）〔像〕
　日本人名（彦火火出見尊　ひこほほでみのみこと）
　日本神話（ホヲリ）
　日本神話（ホホデミ）

夜麻佐神　やまさのかみ
出雲国意宇郡式内社48社の夜麻佐社、『延喜式』の山狭神社の祭神。
¶神仏辞典（夜麻佐神・山狭神　やまさのかみ）

山爺　やまじじ
高知県を中心にした四国の山中でいう妖怪。
¶幻想動物（山爺）〔像〕
　神仏辞典（山爺　やまじい）

全国妖怪（ヤマジイ〔高知県〕）
水木妖怪続（山爺　やまじじい）〔像〕
妖怪事典（ヤマジジ）
妖怪大全（山爺　やまじじい）〔像〕
妖怪大事典（山爺　やまじじい）〔像〕
妖百1（山姥・山爺　やまうば・やまじじ）

山下影日売　やましたかげのひめ
建内宿禰の母神。『日本書紀』では、影媛。
¶神様読解（山下影日売　やましたかげのひめ）
　日本人名（影媛(1)　かげひめ）

山下定包　やましたさだかね
曲亭馬琴の読本『南総里見八犬伝』(1814-42)に登場する、安房の梟雄。
¶架空人日（山下定包　やましたさだかね）

山科神　やましなのかみ
山城国宇治郡の山科神社二座の祭神。
¶神仏辞典（山科神　やましなのかみ）

山科の荘司　やましなのしょうじ
世阿弥作・能『恋重荷』の登場人物。白河院の庭の菊の下葉を取る老人。
¶架空伝説（山科の荘司　やましなのしょうじ）
　古典人学（山科の荘司　やましなのしょうじ）

山上臈　やまじょろう
山の妖怪。ヤマジョロ・ヤマジョーロとも。
¶神仏辞典（山上臈・山女郎　やまじょろう）
　全国妖怪（ヤマジョロウ〔奈良県〕）
　全国妖怪（ヤマジョロウ〔徳島県〕）
　全国妖怪（ヤマジョロウ〔愛媛県〕）
　妖怪事典（ヤマジョロウ）
　妖怪大事典（山女郎　やまじょろう）

山代大国之淵　やましろおおくにのふち
苅羽田刀弁の父神。山代とは山城国のこと。
¶神様読解（山代大国之淵　やましろおおくにのふち）

山代之猪甘　やましろのいかい
『古事記』にみえる老人。
¶日本人名（山代之猪甘　やましろのいかい）

山代之荏名津比売　やましろのえなつひめ
日子坐王の妃。
¶神様読解（山代之荏名津比売/苅幡戸弁　やましろのえなつひめ・かりはたとべ）

山背大国魂命神　やましろのおおくにたまのみことのかみ
山城国久世郡の水主神社十座の祭神。
¶神仏辞典（山背大国魂命神　やましろのおおくにたまのみことのかみ）

山代大堰神　やましろのおおせきのかみ
『日本三代実録』に所出。加賀国の神。
¶神仏辞典（山代大堰神　やましろのおおせきのかみ）

山代之大筒木真若王　やましろのおおつつきまわかのみこ
日子坐王の子。
¶**神様読解**（山代之大筒木真若王　やましろのおおつつきまわかのみこ）

山代神　やましろのかみ
出雲国意宇郡式内社48社の山代社、『延喜式』の山代神社の祭神。
¶**神仏辞典**（山代神　やましろのかみ）

山代日子命　やましろひこのみこと
大国主神の子。
¶**神仏辞典**（山代日子命　やましろひこのみこと）

山人　やまじん
山の妖怪。高知県土佐郡本川村の俗伝。
¶**神仏辞典**（山人　やまじん）
全国妖怪（ヤマジン〔高知県〕）

山末大主神　やますえのおおぬしのかみ
⇒大山咋神（おおやまくいのかみ）

山末神　やますえのかみ
伊勢国度会郡の山末神社の祭神。
¶**神仏辞典**（山末神　やますえのかみ）

やませこ
山の妖怪。大分県玖珠郡の俗伝。
¶**神仏辞典**（やませこ）
全国妖怪（ヤマセコ〔大分県〕）

山田浅右衛門　やまだあさえもん
徳川幕府の御試御用。山田流試剣7代吉利。
¶**奇談逸話**（山田浅右衛門　やまだあさえもん）
説話伝説（山田浅右衛門　やまだあさえもん [生]文化10（1813）年 [没]明治17（1884）年）
伝奇伝説（山田浅右衛門　やまだあさえもん）

山田右衛門作　やまだえもさく
江戸前期の南蛮画家。出自、経歴不明。島原の乱に参加。天草四郎の陣中旗「聖体讃仰天使図」の作者とされる。
¶**説話伝説**（山田右衛門作　やまだえもさく 生没年不詳/明暦元（1655）没とも）
伝奇伝説（山田右衛門作　やまだえもさく 生没年未詳）

山田原の雄狐　やまだがはらのおぎつね
歌舞伎演目『夫婦酒替奴中仲』に登場する、白鳥の明鏡を守る狐の精。
¶**歌舞伎登**（山田原の雄狐　やまだがはらのおぎつね）

山田幸兵衛　やまだこうべえ
歌舞伎演目『伊賀越道中双六』に登場する、東海道岡崎の百姓で関所の下役人。
¶**歌舞伎登**（山田幸兵衛　やまだこうべえ）

山田真竜軒　やまだしんりゅうけん
江戸時代前期の武術家。講談によれば、徳川家光の御前試合で井伊直人をやぶる。
¶**日本人名**（山田真竜軒　やまだしんりゅうけん [生]1581年 [没]1634年）

山田仙之助　やまだせんのすけ
三上於菟吉作『敵打日月双紙』の登場人物。
¶**時代小説**（山田仙之助　やまだせんのすけ）

山田藤兵衛　やまだとうべえ
池波正太郎作『雲霧仁左衛門』の登場人物。
¶**時代小説**（山田藤兵衛　やまだとうべえ）

山田長政　やまだながまさ
江戸前期にシャム（現在のタイ）の日本人町を中心に活躍した人物。駿河の人。外交・貿易に従事し、また内戦を治め国王の信を得て重臣となる。王の死後毒殺されたとされる。
¶**説話伝説**（山田長政　やまだながまさ [生]? [没]寛永7（1630）年）
伝奇伝説（山田長政　やまだながまさ [生]天正18（1590）年 [没]寛永7（1630）年）〔像〕

八岐大蛇　やまたのおろち
神話に登場する、8つの頭をもつ大蛇。スサノオが退治した。
¶**架空人日**（八俣のおろち　やまたのおろち）
幻獣辞典（八岐大蛇　ヤマタノオロチ）
幻想動物（八岐大蛇）〔像〕
広辞苑6（八岐大蛇　やまたのおろち）
神仏辞典（八俣大蛇　やまたのおろち）
神話伝説（八俣大蛇　やまたのおろち）
世怪物神獣（出雲の大蛇　いずものおろち）
世怪物神獣（高志の八岐の大蛇　こしのやまたのおろち）
説話伝説（八岐大蛇　やまたのおろち）
世百新（八岐大蛇　やまたのおろち）
伝奇伝説（八俣の大蛇　やまたのおろち）
東洋神名（高志八俣遠呂智　コシノヤマタノヲロチ）〔像〕
日本未確認（八俣大蛇　やまたのおろち）〔像〕
水木世幻獣（八岐大蛇　やまたのおろち）
妖怪大鑑（八岐大蛇　やまたのおろち）〔像〕
妖怪大事典（八岐大蛇　やまたのおろち）〔像〕

山田神　やまだのかみ
『日本三代実録』に所出。周防国の神。
¶**神仏辞典**（山田神　やまだのかみ）

山田之曾富騰　やまだのそほど
⇒久延毘古（くえびこ）

山田伴山　やまだばんざん
江戸時代前期の武術家。講談によれば、徳川家光の御前試合で土子泥之助に敗れたという。通称は久太夫。
¶**日本人名**（山田伴山　やまだばんざん 生没年未詳）

山田浮月斎　やまだふげつさい
疋田陰流剣術家。五味康祐作『柳生武芸帳』の登場人物。
¶時代小説（山田浮月斎　やまだふげつさい）

山田屋三之丞　やまだやさんのじょう
隆慶一郎作『吉原御免状』の登場人物。
¶時代小説（山田屋三之丞　やまだやさんのじょう）

山太郎　やまたろ
山の妖怪。奈良県吉野郡の俗伝。
¶神仏辞典（山太郎　やまたろ）
　全国妖怪（ヤマタロ〔奈良県〕）
　妖怪事典（ヤマタロウ）

山地乳　やまちち
人が寝ている間に、息を吸い取って殺してしまう怪物。猿に似た姿。
¶幻想動物（山地乳）〔像〕
　妖怪事典（ヤマチチ）
　妖怪大全（山地乳　やまちち）〔像〕
　妖怪大事典（山地乳　やまちち）〔像〕

山父　やまちち
山の妖怪。高知県南国市の俗伝。
¶神仏辞典（山父　やまちち）

山都田神　やまつたのかみ
若狭国三方郡の山都田神社の祭神。
¶神仏辞典（山都田神　やまつたのかみ）

山津照神　やまつてらすのかみ
近江国坂田郡の山津照神社の祭神。
¶神仏辞典（山津照神　やまつてらすのかみ）

山祇　やまつみ
諾冊二神の神生みにおける山の神。
¶広辞苑6（山祇・山神　やまつみ）
　神仏辞典（山祇　やまつみ）

山天狗　やまてんぐ
山の妖怪。神奈川県津久井郡津久井町（相模原市）の俗伝。
¶神仏辞典（山天狗　やまてんぐ）
　水木妖怪続（山天狗　やまてんぐ）〔像〕
　妖怪事典（ヤマテング）
　妖怪大全（山天狗　やまてんぐ）〔像〕
　妖怪大事典（山天狗　やまてんぐ）〔像〕

夜麻止古命　やまとこのみこと
火闌降命7世の孫、坂合部の祖。
¶神仏辞典（夜麻止古命　やまとこのみこと）

日本武尊　やまとたけるのみこと
『古事記』『日本書紀』『風土記』などに伝えられる英雄伝説の主人公。景行天皇の第3皇子。
¶朝日歴史（日本武尊　やまとたけるのみこと）
　英雄事典（倭建命　ヤマトタケルノミコト）
　架空人日（倭建命　やまとたけるのみこと）
　架空伝承（日本武尊　やまとたけるのみこと）〔像〕
　架空伝説（倭建命　やまとたけるのみこと）
　歌舞伎登（ヤマトタケル）
　神様読解（小碓命/倭男具那命/倭建命/日本武尊　おうすのみこと・やまとおぐなのみこと・やまとたけるのみこと・やまとたけるのみこと）
　神文化史（倭建命（記）、日本武尊（紀）　ヤマトタケル）
　奇談逸話（倭建命　やまとたけるのみこと）
　広辞苑6（日本武尊・倭建命　やまとたけるのみこと）
　古典入学（倭建命　やまとたけるのみこと）
　古典人東（ヤマトタケル（倭建命）　やまとたける）
　コン5（日本武尊　やまとたけるのみこと）
　新潮日本（日本武尊　やまとたけるのみこと）
　神仏辞典（倭建命・日本武尊　やまとたけるのみこと）
　神話伝説（倭建命（記）/日本武尊（紀）　やまとたけるのみこと）
　人物伝承（日本武尊　やまとたけるのみこと）〔像〕
　説話伝説（倭建命　やまとたけるのみこと）
　世百新（日本武尊　やまとたけるのみこと）
　伝奇伝説（倭建命　やまとたけるのみこと）
　東洋神名（倭建命　ヤマトタケルノミコト）
　日本神様（倭建命　やまとたけるのみこと）〔像〕
　日本人名（日本武尊　やまとたけるのみこと）

やまどっさん
田の神、山の神、年の神の性格を持つ神。
¶神仏辞典（やまどっさん）
　妖怪大鑑（ヤマドッサン）〔像〕

倭迹迹姫命　やまとととひめのみこと
孝元天皇を父、欝色謎命を母とする。兄に大彦命、開化天皇がいる。
¶神仏辞典（倭迹迹姫命　やまとととひめのみこと）

倭迹迹日百襲姫命　やまとととひももそひめのみこと
記紀にみえる孝霊天皇の皇女。『古事記』では夜麻登登母母曾毘売命。
¶朝日歴史（倭迹迹日百襲姫　やまとととひももそひめ）
　神様読解（夜麻登登母母曾毘売命　やまとともももひめのみこと）
　コン5（倭迹迹日百襲姫　やまとととひももそひめ）
　新潮日本（倭迹迹日百襲姫　やまとととひももそひめ）
　神仏辞典（倭迹迹日百襲姫命　やまとととひももそひめのみこと）
　神仏辞典（夜麻登登母母曾毘売命　やまとももそひめのみこと）
　神話伝説（倭迹迹日百襲姫　やまとととひももそひめ）
　世百新（倭迹迹日百襲姫命　やまとととびももそひめのみこと）
　日本人名（倭迹迹日百襲姫命　やまとととひももそひめのみこと）
　日本神話（ヤマトモモソヒメ/ヤマトトトビモモソヒメ）

倭飛羽矢若屋比売命　やまととびはやわかや

めのみこと
第7代孝霊天皇の皇女。
¶神様読解（倭飛羽矢若屋比売命　やまとととびはやわかやひめのみこと）
神仏辞典（倭飛羽矢若屋比売命　やまとととびはやわかやひめのみこと）

倭根子命　やまとねこのみこと
第12代景行天皇の皇子。
¶神様読解（倭根子命　やまとねこのみこと）
神仏辞典（倭根子命　やまとねこのみこと）

倭大神　やまとのおおかみ
⇒大国御魂神（おおくにみたまのかみ）

倭大物主櫛𤭖玉命　やまとのおおものぬしくしみかたまのみこと
『延喜式』に所出の神。
¶神仏辞典（倭大物主櫛𤭖玉命・倭大物主櫛𤭖玉命　やまとのおおものぬしくしみかたまのみこと）

倭恩智神　やまとのおんちのかみ
大和国城下郡の倭恩智神社の祭神。
¶神仏辞典（倭恩智神　やまとのおんちのかみ）

倭国香媛　やまとのくにかひめ
記紀にみえる孝霊天皇の妃。『古事記』では、蠅伊呂泥、意富夜麻登玖邇阿礼比売命。
¶神様読解（蠅伊呂泥/意富夜麻登久（玖）邇阿礼比売命　はえいろね・おおやまとくにあれひめのみこと）
神仏辞典（意富夜麻登久邇阿礼比売命　おおやまとくにあれひめのみこと）
日本人名（倭国香媛　やまとのくにかひめ）

倭日子命　やまとひこのみこと
第10代崇神天皇の皇子。
¶神様読解（倭日子命　やまとひこのみこと）
神仏辞典（倭日子命・倭彦命　やまとひこのみこと）
日本人名（倭彦命　やまとひこのみこと）

倭日向建日向八綱田命　やまとひむけたけひむけやつなだのみこと
豊城入彦命の子、登美首・軽部の（和泉国皇別）、我孫公の祖。
¶神仏辞典（倭日向建日向八綱田命　やまとひむけたけひむけやつなだのみこと）

倭姫命　やまとひめのみこと
『日本書紀』垂仁朝に語られる伊勢神宮起源譚の主人公。垂仁天皇の娘。
¶朝日歴史（倭姫命　やまとひめのみこと）
架空人日（倭比売　やまとひめ）
架空伝承（倭姫命　やまとひめのみこと）
神様読解（倭比売命　やまとひめのみこと）
広辞苑6（倭姫命　やまとひめのみこと）
コン5（倭姫　やまとひめ）
新潮日本（倭姫命　やまとひめのみこと）
神仏辞典（倭比売命・倭姫命　やまとひめのみこと）
神話伝説（倭姫命　やまとひめのみこと）
世百新（倭姫命　やまとひめのみこと）
大辞林3（倭比売命・倭姫命　やまとひめのみこと）
伝奇伝説（倭姫命　やまとひめのみこと）
日本人名（倭姫命　やまとひめのみこと）
日本神話（ヤマトヒメ）

大和屋十右衛門　やまとやじゅうえもん
岡本綺堂作『半七捕物帳』の登場人物。
¶時代小説（大和屋十右衛門　やまとやじゅうえもん）

大和屋徳兵衛　やまとやとくべえ
歌舞伎演目『謎帯一寸徳兵衛』に登場する、深川中裏の子供屋（遊女屋）の亭主。
¶歌舞伎登（大和屋徳兵衛　やまとやとくべえ）

大和屋文魚　やまとやぶんぎょ
江戸後期の足代方御用達商人。「十八大通」の中心的人物。
¶説話伝説（大和屋文魚　やまとやぶんぎょ）
伝奇伝説（大和屋文魚　やまとやぶんぎょ　生没年未詳）

山中鹿之助　やまなかしかのすけ
戦国時代の武将。出雲の人。尼子十勇士の一人。歌舞伎『けいせい咬𠺕吧恋文』に登場する。
¶歌舞伎登（山中鹿之助　やまなかしかのすけ）
説話伝説（山中鹿之助　やまなかしかのすけ　㊐?　㊀天正6（1578）年）
伝奇伝説（山中鹿之介　やまなかしかのすけ　㊐天文14（1545）年　㊀天正6（1578）年）

山中鹿之助　やまなかしかのすけ
歌舞伎演目『伽羅先代萩』に登場する、鶴千代君の忠臣。
¶歌舞伎登（山中鹿之助　やまなかしかのすけ）

山中平九郎　やまなかへいくろう
江戸時代の歌舞伎役者。初代。江戸実悪の開山と賞される。
¶説話伝説（山中平九郎　やまなかへいくろう　㊐寛永19（1642）年　㊀享保9（1724）年）

山梨岡神　やまなしのおかのかみ
甲斐国山梨郡の山梨岡神社の祭神。
¶神仏辞典（山梨岡神　やまなしのおかのかみ）

山名宗全　やまなそうぜん
室町時代の武将。山名持豊とも。法名、宗全。応仁の乱では五辻通り大宮東の宗全邸を中心に布陣、「西軍」と呼ばれ主将となる。現在「西陣」の地名として残る。
¶架空人日（山名宗全　やまなそうぜん）
歌舞伎登（山名宗全 1『けいせい天羽衣』　やまなそうぜん）
歌舞伎登（山名宗全 2『伽羅先代萩』　やまなそうぜん）
説話伝説（山名宗全　やまなそうぜん　㊐応永11（1404）年　㊀文明5（1473）年）
伝奇伝説（山名宗全　やまなそうぜん　㊐応永11（1404）年　㊀文明5（1473）年）

山名宗入　やまなそうにゅう
柳亭種彦作の合巻『偐紫田舎源氏』(1829-42)に登場する、明石の浦に住む武士。
¶架空人日（山名宗入　やまなそうにゅう）

山那神　やまなのかみ
尾張国丹羽郡の山那神社、遠江国山名郡の山名神社の祭神。
¶神仏辞典（山那神・山名神　やまなのかみ）

山南敬助　やまなみけいすけ
新選組隊士。仙台の脱藩者。子母澤寛作『新選組始末記』の登場人物。
¶時代小説（山南敬助　やまなみけいすけ）

山名屋四郎兵衛　やまなやしろべえ
歌舞伎演目『明烏夢泡雪』に登場する、新吉原の遊廓の主人で、女房で遣り手のおかやとともに敵役。
¶歌舞伎登（山名屋四郎兵衛　やまなやしろべえ）

山鳴り　やまなり
音の妖怪。高知県幡多郡土佐山村などの俗伝。
¶神仏辞典（山鳴り　やまなり）
　妖怪事典（ヤマナリ）

山主神　やまぬしのかみ
『日本三代実録』に所出。近江国の神。
¶神仏辞典（山主神　やまぬしのかみ）

山猫　やまねこ
宮沢賢治作『どんぐりと山猫』(1924)に登場する山猫。裁判所の判事。
¶架空人日（『どんぐりと山猫』の山猫　どんぐりとやまねこのやまねこ）

山猫　やまねこ
青森県、宮城県、島根県、東京都八丈島などでいう猫の妖怪。
¶神仏辞典（山猫　やまねこ）
　全国妖怪（ヤマネコ〔東京都〕）
　全国妖怪（ヤマネコ〔島根県〕）
　全国妖怪（ヤマネコノカイ〔青森県〕）
　妖怪事典（ヤマネコ）
　妖怪大鑑（山猫　やまねこ）〔像〕
　妖怪大事典（山猫　やまねこ）〔像〕

山猫おさん　やまねこおさん
歌舞伎演目『処女評判善悪鏡』に登場する、口入れ屋の婆。
¶歌舞伎登（山猫おさん　やまねこおさん）

山猫三次　やまねこさんじ
講釈などに登場する、江戸時代の盗賊の頭目・雲霧仁左衛門の元手下。
¶架空伝説（山猫三次　やまねこさんじ）

山直神　やまのあたいのかみ
和泉国和泉郡の山直神社の祭神。
¶神仏辞典（山直神　やまのあたいのかみ）

山のアラシ　やまのあらし
栃木県芳賀郡益子町の昔話にある妖怪。
¶妖怪事典（ヤマノアラシ）
　妖怪大事典（山のアラシ　やまのあらし）

山井神　やまのいのかみ
和泉国大鳥郡の山井神社の祭神。
¶神仏辞典（山井神　やまのいのかみ）

山上憶良　やまのうえのおくら
奈良時代の歌人。『万葉集』に70首余を残す。「貧窮問答歌」で著名。
¶奇談逸話（山上憶良　やまのうえのおくら　㊉斉明6(660)年？㊊天平5(733)年？）
　説話伝説（山上憶良　やまのうえのおくら　㊉斉明天皇6(660)年？㊊天平5(733)年？）
　伝奇伝説（山上憶良　やまのうえのおくら　㊉斉明6(660)年　㊊天平5(733)年）

山内伊賀亮　やまのうちいがのすけ
江戸末頃の実録『大岡政談』「天一坊実記」に登場する大岡越前守の敵。
¶架空人日（山内伊賀亮　やまのうちいがのすけ）
　架空伝説（山内伊賀亮　やまのうちいがのすけ）
　歌舞伎登（山内伊賀亮　やまのうちいがのすけ）
　日本人名（山内伊賀亮　やまのうちいがのすけ）

山内一豊　やまのうちかずとよ
安土桃山・江戸前期の武将。江戸時代の土佐初代藩主。
¶説話伝説（山内一豊　やまうちかつとよ　㊉天文15(1546)年　㊊慶長10(1605)年）〔像〕
　伝奇伝説（山内一豊　やまのうちかずとよ　㊉天文15(1546)年　㊊慶長10(1605)年）

山内一豊の妻　やまのうちかずとよのつま
安土桃山・江戸前期の女性。貞女の鑑。
¶伝奇伝説（山内一豊の妻　やまのうちかずとよのつま　㊉弘治3(1557)年　㊊元和3(1617)年）

山の叔母御　やまのおばご
長野県地方でいう雪の怪異。
¶妖怪事典（ヤマノオバゴ）

山のオンバ　やまのおんば
静岡県小笠郡でいう怪異。
¶妖怪事典（ヤマノオンバ）

山の神　やまのかみ
神社の祭神としては大山祇命や木花開耶媛とされるが、きわめて普遍的な神で性格も多岐にわたる。また農耕の神でもあり、民俗的には田の神として去来する伝承をもつ。
¶神様読解（山の神　やまのかみ）〔像〕

神文化史（ヤマノカミ（山の神））
広辞苑6（山の神　やまのかみ）
神仏辞典（山神　やまのかみ）
神仏辞典（山の神　やまのかみ）
神話伝説（山の神　やまのかみ）
世百新（山の神　やまのかみ）〔像〕
東洋神名（山の神　ヤマノカミ）〔像〕
日本神様（山の神　やまのかみ）〔像（大山津見神）〕
日本神話（山の神　やまのかみ）
妖怪大事典（山神　さんじん）〔像〕

山の神　やまのかみ
沖縄本島北部のウンジャミやシヌグ祭祀の中で海の神に対立して観念化された神。祖霊神。
¶神仏辞典（山の神　やまのかみ）

山神　やまのかみ
山内で落とした物を探してくれた山の神。
¶水木妖怪（山の神　やまのかみ）〔像〕

山神　やまのかみ
倭建命による熊襲征伐の帰途に平定された神。山・山岳を支配していた一族と考えられる。
¶英雄事典（山神・河神　ヤマノカミ&カワノカミ）
神様読解（山神/河神　やまのかみ・かわのかみ）

山の神荒神　やまのかみこうじん
荒神は屋敷神、一族の神、集落の神として中国地方に広く祀られているが、その荒神信仰が山の神信仰と習合したもの。
¶神仏辞典（山の神荒神　やまのかみこうじん）

山の神のお使い　やまのかみのおつかい
長野県北安曇郡でいう妖怪。
¶妖怪事典（ヤマノカミノオツカイ）

山の神のころ　やまのかみのころ
長野県木曾地方でいう山イタチのこと。
¶神仏辞典（山の神のころ　やまのかみのころ）

山の神のチンコロ　やまのかみのちんころ
長野県諏訪郡、静岡県安倍郡などでいう山中の妖怪。
¶妖怪事典（ヤマノカミノチンコロ）

山の神婆　やまのかみばば
山の妖怪。岐阜県美濃市矢坪の俗伝。
¶神仏辞典（山の神婆　やまのかみばば）
全国妖怪（ヤマノカミババ〔岐阜県〕）
妖怪事典（ヤマノカミババア）
妖怪大事典（山の神婆　やまのかみばあ）〔像〕

山口神　やまのくちのかみ
山の上がり口の神。山口坐皇神。
¶神仏辞典（山口神　やまのくちのかみ）

山の小僧　やまのこぞう
山の妖怪。静岡県賀茂郡、群馬県多野郡上野村に伝わる山の怪。

¶神仏辞典（山の小僧　やまのこぞう）
全国妖怪（ヤマノコゾウ〔静岡県〕）
妖怪事典（ヤマノコゾー）

山辺坐御県神　やまのべにますみあがたのかみ
山辺御県神とも。大和国山辺郡の山辺坐御県神社の祭神。
¶神仏辞典（山辺坐御県神　やまのべにますみあがたのかみ）

山辺大鶙　やまのべのおおたか
『古事記』にみえる豪族。大和（奈良県）山辺郡の人か。
¶日本人名（山辺大鶙　やまのべのおおたか）

山辺神　やまのべのかみ
出雲国出雲郡式外社64社の山辺社（3社）の祭神。
¶神仏辞典（山辺神　やまのべのかみ）

山辺八代姫命神　やまのべのやしろひめのみことのかみ
石見国邇摩郡の山辺八代姫命神社の祭神。
¶神仏辞典（山辺八代姫命神　やまのべのやしろひめのみことのかみ）

山婆　やまばばあ
山の妖怪。静岡県賀茂郡水窪町の俗伝。
¶神仏辞典（山婆　やまばばあ）
全国妖怪（ヤマババア〔静岡県〕）
妖怪事典（ヤマノババ）

山囃子　やまばやし
音の妖怪。動物（狸）の怪。深夜に何処ともなく聞こえる神楽囃子のこと。
¶神仏辞典（山囃子　やまばやし）
全国妖怪（ヤマバヤシ〔静岡県〕）
全国妖怪（ヤマバヤシ〔愛知県〕）
妖怪事典（ヤマバヤシ）
妖怪大事典（山囃子　やまばやし）

山林房八　やまはやしふさはち
曲亭馬琴作の読本『南総里見八犬伝』（1814-42）に登場する、犬江親兵衛の父。
¶架空人日（山林房八　やまはやしふさはち）

山彦　やまひこ
各地で山のこだま現象のことをいい、かつては山中にこだま現象を起こす妖怪がいたと信じられていた。幽谷響とも書く。
¶広辞苑6（山彦　やまひこ）
神仏辞典（山彦　やまひこ）
妖怪事典（ヤマビコ）
妖怪図鑑（やまびこ）〔像〕
妖怪大全（幽谷響　やまびこ）〔像〕
妖怪大事典（山彦　やまびこ）〔像〕
妖百1（山彦　やまびこ）〔像〕

山彦王子　やまびこのおうじ
近松門左衛門作の浄瑠璃『用明天皇職人鑑』（1705

年初演）に登場する、敏達天皇の同腹の弟。
¶架空人日（山彦王子　やまびこのおうじ）

山人　やまびと
秋田県北部でいう山中の異人。
¶妖怪事典（ヤマビト）
妖怪大事典（山人　やまびと）

山姫　やまひめ
山の妖怪。日本各地の山村でいう。
¶広辞苑6（山姫　やまひめ）
神仏辞典（山姫　やまひめ）
全国妖怪（ヤマヒメ〔岡山県〕）
全国妖怪（ヤマヒメ〔宮崎県〕）
全国妖怪（ヤマヒメ〔鹿児島県〕）
妖怪事典（ヤマヒメ）
妖怪大事典（山姫　やまひめ）

山吹　やまぶき
平安後期～鎌倉時代の女性。源義仲（木曾義仲）の愛妾。『源平盛衰記』によれば、義仲が挙兵して以来、巴御前とともに従ったとされる。
¶説話伝説（山吹　やまぶき ㊐? ㊑建久1（1190）年?）

山吹屋お勝　やまぶきやおかつ
池波正太郎作『鬼平犯科帳』の登場人物。
¶時代小説（山吹屋お勝　やまぶきやおかつ）

山伏　やまぶし
狂言『祢宜山伏』のシテ（主役）。大和国の大峰山・葛城山で修行を終えた羽黒山の山伏。
¶古典人東（山伏　やまぶし）

山伏玄柳　やまぶしげんりゅう
歌舞伎演目『傀儡浅妻船』に登場する、瀬田の橋詰に占い店を出す山伏。
¶歌舞伎登（山伏玄柳　やまぶしげんりゅう）

山人　やまふと
山形県西置賜郡小国町でいう天狗のこと。
¶妖怪事典（ヤマフト）

山部赤人　やまべのあかひと
奈良時代の歌人。三十六歌仙の一人。『万葉集』に長歌13首、短歌37首が残るのみで、経歴は不明。
¶説話伝説（山部赤人　やまべのあかひと 生没年未詳）
伝奇伝説（山部赤人　やまべのあかひと 生没年未詳）

山部大楯　やまべのおおたて
『古事記』にみえる豪族。仁徳天皇の殺害を謀った速総別王（隼別皇子）と女鳥王（雌鳥皇女）夫妻を討った。
¶日本人名（山部大楯　やまべのおおたて）

山ミサキ　やまみさき
山の妖怪。山口県、徳島県などの地方でいう山中の怪異。
¶神仏辞典（山ミサキ　やまみさき）
全国妖怪（ヤマミサキ〔山口県〕）
全国妖怪（ヤマミサキ〔徳島県〕）
妖怪事典（ヤマミサキ）
妖怪大鑑（山ミサキ　やまみさき）〔像〕
妖怪大事典（山ミサキ　やまみさき）〔像〕

山女の怪　やまめのかい
静岡県榛原郡上川根村（川根本町）に伝わる怪異。
¶妖怪事典（ヤマメノカイ）

山本勘介　やまもとかんすけ
戦国時代の軍師。武田信玄に仕えたとされる。『甲陽軍鑑』『北越太平記』などの俗書や講談に登場する。
¶架空伝承（山本勘介　やまもとかんすけ ㊐明応2（1493）年? ㊑永禄4（1561）年?）
歌舞伎登（山本勘助　やまもとかんすけ）
奇談逸話（山本勘介　やまもとかんすけ ㊐? ㊑永禄4（1561）年）
古典人学（山本勘介　やまもとかんすけ）
新潮日本（山本勘介　やまもとかんすけ ㊐? ㊑永禄4（1561）年9月10日?）
時代小説（山本勘助　やまもとかんすけ）
説話伝説（山本勘助（介）　やまもとかんすけ ㊐明応9（1500）年 ㊑永禄4（1561）年）
世百新（山本勘介　やまもとかんすけ ㊐明応2?（1493?）年 ㊑永禄4?（1561?）年）
大辞林3（山本勘助　やまもとかんすけ 生没年未詳）
伝奇伝説（山本勘助　やまもとかんすけ 生没年未詳）〔像〕
日本人名（山本勘介　やまもとかんすけ ㊐1493年? ㊑1561年）

山本志丈　やまもとしじょう
歌舞伎演目『怪異談牡丹燈籠』に登場する、軽薄な幇間医者で小悪党。
¶歌舞伎登（山本志丈　やまもとしじょう）

山本常朝　やまもとつねとも
江戸中期の佐賀藩士。「葉隠」の談話者として知られた。
¶説話伝説（山本常朝　やまもとつねとも ㊐万治2（1659）年 ㊑享保6（1722）年）
伝奇伝説（山本常朝　やまもとつねとも ㊐万治2（1659）年 ㊑享保4（1719）年）

山本森右衛門　やまもともりえもん
歌舞伎演目『女殺油地獄』に登場する、高槻在住の武士。
¶歌舞伎登（山本森右衛門　やまもともりえもん）

山脇東洋　やまわきとうよう
丹波亀山の医家清水玄安の子で医師。吉村昭作『日本医家伝』の登場人物。
¶時代小説（山脇東洋　やまわきとうよう）

山操　やまわろ
　木曽の山中などに棲んでいたという巨人と思われるもの。
　¶妖怪大全（山操　やまわろ）〔像〕

山童　やまわろ
　山仕事を手伝ってくれる妖怪。河童が秋になって山へ入ると山童になるともいう。
　¶幻想動物（山童）〔像〕
　　広辞苑6（山童　やまわろ）
　　神仏辞典（山童　やまわろ）
　　全国妖怪（ヤマワロ〔熊本県〕）
　　全国妖怪（ヤマワロ〔鹿児島県〕）
　　日ミス（山童　やまわろ・やまわろ）
　　日本未確認（山童（やまわらわ）　やまわろ）〔像〕
　　妖怪事典（ヤマワロ）
　　妖怪大全（山童　やまわろ）〔像〕
　　妖怪大事典（山童　やまわろ）〔像〕
　　妖百1（山童　やまわろ）〔像〕

山ん神さあ　やまんかんさあ
　九州南部で、狩猟、炭焼きなど山仕事をする者を守護する神。
　¶神仏辞典（山ん神さあ　やまんかんさあ）

山姥　やまんば
　歌舞伎演目『薪荷雪間の市川』に登場する、坂田時行の妻。怪童丸の母。
　¶歌舞伎登（山姥　やまんば）

山姥　やまんば
　⇒山姥（やまうば）

山姥が憑く　やまんばがつく
　高知県の山の怪。
　¶全国妖怪（ヤマンバガツク〔高知県〕）

ヤマンバ憑　やまんばつき
　老婆の姿で憑かれると思いがけない豊作が続き、目に見えて家運が栄える憑物。
　¶妖怪大鑑（ヤマンバ憑）〔像〕

やまんぼ
　山の妖怪。音の妖怪。岐阜県や奄美大島でいう。
　¶神仏辞典（やまんぼ）
　　全国妖怪（ヤマンボ〔岐阜県〕）
　　全国妖怪（ヤマンボ〔鹿児島県〕）
　　水木妖怪続（ヤマンボ）〔像〕
　　妖怪事典（ヤマンボ）
　　妖怪大全（ヤマンボ）〔像〕
　　妖怪大事典（ヤマンボ）〔像〕

山ン本五郎左衛門　やまんもとごろうざえもん
　⇒山ン本五郎左衛門（さんもとごろうざえもん）

八溝黄金神　やみぞがねのかみ
　『続日本後紀』に所出。陸奥国の神八溝嶺神と同一とされる。
　¶神仏辞典（八溝黄金神　やみぞがねのかみ）

八溝嶺神　やみぞみねのかみ
　陸奥国白河郡の八溝嶺神社の祭神。八溝黄金神と同一とされる。
　¶神仏辞典（八溝嶺神　やみぞみねのかみ）

闇太郎　やみたろう
　三上於菟吉作『雪之丞変化』の登場人物。
　¶時代小説（闇太郎　やみたろう）

宅美神　やみのかみ
　尾張国丹羽郡の宅美神社の祭神。
　¶神仏辞典（宅美神　やみのかみ）

矢向神　やむけのかみ
　『日本三代実録』に所出。出羽国の神。
　¶神仏辞典（矢向神　やむけのかみ）

塩冶神　やむやのかみ
　出雲国神門郡式内社25社の夜牟夜社、『延喜式』の塩冶神社の祭神。
　¶神仏辞典（塩冶神・塩沼神　やむやのかみ）

夜牟夜神　やむやのかみ
　出雲国神門郡式内社25社の夜牟夜社三社の内一社の祭神。
　¶神仏辞典（夜牟夜神・塩冶神　やむやのかみ）

塩冶比古神　やむやひこのかみ
　塩冶毘古命神とも。阿遅須枳高日子命の子。出雲国神門郡の塩冶比古神社などの祭神。
　¶神仏辞典（塩冶比古神　やむやひこのかみ）

塩冶比古麻由弥能神　やむやひこのまゆみのかみ
　出雲国神門郡の塩冶比古麻由弥能神社などの祭神。
　¶神仏辞典（塩冶比古麻由弥能神　やむやひこのまゆみのかみ）

塩冶日子御子燒大刀天穂日子命神　やむやひこのみことのみこやきたちあめのほひこのみことのかみ
　出雲国神門郡の塩冶日子命御子燒大刀天穂日子命神社の祭神。
　¶神仏辞典（塩冶日子命御子燒大刀天穂日子命神　やむやひこのみことのみこやきたちあめのほひこのみことのかみ）

八女津媛　やめつひめ
　『日本書紀』巻7に所出の女神。八女国の名祖。
　¶神仏辞典（八女津媛　やめつひめ）

ややかし
　海の妖怪。愛媛県の大三島でいう。
　¶神仏辞典（ややかし）

やよい

弥生 やよい
　林不忘作『丹下左膳』の登場人物。
　¶時代小説（弥生　やよい）

弥生 やよい
　歌舞伎演目『春興鏡獅子』に登場する、千代田城（江戸城）大奥の御小姓。
　¶歌舞伎登（弥生　やよい）

弥生 やよい
　歌舞伎演目『若き日の信長』に登場する、織田家に人質となっている、鳴海城主山口左馬助の娘。
　¶歌舞伎登（弥生　やよい）〔像〕

槍踊り やりおどり
　歌舞伎演目『四季御所桜』に登場する。大名行列の先頭で毛槍を振って先触れをする伊達奴の女性版。
　¶歌舞伎登（槍踊り　やりおどり）

鑓毛長 やりけちょう
　鳥山石燕の『画図百器徒然袋』にある、手玉の頭をした妖怪。
　¶妖怪事典（ヤリケチョウ）
　　妖怪大鑑（槍毛長　やりけちょう）〔像〕
　　妖怪大事典（鑓毛長　やりけちょう）〔像〕

遣り手お辰 やりておたつ
　歌舞伎演目『助六由縁江戸桜』に登場する、三浦屋の傾城揚巻に付いている遣り手の婆さん。
　¶歌舞伎登（遣り手お辰　やりておたつ）

鑓の権三 やりのごんざ
　歌謡、歌舞伎、近松物に登場する人物。浄瑠璃『鑓の権三重帷子』の主人公。出雲松江藩の表小姓で鑓の名手。名は笹野権三。
　¶朝日歴史（鑓の権三　やりのごんざ）
　　架空人日（権三　ごんざ）
　　架空伝説（おさい・権三　おさい・ごんざ）
　　歌舞伎登（笹屋権三　ささのんざ）
　　広辞苑6（笹野権三　ささのんざ）
　　コン5（鑓権三　やりのごんざ）
　　新潮日本（鑓の権三　やりのごんざ）
　　説話伝説（鑓の権三　やりのごんざ）
　　大辞林3（おさい・権三　おさい・ごんざ）
　　大辞林3（笹野権三　ささのんざ）
　　伝奇伝説（鑓の権三　やりのごんざ）
　　日本人名（鑓の権三　やりのごんざ）

遣ろか水 やろかみず
　木曽川の上流に棲み、大洪水をおこしたといわれる川の主あるいは妖怪。
　¶幻想動物（遣ろか水）〔像〕
　　妖怪事典（ヤロカミズ）
　　妖怪大全（遣ろか水　やろかみず）〔像〕
　　妖怪大事典（やろか水　やろかみず）〔像〕

八幡三郎 やわたのさぶろう
　歌舞伎演目『寿曽我対面』に登場する、工藤祐経の忠臣。
　¶歌舞伎登（八幡三郎　やわたのさぶろう）

八幡文吾 やわたぶんご
　白井喬二作『富士に立つ影』の登場人物。
　¶時代小説（八幡文吾　やわたぶんご）

八幡万次郎 やわたまんじろう
　白井喬二作『富士に立つ影』の登場人物。
　¶時代小説（八幡万次郎　やわたまんじろう）

やんぼし
　山の妖怪。道の妖怪。ヤンブシとも。
　¶神仏辞典（やんぼし）
　　全国妖怪（ヤンボシ〔鹿児島県〕）
　　全国妖怪（ヤンボシ〔宮崎県〕）
　　妖怪事典（ヤンボシ）
　　妖怪大全（やんぼし）〔像〕
　　妖怪大事典（ヤンボシ）〔像〕

【ゆ】

湯浅常山 ゆあさじょうざん
　江戸中期の池田藩士。通称新兵衛。井上蘭台、松崎観海らと交遊を重ね、文名を知られた。
　¶説話伝説（湯浅常山　ゆあさじょうざん　⊕宝永5（1708）年　⊗天明1（1781）年）
　　伝奇伝説（湯浅常山　ゆあさじょうざん　⊕宝永5（1708）年　⊗天明1（1781）年4月9日）

湯浅鉄馬 ゆあさてつま
　野村胡堂作『銭形平次捕物控』の登場人物。
　¶時代小説（湯浅鉄馬　ゆあさてつま）

湯浅養玄 ゆあさようげん
　有吉佐和子作『華岡青洲の妻』の登場人物。
　¶時代小説（湯浅養玄　ゆあさようげん）

由井正雪 ゆいしょうせつ
　江戸前期の浪人軍学者。慶安事件の首謀者。浄瑠璃や歌舞伎などに劇化された。
　¶架空伝承（由井正雪　ゆいしょうせつ　⊕慶長10（1605）年　⊗慶安4（1651）年）〔像〕
　　架空伝説（由比正雪　ゆいしょうせつ）
　　歌舞伎登（由比正雪　ゆいしょうせつ）
　　奇談逸話（由比正雪　ゆいしょうせつ　⊕慶長10（1605）年　⊗慶安4（1651）年）
　　新潮日本（由比正雪　ゆいしょうせつ　⊕慶長10（1605）年　⊗慶安4（1651）年7月26日）
　　時代小説（由比正雪　ゆいしょうせつ）
　　説話伝説（由比正雪　ゆいしょうせつ　⊕慶長10（1605）年　⊗慶安4（1651）年）
　　世百新（由比正雪（由井正雪）　ゆいしょうせつ　⊕慶長10（1605）年　⊗慶安4（1651）年）
　　伝奇伝説（由井正雪　ゆいしょうせつ　⊕慶長10

(1605)年 [没]慶安4(1651)年)
日本人名(由比正雪 ゆいしょうせつ [生]1605年 [没]1651年)

ゆう
皆川博子作『恋紅』の登場人物。
¶時代小説(ゆう)

宥快 ゆうかい
浅井了意作『狗張子』の登場人物。元興寺の僧。孫四郎という少年に恋慕する。
¶古典人学(宥快 ゆうかい)

夕顔 ゆうがお
『源氏物語』の登場人物。頭中将の女児(後の玉鬘)を生む。
¶架空人日(夕顔 ゆうがお)
架空伝承(夕顔 ゆうがお)
架空伝説(夕顔 ゆうがお)
広辞苑6(夕顔 ゆうがお)
古典人学(夕顔 ゆうがお)
古典人東(夕顔 ゆうがお)
コン5(夕顔 ゆうがお)
新潮日本(夕顔 ゆうがお)
大辞林3(夕顔 ゆうがお)

結城宗広 ゆうきむねひろ
鎌倉後期・南北朝時代の武将。足利尊氏追討のため京都をめざしたが、失敗し、吉野へ逃れた。後、病死。三重県津市の結城神社に祀られる。
¶コン5(結城宗広 ゆうきむねひろ [生]? [没]延元3/暦応1(1338)年)

夕霧 ゆうぎり
歌舞伎、人形浄瑠璃の「夕霧伊左衛門」物、「阿波鳴門」物の主人公。
¶架空伝承(夕霧・伊左衛門 ゆうぎり・いざえもん)
架空伝説(夕霧・伊左衛門 ゆうぎり・いざえもん)〔像〕
歌舞伎登(夕霧 1 『廓文章』 ゆうぎり)〔像〕
歌舞伎登(夕霧 2 『百千鳥鳴門白浪』 ゆうぎり)
広辞苑6(夕霧 ゆうぎり)
新潮日本(夕霧 ゆうぎり [生]承応1(1652)年 [没]延宝6(1678)年1月6日)
説話伝説(夕霧伊左衛門 ゆうぎりいざえもん)〔像〕
大辞林3(夕霧 ゆうぎり [生]1654年 [没]1678年)
伝奇伝説(夕霧 ゆうぎり)
日本人名(夕霧 ゆうぎり [生]? [没]1678年)

夕霧 ゆうぎり
歌舞伎演目『百千鳥鳴門白浪』に登場する、後の夕霧。夕霧の妹女郎で初花といったが、夕霧の死後2代目を継いだ。
¶歌舞伎登(夕霧 3 『百千鳥鳴門白浪』 ゆうぎり)

夕霧 ゆうぎり
『源氏物語』の作中人物。光源氏と葵の上の子。
¶架空人日(夕霧 ゆうぎり)
架空伝説(夕霧 ゆうぎり)
広辞苑6(夕霧 ゆうぎり)
古典人学(夕霧 ゆうぎり)
古典人東(夕霧 ゆうぎり)
大辞林3(夕霧 ゆうぎり)

夕霧丸 ゆうぎりまる
柳亭種彦作の合巻『偐紫田舎源氏』(1829-42)に登場する、光氏の息子。
¶架空人日(夕霧丸 ゆうぎりまる)

融源 ゆうげん
平安後期の新義真言宗の僧。後白河法皇を病気であると言って迎えず、かえって法皇が庵室まで行き、その後ろ姿に合掌して帰ったという逸話がある。
¶コン5(融源 ゆうげん 生没年不詳)

ゆうこ
神保利子作『銀のほのおの国』(1972)に登場する少女。
¶児童登場(ゆうこ)

ゆう子 ゆうこ
松谷みよ子作『ふたりのイーダ』(1969)の主人公。
¶児童登場(ゆう子)

遊幸神 ゆうこうしん
共同体の外から来訪し、また退去してゆく異国の神。
¶神仏辞典(遊幸神 ゆうこうしん)

祐次 ゆうじ
歌舞伎演目『暗闇の丑松』に登場する料理人。
¶歌舞伎登(祐次 ゆうじ)

夕しで ゆうしで
歌舞伎演目『苅萱桑門筑紫轢』に登場する、新洞左衛門の娘。
¶歌舞伎登(夕しで ゆうしで)

邑勢神 ゆうせのかみ
遠江国長上郡の邑勢神社の祭神。
¶神仏辞典(邑勢神 ゆうせのかみ)

ユータ ゆうた
都筑道夫作『なめくじ長屋捕物さわぎ』の登場人物。
¶時代小説(ユータ)

夕立勘五郎 ゆうだちかんごろう
天明期に、松平出羽守のところに出入りした人入れ稼業の元締め。講談、浪花節となって伝えられる。
¶架空伝承(夕立勘五郎 ゆうだちかんごろう)
日本人名(夕立勘五郎 ゆうだちかんごろう)

祐天吉松 ゆうてんきちまつ
講談の登場人物。江戸時代の侠客。人入れ稼業の総元締めとして名をなした。

ゆ

¶架空伝承（祐天吉松　ゆうてんきちまつ）
架空伝説（祐天吉松　ゆうてんきちまつ）

祐天上人　ゆうてんしょうにん
江戸時代の浄土宗の高僧。増上寺36世、大僧正。4代目鶴屋南北の『法懸松成田利剣』では祐念として登場。
¶英雄事典（祐天上人　ユウテンショウニン　[生]寛永14(1637)年　[没]享保3(1718)年）
架空伝承（祐天上人　ゆうてんしょうにん　[生]寛永14(1637)年　[没]享保3(1718)年）〔像〕
架空伝説（祐天上人　ゆうてんしょうにん　[生]1637年）
コン5（祐天　ゆうてん　[生]寛永14(1637)年　[没]享保3(1718)年）
神仏辞典（祐天　ゆうてん　[生]1637年　[没]1718年）
説話伝説（祐天上人　ゆうてんしょうにん　[生]寛永14(1637)年　[没]享保3(1718)年）〔像〕
伝奇伝説（祐天上人　ゆうてんしょうにん）

祐天仙之助　ゆうてんせんのすけ
新選組隊士。子母澤寛作『新選組始末記』の登場人物。
¶時代小説（祐天仙之助　ゆうてんせんのすけ）

祐堂　ゆうどう
久生十蘭作『顎十郎捕物帳』の登場人物。
¶時代小説（祐堂　ゆうどう）

ゆ

夕浪　ゆうなみ
歌舞伎演目『天竺徳兵衛韓噺』に登場する、天竺徳兵衛こと大日丸の実母。
¶歌舞伎登（夕浪　ゆうなみ）

祐念　ゆうねん
歌舞伎演目『法懸松成田利剣』に登場する、浄土宗の僧。
¶歌舞伎登（祐念　ゆうねん）

夕姫　ゆうひめ
五味康祐作『柳生武芸帳』の登場人物。
¶時代小説（夕姫　ゆうひめ）

ゆうゆう
動物（犬）の妖怪。富山県富山市駒見の俗伝。
¶神仏辞典（ゆうゆう）
全国妖怪（ユウユウ〔富山県〕）

雄略天皇　ゆうりゃくてんのう
5世紀後半の天皇。允恭天皇の子。記紀によると、いわゆる「連姓豪族」によって朝廷の組織を確立する端緒をひらいた。
¶架空伝承（雄略天皇　ゆうりゃくてんのう）
古典人学（雄略天皇(大長谷若建命)　ゆうりゃくてんのう）
古典人東（ユウリャクテンノウ(雄略天皇)　ゆうりゃくてんのう）
コン5（雄略天皇　ゆうりゃくてんのう）
神仏辞典（雄略天皇　ゆうりゃくてんのう）
神話伝説（雄略天皇　ゆうりゃくてんのう）
説話伝説（雄略天皇　ゆうりゃくてんのう　[生]?　[没]479年）
世百新（雄略天皇　ゆうりゃくてんのう）
伝奇伝説（雄略天皇　ゆうりゃくてんのう）
日本人名（雄略天皇　ゆうりゃくてんのう）

幽霊　ゆうれい
さまよっている死者の魂が恨みや未練をはたすためにこの世に出現するもの。
¶奇談逸話（幽霊　ゆうれい）
神話伝説（幽霊　ゆうれい）
説話伝説（幽霊　ゆうれい）
世百新（幽霊　ゆうれい）
伝奇伝説（幽霊　ゆうれい）〔像〕
日ミス（幽霊　ゆうれい）

幽霊　ゆうれい
沖縄の方言で、ユーリー、ユーレーと呼ばれる。人の幽霊のほか、牛馬・猫・豚など家畜動物、器物の幽霊も信じられている。
¶神仏辞典（幽霊　ゆうれい）

幽霊赤児　ゆうれいあかご
霊となった赤ん坊たち。
¶妖怪大鑑（幽霊赤児　ゆうれいあかご）〔像〕

幽霊毛虫　ゆうれいけむし
元興寺の宥怪という僧が死んでも妄念にとらわれ、毛虫となった幽霊。
¶妖怪大鑑（幽霊毛虫　ゆうれいけむし）〔像〕

幽霊船　ゆうれいせん
各地の海上、河川湖沼でいう怪異で幻の船のこと。
¶全国妖怪（ユウレイブネ〔新潟県〕）
全国妖怪（ユウレイブネ〔石川県〕）
妖怪事典（ユウレイセン）
妖怪大事典（幽霊船　ゆうれいせん）

幽霊狸　ゆうれいだぬき
阿波美馬郡脇町猪尻村の樽井の墓地に現れる妖怪。
¶水木妖怪（幽霊狸　ゆうれいだぬき）〔像〕
妖怪大全（幽霊狸　ゆうれいだぬき）〔像〕

幽霊憑　ゆうれいつき
京都の問屋の息子松之助に生き霊となり取り憑き、死んでも取り憑いた女の幽霊。
¶妖怪大鑑（幽霊憑　ゆうれいつき）〔像〕

湯坐志去日女命　ゆえしこひめのみこと
『日本三代実録』に所出。出雲国の神。
¶神仏辞典（湯坐志去日女命　ゆえしこひめのみこと）

床尾神　ゆかおのかみ
丹後国竹野郡の床尾神社の祭神。
¶神仏辞典（床尾神　ゆかおのかみ）

湯灌場吉三　ゆかんばきちさ
歌舞伎演目『吉様参由縁音信』に登場する、駒

込吉祥寺の門番の俸で湯灌場小僧と異名を取る悪党。
¶歌舞伎登（湯灌場吉三　ゆかんばきちさ）

ゆき
宇江佐真理作『髪結い伊三次捕物余話』の登場人物。
¶時代小説（ゆき）

雪　ゆき
岡山県英田郡でいう雪を被って出る妖怪。
¶妖怪事典（ユキ）

由亀　ゆき
藤沢周平作『用心棒日月抄』の登場人物。
¶時代小説（由亀　ゆき）

行き逢い神　ゆきあいがみ
四国、中国地方を中心とした全国各地でいう怪異。神霊に行きあたること、またその妖怪現象。
¶神話伝説（行逢神　ゆきあいがみ）
　水木妖怪（行逢神　ゆきあいがみ）〔像〕
　妖怪事典（ユキアイガミ）
　妖怪大全（行き逢い神　ゆきあいがみ）〔像〕
　妖怪大事典（行き逢い神　ゆきあいがみ）〔像〕

行相神　ゆきあいのかみ
対馬島上県郡の行相神社の祭神。
¶神仏辞典（行相神　ゆきあいのかみ）

雪男　ゆきおとこ
富山県地方でいう妖怪。
¶妖怪事典（ユキオトコ）
　妖怪大事典（雪男　ゆきおとこ）

雪女子　ゆきおなご
雪の妖怪。東北地方の俗伝。
¶神仏辞典（雪女子　ゆきおなご）
　全国妖怪（ユキオナゴ〔青森県〕）
　全国妖怪（ユキオナゴ〔岩手県〕）
　全国妖怪（ユキオナゴ〔福島県〕）

ゆきおん
雪の妖怪。富山県砺波地方でいう。
¶神仏辞典（ゆきおん）
　全国妖怪（ユキオン〔富山県〕）

雪女　ゆきおんな
日本各地の雪国に伝承された雪の精。また妖怪の一種。
¶架空伝承（雪女　ゆきおんな）
　奇談逸話（雪女　ゆきおんな）
　幻想動物（雪女　ゆきおんな）〔像〕
　広辞苑6（雪女　ゆきおんな）
　コン5（雪女　ゆきおんな）
　神仏辞典（雪女　ゆきおんな）
　神話伝説（雪女　ゆきおんな）
　世幻想（雪女）〔像〕
　説話伝説（雪女　ゆきおんな）

世百新（雪女　ゆきおんな）
世妖精妖怪（雪女）
全国妖怪（ユキオンナ〔青森県〕）
全国妖怪（ユキオンナ〔岩手県〕）
全国妖怪（ユキオンナ〔宮城県〕）
全国妖怪（ユキオンナ〔秋田県〕）
全国妖怪（ユキオンナ〔茨城県〕）
全国妖怪（ユキオンナ〔鳥取県〕）
伝奇伝説（雪女　ゆきおんな）
日ミス（雪女　ゆきおんな）
日本未確認（雪女）〔像〕
妖怪事典（ユキオンナ）
妖怪図鑑（雪女）〔像〕
妖怪大全（雪女　ゆきおんな）〔像〕
妖怪大事典（雪女　ゆきおんな）〔像〕
妖精百科（雪女）
妖百3（雪女　ゆきおんな）〔像〕

ゆきおんば
雪の妖怪。雪姥の意か。長野県下伊那郡で雪の夜に現れる妖怪のことをいう。
¶神仏辞典（ゆきおんば）
　全国妖怪（ユキオンバ〔長野県〕）
　妖怪事典（ユキオンバ）

雪神　ゆきがみ
雪の坊様とも呼ばれる雪の神。
¶神仏辞典（雪神　ゆきがみ）

雪気神　ゆきけのかみ
『日本三代実録』に所出。摂津国の神。
¶神仏辞典（雪気神　ゆきけのかみ）

雪子　ゆきこ
谷崎潤一郎作『細雪』（1943-48）に登場する、船場の商家蒔岡家の三女。
¶架空人日（雪子　ゆきこ）
　日本人名（蒔岡雪子　まきおかゆきこ）

雪爺　ゆきじじい
雪のつもった日に深山に現われ、旅人をおどろかせる妖怪。
¶妖怪大全（雪爺　ゆきじじい）〔像〕

雪女郎　ゆきじょろう
雪の妖怪。山形県や新潟県の俗伝。
¶幻想動物（雪女郎）〔像〕
　神仏辞典（雪女郎　ゆきじょろう）
　全国妖怪（ユキジョロウ〔山形県〕）
　全国妖怪（ユキジョロウ〔新潟県〕）

雪女郎　ゆきじょろう
歌舞伎演目『闇梅百物語』に登場する、小姓白梅の変化した姿。
¶歌舞伎登（雪女郎　ゆきじょろう）

雪童子　ゆきどうじ
雪の妖怪。新潟県北蒲原郡豊浦町（新発田市）の俗伝。
¶幻想動物（雪童子）〔像〕

神仏辞典（雪童子　ゆきどうじ）
全国妖怪（ユキドウジ〔新潟県〕）

雪入道　ゆきにゅうどう
雪の妖怪。岐阜県、富山県、岡山県、群馬県などの俗伝。
¶神仏辞典（雪入道　ゆきにゅうどう）
　全国妖怪（ユキニュウドウ〔群馬県〕）
　全国妖怪（ユキニュウドウ〔岐阜県〕）
　妖怪事典（ユキニュウドウ）

由貴神　ゆきのかみ
出雲国意宇郡式内社48社の由貴社などの祭神。
¶神仏辞典（由貴神　ゆきのかみ）

雪の黒兵衛　ゆきのくろべえ
泡坂妻夫作『宝引の辰捕者帳』の登場人物。
¶時代小説（雪の黒兵衛　ゆきのくろべえ）

ゆきのどう
雪の妖怪。岐阜県揖斐郡揖斐川町坂内川上の俗伝。
¶幻想動物（ユキノドウ）〔像〕
　神仏辞典（ゆきのどう）
　全国妖怪（ユキノドウ〔岐阜県〕）
　妖怪事典（ユキノドウ）
　妖怪大事典（雪ノドウ　ゆきのどう）

雪婆女　ゆきばじょ
雪の妖怪。鹿児島県薩摩地方の俗伝。
¶神仏辞典（雪婆女　ゆきばじょ）
　全国妖怪（ユキバジョ〔鹿児島県〕）
　妖怪事典（ユキバジョ）

雪バンバ　ゆきばんば
宮城県仙台地方でいう妖怪。
¶妖怪事典（ユキバンバ）

雪姫　ゆきひめ
人形浄瑠璃『祇園祭礼信仰記』に登場する人物。
¶架空伝説（雪姫　ゆきひめ）
　歌舞伎登（雪姫　ゆきひめ）〔像〕

雪降り入道　ゆきふりにゅうどう
雪の妖怪。長野県東筑摩郡の俗信。
¶神仏辞典（雪降り入道　ゆきふりにゅうどう）
　全国妖怪（ユキフリニュウドウ〔長野県〕）
　妖怪事典（ユキフリニュウドウ）

雪降り婆　ゆきふりばばあ
雪の妖怪。長野県諏訪郡付近の俗信。
¶神仏辞典（雪降り婆　ゆきふりばばあ）
　妖怪事典（ユキフリババア）
　妖怪大事典（雪降り婆　ゆきふりばばあ）

雪もじか　ゆきもじか
雪の妖怪。新潟県新発田市の俗伝。
¶神仏辞典（雪もじか　ゆきもじか）

雪童子　ゆきわらし
⇒雪童子（ゆきどうじ）

雪ん子　ゆきんこ
雪女の子供のこと。
¶幻想動物（雪ん子）〔像〕

雪婆　ゆきんば
愛媛県北宇和郡吉田町（松野町）でいう雪の妖怪。
¶全国妖怪（ユキンバ〔愛媛県〕）
　妖怪事典（ユキンバ）
　妖怪大事典（雪婆　ゆきんば）

雪婆　ゆきんばばあ
雪の妖怪。秋田県の俗伝。
¶神仏辞典（雪婆　ゆきんばばあ）
　全国妖怪（ユキンババア〔秋田県〕）

雪坊　ゆきんぼ
雪の妖怪。和歌山県伊都郡かつらぎ町の俗伝。
¶神仏辞典（雪坊　ゆきんぼ）
　全国妖怪（ユキンボ〔和歌山県〕）
　妖怪事典（ユキンボ）
　妖怪大事典（雪坊　ゆきんぼ）

雪ん坊　ゆきんぼう
和歌山県で雪の降る夜に出現するという1本足の子供の妖怪。
¶幻想動物（雪ん坊）〔像〕

庾黔婁　ゆきんろう
御伽草子『二十四孝』に登場する、二十四孝の一人。
¶架空人日（庾黔婁　ゆきんろう）

行神　ゆくのかみ
陸奥国黒川郡の行神社の祭神。
¶神仏辞典（行神　ゆくのかみ）

弓削三太夫　ゆげさんだゆう
五味康祐作『柳生武芸帳』の登場人物。
¶時代小説（弓削三太夫　ゆげさんだゆう）

弓削神　ゆげのかみ
甲斐国八代郡の弓削神社の祭神。
¶神仏辞典（弓削神　ゆげのかみ）

弓削道鏡　ゆげのどうきょう
奈良時代法相宗の僧。
¶架空伝説（弓削道鏡　ゆげのどうきょう）〔像〕
　説話伝説（弓削道鏡　ゆげのどうきょう　⊕? ⊗宝亀3（772）年）
　日ミス（弓削道鏡　ゆげのどうきょう　⊕? ⊗宝亀3（772）年）

由碁理　ゆごり
旦波之大県主。旦波は丹後国丹波郡。娘が、第

9代開化天皇と結婚した。
¶神様読解（由碁理　ゆごり）

湯島のおかん　ゆしまのおかん
歌舞伎演目『吉様参由縁音信』に登場する、湯灌場吉三の情婦で女スリ。
¶歌舞伎登（湯島のおかん　ゆしまのおかん）

湯次神　ゆすきのかみ
近江国浅井郡の湯次神社の祭神。
¶神仏辞典（湯次神　ゆすきのかみ）

弓月君　ゆづきのきみ
秦氏の祖先とされる伝説的な渡来人。『日本書紀』で、応神天皇の時代に百済から120県の人夫を率いて渡来したとされる。
¶朝日歴史（弓月君　ゆづきのきみ）
　広辞苑6（弓月の君　ゆづきのきみ）
　コン5（弓月君　ゆづきのきみ）
　新潮日本（弓月君　ゆづきのきみ）
　世百新（弓月君　ゆづきのきみ）
　大辞林3（弓月君　ゆづきのきみ）
　日本人名（弓月君　ゆづきのきみ）

由豆佐乃売神　ゆずさのめのかみ
出羽国田川郡の由豆佐乃売神社の祭神。
¶神仏辞典（由豆佐乃売神　ゆずさのめのかみ）

ユタカ
石森延男作『コタンの口笛』(1957)の主人公の一人。
¶児童登場（ユタカ）

湯田神　ゆたのかみ
伊勢国度会郡の湯田神社の祭神。
¶神仏辞典（湯田神　ゆたのかみ）

ゆっくり雨太郎　ゆっくりうたろう
⇒若月雨太郎（わかつきうたろう）

与那原屋宜　ゆなばるやーじー
沖縄県の妖怪。
¶全国妖怪（ユナバルヤージー〔沖縄県〕）
　妖怪事典（ユナバルヤージー）

ユナーメー
沖縄県の妖怪。
¶全国妖怪（ユナーメー〔沖縄県〕）
　妖怪事典（ユナーメー）
　妖怪大事典（ユナーメー）

ゆなわ
動物の妖怪。道の妖怪。鹿児島県徳之島の俗伝。
¶神仏辞典（ゆなわ）
　全国妖怪（ユナワ〔鹿児島県〕）
　妖怪事典（ユナワ）
　妖怪大鑑（ユナワ）〔像〕
　妖怪大事典（ユナワ）〔像〕

湯野神　ゆぬのかみ
出雲国仁多郡外社8社の湯野社の祭神。
¶神仏辞典（湯野神　ゆぬのかみ）

温泉石神　ゆのいわのかみ
陸奥国玉造郡の温泉石神社の祭神。玉造温泉神、玉造塞温泉石神と同一とされる。
¶神仏辞典（温泉石神　ゆのいわのかみ）

温泉神　ゆのかみ
『日本三代実録』に所出。肥前国の神。下野国那須郡の温泉神社などの祭神。
¶広辞苑6（湯の神　ゆのかみ）
　神仏辞典（温泉神　ゆのかみ）

由乃伎神　ゆのきのかみ
尾張国海部郡の由乃伎神社の祭神。
¶神仏辞典（由乃伎神　ゆのきのかみ）

遊幡石神　ゆはたいわのかみ
『日本三代実録』に所出。飛騨国の神。
¶神仏辞典（遊幡石神　ゆはたいわのかみ）

指切おぶん　ゆびきりおぶん
江戸中期、江戸の町娘。
¶新潮日本（指切りおぶん　ゆびきりおぶん　生没年不詳）
　説話伝説（指切おぶん　ゆびきりおぶん）
　伝奇伝説（指切りおぶん　ゆびきりおぶん）
　日本人名（指切りおぶん　ゆびきりおぶん　生没年未詳）

指長ばばさ　ゆびながばばさ
道の妖怪。長野県松本地方の俗伝。
¶神仏辞典（指長ばばさ　ゆびながばばさ）
　全国妖怪（ユビナガババサ〔長野県〕）

湯坊主　ゆぼうず
水の妖怪。長崎県壱岐嶋の俗伝。
¶神仏辞典（湯坊主　ゆぼうず）
　全国妖怪（ユボウズ〔長崎県〕）

ゆみ
山本周五郎作『赤ひげ診療譚』の登場人物。
¶時代小説（ゆみ）

ユミ
山中恒作『サムライの子』(1960)の主人公。姓は田島。
¶児童登場（ユミ）

弓　ゆみ
佐々木味津三作『右門捕物帖』の登場人物。
¶時代小説（弓　ゆみ）

弓坂吉太郎　ゆみさかきちたろう
水上勉の『飢餓海峡』に登場する北海道函館警

ゆみし

察署捜査一課刑事係長。
- ¶名探偵日（弓坂吉太郎　ゆみさかきちたろう）

弓師藤四郎　ゆみしとうしろう
歌舞伎演目『慶安太平記』に登場する、弓師だが、親はもと武士で徳川幕府の老中松平伊豆守に旧恩のある身。
- ¶歌舞伎登（弓師藤四郎　ゆみしとうしろう）

弓之助　ゆみのすけ
宮部みゆき作『ぼんくら』の登場人物。
- ¶時代小説（弓之助　ゆみのすけ）

弓矢神　ゆみやがみ
弓矢をつかさどる神。
- ¶広辞苑6（弓矢神　ゆみやがみ）

弓矢太郎　ゆみやたろう
歌舞伎演目『袖簿播州廻』に登場する、播州の国主桃井家の家臣多治見鈍太郎の通称。
- ¶歌舞伎登（弓矢太郎　ゆみやたろう）

夢介　ゆめすけ
井原西鶴作の浮世草子『好色一代男』（1682）に登場する、「好色一代男」世之介の父親。
- ¶架空人日（夢介　ゆめすけ）
- 架空伝説（夢介　ゆめすけ）

夢介　ゆめすけ
山手樹一郎作『夢介千両みやげ』の登場人物。
- ¶架空伝説（夢介　ゆめすけ）
- 時代小説（夢介　ゆめすけ）

夢助　ゆめすけ
半村良作『妖星伝』の登場人物。
- ¶時代小説（夢助　ゆめすけ）

夢の市郎兵衛　ゆめのいちろべえ
江戸時代の侠客。
- ¶架空人日（夢の市郎兵衛　ゆめのいちろべえ）
- 架空伝説（夢の市郎兵衛　ゆめのいちろべえ）〔像〕
- 広辞苑6（夢市郎兵衛　ゆめのいちろうべえ）
- 新潮日本（夢の市郎兵衛　ゆめのいちろべえ　生没年不詳）
- 説話伝説（夢の市郎兵衛　ゆめのいちろべえ　生没年未詳）
- 大辞林3（夢の市郎兵衛　ゆめのいちろべえ）
- 伝奇伝説（夢の市郎兵衛　ゆめのいちろべえ　生没年未詳）
- 日本人名（夢市郎兵衛　ゆめのいちろべえ　生没年未詳）

夢の霊　ゆめのれい
寝ている間、魂がぬけ出て散歩する一種の生霊。
- ¶妖怪大鑑（夢の霊　ゆめのれい）〔像〕

夢見小僧　ゆめみこぞう
運命と致富を語る昔話の主人公。

- ¶架空伝承（夢見小僧　ゆめみこぞう）
- コン5（夢見小僧　ゆめみこぞう）
- 説話伝説（夢見小僧　ゆめみこぞう）
- 伝奇伝説（夢見小僧　ゆめみこぞう）
- 日本人名（夢見小僧　ゆめみこぞう）

熊野　ゆや
能に描かれた平安時代の遊女。
- ¶架空人日（熊野　ゆや）
- 古典人学（熊野　ゆや）
- 古典人東（熊野　ゆや）
- 説話伝説（熊野　ゆや　生没年不詳）

ゆら
歌舞伎演目『堀川波の鼓』に登場する、小倉彦九郎の妹。
- ¶歌舞伎登（ゆら）

由良度美　ゆらどみ
酢鹿之諸男の妻。
- ¶神様読解（由良度美　ゆらどみ）

由良湊神　ゆらのみなとのかみ
淡路国津名郡の由良湊神社の祭神。
- ¶神仏辞典（由良湊神　ゆらのみなとのかみ）

由良比売命神　ゆらひめのみことのかみ
由良比女神とも。もとの名は和多須神。隠岐国知夫郡の由良比女神社の祭神。
- ¶神仏辞典（由良比売命神　ゆらひめのみことのかみ）

ユーラメ
岡山県地方でいう妖怪の児童語。
- ¶妖怪事典（ユーラメ）

ユーラメシ
宮崎県地方でいう妖怪の児童語。
- ¶妖怪事典（ユーラメシ）

ユーリー
沖縄県山原地方でいう妖怪。
- ¶妖怪事典（ユーリー）
- 妖怪大事典（ユーリー）

百合　ゆり
山手樹一郎作『桃太郎侍』の登場人物。
- ¶時代小説（百合　ゆり）

由利鎌之助　ゆりかまのすけ
実録『真田三代記』に登場する、真田十勇士の一人。
- ¶架空人日（由利鎌之助　ゆりかまのすけ）
- 日本人名（由利鎌之助　ゆりかまのすけ）

百合の方　ゆりのかた
歌舞伎『曽我綉侠御所染』に登場する人物。
- ¶架空伝説（百合の方　ゆりのかた）
- 歌舞伎登（百合の方　ゆりのかた）

百合若大臣　ゆりわかだいじん
幸若舞曲や、その影響を受けた説経、浄瑠璃、歌舞伎など、百合若物と総称される作品の主人公。
¶ 英雄事典　（百合若大臣　ユリワカダイジン）
　架空人日　（百合若大臣　ゆりわかだいじん）
　架空人物　（百合若大臣）
　架空伝承　（百合若大臣　ゆりわかだいじん）
　架空伝説　（百合若大臣　ゆりわかだいじん）
　歌舞伎登　（百合若　ゆりわか）
　古典人学　（百合若大臣　ゆりわかだいじん）
　コン5　（百合若大臣　ゆりわかだいじん）
　新潮日本　（百合若大臣　ゆりわかだいじん）
　神仏辞典　（百合若大臣　ゆりわかだいじん）
　神話伝説　（百合若大臣　ゆりわかだいじん）
　説話伝説　（百合若大臣　ゆりわかだいじん）〔像〕
　世百新　（百合若大臣　ゆりわかだいじん）
　伝奇伝説　（百合若大臣　ゆりわかだいじん）
　日本人名　（百合若大臣　ゆりわかだいじん）

百合若大臣の北の方　ゆりわかだいじんのきたのかた
幸若『百合若大臣』（室町時代）に登場する、百合若大臣の妻。
¶ 架空人日　（百合若大臣の北の方　ゆりわかだいじんのきたのかた）

囲炉裏婆さん　ゆるいばあさん
家の妖怪。静岡県周知郡春野町でいう。
¶ 神仏辞典　（囲炉裏婆さん　ゆるいばあさん）

【よ】

夜嵐お絹　よあらしおきぬ
講談で知られる毒婦。本名は原田きぬ。金貸し小林金平を毒殺し晒首となった実録が講談となった。
¶ 架空伝承　（夜嵐お絹　よあらしおきぬ）
　架空伝説　（夜嵐お絹　よあらしおきぬ　㊥1843年）
　奇談逸話　（夜嵐お絹　よあらしおきぬ　㊥天保14（1843）年　㊦明治5（1872）年）
　コン5　（夜嵐お絹　よあらしおきぬ）
　新潮日本　（夜嵐お絹　よあらしおきぬ）
　説話伝説　（夜嵐おきぬ　よあらしおきぬ　㊥天保14（1843）年　㊦明治5（1872）年）
　伝奇伝説　（夜嵐おきぬ　よあらしおきぬ　㊥天保14（1843）年　㊦明治5（1872）年）〔像〕
　日本人名　（夜嵐お絹　よあらしおきぬ）

与市兵衛　よいちべえ
浄瑠璃『仮名手本忠臣蔵』（1748年初演）に登場する、山城国山崎の農民。
¶ 架空人日　（与市兵衛　よいちべえ）
　歌舞伎登　（与市兵衛　よいちべえ）

宵寝の丑市　よいねのうしいち
歌舞伎演目『都鳥廓白浪』に登場する、盗賊天狗小僧霧太郎の手下。普段は按摩を装っている。
¶ 歌舞伎登　（宵寝の丑市　よいねのうしいち）

よいよい船　よいよいぶね
海の妖怪。福岡県宗像郡福間町あたりでマヨイブネの怪をこのように呼ぶ。
¶ 神仏辞典　（よいよい船　よいよいぶね）
　全国妖怪　（ヨイヨイブネ〔福岡県〕）
　妖怪事典　（ヨイヨイブネ）
　妖怪大事典　（よいよい船　よいよいぶね）

妖怪　ようかい
「おばけ」「ばけもの」などともよばれ、人間、死、生前の姿に限られない霊的存在。人間に恐怖や不安を抱かせる怪異のもの。
¶ 奇談逸話　（妖怪　ようかい）
　広辞苑6　（妖怪　ようかい）
　神仏辞典　（妖怪　ようかい）
　神話伝説　（妖怪　ようかい）
　説話伝説　（妖怪　ようかい）
　世百新　（妖怪　ようかい）〔像〕
　大辞林3　（妖怪　ようかい）
　伝奇伝説　（妖怪　ようかい）

妖怪石　ようかいせき
羽前国（山形県）で女に化ける怪をなした石。
¶ 妖怪大鑑　（妖怪石　ようかいせき）〔像〕

妖怪万年竹　ようかいまんねんだけ
竹藪に入って来た人間を迷わせ、枝のような手をのばし、人間の生気を吸い取る妖怪。
¶ 妖怪大全　（妖怪万年竹　ようかいまんねんだけ）〔像〕

ようかぞう
2月8日と12月8日とに家々を訪れる妖怪。
¶ 神仏辞典　（ようかぞう）

永観　ようかん
⇒永観（えいかん）

揚香　ようきょう
御伽草子『二十四孝』に登場する、二十四孝の一人。
¶ 架空人日　（揚香　ようきょう）

妖鶏　ようけい
赤い冠、黒い衣服、赤い帯で現われた雄鶏の物の径。
¶ 妖怪大鑑　（妖鶏　ようけい）〔像〕

葉子　ようこ
川端康成作『雪国』（1937）に登場する、島村が心ひかれる人。
¶ 架空人日　（葉子　ようこ）

夜兎の角右衛門　ようさぎのかくえもん
池波正太郎作『鬼平犯科帳』の登場人物。
¶ 時代小説　（夜兎の角右衛門　ようさぎのかくえもん）

養蚕の神　ようさんのかみ
養蚕業の成功を祈り祀られた神。蚕を神格化した蠶影大神、蚕を生み出したとされる保食神、大宜都比売。
¶日本神様（養蚕の神　ようさんのかみ）〔像（蠶影大神）〕

妖術を使う蟾蜍　ようじゅつをつかうひきがえる
世界各地で妖異的存在とされているヒキガエル。
¶世未確認（妖術を使う蟾蜍）〔像〕

陽勝　ようしょう
平安時代の仙僧。仙人となり姿を消したという。
¶架空人日（陽勝　ようじょう）
説話伝説（陽勝　ようしょう　[生]貞観11（869）年　[没]?）
伝奇伝説（陽勝　ようしょう　[生]貞観11（869）年　[没]?）

要助　ようすけ
歌舞伎『隅田川続俤』に登場する人物。
¶架空伝説（要助　ようすけ）

要助　ようすけ
諸田玲子作『恋ぐるい』の登場人物。
¶時代小説（要助　ようすけ）

よ

陽成天皇　ようぜいてんのう
第57代に数えられる平安前期の天皇。在位876-884。妖術を習った話や、三種の神器を持ち出した話など、数々の説話が伝えられる。
¶架空伝承（陽成天皇　ようぜいてんのう　[生]貞観10（868）年　[没]天暦3（949）年）
奇談逸話（陽成天皇　ようぜいてんのう　[生]貞観10（868）年　[没]天暦3（949）年）
説話伝説（陽成天皇　ようぜいてんのう　[生]貞観10（868）年　[没]天暦3（949）年）
伝奇伝説（陽成天皇　ようぜいてんのう　[生]貞観10（868）年　[没]天暦3（949）年）

瑶泉院　ようぜんいん
浅野内匠頭の後室。歌舞伎『元禄忠臣蔵』ほかに登場する。
¶歌舞伎登（瑶泉院　ようぜんいん）
時代小説（瑤泉院　ようぜんいん）

葉蔵　ようぞう
⇒大庭葉蔵（おおばようぞう）

羊太夫　ようだゆう
伝説上の人物。本名は藤原羊太夫宗勝。奈良前期、上野国多胡郡の郡司であったとされる。従者の神通力が失われたことから参内できなくなり、朝廷軍に討たれた主従は、白馬に変身して飛び去ったという。
¶朝日歴史（羊太夫　ようだゆう）
コン5（羊太夫　ようだゆう）
説話伝説（羊太夫　ひつじのだゆう・ようだゆう）
伝奇伝説（羊太夫　ようだゆう・ひつじのだゆう）
日本人名（羊太夫　ようだゆう）

永超僧都　ようちょうそうず
説話集『宇治拾遺物語』に登場する、斎恩寺を開き倶舎宗を唱えた僧。
¶架空人日（永超僧都　ようちょうそうず）

養法寺貉　ようほうじむじな
群馬県高崎市でいう化け貉。
¶妖怪事典（ヨウホウジムジナ）

用明天皇　ようめいてんのう
第31代に数えられる天皇。在位585-587。皇子に厩戸皇子（聖徳太子）がある。
¶架空伝承（用明天皇　ようめいてんのう　[生]?　[没]587年）
神仏辞典（用明天皇　ようめいてんのう）
日本人名（用明天皇　ようめいてんのう　[生]?　[没]587年）

ようゆう
狼の妖怪。富山県富山市駒見の俗伝。
¶神仏辞典（ようゆう）
全国妖怪（ヨウユウ〔富山県〕）

与右衛門　よえもん
祐天上人の霊験譚の一つ、累説話の主人公の男。歌舞伎『色彩間刈豆』や浄瑠璃に脚色された。
¶架空伝承（累・与右衛門　かさね・よえもん）〔像〕
架空伝説（与右衛門　よえもん）〔像〕
歌舞伎登（絹川与右衛門　きぬがわよえもん）
コン5（累・与右衛門　かさね・よもん）
日本人名（累・与右衛門　かさね・よえもん）

ヨーガービ
沖縄県沖縄本島糸満地方で旧暦八月八日に海上に現れる怪火。
¶妖怪事典（ヨーガービ）

夜釜焚　よがまたき
『北越奇談』にある怪異。
¶全国妖怪（ヨガマタキ〔新潟県〕）
妖怪事典（ヨガマタキ）
妖怪大事典（夜釜焚　よがまたき）

横川覚海坊　よかわかくかいぼう
密教系の祈祷秘経『天狗経』にある全国代表四八天狗の一つ。
¶妖怪事典（ヨカワカクカイボウ）
妖怪大事典（横川覚海坊　よかわかくかいぼう）

横川の僧都　よかわのそうず
『源氏物語』の登場人物。比叡山の横川に住む高僧。
¶古典人東（横川の僧都　よかわのそうず）

与勘平　よかんぺい
歌舞伎演目『芦屋道満大内鑑』に登場する、安

架空・伝承編　　　　　　　　　　735　　　　　　　　　　よこや

倍保名の家来。
¶歌舞伎登（与勘平　よかんぺい）

余慶　よきょう
平安中期天台宗の僧。『今昔物語集』「真言伝」で天狗に畏怖されている。
¶説話伝説（余慶　よきょう・よけい　㊤延喜19(919)年　㊦正暦2(991)年）

与九兵衛　よくべえ
歌舞伎演目『三人吉三廓初買』に登場する、釜屋武兵衛や損料屋の利助と一緒に木屋文里やその身内を苛めて回る人物。
¶歌舞伎登（与九兵衛　よくべえ）

与九郎　よくろう
歌舞伎演目『青砥稿花紅彩画』に登場する、浜松屋の手代。
¶歌舞伎登（与九郎　よくろう）

与九郎狐　よくろうぎつね
歌舞伎演目『袖簿播州廻』に登場する、播州に住む男狐。
¶歌舞伎登（与九郎狐　よくろうぎつね）

除川神　よけかわのかみ
出雲国大原郡式外社17社の除川社の祭神。
¶神仏辞典（除川神　よけかわのかみ）

横江の臣成刀自女　よこえのおみなりとじめ
『日本霊異記』に登場する、越前国加賀郡の人。
¶架空人日（横江の臣成刀自女　よこえのおみなりとじめ）

横椋神　よこくらのかみ
越前国敦賀郡の横椋神社の祭神。
¶神仏辞典（横椋神　よこくらのかみ）

横須賀軍内　よこすかぐんない
歌舞伎演目『ひらかな盛衰記』に登場する、梶原景時の家来。
¶歌舞伎登（横須賀軍内　よこすかぐんない）

横槌　よこづち
動物（蛇）の妖怪。ツチノコ。
¶神仏辞典（横槌　よこづち）
　全国妖怪（ヨコヅチ〔大分県〕）
　全国妖怪（ヨコツチ〔岐阜県〕）

横槌蛇　よこづつへんび
新潟県南蒲原郡本成寺村（三条市）でいう怪蛇。
¶全国妖怪（ヨコヅツヘンビ〔新潟県〕）
　妖怪事典（ヨコヅツヘンビ）

横蔵　よこぞう
歌舞伎演目『本朝廿四孝』に登場する、景勝が諏訪明神に奉納した太刀を奪おうとしたならず者。
¶歌舞伎登（横蔵　よこぞう）

横曽根平太郎　よこそねへいたろう
歌舞伎演目『卅三間堂棟由来』に登場する、北面の武士であった父次官光当の息子。
¶歌舞伎登（横曽根平太郎　よこそねへいたろう）

余五大夫　よごたいふ
『十訓抄』の登場人物。文屋綿麻呂の子孫といわれる。
¶古典人学（余五大夫　よごたいふ）

横田神　よこたのかみ
出雲国島根郡式内社35(45)の横田社などの祭神。
¶神仏辞典（横田神　よこたのかみ）

横野神　よこののかみ
河内国渋川郡の横野神社の祭神。
¶神仏辞典（横野神　よこののかみ）

横笛　よこぶえ
『平家物語』巻10「横笛」に語られる悲恋物語の主人公女性。建礼門院の雑仕。
¶架空人日（横笛　よこぶえ）
　架空伝承（滝口・横笛　たきぐち・よこぶえ）
　架空伝承（横笛・滝口　よこぶえ・たきぐち）
　古典人東（横笛　よこぶえ）
　新潮日本（横笛　よこぶえ）
　神話伝説（滝口横笛　たきぐちよこぶえ）
　世百新（滝口・横笛　たきぐち・よこぶえ）
　大辞林3（横笛　よこぶえ）
　日本人名（横笛　よこぶえ　生没年未詳）

横淵官左衛門　よこぶちかんざえもん
歌舞伎『近頃河原達引』に登場する、お俊に横恋慕する侍。
¶歌舞伎登（横淵官左衛門　よこぶちかんざえもん）

横道下神　よこみちのしものかみ
伊勢国奄芸郡の横道下神社の祭神。
¶神仏辞典（横道下神　よこみちのしものかみ）

横見神　よこみのかみ
美作国大庭郡の横見神社の祭神。
¶神仏辞典（横見神　よこみのかみ）

横目五神　よこめごしん
熊本県八代市の松井家に伝わる『百鬼夜行絵巻』に描かれているもの。
¶妖怪事典（ヨコメゴシン）

横山狐　よこやまきつね
『諸国里人談』にある名狐。
¶妖怪事典（ヨコヤマキツネ）
　妖怪大事典（横山狐　よこやまぎつね）

横山三郎　よこやまさぶろう
歌舞伎演目『小栗判官車街道』に登場する、横

山大膳の三男。
¶**歌舞伎登**（横山三郎　よこやまさぶろう）

横山大膳　よこやまだいぜん
歌舞伎演目『小栗判官車街道』に登場する、横山郡司の弟。相模の国（神奈川県）を支配する。
¶**歌舞伎登**（横山大膳　よこやまだいぜん）

横山太郎　よこやまたろう
歌舞伎演目『小栗判官車街道』に登場する、横山大膳の長男。
¶**歌舞伎登**（横山太郎　よこやまたろう）

横山神　よこやまのかみ
近江国伊香郡、越前国敦賀郡・坂井郡の横山神社の祭神。
¶**神仏辞典**（横山神　よこやまのかみ）

横山又助　よこやままたすけ
藤沢周平作『蟬しぐれ』の登場人物。
¶**時代小説**（横山又助　よこやままたすけ）

横山芳子　よこやまよしこ
田山花袋作『蒲団』(1907)に登場する、神戸の女学院の生徒。
¶**架空人日**（横山芳子　よこやまよしこ）

よ

汚れ八町　よごれはっちょう
音の妖怪。長崎県長崎市の俗伝。
¶**神仏辞典**（汚れ八町　よごれはっちょう）
全国妖怪（ヨゴレハッチョウ〔長崎県〕）

与左衛門　よざえもん
⇒塩山与左衛門（しおやまよざえもん）

與佐伎神　よさきのかみ
但馬国城埼郡の與佐伎神社の祭神。
¶**神仏辞典**（與佐伎神・与佐伎神　よさきのかみ）

与作　よさく★
北島三郎の『与作』で唱いあげられた男。作詞作曲は七沢公典。
¶**架空人物**（与作）

夜桜のお辰　よざくらのおたつ
大佛次郎作『鞍馬天狗』の登場人物。
¶**時代小説**（夜桜のお辰　よざくらのおたつ）

与謝蕪村　よさぶそん
江戸時代中期の俳人・画家。中興俳諧の中心的役割を果たすとともに、文人画を大成した。
¶**奇談逸話**（与謝蕪村　よさぶそん [生]享保1(1716)年 [没]天明3(1783)年）
伝奇伝説（蕪村　ぶそん [生]享保1(1716)年 [没]天明3(1783)年）〔像〕

与三郎　よさぶろう
歌舞伎『与話浮名横櫛』などの登場人物。土地の親分の妾・お富と恋に落ち、小間物商伊豆屋の若旦那から市井の無頼漢に落ちぶれる。異名に「切られ与三(与三郎)」。
¶**朝日歴史**（お富・与三郎　おとみ・よさぶろう）
架空人日（与三郎　よさぶろう）
架空伝承（お富・与三郎　おとみ・よさぶろう）〔像〕
歌舞伎登（伊豆屋与三郎　いずやよさぶろう）〔像〕
広辞苑6（切られ与三　きられよさ）
古典人学（与三郎　よさぶろう）
コン5（お富・与三郎　おとみ・よさぶろう）
新潮日本（お富・与三郎　おとみ・よさぶろう）
説話伝説（お富与三郎　おとみよさぶろう）〔像〕
大辞林3（お富・与三郎　おとみ・よさぶろう）
大辞林3（切られ与三　きられよさ）
伝奇伝説（お富与三郎　おとみ よさぶろう）
日本人名（お富・与三郎　おとみ・よさぶろう）

義夫　よしお★
山本有三作『真実一路』(1936)の主人公。
¶**児童登場**（義夫）

吉岡　よしおか
永井荷風作『腕くらべ』(1916-17)に登場する、駒代の昔の恋人。
¶**架空人日**（吉岡　よしおか）

吉岡一味斎　よしおかいちみさい
歌舞伎演目『彦山権現誓助剣』に登場する、八重垣流の達人。
¶**歌舞伎登**（吉岡一味斎　よしおかいちみさい）

吉岡鬼次郎　よしおかきじろう
歌舞伎演目『一条大蔵譚』に登場する、牛若丸を擁して源氏再興を志す武士。
¶**歌舞伎登**（吉岡鬼次郎　よしおかきじろう）

吉岡源次郎　よしおかげんじろう
壬生源左衛門の子。吉川英治作『宮本武蔵』の登場人物。
¶**時代小説**（吉岡源次郎　よしおかげんじろう）

吉岡憲法　よしおかけんぽう
戦国期の幻の剣客。
¶**歌舞伎登**（吉岡憲法　よしおかけんぽう）
コン5（吉岡憲法　よしおかけんぽう 生没年不詳）
説話伝説（吉岡憲法　よしおかけんぽう 生没年不詳）

吉岡清十郎　よしおかせいじゅうろう
京都吉岡家の当主、京八流吉岡道場主。吉川英治作『宮本武蔵』の登場人物。
¶**時代小説**（吉岡清十郎　よしおかせいじゅうろう）

吉岡宗観　よしおかそうかん
歌舞伎演目『天竺徳兵衛韓噺』に登場する、佐々木家の執権。
¶**歌舞伎登**（吉岡宗観　よしおかそうかん）

吉岡大尉夫人　よしおかたいいふじん
岩下俊作の原題『富島松五郎伝』『無法松の一生』(1939)の主人公無法松に慕われる美しい女性。
¶架空人日（吉岡大尉夫人　よしおかたいいふじん）

吉岡伝七郎　よしおかでんしちろう
吉岡清十郎の弟。剣客。吉川英治作『宮本武蔵』の登場人物。
¶時代小説（吉岡伝七郎　よしおかでんしちろう）

吉岡のぼん　よしおかのぼん
岩下俊作の原題『富島松五郎伝』『無法松の一生』(1939)に登場する、吉岡夫人の息子。
¶架空人日（吉岡のぼん　よしおかのぼん）

吉川　よしかわ
夏目漱石作『明暗』(1916)の主人公津田の上司。
¶架空人日（吉川　よしかわ）

吉川夫人　よしかわふじん
夏目漱石作『明暗』(1916)に登場する、津田の会社の上司である吉川の妻。
¶架空人日（吉川夫人　よしかわふじん）

吉敷竹史　よしきたけし
島田荘司の「吉敷竹史シリーズ」の主人公。警視庁捜査一課殺人班刑事。
¶名探偵日（吉敷竹史　よしきたけし）

慶子女王　よしこじょおう
鎌倉時代、順徳天皇の皇女。死後、島照大明神として祀られた。
¶日本人名（慶子女王(2)　よしこじょおう ⊕1225年 ⊗1286年）

吉五郎　よしごろう
佐江衆一作『江戸職人綺譚』の登場人物。
¶時代小説（吉五郎　よしごろう）

芳沢あやめ　よしざわあやめ
江戸初期の歌舞伎役者。「あやめぐさ」はその芸談。
¶説話伝説（芳沢あやめ　よしざわあやめ ⊕宝永1(1673)年 ⊗享保14(1729)年）
　伝奇伝説（芳沢あやめ　よしざわあやめ ⊕延宝1(1673)年 ⊗享保14(1729)年）〔像〕

芳次　よしじ
泡坂妻夫作『宝引の辰捕者帳』の登場人物。
¶時代小説（芳次　よしじ）

芳爺さん　よしじいさん
山本周五郎作『青べか物語』(1960)に登場する、蒸気河岸の先生に青べかを売りつけた爺さん。
¶架空人日（芳爺さん　よしじいさん）

慶滋保胤　よししげのやすたね
平安時代の文人。説話は『今昔物語集』などに伝えられる。
¶奇談逸話（慶滋保胤　よししげのやすたね ⊕承平1(931)年頃 ⊗長徳3(997)/長保4(1002)年）
　説話伝説（慶滋保胤　よししげのやすたね ⊕? ⊗長保4(1002)年）
　伝奇伝説（慶滋保胤　よししげのやすたね ⊕? ⊗長保4(1002)年?）

ヨシダ
古田足日作『宿題ひきうけ株式会社』(1966)に登場する小学生。
¶児童登場（ヨシダ）

吉田松陰　よしだしょういん
徳川時代末期の尊王思想家・教育者。
¶説話伝説（吉田松陰　よしだしょういん ⊕天保1(1830)年 ⊗安政6(1859)年）〔像〕

吉田忠左衛門　よしだちゅうざえもん
赤穂浪士の一人。池宮彰一郎作『四十七人の刺客』の登場人物。
¶時代小説（吉田忠左衛門　よしだちゅうざえもん）

吉田東洋　よしだとうよう
幕末の土佐藩重臣。藩政改革を断行するが、土佐勤王党に暗殺された。司馬遼太郎作『竜馬がゆく』の登場人物。
¶時代小説（吉田東洋　よしだとうよう）

吉田神　よしだのかみ
常陸国那賀郡の吉田神社の祭神。
¶神仏辞典（吉田神　よしだのかみ）

吉田の松若　よしだのまつわか
歌舞伎演目『隅田川花御所染』に登場する、吉田の嫡子。
¶歌舞伎登（吉田の松若　よしだのまつわか）

吉田文三郎　よしだぶんざぶろう
江戸中期の人形遣、浄瑠璃作者。
¶説話伝説（吉田文三郎　よしだぶんざぶろう ⊕? ⊗宝暦10(1760)年）
　伝奇伝説（吉田文三郎　よしだぶんざぶろう ⊕? ⊗宝暦10(1760)年）

吉田屋喜左衛門　よしだやきざえもん
歌舞伎演目『廓文章』に登場する、大坂新町廓内九軒町の揚屋吉田屋の主人。
¶歌舞伎登（吉田屋喜左衛門　よしだやきざえもん）

よし野　よしの
井原西鶴作の浮世草子『西鶴置土産』(1693)巻四の二「大晦日の伊勢参わら屋の琴」に登場する太夫。
¶架空人日（よし野　よしの）
　架空伝説（よし野　よしの）

吉野太夫　よしのたゆう
江戸時代、京都六条、島原の遊里を代表した太夫。複数人存在したが、一番有名な吉野太夫徳子は、灰屋紹益による落籍話でも知られ、井原西鶴作の浮世草子『好色一代男』の登場人物となった。
¶架空人日（吉野　よしの）
架空伝承（吉野　よしの）
架空伝説（吉野　よしの）〔像〕
奇談逸話（吉野太夫　よしのたゆう [生]慶長11(1606)年 [没]寛永20(1643)年）
古典人学（吉野　よしの）
コン5（吉野太夫　よしのだゆう [生]慶長11(1606)年 [没]寛永20(1643)年）
説話伝説（吉野太夫　よしのだゆう [生]慶長11(1606)年 [没]寛永20(1643)年）
世百新（吉野　よしの）
伝奇伝説（吉野太夫　よしのだゆう [生]慶長11(1606)年 [没]寛永20(1643)年）〔像〕
日本人名（吉野　よしの [生]1606 [没]1643）

吉野太夫　よしのだゆう
吉川英治作『宮本武蔵』の登場人物。京都六条の傾城。
¶時代小説（吉野太夫　よしのだゆう）

吉野の姫君　よしののひめぎみ
菅原孝標女作『浜松中納言物語』の登場人物。唐后（河陽県の后）の異父妹。
¶架空人日（吉野の姫君　よしののひめぎみ）
架空伝説（吉野の姫君　よしののひめぎみ）
古典人学（吉野の姫君　よしののひめぎみ）

吉野水分神　よしののみくまりのかみ
大和国吉野郡の吉野水分神社の祭神。
¶神仏辞典（吉野水分神　よしののみくまりのかみ）

芳野水分峯神　よしののみくまりのみねのかみ
『続日本紀』に所出。文武天皇2年大和国の同神に馬を奉り祈雨をおこなう。
¶神仏辞典（芳野水分峯神　よしののみくまりのみねのかみ）

吉野山口神　よしののやまのくちのかみ
大和国吉野郡の吉野山口神社の祭神。
¶神仏辞典（吉野山口神　よしののやまのくちのかみ）

吉野皆杉小桜坊　よしのみなすぎこざくらぼう
奈良県吉野山塊に棲むという天狗。
¶妖怪事典（ヨシノミナスギコザクラボウ）
妖怪大事典（吉野皆杉小桜坊　よしのみなすぎこざくらぼう）

吉野明神と本地仏　よしのみょうじんとほんじぶつ
平安時代以降に成立した八社明神。吉野大峰山の鎮守社。
¶仏尊事典（吉野明神と本地仏　よしのみょうじんとほんじぶつ）〔像〕

吉野屋お花　よしのやおはな
江戸中期の浅草の茶屋女。歌舞伎「音鈴川享保政談」の主人公。大岡政談の仇花的存在。
¶説話伝説（吉野屋お花　よしのやおはな）
伝奇伝説（吉野屋お花　よしのやおはな）

吉野山の神々　よしのやまのかみがみ
後醍醐天皇を祭神とする吉野神宮ほか金峰神社（祭神は金山毘古神）や、吉野水分神社（祭神は天之水分神）、吉野山口神社（現在は勝手神社。祭神は天忍穂耳命）がある。
¶日本神様（吉野山の神々　よしのやまのかみがみ）

良秀　よしひで
芥川龍之介作『地獄変』(1918)に登場する、高名な絵師。
¶架空人日（良秀　よしひで）
日本人名（良秀　よしひで）

幸姫　よしひめ
上杉治憲（鷹山）の妻。童門冬二作『上杉鷹山』の登場人物。
¶時代小説（幸姫　よしひめ）

与次兵衛　よじべえ
流行唄にうたわれた人物。山崎浄閑の息子。近松門左衛門の浄瑠璃『寿の門松』や竹田出雲らの『双蝶々曲輪日記』などに脚色された。
¶歌舞伎登（山崎与次兵衛　やまざきよじべえ）
広辞苑6（吾妻与次兵衛　あずま・よじべえ）
説話伝説（吾妻与次兵衛　あづまよじべえ 生没年未詳）
日本人名（吾妻・与次兵衛　あづま・よじべえ）

芳松　よしまつ
杉本章子作『おすず信太郎人情始末帖』の登場人物。
¶時代小説（芳松　よしまつ）

由松　よしまつ
歌舞伎演目『仮名手本忠臣蔵』に登場する、天河屋義平の四歳になる息子。
¶歌舞伎登（由松　よしまつ）

良峯宗貞　よしみねのむねさだ
⇒遍照（へんじょう）

吉村嘉一郎　よしむらかいちろう
浅田次郎作『壬生義士伝』の登場人物。
¶時代小説（吉村嘉一郎　よしむらかいちろう）

吉村貫一郎　よしむらかんいちろう
新選組、諸士取調役兼監察で剣術師範方。浅田次郎作『壬生義士伝』の登場人物。
¶時代小説（吉村貫一郎　よしむらかんいちろう）

吉村寅太郎　よしむらとらたろう
天誅組の首謀者。司馬遼太郎作『竜馬がゆく』の

架空・伝承編

吉屋思鶴　よしやおめつる
琉歌人で遊女。もとは平敷屋朝敏(1700-34)作の、和文の物語『苔の下』に由来する名。『古今琉歌集』(1895)に「仲島よしや」の名で12首ある。近代以降は『嵐世の露』。
¶架空伝承（吉屋思鶴　よしやおめつる）
　日本人名（よしや　生没年未詳）

吉山志保　よしやましほ
乙川優三郎作『霧の橋』の登場人物。
¶時代小説（吉山志保　よしやましほ）

芳行　よしゆき
志賀直哉作『或る男、其姉の死』(1920)の語り手の腹違いの兄にあたる人物。
¶架空人日（芳行　よしゆき）

与四郎　よしろう
歌舞伎演目『網模様燈籠菊桐』に登場する、茅場町の菊酒屋の奉公人。
¶歌舞伎登（与四郎　よしろう）

与次郎　よじろう
夏目漱石作『三四郎』(1908)に登場する、三四郎の友人。
¶架空人日（与次郎　よじろう）

与次郎　よじろう
与次郎稲荷神社に祀られるという狐の名。
¶神仏辞典（与次郎　よじろう）

与次郎狐　よじろうぎつね
秋田県の動物の怪。
¶全国妖怪（ヨジロウギツネ〔秋田県〕）

與志漏神　よしろのかみ
近江国伊香郡の與志漏神社の祭神。
¶神仏辞典（與志漏神・与志漏神　よしろのかみ）

夜雀　よすずめ
高知県、愛媛県、和歌山県などの地方で夜についてくる雀のこと。
¶幻想動物（夜雀）〔像〕
　神仏辞典（夜雀　よすずめ）
　妖怪事典（ヨスズメ）
　妖怪大全（夜雀　よすずめ）〔像〕
　妖怪大事典（夜雀　よすずめ）〔像〕

與須奈神　よすなのかみ
越前国足羽郡の與須奈神社の祭神。
¶神仏辞典（與須奈神・与須奈神　よすなのかみ）

余曾多本毘売命　よそたほびめのみこと
第5代孝昭天皇の皇后。天押帯日子命・孝安天皇らを生む。『日本書紀』では世襲足媛。
¶神様読解（余曾多本毘売命　よそたほびめのみこと）
　神仏辞典（余曾多本毘売命　よそたほびめのみこと）
　日本人名（世襲足媛　よそたらしひめ）

世襲足媛　よそたらしひめ
⇒余曾多本毘売命（よそたほびめのみこと）

夜蕎麦売り与兵衛　よそばうりよへえ
歌舞伎演目『當穐八幡祭』に登場する、実は鴻野家家中、南方十次兵衛。
¶歌舞伎登（夜蕎麦売り与兵衛　よそばうりよへえ）

与三兵衛　よそべえ
歌舞伎演目『鼠小紋東君新形』に登場する、稲毛屋敷辻番所に勤める老人。
¶歌舞伎登（与三兵衛　よそべえ）

よたくれ神　よたくれがみ
愛知県北設楽郡設楽町神田でいう通り神。
¶神仏辞典（よたくれ神　よたくれがみ）

世田姫　よたひめ
『肥前国風土記』にみえる神。
¶日本人名（世田姫　よたひめ）

よたら神　よたらがみ
愛知県北設楽郡設楽町神田で、通り神のことをいう。
¶神仏辞典（よたら神　よたらがみ）
　妖怪事典（ヨタラガミ）

夜種　よたり
蒔いた種がよく成長するように働く神で、伊豆新島の十三神明社にて祀られている。
¶神仏辞典（夜種　よたり）

涎くり　よだれくり
歌舞伎演目『菅原伝授手習鑑』に登場する、武部源蔵の寺子屋に通う年嵩の寺子。
¶歌舞伎登（涎くり　よだれくり）

与太郎　よたろう
落語の登場人物。長屋住まいで、年齢不詳の独身男として登場することが多い。
¶架空人物（与太郎）
　架空伝承（与太郎　よたろう）

世継瀬平　よつぎせへい
歌舞伎演目『阿国御前化粧鏡』に登場する、佐々木頼賢の後室お国御前の召し使い。
¶歌舞伎登（世継瀬平　よつぎせへい）

世継の翁　よつぎのおきな
平安後期に成立した歴史物語『大鏡』に登場する架空の人物。歴史の語り手。
¶架空伝承（世継の翁　よつぎのおきな）

古典人学（大宅世継　おおやけのよつぎ）
コン5（世継翁　よつぎのおきな）
世百新（世継の翁　よつぎのおきな）
日本人名（世継の翁　よつぎのおきな）

四ツ車大八　よつぐるまだいはち

江戸後期の幕内力士。鳶職と同門力士との喧嘩に加勢した「め組の喧嘩」で知られる。歌舞伎『神明恵和合取組』のモデル。

¶歌舞伎登（四ツ車大八　よつぐるまだいはち）
説話伝説（四ツ車大八　よつぐるまだいはち [生]明和8(1771)年 [没]文化6(1809)年）
伝奇伝説（四ツ車大八　よつぐるまだいはち [生]安永1(1772)年 [没]?）
日本人名（四ツ車大八　よつぐるまだいはち [生]1772年 [没]1809年）

與都彦命　よつひこのみこと

『日本文徳天皇実録』に所出。出雲国の神。

¶神仏辞典（與都彦命　よつひこのみこと）

四つ目小僧　よつめこぞう

長野県東筑摩郡でいう妖怪。

¶妖怪事典（ヨツメコゾウ）

四谷左門　よつやさもん

4世鶴屋南北作の歌舞伎『東海道四谷怪談』(1825年初演）に登場する、お岩の父親。

¶架空人日（四谷左門　よつやさもん）
歌舞伎登（四谷左門　よつやさもん）

四谷の市郎兵衛　よつやのいちろべえ

為永春水作の人情本『春色梅美婦禰』(1841-42?）に登場する、鳶職人の頭。

¶架空人日（四谷の市郎兵衛　よつやのいちろべえ）

四谷の弥七　よつやのやしち

池波正太郎作『剣客商売』の登場人物。

¶時代小説（四谷の弥七　よつやのやしち）

世伝　よでん

井原西鶴作『諸艶大鑑』の登場人物。主人公世之介が若後家と契り生ませた子供。世之介をつぐの意で世伝と称した。

¶架空人日（世伝　よでん）
架空伝説（世伝　よでん）〔像〕
古典人学（世伝　よでん）

淀君　よどぎみ

豊臣秀吉の側室、豊臣秀頼の母。大坂落城により秀頼とともに自刃。

¶架空伝承（淀君　よどぎみ [生]永禄10(1567)年 [没]元和1(1615)年）
架空伝説（淀君　よどぎみ）
歌舞伎登（淀君 1 『桐一葉』　よどぎみ）〔像〕
歌舞伎登（淀君 2 『沓手鳥孤城落月』　よどぎみ）〔像〕
奇談逸話（淀君　よどぎみ [生]永禄12(1569)年 [没]元和1(1615)年）
説話伝説（淀君　よどぎみ [生]永禄10(1567)年 [没]元和1(1615)年）
伝奇伝説（淀君　よどぎみ [生]永禄10(1567)年 [没]元和1(1615)年）〔像〕

與度神　よどのかみ

山城国乙訓郡の與杼神社の祭神。

¶神仏辞典（與度神・与度神・與杼神・与杼神　よどのかみ）

淀の与三右衛門　よどのよそうえもん

井原西鶴作の浮世草子『日本永代蔵』(1688)巻六「身代かたまる淀河の漆」の主人公。

¶架空人日（淀の与三右衛門　よどのよそうえもん）

予等比咩神　よとひめのかみ

予等比咩天神とも。肥前国佐嘉郡の与止日女神社の祭神。

¶神仏辞典（予等比咩神・與止日女神・与止日女神　よとひめのかみ）

淀屋辰五郎　よどやたつごろう

江戸前期の大坂の豪商と伝えられる人物。1705年の闕所処分で有名。浮世草子や浄瑠璃に題材を提供した。

¶架空伝承（淀屋辰五郎　よどやたつごろう 生没年不詳）
歌舞伎登（淀屋辰五郎　よどやたつごろう）
新潮日本（淀屋辰五郎　よどやたつごろう [生]? [没]享保2(1717)年12月21日）
説話伝説（淀屋辰五郎　よどやたつごろう [生]? [没]享保2(1717)年）
世百新（淀屋辰五郎　よどやたつごろう 生没年不詳）
伝奇伝説（淀屋辰五郎　よどやたつごろう 生没年未詳）
日本人名（淀屋辰五郎　よどやたつごろう [生]? [没]1718年）

夜長姫　よながひめ

坂口安吾作『夜長姫と耳男』(1952)に登場する、夜長の長者の一人娘。

¶架空人日（夜長姫　よながひめ）

夜啼き　よなき

岡山県地方でいう妖怪。

¶妖怪事典（ヨナキ）

夜泣き石　よなきいし

夜になると泣き声を上げる石の総称。

¶幻想動物（夜泣き石）〔像〕
妖怪事典（ヨナキイシ）
妖怪大全（夜泣石　よなきいし）〔像〕
妖怪大事典（夜泣き石　よなきいし）〔像〕

夜泣き婆　よなきばばあ

『蕪村妖怪絵巻』にあるもの。

¶妖怪事典（ヨナキババア）
妖怪大事典（夜泣き婆　よなきばばあ）〔像〕

架空・伝承編　741　よひよ

ヨナ荒神　よなこうじん
山口県山口市阿東嘉年ではヨナ（胞衣）を床下などに埋めて、それをヨナ荒神と呼んだ。
¶神仏辞典（ヨナ荒神　よなこうじん）

ヨナタマ
宮古諸島、伊良部島に伝承されていた言葉を話す魚。
¶神文化史（ヨナタマ）

米五郎　よねごろう
角田喜久雄作『髑髏銭』の登場人物。
¶時代小説（米五郎　よねごろう）

米八　よねはち
為永春水作『春色梅児誉美』の登場人物。もと唐琴屋の内芸者。丹次郎の恋人。
¶架空人日（米八　よねはち）
　架空伝説（米八　よねはち）
　歌舞伎登（米八　よねはち）
　古典人学（米八　よねはち）

米八　よねはち
新宮正春作『芭蕉庵捕物帳』の登場人物。
¶時代小説（米八　よねはち）

與神　よのかみ
壱岐島石田郡の與神社の祭神。
¶神仏辞典（與神・与神　よのかみ）

代之吉　よのきち
佐江衆一作『江戸職人綺譚』の登場人物。
¶時代小説（代之吉　よのきち）

世之介　よのすけ
井原西鶴作の浮世草子『好色一代男』（1682）の主人公。
¶架空人日（世之介　よのすけ）
　架空人物（世之介）
　架空伝承（世之介　よのすけ）〔像〕
　架空伝説（世之介　よのすけ）
　広辞苑6（世之介　よのすけ）
　古典人学（世之介　よのすけ）
　古典人東（世之介　よのすけ）
　コン5（世之介　よのすけ）
　新潮日本（世之介　よのすけ）
　説話伝説（世之介　よのすけ）
　大辞林3（世之介　よのすけ）
　日本人名（世之介　よのすけ）

与ノ助　よのすけ
山本一力作『大川わたり』の登場人物。
¶時代小説（与ノ助　よのすけ）

与之助　よのすけ
河竹黙阿弥作の歌舞伎『仮名手本硯高島』（1858年初演）に登場する、塩山家の跡取り息子、主人公の赤垣源蔵の甥。

¶架空人日（与之助　よのすけ）

與能神　よののかみ
丹波国桑田郡の輿能神社の祭神。
¶神仏辞典（輿能神・与能神　よののかみ）

夜這い星　よばいほし
歌舞伎演目『流星』に登場する、牽牛と織女が逢瀬を楽しんでいるところへ、御注進に行く流れ星。
¶歌舞伎登（夜這い星　よばいほし）

夜半人　よはしと
鹿児島県奄美大島でいう怪異。
¶妖怪事典（ヨハシト）
　妖怪大事典（夜半人　よはしと）

夜走り　よばしり
海の妖怪。山口県萩市相島の俗伝。
¶神仏辞典（夜走り　よばしり）
　全国妖怪（ヨバシリ〔山口県〕）
　妖怪事典（ヨバシリ）
　妖怪大事典（ヨバシリ）

与八　よはち
中里介山作『大菩薩峠』の登場人物。
¶時代小説（与八　よはち）

与八　よはち
松本清張作『無宿人別帳』の登場人物。
¶時代小説（与八　よはち）

呼ばり岩　よばりいわ
岩の妖怪。道の妖怪。愛知県北設楽郡設楽町と南設楽郡鳳来町との境の仏坂に、この名の一対の岩がある。
¶神仏辞典（呼ばり岩　よばりいわ）

よばわり石　よばわりいし
各地に伝説として残る怪石。
¶妖怪事典（ヨバワリイシ）

夜番太郎七　よばんたろしち
歌舞伎演目『盟三五大切』に登場する、四谷鬼横町の番太郎。
¶歌舞伎登（夜番太郎七　よばんたろしち）

與比神　よひのかみ
播磨国宍粟郡の與比神社の祭神。
¶神仏辞典（與比神・与比神　よひのかみ）

与ひょう　よひょう
木下順二作の戯曲『夕鶴』（1949）に登場する、善良な働き者。
¶架空人日（与ひょう　よひょう）
　架空人物（与ひょう）

呼ぶ子　よぶこ
山陰地方で山彦のことをいう。そういった動物のようなものがいて、声を出すと考えられていた。
¶神仏辞典　（呼ぶ子　よぶこ）
　全国妖怪　（ヨブコ〔鳥取県〕）
　妖怪事典　（ヨブコ）
　妖怪大全　（呼子　よぶこ）〔像〕
　妖怪大事典　（呼子　よぶこ）〔像〕

与平　よへい
山本周五郎作『さぶ』の登場人物。
¶時代小説　（与平　よへい）

与平次　よへいじ
新宮正春作『芭蕉庵捕物帳』の登場人物。
¶時代小説　（与平次　よへいじ）

与兵衛　よへえ
大坂心斎橋の道具屋笠屋の娘おかめの聟。おかめとの心中事件が、浄瑠璃『ひぢりめん卯月紅葉』ほか様々な演劇に脚色されて伝えられた。
¶歌舞伎登　（笠屋与兵衛　かさやよへえ）
　広辞苑6　（お亀与兵衛　おかめ・よへえ）
　説話伝説　（おかめ与兵衛　おかめよへえ　②宝永2（1705）年5月/宝永4（1707）年4月（実説未詳））
　大辞林3　（お亀・与兵衛　おかめ・よへえ）

与兵衛　よへえ
近松門左衛門作『女殺油地獄』の登場人物。大坂本天満町・油屋河内屋の息子。
¶架空伝説　（与兵衛　よへえ）〔像〕
　古典人学　（与兵衛　よへえ）
　古典人東　（与兵衛　よへえ）

与兵衛　よへえ
山本周五郎作『深川安楽亭』（1957）に登場する無頼漢。
¶架空人日　（与兵衛　よへえ）

泉門塞大神　よみどにさやりますおおかみ
『日本書紀』巻1に所出の神名。
¶神仏辞典　（泉門塞大神・泉門塞之大神　よみどにさやりますおおかみ）
　神仏辞典　（泉門塞大神・泉門塞之大神　よみどにふさがりますおおかみ）

ヨメゴ
山形県西置賜郡小国町でいう化け狐。
¶妖怪事典　（ヨメゴ）

夜目の範七　よめのはんしち
白井喬二作『富士に立つ影』の登場人物。
¶時代小説　（夜目の範七　よめのはんしち）

与茂作　よもさく
歌舞伎演目『碁太平記白石噺』に登場する、宮城野、信夫姉妹の父。
¶歌舞伎登　（与茂作　よもさく）

黄泉大神　よもつおおかみ
伊弉冉の別名。火の神・迦具土神を産み、それがもとで黄泉国に行ったため黄泉大神といわれる。
¶神様読解　（黄泉大神　よもつおおかみ）
　神仏辞典　（黄泉大神　よもつおおかみ）

黄泉津神　よもつかみ
黄泉国を支配する神。伊邪那岐命とともに現世に帰れるかどうか伊邪那美命が相談した神。
¶広辞苑6　（黄泉神　よもつかみ）
　神仏辞典　（黄泉津神　よもつかみ）

泉津事解之男　よもつことさかのお
伊弉諾尊が伊弉冉尊と言い争って吐いた唾を掃きはらって生まれた神。
¶神仏辞典　（泉津事解之男　よもつことさかのお）

泉津醜女　よもつしこめ
黄泉国の神々の一柱。イザナミに命じられてイザナギを追った。
¶アジア女神　（泉津醜女　よもつしこめ）
　神様読解　（豫母都許売/黄泉醜女　よもつしこめ・よもつしこめ）
　神仏辞典　（予母都志許売・泉津醜女　よもつしこめ）
　神仏辞典　（泉津日狭女　よもつひさめ）
　世妖精妖怪　（日狭女）
　東洋神名　（黄泉醜女　ヨモツシコメ）〔像〕
　日本神話　（ヨモツシコメ）
　妖怪事典　（シコメ）

泉守道者　よもつちもりひと
『日本書紀』巻1に所出。泉津平坂で歎く伊弉諾尊に奉上した神。
¶神仏辞典　（泉守道者　よもつちもりひと）

泉津日狭女　よもつひさめ
⇒泉津醜女（よもつしこめ）

よもねこ
子守などもする守り猫として珍重され、よもぎ猫とも呼ばれる。
¶神仏辞典　（よもねこ）

四面御門神　よものみかどのかみ
『延喜式』に所出。四面御門祭にあずかる。
¶神仏辞典　（四面御門神　よものみかどのかみ）

ヨーラサー
沖縄県でいう妖怪。
¶妖怪事典　（ヨーラサー）

寄り神　よりがみ
海の彼方からの漂着物（＝神）のこと。
¶神仏辞典　（寄り神　よりがみ）
　神話伝説　（寄神　よりがみ）
　東洋神名　（寄り神　ヨリガミ）〔像〕

寄り鯨　よりくじら
特に、岸に打ち上げられた鯨。来訪神の一種。
¶東洋神名（寄り鯨　ヨリクジラ）〔像〕

寄り来る神　よりくるかみ
河海から寄り来る神。
¶日本神話（寄り来る神　よりくるかみ）

依姫　よりひめ
村上元三作『松平長七郎江戸日記』の登場人物。
¶時代小説（依姫　よりひめ）

頼政神　よりまさがみ
源頼政を祭神として祀ったもの。
¶神様読解（頼政神　よりまさがみ）
　東洋神名（頼政神　ヨリマサシン）〔像〕

ヨル
高知県幡多郡で昼間空を飛び歩く影の塊のようなもの。
¶妖怪事典（ヨル）

夜姫　よるひめ
福島県南会津郡檜枝岐の山の神十二神の一つ。
¶神仏辞典（夜姫　よるひめ）

輿呂支神　よろきのかみ
近江国高島郡の輿呂支神社の祭神。
¶神仏辞典（輿呂支神・与呂支神　よろきのかみ）

ヨロヅナセノ
長崎県南高来郡千々岩海、有明海でいう妖怪。
¶妖怪事典（ヨロヅナセノ）

万幡豊秋津師比売命　よろづはたとよあきつしひめのみこと
高木神の娘で、天之忍穂耳命と婚姻。『日本書紀』には栲幡千々媛。
¶アジア女神（万幡豊秋津師比売命　よろづはたとよあきつしひめのみこと）
　神様読解（万幡豊秋津師比売命/栲幡千々媛　よろづはたとよあきつしひめのみこと・たくはたちぢひめ）
　神仏辞典（栲幡千千万幡姫命　たくはたちぢよろずはたひめのみこと）
　神仏辞典（万幡豊秋津師比売命　よろはたとよあきつしひめのみこと）

万屋　よろずや
井原西鶴作の浮世草子『日本永代蔵』（1688）巻五「三匁五分曙のかね」に登場する小間物商。
¶架空人日（万屋　よろずや）

万屋三弥　よろずやさんや
井原西鶴作の浮世草子『日本永代蔵』（1688）巻三「国に移して風日釜の大臣」の主人公。
¶架空人日（万屋三弥　よろずやさんや）

万屋助右衛門　よろずやすけえもん
歌舞伎演目『紙子仕立両面鑑』に登場する、大坂の道具商万屋の主人。
¶歌舞伎登（万屋助右衛門　よろずやすけえもん）

万屋助六　よろずやすけろく
歌舞伎演目『紙子仕立両面鑑』に登場する、大阪の道具商万屋助右衛門の惣領息子。
¶歌舞伎登（万屋助六　よろずやすけろく）

ヨワタシカミ
鹿児島県奄美群島徳之島でいう怪異。馬に乗った大勢の悪神。
¶妖怪事典（ヨワタシカミ）

【ら】

ライカムイ
アイヌ語で幽霊のこと。
¶妖怪事典（ライカムイ）

来国俊　らいくにとし
歌舞伎演目『新薄雪物語』に登場する、国行の息子。
¶歌舞伎登（来国俊　らいくにとし）

来国行　らいくにゆき
歌舞伎演目『新薄雪物語』に登場する刀工。「来派」の事実上の祖とされる同名人物がモデル。
¶歌舞伎登（来国行　らいくにゆき）

ライクルエチカップ
アイヌに伝わる妖怪。
¶妖怪事典（ライクルエチカップ）

頼豪　らいごう
平安後期の天台宗園城寺の僧。効験あらたかな僧として知られたが、死後、鼠の悪霊となった伝説がある。
¶架空伝承（頼豪　らいごう　㊉長保4（1002）年　㉒応徳1（1084）年）〔像〕
　架空伝説（頼豪　らいごう）〔像〕
　歌舞伎登（頼豪阿闍梨　らいごうあじゃり）
　奇談逸話（頼豪　らいごう　㊉寛弘1（1004）年　㉒応徳1（1084）年）
　広辞苑6（頼豪　らいごう　㊉1002年　㉒1084年）
　コン5（頼豪　らいごう　㊉長保4（1002）年　㉒応徳1（1084）年）
　神仏辞典（頼豪　らいごう　㊉1004年　㉒1084年）
　神話伝説（頼豪　らいごう）
　説話伝説（頼豪　らいごう　㊉寛弘1（1004）年　㉒応徳1（1084）年）〔像〕
　伝奇伝説（頼豪　らいごう　㊉寛弘1（1004）年　㉒応徳1（1084）年）〔像〕
　日ミス（頼豪　らいごう）

らいこ

日本人名（頼豪(1)　らいごう　㊤1004年　㊦1084年）

頼豪鼠　らいごうねずみ
⇒鉄鼠（てっそ）

頼山陽　らいさんよう
江戸後期の儒学者。
¶時代小説（頼山陽　らいさんよう）
　説話伝説（頼山陽　らいさんよう　㊤安永9(1780)年　㊦天保3(1832)年）〔像〕

雷獣　らいじゅう
動物の妖怪。江戸の俗伝では、文化10年落雷とともに落ちた。
¶幻想動物（雷獣）〔像〕
　広辞苑6（雷獣　らいじゅう）
　神仏辞典（雷獣　らいじゅう）
　世怪物神獣（雷獣）
　世未確認（雷獣　らいじゅう）
　全国妖怪（ライジュウ〔秋田県〕）
　全国妖怪（ライジュウ〔神奈川県〕）
　全国妖怪（ライジュウ〔新潟県〕）
　全国妖怪（ライジュウ〔長野県〕）
　全国妖怪（ライジュウ〔静岡県〕）
　全国妖怪（ライジュウ〔愛知県〕）
　全国妖怪（ライジュウ〔東京都〕）
　大辞林3（雷獣　らいじゅう）
　日本未確認（雷獣　らいじゅう）〔像〕
　水木幻獣（雷獣　らいじゅう）〔像〕
　妖怪事典（ライジュウ）
　妖怪図鑑（雷獣　らいじゅう）〔像〕
　妖怪大全（雷獣　らいじゅう）〔像〕
　妖怪大事典（雷獣　らいじゅう）〔像〕
　妖百3（雷獣　らいじゅう）〔像〕

雷神　らいじん
雷鳴と稲妻とを神格化した雷電を司る神。
¶神様読解（雷神　らいじん）〔像〕
　神文化史（ライジン（雷神））
　幻想動物（雷神）〔像〕
　広辞苑6（雷神　らいじん）
　神仏辞典（雷神　らいじん）
　神話伝説（雷神　らいじん）
　説話伝説（風神雷神　ふうじんらいじん）
　世百新（雷神　らいじん）
　伝奇伝説（風神雷神　ふうじんらいじん）〔像〕
　東洋神名（雷神〈日本〉　ライジン）〔像〕
　日本神話（雷神　らいじん）

雷太郎　らいたろう
伝説と仏教伝承に登場する人物。祈雨をしたら嵐とともに現れた幼児を貧しい農民が雷太郎と名付け育てたところ、夫婦は裕福になり、子は白い龍に変身して去ったという。
¶世怪物神獣（雷太郎）

雷電源八　らいでんげんぱち
歌舞伎演目『高台橋諍勝負付』に登場する力士。騙されたことから亀右衛門らを殺害する。
¶歌舞伎登（雷電源八　らいでんげんぱち）

雷電様　らいでんさま
北関東・信越地方で、落雷を避ける呪などとして祭られる神。
¶広辞苑6（雷電様　らいでんさま）

雷電為右衛門　らいでんためえもん
江戸中期の強豪大関。現役時代に張り手、鉄砲、かんぬきの三手を禁じられたという。
¶架空伝承（雷電為右衛門　らいでんためえもん　㊤明和4(1764)年　㊦文政8(1825)年）〔像〕
　奇談逸話（雷電為右衛門　らいでんためえもん　㊤明和4(1767)年　㊦文政8(1825)年）
　神仏辞典（雷電為右衛門　らいでんためえもん　㊤1767年　㊦1825年）
　説話伝説（雷電為右衛門　らいでんためえもん　㊤明和4(1767)年　㊦文政8(1825)年）
　伝奇伝説（雷電為右衛門　らいでんためえもん　㊤明和4(1767)年　㊦文政8(1825)年）

来訪神　らいほうしん
1年に1度、時を定めて異界から人間の世界に来訪して、さまざまな行為をし、人々に歓待される神々。
¶世百新（来訪神　らいほうしん）〔像〕

頼三樹三郎　らいみきさぶろう
幕末の志士。安政の大獄で処刑される。
¶説話伝説（頼三樹三郎　らいみきさぶろう　㊤文政8(1825)年　㊦安政6(1859)年）

裸行　らぎょう
古代の伝説的な遊行聖。
¶神仏辞典（裸行　らぎょう）
　日本人名（裸行　らぎょう）

楽阿弥陀仏　らくあみだぶつ
浅井了意作『東海道名所記』の登場人物。身過ぎのために出家した僧侶。
¶古典人学（楽阿弥陀仏　らくあみだぶつ）

落魄の女　らくはくのおんな
『玉造小町壮衰書』の登場人物。徒跣で路頭に徘徊う一老女。
¶古典人学（落魄の女　らくはくのおんな）

羅睺阿修羅王　らごあしゅらおう
四種阿修羅の一。天と戦闘するとき、手で日月を取りその光をさえぎるという。
¶大辞林3（羅睺阿修羅王　らごあしゅらおう）

羅生門の鬼　らしょうもんのおに
平安京の正門である羅城門に巣食っていたという鬼。
¶妖怪事典（ラショウモンノオニ）
　妖怪大事典（羅生門の鬼　らしょうもんのおに）

羅城門の盗人　らしょうもんのぬすびと
『今昔物語集』巻第29の第18に載る男。

¶架空人日（羅城門の盗人　らしょうもんのぬすびと）

羅殺鬼　らせつき
岩手県盛岡市の伝説に登場する鬼。
¶妖怪事典（ラセツキ）

羅刹天　らせつてん
インド神話における鬼神。仏教に入り、八部衆の一。十二天の一。
¶神文化史（ラークシャサ（羅刹））
広辞苑6（羅刹　らせつ）
広辞苑6（羅刹天　らせつてん）
神仏辞典（羅刹天　らせつてん）
世百新（羅刹　らせつ）
大辞林3（羅刹　らせつ）
大辞林3（羅刹天　らせつてん）
東洋神名（羅刹天　ラセツテン）〔像〕

ラップ
芥川龍之介作『河童』(1922)に登場する、学生の河童。
¶架空人日（ラップ）

ラドン
映画『空の大怪獣ラドン』(1956)に登場する、翼を持つ怪獣。
¶怪物事典（ラドン）〔像〕

ラプシヌプルクル
アイヌの伝説に登場する龍の一種。
¶幻想動物（ラプシヌプルクル）〔像〕

ラマッタㇰカムイ
アイヌで人が突然気絶して死にそうになっている時、肉体から離れた魂を呼び戻すための神。
¶神仏辞典（ラマッタクカムイ）

鸞　らん
瑞鳥とされ、五彩の羽毛をもつ鳥。
¶日本未確認（鸞　らん）〔像〕

蘭齋　らんさい
南條範夫作『細香日記』の登場人物。
¶時代小説（蘭齋　らんさい）

蘭蝶　らんちょう
江戸後期の新内・歌舞伎に登場する、遊女此糸の情夫。吉原の男芸者。
¶架空伝説（蘭蝶　らんちょう）
歌舞伎登（桜川蘭蝶　さくらがわらんちょう）
コン5（此糸・蘭蝶　このいと・らんちょう）
説話伝説（此糸蘭蝶　このいとらんちょう）
伝奇伝説（此糸蘭蝶　このいと らんちょう）
日本人名（此糸・蘭蝶　このいと・らんちょう）

蘭平　らんぺい
歌舞伎演目『倭仮名在原系図』に登場する、在原行平の奴。平安初期の貴族伴善男がモデル。
¶歌舞伎登（蘭平　らんぺい）

【り】

力士を試した学生　りきしをためしたがくせい
『今昔物語集』の登場人物。京の大学寮にいた謎の学生。
¶古典人学（力士を試した学生　りきしをためしたがくせい）

力寿姫　りきじゅひめ
愛知県豊川市に伝わる話に登場する、国司大江定基の恋人の娘。
¶説話伝説（力寿姫　りきじゅひめ）

力寿姫　りきじゅひめ
謡曲『愛寿忠信』、古浄瑠璃『ごばん忠信』に登場する、佐藤忠信と契った粟田口の遊女。仮名草子『恨の介』で古今東西の美女の一人に数えられている。
¶伝奇伝説（力寿姫　りきじゅひめ）

力道山　りきどうざん
大相撲の力士。プロレスラー。敗戦下の日本人を熱狂させた。その生涯には数々の伝説がつきまとっている。
¶架空伝承（力道山　りきどうざん　[生]大正12(1923)年　[没]昭和38(1963)年）〔像〕

りく
大石内蔵助の妻。池宮彰一郎作『四十七人の刺客』の登場人物。
¶時代小説（りく）

陸羽　りくう
茶の神。中国唐代の復州竟陵の人物。
¶広辞苑6（茶神　ちゃしん）
日本神様（陸羽　りくう）

理訓許段神　りくこたのかみ
陸奥国気仙郡の案下の国幣にあずかる理訓許段神社の祭神。
¶神仏辞典（理訓許段神　りくこたのかみ）

陸績　りくせき
御伽草子『二十四孝』に登場する、二十四孝中の最年少者。
¶架空人日（陸績　りくせき）

リクンカントコロカムイ
アイヌの上天の神。
¶神仏辞典（リクンカントコロカムイ）

利助　りすけ
杉本章子作『おすず信太郎人情始末帖』の登場人物。
¶時代小説（利助　りすけ）

履中天皇　りちゅうてんのう
記紀系譜上の第17代天皇。仁徳天皇を父、石之日売命を母とする。諸国に国史（書記官）を置いて諸々の情報を奉告させた。
¶コン5（履中天皇　りちゅうてんのう）
神仏辞典（伊邪本和気命・去来穂別尊・伊射報和気命　いざほわけのみこと）
神仏辞典（履中天皇　りちゅうてんのう）
日本人名（履中天皇　りちゅうてんのう）

李徴　りちょう
中島敦作『山月記』（1942）に登場する地方官吏。
¶架空人日（李徴　りちょう）

律　りつ
原田甲斐の妻。山本周五郎作『樅ノ木は残った』の登場人物。
¶時代小説（律　りつ）

リツ子　りつこ
檀一雄の小説『リツ子・その愛』『リツ子・その死』の主人公。
¶日本人名（リツ子　りつこ）

李蹈天　りとうてん
近松門左衛門作の浄瑠璃『国性爺合戦』（1715年初演）に登場する、明の高官。謀叛の心を抱いている佞臣。
¶架空人日（李蹈天　りとうてん）
広辞苑6（李蹈天　りとうてん）
大辞林3（李蹈天　りとうてん）

リナ
柏葉幸子作『霧のむこうのふしぎな町』（1975）の主人公。姓は上杉。
¶児童登場（リナ）

李白　りはく
洒落本『聖遊廓』（1757）に登場する、揚屋の主人。
¶架空人日（李白　りはく）

利平治　りへいじ
子母澤寛作『父子鷹』の登場人物。
¶時代小説（利平治　りへいじ）

理満　りまん
『今昔物語集』などにみえる平安時代中期の僧。
¶日本人名（理満　りまん　生没年未詳）

リー・ミンチュウ
那須田稔作『シラカバと少女』（1965）に登場する中国の少女。
¶児童登場（リー・ミンチュウ）

利勇　りゆう
曲亭馬琴作の読本『椿説弓張月』（1807-11）に登場する、国の乱れを招いた琉球の奸臣。
¶架空人日（利勇　りゆう）

龍　りゅう
長くて鱗の生えた蛇に似た首、トカゲのような脚の付いた胴体、鷲のような鉤爪を持つとされる想像上の動物。平常は海・湖・沼・池などの水中にすみ、時に空にのぼると風雲を起こすとされる。
¶奇談逸話（龍　りゅう）
幻想動物（龍）〔像〕
広辞苑6（竜　りゅう）
神仏辞典（龍　りゅう）
世怪物神獣（東洋の龍）〔像〕
世怪物神獣（龍　たつ）
説話伝説（竜　りゅう）
世百新（竜　りゅう）
大辞林3（竜　りゅう）
日本未確認（龍　りょう）〔像〕
水木幻獣（日本の龍　にほんのりゅう）〔像〕
妖怪事典（リュウ）
妖怪大鑑（日本の龍　にほんのりゅう）〔像〕
妖怪大全（竜　りゅう）〔像〕
妖怪大事典（龍　りゅう）〔像〕

隆円　りゅうえん
平安時代中期の僧。『枕草子』に「僧都の君」として登場。
¶日本人名（隆円　りゅうえん　[生]980年　[没]1015年）

龍王　りゅうおう
竜族の王。仏教においては八部衆の一つで、仏法を守護する。
¶広辞苑6（竜王　りゅうおう）
神仏辞典（龍王　りゅうおう）
世怪物神獣（龍王　りゅうおう）
世百新（竜王　りゅうおう）〔像〕
大辞林3（竜王　りゅうおう）
東洋神名（竜王　リュウオウ）〔像〕

龍宮童子　りゅうぐうどうじ
子供の姿をした福の神。海神が遣わす。
¶幻想動物（龍宮童子）〔像〕

竜宮の乙姫　りゅうぐうのおとひめ
歌舞伎演目『命懸色の二番目』に登場する、太郎作と提婆品を奪い合う人物。
¶歌舞伎登（竜宮の乙姫　りゅうぐうのおとひめ）

隆光　りゅうこう
真言宗の僧侶。優れた験力で天候も意のままにできたという。
¶奇談逸話（隆光　りゅうこう　[生]慶安2（1649）年　[没]享保9（1724）年）
神仏辞典（隆光　りゅうこう　[生]1649年　[没]1724年）
説話伝説（隆光　りゅうこう　[生]慶安2（1649）年　[没]享保9（1727）年）

龍樹　りゅうじゅ
『今昔物語集』『宇治拾遺物語』に登場する、大乗仏教をひろめた僧。
¶架空人日（竜樹　りゅうじゅ）
　神仏辞典（龍樹　りゅうじゅ　⊕150年　㉁250年頃）

龍神　りゅうじん
日本古来の水神に中国から渡来した龍王の信仰が結合したもの。
¶神様読解（竜神　りゅうじん）〔像〕
　神仏辞典（龍神　りゅうじん）
　世怪物神獣（龍神）
　説話伝説（竜神　りゅうじん）
　世百新（竜神　りゅうじん）
　東洋神名（竜神　リュウジン）〔像〕

龍助　りゅうすけ
松本清張作『無宿人別帳』の登場人物。
¶時代小説（龍助　りゅうすけ）

龍泉寺の勘次　りゅうせんじのかんじ
金井三笑作の歌舞伎『助六所縁江戸桜』（1761年初演）に登場する男伊達。
¶架空人日（龍泉寺の勘次　りゅうせんじのかんじ）

龍造寺隆信　りゅうぞうじたかのぶ
戦国時代の武将。少弐冬尚、大友宗麟を破って勢力を拡大するが、島津氏との戦いで敗死した。
¶説話伝説（龍造寺隆信　りゅうぞうじたかのぶ　⊕享禄2（1529）年　㉁天正12（1584）年）
　伝奇伝説（竜造寺隆信　りゅうぞうじたかのぶ　⊕享禄2（1529）年　㉁天正12（1584）年）

龍造寺浪右衛門　りゅうぞうじなみえもん
大佛次郎作『鞍馬天狗』の登場人物。
¶時代小説（龍造寺浪右衛門　りゅうぞうじなみえもん）

龍達　りゅうたつ
歌舞伎演目『巷談宵宮雨』に登場する、もと妙蓮寺の住職。女犯の罪でさらし者にされ、出牢した。
¶架空伝説（龍達　りゅうたつ）
　歌舞伎発（竜達　りゅうたつ）

柳亭種彦　りゅうていたねひこ
江戸時代後期の戯作者。『源氏物語』に材をとった『修紫田舎源氏』が大人気となるが、天保の改革で版木没収となり絶版、失意のうちに亡くなった。
¶時代小説（柳亭種彦　りゅうていたねひこ）
　説話伝説（柳亭種彦　りゅうていたねひこ　⊕天明3（1783）年　㉁天保13（1842）年）
　伝奇伝説（柳亭種彦　りゅうていたねひこ　⊕天明3（1783）年　㉁天保13（1842）年）〔像〕

龍灯　りゅうとう
深夜、海上に点々と見られる怪火。
¶幻想動物（龍灯）〔像〕

神仏辞典（龍燈　りゅうとう）
水木妖怪続（龍灯　りゅうとう）〔像〕
妖怪事典（リュウトウ）
妖怪大全（竜灯　りゅうとう）〔像〕
妖怪大事典（龍灯　りゅうとう）〔像〕

竜女　りゅうにょ
竜王の娘。竜宮にいるという仙女。
¶大辞林3（竜女　りゅうにょ）

凌英　りょうえい
佐々木味津三作『右門捕物帖』の登場人物。
¶時代小説（凌英　りょうえい）

良寛　りょうかん
江戸後期の禅僧。歌人、書家。
¶架空伝承（良寛　りょうかん　⊕宝暦8（1758）年　㉁天保2（1831）年）
　奇談逸話（良寛　りょうかん　⊕宝暦8（1758）年　㉁天保2（1831）年）
　神仏辞典（良寛　りょうかん　⊕?　㉁1831年）
　説話伝説（良寛　りょうかん　⊕宝暦8（1758）/宝暦7（1758）年　㉁天保2（1831）年）〔像〕
　説話伝説（良観　りょうかん　生没年未詳）
　伝奇伝説（良寛　りょうかん　⊕宝暦7（1757）年　㉁天保2（1831）年）〔像〕

リョウゲ
高知県幡多郡昭和村でいう怪異。山ミサキの類。
¶妖怪事典（リョウゲ）
　妖怪大事典（リョウゲ）

良源　りょうげん
平安中期の天台宗の僧。墓所は霊験があり、一山の護法とされた。民間では良源の変身した姿の豆大師または角大師とよぶ護符が疫病や災難よけとされ、現在も見られる。
¶架空伝承（良源　りょうげん　⊕延喜12（912）年　㉁寛和1（985）年）〔像〕
　奇談逸話（良源　りょうげん　⊕延喜12（912）年　㉁永観3（985）年）
　神仏辞典（良源　りょうげん　⊕912年　㉁985年）

両国梶之助　りょうごくかじのすけ
幕末・明治の初めにかけて活躍した技能力士。小兵ながら関脇まで昇進した。
¶伝奇伝説（両国梶之助　りょうごくかじのすけ　⊕天保1（1830）年　㉁明治30（1897）年）
　日本人名（両国梶之助（2）　りょうごくかじのすけ　⊕1830　㉁1904）

両国梶之助　りょうごくかじのすけ
江戸時代前期の力士。初代横綱の明石志賀之助について2代になったという伝承がある。
¶日本人名（両国梶之助（1）　りょうごくかじのすけ　生没年未詳）

両国梶之助　りょうごくかじのすけ
明治期の力士。小結。小兵で奇手に巧みであった。入間川部屋をつくり、出羽海部屋を継承し

大きく育て上げた。
¶説話伝説（両國梶之助　りょうごくかじのすけ [生]明治7（1874）年 [没]昭和24（1949）年）

猟師　りょうし
能『善知鳥』の登場人物。陸奥の外の浜の男。親子鳥の殺生の罪により立山地獄に堕ちた。
¶古典人学（猟師　りょうし）

漁師鱶七　りょうしふかしち
浄瑠璃・歌舞伎の登場人物。
¶歌舞伎登（鱶七　ふかしち）〔像〕
新潮日本（漁師鱶七　りょうしふかしち）
説話伝説（漁師鱶七　りょうしふかしち）
伝奇伝説（漁師鱶七　りょうしふかしち）
日本人名（漁師鱶七　りょうしふかしち）

良秀　りょうしゅう
平安時代の絵仏師。
¶説話伝説（良秀　りょうしゅう 生没年未詳）
伝奇伝説（良秀　りょうしゅう 生没年未詳）
日本人名（良秀（1）　りょうしゅう 生没年未詳）

良助　りょうすけ
山本周五郎作『つゆのひぬま』（1956）に登場する、品川の漁師の子。
¶架空人日（良助　りょうすけ）

両大師　りょうだいし
慈慧（元三）大師良源と慈眼大師天海を合祀した称。
¶神仏辞典（両大師　りょうだいし）

る

了智　りょうち
江戸前期の浄土宗の僧侶。
¶説話伝説（了智　りょうち 生没年未詳）
伝奇伝説（了智　りょうち 生没年未詳）

涼菟　りょうと
伊勢神宮の下級の神職。新宮正春作『芭蕉庵捕物帳』の登場人物。
¶時代小説（涼菟　りょうと）

両頭愛染明王　りょうとうあいぜんみょうおう
不動明王と合体した愛染明王のこと。
¶神仏辞典（両頭愛染明王　りょうとうあいぜんみょうおう）

良忍　りょうにん
平安後期の比叡山の僧で融通念仏宗の開祖。
¶架空伝承（良忍　りょうにん [生]延久5（1073）年 [没]長承1（1132）年）
神仏辞典（良忍　りょうにん [生]1072年 [没]1132年）
説話伝説（良忍　りょうにん [生]延久5（1073）年 [没]天承2（1132）年）
伝奇伝説（良忍　りょうにん [生]延久5（1073）年 [没]長承1（1132）年）

良平　りょうへい
芥川龍之介作『トロッコ』（1922）に登場する、トロッコに憧れた少年。
¶架空人日（良平　りょうへい）

良平　りょうへい
華岡青洲の末弟。有吉佐和子作『華岡青洲の妻』の登場人物。
¶時代小説（良平　りょうへい）

両面宿儺　りょうめんすくな
仁徳天皇の時代、朝廷に恭順せず、独自に飛騨地方を支配していたといわれる人物。
¶朝日歴史（両面宿儺　りょうめんすくな）
英雄事典（両面宿儺　リョウメンスクナ）
幻想動物（両面宿儺）〔像〕
東洋神名（両面宿儺　リョウメンスクナ）〔像〕

竜門の聖　りょうもんのひじり
説話集『宇治拾遺物語』に登場する、大和国の吉野郡竜門村に住んでいた高徳の僧。
¶架空人日（竜門の聖　りょうもんのひじり）

林浄因　りんじょういん
嘉元年間（1303〜06）に入宋した竜山に従って日本に渡り、中国の饅頭を商った人物。のちに饅頭の守護神となった。
¶神様読解（林浄因　りんじょういん）

鱗人　りんじん
日本の伝説に登場する龍神の別名。
¶世怪物神獣（鱗人）

りんどう
山田風太郎作『柳生十兵衛死す』の登場人物。
¶時代小説（りんどう）

林平　りんぺい
歌舞伎演目『伊勢音頭恋寝刃』に登場する、今田万次郎に付き従う忠義の奴。
¶歌舞伎登（林平　りんぺい）

りん弥　りんや
吉川英治作『宮本武蔵』の登場人物。
¶時代小説（りん弥　りんや）

【る】

るい
山本周五郎作『季節のない街』（1962）の「倹約について」に登場する女性。
¶架空人日（るい）

るい
平岩弓枝作『御宿かわせみ』の登場人物。
¶時代小説（るい）

ルコロカムイ
⇒便所の神（べんじょのかみ）

盧志長者　るしちょうじゃ
『今昔物語集』『宇治拾遺物語』に登場する、天竺にいた裕福な人。
¶架空人曰（盧志長者　るしちょうじゃ）

留守居神　るすいがみ
旧暦10月の神無月に、諸国の神々が出雲に集まるとき、特に村や家にとどまっていると伝えられる神。
¶神仏辞典（留守居神　るすいがみ）

留守神　るすがみ
旧暦10月の神無月に神々が出雲に集まるとき、家や村に留まって留守居をしている神のこと。
¶広辞苑6（留守神　るすがみ）
　神仏辞典（留守神　るすがみ）
　世百新（留守神　るすがみ）
　東洋神名（留守神　ルスガミ）〔像〕

るすばん先生　るすばんせんせい
宮川ひろ作『るすばん先生』(1969)に登場する女性の産休補助教員。姓は木村。
¶児童登場（るすばん先生）

呂宋助左衛門　るそんすけざえもん
安土桃山時代、泉州堺から呂宋へ渡り、巨万の富を得たとされる伝説的豪商。
¶広辞苑6（呂宋助左衛門　るそんすけざえもん）
　説話伝説（呂宗助左衛門　るそんすけざえもん　生没年不詳）
　世百新（納屋助左衛門　なやすけざえもん　生没年不詳）
　大辞林3（納屋助左衛門　なやすけざえもん）
　伝奇伝説（呂宋助左衛門　るそんすけざえもん　生没年未詳）

ルパン三世　るぱんさんせい
モンキーパンチ作『ルパン三世』の主人公。フランスの怪盗アルセーヌ・ルパンの3代目を名乗る男。
¶架空人物（ルパン三世）
　日本人名（ルパン三世　ルパンさんせい）

ル＝マルシャン
オランダの製靴技術者。高見順の小説『日本の靴』の主人公のモデル。
¶日本人名（ル＝マルシャン　④1837年　②1884年）

ルヤムベニトネブ
アイヌに伝わる妖怪。
¶妖怪事典（ルヤムベニトネブ）

るり
多岐川恭作『ゆっくり雨太郎捕物控』の登場人物。
¶時代小説（るり）

るり子　るりこ
赤木由子作『はだかの天使』(1969)の登場人物。
¶児童登場（るり子）

瑠璃子　るりこ
菊池寛の小説『真珠夫人』の主人公。
¶日本人名（瑠璃子　るりこ）

ルル
いぬいとみこ作『ながいながいペンギンの話』(1957)に登場する双子のペンギン。
¶児童登場（ルル）

ルルコシンプ
北海道の海の怪。海の精霊。
¶全国妖怪（ルルコシンプ〔北海道〕）

るん
森鷗外の小説『ぢいさんばあさん』およびそれを原作とした歌舞伎作品に登場する人物。美濃部伊織の妻。
¶架空伝説（伊織・るん　いおり・るん）
　歌舞伎登（るん）

【れ】

礼を言う幽霊　れいをいうゆうれい
島原の地方で伝わる、恩ある人の許にお礼に行った幽霊。
¶妖怪大鑑（礼を言う幽霊　れいをいうゆうれい）〔像〕

霊亀　れいき
亀が霊性のあるものとして考えられたことによる名称。
¶広辞苑6（霊亀　れいき）
　大辞林3（霊亀　れいき）
　日本未確認（霊亀）

礼三郎　れいざぶろう
歌舞伎演目『契情曽我廓亀鑑』に登場する、奥州屋の手代、今業平といわれる美男。
¶歌舞伎登（礼三郎　れいざぶろう）
　説話伝説（お静礼三　おしずれいざ）
　大辞林3（お静・礼三　おしず・れいざ）

霊神　れいじん
死者を神に祀ったとき、おもに吉田神道がその神に与える神号。
¶神仏辞典（霊神　れいじん）

東洋神名（霊神　レイジン）〔像〕

冷泉院　れいぜいいん
『源氏物語』の登場人物。桐壺帝の第十皇子。実際は光源氏と藤壺との間の不義の子。
¶架空伝説（冷泉天皇　れいぜいてんのう）
　古典人東（冷泉院　れいぜいいん）

レイラボッチ
山梨県東山梨郡加納岩村（山梨市）でいう伝説の巨人。
¶妖怪事典（レイラボッチ）

レブンエカシ
アイヌ語で沖の長老という意味の化け物。
¶妖怪事典（レブンエカシ）
　妖怪大事典（レブンエカシ）

蓮華御前　れんげごぜん
御伽草子『文正草子』（室町時代）に登場する、製塩業者塩焼き文正の長女。
¶架空人日（蓮華御前　れんげごぜん）

蓮花城　れんげじょう
鴨長明作『発心集』の登場人物。往生を願い桂河に入水した聖。
¶古典人学（蓮花城　れんげじょう）

蓮子　れんこ
高橋義夫作『浄瑠璃坂の仇討ち』の登場人物。
¶時代小説（蓮子　れんこ）

連次　れんじ
泡坂妻夫作『宝引の辰捕者帳』の登場人物。
¶時代小説（連次　れんじ）

蓮照　れんしょう
仏教説話にみえる僧。
¶日本人名（蓮照　れんしょう　生没年未詳）

蓮禅　れんぜん
平安時代の文人・僧。
¶説話伝説（蓮禅　れんぜん　生没年未詳）
　伝奇伝説（蓮禅　れんぜん　生没年未詳）

蓮如　れんにょ
室町時代の浄土真宗の僧。本願寺第8世宗主で中興の祖といわれる。
¶奇談逸話（蓮如　れんにょ ㊋応永22（1415）年 ㊥明応8（1499）年）
　神仏辞典（蓮如　れんにょ ㊋1415年 ㊥1499年）
　説話伝説（蓮如　れんにょ ㊋応永22（1415）年 ㊥明応8（1499）年）〔像〕
　伝奇伝説（蓮如　れんにょ ㊋応永22（1415）年 ㊥明応7（1498）年）〔像〕

廉夫人　れんふにん
曲亭馬琴作の読本『椿説弓張月』（1807-11）に登場する、琉球国王尚寧王の二番目の妃。
¶架空人日（廉夫人　れんふにん）

【ろ】

老一官　ろういっかん
近松門左衛門作の浄瑠璃『国性爺合戦』（1715年初演）に登場する、明の大師。
¶架空人日（老一官　ろういっかん）
　歌舞伎登（老一官　ろういっかん）

朗円上人　ろうえんしょうにん
幸田露伴作『五重塔』（1891-92）に登場する、谷中の感応寺をあずかる高僧。
¶架空人日（朗円上人　ろうえんしょうにん）

老子大尽　ろうしだいじん
洒落本『聖遊廓』（1757）に登場する、揚屋の常連。
¶架空人日（老子大尽　ろうしだいじん）
　架空伝説（老子大尽　ろうしだいじん）

老人火　ろうじんび
信州（長野県）と遠州（静岡県）の境にある山奥に現われる火の妖怪。
¶妖怪事典（ロウジンビ）
　妖怪大全（老人火　ろうじんび）〔像〕
　妖怪大事典（老人火　ろうじんび）〔像〕

牢名主松島貫五郎　ろうなぬしまつしまかんごろう
歌舞伎演目『四千両小判梅葉』「伝馬町大牢の場」に登場する牢内役人の長。
¶歌舞伎登（牢名主松島貫五郎　ろうなぬしまつしまかんごろう）

浪人の女房　ろうにんのにょうぼう
浮世草子『世間胸算用』に登場する人物。
¶架空人日（「長刀はむかしの鞘」の女房　なぎなたはむかしのさやのにょうぼう）
　架空伝説（浪人の女房　ろうにんのにょうぼう）
　古典人学（「長刀はむかしの鞘」の窂人の女房　なぎなたはむかしのさやのろうにんのにょうぼう）

良弁　ろうべん
奈良時代の華厳・法相の僧。東大寺の開山。相州大山を開いたといわれ、大山縁起として流布した。東大寺縁起には良弁杉の伝説がある。
¶架空伝承（良弁　ろうべん ㊋持統3（689）年 ㊥宝亀4（773）年）〔像〕
　架空伝説（良弁上人　ろうべんしょうにん）
　歌舞伎登（良弁大僧正　ろうべんだいそうじょう）
　奇談逸話（良弁　ろうべん ㊋持統3（689）年 ㊥宝亀4（773）年）
　広典苑6（良弁　ろうべん ㊋689年 ㊥773年）
　コン5（良弁　ろうべん ㊋持統3（689）年 ㊥宝亀4

(773) 年)
神仏辞典（良弁　ろうべん [生]689年 [没]773年）
説話伝説（良弁　ろうべん [生]持統3 (689) 年 [没]宝亀4 (773) 年）
伝奇伝説（良弁　ろうべん [生]持統3 (689) 年 [没]宝亀4 (773) 年）〔像〕

老莱子　ろうらいし
御伽草子『二十四孝』に登場する、二十四孝の一人。
¶**架空人日**（老莱子　ろうらいし）

ろおれんぞ
芥川龍之介作『奉教人の死』(1918) に登場する、長崎の人。
¶**架空人日**（ろおれんぞ）

六　ろく
説話集『宇治拾遺物語』に登場する、北面の武士の伺候する場所の下級の女官。
¶**架空人日**（六　ろく）

六右衛門狸　ろくえもんたぬき
徳島県名東郡津田浦でいう化け狸。
¶**神仏辞典**（六右衛門　ろくえもん）
妖怪事典（ロクエモンタヌキ）
妖怪大事典（六右衛門狸　ろくえもんだぬき）

六観音　ろくかんのん
六道の衆生を救うという6体の観音。
¶**神仏辞典**（六観音　ろくかんのん）
仏尊事典（六観音　ろっかんのん）〔像〕

六三郎　ろくさぶろう
大坂西横堀で遊女のお園と心中したといわれる大工。歌舞伎、浄瑠璃、狂言の題材になった。
¶**朝日歴史**（お園・六三郎　おその・ろくさぶろう）
歌舞伎登（小柴六三郎　こしばろくさぶろう）
歌舞伎登（六三郎　ろくさぶろう）
コン5（お園・六三郎　おその・ろくさぶろう）
説話伝説（お園六三郎　おそのろくさぶろう）
伝奇伝説（お園六三郎　おその ろくさぶろう）
日本人名（お園・六三郎　おその・ろくさぶろう）

六地蔵　ろくじぞう
地蔵菩薩が、六道のそれぞれに対応したもの。
¶**神仏辞典**（六地蔵　ろくじぞう）
東洋神名（六地蔵　ロクジゾウ）〔像〕

六七八右衛門　ろくしちはちえもん
歌舞伎演目『盟三五大切』に登場する、薩摩源五兵衛。実は不破数右衛門の若党。
¶**歌舞伎登**（六七八右衛門　ろくしちはちえもん）

六字明王　ろくじみょうおう
六字天・六字尊とも。如意輪観音の六字神呪を仏格化して観音の化身としたものとも。
¶**神仏辞典**（六字明王　ろくじみょうおう）
仏尊事典（六字明王　ろくじみょうおう）〔像〕

六条御息所　ろくじょうのみやすどころ
『源氏物語』の登場人物。生き霊となって葵上をとり殺す。能『葵上』『野宮』にも登場する。
¶**架空人日**（六条御息所　ろくじょうのみやすどころ）
架空伝承（六条御息所　ろくじょうみやすんどころ）〔像〕
架空伝説（六条御息所　ろくじょうみやすんどころ）
広辞苑6（六条御息所　ろくじょうのみやすどころ）
古典人学（六条御息所『源氏物語』　ろくじょうのみやすどころ）
古典人学（六条御息所『葵上』　ろくじょうのみやすどころ）
古典人東（六条御息所『源氏物語』　ろくじょうのみやすどころ）
古典人東（六条御息所『野宮』　ろくじょうのみやすどころ）
コン5（六条御息所　ろくじょうのみやすどころ）
新潮日本（六条御息所　ろくじょうのみやすどころ）
説話伝説（六条御息所　ろくじょうのみやすどころ）
大辞林3（六条御息所　ろくじょうのみやすどころ）
伝奇伝説（六条御息所　ろくじょうのみやすどころ）
日ミス（六条御息所　ろくじょうのみやすどころ）
日本人名（六条御息所　ろくじょうのみやすどころ）

六助　ろくすけ
山本周五郎作『赤ひげ診療譚』の登場人物。
¶**時代小説**（六助　ろくすけ）

六助　ろくすけ
佐々木味津三作『旗本退屈男』の登場人物。
¶**時代小説**（六助　ろくすけ）

六助　ろくすけ
佐藤雅美作『恵比寿屋喜兵衛手控え』の登場人物。
¶**時代小説**（六助　ろくすけ）

六蔵　ろくぞう
井原西鶴作の浮世草子『好色盛衰記』(1688) 巻二の五「仕合善し六蔵大臣」に登場する馬方。
¶**架空人日**（六蔵　ろくぞう）

六蔵　ろくぞう
宮部みゆき作『霊験お初捕物控』の登場人物。
¶**時代小説**（六蔵　ろくぞう）

六蔵　ろくぞう
海音寺潮五郎作『二本の銀杏』の登場人物。
¶**時代小説**（六蔵　ろくぞう）

六蔵　ろくぞう
歌舞伎演目『神霊矢口渡』に登場する、船頭頓兵衛の下男。
¶**歌舞伎登**（六蔵　ろくぞう）

六代　ろくだい
平維盛の嫡男。のち文覚の弟子として出家。『平家物語』、歌舞伎『義経千本桜』の登場人物。
¶**架空人日**（六代　ろくだい）
歌舞伎登（六代君　ろくだいぎみ）

古典人学（六代　ろくだい）
古典人東（六代御前　ろくだいごぜん）

六大黒　ろくだいこく
六種類の大黒の総称。
¶神仏辞典（六大黒　ろくだいこく）

六ちゃん　ろくちゃん
山本周五郎作『季節のない街』(1962)に登場する、市電の運転手。
¶架空人日（六ちゃん　ろくちゃん）

六人搗き　ろくにんつき
⇒鼬の六人搗き（いたちのろくにんずき）

録之助　ろくのすけ
樋口一葉作『十三夜』(1895)に登場する人力車夫。
¶架空人日（録之助　ろくのすけ）

六宮の姫君　ろくのみやのひめぎみ
『今昔物語集』『古本説話集』に登場する落魄の姫君。
¶コン5（六の宮姫君　ろくのみやのひめぎみ）
説話伝説（六宮の姫君　ろくのみやのひめぎみ　生没年未詳）
伝奇伝説（六の宮の姫君　ろくのみやのひめぎみ）
日本人名（六の宮姫君　ろくのみやのひめぎみ）

六波羅二﨟左衛門　ろくはらじろうざえもん
永仁義憲により、「十訓抄」編者で、湯浅宗業であると推定された人物。
¶説話伝説（六波羅二﨟左衛門　ろくはらじろうざえもん）

鹿野苑軍八　ろくやおんぐんぱち
歌舞伎演目『栅自来也談』に登場する、喜楽斎に嫁衣重の身売りを勧め、その金を盗むため喜楽斎を殺害する人物。
¶歌舞伎登（鹿野苑軍八　ろくやおんぐんぱち）

ろくろ首　ろくろくび
首が非常に長く、自由に伸縮する化け物。飛頭蛮、抜け首とも。体と首が分離するものもいる。
¶幻想動物（轆轤首）〔像〕
広辞苑6（轆轤首　ろくろくび）
神仏辞典（ろくろ首　ろくろくび）
世幻想（ろくろ首）〔像〕
世未確認（飛頭蛮　ろくろくび）〔像〕
全国妖怪（ロクロクビ〔千葉県〕）〔像〕
全国妖怪（ロクロクビ〔東京都〕）〔像〕
全国妖怪（ロクロックビ〔福井県〕）
全国妖怪（ロクロックビ〔香川県〕）
全国妖怪（ロクロックビ〔愛媛県〕）
全国妖怪（ロクロックビ〔熊本県〕）
日ミス（ろくろ首　ろくろくび）
日本末確認（轆轤首　ろくろくび）〔像〕
妖怪事典（ろくろくび）
妖怪図鑑（轆轤首　ろくろくび）〔像〕
妖怪大全（飛頭蛮　ろくろくび）〔像〕
妖怪大事典（轆轤首　ろくろくび）〔像〕

妖百4（轆轤首　ろくろくび）〔像〕

路次神　ろじのかみ
唐客の入京時に祭られる。延喜式臨時祭では天皇の行幸時に祭られる。
¶神仏辞典（路次神　ろじのかみ）

路次辺神　ろじほとりのかみ
天皇が行幸して禊をする際に幣帛が奉られる。大嘗祭の御禊行幸の時に祭られる。
¶神仏辞典（路次辺神　ろじほとりのかみ）

盧生　ろせい
謡曲（現在能）『邯鄲』に登場する、中国の蜀の国の若者。
¶架空人日（盧生　ろせい）

盧生　ろせい
歌舞伎演目『春昔由縁英』に登場する、吉原の花魁瀬川を女盧生に見立てたもの。
¶歌舞伎登（盧生　ろせい）

六歌仙　ろっかせん
『古今和歌集』仮名序で、紀貫之によって論評された6人の歌人の称。
¶架空伝承（六歌仙　ろっかせん）
説話伝説（六歌仙　ろっかせん）
伝奇伝説（六歌仙　ろっかせん）

ろっくう
岡山県、香川県、広島県などで、竈神と荒神との習合が著しく、さらに土公神の信仰が付け加わったもの。
¶神仏辞典（ろっくう）
神仏辞典（ろっく）

六本狐　ろっぽんぎつね
岡山県都窪郡で六本松のところに出る狐。
¶妖怪事典（ロッポンギツネ）

ロボット三等兵　ろぼっとさんとうへい
漫画『ロボット三等兵』（前谷惟光作）の主人公。
¶架空人物（ロボット三等兵）

【わ】

ワー
和歌山県地方でいう妖怪の児童語。
¶妖怪事典（ワー）

ワイラ
鳥山石燕の『画図百鬼夜行』に描かれている怪物。牛のような身体に獅子のような頭、足には

1本の鉤爪が生えている。
¶幻想動物　（ワイラ）〔像〕
　水木妖怪　（わいら）〔像〕
　妖怪事典　（ワイラ）
　妖怪大全　（わいら）〔像〕
　妖怪大事典　（わいら）〔像〕

ワーウー
沖縄県でいう面相のおそろしい妖怪のこと。
¶全国妖怪　（ワーウー〔沖縄県〕）
　妖怪事典　（ワーウー）

ワウ
宮崎県真幸地方でいう妖怪の児童語。
¶妖怪事典　（ワウ）

倭王興　わおうこう
中国史料に見える、5世紀中頃の王者。倭の五王の1人。
¶コン5（倭王興　わおうこう）

倭王讃　わおうさん
中国史料に見える、5世紀前半の王者。倭の五王の最初の王。
¶コン5（倭王讃　わおうさん）

倭王済　わおうせい
中国史料に見える、5世紀中頃の王者。倭の五王の1人。
¶コン5（倭王済　わおうせい）

倭王珍　わおうちん
中国史料に見える、5世紀前半の王者。倭の五王の1人。
¶コン5（倭王珍　わおうちん）

倭王武　わおうぶ
中国史料に見える、5世紀末頃の王者。倭の五王の最後の王。
¶コン5（倭王武　わおうぶ）

稚浅津姫命　わかあさつひめのみこと
垂仁天皇を父、薊瓊入媛を母とする。
¶神仏辞典（稚浅津姫命　わかあさつひめのみこと）

若雷　わかいかずち
黄泉国の八雷神のうち、伊邪那美命の屍の左手にいた。死の穢れの表象。
¶神仏辞典（若雷・稚雷　わかいかずち）

若雷神　わかいかずちのかみ
『日本三代実録』に所出。武蔵国の神。
¶神仏辞典（若雷神　わかいかずちのかみ）

若伊賀保神　わかいかほのかみ
『日本三代実録』に所出。上野国の神。
¶神仏辞典（若伊賀保神　わかいかほのかみ）

若宇加乃売命神　わかうかのめのみことのかみ
『日本文徳天皇実録』『延喜式』に所出。若宇加能売命とも。大和国の神。広瀬神などとも。
¶神仏辞典（広瀬神　ひろせのかみ）
　神仏辞典（若宇加乃売命神・若宇加乃売命神　わかうかのめのみことのかみ）

和我叡登挙神　わかえとこのかみ
陸奥国胆沢郡の和我叡登挙神社の祭神。
¶神仏辞典（和我叡登挙神　わかえとこのかみ）

若江鏡神　わかえのかがみのかみ
河内国若江郡の若江鏡神社の祭神。
¶神仏辞典（若江鏡神　わかえのかがみのかみ）

若江神　わかえのかみ
美濃国方県郡の若江神社の祭神。
¶神仏辞典（若江神　わかえのかみ）

若影　わかかげ
柴田錬三郎作『赤い影法師』の登場人物。
¶時代小説（若影　わかかげ）

若木入日子命　わかぎいりひこのみこと
第11代垂仁天皇の皇子。
¶神様読解（若木入日子命　わかぎいりひこのみこと）
　神仏辞典（若木入日子命　わかきいりひこのみこと）

若木讃岐守　わかきさぬきのかみ
山手樹一郎作『桃太郎侍』の登場人物。
¶時代小説（若木讃岐守　わかきさぬきのかみ）

若木之入日子王　わかきのいりひこのみこ
第12代景行天皇の皇子。
¶神様読解（若木之入日子王　わかきのいりひこのみこ）

若草　わかくさ
歌曲・戯曲の人物。伊之助と駆け落ちする遊女。歌舞伎『升鯉滝白旗』ほかに登場する。
¶歌舞伎登（若草　わかくさ）
　説話伝説（若草伊之助　わかくさいのすけ）

若日下部命　わかくさのかべのみこと
雄略天皇皇后。仁徳天皇を父、髪長比売を母とする若日下部王、草香幡梭姫皇女、長日比売命ともいう。
¶神仏辞典（長日比売命　ながひめのみこと）
　神仏辞典（若日下部命　わかくさのかべのみこと）
　日本人名（草香幡梭姫皇女　くさかのはたびひめのおうじょ）

稚国玉　わかくにたま
⇒下照比売命（したてるひめのみこと）

若栗神　わかぐりのかみ
尾張国葉栗郡の若栗神社の祭神。

¶神仏辞典（若栗神　わかぐりのかみ）

稚子媛　わかこひめ
記紀にみえる継体天皇の妃。『古事記』には、三尾君の祖、若比売とある。
¶日本人名（稚子媛　わかこひめ　生没年未詳）

若桜神　わかざくらのかみ
大和国城上郡の若桜神社の祭神。
¶神仏辞典（若桜神　わかざくらのかみ）

若沙那売神　わかさなめのかみ
若年神の兄妹であり、夫婦。父・羽山戸神は須佐之男命の子。
¶神様読解（妹若沙那売神　わかさなめのかみ）
神仏辞典（若沙那売神　わかさなめのかみ）

若狭の人魚　わかさのにんぎょ
八百比丘尼が幼少の頃、食した人魚。
¶水木妖怪（若狭の人魚　わかさのにんぎょ）〔像〕
妖怪大全（若狭の人魚　わかさのにんぎょ）〔像〕

若狭彦神　わかさひこのかみ
若狭国遠敷郡の若狭比古神社二座の祭神。
¶神仏辞典（若狭彦神・若狭比古神　わかさひこのかみ）

若狭比咩神　わかさひめのかみ
『日本三代実録』に所出。若狭国の神。
¶神仏辞典（若狭比咩神　わかさひめのかみ）

若さま侍　わかさまざむらい
城昌幸作『若さま侍捕物手帖』の主人公。
¶架空伝説（若さま　わかさま）〔像〕
時代小説（若さま侍　わかさまざむらい）

和歌三神　わかさんじん
和歌の神として尊ばれる。柿本人麻呂・山部赤人・衣通姫の三人。ほかに住吉神・玉津島神・人麻呂など。
¶神様読解（和歌三神　わかさんじん）〔像〕
広辞苑6（和歌三神　わかさんしん）

和加須西理比売神　わかすせりひめのかみ
出雲国神門郡の案下の、那売佐神社同社の和加須西比売神社の祭神。
¶神仏辞典（和加須西理比売神　わかすせりひめのかみ）

若建吉備津日子　わかたけきびつひこ
吉備臣の祖先。
¶神様読解（若建吉備津日子　わかたけきびつひこ）

若建王　わかたけのみこ
倭建命と弟橘比売命の子。
¶神様読解（若建王　わかたけのみこ）
日本人名（稚武彦命　わかたけひこう）

稚武彦命　わかたけひこのみこと
⇒若日子建吉備津日子命（わかひこたけきびつひこのみこと）

若帯比売命　わかたらしひめのみこと
雄略天皇を父、韓比売を母とする。兄に清寧天皇がいる。伊勢神宮の斎宮となる。
¶神仏辞典（若帯比売命　わかたらしひめのみこと）
日本人名（稚足姫皇女　わかたらしひめのおうじょ）

若月雨太郎　わかつきうたろう
多岐川恭作『ゆっくり雨太郎捕物控』の主人公。
¶時代小説（若月雨太郎　わかつきうたろう）
名探偵日（ゆっくり雨太郎　ゆっくりうたろう）

若尽女神　わかつくしめのかみ
若昼女神、若日女神とも。布忍富鳴海神との間に天日腹大科度神を生む。
¶神仏辞典（若尽女神　わかつくしめのかみ）

若党八右衛門　わかとうはちえもん
歌舞伎演目『五大力恋緘』に登場する、薩摩源五兵衛に仕える若党。
¶歌舞伎登（若党八右衛門　わかとうはちえもん）

若年神　わかとしのかみ
須佐之男命の子・大年神の後裔で、羽山戸神の子。年穀を司る神。
¶神様読解（若年神　わかとしのかみ）
神仏辞典（若年神　わかとしのかみ）

若菜姫　わかなひめ
柳下亭種員・笠亭仙果・柳水亭種清作『白縫譚』の登場人物。菊地氏に滅ぼされた大名・大友宗麟の息女。
¶架空伝説（若菜姫　わかなひめ）
歌舞伎登（若菜姫　わかなひめ）
古典人学（若菜姫　わかなひめ）

和詞奴気王　わかぬけのみこ
第13代成務天皇の皇子。
¶神様読解（和詞奴気王　わかぬけのみこ）

稚野毛二派皇子　わかぬけふたまたのおうじ
記紀にみえる応神天皇の皇子。
¶日本人名（稚野毛二派皇子　わかぬけふたまたのおうじ）

和我神　わがのかみ
陸奥国栗原郡の和我神社の祭神。
¶神仏辞典（和我神　わがのかみ）

吾野神　わがののかみ
丹後国与謝郡の吾野神社の祭神。
¶神仏辞典（吾野神　わがののかみ）

若葉の内侍　わかばのないし
歌舞伎演目『義経千本桜』に登場する、平維盛の北の方。六代君の母。
¶**歌舞伎登**（若葉の内侍　わかばのないし）

若日子建吉備津日子命　わかひこたけきびつひこのみこと
第7代孝霊天皇の皇子。
¶**神様読解**（若日子建吉備津日子命/稚武彦命　わかひこたけきびつひこのみこと・わかたけひこのみこと）
神仏辞典（稚武彦命・稚多祁比古命　わかたけひこのみこと）
神仏辞典（若日子建吉備津日子命　わかひこたけきびつひこのみこと）

稚日女尊　わかひめのみこと
新羅国征討の翌年、神功皇后の乗る船が難波へ向かった際、「吾は活田長峡国に居たい」との神託を下した。
¶**神仏辞典**（稚日女尊　わかひめのみこと）

若昼女神　わかひるめのかみ
大国主神の後裔である布忍富鳥鳴海神の妃。
¶**神様読解**（若昼女神　わかひるめのかみ）

稚日女尊　わかひるめのみこと
衣服の神。高天原の斎服殿で神の御衣を織る女神。
¶**神仏辞典**（稚日女尊　わかひるめのみこと）
日本神様（稚日女尊　わかひるめのみこと）
日本人名（稚日女尊　わかひるめのみこと）

和加布都努志神　わかふつぬしのかみ
出雲国出雲郡の県神社の和加布都努志神社の祭神。
¶**神仏辞典**（和加布都努志神　わかふつぬしのかみ）

若松の幽霊　わかまつのゆうれい
会津若松の伊予という者の前に現れた女の幽霊。
¶**妖怪大鑑**（若松の幽霊　わかまつのゆうれい）〔像〕

若御毛沼命　わかみけぬのみこと
⇒神武天皇（じんむてんのう）

稚三毛野尊　わかみけぬのみこと
彦五瀬命・稲飯命・神日本磐余彦火火出見尊（神武天皇）に続いて生まれた神。
¶**神仏辞典**（稚三毛野尊　わかみけぬのみこと）

若宮　わかみや
神霊の御子神・眷属神とされるが、御霊神のこと。
¶**神仏辞典**（若宮　わかみや）

若山　わかやま
井原西鶴作の浮世草子『好色二代男』(1684) 巻五の三「死ば諸共の木刀」に登場する太夫。
¶**架空人日**（若山　わかやま）
架空伝説（若山　わかやま）〔像〕

若山咋神　わかやまくいのかみ
素戔嗚神の裔孫である羽山戸の子。
¶**神様読解**（若山咋神　わかやまくいのかみ）
神仏辞典（若山咋神　わかやまくいのかみ）

若倭神　わかやまとのかみ
遠江国鹿玉郡の若倭神社の祭神。
¶**神仏辞典**（若倭神　わかやまとのかみ）

若倭彦命神　わかやまとひこのみことのかみ
河内国大県郡の若倭彦命神社の祭神。
¶**神仏辞典**（若倭彦命神　わかやまとひこのみことのかみ）

若倭姫命神　わかやまとひめのみことのかみ
河内国大県郡の若倭姫命神社の祭神。
¶**神仏辞典**（若倭姫命神　わかやまとひめのみことのかみ）

脇神　わきがみ
ワチガミともいう。沖縄本島の村落の年中祭祀で、特定の祭祀あるいは祭場に参与する神役。
¶**神仏辞典**（脇神　ワキガミ）

脇田一松斎　わきたいっしょうさい
三上於菟吉作『雪之丞変化』の登場人物。
¶**時代小説**（脇田一松斎　わきたいっしょうさい）

脇田治五平　わきたじごへい
高橋克彦作『だましゑ歌麿』の登場人物。
¶**時代小説**（脇田治五平　わきたじごへい）

和吉　わきち
岡本綺堂作『半七捕物帳』の登場人物。
¶**時代小説**（和吉　わきち）

和伎坐天乃夫支売神　わきにますあめのふきめのかみ
山城国相楽郡の和伎坐天乃夫支売神社の祭神。
¶**神仏辞典**（和伎坐天乃夫支売神　わきにますあめのふきめのかみ）

涌井荘五郎　わくいそうごろう
5代前から新潟で刀剣・武器商になった富裕な商人。新潟町民の蜂起の指導者。死刑になったが、明治時代になって講談・劇で上演、白山公園に碑が建てられた。
¶**コン5**（涌井荘五郎　わくいそうごろう [生]? [没]明和7(1770)年）

若子宿禰　わくこのすくね
建内宿禰の子。『古事記』によれば、江野財臣の祖。
¶**神様読解**（若子宿禰　わくこのすくね）

ワクド憑き　わくどつき
福岡県久留米地方でいう、蝦蟇の憑き物。

¶妖怪事典（ワクドツキ）
妖怪大事典（ワクド憑き　わくどつき）

和久半太夫　わくはんだゆう
歌舞伎演目『仮名手本忠臣蔵』に登場する、吉良方の四天王の一人。
¶歌舞伎登（和久半太夫　わくはんだゆう）

和久産巣日神　わくむすびのかみ
伊弉冉の尿より化生した神。
¶神様読解（和久産巣日神/稚産霊神　わくむすびのかみ・わくむすびのかみ）
神仏辞典（和久産巣日神　わくむすびのかみ）
日本人名（稚産霊神　わくむすひのかみ）

別雷神　わけいかずちのかみ
能『賀茂』に登場する人物。
¶架空伝説（別雷神　わけいかずちのかみ）

別小江神　わけおえのかみ
尾張国山田郡の別小江神社の祭神。
¶神仏辞典（別小江神　わけおえのかみ）

分神　わけのかみ
越前国足羽郡の分神社の祭神。
¶神仏辞典（分神　わけのかみ）

和気清麻呂　わけのきよまろ
奈良中期より平安初期にかけての官人。宇佐八幡宮神託事件では道鏡のたくらみを阻止した。
¶架空伝承（和気清麻呂　わけのきよまろ ㊥天平5(733)年 ㊦延暦18(799)年）
神様読解（和気広虫姫・和気清麻呂　わけのひろむしひめ・わけのきよまろ）
神仏辞典（和気清麻呂　わけのきよまろ）
説話伝説（和気清麻呂　わけのきよまろ ㊥天平5(733)年 ㊦延暦18(799)年）
伝奇伝説（和気清麻呂　わけのきよまろ ㊥天平5(733)年 ㊦延暦18(799)年）

和気能須命神　わけのすのみことのかみ
隠岐国周吉郡の和気能須命神社の祭神。
¶神仏辞典（和気能須命神　わけのすのみことのかみ）

和気広虫姫　わけのひろむしひめ
子育大明神、護王神社の祭神。
¶神様読解（和気広虫姫・和気清麻呂　わけのひろむしひめ・わけのきよまろ）

分部火　わけべのひ
『諸国里人談』にある怪火。
¶妖怪事典（ワケベノヒ）

鷲尾三郎義久　わしおのさぶろうよしひさ
『平家物語』に登場する、義経の郎等。
¶架空人日（鷲尾三郎義久　わしおのさぶろうよしひさ）

和志前神　わしさきのかみ
越前国敦賀郡の和志前神社の祭神。
¶神仏辞典（和志前神　わしさきのかみ）

鷲塚金藤次　わしづかきんとうじ
歌舞伎演目『玉藻前曦袂』に登場する、薄雲皇子の上使。
¶歌舞伎登（鷲塚金藤次　わしづかきんとうじ）

鷲塚主膳　わしづかしゅぜん
山手樹一郎作『桃太郎侍』の登場人物。
¶時代小説（鷲塚主膳　わしづかしゅぜん）

鷲塚八平次　わしづかはっぺいじ
歌舞伎演目『恋女房染分手綱』に登場する、悪人鷲塚官太夫の弟。
¶歌舞伎登（鷲塚八平次　わしづかはっぺいじ）

鷲塚平馬　わしづかへいま
歌舞伎演目『菅原伝授手習鑑』に登場する、藤原時平の家来。
¶歌舞伎登（鷲塚平馬　わしづかへいま）

和志取神　わしとりのかみ
三河国碧海郡の和志取神社の祭神。
¶神仏辞典（和志取神　わしとりのかみ）

鷲峯神　わしのみねのかみ
『日本三代実録』に所出。因幡国の神。
¶神仏辞典（鷲峯神　わしのみねのかみ）

鷲比売　わしひめ
第9代開化天皇の四人目の妻。
¶神様読解（鷲比売　わしひめ）
日本人名（鷲比売　わしひめ）

和助　わすけ
滝沢馬琴の甥。杉本苑子作『滝沢馬琴』の登場人物。
¶時代小説（和助　わすけ）

和助　わすけ
長谷川伸作『股旅新八景』の登場人物。
¶時代小説（和助　わすけ）

煩神　わずらいのかみ
黄泉国より脱出した伊弉諾尊が投げた衣。
¶神仏辞典（煩神　わずらいのかみ）

和豆良比能宇斯能神　わづらひのうしのかみ
黄泉国から帰った伊弉諾が禊祓をしたおりに、投げたものから化生した神々の一柱。衣より化生した神。
¶神様読解（和豆良比能宇斯能神　わづらひのうしのかみ）
神仏辞典（和豆良比能宇斯能神　わずらいのうしのかみ）

和世田神 わせだのかみ
『日本三代実録』に所出。信濃国の神。
¶**神仏辞典**（和世田神 わせだのかみ）

和尓賀波神 わたかわのかみ
讃岐国三木郡の和尓賀波神社の祭神。
¶**神仏辞典**（和尓賀波神 わたかわのかみ）

わたし
岡本綺堂作『半七捕物帳』の登場人物。
¶**時代小説**（わたし）

私（天使シリーズ） わたし
三好徹の「天使シリーズ」の主人公の新聞記者。
¶**名探偵日**（私（天使シリーズ） わたし）

和田志津馬 わだしずま
⇒渡辺数馬（わたなべかずま）

和多志大神 わたしのおおかみ
⇒大山祇神（おおやまつみのかみ）

渡し守甚兵衛 わたしもりじんべえ
歌舞伎演目『佐倉義民伝』に登場する、印旛沼の年老いた渡し守。
¶**歌舞伎登**（渡し守甚兵衛 わたしもりじんべえ）

和田四郎 わだしろう
歌舞伎演目『卅三間堂棟由来』に登場する、熊野の盗賊。実は謀叛人源義親家臣鹿島三郎義連。
¶**歌舞伎登**（和田四郎 わだしろう）

度瀬神 わたせのかみ
『日本三代実録』に所出。彦度瀬神とも。飛騨国の神。
¶**神仏辞典**（度瀬神 わたせのかみ）

度津神 わたつのかみ
佐渡国羽茂郡の度津神社の祭神。
¶**神仏辞典**（度津神 わたつのかみ）

和多都美豊玉比咩神 わたつみとよたまひめのかみ
阿波国名方郡の和多都美豊玉比売神社の祭神。
¶**神仏辞典**（和多都美豊玉比咩神・和多都美豊玉比売神 わたつみとよたまひめのかみ）

綿津見大神 わたつみのおおかみ
黄泉の国から脱出したイザナキが禊をした際、化成した3神。水底で成ったのが底津綿津見神、中では中津綿津見神、水の上では上津綿津見神。
¶**広辞苑6**（海神・綿津見 わたつみ）
神仏辞典（綿津見大神 わたつみのおおかみ）
日本人名（綿津見神 わたつみのかみ）
日本神話（ワタツミ三神 わたつみさんしん）

和多都美御子神 わたつみのみこのかみ
対馬嶋上県郡の和多都美御子神社の祭神。
¶**神仏辞典**（和多都美御子神 わたつみのみこのかみ）

渡部斧松 わたなべおのまつ
江戸後期の篤農家。男鹿半島の鳥居長根の開墾に着手し、渡部村と称し藩の公認を得た。遺徳が渡部神社として祀られている。
¶**コン5**（渡部斧松 わたなべおのまつ [生]寛政5（1793）年 [没]安政3（1856）年）

渡辺崋山 わたなべかざん
江戸末期の洋学者、画家、田原藩家老。
¶**歌舞伎登**（渡辺崋山 わたなべかざん）
時代小説（渡辺崋山 わたなべかざん）
説話伝説（渡辺崋山 わたなべかざん [生]寛政5（1793）年 [没]天保12（1841）年）
伝奇伝説（渡辺崋山 わたなべかざん [生]寛政5（1793）年 [没]天保12（1841）年）

渡辺数馬 わたなべかずま
備前国の武士。「伊賀越の敵討ち」の当事者。荒木又右衛門に助けられ弟の仇討ちをする青年。近松半二作の浄瑠璃『伊賀越道中双六』には上杉家家臣の和田志津馬として登場する。
¶**架空人日**（渡辺数馬 わたなべかずま）
架空伝説（渡辺数馬 わたなべかずま）〔像〕
歌舞伎登（和田志津馬 わだしずま）
時代小説（渡部数馬 わたなべかずま）

渡辺銀之丞 わたなべぎんのじょう
歌舞伎演目『桐一葉』に登場する、正栄尼の息子、渡辺内蔵之介の弟。
¶**歌舞伎登**（渡辺銀之丞 わたなべぎんのじょう）

渡辺外記左衛門 わたなべげきざえもん
歌舞伎演目『伽羅先代萩』に登場する、鶴千代君の忠臣。
¶**歌舞伎登**（渡辺外記左衛門 わたなべげきざえもん）

渡辺源太 わたなべげんた
『春雨物語』の「死首の咲顔」の登場人物のモデル。
¶**古典人東**（渡辺源太 わたなべげんた）

渡部源太夫 わたなべげんだゆう
岡山藩主、池田忠雄の寵愛を受ける小姓。長谷川伸作『荒木又右衛門』の登場人物。
¶**時代小説**（渡部源太夫 わたなべげんだゆう）

渡辺幸庵 わたなべこうあん
江戸時代前期の武将。杉本義鄰著『渡辺幸庵対話記』に登場する。
¶**新潮日本**（渡辺幸庵 わたなべこうあん [生]天正10（1582）年? [没]正徳1（1711）年?）
日本人名（渡辺幸庵 わたなべこうあん 生没年未詳）

わ

渡辺左衛門亘　わたなべざえもんわたる
歌舞伎演目『貞操花鳥羽恋塚』に登場する人物。発心し重源法師となる。
¶**歌舞伎登**（渡辺亘　わたなべのわたる）

渡辺辰之進　わたなべたつのしん
宮本昌孝作『藩校早春賦』の登場人物。
¶**時代小説**（渡辺辰之進　わたなべたつのしん）

渡辺競　わたなべのきおう
『平家物語』に登場する、渡辺綱がつくった同族の武士団渡辺党の一人。
¶**架空人日**（渡辺競　わたなべのきおう）

渡辺綱　わたなべのつな
平安中期の武士。渡辺党の祖。源頼光の有力な郎党で、頼光の四天王の一人。
¶**英雄事典**（渡辺綱　ワタナベノツナ　㊐天暦7（953）年　㊎万寿2（1025）年）
架空人日（渡辺綱　わたなべのつな）
架空伝承（渡辺綱　わたなべのつな　㊐天暦7（953）年　㊎万寿2（1025）年）〔像〕
歌舞伎登（渡辺綱 1 『戻橋』　わたなべのつな）
歌舞伎登（渡辺綱 2 『来宵蜘蛛線』　わたなべのつな）
歌舞伎登（渡辺綱 3 『江戸の顔見世狂言』　わたなべのつな）〔像〕
歌舞伎登（渡辺綱 4 『茨木』　わたなべのつな）〔像〕
奇談逸話（渡辺綱　わたなべのつな　㊐天暦7（953）年　㊎万寿2（1025）年）
広辞苑6（渡辺綱　わたなべのつな　㊐953年　㊎1025年）
コン5（渡辺綱　わたなべのつな　㊐天暦7（953）年　㊎万寿2（1025）年）
新潮日本（渡辺綱　わたなべのつな　㊐天暦7（953）年　㊎万寿2（1025）年2月15日）
人物伝承（源頼光と渡辺綱　みなもとのよりみつとわたなべのつな　㊐天暦7（953）年　㊎万寿2（1025）年）
説話伝説（渡辺綱　わたなべのつな　㊐天暦7（953）年　㊎万寿2（1025）年）〔像〕
世百新（渡辺綱　わたなべのつな　㊐天暦7（953）年　㊎万寿2（1025）年）
大辞林3（渡辺綱　わたなべのつな　㊐953年　㊎1025年）
伝奇伝説（頼光四天王　らいこうしてんのう　㊐天暦7（953）年　㊎万寿1（1024）年）
伝奇伝説（渡辺綱　わたなべのつな　㊐天暦7（953）年　㊎万寿2（1025）年）
日本人名（渡辺綱　わたなべのつな　㊐953年　㊎1025年）

渡辺昇　わたなべのぼる
肥前大村藩士。司馬遼太郎作『竜馬がゆく』の登場人物。
¶**時代小説**（渡辺昇　わたなべのぼる）

渡辺兵庫　わたなべひょうご
子母澤寛作『父子鷹』の登場人物。
¶**時代小説**（渡辺兵庫　わたなべひょうご）

渡辺民部之助　わたなべみんぶのすけ
歌舞伎演目『伽羅先代萩』に登場する、渡辺外記左衛門の嫡男。
¶**歌舞伎登**（渡辺民部之助　わたなべみんぶのすけ）

渡辺利右衛門　わたなべりえもん
久生十蘭作『顎十郎捕物帳』の登場人物。
¶**時代小説**（渡辺利右衛門　わたなべりえもん）

綿神　わたのかみ
尾張国山田郡の綿神社の祭神。
¶**神仏辞典**（綿神　わたのかみ）

和田兵衛　わだびょうえ
歌舞伎演目『近江源氏先陣館』に登場する、京方の武将。
¶**歌舞伎登**（和田兵衛　わだびょうえ）

和田兵助　わだへいすけ
剣術家。水戸藩士。戸部新十郎作『秘剣』の登場人物。
¶**時代小説**（和田兵助　わだへいすけ）

和田平助　わだへいすけ
神坂次郎作『おかしな侍たち』の登場人物。紀州藩士。
¶**時代小説**（和田平助　わだへいすけ）

綿屋小兵衛　わたやこへえ
歌舞伎演目『女殺油地獄』に登場する、大坂の口入れ屋。
¶**歌舞伎登**（綿屋小兵衛　わたやこへえ）

和田行家　わだゆきえ
歌舞伎演目『伊賀越道中双六』に登場する、足利幕府の関東管領山内上杉こと上杉顕定の剣術指南。
¶**歌舞伎登**（和田行家　わだゆきえ）

和田義盛　わだよしもり
鎌倉前期の武将。「和田合戦」を起こした。『曾我物語』に登場する、曾我兄弟のよき理解者の一人。
¶**架空人日**（和田義盛　わだのよしもり）
説話伝説（和田義盛　わだよしもり　㊐久安3（1147）年　㊎建保1（1213）年）
伝奇伝説（和田義盛　わだよしもり　㊐久安3（1147）年　㊎建保1（1213）年）

渡会家次　わたらいいえつぐ
観世十郎元雅作・能「歌占」の登場人物。伊勢国二見の浦の神職（仮空）。
¶**古典人学**（渡会家次　わたらいいえつぐ）

度会乃大国玉比売神　わたらいのおおくにたまひめのかみ
伊勢国度会郡の度会乃大国玉比売神社の祭神。

¶神仏辞典（度会乃大国玉比売神・度会大国玉比売神・度会大国玉比女神　わたらいのおおくにたまひめのかみ）

度会神　わたらいのかみ
伊勢国度会郡の度会宮四座神社の祭神。
¶神仏辞典（度会神　わたらいのかみ）

度会国御神　わたらいのくにつみかみ
伊勢国度会郡の度会国御神社の祭神。
¶神仏辞典（度会国御神　わたらいのくにつみかみ）

和田雷八　わだらいはち
歌舞伎演目『けいせい倭荘子』に登場する、北畠家の家臣。北畠家を横領しようとするが、失敗する。
¶歌舞伎登（和田雷八　わだらいはち）

渡り　わたり
道の妖怪。静岡県周智郡気多村（浜松市）の俗伝。
¶神仏辞典（渡り　わたり）

車蟹　わたりがい
蛤の特に大型のものをいい、蜃気楼を作り出すと信じられた。
¶日本未確認（車蟹　わたりがい）

わたりがみ
水の妖怪。青森県下北郡東通村尻労における河童の呼称。
¶神仏辞典（わたりがみ）
全国妖怪（ワタリガミ〔青森県〕）

綿売り三匁　わたりさんもんめ
道の妖怪。島根県益田市の俗伝。
¶神仏辞典（綿売り三匁　わたりさんもんめ）
全国妖怪（ワタリサンモンメ〔島根県〕）

渡神　わたりのかみ
『古事記』中観に所出。倭建命が走水海（浦賀水道）を渡ろうとしたときに波を興して妨害した神。
¶神仏辞典（渡神　わたりのかみ）

和多理神　わたりのかみ
因幡国八上郡の和多理神社の祭神。
¶神仏辞典（和多理神　わたりのかみ）

渡り柄杓　わたりびしゃく
丹波（京都府）の山村に出現する妖怪。青白く光り、柄杓の形をしてあちこちを飛び渡る。
¶神仏辞典（わたりびしゃく）
全国妖怪（ワタリビシャク〔京都府〕）
妖怪事典（ワタリビシャク）
妖怪大全（渡柄杓　わたりびしゃく）〔像〕
妖怪大事典（渡り柄杓　わたりびしゃく）〔像〕

わだわいかもん
鹿児島県甑島における妖怪の呼称。
¶神仏辞典（わだわいかもん）

和知都美命　わちつみのみこと
師木津日子命の子。
¶神様読解（和知都美命　わちつみのみこと）
神仏辞典（和知都美命　わちつみのみこと）

わちんの火　わちんのひ
広島県佐伯郡大野町蛭ケ崎の沖合いでいう怪火。
¶妖怪事典（ワチンノヒ）
妖怪大事典（わちんの火　わちんのひ）

ワッカウシカムイ
アイヌの大小の河川、湧き水、水汲み場、井戸などを守る神、水の神。
¶神文化史（ワッカウシカムイ）
神仏辞典（ワッカウシカムイ）

ワッカウシカムイ
⇒水のカムイ（みずのかむい）

わっぱ
水の妖怪。長崎県北松浦郡小値賀町で河童のこと。
¶神仏辞典（わっぱ）

ワッワ
石川県地方でいう妖怪の児童語。
¶妖怪事典（ワッワ）

和藤内　わとうない
近松門左衛門作の人形浄瑠璃『国姓爺合戦』の主人公。モデルは江戸初期の日中混血の英雄で、「国姓爺」と号した鄭成功。
¶架空人日（和藤内　わとうない）
架空伝承（国姓爺　こくせんや）〔像〕
架空伝説（和藤内　わとうない）
歌舞伎登（和藤内　わとうない）〔像〕
広辞苑6（和藤内　わとうない）
古典人学（和藤内　わとうない）
古典人東（和藤内　わとうない）
コン5（鄭成功　ていせいこう　[生]寛永1（1624）年　[没]寛文2（1662）年）
新潮日本（鄭成功　ていせいこう　[生]寛永1（1624）年7月　[没]清・康煕1（1662）年）
説話伝説（国姓爺　こくせんや　[生]寛永1（1624）年　[没]寛文2（1662）年）〔像〕
説話伝説（和藤内　わとうない　[生]寛永1（1624）年　[没]寛文2（1662）年）
大辞林3（国姓爺　こくせんや）
大辞林3（和藤内　わとうない）
伝奇伝説（和藤内　わとうない）〔像〕
日本人名（鄭成功　ていせいこう　[生]1624年　[没]1662年）

和奈佐意富曾神　わなさおおそのかみ
阿波国那賀郡の和奈佐意富曾神社の祭神。
¶神仏辞典（和奈佐意富曾神　わなさおおそのかみ）

わ

和奈美神　わなみのかみ
但馬国養父郡の和奈美神社の祭神。
¶神仏辞典（和奈美神　わなみのかみ）

王仁　わに
応神朝に百済から渡米したと伝える西文氏の祖。
¶朝日歴史（王仁　わに）
　コン5（王仁　わに）
　新潮日本（王仁　わに）
　日本人名（王仁　わに）

ワニザメ
凶暴なサメの一種。舟を転覆させ、海に落ちた人間を次々に食らう。
¶水木世幻獣　（ワニザメ）〔像〕
　妖怪大鑑　（ワニザメ）〔像〕

和尓坐赤坂比古神　わににますあかさかひこのかみ
和尓赤坂彦神とも。大和国添上郡の和尓坐赤坂比古神社の祭神。
¶神仏辞典（和尓坐赤坂比古神　わににますあかさかひこのかみ）

和尓神　わにのかみ
『日本文徳天皇実録』に所出。河内国の神。
¶神仏辞典（和尓神　わにのかみ）

和尓下神　わにのしものかみ
大和国添上郡の和尓下神社二座の祭神。
¶神仏辞典（和尓下神　わにのしものかみ）

和尓部神　わにべのかみ
若狭国三方郡の和尓部神社の祭神。
¶神仏辞典（和尓部神　わにべのかみ）

輪入道　わにゅうどう
炎に包まれた車の輪の部分に大きな入道の首がついた妖怪。
¶幻想動物（輪入道）〔像〕
　日ミス（輪入道　わにゅうどう）
　妖怪事典（ワニュウドウ）
　妖怪大全（輪入道　わにゅうどう）〔像〕
　妖怪大事典（輪入道　わにゅうどう）〔像〕
　妖百3（片輪車・輪入道・朧車　かたわぐるま・わにゅうどう・おぼろぐるま）〔像〕

和尓良神　わにらのかみ
尾張国山田郡和尓良神社の祭神。
¶神仏辞典（和尓良神　わにらのかみ）

ワーマジムン
沖縄県宮古島でいう妖怪。
¶妖怪事典（ワーマジムン）

和耶神　わやのかみ
阿波国那賀郡の和那神社の祭神。
¶神仏辞典（和耶神　わやのかみ）

笑い男　わらいおとこ
山の妖怪。高知県香南市香我美町山北の俗伝。
¶神仏辞典（笑い男　わらいおとこ）
　全国妖怪（ワライオトコ［高知県］）
　妖怪事典（ワライオトコ）
　妖怪大事典（笑い男　わらいおとこ）

笑い女　わらいおんな
山の妖怪。ワライオナゴとも。高知県宿毛市や幡多郡土佐山村の俗伝。
¶神仏辞典（笑い女　わらいおんな）
　妖怪事典（ワライオンナ）
　妖怪大事典（笑い女　わらいおんな）

笑地蔵　わらいじぞう
岐阜県安八郡墨俣のあたりにあるという地蔵。西行の弟子の西信が歌を詠むと微笑したという。
¶神話伝説（笑地蔵　わらいじぞう）
　妖怪大全（笑地蔵　わらいじぞう）〔像〕

笑い上戸　わらいじょうご
歌舞伎演目『若木花容彩四季』に登場する、曾我兄弟を工藤館へ招き入れた団三郎が、酒を飲むうち、笑い上戸となった姿。
¶歌舞伎登（笑い上戸　わらいじょうご）

笑い般若　わらいはんにゃ
長野県東筑摩郡でいう妖怪。
¶妖怪事典（ワライハンニャ）

藁科松伯　わらしなしょうはく
米沢藩医。童門冬二作『上杉鷹山』の登場人物。
¶時代小説（藁科松伯　わらしなしょうはく）

藁科立沢　わらしなりゅうたく
米沢藩の学頭、藩医。童門冬二作『上杉鷹山』の登場人物。
¶時代小説（藁科立沢　わらしなりゅうたく）

藁しべ長者　わらしべちょうじゃ
昔話の主人公。一本のわらしべをもとに次々と品物を交換し、ついに長者になる。
¶架空人日（長谷寺まいりの青侍　はせでらまいりのあおざむらい）
　架空人物（わらしべ長者）
　架空伝承（藁しべ長者　わらしべちょうじゃ）
　古典人学（藁しべ長者　わらしべちょうじゃ）
　コン5（藁しべ長者　わらしべちょうじゃ）
　神仏辞典（藁しべ長者　わらしべちょうじゃ）
　神話伝説（藁しべ長者　わらしべちょうじゃ）
　説話伝説（藁しべ長者　わらしべちょうじゃ）
　世百新（藁しべ長者　わらしべちょうじゃ）
　伝奇伝説（藁しべ長者　わらしべちょうじゃ）
　日本人名（藁しべ長者　わらしべちょうじゃ）

和理比売神　わりひめのかみ
備後国世羅郡の和理比売神社の祭神。
¶神仏辞典（和理比売神　わりひめのかみ）

悪い風　わるいかぜ
道の妖怪。外気の妖怪。
¶**神仏辞典**（悪い風　わるいかぜ）

わる井志庵　わるいしあん
山東京伝作の黄表紙『江戸生艶気樺焼』(1785)に登場する太鼓医者。
¶**架空人日**（わる井志庵　わるいしあん）
架空伝説（わる井志庵　わるいしあん）〔像〕

和霊　われい
祟りを克服し、何らかの恵みをもたらすと想定された人間霊を和霊という。
¶**神仏辞典**（和霊　われい）

わろどん
水の妖怪。鹿児島県曾於郡輝北町における河童の呼称。
¶**幻想動物**（ワロドン）〔像〕
神仏辞典（わろどん）
全国妖怪（ワロドン〔鹿児島県〕）
妖怪事典（ワロドン）
妖怪大事典（ワロドン）

ワーワ
福島県地方でいう妖怪の児童語。
¶**妖怪事典**（ワーワ）

ワワッパ
新潟県、九州地方でいう河童。
¶**妖怪事典**（ワワッパ）

ワワン
熊本県玉名郡でいう妖怪の児童語。
¶**妖怪事典**（ワワン）

ワン
鹿児島県でいう妖怪の児童語。
¶**妖怪事典**（ワン）

椀久　わんきゅう
江戸初期に陶器の椀等を商った豪商。井原西鶴の浮世草子『椀久一世の物語』や紀海音の浄瑠璃『椀久末松山』、歌舞伎『二人椀久』などの椀久物の登場人物となった。
¶**朝日歴史**（椀屋久右衛門　わんやきゅうえもん）
歌舞伎登（椀久　わんきゅう）〔像〕
古典人学（椀屋久兵衛　わんやきゅうべい）
新潮日本（椀久　わんきゅう 生没年不詳）
神話伝説（椀久　わんきゅう）
説話伝説（椀久　わんきゅう [生]? [没]延宝5(1677)年）
伝奇伝説（椀久　わんきゅう）
日本人名（椀屋久右衛門　わんやきゅうえもん 生没年未詳）

椀屋久右衛門　わんやきゅうえもん
⇒椀久（わんきゅう）

ワンワー
福島県地方でいう妖怪の児童語。
¶**妖怪事典**（ワンワー）

ワンワン
福島県、福岡県、熊本県でいう妖怪の児童語。
¶**神仏辞典**（わんわん）
妖怪事典（ワンワン）

【ん】

ンマチ
奄美大島徳之島伊仙町で亡魂の妖怪といわれるもの。
¶**妖怪事典**（ンマチ）

人物レファレンス事典 架空・伝承編

2013年7月25日　第1刷発行

編　集／日外アソシエーツ編集部
発行者／大高利夫
発　行／日外アソシエーツ株式会社
　　　　〒143-8550 東京都大田区大森北1-23-8 第3下川ビル
　　　　電話 (03)3763-5241(代表)　FAX(03)3764-0845
　　　　URL　http://www.nichigai.co.jp/
発売元／株式会社紀伊國屋書店
　　　　〒163-8636 東京都新宿区新宿3-17-7
　　　　電話 (03)3354-0131(代表)
　　　　ホールセール部(営業)　電話 (03)6910-0519

電算漢字処理／日外アソシエーツ株式会社
印刷・製本／光写真印刷株式会社

不許複製・禁無断転載　　　　　《中性紙三菱クリームエレガ使用》
〈落丁・乱丁本はお取り替えいたします〉
ISBN978-4-8169-2419-4　　　　Printed in Japan, 2013

本書はディジタルデータでご利用いただくことが
できます。詳細はお問い合わせください。

外国人物レファレンス事典 架空・伝承編
A5・1,020頁　定価33,600円（本体32,000円）　2013.5刊

架空・伝説・伝承上の人物などを主に収録する事典を対象とした事典索引。今までの「外国人物レファレンス事典」シリーズでは収録対象外となっている、海外の架空・伝承人物、神話や文学に登場する神々、天使・悪魔、妖精・妖怪、登場人物などがどの事典にどんな表記で載っているかを一覧出来る。神話・伝説・伝承事典、妖精・妖怪事典、登場人物事典など65種94冊から21,471件の見出しを収録。

人物レファレンス事典 美術篇
A5・1,140頁　定価23,100円（本体22,000円）　2010.11刊

画家・彫刻家・書家・写真家・工芸家・建築家などがどの事典にどんな見出しで掲載されているかがわかる事典索引。人物事典・百科事典のほか、時代別の歴史事典や、県別百科事典など233種392冊から27,453人を収録。

人物レファレンス事典 音楽篇
A5・740頁　定価19,950円（本体19,000円）　2013.3刊

日本の伝統音楽、クラシック音楽、ポピュラー音楽の人物がどの事典にどんな見出しで掲載されているかがわかる事典索引。人名事典、百科事典、歴史事典や、音楽事典、地方人物事典、県別百科事典など256種402冊から12,312人を収録。

人物レファレンス事典 文芸篇
A5・990頁　定価19,950円（本体19,000円）　2010.2刊

詩歌・物語・小説・紀行・日記文学・戯曲などの作者・作家がどの事典にどんな見出しで掲載されているかがわかる事典索引。人物事典・百科事典のほか、時代別の歴史事典や県別百科事典など233種394冊から21,119人を収録。

人物レファレンス事典 科学技術篇
A5・1,100頁　定価26,250円（本体25,000円）　2011.2刊

世界で活躍した科学技術分野の人物が、どの事典にどんな見出しで掲載されているかがわかる事典索引。人物事典・百科事典のほか、時代別の歴史事典や県別百科事典など343種575冊から14,193人を収録。

データベースカンパニー
日外アソシエーツ
〒143-8550　東京都大田区大森北1-23-8
TEL.(03)3763-5241　FAX.(03)3764-0845　http://www.nichigai.co.jp/

収録事典一覧

略号	書名	出版社	刊行年
朝日歴史	朝日日本歴史人物事典	朝日新聞社	1994.11
アジア女神	アジア女神大全	青土社	2011.3
英雄事典	英雄事典	新紀元社	2003.12
怪物事典	怪物の事典	青土社	1999.1
架空人日	架空人名辞典　日本編	教育社	1989.8
架空人物	「架空の人物」人名事典	日本実業出版社	1982.12
架空伝承	新版　日本架空伝承人名事典	平凡社	2012.3
架空伝説	架空・伝説の人物ものしり事典	主婦と生活社	1994.12
歌舞伎登	歌舞伎登場人物事典　普及版	白水社	2010.7
神様読解	日本の神様読み解き事典	柏書房	1999.10
神文化史	神の文化史事典	白水社	2013.2
奇談逸話	日本奇談逸話伝説大事典	勉誠社	1994.2
吸血鬼	吸血鬼の事典	青土社	1994.12
幻獣辞典	幻獣辞典	晶文社	1998.12
幻想動物	幻想動物事典	新紀元社	1997.5
広辞苑6	広辞苑　第6版	岩波書店	2008.1
古典人学	古典文学作中人物事典	學燈社	1990.1
古典人東	古典文学作中人物事典	東京堂出版	2003.9
コン5	コンサイス日本人名事典　第5版	三省堂	2009.1
新潮日本	新潮日本人名辞典	新潮社	1991.3
神仏辞典	日本の神仏の辞典	大修館書店	2001.7
神話伝説	神話伝説辞典	東京堂出版	1963.4
時代小説	時代小説人物事典	学習研究社	2007.4
児童登場	世界・日本児童文学登場人物辞典	玉川大学出版部	1998.4
人物伝承	人物伝承事典　古代・中世編	東京堂出版	2004.4
世怪物神獣	世界の怪物・神獣事典	原書房	2004.12
世幻想	ヴィジュアル版世界幻想動物百科	原書房	2009.11
世神辞典	世界神話辞典	柏書房	1993.9
世神話東	ヴィジュアル版世界の神話百科　東洋編	原書房	2000.10
説話伝説	日本説話伝説大事典	勉誠出版	2000.6
世百新	世界大百科　1～30	平凡社	2007.9